《云和县志(1991—2010)》编纂人员名单

编纂委员会

主　　任：上官国明　李忠伟

副 主 任：陈伟忠

委　　员：(以姓氏笔画为序)

王长荣　王兰夏　王晓燕　任军伟　刘伟玲　李云伟

吴兆江　张盼星　陈婧伊　林志龙　季伟忠　柳成东

洪广美　徐建明　曹刚毅　蓝雪飞　雷春华

编辑部

主　　编：吴兆江　洪广美　张盼星

副 主 编：宋世明

执行主编：王谋广

编　　辑：(以姓氏笔画为序)

吴　霞　吴翠仙　邱云安　张晓宝

陈　玲　陈厚成　夏长水　高幼天

序

在全县上下高举习近平新时代中国特色社会主义思想伟大旗帜，深化“小县大城”发展战略，坚定不移走高质量绿色发展之路，奋力打造全国山区新型城镇化样板县域之际，《云和县志（1991—2010）》行将付梓，这是全县人民政治文化生活中的一件喜事、盛事。我们谨代表中共云和县委、云和县人民政府，对县志成书表示热烈祝贺！向全体编纂人员的辛勤付出和社会各界的大力襄助表示衷心感谢！

云和素有悠久的修志历史和传统。自明成化年间首部县志《处州府志·云和卷》问世以来，在数百年的历史长河中，先贤们数修县志，尽叙历史沿革之要略，追记仁人志士之功绩，反映经济文化之盛衰，留下极为宝贵的文化遗产。历代志书所载的沧桑变迁、鲜活世情和动人故事，亦成为永恒的乡土记忆，拂动着云和人民共同的文化心弦。

编纂《云和县志（1991—2010）》，是县委、县政府高度重视的一项重大文化工程。1991—2010的二十年间，云和人民全面贯彻执行党的路线、方针、政策，聚精会神搞建设，一心一意谋发展，县域经济社会实现大发展大跨越，生态文明、城乡建设、改革开放等各项事业取得历史性进步，人民群众的获得感、幸福感、安全感显著提升。《云和县志（1991—2010）》通过41篇217章747节约2652千字篇幅，以经济社会发展为主线，以辩证唯物主义和历史唯物主义为基本立场、观点和方法，横陈百业，纵贯史实，全面客观地总结记录了云和在这一时期的前行轨迹、时代印记，对于讲好云和故事、传播云和声音、存载云和成就具有极其重要的价值和意义，堪称近年来云和县社会主义文化建设的一大重要成果。

志书既有宏观鸟瞰，一县概况尽收眼底之妙；又有微观透视，沧桑变化了然案头之趣，其存史、资政、育人的意义和作用显而易见。施政者，可以志为镜，观兴废盛衰，知是非得失，借鉴以往之经验教训；为民者，可以志为师，览家乡全貌，晓发展艰辛，激励建设云和之热情。希望全县人民学好志、用好志，从县志中汲取智慧和力量，保持战略定力，坚定文化自信，为争当展示新型城镇化样板县域“重要窗口”作出新的更大贡献。

中共云和县委书记：葉伯軍

云和县人民政府县长：上官国明

2020年6月5日

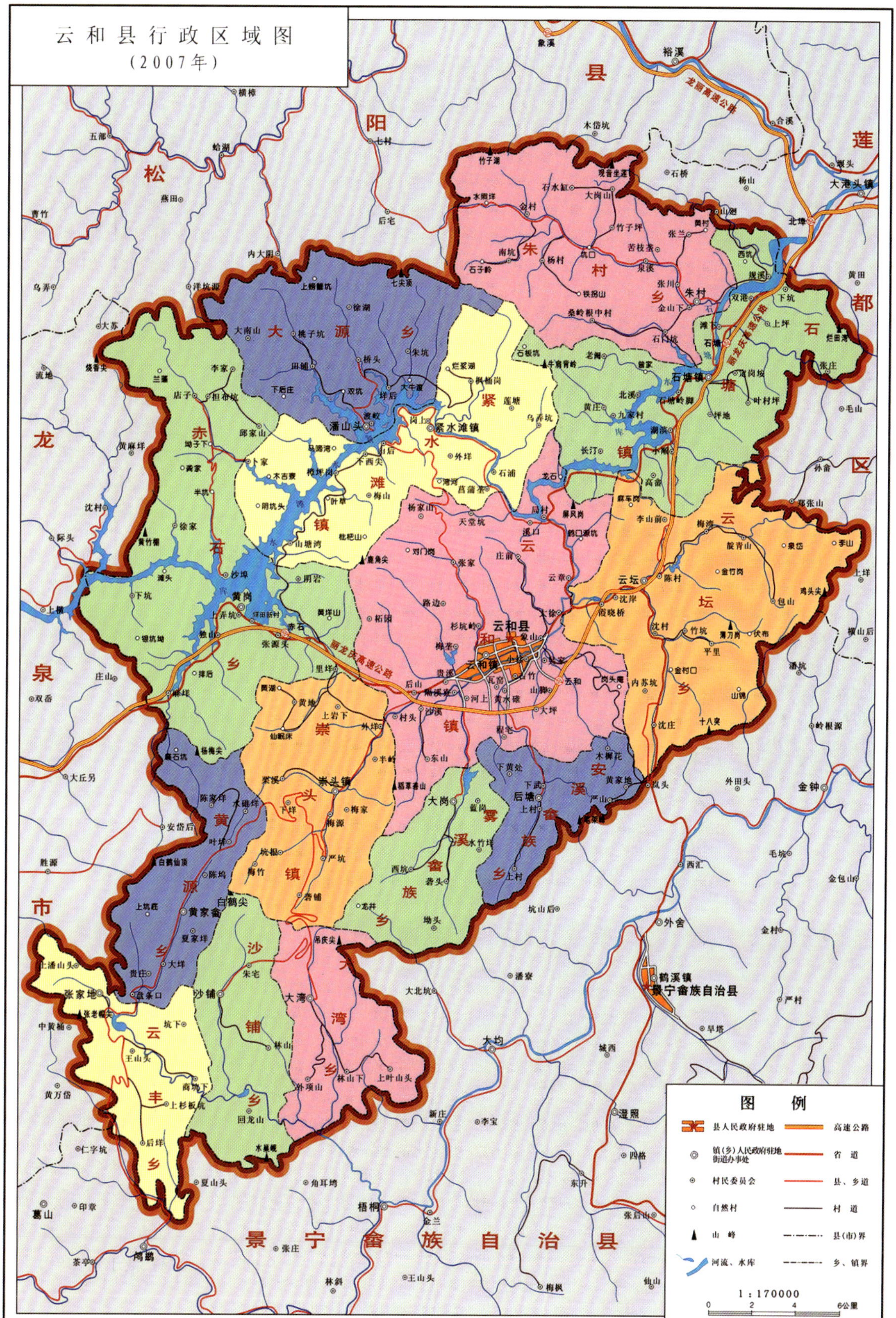

本图界线不作划界依据 基础地理底图资料由浙江省测绘局提供 地图审核号：浙S（2007）109号

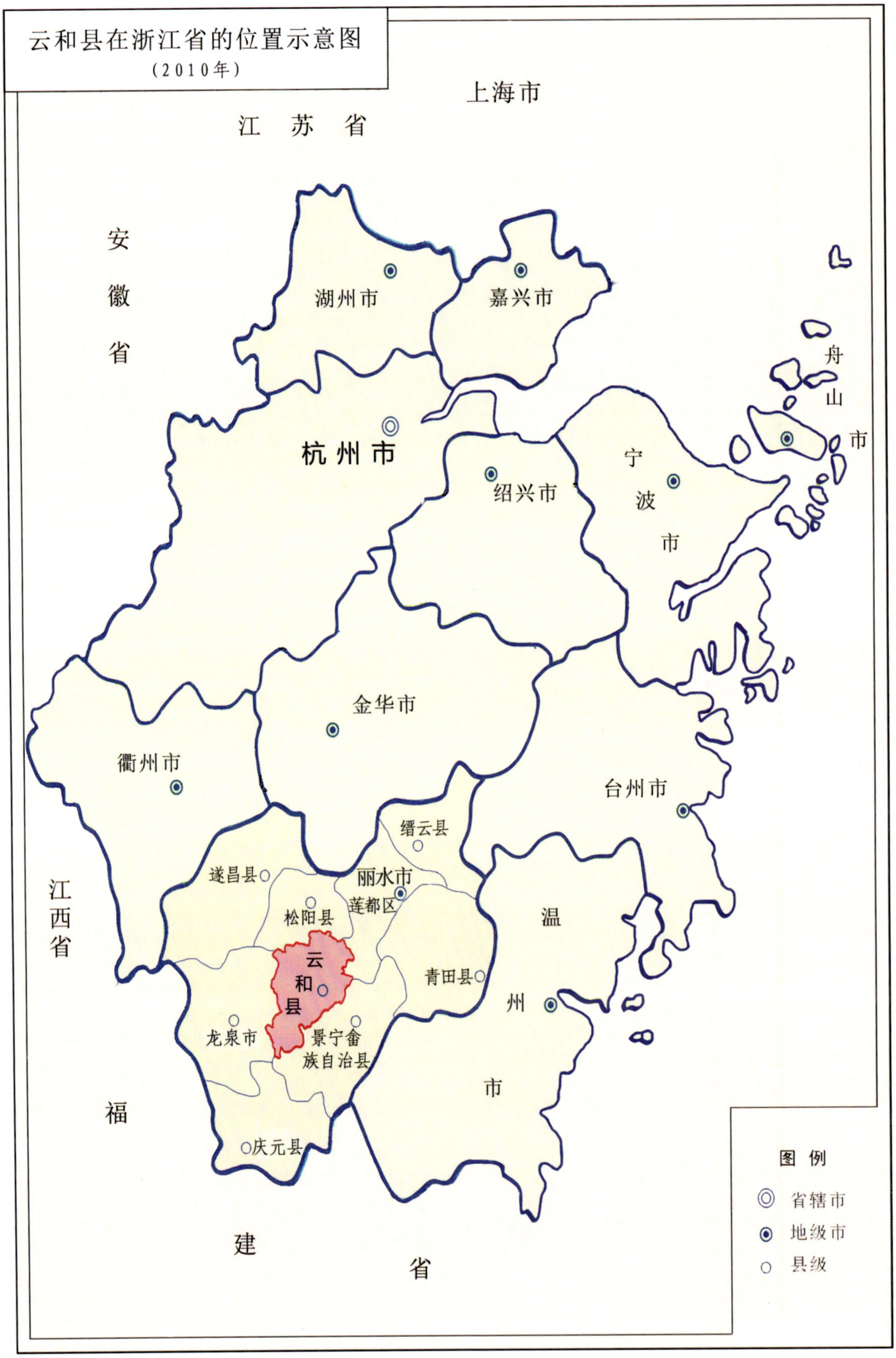
云和县在浙江省的位置示意图
（2010年）
上海市
江苏省
安徽省
湖州市
嘉兴市
舟山市
杭州市
绍兴市
宁波市
金华市
衢州市
台州市
缙云县
遂昌县
丽水市
莲都区
松阳县
江西省
云和县
青田县
温州市
龙泉市
景宁畲族自治县
庆元县
福建省
图例
省辖市
地级市
县级

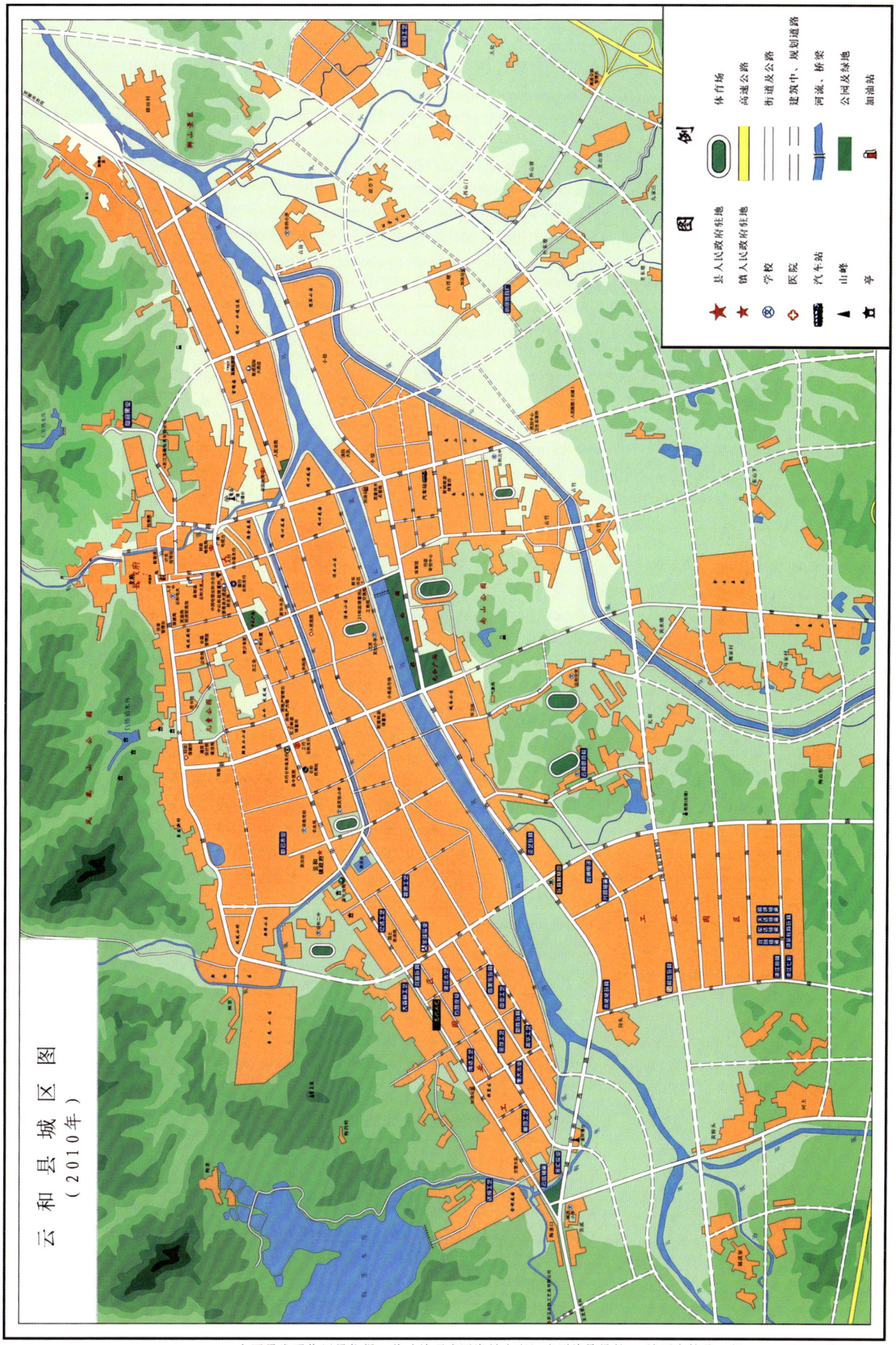

本图界线不作划界依据　基础地理底图资料由浙江省测绘局提供　　地图审核号：浙S（2010）378号

2003年10月，云和县被评为国家级生态示范区2005年，云和县生态环境质量名列全国第十位

1. 仙宫湖畔春暖花开
（蓝三峰 摄于2009年）
2. 328省道局村岭秋色
（丁志洪 摄于2010年）
3. 白鹭飞进元和社区
（王斌 摄于2006年）
4. 白鹤尖云海杜鹃
（舒勤毅 摄于2010年）

1	2
3	
4	

1. 梅源梯田初冬（吕周亮 摄于2010年）

2. 项山梯田秋色（柳荣林 摄于2009年）

1
2

1. 安溪佛儿岩
（龚启富 摄于2010年）

2. 沙铺石拱桥
（刘丽莉 摄于2007年）

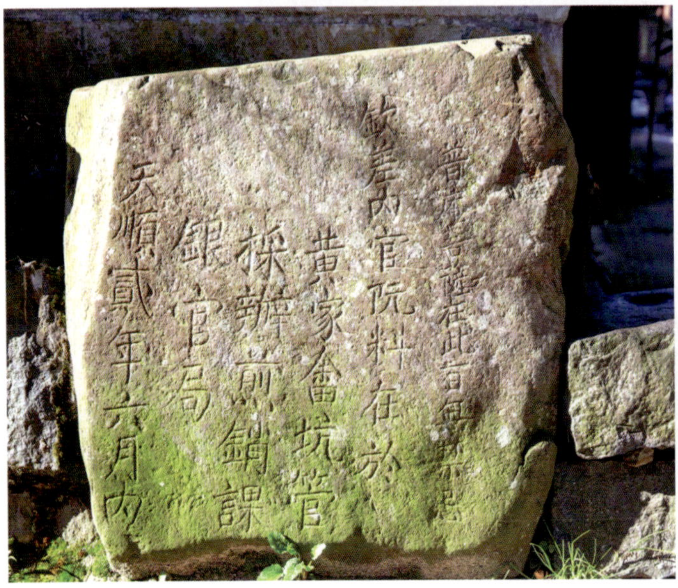

3. 明代银矿遗址—百无禁忌碑（杨克新 摄于2010年）

4. 明代银矿遗址—黄家畲银矿洞群1号矿洞
（杨克新 摄于2010年）

1994年，农业部命名云和县为“中国木制玩具之乡” 2003年，国家轻工业联合会命名云和县城为“中国木制玩具城”

1. 云和木制玩具榫卯造型 （县摄影协会提供 摄于2010年）

2. 仙宫大道木制玩具景观 （县摄影协会提供 摄于2010年）

1
2

2004年12月24日，国家爱国卫生运动委员会授予云和县城“国家卫生县城”称号

1. 县城东大徐隧道

（徐天飞 摄于2005年）

2. 水境佳苑一瞥

（龚启富 摄于2010年）

3. 浮云大桥

（县摄影协会提供 摄于2010年）

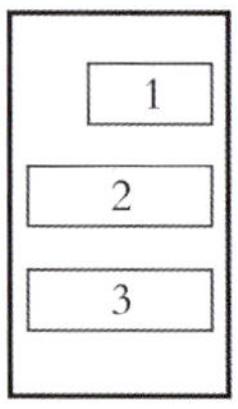

生态养殖

1. 仙宫湖有机鱼
（刘红梅 摄于2010年）
2. 山塘养鸭
（刘海波 摄于2009年）
3. 山地牧羊
（符香环 摄于2010年）
4. 低丘养鸡
（刘海波 摄于2010年）

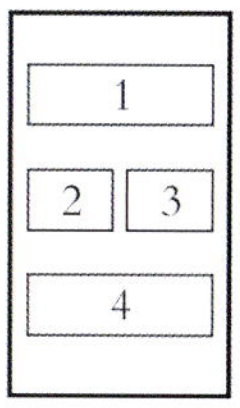

2005年8月9日，“云和师傅”经国家工商总局批准注册，成为浙江省著名劳务品牌

1.云和师傅在杭嘉湖地区的桑枝条代料黑木耳生产基地（县农办提供 摄于2010年）

2. 云和师傅在四川广元的黑木耳示范基地 （县农办提供 摄于2010年）

3. 云和师傅在长田村培育灵芝

（陈忠人 摄于2006年）

4. 云和师傅在试验培育长裙竹荪

（陈忠人 摄于2010年）

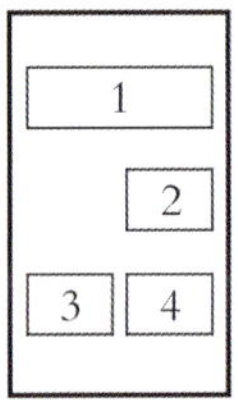

1. 石塘蜂农 （沈 俏 摄于2008年）　　2. 朱村茶园 （刘海波 摄于2010年）

1
2

中华名果——云和雪梨

1. 苏坑村的雪梨被评选为雪梨王
（陈忠人 摄于2010年）

2. 黄处村雪梨
（县林业局提供 摄于2008年）

3. 包山村梨花
（潘贵铭 摄于2007年）

1. 建设中的杨柳河工业园区

（县工业园区提供 摄于2010年）

2. 振鹏木制玩具展厅

（县工业园区提供 摄于2008年）

3. 轴承配件—保持架

（县工业园区提供 摄于2009年）

4. 阀门产品

（县工业园区提供 摄于2009年）

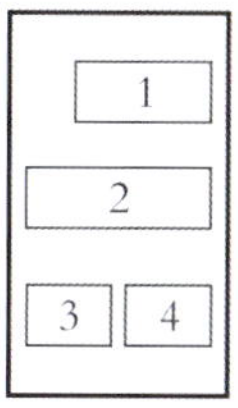

1. 2006年12月29日，丽龙高速（云和段）通车
（县摄影协会提供 摄于2006年）

2. 玩具彩车
（邹金清 摄于2010年）

3. 2009年1月15日，城区公交车开通 （张少峰 摄于2009年）

1
2
3

1. 规溪村 （柳荣林 摄于2010年）

2. 古竹农民新村 （陈忠人 摄于2003年）

3. 普光农民公寓 （陈忠人 摄于2009年）

1
2
3

畲族风情

1. 畲族婚嫁表演

（龚启富 摄于2008年）

2. 集约化养鸡

（全献光 摄于2010年）

3. 畲乡宴

（夏伟义 摄于2010年）

1. 县400米标准塑胶田径场 （龚启富 摄于2006年）

2. 县体育馆 （刘海波 摄于2010年）

1

2

云和板龙参加2005年中国—丽水国际摄影文化节“龙狮大会”，荣膺“处州第一龙”称号

1. 龙头喷火

（县摄影协会提供 摄于2009年）

2. 老街长龙

（刘海波 摄于2009年）

3. 祥龙游湖

（盛顶立 摄于2010年）

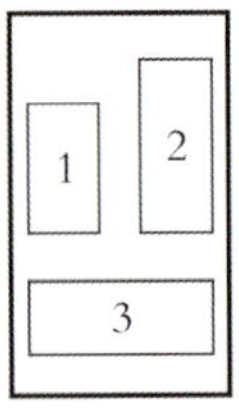

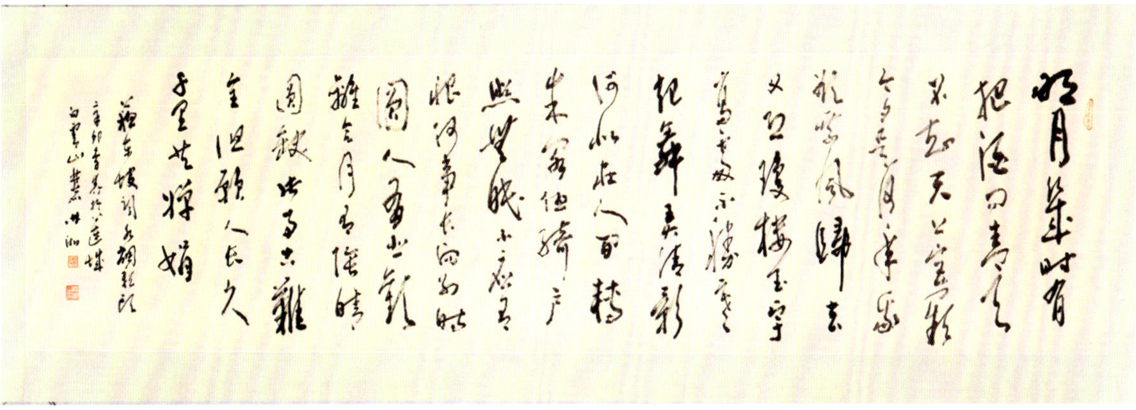

1. 林湘作品
明月几时有（书法） 123厘米×246厘米

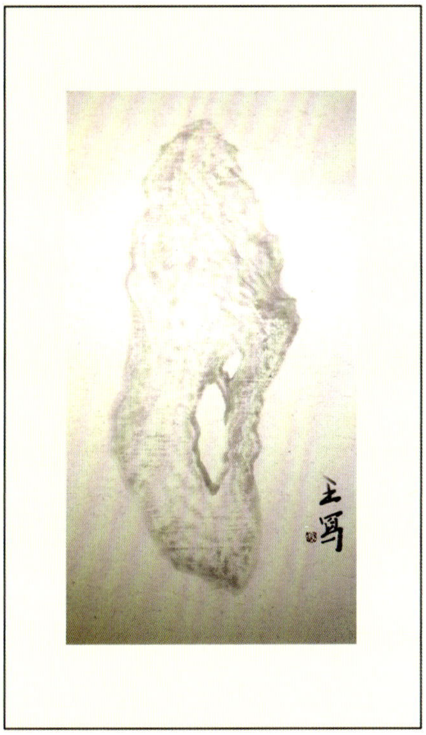

2. 王林海作品
云石（国画） 96厘米×180厘米

3. 陈宣蔚作品　　玉荷承露果盘（龙泉青瓷）

4. 王志伟作品
天壁炉（龙泉青瓷）

5. 叶克伟作品
粉青釉出戟罇（叶氏哥窑瓷器）

红花冻原石　　红冻原石
（吴廖生　摄于2010年）

小顺红花冻
（陈志和　摄于2010年）

云和小顺石是中国四大名石之后的石种，元代画家王冕的印石中就有小顺石，当代国画大师潘天寿留下了“田黄华贵，封门清雅，小顺妩媚”之赞。

2009年10月，小顺石红花冻古兽钮章在中国第四届印文化博览会上获铜奖；2010年10月，小顺石掘性红花冻组章在中国第五届印文化博览会上获铜奖。

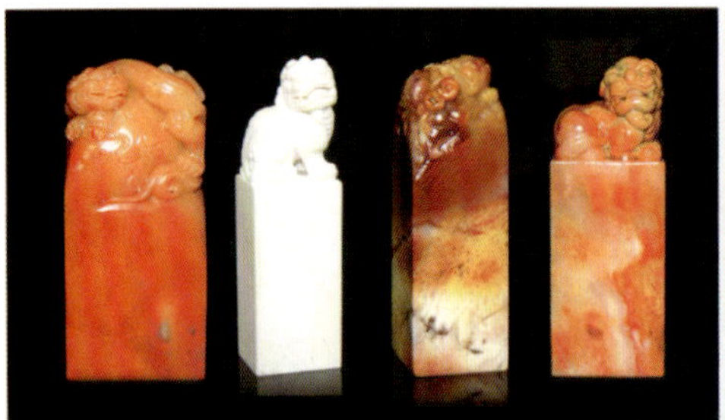

朱砂古兽扁章　瓷白方章　流沙巧色方章　红花巧色钮章
（董明水　摄于2010年）

小顺红花冻古兽钮章　（练巧忠　摄于2010年）

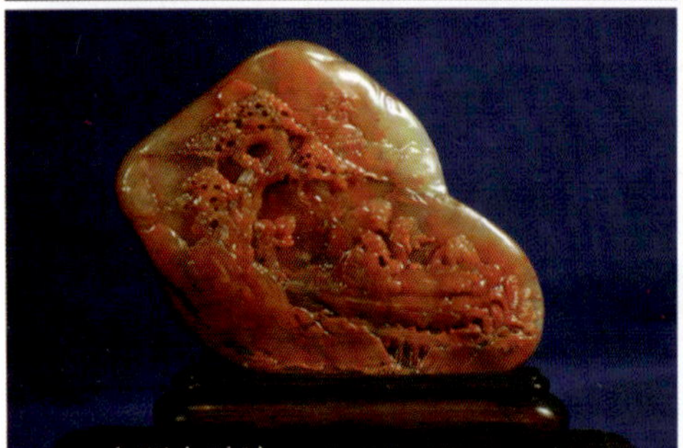

小顺金砂冻　（宋水根　摄于2010年）

红花冻古兽组章　（吴云武　摄于2010年）

虎皮纹三连章
（李海荣　摄于2010年）

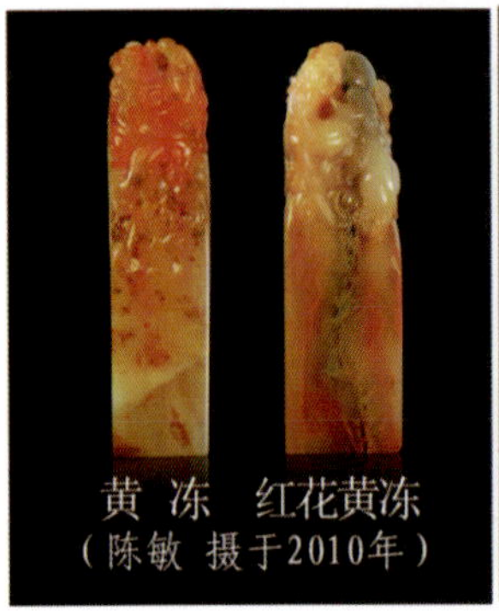

黄　冻　红花黄冻
（陈敏　摄于2010年）

三色冻石
（傅樵　摄于2010年）

龙　龟
（涂俊玖　摄于2010年）

田螭虎钮方章　黑冻斜方章
（何树来　摄于2010年）

船帮文化—祭祀　（县摄影协会提供 摄于2010年）

慧云寺　（县委统战部提供 摄于2009年）

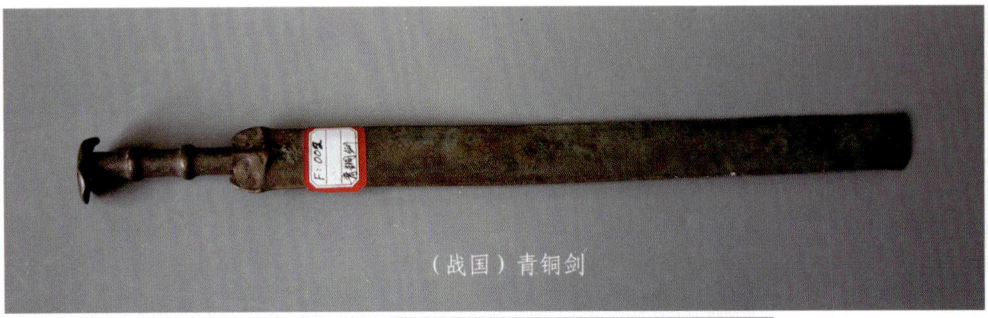
（战国）青铜剑

（宋）龙泉窑青瓷瓜棱执壶

（南北朝）青瓷碗

云和县出土的部分文物
（严晓宽 摄于2010年）

（宋）龙泉窑青瓷双线连瓣纹梅瓶

（汉）堆塑谷仓陶罐

（汉）青铜弩机

（明）龙泉窑青瓷素面小执壶

（战国）青铜斧

（唐）青铜海兽葡萄镜

（宋）影青荷叶盖罐

前排左起：林志龙　徐建明　徐　鹏　雷华英　潘捷军　上官国明　陈伟忠　朱晓亮　江佳杰　洪广美
中排左起：吴　霞　王晓燕　柳成东　李云伟　蓝雪飞　季伟忠　彭慧慧　雷春华　夏长水　符　雅
后排左起：陈　玲　宋世明　邱云安　王谋广　张晓宝　梁超炜　朱小宇　王震海　（徐天飞　摄于2020年）

《云和县志（1991—2010）》编辑部全体人员合影

前排左起：宋世明 洪广美 王谋广 吴兆江 夏长水
后排左起：陈 玲 吴翠仙 王振海 张晓宝 邱云安 吴 霞
（徐天飞 摄于2020年）

凡　　例

宗　旨

一、本志以马克思列宁主义、毛泽东思想、邓小平理论、“三个代表”重要思想、科学发展观和习近平新时代中国特色社会主义思想为指导，坚持辩证唯物主义和历史唯物主义的立场、观点和方法，存真求实，根据国务院《地方志工作条例》规定，全面、客观、系统地记述云和县发展历程。

时　限

二、本志记事时限为1991—2010年。上始1991年1月1日，下限2010年12月31日，个别重大事件和图片摄制有所延伸。

地　域

三、本志记述云和县现行行政区划内自然地理环境和人文地理环境的历史(1991—2010)。

结　构

四、本志主体志采用篇章结构，设置为篇、章、节、目4个层次，同时设置概述(篇下、章下设无题小序)、大事记和附录。

体　量

五、全书正文设39篇，另设图片、概述、大事记、专记、丛录等。总字数2000余千字。

体　例

六、横排门类，纵叙发展，述而不论。个别节、目为显特色未严格横排门类。

七、本志采用述、记、志、传、图(照片)、表、录等体裁，以志体为主。采用语体文、记述体、第三人称书写；采用专记形式记述影响较大、有典型和特殊意义的事件内容；采用文献辑存形式记述内容密切相关的重要文献、档案资料。

八、本志卷前附图编配行政区划图、地貌图、地质图、水系图、交通图等以及彩色插页编配具有历史价值的图片。

九、本志的体例规范、质量标准和术语使用遵循国家有关出版物的规定。

纪　年

十、本志历史纪年，凡公元1912年以前的，一般标示朝代、年号、年份，括弧内注公元纪年，如清康熙二十二年(1863)，月日用农历，以汉字数字表示；公元1912—1949年9月30日的，括弧内注民国年份，如1937年(民国26年)7月7日(用公历，如需加注农历则在括弧内加五月二十九日)。1949年10月1日以后，以公元纪年，月、日用公历，以阿拉伯数字表示。

人　物

十一、人物选录原则注重业绩、著述和社会贡献。人物记述源自征集采访和中共云和县委统战部乡贤名录；烈士以云和县民政局、云和县退伍军人事务局在册名录为准。正文中以事系人，不在此例。

十二、本志《人物篇》由人物传略、人物名录和人物表录三部分组成。“人物传略”收录云和籍和长期工作在云和的客籍已故人物；“人物简介”收录云和籍和长期工作生活在云和的在世人士；“人物表录”收录1991—2010年云和县评聘高级专业技术人员、省级以上劳动模范及先进工作（生产）者、云和县省级以上“三八”红旗手获得者和信息不详的具有正处、正团及以上职务或正高级技术职称的寓外云和人士。不作任何评价。

数　字

十三、本志数字使用，以国家质量监督检验检疫总局、国家标准化管理委员会发布的《出版物上数字用法》（GB/T15835—2011）为依据。

计量单位

十四、计量单位的使用，以国务院公布的《关于我国统一实行法定计量单位的命令》《国际单位制及其应用》（GB/3100—93）为依据。标点符号的用法，以国家质量监督检验检疫总局、国家标准化管理委员会发布的《标点符号用法》（GB/T15834—2011）为依据。

数　据

十五、本志使用的数据，一般以县统计局的数据为准。县统计局没有的，以部门统计数据为准，凡使用编者重新调查核实的数据，均加页末注说明。

称　谓

十六、本志称谓的书写，不用简称。如“中国共产党浙江省委员会”简称为“省委”；不写概念模糊的机构或领导，如“上级”等，写具体的机关单位名称。人名，除引文外，一律直书姓名，不加称呼，不冠褒抑之词，如需提及职务，一律用“职务+姓名”，以后出现则直书其名。古地名均括弧注今地名。外国的人名、地名之译名，以新华社发表的译名或社会上通用的为准。

资　料

十七、本志资料主要来源于全县机关部门、企事业单位、人民团体、乡镇（街道）提供的书面材料和对历史档案的查阅，少数来源于旧志、杂志、访谈的资料则在反复核实后谨慎入志。本志采用的一般资料不注明出处，但引文、辅文和需要注明的专用名词、特定事物，均加页末注、括号说明。

《云和县志(1991—2010)》总目录

上 册

下 册

General Contents

Volume One

Volume Two

目　　录

第一篇　政区建置

第二篇　自然环境

第三篇　人　口

第四篇　土　　地

第五篇　城乡建设

第六篇　水　　利

第七篇　交　通

第八篇　邮电　通信

第九篇　农　　业

第十篇　生态建设

第十一篇　工　业

第十二篇　木制玩具业

第十三篇　贸　易

第十四篇　金　融

第十五篇　财政　税务

第十六篇　经济管理

第十七篇　中国共产党地方组织

第十八篇　“小县大城”发展战略

第十九篇　地方人民代表大会

概　　述

仙宫福地

云和县地处浙西南的瓯江上游，位于仙霞岭、洞宫山之间，青山叠翠，绿水长流，钟灵毓秀，旱涝难侵，素有“仙宫福地”之美称。

明景泰3年（1452）设县。县境东邻莲都区，西毗龙泉市，南接景宁畲族自治县，北连松阳县，是丽水市的地理中心，总面积984平方千米。1958年并入丽水县，1962年以原云和、景宁两县政区复建云和县。1984年云和、景宁两县分设；云和县辖云和镇、小徐乡、沙溪乡、局村乡、小顺乡、双港乡、朱村乡、金村乡、云坛乡、沈村乡、赤石乡、库北乡、大源乡、龙门乡、安溪乡、雾溪乡、梅源乡、黄源乡、云丰乡、沙铺乡、大湾乡21个乡镇。经1987—2001年的14年间区划调整，2010年全县设4个镇、10个乡，170个行政村，9个居委会，1165个村民小组。境内公安户籍有29313户，112785人；其中畲族人口9231人，占8.2%。人口密度每平方千米114.6人。

云和是“九山半水半分田”的山区县。洞宫山脉自县境西南向东北延伸，仙霞岭余脉分布于县境北缘，龙泉溪穿越于两山脉之间东流入莲都区境。境内地势西南高、东北低；海拔千米以上山峰有184座，大多分布于西南部，全县最高峰是位于崇头镇的白鹤尖，海拔1593.1米，最低处东北部的双港村，海拔78.2米。沿龙泉溪干、支流沿岸有赤石、小顺、朱村、双港、云和、云坛等河谷盆地。其中以云和盆地最大，面积28平方千米。海拔800米以上中山地区占全县总面积23.6%；150—800米的低山、高丘、低丘占总面积72.1%；150米以下的河谷盆地占总面积4.3%。境内耕地8109.79公顷，林业用地79578.11公顷，水域2687公顷。

云和属中亚热带季风气候，温暖湿润，四季分明。1990年前多地年平均气温17.6度，年均降水量1546.4毫米，年均蒸发量1335.5毫米，气候垂直变化大，降水年限及季节分布不均，春夏季雨水较多，秋冬季降水较少。据1991—2010年气象资料统计，年平均气温18.0摄氏度，年降水量1638.2毫米，年平均气温比1991年前升高0.4摄氏度，年平均降水量比1991年前增91.8毫米。

县境内溪流密集，流域面积在10平方千米以上溪流有13条；分属大小河流分属瓯江上游干流龙泉溪和瓯江上游小溪支流梧桐坑两大水系。龙泉溪云和本地人称大溪，在县境北部，境内干流道长51.35千米，河道自然落差52米，流域面积837.93平方千米，占全县总面积85.16%，主要支流浮云溪穿越云和盆地；小溪水系梧桐坑，位于县境西南中部山区，长24.1千米，河道自然落差667米，流域面积146.07平方千米，占全县总面积14.84%。全县多年平均水资源总量10.16亿立方米，人均占有量约9528立方米。西高东低的地形，形成境内丰富的水力资源，全县水力资源理论蕴藏量15.57万千瓦（不含紧水滩、石塘电站），其中条件较好可供开发利用的有8.84万千瓦，年发电量可达10.5亿千瓦时。至2010年底，全县已建水电站55座，总装机容量77830千瓦。

土壤以红壤和黄壤为主，分别占62.11%和25.13%，土质粘重。全县森林资源丰富。植被类型属中亚热带常绿阔叶林，山地植被从山麓到山顶相继更替，呈垂直分布、纬向过渡带状规律。有乔木树种百余种，其中国家重点保护植物23种，2010年全县森林覆盖率为80.8%。是浙江省杉木、油茶基地县之一。野生动物种类繁多，其中国家重点保护野生动物28种。

矿产资源以非金属矿为主，主要有萤石、叶蜡石（叶蜡石主要蕴藏在小顺区域，又称小顺石。1993年，经省地质勘探大队探明储量300000万千克）、高岭土，另有少量沿锌、银、钨、锡、铁、煤等。

木玩之乡

1991—2010年，云和县股份制企业、外商投资企业、私营企业从无到有，由小到大，成为主导成分。国有企业，集体企业为主导的计划经济完成向市场经济的过渡；20年间，纺织化纤、鞋类服装、机械五金、食品酿造、粮油饲料加工5个行业，从兴盛走向衰落；采矿业有良好发展态势；电业、木制玩具业、轴承、阀门和冶炼业成为云和工业发展的支柱产业。1993年，县委、县政府提出：“必须放开手脚，大胆发展个体私营企业，力求个体私营经济有一个新的突破”①，全县个体私营企业发展加快，特别是私营木制玩具企业异军突起。

1991年2月23日，中共云和县委书记施基城在全县干部大会上提出：“抓好两个龙头，形成企业集团，即抓好以微型轴承、钢球为龙头的拳头产品，形成以无线电厂为核心，由云中钢球厂、电机厂微型轴承分厂、镇建联营轴承配件厂等企业组成的企业集团；抓好木制玩具为龙头，玩具公司为核心的玩具厂家企业集团。”

1994年2月17日，中共云和县委书记陈川在全县干部大会上提出：“万众一心，创建‘中国木制玩具城’。要发展经济，振兴云和，九四年全县的头等大事是打出‘中国木制玩具城’的牌子。争取形成浙江省木制玩具出口中心和全国木制玩具出口的大本营。让云和玩具走向全球。尽快与国际市场接轨。”

1997年，全县工业经济平稳渡过东南亚金融危机期。1998年，县委、县政府要求“以木制玩具业为中心，大力发展轻工加工业。全县工业经济的发展重心就是‘做大搞活’高科技、

① 陈川：《中共云和县第九次代表大会县委工作报告》，1993年5月6日。

轻工加工业、农产品加工和库容小水电等四大无污染工业”[①]。1998年，县政府发出《关于进一步推进县属企业改革有关政策的通知》，县属企业改制工作全面展开，全县县属企业843家（其中商业、饮食服务业34家）逐步退出历史舞台，取而代之的是民营企业快速发展。同时，县委、县政府实施“优化发展环境，合力扶工”战略，全县工业经济进一步加快发展。1999年，全县工业总产值超过10亿元。

2003年，县委、县政府“全力推进工业化，努力建设先进制造业基地。”“做大做强特色产业，建设全国木制玩具先进制造基地。”[②]工业园区基础设施建设加快，实施“扶优扶强”方针，开展玩具“十大王”评选等活动。2005年，全县工业总产值突破20亿元，达21.58亿元；2007年突破30亿元。2006年，云和县第十二次党代会提出要“推进新型工业化，为深入实施‘小县大城’发展战略强化产业支撑；大力推进园区建设；进一步优化产业结构，围绕建设中国木制玩具先进制造业基地和专用阀门制造业基地的目标，不断提高产业集聚度，延长产业链，促进产业进群化发展。”[③]全县工业企业向规范化、规模化、集群化迈上新的台阶。2010年，全县工业总产值达54.18亿元，是1991年的32.34倍；规模以上企业利税总额比1991年增长51.47倍。20年间，云和县工业从业人员从6507人壮大到25005人；规模以上工业总产值从1.44亿元提高到41.93亿元；规模以上企业税收总额从306万元，增长到1.57亿元。

云和木制玩具产业历史悠久，抗日战争时期，浙江省会迁驻云和（1942.3—1945.8），辛亥革命元老吕公望在瓯江码头小镇赤石开办以木材为主要原料的十九家军民两用工厂，广招当地农民和难民进厂务工，以工代赈；浙江省教育厅所属科学仪器教具厂在古竹村古民宅坚持生产算盘、尺规、地球仪等文教用品；为云和木玩具产业萌生埋下根脉。20世纪70年代初，云和一批有识之士依托云和丰富的木材资源和木艺人材优势，开始生产木艺产品。初创时期木艺企业的分布地域，以起源地赤石乡与云和镇为核心，以蒲公英模式，扩展为乡乡办木艺企业，逐步演变、发展成以木制玩具为主导的木艺企业集群。

云和的木玩具产业，经历乡镇（国营、集体）企业→民营企业→工业园区三个历史阶段。1994年，云和县被农业部命名为“中国木制玩具之乡”，原全国人大副委员长、著名社会学家费孝通，为云和题写“中国木制玩具城”，这是标志性的时间节点，意味着具有中国特色的玩具城堡崛起于世界的东方。2000年、2003年和2007年，受中国轻工业联合会的支持，中国轻工业信息中心、中国工艺美术学会与中共云和县委、县人民政府，共同举办首届、第二届和第三届“中国木制玩具文化节”，内容包括：文化踩街、商贸集市、高端论坛、经贸洽谈、文艺晚会、童话剧场、童话旅游……藉此，将云和本土特色文化——银矿、梯田、船帮、畲族与木玩集成整合，主旨在于：让童话走进生活，让玩具走向世界；2005年9月举办“中国玩具企业发展论坛”，以此为推手，促进木玩产业稳步健康发展。至2010年木玩具产业已经形成生产制造、

① 刘秀兰：《中共云和县第十次代表大会县委工作报告》，1998年2月25日。

② 虞红鸣：《中共云和县第十一次代表大会县委工作报告》，2003年3月19日。

③ 廖思红：《中共云和县第十二次代表大会县委工作报告》，2006年12月27日。

原辅市场、装备供应、专业设计、印刷包装、物流营销一条龙运作系统。县委、县政府依托木玩具实体产业，提出“山水家园·童话世界”的城市定位。

到2010年，全县有玩具商标155个，其中中国驰名商标2个（新云木业集团的“一点”和浙江和信玩具有限公司的“比好”）、浙江著名商标2个、浙江名牌产品1个、丽水著名商标13个和丽水名牌产品5个，木制玩具产品已达十大类、上千个系列、一万多个品种，其中80%产品供出口，销往130多个国家和地区，出口量占浙江省的80%份额、全国同类产品半数以上，其优良的品位在国际市场享有美誉。云和已形成原材料供应、造型设计、定牌加工、零部件制造、包装装潢等专业分工协作的木制玩具生产体系。2010年，全县从事木制玩具生产的各类企业659家，从业人员3万余人，木制玩具产业年产值22.10亿元，占全县工农业总产值40.7%。

菌蕈之域

1991—2010年是云和县农村、农业经济发展转型时期。

1991年开始，县委、县政府贯彻“在稳定粮食生产的基础上，发挥山区资源优势，着力抓好农业综合开发”的方针，调整农业结构，发展“一优两高”（优质、高产、高效）农业，助推传统农业、林业向现代农业、效益林业转轨发展；农业方面，力保粮食生产安全，积极发展蔬菜生产、畜牧养殖和水产养殖，食用菌生产成为农业支柱产业，1993年，全县“发展代料香菇1000多万袋”①；林业方面，县委、县政府提出“要继续努力实现‘五年消灭荒山，七年绿化云和’的奋斗目标。”② 云和县立足本县的自然资源优势和传统产业基础，全县长期坚持绿化造林和林业开发，提高林政管理和资源保护水平。大力发展云和雪梨、名优茶、板栗、有机鱼等特色农业，这些农业主导产业的规模效益和品牌效益日渐显现。2000年，云和县被浙江省人民政府授予“绿化浙江先进县”称号。

2002年，“仙宫雪毫”茶荣膺中国精品名茶博览会金奖。2003、2006年云和雪梨被中国果业流通协会两度评为“中华名果”。2007年，云和县被中国果业流通协会评为“中国优质雪梨基地重点县”称号；同年，获“浙江省食用菌强县”称号。云和黑木耳是国家地理标志产品；云和湖有机鱼是浙江省第二大有机鱼品牌。2008年，云和县食用菌年生产量稳定在7000万袋左右，成为农民增收的主渠道。云和雪梨建成基地1300多公顷，经培育的新一代云和雪梨被授予“中华名果”称号，云和县成为全省早熟梨基地规模较大的县（市）之一，产业化、规模化效益日渐显现。生态名茶发展迅猛，近两年新开发面积都在333.33公顷以上，已建成基地1333.33多公顷，覆盖全县14个乡镇。板栗、库区养殖等种养效益良好，农民的增收渠道日渐多样化。同时，大力实施“强龙兴农”工程，积极推进农产品加工基地建设，引进和培育天恩茶叶有限公司、仙宫果业有限公司等一批农业龙头企业，全面推进农业产业化、规模化、信息

① 陈川：《中共云和县第九次代表大会县委工作报告》，1993年5月6日。

② 陈川：《中共云和县第九次代表大会县委工作报告》，1993年5月6日。

化。目前，全县有农业龙头企业20家，带动农户2.12万户，创建或联系农产品基地2000余公顷；拥有专业合作经济组织38家，带动农户1.63万户，联系基地1200公顷，覆盖茶叶、板栗、蔬菜、食用菌等主导产业。制定和完善12个农产品地方标准，13个农产品通过全国无公害农产品标识认证。各类农产品获省级以上金奖15个、优质奖17个，“山兰”牌商标被评为浙江省著名商标。

2010年，云和县农、林、牧、渔总产值达到51869万元，是1991年7437万元的6.97倍。至2010年，全县绿化造林面积16300.9公顷、林木抚育68184.9公顷，封山育林302703公顷，形成用材林、原料林、经济林相辅相成的产业格局。同时，推进雪梨、杨梅、柑橘类、板栗、茶叶、油茶等主要农林特产的快速发展。

在实施农业综合开发、发展“一优两高”中，云和的食用菌产业异军崛起，成为农民增收、脱贫致富的主导产业。云和是人类最早认知、利用食用菌地区之一。早在两千年前，山民就有采食野生菌蕈的习惯，八百多年前，云和农民就利用原木砍花法栽培香菇。民间也流传许多关于食用菌的传说，县文化部门在非物质文化遗产普查中发现，在传唱四百多年的沙铺山歌中就有对食用菌的描述：“七月回来是凤仙，山上狼衣不开花；椴木烂了也开花，开出木耳黑矬矬。”新中国成立前，就有不少菇农走外出江西、福建等地生产黑木耳的路子。

1991—2010年间，一批土生土长的云和有识之士，在与勤劳朴实的山民交谈中感受到他们对脱贫致富的渴望，在堆积如山的木制玩具尾料中发现发展循环经济的可能，于是，他们成为食用菌产业形成壮大的领军人物。1982年，丽水第一家生产食用菌研究机构--云和县微生物研究所诞生。1986—1990年，是云和食用菌起步阶段，食用菌生产在农村还属于家庭副业，从事食用菌的人数少，食用菌生产面相对较小，主要分布在云丰、大湾、沙埔、云坛、梅源等椴木资源富足地区，以椴木栽培食用菌为主，全年香菇和木耳栽培量在4万立方米，年生产量在300万千克。由于以椴木资源栽培利用率低，难以实现食用菌生产产业规模。1990年创建的丽水第一家民营微生物研究所，成功代料香菇栽培、代料黑木耳、云和长裙竹荪、灵芝等多种食用菌。特别是代料香菇无棚架半地下式栽培试验成功后，为云和县菇民节约上亿元成本，并在全国各地推广应用，实现经济、社会和生态多重效益，食用菌摇身一变成“摇钱菇”，云和食用菌产业迅速发展壮大。

1991—1996年，中共云和县委、县政府把食用菌作为农民脱贫致富的主导产业来培育。云和县食用菌实现数量扩张，食用菌生产也以少数人生产转为大多数人生产，从家庭副业转为家庭主业，由于栽培食用菌科学技术的发展，香菇栽培以袋栽为主，国内首创并大面积推广无棚架半地下式香菇栽培模式，1991年全县生产代料香菇710万袋，1996年生产量达到6500万袋，香菇产量也由40多万千克上升至400多万千克。这个时期由于受资源的限制，椴木木耳的栽培量逐年减少，由以前的2万立方米下降到1万立方米。1992年云和县被评为全国食用菌生产先进县。

1996—2010年，是云和县的食用菌生产相对稳定的阶段，食用菌生产方式更加集约化，由无棚架半地下式香菇栽培进入菇棚上架，香菇年生产量稳定在5000—6000万袋。木耳栽培已由椴木栽培为主转为代料栽培为主，年生产量稳定在2000万袋。1996年，云和县被中央、省财政列入科技成果应用示范试点县；2000年被中国食用菌协会评为全国食用菌商品基地县；2004年被省人民政府确定为特色优势农产品生产基地县；2005年“代料黑木耳栽培技术研究与推广”荣获市农业丰收一等奖；2007年被评为浙江省食用菌强县。创建云和食用菌产品品牌：“山兰”牌被评为省级著名商标，“颐养园”牌被评为市级著名商标，“禾森”牌被评为浙江省绿色无公害优质畅销农产品，云和黑木耳是国家地理标志产品；2008年，食用菌产业已成为云和县农业和农村经济中的支柱产业和优势产业。全县有15000余户、40000余人从事食用菌生产，占全县农户数和农业人口数的55%和43.4%；有食用菌材料专卖店57家，食用菌保鲜库66座，烘干房1547座，销售窗口106处；年生产干菇、木耳500多万千克，创产值2.3亿元，占农业生产总值的54%，食用菌出口额达1.2亿元。

在食用菌生产产业化过程中，由于木材资源的逐步减少，食用菌生产开始出现与产业联姻、异地开发的趋势。即让木制玩具产业和食用菌产业联姻。两大产业的联姻既解决木制玩具废料的问题，又解决食用菌生产的原材料问题。全县的木制玩具企业每年可提供玩具木屑5万吨，可产香菇代料5000万袋，依此计算全县通过资源再利用，每年可为此节约木材3万立方米，香菇的废菌棒用作燃料为新菌棒消毒，还可作为肥料用于农业生产，因此形成一条特有的木制玩具→食用菌→农作物的循环经济发展路线。同时，云和菇农开始走出去，利用外地资源异地开发。1999年10月18日，省委书记张德江在省府办公厅出版的《每日要讯》中刊发的《云和菇农异地开发增收3000万元》的信息上作批示：“云和菇农异地开发的效果好，意义十分重大，请当地政府要注意总结经验，提供政策支持，同时注意保护异地开发菇农的合法权益。”中共云和县委、县人民政府根据省委领导的这一指示精神，于2001年2月8日成立云和县异地开发食用菌领导小组和云和县异地开发食用菌办公室，专门负责云和县食用菌异地开发工作。云和菇农异地开发食用菌，客观上成为当地发展食用菌产业的“师傅”。为给云和异地创业者打造一张“名片”，县委、县政府从2004年开始努力培育和打造“云和师傅”品牌，2005年8月9日，经国家工商总局批准注册“云和师傅”，同时还将云和师傅们的创业成果通过报纸、电视等新闻媒体向社会进行展示，接受社会舆论监督。“云和师傅”很快成为浙江省著名劳务品牌，至2010年，“云和师傅”已经形成食用菌、茶叶、种养、电商、水电、玩具、加工、农家乐民宿等9大产业的创业大军。

创建“云和师傅”劳务品牌，有力地推进外向型食用菌产业的发展，掀起“云和师傅走天下，异地开发奔小康”的热潮。“云和师傅”知名度在实践中提高，行者无疆。许多省、市邀请“云和师傅”到当地开发生产食用菌。2007年在淳安县利用桑枝粉碎加工栽培代料黑木耳获得成功，引发当地食用菌种植热潮；云和师傅组团式开发打开“双赢”的经济发展新局面，如云和县山农黑木耳专业合作社与杭嘉湖地区合作利用桑枝条开发代料黑木耳获得成功，成为该地区代料黑木耳产业发展的技术支撑；云和师傅450余人在四川省广元市开发黑木耳54.3公顷，年创净收入1200余万元，同时带动当地500余农户发展黑木耳生产。2008年，在500多名云和师傅的引领下，全县有4720人在全国28个省（市、自治区）215个县（市、区）开发生产食用菌，年外出生产黑木耳接种量300余万瓶，异地生产代料香菇600万袋，累计异地生产总值6300万元，总利润3000万元；异地销售菌种1000余万瓶，总产值1500多万元，创利润600多万元，异地生产和异地销售菌种两项合计总产值达7800万元，总利润达3600万元。

与此同时，广大菇农家属亲友加入木玩具行业，实现农产业向非农产业转化。至2010年，云和的食用菌生产实现三大转变：从单纯追求数量增长向追求质量效益的转变；从早期的脱贫致富和发展多种经营为目标，逐渐向资源合理开发利用的转变；从政府发动、技术先行、群众参与的发展模式向以市场为导向、以效益为中心、以技术为依托的产销结合生产模式的转变。

小县大城

千百年来，云和县一直在走着“村村点火、户户冒烟”式分散配置资源的发展经济老路。据2000年统计，全县11.14万人分布在170个行政村、842个自然村，平均每个自然村只有90多人，100人以下的自然村占了50%左右，最小的自然村只有1户人家。山水分割、人口分散、要素分离，县域经济社会发展必然是低效率和低水平。2000年全县实现国民生产总值也只有8亿元，财政总收入仅6466万元。面对县域经济、社会发展举步维艰的状况，从1990年代后期开始，云和县历届县委、县政府，进行积极、大胆、持续的探索，走出一条独特的、符合云和实际的正确发展道路——提出并践行“小县大城”发展战略。

1995—2006年，云和县对《云和县城市总体规划》先后四次进行修编，相继完成15项专业规划和12项修建性规划编制。云和县城建设按照“东扩南进”的发展思路，规划建设用地范围从3.14平方千米扩展到22平方千米（含远景建设用地），规划县城常住人口从2.04万增加到4.97万。1997年，在县城东郊柿树坳建设的垃圾场列入浙江省重点建设项目。同年，云和县作出“打通一环路、拆迁改造新建路”的决策。

1999年2月24日，县委书记刘秀兰在全县干部大会上提出：要把云和镇作为一个能容纳6万人口左右的中心镇来建设和发展，形成由中心镇对全县的聚集和幅射效应。要把云和镇建设成为一个工业强镇、商贸活镇、功能齐全、环境优美的名镇。县委、县政府开始部署做大云和县城的工作；“小县大城”的战略思想进入酝酿阶段，县城基础设施建设加快。1999年底，北起凤凰山东翼，南接猛虎山麓，横跨两条溪流的新建路如期建成，成为云和县城南北向的轴线；一环路全线同步贯通。2000年5月，县委、县政府制定并印发《关于实施农民新村建设工程的若干意见》。通过城南农民新村的建设以及后续的普光寺农民公寓、脱贫小区（点）、补助农民进城购房等形式，积极引导山区农民向县城和集镇转移。2000年8月8日，县委、县政府联合发出《关于进一步加强小康工程建设的实施意见》，正式提出“要造就‘小县大城’的社会经济发展格局，重新构筑起我县进一步发展所需要的资源和要素的合理配置”。

2001年2月1日，县委书记虞红鸣在全县干部大会上提出：要把握云和县人口少、城镇发展有余地的优势，加快农村劳动力转移，加快二三产业的发展。3月20日，县委副书记、县长吕文明，在县第十二届人民代表大会第五次会议上作《关于云和县国民经济和社会发展第十个五年计划纲要的报告》，把实现“小县大城”作为“十五”期间战略重点之一。正式将“小县大城”发展战略，写入政府工作报告，探索实践云和特色的城市化发展道路。2003年2月9日，虞红鸣《在全县干部大会上的讲话》，进一步阐述“小县大城”发展战略的内涵、意义、措施和目标要求；指出：“站在全局的高度，在更大范围、更高层次上推进‘小县大城’发展战略的实施。”2004年1月12日，时任县委书记吕文明，在县委十一届三次全体(扩大)会议上提出：“深入实施‘小县大城’发展战略，要注重城乡协调发展和经济社会协调发展。”进一步丰富“小县大城”发展战略的内涵。2005年8月，县人民政府相继印发《云和县万名农民下山转移工程建设规划》《云和县万名农民下山转移工程实施意见》，对农民新村建设的相关规费减免、户籍管理、进城农民保留责任田、责任山等方面给与优惠政策，使农民能“下得来，稳得住，富得起”；积极引导山区农民向县城和集镇转移。随后，通过“万名农村剩余劳动力素质培训工程”的不断实施，实现65%的农村劳动力向二、三产业转移和进城转产就业。既缓解山区农民对资源和环境的压力，提高人均资源占有率，也使用留在山区的农民能够实现规模经营，增加经济收入；同时，还使山林休养生息，生态环境得到改善，实现山区可持续发展。

2006年12月27日，县委书记廖思红，在中共云和县第十二次代表大会上作题为《深化“小县大城”发展战略，推进经济社会跨越发展，为与全省同步提前基本实现现代化而努力奋斗》的报告，提出要进一步深化“小县大城”发展战略的总体要求和奋斗目标。“小县大城”战略进入更深层次和更广领域的实施。

县委、县政府遵循“绿水青山就是金山银山”的战略指导思想，深入实施“小县大城”核心战略，主动适应经济发展新常态，全力打好转型升级组合拳，统筹推进经济社会发展，优化资源配置，激励产业集聚，人口集聚，先后出台相应政策并落实劳动力转移，农民下山脱贫等，并以此为推动“小县大城”战略的深入实施。2010年1月19日，县委书记任淑女《在县委十二届七次全体(扩大)会议上的讲话》指出：今后一个时期云和工作的基本定位是：坚定不移地实施“小县大城”核心战略，明确“产业升级、城市提升、城乡统筹”三大战略任务，努力打造“中国童话休闲旅游城”，对“小县大城”战略提出新的目标。

至2010年，“小县大城”战略通过十年探索和实践，小县域大城关、少人口大集聚、小产品大产业、小环境大民生的区域特征初步显现。全县近40%的农民下山转移、70%的农村劳动力向二三产业转移，80%的人口集中在县城居住，96%的企业集中在县城发展，城镇化率达到69.6%。同时，探索形成与之相适应的社会治理体系，先后获评国家卫生县城、全国文明县城、全国平安县、国家级生态示范区等荣誉，成功夺取高质量的“平安金鼎”，成为全省唯一荣获全国脱贫攻坚组织创新奖的单位，人均期望寿命连续多年位居全市第一。“小县大城”发展战略也被广为关注，其改革实践与理论亮点入选浙江省理论创新成果，入选改革开放以来浙江省十大发展模式；获得“2012中国十大社会管理创新奖”，在全国1500多个山区和海岛县推广。

在城市基础设施建设方面。先后完成无害化垃圾填埋场、日处理污水1万吨的污水处理厂、黄溪污水收集管网、县第二自来水厂、汽车客运新站等项目；结合城市防洪堤建设，沿溪新建的江滨绿廊、浮云溪景观坝、浮云绿廊，形成五里长堤，十里绿廊的景观，成为县城最美丽的风景线；县城共建成城市道路36.4千米，道路面积6.13平方千米。东西向，拓宽改造城南路、城北路、新华街、浮云路、解放街；南北向建成仙宫大道、城东大道、新建路、城西路、云雾路、红光路、浮云路、康复路，形成四纵五横道路网络；在丽龙高速公路云和段建设进入紧张的施工阶段的同时，与丽龙高速相接的仙宫大道、浮云大桥动工建设，12月，实现与丽龙高速公路同步通车的目标；城市功能逐步完善。伴随着农民下山脱贫劳动力转移、城镇住房制度改革、城镇国有土地改革的不断深入，住房从福利成为商品，催化建筑业发展壮大。房地产开发从无到有，房地产开发企业从一家到十多家，并带动建筑、建材、装饰、房地产交易服务等相关行业的长足发展，成为云和国民经济的支柱产业之一。

在社会事业建设方面。把新增的优质教育资源集中在城区，为云和县“两高”普九、教育信息化和教育创强等工作奠定基础。重点扩建2所高中、1所初中及2所小学，迁建二中。在城区形成1所普高、1所职高、3所初中、4所小学的办学格局。期间共调整撤并乡村中小学164所，全县已形成高中集聚城区，初中相对集聚城区，小学“一乡（镇）一校”的办学格局，随着教育网点的集中布局，推动教育事业的跨越式发展。加大城区医疗卫生设施投入，2006年开始，先后建成县卫生监督所、县疾控中心大楼；2008年，总投资1.7亿元，占地39907平方米的县人民医院整体迁建工程开工；完成先后投资900余万元，对中医院的用房进行修缮和改建，投资近500万元，改善中医院的医疗设备。新建体育馆、400米标准运动场、元和广场、中山广场、老年公园等体育活动场所。

在打造县城工业经济发展环境方面，浙江云和工业园区在原云和镇特色工业小区的基础上实施开发，历经八年的开拓创新，从0.17平方千米扩张发展成为2.39平方千米的省级工业园区、浙江省山海协作示范区和浙江省文化产业示范基地，拥有500万元以上规模企业74家，全县90%以上的规模企业集聚园区，初步形成产业配套齐全、分工协作的产业集群。作为基础，云和的木玩具产业、食用菌产业、专用冶炼、阀门制造、建筑业和轴承加工等产业迅速形成产业集聚优势，区域品牌影响力不断扩大。

实施“小县大城”发展战略，通过加大县城建设资金投入，拉框架、强功能、拓新区，集中力量建设基础设施；通过产业集聚、人口集聚，转化人们生产方式和生活方式；最终通过城市功能和人居环境的不断改善，提高居民的生活品质，增强居民的获得感和幸福感。

云和“小县大城”发展战略实施过程彰显了中国城市化进程的云和样板。

山水家园

“云涌吉祥，风吹和顺”。从梨花带雨的古村小巷，逶迤在白云深处的新颜畲乡；从质璞灵动的玩具城堡，伸延到帆影瓯江的汀兰芷岸；品尝云和师傅的菌蕈飘香，耕读抗战文化的烽火岁月；吟诵千百年的箬溪十景，如今春意盎然，历久弥新……。宛若诗画的山水，务实创新的民风，独特鲜活的民俗，是云和生态与人文结合的瑰宝，人们都说这里是我们栖息的家园。

1991年6月1日，坐落在白獭山上的儿童公园免费对外开放，拉开县城文明家园建设的序幕。至2010年，县城初显宜居、宜行、宜游的家园佳境。

2002年，全县上下践行“两美云和”，与建设“美丽县城”同步，把“美丽乡村”建设提上重要议事日程。

2003年11月，中共云和县委、县人民政府以行政村进行环境整治、创建全面小康建设示范村为推手，出台《关于实施“千村示范、万村整治”工程的意见》，制订村庄整治五年规划和一系列扶持政策，拉开云和县村庄整治的帷幕。明确“布局优化、道路硬化、村庄绿化、路灯亮化、卫生洁化、河道净化”的村庄整治总体要求，把“康庄工程”“千万农民饮用水工程”“先锋工程”“农业综合开发工程”“生态乡村创建工程”“沼气建设”等项目优先安排到整治村和示范村，合力推进村庄环境整治建设。

截至2007年12月，全县投入资金8850万元，农民投工投劳9.4万个，创建全面小康建设示范村7个、农村新社区1个，完成81个村的环境整治，60个村实施“五整治一提高”工程，120个村实行垃圾集中收集处理。新增通村公路135.1千米，硬化村内道路84千米，建设河道17千米；新增自来水饮用人口2.2万余人，新安装路灯1140盏；新增农居新房1.76万平方米，拆除危房和违章建筑583处，改造民宅外墙13万平方米；新建垃圾焚烧炉10座，垃圾中转站8处；改造拆迁厕栏3960所，建标准卫生间4000多所，建公厕60座；埋设地下排污管道3.1万米，建污水集中处理设施17座；新筑防洪堤5600多米；新增村内绿化面积1.7万平方米；1500户农户建立了沼气池；落实了保洁人员180名，配置保洁车辆130余辆。

同时，创建文明村、最美丽乡村和江南畲族风情文化村。示范村和新社区建立幼儿园、敬老院、卫生院和消防队，增添消防器材、健身器材和休闲娱乐器具。加强板栗、雪梨、名茶和有机鱼基地建设，开拓乡村香菇市场、茶叶市场和小商品市场，发展水上游乐、摄影垂钓业。全县发展农家乐经营户68家，创建省市农家乐休闲旅游特色村2个，农家乐休闲旅游特色点6个。

村庄整治不仅加强了农村基础设施和公共服务设施建设，而且促进了村民思想理念的转变，树立了“爱卫生、讲文明”的新风尚，加快了“生产发展、生活宽裕、村容整洁、乡风文明、管理民主”的社会主义新农村建设步伐。同时进一步拓宽农民增收渠道，全县农民人均收入从1991年的475元提高至2010年的6370元。

1991年以来，通过农村人口的转移、村庄的搬迁，有效减缓农民生产生活对生态环境的压力，从而保护广大山区的生态环境，山川河流得以修养生息，全县环境质量仍然总体保持良好态势，特别是全县的森林覆盖率持续上升，由2000年的80.3%上升到2009年的80.80%。5万公顷国家级生态公益林已经通过界定，占林地面积42.6%。云和综合环境质量列全国第10位，空气质量优良率达到99.2%，全域断面水质常年保持在国家二类标准以上，是丽水市第一个国家级生态县，入选全国重点生态功能区和生态文明建设试点，绿色发展指数位居全省第一。县域空气质量常年达到二级标准，农村地区达到一级标准。2000—2004 年县城增加绿地面积 14 万平方米，县城建成区绿地覆盖率为 36.57%，人均公共绿地面积 11.8 平方米，比 2000 年增加 23%。2004 年，据全国生态环境质量监测，在全国 2348 个县(市、区)评价单位中，云和县生态环境质量优秀，排全国第 10 位。

安居乐业，县城原有居民的住房条件得到改善。城镇住房制度改革、城镇国有土地改革的不断深入，居民真真切切地享受到改革带来的红利。1993 年 4 月浙江省城镇住房制度改革领导小组批准《云和县城镇住房制度改革实施方案》，同年 9 月，云和县城镇住房制度改革工作进入实施阶段。城镇住房制度改革，推行逐步提高公有住房租金、积极出售公有住房、扶持集资合作建房、实行新房新制度、推行公积金制度、建立统一住房基金共 6 项内容。通过三个阶段城镇住房制度改革，建立起了分层次的城镇住房供应体系，即中高收入家庭购买商品住房，中低收入家庭购买经济适用住房，低收入家庭享受廉租住房的住房供应体系。这期间开发的住宅小区有同心花园、涌金花园、滨江花苑、水境佳苑、金丰佳苑等。城镇居民开始告别功能匮乏的泥胚房，开始进入功能齐全、配套完善的住宅小区，物业管理开始进入居民的生活空间。截止 2010 年，县城除解放街等处仅存的泥木结构房屋外，其余均为砖混结构等级以上房屋。截止 2006 年县城人均住房面积达到 36.8 平方米，提前达到小康居住水平。

教育维系民生、维系家庭。2005 年 12 月，云和县顺利通过省教育强县评估验收，成为全市第一个省级教育强县、全省 25 个欠发达县中第二个省级教育强县，教育发展的各项指标达到或超过全省平均水平，居丽水市前列。全县义务教育阶段达到省级标准化要求的学校占义务教育阶段学校总数的 94.4%(丽水市为 58.3%)； 全县 100%的中学生和 67.7%的小学生享受到省市示范学校相对优质的教育资源。学校布局渐趋合理，城区学校办学规模不断扩大，优质教育资源不断扩张，使更多的农村孩子享受到更为优质的教育，2010 年，在城区各校就读的中小学生已占全县学生总数的 84.8%，在城区入园的幼儿占全县入园幼儿总数的 87.3%。

2001 年以来，围绕“小县大城”发展战略，始终坚持把文化软实力作为实现“山水家园、童话世界”重要的支撑来抓，切实做到文化为民、文化靠民、文化惠民。云和县先后出台《关于加快先进文化建设的决定》《云和县文化发展十一五规划》《2008—2010 农村文化建设规划》《关于进一步统筹推进农村文化建设的实施意见》等政策文件以夯实文化基础设施、规范文化阵地管理、提升文化队伍素质为重点，以切实保障群众文化权益、满足群众精神文化需求为核心，统筹全县城乡文化建设。全县农村各类群众文体活动广泛开展，成功举办“畲族三月三乌饭节”“朱村乡生态茶品茗会”“梅源梯田开犁节”“民间民俗文化艺术月”等系列传统节庆活动；传统文化保护和传承工作取得新进展，建成了省首批传统节日(畲族“三月三”)保护示范地，并成功实现省级非物质遗产保护名录零的突破；文艺创作和表演水平不断提高，积极做好文化与旅游相结合文章，使地方文化资源优势有效地转化为旅游经济优势，促进地方经济的发展。

文化基础设施建设稳步推进，先后建成图书馆和文化馆和乡镇文化站站舍、农村图书流通点、水泥篮球场、健身路径等一大批农村文化基础设施，完成广播电视“村村通”“村村响”工程建设任务；发挥文化大篷车、文化小分队、县乡（镇）图书馆（室）、“农家书屋”的作用，开展“送文化下乡”活动，努力为农村群众提供丰富多彩、喜闻乐见的文化服务产品，充分把公益性文化活动覆盖到农村基层。率先在全省开展“希望的田野”等各类主题的“民间民俗文化艺术月活动”。这项活动每年都吸引1500名以上的农民演员参与，观众达上万人次，成为了贴近百姓生活，展现新农村风貌，展示群众个人风采的一个深受百姓欢迎的舞台。实现由“送文化下农村”向“种文化在农村”工作新模式的转变，形成“一乡一品”的农村特色文化品牌。

截止2009年7月，全县已创建省体育强镇1个，“东海明珠”乡镇3个，“山花乡镇”8个，省级文化示范村2个，省级文化示范社区1个，市文化名村2个，县图书馆成功创建国家一级图书馆。

据《浙江省2007年城乡统筹发展水平综合评价报告》显示，云和县人均GDP、财政用于“三农”支出比重和增幅、城乡低保水平差异度等20项指标的综合评价得分64.38分，位列全省第39位，丽水市第1位。城乡基础设施不断完善，康庄公路通村率和硬化率分别达87.6%和72.9%；全面完成农村电网改造，实现城乡同网同价和户户通电；行政村广播电视联网率达85%；固定电话通话面达96%；农村垃圾无害化集中处置率达70.7%。新型农村合作医疗参合率达到94.6%，农村“五保”和城镇“三无”对象集中供养率达90.2%，低保人数占总人口的2.94%，农村低保人数占农业人口比例3.23%。

市民文明素养不断提高，崇尚文明的社会风气日渐浓厚，云和县探索形成与之相适应的社会治理体系，社会效益日益显现：2003年，被评为“浙江省创建文明县城工作先进县”和“丽水市文明县城”；2004年，成为全市第一个“国家卫生县城”；成为全市第一个“省级文明县城”，2007年又着手创建“省级文明示范县城”，群众性精神文明创建活动不断向广度和深度拓展。社会治安状况良好，2008年被中共浙江省委、省政府命名为平安县。先后获评国家卫生县城、全国文明县城、全国平安县、国家级生态示范区等荣誉，成功夺取高质量的“平安金鼎”，成为全省唯一荣获全国脱贫攻坚组织创新奖的单位，人均期望寿命连续多年位居全市第一。

1991—2010年，云和既有一以贯之的历史传承，也有守正出新的时代创造。今天，距离中华民族伟大复兴目标从未如此之近，这片土地上的人民，比任何时候都更需要信仰的光芒和力量。云和人民的作为已经写入云和的历史，云和人民的担纲还将继续改变云和的未来。

大 事 记

1991 年

1 月 25 日　云和县首届残疾人代表大会召开。

4 月 6 日　朱村口人力渡船翻船，死亡 1 人。

4 月 10—13 日　县人大十届二次会议召开，通过《云和县国民经济和社会发展十年规划和“八五”计划》。

4 月 23 日　县妇幼保健所“德恩楼”落成。占地面积 224 平方米，建筑面积 655 平方米，总投资 22 万元。

5 月 10 日　县工商业联合会第二届会员大会召开，县工商业联合会恢复建立。

7 月 1 日　周恩来视察浙江铁工厂纪念亭在小顺正屏山落成，地委副书记徐松林为纪念碑揭碑，县五大班子领导参加仪式。

7 月 3 日　撤销云和、石塘、紧水滩、梅源 4 个片农村工作指导组，同时建立云和、石塘、紧水滩、梅源 4 个区党、政工作委员会。此时，全县设 1 个县直辖镇（云和镇）、4 个区及区辖 2 个镇（紧水滩镇、崇头镇）、19 个乡。

10 月　党的基本路线教育启动。省委“路教”工作队 19 人进驻小徐乡。

12 月 7 日　县无线电厂企业用工、分配制度改革试点启动。1991 年 5 月 30 日完成。

12 月 10 日　赤石岭隧道通车，总投资 1316 万元。

12 月 17 日　18 时，丽水市（县级市）北埠乡均溪村 8 人冲击双港木材检查站，发生打砸抢事件，次年 6 月 27 日，云和县人民法院对有关罪犯分别判处 1—7 年有期徒刑。

是年　经全国爱国卫生运动委员会审核，云和县被评为全国农村自来水普及县。

是年　全县推行计划生育系列保险。

1992 年

4 月 17 日　中央顾问委员会委员、中共浙江省委顾问委员会主任铁瑛到云和县视察工作。

4 月　县百货公司、五金公司开展企业内部深化改革“四放开”（经营、价格、用工、分配）试点工作。

5 月 29 日　省民政厅批复，于 6 月 1 日开始，撤销云和、石塘、紧水滩、梅源 4 个区级机构，将全县 22 个乡镇扩并为 4 个镇、11 个乡。即云和镇、紧水滩镇、崇头镇、石塘镇、沙溪乡、云坛乡、朱村乡、大源乡、赤石乡、黄源乡、云丰乡、沙铺乡、大湾乡和安溪畲族乡、雾溪畲族乡。

6月17日　紧水滩至龙门公路通车。全长5.86千米，总投资197万元。

7月1日　县（中山街）小商品市场开业。

7月4日　云和籍武警战士杨建荣在龙游县抗洪抢险中光荣牺牲，被省人民政府授予革命烈士称号。22日，在云和县影剧院举行烈士骨灰交接仪式。

7月29日　云和县经国务院批准为全国825个对外国人开放市县之一。

8月24日　赤石乡黄岗村发生泥石流，死2人，伤7人。

8月30—31日　受16号强热带风暴影响，全县普降大到暴雨，过程降水量119.5毫米，县境的西部、南部出现大暴雨，降水量高达300多毫米；全县15个乡（镇）、150个行政村、8万余人遭受洪灾，淹没农田2467公顷，倒塌民房1210间，冲毁渠道、防洪堤11.5千米，100多家工厂企业停产，电力、交通、通讯设施不同程度受损；因灾死6人，伤19人。

9月8日　云和县首次举行公开拍卖竞拍仪式，拍卖新建路国有土地使用权214.7平方米，共拍得14.26万元，平均地价664.25元/平方米。

9月22—27日　大源乡开展农村医疗保险试点，后推行全县。

11月13日　云和县政府撤销双港联合检查站。

是年　从安溪下武村至雾溪水库引水隧道贯通。

1993年

4月29—30日　省长万学远率省政府办公厅、省扶贫办、民政厅、计经委、财政厅、交通厅、农业厅、水利厅、粮食局、农业银行、浙江日报社以及绍兴县政府等单位负责人到云和调研、指导工作。

5月4日　云和镇至安溪畲族乡公路竣工通车，全长7.9千米。

5月6—8日　中共云和县第九次代表大会召开，出席代表190人。选举产生中共云和县第九届委员会和纪律检查委员会。

5月14—19日　政协云和县第四届委员会第一次会议召开，出席委员157名。

5月16—20日　云和县第十一届人民代表大会召开，出席代表239人，列席人员89人。

6月3日　云寿线从水口经沈庄村到岚头岭隧道改道工程开工建设，全长2.16千米，路基宽7.5米，路面宽6.5米。改建后该路段行车里程比原来缩短4.27千米。

7月16日　县委九届二次扩大会议召开，讨论通过《关于进一步深化企业改革，理顺产权关系的决定》，78个工作组到企业开展工作。

7月　中国银行云和县支行建立。

8月　云和有线广播电视传输网开通。

9月28日　云和县开始实施统一代码标识制度。

9月29日　《云和县城镇住房制度改革实施方案》公布。截至2010年，出售公房160个单位2749套，23.9万平方米，收入3573.6万元。

9月　丽水地区行政公署批准。紧水滩水库命名为“仙宫湖”。

9月　云和县连遭秋旱，受旱农田3000公顷，其中龟裂1880公顷，经济损失700余万元。

10月　香港大业织造有限公司董事长沈炳麟先后捐资44万元，建朱村小学、县小、崇头小学庆同楼，安溪小学恩美楼。

11月7日　云和县5120门S—1240程控电话开通，实现国际长途电话直拨。

12月9日　云和县党政联席会议召开，专题研究建设中国木制玩具城。

12月19日　国家公众数字移动电话(大哥大)开通。

12月22日　云和镇信用社局村分社职工刘玲英为保卫国家财产被持刀抢劫案犯砍成重伤。

12月　全县开展消灭脊髓灰质炎，强化免疫活动。全县5740名0—4岁儿童服用糖丸疫苗。

是年始，云和县金融部门先后发行银行卡，工行为“牡丹卡”，农行为“金穗卡”，建行为“龙卡”。

同年　赤石岭隧道改建工程和重(河)崇(头)段公路改建工程竣工。

1994年

1月8日　中共云和县委、县人民政府召开党政联席会议，听取木制玩具生产等8个调查组的调查情况汇报。

1月24日　省长万学远到云和县视察新云玩具厂。

1月28—29日，云和县最早(1938年1月)的中共组织负责人(抗战时期中共浙南特工委委员、中共云和特别支部书记)、原上海市人大常委会常务副主任施平，应县委之邀携夫人到云和视察工作。

3月4日　中共云和县委作出向刘玲英学习的决定。

3月10日　全国人大常委会副委员长、民盟中央主席费孝通为云和县题词“中国木制玩具城”。

5—12月　云和县首次面向社会公开招考，县政法部门招录国家公务员7人。

5月11日　全县第一所希望小学在赤石乡中心小学奠基，县委书记陈川、团地委书记卢春中等领导参加仪式。

5月30日　县私营企业协会成立，选举产生云和县私协第一届理事会。

8月2日　中央电视台经济半小时“金土地”专栏记者到云和拍摄反映“中国木制玩具城”建设的电视新闻。

8月21日　全县遭十七号台风袭击，普降暴雨，平均降雨量218.8毫米，局部地区最高降雨量341.4毫米。安溪、云和镇、石塘、云丰、云坛、黄源等乡镇损失惨重，15个乡镇170个行政村不同程度受灾，因灾死亡5人，重伤17人，倒塌损毁民房1890间，损坏6987间，农田成灾7.5万公顷，粮食减产700万千克。直接经济损失1.65亿元。

12月3日　县政府出台《云和县企业职工社会养老保险暂行办法》，全面实施云和县社会养老保险。

1995年

4月6日　县委书记刘秀兰赴北京参加在人民大会堂举行的首批“中国特产之乡”命名大会。云和县被命名为“中国木制玩具之乡”。

4月7日　云和县首批17名干部到慈溪市挂职锻炼。

4月17日　云和县部分乡镇遭特大龙卷风、冰雹袭击，直接经济损失8384万元。

5月2日　云和县工贸实业有限公司捐资58万元，新建云和县小校门、文华楼；捐资30万元，在云和中学设立“文华奖励基金”。

6月　中国人民武装警察部队云和县消防大队建立。

8月8日　举行新建北路建设（贯通鲤鱼山与城北路相接）开工仪式。

8月26日　云和县公开招考录用应届大中专毕业生到乡镇工作10人。

10月17日　县公安局破获“10•14”百货商场特大盗窃案，抓获犯罪嫌疑人2名。

10月23—26日　云和县名茶“仙宫雪毫”和云和黑木耳分别获第二届全国农业博览会金奖、银奖。

11月3日　雾溪水库大坝防渗加固及一级电站改建工程竣工。

11月8日　县香菇交易市场开业。

11月29日　丽浦线云和县城过境路段改建工程竣工通车。全长5.25千米，总投资893.50万元。

12月25日　省委书记李泽民调研云和袋料香菇生产和木制玩具生产情况。

是月　省长万学远到云和调研扶贫建校工作。

是年　大湾沙铺公路建成通车。

是年　国营新华机器厂（军工企业）从云和迁移至德清县武康镇。

1996年

1月4日　县政府与新华厂签订新华厂原址房地产交接协议。

2月10日　云和县城镇率先推行生猪定点屠宰，集中检疫，统一纳税，分散经营，让居民吃上“放心肉”。

3月15日　县农业普查领导小组成立，全县第一次农业普查工作拉开序幕。

3月18日　云和邮电通信实施“添翼工程”。11月工程竣工，实现乡乡通程控电话。

3月27日　云和县举行人武部收归军队建制交接仪式，县人民武装部划归军队建制。

5月17日　县广播电视局“彩虹工程”启动。年底，实现乡乡通电视。

8月始　云和县745名城镇特困居民享受“粮食供应优惠制”。

8月15日　十集电视连续剧《同在蓝天下》在云和举行开机仪式，由省广电厅、团省委联合摄制。

9月4日　《云和县志》出版发行，上限视资料而定，下限至1990年，共26篇，95.7万字。

9月20—21日　省委书记李泽民调研云和县山区农业综合开发等工作。

9月29日　省电力局团委发起的云和县“光明工程”竣工，大湾、林山下、叶山头、项山、林山、回龙山、张庄等7个无电村通电，实现全县村村通电。

10月1日　新建的菜市场（水电路）举行开业仪式。

10月25—29日　云和县通过省政府“基本普及九年制义务教育、基本扫除青壮年文盲”考核验收。

12月15日　全县开始第一次农业普查现场入户登记，普查的时点是1996年12月3日。

12月22日　云和县成功脱贫。

1997年

1月29日　县政府命名云和镇、石塘镇部分街道。

同日　县城自来水应急通水工程通过竣工验收。

2月19日　邓小平逝世。21日，县委召开悼念邓小平同志座谈会，学习中共中央、国务院、中央军委《告全党全军全国各族人民书》。

3月4日　成立《云和年鉴》编纂委员会，开始《云和年鉴》编纂工作。

4月4日　云和县扶贫工作恳谈会在杭州梅苑宾馆召开，省长助理李长江、省政协副主席陈法文、省挂钩扶贫有关单位负责人参加会议

4月25日　省政府在杭州召开云和县省级扶贫挂钩工作座谈会。省委常委、副省长刘锡荣，省政协办公厅、省农业厅、省民政厅、省电力局、省物产集团公司、省水产局、省广电厅等7个扶贫挂钩单位的领导与会。

6月上旬　县堪界工作启动，3个三交点分别与龙泉、松阳、丽水三县（市）签订勘定边界交会点协议，并埋设界桩。

6月10—13日　沙铺砻电站水利枢纽工程和引水隧道工程招投标开标。

6月26日晚　县委、县府举办盛大的“庆‘七·一’迎回归”广场文艺活动，近万名干部、职工、群众参加，县五大班子领导与群众共庆同乐，形成“庆‘七·一’迎回归（香港回归）”系列活动的高潮。

8月14日　县国税、地税分设启动。9月1日起，云和县国税、地税分开。

10月10日　云和县“常青园”（老年活动中心）落成。总投资37万元，建筑面积545平方米。

11月4日　凤凰山发生森林火灾，过火面积23.33公顷。

是年　组织人员对云和镇城东“交椅山”一被盗无名古墓进行抢救性清理发掘，出土文物有较高的考古价值，该古墓系云和县至今发现年代最久远的古墓葬；对地处玉溪电站库区内石塘镇规溪村上孔的青窑址（云A15号）进行历时半个月的调查试掘，经考证，该窑址年代在南宋晚期至元代初期之间，烧制规模大，延续时间长，保存状况良好，产品质量上乘，需作第二期发掘；对

县重点文保单位“福仙宫”“大庆寺钟”“定风碑”的保护抢救工作，已协同有关部门拟定相关的保护、维修方案和措施。魏兰先生遗文、遗物征集以及墓地的修建工作在积极的策划之中。

1998 年

2 月 25—28 日　中共云和县第十次代表大会召开，通过《中国共产党云和县第十届委员会工作职责和议事规则》《中共云和县委关于加强思想政治建设的意见》。选举产生县委委员，候补委员，县纪律检查委员会委员。

3 月 21 日　县政府举行“园丁新村”奠基仪式。

3 月 26—31 日　政协云和县第五届委员会第一次会议召开，出席委员 141 名。

3 月 28—4 月 2 日　云和县第十二届人民代表大会召开，出席代表 148 人，列席和特邀代表 92 人。

4 月　省人民政府审议通过《云和县城市总体规划（1996—2010 年）》。

5 月 14 日　云和镇龙石渡口钢质渡船举行下水仪式，全县所有渡船实现钢质化。

8 月 5 日　县委、县人大、县政协、县纪委等机关搬入新大楼办公。大楼 1997 年 5 月开工，建筑面积 3682 平方米，总投资 294 万元。

8 月 17 日　县第二轮土地承包试点工作组到沙溪乡开展延长土地承包期、核发土地承包权证工作。

8 月 28 日　云和县首家中外合资企业新华玩具有限公司开业。

10 月 28 日　新建路南段拆迁改造动迁大会召开，启动新建南路拆迁改造工作。

11 月 19—21 日　云和县 9 只农产品获“浙江省 1998 年名优新产品暨农业招商洽谈会”优质农产品称号，其中，山兰牌黑木耳、大苍白茯苓、新云牌木制玩具获优质农产品金奖，高山甘蓝（卷心菜）获银奖。

12 月 30 日　云寿线大徐至武样段二级公路改建工程开工仪式在云坛举行。

1999 年

1 月 11 日　县图书馆新馆工程奠基。2000 年 10 月竣工，总投资 195 万元，建筑面积2051.2 平方米。

1 月 17 日　云和县“110”指挥中心综合大楼奠基，建筑面积 5200 平方米，总造价 520 万元。2001 年竣工。

1 月 20 日　县人民政府公布第一批古树群 17 片、古树名木 273 棵。

1 月 29 日　省委书记张德江走访慰问云和县困难职工。

3 月 9 日　云和镇古坊小学发生学生集体食物中毒事件，中毒学生 26 人。

3 月 25 日　丽浦线 K43+800 处发生山体滑坡，紧水滩电厂一辆大客车被冲入石塘水库，死亡 18 人，伤 29 人。省委书记张德江、省长柴松岳作重要批示，妥善处理善后工作。

7月2日　云和县政府命名一批新建村和路、桥。

8月1日　“110”紧急求助工作网络运行机制投入运行。

9月20日　云和县柿树坳生活垃圾填埋场工程开工，占地6公顷，总投资845万元，日处理垃圾5万千克。

9月29日　云和县首次公开选拔科级领导干部5人。

11月18日　县人民政府公布狮山、夏洞天、武岱峰为首批县级风景名胜区。

11月23日　县第十二届人大常委会第十四次会议召开，通过《云和县科教兴县规划》。

12月24日　《云和县风景旅游发展总体规划》通过省城乡规划设计院专家评审委员会审定。

2000年

1月2日　“古德杯”浙江、安徽两省拳击争霸赛在云和县体育馆举行。

1月19日　云和县政府下发《关于农用三轮车上牌有关问题的协调会议纪要》，明确农用三轮车退出云和县客运市场。

3月13日　云和县消灭脊髓灰质炎工作会议召开，开始脊髓免疫接种工作。

4月22日　浙江省第四届农民运动会“仙都啤酒杯”龙舟赛在云和局村三潭景区举行。

4月23—25日　科技部验收通过云和县为全国科技工作先进县。

5月15日　县人民政府出台《关于实施农民新村建设工程若干意见》，动工建设古竹农民新村。

5月30日　县人民政府出台《云和县殡葬管理实施办法》，规定2000年7月15日起推行遗体火化。

6月12日　全县第五次人口普查、户口整顿试点工作在云和镇解放、新华居委开展。

6月29日　云和县行政审批中心设立，改革缩减审批事项、推行集中审批的政府审批制度。

7月20日　县人大常委会召开万人评“三官”(公安警官、检察官、法官)活动动员大会。

7月24日　县人民政府命名云和镇城南小区、新建南路，自2000年7月1日起启用。

8月8日　后交线路面改造工程在云丰王山头路段边坡岩石坍塌，死亡2人。

8月22—24日　全县受10号强台风“碧利斯”影响，受灾乡镇15个，行政村98个，受灾1.92万人，直接经济损失790.2万元。

8月24日　云坛乡发生一起重大交通事故，一辆正三轮机动车坠落山崖，死1人伤13人，其中初中学生7人。

10月　云和县被中国食用菌协会命名为“全国食用菌行业商品基地先进县”。

10月31日　云和邮政综合大楼落成开业。

11月1日24时　为第五次全国人口普查标准时间。此次普查结果，全县有31845户，103273人。

11月5—7日　首届“中国木制玩具节”在云和举行。签订合作项目协议8个，总投资4.07亿元。

12月16日　中央电视台一套《新闻联播》头条播报，云和县依托小流域治理，促进农民增收的新闻。

12月27日　中国澳门地区少儿艺术团到云和访问演出。

12月28日　丽龙一级公路云和段一期工程开工。2004年9月9日建成通车。

是年　县实验幼儿园开园。

是年　云和县木制玩具特色工业园区设立。

2001年

2月26日　朱村乡金山下村发生重大火灾，受灾15户43人，经济损失近40万元。

3月20日　云和县第十二届人民代表大会第五次会议正式确立云和县“小县大城”发展战略。

3月27日　县“三月三”畲族风情文化旅游节在雾溪乡坪阳岗村举行。全省应邀参加活动的畲族乡（镇）代表17个。

5月1—3日　云和木制玩具展销会在杭州乐园举行。展销签约项目10个，协议金额2.30亿元。

5月21—22日　“瓯江文学大漂流”作家采访团到云和采风，参加的作家、书法家、诗人、剧作家、画家、摄影家60人。

6月1日　县CFS系统（行政事业单位收费和政府性基金管理信息系统）开始运行。

6月8日　云坛乡梅湾村举行云和县最早建立的中共农村党支部纪念碑揭牌仪式。

7月中旬　部分下山安置农民陆续在县城“古竹农民新村”开工建房。

8月1日　《云和县城镇职工基本医疗保险暂行规定》实施。

8月8日　省“九五”重点基建项目——云和沙铺砻水电站建成发电。

11月1日　云和第二水厂建成供水。

12月5日　浙江省人民政府批准，调整云和镇行政区划。撤销沙溪乡建制，整体并入云和镇，成立云和镇沙溪办事处。

12月13日　杭州·宋城—云和湖旅游度假区奠基仪式在赤石乡举行。

是年　中共云和县委、县人民政府提出实施“小县大城”发展战略。

是年　云和雪梨被全国优质早熟梨鉴评交流会评为优质早熟梨，获浙江省精品水果展销会金奖、中国浙江国际农博会优质产品银奖。

2002年

1月1日　《云和县事业单位工作人员基本养老保险暂行办法》开始施行。

1月8—11日　云和县木制玩具在中国香港（国际）玩具展展览会展出，签约2.6亿元。

1月10日　全县行政单位实行统一会计核算，首批25家单位进入会计核算中心运行。

1月11日　云和县获浙江省无偿献血先进县称号，成为全省无偿献血15个先进县之一。

2000—2001年，云和县完成采血量100%，供应用血量100%。

同日 《云和县土地储备实施办法(试行)》颁布，共8章32条。2002年2月1日起试行。

2月8日 武警云和县消防大队新营房投入使用，总投资486万元。

4月10日 云和县首家木制玩具店(星星木制玩具店)开业，结束中国木制玩具城有城无店的历史。

4月15日始 云和县扩大遗体火化区范围。涵盖交通便利能通行殡仪车的简易公路沿线200米内的自然村。

4—5月 全县实地勘察公路、桥梁、隘口、涵洞、水库等险要地形和设施，拍摄地形照片200余张，收集地形资料12份。

6月1日 县人民法院首次使用法槌审理案件。

是日 全县城乡用电开始实施同网同价。

7月30日 县委召开云和雪梨开发工作会议。

8月16日 省国土资源厅、省地质环境检测总站专家组评审通过云和县地质灾害与区划工作。审定全县地质灾害点和地质灾害隐患点66处，其中已发生地质灾害42处，潜在地质灾害隐患点24处。

9月17日 云和县撤销居委会和办事点10个，成立中山、新华、浮云、解放、元和、青阳门6个社区。

9月26日 清华大学博士后、丽水科技行小组4人到云和调研，与云和县半球实业有限公司签订“天澜漆”和“废木糠新利用”合作协议，合作资金100多万元。

10月31日 云和县紧水滩水库有机水产养殖场获国家环保总局OFDC有机农场认证，确认养殖场生产鱼类为有机鱼产品，此为全国第三家。

11月1日 雾溪乡坪阳岗畲族风情文化村通过国家AA级景区(点)质量等级评定，是云和县首个上等级的国家旅游景区。

11月8日 云和县木制玩具技术开发中心获省经贸委审核认定，为省级行业技术中心，是丽水市首家通过省级认定的行业技术中心。

12月13日 云和县被评为省级卫生县城。

是年 农民新村首期工程竣工，占地面积5.6万平方米，吸纳农民进城落户3500余人。

是年 县财政总收入达11077万元，首次超亿元。

是年 县首座400米标准田径场建成。

是年 “仙宫雪毫”“云河绿羽”茶叶获中国精品名茶博览会金奖。

2003年

2月24日 紧水滩瓯江花炮厂违章操作发生爆炸，死亡7人，受伤22人，损毁厂房8幢，建筑面积6000多平方米，损失50万元；受损民房36户，直接经济损失24万元。

3月18—22日 中国共产党云和县第十一次代表大会召开，通过《中共云和县委议事规则》，选举产生县委委员，候补委员，县纪律检查委员会委员。

4月1日起　云和县免征农业特产税。

4月13—19日　政协云和县第六届委员会第一次会议召开，共有委员152人。

4月14—20日　云和县人大第十三届第一次会议召开，出席会议代表148人，列席和特邀代表152人。

4月17日　全县非典型肺炎防治工作会议召开，部署"非典"防治工作。

7月20日　后交线至后垟杉板坑公路动工。全长5.10千米，总投资270.23万元，是全县第一条康庄公路。

7月　云和县持续高温干旱，受灾人口5.68万人，直接经济损失5512万元。

8月5日　省委书记习近平，省委常委、秘书长张曦，副省长巴音朝鲁一行先后考察云和县新云工艺品有限公司、木制玩具特色工业园区、重河湾现代农业示范基地、古竹农民新村等，并到崇头镇梅源村视察旱情。

8月7日　丽龙一级公路云和段二期工程开工典礼在云和镇黄水碓村举行。

8月20日　香港商报、解放日报、中新社、上海市政府新闻办公室、中国对外贸易经济合作部国际商报5家媒体记者到云和县，对中国木制玩具城采风。

8月25日　国务院妇儿工委派专家组到云和调研妇女儿童工作。

9月24日　中国轻工业联合会冠名云和县"中国木制玩具城"，全国人大常委会委员、国家轻工业联合会会长陈士能在广州第二届中国国际礼品展览会上授牌。

10月　云和县生态示范区创建工作通过国家级验收。

11月9日　云和县选送的仙宫牌云和雪梨和仙宫牌黑李，在江西九江中华名果评比会上获中华名果桂冠。

11月11—13日　第二届中国木制玩具节举行，签约项目14个，签约投资和贸易总额3.3亿。

12月15日　《关于县管领导干部任免实行县委常委会票决制的实施意见》出台。

2004年

3月2日　县政府出台《云和县进城务工就业农民子女义务教育实施办法》，实现农民工子女就学与县城居民子女"同城同待遇"。

4月1日　《云和县县属事业单位改制实施办法》出台，事业单位开始改制。

4月2日　县城南山举行革命烈士纪念碑落成揭牌仪式。

5月20日　在云和县大源乡中心小学发放首笔"明德奖学金"7万余元。明德奖学金由环球私人信托公司建立，中国青年基金会和环球私人信托公司合作管理，用于资助农村品学兼优的少年儿童和青年。

6月3日　云和县巡逻机动大队成立。

6月18日　《云和生态县建设规划》通过专家认证。

7月始　云和县实施"千村示范、万村整治"工程。

7月9日　云和县出台《关于进一步稳定和完善农村二轮土地承包关系的若干意见》。

7月23日　云和代表队参加省第六届县级田径运动会，获4金1银1铜。其中金牌数全市第一、总分全市第二。

7月30日　浙江新云工艺品有限公司生产的“一点牌”木制玩具，通过省名牌产品审核。属云和县申报的首个省名牌产品。

8月12—13日　云和县受第14号台风“云娜”袭击，境内普降暴雨、特大暴雨，最大风力9级。受灾2.26万人，直接经济损失1240万元。

8月13日　云和代表队在浙江第二届国际传统武术比赛中，获8枚金牌。

9月3日　丽龙一级公路云和段一期工程，通过省交通工程质量监督站鉴定为优良工程。9月7日通车。

9月23日　乌克兰国立农业大学考察团到云和县考察。

11月22日　中共中央委员、中华全国供销合作总社党组书记周声涛调研云和县农产品合作社云丰乡代料黑木耳示范基地。

12月24日　云和县城被国家爱卫委评为国家卫生县城。

2005年

1月　云和县通过“浙江省高标准高质量普及九年义务教育县”评估验收。全县小学适龄儿童入学率为99.9%，7—15周岁三残儿童入学率为100%，17周岁初级中等教育完成率为97.2%。

1月14日　云和县慈善总会成立。

4月22日　2006年杭州世界休闲博览会圣火传递仪式(云和站)在云和举行。

5月26日　龙门客运站投入使用。占地1000平方米，建筑面积145平方米，投资38万元，是丽水市首座农村准四级客运站。

5月　云和县启动“警务工作进社区”活动。

7月18日　县政府出台《关于全面普及十五年教育的决定》。

7月　长深高速公路云和段(编号G25)动工。2006年12月29日通车。总投资24.8亿元，含原一级公路投资13.78亿元。

8月14日　中国民主同盟云和县总支部委员会成立。

9月19日　省发改委批准云(和)景(宁)一级公路改高速可行性研究报告。公路总长12.7千米，总投资9.4亿元。

10月11日　中央电视台异想天开栏目摄制组到云和拍摄以“智慧创造未来”为主题，以云和木制玩具业为背景，以玩具设计为固定命题的电视节目。

10月25日　云和县万名农民下山转移工程(农民安置小区)开工。

11月27日　县人民医院通过“国家二级乙等医院”考核验收。

12月14日　云和祥龙被授予“处州第一龙”称号。

同年　云和无线遥控站建立，占地面积5000平方米。

同年始　云和县农民免征农业税。

同年　据国家环境监测总站公布《生态环境质量研究报告》，云和县生态环境质量名列全国2348个县（市、区）第10位。

2006年

1月　云和县首次成为中国玩具协会副会长级单位，获新一届理事会3个席位。

1月4日　省委副书记、省长吕祖善调研紧水滩库区移民异地安置脱贫工作。

1月5日　云和县被省委、省政府命名为“省级文明县城”。

3月28日　云和县被省委、省政府命名为“平安县”。

4月26日　中国人民银行总行参事谢庆健调研云和金融支持新农村建设工作。

6月30日　云和县被省委、省政府评为省级教育强县。

8月6日　云和县19名武术爱好者参加“青春宝杯”2006年第四届浙江国际传统武术运动会的太极拳、洪拳、跆拳道等项目33个，获金牌29枚、银牌8枚。

9月30日　赤石岭隧道竣工。是云和境内最长的高速公路隧道，长2781米。被省交通工程质监站鉴定为精品工程。

同日　云和新客运中心完工。新客运中心占地2.60万平方米、建筑面积0.75万平方米，总投资1800万元。

10月20日　县人民法院办公大楼落成。

11月10日　国务院参事盛炜彤调研云和县林业生产，特别是树种选择试验和高效栽培工作。

同月　县城市污水处理厂工程开工，总投资5600万元。2008年投入运行，日处理能力500万千克，采用硅藻土水处理工艺，执行一级A排放标准。

12月23日　县实验小学举行建校100周年庆典。

12月26日　云和县完成全县山林延包工作，承包到户39185.9公顷，责任山延长承包期至2055年12月31日，核实国有山林2327.17公顷。

12月26—29日　中共云和县第十二次代表大会召开，出席代表205人。

12月29日　云和县举行丽龙高速云和段、仙宫大道建成典礼。2005年3月启动丽龙高速云和段工程，2006年11月7日主线路全线贯通。全长43.2千米，总投资24.8亿元。仙宫大道系丽龙高速云和县城出口通道，全长1.5千米，总投资9259万元。

同日　云和县浮云大桥建成通车，桥长96.1米，桥面宽35米，大桥悬挑8米，桥梁跨度90米，总投资2200万元，是当时全省悬挑最大的下承式系杆拱桥。

同年　云和县月最低工资标准提高到540元。

2007年

1月13日　中央电视台异想天开栏目摄制组到云和县拍摄《玩具总动员》。

1月31日　紧水滩镇至大源乡公路通车，全长19千米，是全省最后一条通乡公路。

是月　浙江新云木业集团被评为全国农产品加工业出口示范企业。

是月　县工业园区被省政府确定为浙江省山海协作示范区。

是月　县实验小学获浙江省“百年名校”100强。

3月12—16日　政协云和县第七届委员会第一次会议召开，出席委员143人。

3月13—17日　云和县第十四届人民代表大会第一次会议召开，出席代表139人，列席和特邀代表152人。

3月27日　县职技校被教育部评为国家级重点中等职业学校。

是月　县体育馆工程结顶。2006年2月4日动工，工程总占地面积19607平方米(含二期工程)，总投资5020万元。

是月　县地税办税服务厅获“全国巾帼文明岗”称号。

是月　城西菜市场工程竣工。2006年菜市场开工建设，建筑面积1449.40平方米，总投资350余万元。

4月8日　石塘镇小顺村正屏山“南宋墓葬”初现原形，占地2000多平方米。初步考证，规模和保护完整性均属省内罕见。

是月　云和县在全市率先实施城镇居民医疗保险制度，出台《云和县城镇居民医疗保险试行办法》，标志着全县所有城乡居民享有基本医疗保障。

5月14日　启动千名县机关、乡镇干部进村入户促增收活动，全面构建“一户一策一干部”机制。

5月23日　2007年浙江省农民科学素质主题科普活动暨中韩合作“爱心阳光计划”第39期(丽水•云和)启动，6名韩国东北亚科技协力财团的专家开展系列专题讲座、培训和交流活动。

是月　云和警方破获“3•9”特大入室抢劫案。

8月7日　省委副书记、省长吕祖善到云和接待群众来访。

是月　中国果品流通协会授予云和县“中国优质雪梨重点县”。

10月10日　最高人民法院和中共浙江省委联合追授原县人民法院党组书记、院长魏剑明“全国模范法官”“人民的好法官”称号。浙江日报、浙江卫视、丽水日报等11家新闻媒体进行采访。

10月　县玩具行业协会编写的玩具生产教材《木制玩具制作工艺》出版，填补国内木制玩具生产工艺培训教材的空白。

同月　《抗日战争时期浙江省会云和》出版发行。

同月　浙江省林业厅授予云和县“浙江省公益林建设示范县”称号。

11月1—3日　第三届中国木制玩具节在云和举行，签约项目29个，总投资10.3亿元人民币。

12月3日　县首批18名大学生“村官”上任。

是年　全县1万余名农民脱掉“贫困帽”。

2008年

2月　云和县持续冻雨、冰冻天气，全县经济损失16587.74万元。冰冻强度持续时间为50年不遇。

2月17日　县委、县政府决定，从2008年秋季开始，全县义务教育阶段现有学生实现全免费入学。

4月25日　省委书记赵洪祝到云和调研加快欠发达地区经济社会发展工作。

5月4日　由中央电视台少儿频道与云和县合作拍摄的《周末七巧—木玩乐翻天》专题节目，在中央电视台少儿频道首播。

7月　云和县出台《关于做好城镇“零就业”家庭和农村低保家庭劳动力就业援助工作的实施意见》。

9月10日　省政府批复，同意将云坛乡霞晓桥村划归云和镇管辖，更名为云和镇霞晓桥行政村。

9月22日　丽水市出入境检验检疫局和云和县人民政府共同建立云和县出口木制玩具检验监管区，并签署备忘录。

10月7日　云和县中心敬老院落成。将石塘、紧水滩中心敬老院近100名老人搬入云和县中心敬老院，实现集中供养。

10月11日　县人民政府办公室印发《云和县食用菌质量安全专项整治行动方案的通知》，对禁止香菇栽培使用工业石蜡浸棒专项行动作出部署。

是月　科技部确定云和县为2008年度国家“科技富民强县专项行动计划试点县”。

11月13日　全省民族经济工作经验交流会在云和召开，副省长钟山出席会议并讲话。

11月26日　云和县与浙江省基础建设投资股份有限公司就县人民医院迁建工程BT项目签约，是云和县首次采用BT模式融资的建设工程。

12月25日　县110千伏杨柳河输变电工程投入运行。

2009年

1月1日　云和县取消征收公路养路费、航道养护费、公路水路运输管理费、公路水路客货运附加费。

1月7日　云和县就城市公共汽车客运定价举行听证会。

1月15日　云和县城市公交车开通，1路运行车辆8辆，2路运行车辆7辆。

1月20—21日　省级生态县考核验收组到云和考核验收。

2月17日　云和镇贵溪村一民宅发生火灾，死亡4人、受伤4人，直接经济损失25万元。

2月　云和县被省委、省政府评为“浙江省示范文明县城”。

2月　县诚创轴承有限公司被浙江省中小企业管理局评为省最具成长潜力中小企业100佳。

2月　县童圆木制工艺厂被浙江省中小企业管理局、浙江省农村信用联社评为省级初创型小企业“创业新星”100佳。

5月14日　“慈心慈善事业基金会”捐建医院、学校项目奠基典礼在崇头镇举行。

6月　云和县被评为全国平安建设先进县。

6月　云和县兴昌轴承有限公司“深沟球轴承长寿命静音钢球技术”填补国内同类技术空白。

7月16日　云和县“汀州吹灯”“包山花鼓戏”“木制玩具制作技艺”“瓯江帆船制作技艺”“梅源梯田开犁节”“畲族民歌”“炼火”等7个项目入选浙江省第三批非遗保护名录。

7月29日　云和县获“2008年全省初制茶厂优化改造先进县”称号。

8月6日　长垄垃圾填埋场开工，占地面积4.66公顷，总投资3840万元。采用分层覆土填埋方式，日可处理垃圾6.9万千克。

8月18日　云景高速公路云和段开工。总长5.99千米，桥梁4座、隧道0.50座。预算总投资14.13亿元。

8月31日　“紧水滩”成为丽水市首个注册成功的水产商标。

9月　云和县建成普光寺农民公寓，用于农民下山转移安置。

10月4日　黄源乡发生部分菇农冲击乡政府闹事事件，县公安局抓获嫌疑人6人，确保全县香菇禁蜡工作顺利开展。

11月　美籍华人金志成及夫人陈丽春捐资建设的“金祖鑫健华图书馆”，先后在梅源实验学校和雾溪乡坪垟岗村建成开馆。

12月　云和县实施规范公务员津补贴，统一规范县属各机关单位和经批准参照公务员管理单位的公务员津贴补贴。

12月17日　云和县恒通汽车运输有限公司董事长魏文华获交通部授予“万里杯——辉煌60年·中国道路运输旗帜人物”称号。

2010年

1月　全县发放城乡居民社会养老保险暨首批基础养老金。

是月　云和县被省政府评为全省基层低保规范建设示范县，是全省首批11个获评县之一。

是月　云和湖“仙宫”牌系列鱼被北京中环联认证中心有限公司认证为有机产品，云和县水产品品质跨入全省乃至全国优质水产品系列。

是月　云和县完成2010年新型农村合作医疗筹资工作。参加新型农村合作医疗8.84万人，参合率98.32%，参合率连续五年名列全市第一。

4月11日　国务院扶贫办主任范小建调研云和扶贫工作。

5月　云和梯田建设规划方案通过专家评审。云和梯田景区总面积1550公顷，其中核心景区总面积900多公顷。

6月4日　云和县发改局批准复兴路项目意见书。该项目位于县城南，东连狮山路，西接梅雾线，为新建丽浦线云和县城过境路段的中间段，全长6.67千米，总投资1.24亿元。

7月13日　云和县研究云和籍大中专毕业生户籍回迁政策。

8月　云和黑木耳成功申报国家地理标志产品。

8月　云和县获全省财政支农资金整合工作考评第一名，中央、省两级政府给予奖励资金500万元。

11月5日　云和县有线数字电视开通。

11月　云和县被人力资源和社会保障部确定为“全国农村劳动力转移就业工作示范县”，成为全市唯一获此殊荣县。

11月　县清江生态龟鳖养殖合作社养殖的“中华鳖”获农业部“无公害农产品”称号。

12月5日　云和县举行云和（义乌）商贸物流城项目签约仪式。该项目用地总面积约32公顷，协议投资7.5亿元。

12月15日至17日　全县普降大到暴雪，各乡镇积雪深度10厘米以上，受灾严重。据统计，全县14个乡镇170个行政村严重受灾，蔬菜大棚、菇棚倒塌，蔬菜、菇棒和毛竹、果树、林木、花圃等受压倒塌受损特别严重；大雪造成27792人受灾，紧急转移228人，倒塌房屋8间，损坏房屋135间。农作物受灾650.83公倾、成灾503.53公倾、绝收67.45公倾，直接经济损失近2448.1万元，其中：农业损失1891.6万元，工矿企业损失145万元，基础设施损失319.5万元，公益设施损失3万元，家庭财产损失89万元。

是年　云和县被评为全国农村劳动力转移就业工作示范县。

第一篇 政区建置

云和的人类活动可追溯到史前时代，这一点可从早期的岩刻得到印证。进入人类历史发展时期，这片土地上生活着古越人的一支——瓯越人，越人铸剑技术在春秋战国时期就闻名遐迩。1984年，紧水滩水库坝址处出土的越国青铜剑，柄面有如意花纹，已显示出较高的工艺水平，是当时越人生产生活活动的物证。

秦统一后，这里成为中央政权所辖闽中郡的一部分。

汉代在浙江南部设立回浦县后，归属回浦县，正式纳入中央政权管辖。

公元二世纪末，汉政府设松阳县，云和属松阳县西阳乡。

隋唐时期，设立处州府与丽水（括苍）县后，云和归属处州府丽水县西阳乡。南宋时，以城南浮云溪之名将西阳乡更名为浮云乡。元至明初，丽水县西部已设有两个乡：浮云、元和。

明景泰元年（1450），闽、浙动乱平定后，兵部左侍郎参信军务镇守浙江的孙原贞“以丽水地广民稠，厘是乡为县张大教化”为由，奏请朝廷设置云和等县。朝廷决定析丽水县浮云乡及元和乡之半置云和县。

明景泰三年（1452），云和正式建县。隶属处州府，设4坊，下辖2乡、9都、47图。

清及中华民国时期，云和县行政区划变化不大。

1949年，中华人民共和国成立后，云和县行政区划几经调整。

2010年年末，县域行政区划格局为辖4个镇10个乡。

第一章　沿革　境域

明景泰三年（1452），划出丽水县的浮云全乡与元和乡的一半置县，取浮云、元和两乡名尾字组合为县名，故名云和县。县域地处浙江省南部偏西，丽水地区中部，瓯江上游。地理坐标为北纬 27°53′—28°19′，东经 119°21′—119°44′，东邻莲都，南接景宁，西壤龙泉，北毗松阳。东西宽 38 千米，南北长 47 千米，县域总面积 984 平方千米，其中，陆域面积 945 平方千米，水域面积 39 平方千米。县城距省城杭州 354 千米，距地级市（设区市）丽水 51.9 千米。县人民政府驻地为云和镇城北路 6 号，海拔 130 米。

第一节　建置沿革

明景泰三年（1452），分出丽水县的浮云乡与元和乡的一半建县，兼取二乡尾字而得名云和县。属浙江承宣布政使司处州府。

另据训导刘宣编辑、处州府知府郭忠校正的《处州府志》卷十六记载：

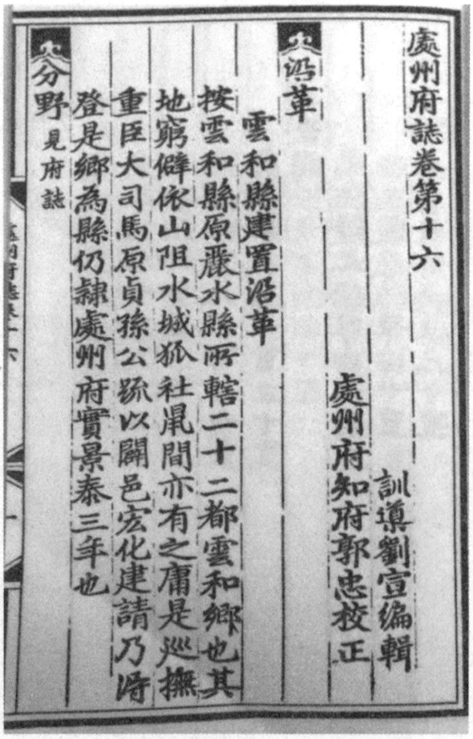
處州府誌卷第十六
訓導劉宣編輯
處州府知府郭忠校正
沿革
雲和縣建置沿革
按雲和縣原麗水縣所轄二十二都雲和鄉也其地窮僻依山阻水城狐社鼠間亦有之庸是巡撫重臣大司馬原貞孫公疏以闢邑宏化建請乃劈是鄉為縣仍隸處州府實景泰三年也
分野見府誌

图 1-1-1 云和县建制沿革（明·成化《处州府志》卷十六·一）

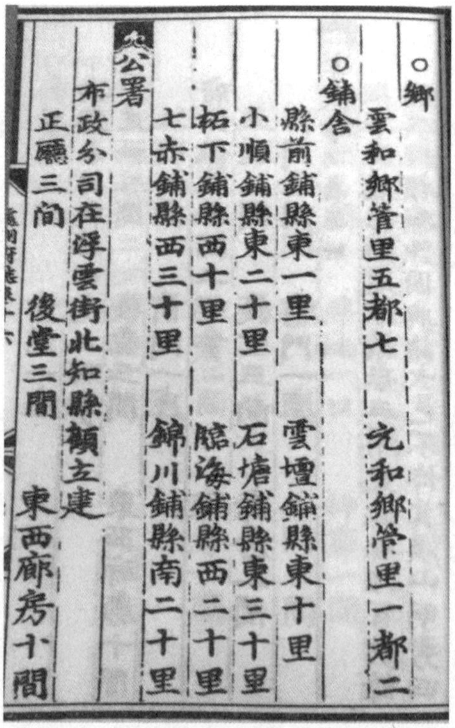
鄉
雲和鄉管里五都七　元和鄉管里一都二
鋪舍
縣前鋪縣東一里　雲壇鋪縣東十里
小順鋪縣東二十里　石塘鋪縣東三十里
柘下鋪縣西十里　賒海鋪縣西二十里
七赤鋪縣西三十里　錦川鋪縣南二十里
公署
布政分司在浮雲街北知縣顧立建
正廳三間　後堂三間　東西廊房十間

图 1-1-2 云和县辖两乡（明·成化《处州府志》卷十六·七）

云和县建置沿革

按:云和县,原丽水县所辖二十二都云和乡也。其地穷僻,依山阻水;城狐社鼠,间亦有之。庸是,巡抚重臣大司马原贞孙公疏以辟邑宏化建请,乃得登是乡为县,仍隶处州府,实景泰三年(1452)也。

云和县辖两乡:云和乡管里五都七,元和乡管里一都二。……

审察:“云和县,是原丽水县所管辖的二十二都云和乡。这个地域穷乡僻壤,交通不便;污吏刁民,时有作祟。用这个事由,巡抚重臣大司马孙原贞上疏朝廷立县弘扬教化奏请,得到恩准。提升这个乡为县,仍隶属处州府,时间是景泰三年(1452)。”

云和县辖两乡:云和乡管五里七都,元和乡管一里二都。……

清宣统三年(1911),辛亥革命后,云和县属浙江军政府处州军政分府。

1912年(民国元年),置浙江省都督府,废清代道、府、厅、州制,县直属于省。1914年(民国3年),实行省、道、县三级制,云和县属瓯海道。1927年(民国16年)废道,实行省、县二级制。1932年(民国21年)6月,实行县政督察专员制,云和属第十二县政督察区。同年10月,改为第三特区。1935年(民国24年)6月,属丽水行政督察区。1936年(民国25年)月,改属第九行政督察区。1948年(民国37年)4月,改属第六行政督察区。同年7月,改属第七行政督察区,署址云和县。

1949年5月11日,云和县解放,属浙江省第七专区。10月10日,改属浙江省丽水专区。1952年1月,撤销丽水专区,云和县划归温州专区。1958年5月29日,国务院批准撤销云和县,并入丽水县,7月5日起,停止办公。1961年6月1日,丽水县人民委员会迁驻云和镇。1962年4月12日,国务院批准复建云和县,6月4日正式办公。1963年5月9日,恢复丽水专区,云和县属之。1968年11月,丽水专区改称丽水地区。1984年6月30日,经国务院批准,云和、景宁分别置县。2000年5月,撤丽水地区设立丽水市,2010年,云和县隶属丽水市关系不变。

第二节 域址 面积

云和县境域,明为丽水县浮云乡全部及元和乡之半,包括丽水21都至29都。明景泰三年(1452)建县,分置坊郭、一都至九都,编户五十三里。至清代无变动。

1944年(民国33年)5月,龙泉县龙门乡(飞地)和张源头、坟山村划归云和县。云和县芝石乡外王庄、武溪、丁村划归龙泉县。

1951年4月,丽水县峰源、赛源乡划归云和县。1956年5月,云东区新四乡高沈、高岩、王湾、岭里村和包山乡潘坑、杨坑村划归景宁县。6月,赛源乡铺洗寮、黄连坑村划归青田县。7—9月,龙泉县安仁乡陈家垟村、龙南乡栏头、金尺亭村划归云和县。8月,小顺区金江乡木岱坑村和金村乡茶铺村划归松阳县。

1958年5月29日,撤销云和县,并入丽水县。

1962年6月11日,原云和、景宁县地域从丽水县分出,复建云和县。原属云和县的双港、朱村、金村乡和云东区的上头垟、下垟、山岱头、张山、李山、新砀、下田、米坳、外山、高祭寮、孙畲、潘山头、库坑、刘坑、叶山头、汝姑、夏吴、毛山、毛上垟、高源、郑地、上江、尤源、横坑、周坑、正坳、山回等27个自然村仍归丽水县管辖。

1984年6月30日，云和、景宁二县分置。11月，丽水县的双港、朱村、金村3乡划归云和县管辖。至2010年境域未变。

县域总面积984平方千米，其中，陆域面积945平方千米，水域面积39平方千米。

县衙地址变迁 自明景泰三年（1452）置县以来，历经水火兵燹，县公署（政府）驻址数易其位，历尽沧桑，后人实难觅踪。

明景泰三年（1452）置县时，在鲤鱼山南（即今新华街与新建路交汇处西，县邮政银行营业所西北区块）拆古寺基鼎建门墙衙宇，六曹房舍，仅仅容止而已。弘治十六年（1503）予以修缮。嘉靖元年（1522）增建。万历三十七年（1609）坏于水，重建。崇祯十七年（1644）又毁于火。上述云和第一所县署的地址，康熙《云和县志》作含糊不清的记载："县设在凤凰山麓元和乡，历故名二百年无改。"据考《括苍汇记》记载："其时县治在鲤鱼山南。"清同治《云和县志》窦絓序："县署昔在鲤鱼山前。"陈治策序："今常平仓，即县署旧址。"明万历知县张可仕鲤鱼山诗："山前公署长官居，署后山名唤鲤鱼。"

清顺治三年（1646），县署移于县前铺朝阳坊（今新建路东，县农村信用合作联社东南区块）租赁民屋。乾隆三十四年（1769）曾作修理。嘉庆十二年（1807）五月毁于火，重作修葺。县署设此亦达164年。

清嘉庆十六年（1811）县署移于眠犬山麓（即鲤鱼山西北端）。清同治《云和县志》载："云和县治在眠犬山麓，中为治事厅，厅左为库房，右为承发房，东廊为吏、户、礼科房，西廊为兵、刑、工科房，前为仪门。门外，东为土地祠，西为狱。前为大门，厅后为穿堂，堂东为花厅，又东为厨房，堂后为内宅。"

清末，县署移建鲤鱼山南官仓弄东（今新建路东侧、紧倚新建路，中山街南，新华街北区块），由咸丰拔贡，王士鈖设计，有108间，36个天井，72对门窗，布局合理，颇具规模。直至1958年5月为历代县治驻所，长达近百年。20世纪60年代开始，其主体部分改建为县人民政府招待所，南侧一部分改建为电影院，北面拆建为县委党校。旧署今已无存。

第三节　县政府驻地

云和县人民政府驻地位于云和镇城北路6号。县机关办公大楼于1960年4月动工，1961年4月竣工。1961年6月1日，丽水县人民委员会机关迁云和，在此办公（当时拟于瓯江干流丽水至青田段兴建水电站，丽水县城区需移民，后此工程未上马），后丽水县机关回迁丽水。

1962年4月，恢复云和县后，归属云和县人民委员会（1981年10月改称县人民政府）。办公大楼系砖木混合结构，门厅式正堂三楼附左右两厢二楼，建筑面积3192.67平方米。主楼两侧前方各建一座副楼，东副楼三层砖混结构，建筑面积1516.33平方米；西副楼系二层泥木结构，建筑面积1009.6平方米。此后，因工作需要，陆续兴建广播电视局、档案局、科委、卫生局办公楼，县委大楼，县委、县府综合会议室等。2010年，大院占地面积5.96公顷，建筑面积16573平方米。院内混凝土道路纵横，绿树成荫，丹桂飘香，环境幽雅。

第二章 行政区划

明景泰三年(1452)云和设县之初置4坊，统2乡、9都、47图；清同治年间(1862—1874)，设2坊，统2乡、9都、306庄；中华民国时期设8区、4里、88村、347闾、1720邻。中华人民共和国成立后，1950年2月，全县分设5个区、1个镇、15个乡。1983年5月，全县设8个区、2个镇、44个人民公社。1984年6月，经国务院批准，云和、景宁实施分县。同年11月，丽水县双港、朱村、金村3个乡划归云和县管辖。是年底，全县设4个区、1个镇、20个乡、9个居民委员会、169个村民委员会、1168个村民小组。1991年，全县设置3个镇、19个乡(含2个畲族乡)；2010年年末，县域辖4个镇、10个乡、169个行政村、6个社区。

第一节 明清时期

明景泰三年(1452)，置西城、龙门、朝阳、东仁4坊，统2乡、9都、47图。清康熙年间(1662—1722)改为24图。雍正七年(1729)改图(坊)为庄。同治年间(1862—1874)，设2坊，统2乡、9都、306庄。

浮云乡(置7都)

宋初，名西阳乡。乾道五年(1169)，改名浮云，又名允和。

一都 在县西南，领庄14：白水(附郭)、岗头、湖上(分黄桥头、上叶)、隔溪寮(附马村)、长田(附坝头)、东塍(附黄处、湖西弄)、郑宅(旧名东里)、大仓(附砝门、下巷、坪垟岗)、雾溪(旧名务溪，附大岗)、安溪(附谷阳头、下武、西山)、水竹垟(附垵大)、西坑(附杨梅垄、水牛塘)垄头(附坳头、龙井)、东岱(附坑头、田寮)。

二都 在县西，领庄10：梅垄、胡岱、柘园(附郭)、贵溪(附马槽头、黄师垟)、沙溪、后山(附梓坑、牛寮)、村头(附重河)、木路、高胥、白岱。

三都 在县西，领庄71：左管：临海(旧名林海)、朱源、栗坳(附栗坳坑)、金坞、高湾、张源头、交牙、石眠床、黄地、花岱岭、牛角山(旧名寨儿)、赵善(附叶处)、下垟、墙围底、柳山头、吴山、坑根、陈山、武树(旧名五树)、叶垟、坑头(旧名黄栈坑)、梅九、东坑下(旧名溪南东川)、磨石坑、陈坞、周村、坑底(附上坑底)、黄家畲(旧名丰家源，附水碓后、白砝、荫桥坑)、大垟、夏家垟(旧名夏爬垟)、贵庄(附水澳头)、盘条(附盘条口)、尖坳、荫桥、王山头、张家地。右管：岩下、垟背、桂山、三望栏、东坑、南山、漈头（俗名大派，附垵畔、麻车后）、擎上、大坵田（附茂墩）、坞坪、梅源（附埠头后）、社垟畈、黄山头、严坑（旧名岩坑，附张化、山下湾、平砝岗、岩底）、龙浦（今名砻铺，附西坑、岭根）、朱宅、钓青坑、大源（附大湾）、沙铺（附坝畔、灯盏窟）、林山（旧名林泉，附上寮、洪寮）、何村、对山（附坳背）、田坑、林岱、范坑头、商坑下、叶山头（附下垟）、杉板坑、栏头、后垟、观山、项山、徐姑堰、漈方、林山下。

四都 在县西，领庄18：古路桥、垟田、黄垟、坳后、赤石、南山湖、坑口、独山、新岱林、张贩（俗名张坝）、沙坑源、乌葚源、麻垟、王庄、武溪、漈头、洪滩头、大坝。

五都 在县东北，领庄53：河坑、天堂坑、梅家源、庄前（俱附郭）。上管：杨家山、梅山（分内、外二村）、洽川、紧水坑（旧名金水坑）、三望潭、莲塘、梓坊（附上吴、竹坑头）、瑞滩、西村、梓坊坑、饭甑砻、大牛、小牛、高山（分内、外二村）、阴坑头、王弄（附外畲）、朱坑、徐湖（旧名齐湖）、黄垟、孟山头、花夹坳、毛山、金鸡坑、南洞、丁村、螃蟹坑。下管：外天堂坑、溪口、谷村（今名局村）、山潭、朱宇坝、木垟、龙石、石浦即石富（附东岸）、菖蒲垄、吴四岭、长汀、赵岸、寨下、乌弄坑、湾河、油坑、外垟、小顺、过溪（今名过头）、桑溪、大源、黄庄、北溪。

六都 在县南，领庄22：前溪（附郭）、古竹、古田、黄水碓、小徐（旧名仁里，附白垟墩）、叶村、梅山根、古坊、季村、西坑边、东山下、张山头、漈口（附芝畈）、大坪（附坳头）东塘（分上湾、下湾）、小葛（分叶村前、黄产、长寮、角山、樟树岗、底庵、岗头）、洽溪、仙坑（附打鹿平）、林畲（附坑头）、木樨花、严山、黄家地。

七都 在县东南，领庄54：左管：睦田、花晓桥（附柿树坳）、沈岸（附周坑口）、沈村（旧名东村，附大垟）、沈庄（旧名锦川，附武样）、竹坑（附平里）、尖竹（附凉棚漈）、程李坑、苏坑（分内、外二村）、苞山、后寮坑、上垟头（附下垟）、山岱头、山径、潘坑、杨坑、横山后、黄山头、陈漈头、蔡坑、蔡岱、高沈、杨右、畲坑、毛山、西峰坑、龙湾、后畲、长汀、黄村、贵山、照山、高岩、高堰。右管：象山、大徐（附黄坑、蜡赛）、鹤坡口（今名独山）、云章（附下洋、鹤口源、麻车岗、南流、大荫山）、云坛、陈村（附李山前）、梅湾（附金竹岗）、靛青山（附坛头源）、泉岱（附迁坑）、杨寮、张山、李山、新砀（旧名后日）、下田、米坳、外山、高漈寮、孙畲、潘山头、柯坑（今名库坑）。

元和乡（置2都）

八都 在县东，领庄33：蒲潭圩、续莫圩（附半岭）、石门坑口、孙家地（附滩丫弄）、石塘（附半岭、岭脚、营盘圩）、平地（附平地塘）、小坪、牛塘（附大塘）、刘坑（附坑头）、叶村坪（附黄漈）、南山、东黄（附桃树窟）、高段、大坑底、定岗垵、石塘坑（附滩头、滩下）、汤家畲、东坳（附栏头）、双港、汝姑（旧名巢勾）、夏吴、叶山头、上坪（附上坪后）、坑坳、毛山（附毛上洋）、张庄、高源、郑地、上岗、尤源、横坑、周坑、井坳。

九都 在县东，领庄31：朱村、张村（旧名张川）、黄山（分上、下二村）、北溪坑、石门坑、泉溪、坑口、铁拐山、桑岭根、小淳坑（附三过堂）、规溪（附规溪亭）、桑坑、狮子坑、张庄（附黄村、小岗）、山回、靛青山（附坳山上）、金庄（分上、下二村）、竹子坪、曹山、江山源、木岱坑、石水缸、杨村、古子坑、金村、南坑（附石子岭）、樟坑、金子口、水浇垟、百花洞、茶铺。

清宣统二年（1910），县以下设区，全县设城区、协和、崇漈、谷溪、芝石、锦屏、悦丰、龙亭等8区。

第二节 中华民国时期

民国初期，沿袭清制。1928 年（民国 17 年），实行村、里制。联合数村编为一联合村，村、里下编闾、邻，以十户为邻，五邻为闾。全县设 8 区、4 里、88 村、347 闾、1720 邻。

表 1–2–1

1928 年（民国 17 年）区、村、里设置情况表

区名	村里名	闾数	邻数	区名	村里名	闾数	邻数
城区	新东里	7	33	协和区	新民联合村	4	17
	新西里	9	47		新权联合村	2	10
	狮象联合村	3	15		新合联合村	2	11
	集景联合村	3	16		案定联合村	3	14
	河濂联合村	4	20	崇濂区	九和联合村	3	17
	西岭联合村	2	9		协溪联合村	5	26
	胡梅联合村	2	9		永成联合村	4	19
协和区	小徐村	2	11		鹤峰联合村	4	20
	新定联合村	5	23		桂陵联合村	5	25
	安平联合村	4	18		厚仁联合村	5	26
	安义联合村	2	10		日新联合村	4	20
	安溪联合村	5	26		狮峰联合村	4	21
	竹溪联合村	2	9		九龙联合村	5	25
	安礼联合村	2	10		云峰联合村	5	27
	笃厚联合村	3	18		同和联合村	4	19
	廉溪联合村	4	21		协民联合村	3	14
	金贵联合村	4	17		启明联合村	4	20
	俊义联合村	4	18		—	—	—
谷溪区	局村里	2	10	锦屏区	九如联合村	5	23
	木垟村	1	6		吉祥联合村	3	16
	新成联合村	3	14		玉田联合村	3	17
	石镜联合村	2	10		金村联合村	3	17
	上垟联合村	3	16		凤仪联合村	4	20
	谷上联合村	4	20		育材联合村	6	28
	大合联合村	9	45	悦丰区	云坛联合村	3	13
	集合联合村	5	28		霞云联合村	2	10

续表 1-2-1

区名	村里名	闾数	邻数	区名	村里名	闾数	邻数
谷溪区	西流联合村	2	10	悦丰区	中城联合村	5	21
	双源联合村	4	19		云徐联合村	4	20
	固合联合村	8	40		沈铭联合村	3	17
	集成联合村	8	40		竹坑联合村	5	23
芝石区	赤石里	8	38		西景联合村	3	13
	新漈联合村	3	15		高岩联合村	7	33
	协庄联合村	5	23		新砀联合村	2	13
	九源联合村	3	15		梅湾联合村	2	10
	瑞滩联合村	3	15		张山联合村	3	14
	维新联合村	2	10		梅河联合村	2	8
	东山联合村	2	8	龙亭区	高沈联合村	3	14
	广济联合村	2	10		坑山联合村	4	18
	梓培联合村	4	21		包山联合村	4	22
	金阳联合村	3	12		三源联合村	5	23
	明政联合村	3	14		龙和联合村	5	32
	麻畈联合村	3	13		东平联合村	4	23
	古均联合村	3	13		龙门联合村	7	36
锦屏区	仁里联合村	4	21		吴姑山联合村	3	13
	义和联合村	3	14		正周源联合村	3	17
	莲峰联合村	4	18		五福联合村	3	16
	桃源联合村	2	11		—	—	—

1929年（民国18年），《县组织法》公布后，奉令并区、筹办乡镇。1931年（民国20年），废村、里制，实行区、乡（镇）制，乡镇下编闾、邻。全县设5区、4镇、85乡、664闾、3330邻。

1931年（民国20年）区、镇、乡设置情况表

表 1-2-2

区名	镇名	乡名
一区	新东	狮象、新定、小徐、云徐、新成、新民、集景、河漈
	新西	西岭、胡梅、金贵、新权、俊义、安平、竹溪、安定、廉溪、新合、安溪、笃礼、安礼、安义
二区	—	厚仁、协溪、永成、日新、九和、鹤峰、九龙、启明、协民、同和、狮峰、桂陵、云峰
三区	赤石	金济、古均、东山、维新、瑞滩、集成、谷上、上垟、梓培、明政、麻畈、九源、协庄、新漈
四区	局村	中城、云坛、霞云、沈铭、竹坪、西景、包山、坑山、三源、高沈、新砀、张山、固合、梅湾、集合、石镜、大合、高岩
五区	—	龙和、东平、龙门、吴姑、九如、五福、育材、风仪、金山、正周源、玉田、吉祥、桃源、西流、莲峰、双源、仁里、义和

1934年(民国23年)7月，并镇乡。同年10月裁撤区公所。1935年(民国24年)7月推行保、甲自治组织，废闾、邻。全县设5区、4镇、25乡、168保、1650甲。

1935年(民国24年)区、乡、镇设置情况表

表1-2-3

区名	新编乡镇名称	被撤并乡镇名称	保数	甲数
第一区	云溪镇	新东镇、新西镇	8	32
	狮山乡	狮象乡、小徐乡、云徐乡、新定乡	7	69
	宛云乡	新成乡、集景乡、河滦乡、西岭乡	6	64
	柘溪乡	胡梅乡、金贵乡、新权乡	4	35
	新民乡	新民乡、俊义乡、安平乡	5	55
	廉溪乡	竹溪乡、安定乡、廉溪乡	5	49
	新溪乡	新合乡、安溪乡	4	42
	笃礼乡	笃礼乡、安礼乡、安义乡	3	33
第二区	栈云乡	厚仁乡、协溪乡、永成乡	10	82
	金山乡	日新乡、九和乡、鹤峰乡	7	57
	云龙乡	九龙乡、云峰乡、启明乡	8	76
	协和乡	协民乡、同和乡	4	35
	丰源乡	狮峰乡、桂陵乡	4	49
第三区	尚义乡	集成乡、谷上乡、上垟乡	8	33
	九源乡	九源乡、协庄乡、新滦乡	5	52
	崇礼乡	金济乡、古均乡、东山乡、维新乡、瑞滩乡、梓培乡	8	89
	赤石镇	赤石镇、明政乡、麻畈乡	6	66
第四区	云潭乡	中城乡、云坛乡、霞云乡	5	44
	仙瀑乡	沈铭乡、竹坪乡、西景乡	5	47
	和平乡	包山乡、坑山乡、三源乡	5	52
	高岩乡	高岩乡、高沈乡	4	41
	新梅乡	新砀乡、张山乡、梅湾乡	4	43
	长顺乡	固合乡、集合乡	6	67
	局村镇	局村镇、石镜乡、大合乡	6	59
第五区	杉葑乡	吴姑山乡、正福乡、正周源乡	6	52
	金风乡	育材乡、凤仪乡、金山乡、玉田乡	9	82
	金谷乡	吉祥乡、九如乡、桃源乡、莲峰乡	9	78
	北溪乡	西流乡、双源乡、仁里乡、义和乡	6	64
	石塘镇	龙和乡、龙门乡、东平乡	9	92

1938年（民国27年）8月，改设城区、赤石、小顺3区。小顺、赤石设立区署，城区各乡镇直属县政府。调整乡镇编制，全县设3区、4镇、25乡、176保、1735甲。

1938年（民国27年）区、乡、镇设置情况表

表1-2-4

区名	乡镇名	保数	甲数	区名	乡镇名	保数	甲数
县直属	云溪镇	8	82	小顺区	北溪乡	6	64
	狮山乡	7	69		长顺乡	6	67
	廉溪乡	5	49		云潭乡	5	44
	新溪乡	4	42		仙瀑乡	5	47
	新民乡	5	55		新梅乡	4	43
	笃礼乡	3	33		石塘镇	9	92
	柘溪乡	4	35		金凤乡	9	82
	宛云乡	6	60		和平乡	5	52
	局村镇	6	59		高岩乡	4	41
	尚义乡	8	83		杉葑乡	6	52
	—	—	—		金谷乡	9	78
赤石区	赤石镇	6	66	赤石区	金山乡	7	57
	九源乡	5	52		峰源乡	4	49
	崇礼乡	8	89		云龙乡	8	76
	栈云乡	10	82		协和乡	4	35

1938年（民国27年），全县改设3区2镇9乡159保1714甲。

1939年（民国28年）区、乡、镇设置情况表

表1-2-5

新编乡镇		被撤并乡镇名称	保数	甲数
名称	驻地			
箬溪镇	城内后溪	云溪镇、宛云乡	14	145
三溪乡	贵溪	柘溪乡、新民乡、笃礼乡	12	123
南溪乡	古竹	新溪乡、廉溪乡、狮山乡	15	159
东溪乡	石浦	局村镇、尚义乡	14	143
小顺镇	小顺	石塘镇、北溪乡、长顺乡	15	204
双金乡	朱村	金凤乡、金谷乡	15	160
建国乡	包山	和平乡、高岩乡、仙瀑乡	14	139
云东乡	梅湾	新梅乡、杉葑乡、云坛乡	15	138
芝石乡	赤石	赤石镇、崇礼乡、九源乡	15	204
复兴乡	梅源	金山乡、栈云乡	15	139

续表 1-2-5

新编乡镇		被撤并乡镇名称	保数	甲数
名称	驻地			
云峰乡	黄家畲	云龙乡、协和乡、峰源乡	15	160

1940年(民国29年)7月1日，裁撤赤石区署。城区下辖1镇5乡：箬溪镇、三溪乡、南溪乡、云峰乡、复兴乡、芝石乡；小顺区下辖1镇5乡：小顺镇、双金乡、建国乡、云东乡、石塘乡、东溪乡。

1944年(民国33年)，奉浙江省政府令，龙泉县龙门乡(俗称汤侯门)划归云和县管辖。1945年(民国34年)，全县设2镇、11乡、163保、1734甲。

1945年(民国34年)乡、镇设置情况表

表 1-2-6

乡镇名	驻地	保数	甲数	村名
箬溪镇	中正街	8	102	杨家山、坑头、源头岗、天堂坑口、际上、天师殿、河坑、梅山岗、高斜、黄坑、后岗、杉坑岭、沈殿样
三溪乡	沙溪	7	103	沙溪、菖蒲堂、山峰寺、后岱坑、吴公殿、白岱、牛寮、贵溪、后山、叶木岱、重河、岗头、长田、村头、坝头、大岗、高胥、雾溪、坪垟岗、灵祭山、双港、河上、隔溪寮、西坑、杨梅垄、垄头、坳头、水口、玉斜河、龙井
南溪乡	小徐	6	128	小徐、云章、大徐、象山、睦田、狮山、小葛、东山下、东塘、古竹、岗头庵、白龙山、黄家地、大坪、黄水碓、瓦窑、箬寮、东塍、程宅、大田背、黄处、温溪、东岱、外村、西坑、古坊、白垟墩、下武、白龙山脚
东溪乡	局村	14	128	石浦、莲塘、大牛、黄垟、徐湖、桥头、大源、详后、油坑、局村、金水坑、山潭、木垟、方山、牛头山、小牛、八仙殿、王山头、外垟、三望潭、兰家坞、外卓、南岸、渡船头
芝石乡	赤石	12	121	赤石、南洞、店子里、烧香尖、担布坑、里高山、外高山、龙头、莲花山、花夹岙、大金垟、金刚山、亮壁窟、乌椹源口、沙坑头、张家、饭甑砻、木吉寮、瑞滩、枇杷坑、梅家山、娄狗山、梓坊、塔下、鹿角尖、赭园、马坳、黄坑、下临海垟、高垟、白粉墙、乌荫街、李树坪、沈岱林、龙坑、尖山下、里山、上岙岗、张畈、独山、鲍坞、麻坪、董家堂、横湖、上垟田、西村
龙门乡	汤侯门	7	68	汤侯门、三望排、南山尖、岗子背、曲桥山、桃子坑、田铺、福庄山、杜村、西坑、邱家山、瑞滩、后山、梅山岗
复兴乡	梅源	15	128	梅源、步头后、吴山、坑根、漈头、南山、竹园山、岩下、仙眠床、栗溪、叶垟、东坑下、上临海垟、更鼓楼、上岩下、金坳、黄地、仰天湖、三望栏、东坑、朱源、陈山、花岱岭、上武树、下武树、张化、黄山头、柳山头、坑头、里陈山、外陈山、谢垟畈、岩下尖、栗坳
云峰乡	沙浦	13	141	黄家畲、陈户、周村、鹿角尖、梅九、砻铺、坳头、布帐山、岱胡山、雾乌苋、禹王庙、高山、大源、白岙岭、叶山头、田青寮、下垟、上寮、喂牛山、内项山、漈坊、外项山、陈朝湾、水巢览、朱宅、沙铺、岩乔、沙铺垄、栗树览、丐坟地、墓林下山、坑底、水后头、兰坑、贵庄、对山、灯盏窟、荒沙头、香姑寮、商坑下、潘山头、下湖、张家地、山茶丘、尖坳、叶发寮、王山头、七尺亭、匀泉、三望坑、高蛇、上村、虞塘堰、后垟、枫桶尖
小顺镇	小顺村	10	107	小顺、小顺堡、麻厂、桑溪、高斜、里西洋、柳家田、长汀、龙石、过头、横坑、赵岸、黄庄、东吴半岭、寨下、田垄、西吴半岭、大坑头、小庄、毛山岗、五担秧、大源、祭上、北溪、马蹄湾、坳头、曾家、北溪坑、正坑尾、横山头、出水圳、上横山、坳坑岗、半岭、铁拐山、仰天湖、垄空、狮子坑、桑岭根、深渡坑

续表 1-2-6

乡镇名	驻地	保数	甲数	村名
石塘乡	石塘村	6	61	蒲潭、岭脚、营盘、续莫圩、孙家地、毛家湾、车头岗、坪地、西坪、牛塘、刘坑、大坑头、东黄、叶村坪、高段、定光旱、东坳、南山、大坑底、西滩头、石塘、滩下、石塘坑、靛青山、大船头、双港、上坪、上坪后、张庄、八宝湾、坳坑、桑坑
双金乡	朱村	15	145	朱村、外村、将军步山、金村、石水缸、百花洞、茶铺、竹弄、小岗、石子岭、坑口、张庄、泉溪、南坑、白鹤岗、杨村、石壁岩、算盘山、仙姑堂、规溪、埠头、外、规溪亭、大坑头
云东乡	陈村	15	116	坑底寮、里山、张山、传岱、大坑、李师垟、靛青山、金竹、梅湾、尖山头、鹤坡、云坛、霞晓桥、柿树岙、独山、沈岸、陈村、周坑、大杉葑、郑地、新砀、横坑、夏吴、尤源、孙畲
建国乡	包山	13	107	包山、高漈、毛山、尤湾、岭根、米山、招山、金坑、马地垟、高岩下、半岭、高沈、竹坑、沈村、高窍、武样、呈里坑、潘坑、真济头、库坑、贵山、伏布、平里、占竹、漈上、苏坑、沈庄、水缸山、山锦、蔡坑、下寮坑、上垟、王湾、西峰坑、高岩、黄山头、蔡岱

1946 年（民国 35 年），小顺镇改为乡建置，全县设 1 镇、12 乡、157 保、1455 甲。

第三节　中华人民共和国成立后

1949 年（民国 38 年）5 月 11 日，云和县解放。9 月，废保甲制，相继建立人民政权。11 月，全县设城区、赤石、小顺 3 个区，箬溪、小顺 2 个镇，东溪、三溪、南溪、龙门、芝石、复兴、云峰、双金、石塘、云东、建国 11 个乡。

1950 年 2 月，全县分设 5 个区、1 个镇、15 个乡。

1950 年 2 月区、乡、镇设置情况表

表 1-2-7

乡镇名	甲数	乡镇名	甲数
城区	城关镇、贵溪、雾溪、城北、城南、温溪	龙门	东溪、龙门
赤石	芝石、复兴、云峰	云东	云东、建国
小顺	小顺、石塘、双金	—	—

同年 5 月，龙门区并入城区，称城关区，云东区并入小顺区。全县设 3 个区、1 个镇、22 个乡。

1950 年年底区、乡、镇设置情况表

表 1-2-8

区名	乡镇名
城区	城关镇、城北、城南、温溪、沙溪、雾溪、龙门、瑞滩、田铺、大源、石浦
赤石	小顺、桑岭、石塘、杨村、梅湾、竹坑
小顺	复兴、和平、太平、林山、云峰、赤石

1951 年 2 月，增设郑地、张山、包山、新四乡。4 月，丽水县峰源、赛源乡划归云和县，建立云东区。增设云章、大湾、双溪、朱村乡。5 月，小顺区杨村乡更名金村乡，竹坑乡更名新民乡，梅湾乡更名新华乡。全县设 4 个区、1 个镇、32 个乡、165 个行政村。

1951 年区、乡、镇设置情况表

表 1-2-9

区名	乡镇名	驻地	行政村数	行政村名
	城关镇	新民路	7	1-7 行政街
	温溪乡	温溪	6	胡西弄、黄处、温溪上村、温溪下村、东岱、黄家地
城关区	城北乡	河坑	4	对家畲、河坑、西弄、庄前
	石铺乡	石浦	5	石浦上村、石浦下村、三潭、菖蒲垄、莲塘
	沙溪乡	沙溪	7	河上、沙溪、贵溪、梅垄、后山、村头、柘园
	雾溪乡	雾溪	7	长田、高胥、旱大、大仓、西坑、垄头、水竹垟
	大源乡	大源	5	大牛、黄垟、徐湖、桥头、黄弄
	城南乡	黄水碓	7	古竹、黄水礁、瓦窑、程宅、白龙山脚、白堆墩、小徐
	云章乡	象山	5	云章、局村、溪口、睦田、象山
	小顺乡	小顺	6	小顺、小顺堡、长汀上村、长汀下村、黄庄、北溪
	石塘乡	石塘	5	步潭、田坑、东黄、石塘、滩下
小顺区	双溪乡	规溪	4	双溪、规溪亭、规溪、朱村下街
	朱村乡	朱村	5	朱村、张村、泉溪、苦枝垄、小岗
	金村乡	金村	5	垟村、南坑、金村、石水缸、竹子坪
	桑岭乡	桑岭根	4	北溪坑、桑岭根、底外、石门坑
	新华乡	梅湾	7	陈村、梅湾、靛青山、麻车岗、云坛、沈岸、霞晓桥
	新民乡	沈村	5	沈村、竹坑、尖竹、苏坑、山锦
云东区	张山乡	张山	4	张山、夏吴、新砀、毛山
	包山乡	包山	4	包山、陈梓头、三隔田、潘坑
	峰源乡	庞山	4	庞山、源头、西坑、陈村
	郑地乡	郑地	4	郑地、尤源、正岙、高源
	赛源乡	夏庄	4	夏庄、木家、赛坑、岭根
	新四乡	高沈	4	高沈、高岩、王湾、岭里
梅源区	太平乡	漈头	6	梅源、张化、砻铺、吴山、坑头、赵善
	复兴乡	坑根	6	左漈头、里南山、三望栏、上岩下、仙眠床、栗溪
	云峰乡	张家地	4	张家地、大垟、后垟、坑下
	和平乡	黄家畲	6	牛角山、陈山、夏扒垟、黄家畲、贵庄、荫桥坑
	林山乡	林山	3	林山、沙铺、田坑
	赤石乡	赤石	5	赤石、独山、上垟田、张源头、临海垟

续表 1-2-9

区名	乡镇名	驻地	行政村数	行政村名
梅源区	田铺乡	田铺	5	隔溪山、大蛟、上垟、田铺、桃子坑
	龙门乡	汤侯门	5	汤侯门、渡船头、田坑、外垟、梓坊
	瑞滩乡	饭蹭砻	5	瑞滩、饭甑砻、外高山、店子、沙坑埠头
	大湾乡	大湾	3	坳头、下垟、项山

1952 年调整乡镇区划。1 月，从太平乡析置栗溪乡；新华乡分置民主乡。8 月，增设贵溪、局村、联合、新建、叶埠、北溪、进步、岗山、上垟、夏庄 10 个乡。全县共设 4 个区、1 个镇、44 个乡、182 个行政村。

1952 年 2 月区、乡、镇设置情况表

表 1-2-10

区名	乡镇名	驻地	行政村数	区名	乡镇名	驻地	行政村数
城关	城关镇	城内	7	赤石	太平乡	潆头	4
	城南乡	黄水碓	7		复兴乡	坑根	4
	城北乡	河坑	4		大湾乡	大湾	3
	温溪乡	温溪	6		林山乡	林山	3
	雾溪乡	雾溪	5		云峰乡	张家地	3
	沙溪乡	沙溪	5		和平乡	黄家畲	5
	贵溪乡	后山	5		叶垟乡	叶垟	3
	云章乡	象山	4		栗溪乡	栗溪	3
	局村乡	局村	3		联合乡	临海垟	3
	石浦乡	石浦	5		赤石乡	赤石	2
	大源乡	大源	5		新建乡	沙坑源	3
小顺	小顺乡	小顺	5		瑞滩乡	饭甑砻	4
	石塘乡	石塘	4		龙门乡	汤侯门	4
	双溪乡	规溪	3		田铺乡	渡蛟	6
	朱村乡	朱村	4	云东	峰源乡	庞山	4
	金村乡	金村	3		郑地乡	郑地	4
	桑岭乡	桑岭	3		张山乡	张山	4
	新华乡	梅湾	3		包山乡	包山	4
	民主乡	云坛	4		上垟乡	上垟	4
	新民乡	沈村	5		夏庄乡	夏庄	3
	北溪乡	北溪	4		赛源乡	赛坑	4

续表 1-2-10

区名	乡镇名	驻地	行政村数	区名	乡镇名	驻地	行政村数
小顺	岗山乡	竹子坪	4	云东	新四乡	高沈	4
	进步乡	苦枝砻	3		—	—	—

1953 年 1 月，赤石区分置梅源区，城关区大源、田铺乡划归赤石区。全县设 5 个区、1 个镇、44 个乡。

1953 年区、乡、镇设置情况表

表 1-2-11

区名	乡镇名	区名	乡镇名
城关	城关镇、南溪、沙溪、贵溪、云章、雾溪、温溪、城北、局村	云东	丰源、赛源、张山、郑地、夏庄、新四、包山、上垟
赤石	龙门、赤石、联合、石浦、新建、田铺、大源、瑞滩	小顺	新华、新民、民主、北溪、石塘、桑岭、岗山、双溪、朱村、小顺、金村、进步
梅源	粟溪、和平、叶垟、复兴、大湾、云峰、林山、太平	—	—

1956 年 5 月，调整乡行政区划，至 11 月结束。全县设 4 个区、1 个镇、21 个乡。

1956 年区、乡、镇设置情况表

表 1-2-12

区名	新编乡镇		撤并乡村名称
	名称	驻地	
县直属	城关镇	城内	城关镇及城北乡杉坑岭、沈殿垟村
	城郊乡	小徐	城南、云章乡
	城西乡	沙溪	沙溪、贵溪乡(乌岱坑、西弄划城北乡)
	城北乡	局村	局村、石浦乡、小顺乡(龙石村)、贵溪乡(乌岱坑、西弄村)
	温溪乡	温溪	未变动
	雾溪乡	雾溪	未变动
梅源区	太平乡	梅源	太平、复兴、栗溪乡、叶垟乡 2 村
	和平乡	黄家畲	和平、叶垟乡 4 村及龙泉县划入的陈家垟村
	林峰乡	林山	林山、大湾乡
	云峰乡	张家地	云峰乡及龙泉县划入的栏头、金尺亭村
小顺区	小顺乡	小顺村	小顺乡(除龙石村)、北溪乡及桑岭乡 1 村
	民主乡	云坛村	新民、新华、民主乡
	朱村乡	朱村	朱村、进步、桑岭乡(除 1 村)
	金岗乡	坑口村	金村、岗山乡(木岱坑村划松阳县)

续表 1-2-12

区名	新编乡镇		撤并乡村名称
	名称	驻地	
小顺区	双溪乡	双港村	石塘乡（除刘坑村）、双溪乡
云东区	郑地乡	高源村	郑地、张山乡、石塘乡刘坑村
	包山乡	上垟村	上垟、包山乡（潘坑、杨坑村划景宁县）
	峰源乡	庞山村	赛源、峰源、夏庄乡（铺洗察、黄连坑村划青田县）
赤石区	赤石乡	赤石村	赤石、联合乡及新建乡1～2村
	新建乡	担布坑	新建乡3～4村、瑞滩乡4～5村
	龙门乡	汤侯门	龙门、瑞滩乡1～3村
	大源乡	渡蛟村	田铺、大源乡

1958年春，建立温溪畲族乡。同年5月，云和县撤销，并入丽水县。原云和县境设云和区，下辖云和镇（城关镇改）及沙溪、小徐、温溪、雾溪、民主、局村、小顺、龙门、大源9个乡：赤石区，下辖赤石、新建、梅源（太平改）、和平、林峰、云峰6个乡。原云和县所辖的郑地、双溪、丰源、包山、金岗、朱村6个乡改属丽云区。10月，实现人民公社化，云和、梅源区改建为人民公社，乡改建为生产大队。同时将温溪、雾溪、大源、新建、云峰、金岗等6个乡分别并入小徐、沙溪、龙门、赤石、和平、朱村等6个生产大队。

1959年1月，生产大队改称管理区。同时，又将温溪、雾溪、大源、云峰从小徐、沙溪、龙门、和平生产大队分出建立管理区。7月，云和公社的云和管理区恢复镇建制，为丽水县直属镇。至12月底，云和人民公社辖小徐、温溪、雾溪、沙溪、局村、民主、小顺、龙门、大源9个管理区，77个生产队；梅源人民公社辖赤石、梅源、和平、云峰、林峰5个管理区，43个生产大队。

1961年10月，恢复云和、梅源区建制，改管理区为人民公社，建立起“政社合一”的乡级人民公社体制。雾溪管理区并入沙溪公社，云和镇改为云和区属镇。

1962年4月，恢复云和县（含原景宁县所属4区1镇28个公社）。全县设6区、2镇、41个人民公社、395个生产大队、2701个生产队。

1962年区、镇、公社设置情况表

表 1-2-13

区名	镇名	公社名
云和	云和	沙溪、小徐、局村、小顺、温溪、龙门、民主、大源
梅源	—	赤石、梅源、和平、林峰、云峰
红星	鹤溪	张村、梅岐、澄照、大均、外舍
渤海	—	渤海、新四、大顺、陈村、金钟、大都
东坑	—	东坑、北溪、大漈、雁溪、景南、茑岱
沙溪	—	英川、葛山、鸬鹚、黄湖、隆川、沙湾、梧桐、标溪、大地、莲川、毛垟

1968年5月至1969年9月，全县先后建立6个区革命领导小组、43个公社（镇）革命委员会、408个大队革命领导小组，取代区、公社（镇）、生产大队政权组织职能。1978年9月，区革命领导小组改为区公所。1980年冬，恢复人民公社管委会和镇人民政府。

1981年9月，沙溪区分设英川区，下辖英川、鸬鹚、隆川、葛山、黄湖人民公社。沙溪公社分设雾溪人民公社；毛垟公社分设秋炉人民公社；大都公社分设郑坑人民公社。12月，红星区更名景宁区，沙溪区更名沙湾区。人民公社更名的有温溪更名安溪，民主更名云坛，和平更名黄源，林峰更名林山，张村更名张春，芎岱更名家地，北溪更名白鹤。云和、鹤溪二镇为县属镇。全县设7个区、2个镇、44个人民公社、408个生产大队、2751个生产队。

1981年区、镇、公社设置情况表

表1-2-14

区名	镇名	公社名
云和	云和	沙溪、小徐、局村、小顺、安溪、雾溪、龙门、大源、云坛
梅源	—	赤石、梅源、黄源、林山、云峰
景宁	鹤溪	张春、梅岐、澄照、大均、外舍
渤海	—	渤海、新四、大顺、陈村、金钟、大都、郑坑
沙湾	—	沙湾、梧桐、标溪、大地、莲川、毛垟、秋炉
英川	—	英川、葛山、鸬鹚、黄湖、隆川
东坑	—	东坑、白鹤、大漈、雁溪、家地、景南

1983年5月，增设紧水滩区，下辖赤石、龙门、大源人民公社。云和镇调整为东郊、建设、中山、大众、新民、新建、解放、新华、西郊9个居民委员会。鹤溪镇调整为百岁、百塔、垟后、仙童、浮丘、城郊6个居民委员会。全县设8个区、2个镇、44个人民公社。

1983年区、镇、公社设置情况表

表1-2-15

区名	镇公社名
云和区	云和镇、沙溪、小徐、安溪、雾溪、云坛、局村、小顺
紧水滩区	赤石、龙门、大源
梅源区	梅源、黄源、林山、云峰
景宁区	鹤溪镇、张春、梅岐、澄照、大均、外舍
渤海区	渤海、新四、大顺、陈村、金钟、大都、郑坑
沙湾区	沙湾、梧桐、标溪、大地、莲川、毛垟、秋炉
英川区	英川、葛山、鸬鹚、黄湖、隆川
东坑区	东坑、白鹤、大漈、雁溪、景南、家地

1984年6月，云和县、景宁县分设。11月，丽水县双港、朱村、金村乡划归云和县管辖，并于12月建立石塘区，下辖双港、朱村、金村、小顺乡。是年底，全县设4个区、1个镇、20个乡、9

个居民委员会、169个村民委员会、1168个村民小组。

同年，实行政社分设，建立乡人民政府，大队改为村民委员会，生产队改为村民小组。3月，云坛公社分设云坛、沈村二乡；撤销林山公社，分设大湾、沙铺二乡；赤石公社分设赤石、库北二乡。恢复和新建安溪、雾溪畲族乡。

1985年8月，云峰乡更名云丰乡。1986年5月，建立紧水滩镇，将原局村乡管辖的菖蒲垄、石浦、莲塘、枫桶岗、乌弄坑村和原龙门乡管辖的金水坑村划归紧水滩镇管辖，实行镇管村。

1987年3月，撤销区建制，实行县管乡。1988年7月，建立云和、梅源、紧水滩、石塘片农村工作指导组，协助县委、县人民政府指导工作。

1989年12月，将梅源乡改为建制镇，更名为崇头镇。下辖原梅源乡行政区域，实行镇管村。

1990年年底，全县设3个镇、19个乡（其中2个畲族乡）、170个行政村、1165个村民小组、9个居民委员会。

1990年乡镇、村委会、居委会设置表

表1-2-16　　单位：个

乡镇名	村民委员会或居委会名	村民小组
云和镇	巧云、勤俭、红光、蔬菜、大徐、新岭、象山村和建设、东郊、中山、大众、新民、新建、解放、新华、西郊居委会	86
紧水滩镇	菖蒲垄、石浦、莲塘、乌弄坑、金水坑、枫桶岗	30
崇头镇	梅源、黄地、岩下、垟背、三望栏、栗溪、崇头、下垟、南山、坑根、张化、梅竹、砻铺	107
云坛乡	云坛、李山前、梅湾、沈岸、靛青山、陈邑村、霞晓桥	45
沈村乡	沈村、包山、竹坑、平里、苏坑、沈庄	41
沙溪乡	沙溪、新建、西弄、柘园、梅垄、贵溪、后山、河上、村头、长田、高胥、三门、隔溪寮	83
小徐乡	黄水碓、睦田、小徐、古竹、瓦窑、白洋墩、山脚、大坪、程宅	78
雾溪畲族乡	雾溪、坪垟岗、水竹垟、西坑、垄头、坳头	29
安溪畲族乡	下村、黄处、下武、严山、东岱、上村、黄家地、木樨花	40
双港乡	双港、规溪、下坑、上坪、滩下、坪地、张庄、高定、石塘、石塘坑、叶村坪	53
金村乡	金村、南坑、杨村、大岗山、竹子坪、石水缸	44
朱村乡	张兰、联合、泉溪、张川、朱村、桑岭、石门坑、金山下	53
小顺乡	小顺、岭脚、北溪、黄庄、横山头、麻厂、长汀、高畲、大源口	61
龙门乡	龙门、龙渡、田垟、外垟、瑞滩、饭甑垄、梅山、梓坊	45
库北乡	担布坑、高山、店子、南洞	27
大源乡	渡蛟、徐湖、大源、田铺、垟后、大牛、桃子坑、大南山	54
局村乡	局村、溪口、河坑、庄前、杨家山、天堂坑、云章	60
赤石乡	赤石、建升、建源、张源头、临海垟、阴岩、垟田、建林、新林、麻垟	67
黄源乡	黄源、叶垟、陈坞、大垟、贵庄、陈家垟、水碓垟、夏家垟、盘条口	68
云丰乡	云丰、杉板坑、后垟、坑下、潘山头、王荫山、商坑下	41
沙铺乡	沙铺、林山、朱宅、回龙山	26
大湾乡	大湾、林山下、叶山头、项山	27

指导组 区工委撤建

1991年7月，撤销云和片、梅源片、紧水滩片、石塘片4个农村工作指导组，成立中共云和、梅源、紧水滩、石塘4个区工作委员会，系县委、县政府派出机构，配置区工委书记（主任）、副书记（副主任）及4—6名工作人员不等。1992年5月，根据省民政厅文件批复，撤销中共云和、梅源、紧水滩、石塘4个区工作委员会。片指导组、区工委等县委、县政府派出机构撤销后，直接由县辖乡镇。

乡镇撤扩并

1991年，全县辖22个乡镇。设置3镇、19乡（含2个畲族乡），即云和、紧水滩、崇头3个镇；云坛、沈村、沙溪、小徐、雾溪（畲）、安溪（畲）、双港、金村、朱村、小顺、龙门、库北、大源、局村、赤石、黄源、云丰、沙铺、大湾19个乡。

1992年6月，根据省委办转发省民政厅《关于做好撤区扩镇并乡试点工作的意见》的通知精神，加大乡镇撤扩并力度，藉以整合公共资源，提高行政效能。具体撤扩并方案是：将原局村、小徐两乡并入云和镇；龙门乡并入紧水滩镇；合并双港、小顺两乡建立石塘镇；沈村乡并入云坛乡；金村乡并入朱村乡；库北乡并入赤石乡。行政区划调整方案实施后，撤销局村、小徐、龙门、双港、小顺、沈村、金村、库北8个乡，新设石塘镇。全县行政区划调整为15个乡镇，辖4镇11乡（其中2个民族乡）；170个行政村；873个自然村；1165个村民小组。

1992年6月全县乡镇、行政村、村民小组设置表

表1-2-17

乡镇名称	驻地	被撤并乡	行政村		村民小组
			名称	个数	
云和镇	镇府路	局村、小徐2个乡并入	巧云、勤俭、红光、蔬菜、大徐、新岭、象山、黄水碓、睦田、小徐、古竹、瓦窑、白垟墩、山脚、大坪、程宅、局村、溪口、河坑、庄前、杨家山、天堂坑、云章村	23	224
崇头镇	崇头村		崇头、梅源、黄地、岩下、垟背、三望栏、栗溪、下垟、南山、坑根、张化、梅竹、砻铺	13	107
石塘镇	石塘村	双港、小顺2个乡合并建立石塘镇	石塘、双港、规溪、下坑、上坪、滩下、坪地、张庄、高定、石塘坑、叶村坪、小顺、岭脚、北溪、黄庄、横山头、麻厂、长汀、高畲、大源口	20	114
紧水滩镇	金水坑村	龙门乡并入	金水坑、菖蒲垄、石浦、莲塘、乌弄坑、枫桶岗、龙门、龙渡、田垟、外垟、瑞滩、饭甑垄、梅山、梓坊	14	75
朱村乡	朱村村	金村乡并入	朱村、张兰、联合、泉溪、张川、桑岭、石门坑、金山下、金村、南坑、杨村、大岗山、竹子坪、石水缸	14	97
赤石乡	黄岗村	库北乡并入	赤石、建升、建源、张源头、临海垟、阴岩、垟田、建林、新林、麻垟、担布坑、高山、店子、南洞	14	94
云坛乡	云坛村	沈村乡并入	云坛、李山前、梅塆、沈岸、靛青山、陈邑、霞晓桥、沈村、包山、竹坑、平里、苏坑、沈庄	13	86
沙溪乡	沙溪村	—	沙溪、新建、西弄、柘园、梅垄、贵溪、后山、河上、村头、长田、高胥、三门、隔溪寮	13	83

续表 1-2-17

乡镇名称	驻地	被撤并乡	行政村		村民小组
			名称	个数	
大源乡	渡蛟村	—	大源、渡蛟、徐湖、田铺、垟后、大牛、桃子坑、大南山	8	54
黄源乡	黄家畲村	—	黄家畲、叶垟、陈坞、大垟、贵庄、陈家垟、水碓垟、夏家垟、盘条口	9	68
云丰乡	张家地村	—	张家地、杉板坑、后垟、坑下、潘山头、王荫山、商坑下	7	41
沙铺乡	沙铺村	—	沙铺、林山、朱宅、回龙山	4	26
大湾乡	大湾村	—	大湾、林山下、叶山头、项山	4	27
雾溪畲族乡	雾溪村大岗	—	雾溪、坪垟岗、水竹垟、西坑、砻头、坳头	6	29
安溪畲族乡	下村后塘	—	下村、黄处、下武、严山、东岱、上村、黄家地、木樨花	8	40
1992年6月，全县共辖15个乡镇。设4个镇、11个乡，170个行政村，873个自然村，1165个村民小组				170	1165

库北管理处设立 库北乡的撤并，地处紧水滩水库北侧的行政村管理带来诸多不便。1995年10月，经县委、县政府批准，同意赤石乡增设库北管理处，协助赤石乡党委、政府分管担布坑、高山、店子、南洞4个行政村。管理处为副乡级行政机构，驻地为担布坑行政村磨石坪。

沙溪乡撤销 2001年12月，县委、县政府实施“小县大城”发展战略，亟须拉大城市框架，拓展城市规模。在调查研究、征询民意和进行可行性论证的基础上，根据省人民政府批复，撤销同处云和盆地且与县城毗邻的沙溪乡建制，将沙溪乡所辖区域13个行政村全部并入县城所在地云和镇。沙溪乡建制撤销后，全县共辖14个乡镇，设置4镇10乡，1个管理处。

石塘镇移址 鉴于丽龙高速公路建设的需要，2008年2月，依据省人民政府批复，云和县石塘镇政府驻地实施迁址，由石塘行政村搬迁至石塘坑行政村西滩头自然村。

行政村调整

1991年，全县辖3个镇19个乡，170个行政村。2010年，全县辖4个镇10个乡169个行政村。

陈邑村易名 1981年，民主公社（云坛）陈村大队因与陈村公社（属景宁渤海区）重名，故更名为陈邑大队。1984年，云和、景宁分县，渤海陈村乡归属景宁县。1993年2月，依据陈邑村村民意愿，县人民政府批复，同意云坛乡陈邑村恢复陈村村名。

霞晓桥村划入云和镇 2008年9月，根据省人民政府文件批复，将毗邻县城的云坛乡霞晓桥行政村划归云和镇管辖。调整后的云和镇，辖37个行政村，镇政府驻地仍为中山路376号。云坛乡辖12个行政村，乡政府驻地不变。

蔬菜村改制 1965年，根据城镇居民生活需求，经县人民政府批准，由云和镇所属的红光、勤俭、巧云3个生产大队抽调部分农民，划出相应耕地，农民以种植销售蔬菜为主业，组建云和镇蔬菜生产大队，1984年更名为蔬菜村。2010年12月，试点先行，稳步推进，出台《云和镇蔬菜村撤村并居试点工作实施方案》。撤销云和镇蔬菜村的行政村建制，蔬菜村原有村民就近并入社区居委会，对原有的村级集体资产实行股份制改革，成立蔬菜股份经济合作社。蔬菜村撤销后，全县共有169个行政村。

居委会设置

1981年前，云和镇设解放、红卫、大众3个居民委员会。随着经济社会发展，县城人口增加，居委会设置亟待调整。

1983年5月，扩大居委会规模。云和镇下设东郊、建设、中山、大众、新民、新建、解放、新华、西郊9个居民委员会，并增设居委会办事处。

1995年10月，县人民政府批复，同意从建设居委辖区划出县政府机关大院，建立机关居民委员会，辖4个居民小组，330户，746人。至此，城区居民委员会增至10个。

居委会调整 2002年7月，县人民政府下文，根据城区经济社会发展需要，按照"以人为本、服务居民、资源共享、区域共建、户数适当（1500—2000户）、界线清楚"的原则，撤销云和镇所属的东郊、建设、中山、大众、新民、新建、解放、新华、西郊、机关等10个居委会，调整建立中山、新华、浮云、解放、元和、青阳门等6个社区居民委员会。此后，至2010年，尚无新增社区居委会。

2010年年末，县域行政区划格局：辖4个镇10个乡169个村6个社区。即云和、崇头、紧水滩、石塘4个镇；云坛、朱村、赤石、大源、雾溪（畲）、安溪（畲）、黄源、云丰、沙铺、大湾10个乡；赤石乡库北管理处；红光、崇头、紧水坑、小顺等169个行政村；浮云、青阳门等6个社区。

第二篇　自然环境

云和县域地质构造处于华南褶皱系之遂昌—龙泉断隆中部，北东向余姚—丽水涂断裂带从县境东部穿过。地貌西南高、东北低，自西南向东北倾斜，中、低山和丘陵形成全境地貌的格局。县境内属中亚热带季风气候，具有明显的山地立体气候特征。光、热、水的组合良好，春季水、热同步，秋、冬季光温互补。云和县境内河道属瓯江上游干流龙泉溪及瓯江二级支流梧桐坑两大水系，水域面积大，水力资源丰富。据20世纪90年代自然资源调查，县境内水力资源理论蕴藏量15.57万千瓦，年发电量10.50亿千瓦时。全县土壤面积96190.33公顷。矿产资源以非金属矿为主。森林覆盖率占县域总面积的80.8%，林木总蓄积量339.93万立方米。

县境内三级以上保护古树2830株；已知的植物189科、590属、1061种；野生动物289种。

第一章 地 质

云和县地质构造处于华南褶皱系之遂昌--龙泉断隆中部，北东向余姚--丽水涂断裂带从县境东部穿过。境内出露零星基底构造层和大面积火山岩盖层;侵入岩发育形成云和、牛头山两大花岗岩体;北东、北西、南北向断裂构造发育;矿产以非金属矿为主。

第一节 地 层

县境内出露地表的地层，从地质年代角度来分，由老到新有：前寒武纪地层、下侏罗纪地层(枫坪组)、中侏罗纪地层(毛弄组)、上侏罗纪地层(磨石山群的大爽组和高坞组)、下白垩纪地层(朝川组)和第四纪(全新世)地层。

云和县地层结构表

表 2-1-1

界	系	统		组	代号接触关系	构造期	同位素年龄(亿年)
新生界	第四系	全新统		—	Q4	喜马拉雅山期	—
中生界	白垩系	下统		朝川组	K1c	燕山晚期	1.00—1.35
	侏罗系	上统	磨石山群	高坞组	J3g	燕山早期	1.35—1.60
				大爽组	J3d		
		中统		毛弄组	J2m		
		下统		枫坪组	J1f		
前寒武系					An∈	—	—

注：______ 整合接触 ～～～ 不整合接触 - - - - - 未见整合接触。

前寒武纪地层

代号为∈(An∈)，为加里东构造运动阶段形成的地层，受燕山运动时期花岗岩岩浆侵入而产生质变所构成，现出露地表的为少量的、零星分布的变质岩。

侏罗纪地层

代号为 J，共有四组：有早期下统枫坪组(J1f)、中期中统毛弄组(J2m)和上统磨石山群的大爽组(J3d)与高坞组(J3g)。为燕山运动时期形成的地层。由于当时地心的岩浆活动极为强烈，岩浆的喷发与侵入频繁交替，形成了县境内广泛分布的火山岩层和较大面积的侵入岩体。火山岩以酸性与中性火山岩为主。岩石类型有火山碎硝岩、凝结火山碎硝岩、火山—沉积碎硝岩和熔岩、凝灰岩(包括晶硝、玻硝凝灰岩、流纹质熔结凝灰岩)等;侵入岩以云和盆地南部内侧半环状复式岩体分布的花岗岩和北部牛头山多期次分布的花岗岩为主。

下白垩纪朝川组地层

代号 KIC,为陆相沉积岩,是燕山运动晚期形的地层,岩石有砂岩和紫砂岩,砂砾岩。

第四纪(全新世)地层

代号为 Q4,是喜马拉雅(山)运动时期形成的地层,形成年代最短,在新构造运动中,地壳强烈上(抬)升,河流不断侵蚀下切,和不断的搬运堆积,产生一组由冲积物和洪积物所构成的疏松地层。

第二节　岩　　石

云和县境内有变质岩、岩浆岩、沉积岩,尤以岩浆岩分布最为广泛。

变质岩

产出时代以前寒武系为主,主要有斜长角闪岩、片岩、大理岩等。岩石受花岗岩浆侵入作用影响蚀变强烈。

岩浆岩

境内燕山期岩浆活动强烈,岩浆喷发与侵入频繁交替,形成大面积侵入岩体和广泛分布的火山岩层。

侵入岩　云和与牛头山两复式岩体,分布面积约占全县面积的 1/4。岩石类型以酸性、中酸性岩类为主。

云和复式岩体呈一半环状绕云和断陷盆地分布,主要由细粒二长花岗岩、粗粒钾长花岗岩、中粒石英二长岩组成。北部的牛头山岩体由多期次的花岗岩组成。

火山岩　以酸性、中酸性火山岩为主,少量基性岩类熔岩。岩石类型主要为火山碎屑岩、熔结火山碎屑岩、火山—沉积碎屑岩及熔岩等。

火山碎屑岩类,主要见于大爽组地层中,有集块岩、角砾岩、流纹质晶屑凝灰岩等。

火山—沉积碎屑岩类,主要见于大爽组地层中,有沉积凝灰岩、凝灰质粉砂岩等。

熔岩类,主要见于朝川组地层中,有玄武岩、安山玄武岩等。

沉积岩

主要分布于下侏罗统枫坪组、中侏罗统毛弄组及下白垩系朝川组地层中,为陆源河湖环境含煤系沉积建造。岩石类型有砾岩、砂砾岩、砂岩、粉砂岩、泥岩、页岩及薄煤层。

第三节　构　　造

构造以断裂为主，表现为脆性断裂。主要有北东向、北北东向、北西向、近东西向及南北向几组，规模大小不等，其中北东向和北西向两组断裂较为发育。

北东向断裂

有鹤口源坑—下垟断裂、大徐—象山断裂、杨家山一带的北东向平行断裂以及西南部的梅源断裂、栗溪—黄源断裂、排后—麻垟断裂等。

北北向断裂

主要有山脚—黄处断裂、构成云和断陷盆地之东部边界；赤石—安岱后断裂、构成赤石断陷盆地之西部边界。

北西向断裂

有杨村—桑岭根中村断裂、庄前—沈岸断裂、凉亭下断裂、梨树湾—沙溪断裂、村头—东山断裂（为云和断陷盆地之西部边界），赤石—上岩下断裂（为赤石断陷盆地之东部边界）。

近东西向断裂

有外垟—高畲断裂、县城以北梅垄断裂、长田—程宅断裂以及西坑—水竹垟断裂等。

南北向断裂

主要有东部的云坛—岗头断裂、北部的金村断裂。

第二章　地　　貌

云和县地处浙西南山区，地势西南高、东北低，自西南向东北倾斜，盆地、山地（中山、低山）和丘陵（高丘、低丘）构成云和县的地貌格局，云和县城盆地坐落其间，盆地面积 28.4 平方千米。龙泉溪自西南向东北蜿蜒于仙霞岭和洞宫山脉之间，将县境截为南北两大部分，境北属仙霞岭余支为丘陵山地，西起菖蒲尖，横向七尖顶、牛头山直向东面延伸，以牛头山为最高，海拔 1297.7 米；南部属洞宫山脉为西南山地和中部丘陵盆地，西起白鹤仙顶，连至梅九尖、吊庆尖、老炉岗背、鸡头尖斜向东北。县境内海拔千米以上山峰有 184 座，最高峰白鹤尖，海拔 1593.1 米；最低点为石塘镇规溪村，海拔 78.2 米。

第一节　地　　形

云和县地处洞宫山脉和仙霞岭余脉的交汇之地。四周群山环抱，山岭起伏，中间形成有陷落的云和盆地。

山地面积较大

全县在海拔 250 米以上的丘陵（高丘）、山地面积占全县总面积的 79.28%，而河谷平原（包括云和盆地）、低丘面积只占总面积的 13.32%，其中云和盆地仅占 1.71%。由于中低山遍布，坡陡谷深，全县大于 25°坡级的陡坡（山地）面积占总面积的 81.14%，而小于 15°以下的平

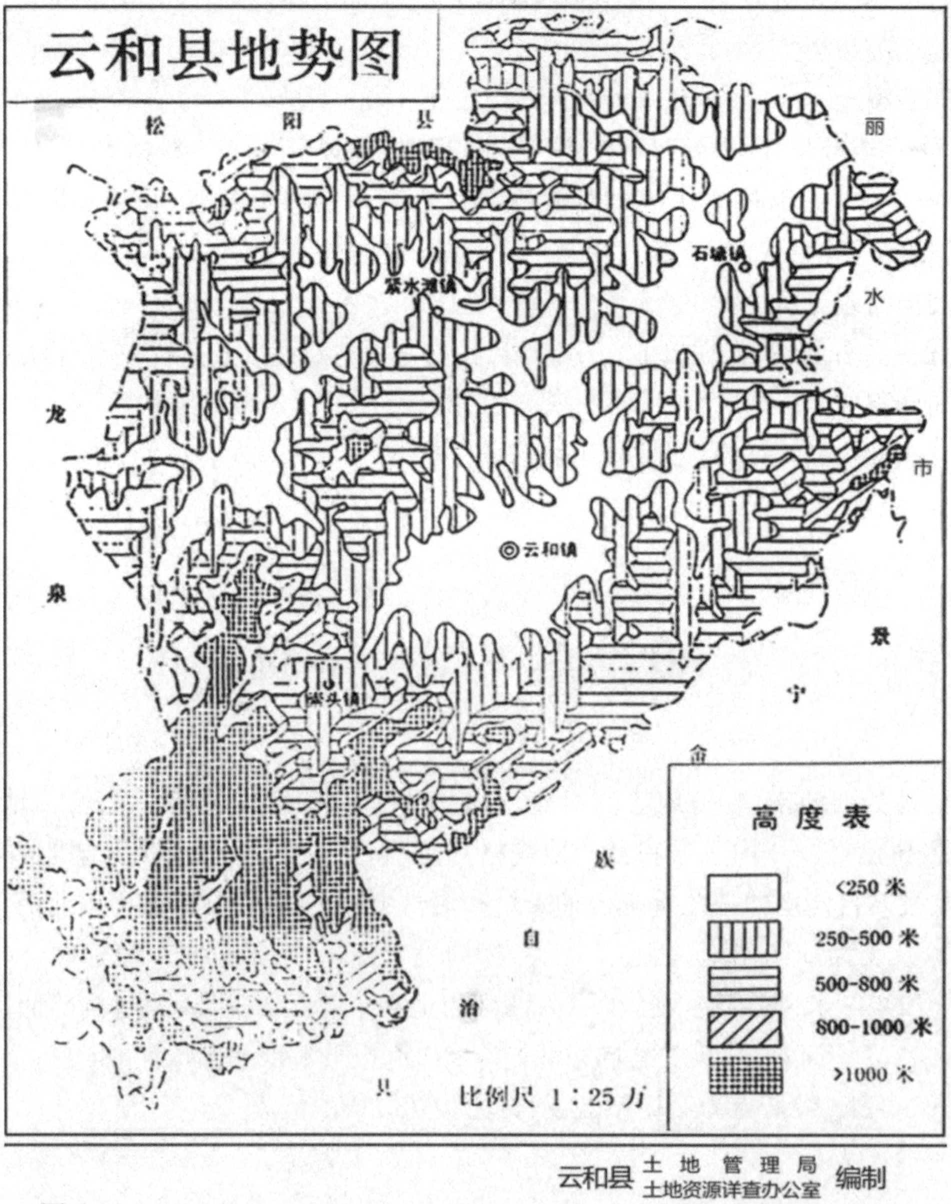

图 2-2-1

坡、微坡和缓坡的面积只占总面积的 8.07%。综合而论，云和县的地形切割与抬升都相当剧烈，形成众多的山岭峡谷。

地势由西南向东北倾斜

西南高而东北低，高低差为 1515.10 米。海拔多数在 500 米以上，绝大部分分布于西南部中山区。中南部为云和盆地，海拔在 130—200 米之间。其地势由高到低经云和盆地、沿着龙泉溪两岸逐步向东北倾斜下降。

山脉与溪流相间分布

大体形成南西——北东走向。以龙泉溪为界，北为仙霞岭余脉，南为洞宫山脉（北支），是洞宫山脉的主体。这种相间相同走向，构成云和地形与地势的基本布局。

地形的基本特征受地质构造（运动）控制

云和地形，受华南褶皱系、华夏构造系的影响，在历次地壳构造运动中，受其影响较大、延续的时间较长。处于江山—绍兴断裂带以东，在加里东运动后的整个上古时代，地壳一直处于上升隆起状阶段（也有局部凹陷）。有余姚—遂昌火山基底断块隆起带和温州—泰顺火山基底断块隆起带，以及丽水—云和火山基底断块拗陷带，使中部形成低山、丘陵和盆地。新华夏系构造运动又是整个丽水地区的主导构造体系，斜贯整个地区的余姚—丽水断裂带，走向北 25°东左右，从缙云县的新建—壶镇一线入境丽水地区，中段经过丽水碧湖一带，并经过云和、景宁，至西南部的举水、江根一带转入福建。这条断裂带还明显地制约着白垩纪盆地的发育，从而形成一系列北东走向的盆地，云和盆地就是其中之一。在历次地壳运动形成的构造断裂带中，以北东走向的两条断裂带影响最大，它们控制着整个地势格局，构成了地形大势由西南向东北倾斜、西南高东北低的地形地势。

第二节 山　脉

洞宫山脉

属武夷山系，在浙江省以南的闽、浙一带，主体介于飞云江与龙泉溪之间，山脉呈西南——东北走向，西南接福建省境内的鹫峰山脉，向东北越瓯江连接括苍山脉，东西宽 100 千米，南北长 80 千米，面积约 8000 平方千米，跨越庆元、龙泉、景宁、云和、莲都、青田、文成、泰顺等县（市、区）。主峰百山祖在庆元县北部，海拔 1856.7 米；最高峰黄茅尖在龙泉市南部，海拔 1929 米，为江浙第一高峰。洞宫山脉北支自龙泉市入县境西南，呈西南—东北走向，构成云和县西南部中山区，峰岭海拔都在 1000 米以上，除最高峰白鹤尖（海拔 1593.1 米）外，向南延伸有长河山尖（海拔 1356 米）、岩天湖（海拔 1370 米）、白马仙（海拔 1309 米）、枫桶尖（海拔 1068 米）、水巢岘（海拔 1302 米）；向东南延伸有吊庆尖（海拔 1563 米）、雾露涂（海拔 1576 米）、薄刀岗（海拔 1178 米）、老炉岗背（海拔 1320 米）、白凹山（海拔 1291 米）；向东北延伸有灵潦山（海拔 1249 米）、稻草垄山（海拔 1041 米）、水竹湖岗背（海拔 973 米）、李山坟（海拔 1062 米）；

向西延伸有白鹤仙顶(海拔1543米)；向东北延伸有牛角山(海拔1296米)、北山(海拔1174米)、东家塘(海拔1465米)、大光背(海拔1191米)、鹿角尖(海拔1166米)。

仙霞岭山脉

又名古泉山、泉岭山。位于浙江省西南部，东起衢州、金华、丽水三市交界处，西延浙江、江西、福建三省交界处，介于龙泉溪与江山港—衢江之间，山脉呈西南—东北走向，西南连接武夷山脉，东北延伸为大盘山、天台山，逶迤数百千米，是钱塘江、瓯江和闽江的分水岭。平均海拔1000米左右，相对高度300—500米，主峰大龙岗海拔1503米，最高峰九龙山在遂昌县西南部，海拔1724.4米，仙霞岭余脉自松阳县入县境龙泉溪以北，多呈南北走向，海拔大多在200—800米之间，以丘陵山地为主；主峰牛头山海拔1297.7米，另有菖蒲尖、七尖顶等山峰。

第三节　山　　峰

云和县域山峰众多，或高或低，或嶙峋或峻峭。海拔1000米以上的山峰184座，海拔600—800米低山319座，其中海拔151米以上的名山126座。

2010年云和县名山一览表

表2-2-1

名称	海拔(米)	坐落	名称	海拔(米)	坐落
白鹤尖	1593.1	黄源乡境内	厝后岗	1133	黄源乡境内
雾露涂	1576.4	大湾乡与沙铺乡交界处	鸡头尖	1127.90	云坛乡境内
吊庆尖	1563.7	大湾乡北部	北斗尖	1127.40	大湾乡与景宁县交界处
梅九尖	1558	崇头镇与大湾乡交界处	炊天饭甑	1125	黄源乡与云丰乡交界处
白鹤仙顶	1543	黄源乡与龙泉市交界处	大塆	1119	云丰乡中西部境内
石龙尖	1543	沙铺乡境内	菖蒲尖	1113.60	大源乡与松阳县交界处
白鹤仙尖	1470	大湾乡与景宁县交界处	西坪岗背	1085	安溪乡与景宁县交界
东家塘	1465	崇头镇与赤石乡交界处	香炉岗	1086	双港乡与莲都区交界处
大箬山	1455	沙铺乡境内	杨梅尖	1087	赤石乡与黄源乡交界
九龙塆头	1434	大湾乡境内	枫桶尖	1068.60	云丰乡南部境内
金钟岩	1416	黄源乡与龙泉市交界处	李山坟	1062	云坛乡与莲都区交界处
门前山	1414	大湾乡和沙铺乡交界处	磨石儿岗	1055	大湾乡景宁县交界处
岩天湖	1370	云丰与沙铺乡交界处	龙井岗	1050	崇头镇原梅源乡东南部
马雾涂	1358	大湾乡南部境内	玉斜河	1046	云和镇境内
沙铺岩	1357	云丰与沙铺乡交界处	稻草砻	1041	沙溪乡与崇头镇交界处

续表 2-2-1

名称	海拔(米)	坐落	名称	海拔(米)	坐落
长河山尖	1356.90	沙铺与黄源乡交界处	大坳门	1041	石塘镇境内
毛牛坪尖	1355	崇头镇与赤石乡交界处	烂田塆	1035	石塘镇与莲都区交界处
老炉岗背	1320	雾溪乡与景宁县交界处	铁炉塆山	1027	大湾乡南部境内
白马仙	1309.30	云丰乡与沙铺乡交界处	乌岩山顶	1025	双港乡与莲都区交界处
水巢岘	1302.20	沙铺乡与景宁县接壤	后垟岘	1018	云丰乡与景宁县交界处
尖坟顶	1299	黄源乡境内	枫树湾	1009	云坛乡境内
牛头山	1297.70	大源乡境内与松阳交界	东岱河	1001	安溪畲乡南部
牛角山	1296	崇头镇与黄源乡交界处	月弯山头	995	云丰乡与沙铺乡交界处
白凹山	1291.70	大湾乡与景宁县交界处	大栗尖	979	云丰乡东南商坑下西南
张老帽尖	1283.70	云丰乡与龙泉市交界处	具背岘	959.80	赤石乡西面
七尖顶	1282	大源乡与松阳县交界处	竹子湖	938	石塘镇原金村乡境内
水竹坪	1269.20	沙铺村和林山村分水岭	长岗山	934	雾溪乡北部
灵漈山	1249.90	云和镇与雾溪乡交界处	笔架峰	924	安溪乡东南泗洲岭头
高山	1242.30	云丰乡与龙泉市相邻处	水竹垟尖	908	雾溪乡南部
内坳	1225	沙铺乡东部境内	大东	900	赤石乡与库北乡交界处
平岗	1223	崇头镇境内深坑门林区	老鹰岩	893	双巷乡与郑地乡交界处
石米尖	1203	沙铺乡东部境内	石窝顶	870	原库北乡东部
大光背	1191	崇头镇与赤石乡交界处	牛肩背岭	839	小顺乡与紧水滩镇交界
薄刀岗	1178.70	安溪乡与雾溪乡交界处	白岩下岗背	818	紧水滩镇田垟村白岩下
北山	1174	崇头镇崇头村北面	林斜尖	811	安溪乡北部
鹿角尖	1166	紧水滩镇梅山村	川园岗	409	原小顺、双港乡交界处
佛儿岩	785	安溪乡境内	金岩寨	408	云和镇局村南部
和尚基	775	沙溪乡与崇头镇交界处	上岭岗背	405	紧水滩镇原局村乡中部
西斜尖	749	双港乡与莲都区交界处	将军岗	402	大源乡大牛村境内
树林岗背	739	安溪乡东北面	香炉尖	384	云和镇大徐岭东南
毛山岗	735	原小顺乡西部底坑头	锄头尖	382	云和镇与局村乡交界处
马坛岘	720	赤石乡西南北麓仙人洞	观音岩	352	云和镇与紧水滩交界处
仙人岩	695	朱村乡西部	马山尖	379	石塘镇小顺村境内
杨山头	690	赤石乡西北	罗星山	378	云和镇局村村南部境内
壮天湖	679	大源乡境内牛头山南坡	瓦窑岗	364	崇头镇东部境内
白龙山	627	云和镇南部	大横垄顶	355	大源乡境内杨梅坑北面

续表 2-2-1

名称	海拔（米）	坐落	名称	海拔（米）	坐落
仙姑岩	625	云坛乡境内	观音岩	352	云和镇与紧水滩交界处
南山尖	602	云和镇北面	太监菩	340	紧水镇境内瑞滩坑东面
香炉尖	594	原局村乡西部	砻空寨	339	紧水滩镇龙门村东部
白鹤仙岗	593	朱村乡西部桑岭根北	鸡母寨	288	大源乡垟后村山后
竹子盘	559	大源乡小牛坑村西	上寮儿背	339	云和镇局村中部
风洞岩	556	云和镇境内	将军岗	325	石塘镇双港村南部
寨顶	551	石塘镇原金村乡境内	西瓜地	325	石塘镇大源口村北面
锯板山	548	云和镇与安溪乡交界处	飞风山	299	紧水滩镇三望潭村
尖面冻	538	朱村乡与双港乡交界处	蜡烛尖	298	云和镇局村龙泉溪东岸
牛轭湾	523	大源乡境内七尖顶南坡	凤凰山	289	云和镇县城北面
白箬冻	522	石塘镇境内	潘弄山顶	271	石塘镇双港朱村交界处
老金岗	521	朱村乡境内	舍上山	259	云和镇梅垄水库东面
屏风岗	517	云和镇局村村	虎头岩	255	石塘镇小顺村龙泉溪东
双尖	505	未村乡境内泉溪北部	沙山	237	云和镇河坑村樟树下
北焦湾	492	紧水滩镇东部邻近石塘镇	象山	222	云和镇县城东北面
老虎坪	460	朱村乡与西滩头交界处	狮山	215	云和镇东面睦田村
七丘堷顶	456	原小顺乡北部枫树坑底	正屏山	169	石塘镇小顺村
大鹰山	451	云和镇局村东	鲤鱼山	158	云和镇县城中、北面
上堂岗	434	小顺乡与朱村乡交界处	马鞍山	151	云和镇县城南面
元宝山	421	朱村乡境内石门坑北部			

第四节　丘　　陵

云和县北部丘陵，由仙霞岭及其余脉构成，其走向多为北南向。一般海拔 250—800 米，千米以上山峰为数不多，主峰牛头山位于紧水滩镇，海拔 1297.7 米。

西南部丘陵，在龙泉溪以南，西接龙泉，南连景宁界，东为云和盆地和丘陵。面积 245 平方千米，占全县总面积的 24.9%。

西南丘陵由洞宫山脉（北支）构成。该地群山聚集，地势高耸，山岭嶙峋，巉岩峭壁，最高峰白鹤尖位于黄源乡。由于地壳褶皱抬升，流水下切，形成众多山岭和峡谷。

东南部丘陵，在龙泉溪以南，西连西南部山地，南界景宁，东与莲都区接壤。面积 399 平方千米，占全县总面积的 40.5%。其中：海拔 500 米以上低、中山，占该地面积的 49%；150—500 米丘陵，占 46.7%；150 米以下河谷盆地，仅占 4.3%。

第五节　岛　屿

20 世纪 90 年代始，紧水滩水库、石塘水库蓄水后，凸起在水位线上的小山峰成了湖中大小不一的岛屿。云和湖内共有大小岛屿 12 个，其中比较大的岛屿有正屏山（岛）、仙牛岛、七星岛、开心岛等。

正屏山（岛）

位于龙廷湖小顺村水域，是龙廷湖中唯一的一个岛屿。海拔 169 米，面积 7.4 平方千米。正屏山原是龙泉溪中游溪畔的一座孤山，原小顺村坐落其山麓下。因山势北缓南陡，犹如一道屏风屹立在村子背后，故名正屏山。

1938 年 2 月，浙江省铁工厂（兵工厂）沿正屏山山麓建厂房和办公楼，在山顶上修筑碉堡 2 座，在正屏山南麓挖掘左右贯通成 Y 字形的防空洞 1 个，防空洞有两个洞口，洞高约 3 米，洞宽约 4 米，防空洞水平延伸，深约 60 米，末端约有 7 米乘 7 米、高 3 米呈矩形体的空间（现被库水淹没，约在龙廷湖正常水位深 6 米处，即海拔 98 米左右的地方）。

2005 年，开发云和湖，正屏山曾被取名为“钓鱼岛”。钓鱼岛是集垂钓、休闲、养生、娱乐、度假等多功能为一体的综合性生态旅游基地。建设项目主要有“窑洞宾馆”（19 个）、“欧式木屋”（9 幢）、会议中心、多功能娱乐厅、栈道、弟子规等。山上建有“钓月亭”和“望湖亭”各 1 座。至 2008 年，开发工程累计投入资金约 2700 万元。至 2010 年，工程未竣工。

2007 年 4 月，正屏山东侧山谷发现 1 座南宋古墓。已被云和县文物办公室发掘。

仙牛岛

位于仙宫湖水域大牛湾于小牛湾之间，岛屿形似牛头，大、小牛两湾形似牛角。岛上常有云雾弥漫，犹如仙境，“仙牛岛”因此得名。仙牛岛是集观湖、垂钓、美食、运动一体的 4A 级生态休闲旅游风景区。

七星岛

位于仙宫湖水域赤石乡黄岗村东面水域。 7 个山峰呈北斗七星排列，故名“七星岛”。七星岛区域面积约 6.67 公顷，岛区山体坡度平缓，最大的岛屿面积 1.2 公顷，最高海拔 202 米，相对高度仅 15 米。环岛有抗日战争时战壕遗址。

开心岛

位于仙宫湖水域赤石乡黄岗村东面水域。开心岛由 10 余个岛屿组成，岛区陆地面积共约 10 公顷。以开心岛为中心，开心岛面积约 6.3 公顷，最高点海拔 236 米，与仙宫湖最高水位线相对高度 43.3 米。水面开阔，视线范围水域面积 2 千米以上，开心岛原名“芭蕉岛”。1998 年开发，建成集餐饮、娱乐于一体的休闲、度假场所。岛上现建有建筑面积 300 平方米，10 余幢散落在岛顶部及进出码头单层雁塔式阁楼及建筑小品。水面上设水上乐园、钓鱼区等设施。

未名诸岛

仙宫湖水域有大小不一的未命名诸岛。位于赤石乡坳后村后水域的未名岛屿最大，面积176平方米。位于大源乡洽坑东侧水域的未名岛屿最高,海拔236米。其他位于大源乡洽坑东侧水域、大牛东西水域、隔溪山西侧水域、赤石乡坳后村后水域、坳后村左侧水域、赤石村东侧水域、上垟村东侧水域、叶垄村西侧水域、草鞋岭西侧水域、独山村边的水域大小不一的岛屿各1个。

第六节　盆　　地

云和县盆地以云和盆地为主,包括海拔在150米以下、沿龙泉溪两岸洪水冲积成的河谷小盆地,面积5380公顷,占全县土地总面积的5.44%,其中,耕地面积1963.12公顷。是云和县的主要农耕区,

云和县城盆地东西长约9千米,南北宽约2千米,面积28.4平方千米。盆地四周群山环抱,盆地内浮云溪自村头村入口纵贯全境流经局村,注入龙泉溪。境内两侧有12条小溪似羽状般汇入浮云溪,将整个盆地切成大小不等的平畈和谷口洪积扇,并为河谷阶地(一级、二级)或低丘分隔成各自独立的小块地形。云和盆地是云和县的主要产粮区,也是云和雪梨和柑橘等水果主产区,更是云和县人口聚集区。

第三章　水　　域

2010年,全县水资源总量10.16亿立方米,人均水资源9528立方米。丰富的水域资源为云和县提供淡水养殖、旅游等开发有利条件。

1986年、1988年、2001年分别建成紧水滩、石塘、玉溪3座大、中型水库,形成水域面积50平方千米,总库容11.38亿立方米的云和人工湖。

第一节　河　　流

云和县境内大小河流25条，其中流域面积大于10平方千米以上的河流13条。河流均系外流河,径流主要依靠降水补给,大小河流分属瓯江上游干流龙泉溪和瓯江上游小溪支流

梧桐坑两大水系。

龙泉溪从西南向东北横贯云和县境北部，流域面积占全县流域面积的85.16%。梧桐坑位于县境西南部，由西北向东南蜿蜒于崇山峻岭之间，流域面积占全县流域面积的14.84%。

紧水滩水库、石塘水库、玉溪水库建成后，原注入龙泉溪干流的大小支流（坑）分别注入各个水库。

瓯江上游干流——龙泉溪

龙泉溪系瓯江上游干流，发源于龙泉市与庆元县交界的百山祖北麓锅帽尖，至注入东海，全长388千米。发源后自西向东至龙泉县武溪村入云和县境，至石塘镇规溪亭村尾纳里坑水后，即入丽水县区域。流经云和县境全长51.35千米，流域面积837.93平方千米。

据1985年《云和县水资源与水利区划》测算，境内河段不含过水量，多年平均径流量8.47亿立方米。龙泉溪属山溪性河流，沿河两岸群山连绵，且多悬崖峭壁和多V字形谷地，水流湍急，河道自然落差52米，比降较大，平均比降为1.06%。河道自然落差形成的滩水，湍急汹涌，流经的大多是处于悬崖陡壁和弯曲险要之处。河道曲成L字形，角度近90度，河床窄而弯，舟筏屡屡遇险。例小顺陈大公、陈大婆、石塘滩（又称“牛轭滩”）等。

龙泉溪上游的支流来自崇山峻岭，每逢雨季，山洪暴发，急流夹带被冲刷的大量泥沙同时注入龙泉溪，溪流又夹带着泥沙蜿蜒东流。河床平缓和弯曲处（俗称“汇角”），则是泥、沙、石滞留之地。境内自赤石村始至规溪村沿溪两岸，被溪流夹带来的泥、沙、石积年累月地淤积成大片圩地和卵石滩（俗称“溪圩滩”）。因建造水库消失圩地、卵石滩面积近百公顷。沿积岸较大的圩地有：赤石塔下坝圩地、石浦官圩、小顺隔溪圩地、麻厂圩、大源口桑溪圩、石塘孙家地圩等。

龙泉溪水文主要特征：一是水位涨落迅速。每遇暴雨，水位陡涨陡落，自涨始至峰顶约20小时。但洪峰滞留时间短，落水三五天便至常见水位。在汛期，每遇暴雨，各条支流暴发的山洪齐注龙泉溪，形成暴涨后的龙泉溪水汹涌滔天。往往会形成溪水淹入沿岸的村坊、冲毁农田等灾害。紧水滩水库、石塘水库、玉溪水库建成后，以上现象消失。二是径流量季节分配不均。雨季4月、5月、6月三个月的径流量约占年径总量的50%。枯水季11、12月至次年1月三个月仅占年径总量的6.5%。三是径流量年际变化大。丰水年径流量要比枯水年径流量大2—3倍。四是含沙量较少（非汛期），水质好，洪水来时才转浊，且输沙率大。入冬少雨季节输沙率可以零计算。紧水滩、石塘、玉溪水库建成后，各支流夹带的泥沙注入水库。

据龙泉溪入境站龙泉县道太水文站、境内石浦水文站、出境站均溪水文站3站的9—21年观测资料分析，道太站测得龙泉溪多年平均年输砂量32.23万吨，侵蚀模数即每平方千米每年流失泥土164吨；石浦站测得侵蚀模数100.1吨每平方千米；均溪站测得平均年输砂量47.34万吨，侵蚀模数为140.1吨每平方千米。紧水滩、石塘两库蓄水后，通过水库的沉淀自净作用，下泄泥砂已大量减少。

龙泉溪一级支流——浮云溪

浮云溪上游多为高山峡谷，坑涧纵横。中游则平缓，但河床弯曲。雨季急流奔腾，浪涛汹涌。旱季则水枯，河床裸露，河道自然落差490米，平均比降18.1‰，属山溪性河流。20世纪60年代，由于上游森林乱砍滥伐，林木储积量减少，以致水土流失加剧。县城一带河床沙石淤积高达0.5米，河床由深变浅，由宽变窄，原有的一些深潭已不复见，严重影响行洪。20世纪90年代以来，两岸封山育林，建生态公益林，修防洪堤，生态见好。

瓯江二级支流——梧桐坑

县境内河段长24.1千米。据1985年《云和县水资源调查与水利区划》计算，多年平均年径流量1.69亿立方米。因该流域为云和县主要林区，森林覆盖面积广，河水含沙量较少。梧桐坑落差大，水力资源丰富。

第二节　云 和 湖

云和湖是仙宫湖（紧水滩水库云和水域）、龙廷湖（石塘水库）、玉溪湖（玉溪水库云和水域）三大人工湖的总称。云和湖以狭长著称，总长90千米，水域面积达50多平方千米。为浙江省第三大人工湖，属国家一级饮用水源保护区。

云和湖周边自然植被保护恢复良好，已列入国家生态公益林建设规划。冬季，湖上雾似云海，有“云和湖奇雾”之美誉。1997年，云和湖被评为省级森林公园。

仙宫湖

湖面海拔192.7米。紧水滩水库北靠仙霞岭，南倚洞宫山而得名。仙宫湖狭而长，库容10.4亿立方米，水域面积34.3平方千米。

龙廷湖

湖面海拔103.8米。石塘水库大坝坐落在石塘村龙廷山附近而得名。龙廷湖库容0.83亿立方米，水域面积6.7平方千米。龙廷湖水域宽广，两岸自然生态良好，风光旖旎，有小顺—长汀—石浦“十里云河”之风景线，游客往返有“水上巴士”开通。

玉溪湖

湖面海拔96.1米。玉溪，系沿湖边的一个村坊，玉溪湖因而得名。玉溪湖水域面积17.71平方千米，库容1453万立方米。2007年始，玉溪湖被建设为丽水市莲都区莲城饮用水水源保护地。2009年4月，玉溪湖正式开始供水。

第三节　库　　湾

龙泉溪两岸群山绵延，山峦起伏，河川（峡口）在水库蓄水后，形成大大小小半岛和31个风光旖旎的库湾。库湾为周边广大移民提供了水产养殖、捕捞等有利条件。同时，也为观光、垂钓以及发展水上旅游业提供广阔的空间。

仙宫湖库湾

有小牛、大牛、垟后、渡蛟、双坑、田浦、瑞滩、枇杷坑、竹坑、饭甑垄、双坑、乌头坑、水岭坑、油坑、山塘湾、坳后、阴坑、赤石、麻垟、建源、建升等库湾 20 个。其中赤石、麻垟两个库湾最大。赤石库湾长 3000 米，水域面积 247.8 公顷；麻垟库湾长 4000 米，水域面积 207.5 公顷。

龙廷湖库湾

有石门坑、北溪坑口、蒲潭、大源口、小顺、大湾口、下坑、雷公坑、横坑、局村等库湾 10 个。其中小顺库湾面积最大，长 1050 米，水域面积 57.53 公顷。库湾地理位置优越，自然风光优美。

第四章　气　　候

云和县属中亚热带季风气候，雨量充沛，空气湿润，四季分明，山地垂直气候明显，但冬、夏长，春、秋短。据 1991—2010 年气象资料统计，年平均气温 18℃，年降水量 1638.2 毫米，年降水日数 172 天，年日照时数 1627.2 小时，年无霜日 277 天；云和县境内的气象灾害主要有台风、干旱、暴雨、低温冰冻以及其他衍生的气象灾害，如洪灾、泥石流、滑坡、雪灾等。

第一节　气候特征

云和县气候特征以当地常年气温、降水、日照、雷暴、雪、积雪等气候要素予以说明。

气温

1991—2010 年，20 年平均气温为 18℃，最高年平均气温 18.7℃（2007 年），最低年平均气温 17.3℃（1995 年）；20 年间极端最高气温 42.7℃，出现在 2003 年 7 月 31 日；20 年间极端最低气温-8.7℃，出现在 1999 年 12 月 23 日；年最热月 7 月，月平均气温 28.5℃；年最冷月 1 月，月平均气温 6.7℃；20 年平均日最高气温≥35℃的天数 41.8 天，年内最多的日数为 64 天（2003 年），最少天数为 17 天（1999 年），日最低气温≤0℃的天数 18.3 天，年内最

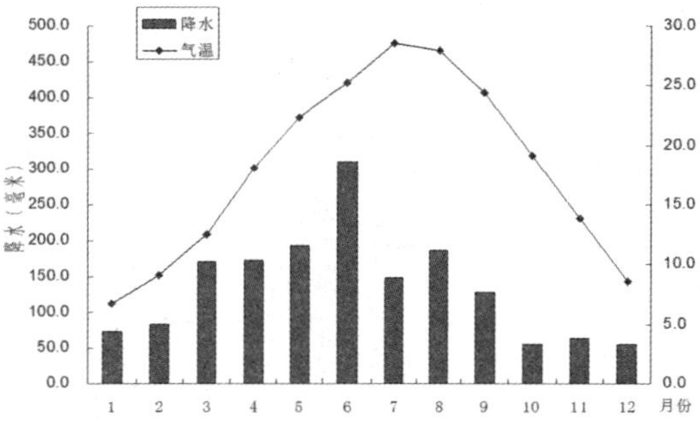

图 2-4-1　1991—2010 年平均气温降水月际变化(县气象局提供)

多的日数为40天（1996年），最少的日数为8天（2000年）。

降水

据1991—2010年气象资料统计，年平均降水量1638.2毫米。2010年降水量最多，为2234.3毫米；2003年降水量最少，为1185.7毫米。年内降水量最多的月份是6月，平均降水量310.7毫米；降水量最少的月份是12月，平均降水量是55.1毫米。

降水量分布特点：降水量受季风（大气环流）影响很大。11月至次年2月受冬季风控制，4个月降水量273.9毫米，约占年降水量的16.7%。3—6月受冬季风与夏季风的共同影响，4个月的降水量846.9毫米，约占年降水量的51.7%。7—8月则受单一的夏季风影响，天气炎热少雨，降水量333.8毫米，占年降水量的20.4%。9—10月，夏季风减弱，冬季风增强，降水量183.6毫米，占年降水量的11.2%。

此外，降水量还受海拔高度、地理位置、地形特点、植被状况等因素影响。

降水量的月日极值。月降水量最大值为515.9毫米，出现在1998年6月；月降水量最小值为1.7毫米，出现在1994年11月；日降水量的最大值为134.6毫米，出现在2001年6月11日。

降水日数。年平均降水日数172天，最多年降水日数204天（1997年），最少年降水日数135天（2003年）。月平均降水日数最多是6月（19天），最少是10月（9天）。历年最长连续降水日数24天，出现在1997年6月29日至7月22日，最长连续无降水日数32天，出现在2008年11月25日至12月26日。

日照

年日照时数平均为1627.2小时，日照百分率为36%。日照最多年份是2003年（1980.8小时），其日照百分率为45%，最少是1997年（1436.6小时），其日照百分率为32%，近20年来，年日照时数基本正常。

雷暴

云和县系多雷暴区，平均每年雷暴日数47.6天，占全年的近七分之一。雷暴日数最多62天，出现在1992年；最少的是35天，出现在2000年。全年各月均可出现雷暴天气，初雷最早

1991—2010年云和县年日照情况一览表

表2-4-1

年份	日照时数（小时）	日照百分率（%）	降水日数（天）	年无霜期（天）
1991	1563.4	35	183	222
1992	1595	36	169	258
1993	1604.7	36	175	277
1994	1597.9	36	180	304
1995	1671.3	38	175	247
1996	1694.1	38	173	260

续表 2-4-1

年份	日照时数(小时)	日照百分率(%)	降水日数(天)	年无霜期(天)
1997	1436.6	32	204	272
1998	1514.2	34	177	303
1999	1501.2	34	181	267
2000	1529.5	34	194	327
2001	1502.5	34	201	290
2002	1575.1	36	181	298
2003	1980.8	45	135	297
2004	1734.2	39	149	298
2005	1622.2	37	173	266
2006	1606.3	37	172	288
2007	1718.5	39	143	296
2008	1836.1	42	136	263
2009	1760.8	40	167	232
2010	1500.4	34	181	271
合计	32544.8	736	3449	5536

是 2002 年 1 月 16 日，最晚是 2000 年 4 月 25 日；终雷最早是 2001 年 8 月 25 日，最晚是 1992 年 12 月 27 日。

雪、积雪

云和县平均初雪日 1 月 8 日，最早是 1998 年 12 月 3 日；最晚是 2004 年 2 月 3 日。平均终雪日为 2 月 16 日，最早是在 2010 年 1 月 8 日，最晚是在 1996 年 4 月 2 日。

历年平均降雪日数为 4.4 天，最多为 11 天(1996 年)，最少为 0 天(2007 年)。

历年积雪日数为 2.6 天，最多为 7 天(1996 年)，最少为 0 天。积雪最大雪深为 15 厘米，出现在 1996 年 2 月 24 日。

第二节　气象灾害

云和县境内气象灾害主要有台风、干旱、暴雨、低温冰冻以及其他衍生的气象灾害，如洪灾、泥石流、滑坡、雪灾等。

台风

每年 7—9 月，影响云和县一般有 3 个台风，其中一个台风影响明显，时间一般在 8 月中下旬。

1992 年 8 月 29 日至 9 月 1 日，受 9216 号台风影响，过程雨量为 155.70 毫米。15 个乡镇、150 个行政村 8 万余人受灾，淹没农田 2466.67 公顷，100 多家工厂企业被迫停产，冲倒民房 1210 间，冲毁渠道、防洪堤 11.50 千米，电力、交通、通信设施严重受损，死 6 人伤 19 人。其中，崇头镇吴坪村发生泥石流，冲毁民房，一村民全家 4 人被压死。

1994 年 8 月 21 日至 8 月 22 日，受 9417 号台风影响，过程雨量为 163 毫米。全县 15 个乡镇、158 个行政村 10.2 万余人受灾。其中灾情最为严重的是云和镇、石塘镇、安溪乡、黄源乡、云丰乡、云坛乡等。县城积水在 80 厘米以上，局部达 2 米。此次台风过程造成直接经济损失 12540 万元。

1996 年 7 月 31 日，受 9608 号台风“赫伯”影响，过程雨量 128.8 毫米，直接经济损失 848 万元，其中水毁工程一项就达 395 万元。

2000 年 8 月 22 日至 24 日，受第 0010 号台风“碧利斯”影响，出现大范围的暴雨过程，24 小时雨量（23 日 08 时—24 日 08 时）149.8 毫米，致使县城大面积积水，部分工厂、商店、居民受淹，全县 15 个乡镇 98 个行政村群众的生产、生活设施严重受损，1.92 万人受灾、0.85 万人成灾。此次台风过程造成直接经济损失 790.2 万元，其中农业经济损失 203.1 万元。

2002 年 9 月 7 日中午至 8 日凌晨，受 0216 号台风“森拉克”影响，出现大到暴雨，县城过程雨量 45 毫米，部分地区过程雨量 80 毫米，7 日上半夜风力 4—5 级，阵风 6 级，此次台风过程造成直接经济损失 35.1 万元。

2004 年 8 月 12 日至 13 日，受 0414 号台风“云娜”影响，云和县普降暴雨到特大暴雨，过程降雨在 84—235.5 毫米（沙铺垄 235.5 毫米，竹坑站 188.5 毫米），12 小时降雨量最大为 160 毫米（沙铺垄 12 日 18 时至 13 日 6 时）局部出现 9 级大风，瞬时最大风速 21.2 米/秒，梧桐坑、小顺大坑等流域山洪暴发，在建工程金坑口电站损失严重。据统计全县受灾人口 2.26 万人，成灾人口 1.65 万人。倒塌房屋 80 间、损坏房屋 1660 间；农作物受灾面积 620 公顷；成灾面积 426.67 公顷；绝收面积 133.33 公顷；减产 112 万千克，袋料香菇、木耳损失 15 万袋，水产养殖受损面积 200 公顷；渔业资源损失 5 万千克；损坏公路 4.6 千米；损坏输电线路 12.3 千米；损坏通信线路 8.30 千米损坏堤防 14 处；冲毁堰坝 23 处；损坏灌溉设施 22 处；损坏小水电站 1 座。此次台风过程造成直接经济损失 1240 万元。

2005 年是台风影响次数较多，影响较严重的一年。7 月 18 日—19 日，受 0505 号台风“海棠”影响，普降暴雨，崇头、黄源、云丰等地出现大暴雨。最大过程雨量 188.6 毫米，南山站 12 小时雨量 129.2 毫米（19 日 8—20 时），此次台风过程造成直接经济损失 1236 万元。

是年 9 月 1 日—2 日，受 0513 号台风“泰利”影响，普降大暴雨，过程降雨为 203.6 毫米，最高为 250.5 毫米（雾溪），24 小时最大降雨云和站 188.2 毫米，是建站以来最大的一次。浮云溪流域发生了中华人民共和国成立以来最大的洪涝灾害。县城前巷、解放街、新民路、中山街等 1/4 以上居民房屋进水，近郊古坊、睦田、大徐、象山等村庄受淹。新华街水电桥过水 50 毫米，古坊过境公路桥桥面过水 20 毫米，云坛溪官家桥冲毁，两岸防洪堤毁坏严重。安溪、黄溪、云坛、崇溪、雾溪、梅家源溪，小顺大坑等流域农田、道路和桥梁被冲毁，水利、通信、电力设施被严重毁坏。台风造成直接经济损失1.15亿元。

2006年台风影响早、影响次数多、影响程度严重。5月16日至18日，受第0601号台风“珍珠”暴雨影响，全县受灾人口0.7万，成灾人口0.15万人，倒塌房屋19间，损坏房屋198间，农作物受损面积1020公顷，其中农作物绝收面积65公顷，水库商品鱼损失27000千克，网箱受损85只，香菇、木耳150万袋，农业经济损失305万元。公路塌方107处(包括农村公路)毁坏路基6.7千米，工业企业受损19家。工商业、交通、通讯等直接经济损失523万元。损坏堤防21处，长度1.9千米，堤防决口6处0.7千米；损坏护岸18处，田埂倒塌82处，冲毁堰坝7座，损坏水电站2座，水利设施经济损失550万元。据统计，此次台风过程造成直接经济损失1378万元。

是年7月14日凌晨至17时，受0604号强热带风暴“碧利斯”影响，农田受灾面积10公顷，其中，成灾7公顷，绝收3公顷；水果、食用菌、蔬菜损失严重。农业经济损失78万元。损坏水利设施52处，其中，损坏堤防12处，长0.8千米，堤防决口15处，冲毁堰坝13处，损坏灌溉设施12处，水利设施直接经济损失250万元。公路、简易公路塌方15处，长0.2千米，直接经济损失12万元。此次台风过程造成直接经济损失340万元。

是年8月10日至11日，受8号台风“桑美”影响，全县受灾乡镇6个、受灾人口2.06万人，成灾人口0.92万人，紧急转移人口753人。损坏房屋660间，倒塌房屋21间，直接经济损失25万元。农作物受灾面积347公顷，成灾面积247公顷，农田冲毁3.40公顷，香菇、蔬菜大棚受损131个，袋料香菇、木耳损失55万袋，直接经济损失327万元。电力线路受损3条，直接经济损失15万元。公路塌方35处(包括农村在建公路)毁坏路基0.6千米，直接经济损失97万元。损坏堤防11处，长度0.6千米，损坏护岸15处，损坏渠道15处，0.4千米，冲毁堰坝7处，直接经济损失250万元。据不完全统计，此次台风过程造成直接经济损失714万元。

2007年台风影响时间偏晚，台风强度强，影响程度严重。8月18日至19日受0709号台风“圣帕”的影响，云和县普降大到暴雨，全县各站点平均降雨量为107.50毫米，其中黄源148毫米，安溪125毫米。全县受灾人口1.23万人，成灾人口0.87万人；倒塌房屋50间，损坏房屋860间；农作物受灾面积487公顷，成灾面积317公顷，绝收面积157公顷，粮食减产690吨；损坏袋料种植香菇、木耳12万袋，损坏农村公路5.4千米，损坏饮用水设施12处，冲毁堰坝26处，损坏灌溉设施17处。此次台风过程造成直接经济损失645万元。

是年9月18日至19日，受0713号台风“韦帕”的影响，云和县普降暴雨到大暴雨。9月18日8时至19日10时，全县平均降雨量为86.2毫米，最大雾溪站128毫米，最小金坑口站34毫米。由于降雨强度大，云和县局部发生洪涝和山体滑坡等地质灾害，农业生产和农业基础设施受损，农村公路和农村饮用水等基础设施遭受不同程度的损失。据统计，全县受灾人口1.23万人，成灾人口0.64万人；损坏房屋83间；农作物受灾556公顷，经济作物受损65.3公顷，食用菌受淹损失93万袋；通村公路塌方23处，损坏路面

1.25 千米;农村饮用水设施受损 5 处,冲毁渠道、堰坝 17 处。此次台风过程造成直接经济损失 568 万元。

是年 10 月 6 日至 8 日,受 0716 号超强台风“罗莎”影响,云和县普降大暴雨,局部特大暴雨,全县各站点平均降水量高达 173 毫米,其中大暴雨的站点主要为黄源 302 毫米,麻垟 193.5 毫米,雾溪 190 毫米,梅源 182 毫米,云坛 180.5 毫米。暴雨夹着狂风,高山地区发生 6—8 级大风,全县 14 个乡镇不同程度受灾,受灾人口达 2.24 万人,成灾人口 0.97 万人,紧急转移人口 0.15 万人。房屋受淹 1380 间,损坏房屋 850 间,其中倒塌 26 间。农作物受灾面积 727 公顷,成灾面积 580 公顷,其中经济作物受灾面积 287 公顷;农田冲毁 8 公顷,香菇、木耳等食用菌冲毁受淹损失 130 万袋,鸡鸭损失 3.5 万羽。53 省道石塘段路基坍塌 40 多米,浮云溪白水栋桥梁冲毁。全县公路(包括通村公路)崩塌 74 处,损坏路基 3.56 千米,冲毁桥梁 1 座。防洪堤决口 2 处,堤防损坏 13 处,长度 2.54 千米,冲毁渠道 23 处,长度 2.21 千米,农村饮用水设施损坏 16 处。此次台风过程造成直接经济损失 2518 万元。

2008 年 7 月至 9 月,先后有第 0807 号热带风暴“海鸥”、第 0808 号热带风暴“凤凰”、第 0813 号强台风“森拉克”对云和县造成影响。7 月 18 日—19 日,受 0807 号强热带风暴“海鸥”的影响,云和县普降大到暴雨。全县各站点平均降水量 82.2 毫米,其中崇头最大为 125 毫米,麻垟 121.5 毫米,雾溪为 119 毫米。全县受灾人口 1.3 万人,成灾人口 0.7 万人。田埂倒塌 49 处,农作物受灾面积 153.3 公顷,成灾面积 73.3 公顷,水果、食用菌、蔬菜损失严重。损坏水利设施 17 处,灌溉设施等其他设施 36 处,损坏水文测站 2 个。简易公路塌方 15 处,长 0.2 千米,损坏桥梁 1 座。水产养殖网箱损坏 98 只。此次台风过程造成直接经济损失 451 万元。

是年 7 月 28 日—30 日,受第 0808 号强热带风暴“凤凰”的影响,云和县普降大到暴雨。全县各站点平均降水量 115 毫米,其中黄源最大为 194 毫米,全县 10 个乡镇受灾,受灾人口 1.8 万人,农作物受灾面积 320 公顷,其中粮食作物 260 公顷;农作物成灾面积 240 公顷;农作物绝收面积 60 公顷。公路中断 3 条;毁坏路基 1560 米;损坏输电线路 0.31 千米。损坏堤防 7 处,长度 0.23 千米;堤防决口 1 处,长度 0.03 千米;堰坝冲毁 5 座;损坏灌溉设施 17 处;损坏水电站 1 座。死亡大牲畜 10 头,水果、食用菌、蔬菜都有所损失。此次台风过程造成直接经济损失 1125 万元。

2009 年 8 月 6 日—10 日,受第 0908 号台风“莫拉克”影响,云和县 6 日傍晚开始出现降水,至 10 日 20 时全县各站点平均降水量 196.4 毫米,其中崇头降水量最大为 467 毫米,全县受灾人口 22350 人,成灾人口 6630 人;倒塌房屋 57 间,损坏房屋 263 间;此次台风过程造成直接经济损失 7492.01 万元。

干旱

1991—2010 年间,发生不同程度的夏旱 12 次,概率为 60%。秋旱发生 10 次,概率为 50%。1991 年以来,干旱最严重的是 2003 年的夏秋冬连旱,其中,8 月初时夏旱最严重。据县防汛办

8月3日统计，全县受灾人口62430人、成灾人口38750人，直接经济损失6155.4万元，间接经济损失11895.4万元，其中农业经济损失5562万元。

暴雨

1991—2010年，暴雨（日雨量≥50毫米）总次数达89次，其中8次为大暴雨（日雨量≥100毫米），大暴雨平均每年0.40次。暴雨最多的月份是6月，5—6月的暴雨占全年的46%。10月至次年2月少出现暴雨，其中12月、2月从未出现暴雨。洪涝灾害主要发生在6—9月初，如1998年6月8日至下旬中期和2000年6月1日至下旬中期，少数发生在7月下旬至9月初，一般受台风影响，如1994年8月21日—22日17号台风和2005年9月1日—2日台风“泰利”影响，全县出现洪涝灾害。历年暴雨的灾情如下:

1991年6月19日，县境内西南片24小时降雨192.20毫米，其中黄源、云丰、崇头等6个乡镇51个村3.3万人受灾，冲毁农田260.13公顷，房屋618间及部分水利水电设施。黄源乡陈坞村发生泥石流，压坏民房，死亡1人。7月13日20时30分至次日凌晨1时30分，5小时降水量达162毫米，安溪、雾溪等乡22个行政村8500人受灾，冲毁农田39.93公顷、房屋66间。

1992年8月24日，赤石等8个乡镇连续降大暴雨，4小时降水量达150毫米以上，黄岗村发生泥石流，死2人、伤7人。

1994年6月17日11—17时，连续降雨70多毫米，山洪暴发，河床水位暴涨，云坛、云和、沙溪、安溪、崇头、紧水滩等乡镇农田水利设施，袋料香菇严重受损，死亡1人，直接经济损失1914.7万元。

1995年6月26日20时至27日8时，12小时降水量95.9毫米，致使山洪暴发，发生局部的洪涝灾害。

1997年7月3日4时至14时，全县普降大暴雨，测站日降水量115.4毫米，暴雨主要集中在崇头、安溪、赤石、云和、朱村等乡镇。据不完全统计，全县受淹秧田、稻田面积441公顷，倒塌田坎2.23千米，冲毁农田54.03公顷、堰坝36处、渠道41条（长0.82千米）、防洪堤434米、桥梁4座、公路机耕路3.18千米、鱼塘12口（面积0.67公顷、鱼苗1.2万尾），进水小水电站厂房9座，瓦房560间，倒塌房间3间，影响经济作物2270亩，花菇68万袋，直接经济损失304.2万元。

1998年6月8日至下旬中期，受厄尔尼诺现象的影响，出现四次暴雨过程，使县城部分进水，两个乡镇所在地进水，全县9个乡镇，54个村28万人受灾，经济损失2748.8万元。由于长时间的阴雨寡照，使早稻等作物出现病虫害，造成早稻减产。

1999年6月11日，日降水量为131毫米（玉溪水文站），主要受灾区域库北、大源、石塘；6月15日，紧水滩、库北等地出现大暴雨，经济损失146万元。6月21日2小时降雨92.5毫米（竹坑水文站），主要受灾为云坛乡、云和镇经济损失达162万元。7月11—12日境内普降暴雨，致使6个乡镇灾情严重，经济损失共达415.9万元。据不完全统计，1999年全县有13个乡镇和单位遭受不同程度的损失，受灾人口5485人、农田381.3公顷，损坏房屋460间、桥梁26座，冲毁水利设施堰坝24处，防洪堤决口32处，损坏堤防3.2千米，损坏护岸26处、渠道3.05千米、管理设施27处，直接经济损失723.9万元。

2000年6月9—11日，全县境内普降暴雨，总降水量为288.4毫米，其中9日降水量达128毫米，致使全县14个乡镇、99个行政村群众生产、生活设施严重受损，直接经济损失632.5万元，其中农业经济损失307.9万元。

2001年8月14日17时30分至19时30分左右，赤石、库北、雾溪乡普降暴雨，过程雨量约100毫米。赤石乡建升村有一位老人因山洪暴发而死亡。这次涝灾是库北50年以来最为严重的洪涝灾害，造成人员伤亡，房屋倒塌，农田、道路、桥梁冲毁，水利设施、电力、通信线路损坏严重。

2003年6月24—25日，全县普降大到暴雨，局部地区发生洪涝灾害，据统计，造成经济损失583万元。

2006年6月4日14时至7日8时，全县普降大到暴雨，全县受灾人口0.50万，成灾人口0.08万人，农业经济损失205万元。公路塌方96处，毁坏路基1.70千米，直接经济损失310万元。水利设施经济损失360万元。据不完全统计，本次暴雨给云和县造成直接经济损失875万元。

2006年6月18—22日，云和县普降大到暴雨，各站点过程降水量已达135—194毫米，水库山塘已达到汛限水位，河流水势高涨，山体水量饱和。22日凌晨1时至13时，又出现暴雨，各站点降水量在80.5—103.5毫米，其中沙铺垄站最大。此次暴雨过程造成全县受灾人口2.36万人，成灾人口0.65万人，农业经济损失1056万元，工商业、交通、电力、通信等直接经济损失923万元，水利设施经济损失476万元。据不完全统计，本次暴雨给云和县造成的直接经济损失2455万元。

2006年6月27日下午1时10分至3时00分，云和县云坛、安溪、云和镇程宅等行政村出现大到暴雨和冰雹，造成农田受灾110亩，直接经济损失426万元；水利设施24处，损失30.8万元；经济作物受损30.5公顷，损失97.20万元；香菇、蔬菜大棚受损31个，经济损失53万元；房屋倒塌11间，房屋瓦片受损298户，直接经济损失30.9万元；电力线路倒塌0.5千米，损失3.1万元；田埂倒塌42处，损失110万元；公路塌方5处，造成云景公路中断一个半小时，经济损失86万元。据不完全统计，本次暴雨和冰雹给云和县造成经济损失837万元。

2007年6月18日22点30分至19日凌晨，云和镇新岭、河坑、杨家山、庄前等村突遭暴雨袭击，据统计此次过程造成香菇棚倒塌4个，香菇浸水53万袋，农田被冲1.3公顷，道路塌方50余处，房屋进水25户，经济损失70余万元。

2008年6月26日下午，东南部乡镇出现短时强降水，15时至23时，大湾乡累积降水量达117.6毫米，造成灾田冲毁1.3公顷、受损2.3公顷；通村公路塌方31处、冲毁17000米、堵塞12处；叶山头简易公路冲毁一处长11米；梓坊自然村小溪防洪堤被冲毁，长0.05千米；四个村民间道路塌方受损23处，其他园地倒塌冲毁0.73公顷，农田稻苗、蔬菜、大豆等作物受灾 4.7 公顷；大湾村山体滑坡一处（长 15 米）。合计经济损失 103 万元。

2010 年 5 月21 日 20 时至 23 日 8 时，云和县普降暴雨，局部暴雨到大暴雨，平均降水量达 137.8 毫米，最大降水量赤石为 194 毫米，由于降水量集中，造成洪涝和地质灾害。云和县 14 个乡镇受灾严重，春季作物、食用菌、秧田、西瓜田等进水受淹严重，560 多户农户房屋进水无没居住。据统计云和县受灾人口 2.67 万人，成灾人口 0.48 万人。直接经济损失 6309 万元，其中农业直接经济损失 3569.63 万元，水利设施直接经济损失 870 万元，工业交通运输业（基础设施）直接经济损失 1220 万元，家庭财产损失 380.37 万元，公益损失 269 万元。

2010 年 6 月 16 日 0 时至 19 日 12 时，全县累计平均降水 184.77 毫米，最大降水量大湾 249 毫米。全县受灾人口达受灾 29301 人、成灾 10733 人，房屋受损 861 间、倒塌 40 间，造成直接经济损失 6561 万元。其中农业经济损失 2382.3 万元，工矿企业损失 944 万元，基础设施损失 2608 万元，公益设施损失 522 万元，家庭财产损失 104.7 万元。

2010 年 6 月 24 日 8 时至 26 日 16 时，全县累计平均降水量 65.4 毫米，最大降水量大湾 88.4 毫米。全县受灾人口已达受灾 3036 人，房屋受损 61 间、倒塌 18 间，造成直接经济损失 2598 万元。其中农业经济损失 1534 万元，水利等基础设施损失 1046 万元，家庭财产损失 18 万元。

2010 年 7 月 6 日 06 时至 7 月 8 日 09 时，全县平均降水量 102.3 毫米，其中雨量最大站点为紧水滩 208 毫米。全县受灾人口 5790 人，房屋受损 61 间，造成直接经济损失 1485 万元。其中农业经济损失 865 万元，水利等基础设施损失 601 万元，家庭财产损失 19 万元。

大雪

1991 年 12 月 27 日—29 日，全县受北方强冷空气影响，出现大雪和雪后大风及严重冻害天气，全县工农业生产受到严重影响。

1996 年 2 月 17 日，普降大雪，雪深达 15 厘米，致使交通受阻。

2004 年 12 月 28 日，出现降雪，雪深 8 厘米，对交通、农作物等影响较为严重。

2005 年 1 月 13 日，出现一次暴雪过程，积雪深度 9 厘米，高山地区 20 厘米，该次暴雪造成直接经济损失 415 万元。

2010 年 1 月 7 日，后半夜到 8 日上午，云和县大部分地区出现雨夹雪或雪，其中安溪乡、雾溪乡、沙铺乡、崇头镇等乡镇积雪深度 5—8 厘米，部分交通受阻。12 月 15 日白天到夜里，全县普降大到暴雪，各乡镇积雪深度 10 厘米以上，受灾严重。据民政局统计，全县 14 个乡镇 170 个行政村严重受灾，蔬菜大棚、菇棚倒塌，蔬菜、菇棒和毛竹、果树、林木、花圃等受压倒塌特别严重，到 12 月 17 日 16 时，大雪造成 27792 人受灾，紧急转移 228 人，倒塌房屋 8 间，损坏房屋 135 间。农作物受灾 650.83 公顷，成灾 503.53 公顷，绝收 67.45 公顷，直接经济损失 2448.1 万元，其中：农业损失 1891.6 万元，工矿企业损失 145 万元，基础设施损失 319.5 万元，公益设施损失 3 万元、家庭财产损失 89 万元。

低温冰冻

2008年2月初，云和县出现历史罕见的持续低温、雨（雪）、冰冻天气，山区出现长时间，大范围的冻雨（雨淞）天气，致使林木、电线、道路等严重覆（结）冰，给云和县的农林业、电力、交通以及山区人民群众的生产和日常生活等造成严重的影响。根据县民政局及有关部门的不完全统计，全县受灾人口25160人，成灾人口16796人，林业、农作物受灾面积15335公顷，绝收面积6793公顷，香菇棚倒塌207个，房屋受损3252间，一些乡镇部分村庄农户房屋瓦片被严重冻裂，自来水管冻裂3.3千米，发生线路倒杆1517支，线路断线1235处，受损线路405千米，涉及用电区14个乡镇114个行政村，全县经济损失16587.74万元，其中农业经济损失12432.75万元。这次持续冻雨（雨淞）、冰冻天气过程范围之广、强度之大、持续时间之长、灾情之重均为50年不遇。

冰雹

1995年3月17日，降雹15分钟，冰雹最大直径达40毫米。据统计此次降雹有11个乡镇，6.7万人受灾，直接经济损失约1600多万元。4月17日再次出现冰雹，使云和镇等地受灾，造成经济损失约5660万元。

2010年3月5日18时，受冷空气前锋影响，全县12个乡镇遭受冰雹袭击，加上短时强降水、雷雨大风等强对流天气。据统计，全县受灾人口8250人；倒塌房屋8间；造成2862余农户房屋瓦片被冰雹袭击，损坏房屋3265间；农作物受灾面积423公顷，毁坏耕地1.8公顷，茶叶、香菇、木耳、油菜等经济作物损失325万元。直接经济损失865.5万元，农业经济损失326万元，家庭财产损失362万元，公益损失177.50万元。

第三节　衍生气象灾害防治

云和县境内局部地域的地质状况和植被状况不好，遇上相应的气象条件衍生的地质灾害，如泥石流、滑坡、崩塌等。

1995年，云和县矿产开发管理办公室对崇头镇、黄源乡4处滑坡、崩塌地质灾害进行实地调查，提出防护措施，开始行使地质环境管理政府职能。1998年9月1日《浙江省地质灾害防治管理办法》开始实施，云和县地质灾害防治工作逐渐走上正轨。1999年，云和县发布第一个年度地质灾害防治预案。是年10月，云和县地质矿产办公室牵头完成地质灾害普查工作，通过对全县38处地质灾害隐患点的调查、分析，基本查清云和县地质灾害的规模、数量、发育规律、诱发因素等，编写提交《云和县地质灾害调查报告》。

2002年始，县财政每年安排有地质灾害防治专项资金，用于地质灾害调查、监测、应急排险、宣传培训等。是年，邀请省、市地质灾害防治专家到石塘镇规溪村、小岗村、上湾村，崇头镇垄铺村、柳山头，黄源乡荫桥坑村，云丰乡坑下村等重点地质灾害隐患进行实地调查与踏勘，调查与踏勘报告以书面形式上报县人民政府。

2003年12月《云和县地质灾害防治规划》发布实施，这是云和县第一个地质灾害防治专项规划，为以后一段时期地质灾害防治和管理等提供科学依据。通过调查核实，云和县共有地质灾害点及地质灾害隐患点66处，以滑坡、崩塌、泥石流、地面塌陷为主要地质灾害类型。在云和县地质灾害调查与区划的基础上，划分地质灾害防治分区，建立地质灾害信息系统，建立和健全群(众)专(家)结合的监测网络，有计划地开展地质灾害防治工作。

2004年，组织22组87人次对各地质灾害隐患点进行巡查，向群众发放明白卡360张，同时在云丰乡坑下地质灾害点进行疏散演练。对黄源乡荫桥坑滑坡体进行勘测，对沙铺乡朱宅危岩进行彻底排除。

2005年年初，编制《云和县2005年度地质灾害防治方案》发文各乡镇执行。4月份，召开全县地质灾害防治工作会议，对全年地质灾害防治工作进行部署，与各乡镇签订《地质灾害防治责任书》，做到纵向到底，横向到边，任务到点，责任到人，建立健全群防群测网络。委托浙江省第七地质大队编制云和县1:10000乡镇地质灾害分布与易发区图，开始全面实施建设用地地质灾害危险性评估制度。对19处地质灾害隐患点进行调查，编写调查报告送县政府及有关单位，为治理决策提供依据。完成朱村乡张兰小岗滑坡应急排险工程。向省厅争取14万元，启动云丰乡坑下滑坡勘查项目。

2006年，对库北火吉坳、云和镇坑口隐患点实行搬迁避让，对新发现的石塘镇高段滑坡隐患点采取应急防范措施，对石塘镇高畲、高段和崇头镇砻铺3处地质灾害隐患点建起了临时避险房。通过招投标方式对坑下滑坡进行勘查，对荫桥坑滑坡应急排险治理，排除隐患，保护当地群众的生命财产安全。

2007年，开展云和县小流域泥石流地质灾害调查与评价工作，通过公开招标，由浙江省第七地质大队中标承担项目。此次工作采用传统区域地质调查方法和“3S”技术相结合的手段，充分利用遥感图像解译，易发程度评价体系，GIS软件空间分析相结合的综合评价方法，查明云和县已发生泥石流4处，还有泥石流隐患8处，威胁人员727人，威胁财产776万元。针对小流域泥石流地质灾害特点和危险程度，编制《浙江省丽水市云和县重要小流域泥石流隐患防灾避险方案》《浙江省丽水市云和县重点小流域泥石流地质灾害易发程度评价与防灾避险图册》《云和县泥石流地质灾害防灾避险手册》等。建立云和县小流域泥石流地质灾害信息系统，广泛宣传泥石流地质灾害防灾避险知识，在此基础上建立小流域泥石流群测群防体系。争取到地质灾害调查、应急或搬迁项目省补助金共100.9万元，全年完成搬迁140户539人，最大限度地维护山区群众生命财产安全。

2008年，经巡查，增加重点防御隐患点1个。结合实际，对全县76个隐患点进行动态调整。受地质灾害直接威胁对象896户3185人，涉及全县所有乡镇。小流域泥石流地质灾害调查与评价工作顺利完成并通过省国土资源厅验收。全年完成地质灾害隐患点群众搬迁50户201人。启动新一轮《云和县地质灾害防治规划》编制工作，落实编制经费8万元，于年底完成专家评审。

2009年，完成《云和县地质灾害防治规划》编制。利用小流域泥石流地质灾害调查与评价成果，在大湾乡林山下村建立小流域防灾避险体系，对全县所有A、B、C类地质灾害隐患点进行全面检查，对全县84个隐患点分类进行调整，确定2009年重点防御的A类点1个，B类点4个，C类点23个，及时落实监测责任人。向省财政申请砻铺泥石流地质灾害勘察、西坑滑坡群和安溪山寮泥石流应急调查与排险等3个项目补助资金。

2010年，县、乡、村隐患点都落实防治责任人，完善群测群防3级网络。对全县所有A、B、C类地质灾害隐患点进行全面检查，发现85处地质灾害隐患点，需监测泥石流沟8条，受地质灾害直接威胁对象394户1501人，其中需要重点监测防治的地质灾害（隐患）点25处，潜在受威胁人口361户1295人。汛期转移群众6个点112人。安溪乡山寮村泥石流应急调查项目正在施工中，云和镇杨家山泥石流隐患点治理项目通过竣工验收。2010年，搬迁地质灾害隐患点黄源乡荫桥坑5户20人，崇头镇砻铺8户27人，大湾乡林山下3户10人。

第四节　机构与队伍

1956年，云和县气象局建站时称浙江省景宁气候站，隶属上海气象局。1958年5月，隶属浙江省气象局；1959年9月更名为景宁县气象站，隶属景宁县人民委员会；1960年7月，因景宁、丽水县合并，名称改为丽水县气象服务分站，隶属丽水县人民委员会；1962年9月，更名为云和县景宁气候服务站，隶属云和县人民委员会。1963年1月，隶属浙江省气象局。1964年4月，更名为浙江省云和县景宁气候服务站，隶属浙江省气象局。1969年1月，站址由景宁迁至云和，更名为云和县气象服务站，隶属浙江省气象局。1970年2月，更名为云和县气象站，隶属云和县革命委员会。1970年6月，隶属云和县革命委员会、人民武装部。1973年9月，隶属云和县革命委员会；1980年12月，隶属浙江气象局。1989年12月，更名为浙江省云和县气象局。

图2-4-2　建于1968年的云和县气象服务站（2000年摄 县气象局提供）

图2-4-3　建于2001的云和县气象局（2001年摄 县气象局提供）

2003年前，云和县境内设有3个气象哨，分别为崇头镇南山气象哨，崇头镇下垟气象哨，云丰乡张家地气象哨。2004—2010年，陆续启用12个自动气象站。

2007年1月1日起，云和一般气象站调整为云和国家气候观象台。2009年1月1日起，云和国家气候观象台调整为云和国家基本气象站。

编制

1991年云和县气象局在职职工13人，2010年在职职工18人。

1991—2010年云和县气象局主要负责人一览表

表2-4-2

局　长	任职时间	局　长	任职时间
柳岳清	1986年12月—2001年12月	孙莉莉	2008年04月—
卢　钊	2001年12月—2008年04月	—	—

第五章　水资源

云和县水资源主要来自降水和过境水系。境内水资源和龙泉溪过境水资源总量为42.46亿立方米。全县水能资源理论蕴藏量15.57万千瓦，年发电量10.50亿千瓦时。

云和县境内有水产品种80余种，隶属13目33科83属。其中经济价值高的有草鱼、鲤、鲢、鳙、鳊、圆吻鲴、喀氏倒刺鲃、鳗、鲫、鳜等，以及珍稀水产品香鱼、甲鱼、中华绒螯蟹等。还有国家一类保护动物鼋、二类保护动物大鲵。

第一节　水　量

云和县水资源分为县境内水资源和瓯江过境水资源两类。其中县境内水资源10.29亿立方米，多年平均过境水资源量32.17亿立方米，两类水资源总量为42.46亿立方米。县境内水资源人均量达0.95万立方米，为全省人均0.24万立方米的3.95倍。按农田面积计算，全县亩均占有水资源量1.24万立方米，为全省亩均0.34万立方米的3.65倍。境内降水主要集中在3—9月，降水时空占全年的70%以上。1991—2010年，年平均降雨量1628.7—1988.6毫米。水资源按流域划分，龙泉溪云和干流段最丰沛，梧桐坑流域次之，浮云溪第三。县内水资源虽然比较丰沛，并有一定的蓄水工程，但降水分布时空不均致使水资源分布不均匀。浮云溪流域集中的经济量和人口占全县的70%以上，人均水资源量仅为30%，水资源相对缺少。

地下水

县境内地貌大部分为丘陵及中、低山区，地下水以天然降水为补给来源，形成径流排泄于山涧或溪坑。境内地下水可划分为3个基本类型，即松散岩类孔隙潜水，红层孔隙，裂隙水和基岩裂隙水。以基岩裂隙水为主要来源，占91.77%。全县地下水资源总量1.35亿立方米，其中龙泉溪云和干流段流域0.59亿立方米，浮云溪流域0.48亿立方米，梧桐溪流域0.28亿立方米。

地表水

全县多年平均降水总量(不含紧水滩、石塘两库的过境水量)17.1亿立方米；多年平均径流总量10.16亿立方米，多年平均水资源总量扣除地下水资源总量后，全县多年平均地表水资源总量8.81亿立方米，其中龙泉溪云和干流段流域4.5亿立方米，浮云溪流域2.9亿立方米，梧桐溪流域1.41亿立方米。

枯水年，全县年径流总量6.29亿立方米，保证率90%；丰水年，全县年径流总量12.70亿立方米，保证率20%；丰水年、枯水年年径流总量相差1倍。地表水资源因丰水年，枯水年相应增减。枯水年，地表水资源总量4.93亿立方米，其中龙泉溪云和干流段流域2.56亿立方米，浮云溪流域1.62亿立方米，梧桐溪流域0.75亿方米。

水质

云和县境内水源水质总体较好。根据县环境监测站多年对县境内水监测：紧水滩水库、石塘水库、浮云溪和县城以下河流等水质常年保持在II类以上；浮云溪县城段枯水期水质在III类以上；县境内其他河流和水库的水质基本上无污染，水质均能保持在I类和II类的水平，保持了源头水的特征。

影响浮云溪水质环境的主要原因：一是来自工业废水。二是生活污水和农业面源污染(施用农药、化肥)。工业污染源主要集中在县城工业区，但没有污染严重的企业。由于黄溪两岸居民密集，仍有一定的生活污水污物排放入溪，使黄溪水质受到严重的污染。

开发与利用

全县地表水利用较为普遍。主要是截流砌筑堰坝、构筑山塘、水库等蓄水灌溉及供机电提水等；开凿渠道引水灌溉、发电、建造水碓、航运等。县境内的龙泉溪干流先后建成紧水滩、石塘、玉溪大、中型水库之后，总库容14.99亿立方米。

枯水年时，全县水资源开发利用量每年可供水量0.43亿立方米，提水工程可供水量0.02亿立方米，地下水利用量0.05亿立方米(含冷水田利用地下水量0.04亿立方米)。水资源开发利用量占水资源量的6.85%。分各流域计算，龙泉溪云和干流段流域为3.03%，浮云溪流域开发利用率为14.89%，梧桐坑流域为2.18%。

1991年云和县流域水资源开发利用现状统计表

表2-5-1

流域		龙泉溪	浮云溪	梧桐坑	全县
水量资源(万立方米/年)	地表水	25580	16177	7570	49327
	地下水	5920	4823	2830	13573
	合计	31500	21000	10400	62900

续表 2-5-1

流　域			龙泉溪	浮云溪	梧桐坑	全县
现状可供水量（万立方米/年）	塘库	正常库容	154.20	1432.40	7.30	1593.90
		复蓄指数	1.2—1.49	1.20—1.91	1.20—2.76	—
		可供水量	240.30	2183.20	17.20	2440.70
	引水工程可供水量		426.30	647.00	113.10	1186.40
	提水工程可供水量		132.60	86.70	—	219.30
	地下水利用量		154.10	211.00	96.30	461.40
	合计		953.30	3127.90	226.60	4307.80
已开发利用率(%)			3.03	14.89	2.18	6.85

第二节　水　　能

蕴藏量

云和县水能资源理论蕴藏量15.57万千瓦，年发电量10.5亿千瓦时。按全县总面积平均计算，每平方千米装机158.2千瓦，年发电量106.7万千瓦时，为全省平均每千米年发电量52.2万千瓦时的2.04倍。剔除紧水滩、石塘两座水电站在云和境内的理论蕴藏量，可由县自行开发的水能理论蕴藏量11.24万千瓦，年发电量7.58亿千瓦时。各流域中以梧桐坑流域水能资源条件最优，每平方千米理论蕴藏量装机154.5千瓦，年发电量104.3万千瓦时；龙泉溪云和段（不含紧水滩、石塘两座电站）与浮云溪流域相差不大，每平方千米装机均为107千瓦，年发电量72万千瓦时。

水能资源利用

云和县境内水能资源利用历史悠久。除传统灌溉外，在坑流中建造水碓、油车等。20世纪70年代前，全县在各条河流上引水建造大小水碓、油车130余座，利用水力舂米、磨面、榨油、捣竹造纸等。水碓使用至20世纪80年代后才废弃。其深山中采伐的木头，由于运输困难，利用河流自然落差的水能，把木头放在坑水中漂流至山外，节省大量的劳动力。20世纪80年代末，龙泉溪两岸大量毛竹、原木运输利用溪水放排漂流沿龙泉溪、瓯江至温州。

水能资源开发

云和县境内水能资源丰富。有流经县境长51.35千米的龙泉溪；支流长度在20千米以上注入龙泉溪的河流有浮云溪、梧桐溪2条，主流长度在10千米以上的河流有泉溪等5条，2级支流长度在8千米以上的河流有黄溪等4条，支流长度在8千米以下的河流有麻垟坑等9条。多年平均径流量达8.47亿立方米（不含过境水量）。丰富的水利资源和水能资源，为农业生产、生活和发展社会经济提供有利的条件。

20世纪40年代始，云和县境内已利用水能资源开发小水电，在浮云溪水系建成云和县第一座跌水式小型水电站(瓦窑)。中华人民共和国建立初期,在安溪水系建成云和县第一座农村仅供照明的温溪上村微型水电站。

截至2010年,境内28条大小河流(含境内龙泉溪干流、梧桐坑)中,其中14条先后被开发,共建成大、中、小、微型水电站105座(包括已报废的小、微型60座)。相当于云和县每9.37平方千米面积兴建1座水电站。

2010年,全县水能资源利用水电开发总装容量7.66万千瓦。

第三节　水　　产

水生物种类

浮游生物、底栖动物及水生管束植物　浮游植物主要以小型藻类为主。藻类有蓝、绿、黄、硅、隐藻等100多种。浮游动物以轮虫、桡足类、枝角类和原生动物为优势种。底栖动物以螺、蚬为主要优势种。水生管束植物有水浮莲、水花生、水葫芦、苦草等。

野生鱼类　主要有鲤科喀氏倒刺钯(军鱼)、台湾突吻鱼(鱼姑)、鲤、鲫、鳊、草鱼、青鱼以及鲶鱼、鳗、乌醴、鳜鱼、黄颡鱼、斑鳜、黄刺鱼、温州光唇鲃(石斑鱼)、宽鳍鱲(俗称"红丝鲃")、石蛙、鼋、中华鳖、香鱼、中华绒螯蟹等。

人工养殖类　主要有鳙、鲢、鲤、鲫、鳊、草鱼、光唇鱼、罗非鱼、银鱼、甲鱼、石蛙等。

其他经济等水生动植物　主要有大鲵、水獭、石蛙、黄鳝、泥鳅、田螺、克氏原螯虾、青虾等。水生植物有莲、水葫芦、茭白等。

分布区域

鼋、中华鳖、水獭、香鱼、鳗、鲶鱼、中华绒螯蟹、螺丝等其他鱼类及甲壳动物、软体动物、藻类等主要分布在原龙泉溪干流(紧水滩水库、石塘水库、玉溪水库)。

大鲵、温州光唇鲃(俗称"石斑鱼")、宽鳍鱲(俗称"红丝鲃")、石蛙、毛蟹等主要分布在龙泉溪各条支流和梧桐溪流域。各坑流中尤其是温州光唇鲃和宽鳍鱲居多,境内有"山坑无鱼石斑大"之俗语。

泥鳅、田螺、黄鳝,主要分布在山塆田、烂湖田(泉水田)。

莲、茭白、水浮莲、水花生、水葫芦以及鲫鱼主要分布在水田、水塘。

紧水滩、石塘、玉溪水库建成后,一些溪流性鱼类洄游通道被截断。如野生鼋、中华鳖、大鲵、香鱼、鳗等品种在境内生存空间减少,加上近年来大量使用农药的污染,致使分布在坑流、池塘、山塆田等水域的野生鱼类濒临灭绝。

水库养鱼

云和县水库养鱼始于20世纪60年代,梅垄水库、雾溪水库蓄水后,放养鲤、草鱼、鲢、鳙、鳊、鲫等鱼。紧水滩水库、石塘水库蓄水后,为发展后靠移民生产,云和县移民开发办公室出资十多万元,先后在上下两库投放引进的鳙、鲢鱼苗143多万尾。之后又投放了引进的无法在

图 2-5-1 石塘水库捕鱼(2008 年 徐景舟摄)

水库自然繁殖的青、草鱼等新品种。

特种水产养殖

珠蚌 1995 年,德清县四都公司承包小顺人工围坝库湾建立珍珠养殖基地,并发动周边村移民自愿入股。播种珍蚌 50 万只,因水质不宜,未获成功。

银鱼 1995 年,云和县连续五年引进太湖特产“银鱼”受精卵,投放于紧水滩水库、石塘水库试养获得成功。

池沼公鱼 1995 年始,先后三年从景宁畲族自治县上标水库引进“池沼公鱼”,受精卵达 4740 万粒投放于石塘水库试养,由于库水水温不适宜高海拔水域生长的池沼公鱼生长,引种试养未获得成功。

网箱养鱼

1990 年,小顺乡小顺过头自然村移民魏太强,在云和县移民开发办公室的资金扶持和县渔政管理站的指导下,在小顺大湾口库湾采用网箱投饵试养引进的罗非鱼、建鲤两个品种获得成功。之后,网箱养殖在小顺库湾、龙门等库湾兴起。境内水产资源量增加。

2002—2003 年,云和县人民政府把推广网箱养鱼列为政府重点工作实施责任表,并出台相应的扶持政策。据统计,2005 年,紧水滩水库、石塘水库共计网箱养鱼面积 39500 平方米,产量达 1551 吨。境内水产资源量剧增。

2010 年,紧水滩水库、石塘水库蓝藻暴发,库水水体富营养化,县财政投入整治资金 1000 万元,对水库投铒的网箱全部采取拆除措施。至此,水库网箱养鱼停止,境内水产养殖空间随即变小,养殖规模急剧下降,境内水产资源量剧减。

第六章 陆域资源

云和县境内土壤面积 96190.33 公顷,土壤类型分属 5 个土类,即红壤、黄壤、岩性土、潮土和水稻土,下属 11 个亚类、29 个土属、61 个土种。矿产资源以非金属矿为主,主要有萤石、叶蜡石、花岗岩,另有少量铅锌、银、钨、锡、铁、煤等矿藏。

云和县域总面积 99106 公顷,森林覆盖率 80.80%,林木蓄积量 339.93 万立方米,毛竹 1508.99 万株。县内三级以上保护古树 2830 株。

县内拥有植物 189 科 590 属 1061 种,其中列入国家一、二级保护野生植物 23 种;野生动物289种，其中列入国家一、二级重点保护动物28种。

第一节 土 壤

红壤

面积59745.13公顷，占土壤总面积的62.11%，分布于海拔800米以下的低山丘陵区和中山区下部，呈地带性。土质以重壤土和轻黏土为主，颜色以呈红色为主，pH值4.5—6.0，质地较黏重，通气通水性能差，腐殖质少，土壤肥力低。但因地形、母质类型风化度的不同而有差异。生长植被以松、杉、毛竹、油茶、干水果及粮食作物为主。

黄土

面积24174.33公顷，占土壤总面积的25.13%。是境内高山地带的主要土类，分布于海拔700米以上的山区。母质以酸性火山岩的风化为主。表土层有机质积累高。土壤呈黄色或棕黄色，pH值5.0—6.1。个别土种（山地石砾香灰土）pH值6.4。黄壤土类的植被主要为针叶阔叶缓交林带，局部为灌木丛林和草本植物。

岩性土

面积123.33公顷，占土壤总面积的0.13%。零星分布于河谷盆地内的低丘上。成土母质钙质紫砂岩的风化为主，部分为安山玄武岩，pH值6.0—6.2，有机质含量低，通气渗水性能好。岩性土土类适宜种植旱粮作物和插桑栽柳。

潮土

面积288.47公顷（含卵石滩174.67公顷），占土壤总面积的0.3%，分布于大小溪涧两岸，为近代在河流冲积、洪积物上发育而成的土类，中下部因受地下水影响而有潴育化现象，pH值5.5—6.4。以种植旱粮作物和开辟桑、橘园为主。

水稻土

面积11859.07公顷，占土壤总面积的12.33%。分布于低山丘陵、山垄、山冈及河谷平原。水稻土具有各种特殊的土体结构，分为3个亚类。

渗育型水稻土亚类 面积7294.47公顷，占水稻土土类面积的61.50%，pH值5.5—6.2。主要分布于丘陵、山地的岗背或坡地梯田，海拔较高，热量较低，水利条件差的地区，均以种植单季稻为主。

潴育型水稻士亚类 面积4508.07公顷，占水稻土土类面积的38%。分布于河谷平原和丘陵山间谷地，母质为河流冲积物、洪积物，也有红壤、黄壤、坡积和再坡积物。土体受地表水和地下水及测渗水共同作用，pH值5.2—6.2。是双季稻的主要栽培土类。

潜育型水稻土亚类 面积56.53公顷，占水稻土类面积的0.50%。分布于平畈的中部和丘陵山区的低洼处，母质种类繁多，潜育水位接近地表，土体长期渍水，致使土体软糊，pH值5.5—6.0，以种植单季稻为主。

云和县土壤分类和分布情况表

表 2-6-1

类	亚类	土属	土种	面积(公顷)	主要分布
红壤	红壤	黄筋泥	黄筋泥	2.53	云和镇东塘村,海拔 135 米低丘
		红泥土	红泥土	315.07	龙门乡油坑一带,海拔 300 米高丘
		红黏土	红黏土	8.80	梅垄水库内侧,低丘
	黄红壤	黄泥土	黄泥土	15809.73	各乡村低山丘陵
			黄泥砂土	11324.93	各乡村低山丘陵
			黄砾泥	5038.53	各乡村低山丘陵
		砂黏质红土	砂黏质红土	6904.33	沙溪、梅源、赤石、双港等地低山缓坡花岗岩地带
		粉红泥土	粉红泥土	1203.73	朱村、双港乡高丘及低山丘陵
			紫粉泥土	326.53	小徐、沙溪、云和镇、赤石乡,盆地内侧低山
		红砂土	红砂土	224.40	小徐、沙溪、云和镇、赤石乡,盆地内侧低山
			砾石红砂土	492.40	各乡村低山丘陵陡坡
	侵蚀型红壤	石砂土	石砂土	17214.60	赤石、云坛、小徐、雾溪等乡花岗岩地区低山陡坡
		白岩砂土	白岩砂土	879.53	赤石、云坛、小徐、雾溪等花岗岩地区低山陡坡
黄壤	黄壤	山地黄泥土	山地黄泥土	6172.53	梅源、黄源、安溪、雾溪乡,海拔 750 米以上中山区
			山地砾石黄泥土	8441.27	黄源、云丰、林山、雾溪等地,海拔 750 米以上中山区
			山地香灰土	262.80	黄源乡白鹤尖,海拔 1500 以上山顶
		山地黄泥砂土	山地黄泥砂土	1051.47	梅源、雾溪、大源乡,海拔 750 米以上陡坡
			山地砾石黄泥砂土	504.60	沙浦、大湾乡,海拔 750 米以上低中山
	侵蚀型黄壤	山地石砂土	山地石砂土	6908.00	云丰、沙浦、大湾、大源乡,海拔 750 米以上陡坡
			山地石塥香灰土	663.07	金村、大源、局村乡,海拔 1200 米以上山顶
			山地白砂土	170.60	雾溪乡,海拔 750 米以上花岗岩地区陡坡
岩性土	钙质紫砂土	红紫砂土	红紫泥土	32.53	小徐乡瓦窑村、云中一带低丘
	玄武岩幼年土	棕黏土	棕黏土	90.80	小徐乡东塘对面山、原县农场水果山低丘
潮土	潮土	洪积泥砂土	洪积泥砂土	32.07	小顺、双港,谷口洪积扇
		清水砂	卵石滩	174.67	局村、小顺沿大溪河床,河漫滩地
			清水砂	66.73	局村、小顺沿大溪边,河漫滩地
		培砂土	培砂土	5.93	双港、朱村泉溪两岸,河漫滩内侧
			培泥砂土	9.07	象山中心圩,河漫滩内侧
		山地黄泥田	山地黄泥田	1026.60	黄源、大湾、沙浦、雾溪,黄壤一带山垄梯田
			山地砂性黄泥田	954.60	梅源、黄源,黄壤一带山垄梯田
			山地石甲黄泥田	188.73	梅源、黄源,黄壤一带山垄梯田

续表 2-6-1

类	亚类	土属	土种	面积（公顷）	主要分布
水稻土	渗育型水稻土	黄泥田	黄泥田	1681.73	赤石、雾溪、云坛、局村，低山丘陵梯田
			砂性黄泥田	1991.27	梅源、大源、局村，低山丘陵梯田
			砾甲黄泥田	106.67	局村、安溪，低山丘陵梯田
			粉红泥田	37.20	云坛，低山丘陵梯田
		白砂田	白砂田	1153.33	梅源、安溪，花岗岩风化的垄田
		红泥田	红泥田	84.13	龙门油坑一带，高丘梯田
			棕粘田	22.20	梅垄水库边，低丘垄田
		新黄筋泥田	新黄筋泥田	34.07	小徐，海拔 150 米盆地山脚边
		红砂田	红砂田	13.73	小徐、赤石，盆地内及低丘
	潴育型水稻土	山地黄泥砂田	山地黄泥砂田	61.27	云丰、雾溪，黄壤地带村边田
		老黄筋泥田	老黄筋泥田	46.93	老云和镇垟畈、黄水碓畈，老河漫滩阶地
		紫红泥砂田	红泥砂田	160.07	小徐、云和镇、赤石，低丘
			棕泥田	11.33	白垟墩，低丘
		黄泥砂田	黄泥砂田	1418.27	云和镇、沙溪、梅源等乡，低山丘陵，垄底田
			黄泥粗砂田	146.67	小徐、沙溪、云坛，低山丘陵花岗岩地区垄底田
		洪积泥砂田	峡谷泥砂田	353.20	局村、云坛、沙溪等乡，峡谷溪坑两岸
			峡谷砾甲泥砂田	199.00	局村、赤石，峡谷溪坑两岸
			峡谷砾心泥砂田	289.00	赤石、黄源、云丰，峡谷溪坑两岸
			谷口泥砂田	415.53	小徐、沙溪，谷口洪积扇
			谷口砾甲泥砂田	199.27	云丰、沙溪，谷口洪积扇
			谷口砾心泥砂田	214.40	赤石、小顺、沙溪、安溪，谷口洪积扇
		泥砂田	泥砂田	885.13	沙溪、小徐、云和镇，浮云溪两岸
			砾甲泥砂田	39.73	沙溪、小徐、云和镇，浮云溪两岸
			溪滩砂田	5.67	云和镇象山一带，河漫滩内侧
		培泥砂田	培泥砂土	60.00	双港，大溪河漫滩内侧
			培砂田	2.60	双港，大溪河漫滩内侧
	潜育型水稻土	烂滃田	烂灰土	24.9333	雾溪，黄壤地带垄底积水田
			烂滃田	22.20	高胥、长田，低山垄口低洼田
			烂黄泥砂田	2.47	沙溪，低山垄口低洼田
			烂泥砂田	6.93	云和镇鲤鱼山后，盆地内地洼田

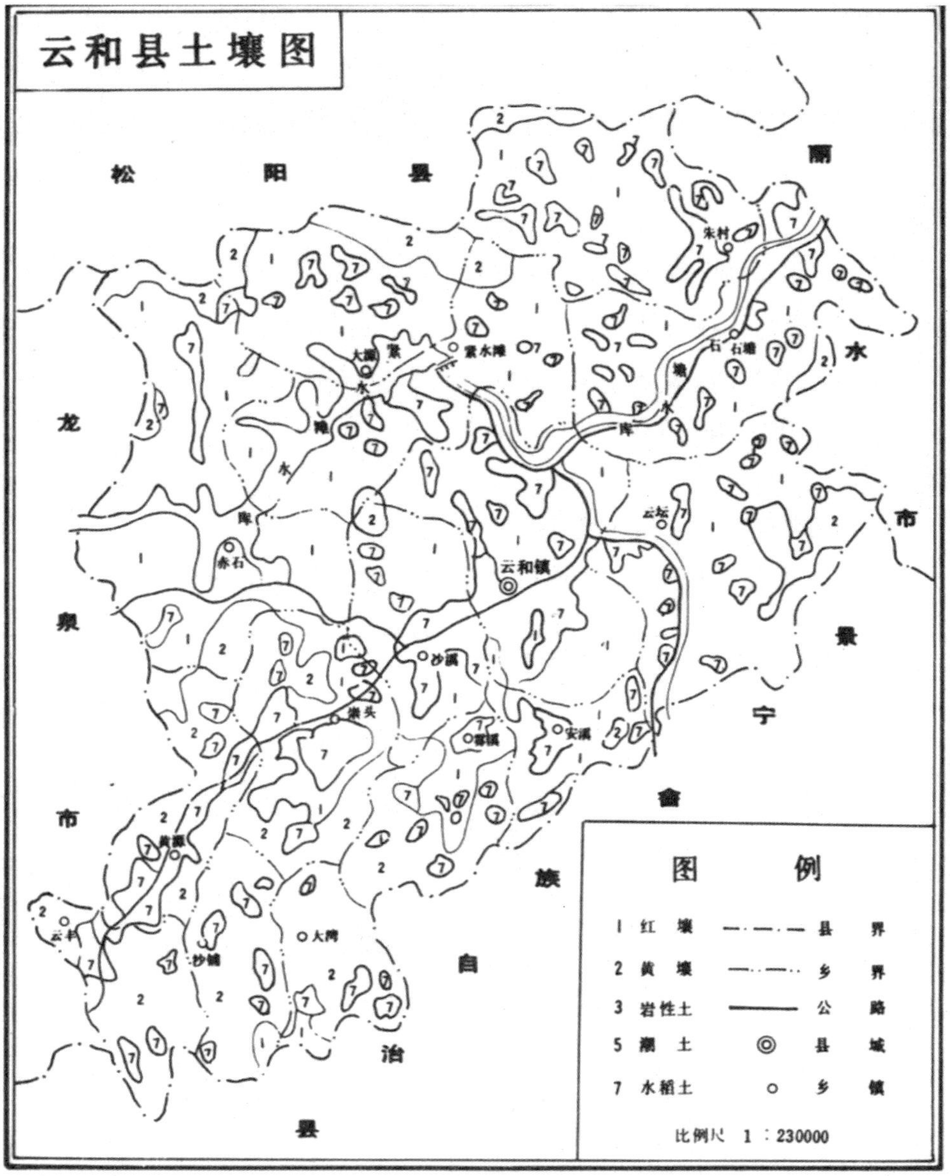

图 2-6-1　云和县土壤图（县土地管理局提供）

第二节　矿　　产

云和县矿产资源以非金属矿为主，主要有萤石、叶蜡石,花岗岩，另有少量铅锌、银、钨、锡、铁、煤等。

萤石矿

主要分布在云和镇以东的大徐、下垟、云坛乡的柿树坳、沈岸以及赤石乡的坑口、阴岩（已被紧水滩水库淹没）等地。大徐、肺树坳属岩浆热液型小型矿床，其余均为矿点。

叶蜡石矿

又名“小顺石”，其主要产地在石塘镇大源口行政村寨下自然村，为一小型矿床。由叶蜡石、迪开石矿体各1个组成。矿体赋存于火山碎屑岩中，受一定层位控制，呈似层状、透镜状。迪开石矿体长70—100米，厚7—8米；叶蜡石矿体长120米，厚约7米。远景储量约30亿千克。名品有“小顺白冻”“小顺黄冻”“小顺红花冻”，是优质雕刻石，其品质与福建寿山名石相近。

花岗岩

境内有两大花岗岩体出露。上村—梅源岩体，一部分分布在县城西南白龙山—雾溪水库，主要分布于崇头镇三望栏—梅源—坑根—陈坞—叶垟—水碓垟—栗溪一带。牛头山岩体分布面积较大，南至紧水滩、石浦一线；北至牛头山与松阳交界处；西至紧水滩镇桐树垟—横山头—小子坑—方山岭一线；东至石塘镇杨村—仰天湖—底坑头一线。

铅锌矿

境内已发现铅锌矿点主要有鹿角尖、朱村乡金村，鹿角尖铅锌矿点围岩为高坞组火山岩，矿化产于霏细斑岩体之接触带，铅锌矿化多呈细脉状充填于裂隙中。

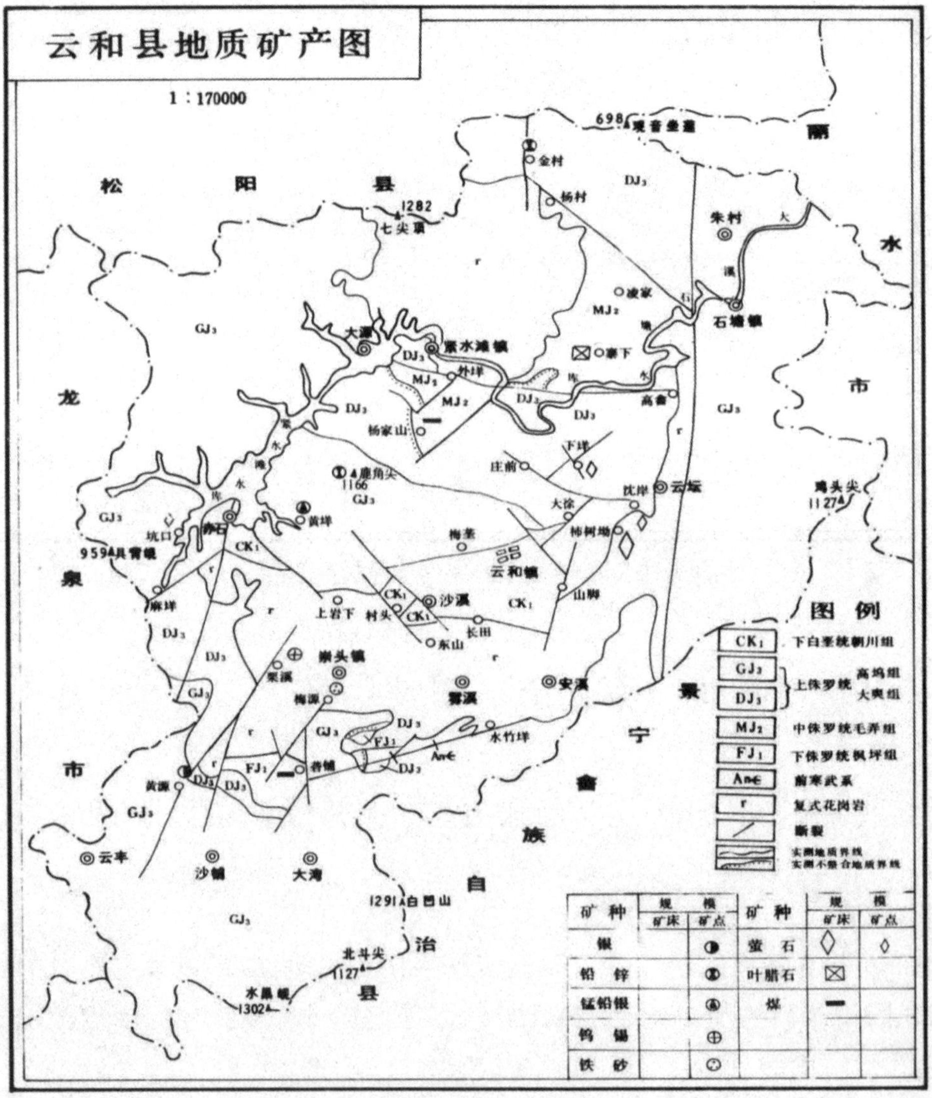

图 2-6-2　云和县地质矿产图（县土地管理局提供）

银矿

黄源乡黄源银矿点，围岩为高坞组火山岩，受北东—北北东向断裂控制，有矿化蚀变带2条。

钨锡矿

崇头镇栗溪钨锡矿点，含矿围岩为中粒花岗岩，蚀变强烈。含钨锡、石英，脉呈北东、近东西向成群产出，一般长30—100米，0.1—0.2米。主要矿物有黑钨矿、锡石及银矿物。W0.1—1%，Sn0.1—0.3%，伴生有银、铍、铌。为岩浆期后高—中温热液型。

锰铅银多金属矿

赤石乡黄垟锰铅银多金属矿点，围岩为高坞组火山岩及花岗斑岩。见有6条锰铅银矿化体呈北西向脉状产于花岗斑岩体内外，长50—225米，宽0.25—0.32米，延深小于20米。主要矿物有硬锰矿、水锰矿、方铅矿、闪锌矿、银矿。Mn12.09—41.21%，Pb0.12—11.25%，Zn1.1%。

煤矿

境内煤矿产于枫坪组和毛弄组两个含煤层位中，有云和镇原局村乡杨家山、崇头镇砻铺煤矿，煤质为无烟煤，一般1—3层为薄煤层，单层厚0.2—0.5米，延长数米至十余米，多呈层状、似层状、透镜状、煤线或小煤包。发热量6270—8360集身/克，灰分一般在50%以上。

铁砂矿

崇头镇梅源矿点系风化壳铁砂富集而成，面积约20平方千米，厚约10米，但不稳定，主要矿物为磁铁矿。

第三节　植　　被

森林植被

云和县境内森林植被属中亚热带常绿阔叶林带。以甜槠、木荷为建群种的常绿阔叶林最为典型。原生植被绝大多数已经消失，代之以次生植被为主，也有相当比重的人工植被。根据人们生产、建设与生活的需要，发展了例如松木、杉木林和农作物等典型的人工植被，也有极少人至的边远山区保存有稍完好的、半原始状态的自然植被。因地貌垂直差异显著、森林植被有地带性特征，同时又有南北过渡、东四相承，植被区系成分颇为复杂，森林植被类型多种多样的特点。甜槠、木荷林分布在海拔1000—1100米以下，小叶青冈林可分布至海拔1300米，与常绿、落叶阔叶林混交，针叶、阔叶混交林相嵌分布；山地矮林、山地灌丛、草从一般分布在海拔1000米以上的山顶。马尾松林，马尾松、阔叶树混交林，分布在海拔800米以下；黄山松林，黄山松、阔叶树混交林分布在海拔800米以上；杉木人工林分布在海拔1000米以下，柳杉人工林分布比杉木林又要高一些；毛竹一般分布在海拔1000米以下；油茶林分布在海拔800米以下。由于历史上连年烧山和气候影响，海拔1000米以上山峰形成大面积灌丛、草从，主要生长化香、短柄枹、鹿角杜鹃、华山矾、胡枝子、映山红等灌木和野古草、芒、蕨类等草本植物,但也零星分布黄山松、短叶松。

栽培植被

境内广泛分布在低丘、河谷、山间边缘平缓地带。主要树种有杉木、马尾松、毛竹、油茶、乌桕、茶叶、板栗、水果等,以及农田禾本科植被和经济作物、莲、萍、茭白等水生植物。

自然植被

主要分布在远离村庄,人口稀少,交通不便的边缘地带。

植被分布

云和县的植被分布,大致可以分为四个层次。

河谷平原 以云和盆地为主,沿大溪两岸为粮食作物区,也就是主要农耕区。海拔150米以下,以潮土为主,土层较深,土质尚好,以水稻、麦、豆、油菜和果树为主要生物群落,人口稠密。

低山山麓、丘陵林粮过渡区 实际是次农耕区。这一层段,海拔在150—250米之间,以红壤为主,生长有针阔叶林、果树(主产区),人口密度相对较高,有相当面积的粮食作物(稻、麦、豆、油菜)

低中山常绿阔叶林、用材林区 为云和县主要林业区,海拔在250—800米之间,尤以海拔500—800米更为明显,以黄红壤、侵蚀型红壤为主,也会出现少部分黄壤。植被以人工松、杉用材林为主,有油茶、板栗和少量果树,在水利条件较好、土地坡度(山坡)较小的平缓地段,或离村庄较近坡地,有不少已开成梯田,种植粮食作物,多数为单季稻,也有少数海拔在500米以下,温、光、水、热条件较适宜的,会种连作稻或早稻、秋杂粮。

中山上部 海拔800米以上,生长有短叶松、落叶阔叶林、小灌丛或少数草原。

2010年云和县主要植被分布表

表2-6-2

分层	海拔(米)	主要土壤	主要植被
河谷平原粮食作物区	150	潮 土	稻、麦、油、豆、果
低山山麓、丘陵针阔叶林、粮果区	150—250	红 壤	稻、果、松、杉、阔叶林
低中山常绿针、阔叶林、用材林区	250—800(尤以500—800为典型)	黄红壤 侵蚀型红壤	松、杉用材林、油茶等经济林、毛竹、粮果等
中低山上部短叶松、落叶、阔叶林、灌木、草原	>800	黄 壤	短叶松、落叶、阔叶林、灌木丛、草原

第四节 森 林

林地面积

1991—2010年,云和县进行过三次森林资源规划设计调查和二次补充调查。2009年调查,全县土地总面积9.91万公顷。林业用地面积8.33万公顷,其中有林地面积7.55万公顷,疏林地面积 0.03 万公顷，灌木林面积 0.56 万公顷，未成林造地面积 0.16 万公顷，苗圃地面积 4 公顷，无林地面积 0.04 万公顷，宜林地面积 0.02 万公顷，辅助生产用地面积 6 公顷。非林业用地 1.58 万公顷。森林覆盖率 80.8%。

森林蓄积

1994 年，云和县林地蓄积 174.22 万立方米，毛竹林 682.6 万株。2009 年，全县有林地蓄积 339.93 万立方米，毛竹林 1508.79 万株。

第五节　古树名木

1991—2010 年，云和县进行过 3 次古树名木调查。

1996 年 3—12 月，县林业局开展重点区域古树调查。1999 年 1 月 22 日，县政府《关于公布云和县第一批古树名木的通知》，对 1423 株古树名木予以公布保护，其中散生 273 株、古树群 17 个 1150 株。2000 年，新建路古樟树在每平方米万余元的黄金地段得到保护。

2001 年，县林业局开展古树名木补充调查，增加古树名木 310 株。2002 年 1 月 25 日，县政府对 310 株古树名木予以公布保护。

2009 年，县林业局开展全县古树名木调查，县内古树名木 2830 株，其中散生 373 株、古树群 60 个 2457 株，隶属 31 科 43 属 68 种。确定为一级保护古树 27 株，二级保护古树 129 株，三级保护古树 2674 株，并建立古树名木信息查询系统。

第六节　野生动植物

植物

云和县植被类型属亚热带常绿阔叶林带，阔叶林以槠类、栎类和山茶科的木荷为主，在海拔 800 米以下属常绿阔叶带，海拔 800—1000 米山地，为针叶阔叶混交林，海拔 1000 米以上的山峰为灌木丛和低山草甸，因受人类活动影响，原生植被已基本消亡，代之以次生林和人工植被为主。植被种类，以华东为代表，并渗以华中、华南、华北植被，在各林地亦有东亚和北美区系的共有种。

据 1987 年县中药资源普查，云和县内植物有 189 科 590 属 1061 种。按植物利用主要经济性能划分，可分以下 10 类。

用材类　主要有杉木、马尾松、柳杉、黄山松、水杉、池杉、檫树、香樟、木荷、苦槠、黄檀、泡桐、苦楝、长叶榧、三尖杉、枫杨、枫香、香果树、南酸枣等。

油脂类　主要有油茶、红花油茶、油桐、乌桕、香樟、山苍子、山胡椒、乌药、黄连木、野茉莉、马尾松、扁柏、八角茴香等。

淀粉类 主要有板栗、苦槠、锥栗、茅栗、甜槠、青冈、金樱子、葛藤、菝葜、蕨等。

纤维类 主要有竹、山棉皮、水菖花、棕榈、青钱柳、龙须草等。

药用类 主要有凹叶厚朴、杜仲、浙黄连、三尖杉、夏枯草、金银花、山楂、七叶一枝花、半边莲、龙胆草、无花果、何首乌、芍药、野百合、藿香、筋骨草、车前、千里光、天麻等。

干水果类 主要有梨、柑橘、李、桃、枇杷、柚、柿、杨梅、葡萄、猕猴桃、石榴、枣、梅、杏等。

观赏类 主要有茶花、桂花、兰花、玫瑰、杜鹃、广玉兰、龙柏、扁柏、罗汉松、雪松、女真、冬青、雀叶黄杨、夹竹桃、法国梧桐、白杨、杜英、紫薇、深山含笑等。

饲料类 主要有野古草、五节芒、大蓟、小蓟、金茅、野青茅、鸭跖草、铁苋菜、胡枝子、葛藤、水浮莲、燕麦等。

真菌类 主要有香菇、黑木耳、银耳、金针菇、凤尾菇、珊瑚菌、猴头菇、鸡腿菇、杏鲍菇、长裙竹荪、茯苓、灵芝、紫芝、牛肝菌、脱皮马勃、硬皮地星、山岭石蕊等。

苔藓类 主要有苔纲地钱科的蛇苔、地钱；藓纲泥炭藓科的泥炭藓，真藓科的暖地大叶藓，金发藓科的大金发藓等。

境内列入国家重点保护的植物有23种，其中属一级保护植物3种、二级保护植物20种。

一级保护植物3种：

图2-6-3 南方红豆杉（县林业局提供）

南方红豆杉〔学名 *Taxus wallichiana var. chinensis*（*Pilg.*）*Florin*〕，别名海罗杉。云和本地称红豆杉。自然生长在海拔1000—1500米以下的山谷、溪边、缓坡腐殖质丰富的酸性土壤中。云和主要分布在黄家畲、东岱、回龙山、大南山、山望排、方山岭等地，村前屋后、水口树，胸径可达1米以上。

图2-6-4 伯乐树（县林业局提供）

伯乐树（拉丁学名 *Bretschneidera sinensis Hemsl.*），又名钟萼木或山桃花，伯乐树是从Bretschneidera音译而来。伯乐树多见于中山（海拔1000—1500米）地带，气候温凉，年降水量约1000—2000毫米，多云雾，气候潮湿，平均相对湿度80%以上。云和主要分布在沙铺、田铺。

图2-6-5 银杏（县林业局提供）

银杏（biloba L.），学名 *Ginkgo* 别称白果，公孙树，鸭脚树，蒲扇，云和本地称公孙树、白果树。适于生长在水热条件比较优越的亚热带季风区。土壤为黄壤或黄棕壤，pH值5—6。云和主要分布在包山、项山。

二级保护植物20种：

图2-6-6 福建柏（县林业局提供）

福建柏〔学名 *Fokienia hodginsii* (Dunn)Henry et *Thomas*〕，别称建柏、滇柏，云和本地的别名(建柏)。福建柏垂直分布于海拔580—1500米，但在1000—1300米的常绿阔叶林中较常见。云和主要分布在张家地。

图2-6-7 金钱松（县林业局提供）

金钱松〔学名 *Pseudolarix amabilis* (Nelson) Rehd.〕，别称金松、水树，云和本地称松树。叶片条形，扁平柔软，在长枝上成螺旋状散生，在短枝上15—30枚簇生，向四周辐射平展，秋后变金黄色，圆如铜钱，因此而得名。在海拔100—1500米地带散生于针叶树、阔叶树林中。金钱松生长较快，喜生于温暖、多雨、土层深厚、肥沃、排水良好的酸性土山区。云和主要分布在垟田、赤石。

图2-6-8 榧树（县林业局提供）

榧树(学名 *Torreya grandis*)，别名香榧、野榧、羊角榧、榧子，云和本地称香榧、壳榧。生于海拔1400米以下，温暖多雨，黄壤、红壤、黄褐土地区。云和主要分布在回龙山、项山、陈坞、王山头。

图2-6-9 长叶榧（县林业局提供）

长叶榧(读音fěi，学名 *Torreya jackii*)，别称浙榧、加氏榧，云和本地称水竹。常生长在山势陡峭峡谷深或多基裸露的陡峭阴坡或溪流两旁的HYPERLINK blank常绿阔叶林或次生灌丛中。常生长在山势陡峭峡谷深或多基裸露的陡峭阴坡或溪流两旁的常绿阔叶林或次生灌丛中。云和主要分布在包山、平里、金村、坑下。

图2-6-10 花榈木(县林业局提供)

花榈木(学名 *Ormosia henryi Prain*)，一名"花榈"，其木纹有若鬼面者，亦类狸斑，又名"花狸"、花梨木。喜温暖，但有一定的耐寒性。对光照的要求有较大的弹性，全光照或阴暗均能生长，但以明亮的散射光为宜。喜湿润土壤，忌干燥。云和主要分布在紧水坑、金村、桑岭、后山。

图 2-6-11 红豆树（县林业局提供）

红豆树（学名 *Ormosia hosiei Hemsl. et Wils.*），又名：何氏红豆、鄂西红豆、江阴红豆。生于河旁、山坡、山谷林内，海拔 200—900 米。红豆树幼年喜湿耐阴，中龄以后喜光。较耐寒，在本属中是分布于纬度最北的一个种。云和主要分布在云和县城。

图 2-6-12 鹅掌楸（县林业局提供）

鹅掌楸〔学名 *Liriodendron chinense (Hemsl.) Sarg*〕，别称马褂木，双飘树，云和本地称马夹材。喜光及温和湿润气候，有一定的耐寒性，喜深厚肥沃、适湿而排水良好的酸性或微酸性土壤（pH4.5—6.5），在干旱土地上生长不良，也忌低湿水涝。通常生于海拔 900—1000 米的山地林中或林缘，呈星散分布，也有组成小片纯林。云和主要分布在垟田、赤石。

图 2-6-13 厚朴（县林业局提供）

厚朴，植物学范围内别名紫朴、紫油朴、温朴等，云和本地称厚朴。厚朴为喜光的中生性树种，生于海拔 300—1500 米的山地林间，幼龄期需荫蔽；喜凉爽、湿润、多云雾、相对湿度大的气候环境。在土层深厚、肥沃、疏松、腐殖质丰富、排水良好的微酸性或中性土壤上生长较好。常混生于落叶阔叶林内，或生于常绿阔叶林缘。云和主要分布在雾溪、水竹垟、西坑、坪垟岗、竹坑等地。

图 2-6-14 凹叶厚朴（县林业局提供）

凹叶厚朴〔学名 *Magnolia officinalis subsp.biloba (Rehd. et Wils.) Cheng et Law*〕，中性偏阴，喜凉爽湿润气候及肥沃排水良好的酸性土壤，畏酷暑和干热。云和主要分布在雾溪、水竹垟、西坑、坪垟岗、竹坑等地。

图 2-6-15 蛛网萼（县林业局提供）

蛛网萼（学名 *platycraterargutasieb.etzucc.*），别称盾儿花，梅花甜茶。蛛网萼一般耐阴湿，喜生于溪涧边，阴湿裸岩旁或岩洞口；在阳光下长势不良，甚至枯萎。

图 2-6-16 香樟（县林业局提供）

香樟〔学名 *Cinnamomum camphora* (*L.*) *Presl.*〕，别名：樟树、樟木、瑶人柴、栳樟、臭樟、乌樟，云和本地称樟树。适应海拔高度在1800米以下，在长江以南及西南生长区域海拔可达1000米。主要生长于亚热带土壤肥沃的向阳山坡、谷地及河岸平地。山坡或沟谷中，也常有栽培的。云和县内均有分布。

图 2-6-17 香果树（县林业局提供）

香果树（学名 *Emmenopterys henryi Oliv.*），喜温和或凉爽的气候和湿润肥沃的土壤。云和主要分布在沙铺、大湾、严坑、叶山头、坑根、桑岭、东岱、桃子坑、桥头。

图 2-6-18 浙江楠（县林业局提供）

浙江楠（学名 *PhoebechekiangensisC.B.Shang*），分布于丘陵低山沟谷地或山坡林内。云和主要分布在叶山头、渡蛟、栗溪。

图 2-6-19 榉树（县林业局提供）

榉树〔学名 *Zelkova serrata* (*Thunb.*) *Makino*〕，别名血榉、金丝榔、沙榔树、毛脉榉等，又名大叶榉。垂直分布多在海拔500米以下之山地、平原，在云南可达海拔1000米。阳性树种，喜光，喜温暖环境。耐烟尘及有害气体。适生于深厚、肥沃、湿润的土壤，对土壤的适应性强，酸性、中性、碱性土及轻度盐碱土均可生长深根性，侧根广展，抗风力强。忌积水，不耐干旱和贫瘠。云和主要分布在沙铺、黄地。

图 2-6-20 风兰（县林业局提供）

风兰〔学名 *Neofinetia falcata* (*Thunb. ex A. Murray*) *H. H. Hu*〕，生于海拔1520米的山地林中树干上。云和主要分布在梅湾、张家地、朱坑、狮山。

图 2-6-21 短萼黄连（县林业局提供）

图 2-6-22 八角莲（县林业局提供）

图 2-6-23 七叶一枝花（县林业局提供）

图 2-6-24 野大豆（县林业局提供）

图 2-6-25 闽楠（县林业局提供）

短萼黄连（学名 *Coptis chinensis var. brevisepala W. T. Wa*），云和本地称黄连。主要生长于海拔 600—1600 米间山地沟边林下或山谷阴湿处。分布区年均温约 10℃，年降水量 1500—2000 毫米，相对湿度可达 90%。土壤主要为黄壤或黄棕壤，酸性反应，pH 值 4.5—5.5，有机质含量丰富。温干旱，喜阴湿环境。云和主要分布在大湾、张家地、牛头山。

八角莲（学名 *Dysosma versipellis (Hance) M. Cheng ex Ying*），别称山荷叶、金魁莲、旱八角，云和本地称八角莲。八角莲喜阴凉湿润，忌强光、干旱，适宜选择富含腐殖质、肥沃的沙质壤土栽种。云和主要分布在安溪、黄处。

七叶一枝花（学名 *Paris polyphylla*），别名蚤休、蚩休、重台根、整休，草河车，重台草，白甘遂，金线重楼，虫蒌，九道箍、鸳鸯虫，枝花头，螺丝七、海螺七，灯台七，白河车，螺陀三七，土三七，又名七叶莲。七叶一枝花生于山坡林下及灌丛阴湿处。生于海拔 800—3000 米森林丛中。喜温，喜湿、喜荫蔽，但也抗寒、耐旱，惧怕霜冻和阳光。年均气温 13—18℃，有机质、腐殖质含量较高的砂土和壤土种植，尤以河边、箐边和背阴山种植为宜。云和主要分布在东岱、包山、张化、坑根、库北北北等地。

野大豆（学名 *Glycine soja Sieb. et Zucc*），别名[豆劳]豆（中国在线植物志）、乌豆、野黄豆等。野大豆分布在中国从寒温带到亚热带广大地区，喜水耐湿，多生于山野以及河流沿岸、湿草地、湖边、沼泽附近或灌丛中，稀见于林内和风沙干旱的沙荒地。山地、丘陵、平原及沿海滩涂或岛屿可见其缠绕他物生长。云和主要分布在栗溪、叶垟、张化、半路口、上爬坑。

闽楠（学名 *Phoebe bournei (Hemsl.) Yang*），俗称楠木。野生的多见于山地沟谷阔叶林中，也有栽培。多生于海拔 1000 米以下的常绿阔叶林中。闽楠分布于中亚热带常绿阔叶林地带，所在地气候温暖湿润，春季多雨，年平均温 17—21℃，1 月平均温 5—11℃，年降水量 1000—2000 毫米。土壤为红壤或黄壤。云和主要分布在叶山头、坑下、桥头坑。

动物

云和县森林面积广阔，气候暖湿，为多种动物栖息繁衍提供了良好环境。县内有野生脊柱动物40余种、鸟类140余种、爬行类29种、鱼类80余种。

哺乳纲　主要有刺猬、蝙蝠、猕猴、穿山甲、黄麂、黑麂、松鼠、小家鼠、褐家鼠、豪猪、野猪、云豹、大灵猫、小灵猫、九江狸、香狸、果子狸、猪獾、水獭、黄鼬、鬣羚等。

爬行纲　主要有鳖、蜥蜴、脆蛇蜥、龟、鼋、壁虎、蕲蛇、竹叶青、菜花蛇、银环蛇、眼镜蛇、乌梢蛇等。

两栖纲　主要有大鲵（娃娃鱼）、蟾蜍、蛙类等。

鸟纲　主要有白鹳、黄腹角雉、白鹇、鸳鸯、草鸮、麻雀、喜鹊、八哥、斑鸠乌鸦、家燕、猫头鹰、鸳鸯、啄木鸟、白鹭、花脸鸭等。

鱼纲　主要有鲫鱼、鲤鱼、草鱼、鲢鱼、圆吻鲴、石斑鱼、泥鳅、黄鳝、鲶鱼、乌鲤等。

境内列入国家重点保护的动物有28种，其中属一级保护动物6种、二级保护动物22种。

一级保护动物6种

图2-6-26　云豹（县林业局提供）

图2-6-27　白鹳（县林业局提供）

图2-6-28　黄腹角雉（县林业局提供）

云豹（学名 *Neofelis nebulosa*），身体两侧有6个云状的暗色斑纹，故名。别称乌云豹、龟纹豹、荷叶豹、艾叶豹、樟豹，云和本地称温豹。云豹栖息于亚热带和热带山地及丘陵常绿林中，最常出现在常绿的热带原始森林，但也能在其他的生境中看到它，如次生林、红树林沼泽、草地、灌木丛和沿海阔叶林，垂直高度可达海拔1600—3000米，环境度约在18—50摄氏度间。云和主要生长、栖息地为雾溪、赤石、库北。

白鹳（学名 *Ciconia ciconia*），别称欧洲白鹳，为食肉动物，其食性广，包括昆虫，鱼类，两栖类，爬行类，小型哺乳动物和小鸟。觅食地大部分为具低矮植被的浅水区。栖息在稀疏树木生长的河流、湖泊、水塘及水渠岸边和沼泽地上。有时也栖息和活动在远离居民点，具有岸边树木的水稻田地带。

黄腹角雉（学名 *Tragopan caboti*），别名角鸡、吐绶鸟、寿鸡，云和本地称山鸡。雄鸟上体栗褐色，满布具黑缘的淡黄色圆斑。头顶黑色，具黑色与栗红色羽冠。飞羽黑褐带棕黄斑。下体几纯棕黄，因腹部羽毛呈皮黄色，故名“黄腹角雉”。主要栖息于海拔800—1400米的亚热带山地常绿阔叶林和针叶阔叶混交林中。云和县内均有分布。

图 2-6-29 鼋（县林业局提供）

鼋（读音 yuán，学名 *Pelochelys*），别称蓝团鱼、银鱼、绿团鱼、癞头鼋、鳖斑，云和本地称大鳖。栖息于江河、湖泊中，善于钻泥沙。以水生动物为食。云和主要生长、栖息地为紧水滩库区、石塘库区。

图 2-6-30 黑麂（县林业局提供）

黑麂（学名 *Muntiacus crinifrons*），别称乌金麂、蓬头麂、红头麂、麂子、青麂，云和本地称黄头麂。眼后的额项部有簇状鲜棕、浅褐或淡黄色的长毛，有时能把两只短角遮得看不出来，“蓬头麂”之名就是从此而来的。主要栖息于海拔 1000 米左右的山地常绿阔叶林及常绿、落叶阔叶混交林和灌木丛中，比其他鹿类栖息的位置较高。云和主要生长、栖息地为平里、包山、沈村、梅家源、山脚、木樨花、黄地。

图 2-6-31 中华秋沙鸭 （县林业局提供）

中华秋沙鸭（学名 *Mergus squamatus*），别称鳞肋秋沙鸭，云和本地称野鸭。中华秋沙鸭出没于林区内的湍急河流，有时在开阔湖泊。它们于每年 4 月中旬沿山谷河流到达山区海拔 1000 米的针、阔混交林带。云和主要生长、栖息地为石塘水库、玉溪水库。

二级保护动物 22 种

图 2-6-32 猕猴（县林业局提供）

猕猴（学名 *Macaca mulatta*），别称猢狲、黄猴、沐猴、恒河猴、老青猴，云和本地称猢狲。栖息于热带、亚热带及暖温带阔叶林，从低丘到 3000—4000 米高海拔、僻静有食的各种环境都有栖息。喜欢生活在石山的林灌地带，特别是那些岩石嶙峋、悬崖峭壁又夹杂着溪河沟谷、攀藤绿树的广阔地段。云和主要生长、栖息地为雾溪坳头。

图 2-6-33 短尾猴（县林业局提供）

短尾猴（学名 *Macaca arctoides*），别称红面短尾猴、红面猴。尾巴短得出奇，还没有后脚长，仅为体长的十分之一，而且被毛稀少，因此又有“断尾猴”之称。主要栖于热带雨林、季雨林、季风常绿阔叶林、落叶阔叶林以及中山针阔混交林。栖息高度可从沿海低地至海拔 2650 米的中山林区。栖息林带的植被以山毛榉科植物为主，其果实和叶是短尾猴的主要食物，特别是果实，在秋季和大部分冬季被广泛食用。云和主要生长、栖息地为牛头山、方山岭。

图 2-6-34 穿山甲（县林业局提供）

穿山甲（学名 *Manis*），别称鲮鲤，陵鲤，龙鲤，石鲮鱼，云和本地称龙甲。穿山甲栖息于丘陵、山麓、平原的树林潮湿地带，喜炎热，能爬树。穿山甲多在山麓地带的草丛中或丘陵杂灌丛较潮湿的地方挖穴而居。云和主要生长、栖息地为包山、杨村、库北、大源、黄家畲。

图 2-6-35 水獭（县林业局提供）

水獭（学名 *Lutra lutra*），别称獭猫、鱼猫、水狗、水毛子、水猴，云和本地称水獭。獭主要生活于河流和湖泊一带，尤其喜欢生活在两岸林木繁茂的溪河地带。大面积的沼泽地、低洼水地以及池塘，养鱼较多的山区也常有水獭活动。云和主要生长、栖息地为龙泉溪流域。

图 2-6-36 大灵猫（县林业局提供）

大灵猫（学名 *Viverra zibetha*），俗名麝香猫、九江狸、九节狸、灵狸，云和本地称九节狸。大灵猫主要栖息于海拔 2100 米以下的丘陵、山地等地带的热带雨林、亚热带常绿阔叶林的林缘灌木丛、草丛中，并选择岩穴、土洞或树洞作为栖息位点。云和主要生长、栖息地为陈家垟、梅湾、竹坑。

图 2-6-37 小灵猫（县林业局提供）

小灵猫（学名 *Viverricula indica*），俗称七间狸、乌脚狸、箭猫、笔猫、斑灵猫、香狸，云和本地称七节狸。小灵猫喜欢幽静、阴暗、干燥、清洁的环境，比大灵猫更加适应凉爽的气候。多栖息在热带、亚热带低海拔地区，如低山森林、阔叶林的灌木层、树洞、石洞、墓室中。云和主要生长、栖息地为包山、雾溪、临海洋。

图 2-6-38 白鹇（县林业局提供）

白鹇（学名 *Lophura nycthemera*），别称银鸡、银雉、越鸟、越禽、白雉，云和本地称山凤凰。主要栖息于海拔 2000 米以下的亚热带常绿阔叶林中，尤以森林茂密，林下植物稀疏的常绿阔叶林和沟谷雨林较为常见，亦出现于针阔叶混交林和竹林内。云和主要生长、栖息地为沈村、竹坑、赤石、麻垟、山脚、龙井等。

图 2-6-39 鸳鸯（县林业局提供）

鸳鸯（学名 *Aix galericulata*，英文名 *Mandarin Duck*，即中国官鸭），鸳指雄鸟，鸯指雌鸟，故鸳鸯属合成词。别称乌仁哈钦、官鸭、匹鸟、邓木鸟。云和本地称鸳鸯。主要栖息于山地森林河流、湖泊、水塘、芦苇沼泽和稻田地中。杂食性。云和主要生长、栖息地为紧水滩、石塘、雾溪、梅垄。

图 2-6-40 草鸮（县林业局提供）

草鸮（学名 *Tyto longimembris*），别称猴面鹰、猴子鹰、白胸草鸮，云和本地称猴面鹰。栖息于山麓草灌丛中，经常活动于茂密的热带草原，沼泽地，特别是芦苇荡边的蔗田，隐藏在地面上的高草中。有时也在幼松的顶部脆弱的树枝上栖息。云和主要生长、栖息地为赤石、金村、黄庄、龙门、大源等地。

图 2-6-41 大鲵（县林业局提供）

大鲵（学名 *giantsalamander*），因其叫声似婴儿啼哭，故别名娃娃鱼、啼鱼。云和本地称娃娃鱼。栖息于海拔200–1500 米的山区水流湍急、水质清凉、岩石孔洞甚多的深山峡谷的小溪流中。昼伏夜出，食物包括鱼、蛙、蛇等软体动物。云和主要生长在大湾、沙铺、大源、库北、云坛、石塘等深山峡谷的小溪流中。

图 2-6-42 鬣羚（县林业局提供）

鬣羚（学名 *Capricornissumatraensis*），也称明鬃羊，别称苏门羚，山驴子，岩驴，四不像，云和本地称山羊。鬣羚栖息于海拔 1000—4400 米针阔混交林、针叶林或多岩石的杂灌林，偶尔也到草原活动。因其最早是在印尼的苏门答腊被发现的，因此又叫苏门羚。而浙江省个别地区称之为牧羊。云和主要生长、栖息地为包山、沈庄、木樨花、大湾等地。

图 2-6-43 雕鸮（县林业局提供）

雕鸮（学名 *Bubo bubo*），别称鹫兔、怪鸱、角鸱、雕枭，云和本地称鹞。雕鸮栖息于山地森林、平原、荒野、林缘灌丛、疏林，以及裸露的高山和峭壁等各类环境中。在新疆和西藏地区，栖息地的海拔高度可达3000—4500米左右。云和主要生长、栖息地为梓坊、东岱、安溪。

图 2-6-44　虎纹蛙（县林业局提供）

虎纹蛙（学名 tiger frog），又叫水鸡，别称青鸡，蛤蟆，云和本地称田鸡。它的个头长得魁梧壮实，有“亚洲之蛙”之称。它属于水栖蛙类，常生活于丘陵地带海拔 900 米以下的水田、沟渠、水库、池塘、沼泽地等处，以及附近的草丛中。白天多藏匿于深浅、大小不一的各种石洞和泥洞中，仅将头部伸出洞口，如有食物活动，则迅速捕食之，若遇敌害则隐入洞中。云和主要生长、栖息地为贵溪、崇头、梅垄。

图 2-6-45　红隼（县林业局提供）

红隼（学名 Falco tinnunculus），别称茶隼，红鹰，黄鹰，红鹞子，云和本地称猫头鹰。栖息于山地森林、森林苔原、低山丘陵、草原、旷野、森林平原、山区植物稀疏的混合林、开垦耕地、旷野灌丛草地、林缘、林间空地、疏林和有稀疏树木生长的旷野、河谷和农田地区。云和主要生长、栖息地为局村。

图 2-6-46　黑鸢（县林业局提供）

黑鸢（学名 Milvus migrans），别称鸢，云和本地称老鹰。栖息于开阔平原、草地、荒原和低山丘陵地带，也常在城郊、村屯、田野、港湾、湖泊上空活动，偶尔也出现在 2000 米以上的高山森林和林缘地带。云和主要生长、栖息地为安溪、东岱、叶村坪。

图 2-6-47　赤腹鹰（县林业局提供）

赤腹鹰（学名 Accipiter soloensis），别称鹅鹰、红鼻士排鲁鹞、鸽子鹰，云和本地称猫头鹰。是小型猛禽，翅膀尖而长，因外形像鸽子，所以也叫鸽子鹰。赤腹鹰栖息于山地森林和林缘地带，也见于低山丘陵和山麓平原地带的小块丛林，农田地缘和村庄附近。常单独或成小群活动，休息时多停息在树木顶端或电线杆上。云和主要生长、栖息地为新岭、杨家山。

图 2-6-48　雀鹰（县林业局提供）

雀鹰（学名 Accipiter nisus），云和本地称猫头鹰。雀鹰栖息于针叶林、混交林、阔叶林等山地森林和林缘地带，冬季主要栖息于低山丘陵、山脚平原、农田地边以及村庄附近，尤其喜欢在林缘、河谷，采伐迹地的次生林和农田附近的小块丛林地带活动。喜在高山幼树上筑巢。云和主要生长、栖息地为云坛、新岭、金村、云和县城。

图 2-6-49 普通鵟（县林业局提供）

普通鵟（学名 *Buteo buteo*）别称鸡母鹞，云和本地称鹞。主要栖息于山地森林和林缘地带，从海拔 400 米的山脚阔叶林到 2000 米的混交林和针叶林地带均有分布，常见在开阔平原、荒漠、旷野、开垦的耕作区、林缘草地和村庄上空盘旋翱翔。以森林鼠类为食。云和主要生长、栖息地为长田、坪背、岩下。

图 2-6-50 领角鸮（县林业局提供）

领角鸮（学名 *Otus bakkamoena*），云和本地称猫头鹰。主要栖息于山地阔叶林和混交林中，也出现于山麓林缘和村寨附近树林内。云和主要生长、栖息地为梅家源、庄前、新岭。

图 2-6-51 领鸺鹠（县林业局提供）

领鸺鹠（学名 *Glaucidium brodiei*），别称小鸺鹠，云和本地称猫头鹰。栖息于山地森林和林缘灌丛地带。云和主要生长、栖息地为局村、云章、沈村、云坛、梅源。

图 2-6-52 斑头鸺鹠（县林业局提供）

斑头鸺鹠（学名 *Glaucidium cuculoides*），别称横纹小鸺、猫王鸟、训狐、流离，云和本地称猫头鹰。斑头鸺鹠栖息于从平原、低山丘陵到海拔 2000 米左右的中山地带的阔叶林、混交林、次生林和林缘灌丛，也出现于村寨和农田附近的疏林和树上。云和主要生长、栖息地为龙门、大源、紧水滩、赤石、云和县城。

图 2-6-53 鹰鸮（县林业局提供）

鹰鸮（学名 *Ninox scutulata*），云和本地称猫头鹰。栖息于海拔 2000 米以下的针阔叶混交林和阔叶林中，尤其喜欢森林中的河谷地带，也出现于低山丘陵和山脚平原地带的树林、林缘灌丛、果园以及农田地区的高大树上。云和主要生长、栖息地为长田、雾溪。

昆虫类

全县昆虫涉及 14 目 104 科 526 种，其中列入中国特有物种，国家二级保护的有拉步甲、硕步甲、叉犀金龟 3 种。主要天敌资源有蜻蜓、螳螂、瓢虫、虎甲、黑蜂、啮小蜂等。

图 2-6-54 拉步甲（县林业局提供）

拉步甲（学名 *Carabus lafossei*），属昆虫纲鞘翅目步甲科。体长约 3—4 厘米，体宽 1—1.6 厘米。常栖息于砖石、落叶下或较浅土层。成虫一般夜晚捕食，白天潜藏于枯枝落叶、松土或杂草丛中。它们最喜欢的食物，是肥嫩的娥类、蝇类幼虫和蚯蚓、蛞蝓、蜗牛之类体表柔软的小动物。云和主要分布大坪、山脚等地。

图 2-6-55 硕步甲（县林业局提供）

硕步甲（学名 *Carabus davidis*），鞘翅目步甲科昆虫。又叫大卫步甲。体长在 33—40 毫米之间，体宽在 11—14 毫米之间。常栖息于砖石、落叶下或浇浅土层。昼伏夜出，多捕食鳞翅目、双翅目昆虫及蜗牛、蛞蝓等小型软体动物。硕步甲是农田的重要捕食性天敌，益虫。云和主要分布大坪、山脚、小顺、石塘、梅源等地。

图 2-6-56 叉犀金龟（县林业局提供）

叉犀金龟（学名 *Allomyrina davidis*），鞘翅目金龟子科动物。雄虫体长 34—43 毫米，体宽 19—23 毫米。触角 10 节，鳃片部短小。成虫常栖息于树上。善于飞行，幼虫以腐朽木材为食。云和县域内均有分布。

第三篇　人　口

随着小县大城发展战略的实施，城市化进程的不断推进，县城人口密度增加较快。云和镇2000年第五次人口普查时为353人/平方千米，2010年第六次人口普查时为572人/平方千米。

文化程度有明显的提高。2000年“五普”时与1990年“四普”相比，每10万人中拥有大专及大专以上文化程度人数增长1.21倍；2010年“六普”与2000年“五普”相比，每10万人中具有大专及大专以上文化的人口由2236人上升为6581人。

全县2000年65岁及以上人口比例为10.48%。2010年65岁及以上人口的比例上升0.22个百分点。搞好计划生育，控制人口增长。1991年至2000年之间，人口自然增长率为5.06‰。2000年至2010年之间，人口自然增长率为3.38‰。计划生育率均保持在95%左右，达到省、市指标要求。

外来人口由1994年的330人增至2010年的11615人。外出人口由1994年的385人增至2010年的13989人。

第一章　人口数量

本章以2000年第五次全国人口普查与1990年第四次全国人口普查时,云和县常住人口数据进行比较;2010年第六次全国人口普查与1991年第五次全国人口普查时,云和县常住人口数据进行比较。同时公布20年间每年公安户籍人口数据。

第一节　“五普”与“四普”期间全县人口数

以2000年11月1日零时为普查登记标准时点的第五次全国人口普查(以下称“五普”),全县常住人口为103273人。与1990年第四次全国人口普查时111465人相比,十年零四个月全县总人口减少8192人,减少7.35%,略低于全市减少7.98%的水平。

1991—2000年云和县(公安户籍)人口数据表

表3-1-1　　单位:户　人

年份	总户数	总人口	男	女	迁入	迁出	出生	死亡
1991	29335	109092	58024	51068	826	1300	952	681
1992	29973	109568	58105	51463	1270	1313	1111	657
1993	29662	109793	58054	51739	962	1153	2061	997
1994	29609	110167	58265	51902	1249	614	1249	614
1995	29283	108444	57357	51087	744	3056	1159	637
1996	29780	109117	57667	51350	1111	1132	1207	585
1997	30864	109152	57493	51659	1649	1851	1124	633
1998	31295	109473	57787	51686	1540	1484	1054	609
1999	31132	109369	57737	51632	1584	1507	1166	578
2000	32135	109251	57825	51426	1861	1827	1198	631

第二节　“六普”与“五普”期间全县人口数

以2010年11月1日零时为普查登记标准时点的第六次全国人口普查,(以下称“六普”)全县常住人口为111591万人。与2000年五普时10.33万人相比,十年间增加8318人,增加8.05%。全县常住人口在全市的比重为 5.27%，与“五普”的 4.78%相比，上升 0.49 个百分点。

2001—2010 年云和县（公安户籍）人口数据表

表 3-1-2　　单位：户　人

年份	总户数	总人口	男	女	迁入	迁出	出生	死亡
2001	32357	109465	57886	51579	1219	1338	1094	595
2002	32745	109706	57968	51738	1578	1999	1137	606
2003	32903	109304	57648	51656	956	1472	742	561
2004	33367	109645	57820	51825	1173	1246	1249	768
2005	33938	110376	57988	52388	1372	1204	1201	781
2006	34537	110927	58133	52794	1192	805	1179	928
2007	35106	111438	58296	53142	1574	1263	1327	1082
2008	35440	112048	58466	53582	1043	854	1226	769
2009	35725	112621	58610	54011	1005	764	1309	941
2010	36232	112785	58578	54207	683	574	1024	944

云和县乡（镇）“六普”“五普”常住人口比较表

表 3-1-3　　单位：人

乡　镇	2010 年“六普”	2000 年“五普”	2010 年比 2000 年±%
云和县	111591	103273	8.03
云和镇	79481	48998	62.21
石塘镇	4146	6163	−32.73
紧水滩镇	1562	3462	−54.88
崇头镇	6333	8130	−22.10
雾溪畲族乡	1173	1911	−38.62
安溪畲族乡	1642	2245	−26.86
云坛乡	3063	5326	−42.49
朱村乡	4122	5779	−28.67
大源乡	970	2824	−65.65
赤石乡	2239	4894	−54.25
黄源乡	3323	5332	−37.68
大塆乡	963	1906	−49.48
沙铺乡	1193	2666	−55.25
云丰乡	1381	3637	−62.03

第二章　人口变动

人口变动分为自然变动和迁移变动。

人口自然变动是指人口出生和死亡所引起的人口数量的增减和人口年龄、性别构成变化的过程。1991—2000 年，云和县人口自然增长率保持在 5.06‰。2000—2010 年，自然增长率为 3.38‰。

人口迁移变动，是指具有明确的目的与动因，具有长久性倾向地跨越空间范围的常住地改变。2000 年，外来流动人口 15016 人，全县外出半年以上的流动人口为 17920 人，外出人口大于外来人口。2010 年，云和县流动人口总量 7.49 万人，外出半年以上人口 3.68 万人。全县外来人口流动量大于外出人口。

第一节　自然变动

“五普”数据显示：1991—2000 年，云和县人口自然增长率保持在千分之五左右,2000 年全县人口出生率为 11.66‰、死亡率为 6.6‰、自然增长率为 5.06‰。与 1990 年相比,人口出生率下降了 1.53 个千分点、自然增长率下降了 1.9 个千分点。

“六普”数据显示：全县 2000 年 11 月 1 日至 2010 年 10 月 31 日，出生人口为 22450 人，死亡人口 15279 人，自然增长 7171 人。出生率为 10.59‰，比“五普”下降了 2.37 个千分点；死亡率为 7.21‰，比“五普”高出 0.23 个千分点；自然增长率为 3.38‰，比“五普”下降 2.6 个千分点。全县实行计划生育国策，人口继续保持低生育水平。

第二节　迁移变动

根据“五普”的有关规定，迁移人口是指跨乡镇改变居住地半年以上的常住人口。随着社会主义市场经济的不断发展，云和县的人口迁移规模在不断扩大，省内其他县及省外迁入在增加，务工经商和婚姻迁入及随迁家属为迁移的主要原因。

“五普”人口迁移情况

根据“五普”长表抽样数据分析，云和县人口迁移具有以下特点：

迁入人口比例逐年提高　迁移人口占常住人口相当比例，迁入人口以青壮年为主。云和县抽样人口中，出生后一直居住在本乡镇的非迁移人口占常住人口为 70.19%；五年前（1990

年11月1日至1995年10月31日前）迁移到本乡镇居住的人口比例为20.49%；五年内（1995年11月1日至2000年10月31日）迁移到本乡镇居住的人口占9.32%。有三成人口是五年前及五年内迁移而来。近五年内发生迁入的人口数量逐年增加，仅2000年1月至10月迁入数就为1996年全年数的2.36倍。

迁移人口年龄结构 从五年内迁移人口的年龄结构看，15—64岁的年龄段人口占迁移人口的83.92%，高于1990年全部人口中相应年龄段所占的比例；而0—14周岁特别是65岁以上人口所占比例又远远低于1990年全部人口中相应年龄段所占的比例。进一步对劳动适龄年龄迁移人口的分析，16—59岁劳动年龄人口五年内迁移的占81.26%，25—44岁的青壮年人口占迁移全部人口的50.16%，高于1990年“四普”时全部人口这一阶段比例，劳动年龄迁移人口的构成也逐年趋于年青化。

跨县（市、区）迁移、省外迁入人口增长 五年内从省内其他县（市、区）迁入云和县的人口比重占9.63%，省外迁入的比重为1.61%，从省内其他县（市、区）迁入云和的全部人口为9945人，从省外迁入的全部人口为163人。与“四普”时相比，从县外迁入11608人，是“四普”时的3.03倍，即省内各县（市、区）进入的增长1.88倍，省外进入的增长3.34倍，从省外迁入的人口增长最快。

迁入地以城镇为主 在迁入人口中，迁出地以农村居多，迁入地以城镇为主。“五普”数据计算显示，迁入云和县人口中62.11%居住在城镇。其中来自县外省内的占35.73%，来自省外的只占4.15%；迁居在乡村的迁移人口中，来自县外省内的只占28.25%，来自省外的占13.69%，省外迁入农村的比在城镇的高9个多百分点，这与近年来省外妇女姻嫁过来增多有很大关系。

人口迁移原因及从业和受教育程度

迁移原因以务工经商等经济性迁移为主，在二、三产业就业居多。五年内务工经商、工作调动、分配录用，属于经济性迁移人口，占全部迁移人口的40.04%，比“四普”时的59.41%下降了19.37个百分点。下降的因素主要是工作调动、分配录用而迁入的人口大幅减少之故。前者比重从14.83%降为5.75%；后者比重从21.95%降为3.41%；务工经商迁入人口从22.63%上升为30.88%，增加8.25个百分点。同时婚姻迁入，随迁家属，学习培训等原因的迁入人口比“四普”增加。五年内迁入人口的就业以从事第二、三产业为主。

迁移人口受教育程度高于全县总体水平。内部五年内迁入人口与全县全部常住人口相比，其受教育程度比较高，主要表现为“前低，后高”。即未上过学、扫盲班和小学程度的比重各占4.53%、0.55%和33.22%，比全县总体分别低6.15个、1.78个和8.58个百分点；从初中开始到研究生（除大学本科）的各学业段比重均超过全县总体水平，特别是高中、中专及大专的受教育程度较高。分省内各县迁入和省外迁入，又以省内各县（市、区）迁入的迁移人口受教育程度略高，特别是高中以上段尤为明显。

外来人口的主要构成特点

云和县2000年外来流动人口15016人，其中离开户籍地半年以上的占全部外来流动人口的83.2%，离开户籍地不到半年的为16.8%。从外来流动人口的来源地分析，来自县外的流动人口占40.66%(不包括暂住人口)，县内乡镇间流动人口(不包括暂住人口)占59.34%。离开户籍地半年以上的外来人口中男性占50.82%，男女比例基本持平。

在离开户籍地半年以上的12493名外来人口中，来自县内的7413人，接近六成占59.34%，来自县外的5080人中来自省内各县的占80.91%，来自省外23个省市自治区的占了19.09%。离开户籍地半年以上的外来流动人口的现住地以城镇为主，达7760人，占了62.1%，移居乡村为三分之一强。移居城镇的外来人口中，来自本县其他乡镇的占六成多，来自县外省外的占近四成，其中又以省内各县来的为主；来自省内及省外的比例，占了四成多点，来自省外的比例高达13.69%，比在城镇的高出9.54个百分点。这与沙铺砻电站等工程建设以及川、贵等地妇女婚嫁过来等有重要关系。

从省外除京、津、河北、海南、青海、宁夏、西藏以外的23个省市(自治区)来云流动人口看,尤以贵州、江西、福建、四川、湖南省为主,分别占省外来云流动人口中的28.25%、14.74%、12.06%、8.7%和8.66%。

外出流动人口中以青壮年为主，受教育程度两头低中间高

云和县17920人外出半年以上流动人口中，15—39岁的青壮年人口为12560人，占70.09%，比全部人口这一年龄段比例高出25.03个百分点。

在6岁及以上外出半年以上流动人口中，初中和高中教育程度的占57.63%，中专以上占5.25%，而小学及以下教育程度所占比例为37.12%。与全部人口受教育程度比较，初中及以上(除大专以上)的外出流动人口受教育程度都比全部人口的比例高，即初中高出15.09个百分点，高中高出3.11个百分点，中专高出0.1个百个点；而大专及以上低0.61个百分点和小学及以下低17.69个百分点，呈现两头低中间高的特点。

外出人口外出原因主要是务工经商

外出流动人口中以务工经商为主，占50.84%，所从事行业主要分布在工业(3114人)，社会服务业(2707人)，批发、零售贸易、餐饮业(1234人)，其他行业(1038人)。除务工经商外出外，因婚姻迁移、拆迁搬家外出的流动人口比例为10.09%和3.66%，比市里的平均值高；随迁家属及外出学习培训的也达到11.91%和4.94%；其他比例为18.56%的投亲靠友、工作调动、分配录用等外出人口。

外出人口的外出去向

全县外出流动人口中，县内流动10025人，占全部外出人口的55.94%；省内流动6188人，占34.53%；省外流动1707人，占9.53%。外出到省内的流动人口主要有：丽水市区(1999人)及景宁、龙泉、青田等7县市(1087人)，温州市区(1021人)及其他各县市(378人)，杭州市区(796人)及各县市(37人)，宁波市区(230人)及各县市(69人)，金华市区(59人)及各县市(166人)，台州市区(55人)及各县市(45人)，湖州市区(40人)及各县市(41人)，嘉兴市区(32人)及各县市(35人)，以及绍兴、衢州、舟山三地市区及所辖县市(98人)。外出到省外大陆上的30个省市(自治区)都有云和人的足迹，超过50人以上的有10个省市，尤以广东、上海、福建、江西、北京、安徽、贵州7省市就有近千云和人务工经商、从事食用菌生产等。

“六普”时人口迁移情况

外来人口流动量大于外出人口 “六普”数据显示,2010年云和县流动人口总量7.49万人中。其中,离开户口登记地半年以上的外出人口3.68万人;离开户口登记地半年以上的外来人口3.81万人。全县外来人口是外出人口的1.04倍。

十年间全县常住人口外流减速趋缓 2010年全县离开其户口登记地半年以上外来流动人口,即外来流入常住人口为3.81万人,比“五普”增长近3.05倍,而离开其户口登记地半年以上的外出人口,即外出流出的常住人口为3.68万人,比“五普”增长105.6%。2010年全县净流入常住人口(外来人口减去外出人口)0.13万人,与“五普”的净流出0.54万人相比,全县常住人口已在净流入,流入速度在逐年增长。

外来流动人口

外来流动人口增长明显 “六普”数据显示,全县外来半年以上流入人口为3.81万人,比“五普”的1.25万人增长304.8%,年均增长11.8%。

流入县外人口以丽水市内者居多 全县来自县外市内的流动人口有1.18万人(离开户口登记地半年以上),占县外流入人口的63.1%。省外户籍地遍及19个省、市、自治区,但主要来源相对集中。在来自省外的流动人口中,户籍地在贵州、江西、福建、四川四省的就占了总数的68.6%。

外出流动人口

外出流动人口略有增长,外出地八成为省内 “六普”数据显示,全县外出半年以上人口3.68万人,比“五普”增长205.6%,年均增长1.7%。全县流出县外占总外出人口的28.6%,其中县外省内8484人,占流出县外占总外出人口的80.4%。

外出流动人口以到其他乡镇街道为主 全县外出的流动人口(离开户口登记地半年以上)以流动到其他乡镇街道为主,为2.63万人,占全部外出人口的71.5%,县外市内的4529人,占12.3%,市外省内的3955人,占10.7%,省外的2063人,占5.6%。

第三章 人口分布

人口分布是指人口发展过程在地理空间上的表现形式及其发展演变情况。包括人口在地理空间由点及面的聚焦、扩展与变动,各种人口现象在地理空间的组合与联系。2000年,云和县人口密度每平方千米106人;2010年,全县人口密度为116人/平方千米,十年间每平方千米增加10人。

第一节　人口密度

“五普”时人口密度　从“五普”资料显示，云和县人口密度每平方千米106人，比“四普”时减少6.19%，低于全市、全省每平方千米125人和451人的平均水平。从全县各乡镇看，人口密度最高是云和镇，每平方千米353人，人口密度最低的是紧水滩镇，每平方千米仅为39人，两者相差8倍多。

云和县各乡镇人口密度表

表3-3-1

乡　镇	2000年（人/平方千米）	1990年（人/平方千米）	增加数量（人/平方千米）	上升幅度（%）
总计	106	113	–7	–6.19
云和镇	353	311	42	13.50
石塘镇	69	95	–26	–27.36
紧水滩镇	39	74	–35	–47.30
崇头镇	124	143	–19	–13.29
雾溪畲族乡	58	65	–7	–10.77
安溪畲族乡	67	80	–13	–16.25
云坛乡	52	65	–13	–20.00
朱村乡	69	83	–14	–16.87
大源乡	43	57	–14	–24.56
赤石乡	40	54	–14	–25.93
黄源乡	125	134	–9	–6.72
大塆乡	46	55	–9	–16.36
沙铺乡	68	73	–5	–6.85
云丰乡	91	98	–7	–7.14

1990—2000年，云和县各乡镇人口密度都有所变化，除云和镇增加数量较大外，紧水滩、石塘、赤石、大源、云坛等其余13个乡镇都有不同程度下降。上述的变化包含了人口的自然增长和人口外来，外出流动所带来的变化。

“六普”时人口密度

2010年“六普”资料显示：全县人口密度为116人/平方千米，比全市的122人/平方千米少6人。与“五普”106人/平方千米相比，人口密度上升10人。

从各乡（镇）看，云和镇是全县人口密度最高的地区，达572人/平方千米，每平方千米比“五普”增加219人；最低的是大源乡，仅为15人/平方千米，每平方千米比“五普”减少28人。

云和县各乡镇人口密度表

表 3–3–2

乡　镇	2010 年“六普”（人/平方千米）	2000 年“五普”（/平方千米）	2010 年比 2000 年（±%）
云和县	114	106	8
云和镇	572	353	219
石塘镇	46	68	–22
紧水滩镇	19	42	–23
崇头镇	96	123	–27
雾溪畲族乡	36	58	–22
安溪畲族乡	50	68	–18
云坛乡	30	52	–22
朱村乡	49	69	–20
大源乡	15	43	–28
赤石乡	18	39	–21
黄源乡	77	124	–47
大塆乡	23	45	–22
沙铺乡	31	68	–38
云丰乡	35	91	–56

第二节　人口分布

“五普”时各乡镇人口分布

“五普”数据表明，云和县人口分布的地区差异性大，人口密度低且乡镇间差距大，人口不断向城镇聚集推动着城市化水平的提高。自然环境、交通、通讯和社会经济发展的不平衡，决定云和县各乡镇人口分布的不平衡，主要表现为：

各乡镇人口总量差异大。分乡镇看，云和县 14 个乡镇之间的人口总量差异较大。人口超过 4 万人以上的只有云和镇；人口在 5000—8500 的有崇头、石塘、云坛、朱村、黄源等 5 个乡镇；其余乡镇人口都在 5000 以下。人口最多的云和镇是人口最少的大塆乡的 25.71 倍，而 1990 年时这一比值为 17.73 倍。除云和镇有所增加外，其余 13 个乡镇均有不同程度的减少。减少的原因是随着市场经济体制的建立和不断完善，云和县出台了加快城镇化建设、鼓励农民下山脱贫、鼓励移地发展及外出务工经商等政策，从而反映出人口集聚的趋势由山区向平原集聚，乡村向城镇集聚，经济欠发达地区向发达地区集聚等。从 2000 年人口普查数据显示，全县外出人口比 1990 年人口普查时增加 6262 人；出生减少 1098 人；死亡减少 378 人。另外石塘、紧水滩两大电站工程结束后，参加电站建设人员及电站职工陆续迁往金华、丽水基地，是影响人口分布的重要原因。

云和县各乡镇“五普”“四普”常住人口表

表 3–3–3

乡　镇	2000 年“五普”(人)	1990 年“四普”(人)	2000 年比 1990 年增长(%)
总计	103273	111465	–7.35
云和镇	48998	43261	13.62
石塘镇	6163	8539	–27.83
紧水滩镇	3462	6544	– 47.10
崇头镇	8130	9372	–13.25
雾溪畲族乡	1911	2170	–11.94
安溪畲族乡	2245	2687	–16.45
云坛乡	5326	6637	–19.75
朱村乡	5779	3937	–17.05
大源乡	2824	3846	–26.57
赤石乡	4894	6646	–26.36
黄源乡	5332	5746	–7.21
大塆乡	1906	2310	–17.49
沙铺乡	2666	2839	–6.09
云丰乡	3637	3901	–6.77

“六普”时各乡镇人口分布

根据“六普”数据显示：全县各乡（镇）常住人口规模呈一家独大快速增加、其余众小不断减人的格局：云和镇显示出中心城市的核心作用。经济发展快，人口集聚力强，大量吸引县内、县外、市外、省外人口，常住人口从“五普”的 4.9 万人增加到 7.95 万人，十年间净增 3.05 万人，增长 62.21%，占全县常住人口 71.23%，比“五普”提高了 23.78 个百分点；各乡镇常住人口中，只有崇头镇超过五千达到 0.633 万人，而且，与“五普”相比全部呈下降趋势，其中，常住人口减少最明显的是大源乡为负 65.65%和云丰乡为负 62.03%。

云和县各乡镇“六普”“五普”常住人口表

表 3–3–4

乡　镇	2010 年“六普”(人)	2000 年“五普”(人)	2010 年比 2000 年(±%)
云和县	111591	103273	8.03
云和镇	79481	48998	62.21
石塘镇	4146	6163	–32.73
紧水滩镇	1562	3462	–54.88

续表 3-3-4

乡　镇	2010 年“六普”（人）	2000 年“五普”（人）	2010 年比 2000 年（±%）
崇头镇	6333	8130	–22.1
雾溪畲族乡	1173	1911	–38.62
安溪畲族乡	1642	2245	–26.86
云坛乡	3063	5326	–42.49
朱村乡	4122	5779	–28.67
大源乡	970	2824	–65.65
赤石乡	2239	4894	–54.25
黄源乡	3323	5332	–37.68
大垮乡	963	1906	–49.48
沙铺乡	1193	2666	–55.25
云丰乡	1381	3637	–62.03

第四章　人口结构

民族结构：2000 年，全县少数民族占总人口的比重为 8.8%，2010 年占 9.68%。

性别构成：总人口的性别比 2000 年为 113.9；2010 年下降为 108.27。

年龄结构：2000 年，65 岁及以上老年人口占总人口 10.48%，2010 年占总人口的 10.7%，与 2000 年 65 岁及以上老年人口的比重上升 0.22 个百分点。

文化结构：2010 年，全县人口中文盲人口（15 岁及以上不识字的人）为 0.79 万人，与 2000 年相比，文盲人口减少 0.22 万人，下降 3.6 个百分点。

婚姻结构：2010 年，全县 15 岁及以上人口中未婚人口比重为 16.34%，比 2000 年下降 3.99 个百分点；已婚有配偶人口比重（即已婚率）则从 72.51%上升至 75.46%，上升 2.95 个百分点；离婚人口比重（即离婚率）从 0.97%上升至 1.48%；丧偶人口比重由 6.18%上升至6.72%。

家庭规模：2010 年，全县共有家庭户 3.64 万户，家庭户人口为 10.69 万人，平均每个家庭户的人口为 2.94 人，比 2000 年的 3.25 人减少了 0.31 人。

第一节　民族构成

2000 年，“五普”时民族构成：全县有畲族、苗族、侗族、蒙古族、朝鲜族等 14 个少数民族族种，比“四普”时的 7 个，刚好增加 1 倍；少数民族人口达到 9093 人，占总人口的比重高达 8.8%，比

“四普”时的8.23%，提高0.57%，占全县人口的比重高于全市3.55%和全省86%的平均水平。

2010年，“六普”时民族构成：全县常住人口中，汉族人口为10.08万人，占90.32%；各少数民族人口为1.08万人，占9.68%，其中，畲族人口为0.89万人，占7.94%。同2000年第五次全国人口普查相比，汉族人口增加0.66万人，增长7.02%；各少数民族人口增加0.17万人，增长18.81%，其中，畲族人口基本持平。

第二节　性别构成

“五普”时性别构成

总人口性别比是指总人口中男性人口与女性人口之比，通常以女性口数为100，计算男性人口数与女性人口数的比例。“五普”数据显示，云和县2000年总人口的性别比为113.9，表明云和男性略多于女性，全县人口性别比例较高。

“六普”时性别构成

“六普”数据显示，全县人口中，男性为5.8万人，占总人口的51.97%；女性为5.36万人，占总人口的48.03%。总人口性别比（以女性为100，男性对女性的比例）由2000年第五次全国人口普查的113.9下降为108.27。

第三节　年龄构成

“五普”时人口年龄构成

低年龄人口比重大幅度下降　少年人口减少，中青年人口增多的中宽下窄的倒金字塔形。全县1—6岁学龄前儿童组、7—12岁小学年龄组、13—18岁中学年龄组人口与1990年“四普”时相比，占总人口的比重都有明显下降。其中：学前儿童下降幅度为2.63个百分点；小学适龄人口下降幅度为2.45个百分点；中学适龄人口下降幅度为3.75个百分点。除学前儿童组外，其他两组的下降幅度大于全省的降幅；1—18岁低年龄组云和降幅为8.83个百分点。云和低年龄组人口比重为22.28%，已低于全省全市的比例。

老年抚养比上升，少年抚养比在下降　15—64岁人口为劳动年龄人口，0—14岁和65岁及以上人口为非劳动年龄人口。少年儿童人口和老年人口与劳动年龄人口之百分比，分别被称为少年儿童抚养比和老年抚养比，二者之和称为总抚养比。与前四次普查相比，第二次人口普查以来云和的少年儿童人口抚养比在持续下降，并且由于少年儿童人口抚养比的下降，导致总抚养比的持续下降，到2000年已降至40.12%。云和县总抚养比介于丽水市的总抚养和浙江省的总抚养之间。

人口年龄结类型已完全进入老年人口类型　人口老龄化是总人口中少儿人口比重下

降，老年人口比重上升的动态过程。依据老年人口比重、少儿比重、老少比、年龄中位数这四个指标，可将人口年龄结构划分为年轻型、成年型、老年型。“五普”资料表明，云和县2000年老年人口（65岁以上）比重为10.48%、少儿人口比重为18.15%、老少比为57.74%、年龄中位数为34.60岁。与全市全省比较，四项指标（除个别外）均超过省、市平均水平。

“六普”时人口年龄构成

“六普”数据显示，2010年11月1日零时，全县人口中，0—14岁的人口为1.72万人，占总人口的15.43%；15—64岁的人口为8.24万人，占总人口的73.87%；65岁及以上的人口为1.19万人，占总人口的10.70%。与2000年“五普”相比，0—14岁人口的比重下降2.72个百分点，15—64岁人口的比重上升2.50个百分点，65岁及以上人口的比重上升0.22个百分点。

第四节　文化程度构成

根据“五普”资料显示，云和县人口文化素质有明显变化：文盲率明显下降；成人学历教育取得进展；少数民族人口及全县就业人口受教育程度状况都有提高；但总体受教育水平仍偏低。

“五普”时人口受教育程度

高学历人口增长迅速，受教育程度人口结构改善　1991年以来，云和县人口受教育程度有明显提高，受中等和高等专业学校教育的人口大幅度增长。未上过小学（及扫盲班）的人口明显减少，各类受教育程度的人口构成发生较大变化。“五普”资料显示，2000年云和县6岁及6岁以上人口中，受大专及大专以上教育的人口增长最快，由1990年“四普”时的1094人增加到2236人，增长1倍多，比重由1.08%提高到2.32%；受中专和高中教育的人口为11064人，比重从1990年“四普”时的9.81%提高到11.46%，提高1.65个百分点；受初中教育的人口为30313人，占31.41%，比“四普”时增加6.56个百分点；受小学教育的人口与“四普”时总量略有减少，所占比重下降3.13个百分点；未上过小学及扫盲班人口比“四普”时大幅度减少，共减少7050人，所占比重下降6.32个百分点。按不同受教育程度规定的教育时间测算，2000年全县6岁及6岁以上人口平均受教育时间为7.13年，比1990年“四普”时6.32年提高0.81年，提高幅度达12.82%。

云和县6周岁及以上人口受教育情况表

表3-4-1

地区别	2000年“五普”		1990年“四普”		“五普”与“四普”比较	
	人数	比重(%)	人数	比重(%)	人数(±)	比重(±%)
合计	96512	100.00	101448	100.00	-4.87	—
未上过学	12560	13.01	19610	19.33	-35.95	-6.32
小学	40339	41.80	45583	44.93	-11.50	-3.13
初中	30313	31.41	25209	24.85	20.253	6.56

续表 3-4-1

地区别	2000 年“五普”		1990 年“四普”		“五普”与“四普”比较	
	人数	比重(%)	人数	比重(%)	人数(±)	比重(±%)
高中	7740	8.02	7757	7.65	-0.22	0.37
中专	3324	3.44	2195	2.16	33.23	1.28
大学专科	1843	1.91	798	0.79	30.70	1.12
大学本科以上	393	0.41	296	0.29	32.77	0.12
受教育人口合计	83952	86.99	81838	80.67	2.58	6.32

注:表中“未上过学”包括扫盲班。

每十万人拥有受高等教育人数增长 “五普”时与前几次人口普查相比,每十万人中具有的各种受教育程度人口发生较大的变化:拥有大专及大专以上文化程度人数比“四普”增长 1.21 倍;拥有高中与中专文化程度人数比“四普”增长 19.99%;拥有初中文化程度人数比“四普”增长 29.78%;拥有小学文化程度人数由 23741 人增加到 39061 人,增长 64.53%,比 1990 年“四普”时却减少 1833 人,下降 4.48%。

大学文盲比提高 大学文盲比是指一定总体某一时点受大学教育的人口数与文盲人数的比。与以往人口普查相比,“五普”云和县大学文盲比显著提高,为 22.06,比 1990 年“四普”时增长 2.50 倍。在受高学历教育程度中达到研究生程度的人数为 7 人,打破云和县历次普查研究生为零的历史。

“六普”时人口受教育程度

“六普”数据显示,全县人口中具有大学(指大专及以上)程度的人口为 0.73 万人;具有高中(含中专)程度的人口为 1.34 万人;具有初中程度的人口为 3.60 万人;具有小学程度的人口为 3.87 万人。

与 2000 年“五普”相比,每 10 万人中具有大学程度的人口由 2236 人上升为 6581 人;具有高中程度的人口由 11064 人上升为 12026 人;具有初中程度的人口由 30313 人上升为 32228 人;具有小学程度的人口由 40339 人下降为 34663 人。

全县人口中,文盲人口(15 岁及以上不识字的人)为 0.79 万人,与 2000 年“五普”相比,文盲人口减少 0.22 万人,文盲率由 11.99%下降为 8.39%,下降 3.6 个百分点。

每十万人受高等教育人数 与前几次人口普查相比,每十万人中具有的各种受教育程度人口发生较大变化:拥有大专以上文化程度人数由 1990 年“四普”的 797 人上升为 6700 人,增长 7.41 倍,比“五普”增长 1.94 倍;拥有高中(含中专)文化程度人数由 1990 年“四普”的 6381 人上升为 11607 人,增长 81.90%,比“五普”增长 20.03%;拥有初中文化程度人数由 1990 年“四普”的 22696 人上升为 33092 人,增长 45.81%,比“五普”增长 7.56%;拥有小学文化程度人数由 1990 年“四普”的 41788 人下降为 32715 人,下降 21.71%,比“五普”下降 14.48%。

云和县每十万人中拥有各类受教育程度人口数表

表 3–4–2 单位：人

	大专以上	高中（含中专）	初中	小学
1990 年“四普”	797	6381	22696	41788
2000 年“五普”	2276	9670	30765	38256
2010 年“六普”	6700	11607	33092	32715

第五节 婚姻构成

“五普”时婚姻状况

云和县婚姻状况呈现“一升三降”态势。2000 年云和县 15 岁及以上人口中未婚人口比重为 20.86%，比“四普”时下降 7.23 个百分点；已婚有配偶人口比重（已婚率）为 72.33%上升 7.70 个百分点；离婚人口比重（离婚率）从 1.35%下降为 1.09%；丧偶人口比重从5.93%下降为 5.72%。

云和县 15 岁及以上人口婚姻状况构成比较表

表 3–4–3 单位：%

婚姻状况	2000 年（五普）			1990 年（四普）		
	合计	男	女	合计	男	女
未婚	20.86	26.86	13.88	28.09	32.91	22.41
已婚有配偶	72.33	67.09	78.48	64.63	60.34	69.69
离婚	1.09	1.62	0.47	1.35	2.20	0.35
丧偶	5.72	4.47	7.17	5.93	4.55	7.55

“六普”时婚姻状况

据“六普”10%长表抽样数据显示，云和县 15 岁及以上人口中未婚人口比重为 16.34%，比“五普”下降 3.99 个百分点；已婚有配偶人口比重（即已婚率）则从 72.51%上升至 75.46%，上升 2.95 个百分点；离婚人口比重（即离婚率）从 0.97%上升至 1.48%；丧偶人口比重由6.18%上升至 6.72%。

云和县 15 岁及以上人口婚姻状况表

表 3–4–4 单位：%

婚姻状况	2010 年“六普”			2000 年“五普”		
	合计	男	女	合计	男	女
未婚	16.34	19.92	12.62	20.33	25.24	15.00
已婚	75.46	73.92	77.06	72.51	68.91	76.43

续表 3-4-4　　单位：%

婚姻状况	2010 年“六普”			2000 年“五普”		
	合计	男	女	合计	男	女
离婚	1.48	1.85	1.09	0.97	1.41	0.50
丧偶	6.72	4.31	9.23	6.18	4.44	8.07

第六节　家庭规模

“五普”时家庭规模

全县家庭户总数为 31353 户，比“四普”时期增加 2269 户，增长 7.80%；家庭户占全县总户数的 99.07%，家庭户规模为 3.25 人/户，比“四普”时减少 0.48 人，缩小 12.87%。家庭户规模结构，占总户数比例最高的户型已由“四普”时的 4 人户演变为 3 人户，即 4 人户由 25.94%下降为 22.17%，降 3.77 个百分点，3 人户由 21.95%上升为 32.03%，升 10.08 个百分点，4 人户成比重排列的第二位，两者相差近 10 个百分点，3 人户的比例居高优势突显。5 人以上户的比例由 28.29%剧降为 16.92%，下降 11.37 个百分点，其中 10 人以上户从 0.33%降到 0.09%。

家庭户规模构成比较表

表 3-4-5

户型	云和县				丽水市	浙江省
	四普		五普		五普	
	户数	比重	户数	比重	比重	比重
合计	20984	100.00	31353	100.00	100	100
一人户	3151	10.83	3808	12.15	15.82	12.53
二人户	3602	12.38	5248	16.74	20.63	22.68
三人户	6383	21.95	10041	32.03	30.75	32.60
四人户	7545	25.94	6950	22.17	20.46	18.57
五人户	4472	15.38	3260	10.40	8.08	8.57
六人户	2211	7.60	1315	4.19	2.82	2.70
七人户	1085	3.73	454	1.45	0.91	0.70
八人户	391	1.34	184	0.59	0.33	0.26
九人户	149	0.51	64	0.20	0.13	0.10
十人以上户	95	0.33	29	0.09	0.09	0.11

“六普”时家庭规模

全县共有家庭户 3.64 万户，家庭户人口为 10.69 万人，平均每个家庭户的人口为 2.94 人，比 2000 年第五次全国人口普查的 3.25 人减少 0.31 人。

各乡镇家庭户常住人口规模表

表 3-4-6

地区别	合计		一人户		二人户		三人户		四人户	
	户数	百分比	户数	百分比	户数	百分比	户数	百分比	户数	百分比
云和县	36405	100	5308	14.58	9703	26.65	11095	30.48	5721	15.71
云和镇	24618	100	2856	11.60	5885	23.91	8475	34.43	4160	16.90
石塘镇	1550	100	360	23.23	549	35.42	329	21.23	175	11.29
紧水滩镇	707	100	230	32.53	258	36.49	123	17.40	59	8.35
崇头镇	2042	100	295	14.45	532	26.05	518	25.37	346	16.94
雾溪乡	420	100	64	15.24	140	33.33	115	27.38	49	11.67
安溪乡	572	100	89	15.56	173	30.24	148	25.87	88	15.38
云坛乡	1074	100	208	19.37	301	28.03	257	23.93	166	15.46
朱村乡	1567	100	354	22.59	509	32.48	350	22.34	199	12.70
大源乡	474	100	176	37.13	186	39.24	58	12.24	32	6.75
赤石乡	963	100	252	26.17	370	38.42	196	20.35	90	9.35
黄源乡	1096	100	183	16.70	293	26.73	259	23.63	188	17.15
大垮乡	330	100	55	16.67	112	33.94	66	20.00	49	14.85
沙铺乡	436	100	90	20.64	137	31.42	95	21.79	67	15.37
云丰乡	556	100	96	17.27	258	46.40	106	19.06	53	9.53

第五章　人口与生育

云和县自1980年起，普遍提倡和推行“一对夫妇生育一个孩子”。

1991—2010年，计划生育是基本国策。云和县计生工作依据中央和省市有关人口和计划生育政策法规，结合本地实际，制定出台一系列政策措施；在人口和计划生育工作中，始终把宣传教育放在首位，依托各级党校和乡（镇）人口学校和每年开展计划生育宣传月活动，利用大众传播媒介，开展人口和计划生育基础知识教育，使人口和计划生育基础知识得到大力普及。围绕生育、节育各个环节，以改进管理为重点，技术服务为载体，提高群众对计划生育工作满意率为出发点，实施避孕节育知情选择，出生缺陷干预等工作为突破口，扎实开展优质服务工作。多年来未发生因计划生育行政侵权行为而导致的恶性案件，人口和计划生育工作保持了持续、稳定、健康发展。

第一节 优质服务

1991年，县计生委印发《关于调整节育手术并发症鉴定小组与病残儿童鉴定小组的通知》。县人民政府发文《关于推行计划生育系列保险的通知》，在全县范围推行计划生育系列保险。保险的范围与对象包括：独生子女健康保险、独生子女父母养老金保险、两女户结扎夫妇养老金保险、农村不脱产的计划生育服务员养老金综合保险、独生子女养老金保险。

1994年，县政府办公室《转发关于严禁非法鉴定胎儿性别的通知》，严禁非法使用B超仪器等医疗技术鉴定胎儿性别问题。

1995年，崇头镇、紧水滩镇、石塘镇、黄源乡4个乡镇推行孕前型管理。

1997年，增加云和镇、沙溪乡、雾溪畲族乡、大塆乡、安溪畲族乡等5个乡镇，对推行孕前型管理提出具体措施要求。根据《关于孕前型考核标准的通知》精神，上述9个乡镇按照孕前型考核标准进行考核，全部达到孕前型管理要求。

2001年8月，在雾溪畲族乡进行为期半个月的计划生育优质服务试点。试点主要内容是进行一孩生育计划生育制度改革，简化流程，将过去的一孩生育由乡镇核发的准生证改成结婚登记时即时发放生殖健康服务证；避孕节育措施知情选择，改变过去"一孩放环、二孩结扎"的强制办法，在育龄妇女掌握5种以上避孕节育知识基础上自行选择节育措施。

2002年，县人口和计划生育局发布《推行计划生育优质服务指导办法》的通知，在全县全面推行创建计划生育优质服务先进乡镇活动。

2003年，各乡镇计生办推行计划生育全程服务制。代理的内容包括代领生殖健康服务证和再生育证，代办流动人口婚育证明等各类证明，代报农村已婚育龄夫妻和城镇无业居民节育手术费，代询计划生育政策和避孕节育知识等各项事宜。

2004年、2005年、2006年，分别有大塆乡、云丰乡、云和镇、紧水滩镇、沙铺乡、云坛乡、雾溪畲族乡、安溪畲族乡、崇头镇、赤石乡、黄源乡被授予"计划生育优质服务先进乡（镇）"荣誉称号。

2007年，县人口和计划生育领导小组表彰计划生育优质服务先进乡（镇）初评单位：石塘镇，朱村乡；复评单位：云和镇、崇头镇、紧水滩镇、云坛乡、赤石乡、大湾乡、沙铺乡、云丰乡、雾溪乡、安溪乡。

2008年5月27日，成立全县计划生育"加强源头管理、推进优质服务"活动领导小组，领导小组下设办公室在县人口和计划生育局。印发《全县计划生育"加强源头管理、推进优质服务"活动实施方案》。经县人口计生局自查申报，市人口计生委评估推荐，省人口计生委抽查验收，2008年云和县被评为省级计划生育优质服务先进县。

2009年，县人口和计划生育局印发《关于成立云和县计划生育技术服务机构审批领导小组和计划生育特殊情况生育审批小组的通知》；县人口计生局、卫生局、民政局、财政局联合出台《免费婚前医学检查和免费孕前优生健康检测实施办法》文件落实相关职责，形成相关部门齐抓共管的合力。县人口和计划生育局印发《村（居）计生服务员实施优生“两免”工作职责》；3 月 19 日，印发《云和县人民政府关于实施免费婚前医学检查和免费孕前优生检测的意见》。

2010 年，县人口计生领导小组印发《云和县创建国家级计划生育优质服务先进县实施方案》；召开县“国优”创建动员大会，县委、县政府督查室发文对“国优”创建工作进行专项督查；是年 11 月，国家人口计生委正式授予云和县“全国计划生育优质服务先进县”荣誉称号。

第二节　政策法规

生育调节与审批

1996 年，县人民政府《关于印发云和县实施〈浙江省计划生育条例〉的规定的通知》明确：生育第一个子女的，报乡（镇）人民政府审批，经批准安排生育指标，由乡（镇）人民政府发给一孩生育证。生育第二个子女的，经乡（镇）人民政府审核后报县计生委审批。经批准安排二胎生育指标的发给二孩生育证。

2007 年 11 月，县人口和计划生育局转发《省人口计生委贯彻实施〈浙江省人口与计划生育条例〉有关事项的通知》，取消生育间隔；规定对已满法定婚龄未办理结婚登记而生育第一胎子女的对象，在 6 个月内办理结婚登记的，免征社会抚养费；再生审批不再把生育间隔作为限制条件。

独生子女奖励机制

1992 年，云和县计生委印发《关于再农村推行独生子女父母养老保险的通知》，夫妻双方是农业户口的独生子女父母（一方是乡镇各员、民办教师、代课老师的独生子女父母除外），并取得一孩父母光荣证，可投保一份独生子女父母养老保险，每份 100 元，投保金采取县 30%、乡（村）30%、个人 40%三方集资解决。

1996 年，县人民政府《关于印发云和县实施〈浙江省计划生育条例〉的规定的通知》第二十条：持有独生子女父母光荣证的国家工作人员和职工、包括招聘干部、聘用人员、民办教师、合同工、一年以上临时工（含在乡镇企业的临时工），可享受以下奖励和照顾：领取每年不低于 100 元的独生子女父母奖励费，从领证当年起至子女十四周岁止；夫妻双方均为农民，持有独生子女父母光荣证的，在调整落实责任山、责任田和宅基地时、独生子女按两人计算，对丧失劳动能方或自然灾害的，在同等条件下独生女家在救济、扶贫等应予优先考虑；因父母离婚，其独生子女父奖励费、由子女跟随共同生活一方的所在单位全数发给；女方产期满后育婴儿有困难验，经本人申请在单位可以给予六个月的哺乳假、工资按本人工资的百分之八十发给，不影响晋级调整工资，并计算工龄；独生子女在招工、招干、“农转非”、入学、住房分配等方面在同等条件下应予优先考虑。

2003 年，根据县人民政府办公室印发《云和县实施〈浙江省人口与计划生育条例〉办法》明确规定“独生子女高考成绩名列全县前三名，并被高校正式录取，凭独生子女父母光荣证和录取通知书由县计划生育行政部门一次性发‘计划生育奖学金’3000 元、2000 元、1000 元”“农村居民持有独生子女光荣证的给予一次性奖励 100 元，对符合条例规定条件可以生育第二个子女，但自愿终生只生育一个子女，并领取独生子女父母光荣证的，给予一次性 500 元的奖励”以及农村居民持有独生子女父母光荣证在审批宅基地、农村承包土地山林、贷款时优先照顾独生子女家庭等一系列优惠政策。同年，《云和县实施〈浙江省人口与计划生育条例〉办法》第十一条的规定，农村居民持有独生子女父母光荣证的，可享受以下待遇：凭领取独生子女父母光荣证给予一次性奖励 100 元；对符合条例规定条件可以生育第二个子女，但自愿终生只生育一个子女，并领取独生子女父母光荣证给予一次性 500 元的奖励。若要求再生育的，应先退还独生子女父母光荣证和奖励金后，再予以二孩生育审批；农村居民持有独生子女父母光荣证的，在审批宅基地时，可按两人计算。农村承包土地、山林时优先照顾独生子女家庭，农村扶贫应把贫困的独生子女户和女儿户作为重点对象；农村信用社对信誉较好的有偿贷能力的农村居民持有独生子女父母光荣证或女儿户结扎证明的，发给农民信用贷款证，在受信额度内，给予优先考虑。第十二条规定，夫妻双方均为下岗失业人员的，从领取独生子女父母光荣证当年起至子女十四岁止，凭《职工失业保险手册》或下岗证。每年发给 100 元的独生子女父母奖励费。

其他奖励优惠政策

1996 年，县人民政府《关于印发云和县实施〈浙江省计划生育条例〉的规定的通知》第十三条：国家机关工作人员、全民和集体所有制单位职工（含合同工、招聘干部、民办教师、一年以上临时工）进行节育手术的，按省条例规定给予一定的节育手术假，工资、奖金照发。第十四条：经县级以上节育手术并发症讲定机构确定为节育手术并发症的，应在县计生委指定医疗单位治疗。并发症的治疗费从计划生育事业经费中列支。经治疗后仍不能从事重体力劳动的，所在单位或乡（镇）人民政府应在生活上和工作上给予照顾。对丧失劳动能力，生活确有困难的，民政部门和乡（镇）人民政府应当按规定给予社会救济。第十九条：国家工作人员和职工（包括招聘干部、聘用人员、民办教师、合同工、一年以上临时工），男女双方晚婚的增加婚假十二天；晚育的，男方可享受五至七天的护理假。

2003 年，根据《云和县实施〈浙江省人口与计划生育条例〉办法》有关规定，对接受节育手术的各机关、团体、企业、事业单位和其他组织职工，在国家规定的假期内，工资、奖金照发。同年，县人民政府办公室出台的《云和县计划生育公益金管理暂行办法》，对计划生育公益金的来源，发放对象、发放标准和监督管理等作出规定。

2004 年 1 月，县计划生育局发文成立“计划生育公益金”管理办公室。全县共发放农村独生子女父母奖励费 16.95 万元，先进个人奖 3600 元，计划生育手术并发症及困难补助 9112 元，受益人数达 550 人。经过 2003—2005 三年试行，至 2005 年全县共筹计划生育公益金 40

万元，发放29.67万元，享受对象1056人，647人放弃二孩生育指标。新型农村合作医疗共支付符合计划生育政策的医疗费14.91万元，享受对象526人。

2006年，云和县人民政府办公室印发《关于成立云和县农村部分计划生育家庭奖励扶助制度实施工作领导小组的通知》和《云和县农村部分计划生育家庭奖励扶助制度实施方案》，对符合"1.本人及配偶均为本县农业户口或界定为农村居民户口；2.1973年至2001年期间没有违反计划生育法规、规章或政策规定生育的；3. 现存一个子女或子女死亡现无子女；4.在1933年1月1日以后出生，年满60周岁。"条件的对象，按每人每年不低于600元的标准发放奖励扶助金，直到亡故为止。自2009年1月1日期，扶助标准从每人每年不低于600元提高到每人每年不低于720元。2006—2010年，全县共有546人享受该项扶助政策。

规范合理收费

1994年，县政府办公室印发《关于清理整顿计划外生育费的通知》。清理范围和内容主要是：1991年7月至1994年6月各乡镇计划外生育费的征收使用、财务核算、管理制度等情况。

1996年，县人民政府《关于"照顾生育社会抚养费"和"计划外生育费"征收管理有关事项的通知》规定：1.从1997年1月1日起，符合省条例规定，安排照顾生育二胎及以上指标的夫妇，按以下标准征收"照顾生育社会抚养费"：农户每例500元，非农户每例700元。"照顾生育社会抚养费"的收入要如数上缴县计生委后由财政部门实行专户储存。其中10%上交省计生委，10%上交地区计生委。2.从1996年1月1日起，"计划外生育费"实行"乡收县管"。其中15%留县计生委，85%返回乡镇。3."照顾生育社会抚养费"和"计划外生育费"必须专款专用，全部用于计划生育事业。

1998年6月，县计生委转发省计生委《关于征收计划外生育费和实施计划生育行政处罚的若干规定》，并附《计划生育法律文书的范本和填写说明》，对基层计划生育法律文书制作做有效指导。

2001年，根据丽水市政府办公室《丽水市人民政府办公室关于进一步做好计划生育保证金、押金清退工作》文件要求，贯彻落实省计生委《关于在计划生育工作中依法收费和禁止收取保证金、押金的通知》《关于开展农民计划生育收费专项检查和规范收费的通知》等文件要求，全面清理计划生育收费项目，禁止收取保证金、押金，进一步减轻农民负担。

2004年，县政府下发《关于处理违法生育社会抚养费征收遗留问题的意见》，要求各乡镇按文件要求对本乡镇历年遗留情况进行"大清理"并进行分类征收：对2002年9月3日以前发生的违法生育按"从旧兼从轻"和"合理性"原则处理；对2002年9月3日以后发生的违法生育对象则按法定征收程序和数额标准立案征收。

2009年，县人口计生局、县财政局、县卫生局联合发文《关于调整计划生育免费技术服务项目结算标准等有关事项的通知》结算保准调整为：自2009年3月11日起，凡在县人民医院、县中医院实行引产手术的计划生育对象按每例1000元标准结算。

第三节 宣传教育

1991年，县计生委转发《国家计生委办公厅关于加强对计划生育标语口号管理的通知》，要求各乡镇和部门认真检查、清理不符合规范的标语口号，今后对计划生育标语的制定，要既有利于控制人口推动工作，又有利于密切党群、干群关系。

1994年9至10月开展计划生育宣传月活动，历时35天，在“活动月”中，全县各乡镇共举办村计划生育专题讲座304讲，广播讲座15场,黑板报72期、墙报102期、张贴标语2000余张。

1995年，全县举行广播讲座15场。是年10月，省人大常委会第二十二次会议修正通过的《浙江省计划生育条例》颁布后，购买《浙江省计划生育条例》小册子1700本，翻印1500本，发至全县各部门、企事业单位及各乡镇。狠抓四项节育手术，施行四项节育手术483例，处理违政案件25件，罚款2万余元。

1996年，县计生委印发《浙江省计划生育条例》《云和县实施〈浙江省计划生育条例〉规定》各3000余本，发至各乡镇、部门单位。同时，编印计划生育宣传资料4个专辑(婚姻家庭、避孕节育、新家庭计划、省条例)发至各乡镇。

1998年，《云和报》开设《人口与计划生育专栏》，并在15个乡镇建立了人口学校，并做到组织健全，制度、计划落实。

2002—2004年，在每年7月11日为世界人口日，开展计划生育宣传教育服务活动月，以国家计划生育“一法三规”和《浙江省人口和计划生育条例》《云和县实施〈浙江省人口与计划生育条例〉办法》颁布实施为契机，开展计划生育学法、普法新高潮工作。在县电视台、广播电台和《今日云和》分别开辟计划生育法治宣传专题、专栏节目和版面；在全县干部“四五”普法中计生法律法规试题占一定比重。制作发放《计划生育知识宣传手册》3万本，发放计划生育年画2万幅。

2005年，县计生局、工业园区投资12万元，重建“计生一条街”，用灯箱形式制作80幅固定标语。投资11万多元，在公路沿线设立7块30平方米以上的大型计划生育广告牌。

2006年，发文开展学习《中共中央国务院关于全面加强人口和计划生育工作统筹解决人口问题的决定》，要求各乡镇计生办结合创建省级优质服务县活动，广泛开展学习和宣传《决定》活动。

2007年，开展特色宣传，黄源乡在乡文艺大会演中把计划生育政策法规编排到了地方“十二民谣”中，雾溪畲族乡坪垟岗村建设具有畲乡特色的生育文化村，云和镇在流动人口集中地建设元和社区生育文化园区，大源乡设立大型广告宣传牌，县计生指导站利用计划生育流动服务车下企业、进山村上门为育龄群众开展各项宣传教育和技术咨询活动。

2008年，以创建生育文化特色园区、特色村为载体，把计生宣传融入广场文艺、“乡乡一台戏”中。在人口集中的行政村和文化广场张贴大型宣传牌、发放“法律进百村”活动宣传资料、开展“女性生殖健康讲座”等活动，营造良好的生育文化氛围。

2009年，全县所有乡镇和92个行政村分别完成“一份一窗一牌一栏一示范”和“三室一校”人口计生宣传阵地建设，2万多名重点人群接受生殖健康、优生优育等知识宣讲。充分发挥“计卫合署”优势，全面推进以“优生两免政策”和国家规定免费技术服务为重点的计划生育优质服务。县妇保所、县婚姻登记机关、乡镇计生办等机构开展优生咨询指导服务，及时动员、督促新婚夫妇参加“两免”检测。

2010年，按“乡乡树立大型宣传牌，村村建立固定宣传园地、户户发放计生宣传资料”要求。建立和巩固“紧水滩镇龙门村生育文化园”等生育文化园区，在人口集中的行政村和文化广场张贴宣传牌，计生部门与电信公司联合制作广告式宣传单开展“国策知识进万家”活动。

第四节　综合成果

1998—2000年，经市政府计划生育综合考核，连续3年名列全市第二名。

2001年，雾溪畲族乡政府被评为浙江省婚育新风进万家先进单位；云和镇计生专干蒋杏英被评为全国婚育新风进万家先进个人。

2002年，雾溪畲族乡获得“婚育新风进万家活动”全国先进集体称号。

2006年，浙江省人口计生委公布“十五”人口和计划生育工作先进集体：云和县大湾乡人民政府；浙江省“十五”人口和计划生育工作先进工作者：云和县人口和计划生育局宣传技术科科长钟杨娟。

2008年，云和县被评为市级人口和计划生育工作先进单位；云和县市级人口和计划生育工作先进工作者有颜晓英、项海香、陈水菊、汤玉和、黄慧英。

2009年，云和县“优生两免”工作被评为省级和先进单位。是年，叶桂芬、陈伟平、汤玉和、季美娟、谢秋燕，被评为市级人口和计划生育系统先进工作者；王春亮、季美娟被评为市级优秀信息员。

2010年，云和镇计生办被评为全省人口计生阳关统计单位；黄慧英被评为浙江省人口计生阳关统计之星；陈水菊被评为市级流动人口计划生育工作先进个人。

2008年，云和县获得省级计划生育优质服务先进县称号。

2010年，云和县获得全国计划生育优质服务先进县称号。

在1991年至2010年近20年中，人口自然增长率控制在6‰以内，计划生育率均保持在95%左右，达到省、市指标要求。

第五节 计划生育管理

行政管理

1994年，县委、县政府下发《关于进一步加强计划生育工作的决定》，1996年县政府制订《云和县计划生育工作“九五”发展规划》。县政府下发《关于加强机关、企事业单位计划生育工作的通知》。1997年，建立部门计划生育目标管理责任制。县人民政府与各部门签订计划生育目标管理责任书，各部门明确分管计划生育工作的领导，落实计划生育联系员，建立计划生育账册。从1998年起对乡镇计划生育工作除年终考核外，增加半年考核。是年，计划生育工作由孤立地就计划生育抓计划生育向与经济社会发展相结合。采取综合措施解决人口问题转变；由以社会制约为主向逐步建立利益导向和社会制约相结合，宣传教育，综合服务，科学管理相统一的机制转变。以前每年一次的计划生育宣传活动月已被经常性工作所代替。1999年，建立部门计划生育考核制度。2000年，县政府下发《云和县部门企事业单位计划生育工作要求》。

业务管理

1991年，县计生委建立“凭证接生”制度和“六公开”“一监督”制度（计划生育政策公开、生育指标公开、准生对象公开、节育对象公开、残疾儿童鉴定公开、超生处罚公开、接受群众监督）。同时，在云丰乡进行签订《生育合同》，给生育一个男孩户发放《不再生育通知书》的试点。

1992年，县计生委制定《云和县计划生育管理十大程序》，即《计划生育目标管理责任制程序》《人口计划管理程序》《避孕节育管理程序》《特殊情况生育二胎审批程序》《外来流动人口育龄妇女管理程序》《外出人口管理程序》《计划生育来信处理程序》《计划生育来访管理程序》《计划生育行政复议案件复议程序》《计划生育系统卫生技术职务评聘管理程序》。同年制定《计划生育统计质量考核办法》《避孕药具管理考核办法》《避孕药具使用随访制度》和《计划生育宣传工作考核办法》。

1994年，县计划生育委员会印发《浙江省基层计划生育管理规范(试行)》并在紧水滩镇进行规范化管理试点，把基层计划生育管理规范归纳为“一站、八管、三十要”。同年，加强育龄妇女环情孕情监察工作，已婚育龄妇女查环查孕由每年1次增加为每年2次。

1995年，全县15个乡镇推行规范化管理并把规范化管理纳入计划生育工作年度考核。

1996年，针对规范化管理中存在的问题拾遗补缺，巩固提高。经过3年的努力，县乡两级基本达到省基层计划生育规范管理的要求，做到组织健全，制度完善，账册卡齐全，操作规范，经地区计划生育委员会抽查和地区人大领导对云和县视察，给予较高的评价。12月，县计划生育委员会《关于转发〈浙江省计划生育村级月报告单制度〉的通知》：1997年1月1日起全县170个行政村全面推行计划生育月报告单制度，并建立、健全村级计划生育账册。主要报告本村生育、怀孕、初婚、避孕节育、死亡等有关情况。该制度明确填写口径、要求和管理的内容。

1999年，开展科技进步责任制工作，投入人才知识培训经费22632元。

2006年，根据不同干部层次的知识结构，将受训人员分为分管领导、计生专干、村两委干部和村计生服务员4个层次，采取分级、分期、分批的办法进行培训。全年举办各类培训班60次，计划生育知识讲座13次。是年，实现人口计生信息网络化管理，开展育龄妇女基础信息核对工作，基本做到信息不漏人，信息无缺项、漏项，项目无逻辑差错等，确保育龄妇女基础信息的准确性、及时性和完整性，为育龄妇女分类管理提供依据。

2007年，80%以上的行政村建立、健全计划生育“村民自治”工作机制，逐步形成“县指导、乡负责、村为主、组配合、户落实”的计划生育工作格局。在全市率先推行外来人口计划生育援助服务，把流动人口计划生育管理和服务工作纳入流动人口协管员职责，构建流动人口综合管理平台和社区公共服务平台。

基础设施建设

1996年，县财政在经费较为困难的情况下提高服务员报酬，并拨专款15000元为计生委配置微机。

1997年，县党政机构改革县计生委人员编制再增至到14人，业务用房扩增至建筑面积781平方米。

1998年，县计划生育委员会和部分乡镇配备微机。1999年，全县15个乡镇配齐微机，利用微机制作计划生育报表，并与县计划生育委员会对点联系。2000年，7个乡镇脱离手工账册，利用微机管理育龄妇女。

1999年，先后派送人员到地区级、进修专业知识1人，到省级微机管理学习12人，到外省及省内地区之间兄弟单位取经学习16人次，对办公现代化设备的投入为67116元。为全县15个乡镇配备计划生育专用微机，共计投入133160元。所有计生专干都参加初级培训，先后举办二期电脑培训班。到9月底，全县15个乡镇都已出报表并与县进行点对点通讯，既提高和保证硬件考核指标，又改善乡镇计划生育工作的效率。

2001年，云和县人口与计划生育信息网络建设三年规划，最终依托“三网一库”，逐步推进各乡镇达到省、市计生委的要求，并把流动人口信息管理作为重要内容来抓。

2002年，投资22万元，设置网管中心。2003年，投资10万元建成全县人口与计划生育信息系统管理中心，并帮助全县14个乡镇按具体费用补助50%更换新一代品牌微机，安装8条专用电话线进行网上拨号；局机关各办公室均配备微机，建立内部局域网；建立全县育龄妇女数据库，全部导入育龄妇女信息系统（网络版）；流动人口信息通过“全国流动人口计划生育信息交换平台”进行信息录入。

2004年，云和县成立信息化建设领导小组，实行“一把手”工程，建立云和县计划生育信息技术中心，制定《云和县计划生育信息化建设计划》和《云和县计划生育信息化建设实施方案》，县、乡45岁以下的计划生育工作人员通过省、县级计算机应用培训，基本上能操作计划生育信息系统应用，县计生局设立独立的计算机用房，配备服务器，局机关与全县乡、镇计生办实行拨号联网并传送文件和信息，全县建立育龄妇女信息数据库，乡、镇计生办计算机操作人员按要求每月更新信息，县计生局按月备份数据并及时上传市计生委，信息安全管理严格按照有关规定执行。

2005年，配备浙江人口与计生信息远程移动录报机，还着手进行服务器升级、扩容，并将扩大局域网范围，将把计生指导站、云和镇社区纳入计划生育局域网。加大软件投入，根据要求育龄妇女信息数据库与省、市同步，投资2.7万元由省人口和计生委信息中心开发并安装了MQ软件，并着手与杭州新世纪计算机有限公司联合开发云和县计生门户网站系统。

2008年4月，按照《农村计划生育服务机构基础设施建设标准》三类计划生育服务站的要求提出申请，于2009年4月正式立项总投资220万元，其中省补助100万元，地方财政安排120万元。

2009年，认真开展全员流动人口信息的采集和录入工作。同时，通过PADIS全国流动人口管理平台和省流动人口信息管理网络系统定期进行信息反馈和交换。

第六章 计生工作

云和县始终把人口和计划生育工作列入重要议事日程，纳入重大事项的督查范围，做到责任到位，措施到位，投入到位，坚持党政一把手亲自抓、负总责，实行"一票否决"制，县、乡政府建立专门机构，配备计划生育专管员，推行计划生育任务包干和人口规划目标管理责任制，有效遏制人口超生现象，圆满完成人口和计育目标管理各项指标任务。

第一节 基层网络

乡镇计生专职计生干部

1991年，县委组织部、县人事局、县计生委（云组联合发文），从乡镇从事计划生育工作的临时工招聘9名专职计生干部。

1992年，全县15个乡镇均建立计划生育办公室，并配备计划生育专职人员28人。

2006年3月，云和县选配8名35周岁以下的大、中专（高中）毕业生充实到云和镇6个社区的计生岗位。

2008年，公开招录12名计生专职干部，充实乡（镇）基层人口计生队伍力量。同年，县委、县政府制定《关于贯彻落实〈中共中央国务院关于全面加强人口和计划生育工作统筹解决人口问题的决定〉的实施意见》，对在人口计生工作中表现突出的先进集体和个人予以表彰。对长期从事计划生育工作并获得国家人口计生委颁发荣誉奖章的计生工作人员，给予一次性奖励。在农村改革和城市区划调整中，确保人口计生机构和人员稳定，不得随意撤并或改变机构性质。组织、人事部门应当按照常住人口规模比例配备人口计生工作人员，确保每个乡镇至少有1名、大的乡镇有必要数量的从事人口计生管理的公务员，并配备必要数量的专职从事计划生育技术服务工作人员，工业园区管委会、社区应配备必要数量的专职计划生育管理服务人员。

乡镇计划生育专职队伍建设到2010年，全县在职计生专干46人，其中公务员7人，事业编制25人，合同工14人。

村计生服务员

1996年，对全县170个行政村，10个居委中村级服务员由原来300多人调整为287名。各乡镇计划生育办公室每年召开3—4次村级服务员会议（以会代训）对村级计生服务员进行培训，全县建立统一的村级计划生育台账和报表。村级计生服务员通过一年试用有14名年龄偏大服务员不能胜任进行辞退，进一步调整村级服务员队伍。同时，村计划生育服务员的报酬从原来每人每年60元增到每人每年120元。是年，评选优秀村级计划生育服务员33名，并进行了表彰。2003年，再度调整村级计生服务员，全县村级计生服务员250人，其中年龄45周岁以下占87.2%，初中以上文化程度占94.55%，对调整后的村级服务员分批次进行业务培训。2004年，服务员工资由原来的120元/年调整到260元/年，2005年，计生服务员报酬增加到600元/人•年，2006年提高到720元/人•年。

2006年，对各行政村不符合要求的尤其是年龄偏大或长期外出、居无定所且责任心不强的村级服务员及时进行调整，现行村级计生队伍中45周岁以下占总数的81.9%，初中以上文化程度占总数的89.1%。

2008年，县委、县政府制定《关于贯彻落实〈中共中央国务院关于全面加强人口和计划生育工作统筹解决人口问题的决定〉的实施意见》，提出切实加强计划生育基层基础建设，按“人员、报酬、职责三到位”要求，继续加强村级计划生育服务员队伍建设，确保年报酬到“十一五”期末在“十五”期末的基础上实现翻一番，达到省、市考核要求。

考核培训

1991年，县计生委印发《关于对基层计划生育干部年度考核标准的通知》，明确考核成绩作为今后转干、浮动工资升降的依据之一。

1992年，县计生委印发《关于云和县计划生育专干统计工作岗位责任制考核办法的通知》，明确评分标准和分值，县计生委对上报的统计报表审核情况每月、每季进行记录，年终计算成绩。

1996年，县计生委对全县计生专干加强政治思想教育，号召全县计生专干向先进专干学习，并对他们提出树立“五个作风”“十种精神”的要求。

1999年，全县计划生育专职人员实行聘任制，通过业务考试德、能、勤、绩考核，择优录取。在全县38名专职人员中聘用33人。新建立8个乡镇计生服务站，县编委在原有基础上又下达了乡镇服务站编制11人，全县共有乡镇服务站编制17名。

2003年，县计划生育局组织全县42名乡镇专干培训，并进行考试。2004年，9名乡镇专干通过考核，被县人事局正式录用为全额事业干部；通过岗位竞聘，重新调整了4个片区、乡镇计划生育技术服务站人员和部分乡镇计育专干。

2008年，县人口计生局组织全县乡（镇）分管领导、计生专干、专业技术服务队伍进行短期业务培训，全面实施县、乡（镇）、村3级计生队伍的培训和再教育工程。

2009年，县人口计生局组织各级计生执法干部参加市、县组织的干部普法培训和专业法律知识培训（当年，已取得省法制部门颁发的计生执法证书的占80%以上）。

第二节　政策措施

失独救助

根据《云和县计划生育公益金管理暂行办法》，符合"1980年1月1日以后出生、未婚的独生子女死亡，其父母不再生育和收养的家庭"其独生子女母亲在年满50周岁后（含50周岁），每年给予一次性500元的补助；符合"1980年1月1日以后出生、未婚的独生子女发生意外伤残，符合《中国残疾人实用评定标准〈试用〉》一至三级标准，其父母不再生育和收养的家庭"，每年一次性分别给予200元、300元、400元的补助。

2007年5月，完成城乡部分特殊计划生育家庭基本情况调查，开始失独救助工作。

2008年，开始施行计划生育家庭特别扶助制度，对符合计划生育家庭特别扶助条件以前未享受的，以2008年为起点发放，如果同时为"低保"和"五保户"，不影响其原有待遇。2008年9月，县政府办公室印发《云和县计划生育家庭特别扶助制度实施意见》，明确扶助对象的基本条件是：

1. 1933年1月1日以后出生；

2. 女方年满49周岁；

3. 只生育一个或合法收养一个子女；

4. 现无存活子女或独生子女依法鉴定为残疾（伤病残达三级以上）。扶助标准：①独生子女死亡后未再生育或合法收养的子女的夫妻，给予每人每月150元的扶助金，直至亡故为止；②独生子女伤、病残后未再生育或收养子女的夫妻，给予每人每月120元的扶助金直至亡故或子女康复为止。

2010年底，全县享受计划生育特别扶助47人，其中子女死亡34人，子女三级以上伤残13人。

齐抓共管

1992年3月，将原"云和县计划生育协调小组"更名为"云和县人口与计划生育领导小组”，分别由县主要领导任组长，县委组织部、宣传部、县发改、财政、人事、统计、卫生、教育等部门主要负责人为成员。

1992年，建立、实行计生工作联系点制度；各级党委、政府坚持把计划生育工作摆到与经济建设同等重要的位置，列入党委和政府工作的重要议事日程。是年5月，县委、县政府进一步贯彻执行中发〔1991〕9号文件的意见，重申“党政一把手亲自抓、负总责”的原则不动摇，实行“一票否决制”。在上半年“撤扩并”工作中，县领导亲临基层部署和指导计划生育工作。县计生委先后制定下发《计划生育工作管理十大程序》《计生统计质量考核办法》《计生避孕药具管理工作考核办法》《计生宣传工作考核办法》等一系列制度和程序，云和县计划生育管理工作做到大处有法可依，细处有章可循。

1994年4月，根据县计生委印发《浙江省基层计划生育管理规范（试行）县计划生育管理规范》，主要抓了通知书、普及人口计生政策、加强结婚登记及计划外生育费管理等，至1996年，县、乡两级基本达到省规定的规范化管理的要求。

1995年，在紧水滩镇进行“规范化”试点。认真总结规范化管理的经验，在全县计生专干会议期间，组织了学习参观。到年底，全县15个乡镇，除一些客观条件所致未达标外，基本达到规范化管理的要求。7月初，开展“少生致富新家庭”活动试点工作。县委、县政府抽调县机关有有关部门人员，派出“少生致富新家庭”试点工作组和云坛乡全乡干部一起，经过十天的努力，试点工作结束。7月中旬，召开全县计划生育工作会议，对全县“少生快富新家庭活动”进行部署，制定少生快富新家庭计划9688户，占全县已婚龄家庭总产数的90%，评出县级少生快富示范户170户，乡级340户。

1996年，开展新家庭计划活动试点。1997年，在全县推广，成立新家庭计划活动协调小组，并制定《云和县“九五”期间围绕社会主义新农村建设实施新家庭计划的规划》。至1999年，全县参加新家庭计划活动24288户，占全县农业总户数的83%，参与评估的有20057户，已达标17360户，达标率87%。推荐省级示范户1户，地区级示范户10户，县级示范户20户。

1997年，云和县计生委转发省计生委《关于加强计划生育合格村建设评估工作的通知》各乡镇根据要求开展合格村建设。

1999年5月，建立计划生育行政执法领导小组并设办公室负责日常工作。是年，县政府拨出专款5.5万元用于基层基础建设。

2004年，陆续出台《云和县关于性别比综合治理的实施方案》，成立治理工作协调小组，明确职责，将性别比综合治理工作列入人口与计划生育目标管理责任制考核的重要指标；《云和县人民政府加强流动人口计划生育工作管理实施办法》《云和县人口与计划生育领导小组关于加强流动人计划生育综合治理工作的实施意见》，成立县流动人口计划生育综合治理领导小组，明确各相关职能部门在流动管理和服务中的职责。

2005年，成立“云和县出生人口性别比治理领导小组”，制定《云和县关于出生人口性别比升高问题综合治理实施方案》，计生、卫生、食品药品监管、公安、民政联合发文《关于进一步规范出生人口性别比综合治理的意见》，建立出生人口性别比综合管理、信息通报反馈制度、专项督查制度及群众监督机制，计划生育手术实行定点制度，严格执行凭证引产。同年，中共云和县委办公室下发《云和县计划生育基层基础规范化建设实施意见》，全县各行政村建立健全各项计划生育管理制度。是年6月，在紧水滩龙门村开展计划生育基层基础规范化建设试点的基础上，全县14个乡镇170个行政村已有102个开展了计划生育基层基础规范化建设，并制定村自管理、村民自治考核办法，建设率达60%。该项目实施情况列入年终考核的重要内容。

2006年，县人口与计划生育领导小组印发《关于全面深化人口与计划生育工作综合改革加快推进工作新机制建设的实施方案》，着重把依法管理、村(居)民自治、优质服务、政策推动、综合至等五个方面作为基本内容，把法治、民主、民本、服务作为核心理念，从制度、保障和载体三个层面加强建设。5月，开展流动人口“百日整治”活动。由公安、计生工作人员组成60余人的工作组，分成6个片区、12个小组，对城区流动人口进行“拉网式”清查登记、查验证明和宣传，通过三个月的集中整治，与2187户出租房主签订流动人口管理责任书，责任书签订率达80%，登记外来流动人口7919人，查验流动人口婚育证明6150人，验证率77.66%，办理临时流动人口婚育证明878本，为流动人力计划生育“属地管理”工作打下了良好的基础。是年，县人口计生局、县公安局、县民政局、县卫生局联合发文，建立云和县人口信息交换制度。完善计划生育审查制度，在受理婚姻登记、弃婴收养、新生儿上户、住院分娩等手续时，发现有不符合条件生育的对象第一时间通报计生部门。

2008年，中共云和县委、县政府制定《关于贯彻落实〈中共中央国务院关于全面加强人口和计划生育工作统筹解决人口问题的决定〉的实施意见》等文件，县计生局牵头，卫生局、县人民医院、县中医院、县妇保所等有关单位负责人召开专题协调会议，对育龄妇女信息登记实行实名制度，进一步完善计划生育源头管理问题。9月9日印发《云和县人口和计划生育领导小组会议纪要》，9月10日印发《云和县人口和计划生育领导小组关于加强新农村生育文化建设促进生育文明的意见》和《关于全面加强人口和计划生育工作统筹解决》精神，大力发展农村人口计生事业，将人口计生全程教育工作邮寄地融入新农村建设中，在农村大力传播新型生育文化，积极弘扬科学文明进步的婚育观念，增强群众自觉实行计划生育生育的意识。

第三节 机构与队伍

云和县流动人口计划生育工作管理办公室

1993年9月，成立云和县流动人口计划生育管理领导小组，县计划生育委员会设立流动人口计划生育工作管理办公室。该办公室于2001年县党政机构改革时撤销。2001年以后因县流动人口计划生育办公室撤销，流动人口计划生育管理，由云和镇计划生育办公室负责。

2004年，县机构编制委员会对乡镇计划生育服务站和县部分计划生育机构作调整。保留云和县计划生育宣传技术指导站，增挂云和县流动人口计划生育管理办公室牌子，负责全县计划生育宣传技术指导和流动人口计划生育管理工作。同时负责云和镇、云坛乡、雾溪畲族乡、安溪畲族乡的计划生育服务工作。在原编制14名基础上增加编制4名。

图3-6-1 2007年6月，市人大常委会副主任、计生协会会长雷文先，县长丁绍雄为外来人口计划生育援助中心揭牌（县人口和计划生育局提供）

2007年5月，县流动人口计划生育管理办公室与县计划生育宣传技术指导站分设。分设后，县流动人口计划生育管理办公室为全额拨款事业单位，增挂云和县外来人口计划生育援助中心牌子，核定人员编制4人，其中主任1名、副主任1名。

云和县计划生育宣传技术指导站

县计划生育宣传技术指导站，发挥"宣传教育、技术指导、药具管理、培训服务"的四大功能。实行同城同待遇关注民生温暖，为育龄群众提供及时、周到、安全、优质的计划生育技术免费服务，为全县人口和计划生育工作提供技术支撑和服务保障。

1984年8月，云和县计划生育宣传技术指导站成立，为县计划生育委员会领导下的基层事业单位。1990年前人员定编8人，业务用房100平方米。1991—1996年，人员增编到12人。1997年，县党政机构改革人员编制再增至到14人。2010年1月，改扩建工程项目开工，是年8月完工投入使用。业务用房由原有的781平方米，扩建到1340平方米。

机构设置

1991—1996年，县计划生育委员会定编12人。1992年，设办公室，未设其他科室。1997年，县党政机构改革后，定编10人、(设主任1人、副主任2人、科室领导3人)内设办公室、业务科、财务科3个职能科室。1998年，结合公务员制度实施建立各科室职责和《云和县计划生育委员会推行公务员制度实施意见》，行政定编10人(含工勤人员1名)。领导职数：主任1名、副主任2名、内设机构3个，办事员职位6名。2001年11月，县党政机构改革，县计划生育委员会和县卫生局合署办公(县卫生局、县计划生育局二块牌子，一套人马)，县计生局12人(公务员8人、职工2人、借用2人)；县计生协2人。

2002年，县政府办公室(云政办发〔2002〕83号)文件，对县卫生计划生育局，计划生育职能配置、内设科室和人员编制的做了新的规定：内设办公室(计划财务科)、计划生育政策统计科(流动人口管理科)、宣教科和计生协共4个职能科室，行政编制8人(含工勤人员)，领导职数为局长1名，副局长1名，科室领导职数6名。

2005 年，县计划生育局改名为人口和计划生育局，启用“云和县人口和计划生育局”印章。县卫生局（人口和计划生育局）行政编制 14 人（含工勤人员），其中：局长 1 名，副局长 3 名，党务领导 1 名，科室领导职数 7 名。内设办公室（计划财务科）、医政科（中医管理科）、防保科与基层卫生科（爱卫办）、政策统计科（流动人口管理科）、宣教科 5 个科室。在职能调整上：将食品生产加工环节监管交给质监部门负责；食品流通环节监管交工商部门负责；保健品许可的相关职能交给食品药品监督管理部门。

1991—2010 年云和县计生委主要负责人一览表

表 3-6-1

党委（党组）书记	任职年限	局长（主任）	任职年限
陈金琪	1988.01—1992.03	陈金琪	1988.01—1992.03
杨　伟	1992.03—1993.07	杨　伟	1992.03—1993.07
梅振义	1994.01—2001.11	梅振义	1994.01—2001.11
叶利华	2001.12—2003.06	叶利华	2001.12—2003.06
陈卫东	2003.06—2005.07	陈卫东	2003.06—2005.07
陈卫东	2005.07—2006.12	陈卫东	2005.07—2006.12
梅显平	2006.12—2010.07	梅显平	2006.12—2007.04
肖飞龙	2010.07—2012.04	吴细信	2007.04—2012.04

第四篇　土　地

云和自明景泰三年(1452)建县至中华人民共和国成立，实施土地改革前，一直实行土地私有制。1950年11月至1951年11月，全县进行土地改革，彻底废除封建土地私有制，建立土地农民个体所有制，真正实现耕者有其田。1958年，推行人民公社化，变土地私有制为集体所有制。1982年，全面推行以家庭联产承包为主的农业生产责任制。1984年3月，取消人民公社，土地归村集体所有。1985年，全县进行第一轮土地承包工作，耕地承包期延长15年并完善承包合同。1998年12月，县委、县政府全面部署第二轮土地承包工作，在第一轮土地承包期满后，把承包期再延长30年。

20世纪90年代，改革城镇国有土地使用制度，逐步形成变无偿为有偿、变无限期为有限期、变无流动为有流动的土地使用制度。

1992年，云和县开始实施《中华人民共和国土地法》，土地管理工作逐步走上法制化、规范化、科学化的轨道，在开展土地资源调查、制定土地利用总体规划、划定基本农田保护区、组织开发利用和综合整治土地资源、强化土地执法监察、加强土地市场管理等方面做了大量工作并取得一定成效。

第一章 土地现状

1990年10月至1992年4月，云和县开展第一次土地调查。2008年6月至2010年8月，开展第二次土地调查，查清全县土地资源数量、类型、结构、分布和权属状况，公布第二次土地调查，面积98962.6顷,其中耕地面积8109.7公顷，园地面积2498.1公顷，林地面积79578.1公顷，草地面积632.6公顷，城镇村及工矿用地1952.3公顷，交通运输用地803.2公顷，水域及水利设施用地3726.5公顷，其他土地1662.1公顷。

各类型土地在全县14个乡镇均有分布。耕地较多是云和镇和崇头镇，耕地面积分别占全县的18.6%和13.1%；园地较多是石塘镇、云和镇和朱村乡，面积分别占全县的36.1%、22.1%和14.6%；林地面积最大是赤石乡，占全县林地面积的13.1%；草地面积最大的黄源乡，占全县草地面积的19.3%；城镇村及工矿用地面积最大是云和镇，占全县城镇村及工矿用地面积的53.1%；交通运输用地比重最大是云和镇，占全县的26.6%；水域及水利设施用地面积最大是赤石乡和紧水滩镇，分别占全县水域及水利设施用地总面积的22.9%和22.6%；其他用地总面积第二次土地调查比第一次土地调查减少4092.7公顷，面积最大是崇头镇，占全县其他用地面积的14.6%。

2010年，云和县有国有土地面积6392.3公顷，集体土地面积为92570.3公顷。

第一节 土地资源调查

1990年9月，云和县政府办公室下发《关于成立县土地资源调查领导小组的通知》，成立云和县土地资源调查领导小组及其办公室。是年10月中旬，由县土管局具体组织实施，组成专业调查队伍开展全县土地资源调查工作，1992年4月底结束。查清全县土地资源数量、类型、结构、分布和权属状况。2008年6月启动第二次全县土地资源调查工作，全面查清全县范围内的各类土地利用状况，2010年8月31日通过省土地调查办公室成果验收。

1992年和2010年云和县二次土地调查情况表

表4-1-1 单位：公顷

类别	第一次调查	第二次调查	第二次与第一次调查面积增减情况
全县土地总面积	98940.97	98962.58	+21.61
耕地	9345.04	8109.70	-1235.34

续表 4-1-1

类别	第一次调查	第二次调查	第二次与第一次调查面积增减情况
园地	1077.19	2498.09	+1420.90
林地	77383.88	79578.11	+2194.23
草地	26.25	632.56	+606.31
城镇村及工矿用地	1452.48	1952.27	+499.79
交通运输用地	339.84	803.21	+463.37
水域及水利设施用地	3561.52	3726.50	+164.98
其他土地	5754.77	1662.05	-4092.72

第二节　土地分布

2008 年 6 月至 2010 年 8 月，云和县第二次对土地类型分布情况进行调查。

2010 年云和县第二次土地调查各类土地分布情况表

表 4-1-2　　单位：公顷

行政区域	总面积	耕地面积	园地面积	林地面积	草地面积	城镇村及工矿用地	交通运输用地	水域及水利设施用	其他用地
云和县	98962.58	8109.70	2498.09	79578.11	632.56	1952.27	803.21	3726.5	1662.05
云和镇	13554.34	1508.46	550.80	9640.63	58.43	1036.84	213.72	374.91	170.55
石塘镇	9537.43	543.86	901.20	7048.13	9.56	127.30	110.01	692.71	104.66
紧水滩镇	8387.07	477.06	127.99	6659.50	32.00	82.82	54.98	843.15	109.57
崇头镇	6247.07	1058.74	117.97	4541.88	76.80	102.80	46.40	59.82	242.66
雾溪畲族乡	3290.89	307.53	6.69	2760.10	37.88	27.68	11.45	71.71	67.85
安溪畲族乡	3367.21	403.96	60.93	2709.21	43.40	33.22	13.64	14.52	88.33
云坛乡	10023.60	554.13	147.98	8888.33	44.77	80.12	79.39	114.3	114.58
朱村乡	8353.46	650.41	365.39	6940.52	16.79	103.91	43.25	99.86	133.33
大源乡	6365.60	379.55	67.85	5282.30	26.62	43.88	40.05	426.14	99.21
赤石乡	12153.58	419.04	87.72	10424.29	59.98	115.40	96.72	852.63	97.80
黄源乡	4963.26	708.74	8.13	3835.75	122.18	56.60	23.82	38.94	169.10
大湾乡	3908.12	302.85	6.63	3398.27	48.24	36.29	16.80	23.36	75.68
沙铺乡	3597.02	313.55	6.76	3086.25	23.43	39.21	12.24	35.02	80.56
云丰乡	3807.23	421.55	35.9	3074.49	25.97	51.07	25.98	73.73	98.54
伏布中学	276.68	15.79	3.37	251.04	0.39	—	2.25	0.16	3.68
龙井林场	799.99	32.68	2.57	740.31	6.12	1.39	9.55	1.48	5.89
朱宅源林场	298.20	—	—	296.31	—	0.03	1.73	0.13	—
云和县农场	31.83	11.89	0.21	0.80	—	13.71	1.23	3.93	0.06

2010年云和县第二次土地调查各类型土地面积分布比重表

表4-1-3 单位:%

行政区域	耕地	园地	林地	草地	城镇村及工矿用地	交通运输用地	水域及水利设施用地	其他用地
全县合计	100	100	100	100	100	100	100	100
云和镇	18.60	22.05	12.11	9.24	53.11	26.61	10.06	10.26
石塘镇	6.71	36.08	8.86	1.51	6.52	13.70	18.59	6.30
紧水滩镇	5.88	5.12	8.37	5.06	4.24	6.85	22.63	6.59
崇头镇	13.05	4.72	5.71	12.14	5.27	5.78	1.61	14.60
雾溪乡	3.79	0.27	3.47	5.99	1.42	1.43	1.92	4.08
安溪乡	4.98	2.44	3.40	6.86	1.70	1.70	0.39	5.31
云坛乡	6.83	5.92	11.17	7.08	4.10	9.88	3.07	6.89
朱村乡	8.02	14.63	8.72	2.65	5.32	5.38	2.68	8.02
大源乡	4.68	2.72	6.64	4.21	2.25	4.99	11.44	5.97
赤石乡	5.17	3.51	13.10	9.48	5.91	12.04	22.88	5.88
黄源乡	8.74	0.33	4.82	19.32	2.90	2.97	1.04	10.17
大湾乡	3.73	0.27	4.27	7.63	1.86	2.09	0.63	4.55
沙铺乡	3.87	0.27	3.88	3.70	2.01	1.52	0.94	4.85
云丰乡	5.20	1.44	3.86	4.08	2.62	3.23	1.98	5.93
伏布中学	0.19	0.13	0.32	0.06	—	0.28	0.004	0.22
龙井林场	0.40	0.10	0.93	0.97	0.07	1.19	0.04	0.35
朱宅源林场	—	—	0.37	—	0.002	0.22	0.003	—
云和县农场	0.15	0.01	0.001	—	0.7	0.15	0.11	0.004

耕地

全县耕地14个乡镇均有耕地分布,云和镇和崇头镇占的比重最大,分别占全县耕地面积分别为18.6%和13.05%,其他乡镇均在8.74%以下。

园地

全县14个乡镇均有园地分布,石塘镇、云和镇和朱村乡占比最大,分别占全县园地面积的36.08%、22.05%和14.63%,其他乡镇均在6%以下。

林地

全县14个乡镇均有林地分布,林地面积最大是赤石乡,占全县林地面积的13.1%;云和镇、云坛乡次之,分别占全县林地面积的12.11%和11.17%;再次是石塘镇、朱村乡、紧水滩镇,分别占8.86%、8.72%和8.37%,其他乡镇的林地面积占全县林地面积在6.64%以下。

草地

全县14个乡镇均有草地分布，黄源乡草地面积最大，占全县草地面积的19.32%，其次是崇头镇、赤石乡和云和镇，分别占全县草地面积的12.14%、9.48%和9.24%，其他乡镇均占全县草地面积的7.63%以下。

城镇村及工矿用地

全县14个乡镇均有城镇村及工矿用地分布，云和镇城镇村及工矿用地面积最大，占全县总面积的53.11%、其他乡镇均在6.52%以下。

交通运输用地

全县14个乡镇均有交通运输用地分布，面积最大的是云和镇，占全县交通运输用地面积的26.61%，其次是石塘镇和赤石乡，分别占全县交通运输用地的13.7%和12.04%，其他乡镇均在9.88%以下。

水域及水利设施用地

全县14个乡镇均有水域及水利设施用地分布，赤石乡、紧水滩镇、石塘镇、大源乡和云和镇等5个乡镇水域及水利设施用地面积分别占全县水域及水利设施用地面积的22.88%、22.63%、18.59%、11.44%和10.06%、其他乡镇所占的比重均在3.07%以下。

其他用地

全县14个乡镇均有其他用地分布，崇头镇、云和镇和黄源乡其他用地面积分别占全县其他用地面积的14.60%、10.26%和10.17%，其他乡镇均在8.02%以下。

第三节　土地权属

1992年4月第一次土地调查与2010年8月第二次土地调查公布的数据对比，云和县国有土地和集体土地面积发生较大变化。

1992年和2010年云和县二次土地权属调查变化情况表

表4-1-4　　单位：公顷

土地性质	土地类别	第一次调查	第二次调查	增减情况
集体土地	总面积	93304.31	92570.29	-1202.47
	耕地	9284.25	8081.78	-1029.79
	园地	1053.66	2483.98	+1430.32
	林地	75355.21	78103.49	+2748.28
	草地	17.82	631.02	+613.2
	城镇村及工矿用地	1210.35	1187.11	-23.24
	交通运输用地	215.13	326.97	+203.13

续表 4-1-4

土地性质	土地类别	第一次调查	第二次调查	增减情况
	水域及水利设施用地	620.63	98.31	-522.32
	其他土地	5547.26	1657.63	-3889.63
国有土地	总面积	5206.32	6392.29	+1244.6
	耕地	34.55	28.01	-6.54
	园地	23.48	14.11	-9.37
	林地	1665.61	1474.62	-190.99
	草地	—	1.54	+1.54
	城镇村及工矿用地	242.04	765.16	+523.12
	交通运输用地	123.84	476.24	+352.4
	水域及水利设施用地	2939.98	3628.19	+688.21
	其他土地	176.82	4.42	-172.4

第二章　土地整治与保护

1991—2010 年，云和县政府投入资金 8876.71 万元，开田造地 135.33 公顷，土地整理 435.08 公顷，土地复垦 201.78 公顷，土地开发 66.01 公顷。1990—1992 年，在全县 15 个乡镇 170 个行政村划定基本农田保护区，严格控制建设用地，到 2010 年全县耕地保护面积 8462 公顷（其中基本农田 6972 公顷，一般农田 1490 公顷），基本农田保护率达到 85%。

第一节　土地开发与利用

农业综合开发

20 世纪 90 年代开始，云和县政府重视农业综合开发，山地得到充分开发利用。云和县农业综合开发面积连片上千亩的基地有石塘镇的万亩板栗基地，云和镇瓦窑村的千亩水干果基地、重河湾的万亩农业综合开发现代化示范园区及雪梨生产开发基地。1997 年，由县农委牵头，开展全县旱粮基地建设工程的开发，规划旱粮基地 266.67 公顷，当年已有 66.67 公顷种上经济效益较好的农作物。

开田造地

1991—1999 年，这一阶段以农民自发开发为主，国家给予一定的经济补助。先由开发单位或个人提出申请，县土管局组织人员进行实地勘查。经查认为有开田造地价值的，提出垦造方案，测绘简易平面图，上报审查。同意开发者，编入年度计划，并根据工程难易程度，确定经济补助，签订开田造地合同。每年由县农委牵头，土管、财税、移办、水利等部门组成开田造地验收小组，对当年开田造地面积进行实地丈量验收，核实后下发补助款。其间，全县开田造地 135.33 公顷，政府补助 84.82 万元。

2000 年后，土地开发利用转为县政府主导，各部门配合完成任务，有计划地开展土地整理、建设用地复垦、未利用地开发等工作。

土地整理

2004—2010 年县政府投入 2088.37 万元，整理土地 435.08 公顷，大幅度改善原有农田的生产条件。

建设用地复垦

2003—2010 年县政府投入 5564.75 万元，将建设用地复垦成耕地 201.78 公顷。

土地开发

2007—2010 年县政府投入 1138.76 万元，开发土地 66.01 公顷。

1991–2010 年云和县土地开发利用情况表

表 4–2–1

土地性质	开田造地		土地整理		土地复垦		土地开发	
	面积（公顷）	补助金额（万元）	面积（公顷）	投入资金（万元）	面积（公顷）	投入资金（万元）	面积（公顷）	投入资金（万元）
1991	15.40	11.34	—	—	—	—	—	—
1992	20.00	23.00	—	—	—	—	—	—
1993	12.08	7.28	—	—	—	—	—	—
1994	9.98	9.75	—	—	—	—	—	—
1995	7.07	9.78	—	—	—	—	—	—
1996	11.32	7.56	—	—	—	—	—	—
1997	23.66	6.12	—	—	—	—	—	—
1998	23.67	7.24	—	—	—	—	—	—
1999	12.15	2.75	—	—	—	—	—	—
2000	—	—	—	—	—	—	—	—
2001	—	—	—	—	—	—	—	—
2002	—	—	—	—	—	—	—	—
2003	—	—	—	—	1.76	52.80	—	—
2004	—	—	50.50	242.40	18.10	54.30	—	—
2005	—	—	—	—	—	—	—	—
2006	—	—	28.85	138.48	0.81	24.30	—	—
2007	—	—	343.15	1647.12	—	—	13.65	235.40

续表 4-2-1

土地性质	开田造地		土地整理		土地复垦		土地开发	
	面积（公顷）	补助金额（万元）	面积（公顷）	投入资金（万元）	面积（公顷）	投入资金（万元）	面积（公顷）	投入资金（万元）
2008	—	—	—	—	181.11	5433.35	—	—
2009	—	—	—	—	—	—	—	—
2010	—	—	12.58	60.37	—	—	52.37	903.36
合计	135.33	84.82	435.08	2088.37	201.78	5564.75	66.01	1138.76

库区开发

1982 年、1988 年、1994 年，紧水滩、石塘、玉溪 3 个水电站相继动工,三个水库淹没的耕地占全县耕地总面积的 10.6%，从而加剧云和县粮食供需矛盾，全县粮食缺口由 1985 年的 300 万千克上升到 1989 年的 650 万千克，移民地区部分村人均耕地不足 0.01 公顷，个别村出现基本无田耕种现象。为解决后靠移民的生活出路，县人民政府相继出台鼓励开田造地的有关优惠政策。

1989 年，经县府批准，紧水滩镇石浦村天鹅地，小顺乡长汀、赵岸村，局村乡木垟等处进行围垦造田。投资 33 万元的紧水滩石浦村天鹅地围溪筑堤填土工程项目，于 1991 年 6 月竣工验收，新开田 6.54 公顷交付耕种，该村原有耕地 5.19 公顷，加上新开水田，人均达到 0.06 公顷，解决了村民的后顾之忧。

1997—1998 年，玉溪电站库区移民，确定“以土安置、以保口粮”的安置办法，通过拦坝开田造地、农业综合开发，保证移民的基本生产生活条件。在石塘镇的规溪亭凉光畈、双港畈、下坑、滩下，朱村乡的朱村口等 7 处造田 21.34 公顷、造地 1.31 公顷，移民人均耕地达到 0.03 公顷以上。同时开发鱼塘 15.73 公顷、雷竹基地 3.33 公顷、板果基地 37.6 公顷、加洲李基地 3.33 公顷。

到 1999 年 10 月止，紧水滩库区新开水田 9 公顷、造地 2 公顷，合计 11 公顷；石塘库区开田造地 11.87 公顷；玉溪电站库区新开水田 21.34 公顷、造地 1.31 公顷，合计 22.66 公顷。库区共计开田造地 45.52 公顷。

第二节　基本农田保护区

1990 年 9 月，云和县人民政府决定在全县开展划定基本农田保护区工作，并成立云和县划定基本农田保护区领导小组，抽调土管、城建、农业三个部门的技术骨干，组成县划定基本农田保护区办公室，是年 10 月，开展全县划定基本农田保护区工作。到 1992 年 12 月，完成全县 15 个乡镇 170 个行政村的基本农田保护区划定工作。签订农保合同，绘制 1:10000 农保规划图，埋设农保水泥界桩 300 只，设农保标志牌 6 块，建立县、乡（镇）、村三级农保组织。规划到2000年全县农田保护面积4728.94公顷，建设规划留用地166.67公顷，农田保护率96.50%。到2020年农田保护面积4482.27公顷，建设规划用地面积246.67公顷，农田保护率94.8%。

1995年11月，对云和镇、崇头镇、石塘镇、紧水滩镇和沙溪乡、朱村乡的建设用地进行了调整。调整后全县1990—2000年建设留用地346.67公顷，农业结构调整用地100公顷，两项留用地面积合计446.67公顷，规划开发耕地133.34公顷，到2000年全县基本农田保护面积为4413.34公顷，基本农田保护率90%，较原定保护面积96.5%下降了6.5个百分点。到2000年年末，全县耕地总面积为4546.67公顷，耕地净减量控制在353.34公顷以内。县土管局将上述建设用调整情况上报县政府、县人大，经县政府、县人大常委会批复同意上述报告，并予实施。

1996年4月10日，县人民政府对15个乡镇政府签订保护耕地责任书，保护耕地行政首长负责制得到落实。

1998年10月，丽水地区下达给云和县基本农田保护率为85%，基本农田保护面积6972公顷。土地利用总体规划修编统一采用土地详查数据，在确定基本农田控制指标的基础上，经综合研究和比较分析，最后确定云和县基本农田保护区规划方案，即到2010年，全县总人口控制在13.6万人以内，粮食亩产量达到415千克，全县需确保耕地7618公顷，耕地保护面积8462公顷（其中基本农田6972公顷，一般农田1490公顷），建设占用耕地控制在151公顷以内，基本农田保护率达到85%。

2000年云和县基本农田控制指标分配表

表4-2-2

乡镇 面积 项目	1989年末 耕地面积 （公顷）	2000年			
		基本农田保护面积 （公顷）	规划建设留用地面积 （公顷）	基本农田保护率 （%）	新开耕地面积 （公顷）
合　计	49022.67	4728.94	173.33	96.50	355.27
云和镇	753.40	711.14	42.67	99.40	75.81
紧水滩镇	258.13	256.68	1.45	99.40	61.04
石塘镇	486.60	472.62	13.99	97.10	—
崇头镇	568.53	558.23	10.30	98.20	54.43
沙溪乡	423.27	411.51	11.75	97.20	
雾溪乡	88.47	87.47	1.00	98.90	6.71
安溪乡	139.73	138.65	1.09	99.20	—
云坛乡	415.13	410.39	4.75	98.90	—
朱村乡	408.40	406.15	2.25	99.50	—
大源乡	197.80	196.80	1.00	99.50	—
赤石乡	261.34	259.90	1.43	99.50	75.61

续表 4-2-2

乡镇 面积 项目	1989 年末 耕地面积 （公顷）	2000 年			
		基本农田保护面积 （公顷）	规划建设留用地面积 （公顷）	基本农田保护率 （%）	新开耕地面积 （公顷）
云丰乡	221.27	153.40	67.87	69.30	79.03
黄源乡	379.80	391.44	1.70	99.60	—
大湾乡	137.00	132.84	4.16	97.00	2.62
沙铺乡	150.07	148.41	1.66	98.90	—
留县	—	—	6.67	—	—

1997—2010 年云和县基本农田保护指标调查表

表 4-2-3

乡镇 面积 项目	1996 年末耕地面积 （公顷）	1997—2010 年		
		基本农田保护面积 （公顷）	一般农田保护面积 （公顷）	基本农田保护率 （%）
全县合计	546.83	464.80	23.36	85.00
云和镇	76.61	57.63	14.69	75.00
紧水滩镇	27.49	23.19	0.33	84.00
石塘镇	43.50	39.43	1.27	90.70
崇头镇	68.00	62.18	1.33	91.00
沙溪乡	46.82	41.93	1.67	89.60
雾溪乡	16.46	13.76	0.33	83.60
安溪乡	23.52	19.72	0.33	83.90
云坛乡	41.25	35.55	0.87	86.20
朱村乡	42.57	36.51	0.80	85.80
大源乡	20.32	16.60	0.33	81.70
赤石乡	35.95	30.65	0.33	85.30
云丰乡	24.47	18.96	0.33	77.50
黄源乡	41.74	36.68	0.33	87.90
大湾乡	16.48	13.60	0.20	82.50
砂铺乡	17.47	1.48	0.20	93.50
县属单位	4.00	3.67	—	91.70

2004 年，云和县成立基本农田自查工作领导小组，重点对全县标准农田建设进行面积核查。核查结果：原沙溪畈等 13 个标准农田建设项目，比上报数据有所增加，云和镇小葛畈等 4 个标准农田建设项目，比原上报数据减少 154.85 公顷。标准农田减少原因：一是省重点工程丽龙高速公路占用标准农田 17.27 公顷；二是实施“小县大城”战略，批准规划占用 137.58 公

顷。核查结果建成标准农田1039.17公顷。同时按照上级统一部署，开展非法买卖农村集体土地专项清理工作，进一步落实耕地保护措施。

2005年，云和县继续加大基本农田保护力度，严格按照国务院总量不减少、用途不改变、质量不下降的要求，将基本农田保护责任落实到村、到田头。对基本农田保护面积进行校核，校核后受保护面积为6972公顷。

2006年，县政府出台《云和县耕地保护责任制考核办法》，落实各行政区域耕地保有量和基本农田保护面积。

2009年，云和县加大耕地保护宣传力度，利用公交车车体广告和电费单宣传等，把耕地保护、节约集约用地的法律知识送进千家万户。县政府与各乡镇政府签订《土地保护责任状》，进一步明确各乡镇耕地保护责任，完善并实施耕地保护目标责任制考核办法。

2010年，县政府下发《云和县人民政府办公室关于建立耕地保护和土地违法行为联合防控机制的通知》，建立健全云和县耕地保护制度。

第三章　建设用地

云和县坚持"一要建设，二要吃饭"的原则，依法依规严格管理建设用地。1995年6月，开始编制《云和县土地利用总体规划》，确保到2010年，耕地面积保持6967公顷，耕地保护率为85%。非农建设占用耕地控制在151公顷以内。

第一节　规划用地

1995年6月8日，云和县人民政府办公室下发《关于开展云和县土地利用总体规划编制工作的通知》，成立县土地利用总体规划领导小组，调整土地利用结构和布局。

1996年4月，《云和县土地利用总体规划》通过丽水地区评审合格。9月20日，县人大常委会十一届第28次会议审议通过。

1998年2月，云和县人民政府办公室下发《关于成立县土地利用总体规划修编工作领导小组的通知》，成立县土地利用总体规划修编工作领导小组。县人民政府修编全县土地利用总体规划。1998年11月，规划修编完成，并完成全县15个乡镇的乡镇级土地利用总体规划编制工作。规划修编期限与《云和县"九五"计划和2010年国民经济和社会发展长远规划》一致。规划分两个阶段：近期规划为2000年，远期规划至2010年，同时对展望规划年限2030年作轮廓性的安排。

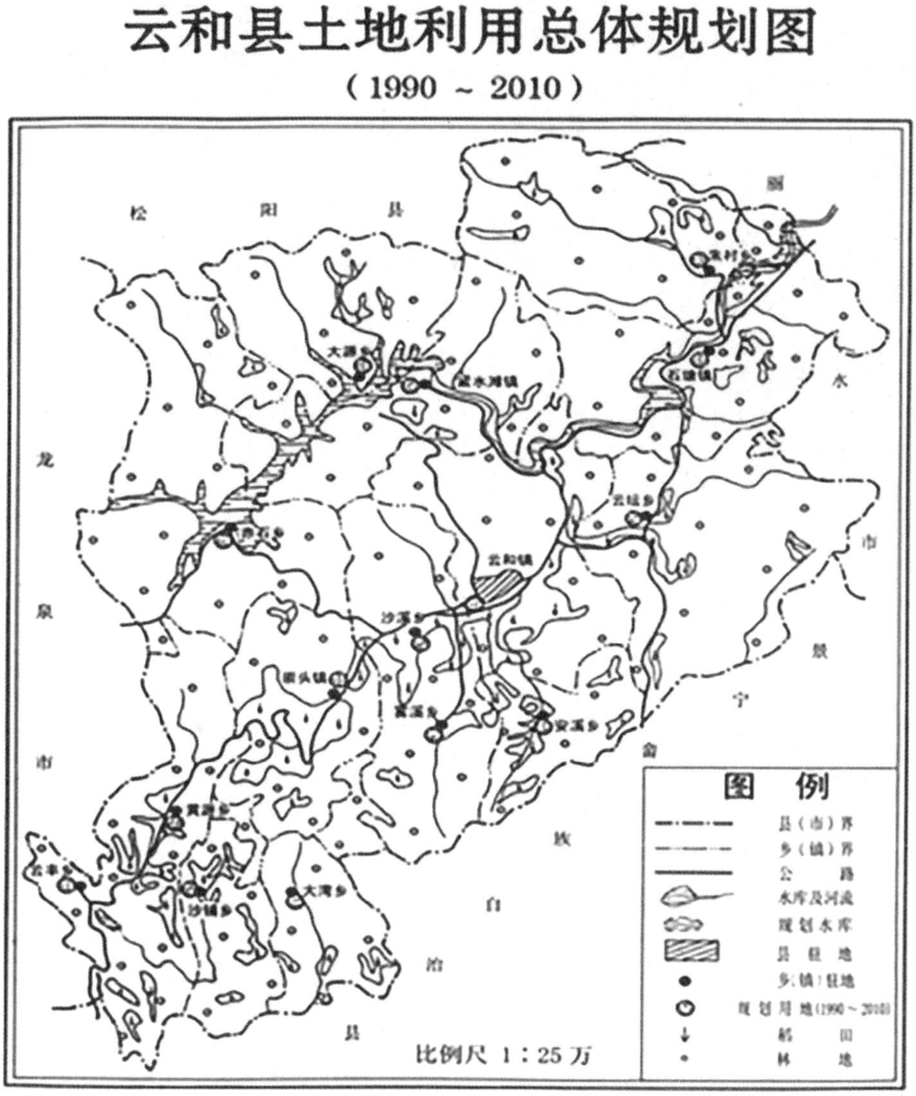

图 4-3-1 云和县土地利用总体规划图（县土地管理局提供）

第二节 用地规模

根据《云和县土地利用总体规划（1997—2010）》，规划期内，在保障必要的建设用地的同时严格控制非农建设占用耕地，保证足够数量的粮地面积，到 2010 年，耕地面积保持在 6967 公顷，耕地保护率为 85%。非农业建设占用耕地控制在 151 公顷，其中城镇建设规划期内占用耕地 34 公顷；农村建房用地以旧村改造为主，尽量利用村内闲散非耕地，规划期内农村建房占用耕地 6 公顷；交通用地主要是地区重点工程建设，即松（阳）泰（顺）线、丽（水）浦（城）线、缙（云）丽（水）庆（元）线等新建、改建拓宽，规划期内交通用地占用耕地 52 公顷；水利用地主要安排重点工程的沙铺砻电站建设，规划期内占用耕地 12 公顷；农村道路用地占用耕地 35 公顷。

1997—2010年云和县建设占用耕地分解方案表

表 4-3-1

单位：公顷

乡镇	合计	1997—2000年							2001—2010年						
		小计	交通用地	水利用地	农村道路	农田水利	城镇建设	农村建设	小计	交通用地	水利用地	农村道路	农田水利	城镇建设	农村建设
合计	151.00	69.00	22.00	12.00	19.00	4.00	10.00	2.00	82.00	30.00	—	16.00	8.00	24.00	4.00
云和镇	31.65	12.05	5.20	—	—	0.55	5.80	0.50	19.60	4.00	—	—	1.10	13.50	1.00
紧水滩	7.41	1.32	—	—	0.53	0.21	0.20	0.08	6.09	—	—	5.00	0.42	0.50	0.17
石塘	19.69	8.52	6.00	—	1.06	0.32	1.00	0.14	11.17	—	—	1.72	0.64	2.50	0.31
崇头	6.45	2.59	—	—	1.12	0.50	0.80	0.17	3.86	—	—	—	1.00	2.50	0.36
沙溪	15.11	2.10	—	—	0.80	0.34	0.80	0.16	13.01	—	—	—	0.68	2.00	0.38
雾溪	2.85	1.80	—	—	1.63	0.13	—	0.04	1.05	—	—	0.71	0.26	—	0.08
安溪	2.14	1.70	—	—	1.48	0.17	—	0.05	0.44	—	—	—	0.34	—	0.10
云坛	12.01	11.21	10.80	—	—	0.30	—	0.11	0.80	—	—	—	0.60	—	0.20
朱村	3.81	1.99	—	—	1.58	0.31	—	0.12	1.82	—	—	1.00	0.62	—	0.20
大源	2.75	0.88	—	—	0.41	0.16	—	0.70	1.87	—	—	1.43	0.80	—	0.14
赤石	18.92	2.04	—	—	1.68	0.27	—	0.11	16.88	—	—	6.14	0.54	—	0.20
云丰	15.83	15.32	—	12.00	3.07	0.18	—	0.07	0.51	—	—	—	0.36	—	0.15
黄源	3.98	3.18	—	—	2.78	0.30	—	0.10	0.80	—	—	—	0.60	—	0.20
大湾	0.86	0.52	—	—	0.35	0.13	—	0.04	0.34	—	—	—	0.25	—	0.08
沙铺	2.79	2.43	—	—	2.25	0.14	—	0.04	0.36	—	—	—	0.28	—	0.08
机动	10.00	1.60	—	—	—	—	1.4	0.20	8.40	—	—	—	—	8.00	0.40

第三节　用地管理

国家建设用地管理

审批权限　1991—1998年，按照浙江省人大常委会1987年1月20日通过的《浙江省土地管理实施办法》征用土地审批权限，云和县建设用地审批权限为：征用耕地（包括园地、养殖水塘）0.201公顷以下，非耕地0.67公顷以下，由县土地管理部门审查，报县人民政府批准；征用耕地0.201公顷至0.33公顷，非耕地0.67公顷以上至1.3公顷，由省辖市（地区）土地管理部门审查，报市（地）人民政府批准；征用耕地0.33公顷以上，非耕地1.3公顷以上，由省土地管理部门审查，报省人民政府批准；征用耕地6.67公顷以上，非耕地133.3公顷以上，由省人民政府审查，报国务院批准。一个建设项目需使用的土地，根据总体设计一次性申请批准，不得化整为零；分期建设项目，应当分期征地，不得先征待用。征用集体土地涉及规划、交通、环保、文物保护、消防、林业，还要分别取得有关部门的同意。从此，建设用地的审批征用逐步走向依法办理的轨道。

审批程序　1991年8月，云和县下发《关于简化手续提高审批效率加快建设项目征地报批工作的通知》，对建设用地的审批程序及需送材料作了规定：建设单位需要征用或划拨土地，必须持县计划部门批准的建设项目文件；项目批准文件下达后，向县土地管理部门提出需要征用土地书面申请；县土地管理部门对建设单位的征地申请经初步审核同意后，在城市规划区内用地，先由城市规划部门选址定点，并划出用地范围，再由县土地管理部门实地界定，提出用地审查意见，由县征地事务所办理统一征地手续；填报“国家建设用地呈报表”一式六份，分别由被征用地单位的村民小组、村委会、乡镇人民政府签署意见，报县土地管理部门审查报批手续，经批准后建设单位凭县土管部门核发的建设用地许可证，向城建规划部门领取建筑施工许可证。建设项目的竣工验收，由规划部门会同土地管理部门对实际用地进行审核，认可后由土管和房管部门核发土地使用证和房屋所有证。

1999年1月1日始，云和县根据《中华人民共和国土地法》有关规定。具体建设项目用地申请、受理、审查、报批按以下程序进行：项目可行性研究报告报批前（不需进行可行性研究的项目，在项目立项前），由土地行政主管部门进行预审，提出预审意见—项目正式立项—领取建设用地规划许可证或其他有关文件（包括建设需占用林地的，办理使用林地手续）—建设单位提出用地申请—拟定农用地转用方案、征地方案、补充耕地方案、供地方案（包括拟订《国有土地划拨决定书》、《建设使用集体土地协议书》）等草案或草签出让（租赁）合同—编制建设用地项目呈报说明书—县级审查、审批—报市（地）审查、审批—报省审查、审批—需报国务院审批的由省上报国务院。

分批次建设用地申请、审查、报批按以下程序进行：县土地行政主管部门拟订农用地转用方案、征地方案、补充耕地方案—编制建设用地项目呈报说明书—由县人民政府提出用地申请一逐级报市、省审查、审批，需报国务院审批的由省上报国务院。

统一征地 根据《中华人民共和国土地法》和《浙江省土地管理实施办法》的规定，1991年4月18日，云和县人民政府决定："凡在本县辖区范围内所有建设单位（包括全民、集体）需要征用土地的，必须依照法定程序，向县土地管理部门提供计划部门的建设项目批准文件、建设规划部门的规划选址意见书及其他有关材料，并提出用地书面申请，由县土地管理部门依法办理统一征地手续，实行统一征地。"国家建设需要征用土地，被征用单位必须服从国家建设需要，实行统一安排，任何单位和个人，不得以任何借口进行阻挠。任何建设单位不得擅自与被征地单位直接商谈及签订征地补偿协议，凡擅自签订的征地协议一律无效。建设用地单位在征地协议签订后，应按省财政厅、土管局、建设银行文件精神，在15天内将征用费总额汇入县土管局在建设银行开立的专户，由县土管局转付，不与被征用单位发生资金往来。土地统一征用后，所有权属国家所有，县土地管理部门根据用地单位的性质，依法将征用的土地使用权划拨给用地单位使用。1991年，共实行统一征地项目32个，用地8.91公顷，解决了用地单位征地难的后顾之忧。

1993年9月23日，设立云和县统一征地事务所，承办全县国家集体建设用地的统一征地工作，开发、出（转）让土地使用权的管理等。征地工作虽然有专门的管理机构，但在开展工作中遇到较大的阻力，此项工作中止一段时间，还是以原用地单位向土地所有者直接协商征地。

1998年8月，云和县人民政府印发《关于对全县建设用地确定征地补偿标准实行统一征地的决定》，文件重申：为切实加强土地的统一管理，严肃国家土地管理法规的实施，依法管好、用好土地，规范建设用地市场，根据《中华人民共和国土地法》《浙江省土地管理实施办法》的有关规定，结合本县实际，县人民政府经研究决定，对全县范围内的建设用地确定征地补偿标准，实行统一征地。从此，云和县的建设用地征地工作走上正轨。

1998—2010年云和县征用集体土地情况统计表

表4-3-2

年份	征地项目（个）	征地面积（公顷）	年份	征地项目（个）	征地面积（公顷）
1998	16	40.41	2005	4	278.35
1999	5	44.28	2006	23	79.88
2000	10	68.36	2007	2	1.53
2001	5	21.16	2008	6	108.92
2002	25	9.43	2009	8	283.05
2003	2	221.09	2010	3	21.10
2004	3	37.29	—	—	—

集体建设用地管理

审批权限 1991年后，乡（镇）集体建设用地均按国家建设用地办理审批手续。乡（镇）村企业需要使用土地的，必须持县级以上计划部门或主管部门的批准文件，向县土管局提出用地申请，乡（镇）村公共设施、公益事业建设需使用土地者，应经乡（镇）人民政府审核，向县土管局提出申请，然后按照国家建设征用土地规定的审批权限办理。临时用地由县土管局审批，使用期一般为两年。期满确实还需使用的，必须办理续批手续，经批准后，方可继续使用。

审批程序 建设单位持项目批准文件，书面用地报告，总平面布置图，向县土管局申请用地，由县土管局到实地踏勘，经审查同意后，根据建设规模核定用地面积，报县级以上人民政府审批。用地批准后，由县土管局通知用地单位，缴纳有关税费，颁发建设用地许可证，工程竣工后，建设单位须及时把用地情况向县土管局申请验收。

农村砖瓦窑用地审批 1988 年 7 月 7 日，云和县人民政府批转县土地管理局《关于严格砖瓦窑用地管理若干规定的通知》，规定建造砖瓦窑厂应尽量利用山坡地，严格控制占用耕地。凡申请建办砖瓦窑厂，必须持有县级以上业务主管机关批准的设计任务书和占地平面图，县计委、乡（镇）企业局或乡（镇）政府（农户建窑）下达计划文件，由乡（镇）人民政府签署意见，向县土管局申请，按审批权限报县以上人民政府批准，否则以非法占用论处。经批准建办的砖瓦窑厂，其窑房、车间、仓库、办公和住房等用地，可连续使用。取土用地应按年度有计划地申报，并附村民小组通过的复耕措施和补偿办法，由乡（镇）人民政府审查，送县土管局、县人民政府批准办理临时取土用地有关手续，同时按使用土地的种类分别缴纳管理费。砖瓦窑厂取土用地自批准之日起，应按所用土地的种类向县土管局缴纳必要的垦复押金，每公顷 0.75—1.50 万元。

个人建房用地管理

审批程序 1991 年 8 月 2 日，云和县人民政府制定《关于下放农村村民建住宅部分审批权限的通知》规定，将原有宅基地（含原房拆建）、村内空闲地的其他土地（包括没有种植农作物的山坡地、荒地）的用地审批权下放给乡（镇）人民政府审批，然后报县土地管理局备案。凡农户建房需要使用土地的，应当一次性申请批准，不得化整为零，多次批地。在建房用地中凡含有使用耕地的，不论数量多少，一律连同所占用的非耕地面积，由乡（镇）人民政府审核后，报县土地管理局批准，不得将耕地、非耕地分开报批，否则，批准用地文件无效。

1998 年 8 月 29 日，根据国家新修订的《中华人民共和国土地管理法》规定：农村村民住宅用地，经乡（镇）人民政府审核，由县级人民政府批准。

在审批公路两侧建房时，根据国务院 1987 年 10 月 13 日颁布实施的《中华人民共和国公路管理条例》，严格掌握在公路留地范围内不得批准建房用地，按截水沟外缘的间距计算起点，国道不少于 20 米，省道不少于 15 米，县道不少于 10 米，乡道不少于 5 米。

个人建房用地限额 云和县土管局《关于加强土地管理的若干规定》，个人建房限额标准每人 18—25 平方米，大户 6 人以上，使用耕地最高限额 125 平方米，使用非耕地最高限额 140 平方米；中户 4—5 人，使用耕地最高限额 110 平方米，使用非耕地最高限额 120 平方米；小户 1—3 人，使用耕地最高限额 75 平方米，使用非耕地最高限额 90 平方米。库区移民，回乡落户的职工、干部、军人等建房用地与农民同等对待。

第四节　用地补偿

1991年4月，云和县人民政府出台《关于对全县建设用地实行统一征地的决定》，制定建设用地单位支付的土地补偿费、青苗补偿费、地面附着物补偿费等各类补偿费的标准。因征地工作一时难以规范，还存在原用地单位向土地所有者直接协商征地补偿事宜，补偿标准不完全统一。

1995年，省土管局下发《关于开展建设用地管理问题调查的通知》，云和县征用土地费额：一般每亩3.3万元，最高每亩7.3万元，最低每亩2万元；土地补偿费：一般每亩1万元，最高每亩2.2万元，最低每亩0.6万元：劳力安置补偿费，一般每亩2.15万元，最高每亩4.95万元，最低每亩0.25万元；青苗补偿费：稻麦每亩0.15万元，水果每亩0.6万元。

1998年8月，县人民政府印发《关于对全县建设用地确定征地补偿标准实行统一征地的决定》，确定本县征地补偿标准，一类建设规划区：东至县石油公司新加油站西侧机耕路，南至过境公路南侧进深150米，西至小康住宅东侧规划道路，北至城北路以北第一排房屋建设带。凡征用一类土地的，其征地补偿费用不得超过土地征用前3年平均年产值的30倍。在县城规划区内，除规定的一类区范围以外，其他地段为二类建设规划区（包括各乡镇所在地和公路沿线的土地），其征地补偿费用最高不得超过本地征用前3年平均年产值的20倍。除一、二类区以外的土地，其征地补偿费用最高不得超过土地征用前3年平均年产值的15倍。除耕地以外的其他土地（包括宅基地等），其土地补偿标准不得超过耕地补偿标准的二分之一。公路建设用地另作规定。

1999年1月1日，云和县对县内征用土地的补偿和安置费标准按照《中华人民共和国土地法》执行，即征用耕地的土地补偿费，为该耕地被征用前3年平均年产值的6—10倍；安置补助费标准，为该耕地被征用前3年平均年产值的4—6倍。但是每公顷被征用耕地的安置补助费，最高不得超过被征用前三年平均年产值的15倍。支付土地补偿费和安置补助费，尚不能使需要安置的农民保持原有生活水平的，经省、自治区、直辖市人民政府批准，可以增加安置费，但是，土地补偿费和安置补助费的总和不得超过被征用前三年平均产值的30倍。

2004年，云和县人民政府印发《云和县征用土地综合补偿标准暂行规定》，明确规定了云和县征地补偿“区片综合价”，将云和县范围内14个乡（镇）（沙溪乡已撤并）划分为四个区片：区片Ⅰ范围：（云和镇）东至大徐山洞口桥，南至大徐山洞口桥—前溪—一级公路，西至沙溪新建村路，北至丽浦公路贵溪段向北200米—梅垄水库溢洪道—角山分水线以南—舍上村—和信玩具厂—新岭新村—城北路—电信新村路—山体直出—丽浦公路大徐段向北200米—大徐山洞口桥，涉及云和镇红光、勤俭、巧云、蔬菜、象山、小徐、苦竹、新岭，大徐，睦田、白详墩、山脚、黄水难、瓦窑、贵溪、梅垄、后山、新建、隔溪寮、河上等20个行政村的土地。区片Ⅱ范围：⑴云和镇范围内，Ⅰ、Ⅲ、Ⅳ级区片以外的土地；⑵崇头镇、紧水滩镇、石塘镇规划区内的土地。区片Ⅲ范围：⑴云和镇河坑、庄前、三门、天堂坑、杨家山、局村、溪口、云章等8个行政村规划区内的土地；(2)全县各乡级人民政府驻地的规划区范围；(3)紧水滩镇的龙门、菖蒲砻，崇头镇的三望栏、梅源，黄源乡的陈坞，雾溪乡的坪阳岗，朱村乡的张村、泉溪、金村等9个行政村的规划区和沙铺乡的朱宅村的桥头片；(4)石塘镇规溪亭、双港、规溪，麻厂、小顺等5个行政村的公路沿线；(5)云坛乡陈邑、沈岸，霞晓桥等三个行政村的公路沿线。区片Ⅳ范围：(1)云和镇柘园、西弄行政村的土地，云和镇河坑、庄前、三门、天堂坑、杨家山、局村、溪口、云章等8个行政村规划区外的土地；(2)崇头镇、紧水滩镇、石塘镇、云丰乡、黄源乡、沙铺乡、大湾乡、雾溪乡、安溪乡、云坛乡、赤石乡、朱村乡、大源乡等13个乡镇Ⅱ、Ⅲ级区片外的所有土地。插花地的征地补偿标准按照土地所在区片的区片综合价执行。区片综合价由土地补偿费、安置补助费组成。区片Ⅰ耕地、园地、农田水利用地、养殖水面、建设用地80万元/公顷；林地及未利用地10万元/公顷。区片Ⅱ耕地、园地、农田水利用地、养殖水面、建设用地60万元/公顷；林地及未利用地10万元/公顷。区片Ⅲ耕地、园地、农田水利用地、养殖水面、建设用地40万元/公顷；林地及未利用地10万元/公顷。区片Ⅳ耕地、园地、农田水利用地、养殖水面、建设用地27万元/公顷；林地及未利用地10万元/公顷。青苗补偿以土地征用时当季作物的产值进行补偿，征地公告发布后抢种的不予补偿。青苗补偿标准：单季作物青苗补偿费实行包干补偿(5万元/公顷)，多年生长经济作物及树木补偿标准：李、桃、梨、枇杷、板栗、文旦、柚、柿子等1—2年苗3—5元/株，3—4年苗6—15元/株，5—6年苗且已结果16—40元/株，盛产期即产量高峰期41—70元/株；柑橘、杨梅、油茶、胡柚、金橘、葡萄等1—2年苗1—5元/株，3—4年苗6—15元/株，5—6年苗且已结果16—35元/株，盛产期即产量高峰期36—50元/株；茶叶、桑树、柏子等1—30元/株(茶叶以丛为单位计算)；小园竹、毛竹1—5元/株；其他果树、林木(6厘米以上)、药材等，比照以上酌情补偿。地上附着物补偿标准：(1)被征用集体土地上的一般附着物根据县政府拆迁补偿的有关规定折价补偿，大中型农田水利等生产、生活设施委托有相应资质的评估机构评估，报县国土资源局认定。(2)集体土地上的房屋拆迁按《云和县房屋拆迁管理暂行办法》执行。(3)违法违章建(构)筑物不予补偿，并责令事主无条件拆除。

2009年，云和县人民政府印发《关于调整云和县征收土地综合补偿标准的通知》，对县域内区片Ⅰ范围的南至和西至进行拓展，征地补偿标准也有所提高。区片Ⅰ范围：(云和镇)东至大徐山洞口桥，南至大徐山洞口桥—金属园区—林化厂—庵基山隧道—沿高速公路—大坪村后山脚直出—芝畈村边—杨柳河二期(南区块)、三期—高速公路—沙溪、村头畈—后山农产品加工区，西至后山村大坑自然村路，北至贵溪马槽头—梅垄水库溢洪道—角山分水线以南—舍上村—新岭村预制场—城北路、凤凰山—电信新村路—山体直出—丽浦公路大徐段向北500米大徐山洞口桥范围以内的土地，以云和县土地征收(用)区片综合地价Ⅰ区片范围标定红线为准。根据农业结构调整和云和实际情况，把地类归为两个等级类别，一类为耕地、园地、农田水利用地、养殖水面、建设用地；二类为林地和未利用地。各区片综合补偿标准：区片Ⅰ：一类地80万元/公顷，二类地18万元/公顷；区片Ⅱ：一类地65万元/公顷，二类地15万元/公顷；区片Ⅲ：一类地55万元/公顷，二类地13万元/公顷；区片Ⅳ：一类地45万元/公顷，二类地13万元/公顷。其他补偿标准基本没变。

第四章 地籍管理

1989年11月，云和县开始土地使用权申报登记工作。至2010年年底，全县发放土地使用权证42096本，其中国有土地使用权证18668本，农村集体土地使用权证23428本。1993年10月开始，开展县城土地定级估价，1994年，开展云和镇基准地价定级估价，1999年对基准地价作调整更新。1993年，云和县土地管理局成立地产管理服务处，接受各类土地资产评估，截至2005年年底，累计评估土地资产达25.63亿元。

第一节 登记发证

1991年6月6日，县政府印发《关于在全县农村开展土地使用权申报登记的通告》，规范全县开展土地使用权申报登记、发证工作作政策和技术性规定。

1989年11月至1997年4月，云和县城镇分为9批，农村分成5期进行全县城乡非农建设用地的地籍调查和初始申报登记、权属调查、面积测量和权属审核、登记发证工作。全县发证21188本，其中城镇发证4784本，发证率为86%；农村发证16404本，发证率为78%。此后，土地使用权面积测量、登记发证工作，成为县土地主管部门的常规、有序的日常工作。

1999年，云和县设立中山土地登记代理处，11月8日挂牌运行。

2003年，按照县政府的统一部署，土地发证窗口进入县行政办事中心。

1997—2010年，发放土地使用权证20908本，其中国有土地使用权证13884本，农村集体土地使用权证7024本。

第二节 土地定级估价

1993年3月20日，云和县政府办公室印发《关于成立云和县土地估价委员会的通知》，成立云和县土地估价委员会。1994年9月10日，县编委印发《关于同意成立云和县土地估价事务所的通知》，批准成立云和县土地估价事务所，承担城镇土地定级评估工作。1994年5月，县城镇土地定级评估通过省、地土管局验收组验收，完成了云和镇建成区及部分规划区的3.18平方千米的土地定级估价任务，共调查18个项目内容，印制统计表800余份，收集相关数据6000余个，有土地租赁样本190个(其中属商业服务152个，占80%，住宅25个，占13%，其他样本13

个，占7%；房地产样本81个（其中属住宅60个，占74%，其他21个，占26%）；征地资料20份，图件12份，土地出售样本10个（其中招标3个，协议7个）。并收集城建、物价、建行、水电、自来水等部门资料20余份。另外对道路交通（各等级街道）及车流量、人流量，供水、供电，排水、通讯、学校、医院等设施进行了测算与统计。以区片因素条件优劣评判法和区片综合质量排序法对城镇土地进行实质性评估，再根据地产市场信息样点对土地进行经济性评估，以综合评估城镇土地级别，首先把云和镇建成区划分为16个区片、4个土地等级，分为商业、住宅、工业三种土地用途，建立起云和镇第一轮以基准地价和宗地地价（修正系数）为核心的地价评估体系。

1994年云和镇商业用地各区段路线价表

表4-4-1

区段名称	范　围	路线价（元/平方米）	地价样本（个）
新建路01号	新华街—解放街	542	4
新建路02号	新华街—中山街	1316	13
中山街03号	中山饭店—红光路	1366	34
中山路04号	红光路—府前路	942	13
中山路05号	府前路—迎宾桥	550	4
中山路06号	中山饭店—体育场路	560	27
红光路07号	中山路—城中路	570	9
红光路08号	城中路—前溪	220	4
解放街09号	南门路—新建路	469	5
解放街10号	南门路—体育场路	196	4
解放街11号	新建路—红光路	207	5
新华街12号	体育馆—红光路	241	3
红光路13号	中山街—城北路	292	5
城北路14号	府前路—车站路	22	5
菜市路15号	中山路—新华街	1050	6
水电路16号	中山路—新华街	450	6

1994年云和镇商业用地基准地价表

表4-4-2

土地类别	所含路线价区段	基准地价（元/平方米）
Ⅰ	中山路03号、新建路02号、红光路07号、菜市路15号、水电路16号、新华街12号	800.00
Ⅱ	新见路01号、中山路05号、中山路06号、红光路08号、解放街9号、10号、11号红光路13号	352.10
Ⅲ	城北路14号	152.50
Ⅳ	—	102.60

1994 年云和镇住宅用地级别基准地价表

表 4–4–3

土地级别	平均分值	基准地价（元 / 平方米）	区片基准地价范围（元/平方米）
Ⅰ	97.60	354.00	354
Ⅱ	70.90	214.50	179~245
Ⅲ	43.70	127.10	107~142
Ⅳ	22.60	85.50	72~97

工业用地宗地地价评估，只考虑道路通达度及基础设施状况，经评估为每平方米115.6 元。

1999 年，省人民政府批准云和县新一轮城镇总体规划，城镇规划面积从原来 3.18 平方千米增加到 8.75 平方千米，城镇性质、规模、规划区范围和发展方向都作相应调整，城镇原来的体系、功能、结构也随着改变，加之市场经济的发展，价格水平的波动，1994 年评定的云和镇基准地价已不相适应，发生了较大幅度的变化。云和县土地估价委员会和云和县土管局，根据省土管局《关于印发浙江省基准地价更新、上报审核公布的实施意见》，于 1999 年 6—11 月底，完成全镇 8.75 平方千米规划区内的基准地价调整更新工作。本次地价更新工作以 1994 年各类用地基准地价为基础，调查交易样点 92 个，租赁样点 168 个，商业用地选用标准宗地样本 115 个（其中Ⅰ级地选取 50 个，Ⅱ级地选取 46 个、Ⅲ级地选取 12 个、未利用地选取 7 个），住宅用地选取标准宗地样本 88 个（其中 1 级地选取 21 个、Ⅱ级地 28 个、Ⅲ级地 14 个、Ⅳ级地 25 个）。基准地价更新采用市场信息公开化程度高的地价样本，运用“地价指数法”进行新一轮的基准地价更新，建立起以基准地价和标定地价为主的地价评估标准。

1999 年云和县商业用地基准地价更新情况表

表 4–4–4

土地级别	Ⅰ	Ⅱ	Ⅲ	Ⅳ
商业用地地价（元/平方米）	1607	753	346	195

1999 年云和县住宅用地基准地价更新情况表

表 4–4–5

土地级别	Ⅰ	Ⅱ	Ⅲ	Ⅳ
住宅用地地价（元/平方米）	564	450	174	120

云和县对云和镇工业用地成本测算后，确定工业用地基准地价更新为每平方米 178 元。

2005 年，对全县基准地价进行较为全面的更新评估。根据云和县城市总体规划（2004—2025），云和县整个城市规划区建设用地面积扩大为 9.44 平方千米，城市规划区范围包括云和镇大部分用地和崇头镇、雾溪乡及云坛乡部分用地。

通过资料收集到的有效样点情况是：租赁样点236个，二手房买卖交易样点87个，商品房出让、转让等地价测算资料样本83个，土地区位条件资料21份。由于影响商业与住宅用地的地价因素以及工业用地的地价影响因素差异较大，此次云和县城区土地级别商业用地、住宅用地、工业用地分别单独定级。以1999年划定的土地级别界线为基础，对商业、住宅、工业各类用地的样点地价进行按级别归类计算和标准化处理，根据样点地价水平进行归并调整，并用土地区位条件评价作校验。对于开发新区，由于样点稀疏，只能按照规划布局和近期实施的开发计划，划分均质单元，进行土地区位条件评价对比，视其贴近度归并到三级或划入四级地中。

2005年云和县城区基准地价基准条件表

表4-4-6

土地级别		基准条件
商业用地	级别价（规划地块）	(1)基准期日：2005年12月31日 (2)使用年期：40年 (3)土地开发程度：外五通内平整 (4)容积率：2 (5)建筑密度：50% (6)标准深度：25—35米
	路线价（街面房用地）	(1)基准期日：2005年12月31日 (2)使用年期：40年 (3)土地开发程度：外五通内平整 (4)容积率：1 (5)建筑密度：100% (6)标准深度：12米
住宅用地	级别价（规划地块）	(1)基准期日：2005年12月31日 (2)使用年期：70年 (3)土地开发程度：外五通内平整 (4)容积率：1.5 (5)建筑密度：35%
	占地价（住宅楼占地）	(1)基准期日：2005年12月31日 (2)使用年期：70年 (3)土地开发程度：外五通内平整 (4)容积率：4 (5)建筑密度：100%
工业用地	级别价	(1)基准期日：2005年12月31日 (2)使用年期：50年 (3)土地开发程度：外五通内平整 (4)容积率：0.6—1 (5)建筑密度：30—40%

2005年云和县城区商业用地级别基准地价标准表

表4-4-7

级 别	基准地价(元/平方米)	级 别	基准地价(元/平方米)
一 级	3800	三 级	1200
二 级	2300	四 级	800

2005年云和县城区主要街道商业用地路线价表

表4-4-8

序号	路线段名称	路线价（元/平方米）	基准条件		起止范围
			上调系数	下调系数	
1	中山街	2500	1.18	0.72	香菇市场—城东路口
2	中山街	4500	1.20	0.78	城东路—车站北路
3	中山街	7000	1.25	0.73	车站北路—新建路

续表 4-4-8

序号	路线段名称	路线价（元 / 平方米）	基准条件		起止范围
			上调系数	下调系数	
4	中山街	4800	1.20	0.78	新建路—爱民路
5	中山街	3500	1.27	0.70	爱民路—工贸大厦
6	中山街	2000	1.30	0.70	工贸大厦—梅砻城门
7	红光路	2300	1.15	0.75	城北路—公园路
8	红光路	4000	1.24	0.72	公园路—中山街
9	红光路	5500	1.30	0.75	中山街—新华街
10	红光路	4500	1.28	0.80	新华街—城南路
11	新建路	4300	1.30	0.80	城北路—中山街
12	新建路	7000	1.20	0.78	中山街—新华街
13	新建路	6800	1.30	0.80	新华街—城南路
14	新建路	4000	1.28	0.78	城南路—南山公园
15	新华街	3000	1.25	0.75	新建路—体育场路
16	新华街	3000	1.30	0.70	城东路—红光路
17	新华街	4000	1.28	0.75	红光路—新建路
18	新华街	1500	1.30	0.70	体育场路以西
19	城南路	4500	1.30	0.70	新建路—城东路
20	城南东路	2000	1.30	0.70	城东路以东
21	城南西路	2000	1.30	0.70	南门路以西
22	城北路东段	1500	1.29	0.70	府东路—新建路
23	城北路西段	1200	1.30	0.75	新建路以西
24	城东路	5500	1.28	0.75	全段
25	解放街	3500	1.30	0.80	新建路—红光路
26	解放街	3000	1.30	0.72	体育场路—新建路
27	浮云路	2000	1.28	0.70	新建路以西
28	浮云路	4000	1.20	0.85	新建路—城东路
29	南门路	2000	1.30	0.70	解放路—云中
30	车站路	2000	1.30	0.70	城北路—中山街
31	梨园路	3000	1.30	0.75	城北路—中山街
32	府前路	2500	1.25	0.70	县政府—中山街
33	城中路	5500	1.25	0.70	吴家弄—红光路
34	健康路	5500	1.25	0.75	中山街—新华街
35	水电路	5500	1.28	0.72	中山街—解放街
36	菜市路	5500	1.25	0.70	中山街—新华街
37	繁华路	5500	1.20	0.80	健康路—红光路

2005年云和县城区住宅用地级别基准地价表

表4-4-9

级别＼用途	住宅用地	
	级别基准地价（元/平方米）	住宅楼占地基准地价（元/平方米）
一级	1300	3920
二级	1150	3450
三级	850	2560
四级	650	1690
备注	容积率：1.5 建筑密度：35%	容积率：4.0 建筑密度：100%

2005年云和县城区工业用地级别基准地价表

表4-4-10

土地级别	工业用地（元/平方米）	土地级别	工业用地（元/平方米）
一	390	三	240
二	290	—	—

第三节 土地资产评估

1993年，云和县土管局制定《云和县地产管理若干规定》。1994年，县土地估价事务所接受地价评估210宗，面积127公顷，评估价值7800万元。

1995年，云和县土地估价事务所接受委托出让、抵押、转让评估225宗，面积9.58公顷，价值1307万元（其中出让评估2宗，面积0.08公顷，价值49.5万元；抵押评估65宗，面积8公顷，价值758万元；转让评估156宗，面积1.5公顷，价值50万元）。还参与95家企业清产核资的地价评估工作，完成了61家企业、210个宗地、面积127公顷的土地估价任务，资产总值达7800万元。其中县属企业190宗，面积61公顷，价值400万元；中央（或省属）企业20宗，面积66公顷，价值3403万元。

1996年，云和县运用城镇已定的土地估价成果，结合区位因素修正系数，对相关地块进行评估，全年共评估土地43宗，价值418万元。

1998年，云和县参与国有企业改制的土地资产评估，为改制企业界定四至，评估土地价格，评估改制企业土地91宗，面积25.30公顷，评估土地资产总额247.34万元。

1999年，云和县为企业改制做好存量土地盘活工作，共为13家企业评估54个宗地，面积11.25公顷，评估土地资产1231.07万元。

2000年，云和县评估国有企业14家52宗地，面积5.21公顷，土地资产总额1217万元。

2001年，云和县为12家企业16宗2.43公顷土地进行土地资产评估，土地资产总额

344.06 万元。

2002—2005 年，云和县土地估价机构进行大量的土地评估工作，完成评估项目 798 个，其中抵押评估 275 个，企业改制评估 154 个，出让、转让评估 259 个，其他评估 10 个，评估土地面积 47.24 平方米，评估土地资产总额达 23.59 亿元。2006 年后，县国土局没有土地资产评估业务。

第五章　土地监察

1988 年 3 月，云和县成立土地管理局，依法履行对全县土地的监管职责，经常性、多种形式开展土地管理法律法规宣传，在全县范围内查处“三违”（违法违章违纪）建房，开展创建“三无”（土地管理无违法批地、无违法管地、无违法用地）乡（镇）活动，不断加强日常巡查力度，对违法占地用地行为坚决予以制止，对违章建筑执行强制拆除，对违法者实施行政处罚和行政处分等法律制裁，确保《中华人民共和国土地法》的顺利实施。

第一节　行政执法

1991—1998 年，云和县查处违法占地案件 106 起，违法占地面积 22085.70 平方米（其中占用耕地面积 12756 平方米），拆除违章建筑 12756 平方米，罚款 27796 元。

1999 年，云和县依法查处某房地产开发公司违法用地案，依法没收云和镇某行政村某村民小组违法用地所得 30 余万元。

2000 年，云和县在全县范围内开展土地违法案件大清查活动，查处土地违法案件 34 件，面积 2149 平方米。各基层土管所清查 40 余宗（户）批少占多违法案件，根据相关规定作相应的处理。

图 4-5-1 2000 年拆除违章建筑现场（王晓敏提供）

2001—2004 年，云和县查处土地违法案件 298 起，涉及违法用地面积 21068 平方米，其中拆除违章建筑 39000 余平方米。

2005 年，云和县以查处农村私人违法用地为契机，加大对县域公路沿线、城郊接合部等重点部位的巡查力度，全年出动巡查 1100 人次，共计调查各类违法用地案件 381 起，涉及用地面积 100440 平方米，其中私人建住宅 242 户，涉及用地面积 20443 平方米；企事业单位违法用地案件 8 起，涉及违法用地面积

43470 平方米；临时用地违法用地案件 131 起，涉及违法用地面积 36027 平方米。全年组织 51 次拆违行动，拆除违法建筑 49 宗，面积 6211 平方米，经济处罚违法用地案件 195 起，罚款金额 146 万元。

2006 年，云和县查处各类违法用地案件 226 起，建筑面积 84 万平方米，全部依法强制拆除。

2007 年，云和县建立国土、监察部门联合办案机制，全年查处各类违法用地案件 156 起，涉及用地面积 26265.89 平方米，占用耕地面积 15293.52 平方米，组织强制拆违 37 次，拆除制止违法用地案件 147 起，面积 20321.69 平方米（其中耕地面积 12203.90 平方米）。发案率与 2006 年同比下降 16%以上。

2008 年，云和县查处违法案件 91 件,占地面积 6.78 万平方米，组织拆违 46 起，面积 0.61 万平方米，制止和自行拆除 40 起，面积 0.42 万平方米。土地违法案件发生率比 2007 年下降 42%。荣获省级“百日行动”先进单位。

2009 年，云和县进一步加大执法监察力度，开通举报电话，畅通土地违法案件受理渠道。全年共查处违法案件 61 起，占地面积 5792 平方米，制止和自行拆除 12 起，面积 900 平方米。土地违法案件发生率比 2008 年同期下降 23.46%。

2010 年，云和县发现土地违法行为 32 处，涉及土地面积 5700 平方米，其中耕地面积 1900 平方米。组织拆除 18 次，面积 1400 平方米。

第二节 查处“三违”建房

1989 年开始，云和县清理党政干部违法违章违纪（简称“三违”）建私房行为。根据上级要求，结合本县实际，成立县清房办公室，全部工作在 1990 年 1 月中旬结束。

1992 年 1 月 22 日，县清房办公室转给县土地管理局应作出处理的干部建私房材料 103 户（份），县土地管理局均作出处理，其中：停建 17 户，收归土地使用权归国有 10 户，办理土地变更手续 2 户，予以解脱 26 户，可以续建 5 户，处罚 43 户（份），罚款金额 3.28 万元。

第三节 创建“三无”乡镇

1991 年，国家土地管理局提出在全国开展土地管理无违法批地、无违法管地、无违法用地（简称“三无”）乡（镇）活动，每年评选一次。是年，大源乡第一个创“三无”乡（镇）。

1992 年，云和县土地管理局制定关于评选表彰“三无”乡（镇）的办法，具体内容是：一、无违法批地：乡（镇）、村企业、公共设施，公益事业建设和建房用地按规定报批，无违法批地行为；对宅基地的申报审批，乡（镇）、村两级无弄虚作假骗取批准行为；乡（镇）、村干部无点头许诺、口头应允以及以权代法、以言代法，擅自批准宅基地和其他用地问题。二、无违法管地：审批到建设用地中无行贿受贿；建设用地管理中无弄虚作假及履行职务中无以“地”谋私；无违反法定程序和法律法规作出行政处罚决定；在执行公务中无乱收费、乱罚款渎职行为。三、无违法用地：无超占面积行为；无擅自占地行为；无非法转让和买卖土地行为；无不履行复垦义务行为；无破坏土地资源和荒芜土地行为；无不按期办理权属变更手续行为；无侵犯土地权属行为。是年12月，全县经过自查、抽查，达到土地管理“三无”标准的乡（镇）有：大源乡、朱村乡、云丰乡、沙铺乡、雾溪乡、安溪乡、崇头镇、大湾乡、石塘镇、紧水滩镇、云坛乡、赤石乡。

1995年，全县创“三无”乡（镇）活动采用评分量化管理的程序，无违法批地25分：无违法管地35分；无违法用地40分。经过自查、互评，大源、云丰、沙铺三乡为满分；大湾、紧水滩镇、赤石、朱村、安溪等乡（镇）为97分。大源、云丰两乡连续三年被评为地区级和县级土管“三无”乡（镇）先进集体。

1999年，云和县按照“质量保证、内容创新、数量增加”的要求开展创建“三无”乡（镇）工作，在巩固12个乡（镇）达标的基础上，黄源乡、沙溪乡和云和镇3个乡镇也通过了“三无”乡镇考核验收，紧水滩镇被评为地区级“三无”乡（镇）先进集体。至此，全县15个乡镇全部为“三无”乡镇。

第六章　土地市场管理

1992年，县人民政府设立云和县土地使用制度改革领导小组，下设办公室，负责对城镇（包括建制镇）规划区内的土地实行统一规划、统一开发、统一征地、统一出让、统一管理的有偿、有限期、有流动的土地使用制度，依法依规管理土地一级、二级市场和土地资产抵押业务。1992—2010年，云和县共办理土地使用权有偿出让总面积158.83公顷，成交金额101912万元；办理土地使用权转让总面积26.58公顷，补交地价款6051.39万元；办理土地抵押担保金额87408万元。

1981年，云和县农牧特产局下设土地管理股。1988年3月20日，设立云和县土地管理局。2001年11月，改称云和县国土资源局。局机关下属设土地监察中队、县土地资源调查队、县统一征地事务所、县土地估价事务所 。在乡镇设5个土地管理所。

第一节　一级市场

国有土地使用权有偿出让

云和县地产一级市场由县人民政府负责并垄断出让权，由县土地管理部门负责具体实施。在出让的地块中，若涉及集体土地时，应先由县土管部门将其征用为国有土地后，再依照《中华人民共和国城镇国有土地使用权出让和转让暂行条例》和《浙江省城镇国有土地出让和转让实施办法》及有关规定办理。

1992年5月15日，云和县成立县综合经济开发区领导小组，由县长、副县长任正、副组长，县人大常委会副主任任顾问，县政府办公室、县计委、县土管局、县城建局、云和镇政府等单位主要领导为领导小组成员，同时设立云和县城西综合经济开发小区办公室，负责小区的全面开发与建设，包括整个小区内国有土地使用权的有偿出让和转让。是年，划定云和县城西综合经济开发小区，第一批办理国有土地使用权有偿出让项目用地18宗，面积0.86公顷。

是年8月15日，云和县人民政府印发《关于收回国有土地使用权的决定》。8月20日，县土管局发布《云和县土地管理局出让国有土地使用权公告》第1号，经县人民政府批准决定于1992年9月8日，在云和县影剧院举行首次公开拍卖国有土地使用权拍卖竞投仪式，并由县人民政府颁发《国有土地使用权出让授权书》，对新建路大樟树对面工商银行旁边1—3号地(三直地基)进行公开竞拍。这次出让地块的竞投结果：1号地，建筑面积为47.5平方米，每平方米为820元，计价3.9万元；2号地，建筑面积为83.6平方米，每平方米620元、计价5.27万元；3号地，建筑面积为83.6平方米，每平方米为610元，计价5.1万元。首场拍卖共收取地价款14.26万元，平均每平方米地价为664.25元。从此，云和县城镇国有土地使用权的供应方式走上有偿拍卖出让的轨道。

是年，紧水滩镇协议出让两幅国有土地。一幅坐落该镇变电所后，面积684平方米，获得出让金1.4万元；另一幅该镇派出所拟定有偿一幅出让，面积130平方米，9间，由6户个体户协议取得。

1993年，把房地产、金融、商业、旅游和外商投资“五类”建设项目用地全部转轨，以有偿出让方式提供用地。

1997年，国有土地使用权有偿出让，除法律、法规规定可以采用划拨方式供地外，所有其他用地项目，都纳入有偿出让轨道 。

2003年，开始培育和规范国土资源要素市场，开展经营性土地使用权的招标、拍卖、挂牌出让。

1992—2010年云和县有偿出让国有土地使用权情况表

表4-6-1

年份	出让方式	地块(宗)	总面积(公顷)	成交金额(万元)
1992	公开拍卖	3	0.02	14.26
1993	公开拍卖	14	1.86	22.08
1994	协议出让	32	2.32	32
1995	挂牌出让	54	6.47	58
1996	协议出让	13	2.29	69.09

续表 4-6-1

年份	出让方式	地块(宗)	总面积(公顷)	成交金额(万元)
1997	协议出让	9	1.16	32.71
1998	协议出让	3	0.87	51.45
2001	公开拍卖	113	0.81	2739.10
2002	公开拍卖	2	5.55	72580
2003	挂牌出让	3	1.36	2629
2004	公开拍卖	1	0.81	4470
	挂牌出让	2	6.07	9784.65
2005	公开拍卖	8	3.66	14838
	挂牌出让	5	7.97	15392
2006	公开拍卖	9	7	16000
2007	公开拍卖	10	20.57	6786
2008	挂牌出让	20	17.84	3843.53
2009	公开拍卖	22	42.03	15361.47
2010	公开拍卖	17	36.57	9185.85
	协议出让	1	2.36	602.57

行政划拨用地

2005 年，划拨狮山路、江滨路及江滨绿廊等城市基础设施建设用地 4.8 公顷；划拨体育馆、疾控中心等公共设施建设用地 1.8 公顷。

2007 年，全年共划拨供应基础设施和重点民生工程用地 25 宗，264.03 公顷。

2008 年，全年合计划拨基础设施和重点民生工程用地 16 宗，8.8 公顷。

2009 年，全年重点项目、基础设施和民生工程等用地合计划拨用地 62 宗，面积 8.19 公顷。其中，云和县人民医院迁建工程，面积 3.93 公顷；赤石乡人民政府新岭新村安置区及市政工程，面积 0.51 公顷；云和县梅源实验小学，面积 0.05 公顷；云和县石塘镇中心卫生院，面积 0.08 公顷；杨柳河区块 1 号路（6 号路—高速辅路），面积 0.41 公顷；新车站区块道路，面积 0.49 公顷；石塘镇派出所办公用房用地面积 0.26 公顷；云和县盐业有限公司仓储用地 0.14 公顷；云和县城东南路工程公路用地 1.01 公顷；云和县公路运输管理所管理用房 0.11 公顷；云和县城南路东段拓宽改造工程公路用地 0.88 公顷；经济适用住房用地（拆迁安置、留地安置）51 宗，面积 0.34 公顷。

2010 年，划拨用地 72 宗，面积 78.22 公顷。

乡镇企业使用集体土地有偿使用

乡镇企业使用集体土地有偿使用制度，由所在乡镇人民政府按每平方米 0.1—0.3 元标准收取，列入乡镇财政收费项目，收费时间为每年 12 月。

第二节 二级市场

云和县人民政府《关于加快云和县土地使用制度改革步伐的通知》文件规定，凡是通过行政划拨方式取得国有土地使用权的单位和个人进行转让土地使用权和地上建筑物及其他附属物，须经县土地管理部门和房管部门批准，依照《中华人民共和国城镇国有土地使用权出让和转让暂行条例》规定，首先进入土地二级市场，和土管部门签订土地出让合同，向县政府补交土地使用权出让金，再办理转让手续。出让金按标定地价的一定比例收取，最低不能低于标定地价的40%，标定地价由县土管部门根据基准地价、土地使用权转让的期限（长短）和地块条件来核定，并负责收取。所收款项全部上交县财政。对未经批准擅自进行转让划拨土地使用权的单位和个人，依法没收非法收入，并视情节轻重予以罚款。

以上划拨国有土地转让使用补办有关手续，补交土地转让增益费标准为：增值一倍以下，缴纳增值额的10%；增值1倍以上至2倍的缴纳15%；增值2倍以上至3倍的缴纳20%；增值3倍以上缴纳增值额的30%。逾期不申报登记，全额缴纳土地增值费。

1995—2010年云和县办理国有土地使用权转让情况表

表4-6-2

年份	地块（宗）	总面积（公顷）	补交地价款（万元）
1995	156	1.50	500.00
1998	109	1.73	545.80
1999	166	7.89	2495.52
2000	93	2.58	40.20
2006	—	0.26	198.57
2007	—	4.36	303.77
2008	—	5.21	1299.36
2009	—	1.95	428.23
2010	—	1.10	240.06

第三节 土地使用权抵押

1992—2010年云和县办理的土地使用权抵押登记情况表

表4-6-3

年份	地块（宗）	总面积（公顷）	担保金额（万元）
1992	43	—	418

续表 4-6-3

年份	地块(宗)	总面积(公顷)	担保金额(万元)
1992	43	—	418
1995	65	8	785
1996	43	—	418
1997	68	—	1780
1998	81	13.25	4147.88
1999	145	—	2059
2000	75	12.40	19800
2006	—	8.10	12000
2007	—	14.60	22000
2008	—	14.60	24000

第四节　机构与队伍

事业管理机构

土地监察中队　1988 年 9 月 8 日，设立土地监察中队，与土管局法规监察股合署办公。为股级事业单位，承办全县地政监察工作。镇、乡建立土地监察小队，镇、乡分管领导兼任小队长，镇、乡土管员为监察员，兼任副小队长，每行政村设 1 名土地监察员，为小队队员。

县土地资源调查队　1989 年 4 月 7 日，县士管局增设土地资源调查队，为全额拨款全民事业股级单位，编制 3 人，其中负责 1 人。职能是负责组织对全县土地进行详查，对政府制订经济发展规划、计划提供科学依据。

县统一征地事务所　1993 年 9 月 23 日成立。云和县统一征地事务所、云和县地产管理服务处，实行两块牌子一套班子，为全额拨款全民事业单位，其主要职能是承办全县国家集体建设用地的统一征地工作，开发、出(转)让土地使用权的管理等。1997 年 7 月，事业编制 5 人，其中负责 2 人。

县土地估价事务所　1994 年 9 月 10 日，设立云和县土地估价事务所，为自收自支全民事业单位，隶属县土管局。其主要职责范围是：评定城镇、建制镇土地基准地价和宗地地价；依法对出让、转让、出租、抵押等土地使用权业务中的地价进行评估。1997 年 7 月，事业编制 5 人，其中负责 1 人。

乡镇土地管理所

1990—1998 年，云和县先后 4 批招聘乡镇土地管理员。1997 年，设立乡镇土地管理所。1998 年设云和镇土管所、城郊土管所(辖沙溪、云坛、雾溪、安溪)、石塘土管所(辖石塘镇、朱村乡)、紧水土管所(辖紧水滩镇、大源、赤石乡)、梅源土管所(辖崇头镇、黄源、云丰、沙铺、大湾乡)等5个土管所。

行政管理机构

1988年3月20日,设立云和县土地管理局,局机关内设秘书股、建设用地管理股、地政地籍管理股、土地利用规划股。1988年9月1日,局机关调整内设机构,设置办公室、土地法规监察股和地籍管理股,编制10人(含后勤服务人员),设置领导职数2人(其中局长1人,副局长1人)。1997年7月,局机关内设4个职能科室:办公室、土地监察信访股、地籍地产管理股和规划用地管理股,领导职数调整为局长兼党组书记1人,副局长兼党组成员2人。2001年11月至2010年,原土地管理局改称县国土资源局,局机关内设办公室(计划财务管理科)、国土监察信访科(国土监察中队)、规划用地管理科、地质矿产科、地籍地产管理科,行政编制10人(含后勤服务人员),领导职数为局长兼党组书记1人,副局长兼党组成员2人。

1991—2010年云和县国土局主要负责人一览表

表4-6-4

党组(委)书记	任职时间	局 长	任职时间
—	—	张显招	1990.07—1993.07
卢兴雪	1993.09—1996.10	卢兴雪	1993.07—1996.10
朱友岩	1996.10—2000.08	朱友岩	1996.10—2000.08
梅振新	2000.08—2002.08	梅振新	2000.08—2002.08
杨维雄	2002.08—2004.11	杨维雄	2002.08—
	2004.11—		—

第五篇 城乡建设

1991—2010年，是云和县城乡建设发展较快、城市面貌变化较大的20年。20世纪90年代初，云和县城建设提出“东扩南进”的发展思路，规划建设用地范围从3.14平方千米扩展到22平方千米(含远景建设用地)，城市常住人口从2.04万人增加到4.97万人。1995—2006年，云和县先后委托浙江省城乡规划设计院4次修编《云和县城市总体规划》，编制完成专业规划15项和修建性规划12项。

1991年始，云和县城市基础设施建设步入快车道。截至2008年，城市功能逐步完善，建成城市道路36.4千米，道路面积61.3万平方米，形成“四纵五横”的道路网络。建成元和广场、中山广场、浮云公园、浮云绿廊、老年公园等项目；建成柿树坳无害化垃圾填埋场、第二自来水厂、汽车客运新站、体育馆、400米标准运动场等一批基础设施。乡镇建设也有很大发展，完成崇头、石塘、紧水滩3个建制镇的总体规划修编，完成集镇总体规划编制7个，乡政府所在地村庄规划编制4个。

城市管理从无到有，并走上有序管理轨道。1993年1月7日，云和县成立城建管理监察大队，全面管理与监察城市规划、市政建设、园林绿化、市容市貌、环境卫生、城市生态环境和城市交通秩序等。

第一章 城市规划

1984年，云和县开始编制《云和县城总体规划》，先后修编四次，1987年，批复实施。1995年至2005年，《云和县城总体规划》进行三轮修编。2006年，再次修编《云和县域总体规划(2006—2020)》。2010年1月19日，云和县第十四届人民代表大会常务委员会第二十七次会议同意《云和县域总体规划(2006—2020)》，后报浙江省人民政府批复。同时，云和县加快编制一系列详细规划和专项规划，形成较全面、系统的规划体系。

第一节 规划编制

云和县城总体规划

第一轮县城总体规划 1983年，云和县建设局编制《云和县城总体规划(1984—2000)》。是年12月，《云和县城市总体规划(1984—2000)》成图成文。1985年7月，几经修改，在云和通过技术鉴定。1985年10月5日，经云和县第八届人大常委会第五次会议审议通过。1987年8月7日，经丽水地区行署批复，同意《云和县城总体规划1984—2000》实施。

第二轮县城总体规划 1995年，云和县政府委托浙江省城乡规划设计研究院编制《云和县城总体规划(1996—2010)》。1998年2月，该规划经云和县人大常委会审议通过。1998年4月，经省政府批复同意正式实施。

第三轮县城总体规划 2001年，云和县政府委托浙江省城乡规划设计院编制《云和县城总体规划(2001—2020)》。2002年12月13日，云和县政府批复同意实施该规划。2003年12月16日，丽水市政府批复同意实施。

第四轮县城总体规划 2004年，云和县政府委托浙江省城乡规划设计院编制《云和县城总体规划(2004—2025)》。2004年10月21日，云和县第十三届人民代表大会常务委员会第十三次会议审查同意该规划。2005年，经丽水市政府第51次常务会议审议同意《云和县城总体规划(2004—2025)》。2005年10月26日，丽水市政府批复同意正式实施。

1985—2004年云和县城总体规划情况表

表5-1-1

项　目	单　位	1985年	1996年	2001年	2004年
城区现状人口	万人	1.88	2.70	2.95	4.22

续表 5-1-1

项　目	单　位	1985 年	1996 年	2001 年	2004 年
规划人口	万人	3	6	6	8
人均用地	平方米	76.50	90	81.4	103.70
建成区面积	平方千米	1.63	1.70	2.40	3.62
建设用地规模	平方千米	2.30	5.40	6.15	9.44
规划区面积	平方千米	3.14	8.65	18.20	22

图 5-1-1　云和县城城市总体规划(2004—2025)（县建设局提供）

云和县域总体规划

2006年，云和县政府委托浙江省城乡规划设计院编制《云和县域总体规划(2006—2020)》，县域规划范围为云和县管辖范围，总面积为984平方千米，中心城区规划区面积12平方千米。规划期限：规划基期2005年，近期2006—2010年，远期2011—2020年，远景展望到未来30—50年。该规划对云和行政区划作出调整：规划远期云和县域中心城区1个，中心镇1个，一般镇2个和乡集镇3个，集镇型中心村6个、一般中心村11个和基层村66个。1个中心城区为云和镇(涵盖云和镇、雾溪乡和云坛乡)，规划远期撤镇设立云和街道和雾溪街道；1个中心镇为崇头镇(涵盖崇头镇、大湾乡、云丰乡、黄源乡和沙浦乡)；2个一般镇为石塘镇(涵盖石塘镇和朱村乡)，紧水滩镇(涵盖紧水滩镇和大源乡)；3个乡集镇为安溪乡、雾溪乡和赤石乡。

2008年12月16日，云和县组织召开《云和县域总体规划(2006—2020)》方案论证会，评审通过《云和县域总体规划(2006—2020)纲要》和《云和县域总体规划方案》。2010年1月19日，云和县第十四届人民代表大会常务委员会第二十七次会议同意《云和县域总体规划(2006—2020)》。

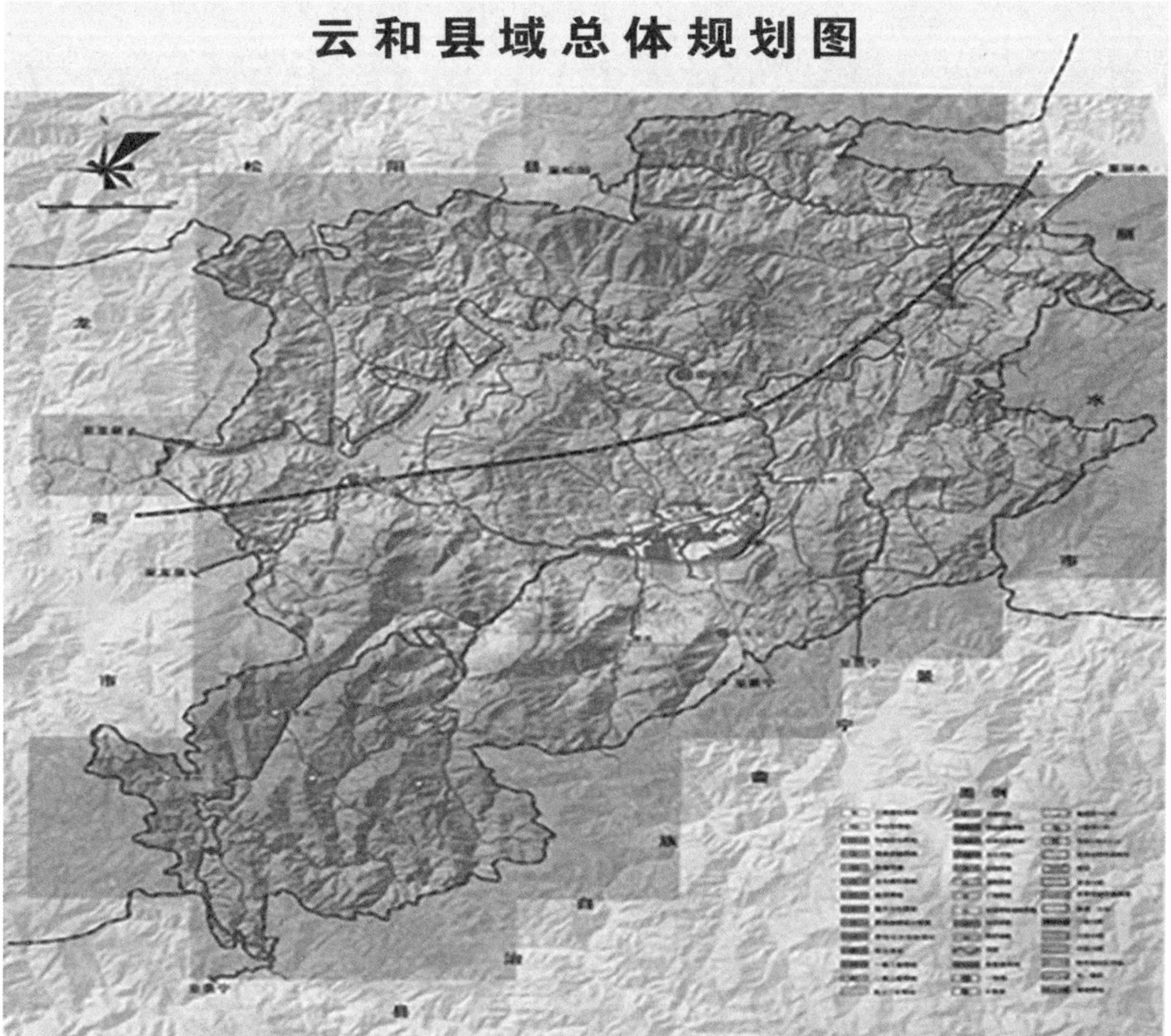

图5-1-2　云和县域总体规划图（县建设局提供）

《云和县城乡一体化规划》(2006—2025)

2004年，云和县政府委托浙江省城乡规划设计研究院编制《云和县城乡一体化规划》(2006—2025)。2004年11月形成规划方案。2005年6月通过方案评审。2006年9月，通过专家评审。2007年，规划编制完成。2008年4月，报请县政府批复实施。2008年6月，提交县长办公会议研究，原则同意实施。该规划中、远期2015年至2020年撤销部分乡集镇，确定城乡居民点体系结构为：1个中心城市，即云和镇；3个一般镇，即崇头镇、石塘镇、紧水滩镇；7个集镇化中心村，即安溪、朱村、小顺、沙铺、黄家畲、张家地、赤石；15个一般中心村，即霞晓桥、陈村、沈村、局村（溪口）、雾溪、金村、泉溪、规溪、双港、大源、龙门、石浦、三望栏村、麻垟、担布坑；42个基层村，即河坑、云章、梅湾、竹坑、苏坑、沈庄、西坑、砻头、黄处、黄家地、东岱、大源口、张兰、桑岭、石门坑、大岗山、石水缸、竹子坪、高畲、外垟、田铺、大牛、菖蒲垄、梅山、渡蛟、徐湖、桃子坑、垟背、黄地、岩下、栗溪、下垟、大湾、林山、朱宅、陈家垟、叶垟、大垟、王荫山、杉板坑、潘山头、店子、建源、阴岩、建林、张源头、临海洋、梓坊、饭甑垄、高山、建升、新林。同时对全县的产业发展，社会基础设施，交通能源，空间结构布局等进行了规划。

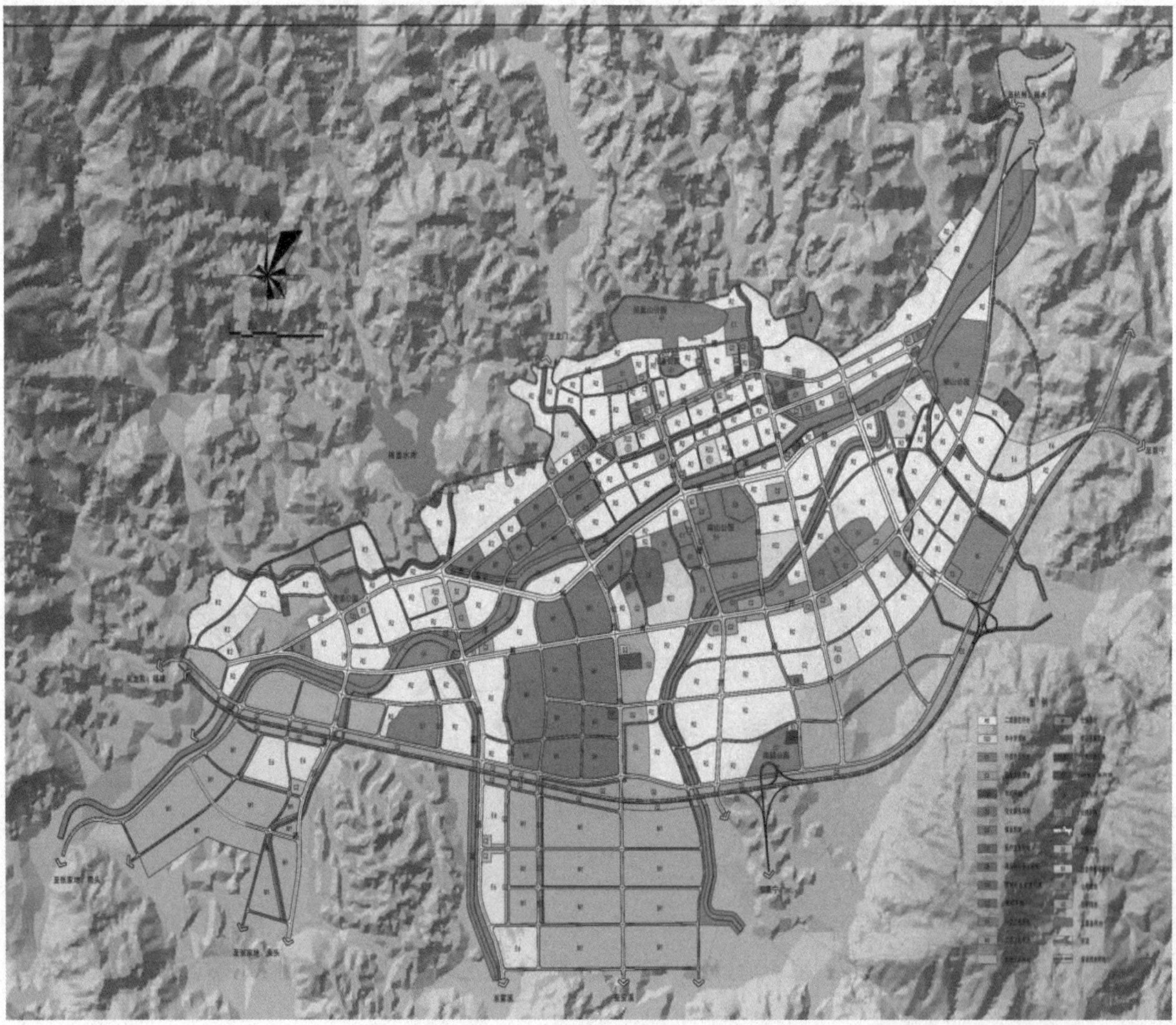

图 5-1-3　云和县城乡一体化规划图(2006—2025)(县建设局提供)

详细规划

1999—2007年，云和县建设局委托浙江省城乡规划设计研究院、温州市城市规划设计研究院编制了《云和县城中心区控制性详细规划》《云和县城北片控制性详细规划》《云和县城西片控制性详细规划》《云和县城南修建性详细规划》《云和县解放街地块改造修建性详细规划》《云和县城东小区修建性详细规划》《云和县河上居住区详细规划》等18项详细规划。至此，形成较为完善的城乡规划体系。

第二节　专项规划

1995—2008年，云和县委托浙江省城乡规划设计研究院、浙江林学院园林设计院等单位完成编制专项规划5项。

云和县城环境卫生专项规划

2004年，云和县委托浙江省城乡规划设计研究院编制《云和县城城市环境卫生专项规划》，明确全县环境卫生工作发展目标，对环境卫生的作业、管理、资金、用地、人才、技术、设施、设备等发展中问题加以分析并提出对策。2005年完成编制，2006年批准实施。

云和县住房建设规划

2008年，云和县委托云和县城乡规划设计室编制《云和县住房建设规划(2008—2012)》，制定2008—2012年住房建设年度计划，明确下一阶段住房建设规划目标、住房用地供应计划和规划实施的保障措施。2008年4月完成，是年批准实施。

云和县城市消防规划

2001年，云和县委托云和县城乡规划设计室编制《云和县城市消防规划(2001—2020)》，规划城市消防安全布局，明确消防通讯、给水、道路和消防车配套设施等。是年11月完成，2002年实施。

云和县县城给水专项规划

2004年，云和县政府委托浙江省城乡规划设计研究院编制《云和县城给水专项规划》，规划供水水源、水厂、给水管网、水源保护，提出节水工作规划目标及措施。2005年1月完成。是年批准实施。

云和县绿地系统规划

2001年，云和县委托浙江林学院园林设计院编制《云和县绿地系统规划(2011—2025)》，科学制定各类城市绿地的发展指标，合理安排县城各类园林绿地建设和县城大环境绿化的空间布局，达到保护和改善城市生态环境、优化城市人居环境、促进城市可持续发展的目的。2001年完成编制。2002年批准实施。

第二章　城市建设

20 世纪 90 年代中期，云和县相继建成仙宫大道、城南路、城东路、城西路、浮云路、解放街东段等道路，拓宽中山街、城北路、新建路、新华街、红光路等，新建和修建 21 座县城中、小桥梁，形成四纵五横的道路网络。改造供、排水网络，新建污水处理厂。初步完成主要道路路灯安装，实施元和广场、中山广场、滨江景观带等夜景亮化工程。建成元和广场、浮云公园（含浮云绿廊）等 8 座公园。

第一节　市政建设

1991—2010 年，云和县建成城市道路长度 32.1 千米，面积 592839 平方米。基本形成四纵五横道路框架。东西向道路新建或拓宽改造中山街、城南路、城北路、城中路、新华街、浮云路、解放街、吉祥路；南北向道路建成仙宫大道、城东大道、新建路、城西路、红光路、康复路等，拓宽改造云雾路、云杨路。

街道

1991—2010 年，云和县先后新建或完成改造浮云路、解放街、新华街、中山街、城南路、城北路、人民路、体育场路、国光路、爱民路、南门路、新建路、菜市路、水电路、梨园路、车站路、府前路、公安路、人民路、振鹏路、农场路、九鼎路、城西路等。

1991—2010 年云和县城主要道路一览表

表 5-2-1

序号	名称	起止	长度（米）	宽度（米）	面积（平方米）	新建（改造）年份
1	爱民路	新华街—中山街	185	10	1850	1993
2	红光路	浮云桥—城北路	969	16	15504	1995
3	繁华路	红光路—水电路	225	10	2250	1996
4	城北路	府东路—凤凰山村	1731	7	12117	1996
5	健康路	新华街—城中路	180	9	1620	1996
6	新华街	城东路—玩具城西端	2491	10	24910	1997
7	新建路	九和小区—城北路	2750	23	63250	1997
8	公园路	红光路北段—城北路	343	10	3430	1999

续表 5-2-1

序号	名称	起止	长度（米）	宽度（米）	面积（平方米）	新建（改造）年份
9	振鹏路	解放街—中山西路	308	9	2772	2000
10	南门路	解放街—黄水碓村	1025	8	8200	2001
11	城东路	中山东路—城南东路	1213	32	38816	2002
12	城中路	红光路—水电路	225	9	2025	2003
13	中山街	迎宾桥—西城门	1458	15	21870	2003
14	城南路	东城门—南城门	4943	20	98860	2003
15	城西路	云杨路—白龙山路	2232	32	71424	2003
16	浮云路	城东路—城西大桥	1580	17	26860	2004
17	解放街	红光路—南门路	1505	7	10535	2004
18	环宇路	红光路—城东路	392	14	5488	2004
19	吉祥路	南山路—城东路	526	22	11572	2004
20	马鞍山路	城南西路—职技校	410	16	6560	2005
21	南山路	城南路—复兴路	1273	16	20368	2005
22	恒通路	城南东路—吉祥街	200	16	3200	2010
23	木艺路	中山西路—解放西路	383	12	4596	2005
24	怡源路	中山西路—解放西路	852	20	17040	2005
25	金茂路	中山西路—解放西路	309	14	4326	2005
26	仙宫大道	中山东路—高速收费站	1872	42	78624	2006
27	狮山路	中山东路—睦田村向南	1159	12	13908	2008
28	童园路	新华街—中山西路	120	8	960	2008
29	和信路	城南路—白龙山路	1244	16	19904	2009

桥梁

1991—2010 年，云和县城共建成桥梁 21 座，其中 1997 年建成荫福桥、梅家源桥。2002 年，建成城东桥、府前路、涌金桥、龟山桥。2003 年建成红光桥、理艺桥、黄溪桥。2006 年，建成浮云桥、仙宫大道桥、新建南路桥。截至 2010 年，云和县城有桥梁 32 座。

1991—2010 年云和县城新建桥梁一览表

表 5-2-2

序号	桥梁名称	连接道路	全长（米）	净宽（米）	桥梁结构	建成时间（年）
1	新华桥	新华街	16.20	15	拉杆拱桥	1995
2	国光路桥	国光路	12.80	2.60	钢筋混凝土 T 型	1996
3	荫福桥	新建路	14	30	单跨板拱桥	1997
4	梅家源桥	府前路、人民路	7.81	11.1	简支平板	1997

续表 5-2-2

序号	桥梁名称	连接道路	全长（米）	净宽（米）	桥梁结构	建成时间（年）
5	新建大桥	新建路	70.84	27.7	预应力空心板	1999
6	城东桥	城东路	69	32	预应力钢筋混凝土空心板	2002
7	府前桥	府前路	17	21	简支预应力空心板梁	2002
8	涌金桥	城东路北端	23	34	预应力钢筋混凝土空心板	2002
9	城东小桥	城东路北端	25.75	32	简支预应力空心板梁	2002
10	红光桥	红光路	64.45	20	预应力混凝土空心板	2003
11	理艺桥	中山街	21.08	24	钢筋混凝土空心板	2003
12	黄溪桥	解放东街、城东路	34.50	34	预应力钢筋混凝土空心板	2003
13	望鹿桥	中山路西端	27	32	后张法预应力混凝土小箱梁	2004
14	迎宾桥	中山街东端	10.50	13.80	预应力钢筋混凝土空心板	2004
15	城东南路桥	城东南路	48	34	预应力空心板	2005
16	浮云大桥	仙宫大道	95	35	系杆拱桥	2006
17	后溪桥	城西路	26.28	20.60	预应力混凝土空心板	2006
18	仙宫大道桥	仙宫大道	36.40	50	预应力混凝土空心板梁	2006
19	新建南路桥	新建南路	31.70	30	预应力空心板	2006
20	舍上桥	凤凰山路	13.84	6.50	简支现浇	2007
21	城西大桥	城西路	76.16	32	预应力空心板	2009

供水管网

2001—2010年，云和县投入供水管网工程资金1200余万元，铺设DN300—100供水主管42.65千米，DN100以下供水支管98.16千米，完成千万农民饮用水工程建设，解决黄水碓、程宅、古竹等城郊村村民用水问题，受益人口15500人。

1999年9月，县水利局与县自来水公司签订县城给水管网改选及扩建配套工程承包协议书。县城给水旧管网改造工程，包括红光路、中山街、梅垄口主管连接，城西路（解放街西）、黄溪边主管扩建，城北路、城南路至黄水碓段、新建路、玩具城、新建北路等10条管网。扩建配套工程，包括城南路管网延伸、农民新村新建管网。总投资235万元，其中县城管网改造资金176万元。2002年，完成城东小区、浮云西路及杨柳河工业园区二期工程、城东金属工业园区及云和二中搬迁给水工程，完成100毫米以上供水管道铺设4500米；维修100毫米以上大管34处，50毫米以下供水管网修理260余处。2003年，完成解放东路、工业园区等工程的安装，铺设100毫米以上管道6000多米，维修100毫米以上管道29处。2004年，完成解放东路至城东金属工业园区、县职业技术学校等给水管道工程的安装，铺设100毫米以上管道32处，小管道维修325处。

2008年，云和县供排水公司筹资173万元，改造城北路、县委大院、南门路—技校路等区块管网，改造供水主管3.6千米、支管10.4千米。2009年，县城供水管网改造工程被列入中央预算内投资项目，累计投入900万元（其中国债资金500万元、地方配套200万元、银行贷款200万元），改造中山街、新建北路、新华街等城市主次干道供水管网8.2千米。2010年，县供排水公司自筹资金200万元，对水电路、健康路、城中路、繁华路、人民路、公园路等区块进行了管网改造，改造供水主管1.1千米、支管22千米。

排污管网

1991年，云和县实施中山街改造，当年完成中山街两侧排污管道265米。1992年，完成中山街两侧排污管道1320米。以后每年将建设排污管网列入市政基础设施配套项目。

2006年12月，云和县污水处理厂工程开工，同时开始配套建设。截至2010年年底，已建成污水处理厂，日处理污水能力5000吨，建成的污水收集主管网19.1千米，完成管网投资1659万元。主要建成狮山路至污水处理厂、黄溪两岸、中山街、仙宫大道、新建路、解放东路、城东路北段、梅家源坑、云杨路、水电路、城南路东段、新汽车客运站周边等污水收集管网。

路灯

2005—2010年，云和县完成仙宫大道、城南路、城东大道、新建南路、解放东路等道路路灯安装，实施元和广场、中山广场、滨江景观带等夜景亮化工程，对中山街、府前路等道路路灯进行亮化改造。县政府每年从城市维护费中安排15万元予以补助路灯亮化。

第二节　园林建设

20世纪80年代，云和县城只有凤凰山公园。1991—2010年，县城新建元和广场、浮云公园、公园（含浮云绿廊）等公园8座。

儿童公园

位于梨园路东侧、县实验幼儿园南侧。1991年春节，云和县建设局与县建行联合举办“我为儿童献爱心，多购奖券建公园”集资募捐活动。1991年6月1日，儿童公园建成，对外开放。

中山广场

位于中山街南侧、红光路东侧。2006年，云和县旧城拆迁改造中，在云和车站的旧址上建设中山广场。用地面积9500平方米，分为绿化广场、茶室和地下停车场三个区间。茶室建筑面积1680平方米。地下车库面积3000平方米，设停车位85个。2007年竣工。

浮云公园

位于浮云溪南岸、城南路新建大桥至红光路段。2002年4月5日动工建设。用地面积1.2万平方米，投资188万元，配套建设绿地、公厕、浮雕、喷水池等各种设施。2002年11月14日竣工。

元和广场

位于云和县城南路南侧、新建路以东。2003年1月23日开工建设。由喷泉池、绿化、公共厕所等组成。用地面积12万平方米，投资额322万元。2003年9月23日竣工验收。

老年公园

又称老年活动中心，位于城北路北侧、凤凰山公园山脚。2002年开工建设。建有活动室、隐篮阁、廊、亭等园林小品，占地面积5400平方米，建筑面积500平方米，绿地面积4900平方米，投资254万元。2003年1月竣工。

浮云绿廊

位于云和县城浮云溪北岸，东起狮山路口，西至城西桥，全长5千米（又名十里绿色长廊），2002年3月开工建设。分5期建设，已完成工程用地面积40742平方米，已投资1239万元。第一期新建路至红光路，2003年12月竣工；第二期新建路至南门桥，2003年4月动工建设，是年12月竣工；第三期红光路至城东路，2004年2月动工建设，是年12月竣工；第四期解放东路金林酒店门口至狮山路口，2009年6月动工建设，2010年4月竣工；第五期为东起南门桥，西至岗头桥，尚未开工，根据规划将建设为戏水绿化景观公园。

滨江南岸公园

位于浮云溪滨水景观轴南岸，2010年8月动工建设。全长1.20千米，总面积约5.40万平方米，总投资约4300万元，是中心城区的生态景观走廊。主要以绿化为主，融九宫格、浮雕、景观坪等造景元素，体现云和的木玩文化和历史的农耕文化，船帮文化。计划2012年年初竣工。

狮山佛教园林景区

位于县城东狮山，2009年9月动工。总面积为133450平方米，由普仁寺、普仁寺塔、接待中心等三部分组成，总建筑面积约12834平方米。其中普仁寺寺庙群建筑面积8235平方米；普仁寺塔高56米，占地面积400平方米；接待中心占地面积4900平方米，建筑面积4599平方米，绿化面积20786平方米，泊车位53个；区际间以游步道等基础设施连为一体，项目投资约5000万元。该园林景区以“政府主导，市场主体”为原则，由商人魏文华中标承建。2010年底，因资金短缺等原因，陆续停工。

省级园林城市创建

2010年3月5日，云和县创建省级园林城市领导小组办公室成立。到2010年年底，云和县城区园林绿化面积190万平方米，区绿地率30.65%，区园林绿化覆盖面积223万平方米，绿化覆盖率35.97%，公园绿地面积81万平方米，人均公园绿地面积14.62平方米。

第三章　旧城改造

1997年2月，云和县开始旧城改造，县城新建路拆迁改造工程列入云和县重点项目。是年3月，云和县成立城市建设重点工程指挥部及办公室，并出台《新建路拆迁改造实施细则》。至2010年，云和县完成新建路、城南路、城东路、老车站、原小商品市场、元和广场、仙宫大道等项目15个，改善云和县城面貌，加快县城基础设施建设。

第一节　新建路段改造

新建路中段拆迁工程

1997年，云和县作出“打通一环路，拆迁改造新建路”的重大决策。该拆迁工程实施分三期。

1997年7月，第一期新建路中段即新华街至解放街段工程启动，本次拆迁涉及41户，其中单位6个，民房35户，征收土地面积5335平方米。拆除房屋建筑面积6994.76平方米，用于道路建设用地3825平方米，土地出让1510平方米，是云和县有史以来最大规模的拆迁工程，经过5个多月的工作，年底前拆除最后一栋民房。

1998年8月，第二期新建路南段解放街至浮云路段沿街房屋拆迁启动，拆迁涉及136户，其中单位2个，民房134户，征收土地面积11305平方米，拆除房屋建筑面积11083.93平方米，道路建设用地7842平方米，出让土地3463平方米。

1999年9月，第三期新建路北段新华街至城北路拆迁工程启动，拆除沿街民房34户，单位4个，征收土地面积5856平方米，拆迁房屋建筑面积9305.01平方米，道路建设用地3636平方米，出让土地2200平方米。

至1999年年底，建成北起凤凰山翼，南接猛虎山脚，横跨两条溪流的新建路，成为云和县城南北向的主轴线。2000年6月，全部完成新建路拆迁改造项目。三期拆迁房屋总面积27383.7平方米，道路建设用地15303平方米，出让土地总面积7173平方米。2001年，新建路沿街建起农村信用联社大楼、邮电营业厅、新建酒店、中国移动大楼等，建筑面积达3.5万平方米。

新建路南段东侧拆迁工程

2000年11月，云和县城开始拆迁新建路南段东侧房屋。2001年，拆迁房屋82户，其中单位5个，民房77户，拆除房屋建筑面积8498.31平方米，至2001年6月底，完成拆迁任务，土地用于新小商品市场和商品房建设。

第二节　其他拆迁工程

元和广场拆迁工程

2000年，云和县轴承配件厂（坐落在城南路60号）拆迁工程启动，拆除房屋建筑面积2806.91平方米，土地用于建设元和广场。

城东路、城南路、城南东路拓宽道路改造拆迁工程

2001年11月，云和县城东路、城南路、城南东路道路拓宽工程启动。截至2002年3月，完成拆迁房屋42户，其中单位4户，民房38户。拆除房屋建筑面积8001.1平方米，土地用于三条道路拓宽及绿化带、浮云公园建设。

云和老车站、中山街小商品市场拆迁工程

2002年6月，云和县城老车站和县城小商品市场拆迁工程启动。拆迁旧房屋6幢，其中县城老车站5幢，小商品市场1幢，拆除旧房屋建筑面积7154.89平方米，土地13433.54平方米，2004年初拆迁完成。拆迁后的土地用于中山广场、广和大厦商住楼建设。

红光路浮云桥南侧拆迁改造工程

2003年，云和县城红光路浮云桥南侧县农机管理站房屋拆迁工程启动，拆除房屋面积1800平方米，土地3807.84平方米，土地用于浮云公园建设。

梨园路拓宽拆迁工程

2004年9月，云和县城为拓宽梨园路，结合原老二中商业区块整体拍卖，完成梨园路民房拆迁6户，城北路2户，拆除旧房屋1120.43平方米，土地514.38平方米。土地用于梨园路道路拓宽。

中山西路、象山加油站、狮山道路拓宽拆迁工程

2005年，云和县城中山西路等道路拓宽工程启动。截至2005年年底，完成三处房屋拆迁12户，其中加油站1户、民房11户，拆除房屋建筑面积2123.46平方米，土地用于道路拓宽和绿化带建设。

仙宫大道拆迁工程

2006年8月，云和县城仙宫大道白洋墩村外山背自然村部分村民房屋拆迁工程启动。2007年年底，完成拆迁房屋69户，拆迁旧房屋建筑面积6555.21平方米，土地用于仙宫大道绿化建设，该大道全长约4000米，宽35米。2006年12月，仙宫大道建成，实现与丽龙高速云和县城高速出入口同步通车的目标。

原二中教师宿舍及北侧民房拆建工程

2007年3月，云和老二中教师宿舍及北侧民房拆建工程启动。2008年，完成房屋拆迁42户，拆除房屋建筑面积3835平方米，土地除安置拆迁户外，其余用于公园路拓宽工程。

解放街前巷区块旧城改造工程

2009年8月，云和县规模最大的旧城改造工程，前巷区块拆迁工程启动，该区块拆迁涉及居民218户，拆除旧房屋建筑面积30008.39平方米。

第三节　拆迁安置改革

1991—2010年，云和县拆迁安置分有土安置和货币安置两种方式，集体土地的农民和居民可任选其一。2000年开始，除有土安置和货币安置外，增加产权置换方式。2009年，云和县取消居民有土安置方式，同时出台有土原地安置“拆二还一”的政策，集体土地农民仍可选择有土安置、货币安置和产权置换。货币安置、有土安置和产权置换三种安置方式仍然有效。

第四章 住房建设

1991—2010年，云和县县实验幼儿园、县、乡镇小学、中学教学楼和校园，县医院、乡镇卫生院全部改建或新建，“110”指挥中心、图书馆、体育馆、400米标准运动场、财政地税大楼、国税局综合大楼、法院审判综合楼、皇城国际大酒店等建筑物，成为县城标志性建筑。

第一节 公共建筑

1991—2010年，云和县城新建公共用房主要包括教育用房、医疗用房、文化体育用房、商务、行政办公用房、金融、电信通讯等。其中，教育用房22幢，建筑面积70777.67平方米；医疗用房7幢，建筑面积38317.07平方米；文化体育用房4幢，建筑面积52684.8平方米；商务用房2幢，建筑面积47910.84平方米；行政办公用房10幢，建筑面积37390.5平方米；金融用房4幢，7110.28平方米；电信通讯2幢，建筑面积14968.76平方米。

1991—2010年云和县主要公共建筑一览表

表5-4-1

类别	工程名称	建筑年份	建设单位	建设地点	建筑面积（平方米）
教育	实验楼	2003	云和县云和中学	校园内	3739
	教学楼	2001	云和县职业技术学校	校园内	2949
	实验楼	2002	云和县职业技术学校	校园内	2192
	宿舍楼	2004	云和县职业技术学校	校园内	3152.70
	培训大楼	2006	云和县职业技术学校	校园内	2057.60
	体艺馆	2006	云和县职业技术学校	校园内北侧	2990
	云和现代远程教育综合大楼	2005	云和县职业技术学校	校园内	1997
	学生宿舍楼	2003	云和县第二中学	校园内	5625.12
	教学楼	2003	云和县第二中学	校园内	12682
	办公楼	2003	云和县第二中学	校园内	1512
	体育馆、学生餐厅	2003	云和县第二中学	校园内	3429.20
	体育馆	2004	云和县第三中学	云和镇城东路230号	1493.80
	食堂	2007	云和县第三中学	云和镇城东路230号	2215.40

续表 5-4-1

类别	工程名称	建筑年份	建设单位	建设地点	建筑面积（平方米）
教育	宿舍	2005	云和县第三中学	云和镇城东路 230 号	2481.86
	教学楼	2003	云和县实验小学	县实验小学东侧	3203
	教学综合楼	2006	云和县实验小学	校园内	2581.54
	云和县江滨实验小学体艺楼	2004	云和县江滨实验小学	校园内	1791
	食堂	2007	云和县江滨实验小学	校园内	1491
	学生宿舍楼	2006	云和县城西小学	原城西小学南侧	3654.45
	综合楼	2010	云和县城西小学	云和县城西小学内	3932
	教学楼	1999	县示范幼儿园	城东路与梨园路交叉口东侧	4000
	教学楼	1999	县委党校	中山街	1608
医疗	综合楼	2010	云和县中医院	云和镇中山街 214 号	4324.50
	云和县人民医院拆建工程门诊楼	2009	云和县人民医院	城东路与教育路北侧	10608.03
	云和县人民医院拆建工程病房楼	2009	云和县人民医院	城东路与教育路北侧	15662.72
	云和县人民医院拆建工程后勤楼	2009	云和县人民医院	城东路与教育路北侧	1100.37
	云和县人民医院拆建工程传染病楼	2009	云和县人民医院	城东路与教育路北侧	1880.45
	云和县疾控中心迁建工程	2008	云和县疾病预防控制中心	城东路安溪桥东侧	2450
	卫生监督所迁建工程	2010	云和县卫生监督所	城东路与教育路交叉口东北侧	2291
文体	云和县体育馆	2005	云和县体育局	云和县城南路以南、400 米运动场东侧	12320.80
	400 米运动场	2000	云和县体育局	城南路	35000
	云和县文化局文化中心	2003	云和县文化局	新建路南段	3797
	馆舍	1998	云和县图书馆	城北小区	1567
商务	云和皇成国际大酒店主楼	2009	云和县皇成国际大酒店有限公司	云和镇解放东路南侧、迎宾路西侧	29623.17
	云和湖度假大酒店	2008	浙江云和湖度假区有限公司	云和县赤石乡垟田村	18287.67
行政司法	云和县看守所新建工程（综合楼）	2007	云和县公安局	原看守所东侧	2267.37
	云和县看守所新建工程（监房）	2007	云和县公安局	原看守所东侧	1993.60
	云和县看守所新建工程（服刑人员监室及辅助用房）	2007	云和县公安局	原看守所东侧	1462.33
	综合大楼	2003	云和县国家税务局	解放东路北侧黄溪以东约 60 米	1860
	财政地税大楼	2002	云和县财政局、地税局	中山街 28 号	9840
	审判综合大楼	2003	云和县人民法院	解放东路与滨江路交叉口往东约60 米	9303
	110 指挥中心	1999	云和县公安局	红光北路西侧	5300
	办公楼	1991	云和县司法局	城东路县府大门东	1113
	云和县气象科技中心工程	2010	云和县气象局	新建南路西侧	2900

续表 5-4-1

类别	工程名称	建筑年份	建设单位	建设地点	建筑面积（平方米）
金融	建行营业用房	1990	云和县建设银行	中山街南侧外贸局东	1330.28
	云和县农业银行营业房	1997	云和县农业银行	中山街北侧	1420
	工商银行综合楼	1991	云和县工商银行	中山街与新建路交叉口西南角	3000
	人民银行综合楼	2009	云和县人民银行	中山街 9 号	1360
电信通讯	邮政综合楼	1998	县邮电局	府前路8 号	9678
	办公综合楼、门卫、辅助用房	2007	中国移动通信集团浙江有限公司云和分公司	教育路南侧、新建路东侧	5290.76

第二节　住宅小区建设

1991—2010 年，云和县城新建住宅小区 22 个。20 家房地产开发公司在云和开发房地产项目。开发的主要小区有同心花园、水境佳苑、涌金花苑、广和大厦、滨江花苑、富锦园、绿园商住楼等。1998 年，全县办理商品房预售许可的楼盘 10 个，预售价格从之前的每平方米 400—650 元上升到每平方米 850 元。2001—2006 年，办理商品房预售许可 42 本，楼盘预售 22 个，建筑面积 33 万平方米，价格从每平方米 948 元上涨到 3988 元。2007 年下半年开始，受国家宏观调控政策影响，银行银根紧缩，房地产资金压力增大，房地产市场开始转入相对平稳阶段。到 2008 年，受国际金融危机和集资款风潮等影响，房地产市场进入疲软阶段。2010 年下半年开始进入稳步发展阶段。

同心花园

位于解放东路两侧、浮云路以北、府前路以东、后溪路以南地块，浙江同心集团丽水房地产开发有限公司开发建设，2002 年 10 月 20 日动工建设，分四期开发。总用地面积 53280 平方米，总建筑面积 97900 平方米，地下空间约 1 万平方米，商品房 508 套。2003 年 10 月 20 日竣工。

滨江花苑

位于云和县城解放东街以南、皇成大酒店以西、滨江北岸以北，云和县晋丰房地产开发有限公司开发建设。总投资 6300 万元，总用地面积 13320 平方米，总建筑面积 24100 平方米，地下空间 3529 平方米，商品房 196 套。2005 年动工建设。2007 年竣工。

金丰佳苑

位于云和县城新建南路东侧、溪南路以北，由丽水市金丰房屋开发有限公司开发建设，占地面积 46396.31 平方米。该项目分两期开发：一期项目于 2007 年 6 月 1 日动工建设，建筑面积 46912 平方米，商品房 222 套；二期项目于 2010 年 7 月 1 日动工建设，建筑面积 35464 平方米，商品房 256 套。

普光寺农民公寓小区

位于云和县城西北普光寺区块，用于安置高山、库区、地质灾害隐患点的群众下山转移。由云和县困难群众下山转移领导小组办公室负责实施建设。该小区一期用地面积21622平方米（未包括安置区用地），其中建筑占地面积6153平方米。建筑面积38927平方米（未包括安置区），其中住宅建筑面积38098平方米，业委会会所、物业管理用房等配套公共设施建筑面积829平方米；小区内主干道路长342米，宽5米，停车泊位96个（地面20个，架空层76个）建成后安排284户入住。2006年6月，一期工程开工，2008年2月竣工。二期工程位于普光寺农民公寓小区一期西侧，总用地面积为41583平方米，总建筑面积为62200平方米，其中农民公寓二期建筑面积为55900平方米，住户564户，廉租房建筑面积为6300平方米，住户96户。2008年7月，二期工程开工建设，2010年6月竣工。

普惠小区

位于云和县城城南黄水碓村，北临溪南路，东临新建路，该项目总投资为2412.06万元，总用地面积为24320平方米，总建筑面积为27836平方米，新建室外道路10944平方米，绿化5429平方米，硬地铺装589平方米。该小区由云和县困难群众下山转移领导小组办公室负责实施建设。2006年6月动工建设。

天欣都市水岸小区

位云和县城于城南东路以南、仙宫大道以东，由衢州天欣房地产开发有限公司开发。2009年12月开工建设，占地8090平方米，建筑面积21459平方米，商品房90套，地下空间3896平方米。

水石花苑小区

位于云和县城城南东路以南、仙宫大道以西，由丽水万新房地产开发有限公司开发，2010年开工建设，占地4000.02平方米，建筑面积8514平方米，商品房44套，地下空间利用1511平方米。

水境佳苑小区

位于云和县城解放东路以南、仙宫大道浮云桥北岸，由浙江同心集团丽水房地产开发有限公司开发建设。2005年起分四期建设，总用地面积48611平方米，总建筑面积106900平方米，地下空间15300平方米，商品房578套。

广和涌金花苑小区

位于云和县城东路西侧、府前路东侧，由云和县广和房地产开发有限公司开发建设。2004年开工建设，用地面积9621平方米，建筑面积19242平方米，其中住宅16156平方米，商业用房3086平方米。

青阳花苑

位于云和县狮山路东侧、教育路北侧，由云和县恒泰房屋建设开发有限公司开发，2010年3月开工建设，陆续完工后，因恒泰房产公司后期资金缺口，导致后续申请破产。该项目占地面积24805平方米，建筑面积24848平方米，商品房86套，其中联排别墅69套，普通商品房9套、单身公寓8套。

富锦园小区

位于云和县城解放东街以北、仙宫大道以西，2005年开始开发建设，投资6000万元，用地面积1.24万平方米，建筑面积2.11万平方米，地下空间2320平方米，商品房138套。

汇金现代豪园

位于云和县城浮云路北侧、红光路东侧，由丽水市汇金房产开发有限公司开发建设。该小区住宅楼建筑面积8330平方米，地下建筑面积2465平方米，造价1500万元。2006年9月开工建设，2009年9月竣工。

汇金世纪豪园

位于云和县城中山街原二中地块，由丽水市汇金房产开发有限公司开发建设。总用地面积5894平方米，建筑面积8250平方米，商业面积4030平方米，住宅面积4220平方米，地下车库3720.5平方米，总投资4600万元。2006年9月开工。2008年1月竣工。

城中嘉苑

位于云和县城中山街原二中地块，由丽水市山水房地产投资有限公司开发建设。用地面积11985平方米，建筑占地面积4194平方米，总建筑面积19774平方米，商业用房面积7399平方米，商品房建筑面积12235平方米，地下室建筑4928平方米，停车泊位140个，投资11120万元。2006年8月开工。2007年8月竣工。

广和·南山公寓

位于云和县城新汽车客运站北侧，由云和县广和房地产开发有限公司开发建设。总用地面积8057平方米，建筑面积29919平方米，其中商铺6715平方米，商品房19066平方米，地下商场1356平方米，地下车库2780平方米，2006年6月开工。2009年3月竣工。

金利花园

位于云和县梅垄口原鱼种场，由瓯海金利如房地产开发有限公司开发建设。总用地面积9190平方米，其中居住用地6732平方米，总建筑面积10010平方米。该项目分二期，一期2005年动工，2006年竣工。二期2010年动工在建。

绿园商住楼

位于云和县城车站路东侧(原云和县矿冶公司)由丽水市绿园房地产开发有限公司开发建设。占地面积3573平方米，建筑面积8400平方米，2005年6月开工建设，2007年3月竣工。

第五章　乡镇建设

20世纪90年代，云和县农村经济迅速发展，兴起建设楼房热潮，低矮的土坯房、泥木结构的房屋逐渐被砖混结构的楼房替代。云和县因地制宜编制规划方案，为社会主义新农村建设提供服务。2000年后，云和县实施万名农民下山转移工程，各乡镇、村庄相聚选择在交通便利、人口聚集、地势平缓的集镇和中心村建设下山转移小区。

第一节 乡镇规划

建制镇规划

1987年，紧水滩镇政府委托云和县城乡建设环境保护局编制《云和县紧水滩镇总体规划》，1988年成文成图。1998年9月，云和县调整修编紧水滩、崇头两个建制镇的总体规划。2006年，崇头镇政府委托浙江省城乡规划设计研究院编制《云和县崇头镇城镇总体规划(2006—2025)》。1996年3月，石塘镇人民政府委托县建设局编制总体规划。

紧水滩镇总体规划 1987年，紧水滩镇政府委托云和县城乡建设环境保护局编制《云和县紧水滩镇总体规划》，1988年成文成图。1988年8月7日召开技术鉴定会，对该规划进行审议。该规划人口规划近期(1990年)4500人，远期(2000年)5000人以上。用地规模建成区面积0.72平方千米，规划区面积1.2平方千米，远期人均建设用地为60平方米。1989年5月11日，云和县人民政府同意实施紧水滩镇总体规划。2010年后，紧水滩镇对原总体规划进行修编和调整。

崇头镇总体规划 1991年，崇头镇政府委托云和县城乡建设环境保护局，编制《崇头镇总体规划草案》，并形成行政区域图、现状图、给排水图、道路交通规划图等，并对全镇的建设、规划提出指导性方案。1993年，崇头镇政府再次委托县城建局编制《崇头镇总体规划》，规划期限为十五年，分近、中、远三期。1994年9月，形成《云和县崇头镇总体规划(1994—2010年)》。2006年，崇头镇政府委托浙江省城乡规划设计研究院编制《云和县崇头镇城镇总体规划(2006—2025)》，该规划期限：近期2006—2010年；中期2011—2015年；远期2016—2025年。镇域村、镇体系规划范围(崇头镇行政管辖范围)，包括13个行政村，55个自然村，总面积为65.75平方千米。本次城镇规划区范围包括崇头、梅源、南山3个行政村，包括17个自然村，总面积约14.18平方千米。本次城镇总体规划用地范围1.1平方千米。近期镇域人口规模1.42万人，城镇化水平54.2%；远期镇域人口规模2万人，城镇化水平62.5%。

崇头镇总体规划布局结构。形成“一心，一区，三组团”的用地结构，体现“梯田在城镇中，城镇在梯田中”的意境。“一心”，即城镇公共中心，以崇溪、栗溪交汇地段为中心，沿后交线与栈云街进行用地组织，汇聚崇头镇区的行政，商业、文化、体育与社会服务职能，兼有部分居住功能。“一区”，即城镇工业与仓储片区。规划选取镇区北部沿山体一侧、地形较平坦的用地作为工业发展的启动区块，在此基础上沿山体延伸发展，形成镇区的工业区块；仓储用地设置于其中。“三组团”，即栗溪组团，梅源组团、南山组团。依据现状行政村基础上发展形成，其中粟溪组团居住用地面积约23公顷，梅源组团居住用地积约20公顷，南山组团居住用地面积约18公顷。

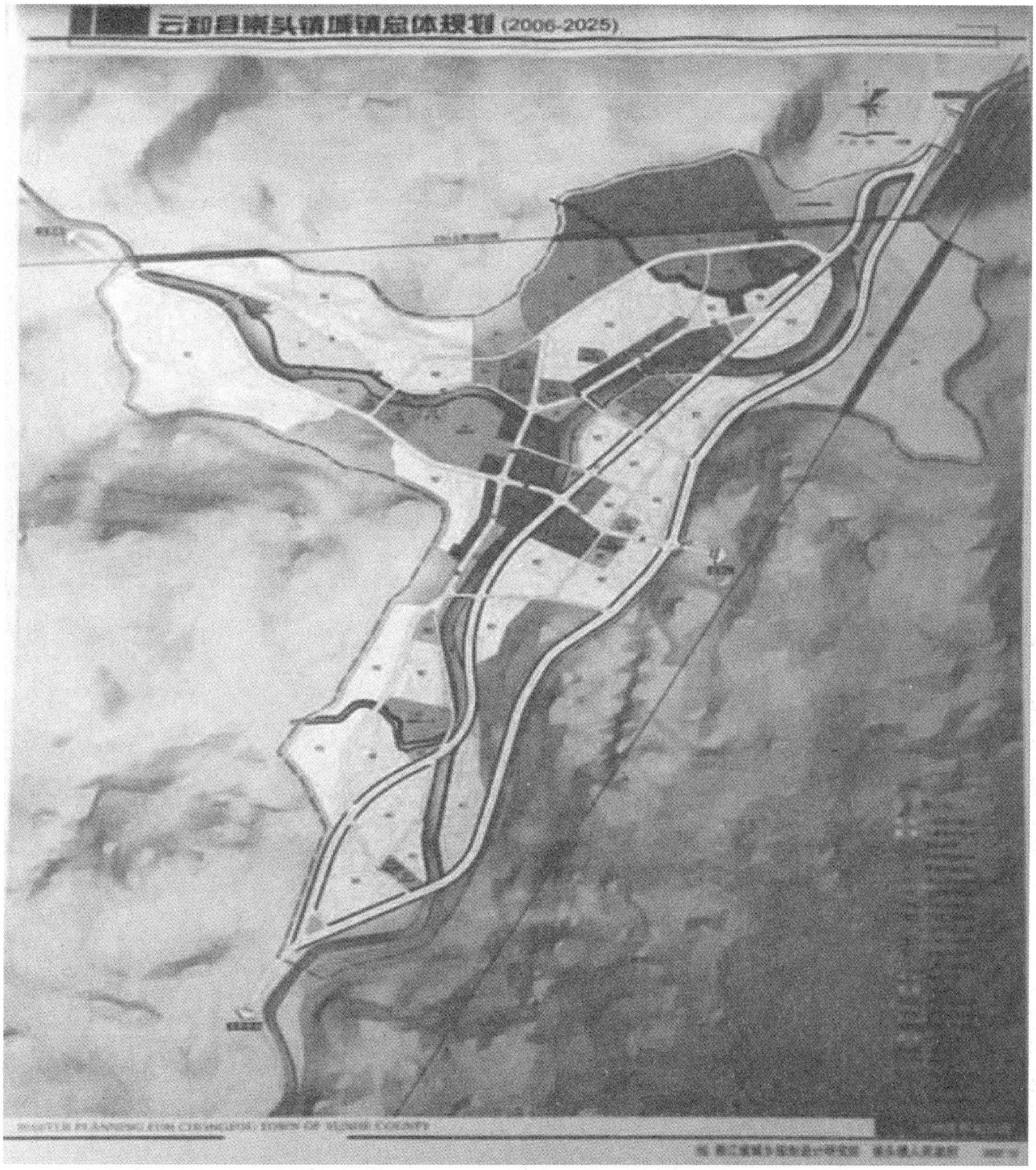

图 5-5-1 云和县崇头镇城镇总体规划（县建设局提供）

崇头镇总体规划“三纵一横”的道路主框架系统。依托现有栈云街、朱源街，结合后交线建设，镇区道路网系统以纵横网络型进行组织，城镇主干路、干路构筑“三纵一横”。“三纵”分别为后交线、栈云街和远期过境公路，道路红线宽度分别为14米、12米，16米；“一横”为南山路，红线宽度12米。在此基础上，进一步构筑城镇次干路与支路系统，连接镇区交通。

崇头镇总体规划“一心二带四点”的绿地系统。“一心”：城镇绿化空间结合镇区河网水系布置，以崇溪和栗溪交汇处作为城镇的绿地景观核心。“二带”：沿崇溪，栗溪营造沿河景廊道，构筑以“T”形的绿化通廊为主骨架的网络化滨水绿地系统。“四点”：结合城镇功能分区和用地适宜性评价结论，在三大居住组团之间各设置一条绿色廊通，禁止进行开发建设，达到

“显山露水”的景观效果。同时，对武岱峰森林公园进行保护性利用。

2008 年 6 月，《云和县崇头镇城镇总体规划（2006—2025）》经云和县人民政府批准，县人大常委会审议通过后实施。

石塘镇总体规划 1996 年 3 月，石塘镇政府委托县建设局编制总体规划。是年 10 月，《石塘镇总体规划（1996—2010）》经过多次修改成文成图，报县人民政府审批。该规划镇区人口近期（1996—2000）0.35 万人，远期（2001—2010）0.75 万人。用地规模为人均指标 70 平方米，规划建设用地为 525 平方千米。规划对石塘镇行政机关与城镇中心、公共建筑、居住、市政公共设施等 13 个方面进行布局规划。

图 5-5-2　云和县石塘镇城镇总体规划（县建设局提供）

2005年，石塘镇委托丽水市建筑设计研究院组织编制《云和县石塘镇城镇总体规划(2005—2025)》，2007年3月21日，石塘镇总体规划及(西滩头)区块建设规划设计方案通过讨论会审，并形成会议纪要。2007年12月24日，云和县政府批复同意实施云和县石塘镇城镇总体规划和石塘镇中心区块(西滩头)修建性详细规划。

该规划范围包括整个石塘镇行政管辖范围，以朱村作为城镇发展的腹地，进行统筹考虑和规划协调。本次规划期限自2005年起划分为两个阶段，近期规划至2010年，期限6年，远期规划至2025年，期限15年，2025年以后为远景构想。

根据规划，确定石塘镇城镇性质为：云和县域东北部政治、经济、文化中心，以效益农业为主，旅游业和资源加工并举的山水生态小城镇。人口规模近期为2000人，远期为6700人。近期建设用地22.22公顷，人均111.1平方米；远期建设用地70.53公顷。人均105.25平方米。

用地规划布局结构：一个城镇中心区、二个城镇片区、七个居住生活地块，以53省道二级公路和云和湖为轴线，串连各功能区块形成一个带形“串珠状”有机整体，形成组团式城镇空间布局结构。

乡村规划

1990年9月，云和县城乡建设环境保护局面向社会招聘村镇建设助理员18人，派驻到14个乡镇，协助乡镇做好规划建设工作。1995年设立云和县村镇建设管理服务站，下设云和、崇头、紧水滩、石塘4个村镇规划管理所，具体负责除县城规划区外14个乡镇的村镇规划建设管理工作。1999—2000年，完成崇头镇、紧水滩镇、石塘镇、沙溪乡、云坛乡、赤石乡、大湾乡、云丰乡、安溪乡、朱村乡、黄源乡等11个乡镇的总体规划编制，并组织实施。大湾、雾溪、赤石、大源4个乡政府所在地因人口和建设规模较小，降级为村庄规划进行编制。

村庄规划

2004年，云和县编制《云和县城乡一体化规划》。2005—2007年，云和县建设局用三年时间完成30个村庄规划编制。2007年，云和县人民政府确定云和镇为中心城区，崇头镇为中心镇,紧水滩镇、石塘镇为一般镇，安溪、雾溪、赤石为乡集镇，云坛、朱村、黄家畲、张家地、沙铺、大湾为集镇型中心村，霞晓桥、长田、沈村、陈村、金村、泉溪、龙门、局村、三望栏、麻垟、担布坑为一般中心村，此外还有66个基层村。到2008年12月底，完成48个行政村的村庄规划。

第二节　集镇建设

乡镇公共设施建设

1991—2010年，改革开放活跃农村经济，促进村镇基础设施建设。农村安全饮用水工程、千万农民下山转移工程和农村危旧房改造等工程的实施，改变了村镇面貌，改善了农民出行、居住条件。是云和县村镇建设变化最大的二十年。

1991—2010 年云和县乡镇所在地主要公共设施一览表

表 5-5-1

序号	乡（镇）名	建筑名称	层数	建筑面积（平方米）	新建年份
1	崇头镇	云和县国土资源局梅源管理所	3	750	2006
2	崇头镇	崇头供电所	3	3000	2007
3	崇头镇	梅源村大垟田教堂	2	150	2005
4	崇头镇	崇头游客服务中心	2	1086	2010
5	崇头镇	农业银行崇头营业所综合楼	3	746	1992
6	崇头镇	崇头镇政府办公楼	4	1230	2003
7	崇头镇	崇头镇梅源邮电所	3	426	1994
8	崇头镇	云和县电信局梅源支局综合楼	4	857	2000
9	崇头镇	梅源派出所交警中队工作用房	4	2249	2010
10	赤石乡	赤石乡客货一体站	2	374	2010
11	紧水滩镇	紧水滩水利发电厂综合用房	3	1908	2007
12	紧水滩镇	紧水滩镇办公室、宿舍楼修缮	3	1500	2004
13	紧水滩镇	紧水滩 35 千伏变电所	1	248	1992
14	紧水滩镇	紧水滩水力发电厂职工食堂	1	466	1991
15	石塘镇	石塘镇信用社营业楼	3	665	2010
16	石塘镇	石塘供电营业楼	4.5	3102	2010
17	石塘镇	石塘镇政府办公楼	5	2980	2010
18	石塘镇	石塘镇林业站综合楼	3	529	1992
19	石塘镇	石塘粮管所	4	615	1991
20	石塘镇	石塘电站服务用房	2	757	1995
21	石塘镇	石塘电站民警宿舍楼	3	671	1995
22	石塘镇	石塘镇信用社营业楼	5	999	2010
23	石塘镇	派出所、交警中队工作用房	4	1838	2009
24	云坛乡	云坛乡人民政府办公楼	3	1146	2001
25	大湾乡	大湾乡人民政府办公综合楼	5	1072	2003
26	大湾乡	大湾乡人民政府附属用房	2	295	2005
27	朱村乡	朱村乡人民政府办公楼	3	975	1999
28	云和镇	云和镇信用社综合楼	5	1160	1993
29	沙铺乡	沙铺乡人民政府办公楼	3	998	2007

学校建设

崇头镇中心小学 1993年，云和县建成崇头镇中心小学庆同楼，建筑面积850平方米。2000年12月，建成崇头镇圣雄希望小学教学综合楼，建筑面积1160平方米。2009年，建成梅源实验学校生活综合楼一幢三层，建筑面积1695平方米。2010年，加固改造梅源实验学校(中学部)男女学生宿舍2517平方米。

梅源中学 1995年，建成梅源中学1号教学楼一幢三层，建筑面积1075平方米。是年，新建梅源中学2号教学楼一幢三层，建筑面积746平方米。1997年，建成梅源中学礼堂一幢，二层框架结构，建筑面积839平方米。1997年，新建梅源中学学生宿舍楼一幢五层，建筑面积1355平方米。2006年，建成梅源中学食堂实验综合楼一幢二层，建筑面积1288平方米。

紧水滩小学 1992年，建成紧水滩小学教学楼，建筑面积282平方米。1995年，建成紧水滩镇小学综合楼(希望工程)一幢二层，建筑面积667平方米。

紧水滩中学 1996年，建成紧水滩中学实验楼一幢三层，建筑面积817平方米。

石塘镇中心小学 1999年，建成石塘镇中心小学(希望小学)教学楼一幢四层，建筑面积900平方米。

石塘中学 1995年，建成石塘中学宿舍楼一幢四层，建筑面积1219平方米。1996年，建成石塘中学餐厅、礼堂一座二层，建筑面积592平方米。1997年，新建石塘中学实验楼一幢三层，建筑面积1150平方米。

赤石乡中心小学 1994年，建成赤石乡希望小学教学楼，建筑面积998平方米。2010年，赤石乡中心小学实施加固改造工程，建筑面积998平方米。

云坛乡中心小学 2001年，建成云坛乡中心小学综合楼一幢三层，建筑面积700平方米。2002年，建成云坛乡中心小学校舍楼一幢三层，建筑面积580平方米。2007年，建成云坛乡中心小学食宿楼一幢三层，建筑面积699平方米。

朱村乡小学 2000年，建成金村完小教学楼一幢三层，建筑面积649平方米。2002年，建成朱村乡小学综合楼一幢三层，建筑面积950平方米。2010年，建成朱村乡中心小学生活综合用房一幢三层，建筑面积1180平方米。

安溪乡中心小学 1995年，建成安溪乡中心小学教学用房(思美楼)，建筑面积435平方米。2001年，建成安溪乡中心小学综合楼一幢二层，建筑面积726平方米。

小徐中学 1995年，建成小徐中学教学楼一幢四层,建筑面积1698平方米。1996年，建成小徐中学餐厅礼堂一幢二层，建筑面积668平方米。

沙溪乡小学 1996年，建成沙溪乡沙溪小学教学楼一幢二层，建筑面积520平方米。1999年，建成沙溪乡贵溪小学教学楼一幢三层，建筑面积970平方米。

云和镇小学 1997年，扩建云和镇一小校舍一座，建筑面积875平方米。2000年，建成云和镇一小教学综合楼一幢三层，建筑面积1785平方米。2002年，建成云和镇古坊小学教学综合楼一幢三层，建筑面积1198平方米。2002年，新建云和镇贵溪小学综合楼一幢四层，建筑面积 956 平方米。2003 年，建成云和镇第一小学（江滨小学）教学楼一幢四层，建筑面积 4158 平方米。2004 年，建成云和镇古坊小学综合楼一幢四层，建筑面积 1326 平方米。

云和镇中学 2003 年，建成云和镇中学（云和三中）实验综合楼一幢四层，建筑面积 4659 平方米。

乡镇卫生院建设

沙溪 1998 年，建成沙溪卫生院，建筑面积 214 平方米。是年，建成沙溪乡卫生院门诊楼，建筑面积 683 平方米。2008 年，维修沙溪社区卫生服务站 657 平方米。

赤石 1998 年，建成赤石乡卫生院，建筑面积 139 平方米。

朱村 1999 年，建成朱村乡卫生院医疗用房，建筑面积 638 平方米。

安溪 1999 年，建成安溪乡卫生院医疗用房，建筑面积 399 平方米。

石塘 2008 年，迁建石塘镇社区卫生服务中心，建筑面积 1000 平方米。

云丰 2008 年，维修云丰乡社区卫生服务中心 432 平方米。

黄源 2008 年，维修黄源乡社区卫生服务中心，建筑面积 384 平方米。

大湾 2009 年，扩建大湾乡社区卫生服务中心 335 平方米。

沙埔 2009 年，扩建沙埔乡社区卫生服务中心，建筑面积 292 平方米。

小徐 2009 年，扩建小徐社区卫生服务站，建筑面积 289 平方米。

云坛 2010 年，迁建云坛乡卫生院，建筑面积 720 平方米。

崇头 2010 年，拆建崇头镇中心卫生院，建筑面积 1421 平方米。

紧水滩 2010 年，拆建紧水滩镇社区卫生服务中心，建筑面积 1000 平方米。

龙门 2010 年，维修龙门社区卫生服务站，建筑面积 499 平方米。

云和镇 2010 年，维修云和镇社区卫生服务中心，建筑面积 2711 平方米。

乡镇文化中心建设

云坛 2007 年，建成云坛乡文化站，建筑面积 803 平方米。

云和镇 2010 年，建成云和镇社区服务中心文化综合楼，建筑面积 803 平方米。

乡镇供水、排污

供水 1990 年前，云和县各乡镇政府所在地的单位和住户，基本采用引用山泉水或取溪流、水井打水，或建小水塔，或从水库、山涧用铁管或塑料管引水等方式解决饮用水。2003 年开始，云和县启动农村安全饮用水工程，逐步对城郊村实施自来水供水管网改造。2007 年 12 月，云和县发改局《关于 2008 云和镇城乡供水一体化项目实施方案的批复》，由云和县自来水公司实施 2008 年云和镇城乡供水一体化项目，城镇自来水管网延伸到长田、后山、沙溪、小徐等 11 个村，铺设供水管网 17260 米，受益人口 11033 人。

2009 年前，崇头镇通过引用山泉水作为饮用水。2010 年，崇头镇实施饮用水工程，供水规模为 1000 吨/日，建成占地面积 1500 平方米，新建 200 立方米蓄水池 1 座，管理用房 64 平方米，规模为 50 吨/小时的一体式过滤设施。铺设引水管 3220 米，投资 239 万元。

至2010年，石塘镇、紧水滩镇对原有自来水设施进行改造，改善饮用水状况，安溪、赤石、雾溪、黄源、云丰、沙铺、大湾等乡先后对政府所在地的自来水进行改造，确保饮用水安全。

排污 2008年，全县新建乡镇政府所在地污水处理设施8个，即安溪乡、大湾乡、沙铺乡、赤石乡、黄源乡、云坛乡、大源乡、云丰乡，建成污水处理池，最大污水处理量分别达到18000—96000千克/日，2009年，分别开始运行。2010年，新建乡镇政府所在地污水处理设施2个，即崇头镇、石塘镇污水处理站。以上10个乡镇政府所在地分别采用无动力处理模式和厌氧+湿地运行模式的污水处理设施。是年，开始运行。

2008年云和县乡镇污水处理情况统计表

表5-5-2

乡　镇	处理量（千克/日）	管网长度（米）	处理模式
崇头镇	1000000	7580	厌氧+湿地
石塘镇	800000	7000	水解+生物处理
安溪乡	96000	710	无动力生物厌氧
大湾乡	36000	410	无动力生物厌氧
沙浦乡	65000	1240	无动力生物厌氧
赤石乡	96000	910	无动力生物厌氧
黄源乡	18000	730	无动力生物厌氧
云坛乡	60000	980	无动力生物厌氧
大源乡	18000	730	无动力生物厌氧
云丰乡	50000	920	无动力生物厌氧

乡镇农村生活垃圾收集处理

2005—2006年，石塘镇、崇头镇、紧水滩和雾溪乡率先建成生活垃圾中转站。2007—2008年，黄源、沙铺、云丰、安溪、大湾、云坛、大源、赤石等8个乡建成垃圾中转站，每日运往云和县柿树湾垃圾填埋场集中处理。

2008年5月5日，云和县政府办公室印发《云和镇城郊村生活垃圾收集处置方案》，将云和镇18个城郊村（象山、大徐、小徐、古竹、白洋墩、山脚村、睦田、黄水碓、瓦窑、大坪、长田、河上、隔溪寮、梅垄村、贵溪、后山、沙溪、新建）的环境卫生列入日常清扫清运保洁范围，由云和县环卫所统一管理。对离县城较远的村，建垃圾中转站，采用集装箱清运处置；对离县城较近的村，采用小型垃圾收集车收集，并根据各村的实际情况，建若干个垃圾收集点，配备1—4名清扫保洁员，实行全天候清扫保洁，垃圾日产日清。

下山转移、集镇小区建设

1991—2010年，先后在乡、镇政府所在地（集镇）或中心村，建成云和镇新岭扶贫小区、云和镇普光寺困难群众下山转移小区、石塘镇双港下山转移新村、崇头镇崇头村下山转移新

图 5-5-3 赤石乡张源头下山转移安置小区（2010 年摄 县住建局提供）

村、云丰乡张家地下山转移新村、安溪畲族乡上村下山转移新村、朱村乡朱村下山转移新村、赤石乡麻垟下山转移新村、云坛乡霞晓桥下山转移新村、黄源乡黄家畲下山转移新村、紧水滩镇龙门下山转移新村等 11 个下山转移新村。

1991—2010 年云和县集镇小区建设情况统计表

表 5-5-3

乡 镇	小区	小区占地面积（平方米）	新建年份
云和镇	新岭扶贫小区	32000	1998
云和镇	普光寺下山转移小区	27892	2005
紧水滩镇	龙门下山转移新村	6625	2006
崇头镇	崇头村下山转移小区	10200	2001
石塘镇	双港下山转移新村	34900	2005
赤石乡	麻垟下山转移新村	19000	2009
云丰乡	张家地下山转移新村	22000	2008
安溪乡	上村下山转移新村	9600	2008
朱村乡	朱村下山转移新村	14166	2004
黄源乡	黄家畲下山转移新村	7500	2008
云坛乡	霞晓桥下山转移新村	40140	2006

第三节 乡村建设

新村建设

1996 年开始，云和县建立新岭扶贫小区，率先将生活在边远山村部分群众引导到县城规划区范围的新岭村。2003 年，建成柘园新村，第一批生活在沙溪乡柘园村的 26 户村民从距县城 20 多千米的高山搬到城郊后山村安家落户。后全县相继建设下山脱贫新村 39 个，搬迁 6000 户，1.90 万人。2005—2008 年，云和县出台多项政策，加大力度引导和鼓励居住在库区、高山、深山、地质灾害隐患点、县城饮用水水源保护范围等区域的农民，在自愿要求实行整村搬迁的基础上，给予向城区、小集镇、中心村迁移，对迁移下山的困难群众适当补助，政府投入资金做好转移小区的配套设施建设，先后在交通较为便利、人口集中的中心村或行政村建成39个下山转移新村（安置小区）。2005—2010年，规划总用地面积367905平方米，建筑占地面积137085平方米，建筑面积429454平方米，安置户数3430户，安置1.2万人。

图5-5-4 崇头村一隅（2008年摄 县住建局提供）

1998—2010年云和县农村小区建设情况统计表

表5-5-4

乡 镇	小区	占地面积(平方米)	新建年份
赤石乡	库北农民下山转移新村	2500	2005
赤石乡	阴岩下山转移新村	6900	2006
石塘镇	西滩头高速公路移民点	30400	2005
石塘镇	西滩头安置小区	12636	2009
云坛乡	云坛村高速公路安置新村	40140	2006
云和镇	庄前下山转移新村	7500	2005
石塘镇	双港下山转移新村	34900	2005
云丰乡	张家地下山转移新村	22000	2010
安溪乡	上村下山转移新村	9600	2008
朱村乡	朱村下山转移新村	14166	2004
紧水滩镇	梓坊下山转移新村	8000	2008
石塘镇	规溪西坑下山转移新村	6500	2006
黄源乡	黄家畲下山转移新村(共2期)	45600	2006—2007
云和镇	柘园下山转移新村(共3期)	10500	2003—2010
云和镇	瓦窑下山转移小区	25000	2007
云和镇	溪口村坑口地质灾害安置点	4330	2006
石塘镇	石塘坑村高速公路安置点	30000	2006
石塘镇	双港村高速公路安置新村	8000	2006
石塘镇	上坪村高速公路安置新村	8000	2006
云坛乡	云坛村高速公路安置新村	9570	2006

农村危旧房改造

2005年始，全县用5年时间实施农村危旧房困难群众住房救助改造。农村危旧房改造工程救助对象为不宜实行集中供养的农村五保户、农村最低生活保障家庭中的无房户和住房困难户、因灾倒房户和县级以上人民政府规定的其他困难家庭。2009年，云和县农村危旧房改造工作领导小组成立。是年，全县实施农村危旧房改造1924户，其中批建新房60户，困难群众危旧房改造户476户，对162户农村困难群众住房救助。到2010年，基本解决农村困难群众住房困难问题。

特色村庄建设

雾溪乡坪垟岗村 位于县城南面，距县城8.50千米，东北距安溪黄处畲族特色村2.3千米，西部与雾溪村隔水相望，是云和县畲族文化保存最完整的畲族村落，也是云和县的革命老区村之一。坪垟岗村辖雷岗、蓝岗、坛门3个自然村，有畲民62户229人。村内群山环抱、云雾缭绕，古木参天、翠竹连绵。畲民以雷、蓝两姓为主。据相关宗谱、史志记载，明嘉靖二十四年(1545)，福建罗源畲民蓝谨传迁居安溪青石岩，后分迁蓝岗；万历三十四年(1606)，福建罗源畲民雷进明迁处州景宁七都包凤，三世孙雷日永迁居云和雷岗。畲族历史上习惯同姓聚居，而雷岗、蓝岗以小溪为界，至今仍是蓝姓住蓝岗，雷姓住雷岗。两地分别收藏有1913年、1919年重修的《蓝氏宗谱》《雷氏宗谱》。坪垟岗是云和畲族行礼、婚礼、葬礼和图腾、服饰、歌舞文化保存最完整的村落之一，村内仍有一些老艺人完整掌握、传承着畲族传统技艺、风俗。蓝岗自然村建有云和唯一的畲族文史陈列室，收集有畲族长幅祖图等文物及传统用具300余件。而村内部分老宅，府第宽阔，民国时期所题匾牌高悬，具有一定的历史研究价值。1999年，坪垟岗村兴建畲家乐园，在全市率先推出畲族歌舞文艺表演，发展民俗文化旅游，村庄基础设施逐步完善，各项功能日益完备，一度兴起过畲族文化旅游热潮，先后获得“浙江省民间艺术家研究基地”“浙江绿谷十佳景区”“省特色旅游村”“浙江省文化名村”等荣誉，是云和县在生态保护中传承与发扬畲族传统文化的典范。

图5-5-5 坪垟岗村（2008年摄 县住建局提供）

石塘镇小顺村 位于风光秀丽的瓯江之畔，依山傍水，村前与石塘水库相依，村后与丽龙高速公路相接，坐落于丽水莲都与云和县城之间，距云和县城17千米，距丽水市区38千米，53省道、丽龙高速公路穿境而过，交通十分

图5-5-6 小顺村(周尔均题)（2010年摄 县住建局提供）

便捷。下辖2个自然村，10个村民小组，全村共243户，811人。全村耕地面积10.53公顷，山林面积356.87公顷，库湾水产养殖场27.20公顷。小顺村境内有广阔的水域面积，库湾内水质良好，风平浪静，适宜发展淡水鱼养殖，是云和龙舟赛的发源地，也是发展水上娱乐项目的理想之处，得天独厚的地理位置，使之成为丽水市十大摄影基地—瓯江帆影摄影基地。1939年4月2—3日，时任中共中央委员、中共南方局书记周恩来，以国民政府军事委员会政治部副部长身份，在时任浙江省主席黄绍竑的陪同下，来到小顺视察浙江铁兵工厂，并作了“顶天立地”的演讲。抗战时期，著名画家潘天寿、左翼作家冯雪峰等都曾在小顺留下过历史足迹。周恩来纪念碑、冯雪峰旧居、黄绍竑公馆遗址等相继列入抗战文化保护单位和旅游开发规划。随着生态旅游的兴起，该村大力发展板栗、茶叶、杨梅、笋竹种植等产业，为游客提供采茶、挖笋、种菜、打麻糍、摘杨梅等农事体验活动。

图5-5-7 梅湾村村口（2008年摄 县住建局提供）

云坛乡梅湾村 位于云和县东南面，与石塘镇、莲都区交界，距县城11千米。全村7个村民小组，共156户525人，有耕地59.60公顷，林地896公顷，是一个群山环绕、风景秀丽的山村。1938年，中共云和县第一个农村党支部在梅湾成立。梅湾支部成立后，开办民众学校，组织贫苦民众学文化，建立了农会组织，各项革命活动在梅湾蓬勃开展，是云和县红色革命的发源地。1998年，该村以创建特色村为载体，充分挖掘红色文化资源，结合村庄整治、危旧房改造、农民下山脱贫小区等项目建设，全力打造梅湾红色之旅，村级基础设施逐步配套：建成停车场、游击队浮雕，修建苍松古道，修复红军纪念馆、毛家祠堂、县委旧址、红军前指遗址等景观，完成古民居的墙体立面改造和危旧房改造，完成村庄道路硬化、路灯亮化、污水管网改造等工程，修筑生态防洪堤，绿化美化村庄环境，村庄面貌焕然一新。该村利用自然资源，发展黄牛、土鸡、土鸭等养殖业和吊瓜、花卉种植业。依托红色旅游，逐步兴起农家乐经营，主营本村的土牛肉、土鸡、土鸭等农家菜肴，为游客提供绿色餐饮，先后获省级特色旅游村、省级卫生文明村、省级文明村、丽水市十大养生长寿村等称号。

第六章 行政许可与城市管理

2005年前，城市规划建设审批监管职能在县建设局相关科室，群众上门办理存在各种弊端。2005年，云和县改革行政审批事项，在中山街县财政局一楼和县广电局一楼设立云和县政府行政审批中心，建设局在该中心设立建设窗口，将有关城乡规划、城市建设、城市管理等事项审批集中在窗口办理。2009 年，设立行政许可科，负责行政许可事项 59 项，简化办事程序，方便群众办事。1978 年，云和县环境卫生管理所成立，县城环境卫越来越好。1993 年 1 月 7 日，云和县城建管理监察大队成立，云和县城市管理逐步走上规范化轨道。

第一节　行政许可

2005 年，云和县政府行政审批中心设立建设窗口。2009 年，云和县设立行政许可科，配置正式在编工作人员，负责建筑工程施工许可、城市规划区建设项目选址审批、建设用地规划许可审批、建设工程规划许可审批等 59 项行政许可事项。是年 8 月，县建设局行政许可科按时进驻县行政审批中心窗口集中办公，归并行政许可职能，做到项目到位、人员到位、授权到位。

第二节　环境卫生管理

云和县环境卫生管理所（简称云和县环卫所）前身为县防疫站下属机构，成立于 1958 年，负责除“四害”讲卫生工作及环境卫生工作。1960 年，云和镇环境卫生管理所成立，丽水环卫处调配环卫工 3 人，生产工具只有手拉粪车 4 辆，手拉垃圾车 2 辆。1978 年，云和镇环境卫生管理所更名为云和县环境卫生管理所（简称云和县环卫所），由县卫生局主管。1986 年 6 月，云和县环卫所核定为县属事业单位，由县城建局主管。2004 年，云和县创建省级卫生县城。2005 年，创建省级文明县城。2008 年，创建省级示范文明县城。在创建活动中，云和县环卫所先后荣获云和县文明单位、丽水市文明单位、浙江省建设系统文明服务示范点、丽水市党建带工建三级联创模范职工之家、浙江省党建带工建三级联创模范职工之家、浙江省城市市容环卫工作先进集体、丽水市巾帼文明岗、云和县文明创建工作先进集体、全国建设系统先进集体、云和县创建“群众满意基层站所”示范单位等荣誉 20 项。

县城街道保洁

1990 年，云和县城区道路实行一日二扫，保洁面积 4.70 万平方米。1993 年，主要街道增设垃圾箱 60 只。

1994 年，云和县环卫所接管农贸市场保洁工作，农贸市场环境卫生状况大有改善。1997 年，云和县环卫所承接玩具城、香菇市场地段的清扫范围，新增保洁面积 1.76 万平方米，保洁面积 7.9 万平方米。

1999 年，云和县改革环卫体制，公开招投标街道清扫保洁作业、垃圾清运作业、公厕清洗作业实施，分别与中标责任人签订承包考核任务合同书。

2000 年，清扫保洁由一日二扫改为 18 小时保洁制，保洁面积为 14.2 万平方米。

2001年，云和县环卫所接管县城范围居民小区的保洁任务，实行“两把扫帚并一把”，由环卫所对城区保洁统一负责，将城区道路保洁公开招投标，形成一支队伍、一个标准、一个主体的工作机制，确保建成区范围无卫生死角。

2002年，主要街道实行18小时保洁制，一般保洁区实行13小时保洁制，垃圾停留时间不超过2小时。

2003年，城区保洁面积增至47万平方米，其中主要街道32万平方米，社区15万平方米。

2004年，对城区拾荒人员实行统一着装，佩证上岗，并定期组织拾荒人员进行法规教育，改变城区垃圾拾荒无序的状况，有效地避免了垃圾的二次污染。保洁面积增至45.6万平方米。

2005年，城西路、农场路和府前南路等路段纳入日常保洁范围，新增保洁面积2.7万平方米。居民区清扫保洁按三级道路的标准进行保洁。

2007年，创新环卫管理体制，逐步实行城市道路保洁市场化，将县城中山街、红光路、浮云路、新建路等主要道路的路面清扫保洁权进行公开招标。

2008年，保洁面积增至86.87万平方米，其中居民区保洁面积22.53万平方米。

公厕保洁管理

1993年，云和县城区清洗保洁公厕6座，改造完成重点地段公厕4座。1997年，修建解放街街头、原新华厂、沙滩3处公厕，并承接该3处公厕的清洗保洁工作。2000年，在主要路段新建标准公厕3座。2001年，城区清洗保洁公厕45座(其中公厕10座，其余为单位厕所)，6座水冲式收费公厕面向社会承包。2002年，城区全部收费公厕实施对外开放，取消收费。2004年，对城区原有的12座公厕进行全面改造，在人民路、南山小区新建公厕2座，城区水冲式公厕增至14座。2008年，对城区一类公厕进行全面维修和粉刷，公厕实行一人一厕全天保洁，24小时开放。

垃圾清运管理

2005年，中山街、新建路和南山小区实行垃圾袋装化投放收集。垃圾袋装化投放收集前期准备工作共出动宣传车60余次，发放生活垃圾袋装化投放收集宣传资料1500余份，改装垃圾收集车2辆。2010年，城区垃圾实行全天候清运，18个城郊村(象山、大徐、小徐、古竹、白垟墩、睦田、黄水碓、瓦窑、大坪、长田、河上、隔溪寮、贵溪、后山、沙溪、新建、山脚、梅垄)的生活垃圾收集、处理列入日常清扫保洁范围，并根据各村的实际情况，建成多个垃圾收集点，每村配备1—4名清扫保洁员，实行全天候清扫保洁，日清运处置垃圾120吨，生活垃圾日产日清，垃圾清运率100%，垃圾无害化处理率100%。

垃圾中转站建设

1998年，在环卫所办公楼旁新建县城区第一座垃圾中转站，占地面积100平方米，配备集装箱清运车辆。2000年，在周家坪新建第二座垃圾中转站，和公厕合建。2002年，投入14余万元，购置伸臂式垃圾转载、清运两用车1辆，建成与之配套的地坑式垃圾中转站2座。2007年，新建崇头镇、石塘镇、雾溪乡、安溪乡、朱村村垃圾中转站5座，有效提高农村垃圾率和无害化处置率,总投资112.42万元,其中自筹资金73.42万元,省专项资金39万元。2010年,全县已建成垃圾中转站15座。

垃圾填埋场建设

20世纪80年代,云和县城每日产生的垃圾没有固定堆放点,垃圾倾倒成为一大难题。经过勘察选择,征用大徐湾溪滩地为垃圾堆放场,面积4112平方米。1999年,在云和城东云景老公路距县城6千米处,建造柿树坳生活垃圾填埋场,占地面积90亩,库容40万立方米,投资845万元,并配建管理房、挡水坝,计划使用年限为20年。2009年,长垄垃圾填埋场开工建设,2011年投入使用。长垄垃圾填埋场投资3840万元,设计库容57万立方米,使用年限15年,该工程分两期进行,一期工程投资3440万元,库容14万立方米,工程设计处理规模12万千克/日、污水处理系统6万千克/日。长垄垃圾填埋场垃圾处置采用分层覆土填埋的方式对垃圾进行处理,每日对垃圾进行压实、消杀、灭蝇、覆盖;渗滤液处理采用生物处理法,处理后渗滤液排放达到《生活垃圾填埋污染控制标准》(GB/16889—2008)表2标准。

第三节　城管执法

城市管理机构

1993年1月7日,云和县城建管理监察大队成立,为全民事业单位,隶属县城乡建设环境保护局,核定事业编制10名。2007年4月9日,云和县城建管理监察大队更名为云和县城市管理行政执法大队,为全额拨款事业单位,隶属云和县建设局,依照公务员制度管理,核定人员编制30名。2010年4月29日,云和县城市管理行政执法大队更名为云和县城市建设执法大队,隶属云和县建设局,依照公务员制度管理。

规划监察

1992年开始,县城建局对县城房屋建设、项目建设实行"一书两证"制度,有效改变过去城镇建设先征后报、先建后批的混乱状况。县城建设全面推行城规保证金制度,严格实施"执行一个法,规划一张图,管理一盘棋,审批一支笔"的管理制度。

1993年1月7日,云和县城建监察大队成立,负责县城区的城市规划监察工作,依法查处县城区违法违章建筑和违章装修,对审批后房屋进行跟踪管理和巡查管理,做好房屋综合验收、在建工程跟踪监察及施工现场秩序管理。是年6月3日,县政府发布《关于加强县城总体规划和土地管理的布告》,重申在县城总体规划区范围内,所有土地开发利用和各项建设,必须符合规划,服从规划管理。对规划区范围内的土地,实行统一规划,统一征用,统一管理。同时,严格控制沿街立面规划,加强对规定高度及立面装修等管理。

1997年,联合查处违法建设和违法用地办公室成立,抽调城建、土管、云和镇工作人员,调查摸底和查处云和镇规划区范围内的违法建设和违法用地。

1998—1999年,云和县城建监察大队参与云和县新建路拓宽拆迁安置监管工作,该次拆迁安置是云和县首次大规模拆迁安置工作，相关拆迁户安置到城南城北安置小区。

2003 年 12 月，调查规划区范围内的建成区及小徐、古竹、黄水碓、贵溪、沙溪等 7 个村的违法建筑，并研究处理意见。

2004 年 1 月，依据《中华人民共和国城市规划法》等法律法规，出台相关制度，对云和县农民新村建房违法建设进行处理。是年 7 月，结合创国卫攻坚月行动，对县城主要街道进行集中整治，拆除严重影响市容市貌、妨碍交通的违法建筑，并逐步向周边区域推进。

2005 年 1 月，云和县出台《云和县人民政府关于查处违法用地和违法建筑行为的实施意见》，对 1990 年 4 月 1 日《中华人民共和国城市规划法》实施后发生的违章建筑进行处置。同月，成立县查处违法用地和违法建筑行为领导小组，抽调建设局、国土局、云和镇工作人员成立相关办公室。是年 6 月，云和县建设局成立查处违法建筑工作小组。是年 9 月，研究制定云和县城东小区留地建房违法建设处理意见，对云和县城东小区留地建房违法建设进行处置。

2007 年，云和县《项目规划（设计）执行跟踪监察管理办法》，对已审批的在建工程进行跟踪监察，对黄水碓下山脱贫区、白垟墩高速公路拆迁安置区落实专人跟踪监察，遏制群体性违法建设发生。

市容管理

1995 年 10 月 5 日，云和县城建监察大队设立市容环卫、规划、市政、公共事业、园林绿化 5 个行业监察分队。

1997 年 1 月 1 日，县建设局全权委托县城建监察大队，查处城市规划、市政工程、公用事业、市容环境卫生、园林绿化、房地产业、建筑业中的违法行为。

1999 年 7 月 7 日，云和县县城管理办公室成立，由城建、交警、工商、水利、交通、公安等部门人员组成，对县城进行日常管理，下设云和县县城管理综合执法大队和云和县县城管理办公室综合科，办公室设置于县城建监察大队内。

2000 年，云和县推行综合目标岗位责任制，实行“三岗”（早岗、中岗、晚岗）、“三定”（定位、定员、定责）并举的管理制度和政务公开，坚持疏导、执法、管理、服务相结合，变被动管理为主动服务，有效提高了大队综合管理水平。

2002 年 5 月 15 日，云和县启动中山文明示范一条街活动，强化管理，实行每日 15 小时执勤制度，县综合执法大队联合交警、环卫等部门，开展多次集中整治行动。同时，对县城内三条内河实行全日制保洁管理，保持河道卫生。

2003 年，云和县部署创建市级文明县城工作，将新建路、红光路纳入文明示范街管理。9 月 25 日，按规撤除新华街小商品临时摊位。

2004 年，深化文明示范街创建，规范摊点管理，统一户外广告灯箱点名牌设置，改善城市交通秩序，开展乱搭建、乱堆放整治；开展城区道路、里弄沿线、公共绿地及其他公共场地开辟菜地整治；开展空调外机安装不规范三大整治。实行“门前三包”责任制，与中山街等主要街道的 1500 余户门前三包责任单位签订“门前三包”责任书。投资 20 余万元，在中山街原二中对面设立特色小吃水果经贸中心，规范经营。开展每月不少于 4 次不定期捕杀放养犬行动。

2005年,集中整治入城口道路和周围环境。对元和广场夜市临时摊、车站门口停车场、擦皮鞋行业、二中大排档及工程运输车辆开展集中整治和管理。对中山街广告灯箱进行全面改造。从4月份起,将捕杀放养犬的次数由原来的每月不少于4次增加为每月不少于8次的全天候捕杀。

2007年,实行岗位目标责任制,落实各路段、各区块管理责任人,明确工作任务和目标,对岗位职责完成情况进行定期考核。实行户外广告灯箱、横幅、店名牌、道路挖掘等核准制度,逐步实现规范有序管理。完善占道审批制度,制定临时占道审批表、沿街店(门)面装饰申请表。

2009年,开展数字城管建设工程的筹备工作,编制完成了数字化城市管理实施方案,并通过专家论证,获得立项批复。

2010年,城管大队成立上海世博会“环沪护城河”安保工作领导小组。做好上海世博会“环沪护城河”的保安工作。

第七章　建筑业

1991—2010年,云和县建筑规划、设计趋向规范、完善。房屋建筑材料品种、质量紧跟建筑市场要求,建筑施工实行机械化,建筑业企业数量和规模增长较快。1993年,全县建筑业从业人员实行执业上岗、持证上岗。2010年,全县建筑设计室1家。建筑施工企业11家(包括房屋建筑工程、市政公用工程、电力工程、建筑装修装饰工程等专业有资质私营施工企业),其中一级施工企业1家,二级施工总承包企业3家,三级施工企业3家,建筑装饰二级企业1家,电力企业1家,道路桥梁企业1家,监理甲级企业1家,丙级企业1家。建设局下设建筑工程质量监督站,负责全县新建、扩建、改建建筑和市政基础设施工程质量监督管理工作。

第一节　建筑设计

1981年,云和县建筑设计室成立,办公地址在云和县梨园路33号,办公楼建筑面积416.50平方米。2010年,云和县建筑设计室有职工24人,中级以上职称6人,本科以上学历17人。

1991—2010年,云和县建筑设计室完成普光寺农民公寓小区、滨江花苑、黄水碓下山转移小区、白洋墩拆迁安置小区、环宇城西别墅小区、仙宫大道拆迁安置区、原二中2#地块、汇金·现代豪园、马鞍山绿谷佳苑、环宇溪缘商住楼、云和县镇一小体艺楼、云和县中心小学教学综合楼、云和三中学生宿舍、云和立信工艺品厂办公综合楼、金慧玩具厂生产大楼等项目设计。

第二节　建筑设备与材料

施工机械

1990年前，云和县建筑施工以机械操作为主，场外材料运输使用拖拉机、汽车，场内用小翻斗和井字架；混凝土砂浆制作用拌和机、磨石机和水泵等，钢筋工用电焊机、切割机、调直机、弯曲机和卷扬机；木工用圆盘机、刨板机、凿孔机和电钻等。1991年始，全县建筑施工普遍应用钢管脚手架和钢模板，使用塔式起重机、铲车、挖掘机等机械设备。

建筑材料

20世纪80年代，云和县建筑基本采用土木结构，少量采用砖混结构。1990年，对《云和县建筑工程施工管理办法》作修改补充。1992年，县建设局编制出台《云和县建筑材料预算价格》，经丽水地区计委批准，颁发给有关单位执行。1991—2006年，云和县城多层楼房大部分采用钢筋混凝土条形基础、桩基础和沉井基础等，广泛应用钢筋混凝土预应力多孔板；屋面由多种式样坡瓦屋顶发展到普通有隔热层，用钢筋混凝土现浇或预制空心板平顶；房屋装饰采用磨石子装饰地面，水磨石装饰门厅；县城房屋外墙墙面由白灰抹面、清水墙、搓砂墙发展到干粘石、贴瓷砖、贴马赛克和装大理石。21世纪初，全县广泛使用乳胶漆粉刷；内墙装饰由纸筋灰抹面加灰浆刷白发展到墙纸、三合板、有色涂料、彩色油漆；地面由三合土到混凝土，有的用水磨石砌、缸砖、混凝土预制花地砖、大理石、拼花木地板。天棚由木地板、灰板条发展为石膏板、纤维板、钙塑板。

第三节　建筑市场管理

施工许可

1991年，云和县建设局贯彻云和县试行的施工券制度，根据各施工企业的任务完成情况，先后四次发放施工券，共35100平方米。凡500平方米建筑面积以上的工程都凭券施工。为确保市政建设工程质量，加强对市政工程施工管理。规定各施工单位在施工前按法定手续办理施工许可证，杜绝了无证施工现象。1999年11月，云和县实行建筑工程施工许可制度，限额以上的建设工程开工前必须办理工程建设施工许可证，由建设单位办理，施工单位配合提供相关资料。2000年3月，云和县采用全国统一的建筑施工许可证。

施工安全管理

20世纪80年代，云和县施工企业自行管理施工安全工作。1991—2010年，县住建局陆续开展“以人为本，安全第一”为主题的安全生产活动，结合“安全宣传周”“安全宣传月”活动，多渠道、多形式地开展宣传，组织施工企业经理及安全生产负责人进行安全知识培训等。与各个施工单位签订了《安全生产责任书》，督促各企业层层分解落实，并逐个实行开工前安全生产条件审查。1993 年，县建设局出台《云和县建筑施工安全生产管理标准》。建筑业管理科办公室全面负责建设系统安全生产监督管理工作。1997 年，建筑业管理科加强建设工程项目执法监察工作，列入执法监察项目 48 个，重点检查 16 个，抽查率 33.3%，从立项报建到竣工结算各个环节，对 8 个工程项目的违章违规问题进行了处罚。2005 年起，全县建筑施工企业实行安全生产许可证管理制度，未取得安全生产许可证企业不得承接业务；企业违反安全生产法律、法规，发生死亡事故的，给予暂扣或吊销安全生产许可证。同时，建筑施工企业三类人员实行安全生产能力考核管理，未取得考核合格证书的，不得上岗作业，并规定相应规模工程建设项目必须配备规定数量的专职安全管理人员。此外，还建立工程建设不良行为记录和黑名单制度，加强了对工业企业建设工程的管理，把工业企业的建设工程纳入依法管理的范畴。2007 年，县建设局制定出台关于印发《云和县建筑安全文明施工标准化工地评审办法》的通知，加强安全生产监督管理。

节能环保管理

2007 年 10 月始，云和县国有投资或部分使用国有资金的办公、宾馆、文教体育、商品房开发等公共建筑项目纳入建筑节能管理的范畴，建立各部门监管联动控制程序；建筑施工图设计应有节能专项章节，图审机构有单列节能的审查合格文件；工程分部有分项实施工序和竣工验收及工程备案，必须有监理（建设）和政府质量监督机构的检查验收合格意见记录等监督控制措施。2008 年，积极推进新建民用建筑达到节能 50%的标准，新建项目节能审查率达到 100%，完成建筑节能示范面积 0.2 万平方米，散装水泥供应率和使用率进一步提高。

工程招投标管理

1991 年，云和县采用招投标与分配相结合的管理办法，落实基建施工任务。凡列入本县本年度的基本建筑计划及省、地在本县境内的建安工程投资额在 20 万元以上的，均实行招投标。2000 年，新开工工程报建率 100%，没有发生无证施工、无证上岗现象，招投标工程共 17 项，总造价 1854.73 万元，限额以上工程招投标率达 100%。对限额以下可以不实行招投标的工程，大部分通过招标办进行建设工程交易，预防暗箱操作。2002 年 10 月始，所有招标都依法委托招标公司进行，通过招投标节约投资 226.4 万元，缩短工期 10%，取得明显的经济和社会效益。

第四节　主要建筑、监理、装潢企业

主要建筑企业

云和县城关建筑公司　1964 年 9 月，云和县城关建筑公司成立，企业地址在云和县中山街 386 号。1991—2010 年期间，主营房屋建筑施工总承包三级，员工 320 人，专业技术职称人员 162 人，企业自有资金 2630 万元。代表性工程有云和县金丰嘉苑二期工程、云和县嘉和苑住宅小区工程、丽水南城幼儿园工程、庆元县后田公园等，其中丽水南城幼儿园工程、庆元县后田公园被评为丽水市“九龙杯”建筑安全文明施工标准化工地。

丽水瓯建实业有限公司　该公司是丽水静远电力实业有限公司下属全资子公司，前身是丽水静远电力服务有限公司，企业地址在云和县紧水滩镇紧水滩电站办公楼。主营建筑工程施工总承包二级和防水防腐保温工程专业承包二级。2000年8月，改制更名为丽水瓯江建筑工程有限公司，2006年2月，扩股更名为浙江瓯江建筑工程有限公司，现有员工235人，注册人员15人，其中建筑工程一级建造师5人，建筑工程二级建造师9人，市政工程二级建造师1人。技术负责人2人，分别负责“建筑工程施工总承包二级”“防水防腐保温工程专业承包二级”两个类别资质。

浙江文华建设有限公司　该公司于2010年成立，企业地址在云和县环宇路72号。主营房屋建筑工程施工总承包三级。有专业技术人员63。

浙江乾丰生态建设有限公司　该公司成立于2007年。企业地址在云和县环宇路72号。主营园林绿化工程设计、施工，地质灾害治理、环保、文物保护、建筑、公路、通信、市政公用、水利水电、钢结构、古建筑、城市及道路照明施工等。公司注册资本金5180万元，具有房屋建筑、市政公用、水利水电和城市及道路照明工程专业承包、建筑装修装饰工程专业承包二级等多项工程施工资质。有员工162人、专业技术职称人员106人、注册二级建造师24人、注册一级建造师6人。

浙江银河建筑工程有限公司　该公司前身为云和县建筑公司，创建于1950年，主营房屋建筑工程施工总承包一级有效资质。企业地址在云和县新华街88号。2001年年底，云和县建筑工程有限责任公司改制。2003年5月公司由原来的三级资质建筑企业晋升为二级资质建筑企业。同时，公司改名为浙江银河建筑工程有限公司。2010年，晋升为一级资质建筑企业，注册资金5058万元。代表性工程有云和县急救中心大楼工程、云和县人民医院2#住宅楼工程、云和中学教学楼工程、云和职校教学楼工程、云和县文化中心综合楼工程、云和镇中实验综合楼工程等项目。

云和县住宅建设有限公司　1993年，成立的云和县住宅建设工程处。2001年4月28日，经过改制重组设立云和县住宅建设工程有限公司。企业地址在云和县云和镇梨园路29号。主营三级建筑工程施工总承包资质、三级市政公用工程施工总承包资质。注册资金2315万元。2001—2010年，完成工程项目306个。代表性项目有云和县环卫所拆迁安置房工程、云和县浮云小区东11号楼工程等。

云和县朝阳建筑工程有限公司　1985年成立，前身是云和县城西建筑公司，2002年2月改制后更名为云和县朝阳建筑工程有限公司，企业地址在云和县西郊梅砻口。主营房屋建筑施工总承包二级企业。专业技术人员142人。1991—2010年，公司完成工程项目325个，建筑面积26.7万平方米，产值2.5亿元。代表性项目有：云和县经济技术协作综合大楼、云和县广和大厦综合楼、云和湖度假大酒店等工程。

丽水宏盛电力有限公司　该公司前身是云和县宏盛电力有限公司，成立于2003年2月，企业地址在云和县中山西路12号。该公司是云和县境内唯一一家具有电力工程施工总承包三级、输变电工程专业承包三级、城市及道路照明工程承包三级、建筑机电安装工程专业承包三级资质，承装（修、试）电力设施四级许可证和安全生产许可证的电力工程施工企业。注册资本800万元。2007年5月29日，经云和县工商局登记变更注册，更名为丽水宏盛电力有限公司。2009—2010年完成工程项目209个，产值6176万元。有二级建造师14人，各专业技术人员85人。

中介服务企业

浙江处州建设管理有限公司 2004年11月，浙江处州建设管理有限公司云和分公司成立，从事建设管理。公司地址在云和县红光路14号。云和分公司拥有国家注册监理工程师2人、浙江省监理工程师2人和监理员10人，其中高级职称2人、中级职称4人。2010年，浙江处州建设管理有限公司云和分公司监理费年产值70万元。配备工程质量检测仪器设备，分公司在云和承接工程监理业务近275项，合格率100%，已完成监理工程项目有云和县富锦园小区、云和县金利花苑、云和县江滨实验小学体艺楼、云和县城东路安溪桥、云和县农民新村一期农民公寓、云和县普光农民公寓二期二标工程、元和广场以东地块商品房、云和湖度假大酒店、云和县县城供水管网改造工程、云和县气象科技中心工程、云和江滨小学浮云溪亮化工程、云和华宏钢铁制品熔炼车间、云和县移动办公综合楼装饰工程等。

丽水方朝工程建设管理有限公司 该公司成立于2001年1月，企业地址在云和县中山东路77号，注册资金50万元。公司前身为云和县诚信工程监理有限公司，隶属县建设局后改制。经浙江省建设厅审查核定为乙级工程造价咨询和丙级工业与民用建筑工程监理双资质企业，工程造价咨询企业乙级证书编号07101384、丙级监理资质等级，证书编号E233011528号，是云和县建筑行业协会理事单位。2010年，该公司有高级工程师1人，高级经济师1人，工程师15人，国家注册监理工程师8人，国家注册造价工程师8人，浙江省监理工程师5人，造价人员16人，监理员18人。

建筑装潢企业

浙江恒达建筑装饰有限公司 该公司成立于2000年，企业地址在云和县云和镇新建路76号。主营建筑装饰设计、施工等。公司注册资金522万元，2008年末总资产达到1200万元。具有建筑装饰二级资质，建筑幕墙与门窗叁级资质，装饰装修专项设计资质。公司员工113人。

造价咨询机构

浙江方圆工程咨询有限公司云和分公司 公司地址在云和县新建南路538号。经营范围工程咨询服务、项目建议书与项目可行性研究报告编制、工程招标代理、政府采购代理与咨询、工程造价咨询等。资质情况：造价咨询甲级、工程招标代理甲级。分公司造价员6人，工程师1人。主要项目有云和县古竹村委综合楼、云和县同心花园B1-B3号商住楼工程、云和县中等职业技术学校学生宿舍楼等。

浙江鼎力工程项目管理有限公司云和分公司 公司地址在浙江云和县浮云街道梨园路29号，经营范围：工程项目策划、工程咨询、政府采购、工程设计、工程监理、招标代理、造价咨询、房地产评估等。资质情况：造价咨询甲级、工程招标代理甲级。公司造价员2人。

浙江至伟工程管理咨询有限公司云和分公司 公司地址在云和县勤俭村5号楼三层。

主要经营范围建设工程管理咨询、工程造价咨询、工程招标代理、政府采购招标代理等。资质造价咨询乙级、工程招标代理乙级。公司造价工程师1人，造价员2人，高级经济师1人。

第五节　质量监督

1989年4月，云和县建筑工程质量监督站（以下简称县质监站）成立，负责全县新建、扩建、改建建筑和市政基础设施工程质量监督管理工作，对建设工程质量动态检测实施监督，重点监管建设工程五方主体质量行为和工程基础、主体结构等重要部位工程质量的工作，对竣工验收实施监督，除日常工程质量检查外，开展质量大检查和巡查工作，以及工程实体质量监督抽查等工作。1991年，县质监站工作人员2人。2010年，县质监站工作人员增加到3人，其中工程师2人，助理工程师1人。

1991年始，云和县贯彻执行建设部《建筑安装工程质量检验评定统一标准》（GBJ300—88），监督管理建筑工程，采取企业自检自评和质监站抽查、核验、评定办法。

1994年3月，县城乡建设环保局出台《云和县建筑安装工程质量监督验评细则》，质监站抽查验评全县建筑工程项目质量，对工程质量做出评定，出具建筑安装工程质量等级核验书。是年6月20日，云和县建筑工程竣工验收领导小组成立，计委、监督站、施工股、规划股、环保办、建行或审计事务所、设计单位、消防科等单位各1人，建设单位和施工单位各若干人。工程竣工验收小组原则上由以上单位派人组成，具体工程验收时，组成单位的调整由组长根据具体情况决定。

2000年，云和县实施《房屋建筑工程和市政基础设施工程实行见证取样和送检规定》，规范房屋建筑工程和市政基础设施工程中涉及结构安全的试块、试件和材料的见证取样和送检工作，保证工程质量，要求在建设单位或工程监理单位人员的见证下，由施工单位的现场试验人员对工程中涉及结构安全的试块、试件和材料在现场取样，并送至质量检测单位进行检测，工程质量监督部门实施监督管理。

2001年，云和县建设局出台《云和县房屋建筑工程竣工验收备案管理实施意见（试行）》，明确竣工验收工作由建设单位负责组织实施，建设行政主管部门负责监督竣工验收工作，云和县竣工工程自此实施监督备案管理。

2002年，云和县建筑公司建筑材料试验室改制后独立成为第三方检测机构，更名为云和县永和建筑材料检测有限公司，试验内容主要有混凝土、砂浆成型养护，混凝土抗压、抗折强度检测，砂浆抗压强度检测，砖抗压强度检测，钢筋力学性能测试，钢筋及焊接接头抗拉强度测试，钢筋保护层厚度，现浇板的厚度等。2005年，实行《建设工程质量检测管理办法》，加强对检测机构的质量管理，为建筑材料的质量管理提供更公正、公平、准确的依据。

2006年，实行建筑工程质量投诉暂行处理意见，规范质量投诉处理程序。2007年，实施《建筑节能工程施工质量验收规范》。开展全市建筑节能专项检查，使建筑节能的设计标准得以全面实施。2008年强化质量监督动态管理，实施质量监督巡检制度。每年组织开展“质量月”活动，通过宣传教育有效地提高了工程建设各方主体质量意识，促进了工程质量水平提高。

2009年起，县质监站加强对住宅工程质量的分户专项验收工作，做好分户验收专项备案。

1991—2010年，县建设局组织开展建设工程评先创优活动，云和县体育馆工程获浙江省建设工程“钱江杯”优质工程奖；云和邮政大楼、云和县地方税务局、云和皇成国际大酒店主楼、中国移动通信集团浙江有限公司云和分公司等10个工程获丽水市建设工程“九龙杯”优质工程奖。

第八章　住房制度改革和管理

1988年6月，云和县住房制度改革领导小组及其办公室成立，与县房地产管理处合署办公。1992年12月，云和县住房基金管理中心成立，与县房改办合署办公。1993年11月，房改办和住房基金管理中心分设，县房改办为县住房制度改革领导小组下设的日常办事机构。

第一节　城镇住房制度改革

住房改革管理机构

云和县住房基金管理中心为全民事业单位，机构挂靠县财税局。1999年6月11日，云和县机构编制委员会《关于同意给云和县住房基金管理中心核定1名编制的批复》，全额预算全民事业单位，核定人员编制1名。

2003年12月，云和县住房基金管理中心从县财政局划出，设置云和县住房委员会办公室，与县住房办合署办公，县政府直属副科级自收自支全民事业单位，挂靠县建设局，受县政府委托，在县住房委员会的领导下，负责住房制度改革、住房基金管理、指导监督住房公积金管理工作，与丽水市住房公积金管理中心云和分中心合署办公，实行三块牌子，一套班子。

2004年7月8日，云和县机构编制委员会《关于县住房委员会办公室归口县政府办公室管理的通知》，为经营理顺管理体制，参照丽水市的管理体制，云和县住房委员会办公室（中心）归口县政府办公室管理。

2007年6月，根据云和县机构编制委员会有关文件，机构原定领导职数进行调整，设为县政府住房委员会办公室主任1人、副主任2人，主任按正科级配备，副主任按副科级配备。

公有住房出售

1993年4月，《云和县城镇住房制度改革实施方案》经浙江省城镇住房制度改革领导小组批准，云和县城镇住房制度改革进入实施阶段。全县出售公有住房106个单位，房屋2749套，建筑面积23.90万平方米，售房款达3573.60万元。

公有住房租金改革

1993 年，云和县改革公有住房租金标准，由平均每平方米月租金 0.056 元调高到 0.35 元、0.5 元、1.1 元。2005—2010 年提高到 3 元。

集资合作建房

1993—2010 年，全县批准集资合作建房单位 27 个，房屋 694 套，面积 6.7 万平方米。

经济适用住房

1993—2010 年，全县相继建成鲤鱼山小区、银苑小区、城北路府前商住房经济适用住房小区 3 处，441 套，建筑面积 5 万平方米。

廉租住房

2005 年，云和县建立廉租住房制度。廉租住房采用实物配租、租金补贴、租金核减三种形式。2008 年，通过县扶贫办在下山脱贫集中建设的普光小区中配建廉租住房 2 幢，96 套，面积 5826 平方米，2010 年分配入住，是云和县第一批政府集中新建的廉租住房。2010 年年底，在凤凰山路 11 号（原新华厂锻工车间）地块新建第二批廉租住房，建设房屋 108 套，建筑面积 6274 平方米。2005 年，廉租住房保障对象为城镇低保家庭，2008 年起，逐步扩大到城镇低收入住房困难家庭。2005 年，首次实物配租 5 户，租金补贴 19200 元、40 户，租金核减 13 人，1668 元，截至 2010 年年底，累计保障家庭 276 户，累计发放租赁补贴 48 万元。

住房分配货币化

1998 年年底，云和县全面停止住房实物分配，逐步实行住房分配货币化，推进住房商品化和社会化，建立和完善以经济适用房为主的多层次城镇住房供应体系。

2004 年起，县人民政府出台《云和县住房分配货币化及住房补贴资金管理实施细则》及相关配套政策，在全县实行住房补贴制度。住房补贴分住房公积金补贴、一次性住房补贴和工龄住房补贴三种形式。对 1999 年 1 月 1 日以后参加工作的职工，自参加工作次月起，本人和单位除按规定比例缴存住房公积金外，单位应按月再发给职工本人住房公积金补贴，一并纳入住房公积金管理；对 1998 年底前参加工作的无房和住房面积未达到规定标准的职工，由所在单位按规定发给一次性住房补贴；对 1994 年底前参加工作的无房和住房面积未达到规定标准的职工，由所在单位按规定发给一次性住房补贴和工龄住房补贴。住房公积金补贴按本人工资的 8%计发、一次性住房补贴标准为 145 元/平方米、工龄住房补贴标准每年工龄为 3.4 元/平方米。2005 年在县级机关离退休人员中发放住房补贴，截至 2010 年年底，共发放住房补贴 1679 万元，享受住房补贴 1515 人。

第二节 产权登记和房屋交易抵押

管理机构

1950—1951 年，土地改革后，云和县城镇公房由云和县房地产管理委员会管理。1992年，更名为云和县房地产管理处，自收自支（人员参照全额拨款单位管理）全民事业单位，隶属县城乡建设局。

房屋产权登记、房产交易、抵押

1998 年，云和县房屋确权发证 792 件；房产交易共 118 件，面积 4.75 万平方米；抵押登记 405 件，面积 24.06 万平方米。截至 2010 年，云和县房屋确权发证38407 件，面积684.53 万平方米，房产交易 5192 件，面积 76.71 万平方米，抵押登记 10823 件，面积 691.91 万平方米。

1998—2010 年云和县房屋确权发证统计表

表 5-8-1

年份	房屋确权发证（件）	面积（万平方米）	房产交易（件）	面积（万平方米）	抵押登记（件）	面积（万平方米）
1998	792	—	118	4.75	405	24.06
1999	489	—	107	3.80	378	3.80
2000	1705	—	345	5.33	457	—
2001	490	—	395	6.40	—	—
2002	882	—	241	5.10	1024	26
2003	830	—	251	4.10	—	—
2004	6688	155.09	358	6.68	583	39.09
2005	13877	244.46	1322	17.90	1145	74.93
2006	1738	33.03	394	4.18	1103	90.62
2007	2276	50.52	314	3.38	1191	70.89
2008	2182	45.50	229	2.49	1221	98.73
2009	3667	99.71	593	6.72	1768	153.01
2010	2791	56.22	525	5.88	1548	110.78

第三节　交易市场管理与服务

20 世纪 90 年代，云和县出现大量商品房，私有房产快速增长，房地产交易市场活跃，出现一批房地产中介机构。

房产中介

2003 年 11 月，云和县自强房产中介有限公司成立，这是云和县第一家经工商注册登记的房地产中介服务机构。2010 年 1 月，房地产中介服务公司成立自律性房地产中介行业协会，规范房地产中介服务行为，截至 2010 年，全县经工商管理部门注册登记的房地产中介服务机构 23 家。

房产评估

2002 年 1 月云和县捷信房地产评估有限责任公司成立，提供房地产估价、房地产经纪及咨询服务。是年，云和县捷信房地产评估有限责任公司实行改制，组建成股份有限责任公司。2008—2010 年评估 1762 份，评估总价值 40912 万元，评估总建筑面积 80.27 万平方米。

第四节　白蚁防治

1990 年，云和县白蚁防治站成立，是建设局下属的事业单位，隶属县房地产管理委员会。云和县白蚁防治站曾被评为省白蚁防治先进集体。

截至 2010 年，云和县境内查明有白蚁种类 2 科（鼻白蚁、白蚁）5 属（乳白蚁、散白蚁、土白蚁、象白蚁、大白蚁）6 种（台湾乳白蚁、黄胸散白蚁、黑胸散白蚁、黑翅土白蚁、黄翅大白蚁、小象白蚁）。其中，危害特别严重的有台湾乳白蚁、黑胸散白蚁、黄胸散白蚁、黑翅土白蚁、黄翅大白蚁等 5 种。

1991 年始，实施新建房屋白蚁防治收费制度，收费标准为单位房每平方米 2.00 元，私人每平方米 1.6 元。

1999—2007 年，全县开展凤凰山水库白蚁普查。2008 年，全县开展传统古村白蚁普查，对包山村、梅垮村、桑岭村，坑根村、沙铺村等进行白蚁防治。农房白蚁灭治年平均 25 户，约 5600 平方米。1991—2010 年，全县共进行新建房屋白蚁预防 280.68 万平方米，同时，还开展多处公共场所害虫消杀治理工作。

1991—2010 年云和县白蚁预防面积统计表

表 5-8-2

年度	面积（平方米）	年度	面积（平方米）
1991	20464.73	2001	259359.00
1992	17177.60	2002	254141.00
1993	37426.95	2003	362597.64
1994	222625.50	2004	228911.30
1995	45732.90	2005	253879.74
1996	32820.80	2006	311506.44
1997	55710.00	2007	502268.28
1998	70219.00	2008	173974.16
1999	68207.00	2009	185018.52
2000	58793.00	2010	180054.94

第九章　住房公积金管理

1994年，云和县开始对机关、事业单位工作人员实行住房公积金制度，公积金缴存比例按职工上年度12月工资的5%计算。后在全县全面铺开住房公积金建制工作，逐步提高缴存比例。

第一节　住房公积金归集

1993年10月14日，云和县出台《云和县住房公积金实施细则》。1994年，开始实行住房公积金制度，公积金缴存比例按职工上年度12月工资的5%计算，后逐步提高缴存比例。2000年、2001年、2002年、2003年住房公积金缴存比例分别为6%、7%、8%、9%；2004—2006年住房公积金缴存比例为10%；2007年起，住房公积金缴存比例提高到12%，之后未再作调整。1994年，云和县建立公积金单位27个，职工1957人，累计归集公积金25.28万元。之后，在县政府的高度重视下，住房公积金建制工作全面铺开。至2010年，云和县有278个单位建立住房公积金账户，缴存住房公积金6314人，公积金归集3.94亿元，归集余额2.38亿元。

第二节　住房公积金贷款

2002年6月7日，云和县人民政府办公室出台《云和县个人住房公积金抵押贷款实施意见（试行）》，11月开始办理住房公积金贷款业务。2002年，住房公积金贷款额度为单职工最高不超过8万元，双职工最高不超过15万元，贷款最长年限20年。2006年，全县住房公积金贷款额度调整为单职工20万元、双职工30万元，贷款最长年限20年。2008年，全县住房公积金贷款额度调整为单职工25万元、双职工40万元，贷款最长年限20年。2002年，发放个人住房公积金贷款9户共计95万元，之后公积金贷款业务全面铺开，至2010年，云和县累计发放住房公积金贷款2027户，金额3.53亿元。

第三节　机构与队伍

1980年6月26日，云和县基本建设局成立。1984年2月17日，县基建局与县环境保护办公室合并，建立县城乡建设环境保护局。1997年第一次机构改革，建立云和县建设局（云和县环境保护局），两块牌子一套人马。2002年第二次机构改革，建立云和县建设局，与云和县环保局分离。2010年机构改革，改名为云和县建设局。

第一次机构改革

局机关　1997年，县城乡建设环境保护局更名为县建设局（县环境保护局），两块牌子一套人马。主要职能为综合管理全县建设事业与环境保护事业工作。机关内设4个职能股室分别为办公室、计划财务审计股、城乡规划股、城建（环保）法制监察股。机关行政编制10人。领导职数为局长1人，副局长2人。

县城市建设管理处　全额拨款全民事业单位，编制6人，负责人2人。

县建筑业管理处（县建设工程质量监督站）　全额拨款全民事业单位，编制7人，负责人2人。

县环境监理站　全额拨款全民事业单位，编制4人，负责人1人。

县环境监测站　全额拨款全民事业单位，编制2人，负责人1人。

县环境卫生管理所　差额拨款集体事业单位。编制43人，负责人3人。

县人民政府住房委员会办公室（县房地产业管理办公室）　自收自支（人员参照全额拨款单位管理）全民事业单位，编制8人。

县房地产管理处　自收自支（人员参照全额拨款单位管理）全民事业单位，编制16人，负责人3人。内设白蚁防治站、县房地产交易所、县危房鉴定办公室、县房地产评估事务所、房屋产权登记发证办公室。

县建筑设计室（村镇建筑设计室）　自收自支全民事业单位，编制10人，负责人2人。

县城建（环保）监察大队　自收自支全民事业单位，编制11人，负责人2人。

云和县园林管理处　自收自支全民事业单位，编制14人，负责人2人。

县村镇规划建设服务站　自收自支集体事业单位，编制10人，负责人2人。

第二次机构改革

2002年，单设云和县建设局（云和县环保局分设）。同时，环境保护事业工作职能交给县环保局，城市规划区地下水资源的管理和城市防洪职能交给县水利局。内设4个职能科室：办公室（法制科）、计划财务科、建筑业管理科、住宅与房地产业管理科。行政编制10人（含工勤人员）。其中：局长1人，副局长3人，党务领导1人，科室中层科（股）长职数4名。其间，下属事业单位设置没有变动。

第三次机构改革

局机关　2005年，县建设局原内设的办公室（法制科）、计划财务科、建筑业管理科、住宅与房地产管理科等4个科室调整为办公室、城乡规划管理科、市政公用事业管理科、建筑与房地产管理科等4个科室。

云和县建设工程质量监督站　2010年11月3日，根据《云和县建设工程质量监督站（云和县建筑业管理处）职能配置和人员编制规定》，重新设立云和县建设工程质量监督站（县建筑业管理处），属建设局下属全额拨款事业单位，负责县本级建设工程质量监督管理工作。人员编制7人，其中站长1人，副站长1人。

云和县城建执法大队 2010年4月29日，根据《关于调整云和县城市建设管理体制方案的通知》文件，原“云和县城市管理行政执法大队”更名为“云和县城市建设执法大队”，全额拨款事业单位，隶属云和县建设局，依照公务员制度管理。负责县城建执法等工作。云和县城建执法大队核定人员编制30人，其中：大队长1人（高配副科级），副大队长2人。

县城建执法大队设3个行政执法中队：

一中队，执法管辖县城新建路（含新建路）以东区域的市容市貌。

二中队，执法管辖县城新建路以西区域的市容市貌。

规划监察执法中队，管理范围为云和县行政规划区。主要职责：宣传、执行《中华人民共和国城乡规划法》等法律、法规及规范性文件。对规划区内建设活动进行跟踪；查处辖区内违法建筑和违章装修，负责对施工场地的现场安全秩序管理；负责辖区执法案件的投诉受理处置工作。

云和县测绘管理办公室 2005年，设立云和县测绘管理办公室，为全额拨款事业单位，隶属于县建设局，主要负责制订城市测绘发展规划、计划，组织测绘项目实施等工作。核定人员编制3人，其中科室负责人1人。

云和县城市建设管理处 2010年，设立云和县城市建设管理处，属县建设局下属监督管理类事业单位，受云和县建设局委托，负责全县城市基础设施建设及市政公共设施管理工作。人员编制6人。其中，主任1人，副主任1人。

2010年，县建设局内设机构局办公室、行政许可科、建筑业管理科、城乡规划管理科、公用事业管理科。编制人数：行政编制10人（含工勤人员）。

1991—2010年云和县建设局主要负责人一览表

表5-9-1

党组书记	任职时间	局长	任职时间
梅耐寒	1984.12—1993.03	梅耐寒	1984.12—1993.03
张显招	1994.03—1996.10	张显招	1994.03—1996.10
朱建伟	1996.10—2002.06	朱建伟	1996.10—2002.06
张　毅	2002.08—2005.07	张　毅	2002.08—2005.07
彭平生	2004.10—2005.10	彭平生	2004.10—2005.10
江晓平	2005.12—	江晓平	2005.12—

第十章　人民防空

2005 年，省人民政府批复云和县为三类重点防空城市，同意成立县人民防空办公室，县建设局增挂人民防空办公室牌子。2006 年 5 月，云和县人民防空办公室（民防局）成立，8 月挂牌，办公地点在县城车站路 28 号。

第一节　事业建设

机构设置

2005 年 5 月，县建设局增挂云和县人民防空办公室牌子，办公地点设在县建设局。

2006 年 5 月，根据《关于设立云和县人民防空办公室（民防局）的通知》文件精神，建立云和县人民防空办公室（民防局），为全额拨款科级事业单位，属县政府办公室管理。主任、副主任按正、副科级职级配置（其中 1 名副主任由县人武部副部长兼任，不占编制）。内设综合科，事业编制 4 人。下设综合工程科、指宣科 2 个职能科室。

2009 年 7 月，增设行政许可科。承担建设行政许可职能。行政许可科按规定配备正式在编工作人员，按建制进驻县行政审批窗口集中办公。

工作网络

2006 年 12 月，云和镇元和、中山、新华、解放、浮云、青阳门等 6 个社区人防服务站成立，社区主任担任站长，配备办事员 1 人。紧水滩镇、崇头镇、石塘镇分别成立镇人民防空办公室，办公室主任由镇党委书记或镇长兼任，专武部长或分管建设的副镇长兼任副主任，配备办事员 1 人。形成人民防空工作网络。

工程建设

县人民防空办公室按照“长期准备、重点建设、平战结合”的人防方针，规定凡超十层以上的高楼，要求业主单位予以立项，建设能满足战时防护需要的人防工程。对每一项工程，从设计图纸审查、施工现场检查、质量监督、竣工验收，都进行严格把关，全程跟踪。在施工过程中，开展工程执法检查，要求每项工程都符合或达到国家规定的人民防空地下室建造标准。

人防设施

2007 年开始安装人防通信网络、警报设施，增设综合业务网、短波电台、办公 OA 系统、电视视频会议装置。

第二节　宣传教育

2007—2010 年，云和县，创新人防宣传，建立人防宣传教育长效机制，推进人防宣传教育“进机关、进学校、进企业、进社区、进媒体”的五进活动。

图 5-10-1 古坊小学人防知识教育课 （2008 年摄 县人防办提供）

每年以 3 月 1 日“国际民防日”为契机，在中山广场开展以“关爱生命，关注民防（人防）”为主题的宣传活动，向过往市民宣传防灾减灾和公共安全知识；“5·12”防灾减灾日期间开展人防知识宣传，并结合防灾减灾系列活动在云和县范围内组织小学生应急逃生演练活动，2010 年发放各类防空防灾资料 1000 份，参与群众和学生 5 千人次。

每年暑假，云和县人防办与云和江滨小学等学校联合举办暑期军事夏令营。夏令营活动包括队列、内务整理、消防演练等多项内容的训练，还组织学生参加安全知识竞赛、军事游戏、观看电影、军歌联唱等丰富多彩的活动。

县人防办在县育英中学、县第二中学、县第三中学、县实验小学、县江滨小学、县古坊小学开设人防知识教育课。县城 3 所初级中学每年都对初二学生开课 10 节以上，做到有领导机构，有专（兼）职教师，有教学计划和教案，有考试成绩汇编，有人防教育总结材料。县城小学五年级也全面开课，小学五年级以上班级人防知识开课率达到 100%。2007 年，县第三中学定期组织学生开展防震防灾知识教育、实地演练，并请地震监测部门专家讲课。城西小学每年结合警报试鸣日活动，开展防空袭疏散演练活动。此外，县教育行政部门每年都会派安排 3—4 名教师到浙师大民防学院和湖州民防学院，开展人防知识进修培训。

图 5-10-2 社区工作人员防空训练 （2007 年摄 县人防办提供）

2007—2010 年，县人防办组织社区工作人员培训、训练拉练两次。组织人防知识大型宣传活动 16 次，如每年 3 月 1 日的“国际民防日”宣传活动、“5·12”的防震减灾宣传活动、9 月 18 日的全国科普日宣传演出活动等。其间，在县政府大院和文华公寓组织疏散演练各一次。制作32块大型图板开展宣传，发放人防宣传资料和宣传扇子5000余份，受教育人数达3万余人次。同时，云和电视台常年播放人防知识宣传短片2000余次，元和广场大屏常年滚动播放15秒的人防公益广告。此外，在《云和报》、云和政府门户网、丽水人防网等各类媒体发表新闻稿件及信息30余条。

2010年，健全完善《云和县城市人民防空应急行动方案》《云和县县城人民防空规划》《云和县县城人口疏散方案》等各类行动方案，适时组织开展演练，提升人防队伍战时遂行和防护的能力。

第三节　职能职责

云和县人民防空办公室（民防局）为县国防动员委员会的办事机构，是县政府人民防空工作的主管部门，主要职责是平时负责组织全县人民防空设施建设，战时组织开展城市人民防空袭斗争。

2006—2010年，云和县人民防空办公室主任　叶毅夫。

第六篇　水　　利

云和县地处瓯江上游干流龙泉溪中游，境内河流众多，水资源丰富。1978—1997年，在龙泉溪入县境的干流上先后建成首尾相连的紧水滩、石塘、玉溪3座水电站。1991—2010年，全县建成小水电站38座，总装机容量7.04万千瓦，年发电量约1.69亿千瓦时。全县有库容1000万立方米水库4座，库容100万—1000万立方米水库5座，库容10万—100万立方米水库12座，蓄水量1万—10万立方米的重要山塘45座，蓄水量1万立方米以下山塘52座。大小堰坝工程1467处。初步形成具有防洪、防涝、抗旱调控能力的水利工程体系，有效地提升了抗御灾害的能力。新建或改造集中供水工程的乡镇10个，完成分散供水工程村168个。安全饮用水惠及人数提升至10万余人，占全县总人口的98%以上。修建、新建城市防洪堤7893.68米，乡村防洪堤75.96千米，渠道128.19千米。1995年，云和县被列为“浙江省水土保持监督执法试点县”。1996年，被省人民政府评为第二届水利“大禹杯”竞赛活动提名奖。1999年，云和县水利水电局被水利部评为“全国农村水利先进集体”。2000年，以浮云溪为代表的小流域综合治理，被列入浙江省水利厅计算机信息管理系统。2000年12月26日，云和县小流域综合治理成果在中央电视台《新闻联播》节目中播出。是年，云和县水利局获浙江省第三届“大禹杯”竞赛活动铜奖。

2003年，云和县水利局被中共浙江省委、省人民政府评为“文明单位”。

第一章 水利工程

截至2010年，全县有大、中型水库3座，其中，省管大型水库1座（紧水滩水库），市管中型水库1座（石塘水库），县管中型水库1座（雾溪水库）。小（一）型水库4座。小（二）型水库11座；总库容15.14亿立方米。蓄水量1万—10万立方米山塘45座。堰坝、渠道1743处（不含水电站的引水发电渠道），灌溉面积1974公顷，其中，灌溉农田600公顷以上的堰坝2处，渠道3条；灌溉13—600公顷的堰坝、渠道26处；灌溉13公顷以下的堰坝、渠道1712处。

1991—2010年，全县新建小（一）型水库1座；小（二）型水库7座；山塘9座。总库容1387.33万立方米。1997—2002年，全县投入水利建设资金累计9865万元。

第一节 山 塘

山塘大多数为20世纪50—70年代所建。1991年始，云和县逐步加固山塘。至2010年，全县山塘经除险加固仍可使用，且蓄水量1万—10万立方米山塘45座，总蓄水量159.51万立方米；蓄水量1万立方米以下山塘52座，总蓄水量21.89万立方米。2010年，除险加固云和镇大坪羊角山、庄前小湾，崇头镇北山、牛湖岭，朱村乡金山下岙头，云坛乡李山前大湾等山塘共计53座。投资284万元。增加蓄水量98.10万立方米，增加灌溉面积940公顷。

第二节 水 库

大型水库

紧水滩水库 紧水滩大型水库位于云和县紧水滩镇金水坑村小峡口，以地得名，距县城18千米。紧水滩水库是以发电为主，兼有防洪、灌溉、航运、渔业等综合效益的大型水库（水电站）。水库集雨面积2761平方千米，多年平均降水量1833.8毫米，年径流量31.5亿立方米。水库校核洪水位192.7米，设计洪水位190.29米，正常蓄水位184米，死水位164米。正常蓄水位时，水库水面面积34.3平方千米。最大坝高102米，坝顶弦长312.18米，坝顶弧长350.6米，坝顶宽5米，坝底最大宽度24.6米，坝顶高程194米，坝顶上游侧设防浪墙。大坝防震按基本裂度7度设防。按千年一遇洪水频率设计，万年一遇洪水频率校核。坝型采用变圆心、变半径、三心双曲混凝土拱坝，属国内高坝中首次选用。工程由水电部华东勘测设计院设计，水电部十二工程局施工。水库设泄洪建筑物、引水建筑物、发电厂房、升压变电站、开关站、过坝建筑物等设施。

1981年10月，紧水滩水库主体工程动工。1983年10月31日截流。1986年6月下闸蓄水。水库淹没、占用耕地1124.13公顷，公路79.30千米，迁移人口21767人。紧水滩水库属国家能源部企业，隶属国网浙江省电力工业局。

中型水库

石塘水库 石塘中型水库位于云和县石塘镇石塘村村头、以村坊得名，距县城22千米。是截龙泉溪干流，拦紧水滩水库水电站尾水，以发电为主的一座中型水库。集雨面积3234平方千米，其中紧水滩至石塘区间集雨面积473平方千米。多年平均降水量1788.9毫米，年径流量34.4亿立方米。水库正常蓄水位102.5米，库容0.83亿立方米，水库水面面积6.7平方千米；百年设计洪水位102.7米，千年校核洪水位103.80米，相应总库容0.91亿立方米，为调节性能水库。拦河坝顶高程104.9米，坝高38.9米，长255米。左右岸挡水坝段顶宽分别为8.9米、6.8米。溢流坝段长98米，设5孔弧形闸门，每孔净宽16米，高12.5米，采用125吨油压启门机控制。总泄洪能力7880立方米每秒，最大单宽流量99.4立方米每秒。坝下消能采用底流消能方式。消力池长70米，池深2.7米，尾槛高1.6米。

石塘水库（水电站）工程由水电部华东勘测设计院设计，是中国第一座采用招标方式选择施工队伍的中型水库（水电站）。中标单位分别为：土建、机电工程水电部十二局中标，金属结构制作三门峡水力机械厂中标，发电设备制造杭州发电设备厂中标，公路改线仙居县第三建筑公司中标。

石塘水库是单一发电的水电工程，1985年7月1日动工，1987年11月29日截流，1988年12月31日下闸蓄水。工程投资1.85亿元。水库淹没、占用耕地207.86公顷，迁移人口5573人。石塘水库属国家能源部企业，隶属国网浙江省电力工业局。

雾溪水库 雾溪中型水库位于县城西南6千米的雾溪畲族乡雾溪村水口大仓畈，属浮云溪支流雾溪，以溪得名。集雨面积31.6平方千米，库容量1018万立方米。水库主体工程由大坝、副坝、拱涵、隧洞、溢洪道组成。大坝为黏土心墙坝，坝顶高海拔243.32米，最大坝高47.30米，坝顶长124米，宽8米，坝底长21米，宽280米。水库具有以灌溉为主，结合发电、防洪、养鱼等综合效益。主体工程于1959年12月动工。1960年9月基本建成。1964年5月，水库开始试蓄水。

雾溪水库建于"大跃进"时期，其工程存在严重隐患。1991年—1994年，被列入重点抢险加固工程（防渗）水库。省水利厅支持，实施黏上套井回填和左右坝肩帷幕灌浆补强处理，总造孔162孔，总进尺2282米，投资36.9万元。1994年1月，左右坝肩帷幕灌浆工程动工，完成灌浆孔25孔，总进尺557.9米，投资32.25万元。2005年9月，雾溪水库被列入病库，从中央到地方为雾溪水库投入专项维修资金，实施大坝加固、防洪设施改造、水利枢纽修建等系列工程，从根本上消除水库的安全隐患，使蓄水消落水深从39米提高到42米，增加年蓄水量494.5万立方米。

小型水库(1991—2010 年新建)

练公坪水库 位于云丰乡练公坪村,以水电站位置得名。属梧桐坑水系。集雨面积 58.2 平方千米,其中坝址以上集水面积 42.6 平方千米,引沙铺坑水 15.06 平方千米。大坝为钢筋混凝土面板堆石坝,最大坝高 64.7 米,坝顶高程 807.2 米,坝顶长 180 米,宽 6 米。正常库容 695 万立方米。相应库容 760 万立方米。溢洪道以 3 扇 6 米×5 米露顶式弧形闸门控制泄水,挑流消能。水库以发电为主,同时担负系统峰荷进行电力补偿调节。水库工程 1997 年 11 月 26 日动工,1997 年 12 月 20 日截流成功、1999 年 4 月 20 日完成大坝镇筑,2000 年 5 月 24 日完成大坝面板浇筑,2001 年 4 月 3 日水库下闸,2010 年试运行。

金坑口水库 位于沙铺砻水电站厂房下游约 1.70 千米处,以地形得名。属梧桐坑水系。集雨面积 84 平方千米,总库容 121 万立方米。正常库容 108 万立方米。最大坝高 37 米,坝顶长 111.1 米,坝顶宽 4.7 米,大坝为混凝土拱坝。泄水建筑物为溢流表孔,布置在河床中央,采用挑流消能。水库以发电为主。水库工程 2002 年 9 月动工,2005 年工程完工,启动试运行。

楼梯步水库 位于石塘镇石塘坑一级水电站上游 300 米处,以地形得名。集雨面积 37.25 平方千米,总库容 29.8 万立方米,正常库容 22.23 万立方米。大坝为变圆心,变半径双曲拱坝,混凝土埋块石结构。最大坝高 19.6 米,坝顶弧长 67.7 米,宽 1.8 米,坝底长 22 米,宽 4.8 米。坝顶中段设开敞式自由出流溢洪道,弧长 36 米,溢流堰面用钢筋混凝土建成曲线型挑流消能。1991 年 11 月,楼梯步水库主体工程动工。1993 年 1 月,大坝建成蓄水。库水灌溉双港、石塘坑、西滩头、西滩下等村农田 800 多亩,并有发电效益。楼梯步水库工程属低产田改造项目。工程投工 2.12 万工。投资 78 万元,其中省扶贫配套资金 40 万元,双港乡投资 2.5 万元,其余由云和县水电局安排解决。

十八湾水库 位于紧水滩镇枫桶岗村下两溪汇合口,以地形得名。总库容 50 万立方米,正常库容 42.5 万立方米。最大坝高 30.2 米,坝顶宽度 2 米,坝顶长度 90.24 米。大坝为单曲浆砌块石拱坝。水库是一个单一发电为目标的水利工程,水库工程 2002 年 8 月 28 日动工,2003 年 10 月竣工。

月湾水库 位于崇头镇商坑下村上游 200 米处,以地形得名。属梧桐溪水系。集雨面积 14 平方千米,总库容 71.5 万立方米,正常库容 55 万立方米。最大高坝高 31.5 米坝顶长 82米。宽 2 米,为双曲混凝土拱坝。泄洪采用挑流与天然水垫消能。坝体左侧设管径 0.6 米排沙管,排沙管中心高程 594 米,出口设闸阀控制。水库正常蓄水位 610 米,设计洪水位 612.82 米,校核洪水位 613.5 米。水库是一个单一发电为目标的水利工程,水库工程 2003 年 12 月 24 日动工,2005 年 3 月竣工。

龙头坑水库 位于县城东南陈家村龙头坑,以坑得名。集雨面积 8 平方千米,总库容25.6 万立方米。最大坝高 31 米 坝顶宽度 1.46 米,坝顶长度 76 米,大坝为混合线型混凝土双曲拱坝。龙头水库以灌溉为主,结合发电和供水。水库由县水利局、县移民开发办公室、县财政局筹资兴建。工程 2002 年 2 月 3 日动工,2003 年 3 月 15 日竣工。

百廿步水库 位于赤石乡临海垟坑上，以地名得名。集雨面积14.80平方千米，总库容25.73万立方米，正常库容20.52万立方米。最大坝高25米，坝顶长度61米，坝底宽4.22米，坝顶弧长61米，坝顶宽度1.55米，坝为混凝土双曲拱坝。百廿步水库为单一引水发电所建，水库工程2003年10月动工。2005年3月竣工。

锯板坑水库 位于崇头镇林山下村金坑溪左岸锯板湾，以地名得名。集雨面积18.50平方千米，总库容31.95万立方米，正常库容26.3万立方米。常态混凝土双曲拱坝，最大坝高28.4米，坝顶长度82米。坝顶设敞开式溢洪道。锯板坑水库主要效益是发电。水库工程2006年9月1日动工。2008年3月24日下闸蓄水。2009年12月28日竣工验收。

三望潭水库 位于紧水滩镇十八闸支流上。以地名得名。集雨面积14.78平方千米，总库容10万立方米。最大坝高19.8米，坝顶长度61.8米，坝顶宽3.2米，坝为细骨料混凝土砌块石双曲拱坝。三望潭水库是单一发电目标的水电工程。水库工程1996年4月5日动工。1997年1月竣工。

第三节 引水工程

2010年，云和县境内灌溉600公顷以上的引水堰2处，即惠云渠渠首的村头村"碇步头堰"及雾溪渠中游段穿过安溪溪流时建的"官潭堰"。灌溉600公顷以下的小型堰、渠工程主要有马鞍山堰（渠）、云章堰（渠）、小顺大坑暗引（渠）、石塘坑渠。境内大型引水工程中，历史最长的是黄公渠，规模较大的是惠云渠，效益最好的是雾溪渠。

1991—2010年，全县有堰坝、渠道1743处（不含水电站的引水发电渠道），灌溉面积1974公顷。其中灌溉农田600公顷以上的堰坝2处，渠道3条；灌溉13—600公顷的堰坝、渠道26处；灌溉13公顷以下的堰坝、渠道1712处。紧水滩、石塘水库，玉溪水利枢纽兴建后，全县被库水淹没堰坝、渠道计255处。

堰（渠）修复

马鞍山堰（渠） 该堰位于浮云溪云和镇马鞍山脚，集雨面积134平方千米。马鞍山堰又名"吴山堰"。清雍正时名"吴坳堰"，清同治《云和县志》易名"吴坳渠"。以后毁建无考。

该渠明·成化（1645）以前，曾自马鞍山脚筑堰开渠，引浮云溪水灌右岸农田约20公顷，民国29年（1940）秋被水毁，乡绅许学彬等12人倡议，于次年春开山凿石，砌渠护岸引水入田。由于水碓用水量增加，对"引水堰"（又名"振仁堰"）进行改善，灌溉渠道延长至1.5千米。1990年夏，引水堰被水毁。是年冬，于原堰下游14米处新建成浆砌块石外包钢筋网混凝土重力式滚水堰。长60米，高1.6米，底宽3.4米，基础为岩石。下游侧建挑流鼻坎，坎下设钢筋网混凝土护坦，宽2米。1991年2月竣工。土石方0.1万立方米，投工0.12万工，总投资2.6万元。

云章堰坝 该堰坝位于浮云溪下游云章村丽（水）浦（城）公路下。堰长91米，高2.1米，堰顶宽2米，底宽8米，另加护坦宽7米。左岸设进水闸1孔，宽4米，高1米，集水面积327

图 6-1-1　云章堰（2009 年摄　徐景舟）

平方千米。工程土石方 0.17 万立方米，投工 0.43 万工，投资 5.98 万元，1969 年建设云章水电站时建造。渠道长 600 米，过水流量 1.2 立方米每秒，灌溉云章畈农田 6.67 公顷。

1992 年 7 月 24 日，滚水堰被水毁。是年 11 月，按原式复建，堰面体增设钢筋混凝土框架加固，鹅卵石砌面，上游侧及堰顶设钢筋网混凝土面板防护。

云章堰为云和县规模最大的引水堰工程。

浮云溪堰坝

浮云溪橡胶坝　位于浮云溪云和镇红光桥上游 35 米处。坝体长 60 米，C20 钢筋混凝土基础底板，宽 10.35 米。底板高海拔 128.43 米，橡胶坝充水后坝高海拔 131.93 米。2000 年 10 月 15 日建成投入使用。投资 230 万元。

图 6-1-2　浮云溪橡胶坝（2000 年摄　王锡彪）

2010 年 11 月 18 日实施橡胶堰坝护坦修复工程。

浮云溪 1 号翻板坝　位于云和镇浮云溪与黄溪汇合口下游 51 米处。坝长 83 米，高 3.3 米，正常水位 127.8 米。堰坝基础采用 C20 钢筋混凝土浇筑，厚 0.9 米。上下游设置齿槽，齿槽深 1.4 米。堰坝下游设置防冲护坦，厚 0.4 米，C20 钢筋混凝土浇筑。翻板门采用衢州市河川翻板闸门有限公司 FBM3.3×8.3 型设备。工程于 2007 年 9 月 5 日动，2008 年 1 月 26 日竣工。2009 年 9 月，增设液压启动控制装置。

图 6-1-3　浮云溪 1 号翻板坝（2009 年摄　王锡彪）

浮云溪 2 号翻板坝　位于云和镇浮云溪与安溪汇合口下游处 165 米处。坝长 100 米，高 3 米，正常水位 124.5 米。堰坝基础采用 C20 钢筋混凝土浇筑。厚 0.8 米，上下游设置齿槽，齿槽深 1.2 米。堰坝下游设置防冲护坦，厚 0.4 米，C20 钢筋混凝土浇筑。翻板门采用衢州市河川翻板闸门有限公司 FBM3.0×6.25 型设备。工程于 2007 年 9 月 5 日动工，2008 年 1 月 26 日竣工。2009 年 9 月，增设液压启动控制装置。

其它堰渠

全县灌溉 10—60 公顷堰、渠共计 25 处（其中被紧水滩水库等淹没 2 处）。灌溉 13 公顷以下堰、渠共计1821处(其中被紧水滩水库和石塘水库淹没254处)。

第四节 防 洪 堤

浮云溪干流县城区域

城区段 云和县城区段防洪堤主要由浮云溪干流城区段和黄溪城区段组成。

浮云溪干流城区段防洪堤起点为浮云溪岗头桥，终点于浮云溪狮山桥，左岸堤长3873米，右岸堤长3579米，两岸堤距为40—100米，防洪标准为50年一遇。防洪堤采用重力式结构，顶宽0.80米，迎水面坡比1:0.1，背水面坡比1:0.25—1:0.40，堤高5.50—7.00米。堤脚采用0.50米厚C20混凝土垫层，堤身采用C15混凝土灌砌块石砌筑，迎水面采用0.25米厚M7.5浆砌花岗岩面石，堤顶采用0.15米厚C20混凝土压顶。工程于2000年12月动工，2005年9月完工，投资2953万元。

黄溪城区段防洪堤由舍上桥至中山街望鹿桥段和红光桥至浮云溪汇合口段组成。其中舍上桥至中山街望鹿桥段左岸堤长940米，右岸堤长970米，两岸堤距为15—16米，防洪标准为20年一遇。工程于2004年4月动工，2006年8月完工，投资300万元。红光桥至浮云溪汇合口段左岸堤长800米，右岸堤长700米。工程于1999年12月动工，2000年10月完工，投资200万元。

农村段 云和县农村防洪堤主要由安溪防洪堤、雾溪防洪堤、龙潭坑防洪堤、沙溪防洪堤、泉溪防洪堤、梧桐坑防洪堤、小顺坑防洪堤等防洪堤组成。

安溪防洪堤由安溪上村至下武村段、程宅村漈口自然村至古竹村桥段和古竹村桥至浮云溪汇合口段组成。安溪上村至下武村段防洪堤起点为安溪上村，终点于下武村，左岸堤长1720米，右岸堤长1680米，两岸堤距为13—16米。2006年完工，投资185万元。

安溪程宅村漈口自然村至古竹村桥段防洪堤起点为程宅村漈口自然村，终点古竹村桥，左岸堤长3146米，右岸堤长3084米，堤距22—50米。2008年完工，总投资为910万元。

古竹村桥至浮云溪汇合口段防洪堤起点为古竹村桥，终点浮云溪汇合口，左岸堤长1810米，右岸堤长1860米，两岸堤距为30—35米。2010年完工，投资655万元。

雾溪防洪堤起点为白龙山街道长田村坝头桥，终点黄桥头浮云溪汇合口，左岸堤长1778米，右岸堤长1799米，两岸堤距为20—30米，1998年完工，总投资为92万元。

沙溪防洪堤起点白龙山街道新建村移民湾，终点浮云溪汇合口，左岸长1561米，右岸长1510米，两岸堤距为10—18米。2007年完工，投资260万元。

泉溪防洪堤位于石塘镇张川、金山下、朱村三个村范围内，其中左岸堤防起点石塘镇张川村头堰坝，终点朱村茶青市场，堤长2249米；右岸堤防起点位于张川村头桥，终点位于玉溪水库汇合口，堤长800米；两岸堤距为20—40米，2006年完工，投资270万元。

梧桐坑黄家畲段防洪堤起点崇头镇黄家畲村村头，终点黄家畲村村尾，左岸堤长1488米，右岸堤长1600米，两岸堤距为10—15米，1991年完工，投资390万元。

小顺堡坑与大坑交汇处、小顺移民新村聚秀桥至小顺村口段、村中段，新建、修建防洪堤总长1440米。2005年完工，投资16万元。

第五节 水 电 站

1991—2010年，云和县新建小型水电站共计38座，总装机容量7.04万千瓦，年发电量约1.69亿千瓦。

1991—2010年云和县新建小型水电站统计表

表6–1–1

电站名称	乡镇	集雨面积（平方千米）	设计水头（米）	装机容量（千瓦）	年度发电量（万千瓦时）	投资（万元）	机组台数（台）	投产发电日期（年）
大坑坝后	石塘	13.40	21.8	100	14.09	165	1	1991.04
石门三级	雾溪	25.40	19.8	160+75	62.15	—	2	1995.06
埠头后	崇头	8.90	102	300	105	—	1	1996.01
洪洞坑	崇头	7.60	85	60+100	78.61	—	2	1996.02
富裕	崇头	13.48	69	200+125	126.61	—	2	1996.06
严坑	崇头	7.80	142	2×500	115.91	—	2	1996.04
恒发	石塘	20.10	85	320+200	200.13	—	2	1996.08
城南	安溪	19.50	56	325	111.66	—	1	1996.04
高际	崇头	9.20	95	2x200	140	20	2	1996.05
金泉	朱村	12.90	83	500	120	250	1	1996.11
雾溪水口	雾溪	17.10	98	2×320	640	290	2	1997.03
三望潭	紧水滩	17.20	98	2×250+400	208	340	3	1997.03
麻垟二级	赤石	24	140	3×630	480	501	3	2001.01
沙铺砻	沙浦	42.60	320.9	2×12500	5809	17800	2	2001.07
靛青山	云坛	18	285	2×1600	803	900	2	2006.09
刘坑二级	石塘	7.40	350	2×630	200	—	2	2002.07
云泉	朱村	39.90	21.5	2×250	101.89	179	2	2003.05
高牙	崇头	6.60	155	400+320	143.39	—	2	2003.03
龙头坑	云和镇	8	140	500+100	180	3600	2	2003.07
山回坑三级	石塘	17.50	28	320	53.21	—	1	2003.08
下垟	大湾	7.30	296	2×400	228	400	2	2004.04
板桥	崇头	5.20	181	2×400	172.80	280	2	2004.04
梅山	紧水滩	4.80	168	320+200	138.12	185	2	2004.05

续表 6-1-1

电站名称	乡镇	集雨面积（平方千米）	设计水头（米）	装机容量（千瓦）	年度发电量（万千瓦时）	投资（万元）	机组台数（台）	投产发电日期（年）
指头垟	云坛	36.30	82	3×500	297	600	3	2004.06
十八湾	紧水滩	13.33	120	2×500	246.75	570	2	2004.04
田铺	大源	15.70	71	2×250	142.50	282.84	2	2005.11
三渡溪一级	雾溪	5.10	275	2×400	244	397	2	2007.09
月湾	云丰	18.30	115	630	391.50	763	1	2005.02
金坑口	崇头	84	4300	2×8000	3400	10800	2	2005.05
百廿步	赤石	14.80	50	2×250	130	370	2	2005.11
岙头	雾溪	10.61	102	2×250	136	340	2	2006.02
牛三溪	大源	8.99	223	2×500	270	530.38	2	2006.12
麻垟一级	赤石	8.10	180	2×500	290.88	—	2	2007.05
水照垟	石塘	3.80	100	2×320	130.38	—	2	2007.09
锯板坑	崇头	18.50	220	2×1600	653	2240	2	2008.03
水碓垟	崇头	3.80	140	2×500	96.85	—	2	2007.05
梅坑	崇头	4.20	180	2×400	128.60	—	2	2009.02
陈高际	崇头	11	50	160+200	129.35	—	2	2009.02

第六节 水利枢纽

玉溪水利枢纽工程位于丽水市莲都区与云和县毗邻的瓯江干流龙泉溪下游河段处，拦水大坝建在丽水市莲都区大港头镇均溪村附近，水库以丽水市莲都区大港头镇玉溪村村名命名。大坝为实体混凝土重力坝，长 43.8 米，最大坝高 25.65 米，顶宽 7.5 米。坝顶海拔 81.65 米。坝体内设基础灌浆和排水廊道，坝身设排水管。集雨面积 3407 平方千米，总库容 1453 万立方米。其电站是继紧水滩电站、石塘电站的第三个梯级自动化水力发电站。是一座集以发电为主、兼有灌溉、航运（船只过坝）等综合性水利枢纽工程。

水电厂设计水头 10.5 米，额定发电流量 425.43 立方米/秒，装机容量 2×2 万千瓦，年平均发电量 9650 万千瓦时。自右岸至左岸，依次为非溢流混凝土重力坝、发电厂房、4 孔 12 米宽冲沙闸、6 孔 12 米宽泄洪闸。过船闸设计宽 8 米、长 80 米，最大船吨位近期 30 吨，远期 50 吨，年过竹木量近期 20 万—25 万立方米，远期 30 万立方米。规划引水灌溉农田 3400 公顷。配套设施 2.5 米高的非溢流黏土心墙沙壳坝，升压站等，升压站 110 千伏 1 回路，35 千伏出线 3 回路。

玉溪水电站机组选型引进奥地利两套 2 万千瓦贯流式水轮发电机组，转轮直径达 5 米，为全省之最。水电站的自动化达到 20 世纪 90 年代国际水平。

工程按初设概算，总投资2.27亿元。发电设备利用外资17689万奥地利先令(折合1487.6万美元)，国内投资1.3亿元。其中水电部贷款额度安排5000万元，省水利电力投资公司入股5700万元，丽水地区、丽水市、云和县三家自筹入股资金3000万元，联合组建成玉溪水利枢纽有限责任公司，工程实行业主负责制。1994年6月，聘定工程监理单位，工程实行全面监理制。

1994年2月20日，玉溪水利枢纽工程正式动工。工程分两期施工，一期围堰将围发电厂和四孔冲砂闸，当二期围堰完成时，水电站即可发电。是年3月上旬，一期导流完成。1997年5月，第一台机组发电。1998年4月，玉溪水利枢纽工程竣工。

玉溪水利枢纽工程是浙江省第一座利用外资引进国外机电设备的水电站，也是建立股份制企业，实行业主负责制和工程全面监理制的第一座水电站。

第二章 治 水

1991—2009年，云和县对安溪、雾溪、沈溪、崇溪、泉溪等重点河道实施综合治理。1991年，云和县人民政府决定对安溪流域进行治理，并向浙江省水利厅呈报《云和县安溪流域河道治理工程规划设计报告》。1995年，省委书记李泽民、省长万学远、副省长吕祖善等领导先后到云和视察安溪流域治理情况。是年12月，丽水地区小流域治理现场会在云和县召开。1996年，安溪流域被列为省小流域治理试点工程。

第一节 河流治理

安溪

安溪主河道15.95千米，分上、下两河段。上游河段长10.01千米，平均降坡为1%，下游河段长5.94千米，平均降坡为8.30%，形成上陡下缓，源短流急。河道狭窄，河床淤积严重，堤防标准低，行洪能力差，不足5年一遇。上游没有可调节的水库，且下游流域面积达56.3平方千米，村坊密布，农田连片，涉及安溪、小徐两乡人口10095人，耕地面积510.7公顷，下游小徐片又是云和县重点产粮区之一，若遇洪水即成灾害。

图6-2-1 县委书记施基城(中)参加义务劳动(1993年摄 县水利局提供)

1991 年，县人民政府决定治理安溪流域。向省水利厅呈报云和县安溪流域治理重点工程按 20 年一遇防洪标准实施。至 1998 年年底，拓宽河道 7.1 千米；新建防洪堤 11.1 千米，修复 3.2 千米，修建防洪堤 14.3 千米；河道疏浚 7.1 千米，新建堰坝 8 处，衬砌渠道 10.1 千米，改建修复桥梁 4 座，完成各类治理工程 74 处，完成土石方 99.71 万立方米，工程总投资 1267.5 万元。其中国家补助 500 万元（水利部门 200 万元），县财政 220 万元，乡镇等部门集资 80 万元，群众自筹 467.5 万元。

2010 年，投资 500 万元，疏浚小徐村、古竹村等段河道 1.2 千米，加固堤防 2.4 千米，景观堰 8 座。安溪流域经过综合治理，使河道防洪标准不足 5 年一遇提高到 20 年一遇。

浮云溪

2000 年冬，对县城岗头过境公路下侧至黄溪汇合口段长 2.5 千米的河道实施治理。砌筑块石防洪堤 2 千米，设计过水断面宽 60 米，防洪标准 50 年一遇，项目工程由云和县城防有限公司统一组织实施，2000 年 12 月动工，全部工程于 2003 年竣工。完成工程量 6.82 万立方米，投资 4234 万元（其中自力更生治水部分投入 457.6 万元），形成县城主城区防洪封闭圈。沿堤建设了江滨公园、游步道、健身设施、休闲亭、绿化景观带等，成为市民的休闲健身的场所。翻板坝拦成的“城中湖”，起到了改善区域小气候的作用。

图 6-2-2 浮云溪挖防洪堤基础 （2000 年摄 王锡彪）

1991—2009 年云和县其他流域河道综合治理情况表

表 6-2-1

河道名称	河道长度（千米）	流域面积（平方米）	截弯取直（米）	疏浚整治河道（千米）	修建防洪堤（千米）	新砌防洪堤（千米）	完成工程量（万立方米）	清淤清障（千米）	防洪标准（N 年一遇）	投入资金（万元）
雾溪	12	35.80	1139	2.40	—	6.38	56.45	—	20	1321.32
沈溪	20.30	102.80	—	1.02	—	—	—	—	—	112
崇溪	18.70	91.10	145	0.90	0.15	0.68	2.30	—	20	135
泉溪	18.70	61.79	—	—	—	0.37	—	—	20	—
黄溪	—	—	—	4.65	—	—	—	—	—	—
栗溪	—	—	—	0.60	—	—	—	—	—	—
黄溪	—	—	—	0.86	—	—	—	—	—	—
合计	69.70	188.70	1284	10.43	0.15	7.42	58.75	—	—	1568.32

第二节　污水治理

21世纪开始，云和县实施“小县大城”发展战略，县城居住人口不断增多，污水排放和处理也成为日益突出的问题。2006年10月，云和县污水处理厂一期建设工程动工，2007年11月建成投入使用。

污水处理厂位于县城东南面大徐垮，紧邻省道S382线。占地面积3000平方米，投资4600万元（其中配套管网1785万元）。污水处理范围：云和县城区。首期工程采用的污水处理工艺为云南庆中科技有限公司专利产品－硅藻精土处理剂+A/0工艺。首期工程包括集水井（含提升泵站）1座、水力循环澄清池1座、生物反应池1座、二沉池1座、综合楼1座、在线监控系统1套，以及鼓风机房和污泥脱水设备等。污水处理规模为0.5万吨/日，执行一级A排放标准。经实际使用，县污水处理厂首期工程已满负荷运转，现已着手筹备污水处理厂二期工程建设。

县污水处理厂系县属国有企业，隶属云和县供排水公司，行政主管单位为云和县水利局，职工19人。

第三章　防汛　抗旱

云和县地处瓯江上游，降水量季节分布和年际变化受亚热带季风气候影响，每年水灾季节主要集中在4—6月；干旱、台风和洪涝主要集中在7—8月，其间，气温高，日照长，降水少。此外，冰雹、大风、大雪、雷击每年均有发生。洪涝、干旱和地质性灾害交替、反复出现，局部灾害年年有，自然灾害中尤以干旱危害最大。

第一节　防　汛

防汛方案

1991年始，县防汛防旱指挥部为加强和充实全县防汛防旱工作的领导和力量，由分管副县长任指挥，县府办、县水利局、县人武部等部门主要负责人任副指挥。成员由县委宣传部、县监察局、县发展计划局、县公安局、县武警中队等19个单位人员组成。指挥部下设办公室（简称“防汛办”），办公室主任由县水利局分管领导兼任。各乡镇、村和重点防汛单位设防汛防旱领导小组，重点山塘水库落实巡查责任人。形成强有力的县、乡镇、村分级防汛防旱网络。

1996年始，云和县水利局先后编制《云和县城市防洪规划》《小流域综合治理规划》《云和县洪水风险图》《云和县水土保持规划》。1999年始，防汛防旱工作实行行政首长负责制，层层签订责任书，实行年度考核制度。每年汛期前，一是开展全县性的防汛防旱大检查。检查范围涉及山塘水库、防洪堤、堰坝、河道、泵站、水电站、渠道和其他涉河工程。二是做好思想准备、组织准备、物资准备、技术准备和通信工具准备工作。在汛期“防汛办”实行24小时值班制度。三是整合防汛(水利)、气象、国土等部门预警系统资源。

2005年，《云和县城市防洪应急预案》编制完成。是年始，云和县防汛防旱指挥部拥有气象、卫星云图接收终端、小(一)型水库水情遥测系统；指挥车1辆、工程车1辆、橡皮艇1辆、操作舟1艘；以及防汛物资仓库等。专业抢修分队、民兵应急分队、“110"紧急救助工作站等。在汛期，各部门24小时待命。

防汛措施

20世纪90年代初，浮云溪流域县城河段，长期存在个体户围河垦种现象，对防洪产生较大的压力，引起了县人民政府的高度重视和关注。1998年，浮云溪流域围河垦种开展全面的整治。对上游岗头河道上垦种的柑橘、毛竹、杉树以及蔬菜等农作物，先后3次组织力量开展河道清障工作。铲除非法围河垦种农作物面积8000平方米，拆除侵占河道固定建筑物1座，工程量4600立方米。清理河道面积12000平方米，使被围垦后仅有30米左右的河道拓宽至60—80米。对古竹、黄水碓、黄桥头、张家地、朱村、张川等乡村河道多次进行清障执法。同时，利用宣传车下乡，发放宣传资料，发送手机短信等多种形式开展防汛宣传。

2010年，在汛期启动应急响应5次，发出预警短信3万多条，发放宣传资料3000余份，派出防汛工作指导组30余次，转移危险区人口2400人次。

第二节 抗 旱

旱情

据1957—1999年，县气象部门统计资料，42年中发生干旱16年，干旱概率为37.2%。

1993年，夏旱连秋旱，至9月2日才解除。全县受旱农田3033公顷，其中龟裂1880公顷，枯苗666.6公顷，粮食减产1040万千克。1995年9月1至11日，出现连续高温天气，最高气温达42℃。全县55座万方以上水库干涸了40座；262座山塘基本干涸；20条小溪有16条断流。0.75万人、0.6万头牲畜饮水困难，直接经济损失达520万元。1998年7月下旬至9月上旬，受副热带高压控制，降雨量仅为10.9毫米。全县稻田受灾面积3513公顷，占全县总面积的80.5%。山塘水库基本干涸，高山地区人畜饮水发生严重困难。直接经济损失达587万元。

20世纪90年代末期，云和县调整农村产业结构，逐渐减少粮食种植面积，增加经济作物种植面积，减轻旱情对农业生产的影响。

2003年，发生严重夏旱和秋旱。全年降雨量1185.7毫米。6月底，受副热带高压控制，出现历史罕见的高温酷暑天气。是年6月30日至8月30日，37℃以上高温天气连续34天。其中40℃以上13天，7月31日达到42.7℃的极端温度。蒸发量高达352.6毫米，降雨量仅有34.4毫米。全县受灾人口6.24万人，成灾人口3.88万人。150个自然村，2.48万人生活用水困难，水稻受灾2106公顷，成灾1313公顷，绝收433公顷。干水果受灾1486公顷，蔬菜受灾426公顷，茶树干枯180公顷，袋料香菇因高温烂棒2296万袋，小水电发电量比常年减少2186万千瓦，直接经济损失5991.4万元。

抗旱措施

20世纪90年代初起，全县全面推进抗旱措施，开展山塘水库除险加固和清淤工作，确保塘库安全和蓄水能力。对一些多年老化失修的堰渠进行全面维修和改造，水渠实施“三面光”防渗工程，以减少输水的损失，提高和扩大灌溉面积。采取喷灌、滴灌、薄露灌溉等节水措施和先进的灌溉技术，节约用水量，优化水资源调配，大力提倡发展节水型农业；建立和健全抗旱服务体系，提供多方位性的综合服务。包括提供提水灌溉、抗旱设备维修以及抗旱技术咨询等；实行生活用水优先的原则。如遇特殊干旱年份，雾溪水库应减缓农田灌溉并停止发电，以确保城镇居民的生活用水，同时动用梅垄水库备用水源；增加水利建设投入，进一步完善和加强水利设施建设，从根本上提高抗御旱灾能力。

第四章 供 水

古时，云和县人民饮用水取自溪坑水、山泉、涧水、井水。人们利用清晨、傍晚时间肩挑或手提回家备用。挑水使用的是特制的水桶，俗称“梁桶”，家家户户置有或大或小储水陶瓷水缸。中华人民共和国后，县城大部分水井随着城市建设而消失。紧水滩水库、石塘水库建成，沿库乡村水井被淹没。其他乡村水井随着自来水建设逐渐弃用。至1991年，全县剩下水井365处(其中机电井56处)。

1991年，县城有自来水厂1座。农村自来水站470处，供水人数7.96万，占全县农村总人口的82.4%。是年，云和县被浙江省人民政府评为“‘七五’农村自来水建设先进县”。1992年，云和县被国家爱国卫生委员会评为“全国农村自来水普及县”。1997年，云和县被浙江省人民政府列为“浙江省乡镇供水试点县”。2003—2005年，云和县连续3年实施“千万农民饮用水工程”建设。

第一节 城市供水

县自来水一厂

云和县自来水一厂，厂址在梅垄水库大坝外左侧山坡下。工程于1974年10月动工。投资 47.5 万元。1978 年 12 月竣工。水厂以梅垄水库为水源。设计规模日产净水 4000 吨。

水厂供水主管道以 Dg320 毫米预应力钢丝网水泥管输送。主管道自水厂始，出梅垄口，沿丽（水）浦（城）公路北侧至云和城，经望鹿桥边贯穿至黄溪再至县城国光路，全长 2040 米。

由于城市的发展，居住县城人口增加，需水量大幅度地增长，又因供水受管网的限制，以致供需矛盾突出。1987 年年底，投资 700 万元，实施第一期以管网扩建为主的拓展工程，工程于 1991 年 6 月竣工。

1992 年，实施第二期扩建工程。二期扩建工程于 1994 年 6 月底竣工。投入使用的有：日产水 800 吨清水池、日产水 6000 吨无阀滤池各 1 座，以及加压、加药系统等设施。

1993 年 12 月，云和县自来水厂更名为“云和县自来水公司”，隶属云和县水利水电局。企业性质，独立核算，自负盈亏。

云和县自来水二厂

1995 年，云和县城镇人口增加，供水量增大，梅垄水库储水积水量剧减，自来水时有时断，自来水供需矛盾严重。1998 年 10 月，县政府着手筹建县第二自来水厂。1999 年 3 月 1 日，丽水地区计划委员会《关于云和县第二自来水厂可行性研究报告的批复》，同意云和县第二自来水厂建设。县第二水厂从雾溪水库取水，设在雾溪水库大坝脚下。并将雾溪水库功能调整为确保县城供水，兼顾灌溉、发电。

图 6-4-1 雾溪第二自来水厂 （2000 年摄 县水利局提供）

云和县第二自来水厂规模：日产水 4 万吨，一次规划设计，分期实施。一期工程于 2000 年 2 月 1 日动工，2001 年 8 月 15 日竣工投入试运行。日产水 2 万吨，配套齐全澄清池、滤池、清水库各 1 座以及加药系统、消毒等设施。实现日供水 2 万吨的设计规划。水厂几经改造，提升供水能力，满足县城和城郊居民生活与工业用水的需要。第二自来水厂建成后，梅垄水库和第一水厂作为备用水源和备用水厂。

据统计，1991 年，年供水量为 91.4 万吨，被供水人数为 2.5 万人。1997 年，年供水量 89.8 万吨，产值 134.6 万元。2005 年年底，年供水量 275 万吨，产值 373 万元，用水居民 10482 户。

第二节　农村供水

2003 年，云和县开展“千万农民饮用水工程”，先后建成云和镇、崇头镇、石塘镇、紧水滩镇等 4 个镇 10 个乡农村饮用水工程 15 处（包括崇头、赤石、石塘、紧水滩 4 座水厂），集中式供水工程 170 处，投入建设资金 6710 万元。其中：中央财政补助 565 万元，省财政补助 2073 万元，地方配套资金 4072 万元。解决城乡 10 余万人口饮用水问题。

2003—2010 年云和县千万农民饮用水工程项目统计表

表 6–4–1

序号	村 别	工程计划下达概况		完成情况							受益行政村数（个）
		总投资（万元）	受益人口（人）	投资（万元）					受益人口	新增规模（t/d）	
				合计	中央财政	省级财政	地方财政	其它	合计（人）		
1	古竹等 8 村	630	4800	189	—	60	—	129	4800	3000	8
2	贵溪等 7 村	1041	10480	520.50	—	100	—	420.50	10480	2620	7
3	象山等 17 村	815	7584	652	—	160	—	492	7584	4171	17
4	云和镇	487	6000	365.25	—	97	—	268.25	6000	2100	5
5	紧水滩镇	374	6000	317.90	—	75	—	242.90	6000	2699	7
6	黄处村等 14 村	345	6300	293.25	—	69	—	224.25	6774	4063	14
7	云和镇农村	541	5600	519	17	199	24.37	278.63	2789	700	
8	崇头镇农村	447	6800	425	19	160	43.58	202.42	6763	2031	9
9	石塘镇农村	386	3600	371	10	144	8.85	208.15	3741	2057	5
10	叶山头等 13 村	420	6400	412	27	141	53.10	190.90	6400	2881	10
11	朱村乡	418	2600	397	9	158	25.46	204.54	2600	1951	7
12	坪地等 19 处	643	8900	547	145	204	43.74	154.26	10622	5842	18
13	坑根等 19 处	1025	13400	820	80	330	52.92	357.08	11747	6813	19
14	西弄等 21 处	616	11200	493	182	64	79.48	167.52	13380	5621	19
15	2010 年农村	437.38	4651	388	76	112	50	150	4571	1360	21

第五章　水利管理

1949年中华人民共和国成立前，云和县水利管理一般采用建立民间组织，订立乡规民约，自发管理的方式，以后逐步发展到政府组织管理。中华人民共和国成立后，县境内凡属国家全额投资兴办的水利水电工程，所有权属国家。一般由县以上的水利电力职能部门分级管理。集体兴办（包括集体兴办国家扶助）的水利水电工程所有权归属集体，并实行县、区、乡、村分级管理。1973年2月，云和县人民政府水行政主管部门水利电力局设立。1988年7月1日，《中华人民共和国水法》开始施行，水利管理逐步走上依法治水的轨道。2002年6月，云和县水利水电局更名为云和县水利局。

第一节　管理机构

云和县水利电力局建于1973年2月。1992年1月12日，电力管理从云和县水利电力局析出，另设云和县电力工业局。1997年，云和县水利电力局更名为云和县水利水电局。2000年，设立云和县水利水电局纪检组，领导职数调整为局长兼局党委书记1人，副局长兼纪检组长1人。2006年，云和县水利水电局更名为云和县水利局，局党委改为局党组。

2010年，云和县水利局领导职数调整为局长兼党组书记1人，副局长2人，纪检组长1人，总工程师1人，防洪工程有限公司总经理1人。

2010年年底，县水利局内设办公室、规划计划科、建设管理科、水政水资源科、渔业渔政科等职能科室5个，核定行政编制10人（含工勤1人）。

云和县水利局是云和县人民政府水行政主管部门，其行政、人事归属云和县人民政府领导和管理。云和县水利局下设水政水资源监察管理站、水土保持监察站、水政渔政监察大队、防汛抗旱指挥部办公室、水利水电勘测设计所、县水产技术推管所、小水电管理所、企业管理所、节约用水办公室、渔政管理站（渔船检验与渔港监督管理站）、浮云水利站、漈溪管理站、紧（水滩）石（塘）水利管理站、云和县供排水公司、雾溪水库工程管理处。

1991—2010年云和县水利局主要负责人一览表

表6-5-1

党组（委）书记	任职时间	局　长	任职时间
施炳生	1990.07—1993.07	施炳生	1990.07—1993.07
叶有仁	1993.07—1996.09	叶有仁	1993.07—1997.12

续表 6-5-1

党组(委)书记	任职时间	局 长	任职时间
卢兴雪	1996.09—2002.01	林少青	1997.12—2003.06
刘日平	2002.01—2002.08	彭平生	2003.06—2004.08
彭平生	2002.08—2004.08	周东明	2004.08—2010.02
周东明	2004.08—2010.02	叶成华	2010.02—

第二节 水政执法

机构编制

1990 年，云和县水政水资源监察管理站成立，属全民事业编制单位，隶属县水电局领导，站长、专(兼)职干部 12 人。1991 年，设水政监察员 4 人，助理水政监察员 8 人。1992 年，设站长水政监察员 1 人，副站长水政监察员 2 人。1998 年改设“云和县水政监察大队”，配置人员 10 人，设正、副大队长各 1 名，统一着装，持证上岗。依法对全县范围内水、水域、水工程、防汛、水文设施等进行监察检查。

制度建设

1991—2010 年，云和县先后出台《云和县水资源管理办法》《云和县实施〈中华人民共和国河道管理条例〉办法》《云和县水工程管理范围和保护范围办法》《云和县水土保持监督管理规定》《云和县违反水土保持法规行政处罚程序规定》《云和县水政监察人员职责及管理的暂行规定》系列地方性规范文件。明确水行政部门的职责，理顺水资源管理体系，提供水利执法依据。

执法工作

1991 年，在全县范围内开展了取水登记工作。1993 年，为加强水资源的统一管理，实行取水许可制度，依法征收取水资源费。1994 年，根据国务院颁发的《取水许可制度办法》，对全县取水户进行了换发证工作。

1998 年，针对县城浮云溪上游段河道上长期存在围河垦种等现象，先后 3 次组织开展清障执法工作，铲除非法种植的柑橘、毛竹、杉树以及蔬菜等农作物，面积 8000 多平方米；拆除固定建筑物 1 座，工程量 4600 立方米。共计清理河道面积 12000 平方米。经过清障，使仅有 30 米宽的河床拓宽至 80 米，确保行洪畅通。同时，对古竹、黄水碓、黄桥头、张家地、朱村、张川等乡村河道进行了十多次清障执法，拆除行洪障碍物 13 处。2001 年，妥善解决朱村乡泉溪村 108 人联合反映某村民非法侵占泉溪河道案。2003 年，督促整改丽(水)龙(泉)一级公路石塘大桥施工单位违章弃渣 1 万多立方米。结合河道采沙管理，督促云章小雪溪、沈溪沈岸段河道清淤 1 万立方米。核发石塘库区采沙船采沙许可证。1991—2010 年，查处水政违章案件 3 起，调解水事纠纷 7 起。同时，做好重点云(和)寿(宁)公路、丽(水)龙(泉)公路改建、扩建，紧水滩库区、石塘库区农业综合开发，以及泉溪、安溪、淙溪等流域水土保持的监督工作。

第三节　渔政管理

管理机构

1986年，丽水地区行政公署组建“紧水滩水库联合开发公司”，负责水库养殖经营管理。1988年10月撤销。1989年，云和县移民开发办公室组建“紧水滩库区水产养殖管理站”。后更名“紧水滩水库、石塘水库开发总站”，隶属于云和县移民开发办公室。与龙泉县“紧水滩水库养殖公司”共同负责紧水滩水库的渔业生产经营，实行分县（水域）管理制度。1994年年底，“紧水滩水库、石塘水库开发总站”隶属于云和县水电局。1995年，“紧水滩水库、石塘水库开发总站”撤销，成立“云和县水产开发实业公司”，隶属于云和县水电局，为全民一类事业单位，实行企业化管理。1997年，“云和县水产开发实业公司”，更名“云和县水产开发管理站”。2005年5月，“云和县水产开发管理站”撤销。水产养殖、规划、捕捞以及技术推广和管理等工作归属于县水利局渔业渔政科。下设水产技术推广站和渔政站，具体实施渔事各项工作。此后，云和县渔政管理逐步走上了规范化、法制化轨道。

渔政执法

1991—2010年，县水利局渔业渔政科销毁非法捕鱼工具大功率逆变器（48管）23台、背负式逆变器（24管）98台、核共振逆变器30台、海杆196支、超规格网具10000多米、地笼93只、手提电杆364支。2010年，全年出动执法人员500余人次，出动执法车辆100余台次，出动执法船60艘次，查获水事渔事违法违规案件50余起，其中立案17起，办结案件17起。

2007年，云和水利局渔业渔政科被浙江省海洋与渔业局评为“浙江省海洋与渔业系统‘群众满意基层站所（办事窗口）’”创建工作先进单位。

第四节　小水电管理

小水电开发

1991—1992年，云和县小水电建设以挖潜、改造和扩容为主。云和县属老少边穷地区，由于资金不足，小水电建设发展缓慢，装机容量仅占可开发量的6.93%。1993年底始，实行小水电建设机制改革后，股份制水电站建设应运而生，全县小水电建设进入新一轮的发展时期。

1993年11月，全县执行云和县人民政府《关于发展云和县小水电的若干规定》，小水电建设迅速发展。小水电开发有村民全额投资、乡镇与村民合资、企业与乡镇合资，企事业单位、部门与乡村合资等多种形式。

1991—2010年，全县合资开发的小水电站（上网运行）共计55座，总投资达5.8亿元。总装机容量 7.78 万千瓦，年发电量 1.8 万千瓦时。年上缴国家税金 880 万元。

小水电站管理

1994 年 2 月 15 日，云和县水利水电局出台《关于加快小水电发展的实施办法（试行）》，提出具体的规范性操作程序。县水利水电局是政府小水电开发和管理的职能及水行政主管部门，负责全县小水电开发的勘察、设计、审批、建设、管理和服务；小水电开发应按流域进行，统筹防洪、排涝、灌溉、供水、发电、水产和生态环境等综合效益，使水力资源得到充分的利用；小水电工程项目审批，应报县及县以上水行政部门批准；小水电工程建设应按基本建设程序审批，推行招标制，实行项目业主责任制和监理制。竣工后，由县水电局和有关部门组织验收，合格后交付使用；小水电上网价与大电网同质同价；提倡实行多渠道、多层次集资办电，实行股份合作制管理办法。

股份制电站设立董事会管理机构，实行自主经营，自负盈亏，依法纳税的原则。对股份制开发的水电站，县水利部门提供勘察、设计、审批、技术审查、质量监督、竣工验收以及政策扶持与技术等服务。承担小水电工程施工的单位须持有等级资格证书。电站管理人员和运行人员须培训合格，持证上岗。

1994 年 3 月 1 日，云和县人民政府批准成立云和县水利水电实业总公司。该公司隶属县水电局，全民事业单位，实行企业管理。承担全县水利水电工程建设任务。

1999 年 4 月 20 日，丽水地区水电局批准同意成立丽水地区水利水电工程质量监督站云和分站。提供全县水利水电工程建设质量保障。

《云和县人民政府水电资源开发权管理办法》规定：坚持“水资源属于国家所有”“国有资源有偿使用”的原则。水电资源使用期限为 50 年，自获得开发权日起计算，期满后，按规定续办手续。获得开发权的单位或个人必须在 2 年内实施开发。逾期不开发的，县水利行政部门有权无偿收回项目开发权。

第五节　工程管理

制度管理

云和县管理水利基础设施建设项目，建立和完善项目法人制、合同管理制、工程监理制，确保工程、人员、资金“三安全”。建立项目法人责任制，完善水利工程项目管理体制，改变建设与监督相混淆的状况。由法人履行职责完成工程项目的各项审批工作。推行水利水电建设工程政府招投标制，并制定招投标管理制度，严格审核招投标单位的准入资格，依法依规开展水利水电工程建设招投标活动。为确保工程实施和工程质量，在招投标阶段，对招投标单位的合同条款进行严格审核。招投标单位必须依法依规参与招投标活动。同时，注重合同各项资料的收集，确保水利工程合同档案的完整。

20 世纪 90 年代，云和县严格执行水利水电工程建设工程监理制。1997 年沙浦砻水电站建设，按照国家水利部《水利工程质量监督管理规定》和《浙江省建设工程质量管理条例》规定，由浙江省水利厅、浙江省水利设计院、丽水地区水电建设质量监督站和沙浦砻水力发电有限责任公司的工程技术专家组成“沙浦砻水电工程质量监督组”，作为省水电建设工程质量监督派出机构，行使工程质量监督权。2000年11月14—15日，由浙江省水利厅组织验收委员会对沙浦砻水电站工程进行蓄水验收。

小型水库管理

20世纪90年代始，按照《浙江省水库大坝安全管理办法》和《浙江省山塘巡测管理办法（试行）》的要求，建立县、乡镇、村分级管理制度，并制定防汛、防旱预案。在汛期期间，山塘水库巡查人员每天至少对大坝巡查一次，并做好水情记录、渗漏及损害情况及时报告。在台风暴雨期间，巡查人员24小时巡视现场，密切注视山塘、水库水情，发现险情及时上报，确保山塘、水库安全渡汛。对县属20座水库、97座山塘选用思想好、年轻、责任感强，称职的责任人任山塘水库巡查员。在每年汛期前召开一次会议和业务培训班。并建立相应的管理考核制度。其管理补贴经费由省级财政资金下拨和县财政配套资金支付。

中型水库管理

雾溪水库担负着县城供水、防洪抗旱、灌溉、发电的任务。水库建成后，设立雾溪水库工程管理处，负责水库的管理工作。雾溪水库管理处内设办公室、工程管理科、发电运行管理科、财务科。

供水管理

1994年7月，云和县人民政府办公室出台《关于云和县城镇计划用水和节约用水管理实施办法》。1998年8月，编制《云和县1998—2010年乡镇供水规划》。2003年3—8月，先后编制《云和县城镇供水水源规划》《云和县农村人畜饮水工程规划》。是年12月，云和县人民政府第五次常务会议讨论通过《云和县城市供水管理实施办法》，并公布实施。2005年3月，完成《云和县农村饮用水现状调查评估报告》。

为保护城乡人民饮水安全，对保护水源、水质采取系列保护措施：加大饮水卫生宣传，提高全民用水卫生意识，自觉遵守水资源保护要求；加强库区（水源地）植树造林，严禁乱砍滥伐林木和破坏植被，防止水土流失；防止水库库水污染与恶化，建立饮用水水源水体污染监测网；推进生态农业建设，禁止使用剧毒性农药和放牧，禁止生活污水未经处理直排河道；出台库区（水源地）移民优惠政策，鼓励和安排库区（雾溪畲族乡）农民外迁，减少人为污染；2005年建设了县城郊大徐湾污水处理厂。云和县境内水质均符合国家Ⅰ、Ⅱ级水质标准。

第七篇 交 通

1949年5月云和县解放后，交通业经历恢复发展、快速发展和跨越式发展三个阶段。20世纪50—70年代，为恢复发展阶段。20世纪80—90年代，云和县交通事业得到快速发展。改造云寿线、丽浦线云和段，新建丽浦线赤石岭隧道；新建石塘至松阳汶水口、紧水滩至龙门的县道；新建黄水碓至安溪、梅垄口至雾溪、张化至大湾、岙(坳)头至沙铺等通乡公路。21世纪初，云和交通业进入跨越式发展阶段。丽龙高速公路云和段全线竣工通车；全县等级公路通村率达100%，实现省、县、乡、村公路同步发展的目标。

截至2010年，全县公路通车总里程856.4千米，客运车辆67辆，年客运量1042.02万人次。货运车辆826辆，年货运量672940万千克。云和境内紧水滩、石塘、玉溪三库区水路交通54.9千米，有客运船44艘，旅游船10艘，年客运量12.75万人；货运船4艘，21吨位，年货运量1380万千克。

20世纪90年代，云和县交通系统先后开展公路管理养护，交通工程企业、交通运输企业体制改革，提高公路养护效率和交通企业经济效益。县交通管理部门依法行政，交通行业管理走上法制化轨道。

第一章　交通设施

至2010年年底，全县建成通车的公路有高速公路1条，总长44千米，省道公路2条，总长66.71千米，县道公路6条，总长122.47千米，乡道公路13条，总长88.72千米，专用道公路2条，总长12.67千米，村道公路94条，总长526.1千米。全县有交通桥梁520座。其中公路桥梁169座，城镇桥梁（含古桥）32座，民间桥梁（含古桥）319座。1991—2010年，全县新建桥梁265座，占全部桥梁520座的50.96%。其中新建高速公路桥梁（含非主线桥梁）37座、省道桥梁30座、县道桥梁10座、乡村道桥梁56座、城镇桥梁19座、民间桥梁113座。至2010年，全县有公路隧道15座，单洞总长16060.9米。1986年6月以来，紧水滩、石塘、玉溪三大电站水库的相继建成，使龙泉溪云和航段由对“市外”水路运输变为县内渡运为主的内河航运。

第一节　公　　路

高速公路

两龙高速云和段　“两龙高速”即龙游—丽水—龙泉高速（现称“溧宁高速”）。云和段大部分路段由丽龙一级公路云和段改建。2003年，丽龙一级公路云和段进入施工高潮。是年12月8日,省交通厅批准实施“两龙”一级改高速工程。“两龙高速”云和段起自瓦窑头（与莲都交界处）K2638+675，途经石塘镇、云坛乡、云和镇、赤石乡所辖31个行政村，至麻垟（与龙泉交界处）K2682+675为终点，全长44千米。其中新建高速公路13.8千米，利用一级改高速30.2千米，莲都区组织施工0.8千米。路基宽24.5米，路面宽22.5米，沥青混凝土路面结构，双向四车道，行车时速60—80千米，设计荷载汽超20级，挂—120。全线有桥梁（含非主线桥梁）37座，全长6904.2米，隧道9.5座，单洞长13386米。全线设枢纽互通立交1处，一般互通立交3处，服务区1处，管理分中心1处，收费站3处。浙江省交通规划

图7-1-1“两龙”高速云和独山大桥（2006年12月摄 县交通局提供）

设计研究院，按部颁双向四车道高速公路标准，2005 年 3 月 28 日，完成工程设计。是年 10 月 9 日，完成施工图纸设计。2005 年 7 月动工。2006 年 12 月 29 日交工通车。总投资 24.8 亿元（含原一级公路投资 13.78 亿元）。

云景高速云和段 云景高速公路即 S33 龙丽温（泰）高速公路云和—景宁段。2006 年，浙江省发展和改革委员会批准云景高速公路建设工程设计。是年 11 月 16 日，云和县政府“云景高速公路云和段工程建设指挥部”成立。2008 年 5 月 30 日，省交通厅通过云景高速公路工可调整方案。6 月 17 日，省发改委批准云景高速公路可行性研究报告调整方案。调云景高速公路起点位于云和城东长深高速公路云景互通枢纽，经云和镇的大坪、黄水碓、程宅、安溪乡的下武、下村辖区，穿越西周岭（又称泗洲岭）至景宁界，终点于景宁鹤溪镇西北鸭蛋坑。全长 12.16 千米，云和境内长 6 千米。工程设计为双向四车道，路基宽 24.5 米，路面宽 22.5 米，复合式路面结构，行车时速 80 千米。境内有桥梁 4 座，总长 1619 米，其中芝畈大桥长 720 米，18 跨 40 米，全宽 24.5 米，净宽 22.05 米。境内的西周岭隧道左道长 6780 米，境内长 4058 米，右道长 6750 米，境内长 4060 米，高 6.72 米，宽 8 米，人行道宽 2×0.75 米，分离式隧道，水泥混凝土路面。总里程较调整前减少 0.76 千米，隧道加长了 3.8 千米。总投资 7.3 亿元。浙江省交通规划设计研究院设计，中铁一局集团有限公司承建。2009 年 8 月 18 日开工。

图 7-1-2 建设中的云景高速芝畈大桥（2010 年摄 县交通局提供）

省道

临海垟段改线工程 1990 年 2 月，丽浦线临海垟路段改线工程开工，1991 年 12 月 10 日完工。丽浦线原由后山经重河至临海垟路段改由后山经赤石岭隧道通行。赤石岭隧道长 1239.80 米，投入使用后，行车里程比原先减少 4.5 千米。总投资 1316.97 万元。

县城过境路段改线工程 1994 年 3 月，丽浦线云和县城过境路段改线工程开工，1995 年 11 月完工。工程按山岭重丘二级公路设计，长 5.25 千米，路基宽 12 米，路面宽 9 米，沥青路面。路段内有桥梁 5 座。总投资 893.5 万元。2010 年 12 月，丽浦线云和县城过境路段二次改线工程开工，总长 8.25 千米。其中间段 4.75 千米为云和县城主干道复兴路。

石塘、玉溪水库路段水毁修复和改线工程 1996 年 4 月，丽浦线石塘水库沿库路段水毁修复工程开工，是年 12 月完工。总长 19.5 千米。其中丽浦线 10 千米，小顺至云坛辅道 9.5 千米，总投资 442.5 万元。是年 9 月，丽浦线玉溪电站水库淹没路段改建工程动工。1997 年 8 月完工。工程按山岭重丘二级公路设计，全长 2.94 千米。路基宽 12 米，路面宽 9 米，沥青混凝土路面。路段内有桥梁两座。总投资 890.88 万元。丽水地区交通勘察设计所勘察设计，云和公路管理段和龙泉四建公司承建。

县城过境路段路面改造工程 2001 年 9 月，328 省道云和县城过境路段路面改造工程开工，12月完工。2002年11月7—8日通过质量鉴定。全长5.25千米，沥青混凝土路面。总投资473万元。浙江通途交通工程有限公司承建。

图7-1-3 丽浦线45千米处（2006年摄 县交通局提供）

高速公路占用路段改线工程 2005年7月，因被高速公路占用的丽浦线规溪亭至石塘路段改线工程开工，2006年10月完工。全长6.51千米，路基宽10米，路面宽8.5米。路段有1380米长的特大桥1座。浙江省交通规划设计研究院设计，辽河石油勘察局筑路工程公司承建。

2010年年底，328省道云和段总里程为53.33千米，比初建时减少了5.18千米。路基宽9—12米、路面宽8—11米。

水口至岚头岭段改线工程 1993年6月开工，1994年11月建成通车。云寿线改道自水口（武垟外侧）经沈庄村后至岚头岭隧道，路基宽7.5米，路面宽6.5米。全长2.16千米，其中岚头岭隧道云和段长435米。

大徐至武垟路段四级改二级工程 1999年1月1日，云景公路大徐至武垟（水口）11.20千米路段四级改二级工程开工，完成路基拓宽、取直、桥梁改建工程。2000年8月开工实施沥青路面工程，11月26日完工。2001年8月15日完成线路改造全部工程，10月11日通过交工验收。改造后的云寿线大徐至武垟段路基宽8—10米，路面宽7—9米，沥青路面，二级公路。总投资4387.1万元。

图7-1-4 云寿线云坛段（2009年摄 县交通局提供）

2000年10月，大徐隧道和大徐大桥建成通车，云寿线云和起点由独山桥头改至大徐村。

云景高速占用路段改造工程 2005年10月，因建云景高速公路，云寿线沈岸至云坛段内的1390.30米路段进行改造，新建大桥两座，桥长分别为165米和156米，全宽8.5米，净宽8米。

岚头岭段改线工程 该工程起点于云寿线与沈北线相交处（K0+855），经过沈庄、新建隧道，终点于景宁县汇田村北侧（K17+510）。全长6.7千米，行车里程比原路段减少1.72千米。云和境内长2.67千米，预计建安费7362.04万元，政策处理及其他费用1669.47万元。2010年12月底，云和段政策处理基本完毕。是年12月25日开工建设。

丽龙一级公路云和段 2000年11月11日，丽龙一级公路云和段经省交通厅批准，瓦窑头为起点，至麻垟为终点，全长44千米。一期工程（瓦窑头至云坛）于2000年6月27日开工，总投资 3.97 亿元，2004 年 9 月 7 日完工通车。2005 年 7 月改建为高速公路，工程二期（云坛至麻垟）于 2003 年 9 月开工，建成一级公路路基 14.1 千米。后因一级改高速而大部分停工，2005 年 9 月开工改建成高速公路。

县道

后交线 该线路自沙溪乡（云和镇辖区）重河村西口接丽浦路 K67+906 处为起点，经垟背、三望栏、崇头、梅源、张化、下垟、水碓垟、黄家畲、大垟、贵庄口、张家地、王荫山、景宁交见圩至沙湾，故称重（河）沙（湾）公路，全长 61.57 千米，县境内长 43.53 千米，四级公路。1991 年 12 月 10 日，丽浦路重河湾至临海垟段改道后山经赤石岭隧道通行，重（重河）沙（沙湾）公路起点东移至后山。全长 47.8 千米。

1992 年，云和县政府投资 120 万元，对后山至崇头长 6.17 千米路段进行拓宽改造，路基宽 7.5 米，路面宽 6 米，由泥碎石路面改造成沥青路面。是年 7 月动工，1993 年 12 月完工。

1997 年 9 月至 2009 年 10 月，完成全路段沥青路面改造。2007 年 1 月 9 日崇头镇过境公路交工，后交线崇头段改由崇头过境公路通行。

云龙线 该线路自云和镇望鹿桥东端为起点，向北经杉坑岭、新田垟、张家（河坑）、坑头、外垟凉亭至龙门（山后），全长 20.29 千米。路基宽 4.5—5.5 米，路面宽 3 米，泥结碎石路面。分云和镇至坑头、坑头至外垟、外垟至龙门，1960—1986 年先后分三段修建完工。1990—2005 年，完成该路段拓宽改造和沥青路面硬化。

石汶线 该线路自石塘大桥南端丽浦路 K37+650 石塘村孙家地为起点，经朱村、泉溪、金村、水照垟出境至松阳境内。全长 32.99 千米，云和境内长 21.58 千米。路基宽 6.5 米，路面宽 3.5—4.5 米。沥青路面，四级公路。自 1980 年开工至 1991 年全线建成，总投资 607 万元。1996 年 3 月至 2001 年，实施沥青路面改造，总投资 137.8 万元。2004 年 9 月，滩下大桥建成通车，石汶公路起点由孙家地改为滩下大桥南端。

局龙线 自局村桥头接丽浦路 K53+160 为起点，经溪口、菖蒲垄、金水坑、紧水滩水库大坝，沿紧水滩水库南岸经砻空至龙门（山后村），全长 16.67 千米。路基宽 6.5—9 米，路面宽 5.5—7 米，沥青路面，行车时速 40 千米，荷载汽—20。于 1990 年开工，1992 年建成通车。1998 年 12 月—1999 年 5 月，实施沥青路面改造。

小云线 自丽浦路 K43+900 小顺村为起点，经小顺堡、李山前、陈邑村至云坛，与云寿线 K4+134 相接。全长 10 千米，路基宽 6.5 米，路面宽 5.5 米，初建时为泥结碎石路面。1986 年 12 月开工，1988 年 7 月完工通车。1996 年 4 月，将该线路改造为二级公路，沥青路面。

沈北线 1994 年 11 月，云景公路自水口起改道沈庄村后经岚头岭隧道通行工程完工通车。原水口至北岸段纳归县道，总长 6.13 千米，路基宽 6.5 米，路面宽 5.5 米。2001 年 8 月改造为沥青路面。

专用道和乡道

1990—2007 年，云和县新建或利用原简易公路改建，建成专用道公路 2 条，总长 16.08 千米；乡道公路 13 条，总长 88.72 千米。

2010年云和县公路概况统计表

表 7-1-1

公路名称	起点	终点	全长（千米）	路宽（米）	路面结构	行车时速（千米／小时）	荷载	桥涵		竣工时间	油路改造时间
								总数（个）	总长（米）		
沙电线	王山头	沙铺砻	13.70	5.50	沥青	30	汽-20	2	53	2000.03	2002.05
箬垃线	箬溪	垃圾场	2.38	4.50	沥青	30	汽-20	—	—	1957.08	2002.05
双朱线	双港	朱村口	2.43	4.50	沥青	30	汽-20	—	—	19800.6	1997.12
云化线	云和	化肥厂	2.13	4.50	沥青	30	汽-20	4	89	1957.08	1998.05
梅雾线	梅砻口	雾溪	6.62	6.50	沥青	40	汽-20	2	107.70	1990.12	1998.09
黄安线	黄水碓	安溪	7.90	6.50	沥青	40	汽-20	2	90	1991.07	1998.12
张大线	张化	大湾	19.32	4.50	沥青	30	汽-20	3	24.50	1994.09	2002.12
岙沙线	岙头	沙铺	11.00	4.50	沥青	30	汽-20	1	7	1994.11	2004.08
重临线	重河	临海垟	8.15	7	沥青	40	汽-20	1	13.90	1934.10	2007.01
独霞线	独山	霞晓桥	1.60	9	沥青	40	汽-20	1	58.20	1971.04	2000.08
紧大线	紧水滩	大源	19.38	4.50	沥青	30	汽-20	4	260	2007.01	2007.01
崇梅线	崇头	梅源	1.44	6	沥青	30	汽-20	2	26.80	1953.06	2007.01
码头线	黄岗	码头	2.28	5.50	沥青	20	汽-20	—	—	1985.08	2009.02
新麻线	新林	麻垟	5.21	5.50	沥青	30	汽-20	—	—	1975.09	2001.08

通村公路(康庄公路)

云和县通村交通道路经历手拉车路—拖拉机路—简易公路—准四级通村公路的发展过程。

20世纪90年代，云和县农村经济发展，拖拉机路已不能适应乡村交通的需求。县政府实行“民办公助”政策，加大扶持力度，把原拖拉机路拓宽、改弯、减坡改造成简易公路。县移民办公室也加大移民区简易公路建设的投资。1991—2002年，国家拨补资金1332.28万元，建设简易公路103条，总长438.42千米。2003年7月，云和县启动康庄工程，至2010年年底，全县投资3.04亿元，建成通村公路94条，总长526.1千米。其中65条300.95千米由原拖拉机路或简易公路改建而成。通村公路均为路基宽4.5米，路面宽3.5米，水泥混凝土路面结构，平曲线半径及行车视距20米，最大纵坡不超过9%，属准四级公路。全县167个城外行政村，新增通村等级公路行政村107个，等级公路通村率100%。新增公路硬化的行政村108个，通村公路硬化率100%。

图7-1-5 包山通村公路 (2010年摄 县交通局提供)

第二节 桥 梁

“两龙高速”云和段桥梁

“两龙高速”云和段桥梁由浙江省交通规划设计研究院设计，于2001年6月先后动工。2006年12月29日，完工通车。

石塘栈桥 中心桩号K2644+559，单幅，长570米，35孔16米，全宽11.3米、净宽10米，跨玉溪水库库湾。辽河石油勘探局筑路工程公司和嵊州交通工程公司承建。2001年6月开工。2004年12月完工。

小顺堡大桥 中心桩号为K2648+514，长156米，7孔20米，全宽2×12米，净宽2×10.75米。中铁十五局承建，2001年6月开工。2004年12月完工。

沈岸大桥 左幅中心桩号K2656+778，长146.8米，7孔20米。右幅中心桩号K2656+763，长148米，7孔20米。跨云坛溪。桥宽2×12米，桥面净宽2×10.75米。浙江天一交通建设有限公司承建。2005年10月开。2006年9月完工。

霞晓桥大桥 右幅中心桩号K2657+432，长331米，16孔20米。左幅中心桩号K2657+441，长344米，16孔20米+1孔13米。跨云坛溪。桥宽2×12米，桥面净宽2×11米。跨云坛溪、云寿线。浙江天一交通建设有限公司承建。2005年10月开工。2006年10月完工。

新处桥 左幅中心桩号K2660+115，长32米，右幅中心桩号K2660+013，长36米。全宽

2×12 米，桥面净宽 2×11 米。单孔 20 米。跨小溪。浙江天一交通建设有限公司承建。2006 年 5 月开工。是年 11 月完工。

大处桥 中心桩号 K2661+064，长 105 米，5 孔 20 米，全宽 12 米，桥面净宽 10.75 米。浙江天一交通建设有限公司承建，2005 年 11 月开工。2006 年 10 月完工。

大坪大桥中心桩号 K2663+005，长 481 米，19 孔 25 米，全宽 2×12 米，桥面净宽 2×10.75 米。跨大坪村。浙江大舜公路建设有限公司承建。2005 年 9 月开工。2006 年 10 月完工。

梅山根大桥 该桥为长深高速公路云和段最高桥梁。中心桩号 K2664+691，跨安溪，长 708 米，14 孔 50 米，全宽 2×12。桥面净宽 2×10.75 米。浙江大舜公路建设有限公司承建。2005 年 10 月开工。2006 年 10 月 25 日完工。

河上大桥该桥为长深高速公路云和段第一大桥。中心桩号 K2666+327，跨雾溪。长 876 米，29 孔 30 米。全宽 2×12 米，桥面净宽 2×10.75 米。浙江省交通工程建设集团有限公司承建。2003 年 9 月开工。2006 年 10 月 21 日完工。

后山 1 号桥 中心桩号 K2668+543，跨崇头溪。全长 560.5 米，22 孔 25 米。全宽 2×12 米，桥面净宽 2×10.75 米。浙江省交通工程建设集团有限公司承建。2005 年 9 月开工。2006 年 11 月完工。

后山 2 号桥 中心桩号 K2669+377，跨丽浦线，全长 159.92 米，6 孔 25 米。全宽 2×12 米，桥面净宽 2×10.75 米。浙江省交通工程建设集团有限公司承建，2005 年 9 月开工。2006 年 11 月完工。

碗窑岭大桥 左幅中心桩号 K2675+169，长 400 米，13 孔 30 米。右幅中心桩号 K2675+167，长 400 米，13 孔 30 米。全宽 2×12 米，桥面净宽 2×11 米。跨丽浦线。中铁一局集团第一工程有限公司承建。2003 年 9 月开工。2006 年 11 月完工。

独山 2 号桥 左幅中心桩号 K2679+660，全长 434 米，14 孔 30 米。右幅中心桩号 K2680+042，全长 427.7 米，14 孔 30 米。全宽 2×12 米，桥面净宽 2×10.75 米。跨新林坑。陕西明泰工程建设有限责任公司承建。2003 年 11 月开工。2006 年 10 月完工。

排山大桥 左幅中心桩号 K2680+479，全长 220 米，7 孔 30 米。右幅中心桩号 K2680+493，全长 219 米，7 孔 30 米。全宽 2×12 米，桥面净宽 2×10.75 米。跨水库库湾。陕西明泰工程建设有限责任公司承建。2003 年 9 月开工。2006 年 10 月完工。

麻垟大桥 左幅中心桩号 K2682+340，全长 519.1 米，17 孔 30 米。右幅中心桩号 K2682+452，全长 307.65 米，10 孔 30 米。全宽 2×12 米，桥面净宽 2×10.75 米。跨水库库湾。陕西明泰工程建设有限责任公司承建。2003 年 9 月开工。2006 年 11 月完工。

枢纽互通立交桥 云（和）景（宁）枢纽互通立交桥位于云和县城南 2 千米处，是连接长深高速与云景高速的枢纽。设计行车时速：互通主线 80 千米，B 匝道 40 千米，E 匝道 50 千米，其余匝道 60 千米。路基宽：主线 24.5 米，单向车道匝道 8.5 米，对向分离式双车道匝道 15.5 米。浙江大舜公路建设有限公司承建。2005 年 3 月开工。2006 年 10 月完工。

城东互通立交桥 位于云和县城仙宫大道高速公路收费站南端。A 匝道与仙宫大道相接，主线桥长 65 米，右幅全宽 12 米，桥面宽 10.75 米；左幅全宽 15.75 米；桥面宽 14.5 米。浙江天一交通建设有限公司承建。2005 年 12 月开工。2006 年 10 月完工。

车处桥 中心桩号 K2667+695，长 73 米，3 孔 20 米，全宽 12 米，桥面净宽 10.75 米。跨小溪。浙江省交通工程建设集团有限公司承建。2005 年 9 月开工。2006 年 11 月完工。

临海垟 1 号桥 中心桩号 K2672+987，长 28.5 米，单孔 15 米。全宽 12 米，桥面净宽 11 米。跨黄地坑。浙江省宏途交通建设有限公司承建。2005 年 9 月开工。2006 年 8 月完工。

临海垟 2 号桥 右幅中心桩号 K2673+168，长 43 米，2 孔 16 米，全宽 12 米，桥面净宽 11 米。跨丽浦线，浙江省宏途交通建设有限公司承建。2005 年 9 月开工。2006 年 8 月完工。

临海垟 2 号桥 左幅中心桩号 K2673+145，长 32 米，单孔 16 米，全宽 12 米，桥面净宽 11 米。跨丽浦线。浙江省宏途交通建设有限公司承建。2005 年 9 月开工。2006 年 9 月完工。

赤石互通机耕道天桥 中心桩号 K2677+019，长 48 米，2 孔 20 米，宽 6 米。跨高速公路。中铁一局集团第一工程有限公司承建。2006 年 1 月开工。是年 10 月完工。

赤石互通 B 匝道桥 中心桩号 K0+225.3，长 48 米，2 孔 20 米，宽 11 米。中铁一局集团第一工程有限公司承建，2006 年 1 月开工。是年 10 月完工。

碗窑岭人行天桥 中心桩号 K2675+715，长 48 米，2 孔 20 米，宽 5 米。跨高速公路。中铁一局集团第一工程有限公司承建。2006 年 1 月开工。是年 10 月完工。

独山 1 号桥 左幅中心桩号 K2679+075，右幅中心桩号 K2679+090。桥长 65 米，3 孔 20 米。全宽 2×12 米，桥面净宽 2×11 米。跨丽浦线。陕西明泰工程建设有限公司承建，2005 年 9 月开工。2006 年 11 月完工。是年 12 月 29 日通车。

麻垟中桥 中心桩号 K2682+231，长 54 米，2 孔 20 米，全宽 12 米，桥面净宽 11 米。跨麻垟坑。陕西明泰工程建设有限公司承建。2005 年 9 月开工。2006 年 10 月完工。

独山桥 左幅中心桩号 K2678+875，右幅中心桩号 K2678+895，长 27.04 米，单孔 16 米，全宽 2×12 米，桥面净宽 2×11 米。跨新林坑。陕西明泰工程建设有限公司承建。2005 年 9 月开工。2006 年 10 月完工。

石塘互通 A 匝道桥 中心桩号 AK0+168.107，长 85.04 米，4 孔 20 米。全宽 2×12 米，桥面净宽 2×10.75 米。辽河石油勘探局筑路工程公司承建。2001 年 6 月开工。2004 年 9 月完工。

双坑分离式立交桥 中心桩号 K0+233.77，长 73.74 米，3 孔 20 米。全宽 8 米，桥面净宽 7 米。跨高速公路。辽河石油勘探局筑路工程公司承建。2005 年 7 月开工。2006 年 12 月完工。

横路头分离式立交桥 中心桩号 K0+134.48，长 55.94 米，3 孔 13 米，全宽 8 米，桥面净宽 7 米。跨高速公路。辽河石油勘探局筑路工程公司承建。2005 年 7 月开工。2006 年 12 月完工。

西滩头分离式立交桥 中心桩号 K0+581.91，长 66.44 米，3 孔 16 米。全宽 9 米，桥面净宽 8 米。辽河石油勘探局筑路工程公司承建。2005 年 7 月开工。2006 年 12 月完工。

双港 1 号人行天桥 中心桩号 K0+030.02，长 54.04 米，3 孔 16 米，全宽 5.5 米，桥面宽 4.5 米。辽河石油勘探局筑路工程公司承建。2005 年 7 月开工。2006 年 12 月完工。

双港2号人行天桥　中心桩号K0+024.02，长48.04米，3孔16米。全宽5.5米，净宽4.5米。跨高速公路。辽河石油勘探局筑路工程公司承建。2005年7月开工，2006年12月完工。

石塘人行天桥　中心桩号K0+028.52，长57.04米，2孔25米，全宽5.5米，净宽4.5米。跨高速公路。辽河石油勘探局筑路工程公司承建。2005年7月开工。2006年12月完工。

马岭头人行天桥　中心桩号K0+016.02，长32.04米，2孔16米。全宽5.5米，净宽4.5米。跨高速公路。辽河石油勘探局筑路工程公司承建。2005年7月开工。2006年12月完工。

小顺人行天桥　中心桩号K0+018.52，长34.54米，2孔16米。全宽4.5米，净宽3.5米。跨高速公路。辽河石油勘探局筑路工程公司承建。2005年7月开工。2006年12月完工。

省道丽浦线公路桥梁

石塘特大桥　中心桩号丽浦线K39+232，跨玉溪水库库湾，长1380米，55孔，单孔最大跨径25米，跨径总长1357米。全宽9.50米，桥面净宽8.5米。浙江省交通规划设计研究院测设。辽河石油勘探局筑路工程公司承建。2005年7月开工。2006年9月完工。

规溪分离式立交桥　中心桩号为丽浦线K34+189，跨高速公路。长51.5米，2孔20米，跨径总长40米。全宽9.5米，净宽8.5米。浙江省交通规划设计研究院测设。辽河石油勘探局筑路工程公司承建。2005年7月开工。2006年12月完工。

双坑桥　中心桩号丽浦线K34+833，跨双坑溪。长67米，3孔20米，跨经总长60米。全宽9.5米，净宽8.5米。浙江省交通规划设计研究院测设。辽河石油勘探局筑路工程公司承建。2005年7月开工。2006年12月完工。

石塘坑桥　中心桩号丽浦线K37+062，跨石塘坑。长67米，3孔20米，跨经总长60米。全宽9.5米，净宽8.5米。浙江省交通规划设计研究院测设。辽河石油勘探局筑路工程公司承建。2005年7月开工。2006年12月完工。

石塘一桥　位于石塘镇石塘村西南角，中心桩号丽浦线K40+091。跨石塘坑支流。长22.38米，单孔13米。全宽11.5米，净宽10.5米。跨石塘坑。辽河石油勘探局筑路工程公司承建。2005年7月开工。2006年12月完工。

石塘二桥　中心桩号丽浦线K40+338，长25.08米，单孔20米。全宽9.5米，净宽8.5米。跨石塘坑。浙江佳途勘测设计有限公司勘测设计。丽水正浩建设有限公司承建，2006年10月完工。

小顺桥　中心桩号丽浦线K45+637，跨石塘水库小顺库湾（原小顺大坑）。长134.1米，1孔20米+孔20米。全宽9米，净宽8米。丽水地区（现丽水市，下同）交通工程处承建。1997年11月10日开工。1998年6月29日完工。2004年修桥面。

局村桥　中心桩号丽浦线K54+588，位于云和镇局村村，跨浮云溪（现石塘水库局村库湾）。长75米，5跨13米。全宽8.5米，桥面净宽8米。浙江省交通规划设计研究院测设。云和县城关建筑公司承建。1989年1月完工。1999年2月更换桥板梁铺装桥面，增置防撞栏。

古坊桥　中心桩号丽浦线K62+234，跨黄溪。长49.1米，3跨13米。全宽9米，桥面净宽

8.5 米。丽水地区交通设计院设计。云和县城西建筑工程公司承建。1995 年 10 月完工。

岗头桥 中心桩号丽浦线 K65+655，跨浮云溪。长 62.1 米，4 跨 13 米。全宽 9 米，桥面净宽 8.50 米。丽水地区交通设计院设计。云和县城西建筑工程公司承建。1995 年 10 月完工。

梅砻口一桥 中心桩号丽浦线 K65+948，跨梅砻水库溢洪道。长 21 米，单孔 13 米。全宽 9 米，桥面净宽 8.5 米。丽水地区交通设计院设计。云和县交通工程公司承建。1995 年 10 月完工。

梅砻口二桥 中心桩号丽浦线 K66+179。长 21 米，单孔 13 米。全宽 9 米，桥面净宽 8.5 米。跨贵溪后坑。丽水地区交通设计院设计。云和县城西建筑工程公司承建。1995 年 10 月完工。

后山桥 中心桩号丽浦线 K68+207，跨后山坑。长 18 米，单孔 10 米。全宽 8 米，桥面净宽 7.5 米。浙江省交通规划设计研究院设计。云和县城西建筑工程公司承建。1995 年 10 月完工。

临海垟桥 中心桩号丽浦线 K72+459，跨黄地坑。长 31.8 米，单孔 12.3 米。全宽 7.5 米，桥面净宽 7 米。浙江省交通规划设计研究院设计。丽水地区浙南工程公司承建。1991 年 12 月完工。2006 年 3 月修桥侧墙。

省道云寿线公路桥梁

独山桥 位于丽浦线 K57+500 处，跨浮云溪，是 1970 年云景公路改线时建造的云景公路接丽浦线之板梁桥。2009 年 12 月，对该桥拆除重建。桥长 52.5 米，3 孔 17.5 米，全宽 8.5 米，桥面净宽 7.5 米。浙江正浩建设有限公司承建。2010 年 9 月完工。

大徐桥 中心桩号云寿线西入口 K0+395，跨浮云溪。长 140 米，6 跨 20 米。全宽 13 米，桥面净宽 12 米。丽水地区交通所勘测设计。东阳交通建筑工程公司承建。2000 年 10 月完工。

老矮 1 号桥 中心桩号云寿线 K3+312，跨沈溪。长 165 米，8 跨 20 米。全宽 8.5 米，桥面净宽 7.5 米。浙江省交通规划设计研究院设计。浙江天一交通建筑工程有限公司承建。2006 年 10 月完工。

老矮 2 号桥 中心桩号云寿线 K3+821，跨沈溪。长 156 米，7 跨 20 米。全宽 8.5 米，桥面净宽 8 米。浙江省交通规划设计研究院设计。浙江天一交通建筑工程有限公司承建。2006 年 10 月完工。

竹坑口一桥 中心桩号云寿线 K7+583。长 31 米，单孔 20 米。全宽 11 米，桥面净宽 10.5 米。跨沈庄坑。丽水地区交通勘测设计所勘测设计。东阳交通建筑工程公司承建。1999 年 4 月完工。

竹坑口二桥 中心桩号云寿线 K7+684。长 31.5 米，单孔 20 米。全宽 9.5 米，桥面净宽 9 米。跨沈庄坑。丽水地区交通勘测设计所勘测设计。东阳交通建筑工程公司承建。1999 年 4 月完工。

后寮坑口一桥 中心桩号云寿线 K8+720。长 32 米，单孔 20 米。全宽 10.4 米，桥面净宽

10 米。跨后寮坑。丽水地区交通勘测设计所勘测设计。东阳交通建筑工程公司承建。1999 年 4 月完工。耗资 35 万元。

后寮坑口二桥 中心桩号云寿线 K8+784。长 32 米，单孔 17.8 米，全宽 9.7 米，桥面净宽 9.2 米。跨后寮坑。丽水地区交通勘测设计所勘测设计。浙江省通途交通工程公司承建。1999 年 4 月完工。

外苏坑一桥 中心桩号云寿线 K9+235，跨外苏坑坑。长 28 米，单孔 15 米，全宽 11.8 米，桥面净宽 11.2 米。丽水地区交通勘测设计所勘测设计。浙江省通途交通工程公司承建。1999 年 4 月完工。

外苏坑二桥 中心桩号云寿线 K9+289。长 21.5 米，单孔 9.6 米。全宽 10.7 米，桥面净宽 10.2 米。跨外苏坑坑。丽水地区交通勘测设计所勘测设计。浙江省通途交通工程公司承建。1999 年 8 月完工。

里苏坑一桥 中心桩号云寿线 K9+924。长 27 米，单孔 12 米。全宽 9.8 米，桥面净宽 9.4 米。跨里苏坑坑。丽水地区交通勘测设计所勘测设计。浙江省通途交通工程公司承建。1999 年 8 月完工。

里苏坑二桥 中心桩号云寿线 K9+985。长 29.3 米，单孔 12.5 米。全宽 9.6 米，桥面净宽 9.1 米。跨里苏坑坑。丽水地区交通勘测设计所勘测设计。浙江省通途交通工程公司承建。1999 年 8 月完工。

武垟外一桥 中心桩号云寿线 K10+113。跨沈庄坑。长 26 米，单孔 16 米。全宽 9.5 米，桥面净宽 9.1 米。丽水地区交通勘测设计所勘测设计。浙江省通途交通工程公司承建。1999 年 8 月完工。

武垟外二桥 中心桩号云寿线 K10+188。跨沈庄坑。长 27 米，单孔 16 米。全宽 9.5 米，桥面净宽 9.1 米。丽水地区交通勘测设计所勘测设计。浙江省通途交通工程公司承建。1999 年 8 月完工。

武垟外三桥 中心桩号云寿线 K10+388。长 24.3 米，单孔 12.6 米。全宽 9.5 米，桥面净宽 9.1 米。跨沈庄坑。丽水地区交通勘测设计所勘测设计。浙江省通途交通工程公司承建。1999 年 8 月完工。

武垟外四桥 中心桩号云寿线 K10+415。长 28.6 米，单孔 15.08 米。全宽 9.5 米，桥面净宽 9.1 米。跨沈庄坑。丽水地区交通勘测设计所勘测设计。浙江省通途交通工程公司承建。1999 年 8 月完工。

武垟桥 中心桩号云寿线 K10+686。跨沈庄坑。长 18.8 米，单孔 8 米。全宽 11.3 米，桥面净宽 10.8 米。丽水地区交通勘测设计所勘测设计。浙江省通途交通工程公司承建。1999 年 8 月完工。

县乡公路桥梁

2010 年，云和县有县、乡、村公路桥梁 96 座。其中县道公路桥梁 40 座，乡道公路桥梁 12 座，村道公路主要桥梁 44 座。

2010 年云和县公路桥梁汇总表

表 7-1-2 单位:座

分布						类型					建造年代		
合计	高速	省道	县道	乡道	村道	合计	特大	大桥	中桥	小桥	合计	91 年前	91 年后
169	37	36	40	12	44	169	1	29	54	85	169	28	141

第三节 隧 道

高速公路隧道

马岭头隧道 位于长深线丽龙段云和县石塘至小顺之间，左线入口桩号 K2645+520，长 1890 米；右线入口桩号 K2645+485，长 1900 米。隧道净宽 8 米，净高 6.72 米，人行道宽 2×0.75 米，检修道宽 0.75 米、高 2.5 米。分离式隧道，复合式路面结构。行车时速 80 千米。丽水市路桥工程处和中铁十五局承建，2001 年 7 月开工，2004 年 9 月 9 日通车。

朱岭头隧道 位于长深线丽龙段云和县小顺至陈村之间。左线入口桩号 K2650+045，长 2405 米；右线入口桩号 K2650+115，长 2345 米。分离式隧道，净宽 8 米，净高 6.72 米，人行道宽 2×0.75 米，检修道宽 0.75 米、高 2.5 米。复合式路面结构。行车时速 80 千米。浙江省交通工程建设集团有限公司和中铁十四局承建。2001 年 6 月开工，2004 年 9 月 9 日通车。

云坛隧道 位于长深线丽龙段云和县云坛村境内。连体隧道。入口桩号 K2654+815，长 230 米，净宽 8 米，净高 6.72 米，人行道宽 2×0.75 米。复合式路面结构，行车时速 80 千米。中铁十四局承建。2001 年 6 月开工，2004 年 5 月完工。

下弄湾隧道 位于长深线丽龙段云和县霞晓桥村。左线入口桩号 K2657+995，长 288 米；右线入口桩号 K2657+970，长 324.3 米。分离式隧道。净宽 8 米，净高 6.72 米，人行道宽 2×0.75 米，检修道宽 0.75 米、高 2.5 米。复合式路面结构。行车时速 80 千米。浙江天一交通建设有限公司承建。2005 年 9 月开工，2006 年 10 月完工。

庵基头隧道 位于长深线丽龙段云和县霞晓桥至箬溪之间。左线入口桩号 K2658+335，长 1663 米；右线入口桩号 K2658+341，长 1659 米。分离式隧道，净宽 8 米，净高 6.72 米，人行道宽 2×0.75 米，检修道宽 0.75 米、高 2.5 米。复合式路面结构。行车时速 80 千米。浙江天一交通建设有限公司承建。2005 年 9 月开工，2006 年 10 月竣工。

图 7-1-6 长深高速赤石岭隧道(2006 年摄 县交通局提供)

赤石岭隧道 位于长深线丽龙段云和县后山至临海垟之间。左线入口桩号 K2670+173，长 2740 米；右线入口桩号 K2670+150，长 2781 米。分离式隧道。净宽8米，净高6.72米，人行道宽2×0.75米，检修道宽0.75米、高2.5米。复合式路面结构。行车时速80千米。浙江省交通工程建设集团有限公司和浙江交工路桥建设有限公司承建。2004年6月开工，2006年9月竣工。

碗窑岭隧道 位于长深线丽龙段云和县临海垟至张源头之间。左线入口桩号K2673+651，长1396米；右线入口桩号K2673+247，长1340米。分离式隧道。净宽8米，净高6.72米，人行道宽2×0.75米，检修道宽0.75米、高2.5米。复合式路面结构，行车时速80千米。浙江省交工路桥建设有限公司和中铁一局集团第一工程有限公司承建。2003年6月开工，2006年9月竣工。

黄岗隧道 位于长深线丽龙段云和县垟田至独山之间。左线入口桩号K2676+713，长2072米；右线入口桩号K2676+776，长1974米。分离式隧道。净宽8米，净高6.72米，人行道宽2×0.75米，检修道宽0.75米、高2.5米，复合式路面结构，行车时速80千米。中铁一局集团第一工程有限公司和陕西明泰工程建设有限公司承建。2004年9月开工，2006年8月竣工。

独山隧道 位于长深线丽龙段云和县新林至麻垟之间。左线入口桩号K2679+189，长584米；右线入口桩号K2679+206，长592米。分离式隧道。净宽8米，净高6.72米，人行道宽2×0.75米，检修道宽0.75米、高2.5米。复合式路面结构，行车时速80千米。陕西明泰工程建设有限公司承建。2005年5月开工，2006年10月竣工。

麻垟隧道 位于长深线丽龙段云和县麻垟村境内。分离式隧道。左线入口桩号K2682+598，长76.82米；右线入口桩号K2682+602，长72.65米。净宽8米，净高6.72米，人行道宽2×0.75米，检修道宽0.75米、高2.5米。复合式路面结构，行车时速80千米。陕西明泰工程建设有限公司承建。2005年5月开工，2006年10月竣工。

省道公路隧道

赤石岭隧道 丽浦线隧道位于丽浦线后山至临海垟之间，长1239.80米、宽7.5米、高5米、人行道宽1.5米。直墙式单心圆拱断面，混凝土衬砌，水泥混凝土路面。行车时速50千米。总投资1316.97万元。1990年3月开工，1991年12月10日竣工。

大徐隧道 云寿线隧道。位于大徐村南侧、浮云溪南岸，长332米、净宽9米、净高5米、人行道宽2×0.75米。直墙式单心圆拱断面，水泥混凝土衬砌和路面。行车时速50千米。2000年10月建成通车。

岚头岭隧道 云寿线隧道。位于云寿线岚头岭，云和境内长435米，宽7.5米，高5米，人行道宽2×0.75米，直墙式单心圆拱断面，混凝土衬砌和路面，行车时速40千米。1994年11月建成通车。2006年4月移交景宁自治县管理。

农村公路隧道

房后岗隧道 紧水滩至大源公路隧道，长223米、净宽7米、净高4.5米，沥青路面，水泥混凝土衬砌。行车时速20千米。丽水市交通工程公司承建。2004年11月开工，2006年12月通车。

大坑隧道 紧水滩至大源公路隧道。长138米、净宽7米、净高4.5米，沥青路面，水泥混凝土衬砌。行车时速20千米。丽水市交通工程公司承建。2004年11月开工，2006年12月通车。

隔溪山隧道 通村公路隧道。位于石塘水库北溪大桥北端隔溪山。长253米、宽7米、高4.5米，水泥混凝土路面。行车时速20千米。浙江佳途勘察设计有限公司测设。浙江大舜公路建设有限公司施工。2008年5月开工，2010年12月完工。

第四节 水 路

水路航道

龙泉溪云和航段自赤石乡麻垟村入境，呈"N"形从西南流向东北，经赤石、龙门、大源、紧水滩、局村、小顺、石塘、双港，至里山坑入丽水界（现莲都区）。县境内河段长49千米，是云和县唯一的船排航道。以局村为中心点，上通龙泉，航程66千米，下达丽水51千米，至青田126千米，至温州186千米，总通航里程约252千米。1986年6月、1989年12月和1997年12月，紧水滩、石塘和玉溪水电站（莲都区境内）先后建成，龙泉溪云和航段被3个电站水库取代。紧水滩、石塘电站大坝一端设有船筏过坝通航设施，可确保船排畅通。自20世纪90年代后期以来，由于库区轮渡码头等通航设施和沿库交通公路的建成，船排运输被公路运输取代，过坝通航设施逐渐停止使用。库区水上交通设施只为南北两岸居民往来和生产生活提供交通便利。

码头

云和县境内码头（埠）头设置在云和湖（龙泉溪云和航段）沿岸。紧水滩、石塘、玉溪电站水库先后蓄水，云和湖取代龙泉溪云和航段，原码头、埠头全被淹没，现有的均系复建或增建。1991年，全县有码头10处、埠头45处。2010年，全县有码头20处、埠头74处。1991年以来，县移民办累计拨补资金296.36万元，建设改造码（埠）头92处次，2000年以来，因沿库区两岸已建成主要公路，原步行埠头逐渐荒废。

图7-1-7 改造完工后的赤石码头（2009年摄 县交通局提供）

赤石码头 原称赤石南交通码头，又称黄岗码头。位于赤石乡政府驻地黄岗村、紧水滩电站水库南岸。系道路式斜坡道码头，水泥混凝土结构。1988年11月动工，1990年12月建成。2008年1月，赤石码头改造工程开工，2009年2月完工。结构为斜坡道轮渡码头，50吨级泊位。后方接四级公路，并设800平方米的停车场。温州市港航规划设计有限公司设计，杭州港航公司承建。

建源码头 又称赤石北交通码头。位于紧水滩电站水库北岸、赤石乡建源村口。1988年建造，系道路式斜坡道码头，块石结构。北与拖拉机路衔接达库北管理处。1991年12月，县移民办投资5.88万元，改造成水泥混凝土结构码头。2008年1月，该码头改造工程开工，2009年2月完工。结构为斜坡道轮渡码头，50吨级泊位。后方连接建源至店子康庄公路。温州市港航规划设计有限公司设计，杭州港航公司承建。

梓坊码头 梓坊码头位于原梓坊埠头上游30米处，设计最高水位184.6米，最低水位168.4米，斜坡道码头，50吨级客货、50人客渡、双车渡泊位各一个。后方接线长285米，路基宽5.5米，路面宽4.5米，停车平台500平方米。2009年12月25日开工，2011年5月完工。宁波市交通设计研究院设计，永嘉县交通工程公司承建。

梓坊老码头 位于紧水滩镇梓坊移民村、紧水滩水库南岸。是梓坊通往饭甑砻、龙门和紧水滩镇的主要交通码头，1988年建。1995年11月、2000年1月、2003年12月和2007年1月，先后改造拓建。后方接线长480米，宽2.5米，水泥混凝土路面。

库北码头 位于紧水滩电站水库北岸、紧水滩镇饭甑砻村。1987年，建成长68米、宽2米的浆砌块石渡埠。2000年12月始改造扩建，混凝土结构斜坡道码头，长200米，宽7米，50吨级泊位。2002年5月完工，由绍兴市交通建设工程处承建。

卜家码头 位于紧水滩镇饭甑砻村卜家自然村、紧水滩水库饭甑砻库湾。1988年5月建造，浆砌块石结构。分别于1994年8月和1997年1月两次进行改建。混凝土结构，长360米，宽3米。与通往库北管理处四级公路连接。

大源码头 位于大源乡渡蛟村北，原以自然岸坡为埠。1986年建造，1988年7月完工。长500米，宽4米，浆砌块石结构，斜坡道码头，20吨级泊位。2000年12月改建，2002年5月完工。长200米，宽7米，斜坡道码头，50吨级泊位，混凝土结构。临海市交通工程建设有限公司承建。

张源头码头 位于赤石乡张源头村、紧水滩水库南岸。1997年7月投资建造，2007年3月扩建。后方接线长700米，宽3.5米，水泥混凝土路面，通丽浦线。

开心岛码头 又称垟田码头位于赤石乡垟田村、紧水滩水库南岸。1998年12月建造。后方接线长200米，宽3米，混凝土结构，是通往开心岛旅游专用码头，也是浙江省第一座内河渡运码头。后方接线与丽浦路连接。

下黄岗老码头 位于赤石乡下黄岗村、紧水滩水库南岸。1987年建置。浆砌块石结构。1991年1月改造。长800米，宽4.05米，水泥混凝土结构。

龙门码头 位于紧水滩镇龙门村山后自然村、紧水滩电站水库南岸。系混凝土结构斜坡道码头，长200米，宽4米，30吨级泊位，后方有通村公路与局（村）龙（门）公路相接。砌筑人行磴级70级通往码头，长50米，宽2米。1988年建造。1991年5月，县移民办拨款1.26万元修缮。

龙门货运码头 位于紧水滩镇龙门村客运码头东侧、紧水滩水库南岸。1991年11月建造。后方接线长475米，宽3.5米，水泥混凝土路面，与紧(水滩)龙(门)公路连接。2000年10月建成50吨级货运兼车渡泊位1个、客运泊位1个的货运码头。

紧水滩电站上码头 位于紧水滩电站大坝上游南岸。系岸壁式立式码头，石砌磴阶28级，长60米，每级宽0.2—0.3米。为电站过坝通航设施，供船、排过坝待运使用。上方与斜坡道码头和大坝公路连接。斜坡道码头宽12—15米，供船舶停靠，1986年水电部十二工程局建造。2007年5月，修复斜坡道码头，后方接线长150米，宽5米，混凝土结构，与紧龙公路连接。

紧水滩电站下码头 位于石塘电站水库上游南岸、紧水滩大桥下游50米处，与紧水滩电站南岸护坡相接。长60米，宽4—6米，纵列式混凝土结构，前沿水深1.5米，供过坝竹、木排整装待运使用。1986年水电部十二工程局建造。

小顺码头 位于石塘水库小顺库湾南岸、石塘镇小顺村口。1989年建成，长45米，宽4米，混凝土结构。2001年11月建成斜坡道。

朱村口码头 又称朱村船埠头码头，位于朱村乡朱村村船埠头、玉溪水库北岸。1989年5月建成。1997年11月改造改建，后方接线长20米，宽4.5米，水泥混凝土路面，与通乡公路连接。

滩下码头 位于石塘镇滩下村、玉溪水库南岸。2006年12月建造。长13米，宽10米，水泥混凝土结构。

渡口

云和县渡口沿龙泉溪(紧水滩、石塘、玉溪3个电站库区)设置。1986年6月、1989年12月和1997年12月，紧水滩、石塘、玉溪水库先后蓄水，全县渡口移位23处，运距扩展。县移民办公室为库区移民村复渡17处，新增渡口6处。其中交通渡3处，农村渡18处，专用渡2处。有渡船30艘，船工31人。1991年始，县政府加强对渡口管理和船舶更新。县移民办公室投资47.6万元、县交通局投资130.4万元，更新钢质船22艘、机木船10艘。2010年，全县有渡口15处。

图7-1-8 龙石渡口(1992年摄 县交通局提供)

2010年云和县渡口设置及客运情况统计表

表7-1-3

渡名	位置	管理单位	横渡库名	渡运距离（千米）	船舶设置						
					钢制（艘）	机动（艘）	总吨位	净吨位	定员（人）	年运量（万人）	渡工数（人）
建林渡	赤石乡建林村	赤石乡人民政府	紧水滩水库	6	1	1	8	4.80	50	1.96	1
建升渡	赤石乡建升村	赤石乡人民政府	紧水滩水库	5	1	1	7	4.20	50	2.50	1
建源渡	赤石乡建源村口	赤石乡人民政府	紧水滩水库	3	1	1	7	4.20	50	7.20	1
梓坊渡	紧水滩镇梓坊新村	紧水滩镇人民政府	紧水滩水库	6.50	1	1	4	2.40	30	1.65	1
饭甑砻渡	紧水滩镇饭甑砻村	紧水滩镇人民政府	紧水滩水库	8	1	1	7	4.20	50	1.24	1
大源渡	大源乡渡蛟村	大源乡人民政府	紧水滩水库	6	2	1	10	6	50	0.52	1
阴岩渡	赤石乡下阴岩	赤石乡人民政府	紧水滩水库	1.50	1	1	9	5.40	30	0.90	1
田铺渡	大源乡田铺村	大源乡人民政府	紧水滩水库	6	1	1	6	3.60	50	7.40	1
大牛渡	大源乡大牛村	大源乡人民政府	紧水滩水库	6	1	1	5	3	30	2.40	1
官坑渡	云和镇官坑村	云和镇人民政府	石塘水库	0.50	1	1	3	1.80	25	2.80	2
龙石渡	云和镇局村龙石	云和镇人民政府	石塘水库	0.35	1	1	4	2.40	25	1.80	1
长汀渡	石塘镇长汀村	石塘镇人民政府	石塘水库	0.50	1	1	4	2.40	30	1.10	2
大源口渡	石塘镇北溪村	石塘镇人民政府	石塘水库	2.50	1	1	5	3	30	3.12	2
北溪坑口渡	石塘镇大源口村	石塘镇人民政府	石塘水库	0.50	1	1	3	1.80	30	1.65	1
朱村口渡	朱村乡朱村口	朱村乡人民政府	玉溪水库	0.50	1	1	3	1.80	25	0.54	1

第二章 陆上运输

21 世纪，云和县交通运输能力日益增强，呈现旅客、货物运输齐发展的格局。2010 年，开通跨省客运班线 1 条，跨市班线 5 条，跨县班线 6 条，城乡班线 12 条，城市公交班线 3 条。实现道路客运量 259.4 万人次，周转量 8773.5 万人千米。道路货运量 62.7 亿千克，周转量 2932 亿千克千米。

第一节 陆上客运

班车客运

1991 年，云和车站新开通云和至泰顺、鳌江、瑞安的客班，停开云和至沙湾、东坑、金村、碧湖、麻垟、小顺客班。所有班线均由丽水地区汽车运输总公司云和分公司的大客车营运。是年，经营跨市班线 7 条、跨县班线 5 条、城乡客运班线 6 条。

1992 年，云和车站各客运班线实行承包经营，单位、部门和个体户参与旅客运输。县内城乡班线逐步由个体农用车及机动三轮车经营旅客运输。是年，云和至文成班车停开。

1993 年，云和县汽车运输公司更名为云和县汽车运输总公司并设立云和客运中心，新开通云和至义乌客班，重新开通云和至文成客班，停开云和至泰顺、鳌江、松阳、龙泉客班。县内城乡客班全部由个体农用车和机动三轮车经营。

图 7-2-1 云和县新客运中心（2006 年 10 月摄 县交通局提供）

1994 年，云和车站新开通云和至上海班线，停开云和至瑞安的客班。

1995 年，云和车站重新开通云和至瑞安客班，停开云和至上海、文成、英川的客班，至 1996 年，云和客运中心的旅客运输业务处于改革开放以来的最低谷，经营跨市班线 5 条、跨县班线 2 条，城乡班线均由农用车和机动三轮车经营。1997 年，重新开通云和至松阳的客班。

1998 年，云和车站新开通云和至广东普宁班线，重新开通云和至上海的客班，增加云和至丽水的班次。1999 年，云和至丽水的客运中巴车 36 辆。其中云和籍 23 辆，丽水籍 13 辆。

2000 年，云和县汽车运输总公司改革体制，组建云和县恒通汽车运输有限公司。是年，经营跨省班线2条、跨市班线5条、跨县班线3条。城乡客运仍由农用车经营。

2001年，云和车站经营城乡客运班线的农用车全部改造为37辆中巴车，由客运中心统一管理、统一排班、统一发车。农用车和机动三轮车退出客运市场。是年，重新开通云和至文成、英川客班，停开云和至瑞安客班。全年经营跨省班线2条、跨市班线5条、跨县班线4条、县内城乡班线12条。

2002年，云和车站增设温州至云和的对开客班。2003年，新开通云和至北山的班线，停开云和至高胥的城乡客班。2004年，延续上年的经营班线。2005年，新开通云和至宁波的班线和金村至大港头班线，增开云和至杭州的日班，停开云和至义乌、文成的客班。

2006年，云和县恒通汽车运输有限公司未达到相应资质，云和至普宁班线转丽水。因滩坑电站建设，云和至北山客班停开。2007年，重新开通云和至龙泉客班。

2008年1月中旬至2月中旬，冰雪灾害影响全县的旅客运输，全县停运客班862班次，云和至大湾、云和至沙铺班线停运29天。是年1月29日，开通赤石建源码头至库北管理处店子的“康庄小巴”营运线路。至此，云和县乡镇客运班车通达率100%。

2010年9月15日，云和县人民政府出台《云和县农村客运班车补助暂行办法》。实行营运的农村客运班车补助政策。

2010年，云和县客运中心经营跨省班线1条、跨市班线5条、跨县班线6条、城乡班线12条，199班次。行车里程2493.3千米。过往云和站的客班11条班线。

1991—2010年云和县公路客运量统计表

表7-2-1

年份	客运量（万人次）	周转量（万人千米）	年份	客运量（万人次）	周转量（万人千米）
1991	126	4578	2001	357	10832
1992	129	4981	2002	338	8369
1993	138	5081	2003	377	12231
1994	165	8455	2004	385	12536
1995	209	10252	2005	379	12451
1996	220	11760	2006	424.50	11368
1997	138	9805	2007	331.20	9172.80
1998	140	9913	2008	308.30	8972.80
1999	145	9031	2009	289.60	8672.80
2000	171	7330	2010	295.40	8773.50

出租车客运

1995年5月，云和县汽车运输总公司和云和县森林旅游公司（属县林业局）首批经营出租车客运业务，有小轿车8辆。这些车辆多数系机关单位、企事业退职退休驾驶员私人购置，为无车的县机关单位、乡镇政府的干部外出公务提供用车。

2001 年 8 月，云和县恒运旅游有限公司经营出租车客运业务，有客运“面的”5 辆。2002 年，“面的”全部更新为出租轿车，并逐年增置出租轿。2009 年，公司共有出租轿车 23 辆。

2001—2010 年云和县恒运公司出租车客运量统计表

表 7-2-2

年份	客运量（万人次）	年份	客运量（万人次）
2001 年	3.12	2006 年	12.26
2002 年	11.78	2007 年	12.74
2003 年	12.13	2008 年	12.65
2004 年	12.51	2009 年	12.53
2005 年	12.45	2010 年	12.48

旅游客运

2006 年前，云和县总工会“组团”旅游客运业务均由丽水旅游公司的车辆承担。2006 年 10 月，云和县恒通汽车运输有限公司开始经营旅游客运业务，公司与云和县风景旅游局建立合作关系，联手经营国内组团包车旅游客运业务。是年，组团旅游客运 0.87 万人次，2007 年 0.94 万人次，2008 年 0.92 万人次，2009 年 0.93 万人次，2010 年 1.34 万人次。

城市公交客运

2009 年 1 月，云和县城开通两路公交客运线路，两路公交车每日 6:30 至 21:00，每隔 10 分钟发车一班。

1 路公交车。始发新车站，行经消防队、高速路口、下城门、香菇市场、中山广场、上城门、工业园区、南门大桥、元和广场、体育馆等，终点站为新车站，共计 29 个站点，全程约 10 千米。投放公交车 8 辆，双向发车。2010 年 2 月，营运线路向杨柳河工业园区延伸 4.5 千米，增设停靠站 4 个。

2 路公交车。始发站为云和三中，行经新车站、仙宫大道路口、香菇市场、县政府、新华小区、二中、农行、文化中心、县气象局等，终点站为云和中学，21 个站点。全程约 6.8 千米。投放 6 辆公交车，双向发车。

2010 年，根据城市发展和市民需求，于 5 月 1 日将原 2 路公交车班次拆开后增设 3 路公交车，并调整了原 1 路、2 路公交车营运线路停靠站。

3 路车。始发古竹村口，行经交通局、城北路口、信用联社、云和中学、黄水碓村，终点新建南路。16 个站点。行程 4.5 千米，投放车辆 4 辆。

2009 年，城市公交客运总量 116 万人次，周转量 655.4 万人千米；2010 年，客运总量 732.8 万人次，周转量 3151.04 万人千米。

机动三轮车客运

1991 年，全县有机动三轮车 212 辆。2000 年，全县机动三轮车增至 637 辆。到期强制报废 325 辆，在驶运营 312 辆。2001 年 2 月，浙江省政府发布《道路客运管理办法》，禁止小三轮农用车从事客运。是年5月，云和县所有机动三轮车退出客运市场。2010年年底，全县有货运机动三轮车103辆。

人力黄包车客运

1991年，全县有黄包车10辆。20世纪90年代后期，县城黄包车每年递增量剧增。1994年，全县有黄包车667辆。2009年增至1563辆。2010年，全县参与运营的黄包车1042辆。

第二节　陆上货运

长途货运

20世纪80年代后期，云和县国有、集体所有的货运汽车先后折价出售给个体所有。1990年，全县有货运汽车429辆，其中个体或联户所有的409辆，占93%。自20世纪90年代以来，汽车货运完全市场化，货运汽车均为个体或联户所有，没有专业的货运企业和车队。

1991—2010年云和县汽车货运量统计表

表7-2-3

年份	货运量（万千克）	周转量（万千克千米）	年份	货运量（万千克）	周转量（万千克千米）
1991	39000	3519000	2001	132000	9811000
1992	48000	3645000	2002	181000	9976000
1993	43000	3434000	2003	199000	10974000
1994	172000	11353000	2004	266000	18455000
1995	175000	15091000	2005	318000	21360000
1996	188000	16520000	2006	437000	21644000
1997	145000	11121000	2007	521000	26541000
1998	147000	11262000	2008	547000	27843000
1999	152000	11646000	2009	619000	28544000
2000	120000	8919000	2010	672000	29320000

零担货运

云和县零担货运业务起步较晚。2005年5月，云和藉2辆厢式货车，开始分别经营瑞安—云和、义乌—云和的零担货运兼长途货运。每隔5—7天为云和城镇个体商铺运送日用品和小商品等。托运人与车主签订运单，自行装货。货到云和后收货人自行卸货，并按运单付交运费。卸货地点在新建桥南端。由于每次运送的货物不同其货运量亦不同，每车约3—4千千克。

2005—2010年云和县零担货运量统计表

表7-2-4

年份	货运量(万千克)	周转量(万千克千米)	年份	货运量(万千克)	周转量(万千克千米)
2005	370	1570200	2008	660	2784600
2006	660	2755200	2009	670	2822400
2007	670	2830800	2010	660	2763600

配送货运

云和县配送货运有两种方式，一种是20世纪90年代中期始,云和城镇货物批发商自备小型货车，按收货人的需求，将日用品、小商品、副食品、饮料、烟酒等及时运送到销售量较大的农村个体商铺。另一种是云和县恒运旅游有限公司和云和县恒通汽车运输有限公司在农村建立货运网站，分别于2009年和2010年开展配送货运业务。两公司分别配备专用小货车，按货主需求将小商品、日用品、酒类饮料、小五金等农村需用品及时运送到农村货运网站，农村个体商户自行到站取货。同时逐步建立了按行车路线沿途运送和农村小区块综合配运的机制，具有随叫随运、快捷高效的特点。2009年，配送货运量1370千千克。2010年，配送量2830千千克。

拖拉机货运

1996年，购置拖拉机的农户大量增加，全县有手扶拖拉机1133台，方向盘拖拉机33台。21世纪，全县方向盘拖拉机从1999年的53台增加到2004年的641台。各建筑工地所需的水泥、砂石料、钢材等建筑材料绝大多数都由拖拉机承运。拖拉机已成为城乡粗重物资运输的重要工具。

第三章　水上运输

截至2010年，云和境内紧水滩、石塘、玉溪三库区水路54.9千米，有客运船44艘，旅游船10艘，年客运量12.75万人；货运船4艘，21吨位，年货运量1380万千克。

第一节　水上客运

1991年，全县设置渡口23处，有人力渡船4艘、机动船27艘、钢质渡船5艘，年客运量9.41万人次。2009年12月，个体合资创办云和县瓯江老艄公旅游有限公司，经营石塘—紧水滩、紧水滩—龙泉两条航线的水上客运。2010年，全县渡口调整为15处，有钢质客渡船20艘、简客24艘、旅游船10艘，年客运量12.75万人次，周转量62.6万人千米。

1991—2010年云和县水路客运量统计表

表7-3-1

年份	运量（万人次）	周转量（万人千米）	年份	运量（万人次）	周转量（万人千米）
1991	9.41	52.21	2001	13.20	63.8
1992	7.05	36.42	2002	14	70.1
1993	5.94	31.26	2003	15	71
1994	3.92	21.58	2004	15	75
1995	3.90	21.46	2005	14.8	74
1996	3.81	20.99	2006	15	75
1997	3.82	21.00	2007	14	70
1998	3.77	20.85	2008	13	63
1999	16.54	78.77	2009	12.55	61.10
2000	16.59	74.72	2010	12.75	62.60

1991—2010年云和县学生接送渡运量统计表

表7-3-2

渡口名称	渡运距离（千米）	渡船设置				
		渡船（艘）	结构	定员（人）	渡工（人）	每周接送学生数（人）
建林渡	6	1	钢	50	1	15
建升渡	5	1	钢	50	1	15
建源渡	3	1	钢	50	1	15
库北渡	10	1	钢	120	2	30
梓坊渡	6.50	1	钢	30	1	9
饭甑岙渡	8	1	钢	50	1	15
田铺渡	6	1	钢	50	1	15
垟后渡	6	1	钢	30	1	9
大牛渡	6	1	钢	30	1	9
龙石渡	0.35	1	钢	25	1	7
长汀渡	0.50	1	钢	30	2	10
大源口渡	2.50	1	钢	30	2	12
北溪坑口渡	0.50	1	钢	30	1	11

第二节 水上货运

1986年6月、1989年12月和1997年12月，紧水滩、石塘、玉溪电站水库先后蓄水，航道受阻，水上货物运输业衰落。1991年，全县水上货物运输量仅为150万千克，周转量26000万千克千米。1992年11月，云和县航运公司解体，人员分流。昔日繁荣的水上运输业转为水库南北两岸人们出行和物资交流的渡运。1998年11月，在库北渡口增设浙云和渡0020和浙云和驳0002船组，负责饭甑岙—赤石航线的车辆和物资运输。2001年7月，设置浙云和渡001和浙云和驳001船组负责龙门—大源—大牛渡运航线的物资运输。2006年车辆和物资运输航线调整为建源—赤石。2010年，全县水路货运船4艘，21吨位，年货运量13.8万千克。

1991—2009年云和县水路货运量统计表

表7-3-3

年份	货运量（万千千克）	周转量（万吨千米）	年份	货运量（万千千克）	周转量（万吨千米）
1991	0.15	26	2001	3.20	30.20
1992	0.20	33	2002	2.50	33.50
1993	0.25	39	2003	2.50	28.80
1994	7.71	813.40	2004	2.50	30
1995	8.12	860.72	2005	2.50	32
1996	6.03	639.10	2006	2.30	27.50
1997	2.30	243.80	2007	2.00	23.50
1998	2.05	217.30	2008	1.89	19.90
1999	1.95	222.90	2009	1.62	17.70
2000	2.70	41.90	2010	1.38	13.70

第四章 交通管理

20世纪90年代，云和县逐步健全和完善交通行政职能管理机构和交通管理体制，实现交通全行业的公共行政管理和依法治理交通。本章记述1991—2010年云和县公路养护、路政管理、运输管理、运价管理、规费稽征、水运管理、安全管理以及交通管理机构的设置、沿革、职能和干部配备情况。

第一节　陆运管理

公路养护管理

1952年7月，云和县设立公路养护队。1959年，改称云和养路队。1979年2月，改称云和公路段。1991年10月改称云和公路管理段。1990年，云和公路段下设规溪亭、小顺、独山、重河、临海垟、垟田、李山前、武垟、下垟、黄源（又称和平）、王山头等11个公路专业养护道班，核定编制99人。管养省道及县乡道共4条计127千米。1991年养护公路269.75千米。1998年，根据公路养护的实际需求，对道班进行调整。先后撤并规溪亭、李山前、武垟、重河、临海垟、黄源、王山头、下垟道班。1999年2月，改称道班为公路养护站。2010年，全县设小顺站、独山站、垟田站等3个公路专业养护站，管养境内省道和县、乡公路。2010年，养护公路290.57千米。

路政管理

路障处治　1991年10月14日，云和县公安局、交通局、国土局联合发出《关于加强道路管理、清理公路路障的通知》。是年，路政管理队清理公路违章堆放物1217立方米，制止违章搭建136平方米，清理违章种植4.55平方米。

1994年4月13日，云和县人民法院设立云和县人民法院驻云和公路段行政执行室，受理公路主管部门或其授权的公路管理机构申请执行已发生法律效力的行政处罚决定或经行政诉讼审结并已生效的案件。是年，查处有损路产路权案件34起，拆除违章建棚878平方米，清理违章堆放物2702立方米，清理公路红线内违章种植915平方米。

1996年11月25日至29日，云和县公路管理段、路政管理队联合交警部门对县乡道公路进行全面清障。清除非公路标牌73块、违章堆放物1045立方米，拆除违章摊棚13处，查处损坏驳坎69.75平方米、挖路引水86.3平方米。12月11日，对省道丽浦线、云寿线实行全面清障。清除违章堆放物2400立方米、公路行道树悬挂物72件，拆除违章建房22平方米、非公路标牌124块，查处损坏路面路肩722.02平方米、损坏护栏57支、损坏桥栏12支。

1997年4月至9月，拆除公路红线内违章建筑1355平方米，违章围墙30米，查处违章埋设电杆19支、违章埋管线5500米、违章种植200平方米、违章挖路引水21平方米。清除违章堆放物6000立方米，查处损坏路肩253立方米、路面1001.5平方米、标牌3块、桥栏15支、护栏21支，查处偷盗路树52株。

1999年4月，丽浦路云和段文明样板路创建工程开工，12月完工。其间，县公路路政管理大队拆除公路两侧违章建筑2720平方米，清除非公路标牌120块，清理占路堆放10345立方米，增补公路标牌73块，整顿马路市场5个、公路两侧加油站14个。收取赔（补）偿费124915元。2000年，开展巩固文明样板路活动，拆除违章建筑210平方米，清理违章堆放物2555立方米。

2002年，查处公路红线内违章建房279平方米、损坏护栏123米、偷盗路树17株、公路标牌10块，拆除违章棚6240平方米、非公路标牌56块，清除违章接线坡41米、违法占路堆放9160立方米。

2003年6月21日，云和县安全生产委员会《关于开展公路路口专项治理工作的通知》，对省道干线路口、交叉口、县乡道等等级和非等级公路口、不规范开口进行专项治理。拆除违章建筑2543平方米。

2005年5—10月，县路政管理大队组织宣传车上路宣传《浙江省公路路政管理条例》106车次，张贴整治公告，向违章户发放整改通知书，组织人员上路巡查1100人次，拆除违章建筑1500平方米，拆除非公路标牌62块，清理后交线等线路农民违章堆放香菇原料木柴、木屑、废菇棒、香菇脚等违堆物14965立方米，整顿清理贵溪、后山、崇头等马路市场4处。收取赔(补)偿费37.93万元，执行行政处罚案20件，收取罚款18400元。

2006年，县路政管理大队巡查1857人次，拆除违章建筑565平方米，清理违章堆放10145立方米，拆除非公路标牌106块，整顿马路市场4个68次。

2007年8月5日，云和县交通局制订《农村道路交通安全整治工作实施方案》。是年，县路政管理大队上路巡查1646人次，拆除违章摊棚1230平方米，清除违章堆放16070立方米、非公路标牌148块。

2008年，实施丽浦线云和段文明公路创建工程。云和县路政管理大队拆除丽浦线云和段沿线违章建筑73处2060平方米、违章围墙15处160平方米、违章摊棚41处280平方米，清理违章堆放物500余处9636立方米，规范了沿线25个厂家、4个砂石料场的堆放，整治马路市场5个，查处违规抛、洒、漏车辆213台次。共收取赔(补)偿款7.76万元。2009年，实施云寿线云和段文明公路创建工程。云和县路政管理大队拆除违章建筑86平方米，清除违章堆放物308立方米，整治沿线砂石料场4个，查处违章抛、洒、漏车辆211辆次。

超载治理 1999年8月2日，云和县路政管理大队制定《超限运输治理方案》，依法控制超限运输车辆在公路和公路桥梁、隧道上行驶。加强对超限运输车辆的现场管理，对违法上路行驶的超限运输车辆进行处罚。

2000年8月，云和县路政管理大队在丽浦线云龙隧道收费站设点稽查超限运输车辆行驶公路，共测查2349辆，其中超载车2066辆。收取超限行驶公路补偿费20.55万元。

2001年4月，云和县公路路政管理大队组织队员设点进行24小时现场管理。仅2001年4—5月，测试行驶公路车辆2627辆，查处超限运输车辆1106辆，卸载货物1875千千克。2002年，查处超限车辆1830辆。

2003年10月9日，云和公路管理段制订并实施《2003年云和县公路超限运输专项整治实施方案》，对超限5千千克以下(含)的收取公路补偿费；超限10千千克以下(含)除卸载外收取公路补偿费；超限10千千克以上的原则上卸载，收取公路补偿费并处以罚款；对持有省局核发的超限运输通行证的车辆，车货总重超过50千千克的按规定收取超过部分的赔(补)偿费。

运输管理

客运管理 执行省交通厅《浙江省汽车客运站站级核定和考核管理办法》，确定云和县客运中心（云和汽车站）为二级车站。核准云和县恒通汽车运输有限公司经营道路班线客运及包车客运。县公路运输管理所在县客运中心设立运管站，对客运中心客运工作实行现场监管，开展路检路查。2010年底，县恒通汽运公司经营跨省客运班线1条，客车2辆62座；跨市班线5条，客车6辆148座；跨县班线6条，客车19辆468座；县内班线12条，客车31辆577座，基本能满足云和群众交通需求。县恒运旅游运输有限公司经营出租车客运业务，有客运出租汽车23辆115座。县仙宫城市公交客运有限公司有公交客车16辆，经营客运班线3条。

出租车管理 1995年，审批云和汽运总公司和县林业局下属的森林旅游公司二个单位经营出租车业务，当年办理客运出租车8辆。

2001年8月，云和县恒运旅游运输有限公司经营出租车业务，该公司拥有出租车18辆，其中"面的"5辆，"货的"13辆。2005年，对18辆出租车实行"五统一"，即统一车身颜色、统一顶灯、统一喷印企业名称、统一喷印监督电话、统一起步价。2007年，恒运公司5辆出租"面的"更新为出租轿车，13辆出租"货的"已全部转为个人经营。

货运管理 20世纪90年代初，云和县道路货物运输市场逐步放开，货物运输无专业货运单位、车队，货运车辆大多为个体车主所有，少数为单位所有。货运运力投放、货运价格、货源组织等完全由市场需求决定。货物道路运输管理，主要是通过审核颁发《道路运输经营许可证》、发放《道路运输证》、考试核发《从业资格证》、检测检验车辆技术状况、安全生产情况、年审道路运输证等手段进行管理。同时通过对货运车辆的上门检查与路检路查进行监督管理，就货运车辆营运手续是否齐全、有否超载运输、危险品运输是否符合相关规定、货运驾驶员是否具有从业资格证、车辆技术状况、车辆是否按规定维护、检测、有否擅自改装车辆等方面进行检查监管。

运价管理

客运运价 1995年4月20日，云和县物价局、交通局联合发出《关于整顿汽车客运票价的通知》，规定汽车客运票价属国家定价项目，其定价权在省物价局及其授权的县级人民政府物价部门和交通部门。为规范客运秩序，对本县发往地区内、县内的中巴客车等运价作适当调整，从1995年4月22日起执行。

1995年4月22日起云和—丽水、景宁、龙泉、松阳中巴车客运票价价目表

表7-4-1

云和—丽水线	里程（千米）	执行价格（元/人）	云和—丽水线	里程（千米）	执行价格（元/人）
云和—丽水	62	8.00	云和—张村	54	7.00
云和—沙溪	49	6.00	云和—南山	42	5.50
云和—十八都	39	5.00	云和—大港头	35	4.50

续表 7-4-1

云和—丽水线	里程(千米)	执行价格(元/人)	云和—丽水线	里程(千米)	执行价格(元/人)
云和—规溪亭	29	4.00	云和—双港	28	3.50
云和—石塘	24	3.00	云和—小顺	17	2.50
云和—局村	9	1.50	云和—云章	6	1.00
云和—独山	5	1.00	—	—	—
云和—景宁	38	5.00	云和—外舍	34	4.50
云和—西江	30	4.00	云和—岚头	22	3.00
云和—武洋	17	2.50	云和—沈村	12	1.50
云和—云坛	9	1.50	云和—霞晓桥	7	1.00
云和—独山	5	1.00	云和—象山	2	0.50
云和—松阳	91	11.50	云和—龙泉	71	9.00
云和—安仁	36	4.50	云和—赤石	—	—
云和—临海洋		—	云和—后山	5	1.00
云和—后山	5	1.00	云和—贵溪	3	0.50

1995 年 4 月 22 日起大型普客车(云和—丽水、松阳、龙泉线)客票价目一览表

表 7-4-2

发往地点	里程(千米)	执行价格(元/人)	发往地点	里程(千米)	执行价格(元/人)
云和—丽水	62	6.50	云和—张村	54	5.50
云和—沙溪	49	5.00	云和—南山	42	4.50
云和—十八都	39	4.00	云和—大港头	35	3.50
云和—规溪亭	29	3.00	云和—双港	28	3.00
云和—石塘	24	2.50	云和—小顺	17	2.00
云和—局村	9	1.00	云和—云章	6	0.50
云和—独山	5	0.50	云和—松阳	91	9.50
云和—龙泉	71	7.00	云和—安仁	36	4.00
云和—赤石	15.80	—	云和—后山	5	0.50
云和—景宁	38	4.00	云和—外舍	34	3.50
云和—西江	30	3.00	云和—岚头	22	2.50
云和—武洋	17	2.00	云和—沈村	12	1.50
云和—云坛	9	1.00	云和—霞晓桥	7	1.00
云和—独山	5	0.50	云和—象山	2	0.50

2002 年 6 月 18 日，县发展计划局、交通局发出《关于规范县内城乡公路客运票价的通知》，制定县内城乡公路客运基本费率。将营运线路类别分为二大类，除云和—沙铺、云和—大湾为等外公路外，其他各线路为县乡标准公路；确定城乡间公路里程表；各线路详细票价按通知规定测算，报价格、交通主管部门审核备案后执行。该规定从 2002 年 6 月 18 日起执行。

2002 年 6 月 18 日起云和县城乡公路客运运价费率一览表

表 7-4-3

车型		公路等级	基本费率（元/人·千米）	备　注
30 座及以下中小型车	普通客车	标准公路	0.135	运价费率标准按表列标准上浮 10%执行
	豪华空调客车	标准公路	0.17	
	普通客车	等外公路	0.18	

公交运价　2009 年1 月 12 日，云和县发展和改革局批准核定云和县城市公交车客运票价：1.5 元/人次，实行一票到底制；使用 IC 卡的乘客的票价实行 8 折优惠；70 周岁以上老人、伤残军人、盲人及 1—3 级肢体残疾人员免费乘坐；60—69 周岁老人乘车票价为 0.5 元/人次；每位乘客每次可免费带领 1 名身高 1.2 米以下儿童乘车，身高 1.2 米以下儿童单独乘车须购票。

高速公路管理

高速公路由丽龙高速公路管理处管理。2006 年 12 月 30 日，丽龙高速公路管理处成立，隶属浙江省龙丽丽龙高速公路有限公司。办公地址在长深高速公路云和城东出口收费站东侧，内设办公室、养护科、设备科、营运科。下设丽水、云和、安仁 3 个收费所及云和服务区和朱岭头、赤石岭、塔石岭 3 个隧道管理所。管辖丽水、莲都、南山、石塘、云和、赤石（尚未开通）、安仁、塔石、龙泉 9 个收费站。其主要职责是负责长深高速公路丽龙段、龙庆段（在建）、云景高速公路（在建）车辆通行费的收取、公路日常养护、公路绿化、专项工程修复、隧道和服务区管理等。至 2010 年年底，管辖高速公路 102.43 千米。

第二节　水运管理

船舶管理

1936 年始，云和县对云和木帆船实施管理。1990 年，云和县政府制订《云和县水路运输市场治理实施方案》，加强船舶经营资格审查，建立经营船舶档案，换发个体运输船舶许可证、船舶营运证 120 本，换证率 95.30%。是年，钢质船更替机木船两艘。1991 年，加强船舶适航性的检查监督，严禁“病船”航行。1993 年，县交通局、县移民办公室合力投资 57

万元，更新机木船为钢质渡船 7 艘，分别为长汀、龙门、梓坊、建源、建升渡口的客渡船和大源、库北渡口的拖渡船。1996 年，县航运管理所上船检查 5787 艘次，核发两证船 15 艘，换证 106 艘，船舶持证率 98%。是年，钢质船更替机木船 5 艘。1997 年 9 月，投资 27.7 万元，分别为 120 客位、30 客位和 20 客位的 3 艘钢质船投入使用。全县钢质渡船 17 艘，钢质化达 81%。1998 年 6 月 22 日，云和县人民政府发布《云和县渡口安全管理办法》，县港航监督、船舶检验部门制定了每月进行一次“客渡船定期签证工作布置会”制度和“渡口定期签证反馈报告会”制度。是年，钢质船更替机木船 5 艘。是年，县航运管理所依照浙江省船舶检验局颁布的《库区木质简易小船检验指南》，加强木质小船的管理。2000 年 1 月 6 日，云和县航运管理所发出《关于规范船舶检验制度的通知》，对船舶的规范检验作出规定。2001 年 8 月，云和县航运管理所进一步规范船舶检验、登记档案管理。2002 年 5 月 15 日，云和县航运管理所修改客渡船现场定期签证制度，每月定期签证时间由原定每月 28 日改为每月 18 日。2003 年 6 月 1 日，云和县交通局制定《云和县客渡船现场定期签证目标管理考核办法》，严格规定客渡船的检验签证工作。2006 年 6 月至 2007 年 12 月，云和县港航管理所、县渡口办加强对渡船的规范管理和安全检查，严格查处无证营运，定期对船舶证书证件、标志标语、船体操纵、灯光信号、救生设施等 24 项技术指标进行全面检查，发现不合格的船舶限期整改，未整改的不得营运。乡（镇）人民政府、村委会与渡船经营户签订“客运渡船经营承包合同”。2008 年 2 月 25 日，云和县地方海事处发出通知，对钢质船进行中间检验换证。是年 4 月，县港航管理所在隐患排查治理中重点查处无牌无证采砂船舶和非法载客船舶，进一步规范船舶管理。是年 5 月，县港航管理所开展“隐患排查和百日督查专项行动”，加强船舶的适航检查和检验，责令不适航船舶限期整改。是年 8 月，县港航管理所开展“安全质量年”活动，规范辖区内船舶的标志标牌，查处 2 起严重超载的违法行为。2010 年 1 月 26 日，云和县地方海事处发出通知，对 2010 年需作换证（特别）检验的船舶进行特别检验换证。是年 9 月 30 日，云和县地方海事处发出《关于严厉打击无牌无证船舶和非法载客行为的通告》。

船员管理

1991—1996 年，每年举办一次船员培训班，累计核发船员证书 249 份，换发 135 份。1998 年 3 月 3 日，云和县航运管理所制定《云和县渡口签证目标管理考核办法》，规定“各渡口签证片组人员，每月 28 日定期上船检查渡口、签证”，“确保船员有证、持证上岗，发现证书过期、无证驾驶、无证代班及时向组织报告。”是年 6 月 22 日，云和县人民政府颁布《云和县渡口安全管理办法》。2001 年 8 月 1 日，云和县航运管理所制定《船员管理档案卷内标准》，规定船员管理档案标准。是年，分批分期培训机动船驾驶员 24 人，审验船员适任证书 75 本，年审简易客船 31 艘，368 客位。2003 年 6 月 1 日，云和县交通局制定《云和县客渡船现场定期签证目标管理考核办法（试行）》，对签证人员目标管理纳入考核内容。2004 年 10 月，云和县地方海事处制订《云和县渡工考核记分标准》。2009 年，云和县地方海事处安排相关船员分批分期前往丽汽集团汽车技术学校进行到期再有效培训。2010 年 11 月 13 至 17 日，云和县地方海事处在县党校举办内河航运船员培训班，参训 68 人。2010 年，全县有渡工 26 名，换证 5 份。渡工持证率 100%。

第三节　空中管理

中国民用航空云和导航台隶属民航浙江空管分局技术保障部导航保障室。主要职能是为飞机提供方位和距离信号。该台担负多条航线导航任务，是浙西南航线重要航路导航台。2010 年，云和导航台台站员工 3 人。

1978 年 8 月，民航浙江省管理局在云和县瓦窑村南端（上前溪 120 号）筹建航路无方向信标 NDB 导航台（中国民用航空云和导航台）工程，1980 年 3 月动工。1981 年 6 月竣工。是年8 月 10 日，通过校飞并启用。导航台占地 4000 平方米，台内安装 GH500D 归航机 2 台，1600 瓦短波报话机一台，10 千瓦发电机组 2 台及其他附属设施。1995 年 2 月，更新无方向信标 NDB-500 型设备一套，是年 4 月 13 日原 GH500D 归航机停用。1995 年 4 月，在云和 NDB 导航台内，安装 VHF 甚高频电台系统一套，以弥补通信盲区，配套安装 UPS 不间断电源一套，通过通信专线与杭州主控端相连。

2008 年 2 月，新建全向信标/测距仪（DVOR/DME）导航台。2009 年 9 月设备安装竣工。2010 年 5 月，通过投产校飞。台站占地 3000 多平方米，设备机房及天线地网建在海拔标高 324 米凤凰山青峰顶上，机房安装全向信标/测距仪（DVOR/DME）设备一套。值班楼和油机配电房建在凤凰山山湾，机房安装 2 台 30 千瓦发电机组及其他附属设施。机房与值班楼落差 180 米。山顶机房设备信号通过光纤与值班监控室连接，实现远端控制。

第四节　规费征收

公路规费征收

公路规费主要由公路养路费、公路运输管理费、养路费附加费、车辆通行费、车辆购置税等组成。1987 年 10 月 27 日，云和县政府批复设立云和县运管稽征所，公路规费由县运管稽征所负责管理与征收。2009 年起，以上规费由国税部门统一征收。

1991–2008 年云和县公路征费统计表

表 7–4–4　　（单位：万元）

年份	养路费			养路费附加费	公路客货运附加费	运管费	代征营业税	代征工商管理费	车购费（税）	代征保险费	代征车船使用税	站场建设资金
	汽车	拖拉机	摩托									
1991	139.10	15.40	1.20	29.40	31.30	18.90	36.50	4.00	6.60	—	—	—
1992	141.80	22.50	1.70	29.40	30.30	17.30	32.30	4.90	8.00	—	—	1.10
1993	203.20	24.40	2.10	34.50	96.00	28.50	56.20	6.40	8.60	—	—	11.00
1994	224.80	23.80	5.20	36.60	110.00	35.30	62.00	14.30	28.20	—	—	10.70
1995	244.50	28.50	2.40	36.90	111.50	40.10	64.90	13.90	49.20	—	—	9.30
1996	232.60	24.30	6.10	34.30	103.90	35.00	62.40	13.90	66.00	—	—	10.20
1997	256.90	24.70	6.40	31.70	133.70	39.70	57.50	13.30	54.30	16.80	—	11.10
1998	247.80	27.00	9.50	30.00	151.40	40.10	67.40	14.00	51.70	14.30	—	5.30
1999	256.10	27.60	10.80	27.80	153.30	37.40	61.70	12.90	66.10	10.60	—	—
2000	272.40	30.20	14.10	25.00	140.60	37.90	51.40	13.10	89.90	7.20	—	—
2001	378.40	39.90	27.10	23.20	146.30	50.60	58.10	13.90	84.80	5.00	—	—
2002	275.10	31.40	31.20	20.70	140.40	45.70	62.40	12.40	79.50	1.50	—	—
2003	289.60	33.20	56.70	21.80	108.60	30.80	36.80	10.50	146.90	—	—	—
2004	332.80	32.80	63.90	31.50	129.00	49.20	33.20	9.90	119.30	20.20	—	—
2005	307.90	35.10	76.30	41.30	106.70	45.90	35.70	5.50	—	22.10	—	—
2006	469.40	31.10	101.30	73.50	117.60	55.40	34.40	5.30	—	20.10	7.20	—
2007	545.60	39.60	107.20	87.40	109.80	45.30	40.30	6.20	—	21.20	16.70	—
2008	533.40	34.50	97.50	86.70	82.40	31.40	—	—	—	—	—	—

水运规费征收

云和县航运管理所收取水运规费包括航道养护费、货物港务费、船舶港务费、运输管理费、船舶检验费、港航监督费、水建费、证书工本费及其他规费。

1993—2010 年云和县水运规费征收统计表

表 7-4-5　　单位：元

年份	航养费	货港费	船港费	运管费	船检费	港航监督	其他	证书工书	附加费	水建费	合计
1993	17280	7827	7567	2602	—	—	1761	—	8000	—	45037
1994	27651	7827	11221	4625	30236	—	2368	—	10657	—	94586
1995	30675	11414	11298	4659	22464	5006	984	—	10174	—	96674
1996	18935	4793	5244	2302	5367	9023	—	—	1000	—	46664
1997	12461	2753	3533	1427	11725	2867	—	—	2462	—	37228
1998	8605	2559	3418	1327	8121	2337	—	—	1974	—	28341
1999	9254	1357	2830	1783	7017	2356	740	—	1523	648	26860
2000	7981	1532	2810	1865	16051	2341	5746	2910	60	2253	43549
2001	8207	2227	5072	2110	32138	5694	1021	6680	—	3312	63149
2002	19244	136	4644	716	22269	4985	1955	6529	—	90	60568
2003	19403	390	24693	696	21503	8181	—	—	—	—	74866
2004	35910	289	12395	505	40103	5139	—	4459	—	—	98080
2005	22757	120	8118	530	27486	3640	—	620	—	—	63271
2006	25128	—	8321	280	25318	650	854	—	—	—	60551
2007	23334	45	7642	334	20774	440	—	—	—	—	52569
2008	11679	—	4281	—	16498	556	—	—	—	—	33014
2009	1080	—	—	—	39411	—	—	—	—	—	40491
2010	—	—	4050	—	17579	—	—	—	—	—	21629

第五节　交通安全

公路交通安保设施建设

20 世纪 90 年代后期，全县提高交通公路密度、提升等级、创建文明公路，公路管理部门把公路交通安保设施的建设、管理、维护作为管养公路的重要任务，使各线路的交通安保设施标准化、规范化，确保行车安全。

2010 年长深高速公路云和段交通安保设施统计表

表 7-4-6

序号	设施名称	数量	序号	设施名称	数量
1	单柱式标志（套）	44	8	钢质护栏（千米）	113
2	双柱式标志（套）	37	9	隔离栅（千米）	75

续表 7-4-6

序号	设施名称	数量	序号	设施名称	数量
3	单悬臂式标志(套)	18	10	防眩板(千米)	8.20
4	双悬臂式标志(套)	5	11	凸起路标(个)	9013
5	门架式标志(套)	14	12	轮廓标(个)	13853
6	隧道内标志(套)	300	13	诱导标(块)	189
7	标线(万平方米)	6.10	—	—	—

2010 年云寿线公路交通安保设施统计表

表 7-4-7

序号	设施名称	数量	序号	设施名称	数量
1	钢质护栏板(米)	1846	12	里程碑(块)	14
2	防撞护栏柱(支)	2644	13	墙式护栏(米)	584
3	防撞栏板托架(只)	2644	14	柱式护栏(支)	94
4	防撞端头(只)	130	15	护栏墩(只)	4
5	警告标(块)	45	16	凸镜(块)	2
6	禁令标(块)	32	17	爆闪灯(盏)	2
7	指路标(块)	78	18	隧道灯(盏)	92
8	旅游标(块)	3	19	宣传牌(块)	9
9	诱导标(块)	69	20	龙门架(只)	2
10	示警桩(支)	54	21	轮廓标(只)	264
11	百米桩(支)	114	—	—	—

2010 年丽浦线公路交通安保设施统计表

表 7-4-8

序号	设施名称	数量	序号	设施名称	数量
1	钢质防护板(米)	7292	16	里程碑(块)	52
2	防撞护栏柱(支)	12677	17	墙式护栏(米)	1497
3	防撞栏板托架(只)	12677	18	柱式护栏(支)	26
4	防撞端头(只)	502	19	护栏墩(只)	31
5	警告标志牌(块)	202	20	轮廓标(只)	1320
6	禁令标志牌(块)	28	21	凸镜(块)	24
7	指路标志牌(块)	45	22	黄闪灯(盏)	15
8	旅游标志牌(块)	17	23	爆闪灯(盏)	2
9	辅助标志牌(块)	12	24	隧道灯(盏)	168
10	诱导标志牌(块)	244	25	宣传牌(块)	34

续表 7-4-8

序号	设施名称	数量	序号	设施名称	数量
11	单立柱（支）	224	26	减速带（米）	93
12	悬臂立柱（支）	157	27	道钉（只）	907
13	常温标线（平方米）	16055	28	指示标志（块）	1
14	示警桩（支）	308	29	养护站房（座）	2
15	百米桩（支）	445	30	其他设施（件）	9

2010 年云和县农村公路交通安保设施统计表

表 7-4-9

序号	设施名称	数量	序号	设施名称	数量
			石汶线		
1	钢质防护板（米）	13532	4	指路标（块）	2
2	防撞端头（只）	80	5	警告标（块）	50
3	轮廓标（个）	463	6	禁令标（块）	1
			局龙线		
1	钢质防护板（米）	6348	5	旅游标（块）	2
2	防撞端头（只）	24	6	警告标（块）	53
3	轮廓标（个）	263	7	禁令标（块）	2
4	指路标（块）	14	—	—	—
			沈北线		
1	钢质防护板（米）	5028	3	轮廓标（个）	245
2	防撞端头（只）	48	—	—	—
			小云线		
1	钢质防护板（米）	5772	3	钢筋混凝土防护栏（米）	1162
2	防撞端头（只）	76	4	轮廓标（个）	304
			后交线		
1	钢质防护板（米）	6266	5	旅游标（块）	3
2	防撞端头（只）	90	6	警告标（块）	148
3	轮廓标（个）	317	7	禁令标（块）	1
4	指路标（块）	17	—	—	—
			云龙线		
1	钢质防护板（米）	8156	5	指路标（块）	10
2	钢筋混凝土护栏（米）	50	6	警告标（块）	58
3	防撞端头（只）	37	7	禁令标（块）	4
4	轮廓标（个）	743	8	凸镜（块）	23

水运交通安全管理

1991 年 7 月 1 日，云和县航运管理所完成客渡轮专用信号标志的发放。是年，县航管所人员上船检查 650 人次，办理船舶签证 2150 艘次，过坝签证 708 艘次，查处纠正违章 512 艘次，办理船舶登记 57 艘次，签发船员证书 28 本，检验船舶 124 艘。建立船员、渡船事故处理档案，做到一船一档一袋。

1994 年 5 月 25 日，云和县交通局发出《关于进一步落实乡村渡工渡口安全责任制的通知》，要求逐级签订安全责任书，对有章不循者追查责任。至 6 月底，乡(镇)与村、村与渡工全部签订了安全责任书。是年，云和县航管所核发两证船舶 15 艘，换证 106 艘，上船检查 462 人次，签证 1075 艘次，纠违船舶 69 艘次，核发船员证书 78 本。

1995 年 3 月 27 日，云和县交通局下发《关于切实加强渡口安全管理的通知》。是年 7 月 13 日，县政府与县交通局签订水上交通安全目标管理责任书。县航管所上船检查 304 人次，检查船舶 1030 艘次，查处纠违船舶 23 艘次，办理船舶签证 899 艘次，换发船员适任证书 49 本。

1997 年，上航检查 210 人次，出动港监艇(车)92 次，检查船舶 742 艘次，纠违 21 艘次。签发船舶证书 32 本。

1998 年 2 月 20 日，云和县交通局、县教委联合发出《关于加强学生水上交通安全管理的通知》。是年 3 月 6 日，云和县航运管理所与紧水滩中学、小顺、石塘小学共建水上交通安全学校。每学期派员到校开展水上交通安全知识讲座。是年 6 月 22 日，云和县人民政府发布《云和县渡口安全管理办法》，分别规定县人民政府交通行政主管部门、港航监督机构、船舶检验机构、乡镇人民政府和专用渡主管部门、渡口经营者、学校、渡工的安全管理职责。是年 7 月 12 日，云和县航运管理所制定《云和县水上交通事故隐患跟踪制度》，把对船舶安全运输构成威胁的潜在隐患，纳入跟踪、纠正、处罚范围。

2001 年 4 月 19 日，云和县交通局制订“水上运输安全管理年”实施方案。全县渡口安全管理三级责任书签订率 100%，简易客船、旅游船舶安全管理责任书签订率 95%以上。是年 5 月 10 日，云和县航运管理所制定《云和县内河航道挖砂管理规定》。是年 5 月 22 日，制定《云和县简易客船运输管理规定》。是年 8 月 9 日，制定《云和县旅游船舶安全管理规定》，同时聘请教师和学生平安过渡小组长为水上交通安全监督员，节假日由老师负责护送学生上船。

2003 年 6 月 1 日，云和县交通局制定《云和县客渡船现场定期签证目标管理考核办法》，把水上交通安全纳入签证人员目标考核内容。是年 9 月 1 日，云和县交通局、教育局联合制定《云和县学生用船审批制度》，规定学生不准乘坐未经港航管理部门批准的船舶。同期，乡(镇)人民政府与学校签订《云和县学生平安过渡责任书》。

2006 年 4 月 19 日，云和县交通局制定《云和县水上交通安全专项整治方案》。取缔“三无”船舶，打击非客船搭客违法行为。是年 6 月，县港航管理所开展全县渡口渡船安全管理专项整治，乡、村、渡工层层签订《水上交通安全管理目标责任书》和《渡口安全管理目标责任书》，云和县地方海事处制定《安全监管方案》，督促乡(镇)政府及时落实，加强节假日期间重点渡口、码头的现场管理。港航管理所组织上船检查 371 人次，检查船舶 467 艘次，纠违 11 艘次，实施行政处罚两起。

2007年6月，云和县港航管理所开通水上交通安全管理短信平台，及时将天气信息、上级文件、指示精神发送给船员、渡工和相关管理人员。是年7月6日，在云和湖龙门水域举行了由云和县安委会牵头，县安监局、交通局、公安局、地方海事处、消防大队、卫生局、紧水滩镇人民政府等多部门参加的水上交通事故应急处置演习。参演船舶6艘、消防车、救护车等20辆，参演人员120人。

2008年4月，云和县港航管理所在“隐患排查治理”工作中，强制取缔船况差的采砂船，强令配备救生设备，组织驾驶员、作业人员到丽水培训，取得相应证书。

2010年1月25日，县港航管理所制定并实施《2010年春运期间恶劣天气应急预案》，是年2月13日，官坑渡佛客流量剧增，县港航管理所组织人员现场监管指挥，确保渡运安全。是年9月30日，云和县地方海事处发出《关于严厉打击无牌无证船舶和非法载客行为的通知》。

第六节　机构与队伍

1978年2月，云和县交通局成立。局领导职数4个，其中局长兼党组书记1人，副局长3人。1990年，交通局机关人员9人，其中工程师1人，助理工程师2人。设行政秘书股、道路股、运输股、财务办公室。1993年9月，设立云和县交通局纪检组，领导职数调整为局长兼党组书记1人、副局长兼党组成员2人、副局长兼纪检组长1人。2005年4月，领导职数调整为局长兼党组书记1人、副局长兼党组成员4人、纪检组长1人。2010年年底，云和县交通局内设办公室（含财务）、工程科、运管科、渡口办、云和县农村公路工作领导小组办公室。全局共有干部职工23人，其中公务员16人、事业干部6人、工勤人员1人。在编干部职工中工程师3人、助理工程师1人。

云和县交通局是云和县政府主管交通工作的职能部门，其行政、人事归属云和县人民政府领导和管理，业务接受丽水市交通局指导。云和县交通局对下属的云和县公路管理段、云和县公路运管稽征所、云和县港航管理所（地方海事处）、云和县永盛公路养护工程有限公司实行全面领导和管理；对浙江云和德通工程有限公司、云和县恒通汽车运输有限公司、云和县恒运旅游有限公司、云和县仙宫城市公交公司、云和县老艄公旅游有限公司实行行业管理。

1991—2010年云和县交通局主要负责人一览表

表7-4-10

党组书记	任职时间	局长	任职时间
杨大杨	1993.02—1996.10	杨大杨	1993.07—1996.10
刘世平	1996.10—2005.04	刘世平	1996.10—2005.07
江乃华	2005.04—2009.01	江乃华	2005.07—2009.01
王丽荣	2009.06—	王丽荣	2009.06—

第五章 体制改革

云和县交通行业体制改革始于1993年。主要实施公路养护管理、交通工程企业、交通运输企业等方面的体制改革和交通服务企业破产。通过改制、破产，消除公路养护管理混合、企业事业混编、职权交叉、机构重叠、连年亏损、吃“大锅饭”等弊端，公路养护与管理分离、事业与企业分开，实行与社会主义市场经济体制相适应的新的股份制运行体制，提高了管理效能和生产效益。

第一节 公路管理养护体制改革

云和县公路管理体制改革始于1999年。是年10月，云和县公路管理段由原属丽水地区公路管理处的派出机构改为地方管理，实行条块结合，以块为主的管理模式，为云和县交通局下属机构。是年11月26日，丽水地区交通局领导、云和县政府分管领导在“云和县公路管理体制改革交接协议书”上签字。2002年，根据浙江省交通厅关于《浙江省公路管理体制与运行机制改革的指导意见》和丽水市交通局文件精神，实行“两合并、两分开、一加快”为主要内容的体制改革。2002年12月20日，完成全部改制工作，实现公路专业管理机构与县乡公路管理机构的合并，公路管理机构与路政管理机构的合并；公路养护与公路管理分开，事业与企业分离。同时组建云和县永盛公路养护工程有限公司，该公司系省交通厅审批的公路养护工程施工二类（甲级）企业，隶属云和县公路管理段。实行自主经营、自负盈亏管理模式。然后，对合并后的公路管理段52名管理人员，通过公开、公平、公正的考试考核和双向选择，择优录用26名管理人员，3名工勤人员。对25名符合离岗退养条件的人员全部办理退养手续，其余人员进入永盛公路养护工程有限公司。2003年1月3日，云和县机构编制委员会批准公路管理机构改革方案。从而加快改革进程，培育公路养护市场主体，建立健全公路养护市场规则，提高公路养护质量和效益。

第二节 交通企业体制改革

交通工程企业

浙江云和德通路桥工程有限公司前身为云和县交通局设计室。属自收自支一类事业单位，企业管理，独立核算，自负盈亏。1985年，变更为云和县公路工程队，同时挂云和县交通工程公司牌子，隶属云和县交通局。

2004年5月17日，云和县体制改革委员会办公室发文同意县公路工程队（交通工程公司）实行体制改革。2005年，县交通局向县政府上报《关于要求批准云和县公路工程队（交通工程公司）改制方案的请示》。2006年4月21日，云和县事业单位改革领导小组批准改制方案，注销云和县公路工程队，云和县交通工程公司，改制为股份制公司。对在职职工、已退休和提前退休职工进行经济补偿；原公路工程队使用的土地、地面建筑物、小轿车等资产54万元由县国资收回。改制后，原公路工程队（交通工程公司）的债权债务由重组后的企业接受和承担。原云和县交通工程公司公路施工资质价值15万元，由重组后的企业使用。改制后，原事业身份的在职职工不再保留事业单位职工身份，但可按原渠道参加基本养老保险和基本医疗保险，退休时按改制时的专业技术职务享受事业单位退休费和医保待遇；其合同制职工领取经济补偿后不再保留国有企业职工身份，但可参加企业基本养老和基本医疗保险。改制后的重组企业为无主管部门股份制企业。2006年9月6日，由九位股东组建成浙江云和德通路桥工程有限公司，注册资本1000万元。并制定了公司章程。是年9月13日，第一次股东会一致通过公司章程，选举公司执行董事、监事。改制工作全部完成，该公司成为自主经营、自负盈亏、自我发展、自我约束的法人实体和市场竞争主体。

交通运输企业

云和县恒通汽车运输有限公司的前身为云和汽车站。1989年3月31日，云和、景宁两县分公司分设经营。1992年新建站房，占地面积12288平方米，建筑面积4142.8平方米，客候厅1330平方米。1992年10月分公司下放县管，更名为浙江省云和县汽车运输公司。1993年6月设立云和县客运中心。是年12月，改名为云和县汽车运输总公司，属国有企业。下设客运站，长途汽车运输公司、汽车运输工业公司、汽车运输贸易公司。

图7-5-1 云和县城中山街老车站停车场（1998年摄 县交通局提供）

云和县汽车运输总公司下放县管后，经济效益较差。1998年1月12日，云和县交通局批准对云和县汽车运输总公司进行内部管理体制改革。是年7月6日，县交通局成立云和县汽车运输总公司改制领导小组。是年9月1日，公司实行中层干部聘任制。是年12月2日，公司改名为云和县汽车运输有限责任公司。

2000年8月31日，经云和县人民政府经济体制改革委员会批准，对云和县汽车运输有限责任公司进行体制改革，组建云和县恒通汽车运输有限公司，企业性质为有限责任公司，在职职工122人、临时工50人、离退休职工532人。

改制后的云和县恒通汽车运输有限公司为无主管部门企业，只接受交通局的行业管理。由于改制后经营管理不善，公司连年亏损。2004年2月，以邵仁富为代表的股东对恒通公司进行股份收购。2005年8月，以魏文华为代表的股东对恒通公司进行整体收购和股份重组。重组后的恒通公司投资3900万元，在城东路196号建成新客运中心。

第八篇　邮电 通信

清光绪三十四年(1908),云和县城内中街铺始设大清邮政代办所。1931 年(民国 20 年)始,设电话支局。1933 年(民国 22 年),设电报局。

1949 年 5 月云和解放后,分别设云和县电信局、邮政局。1951 年 9 月,云和县邮政局与电信局合并,称云和县邮电局。1958 年 6 月,并入丽水县邮电局,云和设邮电支局。1962 年,复设云和县邮电局。1969 年 12 月,邮政局与电信局分设。1973 年 12 月,云和县邮政局与电信局重新合并,仍称云和县邮电局。

1978 年,云和县邮政信函是主要通信渠道,电话、电报多为机关、团体、企业使用。1991—2010 年,云和县信息产业发展较快。从云和县邮电局独家经营发展到县邮政局、浙江省邮政速递物流云和营业部、中国电信云和分公司、中国移动通信云和分公司、中国联通云和分公司等多家邮电通信企业。通信技术快速更新,传输交换方式从人工操作发展到数字程控自动化。1991 年,全县有固定电话 1939 部。2010 年, 固定电话发展到 19460 部。1994 年,全县有模拟手机(大哥大)104 台。2005 年,全县移动电话(手机)用户发展到 5.4 万户。2010 年,全县有移动电话(手机)用户 10.8 万户,固定电话普及率为 18.57 线 / 百人,移动电话普及率为 104.64 部 / 百人。2010 年,全县实现自然村通电话,行政村通宽带,与全国、全球互联互通。全县信息产业总量从 1991 年的 201.58 万元增长到 2010 年的 9381 万元,比 1991 年增长 46.5 倍。

第一章 机构改革

邮电业包括邮政和电信两部分。邮政指的是传递信函为主的通信事业；电信指的是利用有线电、无线电等电磁系统传递符号、文字、图像等信息的通信方式。20 世纪 50 年代以来，云和县邮电机构经历多次改革。1951 年，云和县邮政局、电信局合并，成立邮电局；1969 年邮政局电信局分设。1973 年邮政局、电信局合并。1998 年，邮政、电信分营。后云和县电信局析分出移动公司、联通公司，共同推进云和县通信网络的发展。

第一节 邮 电 局

图 8-1-1 云和县邮电局营业厅（1995 年摄 邮政局提供）

图 8-1-2 县邮政局、电信局分设后标志牌（1998 年摄 县邮政局提供）

1951 年 9 月 1 日，县邮局与电信局合并，设立云和邮电局。1958 年 6 月，县邮电局并入丽水县邮电局，云和设邮电支局。1962 年 4 月复设云和县邮电局。1969 年 12 月，县邮政局、电信局分设。1973 年 12 月邮政、电信重新合并，复称云和县邮电局。1991 年，云和县邮电局设红卫路、紧水滩、石塘、梅源 4 个邮电支局；设 21 所、局村、赤石 3 个邮电所；龙门、云坛、安溪、务溪、沙溪、大源、朱村、双港、小顺、沙铺、云丰、黄源、库北等 13 个邮电代办所。1992 年 12 月底，全县自办邮电分支机构 7 处，设紧水滩、石塘、梅源、红卫路 4 个邮电支局；赤石、局村、新华厂 3 个邮电所；设邮电代办所 13 处，邮票代售处 26 处，报刊零售 3 处，邮政储蓄点 3 处，集邮点 1 处，公用电话点 13 处。

20 世纪 90 年代，云和县随着邮电通信快速发展，邮电通信建设投入增多，邮电固定资产相应增加。邮电局固定资产原值从 1990 年至 1994 年 4 年时间里从 450.25 万元增加到

2515.63 万元，1994 年比 1990 年增加了 4.59 倍。邮电业务总量 1994 年达到 452.45 万元，比 1990 年增长 1.45 倍；邮电业务总收入 1994 年达到 406.57 万元，比 1990 年增长 1.91 倍。

1992 年 8 月 28 日，云和县邮电通信新技术开发公司成立，其性质为云和县邮电局所属的多种经营企业。

1998 年，云和邮电局改革机构体制，邮政、电信分设。自 1998 年 9 月 2 日起，分别设立县邮政局和县电信局。县邮电局分设前总资产 6974 万元，在职员工 171 人，离退休职工 51 人。

第二节 邮 政 局

图 8-1-3 云和县邮政局营业厅（2010 年摄 县邮政局提供）

1998 年 9 月 2 日，分设后的县邮政局，办公楼设址府前路 8 号。从原县邮电局析出员工 70 人，其中，委托代办工 12 人，固定资产 3579 万元，负债总额 974 万元。局设综合办公室、运营部、财务部 3 个科室，下辖邮政组、投递组、储汇组 3 个班组，1 个公司（县集邮广告公司）。县局下设府前路、石塘、梅源、紧水滩、红卫路 5 个邮电支局；赤石、局村 2 个邮电所；龙门、云坛、安溪、沙溪等 13 个代办所。1994 年县城红卫路邮电支局开业，1996 年新华厂邮电所停止营业，人员撤回。2000 年撤销储蓄中心，成立储汇中心；是年 5 月，撤销投递组，成立云和县邮政投递公司；撤销营业组、封发组、营销班。成立商函速递公司和集邮公司进行专业化经营。2001 年，新建邮政所开业，设址新建路 5—6 号。2003 年，原储汇中心更名为储汇部，中山、大楼营业班划分为储汇营业班和储汇综合。2004 年，云和县邮政速递公司成立。2005 年 8 月，增设大客户部，2006 年 12 月，新城邮政网点开业，设址吉祥路 63 号。2007 年 3 月，成立营销中心、营投公司，原投递公司与商函公司划归营投公司。是年撤销大客户部和运营部，成立市场部，原大客户部、运营部工作划归市场部管理。是年 6 月，成立护卫班，配有防弹运钞车，并实行双人押运。2008 年 5 月 25 日，储汇分局从邮政局析出员工 31 人及若干资产，单独成立中国邮政银行云和支行。是年撤销营投公司，分设投递公司和营业封发公司。县城投递、机要投递、报刊封发划归投递公司管理；大楼邮政营业、分拣封发、报刊发行归营业封发公司管理。

2010 年 1 月，邮政速递公司从邮政局析出，单独成立浙江省邮政速递物流有限公司云和营业部。2010 年，县邮政局员工 89 人，其中非正式劳务工 58 人，年业务收入 725.34 万元，资产 3025.13 万元。

第三节　电信局

图 8-1-4　县电信局营业厅（2010 年摄 县电信局提供）

1998 年 9 月，云和县电信局从县邮电局析出员工 101 人，固定资产 3395 万元，单独成立云和县电信局，址设府前路 8 号。内设综合办公室（含财务部）、人力资源部、运营部；非管理岗位设业务营销、账料员、打印室。2000 年 7 月，云和县电信局更名为浙江省电信公司云和电信局。2002 年 8 月，云和县电信局更名为浙江省电信有限公司云和县分公司，设综合管理部（内设服务中心），市场部（内设策划室、政企客户中心、农村营销中心、社区营销中心、营业中心），综合维护安装部（内设监控维护安装部、线路维护安装室）。员工 78 人。2008 年 1 月，云和县电信局更名为中国电信股份有限公司云和分公司，设综合管理部、市场部、政企客户部、综合维护安装部，员工 82 人。

2001 年 3 月，云和电信主、辅业分离，生产人员、服务人员在册职工总数 98 人，其他从业人员 2 人。划归实业公司 37 人，划归主业 63 人。2003 年 7 月，实业公司划回主业。

2003 年 6 月，撤并财务部，增设大客户部。重新成立市场部、大客户部、区域维护站、综合办的二中一站一室机构。

2010 年，中国电信云和分公司下设综合管理部、市场部、综合安装部。有固定员工 78 人，业务收入 1944 万元。合作代理单位有云和中域二店、云和易联电脑等特约电信业务代理店 2 家。

第四节　移动分公司

图 8-1-5　县移动通信综合大楼（2010 年摄 县移动分公司提供）

1997 年 9 月，云和县邮电局析出员工 9 人。是年 10 月 1 日，中国电信（香港）浙江移动通信有限公司丽水分公司云和营业部成立，办公地址设府前路 8 号（租邮电局用房），内设综合办公室、业务部、运维建设部。是年 10 月下旬，浙江移动通信有限公司丽水分公司云和营业部更名为中国移动（香港）浙江省有限公司云和分公司。

2000 年 5 月，位于县城新建路 40 号的移动云和分公司通信综合大楼建成，用地面积 190.9 平方米。是年 10 月，迁至该大楼办公、营业。2006 年 9 月，更名为中国移动通信集团公司浙江省有限公司云和分公司（简称移动云和分公司）。2008 年位于县城新建南路 322 号的移动云和分公司新通信大楼开工建设。2010 年 12 月，公司大部分科室搬入新通信大楼办公。1997 年 10 月至 2008 年 9 月，移动云和分公司主要经营移动电话及其增值业务，其间在县城新建路移动综合大楼一楼设营业厅。另外在新建路营业厅、中山中路营业厅、梅源营业厅设立自营营业厅 3 处。2008 年 10 月，增加经营固定电话、宽带等业务，先后与云和信立指定专营店，云和县五联手机大卖场，云和县福音手机大卖场，云和县新车站手机店，加强手机出售、话费充值、手机、宽带入网的服务工作。2003—2010 年，先后建立乡镇直供网点 117 家，其中放号直供网点 71 家，充值直供网点 46 家。2010 年，中国移动通信集团公司浙江省有限公司云和分公司与浙江鸿顺实业公司签约，代理网络建设、维修。

2010 年，中国移动通信集团公司浙江省有限公司云和分公司有员工 61 人，其中长期固定合同工 8 人，聘用合同工 3 人，劳务工 39 人，外包工 11 人，业务收入 4886 万元。

第五节　联通分公司

1991—1998 年 5 月，云和县没有单独设立联通寻呼公司，无线寻呼业务由邮电局实施。1991 年 10 月 1 日，丽水地区邮电局开通无线寻呼业务。是年 10 月底，云和邮电局开通县城第一个寻呼基站。1992 年，陆续开通乡镇 7 个寻呼基站。1995 年年底，寻呼基站实现全国联网。1996 年年底，云和县寻呼用户达 4224 户。

1998 年 6 月 1 日，从县邮电局剥离资产 115.78 万元、人员 6 人，成立国信寻呼云和县分公司。2000 年 10 月，中国联通云和分公司成立，与国信寻呼公司合并正式对外营业。公司办公、营业厅设址县城红光路 36 号。建造 GSM 移动基站，开展 GSM 移动业务。至 2002 年年底，GSM 移动网络覆盖省、县公路沿线，全县各个乡镇及重点区域。

2003 年，应国家通信发展规划，中国联通建设 CDMA 网络。2003 年年底，云和县 CDMA 网络已经覆盖主要公路沿线、主要乡镇和行政村。

2004 年 10 月，云和县根据用户使用情况及省公司精神，关停云和寻呼最后一个站点，从 1991 年 10 月 31 日开通使用的无线寻呼网已完成其历史使命，寻呼产业退出云和市场。

2005 年，增加经营宽带业务。

2008 年 5 月 24 日，中国联通 CDMA 出售给中国电信。云和联通分公司和电信公司人员按时间进度要求全力配合认真做好信息、业务资料、固定资产核对交接。是年 10 月 15 日，中国联通和中国网通正式合并。新的中国联通公布新公司的标识和名称（中国联合网络通信有限公司）。联通、网通业务融合以来，云和南山小区、鲤鱼山小区和营业厅片区、同心小区等都建设开通了固网宽带业务，发展固网宽带用户。

2009 年年初，开始 WCDMA3G 网络建设，在县城开通 14 个站点，实现城区覆盖，在高速公路隧道内建设分布站点，实现高速公路全线覆盖。是年 7 月，WCDMA3G 网络开始试运行。是年 10 月 10 日，WCDMA 网络正式运行，在全县实现 3G 网络应用建设，手机上网、手机音乐、手机电视、移动办公、移动监控、移动执法等产品进入实际应用。

2010 年，根据工信部有线网络覆盖光进铜退要求，开始宽带网络工程光缆到楼进户。新开通县城同心小区、园丁新村、涌金花苑，滨江花苑等 9 个光纤到户网点。

2010 年，中国联合网络通信有限公司云和县分公司有正式合同工 3 人，外包派遣员工 19 人。公司下设综合部、营销服务部、集团客户部。年业务收入 641 万元，固定资产原值 0.71 亿元。

第六节　邮政速递物流分公司

2010 年 1 月 1 日，浙江省邮政速递物流有限公司丽水市分公司云和县营业部成立（以下简称云和县营业部）。设址租赁云和县府前路 8 号云和县邮政局场所。营业部在岗正式工 5 名、劳务工 3 名。速递物流封发场地 120 平方米，营业综合台席 2 个。投送片区 3 个。汽车 2 辆，电动三轮车 2 辆。固定资产原值 50 万元。年业务收入 117.61 万元。开通“11183”客服专线，提供上门揽收，邮件查询，咨询投诉等服务。全年揽投标准快递和快递包裹 9.75 万件，投递标准快递和快递包裹 2.55 万件。

EMS 标准快递以航空运输为主，产品以 500 克及以内为计费单位，经营文件、信函、票据和法律文书专递等产品，全年标准快递业务收入 8.5 万元。EMS 经济快递即 E 邮宝快递包裹，采用全程陆运运输，产品以 1000 克及以内为计费单位。EMS 国际快递服务是各国（地区）邮政开办的一项特殊邮政业务。产品以 500 克及以内为计费单位，已开通 90 个国家（地区）的国际航空邮路。全年国际快递业务收入 2.36 万元。

2010 年开发电商客户 58 户，规模客户 19 户，有效客户数 36 户。全年经济快递业务收入 106.75 万元。

第七节　长途电信传输分局

1991 年，丽水地区长途电信线务站云和（云和、景宁同设）线务段，设址云和府前路 6 号，员工 9 人。1996 年，改为丽水地区长途电信传输局云和传输分局，职责是维护管理长途电信杆线，确保线路的安全畅通。

1994 年起，管辖的线路有云和至丽水大港头段杆线，云和至严山岭段杆线，在景宁设有长途线路巡房。1994 年 4 月，管辖的明线线路改为光缆，管辖云和至景宁的架空明线线路装上程控电话。是年，国家二级架空国防光缆开始实施。1997 年 10 月，云和府前路老段房搬至中山东路79号，改为新段房。是年11月，管辖辖区内国家一级国防长途干线光缆。此后管辖维护线路维护工作量减少。2005年，云和、景宁分设长途电信传输分局，各自管辖辖区内长途电信光缆线路。至2010年，云和传输分局管辖C3县内连接外县光缆和C4县内国防、公安等专线光缆。

第二章 邮 政

20世纪90年代开始，云和县邮政局主要提供信函、包裹、汇兑、储蓄、报刊发行、集邮、等服务。其中顺应时代发展需要，依托网络优势，推出物流配送、商函广告、代发工资、养老金、代办保险、代办电信、代售票务等深受用户欢迎的新业务。包裹业务量的发展，导致邮件运输的频次增加、邮件数量的增加、县内投递道段的补增。邮件分拣封发趋于更效率化，随着设备技术完善，邮件处理能力大幅提升。同时，云和县邮政局承担着为社会提供邮政普遍服务的义务。

第一节 邮件运输

长途邮运

1991年，丽水地区邮件转运站至云和县邮电局自办邮政汽车邮路1条，每日上午9时到达县邮电局，交换邮件后返回。全国各地寄达云和，云和发往全国各地的邮件，均经该班邮车运输。1998年年初，丽水地区邮运站增开丽水至云和第二频次邮车。此后云和至丽水每天有两班邮车往返，进出邮件运行速度加快。1999年5月1日，调整云和邮政局的封发格口，对丽水邮区以外的普通邮件直封金华，撤销封往“庆元、龙泉”的总包。2004年4月1日，城镇范围内进口的EMS邮件由原投递兼送改由速递公司专人投送，并开通“全夜航”业务以及长江三角洲次晨递业务。

县内邮运

20世纪90年代初，全县邮路及投递路线长度单程为559千米，其中农村投递路线总长为530千米。全县共有汽车邮路1条，单程总长29千米，日均行程58千米（云和—梅源、云和—紧水滩）。县邮电局有摩托车6辆（三轮摩托2辆）、自行车28辆。凡途经县农村支局（所）的邮件，均摩托车运输（除石塘支局外）。1996年，全县设置邮政网点11处，自办汽车邮路1条，代办汽车邮路2条，自行车邮路22条，步班邮路3条，城镇及郊区投递道段6条。1996—2005年，城内投递服务半径从原来4千米延伸到6千米，增设2个投递道段，共8个投递段，城镇服务面积24平方千米，全部自行车班。城镇投递员发展到12人（包括郊区投递）。2005年进行邮路整合，取消了县局至沙浦、大湾、黄源与云丰4个乡镇的总包封发关系，所有邮件发梅源支局处理。是年8月,石塘支局下属的朱村、双港、本埠邮路整合,调整为朱村、双港双条投递路线。2010年,全县共有自办汽车邮路3条、城镇投递道段10条、农村投递路线64条,农村捎转点131处,直接投递到14个乡镇、170个行政村、1148个自然村,通过接转等方式,投递服务全县24766个农户。

第二节　邮件分拣封

20世纪90年代,县邮电局有邮件分拣封发场地80多平方米,设普通函件、挂号函件、包裹、报刊分拣台,配备邮件分拣封发和邮件接送人员。各支局(所)配专人负责处理邮件。邮件分拣封发作业,历来为笨重的手工操作。1990年,县局购置信函过戳机1台,用于出口信函邮票盖销和进口邮件落地过戳。购置包裹收寄机3台,用于包裹收寄。增置挂号信函电子登单机1台,替代人工书写登记单。2001年4月,购置信函捆扎机1台,用于信函分拣捆扎。

1994年,县邮电局与杭州、衢州、宁波、金华、温州、龙泉、庆元、缙云、青田、遂昌、松阳、景宁、丽水的邮件相互直封,发往全国其他地方的邮件均经丽水地区邮电局转发,国际、港澳台邮件、函件及包件发温州市邮政局经转。县邮电局每日对全县出口邮件分拣封发一次,与长途自办邮运汽车交换进出口邮件一次。1998年年初,丽水至云和第二频次自办邮运汽车开通后,县邮电局每日封发与长途自办邮运汽车交换邮件2次,进口邮件每日处理1次,将其分拣封发到县城各投递段和各邮电支局(所)。

第三节　邮件投递

县城投递

20世纪90年代初,云和县邮政局设甲、乙、丙、丁4个自行车投递段。甲段范围为邮电局出发经府前路至县人民政府、木材公司;乙段范围为邮电局出发经新华街至水电局、梨园新村;丙段为邮电局出发经车站路至人民医院、二轻局至供销社;丁段为邮政局出发经浮云路至人民大会堂、轴瓦厂。随着县城范围扩展,此后增设城郊、沙溪2个投递段;每天投递信件报刊1次,实行按址投递;高楼投到安置在一楼的信报箱;包裹、保价邮件、大综印刷品,投递“领取邮件通知单”,由收件人到邮局领取。2005年起,自行车投递改为电动车投递。延伸城乡接合部投递范围,城郊段延伸到

图8-2-1 报刊投递分拣室一角(2004年摄 县邮政局提供)

工业园区、云雾路;沙溪段延伸到上城门、梅垄口。2004 年重新整合速递人员,实现城镇范围专人投递。

乡村投递

1991 年,全县有信件报刊投递员 41 人,其中委办投递员 19 人;投递路线 44 条,总长度 798 千米,其中,步行投递 435 千米,自行车投递 363 千米,14 个乡镇全部实行逐日通邮。170 个行政村, 实行逐日通邮的 4 个,2 日通邮的 2 个,3 日通邮的 38 个。投递路线经过的村庄,邮件报刊投递到户。投递路线经过不到,不能直接投送的,投送到行政村办公室或学校、商店转投。2000 年后,实施农村公路"康庄"工程,乡村道路逐步改善、硬化,信件报刊投递基本实现摩托化。2010 年,全县共有农村投递路线 64 条,农村捎转点 131 处,直接投递到 14 个乡镇、170 个行政村、1148 个自然村,投递路线单程长度 1163 千米,其中,自行车投递路线 752 千米,步行投递路线 237 千米。全县 170 个行政村以逐日、隔日、三日实现全部直接通邮投送,自然村通邮率 100%。

第四节 邮政业务

函 件

云和县函件种类有信函(分普通和挂号)、明信片、印刷品(分普通和挂号)、盲人读物、有声信函(寄信人将要与收信人说的话制成录音带,装入特制的信套,以邮件寄给对方)。1991 年,全县出口函件业务量为 55.72 万件,函件收入 12.67 万元。电话自动化和移动通信的发展,传统函件业务量逐年减少,邮政企业不断开发新的函件业务。1999 年,县邮政局联同县旅游局携手推出以秀美的仙宫胜境和乡村的渔村风情为题材的"纯山真水仙宫湖风光"明信片,一套二枚,每枚 1.60 元共发行 25000 枚。2000 年起,根据市场经济发展的需求,推出邮资广告类函件业务,办理邮资明信片、邮资广告封面等,宣传机关、学校、企事业单位形象。同时,金融、保险、移动、联通等部门业务发展,经邮局投递的账单类函件逐年增多。截至 2000 年 12 月底,共揽收广告明信片企业金卡计 1.50 万枚,业务收入 15.8 万元,占函件总收入 42%。2001 年 4 月 23 日,县局为县总工会制作发行纪念封一只。是年 11 月 19 日,与县移动公司签订插箱广告使用协议。2002 年制作"云和风光"和"浮云公园"明信片 6.5 万枚。2003 年 6 月 1 日,局工会为全局职工制作第一批个性化明信片,正式开办个性化明信业务。是年 11 月 11 日,制作"诗画云和,玩具之乡"的本册式个性化明信片。2005 年 9—10 月初,推出"中国木制玩具城•云和"邮资封,全县共有 18 家行政事业单位制作。是年 12 月 9 日,邮政局与县电力公司签订城镇电力账单制作投递协议。

2001 年,全县出口的函件业务量为 52.59 万件。2010 年,全县出口函件业务量为 94.43 万件,其中商品广告类函件 58.7 万件,企业发行的明信片(企业金卡)类函件 23.2 万件,其他函件 12.53 万件。

包件与快递

包裹业务是社会团体和民间物品异地寄递和社会商品交换流通的一个渠道，包件业务分普通包裹、商品包裹、甲类保价和乙类保价包裹、纸质品包裹和快递小包等。

1990年，云和县邮政局出口包件0.78万件，包裹总收入2.09万元。此后，云和县交通运输和物流业的发展，增加包件传递渠道，寄件人对速度的要求越来越高。特别是2000年起，云和县电子商贸、网上购物日益兴起，云和民营物流速递公司产生。2000年6月1日，城镇部分单位、大户包裹实行上门投递，2001年8月1日，国内快递包裹业务开通，县邮政局全年经营的出口包件0.8万件。

2000年，云和县邮政局与天天快递联合经营，先后开办韵达、中速专递业务。是年，县邮政局与县人民法院和公安局达成协议，开展法律文书、居民身份证特快专递业务。加强速递市场行业管理，打击非法经营，保护邮政专营权。是年，包件业务收入完成9.29万元，比上年同期增长16.9%。2002年5月，县邮政局联合工商局、公安局查处了园通、思远运输、速达商家非法速递公司。2004年，成立云和县邮政速递公司，整合速递人员实现了城镇范围内专人投递。开通“全夜航”业务以及长江三角洲次晨递。是年，开通香菇、木耳等大件商包的寄递渠道。2000—2010年，云和县先后成立天天、申通、圆通、中通、韵达等物流快递公司，形成包件寄递业务多家竞争经营格局。2007年，停止代理天天快递业务。2010年6月，云和县邮政局快递业务剥离出去，交由新建立的中国邮政浙江速递物流股份有限公司丽水分公司云和经营部经营，县邮政局只经营普通包裹和为邮政速递公司代收快件。

汇兑

20世纪90年代初，汇兑业务种类有普通汇兑、快件汇兑、电报汇兑。按照邮电局与银行分工，高额汇款由银行办理，邮政局只办理个人汇款，汇款限额为300—5000元。1996年6月1日调高为5000—10000元。1991年县邮政局开发汇票1.97万张，汇费收入2.6万元。

2001年12月，县邮政局建成电子汇兑系统，实现汇兑中心全国互联，取代传统的汇兑手工操作和实物（汇票）传递的方式，原来汇款需几天才能到达兑付，变为几分钟就能到达，同时，取消电报汇款。2003年5月，开办汇兑“回音卡”业务，让汇款人及时知晓收款人收款情况。2004年4月，开通国内汇款“短信回执”业务；12月，开办西联（国际）汇款业务（国外美元汇出，中国人民币兑付；中国人民币汇出，国外美元兑付）。

报刊发行

1994年5月云和解放初，县邮政局是全县报刊发行唯一渠道，发行方式以预订为主，零售为辅，分发靠人工繁琐操作。1990年，云和县邮政局各类报刊发行种类有1538种，期发数达2.04万份，累计份数217.76万份，流转额36.97万元，报刊业务收入8.57万元，全县每百人订阅报刊18.7份。1994年，各种报刊期发数1.92万份，累计份数达212.64万份，报刊流转额达71.36万元，报刊收入16.35万元，比1990年增长90.76%。1995年，云和县邮政局代发《云和报》。1997年《丽水日报》改邮发为自发，县城府前路设立《丽水日报》民营发行站。2001年，云和县邮政局订销报纸累计数153.63万份，订销杂志累计数9.24万份。2007年，云和县邮政局建成与全国、全省报刊发行机构互联互通网络平台，全县各邮政营业点报刊发行的收订、缴款、查询实行全程网上电子化操作，基本解除人工操作流程。2010 年，县邮政局订销报纸累计份数为 172.5 万份，杂志期刊累计份数为 11.6 万份。

邮政储蓄

云和县邮政储蓄是人民银行的代办业务机构，储蓄对象为个人。储蓄种类有活期、定期整存整取、零存整取、定活两便、有奖储蓄、活期异地存取等。20 世纪 90 年代初，全县邮电营业厅（点）均办理该业务。1990 年，云和县邮政储蓄额 64.7 万元。1994 年 12 月 15 日，梅源、紧水滩支局邮政储蓄开业。同月，全县微机处理联网开通，实现城乡通存通兑，年底邮政储蓄余额达 602.93 元。1996 年，储蓄营业窗口实行挂牌服务，对县局营业厅安装开通了 4 个支局的邮政储蓄、营业综合微机，使全县支局以上储蓄营业窗口全部实行电子微机化。1997 年，增设新华厂邮政储蓄网点。1998 年邮政储蓄业务划归邮政局管理，并成为邮政支柱业务之一。其间储蓄网点积极发展代交话费、BB 机月租费、移动话费及代发养老金业务。

1999 年，加快推进“绿卡”工程建设，完成城镇各邮储网点的联网工作。是年 2 月，成立储汇安全、计算机信息系统安全领导小组，各网点储蓄现金实行专车押运，城镇储蓄网点配备了电视监控系统。邮储余额已达 2187 万元。2000 年 3 月 2 日，赤石邮电所增办邮政储蓄业务。是年 10 月 23 日，撤销储蓄中心，成立储汇中心。同时增设赤石、大楼两个储蓄网点，大力发展金融代办业务，先后开办代理保险、代发工资、代收代缴香菇交易资金等。2001 年，金融网连上全国邮政金融计算机网，实现邮政储蓄全国通存通兑，省内免手续费，在省邮政系统中首家开办银证转账业务。是年 4 月，新建邮政所建成并投入使用。8 月，赤石手工储蓄网点实行电脑化操作，并接入全县邮政储蓄网。

2003 年，云和县第一张银联绿卡面市。是年，新华厂邮政所搬迁至云和镇红光路 2 号。是年 5 月，开通邮政实时电子汇款业务。2005 年储汇部更名为“云和县邮政储汇分局”。是年，邮政储蓄两网互通顺利上线（储蓄网和汇兑网互通）。2006 年 12 月 31 日，新城邮政储蓄所开业，设址吉祥路 63 号。2008 年 5 月 25 日，储汇分局从邮政局析出员工 31 人及资产若干，单独成立中国邮政银行云和县支行。县邮政局储蓄营业厅、石塘镇支行划归邮政银行；其余邮政储蓄点仍属邮政局，继续为中国邮政银行代理储蓄业务。邮政储蓄面广点多，方便储户，储蓄额不断增多。2010 年，云和县邮政储蓄额增加到 23516.9 万元。

图 8-2-2　县城邮政储蓄网点（1998 年摄　县邮政局提供）

集邮

集邮协会　1986 年 6 月，云和县邮电局开办集邮业务，设立集邮营业窗口，安排集邮营业员，开展集邮业务宣传。1988 年 11 月 27 日，云和县集邮协会成立，有会员 80 多人。为纪念云和集邮协会成立，设计了一枚以当地紧水滩电站和凤凰山公园风光为题材的纪念封。

图 8-2-3 “小鲤鱼”跳龙门邮票（2000年摄 县邮政局提供）

集邮服务 云和县邮电局设集邮业务人员在集邮窗口经销纪念邮票、特种邮票、美术明信片、首日封、纪念封、贺年明信片、纪念币等。1990 年，销售纪念邮票、特种邮票 10.47 万枚，集邮品销售额达 3.61 万元，发展常年集邮预定户数达 979 户。1994 年，对集邮预定户取消原先收取保证金的规定，一律实行全年预交票款新邮预订办法，年终统一结算，多退少补。至 1995 年年底，预定户达 351 户，销售各类邮票 19.71 万枚，集邮收入 6.9 万元，比 1990 年上升91.14%。1999 年，售出 56 个民族大团结邮折 2000 多份，通过浙闽边界十县市集邮巡回展和澳门回归等，推出一批邮品销售。是年 8 月 21 日，县集邮协会组织人员去北京参加世界集邮展览。2008 年，为云和籍知名人士制定“更忆云和月”纪念邮册，在云和电视台宣传“奥运冠军个性化”邮册。

集邮票品展览 2000 年 10 月，开发首届中国木制玩具节纪念邮册，销售 2200 余册。是年 12 月底和省邮票公司合作开发“恭贺新禧”“珍稀动物”邮品，全省联动销售 100 多万元，开创云和制作邮品首例。是年，举行“小鲤鱼”跳龙门邮票摇奖活动。

2001 年 4 月 23 日，县局为县总工会制作发行纪念封一只。2001—2002 年，再次推出“恭贺新禧”(二)、(三)邮册。2003 年 10 月，制作“第二轮 12 生肖方联册”贺岁邮品 2000 册，同时开发第二届中国木制玩具节纪念个性化邮票和本册式明信片，这是云和县历史上首枚个性化邮票，内容为玩具节会徽和前 14 强玩具企业。2005 年 9 月至 10 月初，推出“中国木制玩具城·云和”邮资封，全县共有 18 家行政事业单位制作。

机要通信

机要通信是邮政部门经营的传统业务，为党、政、军传递机要邮件。县邮电局、邮政局均设立机要通信室，配专人负责邮件的收寄、封发、运输、投递。1990 年，机要封发和投递频次一般每日一次，对外营业时间每日 2 小时，节假日一般不营业。进出邮件由丽水地区（市）邮政部门派员每天到云和邮政交换，县邮政局每天收寄、封发、投递邮件 1 次。邮政局有兼职专职机要员共 2 人。1990 年，机要邮件业务量 0.08 万件，收入 0.06 万元。至 1994 年，机要文件业务量仍为 0.08 万件，收入 0.12 万元，收入比 1990 年增长一倍。2010 年，机要邮件出口 507 件，进口 2093 件。

1991—2010 年云和县邮政局主要出口业务量统计表

表 8-2-1

年份/业务量	函件（万件）	包件（万件）	开发汇票（万张）	订销报纸（万份）	订销杂志（万份）	邮政储蓄年末余额（万元）	集邮销售票品（万枚）	机要邮件（件）
1991	55.53	0.54	2.90	214.57	13.17	77.09	17.32	811
1992	53.61	0.59	1.77	240.55	13.80	192.83	16.89	754
1993	56.93	0.63	1.62	213.85	13.20	274.18	23.79	752
1994	55.25	0.57	1.87	203.35	9.29	602.09	23.74	802

续表 8-2-1

年份/业务量	函件（万件）	包件（万件）	开发汇票（万张）	订销报纸（万份）	订销杂志（万份）	邮政储蓄年末余额（万元）	集邮销售票品（万枚）	机要邮件（件）
1995	65.09	0.55	2.01	2.01	8.44	2154.83	46.21	852
1996	50.90	0.62	1.86	1.86	7.20	2208.32	87.50	752
1997	42.58	0.58	1.63	1.63	8.17	2810.61	184.78	753
1998	43.10	0.56	1.56	1.56	8.06	3412.36	70.63	677
1999	63.00	0.56	1.31	1.31	8.29	4342.81	77.57	542
2000	45.51	0.50	1.16	1.16	9.41	6011.00	38.94	531
2001	52.59	0.80	1.08	1.08	9.24	7415.70	35.74	617
2002	71.28	1.02	1.13	1.13	8.88	9342.79	48.37	627
2003	91.75	1.45	1.15	1.15	6.96	8770.10	43.03	703
2004	54.08	0.88	0.98	0.98	6.27	9709.00	21.48	701
2005	68.76	0.90	1.04	1.04	7.45	12990.00	10.91	700
2006	62.28	1.00	1.33	1.33	10.46	13832.00	13.18	717
2007	71.00	0.93	1.70	1.70	10.80	14187.00	14.90	646
2008	117.10	0.82	2.00	2.00	12.20	19291.10	11.20	599
2009	90.02	0.67	2.00	2.00	11.20	26353.50	19.00	425
2010	94.43	0.52	1.40	1.40	11.60	23516.90	10.20	504

第五节　国际邮政业务

2007 年，县邮政局拓展国际速度业务。根据准寄范围和国际有关规定，主要包括信函、明信片、印刷品、盲人读物、小包、保价信函、普通包裹、脆弱包裹、保价包裹、航空邮件、挂号邮件和回执邮件。结合萧山机场发美国特快专递航线的契机，以及 TNT 推出的欧洲经济快递特别推广价营销活动，对县各玩具企业进行宣传活动，推动 TNT 经济快递揽收收入 6 万余元。

第六节　代办业务

2000 年，云和县邮政局大力发展代办业务，期间开展中国人寿“无忧卡、麒麟卡、全家福”等险种的代办业务，共受理保险 398 户，保费达 16.08 万元。是年 4 月，分别与县法院、公安局达成协议开办特快专递法律高度文书与居民身份证业务。是年 7 月，开办送双单业务。全年，代发工资 800 多户。2001 年，大力发展金融代办业务，先后开办代收代缴电费、代发养老金等业务。投递方面，增加牛奶配送、饮用水配送、蛋糕配送、日用品配送等物流业务。是年 2 月 9

日，与县移动公司达成代缴移动实时计费协议。在代理保险业务方面，增加与人保公司的合作，并成功与电信公司达成电话费代缴协议，代缴固定电话12697户。2001年1月15日，开办递送燕牌牛奶及送信、送报“上楼”服务，是年4月21日起，新增配送蛋糕、面包业务。是年11月26日起，又增加配送“仙宫矿泉水”业务。2009年，邮政电子化支局系统的完善和代理业务平台逐步形成，县邮政局尝试航空票务、上海世博会门票、电信天翼手机靓号等代理业务。

第三章　电　　信

1995年，云和县邮电局引进加拿大数字数据（简称DDN、又称因特网、互联网）设备，节点机总容量30个端口和公众分组数据（简称PAD）设备，节点机总容量为24个端口。是年9月6日，投入使用，用户可与国内、国际的计算机或终端进行语言、传真、数据、图像的综合传递。

第一节　电信网络

长途网络

长途网络由杆路、线路（电路）和传输、交换、电源等设备组成。云和电信长途网络主要由云和长途电信线务段管理。

2002年，移动云和分公司开始自建长途传输杆线，建杆路6千米，地下线路管道2千米，光缆皮长12千米，通信网基站6个，累计移动通信网基站42个。2005年10月，移动云和分公司建成云和至丽水境界水泥杆路26千米，24芯光缆皮长31千米。杆路总长152千米，地下线路管道长14千米，1650芯光缆皮长350千米，总通信网基站101个。2006年8月，移动云和分公司建成云和至龙泉境界杆路40千米，24芯光缆皮长53千米。杆路总长达202千米。至2010年，移动云和分公司杆路总长570千米，光缆皮长1250千米，地下线路管道长60千米；移动云和分公司通信网基站发展到246个，信号覆盖全县行政村和80%自然村。

杆路线路

1998年10月，大湾乡架设电缆，工程新建杆路17.12杆千米，主干电缆100对，配线电缆430对。1999年6月，城南片新设交接箱3座，增设主干2000对，配线共计21.5对。立水泥杆114根，敷设架空电4.6千米，敷设管道电缆4.88千米，敷设墙吊电缆3.37千米。

2008年9月，云和县电信局取得移动电话经营权，以县联通分司转让的CDMA网31个基站，8个直放站和杆线为基础，建立移动通信网络。2010年，云和电信分公司杆路521.39千米，光缆皮长1819.72千米，地下线路管道长27.98千米；电信移动通信网基站发展到51个，信号覆盖县境60%行政村。

传输设备与电路

1991—1992年，本县传输设备与电路以载波机为主要传输设备，安装使用载波机增加通信电路。长话载波终端机共7部。高十二路载波2部通达丽水。低十二路载波终端机2部通过丽水、文成。超十二路终端机1部通过丽水，三路载波终端机2部通过泰顺、龙泉。十二路增音机4部，用于丽水至龙泉电路3部。1993年，云和电信引进芬兰诺基亚电信有限公司传输光电设备，云和至丽水4次群光电设备1套。云和至紧水滩、石塘、梅源3次群光电设备各1套。是年11月，在云和至丽水之间投入使用，光端机容量1920路，缓解云和长期以来长途通信电路少，电话难接通状况。2000年后，云和县联通、移动分公司建成长途光缆多条，光端机容量不断增加，通信电路数量越来越多。至2010年，完全满足各项长途通信对电路的需求。

交换设备

20世纪90年代前期，云和县长途、市内、农村电话分设交换机交换接续。1991~1993年，县邮电局设置长途全自动DD16及半自动DD14对端设备各一套，长话设备有供电式长话交换机8座席200门，长话设备总容量66路，实装46路，长途电话实行人工、半自动、自动混合接续。1993年设置JT01长途电话交换机100门。引进比利时S-1240型程控交换设备6584门，TS电路330线，分别安装云和母局TLS5120门，330线，紧水滩、石塘、梅源三个支局模块RSU各488门；引进芬兰诺基亚电信有限公司传输光电设备，云和至丽水4次群光电设备1套；云和至紧水滩、石塘、梅源3次群光电设备各1套；实现了城镇、农村支局交换程控化、传输数字化的目标，通信建设进入国内先进行列，网络的整体水平明显提高。是年，原供电式、半自动、自动长途交换设备淘汰，长途电话进入程控自动化时代。1999年起，云和县长途电话、城市电话、农村电话交换设备不再分设，统一由本地电话交换设备交换。2000年，扩容2300门，该设备容量发展到21720门，后经多次扩容，2010年，达到2.60万门。

本地网络

1999年，云和县实现电话自动化，市话（县城）、农话（乡村）网络，统称本地电话网络。

市话网络

1991年，云和市内电话杆路长度28杆千米，市话电缆长度26.50皮长千米，其中管道电缆1.7皮长千米。云和县邮电局主杆线路以架空电缆为主。1991年后，云和县邮电局每年对通信电缆进行扩容，延伸铺设地下线路管道，解决装电话难问题。1997年，本地电话电缆121.6皮长千米，明线线条58对千米，本地中继光缆112.6皮长千米，纤芯长度437芯千米。2009年，移动云和分公司开始在县城主要街道铺设地下线路管道。至2010年，移动云和分公司建成30管千米，移动云和分公司埋设光缆105皮长千米。

市话交换设备

1991年，云和县邮电局设HJ-921自动交换机1000门。1992年，HJA1000门扩容。1993年，云和市话电缆扩容4800线，总容量达到8000线，达到一户一线；新埋设城镇地下电缆管道40.50孔千米。1995年,程控交换扩容2000门。1996年,程控扩容5000门。1998年,投资800万元,实施城镇电缆扩容、改造、整治工程,消灭云和镇装移机死角,电话配线率达到98%。1999年,过境公路、城北路、中山路、新建路管道建设,总长达41管孔/千米,在市镇形成三纵三横的地下通道,使全县城镇通信管道进一步得到优化。是年,S1240交换机扩容3000门,软件版本由5X升到7.2版,全县市话交换机总容量达到15360门。2000年,赤石—库北、库北—大源、云丰—沙铺砻—龙门—瑞滩,云坛—苏坑,金村—杨村等6个点的接入网光缆工程,形成了较科学的农村光环网布局。2001年,市话配线扩容,建成市内光环19个点。县局的S1240从7.2版本升至7.4版本,新增瑞滩、后洋等11个模块局。

农村网络

1991年,云和县邮电局农村电信杆路240杆千米,其中水直路125杆千米,明线线条396对千米,农话电缆6.4皮长千米,农话载波终端机13部,其中有十二路载波机5部,开至景宁、紧水滩、石塘;三路载波8部,开至局村、紧水滩、黄岗、梅源共有载波电路20路。1992年9月至10月,紧水滩、石塘两镇农、市话联网工程竣工。1993年,架设云和至紧水滩、云和至梅源农话光缆21.43千米。8月,黄源至云丰、沙铺两乡杆路大修工程竣工,全长11杆千米,新立水泥杆234根。11月7日,紧水滩、石塘、梅源三个邮电支局同时开通RSV程控模块共1464门(各488门)。1994年,对农村通信设备进行了改造,赤石邮电所安装程控集中器64开门通使用。同月,乡镇邮电管理站筹集资金8万多元,在沙溪乡安装小程控交换机40门。至此,全县15个乡镇已有40%的乡镇实现了电话交换程控化,使农村打长途电话也能自动直拨,加快了农村信息传递,促进农村经济的发展。年底全县明线线条长度226对千米,电缆41.9皮长千米,电缆芯线长度679.4对千米,中继电路总数为225路(其中数字电路180路),交换机总数中程控2016门。

1996年3—11月,总投资810万元,解决四乡一镇,即沙溪、雾溪、云坛、安溪、云和镇的电缆架设。开通黄源、沙铺、大湾、云丰、赤石的程控电话,架设横贯紧水滩库区飞河电缆长达978米,实现乡乡通程控目标,工程共架设农话光缆51.9皮长千米,架空电缆89.23条千米,新立泥杆1008根,新增5处交换点,新增数字环路设备5套。1997年,开通34个村的电话线路工程,新增云坛、安溪、雾溪、朱村等乡的数环设备6套。1998年,中兴接入网1536对设备扩容。1998年,对云坛乡电话线路进行扩容,设立乡政府、陈村、沈村三个交接区,三只交接箱主干均为200对。敷设100对以下吊线式架空电缆9.18千米,敷设100对以上吊线式架空电缆5.92千米,敷设200对以下吊线式架空电缆2.83千米。

建设电话村

2000—2005年,全县170个行政村已通电话163个。2009年,全县行政村通话覆盖率达96%,建成17个电话村,宽带已进入每个乡村。

数据通信

2006年,云和县城至乡镇宽带网建成,全年完成通村率61%。启动"村村通宽带"工程,优化电信网络,实施"光缆到村,光纤入户"。2010年,云和县全部行政村实现通宽带。

第二节 电信业务

电报

20 世纪 90 年代前，云和县固定电话和移动电话还没有普遍进入家庭用户，电报是较快捷的一种通信方式，但一般因时间紧迫、事件重要才会使用。电报分有线电报和无线电报两个种类。

有线电报 20 世纪 90 年代，云和县传真业务开办和电话自动化普及，电报业务量日趋下降。1992 年云和县邮电局开办礼仪电报新业务，分庆贺、请柬、吊唁 3 种。1996 年开办鲜花礼仪电报，供机关、学校、企业及社会各界婚喜庆典、生日寿辰、节日问候、会议召开、丧事吊唁等相互关爱问候之用；鲜花分单树、小束、普通、豪华、吊唁 5 种。

1991 年 5 月开始，云和电信使用 BHC83 型全电子汉字电传机。是年 10 月，云和营业窗口对外开放传真电报业务。1993 年 4 月，又从绍兴市局调来 BDC80 汉字电传机收发报，原 55 型电传机停用。1994 年 7 月，新置翰林-412 驻字电传机并安装使用，同时在报房和电信营业台装置传真机 2 台，使窗口受理的电报能用传真机传至报房，缩短内部处理时间，提高电报工作效率和收发报质量。1994 年年底，云和电报电路有 4 条。

1994 年云和县电报电路汇总表

表 8-3-1 单位：条

电路名称	路数（条）	传输方式			传输方式	
		载波	实线	无线	自动转报	人工
云和—杭州	1	1	—	—	1	—
云和—丽水	1	—	—	1	—	1
云和—县气象局	1	—	1	—	—	1
云和—紧水滩电站	1	1	—	—	—	1

无线电报 1991 年，报务班有职工 8 人，其中电报业务值机 4 人，电报业务处理 2 人，报话投递 2 人，电报投递逾限率 0.36%，电报服务差错率 0.01%。随着现代化通信设备的发展，光缆和程控电话的开通，长途电话直拨用户增多，电报业务量逐年下降。1994 年，电报业务量 1.12 万份，进口电报 1.39 万份，分别比 1990 年下降 76.29%、61.87%。

1992 年 12 月 20 日始，国内公众电报资费由每字 0.07 元调整为每字 0.13 元。

1992 年 12 月 20 日云和县公众电报资费表

表 8-3-2

编号	项目	收费标准（元）
1	天气、水情、公益电报每字、每份电报按实有计费字数计算	0.13

续表 8-3-2

编号	项目	收费标准(元)
2	政务、普通电报和银行系统汇款电报每字、每份电报以10个字计费字数起算，不足10个字作10个字计费	0.13
3	新闻电报每字、每份电报以10个字数起算，不足10个字作10个字计算	0.05
4	邮电办理汇兑业务所发的汇款电报每份、电报中的附言部分另外计字计费，每份以二十个字为限	2.00
5	采用特急、加急业务的电报，每字按原电报价目加倍计算	—
6	电报译电费按计费字数计算，每字	0.01
7	纳费业务公电的收费：(1)不论是否需要对方局回电每份公电收取10个字的普通报费。(2)增删更改电文、名址的，每份公电以增删或更改10个字为限，超过10个字的，每超过一个字，另外收一个字的普通报费	—
8	补送来报报底(按本局所存留底加抄补送的)每份	1.00
9	注销尚未发出的电报手续费每份	0.20
10	抄录去报报底，每份100个字或不足100个字的收取 超过100个字的，不论字数多少，均收取	0.20 1.00
11	查阅去报报底或来报回单，每份	0.20
12	供给去报报底由用户来局拍照，每份	0.20
13	电报挂号：一年三个月 更改名址手续费 挂号不足三个月的，按三个月计算收费，超过三个月不足一年的按一年计算收费	60.00 20.00 5.00
14	礼仪电报的收费：电报费，每字每份电报以10个字计费字数起算，不足10个字作10个字计算； 特别处理费	0.13 2.00

1991—1994年，本局有无线电路1路与丽水台定时会晤作为应急备用。

2002年始，撤销电信报务班，无线电报基本退出邮电经营业务。

电报投递 20世纪90年代，县邮电局配专职电报投递员，县城范围内的来报，按电报不同投递时限要求，每天分若干次按址投送；21时前收到的电报，当夜投完，21时以后收到的电报，次日第一班投送；特急，加急电报，24小时随到随送；农村支局(所)所在地的来报，仿照县局的方式投送，所在地以外村庄的来报，先以电话传告电报内容，然后将电报原件邮递收报人。

固话电话

20世纪90年代前期，云和县固定电话分市内电话和农村电话，两者入网(初装)费、月租费、通话费各不相同。1998年始，全县电话实现自动化后，市内电话和农村话实行同网同价，统称本地电话。

1991年，云和县固定电话由县邮电局经营；全县有市内电话1988部，其中单位用户1672部；农村电话话机316部。1994年4月，经云和县物价局同意，调整市话初装费标准：甲种用户3500元/部，乙种用户5000元/部；行政事业全额拨款单位3000元/部；行政事业差额拨款单位(不含企业化管理的事业单位)3500元/部。1998年9月起，固定电话由县电信局经营，电话用户达到1942户，装机及时率达到100%，障碍修复及时率达到99%。投资800万元，实施城镇电缆扩容、改造、整治工程，消灭云和镇装机死角，电话配线率达到98%。1999年，全年发展电话用户2517部，其中：市话2000部，农话517部，发展数据基础用户18户，增值用户102户，公用电话318户。2000年，发展市内电话用户：甲种用户8136户，乙种私人用户3105户，磁卡公用电话5部，IC卡公用电话75部，其他公用电话259部。公众电报云报业务量187份。农村电话用户：甲种用户2864户，乙种私人用户266户，用户交换机中继线20对，IC卡公用电话10部，其他公用电话64部。2002年8月云和县固定电话用户突破2万户。2005年，本地电话放号3030户，其中：小灵通2433户。2008年9月，移动云和分公司、联通云和分公司取得固定电话经营权，开始在城乡发展固定电话。2010年，全县固定电话为19386部(其中，小灵通1561部)。

特服与热线电话

1994年7月20日，云和县开通程控电话“117”报时台和“166”音乐服务台。1999年，开通“179”话费查询平台、111主叫报号平台。2002年，云和县开通“96160/96168”浙江省农业科技信息服务热线。2003年5月7日，电信局开通了“65120非典”专线，这是全县继“5583209”“5122210”“13587194774”之后又一“非典”咨询热线。2000年，开通“180”用户投诉热线，受理电信用户投诉，实行登记，及时落实，做到热情为客户排忧解难。2007年，开通阳光政务热线“16885678”“16888810”，高校、中专成绩查询热线。2009年，开通云和县农家乐热线“5136999”。2003年11月1日止，电信局正式关闭“170”“180”“189”“1000”号字冠。原话费查询、用户投诉、业务受理等正式割入“10000”。同时，“163”接入服务于是年10月22日关闭，接入码改为“16300”。2004年5月，开通“96523”文化市场监督电话。

电话会议

1991年至1995年6月，云和县邮电局设电话会议室，可容100多人收听，配置电话会议汇接设备数套，供县党、政机关和各部门领导收听中央、省、地(市)召开的电话会议和召开乡(镇)电话会议使用。1995年7月，投资120万元，换代更新长途电话会议设备。是年9月6日，开通可视电话会议。1997年12月14日，新一代程控电话会议汇接设备投入使用，电话会议主持人，讲话人可与各处参加电话会议者，进行集体和单独呼叫，对答讲话。

图8-3-1　云和县电信视频电话会议室(1994年摄　县电信局提供)

第三节　无线寻呼与移动电话

无线寻呼

1992年，县邮电大楼顶部安装无线寻呼接收发射设备，使用寻呼机，可在县城及县城周

图 8-3-2　无线寻呼数字机（1992 年摄　电信局提供）

边收到信号。是年 10 月 31 日，开通无线寻呼“126”人工台，开始发展无线寻呼用户业务。寻呼机分数字机和中文机，号码为 4 位，除实现寻呼的功能外，还有时钟显示、闹钟服务，信息锁定储存。1994 年 8 月，云和局开通“127”自动无线寻呼业务。1995 年 7 月，“126”（人工）、“127”（自动）无线寻呼台全区联网，129 全省联网。1995 年 8 月，云和县公安寻呼台并入邮电寻呼台。1997 年，建立黄源、云丰、赤石 3 个乡 129 台的无线寻呼发射基站，并扩容“129”新频点，使无线寻呼基本覆盖全县的主要乡镇，全县建有无线寻呼基站 16 个，总容量达 16000 户。

1998 年，建寻呼基站 7 个。1998 年 6 月，无线寻呼公司从邮电剥离，成立浙江省无线寻呼公司丽水分公司云和经营部。2004 年 10 月，关停寻呼基站。

1992—2003 年云和县无线寻呼用户数统计表

表 8-3-3　　单位：户

年份	年末户数	年份	年末户数	年份	年末户数
1992	131	1996	4224	2000	7862
1993	411	1997	6611	2001	3523
1994	1127	1998	9465	2002	568
1995	3003	1999	10056	2003	203

小灵通

全称“个人手持 PHS 电话”，是介于移动与固话之间的通信方式，是对固定电话网络的补充和延伸。

2003 年 6 月 14 日零时，县邮电局“小灵通”设备顺利割接，交换机由原来的朗讯设备改造为 UT 设备。新设备的启用，提高交换系统的稳定性，增强“小灵通”网络的信号。

图 8-3-3　小灵通（2004 年摄　县电信局提供）

2004 年，全县有小灵通基站 93 个。是年 11 月，云和分公司开展了第四期小灵通优化工程。在县城增加古竹村 57 号、古坊小学教师宿舍、城南西路 82 号、城东路满园春大酒店对面、中山西路 297 号、新民路 70 号、司前巷 13 号等小灵通基站 7 个。在梅源增加基站 6 个。同时推出小灵通与移动手机之间互发短信的业务，这是继小灵通开通彩铃业务之后的又一重大举措，标志着互联互通业务又迈进了一步。2007 年，小灵通活跃用户数及话务量持续走低。

移动电话

1993 年 7 月，移动电话天线铁塔安装竣工，该塔高 66 米。是年 12 月，云和县邮电局移动通信业务开办，1993 年 12 月至 1997 年 9 月由云和县邮电局独家经营移动通信业务。1997 年

10 月至 2000 年 9 月，移动云和县分公司独家经营移动通信业务。2000 年 10 月至 2008 年 9 月，移动云和分公司、联通云和分公司两家经营移动通信业务。2008 年，县电信公司取得移动电话经营业务，联通云和分公司把 CDMA 网转让给县电信经营。2008 年 9 月至 2010 年，移动云和分公司、联通云和分公司、电信云和分公司三家经营移动通信业务，移动通信业务得到快速发展，成为社会主要通信工具。1993 年 12 月，云和县邮电局开通移动电话，建成 TACS 蜂窝式移动电话基站，设备容量为 8+1 个信道，并开通投入使用。1995 年，移动电话(大哥大)信道扩容 10 个，信道总数容量达 20 个，并开通局村大哥大直放站。是年，手机实现全省漫游和全国漫游。1996 年，模拟移动电话通信信道扩容 30 个，总信道数达 50 个，开通数字移动通信。是年，建成 GSM 网 139 全球通数字移动电话(第二代技术，又称 2G)基站，投入使用，移动电话功能从单一语音传输，增加来电显示、收发短信和国际漫游。2001 年，关闭技术相对落实后 TACS 蜂窝式模拟移动电话网，用户转入 GSM 网。

图 8-3-4 移动电话(大哥大)(1993 年摄 县电信局提供)

图 8-3-5 移动电话天线铁塔(1993 年 7 月摄 县电信局提供)

第四节 互联网

(电脑)窄、宽带

1995 年，云和县开通宽带信号，覆盖县城部分区域，用户很少。1998 年，全县有用户 99 户。2002 年，宽带信号覆盖面扩展到全县城，ADSL 交换机容量达 708 个端口，ADSL 用户数 360 户。2003 年，宽带信号向农村发展。2006 年 6 月，实现 20 个乡镇通宽带，完成县局、城西、农民新村、黄水碓等网点 ADSL 设备扩容，新开通宽带网点 23 个。是年 9 月，云和县启动“行政村通宽带”工程。2008 年，云和县电信分公司建设品牌宽带，实施光纤到村到楼，提高通达面和上网速度。2010 年，电信移动用户 10054 户。全县行政村实现通宽带，(电脑)宽带进入城乡居民家庭。

专线用户

20 世纪 90 年代中后期，云和县开通网吧专线。2000 年起，云和县电信运营商向机关、学校、企事业单位及个人，提供数据专用线路，协助组建各种形式的计算机网络，即专线用户。

1995 年 5 月至 1998 年 8 月，宽带网、专线用户业务由云和县邮电局独家经营。是年 9 月起，云和县电信局（电信云和分公司）独家经营。

公安监控网

至2010年，云和公安“监控系统”，建成监控点100余个，监控范围可覆盖县城主要街道及各大中单位的社会治安动态监控系统。

局域网

2003年，新云玩具厂、县工会、县党校、云建公司、药检局、职技校等局域布放。电信以小型局域网方式为基础的数据业务，推进政府、企业、社区、农村信息化的建设。

政府网

2002年，云和县开始筹划建设政府网。电信云和分公司投资，政府租用，分期建设。政府大院内接入本网络办公室311个，信息节点600多个，初期布线投资16万元。2003年，县政府大院内党政机关实现联网。

2007年5月，云和县在党、政办事中心及各乡镇，各部门组建电子政务网。云和人民政府和各乡镇联入政务网的光纤电路，安装固话“一桌一机”。云和县人民政府通过SDH 2M电路方式联入丽水市政务内网，通过光纤VPN电路（100M）联入丽水市政务外网。

教育网

2004年，组建教育网。电信云和分公司投资，教育部门租用。在设计教育网方案上，从本县实际情况出发，力争做到组网技术先进，布线规范，运作安全。这次云和“校校通”网络把全县所有23所大中小学校全部进行联网，实现教育资源库、教育门户网站、教育资源共享、办公自动化等。

政府视频会议系统

2008年11月23日，云和县政府视频会议系统完成联调。是年11月24日，通过初验。是年11月28日，电信云和分公司组织了技术专家在县政府第一会议室（视频会议主会场），为县政府以及14个乡镇的相关人员进行了政府视频会议系统现场使用培训。

农村远程教育网

2008年11月，电信云和分公司与县委组织部联合在朱村乡政府开展了首批农村党员远程教育通讯培训工作，由省信产公司技术人员在现场为各农村党员远程教育通讯培训人员20余人进行了有关软件安装、如何利用远教通拨打电话、发短信及开视频会议等功能的详细讲解，并在现场开通了朱村乡和金山下村的视频会议，与会人员在现场进行了操作、体验。

农村信息化

2006年，电信云和分公司投入资金10万元，通过网络优化如DALM点下移、增加网点等，对宽带用户集中区域进行线路整治，有效地提高了宽带用户满意度。在金山下村建成全县第一个“农村信息化”示范点。

云和农村医疗办签订租用5条光纤电路和19个点农村卫生所的ADSL+VPN业务。增设农保网、医保网、各大银行系统网点。

第四章　邮电管理

1949年5月云和解放前，云和邮政、电信一直分设，实行垂直管理，各自经营。

1951年实行邮电合并，县设邮电局。1991年2月，根据中共云和县委统一部署，成立“双基”(基本国情、党的基本路线)教育领导小组。是年3月，云和县委宣传部批准，成立“邮电系统政治学校”，加强对青年工人政治思想教育。同月，出台《关于加强和改善党对工会工作领导的若干意见和实施细则》。是年7月，设立4股1室，实行三级管理体制，同时成立党委办公室，配备党办主任、组织、宣传、纪检干部。是年8月，将通信建设办公室归并电信股，储汇会计归并邮政股，红卫路储汇点、汇总检查台划归邮政信汇组，长机室划归话务班，将市话自动机务班，分设程控机务班、市话测量班，载波、移动电话划归传输机务班，市话装拆移机及收费划归市话营业班。通过调整，从9个生产班组增加到12个生产班组，各班负责人重新任命。

第一节　邮政管理

1998年9月，分设云和县邮政局，同时经上级党委批准成立云和县邮政局党委。设置领导职位数2人，党委书记兼局长1人，副局长兼党委委员1人。办公地址云和镇府前路8号，有邮政大楼一座，占地面积4120平方米，建筑面积8707平方米。

1999年，推行工效挂钩办法，依照职工的工作效绩，拉开职工奖金差距，体现按劳分配原则。制定“关于加强电话、手机费管理”办法，实行“包干使用，超标自负”的财务管理方法，节约开支。根据《治安保卫条例》与各部门签订《安全生产目标管理责任书目》，把责任分解落实到各个部门，提高安全防范意识和自我保护能力。

2000年，进一步深化企业改革。年初出台《云和县邮政局生产奖金考核办法》等一系列管理办法，对各单位的业务收入、通信质量、优质服务、安全生产等指标的完成情况进行按月考核，各单位结合自身的实际情况，均制定相应的经营管理考核办法，推行综合管理人员与业务收入单位挂钩考核，打破平均主义，有效地调动干部职工的积极性，支局、所全面实行承包经营，成立储汇中心、商函速递公司、集邮公司、投递公司，实行专业化经营，使资源配置更趋合理。

2003年规范劳动用工管理，重点对委代办人员用工进行规范。加大分配制度改革力度，继续实行风险抵押责任制，进一步调动各部门负责人积极性，同时加强对生产奖金的考核，按月核算，拉开部门与部门，职工与职工的收入差距。进一步完善计件工资制、承包经营、风险抵押考核、绩效考核等内部分配制度，调动职工积极性。

2004 年 3 月底，云和邮政局顺利推出中邮广告业务，成为云和局 2004 年邮政业务发展的新增长点。中邮广告业务全县发行量为 8000 份，每月 2 期，自行设计出版，覆盖全县各乡镇、行政村及城镇各沿街商铺，采用夹报（丽水电视报）、信报箱、报刊亭发放、沿街专人投递等多种投送方式，成为云和优秀的信息发布媒介。

2005 年，县邮政局全面整治投递服务工作，加强队伍建设，重点加强投递队伍的建设，根据投递人员的素质和实绩，实行优胜劣汰，并首次投递队伍使用女工。加强投递工作的日常监督管理。重视用户投诉管理，对用户的投诉及时受理、及时答复。通过一系列努力，投递工作焕然一新，用户满意度明显提高，并被评为省投递同工种竞赛先进集体。

是年 8—11 月，首先承包经营县城 5 个邮政储蓄网点，为期两年，打破员工岗位薪酬分配方式，实行个人收入与储蓄余额、网点余额相结合考核，突出业绩与劳动量的考核。然后开展大客户营销，整合邮政内部营销资源，成立大客户部，初步完成了专业营销队伍的组建和大客户资料的收集建档工作，为今后邮政营销迈向专业化奠定了基础。

2006 年，云和邮政局以综合计算机网为基础，进一步加强信息技术在邮政生产、经营和管理中的应用。在绿卡统一版本工程的基础上，金融电子稽查系统、指纹加密管理系统、国际金融系统等成功上线，实现邮政金融的安全管理。量收系统的建设、OA 系统的推广完善以及电视电话系统的应用，进一步促进邮政管理水平的提高。同时，全面启动邮政营销体系建设，积极探索与营销体系配套的薪酬分配机制改革。云和邮政开始从传统的营销模式向适应市场竞争的现代营销模式转变。一是初步建立起一支综合营销与专业营销相结合的营销队伍，专职营销人员占全部从业人员的比重为 8%。积极探索客户经理营销，对单位客户分类，确定客户经理联系制度。

2008 年，云和县邮政局进行“解放思想，创新创业”大讨论活动从动员大会，到设置问卷和在 OA 中设置论坛讨论，再到局领导深入一线调查研究，逐步得到实施。各部门开展形式多样、内容丰富的业务培训、竞赛活动。是年，开展营销知识培训、岗位大练兵、汉字输入比赛等。

是年 12 月，云和局顺利实施新的薪酬体制。拓宽广大员工的职业发展通道，增长工资的保障效力，实现员工工资的正常增长。

云和邮政局在云和县 2009 年度先进党支部评选活动中荣获“云和县先进党支部”荣誉称号。

1991—2010 年云和县邮电局主要负责人一览表

表 8-4-1

局长	任职时间	局长	任职时间
陈国龙	1988.01—1992.03	雷晓鸣	1996.02—1998.09
王国华	1992.03—1995.12	—	—

1991—2010年云和县邮政局主要负责人一览表

表 8-4-2

党委书记	任职时间	局　长	任职时间
张永平	1998.09—1999.05	张永平	1998.09—1999.05
张永平	1999.05—2002.06	张永平	1999.05—2002.06
叶良雄	2002.06—2008.04	叶良雄	2002.06—2008.04
张永平	2008.04—2010.06	张永平	2008.04—2010.06

第二节　电信管理

1998年9月，分设云和县电信局，建立云和县电信局党委。设置领导职数2人，局长兼党委书记1人，副局长兼党委委员1人。办公地址云和镇府前路8号，三层办公楼一座，建筑面积843.44平方米，六层通信机房一座，建筑面积3112.81平方米。

2000年，云和县电信局整理、修订、汇编各项制度，出台一套新的管理体制，形成初步有序的管理运行机制和考核机构。2001年，全局内部管理逐步上规范化良性循环的轨道，服务质量有较大的改善。是年，被县消协评为“消费者信得过单位”，并被推荐到省消协报批省级荣誉。成立投诉仲裁委员会、服务质量和大客户服务检查小组，对各部门的服务每季组织一次全方面的检查考核。“180”服务质量投诉中心，配专人受理用户投诉，实行登记，及时落实，做到热情为客户排忧解难。专门设立大客户服务“绿色通道”，建立全县大客户电子档案，及时为大客户提供“三优”服务。加大防腐倡廉力度，成立以书记为组长的党风廉政建设领导小组，制定《党风廉政建设责任制实施办法》，局长与市公司签订党员廉政责任书后，局长与各部门负责人也签订责任状，做到层层履行职责，层层奖惩分明。

2002年，云和电信进行维护体制改革，对传输、程控、电力、维护等值班室进行撤离，成立综合维护班和综合值守班。

2003年，云和县电信分公司将云和木制玩具精品图案制作到电话卡上，并在全省发行，本套“中国木制玩具城电话卡”征集新云、和信、金马等12个规模玩具企业大量的题材和图片，由杭州同心广告设计有限公司主持设计。县委书记吕文明、副县长马国华亲审定设计方案，首次发行共印4500套，面值有20元、30元、50元。

2004年7月，云和电信分公司BPR流程工作通过各项目组验收，对各部门管理人员、各类客户经理、社区经理和农村统包人员全部实行竞聘上岗，进一步深化用人机制改革。后端设立客户响应岗，有效地衔接前后端，使业务流程处理进一步得到优化。推行社区经理制和农村统包责任制，实行营销与维护相结合的方式。实行全员“收入服务责任制”，使全体员工的奖金与全年业务收入的挂钩，进一步激发员工的主观能动性和创收积极性。

云和电信分公司被县总工会推荐为市级2004年度“创建学习型组织先进单位”和省级

“模范职工之家”。是年荣获省市两级“消费者信得过单位”称号。

云和电信分公司在加快业务发展和通信建设的同时，扎实抓好精神文明建设，2006 年荣获“省级文明单位”称号。

2008 年 12 月，云和电信分公司开办 “E 家”职工食堂。

1991—2010 年云和县电信局、分公司主要负责人一览表

表 8-4-3

机构名称	党委书记	任职时间	局长（总经理）	任职时间
云和县电信局	雷晓鸣	1998.09—2000.07	雷晓鸣	1998.09—2000.07
	孙兆华	2000.07—2000.09	孙兆华	2000.07—2000.09
浙江省电信公司云和电信局	孙兆华	2000.09—2002.08	孙兆华	2000.09—2002.08
浙江省电信有限公司云和县分公司	孙兆华	2002.08—2005.01	孙兆华	2002.08—2005.01
	吴建华	200501—2006.12	吴建华	2005.01—2006.12
	季　戈	2006.12—2008.01	季　戈	2006.12—2008.01
中国电信股份有限公司云和分公司	季　戈	2008.01—2010.12	季　戈	2008.01—2010.12

第三节　无线电管理

2007 年，云和县城设立“云和无线遥控站”1 座，占地面积 5000 平方米，建有电磁频谱管理房一幢，建筑面积 260 平方米，设置电磁频谱遥控管理相关设备。具体业务由丽水市无线管理局管理和遥控管理。云和无线遥控站设职工 2 人，负责遥控站设备、房屋、场地等安全事宜。

第九篇 农 业

云和县域属浙闽山地的一部分,整体地势西南高,东北低,境内高山、丘陵、盆地相间,四季分明,山水林田湖生态优美,适宜农、林、牧、渔综合发展。

1992年始,调整农业产业结构,发展高产、优质、高效农业,推动传统农业、林业向现代农业、效益林业发展。农业方面,力保粮食生产安全,积极发展蔬菜生产、畜牧养殖和水产养殖,食用菌逐步形成农业支柱产业;推进雪梨、杨梅、柑橘类、板栗、茶叶、油茶等主要农林特产的快速发展。2002年,“仙宫雪毫”茶获中国精品名茶博览会金奖。2003年,云和雪梨被中国果业流通协会两度评为“中华名果”。2007年,云和县被中国果业流通协会评为“中国优质雪梨基地重点县”;是年,获“浙江省食用菌强县”称号。林业方面,长期坚持绿化造林和林业开发,提高林政管理和资源保护水平。2000年,云和县被浙江省人民政府授予“绿化浙江先进县”称号。2010年,全县绿化造林面积16300.9公顷、林木抚育68184.9公顷,封山育林302703公顷,形成用材林、原料林、经济林相辅相成的产业格局。2010年,云和县农、林、牧、渔总产值达到51869万元,是1991年7437万元的6.97倍。

“云和师傅”是浙江省著名劳务品牌。2005年8月9日,经国家工商总局批准注册“云和师傅”。至2010年,“云和师傅”已经形成食用菌、茶叶、商贸、种养、电商、水电、玩具、加工、农家乐民宿等九大产业的创业大军。

第一章　农业种植与养殖

云和县农业自然环境优越，境内多种地形地貌形成各具特色的山地、丘陵、盆地局部小气候，雨热同步，光照互补，有利于发展种植业、养殖业。1992 年始，以农业产业结构调整为契机，加强疫病防治工作，发展效益农业，在力保粮食生产安全的前提下，食用菌、蔬菜生产，畜禽、水产养殖得到快速发展，农业、农村经济水平得到全面提高。

第一节　耕地面积与复种指数

耕地面积

1991 年，全县耕地面积 4862.7 公顷，其中水田面积 4687.4 公顷，占耕地面积的 96.4%，人均耕地面积 0.05 公顷。2000 年，耕地面积 4315.30 公顷，比 1991 年减少 547.4 公顷，减幅 11.3%。2010 年，耕地面积 8283 公顷，比 1991 年增加 3420.3 公顷，增幅 70.3%。人均耕地面积 0.08 公顷。

1991—2010 年云和县耕地面积统计表

表 9-1-1　　　　单位：公顷

年份	耕地面积			年份	耕地面积		
	合计	水田	旱地		合计	水田	旱地
1991	4862.73	4687.40	175.33	2001	4176.33	4084.47	91.87
1992	4854.53	4671.60	182.93	2002	4176.93	4086.33	90.60
1993	4822.53	4639.67	182.87	2003	4211.73	4121.13	90.60
1994	4805.60	4613.33	192.27	2004	4143.00	4052.40	90.60
1995	4795.67	4609.67	186.00	2005	4175.80	4085.20	90.60
1996	4790.33	4600.27	190.07	2006	4142.73	4052.07	90.67
1997	4767.87	4574.33	193.53	2007	4231.27	3972.07	259.20
1998	4772.20	4573.80	198.40	2008	6972.00	—	—
1999	4558.27	4432.07	126.20	2009	8109.00	—	—
2000	4315.33	4223.47	91.87	2010	8283.00	—	—

标准农田

1999—2007年，县域范围内实施标准农田建设项目59个，建成标准农田1864.1公顷，其中一等田0公顷；二等田959.8公顷，占标准农田的51.4%；三等田851.5公顷，占标准农田的45.68%；未分等定级52.8公顷，占标准农田的2.92%。

复种指数

1991年，全县耕地面积4862.70公顷，农作物播种面积10202.8公顷，复种指数2.1，2000年，耕地面积4315.3公顷，农作物播种面积9517.5公顷，复种指数2.21，比1991年提高0.11。2010年，耕地面积8283公顷，农作物播种面积7762.5公顷，复种指数0.94，分别比1991年和2000年下降1.16和1.27。

1991—2010年云和县复种指数统计表

表9-1-2　　　　单位：公顷

年份	耕地面积	农作物播种面积	复种指数	年份	耕地面积	农作物播种面积	复种指数
1991	4862.73	10203	2.10	2001	4176.33	8219.10	1.97
1992	4854.53	12018	2.48	2002	4176.93	7931.30	1.90
1993	4822.53	9604	1.99	2003	4211.73	7652.10	1.82
1994	4805.60	9736.50	2.03	2004	4143.00	8039.30	1.94
1995	4795.67	11971	2.50	2005	4175.80	8277.10	1.98
1996	4790.33	10037	2.10	2006	4142.73	8284.10	2.00
1997	4767.87	11473	2.41	2007	4231.27	8067.40	1.91
1998	4772.20	11401	2.39	2008	6972.00	8098.50	1.16
1999	4558.27	11168	2.45	2009	8109.00	7645.70	0.94
2000	4315.33	9517.50	2.21	2010	8283.00	7762.50	0.94

第二节　种　植　业

面积和产量

1991年，粮食播种面积8393.5公顷，总产3886万千克，时逢农业产业结构调整，推广效益农业，粮食生产水平逐步下滑。至2000年，粮食播种面积和总产量为7229.7公顷、3312.4万千克，比1991年分别减少1163.8公顷和573.6万千克，减幅13.9%和14.8%。

2003年，粮食播种面积和总产量下降到4703.07公顷、2030.6万千克，粮食自给率大幅度下降。

2004年，粮食生产进入恢复性增长阶段。2005—2010年，粮食播种面积和粮食总产稳定在5300公顷和2500万千克左右，基本遏制连年下滑的局面。

1991—2010 年云和县粮食生产情况统计表

表 9-1-3

年份	耕地面积（公顷）			粮食		
	合计	水田	旱地	面积(公顷)	单产量（千克）	总产量（万千克）
1991	4862.73	4687.40	175.33	8393.53	4640	3886
1992	4854.53	4671.60	182.93	8313.13	4700	3903
1993	4822.53	4639.67	182.87	7919.53	4490	3550
1994	4805.60	4613.33	192.27	8005.07	4460	3568050
1995	4795.67	4609.67	186.00	8055.20	4680	3769.70
1996	4790.33	4600.27	190.07	8199.27	4860	3988.80
1997	4767.87	4574.33	193.53	8760.47	4640	4057.60
1998	4772.20	4573.80	198.40	8664.00	4530	3922.20
1999	4558.27	4432.07	126.20	8738.80	4620	4042.70
2000	4315.33	4223.47	91.87	7229.73	4580	3312.40
2001	4176.33	4084.47	91.87	5461.07	4880	2662.90
2002	4176.93	4086.33	90.60	4953.93	4760	2354
2003	4211.73	4121.13	90.60	4703.07	4320	2030.60
2004	4143.00	4052.40	90.60	5199.20	4740	2462.20
2005	4175.80	4085.20	90.60	5412.87	4680	2537.10
2006	4142.73	4052.07	90.67	5267.80	4790	2519.40
2007	4231.27	3972.07	259.20	5282.07	4910	2590.60
2008	6972.00	—	—	5958.00	5400	3214.40
2009	8109.00	—	—	5388.87	4970	2673.50
2010	8283.00	—	—	5310.27	4850	2575.50

粮食

水稻生产 1991 年，水稻种植面积 6283.5 公顷，总产量 3469.4 万千克，双季稻为主，其中早稻面积 2115 公顷，总产量 1103.6 万千克，分别占水稻种植面积和总产量的 33.6%和 31.8%。

2000 年开始，农业产业结构调整，推广效益农业，生产资料提价和农业生产成本增加，水利设施失修、失管，防洪抗旱能力下降，国家对粮食生产投资逐年紧缩，粮食生产总体效益下降。是年，早稻面积为 507.3 公顷。2003 年，早稻面积 12.9 公顷。是年，安溪乡安溪畈双季稻生产区转为纯单季稻生产区，水稻种植面积和总产量从 1991 年的 6283.5 公顷、3469.4 万千克，减至 3105.3 公顷、1603.7 万千克，减幅 63.2%和 53.8%。2004 年起，水稻生产趋向稳定，种植面积和总产量在 2919—3254 公顷和 1773.72—1871.1 万千克之间。

1991—2010 年云和县水稻生产情况统计表

表 9-1-4

年份	水稻											
	总面积（公顷）	单产（千克）	总产（万千克）	杂交稻			早稻			晚稻		
				面积（公顷）	单产（千克）	总产（万千克）	面积（公顷）	单产（千克）	总产（万千克）	面积（公顷）	单产（千克）	总产（万千克）
1991	6283.50	5520	3469.40	3101.50	5870	1820.80	2115.00	5220	1103.60	4168.50	5670	2365.8
1992	6275.60	5540	3475.80	3632.30	5840	2117.70	2099.10	5300	1111.80	4176.50	5660	2364
1993	6059.70	5210	3154.80	3540.50	5640	1998	1931.30	4610	890.40	4128.40	5490	2264.40
1994	6030.10	5190	3130.60	3622.10	5570	2017.70	1944.90	4760	926.20	4085.30	5400	2204.40
1995	6025.50	5430	3267.35	3781.80	5840	2207.55	1878.20	4580	859.50	4147.30	5810	2407.90
1996	6069.70	5700	3463.10	3819.30	6110	2329.70	1943.10	5040	979.80	4126.70	6020	2483.30
1997	5840.40	5730	3343.84	3042.70	6180	1879.93	1935.10	4950	957.30	3905.30	6110	2386.60
1998	5688.90	5580	3170.96	2875.90	6290	1808.82	1798.30	4460	800.20	3890.60	6090	2370.70
1999	5606.30	5820	3260.66	4081.60	6120	2500.35	1523.60	5010	762.80	4082.70	6120	2497.90
2000	4450.50	5880	2617.90	3795.70	6020	2285.01	507.30	5160	262	3943.10	5970	2355.90
2001	3798.10	5820	2208.91	—	—	—	172.20	4140	47.77	3625.90	5870	2127.90
2002	3313.50	5780	1913.70	—	—	—	31.50	4950	15.57	3282.00	5790	1898.10
2003	3105.30	5160	1603.70	—	—	—	12.90	3960	5.10	3092.40	5180	1598.60
2004	3254.10	5570	1812.20	—	—	—	13.90	4550	6.30	3240.20	5570	1805.90
2005	3236.90	5550	1797.70	—	—	—	—	—	—	—	—	—
2006	3129.80	5660	1871.10	—	—	—	—	—	—	—	—	—
2007	3137.90	5940	1864.40	—	—	—	—	—	—	—	—	—
2008	3212.90	6380	2049.60	—	—	—	—	—	—	—	—	—
2009	2918.90	6080	1773.72	—	—	—	—	—	—	—	—	—
2010	2951.20	6080	1790.81	—	—	—	—	—	—	—	—	—

1991—2010 年云和县旱粮生产情况统计表

表 9-1-5

年份	小麦			大麦			甘薯			马铃薯			大豆			玉米			蚕豌豆			合计	
	面积（公顷）	单产（千克）	总产（万千克）	面积（公顷）	单产（千克）	总产（万千克）	面积（公顷）	单产（千克）	总产（万千克）	面积（公顷）	单产（千克）	总产（万千克）	面积（公顷）	单产（千克）	总产（万千克）	面积（公顷）	单产（千克）	总产（万千克）	面积（公顷）	单产（千克）	总产（万千克）	面积（公顷）	总产（万千克）
1991	486.7	1670	81.3	40.0	1380	5.5	580.0	2940	171.1	686.7	1770	122.6	593.3	1620	97.3	126.7	1700	21.4	73.3	1140	8.1	2586.7	507.3
1992	420.0	1610	68	33.3	1280	4	653.3	2900	189.1	700.0	1850	129	560.0	1710	95.5	140.0	2100	14.7	80.0	740	6	2586.7	506.3
1993	293.3	1700	49.8	20.0	1310	2.7	653.3	2760	180.1	713.3	1880	133.2	546.7	1670	91.1	120.0	1910	22.8	60.0	930	5.5	2406.7	485.2
1994	253.3	1680	42.1	20.0	1310	2.5	640.0	2840	194.8	780.0	2060	160	560.0	1820	101.4	133.3	2070	27.5	100.0	960	9.4	2486.7	537.7
1995	160.0	1920	30.7	20.0	1650	3.3	693.3	3270	241.6	820.0	2130	174.3	673.3	1620	106.9	140.0	2460	34.5	113.3	1160	12.7	2620.0	604
1996	120.0	1890	22.8	26.7	1250	3	740.0	3440	212.1	993.3	2210	220	573.3	2090	91	146.7	2480	36.6	153.3	1040	15.7	2753.3	601.2
1997	120.0	1820	21.7	20.0	1200	2.4	613.3	3660	212.3	1293.3	2280	294.1	613.3	2100	128.4	133.3	2600	34.6	153.3	1100	16.8	2946.7	710.3
1998	66.7	2090	13.9	20.0	1550	3.1	580.0	3510	218	1293.3	2310	294.4	540.0	2090	112.5	180.0	4310	77.5	180.0	950	16.9	2860.0	736.3
1999	33.3	1980	6.6	6.7	1500	1	620.0	230	260.2	1260.0	2280	287.2	640.0	2310	147.9	166.7	2970	49.4	173.3	1190	20.5	2900.0	772.8
2000	20.0	1800	3.6	2.7	1470	0.4	806.7	3200	217.1	1073.3	2310	247.5	666.7	2250	150.3	180.0	2910	52.5	126.7	1250	15.7	2876.0	687.1
2001	13.3	2210	2.2	—	—	—	680.0	3410	239	533.3	2340	124.8	673.3	2250	151.5	160.0	2660	41.6	93.3	1400	13.3	2153.3	572.4
2002	—	—	—	—	—	—	700.0	3120	228	1073.3	4650	499.1	680.0	1010	157.1	113.3	3150	36.7	93.3	1440	13.3	2660.0	934.2
2003	—	—	—	—	—	—	733.3	3240	234.7	1053.3	4650	489.8	646.7	2150	139.1	106.7	3270	34.3	93.3	1440	12.8	2633.3	910.7
2004	—	—	—	—	—	—	726.7	4320	379.1	933.3	4500	420	833.3	2220	184.8	193.3	3600	70.1	—	—	—	2686.7	1054
2005	—	—	—	—	—	—	953.3	4560	435.8	653.3	4530	296	900.0	2360	211.5	186.7	3750	70.5	100.0	1530	14.9	2793.3	1028.7
2006	—	—	—	—	—	—	940.0	4460	419.4	573.3	1820	104.1	906.7	2330	210.7	173.3	3960	69.7	86.7	1490	12.5	2680.0	816.4
2007	—	—	—	—	—	—	886.7	4550	431.9	520.0	1950	101.4	920.0	2330	213.8	166.7	3690	60.9	86.7	1490	12.8	2580.0	820.8
2008	—	—	—	—	—	—	933.3	4590	427	526.7	2000	422.7	980.0	2360	228	173.3	3750	65.3	86.7	1500	13.1	2700.0	1156.1
2009	—	—	—	—	—	—	860.0	4770	409.6	466.7	4760	220.5	866.7	2130	184.1	166.7	3870	63.6	86.7	1920	16.7	2446.7	894.5
2010	—	—	—	—	—	—	780.0	4760	369.8	426.7	3330	141.5	826.7	2180	180.7	186.7	3750	71	86.7	1530	13.4	2306.7	776.4

水稻品种 1991年，开始配置Ⅱ优10号。1992—2004年，中晚稻组合以Ⅱ优10号、汕优10号为主，汕优63、汕优64、Ⅱ优63、协优46、D优46、温优3号、Ⅱ优92、Ⅱ优6216为次，搭配组合增加Ⅱ优明86、两优培九等超级稻组合。2005—2010年，试种和推广中浙优系列的中浙优1号、2号、8号和甬优系列的甬优8号、9号、10号、15号等组合15种。

旱粮生产 1991年，全县旱粮播种面积为2586.7公顷，总产量507.3万千克。2000年，旱粮播种面积2876公顷，总产量687.1万千克，比1991年增加286.7公顷和179.8万千克，增幅11.1%和35.4%。2010年，旱粮播种面积2306.7公顷，总产量776.4万千克，比2000年播种面积减少566.7公顷，总产量增加89.3万千克。

旱粮品种 小麦：主要推广丽麦16、浙麦2号、87鉴4、钱江2号等；马铃薯：主要推广大洋种、克新4号、东农30等；甘薯：主要推广荆56、瑞薯1号、新薯1号、新薯2号、徐薯18、南薯88等；大豆：主要推广矮脚早、浙春2号和地方品种六月豆等，鲜食大豆推广台湾75、引豆9701等；玉米：平展型品种推广丹玉13、苏玉1号、苏玉4号等；紧凑型品种推广掖单2号、掖单4号、掖单12号、掖单13号等。以鲜食为主的推广糯玉米、苏玉糯1号、苏玉糯2号、浙凤糯2号，鲜食甜玉米、超甜3号、超甜2018、浙凤甜2号等；小杂粮：绿豆推广中绿1号、赤豆推广大红袍，豌豆推广中豌4号、中豌6号等。

油菜

面积和产量 1991年，全县油菜种植面积296.1公顷，总产量36.16万千克。1992年，油菜种植面积和总产量分别为348.8公顷和38.8万千克。2007年，油菜种植面积和总产量分别为70.5公顷和11.78万千克。2010年，种植面积122.1公顷，总产22.09万千克。

图9-1-1 云和镇溪口村（陈忠人于2010年摄）

品种 1991—1999年，主要种植品种是九二13系、湘杂油一号、中油821、浙双6号和浙双72号。2000—2010年，主要种植品种是双低油菜浙双6号、浙双72号和油研七号。

1991—2010年云和县油菜生产情况统计表

表9-1-6

年份	面积（公顷）	单产（千克）	总产（万千克）	年份	面积（公顷）	单产（千克）	总产（万千克）
1991	296.10	1220	36.16	2001	169.90	1580	26.80
1992	348.80	1110	38.80	2002	158.40	1730	27.29
1993	195.30	1140	22.37	2003	125.50	1530	19.20
1994	184.00	1230	22.50	2004	131.10	1470	19.20
1995	246.10	1140	28.12	2005	131.70	1550	20.40
1996	258.70	1100	28.20	2006	111.50	1530	17.10

续表 9-1-6

年份	面积（公顷）	单产（千克）	总产（万千克）	年份	面积（公顷）	单产（千克）	总产（万千克）
1997	286.30	1350	38.74	2007	70.50	1670	11.78
1998	239.40	1200	28.90	2008	87.10	1770	15.47
1999	261.10	1290	337.0	2009	116.40	2420	28.09
2000	175.30	1380	24.18	2010	122.10	1820	22.09

蔬菜

蔬菜种类 云和县蔬菜种类主要有萝卜类、白菜类、甘蓝类、芥菜类、茄果类、豆类、瓜类、茎秆类、葱蒜类、绿叶蔬菜类、薯芋类、水生类蔬菜、芽菜、野生蔬菜、花类蔬菜、食用菌、竹笋等 17 类。

常年蔬菜 20 世纪 90 年代，云和镇蔬菜村和白垟墩村蔬菜队为城镇常年蔬菜基地，基地面积 19 公顷，城郊农民菜园自种自给多余蔬菜运送集市交易。秋季蔬菜淡季，山区高山蔬菜做补充。乡村农民自给蔬菜以农户自种为主，全县面积约 700—800 公顷。

1995 年，县科委从上海引进钢架标准大棚 6 个，在街头畈菜农家进行试验示范，结果经济效益比常年生产提高 3 倍以上。1996 年，推广钢管标准大棚 126 个，其中蔬菜村 40 个，白垟墩村蔬菜队 78 个，程宅村 8 个。1998 年，云和镇巧云村、蔬菜村在街头畈联合续建钢管大棚蔬菜示范基地 6.6 公顷，配套建设水、电、路基础设施。

1999 年，向石塘镇规溪村推广蔬菜大棚 4 个、赤石乡林海垟村推广蔬菜大棚 4 个、云坛乡沈岸村推广蔬菜大棚 12 个。是年，推广竹搭塑料小拱棚 30 公顷，保护芹菜、花菜、莴苣笋等安全越冬。是年，实施“放心菜”工程，发展无公害大棚蔬菜 1.5 公顷。2001 年，县农业局投资 167 万元在沙溪乡长田、河上村新建高标准农业示范园 3.5 公顷，园内新建单体标准钢管大棚 2.7 公顷，联栋钢架大棚 3 座，约 2000 平方米；高标准配套水、电、路、管理房等基础设施。自此，大棚栽培成为蔬菜种植大户、专业户和专业合作社的生产模式。至 2010 年，全县新建蔬菜大棚面积约 30 公顷，每年增加菜农经济收入约 1000 万元。

图 9-1-2 河上现代农业示范园区（2007 年摄 县农业局经作站提供）

高山蔬菜 1980 年，县果菜公司在叶垟和梅竹两个村试种高山蔬菜，主要品种有西红柿、甜椒、茄子、黄瓜等。是年，省农业厅、省副食品公司在云和县召开反季节高山蔬菜专题现场会，推广高山蔬菜种植经验。是年，种植规模小，仅供于县果蔬公司。1995 年，县扶贫办在黄源乡陈坞村、黄家畲村建立试验示范基地 20 公顷，获丰产，产品在温州市场畅销，取得较好效益。

1998年冬，省农业厅把本县反季节蔬菜和食用菌生产列入省农业重点扶持项目(1999至2001年，省农业厅每年扶持资金100万元)。1999年起，县农业局分别在崇头镇下坪村新建试验示范基地6.6公顷、云丰乡后坪村新建试验示范基地3.3公顷、沙铺乡朱宅村新建试验示范基地1.2公顷。在示范基地范围内，每亩补助种苗费25元、磷肥100千克，黄源乡20公顷原基地同等扶持。是年，陈坞村修建排蓄水沟和机耕路，新建钢架防雨棚，以便蔬菜交易。2000年后，以黄源乡为中心，逐步向崇头镇、云丰乡、沙铺乡和大湾乡等高山区块发展，推广品种有早丰甘蓝、甜辣椒、小尖椒、四季豆、西红柿、茄子、黄瓜、茭白、马铃薯、盆菜和日本进口的白玉春萝卜、小南瓜等10多个品种。是年，种植面积267公顷，同比增长5.26%。

图9-1-3 黄源乡甘蓝 (1995年摄 县经济作物站提供)

2001年，中共云和县委、县人民政府启动实施小县大城战略，把发展高山蔬菜列入"5个千家万户"。是年，高山蔬菜向雾溪乡和安溪乡黄家地、东岱等村扩展；推广营养液育苗，肥水和滴灌等先进技术。

2002年，黄源乡20公顷早丰甘蓝列入无公害生产，经环境和产品检测，被农业部认定为无公害农产品，此后，每年有序发展。

2010年，黄源乡早丰甘蓝种植面积297公顷。是年，全县蔬菜面积1343.27公顷，比1991年的781.07公顷增加0.7倍；产值3322万元，比1991年的321万元增加9.35倍。

水果用瓜 水果用瓜是指西瓜、甜瓜、草莓等。

1991—1998年，种植面积徘徊在29—60公顷之间，以农户零星种植为主。1999年后，利用新开发的果园、茶园套种西瓜，西瓜产区主要分布在云和镇、石塘镇、云坛乡、紧水滩镇等地。是年，紧水滩镇田坪村、外坪村利用高山生态资源优势生产秋季西瓜。是年，全县水果用瓜种植面积105.5公顷，产量256.7万千克，其中西瓜256.4万千克。

2010年，全县种植面积244.13公顷，产量473万千克，产值568万元，比1991年种植面积的29.2公顷，产值的23万元，分别增加8.36倍和24.7倍。

1991—2010年云和县蔬菜及水果用瓜种植情况统计表

表9-1-7

年份	蔬菜面积(公顷)	蔬菜产量(万千克)	蔬菜产值(万元)	水果用瓜面积(公顷)	水果用瓜量(万千克)	水果用瓜值(万元)
1991	781.07	—	321	29.20	—	23
1992	717.80	—	—	60.47	—	—
1993	771.13	—	—	49.07	—	—
1994	815.53	—	—	28.80	—	—

续表 9-1-7

年份	蔬菜面积（公顷）	蔬菜产量（万千克）	蔬菜产值（万元）	水果用瓜面积（公顷）	水果用瓜量（万千克）	水果用瓜值（万元）
1995	873.67	—	—	31.13	—	—
1996	886.34	—	—	39.13	—	—
1997	932.40	1799.70	—	44.80	179.10	—
1998	980	2013.80	—	51.67	132.30	—
1999	922.20	1628	—	105.53	256.70	—
2000	1087.80	2649.10	—	124.20	332	—
2001	1492	3921.10	—	122.27	500.10	—
2002	946.93	3880.20	2424	182.47	464.70	466
2003	1070.54	3985	2600	136.73	388.30	388
2004	1089.53	3325.80	2024	128.87	347.80	348
2005	1438	2978.90	2225	126.93	361.20	364
2006	1605.80	3008.80	29005	149.27	401.90	102
2007	1486.20	2771.70	2416	137.07	376.90	377
2008	1339.80	1821.30	2310	155.20	458.80	427
2009	1318.67	2648.60	2478	213.20	417.80	435
2010	1343.27	2638.70	3322	244.13	473	568

说明：马铃薯已归粮食作物中统计。

第三节　养 殖 业

家畜养殖

猪　1991年，全县生猪饲养量85466头。1992年，全县生猪饲养量90376头，自给有余，另30%左右外调各地。1997年，大量农村人口外出务工，农户散养大部分退出养殖，生猪饲养量呈骤减趋势，全县饲养量为50058头。1998—2005年，规模养殖户得到发展，全县养殖规模基本稳定，年均饲养量在55100头左右。2006年，全县饲养量再次下滑。2007年，全县饲养量37200头。是年，为鼓励生猪养殖，县人民政府出台《关于促进生态畜牧业发展的若干意见》，扶持补助生猪生态规模养殖场建设。至2010年，向省农业厅申报立项生猪规模养殖场建设项目10个，争取省

图 9-1-4　安溪乐福久养猪场　（江少雄于2008年摄）

农业厅补助资金270万元，规模养殖户发展到67户，全县生猪饲养量45400头。

1991—2010年云和县生猪养殖情况统计表

表9-1-8　　　　单位：头

年份	1991	1992	1993	1994	1995	1996	1997	1998	1999	2000
存栏	49407	54303	53569	49682	50293	46554	46554	46554	46554	46554
出栏	36059	36073	36422	36077	33870	33995	33995	33995	33995	33995
年份	2001	2002	2003	2004	2005	2006	2006	2006	2006	2006
存栏	25400	26000	26000	24200	24000	21500	21500	21500	21500	21500
出栏	29900	29600	30200	28500	28300	24300	24300	24300	24300	24300

牛　云和县牛的养殖主要是耕牛、黄牛为主，水牛次之。本地黄牛体型小，善登山爬坡，行动轻快灵活，适宜山区山高、坡陡、路窄、田块小、耕作层浅的耕作自然条件。1991年，存栏8113头。1993—2003年，因机耕面积增多和山区农田休耕、弃耕现象频发，耕牛养殖量逐年下降。2004年起，呈阶段性下降，至2010年，存栏2300头。

1991—2010年云和县牛养殖情况统计表

表9-1-9　　　　单位：头

年份	1991	1992	1993	1994	1995	1996	1997	1998	1999	2000
存栏	8113	8244	7884	7720	7616	7263	6425	6111	5685	6600
年份	2001	2002	2003	2004	2005	2006	2007	2008	2009	2010
存栏	5300	5300	5200	3000	2900	2670	2520	2410	2525	2300

羊　云和县云丰、黄源等乡及云和城郊部分农户有养殖山羊习惯。1991年，全县山羊存栏125头。2000年，云丰、黄源、云坛、雾溪、云和等乡（镇）实施贫困山区发展草食动物项目。是年，饲养量上升到2800头。2003年，达到7000头，养羊专业户为254户，专业户饲养量6449头。2004年起，因养羊效益一般和山区农民下山脱贫，养殖户逐步退出养殖。2010年，山羊饲养量2100头。

图9-1-5　赤石乡一养殖户的养羊场（江少雄于2010年摄）

1991—2010年云和县山羊养殖情况统计表

表9-1-10　　　　单位：头

年份	1991	1992	1993	1994	1995	1996	1997	1998	1999	2000
存栏	125	110	211	171	305	406	603	382	1279	2800
年份	2001	2002	2003	2004	2005	2006	2007	2008	2009	2010
存栏	3800	5600	7000	4500	4000	3600	2300	2100	1900	2100

兔 1991年，獭兔存栏2200只，有本地肉兔、西德长毛兔和獭兔三个品种。1992年，因皮毛价格下滑，存栏下降。2010年，兔饲养存栏数为2700只，以家兔为主，长毛兔、獭兔饲养量极少。

1991—2010年云和县兔养殖情况统计表

表9-1-11　　单位：只

年份	1991	1992	1993	1994	1995	1996	1997	1998	1999	2000
存栏	10309	6109	1247	1603	1291	1406	839	950	1100	1500
年份	2001	2002	2003	2004	2005	2006	2007	2008	2009	2010
存栏	2200	4000	1800	1600	1500	1200	1300	1300	1000	2700

家禽养殖

1991年，全县家禽存栏149300羽，出栏103268羽，鸡与鸭的饲养量比例为13比1左右。1992—1998年，家禽饲养量基本稳定。

1999年春，引进快大型白羽鸡，市场需求旺盛，饲养量急剧上升；政府鼓励发展番鸭养殖，8月，成立首个“云和县农民养鸭专业合作社”。是年，发展养鸭专业户126户，全县家禽饲养量为存栏263226羽，出栏831223羽，其中番鸭饲养量524000羽，鸭与鸡的饲养比例接近1:1。

图9-1-6　云和县桓源农业有限公司蛋鸡养殖场（江少雄于2008年摄）

2000年起，由于外地调入苗鸭质量不佳，规模饲养导致许多疾病提前发生，番鸭饲养规模逐步下降；快大型白羽鸡因市场需求，发展平稳。2009年，因市场过剩，快大型白羽鸡饲养量开始下滑。

2010年，全县家禽饲养量存栏264200羽，其中鸡存栏236600羽，鸭存栏27500羽，鹅存（出）栏数约100羽（云和县居民不喜吃鹅肉，故只个别农户散养）；出栏1190500羽，其中鸡出栏1107950羽，鸭出栏82450羽，鸡与鸭饲养比例为10:1。

1991—2010年云和县家禽养殖情况统计表

表9-1-12　　单位：羽

年份	1991	1992	1993	1994	1995	1996	1997	1999	2000
存栏	149300	159698	182783	165660	169960	170926	139342	263226	258000
出栏	103268	98989	127143	112680	145345	150231	125769	831223	644400
年份	2001	2002	2003	2004	2005	2006	2007	2009	2010
存栏	161000	123200	122500	130000	121500	161500	160900	301600	264200
出栏	759200	372700	368200	404100	600000	655100	661400	1248100	1190500

特种养殖

蜜蜂养殖 1991年，全县蜜蜂饲养量为1891箱，每箱平均年产蜂蜜5—10千克。是年，产蜂蜜1.9万千克。2000年，饲养量760箱；因缺乏规划和政策扶持，蜜蜂养殖处于自行发展状态，饲养量不断减少。2010年，全县饲养量为500箱。

1991—2010年云和县蜜蜂养殖情况统计表

表9-1-13　　单位：箱

年份	1991	1992	1993	1994	1995	1996	1997	1998	1999	2000
养殖量	1891	1772	1848	1760	1553	1405	867	855	800	760
年份	2001	2002	2003	2004	2005	2006	2007	2008	2009	2010
养殖量	650	660	570	550	580	610	620	560	550	500

梅花鹿养殖 2004年，紧水滩镇一农民从北京市顺义区旭隆种鹿有限公司引进21头梅花鹿，在云和镇新岺村建立规模200头的建峰梅花鹿养殖场，投入成本高，生产效益低，2008年转让。

其他特种养殖 1991—2010年，全县有少数农民饲养少量的鸽子、珍珠鸡、鹌鹑、家犬、孔雀、石蛙、野猪、华南兔等，因政府及主管部门以发展效益农业为主，忽视少数农户饲养的特种动物，主管部门缺乏特种养殖方面的技术、资金支撑，故未得到发展。

图9-1-7 朱村乡杨村李洪旺养蜂场（李岳高2009年摄）

图9-1-8 云和华态蓝孔雀养殖场（李岳高2009年摄）

第四节　水产养殖

产地分布及产量

水产养殖主要分布在赤石乡、紧水滩镇、石塘镇、崇头镇等，全县养殖面积2933公顷，养殖方式为水库增养殖（每年投放鱼苗）、网箱养殖、池塘山塘养殖和稻田养殖等，其中水库增养殖面积2313.3公顷，池塘、山塘养殖36.7公顷，稻田养殖面积533.3公顷。全县水产品产量：1991年，62万千克；2000年，101万千克；2010年，350万千克。

水库增养殖

图 9-1-9 紧水滩水库捕鱼（刘晓明于2008年摄）

水库增养殖以紧水滩水库、石塘水库为基地，鲢、鳙鱼洁水鱼增养殖为主，紧水滩、石塘水库水质常年保持在Ⅱ类水标准，生产方式：增殖放流、人放天养、年放年捕。

2002年，紧水滩水库云和县域内生产的鲢、鳙、鲤、草鱼获得国家环保总局南京有机食品认证中心有机产品认证，是省内第二个获得有机认证的水产品。

网箱养殖

1995年，云和县政府鼓励库区移民利用水库水域资源发展网箱养鱼。2010年，面积8万平方米左右，投饵网箱4000多只；全县水产品产量为350万千克。是年，因过度养殖，引发蓝藻暴发，致水库水体富营养化，县政府决定整治拆除。

池塘山塘养殖

1991年，推广池塘山塘养殖多数为多品种混养模式，以罗非鱼为主，混养鳙、鲢、鲤、鲫、鳊、草鱼等，亩产一般在600千克左右，立地条件好、养殖技能高的可达亩产1000千克以上。

稻田养殖

图 9-1-10 云丰乡后垟村稻田养鱼（陈忠人于2009年摄）

20世纪90年代初，县渔业部门推广稻田养鱼，规模逐步扩大。2000—2010年，县水利局在崇头镇、紧水滩镇、赤石乡、安溪乡等，通过以点带面、建立科技示范户、项目扶持、技术培训、送鱼苗入户等措施，推进稻田养鱼；养殖模式向稻鱼、稻鳖、稻螺（田螺）、稻鳅（泥鳅）共生方向发展。

1991—2010年云和县水产养殖情况统计表

表 9-1-14

年份	水产养殖面积（公顷）	其中水库养殖面积（公顷）	其中山塘、池塘面积（公顷）	网箱养殖面积（平方米）	捕捞渔船数量（艘）	水产品产量（万千克）	水产品产值（万元）
1991	2162.67	2108.00	54.67	—	46	62	550
1992	2164.00	2108.67	55.33	1000	49	64	571
1993	2166.67	2110.00	56.67	2000	53	68.50	611
1994	2166.67	2109.33	57.33	3000	55	71	633
1995	2170.00	2111.33	58.67	3000	58	74	660
1996	2170.00	2111.33	58.67	4000	61	78	696
1997	2176.67	2113.33	63.33	5000	63	81	723
1998	2176.67	2113.33	63.33	7000	66	85	759

续表 9-1-14

年份	水产养殖面积（公顷）	其中水库养殖面积（公顷）	其中山塘、池塘面积（公顷）	网箱养殖面积（平方米）	捕捞渔船数量（艘）	水产品产量（万千克）	水产品产值（万元）
1999	2186.67	2121.00	65.67	9000	70	94	839
2000	2186.67	2121.00	65.67	11000	75	101	901
2001	2200.00	2126.67	65.67	16000	80	112	1000
2002	2225.33	2126.67	71.00	24000	84	126	1134
2003	2233.33	2126.67	79.00	30000	92	143.90	1295
2004	2236.67	2130.00	80.00	33000	101	168	1500
2005	2238.00	2130.00	80.00	33500	119	252	2356
2006	2243.33	2170.00	73.33	39000	123	263	2580
2007	2254.67	2114.67	73.33	42000	125	279	2760
2008	2266.67	2196.67	70.00	45000	127	291	2970
2009	2266.67	2186.67	80.00	60000	157	301.60	3150
2010	2400.00	2313.33	86.67	80000	170	350	4025

说明：不包括稻田养殖。

第五节 食用菌生产

产地分布

云和县食用菌生产区域主要集中在公路沿线，生产量300万棒以上区域主要集中在崇头镇梅源片区和云和镇河坑、新岭、沙溪、高胥片区；生产量100万棒以上区域主要集中在以黄家畲为中心的周村、陈坞、大洋一带，以朱村为中心的泉溪、金村一带，以沈村为中心的云景公路一带；小规模零星栽培户分布在全县各乡（镇）、村。

生产发展

1991年，全县食用菌产值1912万元，是年，推广代料香菇710万袋，新增产值1250万元。1995年，推广应用层架式栽培技术，代料香菇发展迅速，持续稳定在5000万棒，椴木香菇开始异地开发。2000年，云和县被中国食用菌协会命名为“全国食用菌行业商品基地先进县”。2001年，代料黑木耳露天栽培技术获得成功，属国内首创。2002年，应用与生产推广黑木耳代料栽培得到快速发展。2008年起，代料香菇、黑木耳栽培量稳定在7553万

图9-1-11 云和镇沙溪片区香菇栽培基地（吴岩课于2005年摄）

棒，其中代料黑木耳栽培量1540万棒。是年，外出菇民涉安徽、湖北、贵州、河南等28个省165个市2250多个乡镇，累计外出菇民3850余人，产值6300万元，利润3000万元，其中：异地生产黑木耳接种量300万瓶以上，产值4500万元，利润1800万元；异地生产代料香菇600万棒，产值1800万元，利润1200万元。同年，全县食用菌从业农户1.5万余户、从业人数4万余人，分别占全县农户数和农业人口数的55%和43.4%。是年10月，县人民政府办公室先后印发《云和县食用菌产品质量安全专项整治行动方案的通知》《关于在全县开展食用菌产品质量安全专项整治的通告》，全县禁止"菇棒浸蜡"工作随之开始。2009年10月4日，因菇棒浸蜡后菇型、菇相好，黄源乡一些菇农聚众抵扯，冲击乡政府闹事。事件发生后，县有关部门迅速启动应急预案，平息该事件。2010年，食用菌总产值达2.58亿元。

图9-1-12　崇头镇代料花菇（吴岩课于2007年摄）

加工销售

1991年，县农业局利用日本食用菌黑字还流（日本银行业专业术语）贷款30万美元，创办云和县农业经济技术开发公司，从日本引进智能化香菇烘干机1台，香菇机械烘干从此开始。

1994年，组建云和县云宝发展总公司，在县医药公司菌种站、县林业局金林大酒店首建鲜菇保鲜库2座，占地面积约400平方米。

1995年起，先后在云和镇中山路65号（老车站）、象山菌种站和香菇主产地（石塘、崇头、沙溪等地）续建保鲜库60多个。

2001年，新建云和香菇交易市场，占地面积8000平方米；朱村乡、石塘镇、崇头镇、黄源乡等鲜菇集散点交易规模比较大，崇头镇成为浙西南最大的鲜菇交易中心。是年，镇域范围内有保鲜库50多个，烘房150多个，日交易量达10万千克以上。

2003年，全县有食用菌材料专卖店57个，营业额2000多万元，食用菌保鲜库66个，年销售量150万千克，烘干房1547个，产品营销窗口106个，产品销往日、韩、美等国家及北京、上海、杭州、苏州等城市，销售量1500万千克。

图9-1-13　云和镇长田村香菇晾干冷藏（吴岩课于2008年摄）

技术推广

1991年，云和县研发成功半地下式栽培香菇技术，此项技术较大棚栽培有着节本减耗、菇粮轮作、提质增效的友好生态农业发展特点；较大棚畦栽相比，每亩节省搭架材料 7500 千克、节约成本约每亩 5000 元，处国内领先地位。自此，半地下式栽培香菇技术逐步替代大棚畦栽技术，是全县及周边县（市）香菇栽培的主要推广技术。

1993 年，全县全面推广半地下式栽培香菇，栽培量 1020 万棒，冬菇产出比例高、菇质好，为此，云和香菇产地价格比其他县（市）每千克高出 4—6 元。

1995 年，半地下式香菇栽培量 5000 万棒，亩排放量 1 万棒。是年，引进推广代料花菇大棚层架式栽培技术，亩排放量 3 万棒，土地利用率提高三倍，推广 1200 万棒。自此，半地下式栽培和花菇大棚层架式栽培成为香菇栽培主推技术。

图 9-1-14 云和镇长田村大棚夏菇（吴岩课于 2005 年摄）

1998 年，为提高稻草利用率，推广简易栽培蘑菇 16.87 公顷，产量 24.7万千克，产值 148 万元。

2001 年，云和县创造代料黑木耳露天栽培技术，木材资源利用率得到大幅度提高（每吨干木耳产出木材消耗从 20 立方米木材降至 9.2 立方米木材）。是年，代料黑木耳露天栽培等技术被全国各地广泛推广应用。

2009 年，大棚层架式花菇栽培，全面推广二次套袋及割袋出菇技术，从而解决蜡棒花菇质量安全隐患。是年，云和县禾丰食用菌专业合作社，引进工厂化杏鲍菇生产，年产鲜菇 50 万千克，产值 1000 余万元。

2010 年，云和县兴农合作社创建菌棒工厂化生产，日产菌棒 3 万棒，年生产、销售 550 万棒，产值 1300 万元，产品出口美、日、韩等国家。

良种推广

1991 年，代料香菇品种以 L868、Cr02、L241 为主，栽培量分别为 40%、50%、10%。

1995 年，半地下式栽培引进推广 L26、Cr04、L9015 三个品种，栽培量分别为 30%、50%、20%；大棚层架栽培引进推广 L135、L939 两个花菇品种，栽培量分别为 45%、55%。

1998 年，引进试种杏鲍菇、鸡腿菇、姬松茸、大球盖菇等品种 10 多个，1999 年，开始在沙溪乡一带杏鲍菇大棚层架栽培 130 万袋，鸡腿菇大棚畦栽 5.67 公顷。

2001 年，代料黑木耳主栽品种为“新科”。2003 年，新增黑木耳品种 916，占栽培量的 75%。

图 9-1-15 云坛乡沈岸村栽培的代料香菇（吴岩课于 2005 年摄）

2005 年，引进武香 1 号开始高山反季节栽培夏菇。2010年，云丰乡后洋村、张家地村等高海拔地区栽培夏菇115万袋。是年，新引进花菇品种L808，栽培量为10%。

模式创新

1995年，利用半地下式香菇栽培技术，推广菇粮轮作模式，解决菇粮争地问题；利用木制玩具加工后的杂木下脚料进行食用菌生产，废弃菌棒用于农作物生产地力培肥，形成循环经济发展模式，既解决资源循环利用，又降低菇农生产成本。

2001年，推广菇稻菇周年生产、瓜耳（吊瓜与黑木耳）共生、稻禽共生与香菇轮作等栽培模式。

2003年，开展水稻冬闲田栽培代料黑木耳试验，推广耳稻轮作栽培模式，菇粮和谐发展。该模式延续至2010年。

完善管理机制

1989年，成立云和县食用菌管理站。1991年，乡（镇）食用菌管理人员3人。2000年，食用菌管理人员18人，县乡（镇）二级推广网络健全；食用菌制种单位6家。

2002年，成立食用菌异地开发办公室，与食用菌管理站合署办公，一套人马二块牌子。

2010年，食用菌制种单位108家，制种单位对食用菌生产实行跟踪服务，菌种供应到哪里服务就到哪里。是年，成立云和县食用菌产业协会。

图9-1-16 黑木耳地理标志证明商标（2009年摄 县农业局提供）

图9-1-17 “山兰”牌黑木耳获金奖（1994年摄 县农业局提供）

生产效益

1991年，全县生产食用菌125.8万千克，产值1912万元。2010年，全县生产食用菌965.3万千克，产值25862万元。

获奖

1994年11月，云和县农产品专业合作社年销售“山兰”牌黑木耳收入达8000多万元，“山兰”牌黑木耳在国际香菇和新技术及产品研讨会上获得金奖。2000年，被中国食用菌协会评为全国商品基地县。2004年，被省人民政府确定特色优势农产品生产基地县。2007年，被评为浙江省食用菌强县。2009年，云和黑木耳成功申报国家地理标志证明商标。

1991—2010 年云和县食用菌生产情况统计表

表 9-1-15

项目 \ 年份	代料香菇			椴木香菇			代料木耳			椴木木耳			茯苓			其它			合计	
	栽培量（万袋）	产量（万千克）	产值（万元）	栽培量（万立方米）	产量（万千克）	产值（万元）	栽培量（万袋）	产量（万千克）	产值（万元）	栽培量（万袋）	产量（万千克）	产值（万元）	栽培量（万袋）	产量（万千克）	产值（万元）	栽培量	产量（万千克）	产值（万元）	产量（万千克）	产值（万元）
1991	710	42.60	1250	0.37	3.20	120	—	—	—	0.20	3	180	1.20	77	362	—	—	—	125.80	1912
1992	650	39.50	1179	0.20	1.80	110	—	—	—	0.24	3.7	222	2.50	160.5	755	—	—	—	205.50	2266
1993	1250	100	2650	0.20	2.80	160	—	—	—	0.46	7	420	1.20	51	100	竹荪 0.3 万立方米	0.035	8	160.84	3338
1994	1800	145.60	3879	0.10	1.45	90	—	—	—	0.96	14.5	870	1	42.5	90	平菇 0.3 万袋	0.035	18	204.09	4947
1995	5000	375	12500	0.25	2	100	—	—	—	0.98	14.8	888	0.30	50	200	—	—	—	441.80	13688
1996	6500	487.50	15200	0.25	2	100	—	—	—	0.56	8.4	504	0.30	50	200	—	—	—	547.90	16004
1997	6440	448.20	14342	—	—	—	—	—	—	0.20	3	180	—	—	—	—	—	—	451.20	14522
1998	4994	366.35	12456	—	—	—	8 万包	0.15	6	0.60	9	540	—	—	—	磨菇 8 公顷	0.938	37.5	376.44	13039.50
1999	6000	399.90	13596	—	—	—	15 万包	0.3	12	0.82	13.1	787	—	—	—	磨菇 9 公顷	1.01	40.4	414.31	14435.40
2000	6355	500.90	17030	—	—	—	0.05	0.003	0.12	0.81	13.9	834	—	—	—	杏鲍菇 50 万袋	2	180	516.80	18044.12
2001	4847	399.40	14092	—	—	—	2	0.1	4	—	—	—	—	—	—	—	—	—	413.40	14930
2002	5718	444.20	15673	—	—	—	15	0.8	40	—	—	—	—	—	—	—	—	—	445	15713
2003	5654	446.60	15697	—	—	—	33	1.80	90	—	—	—	—	—	—	—	—	—	448.40	15787
2004	5342	465.10	15276	—	—	—	175	9.60	480	—	—	—	—	—	—	—	—	—	474.70	15756
2005	5097	304.60	15073	—	—	—	450	24.70	1235	—	—	—	—	—	—	—	—	—	329.30	16308
2006	6117	355.50	16796	—	—	—	610	39.70	1985	—	—	—	—	—	—	—	—	—	395.20	18781
2007	5783	375.99	16701	—	—	—	849	50.90	2545	—	—	—	—	—	—	—	—	—	396.89	19246
2008	6013	390.97	16795	—	—	—	1540	92.40	4620	—	—	—	—	—	—	—	—	—	483.37	21415
2009	7081	460.85	18711	—	—	—	2130	127.8	6390	—	—	—	—	—	—	—	—	—	588.65	25101
2010	6820	443.35	19361	—	—	—	1970	118.2	6501	—	—	—	—	—	—	—	—	—	561.55	25862

说明：小数点后第三位四舍五入。

第六节　多种经营

水果

品种及分布　云和县水果生产有云和雪梨、柑橘类、杨梅、李四大类。桃、杏、柿子、枇杷、石榴、葡萄、猕猴桃等为零星种植。

梨主要分布在云坛乡、安溪乡、雾溪乡、云和镇；柑橘类主要分布在云和镇、沙溪乡、赤石乡、紧水滩镇、大源乡、石塘镇等海拔400米以下的低丘缓坡；杨梅主要分布在云坛乡、石塘镇、云和镇、赤石乡、云丰乡等；麦李，红心李、桃形李为零星种植；国外黑李在重河湾建有示范基地。

雪梨生产　1987年，中共云和县委书记王勋在县干部大会上号召，要抢救云和雪梨这一传统名果。是年，县农业局着手良种苗木选育。1989年，在云坛乡的苏坑、沈庄等村开发雪梨基地20公顷，落实一名特产员，辅导雪梨生产；在苏坑村建立了5公顷示范基地，进行重点培植。

图9-1-18　云坛乡沈岸村的翠冠雪梨（叶忠友于2005年摄）

图9-1-19　2003年云和雪梨被评为中华名果（县仙宫果业有限公司提供）

1997年8月，县政府在云坛乡召开雪梨专题会议，常务副县长卬平正要求把发展云和雪梨列入重要项目，县农业局主管老品种雪梨，县林业局负责新品种引进，各自建立示范基地，主要抓好老雪梨基地的管理。

1998年春，农业局承包统战部在安溪乡下武村的3公顷老品种雪梨基地，建立低产雪梨改造试点。是年，县林业局引进翠冠、清香等早熟梨品种，在重河湾浙西南果树良种繁育基地建示范基地约7公顷。

1999年，县林业局在重河湾现代农业示范园区建立早熟梨试验基地6.7公顷。2000年，县林业局在石塘镇开发雪梨基地16公顷，是年，县林业局以科技入股的形式在沙溪乡长田村建立雪梨示范基地33.3公顷。示范带动雪梨产业向全县宜栽区发展，成为农业主导产业。

2001年起，在重河湾选育出新品种，早熟梨向全县宜栽区大面积推广，鼓励云坛乡包山、苏坑、沈庄、沈村、陈村等村利用区域优势发展中晚熟老雪梨生产，形成云和雪梨早、中、晚熟品种体系。

2005年，云和雪梨生产面积达1069.07公顷，产量271.5万千克。

2010年，云和雪梨面积1043.27公顷，产量321.98万千克，比2005年增长18.6%。

2000—2010年，云和雪梨多次获国家级和省级奖项。

2000—2010年云和县雪梨获奖情况表

表 9-1-16

年份	获奖名称	获奖品牌	级别
1992	浙江省精品水果展示会一等奖	仙宫湖牌西子梨	省级
2001	全国优质早熟梨鉴评暨技术信息交流会上被评为优质早熟梨	仙宫湖牌翠冠梨	国家级
	浙江省副食品商业协会、浙江省营养学会、家庭教育导报社授予仙宫湖牌云和雪梨为“绿色放心营养标志产品”	仙宫湖牌云和雪梨	省级
	浙江省精品水果展示会金奖	仙宫湖牌西子梨	省级
2002	浙江省优质早熟梨金奖	仙宫湖牌翠冠梨	省级
	浙江绿色农产品认定委员会认定云和县仙宫果业有限公司生产的仙宫湖牌云和雪梨为浙江绿色农产品(有效期限:2002年12月6日至2005年12月5日)	仙宫湖牌云和梨	省级
2003	浙江省优质早熟梨金奖	仙宫湖牌翠冠梨	省级
	丽水名牌产品认定委员会认定云和县农业综合开发有限公司生产的仙宫湖牌云和雪梨为丽水名牌产品(有效期限:2003年9月至2006年9月)	仙宫湖牌云和梨	市级
	浙江农业博览会金奖	仙宫湖牌云和梨	省级
	云和县仙宫果业有限责任公司参评的仙宫湖牌云和雪梨被评为全国优质果品,授予“中华名果”称号(有效期三年)	仙宫湖牌云和雪梨	国家级
2004	全国早熟梨等级标准研讨暨优质产品擂台赛上获全国优质早熟梨奖	仙宫湖牌西子绿、脆绿梨	国家级
	浙江省优质早熟梨金奖	仙宫湖牌翠绿梨	省级
	浙江农业博览会金奖	仙宫湖牌云和雪梨	省级
2006	浙江农业博览会金奖	仙宫湖牌云和雪梨	省级
2007	浙江农业博览会金奖	仙宫湖牌云和雪梨	省级
	云和县被中国果业流通协会评为“中国优质雪梨基地重点县”	—	国家级
2010	浙江省精品水果金奖	仙宫湖牌梨	省级
	浙江农业博览会优质奖	仙宫湖牌云和雪梨	省级

柑橘类生产 1991年,全县柑桔类生产面积483.67公顷,主要品种为温州蜜柑和椪柑,产量130.7万千克。1992年冬,县农村工作办公室会同部分县属部门、单位,在云和镇瓦窑村屋后山联建云和盆地67公顷脐橙基地,推广新品种脐橙、胡柚。1993年,县林业局与县委办在云和盆地千亩基地联合开发胡柚基地9.2公顷。1994年,县林业局与营林公司、紧水滩林业站联合创办大源胡柚示范基地8.7公顷,与石塘、云和林业站在原沙溪乡后山村联营开发早香柚基地6.7公顷,与赤石乡政府、乡林业工作站和赤石村(投山)在张源头村联合开发胡柚基地6.5公顷。1998年,全县柑橘类生产面积达到527.87公顷,产量164.4

图 9-1-20 赤石乡张源头村甜橘柚(程泽敏于2009年摄)

万千克。是年，柑橘类种植面积、产量、产值分别占全县水果生产总面积、总产量、总产值的56%、76%和57%。1999年开始，温州蜜柑、胡柚鲜果产大于销，千亩脐橙受冻害，生产规模连年下降，温州蜜柑逐年淘汰，部分胡柚基地高接换种成甜橘柚。2010年，全县以椪柑、甜橘柚为主的生产基地295.73公顷，产量87.9万千克，分别占水果总面积、总产量的16.87%和9%。

杨梅生产　1986年，通过县农业局的规划指导，云坛乡李山前村麻车岗自然村、石塘镇高畲村、沙溪乡西弄村、赤石乡黄岗村等相继发展基地约80公顷，主推品种为东魁、荸荠种（黑炭梅）。1991年，进入初产，果大味甜，色泽艳丽。2003年，云坛乡李山前村麻车岗东魁杨梅获浙江省精品杨梅评比优质奖。

2005—2007年，获浙江省农业博览会优质奖。至2010年，杨梅生产面积246.67公顷，产量65万千克，产值300万元。

图9-1-21　重河湾黑李一角（程泽敏于2003年摄）

李生产　20世纪90年代初，本地李子（麦李）在云和镇云章村下垟自然村栽种7公顷，全县零星种植面积约5公顷；红心李为零星种植，赤石乡麻垟村栽种桃形李面积大约有3公顷，年产鲜果20万—30万千克，黑李种植选择崇头镇重河湾，采用土地租赁经营的办法，连片建立高标准、高质量、高科技示范基地120公顷。

图9-1-22　2003年黑李被评为中华名果（县仙宫果业有限公司提供）

2002年，注册“仙宫湖”黑李商标。2003年12月，“仙宫湖”黑李被中国果品流通协会评为“中华名果”；通过有机转换认证，成为丽水市名牌产品。是年，产鲜果200多万千克，经冷藏处理、包装后直销上海、北京、广州等城市。2005年，增设南京、武汉、福州等销售网点。

2010年，“仙宫湖”黑李再次被评为中华名果，“仙宫湖”商标被评为丽水市著名商标。是年，全县水果面积1750.87公顷，产量962.5万千克，比1991年增加6倍以上；产值1621万元，比1991年增加10.4倍。

1991—2010年云和县水果面积产量产值情况统计表

表9-1-17

年份	合计面积（公顷）	合计产量（万千克）	合计产值（万元）	柑橘面积（公顷）	产量（万千克）	产值（万元）	梨面积（公顷）	产量（万千克）
1991	915.53	159.80	156	483.67	130.70	131	168.80	7.80
1992	862.27	148.30	145	510.53	124.80	125	150.93	6.50
1993	881.47	220.66	201	485.87	185.60	167	135.20	10.01

续表 9-1-17

年份	合计面积（公顷）	合计产量（万千克）	合计产值（万元）	柑桔面积（公顷）	产量（万千克）	产值（万元）	梨面积（公顷）	产量（万千克）
1994	883.80	242.70	206	488.60	202	162	142.53	9.60
1995	910.27	255.97	228	512.60	216.19	184	141.60	7.39
1996	797.80	258.90	229	518.00	223.80	190	111.53	5.30
1997	835.47	315.31	241	509.87	255.74	153	111.80	7.79
1998	934.80	315.42	261	527.87	164.40	148	109.87	7.70
1999	849.60	255.62	210	464.87	210.35	143	109.93	2.53
2000	848.60	89.81	174	424.00	51.22	102	149.47	5.85
2001	979.00	663.70	694	418.27	106.70	128	196.33	7.30
2002	1056.33	634	705	395.27	125.60	151	375.60	8.40
2003	1473.93	598	687	375.87	133.10	170	729.67	15.20
2004	1822.60	760.70	1063	364.33	139	177	1064.00	214.30
2005	1820.53	830	1246	347.67	157	267	1069.07	252.50
2006	1778.67	572	1302	343.07	136.10	231	1054.13	271.50
2007	1795.13	868.32	1327	334.93	137.76	234	1052.27	279.95
2008	1764.93	866.40	1292	303.67	80.30	138	1051.93	282.60
2009	1747.67	938.27	1451	296.47	139.90	—	1039.87	326.70
2010	1750.87	962.78	1621	395.73	87.91	—	1043.27	321.98

干果

板栗 1989 年，云和县委、县政府把板栗列入开发农业重要项目，发展业务工作由云和县农业局主管。至 1991 年春，种植板栗 15 万多株，面积约 300 公顷，其中在云和镇新岑村建立 66.7 公顷基地，品种以毛板红、魁栗、油光栗为主。

1992 年开始，板栗生产归口县林业局主管。是年，县林业局与原小顺乡在蒲潭岑脚联合开发示范基地 11.4 公顷，全县发展面积 120 公顷。1995 年春，县林业局与丽水地区农办在石塘库区麻车岗岑脚合作建起 4.9 公顷密植、速生、优质、高产、高效示范基地；良种选择，整地挖穴，合理密植和种后管理等各个环节中，采取一系列速生丰产技术，是年，全县发展面积 170.5 公顷。1996 年春，石塘镇规划 667 公顷板栗基地，采取统一规划，统一标准管理方式。是年，在规溪亭开发 21.3 公顷板栗示范基地辐射带动全镇的发展，掀起开发的热潮，开发基地 210 公顷。1997 年，全县开发基地 203.5 公顷，其中石塘镇 156.1 公顷，占全县的 76.7%，全部实施嫁接良种壮苗种植。是年 3 月，会同浙江林校在云和镇新岑村 67 公顷基地进行高接换种 3000 多株，成活率达 95%。1998 年，在雾溪乡进行高接换种 4.5 公顷，请浙江省林科所进行调花素试验，用生物技术改变低产现状。2000 年，板栗产量达 28 万千克，比 1991 年的 1.4 万千克，增加 20 倍。

2002 年，全县新建基地 184.4 公顷。2005—2007 年，“仙宫湖”牌板栗获得省农博会优质农产品金奖。

至2010年，据不完全统计全县板栗生产面积1866.7公顷，其中全县投产面积1014公顷，石塘镇面积680公顷，全县实施无公害标准化生产666.67公顷；产量140.8万千克，比2000年增加4倍，其中石塘镇110.1万千克，占全县产量71%，石塘镇、小顺乡初步形成浙西南板栗集散地。2010年，“仙宫湖牌”板栗第四次获得省农博会优质农产品金奖。

银杏 1992年，县移办在石塘镇长汀村赵岸自然村后山连片种植银杏2.5公顷，其余为零星种植。2000年后，被更多的人喜爱，在公园、校园、家园作为绿化树种发展。

山核桃 2008年，赤石乡林海垟村横坑有连片种植，面积约0.5公顷，粗放型管理，长势良好，适合山区发展。

油茶

油茶面积 1989年，为11067公顷。1994年，为8495公顷。1997年，为9327公顷。2007年，为4080公顷。

图9-1-23 朱村乡桑岭村油茶（1995年摄 县林业局提供）

油茶低改 1990—1995年，县委、县政府和县林业局重点推进油茶低改工作。结合林业部一、二期项目实施，以铲山、复垦、嫁接为技术措施，有序推进油茶低改。通过油茶低改，提高油茶产量和出油率。

1999年，每亩产油4.5—5千克，比未低改每亩产油的1—1.5千克提高4倍。2001—2010年，全县改造油茶低产林面积保持681.8公顷。

油茶新造 2009年，县政府出台新造油茶基地补助每亩300元，鼓励农民发展油茶生产；主管部门注重优良品种和标准化栽培，建立示范基地10公顷。同年，《云和县油茶产业生产发展》项目列入省干果产业发展项目。2009年、2010年，两年新建油茶高产良种推广示范基地235.1公顷。

油茶籽产量 2000年，茶籽产量69.2万千克。2007年，是产量最高的一年，产出271.4万千克。2010年，产出71.3万千克，产值1500万元。

1991—2010年云和县低产油茶改造新造面积、产量情况统计表

表9-1-18

年份	改造面积（公顷）	产量（万千克）	年份	改造面积（公顷）	新造面积（公顷）	产量（万千克）
1991	383.90	113.57	2001	—	—	69
1992	396	105	2002	—	—	68.20
1993	260	73.50	2003	—	—	90.26
1994	264.50	110.90	2004	—	—	78.01
1995	210.70	101.50	2005	—	—	114.30
1996	—	81.90	2006	—	—	88.50
1997	—	100	2007	—	—	271.40

续表 9-1-18

年份	改造面积(公顷)	产量(万千克)	年份	改造面积(公顷)	新造面积(公顷)	产量(万千克)
1998	102.50	48.70	2008	—	—	123.90
1999	319.10	35.60	2009	—	235.10	70.16
2000	246.60	69.20	2010	681.8		71.30

茶叶

低产茶园改造 1991 年冬,为开展低产茶园改造提升,让老茶园快速更新,县农业局派出工作人员,进村帮助乡、村集体茶场落实联产承包责任制,完成沙溪乡乡办茶场,落实新建、贵溪、外垟、田洋、南山、崇头、溪口、庄前、上坪等村办茶场的联产承包责任制工作。是年,在承包责任制基础上,启动低产茶园包括荒芜、半荒芜茶园的改造提升。改造面积 14 公顷。

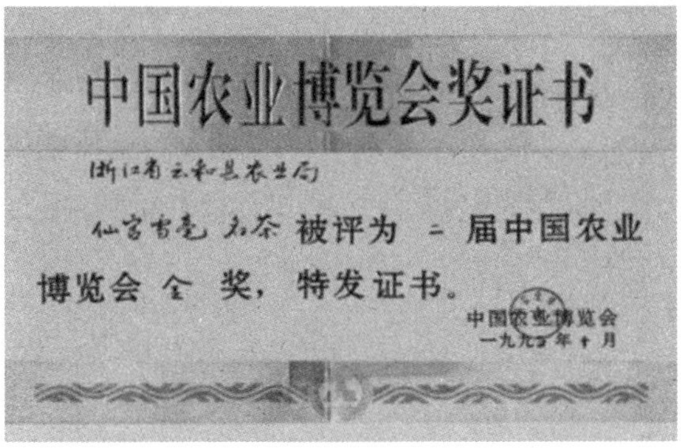

图 9-1-24 获第二届中国农博会金奖(1995 年摄 县农业局提供)

至 2000 年,累计改造低产茶园 207.7 公顷。其中改造比较好的茶园约 134 多公顷。2001—2010 年,继续开展低产茶园改造,培育丰产、稳产、优质茶园 516.7 公顷。

名茶研发 1994 年冬,成立名茶研制组,承包崇头镇南山村茶园为研发基地。1995 年春,开始着手研制云和名茶。名茶研制组研制的仙宫雪毫茶叶产品具有外形挺直、色泽嫩绿、香高味醇、汤色清沏、叶底明亮的优异品质,是年,获得第二届中国农业博览会金奖。1996 年,玉湖香茶样品在丽水地区“96 景宁营林杯”名茶评比会上荣获地区一类名茶称号。1997 年,仙宫雪毫茶在浙江省名茶评比会上荣获一类名茶。1999 年,名茶研制组升格为名茶研究所,4 名业务干部专职名茶研制,由局长兼任所长。是年,仙宫雪毫茶在浙江省名茶会上第二次评为一类名茶。2001 年,仙宫雪毫茶在浙江省名茶会上第三次评为一类名茶。是年,仙宫雪毫茶获得浙江省名茶证书、浙江国际农业博览会银奖和丽水地区首批颁证的丽水生态名茶。2002 年,仙宫雪毫获中国精品名茶博览会金奖。

图 9-1-25 获中国精品名茶博览会金奖(2002 年摄 县农业局提供)

名茶生产 1991 年开始,朱村乡、石塘镇成千农民到广东、福建、湖南、湖北等 8 个省市承包茶园,专制碧螺春、龙井名茶,获得较高的经济效益。是年,在贵溪村、外垟村、上坪村、崇头村等村办茶场也设点加工,产量质量逐年提升。

2000 年,以碧螺春为主的名优茶产量约有 1.5 万千克,茶叶总产量 12.28 万千克,产值

128万元。

新茶园开发 2002年，朱村乡当地茶商柳荣伟等人凭着多年经营茶叶的经验，发现朱村当地茶青不但适宜碧螺春茶叶制作，而且内在品质优于碧螺春，于是利用承包苏州市东山镇国有东山茶场经营权、取得碧螺春品牌使用权的机会，发展茶叶基地。是年春，柳荣伟父亲和哥哥在朱村乡曹山自然村和张兰村凉亭岗率先发展基地约20公顷。县人民政府非常重视，并出台新建茶叶基地每亩补助费150元的政策。从此，云和县新茶园扩建工作拉开序幕。

图 9-1-26 朱村乡泉溪村兰花芯茶园（俞慧玲于2009年摄）

2010年，全县新茶园扩建面积达1480.30公顷，其中朱村乡新发展茶园面积1000多公顷，70公顷以上的茶叶专业村6个，朱村乡遂成名副其实万亩茶叶之乡。全县累计面积1763.53公顷，产量69.1万千克，其中，以碧螺春为主及仙宫雪毫、龙井等名优茶约32万千克，产值2640万元，成为农业主导产业，手工制作碧螺春名茶技术也达到较高水平。是年，朱村乡天清生态示范园选送的贵妃香羽（碧螺春）茶获得世界博览会绿茶类银奖及浙江农业博览会优质奖。新茶园主栽品种推广无性系扦插苗，品种有迎霸、乌牛早、龙井43、白叶1号、黄金芽等，良种覆盖率100%。

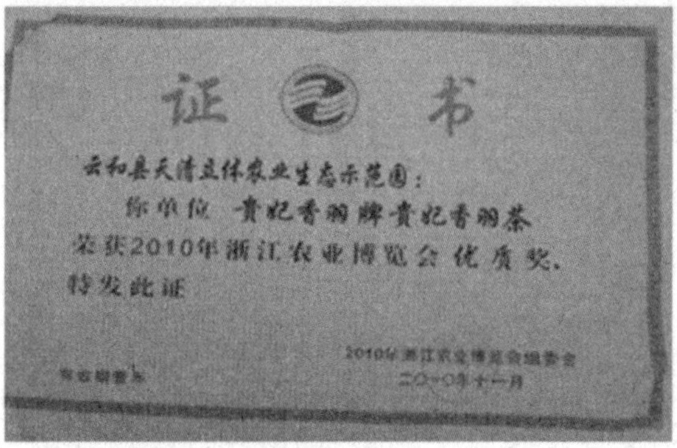
证 书
云和县天清立体农业生态示范园：
你单位 贵妃香羽牌贵妃香羽茶
荣获2010年浙江农业博览会优质奖，
特发此证

图 9-1-27 贵妃香羽获省农博会优质奖（雷天清于2010年摄）

经营主体培育 1991—2010年，培育茶叶龙头企业5家，其中市级3家，县级2家；茶叶专业合作社17家，其中省、市级示范性专业合作社10家；兴建茶叶初制加工厂（点）15个，拥有制茶机械100多台。通过农业三品认证基地446.66公顷，其中无公害认证基地面积413.33公顷，绿色食品认证基地面积33.33公顷，生产有机茶2000千克。

1991—2010年云和县茶叶生产情况统计表

表 9-1-19

年份	合计面积（公顷）	产量（万千克）	现行价（万元）	其中低产改新（公顷）	新发展面积（公顷）
1991	543.33	11.80	76	13.67	—
1992	529.33	10.60	68	20.00	—
1993	519.13	11.80	76	—	—
1994	507.87	12.70	82	—	—
1995	489.87	13.49	87	20.00	—

续表 9-1-19

年份	合计面积(公顷)	产量(万千克)	现行价(万元)	其中低产改新(公顷)	新发展面积(公顷)
1996	496.53	13.40	86	40.00	—
1997	435.60	12.76	102	20.00	—
1998	342.73	11.45	115	33.33	—
1999	342.27	11.90	168	47.33	—
2000	303.40	12.28	128	13.33	—
2001	358.73	14.90	298	30.00	—
2002	479.60	16.10	322	33.33	20.00
2003	650.07	17.50	350	30.00	189.33
2004	757.47	19.20	384	33.33	103.87
2005	880.40	21.70	434	40.00	120.40
2006	1100.40	25.70	514	56.00	230.67
2007	1316.47	33.73	978	62.00	234.47
2008	1401.80	57.64	1670	70.67	92.73
2009	1540.00	71.28	2065	80.00	148.80
2010	1763.53	69.10	2640	81.33	323.27

蚕桑

20世纪80年代前期，石塘镇是全县蚕桑生产主产区，1988年，石塘、玉溪电站水库蓄水，沿江两岸溪滩桑园全部淹没，全县桑园面积不足10公顷。

1991年冬，新栽桑苗20.5万株。1992年冬，再次新栽桑苗44万株，桑园面积达到57公顷。1994年，饲养量达到766张，蚕茧产量达到3.5万千克。1995年，秋蚕开始，蚕茧价格急剧下降，导致毁桑改种或弃桑不养现象严重，是年，毁桑面积约13公顷，处于荒芜和半荒芜桑园26.67公顷。1996年，饲养量280张。1997年，饲养量247张。1998年，饲养量125张。1996年起，云和县土产公司破产，蚕茧无人收购，养蚕农户把蚕茧送往景宁、松阳、缙云等县销售，经济效益极差。1999年起，蚕桑产业停止。

中草药材

基本情况 1985年，汇编印刷《云和、景宁县药用植物名称》，其中收集药用植物189科589属1043种。据此，人工筛选种植有一定规模的是茯苓、厚朴，零星种植的有灵芝、杜仲、薄荷、天麻、元胡、银杏、金银花、百合、三叶青、鱼腥草、葛根、藕、前胡、桑等。1991年，全县中药材生产面积约23.47公顷。2000年，全县中药材生产面

图 9-1-28 “大苍白”牌茯苓获国际金奖（1994年摄 县农业局供）

积约 293.2 公顷。2010 年，全县中药材生产面积约 369.47 公顷。

茯苓 1991 年、1992 年、1993 年、1994 年茯苓产量依次为 77 万千克、160.5 万千克、51 万千克、42.5 万千克。1994 年，国际香菇研讨会暨新技术新产品会上，大苍白茯苓获得国际金奖。

1995 年，茯苓产量 50 万千克左右，产值 200 万元。是年开始，价格大幅度下跌，生产茯苓的原材料（松木次材）价格上涨。1997 年起，无生产。

图 9-1-29 茯苓（1995 年摄 县农业局食用菌管理站提供）

厚朴 1991 年，约有厚朴 20 公顷，其中，还有少量凹叶厚朴，属国家重点保护树种。1999 年，面积 211.5 公顷。2000 年，面积 159.1 公顷。至 2010 年，全县厚朴、杉木混交林面积约 538.1 公顷，（其中厚朴生产面积按 50%计算为 269 公顷），生产区域主要分布在雾溪、安溪、云丰、赤石、云坛、紧水滩等乡镇，其中雾溪乡是基地重点乡，该乡累计发展面积 87 公顷，年产厚朴花 4000—5000 千克。

第七节 疫病防治

植物检疫

检疫队伍 1984 年 5 月，成立云和县植物检疫站，与植物保护站、病虫观测站合署办公，检疫种子、苗木及柑橘产品。2002—2010 年，全县有专职植物检疫员 5 名，兼职植物检疫员 16 名。

疫病普查 2003 年，全县开展柑橘黄龙病、柑橘溃疡病、加拿大一枝黄花等普查，首次在紧水滩镇发现加拿大一枝黄花 3.3 公顷，全部人工挖除。是年，多个点位发现加拿大一枝黄花。同年 12 月，紧水滩镇三望潭村、朱村乡 R 检测出柑橘黄龙病病菌，涉及面积 11 公顷。

图 9-1-30 检疫员检测双港双坑村橘园（王秀华于 2003 年摄）

2004 年开始，每年普查、监测柑橘黄龙病（柑橘木虱）、加拿大一枝黄花、柑橘溃疡病等检疫性有害生物。

2009 年 3 月，安溪上村雪梨基地发现疑似梨树疫病发生，涉及农户 44 户、24 公顷、梨树 81 株；9 月，云和镇浮云大桥绿化带发现有扶桑绵粉蚧，面积 3.3 公顷。是年，经省重大农业植物疫情防控指挥部验收，柑橘黄龙病疫情铲除。

至2010年，全县入侵植物检疫有害生物种类有10种，分别是福寿螺、水葫芦(凤眼莲)、蔗扁蛾、空心莲子草(水花生)、水稻细菌性条斑病、柑橘黄龙病、柑橘溃疡病、梨树疫病、扶桑绵粉蚧和加拿大一枝黄花；全县未发现葡萄根瘤蚜、红火蚁入侵。

植物疫病防控 2003年3月，生产经营种子，苗木等单位和个人实行植物检疫登记证制度，核发植物检疫登记证65户。是年，检疫范围逐步扩大到中药材、花卉、蔬菜、水果、食用菌等植物和产品。

2004—2006年，在云和县石塘镇双港木材检查站，增设植物检疫检查站，实行24小时值班制度，检查来往车辆运载的植物及植物产品。

2009年3月，县植物检疫站执法人员例行检查城郊种苗市场，发现刘某某经营的柑桔苗带有柑桔溃疡病菌，并属未取得产地检疫合格证擅自经营苗木行为，遂立案查处：没收烧毁带病橘苗450株，罚款人民币肆佰元。

畜禽疫情

1992年2月，双港乡规溪村首次发生牛口蹄疫疫情，发病45头，扑杀67头，全部深埋无害化处理。

1999年，赤石乡麻垟村、排后村相继发生牛口蹄疫疫情，发病6头、同群耕牛43头全部进行无害化处理。

2006年4月，云和镇长田村项某从金华、龙游两地购入的56头生猪，出现高致病性猪蓝耳病的典型症状，此后迅速蔓延至云和镇河上、程宅等村。

2007年11月、12月初，紧水滩镇2个养殖场的2325羽番鸭、安溪乡东城村严某饲养的0.75万羽肉鸡、云坛乡高窍村和平里村的徐某等4名养殖户饲养的共1.81万羽家禽发生新的动物疫病，送省、市有关部门检测，未能确诊病因，所有家禽进行无害化处理，养殖户直接经济损失40.45万元。

2008年8月，紧水滩镇、石塘镇、安溪乡等多个养殖场的家禽发生疫情，所有家禽进行无害化处理。

2009年1月，崇头镇柳山头村陈某猪场从江苏沭阳购入的一批仔猪发生口蹄疫疫情，共扑杀发病及同群猪151头，直接经济损失12万元。是年，全县暴发断奶前后仔猪和育肥猪大量死亡病例，经诊断为高致病性猪蓝耳病，27个养殖场死亡生猪1917头，直接经济损失117.5万元。

疫病防控

2003年，组织口蹄疫疫苗6万毫升，其中牛疫苗1.5万毫升、猪普通苗3.5万毫升、猪高效苗1万毫升，防疫生猪10000头、牛3000头；养猪大户免疫率达100%，农村散养户达80%以上，全年没有发生口蹄疫疫情；组织猪瘟苗4.8万头，全县生猪防疫密度达85%以上；鸡新城疫6.4万羽，传染性法氏囊2.4万羽，禽流感1.5万羽。是年8月1日开始，全面实施生猪免疫耳牌管理制度，定做防疫耳标4万套；全年生猪屠宰检疫13464头，其中检出母猪肉51

头，病猪肉 16 头，作相应的处理；牛肉检疫 133 头，仔猪 3200 头，家禽 6 万羽。

2010 年，组织猪口蹄疫疫苗 9.5 万毫升，完成计划总量的 108.8%；牛羊口蹄疫疫苗 3 万毫升，完成计划总量的 230%；禽流感疫苗 39.5 万毫升，完成计划总量的 82.39%；猪蓝耳病疫苗 6.8 万毫升，完成计划总量的 124%。全县主要重大动物疫病免疫密度达到 98%以上；全年检疫生猪 11452 头，查出外地调入口蹄疫病猪 2 车 52 头，作无害化处理。

第二章　农业科技

1991—2010 年，开展农民教育培训、绿证培训、实用技术培训和职业技能培训，共计培训新型农民 6.87 万人次；推广新技术、新品种、新化肥、新农药、新饲料、新农机具等，县农业局推广应用农业科技成果 369 项。1991—2010 年，县农业局获国家农业部丰收奖 3 个、浙江省人民政府农业丰收一等奖 3 个，获丽水（地）市级农业丰收一等奖 20 个。浙江省人民政府科技进步二等奖 3 个。1991—2010 年，全县主要农机机械有耕作机、收获机、植保机、排灌机，农产品加工机、运输机械 2888 台。1991 年，总动力 22472 千瓦，2010 年，总动力 59668 千瓦，农业机械水平逐年提升。

第一节　科技培训与推广

技能培训

农民学历培训　浙江省农业广播电视学校云和分校前身系中央农业广播电视学校云和县分校，是农业系统举办的一所面向农村、服务农业的成人中等专业学校，通过广播、电视、录音、录像等载体，采用自学与面授辅导相结合的方式，实施远距离教学。该培训创办于 1981 年，截至 2010 年，开办的专业有农学、农村经济、财务会计、市场营销、乡镇企业管理、林业、畜牧兽医、农业机械化、农村电气化、高效蔬菜生产、高效果树生产、现代化乡村综合管理、农村经济管理、农业推广等，招生 1023人，毕业 759 人。

图 9-2-1　养猪培训班（项丽华于 2009 年摄）

绿证培训 1994年，根据《转发省农业厅等有关实施绿色证书工程意见的通知》，开始培训种(养)业、管理、加工、销售人才，启动绿证培训，省(地)市下达计划，县农业局根据计划向农村招生办班，招生对象是具有初中以上学历的男女青年，通过培训和自学，经考试合格后，方可发证。至2010年，招收绿证培训班319期，招收学员12432人次，颁发绿证7348本。

图9-2-2 举办实用技术培训班(毛荣理于2008年摄)

实用技术培训 1991年，随着农业产业结构的调整和科学技术不断进步，新品种、新化肥、新农药、新饲料、新农机具等的使用推广，进行实用技术的培训，培训对象：乡、镇农科员、特产员、畜医员、植保员、农机员等，重点村种植业，养殖业，加工业的村干部和专业大户。培训项目有：粮食作物、经济作物、土壤肥料、植物保护、畜禽养殖和防控、水产养殖、农业机械操作和维修、农村企事业会计及管理人员等。

2000年，全年开办县、乡、村级培训班303期，邀请省、市专家20多人次技术讲课，专训5535人次；参加省、市培训班16期，培训人数200多人次。是年，组织有关农业企业和乡镇负责农业生产的领导到外地学习考察，学习设施农业、旅游农业、休闲农业、生态农业的先进技术和成功经验，全年三批次110人次。

2002—2005年，县林业局举办培训班11期，印发技术资料6000余份，制作、发放云和雪梨标准化栽培技术VCD光盘500余套(一套3张)，光盘内容涵盖云和雪梨从育苗、建园、栽培管理、采收及采后处理等生产、加工的各个环节。

职业技能培训 2005年始，围绕“培育新型农民、促进增收致富、创建培训强农”目标，按照“实际、实用、实效”的培训要求，成立县乡两级18个培训工作领导小组、15个实施办公室及农民素质培训中心，组建170个行政村农民培训转移就业联络员队伍、县内外78个各类服务机构；整合20多个职能部门培训资源；筹集培训专项经费每年230万元；组织编写出版食用菌、茶叶等15个专业70多万字新型农民培训系列教材；聘请省农业厅、省农科院、市农业局、丽水学院、县农业局、林业局各门类兼职教师24人；创办14所乡镇农村实用人才培训学校、56所村级新型农民培训学校、1个农民培训专业网站、10大特色产业示范实训基地、20多个133

图9-2-3 新型农民科技培训(毛荣理于2005年摄)

余公顷优势产业教学实习基地；编辑《农民培训专业就业工作简报》288 期；开展培训知识竞赛、技能比武等活动 22 场。

至 2010 年，教育培训农民 12392 人次，完成计划的 121.5%，包括农业专业技能培训 3984 人次，新型农民培训 2095 人次，职业技能培训 2661 人，农民工岗位技能培训 3350 人次，农村后备劳动力培训 302 人。全县新增中专（含职高）学历文凭 221 人、获得农民技术职称资格 4376 人，获得职业技能证书 17755 人，获得云和师傅称号 214 人。

科技推广

单季稻“一优二高”配套技术 1991—1993 年，“丽水山区单季稻病虫害综合防治技术研究”“丽水山区单季稻高产模式栽培技术研究”等分项专题实施与推广。课题组通过系统的调查研究和试验，示范、推广应用“一优两高”（优质、高产、高效）配套技术模式栽培水稻 8667 公顷，因此，增产粮食 602.57 万千克，节约成本 73.5 万元。

早、晚稻优质良种推广与研究 1991—1995 年，“舟 903”推广面积 633.5 公顷，占全县早稻面积三分之一，平均每公顷产量 5250 千克，比全县早稻平均亩产增产 45 千克；杂交稻“蜜阳 46 系列”，推广 9533 公顷，其中 1995 年推广 2333 公顷，占单季连作晚稻总面积的60%，平均亩产 431.1 千克，比全县晚稻平均亩产增加 50.1 千克。

水稻轻型栽培 1995—1997 年，推广水稻直播、旱育秧、化学调控等轻栽面积 6946.67 公顷，增收粮食 335.23 万千克，增加产值 484.9 万元，节本 264.27 万元，合计增加经济效益 749.17 万元。

山区旱地项目 1997—1999 年，完成旱地高产栽培技术推广应用面积 1520 公顷，增收粮食 131.7 万千克，增收姜、瓜果 104 万千克，增收蔬菜及饲料 303.15 万千克，合计增加经济收入 604.37 万元。

单季稻双百工程 2003 年，实施“双百工程”（亩增百斤粮和百元钱），面积 1156.93 公顷，平均单产 421 千克，其中大麦面积 1059 公顷，平均单产 558 千克；百亩以上示范田面积 174.6 公顷，平均单产 505 千克；1 亩以上攻关田 38 块，面积 3.32 公顷，亩产 538.3 千克。

优化“老雪梨” 1991—2003 年，选择优良品种，实施嫁接；培育出的正宗雪梨苗，在云坛乡苏坑、沈村、沈庄和安溪乡下武等村开花结果，其品质特点：果大肉细、汁多、味甜、松脆。

西瓜地膜覆盖技术 1998—2010 年，西瓜地膜覆盖面积 200 多公顷，起到保温保湿抑制杂草丛生作用，促使丰产，提高品质，每公顷增值 3000 多元，共增值 60 多万元。

茶叶良种繁育 2002—2010 年，推广茶叶“短穗扦插”技术，繁殖苗木 3—4 公顷，培育无性系良种苗 700 万—1000 万株，提高新茶园种植成活率和成材率，节省成本 1500 万—2000 万元。

图 9-2-4 2020 克的云坛乡苏坑雪梨（陈忠人于 2010 年摄）

畜牧业新品种　1991—2010 年，为适应畜牧业发展和畜牧业结构调整的需要，先后从外地引进多个畜禽新品种，即猪 9 个、牛 3 个、羊 6 个、兔 4 个、家禽 16 个、特种动物 9 个，其中引进的长白猪和本地猪杂交，生产期内 125 天，与本地猪比较，每头重 50—80 千克。2010 年，年出栏 25000 头，增加效益 250 万—300 万元。

畜牧业新技术　2009 年开始，全县畜禽养殖场推广“一灯两池三化”疾病综合防控技术。极大降低动物疫病发生的风险。主要技术点：养殖场出入口安装紫外线消毒灯或喷雾消毒设备；建车辆消毒池、笼具消毒池或无害化处理池；道路生石灰消毒白化；免疫强化；养殖管理优化。

农村沼气项目建设　2007—2010 年，累计建设农村户用沼气 2500 多户，建立乡村沼气服务网点 31 个，农村沼气项目健康运行。

农业科技成果

农业丰收奖　1991—2010 年，全县获国家农业部、浙江省人民政府、(地)市政府农业丰收奖 31 个，其中国家农牧渔业部丰收三等奖 3 个、浙江省人民政府农业丰收奖 9 个(其中一等奖 4 个，二等奖 2 个，四等奖 3 个)、丽水(地)市级丰收奖一等奖 19 个

省人民政府科学技术二等奖　1991 年，“丽水地区水稻良种区域试验结果与应用”，该品种每亩增产 20 千克，1986—1990 年，累计增产稻谷 6245.6 万千克。

1996 年，“山区中低区单季稻一优两高栽培技术推广”，项目 1986—1995 年，累计推广面积 23.47 万公顷，增产粮食 21380 万千克，增加收益 2.14 亿元，节约农药成本 1222.6 万元。

1998 年，“粮食作物生物型种衣剂研究与推广”技术，通过试验与研究，种衣剂能够对种子萌芽阶段和秧苗生长期产生作用。1995—2000 年，累计推广面积达 666667 公顷以上，达到省内同类研究的领先水平。

图 9-2-5　农牧渔业丰收三等奖(县农业局提供)

图 9-2-6　2010 年浙江省科学技术二等奖(县农业局提供)

2010 年，“无公害代料黑木耳集成配套技术研究与标准化生产示范”技术，通过 2006 年 4 月至 2008 年 12 月期间的研究摸索，掌握代料黑木耳仿生栽培所需的最适环境，筛选出适宜栽培优良品种，筛选出 1 个可以充分利用当地资源的高产培养料配方，形成一套科学先进集成配套技术，该技术获浙江省科学技术奖(二等)。

1991—2010 年云和县农业丰收奖获奖情况表

表 9-2-1

年份	获奖项目	获奖单位	农牧渔业部（等级）	省（等级）	（地）市（等级）	项目特点
1991	推广垄式栽培技术 10 万亩水稻大幅度增产	农业局土肥站	3	1	1	亩平均增产 56.41 千克，增值 305.60 万元
	万亩旱粮高产示范	农业局粮油站	—	4	—	增加粮食 1113.33 吨，增加经济收入 82.98 万元
1992	万亩早稻良种“浙 733”高产示范	农业局等 3 个股站	—	4	—	平均亩产 453.3 千克，增产 16.20%
	叶面宝综合开发利用	农业局等5 个科站		4		—
1995	丽水地区百万亩Ⅱ优系列组合杂交稻喜获丰收	农业局种子公司	3	1	1	1994—1996 年，累计面积 75826.7 公顷，3 年平均亩增 42.46 千克，增 10.5%，增值 7368 万元
1996	水稻轻型栽培技术推广	农业局粮油站	—	—	1	推广面积59306.67 公顷，平均每亩增 29 千克，增幅为7.20%，共增稻谷 25595 吨，增加产值 3839 万元，节约成本 1431 万元
	丽水地区稻田化学除草应用推广技术	农业局植保站	—	—	1	1994—1996 年，共推广面积 179800 公顷，采用以“卞乙、甲”系列为主的新型除草剂，挽回粮食损失 5230 万千克，平均亩增 19.30 千克，增幅 6.50%，节省用工 221.10 万工，增值 124 亿元，投入产出比 1:7.05
1997	20 万亩山地春大豆推广效益高	农业局粮油站	—	2	—	1996—1997 年，推广面积 15120 公顷，平均亩产 108 千克，增幅 12.78%，增值 44.16 元，共增收 1001.55 万元
2000	山区旱地高产高效技术推广应用	农业局粮油站	—	2	—	1998—2000 年，累计推广面积 24233 公顷，共新增产值 7788.20 万元，平均亩新增产值 214.26 元，增长 18.63%
	优质高效反季节蔬菜规模栽培示范与推广	农业特产站	—	1		—
2003	“五优化”生态、有机茶产业化开发	农业局特产站	—	—	1	—
2004	实施万名农业素质培训提高就业能力	农业局	—	—	1	—
	反季节高温香菇栽培技术推广	农业局经作站	—	—	1	—
	山羊示范小区建设	畜牧兽医站	—	—	1	—

续表 9-2-1

年份	获奖项目	获奖单位	农牧渔业部（等级）	省（等级）	（地）市（等级）	项目特点
1991	超级稻新组合及强化栽培技术示范推广	粮油站	—	—	1	—
	代料黑木耳栽培技术研究与推广	农业局 9 个科站	—	—	1	—
1992	特色果树良种	农业局经作站	—	—	1	—
1993	测土配方施肥技术示范推广	农作站	—	—	1	—
	代料黑木耳—超级稻高产高效技术推广	绿科农产品合作社、云坛乡、崇头镇农科站	—	—	1	—
	动物疾病综合防控技术推广应用	畜牧兽医局	—	—	1	—
1994	山地生态高效蔬菜生产技术集成及应用	白鹤尖粮蔬合作社、农作站	3		1	—
	柑桔提质增效综合技术应用与推广	经济作物站	—	1	1	—
	农民信箱与农业信息化技术推广	农技 110	—	—	1	—
1995	农作物病虫绿色防控技术集成示范推广	农业局农作站	—	—	1	—
	深化新型农民培训提高农民整体素质推进特色产业发展	农业局等 9 个科站	—	—	1	—

第二节　农业机械

农机具

耕作机械　1991 年，耕作机械动力 8132 千瓦，有大中型、小型拖拉机 934 台。全年机耕面积 1200 公顷，占耕地面积 25%。2000 年，根据山区、半山区耕田难的实际情况，引进 5 个品牌微型耕作机 79 台，耕作机械 868 台，动力 7675 千瓦（其中大中型 1 台 37 千瓦，小型拖拉机866 台 7633 千瓦，耕整机 1 台 5 千瓦）。是年，机耕面积 2140 公顷。2010 年，开展新农业机械试验，推广适合山区使用的新型机械 330 台，农用手扶拖拉机 507 台，耕作机械动力 3847 千瓦。

图 9-2-7　赤石乡南山湖村耕作（程泽敏于 1997 年摄）

排灌机械　1991 年，全县有排灌机农用水泵 187 台、喷灌机械 302 台，动力 1506 千瓦，机电灌溉面积 1467 公顷。2000 年，农用排灌机械 357 台，动力 1864 千瓦（其中农用水泵 356 台、节水灌溉 48 套），机电灌溉面积 1667 公顷。2010 年，农用排灌机械 273 台，动力 1414 千瓦，节水喷灌机 125 套，机动喷雾机 70 架，机械灌溉喷灌面积 1767 公顷。

2002 年，引进微滴灌技术及设备在云和镇白垟墩村蔬菜队、蔬菜村、巧云村大棚蔬菜种植中推广使用。2008 年，在高山蔬菜种植中推广使用微滴灌技术，肥水拌和一起滴入，效果显著。2010 年，全县在蔬菜、果园、茶园中实施微滴灌技术面积 15 公顷。

植保机械　1991 年，有机动喷雾机 40 台、动力 101 千瓦。人力喷雾机 16203 台，全县普及，推行统一机械化防治病虫害。是年，全县早、晚两季防治面积 6667 公顷；旱粮 2000 公顷，蔬菜、果园、茶园等 3333 公顷。1992—2000 年，先后引进三种不同类型植保机 27 台，配备动力 56 千瓦，推广使用高压喷雾，防治云和雪梨、杨梅、柑橘病虫害面积 800 公顷。2001 年以后，植保机械动力不断增加。2010 年，植保机械带动力 110 台，机械动力 334 千瓦；人力喷雾机 22000 台，全县农户均有，防治病虫害能力不断增强。

收获机械　1991 年，拥有联合收割机 142 台、人力脱粒机 140 台、机动脱粒机 1 台，合计动力 617 千瓦。机械脱粒作业面积 1100 公顷，机械收割面积 13 公顷。1992—2000 年，收获机械不断更新，推广新型收割机 1 台，稻草还田机 2 台；机收作业面积 107 公顷，机械脱粒面积 973公顷，稻草还田 104 公顷。2010 年，有联合收获机 2 台，动力 29 千瓦；机动脱粒机（打稻机）108台；动力 245 千瓦，其中柴油机 132 千瓦，电动机 113 千瓦；收获机械合计 110 台，动力 274 千瓦。

农产品加工机械　1991 年，全县拥有各种农产品加工机械 1152 台、动力 8602 千瓦，其中柴油机动力 5012 千瓦；电动机 3590 千瓦，其中碾米机 602 台，磨粉机 393 台，油料加工机械 100 台，茶叶加工机械 34 台，淀粉加工机械 23 台；年加工量 4100 万千克。1996 年，农产品加工机械1549台，农产品加工作业量5100万千克。2000年，农产品加工机械1458台，动力11485千瓦，其中：粮食加工机械1226台，茶叶加工机械107台，棉花加工机械1台，油料加工机械112台。2006年开始，云和县实施购买农机补贴政策。是年，农副产品加工机械迅速增加801台。至2010年，农副产品加工机械2419台，动力12757千瓦。

农产品冷藏保鲜和烘干机械 1994年，由县委办公室、县农业局、粮食局联合成立云和县云宝发展总公司，建立两座鲜菇出口冷藏保鲜库，冰库容量150立方米和200立方米。至2010年，拥有食用菌和水干果保鲜库66个，制冷剂机66台，总动力890千瓦；烘干房1547个，鼓风机1550台，动力2325千瓦。

运输机械 1991年，全县有手扶、大中型拖拉机847台；农用载重汽车24辆、农用运输车2辆；机动运输船185艘，农用木帆船50只，合计动力3750千瓦，成为全县农村主要运输工具。2000年，运输机械833台，动力12134千瓦，其中农用三轮车338台、农用四轮运输车305台、拖拉机103台；其他运输机械87台，动力6117千瓦，合计动力18251千瓦。

2010年，运输机械837台，总动力15148千瓦，其中农用运输车205辆、三轮运输车125辆、低速载货车66辆。是年，农用三轮车和手扶拖拉机基本退出运输行业。

农机管理

管理机构 1991年，云和县农业局下设农机管理站，设农业机械安全监督管理站、农业机械化培训学校和农机技术推广站，多块牌子，一套人马，全县有农机管理人员14人。乡镇设农机管理服务站12个，职工18人。

管理考核 1991年后，推行农机目标管理责任制，将农技作业量、油料管理及节油技术（油料分配及节油技术推广）、拖拉机年度检验率、驾驶员审验率、事故发生率、修理网点定级审验等量化到管理人员。年终考核各乡、镇农机管理站各项指标完成情况。1996年，全县审验维修网点25个，修理工28人，新增修理网点5个，停业3个，新办证5本。1998年，全县换发修理网点及修理工技术证书22本，年度检验网点22个，修理工审验22人，做到持证修理。

技术培训 每年定期举办培训班，1991年，举办2期手扶（方拖）驾驶员培训班，82人次；1期农用驾驶员培训班，25人次（三轮驾驶员14人，四轮驾驶员11人）。2000年，举办农机新技术培训班6期，培训复训机手235人。至2010年，全县累计培训农村各类农技员1.5万人次。

农机监理 1985年，实行农机管理，拖拉机实行一机一牌一证制度，驾驶员实行考试办理拖拉机驾驶证。1988年，从事运输拖拉机的安全技术检验、核发道路行驶牌证等项工作，由公安机关委托农机监理部门管理，并有权进行监督、检查。1995年，成立农机安全检查队，专职人员7人。1996年，进行九二式拖拉机牌照换发与拖拉机驾驶员的年度检验工作，登记在册拖拉机960台，换牌及年审887台，应审驾驶员842人，实审711人；通过马力测功，优化调整750台。1998年，纠正违章与无牌无证驾驶，农机监理人员上路检查63天，上路人数达302人次，制止无证驾驶150人、无牌拖拉机90多辆。2004年，实施《中华人民共和国道路交通安全法》，开展拖拉机道路交通安全检查。2005—2010年，农机执法人员上路检查850人次，检查拖拉机560辆次。

1991—2010 年云和县主要农机具统计表

表 9-2-2　　单位：台、千瓦

年份	总动力	收获机		收获机		植保机		排灌机台		加工机		运输机械	
		数量	动力	数量	动力	数量	动力	数量	动力	数量	动力	数量	动力
1991	22472	934	8132	286	309	40	101	352	1506	1152	8602	1058	3750
1992	26308	980	8519	137	298	57	105	301	1507	1211	9195	902	6684
1993	26310	980	8519	137	298	52	107	301	1507	1221	9195	902	6684
1994	31000	996	8648	139	303	55	114	345	1722	1372	10698	1111	10515
1995	32100	1007	8702	128	286	55	114	355	1772	1424	10888	1132	10338
1996	33300	1008	8710	128	286	46	106	401	2014	1549	10962	1166	11222
1997	34000	1013	8742	124	278	27	56	307	1652	1553	10988	1065	17264
1998	36116	960	8356	115	275	27	56	345	1722	1553	10988	1124	14619
1999	39426	888	8198	107	271	27	56	425	2250	1552	10980	1035	17671
2000	39600	868	7675	107	271	25	54	357	1864	1458	14497	833	15234
2001	37921	802	7625	102	260	25	54	355	1854	1436	11384	868	16744
2002	37445	701	6822	96	248	25	54	302	1512	1335	12372	895	16437
2003	37419	656	5687	92	225	21	44	295	1550	1252	10025	917	13865
2004	38129	631	5428	92	225	21	44	320	1711	1578	10497	908	14078
2005	40044	625	5422	102	246	21	44	321	1719	1618	10832	849	13695
2006	54949	415	3540	105	253	2	6	3005	3851	2419	12488	932	15549
2007	54949	415	3540	105	253	2	6	3005	3851	2419	12488	932	15549
2008	56615	423	3335	110	274	57	210	204	1538	2410	12311	814	14731
2009	57890	491	3576	110	274	53	199	330	1442	2472	12621	834	15000
2010	59668	547	3847	110	274	78	261	273	1414	2419	12757	205	4787

第三章 云和师傅

云和是人类最早认知、利用食用菌地区之一，早在2000多年前，山民就有采食野生菌蕈的习惯。早在800多年前，云和先民就采用原木砍花法栽培香菇。

中华人民共和国成立前,云和有不少菇农外出江西、福建等地生产黑木耳、原木香菇。谚语描述菇农生活:“枫树落叶，夫妻分别;枫树抽芽，丈夫回家”。中华人民共和国成立后，交通、通信条件不断改善，菇农食用菌异地开发的传统得以延续光大。

“云和师傅”是浙江省著名劳务品牌，在“云和师傅”引领下，全县实现农村富余劳动力转移4.3万人，占有效劳动力的67%，其中转移到县外各地开发创业达1.5万多人，占劳动总转移量的35.6%。“云和师傅”带领全县1.5万余农民从事异地开发创业，遍及全国29个省区、355个市县、3786个乡镇，年总产值达111余亿元，助力西部扶贫创业发展，解决异地贫困地区100余万农民就业问题。

第一节 品牌创建

1999年，时任中共浙江省委书记张德江在省政府办公厅编辑的《每日要讯》上，就《云和菇农异地开发增收3000多万元》一文批示:“云和菇农异地开发的效果好，意义十分重大，请当地政府要注意总结经验，提供政策支持，同时注意保护异地开发菇农的合法权益。”之后，云和县委、县政府加大政策扶持、智力支持力度，实施“云和师傅”素质提升工程，云和师傅从食用菌产业起步，拓展到茶叶、商贸、种养、建筑、电商、水电、玩具、加工、农家乐民宿等十大产业的专业技术类型。

2005年8月9日，经国家工商总局批准注册“云和师傅”。

2005年9月29日，云和县人民政府印发《关于加强“云和师傅”品牌创建工作的通知》，提出建立一个全县统一标准、统一管理、统一使用并经工商部门登记注册的“云和师傅”品牌，有利于提高云和县异地综合开发人员的整体素质和就业竞争力，有利于提高异地综合开发的组织化和规模化的程度，有利于整合行业信息、盘活劳力资源、提高异地综合开发效益。“云和师傅”是具有云和县户籍，经培训考试获得技师以上职称，从事商品生产和经营，具备5年以上实践经验，遵纪守法、诚实守信，具有一定示

图9-3-1 云和师傅标识（县农业局提供）

范带动作用，持有云和县人民政府核发的“云和师傅”执业证书的知识技术型劳动者；“云和师傅”是浙江省著名劳务品牌。

产业发展

组织领导　2006年，县人民政府成立云和师傅品牌建设领导小组。2008年，成立云和师傅协会；成立云和县异地综合开发领导小组；各乡镇街道成立云和师傅管理委员会；县人民政府建立“云和师傅”管理委员会；在全国建立6个异地综合开发联络处，76个异地开发联络站，推进“云和师傅”引领下的异地开发产业发展。

综合素质培训　2005—2010年，每年春秋两季组织300多位“云和师傅”在培训学校培训和输送到省、市、县等院校培训；“云和师傅”培训学校每年组织2000多人的转移农民和异地开发农民进行各类产业专业技能培训；聘请12位省农科院、林科院、茶研所、农林大学、浙江大学的教授级技能专家，为“云和师傅”兼职导师，实行“名师带高徒”（“十百千”帮培工程）；“云和师傅”有37位被省科协评为“高级技师”，41位被丽水市评为“优秀农师”和“精英农师”，30位被县委人才办评为“技能大师”和“精英大师”。

规范管理制度　2005—2010年，先后制定《云和县关于加强云和师傅品牌工作的若干意见》《云和师傅管理制度》《云和县云和师傅证书办法和管理实施办法》《异地综合开发管理制度》《异地特色产品安全生产管理制度》等8项规范性管理制度，规范云和师傅的管理。每年与云和师傅签订行为承诺书，维护“云和师傅”品牌声誉。同时积极创新工作考核，实施质量考评每月通报，并将品牌建设工作作为乡镇“一把手”工程，列入年终进行考核。

维护合法权益　2005年始，为“云和师傅”提供法律援助，共解决各类大小纠纷案件350余件次，挽回经济损失近千万元。

技术服务　先后20余次组建由县领导带队考察团，赴38个市县开展考察慰问；通过电话、微信、农民信箱等方式，为“云和师傅”提供技术等各项服务支持。

留守服务　以乡镇劳动力援助服务中心为平台，携手组织党员志愿服务队，为“云和师傅”留守父母和子女建立档案，实行跟踪服务。

舆论宣传　2005年始，先后在《人民日报》《农民日报》《浙江日报》《丽水日报》和云和报刊登发“云和师傅”和异地开发农民的报道有300余篇，中央电视台4套《走遍中国》栏目，播放30分钟《云和师傅走天下》专题电视片；长期在四川开发食用菌的张祖金、苏州开发茶叶的柳荣伟、湖北省开发食用菌并亮相中央七台的杨恒龙等“云和师傅”的先进事迹得以广泛宣传。人民网以《送技术 送岗位 送服务 浙江“云和师傅”带你致富》为题，报道《云和师傅的乡村机遇》《云和师傅大赶集》；浙江新闻联播报道云和县开展百师扶贫助千家和低收入农户大赶集活动；浙江《农村信息报》对云和县培育新型职业农民工作进行长篇报道；214名获得云和师傅资格证书的“云和师傅”和500多名后备云和师傅的信息资料制作成网员，进行网上推荐。开展“十个一活动”，即：实施一个“百师扶贫助千家”的精准扶贫工程；开展精准扶贫看师傅万里行采访宣传活动；举办异常“云和师傅好声音”评选活动；拍摄一部题为《啊，叫一声云和师傅》微电影；举办一场低收入农户大赶集活动；编写出版一部18万字的《云和师傅》报告文学；举办一场“8•9”云和师傅节文艺会演活动；编制一本以云和师傅创业为主题的挂历；举办一次大型云和师傅创业致富、创新发展为主题的摄影活动；开展一次云和师傅农特产品营销展示活动。通过开展“十个一”活动，推动“云和师傅”的品牌创立、产业发展。

第二节 品牌推广

2005—2010年，云和县共培育发展“云和师傅”214人。其中，食用菌师傅190人、茶叶师傅8人、玩具师傅7人、蔬菜师傅2人、养猪师傅1人、商贸师傅1人，后备师傅1000多人，他们带领全县1万多名农民到异地实行“组团式”开发，足迹遍布28个省，232个县，3786个乡镇，主要从事食用菌、茶叶、商贸等行业的综合性开发。

图9-3-2 云和师傅协会会旗(县农业局提供)

云和师傅产业，由云和师傅就地开创的产业、云和师傅异地开拓的产业和云和师傅引领农民异地开发的产业等三部分构成。

云和师傅开创引导

就地创业 314位云和师傅在就地直接开创的主产业分农业产业、淘宝业、农家乐民宿、加工业、工匠业等五大主产业。

异地开拓 287位云和师傅在异地开拓的主产业分商贸业、食用菌业、茶叶业、加工业、水电业等五大主产业。

引导 引导云和1.5万多名农民从事异地开发的商贸、食用菌、茶叶、水电、快递、餐饮、国外就业等八大主产业。

成功案例

石塘镇朱村一名师傅开发的碧螺春品牌茶叶占领整个苏州市场，年销售额达7.5亿元；石塘镇张庄村的一名师傅在海宁创办帐篷加工厂，产品远销世界150多个国家，年创总产值10亿余元；元和街道白垟墩村的吴秀英师傅在西安市创办超市12家店面，总面积达12000多平方米，每年营销额达3亿多元，并介绍100多位云和农民在西安开办超市致富。赤石乡的蓝细燕师傅大学毕业后，在上海创业8年，开办了10家超市、10家宾馆，年营销额达5亿多元。同时蓝细燕为贫困农民捐款20多万元，受到了农民称赞。在本地创业的雷天清，开发了300多亩高质量的茶园；创办了能够提供150多人住宿用餐的农家乐民宿；开创了“仙茶谷”旅游景区，该景区平均每天接待100多名游客；年创产值1.2亿元，是云和所有农民在本地创业致富的典范。

至2010年，年创500万元至1亿元以内产值的有146位云和师傅；年创产值亿元以上10亿元以内的有15位云和师傅。

荣誉 “云和师傅”协会从成立始，获得多项荣誉：县级荣誉4项（2006年获“云和县科普先进单位”称号，2009年获“云和县科普工作先进单位”云和县著名商标，2010年获“先进农村专业技术协会”称号）；市级荣誉2项（2009年获丽水农业科学发展创业创新“十佳典范”称号，2010年被丽水市科学技术协会评为“先进农村专业技术协会”）；省级荣誉1项：2010年，“云和师傅”被省人民政府农民工联席会议评为浙江省“百佳”关爱农民工先进单位。

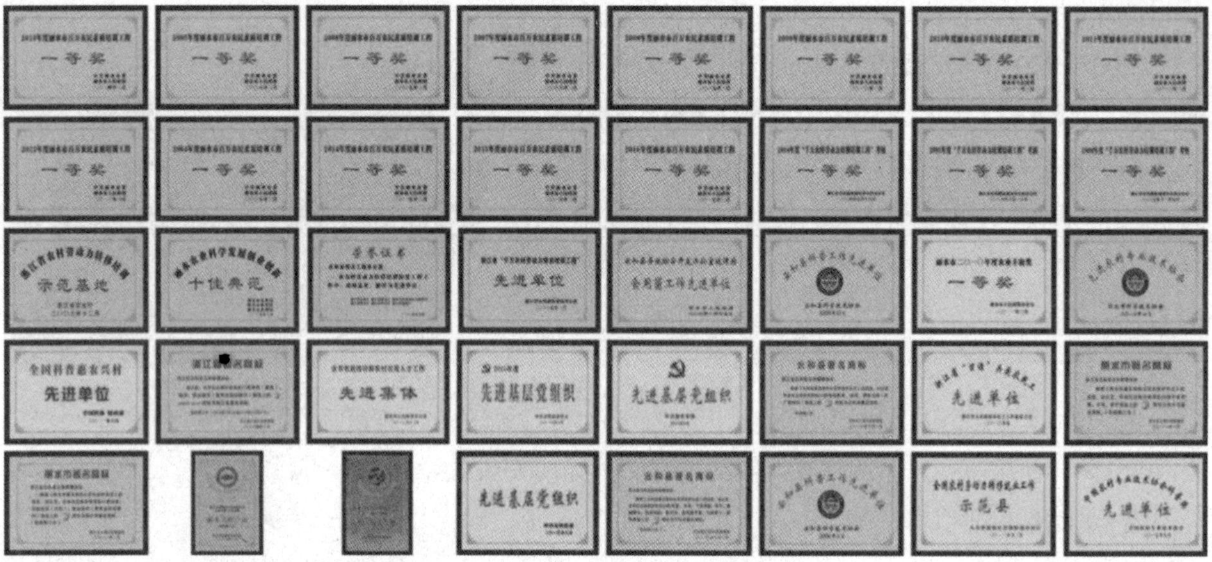

图9-3-3 “云和师傅”荣誉榜（陈志伟于2018年摄）

第三节 品牌效益

经济效益 云和县异地开发经济净收入：2005年为1.98亿元；2006年为2.15亿元；2007年为2.35亿元；2008年为2.55亿元；2009年为2.85亿元；2010年为3.25亿元。

社会效益

农村劳动力转移 2006—2010年，云和县农村劳动力转移就业，连续稳定在3.50万人以上，占农村劳动力总量的65%以上。2006年转移就业数35115人；2007年转移就业数35270人；2008年转移就业数39852人；2009年转移就业数38793人；2010年转移就业数38512人。

图9-3-4 以匠心致大地标识（县农业局提供）

异地开发 异地综合开发人数逐年增加，2005年为9595人；2006年为9880人；2007年为10852人；2008年为10921人；2009年为12384人；2010年为12688人。

收入增加 农民年人均经济净收入逐年增加，2005年为5753元；2006年为6972元；2007年为7063元；2008年为7999元；2009年为9056元；2010年为10949元。

促进城市建设 农民进城创办企业，务工转入二、三产业的农民逐年增加，在县城租房、买房的需求越来越旺盛，加快云和县实施“小县大城”战略步伐。

带动外地农民致富 带动全国各地特别是中西部地区100多万名农民发展食用菌、茶叶等产业脱贫致富。

第四章 林 业

云和县是浙江省杉木、油茶林基地县之一，林业资源丰富，至2009年，全县林业用地面积8.33万公顷，其中林地面积7.55万公顷，林木蓄积量3399271立方米，森林覆盖率80.80%。1991—2010年，开展绿化造林，推进林种结构调整和林业开发，林政管理和资源保护取得成效。2010年，全县绿化造林面积16300.9公顷、林木抚育68184.9公顷，封山育林302703公顷，形成用材林、原料林、经济林相辅相成的产业格局；全县培育森林食品加工企业2家，木竹精深加工企业725家，实现产值21.19亿元。2000年，云和县被省人民政府授予“绿化浙江先进县”称号。同时推动林产品加工业快速发展。

第一节 森林资源

森林植被

云和县森林植被类型属中亚热带常绿阔叶林带，阔叶林以槠类、栎类和山茶科的木荷为主，在海拔800米以下属常绿阔叶带，海拔800—1000米山地，为针叶阔叶混交林，海拔1000米以上的山峰为灌木丛和低山草甸，因受人类活动影响，原生植被已基本消亡，代之以次生林和人工植被为主。植被种类，以华东为代表，并渗以华中、华南、华北植被，是浙江省杉木、油茶林基地县之一。

林地面积

1994年，全县土地总面积9.85万公顷。林业用地面积8.07万公顷，其中有林地面积7.43万公顷，疏林地面积0.03万公顷，灌木林面积0.36万公顷，未成林造地面积0.13万公顷，无林地面积0.13万公顷。非林业用地1.78万公顷。森林覆盖率79%。

2009年，全县土地总面积9.91万公顷。林业用地面积8.33万公顷，其中有林地面积7.55万公顷，疏林地面积0.03万公顷，灌木林面积0.56万公顷，未成林造地面积0.16万公顷，苗圃地面积4公顷，无林地面积0.04万公顷，宜林地面积0.02万公顷，辅助生产用地面积6公顷。非林业用地1.58万公顷。森林覆盖率80.8%。

1994—2009 年云和县 5 个调查年份的森林面积情况统计表

表 9–4–1

年份			1994	1997	2003	2007	2009
土地总面积（公顷）			98462	98204	98204	99106	99106
林业用地（公顷）	合计		80667	80980	81053	83356	83337
	有林地	小计	74258	74836	75560	75473	75485
		用材林	52359	51664	40458	—	—
		防护林	6777	6902	23422	—	—
		特用林	17	202	850	—	—
		薪炭林	1364	738	2173	—	—
		经济树种	9902	11230	11290	—	—
		乔木林	—	—	—	70253	70264
		竹类	3840	4100	4261	5220	5222
	疏林地		339	798	704	51	33
	灌木林	小计	3562	4010	3366	5571	5554
		其中特灌林	—	—	—	4575	4559
	未成林造林地		1262	774	717	1590	1642
	苗圃地		—	—	1	4	4
	无林地	小计	1246	562	567	542	414
		荒山荒地	374	142	97	—	—
		开垦山	21	17	35	—	—
		采伐迹地	188	207	351	123	73
		火烧迹地	71	53	212	89	10
		其他荒山	592	143	97	—	—
		其他无林地	—	—	—	330	330
	宜林地	小计	—	—	—	119	200
		宜林荒山荒地	—	—	—	49	49
		宜林沙荒地	—	—	—	4	4
		其他宜林地	—	—	—	66	147
	辅助生产用地		—	—	6	6	6
非林业用地（公顷）			17795	17224	17151	15750	15768
森林覆盖率（%）			79.00	80.30	80.40	80.80	80.80

森林蓄积

1994 年，全县有林地蓄积 174.22 万立方米，毛竹林 682.6 万株。2009 年，全县有林地蓄积 339.93 万立方米，毛竹林 1508.79 万株。

1994—2009 年云和县 5 个调查年份的林木蓄积情况统计表

表 9-4-2

年份			1994	1997	2003	2007	2009
林木蓄积量(万立方米)	合计		174.22	186.77	219.77	306.73	339.93
	有林地	小计	170.29	181.01	213.24	304.85	338.08
		幼龄林	24.92	54.87	53.37	66.71	59.36
		中龄林	67.11	81.03	91.91	114.16	105.58
		近熟林	29.58	33.26	37.16	81.36	104.38
		成过熟林	28.68	11.85	30.80	42.62	68.76
	疏林		0.11	0.54	0.60	0.19	0.08
	散生木		3.03	4.58	4.94	1	1.05
	四旁树木		0.79	0.64	1	0.70	0.72
毛竹(万株)			682.60	776.29	802.42	1510.14	1508.79

第二节 绿化造林

造林

1991 年，中共云和县委、县人民政府提出“五年消灭荒山，七年绿化云和”的战略目标，绿化造林列为重点工作。是年，发动原料林、用材林造林 1528.7 公顷，零星植树 11.8 万株。1992 年，增设经济林造林科目，发展水干果、油茶等经济林造林 185.5 公顷。1994 年，为确保提前一年实现“五年消灭荒山”的目标，造林绿化月抽调林业骨干分片包干检查指导造林工作，乡(镇)林技员包干到村做好劳力、苗木、时间、资金“四落实”工作，同时拓展造林科目，发展笋竹林造林，建造示范点 3.4 公顷。

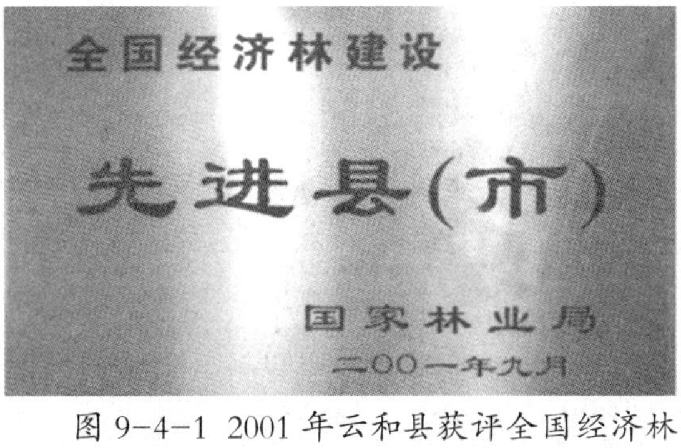

图 9-4-1 2001 年云和县获评全国经济林建设先进县(县林业局提供)

1995 年，为顺应玩具产业发展需求，在石塘库区营造玩具原料示范林 100 公顷。1996 年起，绿化造林以原料林、经济林和笋竹林造林为重点，同时开展低产林改造。1999 年，县“两会”期间全体代表和委员参加南山绿化基地挖大穴义务植树活动，乡镇以上领导办绿化点 9 个 144 公顷，掀起全民义务植树、绿化云和的热潮，是年，全县义务植树达 19 万株，建立义务植树基地 19 个 28.7 公顷。

截至 2000 年年底，全县造林 8791.5 公顷，其中用材林 2812.5 公顷、原料林 4259 公顷、经济林 1270.8 公顷、笋竹林 449.2 公顷，零星植树 148.6 万株。2000 年，经省级验收，云和县森林覆盖率 80.3%、荒山绿化率 96.1%、城镇绿化覆盖率 38.6%，人均公共绿地 7.10 平方米，位居丽水市榜首，被省人民政府授予“绿化浙江先进县”称号。2001年，被国家林业局授予“全国经济林建设先进县”称号。

2001年，推行生态公益林补植造林144.5公顷，实施退耕还林78.9公顷。2002年，编制实施“5525”规划（到2010年，全县建成33350公顷生态公益林、33350公顷玩具林和菇木林、13340公顷经济林、3335公顷水干果基地）。2004年，绿化造林实现“两转变”，一是由单一树种的纯林造林模式向针阔混交林造林转变，二是由春季造林向冬春季造林转变，冬季造林以经济林为主，春季造林以迹地更新和生态公益林为主。是年，云和县列入全省第一批阔叶林发展工程试点县。2005年，完成阔叶林发展工程示范项目造林101.6公顷。2006年，编制实施《云和县环县城山体绿化美化工程总体规划》《云和县兴林富民示范工程总体规划》，石塘镇岭足村和赤石乡建源村建成省级兴林富民示范村。2008年，编制实施《云和县三沿生态景观林建设规划》《云和县原料林建设规划》，是年，完成三沿景观林建设444.5公顷，玩具原料林和菇木林造林362公顷。2010年，县关注森林委员会、县绿化委员会于3月12日，举行创建省级森林城市和城市森林公园建设启动仪式，是年10月24日，《云和县城市森林建设规划》《凤凰山城市森林公园概念性规划》在杭州通过评审。

至2010年，全县造林面积16300.9公顷，其中用材林2838.7公顷、原料林5430.8公顷、经济林2626.3公顷、笋竹林449.2公顷、生态林711.2公顷、迹地更新2870公顷、景观林1374.7公顷，零星植树275.76万株。建成绿化造林示范村61个，其中省级5个、市级20个、县级36个，建成省级森林村庄2个。

1991—2010年云和县绿化造林面积统计表

表9-4-3

年份	造林面积（公顷）	其中							零星树（万株）
		用材林	原料林	经济林	笋竹林	生态林	迹地更新	景观林	
1991	1528.70	728.50	800.20	—	—	—	—	—	11.80
1992	1533.60	874.30	473.80	185.50	—	—	—	—	42
1993	1308.30	771.10	280.10	257.10	—	—	—	—	21.90
1994	712.30	146.70	401.50	160.70	3.40	—	—	—	11.80
1995	616.30	144.70	405.70	58.40	7.50	—	—	—	12
1996	508.70	57.30	362.30	76.40	12.70	—	—	—	10.40
1997	832.90	58.10	399.70	211.80	163.30	—	—	—	7.70
1998	781.20	—	459.50	105.10	216.60	—	—	—	10
1999	538.70	20.80	368.50	103.70	45.70	—	—	—	—
2000	430.80	11	307.70	112.10	—	—	—	—	21
2001	472.60	13.90	141.70	172.50	—	144.50	—	—	12
2002	680.30	—	59	482.20	—	139.10	—	—	12.50
2003	499.80	—	64.90	331.60	—	103.30	—	—	12

续表 9-4-3　　单位：公顷

年份	造林面积（公顷）	其中							零星树（万株）
		用材林	原料林	经济林	笋竹林	生态林	迹地更新	景观林	
2004	757.50	12.30	289.10	282.40	—	173.70	—	—	14.08
2005	805.40	—	617.10	86.80	—	101.50	—	—	6.99
2006	726.50	—	—	—	—	49.10	677.40	—	7.35
2007	537.40	—	—	—	—	—	537.40	—	10.32
2008	978.20	—	—	—	—	—	533.70	444.50	30
2009	922.30	—	—	—	—	—	561	361.30	12.22
2010	1129.40	—	—	—	—	—	560.50	568.90	9.70
合计	16300.90	2838.70	5430.80	2626.30	449.20	711.20	2870	1374.70	275.76

林木抚育

1991 开始，林木抚育按幼林抚育、成林抚育进行分类，重点鼓励幼林抚育。县人民政府将林木抚育计划任务下达给乡（镇）人民政府，并列入年度工作目标考核。是年，全县开展林木抚育 7544.7 公顷，其中幼林抚育 4431.8 公顷、成林抚育 3112.9 公顷。至 2010 年，全县林木抚育达到 68184.9 公顷，其中幼林抚育 29179.7 公顷、成林抚育 39005.2 公顷。

1991—2010 年云和县林木抚育面积统计表

表 9-4-4　　单位：公顷

年份	合计	其中低产改新（公顷）	
		现行价（万元）	新发展面积（公顷）
1991	7544.70	4431.80	3112.90
1992	6280.30	2458.50	3821.80
1993	5614.50	2327.00	3287.50
1994	5947.00	2493.00	3454.00
1995	4906.00	1919.00	2987.00
1996	4175.00	1851.00	2324.00
1997	4212.00	1853.00	2359.00
1998	3981.00	1775.00	2206.00
1999	4532.00	2203.00	2329.00
2000	3375.00	1017.00	2358.00
2001	2794.00	697.00	2097.00
2002	1405.00	708.00	697.00
2003	1699.10	995.10	704.00
2004	2706.20	1266.40	1439.80

续表 9-4-4　　单位：公顷

年份	合计	其中低产改新（公顷）	
		现行价（万元）	新发展面积（公顷）
2005	2247.50	576.20	1671.30
2006	1533.90	866.70	667.20
2007	733.30	333.30	400.00
2008	2008.40	400.00	1608.40
2009	753.30	386.70	366.60
2010	1736.70	622.00	1114.70
合计	68184.90	29179.70	39005.20

封山育林

1991 年，封山育林面积 13250.4 公顷，其中封山护林面积 10481.5 公顷。1996 年，推行跨行政村联合封山模式，云坛乡跨行政村联合封山面积达 1689 公顷。至 2005 年，封山育林 302703 公顷，其中封山护林 208166.7 公顷，推广联合封山模式 10 片，面积约 10666.7 公顷。2006 年起，封山育林转为生态公益林管理。

1991—2005 年云和县封山育林面积统计表

表 9-4-5　　单位：公顷

年份	合计	其中	
		封山育林	封山护林
1991	13250.40	2768.90	10481.50
1992	10010.40	2850.20	7160.20
1993	26619.30	10296.40	16322.90
1994	8743.00	3749.70	4993.30
1995	7917.00	2048.50	5868.50
1996	10138.00	2632.10	7505.90
1997	11188.00	2052.90	9135.10
1998	27748.00	4386.50	23361.50
1999	36929.00	6545.70	30183.30
2000	32479.00	1711.50	30767.50
2001	30346.00	15864.10	14481.90
2002	22838.00	10490.30	12347.70
2003	15864.10	7236.20	8627.90
2004	15863.50	7238.60	8624.90
2005	32769.30	14464.70	18304.60
合计	302703	94336.30	208166.70

第三节 林业开发

结构调整

1995年，石塘库区采用高密度、短轮伐期营林模式，营造玩具原料示范林100公顷，从此推动林种结构调整。1996年，续造原料林362.3公顷，新造经济林76.4公顷。1997年，经济林营造从零星发展向规模开发转变，是年，新造经济林基地51片330.8公顷。

1998—2000年，按照“局部一品为主，全局多品开发”的原则，形成用材林以杉木为主，食用菌菇木原料林以桤木为主，玩具原料林以马尾松、木荷、南酸枣、光皮桦为主，经济林以油茶、水干果、笋竹林为主的产业格局。

种苗基地建设

2000年，重河湾现代农业示范园区建立果树品种园13.3公顷、种苗圃1公顷。果树品种园引进梨、李、桃、油桃等优良品种11个系列250多个品种，选育出雪梨、板栗、李、黑李、油桃、杏等适宜浙西南及周边地区种植的品种，适应市场需求的的果树良种10个；种苗圃种苗供应根据本地需求达到40万株，重点保障云和雪梨、板栗产业发展的种苗需求。截至2010年，发展林木种苗生产经营单位（户）15家，建苗木、花卉基地44.7公顷。

低产林改造

1990—1995年，实施林业部油茶低改第一、二期项目，分别在朱村乡桑岭、石门坑、竹子坪、金村村，紧水滩镇外垟村，大源乡大源、渡蛟村等油茶林比较集中的区块，以铲山、复垦、高接换冠等技术措施，改造油茶低产林1781.8公顷。1996年开始，低产林改造向竹林基地延伸。1998年，油茶低产林改造向全县主产区推广。1999年，低产林改造向厚朴基地拓展。截至2000年，改造低产林3584.2公顷，其中油茶林2450公顷，厚朴370.6公顷，毛竹763.6公顷。

1990—2000年云和县低产林改造情况统计表

表9-4-6 单位：公顷

年份	低产林改造	其中		
		油茶	厚朴	毛竹
1990	266.70	266.70	—	—
1991	383.90	383.90	—	—
1992	396.00	396.00	—	—
1993	260.00	260.00	—	—
1994	264.50	264.50	—	—
1995	210.70	210.70	—	—
1996	12.70	—	—	12.70

续表 9-4-6 单位:公顷

年份	低产林改造	其中		
		油茶	厚朴	毛竹
1997	344.90	—	—	344.90
1998	161.40	102.50	—	58.90
1999	764.30	319.10	211.50	233.70
2000	519.10	246.60	159.10	113.40
合计	3584.20	2450.00	370.60	763.60

培育经济实体

1988年,县林业局紧水滩林业站把股份制引入林业开发,与15户林业大户合作组成紧水滩林业经营联合中心,实行产、供、销一条龙经营体制。1992年,县林业局鼓励本系统各单位和个人创办经济实体。至1996年,县林业部门通过联合造林、股份合作、流转开发等多种形式,创办林业实体面积3145.4公顷(用材林造林1580公顷、经济林开发154.7公顷、竹林16.2公顷、中幼林合作管理1440公顷),总投资450万元,培育出紧水滩营造林联合中心、河上千亩胡柚示范基地、梅源栗溪速丰林基地、石塘北溪国有玩具林基地、石塘泉溪用材林基地等较大规模实体产业。

1998年8月,注册设立云和县农业综合开发有限公司。1999年,注册设立云和县仙宫湖雪梨开发有限公司。2002年,注册设立云和县仙宫果业有限公司。

产业化经营

2001年,云和县农业综合开发有限公司成功注册"仙宫湖"商标,注册类别31类。2001-2009年,培育农业龙头企业13家,其中省级农业龙头企业1家,市级农业龙头企业8家,县级农业龙头企业4家。

营销创新

2002年,云和县仙宫果业有限公司,尝试性开展果品收购、包装、贮藏保鲜、市场销售一条龙业务。是年,在北京、上海、广州、杭州等大中城市建立营销网点,销售示范基地雪梨10余万千克。2003年,向果农收购果品,经包装处理后直销上海、北京、广州等城市。2004年,探索公司联合基地、联合农户的经营模式,建立风险共担、利益共享的"二次分配"机制,仙宫果业有限公司按上一年度销售的70%敞开收购基地、农户生产的果品,加工包装销售后产生的利润进行第二次分配,企业占35%,生产基地或农户占65%,使企业、基地、农户形成紧密型的合作关系。2005年,云和县仙宫果业有限公司增设南京、武汉、福州等营销网点,是年,销售雪梨40万千克。2007年12月,云和县林业局

图9-4-2 县林业局获服务果业全国先进单位(2007年摄 县仙宫果业有限公司提供)

2009 年度云和县龙头企业汇总表

表 9–4–7

企业名称	企业性质	法人代表	主营产品	注册资金（万元）	固定资产（万元）	资产总额（万元）	销售收入（万元）	税后利润（万元）	上交税收（万元）	带动农户（万户）	种植基地（公顷）	级别
浙江新云木业集团有限公司	私企	廖复新	木制玩具	5000	3450	13100	23600	1050	168	0.22	233	省级
浙江振鹏工艺品有限公司	私营	何玉林	木制玩具	800	3338.56	4979.76	7069.62	372.50	90.94	0.14	—	市级
浙江忠协工艺品有限公司	私营	练巧忠	木制玩具	350	1214	1938	3000	190	255	0.20	100	市级
云和县绿林工艺品有限公司	私企	董凌宇	食用菌	100	939	1974	3050	237	79	0.60	60	市级
云和县农业综合开发有限公司	股份制	张大伟	果品	110	351	491	153	63	13	0.30	1333	市级
云和县岭足板栗开发有限公司	股份	李军利	板栗	50	360	600	700	20	7	0.22	67	市级
云和县仙宫果业有限公司	有限责任	曾秋敏	水干果	108.50	429	493	453	36	12	0.30	300	市级
云和县云艺园林绿化工程有限公司	私营	陈建云	花卉苗木	248	359	676	1630	21	0.50	0.12	40	市级
云和县金马工艺品有限公司	私营	马裕光	玩具	120	731	2442	3607	162	385	0.03	100 万	市级
云和县山野板栗专业合作社	股份	吴益伟	板栗	50	109	122	200	5	—	0.02	33	县级
云和县仙宫湖雪梨开发有限公司	股份	陈超俊	雪梨	70.59	19.52	159.57	36	5	2	0.10	33	县级
云和县金成工艺礼品厂	私营	王万成	木制玩具	38	999	1532	1291	26	121	0.04	93	县级
浙江和信玩具有限公司	私营	何尚清	木制玩具	800	1252	3287	3460	548	154	0.03	33	县级

被中国果品流通协会授予“服务果业全国先进单位”称号，是全省唯一获此称号的单位。

产品加工

1991年始，林产品加工业迅猛发展。到2010年，全县有森林食品经营加工企业2家、木竹精深加工企业725家，实现产值21.19亿元。主要产品有木制玩具、木制家具、木地板、中高密度纤维板、板方料、活性炭、竹系列制品等。

第四节　林政管理

林地管理

1995年，云和县根据《林业部关于实行使用林地许可证制度的通知》精神，制定林地管理地方性实施细则，规定经林业主管部门审核同意征占用的林地，由林业主管部门按审批权限发给用地单位《使用林地许可证》，实行林地征占用有偿使用制度。

1998年，云和县根据《国务院保护森林资源制止毁林开垦和乱占林地的通知》精神，冻结各项建设工程征占用林地一年；1994年后征占的用地林进行全面清理、缴费、并补办手续，严格实施林地用途管制。是年，清理征占用林地47.15公顷。2000年，当年县林业局审核征（占）用林地4宗、面积12.2公顷。

2006年，县林业局查处县城周边违法占用林地案件28起，涉及林地面积2.1公顷。

2007年，县林业局编制《云和县林地保护利用规划》，合理安排全县林地资源的保护、利用和开发。2008年10月17日，《云和县林地保护利用规划》经县人民政府批准实施。

1990—2000年云和县建设项目征占用林地情况统计表

表9-4-8

年度	宗数（宗）	面积（公顷）	植被恢复费（元）	其中长期占用		临时占用		林业生产占用	
				宗数（宗）	面积（公顷）	宗数（宗）	面积（公顷）	宗数（宗）	面积（公顷）
2001	4	7.43	162735	4	7.43	—	—	—	—
2002	10	12.01	263046	10	12.01	—	—	—	—
2003	11	80.59	3925041	8	79.82	3	0.77	—	—
2004	6	4.33	321751	6	4.33	—	—	—	—
2005	20	103.50	11953159	14	100.71	6	2.79	—	—
2006	20	40.47	3289138	12	34.63	8	2.74	1	3.10
2007	28	119.63	9576666	23	118.68	5	0.94	—	—
2008	9	9.87	1035980	7	9.69	2	0.18	—	—
2009	12	40.20	3613692	9	39.63	3	0.57	—	—
2010	9	8.04	813548	7	7.30	2	0.74	1	0.20

森林采伐管理

1991—1992 年，云和县首次实行森林资源消耗全额管理，即：除农村居民采伐自留地和房前屋后个人所有的零星林木外，其他凡达到胸径 5 厘米(含 5 厘米)以上的立木采伐，都纳入森林采伐限额以内。

1993—1994 年，县林业局组织护林巡逻队，检查处理全县乱砍监伐林木、违法运输木材、非法收购木材等问题。

1995 年，建立村级护林队伍，制订护林公约，健全和完善基层林政管理体系，实行森林凭证采伐、木材凭证运输制度，控制森林资源过量消耗。

1997 年，云和县资源林政管理工作，采取“管严山上，堵住路口，严控手续，看住加工”等措施，基本遏制住非法砍伐、非法运输、非法收购、非法加工木材现象。

1999 年，县林业局森林采伐管理重点抓伐前设计检查工作。是年，抽查 25 片山场 233 公顷采伐作业设计山场，纠正采伐蓄积误差和采伐方式不符合实际等问题。

2000 年 3 月，县林业局制定出台《云和县林政管理办法(暂行)》，该办法包括森林采伐限额管理、木竹经营加工管理、林地管理、陆生野生动物管理、古树名木及珍稀植物保护、林业行政执法六部分三十九条。

2002 年，云和县森林采伐实行“作业设计与采伐管理相分离”制度；商品材和自用材凭证采伐率均达 100%。是年，县林业局制定并实施《云和县森林资源保护“123”工程项目实施方案》，通过 2 年项目的实施，取得“增加森林资源总量，减轻林农负担，减少林业规费逃漏，加强林木采伐、木材流通、林地管理、野生动物保护、林业执法队伍建设”的成效，经市林业局考核，云和县获丽水市森林资源保护“123”工程项目建设一等奖。

2003 年，云和县森林采伐实行“乡镇站常规验收和县局定量抽查监督”制度，严格控制采伐限额。

2004 年，云和县林业局被省林业厅评为全省资源林政管理先进集体。

2005 年 5 月 1 日起，云和县全面实行林木采伐公示制，规定凡采伐林木 10 立方米以上的实行申请后公示(公示期 7 天)，10 立方米以下的实行许可后村级公示。

2007 年，县林业局自行设计并推广应用《云和县林木采伐作业设计管理系统》《云和县林木采伐管理信息系统》办公软件。

2008 年起，县林业局根据省林业厅、财政厅、物价局《关于暂缓征收集体林育林基金、更新改造资金的通知》要求，全县暂缓征收集体林育林基金、更新改造资金，实现木材生产“零税赋”。

2009 年，云和县被确定全省 20 个林木采伐管理改革试点县之一，在森林采伐限额管理范围、森林采伐管理方式、简化林木采伐管理环节和探索建立森林可持续经营管理的新体系等方面进行改革试点，期限为 2009 年、2010 年两年。

2010 年，县林业局开展森林采伐管理改革试点，落实林业经营者关于商品林的采伐自主权。

1990—2000年云和县森林采伐情况统计表

表 9-4-9

年度	许可证(份)	林木蓄积(立方米)	毛竹(百株)	年度	许可证(份)	林木蓄积(立方米)	毛竹(百株)
1991	1450	50612	2500	2001	810	86262	2405
1992	1538	75645	1944	2002	802	82991	2348
1993	1431	73384	2390	2003	1028	76693	4254
1994	2715	81610	3000	2004	1083	78048	1907
1995	845	77446	2800	2005	1038	50179	1698
1996	935	59372	3050	2006	897	46667	1331
1997	984	86018	1174	2007	768	42737	1026
1998	928	82066	1520	2008	824	96647	2931
1999	961	78845	1600	2009	1071	80052	1549
2000	962	86172	1400	2010	917	74986	1486

木材加工管理

1994年2月，云和县政府主持召开木玩企业及相关部门协调会。是年，县林业局从每年采伐计划中切出6000—9000立方米给木制玩具企业计划生产，计划内木材实行“采伐权归林农、出口权归玩具企业”，按玩具企业生产的实际数量给予办理木材运输证。

1998年，县林业局报经省林业厅《关于对云和县木制玩具折率问题的批复》，云和县木制玩具“耗材按松木、杂木每500公斤重消耗1立方米的标准执行，玩具制品木材的出县运输控量也按此标准计算”，利于木制玩具产品出县运输，促进木制玩具产业发展。

1999年，县林业局开展木材经营加工核准证换证工作，共换发木材经营加工核准证189份。是年，县林业局对木制玩具企业办理“二证一单”实行无节假日24小时一条龙服务。

2000年，外县引进生产加工的木材实行验收制度，依法处理木材来源不明的厂家。

2002年，县林业局年审全县原有木材加工厂282家，核发新的许可证313本。

2003年，县林业局严格木材经营加工管理，不允许木材粗加工企业收购没有林木采伐许可证或无其他合法来源证明的木材；木制玩具企业有外域流入木材及时到实地核对，方便玩具转办出口手续。是年，县林业局清理整顿木材加工企业21家、验审292家，新办118家。

2008年，县林业局换核发木材经营加工核准证792本，其中半成品加工企业52份。

2009年，县林业局换核发木材经营加工核准证804本。

木材流通管理

1991年以来，云和县严格控制木材出运总量，执行木材凭证运输制度。是年，为了减少关卡，撤销武垟和重河木材检查站。

1992年，根据浙江省林业厅印发《关于允许给私营企业、个体工商户签发木材运输证的通知》。是年12月10日起，允许给私营企业、个体工商户签发木材运输证。

1996年，县林业局建立木材检查站管理制度。是年，云和县双港木材检查站被林业部授予“全国先进木材检查站”称号。

1997年，因玉溪电站蓄水，原双港木材检查站无法开展工作，筹资80万建造了检查站办公楼620平方米、值班房100平方米、仓库堆场1800平方米。

2000年，经省政府批准，建立云和县木材运输巡查大队，在全县县乡道实施木材运输巡查。

2001年2月，县林业局印发《关于云和县县内实行县内凭证运输木材制度有关问题的通知》。是年5月，县林业局制定出台《云和县木材运输巡查工作实施方案》。

2002年，云和县实行“县内木材运输证”和“县内木材运输敲印”制度，全县木材运输管理形成双港木材检查站把好东大门，巡查大队做好县乡道木材运输巡查的格局。

2008年起，全面启用《丽水市木材流通管理系统》，签发木材运输证。

1991—2010年云和县木材出运量情况统计表

表9-4-10

年度	木材运输（立方米）	毛竹运输（百株）	年度	木材运输（立方米）	毛竹运输（百株）
1991	24238	—	2001	25998	3040
1992	—	—	2002	30424	—
1993	30000	1851	2003	69772	—
1994	—	—	2004	72866	1570
1995	20000	1130	2005	70069	2440
1996	22434	500	2006	74835	3199
1997	18809	180	2007	63976	1447
1998	22183	—	2008	63283	2217
1999	27500	320	2009	76139	833
2000	19357	—	2010	85237	1207

第五节 资源保护

野生动物保护

1996年，县林业局组织查处非法经销野生动物案件2起，放生穿山甲2只、龟1只、刺猬22只、豪猪24只，核发野生动物驯养繁殖证1本。

1999年，云和县开展猎捕证、野生动物经营利用核准证核发工作，设立猎区14个，组建狩猎队14支、猎民202人（发放狩猎证202本），核发野生动物经营核准证17本，收取野生动物资源保护费。

2000年，全面清理整顿全县狩猎人员、经营利用户和驯养繁殖场，取缔狩猎证31本、经营利用核准证1本。

2001年，开展野生动物保护检查2次，放生保护动物80余只。

2002年8月26日，县林业局查获一起跨省收购、贩运和销售野生动物重大案件，查获国家一级保护野生动物巨蜥11条、扬子鳄肉块1块爪8只，国家二级保护野生动物穿山甲10只、鸳鸯1只、猕猴2只，省级保护野生保护动物34只。是年，县林业局查处野生动物行政案件9起，审核发放野生动物经营许可证19本。

2003年"非典"期间，县林业局开展野生动物保护检查5次，拯救野生动物4起。

2005年11月15日至30日，县林业局组织开展集中猎捕成灾野猪的专项行动，捕获野猪38头。

2008年，县林业、公安、工商等部门联合开展集中打击破坏野生动物资源违法犯罪活动专项行动（代号"飞鹰行动"），查获石蛙60只、其他蛙类15只，拯救国家二级保护鸳鸯、领鸺鹠、猴面鹰各1只。

2009年，县林业局核发野生动物驯养繁殖证1份、经营利用核准证1份；拯救国家二级保护鸳鸯1只、猕猴1只、猴面鹰3只，放生石蛙23公斤，查处违法经营野生动物案件1起，销毁野生动物死尸猕猴1只、穿山甲1只、鹰类1只、五步蛇7条。

古树保护

1991—2010年，进行3次调查，确定县内古树名木2830株，确定一级古树27株、二级古树129株、三级古树2674株，建立古树名木信息查询系统档案，挂牌落实专人负责。

森林防火

森林火灾 1991—2010年，发生森林火灾120次，受灾面积745.72公顷，未发生人员伤亡事故。其中：受害面积较大的火灾6次，受害面积160.87公顷。

每年清明节，县人民政府发出通告，利用会议、广播、电视、标语、横幅、黑板报、宣传车宣传"森林防火，人人有责"。

1991—2010年云和县森林火灾情况统计表

表9-4-11

年度	火灾（次）	火警（次）	过火面积（公顷）	受害面积（公顷）	受害率（%）	林木损失（立方米）	扑火用工（人）	扑火经费（万元）
1991	2	8	—	6.27	0.10	—	—	—
1992	5	9	—	14.93	0.27	—	—	—
1993	9	3	—	34.60	0.64	—	—	—
1994	8	2	—	31.70	0.59	—	—	—
1995	6	1	—	34.90	0.47	—	—	—
1996	9	2	—	54.70	0.74	—	—	—
1997	7	—	—	31.37	0.42	—	—	—
1998	2	2	—	4.73	0.06	—	—	—

续表 9-4-11

年度	火灾（次）	火警（次）	过火面积（公顷）	受害面积（公顷）	受害率（%）	林木损失（立方米）	扑火用工（人）	扑火经费（万元）
1999	4	2	—	14	0.19	—	—	—
2000	6	1	—	76.80	1	—	—	—
2001	2	—	—	12.53	0.167	—	—	—
2002	4	2	—	14.34	0.19	—	—	—
2003	8	8	—	100.19	1.34	—	—	—
2004	14	3	—	65	0.869	—	—	—
2005	6	2	—	51.26	0.678	—	—	—
2006	6	—	59.75	34.21	0.452	1387	1480	5.50
2007	5	—	52.49	29.39	0.39	369	695	3.70
2008	8	—	88.75	27.42	0.349	841	1490	6.60
2009	7	—	250.92	105.75	0.82	6646	2540	12.40
2010	2	—	2.43	1.63	0.02	60	350	1.50

森林防火措施 1997 年 6 月，云和县被列入全省首期森林火灾综合治理县，之后，建立《森林火灾综合治理实施细则》《林区用火管理办法》《森林防火扑救预案》等规章制度。是年，县、乡、村、户层层签订森林防火责任书。

2001 年，全县森林防火工作强化乡镇政府第一责任人的责任，抓野外火源管理。组织村委干部、护林员到各农户特别是重点监护对象家签订责任书，并马上将其张贴到该户的醒目位置。

配置防火设施 1991 年，耗资 16 万元，配置一套无线电通信网络，在大坪果园建造全县第一台瞭望台。

2008 年，建立森林火灾远程视频监控系统，监控建设地点为县城凤凰山森林公园民航塔顶，能有效监控县城半径 3 千米范围内森林火情。

设立防火隔离带 2006 年，县林业局营造生物防火林带 60.4 千米，截至 2009 年，全县共建成生物防火隔离带 170 千米，完成全县生物防火林带总体规划。

组建灭火队伍 2004 年，依托重河湾、长田水果基地，组建重河湾、长田两支半专业扑火队和武警扑火队。

截至 2009 年，县政府进行浙西南森林火险重点区综合治理工程（一期）建设,建立县乡二级森林消防指挥中心，组建森林扑火队伍 19 支 932 人。

森林疫病调查和病虫害防治

森林疫病调查 1991 年，“云和县森林植物检疫站”改名为“云和县森林病虫害防治检疫站”。1995 年，开展松材普查面积 776.5 公顷，苗木产地检疫 34 公顷，没有发现疫病；2001 年，开展春秋两次松树线虫病疫情调查，面积 21129.3 公顷，没有发生疫病；2010 年，在云和林场开展松材线虫病调查，没有发现疫病疫情。

森林病虫害调查与防治 1995年，四次病虫调查测报，以松毛虫为主发生面积179.1公顷，有效防治面积116公顷。1997—1998年，全县发生油茶煤病、松毛虫、刚竹毒蛾等危害面积分别为113.3公顷和163公顷，防治面积分别为73.3公顷和163公顷。

2005年，建立县、乡、村三级森林病虫害预测预报网络，设立县级测报点7个、乡镇测报点30个。全面开展松材线虫、松毛虫等病虫害检测预防。

2007年，县政府办公室调整充实云和县林业有害生物防控指挥部，加大松材线虫病等重点林业有害生物的预防工作，开展“绿盾护林”检疫执法专项行动，使广大林农增加森林疫病防治的重要性。

2008年，冰冻雪灾导致高山大量松树被压断、倒伏，导致松褐天牛数量剧增，天牛致死松木1255株。

2009年，云和县马尾松毛虫2、3级发生面积276.6公顷，主要分布在云和镇、紧水滩镇、大源乡和云和林场；崇头镇黄脊竹蝗发生面积33.2公顷；崇头镇、石塘镇栗绛蚧共计发生面积166.13公顷。

2010年，县森林病虫害防治检疫站加强松材线虫病预防和常规性、突发性林业有害生物除治工作。是年，林业没有成灾面积病虫害发生。

第六节 科技兴林

品种引进

1997年，引进德清早园竹新品种，在雾溪西坑岙建示范基地6.7公顷。同年，美国阿希里古博士从美国引入伏令夏橙品种4个，嫁接到云和脐橙基地。1998年，引进美国加州李5个品种2.9万株种苗，永嘉早香柚、油桃两个品系1.6万株种苗。

科技推广

1991年，推广杉木无性系育苗，开展杉木速生丰产示范林建设活动。1992年，推广容器育苗。

1993年，全县推广使用化学制剂和生物制剂除草和病虫害防治技术，杉木无性系选育技术，容器育苗、菌根菌接种育苗造林技术。是年，开展引种驯化试验林、木本药材厚朴速生丰产林、杉木无性系试验林建设等。

1995年，在石塘库区麻车岗岭脚，建板栗示范基地，推广密植、速生、优质、高产、高效技术。1997年，会同浙江林校在云和镇新岭村千亩板栗基地，实施高接换种3000余株，成活率95%。1998年，会同省林科所对板栗进行调花素试验，用生化技术改变板栗低产现象。2000年，推广原料林针阔混交造林技术。2002年，在云和雪梨生产区域，建乡（镇）级雪梨生产示范果园14片，培育科技示范户50户，全程推广无公害生产技术。2007年，推广云和雪梨基地二次套袋技术，提高云和雪梨品质。

软件开发

2006年，自行研建《云和县林权信息管理系统》，将“数字化”操作引入“山林延包”工作中，在全省率先建立林权数据库。2007年，自行研建《云和县林木采伐作业设计管理系统》《云和县林木采伐管理信息系统》，应用于林木采伐、迹地更新管理工作中。2008年，自行研建《云和县古树名木信息系统》《云和县森林资源调查信息查询系统》《财务票据管理系统》《竹木材运输码单管理系统》等工作软件。2009年，自行研建《林权森林资产评估系统》，实现系统自动完成全县11.25万宗山场地块的森林资产评估。

标准制定

2002年8月，制定颁布云和县地方标准《无公害云和雪梨》《无公害云和黑李》。是年，制作发放云和雪梨标准化栽培技术VCD光盘500余套，生产技术涵盖云和雪梨从育苗、建园、栽培、采收、采后处理及生产、加工各个环节。2006年，制定颁布云和县地方标准《无公害云和板栗生产技术规程》(DB331125/T11.01—2005)《无公害云和板栗安全质量要求》(DB331125/T11.02—2005)，形成一套适合云和县自然条件的建园、生产管理及采收、分级、贮藏、贮运等标准化生产技术。

规划、方案编制

2001—2005年，先后编制《云和县生态公益林建设规划》《云和县阔叶林发展工程实施方案》《无公害云和雪梨生产规程质量标准》《云和县毛竹林分类经营方案》。

2006—2010年，先后完成《云和县环县城山体绿化美化工程总体规划》《云和县三沿生态景观林建设规划》《云和县原料林建设规划》《云和县城市森林建设规划》《凤凰山城市森林公园概念性规划》等编制工作。

科技成果

2002年，云和县仙宫果业有限公司通过网上招标，与浙江大学园艺系合作《黑李贮藏保鲜技术的开发研究与推广应用》项目，是年5月，得到省科技厅立项支持。2005年3月，《黑李贮藏保鲜技术的开发研究与推广应用》项目通过鉴定验收。鉴定认为：项目研究在以黑琥珀为主的黑李保鲜研究及规模推广方面达国内同类研究的领先水平；研究提出了黑琥珀李贮藏用果的适宜采收指标，并总结出贮藏保鲜新工艺；黑琥珀李在专用保鲜袋加1号保鲜剂加1±1℃的贮藏模式下，经60天贮藏，好果率达90%以上，果实外观新鲜饱满，果肉色泽、质地和风味均正常。

2004年，组织开展全县林业有害生物普查工作，县林业局从森防站、乡镇林业站抽调技术人员8人组成两个普查队，全面普查全县15个乡镇，制作昆虫标本94盒3112只，浸渍幼虫、若虫标本35瓶(管)，病害、有害植物标本56盒，涉及14目104科526种。

2005年，以云和县仙宫果业有限公司为依托建立的“浙南早熟果业省级区域科技创新服务中心”，是丽水市第三个省级区域科技创新服务中心。

2006年，云和县仙宫果业有限公司创建省级科技创新服务中心。是年9月，在全省林业科技创新大会上，县林业局获“省科技兴林组织奖”。

2008年，由云和县林业局承担的《无公害云和雪梨标准化推广实施示范》项目成果获浙江省科技兴林奖三等奖。2010年，由云和县仙宫果业有限公司承担、浙江大学为项目合作单位共同研发的《云和雪梨采后保鲜贮运新技术的开发与应用》项目成果获浙江省科技兴林奖三等奖。

第五章　农村体制改革

1982年，农村进行土地承包，1998年，农村继续完善、巩固家庭联产承包责任制和统分结合的双层经营体制，进一步加大以完善土地、林地承包为中心的农村经济体制改革，建立土地、林地使用权流转机制，坚持“自愿、依法、有偿、规范”的原则流转。1990年始，实行国有土地有偿使用、山林延包；组建专业生产合作社，建立起新型农村经济组织，加快农、林业持续发展。

第一节　体制改革

土地承包责任制

1998年，县委、县政府印发《关于搞好第二轮土地承包工作，稳定完善家庭联产承包经营责任制的若干意见》文件，明确集体土地使用权，稳定农户土地承包权，搞活土地经营权，建立与社会代农业相适应的土地经营权流转机制。

是年12月31日，召开全县各乡镇书记、乡镇长和各有关部门负责人参加的动员大会，全面部署第二轮土地承包工作。土地承包方式，一般分为两种：大田较少的地方按人均分配口粮田进行承包；大田较多的地方，分为口粮田和责任田。由于云和县人多地少，在第一轮土地承包中，大多数按人均分配承包口粮田。实行“两田制”（口粮田和责任田）的地方，在第二轮土地承包中，要求保证口粮田，责任田不得过多。土地承包期：根据中共中央要求，在第一轮土地承包到期后，把承包期再延长30年。

1999年，云和县全面开展第二轮土地承包工作。具体做法有三种：第一种是原承包办法切实可行、群众基本满意的在原来的基础上再延长30年；第二种是先调整再延长（由于人口增减、耕地征用或小调整不正常等原因造成土地严重不均，群众意见较大，在不影响农业生产和有利于生产操作的前提下，进行小范围调整后，再延长承包期）；第三种是移民队（包括插队移民），从实际出发，采取单独建队和插队的移民都应参加第二轮土地承包工作，人地矛盾十分突出的，应在本队作适当调整落实，凡享受移民政策“农转非”和经过组织统一安排工作的对象，其口粮田一律抽出由本队作统一调整。第二轮土地承包期延长30年：自1999年1月1日至2028年12月31日。

2000年7月，基本完成第二轮土地承包各项工作和任务，并通过丽水市政府组织的验收。全县15个乡(镇)，170个行政村，1151个生产队，23837户农户，4258公顷耕地，剔除因丽浦线一级公路和沙浦砻电站工程征用土地政策未到位的4个村，27个生产队，598户农户，159.33公顷耕地面积，暂缓延长完善二轮土地承包工作，166个行政村，1124个生产队，23239户农户，均已完成延长30年第二轮土地承包工作：发放《承包权证》22437本，发证率94.10%；签订承包合同22455份，发包面积4002.53公顷，合同签订率94.20%；建立土地承包档案卷宗2471册；建立合同管理机构15个。落实承包合同管理人员32人。

2004年，县委、县政府出台《关于进一步稳定和完善农村二轮土地承包关系的若干意见》，通过逐年的调整和完善，到2010年，全县家庭承包经营耕地面积4166.6公顷，承包经营农户23599户，合同份数20656份，颁发集体承包经营权证20350份。

2010年，为做好农村土地承包纠纷的调解处理工作，成立云和县农村土地承包仲裁委员会。是年，解决一起上年发生的纠纷：2009年，黄源乡贵庄村第一村民小组，因公路补偿甲、乙、丙三农户发生纠纷，甲、乙两农户以田块在他们承包档案上为由，要求丙方归还补偿金，而丙方农户认为二轮土地承包时村委会没有把田块补登到他承包档案上，但田块在1992年已调整给他，且一直耕种，三方争执不下，于是上访要求解决，至县农村土地承包仲裁委员会成立，经仲裁委员会会同黄源乡政府的调查、核实、调解，该起纠纷得以解决。是年，土地小纠纷时有发生，一般由乡、镇、村自行调解(以村调解为主)。

土地使用制度改革

农村宅基地有偿使用 1990年，根据《国务院批转国家土地管理局〈关于加强农村宅基地管理工作请示〉的通知》文件精神，经县人民政府同意，云和县土地管理局会同小徐乡政府联合组成工作组，9月5日开始，在该乡程宅行政村开展农村宅基地有偿使用确权发证试点工作。该村所属的7个自然村、15个村民小组、337户农户(5760)人的352处宅基地、841处附属物(房屋)进行丈量、登记、确权，至11月底试点工作结束。确认宅基地使用面积57389.22平方米，全村共收取宅基地使用费2191.97元。

程宅村的宅基地有偿使用收费办法，实行累进分类(土地)收费法，一户宅基地在140平方米。人均在25平方米以内者，一类地每平方米收费0.05元，超过1—50平方米，每平方米收费0.06元，超过51—100平方米，每平方米收费0.07元，超过101平方米以上，每平方米收费0.15元；二类地每平方米0.04元。

1991年，县人民政府印发《关于在全县农村开展土地使用权申报登记的通告》。是年4月份开始，在雾溪乡和紧水滩镇先行权属调查，7月起在全县铺开，并从农村组织300多人参加的调查登记人员队伍，开展权属调查、登记、收费、发证工作，收费标准各乡镇参考程宅村的办法加上适当的教育附加费自行制定。

至1992年年末，全县农村土地有偿使用确权、登记、收费、发证工作完成50%以上。

1993年后，在总结经验的基础上，分层次开展工作。第一层次是在城镇、建制镇率先实行宅基地有偿使用；第二层次是富裕村、大规模村实行宅基地有偿使用；暂缓推行一些生活困难的老区、贫困山村宅基地有偿使用。

农用地转为建设用地 1991年4月18日，县人民政府决定："凡在本县辖区范围内、所有建设单位（包括全民、集体）需要征用土地的，必须依照法定程序，向县土地管理部门提供计划部门的建设项目批准文件、建设规划部门的规划选址意见书及其他有关材料，并提出用地书面申请，由县土地管理部门依法办理统一征地手续，实行统一征地。"

1993年9月23日，云和县成立"统一征地事务所"和"地产管理服务处"，实行两块牌子一套班子办公，主要职能是承办全县国家、集体建设用地的统一征地工作，开发、出（转）让土地使用权的管理。

用地补偿 1991年4月，县人民政府印发《关于对全县建设用地实行统一征地的决定》，明确建设用地单位支付的土地补偿费、青苗补偿费、地面附着物补偿费等各类补偿费的标准必须严格按照《浙江省土地管理实施办法》及国家其他有关规定的标准执行。

1995年，云和县征用费额：一般每亩3.3万元，最高每亩7.3万元，最低每亩2万元（其中土地补偿费：一般每亩1万元，最高每亩2.2万元，最低每亩0.6万元：劳力安置补偿费，一般每亩2.15万元，最高每亩4.95万元，最低每亩0.25万元；青苗补偿费：稻麦每亩0.15万元，水果每亩0.6万元）。

1998年8月，县人民政府印发《关于对全县建设用地确定征地补偿标准、实行统一征地的决定》，确定本县征地补偿标准：一类土地的征地补偿费用不得超过土地征用前3年平均年产值的30倍；在县城规划区内，除规定的一类区范围以外，其他地段为二类建设规划区（包括各乡镇所在地和公路沿线的土地），其征地补偿费用最高不得超过本地征用前3年平均年产值的20倍；除一、二类区以外的土地，其征地补偿费用最高不得超过土地征用前3年平均年产值的15倍；除耕地以外的其他土地（包括宅基地等），其土地补偿标准不得超过耕地补偿标准的二分之一。公路建设用地另作规定，不在上述规定内。

1999年1月1日实施的《中华人民共和国土地管理法》，征用土地的补偿和安置费有明确的规定：征用耕地的土地补偿费，为该耕地被征用前3年平均年产值的6—10倍；安置补助费标准，为该耕地被征用前3年平均年产值的4—6倍，但是每公顷被征用耕地的安置补助费，最高不得超过被征用前三年平均年产值的15倍；支付土地补偿费和安置补助费，尚不能使需要安置的农民保持原有生活水平的，经省、自治区、直辖市人民政府批准，可以增加安置费，但是，土地补偿费和安置补助费的总和不得超过被征用前三年平均产值的30倍。

2004年，云和县人民政府印发《云和县征用土地综合补偿标准暂行规定》，明确规定云和县征地补偿"区片综合价"，将云和县范围内14个乡（镇）（沙溪乡已撤并）划分为四个区片。

2009年，云和县人民政府印发《关于调整云和县征收土地综合补偿标准的通知》，规定县域内一区片范围的南至和西至进行拓展，征地补偿标准也有所提高。

土地出让 1992年，县人民政府印发《关于加快云和县土地使用制度改革步伐的通知》。

根据文件要求，云和县建立“土地使用制度改革领导小组”，下设办公室，负责对城镇（包括建制镇）规划区内的土地实行统一规划、统一开发、统一征地、统一出让、统一管理的有偿、有限期、有流动的土地使用制度。

1992年8月20日，县土管局印发《云和县土地管理局出让国有土地使用权公告》第1号，1992年9月8日，在云和县影剧院召开首次公开拍卖国有土地使用权拍卖竞投仪式，并由县人民政府颁发了《关于国有土地使用权出让授权书》。自此，云和县城镇国有土地使用权的供应方式开始向有偿出让使用转轨。

1997年开始，国有土地除法律、法规规定的项目可以采用划拨方式供地外，所有用地纳入有偿出让轨道。

土地转让 1992年，根据县人民政府印发《关于加快云和县土地使用制度改革步伐的通知》的文件精神，凡是通过行政划拨方式取得国有土地使用权的单位和个人进行转让土地使用权和地上建筑物及其他附属物，须经县土地管理部门和房管部门批准，依照《中华人民共和国城镇国有土地使用权出让和转让暂行条例》规定，首先和土地主管部门签订土地出让合同，向县政府补交土地使用权出让金，再办理转让手续。出让金按标定地价的一定比例收取，最低不能低于标定地价的40%，标定地价由县土地主管部门根据基准地价、按土地使用权转让的期限（长短）和地块条件来核定，并负责收取。所收款项全部上交县财政。对未经批准擅自进行转让划拨土地使用权的单位和个人，依法没收非法收入，并视情节轻重予以罚款。

土地抵押 1992年，县人民政府印发《关于加快云和县土地使用制度改革步伐的通知》，文件对土地使用权的抵押规定：“（一）土地使用权抵押是指土地使用者将土地使用权单独或随同地上建筑物、其他附着物作为按期清偿债务的担保行为。原拥有土地使用权的一方称为抵押人，抵押债务人称为抵押权人；（二）土地使用权抵押时，抵押人与抵押权人应签订抵押合同，并在合同签订之日起三十天内，按规定到县土管局办理抵押登记手续；（三）属划拨或减免出让金取得国有土地使用权的，抵押土地使用权时应补交出让金；（四）城镇规划区内的集体土地，抵押土地使用权时，收取土地增值费；（五）城镇规划区内通过出让取得国有土地使用权的，在抵押土地使用权时，土地增值部分收取增值费，其标准按抵押金的百分之十计收。”

土地储备 2002年1月11日，县人民政府印发《云和县土地储备管理办法（试行）》，文件规定：土地使用权收购储备的范围：“（一）实施土地利用总体规划和城市规划需征用的土地；（二）实施城市规划和土地整理计划，需收购的土地；（三）土地使用期限已满或国有企业改制应当依法收回的土地；（四）应当依法收回的荒芜、闲置和无主土地；（五）应当依法没收的土地；（六）因单位拆迁、解散、撤销、破产、产业结构调整或者其他原因应当盘活的原国有划拨土地；（七）以出让方式取得土地使用权后无力开发或不按规定如期开发的土地，以及改变土地用途需重新立项建设的土地；（八） 土地使用权人要求县土地储备中心收购的土地；（九）土地使用权转让价格低于标定地价20%的国有土地；（十）其他需要进行储备的国有土地”。土地收购的一般程序:“(一)申请收购。凡符合本办法规定的土地储备条件的国有土地，其土地使用权人应持有关文件资料向县土地储备中心申请收购;(二)权属核查。县土地储备中心对申请人提供的土地和构筑物权属、土地面积、地上物面积、四至范围、土地用途等情况进行实地调查和审核;(三)征询意见。县土地储备中心根据申请人提出的申请和实际调查的情况，向县建设和规划部门征求意见;(四)费用测算。县土地储备中心根据调查和征询意见结果，会同有关部门进行土地收购补偿费用的测算评估;实行土地置换的，要进行相应的土地费用测算;(五)方案报批。县土地储备中心根据土地权属调查，收回费用测算的结果，提出土地收购方案报县人民政府批准;(六)签订合同。收购方案批准后，由县土地储备中心与原土地使用权人签订《国有土地使用权收购合同》;(七)收购补偿。县土地储备中心根据《国有土地使用权收购合同》约定的金额、期限和方式，向原土地使用权人支付土地收购补偿费用:实行土地置换的，进行土地置换的差价结算;(八)权属登记。县土地储备中心根据《国有土地使用权收购合同》约定支付收购定金后，原土地使用权人与县土地储备中心共同向县国土资源、建设部门申请办理权属变更手续;(九)交付土地。根据合同约定的期限和方式，原土地使用权人向县土地储备中心交付被收购的土地和地上构筑物:被收购的土地使用权一经交付，即纳入土地储备”。

是年5月16日，成立云和县土地储备中心，土地储备中心主要职责是代表政府行使全县范围国有土地使用权的收购和储备，对储备土地进行前期开发整理和利用，开展储备土地的预出让，收取土地开发补偿金等。县土地储备中心在县土地储备管理委员会指导和监督下开展工作，委托县土管局管理。

县土地储备中心受县政府委托将收购储备的土地进行预出让(出让前的准备工作)，约定预受让对象，收取土地开发补偿费等。经县土地储备管理委员会批准，以协议方式进行储备土地使用权预出让的程序为确定地块、发布信息、约定对象、方案报批、签订协议、支付补偿费用、向县土地管理部门办理正式出让手续。

县城范围内的储备土地使用权，原则上通过招标、拍卖等公开方式确定受让对象，按招标拍卖法定程序进行。

农村土地流转 2009年，县农业局组建成立“云和县农村土地承包经营权流转服务中心”，负责发布和提供土地流转信息、流转价格和政策法规等咨询及流转合同鉴证等服务，同时建立14个乡镇农村土地承包经营权流转服务中心。

是年，县人民政府办公室印发《关于印发云和县加快农业产业化发展促进农民增收若干政策的通知》，制定农村土地流转的奖励政策:土地流转3.335公顷以上，0.667公顷奖励100元;山地流转33.35公顷以上，每0.667公顷奖励50元。据统计到2010年全县土地流转面积达到1110.07公顷，流转率达26.64%。

云和县土地流转比较典型的方式有，租赁制流转的辐射模式、合作制流转的订单农业模式、产业带动型流转的连锁模式、以股份合作为导向的林地流转模式。此四种流转模式以租赁制流转为主，约占土地三分之二为740公顷;合作制流转的订单模式，以农民专业合作社为主，约有核心基地184公顷；带动型流转的连锁模式，指效益好的农业，约有75公顷；股份合作为导向的林地流转模式以林地入股，有收入时占一定比例分成，约有面积111公顷。

农村劳动力培训和转移

劳动力培训 2003年，开始进行农村劳动力技能和素质培训，当年培训9506人次，云和县被确定为全省唯一的农村劳动力输出示范县、全省农村劳动力技能培训示范基地，县政府先后调整和成立农村劳动力转移和异地综合开发领导小组，在县农业局设立办公室，各乡镇相继成立劳动力转移领导小组和办公室，异地开发人员实行技能和素质培训，制订2003—2007年农民工培训万人计划。培训计划确定“培育新型农民、促进增收致富、创建培训强农”目标，按照“实际、实用、实效”的培训要求，采取整合资源、组建组织机构体系，制定加大投入，构建农民培训网络；合力培育，力抓培训品牌建设；搭建载体，致力增强培训效果；筹措资金，制订培育优惠政策；优化服务，促进农民转移增收；广泛宣传，营造良好社会氛围；表彰激励，开展创优评先活动等10项工作措施。

是年，成立县乡两级18个培训工作领导小组、15个实施办公室及农民素质培训中心；组建170个行政村农民培训转移就业联络员队伍；在县内外组建各类服务组织78个；整合20多个职能部门培训资源；实行统一计划、统一培训优惠政策、统一教材、统一测试等“八统一”制度；筹集培训专项经费每年230万元；组织编写出版了食用菌、茶叶等15个专业70多万字新型农民培训系列教材；聘请省、市、县各门类兼职教师24人；创办14所乡镇农村实用人才培训学校、56所村级新型农民培训学校、1个农民培训专业网站、十大特色产业示范实训基地、20多个2000多亩优势产业教学实习基地；采辑《农民培训专业就业工作简报》288期；开展知识竞赛、技能比武等培训活动22场；省、市、县报刊、电视台刊登报道了100多篇、200多条新闻；培育创建“云和师傅”这一劳务商标。

2003—2010年，培训新型农民68669人次，完成计划的137.30%，全县新增中专（含职高）学历文凭221人、获得农民技术职称资格4376人，获得职业技能证书17755人，获得云和师傅称号211人。其中2010年，培训达12392人次（含农业专业技能培训3984人次，新型农民培训2095人次，职业技能培训2661人，农民工岗位技能培训3350人次，农村后备劳动力培训302人）。完成计划的121.5%

劳动力转移 农村家庭土地承包责任制后，劳动力大量富余，耕作田地与山林只能解决温饱问题。农民要致富，应走出一条适合自己的道路。云和县委、县政府鼓励农民下山脱贫，从事第二、第三产业，从2000年开始，农村劳动力结构发生变化。

2000年，全县农村劳动力转移7500人，从事异地开发食用菌和名茶制作有3500多人，其中常年在外有1377人。

2003年，全县农村劳动力转移27400人，转移率47.17%，其中参与异地开发食用菌和名茶采制人员6683人，全县劳动力转移实现净收入1.5亿元。

2010年，全县农村劳动力转移38352人，占农村总劳动力的64.83%，劳动力转移经济收入4.38亿元。

2005—2010年云和县农村劳动力培训与转移情况统计表

表 9-5-1

年度	总劳动人数（人）	素质技能培训（人）	转移人数（人）	转移(%)	其中异地开发和务工（人）	创经济净收入（万元）
2005	56942	12851	34417	60.44	9595	23738
2006	54590	11929	33850	62.01	9880	21500
2007	56884	10000	36700	64.52	10900	23500
2008	61200	13000	39852	65.12	10921	31934
2009	59938	15200	38793	64.72	11220	31700
2010	59154	12400	38352	64.83	11290	43829

村经济合作社

1992年7月，浙江省人民政府颁布《浙江省村经济合作社组织条例》。

1992—2008年，村经济合作社在村集体资源开发与利用、资产经营与管理、生产发展与服务、财务管理与分配等方面（如农村土地、山林经营权承包，农业基地建设），依法独立进行经济活动。同时，因村经济合作社社长大部分由村长或村支部书记担任，村"两委"换届频繁，选举过程和村经济合作社管理过程存在着淡化村经济合作社经济活动自主权现象，工作开展弊端明显。

2008年，贯彻落实省人民政府2007年9月修订的《浙江省村经济合作社组织条例》，各乡镇组织人员指导村经济合作社选举工作，依法依规选举产生村合作社理事会、监事会成员，选出合作社社长和监事会主任，实行"民主管理、自主经营、独立核算、自负盈亏"。

2010年12月，云和镇蔬菜村撤村就近并入社区居委会，成立首个股份制经济合作社。截至2010年年底，全县有村经济合作社169个，股份制经济合作社1个。

林权制度改革

山林延包 1990年，通过四至确认，进一步明确自留山、责任山的经营权。2006年，云和县在"稳定山权林权、划定自留山和确定林业生产责任制"的林业"三定"工作基础上，开展以"稳定、延包、换证"为核心的"延长山林承包期"工作，集体统管山、到户的责任山和自留山换发统一的《中华人民共和国林权证》；已划定的自留山保持长期不变；已承包到户的责任山承包期统一延长至2055年12月31日，并重新签订承包合同。

通过延包，全县81066.7公顷集体山林产权进一步明晰，52066.7公顷承包到户的责任山统一延长承包期至2055年12月31日，共签订责任承包合同16002份，计67304处山场，合同签订率99.8%。换（核）发林权证（含重新核对四至并换发使用权证的9483公顷、45135处自留山）28739本；换发集体统管山3614处（19533.3公顷）、林地所有权19148处（61533.3公顷），计林权证4310本；换发国有山林71处（2266.07公顷）、林权证18本；林权证换（核）发率100%。全县共装订延包档案1790卷。

在延长山林承包期工作中，全县共调解处理山林延包纠纷304起，调解处理率97.75%，落实争议面积 177.57 公顷。

2007 年,云和县人民政府被省委省政府授予"全省延长山林承包期工作先进集体"。

构建平台 2007 年 6 月,县政府成立云和县推进森林资源流转工作领导小组,9 月,出台《中共云和县委云和县人民政府关于推进森林资源流转工作的实施意见》:加强对森林资源流转工作的领导,组建森林资源流转服务工作机构,建立森林资源流转平台。

是年 10 月,设立云和县绿峰森林资产储备有限公司,公司于 12 月 4 日经工商注册、税务登记正式成立。

是年 11 月,县林业局根据《关于同意设立云和县林权管理中心和云和县森林资源收储中心》的批复,成立云和县林权管理中心、云和县森林资源收储中心,编制 16 人;云和县山禾林业调查规划设计所为森林资源资产调查评价服务机构;林权交易中心(不单独设立)纳入县招投标中心统一平台,县招投标中心为森林资源流转的招标、拍卖、挂牌等交易活动提供服务。

森林资源收储中心 云和县绿峰森林资产储备有限公司与森林资源收储中心合署办公,实行两块牌子、一套人马。主要职责有:为林农以林权抵押贷款提供担保,在林农与银行之间起桥梁与纽带作用,化解银行金融风险;负责收储森林资源资产,管理和处置收储的森林资源、资产。12 月 5 日,公司与云和县农村信用社签订合作协议,信用社允许公司按资本金存款的 5 倍提供担保贷款。

县林权管理中心 2007 年,县林权管理中心成立后,开展林权初始、变更登记业务,办理地点在县行政审批中心林业窗口,根据当地实际情况及确权登记要求,制定林权登记工作流程,采用《林权证信息管理系统》软件,进行登记发证,全县林权登记发证工作开始日常化管理。

是年,国有和集体森林、林木、林地流转统一纳入林权交易中心,实行招标、拍卖、挂牌转让,转让全程由林业、县纪检监察部门参与指导、监督管理。县林业局引导农民采取股份合作经营、租赁经营、委托管理等方式流转给经营大户或创业农民经营管理,鼓励林业种植大户、工商企业、事业单位和科研单位及个人参与林权流转,促使分散的山林、资金、技术等生产要素有机结合起来,形成"人人有山,不需要人人经营山,但人人都可从中受益"的格局。至 2010 年,全县森林资源规范流转 75 起。

林木保险 2008 年,开始实施林木火灾保险政策。全县 34333.3 公顷生态公益林,由县政府打包统一投保;2009 年开展了林木火灾政策性保险全覆盖,投保面积 83356 公顷,保费总额 53.49 万元,保额 5.35 亿元。截至 2010 年,全县县林木火灾保险实现理赔 54.54 万元,提高了林农抗灾害风险能力。

林权抵押 2007 年,县林业局针对全县广大林农发展创业贷款难、融资成本高等问题,会同金融机构不断探索,逐渐形成了 3 种林权抵押贷款模式。一是林权信用贷款,即林农小额循环贷款。林农只需凭身份证到金融机构登记,金融机构通过登录《云和县林权森林资产评估信息系统》,查询到该户林农的资源量和评估值后,即可确定授信额度。结合丰收小额农贷卡,农户的小额贷款额度放大到 5 万元,林农在办理贷款时,可取得"一次授卡、随用随取、循环使用”的快捷效果。二是直接抵押贷款。对于市场价值高、易流转变现的林权，林业大户凭借其自身拥有的、经过评估的森林资源资产作为抵押物，即可向金融机构申请直接抵押贷款。三是担保贷款。依托云和县绿峰森林资产储备有限公司，主要为林业龙头企业、林业大户或合作社贷款提供担保和反担保。

到2010年，发放林权抵押贷款累计20410万元，受惠农户13031户次，占全县林农总户数的66.4%，实现森林资源资产盘活，解决了林农融资困难问题。

第二节　机构与队伍

农业

1991—2000年，农业局下设办公室、科教执法股、粮油作物站、特产站、食用菌管理站、土肥站、植保植检站、畜牧兽医站、农机管理（监理站）、种子公司（种子管理站）、农业经济管理站。在职科技专业人员68人，其中具有高级职称2人，中级职称16人，初级职称44人。1992年7月，特产站划入县农村工作办公室，成立农业综合开发总公司。1994年7月，特产站划归农业局，设立经济作物站。1996年，建立云和县农业局农技推广中心和畜牧推广中心，为局级事业单位，由副局长兼任中心主任。1999年，成立仙宫湖名茶研究所，成立农业行政综合执法大队（农业法制、执法、植物检疫合署），设立云和县食用菌科研推广中心。

2002年，根据《关于印发云和县农业局（农村工作办公室）合署办公的通知》，农业局局长，兼任农村办公室主任，副局长，兼任副主任。增设农村发展科、综合调研科。同年设立了异地开发办，增至15个科室。

2004—2005年，名茶研究所并入经济作物站，取消名茶研究所。

2006年，设立生态能源办公室；畜牧兽医站更名为“云和县畜牧兽医局”，增挂“云和县动物卫生监督所”，下设云和、崇头、紧水滩和石塘畜牧兽医监督管理站。

2010年3月，县农业局与农村工作办公室分设，农村发展科、综合调研科、异地开发办列入农村工作办公室。县农业局下设：办公室、科教信息科、农作站、经作站、生态能源办、行政许可科、种子管理站、农政科、农经管理科、农机管理站、产业科、农产品质量监督管理科、食用菌管理站，在职科技专业人员66名，其中：具有高级职称9人，中级职称25人，初级职称28人，无职称人员4人。

1991—2010年云和县农业局主要负责人一览表

表9-5-2

党组书记	任职时间	局长（主任）	任职时间
陈美定	1986.06—1992.02	陈美定	1986.06—1992.02
王新荣	1992.03—1996.09	王新荣	1992.03—1999.11

续表 9-5-2

党组书记	任职时间	局长(主任)	任职时间
毛荣理	1996.10—2003.07	何　敏	2000.12—2001.04
		吴瑞松	2001.05—2001.11
江乃华	2003.08—2005.04	江乃华	2001.12—2005.04
刘日平	2005.05—2008.03	刘日平	2005.05—2008.03
杨晓明	2008.05—2009.11	杨晓明	2008.05—2010.01
杨克法	2009.12—	杨克法	2010.02—

农办和扶贫办

1988 年 11 月，建立农村经济委员会，内设办公室、经济管理科、生产综合科、政策调研科。

1994 年 1 月，设云和县扶持贫困地区开发经济协调服务领导小组办公室（下称扶贫办），为县政府议事协调机构常设办事机构，是县政府办公室管理的正科级事业单位。扶贫办与中共云和县委、云和县人民政府农村工作办公室（下称农办）合署办公。

1996 年 10 月，撤销云和县农村经济委员会，成立云和县农村工作办公室，同时挂云和县农村工作办公室牌子，扶持贫困地区开发经济协调服务领导小组为议事机构，办公室设在农办。2001 年 11 月至 2010 年 6 月，县农办与县农业局合署办公。是年 11 月，农办党组及纪检组撤销。

2010 年 6 月，根据《丽水市机构编制委员会关于同意云和县委、县政府农村工作办公室单独设置的批复》文件精神：将原与农业局合署办公的农办改为单独设置，为县委、县政府农村工作的综合协调机构，列县委工作部门；县扶贫办与县委、云和县人民政府农村工作办公室合署办公，内设结构：综合秘书科、经济发展科、社会发展科、扶贫科；下属事业机构：2 个。人员编制：行政编制 7 名（含工勤人员）；事业编制 18 人（含下属单位）。

1991—2010 年县委、县政府农办主要负责人一览表

表 9-5-3

党组(委)书记	任职时间	主任	任职时间
张景涛	1990.07—1993.07	张景涛	1990.07—1993..07
邹坤培	1993.08—1996.10	邹坤培	1993.07—1996.10
梅振新	1996.11—2000.08	梅振新	1996.11—2007.08
王新荣	2000.08—2001.11	王新荣	2000.08—2001.11
江乃华	2001.12—2005.05	刘日平	2006.01—2008.05
刘日平	2005.05—	杨晓明	2008.05—2010.02
—	—	杨克法	2010.02—2010.06

1991—2010年云和县扶贫办主要负责人一览表

表9-5-4

党组（委）书记	任职时间	主任	任职时间
江德由	1994.01—1998.06	江德由	1994.01—1998.06
梅振新	1998.06—2000.08	梅振新	1998.06—2000.08
杨克法	2000.08—2007.12	杨克法	2000.08—2007.12
叶秋霞	2007.12—2010.06	叶秋霞	2007.12—2010.06

林业

1991年，县林业局设有办公室、人事股、计财股、林政管理站，企业管理站、营林公司、技术推广站、森林植物检疫站、山林纠纷办公室、护林防火办公室、森林派出所，下属事业单位有云和林业站、梅源林业站、紧水滩林业站、石塘林业站、云和县林场；行政编制10人，全额拨款全民事业单位编制64人，自收自支全民事业单位编制47人。1992年，森林派出所更名林业公安科。1995年10月，成立浙江省仙宫湖森林公园管理处、仙宫湖林场。1997年，撤销云和、崇头、石塘、紧水滩4个林业站，设立全额拨款全民事业单位林业工作总站和差额拨款全民事业单位16个乡镇林业工作站（编制105人）。是年，设有办公室（撤销人事股、计财股，将其职能归入办公室）、营林管理股（云和县绿化委员会办公室）、资源行政管理股（云和县调处山林纠纷领导小组办公室）3个职能股室，行政编制10人（其中局长1人、副局长2人）；下属事业单位设有林业公安科（云和县森林防火指挥部办公室）、林工管理站、营林公司（技术推广站）、林业工作总站、森防森检站、仙宫湖森林公园管理处、能源服务站、双港木材检查站、云和县林场、仙宫湖林场，全额拨款全民事业单位编制67人，自收自支全民事业单位编制57人。

2000年，经省政府批准，设立云和县木材运输巡查大队。2002年，内设机构调整为办公室（法制纪检监察室）、营林管理科（县绿化委员会办公室）、资源林政科（县调处山林纠纷领导小组办公室、木材运输巡查大队）、云和县公安局森林警察大队（森林公安科、县森林防火指挥部办公室）4个职能科室。

2006年，根据林业综合执法试点县工作需要，设法制科；撤销能源服务站（职能归入农业局）。2007年，经县编办批准，成立云和县林权管理中心、森林资源收储中心，定编16人。2008年，林业公安科更名为县林业局森林公安局。

2010年，设有办公室（监察室）、营林管理科（县绿化委员会办公室）、资源科、林政管理科（县调处山林纠纷领导小组办公室、木材运输巡查大队、法制科）、森林公安局（县森林防火指挥部办公室）4个职能科室，机关编制10人、专项编制14人；下属事业单位设有林权管理中心（10人）、森林资源收储中心（6人）、林工管理站（8人）、营林公司（技术推广站20人）、林业工作总站（10人）、森防森检站（15人）、仙宫湖森林公园管理处（3人）、双港木材检查站、云和县林场（47人）、仙宫湖林场（10人），下设14个乡、镇林业工作站，共计全额拨款全民事业单位编制72人，自收自支全民事业单位编制57人。

1991—2010年云和县林业局主要负责人一览表

表9-5-5

<table>
<tr><th>党组书记</th><th>任职时间</th><th>局长</th><th>任职时间</th></tr>
<tr><td>戴金明</td><td>1990.12—1993.08</td><td>戴金明</td><td>1990.12—1993.07</td></tr>
<tr><td>缺　职</td><td>1993.08—1994.01</td><td rowspan="2">梅振新</td><td rowspan="2">1993.07—1996.10</td></tr>
<tr><td>梅振新</td><td>1994.01—1996.10</td></tr>
<tr><td>李瑞启</td><td>1996.10—2001.11</td><td>李瑞启</td><td>1996.10—2001.11</td></tr>
<tr><td>黄绍贵</td><td>2001.11—2007.04</td><td>廖永平</td><td>2001.11—2006.08</td></tr>
<tr><td>王丽荣</td><td>2007.04—2009.05</td><td>王丽荣</td><td>2006.08—2009.05</td></tr>
<tr><td>缺　职</td><td>2009.05—2010.02</td><td>梅小燕副局长主持</td><td>2009.05—2010.02</td></tr>
<tr><td>梅小燕</td><td>2010.02—</td><td>梅小燕</td><td>2010.03—</td></tr>
</table>

第十篇 生态建设

生态建设，惠泽千秋。云和县的区域性生态创建工作始于20世纪90年代末期，大体可分为两个阶段。

1998—2003年，国家级生态示范区创建阶段。1998年底，被环保部纳入浙江省国家级生态示范区创建规划。1999年，成立“云和县生态示范区建设领导小组”，负责编制《云和县生态示范区建设规划》；牵头协调、组织指导生态示范区的具体创建工作。截至2002年年底，全县已实施生态示范区创建工程项目53个，累计投资达7.82亿元。2003年10月，云和县的生态示范区创建工作取得阶段性成效，顺利通过国家级正式验收。

2003—2009年，省级生态县创建阶段。2003年年底，成立“云和县生态县建设工作领导小组”。2004年，编制出台《云和县生态县建设规划》，全面启动创建工作。2005年，遵照省委书记习近平提出的“绿水青山就是金山银山”的重要指示精神，在生态农业、生态林业、生态工业、生态旅游、生态水域、生态城镇建设和生态修复、环境保护等方面，增加资金投入，规划生态项目，加快省级生态县创建步伐。是年，云和县生态环境质量名列全国2348个县（市、区）第10位。2007年，《云和县生态环境功能区规划》编制完成，玉溪水库水源保护区设立。2008年，全县城市污水处理率达62.12%、垃圾处理率100%，乡镇垃圾处理率92%以上。县域森林覆盖率达80.8%，城区人均绿地面积14.1平方米。12个乡镇创建成为省级生态乡镇，占比达86%。9个乡镇政府所在地村的污水处理工程竣工。58个行政村建成县级以上生态村。2009年，浙江省人民政府命名云和县为省级生态县。

第一章　生态区域创建

20 世纪 50 年代的“大办钢铁”,70 年代兴起的木制玩具产业和 90 年代初农村大量发展的食用菌产业,导致县境内林木积蓄量锐减,植被遭到不同程度破坏。面对资源制约趋紧、生态系统退化的趋势,中共云和县委、县人民政府牢固树立尊重自然、顺应自然、保护自然的生态文明理念,确立生态立县、生态兴县、生态强县的治县方略和施政取向,坚持走绿色发展、生态发展之路。1998 年,着手部署国家级生态示范区创建工作。1999 年,《云和县生态示范区建设规划》初稿编制完成;《云和县“蓝天、碧水、绿色”工程项目计划》付诸实施。2001 年,开发有机茶基地 266.67 公顷;建设生态公益林 8600 公顷;投资 4000 多万元,实施工业园区污染物排放控制工程,改善园区生态环境。2002 年,开展“重河湾万亩农业示范区”等 10 项生态示范工程和 10 个生态示范点建设;建立省级自然保护小区 9 个。2003 年 10 月,生态示范区创建工作取得阶段性成效,通过国家级验收。

2003 年年底,研究部署省级生态县创建工作。2004 年,编制出台《云和县创建省级生态县总体规划》。2005 年始,全县上下齐心协力全面推进生态产业工程、生态保护工程、生态恢复工程、生态饮水工程、生态养殖工程、生态清洁工程、生态乡镇工程、生态文化工程等 8 项工程。2007 年,设立玉溪水库水源保护区;紧水滩镇创成省级生态镇。2008 年,按照省级生态县的 6 项基本条件和 11 项具体考核指标,全面推进创建工作。全县城市污水处理率达 62.12%;垃圾处理率 100%;森林覆盖率达 80.8%;城区人均绿地面积 14.1 平方米。12 个乡镇创成省级生态乡镇;58 个行政村建成县级以上生态村。2009 年 1 月,省级生态县考核验收组对全县生态创建工作进行检查考核,顺利通过考核验收,被浙江省人民政府命名为省级生态县。

第一节　生态示范区创建

生态文明是地域文明的重要标志。1998 年年底,云和县被环保部正式纳入浙江省第二批国家级生态示范区创建试点规划,标示生态示范区的创建工作将全面开启。

1999 年 4 月,成立以县长虞红鸣任组长,县属相关职能部门、各乡镇主要负责人为成员的“云和县生态示范区建设领导小组”,负责组织领导、牵头协调、统筹谋划、逐步推进生态示范区的创建工作。领导小组下设办公室,办公室设于县环保局(简称县生态办),专事《云和县生态示范区建设规划》的草拟编制及日常工作。7 月,县生态示范区建设领导小组召开全体成员会议,按照生态示范区的创建标准和指标要求,部署落实生态示范区建设规划的编制工作。

同月，由县环保局、生态办负责牵头组织编制的《云和县“蓝天、碧水、绿色”工程项目实施计划》，经8月召开的县长办公会议审议通过，并付诸实施，正式标志云和县生态示范区建设的系统性综合工程全面启动。10月，《云和县生态示范区建设规划（初稿）》基本编制完成，内容涵盖生态农业、林业、水利、环保、工业、旅游和生态城市建设、生态环境治理等诸多方面。

2000年年初，《云和县生态示范区建设规划》通过“云和县专家咨询小组（专业组）”的初步审核。是年6月，正式通过省环保局组织的专家论证评审。11月底，县政府常务会议又对该规划进行认真审定，原则同意规划文本的编制方案，要求规划所涉及的各项指标、数据，与县“十五”计划纲要相衔接，并将规划提交县人大常委会审议通过后，颁布实施。是年，县环保局和县“生态办”依据县情实际,制订出台云和县生态示范区建设工作计划，内容囊括县域环境保护、溪流综合治理、企业污染整治、生态旅游开发等。经过农业、林业、经委、建设、旅游等部门的不懈努力，封山育林、溪流治理、企业净化等方面成效明显，较好地完成2000年度生态示范区建设计划。

生态示范区建设成效初显

生态农业方面 2001年，开发有机茶基地266.7公顷；“云和县生态农业科技示范中心园”工程稳步推进。

生态林业方面 2001年，建设生态公益林8600公顷；营造木制玩具原料林和代料香菇用材林333.3公顷。

生态工业方面 2001年，投资4000多万元拓展工业园区，改善园区基础设施，优化园区生态环境；动员零散分布于城区的31家玩具企业，统一搬迁至城西工业园区，调整优化县城的工业布局；实施园区污染排放控制工程，限制木制玩具产业的甲苯、粉尘排放量，逐步推行清洁生产。

生态旅游方面 2001年，云和湖生态旅游项目前期筹备工作进展顺利,杭州宋城集团一期投资资金如期到位；具有地方特色的中国木制玩具城,重河湾现代农业示范区,平阳岗江南畲族风情文化村等旅游项目逐步推进。

生态城市建设 2001年，投资9300万元，实施县域“人口再分布工程”，推进城东小区和古竹农民新村的基础设施配套建设；投资1400万元，优化城市绿化布局，着力浮云溪等溪流的防洪体系建设；投资2700万元，加快县域交通网络的绿化、生态化建设。

生态环保项目有序推进

2002年年初，县政府与相关职能部门、乡镇政府签订《生态示范区建设和环境保护目标责任书》，将创建任务层层分解，落实到位，并将其列入年度工作目标责任制考核。是年，确立并重点开展“生态公益林”“重河湾万亩农业示范区”“科技特色工业园区”“县城绿化”“企业减排”“崇头、紧水滩生态示范镇”“云和镇大坪生态示范村”等10个生态示范工程和10个生态示范点建设。建立县五大班子领导成员联系项目制度，强化监督力度。经全县上下的共同努力，形成了一批生态示范精品工程。通过示范项目的引领、推动和辐射作用，加快了生态农业、生态林业、生态工业、生态旅游和生态城市的建设步伐。年底，全县共实施生态示范区工程项目53个，累计投资达7.82亿元。大力发展绿色经济，制定9个农产品生产标准，其中2个农产品通过国家有机认证，获得“有机食品”称号，4个农产品获得省绿色农产品称号。建立15个省级自然保护小区，堪定各级生态公益林37333公顷。大力推引清洁生产，全年有4家企业被评为“市级绿色企业”。城市生态环境方面，生活垃圾处理率达100%，城镇人均公共绿地面积达11.88平方米。生态文化建设方面，县实验小学被评为“市级绿色学校”、云和镇中山社区被评为“市级绿色社区”。

2002年云和县生态示范区建设指标完成情况表

表10-1-1

指　标		试点前	2002年	效 益
社会经济发展	(1)农民年人均纯收入	1551	2708	1157
	(2)城镇单位GDP能耗(吨/万元)	0.314	0.40	0.086
	(3)人口自然增长率(%)	4.07	4.85	0.78
	(4)村镇饮用水卫生合格率(%)	95.60	95.5	0.30
	(5)环保投资占GDP比例(%)	1.13	3.80	2.79
	(6)单位GDP耗水(立方米/万元)	479	199.3	-279.7
区域环境生态保护	(7)森林覆盖率	70.9	80.3	9.4
	(8)退化土地治理率	27.3	81.3	54
	(9)水分生产率(千克/立方)	1.51	1.53	0.02
	(10)受保护地区(湿地)面积(%)	28.6	41.1	12.5
	(11)矿山土地复垦率(%)	—	51.7	—
农村环境保护	(12)秸秆综合利用率(%)	83.7	94.54	10.84
	(13)畜禽粪便处理(资源化)率(%)	95.6(农) 72.1(林)	100(农) 89.5(林)	4.3(农) 18.3(林)
	(14)单位化肥施用量(折纯，千克/公顷)	65.3(农) 41.56(林)	71.5(农) 63.17(林)	6.20 21.61
	(15)农林病虫害综合防治率(%)	40.35(农) 94.33(林)	72.23(农) 100(林)	31.88 5.67
	(16)使用农药强度(千克/公顷)	2.69(农) 1(林)	0.98(农) 0.16(林)	-1.71 -0.84
	(17)农用薄膜回收率(%)	94	95.58	1.58
	(18)受保护农田面积(%)	85	90.95	5.95
农村环境保护	(19)城镇大气环境质量	符合功能区标准	符合功能区标准	维持原状
	(20)水环境质量	符合功能区标准	符合功能区标准	有所改善
	(21)城镇噪声环境质量	基本符合功能区标准	符合功能区标准	有所改善
	(22)城镇固体废物处理率(%)	80.20	100	19.80
	(23)城镇人均公共绿地面积(平方米)	8.65	11.88	3.23
	(24)卫生厕所普及率(%)	33.20	71.48	38.28
	(25)城市气化率(%)	43.2	100	56.80
	(26)城市污水处理率(%)	37.80	61	23.20
	(27)旅游环境达标率(%)	100	100	0

2003年初，县人民政府继续与23个相关职能部门、乡镇签订“生态示范区建设和环境保护目标责任书”。县环保局、生态办制订全面落实生态示范区创建及迎验工作任务预案。认真准备迎验材料，重点围绕迎验必备的12项基本条件和26项考核指标，精心制作以“实施小县大城战略，构筑山水生态城市”为题的生态示范区创建工作报告。6月底，云和县通过省环保局组织的生态示范区创建工作预验收。10月底，丽水全市（包括云和县）生态示范区创建工作取得阶段性成效，顺利通过国家级正式验收。

第二节　省级生态县创建

生态县建设领导机构

国家级生态示范区创建成功后，中共云和县委、县人民政府研究决定，开展省级生态县的创建工作。2003年底，成立“云和县生态县建设工作领导小组”，县委书记吕文明担任组长。同时，依据《浙江省生态省建设纲要》《云和县2003年度生态县建设工作任务书》的要求，组织力量着手编制生态县建设规划。

生态县建设规划

2004年，县委、县政府坚持“生态保护和污染防治并举，生态建设与经济发展并重”的方针，突出“绿色发展”理念，把生态县创建作为云和再创新优势、实现新跨越的必由之路来抓，高度重视并致力推进生态县创建工作。年初，县党政班子就生态县建设及规划编制进行多次专题研究。4月15日，县委常委会专题听取全市生态建设动员大会暨第七次环境保护会议精神及生态县建设工作计划汇报。在县政府工作报告中，就省级生态县创建作出全面系统部署。建立云和县生态建设政绩考核制度，17个相关部门和所有乡镇列入考核范畴。6月，《云和县生态县建设规划》通过专家组评审论证，县政府第四次常务会议和县委常委会分别听取专题汇报。7月22日，县第十三届人大常委会第十一次会议审议并批准《云和县生态县建设规划》。是年，在全县生态县建设暨环境保护工作会议上，县长丁绍雄与各部门、各乡镇“一把手”签订生态县建设和环境保护目标责任书，落实目标责任制，明确责任单位和责任人，一级抓一级，层层抓落实。各部门、各乡镇相继建立并完善生态县建设领导机构和工作机构，健全工作机制和考核机制，把生态县建设任务落到实处。

生态县建设项目

在生态县创建过程中，坚持以规划为导向，以项目为载体。根据县情实际，统筹规划各类项目，做到长、中、短期项目有机结合，大、中、小型项目齐头并进。生态县建设项目主要有：实施县城周边山体绿化美化工程；兴修元和休闲广场、浮云健身绿廊等公共设施；开发县城西南部无公害高山蔬菜基地；实施饮用水水源保护区规划；拓展生态公益林覆盖区域；开辟仙宫湖有机鱼养殖基地；创建工业园区清洁生产示范企业；推进石塘小顺等生态示范村建设；划分县城烟尘控制区和噪音功能区等。

注重从源头上治理工业污染。县人民政府专门制作出台政策，对通过 ISO 14000（环境管理体系）认证的企业，给予 3 万元的奖励。引导和鼓励企业开展 ISO 14000 认证和清洁生产审核认证。县环保部门加强对园区企业的环保监督和指导，敦促企业主投入必要的环保成本，尽量减少企业粉尘、木屑、废气、废水、噪音等污染环境，影响民居。是年，有 2 家企业开展清洁生产审核认证，3 家企业通过 ISO 14000 环境管理体系认证。

国家级卫生县城

2004 年，创"国卫"成功，云和县城被国家爱卫会命名为国家级卫生县城。

2005 年 4 月，召开全县生态建设暨环境污染整治工作会议，全面总结生态县建设和环境污染整治工作,部署 2005 年生态县建设和环境污染整治任务。县相关领导与各部门、各乡镇签订目标责任书。同时，印发环境污染整治行动方案，将金鹰工艺厂等 27 家排污不符环保要求的企业作为首批限期治理对象。10 月，召开全县环境污染整治和生态县建设第二次工作会议，回顾总结环境保护和生态县建设工作成效，深入分析环境保护和生态县建设工作中的困难和差距，推进生态县建设和环境污染整治工作的顺利开展。

生态建设工程

2005 年，依据《生态县建设规划》和《生态县建设市县长任期目标责任书》要求，全县扎实推进生态产业工程、生态保护工程、生态恢复工程、生态饮水工程、生态养殖工程、生态清洁工程、生态乡镇工程、生态文化工程等 8 项工程，藉以全方位改善优化县域生态环境。同时，以"千村示范，万村整治""万里清水河道建设"活动为契机，加快农村基础设施建设和环境保护。完成 2 个示范村、10 个整治村的规划编制和重点整治任务。规范农业综合开发，变无序开发为有序良性开发，尽量减少水土流失和生态破坏。推广生态农业技术，减少化肥、农药使用量，削减农业面源污染。实施"绿色行动计划"，大力发展有机、绿色、无公害农产品，"云和雪梨""仙宫有机鱼"等获得有机食品认证。是年，县政府根据新农村建设计划，拨出专款在赤石、安溪、朱村、雾溪、沙铺、陈村、高胥、黄家畲、张家地、龙门等乡、村新建 10 座垃圾无害化处置实施和 20 座农村公厕，改善农村卫生环境。

生态环境质量位居全国前列

2005 年，据国家环境监测总站公布的《生态环境质量研究报告》显示，云和县生态环境质量名列全国 2348 个县（市、区）第 10 位。

雾溪水源保护举措

2006 年，编制《云和县城供排水专项规划》《云和县城环卫专项规划》；建成县城垃圾填埋场渗滤液处理工程；城区新建道路实行雨污管道分离铺设，老城区也已逐步实施分离改造；开辟建筑垃圾集中堆放场地，实施有效管理。8 月，召开生态县建设暨环境污染整治工作会议，县政府分管领导总结分析 2005 年度全县生态建设与环境污染整治工作情况和存在的问题；对 2006 年度的生态县建设与环境污染整治工作进行全面部署，继续与各部门、各乡镇签订目标责任书。强化饮用水水源保护区环境整治。加大巡查力度，对雾溪水库周边的污染源进行逐个排查，实行限期清除整改，确保饮用水水质安全达标。9 月，县环保局牵头组织编制出台《云和县雾溪水库生活饮用水地表水水源保护区划分报告》和《云和县雾溪水库生活饮用水地表水水源保护区管理办法》，对县城饮用水水源实行更加严格规范的保护。继续推进生态项目建设，生态公益林、环县城山体绿化、浮云绿廊延伸、城市污水处理厂等工程有序推进。朱村乡成功创建市级生态乡镇。

生态环境功能区规划

2007年年初，按照省、市环保部门要求，县政府委托省环科院编制《云和县生态环境功能区规划》，从科学保护和可持续利用生态环境功能的角度，加强区域开发格局研究，划定禁止准入、限制准入、重点准入、优化准入区，明确县域各区块的生态保护目标。次年5月，规划经县人民政府批准付诸实施，并报省、市环保部门备案，对今后一个时期县域生态建设和环境保护起到较好的引领导向作用。

玉溪水库水源保护区

2007年，设立玉溪水库水源保护区，缓解丽水市区饮用水困难。1月，丽水市政府与云和县政府签订《云和县玉溪水库饮用水源保护区污染整治目标责任书》。县政府对此高度重视，召集农业、林业、水利、建设、经贸、国土、环保、移办等部门和石塘镇、朱村乡负责人，深入调研，摸清底数，界定水源保护区域，制作出台《创建玉溪水库合格饮用水地表水源保护区（云和区块）污染整治方案》。3月，县政府与石塘镇、朱村乡、县水利局、经贸局等单位签订玉溪水库污染整治工作目标责任书，将水源保护区的目标任务分解落实到相关乡镇和职能部门。相关部门和乡镇随即按要求落实措施，着手整治，对保护区内的污染企业限期搬迁；对其他污染源跟踪监督，限期整改。至年底，朱村乡和石塘镇已完成污水治理管网的铺设，农村面源整治也取得阶段性成效。

2007年6月，紧水滩镇创成省级生态镇。8月，召开生态县建设暨节能减排工作会议，全面部署生态县建设与环境污染整治任务。县政府继续与各乡镇、县直相关部门签订生态县建设和节能减排目标责任书，一级抓一级，层层抓落实。同月，县城污水处理厂项目竣工并通水试运行，总排放口的在线监测设备安装完毕。

成功创建省级生态县

2008年，丽水市委、市政府将在全市率先创建省级生态县的任务赋予云和，要求云和县在该年底完成省级生态县创建任务，走在全市生态文明建设的前列。对此，云和县成立以县委书记为组长，县长为常务副组长，分管县长为副组长，生态县建设领导小组成员单位主要负责人为成员的创建省级生态县工作领导小组，组建省级生态县创建工作办公室，领导协调全面深化省级生态县的创建工作。同时，确定由县长，常务副县长和分管副县长，县人大、政协相关领导重点抓创建工作。

是年5月，根据省级生态县创建要求，县生态办制作《云和县创建省级生态县实施方案》，提交县政府常务会议审议通过后，付诸实施。同月，县委、县政府召开云和县创建省级生态县工作动员大会，全面部署落实生态县创建工作任务。6月，县委、县政府召开生态县创建工作推进会。9月，组织力量督查督办，全面督查省级生态县创建工作各项指标的落实情况。

通过全县各乡镇、各部门和广大人民群众的辛勤劳作，共同努力，各项指标均达到或超过省级生态县创建标准。完成《云和县生态县建设规划》修编；全县城市污水处理率达62.12%、县城垃圾处理率100%，乡镇垃圾处理率92%以上；县域森林覆盖率达80.8%，城区人均绿地面积14.1平方米；12个乡镇创建成省级生态乡镇；9个乡镇政府所在地村的污水处理工程竣工；58个行政村建成县级以上生态村。“小县大城”规模初具，“山水家园，童话世界”的城市品位逐步显现。11月，向省生态办申报创建成果并要求检查验收。省级生态县考核验收组于2009年1月20—21日(考核组日程安排)对云和县省级生态县创建工作进行全面考核，充分肯定全县生态创建工作，顺利通过考核验收。验收后，云和县被省人民政府命名为省级生态县，系丽水市首批省级生态县。

云和县创建省级生态县基本条件达标自查情况表

表10-1-2

序号	基本条件名称	达标情况
1	所辖80%的乡镇达到省级或省级以上生态乡镇考核标准	14个乡镇已创建成12个省级生态乡镇，全县省级生态乡镇指标达到85.7%。符合指标要求
2	完成并实施生态功能区规划，有优化产业结构调整的相关政策和措施，正确处理区域经济社会发展与生态环境保护的关系	2007年3月《云和县生态环境功能区规划》已通过审查，制定出台了《中共云和县委、云和县人民政府关于促进工业经济发展方式转变的若干意见》，并正确处理好全县经济社会与环境保护的关系，取得实效，全县生态环境质量优良，排名全国第十位。符合指标要求
3	所辖区域环保基础设施完备，建有城市集中污水处理厂，排水户所排的水质必须符合《污水排入城市下水道水质标准》(CJ3082-1999)，污水处理厂出厂水达标排放，污泥处理无害化；建有城市生活垃圾处理设施，达到无害化要求；妥善处置工业固体废物医疗废物和危险废物	2007年9月县城污水处理厂建成，2008年5月通过丽水市专家组初步验收，县城生活污水处理率达到62.12%；1999年县城生活垃圾无害化填埋场建成并投入使用，县城生活垃圾处理率达到100%；2005年建成垃圾渗滤液处理工程；2005年建成农村20座农村新型公厕、10座垃圾无害化处理设施；工业固废、危险固废、医疗固废得到有效处理。全县无危险废物排放。符合指标要求
4	以“千村示范、万村整治”工程为龙头，加快推进农村环境“五整治一提高”工程，使村容村貌和农村生态环境得到显著改善	符合指标要求
5	完成主要污染物减排工作任务。连续两年完成省市县环保重点监管区年度计划整治任务。上一年度生态省建设工作考核在所在市中名列优秀	2007年度完成主要污染物减排任务，化学需氧量比2006年下降4.75%；二氧化硫比2006年下降3.62%，实现了双下降，完成了年度减排任务。2007年度生态县建设考核成绩优秀。符合指标要求
6	两年内无重大环境污染和生态破坏事件，以及因环境污染或生态破坏引发的群众性事件	近年来，全县无发生生态破坏和环境污染事件及因环境污染引起的群体性事件。符合指标要求

云和县创建省级生态县考核指标达标自查评分情况表

表 10–1–3

序号	名　　称	单位	指标上限	指标下限	达标值	分值	自查
1	主要农、水产品中有机、绿色及无公害产品种植或养殖面积的比重	%	40	10	40.18	6	6
2	森林覆盖率山区	%	72	65	80.8	6	6
3	需治理废弃矿山的治理率	%	55	40	100	6	6
4	“三沿五区”坟墓治理率	%	90	70	92.5	6	6
	生态葬法行政村覆盖率	%	90	70	90.59	6	6
5	环境质量：水环境、气环境、声环境		达到功能区标准、过境质不降低	达标		3*8	24
6	化学需氧量（COD）排放强度	千克/万元	5.5	7.0	5.48	6	6
7	城镇生态污水集中处理率	%	≥60	≥40	62.12	6	6
	工业用水重复利用率	%	≥40	≥20	48.34	6	6
8	城镇生活垃圾无害化处理率	%	100	≥85	100	6	6
	工业固体废物处置利用率（无危险废物排放）	%	100	≥80	100	6	6
					工业固废处置达标无危险废物排放		
9	城镇人均公共绿地	平方米	≥12	≥6	14.1	6	6
10	规模化养殖场粪便综合利用率	%	≥90	≥65	100	8	8
11	集中引用水源水质达标率	%	100	≥85	100	8	8
	合　　计	—	—	—	—	100	100

继续深化生态创建

2009 年 5 月，县委、县政府组织召开全县生态建设暨环境保护工作会议，传达贯彻省、市相关会议精神，总结 2008 年生态县建设和环境保护工作，部署 2009 年度生态县建设和环保任务，表彰 2008 年度省级生态县创建先进单位。同月，县生态办出台《云和县生态村建设考核与管理办法》。9 月，完善《生态县建设总体规划》修编；完成农村环境保护规划（初稿）编制。注重提升示范点质量，调整生态示范点 3 个，新增示范点 7 个。全县生态示范点已达 30 个。有序推进环境优美乡镇创建，紧水滩镇、朱村乡完成环境优美乡镇申报工作；紧水滩镇成功创建国家级生态乡镇。

国家级生态县创建

2010 年，坚持生态城镇优先发展，扎实推进新型城市化建设。全年投入市政建设资金 1.22 亿元，新增城市道路 2.9 千米，新增城市绿地面积 1.8 万平方米，拓展污水管网 6.2 千米。长垄垃圾填埋场、城区污水收集管网、浮云溪南岸防洪（休闲健身）工程等重点项目有序推进，一批绿化、净化、亮化、美化工程相继竣工，城市生态功能体系逐步完善。7 月初，县委、县政府联合下文，成立“云和县创建国家级生态县工作领导小组”，并在县环保局设立创建办。7 月

16日，召开生态县建设暨国家级生态县创建工作动员大会。编制《云和县国家级生态县创建工作方案》和《云和县2010年—2012年国家级生态县创建工作计划》。8月30日，中共云和县委举行十二届八次全会，作出《关于推进生态文明建设的决定》，阐明生态文明建设的重大意义和指导思想，提出初步建立生态产业体系、生态功能体系、生态文化体系、生态人居体系和争取在2012年创成国家级生态县等主要目标。8月底，石塘镇、云坛乡、赤石乡、大湾乡等10个乡镇完成国家级生态乡镇申报工作。9月，县生态办拟发《关于开展第三批县级生态村创建工作的通知》，推进生态村创建进程。10月，全面完成生态村创建和申报任务。12月24日，国家环保部对全县申报的10个国家级生态乡镇进行现场验收。至此，全县国家级生态乡镇已达12个。新增县级生态村29个。生态创建工作成效卓著。

第二章　生态环境保护

县域生态环境监测主要是大气、水质、噪声监测。1996—2006年，大气环境质量均系手工监测。2007年，县环境空气自动监测站竣工投入运行。2007—2010年，县环境空气自动监测站通过对SO_2、NO_2、TSP（总悬浮颗粒物）等指标的监测分析，县域环境空气质量为一级，空气质量良好。1991—2010年，全县地表水环境质量总体良好，水质清洁。从紧水滩电站下、石塘电站下、浮云桥上、狮山脚下、浮云溪口、望鹿桥下、乌龟山脚和梅垄水库8个断面监测分析，2003—2005年，乌龟山脚断面水质恶化，出现超标；2006—2010年，狮山脚下、浮云溪口监测断面为Ⅲ类水质，出现超标；其余监测断面均达到水环境功能区标准。饮用水源梅垄水库、雾溪水库的水质为优。2005年，开始施行噪声监测。2007年，布设24小时环境噪声监测点3个；交通噪声监测点10个；区域环境噪声县城区块布点100个。2005—2007年，个别功能区噪声超标。2006—2007年，交通噪声超标。

县域主要有瓯江干流龙泉溪和小溪支流梧桐坑两大水系。龙泉溪穿越县域中北部，境内干流长51.35千米，流域面积837.93平方千米，占全县总面积的85.16%。重视瓯江干流云和段河道的生态修复和水域保护，坚持沿云和湖周边植树营林，建设百里绿色长廊，弥补因水库建设导致的局部生态功能退化。实施库区网箱养殖专项治理，禁止水库、河道无序采砂，库区水质下降现象得到有效遏制。注重浮云溪城区河段防洪工程建设。2001年，河防项目开工。2006年，堤防工程竣工，全长7452米，总投资近亿元。同时，在防洪堤岸实施绿化、亮化、美化工程，构建元和广场、九曲桥、水车、花海等景观，融入木玩童话元素，形成集防洪、灌溉、休闲健身、城市景观于一体的浮云溪生态公园。

1999年，划定雾溪水库饮用水源保护区。2007年，县人民政府重视生态环境功能区的规划工作，委托省环科院编制完成《云和县生态环境功能区规划》。

第一节 环境监测

空气监测

1996—2006年间，县域大气环境质量状况系手工监测，相关数据如下：

1996—2006年云和县大气环境质量手工监测数据表

表10-2-1 单位：毫克/立方米

年度	SO_2	NO_X	TSP
1996	0.006	0.008	0.101
1998	0.007	0.013	0.120
2003	0.006	0.016	0.102
2004	0.040	0.018	0.139
2005	0.014	0.013	0.084
2006	0.014	0.017	0.106

2006年5月，县环境空气自动监测站动工建设，项目总投资49.75万元，站点位于县环保局内。6月，完成供电、通信等基本建设。2007年3月，完成监测仪器设备的购置、安装和前期调试工作，投入试运行。根据城区的实际污染现状和环境空气质量状况，自动监测站的监测因子为：O_3、SO_2、NO_2、PM10和气象五参数，即风向、风速、温度、湿度、气压等。监测的重点是燃料燃烧产生的烟尘；机动车尾气、扬尘；厂矿企业生产流程中排放的废气等。

2007—2010年度大气环境质量监测和评价结果一览表

表10-2-2 单位：毫克/立方米

年度	SO_2	NO_X	PM10	污染状况评价结果
2007	0.017	0.018	0.076	良好
2008	0.020	0.027	0.060	良好
2009	0.016	0.029	0.063	良好
2010	0.016	0.033	0.086	良好

评价标准 根据国家《环境空气质量标准》（GB/T 3095—1996）和县域大气功能区划分，环境空气质量级别评价标准，采用国家环境空气质量标准中的二级标准。

环境空气质量标准（GB/T 3095—1996）

表10-2-3 单位：毫克/立方米

污染物名称	取值时间	标态下浓度限值		
		一级	二级	三级
二氧化硫（SO_2）	全年平均	0.02	0.06	0.10

续表 10-2-3　　单位：毫克/立方米

污染物名称	取值时间	标态下浓度限值（mg/m³）		
		一级	二级	三级
二氧化硫（SO_2）	日平均	0.05	0.15	0.25
	1 小时平均	0.15	0.50	0.70
二氧化氮（NO_2）	全年平均	0.04	0.08	0.08
	日平均	0.08	0.12	0.12
	1 小时平均	0.12	0.24	0.24
总悬浮颗粒物（TSP）	全年平均	0.08	0.20	0.30
	日平均	0.12	0.30	0.50

评价方法　空气综合污染指数　依据环境质量标准将有关的污染物浓度等标化，计算得到简单的无量纲指数，可直接、简明、定量地描述和比较环境污染的程度。空气综合污染指数是指各项空气污染物的单项指数的加和，可用于评价城市空气质量总体状况、年际变化及城市间空气污染程度的比较。二氧化硫、二氧化氮，总悬浮颗粒物采用年平均值二级标准。

污染物负荷系数　为反映各污染物的构成比例，确定各污染因子的重要性顺序，引进污染物负荷系数的概念，二氧化硫、二氧化氮、总悬浮颗粒物采用年平均值二级标准。

城市空气质量等级分级方法表

表 10-2-4

等级	综合污染指数	污染状况
一	<2	良好
二	2–3	较好
三	3–4	轻污染
四	4–5	中污染
五	5–6	重污染
六	6–7	严重污染

2007—2010 年，自动监测结果表明，云和县环境空气质量类别为一级，空气质量良好。

降水监测　大气降水监测点设于县环境监测站楼楼顶。1998—2010 年间，按照逢雨必测的要求，县城区域降水监测及评价结果如下：

1998—2010 年云和县城区降水监测及评价结果表

表 10-2-5

年份	采雨（个）	酸雨样品（个）	pH 均值	评价结果
1998	72	0	6.11	非酸雨区
2001	78	0	6.19	非酸雨区
2002	—	—	6.22	非酸雨区

续表 10-2-5

年份	采雨（个）	酸雨样品（个）	pH 均值	评价结果
2003	—	—	5.24	轻酸雨区
2004	54	43	4.70	中酸雨区
2005	63	48	4.70	中酸雨区
2006	79	50	4.79	中酸雨区
2007	73	72	4.40	重酸雨区
2008	63	49	4.74	中酸雨区
2009	95	93	4.45	重酸雨区
2010	125	124	4.62	中酸雨区

酸雨评价标准采用国家环保总局推荐标准（pH≤5.6 为酸雨），酸雨划分等级见下表：

酸雨等级划分标准表

表 10-2-6

等级	质量状况	pH 平均值
I	轻酸雨区	pH≥5.0
II	中酸雨区	pH4.50—5.0
III	重酸雨区	pH<4.5

降尘监测 降尘监测点设于县环境监测站楼楼顶。2006 年始，每月监测一次，均系人工监测。评价标准采用省控标准值，即 8 吨/平方千米•月。降尘监测数据及评价结果见下表。

2006—2010 年云和县城区降尘监测及评价结果表

表 10-2-7　　单位：吨/平方千米•月

年份	降尘	评价结果	年份	降尘	评价结果
2006	6.20	达标	2009	5.12	达标
2007	7.18	达标	2010	6.23	达标
2008	5.54	达标	—	—	—

水质监测

地表水水质 县境内地表水主要由瓯江（云和段）、浮云溪、浮云溪支流、梧桐坑等组成。县环保部门在县域水系中，根据水环境状况布设不同的监测断面，通过监测数据客观分析和反映地表水环境质量状况。

监测断面 1991—2010 年，县域地表水县控监测断面布设情况是：紧水滩电站下、石塘电站下、浮云桥上、狮山脚下、浮云溪口、望鹿桥下、乌龟山脚、梅垄水库、雾溪水库。水质类别除狮山脚下、乌龟山脚水质为Ⅲ类水以外，其余水质均在Ⅱ类标准以内。2006 年，浮云溪口调整为Ⅲ类水质功能区

2001年始，雾溪水库实施人工采样监测，水质标准为Ⅱ类。2006年，取消乌龟山脚和梅垄水库的断面监测。

监测频次　1991—2004年间，根据国家环保总局《环境监测技术规范》和《浙江省环境监测实施细则》，对县控以上监测断面，按照丰水期、平水期、枯水期各测一次，全年共监测3次。2005年始，提高监测频率，每逢单月采样一次，全年共监测6次。水质采样时间，统一规定为每逢单月的上旬。项目数据分析方法按国家环保总局《水和废水监测分析方法》执行。

评价项目　根据国家技术规范和县域地表水水质污染特点，确定pH值、溶解氧、高锰酸盐指数、五日生化需氧量、氨氮、总磷等6个项目，为地表水河段类别污染指数评价项目。县城重要饮用水源地水质评价，选择国家技术规范中饮用水源地的必测项目。

1991—2010年云和县地表水水质评价结果表

表10-2-8

断面 / 年度	紧水滩电站下	石塘电站下	浮云桥上	狮山脚下	浮云溪口	望鹿桥下	梅垄水库	乌龟山脚
1991	Ⅱ(优)	Ⅰ(优)	Ⅰ(优)	Ⅱ(优)	Ⅰ(优)	Ⅱ(优)	—	Ⅲ(良好)
1992	Ⅱ(优)	Ⅰ(优)	Ⅱ(优)	Ⅱ(优)	Ⅱ(优)	Ⅰ(优)	—	Ⅱ(优)
1993	Ⅱ(优)	Ⅱ(优)	Ⅱ(优)	Ⅱ(优)	Ⅱ(优)	Ⅱ(优)	Ⅱ(优)	Ⅱ(优)
1994	Ⅱ(优)	Ⅱ(优)	Ⅱ(优)	Ⅱ(优)	Ⅱ(优)	Ⅱ(优)	Ⅱ(优)	Ⅱ(优)
1995	Ⅱ(优)	Ⅰ(优)	Ⅱ(优)	Ⅰ(优)	Ⅱ(优)	Ⅰ(优)	Ⅱ(优)	Ⅱ(优)
1996	Ⅱ(优)	Ⅱ(优)	Ⅱ(优)	Ⅱ(优)	Ⅰ(优)	Ⅰ(优)	Ⅱ(优)	Ⅱ(优)
1997	Ⅰ(优)	Ⅱ(优)	Ⅲ(良好)	Ⅱ(优)	Ⅱ(优)	Ⅱ(优)	Ⅱ(优)	Ⅲ(良好)
1998	Ⅰ(优)	Ⅰ(优)	Ⅱ(优)	Ⅰ(优)	Ⅰ(优)	Ⅱ(优)	Ⅰ(优)	Ⅱ(优)
1999	—	—	—	—	—	—	—	—
2000	—	—	—	—	—	—	—	—
2001	Ⅰ(优)	Ⅱ(优)	Ⅰ(优)	Ⅰ(优)	Ⅱ(优)	Ⅱ(优)	Ⅱ(优)	Ⅲ(良好)
2002	Ⅱ(优)	Ⅱ(优)	Ⅱ(优)	Ⅰ(优)	Ⅱ(优)	Ⅱ(优)	Ⅱ(优)	Ⅲ(良好)
2003	Ⅱ(优)	Ⅱ(优)	Ⅱ(优)	Ⅱ(优)	Ⅱ(优)	Ⅱ(优)	Ⅱ(优)	Ⅳ(轻度污染)
2004	Ⅱ(优)	Ⅱ(优)	Ⅱ(优)	Ⅱ(优)	Ⅱ(优)	Ⅱ(优)	Ⅱ(优)	劣Ⅴ(重污染)
2005	Ⅱ(优)	Ⅱ(优)	Ⅱ(优)	Ⅲ(良好)	Ⅱ(优)	Ⅱ(优)	Ⅱ(优)	劣Ⅴ(重污染)
2006	Ⅱ(优)	Ⅱ(优)	Ⅱ(优)	Ⅲ(良好)	Ⅲ(良好)	Ⅱ(优)	—	—
2007	Ⅱ(优)	Ⅱ(优)	Ⅱ(优)	Ⅲ(良好)	Ⅲ(良好)	Ⅱ(优)	—	—
2008	Ⅱ(优)	Ⅱ(优)	Ⅱ(优)	Ⅲ(良好)	Ⅲ(良好)	Ⅱ(优)	—	—
2009	Ⅱ(优)	Ⅱ(优)	Ⅱ(优)	Ⅲ(良好)	Ⅲ(良好)	Ⅱ(优)	—	—
2010	Ⅱ(优)	Ⅱ(优)	Ⅱ(优)	Ⅲ(良好)	Ⅲ(良好)	Ⅱ(优)	—	—

断面水质评价标准表

表 10-2-9

水质类别	水质状况	水质类别	水质状况
Ⅰ—Ⅱ类水质	优	Ⅴ类水质	中度污染
Ⅲ类水质	良好	劣Ⅴ类水质	重度污染
Ⅳ类水质	轻度污染	—	—

1991—2010 年，全县地表水环境质量总体良好，水质清洁。从紧水滩电站下、石塘电站下、浮云桥上、狮山脚下、浮云溪口、望鹿桥下、乌龟山脚和梅垄水库 8 个断面监测分析，2003—2005 年，乌龟山脚断面水质恶化，出现超标。2006—2010 年，狮山脚下、浮云溪口监测断面为Ⅲ类水质，出现超标。其余监测断面均达到水环境功能区标准。

饮用水水质　水质监测情况　2000 年前，梅垄水库一直是县城的饮用水源，但因源头短，库容小，已不能满足县城居民生产、生活需求。2001 年始，雾溪水库成为县城主要水源，新建的雾溪水库第二自来水厂，日供水量可达 2.3 万吨。根据国家环保部门相关规定和城市饮用水源定量考核要求，2001—2004 年，县环境监测站每年按丰水期、平水期、枯水期对雾溪水库水质进行 3 次监测。2005—2009 年，对雾溪水库水质监测的频度改为两个月 1 次，每年 6 次。2010 年始，每月定期对饮用水源水质实施监测。监测项目有水温、pH 值、溶解氧、高锰酸盐指数、化学需氧量、五日生化需氧量、氨氮、总磷、总氮、挥发酚、氰化物、砷、汞、铬（六价）、铅、铜、镉、锌、石油类、电导率、氟化物、铁、锰、硫酸盐、氯化物（Cl–）、硝酸盐（以 n 计）等 26 项。样品的采集、贮存及分析方法均按《地表水和污水监测技术规范》的要求进行，且有严格的质控措施。

水质监测结果　根据雾溪水库饮用水源水质监测评价结果，所有检测项目全部符合《地表水环境质量标准》（GB3838—2002）中的Ⅱ类水标准，各项指标超标率为 0，雾溪水库饮用水源水质为优。

2001—2010 年雾溪水库水源水质监测类别结果表

表 10-2-10

年度	断面	年度	断面
2001	Ⅱ（优）	2006	Ⅱ（优）
2002	Ⅱ（优）	2007	Ⅱ（优）
2003	Ⅱ（优）	2008	Ⅱ（优）
2004	Ⅱ（优）	2009	Ⅱ（优）
2005	Ⅱ（优）	2010	Ⅱ（优）

噪声监测

监测点布设　2005 年始，实施噪声监测。每年开展 1 次功能区环境噪声、交通噪声监测。2007 年始，每年开展 1 次区域环境噪声监测。县城区域布设 24 小时功能区环境噪声监测点 3 个，2008 年，根据要求增设 1 个，共 4 个；设置交通噪声监测点 10 个；在县城区块布设区域环境噪声监测点100个。噪声监测数据及评价结果见下表。

2008—2010年云和县区域环境噪声监测结果及评价结果表

表10-2-11　　单位：分贝

监测项目 / 年份	区域环境噪声	评价结果
2008	59.2	达标
2009	54.5	达标
2010	55.6	达标

2005—2010年云和县交通噪声监测结果及评价结果表

表10-2-12　　单位：分贝

监测项目 / 年份	交通噪声	评价结果
2005	68.2	达标
2006	71.5	超标
2007	70.6	超标
2008	69.5	达标
2009	68.5	达标
2010	67.5	达标

2005—2010年云和县功能区环境噪声监测结果表

表10-2-13　　单位：分贝

监测项目 / 年份	功能区环境噪声			
	1类功能区	2类功能区	3类功能区	4类功能区
2005	59.7	58.1	—	66.0
2006	55.4	62.6	—	70.0
2007	56.6	61.2	—	69.0
2008	52.1	58.9	62.7	66.0
2009	52.0	58.2	61.8	67.9
2010	57.5	57.6	64.2	67.7
对应标准限值	55	60	65	70

噪声评价标准按照《声环境质量标准》(GB 3096-2008)执行。县城区域环境噪声按照2类功能区评价；交通噪声按照声环境质量标准4a类评价。

监测结果　根据县域噪声监测结果显示：2005—2007年，个别功能区噪声超标。2006—2007年，交通噪声超标。

《声环境质量标准》(GB3096—2008)等效声级表

表 10-2-14　　　　单位:分贝

时段类 别		昼间	夜间
0 类		50	40
1 类		55	45
2 类		60	50
3 类		65	55
4 类	4a 类	70	55
	4b 类	70	60

环保职能部门

县环境保护局原与县建设局合署，实行一个机构两块牌子。2001 年 11 月，云和县环境保护局成立。2005 年 6 月，列入县政府职能部门序列。内设机构有：办公室、环境保护科、自然生态科（生态办）、行政许可科（2009 年设立）。核编 6 名（含工勤人员）。

主要职能有：贯彻执行国家、省环境保护的方针、政策、法律、法规；受县政府委托对重大经济和技术政策、发展规划以及重大经济开发计划进行环境影响评价。组织制订并监督实施环境保护规划、计划；编制环境功能区划；制订污染物排放总量控制计划及相关政策；审核各城镇总体规划中环境保护内容；参与编制本县可持续发展纲要。组织编制并监督实施生态示范区建设总体规划；督促乡（镇）及各有关部门分别制定生态示范区建设的年度和规划期的实施方案；负责环境保护（生态示范区建设）目标责任制工作。监督管理大气、水体、土壤、固体废物、有毒化学品、噪声、振动、辐射放射以及机动车等的污染防治工作；对伴有放射性矿产资源开发利用中的污染防治工作实行统一监督管理；负责排污申报登记、排污许可证发放、排污收费管理和污染限期治理工作；指导本县建设项目环境管理和城市环境综合整治及负责定量考核的组织协调工作。监督管理自然环境保护；监督对生态环境有影响的自然资源开发利用活动、重要生态环境建设和生态破坏恢复工作；监督检查各类自然保护区、风景名胜区、森林公园、湿地、饮用水源保护区环境保护工作；向县政府提出新建的各类县级自然保护区审批建议；监督检查生物多样性、野生动植物等保护工作；监督农村生态环境保护。负责环境监理和环境保护的行政稽查工作；组织开展环境保护行政执法检查，推行行政执法责任制；调查处理、协调解决行政区域间、流域间的环境纠纷、污染事故、生态破坏和重大环境问题。监督实施环境保护国家及行业的标准、规范；组织开展环境管理体系（ISO 14000）和环境标志、有机食品认证及环保产品认定工作。组织环境影响评价、“三同时”等环境管理制度的实施，按国家和省市规定审核或审批建设项目环境影响报告（表）和登记表；审查可以作为原料的进口固体废物的申请书及环境风险评价报告书。贯彻执行国家、省市环境保护技术政策，制订并组织实施全县环境保护科技发展规划；组织申报重大环境保护课题；管理环境保护科技成果和新技术的引进工作；组织实施环境保护产业资质认可及环保设备的认证工作。

负责环境监测、统计、信息工作；监督执行环境监测制度和规范；组织对环境质量监测和污染源监督性监测；加强环境信息网建设；做好环境统计工作，组织编制环境状况公报及环境质量报告书，定期发布城市环境质量状况。组织指导开展环境保护宣传教育工作；协同有关部门开展生态环境法制教育，推进公众和非政府组织参与环境保护工作；抓好环保系统在职人员的岗位培训和继续教育等。

2000—2010年云和县环境保护局局长一览表

表 10-2-15

局　长	任职时间	局　长	任职时间
朱建伟(兼)	2000.07—2001.12	张　毅	2004.08—2010.12
杨晓明	2001.12—2004.08	—	—

环境监测机构

1984年11月，设立云和县环境监测站，核定事业编制2名，其中，负责人1名。与环境保护股合署，隶属县城乡建设环境保护局。1989年12月，县环境监测综合楼工程竣工。2005年6月，县环境保护局纳入县政府职能部门序列，为县环境监测站增编2名。2007年12月，鉴于工作需要，县环境监测站再次增编2名。2010年，县环境监测站总编制6名。

第二节　水域保护

生态水域保护

县境内溪流众多，主要有瓯江干流龙泉溪和小溪支流梧桐坑两大水系。龙泉溪穿越县域中北部，境内干流长51.35千米，流域面积837.93平方千米，占全县总面积的85.16%。长期以来，重视瓯江干流云和段河道的生态修复和水域保护，坚持沿仙宫湖、龙庭湖、玉溪湖周边植树营林，建设百里绿色长廊，弥补因水库建设导致的局部生态功能退化。实施库区养鱼网箱专项治理，禁止水库、河道无序采砂，库区水质下降现象得到有效遏制。注重浮云溪城区河段防洪工程建设。2001年，河防项目开工。2006年，堤防工程竣工，总投资9000余万元。防洪工程主要由重力式挡墙、堰坝及附属配套设施等组成，全长7452米。河道内构筑橡胶堰坝1座，重力式堰坝1座，翻板坝2座。县相关职能部门先后在两岸防洪堤旁实施绿化、亮化、美化工程，构建元和广场、九曲桥，设置花海、水车等景观，并融入木玩童话元素，使之形成集防洪、灌溉、休闲健身、城市景观于一体的浮云溪生态公园。

河道综合治理　县境内沟壑纵横，溪流分布相对丰富。全县共有大小河道432条，总长1121.86千米，水域面积36.93平方千米。主要水系有瓯江干流龙泉溪和小溪支流梧桐坑。龙泉溪穿越县域中北部，境内干流长51.35千米，流域面积837.93平方千米，占全县总面积的

85.16%。梧桐坑位于县域西南部山区，境内主流长24.1千米，流域面积146.07平方千米，占全县总面积的14.84%。全县流域面积15平方千米以上的河流有78条，水域面积6.9平方千米。主要河流有：浮云溪、雾溪、安溪、沈溪、梧桐坑、麻垟坑、梓坊坑、田铺坑、十八湾坑、石门坑、泉溪、石塘坑等。随着小水利、小水电工程的陆续开发建设，导致部分河道改变原有的天然形态，河流走向出现直线化、护坡护岸呈现硬质化倾向，逐渐丧失河流的水生物繁衍、水质自身净化等功能。

2002年始，曾对河道实施分级管理，将全县河道分为四级，即省级河道、市级河道、县级河道、县级以下河道。省级河道系瓯江石塘水库大坝起到与莲都区分界线止，长7.6千米，水域面积1.98平方千米。市级河道是瓯江石塘水库大坝始到与龙泉市交界处止，全长43.75千米，水域面积26.41平方千米。县级河道包括浮云溪、安溪、雾溪、黄溪等17条，总长233.71千米，水域面积4.6平方千米。县级以下河道414条，总长836.79千米，水域面积3.94平方千米。

以推进生态河道建设，恢复河道生态化为导向，注重瓯江流域省、市级河道的生态修复和库区保护，坚持沿仙宫湖、龙廷湖、玉溪湖周边封山育林、植树造林，改善植被，涵养水源，提升水质，弥补因水库、电站建设导致的局部生态功能弱化退化。

防洪体系建设　浮云溪属瓯江支流，也是县域的主要河道，自西向东贯穿县城主城区。浮云溪主流长27千米，流域面积338.33平方千米。浮云溪干流上游崇溪河道长13.1千米，集雨面积68.21平方千米。浮云溪支流雾溪集雨面积34.43平方千米，主流长10.7千米。除雾溪支流外，还有安溪、黄溪等汇入浮云溪。上游植被保持良好，水资源较为丰富。

浮云溪城区河段防洪工程上至城西桥，下至狮山桥。2001年，河防项目动工建设。2006年，堤防工程全面竣工，总投资9000余万元。防洪工程主要由重力式挡墙、堰坝及附属配套设施等组成。左岸堤长3873米，右岸堤长3579米，全长7452米。河道内构筑堰坝4座，其中，橡胶堰坝1座，位于红光桥上游35米处；重力式堰坝1座，位于狮山桥附近；翻板坝2座，分别位于浮云溪与黄溪汇合口下游51米处和浮云溪与安溪汇合口下游165米处。县水利部门对浮云溪定期组织清淤疏浚，以提高河道行洪能力。县建设、旅游、电力等部门先后在两岸防洪堤旁实施绿化、亮化、美化工程，构建元和广场、九曲桥，设置花海、水车等景观，并融入木玩童话元素，使之形成集防洪、灌溉、休闲健身、城市景观于一体的浮云溪生态公园。

浮云溪支流综合治理　1994年，县水利部门组织开展河段治理工作。重点治理雾溪流域河上段、安溪流域程宅段河道。雾溪流域河上段治理工程疏浚河道长0.6千米，修筑防洪堤长1.26千米，总投资34.03万元。安溪程宅段河道治理工程疏浚河道550米，修建防洪堤1100米，总投工3.29万工，总投资为56.85万元。

1996年，实施安溪流域河道治理项目。治理河道5.4千米，砌筑防洪护堤2.1千米，堰坝6处。该项目总工程量90.59万立方米，总投资129.5万元，按计划分三年组织实施。

1998年，实施安溪流域、浮云溪流域河道整治工程。对淤积较为严重的安溪流域黄水碓、古竹、小徐段和浮云溪流域岗头段实施清淤清障，疏浚河床5.2千米，工程量达1.3万立方米。

2001年，组织实施石塘镇西滩头段河道治理工程，将原河道予以改道，通过滩下村汇入玉溪水库，并对原河道进行开发利用。在玉溪水库沿岸建设长达1.01千米的高标准防洪堤。是年，继续推进安溪流域芝畈至古竹段河道整治工程，整治河道7.51千米。

2005年，安溪流域古竹、小徐段河道整治工程竣工，整治河道3.67千米。该工程按照生态河道建设的要求实施改造，在堤防两侧设置水生物繁殖孔穴；在拦水堰坝开设过鱼通道；防护堤内侧种植垂柳等木本植物，树下间植美人蕉等花卉，以改善优化河道的生态系统。

2006—2010年，云坛乡陈村段河道整治工程完工，整治河道1.018千米。黄溪（后溪）流域舍上段、新二中段、府前路桥下段河道治理工程竣工，整治河道3.34千米。云和镇梅家源村河道整治工程完工，整治河道1.32千米。浮云溪县城段河道生态系统建设、综合疏浚治理工程全面竣工，整治河道7.36千米。崇头镇栗溪流域出口段河道整治工程完工，整治河道596米。黄溪流域新岭村段河道整治工程完工，整治河道864米。赤石乡麻垟溪流域河道整治工程完工，整治河道1.41千米。

库区无序养殖整治 2003年，引进山东的水域网箱养殖技术，引导鼓励部分农民利用良好的库区水域，推广网箱养鱼技术，推动水产养殖业发展。鉴于网箱养鱼风险较小，经济效益可观，短短几年时间，网箱养鱼规模迅速扩大。由于网箱养鱼要投放饲料，导致库区水体逐步富营养化。2009年5月，紧水滩水库中上游水面藻类繁殖异常，发生蓝藻现象。库区水体恶化，水质下降。2009年10月，县水利、环保等相关部门对紧水滩库区水质实施监控，组织力量专项整治网箱养殖，规范垂钓，加强库区周边巡查，对沿库开设的"农家乐"、"渔家乐"排污问题，或建议搬迁，或限期整改。截至2010年3月，已投入治理资金1143万元，拆除水产养殖网箱1669只、闲置网箱497只、养殖管理房34座、渔排9处，整治处置渔船113艘。通过半年的综合整治，库区蓝藻肆意滋长得到有效遏制，水体污染防控工作取得阶段性实效，水质恢复为二类水质。

禁止河道采砂 2010年始，根据县委、县政府的统一部署，在瓯江流域云和段全面禁止河道采砂。在清理整治过程中，鉴于采砂业主的要求，对采砂设备给予一定补偿。是年，石塘库区的12家采砂点全部关停，肢解大型采砂船3艘，吸砂泵船8艘，砂石料运输船28艘，拆除管理用房12处，库区水质得到净化，重新恢复原生态的库区自然风光。

生态型水库建设 1991—2010年间，全县建造中小型水库11座，其中，中型水库1座，小（Ⅰ）型水库3座，小（Ⅱ）型水库7座，总库容2808.3万立方米。这些新建水库，除玉溪水库系中型水库，规模稍大外，其余水库建设规模都比较小，且大都建造于山区小溪，修建时注重生态保护，山体河道基本未遭重大破坏，因而河道的生态系统仍然保持良好。至于山塘，规模更小，功能单一，仅起灌溉作用，且建造年代较久远，生态系统恢复更加完好，几与原生态无异。

对于已建成并投入运行的练公坪、靛青山、十八湾、楼梯步、三望潭、锯板坑等小型水库，在工程项目规划、设计、施工时，就预留有生态型出水口，在水库下闸蓄水时，下游不至于出现断流状况，藉以维护下游正常的生态系统，确保下游的生产生活用水。

饮用水源保护

梅垄水库（备用水源） 位于原沙溪乡梅垄村，距县城2千米，以村得名，建于浮云溪支流梅垄溪。集雨面积7.2平方千米，总库容为361万立方米，正常蓄水位177.00米，正常库容260万立方米，是集防洪、供水、生态用水、农田灌溉及发电等多功能的小（Ⅰ）型水库。1978—2001年间，梅垄水库系县城居民生活用水和工业用水的主要水源。1980年，梅垄水厂建成投入使用，设计日供水能力为6000吨，后增容到日供水能力1万吨。随着“小县大城”战略的深入实施，县城人口不断集聚，供水矛盾日显突出。用水高峰期，日用水需求量已达1.2万吨，梅垄水库的供水能力已不能满足县城居民生产生活需要。鉴此，县人民政府决定，以雾溪水库为主要水源，建设第二水厂。2001年始，梅垄水库退居为县城饮用水的备用水源。

雾溪水库（主要水源） 位于雾溪畲族乡境内，距县城6千米，属瓯江流域干流水系。水库面积60公顷，灌溉面积520公顷，总库容量1185万立方米。2001年，雾溪水库成为县城饮用水主要水源后，县环保、水利等部门将水源地划分为一级保护区和二级保护区；相继制定出台雾溪水库水源保护规划；集中力量整治水库周边的污染源，限制农民使用化肥、农药；引导农民逐步实施下山转移安置。2001—2008年间，关停休闲旅游农家乐5家、竹制品加工厂1家、桶装饮用水生产企业1家，实现全乡无工业目标。2008年，雾溪畲族乡农民下山转移至县城普光农民公寓38户134人。2010年，编制出台《雾溪水库饮用水源地环境保护规划（2010—2030）》。

生态环境功能区规划

1999年年初，县环保部门在第二水厂水源地——雾溪水库，划定饮用水源保护区。是年7月，制订出台《云和县城环境噪声功能区划分方案》和《云和县城噪声功能区管理办法》。烟尘控制区建设取得新进展，控制区范围由县城向重点乡镇延伸。完成石塘镇、紧水滩镇和赤石乡的烟尘控制区建设方案，同时，对原有的烟控区管理办法进行补充修改完善。

2007年，县人民政府重视生态环境功能区的规划工作，委托省环科院编制《云和县生态环境功能区规划》，从科学保护和持续利用生态环境功能的角度，加强区域开发格局研究，划定禁止准入、限制准入、重点准入、优化准入区，明确县域不同区块的生态保护目标。规划方案形成后，组织乡镇、部门及有关专家进行评审论证，以确保规划文本更科学合理、更切本土实际、更具操作性。2008年5月，《云和县生态环境功能区规划》经县人民政府批准，付诸实施，并报省、市环保部门备案。

第三章　生态环境治理

20年来，县环保部门以工业企业环境管理为重点，全面开展生态环境治理与执法工作。1997年，出台加强建设项目环境管理、对排污单位依法实行排污申报登记、加强饮食娱乐业环境管理等规范性文件。2001年，继续深入推进“一控双达标”活动，“一控”是指污染物总量控制，环保部要求，到2000年年底，各省、自治区、直辖市要使本辖区主要污染物的排放量控制在国家规定的排放总量指标内。“双达标”是指工业污染源达到国家或地方规定的污染物排放标准；空气和地面水按功能区达到国家规定的环境质量标准。通过环境执法治理，全县审核达标企业28家，关停污染企业16家，处理环境污染与纠纷案件105起。2005年，结合“千村示范、万村整治”活动，推进乡村环保工作。完成2个示范村的创建和10个整治村的治理任务。2008年，县环境监察人员先后出动380人次，检查企业120余家，污染状况得到改善，县域环境逐步优化。2010年，继续推行“811”环境保护新三年行动计划,以“万里清水河道建设”、农村“五整治一提高”为载体，继续实施整治违法排污企业保障群众健康专项行动；全面深化农村环境综合整治，全县环境污染整治、生态保护工作取得阶段性成效。

重视生态基础设施建设，推进生态环境管理规范化。1997年，开辟柿树坳生活垃圾填埋场。2006年12月，县城污水处理厂动工兴建。2008年，长垄垃圾填埋场列入县级重点项目启动建设，总容量90万立方米，使用期可达20年。履行建设项目环境影响评价审批职能，严把建设项目环境准入关，全县先后共审批环保项目549个。至2010年年底，县城区块已建成地下污水管网85千米。

第一节　环境治理

环境污染治理

1995—1996年，由于县电解锰厂乱排废水废渣，导致浮云溪水体污染恶化。县人民政府指令该厂停产，限期转产。同时，要求其他企业将废弃的煤渣，统一运送至砖瓦厂，实行综合利用。组织开展乡镇工业企业调查摸底工作，要求乡镇企业进行污染源申报登记。

1997年，县环保局制作出台《关于加强建设项目环境管理的通知》《关于加强机动车排气污染检测管理的通知》《关于加强建筑施工噪声管理的通知》《关于对排污单位依法实行排污申报登记的通知》《关于加强饮食娱乐等服务性行业环境管理的通知》等一系列规范性文件。强化环境动态监测，推进相关行业的污染治理。

2001—2002年，顺利实现“2000年环保任期目标责任制计划”预定目标。继续推进“一控双达标”工作，全县审核上报达标企业28家，关停污染企业16家。2001年10月，“一控双达标”工作通过丽水市政府组织的考核验收。2002年，县环保局组织开展环境现场监督检查296次，检查污染治理设施60余处，下达环境污染治理处理意见书65份，全县企业污染源排污达标率达95%以上。

2003—2004年，开展环境现场监督检查180次，检查污染治理设施31处，下达环境治理处理意见书33份，企业污染源排污达标率达95%以上。开展饮用水水源保护区创建工作，县财政拨付专款，在雾溪水库周边村落增添卫生设施，减少农村生产、生活垃圾对水源的污染。关停2家位于县城饮用水源一级保护区内的加工企业，以消除污染隐患，确保居民饮用水安全。2004年，县环保、经贸等部门要求工业企业开展ISO 14000认证和清洁生产审核生产，敦促企业主增加必要的环保投入，尽量减少木屑、粉尘、废气、噪声等对环境的污染。县政府出台政策，对通过ISO 14000认证的企业给予3万元奖励。是年，2家企业开展清洁生产审核认证；3家企业通过ISO 14000环境管理体系认证。出台《云和县城市建筑垃圾管理试行办法》，减少建筑施工扬尘污染和建筑垃圾乱堆乱放及沿路抛洒行为。完成烟尘控制区和城市噪声功能达标区的调整工作。城区河道管理实现制度化，建设清水河道6.75千米，疏浚河道1.7千米；治理水土流失面积8.35万平方千米。县城污水处理工程完成立项，垃圾渗滤液处理工程竣工。医疗废弃物处置率达70%。

2005—2006年，结合“千村示范、万村整治”活动，推进乡村环保工作。根据规划，完成2个示范村的创建和10个整治村的治理任务。新建10座农村垃圾无害化处置设施和20所农村公厕。同时，强化饮用水源保护区建设，划定畜禽禁养区和限养区，防止农业面源污染，确保水质达标。2006年，编制出台《云和县城供排水专项规划》《云和县城环卫专项规划》；建成县城垃圾填埋场渗滤液处理系统；在城郊划定建筑垃圾倾倒堆放区域，对建筑垃圾实施有效管理。继续加大饮用水源保护力度，出台《云和县雾溪水库生活饮用水地表水水源保护区划分报告》和《云和县雾溪水库生活饮用水地表水水源保护区管理办法》，加强日常巡查，及时清理整治水源保护区的污染源，促进水源保护制度化、规范化。同时，指导乡村理顺关系，建立长效管理机制，全县农村垃圾收集率和处置率均达50%以上。注重规范农业综合开发，深入推行“绿色行动计划”，以改善优化农村的生态环境。

2007年1月，云和县政府与丽水市政府签订《云和县玉溪水库饮用水源保护区污染整治目标责任书》，随后，云和县制发《创建玉溪水库合格饮用水地表水水源保护区（云和县辖区域）污染整治方案》。县人民政府率农办、林业、水利、建设、经贸、国土、环保、移民办、石塘镇、朱村乡等单位，着力开展玉溪水库饮用水源保护区污染整治专项行动。通过集中整治，石塘镇、朱村乡已按要求完成污水处理管网的铺设任务和农村面源整治工作，取得阶段性效果。同时，加快农村生活污水、生活垃圾处理设施建设步伐，紧水滩镇污水处理中心、雾溪乡郑家村污水处理设施、石塘镇小顺村污水处理设施建成并投入使用。此外，利用国债推行沼气项目，54个村的少数农户开始试用沼气。

2008年，配合省级生态县的创建工作，投资281.6万元，在云坛、安溪、赤石、黄源、大源、云丰、沙铺、大湾等8个乡政府所在地建成农村生活污水处理设施。同时，按照省级生态乡镇的创建标准，抓好农村面源污染的整治工作。

2009年，实施紧水滩水库、雾溪水库水源保护计划，开展农村集中式饮用水源调查。由县环保部门牵头，农业、水利等部门及各有关乡镇配合，重点开展农村饮用水源、农村面源污染调查，以确保农村居民饮用水安全。继续加强紧水滩库区水环境综合治理，对水库周边的违规渔业养殖户和畜禽养殖户，采取控制措施和限期搬迁。全面排查沿库污染源，对水库周边村庄和"农家乐""渔家乐"等开展污染整治。加大水质监测频次，规范库区养殖，整治网箱养鱼，开展禁钓行动，控制蓝藻繁衍，推进库区异常水质的逐步净化、良化。

2010年，以"千村示范、万村整治""万里清水河道建设"，农村"五整治一提高"工程，"135"工程和生态乡镇创建为载体，继续开展农村环境综合整治，全面推进新农村建设。深入实施紧水滩水库、雾溪水库、玉溪水库和农村集中式饮用水源保护计划。完成生态乡镇的创建、复查和"农家乐""渔家乐"的专项整治工作。继续会同县农办(扶贫办)、农业局、水利局、卫生局、乡镇等单位开展农村面源污染整治，以改善优化农村生态环境，逐步推进城乡环境一体化。

环保执法举措

1996—1998年间，认真贯彻《中华人民共和国环境保护法》，环保法制工作逐步增强。1996年，实施"三同时"制度。对新建、改建、扩建的企业基建项目、技术改造项目，要求实施环保"三同时"，即工程建设项目中的环境保护设施，必须与主体工程同步设计、同时施工、同时投产使用。环保"三同时"制度的执行率达100%。同年，查处环境污染与纠纷案件5起。1997年5月，云和县环境监理站成立。启动环境监理执法工作，对5起违法行为实施行政处罚，调处污染纠纷11起，开展现场巡查、监督、监察执法活动200多人次。1998年，划定雾溪水库饮用水源保护区。制作出台《云和县城环境噪声功能区划分方案》。烟尘控制区建设工作取得新进展。调处环境污染与纠纷案件21起。

1999—2003年间，环保执法力度不断加大。1999年，全年组织污染源现场巡查监督406次，查处各类污染与纠纷案件53起。全县284家企业完成排污申报工作。2000年，强化环境动态监测，坚持环保日常巡查，查处各类污染与纠纷案件45起。2001年，县环保部门加强建设项目环境管理力度，50项建设工程项目通过环保审批。环保"三同时"制度执行率达100%。全年处理环境污染与纠纷案件105起。2002年，检查环保"三同时"建设项目20个，合格率达100%。加强现场监督管理，开展现场监督296次，监察污染治理设施60余次，下达环境治理处理意见书65份。企业污染源达标率95%以上，"一控双达标"成果逐步得到巩固。2003年，重点对县人民医院、县中医院等医疗机构开展全面检查，以预防"非典"疫情的发生或蔓延。

2004—2007年间，继续加强环保执法监督。2004年，加强环境监督管理，查处各类污染与纠纷案件137起，结案率100%，有效制止和打击污染环境、破坏生态的行为。2005年，配合全省统一开展"811"(全省八大水系及运河、平原河网，11个设区市)环境污染整治行动，相继开展农村面源污染整治和"绿剑"行动，污染治理取得阶段性成效。2006年，继续按计划有步骤地开展环境污染整治工作，深入开展饮用水源保护区的环境治理。县城垃圾填埋场渗滤液处理工程按时竣工。2007年，对2003年以来县域环境治理专项行动开展“回头看”，分析研究环保治理的重点区域、薄弱环节和整治措施。对重点监管区、重点污染企业及污水处理厂运行情况开展专项执法监察。继续对饮用水源保护区、工业园区和影响、危害群众健康的环境违法问题开展整治。高、中考期间，配合相关部门开展“绿色护考”行动。

2008—2010年间，注重实施环保新三年计划。2008年，根据环境保护新三年行动实施计划，开展农村环境综合整治行动和工业园区环境安全专项检查。是年，实施环境安全隐患百日督查专项行动；整治违法排污企业，保障群众健康环保专项行动；“绿色护考”行动。环境监察人员先后出动380人次，检查企业120余家，污染整治工作取得一定成效。2010年，继续推行“811”环境保护新三年行动计划。以新农村建设为契机，以“千村示范，万村整治”“万里清水河道建设”及农村“五整治一提高”（整治畜禽粪便污染、生活污水污染、垃圾固废污染、化肥农药污染、河沟池塘污染和提高农村绿化水平）工程为载体，深化农村环境综合整治。继续实施整治违法排污企业保障群众健康环保专项行动；“绿剑”1号、2号行动和“绿色护考”行动。继续深化紧水滩库区水环境综合整治。全县污染整治、生态保护工作取得阶段性成效。

第二节　环境管理

重视生态基础设施建设，推进生态环境管理规范化。1997年，投资845万元，开辟柿树坳生活垃圾填埋场。2005年，县城污水处理厂列入省重点项目，启动前期工作。2006年12月动工兴建。2008年，长垄垃圾填埋场列入县级重点项目启动建设。该项目总投资3840万元，总容量90万立方米，使用期可达20年。切实履行建设项目环境影响评价审批职能，严把建设项目环境准入关，全县先后共审批环保项目549个。截至2010年年底，县城区块已建成地下污水管网85千米，其中，主管网38千米，支管网47千米，总投资5753万元。

生态项目建设

1997年，在城东距县城6千米处，修建柿树坳生活垃圾填埋场。该工程占地面积6公顷，总容量40万立方米，总投资845万元。1998年，改造完善垃圾填埋设施，完成排气、净水等无害化处理工程。2008年，长垄垃圾填埋场列入县级重点建设项目，启动前期工作。长垄垃圾填埋场总投资3840万元，总容量90万立方米，使用期可达20年。根据环保要求，采用水平防渗工艺，能充分收集渗漏液，避免相关水域水质受污染。

2005年，县污水处理厂被列入省级重点建设项目，工程占地面积2347平方米，总投资4358万元。2006年12月，完成前期动工建设，采用硅藻精土工艺施工，以BT模式运作，即政府利用社会资金建设非经营性基础设施项目的融资模式。该工程分两期施工建设，一期日处理污水1万吨；二期日处理污水3万吨。2007年10月，县污水处理厂（一期）竣工，开始投入试运行。

1991年,启动城区地下污水管网建设,在中山街路段铺设排污管道265米。2006年,随着县污水处理厂的开工建设,筹措资金布设完善污水收集管网。截至2010年年底,已建成狮山路至污水处理厂、黄溪两岸、中山街、仙宫大道、新建路、解放东路、城东路北段,梅家源坑,云杨路、水电路、城南路东段、新汽车站周边等地段的污水收集管网,新建地下污水管网总长85千米,其中,主管网38千米,支管网47千米。项目总投资5753万元,其中,国债资金900万元,省以奖代补和专项补助资金2233万元,县财政投入637万元,剩余1423万元尚未支付(未结算)。

生态项目管理

建设项目环境影响评价审批 审批依据《中华人民共和国环境保护法》第十三条;《中华人民共和国环境影响评价法》第二十二条等。

受理条件 建设项目的环境影响评价报告,必须对建设项目产生的污染和对环境影响作出评价,明确防治措施,并依照规定的程序报环境保护部门批准。

管理权限 2008年,"扩权强县"政策施行前,建设项目环评报告书由省、市环保部门审批,县环保部门审批相关行业的报告表项目和登记表项目。2008年"扩权强县"后,只要不是法律、法规特别规定的行业,环评报告书项目下放县级审批。审批办理的法定时限:环境影响报告书60个工作日;环境影响报告表30个工作日;环境影响登记表15个工作日。

承诺时间 2005年始,环保审批项目实行承诺时限制,以提高行政效能。承诺时间为:环境影响报告表10个工作日,环境影响登记表7个工作日。2008年后,环境影响报告书审批承诺时间为11个工作日。

建设项目环境影响评价审批是县环保部门的重要职能。自县环保局设立以来,根据国家环保法规、政策和省、地(市)环保部门的工作部署,按照"空间、总量、项目"三位一体的要求,严把建设项目环境准入关。截至2010年年底,全县共审批环保项目549个。

2001—2010年云和县审批的环保项目统计表

表10-3-1

年度	建设项目审批总数	工业类数量	总投资(万元)	环境保护投资(万元)
2001	50	—	—	—
2002	40	—	—	—
2003	24	5	—	—
2004	63	28	—	—
2005	73	21	—	—
2006	49	20	—	—
2007	67	36	—	—
2008	93	60	—	—
2009	47	15	—	—
2010	43	10	63302.13	728.81

通过环保审批的项目，主要有木制玩具生产、轴承阀门铸造、生猪养殖、小水电开发等行业，也有相当数量的“三产”及社会服务项目。

排污费征收

《中华人民共和国环境保护法》规定：“排放污染物超过国家或地方规定标准的企业、事业单位，依照国家规定缴纳超标排污费，并负责治理。”《水污染防治法》第十五条特别规定：“企业、事业单位向水体排放污染物的，按照国家规定缴纳排污费，超过国家和地方规定排放标准的，按照国家规定缴纳超标排污费。”

云和县的排污费自1995年开始征收，全县1995—1999年、2003—2010年的排污费征收情况见下表：

云和县排污费征收情况统计表

表10-3-2

年度	排污费（万元）	年度	排污费（万元）
1995	2.5	2005	41.16
1996	4.2	2006	43.79
1997	8.5	2007	49.38
1998	13.9	2008	106.96
1999	13	2009	103.03
2003	27	2010	70.66
2004	29.05	—	—

县环保部门征收的排污费，按规定上缴县财政，用于重点污染源和区域性污染的防治，污染防治新技术、新工艺的开发、示范和应用等。

第四章　生态农业建设

云和县域属中亚热带季风气候，雨量充沛，温暖湿润，四季分明。境内群峰林立，丘陵广布，河谷相间，土壤肥沃。紧水滩、石塘水库的兴建，优化自然气候条件，利于发展多层次、多品种的立体生态农业。全县粮食生产以水稻、小麦、番薯为主。绿色农产品基地主要有食用菌、杨梅、板栗、雪梨、茶叶、高山蔬菜等。生态养殖方面有水产养殖、家畜养殖、家禽养殖、特色养殖。2010年，全县香菇总产量达363.8万千克，黑木耳179.8万千克；水产养殖350万千克，水产品收入4025万元。

第一节 绿色基地建设

综合考量县域地理环境、气候条件、地力状况等农业资源环境诸因素，全县绿色农产品基地建设，以开发食用菌、水干果、茶叶、高山蔬菜生产基地为主。注重绿色农产品基地质量建设，开展农业、农村面源污染整治。重视生态种植业监管，采取限制使用化肥、农药，倡导施放农家土杂肥和养殖专业户的有机肥；禁止使用蜡作为香菇生产的辅助材料等措施。推行扶持激励政策，大力推广农业“三品”（无公害、绿色、有机农产品）生产技术，有序推进农业“三品”产地、产品认证，切实将绿色农产品基地安全生产管理任务落到实处。

食用菌基地

1991年，推广代料香菇710万袋，产值1250万元；椴木香菇、黑木耳、竹荪产值662万元。

1995年以来，随着层架式栽培技术的推广应用，代料香菇迅速发展，持续稳定在5500万袋左右。椴木香菇、黑木耳、茯苓等以消耗林业资源为代价的农村经济产业，逐渐转向异地开发。

2001年，代料黑木耳露天栽培技术，又一次获得重大突破，属国内首创。

2008年，代料香菇、黑木耳栽培量约8000万袋，其中，代料黑木耳栽培量2000万袋，总产值达2.14亿元。

2010年，全县食用菌总产量达561.55万千克，其中，香菇443.35万千克，黑木耳118.2万千克。其他菌菇类18万千克。

水干果基地

杨梅基地 1986年，在云坛乡李山前行政村麻车岗自然村开发（试种）杨梅基地约13公顷，主推品种为东魁、荸荠（黑炭梅）等。

1991年，杨梅初产，因果大味甜，色泽鲜丽，销路顺畅，效益蛮好，具有较好的开发前景。是年，该村村民扩大杨梅基地规模，连片开发杨梅基地约53.33公顷。其他乡镇也有零星发展。

2010年，全县杨梅基地面积246.67公顷，产量65万千克，年产值300万元。

脐橙基地 1992年，县农村工作办公室牵头，会同县委办、县府办、财政局、农业局、林业局、教育局、移民办、云和镇、县农业综合开发公司等43个部门、单位，在县城南面的低丘缓坡，联合开发“云和盆地千亩脐橙基地”，总面积约57.33公顷。主要品种有脐橙、胡柚、椪柑、桃形李、板栗等，以脐橙、胡柚为主推品种，占基地面积的三分之二以上。

1996—2004年间，“云和盆地千亩脐橙基地”因部分单位管理跟不上，技术不到位，年均产量仅34.4万千克，产值仅172万元。

2004—2008年间，“云和盆地千亩脐橙基地”由于县工业园区的拓展需要，而被逐步征收。

雪梨基地 大力发展云和雪梨，重振云和雪梨品牌。1999年，在沙溪乡长田村开发云和雪梨基地约 33.33 公顷。

2000 年始，鼓励广大农户发展雪梨产业，云和雪梨向全县宜栽区域大面积推广。

2005 年，全县云和雪梨基地面积达 1069.1 公顷，总产量 271.5 万千克，总产值约 810 万元。雪梨产业逐步形成规模。

板栗基地 1991 年始，干果板栗成为全县农业综合开发的重要项目。截至 2010 年，全县板栗基地开发面积达 1866.7 公顷，实施无公害化生产 666.67 公顷。石塘镇小顺、长汀，云和镇新岭，崇头镇岩下等地都有农户种植板栗。石塘镇小顺已初步形成浙西南板栗集散地。无公害生产的“仙宫湖牌”板栗，连续四年获省农博会优质农产品金奖。

浙西南果树良种繁育基地 1997 年，在崇头、沙溪、赤石三乡镇结合部–重河湾，创建集果品生产、良种培育、新技术推广于一体的“浙西南果树良种繁育基地”，又名“云和县重河湾名特优新经济林示范基地”。基地面积约 186.67 公顷，其中，果树品种园约 13.33 公顷，年培育果树良种苗木约 100 万株；水果生产基地 173.33 公顷。

2000—2010 年间，平均亩产量 750 千克，平均亩产值约 4000 元。水果基地按品种分，云和雪梨约 6.67 公顷；美国加州黑李为主的国外李约 120 公顷；早香柚约 26.67 公顷；桃、杏等 20 公顷。

茶叶基地

2000 年，据县农业部门调查统计，全县“老茶园”面积仅有约 303.4 公顷。是年，朱村乡开发新茶园约 20 公顷。

2003 年始，以朱村乡为重点，茶叶生产基地快速发展，绿茶加工业渐具规模。

2010 年，全县茶叶种植面积约 1763.53 公顷，产量 69100 千克，产值达 2640 万元。其中，朱村乡茶园面积约 1011.73 公顷，居全县之首。石塘镇约 165.33 公顷，茶叶产业位居全县第二。

高山蔬菜基地

1995 年，在黄源乡陈后村、黄家畲村等地，创建早丰甘蓝（蔬菜名，即卷心菜、包菜）试验示范基地 20 公顷。

1996 年始，以黄源乡为中心，逐步向崇头镇、云丰乡、沙铺乡、大湾乡等高山乡镇拓展辐射。推广品种以早丰甘蓝、甜辣椒、萝卜、四季豆、茭白为主。

2010 年，全县高山蔬菜种植面积为 297 公顷，产量 582.1 万千克，产值 1050 万元。

第二节 绿色产品认证

推进生态化农产品基地建设，截至 2010 年，全县参加农业无公害、绿色、有机农产品（称农业“三品”）认证的农业企业共有 15 家，认证农产品 27 个，生态化生产基地 4359.31 公顷。

云和县绿色农产品基地产品认证情况统计表

表 10-4-1

序号	认证主体名称	认证产品	产品商标	年产量（千克）	产品证书编号	产地认定面积（公顷）	法人代表
1	云和县山里人茶叶合作社	茶叶		35000	WGH-08-10709	33.33	叶时康
2	云和县逢春茶厂	茶叶	云河绿羽	500000	WGH-03-00564	333.33	高昌波
3	云和县绿谷农产品专业合作社	香菇	颐养园	3500000	WGH-04-04461	500	柳旌东
4	云和县仙宫果业有限公司	雪梨	仙宫湖	1500000	WGH-04-04465	666.66	曾秋敏
5	云和县仙宫果业有限公司	板栗	仙宫湖	1000000	WGH-04-04466	66.66	曾秋敏
6	云和县农业综合开发有限公司	黑李	仙宫湖	500000	WGH-04-04467	666.66	张大伟
7	云和县绿谷农产品专业合作社	黑木耳	颐养园	660000	WGH-05-00961	260	柳旌东
8		葡萄	碧田	1000000	WGH-05-00962	33.33	柳旌东
9	云和县白鹤尖高山蔬菜专业合作社	杨梅		300000	WGH-06-03087	73.3	徐剑琴
10	云和县雾溪乡云雾专业合作社	竹笋		65000	WGH-07-06472	43.3	陈水清
11	云和县神农高山蔬菜合作社	脱水花菜		240000	WGH-08-04022	66.7	陈可林
12		脱水马铃薯		240000	WGH-08-04023	66.7	陈可林
13	浙江省云和县天源板栗专业合作社	板栗		600000	WGH-10-01754	266.67	刘金文
14	浙江省云和县上品果业专业合作社	甜橘柚		150000	WGH-10-01755	30	张启朝
15	浙江省云和县珍禾优质米专业合作社	大米		2000000	WGH-10-01786	333.33	张昌祺
16		红米		2000000	WGH-10-01787	333.33	张昌祺
17	浙江省丽水天恩茶业有限公司	茶叶	圣恩缘	170000	WGH-10-01788	166.67	沈文亚
18	云和县清江生态龟鳖养殖专业合作社	中华鳖		60000	WGH-10-03165	2.67	卜广禄
19	浙江省云和县山都农产品专业合作社	茭白		675000	WGH-10-10637	66.67	刘芝秀
20	云和县绿谷农产品专业合作社	甘蓝	碧田	10000000	WGH-03-00015	300	柳旌东
21	丽水市紧水滩水产养殖合作社	斑点叉尾鮰		1000000	WGH-09-00136	5	梅金满
22		黄颡鱼		25000	WGH-09-00137	5	梅金满
23		鲤鱼		1000000	WGH-09-00138	5	梅金满
24		草鱼		600000	WGH-09-00139	5	梅金满
25		倒刺鲃		150000	WGH-09-00140	5	梅金满
26		唇鱼骨		50000	WGH-09-00141	5	梅金满
27		花鲢		100000	WGH-09-00142	5	梅金满
28		青鱼		200000	WGH-09-00143	5	梅金满
29		斑鳜		25000	WGH-09-00144	5	梅金满
30		扁鳜		25000	WGH-09-00145	5	梅金满

第三节　农业生态养殖

生态水产养殖

水产养殖以库区水域养殖为主，池塘、山塘养殖和稻田养殖为辅。水库养殖面积 2333.3 公顷；池塘、山塘养殖面积 36.7 公顷；稻田养殖面积 533.3 公顷。在生态水产品养殖方面，遏制并禁止紧水滩水库使用网箱养殖，限制投放饲料，实施纯天然生态化养殖，可谓“人放天养”。科学合理投放苗种，如花、白鲢就按 7: 3 的比例投放；实施选择性捕捞，以渔网网眼大小进行控制，一般只捕捞 2.5 千克以上的鱼。实施休渔期，每年 3 月 20 日至 6 月 20 日为禁捕期。同时，打响“有机鱼”品牌，销路顺畅，市场看好，但生态养殖比网箱养殖产量低，效益有所影响。稻田养殖就是把鲤鱼苗、泥鳅苗、田螺苗等直接放入水稻田，让其自然生长。1991—2010 年，全县水产养殖基本情况见下表：

1991—2010 年云和县水产养殖基本情况统计表

表 10-4-2

年份	水产养殖面积（公顷）	其中水库养殖面积（公顷）	其中山塘、池塘面积（公顷）	网箱养殖面积（万平方米）	捕捞渔船数量（艘）	水产品产量（千克）	水产品产值（万元）
1991	2162.67	2108	54.67	0	46	620000	550
1992	2164	2108.67	55.33	0.1	49	640000	571
1993	2166.67	2110	56.67	0.2	53	685000	611
1994	2166.67	2109.33	57.33	0.3	55	710000	633
1995	2166.67	2111.33	58.67	0.3	58	740000	660
1996	2166.67	2111.33	58.67	0.4	61	780000	696
1997	2176.67	2113.33	66.33	0.5	63	810000	723
1998	2176.67	2113.33	66.33	0.7	66	850000	759
1999	2186.67	2121	65.67	0.9	70	940000	839
2000	2186.67	2121	65.67	1.1	75	1010000	901
2001	2220	2126.67	65.67	1.6	80	1120000	1000
2002	2225.33	2126.67	71	2.4	84	1260000	1134
2003	2233.33	2126.67	79	3	92	1439000	1295
2004	2236.67	2130	80	3.3	101	1680000	1500
2005	2238	2130	80	3.35	119	2520000	2356
2006	2243.33	2170	73.33	3.9	123	2630000	2580
2007	2254.67	2114.67	73.33	4.2	125	2790000	2760

续表 10-4-2

年份	水产养殖面积（公顷）	其中水库养殖面积（公顷）	其中山塘、池塘面积（公顷）	网箱养殖面积（万平方米）	捕捞渔船数量（艘）	水产品产量（千克）	水产品产值（万元）
2008	2266.67	2196.67	70	4.5	127	2910000	2970
2009	2266.67	2186.67	80	6.0	157	3016000	3150
2010	2400	2113.33	86.67	8.0	170	3500000	4025

生态家畜养殖

全县生态家畜养殖主要以猪、牛、羊、兔为主。猪、兔圈养，牛、羊放养。猪、牛、羊、兔等家畜以食绿杂草、蔬菜叶为主，较少使用人工饲料。1991 年，家畜饲养产值 1260 万元。2010 年，家畜饲养产值 3235 万元。

猪　全县农户养猪历史悠久，丽水碧湖品系延续到 20 世纪 80 年代末。90 年代初始，生猪饲养由传统散养向大户养殖转变，专业化、集约化、商品化程度逐年提升。1991 年，全县生猪存栏数 49407 头，出栏数 36059 头。1992 年，全县生猪存栏数达 54303 头，出栏数 36073 头，达历史巅峰，猪肉自给有余，有 30%左右调往外地。1997 年始，农村劳动力大量转移就业，农村散养户逐步退出养殖，全县生猪饲养量呈下降趋势。2010 年，全县生猪存栏数为 20400 头，出栏数为 25000 头。

牛　牛是全县农业耕作的主要畜力。牛养殖主要是耕牛养殖，黄牛为主水牛次之。本地黄牛体型较小，善登山爬坡，行动轻快灵活，故有“小狗牛”之称，适宜山区田地耕作。1991 年，全县耕牛存栏数为 8113 头。2004 年始，随着农耕机械大量推广，机耕面积增多，耕牛养殖数量呈下降趋势，菜牛养殖逐渐起步。2010 年，全县牛存栏数为 2300 头。

羊　云丰、黄源等山区及县城郊区部分农户有养羊习惯。1991 年，全县山羊存栏数为 125 头。2001 年始，分别在云丰乡、黄源乡、云坛乡、雾溪畲族乡等地实施扶持贫困山区发展草食动物项目，鼓励农民“发羊财”。2001 年年末，山羊存栏数为 3800 头。2007 年，全县养羊专业户 254 户，山羊养殖量 6449 头，达养殖高峰。由于养羊效益欠佳，大部分养殖专业户逐步退出养羊业。2010 年，全县山羊存栏数仅 2100 头。

兔　兔养殖有本地肉兔、西德长毛兔和獭兔三个品种，本地肉兔养殖历史悠久。20 世纪 60 年代曾引进西德长毛兔，一度成为农村家庭经济收入的补充。1989 年，引进獭兔引导农户养殖。1991 年，獭兔存栏量 11805 只，并建有皮毛加工厂 2 家。1992 年，獭兔皮毛价格下滑。1993 年，獭兔存栏数仅为 1247 只。2010 年，全县兔饲养量为 2700 只，均以肉兔为主。

生态家禽养殖

家禽饲养以鸡、鸭为主，多为放养，以谷米、米糠、玉米等农家饲料为主食，很少使用人工饲料。1991 年，全县家禽存栏数 14.93 万羽，出栏数 10.33 万羽，产值 171 万元。1999 年，引进块大型白羽鸭，实行订单养殖，养殖量急剧上升。是年 8 月，成立首个养殖业专业合作社——

云和县农民养鸭专业合作社，发展养鸭专业户126户，全年饲养量52.4万羽，年末存栏数为12.1万羽。2008年，系家禽养殖高峰期，全县家禽饲养量达188.1万羽，常年存栏量44.4万羽。2009年，因市场过剩，销售不畅，饲养量开始下滑。2010年，全县家禽养殖存栏数26.42万羽，出栏量119.05万羽，年产值1216万元。据农业部门统计，1983年，全县鹅存栏量100羽。2010年，仍为100羽左右。由于居民饮食习惯等因素，养鹅业一直徘徊不前。

特种生态养殖

蜜蜂养殖，县内山区少数农民有养殖中蜂习惯。60年代初，开始引进少量意蜂，采取纯生态流动放养模式，根据各地的海拔不同花期不同而选择不同的饲养场所。70年代末，改圆桶饲养为箱式养殖。1991年，全县饲养蜜蜂1891箱，产蜜5.74万千克，产值57.4万元。由于流动性大，技术要求较高，缺乏政策扶持等因素，未能形成产业。2010年，全县蜜蜂饲养量仅500箱。

1991—2010年间，曾有少数农户饲（试）养过少量的鸽子、珍珠鸡、鹌鹑、梅花鹿、孔雀等，但都没有形成规模。

第五章　生态林业建设

云和素有“九山半水半分田”之说。重视造林绿化，做好山上文章，推进生态林业建设，是县委、县政府和林业工作部门的重要任务。20年来，坚持“立足资源、发挥优势、创新发展”的林业工作思路，以“生态示范区”“省级生态县”“省级森林城市”创建为契机，发动全民植树营林，优化县城周边林相，恢复县域生态体系。生态公益林、生态景观林、玩具原料林、经济特产林和绿色长廊建设、森林公园建设全面推进，全县森林面积、森林蓄积量、森林覆盖率连续实现“三增长”。据2007年森林资源调查显示，全县森林蓄积量306.73万立方米，比1989年的139.66万立方米净增167万立方米；林地面积75473公顷，比1989年的53800公顷增加21673公顷；森林覆盖率80.8%，比1989年的62.04%提升18.76个百分点。截至2010年，全县累计造林16344.1公顷，封山育林532666.7公顷。2000年，被省人民政府授予“绿化浙江先进县”称号。2001年，被国家林业局评为“全国经济林建设先进县”。2007年，被评为“浙江省公益林建设示范县”。2009年，启动“省级森林城市”创建工作。2010年，被授予“浙江省森林城市”称号。

第一节　生态公益林建设

1997年，编制云和县生态公益林建设初步规划，提出建设33333.3公顷生态公益林的目标。

县林业部门会同有关乡镇，将生态公益林建设规划具体落实到山头地块，组织力量按规划分年度逐步实施。

2001年，省人民政府提出“到2010年建设重点公益林200万公顷，到2020年建设公益林333.33万公顷”的中长期目标。根据省政府的要求和下达的任务，县林业部门在充分尊重林权所有者意愿的基础上，组织开展生态公益林区划的现场勘界工作，将县域内公路沿线、库区沿岸、集镇周边、城镇饮用水源等生态保护重点区域和坡度45度以上的生态脆弱区域，共37266.7公顷林地，界定为生态公益林建设保护区域，占全县林业用地总面积的46%。生态公益林分国家、省、县三级，国家级生态公益林22133.3公顷，主要分布于瓯江干流沿岸，丽浦线、云寿线两侧和坡度36度以上的生态脆弱区域。省级生态公益林14333.3公顷，主要分布于中型水库周边，城镇饮用水源保护区，瓯江一级支流汇水区及一、二级支流两侧，省级自然保护小区和坡度26度以上土层浅薄、岩石裸露等重要生态区位。县级生态公益林800公顷，主要分布于小型水库、山塘周围及水源源头。

2004年，依据生态优先、确保重点、集中连片、合理布局的原则，调整完善省级以上公益林布局，把县城周边区域，紧水滩库区，瓯江干流沿岸，丽浦、云寿线及在建的丽龙、云景高速公路两侧，雾溪、梅砻水库周边，省级自然保护小区，坡度逾36度的生态脆弱区和生态地位重要区域均界定为国家级、省级重点生态公益林区域。调整后，全县省级以上公益林规模为32766.7公顷，占林业用地总面积的39.3%，其中，国家级生态公益林29666.7公顷，省级生态公益林3100公顷。31166.7公顷列入国家补偿。是年，省委、省政府推行重点公益林建设森林生态效益补偿制度。政策规定，每亩生态公益林每年补偿8元。

2005年，生态公益林效益补偿机制开始兑现，全县农户首次领到省级以上重点生态公益林补偿资金。是年,制定饮用水水源涵养林建设保护规划，在雾溪水库流域封山育林1200公顷。2006—2009年，省级以上生态公益林的补偿标准逐年提高，每亩每年的补偿费分别提高到10元、12元、15元、17元。

2007年，着手建设生态公益林地藉管理信息系统，组织力量抓好数据输入、图纸处理等基础工作。2009年6月，建成34687.4公顷生态公益林地籍管理信息系统平台，实现数据库调整更新的简捷化和精确化。

2009年，根据省政府关于扩大省级公益林建设规模的决定精神，县人民政府要求县林业部门抽调力量，重新进行实地勘测，切实抓好全县省级公益林的调整扩面工作。调整界定后，全县省级以上生态公益林建设规模达53266.7公顷，占全县林业用地总面积的63.9%。

注重矿区生态修复。在“生态示范区”“省级生态县”创建期间，县土管、林业等部门对废弃的杨家山煤矿和大徐、柿树坳等地的萤石矿实施矿山复原工程，封闭矿洞洞口，在矿区植树造林，封山育林，纳入生态公益林建设范畴，促进废弃矿区生态化。同时，严防松材线虫病等森林病虫害，维护森林生态安全。

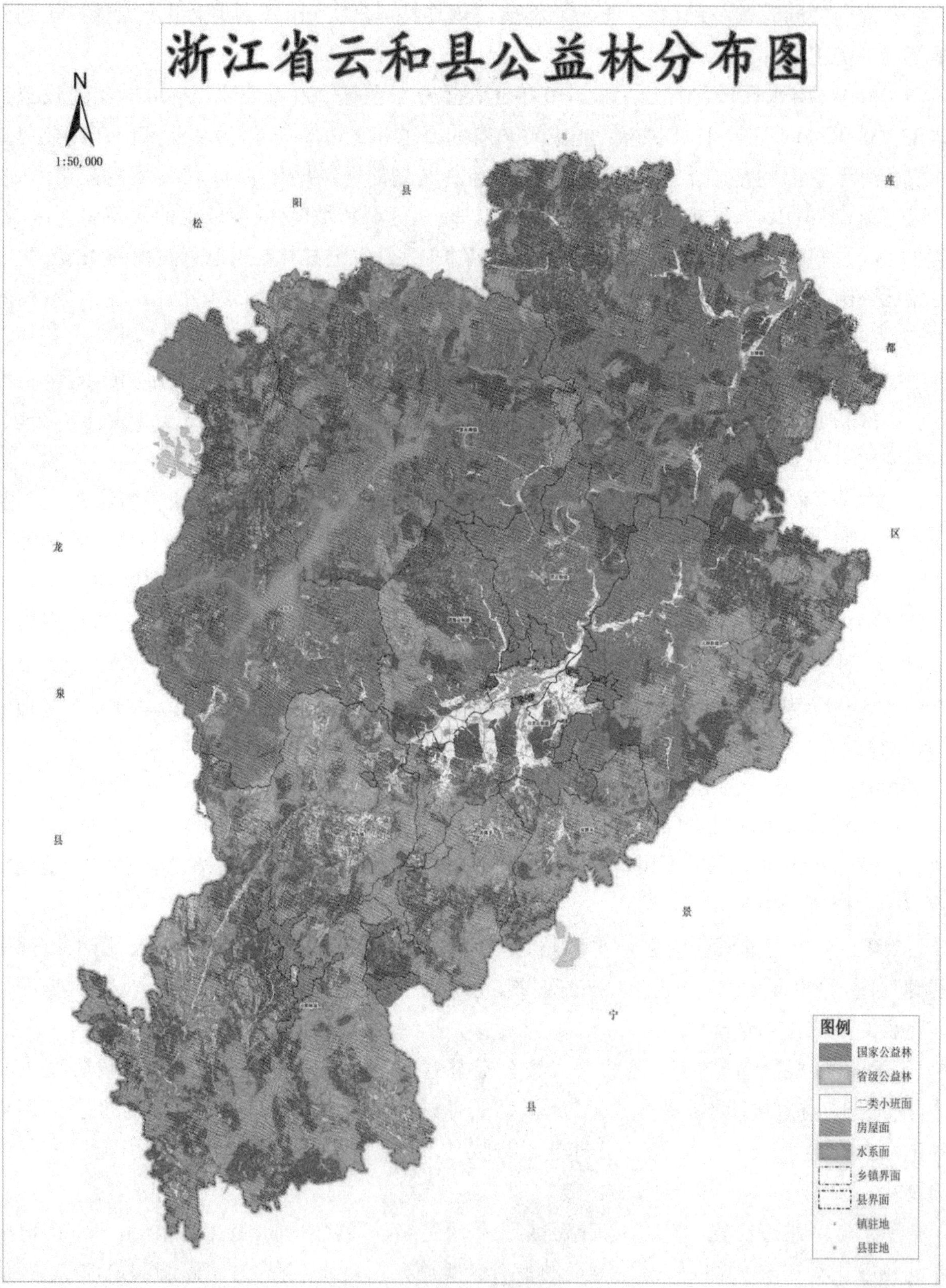

图 10-5-1　浙江省云和县公益林分布图(县林业局提供)

截至2010年年底，全县累计投入省级以上公益林补偿资金4689.5万元；配备专职护林员138名，兼职护林员43名；建成重点生态公益林29506.7公顷。

经测算，2001—2010 年，全县生态公益林森林生态总效益累计达 193.68 亿元，其中：涵养水源效益 57.83 亿元，固土保肥效益 18.89 亿元，森林游憩效益 4.43 亿元，固碳释氧效益 47.32 亿元，积累营养效益 2.47 亿元，净化大气效益 13.18 亿元，生物多样性保护效益 44.02 亿元，森林防护效益 5.54 亿元。2007 年，在全市率先被评为浙江省生态公益林建设示范县。

图 10-5-2　生态公益林（2009 年摄　县林业局提供）

2004—2010 年云和县公益林资金投入和使用情况汇总表

表 10-5-1　　　　单位：公顷　万元

	补偿面积	资金投入情况			资金使用情况			
		小计	中央、省拨付	县配套	小计	损失性补偿	护林资金	公共管护资金
2004 年	31169.7	353	303.9	49.1	350.7	233.8	93.5	23.4
2005 年	31169.7	353	303.9	49.1	350.7	233.8	93.5	23.4
2006 年	34348.5	484.3	432.8	51.5	484.3	309.1	128.8	46.4
2007 年	34348.5	587.3	525.5	61.8	587.4	412.2	128.8	46.4
2008 年	34348.5	746.9	669.1	77.8	746.9	580.2	122.6	44.1
2009 年	34687.4	859.3	770.3	89.0	859.2	690.2	124.5	44.5
2010 年	52831.1	1305.6	1170.3	135.3	1305.7	1046.0	191.0	68.7
合计	252903.4	4689.4	4175.8	513.6	4684.9	3505.3	882.7	296.9

第二节　生态景观林建设

2004 年，被列入浙江省第一批阔叶林发展工程试点县。

2005 年，在县城周边山体实施阔叶林发展工程示范项目，营造多树种阔叶林 101.6 公顷，以改善优化林相。

2006 年，委托丽水市职业技术学院编制《云和县环县城山体绿化美化工程总体设计》，在全省率先提出环县城山体绿化美化理念，首次把生态景观林建设融入绿化造林体系。

2008 年，自主编制《云和县“三沿”生态景观林建设总体规划》，并通过省、市专家组的评审。

生态景观林规划建设期限为 8 年（2008—2015 年）。规划总面积为 13389.3 公顷，其中，沿湖（玉溪湖、龙庭湖、仙宫湖）景观林 8219.2 公顷；沿路（丽浦线过境段）景观林 2770.1 公顷；沿城（县城周边）景观林 2338.5 公顷。景观林建设的范围，从石塘镇的规溪村至赤石乡的麻垟村，

图 10-5-3　县城周边阔叶林(2007 年摄　县林业局提供)

公路全程53 千米、水域长 57 千米范围内的第一层山脊林地。新造景观林（含过火山地、低效林改造等）924.5 公顷；补植改造面积 1820.3 公顷；抚育改造面积 961.5 公顷；造林山地抚育（造林后 3 年）6792.5 公顷。规划总投资 7007.41 万元。资金筹措方式是遵循“政府主导、社会辅助”的原则，主要以县财政投入为主，同时，争取上级专项建设资金扶持，诸如国债资金、珍贵用材林基地建设资金、阔叶林发展专项补助资金等。

云和县生态景观林建设项目与工程量统计表

表 10–5–2　　　　单位：公顷/年

建设时间（年）	建设内容与工程量				
	合计	更新造林	补植造林	抚育改造	造林地抚育
2008	382.6	131.9	206.7	44	
2009	1330.7	106.7	228.2	139.2	856.7
2010	1434.1	124.8	207.6	147.6	954.1
2011	1918.9	147.5	337.7	234.3	1199.5
2012	1919.1	162.7	343.3	93.8	1319.3
2013	1764.6	114.7	367.4	100.3	1182.2
2014	1043.6	76.1	46.3	108.3	813
2015	705.1	60.2	83.1	94	467.9
合计	10498.7	924.5	1820.3	961.5	6792.5

2008 年 11 月，县人大常委会通过生态景观林建设规划，作出《关于建设“三沿”生态景观林的决定》。县人民政府相继设立支持林业发展的公共财政制度，逐年提高“三沿”生态景观林建设专项资金，确保每年不少于 300 万元，全县生态景观林建设有了法规依据和资金保障。

2010 年，全县完成绿化造林 1386.2 公顷，其中，沿湖 608.4 公顷、沿城 476.3 公顷、沿路 301.5 公顷；幼林抚育累计面积 1923.4 公顷，共投入资金 1207 万元。

云和县三沿生态景观林建设情况汇总表

表 10–5–3　　　　单位：公顷

建设时间（年）	造林				建设内容与工程量		
	合计	沿湖	沿城	沿路	合计	当年	第二年
2006	339.3	—	—	—	339.3	339.3	—
2007	197.9	—	—	—	537.2	197.9	339.3

续表 10-5-3　　单位:公顷

建设时间(年)	造林				建设内容与工程量		
	合计	沿湖	沿城	沿路	合计	当年	第二年
2008	444.5	173.7	101.9	168.9	981.7	444.5	537.2
2009	366.1	12.4	160.5	193.1	810.6	366.1	444.5
2010	575.6	422.3	39	114.3	941.7	575.6	366.1

第三节　生态长廊建设

2000年，全面启动绿色长廊建设工程，以瓯江干流为主线，以丽浦、云寿公路两侧第一道山脊线或两侧500米范围内为重点，实施100千米2万公顷的绿色长廊建设，着力落实封山育林、补植造林、退耕还林三项措施。凡列为绿色长廊工程规划范围的林地，除经济林、竹林外，推行跨行政村区域联合封山的做法。是年，联合封山面积达8666.7公顷，实施补植造林26万株，退耕还林面积40公顷。把绿色长廊建设与环境绿化美化相结合，重点栽培常绿阔叶乔木；与林农创收增收相结合，引导农户套种雪梨、板栗、杨梅等经济林。

图 10-5-4　沿库区绿色长廊(2003年摄 县林业局提供)

图 10-5-5　石塘库区丽龙公路两侧板栗、杨梅基地(县林业局提供)

2003年，在紧水滩、石塘库区和丽龙一级公路过境段两侧规划营造生态公益林，集中连片造林面积为36.6公顷。同年，石塘镇采取股份制形式，在板栗基地套种杨梅129.5公顷；在丽龙一级公路石塘段沿线疏林山，开发杨梅基地33.3公顷。

2004年，在丽龙一级公路石塘段的板栗基地补植杨梅面积34.6公顷，初步形成10千米的生态经济走廊。是年，营造生态公益林220.8公顷，完成绿色长廊建设37千米。

2005年，完成绿色通道建设7千米。“十五”期间，累计完成生态长廊建设44千米，其中，丽浦线33K—88K段37千米，52省道云寿线云和段公路两侧绿化7千米。是年，绿色长廊建设工程通过丽水市检查组评估验收，被评为优良工程。

第四节　自然小区保护

2001年，县林业局根据《浙江省森林和野生动物类型自然保护小区管理办法（试行）》规定，对县域具有代表性、典型性、特殊性的植被区系、森林群落、名木古树群落、珍稀濒危野生动植物原生地和有价值的防护林等开展调查摸底，制订自然保护小区建设规划。

图10-5-6　安溪东岱猕猴自然保护小区（2002年摄　县林业局提供）

2002年，县域自然保护小区建设规划经县人民政府核准，并报省林业局确认。规划界定全县设立森林和野生动物自然保护小区16处，总面积2523公顷，其中，野生动物类型保护小区3处、天然次生林保护小区5处、古树群落保护小区2处、珍稀树种集中分布地保护小区3处、防护林保护小区3处。

2004年，县林业局上报县人民政府批准，调整雾溪砻头、赤石麻垟仙人洞自然保护小区界线，解除大源垟后自然保护小区。

2009年，解除云坛乡辖区内的伏布次生林自然保护小区。

云和县自然保护小区建设情况汇总表

表10-5-4　　单位：公顷

序号	自然保护小区名称	权属	面积	主要保护类型	备注
1	云和县砻头黄腹角雉自然保护小区	集体	338	黄腹角雉及其生态系统	2004年调整为313.8公顷
2	云和县东岱猕猴自然保护小区	集体	176	猕猴及其生态系统	—
3	云和县小牛坑次生林自然保护小区	集体	266	天然次生林生态系统	—
4	云和县伏布次生林自然保护小区	国有	166.7	天然次生林生态系统	2009年解除
5	云和县狮山名木古树自然保护小区	集体	54.5	名木古树	—
6	云和县将军岗次生林自然保护小区	集体	14	天然次生林生态系统	—
7	云和县垟后穿山甲自然保护小区	集体	164	穿山甲及其生态系统	2004年解除
8	云和县金刚圩名木古树自然保护小区	集体	5	名木古树	—
9	云和县水照洋长叶榧自然保护小区	集体	16	长叶榧及其生态系统	—
10	云和县靛青山苦槠群落自然保护小区	集体	2.7	苦槠及其生态系统	—
11	云和县大丘田香樟自然保护小区	集体	25	香樟及其生态系统	—
12	云和县飞龙塆防护林自然保护小区	国有	290.7	特殊价值的防护林	—
13	云和县白龙山防护林自然保护小区	国有	410.5	特殊价值的防护林	—

续表 10-5-4　　　　单位：公顷

序号	自然保护小区名称	权属	面积	主要保护类型	备注
14	云和县仙人洞次生林自然保护小区	集体	255	天然次生林生态系统	2004 年调整为 185.3 公顷
15	云和县坪垟岗防护林自然保护小区	集体	188	特殊价值的防护林	—
16	云和县木樨花次生林自然保护小区	集体	150.3	天然次生林生态系统	—

第五节　森林公园建设

仙宫湖森林公园

紧水滩水库建成后，形成浙江省内第二大人工湖——仙宫湖（千峡湖形成后，仙宫湖列第三），湖区两岸峰峦叠嶂，溪涧纵横。周边有战国时期的铸剑遗址和宋、元代的古窑遗址；有“九潭十八湾”“夏洞天”“龙眼洞”“八仙洞”“龙儿洞”“仙姑洞”等自然古迹；还有别具一格的汀州文化和风土人情，旅游资源较为丰富。

1993 年，根据省林业厅《关于建立仙宫湖森林公园的批复》，县林业部门委托省林业勘察设计院编制《仙宫湖森林公园总体规划》，预设实施期限为 7 年（1994—2010 年）。仙宫湖森林公园规划设计规模较为宏大，总面积为 22000 公顷，其中，林地 19400 公顷，水域 2600 公顷，以森林和湖泊为公园主体，集洞府飞瀑、客家风情和名胜古迹于一身，设置 40 多个自然和人文景观，可综合开发为旅游、度假、避暑、休养和科研等多功能的森林公园。

1994 年，省林业厅作出《关于仙宫湖森林公园总体规划的批复》，同意该规划付诸实施。县相关职能部门成立仙宫湖森林公园管理处，具体负责森林公园的开发建设工作。

1997 年，编制完成局村三潭示范景点建设的详细规划，并申报纳入中国旅游“九五”计划优先项目，名为云和县三潭湖山型省级度假区。其间，县林业部门对规划区内的 19400 公顷林地实行森林分类经营，大部区域纳入生态公益林建设体系，着力开展封山育林、植树造林、林相优化和村庄绿化工作。

云和梯田湿地公园

云和梯田湿地公园位于崇头镇境内，湿地类型和生物资源丰富，分别由人工梯田湿地、高山沼泽化草甸湿地、森林沼泽湿地组成。湿地公园规划面积 1550 公顷，其中，梯田面积 901.9 公顷、高山沼泽化草甸湿地 4.8 公顷、森林沼泽湿地 28 公顷，森林面积 615.3 公顷，湿地率达 60.3%。2010 年，县林业部门着手谋划创建以梯田为主体，集湿地保护、生态涵养、旅游观光、科普教育和湿地研究为一体的省级湿地公园。是年 11 月，形成《云和梯田湿地公园建设可行性研究报告》。12 月 14 日，县人民政府向省林业厅呈送《关于要求批准建立云和梯田湿地公园的请示》。12 月 31 日，省林业厅以浙林资函〔2010〕83 号文予以批复，同意建立云和梯田湿地公园。至此，云和梯田湿地公园正式宣告设立。

第六章　生态工业建设

县委、县政府在推进工业经济发展的同时，注重引导鼓励企业树立绿色制造、绿色营销理念，依据《中华人民共和国清洁生产促进法》规定，强化企业节能减排，着力推行清洁生产。出台优惠政策激励企业实施ISO 14000环保体系认证，开展清洁生产审核工作。2010年，3家玩具企业开展清洁生产创建申报，顺利通过省级审核验收。重视节能减排降耗工作，出台《云和县单位GDP能耗考核体系实施办法》和《云和县污染物减排应急预案》。2010年，全县万元GDP能耗在2005年的基础上下降20%，完成市政府下达的降耗责任指标。是年，全县化学需氧量排放量为845.52吨，比2005年的1007.94吨下降16.11%；二氧化硫排放量为230.15吨，比2005年的270.80吨下降15.01%，如期完成市政府下达的减排任务。坚持以"布局集中、用地集约、产业集群、管理集成、良性发展"为原则，以环保型、生态化要求逐步拓展杨柳河工业园区。2010年，省发改委批复，同意浙江云和工业园区的生态化建设实施方案，生态工业园区建设全面有序推进。

第一节　推行清洁生产

2002年，率先在新云工艺品有限公司、振鹏实业有限公司、云圣轴承保持器有限公司3家企业开展清洁生产试点工作，在此基础上，总结经验，创建生态工业企业示范点，逐步在全县企业中推广。

2004年，根据《中华人民共和国清洁生产促进法》要求，在县域企业逐步推行清洁生产，减少工业污染，改善优化人居环境。县经贸部门将清洁生产推进工作与"生态示范区"、"省级生态县"创建有机结合，在大力宣传《中华人民共和国清洁生产促进法》、编制清洁生产实施规划的同时，会同县环保、技术监督等部门共同推动企业施行清洁生产。是年，县经贸局、环保局、科技局联合发文，分别对木制玩具、轴承套圈、阀门铸造等行业提出清洁生产的具体要求。同时，由县经贸局牵头，县环保、科技、技术监督等部门参与，开展清洁生产执法检查，对没有达到清洁生产要求的企业，责令其限期整改。振鹏、衡大、彼来福等3家玩具企业通过ISO 14000环境管理体系认证；金茂、捷给等2家玩具企业通过现场认证，企业清洁生产取得阶段性成效。

2005年，引导鼓励企业树立绿色制造、绿色营销理念，积极推行清洁生产，强化企业环保管理。引导激励具备条件的企业通过ISO 14000环保体系认证。要求木制玩具企业控制生产过程中的粉尘、废气排放；金属铸造企业减少污染烟尘排放。敦促生产企业主动按照清洁生产的标准组织生产，禁止污染物无序排放，藉以净化、优化县域环境。同时，开展木制玩具生产废料再利用的尝试探索研究工作，以提高资源的利用率。

2006年，云和县被确定为全省十大循环经济试点县。县经贸局确定振鹏工艺品有限公司为循环经济试点企业。是年12月20日，省经贸委专家组临云，对振鹏工艺品有限公司开展循环经济试点情况进行审核验收，给予较好评价。

2007年，在新云木业集团和振鹏工艺品有限公司开展“绿色企业”创建工作。年底，已顺利通过省“绿色企业”评审组的考核评审。同时，引导鼓励轴承、阀门等金属加工行业推行清洁生产，开展清洁生产申报审核认证。

2008年，继续开展清洁生产申报审核工作，选定县兆丰机电制造有限公司为申报省级清洁生产的企业，总投资预算624万元。该企业实施清洁环保项目改造后，将节能10%，降耗12%，减污14.7%。

2009年，以推行清洁生产审核扩面为着力点，促进企业节能、降耗、减排、增效。全县有金茂、金成两家企业开展清洁生产企业的创建工作。继续推进循环经济试点工作，设立木制玩具生产的废弃物——木屑的循环再利用项目，组织力量科研攻关。

2010年，持续推进清洁生产创建申报审核，要求规模以上工业企业按照清洁生产的要求组织生产；小微企业也要创造条件推行清洁生产。是年，浙江木姥姥玩具工艺品有限公司等开展清洁生产申报的企业，顺利通过省级专家组的审核验收。

第二节 重视节能减排

节 能

2006年9月，召开全县节能降耗工作会议，县政府与8个工业重点乡镇签订节能目标责任书；县经贸局与7家重点用能企业签订节能目标责任书。

2007年，成立县节能减排工作领导小组，落实节能目标责任制，设立评价考核体系，将节能目标责任列为乡镇、部门年度考核专项内容，对节能任务进行分解，层层签订责任状，严格实行“一票否决”制度，必须实现万元GDP能耗下降4%；万元工业增加值能耗下降4.5%的目标。确定10家县级重点用能企业（含省、市重点各1家），开展省重点企业能管员培训和乡镇工办统计员能源统计培训，有4家企业6人获得浙江省重点企业能管员资格。投资1700万元，指导协助8家企业实施15项节能项目（措施），节约标煤近2000吨。采取“先试点后推广”的做法，在东泰阀门铸造企业先行试点，节能成效明显。完成《云和县工业循环经济规划》编制，促进企业逐步发展循环经济。加强《浙江省发展新型墙体材料条例》宣传，禁止使用实心黏土砖，责令拆除2家实心砖生产企业。

2008年，制订出台《云和县单位GDP能耗考核体系实施方案》，强化节能降耗目标责任制考核，开展节能降耗克难攻坚。是年，重点用能企业计划实施节能项目17个，投资1253万元，项目实施后，每年可节能1300多吨标准煤。伯特利集团年产万吨锻钢阀门生产线（一期已投产）和华祥实业年产4万吨铝合金箔材生产线（建设中），计划投资3.54亿元，已实现年度投资8680万元，两大项目完成后，可比同类产品节能10%以上。年底，实现万元GDP能耗下降5.2%（市下达指标是4.6%），万元工业增加值能耗下降4.5%的节能目标。

2009年，全县万元GDP能耗下降4.87%，顺利完成市政府降耗4.6%的计划目标；万元工业增加值能耗下降12.88%，超额完成年初预定下降8%的节能目标。利用政策导向，推进谐波治理，对实施电力谐波治理项目的20家企业，奖励资金148.73万元；奖励节能先进企业、单位、个人，共40万元。县科技部门对建设节约型社会、发展循环经济、节能降耗减排的项目予以优先安排，全年共有6个节能降耗减排类项目列为科技项目，落实项目扶持资金21万元。推广先进节能技术与产品，制定《云和县重点节能技术（产品）推广目录》，引导企业使用节能新技术、新产品。抓好财政补贴项目，高效照明产品（节能灯）的介推工作，全年推广使用节能灯1.5万支，完成任务数的1.5倍。

2010年，是实施县"十一五"计划的最后一年。市政府要求，云和县"十一五"时期必须实现万元GDP能耗下降20%的节能目标。对此，县委、县政府高度重视，相关职能部门齐心协力，全面落实节能任务。主要举措有：制定《云和县2010年节能降耗工作应急预案》。电力部门严格执行县有序用电办公室、县经贸局制发的企业有序用电方案，对县内39家企业的月度用电指标进行严格控制；对新用户暂缓送电。从8月20日始，发布三级红色预警并启动同级响应，连续采取3轮有序限电措施，对工业用能大户按照"分类分档、用电量总量控制"的原则实施有序限电。配合城建部门关闭城区内所有的景观灯；对城区道路照明路灯实行有序轮停。施行有序用电后，全县每天平均用电量下降20万千瓦时，用电量减少2000万千瓦时。是年10月，县内全社会用电量呈下降趋势，达到预期目标。

减　排

2006年，根据省、市环保部门要求，做好排污申报工作。年底，完成企业排污申报102家，征收排污费43万元，推进排污费征收工作的正常开展。

2007年，县政府把污染减排工作纳入重要议题，多措并举，数管齐下，出台《云和县污染物减排应急预案》，严格控制污染物增量，着力削减污染物存量，污染减排工作取得初步成效。乐和金属制品有限公司结构调整被关停，削减化学需氧量12吨；云圣轴承保持器有限公司工程减排，削减化学需氧量5吨；新云木业集团有限公司工程减排，削减化学需氧量5.52吨；祥云塑料制品有限公司工程减排，削减二氧化硫排放量4.8吨。截至年底，全县完成化学需氧量削减94.52吨，削减率为6.2%；二氧化硫排放量削减120吨，削减率为22.7%，均已超额完成减排任务。

2008年，丰益不锈钢制造有限公司结构调整关停，削减化学需氧量12吨；鑫和合金钢加工厂结构调整关停，削减化学需氧量24吨。

2009年，县污水处理厂（一期5000吨/日）投入正常运行，削减化学需氧量共计约211吨。

2010年，丽水市减排办《关于通报2010年及"十一五"主要污染物排放量数据结果的函》显示：云和县化学需氧量排放量为845.52吨，比2005年的1007.94吨下降16.11%；二氧化硫排放量为230.15吨，比2005年的270.8吨下降15.01%，如期完成市政府下达的减排任务。县环保局被丽水市人民政府授予丽水市"十一五"减排工作"先进集体"荣誉称号。

2007—2010年云和县化学需氧量与二氧化硫减排情况表

表10-6-1 单位：%

年份	化学需氧量削减率	二氧化硫削减率
2007年	4.75	3.62
2008年	27.17	53.09
2009年	4.91	3.43
2010年	3	3.24

第三节 生态园区建设

2000年4月，县工业园区管委会委托浙江大学环境影响评价研究会编制《云和县木制玩具工业园区环境评价报告》。6月初，县环保局初审，同意该报告对项目建设的可行性结论。同时，丽水地区环保局对云和县木制玩具工业园区建设项目环境影响报告书的初审意见，以丽地环〔2000〕51号文上报省环保局。6月20日，省环保局批复，同意丽水地区环保局、云和县环保局的初审意见。

2003年，继续拓展园区规模，完善园区综合配套功能，提升园区品位。是年，工业园区总占地已达150万平方米，其中，木制玩具特色园区138万平方米，金属加工园区12万平方米；入园企业199家，投产企业181家。按照生态产业、特色产业园区要求，推进生态化园区建设，全年累计完成基础设施投资4502万元，其中木制玩具园区投入2859万元。完成道路和绿化工程总长4463米，面积72480平方米。北区新华街、农场路、九鼎路等主干道的管网和道路建设基本完成；南区4期管网和道路建设已完成80%，扭转基础设施建设滞后局面。

2006年，坚持以"布局集中、用地集约、产业集群、管理集成、良性发展"为原则，以技术创新和体制创新为动力，以基础设施和配套工程建设为重点，加快平台建设，完善服务功能，培育产业集群，优化产业结构，以信息化促工业化、生态化，走可持续发展的新型工业化道路，使工业园区的经济发展水平得到全面提升。截至年底，县工业园区已有62家企业通过ISO 9000质量管理体系认证；15家企业通过ISO 14000环境管理体系认证；5家企业通过OHSAS 18001职业健康安全管理体系认证；4家企业通过ICTI国际玩具协会商业行为守则认证；5家企业通过FSC森林体系认证；4家企业成功申报浙江省绿色企业；3家企业被授予"浙江省清洁生产阶段性成果企业”称号。

2007年，县经贸局组织5家企业申报浙江省建设先进制造业基地财政专项资金，获得支持。和信玩具工艺品有限公司的木制玩具语音识别系统研发项目，有利于提高木制玩具技术含量，增加附加值，改变木制玩具在国际市场上低价销售的状况，申报浙江省2007年度“958”行业龙头骨干企业技术赶超计划，被列入省里计划。县金旺机械制造有限公司的黄壤土绿色集约化造型材料项目，具有节约能耗、降低成本、绿色环保等特点，被列入本年度浙江省重点高新技术产品开发项目。同时，以开展循环经济试点为契机，推进企业开展清洁生产审核和“省级绿色企业”的申报工作。

2008年，经县编委批准，县工业园区管委会增设环保科，编制园区突发性环境应急预案，制订企业固废管理制度，强化园区环保监管工作。要求入园企业建立环保管理小组，加强日常巡查，确保污染物稳定达标排放，完成“一厂一册”的环保建档工作。园区管委会密切配合县环保局开展工业园区第一次污染源全面普查。是年，工业园区通过环评的企业75家，环评率100%；通过环保“三同时”验收率达90.7%；全部企业实施排污申报，并按时缴纳排污费。同年，园区投入资金270万元，新建污水管网65千米，使园区污水全部进入市政污水管网，由县污水处理厂统一处理；投资193万元，建成占地面积4000平方米的固废物堆置场，初步解决阀门企业废砂和玩具企业废渣乱堆放问题。针对木制玩具企业粉尘排放问题，园区管委会组织开展企业粉尘专项整治工作，对多家粉尘直排企业进行限期整治；同时，开展油漆废气整治，要求玩具企业安装除尘和除漆雾设备；许多企业改用水性漆代替硝基漆，用涂漆替代喷漆，以减少油漆废气的排放。对于玩具企业油漆固废的处理问题，在相关企业设立临时存置处，由供货商或厂家回收处理。通过专项整治，净化园区环境，推进工业园区生态化建设步伐。

2009年，县工业园区倡导企业革新技术，实现资源再利用，发展“循环经济”。许多玩具企业配置“集尘设备”，每年可为企业节省生产成本近100万元；少数企业直接将木糠作为原料生产“木糠”玩具，年产值达1500多万元。部分规模以上企业率先引进现代化数控设备，诸如开榫机、雕刻机、镂铣机、数控车床及上漆、轨道、组装等成套高效生产流水线，不仅提高企业效益，也降低企业污染，提高清洁生产水平。同时，引导企业开展木屑还原酸酯技术、木制玩具CAD互动设计技术、木糠及零碎木料再利用技术的研发，降低物耗和能耗。是年11月，县工业园区管委会委托丽水学院经济发展规划研究所编制《浙江云和工业园区生态化建设与改造规划实施方案》，对工业园区生态化建设起到较好的导向作用。

2010年，坚持生态立区、生态兴区，推进产业转型升级。推动玩具产业与幼教事业、动漫产业有机结合；加大阀门、轴承产业改造提升，以增强工业经济的核心竞争力。是年8月，浙江省发展与改革委批复，同意丽水市发改委《关于要求审批浙江云和工业园区生态化建设与改造规划实施方案的请示》，要求切实采取措施，确保《规划》的有效实施。至此，县工业园区以规划为引领，生态园区建设全面有序推进。

第七章　生态旅游建设

旅游业系新兴的朝阳产业。地处浙西南山区的云和，山川蕴秀，湖光潋滟，生态旅游产业发展前景广阔。县域旅游业起步于20世纪90年代末。2000年，编制完成《云和县风景旅游发展总体规划》；与杭州宋城集团签约，开发云和湖旅游度假区赤石景区；推行生态工业与生态旅游相结合的发展模式，举办首届中国木制玩具节。2002年，江南畲族风情文化村（雾溪坪垟岗村）列入国家AA级旅游景区。2003年，完成全县生态旅游资源普查，奠定生态旅游业发展基础。2007年，设立狮山景区开发建设领导小组，以政府主导，市场运作的理念实施生态型景区开发。2008年始，克服传统思维定势，着手策划打造浙西南休闲旅游基地，筹谋构建不可复制的精致灵秀、亮点纷呈的中国童话旅游城。2010年，县人民政府出台《关于加快旅游产业发展的若干意见》，全面推进县域生态旅游产业稳步发展。云和梯田等景区进入深度开发和提质升级阶段。1998年，全县旅游业总收入仅500多万元。2010年，全县旅游产业总收入达2.48亿元。

第一节　旅游资源普查

调查摸底

2003年7月，云和县风景旅游局组织力量，利用一年半时间，开展县域旅游资源普查，摸清资源底数。普查工作分为4个阶段，即业务培训阶段（2003年7月1日至8月15日）、实地普查及技术指导阶段（2003年8月15日至9月30日）、普查资料审核阶段（2003年10月8日至11月7日）、成果统计编制阶段（2003年11月8日至2004年12月）。旅游资源普查工作严格按照国家质量监督检验检疫总局2003年2月颁发的中华人民共和国《旅游资源分类、调查与评价》（GB/T 18972—2003）标准执行，注重衔接利用与旅游资源相关的各种资料和成果。同时，对县域旅游资源单体逐个进行实地调查、核实，并对照《旅游资源分类、调查与评价》标准，确定旅游资源的类型、性质、级别，勘定保护范围。

普查结果

通过覆盖全县的旅游资源普查，明确界定县域旅游资源单体为164个。从资源类型看，涵盖国家标准中的全部（8个）主类；国标31个亚类中，涉及21个，占亚类总数的67.74%；国标155个基本类型中，涉及53个，占基本类型总数的34.2%。从资源级别分，五级旅游资源单体1个、四级旅游资源单体2个、三级旅游资源单体16个、二级旅游资源单体65个、一级旅游资源单体77个、等外旅游资源单体3个。旅游资源普查结果表明，全县旅游资源类型较为齐全，旅游资源品质较高，生态旅游开发前景良好。

第二节　生态旅游规划

生态旅游开发必须以规划为导向。云和县政府及旅游业管理部门坚持规划先行，1998年6月，着手编制县域旅游事业中、长期发展规划。2000年，《云和县2000—2020年风景旅游发展总体规划》编制完成。2002年，编制出台《云和湖旅游项目总体规划（2002—2010）》《云和县生态旅游建设总体规划》。2004年，县风景旅游部门协同县建设部门编制完成《狮山县级风景名胜区总体规划》。2005年5月，县委、县政府制作出台《关于加快旅游产业发展的若干意见》。2006年，逐步加大云和湖开发力度，先后编制完成《云和县旅游发展规划》《云和湖旅游开发规划》《宋城集团—云和湖旅游度假基地规划·建筑设计方案》《云和小顺钓鱼岛度假区规划》《云和县狮山公园区块详细规划》《云和县三望潭景观休闲带修建性规划》《云和湖夜游项目整体运营策划》等。2008年，编制完成《云和县乡村旅游（农家乐）发展规划》《云和湖度假区小顺景区控制性详细规划》《云和县狮山景区修建性详细规划》。2010年，编制完成《云和县“十二五”旅游发展规划》；制作出台《关于加快旅游产业发展的若干意见》；研究制定《云和县旅游业发展三年行动计划（2010—2012）》。

第三节　生态景区开发

1991年以来，长期坚持封山育林、植树造林、生态公益林建设，使原来遭受不同程度破坏的林木、植被逐步得到修复。1998年始，县委、县政府统筹谋划、组织实施的生态示范区、省级生态县创建等生态建设系统工程，全方位改善优化了县域生态环境。据国家环境监测总站监测，2005年，云和县生态环境质量位居全国2348个县（市、区）第10位。生态环境质量的大幅提升，有利于生态旅游产业的顺利发展。

赤石开心岛

1998年7月，龙泉投资商方小平与云和县风景旅游局和赤石乡政府达成招商引资协议，在仙宫湖赤石区块搞生态旅游项目开发。投资方利用赤石库区的湖光山色，投资160万元，兴建集娱乐、餐饮、休闲、住宿于一体的生态旅游度假村。1999年，赤石“开心岛”度假村开始试营业。这是云和县旅游行业第一个招商引资项目，也是全县第一个对外营业的旅游景点。

江南畲族风情文化村

1999年，县政府投资50万元，拓宽雾溪畲族乡坪垟岗村道路，划定畲族风情文化村生态保护范围，修建停车场，建成畲族文化活动中心。推出畲族风情歌舞、畲家婚嫁表演等娱乐节目。2000 年，举办大型“三月三”畲族风情文化节，吸引大批游客前来观赏。2002 年，投资 40 万元，启动乡政府至文化村 1.7 千米的道路桥梁改建工程；编制完成江南畲族风情文化村总体规划并通过专家评审。是年，江南畲族风情文化村——坪垟岗被评为全县第一个国家 AA 级旅游景区。

崇头武岱峰

坐落于崇头镇崇头村附近，系集名胜、古迹、自然风光于一体的综合人文旅游地，海拔 850 米，总面积 5 平方千米。武岱峰景区历史悠久，据《云和县志》载，唐代僧人在此兴建武峰寺，香客游人不断。后该寺毁于战火，清代咸丰元年(1850)重建。武岱峰山坡陡峭，峡谷深邃，溪涧纵横，怪石嶙峋。有岩下绝壁、稻草砻山、和尚背尼姑、将军桥、武峰寺、鬼洞岩、天鹅孵蛋、青蛙石、佛帽岩、大水牛等景点。民间相传，在战乱年代，外族入侵，百姓遭灾。武峰寺和尚与距武峰寺北面不远的尼姑庵尼姑奋起抵战，保卫家园，保护百姓。他们要爬到寺院对面的一座陡峭高山，以占据有利地形。由于地势险峻，尼姑小脚上山不易，和尚们就主动背尼姑上山。后来和尚、尼姑与当地山民团结一致，打退入侵者。人们纪念他们的功德，将武岱峰对面的象形山石命名为“和尚背尼姑”。1999 年，武岱峰被县人民政府列为首批县级风景名胜区。

云和湖度假区

2000 年 10 月，县人民政府与杭州宋城集团正式签约，宋城集团投资 2.5 亿元独家开发云和湖度假区，云和湖生态旅游度假区建设正式启动。2002 年 3 月，云和湖度假区一期工程破土动工，举行开工奠基仪式，后因多方面因素，云和湖度假区开发项目一度搁置。2004 年，云和湖度假区赤石景区一期规划区内的政策处理全部完成。2007 年 11 月，杭州宋城集团控股有限公司取得云和湖度假区赤石景区一期土地使用权。2008 年，赤石景区度假大酒店主体工程顺利结顶。2010 年，云和湖度假区赤石景区度假大酒店——云曼酒店完成内部装修。

图 10-7-1　2007 年 6 月，县旅游局组织人员到云和湖赤石度假区调研(县旅游局提供)

中国童话休闲旅游城

2008 年始，县委、县政府克服传统思维定势，开拓创新，依据“山水家园、童话世界”的城市定位，以木制玩具特色产业为依托，着手着力策划打造浙西南休闲旅游基地，筹谋构建不可复制的精致灵秀、亮点纷呈的中国童话旅游城。在创建生态旅游城市方面作了积极有益的探索尝试，并取得一定的经济效益和社会效益。

梅源梯田

位于崇头镇，距县城 20 余千米。最早开发于宋，兴于元、明，距今已有近千年历史。景区总面积 51 平方千米，海拔跨度 200—1400 米，垂直高度 1200 多米。梯田层级最多处达 700 多层，跨越高寒、高山、丘陵、谷地四个地质景观带，拥有梯田、云海、山村、竹海、溪流、瀑布、雾淞等自然景观。2007年,县人民政府投入20万元专项资金,用于梅源梯田(后称云和梯田)的抛荒农田复垦,生态修复保护,摄影基地建设。2010年,投资2000万元开发梅源梯田景区,完成下垟观景台区块管理用房主体工程和绿化工程;坑根通往景区公路拓宽改造、游客接待中心区块基础工程完成65%。2010年,投资2000万元开发云和梯田景区。完成下垟观景台区块管理用房主体工程和绿化工程;坑根通景公路拓宽改造、游客接待中心区块基础工程完成65%。云和梯田自然气候景观独特,人文景观历史悠久,体量庞大,层级众多,曲线优美,气势恢宏,旅游开发前景广阔。

第四节　生态旅游线路

县域景区景点主要有江南畲族风情文化村、云和湖、武岱峰、狮山、叮当岩-佛儿岩等,截至2010年,开辟国家AA级景区1处,旅游在建项目有云和湖仙宫景区等6个。主要游线有

县城→紧水滩水电站→仙宫湖→江南畲族风情文化村

从县城出发,至紧水滩电站,观赏水库大坝,游览仙宫湖、聚仙岛、开心岛、坪垟岗畲族文化村,返回县城。

紧水滩水电站　距县城17千米,系瓯江流域开发的第一座大型水电站,隶属省电力工业局。电站安装机组6台,总发电容量30万千瓦。水库坝型为三圆心双曲线混凝土拱坝,坝高102米,底宽26.5米,顶宽5米,被称为浙西南第一坝。水库集雨面积2761平方千米,水面面积34.3平方千米,总库容13.93亿立方米。该工程1978年10月动工,1986年6月蓄水,1988年12月全部投产,总投资5.59亿元。

仙宫湖　即紧水滩水库建成蓄水后,形成的人工湖。

江南畲族风情文化村　位于雾溪畲族乡坪垟岗村,景区面积1.5平方千米,外围控制范围2平方千米,包括雷岗、兰岗、雾溪水库等。划分为六个功能区:入口区、湖面观光游览区、风情文化区、药用植物观赏区、自然景观区、休闲度假区。主要景点有畲家乐园、对歌台、仙石帽、牛大王、水盼、苦槠王等;文化活动方式有畲族风情表演、畲族婚俗表演、畲族服饰表演、畲民祭祀风俗、畲族民歌对唱、畲族图腾展示等。2000年,被命名为"浙江省民间艺术家研究基地"。2002年,被评为国家AA级旅游景区。2005年,被列为"丽水市摄影创作基地"。

中国木制玩具城(县城)→梅源梯田→武岱峰

游人可登凤凰山观县城全貌,游木玩乐园、玩具智慧园,进企业了解木制玩具生产流程。而后,去崇头镇欣赏梅源梯田的旖旎风光,或武岱峰的宗教寺庙及自然景色。。

梅源梯田　见本章第三节"生态景区开发"。

武岱峰　坐落于崇头镇崇头村,系集名胜、古迹、自然风光为一体的综合人文旅游地,海拔850米,总面积5平方千米。1999年,被列为首批县级风景名胜区。《云和县志》载,自唐代僧人在此兴建武峰寺始,香火持续兴旺,香客游人不断。后该寺毁于战火,于清代咸丰元年

（公元1850年）重建。景区有岩下绝壁、稻草砻山、和尚背尼姑、将军桥、武峰寺、鬼洞岩、天鹅孵蛋、青蛙石、佛帽岩、大水牛等景点。

县城→叮当岩→佛儿岩

叮当岩　佛儿岩　距县城10千米，距雾溪、安溪畲族乡政府所在地约3千米。景区面积5平方千米，东西长2500米，南北宽2000米。由叮当岩、佛儿岩、天窗洞、百丈岩、一线天、天水窟等景点组成。岩石群景点单体分布于佛儿岩山山脊和两侧山坡，最高海拔785米，相对高度550米。以叮当岩、佛儿岩较为著名。

红色游线

有石塘小顺（周恩来于1939年4月2日至3日视察浙江铁工厂）、云坛梅湾（云和县第一个中共农村支部诞生地）等。

第十一篇　工　业

1991—2010 年，云和县股份制企业、外商投资企业、私营企业从无到有，由小到大，成为主导力量。国有企业，集体企业为主导的计划经济完成向市场经济的过渡；20 年间，纺织化纤、鞋类服装、机械五金、食品酿造、粮油饲料加工 5 个行业，从兴盛走向衰落；电子元件行业中浙江鑫通电子有限公司一家独秀；采矿业有良好发展态势；电业、玩具业、轴承、阀门和冶炼业成为云和工业发展的支柱产业。1997 年，平稳渡过东南亚金融危机。1999 年，全县工业总产值超过 10 亿元；2005 年，全县工业总产值突破 20 亿元，达 21.58 亿；2007 年突破 30 亿元；2010 年，全县工业总产值达 54.18 亿元，是 1991 年的 32.34 倍、2001 年的 5.60 倍；规模以上企业利税总额比 1991 年增长 51.47 倍。

1991—2010 年，云和县经济委员会、经济技术协作办公室、外贸局、招商局、乡镇企业局、二轻局等政府职能部门的经过撤扩并，建立经济贸易局，政府职能的转变，以市场方式作为资源配置主要方式从一个侧面反映计划经济向市场经济的转变过程。

第一章　工业综情

1991—2010年，云和县工业总产值从1.68亿元，发展至54.18亿元；从业人员从6507人，发展到25005人；规模以上工业总产值从1.44亿元，发展到41.93亿元；规模以上企业税收总额从306万元，发展到1.57亿元。

第一节　工业规模

1991年，云和县县有工业企业1196家，从业人员6507人，工业总产值1.68亿元，比1990年增长16.9%。全年实现工业增加值7855万元，比1990年可比增长16.5%。1993年，云和县建立以开发玩具业为主的云和木制玩具特色工业园区，引导企业到小区内落户，至1995年，云和镇工业小区有玩具企业30家，轴承加工点10家，年末，新华机械厂搬迁至德清县武康镇。

1996年，有工业企业1752家，比上年减少239家，从业人员10600人，比上年减少1800人，全县生产总值6.1亿元，与1995年可比下降2.1%，其中工业增加值下降13.2%。是年1—4月，应收账款2640万元，应付账款1596万元，应收账款比应付账款多1044万元；工业生产流动资金紧缺，致使有些厂被迫停产；部分企业不注重产品质量，销售下滑、产品积压，经济效益下降，企业亏损成为突出的问题。经过全县55家乡及乡以上独立核算企业的统计：亏损企业25家，亏损面45.45%，亏损企业亏损额502.4万元。

1997年、1998年，工业增加值增长5.01%、4.10%。1998年，开发建设云和狮山金属工业园区。

1999年，工业经济开始回升，产值突破10亿元。轻工部选定云和县26件玩具产品参加中华人民共和国成立五十周年成就展，云和县桑尼公司生产的半导体陶瓷元件（PTC），被列入国家级火炬计划。是年，全县有工业企业1250家，从业人员10100人，实现工业总产值10.26亿元，其中年销售收入500万元以上的工业企业21家，产值4.35亿元。

2000年，全县工业企业1195家、从业人员15756人。其中规模以上企业21家、从业人员4316人；规模以下企业1174家、从业人员11440人。在规模以上工业中，国有企业4家，产值合计18246万元，占规上工业产值比重为37.8%；股份合作企业1家，产值607万元，比重为1.2%；有限责任公司2家，产值合计5153万元，比重为10.7%；私营企业12家（其中文教体育用品制造业企业10家，即木制玩具制造企业，产值合计17477万元，占规上工业总产值比重的36.2%），产值合计21996万元，比重为45.6%；港澳台地区商人投资公司2家，产值合计2258万元，比重为4.7%。在规模以下工业中，私营企业、个体经营、集体企业和股份合作企业产值分别为37158万元、22158万元、3361万元和3087万元，占规模以下工业总产值的56.05%、33.7%、5.1%和4.7%。

2003年，全县工业企业（含中央属企业紧水滩电厂）1004家，工业总产值14.32亿元；木制玩具业产值7.62亿元，是工业增长贡献率的65%；轴承、阀门、钢铁行业，实现产值1.63亿元，其中轴承行业产值8838万元。工业企业增加值4.73亿元。

2005年、2007年、2010年，全县工业企业1080家、1141家、1704家，从业人数20033人、23999人、25005人，实现工业总产值21.58亿元、30.15亿元、54.18亿元。

第二节　规上企业

1991—1997年，没有规模以上企业统计要求。

1998年，全县国有工业企业及规模以上企业（1998年开始，规模以上企业是指年销售收入500万元以上企业）19家，其中国有工业企业12家（含中央企业1家），私营工业企业7家，实现工业企业总产值3.75亿元，销售收入3.50亿元，实现利润负115万元，上缴税金1117万元。

2000年，全县有规模以上工业企业21家，职工年平均人数4361人；实现工业总产值4.83亿元，比上年增加4768万元；销售收入4.5亿元，比上年增加2694万元；实现利润503万元，同比增长183%；上缴税金2934万元，比上年增加418万元。

2003年，全县规模以上企业增长较快，完成产值8.50亿元，比上年增长20.42%。

2004年，规模以上企业经济效益出现滑坡，规模以上企业51家，实现产值12.3亿元；实现利润3260万元，同比减少17.24%；上缴税收5934万元，同比增长20.1%。其中，31家规模以上工业企业实现利税负685.4万元，同比下降116.09%。

2005年，全县规模以上工业企业55家，实现工业总产值15.4亿元；实现利润6769万元；上缴税收5548万元，比上年减少386万元。

2008年，全县规模以上工业企业97家，实现工业总产值31.51亿元，比上年增加9465万元；实现利润1亿多元，是上年的2.23倍；上缴税金1.58亿元，是上年的1.57倍。

2010年，全县规模以上工业企业105家，职工12384人，工业总产值41.93亿元，比上年增加9.48亿元，其中：私营企业规模82家，产值合计252082万元，是2000年的11.46倍；占规上工业总产值的60.1%，比2000年提升14.5个百分点。有限责任公司17家，产值合计104984万元，占规模以上工业总产值的19.4%；国有企业3家、联营企业1家、外商投资企业1家、其他类型企业1家，产值占20.5%。

是年，全县规模以上工业企业销售收入39.44亿元，比上年增加9.83亿元；实现利润3.56亿元，是上年的4.26倍；上缴税金1.57亿元，比上年增加4666万元。是年，内资企业104家，职工12363人，工业总产值41.64亿元，实现利润3.45亿元，上缴税金1.56亿元；外商投资企业1家，职工21人，工业总产值2864万元，实现利润1125万元，上缴税金171万元。

1991—2010年云和县工业概况统计表

表11-1-1

序号	全部工业企业单位数(家)	从业人数(人)	工业总产值(万元)	规模以上工业企业数(家)	规模以上工业总产值(万元)	规模以上企业销售收入(万元)	规模以上企业资产总计(万元)	规模以上企业流动资产合计(万元)	规模以上企业利润总额(万元)	规模以上企业税收总额(万元)
1991	1196	6507	16756	—	—	—	—	—	—	—
1992	1509	15405	30670	—	—	—	—	—	—	—
1993	1568	11822	42873	—	—	—	—	—	—	—
1994	1633	10816	64048	—	—	—	—	—	—	—
1995	1991	12400	103566	—	—	—	—	—	—	—
1996	1752	10600	78011	—	—	—	—	—	—	—
1997	1780	9700	96311	—	—	—	—	—	—	—
1998	1057	10500	94435	19	37527	35336	109955	22996	-115	1117
1999	1250	10100	102615	21	43492	42627	110501	26818	178	2516
2000	1195	15756	114024	21	48260	45321	107750	27509	503	2934
2001	887	11600	96661	27	50073	46881	126557	28531	1006	3054
2002	1129	11600	121572	31	69241	66307	133927	29704	3918	4533
2003	1004	11600	143203	44	85203	77332	150533	32792	3939	4913
2004	1027	18541	180641	51	123141	114196	155972	40280	3260	5934
2005	1080	20033	215791	55	154029	144951	158959	53311	6769	5548
2006	1058	22803	250441	64	181956	170516	167484	58217	6633	9345
2007	1141	23999	301501	78	220535	197168	194691	71451	4591	10025
2008	1506	24709	405246	97	315140	285538	216690	80468	10248	15775
2009	1674	22207	423407	94	324446	296107	233069	94829	8361	11083
2010	1704	25005	541836	105	419283	394365	267591	120651	35623	15749

说明:1991—1997年无规模以上统计要求,1998年始,年销售收入500万元以上称规上企业。

第二章　行业门类

1991—2010年，云和县工业行业门类有电力、玩具、纺织化纤、鞋类服装、机械五金、食品酿造、粮油饲料加工、化工电子元件、轴承阀门冶炼、采矿等行业。2010年，7家矿山企业，实现工业总产值607万元；全县社会用电量从1991年的3638万千瓦时升至33079万千瓦时；有轴承企业64家，工业产值2.96亿元；有阀门企业54家，实现工业总产值10.91亿元；有木制玩具企业745家，实现产值22.02亿元。

第一节　电　　力

电网

变电建设　1990年7月，瓦窑变电所至110千伏云和变电所35千伏联络线竣工投运。是年10月，小顺、麻厂两村合建的大坑电站竣工投运，容量1×100千瓦。是年11月20日，35千伏瓦窑变电所，经地区验收，达到标准化变电所。

1993年4月8日，35千伏紧水滩输变电工程竣工投运，容量2×2000千伏安。是年7月30日，35千伏双港变电所主变经丽水电业局批准投入运行。是年10月19日，云丰乡鲤鱼闸电站并入县电网运行。云和所有35千伏以上乡办电站均并入县电网运行。是年12月7日，双港变电所扩容工程动工兴建，扩建容量2000千伏安。是年12月14日，石塘坑一级电站3号机组由320千瓦更新为500千瓦，并竣工投运。

1996年，完成35千伏石塘变电所2号主变增容，主变容量由原4000千伏安增加至9000千伏安。

1999年，完成110千伏云和变增容，

新增主变一台，容量31500千伏安。是年，石塘变电所35千伏云塘3205线竣工投入使用。

2001年，投资100万元对黄源变进行改造，是年5月完成改造并正式服役运行。

2005年，投资1390万元对变电所建设进行改造，完成35千伏石塘变无人值班改造，35千伏黄源变电所增容改造，新建35千伏黄岗输变电工程。

2008年，全省第一座全预制装配式（全寿命配送式）变电站—110千伏云和杨柳输变电工程竣工投运。

2009年，全县首座220千伏变电站—220千伏睦田输变电工程竣工投运，完成35千伏崇头输变电工程的建设投运工作。

2010年，完成负荷转移，35千伏瓦窑变电所正式退役。

截至2010年年末，云和县境内有220千伏变电所1座，主变1台，总容量180兆伏安；110千伏变电所3座，主变4台，总容量为153兆伏安；35千伏变电站5座，主变8台，容量46.5兆伏安；用户35千伏变电所2座，主变5台，总容量37兆伏安。

线路建设 1996年，投入100万元资金，改造城乡电网，整改10千伏线路7000米、低压线路24500米，新增主变4台900千伏安，新建配电线路27000米，建设标准合格村4个，建造配电房55座。

1997年，投入120多万元资金，完成红光路地下10/0.38千伏电缆安装工程、10千伏中山支线东段改造、城南支线双回路工程、新华街6号公变增容改造等。新建、改造10千伏配电线路15800米、低压线路45千米，建成用电标准村3个。

1998年，投入资金200万元，新建改造10千伏线路17700米，低压线路65千米，新建配电房23座。

2000年8月至2003年12月，完成一、二期农网改造，总投资5500多万元。

2003—2004年，城区电网建设与改造完成投资2200万元，包括35千伏电网180万元，10千伏电网938万元，400伏低压电网1002万元，县配网生产管理信息自动化系统80万元。

2006年，新建与改造10千伏线路78120米，新装54个台区增加配变容量23840千伏安。

2007年，完成电网改造资金2732万元，完成10千伏及以下项目70个。

2008年，投入资金1010万元，建成并投运35千伏赤源线，新增35千伏线路7600米；10千伏线路95610米；10千伏配电变压器71台，总容量27.42兆伏安。

2009年，完成35千伏赤源线工程改造工作并启动投运。推进新农村电网建设和改造工作，完成10千伏及以下新农村电网建设与改造工程项目52个，建成电气化村7个、电气化乡1个。

2010年，投入电网建设资金1244.15万元，完成项目48个。新建改造10千伏线路16400米，投产10千伏配变容量4485千伏安，建设和改造低压线路33.85千米。推进电气化村建设和农村危旧房电力改造工作，投入资金636万元，完成2个电气化乡和20个电气化村的建设，完成农村危旧房电力改造村6个。

是年末，云和县境内有35千伏以上电压等级水电站一座（青山站），并网线路是田石3219青山电站T接线，所属变电站是云和变，装机容量是4000（千瓦），变压器容量是5000（千伏安）；共有35千伏线路8条，线路长度123.75千米；10千伏线路57条，线路长度682.69千米；10千伏开闭所15座；10千伏配电变压器共1058台，总容量226.6兆伏安。

2010年云和县35千伏公用变电所一览表

表11-2-1

变电所名称	主变容量（兆伏安）	35千伏进出线（条）	供电区域	投运年份
瓦窑变	6.30	1	城区	1988
紧水滩变	10	1	紧水滩镇	1992

续表 11-2-1

变电所名称	主变容量（兆伏安）	35 千伏进出线（条）	供电区域	投运年份
石塘变	12.60	3	石塘镇	2000
黄源变	11.30	1	黄源乡、云丰乡、大湾乡、沙铺乡	2006
黄岗变	6.30	1	赤石乡	2006
崇头变	6.30	1	梅源	2009

2010 年云和县 110 千伏及以上线路情况表

表 11-2-2

线路名称	起点站名称	终点站名称	导线型号	杆路长（千米）	投运年份
紧西 1068 线	紧水滩电厂	西屏变	LGJ-185、LGJ-185/30	10	1981
紧和 1066 线	紧水滩电厂	云和变	LGJ-185	10	1981
紧安 1065 线	紧水滩	安仁变	LGJ-185、LGJ-240/40	15	1985
石云 1064 线	石塘电厂	110 千伏云和变	LGJ-185	21.9	1985
云宁 1084 线	110 千伏云和变	110 千伏景宁变	LGJ-150LGJJ-150、LGJ-240/40	10	1995
云龙 1089 线	110 千伏云和变	110 千伏白龙变	LGJ-240/40	9.03	2000
宁双 5906 线	宁德变	双龙变	4*LGJ-300/40、4*JLHA1/LB1A-300/40	40	2001
德龙 5916 线	宁德变	双龙变	4*LGJ-300/40、4*JLHA1/LB1A-300/40	40	2001
杨宁 1295 线	110 千伏扬柳变	110 千伏景宁变	LGJ-240/40、LGJ-300/25	10	2008
象紧 4P29 线	500 千伏万象变	紧水滩电站	2*LGJ-300/25、LGJQ-300	25	2008
象滩 4P30 线	500 千伏万象变	紧水滩电站	2*LGJ-300/25、LGJQ-300	25	2008
睦溪 2Q74 线	220 千伏睦田变	220 千伏鹤溪变	LGJ-300/40	15	2009
象睦 4P27 线	500 千伏万象变	220 千伏睦田变	LGJ-300/40	30	2009
睦云 1086 线	220 千伏睦田变	110 千伏云和变	LGJ-240/40、LGJ-300/25、LGJ-300/40	12.773	2009
睦龙 1291 线	220 千伏睦田变	110 千伏白龙变	LGJ-240/40、LGJ-300/40	2.151	2009
玉睦 1088 线	玉溪电站	220 千伏睦田变	LGJ-240/40、LGJ-300/40	22.372	2009
睦杨 1289 线	220 千伏睦田变	110 千伏杨柳变	LGJ-240/40、LGJ-300/25、LGJ-300/40	12.288	2009

2010 年云和县 35 千伏线路表

表 11-2-3

线路名称	起点站名称	终点站名称	导线型号	杆路长（千米）	投运年份
云滩 3203	110 千伏云和变	35 千伏紧水滩变	LGJ-70/10	13.02	2001
云赤 3200	110 千伏云和变	35 千伏乐和变	LGJ-240	2.28	2002
云岗 3207	110 千伏云和变	35 千伏黄岗变	LGJ-185	9.68	2006
岗源 3208 线	35 千伏黄岗变	35 千伏黄源变	LGJ-150	16.35	2009

续表 11-2-3

线路名称	起点站名称	终点站名称	导线型号	杆路长(千米)	投运年份
田云 3215 线	220 千伏睦田变	110 千伏云和变	LGJ-70/10	8.78	2009
田石 3219 线	220 千伏睦田变	110 千伏云和变	LGJ-150/25	18.47	2009
田和 3212 线	220 千伏睦田变	110 千伏云和变	LGJ-240/40	10.42	2009
田塘 3216 线	220 千伏睦田变	35 千伏石塘变	LGJ-120/20	25.82	2009
云崇 3206	110 千伏云和变	35 千伏崇头变	LGJ-70/10	8.16	2009
崇源 3209 线	35 千伏崇头变	35 千伏黄源变	LGJ-70/10	10.78	2009

2010 年云和县 10 千伏线路表

表 11-2-4

线路名称	起点站名称	终点站名称	导线型号	杆路长(千米)	投运年份
水库 152 线	瓦窑变	雾溪水库	LGJ-35、LGJ-120	5.41	1958
小顺 125 线	石塘变	李山前	LGJ-95	26.79	1982
朱金 122 线	石塘变	水照垟	LGJ-95(1#-70#)、LGJ-70(70#-139#)	40.11	1985
石塘 124 线	石塘变	西滩头	LGJ-120	1.63	1985
重河 148 线	云和变	重河	LGJ-120	7.22	1988
金属硅 157 线	瓦窑变	云中	LGJ-120	0.28	1988
石工 126 线	石塘变	龙石	LGJ-120(1#-26#)、LGJ-70(26#-45#)、LGJ-50(45#-100#)	43.20	1994
崇头 150 线	瓦窑变	严坑			1995
大坝 121 线	石塘变	石塘电站	LGJ-120(1#-25#)、LGJ-50(25#-36#)	3.83	1995
双港 123 线	石塘变	双港村	LGJ-185、LGJ-120	1.95	1995
玉溪 120 线	石塘变	玉溪电站	LGJ-50	10.14	1995
铁合金 142 线	云和变	县砖瓦厂	LGJ-95	2.56	1996
生活 165 线	紧水滩变	局村联络开关	LGJ-95、LGJ-50	18.27	2000
企业 163 线	紧水滩变	三望潭	LGJ-95、LGJ-50	2.81	2000
龙门 162 线	紧水滩变	库北	LGJ-95、LGJ-50	53.65	2000
紧厂 166 线	紧水滩变	紧水滩电厂	LGJ-95、LGJ-50	0.92	2000
药厂 167 线	紧水滩变	三望潭	LGJ-95、LGJ-50	1.28	2000
中山 145 线	云和变	香菇市场(中菇开关)	LGJ-120	9.28	2000
城北 144 线	云和变	香菇市场(北菇开关)	LGJ-120、JKLYJ-120	9.67	2000
教育 219 线	安溪开关	安溪	LGJ-120、LGJ-70	10.32	2001
教育 219 线	瓦窑变	安溪开关	LGJ-120、LGJ-70	9.36	2001
工业 159 线	瓦窑变	工业园区	LGJ-120	0.75	2002
碳素 149 线	云和变	栗溪	LGJ-120、LGJ-70、JKLYJ-120	7.44	2002

续表 11-2-4

线路名称	起点站名称	终点站名称	导线型号	杆路长（千米）	投运年份
赤石 140 线	云和变	临海垟	JKLYJ-120、LGJ-120、LGJ-95	7.95	2002
杨家山 141 线	云和变	湾湖	JKLYJ-120、LGJ-120、LCJ-50	21.65	2002
玩具 241 线	云和变	新法院大楼（法院开闭所）	LGJ-120、JKLYJ-120	10.92	2002
后溪 146 线	云和变	香菇市场（象山开关）	LGJ-120、JKLYJ-120	8.45	2002
解放 240 线	云和变	香菇市场（城元联络开关）	LGJ-120、LGJ-70	8.55	2002
前溪 158 线	瓦窑变	工业园区	LGJ-120	0.38	2002
雾溪 153 线	雾田开关	雾溪	LGJ-120、JKLYJ-120	22.32	2003
雾溪 153 线	瓦窑变	雾田开关	LGJ-120	6.15	2003
黄源 131 线	黄源变	栗溪开关	LGJ-120	16.04	2003
云坛 180 线(城郊所)	坛霞开关	李山前	LGJ-120	57.74	2003
云坛 180 线	白龙变	霞晓桥（坛霞开关）	LGJ-120、JKLYJ-120	7.77	2003
局村 181 线	白龙变	朱于坝	JKLYJ-120、LGJ-120、LGJ-95	26.89	2003
云丰 132 线	黄源变	梓枋	LGJ-120	40.53	2003
金马 155 线	瓦窑变	小徐村	LGJ-120	3.26	2004
南山 156 线	瓦窑变	小徐村	LGJ-120	3.61	2004
龙头 177 线	白龙变	金属园区	JKLYJ-185	2.93	2004
万和 178 线	白龙变	金属园区	JKLYJ-185	0.66	2004
府东 179 线	白龙变	香菇市场	JKLYJ-185	4.43	2004
象山 183 线	白龙变	香菇市场	JKLYJ-185	4.02	2004
白洋 174 线	白龙变	金属园区	JKLYJ-185	0.52	2006
麻洋 190 线	黄岗变	麻垟	LGJ-120、LGJ-95	13.10	2006
临海洋 194 线	黄岗变	临海洋	LGJ-120	13.20	2006
大沙 133 线	黄源变	下洋	LGJ-95、LGJ-70	34.48	2006
三盛 172 线	白龙变	金属园区	LGJ-120	9.57	2006
洋田 195 线	黄岗变	碗窑岭脚	LGJ-120、LGJ-50	2.99	2006
建林 191 线	黄岗变	赤石乡库北	LGJ-95、LGJ-50	20.30	2007
新华 171 线	白龙变	滨江花苑	JKLYJ-185	1.97	2008
浮云 175 线	白龙变	晋丰房产	LGJ-120、JKLYJ-120、LGJ-120	1.96	2008
华远 213 线	杨柳变	立信阀门厂	JKLYJ-185	1.28	2008
利隆 224 线	杨柳变	工业园区	JKLYJ-185	0.58	2008
钢城 223 线	杨柳变	工业园区	JKLYJ-185	0.59	2008
凯东 222 线	杨柳变	工业园区	JKLYJ-185	0.58	2008
上玉 221 线	杨柳变	工业园区	JKLYJ-185	0.58	2008
伯特利 216 线	杨柳变	工业园区	JKLYJ-185	1.48	2008

续表 11-2-4

线路名称	起点站名称	终点站名称	导线型号	杆路长(千米)	投运年份
立信 217 线	杨柳变	工业园区	JKLYJ-185	1.48	2008
城西 214 线	杨柳变	工业园区	JKLYJ-185	0.91	2008
白水 215 线	杨柳变	工业园区	JKLYJ-185	0.91	2008
角山 225 线	杨柳变	工业园区	JKLYJ-185	1.23	2008
巧云 226 线	杨柳变	工业园区	JKLYJ-185	1.25	2008
元和 182 线	白龙变	浮云大桥	JKLYJ-185	1.77	2009
小徐 170 线	白龙变	梅山根	JKLYJ-185、JKLYJ-120	6.38	2009
三望栏 252 线	崇头变	梅源开关	LGJ-120	4.13	2010
梅源 257 线	崇头变	栗溪(黄碳联络开关)	LGJ-120	21.25	2010
务水 253 线	崇头变	—	LGJ-50	6.82	2010
务水 253 线	崇头变	—	LGJ-185	10.28	2010
严坑 255 线	崇头变	严坑	LGJ-185	6.61	2010

用电

电力分配 1991—2010 年,云和县全社会用电量总体呈现向上增长趋势,其中随着华宏钢铁厂进驻云和,以及玩具产业、轴承产业快速发展,全社会用电量从 2003 年开始增长较快。

1991—2010 年云和县行业用电情况统计表

表 11-2-5 单位:万千瓦时

年份	全社会用电量	其中							
		农、林、牧、渔、水利业	工业	地质普查和勘探业	建筑业	交运、邮电通讯业	商业、饮食、供销、仓储业	其他事业	城乡居民生活用电
1991	3638.02	53.52	3331.01	0.11	39.14	31.71	44.07	138.46	—
1992	3173.07	29.21	2893.34	2	19.78	30.35	51.10	147.29	—
1993	3194	30	2929	—	21	33	52	129	—
1994	4042.36	26.68	3737.02	0.10	22	67.19	64.78	124.59	—
1995	4279.88	26.89	3919.29	0.35	28.56	101.20	68.46	135.13	—
1996	6389.50	4.08	4570.28	—	20.59	69.73	63.51	120.36	1540.95
1997	6358.42	0.79	4406.43	—	27.56	69.27	75.69	132.32	1646.36
1998	5783.97	5.79	3813.34	—	27.82	69.45	94.40	153.05	1620.12
1999	6479.63	32.05	4213.22	—	83.60	73.77	128.19	270.52	1678.28
2000	7920.90	2.39	5984.01	—	91.23	54.54	154.52	185.30	1448.91
2001	8565.71	24.81	6427.18	—	58.06	86.67	233.87	131.59	1603.53
2002	10370.96	32.32	7030.02	—	417.87	78.67	256.96	132.22	2422.90
2003	12044.47	28.99	8080.32	—	266.14	84.05	318.25	109.65	3157.07

续表 11-2-5 单位：万千瓦时

年份	全社会用电量	其中							
		农、林、牧、渔、水利业	工业	地质普查和勘探业	建筑业	交运、邮电通讯业	商业、饮食、供销、仓储业	其他事业	城乡居民生活用电
2004	16950.85	33.21	11694.05	—	592.16	186.03	324.78	886.79	3233.83
2005	18910.14	26.41	13713.17	—	1115.43	81.13	365.46	816.77	2791.77
2006	20938.03	31.53	15205.66	—	1135.19	109.44	411.71	887.06	3157.44
2007	23858.56	48.97	17856.92	—	236.06	510.54	584.74	990.07	3631.26
2008	28180.29	73.01	21330.45	—	229.99	488.25	688.41	1168.52	4201.66
2009	28855.85	96.50	21117.47	—	230.80	524.87	782.43	1290.96	4812.82
2010	33079.07	132.27	24406.65	—	457.36	611.52	843.42	1352.37	5275.48

业扩报装 1991—2010年，县内共有用电客户51327户，其中，大工业42户，普通工业2160户，农业1035户，商业2848户，居民43886户，非工业1356户。

1991—2010年云和县业扩报装情况统计表

表 11-2-6

年份	新增业扩用户数（户）	新增报装容量（千伏安）	年份	新增业扩用户数（户）	新增报装容量（千伏安）
1991	229	1457	2001	1254	5083
1992	159	2172	2002	1217	7462
1993	81	4550	2003	1241	16443
1994	193	1962	2004	1463	27600
1995	546	6324	2005	2549	26252
1996	822	2327	2006	2037	44717
1997	853	2459	2007	2377	31724
1998	902	2421	2008	2767	35449
1999	944	5260	2009	2090	30636
2000	1291	5147	2010	2626	33166

用电管理

计划用电 根据用电实际情况，做好用电量预测工作，加强计划管理，缓解供需矛盾。全县50千伏安及以上用电户和并网小水电站，按月进行计划考核。根据用户上报的月度用电计划申请，下达月度用电、发电指标，月底进行考核，并输入微机进行台账考检。

节约用电 1996年，全县推广节能灯1450盏，完成节电量173.37万千瓦时。1997年，全县推广节能灯2000盏，完成节电量120.5万千瓦时。1998年，全县推广节能灯6000盏，完成节电量130万千瓦时。1999年，全县推广节能灯3000盏，完成节电量88.79万千瓦时。2000年，全县推广节能灯5000盏，完成节电量150万千瓦时。2001年，全县共推广节能灯6000盏，完成节电量160万千瓦时。2002年，全县共推广节能灯3500盏，完成节电量130万千瓦时。

2010年，全县单位GDP能耗需下降4.10%以上，电能减排降耗形势严峻。云和电力局根据上级部门有关要求，控制县辖区内的39家企业的月度用电指标，并向全社会用户发放《客户优化用电建议书》。发布Ⅲ级红色预警并启动同级响应，连续执行三轮有序限电措施，重点对工业用能大户按照“分类分档、用电量总量控制”的原则进行有序限电，有序用电方案执行后，全县每天平均用电量下降20万千瓦时，年度电量减少了2000万千瓦时。

电价管理 1999年10月起，在城乡同价的过渡期，实行电力部门统一抄表、统一收费的分片到户电价，将云和镇等10个乡镇所属267个村庄划分为四片，按0.79元/千瓦时(0.68元，0.76元、0.83元、0.9元)的平均价收取。2000年4月开始，按0.745元/千瓦时的平均价收取，且减少农村电价的档数，分为三档(0.66元、0.73元、0.81元)。同年，减轻农民电费支出54.3万元。

2000年10月，启动云和农网改造工程和小水电自供改造工程。2012年，底农网改造工程和小水电自供区改造工程完工并通过验收。2002年12月，云和农村(除村头村、重河村)用户生活照明用电价格实行城乡同价，统一为0.53元/千瓦时，比农网改造电价平均下降0.215元/千瓦时。村头村、重河村因历史原因，实行特殊电价0.25元/千瓦时。

2003年7月1日起，全县设定峰谷时段，设立尖峰电价，大工业用户和普通工业用户实行调整后的六时段三费率。

2007年6月1日起，全县装有“一户一表”的城乡居民用户可以申请执行峰谷电价，每日8时至22时为高峰时段，22时至次日8时为低谷时段。居民生活用电峰谷电价具体为，月用电电量50千瓦时及以下部分:高峰电价0.568元/千瓦时，低谷电价0.288元/千瓦时;月用电电量超过50千瓦时:51—200千瓦时部分，高峰电价0.598元/千瓦时，低谷电价0.318元/千瓦时;月用电电量超过200千瓦时部分，高峰电价0.668元/千瓦时，低谷电价0.388元/千瓦时。

农电管理 1998年，根据经济发展和电力“两改一同价”的要求，制订1999—2001年农村电网建设与改造项目计划。

2001年，开始逐步实施农电体制改革。农村电工择优录取为代理制职工。

2002年，实现城乡电费同网同价，农村平均电价从网改前的0.79元/千瓦时降至同价后的0.53元/千瓦时，年减轻农民电费负担240余万元。

电力服务 2003年，配合市政工程建设和文明县城创建工作，投资1500万元，改建城东大道，城南路，中山西路、城西大道等街道的线路，全部采用地下电缆供电。2004年，投资330多万元，更新改造中山西路、红光路、解放东路、城南路等街道的路灯。2006年，投入280余万元，新增中山西街、环城西路、府前路等路段路灯共107盏，重新铺设解放东路、中山街路灯电缆。

2008年1月中旬起，云和县内出现连续雨雪冰冻天气，全县电网遭受严重破坏，1条35千伏线路和14条10千伏线路先后停役，共造成电网经济损失2185.7万元。停电影响14个乡镇、114个行政村、730个自然村、1.73万用户、6万人口，其中黄源、云丰等四乡一度全部中断供电。县电力局迅速启动应急预案，组织发动抢修人员2000余人，运输车辆2482车次，争取了10个县市电力局的抢修队伍来云和支援电网抢修工作。至2月29日，全县全面恢复供电。是年，被丽水市政府授予抗击雨雪冰冻灾害先进集体。

电力扶贫 1996年，省电力局开展以消灭云和县无电村为重点的“光明工程”，7个无电村的高压工程概算总投资140万元，杭州、金华、台州、衢州、丽水、云和、省送变电工程公司等7支团员青年志愿者突击队相继分赴无电村立杆架线，共架设10千伏线路24670米。是年9月29日，7个无电村全部合闸通电，实现云和县村村通电目标。

1997年，省电力局投放扶贫资金670万元，扶持110千伏云和变电所增容、35千伏云石线、电力调度自动化系统和农村用电标准村建设；扶持云丰乡资金54万元搞农业综合开发、电网改造和兴办公益事业。

1998年，省电力局补助云和县160万元资金，扶持35千伏云碧线开口工程、城网改造和农村用电标准村建设；扶持云丰乡30万元资金，搞农林综合开发、电网改造和公益事业。

1999年，省电力局补助云和县90万元资金，扶持云和县35千伏黄源变复役工程；扶持云丰乡30万元农林综合开发、电网改造和公益事业。

2004年，投资100余万元用于康庄工程建设，完成梅湾村、安庆乡东岱、大源乡田铺、桃子坑等40多个电力迁杆移线项目。

2006年，投资700余万元进行新农村电网建设，完成云丰乡杉板坑村配电线路改造、万名农民下山脱贫点的配电工程建设等项目25个。

2007年，投入270多万元开展电气化示范村建设，石塘镇双港村、西滩头村和霞晓桥村三个村顺利通过电气化建设村考评验收。

2008年，投资资金150万元开展康庄工程，完成迁移电力杆线100多处；投入资金359.78元，完成云坛、小顺、大坪、菖蒲砻村的电气化村建设。

2009年，配合开展农村危旧房改造，落实电力杆线拆建工作。参与全县60多个村庄危旧房改造规划编制工作，投入资金66.9万元，完成高畲村、庄前村、竹坑口村等7个危旧房改造项目；建成电气化村7个、电气化乡1个。

2010年，推进电气化村建设和农村危旧房改造工作，投入资金636万元，完成2个电气化乡和20个电气化村的建设，完成农村危旧房电力改造村6个。

电力设施

电力调度大楼建设 电力大楼建筑面积8651平方米，工程概算资金1000万元，由龙泉市建筑工程公司承建，工程于1996年5月破土动工，主体工程的土建装修及电气工程于1997年9月通过验收合格，11月初投入使用，共投入资金1100万元。

电力调度等自动化建设 1997年，电力调度自动化系统立项，工程总投资180万元，1998年12月16日通过省电力局验收，实现电力调度自动化管理；该系统由主站端、通道和远动终端组成，收集各变电所和有关电站数据，遥测量116个、遥信量144个。

2003年9月，营销客户系统上线。2010年12月，浙江省电力公司协同办公系统上线运行。

2010年，投资500多万元建设“95598”、财务、账务中心、物资、生产MIS、汽车定位等系统。

2010年，云和电力局启动“省、市、县”一体化ERP系统全覆盖项目。

第二节 玩具业

1991年，全县有玩具企业25家，从业人员450人，工业产值1024.4万元。1993年，县委、县政府开始规划建设云和镇特色工业小区。1995年8月，云和县玩具行业协会成立。

2000年，全县拥有玩具企业204家，销售产值4.4亿元。新云玩具总厂产值8390万元，1000万元以上的企业8家。

2002年4月，云和县首家木制玩具店"星星木制玩具店"开张，至此，结束中国木制玩具城有城无店、有厂无店的历史。

2003年7月，"中国木制玩具城"网站在国际互联网上开通。

2004年，全县有木制玩具企业508家，从业人员10917人；实现产值5.51亿元，比上年增长21.5%，产值占全县工业产值的45.42%；上缴税收4402万元；生产的七大类近万个品种的木制玩具产品销往欧美、东南亚等40多个国家和地区，出口额1.10亿美元，出口量占全国的50%、全省的70%以上。是年，新云工艺品有限公司，实现产值2.45亿元，同比增长135.87%，产值占到全行业的29%以上。2005年，云和县53家玩具公司成立"云和木头人青年俱乐部"，全县木制玩具专利申请量172件，占整个丽水市专利申请量的四分之一，其中发明专利申请量4件；云和县的万人占有专利申请数15.69项，位居全省县(市)第十二位、丽水市第一位。是年9月，举办"中国玩具企业发展论坛"，该论坛由中国轻工业信息中心、云和县人民政府主办，云和县玩具协会承办，得到中国玩具协会、香港贸易发展局、全国各地玩具行业协会的支持，主题是"标准化、品牌化、市场化"。是年，全县有玩具企业555家，从业人员11080人，全年实现工业总产值9.50亿元，产值占全县工业总产值的44.56%，出口0.63亿元美元，上缴税收4570万元。

2008年，云和县在木制玩具行业中有2家省级中小型科技企业获国家和省级名牌玩具称号。和信公司的"比好"牌木玩产品荣获"中国品牌玩具"荣誉称号。

图11-2-1 名牌玩具(2010年摄 和信集团提供)

是年，全县木制玩具行业拥有1件"中国驰名商标"、1个"浙江名牌"产品、5个"丽水名牌"产品，共注册商标140多件。"一点""木玩世家""新胜""艺发""笑灵猴""互利""大木匠""green forest"等产品获得省、市著名商标和名牌产品称号；和信、金马等公司在境外注册"比好""IM"等4个商标。同年，33家企业通过ISO 9001质量管理体系认证，14家企业通过ISO 14001环境管理体系认证，5家企业通过OHSAS 18001职业健康安全管理体系认证，4家企业通过ICTI国际玩具协会商业行为守则认证，5家企业通过FSC森林体系认证，6家企业通过AA级标准化良好行为规范确认，

3家企业通过三级计量水平确认，55家玩具企业通过评审顺利领到玩具出口质量许可证书。是年，县政府引导玩具企业与杭州滨江动漫园区多家动漫企业、上海美术电影制片厂等国内知名动漫企业建立合作，引进管理型、研发型人才，开发生产动漫衍生产品，将木制玩具元素与动漫文化相结合，使木制玩具产业链向两端延伸，将木制玩具产业打造成为一个文化产业。

2010年，全县有木制玩具企业745家，从业人员15194人，实现产值22.02亿元，同比增长16.3%，占全县工业总产值的40.7%。是年，有产值1亿元以上企业2家、规上企业44家，实现产值14.01亿元，占木制玩具全县总产值的65.2%占规上工业比重33.4%。

见第十二篇（木制玩具业）

第三节　纺 织 业

1991年，云和县有县棉纺厂、县绸缎厂、县纺织厂等纺织产业4家，总产值1435万元。其中县绸缎厂生产布匹72万米，产值662万元，比上年增长25.82%，成为二轻工业的一大支柱。1992年，县绸缎厂产值95万元。是年，建立云和县无纺布厂和有从业人员8人的县裘皮服装厂。

1993年，全县生产布匹247.62万米，总产值676万元，固定资产原值350万元。是年5月，县绸缎厂与诸暨绢纺厂联合兴办绢纺二分厂，隶属于县二轻局。是年，县车木厂的无纺布生产线进行技术改造，完成投资482万元，新增固定资产454万元。

1994年，县车木厂生产无纺布300千千克，实际完成工业总产值590万元，销售收入567万元，工业增加值112万元，利润10万元；县绸缎厂总产值409万元，销售收入409万元，利润8万元；绢纺二分厂生产绢纺30万米，总产值500万元，销售收入450万元，利润10万元。

1995年，由于市场营销等因素，纺织、化纤行业经营状况不佳，县绸缎厂与诸暨绢纺厂终止联营，撤销绢纺二分厂。是年，全县有浙南医药卫生用品厂、县绸缎厂、县绵纺布厂3家纺织企业，总产值332.8万元，生产布匹130万米，固定资产原值646.7万元；县绸缎厂有从业人员25人，县棉纺厂有从业人员29人，无纺布厂从业人员86人；生产化纤布31.9万千克。

1996年，企业经营效益下滑，全县纺织业有从业人员36人。

1998年，云和县棉纺厂、县绸缎厂、县无纺布厂等全民集体企业破产终结，自此，云和纺织业消失。

第四节　鞋类及服装业

鞋类

1991年，云和县生产胶鞋5.07万双，总产值为94.45万元。

1992年4月，创建云和县宏昌鞋业有限公司，总投资为50万元，生产能力500万元，有职工119人，生产童鞋9.8万双，实现产值117万元。是年，全县有宏昌鞋业有限公司、科尔特鞋厂等制鞋企业2家、加工点22个。

1993—1995年，全县有生产胶（童）鞋企业3家，加工点21个，从业人员近400人；生产童鞋分别为31.14万双、57.38万双和86万双；总产值分别为580.14万元、1068.99万元和1602.18万元。

1996年上半年，生产童鞋26.80万双，产值499.50万元，同比分别下降52.15%和45.18%，其中，龙头企业的宏昌鞋业有限公司生产童鞋16.80万双，产值313万元，同比下降58%和53.98%；科尔特鞋厂生产10万双，产值186.5万元，同比下降37.5%和38.45%；童鞋加工点共生产15.2万双，占全县鞋类总产值的56.71%，同比下降50.65%；童鞋加工点4个，从业人员42人。

是年，科尔特鞋厂自辟销售渠道，销往北京、株洲、成都等地4万双，慈溪外贸销售近7万双，但资金回笼难度大，无力扩大规模；宏昌鞋业有限公司自销童鞋11万双，其中销往俄罗斯3万双，慈溪外贸销售6万双，总产值180万元。

1997年，受慈溪联营方的制约，无固定生产计划和任务，下达生产任务不定时，至使厂方生产计划很难安排，企业经营困难。是年，生产皮鞋（童鞋）4.40万双，总产值82.06万元。

1998—2010年，云和县没有制鞋企业，仅有温州等外地来云和县城做皮鞋兼零售的个体小店。

服装

1991年，全县有风华时装厂一家企业，该厂职工人数10人，固定资产6万元，年产值6.5万元，利税0.33万元。是年，城区有个体服装加工业120多家、从业人员300多人。

1992年，建立云和县皮毛厂，有从业人员31人，工业产值27万元。系云和县良种厂直接管理独立核算的工业企业。

1993年，全县有服装及其他纤维制品业2家，总产值38万元。

1994年，浙江省计划经济委员会《1994年技术改造续建项目》文件安排计划：云和良种场獭兔皮深加工生产线，新增裘皮服装1.2万件，总投资474万元。是年，县皮毛厂产值4888万元，利润781万元 税金252万元；乡镇系统有服装企业1家，年产值8万元，销售收入6万元。是年12月，县服装厂总资产15.47万元，负债24.55万元，资不抵债，依法向人民法院申请破产并拍卖。

1996年，全县服装总产值109.2万元，产品销售收入96.2万元。是年，由于市场变化较大，产品更新缓慢，投入资金困难，县皮

图11-2-2 浙江方园皮草服饰有限公司（2009年摄 浙江方园皮草服饰有限公司提供）

毛厂经营亏损。

1998年，县皮毛厂资不抵债，破产终结。是年，云和县方园皮草服饰有限公司成立，生产皮革、毛皮、羽毛（绒）衣及其制品。

2003—2010年，云和县生产服装的仅有县方园皮草服饰有限公司，该公司2007年有从业人员27人。

2009年，该公司投资179.77万元，购买位于新华街246号、占地面积1004平方米、建筑面积2690.61平方米的厂房。

2003—2010年云和县方园皮草服饰有限公司经营情况统计表

表11-2-7　　单位：万元

年份	产值	利润	税金
2003	232.26	4.35	10.45
2004	364.89	10.59	11.67
2005	553.92	18.77	23.26
2007	2087.30	31.65	63.33
2010	959.64	11.68	29.17

第五节　机械及五金业

1991年，云和县有机械、五金、压延加工及通用设备器材加工制造等工业企业29家，年末固定资产原值2596万元；县属独立核算企业8家，年均职工749人。是年，全县机械及五金企业产值4227万元，利税总额513万元，其中浙江新华机械厂（原国营九七二厂）、轴承厂、钢球厂等机械工业20家，工业产值3470万元；铁合金厂、五金厂等黑色金属冶炼及压延加工、金属制品业5家，产值426万元。按经济性质划分，全民独立企业实现产品销售收入2703万元，集体企业实现销售收入1071万元。主要产品有轴瓦143.36万片、电动机11736千瓦、微型轴承套圈1378万只、钢球11806万粒、金属硅254吨、铁合金369吨、环形链条42.5万千克、中小农具424万件等。同年，云和链条厂开始出口多种规格的工业环链，年出口计划产量50万千克，出厂交货价2800—3800元/千千克；云和机制镰刀成为出口产品，每年生产多种规格的镰刀100多万把，出厂交货价1.2—1.6元/把。

1992年，浙江新华机械厂职工1245人，产值1725万元，销售收入1485.3万元；产品销售税金29.3万元；销售利润357.9万元。1993—1995年，浙江新华机械厂产值2361万元、2544万元、2029万元；产品销售收入3072万元、2770万元、2099万元。新华机械厂1993年和1994年的销售利润分别是663万元和807万元。1996年1月，浙江新华机械厂，从云和县搬迁至德清县武康镇。

1997 年始，全县机械、五金工业转产为轴承、阀门等生产行业。

2010 年，全县通用设备制造业产值 149034 万元，比上年增长 143.6%，其中，规模以上企业 40 家，职工年均人数 2670 人，产值 138491 万元，固定资产 20788 万元，利税总额 13237 万元，主要产品有轴承 20340 万套、阀门件 4893 万千克等。

第六节　食品及酿造业

食品

1991 年，云和县有食品制造业 58 家，产值 351 万元，其中云和县食品厂 1 家，职工年平均人数 40 人，生产糕点、饼干、糖果、棒冰、汽水、汽酒等，产值 109 万元，销售收入 78.7 万元，利润和税金总额 11.1 万元。

1992 年，云和县食品厂工业总产值 68 万元、销售收入 46.2 万元、利润税金总额 8.5 万元。

1993 年，县食品厂总产出 27 万元、销售收入 17 万元。是年，食品厂因经营不善，企业处于停产状态。

1997 年 5 月，云和县食品厂破产。是年，终结食品行业全民(国有)及集体经济性质的历史。

酿造

1991 年，云和县酿造厂是全县唯一的酿造企业，主要生产黄酒、白酒、酱油、无酒精饮料等。是年，酿造厂采取承包制奖勤罚懒，生产饮料、各种酒 116.3 万千克，其中生产白酒 35 万千克、露酒 5 万千克、糖醋 15 万千克、饮料 12 万千克、葡萄酒 2 万千克、酱油 35 万千克、豆酱 2 万千克；该厂有职工 51 人，产值 278 万元，固定资产原值 117 万元，销售收入 214.2 万元，利润 3.81 万元，上缴税金 38 万元。

1992 年 1—10 月，该厂产值 222.86 万元，比上年同期减少 8.76 万元，销售收入 127.62 万元，比上年同期减少 42.07 万元，税金 28.38 万元，同比减少 0.64 万元。

1993 年，投入技改资金 21 万元，建成出口型水煮笋车间，当年产量 21.5 万千克，总产值 263 万元，销售收入 304 万元，利润和税金总额 40.90 万元。

1997 年，云和县酿造厂亏损严重，处于停产状态。1999 年 6 月 27 日宣告破产。

2005—2010 年，全县经注册登记的有利民酒厂、梅砻口酒厂、湘云酒厂、景云酒厂、下前溪酒厂等 5 家个体小型酿造企业。

第七节　粮油饲料加工与食品速冻

粮油

1991 年，云和县粮油厂有职工平均人数 41 人，主要加工产品有大米、面条、榨油等；产值

211 万元，销售收入 206.5 万元，利润和税金总额 13.9 万元。1994 年，县粮油加工厂更名为县粮油工贸公司。1997 年，加工大米 1466.2 万千克。

1999 年，县粮油工贸公司年产值 101 万元，加工量严重不足，设备闲置，年度亏损 52 万元。是年 12 月，企业破产，至此，终结加工行业国有经济性质的历史。之后，全县粮食加工行业均为个体或家庭作坊经营。

1991—1998 年云和县加工粮食产值和大米加工情况统计表

表 11-2-8

年份	产值（万元）	大米加工量（千克）	年份	产值（万元）	大米加工量（千克）
1991	211	272.20	1996	290.30	384.20
1992	275	286.70	1997	338.20	1466.20
1993	227	264	1998	161	—
1994	285	203.80	1999	101	—
1995	365	156.80	合计	2253.50	3033.90

2002 年，私营企业“穗丰米厂”开业，厂址设在睦田村，租用农田，搭设简易厂房加工大米，日加工能力 5 万千克。

2008 年，穗丰米厂搬迁至原县粮食局粮库，企业加大投入，先后投入 700 余万元修理厂房、购置设备等。至 2010 年，大米日加工能力达 15 万千克，年产值 2000 万元以上。是年，加工的大米约四分之一在县内销售，大部分销往丽水、温州等地。

饲料

饲料加工 20 世纪 90 年代初，县饲料公司创建“大河”品牌饲料。此后，因粮食价格放开和市场竞争之故，县饲料公司经营越来越困难，2001 年，云和县饲料公司经县法院依法宣告破产，云和县国有粮食系统饲料厂退出市场。

1991—1998 年云和县饲料公司生产情况统计表

表 11-2-9

年份	生产数量（万千克）	总产值（万元）	年份	生产数量（万千克）	总产值（万元）
1991	258	156	1995	734.10	699.50
1992	376.60	269	1996	538.30	651
1993	570	532	1997	540.70	752.30
1994	520	593	1998	82.50	121

饲料销售 1993 年，云和县粮食价格放开，取消平价饲料。1993 年、1997 年、1998 年、1999 年，云和县饲料公司分别销售饲料 258.8 万千克、72.5 万千克、383 万千克、82.5 万千克。

食品速冻 1994 年，县供销合作社创建“兴合食品速冻厂”，投资 500 万元，建筑面积 2000 平方米，同年建成运转，生产（收购、加工、分拣、包装、速冻、保鲜）毛笋、豌豆，香菇、蔬菜、清煮笋等系列农产品。是年，保鲜香菇等农产品28万千克。翌年，产值120万元，销售60.14万元，出口创汇7.58万美元。

1997年，兴合食品速冻厂与杭州、宁波、金华、富阳、福建万顺专业厂、台湾地区客商及美国、日本外商建立业务关系，签订保鲜香菇销售合同70万千克。是年，产值459万元，销售保鲜香菇20.80万千克，销售额200万元。

1998年8月，兴合食品速冻厂固定资产450万元，负债801万元。根据《云和县供销社系统企业产权制度改革总体方案》的规定，经法院裁定兴合食品速冻厂破产。

第八节　化工及电子元件业

化工

1991年，云和县有林化厂、制氧站、化工厂、磷肥厂、香皂厂等5家化工企业，在职职工207人。主要产品有过磷酸钙、活性炭、油酸、树脂漆等、黑油膏等。是年，云和县化工厂投入更新改造资金20万元，建成油酸生产线；全县化工企业完成工业产值588万元，销售收入561万元，上缴税金29万元。1992年，县化工厂投入技改资金44万元，建设油酸系列产品生产线。

1993年，云和县林化厂投入技改资金20万元，建设硅酸铝纤维生产车间，总产出11万元，固定资产原值280万元。1994年，云和县制氧站开展医药氧生产，投入技改资金6万元，设备购置6万元，总产出36万元，固定资产原值68万元。

1995年6月，县化工厂资不抵债，申请破产。是年，全县化工企业因成本提高、效益下降、资金短缺、企业三角债等原因，开始出现亏损。

图11-2-3　华泰制氧有限公司车间（1996年摄　华泰制氧有限公司供稿）

1996年，全县有县制氧站、县磷肥厂、县化工厂等化工企业4家。其中：国有化工企业3家，私营企业1家。总产出116万元，固定资产原值437万元，产品销售收入119万元。随着社会主义计划经济向市场经济体制转型，云和县的化工企业虽进行技改和新产品的研发，但由于受到资源、市场、环境等方面的制约，企业生存陷入困境。是年，县化工厂宣告破产。是年7月，由0.6元/千瓦时增至0.8元/千瓦时的电费价格，致县制氧站生产氧气每立方米增加成本0.26元，此一项当月增加成本6000元。

1999年8月，县磷肥厂破产重组，建立民营化工企业云和县昌盛磷肥有限公司，从业人员28人，产值747万元，利税71万元。

2000年12月，县制氧站出售重组，组建云和县华泰制氧有限公司。企业生产规模：年充装工业氧36万瓶、工业氮7万瓶、纯氮2万瓶、高纯氮1万瓶、二氧化碳5万瓶、医用氧12万瓶；兼营：乙炔、丙烷、氦气、氢气、高纯氢、高纯氩、高纯氧、高纯氮、高纯二氧化碳、二元混合气等。还经营钢质无缝气瓶检验；气焊割配件批发、另售；压力容器设备租赁，相关信息技术咨询服务。

2001—2010 年华泰制氧有限公司生产经营情况统计表

表 11-2-10　　单位：万元

年份	产值	税收	利润	年平均从业人员
2001 年	32.92	0.41	-4.64	11
2002 年	50.37	0.64	-3.15	13
2003 年	73.63	1.66	-7.45	17
2004 年	138.54	4.0	-30.80	18
2005 年	181.87	11.61	-18.22	20
2006 年	229.66	15.81	-1.91	23
2007 年	275.30	18.92	-5.83	21
2008 年	342.08	19.83	1.03	21
2009 年	303.80	19.84	4.46	22
2010 年	260.09	16.58	-23.88	15
累计	1888.24	109.30	-90.38	—

电子元件

1991 年 3 月，创建云和县半导体陶瓷元件厂，有职工 104 人，其中工程技术人员 12 人，为国有企业。1992 年，县半导体陶瓷元件厂生产电子元件 162 万只，实现产值 427 万元，销售收入 206 万元，利润和税金总额 63 万元；该厂是浙江省电子工业总公司定点生产 PTC 系列元件器件的专业厂家，形成年产 PTC 系列元件 1000 万只的生产能力；该厂与中国科学院电子研究所合作生产的产品有：马达启动元件、过流过热保护元件、恒温电热元器件等 30 多个品种。产品销往华东、中南、西南、华中等 10 多个省市的汽车、电子、机电、医疗保健及家用电器等领域，并获得全国星火计划成果博览会银奖。

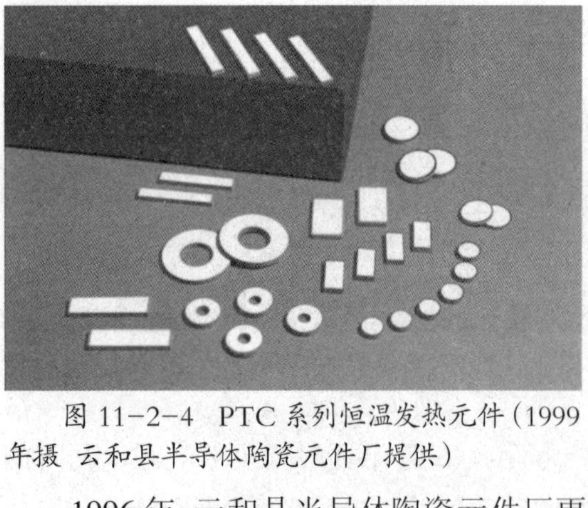

图 11-2-4　PTC 系列恒温发热元件（1999 年摄　云和县半导体陶瓷元件厂提供）

1996 年，云和县半导体陶瓷元件厂更名为浙江桑尼电子有限公司，年平均职工 81 人；固定资产 435.1 万元；产值 1158.9 万元，比上年增长 1.81 倍；产品销售收入 1014.3 万元，比上年增长 2.24 倍；利润和税金总额 359.7 万元，比上年增长 7.56 倍。

1997 年，浙江桑尼电子有限公司，平均职工 161 人，拥有固定资产原值 652.1 万元。主要产品的 PTC 元件，为高新科技产品，产销对路，生产幅度较大。是年，生产电子元件 1722 万只;实现产值2008.4万元,同比增长73.25%;产品销售收入1717.6万元;实现利税总额908万元,税金198万元,同比分别增长3.5倍和65%。同年,桑尼电子有限公司转制工作进一步完善,彻底买断国家股份,成为自主经营、自负盈亏、自我发展、自我约束的法人实体。

1999年,PTC产品已形成八大系列,100多个规格型号,涉及航天、通讯、汽车、家电、医疗保健多个领域。是年,浙江桑尼电子有限公司通过ISO 9002国际质量保证体系的认证。同年,公司有职工140人,固定资产701.07万元;实现产值777.3万元,比上年减少46.27%,占全县总产值的0.94%。2001年,实现产值859万元,比上年增长19.22%,占全县工业总产值1%。

2002年6月,浙江桑尼电子有限公司进行资产重组,名称变更为云和县鑫通电子有限公司,注册资本548万元,经营范围:PTC系列元器件、小家电及模具的研制、生产、销售。是年11月,云和县鑫通电子有限公司变更为浙江鑫通电子有限公司成立,至年末,公司有员工95人,产值6835万元,上缴税金220万元。

2010年1月,浙江桑尼电子有限公司搬迁到工业园区,新厂房占地面积为6593平方米。是年,生产电子元件10382万只,为1992年产量的64倍;实现产值3143万元,是1992年的7.36倍;销售收入1893万元,是1992年的9.19倍;实现利润和税金总额569万元,是1992年的9.03倍。

第九节　铸钢冶炼业

云和县铸钢冶炼业企业规模小且布局分散,工艺设备简陋,一般是延用小型铸钢的生产工艺,原材料则是成分复杂的废、旧、次料,产品档次不高,大多数企业土法上马,产品质量保证措施和产品质量检测手段薄弱,处于为县外工业提供半成品的状态。

1995年年底,全县有铸钢冶炼企业34家,其中100万元以上的32家,实收资本752.8万元,固定资产原值815万元,从业人数为562人。是年,利用废、次料生产的钢材4795.4万千克,实现产值10389.6万元,销售收入9990.4万元,利润和税金总额524.5万元,百元固定资产创利税达64.5元,人均创利税9332.74元。1996年,全县共有地条钢工业企业38家,拥有中频电炉容量16.8吨位。其中:乡及乡以上铸钢工业6家,拥有固定资产原值67.7万元。全年生产铸钢(铁)件220.7万千克,实现产值1025.3万元,比上年增长63.26%,产品销售收入385.6万元,利润和税金总额23.9万元。

1997年,全县铸钢冶炼工业企业拥有中频电炉容量16.85吨位。实现产值1.06亿元,比上年增长6.48%;全县铸钢用户42家,其中云和片15家,石塘片19家,紧水滩片8家。是年,根据云和县铸钢用户用电情况分析,云和片已有3家厂报停6个月,石塘片有5家生产不正常,紧水滩有4家生产(处非正常状态)。是年,铸钢产业开始滑坡。1998年开始,不符合国家产业政策的13家地条钢企业退出市场,转产为符合国家产业政策的阀门企业。1999年,铸钢冶炼工业开始转型,主要产品是阀门、建材的成品和半成品。全县共有企业28家,职工495

人。是年，产值1.09亿元，同比增长16.22%，占全县工业总产值的13.18%。2000年，铸钢冶炼业有阀门、建材的成品和半成品企业35家，年平均职工人数671人，实现产值1.36亿元，同比增长19.04%，占全县工业总产值的14.03%。至2002年，全县铸钢冶炼业主要生产连铸钢方坯，年生产能力2万千克，

2004年，全县有铸造企业32家，从业人员1253人；产值4.29亿元，比上年增长163.17%，占全县工业产值的23.75%。

是年，通过招商引资，实施山海协作工程，引进25家县外金属铸造企业入驻云和，引入县外境内资金3.73亿元，引入境外资金50万美元。招商项目履约率和开工率100%，成为云和经济增长的新亮点。

2005年，全县有铸造企业32家，年均职工1338人，产值4.51亿元，占县内工业的22.9%。2006年，全县有铸造企业32家，产值4.81亿元。

2008年，全县金属铸造业完成产值125672.7万元，比上年增长136.4%；在工业园区三大行业中，金属铸造业产值大幅增长，木制玩具业产值基本平稳，轴承和其他行业产值则出现下降。

2010年，黑色金属冶炼及压延加工业实现产值52708万元，比上年下降38.5%。

第十节 采 矿 业

矿产资源勘查

1991—2003年，县境内发现矿产地24处，甲类矿产有14种：非金属矿产叶蜡石、钾长石、萤石、脉石英、高岭土、膨润土；金属矿产铅、锌、钨、锡、铍、锰、银、钼。其间，投资500多万元，开展地质勘查项目5个，其中政府投资勘查项目1个，商业性勘查项目4个。2004年，浙江省第七地质大队争取到中央地勘基金试点项目投资152万元，开展石塘镇坪地萤石矿调查，发现萤石矿带6条、矿体7处共计储量287820万千克，取得重大找矿成果，结束云和县没有大型矿床的历史。2005年，探明云坛乡霞晓桥村柿树坳萤石矿，储量为6200万千克。2007年，开展石塘镇大源口行政村寨下自然村叶蜡石矿区调查，查明储量为237000万千克。是年，开展云和镇白龙山钼矿区调查，未探明储量。2008年探明云和镇原局村乡下垟萤石矿，储量为15353万千克。

矿业管理

1991—1999年，云和县矿业管理从属于云和县经济委员会，其侧重管理矿产开发企业，期间，集体和个人开采矿山居多，管理比较粗放。

2000年，按照国务院第241号令颁布的《矿产开采管理办法》，云和县开始杜绝无证采矿和非法取土行为，实行矿山生态环境治理备用金制度，规范管理矿产资源，全县17家矿山企业，办理采矿许可证13本，收取生态环境治理备用金13家，收取面达76%。推进采矿权有偿

出让工作，出让采矿权 4 宗，收取矿产资源有偿出让金 10.1 万元。

2004 年，按照《云和县矿产资源规划》和《云和县矿产资源规划实施方案》，确定目标进行矿业结构和矿山布局调整，遵循禁采区关闭，限采区限制，开采区集聚的原则，关闭在限采区主要开采建筑石材矿山企业一家和采挖砖瓦粘土矿山企业 18 家，实现企业 100%持证开采。

是年，根据国务院 150 号令颁布的《矿产资源补偿费征收管理规定》，征收矿产资源补偿费 45.97 万元，同时，按规定收取 8 家砖瓦企业有偿出让金 1.25 万元，编制矿山、生态环境保护和治理专项规划，实施矿山生态环境治理恢复工作，对独山废弃采石场进行生态环境治理。

2005 年，全县矿产开发企业 14 家（其中甲类矿山 2 家），全部持证开采，持证率达 100%，征收矿产资源补偿费 48.56 万元，收取有偿出让金 9.96 万元。

是年，整顿矿产资源开发秩序，严厉打击无证开采等违法行为，责令未取得采矿许可证而擅自开采的企业，停止违法行为,依法予以处罚，取缔 4 家未经批准擅自进行探矿、选矿活动的企业；同时，加强废弃矿山治理，落实治理经费 5 万元。

2006 年，根据《云和县人民政府关于全面整顿和规范矿产资源开发秩序的工作计划》，集中力量全面查处无证勘查、无证开采、越界开采、以采代探、非法转让矿业权和破坏矿山生态环境等违法行为，全年查处无证开采 1 处，无证选矿 2 处，越界开采 2 处，没收违法所得和罚款共计 4.6 万元。

是年，建立、健全矿山生态环境保护与治理机制，黄坑废弃萤石矿山治理工程通过验收；加强矿产资源开发利用监督管理，征收矿产资源补偿费 54 万元；联合安监局检查矿产资源开发利用方案的执行情况，动态监测 2 个在采矿山的储量；开展探矿权、采矿权年检工作，首次挂牌出让 1 个石料矿采矿权,收取出让金 52 万元。

2007 年，变更 2006 年查处的云坛乡沈岸村长台湾和水岗山 2 个越界开采矿山的开采范围，以协议出让方式有偿出让新增部分资源的采矿权，出让金 22.31 万元；挂牌出让崇头镇岩下泥质粉砂岩矿；公开拍卖石塘镇寨下叶蜡石矿探矿权，收取出让金 1250 万元。

2008 年，县整顿和规范矿产资源开发秩序工作领导小组印发《云和县整顿和规范矿产资源开发秩序“回头看”行动工作实施方案》，地毯式巡查全县所有矿山、矿点，不定期巡查重点区块，有过非法采矿活动的 6 个矿点露头和采坑设立警示牌，封堵一个非法采矿老洞。是年，立案查处非法采矿案件 1 件，罚款 1.45 万元。

2009 年，其领导小组联合发改、安监、环保局 4 部门印发《云和县废弃矿井治理的实施方案》，完成云和县废弃矿井治理方案编制项目的绩效评价，治理工程列入省厅的治理试点，第一批治理工程由紧水滩镇政府负责组织实施，发现 143 个废弃矿井，完成 92 个废弃治理工程的施工并通过县级验收。

2010 年，全县投入治理项目资金 68.5 万元，调查治理 186 个废弃矿井和 1 处泥石流隐患点；完成矿山年检和储量动态监测工作；完成全县 7 个矿山的年检和 3 个矿山的储量动态监测。

是年,开展矿山综合执法巡查及矿业权实地核查,启动云和县矿产资源规划修编,挂牌出让1个石料矿采矿权,收取矿业权出让金1325万元,收取矿产资源补偿费9.99万元。

矿山开发

自20世纪90年代以来,云和县矿山资源开发处于"多点分布,低产低销"状态。全县采矿企业1991年35家、1993年74家,至20世纪90年代末,部分矿山企业产量小,效益低,遂逐渐关停注销。

21世纪初,全县有矿产开发企业46家,年产矿石4000万千克,年产值200万元左右。2004年开始,矿山从原来的"多点分布,低产低销"逐渐转为"集中采矿、规划生产"模式,矿山采矿权人由原来的集体、个人转变为企业,企业数量从几十家减少到十几家,年产矿石为几十万吨。

2010年,矿山企业数量为7家,从业人员150人,矿石总产量6720万千克,实现工业总产值607万元。

矿山企业

云和县云泰矿业有限公司 云和县云泰矿业有限公司成立于2007年,固定资产300万元,具有日采萤石原矿50万千克、加工能力30万千克的萤石采选生产线,主要经营95%以上的萤石精粉以及萤石原矿,年产萤石精粉3000余万千克。有选矿厂一座、萤石矿山三处,持有云和县下垟萤石矿采矿许可证,矿区面积10.98平方千米,矿区内通过地质普查,共圈定各类萤石矿体8个,其中,上岗山矿点面积0.6平方千米,探明储量24000万千克。2010年前,该公司处于矿山基建期,没有开采活动。

云和县汇田实业有限公司 2007年11月22日,通过公开拍卖,青田县侨乡国际大酒店以1250万元竞得云和县石塘镇寨下叶蜡石矿探矿权。此后,侨乡国际大酒店成立云和县汇田实业有限公司,开展叶蜡石矿区地质详查工作,探明叶蜡石资源储量237000万千克。2010年探矿基本结束,遂办理探矿权转采矿权的手续。

云和县华鑫矿业有限公司 2010年下半年,从云和县云泰矿业有限公司转让1个采矿权(含选厂),位于云和县云和镇霞晓桥柿树坳,矿区面积267平方米,矿山萤石矿资源储量11890万千克。矿山基本建设已经完成,2011年可以正常开采,预计效益非常可观。

管理机构

1986年,云和县经济委员会设立矿产科。1991年,变更为矿管科。1992年,成立云和县矿山管理站。1994年,成立云和县矿产开发管理办公室,加强矿产资源管理职能。1995年,由于矿山企业爆炸物品使用减少,矿山管理站撤销。1999年1月,"云和县矿产开发管理办公室"变更为"云和县地质矿产办公室"。2001年11月,"云和县土地管理局"变更为"云和县国土资源局",2002年,国土资源局成立地质矿产科,负责编制和实施全县矿产资源总体规划,管理矿产权及矿产市场,对矿产资源勘查、开发、保护和合理利用进行监督管理。是年,云和县地质矿产办公室撤销,人员编制从云和县经济委员会并入云和县国土资源局。

第三章 重点行业

云和县金属加工始于20世纪60年代国家“小三线”建设，受原新华机器厂辐射功能，云和当地的机械加工能力有较快发展，解决了机械加工中的人员、技术、工艺、设备等一系列在当时本地一时难以解决的困难，创办轴瓦、电机等机械生产的企业，为金属加工的发展打下基础。在省政府扶贫挂钩政策的实施中，县政府从慈溪引进技术、设备、产品和资金，创办合资企业，使云和的金属加工业走上新的发展阶段，轴承、阀门分别成为全县工业的支柱产业。

第一节 轴 承

云和县轴承工业始于20世纪80年代，由县无线电厂转产微型轴承套圈为云和县钢球厂。主要产品有微型轴承套圈、各种规格钢球等。1991年，全县生产微型轴承套圈1378.05万只，生产钢球11805.71万粒。是年，全县有轴承企业20家，从业人员753人，工业产值3470万元，产品销售收入2365万元，利润税金总额为39万元。

1992年，在省政府扶贫挂钩政策的实施中，云和县与经济发展较快的宁波慈溪结对扶贫，提出“千家万户”办轴承的发展思路，从慈溪引进技术、设备、产品和资金，创办合资企业，使云和的金属加工业走上新的发展阶段。

1993年8月，经云和县体改办批准，创办云和第一家股份合作制企业，即云和县轴承厂，为云和轴承企业集团公司所属的一个分厂，有职工552人，生产23种规格的套圈，20种规格保持架，10种规格轴承。职工资金入股形成企业的主要资金来源，有固定资产86万元。

1995年，全县有轴承企业63家，产值8179万元。是年，县轴承厂有轴承专业设备200多台，固定资产450万元。形成年产轴承保持架2000万套、套圈600万套、套圈后套加工2000万套、小型轴承300万套的生产能力。该厂投入技改资金780万元，新增磨装生产线10条。采用超声波清洗，提高产品清洁度，增加清洗机5台。年产值达3700万元，实现利润236万元。

1996年，县轴承企业集团公司、县轴承厂为龙头的轴承加工企业53家，有固定资产4823万元，总产值8004万元，占全县机械总产值的94.29%。是年，轴承企业集团年平均职工392人，固定资产原值3803.10万元，总产值6048.60万元，比上年下降2.71%；产品销售收入3523.70万元，比上年减少11.11%，利税总额22.1万元。

1997年，全县有轴承加工企业8家，固定资产原值5319万元，总产值5745万元，占全县机械工业总产值的97.64%。是年，轴承集团公司年平均职工430人，有固定资产原值4184万元，全年实现总产值5838万元，比上年下降3.48%，产品销售收入3259万元，比上年减少7.50%，利润和税金总额9万元，比上年减少59.30%。

1998年12月，全民所有制的县轴承集团公司，改制为云和县云圣轴承实业有限公司。1999年3月，成立注册资金356万元的云圣轴承保持器有限公司。2000年，全县有轴承生产企业25家，实现年产值1.01亿元，比上年增长27.45%，占全县工业产值的10.45%。是年，销售、产值在500万元以上规模的企业有云圣轴承实业有限公司及和一实业公司。2001年，有轴承生产企业24家，其中规模以上企业5家，职工年平均人数1542人，全年实现产值1.01亿元，比上年减少10.58%，占全县工业总产值的11.80%。

2002年，全县有轴承生产企业37家，职工年平均人数716人，实现产值7517万元，比上年增长31.55%，占县内工业产值的9.09%。是年，云圣轴承保持器有限公司引进日本国产轴承保持器自动生产线2条及生产专用模具8套，新增国产配套的生产设备及辅助设备，生产替代进口高精度轴承保持器。

2003年，云圣钢球有限公司G5级钢球工艺、云圣保持器有限公司"O"形爪保持器，通过省级技术创新和新产品的2个鉴定。

2004年，全县有轴承企业39家，从业人员1263人；全年实现工业产值1.06亿元，比上年增长19.47%，产值占全县工业总产值的5.58%。是年，云圣轴承保持器有限公司被列为省级高新技术企业，在全国首创"级进加工法"先进工艺，生产出可替代进口产品的"0"型带抓高精度保持器，被认定为省级高新技术产品。同年，宁波衡大贸易公司投资3000万元在工业园区建设轴承厂。

2005年，全县有轴承企业39家，从业人员1367人，全年实现总产值0.95亿元，比上年减少9.58%。产值占全县总产值的4.42%。是年，云和轴承企业进行技术改造，引进国外先进自动化生产设备，提高产品生产的自动化程度；云和县轴承骨干企业基本通过ISO 9001、ISO 9000和TS16949等质量管理体系认证，形成完整的质量管理体系，企业生产严格遵照国际、国内标准生产的套圈、保持器、钢球等产品，质量良好，深受配套企业的欢迎。

2006年，云和县轴承行业加大技改投入，初步形成设备、装备先进，产品质量优良的轴承部件制造产业链，在轴承行业精密轴承零部件领域，有较高的知名度，初显产业集群的优势。是年，云和县诚创轴承有限公司生产的零缺陷精密轴承套圈达到国际水平，被列入省技术创新项目计划；浙江兴昌轴承有限公司生产的高精度长寿命无异音钢球，浙江利隆精密轴承制造有限公司生产的保持器均在国内单一领域处于领先水平，并已替代进口。

2007年，全县轴承工业企业52家，同比新增13家；全年累计实现产值1.4亿元，占全部工业产值份额的5.6%，同比增长47%，其中规模以上企业7家，实现产值9436万元，同比增长34.38%。

2008年，云和县诚创轴承有限公司实施的"制造零缺陷精密轴承套圈技术"创新项目对全县轴承行业的产业提升具有较大意义，县经贸局对该项目进行整理、包装，联系、落实好项目研制工作，并申报2008年省技术创新项目，于8月通过验收。

2009 年，云和县轴承工业企业 58 家，其中，规模以上企业 8 家，从业人员 1035 人；全年实现销售收入 1.62 亿元；规模以上企业实现利润和税金总额 682 万元。

2010 年，全县轴承企业 64 家，其中规模以上企业 10 家，从业人员 1282 人；全年实现产值 2.96 亿元，其中规模以上企业实现产值 2.50 亿元；实现利税总额 929 万元。是年，骨干企业在技术创新、产业升级方面具有较强的核心竞争力。云圣保持器、兴昌、和一、诚创、天达、军达等企业淘汰大量劳动生产率低、技术落后的手动车床、冲床、磨床等设备，购买具有数字控制、程序控制、数字显示、智能程度高、精度高的自动机床，组成一体化自动生产线，实现生产设备智能化。同年，诚创轴承有限公司有员工 133 人，实现年产值 3600 余万元，营业收入 3263.7 万元，缴纳税金 226.56 万元。

第二节 阀 门

1999 年 10 月，浙江东泰阀门有限公司等一批企业，开始从事阀门生产。

2000 年，阀门生产转型期，主要生产阀门、建材和半成品。是年，全县共有企业 35 家；职工平均人数 671 人；实现产值 1.36 亿元，比上年增长 19.04%，占全县工业产值的 14.03%。

2001 年，全县共有企业 26 家，其中规模以上企业 5 家，职工年平均人数 547 人。是年，实现产值 1321 万元，占全县工业产值的 15.4%。

2002 年，云和县高特泵阀制造有限公司，投入技改资金 500 万元，增置车床、钻床、铣床、中频电炉、磨床、大型试压机、退火炉及化验仪器等生产，检测设备 350 台(套)，购置破产企业场地 11000 平方米，拆建厂房、办公及科研综合楼等建筑面积 9000 平方米。

2003 年，金属加工业发达地区的温州、台州、宁波等地由于受土地、电力、环境资源的限制，面临产业转移，云和县政府根据本地实际情况，引进一批阀门生产企业。

是年，云和投入技改资金 10010 万元，改造全县 11 家阀门企业。同年，浙江万和阀门有限公司，投入技改资金 1350 万元，其中：购置建设用地 17300 平方米、厂房建面积 7200 平方米，购置配套的生产设备 69 台，建成年产 250 万千克高精度大口径阀门成品。使企业新增销售收入 2375 万元，利润 303 万元，税金 344 万元。

2004 年，通过招商引资，实施山海协作工程，引进 24 家县外金属铸造企业入驻云和，成为全县经济增长的新亮点。

是年，全县有 37 家阀门企业，主要生产阀门铸件和阀门成品，年产值达 3.6 亿元，产品包括阀门铸件和阀门成品，产品销往温州、台州、东北、华北及全国各地。

2005 年，引进云和县宝德龙阀门有限公司、云和县宏顺阀门有限公司、云和县佳隆阀门有限公司、云和县瑞和阀门铸件厂、云和县阿斌阀门配件制造有限公司等阀门企业。其中中国伯特利集团云和有限公司是引进的投资规模最大的企业之一，该企业在云和投资用地 5.79 公顷，投资金额超过 8000 万元。主要产品有锻钢阀、闸阀、截止阀、止回阀、球阀、蝶阀、电站阀、水力控制阀及美标阀系列等。

2007年，全县阀门企业56家，同比新增24家；企业职工1526人，同比新增188个就业岗位；全年实现产值5.16亿元，占全部工业产值份额的20.62%，同比增长14.59%。其中规模以上企业14家、新增1家，实现产值4.6亿元，同比增长18.1%。是年3月，浙江永和阀门制造有限公司成立，是集设计、开发、生产、安装、销售、服务为一体的各种国标、美标、日标、非标阀门生产的专业化企业。主导产品有：各种系列高温高压电站阀门、球阀、截止阀、止回阀等1000多个品种；产品覆盖全国各地，广泛用于电力、造纸、医药、酿酒等行业；公司占地面积1万平方米，建筑面积17000平方米；有员工220人，其中，高、中级工程技术人员30余人；拥有精良大、中型机加工设备150余套，产品设计新颖，工艺精湛，制作精良，检测手段完备。

图11-3-1 阀门生产车间（2008年摄 县经商局供稿）

2008年，全县引进企业项目27个，合同利用市外内资26.80亿元，实际利用市外内资3.65亿元，比2007年增长55%。是年，浙江伯特利阀门集团公司实施年产1万吨阀门技术改造项目，主要生产闸阀、截止阀、球阀、电站阀及油门专用阀门等工业阀门，项目主要新增中频炉、直读光谱仪、高能煤气发生炉等设施，形成年产1万吨阀门的生产能力，总投资8000万元，并建成投产。当年可新增销售收入2.4亿元，利润800万元，税金1000万元。同年，引进云和县立信泵阀制造有限公司进行年产5000万元大口径阀门技改项目，该项目产品用途广泛、需求量大、技术较先进，主要生产各类精密阀门。项目总投资6890万元，当年年末，累计投资5000万元。还引进上玉集团云和阀门有限公司，年产400万千克高精度阀门技术项目，项目投资3000万元，到年底累计投资2000万元，建成投产后，可新增销售收入6400万元，利润800万元，税金500万元。是年，云和县金旺机械制造有限公司与华东大学合作的“天然黏土砂低能耗铸造关键技术研究与产业化”生态节能项目，获得省科技厅高效节能重大专利技术。

2010年，全县阀门有企业54家。其中，规模以上企业32家，从业人员2039人，实现工业总产值10.91亿元，同比增长159.3%。

第三节 企业选介

浙江诚创轴承有限公司

浙江诚创轴承有限公司成立于2003年4月，位于云和县新华街277号，是专业生产高精密度轴承套圈的民营企业；占地面积4240平方米，建筑面积6600平方米；注册资金1000万元。公司有国际同步、国内领先的轴承套圈自动化生产线21条，形成年产高精密轴承套圈5000万套的生产能力。2005年，通过ISO 9001质量管理体系认证。2008年，自主研发的零缺陷精密轴承套圈制造技术通过省级技术创新项目验收，填补国内空白，生产的零缺陷套圈替代进口。产品主要销往亚洲、欧洲、南美洲等多个国家和地区，主要顾客为国际八大轴承企业和著名轴承企业。该公司是浙江省AA级守合同重信用企业、丽水市诚信企业、浙江省最具成长潜力中小企业100佳、浙江省诚信民营企业、浙江省AAA级纳税信用企业。

图11-3-2 诚创轴承有限公司生产车间（2010年摄 诚创轴承有限公司提供）

2010年，公司有员工133人，实现年产值3600余万元，营业收入3263.7万元，缴纳税金226.56万元。

云和县和一实业有限公司

云和县和一实业有限公司创建于1997年，位于云和县城解放西路50号，是生产轴承套圈的民营企业。公司占地面积4500平方米，建筑面积6000平方米。公司注册资金人民币100万元。公司具有较强的技术力量和合理先进的工艺流程，拥有一流的高精度液压自动轴承套圈加工机床、先进的检测仪器及其他专用设备，是浙江省成长之星企业、浙江省纳税AAA级单位、浙江省AA级守合同重信用单位、丽水市劳动关系和谐单位。

2010年，有员工123人，实现产值3384万元，营业收入3360万元，缴纳税金120万元。

图11-3-3 兴昌轴承有限公司生产的产品（兴昌轴承有限公司提供）

浙江兴昌轴承有限公司

浙江兴昌轴承有限公司成立于2000年8月，位于云和县兴昌街88号，是专业生产高精度轴承钢球的民营企业，公司注册资金480万元。至2010年，已成为全国十大钢球企业之一。公司拥有精良的轴承钢球生产线和精密检测仪器400多台套，选用最优质国产轴承钢丝和德国进口磨料、磨具，吸收消化美国德国长寿命、日本低噪音无异音技术，结合中国原材料、设备的特点，进行改革和创新，制定先进的钢球生产工艺，实现并保证高精度、高转速、长寿命、低噪音无异音钢球大批量生产的可行性、稳定性和一致性，替代进口高端产品。

2003年，公司通过ISO 9001质量管理体系认证。2009年，通过《深沟球轴长寿命静音钢球》技术创新项目国家级验收。主要顾客为国内外知名轴承企业。

2010年，公司有员工90人，占地面积8337平方米，建筑面积8200平方米，年产值5705万元，营业收入4798万元，缴纳税金283万元。

浙江利隆精密轴承制造有限公司

浙江利隆精密轴承制造有限公司，成立于2007年7月，位于云和县杨柳河园区祥云路15号，是专业生产微小型轴承保持器的民营企业。公司占地面积1.33公顷，建筑面积13500平方米，注册资金630万元。公司自成立起就与国家轴承权威机构——洛阳轴承研究所建立紧密的合作关系，是中国轴承保持器协会常务理事单位、轴承保持器国家标准主要起草单位、云和县第一家国家高新技术企业。被评为丽水市劳动关系和谐企业、丽水市节能先进单位、重合同守信用企业。

图11-3-4 精密轴承（利隆精密轴承制造有限公司 提供）

2010年，有员工136人，其中技术人员15人。生产高精度轴承保持器3亿套，实现产值3000万元，营业收入2000万元，缴纳税金180万元。

浙江凯维喜阀门制造有限公司

浙江凯维喜阀门制造有限公司，创建于2004年1月，位于云和县金属工业园区内，是生产成品阀门的民营合资企业。厂区占地面积10860平方米，建筑面积9045.8平方米，企业注册资金33757万元。2006年以后，公司生产的成品阀门由于质量稳定，价格合理，受到上海、西安、北京、郑州等地客户的好评。

2010年，有员工141人，其中技术人员15人。实现年产值3785万元，营业收入2745万元，利润204万元，缴纳税金139万元。

浙江汉威阀门制造有限公司

浙江汉威阀门制造有限公司成立于2004年，位于云和县白龙山路702号。公司占地面积17248平方米，建筑面积8800平方米，公司注册资金5000万元。公司主导产品有闸阀、截止阀、止回阀等品种。拥有车、铣、镗、钻、刨、磨等各类先进的加工制造设备，同时公司还建立相应的理化实验室，拥有日产岛津光谱仪、力学实验与压力试验成套装置等先进仪器设备。公司先后通过ISO 9001—2008质量管理体系、ISO 14001—2008环境管理体系、GB/T28001—2008职业健康与安全管理体系和CE认证。公司产品远销欧洲、美洲、非洲等国家和地区。

图11-3-5 阀门油漆车间（县经贸局供稿 2008年摄）

2009年，公司获中国质量诚信管理中心、中国质量诚信监督管理协会评选的“浙江省产品质量达标AAA单位”称号。

2010年，产值4300余万元，营业收入2100万元，缴纳税金190余万元。

丽水华宏钢铁制品有限公司

丽水华宏钢铁制品有限公司的前身为乐和金属制品有限公司，成立于2002年9月，位于云和县重河村原“浙南钢铁厂”厂址，是云和县人民政府招商引资的重点民营企业和省政府牵头的“山海协作工程”项目，公司占地面积1.2公顷，建筑面积9800余平方米，注册资金1080万元，主要生产线材、圆钢、制钉及各种机械用原材料产品。

2006年，乐和金属制品有限公司进行重组，更名为丽水华宏钢铁制品有限公司。重组后立即投入技改，历时四个多月完成生产线材、圆钢的扩建和技改。是年，公司拥有固定资产5500万元，厂区占地面积4公顷，建筑面积21000平方米，生产规模为年生产线材、圆钢18000万千克。是云和县最大的民营企业，连续三年被县政府评为“先进企业”。

图11-3-6　炼钢车间（华宏钢铁制品有限公司公司　提供）

2007年，公司完成技改，5月开始投入生产。是年，生产线材、圆钢15000万千克，产值7.5亿元，上缴税金1000多万元。

2008年，公司有员工315人，产值9.1亿元，实现利润总额2033万元，上缴税金4298万元。2009年年底，公司通过国家级审核验收。

2010年，公司厂区占地面积12.73公顷，建筑面积，50811平方米；有员工631人，产值5.27亿元，实现利润592万元，上缴税金4045万元，资产总计1.2亿元。

第四章　经济成分与体制改革

云和县工业企业20世纪90年代中、前期，以全民、集体经济（含乡镇企业）为主。20世纪90年代后期，随着市场经济的不断发育和国家经济体制变革，企业改制的不断推进，全民（国有）、集体企业绝大部分逐渐改制，个私民营经济得到长足发展。1996年，全县国有工业、乡以上集体工业有24家和44家。2001年，有国有工业企业4家，其中，中央企业1家；规模以上股份合作、有限责任、联营、合资企业达23家；规模以下个私企业发展到891家。2005年，国有工业仍为4家，规模以上非国有的民营企业已达51家，规模以下的个私企业增至1025家。工业企业的生产规模、生产能力和效益都有不同程度的提高。

第一节　经济成分

国有工业企业

1991年，全部国有工业产值9560万元。其中县属国有工业3894万元，比上年增长19.6%，工业净产值814.1万元，实现销售收入3206.5万元，利税总额为15.3万元，年末固定资产原值2927.2万元，年均职工人数1600人，全员劳动生产率每人22431元。是年，云和县内的国有企业有电力公司、自来水厂、雾溪水库（电站）、轴瓦厂、电机厂、无线电厂、钢球厂、磷肥厂、制氧站、印刷厂、铁合金厂、陶瓷厂、化工厂、林化厂、酿造厂、食品厂、粮油厂、饲料厂、半导体陶瓷元件厂，电子仪器厂、中药饮品厂等22家。是年，经委系统企业工业产值1366.79万元，占全部县属国有产值的35.1%；主要产品有磷肥、轴承套圈、钢球、化工油酸、氧气、粮油加工、发电量、供水、糖果食品、饮料酒类、电动机及小电器等。同年，全县国有工业技改投资482万元，共19个项目。钢球厂经过技改，年产钢球同比增长1倍，达2亿粒，利润60.63万元，同比增长46.8%；无线电厂经过技改，产值达689万元，利润109.4万元，利税总额136.2万元，时为全县第一。铁合金厂等高能耗企业没有走出经济滑坡困境。

从1993年起，计划经济向市场经济过渡，企业体制改革逐步推进，云和县对国有企业改造主要采取出售、租赁、破产等办法，先后完成改制的企业有轴承公司、保持器厂、砖瓦厂、建材厂、印刷厂、轴瓦厂、化工厂、铁合金厂等。

1996年，经委系统辖有轴承企业集团有限公司、轴瓦厂、印刷厂、酿造厂、磷肥厂、制氧站、浙南建材厂7家全民所有制工业企业，年平均职工650人；固定资产原值5481.5万元，实现产值7470万元，比上年增长0.44%；销售总产值6389万元，比上年增长19.44%；利税总额105.7万元，比上年实绩的398.4万元，减少292.7万元。

创办于1961年的食品厂，至1992年，实现产值1189.21万元，利润76.38万元，上缴税金100.87万元，1993年处于停产状态，1996年12月，经县商业局同意，向县人民法院申请破产还债，1997年5月，经县法院裁定破产。

1999年，终结建材厂、酿造厂、轴瓦厂、磷肥厂等企业破产程序。至此，县内国有工业除水、电系统3家外，基本完成历史使命。2005年，县内国有工业企业3家，实现产值10934万元，利税总额1957万元，固定资产净值平均余额5273万元，年职工平均人数371人。

2010年，县内国有工业企业仅有县电力公司、自来水厂2家，职工人数280人，产值2.07亿元，利税总额8396万元。

集体工业企业

二轻集体工业企业 1991年，云和县县属集体企业24家，实现产值2567万元，净产值585万元，年均从业人员1033人，年末固定资产原值742.7万元。其中，二轻系统有云和木制厂，春光服装厂，玩具一、二、三、四厂、车木厂、绸缎厂、汽修厂、钢木家具厂等集体工业12家，职工739人，产值1491万元，占县内工业总产值的13.4%，产品销售收入1280.5万元，出口交货值850万元，固定资产421.50万元，利税总额59万元；主要产品为木制品、家具、服装、纺织品、五金配件等。1994年，二轻企业基本完成改制的前期工作。二轻局局机关与丽水五金厂联营，创办云和铜材厂，新增产值1000万元。1995年，二轻工业产值4916万元，利税总额97.9万元，技改投入110万元。

1996年，二轻系统辖有玩具总厂、玩具二厂、五金厂、无纺布厂、四方机械厂、工业品有限公司6家集体所有制工业企业，年平均职工217人；有固定资产原值761.3万元；实现产值2133万元，比上年下降48.37%；销售总产值1812万元，同比下降59.2%；产品销售收入891.4万元，比上年减少56.48%；利税总额51.3万元，比上年减少53%。

1998年，二轻系统内有玩具总厂、五金厂2家企业，总产值152万元，同比下降89.6%；销售产值171万元，下降87.9%。完成全部企业转、改制后，终结二轻集体序列统计。

部门集体工业企业　云和县部门发展工业从20世纪90年代初期以后不断出现。1991年，林业系统工业产值550万元、水电系统工业产值507万元、粮食系统工业产值367万元、计委系统工业产值218万元、农业系统工业产值153万元、商业系统工业产值70万元、教委等其他系统工业产值351万元。企业性质有全民、集体和联营等。企业职工800余人，年末固定资产原值1396.4万元，产品销售收入1.73亿元，利税总额39.9万元。

1996年，农业局有通用机器厂、通用铸造厂、皮毛厂、裘皮厂、木地板厂、宏丰实业有限公司6家工业企业，年均职工56人，有固定资产原值327.6万元，产值391.2万元，比上年下降16.65%；产品销售收入439万元，比上年下降15%；利税总额由上年的9.4万元，下降为负17.3万元。

是年，水电局有雾溪水库电站、自来水厂、磨料磨具厂、水电阀门厂等5家企业，年均职工220人；有固定资产原值530万元；全年实现产值942万元，同比下降4.27%；销售收入2030万元，比上年增长51.01%；利税总额由上年的32.2万元，下降为负29.1万元。

同年，粮食局有粮油厂、饲料厂、粮油轴承厂3家企业，年均职工96人，有固定资产原值449.1万元，实现产值991万元，同比增长1.33%；利税总额负16.5万元（上年负5.4万元）。

同年，计委系统辖有桑尼电子公司，云建水泥预制厂、煤饼厂3家企业，年均职工105人，有固定资产原值454.5万元，全年实现总产值1306万元，同比增长193%；产品销售收入1213万元，比上年增长225%；利税总额360.1万元，同比增长767%。

是年，教育系统有云中钢球分厂、教育玻纤厂、精工轴承配件厂3家企业，年均职工45人，全年实现总产值132万元，同比下降54%；利税总额11.9万元，减少44.5%。

是年，林业局有木材厂、挂靠企业和信工艺厂、狮山木地板厂3家企业，年均职工128人，产值732万元，同比下降11.38%；利税总额由上年的97.5万元，下降为负31.1万元。

是年，供销社创办的速冻厂，产值10万元；民政局办的福利厂产值227万元。

1997年，全县有人事劳动、林业、粮食、水电、农业、城建、供销、民政、教委共10个部门创办的工业企业23家，年均职工323人，有固定资产原值7225万元，实现产值6829万元，占全县工业总产值的7.09%；销售收入8524万元，占全县工业销售总产值的9.51%；产值千万元以上的有人事劳动、林业、粮食部门办的工业企业，除这三个部门的企业外，其余部门工业产值与上年同期相比，全部为负增长。1998年，农业、供销两个部门已没有工业；另外8个部门工业总产值4498万元，占全县工业总产值的4.67%。

1998年，云和县兴合食品速冻厂资产455.3万元，负债801.3万元，资产负债率达177.8%。

是年，云和县兴合食品速冻厂破产终结。

1999年后，各部门工业除电力、水电外已全部改制，无单列统计。

乡镇集体工业企业 1991年，全县有镇办工业企业22家、乡办企业42家、村办企业144家、村以下合作联营及个体企业940家，全部乡镇工业企业1148家，实现乡镇工业总产值4630万元，比上年增长39.64%。其中，乡及乡以上工业产值2022万元，同比增长59.3%；利税总额293万元，同比增长15%；产品销售收入1948万元；年末固定资产原值1176万元；年均从业人员2040人。主要产品为竹木制品、玩具、镰刀、农产品加工、小五金、建材、矿石等。是年，产值50万元以上的乡镇企业12家；村及村以下企业工业总产值2608万元。碳素厂、电化厂、电解锰厂等3家高能耗企业负担沉重。

1993年，乡镇工业企业1521家。其中，乡镇办94家、村办50家、联办106家、个体1271家，乡镇工业产值2.5亿元，同比增长108.8%，乡镇工业产值占全县工业总产值的71%。云和、石塘、紧水滩、沙溪4个工业开发小区兴建玩具、铸钢等企业24家。是年。开展52家乡镇企业的改制工作，如石材公司、童鞋厂实行股份制，丝绸厂实行租赁制，柴油发电设备厂实行拍卖等。全县15个乡镇均建立工业办公室。

1995年，完成乡镇工业产值6.71亿元，同比增长94.4%，技改投入4206.9万元，完成年度计划的140.23%，同比增长69%。1996年，共有乡镇工业701家，年均从业人员10551人，完成乡镇工业产值4.64亿元，其中，乡镇办工业17家、年均职工594人，固定资产原值1095.1万元，工业产值2709万元；村及村以下684家，从业人员9957人，实现产值4.39亿元。是年，碳素厂、地方工业总公司、县实验总厂（丝绸厂）破产终结。是年9月18日，《乡镇企业动态》第8期记载：云和村以下经济占“三分之二天下”，1—8月，总产值占全县工业产值的74.4%，比上年增长1.29倍。

1997年，共有乡镇工业企业1742家，年均职工10309人；工业总产值5.72亿元，占全县工业产值的74.1%。其中：乡镇办工业15家，年均从业人员372人；实现产值1097.3万元、销售收入1211.2万元；利税总额122.9万元，比上年下降1.8%；村及村级以下的工业企业1727家，实现工业产值56064万元，同比增长27.7%。1999年，乡镇工业产值7.49亿元，增长17.3%，占县内工业总产值的90.6%。至2000年，县内考核乡镇工业产值为8.87亿元，其中：集体23618万元；私有65091万元，同比增长18.4%，占县内全部工业产值的91.5%。从2001年起乡镇企业无单列统计。

个私工业企业

1991年，云和县出现以玩具产业为代表的家庭工业，如小徐乡福兴村10户库区移民，9户办玩具厂，1户办木珠厂，全村产值100万元以上，人均收入超过1000元。至年底，全县合作经营及个体工业达940家，年产值2321万元。1993年，个私工业迅速兴起，新办个私工业企业8家，至年底企业达427家，实现工业产值1177万元。

1996年，个私工业企业465家，年均职工5009人，产值2.66亿元；合作制工业企业191家，年均职工4791人，产值1.69亿元。1998年，私营企业290家，其中，年收入500万元以上私营企业5家，从业人员6345人，总产值40356万元；500万元以上私营企业产品销售收入5194万元，利税总额385万元。

1999年之后，全县的木制玩具企业全部为个私经济（称民营经济），其他工业生产也以个私经济为主体。

2000年，全县共有个私工业企业1158家，其中规模企业15家。总产值9.02亿元，年均从业人数13766人，占县内工业产值的比重达93.1%。是年，玩具企业156家，近200个加工点；产值4.4亿元，同比增长33.1%，占县内工业产值的45.4%；同年，民营工业形成以玩具、轴承、铸钢、小水电为支柱的工业结构体系。

图11-4-1　新云玩具总厂生产车间（新云集团提供　2009摄）

图11-4-2　新云玩具总厂生产车间（新云集团提供　2009摄）

2001年，个私工业向做大做强发展，全县个私工业企业910家（规模企业有19家），总产值7.61亿元，占县内工业产值94.7%。其中，玩具企业255家，产值5.63亿元，同比增长28.1%，占县内工业的65.6%。新云玩具总厂产值首次超亿元大关，达到1.01亿元。是年，轴承企业24家，产值1.01亿元，同比减少10.6%，占县内工业产值的11.8%；铸造企业26家，产值1.32亿元，同比增长1.5%，占县内工业的15.4%。2002—2004年，个私工业继续健康、有序地向前发展。

2005年，全县有股份制工业1家、有限责任公司8家、私营企业39家。全县个私工业企业1073家（其中规模企业48家），产值18.34亿元；全部职工年均人数为18539人，其中，玩具企业555家，年均职工11080人，产值9.62亿元；阀门企业32家，年均职工1338人，产值4.51亿元；小水电企业42家，年均职工1242人，产值3.02亿元；轴承企业39家，年均职工1367人，产值0.95亿元。

2010年，个体私营企业1700家。其中有联营企业1家、有限责任公司17家、私营企业82家；全部职工年平均人数为23936人，总产值33.73亿元，规模以上主营业务收入29.19亿元，利税总额4.17亿元。

合资工业企业

中外合资企业　1998年，瑞士汉佩控股公司与云和新云玩具厂合资，创办浙江云和新华工艺玩具有限公司，总投资550万元，其中外方投资30万美元。

2001年，云和红源工艺品有限公司、怡人工艺品（宁波）有限公司与德国红源有限公司正式签约，成立云和怡源工艺品有限公司，注册资金450万元，占比分别为33%、34%、33%。

2005年1月，中方（浙江木姥姥玩具工艺品有限公司）与英方（华基管理有限公司）合资成立丽水彼来福木业有限公司，注册资本金735万元，其中英方为470.4万元，中方为264.6万元。

是年4月，中方（云和捷给玩具厂）与日方合资成立浙江云和日桑工贸有限公司，注册资金35万美元，其中日方24.5万美元，占比70%，中方10.5万美元，占比30%。2007年，云和日桑工贸有限公司变更为内资企业（日方股份转让）。

港台合资企业 1993年，云和县首次引进港、台资金25.20万美元，由华东实业有限公司与香港智友有限公司合资兴办“智华工艺品有限公司”；县工业供销公司与台商在云和合资创办“环球工艺品有限公司”；县玩具公司与香港中港工艺礼品有限公司合资兴办“德兴工艺礼品有限公司”。

1994年，港商在云和开办独资企业亮星工艺礼品有限公司，生产木制玩具，年平均职工59人，有固定资产原值52.30万元。1996年，实现工业总产值665.70万元，比上年增长52.30%；产品销售收入457.30万元；利税总额4.80万元。

1999年，香港中协制造有限公司与云和忠协玩具厂合资成立浙江云和忠协工艺品制造有限公司。港方投资84万元，云和忠协玩具厂投资116万元。分别占42%和58%。年生产能力800万元，经技改扩建可达年生产能力2600万元。2009年，浙江云和忠协工艺品制造有限公司实现工业产值3271万元，比上年的4714万元减少30.60%；销售收入2904万元，比上年的4258万元减少31.80%；实现利税409万元，比上年的326万元增加25.60%；利润202万元，比上年的268万元减少24.40%。2010年4月，浙江云和忠协工艺品制造有限公司的双方终止合作关系。

2003年，港商在云和注册成立贯协工艺品有限公司，注册资金200万元。

第二节　体制改革

经营管理体制改革

1992年，县政府公布《云和县工商企业第二轮承包工作实施意见》，要求做到承包主体、承包内容、承包形式、承包程序逐步规范。签订第二轮厂长承包经营责任合同，两轮承包经营平稳过渡；依照“严肃合同、全面考核、体现政策、及时兑现”的原则进行考核兑现。

1994年开始，针对企业经营中“承包经营”包盈不包亏、“工效挂钩”挂涨不挂落的情况，大面积出现“富了住持空了庙”的情况，完善企业承包经营责任制，强化内部管理。结合“清产核资”的试点工作，完善企业承包指标体系和“工效挂钩”的办法，逐步由利润承包转向资产经营承包。

产权制度改革

1992年，全县工商企业共计680家，其中国有企业187家，集体企业376家，联营和其他形式18家，私营企业99家。

是年，乡以上独立核算的全民、集体工业企业年末固定资产原值为6050万元，净值为4006万元。

1993年6月底，全县工业企业总亏损额4800万元，县属工业企业基本处于一种“资不抵债”的局面，高能耗企业的碳素厂、电解锰厂、磨料磨具厂等，因高负债濒临倒闭。

1993年7月初，成立“云和县企业改革领导小组”，县委书记陈川任组长，县人大常委会主任唐德贵任副组长，县长刘秀兰任副组长兼任领导小组办公室主任。7月16日，县委召开全委会听取政府汇报，并印发《关于进一步深化企业改革，理顺产权关系的决定》。全县组织78个工作组进入企业开展工作。

1994年，木制厂、服装厂进行拍卖，工艺制品厂实施破产。

1998年6月，尚未改制的工业企业仍有23家，在职职工1098人。主要问题是人员安置难度大，资产不容易变现。

是年9月，县政府印发《关于进一步推进县属企业改革有关政策的通知》。该通知明确规定企业改制工作遇到资产评估和产权界定、资产核销、资产提留及非经营性资产的剥离等实际问题的解决办法，此后，加速工业企业改制进程。

2001年，中药饮片厂实行股份合作制、黄坑萤石矿实施解体注销，至此，完成所有县属工业企业产权制度改革；县饲料公司（1999年，饲料公司年亏损额达110万元）、县粮油工贸公司，经县法院依法宣告破产后，原企业的部分固定资产用于原企业职工身份置换（买断工龄）的补偿，县饲料公司职工自行组合，成立股份合作制企业；县粮食轴承厂，经县法院依法宣告破产后，全部职工分流安置。

云和县县属国有工业企业改制情况统计表

表11-4-1

改制企业称	性质	改制形式	完成改制时间	改制后名称
轴承集团公司	全民	有限责任	1998年12月	云和县云对轴承实业有限公司
化工厂	全民	破产	1996年	—
铁合金厂	全民	破产	1997年	—
印刷厂	全民	有限责任	1998年12月	云和县兴宏纸业包装有限公司
酿造厂	全民	破产	1999年6月	—
磷肥厂	全民	破产重组	1999年8月	重组后为云和县昌盛磷肥有限公司

续表 11-4-1

改制企业称	性质	改制形式	完成改制时间	改制后名称
浙南建材总厂	全民	破产	1999 年 5 月	—
陶瓷厂	全民	破产	1998 年 8 月	—
轴瓦厂	全民	破产重组	1999 年 8 月	重组后为云和县云鹤轴瓦有限公司
制氧站	全民	出售重组	2000 年 12 月	出售组建云和县华泰制氧有限公司
矿冶公司	全民	破产	2001 年 10 月	—
中药饮片厂	全民	股份合作制	2001 年 9 月	云和县腾飞药材养殖场
黄坑萤石矿	全民	解体注销	2001 年 8 月	—
五金厂	集体	股份合作制	1997 年 11 月	云和县五金厂
钢木家具厂	集体	解体注销	1996 年	—
绸缎厂	集体	破产	1998 年 8 月	—
玩具一厂	集体	破产	1998 年 10 月	—
木制厂	集体	拍卖	1994 年	—
服装厂	集体	拍卖	1994 年	—
玩具公司	集体	破产	1996 年 1 月	—
无纺布厂	集体	破产	1998 年 8 月	—
四方机械厂	集体	破产	1998 年 10 月	—
玩具二厂	集体	破产	2001 年 11 月	—
沪云竹制品厂	集体	破产	1995 年	—
工艺制品厂	集体	破产	1994 年	—
食品厂	全民	破产	1998 年 9 月	—
兴合速冻厂	集体	破产	1998 年 8 月	—
粮食轴承厂	全民	破产	1999 年 11 月	—
粮油工贸公司	全民	破产重组	1999 年 12 月	—
饲料公司	全民	破产重组	1999 年 12 月	重组后为云和县宏泰饲料有限公司
良种场	全民	破产	1998 年 11 月	—
皮毛厂	全民	破产	1998 年 11 月	—
通用机械厂	全民	破产	1998 年 11 月	—
林化厂	全民	破产	1995 年	—
木材厂	全民	破产	1999 年 4 月	—
烧饼厂	集体	解体重组	2001 年 10 月	云和县烧饼厂
云中钢球分厂	全民	解体注销	1995 年	—
电子陶瓷元件厂	全民	有限责任	1996 年	浙江省鑫通电子有限公司
金盾轴承厂	全民	破产	1998 年 8 月	—

第三节 机构与队伍

县经济贸易局

1978年2月，建立工业局。1986年7月撤销。1981年2月，建立县经济委员会。1984年2月与计委合并。1986年7月，重新恢复建立经济委员会。

1996年10月，乡镇企业局、医药管理局与经济委员会合署，一套班子，三块牌子。同时，撤销县二轻局，暂时保留县手工业联社，在经济委员会挂牌，其职能划转经济委员会。经济委员会（乡镇企业管理局、医药管理局）是县人民政府主管全县工业经济和医药行业的职能部门，内设机构有办公室、工业经济综合科、技术管理科、乡镇企业科、二轻企业科、财务管理科、地质矿产办公室、医药管理科。核定编制24名。下属事业单位有县科技开发服务部、县乡镇企业服务站、县地质矿产管理站、县政府发展新型墙体材料办公室、县药用真菌研究所。

2001年11月，根据《云和县党政机构改革方案》，不再保留经济委员会，组建经济贸易局。2002年6月，根据《中共丽水市委、丽水市人民政府关于云和县党政机构改革方案的通知》精神，云和县人民政府办公室印发《关于印发云和县经济贸易局职能配置、内设机构和人员编制规定的通知》，设置云和县经济贸易局（挂中小企业局、对外贸易经济合作局牌子）。内设办公室、综合科（资源能源科）、安全生产监察科、企业科（中小企业科）、内外贸易管理科、技术改造和投资科。核定行政编制18人，其中局长1人，副局长3人，党务领导1人，科室领导职数9人。

2001年11月26日，云和县经济委员会党委及纪检组撤销。同时，建立云和县经济贸易局党组及纪检组。

2005年6月，根据《中共云和县委、云和县人民政府关于调整云和县政府工作机构设置的通知》精神，将安全生产管理职能划入县安全生产监督管理局。

2010年年底，云和县经济贸易局内设办公室，综合科，安全生产监察科，企业科（中小企业科），内外贸易管理科，技术改造和投资科、行政许可科。行政编制18人（含工勤人员）。

1991—2010年云和县经济贸易局主要负责人一览表

表11-4-2

党委（组）书记	任职时间	局长（主任）	任职时间
李冠勇	1990.07—1996.10	李冠勇	1990.07—1993.07
姜化荣	1996.10—1998.06	毛煜海	1993.07—1995.04
马国华	1998.06—1999.08	姜化荣	1995.12—1997.12
林中平	1999.08—2000.09	马国华	1997.12—1999.08
谢卫峰	2000.09—2005.06	林中平	1999.08—2000.08

续表 11-4-2

党委（组）书记	任职时间	局长（主任）	任职时间
程晓东	2005.06—2006.05	谢卫峰	2000.08—2004.08
项宗荣	2006.06—2008.04	程晓东	2004.08—2006.08
叶时杨	2008.04—2010.02	项宗荣	2006.08—2008.05
周　坚	2010.02—2010.12	叶时杨	2008.05—2010.02
—	—	周　坚	2010.02—

县二轻工业局

1978 年 2 月，建立手工业社队企业管理局，1978 年 9 月，分建为手工业局、社队企业管理局。1979 年 2 月，又由手工业局改为第二轻工业局。1984 年，撤销第二轻工业局，建立二轻工业公司和手工业联社。 是年 6 月，又批准保留第二轻工业局牌子。1986 年 1 月，二轻工业局正式恢复。内设办公室、生产经营科、企管财务科。

1979 年 1 月，建立手工业党组。1979 年 2 月，随机构更名改称二轻工业局党组。1984 年 12 月党组撤销，建立党委。

1996 年 10 月，经济委员会与乡镇企业管理局、医药管理局合署，11 月，撤销乡镇企业管理局、医药管理局、二轻局党委，加强经济委员会党委建设。

1991—1996 年云和县二轻工业局主要负责人一览表

表 11-4-3

党委（组）书记	任职时间	局长	任职时间
吴锦娴	1988—1992.03	吴锦娴	1988.01—1992.03
姜化荣	1992.10—1995.12	姜化荣	1992.10—1995.12
—	1995.12—1996.10	—	1995.12—1996.10

县乡镇企业局

1978 年 9 月，建立社队企业管理局。1984 年 2 月撤销，改建社队企业联合社。1984 年 5 月，由社队企业联合社改建为乡镇企业局。乡镇企业局内设办公室、企业管理股、生产技术股、企业财务股、乡镇企业服务站。

1978 年 12 月，建立乡镇企业局党委。1996 年 10 月，经济委员会与乡镇企业管理局、医药管理局合署，11 月，撤销乡镇企业管理局、医药管理局、二轻局党委，加强经济委员会党委建设。

1991—2001 年云和县乡镇企业局主要负责人一览表

表 11-4-4

党委书记	任职时间	局长	任职时间
朱志葆	1990.02—1992.02	田振华	1990.07—1992.10
田振华	1992.02—1992.10	陈积康	1992.10—1995.12

续表 11-4-4

党委书记	任职时间	局长	任职时间
陈积康	1992.10—1995.12	朱伟夫	1996.10—1997.12
—	—	马国华	兼 1997.12—1998.06
—	—	谢卫峰	兼 1998.06—2001.12

县电力工业局

1989 年 10 月 2 日，经云和县政府批准，撤销供电、水电、小水电建设公司，成立电力总公司。

1990 年 7 月 4 日，云和县政府决定将电力总公司，更名为电力公司。

1999 年 1 月 1 日，云和县电力工业局实行省垂直管理体制，为丽水市电力工业局直属机构。

2001 年，实施减人增效、全员竞聘上岗，自谋职业 7 名，内部离岗退养 39 名，清退临时工 5 名。

2005 年，云和县电力工业局机构调整，成立送电工区和电力客户服务中心；撤销检修公司，成立检修工区，负责全局电力设备的检修和检测。

2007 年 4 月 23 日，云和县电力工业局机构调整，送变电工区分设为送电工区和变电工区，撤销云和供电营业所，线路维护、抢修职能和人员划入送电工区管理。

2010 年 8 月 4 日，云和县电力工业局调整机构设置。职能部门是：办公室、发展基建部、人力资源部、财务资产部、安全监察部、生产技术部、营销部、思想政治工作部、工会办公室。业务部门是：调度通讯中心、信息中心、检修工区、变电工区、线路工区、电费管理中心、城郊供电营业所、石塘供电营业所、紧水滩供电营业所、黄源供电营业所；全民职工 205 人，农电人员 74 人，劳务派遣人员 20 人。

1991—2010 年云和县电力工业局主要负责人一览表

表 11-4-5

党组书记	任职时间	局长	任职时间
丁武军	1992.01—1995.05	丁武军	1992.01—1998.05
吕岩新	1995.05—1999.08	吕岩新	1999.08—2000.03
何裕洪	1999.08—2009.01	张海清	2000.03—2006.10
吕岩新	2009.01—	王土福	2006.10—2010.04
—	—	汪建平	2010.09—

第十二篇　木制玩具业

云和木制玩具萌芽于20世纪70年代。改革开放以来，云和玩具人解放思想、实事求是，发挥想象力与创造力，使木制玩具业蓬勃发展，成为云和县的传统产业、优势产业和支柱产业，初步形成颇具区域特色的"集群优势"。

云和木制玩具产品远销欧美、东南亚等40多个国家和地区，年出口量占全国同类产品的50%，占全国木制玩具出口额的90%，成为中国乃至整个亚太地区最大的木制玩具生产集聚地。其生产的木制玩具集玩乐、摆饰、益智等于一体，以设计精美、品种繁多、加工细腻、源于自然以及"绿色产品"无危害性等特点著称，深受人们特别是中外儿童的喜爱。1994年，云和被农业部等部门评为"中国木制玩具之乡"。

云和木制玩具业凭借云和良好的创业创新环境、人文环境和资源优势，凭借个体、民营经济的灵活机制和独特活力，做大做强木玩产业，以玩具经济带动全县经济的快速发展，成为浙江"省级文化产业示范基地""省级文化建设示范点""教育玩具研究开发基地""省级示范产业基地"及"国家级出口木制玩具质量安全示范区"。木制玩具行业在推动县域经济快速增长、增加政府税收、促进社会和谐发展、推进城乡统筹建设、改善居民生活水平等方面起着重要的作用，是"小县大城"发展战略的重要支撑点。"中国木制玩具城"作为云和的一张金名片，提升云和的美誉度和影响力。

2010年，全县工业总产值为54.18亿元，木制玩具总产值达22.02亿元，占比为40.65%。

第一章 发展沿革

云和县拥有山林面积79333.33公顷，森林覆盖率80.4%，是浙江省杉木、油茶基地县之一。云和人民勤劳勇敢、心灵手巧、热情好客，具有丰富的想象力和创造力。改革开放以来，云和玩具人充分发挥自己的创造力，利用丰富的林业资源，使木制玩具业蓬勃发展，形成原材料供应、造型设计、定牌加工、零部件制造、包装装潢等专业分工协作的完整生产体系。云和木制玩具业历经30多年的风雨历程，以鲜明独特的风格在全国同行业中脱颖而出，成为全国闻名的玩具工艺生产出口基地之一。

抗战时期，浙江省会迁驻云和，辛亥革命元老吕公望在县域瓯江码头小镇赤石开办以木材为主要原料的19家军民两用工厂，广招当地农民和难民进厂务工，以工代赈；浙江省教育厅所属科学仪器教具厂在城郊古竹村古民宅生产算盘、尺规、地球仪等文教用品。它们带来的不仅仅是脚踏驱动为主的铁木机械设备，使传统技艺得到革新，而且使务工者获得机械文化的启蒙，耳闻目染者认识到木头的新用处，为木制玩具产业萌生云和埋下根脉。

云和木制玩具生产始于20世纪70年代初，生产规模逐年扩大。云和木制玩具业的发展，引起国家领导人的高度重视和关心，全国人大常委会原副委员长、民盟中央主席、著名社会活动家费孝通欣然为云和县题词“中国木制玩具城”；原国家轻工业局局长陈士能为此题书“发挥特色争创名牌，寓教于乐 启迪智慧”。国家有关部门及省、市领导多次来云和调研、考察、指导，德、美、日等国家和中国港台地区的实业家等也慕名多批次前来洽谈业务。木制玩具这颗璀璨明珠愈来愈受到各界人士的注目，已成为云和发展区域特色经济的骨干行业及个私经济的精英。在30多年的发展历程中，云和县木制玩具产业大致经历三个跨越式发展阶段：从无到有的基础阶段（1971—1990年）、从小到大的创业阶段（1991—2000年）和全面发展的二次创业阶段（2001—2010年）。

第一节 起步阶段

云和木制玩具生产从萌芽起步走向发展，也是云和个私经济的起步发展阶段。县二轻集体企业及个别乡镇企业为主的小规模、零散性生产。20世纪70年代初，一批二轻、乡镇集体企业依托本地资源优势转产木制玩具，开始云和木制玩具生产。得益于当时的“计划经济”和政府主导，这些企业利用当地的资源和成本优势，生产一些简单小动物、小拖车类木制玩具。玩具业产值长期徘徊在两千万元以下，产品也全部由省轻工和工艺品公司收购代理出口，产

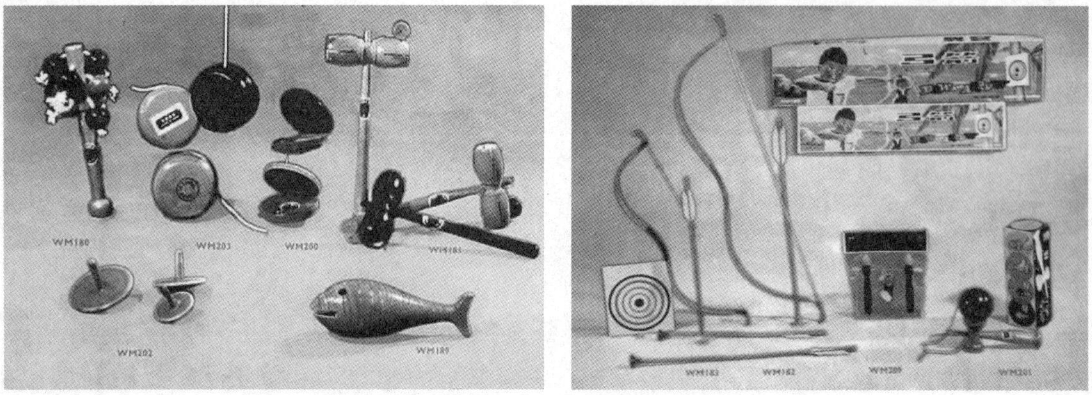

图 12-1-1　20 世纪 70 年代的木制玩具（县工业园区管委会供稿）

品技术含量低、品种少、从业人数少、规模小、效益低。但是随着经济的发展，玩具厂家越来越多，为木制玩具产业的进一步发展打下良好的基础。期间培养一批生产、设计和管理、技术等方面的人才。80 年代末期，随着对外贸易的拓展和国内市场的开发，给云和木制玩具产业的发展创造良好的机遇，云和开始木制玩具的专业化分工，知名度也不断提高，成为中国木制玩具重要的生产和出口基地，云和木制玩具产业初具雏形。

20 世纪 90 年代初，随着个体、私营玩具企业兴起，新的机制和体制为云和木制玩具产业迅速壮大提供发展机遇。木制玩具产业迅速扩张，企业增至数百家，并逐渐形成一些大的企业，产业内分工也越来越明确，确立它在国内同行业中的领先地位。这一阶段的木制玩具生产由集体企业逐步向个体、私营企业扩展扩散。以个私企业就地取材、就地加工、上门取货的副业式生产形式为主。这些私营、个体企业大都为土法上马的作坊式生产，小打小闹或作作停停，基本结构是一家农户一个厂，全家老少齐上场，厂长财务自己当，丰欠盈亏记忆账。由于云和县个私企业大量涌现，木制玩具生产的发展速度大为加快，玩具行业产值年增长率高达 30%—50%。特别是 1992 年邓小平南方谈话之后，云和木制玩具产业开始出现发展高潮，大量的木制玩具企业应运而生，从事玩具业的人数激增，占全县人口的五分之一，呈现出一派“家家户户办玩具”的热闹景象。1992 年，云和开始规划建设云和特色工业园区，使云和木制产业集聚、规范、富有特色。工业园区是云和城市化建设中的一个重要组成部分，园区按照高起点、高标准、生态型、花园式的工业城区规划建设，规划面积 9.7 平方千米，分近、中、远三期，逐步建设成为云和接轨长三角、技术合作、服务管理和对外开放的新平台。1993年，云和木玩业产值达 1.13 亿元，玩具品种、质量也有新的提高，规模、效益相对好转，但产品还是经过口岸收购代理出口。全县具有一定规模的玩具企业共 163 家（不含加工点 300 余家），其中二轻等集体企业 21 家(含乡镇企业 16 家)，个体私营企业 142 家，个体私营企业占 87.1%；从产值看，全县

图 12-1-2　位于仙宫大道的木制玩具景观（县工业园区管委会供稿）

1.13 亿元产值中集体企业只占 20%，个体私营企业约占 80%；从规模上看，集体企业超 500 万元及以上的一家也没有，而个私企业中达到 2000 万元的 1 家，600 万元的 2 家，200—500 万元的 11 家；从上缴税收看，全县财政收入三分之一以上来自玩具企业。1994 年云和县在首届全国特产之乡评比中，被国家农业部等部门评为“中国木制玩具之乡”。

从 1994 年开始，云和玩具生产进入快车道，玩具品种从“工艺品的实用化”向“实用品的工艺化”转变；经营方式由零敲碎打转向规模经营；生产形式由一条龙转向初加工与精加工结合；生产地域由漫天散花转向相对集中；产品销售由代理出口转向与直接出口相结合。是年，云和县委在工作报告中指出，要把创建“中国木制玩具城”作为全县的头等大事来抓，县委宣传部编辑出版《来自中国木制玩具城的报道》，共青团云和县委在《云和导报》、《丽水青年报》上刊登征稿启事，向社会公开征集“中国木制玩具城”的城徽、城标。

1995 年 8 月，云和县玩具行业协会宣告成立，标志着云和木制玩具业开始向规范化的新方向发展。云和木制玩具产业经过 20 多年的不断努力，终于发展成为中国木制玩具产业的旗舰，引起业界的广泛关注。而三届“中国木制玩具节”的举办，吸引欧、美、东南亚等地的业界商家的眼球。

1996 年，云和县工贸实业公司捐资 90 万元，在云和城东、城西的丽浦线上，修建两座“中国木制玩具城”城门（青阳门、玉海门）。

2000 年，首届“中国木制玩具节”在云和县城举办。该年云和木玩产值达到 4.4 亿元，比 1999 年增长 33.1%，此时玩具企业已经全部是个私经济（木玩业集体企业已不复存在），占县内全部工业产值的 45.4%，从业人员 1.2 万余人，玩具产品达十大类，3000 多种系列品种，上万个玩具产品。具有一定规模的个私玩具企业达 500 余家，其中年产值超 5000 万元的 1 家，1000 万元以上的 8家，全县形成工业生产能力 10 亿元以上，占全国同类产品的 50%、浙江省的 70%，产品 99%为外销出口，位居全国同类产品之首，对国内的销售也开始起步。

图 12-1-3　中国木制玩具城城徽（县委宣传部供稿）

这一阶段个私企业迅猛发展，并且上规模的个私企业相继涌现，特别是云和镇工业小区的兴建，使该镇一举成为全县木制玩具生产的大本营，涌现一批年产值 1000 万元以上的“玩具大王”，如新云玩具厂、云和玩具总厂、振鹏工艺厂、木制工艺品有限公司和瑞发（集团）公司等。

第二节　发展阶段

进入 21 世纪后，云和县向着把企业做大做强的目标，以特色工业园区建设为载体，加速云和木制玩具产业集聚，推出“中国木制玩具城”整体品牌，木制玩具业以每年 30%的速度发展。规划面积为 9.7 平方千米的云和县木制玩具特色工业园于 2001 年建造开发，2006 年被

图 12-1-4 游客在观看云和木制玩具史展板（县工业园区管委会供稿）

正式批准为省级工业园区。区内基础设施完善，配套服务齐全，为木玩产业的发展提供一个良好的生产环境。云和县以特色工业园区建设为重点，科学全面地推进“中国木制玩具城”的创建，使木制玩具区域块状经济逐渐发展成为具有鲜明特色的木制玩具产业集群，形成产品研发、玩具制造、原辅料生产、现代信息综合服务、配套物流、内外贸易、文化传媒等内容为一体的完整产业链。原材料、产品设计、生产技术、人力资源和资金等得以高度集聚，并由此产生一定的外部经济与规模经济效应；共同利用各种基础设施、服务设施、公共信息资源和市场网络，节省能源、原材料、运费、信息搜寻和交易成本；使得柔性专业化与分工深化，促进同业竞争；增强企业研究和创新能力，便于企业间密切合作，在培训、金融、技术开发、产品设计、出口、分配等多方面实现网络化的互动与合作；从地方外部经济和联合行动中获得竞争优势，使用弹性生产方式，整个产业获得高速度的增长，同时加强云和木制玩具抵御外部风险的能力。2003 年 9 月，国家轻工业联合会正式命名云和为“中国木制玩具城”，“中国木制玩具城”从此蜚声海内外。依托“云和木制玩具城”的整体品牌，云和玩具企业家们重视科技创新、品牌创建和国内外市场齐头并进，并利用信息化带来的机遇，使云和木制玩具进入高速平稳发展阶段，同时也形成产业的进一步集聚。至 2010 年，云和有注册的木制玩具企业 745 家，其中规模企业 51 家，从业人员 15194 人，全县木玩业利润率高于全国 4.9 个百分点，年产值 22 亿元，产品远销欧美各国。工业园区拥有省级科技型中小企业 8 家，省级区域科技创新中心 1 个，浙江省企业技术中心 1 个。拥有产品注册商标 155 个，其中，中国驰名商标 2 个，浙江省著名商标若干。这一阶段的木制玩具更注重提高产品质量的档次、注重招商引资工作，全县玩具生产的势头更旺盛，总量、质量都上一个新台阶。

云和县经过 30 多年对木制玩具的持续专注，奋力拼搏，开拓进取，取得骄人业绩，充分彰显个体、私营企业在区域特色经济中的重要作用。由于个体、私营经济的灵活机制和独特的活力，依靠政府的优惠政策，各部门、乡镇的优质服务，以及云和得天独厚的地理环境和资源优势，做大做强木玩产业，赢得世界各地客户的信赖，也赢得市场，形成全国最大的木制玩具生产基地，以玩具经济带动全县经济的快速发展，成为浙江“省级文化产业示范基地”“省级文化建设示范点”“教育玩具研究开发基地”“省级示范产业基地”和“国家级出口木制玩具质量安全示范区”。云和木制玩具业的迅速发展壮大，在推动云和县经济快速增长、增加政府税收、促进社会和谐发展、推进城乡统筹建设、改善居民生活水平等方面起着重要的作用。“中国木制玩具城”作为云和的一张金名片，提升云和的美誉度和影响力，在全国乃至全世界占据一席之地。

第二章　园区建设

1992年年底，云和镇政府开始云和镇工业小区一期工程的建设，1996年，云和镇成立工业小区管委会；1999年，县委、县政府决定筹建特色工业园区，成立工业园区管理委员会。2010年，特色工业园区建成2.39平方千米，形成比较完善的原辅料市场、劳动力市场，还成立木玩质量检测中心、科技服务中心、人才培训中心、信息网络中心，构建信息通、市场通、法规通、配套通、物流通、资金通、人才通、技术通、服务通和新经济平台的“九通一平”。

第一节　规划与建设

坐落在云和县城西南的特色工业园区，是中国木制玩具城的中心。20世纪90年代初，随着我国改革开放的不断深入，1992年中共十四大确立的社会主义市场经济体制的改革目标，给云和县众多生产木制玩具的个体户与私人企业主带来前所未有的发展机遇，个体私营企业如雨后春笋般的迅速发展起来，不仅壮大云和落后的工业经济，也为当时云和镇的经济发展提供强大的动力。当时的生产木制玩具的个体户、私营企业虽然呈现星火燎原之势，遍及县城及周边，但是产业布局却是一副散、乱、杂之态。以家庭作坊居多，生产规模小，产品档次低、生产水平低。

图12-2-1　云和镇工业小区鸟瞰图（1998年摄　县工业园区管委会供稿）

云和县、云和镇两级党政领导班子通过调查研究，并组团到经济发展水平较高的浙北杭嘉湖等地区考察。他们认为，云和经济与这些发达地区发展水平差距巨大，只有奋起直追，抓住改革开放的大好机遇，大力发展本地特色经济——木制玩具业，才能够迎头赶上。云和镇领导班子借鉴杭嘉湖等地成功经验，从本镇实际出发，决定在城西建设工业小区，吸引各地企业主前来投资办厂。1992年年底，在云和县委县政府的大力支持下，云和镇政府在丽浦公路两侧向勤俭、巧云两村征地3.2万平方米，开始云和镇工业小区一期工程的建设。

云和县木制玩具特色工业园区根据云和县城城市总体规划、云和县城市性质定位以特色加工业为主导的山区综合城市兴建。县城以浮云溪为界限，分为南、北两大片，其中东南片区以居住用地为主，西南片区为规划工业用地。工业园区位于城市西部，县政府云政批〔1992〕63号文件批复同意建立云和镇工业小区。

云和镇政府印发《云和镇工业小区投资指南》等宣传资料，对开发工业小区做了大量的宣传工作，吸引各地企业入驻工业小区。同时制定对入园企业的“四减免”（减免国有土地转让金、城市建设配套费、耕地占用税和造田费等）的优惠政策和“四统一”（由镇政府为企业统一征地、统一规划、统一实施、统一管理）的优质服务。云和镇政府优惠的入园条件吸引县内外的一批企业纷纷进驻小区，振鹏、亿达、胜利、塑木、工艺美术、玩具配件、新艺、青春和外贸工艺等13家企业成为工业小区第一批落户的厂家。13家企业总投资600万元，建成总建筑面积1.5万平方米的厂房，投入生产之后13家企业均实现良好的经济效益。到1993年年底，以工业小区为中心的玩具个私企业发展到372家，产值达8518万元，出口额达2613万元，安置就业人口3886人。

1992年，云和县上下掀起抢抓经济建设机遇的热潮。时任中共丽水地委宣传部部长徐仁俊考察云和镇工业小区时提出：云和应该成为“中国木制玩具城”。云和县委、县政府决定把经济建设的主攻方向确定为木制玩具产业，把创建“中国木制玩具城”作为抓手，全县上下迅速形成创建“中国木制玩具城”的浓厚氛围。云和镇工业小区成为木制玩具行业建设的中心，发挥出规模与集聚的效应，木玩加工厂遍及城乡，全镇形成“千家万户”发展木玩业的良好局面。工业小区在原有基础上由丽浦公路两侧向西延伸扩大到3.2万平方米。上海玩具进出口公司、云和联营厂、云和木制工艺品有限公司、华远工艺厂、华云工艺玩具厂、捷给玩具厂等13家企业工业在小区总投资1250万元，征地1.4万平方米设厂生产。1994年，振鹏工艺厂征地3600平方米建造第二幢“振鹏楼”，扩建厂房投入使用后，振鹏新增年产值300万元。

1994年，云和镇政府开展评选“玩具十大王”的活动，对率先做大“蛋糕”的私营企业主给予重奖。另外，财税部门也为玩具纳税大户实行颁奖等举措，再加上辅之以优惠政策和“一站式”优质服务，促使工业小区内形成争先“上规模、做大王”的竞争局面。云和木制玩具产业得到迅速发展，改变长期以来木玩业以家庭作坊生产为主、规模小、档次低、分布散的局面，形成“小规模、大群体”为主要特征的特色产业。以工业小区为中心的个私经济快速发展，促进云和镇工业经济的发展壮大。1994年，工业小区产值达1.4亿元，占全镇工业经济的60%。由此云和镇经济跨入丽水地区明星乡镇的行列。

云和镇工业小区以良好的投资环境、优质高效的服务，吸引县内外的企业纷纷来安家落户。到1996年年底，工业小区占地面积达到11.5公顷。园区有企业47家，其中木质玩具企业27家，年产值8000万余元。该行业不仅有中外合资企业，还有外商独资企业，而且在深圳、广州建立办事处。1999年，云和镇的个私企业实现第三次扩大生产规模，工业小区里的企业也纷纷扩建厂房。到2000年年底，工业小区的总面积达到17万平方米，小区内有木玩企业53家，实现年产值2亿元，生产十大类3000多个品种，90%以上远销欧美、东南亚等30多个国家和地区，木制玩具出口量分别占全国、全省同类产品的50%和70%以上。

1999年，在云和镇工业小区的基础上，上报园区规划，获省有关部门批准，被列入省级特色工业园区和省重点工程项目。特色工业园区进行二、三期开发，占地面积23.4万平方米。是年，云和县木制玩具工业园区管委会成立。管委会对园区实行“统一征地、统一规划、统一实施、统一管理”，对投资项目的各项手续，实行一站式全程代办，并制定入园编程的一系列优惠政策。优惠的政策和良好的服务吸引众多的厂家纷纷来园区落户生产。

2000年4月，园区管委会委托浙江大学环境影响评价研究会编制《云和县木制玩具工业园区环境评价报告》。6月，浙江省发展计划委员会浙计投〔2000〕83号文件批复原则同意云和木制玩具工业园区项目可行性报告。8月，省发展计划委员会〔2000〕79号文件批复原则同意浙江省轻纺建筑设计院编制的云和县木制玩具工业园区项目初步设计方案。是年，云和镇工业小区正式被冠名为“云和木制玩具特色工业园区”。

2001年，云和县政府结合云和实际，将区域特色产业与“小县大城”建设相结合，高起点、高质量地抓好园区建设防治规划的制订，经多方面征求意见和科学论证，决定以云和镇为轴心，坚持合理布局的原则，高标准统一规划，同时认真组织编制“云和木制玩具工业园区”总体规划和详细规划，将园区定位于全县工业区，扩大园区的覆盖范围，提高园区的服务功能，使全县的乡镇企业，中小企业均可以入园发展，向县城聚集。云和县工业园区的建设，特别是基础设施的建设，实现与县城城市化的发展相协调；工业园区的发展，被纳入云和“小县大城”的发展战略。自园区建设以来，投入到基础设施的资金累计达5000万元，建成一批园区、县城两者兼容的基础设施项目，使所有基础设施联建共享，降低城市建设的成本，推进整个县城的城市化。另外，工业园区的建设，聚集大量的外来劳动力，促进城市第三产业的发展。园区提供1万多个就业机会，其中本县近5000人，县外、省外7000余人，就业者年人均收入超过6000元，为广大农村剩余劳动进程开辟新途径。园区的建设，使1.2万人口向县城集聚，不仅为仅有4.5万常住人口的云和县城增添活力，促进县城第三产业的蓬勃发展，也为云和县城乡社会经济统筹发展奠定基础。

同年3月，工业园区管委会为建设特色工业园区二期工程，征地13.8公顷，总投资1.12亿元，向一期工程以南扩展，使整个工业园区的占地面积达到31公顷。园区实现道路、电力、电讯、供排水、排污、土地平整等“五通一平”，区内基础设施完善、配套服务齐全，逐步成为云和接轨长三角、技术合作、服务管理和对外开放的新平台。

云和县木制玩具特色工业园区自2001年开始实施开发，同年被列为省级特色工业园区、省级乡镇工业专业区和省重点工程。2001年，云和木制玩具特色工业园区先后建立木制玩具行业生产力促进中心、质量检测中心、人才培训中心、区域科技创新服务中心、工业园区信息化推进中心等5个中心，服务功能得以进一步完善，加快木制玩具科技创新服务体系建设。

2002年，园区聚集141家玩具企业，完成固定投资4.12亿元，年产值近6亿元，实现利税超过8000万元。园区聚集效应凸显，一大批企业在园内做大做强。园区内有产值超过亿元企业1家，100万元以上的规模企业16家。新云等4家重点骨干企业从国外引进8条生产流水线进行技术改造；园区内众多企业进口国外桦木、榉木、橡胶木等优质材料生产玩具，摆脱本地资源不足的困惑和经济发展与环境保护间的矛盾，提升整个玩具产业的层次。

工业园区的建设，带动一批为木制玩具生产服务的原料供应、辅料加工、机械制造、彩盒印刷等相关企业的发展。到2002年，园区有木料供应商12家，三合板供应商8家，油漆供应商5家，小五金供应商9家，电工机械供应商10家，这些供应商有的来自全国各地，也有本地的经销代理商；园区有彩盒印刷企业2家，包装材料企业3家，玩具三维设计5家。园区聚集企业，也聚集原材料，减少企业交易费用和配套成本，同时企业间的协作行为自发形成。通过明确的分工和协作，达到优势互补，逐步形成功能较为完善的生产、加工、营销、科研网络和较为完善的产业链。2002年年底，木制玩具园区二期工程已基本建成投产，三期工程量完成过半，安排入园企业57家，建成投产44家。

2003年，园区基础设施完成投资4502万元，是2002年的4倍。其中木制玩具园区总投入为2859万元，完成道路与绿化总长4.46千米，面积72480平方米。工业园北区新华街、农场路等主干道的官网与道路基本建成，南区四期官网与道路建设完成80%。新云工业园区完成规划，木制玩具北区初具规模，南区和金属加工区所征用的土地全部出让，入园企业建设全面展开，企业技改投入大幅增长，促进园区的蓬勃发展。是年，云和县政府及时调整工业园区规划，园区总体规划面积从2平方千米调整为9平方千米，计划总投入50多亿元，其中木玩工业园区从1.2平方千米调整到7平方千米，金属园区从0.8平方千米调整为2平方千米。园区规划的及时调整，为今后的发展留足空间。

是年，木制玩具区域科技创新服务中心被省科技厅授予省级区域科技创新服务中心，工业园区信息化推进中心被省发改委列为省级信息化试点企业；

2004年，国务院下发30号紧急通知文件要求各地暂停审批各类开发区，金融系统对云和工业园开发信心明显下降，直接影响园区融资和企业按揭贷款，影响部分企业的快速发展。根据2005年园区建设计划，建设资金需求约1.5亿元，企业技改约1.8亿元，资金问题成为园区建设的关键因素。

是年，工业园区开始实施杨柳河荒山平整工程，一期工程总面积为48.6公顷。是年，玩具行业生产力促进中心被列为省级首批十大中小企业共性技术服务中心。

图12-2-2 云和第三届中国木制玩具节一瞥（2007年摄 县工业园区管委会供稿）

2005年3月，园区被浙江省政府正式批准为省级工业园区，4月经国家发改委审核认定为浙江云和工业园区。是年，园区成立卓创木制玩具研发中心和木制玩具外包装研发中心，使云和县木制玩具服务体系更加完善，服务功能更为齐备。到年底，工业园区已建成2.18平方千米，累计完成投资17.83亿元。园区管理企业257家，提供就业岗位2万多个，年产值15亿元。有59家企业通过ISO 9000认证，14家企业通过ISO 14000环境体系认证，5家企业通过ISO 18000安全体系认证，2家企业通过ICTI国际玩具协会商业行为守则认证，3家企业通过FSC森林体系认证，4家企业成功申报浙江省绿色企业，2家企业通过省级清洁生产审核。

2006年3月，园区木制玩具电动丝网印刷机的开发项目通过省科技厅专家组的验收与鉴定；8月，木制玩具生产管理软件的开发项目通过省信息产业厅专家组的验收；9月，中国木制玩具星火特色产业基地及孵化器建设项目（国家级星火项目，国科发计字〔2003〕98号）顺利通过省科技厅专家组的验收。云和木制玩具产业科技开发活动正在如火如荼地开展中。12月，云和工业园区被浙江省政府确定为“山海协作”示范区。

2006年，云和县木制玩具特色工业园区以木制玩具和金属制造优势产业和区域特色经济为依托，委托浙江省工业经济研究所编制与城市总体规划和土地利用总体规划相协调的《工业园区总体发展规划》，同时及时委托丽水规划设计院编制《云和县工业园区杨柳河园区块的控制性详细规划》，根据园区发展的总体规划确定的目标，对杨柳河项目的开发编制出功能布局、土地利用、道路交通、公共设施等系统的实施方案，并强化实施进度的管理，提高园区建设的科学化和规范化。

2007年，成立云和县玩具内销企业联合会。是年，教育部教学仪器研究所授予云和“教育玩具研究开发基地”称号。云和与央视少儿频道异想天开栏目合作拍摄《木玩合家欢》。

是年，工业园区木制玩具产业基地被省委宣传部命名为浙江省文化产业示范基地和浙江省文化建设示范点。到年底，云和工业园区已经建成2.39平方千米。

2008年，工业园区按照“向山地要空间”的思路，积极编制低山缓坡利用总体规划，进一步加大山地资源的开发力度，加快工业园区建设步伐，推进木制玩具产业向园区集聚，增强集群效益，提高集聚集约发展水平。园区在抓紧杨柳河一期开发的同时，着手进行杨柳河二期项目开发，二期项目开发总用地为161公顷，总投资额为20亿元。

图12-2-3 云和举办“中国（云和）玩具文化与儿童教育高峰论坛”（2010年摄 县工业园区管委会供稿）

2009年11月，园区管委会根据省发改委和省环保厅联合下发的《发改委和省环保厅关于印发（关于进一步推进浙江省开发区生态化建设与改造的指导意见）的通知》，委托丽水学院经济发展规划研究所编制《浙江云和工业园区生态化建设与改造规划和实施方案》。

2010年11月29日至12月1日，园区举办“中国（云和）玩具文化与儿童教育高峰论坛”，建立全国首个也是唯一一个“教育玩具研究开发基地”，使云和木制玩具在全国幼儿教育届的知名度进一步提升。是年，云和木玩业启动《木制玩具转型升级三年行动计划》，力争到2012年全县木制玩具产业产值翻一番，实现35亿元以上。云和木制玩具产业已经初步形成从原材料购置、造型设计、定牌加工、零部件制造、装配成型到包装装潢、产品销售、运输等专业分工协作的生产体系。园区以浙江新云、浙江振鹏为代表的一批龙头企业带动作用明显，有年产值1亿元以上企业2家，规模以上企业45家，实现产值14.45亿元，占木制玩具总产值的65.6%。木制玩具产品达十大类、上千个系列、一万多个品种，产品畅销世界40多个国家和地区，占全国同类产品出口的近50%。

第二节　投融资机制改革

在20世纪90年代，云和木玩业处于成长期，集体企业纷纷进行改制，个体、私营企业蓬勃发展。到20世纪末，云和县有玩具企业200多家，玩具企业产值达6.5亿元，占全县工业总产值57%。时金融业支持木玩业有以抵押担保为主的多个贷款品种。支持对象以私营企业、个体户、自然人为主，贷款余额达1亿多元，占全县工业类贷款55%。

云和木玩业的成长期，以云和县农行为代表的云和县各银行重视支持木制玩具业的发展。多年的信贷投入使得许多加工点、小企业发展成为上规模、上档次的企业，有效地支持云和经济的发展。具体做法是：选准项目、积极扶持。云和县自1987年被确定为省级贫困县享受中央扶贫贴息贷款优惠贷款政策后，县农行等银行担负着扶持全县人民脱贫致富的重任。各银行积极配合县政府做好扶贫工作，会同县有关部门，认真筛选项目选准项目，用好、管好有限的扶贫资金。针对云和的实际情况确定支持以木制玩具为主的产业，以此带动该县脱贫致富的步伐。

图12-2-4　云和工业园区开展创建省级信用县活动（2001年摄　县工业园区管委会供稿）

90年代初，云和县的木制玩具业还处于初步阶段，主要是以赤石玩具厂、玩具三厂等乡镇集体企业为主，私营企业刚刚起步。各银行就把资金重点投放在这些乡镇集体企业上；信贷倾斜，服务至上。90年代中后期，云和县的木制玩具个私企业快速发展，县农行等及时调整信贷结构，把信贷支持重点转移到木制玩具私营企业上来，制定、实施“一倾斜、二优先”的信贷政策，即信贷投放向玩具产业倾斜；玩具龙头企业优先，做到急事急办、特事特办；对尚未成为龙头企业，但企业发展前景好，且具有一定实力，而无不良记录的中小型企业，同样给予优先。不断加大信贷支持力度，支持玩具业加快发展。

1998年亚洲金融危机之后，云和县各家银行为防范金融风险，一些新办的玩具企业和外来投资企业，向银行贷款非常困难。

进入21世纪，绝大多数木制玩具企业进入园区开始规模化生产，云和成为全国规模最大、集聚度最高，品种门类最齐全的木制玩具生产出口基地。银行贷款由分散到集中，由小额到大额，金融产品不断推出。2010年年末，银行对云和木玩业贷款余额达6.6亿元，占全县工业类贷款62%。

2001年，云和县木制玩具特色工业园区被列为省级特色工业园。为加快工业园区的建设，云和镇政府与县农村信用联社合作，探索建立“土地抵押、业主担保、土管承诺”的工业土地按揭办法，采取土地分期付款，鼓励村级集体资金入股，加强招商引资力度，激发企业主的创业热情，也激活工业资本市场。由于云和木玩行业企业规模小、原始积累不足，经过县政府协调，工业园区与县信用联社达成银企合作，并已经向工业园区企业贷款800万元，但是仅凭着一家金融机构的支持，尚难以彻底解决园区企业的贷款难问题。

是年，落实入园企业36家，其中引进外地企业6家，总投资额超过1000万元。

2002年，园区建立投资担保机制，管委会下属的业主公司以企业土地、房地产为企业反担保，努力解决企业贷款难问题。云和县以“信用村镇”建设为主线，促进小额信用贷款的快速发展，加大对企业的扶持力度。

2002年6月，人民银行云和县支行结合地方实际，先后在黄源乡和崇头镇开展“信用村镇”创建试点工作。同年9月，黄源乡被人行丽水市中心支行授予市辖第一个“信用乡”。之后云和县在全省创新开展“信用社区”创建先行试点工作。

2005年11月，成功创建浙江省首家“信用社区”——青阳门“信用社区”。

云和玩具城的建设过程中，云和县注重机制创新，促进中小企业发展。针对企业发展中的筹资难问题，园区多次与银行协调，加强银企合作，建立起“企业土地抵押、业主公司担保、政府部门承诺”的信贷合作新机制。2002—2007年，木制玩具企业建设共吸纳银行资金5.6亿元，加速木制玩其产业集群培育。

2007年，园区为解决园区建设的资金瓶颈，创新投融资机制，积极构建投融资平台，建立“政府引导、社会参与、市场配置、企业运作”的投融资体系，建立融资市场化和以民间投资为主体的投融资机制，完成国家开发银行和工商银行两个5000万元的融资项目，为杨柳河一期基础设施建设和二期前期开发工作做好资金上的保障。

从2007年以来，云和县政府为加快园区建设，在“六有”(有钱招商、有人招商、有地招商、有项目招商、有政策招商、有办法招商）基础上积极开辟招商新途径、新模式，进一步加大招商力度。通过强化责任制及考核激励等各项政策措施，营造全民参与、全民招商的氛围。充分利用浙江在外投资企业、留学生、浙江籍海外人士的社会关系网络招商。同时，注意选准重点目标和地区，开展专题招商，并运用产业招商、园区招商、会展招商、跟踪招商、委托代理招商、网络招商以及以商招商、以外引外等多种手段，做好招商工作。

2008年，云和县政府加强与泰隆商业银行的沟通联系，加快银企合作步伐，协助成立云和隆丰小额贷款股份有限公司，扩大企业联保贷款规模，千方百计帮助企业破解融资难问题。县中小企业贷款担保公司全年为35家企业担保贷款2735万元。同时切实开展小企业贷款风险补偿工作，推动金融机构加大对小型企业信贷支持力度。全年农行、建行、工行三家云和县支行和信用联社等四家银行合计为中小企业贷款36781.5万元，比2007年增长42.68%。

2008年，全球经济危机和国家检验制度调整使得云和县部分中小玩具企业破产、企业主外逃，其中部分原因是这些企业经营管理不善和自身基础薄弱造成的，另外一个重要原因是云和县的金融体系还不完善。

从2008年开始，云和木制玩具产业集群面临着转型升级，必须具备较强的资金实力作支撑，但当时云和县金融支持方而仍存在着许多问题：一是信贷投入不足。据有关方面调查，2008年全县有150余家木制玩具企业存在资金紧张问题，占木制玩具企业总数的近20%，资金缺口达8000多万元。融资难问题一直困扰着许多企业。究其原因，有效抵押资产不足制约银行信贷投放。当时企业向银行贷款可用于抵押的资产主要为土地使用权、房产及通用设备。占企业固定资产比例较高的专用设备由于在市场中流转受限、资产价格不明晰，致使银行不愿意接受企业以专用设备进行抵押。另外，大部分企业由于土地证、房产证不全，产权不清晰，根本达不到银行规定的抵押贷款条件；信用担保体系薄弱制约银行信贷投放。许多没有足够固定资产进行抵押贷款的企业只能依赖担保性贷款。云和县企业信用担保服务体系建设还处于起步阶段，全县只有3家担保公司，注册资本金共3900万元。由于担保公司注册资金和担保规模偏小，抗风险能力较弱，银行对担保公司提供的担保服务认可度普遍较低，不能满足企业对信用担保业务的需求；存在管理不规范、财务制度不健全、经营情况不透明等问题，与银行间存在严重的信息不对称，使金融机构对成长性较好的小企业难以识别，制约银行信贷的投放。二是金融创新不够。木制玩具产业要实现转型升级，注重新产品特别是绿色玩具、益智玩具、早教类以及成人类玩具等高附加值产品的研发。研发和设计需要较高的投入，存在较高的风险，传统的银行信贷倾向基本选择规避高风险，也很难有针对企业研发设计进行金融产品创新的意愿；鼓励品牌建设的金融服务较少，金融缺乏对企业品牌价值的重视，依托无形资产开展的金融产品和服务创新还比较滞后，致使许多企业不能凭借品牌优势，丧失利用品牌优势的机会。三是融资渠道不畅。主要表现为：金融组织体系单一。云和县从事信贷业务的金融机构只有工行、农行、建行、农信社、邮储行和小额贷款公司6家，现有的金融机构基本上从事传统信贷业务，偏好把大客户放在核心位置，小企业银行获取银行贷款的渠道不多；直接融资渠道缺乏。云和大部分木制玩具企业的融资来源都是银行贷款，没有企业通过上市融资，信托公司融资、私募基金融资、发行债券、短期融资券等直接融资方式也均未涉及；民间融资不规范，融资成本较高（时云和玩具企业的民间融资成本为贷款利率水平的2—5倍），存在较大的风

图12-2-5（县工商行政管理局提供）

险隐患。

2009年，云和着手进行“信用县”的创建活动，努力破解企业与农民(居民)融资难问题。云和开始对该县企业和农户的基本信息、信贷信息、林权信息及其他社会信息进行全面调查，采取“村、镇、县”三级联评方法对农户信用等级进行评定，并在此基础上全面开展信用村、信用乡(镇)的复评及创建申报工作。云和县以社区为单位，组成社区居民信息采集小组和信用评价小组，全面采集居民的基本情况、资产状况、信贷情况等信息，并依此评定信用等级，只要社区中信用居民户达到60%以上的，即可评定为“信用社区”。到2010年年底，云和县共评出22236户信用农户，占全部农户的89%；成功创建98个信用村和12个信用乡镇，分别占全部行政村和乡镇的58%和86%，该县6个社区全部创建成为信用社区，率浙江省之先实现信用社区全覆盖。云和县在创新推行的边征信、边评级、边授信模式的基础上，出台一系列优惠政策，对信用农户根据不同等级分别给予1万—5万元的综合授信，在授信额度内可以凭“信用证”随用随贷，被评为信用等级A级以上的企业，不仅能获得政策倾斜，还能获得300万元的贷款授信，并享受优惠贷款利率。被评为AA级以上的企业，除能搭上行业内荣誉申报、名优评定的“优先快车”，还可享受银行“一次授信、随贷随还、余额控制、周转使用”的信贷政策，全面节约企业融资成本。到2010年年底，云和县已实现规模以上企业信用评价全覆盖，评出信用企业102家，占应评企业数的97%。

“信用县”创建活动期间，云和县各金融机构坚持以市场导向，结合农户、社区居民和中小企业的特点和多元化金融需求，积极创新信贷产品，优化金融服务。以解决农户、社区居民“抵押担保难”为突破口，积极创新并推广林权、土地承包经营权、农户(居民)联保贷款、信用农户(居民)循环自主信用贷款等新型的信贷产品；以破解“中小企业担保难”为切入点，创新并推广存货、应收账款质押、知识产权、股权等权利质押贷款，有效满足个人与企业多层次、多元化的融资担保需求。

2009年3月2日，云和县政府制定《浙江云和工业园区投融资暂行办法》，5月5日，县政府制定《云和县政府投资项目融资管理暂行办法》。增强工业园区的融资能力，加快工业园区建设，促进园区持续快速发展。

2009年4月，县中小企业贷款担保有限公司制定出台《关于专利权质押贷款担保的实施意见》，确定凡是国家知识产权局授予、目前仍然有效的发明专利，均可以以专利的财产权作质押，专利权质押贷款额不超过专利权评估的40%，专利权质押中长期流动资金贷款期限为2年。这在全市还是首例。促进云和县专利技术产业化，针对企业周转资金困难的问题，云和县科技部门会同财政、金融部门积极探索，尝试专利权反质押贷款担保新办法，拓宽企业融资渠道。

2010年，园区引进BT模式。杨柳河二期土地平整工程采用了BT模式进行融资、建设，投资4050万元的788亩土地平整工程基本完工。另外园区积极争取银行支持，积极做好项目包装，先后向国家开发银行、工商银行、农业银行和信用社等金融机构融资2.15亿元，有效缓解资金困难，破解建设资金瓶颈问题。

2011年，云和县获评浙江省首个“省级信用县”称号。

第三节　木玩园区管理体制

在20世纪90年代初，云和县玩具系统各企业坚持质量第一，通过系列教育、培训和治理、整顿，云和县玩具系统逐步建立健全玩具公司检验科—企业检验组—车间质检员三级质量检验体系，实施质量保证金、工序产品质量记录制度，使得云和的木制玩具质量走在全国的前列，达到一个新的水平。

1992年年底，云和镇政府开工建设云和镇工业小区一期工程。1996年，云和镇成立工业小区管委会，作为镇政府的派驻机构。工业小区管委会以企业为本，帮助其引进资金、人才、技术，搞好牵线搭桥，为企业提供优良的服务。

90年代后期，在县委、县政府的支持下，园区大力开展招商引资工作，到1999年园区已经有两家外资企业在工业园区落户。园区还大力加强对职工队伍的专业技术培训，坚持“送出去”与“请进来”、长期培训与短期学习相结合等方法，努力提高职工队伍素质，并组建了样品研究室，加强对玩具的研究。工业小区使木制玩具在质量、档次上有实质性的突破，促进企业上规模、上水平。

2000年，云和县政府开展“一站式”窗口联动服务。主要内容：设立窗口，在工办设立服务窗口，向前来投资的企业承诺“只要企业准备必要材料，其他的事情由我们办”，对企业要求或委托办理的有关手续，采取一个窗口进出，一站式办结的县镇联动服务。镇服务窗口与县办事中心联动，发挥职能优势，提高办事效率；设立部门办事员。县政府下发文件，相关部门为工业园区服务中心指定办事专员，实行专人负责，专人办理，形成“窗口受理，县镇联动，专人负责”的办事机制。

是年，云和县木制玩具工业园区管委会成立。浙江云和工业园区管委会属于全额拨款正科级参照公务员管理事业单位，管委会下设企业科技服务中心、云和县工业园区投资开发有限公司、云和县南城低丘缓坡开发有限公司。内设综合办公室、计划财务科、规划建设科、经济发展招商科、社会事务管理科、安全生产科6个职能科室。管委会对入园办厂实行一系列优惠政策和优质服务，吸引县内外厂家入园办厂。

2001年，云和县木制玩具特色工业园区被冠名为浙江云和工业园区。为理顺园区建设管理体制，云和县政府建立工业园区建设领导小组，加强对园区建设的领导和协调力度，加大对涉园部门的督促检查，加强与各涉工、涉园部门的经常性协调与沟通，强化统一管理职能。在园区基础设施投入方面，园区建立“政府投入、企业承担、社会融资”等多元投入、多元产权的机制，有效解决建设资金不足的问题。

2003年6月，园区设立党组，开展党建工作。8月，园区管委会委托县城执法大队管理市容市貌和县环卫所管理环境卫生，加强园区社会化管理的步伐。建立《云和县工业园区管委会考勤制度》等10个规章制度，进一步规范园区内部管理制度；在财务管理上，园区主动要求县财政局委派会计，并制定《云和县工业园区财务管理制度》，规范财务管理；园区进一步完善工业园区的服务体系，开通"中国木制玩具城"网站和成立浙江省木制玩具工业园信息化推进中心，推进园区的信息化建设。11月，园区成立工会工作委员会，积极开展工会工作。年底，园区获"云和县招商引资先进集体"荣誉称号。

2003年，园区先后组织企业参加香港玩具展、广交会、上海玩具礼品展等大型展览会6次，引导企业参与国际竞争，为企业走向国际市场起到积极的推动作用。

2004年10月，园区成立党总支部委员会。是年，园区先后获云和县"重点工程建设先进集体""计划生育工作先进集体""安全生产工作二等奖"等荣誉。

2005年12月5日，园区设立党委和纪检组，同日党组撤销。是年，园区先后获云和县"县级先进集体""项目推进年工作二等奖""计划生育工作先进集体""招商引资工作一等奖"等荣誉。

2006年，通过采用政企分离管理模式，由管委会负责总体规划，行政管理，具体事务由独立开发公司负责，按经济规律办事，调动园区开发主体的积极性与主动性。是年，园区建立清洁生产组织机制，将园区生态化建设和清洁生产工作纳入到园区绩效考核体系，列为环境保护目标责任状指标之一，工业园区先与签订目标责任状，然后园区与企业签订目标责任状，层层分解落实，园区基本建立起政府引导、企业实施的清洁生产运行机制，有力地保证清洁生产工作的顺利开展。年底，园区获云和县"县级先进集体""深化项目推进年二等奖"等荣誉。

2007年，园区将流动人口管理工作由管理型转变为服务型，深入开展以"查环、查孕、查病"为主的七项服务工作，受到广大外来流动人员的欢迎，为县内县外乃至省外的计划生育服务管理工作起到积极推动作用，并在丽水各县、市进行经验推广。

2008年，园区根据县委、县政府关于处理信访突出问题及群体性事件工作会议要求，对天豪等玩具企业因为资金链断裂引起的纠纷信访案和杨柳河二期政策处理中的群众反映等认真落实稳控措施：成立信访工作领导小组，专题研究部署信访工作，及时处理突发情况；落实监控措施，确定联系领导、部门负责人和信访员，全面掌握上访动态；沟通协调，采取得力措施，积极化解矛盾；在企业开展企业综合治理规范化建设工作。

2010年，工业园区党委、管委会将服务企业作为"深化作风建设年"活动的重要内容，实行对入园企业全程跟踪服务（全程跟踪报批、带办、指导），营造良好的投资环境。同时，园区加强信息化平台的建设，运用信息化的手段来提升企业的管理、研发、市场营销等能力和水平，以此来提升产业层次，实现木制玩具产业的升级和转型。

2010年9月，园区进一步建立健全安全生产责任制，认真贯彻落实《中华人民共和国安全生产法》、《落实生产经营单位安全生产主体单位责任暂行规定》等法律法规，依法落实企业安全生产主体责任，园区经济发展部对园区内200多家企业发放《生产经营单位落实安全生产主体责任工作手册》，使企业应履行的安全生产法定责任一目了然，企业对照检查，自查自纠，整改落实，促进企业安全生产管理水平的提高。10月，为扎实推进创先争优活动的深入开展，工业园区结合自身工作实际，以落实承诺制为抓手，在基层党组织和全体党员中全面开展承诺活动。

第三章 生产与销售

云和木制玩具生产在走从“制造”到“创造”、从“贴牌”到“品牌”的品牌发展之路。2010年，相关数据显示，中国木制玩具的产值大约占全球同类产品的70%，但销售额仅占50%。

云和木制玩具90%以上产品出口，主要销往欧洲、北美等40多个国家和地区，出口量占全省的70%、全国同类产品的50%以上。而出口市场中欧美市场占据60%，高外贸依存度和出口市场集中化，使木玩产业集群极易受到国际经济形势变动和贸易摩擦的影响，抵御风险能力不强。云和县政府提出木制玩具生产企业要下决心改变依赖性的销售模式，依靠自身管理、技术、人才等优势，加强品牌建设，积极开拓国内国外两个市场。

第一节 木制玩具生产

20世纪70、80年代，云和木玩业是集体企业一家独大，个体私营企业还处于萌芽状态。直到80年代末90年代初，云和个体、私营玩具企业才开始兴起，“千家万户”的产业发展策略让木制玩具业实现量的扩张。自1991年开始，玩具集体经济受到市场经济和个私经济的冲击，云和县二轻局下辖的玩具集体企业（1981年7月，云和县玩具公司成立，由县二轻局副局长姜振标兼任公司经理。公司下辖二轻、乡镇工业系统6家集体玩具厂，包括玩具一厂、二厂、三厂、四厂等），由于基础薄弱、负担沉重和集体经济本身机制上的束缚，又遇激烈的市场竞争，慢慢地失去活力，经济效益不理想。二轻局在企业中采取领导班子集体承包、个人承包、租赁经营等多种形式的责任制，制定激励企业领导努力工作等多项激励政策，这些措施的落实，有力地激发企业领导的工作热情和职工的生产积极性，使企业在困境中得以生存和发展。

经济体制改革的不断深化和经营机制的转换，原来的承包、租赁等形式的责任制已经不适应企业的现状，形势要求企业的经营机制向着产权明晰的方向转换。这种大趋势，云和木玩产业原有集体企业中的厂长、业务、技术骨干如廖复新、邱潘秋等人，纷纷脱离原企业，以承包企业或车间的方式，加入到兴办私营、个体企业的浪潮中，取得较大的经营自主权，并逐步与集体玩具企业脱钩，走上独立办厂的道路。从此，集体企业失去业务渠道，流失管理与技术人才，在与个私企业的竞争中相继败下阵来。云和私营玩具企业长足发展，企业数量和生产规模上迅速赶上并超过集体企业而独领风骚。

云和县早期的私营玩具企业大都靠租赁国企农村闲置厂房、仓库，或利用自家多余住房办厂的，规模普遍比较小，建厂用地是私企遇到的第一个难题。1990 年，原玩具公司管理人员廖复新脱离玩具公司，租赁一个生产队闲置仓库创办新云玩具厂。因为该厂急需要扩大生产，云和县委、县政府和各有关部门打破限制，划出 1800 平方米的土地用于新云玩具厂建设厂房，这是云和县第一次划给私营企业大宗土地用于生产。新云玩具厂投资 120 万元，仅用 4 个月就建成新厂房。1992 年，该厂产值就达到 820 万元；1993 年，实现产值 2000 万元，利税200 万元的新业绩。

1991 年，县二轻局成立玩具行业技师评聘辅导教材编写组，编成首套玩具生产工艺教材，使玩具专业设计教育走上正规化的道路。玩具设计是一门涉及儿童教育心理学和工艺美术的综合性课题，在 90 年代初，云和玩具系统内几乎没有受过这方面专门训练的专业人员。县玩具公司及下属企业克服重重困难，没有科班出身的设计人才，就从工人中选拔培养。公司采用“请进来”(即邀请外地工艺美术设计师、儿童心理专家来云和作辅导培训)和“送出去”(委派设计人员到外地参观学习、参加各种展销会、选样会、订货会、培训班)的办法，多渠道提高公司设计人员的设计能力。经过多年的努力，云和玩具系统独立从事玩具设计的能力大大提高。云和木制玩具的设计人员初步掌握玩具设计造型、色彩的一般规律，总结出一整套设计办法，如“改头换面”“老变新”“新变老”“新奇怪”“动叫跳”等，并逐渐形成以方木玩具为主的产品特色。一批云和自行设计的木制玩具畅销海外，并获得国家、省、地、县各种奖励。

1992 年，中共云和县委、县政府提出的“五个千家万户”脱贫致富工程，木制玩具业被列为首选项目。是年 12 月，云和镇政府开辟木制玩具工业小区。1993 年，第一批 13 家私营玩具企业迁入小区中的新厂房

20 世纪 80 年代末和 90 年代初，是云和木制玩具致力于规模扩张的历史阶段，家族制管理和千家万户生产是其基本特征。若干上规模企业通过亲带亲、友带友、乡邻带乡邻的形式，带动一大批玩具加工点的产生与发展，云和木玩业像滚雪球一样越滚越大。到 1993 年，全县木制玩具加工点增至近 600 家，并出现像福兴村、东佳山村那样从事木制玩具生产的专业村，以及一批像新云、振鹏、和信、半球等上规模的私营木制玩具企业。全县木玩企业从业人员超过 1 万人，产值超过 1 亿元，创汇 3000 多万元，上缴国家税收 300 多万元。是年，云和县私营玩具企业经过短短数年的发展，无论在生产规模、还是厂家数量上都已经大大超过集体玩具企业。云和木制玩具业逐渐形成以新云玩具总厂、振鹏工艺厂、木制玩具有限公司、云和玩具总厂等规模企业为龙头，数百家小企业、加工点为羽翼的生产格局。木制玩具业成为云和县国民经济的支柱产业。

1994 年 3 月，经对外经济贸易部批准，云和县取得木制玩具自营出口权。5 月，云和首家外商独资企业——云和亮星工艺礼品有限公司成立。是年底，全县木制玩具企业共有 198家，个体加工点 410 多家，其中年产值 3000 万元以上的企业 1 家，1000 万以上的 3 家，100 万—500 万元以上的 10 家，100 万元以下的达 119 家。从业人员达 1.2 万人，占全县总人口的 10%，

农村人口的19%，玩具业产值达到1.66亿元，出口交货值4100万元，居全地区各行业之首，上缴税收367万元。与此同时，随着改革开放的深入和市场经济的发展，以及工业园区的建成，云和县木制玩具生产迅速由小打小闹的零星作坊式生产向横向协作、机器加工、组织企业和集团公司过渡，经营方式也从原始的分散经营走向集约经营，产品由代理出口转向代理出口和直接出口相结合，结束产业发展徘徊不前的局面，成为云和县出口创汇支柱产业。

是年，玩具四厂被私营企业工艺品厂兼并；1995年玩具一厂全面停工、停产；1996年，玩具公司破产；1997年，玩具二厂全面停工停产，玩具三厂被拍卖。自此，云和二轻局的集体玩具企业在改制、转换经营机制的改革中，全部被私营企业所替代。

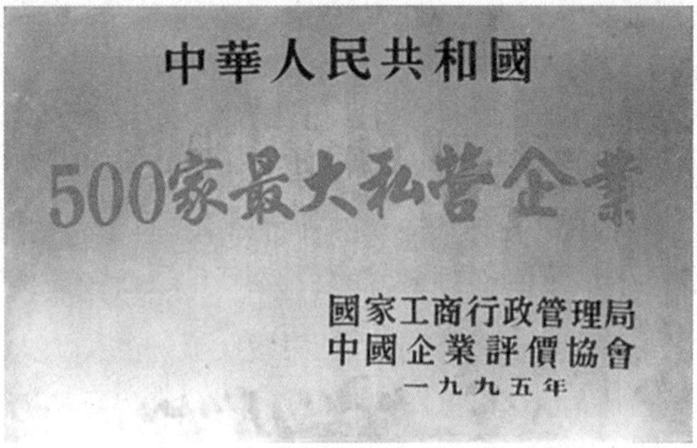

图12-3-1 1995年，新云玩具总厂位列全国私营企业500强(县工商行政管理局提供)

1995年，云和县玩具协会评选出云和玩具首届“十大王”，表彰私营业主对木制玩具业的巨大贡献。他们是廖复新、何尚清、何玉林、邱潘秋、蒋珉瑶、董明友、贺港生、邓壮生、张云武、陈注发。其中，廖复新的新云玩具总厂年生产能力超过5000万元，1995年荣获“浙江省行业最大工业企业”称号，位列全国私营企业500强的第231位。

是年8月，经县人民政府批准，云和县玩具行业协会成立。由谢卫峰担任第一届协会会长，廖复新、何玉林、梁峰任副会长，柳绍荣任秘书长。成立协会后，理事会先后通过《关于木制玩具样品设计管理的暂行规定》等重要文件，在协调行业内部关系、加强行业管理、规划产业发展方面发挥重要的作用。

1995年，云和木玩业实现产值达3.34亿元，支撑着云和工业的三分之一。但是，国际玩具市场在1995年下半年发生突变，由于出口配额的限制，玩具订单减少，快速发展的势头受挫，一些企业甚至陷入经营困境甚至破产，云和的玩具行业急剧萎缩。

1996年玩具企业数量降至200余家，玩具产值跌到2亿元，环比下降0.5%，在整个工业的比例下降为1/4。在困境之中，玩具企业采取的家族制管理、作坊试生产，企业规模小、产品档次低、专业化水平低、创新能力弱、企业间无序竞争等弊端集中暴露出来。危机之下，有关部门开始分析云和木玩发展存在的瓶颈，以求破解之道；广大玩具企业主和职工顶住压力，积极调整经营策略，不断改善管理，注重新产品的开发，努力提高产品的质量与档次，使得整个行业在总体上保持稳定的发展态势，并在若干重点骨干企业的经营规模上有显著的进展，这就为云和木玩业的持续发展积蓄力量。

1996年，云和县评选出第二届玩具“十大王”。是年，云和镇成立工业小区管委会，作为镇政府的派驻机构。

在20世纪90年代后期，云和木制玩具更注重提高质量和档次，玩具业发展趋于成熟。随着云和木制玩具在国际、国内的知名度进一步提高，产业体系进一步发育完善，吸引一些海内外投资的进入。

1997年，香港客商贺港生投资100万港元，成立独资企业——亮星工艺礼品有限公司。1998年，瑞士汉佩控股公司与新云玩具总厂合资创办浙江云和新华工艺玩具有限公司，总投资550万元，其中外方投资30万美元。

是年，评选出云和县第三届玩具"十大王"，饶文远等人榜上有名。年底，经过近三年的调整期，云和木制玩具业再一次迎来大发展的机遇。在国际、国内市场上，木制玩具以其绿色产品的身份受到消费者的喜爱，市场前景非常广阔，需求旺盛，订单充足。云和木玩业的整体实力已经大大壮大，培育出一批规模实力较强、专业水平较高的龙头骨干企业，也培育出一直玩具产业大军，形成千家万户、配套齐全的产业体系夯实第二次创业的基础。

1998年，新云玩具厂厂长廖复新荣获"全国乡镇企业优秀厂长"称号。到年底，全县有一定生产规模的企业152家，其中年产值在5000万元以上的企业1家，1000万元以上6家，全县年生产能力达到8亿元。全年木制玩具总产值达到3亿元。1999年，木玩业总产值又跃升到3.3亿元，占县内工业产值的三分之二，成为丽水地区的十大出口产品之一。

90年代后期，云和木玩业虽然有很大的发展，发展势头非常看好，但也存在着一个很大的隐忧。由于云和木制玩具企业大部分是从家庭作坊式小工厂发站起来，装备落后的问题始终没有解决，再加上科技创新力量严重不足，导致低质量，低档次产品竞争过度，一些玩具企业由于法律意识淡薄，屡屡发生侵权行为，导致各玩具企业专利技术得不到保护，样品不能够公开展示，云和木制玩具业不能够得到健康发展。

云和县政府出台若干扶持个私企业发展的优惠政策，鼓励私营企业做大做强，发挥"龙头"企业对行业的带动作用，一些个体私营玩具企业大户如雨后春笋般的冒出，出现一批像新云玩具厂等年产值超1000万元的玩具企业。木玩业不仅成为云和农民脱贫致富奔小康之路，而且成为当地下岗职工再就业的主渠道。

1999年3月，中国唯一的玩具专刊《玩具世界》出版发行《中国木制玩具城——浙江云和木制玩具》专刊，这是第一次介绍云和木制玩具的公开出版物。

2000年11月，新云玩具总厂、振鹏工艺厂、云和玩具总厂、木制工艺品有限公司、忠协工艺品制造有限公司被评为中国木制玩具业"十佳企业"。是年末，全县拥有玩具企业204家，年产值4.27亿元，其中产值5000万元以上的企业1家，1000万元以上的企业有6家。

2001年，云和红源工艺品有限公司与德国怡人有限公司、德国益智教学玩具有限公司正式签约，成立中德合资云和怡源工艺品有限公司，注册资金450万元。

是年，云和县木制玩具特色工业园区被列为省级特色工业园和省级乡镇工业专业区，同年又被冠名为浙江云和工业园。是年，云和县开始实施"小县大城"发展战略。木制玩具产业为进城农民提供3万多个就业岗位，是推进云和县产业集聚的重要支撑。

工业园区先后建立木制玩具行业生产力促进中心、质量检测中心、人才培训中心、区域科技创新服务中心、工业园区信息化推进中心等5个中心，服务功能得以进一步完善。2002年，质量检测中心成为全省唯一的木制玩具产品质量检测中心，加快木制玩具科技创新服务体系建设。

2002年,云和在新云工艺品有限公司、振鹏实业有限公司开展清洁生产试点工作,并在此基础上,建立生态工业示范点,在全县范围内推广实施。12月,云和县木制玩具行业培训中心与安全生产培训中心在县职技校挂牌成立。是年,全县从事木制玩具开发、生产企业达到440多家,提供就业岗位1.5万个,实现产值7.5亿元,实现利税6182万元,占县内工业比重56.2%,对县内工业增长的贡献率89%,木制玩具行业初具“块状经济”雏形。

2003年,木制玩具区域科技创新服务中心被省科技厅评为省级区域科技创新服务中心,工业园区信息化推进中心被省发改委列为省级信息化试点企业,中国轻工业联合会授予云和“中国木制玩具城”称号。2004年,玩具行业生产力促进中心被列为省级首批十大中小企业共性技术服务中心。2005年,卓创木制玩具研发中心和木制玩具外包装研发中心成立,使县木制玩具服务体系更加完善,服务功能更为齐备。

是年12月,乐子文化传播有限公司成功研发出多功能木制玩具印刷机,并申请国家专利。是年,玩具行业实现产值10.65亿元,同比增长42%,实现利税8733万元,生产企业450家,提供就业岗位1.6万个。云和的木制玩具大多为贴牌生产,木玩产品到了国外消费者手上,全都被换上国外的品牌,根本就没有任何云和的标识。贴牌生产的利润很低,国外经销商得到的利润是国内生产厂家的几倍甚至几十倍。

2004年7月,云和县40余家木制玩具外贸企业的质量管理人员,系统地接受SA8000标准认证培训,为引入SA8000标准认证奠定技术基础。10月,国家商标管理总局受理“云和木制玩具”集体商标的申报。是年,振鹏、衡大、彼来福3家企业成为全县首批通过ISO 14000环境体系认证企业,木制玩具企业清洁生产得到积极推进。

2004年,新云公司“一点牌”木制玩具系列产品被认定为“浙江省名牌产品”,成为云和县首个工业名牌。是年,《云和县木制玩具产业科技攻关专项试点实施方案》通过省科技厅专家评审,云和获批省级第二批区域支柱产业重大科技攻关试点县。

2005年,云和53家玩具公司成立“云和木头人青年俱乐部”。是年,云和县木制玩具专利申请量达到172件,占了整个丽水市专利申请量的四分之一,其中发明专利申请量为4件;云和县的万人占有专利申请数为15.69件,位居全省县(市)第十二位、丽水市第一位,而且质量大幅提高,县科技局连续三年被评为“浙江小专利工作先进集体”。与此同时,许多企业到国外去注册商标,参与国际新产品的评比,2004年怡源公司的玩具新产品在德国纽伦堡评比中获得世界第三名的好成绩。

2006年,云和与央视少儿频道合作拍摄《让木头也快乐》。是年,木制玩具行业生产力促进中心、质量检测中心等7个中心合并,组建云和玩具商业中心。这个中心成为整个产业发展的第三方综合服务平台,整个平台都通过市场化来运作。是年,云和木制玩具产业被列为《浙江省文化建设“四个一批”规划(2005—2010)》中重点发展的文化产业之一和丽水市重点支持发展的四大区域特色产业之一。

2006年3月,木制玩具电动丝网印刷机的开发项目通过省科技厅专家组的验收与鉴定;8 月木制玩具生产管理软件的开发项目通过省信息产业厅专家组的验收;9 月中国木制玩具星火特色产业基地及孵化器建设项目顺利通过省科技厅专家组的验收。

2006 年，云和大自然教玩具公司通过与国际知名教育品牌蒙台梭利、福禄贝尔系列合作,一跃成为国内较大的儿童益智木制玩具厂商。该公司先后与全国五六百家幼儿园建立长期合作关系,利润率在云和县高居首位。而通过本土的文化结晶——动漫剧《朵玛与凸凸狗》的宣传,加上 2007 年工业园区与杭州国家动画产业基地缔结了合作协议及与中央电视台少儿频道合作拍摄 30 集木偶公益广告片《奥运小贴士》,浙江和信玩具有限公司与浙江电视台少儿频道联合制作 104 集“木玩总动员”节目,有童话剧本创作天赋的云和姑娘金乐慧的团队编写的木偶动漫图书《我的木头宝贝》,等等。云和玩具通过与幼儿教育相结合,不断加强产业文化建设。

与此同时,云和木玩在设计研发过程中,注重吸收古今中外丰富的文化因素,涉及天文、地理、历史、传说、民俗、典故、古籍、戏剧等多方面,将传统和时尚的文化与玩具产品有机结合,制作出琳琅满目的玩具产品,文化内涵日益丰富,文化功能也不断显现。

2007 年 8 月,由浙江省科技厅投资 90 万元,杭州科技大学和上海优集计算机信息科技有限公司联合攻关设计的,为玩具企业量身定做的三维模型软件程序“木制玩具 CAD 互动软件”在云和上机调试,该软件可实现生产商和客户即时互动,实现网上绘图,创建的模板能够产生多个视图,从而突破手工绘制的局限。9 月,云和县工业园区与杭州动画产业基地签订合作协议,进一步推动云和木制玩具与动漫产业的结合和生产链的延伸。

2008 年,云和县政府和企业重视运用电子商务,在全球金融危机影响下,全国各地的外贸出口纷纷下滑,然而云和木制玩具产值仍然达到 16.62 亿元,同比增长 17.16%。

是年,云和县实现授权专利 132 件,其中实用新型专利 58 件、外观设计 74 件。是年,浙江新云集团有限公司企业技术中心顺利通过浙江省省级企业技术中心的综合评审。企业技术中心作为技术创新体系中的核心部分,在增强企业自主创新能力、自主研发生产新产品能力等方面发挥重要作用,成为云和县玩具产业升级、提升产品和企业整体竞争力的有效载体;和信、半球两家企业通过信息化试点企业的验收,在增强企业研发实力,降低生产成本,提高经济效益等方面发挥了积极作用;金山、振华、宏升等 5 家企业通过开展电子商务,在增强中小企业市场竞争力,拓展业务领域等方面走出关键的一步。

图 12-3-2　云和木制玩具(金成木业提供)

至 2008 年年底,全县木制玩具行业拥有 1 件“中国驰名商标”,1 个“浙江名牌”产品,5 个“丽水名牌”产品,共有注册商标 140 多件。“一点”“木玩世家”“新胜”“艺发”“笑灵猴”“互利”“大木匠”“green forest”等产品获得省市著名商标和名牌产品称号。为实施品牌战略,和信、金马等公司 2008 年在境外注册“比好”

“IM”等4个商标,为企业开拓国际市场、提升竞争力打下坚实的基础。全县有33家企业通过ISO 9001质量管理体系认证,11家企业通过ISO 14001环境管理体系认证,5家企业通过OHsAsl8001职业健康安全管理体系认证,6家企业通过ICTI国际玩具协会商业行为守则认证,5家企业通过FSC森林体系认证,6家企业通过AA级标准化良好行为规范确认,3家企业通过三级计量水平确认。

云和木制玩具在产业发展和规模扩大的同时,但在产品档次、技术含量、附加值等方面并没有明显的提升,产业集群始终停留在低水平重复发展阶段。云和木制玩具产业的利润率基本维持在4%左右。随着原材料、劳动力等综合成本不断上升,不少中低价位的产品几乎没有利润可言。2009年,有4家木玩企业倒闭;2010年,有12家木玩企业亏损,以低价格占领市场的企业面临巨大挑战。而且云和木玩产业创新系统薄弱,非价格竞争能力不足。

这一时期,以外贸、代工起家的云和木制玩具,同质竞争、相互抄袭、彼此压价等现象一直为人诟病。利润越来越薄,整个行业的生存环境每况愈下。痛定思痛,云和越来越多企业深刻认识到,木制玩具业单纯靠品质来赢得市场的时代已经过去,木制玩具需要构建产品的文化属性,没有文化内容的玩具产品,就会失去消费群体,挖掘玩具背后的文化属性及教育意义变得越来越重要。企业家们开始尝试探索新的发展模式,致力于打造木制玩具文化产业链,并最终选择与动漫产业、幼教文化联姻,效果立竿见影。

图12-3-3　工人在生产木制玩具(县工业园区管委会供稿)

2008年,浙江木佬佬玩具工艺品有限公司与丹麦安徒生国际集团合作,该公司也因此成为全球首家生产“安徒生”世界品牌木玩具系列产品的厂家,云和半球实业有限公司与江苏常州的动漫企业展开合作,其产品“天降小子”已经取得上百万的销售业绩。种种表现说明实现玩具产业与动漫产业的联姻前景一片光明。同时,云和县把旅游产业和木制玩具产业相结合,依托“山水家园,童话世界”的城市定位,以“生态、休闲、养生”为主题,充分利用依山傍水和木制玩具特色产业的优势,促使两个行业共发展。

2009年5月,云和玩具协会、内销联合会、木头人俱乐部中具有代表性的13家企业齐聚一堂,正式签约成立云和县首家玩具行业公司,变单兵作战为联手出击。这家光研发不生产的“头脑公司”投入上千万元,以配合“幼儿教玩具的设计及其在游戏活动中有效应用”课题,与教育部共同开发国内幼儿教育玩具市场。是年,经云和县政府牵头,玩具行业公司与教育部教学仪器研究所、“全国教育类核心期刊”《幼儿教育》三方签订合作的协议,共同研发适合中国儿童和中国幼儿园教育、文化与操作材料结合的完整的玩具与游戏教学系统。一条由教育部出理念、云和企业出设计、杂志社做推广的木玩完整产业链就此产生。

2009年,云和玩具行业实现产值17.62亿元,在经济危机,出口受阻的大背景下同比增长

6.03%。是年，云和县玩具行业协会与SGS通标公司牵手，通过强强联手来进一步开拓国内外市场。SGS通标公司凭借专业的检测和认证服务，一直致力于为各个行业的可持续发展提供专业的解决方案。同时，他们也为中国木制玩具企业提供贯穿玩具设计、研发、生产、检验、运输、销售等产业链各环节的"一站式"质量和安全控制的解决方案，增强木制玩具企业在国际市场的竞争力，实现持续、快速、健康发展。

2010年，由云和木玩企业家何彬与杭州一家广告公司合作组建的"定格文化创意有限公司"在杭州正式成立，这是国内唯一一家以制作定格动画为主要经营项目和以木制玩具作为拍摄主要材料的公司。由这家新晋文化创意公司制作的定格动画短片作品，已获得日本TBS优秀作品奖等，另有52集原创动画电视剧获2010年浙江省精品文化工程殊荣。与此同时，与这些动画影视作品相配套的木制玩具产品已全部进入生产流程，成为云和县原创动漫的首批衍生产品。

图12-3-4　童趣小屋（玩具智慧园提供）

是年，云和县政府全面启动《云和县木制玩具产业转型升级三年行动计划（2010—2012年）》，其目标就是要使云和成为国际最大的木制玩具采购基地、中国最大的木制玩具研发中心和教育部教学仪器研究所木制教学玩具实验室，逐步成为富含木玩元素内涵的中国童话休闲旅游城。

至2010年，云和县有玩具商标155个，其中中国驰名商标2个（新云木业集团的"一点"和浙江和信玩具有限公司的"比好"）、浙江著名商标2个、浙江名牌产品1个、丽水著名商标13个和丽水名牌产品5个。云和已形成原材料供应、造型设计、定牌加工、零部件制造、包装装潢等专业分工协作的生产体系。全县11万人口有3万人从事木制玩具，木制玩具产业年产值22亿元，占全县工农业总产值百分之五十。

2010年，云和木玩产业转型开始发力，云和木制玩具的方向就是实现"'从卖劳力'向'卖产品'直至'卖生活方式、卖文化创意'的转型升级"，中国玩具协会副会长、浙江新云木业集团董事长廖复新这样理解。云和必须实现从木制玩具制造中心向创造中心的转型升级，那就必须推进木玩产业与文化创业产业的融合、加快木玩产业与幼教结合、加快木玩产业与动漫产业结合……云和木玩产业与杭州滨江动漫园区的合作进一步扩大，与央视、上海美术摄影基地合作进一步加深。作为浙江省文化建设"四个一批"规划重点发展的文化产业之一和丽水重点支持发展的四大区域特色产业之一。

到2010年，云和木玩产业虽然涌现出一批如新云、振鹏、大森林、和信、木佬佬、立信等技术装备水平较高和科技研发能力较强的大型企业。但整体来看，云和的木制玩具品种虽然丰富，但企业总体开发、设计能力偏低，大多数厂家没有专业的设计研发人才，没有专门的研发机构，更未建立知识产权管理制度。企业生产大多以粗加工为主，产品多以模仿改造为主，真正具有浓郁本土文化特色的玩具比较稀缺。产品设计能力的欠缺也直接造成大多数企业缺少品牌意识，产品仅仅停留在“中国制造”的水平，大部分利润被品牌商、经销商所占据。

通过举办三届木制玩具节、组团参加各种展销展示会、与央视的宣传合作、建设“中国木制玩具城”、电子商务平台等一系列木制玩具文化和品牌传播措施，云和木制玩具城已经具备一定的知名度和美誉度，为企业提供无形的品牌资源。这种集群品牌资源使得小小的云和县城外商云集，订单源源不断，为企业提供相对稳定充足的市场需求。以贴牌生产为主的OEM模式虽使企业完成原始积累，但同时比生产成本多达几倍的利润也被品牌商攫取，生产企业获取的只是利润总构成中的极少一部分。一些大型企业看到这一点，已经逐渐重视起从“制造”到“创造”、从“贴牌”到“品牌”的品牌建设之路。在接订单生产的基础上，和信、振鹏、新云等企业纷纷开始自主设计产品，申请专利，创建品牌。其中，“一点”“比好”获得了省级著名商标称号，“祖儿”“新胜”“笑灵猴”“大木匠”“九星”“乌卡”“凸凸狗”等11个产品获得了市级著名品牌商标称号，品牌投产效益也开始逐渐显现。例如，和信工艺品公司在淘宝网上采用网上直销及加盟代理的方式寻求合作加盟，在网上实行专卖，建立网上和网下品牌连锁店。品牌形象从网上影响到网下，传统销售渠道的加盟已越来越多，至今，网上加盟店已有将近40家，网下连锁店已发展近50家，推出的“比好”“木玩世家”等品牌产品已占到全部销售产品的50%。

2001—2010年云和县木制玩具产业产值税利一览表

表12-3-1

年份	就业人数（人）	产值（亿元）	税利（亿元）	同比增长率(%)	出口总额（亿元）	占全县工业比重(%)
2001	8719	5.50	0.4908	36.4	4.24	60.3
2002	9743	7.50	0.6812	42.0	5.20	58.1
2003	11159	10.65	0.8733	-23.0	7.40	56.2
2004	13849	8.20	0.7690	17.30	6.37	45.49
2005	14040	9.62	0.9492	15.28	6.18	44.58
2006	15514	11.09	1.0754	27.7	7.18	44.29
2007	16209	14.18	1.12	17.16	10.39	47.03
2008	19985	16.62	1.15	6.0	11.21	41.03
2009	23254	17.62	1.17	25.4	13.50	40.80
2010	30315	22.10	1.20	16.3	17.80	40.70

第二节　木制玩具销售

20世纪80年代末，随着外贸出口需求量进一步增加，云和玩具行业的出口值每年递增幅度都在50%以上，出口玩具的品种、质量也有新的提高，规模、效益都在良性发展。产品基本上经口岸收购代理出口。

90年代初，云和县已经有一支相当熟练的工人技术队伍，出口产品从过去单一的木制小鸡、小鸭，发展到智力玩具、音响玩具、车辆玩具、游戏玩具、礼品玩具和圣诞挂件等六大类，上千个品种，远销北美、欧洲、日本、东南亚和中国香港等40多个国家和地区，出口量占浙江省木制玩具出口量的70%，年出口值居全国同类产品之首。

1993年3月，云和县瑞发公司成立，并取得外贸自营出口权，云和木制玩具也减少出口环节，与国际市场接轨尽快赶上国际水平提供一条新通道。

1994年3月，经对外经济贸易部批准，云和县取得木制玩具自营出口权，是云和县外贸公司以丽水外贸云和分公司的名义取得自营出口权的。

1995年，云和木玩业外贸收购额突破亿元大关，达到12160万元，占全县外贸收购总额的61%。

随着行业规模的扩大，云和木制玩具不再局限于外贸出口加工。一些小企业在出口订单不足的情况下，着手开发国内市场。在20世纪90年代中期，这些企业以义乌小商品市场和省内外风景名胜区的旅游产品经销商为依托，生产内销木制玩具产品。

1996年，云和的200家木玩企业中，大部分是“小而全”的综合性“全能型工厂”，他们的采购、销售以及技术工艺都各自为政，没有形成一个严密的、系统的生产与销售网络。特别是在自营进出口方面，虽然有一家瑞发集团自营出口部分产品，但是其他绝大多数企业还是依靠县外口岸公司出口，出口权上处于被动地位，出口分散也导致相互压价，减少企业的经营效益。是年，云和木玩业外贸收购额达到13916万元，占全县外贸收购总额的90%。

1997年，云和木玩业外贸收购额达到14068万元，占全县外贸收购总额的64%。

1998年5月30日至6月5日，中国首届玩具节在上海浦东举行，云和县政府组织18家玩具企业带着上千个产品参会，受到玩具经销商和消费者的青睐。是年，中国经济受东南亚金融危机影响，尤其是出口量遭受重挫，但是，云和县木玩企业“内强素质、外树形象”，通过组团参加省经贸洽谈会、广交会以及举办的玩具节、玩具展销会等一系列活动，抵住危机的影响，出口量继续保持良好的上升势头。是年，云和木玩业外贸收购额达到15486万元，占全县外贸收购总额的70%。是年，浙江振鹏有限公司首先在杭州设立办事窗口。

1999年，云和木制玩具企业组团参加广交会、深圳博览会、香港展销会和德国纽伦堡玩具博览会。

2000年，云和木玩迎来新的腾飞。政府在玩具销售上牵线搭桥，架起生产和销售之间的信息桥梁；木玩厂家组队参加美国玩具展、广交会等展会，政府也出钱补助，助力云和木玩业的发展。11月5—7日，“首届中国木制玩具节”在云和中国木制玩具城隆重举办。这是云和有史以来举办的规模最大、规格最高、声势最大及最具影响力的集经贸娱乐于一体的节庆活动。国家有关部委、省、市领导，省、市有关部门和有关兄弟县市负责人，协办单位领导以及中外客商、业内专家等400多人光临参加。首届中国木制玩具节展示云和木制玩具业所取得的成就，为玩具产、销双方提供交流的渠道，来自县内、本省、上海、福建等省市的120多个厂家展示了各自的产品。中国木制玩具节的成功举办，提高云和县与“中国木制玩具城”的知名度。是年，云和玩具自营出口1500万美元（折合人民币12450万元），外贸收购额达2.9亿元。

是年，浙江振鹏有限公司成为云和县第一家获得自营出口权的企业。

2001年5月1日，杭州乐园——云和木制玩具展销会在杭州举办。云和县组织玩具企业50余家参会。展销会吸引数万名中外游客，向外界展示琳琅满目、精美灵巧的木制玩具，进一步扩大云和木制玩具的影响。展销会上达成玩具经销协议额2300万元，云和木制玩具和中国木制玩具城的知名度进一步得到提高。

2001年1月，云和木制玩具在香港（国际）玩具展设台展示，参展企业共签约销售意向2.6亿元。是年，云和玩具自营出口1617万美元，外贸收购额2.97亿元，云和木制玩具出口三分天下占其二。由于云和木制玩具制作精细，质量上乘，深受外商青睐，云和的木制玩具也是丽水市十大出口产品之一，在国际市场上具有一定的声誉和知名度。

2003年11月11—13日，云和举办第二届中国木制玩具节。在玩具节期间，签约项目有14个涉及投资及贸易总额3.33亿元。新云集团、金茂工艺、和信工艺等企业与美国、日本及中国香港等地客商达成玩具贸易协议额2.72亿元。

2004年，“中国木制玩具城”网站在互联网上开通。6月，浙江和信工艺品有限公司总经理何彬在杭州举办的首届中国网上大会上荣登“首届中国十大网商”之首，获得“网上贸易让公司飞速成长”之挂冠。

2007年7月，云和著名玩具企业和信公司旗下子公司——浙江木玩世家玩具有限公司正式成立。该公司通过电子商务平台阿里巴巴与终端客户建立联系，直接获得订单。和信公司95%的产品销售来自网络，40%的原材料通过网络在全球范围内采购，演绎出网络传奇，这不仅使和信节省成本、带来更大的客户群，而且提高和信的知名度，有利于其品牌建设，掀起云和县木制玩具企业乃至国内木制玩具业利用电子商务的浪潮。

2007年11月1日，第三届中国木制玩具节在云和隆重开幕。在玩具节期间签约的项目就有三大类29个，其中木制玩具贸易类项目10个，总贸易额达3.88亿元。

2008年，云和57家玩具企业通过评审，领到玩具出口质量许可证书。全县新增自营出口权企业6家，累计有自营出口权的企业41家，有出口实绩的20家。累计实现自营出口3684.35万美元，同比增长55.67%。得益于企业营销战略的改变、产品质量的提升、电子商务等营销手段的运用和积极参加境内外专业展销等积极因素，自营出口增势强劲，全年累计实现3684万美元，同比增长55.67%。

2008年以来，云和县玩具出口企业加强市场开拓力度，在保持原有欧美市场的基础上，大力开拓南美洲、非洲等新兴市场，取得较好成效。2008年，云和玩具出口在传统的欧美及亚洲市场上保持较快增长的同时，非洲、拉丁美洲等有潜力的新兴市场开拓工作稳步推进，同比分别增长622.69%和137.85%。

2009年，云和县外贸出口表现较好，11月就完成全年考核目标，全年累计完成出口贸易总额4486万美元，同比增长21.75%，大幅领先全市出口-9.33%的增幅。其中流通公司累计出口总额1692万美元，同比增长42.4%；生产企业自营出口累计总额2794万美元，同比增长11.93%。有出口实绩企业21家，其中流通企业6家，生产企业15家。其中丰源进出口、振鹏工业的表现最突出，分别完成出口1262万美元、1087万美元，同比增长36.46%和53.3%，两家企业出口数占全县出口的52.36%；托德利、红源和金茂等企业也实现出口大幅增长。

是年，云和县新增出口备案登记企业8家，全县累计有自营出口权企业49家。针对国外关税、技术壁垒等诸多因素，云和县政府提出木制玩具生产企业要下决心改变依赖性的销售模式，依靠自身管理、技术、人才等优势，加强品牌建设，积极开拓国内国外两个市场，改变云和木制玩具墙内开花墙外香的局面。云和县玩具行业协会与SGS通标公司牵手，通过强强联手来进一步开拓国内外市场。

2009年，云和县成立云和木制玩具对外贸易预警点。是年，以新云、振鹏为代表的一批龙头企业出口业绩再创新高，全年新云集团实现出口1262万美元，振鹏工艺品有限公司实现出口1087万美元，双双突破1000万美元大关。

2010年上海世界博览会期间，浙江和信玩具有限公司在世博文化中心设立“木玩世家”专卖店，专门展示并出售为世博会量身定制的130多种世博系列玩具。该公司成为入驻世博文化中心的唯一的木制玩具企业，也是浙江省唯一的玩具企业。

2010年，随着电子商务“B2C”(客户直接在网站下单，企业直接从工厂发货——这种让生产者与消费者进行点对点销售产品和服务、绕过所有中间环节的“B2C”电子商务模式)这一新型的商业运营模式的迅速发展和普及，过去主要依赖传统经营模式的云和木玩企业借力创新，成立丽水淘乐电子商务有限公司，在淘宝商城成立淘乐玩具专营店，通过这一崭新的销售渠道直接将云和木制玩具向消费者发货。新型的经营模式、快捷的发展速度，使越来越多的云和木制玩具企业云集于此、参与加盟，其中不乏丹妮奇特、全家欢等云和县知名玩具企业。是年，全县自营出口累计完成6589万美元，是2006年的2.9倍，年均增长30.3%。

云和木制玩具90%以上产品出口，主要销往欧洲、北美等40多个国家和地区，出口量占全省的70%、全国同类产品的50%以上。而出口市场中欧美市场占据60%，高外贸依存度和出口市场集中化，使木玩产业集群极易受到国际经济形势变动和贸易摩擦的影响，抵御风险能力不强。如受“非典”影响，2003年的增幅仅为3.9%；又如2008年国际金融危机导致各国贸易壁垒增加，仅2011年欧盟实施的《欧盟新玩具安全指令》就使云和近1亿美元的出口玩具受到影响，当年增幅仅为5.9%，同比少增9.1个百分点。与此同时，多数玩具企业尚未在国内建立销售网络，在生产成本攀升、利润走低的情况下，仅仅依靠出口而不能控制销售渠道的经营方式存在较大的潜在风险。

云和木制玩具企业以从事OEM生产(贴牌生产)为主，直接或间接从外商企业接单生产。截至2010年，云和拥有自营出口权的企业仅有49家，多数企业由外地口岸公司代理出口，没有自己的品牌和销售网络，对国际市场趋势的掌握能力较弱，缺乏主动性。国内市场则只占很小一部分份额，只有少数几家企业近年以开设门市店、在大型超市设专柜等方式逐渐开始开拓国内市场。这种“只靠一条腿走路”的销售模式带来的一个显而易见的缺点就是会造成企业承担风险的能力偏低，国际市场的风云变幻、人民币汇率调整、出口退税政策变化等都极有可能给企业正常的生产经营活动带来致命的打击。因此，云和木玩业要规避风险，就必须大力开拓国内市场，实现国内与国外两个市场的平衡。

第四章　行业管理

中共云和县委、县人民政府一直以来高度重视科学决策和木制玩具行业的生产与发展，通过政府对行业的管理和引导，不断出台和完善各项优惠政策、健全配套服务设施，为木玩产业转型升级到跨越发展起到强有力的保障和关键的引领作用。同时，云和县玩具行业协会由于云和县委、县人民政府和有关部门的领导，紧紧团结、积极协调木玩行业企业，充分发挥行业组织优势，促进行业健康发展，为云和经济社会繁荣发展发挥巨大作用。

第一节　政府政策引导

1992年，云和县根据中共丽水地委、丽水行署的部署，开展第二次“解放思想大讨论”。中共云和县委、县人民政府坚持生产力标准，从“三个有利于”出发，组织全县广大干部就如何发展云和地方经济进行广泛的讨论，克服“个体私营经济只能够作为社会主义市场经济的补充成分，只能够在一定的范围内发展，在国民经济中不能够超过一定比例”的旧观念。中共云和县委、县人民政府在广泛调查论证的基础上，提出五个“千家万户”的脱贫致富工程，其中木制玩具被列为首选项目。

悉心引导入园

1992年12月，云和镇政府在充分论证后，经多次选址决定在城西沿丽浦线南北两侧开辟新的木制玩具工业小区。

时任云和镇副镇长马国华，利用在慈溪市挂职期间学习来的建设工业园区的经验，首先提出创建工业小区的规划。从选择、征地入手，第一批规划3.2万平方千米面积建工业小区，安排10多家木玩企业入园区。一批二轻、乡镇集体企业相继入驻工业小区，他们依托本地资源优势，开创云和木制玩具生产的先河。云和镇政府创办工业小区以来，实行“四减免”优惠政策和“四统一”服务，切实为初创时期的木玩企业减轻负担和提供优质服务。

云和镇政府的做法与创举，得到中共云和县委、县人民政府的大力支持。中共云和县委书记施基城为此专门召集土管、城建、工商等部门现场办公，决定给予在小区内兴办企业免收耕地占用税、城建配套费、造地费、土地有偿出让金等优惠，激发大批私营玩具企业投资办厂的积极性。1993年，第一批13家私营玩具企业入驻工业小区开始生产经营。

制定优惠政策 1993年，中共云和县委、县人民政府为支持木玩业发展，先后制订《关于横向经济联合的若干意见》《关于扶持乡镇企业发展的若干规定》《关于设立创利税大户奖励制度的通知》《关于促进全县经济发展的措施》等19项政策措施，在资金信贷、税收政策、电力和原材料供应等方面，对个体私营企业一视同仁，提供优惠，扶持个体私营经济的发展。同时还要求各部门、各乡镇切实做好服务工作，诸如营业执照办理、产品出运、申请贷款等，要尽可能简化手续，及时答复办理；在政策咨询、合同签订、协调管理等方面，主动为企业排忧解难；坚决制止乱收费、乱摊派、乱罚款等"三乱"行为，维护个私企业的合法权益，保护企业生产的积极性。充分利用报纸、电视、广播等宣传工具，大力宣传私营经济的蓬勃活力及对地方经济发展作用，营造当个私老板光荣的舆论氛围，提出的发展个私经济振兴经济的新政策、新思路，使广大个私企业主克服"怕"的思想，增强其大力办厂搞经济的信心和决心。在这样的氛围中，云和私营玩具企业迎来第一个快速发展的春天。

加强与国际市场接轨 1993年3月，云和县第一家私营玩具企业集团——浙江省瑞发木艺(集团)公司成立。公司一成立，就积极寻求争取自营出口权的途径。同月，县人民政府向省计经委、外经贸委呈报《关于要求赋予浙江省瑞发木艺(集团)公司自营出口权的请示》，1994年1月，又向国家外经贸委呈报《关于浙江省瑞发木艺(集团)公司情况的汇报》。1994年3月，国家对外经济贸易部批复同意赋予该公司自营出口权，这就为云和木制玩具业减少出口环节，与国际市场接轨，尽快赶上国际水平提供了一条新通道。

拓展总体思路 1993年12月，时任中共丽水地委宣传部长徐仁俊在考察云和木制玩具业时指出："云和应该成为中国木制玩具城。"1994年2月，中共云和县委书记陈川在全县干部大会的工作报告中指出，要把创建"中国木制玩具城"作为全县头等大事来抓。同月，县人民政府召开1994年度第二次县长办公会议，就"中国木制玩具城"建设的总体规划、玩具城的对外宣传、玩具用材林基地建设、玩具城基础设施建设、组织实施的领导机构及其职责等配套问题进行专题讨论和研究，并确定"中国木制玩具城"建设的总体思路。会议决定成立以常务副县长涂晓明为组长，宣传部部长蓝春土为副组长以及相关单位负责人为成员的"中国木制玩具城"建设协调小组，负责抓好玩具城的组织、协调和服务工作，"中国木制玩具城"建设的各项工作全面展开。

1994年1月，中共云和县委宣传部编辑出版《来自中国木制玩具城的报道》，介绍90年代以来云和木制玩具业的发展情况与此做出显著贡献的私营企业及其代表人物，并组织拍摄一部反映云和木制玩具业发展历程的电视纪录片。2月，中共云和县委宣传部、共青团云和县委在《云和导报》《丽水青年报》上刊登征稿启事，向社会公开征集"中国木制玩具城"城徽、城联。

1995年，县人民政府组团参加北京玩具博览会，并组团赴美国考察木制玩具生产。次年1月，中共云和县委领导率县农行、云和镇等单位负责人赴香港考察木制玩具生产。11月，中共丽水地委书记陈仲方视察云和木制玩具生产。

1998年5月30日至6月5日，中国首届玩具节在上海浦东举行，县人民政府组织18家玩具企业，带着上千个产品参展。除此之外，中共云和县委、县人民政府和有关部门也积极组织玩具企业参加广交会、上交会和各种会展，适时提出以木制玩具构筑特色工业框架，发展特色经济的发展战略，云和木制玩具开始进入一个崭新的发展阶段；在云和镇工业小区的基础上，筹建特色工业园，获省有关部门批准，被列入省级特色工业园和省重点项目。

1999年11月，副县长马国华率经委、林业局、云和镇等单位负责人赴黑龙江考察木玩用材资源情况。同月，县长虞红鸣率团到美国考察木制玩具市场。

2000年，云和县木制玩具工业园区管委会成立。管委会对园区实行"统一征地、统一规划、统一实施、统一管理"，对投资项目的各项手续、实行一站式的全程代办，并制订入园办厂的一系列优惠政策，吸引了县内外众多厂家前来入园。

2000年11月5—7日，"首届中国木制玩具节"在云和中国木制玩具城隆重举办。它由中国工艺美术学会、中国轻工业信息中心、云和县人民政府共同主办，中国工艺美术学会玩具专业委员会、云和县玩具行业协会共同承办，中国玩具行业信息中心、国家玩具监测中心、上海《玩具世界》杂志社、浙江工艺品进出口公司、浙江及福建、广东、江苏四省工艺美术学会、宁波卷烟厂及云和烟草公司共同协办。全国政协委员、原国家轻工总会副会长傅立民、省人大常委会副主任斯大孝、省人民政府副省长叶荣宝、省政协副主席龙安定、中国工艺美术学会秘书长李锦璐、中国轻工业信息中心副主任李红光、中共丽水市委书记丁耀民、副书记施基诚、政协主席张向北、丽水市人民政府副市长刘秀兰、沈仁康等关部门和有关兄弟县市负责人，协办单位领导以及中外客商、业内专家等400多人莅临云和参加。

定位"小县大城"战略 2001年5月1日，县人民政府联合中国工艺美术学会、中国轻工业信息中心在杭州举办杭州乐园——云和木制玩具展销会。是年，中共云和县委、县人民政府提出"小县大城"战略，发展以木制玩具为主的特色工业则是实施这一战略的重要举措之一。中共云和县委、县人民政府和全县各部门、各乡镇努力改善环境，优化环境，为木制玩具业的发展保驾护航。9月，云和县人民政府组织土管、财政、建设、电力、水电、计委、经委等部门负责人到工业园区实地查看，召开现场办公会，共谋加快园区发展大计。

2003年8月，时任中共浙江省委书记习近平在副省长巴音朝鲁、省委秘书长张曦等陪同视察云和木制玩具工业园区。9月，中国轻工业联合会正式对云和县冠名暨授予"中国木制玩具城"荣誉称号，全国人大常委、国家轻工业联合会会长陈士能授牌。

2004年，提高城市的知名度和美誉度，根据云和的人文资源、产业特点、自然禀赋，县人民政府组织云和县城"城市定位"的专家讲座、主题词征集、座谈会、新闻发布会、媒体宣传等活动，最终确定了"山水家园，童话世界"这个城市品牌。

2005年9月8—10日，县人民政府举办了主题为"标准化、品牌化、市场化"的"2005年中国玩具企业发展论坛"。这次论坛的成功举办，对云和木玩业的发展影响深远。

2005年，县经贸局组织企业赴江西、福建、湖南、黑龙江等地考察木材供应情况，择机建立玩具原材料供应基地，以解决玩具原材料紧缺的问题。

2007年11月，县人民政府举办第三届中国木制玩具节。其间，云和与西班牙、日本、韩国、德国等国家的商家签订投资项目，投资项目除木制玩具，还涉及金属制造、阀门等行业。根据云和县人民政府新闻中心的统计，玩具节期间签约的项目就有三大类29个，其中投资类项目18个，总投资10.3亿元；外商独资项目1个，中外合资项目3个，这4个项目合计投资1010万美元；产业合作协议意向1个；木制玩具贸易类项目10个。玩具节期间，县人民政府举办中国幼教与玩具开发高峰论坛，全国幼教专家汇聚云和，围绕玩具、教育与幼儿发展话题展开讨论。

2008年，美国次贷危机发生后，中国人民银行云和县支行为400多位“玩具人”开设金融讲坛，思考对策。11月，县经贸局等三单位一起举办浙江大学云和企业管理人员培训班，50余人次的企业管理人员参加培训。

开发木玩新产业为进一步拓展国内交流对接活动，云和加快与江苏常州等地创意、动漫产业和教玩具研究较为成熟的城市和地区的合作交流，努力寻求动漫与玩具、动漫与教玩具的结合点，延伸玩具产业链。2008年，由县人民政府组团赴常州、扬州和南京的考察活动，在动漫衍生产品开发、教玩具研究与市场准入方面走出尝试的一步。

为应对贸易摩擦，县人民政府成立对外贸易预警机制领导小组，配备人员建立云和县木制玩具对外贸易预警网站，对玩具出口情况和趋势进行监控分析，积极帮助企业寻找突破新的贸易壁垒的途径和办法，更好地为企业服务。同时大力推进木制玩具产业与动漫产业的结合，与杭州滨江动漫园区40家动漫企业建立合作，开发生产动漫衍生产品，努力将木制玩具产业打造成为一个文化产业。

2010年，云和县人民政府坚持以实施“大产业”培育工程为主攻方向，推动产业成型转型，编制并启动“木制玩具产业升级三年行动计划”，鼓励引导企业提升管理，加速向研发、销售两端延伸，同时加快推进木制玩具与幼教、旅游、动漫产业的融合。11月29日至12月1日，云和成功举办“中国(云和)玩具文化与儿童教育高峰论坛”，建立全国首个也是唯一一个“教育玩具研究开发基地”，使云和木制玩具在全国幼儿教育界的知名度进一步提升。

2010年，云和木制玩具生产企业发展到700余家。其中获得出口质量许可企业仅60余家，大量给出口配套的加工企业游离于检验检疫部门监管以外。是年，云和木制玩具检验监管示范区成立。为进一步推进区域化管理工作，丽水出入境检验检疫局明确“五个一”重点工作，即摸清一个清单、树立一批示范企业、建立一个出口木制玩具专业网站、建立一个滚漆园区和树立一个区域品牌。同时，要求企业原料过关、外发企业过关、首件备案过关，从而提升企业的诚信水平、质量管理水平和人员素质能力。

为控制木制玩具滚漆这个关键控制点，丽水出入境检验检疫局创造性地实行“企业申请、政府推荐、检验检疫审核、协会统一公布”备案制度，消除出口企业滚漆工序随意外包而带来的安全隐患。县人民政府还拨出50万元用于出入境丽水检验检疫局公共服务检测平台建设，为辖区出口玩具企业提供有力的检测服务和技术保障。2009—2010年，云和县出口木制玩具企业国外不合格通报为零。

第二节　行业自主管理

1995年8月30日，云和县玩具行业协会在云和县影乐宫召开成立大会，80名正式代表参加会议，选举产生第一届理事会，通过协会章程。从此，行业协会有自己的宗旨：在政府领导下，紧密团结同行企业，充分发挥行业组织优势，促进行业健康发展，为繁荣云和县经济服务。

云和县玩具行业协会是由云和从事玩具生产、设计、检验、经营、销售的企事业单位组成的行业性组织，是在云和县民政局注册的具有法人资格的社会团体。协会成立后，发布和实施《云和县木制玩具行业公约》《云和县木制玩具行业自律条约》，积极发挥行业协会的自律自治作用。

1995年，云和县玩具行业协会评选出首届云和玩具行业"十大王"。此后，又于1996年、1997年评选出第二届、第三节玩具行业"十大王"，表彰私营企业主对木制玩具业发展的贡献。

1998年12月25日，云和县召开玩具行业协会第二届会员大会，选举产生第二届理事会，选举廖复新为会长，谢卫峰、江晓平、梁峰、何玉林、邱潘秋为副会长，谢卫峰为常务副会长兼秘书长。

经历多年的"政府搭台、企业唱戏"发展模式之后，使企业能够持久健康的发展，云和木制玩具产业积极培育企业家开始在行业协会的主导作用，政府逐渐从行业协会的主导地位退出。而企业则自发形成一些社团组织，如云和县第二代玩具人组成的"木头人俱乐部"（2005年成立），内销企业组织的"木制玩具内销联合会"等组织。这些组织以资源整合、资源共享为目标，组织成员提供统一的信息、采购、设计、生产、品牌、销售等服务和技术交流平台，同时加强行业自律，整合各方优势，以集体的力量开拓市场，打造品牌，推动木制玩具产业的共同发展。

玩具行业协会积极开展维权工作，先后出台《关于木制玩具样品设计管理的暂行规定》（1995年11月25日第二次理事会通过）《云和县木制玩具产品和技术维权公约》（2001年9月制定）和《关于规范木制玩具行业竞争行为的若干规定》，形成行业自律规定，促进业内公平竞争，维护会员单位的权益。协会还会同县工商联调处多起县内玩具企业间的侵权案件。同时，协会针对云和玩具企业大多数是从家庭作坊式工厂发展起来，在生产管理、技术改造、决策管理、人员管理等方面比较落后，积极开展培训工作，提高企业素质，增强竞争力。从协会成立到2001年的6年间，协会共举办15期培训班，培训人员1300余人次，主要内容有财务知识、税收征管、CAD计算机设计、WTO知识、外贸业务、质量安全认证、专利申报、ISO 9000质量认证体系、安全生产、消防知识等。另外，协会还积极组织企业参加、举办各种展节。2000年11月，协会积极参加承办首届中国木制玩具节；2001年5月，协会组织50多家企业参加了在杭州举办的"2001杭州乐园·云和木制玩具展销会"。而且还每年组织企业参加广交会、香港玩具展、西湖博览会等国内外知名展销会，在宣传云和木制玩具、招商引资、洽谈业务等方面发挥重要的作用。

2002 年，云和县召开玩具行业协会第三届会员大会，选举产生第三届理事会，选举了廖复新为会长，谢卫峰、江晓平、梁峰、何玉林、邱潘秋、蒋珉瑶为副会长，程晓东为秘书长。

2002—2005 年，协会积极组织企业参加广交会、香港国际玩具展和德国纽伦堡等大型展会活动，为打响“中国木制玩具城”品牌，开拓国内外市场，促进木制玩具企业从生产加工型向生产、贸易一体化转变而努力。在每次参会参展，协会都会精心组织、周密部署，通过制作“中国木制玩具城”大型喷绘广告在展馆醒目处放置和发放宣传资料等手段提高玩具城的知名度。

2003 年，举办第二届中国木制玩具节，协会通过《中国玩具》《玩具世界》《玩具信息与研究》以及互联网等媒体发布玩具节广告，并在上海推介会和玩具礼品展上发放玩具节宣传品，共邀请参展企业 96 家，参展客商 182 人，搭建标准展位 134 个，摆放了上万件玩具样品，为玩具节的成功举办作出了重要的贡献。在玩具节期间，协会举办了广州、东莞、云和三地玩具产业发展研讨会，积极探索玩具产业发展的思路。

2004 年，协会与丽水电信合作，对中国木制玩具城网站进行改版，为云和玩具的销售提供了一个更好的平台。协会充分发挥电子商务在经济发展中的积极作用，大力推进企业上网工程。到 2005 年，云和上网注册木玩企业达到 232 家，上网展示产品有 7 个大类 2250 多个品种，发布行业资讯 600 多条，点击率超过 5 万人次。

第三届玩具行业协会在人才培训方面做大量工作。为提高企业素质，增强竞争力，协会先后有针对性地组织 23 期培训班，培训人员 2500 余人次，主要内容有玩具国家安全标准、CAD 软件设计、WTO 知识、玩具知识、质量认证体系和 SAS OOO 认证体系等。另外，第三届玩具行业协会在对外交流方面也是成果显著。针对玩具原材料短缺问题，协会在东北和海南地区建立木制玩具半成品加工和原材料供应基地，同时积极鼓励企业到福建、江西等地创办企业，鼓励企业到杭州、上海设立研发机构和营销公司。2003 年，协会邀请中国轻工业联合会专家到云和，对该县申报的“中国木制玩具城”荣誉称号进行考核评定，促使云和赢得“中国木制玩具城”的荣誉称号。

加快木制玩具科技创新服务体系建设，协会先后协助企业建立木制玩具行业生产力促进中心、质量检测中心、人才培训中心、区域科技创新服务中心、工业园区信息化推进中心等服务机构，服务功能得以进一步完善。

2005 年，选举产生新一届的协会理事、常务理事和协会新一任会长、副会长。会长廖复新，副会长何玉林、邱潘秋、蒋珉瑶、何式明、林红彬、何尚青、吴永贵、练巧忠，秘书长谢卫峰，并进一步完善理事会、常务理事会的人员构成，基本建立起一种符合行业发展规律和社会主义市场经济要求的行业管理体制。利用行业协会这个平台，协会经常组织各会员企业交流研讨企业发展战略，不断提高行业内企业经营者的整体素质，帮助企业健全内部管理制度，加快信息化建设步伐；不断推进中小企业技术创新、管理创新和观念创新，使这些企业逐步融入到大企业的生产链中去。

从2005年开始，玩具行业协会开始着手编写《木制玩具制作工艺》，聘请中国玩具协会高级工程师为顾问，经过行业专家学者的会审，于2007年正式出版，首印1万册。该教材成为当时木制玩具设计培训工作的主要教材之一。

2005年，协会成功举办“2005中国玩具企业发展论坛”，有力地促进云和县玩具行业协会与全国各地玩具协会的交流，极大地提高云和玩具的知名度。2008年5月，协会与上海SGS公司签订战略合作协议，共同推动中国木制玩具行业的可持续发展。

2007年6月，玩具行业协会组织全县34家企业的63名企业负责人、设计人员参加了玩具设计师国家职业资格培训。通过评审，39人获得国家社会保障部颁发的高级玩具设计师一级职业资格证书，24人获得二级、三级资格证书。这是全国继北京、广州之后举办的第三个玩具设计师培训班，为云和县培养优秀的玩具设计师奠定基础。另外，2006—2010年，玩具行业协会根据形势发展和企业要求，先后共组织了63期培训班，通过“走出去”与“引进来”相结合的方式，共有7000余人次技术人员、企业管理人员参加各种形式的培训，内容涵盖木制玩具基础知识、工艺技术和行业最新法规咨询等，使企业管理人员更好地提升战略决策能力，技术人员掌握了更多的专业基础知识。

2007年8月，国家质检总局要求木制玩具行业实行出口质量许可认证制度。为积极响应国家质检总局要求，帮助玩具企业应对出口风波，协会积极配合中共云和县委、县人民政府向上争取政策支持，并通过培训形式，帮助企业申报质量许可认证。到2010年，全县已有57家企业通过认证。通过玩具质量许可证制度，使企业生产环境和内部管理都得到极大的改善，促进企业的转型升级。

2007年10月31日至11月3日，为协助县人民政府办好第三届云和玩具节，协会通过《中外玩具制造》《玩具世界》、阿里巴巴以及慧聪玩具网等杂志、互联网媒体发布玩具节广告，并在上海、广州等展会上宣传推介，发放玩具节宣传品。组织了103家企业参加展示展销活动。另外，2006—2010年，协会共组织40多场近300家（次）企业参加展览、展销会，主要有广交会、中国玩具展、义乌玩具展、香港国际玩具展和德国纽伦堡玩具展等。通过组织企业参加展示展销活动，使企业结交更多的客商，也进一步打响“中国木制玩具城”的品牌。

玩具行业协会着眼于协会的建设和发展，不断健全协会组织服务机制。2006—2010年，协会通过召开理事会议、会员大会等形式，审议协会工作计划和重大事项，先后通过《关于规范木制玩具行业同业行为的若干规定》等文件，并对原有的《云和县木制玩具行业公约》和《云和县木制玩具行业自律条约》进行补充完善，促进业内公平竞争，维护会员单位的权益。另外，协会努力提高服务针对性，扩大服务覆盖面。通过拓宽培训题材和增设场次，不断加大培训、讲座等活动，使会员参与活动的覆盖面不断提高。同时，根据企业实际需求，及时调整培训内容，更加贴近企业实际需求。

协调解决行业内假冒伪劣、低价竞争、劳动力流动纠纷等问题，玩具行业协会成立玩具行业调解室，对行业内发生的各类纠纷实行专业调解。同时，协会还组织开展企业帮扶，协调建立中小企业生产合作组，较好地解决了单个小企业在接单议价、订单履行、宣传推广等方面的能力不足问题，增强企业竞争力，也利于监管。

第五章　管理机构和企业名录

县域木制玩具行业的管理机构主要有云和县经济商务局、浙江云和工业园区管理委员会。其他相关职能部门密切配合协调，引导木制玩具行业健康有序发展。云和县玩具行业协会属民间社会团体，行业协会实行自我管理、自我约束、自我服务、自我教育。40 年来，玩具行业队伍不断扩大，实力不断增强，木制玩具行业已经成为云和地方经济的支柱产业。2010 年，云和县从事木制玩具的各类生产企业为达到 659 家，从业人员 3 万多人，实现产值 22 亿元，占全县工业总产值的 40.65%。

第一节　管理机构

云和县经济商务局

2001 年，根据《中共丽水市委办公室 丽水市人民政府办公室关于印发〈云和县人民政府机构改革方案〉的通知》精神，设置云和县经济商务局，挂县中小企业局、县政府经济技术协作办公室牌子。县经济商务局既是负责调节全县国民经济运行的政府职能部门，也是全县工业经济的宏观管理部门。

内设机构县经济商务局设 7 个职能科室：办公室（挂监察审计室牌子）、综合科（挂技改与投资科牌子）、企业科、贸易科、行政许可科、资源与能源管理科、信息化管理与推进科。

人员编制　县经济商务局行政编制 13 名。其中领导职数：局长 1 名，副局长 3 名，党务职数 1 名；股级职数 7 名。后勤服务人员编制 2 名。

浙江云和工业园区管理委员会

1996 年 7 月，云和镇成立工业小区管委会，系镇政府的派驻机构。2000 年，云和县木制玩具特色工业园区管委会成立。2001 年，园区实施开发拓展。同年，被列为省级特色工业园区、省级乡镇工业专业区和省重点工程。2003 年 7 月 27 日，云和县工业园区管理委员会成立。2005 年 3 月，被省人民政府正式批准为省级工业园区；同年 4 月，经国家发改委审核认定。2006 年，在园区管委会的统一规划管理下，通过采用政企分离管理模式，由管委会负责总体规划、行政管理，具体项目由独立的开发公司负责运作。

内设机构　浙江云和工业园区管委会属于全额拨款正科级参照公务员管理事业单位，

管委会内设 6 个职能科室，即综合办公室、计划财务科、规划建设科、经济发展招商科、社会事务管理科、安全生产科。下设企业科技服务中心、云和县工业园区投资开发有限公司、云和县南低城丘缓坡开发有限公司。

主要职能 贯彻落实县委、县政府的重要决策和工作部署；受中共云和县委委托对园区（包括受委托管理的行政区域，下同）实施党的领导和监督；根据全县经济社会发展总体规划，编制园区经济发展和社会发展规划，经县委、县政府批准后组织实施；依据云和县城市总体规划，负责园区规划的编制、报批和管理；负责园区各项基础设施、公共设施的建设和管理；负责园区建设工程、建筑现场的管理；协助县环保部门做好园区的环境保护和监督工作；负责园区经济管理。协助相关部门做好园区的企业管理和行业管理及安全生产监督管理等工作；负责园区招商引资工作；负责园区的社会公共事业管理；受县委、县政府委托代管其他乡（镇）工业功能区；指导协调有关部门在园区开展工作；承办县委、县政府交办的其他工作。

2001—2010 年浙江云和工业园区管委会主要负责人名录表

表 12-5-1

姓　名	任职年限	姓　名	任职年限
彭平生（兼）	2001.04—2001.12	周　坚	2004.09—2010.03
江晓平	2001.12—2003.06	叶时扬	2010.03—
程晓东	2003.06—2004.04	李石平（兼）	2007.12—

云和县玩具行业协会

经云和县人民政府批准、云和县民政局注册的具有法人资格的社会团体。它是由云和县从事玩具生产、设计、检验、经营、销售的企事业单位组成的行业性组织，是全县玩具企业和主要服务于玩具生产的相关企业和部门按照自愿原则组成的行业自治组织，实行自我管理、自我约束、自我服务、自我教育。为会员服务，维护会员企业的合法权益，充分发挥政府和企业之间的桥梁、纽带作用，促进本行业的不断繁荣和发展；制订行业发展规划；提出行业政策和法规的建议和意见；进行行业统计、调查；向有关部门反映会员、行业的困难和要求，并协助解决；宣传政府的政策、法规；协助有关部门打击假冒伪劣活动；组织有关政策法规、玩具安全标准及质量技术、企管等培训；定期向会员提供国内外玩具行业的资讯，发布有关行业消息；组织国内外同行之间的交流活动；组织会员参加国内外大型玩具展览会。

第二节　重点企业选介

云和县木制玩具在多年的发展进程中，诞生一批具有较大影响、号召力和示范、引导作用，并对地方经济社会发展做出突出贡献的重点企业和优秀企业家。以下是云和木制玩具行业部分重点企业选介，排名不分先后。

浙江新云木业集团有限公司

浙江新云木业集团有限公司是云和木制玩具行业的龙头企业，全国较大的一家集研发、生产、经营木制玩具、工艺品为主的民营企业，并挂牌中国木制玩具研发中心，浙江省企业技术中心，具有较强的研发、创新能力，是中国木制玩具制造业基地的榜样。

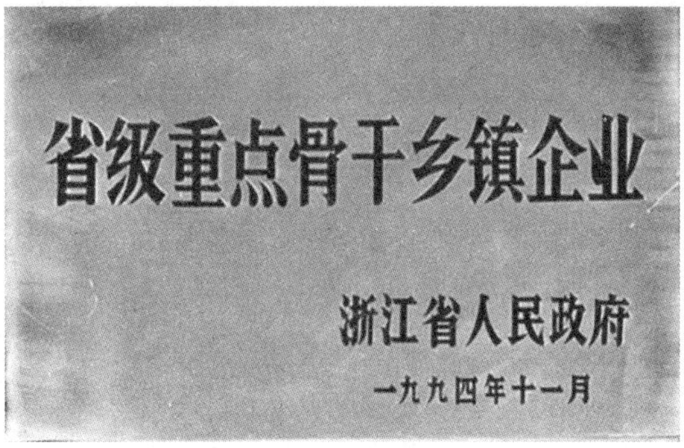

图 12-5-1（新云木业集团提供）

集团的前身是始创于 1984 年的云和县玩具公司实验厂。1990 年 12 月，成立云和县新云实验厂。1993 年，冠名为浙江新云玩具总厂。1996 年，成立浙江新云玩具总厂，挂牌中国工艺美术学会玩具专业委员会木制玩具研究所。1998 年，改制为浙江新云工艺品有限公司。2001 年，公司在云和县首家通过 ISO 9001 质量管理体系认证，成为“中国玩具协会副会长单位”。2003 年 8 月，组建成立浙江新云木业集团有限公司。2003 年 8 月，浙江省委原书记，现任中共中央总书记习近平莅临集团视察。2006 年，被确认为“浙江省木业协会会长单位”。2009 年，获得出口工业产品一类管理证书。2010 年，集团作为中国玩具协会副会长单位，成功举办第五届中国玩具协会会长会议。

集团厂房占地 12 万平方米，建筑面积 7 万平方米，3000 余名员工。集团实行多元化经营，主营木制玩具、工艺品，产品分为幼教玩具、儿童家具、场景游戏、智力拼板、工艺饰品、马房鸟笼、火车轨道、儿童木屋八大系列上万个品种。产品符合欧盟、美国、日本、加拿大等国的玩具安全标准。集团先后通过 ISO 9001 质量管理体系、ISO 14001 环境管理体系、OHSMS18001 职业健康与安全管理体系认证、出口玩具质量许可注册登记审核、出口工业产品一类企业审核、ICTI 国际商业行业准则认证。并且通过沃尔玛、宜家、家乐福、TRU 等多家国际知名品牌企业或其委托的中介机构的验厂审核。产品远销欧美及日本、韩国等 100 多个国家和地区，深受客户青睐。

集团先后被评为全国农产品加工出口示范企业、中国轻工产品质量信得过企业、全国诚信守法乡镇企业、浙江省绿色企业、浙江省百强出口创汇私营企业、浙江省骨干农业林业龙头企业、浙江省 AAA 级资信企业。集团“一点”商标被认定为中国驰名商标，“一点”系列产品被评为浙江省名牌产品。

集团董事长廖复新于 1972 年涉足玩具行业。1984 年，在浙江云和成立玩具业私营企业，从 6000 元启动资金开始起家，发展到云和木制玩具的龙头企业。“人诚货优，质朴创新”是廖复新的创业发展理念，他自从业以来，曾获“全国优秀企业厂长（经理）”“浙江省首届优秀民营企业家”等多项殊荣，并被中国科技报研究会编入 1999 年《科学中国人—中国专家人才库》；2001 年列入“世界名人录”。他还是中国玩具协会副会长、浙江省木业协会会长、省工艺美术大师、云和县政协副主席，多次被评为全国优秀乡镇企业家。

浙江和信玩具集团有限公司

浙江和信玩具集团有限公司是云和木制玩具行业的龙头企业，是一家集设计、生产、销售木制玩具、工艺品及动漫制作、衍生产品开发于一体的民营股份制企业，也是中国木制玩具

图 12-5-2 20世纪80年代和信厂房（和信公司提供 1993年摄）

行业的领军企业。为中国玩具和婴童用品协会副会长单位、国家玩具安全标准委员会委员，浙江省知名商号，产品荣获中国驰名商标、浙江省著名商标、浙江名牌产品。公司的产品品种多达3000款以上，分为三大类：儿童玩具、儿童日用品、成人玩具系列，产品远销美国、欧洲、日本、东南亚等国家和地区，深受客户青睐。公司与世界各地著名的大型玩具及游戏进口商有长期合作，在国际市场上有着良好的知名度和美誉度。

1973年，云和木玩创始人何寿祯创办云和县赤石玩具厂，并试制出第一批木制玩具产品（响板、技巧球、陀螺）。1980年，何尚清接过父亲何寿祯的担子成为厂长，率先开启了云和木制玩具的机械化生产时代。木制玩具机械设备见证者——升降锯台，就是何尚清带领职工自行设计、自行制造的第一台机器。1992年，何尚清成立云和县和信工艺厂，得名于“和气兴业，信誉至上”的宗旨。2000年后，互联网蓬勃兴起，带来了新的商机，公司瞄准海外市场，成功注册“比好”“BENHO”中英文商标，开启木制玩具的电子商务时代。比好也发展成为中国木制儿童玩具领军品牌。2002年，和信凤凰山路厂房投入使用，公司通过ISO 9001:2000质量管理体系认证，公司成为中国木制玩具十强企业。2004年6月，第一个打通阿里巴巴B2B和淘宝C2C的独立网络品牌——木玩世家诞生，同年董事长何彬荣获首届中国十大网商。2006年12月，“比好”荣获浙江省著名商标。2007年7月，浙江木玩世家玩具有限公司正式成立。2007年12月，“比好”商标荣获中国驰名商标称号，填补了国内木制玩具无国家驰名商标的空白。2010年12月，木玩世家入选2010中国网上零售诚信品牌100强，同年，公司投资800万元拍摄由木制玩具元素打造52集国产动画片——《木木部落》。通过高频多点、渐进渗透的宣传方式，将“值得信任的木玩专家”形象根植于广大家庭中。从“木头玩偶”到“文化创意”，公司通过“卖产品”向“卖文化”的跨越。

2005年，公司被评为二星级企业。2006年，公司被评为“诚信企业”。2007年，公司被评为“科技型中小企业”，“中国百佳玩具企业”，“比好”荣获“浙江省著名商标”。2008年，“比好”荣获“中国品牌玩具荣誉称号”。2009年，公司被评为“丽水市市级林业重点龙头企业”，“木玩世家”荣获“丽水市著名商标”。2009—2010年度何彬获评“浙江省工艺美术行业优秀企业家”称号。2010年，公司获评“中国玩具协会—会员单位”“丽水市信用管理示范企业”“诚信先锋”称号。

浙江振鹏工艺品有限公司

浙江振鹏工艺品有限公司位于云和县工业园区振鹏路8号，其前身是创建于1985年10月的云和县振鹏工艺厂，它是云和县最早的私营企业和全县首家外向型木制加工企业。1992年，产品进入国际市场，同年企业率先入住云和县工业园区。1999年公司更名为云和振鹏实业有限公司。2000年，获得云和县首家木制玩具自营出口权。2006年，企业更名为浙江振鹏工艺品有限公司。公司历经25年的艰苦创业以及三代人的不懈努力，5次大规模的技改投入和厂房搬迁，从一家家庭作坊式的小厂房变成一家专注于木制玩具研发生产销售于一体的大型生产商，并成为当地玩具生产界的领头雁。

1992年，企业率先入驻云和县工业园区并打通国际市场，同年企业总经理何玉林被评为“浙江省优秀青年私营企业家”。2001年，参加中国玩具协会首届木制玩具节，同时参赛作品“音乐盒”获设计大赛银奖。2002年，公司推行《木制玩具行业公约》，并引进先进生产流水线。2003年，企业首次上规模企业，实现销售超2000万元，利税250多万元。2004年，在云和县第一家实行“三合一”体系认证。2005年10月，中央电视台《异想天开》栏目来企业拍摄以“智慧创造未来”、“让木头也快乐”为主题的电视节目。2007—2008年在全球金融危机的不利环境下，公司积极进取，勇抓机遇，取得了历年以来最好成绩，销售8000多万元，利税400多万元。2009年，首次实现销售超亿元，利税700多万元。

公司自成立以来，始终秉持“质量第一，信誉第一”的宗旨，先后通过ISO 9001—2000（国际质量管理体系认证）、ISO 14001:1996（环境管理体系认证）和GB/T28001—2001（职业安全管理体系认证）、GB/T28000（职业健康安全管理体系认证）、FSC（森林管理委员会）认证、ICTI（国际玩具业协会）审核等，重质量，守信誉为企业的腾飞打下了坚实的基础。公司致力于为全球消费者提供“环保”“健康”“益智”的卓越产品，产品远销北美、欧洲、日本、澳大利亚、东南亚等国家和地区。

公司历年获得过“全国木制玩具行业十佳企业”“中国质量诚信企业”“浙江省工商企业AAA级守合同重信用单位”“浙江省诚信示范企业”“浙江省信用管理示范企业”“浙江省专利示范企业”“浙江省知名商号”“浙江省著名商标”等诸多荣誉称号。

何玉林从一家单位汽车驾驶员成长为著名的企业家，先后获得“优秀青年企业家”、“优秀厂长经理”“先进共产党员”“政协工作先进个人”“优秀中国特色社会主义事业建设者”“丽水市关爱职工企业主”等个人荣誉。此外，他还先后当选为云和县玩具协会副会长，云和县政协委员、云和县工商联副会长、云和县慈善总会副会长、云和县民营企业协会副会长、丽水市工商联执委、丽水市林业协会副会长等社会职务。

云和县半球实业有限公司　云和县半球实业有限公司，是一家专业制造和销售木制玩具、木制工艺品、木制日用品企业。公司占地15000余平米，建筑面积20000余平米，员工150余人，生产能力达每年5000多万元。是云和最早拥有自营出口权的企业之一，也是2007年实施进出口许可证管理后，云和第一批获得出口产品质量许可证的20家木制玩具企业之一。

企业创始人邱潘秋先生是最早一批投身木玩产业的木玩人中的一员，在20世纪80年代初就崭露头角，1981—1989年期间，其设计的幼教、益智、组合拼装游戏、棋类、工艺日用品等各类木制玩具900余款，累计生产销售3000余万元，其中1984年设计的城堡积木，热销20年，共生产销售1500余万元。也因此，他的设计多次荣获各类创新设计奖。其个人也被多次评为优秀设计创新人员，浙江省星火科技一等奖，青年星火带头人等称号。

1995年获得宁波工艺品进出口公司的投资，在云和工业园区正式创立云和半球实业的前身——宁波工艺品进出口有限公司云和玩具总厂。因为管理经营模式合理，营销渠道畅通，企业产销两旺，创立当年企业产值达到1113万元，上缴税金60余万元。企业经营效益蒸蒸日上的同时，时刻不忘对于创新研发的投入，2003—2005年期间，邱潘秋先生主持实施国家星火计划“中国（浙江）木制玩具特色产业基地孵化器”建设项目，为提升云和木玩产业基地综合能力做出努力和贡献。

公司一直秉持“顾客至上，持续改进，共好信念，追求卓越”的生产经营理念，不断拓展国内外市场的同时，苦练企业自身的管理内功。2000年2月成功申请云和玩具的第一个商标“互利”。2001年9月获得ISO 9001:2000国际质量管理体系认证。2005年上线ERP管理系统。并先后通过沃尔玛、迪士尼等国际大牌的验厂和ICTI，FSC，GSV等社会责任、管理体系等资质认证。1991—2010年间，获得许多奖项和鼓励，有浙江省乡镇工业先进企业，云和县木制玩具十强企业、丽水市重合同守信用单位、丽水市明星企业、浙江省农产品加工示范企业、浙江省科技型中小企业，全国木制玩具行业十佳企业等等。

云和县金成木业有限公司

云和县金成木业有限公司的前身是1997年成立的云和县金成工艺礼品厂，是一家以生产、销售木制玩具、幼教玩具、工艺礼品为主的中型私营企业，产品远销欧美、东南亚等国际市场。公司起初是一家年产值只有10多万元的家庭作坊式工厂。2004年，工厂迁至云和工业园区，投入大量资金购置设备，开始流程化、规模化运营；从接其他大企业的二手订单慢慢发展为自主接单。在短短的十几年时间内，公司发展成为拥有33000平方米厂房，年产值5617.9万，创税319.98万元的综合型企业。公司的生产技术和工艺设备在全国木制行业中处于领先地位，拥有一支技术过硬、纪律严明、讲求创新的稳定的员工队伍，形成了集设计、开发、生产销售为一体的经营格局。

公司创办初期，创始人王万成依靠自行设计开发的“三片12生肖”“12星座”钥匙扣打开义乌市场，为公司后期发展奠定坚实的基础。公司还被指定为“旅游商品定点生产企业”，连续十年被评为“重合同守信用”单位。

2008年，公司正式注册成立云和县金成木业有限公司，自主研发创立“金灵”“老童”两大品牌，并通过阿里巴巴、淘宝等第三方平台拓宽内销渠道。2009年，公司实行工业企业主辅分离，进军服务业，投资300余万元，由总经理王万成带领团队设计建设童话玩具智慧园，并于当年10月顺利实现开园。童话玩具智慧园是国内第一家以木制玩具为主的主题乐园，包括综艺乐园、玩具超市、体验区、益智乐园、创意园、博览园六个模块。智慧园现已成为云和特色产业旅游的一大亮点，为云和的木制玩具产业文化与旅游文化有机结合做出了贡献。

公司一直秉承着“重质量、守信用、创品牌、求发展、讲创新、赢效益”经营理念，以“生产现代化，管理规范化”为导向，不断开拓拓展国际市场，着力开拓国内市场。公司先后荣获“浙江省农业科技企业”“纳税信用A级”“丽水市市级林业重点龙头企业”“先进私营企业”“旅游商品定点生产企业”等称号，且连续多年被县政府评为“工业制造前20强企业”“纳税大户”；同时，总经理王万成被评为“浙江省中小企业优秀企业家”。公司自主研发的“三片12生肖”产品获得“首届中国国际民间艺术博览会优秀奖”，“恭喜发财”产品获首届国际民间工艺品展览会铜奖。2006 年，公司通过了 ISO 9001:2000 国际质量体系认证。2009 年通过了 ICTI 体系认证，企业现场管理采用 5S 管理模式，使企业在同行业中更具竞争优势。公司还通过了 GSV、FSC、BSCI 等一系列管理体系和国际权威机构资质认证，企业实力得到国际各大客商的认可。

“团队一条心，金成变成金”的理念一直鞭策着金成的成长，公司在逐步发展壮大的同时，年平均为社会提供 300 多个就业岗位。

浙江金马工艺品有限公司　浙江金马工艺品有限公司是一家集设计、生产、销售竹木制、金属益智玩具的企业，拥有完整、科学的质量管理体系，所有的玩具均采用优质榉木、荷木、枫木、新西兰松、橡木、MDF 板、水性漆等绿色环保原材料，在严格的品质监控下，采用专业的设备进行制造，产品出口到欧盟、日本、美国等发达国家和地区。

公司创建于 1994 年，创始人马裕光是赤石玩具厂的元老之一，也是云和玩具业的先驱人物。企业原厂址位于云和县崇头镇。2001 年，公司购置云和县城东南狮山附近的原林化厂，并于当年完成搬迁工作，为公司的发展奠定扎实的基础。公司凭借不断创新、开拓进取的精神,坚持品质至上.精益求精的理念，为客户和公司不断创造价值，从无到有，从小到大。2010 年，公司拥有总资产 4388 万元，厂房占地面积 3.1 万平方米，年产值近 1 亿元。同时在上海成立乐米工艺礼品有限公司，2008 年在浙江省宁波市设立宁波市米乐玩具礼品有限公司。

一直以来，公司致力于产品的开发创新，开发出益智环保的儿童木制玩具和成人智力玩具礼品两大门类 13 个系列产品。别具风格的设计及用料，将木制玩具独有的质感，给予儿童截然不同的新鲜感受。除了用料优质外，公司的产品富有启发性，让小朋友在玩乐之中学习到不同的知识，而且备有多人游戏，能促进亲子关系及团体的沟通。

公司一直以来高度重视产品质量。2003 年通过 ISO 9001—2000 质量管理体系认证，2005 年分别通过 GB/T 28001:2001 职业健康安全管理体系认证和 TSO 14001—2004 环境管理体系认证，还通过了 ICTI 国际玩具工业理事会商业运作规范认证和 FSC 认证企业。公司拥有拓品和“mi-toys”品牌，专利产品 200 多个，并且成为沃尔玛、塔吉特、马莎等国际知名企业指定供应商。

“用创造满足客户需求，用创新谋求公司发展，用创业实现人生价值”是公司永恒的经营宗旨。公司获评 2002 年和 2004 年“AA 级资信企业”、2003—2005 年度木制玩具“十强企业”、2003—2004 年度“星级企业”、2004 年度浙江省劳动保障诚信示范企业、浙江省工商企业信用（A 级）守合同重信用单位，2006 年，获评浙江省工商企业信用（AA 级）守合同重信用单位，同年公司在云和县企业纳税榜玩具行业排名第四，还被云和县人民政府授予“纳税大户”“先进企业”“二星级企业”称号，2007 年被评为玩具“十强企业”“纳税大户”，2008—2010 年度连续获评云和县“工业二十强企业”。

2000—2010 年浙江金马工艺品有限公司各年度产值统计表

表 12-5-2　　单位：万元

年　份	产值	年　份	产值
2000	280	2006	3501
2001	550	2007	4500

续表 12-5-2

年　份	产值	年　份	产值
2002	1200	2008	8600
2003	1100	2009	9109
2004	1775	2010	9463
2005	2611	—	—

云和县金茂工艺品有限公司

浙江省云和县金茂工艺品有限公司位于云和中国木制玩具城东大门，是一家集木制品生产、研发、销售为一体的环保型企业，主要产品有轨道、木制自行车、茶具、工艺礼品等系列 1500 余种产品，运销北美、欧洲及日本、澳大利亚和中国香港等 10 多个国家和地区，备受客户好评。公司是中国玩具协会会员单位、中国十佳木制玩具企业、云和木制玩具协会常务理事单位。

公司的前身为 1986 年成立的云和县特艺玩具厂，起初是一家小型个体玩具加工厂，年产值仅 60 万元。1992 年，公司在云和县浮云街道云章行政村购买土地 3500 平方米，投资 150 万元建成 2700 平方米厂房。2002 年，公司正式更名为云和县金茂工艺品有限公司。为满足生产需求，公司在县工业园区征收了 25 亩工业用地。并在 2003 年 10 月建成竣工投产。新厂区设计理念超前，建有多功能办公楼 4200 平方米，大框架生产厂房 17211 平方米，综合楼 3465.6 平方米，材料仓库/危险品仓库 700 多平方米，共计建筑面积 25580 平方米，设有地下室除尘系统，属于绿化环保型企业。

公司长期以来坚持以管理出效益，以企业转型升级为指导，以技术革新为推动力，以电子商务为平台，以品牌推广发展市场为渠道，以产品质量为生命的目标。首先是提拔公司优秀员工进行培养、培训，使公司有一批高水平高素质的管理团队。其次是培养一批精通国际业务的销售团队，利用电子商务平台、淘宝网店等网络营销手段，使公司销售量逐年增长。第三是设立产品开发部，推广凸凸狗自主品牌，自主设计开发了童车、火车路轨、玩家家等系列 800 余种品牌产品。第四是培养出一批高技术生产骨干，提高员工对产品质量的意识，使产品质量保持稳定，产品订单大幅度增长。

公司还一直注重于企业转型升级改造，重视技术改造和设备更新，引进大量先进设备，设施进行全面改造，以机代劳，以设施代工序，采用现代流水线生产管理，实现了半机器半自动化生产能力，全面提升生产能力和水平。

公司在 2000—2006 年连续荣获县玩具行业协会“十强企业”称号，2006 年荣获县“先进企业”称号，2008 年荣获 “AA 级守合同重信用企业”称号，被浙江省科技厅授予“科技型中小企业”，2009 年荣获丽水市国家税务局授予 “纳税信用 A 级”，2009 年和 2010 年连续被评为县工业“二十强”企业，2010 年被浙江省环保厅授予“浙江省清洁生产阶段性成果企业”，被县慈善总会授予“慈善之星”企业称号。

2002—2010 年金茂公司产值和年销售统计表

表 12-5-3　　单位：万元

年份	产值	年销售额	年份	产值	年销售额
2002	2100	1605	2007	3490	2761
2003	2250	1715	2008	3200	2500
2004	2580	2031	2009	4120	3061
2005	3010	2316	2010	5150	4021
2006	3230	2523	—	—	—

云和县绿林幼教装备股份有限公司

云和县绿林幼教装备股份有限公司位于“中国木制玩具城”浙江省丽水市云和县，法人代表董凌宇，是一家以设计、生产和销售各类木制玩具、幼教装备和木制日用品于一体的出口外向型企业。公司在杭州设有设计研发与销售中心，在江西设有原材料基地。先后为宜家(IKEA)、沃尔玛、迪斯尼、Melissa & Doug、HEMA 和 HAPE 等知名品牌提供 OEM 和 ODM 产品与服务，是 HAPE 品牌的战略合作伙伴。

公司主要产品包括拖拉玩具、幼教玩具、智力玩具、圣诞礼品、日用品、园艺鸟屋等七大系列，是云和县智力玩具产品的最大生产商之一，公司的“Green Forest”牌木制玩具被评为浙江省著名商标。

公司的前身为创立于 1999 年的云和县绿林工艺品厂，位于云和县城中山西路 321 号，建筑面积 3000 多平方米，2004 年变更为云和县绿林工艺品有限公司，因业务量不断增长，原址生产产能有限，于 2007 年搬迁到位于云和县凤凰山街道绿林路 1 号(云和县后山村狮子头自然村)的新址，公司现有资产 6400 万元，厂房建筑面积 15000 多平方米，员工达到 400 余人。

公司的年销售额 1999 年为 280 多万元。2000 年，开始做宜家烛台，销售额超过 500 万元。2001 年，公司作为云和第一家参展企业，参加香港玩具展，与国外客户直接做订单，销售额达到 900 多万元。2002 年，公司成为世界 500 强 OBI 企业供应商，销售额达到 1200 万元，并成为云和第一家产品送国外测试机构测试的企业。2003 年，公司为中国台湾美强生奶粉供应商，生产赠品玩具，销售额达到 1700 多万元。2004—2005 年，公司成为德国欧宝和荷兰 hmat 的供应商，生产智力玩具，成为云和生产智力玩具最大的企业，2005 年，销售额超过2000 万元，进入云和木制玩具前 10 强企业。同年，为扩大产能，降低成本进行资源整合，公司在江西投资了一个 26000 平方米的标准厂房，为云和总公司提供原材等，并在杭州设立销售办事处。2006—2009 年，销售额接近 3000 万元。2010 年销售额达到 5000 万元。

公司已通过 ISO 9001:2000 质量管理体系、ISO 14001:2004 环境管理体系、FSC/COC 林产品监管链认证、GSV 防恐认证和 BSCI 等认证，是全国第一批获得木制玩具出口产品质量许可证的企业，并通过沃尔玛、迪斯尼等客户的验厂。公司拥有独立的化学品检测实验室，产品全部能通过美国 ASTM F963 和欧洲 EN71 等国际玩具安全测试，被国家质量监督检验检疫总局认定为中国出口质量安全示范企业。

公司2006年获“重点农业龙头企业”“浙江省AAA信用示范企业”“云和县工业制造业二十强企业”“纳税前十强企业”“云和县重点企业”称号，2009年获“浙江省林业龙头企业”“浙江省农业科技企业”称号。

浙江木佬佬玩具工艺品有限公司

浙江木佬佬玩具有限公司是一家集设计、生产、销售木制玩具、工艺品及动漫制作、衍生产品开发于一体的民营股份制企业和木制玩具龙头企业。公司主营木制玩具，产品主要包含八大系列，2000多个品种，畅销国内和欧美、东南亚20多个国家和地区，深受客户青睐。

公司的前身是初创于1994年的云和县永灵玩具厂。2000年，企业率先打破家庭承包式的传统管理模式，建立了现代化流水生产管理模式，诞生了云和县玩具行业首条“标准流水生产线”。

2002年4月，浙江木佬佬玩具工艺品玩具有限公司注册成立，廖灵飞任董事长兼总经理。2008年，公司搬入新厂房，员工由70多人增加至200人，厂房占地面积1.6万平方米，建筑面积1.8万平方米。至2010年年底，公司拥有资产总额4000余万元，各类全套加工机械设备300余台(套)。2010年，完成产值2010万元，实现销售收入2420万元。

公司自成立以来，始终坚持“凭实力成事，靠成事赚钱，共建、共享、共赢”的核心理念和“以人为本、诚信创新”管理理念，坚持“以质量立足市场，以服务赢得客户、以标准规范管理、以管理提升效益”的经营方针，形成了具有鲜明特点的管理模式和管理体系，企业经营规模、工艺技术创新和保障能力、综合规范管理能力等方面均位于同行业前列，是目前中国最具规模的木制玩具成长型企业之一。

公司严格执行ISO 9001—2008质量管理体系，按照GB6675—2003《国家玩具安全技术规范》、欧盟EN—71、美国ASTM—963、日本ST2002等国家的玩具标准组织生产。2002年在行业率先通过ELC验厂，2003年率先通过沃尔玛验厂，率先通过ISO 9001、ISO 14000、OHSMS18000三合一管理体系认证，2006年率先成功参与开发并投入使用ERP生产管理系统，通过省级验收。2010年，公司生产的一系列产品均达国际玩具行业先进水平。公司上下视产品质量为企业生命，拥有产品检测检验中心以及研发中心，产品市场占有率逐年提升，顾客满意率每年都保持97%以上，公司经营业绩在云和木制玩具行业保持领先水平。

公司始终坚持依法诚信经营，自成立以来，一直保持外销订单履约率100%，物资采购履约率100%，与相关方履约率100%，员工工资履约率100%，未发生任何经济和法律纠纷，先后获得了“浙江省AA级守合同重信用企业”“浙江省劳动保障诚信单位”等称号。

法人代表廖灵飞于1995年创建云和县永灵玩具厂并担任厂长。自2003年起历任云和县人大代表，云和县工商联常委，丽水市工商联执委，云和县玩具协会常务理事、副会长。2009年被评为企业创新标兵。

企业从创建至2010年年底，先后荣获“中国礼仪休闲用品行业百强企业”、“云和县纳税大户”、云和县著名商标、丽水市著名商标等称号。2005年，通过FSC—COC森林产销监管链认证，荣获浙江省林业龙头企业称号。

浙江七彩木制工艺品有限公司

浙江七彩木制工艺品有限公司位于云和县白龙山街道杨柳河工业园区祥云路8号，创办于2006年10月，其前身是创办于1996年的云和县隆昌木制品厂。公司已通过了ISO 9001:2000质量管理体系及ISO 14001:1996环境管理体系认证，产品品种多达1000款以上，分为三大类：儿童玩具、工艺品、成人玩具系列，主要出口至欧洲，北美洲，南美洲，日本等地区。

现任董事长、总经理、国家轻工部颁发的一级玩具设计师毛姚春和其兄弟于1996年创办云和县隆昌木制品厂。毛姚春早年就职于云和县国营玩具三厂，师职玩具设计工作，有着丰富的玩具设计经验。当时工厂的性质为一般玩具加工厂，承接来料加工业务。生产人员不足15人，厂房面积不足400平方米，缺设备、缺资金、缺管理、缺客户。厂子虽小，但创始人毛姚春始终追求产品质量，坚持信用服务，诚信经营。建厂之初，毛姚春就提出“绿色环保、节约资源、安全至上、诚信为本”的办厂理念，并一直成为公司的传承。

由于公司以诚信为本，得到了客户的信任和支持，公司的业务量逐年扩大。为了追求更大的发展，2002年毛姚春和同学合作成立了衡大木业有限公司。在此期间，互联网悄然兴起，毛姚春捕捉到互联网即将给中国的中小型外贸企业带来翻天覆地的变化，并迅速地把有限的资金投入到国内外互联网的相关平台，注册推广企业信息，打造企业品牌，使公司得到迅速的发展。2006年，乘着政府政策扶持和互联网快速发展的东风，毛姚春成立了浙江七彩木制工艺品有限公司。公司成立后，毛姚春利用从事木制玩具设计制造十几年的丰富经验和精湛技术，以及现代化经营理念，领导公司从三个方面着手发展：一是注册自主品牌“七彩鹿”，并通过互联网等各种信息渠道宣传和推广品牌、打造品牌。二是导入先进的现代化管理模式，提升公司管理水平，同时充分利用云和木玩生产规模优势及云和的木制玩具生产链技术优势，弥补小企业的规模及技术管理缺陷。把客人的订单产品分解为若个部件再给下游的工厂生产，公司自身负责质量管理和生产管理。通过这一管理经营模式的施行，不仅公司得到了快速的发展，同时还带动和扶持了一批小型玩具厂的发展。同年公司入列云和县规模企业。三是专注产品设计研发，转型发展。通过对新产品开发的不断追求，至2008年，公司申请并获国家专利局专利授权产品18项，充分提升了公司核心产品的市场竞争能力。为了快速让自主产品产业化。2009年始，公司投入2100万元启动“年产100万套出口木制玩具成果转化项目”，置地13亩，新建厂房12000平方米，采购设备200多台套，使公司的生产能力提升到一个新的水平。本项目至2010年8月完成，同年公司入列云和县制造业20强。浙江七彩公司在毛姚春的带领下和公司同仁不懈努力下，经过多年的勤恳耕耘把一个小小玩具工厂蜕变成为云和木制玩具行业中的佼佼者。

浙江正艺玩具有限公司

浙江正艺玩具有限公司成立于2001年2月，是一家从事木制玩具、工艺品、儿童用品的加工生产、销售的大型玩具企业，公司位于云和县城南西路78号。经过多年的发展，公司已经成为以研发、生产、经营木制玩具为主体的民营企业之一。公司拥有固定资产5800万元，员工400余人，占地面积26000余平方米，建筑面积4万余平方米。自创建以来，公司一直致力于各类木制玩具的研发、生产，年生产各类木制玩具达100万套，2010年，公司年销售额达到8000多万元，成为国内最具规模的益智游戏木制玩具成长型企业之一。

公司与TRU，SIMBA，WAL-MART，MELISSA & DOUG等国际知名玩具品牌有良好的业务合作关系。公司还拥有一支优秀的产品设计、研发和经营管理队伍。自创建以来，正艺团队坚守“创精品、争一流”经营理念，以只争朝夕的进取精神不断开拓国内外市场。企业通过了ISO 9001、ICTI、FSC、玩具出口质量许可认证。其公司所生产的幼教系列、儿童系列、成人系列、智力系列等玩具和工艺礼品畅销北美、欧洲、日本、东南亚等20多个国家和地区，产品的出口销售约占国内木制玩具市场的7%左右。

公司依靠技术创新利用高新技术改造传统的木制玩具生产工艺，促进了企业稳定快速的发展，建成了一支优秀的玩具产品研发设计团队。根据知识产权的保护需要，公司在2000年到2010年间选取10个典型产品，向国家知识产权局申请了专利，使公司拥有全部知识产权的实用新型专利50个，外观设计专利17个。

1991～2010年浙江正艺玩具有限公司产值柱状图

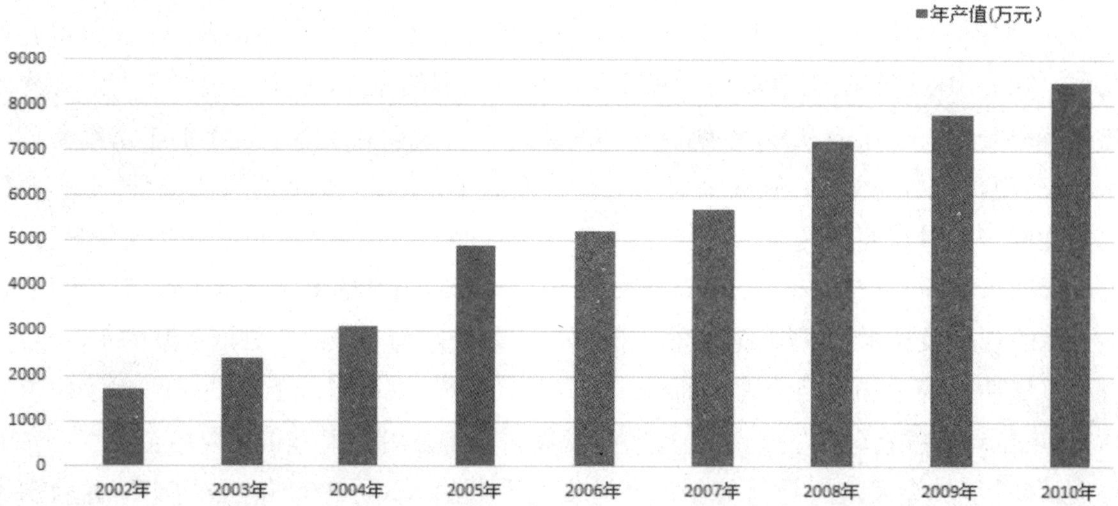

图12-5-3（浙江正艺玩具有限公司提供）

2010年公司创办自己的品牌“艺贝”。公司以“艺贝”品牌经营为宗旨，“艺贝”生长在浙江绿谷腹地、充满梦幻神奇的“山水家园，童话世界”云和，“艺贝”首先是玩具，创造快乐，也是家长身边益智的工艺品，是孩子们的最爱，“艺贝”童车伴随孩子们成长，积木播撒孩子们的智慧，模型挖掘孩子们的艺术灵感，成就父母“望子成龙，望女成凤”的夙愿。“艺贝”向孩子们呈现色彩斑斓，造型别致，赏心悦目的玩具，启迪孩子们的智慧，成就孩子们梦想久远，让孩子们纯洁心灵自在翱翔。

公司依托浙江工商大学环境学院开发成功利用木制玩具在生产过程中出现的大量废料，制成木塑合成材料，再做成公司的专利玩具产品，具有更好的产品质量和经济效益，用时避免了对环境的污染。利用木制玩具生产过程中生产的木屑、粉尘、边角料等所有废料制成的木塑材料，不仅可用于木塑玩具的生产材料，还可用于其他许多领域，用途十分广泛。

公司是中国百佳玩具企业、中国玩具和婴童用品协会会员、浙江省林业龙头企业和浙江省农业科技企业。公司先后被评为星级企业、浙江省 AA 级纳税信用等级企业、浙江省 AA 级守合同重信用企业、重点企业 AAA 信用企业、木制玩具行业十强企业、云和县工业 20 强企业、云和县节能先进企业等荣誉称号。

第三节　企业名录

云和木制玩具产业历经 30 多年的发展，已从手工作坊式生产，发展到规模化、集群化生产阶段。尤其在木制玩具特色工业园区建成之后，原材料、产品设计、生产技术、人力资源和资金等得以高度集聚，产业分工越来越细，产业成熟度进一步提升，初步形成了从原材料购置、造型设计、定牌加工、零部件制造、装配成型到包装装潢、产品销售、运输等专业分工协作的生产体系，并逐步形成了以规模以上企业为主力军、小企业为规模企业配套加工的模式。辅料供应、技术服务、金融服务等行业在长期与木制玩具产业的合作过程中，逐步专业化，形成了专业为木制玩具制造提供支持的配套产业。云和木制玩具产业因此确立了它在国内同行业中的领先地位和竞争优势，整个产业获得了高速度的增长。2010 年，云和县从事木制玩具的生产各类企业达到 659 家，从业人员 3 万多人，实现产值 22 亿元，占全县工业总产值的 34.47%。

云和县木制玩具产业部分企业一览表

表 12-5-4

企业名称	地　址	成立时间
云和县恒发玩具厂	云和镇后山村 1 号	2006-09-22
爱喜得木制工艺品厂	云和镇迎宾小区	—
云和县伟翠工艺品厂	云和镇中山西路 76 号	—
云和县叶氏玩具厂	云和县云坛村	2009-03-11
云和县半球实业有限公司	云和镇新华街 222 号	1994-04
云和县慧之源工艺品厂	云和镇中山东路 22 号	2009-07-01
云和县和隆玩具工艺品厂	云和镇人民路 9 号	2010-03-18
云和县远红工艺品厂	云和镇中山西路 157 号	2008-10-31
云和县云智玩具工艺厂	云和镇西郊村 42 号	2007-04-11
云和县蒋氏木制玩具厂	云和镇溪口村	2009-04-10
云和县奇趣木制玩具厂	云和县工业园区	—
云和县建升玩具工艺厂	云和镇沙溪村 58 号	2006-06-23

续表 12-5-4

企业名称	地　址	成立时间
云和县丹妮木制玩具厂	云和县工业园区梅垄口村	2006-03-10
云和县灵星工艺厂	云和镇新华街 138 号	1998-03-08
云和县宏马工艺品厂	云和镇新华街 279 号	2005-08-18
云和县和协工艺厂	云和镇西郊村 72 号	2001-05-11
云和县森海工艺品有限公司	云和镇中山西路 76 号	2006-04-21
云和县童智木制玩具厂	—	2005-12-05
云和县宇田木制玩具工艺厂	云和镇城南西路 74 号	2003-11-21
云和县东轩工艺玩具厂	云和镇隔溪寮村 37 号	2006-11-13
云和县城龙玩具厂	云和镇城西路 329 号	2005-03-23
云和县禾豆玩具厂	云和镇中山西路 107 号	2003-07-29
云和县佳佳玩具厂	云和镇沙溪村	2009-04-13
云和县今伟玩具厂	云和镇人民路 5 号	2000-11-27
云和县华鑫玩具厂	云和镇隔溪寮村	—
云和县恒达玩具厂	云和镇中山西路 183 号	2006-09-22
云和县衡大木业有限公司	云和镇新华街工业园区	2002-04-25
云和县东煌木制工艺厂	云和县工业园区	2005-11-22
云和县宝宝乐木制玩具厂	云和镇城南西路 38 号	1991-01-01
云和县金峰工艺品厂	云和镇中山西路 100 号	—
云和县龙源工艺厂	云和镇上前溪路 67 号	2003-11-17
云和县福新玩具厂	云和镇河上村 37 号	—
云和县丽华工艺厂	云和镇下前溪 32 号	2006-03-16
云和县伯利恒工艺品厂	云和镇睦田村龙欣村	—
云和县奥圆工艺品厂	云和县云坛村 39 号	2008-02-26
云和县达成工艺品有限公司	云和镇中山西路 200 号	2003-02-26
云和县龙云工艺品厂	云和镇河上村	2007-03-12
云和县海鹰工艺玩具厂	云和县工业园区	2006-03-10
云和县江丰工艺厂	云和镇新华街 252 号	2000-11-17
云和彬彬工艺厂	云和镇新华街 224 号	—
云和县板屋玩具厂	云和镇府东路 21 号	2000-03-23
云和划兴工艺厂	云和镇中山西路 357 号正对面	—
云和景宏木制工艺厂	云和镇中山西路 64 号	—
云和县斌斌玩具厂	云和镇高胥村	2009-10-21
云和县成峰木制教具厂	云和镇梅垄口村	2007-06-04

续表 12-5-4

企业名称	地　址	成立时间
云和县广华工艺品有限公司	云和镇中山西路 196 号	2003-02-20
云和县精卓木制玩具厂	云和县工业园区	2005-08-16
云和县童摇工艺品有限公司	云和镇中山西路 129 号	2004-11-18
云和县九艺玩具厂	云和镇河上岗头村	2005-08-16
云和县三丰玩具工艺厂	云和镇南门路 47 号	2007-05-21
云和县天豪玩具厂	云和镇上前溪 18 号	2000-04-05
云和县怡康工艺厂	云和县新华街工业园区	2005-08-02
云和县严焱玩具厂	云和镇白水栋路 28 号	1994-02-21
云和县大自然教玩具有限公司	云和镇中山西路 305 号	—
浙江波菲教育玩具有限公司	云和镇祥云路	2006-05-18
云和县义协工艺厂	云和镇西郊村 161 号	2007-04-12
浙江全家欢玩具有限公司	云和镇凤凰山路 58 号	—
云和县恒源玩具厂	云和镇中山西路 183 号	2006-09-22
浙江晨风彩印包装有限公司	杨柳河工业园区兴盛路 6 号	2010-01-20
云和县智信工艺品厂	云和镇贵溪村	2009-02-05
云和县林怡木制工艺玩具厂	云和镇中山西路 163 号	2001-08-28
浙江省云和县青华木制工艺厂	云和县河上村村委对面	1999-07-23
云和县紧云玩具厂	云和镇新华街工业第二园区	1989-05-30
云和县彭氏玩具厂	云和县中山西路 88 号	2004-03-29
云和正阳木制工艺厂	—	2003-01-03
云和县圆大玩具车木厂	云和镇贵溪村	2005-08-26
丽水市云和东方工艺厂	云和镇中山东路 17 号	2003-08-05
浙江云河教育玩具科技有限公司	云和镇新建南路 178 号 B 栋楼	2009-05-31
浙江省云和县隆丰竹木制工艺厂	云和县工业园区	2003-04-05
云和县依旺工艺品厂	云和镇朝阳路 19 号 3 幢	2005-08-12
云和县飞达工艺品厂	云和镇贵溪村 11 号	2006-05-24
云和县诚信工艺品厂	云和镇城南工业园区兴昌路 98 号	2009-01-20
云和县吉祥工艺品有限公司	云和镇城南西路 96 号	2004-08-10
云和县建云玩具厂	云和镇新华街 258 号	2009-07-07
云和县立天工艺玩具厂	云和镇高胥村 74 号	2005-09-26
浙江全家欢玩具有限公司	云和县新华街工业园区 288 号	2004-03-12
云和县汇鑫工艺品厂	云和县工业园区	2005-07-26
云和县童趣工艺品有限公司	云和县工业园区	2002-11-14

续表 12-5-4

企业名称	地　址	成立时间
云和县涵帆工艺厂	云和镇贵溪村 7 号	2008-10-16
云和县顺达玩具配件厂	云和镇后山村 57 号	2009-02-09
云和县美尔特玩具厂	云和镇后山村	2009-02-09
云和县乐源玩具厂	云和镇象山村	2005-09-02
云和县齐圣木制玩具厂	云和镇新华街 272-1 号	2003-09-17
云和县艺都木制玩具厂	云和镇新华街 268 号	2003-02-26
云和县永兴工艺玩具有限公司	云和镇中山西路 68 号	2001-07-04
云和县精凯工艺玩具厂	云坛乡沈村村原沈村小学	2006-05-24
云和县酷乐奇玩具有限公司	云和镇箬寮村 7 号	2006-05-25
云和县和昌木制玩具厂	云和镇中山西路 63 号	2009-07-22
云和县新奇工艺厂	云和镇工业园区	2001-09-28
云和县永安工艺厂	云和镇解放街 348 号	2001-09-18
云和县祥禾玩具有限公司	云和县工业园区	2007-05-21
云和县腾龙玩具厂	云和县工业园区新华街 228 号	2006-07-11
云和县项森明玩具厂	云和镇金茂路 1 号	2009-09-03
云和县志兴工艺厂	云和镇解放街 456 号	1989-01-19
云和县新课拟玩具厂	云和镇大徐村 55 号	2005-03-18
云和县明智玩具厂	云和镇中山西路	2003-08-28
云和县双益玩具厂	云和镇中山西路 137 号	1999-06-14
云和县好艺人玩具厂	云和县安溪乡上村	2006-08-11
云和县童协玩具厂	云和镇河上隔溪寮	2007-04-23
云和县恒益玩具厂	云和镇南门路 154 号	2006-09-22
云和县蓝天玩具工艺厂	云和镇白洋墩村外东塘	2006-11-13
云和县儿童时光玩具厂	云和镇舍上村 12 号	2007-02-12
云和县隆华工艺品有限公司	—	2003-02-17
云和县腾飞工艺品厂	云和镇浮云路 176 号	2009-09-04
云和县童心木制玩具厂	云和镇新华街 230 号	2006-06-23
云和县新叶玩具有限公司	—	—
浙江精灵木制玩具厂	云和镇溪口村	2005-08-16
云和县恒泰玩具厂	云和镇中山西路 183 号	2006-09-22
云和县蒙氏教具玩具厂	云和镇城南西路 70 号	2005-10-13
云和县鑫泉玩具厂	云和镇山脚村金溪村 35 号	2009-04-10
云和县友帮玩具金属配件厂	云和镇山脚村山坪	2009-04-10

续表 12-5-4

企业名称	地　址	成立时间
云和县童林玩具厂	云和镇高胥上村 37-2 号	2005-08-23
云和县元东玩具厂	云和镇高胥村上村	2005-08-23
云和县博凯木制工艺厂	云和镇解放街 225 号	2004-04-09
云和华元工艺品有限公司	云和镇工业园区	2001-11-07
云和县宏洲工艺品有限公司	云和镇中山西路 161 号	2003-11-28
云和县半球实业有限公司	云和镇中山西路 105 号	2000-05-29
云和县宏森工艺厂	云和镇人民路 10 号	2001-09-18
云和县金山实业有限公司	云和镇解放西路 6 号	1997-01-03
云和县华夏工艺厂	云和镇工业园区	2003-09-10
云和县哈曼得工艺木制玩具厂	云和镇工业园区	2004-04-15
云和县金慧工艺品厂	云和镇城南西路 91-93 号	2001-11-16
云和县存长玩具厂	云和镇城南西路 76 号	2001-06-08
云和县金盛工艺厂	云和镇中山西路 95 号	2000-04-10
云和县塑木玩具厂	云和镇中山西路 91 号	2000-03-17
云和县金英工艺厂	云和镇古坊小学前	2003-05-12
云和县明星玩具厂	—	2007-06-27
云和县双叶玩具厂	云和镇工业园区（岗头畈）	1993-12-17
云和县大诚工艺厂	云和镇白水路 25 号	2004-05-14
云和怡源工艺品有限公司	云和镇工业园区	2001-09-18
云和县中亚工艺品有限公司	云和镇工业园区	2003-12-19
云和县宏利木制品工艺厂	云和镇中山西路 26 号	2001-03-30
云和县奋发玩具厂	云和镇新华街 266 号	1993-05-12
云和县联谊玩具厂	云和镇西城门	1994-04-04
云和县顺发玩具工艺厂	云和镇贵溪村	2001-08-01
云和县森炜玩具厂	云和镇西郊村 16 号	2003-09-15
云和县飞龙工艺厂	云和镇南门路 39 号	1993-12-27
云和县永顺工艺厂	云和镇象山村 104 号	2001-12-14
云和县永星木制工艺品厂	云和镇中山路 380 号	2001-09-18
云和县元丰玩具厂	云和镇中山西路 90 号	2003-10-17
云和县明森玩具厂	云和镇城南西路 80 号	2002-02-21
云和县茂林工艺品厂	云和镇解放街工业园区	2004-03-15
云和县童园木制工艺厂	云和镇中山西路 60-2 号	2001-10-16
云和县狮蛟工艺玩具厂	云和县小徐乡睦田村	1992-03-22

续表 12-5-4

企业名称	地　址	成立时间
浙江宝薇玩具有限公司	云和镇人民路 5 号	2003-09-26
云和县红云玩具厂	云和镇柘园新村	2003-05-12
云和县鸿翔工艺厂	云和镇新华街 259 号	1996-07-12
云和县燊龙工艺玩具厂	云和县振鹏厂	2002-09-24
云和县黄氏玩具厂	云和镇西郊村 21 号	2010-01-28
云和县童盛玩具厂	云和镇后山村 46 号	2008-05-29
云和县金德利玩具配件加工厂	云和镇街头畈	2009-12-14
云和县标伟玩具厂	云和县紧水滩镇镇政府旁	2010-12-13
云和县酷乐宝木制玩具厂	云和镇后山村	2005-08-22
云和县黄颜木制玩具加工厂	云和镇中山西路 28 号	2008-04-15
云和县健乐木制玩具厂	云和镇中山西路 107 号	2003-08-19
云和童翔玩具厂	云和镇新华街 287 号	2009-10-27
云和县爱博木制玩具厂	云和镇河上村横路 18 号	2010-05-12
云和国森木制玩具厂	云和镇中山西路西郊 67 号	2005-08-31
云和县伟俊玩具工艺厂	云和镇山脚村交背山路口	2009-08-24
云和县童艺玩具有限公司	云和镇新华街 267 号	2001-09-18
云和县凌云玩具工艺厂	云和镇中山西路 145 号	1994-12-16
云和县乐仙玩具厂	云和镇贵溪村 121 号	2009-12-11
云和县宏顺玩具厂	云和县崇头镇崇头村景堂路 2 号	2010-02-02
云和县元升木制玩具加工厂	云和县赤石乡黄岗村 76 号	2009-06-03

第十三篇　贸　易

1991 年，云和县国有商业开始实行企业承包经营责任制，至 2001 年，全县国有、集体商业企业完成企业产权制度的改革。1992 年开始，经济体制改革逐步深入，烟草、石油、盐业实行专营，其他商品市场放开经营。1996 年，国有、集体商业企业深化改革，个体、私营商业发展迅速。2010 年，批发、零售商贸业销售额达到 11.59 亿元，比 1991 年的 7080 万元，增长 63.2 倍，年均递增率为 16%。1993 年，放开粮食购销和价格，取消粮油凭票供应。2001 年，粮食收购方式由合同订购转为粮食订单，按“保护价”收购农民余粮；是年 5 月 1 日起，居民户口迁移不再办理粮食关系转移手续。

2001 年，云和县在对外贸易中开始有进口商品；出口产品有木制品系列的玩具、鬃刷，农特产的香菇、黑木耳等。2002 年，进口商品为内燃发动机、木材、橡胶线和油漆等。2010 年，实现进出口贸易总额 6626 万美元，全县共有自营出口权企业 53 家。木制玩具行业的持续快速发展，对云和县的外贸出口增长起到促进作用。2001—2010 年，自营出口总额为 30076 万美元。

第一章　商品购销

1991—2010 年，云和县转变和完善商品购销经营机制，增强企业活力和市场竞争力，积极拓展购销市场，满足市场需求，除烟草、石油和食盐等商品专营外，其他商品逐步放开自由经营。社会消费品零售额、集市贸易（商品）成交额稳步快速增长，购销业务呈现良好发展态势。

第一节　销售综情

1991 年，全县社会消费品零售总额呈现稳步、快速增长的态势。社会消费品零售额 7080 万元，批发零售业总额 5445 万元。

1995 年，云和县社会消费品零售额 1.81 亿元。按销售单位分，批发零售业总额 1.60 亿元，其中餐饮业 1622 万元，其他行业 472 万元。

2000 年，全县社会消费品零售额 3.19 亿元。其中，批发零售业总额 2.72 亿元，餐饮业 3517 万元，其他行业 1191 万元。

2005 年，全县实现社会消费品零售总额 6.09 亿元，比上年增长 7101 万元，同比增长 13.2%。其中，县级 5.6 亿元，县以下 4509 万元。批发零售业销售额 5.17 亿元，其中住宿餐饮业 7347 万元，其他行业 1868 万元。

2010 年，全县社会消费品零售总额 11.59 亿元，同比增长 18%。分行业看，批发和零售业销售额 10.07 亿元，同比增长 18.6%；住宿餐饮业零售额 1.52 亿元，同比增长 13.8%。

1990—2010 年云和县社会消费品零售总额统计表

表 13-1-1　　单位：万元

年份	社会消费品零售总额	批发零售业	住宿餐饮业	其　他
1991	7080	—	—	—
1992	7879	—	—	—
1993	9844	8802	704	338
1994	14148	12755	964	429
1995	18064	15970	1622	472
1996	21442	18819	2043	580
1997	24067	20836	2562	669

续表 13-1-1 单位：万元

年份	社会消费品零售总额	批发零售业	住宿餐饮业	其　他
1998	25885	22291	2762	832
1999	28166	24262	2899	1005
2000	31885	27177	3517	1191
2001	35818	30717	3882	1219
2002	40549	34281	4772	1496
2003	46389	39392	5422	1575
2004	53823	45766	6388	1669
2005	60929	51714	7347	1868
2006	69217	58484	8770	1963
2007	80487	67797	10599	2091
2008	96601	82029	12377	2195
2009	110416	93841	14277	2298
2010	115868	100668	15200	—

说明：1. 2004 年以前数据根据经济普查作修订。2. 社会消费品零售总额从 2010 年开始采用法人所在地原则口径统计

第二节　国有贸易

五金、交电、化工

1993 年，县五金公司与杭州西湖电视机厂、自行车厂及毗邻的丽水、缙云、景宁等县市，实行工贸联合、商商联合，改变单一进货渠道。是年，云和县销售电视机、电冰箱 2120 台；批发销售商品总额 664.2 万元，比上年增长 62.64%。1994 年，五金、交电、化工零售业附营单位 2 家，网点 2 个，从业人员 4 人。是年，批发销售商品总额 626 万元。

1995 年，五金、交电、化工商品购进总额 584 万元，批发业法人机构 2 个，网点 8 个，从业人员 22 人；零售业附营单位 1 个，网点 1 上，从业人员 2 人。

1996 年始，五金、交电、化工的批发、零售业均为个私经营。

副食品

食糖　1991 年，云和县销售食糖 10.5 万千克。其中全民商业销售 3.1 万千克，供销合作社销售 2.9 万千克，其他商业销售 4.5 万千克。1992 年，销售食糖 9.7 万千克。全民所有制销售 3.3 万千克，供销合作社销售 2.9 万千克，其他商业销售 3.5 万千克。1993 年，批发、销售食糖 12.1 万千克。

1994 年后，食糖已不是主要副食品，全县私营、个体食糖经营户增加，经营渠道增多。

猪肉 1991年，全县收购生猪20300头。其中，全民所有制商业收购生猪6500头，其他商业收购生猪13800头。是年，销售猪肉295万千克。

1996年，根据省政府《关于进一步加强生猪等畜禽屠宰检疫管理工作的通知》，县政府确定县食品公司屠宰场为云和城镇的屠宰定点。是年，屠宰生猪4115头，销售猪肉286.2万千克，代收税金15.7万元。是年，县食品公司自建生猪饲养基地，生猪出栏2108头，其中自养1008头，调入1100头，稳定、抑制市场的猪肉价格。

1997年2月开始，在云和城镇率先实行“定点屠宰，集中检疫，统一纳税，分散经营”的管理办法，有效地把住猪肉检疫关，杜绝病害猪肉上市，居民得以吃上“放心肉”。是年，查处50多起违纪事件；定点屠宰生猪10465头，平均每月870多头；代征税金25.76万元，比上年增长64.7%。

1998年，县食品公司自建生猪饲养基地，全年生猪存栏3697头，其中自养出栏1297头，调入存养2400头；定点屠宰生猪11350头，代征税金23.38万元

2000年，县食品公司生猪饲养基地在猪肉市场调节和节日储备等方面起了作用。全年自养及存栏生猪6300头，其中自养1000头，调入储存5300头，比上年增长32.34%；定点屠宰生猪12100头，代征税金30.25万元。是年，销售猪肉251.3万千克。

2004年，生猪定点屠宰被执法检查200多人次，检查屠工700多人，没收违规屠宰生猪产品467千克。是年，销售猪肉207.4万千克。

2010年，云和县和盛食品有限公司加快定点屠宰场的建设。是年，销售猪肉211.1万千克。

水产品、茶叶、食用油 1991年，销售水产品22.2万千克，茶叶11.8万千克，食用油37.6万千克。1995年，销售水产品30.4万千克，同比增长8.6%；销售茶叶13.5万千克，同比增长6.39%；销售食用油30.2万千克，同比增长2.4%。

2000年，销售水产品62万千克，同比增长22%；销售茶叶12.3万千克，同比增长0.34%；销售食用油26.8万千克，同比下降27%。

2005年，销售水产品252万千克，同比增长50%；销售茶叶21.7万千克，同比增长13%；销售食用油33.9万千克，同比增长5%。

2010年，销售水产品350万千克，同比增长16.05%；销售茶叶69.1万千克，同比下降2.95%；销售食用油37.9万千克，同比下降12.06%。

1991—2010年云和县猪肉、水产品、茶叶、食用油销售统计表

表13-1-2　　单位：万千克

年度	猪 肉	水产品	茶 叶	食用油
1991	295	22.20	11.80	37.60
1992	318.20	24.30	10.60	40.10
1993	312.20	26.20	11.80	23.50
1994	290.60	28.00	12.70	24.30

续表 13-1-2

年度	猪 肉	水产品	茶 叶	食用油
1995	318.60	30.40	13.50	30.20
1996	286.20	32.20	13.40	29.50
1997	177.50	35.90	12.80	42.10
1998	167.50	39.30	11.40	31.50
1999	265.60	51.30	11.90	36.90
2000	251.30	62.40	12.30	26.80
2001	240.50	67.90	14.90	36.50
2002	208.20	78.50	16.10	36.50
2003	198.00	143.90	17.50	29.80
2004	207.40	168.00	19.20	32.40
2005	202.90	252.00	21.70	33.90
2006	151.80	255.20	25.70	29.00
2007	146.10	285.00	33.70	25.30
2008	198.40	291.00	57.70	27.80
2009	181.70	301.60	71.20	43.10
2010	211.10	350.00	69.10	37.90

日用工业品

1991 年，云和县销售缝纫机 577 台、手表 1600 只、自行车 1539 辆、半导体收音机 14 部；销售电视机 808 部，其中彩电 153 部；销售录音机 162 部、电风扇 2099 台、洗衣机 228 台、电冰箱 476 台。

1993 年，云和县销售摩托车 101 辆、房间空调器 170 台、抽油烟机 114 台。1994 年，日用工业品类销售总额 770 万元。1995 年，云和县日用工业品类销售总额 676 万元。1996 年，云和县日用工业品类销售总额 448 万元。

1997 年，云和县工业品公司主营棉布、针织、小百货、家用电器、日用杂品等，实现净利润 346 万元，摆脱长达 5 年的亏损局面。

1998 年后，云和县日用工业品销售均为个体商店经营。

第三节 供 销

农资经营

1991 年，各基层供销社开始在龙门、赤石、麻垟、黄水碓、古坊、贵溪等村设立农资经营点。同年，县农资公司销售复合肥 203.8 万千克、尿素 203.1 万千克、磷肥 50.6 万千克、碳铵 54

万千克。是年，云和县农资公司被商业部评为全国供销系统“四好四无”（“四好”：服务思想好，保管养护好、指标完成好、安全生产好；“四无”：无火灾、无盗窃、无霉变虫蛀鼠咬、无差错事故）仓库先进单位。

1994年，县农资公司销售化肥556万千克（其中复合肥258.7万千克，尿素297.3万千克），比上年同期增长31%；销售农药3.7万千克。同年，各基层供销社累计设立27个农资经营点。

1995年，县农资公司坚持“四个统一”（统一进货、统一调拨、统一价格、统一销售），各基层社实行“联购分销”的方针，新增大源、梓坊2个网点，全县农资供应网点达到29个。是年，销售化肥562万千克，同比销售增长1.81%；销售农药4.3万千克，同比销售增长16.21%。

1996年，县政府成立以县工商、物价、计量、农业局和供销合作社组成的清理整顿农资市场领导小组，印发《关于清理整顿农资市场的通知》《关于加强化肥、农药、农膜经营管理的若干规定》等文件，清理整顿全县农资市场并不定期巡回检查，查处3家无证经营户。是年，增设农资经营网点8个。

1999年，云和县农资公司进行企业改制，企业性质由国有转换为民营，注册成立“云和县金穗农资有限公司”。

2000—2006年，云和县金穗农资有限公司农资销售总额（农资经营市场化后，未记录商品明细）在2000万元左右徘徊。

2007年12月6日，成立“云和县和丰农资有限公司”，企业性质为民营，注册资金100万元，公司设立“农资连锁配送服务中心”。是年，金穗农资有限公司法定代表人退出股份，该公司并入县和丰农资有限公司。

2008年，和丰农资有限公司发展连锁门店26家，各连锁店实行统一台账、标识、牌匾、制度、配送、承诺。是年，云和县委、县人民政府出台《关于促进供销社改革发展推进新农村建设的实施意见》，要求县供销合作社建立化肥、农药等重要农资商品淡季和救灾储备制度，每年安排落实淡季、救灾农资储备200万千克，其中氮肥100万千克，保障县政府实现调控农资市场、平抑农资价格、农资应急供应。县政府从2007年始，每年安排10万元财政资金用于淡季救灾农资储备补助。

2009年，县和丰农资有限公司新增农资连锁门店5家，销售总额1360万元；储备化肥205万千克，各类农药1.2万千克，农膜0.9万千克。是年，开展“放心农资下乡进村”“农技人员下田头”系列活动，发放农资知识宣传资料1500份。

2010年，和丰农资有限公司新增农资经营网点4个，全县累计农资经营网点35个，销售总额3500万元，完成淡季农资储备201.5万千克，初步形成全县农村农资经营覆盖的营销网络。是年，在全市农资门店评选中，有2家农资门店被评为市级农资放心店，1家被评为市级农资示范店。

庄稼医院

1991年，县农资公司庄稼医院揭牌开业。庄稼医院无偿为农民进行农作物病、虫、草、鼠害门诊和出诊，开列农药处方，指导测土施肥、科学用膜，传授相关的应用技术，经营相关的商品，实行技术和销售相结合的方式，开展租赁、维修小型农机具业务。根据县政府对农业、畜牧部门参与庄稼医院的具体工作的要求，至年末。庄稼医院累计接受农民技术咨询服务105余人次，田头出诊58次，开出农药、化肥使用处方357份，黑板报24期，发放各类农技资料1500余份。1999年，因农资公司改制，庄稼医院撤销。

废旧物资回收

1991，县土特产公司开始经营回收废旧物资，公司实行统一价格，统一标准的回收方法，主要收购废钢铁、废纸、废橡胶、破布、废塑料等。

1997年开始，县废旧物资市场化程度加大，个体经营户兴起，供销社回收业务逐步萎缩。

1998年，成立云和县再生资源回收有限责任公司，员工15人，废旧物资回收门店2个，年回收额为100余万元。同年，县土特产公司累计经营回收废钢铁、废纸、废橡胶、破布、废塑料等，购、销废钢铁5.25万千克，废纸150万千克，废旧物资利用值30多万元。

2010年，县工商局注册的废旧回收经营户有32家，经营方式有流动回收，预约回收，上门回收等，全县废旧回收额126万元。

专业合作社

农产品专业合作社 1999年，县供销社与县农办联合创办全县第一家农民专业合作社（云和县农产品专业合作社），注册资金50万元，社员56户。合作社在杭州农都市场开设经营部，与广东、福建、上海、杭州等地的50多个客户建立贸易关系。是年，向国家工商总局商标局申请注册“山兰”商标，次年，获国家工商总局商标局的认定。

2000年，合作社依托“山兰”品牌，开发“云和泡笋”“云和灵芝片”“灵芝茶”等新产品5个，销售香菇、木耳、山茶油、灵芝、毛笋干等农产品共计10万千克；与广东、福建、上海、杭州、宁波等地的100多商家建立正常稳定的贸易往来，销售额457万元；收购笋丝1万千克；生产并销售“灵芝茶”19800余盒。是年，农产品销售总额675.3万元，利润8.1万元。

2001年12月，云和县地方标准《山兰牌黑木耳系列标准》DB332523/T03.1—2001经县技术监督局批准，开始执行。是年，“山兰”牌黑木耳在浙江省国际农业博览会上获金奖（至2010年连续获得该奖）。是年，农产品专业合作社创办中国云和农产品网（wwww.yhapi.com），建立信息中心，收集和发送信息。是年，新增社员128户，编写《特供信息》17期，发放2000余份给乡镇、合作社、种养大户阅读。是年，县供销社用资60余万元，购置800余平方米的办公经营综合用房，设立农产品经销部、信息服务中心、技术推广中心三个部门。是年4月，县农产品专业合作社被省政府命名为首批全省22家“示范性农民专业合作社”之一。是年，县农产品专业合作社年农产品销售1290万元，实现利润26万元。

2002年9月，“山兰”牌黑木耳被浙江名牌产品认定委员会认定为“浙江名牌”产品。

2003年1月，“山兰”商标被丽水市工商行政管理局认定为“丽水市著名商标”。是年6

月，县农产品专业合作社被人事部和国家供销总社授予“全国供销合作系统先进集体”称号。

2004年11月22日，中共中央委员、中华全国供销合作总社书记、常务副主任周声涛考察云和县农产品专业合作社的云丰乡代料黑木耳生产示范基地。

是年，县农产品专业合作社实现销售额3179万元、利润56.4万元。“山兰”商标被浙江省工商管理局认定为“浙江省著名商标”。省供销社认定云和县农产品专业合作社为省供销社专业合作社示范社。

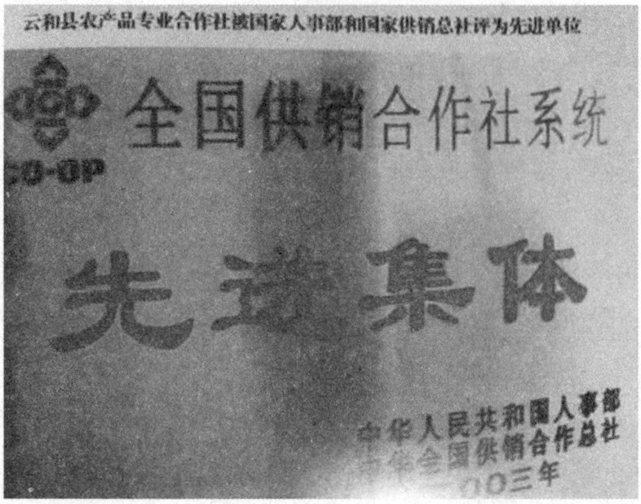

图 13-1-1 县农产品专业合作社获奖（2003 年摄 县供销合作社提供）

2005年，云和县农产品专业合作社被省政府命名为“浙江省优秀农民专业合作社”。

2007年，“山兰”牌商标及云和县农产品专业合作社一同以总价30万元出让给云和县绿林工艺品有限公司，支付27万元，县供销社10%的股份（3万元）。

2001—2007年云和县农产品专业合作社“山兰”牌黑木耳销售情况统计表

表13-1-3

年度	销售额（万元）	销售量（千克）	年度	销售额（万元）	销售量（千克）
2001	233	23300	2005	308	25666
2002	255	25500	2006	336	24520
2003	247	20660	2007	378	23625
2004	287	23916	—	—	—

农民专业合作社 1999—2003年，县供销社引导农民创建“云和县农产品专业合作社”“云和县云禅茶叶专业合作社”“云和县渔夫有机鱼合作社”3家农民专业合作社。

2005年，县供销社主任叶秋霞获得省供销社“组织发展专业合作社先进工作者”称号、被选为全国供销合作总社第四届社员代表大会代表。

至2006年，县供销社共引导农民创建10家农民专业合作社，带动农户1.2万户，连接各类基地3200公顷。

2007年，云和县渔夫有机鱼专业合作社获“县级重点龙头企业”。是年起，县供销社引导农民创办的农民专业合作社，建立产业基地。

2008年，云和县清江生态龟鳖养殖专业合作社的“中华鳖”获农业部“无公害农产品”称号。

2010年，县供销社累计引导农民创办的农民专业合作社21家，建立产业基地2333.3公顷，带动农户1.4万户，帮助农民实现销售收入7750万元、利润341万元，人均年增收1500元。

1999—2010 年注册的云和县农民专业合作社一览表

表 13-1-4

序号	单位名称	法人代表	成立时间	注册资金（万元）	社员数（个）	基地面积（公顷）
1	云和县农产品专业合作社	董明宇	1999.01	30	305	100.05
2	云和县云禅茶叶专业合作社	叶忠建	2002.04	50	298	56.70
3	云和县渔夫有机鱼专业合作社	林宗平	2003.09	20	150	26.68
4	云和县山里人茶叶专业合作社	叶时康	2005.03	30	157	233.45
5	云和县云雾竹笋专业合作社	陈水清	2005.03	15	149	333.50
6	云和县临海垟花卉苗木专业合作社	刘秋明	2005.12	6	54	14.01
7	云和县山野板栗专业合作社	吴益伟	2005.07	50	80	33.35
8	云和县绿野雪梨专业合作社	王善宗	2005.09	50	150	13.34
9	云和县神农高山蔬菜专业合作社	陈可林	2005.14	30	125	46.69
10	云和县黄处农产品专业合作社	雷建松	2006.07	20	5	2
11	云和县正凯地产中药材专业合作社	李正凯	2007.10	50	118	15.34
12	云和县包山白茶专业合作社	赵延福	2008.06	10	8	53.36
13	云和县清江生态龟鳖专业社	卜广禄	2008.17	120	30	6.67
14	云和县康林农产品产销合作社	王少林	2009.09	30	152	6.67
15	云和县火旺农产品专业合作社	张细玉	2009.08	20	7	8
16	云和县紫丁香苗木专业合作社	陈建云	2010.04	35	105	33.35
17	云和县外垟岗禽业养殖专业合作社	王伟林	2010.03	70	106	3.34
18	云和县盛达农民泡菜专业合作社	吴坤华	2010.09	30	6	4
19	云和县白姑娘生态农产合作社	林小伟	2010.10	100	6	33.35
20	云和县百闻农产品专业合作社	项春玉	2010.5	50	7	4.67
21	云和县禾丰农产品专业合作社	魏燕飞	2010.10	30	5	6

新型农民合作模式

农信担保公司 2006 年 12 月 9 日，云和县兴合农信担保有限公司挂牌成立，注册资金 500 万元，主要提供贷款担保及信用中介服务。

2009 年，县供销合作社为云和县兴合农信担保公司新增注册资本金 100 万元，云和县兴合农信担保有限公司执行贷款授信业务，推出“一站式”服务，即一次授信、随时贷款、循环使用的业务。县农村信用合作联社与 16 家农民专业合作社签订了贷款授信业务，授信贷款额度 845 万元，发放贷款 786 万元。是年，该公司发放丰收小额贷款单 1243张，授信金额 4205 万元，其中为农民贷款担保 389 笔，金额 2731.5 万元，比 2008 年增加1599.5 万元。

2010 年，云和县兴合农信担保公司为农户提供各类贷款担保 132 笔，计 1527 万元，累计完成担保 521 笔，共计 4258.50 万元。

农产品经纪人队伍 2007 年，县供销社制定《云和县 2007 年农产品经纪人培训工作计划》，给每个参训学员 150 元培训费补助，全年共举办 4 期农产品经纪人培训班，360 人参加培训并顺利取得中华人民共和国劳动和社会保障部颁发的职业资格证书。12 月 18 日，云和县农产品经纪人行业协会成立。

2008 年，县供销社结合当地实际，开展“三位一体”建设，即集供销合作、信用合作、农民专业合作为一体的现代农村经济服务体系建设。

2009 年，县供销总社组织专业合作社财务会计制度培训 30 多人次、业务知识培训 80 人次，农业知识内容培训 20 人次，职业技能培训 178 人，发证 178 本。

2010 年，县供销总社组织农产品经纪人，评茶师等培训班 2 期，参加培训人员 87 人，其中行业持有职业技术资格培训（鉴定）73 人，中级培训 14 人（评茶师）。

是年 11 月 9 日，省供销合作社主任史济锡一行到云和调研。

第四节 粮 油

粮食购销

粮食收购 1991 年，云和县定购粮收购 187 万千克，议购粮收购 59 万千克。

1992 年 4 月 1 日开始，国家提高粮食的定购价格和销售价格，基本上实现购销同价，全县完成定购粮收购 185.5 万千克，向有定购粮任务农户发放标氮化肥 70.08 万千克。是年，执行省物价局、省粮食局联合发文的《关于提高粮食定购价格的通知》，调整粮食定购价格，同时取消小麦每 0.5 元/50 千克的价外补贴。

1992 年云和县粮食定购价格调整表

表 13-1-5　　单位：元/50 千克

品　名	原　价	新　价	提高金额	提高度(%)
早籼谷(早杂谷)	22.20	24.60	2.40	10.81
晚籼谷(晚杂交谷)	24.00	28.00	4.00	16.67
晚糯谷	31.70	36.90	5.20	16.40
晚粳谷	26.60	31.80	5.20	19.55
籼糯谷	29.20	33.20	4.00	13.70
小　麦	24.50	30.40	5.90	24.08
玉　米	18.30	21.30	3.00	16.39

1993 年，国家放开粮食购销价格后，粮食收购政策由国家计划定购改为合同订购，县政府出台当年度粮食收购政策：一是粮食合同收购实行最低保护价，早籼谷、晚籼谷每 50 千克

保护价分别为 24.6 元、28 元；二是实行价外加价，合同内粮食收购，每 50 千克稻谷加价 3.74 元；三是合同订购 5000 千克以上的售粮大户，按收购价的 20%发放预购定金。是年，全县收购合同订购粮食 144 万千克。

1997 年，省政府取消云和县定购粮收购任务考核。是年，落实定购粮任务 140 万千克，完成定购粮收购 154 万千克，完成计划的 110%。

1998 年，成立云和县粮食收储有限公司，进行以“敞开收购、顺价销售、收购资金封闭运行、加快粮食企业自身改革”，俗称三项政策、一项改革，由县粮食收储有限公司组织实施全县粮油购销、调拨和储备业务，粮食收购资金充分，收购布点充足，支持政策性粮食收购的各项措施全面落实到位。是年，县政府确定定购粮收购任务 99 万千克，4 月底将全部任务落实到各乡镇农户，全年实际完成定购粮收购 105 万千克，完成计划任务数的 106.06%。根据浙江省物价局等有关部门公布的当年度“最低收购价”，敞开收购农民余粮 221 万千克，有效地保护了广大粮农的经济利益和种粮积极性。收购中，粮食部门开展优质服务活动，参加人数 160 人次，粮食局机关干部下乡助收 34 人次，在收购站增设临时休息室 8 个，上门为售粮大户服务 23 人次，为售粮农户提供翻晒场地 1500 平方米。

2001 年始，粮食收购方式由合同订购转为粮食订单，按“保护价”收购农民余粮，收购价格：早籼谷为 42 元/50 千克；晚籼谷为 56 元/50 千克。是年，收购农民余粮 101.8 万千克。

2002 年以后，云和县国有粮食企业粮食收购连年减少，到 2004 年，全县收购粮食 3907 千克。2005 年始，县国有粮食收储公司停止县境内粮食收购。

1991—2004 年云和县国有企业粮食收购情况统计表

表 13-1-6　　　　单位：万千克

年份	收购方式	收购量	年份	收购方式	收购量
1991	国家定购	187	1998	合同订购	105
1992	国家定购	186	1999	合同订购	182
1993	合同订购	144	2000	合同订购	103
1994	合同订购	143	2001	粮食订单	102
1995	合同订购	142	2002	粮食订单	45.46
1996	合同订购	168	2003	粮食订单	5.69
1997	合同订购	154	2004	粮食订单	0.39

粮食供应 1991 年，云和县城乡粮食定量供应人口 16362 人。是年，城乡定量口粮销售 496 万千克、食用油 8.2 万千克，农村定销粮销售（折原粮）350 万千克，灾区生活用粮销售（折原粮）47 万千克。

1992 年起，云和县常住城镇农民缴纳一定费用后，可办理“蓝印户口”（经济性农转非户口）。2000 年 11 月，“蓝印户口”并入非农业户口，不再区分“蓝印户口”和“非农业户口”。

1993年1月1日始，国家放开粮食购销价格，云和县取消城镇居民各种粮票使用，保留城镇居民粮食关系，城镇居民按户发放城镇居民粮食证，城乡居民自由向市场购买口粮。是年，国有粮食部门销售城乡居民口粮销售330万千克（成品粮折原粮统计），其中折合小麦51万千克、稻谷252万千克、大豆11万千克、杂粮16万千克。

1997年，县委县政府的决定，自8月开始，实行城镇贫困居民粮食供应特惠制度，根据《云和县粮食特惠制供应实施细则》，经云和县财政局、总工会、民政局、劳动局等有关部门联合调查核定，全县享受优惠的城镇居民754人，其中家庭人均月收入在120元以下的特困职工460人；无固定收入、无劳动能力、无法定赡养人或抚养人的“三无”贫困居民71人；下岗职工223人。享受特惠的人群由县粮食局发给《云和县粮食特惠制供应卡》，每人每月凭卡供应“标一”早稻米15千克，零售价低于市场价25%左右。同年，以低于市场价10%的价格，节日优惠价供应优质早稻米30万千克；为农村缺粮户、五保户、贫困户发放供应救济粮70万千克。

1998年，云和县粮食部门投放市场粮食802.8万千克（含工业用粮），保证市场需求。

1999年，云和县工商局、粮食局联合印发《关于加强粮食市场管理维护粮食市场秩序的通告》，成立云和县粮食市场管理委员会和云和县粮食市场稽查大队，有效维护全县粮食市场的秩序。是年，全县粮食市场活跃，价格平稳，品种丰富，县城有国有粮店3家，个体粮店30多家；国有粮食企业粮食销售77万千克（含批发和外购外销）。

2001年5月1日起，全国取消城镇居民粮食供应转移证明，城镇居民户口在全国范围迁移，以及农业户口转为非农业户口，不再办理粮食关系转移手续，城镇居民的粮食关系成为历史，浙江省随即取消“农村粮食关系转移证明”及“准许转移粮食关系通知书”。

是年6月29日，浙江省人民政府出台《浙江省地方储备粮油管理若干规定（试行）》，云和县域内各粮食经营点及粮食应急供应站成品粮库存量充足，品种多样，市场价格基本稳定。

2006年，按照国务院发布的《国家突发公共事件总体应急预案》的要求，进一步修订完善粮食安全应急预警方案（2003年4月，出台的《云和县粮食供应应急供应预案》基础上），建立有序、顺畅的粮食安全应急系统，全县建立15个粮食应急供应点，1家应急粮食加工企业，1家粮食应急供应运输车队，3个粮食价格监测点，落实应急储备成品粮和成品周转粮库存17万千克。

1991—2000年云和县国有粮食企业粮食销售（或轮换抛售）情况统计表

表13-1-7　　单位：万千克

年份	销售（或轮换抛售）	年份	销售（或轮换抛售）
1991	893	2001	166
1992	—	2002	93
1993	330	2003	206

续表 13-1-7

年份	销售(或轮换抛售)	年份	销售(或轮换抛售)
1994	695	2004	223
1995	—	2005	122
1996	388	2006	—
1997	689	2007	223
1998	803	2008	122
1999	77	2009	—
2000	110	2010	223

1991 年云和县国有粮油供应网点分布情况表

表 13-1-8　　单位:个

粮管所名称	供应站	供应网点
云和粮管所	4	城关第一供应站、城关第二供应站、局村供应站、云坛供应站
石塘粮管所	4	石塘供应站、小顺供应站、朱村供应站、双港供应站
梅源粮管所	3	崇头供应站、和平供应站、张家地供应站
紧水滩粮管所	3	紧水滩供应站、龙门供应站、赤石供应站

食油购销

食油收购 1991 年,云和县收购菜油 4.50 万千克,收购油料 9.37 万千克,其中油菜籽 1.93 万千克、油茶籽 7.44 万千克,油茶籽收购量仅为最高收购年份(1979 年 131.5 万千克)的 5.66%。1992 年,国家放开食用油价格。是年,全县油菜籽中心指导价格为 60 元/50 千克,允许上下浮动 5%。

1993 年起, 全县停止油籽收购, 食用油仅有石塘粮管所朱村粮库等少数收购点零星收购。是年,全县食用油收购量 900 千克,其中茶油 200 千克、菜油 700 千克。

1994 年起,停止食用油收购。

食油销售 1991 年,全县城镇居民定量口油销售 8.16 万千克,农村人口口油销售 3.58 万千克。

1992 年,国家放开食用油价格,不再向城镇居民发放定量油票。1993 年起,全面放开油料的购销和价格管制,居民食用油实行市场化经营。是年,销售茶油 1.31 万千克、菜油 23.09 万千克。1996 年,食用油销售 17.86 万千克,其中城镇居民口油销售 14.61 万千克、农业人口口油销售 3.25 万千克。

粮油储运

仓储管理 1991 年,云和粮管所获商业部评选的"全国粮油安全保管工作先进单位"奖。1988—1994 年,云和粮管所连续 7 年被省粮食局评为粮油仓储先进单位。1998 年、1999 年,县粮食收储有限公司获省级粮油仓储先进单位称号。1991—2010年，云和县连续20年达到“一符四无”(账实、账账相符，无害虫、无发热霉变、无鼠雀、无事故)粮仓县标准。

2002年，浙江省粮食局清仓查库小组清查云和县粮食库存，全县5个粮库、28个仓间、606.1万公斤粮食库存，数量差率为1.40%，小于3%规定总率，做到账账、账表、账卡三相符。

仓储网点分布 计划经济时代，为便于粮食收购和供应，县内主要乡镇均设有粮库，至1991年，全县4个粮管所，共有16个粮库，总仓容1830万千克。1995年以后，因国家工程建设需要和全国粮食流通体制的改革，大部分粮库被拆除或拍卖。至2010年末，全县留存人民、中心(原贵溪粮库)、双港、朱村、赤石、龙门、崇头粮库，总仓容1424万千克，7个粮库中，中心粮库在使用，其他粮库出租或闲置。

1991年云和县粮油仓库网点分布情况表

表13-1-9

粮管所名称	库点数	粮油仓库名称
云和粮管所	6	局村粮库、云坛粮库、人民粮库、东方红粮库、新华(三仙宫)油脂仓、贵溪粮库
石塘粮管所	4	石塘粮库、双港粮库、朱村粮库、小顺粮库
梅源粮管所	4	崇头粮库、和平粮库、梅源粮库、张家地粮库
紧水滩粮管所	2	赤石粮库、龙门粮库

1991年云和县各粮食仓库(供应站)库容量情况统计表

表13-1-10　　单位：万千克

仓库(供应站)名称	库容量	仓库(供应站)名称	库容量
人民	440	和平	40
局村	160	梅源老仓	15
朱村	59	梅源	45
双港	115	崇头	119
东方红	172.50	紧水滩供应站	10
贵溪	226.50	赤石	50
新华油脂仓	35	龙门	40.50

仓储设施建设 1949年5月，利用祠庙和民房作为粮库。20世纪60—70年代，开始新建砖混、苏式(砖木结构)等多种建筑结构的粮仓。

2004年，县政府决定将原贵溪粮库拆除，建县中心粮库；贵溪粮库原有6幢仓库，总仓容245.5万千克，占地16600平方米。

2005年7月10日，开工建设县中心粮库。

2007年7月建成。县中心粮库建设项目：总投资700万元，新征用土地6000多平方米，拆除5幢老仓库，保留10号仓，新建200万千克标准仓容3幢、管理房1幢，总仓容达650万千克。

2008年度库存粮食轮换时投入使用。

2009年起，全县储备粮（油）集中到中心粮库储藏。

科学储粮　20世纪80年代中期开始，全县推广和应用机械通风、环流熏蒸、缓释熏蒸、混合熏蒸、薄膜覆盖、电子台账和粮温监测电子系统等储粮新技术。机械通风方式主要有地槽（Y形和U形地槽）、地上笼、存气箱、排风扇、单管等。其中机械通风和薄膜覆盖储粮率达100%。2004年，县中心粮库建立起电子台账、中控粮温监测、安防电子等系统，全部实现环流熏蒸、粮食出入库机械输送、电子地磅称重等作业。储粮新技术推广和应用，确保了储粮安全，同时减轻了粮食保管员的劳动强度。

粮油调运　1993年前，国家根据各地产、销、余、缺情况，由国家全面安排、统一调拨。云和是缺粮县，县粮食局每月编制调运计划，调运计划涉及县外调运的，上报省、市粮食局，统一协调，下达计划；县外运输主要通过铁路和汽车，县内运输主要靠汽车和拖拉机；自成立汽车运输队至1993年，汽车从一辆增加至7辆，运输能力从0.5万千克增至3.5万千克。1993年，粮食汽车运输队更名为"云和县粮油经贸运输公司"，粮食市场放开后，取消调运计划，改由企业和个体粮食经营户自行采购调运和销售。云和县菜油等油脂主要从湖州、嘉兴地区和江苏等省调入，面粉主要从丽水面粉厂调入，稻谷、大豆、玉米等主要从安徽、江西、江苏、山东、东北三省等地调入。2004—2010年，云和县粮食收储公司，从安徽、江西等产粮地调入粮食1155万千克，公司每两年还需要调入2万千克食用油，用于库存食用油轮换。2010年，云和县重点非国有粮食加工经营企业，从县外共调入粮食1803万千克（折原粮），用于粮食产品加工及经营，其中调入大米500千克，调入稻谷1730万千克。

1991—2010年云和县国有粮食企业粮食调入和库存情况统计表

表13-1-11　　　　单位：万千克

年份	县外调入	库存	年份	县外调入	库存
1991	—	939	2001	59	657
1992	—	—	2002	68	606
1993	—	417	2003	122	225
1994	—	—	2004	353	350
1995	—	—	2005	122	350
1996	375	774	2006	—	350
1997	385	400	2007	223	350
1998	125	689	2008	172	400
1999	125	641	2009	50	450
2000	60	650	2010	235	457

第五节　物　　资

工业物资

1991年，全县物资系统购进物资总额2989万元，同比增长144.6%；销售物资3083万元，同比增长118.8%，其中销售煤炭3078.4万千克，比上年增长175%；销售钢材188.2万千克，比上年增长50.3%；销售水泥116万千克，比上年下降17.96%。

1992年，全县物资企业购进物资总额5400万元，同比增长80.66%；销售5772万元，同比增长87.22%。1993年，全县物资企业购进物资总额10632万元，同比增长96.9%；销售总额11023万元，同比增长90.97%。主要产品有煤炭、汽油、钢材、水泥、平板玻璃、原木、金属制品等。1994年，实现销售8989万元。

1996年11月，云和县金属、农机、机电等公司负债率超过150%，依法破产。至2010年，工业物资全部为个体私营企业经营。

经济协作物资

经济技术协作公司负责组织钢材、水泥、汽油、柴油、液化气等货源，为云和企事业单位开展经济、技术、信息等服务。1990年，销售额83.61万元，利润2.74万元。

1992年，物资销售量185.47万千克，比上年增长170.26%，其中金属材料70.61万千克，燃料90万千克；销售额429.37万元，比上年增长426.64万元；利税18.27万元，比上年增长189%。

1993年，组织协作物资301.41万千克，比上年增长62.51%，其中金属材料271.49万千克，化工产品29万千克；销售额1177.46万元，比上年增长174.23%；税利16.8万元，比上年减少1.47万元。

1994年，销售额560.51万元，比上年下降110%；利润6.19万元，比上年下降31.12%；上缴税金8.84万元，比上年增长4.12%；资产总额1493.14万元；所有者权益总计30.39万元。

1995年，经营收入103.29万元，清理债权债务330.03万元，利润负37.67万元。1996年，经营收入63万元，清理债权债务132.2万元，利润负88.7万元。1997年，清理债权债务98.04万元。

1999年，县协作公司总负债947.01万元，向法院申请破产。

第六节　医　　药

1991年，云和县有医药商店2家，职工20人，药品和医疗用品类零售金额337万元。1992年，有医药商店3家，职工18人，药品和医疗用品类零售金额346万元。1994年，药品及医疗器械批发企业1家，网点5个，从业人员24人。药品及医疗器械零售业法人机构1家，网点1个，从业人员2人。药品及医疗器械商品购进总额340.6万元，中西药品类商品销售575万元，

1995年，药品及医疗器械批发业1家，网点4个，从业人员26人；零售法人机构1个，网点1个，从业人员2人；商品购进总额397万元，销售总额578万元。

1996年，药品及医药器械批发业1家，网点4个，从业人员25人；药品购进总额480万元，销售总额602万元，上缴税金4.3万元。是年1—11月，利润亏损17万元。1997年，中西药品类批发、零售合计金额781万元。

1999年，浙江省云和县医药有限公司登记成立，该公司注册资金80万元，经营中成药、中药材、化学药制剂、化学原料药、抗生素、生化药品、生物制品、麻黄碱复方制剂等。是年，县医药有限公司实现销售额1000万元。2001年，县医药有限公司增加注册资金218万元。2002年，县医药有限公司实现销售2600万元，利税60多万元。

2010年，县医药有限公司实现销售1339万元，上缴利税28.3万元。是年，云和新开办药品零售企业3家；至此，全县有康寿堂药店、一笑堂平价大药房、天天好平价药品超市、老百姓好医生大药房、是知堂药品超市、老百姓大药房、信安平价药房、张氏平价大药房、康大药店、长寿堂药店、永安平价大药房、广和医药超市、安康大药房、金桥平价大药房、万安堂平价大药店、意民平价大药房、广济堂药店、利民堂平价大药房、云和医药有限公司19家药品经营企业；经营中药材、中药饮片、中成药、化学药制剂、抗生素制剂、生化药品和保健品等处方药与非处方药的零售。

第七节　外　贸

进出口商品

出口商品　1991年，云和县外贸进出口业务规模扩大，品种增多。出口产品种类16种，收购总额1743.65万元，同比增长1110.48万元，增长57.02%。出口的主要产品有木制系列玩具、气枪、鬃刷（包括胡刷、衣刷、鞋刷等系列产品）、香菇、黑木耳、农用镰刀、工业链条和金属硅等。

1995年，主要出口额类别：木制玩具2161万元，占比60.90%；香菇3239万元，占比16.2%；日用刷234万元，童鞋40万元等。1996年，主要出口额类别：木制玩具3916万元，占比90.3%；香菇467万元，占比3%；电动工具及其他手工具441万元，占比2.9%；日用刷202万元，占比1.3%；化纤布187万元、童鞋185万元，占比2.4%；另有钢球、茯苓等。是年，新增出口产品有化纤布、钢球、电动工具等。

2000年，主要出口额类别有木制玩具27465万元，占比71.1%；其他手工具10869万元，占比28.1%；金属硅50万元及香菇97万元，还有鲜百果、柿饼、竹荪、速冻蔬菜等。

2005—2010年,主要出口商品有木制玩具、香菇、手工工具、黑木耳、金属硅等。

进口商品 2001年,云和县开始进口商品。是年,进口额为13万美元。2002年,进口商品总额61万美元,进口产品为内燃发动机、木材和橡胶。2003年,进口商品品种与上年相同,总额40万美元。2004年,进口商品总额210万美元,主要进口产品为内燃发动机、胶合板、水性颜料。

2005年,进口商品总额283万美元,主要进口产品为内燃发动机、木材、水性颜料。2006年,进口商品总额55万美元,主要进口商品有内燃发动机、智力玩具和油漆。2007年,进口商品总额13万美元,主要进口产品有油漆、加工机器、木材。2008年,进口商品总额7万美元,主要进口产品为油漆、文体用品。

2009—2010年,进口商品总额47万美元,主要进口产品为木材、水性颜料。

2001—2010年云和县进出口商品统计表

表13-1-12　　　　单位:万美元

年度	出口总额	出口商品	年度	出口总额	出口商品
1991	1613	木制玩具、手工业品、金属硅、香菇、竹苏等	2001	13	
1992	1273	木制玩具、香菇、黑木耳、金属硅等	2002	61	内燃发动机、木材、橡胶线
1993	1973	木制玩具、黑木耳、香菇等	2003	40	内燃发动机、木材、橡胶线
1994	2836	木制玩具、黑木耳、香菇等	2004	210	内燃发动机、胶合板、水性颜料
1995	3021	木制玩具、黑木耳、香菇等	2005	283	内燃发动机、木材、水性颜料
1996	2200	木制玩具、黑木耳、香菇等	2006	55	内燃发动机、智力玩具、油漆
1997	2367	木制玩具、黑木耳、香菇等	2007	13	油漆、加工机器、木材
1998	3684	木制玩具、黑木耳、香菇等	2008	7	油漆、文体用品
1999	4521	木制玩具、黑木耳、香菇等	2009	9	木材
2000	6588	木制玩具、黑木耳、香菇等	2010	38	木材、水性颜料
合计	30076	—	合计	729	—

进出口贸易

1991年,全县外贸收购总额1743.65万元,完成县政府计划1200万元的145.3%,为地区下达计划的147.65%。比上年增长65.3%。其中,轻工玩具出口885.94万元,比上年增长43%。

1995年,外贸收购总额翻番,自营出口额倍增,全县外贸收购总额近2亿元,比上年增长10.80倍。全县外贸出口总额达822万美元。

2000年,国家放宽企业进出口自营权限制,并实行自行出口登记和提高出口退税政策,为外贸出口开拓市场创造条件,特别是云和县成功举办首届“中国木制玩具节”,促进对外贸易的增长。是年,云和县外贸自营出口量已经连续3年名列丽水市第三名。

2001年，进口总额13万美元，主要进口产品是加工生产木制玩具的机器。2002年，对外贸易中实际利用外资37万美元。

2005年，全县外贸收购总额75489万元，同比增长14.51%。自营出口收购总额24455万元，其中收购本地产品19433万元。工业企业出口交货值51034万元。全县进出口总额3304万美元，其中，自营出口3021万美元，同比增长6.56%；进口额283万美元。实际利用外资50万美元。在自营出口3021万美元中，有本地产品2452万美元；外贸公司出口1624万美元，生产企业出口1240万美元，三资企业出口157万美元。

2010年，实现进出口贸易总额6626万美元，比2009年增长46.23%。其中，出口总额6588万美元，比上年增长47.4%；进口额38万美元，比上年增长322.22%。是年，实际利用外资450万美元。

1995—2010年云和县外贸进出口额统计表

表13-1-13　　单位：万美元

年份	进出口总额	出口额	进口额	实际利用外资
1995	822	822	—	—
1996	164	164	—	—
1997	535	535	—	—
1998	949	949	—	—
1999	1089	1089	—	—
2000	1545	1545	—	—
2001	1630	1617	13	—
2002	1389	1328	61	37
2003	2049	2009	40	100
2004	3088	2878	210	30
2005	3304	3021	283	50
2006	2255	2200	55	32
2007	2380	2367	13	—
2008	3691	3684	7	240
2009	4495	4486	9	—
2010	6626	6588	38	450

自营出口

1991年，云和县外贸收购总额达1743.65万元，比上年增长65.3%，其中轻工玩具出口885.94万元，比上年增长43%。是年，主要出口产品种类有16种。

1993年，完成外贸出口收购总额4093.80万元，同比增长58.61%。其中，木制玩具出口

3080.71 万元，同比增长 54.45%；土畜产品、香菇、木耳出口 302.42 万元，同比增长 187.83%；气枪出口 195.88 万元，同比增长 6.38%；其他出口 414.79 万元，同比增长 104.14%。

1996 年，外贸出口受到国际市场和宏观政策调整的影响，外贸收购总额 1.54 亿元，比上年下降 22.8%，其中系统内收购总额 1171 万元，比上年减少 41.2%；自营出口 164 万美元，比上年减少 80.05%。

1997 年，外贸出口保持良好的发展势头。全县外贸收购总额达 2.18 亿元，比上年增长 41.3%；自营出口 521 万美元，比上年增长 218%，其中云和县外贸公司出口 382 万美元、浙江省瑞发（集团）公司出口 139 万美元。是年，外贸产品出口法国、意大利、日本、阿联酋、比利时、美国、西班牙、新西兰、荷兰、德国、韩国等国家和地区。

1998 年，对外贸易克服亚洲金融危机的影响，保持增长趋势。是年，全县外贸收购总额 2.2 亿元，比上年增长 2.12%；外贸自营出口额 949 万美元，比上年增长 82.15%。

1999 年，外贸体制改革继续深化，“大经贸”战略进一步实施。是年，全县外贸收购额达 2.54 亿元，比上年增长 13.9%；自营出口总值达 1089 万美元，比上年增长 14.79%。是年，出口产品不断增多，出口领域不断扩大。

2000 年，全县外贸收购总额达 3.05 亿元，比上年增长 20.1%；自营出口总值 1545 万美元，比上年增长 41.9%。

2001 年，外贸出口收购总额 3.87 亿元，比上年增长 27%；自营出口 1617 万美元，比上年增长 4.7%。是年，外贸出口收购总额的增长，主要是木制玩具和其他手工业增长所构成；外贸出口收购额中，木制玩具 2.75 亿元，增长 34.4%；其他手工业 1.09 亿元，增长 13.34%。

2002 年，外贸收购总额 5.5 亿元，自营出口 1273 万美元。其中生产企业自营出口 152 万美元，同比下降 21.3%，自营出口显著减少。2003 年，自营出口 1973 万美元，其中生产企业出口 280 万美元，同比增长 54.98%。

2004 年，全县外贸出口收购总额 87548 万元，比上年增长 18.7%；自营出口 2836 万美元，同比增长 43.7%，其中生产企业自营出口 649 万美元，同比增长 131.8%。

2006 年，进出口总额 2255 万美元，比上年下降 31.7%。其中出口额 2200 万美元，下降 25.35%。2007 年，进出口总额 2380 万美元，比上年增长 8.18%。其中出口 2367 万美元，同比增长 7.6%。

2008 年，进出口总额 3691 万美元，比上年增长 55.1%。其中出口 3684 万美元，比上年增长 55.7%；进口 6.6 万美元，比上年下降 50.3%。2009 年，进出口总额 4530 万美元，比上年增长 21.80%。其中：出口 4521 万美元，同比增长 22.73%；进口 9 万美元，同比增长 28.60%。

2010 年，在自营出口中，流通企业完成 4721 万美元，生产企业完成 1868 万美元，自营出口企业达 53 家。

第二章 集市贸易

云和县城仔猪、耕牛交易市场逢农历三、八日为市。2008年开始，云和县仔猪、耕牛交易市场逐渐萧条。1998年，朱村乡建立农村集贸市场，逢农历三、八日为市。

20世纪90年代，云和县专业市场在商品经济的浪潮中快速发展，如香菇市场、农贸市场、小商品市场成为云和最大的交易和消费市场。

第一节 集贸市场

县城仔猪、耕牛集市

1991年，云和县仔猪、耕牛交易市场位于南门路23号，占地面积1332平方米，为全县仔猪、耕牛集散地。市场逢农历三、八日为市，集市日上午交易仔猪，下午耕牛交易。是年,仔猪、耕牛集市交易仔猪1.80万头、耕牛2000头，成交额241.7万元。

1997年，云和县仔猪、耕牛交易市场被征用，用于建设园丁新村(住宅区)。是年，仔猪、耕牛市场迁至梅垄口。梅垄口仔猪、耕牛交易市场占地面积1100平方米，市场管理人员4人，畜牧兽医检疫员2人，每头仔猪缴纳管理费4元、检疫费2元，每头耕牛缴纳管理费10元、检疫费2元。

1999年，梅垄口仔猪、耕牛交易市场交易仔猪2.75万头、耕牛6350头。

2000年开始，云和县实施“小县大城”战略，农村人口快速向县城聚集，农村生猪散养户数量逐渐减少。云和县政府出台相关政策，鼓励生猪规模化养殖，规模化养猪场的专业户自养母猪，实行仔猪自繁自养。同时，大量农民进城务工，耕牛养殖数量也逐年减少。2008年开始，仔猪、耕牛交易市场逐渐萧条。2010年，市场交易仔猪1.67万头，交易耕牛2360头。

朱村集贸市场

1999年9月，朱村乡金山下村村民主任吴章尚牵头，创建朱村集贸市场。是年，沿金山下村街道两边划出临时摊位50个，每个摊位出租给经销商年租金120元，在集市日摆摊经营，规定逢农历三、八日为市。农历十月初八，朱村集贸市场正式开张。此后，每逢集市日，少则四、五百人，多则上千人，有时甚至因人多造成短时间交通堵塞。

2010年，朱村集贸市场有固定店面80间，临时摊位150个(其中鸡、鸭摊位10个)。村委会向每个摊位一年收取100—300元不等的租金，赶集的村民多达四五千人。

第二节 专业市场

香菇市场

县香菇市场 1995年3月21日，县长办公会议决定，由县供销合作社、扶贫办、城建局、土管局、农业银行云和支行分管领导成立云和县香菇交易市场筹建领导小组。是年5月，县供销合作社出资40万元，建设县香菇市场。是年10月，占地4000平方米、固定门店50间、鲜菇交易大棚2000平方米的一期工程建成，11月8日，举行开业典礼。

1996年，鲜菇交易大棚被大雪压塌。

1997年，修复并扩建鲜菇交易市场，占地面积4500平方米，钢架高位大棚4000平方米；兴建干菇交易场所，占地面积7000平方米，内设店铺97间，是年10月15日开业，市场渐繁华，不断吸引外地客商进驻。是年，上缴农业特产税5.54万元、增值税11.34万元、工商管理费4.47万元。

是年6月，县供销合作社投资400万元(其中县财政借款200万元，中国农业发展银行云和县信贷组贷款150万元，县供销合作社自有50万元)，创建干香菇市场。干菇交易场所占地面积7000平方米，场内店铺97间，是年11月28日开业。

县工商局、供销社、地税局、农业局、公安局派员组成县香菇市场管理办公室，由金融、电信、植检、交通运输部门组成服务系统，实行“统一管理，各司其职”的管理办法。

1998年，县香菇市场入场经营110户，从业人员350人，干菇交易场所日交易量最高4万千克，年交易量350万千克，经营额5674万元；鲜菇交易场所高峰日入场交易200余人次，日交易量7万余千克，全年交易鲜菇500万千克。1997年10月至1998年7月，收取农特产税132.6万元，工商管理费19.10万元。

1999—2003年，县香菇市场的干菇和鲜菇交易额保持10%增长幅度。2003年，鲜菇市场交易额1.40亿元。2004年起，全县鲜菇交易不再局限在县城鲜菇市场交易，原产地交易方式盛行，崇头、沙溪等地香菇交易集散地兴起，县鲜菇市场交易额呈下降趋势。2006年，县鲜菇交易场所被国资收回，菇农鲜菇交易和收购多为原产地交易，全县各地鲜菇交易多点多地，干菇市场交易依然红火。2010年，县香菇市场交易额9000万元。

崇头镇鲜菇交易市场 1997年，崇头镇建成占地1000多平方米的香菇交易市场，至2010年，有鲜菇冷藏冰库55家，鲜菇盛产期平均日交易量达10万千克，最高达15万千克左右，该香菇市场成为云和西南部的鲜菇集散地，方便梅源片四乡一镇菇农的鲜菇交易，龙泉、庆元、景宁、松阳等周边县市的菇农也到此交易。

小微型鲜菇交易市场 1994年起，小微型鲜菇交易市场遍布全县各地，香菇生产比较集中的城郊沙溪、长田、河坑、霞晓桥、安溪、朱村乡的金村和金山下、紧水滩镇的外垟和湾河、大源乡的桥头等地都建有香菇交易场所，引进部分福建古田等地的香菇经营客商到这些地方开炉烘焙干菇。

农贸市场

老农贸市场(俗称“上菜场”) 1986年,云和县在菜市路东,兴建面积4067平方米的农贸市场(俗称“上菜场”),内设蔬菜摊位240个,其他行业摊位190个,营业用房30间,顶棚为钢架结构阳光板透明防雨棚。

1990年12月,云和县在市场内设立治安执勤室,装置菜农用水龙头,增设水泥台板,至此,原来就地设摊的菜农有固定摊位。

1996年10月,云和县市场设施老旧破损严重,进行改造扩建,将简易东大门改建砖混结构的楼房大门,大门两侧建造面积为224平方米的营业用房,门厅上建造面积为98平方米的市场管理办公用房,将面积约1100平方米的市场顶棚改建成水泥结构封闭式永久性顶棚,将市场南边空地建造成面积为336平方米的营业用房,改建了建筑面积为30平方米的市场公共厕所。改造后的农贸市场有65间店铺、421个摊位。1997年2月底,投入使用。

新农贸市场(俗称“下菜场”) 1995年3月7日,县长办公会议研究确定,成立扩建农贸市场协调小组,4月6日,县人民政府发布《关于扩建农贸市场的通告》。根据通告精神,4月26日成立扩建农贸市场办公室,确定新农贸市场地点坐落在云和镇红光村土名孤儿院畈。规划该市场占地面积5538平方米,总建筑面积9626.85平方米(其中四幢四层主房共34直,建筑面积7386.58平方米),5月,开始征地。该市场投资采取股份合作制形式,由工商局、红光村委、城建局、土管局4家本着互利互惠,共同开发的原则联合出资兴建,工商、城建、土管、红光村4家共集资400余万元。建设工程按严格的招投标程序,由城南、城西2个建筑公司中标承包施工,11月8日,全面开工。

1996年8月底,工程竣工。经县政府批准,将四幢四层33直共计7185.58平方米营业、住宅用房(底层为门面营业用房,二至四层为住宅用房)向社会公开销售,每平方米建筑面积销售价为1316.43元;店面摊位有264个(其中:四幢主房底层店面68间,市场内设175个摊位,南面21间店面),鸡鸭摊位不包括在内;市场建设工程总投资款为624.12万元;蔬菜行业规划不进入市场,安排在繁华路、康复路经营(临时摊位240个),其他行业进入市场,落实固定摊位;临时性售鱼、鸭、菜等落实在水电路、城中路、康复路设地摊经营,水电路、城中路的临时摊位有100余个。是年9月,摊位招租完成。

1996年10月1日,新农贸市场开业,交易类别有粮食类、油脂类、肉类、家禽类、鲜蛋类、干鲜水产类、干鲜蔬菜类等。

1997年,成交各类农产品副食品9600吨;成交额达1.29亿元。该市场是云和县最大的农产品交易市场,也是副食品的主要集散地。

2007年上半年,县政府安排专项资金130万元,新农贸市场再次进行改造,改造后的农贸市场按蔬菜、肉类、熟食、粮食制品、豆制品、鱼、干水产等商品种类把市场划分出若干个功能区块,增加活禽、熟食等经营商品种类,其中熟食摊位严格按照卫生部门的标准来进行设置,整个市场面貌焕然一新。是年10月,重新开业。

2008年，云和县市场被省工商局评为三星级市场。

2010年，农贸市场交易额1.45亿元。

小商品市场

1991年11月20日，县工商局和红光村民委员会向云和县人民政府申请要求联建小商品中心市场。联建原则实行共同集资、共担风险，利益均分，一家管理。

1992年7月1日，云和小商品市场开业。小商品坐落于水电路东、城中路南，康复路西，水电局北。占地2871平方米，设有摊位244个，总投资100万元。开业之初，市场运行状况良好，月成交额达40万元。市场容纳中山街、新华街、菜市路、新建路沿街设摊的个体工商户，继而，云和镇街道秩序混乱、拥挤的状况得到解决。

1993年，街道设摊重现，影响市场客流量，经营者一度出现不稳定情绪，纷纷要求出场经营。为保障小商品市场正常经营，县工商局制定一系列措施，禁止街道设摊，优惠场内个体户的税费，随后，市场经营户的不稳定情绪基本得到解决。

2002年，云和县小商品市场进行搬迁，新建立的市场位于新建路2号，总建筑面积3700余平方米，市场内共有店面154间，实际正常经营118家，属丽水市电力房地产开发公司投资兴建。

2010年，小商品市场交易额1.02亿元。

第三章　专营商品

1988年末，卷烟全部敞开，仍实行专卖，2000年始，专卖管理办法逐渐完善。石油从1992年始取消计划供应，市场初现个体加油站（点）。1995年成立县盐业公司后，食盐实行专卖。中华人民共和国成立后，烟花爆竹一直由供销系统经营。2002年开始，烟花爆竹的经营，需取得县安全生产局的经营许可证。

第一节　烟　　草

管理与机构

2003年8月底，浙江省烟草公司丽水分公司云和县营销部成立。

2005年，国家烟草专卖局和浙江省烟草专卖局推行管理体制改革，县烟草公司财务关系和资产上划行业管理，升格为中央企业。

2008年8月，根据烟草行业“三级法人、二级管理、一级营销”的新管理体制改革，取消县级公司法人资格，完成工商注册变更登记工作，变更为丽水市烟草公司云和分公司，为丽水市烟草专卖局（公司）的内部营销服务机构，具有独立的专卖管理监督职能。

2010 年，丽水市烟草公司云和分公司内设办公室（监察科）、财务科、业务科、专卖监督管理科 4 个科室，其中专卖科下设 1 队 1 所，业务科下设市场部和送货部，在职职工编制人数 60 人。

烟叶生产

2001 年 2 月，云和县人民政府向省烟草专卖局（公司）呈递了《关于试种优质烤烟的请示》，要求种植烤烟。浙江省烟草专卖局考虑到云和具有土地优势、人力优势和气候土壤优势，此前小规模试种成功，予以同意。

2002 年云和县烤烟的种植面积从 4.43 公顷扩大至 88 公顷，占据全省烤烟种植面积的 10%以上。

2004 年，金华和仙居退出烤烟生产，全省烤烟生产集中在包括云和在内的丽水区域的 4 个县。

2005 年，由于烤烟技术力量和基础设施建设薄弱加上烟农队伍不稳定，云和县适时地退出烤烟种植。

卷烟销售

1991 年至 1995 年 11 月，云和县域烟草专卖经营业务下辖于商业局，由云和县糖业烟酒蔬菜公司代为经营批发。

1995 年 12 月至 1997 年，实行坐店批发，增设城南、崇头、局村、双港等 4 个农村卷烟批发网点。

1998 年 4 月，农村卷烟流动批发部成立，未设网点地区实行送货上门服务。

2000 年，成立卷烟配送中心，县内大部分区域实行电话订货、电子结算、集中配送。

2007 年 7 月，融入全市“一库制”（全市卷烟统一由市公司配送中心进行配送）配送。

2006—2010 年“十一五”期间，云和辖区卷烟销量累计达到 29354.83 箱。

2010 年年末，云和县卷烟销售额从 1996 年 3751.31 万元，增长至 2010 年 14582.75 万元；利润从 2003 年 112.9 万元，增长至 2010 年 1737.52 万元。

1996—2010 年云和县卷烟销量、销售额、利润额统计表

表 13-3-1　　单位：万千克

年份	销量（箱）	销售额（万元）	利润额（万元）
1996	6090	3751.31	—
1997	6438	5186.93	—
1998	6198	4844.05	—
1999	4339	3683.44	—
2000	5923	5236.01	—
2001	5249	4883.84	—
2002	4782	5237.28	—

续表 13-3-1

年份	销量（箱）	销售额（万元）	利润额（万元）
2003	3082.20	3677.15	112.90
2004	4135.82	4608.71	148.40
2005	4492.56	5543.33	135.53
2006	4442.81	6650.76	186.68
2007	5543.85	9485.74	425.75
2008	6076.16	12131.85	1282.43
2009	6027.21	12503.99	1219.95
2010	6350.17	14582.75	1737.52

专卖监督管理

通过严厉打击制售假冒卷烟、无证经营行为，维护云和辖区卷烟市场的合理秩序，提升市场净化率。

违法违规卷烟查处 1997 年，查处卷烟违法案件 138 起，查获卷烟 45926 条。

2001 年，查获卷烟违法案件 308 起。

2002 年，查获卷烟违法案件 165 起。2004 年实施部门联动，共查扣卷烟案件 196 起，查获卷烟 2274 条，罚没款 40495 元。

2010 年，查获案件 15 起，查获卷烟数量 136.4 条，涉案案值达 35072.25 元。

专卖户籍管理 2000 年 7 月，规范和加强烟草专卖监督管理，对辖区持有烟草专卖零售许可证的经营户开始专卖户籍管理，要求做到管理到户、宣传到户、检查到户、服务到户。根据崇头、双港、城区 3 家专卖管理所的人员配备情况，明确管辖区域，按区域建立专卖户籍档案，将每家卷烟经营户的户主姓名、经营地址、营业执照和烟草专卖零售许可证编号、联系电话等录入档案，编排顺序号，按序号登记入册，便于检索；录入档案的还有经营户的守法经营事迹、违法违规行为记录及违法违规案件处理结果等。设立监督举报中心，开通 96177举报电话，建立卷烟真伪检验机构，为卷烟零售经营户和消费者提供无偿服务。至 2010 年年末，云和县域卷烟经营零售许可证发放达到 1065 户，保证辖区卷烟的正常供应。

第二节 石　　油

1992 年，取消计划供应，油品实行市场调节价，开始市场竞争，个体加油站（点）在市场上出现。是年，云和石油公司销售量 644.8 万千克。

1998 年，县石油公司改制，整体进行重组规划，上划至中国石油化工集团公司，属中央直属企业的分支机构，单位名称为“浙江省云和县石油公司”，在编人员 32 人，合同工 19 人，离退休人员11人，固定资产总值358万元，车队1支，油库2座，加油站4座，简易加油点2个（上划后取消）。是年，销售量930.8万千克。

2001年，单位名称变更为“中国石油化工股份有限公司浙江丽水云和石油支公司”（以下简称“云和石油支公司”），云和石油支公司确定为正科级单位。自此，逐步统一加油站形象，建立连锁站，实行统一配送、统一结算、统一品牌、统一资金，是年，新建1座加油站。

2004年10月18日，“中石油”在云和设一处加油站（中国石油天然气股份有限公司云和银龙加油站），工作人员7人，2010年销售量为164.5万千克。

2008年，云和石油支公司开始经营非油品业务，加油站设立“易捷”品牌的便利店。

2010年，云和石油支公司共有1座配送中心，1座发卡网点，5座加油站（城东、石塘、迎宾路、后山、城南站，其中3座设“易捷”便利店）。是年，销售油品量为1542.5万千克，非油品103万元。

第三节 食 盐

管理机构

1991年11月之前，盐业由云和县商业局下属糖烟酒公司为主要经营单位。是年11月，云和县盐务管理局建立，隶属于县商业局。

1995年12月25日，从糖烟酒公司分离，成立云和县盐业公司。

1998年1月，云和县盐业公司与云和县盐务管理局合署办公，实行“一套班子、二块牌子”，班子成员由浙江省盐务管理局、浙江省盐业公司统一任命。

2005年4月，根据《关于深化全省盐业管理体制改革的通知》，县盐业公司人、财、物统一上划至浙江省盐业集团有限公司，实行垂直管理，原云和县盐务管理局、云和县盐业公司分别更名为浙江省云和县盐务管理局、浙江省盐业集团云和县盐业有限公司。

食盐运销

1995年12月25日前，云和县食盐购销由县糖烟酒公司统一批发经营。成立县盐业公司后，食盐实行专营，全县食盐的运销、批发由县盐业公司承担。

1996年年末，县试行“食盐加碘”，开始实行小包装供应。

1996年，国务院颁发《食盐专营办法》，食盐的生产和销售实行指令性计划管理，实行三证制度（定点生产许可证制度、批发许可证制度、准运证制度）。

1997年始，丽水市加碘厂统一实施食盐加碘。1991—1996年，县销售食盐由宁波地区供应。1997年，由玉环供应。

1998年7月1日开始，食盐零售实行许可证制度，全县发放食盐零售许可证300多本。

1998年年末，执行《浙江省盐业管理条例》，县盐务管理局承担审批食盐零售的行政许可项目，全县建立有200多家商店参与的食盐供应网络。

2005年10月始，由山东、江西、湖北等地调入。2003年受“非典”的影响及2008年1月受其他农副产品价格上涨的影响，全县发生食盐抢购风，但由于盐业公司措施得当、库存充足，使抢购风潮顺利平息，群众情绪得到稳定，全县食盐市场井然有序。

1996—2010年云和县盐产品销售量统计表

表13-3-2　　单位：万千克

年份	总量	口食盐	年份	总量	口食盐
1996	83.00	79.00	2004	70.00	66.80
1997	76.60	72.50	2005	83.00	80.70
1998	82.30	78.30	2006	65.20	62.60
1999	92.50	88.50	2007	74.50	71.40
2000	80.50	76.70	2008	82.20	79.00
2001	87.20	85.40	2009	63.10	57.90
2002	74.50	72.40	2010	64.70	58.10
2003	99.60	97.10	—	—	—

食盐价格

计划经济时期和市场经济时期，食盐价格实行国家定价。食盐价格由政府价格主管部门统一制定和调整。

1997年10月18日始，根据云和物价局《关于调整食盐价格的通知》的文件精神，500克袋装碘盐批发价为1118.4元/千千克，1000克袋装碘盐批发价为1038元/吨，县城及近郊零售价分别为0.66元/袋、1.23元/袋。乡村分为两个片区，一片区包括局村、云坛、沈村、崇头、雾溪、安溪、石塘、双港、小顺、规溪亭、龙门、赤石、下垟、外垟、严坑、坑根，零售价加0.04元/千克；二片区包括朱村、金村、坑口、黄源、石浦、麻垟、砻铺、大湾、沙铺、潘山头、大源、桥头、库北、云丰，零售价加0.07元/千克。

1999年9月，根据《关于改进食盐价格管理有关问题的通知》，改进食盐零售环节的地区差价和城乡差价管理办法，对全省食盐实行统一零售价，并实行城乡同价。统一零售价后的普通小包装碘盐（500克）批发价为1190元/千千克，零售价为0.70元/包，500克彩色复合小包装加碘盐批发价为1445元/千千克，零售价为0.85元/包。2005年9月，全省实行统一包装，350克、400克小包装碘盐零售价均为1.00元。

1996—2005年云和县主要食盐产品价格表

表13-3-3

开始供应时间	规　格	批发价（元）	零售价（元）	备　注
1996年1月1日	500克	0.4784	0.55	加贴防伪标志
1997年10月18日	500克	0.51	0.58	加贴防伪标志

续表 13-3-3

开始供应时间	规 格	批发价(元)	零售价(元)	备 注
1999 年 3 月 5 日	500 克	0.57	0.66	加贴防伪标志
1999 年 9 月 20 日	500 克	0.59	0.70	防伪标志加条码
1999 年 12 月 1 日	500 克	0.72	0.85	复合袋普通海盐
2004 年 4 月 15 日	500 克	0.76	0.90	复合袋普通海盐
2005 年 10 月 17 日	400 克	0.86	1.00	纸塑袋普通粉洗盐
2005 年 10 月 27 日	350 克	0.86	1.00	纸塑袋普通粉洗盐

盐政管理

1993 年，云和县商业局成立盐政股，并建立盐政执法队伍。1995 年 12 月，全县食盐实行专营，县盐务管理局成立盐政科，建立由 4 人组成的盐政执法队伍。1996 年以来，县盐务管理局联合公安、工商等部门，开展定期、不定期的盐业市场专项检查，打击非法贩卖私盐活动，整顿和规范盐业市场。盐政执法人员对全县超市、学校和工厂的食堂、快餐店、酒店以及各乡村零售店进行不定期检查，私盐、无碘盐得到了控制。

第四节 烟花爆竹

1986—2002 年，烟花爆竹由云和县工业品公司经营。1991—2000 年，全县烟花爆竹销售 108 万元；2001—2010 年，销售 858 万元。

2002 年 6 月，根据省人民政府办公厅出台的《转发省公安厅等部门关于切实加强烟花爆竹安全管理意见的通知》，成立云和县供销烟花爆竹经营有限公司，公司注册资本金 200 万元，设烟花爆竹批发部、综合管理科、专用仓库；公司有长期在职员工 10 人，零售经营资格网点 62 家，各类管理人员齐全均有专业资格上岗证，各项管理制度完整。县政府规定，县内烟花爆竹经营点，需经丽水市职工安全技术服务中心培训合格，取得县安全生产局的经营许可证、工商部门的营业执照，方可经营。

第四章 服 务 业

1991—2010 年，云和县“农家乐”餐饮、民俗文化服务应运而生，旅游中介、房地产中介、职业中介、广告服务等服务业相继兴起，车辆清洗、彩照扩印、美发美容、洗浴足浴、电子游戏、资料复印和名片制作等个体服务业陆续发展。2010 年，云和县第三产业增加值 125024 万元，同比增长10.4%。

第一节　住宿餐饮业

经营状况

1991年，云和县有饮食单位285家，从业人员410人。其中全民所有制饮食业9家，从业人员30人；集体所有制饮食业7家，从业人员13人；个体有证饮食业265家，从业人员367人。国内生产总值增加值202万元，缴纳税金20万元。

1995年，全县国有经济法人机构2家，附属经营单位9家，网点292家，从业人员506人。其中：国有经济网点13个，从业人员75人；集体经济网点3家，从业人员16人；私营经济网点5家，从业人员40人；个体经济网点271家，从业人员375人。增加值524万元，比1991年增长159%，营业盈余109万元。

1996年，全县住宿餐饮服务业有法人机构4个（国有经济、私营经济各2个），产业活动单位5个（国有经济4个、集体经济1个）；网点356个，其中国有经济网点8个、集体经济网点1个、私营经济网点2个、个体经济网点345个；全部从业人员548人，其中个体485人；实现消费品零售额2043万元。是年，国有经济旅馆业8家，业务收入230.3万元，税金0.6万元，利润2万元。是年5月，云和宾馆被定为旅游涉外饭店。为云和首家悬挂旅游涉外饭店的宾馆。

1998年，全县饮食业增加值1168万元，营业盈余62万元，其中限额以下企业增加值204万元，个体饮食业增加值964万元。

2000年，全县饮食业增加值1375万元，营业盈余72万元。是年起，在大坪、龙门、坪垟岗等村的"农家乐"餐饮、休闲服务及民俗文化服务业成为农村新兴的第三产业服务行业，推动和促进休闲、旅游业的发展。2001年，全县服务行业均为个私民营经济。同年，住宿餐饮等服务业零售额为3882万元，比上年增长10.40%。

2004年年末，根据云和县全国第一次经济普查主要数据公报资料，全县有住宿餐饮业法人单位3个、产业活动单位7个、从业人员126人，营业收入991万元。是年，住宿餐饮业个体户493户、从业人员1323人，营业收入607.7万元。其中住宿业58户、从业人员106人、营业收入222万元；居民服务及其他服务业企业法人单位1个、从业人员20人，营业收入120万元；同年，个体户501户、从业人员731人；文体娱乐、商务服务等其他个体户168户。

2005年，云和县农家乐特色菜相继推出，有大坪村农家乐土鸡（土鸭）、赤石乡黄岗鱼头及小顺村瓯江风味的菜肴。是年，农家乐比上年增加50多家；全县餐饮业零售总额7347万元，比上年增长15%。

2010年，全县住宿餐饮业零售总额15200万元，比上年增长6.5%。其中限额以上零售总额1613万元，比上年增长12.3%；限额以下零售总额13133万元，比上年增长13.8%。

县城主要宾馆

云和大酒店　位于县城府前路8号，2000年开业，占地面积5600多平方米，主楼高12

层，建筑面积8000多平方米，总投入2780万元，云和县城的标志性建筑物。是紧水滩电厂关联总公司、云和烟草公司与国资经营公司合资的股份制企业，为国家二星级旅游饭店。

酒店集吃、住、行、会议、商务、健身于一体，至2010年，是云和境内设备齐全、设施一流的旅游酒店。拥有62间客房，中央餐厅和包厢可同时接待260多人用餐。设有大中小会议室、商务中心、健身房、美容美发护理中心、棋牌室、大型停车场等配套设施。

金林大酒店　位于中山路44号繁华地段，成立于1997年，总占地面积5000多平方米，主楼高六层，为二星级旅游饭店。酒店有客房47间；可容纳200余人同时就餐；主大楼背侧有停车场。

云和宾馆　位于县城府前路5号，占地8000平方米，有7000平方米的停车场及花、草地。拥有客房35间；有多功能舞厅及大、小会议室2个，可容纳100余人，是一家集餐饮、住宿、会务、娱乐为一体的一星级旅游饭店。

第二节　其他服务业

1991年，云和县服务业机构424个，从业人员570人。按经济类型分，全民所有制服务业8个，从业人员29人；集体所有制服务业15个，从业人员48人；个体有证服务业401个，从业人员493人。按行业分，旅馆业68个，从业人员120人；理发业183个，从业人员198人；浴池业1个，从业人员3人；摄影业15个，从业人员18人；日用品修理业71个，从业人员78人；其他服务业86个，从业人员153人。

1992年，全县有理发业、沐浴业、照相业等服务网点服务业416个，从业人员504人。全民所有制服务业9个，从业人员39人；集体所有制服务业19个，从业人员56人；个体有证服务业388个，从业人员409人。

1995年，县城发展沐浴、按摩、足浴等保健服务和棋牌等休闲健身、因特网等娱乐服务和家庭服务等个体服务业；固定资产668万元，营业收入197.1万元，利润总额3.6万元。

2000年，全县在个体服务业之外，有服务业企业4家，固定资产1041万元，利润总额22万元。

2010年，全县有美容美发行业215家，其中云和镇157家，从业人员315人，营业收入1985万元。

第五章　体制改革与机构

云和县企业改革分为两个阶段，第一阶段以承包经营为主，实行经理负责制，是从计划经济向市场经济转变的过渡阶段，围绕经营自主权展开。第二阶段以建立现代企业制度为重点，围绕产权制度改革展开。1991 年，云和县有全民所有制商业机构 71 个，开始实行企业承包经营责任制。1995 年，商业局系统国有商业和供销社集体商业开展实施全员劳动合同制工作。1999 年后，县商业集团系统除石油、食盐、烟草等行业外，国有商业退出市场。2001 年，县供销社等全县集体商业全部完成改制工作，集体商业退出历史舞台。

第一节　体制改革

国有商业

商业改制　1991 年，云和县有全民所有制商业机构 71 个，其中企业管理机构 20 个，兼营业务的 12 个；企业经营机构 51 个，其中仓储机构 4 个；从业人员 633 人。云和县商业局下属国有商业企业有百货公司、食品公司、五金交电化工公司、石油公司、糖业烟酒公司、盐业公司、饮食服务公司、食品厂、商业综合公司等。是年，全县国营商业销售收入 8081 万元，利税总额 134 万元，固定资产原值 1834 万元。是年，全县国营商业开始实行企业承包经营责任制。县商业局下属百货公司实施批零一体化议案，开出临街纺织品批发部。实行全员租赁经营，商店开始承包，人员由承包者选择组合，利润进行包干。

1992 年，国有商业流通企业进行“四放活”（用工、分配、经营、价格）试点并逐步推开。

1993 年，国有商业开始实行“国有民营”的改革，县商业局下属综合公司进行拍卖，全县其他国有商业按破产（重组）、出售（重组）、拍卖、兼并、分流重组、股份制等形式操作。

1994 年，不断深化改革，转化企业经营机制。县商业局下属百货公司撤销棉布、针织、百货、文化用品等批发部，压缩机构，确保批零合一，扩大经营范围，商场 32 个柜台全部承包职工个人经营；商业系统 21 个门店、77 个柜组引入个体经营。1995 年，商业局系统全部实行劳动合同制。石油公司实行统一进货分散经营的办法，转让投入使用仅两年的石油公司大楼，获得资金 240 万元，在环城公路西端购置“八一”加油站。1996 年，国有商业零售门点，全部按照“国家所有，职工个人或集体承包经营，自负盈亏”方案，实行“国有民营”改革。并顺利地完成第一轮与第二轮承包交接。

1995 年，全县国有商业批发机构 19 个、附属及网点共 51 个，全部人员 243 人；国有零售商业机构 7 个、附属及网点 50 个，全部人员 138 人。

1997 年，县商业集团下属 7 家企业及 25 个零售商场和门店，共有干部职工 356 人，其中在职 265 人。拥有固定资产 1268 万元，所有者权益 657.5 万元。

1998 年，县商业集团下属企业 4 家，网点 5 家，干部职工 180 人，离退休 54 人。是年 6 月 25 日，县石油公司划转中国石油化工集团公司，划转员工 62 人，其中离退休人员 11 人，固定资产原值 198 万元。是年，县饮食服务公司兼并百货公司、五交化公司，职工总数达到 180 余人。在完成企业资产评估的基础上，先后举行 6 期拍卖会，拍卖房产面积计 6642.47 平方米，以 686 万元起价，761 万元成交。安置在职职工 121 人、退休职工 39 人、距退休年龄在 5 年内的职工 15 人和职工遗属 8 人。

1999 年，县商业集团下属国有商业企业 3 家，网点 5 家，干部职工 41 人，离退休 18 人；8 月 31 日，县饮食服务公司宣布解散；县食品公司实行股份制改造。

2000 年，县国有商业企业改制全面完成。

云和县国有商业企业改制情况统计表

表 13-5-1

改制企业名称	性质	类别	改制形式	完成时间	改制后名称
医药公司	全民	流通	破产重组	1999.12	重组后为云和县医药有限公司
二轻经济技术开发公司	集体	流通	解体注销	2001.01	—
综合公司	全民	流通	拍卖	1993.12	—
国贸百货公司	全民	流通	兼并	1998.08	—
五金交化公司	全民	流通	兼并	1998.08	—
饮服公司	全民	流通	兼并	1998.08	—
食品公司	全民	流通	有限责任	2001.01	云和县华贸食品有限公司
华侨友谊公司	全民	流通	破产	1999.04	—
糖业烟酒公司	全民	流通	注销	2001.01	—
机电设备公司	全民	流通	破产	1997	—
金属材料公司	全民	流通	破产	1997	—
物资总公司	全民	流通	破产	1999.12	—
化工建材公司	全民	流通	有限责任	2000.09	云和县民爆器材专营有限公司
燃料公司	全民	流通	解体注销	2004.012	—
农业技术经济开发公司	全民	流通	破产	2000	—
木材公司	全民	流通	分流重组	2001.04	重组后为云和县森鑫木业有限公司
林工商公司	全民	流通	解体重组	2001.06	重组后云和县大华贸易有限公司
就业处供销公司	集体	流通	解体注销	2001.07	—
外贸公司	全民	流通	有限责任	2001.12	云和县进出口有限公司
经济技术协作公司	全民	流通	破产	1999.12	—

粮食改制 1995 年，县粮食系统按照“统一领导、两线运行、明确责任、分别核算、稳定市场、搞活经营”的原则，实行两线运行改革，即国有粮食购销企业的政策性业务与商业性经营活动彻底分开。1998 年 5 月 10 日，根据《国务院关于进一步深化粮食流通体制改革的决定》和浙江省政府《关于进一步深化粮食流通体制改革的意见》，县政府制定《关于进一步深化粮食流通体制改革的实施意见》，成立云和县粮食改革协调领导小组，县“粮改”工作由该小组组织实施。是年 12 月 31 日，县政府召开“粮改”专题会议，形成《关于粮改“四分开”工作会议

纪要》，纪要主要内容是：政企分开，人员按“三定”方案确定的粮食局现有编制操作，原行政编制离退休人员按原渠道解决，事业编制的划入收储公司，行政事业性财务归局机关，局机关财务不承担企业债权债务；组建云和县粮食收储有限公司，收储业务与附营业务分开，收储企业人员控制在50人以内，原3个粮管所的44位离退休人员划到收储公司，8名内退人员划到收储公司发基本生活费，财务按资金性质划分债权债务及所有者权益，资产按确保收储企业仓容（70%以上），合理布局，有利管理及正常运转为原则划分；新老挂账分开；收储公司在机构、人员、资产、财务到位后，按照“三项政策”（敞开收购、顺价销售、资金封闭运行）执行，按自主经营、自负盈亏新机制运作。

1999年始，云和县粮食局下属粮食企业列入企业改制，明确产权，置换企业资产，置换职工身份，妥善安置职工。

2001年，县粮油经贸总公司、县粮油贸易公司两家企业解体注销。县粮油经贸运输公司、石塘粮管所的房产依法拍卖后、用于安置本企业的全部职工，企业依法解散。云和粮管所、梅源粮管所，将国有资产评估折价，职工分流、组合，成立股份合作制企业,分别为云和县同心粮油有限公司和云和县飞跃粮油有限公司。石塘粮管所江南大酒店资产整体出售。

至是年10月底，云和县完成企业改制工作，粮食流通体制改革，分流安置职工153人。

2004年，云和县实行以“放开购销市场，直接补贴粮农，转换企业机制，维护市场秩序，加强宏观调控”为主要内容的改革。同年5月，国务院颁布实施《粮食流通管理条例》，云和县粮食流通体制上走上市场化、法制化轨道。

云和县粮食体制改制情况一览表

表13-5-2

改制企业名称	性质	类别	改制形式	完成改制时间	改制后名称
云和粮管所	全民	流通	分流重组	2000.04	重组后为云和县同心粮油有限公司
梅源粮管所	全民	流通	有限责任	2000.05	云和县飞跃粮油有限公司
石塘粮管所	全民	流通	解体注销	2000.08	—
粮油经贸总公司	全民	流通	解体注销	2001.07	—
粮油经贸运输公司	全民	运输	解体注销	1999.05	—
粮油贸易公司	全民	流通	解体注销	2001.10	—
石塘粮管所江南大酒店	全民	其他	出售	1999.12	—

外贸体制　1991—1998年，云和县为适应外贸体制和国际贸易规范，外贸体制主要为代理制，全县有外贸公司、瑞发集团公司具备自营出口权，其他厂家由该2家公司或外地公司代理出口。

1999年，浙江新云工艺品有限公司、浙江振鹏工艺品有限公司成为首批有自营出口权的玩具企业。

2000年,国家放宽企业进出口自营权限制,并实行自行出口登记和提高出口退税政策。

2001年,中国正式成为WTO成员国后,外贸体制发生根本性改变,加快外贸主体多元化步伐,允许私营外贸企业发展。转变外贸主管部门职能,从以行政领导为主转变为以服务为主。是年,云和县怡源工艺品有限公司、华元工艺品有限公司获批准为中外合资企业。同年,利用外资130.77万美元。其中:怡源工艺品有限公司8.13万美元、忠协工艺品有限公司25.64万美元、广和房地产有限公司97万美元。

2009年,县经贸局引导一些条件成熟的企业申报自营进出口权,培育新出口主体。是年,新增进出口备案登记企业7家,全县累计有自营出口权企业49家。完成自营出口额4486万美元,比2008年增长21.75%。

2010年,全县共有自营出口权企业53家,有出口业绩企业24家。其中流通企业6家,生产企业18家。

集体商业

供销社经营机制改革 1992年,云和县供销合作社联合社更名为云和县供销合作总社,建立云和县供销集团公司(未实际运作,于2001年注销),实行两块牌子,一套班子,基层供销社增挂供销有限公司牌子。

1993年,县人民政府批复出台《云和县供销合作总社企业转换经营机制试行办法》,在企业内部进行经营机制转换,用工、分配、经营、价格四个方面放开搞活,实行核定基数、内部投标、风险抵押、承包经营责任制。基层社实行"社有个营"(集体所有、职工个人经营),县以上集体企业实行"人员自由组合、风险抵押、内部投标(承包基数)、超利归己、逐步抽资"的承包经营责任制,基层社及边远山区微利及亏损的经营网点采取撤、并、转、卖等处置办法,盘活闲置资产。安溪、赤石、后山、雾溪、长田、桥头、外垟、石浦、云坛、沈村、库北、梅源社、云峰、黄源、沙铺、严坑生活资料网点全部拍卖,转让给职工个人经营(保留职工身份),集中资金扩建县城经营网点。

供销社产权制度改革 1991—1997年,供销系统亏损累计达1050万元;加上政策性亏损本息累计1400万元。云和县梅源供销合作社、云和县云和区供销合作社、云和县石塘供销合作社、云和县供销储运公司、云和县再生资源回收公司、云和县农业生产资料公司、云和县食用菌公司、云和县工业品总公司9家企业中,仅云和县供销储运公司略有盈利。

1997年,县人民政府出台《关于加快云和县国有城镇集体企业股份合作制改造若干意见》,县供销总社成立企业改制领导小组,选择资产情况较好的供销储运公司和资产负债较大的梅源供销社为企业产权制度改革试点单位。

1998年,据云和县树信会计师事务所分别出具的《资产评估报告》,县供销储运公司净资产为187.4万元;梅源供销社净资产为122.1万元。根据县体改委《关于同意组建云和县梅源供销有限责任公司的批复》:"在企业净资产中提取资金40万元,用于企业17名离退休人员养老、医疗和9名职工遗属及落实政策人员定补开支。提取职工工龄补偿金55.71万元(其中分流人员311190元,重组人员245910元)、改制费用及各种税费27万元。"县梅源供销合作社职工36人，有20人自愿与企业解除劳动关系，领取工龄补偿金，自谋职业；13人配资入股，组建云和县梅源供销有限责任公司；2人符合退休条件办理退休；1人停薪留职。云和县供销储运公司按股份合作制重组有限公司，因职工需要配资入股的金额较大，职工筹资困难，故制定职工分流方案，据县体改委《关于同意县供销储运公司职工分流方案的批复》："提取474970元，用于分流职工工龄补偿"，职工28人，25人与企业解除劳动关系领取工龄补偿金；3人调出供销系统。

1999年，县供销合作总社制订《云和县供销合作总社系统企业产权制度改革总体方案》，报县体改委，据县体改委《关于同意云和县供销合作总社系统企业产权制度改革总体方案批复》，全面推行企业产权制度、职工身份转换，统一部署企业改制规划、相关政策，统一处理银行债务、制定"自谋职业""离岗退养""配资入股"等方式进行改制，其中"配资入股"方式组建有限公司责任公司，职工入股金额（工龄补偿金加配资）原则上每人不少于3万元，并以职工入股总金额置换原企业资产（房地产），资产按评估价格的90%予以置换。

至2001年，有偿安置职工309人（其中重组参股109人），支付职工经济补偿金549万元，拍卖资产16处，偿还银行贷款595万元，退回职工集资款45万元、社员股金20万元。全系统重组了梅源、云和、城关供销有限公司、工业品、金穗农资、再生资源回收、食用菌七家有限责任公司和石塘农产品专业合作社，产权制度改革全面完成，参与重组职工109人，总股本金440万元。2002年3月，梅源供销有限公司因经营不善，经股东大会决议公司清算解散。

个私商业

1991年年底，云和县有个体商业网点1377个，从业人员1691人。1992年，云和县工商局制定出台《关于促进云和县经济发展的措施》：允许从业人员2人以上可以一户多照；可以同时核准多项经营方式；凡国家允许个体工商户经营的商品一律放开；限制的经营项目可以变通办理；可以核发一次性许可证；一次性购销活动可以先经营后办照。

1993年，云和县进一步放宽经营范围和经营方式，允许个私业主一业为主多种经营，可以参与承包、租赁、兼并和购买国营、集体企业。

1994年，个体私营经济主体市场准入开展联合办公，降低准入门槛。1995年年底，云和县有个体商业网点1874个，从业人员2539人。1996年，县工商局对个体私营准入实行急事急办，特事特办，马上就办。2000年，县政府废止了22个部门共183个审批、核准、备案事项，截至年底，全县有个体商业网点5882个，从业人员7549人。

2005年，全县个体私营商业网点已经涵盖大部分部商业领域，除专卖商品外的其他商品基本上是个体私营业主在经营，全县所有乡镇以及较大自然村都设立个体私营商业网点。随着个体私营商业的逐步成熟和市场需求的变化，个体私营从业人员大浪淘沙变化更迭，开业，变更、注销成为常态。截至2010年年底，全县有个体商业网点6598个，从业人员18410人。

云和县供销系统企业产权制度改革情况统计表

表 13-5-3

企业名称	性质	改制形式	完成改制时间	职工工龄补偿金(万元)	改制后名称			改制后名称
					配资入股人数	解除劳动合同自谋职业人数	五年内待退人员人数	
云和县梅源供销合作社	集体	有限责任	1998.09	55. 71	13	20	2	云和县梅源供销有限公司
云和县供销储运公司	集体	解体注销	1998.12	44.75	—	25	1	—
云和县再生资源回收公司	集体	有限责任	1999.06	39.15	15	9	4	云和县再生资料回收有限公司
云和县农业生产资料有限公司	集体	有限责任	1999.08	30.5	4	21	—	云和县金穗农资有限公司
云和县食用菌公司	集体	有限责任	1999.06	31	1	17	—	云和县象山食用菌有限公司
云和县工业品总公司	集体	有限责任	2000.01	122.22	30	42	7	云和县工业品有限公司
云和县石塘供销合作社	集体	分流重组	2001.02	25.9	4	17	—	云和县石塘农产品专用合作社
云和县云和区供销社	集体	有限责任	2001.03	135.5	42	34	16	云和县城关供销有限公司

第二节　机构与队伍

商业局

1991—1995年，国有（时称全民所有制）商业的管理机构主要为云和县商业局。1995年12月21日，根据县商业局与丽水地区烟草专卖局就分设云和县烟草专卖机构签署的协议，原县糖业烟酒公司（含盐业批发部）人员全部划转县烟草专卖局（公司），设云和县烟草专卖局、云和县烟草公司，县商业局保留云和糖业烟酒公司名称。1996年，县党政机关机构改革，县商业局建制转为经济实体，建立云和县商业集团公司。是年，建立云和县盐务管理局，与商业集团公司合署办公。1996年11月，撤销商业局党委、纪检组，建立商业（集团）党委，任命书记、副书记、委员各1人。1999年1月，根据云和县编制委员会文件精神，在商业集团设立商业管理办公室，行使原县商业局行政管理职能，2001年11月，云和县商业（集团）公司党委及纪检组撤销。同时，根据《云和县党政机构改革方案》，原县商业（集团）公司承担的行业行政管理职能划入县经济贸易局，云和县商业（集团）公司自行撤销。

1988—2001年县商业局主要负责人一览表

表13-5-4

党委书记	任职时间	局长	任职时间
高洪武	1988.01—1991.12	高洪武	1988.01—1991.12
朱国光	1991.12—1996.01	朱国光	1991.12—1996.01
项希盛	1996.01—2001.11	项希盛	1996.01—2001.12

经济技术协作办公室

1987年8月，建立县经济技术协作办公室，下设县经济技术协作公司，1996年10月，转为县政府直属事业单位。1999年10月与对外贸易经济合作局合署。经济技术协作办公室为县人民政府直属事业单位，主要职能是贯彻执行上级有关发展横向经济联合和经济技术协作的方针、政策，结合云和县实际，提出云和县发展横向经济联合和经济技术协作的重点对策；会同有关部门，拟定有关规定，办法和措施，并负责监督、检查、协调、落实；负责组织和参与区域经济联合与协作以及名、优、特产品展销活动；负责全县横向经济联合和经济技术协作工作的调研、综合、统计与信息工作；负责外地驻云办事机构的管理和云和县有关单位在外地设置办事机构的审核批准；组织物资、资金、技术等方面的协作，特别是对本地资源的开发及经济技术协作；负责县政府领导有关经济技术协作工作出访的联络和服务工作；副主任1名、股长2名。

1991—1999年云和县经济技术协作办公室主要负责人一览表

表13-5-5

主 任	任职时间	主 任	任职时间
缺职(副主任主持工作)	1991.01—1992.02	何建荣	1995.04—1998.06
朱志葆	1992.03—1994.01	缺职(副主任主持工作)	1998.06—1999.10

县物资局(总公司)

物资总公司是县政府直属经济实体,是专业管理、经营物资的部门,主要职责是贯彻执行国家物资工作方面的有关政策和管理部门的有关规定,组织某些重要物资的安排和调拨供应。

1978年12月,建立物资局党组,1984年12月党组撤销,建立党委。

1993年9月,物资局改为物资总公司。物资局党委改为物资总公司党委。2001年11月,云和县物资总公司党委撤销。同时,根据《云和县党政机构改革方案》,原物资总公司承担的行业管理职能划入县经济贸易局,县物资总公司自行撤销。

1991—2001年县物资局(总公司)主要负责人一览表

表13-5-6

党委书记	任职时间	局长(总经理)	任职时间
王士发	1988.01—1992.03	王士发	1988.01—1992.03
吴锦娴	1992.03—1993.12	吴锦娴	1992.03—1993.09
朱志葆	1994.01—1995.05	朱志葆	1994.01—1995.04
丁一方	1996.10—1998.12	丁一方	1996.10—1998.12
缺职	1998.12—2001.11	缺 职	1998.12—2001.12

医药管理局与医药公司

医药管理局与医药公司实行两块牌子、一套班子。内设办公室、计财股、企管股质管股。1990年7月,建立医药管理局党委、原医药公司党委自然消失。1996年10月与经济委员会合署。

2001年12月18日,设立云和县药品管理局为双重管理单位。原云和县医药管理局撤销。

1991—2001年县医药管理局(公司)主要负责人一览表

表13-5-7

党委书记	任职时间	局长(经理)	任职时间
周宝根	1990.07—1996.10	周宝根	1989.02—1996.10
—	—	姜化荣	兼1996.10—1997.12
—	—	马国华	兼1997.12—1999.08
—	—	林中平	兼1999.08—2000.09
—	—	谢卫峰	兼2000.09—2001.12

粮食局

1991年年底,粮食局内设办公室、秘书股、财会股、购销股、储运股、工业股六个股室,下属有云和县粮油贸易公司、饲料公司、粮油加工厂、粮食车队、云和粮管所、梅源粮管所、紧水滩粮管所、石塘粮管所8个单位,全系统有干部、职工210人。

1993年云和县粮食局增挂"县粮油经贸总公司"牌子。是年3月1日,云和县粮食局汽车队更名为"云和县粮油经贸运输公司",5月,组建"云和县粮食轴承厂",12月21日,"云和县石塘粮管所"与"云和县紧水滩粮管所"合并,合并后名称为"云和县石塘粮管所"。1994年12月,粮食轴承厂并入县粮油工贸公司,1997年4月与县粮油工贸公司分开,独立经营。1997年,组建云和县粮食收储有限公司,收储业务与附营业务分开,按照"三项政策"(敞开收购、顺价销售、资金封闭运行)执行,按自主经营、自负盈亏新机制运作。2000年,组建"云和县粮食局离退休职工管理中心"(属于非法人单位,下称管理中心)。管理中心负责管理由收储公司划入的离退休、遗属、落实政策的59名人员和粮食局下属破产、解散企业的20名退休人员,共计79人。管理中心受县国有资产管理局委托,管理原粮食局、县收储公司、县粮油经贸公司的30间商业用房,租金收入用于管理中心离退休、遗属、落实政策人员的有关费用。

2001年11月,县粮食局与原计划委员会、物价局、统计局4个单位组建为云和县发展计划局(保留物价局牌子,粮食局、统计局与发展计划局合署办公)。设有行政科室9个,其中设有与粮食有关科室1个,即粮食管理科。2005年6月8日,县发展计划局更名为县发展和改革局(粮食局)。2010年,粮食局下属2个单位,分别为云和县粮食收储有限公司和云和县粮食局离退休职工管理中心,在职职工32人、离退休人员63人。

1991—2010年云和县粮食局主要负责人一览表

表13-5-8

党组书记	任职时间	局长(主任)	任职时间
叶朝丐	1990.07—1992.12	叶朝丐	1990—1992
吴正元	1993.01—1993.08	吴正元	1993.02—1993.07
练奕伟	1993.09—1998.10	练奕伟	1993—1998
王挂川	1998.11—2001.12	王挂川	1998—2001
王新荣	2001.12—2003.04	王新荣	2001—2003
雷长清	2003.04—2004.08	雷长清	2003—2004
李石平	2004.08—2007.03	李石平	2004—2007
王　平	2007.03—2009.11	王　平	2007—2009
林建文	2009.11—	林建文	2009—

外贸局(公司)

1990年,外贸局与外贸公司为两块牌子,一套班子。内设办公室、财务科、玩具科、土畜产科、工业品科。

1994年6月,对外经济贸易局更名为外贸公司。1996年10月更名为对外贸易经济合作局,为县政府直属事业单位。1999年9月增挂招商局牌子,建立党组。1999年10月,经济协作办公室与对外贸易经济合作局(招商局)合署,一套班子三块牌子。内设办公室、综合业务科,核定编制7名。

2001年11月,根据《云和县党政机构改革方案》,云和县对外贸易经济合作局(招商局、经济协作办公室)不再保留原事业机构对外贸易经济合作局;根据《中共丽水市委、丽水市人民政府关于云和县党政机构改革方案的通知》,设置云和县经济贸易局(挂中小企业局、对外贸易合作局牌子)。

经济协作办公室与对外贸易经济合作局(招商局)合署,一套班子三块牌子,受县政府委托主管对外贸易经济合作工作。

1998—2010年云和县外贸局(公司)主要负责人一览表

表13-5-9

党委(党组)书记	任职时间	局长(经理)	任职时间
—	—	卢超英	1988.06—1992.04
—	—	梁 峰	1992.10—2001.12
梁 峰	1999.9—2001.11	项苏乐	2004.04—2006.01

供销社

1991年,县供销合作社联合社有云和、梅源、石塘3家片区基层社和农业生产资料、工业品、土特产、日用果菜、储运5家公司;有批发网点8个。零售网点62个,年末在职人员362人。

1992年,云和县供销合作社联合社更名为云和县供销合作总社,建立云和县供销集团公司(未实际运作,于2001年注销),实行两块牌子,一套班子,基层供销社增挂供销有限公司牌子。

1999年,云和县供销合作社注册成立,注册资金150万元,性质为集体企业,该企业1999—2008年未实际运作。是年,县供销合作总社出台《云和县供销合作总社系统企业产权制度改革总体方案》,重组了云和、梅源、城关供销有限公司和工业品、金穗农资、再生资源回收、食用菌有限责任公司。

2007年12月19日,云和县人民政府办公室印发《关于云和县供销合作总社职能配置内设机构人员编制方案的通知》,确定云和县供销合作总社为县政府正科级直属事业单位,参照公务员法管理,核定事业编制人员12人,内设办公室、财务科、业务科、合作指导科4个科室。

2009年,云和县供销合作总社正式参公,县供销合作社主要管理县直属企业剩余资产及离退休人员剥离资产,与县供销合作总社实行两块牌子,一套班子。

1991—2010年云和县供销合作社主要负责人一览表

表13-5-10

党组书记	任职时间	主　任	任职时间
何裕洪	1991.01—1996.10	何裕洪	1991.01—1996.10
张　峰	1996.10—2007.12	张　峰	1996.10—2007.12
叶秋霞	2001.10—2007.12	叶秋霞	2001.10—2007.12
林　海	2007.12—	林　海	2007.12—

烟草专卖局(公司)

1991年至1995年12月，云和县烟草专卖由县商业局代管，设烟草专卖办公室，烟草经营业务由云和县糖业烟酒蔬菜公司经营；县域辖区烟草专卖行政执法权由烟草专卖监督管理办公室行使。1995年12月，浙江省云和县烟草专卖局成立，与浙江省云和县烟草公司实行两块牌子、一套班子、集专卖管理和卷烟经营合一的管理体制，行业管理与地方政府双重领导，确定为正科级单位。

1995—2010年县烟草专卖局(公司)主要负责人一览表

表13-5-11

党委(组)书记	任职时间	局长(经理)	任职时间
朱国光	1996.01—1999.02	卢一斐	1996.01—1999.02
卢一斐	1999.02—2002.09	卢一斐	1999.02—2002.09
严里林	2002.09—2004.09	严里林(主持工作)	2002.09—2004.09
吴叶森	2004.09—2006.10	吴叶森	2004.09—2006.10
张少峰	2006.10—	张少峰	2006.10—

第十四篇 金 融

1991—2010年,县域金融行业的监管机构有:中国人民银行云和县支行、中国银行业监督管理委员会丽水监管分局云和办事处。其主要职能是:贯彻落实国家宏观调控政策;促进信贷政策与产业政策相协调;防范和化解金融风险;推进地方经济稳步发展。银行业经营机构有:中国工商银行云和县支行、中国农业银行云和县支行、中国建设银行云和县支行、中国银行云和县支行、云和县农村信用合作联社、元和城市信用社、云和县邮政储蓄所等。保险业经营机构有:中国人民财产保险股份有限公司云和县支公司、中国人寿保险股份有限公司云和县支公司。全县银行业经营机构除开展传统的存、贷款等主体业务外,还有体制机制和经营理念改革、信用体系建设、现金管理、支付结算、资金清算、证券债券和中间(代理收付)业务等。

1990年,全县金融系统现金收入为1.2亿元;现金支出为1.35亿元。2010年,全县金融系统现金收入达131.9亿元,是1990年的109倍;现金支出为132.9亿元,是1990年的98.4倍。2002年年末,全县银行各项存款余额达11.46亿元,首次突破十亿元大关。2010年年末,全县金融系统各项存款余额为39.11亿元,是1991年余额的29.96倍。2010年,城乡储蓄余额为209739万元,全县人均储蓄量为18794元。

第一章 货 币

货币是充当一切商品的等价物的特殊商品，是商品交易的重要媒介，是金融业务的基本要素。人民币是中国人民银行发行的国家法定货币。20年来，全县货币流通情况正常。2010年，县域金融系统现金收入131.9亿元，是1990年的109倍；现金支出为132.9亿元，是1990年的98.4倍。货币管理主要以现金管理和反假货币两种方式实现。2001年前，现金管理的重点是合理控制现金投放，防止因现金过量投放引起短期物价上涨，抑制通货膨胀。2001年后，现金管理的重点发生转移，以防范和打击利用现金结算从事违法犯罪活动，防范和化解现金结算风险为主。

第一节 货币流通

全县金融系统现金收入

1990年（“七五”期末），全县金融系统现金收入为12082.7万元。

1995年（“八五”期末），现金收入90550万元，系1990年的7.49倍，其中商品销售、服务业、城乡个体经营收入、乡镇企业销售收入共计18570万元，占现金总收入的20.51%；储蓄存款收入53367万元，占现金总收入的58.93%。

2000年（“九五”期末），现金收入226568万元，是1995年的2.5倍，其中商品销售、服务业、城乡个体经营收入24277万元，占10.71%，比1995年增长30.73%；储蓄收入170812万元，占75.39%，比1995年增长220%。

2005年（“十五”期末），现金收入599872万元，比2000年增长164.76%，是1990年的49.64倍，其中商品销售、服务业、城乡个体经营收入80747万元，占13.46%；储蓄存款收入422493万元，占70.43%。税款收入11280万元，居民归还贷款收入30753万元。

2010年，现金收入1319037万元，比2005年增长119.89%，是1990年的109倍。

全县金融系统现金支出

1990年，现金支出13483万元，净投放现金1401万元。

1995年，现金支出102231万元，是1990年的7.58倍。其中工资性支出7995万元，占7.82%；农副产品、工矿产品及其他产品采购支出2751万元，占2.69%；储蓄存款支出59741万元，占58.43%。收支相抵，净投放现金11681万元，系1990年的8.34倍。

2000年，现金支出243749万元，比1995年增加141518万元，增长138.43%。其中工资性支出 8840 万元，占 3.62%，比 1995 年增长 10.57%；农副产品、工矿产品及其他产品采购支出 7579 万元，占 3.11%，比 1995 年增长 175.5%。储蓄存款支出 178841 万元，占 73.37%，比 1995 年增加 119100 万元，增长 199.36%。收支相抵，净投放现金 17181 万元，比 1995 年增长47.08%。

2005 年，现金支出为 639832 万元，比 2000 年增长 162.49%，是 1990 年的 47.45 倍。其中工资性支出 29626 万元，占 4.63%，比 2000 年增长 235.13%。农副产品、工矿产品及其他产品采购支出 36124 万元，占 5.64%，比 2000 年增长 376.63%。全县城乡个体经营支出 24053 万元。储蓄存款支出 445279 万元，占 69.59%，比 2000 年增长 148.98%。收支相抵，净投放现金 39960 万元，比 2000 年增长 132.58%。

2010 年，现金支出 1329975 万元，比 2005 年增长 107.86%，是 1990 年的 98.64 倍。

第二节 货币管理

现金管理

1991 年，开展全县现金管理大检查。检查重点是：执行大额现金审批制度是否到位，领取现金是否严格按照现金管理规定办理，有否核定并及时调整各单位现金库存限额。

1993 年，积极组织货币回笼，严格控制货币投放，切实加强现金管理，压缩单位库存现金，逐步强化宏观调控。

1994 年，注重现金管理，严格控制消费基金增长，抑制通货膨胀。全面实行大额现金审批报备制度。报备对象：办理结算和现金业务的各金融机构；报备范围：除储蓄、工资性现金支出以外的大额现金支出；报备起点金额确定为 10 万元。

1997 年，县金融系统执行中国人民银行先后出台的《关于加强现金管理工作有关问题的通知》《关于大额现金支付管理的通知》《大额现金支付登记备案规定》等一系列现金管理制度。严禁公款私存，控制不合理现金支出；规范信用卡管理，减少信用卡提现；严格执行账户管理规定，建立大额现金支付登记备案制度；合理核定开户单位库存现金限额，强化开户单位库存现金管理；改进金融服务、积极组织货币回笼；推广便捷的结算工具，引导企业减少现金使用。

1999 年，县金融系统执行中国人民银行发布《大额现金支付管理规定》。

2000 年，简化大额现金审批手续，人民银行不再直接审批大额现金，由各商业银行、信用联社等负责审批。强化开户银行的现金管理内控制度，严格现金审批权限，对 5 万元以上（含 5 万元）的现金支付，按规定审批后支付；建立大额现金支付异常情况报告制度和报备制度，大额现金报备起点金额提高至 50 万元。

2001 年前，现金管理重点是合理控制现金投放，防止因现金过量投放引起短期物价上涨。中国人民银行适时下达指令性现金计划，加强宏观金融调控，严格控制消费基金增长，抑制通货膨胀，严格控制不合理的大额现金支付，严禁违规大额支现。2001 年后，现金管理重点发生转移，以防范和打击利用现金结算从事违法犯罪活动，防范和化解现金结算风险为主。

2001 年年底，中国人民银行现金管理职责由货币信贷部门调整到货币金银部门。

图 14-1-1 建 2001 年 8 月，组织各行、社、邮政储蓄出纳人员进行第五套人民币防伪知识培训（县人民银行提供）

图 14-1-2 2001 年 12 月，组织开展全县金融机构出纳人员反假币知识培训考试（县人民银行提供）

2006—2010 年，注重商业银行现金收支分析工作，强化商业银行人民币收付业务管理，每年均组织力量对商业银行人民币收付业务开展检查，确保现金供应，防范金融流动性风险。

反假货币

假币干扰金融秩序，破坏社会信用。中国人民银行云和县支行要求全县金融系统干部职工认真学习贯彻《中华人民共和国中国人民银行法》《中华人民共和国人民币管理条例》《中国人民银行假币收缴鉴定管理办法》，充分认识假币的危害性，坚持“打击、防范、宣传、教育、管理”并重，以法治假，依法反假。组织开展反假币宣教咨询。20 世纪 90 年代始，每年都以专题宣传周或主题宣传月等形式，广泛开展爱护人民币和反假币宣传咨询活动。注重运用宣传标语、宣传彩图、宣传资料，与群众面对面、手把手进行真假票样比对，详细讲解、传授、普及人民币真伪鉴别知识，以提升人民群众的防假反假意识。

图 14-1-3 2004 年 7 月，在社区开展“人民币反假宣传周”活动（县人民银行提供）

县金融管理部门注重构建反假货币长效机制，开展农村、社区反假货币宣传网络建设。依托“银行卡助农取款服务”窗口，开辟“农村反假货币工作点”。反假货币工作网络实现乡镇全覆盖；行政村覆盖 107 个，覆盖率为 63%。注重反假联络员队伍建设，选取部分有一定文化水准、群众基础好、工作热情高的群众充实反假联络员队伍。依托反假币工作站点，发放宣传资料，深入开展反假货币宣传 。在“农村反假货币工作点”中，选取 50 个工作点，开展创建“农村人民币券别兑换中心”试点，以方便农民群众兑换零钱、新钱。

建立与公安机关联手反假币工作机制，坚决打击贩假币犯罪活动。2009 年 11 月，县人民政府牵头召开云和县反假工作联席会议，全县反假工作联席会议成员单位领导和省、市先进反假工作站及联络员参会。副县长蓝先芬出席并讲话，中国人民银行云和县支行、县公安局领导就反假币工作作出具体部署。同时，组织反假币技能培训，提高专业人员的反假币水平。

1991—2010年间，县金融系统和公安部门发现并收缴若干假人民币、假美元。2005年，收缴假币69940元。2010年，收缴假币50690元。假人民币涉及各种不同面值的纸币和1元硬币。对收缴的假币均按相关规定作妥善处置。

第二章 存款与储蓄

存款的种类主要有：财政存款、企业存款、储蓄存款、机关团体存款、农业存款、其他存款等。储蓄的种类主要有：活期存款、定期存款、整存整取、零存整取等。2002年年末，全县银行各项存款余额达11.46亿元。首次突破十亿元大关。2010年年末，全县金融系统各项存款余额为39.11亿元，是1991年余额的29.96倍。城乡储蓄是体现经济社会发展、人民生活水准的重要标志。20世纪90年代，全县城乡储蓄余额以年均26.63%的速率增长。2001—2010年，全县城乡储蓄余额以年均17.9%的速度递增。2010年，城乡储蓄余额为209739万元，全县人均储蓄量为18794元，达历史峰值。

第一节 存 款

1991—2000年间，各项存款余额以1991年的1305万元为基数，每年以年均22.86%的幅度递增。2001—2010年间，以年均17.65%的幅度增长。2002年年末，全县银行各项存款余额达11.46亿元。首次突破十亿元大关。2010年年末，各项存款余额为39.11亿元，是1991年余额的29.96倍。

财政存款

20世纪90年代，县财政存款徘徊于300万—700万元之间。2000年，县财政存款达1565万元，首次突破1000万元。2006年，存款余额为7347万元，是2000年存款余额的4.69倍，达到二十年来的峰值。2007年始，县财政存款呈逐年下降趋势。2010年年末，县财政存款余额为零。

企业存款

20世纪90年代，企业存款以年均26.96%的幅度递增，但不同的年份增速悬殊较大，甚至递减。1993—1994年，企业存款均以51%的幅度强势增长。1997年，企业存款比上年减少4.8%。2000年，则比上年下降18.58%。2001—2010年间，企业存款年均增长率为12.12%，但波动仍然较大。2002年，企业存款增速达41.83%。2004年、2007年、2010年均现负增长。2010年年末，企业存款余额为70519万元，是1991年存款余额的18.04倍。

农业存款

20世纪90年代，农业存款以年均69.7%的幅度高速上涨。2000年，农业存款余额是1991年的8.79倍。2001—2010年，农业存款增速趋缓，年均增长率为19.25%，增速仍高于各类存款。2010年，农业存款余额为35356万元，是2000年（“九五”末期）的5.16倍，创历史新高。

1991—2010年云和县金融机构各项存款统计表

表14-2-1　　单位：万元

项目 年份	各项存款	其中： 1.企业存款	2. 财政存款	3. 储蓄存款	4. 机关团体存款	5. 农业存款	6. 其他存款
1991	13055	3909	34	7129	530	779	664
1992	16776	5184	715	9135	—	2500	825
1993	21147	7834	773	11961	—	428	—
1994	29705	11877	387	16989	—	455	—
1995	41046	19789	315	22293	274	397	359
1996	52825	23281	794	26116	288	1589	787
1997	57316	22168	712	32015	353	1866	74
1998	71812	30399	656	36868	1189	2173	476
1999	77046	31642	764	39238	1455	3188	741
2000	79722	25763	1565	42715	1628	6850	1183
2001	90232	28900	1484	47983	1435	8174	2232
2002	114581	40990	2029	54830	3264	9832	3589
2003	142574	55221	2958	64543	5494	12187	2153
2004	145683	45432	7264	69620	4312	18704	333
2005	169617	57591	3725	81977	4077	20642	1598
2006	196848	61707	7347	95037	7131	23703	1752
2007	196610	57684	5984	90441	8408	32021	1951
2008	196610	70611	0	121441	19970	29430	10864
2009	313232	75681	246	173086	24666	26642	12756
2010	391077	70519	0	209739	75044	35356	419

第二节　城乡储蓄

20世纪90年代，全县城乡储蓄余额以年均26.63%的速率增长。增长幅度较大的是1994年和1998年，分别比上年增长42.04%和41.17%。1999年，全县城乡储蓄增长率仅为6.43%。2001—2010年，城乡储蓄余额以年均17.9%的速度递增。2007年，出现负增长。2009年，城乡储蓄增长率高达 42.53%。2010 年，城乡储蓄余额为 209739 万元，全县人均储蓄量为 18794 元，达历史峰值。

1991—2010 年间，县农村信用合作联社的储蓄余额，以 22.6%的年均速率递增。1991—1995 年，全县农村处于产业结构调整初期，扶贫攻坚力度较大，储蓄余额以年均 33.96%的幅度高速增长。1996—2000 年，增势趋缓，以年均 16.29%的幅度递增。2001—2005 年，以年均 18.88%的幅度增长。2006—2010 年，增速提升，以年均 23.50%的幅度递增。2010 年年末，县农村信用合作联社储蓄余额为 83903 万元，占比达全县城乡储蓄余额的 40%，是 1991 年农村信用合作联社储蓄余额的 43.34 倍。

全县城乡储蓄余额中，活期储蓄和定期储蓄的变化情况：1996—2000 年，活期储蓄占储蓄总额的 23.13%，定期储蓄占 76.87%。2001—2003 年，活期储蓄与储蓄总额的占比为 41.1%，比前五年提升 17.97 个百分点。2005 年，活期储蓄存款占储蓄存款总额的 54.07%，占比首次大于定期储蓄。2006—2009 年，活期储蓄与储蓄总额占比均达 50%以上。2010 年年末，活期储蓄存款占储蓄总额的 52.41%。农村信用社储蓄余额定、活期变化情况：1996—2000 年，活期储蓄占储蓄总额的 21.95%，定期储蓄占储蓄总额 78.05%，同比高于全县城乡定期储蓄 1.18 个百分点。2001—2003 年，活期储蓄占储蓄总额的 40.91%，比 1996—2000 年占比提升 18.96 个百分点；定期储蓄占比为 59.09%，比前 5 年下降 18.96 个百分点。2005 年，农村信用社活期储蓄占比为 54.97%，占比首次大于定期储蓄，比城乡储蓄中的活期储蓄高 0.9 个百分点。2006—2009 年，活期储蓄占比均高于定期储蓄。2010 年年末，活期储蓄占比为 49.46%，基本与定期储蓄持平。全县金融机构定、活期储蓄量的变化，一是国家宏观调控政策所致；二是银行利率调节使然；三是社会资金投向多元化，诸如用于兴办实体企业、投向流通行业、投资房地产或用于理财等等。

1991—2010 年云和县金融机构储蓄存款统计表

表 14-2-2　　　　单位：万元

项目 年份	储蓄存款	其中：活期	定 期	农村信用社 储蓄存款	其中：活期	定 期
1991	7129	—	—	1936	452	1484
1992	9135	2646	6489	2645	639	2006
1993	11961	2152	9809	3312	706	2606
1994	16989	3560	13429	4368	1033	3335
1995	22293	4263	18030	6209	1026	5183
1996	26116	5701	20415	7997	1502	6495
1997	32015	6758	25257	8859	1640	7219
1998	36868	7756	29112	10214	2106	8108
1999	39238	8730	30508	10713	2465	8248
2000	42715	11990	30725	13040	3442	9598
2001	47983	16802	31181	14759	5151	9608

续表 14-2-2　　单位：万元

项目 年份	储蓄存款	其中：活期	定 期	农村信用社储蓄存款	其中：活期	定 期
2002	54830	22103	32727	17359	6846	10513
2003	64543	29886	34657	22115	10189	11926
2004	69620	33369	36251	24856	11981	12875
2005	81977	44331	37646	30786	16925	13861
2006	95037	55747	39290	36973	21777	15196
2007	90441	55249	35192	34796	20504	14292
2008	121441	69837	51604	47356	26353	21003
2009	173086	94688	78397	68750	37140	31610
2010	209739	109925	99813	83903	41500	42403

邮政储蓄

1987年，设立县邮政储蓄所。1992年，开办密码储蓄和代收电话费、代发工资等业务。1994年12月，梅源、紧水滩邮政支局开始办理邮政储蓄。同时，微机处理联网开通，实现城乡通存通兑。1995年7月，邮政储蓄所安装电视监控系统。1997年，红卫路邮政储蓄所由自办改为代办。1998年，邮政电信分营，邮政储蓄隶属县邮政局，成为邮政业务重要支柱。是年，拓宽经营渠道，发展代收电话费、BB机月租费、移动话费和代发养老金业务。1999年2月，成立储汇、计算机信息系统安全领导小组，健全完善业务操作层、管理层、决策层三道防线；储蓄网点现金实行专车押运。2000年，与金华市绿卡中心联网，实现丽水、衢州、台州、金华四地区通存通兑。11月1日，县邮政大楼邮储网点ATM机投入运行。11月8日，县邮政局与中国农业银行云和县支行达成协议，城镇邮政储蓄网点提送款委托中国农业银行云和县支行承担。是年，赤石乡邮电所增办邮政储蓄，同时，新开办代理保险、代收代缴香菇交易资金等中间业务。2001年，与全国邮政金融计算机系统联网，实现邮政储蓄全国通存通兑，省内免手续费。同年4月，开办邮政系统银证转账业务，系全省邮政系统首家开办该业务。2002年2月，正式代理国寿、鸿泰两大保险业务。推出邮政储蓄窗口免填账单业务；依托邮政储蓄综合网，着力开发完善邮政储蓄各类代缴业务"一卡通"系统，以方便办理储蓄业务的群众。2003年4月，县邮政局储汇中心成立。邮政局储蓄营业厅、中山、新建、红卫四个网点被评定为二级防护标准；石塘、梅源两个网点定为三级防护标准。4月25日，与联通云和分公司联合推出邮政储蓄联通CDMA存款放号业务。8月29日，全县邮政储蓄余额首次突破一亿元大关。2004年，邮政储蓄余额在亿元临界线下波动。2005年年末，邮政储蓄余额再次突破一亿元。2008年，邮政储蓄业务从县邮政局析出，成立中国邮政储蓄银行云和县支行。县邮政局储蓄营业厅、石塘邮政支局储蓄点，划归邮政银行；其余邮政储蓄网点仍归属县邮政局，为邮政储蓄银行云和县支行代理储蓄业务。1996年，云和县邮政储蓄所在全省邮政储蓄同工种竞赛中被评为优胜单位。1999年，邮政储蓄组被授予云和县"十佳巾帼建功标兵"称号。1991—2010年县邮政储蓄余额情况见下表：

1991—2010年云和县邮政储蓄余额统计表

表 14-2-3　　单位：万元

年度	余额	年度	余额	年度	余额	年度	余额
1991	81.42	1996	2208.31	2001	7415.70	2006	13832.00
1992	192.90	1997	2842.98	2002	9363.47	2007	14187.00
1993	282.09	1998	3412.36	2003	8771.00	2008	27692.00
1994	602.93	1999	4343.00	2004	9709.00	2009	26353.00
1995	2155.00	2000	6011.00	2005	12990.00	2010	35086.21

第三章 贷 款

贷款按发放主体分，可分为国有商业银行贷款、信用社贷款、农发行贷款、中央银行贷款；按期限分，可分为短期贷款、中长期贷款；按投向分，可分为老少边穷贷款、专项扶贫贴息贷款、“三农”贷款、粮食购销贷款、工业贷款、基本建设贷款、城市基础设施贷款、房地产贷款、再就业贷款、生源地助学贷款、小额贷款公司贷款等。

1991—2010年间，县金融系统强化全局意识，服务中心工作，积极支持地方经济建设和社会事业发展，在实施“小县大城”发展战略，推进新型工业化、城市化和新农村建设方面；在扶贫攻坚，引导扶持群众脱贫致富奔小康方面，扩大信贷规模，实施再贷款再贴现，充分发挥金融业的重要支撑功能。2010年年末，全县金融机构贷款余额达262468万元，是1991年的23.1倍。其中，短期贷款余额134067万元，占总数的51.08%，是1991年的19.04倍。中长期贷款余额127879万元，占总数的48.72%，是1991年的56.89倍。个人消费贷款80116万元，占全部贷款的30.52%，是2000年年末余额的52.3倍。

第一节 再贷款再贴现

贷款的分类，按发放主体分，可分为国有商业银行贷款、信用社贷款、农发行贷款、中央银行贷款；按期限可分为短期贷款、中长期贷款；按资金投向分，可分为工业贷款、农业贷款、基本建设贷款、城市基础设施贷款、房地产贷款、再就业贷款、消费贷款、就学贷款等等。

再贷款

是指中央银行对金融机构的贷款。1991—1999年间，中国人民银行云和县支行向县辖各专业银行发放一年期及以下期限的短期贷款，用于解决专业银行有信贷计划而信贷资金不足的临时性困难。此间，中国人民银行云和县支行实施再贷款政策7年，年末再贷款平均余额1196万元。1993年，再贷款余额达1832万元。

农村金融体制改革后，农村信用社由原委托农业银行代管转为由人民银行直管。人民银行于2001年始向农村信用社发放支农再贷款，以此引导和督促信用社的信贷资金向“三农”（农业、农村、农民）倾斜。根据央行政策，2001—2008年间，中国人民银行云和县支行向县农村信用社发放支农再贷款，年末平均余额为1525万元。2002年，年末余额高达1900万元。支农再贷款强化支农信贷力度，有效缓解农村信用社信贷资金不足问题。2009—2010年，县农村信用合作联社自有资金充足，未再申请支农再贷款。2004年6月，中国人民银行云和县支行发放116万元中央银行专项票据，用于化解农村信用合作联社的历史包袱，支持农村信用合作联社实施统一法人制度改革，推进农村信用合作联社的改革进程。

再贴现

是指企业持银行承兑票据或商业承兑票据作为质押凭据向其开户银行办理短期流动资金贷款后，办理贴现的专业银行向人民银行办理短期流动资金再贷款。1995—1999年间，中国人民银行云和县支行年末再贴现平均余额633万元，1995年，年末再贴现余额达1340万元，系再贴现最高年份。再贴现调控措施，利于解决货币政策“适度从紧”时期，县金融部门信贷规模和资金不足的矛盾，以确保重点企业发展的资金需求。1991—2010年，中国人民银行云和县支行再贷款、再贴现、专项贷款情况见下表：

1991—2010年中国人民银行云和县支行再贷款、再贴现、专项贷款统计表

表14-3-1　　单位：万元

年份＼项目	各项贷款	专项贷款	1. 老少边穷发展经济贷款	2. 地方经济发展贷款	3. 其他专项贷款	对金融机构贷款	1. 一年期及以下贷款	2. 支农再贷款	3. 再贴现
1991	2277	330	209	121	—	1947	1947	—	—
1992	2468	806	686	120	—	1662	1662	—	—
1993	2658	826	706	120	—	1832	1832	—	—
1994	1226	926	806	120	—	300	200	—	100
1995	2461	921	801	120	—	1540	200	—	1340
1996	1924	862	762	100	—	1062	—	—	1062
1997	562	562	—	—	562	—	—	—	—
1998	30	—	—	—	—	30	—	—	—
2001	1400	—	—	—	—	1400	—	1400	—
2002	1900	—	—	—	—	1900	—	1900	—
2003	1700	—	—	—	—	1700	—	1700	—
2004	1500	—	—	—	—	1500	—	1500	—
2005	1500	—	—	—	—	1500	—	1500	—
2006	1350	—	—	—	—	1350	—	1350	—
2007	1500	—	—	—	—	1500	—	1500	—

第二节　金融机构贷款

1991—2010年间，县金融机构根据国家宏观经济政策和全县经济社会发展要求，确立信贷资金投向。“八五”(1991—1995年)期间，以“扶贫脱贫”为重点；“九五”“十五”(1996—2005年)期间，以增强县域经济发展后劲为重点；“十一五”(2006—2010年)期间，以支持社会主义新农村建设为重点，开展信贷投放工作。中国农业银行云和县支行、县农村信用合作联社的信贷投向重点在“三农”；中国工商银行云和县支行信贷投向重点在工商业方面；中国建设银行云和县支行的信贷投资重点在基本建设方面；中国银行云和县支行则投向出口外贸企业为主。

2010年年末，全县金融机构贷款余额达262468万元，是1991年的23.1倍。其中，短期贷款余额134067万元，占总数的51.08%，是1991年的19.04倍。中长期贷款余额127879万元，占总数的48.72%，是1991年的56.89倍。

2000年始，开办个人消费贷款业务。此项消费贷款增势强劲。2010年年末，全县个人消费贷款达80116万元，占全部贷款的30.52%，是2000年末余额的52.3倍。

2009年，在中长期贷款余额中，基本建设贷款余额26370万元，占37.87%，是1991年的19.95倍(2010年贷款统计口径变更，与往年不具可比性，故以2009年各类贷款变化情况进行分析)。

1991—1995年间，金融机构发放“老少边穷”贷款。1991年年末余额为209万元；1995年，该项贷款年末余额达801万元。

“十五”至“十一五”时期，全县农业贷款余额大幅提升。2001年，农业贷款余额仅3926万元。2010年，农贷余额达37543万元，占全部贷款余额的17.31%，年均增幅40.79%，是1991年的20.64倍。

1991—2010年，全县金融机构各项贷款余额以年均18.5的速率递增。“八五”期间，年均递增率27.08%；“九五”期间，年均递增率11.31%；“十五”期间，年均递增率19.2%；“十一五”期间年均递增率18.80%。其中，2002年递增率达35.79%；2003年递增率达37.31%。2004年，县人民政府批转中国人民银行云和县支行《关于2004年、2005年信贷工作的指导意见》，采取“区别对待、有压有保”的信贷措施，保持适度增长。2004年，贷款余额比上年增加8.31%；2005年，贷款余额较上年递增5.05%。递增的绝对额分别达4949万元和8557万元。随着金融体制改革的逐步深入，经济运行由偏快转向过热的迹象更加明显，商业银行信贷投放力度随之增强。2006—2007年，贷款平均增速为19.74%。2008年，商业银行贷款余额同比增速降至10.06%。2009年，开始实施适度宽松的货币政策，信贷投放量开始回升。详见云和县金融机构1991—2010年贷款统计表：

1991—2010年云和县金融机构贷款统计表

表 14-3-2　　　　单位：万元

项目名称＼年份	1991	1992	1993	1994	1995	1996	1997	1998	1999	2000	2001	2002	2003	2004	2005
各项贷款	11362	14890	19479	23932	29583	35449	36026	44001	49932	47959	52541	71346	97966	102915	111472
其中：1、短期贷款	7043	8931	13107	17263	21977	23982	25385	27716	28562	24117	35714	26228	40124	41067	51573
(1)工业贷款	3183	4039	5400	6359	8406	9200	8708	9167	7162	4960	5570	3852	3803	7195	7548
(2)商业贷款	2570	3262	3663	5176	5297	6647	6255	5815	6638	3923	2473	1970	1187	712	872
其中：农副产品贷款	515	—	—	—	—	1337	1601	1479	1480	1579	1197	1075	966	712	722
(3)建筑业贷款	292	367	320	264	281	195	1014	618	842	510	342	2330	5680	200	200
(4)农业贷款	1819	—	796	794	911	594	1605	2461	2865	3338	3926	3951	11906	16328	22683
(5)乡镇企业贷款	872	1068	1208	1206	1274	99	306	617	1024	3032	4950	2247	3565	3938	5300
(6)三资企业贷款	—	—	150	230	207	207	107	167	92	—	—	—	—	—	—
(7)私营企业及个体贷款	126	195	349	960	1627	2616	1936	1540	1518	322	600	770	765	775	1629
(8)其他短期贷款	—	—	1223	2273	3974	4424	5454	7331	8421	8041	17854	11107	13218	11919	13341
其中：个人短期消费贷款	—	—	—	—	—	—	—	—	—	364	49	120	928	791	2184
2、中长期贷款	2248	3154	6028	6076	5992	7052	7391	16285	20774	23816	16592	44817	57622	60818	59899
(1)基本建设贷款	1322	1182	1152	1102	990	1743	2946	8837	11607	11301	2132	21032	24721	26020	22686
(2)技术改造贷款	596	1166	1821	1801	1676	1911	1233	1851	811	604	504	504	4	—	—
(3)老少边穷贷款	209	686	706	806	801	—	—	—	—	—	—	—	—	—	—
(4)地方经济开发	121	120	120	120	120	—	—	—	—	—	—	—	—	—	—
(5)其他中长期贷款	—	—	—	—	2405	3398	3212	5597	8356	11911	13956	23281	32897	34798	37213
其中：个人中长期消费贷款	—	—	—	—	—	—	—	—	—	1168	4426	7490	17450	22722	26825

2010年云和县金融机构贷款统计表(变更口径统计)

表14-3-3 单位:万元

项目名称	2010年	项目名称	2010年
一、各项贷款	262467.52	—	—
(一)境内贷款	206605.52	—	—
1、短期贷款	134067.15	2.、中长期贷款	127879.48
(1)个人贷款及透支	91484.15	(1)个人贷款	76399.14
其中:个人消费贷款	27768.51	其中:个人消费贷款1	52346.83
(2)单位普通贷款及透支	39183	(2)单位普通贷款	51480.34
其中:经营性贷款	37183	其中:经营贷款1	21523
固定资产贷款	2000	固定资产贷款1	19957.34
(3)普通并购贷款	—	(3)普通并购贷款1	—
(4)银团贷款	—	(4)银团贷款1	—
(5)贸易融资	3400	(5)贸易融资1	—

第三节 不同种类贷款

老少边穷贷款

1991—1997年间,县金融机构设有“老少边穷”专项贷款,享受利率优惠政策,用于扶持县域经济发展。“老少边穷”专项贷款的年末余额情况:1991年为209万元;1992年是686万元;1993年为706万元;1994年达806万元,为年末余额较高年份;1995年系801万元;1996年为762万元;1997年仅202万元。此后,老少边穷专项贷款业务停办。

扶贫专项贴息贷款

“八五”期间,国家安排“扶贫专项贴息贷款”,系扶持贫困地区发展经济的开发性投资性贷款。政策规定月利率六厘一,对贷款方收取二厘一,中央财政负担四厘。云和县当时属省级贫困县,可以享受这一政策。农行云和县支行根据《中国人民银行、中国农业银行扶持贫困地区专项贴息贷款管理暂行办法》,将扶贫专项贴息贷款使用范围、贷款条件、贷款分配和发放、贷款期限和利率、贷款责任和考核等方面规定予以公告。同时,要求贷款申请单位或个人选择相关项目立项申报,经金融机构审定后,按开发经营项目发放扶贫专项贴息贷款,并按政策规定期限按时收回扶贫贴息贷款。

1992年11月,中国人民银行计划资金司下发《关于进一步做好扶贫专项贴息贷款管理工作的通知》,明确规定:应坚持经济效益第一的原则,对扶贫也要办理资产抵押或担保,对项目留有资金缺口和自筹资金不到位的,不予贷款。鉴此,中国农业银行云和县支行组织扶贫专项贴息贷款项目自查自纠,健全贷款办理程序,完善抵押担保举措,预防产生不良贷款。同时,加强贷后管理，收回贷款后再继续发放，切实做好新项目的申报及资金使用情况的监督工作。

1991—1994年间，县金融机构共计发放扶贫贴息贷款2581万元，扶持全县食用菌开发、商品猪饲养、库区水产养殖、木制玩具生产、小水电开发等。国家扶贫专项贴息贷款扶持全县开发经营的具体项目。

1994年底，国家扶贫专项贴息贷款项目划转农业发展银行，全县贷款余额为933万元。1997年，由县农发行信贷组发放43万元。1998年，县农发行信贷组的扶贫贴息贷款业务，又划归农行云和县支行管理，只负责收贷而不放贷。2003年年底，全县此项贷款余额为188万元。

1990—2003年全县扶贫专项贴息贷款统计表

表14-3-4　　单位：万元

年　份	发放数	余　额	年　份	发放数	余　额
1990		536	1994	421	933
1991	472	729	1997	43	
1992	748	1044	2003年底	0	188
1993	940	1214	—	—	—

“三农”贷款

1996年10月，中国农业银行云和县支行与农村信用社脱钩分离后，“三农”（农业、农村、农民）贷款由县农村信用合作联社（以下简称“农信联社”）承担。

1996—2000年间，县委、县政府引导全县农村调整产业结构，鼓励农民利用当地资源，发展效益农业和特色农业。县农信联社紧密配合党委、政府的中心工作，立足“三农”，服务“三农”，大力扶持全县农业综合开发。1997年，累计发放“三农”贷款7158万元。扶助8800多农户发展袋料香菇产业；支持山区农村发展竹笋两用林；开发优质板栗基地1000亩；支助西南部山区发展高山蔬菜基地1240亩；发放扶持木制玩具和轴承加工业贷款424万元。

1998—2000年间，县农信联社每年都组成涉农资金调查组，深入全县各乡镇，走村访户，调查了解各乡镇的农业综合开发规划、计划，听取行政村、农户实施开发经营项目的资金需求，协助指导农户因地制宜，扬长避短，发展特色产业。三年间，累计发放涉农贷款16900多万元，年均达5600多万元。涉农贷款惠及粮食生产，农业科技推广，食用菌发展，高山蔬菜、大棚蔬菜种植，家禽家畜饲养，竹笋两用林改造，水干果基地建设，油茶低产林改造、库区水域开发、水面网箱养殖、农村休闲旅游等产业。县农信联社在促进农业增效、农民增收，推进农业产业化和农村经济发展方面提供强大的资金支持。

2001—2005年间，县农信联社逐步加大涉农信贷力度。2001年，发放支农贷款400万元。建设修复农田水利防洪工程七项；开发整理沙溪乡（现属凤凰山街道）贵溪畈等五个粮食生产基地，整理耕地450.51公顷，增加耕地面积52.34公顷。2002年，开展创建“信用乡镇”工程和农户信用等级评定活动，发放信用等级评定证书。农户可凭信用证借贷相应资金，农户小额贷款难问题得到有效解决。随着农业产业结构的不断调整，农业产业化规模的日益扩大，对支农资金的需求亦不断扩大。中国人民银行云和县支行采取再贷款的形式，扶持县农信联社及时发放涉农贷款，提高县农信联社服务“三农”的信贷能力。同时，县农信联社以支持农村创办致富示范点的形式，开办农村青年成才创业、农村妇女脱贫致富专项小额贷款。发放农村青年成才创业贷款 66 万元，建成特色农业科技示范基地 13 个；发放农村妇女脱贫致富贷款 28万元。2003 年，累计发放涉农贷款 19822 万元，比上年增长 114%。2004 年，累放涉农贷款 23254.1 万元，同比增长 17.31%。2005 年，县农信联社历经体制改革后，依然坚持立足“三农”，服务“三农”，涉农贷款达 31236 万元，占县农信联社贷款总额的 74.24%，同比增长 34.32%。

2006 年，县农信联社认真贯彻中国人民银行制定出台的《关于改善金融生态环境 促进社会主义新农村建设的意见》，县农信联社支农涉农贷款余额达 40984 万元，占县农信联社贷款总额的 82.39%。同时，疏通拓宽农村支付结算渠道，开通大额、小额支付系统，在全县农村推广信用卡业务，发放“丰收卡”2502 张。2007 年，县信用联社开展异地组团贷款 900 万元，发放林权抵押贷款 727 万元。同时，在全县农村开展信用等级评定工作，推进农村信用体系建设，以防产生不良贷款。2008 年，在国际金融危机的大背景下，县信用联社仍然继续加大“三农”贷款投放力度，累计发放农业贷款 6.54 亿元，同比递增 1.70 亿元。全县林权抵押贷款达 1066 万元。2009 年，县信用联社累计发放农业贷款 77290 万元，同比增加 11876 万元。是年，县农业银行推广“惠农卡”贷款业务，采取保证方式，实行自助申请，自助还款，对紧水滩镇、大源乡的 151 户农户授信 755 万元。2010 年，县信用联社累计发放农业贷款 6.34 亿元，同比增长 25.46%。其中，林权抵押贷款实施扩面增量，余额达 13463 万元，同比增长 188.41%。

粮食购销贷款

1991 年，粮食购销贷款开始实行专项管理，由中国农业银行云和县支行承办，采用“基数全包、计划控制、超额调剂、结余收购”的办法，确保粮食收购资金满足供应，不拖欠不打白条。1994 年，全县粮食收购贷款余额为 721 万元，其中专项储备粮贷款 133 万元，是 1990 年的 2.03 倍。1997 年始，由农发行云和县信贷组承担粮食购销贷款业务。每年粮食收购季节，农发行县信贷组主动下基层，了解全县粮食收购情况，按照“收多少粮，贷多少款”的资金供应原则，“适时、灵活、准确、及时”地调度资金，切实做好粮食收购贷款的发放工作，保证粮食收购企业收定购粮和按“保护价”放开收购农民余粮的资金需求。对粮食销售贷款，则按政策性经营资金与商业性经营资金分开核算的“两线”运行方式实施放贷，防止企业对政策性资金的不合理占用。同时，做好粮食购销贷款的按时回收工作。1998 年，对粮食购销企业全面实行“一个基本结算账户，三个专项资金账户”的粮食购销资金管理工作，确保粮食收购资金封闭运行，安全可靠。

工业发展贷款

“八五”期间，全县工业发展贷款以中国工商银行云和县支行承担为主，中国农业银行云和县支行、中国建设银行云和县支行为辅。“八五”前期，以扶持县属企业技改为重点。中国工商银行云和县支行对无线电厂、半导体厂、轴承厂、轴瓦厂等县属企业发放技改专项贷款 487 万元。“八五”后期，县属企业先后进入改转制阶段，个体私营经济发展步伐加快。1994 年，中国工商银行云和县支行发放私营企业、个体工商户贷款673万元，其中大部分放贷于木制玩具私营企业。1995年，发放支持“五个千家万户”发展贷款841万元。1994年年末，中国工商银行云和县支行贷款余额达7841万元。1995年年末，贷款余额为7374万元。分别是1991年年末贷款余额的2.04倍和1.92倍。“八五”期间，中国农业银行云和县支行累放工业贷款1032万元。1995年年末，中国农业银行云和县支行工业贷款余额251万元，是1990年的3.5倍。“八五”期间，中国建设银行云和县支行仅对县轴承集团发放技改贷款1000万元。

1996年后，县金融部门逐步加大对工业园区、工业企业的支持力度。“九五”期间，中国农业银行云和县支行发放工业贷款3319万元，比“八五”期间增加2.2倍。“十五”期间，县商业银行树立与企业共创价值的理念，积极支持推进新型工业化、特色产业化，把木制玩具产业列为信贷扶持的重中之重，优化信贷资源配置，出台政策予以倾斜。2001—2003年，中国工商银行云和县支行对全县工业企业、工业园区发放贷款累计达8000多万元。2004—2005年，在信贷资金、规模双趋紧的客观背景下，力求做到“紧中求活”，设法支持地方建设，先后放贷2300万元和2000万元，扶持县工业园区第四期扩建工程。同时，积极向上级行争取扩大贷款审批权限，中国工商银行云和县支行对上等级的小型企业贷款审批权限达到1800万元；微型企业的贷款审批权限达到500万元。支持11家小微型玩具企业发展，发放流动资金贷款1700万元；扶持县金属制造园区企业，发放流动资金贷款2804万元。2001年，县农信联社与县工业园区管委会达成协议，创立“企业土地抵押、业主公司担保、政府部门承诺”的政银企合作机制，发放工业贷款1393万元，支持44家企业进入工业园区生产经营。2005年，继续扶持40多家入园企业，发放生产流动资金和技术改造资金贷款6400万元。2005年年末，全县金融机构的工业贷款余额达9177万元，是1990年年末的3.5倍。

“十一五”期间，县商业银行进一步放宽信贷准入条件，重点扶持中小企业和微小企业，推进小微企业“早投入，早发展，早做大，早收益”。2007年，中国工商银行云和县支行首次发放300万元的在建工程抵押贷款。中国农业银行云和县支行联合基层社区，积极探索小微企业信用评价机制，发放小额贷款112万元，支持4家小型企业发展生产；同时，建立61家小微企业主资信档案，依据资信等级提高授信额度。是年，建行云和县支行发放小微企业联保贷款900万元。县邮政储蓄所创新开辟存单质押贷款，累计发放贷款319万元。2008年，全县金融系统累计发放中小企业贷款4.77亿元，同比递增1.73亿元。2009年，中国工商银行云和县支行内设中小企业服务部，加大对中小企业的支持力度。开办网贷通业务，经综合授信即可随贷随还，使现金流动较大的企业节约生产成本。同时，注重拓展诚信单位、诚信个人贷款业务。中国建设银行云和县支行扩大e贷通、速贷通贷款规模，推出“成长之路”信贷业务。各金融机构主动推出农村青年就业创业贷款；稳妥推进出口退税账户、股权质押贷款，开办银行承兑汇票、本票业务。2010年，全县金融部门累计发放中小企业贷款7.25亿元，贷款余额为6.4亿元，同比增长32.49%。

基本建设贷款

全县基本建设贷款主要由建行云和县支行承担。2009年年末，基本建设项目中长期贷款余额为260370万元，是1990年的19.95倍。1999—2003年，五年间，累放各项基建贷款55918万元，其中，短期贷款26441万元，占比47.72%；中长期贷款29477万元，占比52.28%。在中长期贷款中，基本建设贷款达21783万元，占中长期贷款总额的74.51%。县金融部门注重扶持重点项目建设。中国建设银行云和县支行支持省级重点项目沙铺砻水电站建设，发放贷款8000万元；中国农业银行云和县支行发放贷款5000万元。扶持云和中学、云和二中、云和三中和县中等职业技术学校开展校园建设，中国建设银行云和县支行先后发放贷款5700万元。中国工商银行云和县支行发放县实验幼儿园建设贷款3000万元。

在支持重点工程项目建设的同时，积极协助建设单位抓好工程项目的审价核价工作。管好用好建设资金，力求使有限的建设资金发挥更大效益。1991—2002年，先后共审核建设工程项目939个，工程总造价为14494.67万元，共核减价值1323.87万元，核减率达9.13%。节省大量的建设资金，受到县政府和建设投资单位的褒扬。

城市基础设施建设贷款

“十五”期间，中国建设银行云和县支行给县土地征收储备中心累放贷款102500万元；发放县邮政大楼建设和5000门程控电话安装贷款400万元；投放县城过境公路建设贷款2000万元；县公安局110指挥中心大楼贷款300万元。中国工商银行云和县支行投放县邮电程控通讯建设项目贷款6020万元；县标准田径场建设贷款300万元；城市防洪工程建设贷款1000万元；县城基础设施建设贷款1000万元。2004年，投放政府类项目建设贷款2150万元。2005年，发放政府类项目建设贷款1600万元。中国农业银行云和县支行发放县第二自来水厂贷款9800万元；投放丽龙一级公路云和段一期贷款10676万元、二期贷款2000万元；扶持金坑口电站建设贷款2800万元。县农信联社发放贷款300万元，支持丽龙一级公路贵溪至云坛段和县城城东住宅小区基础设施建设。2005年，投放城市基础设施建设配套贷款7000万元。

“十一五”期间，中国工商银行云和县支行投放县工业园区杨柳河二期扩建项目贷款5000万元。农行云和县支行发放县土地征收储备中心贷款1000万元。建行云和县支行投放县国资公司和土地储备中心贷款3800万元。中国农业发展银行云和信贷组发放农业土地开发贷款3800万元。县信用联社发放县土地收储中心、城市发展公司、体育馆建设贷款1500万元。上海浦发银行投放县工业园区杨柳河开发项目1亿元。至2009年年底，全县政府类基础设施建设贷款余额29510万元，加上异地贷款16180万元，全县城市基础设施建设贷款累计45690万元。

房地产贷款

中国工商银行云和县支行核定同心小区商住房开发项目贷款额度为4750万元，至2003年底，已发放贷款3750万元；同时，配套投放住房按揭贷款7226万元。2005年，投放同心房产集团开发“水境佳苑”项目贷款5000万元。中国建设银行云和县支行支持广和房地产开发公司贷款2300万元。同时，发放以企业职工个人为主要对象的个人类住房贷款、个人消费贷款，截至2003年底，累放贷款达6400多万元，并代理发放住房公积金贷款32000万元。2007年，自营性房地产贷款56826万元，个人住房贷款余额达43416万元。2008年，自营性房地产贷款49528万元，个人住房贷款余额为43075万元。2009年，自营性房地产贷款58441万元，个人住房贷款余额达45932万元。

再就业贷款

20世纪90年代，全县国有、集体企业改革步伐加快，大部分企业面临改制、转制、重组、破产，下岗失业和待业人员逐渐增多。2004年始，根据相关规定，县金融机构增设再就业贷款业务。是年，发放再就业贷款42户93万元。2005年，中国人民银行云和县支行把扶持下岗职工再就业纳入“金融生态环境建设”范畴，要求县信用联社在青阳门社区开展“信用社区”创建活动，为下岗失业人员提供较为宽松便捷的金融服务。青阳门社区信用体系创建的成功经验，疏通拓宽下岗困难职工获取金融扶持谋求再次就业的渠道。时年，县金融部门发放下岗职工再就业贷款115万元，比2004年增长23.65%。2007年，发放下岗困难职工再就业贷款80万元。

生源地助学贷款

2003年，全县累计发放生源地助学贷款102万元，扶助206名山区贫困农民子女圆了大学梦。2004年，发放生源地助学贷款231户274万元。2005年，扶持生源地助学贷款189户362万元。2010年，全县共发放生源地助学贷款185户213万元。

小额贷款公司贷款

2008年12月，云和县隆丰小额贷款股份有限公司成立，注册资金5000万元，注册地址：云和县云和镇同心水境佳苑9幢201室。隆丰小额贷款公司遵循“小额、分散”原则，严格执行国家利率政策，服务定位为“三农”、小微企业和个体工商户，主要发放短期流动资金贷款，贷款方式灵活，较好地发挥社会融资作用。2009年年末，该公司贷款余额为4768万元。2010年年底，贷款余额达7369.5万元。

第四章　证券与代理

证券是用来证明券票持有人享有的某种特定权益的法律凭证，其中最具代表性的是债券、股票。金融系统推行的代理（中间）业务，是为客户办理支付和其他委托事项而收取手续费的业务的总称。20年间，县内曾发行少量10年期国债。2000年，由县邮政局承办的丽信证券云和远程大户室开业，系云和县第一家证券（股票）交易代理机构。2005年停业，股票交易业务转交浙商证券经营。银行卡普及较快，网络银行稳步发展。

第一节　国　债

1991年，全县发行销售十年期国债，2000年，国债期满。县各商业银行认真做好兑付工作，共兑付到期国债本金 92965 元，利息 25829.75 元。其中，中国工商银行云和县支行兑付本金 78110 元，利息 21740.17 元；中国银行云和县支行兑付本金 7000 元，利息 1920.78 元；中国建设银行云和县支行兑付本金 7855 元，利息 2168.8 元。2000 年始，县金融部门被确定为国债代理兑付点。2004 年 7 月，中国人民银行丽水市中心支行公告，指定中国农业银行云和县支行为国债常年兑付点。

第二节 股 票

2000 年 10 月 30 日，由县邮政局承办的丽信证券云和远程大户室开业，成为云和县第一家证券（股票）交易代理机构。地址设于县邮政大楼营业厅。2001 年 1 月，易名为金信证券云和远程大户室，具备刷卡交易、证券查询等功能。大户室配置大型电子显示屏、UPS1 个、计算机 6 台、路由器 1 个、交换机 1 台、终端电视 22 台、彩电 3 台。2005 年停业，股票交易业务转交浙商证券经营。

第三节 代理业务

1990 年始，全县各行、社先后开辟代收代付的代理业务（亦称中间业务），收取相应的手续费。代理业务范围广泛，门类众多，诸如代发工资、退休金，代收水费、电费、移动话费、税费、保险费，代理银证通（证券交易）联网服务等，既给客户带来方便，又为银行创造效益。2007 年，各行社继续拓展中间业务，开展代办贷记卡，代理基金、投行业务，代客理财等，健全完善全县金融系统服务经济社会功能。

第四节 银行卡和网络银行

1993 年，全县金融部门先后开始发行银行卡。中国工商银行云和县支行为“牡丹卡”；中国农业银行云和县支行为“金穗卡”；中国建设银行云和县支行为“龙卡”。银行卡大体可分灵通卡（存折配套卡）、信用卡、贷记卡三种。截至 2003 年年底，中国工商银行云和县支行发行银行卡 708 张（不含灵通卡）；中国农业银行云和县支行发行 14357 张；中国建设银行云和县支行发行 50892 张。

2002 年，中国工商银行云和县支行推介使用电子银行，至 2005 年年底，网上银行企业户有 84 户，自然人户达 943 户。2004 年，中国建设银行云和县支行倡导推行网络银行（简称网银）业务。截至 2005 年年底，网络银行发展企业 128 户，个人 5340 户，共计 5368 户。网银交易 4468笔，交易金额达33884万元。2006—2010年，网银业务快速发展。截至2010年年末，全县金融系统网络银行发展企业665户，个人22463户，网银交易148.65万笔，交易金额达11.08亿元。

第五章　金融业监管

1990—1995年，执行适度从紧的货币政策。1996—2000年，由适度从紧的货币政策逐步向稳健的货币政策过渡。2001—2005年，继续贯彻执行稳健的货币政策。2006—2007年，执行适度从紧及从紧的货币政策。2008年，执行“两防”(防止经济由偏快走向过热；防止物价由结构性上涨转为全面通货膨胀)和“一保一控”(保经济增长速度；控制通货膨胀)的货币政策。2009—2010年，执行适度宽松的货币政策。1990—2004年，中国人民银行对存贷款利率作过14次调整。全县银行系统根据央行指令，按时调整人民币存贷款利率。2006—2007年，先后八次上调人民币存贷款基准利率，以控制货币供应量过快增长。2008年，央行先后五次下调存贷款基准利率，以应对国际金融危机风暴。一年期存款基准利率由4.14%调低至2.25%；一年期贷款基准利率由7.47%下调至5.31%。20年来，中国人民银行云和县支行坚决贯彻国家的经济金融方针政策，根据上级行的部署，以“保证货币稳定，促进经济稳定增长”为首要任务，扎实开展金融秩序的清理整顿工作，强化金融监管，注重信息调研，确保全县金融体系安全有效地运行。

第一节　货币政策

1991—1995年，中国人民银行云和县支行根据宏观经济形势和央行要求，贯彻执行适度从紧的货币政策，严格控制信贷总量。对银行的信贷投放，实行“按季监控、按月考核”。正确引导信贷投向，以全县“扶贫攻坚”项目为主。重点扶持农业综合开发，扶持规模企业和支柱产业，扶持个私经济发展和城镇基础设施建设。1996—1999年，由适度从紧的货币政策逐步向宽松稳健的货币政策过渡。中国人民银行云和县支行从注重资金调度，规模管理，转向引导信贷投向，调整信贷结构，增加有效投入。同时，拓展个人信贷消费业务(如个人住房贷款)，激活拉动消费需求，助推县域经济增长。

进入21世纪，继续贯彻稳健的货币政策。紧扣党委、政府提出的“接轨大上海、融入长三角”“三市并举”“小县大城”战略举措，发挥金融的资金优势和支撑功能，促进全县工业经济稳步发展。灵活运用再贷款和再贴现的货币政策，支持推进农业农村经济结构调整，促进农业增效农民增收。

注重调查研究，推进货币政策的贯彻落实。根据县委、县政府的要求，中国人民银行云和县支行联合相关部门设立全县经济金融形势分析研讨会议机制。定期讨论宏观经济走势，分析县域经济金融运行状况，研究如何用好用足金融货币政策，推动县域经济社会全面发展的思路和办法。正确合理引导信贷投向，增强货币政策的执行效果。2004 年 7 月，中国人民银行云和县支行制定出台《关于贯彻落实金融宏观调控措施切实做好当前信贷工作的指导意见》，提出 7 条切合云和实际的信贷投向引导性意见，均明确表述。2004 年 7 月 19 日，县人民政府全文批转人行云和县支行的指导意见，要求各乡镇、县属各部门认真解读指导意见，充分了解货币政策导向，以便更好地指导全县经济工作。

2005 年，中国人民银行云和县支行继续深入贯彻稳健的货币政策，坚持“区别对待，有保有压”的原则，根据县委、县人民政府确立的“项目推进年”的工作目标，制定出台《云和县“项目推进年”金融系统工作意见》，引导金融机构加强对全县主导产业、“三农”经济和重点项目建设的支持力度，引导各商业银行调整自营性住房贷款政策，调节住房供需矛盾。3 月 31日，中国人民银行云和县支行主持召开金融系统支持“项目推进年”工作会议，具体研究部署在国家宏观调控背景下，金融部门支持服务县委、县政府“项目推进年”工作大局的具体措施，全面落实《云和县“项目推进年”金融系统工作意见》，支持地方经济社会发展。

图 14-5-1 2006 年 12 月，贯彻《中华人民共和国反洗钱法》宣传活动（县人民银行提供）

2006—2007 年，宏观经济由偏快转向过热的迹象更趋明显，逐步以物价不断上涨的形式表现出来。中国人民银行紧扣宏观经济脉搏，适时调整货币政策，由稳健的货币政策转向“适度从紧”“从紧”的货币政策，严格控制货币供应量，防止过快增长，取得明显的调控效应。2007 年，中国人民银行云和县支行根据货币政策变化，适时出台《2007 年云和县金融系统货币信贷投向指引》，引导金融机构信贷投向，切实加大对重点建设项目和保险业的信贷投入，坚持有保有压，做到保压适度。

2008 年，美国次贷危机爆发，导世界经济增长明显放缓，外需的削减萎缩给外贸出口带来较大影响。上半年把“两防”（防止经济由偏快走向过热；防止物价由结构性上涨转为全面通货膨胀）作为重点调控对象；下半年开始实行“一保一控”（保经济增长速度；控制通货膨胀）政策。是年，人行云和县支行制发《2008 年云和县货币信贷投向指引》，按照国家产业政策，积极引导金融部门调整信贷结构，提高资金配置效率，加大对县域重点领域、行业、项目的信贷支持，促进经济金融的良性互动。

2009 年，宏观经济逐步好转。中国人民银行云和县支行继续贯彻适度宽松的货币政策和“扩内需、保增长、调结构”的宏观调控政策，制定出台《云和县金融部门支持地方经济社会发展若干意见》《云和县金融系统信贷投放指引》和《关于金融部门支持农村危旧房改造的若干意见》，引导金融机构对重点领域的信贷支持，支撑全县经济社会稳步发展。

2010年，根据国家继续实施适度宽松的货币政策，保持政策的连续性和稳定性，增强调控的针对性和灵活性的货币政策要求，人行云和县支行适时制作出台《云和县货币信贷投向指导》。10月，会同县财政局、县人事劳动社会保障局制发《关于进一步改进小额贷款担保管理的意见》，解决城乡贫困群众融资难问题，积极推动创业创新，以创业促就业。

第二节　利率政策执行和监管

利率政策执行

人民币利率是国民经济的杠杆，对整个经济金融发展起着重要调节作用。1990—2004年，中国人民银行对存贷款利率作过14次调整。全县银行系统根据央行指令，按时调整人民币存贷款利率。

1990年4月15日，调整人民币存款利率。除活期存款年利率继续保持2.88%的水平不变；增加三个月期整存整取存款档次，年利率确定为6.3%外，半年期至8年期整存整取的存款类别年利率均往低调。1993年5月15日和1993年7月11日，两个月内两次调整利率。此间，人民币存款年利率达到20世纪90年代峰值。1996年5月1日，继续实施利率调整。此后，央行又相继6次调整调低人民币存款利率。2002年2月21日，继续调整存款利率，人民币利率达最低值。

2004年10月29日始，中国人民银行决定上调金融机构存贷款基准利率，放宽人民币贷款利率浮动区间，允许人民币存款利率下浮。一年期存款基准利率上调0.27个百分点，由现行的1.98%提高到2.25%；一年期贷款基准利率上调0.27个百分点，由现行的5.31%提高到5.58%。

2005年，进一步放宽金融机构贷款利率浮动区间。金融机构（不含城乡信用社）的贷款利率原则上不设上限，贷款利率下浮幅度不变，贷款利率下限仍为基准利率的0.9倍。对金融竞争环境尚不完善的城乡信用社贷款利率仍实行上限管理，最高上浮系数为贷款基准利率的2.3倍，贷款利率下浮幅度不变。譬如，调整后的一年期贷款基准利率为5.58%，城乡信用社则可在5.02%~12.83%的区间内自主确定贷款利率。

2006—2007年，先后八次上调人民币存贷款基准利率，以控制货币供应量过快增长。2006年上调两次，2007年上调6次。一年期存款基准利率由2.25%调整到4.14%；一年期贷款基准利率由5.58%调高到7.47%。

2008年，央行先后五次下调存贷款基准利率，以应对国际金融危机风暴。一年期存款基准利率由4.14%调低至2.25%；一年期贷款基准利率由7.47%下调至5.31%。2010年10月20日起，中国人民银行决定，上调金融机构人民币存贷款基准利率，并启动存贷款基准利率确定方式改革。同年12月，中国人民银行再次决定上调金融机构人民币存贷款基准利率、人民银行对金融机构再贷款、再贴现利率。一年期存款利率上调至2.75%；一年期贷款利率上调至

5.81%，以稳定消费价格总水平，保障群众基本生活。

1989—1997 年，根据当时的物价波动状况，中国人民银行颁布人民币保值储蓄贴补率实施办法。1995 年，保值储蓄的年补贴率高达 13.24%。1997 年，除 2 月、3 月和 4 月仍有一定的贴补率外，已全面取消保值储蓄贴补率政策。

2003 年 9 月，中国人民银行决定，提高金融部门存款准备金率 1 个百分点，即由 6%提高到 7%。以加强银行系统流动性资金管理，控制货币信贷总量过快增长，保持国民经济平稳快速健康发展。

2004 年 4 月，再次提高存款准备金率 0.5 个百分点，即从 7%提高到 7.5%。农村信用社的存款准备金率仍执行 6%不变。

2006 年 7 月、8 月、11 月，银行存款准备金率分别上调 0.5 个百分点，从 7.5%调高至 9%。农村信用社存款准备金率提升至 6.5%。

2007 年，金融业存款准备金率上调十次，提升至 14.5%；农村信用社存款准备金率执行 12.5%。

2008 年上半年，银行存款准备金率上调五次，调升至 17.5%；农村信用社存款准备金率执行 15%。2008 年下半年，中国人民银行开始下调存款准备金率。经先后四次下调后，银行存款准备金率为 15.5%，农村信用社下调至 11%。

2010 年，中国人民银行六次上调存款准备金率，以引导货币信贷的合理增长。是年 12月，银行系统存款准备金率高达 18.5%，农村信用社存款准备金率执行 12.5%。

中国人民银行存款基准利率变动表

表 14-5-1　　　　单位：年利率%

调整日期		活　期	整存整取						
			三个月	半年	一年	二年	三年	五年	八年
1990 年	4 月 15 日	2.88	6.3	7.74	10.08	10.98	11.88	13.66	16.22
1990 年	8 月 21 日	2.16	4.32	6.48	8.64	9.36	10.08	11.52	13.68
1991 年	4 月 21 日	1.80	3.24	5.4	7.56	7.92	8.28	9	10.08
1993 年	5 月 15 日	2.16	4.86	7.2	9.18	9.9	10.8	12.06	14.58
1993 年	7 月 11 日	3.15	6.66	9	10.98	11.7	12.24	13.86	17.1
1996 年	8 月 23 日	1.98	3.33	5.4	7.47	7.92	8.28	9	—
1997 年	10 月 23 日	1.71	2.88	4.14	5.67	5.94	6.21	6.66	—
1998 年	3 月 25 日	1.71	2.88	4.14	5.22	5.58	6.21	6.66	—
1998 年	7 月 1 日	1.44	2.79	3.96	4.77	4.86	4.95	5.22	—
1998 年	12 月 7 日	1.44	2.79	3.33	3.78	3.96	4.14	4.5	—
1999 年	6 月 1 日	0.99	1.98	2.16	2.25	2.43	2.7	2.88	—
2002 年	2 月 21 日	0.72	1.71	1.89	1.98	2.25	2.52	2.79	—

续表 14-5-1

调整日期		活 期	整存整取						
			三个月	半年	一年	二年	三年	五年	八年
2004 年	10 月 29 日	0.72	1.71	2.07	2.25	2.7	3.24	3.6	—
2006 年	8 月 19 日	0.72	1.8	2.25	2.52	3.06	3.69	4.14	—
2007 年	3 月 18 日	0.72	1.98	2.43	2.79	3.33	3.96	4.41	—
2007 年	5 月 19 日	0.72	2.07	2.61	3.06	3.69	4.41	4.95	—
2007 年	7 月 21 日	0.81	2.34	2.88	3.33	3.96	4.68	5.22	—
2007 年	8 月 22 日	0.81	2.61	3.15	3.6	4.23	4.95	5.49	—
2007 年	9 月 15 日	0.81	2.88	3.42	3.87	4.5	5.22	5.76	—
2007 年	12 月 21 日	0.72	3.33	3.78	4.14	4.68	5.4	5.85	—
2008 年	9 月 16 日	0.72	3.33	3.78	4.14	4.68	5.4	5.85	—
2008 年	10 月 9 日	0.72	3.15	3.51	3.78	4.41	5.13	5.58	—
2008 年	10 月 30 日	0.72	2.88	3.24	3.6	4.14	4.77	5.13	—
2008 年	11 月 27 日	0.36	1.98	2.25	2.52	3.06	3.6	3.87	—
2008 年	12 月 23 日	0.36	1.71	1.98	2.25	2.79	3.33	3.6	—
2010 年	10 月 2 日	0.36	1.91	2.2	2.5	3.25	3.85	4.2	—
2010 年	12 月 26 日	0.36	2.25	2.5	2.75	3.55	4.15	4.55	—

中国人民银行贷款基准利率变动表

表 14-5-2　　单位：%

调整日期		六个月（含）	一年（含）	一年至三年（含）	三年至五年（含）	五年以上
1990 年	4 月 15 日	11.34	11.34	12.78	14.4	19.26
1990 年	8 月 21 日	8.64	9.36	10.08	10.08	11.16
1991 年	4 月 21 日	8.1	8.64	9	9.54	9.72
1993 年	5 月 15 日	8.82	9.36	10.8	12.06	12.24
1993 年	7 月 11 日	9	10.98	12.24	13.86	14.04
1995 年	1 月 1 日	9	10.98	12.96	14.58	14.76
1995 年	7 月 1 日	10.08	12.06	13.5	15.12	15.3
1996 年	5 月 1 日	9.72	10.98	13.14	14.94	15.12
1996 年	8 月 23 日	9.18	10.08	10.98	11.7	12.42
1997 年	10 月 23 日	7.65	8.64	9.36	9.9	10.53
1998 年	3 月 25 日	7.02	7.92	9	9.72	10.35
1998 年	7 月 1 日	6.57	6.93	7.11	7.65	8.01
1998 年	12 月 7 日	6.12	6.39	6.66	7.2	7.56

续表 14-5-2

调整日期		六个月(含)	一年(含)	一年至三年(含)	三年至五年(含)	五年以上
1999 年	6 月 1 日	5.58	5.85	5.94	6.03	6.21
2002 年	2 月 21 日	5.04	5.31	5.49	5.58	5.76
2004 年	10 月 29 日	5.22	5.58	5.76	5.85	6.12
2006 年	4 月 28 日	5.4	5.85	6.03	6.12	6.39
2006 年	8 月 19 日	5.58	6.12	6.3	6.48	6.84
2007 年	3 月 18 日	5.67	6.39	6.57	6.75	7.11
2007 年	5 月 19 日	5.85	6.57	6.75	6.93	7.2
2007 年	7 月 21 日	6.03	6.84	7.02	7.2	7.38
2007 年	8 月 22 日	6.21	7.02	7.2	7.38	7.56
2007 年	9 月 15 日	6.48	7.29	7.47	7.65	7.83
2007 年	12 月 21 日	6.57	7.47	7.56	7.74	7.83
2008 年	9 月 16 日	6.21	7.2	7.29	7.56	7.74
2008 年	10 月 9 日	6.12	6.93	7.02	7.29	7.47
2008 年	10 月 30 日	6.03	6.66	6.75	7.02	7.2
2008 年	11 月 27 日	5.04	5.58	5.67	5.94	6.12
2008 年	12 月 23 日	4.86	5.31	5.4	5.76	5.94
2010 年	10 月 2 日	5.1	5.56	5.6	5.96	6.14
2010 年	12 月 26 日	5.35	5.81	5.85	6.22	6.4

金融机构保值储蓄贴补率表

表 14-5-3

年份 月份	1990	1994	1995	1996	1997
1	0.9	—	9.84	11.31	0
2	1.44	—	10.38	10.83	2.09
3	0	1.19	11.78	11.29	0.94
4	1.42、0.9	1.5	11.47	9	0.17
5	0	2.7	12.27	7.61	0
6	0	3.38	12.92	7.23	0
7	0	4.58	13.01	6.24	0
8	0	4.27	12.99	4.75	0
9	0	4.96	12.64	3.61	0
10	0	5.62	12.07	0	0
11	0	6.57	12.07	4.04	0
12	0	8.79	13.24	0	0

利率政策的稽核检查监管

1990年12月，中国人民银行制作颁布《利率管理暂行条例》。中国人民银行云和县支行依据《利率管理暂行条例》，强化利率管理力度。1990年，依法没收商业银行实际多收的贷款利息1.50万元。1991年，及时纠正多付贷款贴息1.01万元的违规问题。1993—1994年，纠正部分银行储蓄所擅自 提高或变相提高（如发放纪念品等形式）利率的揽储做法。1996年，针对县金融机构对存贷款利率的执行情况，先后两次组织宣传活动，张贴《关于严禁非法提高利率的公告》和《关于调整存贷款利息的公告》，把宣传、教育、执行、查处和信息反馈有机地结合起来，形成一套较为完整可行的存贷款利率管理体系。是年，把利率执行情况作为重点进行监管，通过稽核、专项检查等手段，共查出不正当竞争存款560笔，金额达1441万元。对4家金融机构的利率违规行为处以罚息2.5万元。1997年，全县查出利率违规交易206笔，涉及金额2931万元。1998年，对2家擅自提高或相变提高利率吸收储蓄存款的金融机构，作出罚款1.12万元的处理。1999年，中国人民银行修改完善《利率管理暂行条例》，颁发《人民币利率管理规定》。中国人民银行云和县支行组织全县金融系统干部职工认真学习贯彻《人民币利率管理规定》，严格按照《人民币利率管理规定》运作。随着利率管理机制日臻完善，县金融行业公平有序的竞争环境得到有效维护，推进县域经济金融的稳步健康发展。

第三节　监管　稽核　检查

1991—1993年，在企业体制改革过程中掀起一股集资热潮。对此，中国人民银行云和县支行根据有关法律法规，严格审批手续，规范集资行为，经审核，同意发放企业债券300万元。同时，对40家参与集资的企业单位，逐个进行跟踪监督检查，纠正某些企业的不合规行为。

1993年年初，全县金融机构间同业拆借的违规行为比较严重。中国人民银行云和县支行对此予以高度重视，要求相关金融机构立即停止违章拆借行为，对已形成的违章拆借业务进行全面清理。1993年1月至5月，全县拆入资金4591万元，拆出资金4305万元。拆出资金中，属违章拆出的资金2060万元，其中，超范围拆借200万元，超期限拆借760万元，超利率拆借1100万元。中国人民银行云和县支行责令有关金融部门限期收回，同业拆借行为得到及时制约和规范。

1994年，中国人民银行云和县支行制订出台《云和县金融安全创建试行规划》，组织开展金融安全创建活动。全县各行社按照行政管理行的规定要求，扎实稳步开展创建活动。1998年，基本实现金融安全创建规划所确立的目标。

1995—2005年，坚持制度建设和监管、稽核两手抓。一手抓规章，建立、健全和完善金融业规章制度，诸如全面推行贷款证（贷款卡）制度，建立大额贷款报备制度、大额现金登记报备制度、贷款分类管理制度、低质量贷款（不良贷款）报送制等。一手抓监管，运用稽核、检查等手段，加大监管的力度、广度、深度，落实“抓降”（不良贷款存量下降）和“化险”（化解金融风险）措施。

1997年，对34家金融机构进行专项、常规、全面和后续跟踪稽核，稽核覆盖面达68%，完成稽核项目10个。投入现场稽核工作日409天，检查存款金额3.2亿元，贷款金额2.1亿元，查出超范围吸收存款、公款转存储蓄、转移财政性存款、违规贷款、违规拆借等违规金额7231.6万元，按照有关法规程序和规定，处以经济罚款10.92万元，通报批评金融机构一家，向被稽核单位提出整改意见建议53条。

1998年，继续强化稽核力度，投入现场稽核工作日366天，稽核检查金融机构33家（次），覆盖面达70%。对8家金融机构进行信贷管理检查，抽查贷款金额1.5亿元，占同期贷款总额的45.3%。对3家高风险农村信用社进行现场稽核，检查存款金额4471万元，占农村信用社同期存款总额的41%。对农发行云和信贷组3318万元的粮食收储资金使用情况进行专项检查。对中国农业银行云和县支行现金管理进行专项检查，抽查现金支付凭证505份，涉及金额1522万元。对建行云和县支行存款合规性实施专项稽核，抽查网点5个，涉及金额1.70亿元。同时，对4家国有商业银行贷款发放使用情况进行稽核调查，涉及贷款累计发放额达1.90亿元，查清发放异地贷款、向自办经济实体注入信贷资金、超比例发放大额贷款、执行“三查”制度不力、审贷分离制度执行不严等违规问题和薄弱环节，共查出各种违规金额1.01亿元，其中公款转存储蓄117万元，违规贷款4860万元，其他违规金额4170万元，责令限期纠正的违规款项9349万元，提出整改意见建议47条。对高风险的农村信用社，采取“一社一策”的办法跟踪检查；对金融违规行为根据有关法规作出严肃处理。

2001年，少数企业发生假借改转制之机逃废银行债务的行为。中国人民银行云和县支行根据有关规定，全年共审核改转制企业15家，落实金融债权人民币贷款406万元，美元贷款20万元。按照《不良贷款认定办法》的规定，制止以“借新还旧”“以贷还贷”“多次展期”等不良行为，正确反映信贷资产的真实性。

2002—2003年，进一步健全完善不良贷款清单报送制度、月度考核报送制度、季度分析制度、重点跟踪监测和年终考核等，要求并敦促全县各行社积极“做大增量、盘活存量、清旧堵新、抓降化险”。2002年，全年涉诉、仲裁信贷案件219件，标的金额1782万元，已审结192件，金额1973万元，已执行77件，回收金额367万元，年底全县银行业不良贷款余额6408万元，不良贷款率从年初15.37%下降至8.89%。2003年，全县银行不良贷款率又比上年下降4.85个百分点，降至4.04%。金融信贷资产质量持续提高。

2004年，丽水监管分局云和办事处加强对不良贷款的跟踪监测，根据省银监局的部署，完成农村信用社2004年度的风险评价，云和县农村信用合作联社被评定为A级。同时，做好《农村合作金融机构非现场监管系统和风险评价系统》软件的安装工作，完成2003—2004年度逐月数据的补报工作。同时，加强县农村信用社核销贷款的监管力度。

2005年年末，全县金融系统不良贷款为1310万元，不良贷款率下降至1.18%。

2006年，成立央行票据兑付考核委员会，建立连续的动态监测和现场考核机制，配合市银监部门和市人行考核小组对云和县农村信用合作联社的央行专项票据兑付工作进行检查和考核，并严格规范上报，已获央行审核批准，同意开办央行票据兑付业务，并在丽水全市首批实施成功兑付。

2007年，中国人民银行云和县支行认真履行支农再贷款审批小组工作职责，按季度进行常规检查，形成检查报告，发出整改意见书。同时，对辖区内167家企业进行贷款卡年审，更新企业信息，收集整理115家中小企业的信息档案资料。

2009年，根据《关于加快农村危旧房改造和农村信用等级评价的综合督查方案》，对农户信用信息档案和农户信用等级评价逐户进行审查，不符合信用等级评价要求或信息有误的全部退还，予以重新采集与评定，严把质量关。同时，制订出台《云和县农村信用体系建设工作考核办法》，明确考核内容与目标；将各涉农金融机构对农户综合授信情况纳入金融支持地方经济发展考核内容，进一步加强金融机构对农户创业创新的信贷支持力度。

2010年，加强金融监测分析，为上级行经济决策提供重要参考。通过对工业景气状况、法人机构存款准备金、金融机构流动性、人民币贷款利率水平、民间借贷利率水平、房地产信贷、小额贷款公司资金流向、法人金融机构稳健性等监测分析，较全面客观地反映县域经济金融发展状况，为上级行科学预判经济发展趋势，制定货币政策提供参考。

第四节　调研与信息

开展调查研究和分析预测，是中国人民银行云和县支行的重要职能之一。根据经济金融形势的发展变化，抓住经济金融运行中的热点、难点及重大经济金融政策出台后对经济金融的影响等问题，深入开展调查研究，注重调研成果的运用和信息反馈，更好地指导金融服务金融。1991—2000年，中国人民银行云和县支行每年都有数篇调研报告和数十条动态信息，分别被中国人民银行总行、上海分行、丽水中心支行和《丽水研究》录用。

2000年，中国人民银行云和县支行建立信息港（计算机局域网），网址是11.48.153.1。设置30个版块，网站硬盘内容已达3.483G，形成基本信息数据库。在抓网站建设的同时，制定《计算机信息管理》《行员计算机操作守则》《计算机设备安全管理办法》《计算机病毒防治守则》等规章制度。提供WEB服务及FTP文件传输服务，实现业务传递电子化、文稿传输自动化、无纸化，实现资源共享，提高工作效率和质量。

2001—2010年，正是金融业深化改革，金融业务不断创新发展的重要时期，新情况、新问题、新矛盾不断出现，加强调查、研究、分析、预测，对于优化金融业的生态环境，推进金融业健康发展，尤为重要。中国人民银行云和县支行注重金融调研，每年都根据国家货币政策、宏观调控取向、上级行的工作部署和县委、县政府的重点工作，组成相应的课题调研小组，深入基层，调查研究，形成调研专题报告，并注重调研成果运用和信息反馈。2001—2005年，累计完成调研课题56项，调研文章60篇。2001年，被《上海金融》录用1篇，《浙江金融调研与分析》录用1篇。2002年，题为《多方配合、多管齐下、化解农村信用社高风险》的调研报告，被上海分行《金融监管》第19期刊用。2003年，调研文章《发展云和旅游业的金融思考》，被《浙西南山区研究》录用。2004年，被省级刊物录用调研文章3篇；获中国人民银行杭州中心支行“优秀调查报告”评选三等奖。2005年，被上级行录用调研文章和信息12篇，其中，《“信用社区”创建的做法与体会》一文，经县政府推荐，省政府办公厅上报，被国务院办公厅《专报信息》(第1012期)刊用。2006年，《浙江省金融支持社会主义新农村建议路径选择问题调查》的联合调研课题，在《浙江金融调研与分析》第9期发表。行务信息和调研文章被中国人民银行上海总部、中国人民银行杭州市中心支行以上刊物录用5篇。2007年，被上级金融部门刊物录用调研文章9篇，其中，上海总部《金融研究》录用调研文章1篇；杭州中支录用调研文章3篇，调研专项考核名列全市第一。2009年，被上级金融部门录用各类调研文章和信息15篇。2010年，向上级金融部门上报动态信息24条，其中，被《浙江金融调查与分析》录用2条；形成调研报告7篇，被《浙江金融调查与分析》录用1篇。

第六章　金融服务

银行结算分为现金结算和转账结算两类。转账结算又分为异地结算与同城结算两种。按照《中华人民共和国预算法》《中华人民共和国银行法》《中华人民共和国国家金库条例》等法规规定，中国人民银行云和县支行管理国库业务，以“中华人民共和国国家金库云和县支库”的名义运作，负责办理县域国家税收的接纳，县级财政预算资金的收入和支出，保障财政资金的及时入库。至2010年年末，全县设县级支库1个，国库经收处4个，集中支付代理银行3家。2002年始，重视区域性信用体系建设，扎实开展信用户、信用村、信用乡镇、信用社区创建工作。2005年，中国人民银行云和县支行拟定《关于加强金融生态环境建设，促进县域经济金融持续、快速、协调发展的若干意见》，提出着力解决县域经济金融总量小、信贷结构不合理以及保护金融债权、推进信用建设、加快金融改革、促进金融创新、搞好金融服务、维护金融安全与稳定等八个方面的意见建议，对推进县域金融生态环境建设，有效防范金融风险，维护金融安全与稳定，促进地方经济社会协调发展发挥着重要的指导作用。

第一节　支付结算

结算方式

银行结算分为现金结算和转账结算两类。转账结算又分为异地结算与同城结算两种。1989年4月1日，取消异地托收承付、付款委托书、国内信用证、托收无承付和保付支票结算，推行银行汇票、商业汇票、银行本票、支票、汇兑、委托收款等6种结算方式。1990年4月1

日，恢复托收承付结算方式，以适应大中型企业的结算需要，

1994年9月，中国人民银行制作出台《关于加强银行结算工作的决定》，建立以汇票、本票、支票和信用卡（三票一卡）为主体的结算制度，增强票据和结算方式的灵活性、通用性、兑现性、安全性和流动性。汇票和支票在同城结算中占70%，异地结算约占30%。票据的主体地位已经确立。

2008年，中国人民银行丽水市中心支行开始在市本级推广银行本票业务。2009年4月27日，银行本票业务被允许在全市范围内（市、县、区、乡镇）上线流通，进一步完善支付结算方式。至2010年年底，县内部分银行网点可以办理银行本票签发业务，所有银行网点均可办理银行本票的兑付业务。方便乡镇、农村工商企业和个体经济之间经贸往来的资金结算，促进票据业务在乡镇、农村的推广使用。

票据交换

1986年4月1日，丽水地区本级率先开办同城票据交换业务。1987年，缙云、云和等8个县（市）相继成立同城票据交换所（站），采取定时、定点的办法，由相关金融部门安排专职人员参加票据交换。业务开展后，资金在途时间由原来的平均2.5天缩短至0.5天。1990年，丽水、缙云建立电子化同城票据清算系统。1992年年底，县金融部门与其他县（市）支行相继实现电子化交换。1994年后，票据交换覆盖面扩大，将县（市）以下周围的乡、镇纳入同城票据交换，并以中心城市为依托，将票据交换向毗邻县、市辐射，扩展票据的使用范围。

2001年12月1日始，中国人民银行云和县支行不再参加票据交换，只负责组织辖区内同城票据交换和清算，协调金融机构相互之间的清算事项，其相关业务直接送交人民银行营业室临柜处理。

2002年2月后，国有商业银行支行、分理处的跨系统异地汇划款项不再通过“同城票据交换”清算资金，款项通过系统内联网汇划至各市级分行，各银行机构辖属支行、分理处陆续退出同城票据交换系统，由市、县级支行向人民银行系统发送支付信息。2002年10月，丽水市本级实现同城提出业务资金实时清算，人民银行县（市）支行会计业务处理方式。

2007—2008年，开始会计核算业务流程改革，保留县级票据交换所，县支行票据交换所负责原始凭证的实物交换，县级交换单位的票据信息通过其省级管辖发送至杭州金融清算中心进行集中处理，票据资金由市级管辖行在中国人民银行丽水市中心支行的账户统一清算。至2010年年底，全县所有银行网点均开展市、县级同城票据交换业务，保障结算渠道畅通，提高资金到账速度。

联行往来

1993年11月，丽水地区建立电子联行小站，使卫星通信的数据直接与各县（市）支行联网，加快结算速度，提高社会资金效益。1994年，开办大额转汇，统一转汇标准，各银行跨系统10万元以上的汇划款项，通过人民银行转汇；参加同城票据交换的各银行50万元以上的银行汇票和系统内50万元以上的大额汇划款项，通过人民银行结算资金和转汇。1999年，重新审核参加“浙江省区域联行往来业务”机构，并对新申请参加的机构进行核实上报。

2000年11月，全面实现电子联行“天地对接”业务到达县级金融系统，实现辖区内城乡异地资金跨系统“无缝衔接”，提升金融服务水平。2002年2月，各银行分支机构跨系统异地汇划款项一律通过电子联行“天地对接”系统清算资金。2002年11月，正式实施会计核算管理“四集中”(会计集中核算、集中联行清算、会计集中事后监督和会计档案集中管理)，取消县支行电子联行和手工联行业务，将县级通汇机构的电子联行行号统一归属中国人民银行丽水市中心支行清算分中心，县级商业银行电子联行来账业务由人民银行丽水市中支电子联行“天地对接”系统接收后发送至商业银行管辖行，再由管辖行分发至县级商业银行，实现商业银行各通汇行处就地收发全国电子联行往来账务及办理查询、查复业务，使商业银行异地跨系统汇划资金实现“直通车”，电子联行业务稳步上升。2005年4月，中国人民银行丽水中心支行上线运行中央银行会计集中核算系统。6月，接入大额支付系统，加快资金运转速度、实现大额资金实时到账。2007—2008年，丽水全市实施会计核算业务流程改革，核算业务整体上收至中国人民银行丽水中心支行，信息集中处理，资金统一清算，以适应金融业集约化经营和中央银行职能调整的需要。

结算管理

1990年，中国人民银行制发《违反银行结算制度处罚规定》，以严格规范执行结算制度。1991年，人行丽水地区中心支行设立结算举报中心。1994年，中国人民银行制作出台《关于加强银行结算工作的决定》，要求银行结算实行“三公开一监督”：各基层银行要向客户公开结算方式；公开银行结算业务处理时间和到账参考时间；公开企业办理结算注意事项；实施客户公开监督制度。同时，要求金融部门对外发出的结算凭证，必须当天寄发，最迟不得超过两天。结算时间，同城业务一般不超过两天；全国或省内直接通汇行之间，电汇一般不超过4天，信汇一般不超过7天。

结算纪律　金融结算纠纷的双方当事人，把纠纷或争议提交上级管理部门进行审理作出判断和裁决；专业银行系统内的结算纠纷可由其上级行仲裁；跨行际或跨地区结算纠纷，由同级或上级人民银行仲裁。因经济合同引起的纠纷，由县工商部门或县人民法院进行仲裁。由银行仲裁的纠纷，主要是不按结算制度、规定和办法办理所造成的纠纷。如延误解付和占用客户和他行资金等。结算仲裁有利于维护结算纪律，保护结算纠纷双方当事人的合法权益，确保商品交易和资金结算的顺利进行。

账户管理

账户管理是维护正常结算秩序的基础。1990年，沿袭1983年的银行开户政策。1983年，人行浙江省分行放宽开户政策限制，各种经济形式的承包企业、联营企业和个体工商户均可凭营业执照、主管部门批文、承包合同等，到金融机构办理开户手续。1994年，中国人民银行将企事业单位的账户划分为基本存款账户、一般存款账户、临时存款账户和专用存款账户，一个企事业单位只能在银行开立一个基本存款账户。同时，实行开户许可证制度。企事业单位开立基本存款账户，必须凭人民银行核发的开户许可证才能开户，如需变更基本存款账户的开户行，必须经人民银行审批同意，以此规范企事业单位开户。各商业银行信用卡管理部门只能为持卡人开立专用存款账户,并按《信用卡管理办法》办理收付业务。2003年9月1日,《人民币银行账户管理办法》出台,允许设立个人银行结算账户,取消开立一般存款账户的限制条件,缩小纳入专用存款账户管理的资金范围,扩大临时存款账户的使用对象,突破银行结算账户只能属地管理的原则,突出基本存款账户的统驭地位。2005年,央行开发"人民币银行结算账户管理系统"并上线运行,实现账户数据电子化。至2010年年底,全县金融部门共开立银行结算的单位账户2967户。

银行卡发展

2010年,全县实现POS刷卡消费交易5.67万笔,交易金额达3.04亿元。实现ATM机自助交易163.68万笔,交易金额达35.08亿元。至2010年年末,县有关银行已在县财政纳税大厅、公立医院配置POS机,税款缴纳和医疗费用支付均可使用银行卡进行结算,同时,完成"刷卡无障碍示范街"创建工作,改善优化城区银行卡支付环境。2010年7月,经中国人民银行总行批复同意,"银行卡助农取款服务"在丽水市试点,即在金融服务空白的乡镇、行政村,为符合条件的商户安装POS机,利用商户营业额的现金头寸,通过POS终端刷卡,为农村借记卡持卡人提供小额取现服务,实现农村小额提现"不出村、零成本、无风险"目标,并在全市范围内推行各种涉农补贴发放和农村缴费"一卡通",极大方便农村居民。银行卡助农取款服务工作在全县范围铺开,至2010年年底,全县已有107个试点商店开办银行卡助农业务,累计办理2200笔小额取现业务,取现金额达112.4万元,有效解决农村金融网点偏少与小额取现需求迫切的矛盾。

第二节　经理国库

国库体制

国库体制是指对国库资金的保管、出纳、运作及相关事项的组织管理与业务程序安排。国家金库管理实施中国人民银行经理制。《中华人民共和国预算法》《中国人民银行法》《中华人民共和国国家金库条例》等法规,均对中国人民银行经理国库的职能予以明确。中华人民共和国国家金库机构,按照国家统一领导,分级管理的财政体制设立,原则上一级财政设立一级国库。

图14-6-1　2010年7月,县地方国库开展国库业务现场演练(县人民银行提供)

机构设置

中国人民银行云和县支行管理国库业务,以"中华人民共和国国家金库云和县支库"的名义运作,负责办理县域国家税收的接纳,县级财政预算资金的收入和支出。至2010年年末,全县设县级支库1个,国库经收处4个,集中支付代理银行3家。

1993年年末，根据分税制实施要求和国税、地税分设的需求，云和县支库分别调整、组建中央国库和云和县地方金库工作机构。

1994年3月22日，《中华人民共和国预算法》明确规定中央国库业务由中国人民银行经理，同时，将“地方金库”修改为“地方国库”，云和县地方金库易名为云和县地方国库。

国库业务

2000年，中华人民共和国国家金库云和县支库利用“国家金库会计核算系统”(TBS)上线运行，形成一个国库部门集收、支、退、更、国债、会计账务、资金汇划于一体的独立的会计核算系统，并进一步明确划分国库会计核算流程和岗位职责，强化岗位间的相互关联、相互制约，严密防范国库资金风险。

2010年5月，云和县支库上线运行“国库会计数据集中系统”(TCBS)，运用现代信息技术重造业务处理流程，实现国库会计核算业务统一处理、数据集中存储、税款直达入库、支出即时到账、资金零在途、风险多环节控制的目标。

1998年5月，云和县支库开始与财政、税务、商业银行之间，通过计算机和技术传输，对处理预算收支信息实现部门间共享。2006年10月，启动与县地税部门收入横向联网的“一户通”系统。2010年7月，全县国税部门上线运行“国库信息处理系统”(TIPS)。

2010年3月，国务院下发《财政国库管理制度改革方案》，正式实施建立以国库单一账户为基础、资金缴拨国库集中收付为主要形式的财政国库管理制度的改革试点。是年，云和县支库完成财政国库集中支付改革工作，疏通拓宽国库服务领域，全面提升国库服务水平。2010年年末，全县纳入国库集中支付改革的预算单位为41家。

第三节 信用体系建设

开展信用户、信用村、信用乡镇、信用社区建设是信用体系建设的重要内容，是金融扶持服务农村经济发展，推进区域性金融生态环境建设的重要举措。

信用户、信用村、信用乡镇建设

2002年，根据“信用浙江”“信用丽水”建设工作要求，中国人民银行云和县支行积极倡导“信用云和”建设，制定出台《云和县农村创建“信用户”“信用村”“信用乡镇”指导意见》。组建农村诚信建设工作队，由中国人民银行云和县支行领导带队，进驻黄源、崇头等乡镇，进村入户，调查摸底，广泛开展诚信乡镇、诚信农村创建工作的宣传教育活

图14-6-2 2002年12月，县首批“信用村”“信用乡镇”授牌仪式暨全面推行农户小额信用贷款工作会议在崇头镇举行(县人民银行提供)

动，增强农民“信用”意识，强化农村“诚信”氛围。同时，根据《“信用乡镇”农户信用评定管理办法》，结合农户家庭人口、年龄结构、劳动力状况、经济收入、经营项目、偿债能力等情况，做好农户“信用等级”评定工作。农村“信用户”分“特优”“优”“良”“一般”四个信用等级。从是年4月初开始到12月中旬，经过8个多月的工作，崇头镇、黄源乡成功创建为“信用乡镇”。黄源乡的盘条口、大垟、陈坞、黄家畲、夏家垟；崇头镇的三望栏、垟背、南山、梅源、张化、砻铺、崇头；赤石乡的麻垟；云丰乡的杉板坑；云和镇的河坑、杨家山、新岭、象山、睦田、村头等20个行政村被命名为“信用村”，共计发放信用证4194本。同时，制作出台《云和县信用农户小额贷款实施办法》，农户可凭信用证在核定范围内，获得1000—10000元不需任何担保的贷款，有效解决农户发展生产常遇的小额贷款难问题。是年，全县核定信用贷款407.6万元，累放农户信用贷款1927户，年末贷款余额385.4万元。2003—2010年，继续推进“信用乡镇”“信用村”创建工作。2010年年末，全县已成功创建信用乡镇8个（其中林农信用乡3个），占比达57.4%；信用村80个，占比为47.1%；信用户21347户，占比高达89.8%。

信用社区创建

2005年7月，县人民政府办公室转发中国人民银行云和县支行《关于云和县信用社区创建工作指导意见》。确定在青阳门社区开展“信用社区”创建工作试点。青阳门社区共有在册居民344户，其中，下岗职工73户，个体经营户24户，外来暂住户27户，三者共计124户，占在册居民户数的36.44%；此外，该社区还有小型企业主22家，在县城社区中具有一定代表性。是年，成立以县政府常务副县长任组长的“云和县信用社区创建工作领导小组”，由县相关部门分工负责抓落实。中国人民银行云和县支行负责指导敦促；云和镇政府和青阳门社区居委会负责宣传发动和工作协调；县农村信用合作联社具体负责组织实施。县信用联社根据创建工作要求和社区实际，相继出台《云和县信用社区创建工作实施办法》《云和县“信用居民”评定细则》，建立完善相应的信贷担保抵押机制，采取个人信誉担保、再就业小额贷款基金担保、小型企业贷款担保公司担保和不动产抵押等多种形式的信贷保障方式。同时，县人民政府牵头协调，信贷担保费率由1.5‰下降到1‰。抵押担保当事人双方，可自主协商决定，是否履行评估、保险、公证等手续，信用评定登记部门均予以认可。

图14-6-3 2010年4月，召开全县工业经济、项目建设和金融工作会议（县人民银行提供）

在“信用社区”创建活动中，创建工作小组通过调查摸底、分类排队、自主申报、上门初核、信用评定等程序，认定青阳门社区有173户居民符合创建要求，占居民户数的50.29%。其中，147户申报参加信用户评定，占创建对象总数的84.97%。县农村信用合作联社经审查复核与综合评定，青阳门社区有111户被评为“信用户”，占参评户数的75.51%。其中，特优6

户、优45户、良39户、一般21户。授信额度共分4档，1档10万—15万元；2档为3万元；3档2万元；4档1万元。总授信额度295万元。在授信发证的111户“信用户”中，下岗职工54户，长期待业27户，夫妻双方有一方下岗的30户。

2006年，积极探索信用社区“一区一品”建设新路子。结合县委、县政府组织实施的“万名农民下山转移工程”，对全县下山转移至县城普光小区的农民发放建房按揭与小额信用贷款相结合的“捆绑式”贷款。2006年年底，县农村信用合作联社已对首批111户授信户，累计发放信用贷款366万元。

2007年，全县全面开展“城镇社区金融服务年”活动，并以《上报信息》第205期上报央行。

2008年，中国人民银行云和县支行与县人民法院建立协助联动机制，防范金融风险，有效推动全县的社会信用文化建设。

2009年，在中国人民银行丽水市中心支行的统一部署下，继续深入开展农村信用体系建设，截至12月底，全县170个行政村均开展信用等级评价工作，实现行政村全覆盖。采集农户信用信息22036户，农户信用信息采集率达97.9%。评定信用农户21447户，其中，AAA级农户5542户。17833户信用农户获得金融机构授信，授信额度为34062万元。全县有6个乡镇被评为信用乡镇，80个行政村被评为信用村。农村信用体系建设工作取得阶段性成效。

第四节 金融生态建设

金融生态环境包括经济环境、政策环境、法律环境、社会信用环境、金融服务水平以及与金融业息息相关的企业制度、会计与审计准则、中介服务体系等。金融生态环境建设旨在通过多方努力和多措并举，推动县域金融生态环境要素的良性互动和协调发展，创造优化经济金融健康可持续发展的外部环境。

加强金融生态环境建设，既是金融业生存发展的基本要求，也是有效防范金融风险，维护金融安全与稳定，促进地方经济发展的必要举措。有助于进一步落实科学发展观，实现县域经济与金融全面、协调、可持续发展；有助于把握金融运行规律，提高驾驭社会主义市场经济的能力；有助于确立科学的经营管理理念，增强金融的稳健性和市场竞争实力。

2005年3月2日，中国人民银行云和县支行拟定《关于加强金融生态环境建设，促进县域经济金融持续、快速、协调发展的若干意见》，上报县人民政府。县

图14-6-4 2007年7月，开展“金融保险服务送农村”系列宣传咨询活动(县人民银行提供)

人民政府于3月4日全文批转中国人民银行云和县支行关于加强金融生态环境建设的意见，并将金融生态环境建设列为县人民政府年度重点工作，纳入全县各乡镇和部门单位的工作目标责任制考核。同年3月10日，召开全县金融生态环境建设工作推进会，全面启动推进金融生态环境建设。4月中旬，县政协指派相关专委会与中国人民银行云和县支行联合组织4个调研组，就经济、政策、法律、诚信四个课题展开调研，形成4篇金融生态环境建设调研报告。

2005年，县人民政府第三次县长办公会议研究，决定采纳县政协和中国人民银行云和县支行的意见建议，采取县财政拨款和实物注资等方式，将县中小企业贷款担保公司的注册资本金由原有的100万元扩充到1000万元，以增强县中小企业贷款担保公司实力，缓解中小企业贷款担保难问题。

2008年，制作出台《关于进一步推进"城乡一体化"信用建设，优化辖区金融生态环境的实施意见》，继续深化信用体系建设，针对不同层面的创建对象制订相应的工作方案和实施细则，形成领导重视、宣传到位、城乡联动、统分结合、审核严格、评定合理的信用体系建设格局。

2009年，县委、县政府成立以县委副书记孙乐明任组长，县政府副县长蓝先芬任常务副组长，中国人民银行云和县支行行长、县信用联社主任任副组长，涉农金融机构和相关部门为成员的全县农村信用体系建设工作领导小组。全县各乡（镇）也成立相应的领导小组，各行政村成立农户信用等级评定工作小组，全面推进农村信用体系创建工作。

第七章　机构与队伍

县域银行业由政策性银行、国有商业银行、农村信用社等金融机构组成。主要从事吸收公众存款，发放贷款等货币信用业务。中国农业发展银行云和县信贷组属于国家政策性银行。中国工商银行云和县支行、中国农业银行云和县支行、中国建设银行云和县支行等属于国有商业银行。保险业经营机构有中国人民财产保险股份有限公司云和县支公司、中国人寿保险股份有限公司云和县支公司。

第一节　金融监管机构

1986年8月，中国人民银行云和县支行与中国工商银行云和县支行分设，开始履行监督管理型银行职责。1989年，国务院决定：中国人民银行专门行使国家中央银行职能。中国人民银行云和县支行随之成为县域金融业的监督管理机构。2003年12月，中国银行业监督管理委员会丽水市监管分局云和县监管组设立(后改为办事处),县级金融业监管体系基本形成。

中国人民银行云和县支行

中国人民银行云和县支行是中央银行的基层组织,其主要职责是:在辖区内负责贯彻执行国家货币、信贷政策;依法对金融机构进行监督管理,维护辖区金融安全与稳定、组织和管理支付清算、经理国库、货币发行、调查统计和外汇管理。

中国人民银行云和县支行的管理体制,从20世纪50年代初成立时起,就实行"条块"结合,以"条"为主。既接受地方党委、政府的领导,又服从上级人民银行的领导和监督,党务工作归属地方党委领导。1998年,根据中共中央《关于完善金融系统党的领导体制,加强和改进金融系统党的工作有关问题的通知》精神,党组织关系从地方划归上级行垂直领导。至此,中国人民银行云和县支行的管理体制,全面实行垂直领导和管理。

2004年,根据上级行《关于辖区县(市)支行内设机构和人员编制调整的通知》精神,中国人民银行云和县支行定位为小规模行,内设4个股(室),行级领导职数3名。2010年年末,设办公室、信贷调统股、营业室、保卫股等职能股室,在编员工17人。

中国人民银行云和县支行每年根据国家经济金融方针政策,结合当地实际,在调查、研究、分析的基础上,提出在辖区内贯彻执行国家经济金融政策的意见、建议或举措,准确把握执行国家金融政策与支持促进地方经济发展的结合点,增强货币政策的执行效果。每年组织力量,对各金融机构的经营情况进行稽核检查,根据不同时期的侧重点,切实解决金融机构在经营过程中发生的问题,防范和化解金融风险。坚持宏观调整,微观促进,保持当地经济平稳健康发展。在"接轨大上海、融入长三角",实施"小县大城"发展战略,脱贫攻坚,推进县域经济社会全面发展方面,发挥金融部门强有力的扶持支撑作用。

1990—2010年,中国人民银行云和县支行主要负责人:林千里、徐志文、李建、刘寒暄、汤春玉、陈明亮、沈宗洪。

中国银行业监督管理委员会丽水市监管分局云和办事处

2003年12月18日,设立中国银行业监督管理委员会丽水市监管分局云和监管组,后改称中国银行业监督管理委员会云和办事处,受上级银行业监督管理委员会统一领导,办事处编制3人。

根据《银行业监督管理法》规定,其主要职责是:在辖区内贯彻执行银行业监督管理委员会制定并发布的对银行业金融机构及其业务活动监督管理的规章、规则;依照法律、行政法规规定的条件和程序,审查批准银行业金融机构的设立、变更、终止以及业务范围;对银行业金融机构的董事和高级管理人员实行任职资格管理;监督管理银行业金融机构严格遵守审慎经营原则;对银行业金融机构的业务活动及其风险状况进行非现场监督和现场检查。

丽水市监管分局云和办事处成立以来,不断完善监管制度,先后建立"监管重大事件通告制度""银行业金融机构不良贷款变动情况月报制度""季报现场监管巡查制度"等。2005年,报经上级银监部门审核批准,云和县农村信用合作联社实施统一法人机制,下属9家分支机构更名；中国工商银行云和县支行外汇业务予以准入。

第二节　政策性银行机构

中国农业发展银行云和县信贷组

1996 年 11 月，经浙江省农村金融体制改革领导小组批准，设立中国农业发展银行丽水地区分行云和县办事组。核定职员 5 人，全部从中国农业银行云和县支行划转。办事组的人事、党务、政工、监察、稽核等由丽水地区分行统一管理，财务费用实行报账制。中国农业银行云和县支行原代理发放的政策性业务全部划转办事组。划转财产金额 8.72 万元，办公用房 135.78 平方米，买断财产金额 53.48 万元。1997 年 1 月 1 日，中国农业发展银行云和县办事组正式对外营业。

2000 年 10 月 23 日，丽水撤地设市，云和县办事组更名为中国农业发展银行丽水市分行派驻云和县办事组。

2001 年 2 月 12 日，办事组易名中国农业发展银行云和县信贷组。信贷组的主要职责是，按照丽水市分行的授权，负责办理全县农业农村政策性金融业务：

贯彻粮棉油购销政策，按封闭管理的要求，管理辖区粮棉油收购资金。

编制辖区粮棉油收购贷款计划，并组织实施。对收购定购保护价粮油、收购国家和地方储备粮棉油、调入军供粮油和退耕还林补助粮油及库区、林区、牧区居民口粮等政策性资金需要，按照收购进度，据实发放贷款。对收购退出保护价粮油的资金需要，按照“以销定贷”“以效定贷”和“购得进、销得出、有效益”的原则发放贷款。

发放和管理辖区简易建仓贷款；督促辖区粮棉油购销企业按计划消化新老财务挂账贷款，清收不合理占用贷款。

按照封闭管理的要求，对粮棉油购销企业的资金活动进行监督管理，监督企业按照国家的有关政策顺价销售粮棉油，及时回笼、分割销售货款，并足额收回贷款本息。

按照总行的有关规定，定期清查核实粮棉油库存，准确登记粮棉油收购资金贷款管理台账，及时、准确报送有关报表。

负责辖区贷款风险管理和风险预测，认真做好贷款的五级分类工作，采取有效措施及时防范和化解金融风险。督促、协调地方财政和粮食部门，及时、足额拨付粮食风险基金及其他各种补贴，并及时收回所占贷款本息。

2000 年 2 月，中国农业发展银行云和县信贷组被中共云和县委、云和县人民政府授予“文明单位”称号。2001 年 6 月，被中国农业发展银行浙江省分行党委授予“先进基层党组织”荣誉称号。2002 年，被中共丽水市委、市人民政府授予市级“文明单位”称号。中国农业发展银行云和县信贷组主要负责人：魏泰洪。

第三节 银行业经营机构

中国工商银行云和县支行

1985年1月，中国工商银行云和县支行成立，为专业银行管理型机构。1991年年底，中国工商银行云和县支行内设机构有行长室、人秘、信贷、计划、储蓄、会计、出纳、稽核、科技、保卫等10个股室。外设网点8个即紧水滩办事处，新华厂、浙南药厂2个联办所，太平洋、解放街、城中、车站4个储蓄所和行本部营业所，共有员工总数76人，行本部设新华街108号。

1993年11月，太平洋储蓄所施行柜员制试点，即客户在一个窗口就能办理存、取、结算等业务。柜员制试点标志着工行云和县支行运行机制改革（从专业银行管理型向商业银行经营型转变）和劳动人事制度改革进入实质性实施阶段。

1994年，开始撤并营业网点，率先撤销解放街储蓄所。1996年，撤并城中储蓄所。是年，新华厂、浙南药厂2个联办所随着企业外迁而撤销。同年2月，支行本部迁至中山路129号新大楼。1999年，撤并新华分理处和紧水滩办事处。2003年，撤销新建分理处。至此，营业网点仅保留县支行大楼营业厅。

中国工商银行云和县支行劳动人事分配制度改革与机构机制改革同步推行，从任命制、责任制逐步过渡到竞聘竞争上岗机制。1999年，试行客户经理制，分配制度与岗位目标责任制考核挂钩。1997年，开始采用外调、借调、辞退、退养、下岗等多种形式减员分流，同年减员3人。1998年减员9人，1999年减员7人，2000年减员8人。

2001年1月，顺利接收中国银行云和县支行撤销后的账务。2005年9月，开办国际外汇结算业务，开启因中国银行云和县支行撤销而中断的外汇结算业务。

2005年，中国工商银行启动股份制改造。根据总行统一部署，中国工商银行云和县支行开展清产核资，完善产权及法律尽职调查等工作。2005年10月28日，中国工商银行股份制公司宣告成立，中国工商银行云和县支行更名为中国工商银行股份有限公司云和县支行。内设二部一室，即市场部、营业部和办公室，在职员工30人。

1995年始，连续保持县级文明单位的称号。2000年始，连续保持市级文明单位称号。2004年，荣获中国工商银行系统“市级文明服务明星网点”称号。2008年，荣获云和县人民政府“金融创新先进单位”称号。2010年，荣获省中国工商银行“服务星级网点”称号，被省公安厅评为“省级治安安全示范单位”。

中国工商银行云和县支行主要负责人：徐晓伟、翁邦清、刘春妙、叶秋。

中国农业银行云和县支行

1979年12月，根据国务院《关于恢复中国农业银行的通知》精神，建立中国农业银行云和县支行。主要办理农村信贷业务。同时，受中国农业银行云和县支行委托兼管农村信用社。1990年，中国农业银行云和县支行内设：信贷、储蓄、会计、人事秘书、稽核保卫股；下设云和、石塘、梅源、紧水滩4个片区营业所和中山街储蓄所，员工58人。

2001年，撤销县城其他营业网点，成为全国农行系统首家单点式经营的商业银行。行内只设营业部和办公室，员工缩减为33人，其中，办公室6人。改革后，出现业务提速，服务提升，效益增长的好势头。

1997—2010年，被授予县级文明单位称号。2002年，被命名为市级文明单位。

中国农业银行云和县支行主要负责人：王存云、刘章仁、李光亮、方立民、毛隆根、柳笑伟、张前进。

中国建设银行云和县支行

中国建设银行云和县支行原名为中国人民建设银行云和县支行，办公营业地址为城北路35号，是管理国家基本建设支出预算和财务，办理基本建设拨款、结算和放款，行使财政监督的专业银行。

1991年10月，中国建设银行云和县支行从城北路35号迁址中山街21号。同年，成立房信部、信托投资公司。1993年，根据国务院《关于金融体制改革的决定》和总行制定的《建设银行改革和发展纲要》精神，定位为以中长期信贷为主的国有商业银行。1994年，国家组建国家开发银行后，建行云和县支行完成政策性业务移交和账务划转。坚持“自主经营、自担风险、自负盈亏、自我约束”的经营原则，开始商业化改革进程。内设机构和营业网点有所扩张。内设机构最多时达13个，即办公室、保卫、筹资、信托、房信、财会、计划、信贷、建经、计算机、信用卡、资金结算、咨询服务等。基层营业网点有营业部、石塘、紧水滩、南门、中山街、房信、后溪、浮云、城北等9个分理处和储蓄所。员工队伍不断壮大，1995年，全行员工98人。

1996年1月，中国人民建设银行云和县支行更名为中国建设银行云和县支行。3月，启用中国建设银行新行名和新行徽标识。1996年开始体制改革，经过几年的努力，实现经营主体行的功能定位，机构设置既能充分面向市场和客户，又能实现前、中、后台分离制衡。2004年，内设机构由1996年的13个管理股室，逐步撤并为3个部，即综合管理部、会计结算部、客户部。基层营业网点由9个逐步缩减，仅保留营业部。在用工制度改革方面，建立完善以“职务能上能下，收入能增能减，员工能进能出”为基本特征的人事激励约束机制，建立管理岗位职务、专业技术岗位职务、经办岗位职务三个序列。逐步实施减员，从1995年的98人缩减到2005年的35人，减员63人。1993年起，中国建设银行云和县支行一直保持“省级文明单位”称号。

中国建设银行云和县支行主要负责人：吴子设、饶刚、田振华、季飞华、陈小波、孙坚、徐伟勇。

中国银行云和县支行

1993年3月，成立中国银行云和县支行，实行独立核算，外汇分账，参加全国本外币联行往来。是年9月28日，中国银行云和县支行正式挂牌营业。

2001年1月5日，中国银行云和县支行正式撤销，其账务由中国工商银行云和县支行接收。

云和县农村信用合作联社

1987年11月28日，云和县各信用社按照自愿原则，入股组成农村信用合作社县级联合社（简称县联社），接受中国人民银行云和县支行和中国农业银行云和县支行的双重管理，主要行使指导、协调、管理和服务职能。

1990年，在云和镇、双港、小顺、龙门、大源、局村、小徐、安溪、沙溪、雾溪、赤石、云坛、梅源、黄源、云丰、朱村等乡镇设立独立核算的信用社16个，县联社直属营业部1个，非独立核算信用分社5个，信用代办站1个。

1993年，根据县行政区划调整，乡镇撤扩并实际，相应调整营业机构。设直属营业部1个，独立核算信用社10个，信用分社10个，信用代办站6个。

1995年，设非独立核算信用分社12个，信用代办站4个。

1996年，根据国务院《关于农村金融体制改革的决定》和《浙江省农村信用社与中国农业银行脱离行政隶属关系的实施意见》精神，县农村信用社与中国农业银行云和县支行进行各项财产、资金的清理登记与审核，合理划分行社的人、财、物。是年10月底，完成行、社脱钩。改革后，县联社内设：主任室、人秘股、财会稽核股、计划信贷股，辖10个独立核算信用社，12个信用分社，4个信用服务站。

1999年，县人民政府对农村合作基金会开展清理整顿。全县8家农村合作基金会业务按属地原则归并农村信用社。

2000年7月，按照“先纳入，后更名、再规范”的管理实施办法，成立于1992年的元和城市信用社（辖浮云、菜市路两分社）更名为元和农村信用社，归口县农村信用合作联合社管理。

2005年4月6日，召开统一法人联社创立大会，正式定名为云和县农村信用合作联社，选举产生11名理事和7名监事，组成云和县农村信用合作联社第一届理事会和监事会。由理事会选举理事长，监事会选举监事长。由理事会聘任联社主任、副主任。6月13日，经银监部门核准，具有统一法人资格的云和县农村信用合作联社正式挂牌开业。

2006年底，县农村信用合作联社辖1个营业部、8个信用社、5个分社、5个代办站，网点遍布城乡。同年，顺利开办“丰收卡”业务，首台ATM机安装并投入运行，结束农村信用社无ATM机的历史。是年，成功加入中国现代化支付系统（CNAPS）的小额支付系统，这是继开办省辖银行汇票、省辖电子银行、大额支付系统以后，在结算渠道上取得的又一重大突破，成功实现跨行、异地支付结算无假日。

2008年7月，依法召开第二届社员代表大会，选举产生11名理事和7名监事，组成云和县农村信用合作联社第二届理事会和监事会。

2010年，设立雾溪、安溪和大源3个金融机构空白乡镇的非全日制网点，并正常对外营业，满足当地居民基本的金融服务需求。是年底，县农村信用合作联社内设6个科，辖1个营业部、8个信用社、5个信用分社、3个金融流动服务点，在职员工127人。

县农村信用合作联社主要负责人：方力伟、吴慧来。

元和城市信用社

1992年，元和城市信用社成立，系股份合作制金融机构，行政挂靠中国人民银行云和县支行。

1998年8月，行政关系与中国人民银行云和县支行脱钩。2000年7月，按"先纳入、后更名、再规范"的办法，划归云和县农村信用合作联社管理。

中国邮政储蓄银行云和县支行

县邮政储蓄所原是中国人民银行云和县支行的业务代办机构，储蓄对象为个人。

2008年5月30日，县邮政局所属的储汇分局，从邮政局析出，正式成立中国邮政储蓄银行云和县支行，地址设县城府前路8号，员工31人，其中,委托代办工7人。县邮政局大楼储蓄营业厅、石塘邮政支局储蓄点，划归邮政银行云和县支行。其余邮政储蓄点仍属县邮政局，为邮储银行云和县支行代理储蓄业务。中国邮政储蓄银行云和县支行内设综合管理部、综合业务部、信贷业务部（农村金融部）、会计部。下辖网点8个，其中自营网点2个，即县支行营业部、石塘镇支行；代理网点6个，即县中山营业所、新建营业所、红卫营业所、城西营业所、新城营业所、梅源营业所。

2008年10月，邮储银行云和县支行对公业务正式开办。2009年2月，正式开办个人商务贷款业务。2010年8月，开办银行卡助农取款服务点，服务点遍及14个乡镇，34个行政村。2010年11月，石塘支行从石塘镇石塘村迁址县城新建路59号，并更名为"中国邮政储蓄银行有限责任公司浙江省丽水市云和县城中支行"。2010年，邮储银行云和县支行有员工37人，其中，非正式劳务工12人，年业务收入919.18万元，储蓄余额35086.21万元，贷款余额16943.95万元，固定资产净值307.22万元。

邮储银行云和县支行主要负责人：刘平。

第四节　保险业经营机构

中国人民财产保险股份有限公司云和县支公司

1981年3月，在中国人民银行云和县支行设立特约代理处，恢复保险业务。1984年4月，成立中国人民保险公司。1996年7月，改建为中国人民保险（集团）公司，下设中保财产保险、中保人寿保险，中保再保险等三家有限公司，为中国人民保险（集团）公司的子公司。中国人民保险（集团）公司云和县支公司由于业务规模小，没有下设分支机构，更名为中保财产保险有限公司云和县支公司，主营财产保险业务，代理人寿保险业务。1997年12月，人寿保险业务析出，专营财产保险业务。1999年6月，易名中国人民保险公司云和县支公司。2003年10月机构改革，再次易名为中国人民财产保险股份有限公司云和支公司。

1992年，在紧水滩、石塘镇设办事处。1999年，因业务量不大，人员上撤保留机构。1993年，曾创办过大通实业股份公司（属第三产业）。1995年，经法律程序破产。

中财保云和县支公司内设机构：1991 年，设办公室、计划财务股、业务一股和业务二股。1994 年，计划财务股改为计划财务科；业务一股改为财产险科，人身险科；业务二股改为机动车辆保险科。1997 年，办公室改为综合管理科，机动车辆保险科改为运输工具险科。1999 年，财产险科改为展业科、运输工具险科改为理赔科。2004 年，设经理室、综合管理部，业务部、营销部等 4 个室、部。2005—2010 年，内设机构未变。

1995 年，中财保云和县支公司有职工 37 人，经机构、劳动人事制度改革，职员逐步缩减，2004 年，公司员工 28 人。

1990 年，浙江省人民政府命名云和县为浙江省保险先进县。

1990 年，中财保云和县支公司获县级文明单位称号。2000—2003 年，被命名为市(地)级文明单位。1994 年，被命名为浙江省第四批省级文明单位，并保留至今。

中财保云和县支公司主要负责人：徐斌、毛丽平、吴志平。

中国人寿保险股份有限公司云和县支公司

1997 年 10 月，中国人民银行丽水地区分行批复，同意筹建云和县人寿保险机构，从中保财产保险有限公司云和县支公司析出，成立中保人寿保险公司云和县办事处，专营人寿险业务。隶属丽水地区中保人寿保险公司领导，在职员工 6 人。1997 年 12 月 22 日，中保人寿保险公司云和县办事处正式开业。2002 年 5 月，人寿险云和办事处升格为中国人寿保险公司云和县支公司。2003 年 7 月，中国人寿保险公司组建为股份制公司，中国人寿保险公司云和县支公司更名为中国人寿保险股份有限公司云和县支公司。公司内设：经理室、办公室、财会股、个险部、团险部、售后服务部等，有员工 24 人，营销员 105 人。

2002 年 3 月，被县人民政府授予县级文明单位称号。2003 年 3 月，被丽水市妇联授予“三八红旗集体”称号。

人寿保险云和县支公司主要负责人：潘伟丽、应莺。

第十五篇　财政　税务

1953—1993年，云和县建立县级财政，实行“划分收支，分级包干”的财政管理体制。1954年，全县财政全额收入53万元，财政收入主要以农业税为主，占全部财政收入的61.9%。1990年，云和县财政全额收入740万元，是1953年财政全额收入的13.96倍，农业税的比重下降至4.01%，工商各税收入比例从1953年的34.7%上升为85.9%。

1994年，云和县实行“分税制”财政管理体制，财税局分设为财政、国税、地税三家单位，实行一套班子三块牌子合署办公，建立起纳税申报、集中征收、重点稽查的税收征管模式。1997年9月，国税局、地税局进一步分设，开始采用计算机办理税收事务。

1999年，按照公共财政改革的方向和要求，更多财政资金用于公共领域和重点建设项目，支持地方经济和各项社会事业的发展。2000年开始，云和县基本建成财政综合预算管理体系，财政支付方式由“逐级拨款、分散存储、单位发放”改为财政集中统一支付的方式。2002年，云和县财政总收入首次突破亿元大关，达到11077万元。2008年，社会保险费实施“五费合征”（养老保险、医疗保险费、失业保险、工伤保险、生育保险费）。

2010年，云和财政总收入34583万元，比1990年财政收入总额增加26.4倍，年均递增率18.01%；全县户籍人口人均创造地方财政收入从1991年的73.25元上升到2010年的1800.95元，增长24.6倍。

2010年，云和县地方税收收入16943万元。

1994—2010年，国税税收收入144420万元，其中增值税124424万元。

第一章 财政税务管理体制

1991年，云和实行“划分收支，分级包干”的财政管理体制，即划分中央财政的收支范围，地方以收定支、自求平衡、包干使用的财政管理体制。翌年，税收取消“一员到户，征管查合一”的“一条龙”征管模式，实施“征、管、查”三分离的税收征管改革。1997年9月，国税局独立建制，国税局、地税局开始分别征收和管理国家税、地方税。

2000年，云和县“逐级拨款、分散存储、单位发放”的财政支付方式改为财政集中统一支付的方式。2001年，税收征管进入信息征管时代。2002年，县会计核算中心投入运行，全面实行财政集中统一支付。2010年，全县14个乡镇划分为三个类别采用“两保一挂”的乡镇财政管理体制。

第一节 财政管理体制

县级财政管理体制

1991年，云和县实行“划分收支，分级包干”财政管理体制，也称“分灶吃饭”财政管理体制。云和为定额补助县，以固定收入(企业收入、工商所得税、农业税和其他收入)、调剂收入(工商税)、其他工商各税(车船使用牌照税、屠宰税)和征收排污费为包干收入基数，地方预算支出不足之数由省定额补助。财政收入项目为工商税收、农特业税、农林特产税、耕地占用税、契税和国营企业收入、其他收入、排污费收入、能源交通建设基金、教育费附加收入和预算调节基金等11项。

1993年，云和县住房基金管理中心成立，制定云和县住房基金管理细则、财务管理、会计核算配套制度及住房制度改革等工作。

1994年，依据中央与地方的事权分工，将所有收入划分为中央财政固定收入、地方财政固定收入、中央和地方共享收入3类，其中消费税为中央固定收入，增值税为共享收入(以1993年税收收入为基数，超出部分中央得75%、地方得25%)，其他税种均为地方财政固定收入。是年，县政府出台《云和县住房资金筹集、管理、使用实施细则》，制定城市住房基金按预算内管理、单位住房基金按预算外资金专户储存的办法。是年，筹集城市住房基金343.9万元，单位住房基金888.6万元。

1995年，浙江省对17个经济欠发达县(市)实行“两保两挂”的财政政策(该县市在确保完成中央“两税”任务和确保当年财政收支平衡的前提下，省财政的困难补助和奖励与地方财政收入的上年增长部分相挂钩）。云和被省政府定为“两保两挂”县，实行“以 1994 年地方财政收入为基数，地方收入每增长 1%，省财政补助增长 0.5%，地方财政收入每增 100 万元，奖励 5 万元”的财政政策。是年，全县财政总收入 4467 万元，完成年度收入预算的 122.80%，比上年同期增长 39.8%。

1997 年 9 月，国税局、地税局开始各自独立运行，分别征收和管理国家税务、地方税务，财政局、地税局仍合署办公。

1999 年，云和县机构编制委员会印发《关于设立云和县政府采购办公室的通知》，成立政府采购办公室（设在财政局行财科内）。2001 年，组建会计核算中心，招聘 8 名会计，推行会计集中统一核算；各预算单位设“报账员”。是年，24 家单位完成会计集中核算与会计核算中心财务交接工作。2002 年，县会计核算中心正式投入运行，全县 79 家行政、事业单位分两批进入核算中心，建立账套 98 个，取消银行账户 154 个，接收总资产 1.79 亿元，2022 名人员实行工资统发。

2003 年，根据省政府对财政管理体制的调整要求，全县 103 家行政、事业单位纳入会计核算中心进行集中核算，建立账套 104 个，统发工资人数达到 2200 人。

2005 年，将检察院、发展计划局、团委三家单位作为部门预算试点，试点主要内容分为预算拨款（补助）收入、预算外收入、经营收入、专项基金收入、上级补助收入、其他收入和支出预算两部分（支出预算包括基本支出和项目支出）。在保证编制内实有人数国家确定的工资标准和省市出台的津补贴发放的情况下，确定人均年公用事业经费标准为：公检法部门 8000 元，综合部门 6000 元，群众团体 4000 元；小车按编制实际数每辆 2 万元的定额计算。部门项目支出实行确保法定支出、统筹兼顾的原则，按照“零基预算”的方法，实行“二上二下”的形式编制。是年，县政府印发《云和县行政事业单位工作人员差旅费开支规定》，制定行政事业单位公务人员出差、培训的伙食补贴、住宿标准。

2006 年，根据《国务院关于编制 2006 年中央预算和地方预算的通知》，全县预算单位采取“二上二下”的财政预算编制程序，云和（除乡镇外）行政事业单位统一实行部门预算和预算编制：单位公用经费 4000 元—10000 元之间进行分类分档定额安排，并将单位预算外资金 40%安排编入预算内进行拼盘。

2007 年，开始采用省财政厅的预算编制软件编制部门预算，预算编制实行信息化管理。

2008 年，省政府调整财政管理体制，云和被省政府列入欠发达地区激励奖补政策中的第二档，采用“地方财政收入每增长 1%，省补助按 0.3 的系数相应增长”的补助办法。根据调整计划，省财政厅对云和采用“按地方财政收入增收额挂钩计算的奖励办法，挂钩比例为增收额的 10%，其中 8%部分用于发展资金，2%部分用于考核奖励”的激励奖补办法。是年，财政总收入完成 31501 万元，完成年度预算的 99.7%，比上年增长 11.7%，其中，地方财政一般预算收入完成 18402 万元，比上年增长 11.4%；上划中央收入 13099，比上年同期增长 12.07%。

2010 年，财政预算安排采取“谁主管、谁管理、谁初审”的财政管理机制，实行匹配性监控、分明细核算的方法，由财政局各科室对分管单位的专项资金进行把关，即“预算安排分层递进性"管理机制。是年，全县纳入核算中心统一管理的单位131个，其中行政事业单位126个(含教育系统25个)，国企5个，核算账套177个(含教育系统43个)。

乡镇财政管理体制

1991年，实行"核定基数、收支挂钩、定额补助、超收分成、一年一定"的乡镇财政体制。在乡镇完成农业税收入的前提下，超收部分农业税按3%、农特税按25%的比例分成。是年，乡镇财政收入171万元，增加分成12.3万元。

1993年，县政府印发《关于完善乡镇财政管理体制的通知》，改革自1986年建立的"核定基数、收支挂钩、定额补助、超收分成、一年一定"乡镇财政体制，采取"收支挂钩、多收多支、少收少支、超收多留、超支不补、自求平衡"的办法对乡镇财政进行分级管理。雾溪、安溪、沙铺、朱村4个乡实行"环比递增、超收全留、超支不补、一定三年"的财政体制，其他乡镇实行"环比递增、超收分成、超支不补、一定三年"的财政体制。是年，乡镇财政收入592万元(工商税489万元，农牧业税和耕地占用税103万元)。

1998年，县政府办公室出台《关于下达九七年乡镇"一保两挂"财政体制方案的通知》，乡镇实施"一保两挂"财政管理体制。并将税收收入指标同乡镇补助挂钩、同乡镇领导及征收人员的奖金挂钩，超收与下降部分与补助实行1:1比例挂钩。是年，乡镇财政预算内外收入达到1326万元，比上年增长10.70%。

1999年，县政府印发《关于进一步完善"一保两挂"乡镇财政政策的通知》，继续实行"一保两挂"的乡镇财政政策，执行时间暂定两年(1999年1月1日至2000年12月31日)；制定具体奖励标准、奖励对象及经费管理细则，规定除专款外不再安排困难补助，各乡镇需通过增收节支弥补预算缺口。

2001年，县政府办公室印发《关于实施乡镇财政体制有关问题的通知》，将全县乡镇财政分为三类：一类按上年实绩确定，二类按上年实绩递增6%，三类按上年实绩递8%；根据各乡镇不同的收入基数和分成比例，在政策上向贫困乡镇倾斜，财政超收分成20%部分用于消化财政赤字的乡镇，给予1:1的奖励。是年，给予2000年年底无赤字且当年保持财政收支平衡的乡镇一次性奖励3万元；乡镇财政增加分成70多万元。

2002年，开展农村税费改革。主要是保留农业税和村提留款，取消屠宰税；农业税计税土地上生产的农特产品只征农业税，不征收农业特产税；取消5项乡统筹费和农村劳动积累工和义务工；原由农民承担的农村5项社会事业支出列入乡镇财政预算，所需开支由县财政转移支付。是年，农民减少支出268.3万元，人均减负25%。

2002年1月，县政府印发《云和县人民政府关于实施新一轮乡镇财政管理体制的通知》，决定实施新一轮乡镇财政管理体制，时间一定三年，该文件按照2001年乡镇财政收入实际情况将全县14个乡镇划分为二个类别：财政收入在30万元以下的雾溪乡、安溪乡、云坛乡、黄源乡、大湾乡、沙铺乡、云丰乡、大源乡、崇头镇、石塘镇、赤石乡、朱村乡定为一类；财政收入在30万元以上的云和镇定为二类乡镇。规定一类乡镇按2001年农业税收入基数的200%返还(少数民族安溪乡、雾溪乡按250%返还)、营业税基数内按100%返还，超基数部分按

200%比例奖励；二类乡镇按2001年农业税收入基数100%返还、营业税基数内按24%返还，超基数部分按40%比例奖励。

2003年，根据国务院《关于全面推进农村税费改革试点的意见》，推进农村税费改革试点，按照该文件“总结经验，完善政策；全面推进，分类指导；巩固改革成果，防止负担反弹。对已先行试点的地方，要进一步落实好各项改革政策，加快推进各项配套改革，建立健全确保农村基层组织正常运转和农村义务教育经费投入的保障制度，完善改革后农民负担监督管理约束机制，防止农民负担反弹”的总体要求，全县减免农业税及附加税54万元，该税征收额较上年减幅达76.1%，全县农民人均农业税负担较上年减少7.33元。是年，争取省财政转移支付资金590万元，全部拨付给乡镇用于农村基层组织正常运转和农村义务教育。

2004年，终止2002年实施的乡镇财政管理体制。是年，县政府印发《云和县人民政府关于调整乡镇财政管理体制的通知》。按照2002年、2003年乡镇财政收入的实际情况，将全县14个乡镇划分为两个类别：乡镇财政收入在30万元以下的雾溪乡、安溪乡、云坛乡、黄源乡、大湾乡、沙铺乡、云丰乡、大源乡、崇头镇、紧水滩镇、石塘镇、赤石乡、朱村乡被定为一类；乡镇财政收入在30万元以上的云和镇被定为二类，调整后的乡镇财政体制实行时间为三年；乡镇递增补助基数定为10%—30%。规定乡镇除人员经费外，实行确保税收收入基数完成、确保乡镇财政各账户（一般预算户、行政户、事业户）收支平衡、同工商税收政策分成补助和专项补助挂钩、同乡镇班子奖励挂钩。并以农业税任务数、农业税体制补助数、农特税、屠宰税转移支付数作为定补基数。即“两保、两挂、一定”的乡镇财政体制。

2005年，调整乡镇财政政策，将递增的补助基数从原来的10%—30%提高到30%—50%。

2006年，县政府印发《云和县人民政府关于云和县乡镇财务实行集中核算制度的通知》，成立乡镇财政管理中心。采用“确保实现当年财政收入平衡、确保完成政府职责任务的前提下，实行省奖励与其地方财政收入增收额挂钩”的乡镇财政管理体制，即“两保一挂”乡镇财政管理体制。乡镇财政实行“补助收入基数低的采用高增幅比例，补助收入基数高的采用低增幅比例”的管理办法。

2007年，全县14个乡镇纳入乡镇财政管理中心集中核算，实行“乡财乡用县管”的操作模式，采取“单一账户、集中支付、统一核算”的管理办法。乡镇财政实行统一办理资金结算、统一发放工资、统一会计核算、统一档案管理的办法，建立账套77个，取消银行账号147个，接收银行账户余额2335万元。

2010年，县政府印发《云和县人民政府办公室关于调整乡镇财政管理体制的意见》，继续实行“两保一挂”的乡镇财政管理体制，并依据2009年乡镇财政收入情况，14个乡镇划分为三个类别，财政零收入的云坛乡、朱村乡、大源乡、安溪乡、雾溪乡、黄源乡、云丰乡、大湾乡被定为一类，财政收入在100万元以下的石塘镇、紧水滩镇、赤石乡定为二类，财政收入在100万元以上的云和镇定为三类；将乡镇人员的经费、公用经费列入县财政预算，其他专项工作经费收入实行“分类分档、激励补助”的财政政策；乡镇财政各账户（一般预算户、行政户）当年收支平衡的前提下，县财政对乡镇实行转移支付补助。

第二节 税收管理体制

税收管理

1991年，取消“一员到户，征管查合一”的征管模式，实施“征、管、查”三分离的税收征管改革。

1994年，实行“分税制”税收管理体制，重新划分县、镇、乡的税收征收范围。是年9月，按照“分税制”税收管理体制的规定，设立国家税务局、地方税务局，二家税务机构仍实行合署办公，建立纳税申报、集中征收、重点稽查和税收征管模式，推行税务代理制度和纳税申报制度。

1997年9月，国税、地税进一步分设，国税局、地税局开始独立运行，分别征收和管理国家税、地方税。国税局征收和管理的税种14个，地税局征收和管理的税种有17个。是年，采用计算机办理税收事务。

2003年，财政局、地税局开展简化办事、办税程序和梯状有关审批事项的工作，取消企业办税员资格认定审批等10项内容。是年，通过走访、召开民主评议会、征求纳税人意见等形式，开展营业税起征点调整工作和执行企业ABC分类办税管理。

2004年，根据省委、省政府关于在计税土地上种植粮油的农业收入免征农业税的政策，落实免征农业税的工作，减免农业税89.6万元。

2009年，省地方税务局出台《浙江省地方税务局关于统一推广应用视觉识别系统（VI）有关事项的通知》，要求在两年时间内全面推广税务应用视觉识别系统（VI）。县地税局通过组织培训、发放《浙江地税视觉识别系统》范本、光盘的方法，开展普及税务应用视觉识别系统（VI）知识和推广运用工作，是年12月，完成税务应用视觉识别系统（VI）运行工作。

税收征收

1993年，国务院颁发《中华人民共和国企业所得税暂行条例》。条例规定从1994年1月1日开始，国有、集体、私营企业的所得税税率按应纳所得税税额大小，分别调整为15%、24%、33%；企业税后利润不再缴纳调节税、国家能源交通重点建设基金和国家预算调节基金；5月1日始，商品零售营业税税率由3%提高到5%，饮食业营业税税率由3%提高到5%。是年，县税务局与农业局、林业局、交警队、公路运输管理稽征所等部门建立联合征管关系，由联合单位帮助征收部分税源。

1994年，依据“分税制”财政管理体制管理规定，合并个人所得税、个人收入调节税和城乡个体工商户所得税，实行统一的个人所得税；原实行的国有企业所得税、国有企业调节税、集体企业所得税和私营企业所得税统一为企业所得税。1996年，实行新一轮税收征管改革，以计算机网络为依托，实施集中征收、重点稽查的征管模式。1997年9月，地税局开始独立征收集贸市场和个体工商户的营业税、个人所得税及其他地方税收，个体工商户税收征管全面实施计算机管理。

1998年，推行纳税人自核自缴、自行申报或社会中介服务机构代理和税务机关严格稽查相结合的所得税汇清缴新方式。1999年，实施综合办公室、征管办公室、稽查大队的“两办一队”运行机制，推广运用浙江地税信息系统软件；购置康柏GS60E等信息技术设备，完成局域网建设，财政、地税、国库和银行实现双向实时联网。是年11月1日始，征收居民储蓄存款利息所得个人所得税。

2000年1月1日始，停止征收个人独资企业和合伙企业所得税、开征车辆购置税。是年6月1日始，TF98系统（税友办税软件）一级模块成功运行，税收进入信息征管时代。

2001年，开展新一轮以信息、专业化为主要内容的税收征管改革，完成税友办税软件从TF98到TF2000的升级切换，建立重点企业纳税情况分析系统。

2003年，按月与工商登记核对户数，清理漏征管户。

2004年，重点税源报表由手工录入改为计算机录入；依托税征管信息系统2000版重点税源监控模块，实行监控税源资料应用的研究。

2005年4月1日起，云和五项社会保险费全部改由地方税务机关负责征收。是年10月，浙江省政府出台《浙江省社会保险费征缴办法》，统一五项社会保险费的征缴程序规定，确立地税部门的征收主体地位，为社保费“五费合征”（基本养老保险、基本医疗保险、失业保险、工伤保险、失业保险）提供法律依据。2006年，按照浙江省地方税务局《浙江省地方税务局关于推广应用〈税源间接控管平台〉的通知》的规定，工商、国税、地税三家单位开始实行联合办证。是年，税收开始推行“网上申报”和“一户通”等现代化、信息化税收征收模式，个人所得税全员管理软件进入征收应用阶段。

2007年1月1日，新《中华人民共和国车船税暂行条例》正式实施，根据文件“扣缴义务人代收代缴机动车车船税，纳税人应当在购买机动车交通事故责任强制保险的同时缴纳车船税”的要求，车船税取代原车船使用牌照税和车船使用税。是年，浙江地税信息系统2006版开始上线运行。是年12月28日，县地税局印发《云和县个体工商户税收定期定额征收管理实施办法》，制定个体工税户税收定期定额的核定程序、日常管理等细则。

2008年，开始执行新《中华人民共和国企业所得税法》，符合条件的小型微利企业和高新技术企业的所得税税率分别从25%调整至20%和15%。是年，浙江省政府印发《关于印发浙江省城镇土地使用税实施办法的通知》，调整土地等级划分级数、范围和适用税额标准，云和适用单位税额标准为6元、4元、2元。同年，根据《浙江省地方税务局关于云和县降低城镇土地使用税单位税额的函》，城镇土地使用税的适用税额在原税额标准的基础上降低30%，执行标准单位税额一级为4.2元/平方米、二级为2.8元/平方米、三级为1.4元/平方米；2008年1月1日，根据《云和县社会保险费“五费”合征实施意见》，开始全面实施社会保险“五费合征”。

2010年，实行“一户通”缴纳社保费的办法，企业或者个体参保者到社保大厅办理参保缴费登记手续，凭参保凭证到银行签订《委托扣税（费）协议书》，在银行存足应缴的社保费金额即可完成社保费缴纳。

第二章 财政管理

云和县财政局负责全县各项财政收支、政府非税收入、政府采购监督、行政事业单位国有资产管理。

1994年，推行国有企业所有制改革。2005年，设立国有资产管理委员会。2002年，县会计核算中心正式投入运行。2003年，预算外资金专户实行“准金库”管理。2006年，行政事业单位的预算内、预算外资金实行“统一计划、统一管理”的方法。

2010年，全县财政预算内总收入34583万元、预算内总支出年82262万元，与1991财政预算内总收入799.2万元、预算内总支出年2684.6万元比较，年均增长分别为18.01%、19.7%。

第一节 财政收入

1994年，实行分税制财政管理体系后，财政总收入增速加快，达到1728.3万元，同口径比，较分税制实行前一年增长43.6%。其中：县级工商税收入846.4万元，完成预算的108.5%，同比增长36.5%(地方增值税25%部分累计收入224.3万元，同比增长17.4%)。2002年，财政总收入首次突破亿元大关，达到11077万元。2010年，全县财政总收入34583万元。

2010年，地方财政收入20312万元，与1991年(799.2万元)相比，地方财政收入增加24.4倍，年均递增率17.56%。全县户籍人口人均创造地方财政收入从1991年的73.25元上升到2010年的1800.95元，增长24.6倍。

1991—2010年云和县财政预算内收入明细表

表15-2-1　　　　单位：万元

年份	一般预算总收入	一般预算收入	税收			非税						
			小计	工商税收	农业税收	小计	国有企业收入	国能交基金分成收入	专项收入	罚没收入、行政事业性收费	其他收入	国家预算调节基金收入
1991	799.2	799.2	774.1	742.3	31.8	25.1	-73.8	2.1	21.5	—	68.2	7.1
1992	875.3	875.3	875	846.2	28.8	0.3	-98.1	0.5	42.1	—	54.2	1.6
1993	1565.2	1565.2	1539.6	1504.1	35.5	25.6	-91.7	0.4	51.1	—	64.5	1.3
1994	1728.3	1054.3	933.8	846.4	87.4	120.5	0.5	0.1	43.3	—	76.3	0.3

续表 15-2-1

年份	一般预算总收入	一般预算收入	税收			非税						
			小计	工商税收	农业税收	小计	国有企业收入	国能交基金分成收入	专项收入	罚没收入、行政事业性收费	其他收入	国家预算调节基金收入
1995	4467	2897	2324	1836	488	573	124	—	97	352	—	—
1996	3369	2114	1698	1330	368	416	50	—	67	298	1	—
1997	3562	2307	1886	1433	453	421	19	—	-	384	18	—
1998	4467	2897	2324	1836	488	573	125	—	97	351	—	—
1999	5354	3662	2730	2146	584	932	301	—	139	492	—	—
2000	6466	4259	3108	2449	659	1151	515	—	182	454	—	—
2001	9693	6941	4264	3662	602	2677	1847	—	216	594	20	—
2002	11077	6638	5342	4826	516	1296	326	—	281	687	2	—
2003	13699	8035	6549	5913	636	1486	325	—	311	813	37	—
2004	14239	8963	6476	5816	660	2487	550	—	368	1509	60	—
2005	19250	11391	8594	7298	1296	2797	756	—	487	1479	75	—
2006	23525	13717	10905	9616	1289	2812	817	—	518	1381	96	—
2007	28206	16518	14346	13128	1218	2172	—	—	551	1539	82	—
2008	31501	18402	16023	14321	1702	2379	—	—	895	1400	84	—
2009	32930	19003	15775	14274	1501	3228	—	—	1409	1768	51	—
2010	34583	20312	17811	16199	1612	2501	-440	—	1129	1711	101	—

说明：1. 国家交通、能源基金分成 1991 年 2.1 万元、1992 年 0.5 万元、1993 年 0.4 万元、1994 年 0.1 万元

2. 1994 年始，一般预算总收入含上缴中央财政部分

第二节　财政支出

1991 年，云和县调整预算内支出结构，增加非生产性支出，支援农业生产、发展教育事业，保证重点基础设施建设的资金供应，并将教育费附加支出纳入预算；不再追加有经常性收入来源的行政事业单位新增支出项目，有经常性收入的行政事业单位自求收支平衡。1992 年，财政支出 2684.6 万元。其中，社会文卫福利类支出 902.5 万元，占支出总额的 33.61%。

1993 年开始，行政事业单位实行“核定预算、经费包干”的管理办法、乡镇财政实行“收支挂钩、多收多支、少收少支、多收多留、超支不补、自求平衡”管理办法，以控制预算执行、抵支指标、社会集团购买力、公费疗养等方面的经费支出。是年，预算支出总额 3112 万元。其中，经济建设类 217 万元，社会文卫福利类支出 1158 万元，占支出总额的

44.18%。

1999年,根据全国财政工作会议提出逐步建立公共财政基本框架的目标,财政支出结构进一步优化,预算内支出重点向公共财政职能转变。是年,增加农业、教育科技文化卫生和环境保护等支出。当年用于工业交通事业、支援农业的支出和社会文化卫生类支出分别为83万元、626万元、2910万元。

2007年,财政一般预算安排的建设资金纳入财政预算管理的专项建设资金;政府性融资、国债资金以及国际金融组织和外国政府贷款、赠款的转让、出售、拍卖国有资产(资源)及其经营权所得的收益、政府非税收入专项资金、法律法规规定的其他财政性资金,纳入基本预算编制、执行、调整、项目资金管理、基本建设决算、基本建设项目评价与监督管理。是年,财政支出46572万元。

2010年,财政支出总额82262万元。其中,经济建设类支出23.5%,社会文卫福利类支出32.95%,一般公共服务19.17%,其他支出24.37%。

1991—2006年云和县财政预算内支出明细表

表15-2-2　　单位:万元

年份	预算内支出合计	经济建设类			社会文卫福利类			行政管理费	其他支出
		小计	工交商	农林水	小计	文教卫生	抚恤救济		
1991	2684.60	158.30	63.70	94.60	902.50	798.90	103.60	463.70	1160.10
1992	3112	206	47	159	1005	917	88	590	1311
1993	3366	217	73	144	1158	1009	149	650	1341
1994	4666	416	121	295	1936	1565	371	939	1375
1995	8759	646	82	564	2918	2485	433	1401	3794
1996	6529	397	49	348	1691	1354	337	1299	3142
1997	8285	458	55	403	2070	1628	442	1317	4440
1998	8759	646	82	564	2918	2485	433	1401	3794
1999	9773	709	83	626	2910	2608	302	1939	4215
2000	11536	604	72	532	3279	2934	345	2400	5253
2001	17507	927	74	853	4539	3944	595	3025	9016
2002	19935	1363	134	1229	5570	5036	534	3551	9451
2003	18289	2583	235	2348	7318	6612	706	4194	4194
2004	24237	2800	313	2487	9078	8006	1072	5167	7192
2005	28447	3358	292	3066	9856	8444	1412	5980	9253
2006	35327	4164	283	3881	12533	10734	1799	7240	11390

说明:因2007年,财政部推行行政预算政府收支科目分类改革,调整支出科目。所以,预算支出表格分为两个部分进行记载

2007—2010 年云和县财政预算内支出明细表

表 15-2-3　　单位：万元

年份	预算内支出合计	经济建设类			社会文卫福利类			一般公共服务	其他支出
		小计	工交商	农林水	小计	文教卫生	社会保障和就业		
2007	46572	9399	3162	6237	15882	13371	2511	11083	10208
2008	57191	10076	2865	7211	21166	17663	3503	13845	12104
2009	68854	14635	5768	8867	22588	19374	3214	14829	16802
2010	82262	19337	8917	10420	27104	22384	4720	15772	20049

第三节　财政监管

综合监督管理

1991 年，根据省政府《关于清理整顿统一着装问题的通知书》文件精神，在全县范围内开展统一着装清理整顿，向着装个人收取工料费和清理整顿未列入范围着装人员的标志、符号。收取工料费 7.1 万元，全额上缴县财政。

1993 年，根据中共中央《关于当前经济情况和加强宏观调控的意见》文件精神，行政事业单位开始实行“核定预算、经费包干”的管理办法、乡镇财政实行“收支挂钩、多收多支、少收少支、多收多留、超支不补、自求平衡”的管理办法，从预算执行、抵支指标、社会集团购买力、公费疗养方面控制经费支出。

1994 年，依据行政事业单位“经费包干、预算包干”的管理办法，预算内经费实行按时间和工作进度拨款；有预算外收入的单位，除人头费外不予追加预算，以控制机构和人员编制的增加，从预算内、预算外两条线控制部门经费的支出。

1995 年，取消一般性会议和借机外出旅游活动，领导干部的住宅电话实行限额报销；县外出差住宿费实行包干，采用“限额内节约、按比例奖励、超限额自负”的办法，控制差旅费支出。

1996 年，实行“经费预算包干、按进度拨款”的管理方法。在确保人员经费、重点支出需要的基础上，控制公用事业经费、招待费及非生产性的支出。除政策性增加人员经费外，其他费用一律不予追加。是年，配合县纪委开展摩托车、手机、BP 机、公共财产、个人借款、专款挪用专项清理活动。

1997 年，依据《中华人民共和国预算法》第二章第十六条规定：“地方各级政府财政部门具体编制本级预算、决算草案；具体组织本级总预算的执行；提出本级预算预备费动用方案；具体编制本级预算的调整方案；定期向本级政府和上一级政府财政部门报告本级总预算的执行情况”的规定，在确保人员经费、重点支出需要的基础上，压缩预算单位的公用经费，控制预算单位的公用经费、招待费支出。

1998年，开展清理财政周转金工作，采取下发催收通知书和向法院申请强制执行的方式，收回财政周转金本息350万元。是年，配合有关部门开展乡镇财务检查、行政事业单位手机、公费电话清理和涉农资金的专项检查；协助县政府制定住房资金管理办法，完善住房公积金制度；全县住房资金滚动增值68万元，单位住房资金达到126万元。

1999年，县政府印发《云和县行政机关、事业单位工作人员差旅费开支规定》，出差人员的住宿费实行“限额报销、按出差的实际住宿天数计算”；伙食补助费和市内交通费按出差有效期的自然天数计发；控制一般性公用经费的支出，重点控制“人、车、会、话”经费的开支。是年，全县行政事业单位车辆实行统一保险。

2000年，按照财政部印发的《1999年度汇总会计报表(行政事业单位类)》，统一设计定制1999年度汇总会计报表(行政事业单位类)的格式，开展“统一报表”审编工作。

2001年，按照上级财政部门“细化预算”要求，细化审核预算单位的业务经费，规定业务经费支出必须有用途、有项目，才能给予资金拨付，将预算细化到职工个人工资以及实时监控各预算单位资金使用适时调整支出结构，全县财政总支出比上年增长54.7%，达到18136万元(主要是文教卫生和基本建设增长较多，两项支出分别增长34.4%和277.6%。)

2002年，清理1980年以后财政监管相关的所制定的规范性文件，通过与现行文件的逐条对照检查，清理出以政府名义发的规范性文件31个。其中，废止22个，修改使用3个，继续使用6个。是年，根据上级财政关于“逐步推行部门预算、零基预算，加强对财政资金使用监督，跟踪反馈”的要求，组织人员对24家预算单位上年度的预算执行进行情况进行检查，检查发现有11家项目资金使用到位率100%、6家项目资金使用到位率80%—90%之间、7家项目资金到位率小于79%。并根据检查情况建立起资金报批程序，规定单位专项资金的移用需分管县领导签字同意才能运用。

2003年，采取预算内、预算外、罚没支出统筹安排的办法，将所有的经费分解到项目中，规定预算单位有资金就要有使用明细项目。是年，开展项目资金使用的动态管理和跟踪问效，收回财政财转金192.5万元。

2004年，开展清理整顿统一着装、个人购买商业保险和领导干部拖欠公款工作，清理违规着装人员160人，清退公款为个人购买商业保险653人次，收回领导干部借用公款4.3万元、一般工作人员借款16万元。

2005年，浙江省财政厅印发《关于贯彻实施〈财政违法行为处罚处分条例〉的通知》，要求各地财政部门领导要带头参加学习和培训活动，全面推进财政部门依法理财、依法行政工作。根据文件要求，县财政局组织全县行政事业单位及乡镇主要负责人参加《财政违法行为处罚处分条例》专题培训，有113名干部参与培训学习活动。培训内容涉及财政管理的法律制度、行政处罚法律制度以及被处罚人不服处罚如何进行申诉的法律制度。

2006年，县政府印发《关于印发云和县财政资金管理办法的通知》，对行政事业单位的预算内、预算外资金实行“统一计划、统一管理、先批后支、量入为出、专款专用、权责结合”的管理方法。规定财政、审计部门对各行政事业单位的财政资金使用、效益情况要开展事前、事中、事后的检查、监督。

2007年，县政府出台《关于印发云和县政府性债务管理办法》，规定政府性债务的举借、使用、偿还实行量力而行管理；将财政一般预算安排的建设资金，纳入财政预算管理的专项建设资金；将政府性融资、国债资金以及国际金融组织和外国政府贷款、赠款的转让、出售、拍卖国有资产（资源）及其经营权所得的收益、政府非税收入专项资金、法律法规规定的其他财政性资金，纳入基本预算编制、执行、调整、项目资金管理、基本建设决算、基本建设项目评价与监督管理当中。是年，县财政局根据县政府《关于印发云和县财政性基本建设预算管理办法的通知》文件要求，顺利完成国库集中支付改革工作。全县会计集中核算实现与国库集中支付实现接轨。

2008年，出台《关于加强财政监督工作的若干意见》，从“保障民生资金、深化财税体制改革、健全完善财政运行全过程的财政监督机制、整顿和规范财政秩序、提高资金的使用效益、有序组织开展财政监督检查、促进管理水平提高、健全工作机制”八个方面，作出财政监督工作的详细规定，开展政府投资项目等重点专项资金监管专项工作。是年9月，成立财政项目预算审核中心，负责政府投资项目的概算、预算、项目变更审核工作，开展国有资产整合工作和政府债务管理及防范财政风险工作。

2009年，争取省拨付专项资金1.36亿元，用于支持“创业”“创新”经济工作。是年，新成立的财政项目预算审核中心全年审核预算111个，送审造价22778万元，审定造价20560万元，净核减2217万元。概算56个，送审造价55087万元，审定造价54551万元，净核减536万元。

2010年，在全市率先推行预算编制、执行、监督“三位一体”的组织体系，开展国库集中支付改革。是年，根据云和纪检委印发的《关于规范公务员津补贴发放工作的通知》，将规范后的津贴补贴纳入会计核算中心津补贴专户统一发放，推行规范公务员津补贴发放工作；开展社会团体和国有企业“小金库”专项治理工作、行政事业单位“小金库”专项治理自查自纠“回头看”工作。是年，县财政审核中心审核预算项目140个，送审造价20071万元，审定造价18492万元，净核减1579万元；概算121个，送审造价42351万元，审定造价41588万元，净核减763万元。

预算外资金管理

1991年，行政事业单位预算外资金采用“专户储存，收支两条线”的管理方法。全县18家行政事业单位实行专户储存管理，存入197.4万元，划拨160.1万元，结存107万元。是年，非经营性收费票据实行“以旧换新，凭证购买”的管理办法。

1992年，县政府印发《云和县预算外资金管理暂行规定》，制定预算外资金的范围、管理制度。是年，全县预算外资金储存86.73万元，划拨105.4万元，结存88.4万元。

1993年，根据县政府《云和县预算外资金管理办法》文件要求，治理“乱集资、乱收费、乱罚款”，行政事业单位统一收据全面换版，建立收据管理制度。是年，全县预算外资金专户储存扩大到21户，缴存金额161万元，比上年增长47%。

1994年，开展预算外资金专项清理整顿行动，全县纳入财政预算专户资金达到1774.5万元。

1995年，成立预算外资金专项清理办公室，将“行政事业单位按规定收取的事业性收费；各项基金、附加和集资款；上下级业务部门之间返还、补助或留用的收费资金；行政主管部门下属单位上缴的利润、管理费、专项资金等；垄断行业的经营服务性收费；凭借政府职能收取的不纳入预算管理的资金（基金），包括各类保证金、押金和社会集资、行政事业单位工作用房出租收入”列入财政专户储存管理范围。是年，开展预算外资金专项清理、整顿工作，取消行政事业单位银行账户100多个，增加财政专户储存单位77个，累计缴存额2213万元，专户储存余额为948万元，征缴预算外调节资金39万元；开展“小金库”专项检查，查出小金库金额29万元，应交财政12万元。

1996年，开展预算外资金专项清理检查工作，预算外资金专户储存4658万元，拨付3853万元，结余资金1811万元，专户储存单位达到92个。

1997年，开展预算外资金收支稽查、审核、规范票据管理和收费行为的专项工作，全县预算外资金专户资金储存5347万元，比上年增长15%，拨付4864万元，结余资金2395万元户，专户储存单位增加到94个。

1998年1月1日起，全县预算外资金收入实行“单位开票、银行收款、按期结报”，预算外支出实行“核定基数、比例分成、以收定支、超收计奖、超支不补、节余留用、适当统筹、综合平衡”的管理方法。是年，依据国务院《关于加强预算外资金管理的决定》，实行预算外资金归国家、调控权归政府、管理权归财政行政管理部门、使用权归执收单位的做法，初步建立起行政事业单位收支统管、并账核算、统筹安排、自求平衡的综合预算管理体系；将公、检、法及工商管理局四个部门的罚没收入、行政性收费列入“收支两条线”管理。是年，预算调节基金年终一次性征收改为按季预征，收缴预算外调节基金137.7万元。全县有90个单位纳入专户管理，预算外资金上年结转2395万元，收入3412万元，拨付3680万元户，结余2127万元户。

1999年，按照预算外资金“各家开票、一家收款、按期结报”的管理方式，开展清理整顿行政事业单位银行账户工作，撤销预算外账户117个。

2000年，检查12家单位的预算外资金来往情况，查缴入库财政专户资金67万元。

2001年，抽查执收、执罚部门的预算外资金，重点检查12家单位的预算外资金会计账簿，规范执收执罚部门的收费、罚款行为，落实预算外资金“收支两条线”的管理制度，抽查行动使得财政专户入库67万元，撤销银行多余账户10个。

2002年11月，县财政部门和县人民银行在县农业银行营业部、会计核算中心的农业银行网点设立代收窗口，开展行政事业单位“罚缴分离、票款分离”工作。（“罚缴分离”是指执法部门和单位的罚款决定收缴相分离，由当事人持行政处罚决定书到财政部门指定的银行缴纳罚款；“票款分离”是指在行政事业性收费和政府性基金的征收过程中，实行“单位开票，银行代收、财政统管”的资金收缴和票据开具相分离的办法）。是年，全县纳入“票款分离”的单位59家，其中实行“罚缴分离”的单位17家。

2003年，非税收入征收管理信息系统建成投入运行，预算外资金专户实行“准金库”化管理。是年，采取走访重点企业的方法，开展行政事业收费票据检查和规范中介服务收费工作。

2004 年，运用非税收入征收管理信息系统工程，完善预算外资金“缴罚分离、票款分离”的管理工作，将公安、法院、工商、环保、计生五个部门的收费纳入预算管理(国库)。

2005 年，有预算外资金收入的行政事业单位，全部纳入财政专户管理，预算外资金实行计划管理。

2006 年，制定财政性资金拨付操作规程，取消 66 项行政事业性收费，将 8 项行政事业费转为服务性收费，将小水电土地权收入和矿产资源出让收入纳入预算外管理范畴。是年，土地出让金收入 1.48 亿元，其他预算外资金收入 1.41 亿元。

2007 年，开展整合政府性资金工作，将游离于财政监督之外的资金纳入财政专户管理，并将土地出让收入纳入国库，实行基金预算管理。是年，全县土地出让收入 1.28 亿元。

2008 年，利用信息化技术动态监控预算单位非税收入支出指标和结余情况，清理报废 1989 年以后过期的财政票据。是年，全县土地出让收入 0.83 亿元，土地整理指标收入 2.67 亿元。

2009 年，实行非税收入专户“准金库”化管理，纳入会计核算中心管理的预算单位实行“零户”统管制度。财政全程监控财政票据领购、结报、核销过程，取消 24 个行政事业性收费项目，暂缓 3 个项目，降低 1 个项目的标准，减轻社会负担 1173 万元。是年，根据县委、县政府统一布置，财政开始监管行政事业单位住房公积金缴存。是年，土地出让收入 1 亿元，土地整理指标收入 0.63 亿元，其他非税收入 0.63 亿元。

2010 年，县财政局、监察局联合出台《关于加强乡镇政府非税收入管理有关事项的通知》，将乡镇非税收入纳入财政非税收入专户管理，乡镇非税收入实行“收支两条线”管理制度。是年 7 月 1 日起，全县乡镇非税收入全部纳入财政非税收入管理专户。是年，免除农村义务教育阶段住宿费；全县全年土地出让收入 1.68 亿元，土地整理指标收入 2.6 亿元，其他非税收入 0.61 亿元。

社会集团购买力

1990 年 8 月，云和设立控制社会集团购买力办公室(简称控购办)，负责审批专控商品,控购办按系统核定社会集团购买力指标并定期上报指标使用情况，重点开展小汽车审查、登记、发放“控审”标签的工作。1991 年，省政府核定云和社会集团购买力指标为 500 万元，实际购买各种专控商品 499.88 万元。

1992 年，全县专控商品资金支出控制为 106.8 万元，低于省政府核定指标 17 个百分点。

1998 年后，全县党政机关使用小汽车实行定编控制使用。

2000 年，党政机关仍按照小汽车定数量控制使用，并实行行政事业单位小汽车购买审批制。

政府采购

1999 年，根据政府采购管理工作实际，县编办印发《关于设立云和县政府采购办公室的通知》，设立云和县政府采购办，行政事业单位购置办公设备等大宗支出实行政府采购制度。是年，组织政府采购 6 次，采购总价值 119.6 万元，节约资金 7 万元。

2003 年，组织政府采购 35 批次，预算总额 2253 万元，实际支付 1865 万元，节约资金 388 万元，节约率为 17.22%。

2004年，实行公开招投标方式进行政府采购，公开招投标占总采购金额的68%。电脑、打印机等常用办公设备实行全市协议采购，全年采购预算总额4307万元，实际支付3761万元，节约资金546万元，节约率为12.68%。

2005年7月，县招投标中心投入运行，负责政府采购服务工作。

2006年，政府采购实行“管采分离”的办法。

2008年6月，财政局、监察局、审计局联合成立云和县政府采购执行情况专项检查领导小组，负责政府采购专项检查的组织和实施工作，开展政府采购执行情况专项检查。

2010年6月，将计算机、数码相机、数码摄像机、传真机、扫描仪、打印机、一体机、复印机、油印机、交换机、路由器、不间断电源（UPS）、防火墙、服务器、投影仪、电视机、电冰箱、空调18类通用设备列入全省联动协议供货。

2007—2010年云和县政府采购情况统计表

表15-2-4

年　份	预算金额（万元）	采购金额（万元）	节约金额（万元）	节约率（%）
2007	5603.79	4778.71	825.08	14.72
2008	5127.85	4519.81	608.04	11.86
2009	5989.52	5110.06	879.46	14.68
2010	7151.54	6095.19	1056.35	14.77
合计	23872.7	20503.77	3368.93	14.11

会计管理

会计知识培训　1992年，组织企业财务人员进行培训，举办会计上岗培训、会计职称考试、会计电算等3期培训班，培训人员372人次。

1993年，开展全县财务会计人员和全体财税干部培训工作，全年举办4期会计培训班，培训人员798人次；是年，组织会计人员参加全国会计专业资格考试、注册会计师考试以及首届海峡两岸珠算比赛，参赛人数170多人，取得丽水地区海峡两岸珠算比赛第二名的成绩。是年7月1日，实施《企业财务通则》《企业会计准则》。

1994年，修订后的《中华人民共和国会计法》开始施行，财政部门举办2期培训班，培训人员148人次。是年，云和有4人代表丽水地区参加省财政厅组织的《中华人民共和国会计法》知识竞赛，其中3人获得优胜奖。同年，开展财会人员电算化知识和电子计算机应用研究知识的培训，参培会计人员经考试合格后才能领取合格证书，全年举办3期会计培训班，培训112人次；全县会计培训合格率达到100%。

1997年，组织《会计基础工作规范化》知识培训、考试工作，全县有800多人次参加会计基础规范化考核、验收工作。是年，有36人报名参加全国注册会计师考试、60人参加会计师考试、92人参加助理会计师考试、19人参加会计员考试。

2000—2002年，组织行政事业单位负责人、财会人员参加新《中华人民共和国会计法》学习培训和会计法知识大赛，举办9期培训班，培训1102人次。

2005年，开展《小企业会计制度》《民间非营利组织会计制度》等新会计制度的宣传、培训工作，培训人员1121人次。是年，国有企业全面实施《企业会计制度》。

2009年，举办2期会计人员继续教育培训班，培训人员892人次。

2010年，组织国库集中支付试点单位的会计人员参加全省会计从业人员资格无纸化试点考试。

会计资格管理 1991年，财会人员均需经会计资格考试合格，才能核发会计证和临时会计证。是年，依据财政部《会计工作达标升级试行办法》，开展在职会计人员上岗培训和会计达标升级工作。将会计达标升级分为达标、三级、二级、一级四个等级，依次组织注册会计师考试、会计专业职务任职资格评审等工作。

1992年，开始培训新财会人员，发放财会人员上岗证。是年，会计师、助理会计师、会计员职务评审改为全国会计专业技术任职资格考试，并进行每年考前辅导。

1998年，开展行政事业单位会计代理及换发全省统一的会计证工作。是年，换发全省统一会计证353本。

2002年，组织会计人员参加会计达标升级后续教育、会计专业技术资格考试、会计基础工作规范化考核及会计证年审换证工作；抽查部分企业执行《中华人民共和国会计法》及财务管理情况。

2005年，根据财政部《会计从业资格管理办法》文件要求和省局统一部署，开展会计从业资格证书的换证工作，至2006年12月，换发新会计从业资格证书821本。

2007年，开展会计从业资格证的注册登记、变更登记以及继续教育的管理工作，建立健全会计从业人员的档案管理。

2008年，有5人申报高级会计师并获批。至此，云和具有高级会计师资格达到12人。

2009年，会计从业资格考试和会计专业技术资格考试实行网上报名。

国有资产

国有资产监管 1991年，国资办与国有企业的管理班子签订扭亏责任状，将国有企业领导班子的工资与企业效益挂钩。

1992年，经过产权登记，查实全县国有企业47户。其中，国营工业企业19户、商业企业23户、行政事业单位下属企业5户；资产总额12818万元，国有资产总量4617万元，其中国有资本金总额3783万元。

1993年，县财政局与经委、法院等部门联合开展县轴承集团的保持器车间、陶瓷元件厂、轴瓦厂、电机厂、玩具厂、商业综合公司、供销社等单位转制过程当中的财产清理、资产评估、企业转制、破产、拍卖和兼并工作。是年，开展行政事业单位财产清理登记专项工作，此项工作得到省财政厅和市财政局的肯定，被省财政厅评为“行政事业财产登记先进单位”。

1995年，成立清产核资领导小组，建立清产核资指导员制度。

1996年，开展新华厂厂房接收、出售工作。通过与银行协商，获得银行600万元贷款资金的支持，顺利完成新华厂房地产接收工作。是年，通过出售新华厂原厂房，还清用于接收新华厂厂房垫付补偿资金贷款。

1997年、1998年，进行行政事业单位、国有企业产权登记和资产的年度检查，形成资产统计、评估、保值、增值考核和资产流失查处“五位一体”的国有资产管理体系；通过城镇集体企业清产核资，确定纳入清产核资范围的集体企业28户；通过集体企业资产清查、价值重估、产权界定、资金核实，查清全县集体企业资产总量为9683万元、负债总额为9099万元、资产负债率为93.97%、所有者权益585万元、资产权益率6%，全部资产损失总额1079万元，占集体企业资产总额的11.14%。

1999年，建立国有企业政府投入资金资本金账户，将该账户归口国资部门统一管理，全年纳入统一管理的政府资本金达到720.4万元。是年，18家企业进行破产、改组、改制和产权转让工作，公开拍卖破产企业资产，举行10场拍卖会，拍卖底价总计868.5万元，拍卖总价收入达到1084万元。

2000年，开展国有资产授权经营及产权转让和国有资产收缴、保值增值工作，收回县饮服公司改制后的净资产300余万元；与商业集团公司签订经营管理责任书，委托商业集团公司进行经营。

2003年，通过审核146家单位的产权登记、财务报表编撰等基础管理工作和组织国有资产收益收缴工作，收缴收益92.3万元，其中原县饮食服务公司改制剩余资产和百货商场租金收入28.6万元。

2009年，开通城市公交车，实现运营收入110万元。是年，县农贸市场通过省市专家组的考评，成为浙江省三星级文明规范市场。

体制机制改革 1994年，进行股份合作制改造，优化配置国有企业资产资源，盘活国有企业资产存量，推行国有企业所有权制改革。

2000年，进行国有企业授权经营和股权监管的监控管理，建立国有企业股权档案和国有资产出资人管理制度。

2001年，组建“云和县国有资产投资经营有限公司”，负责国有企业的资产管理、改制企业职工的安置及国有资产的投资经营管理工作，履行国有资产监管职能。是年，与县市场开发服务中心进行国有企业资产、人员接收等交接，核实国有企业资产550万元。

2002年，县国资公司组建会计委派中心，委派会计人员到城市建设发展有限公司、土地收储中心、丽龙一级公路云和段工程指挥部、城市防洪公司4家单位，参与经营和财务管理。

2004年，县政府印发《关于进一步加强县级国有资产营运机构财务监督工作的若干意见》《云和县国有独资经营公司财务管理办法》，规定国有企业实行派遣财务总监制度。财务总监行使国有企业财务和会计核算监管职责，建立健全国有资产管理财务监督机制。是年，县政府出台《云和县国有企业（单位）财务总监委派试行办法》《关于进一步加强政府性资金投资项目管理的暂行办法》《关于进一步加强和规范政府债务管理的若干意见》，规定政府部门不得对外提供各种形式的担保抵押、偿债承诺和对外投资。国有独资公司确需对外提供担保及偿债承诺的，需报县财政局审核，再上报县政府批准。

2005年，县政府出台《关于进一步加强国有资产管理工作的意见》，建立国有资产管理委员会（国资委）、国有资产管理委员会办公室（国资办）、国资公司的三级”国有资产管理、营运、监督机制，国有资产采取“国家所有，分级管理”的管理办法；5月23日，县政府出台《关于县级国有资产营运机构人事工资管理工作的意见》，制定人事、工资制度及国有企业经营奖惩条例，建立健全国有资产营运企业内部管理机制和工作机制。是年，通过盘活国有土地资源，实现国有企业土地出让金收入2.87亿元。

2006年，县政府出台《云和县人民政府关于印发云和县国有资产处置及经营管理办法的通知》，规定国有资产处置包括房地产、交通工具、设备等资产处置，必须报县国资办或县财政局审批，其中房地产处置由县国资办牵头与相关部门论证后审批办理。是年，建立国有资产收益预算制度，实行“收支两条线”管理；国有资产出租及资源性资产的净收益，按一定比例给予补助，用于国有资产修缮及维护，国有资产营运实行会计委派监管制度。

2007年12月，县政府规定“非转经”资产（指非经营性转经营性的行政事业单位的国有资产）统一归口国资经营公司经营，县属行政事业单位须在规定时间上报本单位非经营性资产和资源性资产清单及经营现状，经国资办审核后，由县国有资产经营有限公司完成“非转经”资产、资源性资产的统一接收。

2008年，县政府印发《云和县人民政府关于整合国有资产的实施意见》，把行政事业性资产改变为公司性经营资产，进行资本运作，进行国有资产整合；12月，全县第一批资产整合工作结束，国资经营公司增加2亿余元的资产存量。是年，全县29个行政事业单位的房地产产权，分批划转县国资经营公司，资产使用权、管理权仍保留在原单位。资产整合后增加小型企业贷款担保有限公司资本金3000万元、国有资产经营有限公司资本金1亿元。整合资产采取使用权和所有权分离的办法，改革现行政府国有资产管理体制，变国有资产产权由部门分散管理为政府委托县国资公司统一集中管理。

2010年，县政府办公室印发《云和县国资营运公司人事、财务管理办法（试行）》，从投资营运财务管理、营运机构经费管理方面规范国资营运公司的财务、人事、经费、档案管理；9月，国资公司、县城发公司、县防洪工程公司、县旅发公司、县工业园区投资开发公司五大国资营运公司实行“远程报账、集中支付、自主核算”的管理办法，五大国资营运公司的投资营运财务、营运机构管理经费支出完成分离，实行分开核算；将五大国资营运公司全部纳入县会计核算中心管理。是年，公开拍卖国有企业车辆6辆，实现收入18万元。

第四节　国债管理与发行

1991年，计划完成44万元国债销售任务，实际推销国债83万元（其中国库券60万元、特种国债23万元）。

1993年，财政局牵头各专业银行召开兑付工作会议，研究落实国债兑付资金有关事项，全县增设兑付点10个。是年，国库券投放市场由财政发行改为个人向商业银行购买。

1996—2000年，发行特种定向债券，主要购买单位为劳动人事部门下属的就业管理处和社保处。

2000年12月，国家发行国债实行市场制，财政不再承担国债发行任务。

第五节 财政四税

农业税

2003年12月31日之前，农业税实行地区差别比例税率，税率为常年产量的15.50%，由财政局负责，财税所、乡镇政府负责组织征收。2004年1月1日，按照中共中央、国务院《关于促进农民增加收入若干政策的意见书》和丽水市财政局印发的《丽水市财政局关于对种植粮油农户免征农业税的实施意见》，计税土地种植粮油作物和其他经济作物免征农业税。2005年1月1日起全面取消农业税。

农业特产税

农业特产税原称农林特产税，税率根据农产品分类执行，开征产品包括原木、毛竹、油菜籽等，税率为8%至16%不等。1994年税制改革中，将部分应税农产品的产品税与农林特产税合并，统一征收农业特产税。2003年4月1日，停征农业特产税。

耕地占用税

2008年1月1日，根据浙江省财政厅公布的《耕地占用税征收条例》，云和耕地占用税额为每平方米25元，公路线路占用耕地税额为每平方米2元；占用基本农田（基本农田是指依据基本农田保护条例）的，适用税额在上述规定的税额标准基础上再提高50%，每平方米税额为37.5元（划定基本农田保护区范围内的耕地标准）；农村居民占用耕地新建住宅，按照适用税额减半征收，每平方米收取耕地占用税12.5元。2010年1月1日，耕地占用税由财政部门划转地税局征收管理。

契　税

1950年4月，中央人民政府政务院公布《契税暂行条例》，规定土地和房屋买卖、典当、赠予由承受人缴纳契税，税率买卖、赠予为6%，典契为3%。之后，因完成社会主义改造，土地禁止买卖转让，房产变动很小，契税收入停征。1981年恢复契税，因多种历史原因，所征收税额很少。1991年开始对外国企业、外国人及华侨、港澳台同胞征收契税，税率6%。1997年10月1日，省政府颁发《浙江省实施〈中华人民共和国契税暂行条例〉办法》，契税税率统一定为土地成交价的3%、房屋成交价的3%征收（其中个人购买普通住宅1.5%）。2010年1月1日，契税征收由财政部门划转地税局征收管理。

第六节　农业综合开发资金

2004年，云和被省政府定为省级农业综合开发项目县。是年，县机构编制委员会印发《关于同意设立云和县农业综合开发办公室的批复》，批准设立云和县农业综合开发办公室（财政局下属单位），负责全县农业综合开发项目管理和资金的使用管理工作。是年，总投资440万元（其中省以上财政资金投入310万元）的安溪山区小流域农业生态工程开工建设。

2005年，总投资979万元（其中省以上财政资金520万元）的泉溪山区小流域农业生态工程、果品加工（包装）2个项目开工建设。

2006年，总投资883万元（其中省以上财政资金596万元）的沈溪、沙溪山区小流域农业生态工程、自然灾害水毁修复3个项目开工建设。

2007年，总投资2040万元（其中省以上财政资金830万元）的沙溪小流域农业生态工程、木路溪山区小流域农业生态工程、年产300万千克鲜香菇深加工出口3个项目开工建设。

2008年，云和被列为国家级农业综合开发县。是年，总投资2726.8万元（其中省以上财政资金1120万元）的雾溪下游片山区中低产田改造、崇溪山区小流域农业生态工程、100万套木制玩具生产线、千斤万元高效农业园区建设4个项目开工建设。

2009年，总投资1723万元（其中省以上财政资金793万元）的黄溪、栗溪山区小流域农业生态工程、年产2.5万千克中高档绿茶深加工、自然灾害损毁工程修复4个项目开工建设。

2010年，总投资2228万元（其中省以上财政资金1164万元）的大沙片、临海垟片山区中低产田改造、110万袋食用菌标准化示范基地建设、年产60万千克洁水鱼基地改扩建、利用废料生产珍稀菇技术集成示范与推广5个项目开工建设。

第七节　机构与队伍

1991年，县财政局内设机构为人监股、秘书股、预算股、农财股、企财股、行财股（控办）、综合计划股、会管股；是年12月，经县编委同意，秘书股改为办公室，全局编制数135人，实有人数128人，其中局机关46人，税务所82人（时财政税务干部混编）。

1997年9月，国、地税机构正式分设，财政、地税与国税人员按6:4划分，国税局、地税局开始实行分离办公。

2001年9月，设立县会计核算中心。

2002年，经县人民政府批准，县财政局内设办公室、人事教育监察科、预算科（基建科）、综合计划科、会计管理科、行政事业财务科、社会保障科、农财农税科、国有资产企业管理科9个科室（不含税务科室）。

2004 年 4 月，经县机构编制委员会批复同意，设立云和县农业综合开发办公室。

2005 年 1 月，增设县财政局国库科。

2006 年 6 月，县财政局增设绩效管理科。是年 9 月，设立乡镇财政管理中心。2008 年 9 月，设立财政项目预算审核中心。是年 12 月，增设县财政局经济建设科。2009 年 7 月，县财政局设立行政许可科。是年，财政局被省委、省政府命名为省级文明单位。

2010 年 11 月，会计核算中心增挂财政国库支付中心牌子。县财政局、地方税务局合计在编人员 96 人，其中本科学历 91 人，大专学历 5 人。财政局内设办公室、人事教育科、纪检监察室、政策法规科、行政许可科、预算局、乡镇财政管理科、预算执行局、国库支付科、综合科、行政事业科（控办、政府采购办）、社会保障科、农业科、经济建设科、国有资产企业管理科、财政监督局、绩效管理科、会计管理科 18 个职能局、科室。

1991—2010 年县财政局主要负责人一览表

表 15-2-5

党组书记	任职时间	局　长	任职时间
范向东	1990.01—2001.11	范向东	1990—2001.11
李奋平	2001.11—2005.11	李奋平	2001.11—2005.11
柳少康	2005.11—	柳少康	200.11—

第三章　国家税务

云和县国家税务局负责和主管辖区内中央税、中央与地方共享税及国家指定税种的征收管理职能。1994—2010 年，征收的税种有增值税、消费税、个人所得税、企业所得税、车辆购置税；国税税收收入 144420 万元，其中增值税 124424 万元。

第一节　征收税种

增值税

1994 年 1 月，税制改革后建立以增值税为主体税种、以增值税专用发票为主要对象的税收管理制度，以商品生产流通和劳务各个环节增值额为征税依据。凡在国内境内销售货物或提供加工、修配劳务和进出口货物均属征税范围。按经营规模分为一般纳税人和小规模纳税人，一般纳税人基本税率 17%，低税率 13%，特殊情况实行零税；小规模纳税人税率征收为两类：工业和其他单位小规模纳税人销售货物或应税劳务为 6%，商业小规模纳税人为 4%。

2006—2010年，全县征收增值税款73327万元。

消费税

1994年开征。凡在国内境内生产、委托加工和进口消费品的单位和个人，以及有关条例规定的销售消费品单位和个人，为消费税纳税人。消费税实行从价定率、从量定额，或者从价定率和从量定额复合计税（简称复合计税）办法计算应纳税额。从价定率，如卷烟，调拨价70元/条或70元/条以上不含增值税，税率56%加0.003元/支，按生产环节征收。从量定额，如黄酒，按204元/吨计税。

2006—2010年，全县征收消费税25万元。

个人所得税

1999年开征个人所得税。凡在国内境内银行、信用社、邮政企业依法储蓄人民币、外币及外汇，因此取得利息所得者，均征收个人储蓄利息所得税。人民币储种包括活期储蓄、整存整取定期、零存整取定期储蓄、存本取息定期储蓄、整存零取定期储蓄、定活两便储蓄。外币储种包括活期储蓄和整存整取储蓄存款。1999年11月1日至2007年8月14日税率为储蓄利息20%，2007年8月15日至2008年10月8日税率下调至5%，2008年10月9日后（含10月9日）暂免征收个人所得税。该部分税额总数较小，一般不计入统计。

企业所得税

原“企业所得税暂行条例”规定，企业所得税税率为33%。另有两档优惠税率：年应纳税所得额在3万元以下，减按18%税率征收；年应纳税所得额在3万元以上10万元以下，减按27%税率征收。外资企业所得税税率为30%。2008年1月《中华人民共和国企业所得税法》施行后，企业所得税税率为25%，内资企业和外资企业一致，小型微利企业和非居民企业税率为20%。

2006—2010年，全县征收企业所得税额9093万元。

车辆购置税

2000年10月，国务院颁布《中华人民共和国车辆购置税暂行条例》，规定取消车辆购置附加费，从2001年1月1日起开始征收车辆购置税。车辆购置税的纳税人为购置（包括购买、进口、自产、受赠、获奖或以其他方式取得并自用）应税车辆的单位和个人，征税范围为汽车、摩托车、电车、挂车、农用运输车。税率统一为10%，征税具有特定目的，由中央财政根据国家交通建设投资计划，统筹安排。

2008—2010年，全县征收车辆购置税额2394万元。

第二节　税收收入

国家税收

云和县国家税务局成立以后，国税税收收入保续快速稳定增长。国、地税分设后的1997—2010年，累计国税收入达136542万元，年均递增24%，2010年达到24307万元，是

1997年的12.49倍，增加22361万元。

出口退税

1994年1月1日，实施新税制，云和县国家税务局开始依法执行出口退税。1997—2010年共办理出口退税（含免抵调）24975万元。2004年4月，实现国务院提出的“新账不欠，老账要还”的目标，有力支持全县外贸经济的持续健康稳定发展。

1994—2010云和县国家税务局税收情况统计表

表15-3-1 单位：万元

年度	国税税收收入		出口退税（含免抵调）	稽查查补罚收入
	总收入	其中：增值税		
1994	1883	1146	70	—
1995	2823	1693	210	—
1996	3172	1836	729	—
1997	1946	1890	248	123
1998	2262	2128	593	173
1999	3784	3381	642	129
2000	5119	4343	1280	163
2001	5488	4852	1460	17
2002	6345	5762	1289	69
2003	7155	6445	1967	33
2004	8102	7723	3943	118
2005	10870	9898	2429	88
2006	13059	11813	1628	81
2007	14425	12439	1070	330
2008	16063	12893	1500	205
2009	17617	15169	2436	436
2010	24307	21013	4490	32
合计	144420	124424	25984	1997

说明：1994—1996年“总收入”一栏为国、地税合并的工商税收收入

第三节 征管改革

1995年5月至1997年8月，按照国家税务总局要求，县局率先实行省局提出的“申报、代理、稽查”三位一体的税收征管模式；在企业和个体工商户中，开始推行纳税人自行申报纳税；按征管功能调整基层机构，在县城建立服务大厅，实行相对集中征收；在自行申报和集中征收的基础上，实现专管员由管户向管事的智能转换；在县局范围内建立计算机局域网，依

托计算机进行征收管理，初步实现税收征管信息资源共享；通过税务师事务所社会化网点，重点为纳税人提供纳税咨询服务，创立税务代理业务。

1997年，云和县国家税务局根据省、市国税局的统一部署，先后撤销各基层税务所，设立征管分局，负责全县范围的国税征管工作，实行"一项制度、四大体系"的征管格局，即纳税人自行申报纳税制度，一级税务稽查、以计算机网络为依托的税收监控和税收服务体系。是年9月至1999年6月，国地税机构分设后，实行选案、检查、审理、执行四环节相互分离、相互制约的稽查工作机制。同年，X2.5专线网更新为DNN主干网，推广和应用省局统一开发的ZT97大征管软件，计算机广泛应用于税收征管各个领域。

1999、2000年，全县征收分局和中心税务所均撤并，实现县级的集中征收。推行多元化申报方式，改进税款缴库方式。

2001年，全省国税系统税收征管实行以市地为单位集中征收，即：税收监控在省局、税款征收和纳税信息处理在市地局、税收管理在县市局。是年5月1日始，中国税收征管信息系统（简称"CTAIS"）启用税务登记、纳税申报、税款征收、税务稽查等12各主要功能模块，基本实现税收征、管、查全过程监控和管理。是年，"金税工程"的一个网络和四个子系统运行平稳；电话申报、网上申报等电子申报方式逐步取代以上门申报为主的传统申报方式，以卡纳税和银行自动扣款逐步成为税款缴库方式主流。

2004年，县国税局调整、充实基层管理机构和人员力量，重组税收业务，简化征管流程，规范操作程序，形成征管查专业化管理。

第四节　税收管理

税收变革

1994年起，实施新税制。

至1998年年底，基本形成"以纳税申报和优化服务为基础，以计算机网络为依托，集中征收，重点稽查"税收征管体系。以县为单位集中征收，对外建立办税服务大厅，纳税人自行申报纳税。取消专管员制度，征收、管理、稽查相结合。

2000年，国税系统征管改革继续深化，从管户制向管事制转变，全面实施到位。CTAIS征管系统全面上线运行，征管数据集中到市国税局统一管理。

2005年，按照"以票控税、网络对比、税源监控、综合管理"要求，强化增值税管理。巩固和完善"一窗一人一机"管理模式，提高运行质量和效率。加强"四小票"和国税机关代开增值税专用发票管理，完善失控发票快速反应机制，强化车辆购置税的征收管理。加强税源监督，对年纳增值税100万元和年所得税收入30万元以上内外资企业、小规模以上企业、中小企业和个体工商户三个层面进行监控。利用"税收收入查询系统"，建立对重点行业的跟踪监控制度。对重点企业的产、销、缴税情况进行每月一次的分析、预测。出现税源起落变化较大等情况，及早采取应对措施，掌握税收工作的主动权，确保重点税源的及时足额入库。

2007年，贯彻纳税评估管理办法，完善评估工作机制，构建行业税源监控评估模式，推进多税种联合评估，加强与地税、工商等部门工作联系和信息交流，形成征管合力。按照“以票控税、网络对比、税源监控、综合管理”要求，强化增值税一般纳税人管理，实现防伪税控全覆盖，实行增值税纳税申报“一窗式”管理，加强对海关完税凭证、货物运输发票、废旧物资发票、农副产品收购发票“四小票”的抵扣管理，以及小规模纳税人的管理。运用增值税一般纳税人监控分析系统，围绕增值税税负率和零负申报率，加强监控管理。运用企业所得税纳税评估软件，实施平均利润率预警管理，大幅降低所得税零负申报率。规范个体工商户税收管理，建立统一的定额调整和超定额申报工作制度，推行个体工商户计算机核定定额。

税收征管

1997年，增值税一般纳税人进行年度资格审查，企业所得税实行“统一计算，分级管理，就地预缴，集中清算”的税收政策。将一般纳税人划分为A、B、C三类，采取相应增值税征收管理办法和专用发票管理规定。

1998年，要求个体私营企业建立账册，实行查账征收。

2001年，对涉外税务实施反避税调查，开展涉外税务审计。是年，按国务院要求开展“金税工程”，至年底，所有增值税一般纳税人被纳入防伪税控系统管理。

2003年7月1日起，废止手工开具增值税专用发票。

2004年10月始，货物运输发票、废旧物资发票、农副产品收购发票、海关代征进口增值税专用缴款书实行人工采集、网络传输、电脑对比。

发票管理

增值税发票管理　1994年，建立健全发票管理制度，加强增值税专用发票的控管，严格执行增值税专用发票内部管理办法，在发售环节实行专用发票发售许可证制度。

2000年1月1日开始，发票发售推行计算机管理。

2003年6月1日起，增值税专用发票全部通过防伪税控系统开具，手写版专用发票停用；仓储环节，实行“安全合格证”制度，确保专用发票的仓储安全。

普通发票管理　1995年起，实行不定期换版制度。

1995年4月起开展第一次普通发票换版工作，新版普通发票于1995年7月1日起启用。

2004年9月起开展第二次普通发票换版工作，新版普通发票于2005年1月1日起启用。

第五节　国税稽查

1994年9月，云和县国家税务局税务稽查局（稽查大队）成立，主要负责本辖区税收的专项性、行业性的检查以及重大税务案件的侦查工作。围绕国税工作中心，打击各类涉税违法行为，整顿和规范税收秩序，堵塞税收漏洞，规范云和县税收秩序。

1997—2010年，国税稽查部门累计查处税务案件505起，累计查补罚收入1997万元。

第六节　机构与队伍

1994年9月，云和县国家税务局正式挂牌成立。云和县国家税务局、云和县财政局、云和县地方税务局实行一套人马合署办公。1994年，云和县国家税务局共有六个基层税务所（直属第一税务所、直属第二税务所、云和税务所、紧水滩税务所、石塘税务所、梅源税务所）按行政区划和所有制性质划分负责全县范围的税收征管。

1997年年初，成立一个直属税务分局，两个中心税务所，直属税务分局税收征管范围为城关镇范围内所有纳税户，涵盖原直属第一税务所、直属第二税务所、云和税务所城关镇范围部分；中心一所税收征管范围为城郊及原梅源税务所纳税户；中心二所税收征管范围为紧水滩税务所和石塘税务所纳税户。

1997年8月，国地税分设，县国家税务局实行垂直管理。1997年，云和县国家税务局根据国家税务总局和省、市国税局的统一部署，先后撤销各基层分局和中心税务所，设立征管分局，负责全县范围的国税征管工作，成功实现以县为单位集中征收，税收管理从分散到集中的转变。

2001—2004年，云和县国家税务局撤销征管分局，先后设置内设机构7个：办公室、人事教育科、监察室、管理一科（征管科）、管理二科（税政法规职能和进出口退税及一般纳税人管理）、管理三科（个体税收管理）、计划征收科（办税服务厅）；直属机构1个：稽查局（丽水市国税稽查局第四检查科）；直属单位1个：信息中心；农业综合开发办公室。

2005年年末，调整为内设机构7个：办公室、人事教育科、监察室、政策法规科（税源管理三科）、税源管理一科、税源管理二科、计划征收科（办税服务厅）；直属机构1个：稽查局；直属单位1个：信息中心。

2009年后，机构设置稳定调整为内设机构10个：办公室、人事教育科、检查室、政策法规科、征收管理科、收入核算科、纳税评估科、进出口税收管理科（进出口税收管理分局）、税源管理一科、纳税服务科（办税服务厅）、机关党委办公室；直属机构1个：稽查局；事业单位1个：信息中心。

2010年，云和县国税局在编人员63人。

1994—2010年云和县国税局主要负责人一览表

表15-3-2

党组书记	任职时间	局　长	任职时间
卢一斐（主持）	1994.08—1996.01	卢一斐（主持）	1994.08—1996.01
任晓俐	1996.02—1998.05	任晓俐	1996.02—1998.05
罗国贤	1998.05—2001.12	罗国贤	1998.05—2001.12
许强律	2001.12—2007.05	许强律	2001.12—2007.05
何昌跃	2007.05—	何昌跃	2007.05—

第四章 地方税务

云和县地方税务局负责地方税收的征收管理、有关规费(基金)的征管改革和有关规费的稽查,

1991—2010年,税务部门组织收入由税收收入和非税收入两大部分组成。其中非税收入包括教育附加费、文化事业建设费、税务部门罚没收入、税务部门行政事业性收入、社会保险费收入、地方水利建设基金、就业保障金、其他收入组成。1997年,是国地税独立运行第一年,云和地方税收收入1492万元,2010年,地方税收收入达到16943万元。

第一节 征收税种

1991—1998年,工商税税收主要征收税种有营业税、企业所得税、个人所得税、城市建设维护税、房产税、印花税、车船使用税、土地增值税、城镇土地使用税、屠宰税。费种有教育费附加、文化事业建设费、水利建设资金、兵役义务费。

1999—2005年,增加资源税;增加企业养老保险金、机关养老保险金、医疗保险金、残疾人就业保险金、事业保险基金、工伤保险基金、生育保险基金费种;停征屠宰税;取消兵役义务费费种。

2006—2010年,地税部门征收的税种有营业税、企业所得税、个人所得税、城市建设维护税、房产税、印花税、车船使用税、土地增值税、城镇土地使用税、资源税、契税、耕地占用税,计12项税种(2010年1月,契税、耕地占用税由财政局划转归地方税务局征收管理);费种有教育费附加、地方教育附加、文化事业建设费、水利建设资金、企业养老保险金、医疗保险基金、失业保险基金、工伤保险基金、生育保险基金、残疾人就业保险金,计10项费种。

第二节 税收征管

1991年,地税局开展税法宣传,组织文艺宣传队在县城和农村巡回演出,观众达6万余人次。

1992年,实行减免税专户储存制度;在城镇和农村分别设立建筑安装企业征管组和农村

税收征管组,组织零散税收征收及管理工作。

1993年,撤销双港税务检查站,部分地方税委托林业、交警、稽征所征收。是年,食用菌、林木、园艺(茶叶)农林特产税应税产品从流通环节征收改为“生产源头征收”方式,全县农林特产税收入比上年增加87.1%。

1994年,改革企业所得税制,将国有企业、集体企业和私营企业分别征收的所得税合并为企业所得税;改革个人所得税制,将之前对外籍个人征收的个人所得税、对中国公民征收的个人收入调节税和个体工商业户所得税合并为统一的个人所得税;大幅度调整资源税、财产税、特别目的税(固定资产投资方向调节税、奖金税、国有企业工资调节税、城建税)、行为税等税种,扩大资源税的征收范围,开征土地增值税,取消盐税、奖金税、集市交易税等12个税种。1995年,推行高薪行业个人所得税强行申报制度,全年征收个人所得税41万元,比上年增长173.3%。

1996年8月5日,完成全县330家一般纳税人年检年审工作,检审合格150家,清理整顿150家;未通过年审且限期内未改正的,则取消一般纳税人资格。是年,开展全县197家企业所得税清缴工作,征缴企业所得税45万元。是年,金融、保险、邮电、电力等高薪行业实行个人所得税代扣代缴制度,全县征收个人所得税57万元。

1997年,办税实行一条龙、窗口式、电算化服务。通过个人所得税专项检查工作,征收个人所得税95.7万元,比上年增长50%,完成省地税局下达任务的141%。

1998年,制定纳税人自行申报纳税暂行办法和纳税人ABC分类管理制度。是年,建立个人所得税监控系统,高薪行业和高收入个人所得税实行源头控管。

1999年,进行1999年度税务登记证换证工作,换发税务登记证2298户。是年5、6月份,开展漏征漏管户清查专项工作,清查初漏管户157户,查补税款2.4万元。

2000年,开展全县税务登记证验证工作和城镇土地使用税、房产税税源普查工作。

2001年,全县开始征收医保金。是年,收缴入库医保金247万元,收缴率98%。

2002年,依托《浙江地税信息系统》2000版重点税源监控模块,扩大税源监控面,改进重点税源监控方式,进行税源监控应用分析。是年,税收收入3885万元;对全县定额征收的纳税人实行“税银联网,自动扣缴”的缴税方式,税收征管全面进行网络缴税。

2003年,全县个体工商户除房产税纳税人和委托代征外,其余均采用“双定户”(定期、定额征收方式)征收模式,并采用“银税联网,实时扣缴”的简易缴税方式征收;是年10月,县地税局导入ISO 9000质量管理体系顺利通过认证,实行企业ABC分类管理办法和企业办税员管理办法,成为全县第一家导入质量管理体系的行政单位。是年,全县养老金和医保金的征收纳入“银税联网”系统,全年养老金征缴率达到98%。

2004年,开征建筑用石类资源税。是年5月,全县组织开展《税友2000》基础数据清理工作,制定质量管理目标,持续改进ISO 9000质量管理体系。是年,开展减免税普查工作,全年减免各税833.70万元,其中:减免企业所得税678.01万元、营业税105.42万元。

2005年,地税与国税部门联合开展纳税信用等级评定工作,评出6家A类企业。是年，实行“一户通”(财税库银横向联网)电子缴税系统，此后，地税局加大社保基金的征缴力度，全年征收入库基金、费等其他收入5727万元，同比增长19.3%；开展《税友2000》系统基础数据的清理，通过核对、清理企业有关数据，补录征收企业2004年以后的资产负债表、利润表。是年，根据《中华人民共和国税收征管法》实施细则和浙江省地方税务局《关于开展对贯彻落实〈税收征管法〉及其实施细则情况专项检查的通知》，从税收征管工作是否做到“有法可依、有法必依、执法必严、违法必究”，采取自查、互查的方式开展税收征管环节专项检查。

图15-4-1 税务人员进企业调研(2006年摄 县财税局提供)

2006年，根据《国家税务总局关于换发税务登记证件的通知》和《浙江省国家税局浙江省地方税务局关于换发税务登记工作的补充通知》，从9月21日起统一更换税务登记证件。是年，开展2005年度货物运输业自开票纳税人年审、代开票中介机构资格认定工作和个人所得税全员管理工作。同年，根据浙江省地方税务局《关于扩大印花税预征范围若干问题的通知》，针对云和印花税管理实际情况，制定《关于进一步加强印花税征收管理的通知》，规定从7月1日开始，印花税纳税期限为一个月，并于次月10日前向主管税务机关申报缴纳；纳税人的应税凭证均实行按销售(或经营)收入核定征收印花税的办法。

2007年，税务部门全面推行“银税联网”“网上申报”“一户通”等税收申报模式，国税、地税、工商实行联合办证的模式；县国税局、地税局联合开展2005年度、2006年度纳税信用等级评定工作，强化地方小税种的征管工作，全年小税种入库1872万元，同比增长29.07%。是年，开展社保扩面、社保费清欠、地方教育费附加的开征工作，全年社保费收入5807万元，同比增长18.4%。

2008年，开展企业土地资源调查清理，当年征收土地使用税483万元，比上年增长167%。是年，针对小企业房产主要是自建的特点，经过深入企业开展调研工作，制定企业自建厂房征收营业税的征管政策，全县建筑安装营业税增收250万元。

2009年，推动企业做好“主辅分离”工作，分离出具有独立核算的法人企业六家，入库各项税费46万元。

2010年，全面推广应用个人所得税网上查询打印系统；开展交通运输业、邮政业企业的专项纳税评估工作，进行货物运输业自开票纳税人和代开票中介机构的年审工作；是年，获省地税局2010年度“浙江地税质量管理奖”。是年12月，全县所有个人所得税均纳入全员管理单位。

1991—2010 年云和县地方税务局组织收入统计表

表 15-4-1　　　　单位：万元

年　度	税务部门组织收入	其中工商税收入	增长率（%）	年　度	税务部门组织收入	其中工商税收入	增长率（%）
1991	—	863	—	2001	7006	4860	94.40
1992	—	961	11.36	2002	8501	5199	6.98
1993	—	1587	65.14	2003	10474	6630	27.52
1994	—	1883	18.65	2004	11878	7085	6.86
1995	—	2823	49.92	2005	13560	7833	10.56
1996	12138	3172	12.36	2006	17182	10298	31.47
1997	1863	1492	-52.96	2007	20579	12997	26.21
1998	3255	1795	20.31	2008	24068	14864	14.36
1999	3788	2177	21.28	2009	24551	13631	-8.30
2000	3885	2500	14.84	2010	27975	16943	24.30

说明：1. 1994—1996 年“工商税收入”一栏为国、地合并的收入；1996 年组织收入统计包括紧水滩电厂、石塘电站的税收收入，1997 年后重新划归省税务局统计。 2.“工商税收入”未剔除应退税金。 3. 税务部门组织收入包括教育附加费、社会保险费、地方水利建设基金等

第三节　税务稽查

税务稽查

1991 年，开展个体工商户、私营企业的专项检查工作，查补工商税收 3.86 万元、农林特产税 0.48 万元；查处重大偷漏税案 1 件，案件查补税款 3.8 万元；税务检查站查处违章案件 4306 件，查补工商税收 26.78 万元，农林特产税 6.67 万元。是年，组织开展税收财务大检查，查补工商税收 9.44 万元，能源交通基金和预算调节基金 6.67 万元；工商所得税 0.39 万元。

1992 年，开展个人收入调节税专项检查工作，至 1996 年，查处各类案件 342 起，查补税款 190.5 万元。

1997 年，开展税收财务物价大检查，检查 282 户企业，查出违纪金额 200 万元，应补交税款 150 万元，入库 100 万元。

1998 年，税务违法案件举报中心成立。是年，查处各项涉税案件 125 起，查补地方各税及收取滞纳金罚款 50.8 万元。

1999 年，税务稽查开始实行“选案、稽查、审理、执行”四分离制。是年，查处涉税案件 90 件，结案率达到 100%，查补税款、罚款、滞纳金等 78 万元。

2000 年，在实施一级稽查制度的基础上，开展日常、专项、专案的稽查，至 2002 年，查处各类涉税案件 862 件，查补入库地方税收及滞纳金、罚款合计 164.2 万元。

2003年，开展个体工商户、企业停歇业、注销专项检查，检查650户，查处涉税案件37件。是年，开展偷漏税专案查处，检查企业46户，查补入库税款95万元，滞纳金与罚款44万元。

2004年，开展房地产行业、相关建筑安装企业等重点行业重点税源的专项税收检查及2003年度企业所得税专项检查。检查纳税企业393户，查补税款、罚款、滞纳金253万元，同比增长182%。

2005年、2006年，查结涉税案件103件，查补入库税款、滞纳金与罚款171.2万元。

2007年，开展部分工业企业调研式专项检查、食品加工业专项检查、房地产业专项检查工作。是年，查结涉税案件69件，查补税、费、滞纳金与罚款118万元。

2008年，开展假发票专项整治、重大案的专案稽查及住宿业、建筑业和烟草业的专项检查。是年，检查企业79户，查补税、费、滞纳金与罚款526.75万元。

2009年，开展小水电行业、建筑业、高收入行业的专项检查，检查企业62户，查补入库税费、罚款收入258.55万元，受到省地方税务局嘉奖。

2010年，检查部分高收入行业、房地产业、房屋中介业、交通运输业、旅游业、建筑安装业的税收情况，检查企业34户，查补入库税费、罚款收入151.15万元。是年，查处举报案件及上级交办案件2件，查补税费、罚款收入257.28万元。是年，查补税、费、滞纳金和罚款收入431万元。

案例选录

检查经过 2008年1月，县地税局稽查分局通过审核浙江鑫通电子有限公司2002年5月到2007年7月期间的账簿、企业财务报表、纳税申报表，询问公司负责人、公司会计，查清该公司偷税事实。

偷税事实 2002年5月至2007年7月期间，浙江鑫通电子有限公司取得帐外货款收入（不含税）4041114.25元（其中2002年333967.53元，2003年701987.18元，2004年838553.85元，2005年676234.61元，2006年976626.65元，2007年513744.43元），未按规定申报缴纳相关地方税费。

处罚结果 根据浙江鑫通电子有限公司偷税实际，税务部门查补税费、滞纳金、罚款计2770044.62元，于2008年3月25日缴纳入库。鉴于浙江鑫通电子有限公司于2002年、2003年、2004年、2005年、2006年偷税比例分别达到36.22%、25.55%、27.25%、13.43%、21.84%的偷税事实，按照《中华人民共和国税收管理法》等法律、法规的相关规定，将该公司的偷税案件移送公安机关处理。

第四节 发票管理

1991年，县地税局发票管理办法得到省地税局的肯定，全省地区发票管理工作经验现场交流会定在云和召开。云和列为全省两个经验交流县之一。

1992年，全面完成统一新旧发票换版工作，制定《云和县税务局对发票承印厂的管理规定》，建立发票使用保证金制度和建立健全发票管理所的财务会计制度。是年，发售（领购）各种发票15000多本。

1995年，增值税专用发票实行所长批准、专管员签发制度。是年，用票大户实行定期上门检查和注销制度；定额户实行定额加发票、月结月清制度。

1997年，县地税局制定《云和县地方税务局发票使用与管理办法》，规定发票种类及领购对象，建立普通发票领购方式、领购手续、填开、保管、时效、注销、违法违章处理等管理制度，实行“验旧供新”制度，规定企业须指定专人负责验票、签发工作。

2003年，将保险、邮政、电信的应税收入纳入发票管理范围。

2005年，省国税局、省地税局联合印发《浙江省国家税务局浙江省地方税务局转发国家税务总局关于加强和规范税务机关代开普通发票工作的通知》，规定新版代开发票代开时纳税人应如实填写《代开统一发票申请表》、提供申请代开发票单位或个人合法身份证件、付款方出具的书面确认证明、申请代开发票单位或个人应按税收法律法规征收税款、每个代开单位应设置分户台账、发票开具后要将《代开发票申请表》和代开发票的证明材料粘贴在发票存根装订存档。4月1日始，云和全面启用新版《税务机关代开统一发票》。

2006年，根据《丽水市地方税局关于转发〈浙江省地方税务局关于印制浙江省地税发票样本（2005年版）〉的通知》，开展落实新版地税发票换版的工作。新版地税发票自2006年1月1日起使用，原已印制的旧版地税发票，如在票面上用红色字体套印“本发票限于2006年12月31日前填开使用有效”的发票警示语的，可继续使用至2006年12月31日止。文件规定从2007年1月1日起，旧版发票一律停止使用。是年，企业具名发票实行分级核准、统一印制，由县级地税局核准后报市地税局统一印制。

2007年，将原发票编码统一修改为省局统一的新的发票编码，发票编码实行统一维护。开展推广机打发票，上缴旧版空白公路运输货物和内河货物运输业统一发票工作。

2008年，按照《浙江省地方税务局关于电脑版普通发票开票软件应用工作有关问题的通知》文件要求，县地税局开展新“开票软件”应用的切换工作，新“开票软件”投入运行。

2009年，按照“以票控税、网络比对、税源监控、综合管理”的管理方法，依托全省地税数据大集中，深化部门信息共享，通过《税友2006》不动产建筑业税收项目管理软件的推广应用，形成以“数据采集、税收分析、税源监控、纳税评估、税务稽查”五位一体的税源管理互动机制。

2010年，以流转税为主（主要是营业税），实行查账征收方式，将定期定额征收方式且核定的月经营额在1万元以上的纳税人纳入机打发票应用范围。是年12月，开始在全县范围内，开展所有用票纳税人的新版发票换版工作及推广应用电脑版普通发票工作。

第五节　机构与队伍

1991年，税务局内设税政股、征管股、计会股三个股室和一个税务稽查大队（后改为税务稽查分局)，下属单位：直属一所、直属二所、云和所、紧水滩所、石塘所、梅源所、双港税务检查站、发票管理所、税务检查组。时税务与财政采取两块牌子一套班子，没有财政与税务编制之区分，财税局主要从事税务工作的干部有82人。

1993年，撤销双港税务检查站。9月4日，经县政府印发《关于同意设立云和县税务大队的批复》，批复同意撤销税务检查组，成立云和县税务稽查大队(后改为税务稽查分局)，其主要职责是组织开展本县税务稽查工作，参与上级税务稽查部门统一组织的重大税务案件的侦破。

1994年9月，依据国家税务总局关于税务机构分设有关要求，撤销云和县财政税务局，成立云和县财政局、云和县国家税务局、云和县地方税务局，实行三块牌子一套人马合署运行。

1996年，云和财税局下属六个税务所撤并为一个直属分局、两个中心所(财税第一中心所、财税第二中心所)。

1997年9月，国、地税机构正式分设，财政、地税与国税人员按6:4划分，国地税开始实行分离办公。

1999年，财税中心一所、财税中心二所并入直属分局。是年6月，增设县地方税务局信息中心。

2001年，撤销地方税务局征管分局，成立地方税务局直属分局。并将财税一所、财税二所并入直属分局。

2002年，经县人民政府批准，县地方税务局内设税政管理科(涉外税收管理科)、征收管理科、计划财务科、政策法规科(监督检查科)、地税信息中心、发票管理所6个职能科室和云和县地方税务局直属分局、税务稽查分局2个直属机构。是年8月，县地方税务局增设规费管理科。2004年，地税局被中华全国总工会评为“模范职工小家”。2005年，地税局被省人事厅、省地税局评为职工基本养老金征缴先进单位。2008年，地税局直属分局办税服务厅被全国“巾帼建功”领导小组(全国妇联)授予“全国巾帼文明岗”的荣誉。

2010年，县地方税局内设计划财务科、税政管理科、征收管理科、政策法规科、规费管理科、地税信息中心、发票管理所7个科室和云和县地方税务局直属分局、云和县地方税务局稽查分局2个直属机构。

1991—2010年县地税局主要负责人一览表

表15-4-2

党组书记	任职时间	局　长	任职时间
范向东	1990.01—2001.11	范向东	1990.01—2001.11
李奋平	2001.11—2005.11	李奋平	2001.11—2005.11
柳少康	2005.11—	柳少康	2005.11—

第十六篇　经济管理

1991年始，逐步建立农业发展基金、农村合作基金、农民劳动积累、农业承包基金上缴等制度。1995年，农村集体资产实行民主管理、规范管理；计划管理工作重点从微观管理逐渐转变为宏观管理，不断简化项目投资审批手续，完善项目管理制度；物价管理从1990年起，扩大企业定价自主权，建立间接调控系统，2000年后，除少数垄断行业和关乎民生的商品实行政府定价和指导价外，其他商品由市场调节；统计管理不断完善国民经济核算体系，确立以周期性普查为基础、重点调查为主体，以全面定期统计报表、经常性抽样调查等为补充的统计调查方法。审计工作的范围从单一的财务收支审计转变扩展至管理和监督各项经济活动。工商管理工作，不断完善企业登记、商标、广告和经济合同的管理，依法保护经营者和消费者合法权益，维护市场秩序。2005年，云和县食品药品监督管理局成立，新组建的县食品药品监督管理局，在承担原药品监管的基础上，增加食品、保健品、化妆品安全管理的综合监督、依法开展重大事故查处。1978年7月，云和县标准计量管理所建立，1999年实行省垂直管理体制，履行标准化、计量、质量综合管理、特种设备监察和行政执法。安全生产管理方面，全面落实安全生产责任，长期坚持打击非法违法生产经营活动和隐患排查治理，加大执法力度。

第一章　计划管理

1991—2010 年，云和县先后编制“八五”计划、“九五”计划、“十五”计划和“十一五”规划四个中长期发展计划，20 个年度计划，“十一五”期间编制专项规划 90 多个。

第一节　计划编制

年度计划

年度计划根据政府工作的总体要求和执行情况，综合分析预测内外经济形势的利弊因素，结合全县重点工作，提出年度经济社会发展主要目标和重点任务，尽可能科学合理、实事求是制定。年度计划由计划行政管理部门起草，经县人民政府审核，县人民代表大会批准实施。人民政府翌年向人民代表大会报告执行情况，并由人民代表大会审议。

年度计划中主要有地区生产总值、财政总收入、工业增加值、农业增加值、社会消费品零售总额等指标，每年的计划增长速度和主要目标任务随着经济和社会发展不断调整。

1990—2010 年云和县主要经济指标完成情况统计表

表 16-1-1　　单位：亿元

年份	地区生产总值（当年价格）	财政总收入	工业增加值	农林牧渔业总产值	固定资产投资	农村常住居民人均纯收入（元）	社会消费品零售总额
1990	1.88	—	0.51	0.69	0.57	465	0.54
1991	2.01	—	0.57	0.74	0.28	475	0.71
1992	2.56	—	0.65	0.86	0.58	487	0.79
1993	3.34	—	1.42	1.20	0.73	511	0.98
1994	4.52	—	1.75	2.06	0.69	553	1.41
1995	5.93	0.25	2.60	2.49	0.89	695	1.81
1996	6.10	0.34	2.22	2.61	1.06	1071	2.14
1997	6.69	0.37	2.44	2.81	1.26	1325	2.41
1998	6.70	0.45	2.26	2.99	1.81	1551	2.59
1999	7.42	0.54	2.67	3.04	2.47	1799	2.82
2000	8.01	0.65	2.69	3.10	2.80	1989	3.19
2001	8.91	0.97	2.89	3.20	3.91	2275	3.58

续表 16-1-1

年份	地区生产总值（当年价格）	财政总收入	工业增加值	农林牧渔业总产值	固定资产投资	农村常住居民人均纯收入（元）	社会消费品零售总额
2002	10.53	1.11	3.87	3.22	5.60	2651	4.05
2003	12.18	1.37	4.21	3.42	7.94	2869	4.64
2004	14.12	1.42	5.29	3.59	8.07	3106	5.38
2005	16.54	1.93	6.27	3.75	11.30	3360	6.09
2006	19.63	2.35	7.04	3.91	17.85	3716	6.92
2007	23.17	2.82	8.64	4.28	17.86	4267	8.05
2008	27.01	3.15	10.53	4.61	17.91	4963	9.66
2009	27.98	3.29	11.32	4.86	18.45	5560	11.04
2010	33.51	3.46	14.37	5.19	20.45	6370	11.59

专项规划

1998 年，编制《云和县“菜篮子”建设工程规划》《云和县 1998—2000 年下山脱贫规划》2 个重要规划。

1999 年，编制上报《云和县加油站（点）市场布局建设规划》《云和县散装水泥第十个五年计划》。

1999—2000 年，完成《云和县生态环境建设规划》，并上报中共浙江省委、中共丽水地委。之后，云和县被列为全省 24 个省级生态环境建设重点县之一，并被省计委编入《浙江省生态环境建设规划》。

2003 年，编写《云和县农业综合开发规划》。是年，发改局与县康庄办配合对全县农村通乡通村公路现状和 2003—2005 年农村通村公路改造工程进行调查摸底，编制《云和县 2003 年利用国债资金改造通村公路建设方案》《云和县 2003—2005 年农村通村公路工程改造规划》（康庄工程）。

2008 年，县政府下达《云和县木玩产业发展十年规划》《云和县低丘缓坡开发利用规划》《云和县乡村旅游（农家乐）发展规划》等 29 个规划，当年完成 21 个，这些规划的实施为木玩产业的快速发展、工业园区建设、农家乐产业发展奠定了良好的基础。

2009 年，县政府下达《云和县万名农民下山转移整体搬迁规划》《中国木制玩具制造业基地建设规划》《梅源梯田规划》《赤石乡旅游小集镇发展规划》等 27 个规划，当年完成 24个，规划实施进一步推动县城人口、产业的集聚，次年，梯田景区开始创 AAAA，旅游业发展进入加速阶段。

2010 年，县政府下达《云和县雾溪水源保护地规划》《城市交通规划》《云和县垦造耕地资源调查与开发专项规划》等专项规划 24 个，工业、农业、林业、水利“十二五”发展规划 23 个等。在各规划引领下，“十二五”期间，全县经济发展、城乡建设、基础设施、社会民生等进步显著。

国民经济和社会发展计划

“八五”计划（1991—1995）　1991年4月，县第十届人民代表大会第二次会议批准《云和县国民经济和社会发展第八个五年计划和今后十年初步规划的报告》。

1993年5月，县第十一届人民代表大会第一次会议批准《关于调整云和县国民经济和社会发展十年规划和“八五”计划主要经济指标的报告》，报告报告提出，到1995年，国内生产总值达到4.50亿元，工农业生产总值达到6亿元，农民人均纯收入达到650元。

1995年，实现国内生产总值3.37亿元（按90不变价，即按1990年的价格指数计算，下同）；工农业总产值12.15亿元，其中：工业总产值10.51亿元（现行价），农业总产值1.64亿元（不变价）；财政总收入2452万元，其中地方财政收入1474万元；固定资产投资8861万元；社会消费品零售总额1.7亿元；全县职工平均工资年收入达5371元；农民人均纯收入695元。

“九五”计划（1996—2000）　1996年4月，县第十一届人民代表大会第四次会议批准《云和县国民经济和社会发展“九五”计划和2010年长期规划纲要的报告（草案）》，报告提出，到2000年，国内生产总值达到8亿元（按1990年价格计算，下同），人均国内生产总值达到7000元，其中：第一产业1.8亿元；第二产业4.2亿元；第三产业2亿元。工农业总产值40亿元，其中：工业总产值37亿元，农业总产值3亿元；社会消费品零售总额5亿元；外贸收购总额6亿元；财政收入6000万元，其中地方财政收入4000万元；全县农民人均收入2600元。

2000年，实现国内生产总值8.59亿元，其中一产年均递增4.8%，二产年均递增8.6%，三产年均递增11.6%，三次产业构成比重为23:49.5:27.5；财政总收入为6466万元；社会消费品零售总额2.69亿元；外贸收购总额3.05亿元；全社会固定资产投资额2.8亿元、五年累计投资额9.39亿元，实现农民人均纯收入1989元。

“十五”计划（2001—2005）　2001年3月23日，经县第十二届人民代表大会第五次会议批准的《云和县国民经济和社会发展第十个五年计划纲要》提出，农业产业化初见成效，特色工业竞争力进一步增强，第三产业发展较快，经济总量迅速扩大，产业结构优化升级，生态地位基本确立，社会事业蓬勃发展，国民素质明显提高，人民生活基本实现小康。到2005年，国内生产总值达到13.2亿元以上；人均国内生产总值11800元；第一产业比重降至20%以下，第二产业保持50%左右，第三产业上升至30%以上；工农业总产值22.5亿元；财政总收入10500万元；全社会固定资产投资20亿元；社会消费品零售总额4.2亿元；外贸收购总额4.7亿元；城镇化率45%，农民人均纯收入3200元。

2005年，实现全县国内生产总值16.25亿元，人均生产总值14773元，其中，第一产业增加值2.36亿元，第二产业增加值7.76亿元，第三产业增加值6.12亿元，三次产业比重为14.5:47.8:37.7；完成财政总收入1.93亿元；固定资产投资36.8亿元；社会消费品零售总额6.09亿元；出口收购总额7.55亿元；城镇化率达45%。

“十一五”规划（2006—2010）　2006年3月28日，县第十三届人民代表大会第五次会议批准的《云和县国民经济和社会发展第十一个五年规划纲要》提出，到2010年，经济社会主要指标超过全国平均水平，全县基本实现全面小康社会的目标，为提前基本实现社会主义现代化打下坚实基础，地区生产总值突破30亿元，年均增长13%以上（人均约2.8万元，折合3500美元）；财政总收入和地方财政收入年均增长13%以上；外贸出口总额突破5000万美元；工业总产值达45亿元；固定资产投资五年累计突破70亿元；三次产业结构调整为10:50:40；城市建成区面积达7平方千米，城镇化率达到60%；城镇居民人均可支配收入年均增长11.2%；农民人均纯收入年均增长8%；城镇登记失业率控制在4.5%以下。

2010年，实现地区生产总值33.32亿元；财政总收入和地方财政收入分别达到3.46亿元和2.03亿元，年均增长12.4%和12.2%；全社会固定资产投资5年累计达到92.52亿元；完成工业总产值54.18亿元，三次产业比重调整9.7:52.8:37.5。城市建成区面积6.2平方千米，城镇化率达到58.07%；城镇居民人均可支配收入年均增长11.2%，农民人均纯收入年均增长13.6%，城镇登记失业率控制在4%。

第二节　固定资产投资

项目管理

1991年，基建项目的审批手续进行简化：凡在10万元以下的生产性和非生产性建设项目，改为一次性审批；一般项目限额内的由三道手续改为二道；超限额的按照审批权限，给予立项报批。

1997年，制定《云和县固定资产投资项目的审批权限及申报程序》，规范投资计划管理。

1998年，积极推进招商引资工作，着手投资项目库建设工作，编制《云和县投资指南》。

2006年，完善项目管理制度，基本不予安排实施未列入政府性投资项目年度计划的项目，总投资500万元以上的政府性投资项目，分别审批项目建议书、可行性研究报告、初步设计，较大的项目组织初步设计审查；企业投资项目审批，实行备案、核准制。

2008年，制定出台《云和县政府投资项目管理实施办法》和《云和县重大建设项目前期管理暂行办法》，进一步规范政府投资项目管理和项目前期资金管理和使用。制定出台《关于加强云和县政府投资项目设计概算管理的通知》，加大对政府投资项目资金的使用监督。完善项目激励机制，出台《云和县项目推进工作评优办法》。

2009年，制定出台《云和县政府性投资项目竣工验收管理暂行办法》，提高政府性投资项目管理水平，规范竣工验收管理。出台《云和县人民政府关于严格规范国有投资工程建设项目招投标活动的若干意见》，在继续强化事中事后监管的基础上，更加突出事后监管。

重点建设项目

1997年，上报的沙铺砻水电站建设被列入省重点工程，争取到50万度计划电等优惠政策。

1999年，县重点项目15项，其中被列入省、地重点工程7项；续建工程6项，全年完成投资额1.3亿元；占全社会投资额51.4%。

2000年，县重点项目16项，其中玩具工业园区和新建路及配套改造工程被列入省重点建设工程项目；续建7项，新建9项；全年完成投资1.7亿元。

2001—2010年，列为县重点建设项目199项，其中省、市重点项目46项；续建117项，新建82项；全年完成投资82.1亿元。

1991—2010年云和县重点建设项目统计表

表16–1–2

年份	县重点项目	其中：被列省、市重点项目	续建项目	新建项目	完成投资额	年份	县重点项目	其中：被列省、市重点项目	续建项目	新建项目	完成投资额
1999	15	7	6	9	1.30	2005	21	3	12	9	8.30
2000	16	–	7	9	1.70	2006	21	4	13	8	14.03
2001	15	6	10	5	2.40	2007	20	4	12	8	11
2002	13	4	11	2	3.40	2008	20	5	9	11	9.74
2003	15	4	9	6	5.20	2009	24	6	16	8	10.96
2004	25	4	8	17	4.90	2010	25	6	17	8	12.17

固定资产投资

1991—2010年，云和县完成固定资产投资141.9亿元。年度投资增幅，除1994年为负增长外，其余年份均有增长，增幅最高的为1992年的107.96%。在投资绝对值上，1996年突破1亿元，2002年突破5亿元，2005年突破10亿元，2006年突破15亿元，2010年突破20亿元。

1991—2010年云和县固定资产投资统计表

表16–1–3　　单位：亿元

年度	投资总量	同比(%)	年份	投资总量	同比(%)
1991	0.28	—	2001	3.91	39.76
1992	0.58	107.96	2002	5.60	43.35
1993	0.73	24.96	2003	7.94	41.71
1994	0.69	–5.41	2004	8.07	1.71
1995	0.89	28.70	2005	11.30	39.91
1996	1.06	19.85	2006	17.85	58.00
1997	1.24	16.44	2007	17.86	0.07
1998	1.81	43.6	2008	17.92	0.31
1999	2.47	36.61	2009	18.45	2.95
2000	2.80	13.38	2010	20.45	10.85

第三节　机构与队伍

1954年7月，云和县计划委员会建立，负责全县国民经济的计划工作。1978年后，计划管理逐步向间接调控管理、参谋服务管理转变，在经济管理中突出宏观性、战略性、政策性和导向性。

1992年后，计划管理的重点转向制定国民经济和社会发展战略、产业政策，规划经济结构和重点建设，在政府管理系统中发挥“总体指导、综合协调”作用，履行“综合平衡、宏观调控、统筹协调、综合服务”基本职能，

1991—1996年9月，云和县计划委员会内设科室3个：办公室、计划科、投资科。

1992年，成立云和县经济信息中心和计委信息科。

1996年，成立云和县散装水泥办公室。是年10月，县党政机构改革，县计划委员会与县统计局、县质量技术监督局合署。

2001年11月，云和县机关实行机构改革，原县计划委员会、物价局、粮食局、统计局4个单位组建为云和县发展计划局（挂物价局牌子，粮食局、统计局与发展计划局合署办公）。设有行政科室9个（即办公室、计划科、投资科、价格科、费管科、粮食科、综合信息科、专业统计科、统计法制科），下设物价检查所（价格举报中心），价格认证中心和散装水泥办公室，所属企业1个（粮食收储有限公司）。

2002年，散装水泥办公室划县经贸局管理。2003年，下设事业单位增加到4个：物价检查所（价格举报中心）、价格认证中心、社会经济调查队、普查中心。

2004年所属企业：粮食收储有限公司及另设的粮食企业退管中心。

2005年6月8日起，根据《中共云和县委、云和县人民政府关于调整云和县政府工作机构设置的通知》规定，县发展计划局改组为县发展和改革局，撤销县经济体制改革委员会办公室，职能划入发展和改革局。内设行政科室7个：办公室（政策法规科）、发展规划科（社会发展科、农村经济发展科、区划办）、投资综合科（产业发展科、重点办）、价格管理科、综合统计科、粮食管理科、体改科，下设事业单位5个：物价检查所（价格举报中心）、价格认证中心、社会经济调查队、普查中心和县招投标管理委员会办公室（招管办）；所属企业有粮食收储有限公司，粮食企业退管中心。

1986—2010年县发改局主要负责人一览表

表16-1-4

党组书记	任职时间	局长（主任）	任职时间
毛宽明	1986.03—1996.11	毛宽明	1986.03—1996.11
李冠勇	1996.11—1997.08	李冠勇	1996.11—1997.08

续表 16-1-4

党组书记	任职时间	局长（主任）	任职时间
李奋平	1997.08—2001.12	李奋平	1997.08—2001.12
王新荣	2001.12—2003.04	王新荣	2001.12—2003.04
雷长清	2003.04—2004.08	雷长清	2003.04—2004.08
李石平	2004.08—2007.03	李石平	2004.08—2007.03
王　平	2007.03—2009.11	王　平	2007.03—2009.11
林建文	2009.11—	林建文	2009.11—

第二章　物价管理

1962 年 9 月成立物价委员会，1984 年 2 月物价委员会撤销，成立县物价局，依法管理商品价格、非商品收费标准和行政性收费标准。1990 年起，国家物价局进一步控制物价总水平，治理市场价格秩序，建立间接调控系统。2000 年后，实行市场调节价的商品和服务价格逐步增至 90%以上，行政事业性和经营服务性收费成为价格监督检查的主要内容之一。

第一节　价格管理改革

1991 年，云和县放宽管理力度，制定“调、放结合，以放为主”为原则的价格管理办法，下放部分商品定价权，调整部分商品价格，简化企业价格审批手续，扩大企业定价自主权。

1992 年，采用“全面放开商品价格，重点管住行政事业性收费”的管理办法，全面放开流通系统的商品价格。

1993 年，进一步落实企业定价权，除国家和省有关法规确定的 89 种生产资料、4 种轻工产品、9 种农副产品的价格外，其他产品、商品价格的定价权全部放给企业。至年底，垄断性、资源性、公益性的少数商品价格和行政事业收费，仍由国家直接管理，其他商品价格和绝大多数经营性收费，全部放开。

1994 年，出台全县房地产管理的规范性文件和房地产交易价格管理规定。是年，管理 89 种重要的工业生产资料和重工产品，13 种人民群众生活必需品实行监审制度，粮食等 10 种农副产品价格进行灵活监控。是年，审定全县土地基准价，支持土地拍卖和协议转让。

1996年，加强“菜篮子”“米袋子”工程建设，“菜篮子”“米袋子”实行县长负责制，落实乡镇政府管理物价的职能；建立和健全粮食、种子、化肥价格调节基金和重要商品储备制度；市场柴油、液化气价格波动过大，实行提价申报的措施。是年，24种居民基本生活必需品和服务价格（重点是13种必需品）落实监审制度。

1997年，市场调节价比重扩大到95%以上，大多数商品和服务价格实行市场调节价，极少数商品和服务价格实行政府指导价或政府定价，以中央和地方定价目录为依据，实行统一领导，分级管理。是年，菜市场猪肉价格大幅度上涨，采取拨款补助和最高限价等措施抑制猪肉价格上涨。是年7月，设立乡镇物价监督管理站。

1998年，粮食流通体制改革政策出台，增加成品粮销售价格的监测频度和力度。

2000年，全县执行省定的分类统一销售电价，电价总水平为0.535元/千瓦时，比上年的0.556元/千瓦时下降0.021元/千瓦时。

是年，调整农村分片到户电价，调整后每千瓦时由原来的0.79元降到0.745元，农村非普工业用电到户价从每千瓦时1.2元降至0.95元。同年，确定云和县小水电上网价，平均为0.37元/千瓦时，明确小水电上网电量的线损负担及小水电价调节资金等问题，取消向小水电企业征收的农村小水电发展基金。

2002年，出台《浙江省定价目录》，明确省、市、县各级定价权限，政府定价和政府指导价严格按定价目录规定执行。是年，实行过渡期农村分片到户电价，推进“两改一同价”进程，贯彻全省统一销售电价，调整农村分片到户电价，取消第四片电价，合并调整为三片到户价。是年12月，国家发展计划委员会修订《政府价格决策听证办法》，定价程序法制化。

2003年4月，贯彻实施省物价局《关于对部分防治“非典”医药用品实行价格干预措施的紧急通知》文件规定，启动价格紧急监测预警机制，对部分中药材、体温计、口罩、消毒液等防治“非典”相关商品的价格实行干预措施，遏制与防治“非典”有关的商品和服务价格上涨。是年6月，省物价局印发《关于解除防治“非典”医药用品和相关商品价格干预措施的通知》。

2006年，按照省市物价部门统一部署，贯彻落实义务教育中小学免除杂费的政策，减免义务教育杂费计112万元。

是年，开征污水处理费，居民污水处理费每吨0.25元，其他污水处理费每吨0.9元；出台城市出租车运价标准，起步价5元/车次，基本里程为2.5千米，超过2.5千米后，每千米2元；单程超过8千米，超过部分可收50%返程空驶费；夜间零时至凌晨5时可加收20%的夜班加成费；制定《云和县自然灾害应急价格监测预警工作预案》。

2008年，落实临时价格干预措施，成立市场价格监管领导小组，被列入调价备案的云和上海华联超市、云和县军粮供应站和云和县和盛液化石油气有限公司3家企业的部分重要商品及服务实行调价备案制度。

2009年，省物价局出台《调整医疗机构销售药品作价政策》，实施基本药物制度改革试点的基层医疗机构按“零差率”政策执行。

第二节　价格指数

1990—1994 年，云和县居民消费价格指数和商品零售价格指数逐年增长，1995 年增幅开始回落，1998—2000 年，出现负增长。

1990—2001 年主要价格指数情况表

表 16-2-1

年份	居民消费价格指数	商品零售价格指数	年份	居民消费价格指数	商品零售价格指数
1990	103.50	101.90	1996	108.40	107.20
1991	103.80	102.50	1997	103.50	100.70
1992	108.10	107.50	1998	98.60	96.80
1993	118.10	116.20	1999	98.10	97.20
1994	132.10	131.20	2000	99.10	99.40
1995	116.50	115	2001	101.80	100.50

说明：2002 年开始，不再编制物价指数。2005 年，根据省、市物价部门有关文件规定，开始价格监测工作。

第三节　物价补贴

1988—1995 年，通过对肉、禽、蛋、豆制品、鲜菜、粮食、淡水鱼、食糖等 7 大类主要副食品价格的采价，测算每月的价格变动，经县人民政府商定后发放职工适当的副食品价格补贴。

主要副食品价格补贴

1988 年 1 月至 6 月，每位干部职工每月 10 元(固定)。1988 年 7 月至 1992 年，每人每月增加 10 元左右(浮动)。

1993 年，价格上涨幅度大，职工实际浮动价格补贴额也上升较快，1—3 月为 10 元，4—9 月为 11—18 元，10—12 月为 20 元。1994—1995 年，在 20 元上下浮动。

粮油调价补偿费

1991 年 5 月开始，每人每月 6 元，是年 8 月开始，增加价格补贴每月 3 元。

煤电补贴

1992 年 7 月开始，每人每月 3 元。1993 年 4 月开始，增加每人每月 15 元。

粮价补贴

1992 年 4 月开始，每人每月 5 元。1993 年 1 月开始，增加每月 3 元。1995 年工改后，保留物价补贴每月 20 元，其他各种价格补贴取消，在地方性补贴中体现。

第四节　价格调控

粮油糖价格

1991 年 5 月，国务院调整粮油统销价格。

1992 年 4 月 1 日，调整小麦粉、年糕、面条等部分粮食、粮食副产品、粮食复制品和猪、鸡、奶牛等配合饲料平价销售价格。是年 6 月，取消议价大米、议价菜油、议价配（混）合饲料提价申报制度。

1996 年，早稻收购实行最低保护价，油菜籽仍实行收购和兑油由农民自愿选择办法。粮食销售价格实行提价申报制度，批发综合差率 12%内，批零差率 15%。是年，建立食糖价格调节基金，当综合差率超过 11%时，在 12%综合差率内提取 1%作为食糖价格调节基金。

1997 年 7 月，国家明确粮食种子价格管理权限在各级政府物价部门，并规定具体作价办法。

1998 年，深化粮食流通体制改革，实行政企分开、储备与经营分开、中央与地方责任分开、新老财务账目分开，敞开收购，顺价销售，封闭运行政策。粮食价格主要由市场供求决定，政府制定粮食收购保护价，敞开收购农民余粮，制定粮食销售限价，作为调控目标。

2001 年，取消粮食定购任务后，国有粮食企业按“购得进、销得出”原则随行就市敞开收购农民余粮。

2002 年，放开早稻价格，按市场价收购早稻。对订单内属政府储备粮轮换粮食，在市场收购价基础上每 50 千克加不超过 3 元的政府补贴。

主要农副产品价格

1991 年 1 月，豆腐继续实行凭票供应，豆腐凭票销售其他豆制品价格放开，由企业自行确定。1996 年，猪肉、禽蛋等继续实行最高限价管理。

1998 年 10 月开始，物价部门对猪肉、鲜蛋、部分大众蔬菜、海水产品等每周定期发布“销售参考价格”，引导市场价格走势。

2005 年 5 月开始，开展价格监测工作，选择有代表性、区域性、品种齐全的 8 个经营单位，为云和县的价格监测点。是年，定期监测和分析成品粮、食用油、肉禽蛋、水产品、石油液化气、金属材料、建材、农资、杂交种子、仔猪、香菇、木耳等 37 种商品价格，落实 8 名采价人员。

2008 年，根据《国家发展改革委关于对部分重要商品及服务实行临时价格干预措施的实施办法》的有关规定，经县政府同意，成立市场价格监管领导小组，监测品种扩大到 93 个，增加房地产、超市等价格监测点。

生产资料价格

1993 年 2 月，计划外化肥、农药、农用薄膜、农用柴油实行最高限价管理。1994 年 4 月，实行进销差率管理，同一地区执行统一零售价格。

1997 年，尿素、碳铵、钾肥、磷肥、复合肥、农膜、甲胺磷、甲基 1605 及其他农药实行国家定价和国家指导价。

1999年，化肥出厂价格由政府定价改为政府指导价，化肥销售价格实行市场调节价，农膜、甲胺磷、甲基1605及其他农药价格管理办法不变。

2002年开始，按《浙江省政府定价目录》实行管理，除政府补贴的碳铵价格由政府管理外，农药、地膜价格实行市场调节价。

2005年开始，政府取消碳铵价格补贴，尿素批发和零售实行环节差率控制的临时价格干预措施。

电价

1992年，农村电价实行分类综合电价，一年一定，有条件的地方实行一乡一价，条件不成熟的一村一价，由县物价局核定后下达。

1996年2月，饮食、娱乐业用户电价在营业照明电价基础上加价0.2元/千瓦时。是年是月，三峡工程建设基金征收标准从每千瓦时4厘钱提高到每千瓦时7厘钱。

1998年12月，电价进行清理整顿，取消随电费加收的水利附加费0.005元/千瓦时、山区电网建设基金0.004元/千瓦时、农电维修费0.019元/千瓦时、居民照明差价0.007元/千瓦时、地方电网建设资金0.046元/ 千瓦时、山区照明扶贫资金0.003元/ 千瓦时、三电技术装备费0.003元/千瓦时、三电管理费0.005元/千瓦时，8项合计0.085元/千瓦时。

2000年，开始农村电网改造，农村居民负担农村电网改造中“一户一表”费用240元/户。是年，全县执行省定的分类统一销售电价，电价总水平为0.535元/千瓦时。

2002年，农村用电同网同价。是年，经云和县政府多次与紧水滩电厂协商确定，“紧水滩电站留成电量补偿转为货币补偿”，补偿资金为2000多万元的。

2003年，旅游宾馆饭店用水用电由商业水、电价改为执行工业行政事业单位用水价格和非、普工业电价。是年，农村混合计量实行定比计收电费，不同的用电对象确定不同的商业用电比例。

2006年6月，电网电价再次作调整，其中居民生活用电实行按月用电量分段计价，月用电量50千瓦时及以下部分0.538元、月用电量51—200千瓦时部分0.568元；月用电量201千瓦时及以上部分0.638元。

2007年，试行峰谷电价，居民可根据需要向县电网申请峰谷用电，高峰电价按上述月用电量分段计价分别为0.568元/千瓦、0.598元/千瓦、0.668元/千瓦时，低谷电价分别为0.288元/千瓦、0.318元/千瓦、0.388元/千瓦时。

2000—2010年云和县电网电价分类调整情况表

表16-2-2　　单位：千瓦时

年份	居民生活用电	大工业用电	普通工业用电	非工业用电	商业用电	农业生产用电
2000	0.53元/千瓦时	0.620(1—10千伏) 0.605(35千伏及以上)	0.778元/千瓦时	0.878元/千瓦时	0.999元/千瓦时	0.38元/千瓦时

续表 16-2-2

年份	居民生活用电	大工业用电	普通工业用电	非工业用电	商业用电	农业生产用电
2006	月用电量 50 千瓦时及以下部分 0.538；月用电量 51-200 千瓦时部分 0.568；月用电量 201 千瓦时及以上部分 0.638	0.605 （1—10 千伏）	0.805 （不满 1 千伏）	0.835 （不满1 千伏）	0.936 （不满 1千伏）	0.641 （不满 1千伏）
2007		0.59 （35 千伏及以上）	0.785 （1—10 千伏）	0.815 （1—10千伏）	0.916 （1—10 千伏）	0.621 （1—10 千伏）
2009		0.633 （35 千伏）	0.866 （1—10 千伏）	0.881 （1—10 千伏）	0.866 （1—10 千伏）	0.648 （1—10 千伏）

水价

1992—1999 年，5 次调整居民和生产营业用水价格，居民用水从每千千克 0.3 元上调为 1.05 元，生产营业用水从每千千克 0.3 元上调为 1.1 元、1.4 元。

1999 年 1 月，规范用水价格分类，县自来水公司供水区域范围内自来水销售价格分为居民生活用水、工业企业用水、行政事业单位用水、商业服务企业用水 4 大类。

2002 年，第二自来水厂建成投产后供水成本大幅增加，居民生活用水从每千千克 1.05 元上调为 1.35 元，工业行政事业单位用水从每千千克 1.1 元上调为 1.5 元；其他用水从每千千克 1.4 元上调为 1.8 元。2006 年，改进水价分类。改为居民生活、非经营性、经营性和特种行业用水四类，12 月 25 日起调整城区供水价格和开征污水处理费，调整后居民生活用水到户价为 1.85 元/千千克，其中污水处理费 0.25 元/千千克。

1991—2010 年云和县自来水公司供水价格变动情况表

表 16-2-3　　单位：元 / 千千克

调价日期	居民生活用水	工业生产用水	商业、基建用水	行政事业单位用水	经营服务用水
1992 年 10 月	0.35	0.35	0.35	0.35	0.35
1995 年 8 月	0.55	0.60	0.90	0.55	0.90
1996 年 9 月	0.75	0.80	1.20	0.75	1.20
1999 年 1 月	1.05	1.10	1.40	1.10	1.40
2002 年 3 月	1.35	1.50	1.80	1.50	1.80
2006 年 12 月	1.85	2.70	2.70	2.70	2.70

说明：1. 1992 年包含建设基金每千千克 0. 05 元。2. 1995 年包含水资源费每千千克 0.015 元、发展基金每千千克 0.05 元。3. 1996 年包含水资源费每千千克 0.015 元、发展基金每千千克 0.1 元。4. 1999 年包含水资源费每千千克 0.015 元、发展基金每千千克 0.07 元。5. 2006 年含居民污水处理费每千千克 0.25 元，其他污水处理费每千千克 0.9 元。

第五节　收费管理

收费许可证管理

1992 年开始，根据《浙江省行政事业性收费管理条例》和《浙江省收费许可证管理办法》，行政事业性收费实行收费许可证管理，所有行政事业性收费亮证收费，收费许可证有效期3年。

1993年开始，物价部门对本级行政事业单位上一年度收费执行情况进行年度审验。1995年9月，明确收费许可证发证范围。水、电、煤气、邮电、金融、社团等部分重要的、垄断经营企业列入收费许可证管理范围。

1997年3月，全面换发收费许可证。行政事业单位换发“浙江省行政事业性收费许可证”；垄断、重要经营服务收费企、事业单位核发“浙江省经营服务收费许可证”。

2000年2月，省物价局重新修订收费许可证管理办法，换发国家统一制式新版收费许可证，经营服务企业收费不再实行收费许可证管理。2010年年底，全县有60家行政事业单位申领收费许可证，2010年度合计收费3274.49万元。

中小学收费

2000年秋季，清理整顿中小学收费项目，接收户口不在城镇学区内的子女借读，经当地教育行政部门批准，可适当收取“借读费”。

2001年，清理和规范中小学收费，是年秋季，取消补课费、双休日兴趣班费、小学生放心班费、信息技术课收费。强调学生保险、购买校服必须坚持自愿原则。

2003年，根据国家和省政府关于高中择校实行限人数、限分数、限钱数的“三限”要求，设立并确定“高中择校费”收费项目及标准,云和中学择校费2万元，职高1.5万元。规范择校费以后，严禁收取各种与入学挂钩的建校费、赞助费、捐资费等款项。

2004年秋季，贯彻全国义务教育阶段学校推行“一费制”收费办法，政府办九年制义务教育普通中小学全面实行“一费制”，在严格核定杂费、课本费和作业本费标准基础上，一次性统一向学生收取费用。

2006年春季开始，取消学生搭伙费。是年秋季开始，义务教育阶段中小学全部免除杂费，只收课本费、作业本费及代办服务费，住宿费按弥补学生宿舍日常运行费用开支（含水电等）。是年，免除杂费112万元。

2008年春季开始，义务教育阶段中小学生免收课本费和作业本费，外来民工子女免收义务教育阶段借读费。

2009秋季开始，择校费标准高于3万元的，降低到3万元以内；低于3万元的不得提高，一次性收取。

2010年春季开始，免除农村义务教育阶段学校住宿费。

1991—2010年云和县中小学杂费收取情况表

表16-2-4　　单位：元

年份	小学			初中			普通高中		职业高中	
	县城	建制镇	农村	县城	建制镇	农村		自费生		自费生
1996	22	18	22	45	40	35	245	965	205	805
1997	35	30	25	60	50	45	300		300~350	

续表 16–2–4

年份	小学			初中			普通高中		职业高中	
	县城	建制镇	农村	县城	建制镇	农村		自费生		自费生
1998	40	35	30	65	55	50	320		300~350	
2000	50（城镇）		50	75（城镇）		75	800		—	
2004	100（城镇）		65	130			—		—	

说明：1. 2005 年，普通高中 1200 元　2. 2007 年，职业高中 1300—1400 元

1996—2010 年云和县中小学代管费收取情况表

表 16–2–5　　单位：元

年份	小学						初中			普高			职高
	一年级	二年级	三年级	四年级	五年级	六年级	初一	初二	初三	高一	高二	高三	
1996	84	93	108	102	91		216	191	226	93	93	86	170
2004	95	65	145	140	130	130	235	180	200	—	—	—	—
2005	95	95	145	140	130	130	235	215	200	400	400	300	—
2007	90	90	135	135	125	125	230	210	215	—	—	—	—
1997	县城 133		建制镇 133		农村 105		县城、建制镇 283，农村 235			253	253	253	195
1998	县城 133		建制镇 133		农村 105		县城、建制镇 253，农村 205			253	253	253	195
2000	县城 140		建制镇 160		农村 130		城镇 260、270，农村 240、255			300	300	300	—

1996—2004 年云和县中小学住宿费收取情况表

表 16–2–6　　单位：元

年份	小学			初中			普通高中	职业高中
	县城	建制镇	农村	县城	建制镇	农村		
1996	25	20	25	55	55	50	60	60
1997	30	30	25	60	60	50	—	—
1998	30	30	25	60	60	50	60	60
2000	45			60（二中 80）		50	100	100（公寓 200）
2003	—	—	—	—	—	—	200	—
2004	城镇 80		55	140（二中 180）			—	—

说明：1. 2006 年，普高公寓 300 元　2. 2007 年，职高住宿费男生 200 元、女生 300 元

医疗收费

1991 年 7 月，全省调整医疗收费标准，门诊挂号费从 0.2 元/人次提高到 0.5 元/人次。

1996 年，提高人民医院妇产科病房和外科病房病床收费标准。

1997 年 1 月，医疗机构医药费实行“总量控制、结构调整”改革。控制医药费用增长幅度，

全县医药费用在1996年基础上增长不超过22%。是年，提高挂号费、住院床位费、手术费、护理费、治疗费，化验费标准，增设门诊诊疗费和二级、三级护理费，降低CT机、磁共振仪、碎石机、彩色B超收费标准和大型设备检查治疗收费标准，取消门诊检查费和住院终末消毒费，规范一次性材料收费。

2000年9月，执行《全国医疗服务价格项目规范》。

2005年7月，医疗服务价格项目实行统一项目名称，统一项目内涵，统一编码管理。部分项目因病情需要按急诊或定量定价，检验项目原则上实行按检验指标统一计价，不再区分检查方法、试剂、仪器、产地及速度快慢。是年，一次性卫生材料费实行差率和差额"双控"；提高手术、治疗、护理、注射及中医推拿、针灸等技术劳务价格，降低各类检查、检验及大型仪器治疗价格。

2005年11月，价格进一步规范医疗服务，设立15个检查套餐组合，更正部分内容，降低收费标准。

2007年10月，省物价局印发《关于进一步明确医疗机构药品作价颁发的通知》，全省现行药价政策按照"总体保持稳定、部分试行调整"原则，分类确定药品作价办法。

物业收费

1997年，云和鲤鱼山住宅小区的物业管理费标准为每户(套)每月5元。

1998年，调整云和鲤鱼山住宅小区物业管理费，每户(套)每月8元。

1999年，浮云小区的物业管理服务费标准为住宅每户(套)每月6元，临红光路住户减半收费。

2002年，云和小商品市场物业管理服务费为：住宅建筑面积100—150平方米(含100平方米)的，每户每月10元；建筑面积150平方米以上(含150平方米)的，每户每月12元；经营用房每间店面每月10元。

2006年11月，市物价部门根据省物价局有关政策制定《丽水市区物业服务收费管理实施办法》，办法规定：普通住宅小区前期物业服务收费实行政府指导价(分等级定价)，非住宅物业、别墅等高标准住宅以及业主委员会成立以后的普通住宅小区物业服务收费实行市场调节价；电梯及由物业管理企业管理的增压水泵等高能耗设施运行所需电费，按实另行分摊；物业服务费自房屋交付使用、购房者(业主)领取钥匙次月起计收。

云和县住宅小区前期物业服务费收取标准表

表16-2-7

类别等级	每平方米(元/月·平方米)	类别等级	每平方米(元/月·平方米)
甲 级	0.4~0.8	丙 级	0.15~0.30
乙 级	0.25~0.50	丁 级	0.10~0.20

说明：1.收费标准多层住宅可上浮20%，高层住宅可上浮30%　2.各等级收费标准不包括电梯、增压水泵等高能耗设施设备运行所需能耗费用

有线电视收费

1997年1月，开通加密频道的有线电视用户，开通建设费每户30元，视听维护费10元/月。1999年5月始，有线电视视听维护费标准14元/月。

2006年5月，居民用户的有线电视入网费标准每户300元；非居民用户的有线电视入网费按每个接收终端计收，基准价为180元，农村有线电视独立小前端（小有线电视网）的入网费基本基准价为每户150元，农村有线电视独立小前端（小有线电视网）的基本收视维护费为每户每月5元，暂停、恢复使用收费每户30元，移址收费每户50元，转户（改名）收费每户每次10元。

通信收费

电话初装费电话经营资费 1990年10月，国家规定指导性电话初装费和电话经营资费标准。

1998年12月，调整电话初装费，甲种用户和党政机关用户每号线3000元，乙种用户每号线4000元。是年12月，初装费并轨，每号线中准价1500元，上浮15%，下浮20%。

1999年3月，初装费标准下调为每号线800元，上下浮动20%。

2001年7月，中国电信全部取消固定电话初装费。

通话费 1996年12月营业区内通话费为每次（3分钟）0.2元，营业区间通话费每分钟0.55元，省内长话每分钟0.8元，省外800千米及以内每分钟1.1元，省外800千米以上每分钟1.5元。

1997—1999年，两次降低电话附加费，区间通话费每分钟0.45元，国内长话调整为省内每分钟0.72元，省外800千米以内每分钟0.96元，省外800千米以上每分钟1.2元。

2001年，执行国家有关电信资费结构性调整方案，2月，国内长途电话资费标准由每分钟0.6元、0.8元和1元三级计费统一调整为一级计费，计费单元由1分钟缩短为6秒钟，资费标准为每6秒0.07元；国际及港澳台电话计费单元由1分钟缩短为6秒钟，国际电话不再区分被叫地点，调整为每6秒钟0.8元；港澳台电话不再区分广东省和内地呼叫，统一调整为每6秒钟0.2元。是年3月21日，本地网营业区内电话资费进行结构性调整，营业区内通话费计费单元由原按3分钟1次计费改为首次按3分钟（不满3分钟按3分钟计）、以后按每1分钟（不满1分钟按1分钟计）计费1次，首次3分钟标准为0.2元，以后每1分钟资费标准为0.1元；固定电话拨打本地网移动电话，通话费标准为首次3分钟0.4元，以后每1分钟0.2元。拨号上网互联网用户通信费，统一调整为每分钟1次，每次0.02元。

电话月租费 1995年，甲种用户电话月租费为7.60元/月、乙种用户为12元/月。

1999年，甲种用户电话月租费为9.6元/月、乙种用户15元/月。

2001年4月开始，固定住宅电话月租费提高到15元/号•月，办公电话为15元/号•月。是年5月开始，小灵通入网费每号300元；手续费每号8元；月租费每月15元；拨找区间电话为每分钟0.3元。

2002年5月1日，取消固定电话月租费。

第六节　价格监督检查

价格监督

1991—1994年，查处市场价格违法行为。在农贸市场设物价监督亭，复称监价，处理短秤少量问题；开展物价大检查、“物价信得过单位”评选活动，1991年，经考核验收，评出9家物价信得过、5家物价工作先进单位。

1995年，价格监督检查单位和个体工商户621个。

1996年开始，商品价格涨幅开始明显回落，价格监督检查转到以检查专项收费（价格）为重点，开展教育、医疗、农资、药品、粮食、税务、公证、有线电视收费、民爆产品、物业管理、工商、行业协会、质检等专项收费（价格）检查；配合市级检查，专项检查医疗、建设项目、土管、交通、电力价格、公安收费、电信资费和赤石岭隧道收费站的收费情况；每年组织专项检查涉及企业、农民及教育收费。

2003年，开展“非典”期间优惠政策落实情况的跟踪检查和市场价格监督。是年，专项检查公安、工商及就业处等部门向外来（外出）务工人员的收费；专项检查下岗职工、无业人员从事个体经营的有关收费。

2004年，重点、专项检查各执收单位的行政事业性收费公示情况。

2008年，重点开展惠农价格专项检查，主要检查化肥等农资价格、农用机动车、农民建房、农业部门有关涉农优惠政策、农村通讯等十多家单位涉农价格和收费政策执行情况。

价格违法查处

1991—2010年，通过价格监督检查，共查处案件291件，经济制裁金额309.46万元，其中退还用户128.43万元、没收非法所得上缴财政152.73万元、处罚款1.3万元。

1991—2010年云和县价格违法查处情况统计表

表16-2-8　　单位：万元

年份	查处价格违法案件数	查处违价金额	其　中		
			没　收	罚　款	退还用户
1991	4	0.10	—	—	—
1992	5	0.10	—	—	—
1993	—	—	—	—	—
1994	—	—	—	—	—
1995	18	5.90	5.90	0.10	0.10
1996	6	11.60	2.60	0.60	8.60
1997	23	26.60	5.00	—	21.60

续表 16-2-8

年份	查处价格违法案件数	查处违价金额	其　中		
			没 收	罚 款	退还用户
1998	47	19.00	7.70	—	11.30
1999	33	18.80	13.40	0.20	5.10
2000	23	25.70	7.40	—	18.30
2001	6	11.10	2.80	—	8.30
2002	20	18.50	12.80	—	5.20
2003	32	40.90	6.80	—	7.10
2004	27	28.60	12.80	—	15.90
2005	9	38.70	38.50	—	0.20
2006	13	20.55	9.80	—	10.75
2007	8	14.57	11.13	—	3.44
2008	7	6.57	6.57	0.30	—
2009	5	17.70	5.06	—	12.64
2010	5	4.47	4.47	—	—
合计	291	309.46	152.73	1.30	128.43

价格举报

1999 年，建立云和县价格举报中心，设立“12358”价格举报电话，配备专人负责接待受理投诉举报和维权服务。2005—2010 年，受理各类价格举报案件 49 件，立案查处 9 件，退还消费者金额 14.38 万元；受理各类价格投诉（咨询）89 件，办结率 100% 。

价格认证

1991 年，县物价局设立下辖事业单位“价格事务所”。2001 年 3 月，云和县价格事务所更名为云和县价格认证中心，主要职能为接受委托，对司法机关、行政机关审理刑事、民事、经济、行政等案件中所涉及价格不明的财物进行价格鉴证；对受托的各类资产进行价格认证、评估等。1995—2010 年，共受理价格鉴证业务 1776 件，标的额 40988.79 万元。

1995—2010 年价格鉴证业务情况统计表

表 16-2-9

年份	受理业务件数（件）	鉴证标的额（万元）	年份	受理业务件数（件）	鉴证标的额（万元）
1995	37	40	2003	113	1218
1996	247	450	2004	123	2805
1997	58	135	2005	112	12743
1998	118	785	2006	105	2509
1999	118	1643	2007	132	4232

续表 16-2-9

年份	受理业务件数(件)	鉴证标的额(万元)	年份	受理业务件数(件)	鉴证标的额(万元)
2000	95	1859	2008	122	6091
2001	90	1268	2009	132	1478
2002	93	1658	2010	81	2075

第七节 机构与队伍

1990年，云和县物价局15人，内设科室为综合股、价格管理股、物价检查所。1991年，增设价格事务所。1994年，综合股改为办公室，价格管理股分为两个科室（价格管理股、费收管理股）。1996年10月，物价局并入县工商局，设立价格管理股、费收管理股，下设全额拨款事业单位物价检查所、价格事务所。1999年4月，物价局整体从工商局剥离单列。2000年，价格事务所更名为价格认证中心。2001年11月，县机关实行机构改革，原县计委、物价局、粮食局、统计局4个单位组建为云和县发展计划局（挂物价局牌子，粮食局、统计局与发展计划局合署办公）。物价这一块设价格科、费管科2个行政科室，下设物价检查所（价格举报中心）、价格认证中心。2005年，县体改办并入县发展计划局后，更名为云和县发展和改革局。物价这一项职能科室为价格管理科（费收管理科），工作人员3人。下设事业单位：物价检查所（价格举报中心），工作人员4人；价格认证中心，工作人员2人。

1991—2010年县物价局主要负责人一览表

表 16-2-10

党组书记	任职时间	局长（主任）	任职时间
吴雷德	1986.02—1996.10	吴雷德	1986.02—1996.10
雷长清	1996.10—2001.12	雷长清	1996.10—2001.12

第三章 统计管理

20世纪90年代，各项专业统计报表运用计算机进行数据汇总处理，规范建立新的统计报表制度、统计单位登记制度和专业统计人员持证上岗制度，增加统计预测、统计监督和统计咨询。

1993年，统计行政部门按照国家统计局统一制定的报表制度实施新的统计报表制度，编制社会生产总值、工业、农业、固定资产投资、贸易、服务业等统计报表。2000年后，建立月报、季报、半年报、年报等全面统计报表制度。组织实施全国普查任务。完成各种抽样调查，开展统计监督和统计服务。

第一节 统计报表演变

国民生产总值（GDP）报表

1991年起，全县在年度生产总值核算的基础上，开始进行季度核算。

工业统计报表

1998年起，将月度工业统计起点标准由全部乡及乡以上工业企业改为年主营业务收入500万元以上工业企业，即“规模以上工业企业”统计。

农业统计报表

1991年前建农业统计报表，此表统计农业总产值、增加值、农村基层组织、乡村人口、从业人员情况、农作物播种面积和产量、林业、畜牧业生产情况、主要农业生产资料使用情况、扶贫统计等。

固定资产投资报表

1993年，建筑业从固定资产投资额中分离出来，成为独立统计项目。

贸易统计报表

1991—1997年为商业统计报表，自1998年始，为贸易统计报表。

服务业统计报表

1996年，服务业统计报表从商业统计报表中分离。统计年营业收入1000万元及以上,或年末从业人员50人及以上服务业法人单位，范围有交通运输、仓储、邮政、信息传输，软件、信息技术服务，租赁、商务服务,科学研究、技术服务，水利、环境、公共设施管理、教育、卫生、社会工作、物业管理、房地产中介服务等行业；统计年营业收入500万元及以上，或年末从业人员50人及以上服务业法人单位，范围有居民服务、修理和其他服务业，文化、体育和娱乐业；统计规模以上非企业单位与其他金融企业。

劳动工资统计报表

从1991年续前建劳动工资统计报表，统计行政、企事业单位从业人员、劳动报酬、从业人员变动、社会从业人员及劳动报酬情况。2010年，继续劳动工资统计报表统计。

能源统计报表

2005年，建能源统计报表，为季度报表，2006年改为月度报表,反映能源资源、生产、流通、消费加工转换、库存的基本状况，反映能源利用过程中的效率、效益以及能源节约情况。

住户调查报表

2002年始，设住户调查报表，调查对象为全县以家庭形式居住户和以集体形式居住户。

调查内容主要包括居民现金和实物收支、住户成员及劳动力从业情况、居民家庭食品和能源消费情况、住房和耐用消费品拥有情况、家庭经营和生产投资情况、社区基本情况以及其他民生状况等。

第二节　全国普查

人口普查

第四次人口普查　1990年，开展第四次全国人口普查，普查标准时间为1990年7月1日零时。普查项目21个，按户填报的项目有户类别、本户住址、本户人数、本户出生人数、本户死亡人数、本户户籍人口中离开本县一年以上的人口数六个项目。按人填报的项目有姓名、性别、年龄、民族、户口状况和性质、1985年7月7日以后常住地状况、迁来本地原因、文化程度、在业人口的行业、不在业人口状况、婚姻状况、妇女生育子女数、1989年7月1日以来妇女生育状况。普查结果显示：1990年7月1日零时，全县总户数为29084户，总人口为111465人。其中男59561人，女51904人。

1991年，县人口普查办公室集中精力开展普查数据处理，资料汇总整理、编印和开发研究与利用。整理、编写、印发《云和县第四次人口普查手工汇总资料汇编》《云和县1990年人口普查资料》《云和三百姓》《云和人口五百年》《云和人口研究》等5册资料。其中《云和三百姓》和《云和人口五百年》是云和历史上第一次系统记录姓氏和人口方面的资料，是浙江省内首创的研究开发成果。

浙江省人民政府第四次人口普查领导小组，授予云和县普查工作达标杯。

第五次人口普查　2000年，开展第五次全国人口普查。普查标准时间为2000年11月1日零时。普查采用按常住地人口登记的原则，普查表分为普查长表、普查短表两种。按规定抽出10%的户填报长表，其余的户填报短报。云和县长表实际抽样比例为10.19%，其余的户填报短报。

普查短表按户填报的项目有户编号、户别、本户普查登记人数、本户户籍人口中外出不到半年人数、本户户籍人口中外出半年以上人数、本户1999年11月1日到2000年10月31日出生人数、本户1991年11月1日到2000年10月31日死亡人数、本户住房间数、本户住房建筑面积等10个项目。普查表长表按户填报的，除普查表短表的项目外，还有住房用途、本住房中是否还有其他合住户、住房建成时间、建筑层数、住宅外墙墙体材料、住房内有无厨房、主要炊事燃料、是否饮用自来水、住房内有无洗澡设施、住房内有无厕所、住房来源、购建住房费用、月租房费用23个项目。

普查表按人填报项目为26项，即姓名、与户主关系、年龄、民族、户口登记状况、户口性质、出生地、何时来本乡镇街道居住、从何地来本乡镇街道居住、迁出地类型、迁移原因、5岁及以上的人五年前常住地；6岁及以上的人填：是否识字、受教育程度、学业完成情况；15岁及以上的人填：是否有工作、工作时间、行业、职业、未工作情况、未工作者主要生活来源、婚姻状况、初婚年月；15—50岁妇女填：生育子女数、1999年11月1日至2000年10月31日生育状况。

普查显示：2000年11月1日零时，全县总户数31353户，其中，家庭户21060户，集体户293户；总人口103273人。其中男54991人，女48282人，性别比113:90。

2001年，整理、编写、印发《云和县2000年第五次全国人口普查快速汇总资料简要本》《云和县2000年第五次全国人口普查资料电子计算机汇总本》。2002年7月，经整理、收集编印《世纪之交云和人口姓氏》，既保留1991年编印的《云和三百姓》一书的风格和内容，又增添汀州人姓氏等部分姓氏族谱溯源等新的史料。在资料开发应用中还撰写出16篇诸如《普查区域图描绘》《城乡结合部普查小区划分及登记》《普查员选聘以及云和产业集聚与人口集聚互动效应》《云和城市化发展状况》《云和人口发展变化之最》等课题论文，其中有6篇被浙江省人普办入选科学讨论会或在简报上选登。2002年10月，整理、编写、印发《云和县人口发展报告》。

2003年1月，云和县被浙江人口普查领导小组评为第五次全国人口普查先进单位。

第六次人口普查　2010年，开展第六次全国人口普查。普查标准时间为2010年11月1日零时。普查采用长短表技术，采取10%户填报长表，普查表短表由其余90%的户填报。普查项目有常住人口、就业、婚姻、生育、住房等。常住人口为居住在本乡镇街道、户口在本乡镇街道或户口待定人；居住在本乡镇街道、离开户口所在地的乡镇街道半年以上的人、户口在本乡镇街道外出不满半年或境外工作学习的人。普查采用按现住地登记的原则，每个人必须在现住地进行登记，不在户口所在地居住的普查对象，户口所在地也要登记相应信息。

普查显示：2010年11月1日零时，全县家庭户数30405户，总人口111591人。其中男50812人，女53579人。

工业普查

1995年，开展第三次全国工业普查。普查时点指标为1995年12月31日。经普查，全县有工业企业和生产单位1991个，比1985年增加1505个，从业人员19009人，比1985年增长3.28倍；资产总额13.8亿元，比1985年增长37.1倍。其中县内3.68亿元，增长11.3倍；产业销售收入10.51亿元，比1985年增长15.9倍，上缴税金2215.2万元，比1985年增加7.9倍。全部工业增加值为26804万元，比1985年增长7.6倍。工业在整个国民经济中仍居于主导地位，工业增加值占国内生产总值的44.85%。全部工业总产值为10.36亿元，比1985年增加14.4倍，年均增长32.39%，其中县内工业生产总值为8.51亿元，比1985年增长18.13倍，年均增长

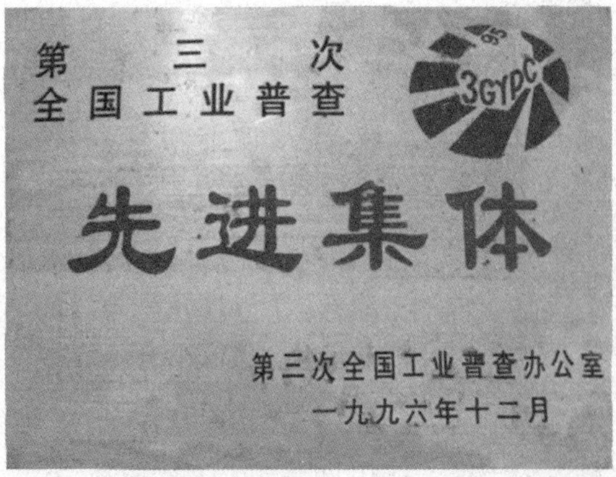

图16-3-1　1996年被评为全国工业普查先进集体(梅育源摄)

34.33%。

1996年12月，发布《云和县第三次工业普查公报》，1997年8月，编印《云和县1995年工业普查资料汇编》。1997年12月，完成普查各阶段工作任务。

1996年12月，云和县工业普查办公室被第三次全国工业普查办公室评为第三次全国工业普查先进集体。

农业普查

第一次农业普查　1996年，进行第一次全国农业普查。普查指标分时点指标和时期指标。时点指标是1996年12月31日，时期指标是1996年1月1日至1996年12月31日。普查表有四种调查表和两种卡片。四种调查表是：农村住户调查表、非农村住户农业生产经营单位调查表、村调查表、镇乡调查表，农村住户调查表和非农村住户农业生产经营单位调查表，主要用于调查人口、从业人员和生产经营基本情况；村调查表和镇乡调查表，主要用于调查户数人口等。两种卡片是：非农业乡镇基本情况卡片、农业用地卡片。非农业乡镇基本情况卡片主要用于调查单位类型、行业类别、从业人员和生产经营等；农业用地卡片主要用于农业用地面积等。共有45个项目，725个指标。

图16-3-2　1998年获全国农业普查先进集体（梅育源摄）

普查结果：1996年12月31日，全县镇乡15个（另有一个库北管理处），其中镇4个，乡10个，村委会170个，居委会10个，村民小组1151个，自然村873个。全县从事农业生产经营活动和农村住户21798户。农业户所占比重为86.7%，非农业户13.3%。在全部农业户中，纯农业户占63.4%，农业为主、兼营非农业的户占22.1%，非农业为主、兼营农业的户占14.5%。在全部农村住户中，家庭收入主要来源于农业的占71.34%、非农业的占28.66%。

1996年末，全县非农业住户类农业生产经营单位130个，其中国有16个，集体111个，两者占总量的97.69%；私营、个体单位2个，占1.54%；联营单位1个，占0.77%。在全部非农村住户类农业生产经营单位中，经营种植业为主的单位33个，牧业为主的单位3个，林业为主的单位90个，渔业为主的单位4个。全县农村从业人员为57853人，平均每个从事生产经营活动的农村住户家庭从业人员数为2.7人。主要从事农业人员为42242人，占73%。

1998年12月，云和县农业普查办公室被全国农业普查办公室和国家统计局评为第一次全国农业普查先进集体。

第二次农业普查　2006年，进行第二次全国农业普查。普查的标准时点为2006年12月31日，时期资料为2006年度。普查对象为全县农村住户、城镇农业生产经营户、农业生产经营单位、村民委员会和乡镇人民政府。普查内容包括：农业生产条件、农业生产经营活动、农业土地利用、农村劳动力及就业、农村基础设施、农村社会服务、农村居民生活，以及乡镇、村民委员会和社区环境方面的情况。

普查结果：2006 年 12 月 31 日，全县 4 个镇、10 个乡，6 个社区居委会、170 个村委会、1151 个村民小组。2006 年年末，全县共有农业生产经营户 16705 户，农业生产经营单位 182 个；全县农业从业人员 24376 人，农村劳动力资源总量为 43092 人，农村外出劳动力 8153 人。

经济普查

第一次经济普查　2004 年，进行第一次全国经济普查，普查标准时点为 2004 年 12 月 31 日，时间资料为 2004 年度。

普查对象：在县境内从事第二产业、第三产业的全部法人单位、产业活动单位和个体经营户。普查内容包括：单位基本属性、就业人员、财务状况、生产经营情况、生产能力、原材料和能源消耗、科技活动情况。

普查结果：2004 年年末全县共有从事第二、三产业的法人单位 930 个，其中企业法人单位 508 个，机关、事业法人单位 179 个，社会团体法人单位 42 个，其他法人单位 201 个；产业活动单位 1159 个，其中第二产业 377 个，第三产业 782；个体经营户 6377 户，其中第二产业 701 户，第三产业 5676 户。

图 16-3-3　2009 年获全国经济普查先进集体（梅育源摄）

2006 年 2 月，发布《云和县第一次经济普查主要数据公报》。

第二次经济普查　2008 年，进行第二次全国经济普查。普查标准时间点是 2008 年 12 月 31 日 24 时，时期资料为 2008 年度。

普查对象：在县境内从事第二产业和第三产业的全部法人单位、产业活动单位和个体经营户。具体范围包括：采矿业，制造业，电力、燃气及水的生产和供应业，建筑业，交通运输、仓储和邮政业，信息传输、计算机服务和软件业，批发和零售业，住宿和餐饮业，金融业，房地产业，租赁和商务服务业，科学研究、技术服务和地质勘查业，水利、环境和公共设施管理业，居民服务和其他服务业，教育，卫生、社会保障和社会福利业，文化、体育和娱乐业，公共管理与社会组织等 19 个国民经济行业门类、90 个行业大类、378 个行业中类、875 个行业小类的全部经济活动。

普查结果：2008 年末全县共有从事二、三产业的法人单位 1113 个。其中，企业法人单位 609 个，机关、事业法人单位 207 个，社会团体法人单位 52 个，其他法人单位 245 个；产业活动单位 1067 个，其中：第二产业 438 个、第三产业 629 个；个体经营户 7008 户，其中，第二产业 1250 户、第三产业 5758 户。

2009 年 12 月，编印《云和县第二次经济普查主要数据》。是年 12 月，云和县被国务院第二次全国经济普查领导小组评为第二次全国经济普查先进集体。

基本单位普查

第一次基本单位普查　1996年，开展第一次全国基本单位普查。普查的标准时点为：1996年12月31日。

普查对象：全县除农户和个体户以外的所有从事社会经济活动的法人单位和产业活动单位。包括各类企业法人、事业单位法人、机关法人、社团法人和其他法人，以及这些法人所附属的农业、工业、建筑业、交通运输业、批发零售贸易业、餐饮业、服务业、行政事业单位和社会团体等产业活动单位。普查内容主要有单位的经济类型、所属行业、从业人员、企业规模、营业状态等各类单位的基本属性和主要标识。

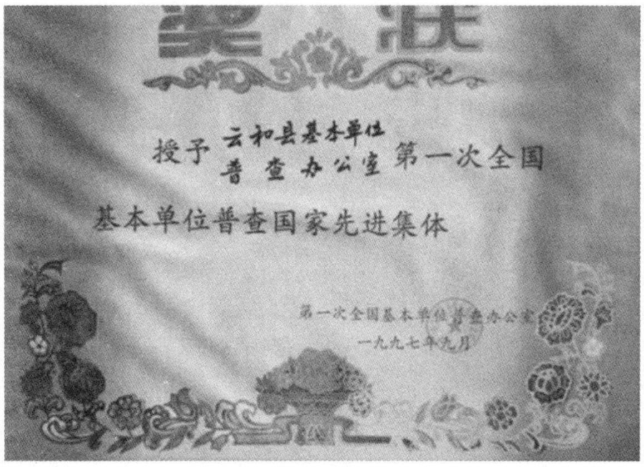

图16-3-4　1997年获全国基本单位普查国家先进集体（梅育源摄）

普查结果：全县法人单位761个，其中单产业单位685个，多产业单位76个，单产业单位占全部法人单位的90.01%，多产业单位占全部法人单位的9.99%，产业活动单位459个。

1997年9月，云和县被第一次全国基本单位普查办公室评为第一次全国基本单位普查国家先进集体。

第二次基本单位普查　2001年，进行第二次全国基本单位普查。普查的标准时点为2001年12月31日。普查资料的调查年度为2001年。普查的范围：县境内的法人单位及其所属的产业活动单位。普查综合表有法人单位及产业活动单位数、按单位类别分组的法人单位数、按单位类别分组的产业活动单位数、法人单位基本情况、产业活动单位基本情况等五种表式。

普查结果：2001年，全县法人单位768个，产业活动单位939个。法人单位从业人员18838人，其中企业法人单位从业人员13122人，占69.66%；事业法人单位从业人员2450人，占13.01%；机关法人单位从业人员1845人，占9.8%；其他法人单位从业人员1418人，占7.53%。

从行业分布情况看，制造业从业人员为8880人，占47.14%；国家党政机关、社会团体从业人员3048人，占16.18%；教育文化艺术广播电影电视业从业人员为1482人，占7.87%；建筑业从业人员为1286人，占6.83%；电力煤气及水的生产和供应业从业人员为1276人，占6.77%；卫生体育和社会福利从业人员为701人，占3.72%；交通运输，仓储及邮电通信业从业人员为605人，占3.21%；批发、零售贸易和餐饮业从业人员为578人，占3.07%，其他行业982人占5.21%。

2002年12月，云和县被浙江省第二次基本单位普查联席会议评为第二次基本单位普查省级先进集体。

2003年1月，发布《云和县第二次基本单位普查公报》。

首次第三产业普查

1993年，进行第三产业普查。普查年度为1991年和1992年。普查的范围是从事第三产业的所有单位，包括从事第三产业的企业、事业、行政单位和社会团体（以下统称单位）和城乡个体户。普查的内容包括：第三产业机构及人员、经营指标、实物资产指标。普查的方法：对单位采用全面普查、个体户采用抽样调查。

普查结果：1992 年 12 月，全县第三产业企业、事业、行政单位、社会团体和个体户 4233 个。其中独立核算单位 513 个，单独核算单位 393 个，城乡个体户 3327 个。1992 年与 1991 年相比，全县全部三产单位数增长 20.46%，其中独立核算单位增长 10.8%，单独核算单位增长 34.59%，城乡个体户增长 20.59%。

从业人数：1992 年年底，全县第三产业企业、事业、行政单位、社会团体和个体户从业人员数共 11953 人。其中独立核算单位 6762 人，单独核算单位 1324 人，个体户 3867 人。与 1991年相比，全县第三产业从业人员数增长 12.03%，其中独立核算单位增长 6.15%，单独核算单位增长 15.13%，个体户增长 23.11%。1993 年 6 月末，全县第三产业企业、事业、行政单位和社会团体单位数共 945 个，比 1992 年增长 4.3%；从业人员数为 8278 人，比 1992 年增长 2.37%。

第三产业财务收支状况：1992 年，企业单位营业收入为 4461.7 万元，与 1991 年相比增长 27.5%；销售（营业）税金 372.70 万元，增长 52.25%；营业利润 137.4 万元，增长-78.17%；行政事业单位支出为 6431.3 万元，比 1991 年增长 24.85%。

1992 年，全县个体户营业收入为 3550.8 万元，上缴税金 104 万元，分别比 1991 年增长 29.55%和 40.19%。

第三产业增加值状况：1992 年，全县第三产业增加值为 6626.7 万元。其中独立核算单位 3399 万元，单独核算单位为 398.9 万元，个体户 2228.8 万元。1992 年与 1991 年相比，全县第三产业增加 878.9 万元，其中独立核算单位增加 405.8 万元，单独核算单位增加 94.7 万元，个体经济增加 378.4 万元。全县第三产业企业单位 1992 年实现增加值 2250.4 万元，行政事业单位增加值 2147.5 万元。1992 年与 1991 年相比，企业单位增加值增加 53.6 万元。1994 年 8 月，编印《云和县首次第三产业普查资料》。

第三节　抽样调查

农村住户抽样调查

1986 年，进行农村 100 户住户经济收支与生活状况抽样调查。由调查样本户进行经常性记账，主要调查农村居民家庭收支情况。人均年总收入项目为工资性收入和家庭经营收入。人均年总支出项目有家庭经营、购置生产性固定资产、生活消费。耐用品拥有量调查有大型家具、洗衣机、电风扇、电冰箱、空调机、自行车、摩托车、电话机，黑白电视机、彩色电视机等 23 种。1996—2001 年，停止农村住户调查工作。2002 年，恢复农村 100 户住户抽样调查工作。

城镇住户抽样调查

2002 年，开始城镇住户 50 户抽样调查。进行县城住户基本情况和现金收支调查，调查的内容有：平均每户家庭人口、平均每户就业人口、平均每户就业者负担人数、平均每人每月现金收入、平均每人每月实际收入、平均每人每月可支配收入、平均每人年提取储蓄存款、平均每人每月现金支出、平均每人每月实际支出、平均每人每月消费性支出（食品、衣着、家庭设备用品和服务、医疗保健、交通和通讯、教育文化娱乐和服务、居住、杂项商品和服务）、平均每人每月非消费性支出、平均每人年存入储蓄、平均每人使用住宅面积。

1%人口抽样调查

2005年，云和县被省统计局抽选为全国1%人口抽样调查点。这次调查以全国为总体，以各省、自治区、直辖市为次总体，采取分层、多阶段、整群概率比例的抽样方法开展。2006年4月，经丽水市1%人口抽样调查工作领导小组办公室推算、分析评估，确定云和县2005年年底常住人口为11.24万人。

第四节　统计信息

《国民经济和社会发展统计公报》

每年编印一期。1991—2000年编印20期。每年5月出版，公布上年度“关于XX年云和县国民经济和社会发展的统计公报”。公报内容有综合；农业；工业和建筑业；固定资产投资和房地产业；国内贸易；对外经济；交通邮电和旅游业；金融和保险业；科学技术和教育；文化和卫生；环境保护；人口、人民生活和社会保障等12个大类的主要经济指标。每年按规范格式，通过相关报刊、媒体公布云和县国民经济和社会发展统计公报。

《云和统计年鉴》

每年编印一期。1991—2000年编印20期。每年5月份出版，公布上年度相关数据。年鉴内容有综合；农业；农村住户调查；工业；交通运输邮电业；固定资产投资；批发、零售贸易业及对外经济贸易；服务业；职工及工资；财政、金融、保险；文化、教育、卫生、档案等11个大类，69个分项的主要经济指标和数据。

《云和统计信息》

每月发布1期，1991—2010年，编印291期。每月公布上个月统计信息。云和统计信息的内容有全县生产总值、全县生产总值构成、丽水市各县（市、区）生产总值、丽水市各县（市、区）农林牧渔增加值、全县规模以上工业生产情况、分乡（镇、街道）规上工业总产值、丽水市各县（市、区）规模以上工业增加值、全县规模以上工业效益、丽水市各县（市、区）全社会用电量、丽水市各县（市、区）批发零售业销售额、丽水市各县（市、区）住宿餐饮业营业额、丽水市各县（市、区）限额以上消费品零售总额、丽水市各县（市、区）社会消费品零售总额、全县财政收支、丽水市各县（市、区）财政收支、丽水市各县（市、区）金融系统人民币存贷款、全市保费收入、丽水市各县（市、区）旅游收入、丽水市各县（市、区）进出口总额、丽水市各县（市、区）城乡居民人均可支配收入等20项主要经济指标，本月增长正负的百分比，累计增长正负的百分比，以及同比正负的百分比。

《云和统计》信息卡

每月印发《云和统计》信息卡，通报浙江省及十一市国民经济主要指标和丽水分县（市、区）主要统计指标。信息卡中浙江省及十一市国民经济主要指标的主要内容有GDP、规上工业增加值、工业用电量、限额以上消费品零售总额、出口总额、一般公共预算收入、一般公共预算支出、金融机构本外币存款余额、金融机构本外币贷款余额等项主要指标及同比正负百分比。丽水分县（市区）主要统计指标，在浙江省及十一市国民经济主要指标内容的基础上，增加城镇常住居民人均可支配收入、农村居民可支配收入、旅游总收入。

云和统计信息网

2006年，开通云和统计信息网。设置“普查专栏”“统计公报”“统计知识”“法治统计”“云和统计信息公开”等专栏。及时刊出统计分析文章，按月公布统计信息简册，发布统计工作动态，不断进行更新完善。为各级党政领导和社会各界提供统计分析与信息资料，在全县经济社会发展中发挥综合信息部门的职能作用，为基层为企业开展统计服务。

第五节 统计监督

设立执法机构

1991年1月，设法规股。1996年，与县计委合署后改称法规科。2003年，根据丽水市统计局、市监察局、市人民政府法制办公室《关于开展统计法执行情况专项检查的通知》要求,由县统计局牵头联合县监察局、县人民政府法制办制定《关于开展统计法执行情况专项检查的实施意见》，组建执法检查机构。成立由县统计局、县监察局和县人民政府法制办公室组成统计法执行情况专项检查办公室,办公室设在统计局内兼作统计违法举报中心，负责对全县专项检查的组织、协调和指导,并接受群众举报。

学习培训考试

1999年分四批对基层统计人员进行260多人次的依法行政、依法统计培训。2001年全县学习、贯彻市、县政府发布的《关于进一步加强统计工作的通知》《关于切实加强统计工作的通知》精神。编制《统计法制》手册4000余册，对351名领导干部及骨干进行统计法制知识辅导，全县3300多人参加“四五”普法学习考试。对2008年12月31日前持有统计从业资格证的统计人员进行继续教育培训，全县有100多名统计员参加为期两天的培训，为基层统计工作打下基础。2009年5月1日由监察部、人力资源和社会保障部、国家统计局联合颁发的《统计违法违纪行为处分规定》正式实施，2010年1月1日修订后的统计法正式施行，为认真贯彻新《中华人民共和国统计法》和《统计违法违纪行为处分规定》，县统计局开展一系列宣传活动，并将《统计违法违纪行为处分规定》纳入到云和县普法内容，作为2010年度云和县干部（职工）学法建档考试内容之一。

宣传法规条例

1991年7月,《浙江省统计工作监督管理条例》实施一周年,在全县开展举办座谈会、电影幻灯放映、广播讲座、宣传导报、张贴标语、黑板报、印发宣传资料等形式,进行统计法制宣传活动。1995年,省人大颁布修改后的新《条例》,省政府发布《关于进一步加强统计工作的决定》。根据"条例"和"决定",开始实施统计单位登记和统计人员持证上岗制度,申报登记率、上证率以及验审率均达到98%和96%以上。2000年,下发修改后的《统计法实施细则》300本,在《云和报》搞专版宣传,组织全县各部门单位及相关统计人员230人次,分三批进行学习辅导。

2003年,开展《中华人民共和国统计法》颁布20周年的各项纪念活动。从1991年以来的全民普法教育活动中,《中华人民共和国统计法》及相关条例等内容纳入普法教育计划,组织实施"一五至五五"统计普法工作,统计法制意识得到提升。2005年2月,开始贯彻落实省人民政府发布的《进一步加强统计工作的意见》精神,统计监督等工作引起了重视。2006年以来,为配合"12•4"全国法制宣传日活动和"12•8"《中华人民共和国统计法》颁布周年纪念日活动,县统计局每年在全县范围开展有奖征集统计法规对联、举办法制讲座、统计法知识竞赛等各项活动,进一步增强依法统计意识。

统计执法

1994年,开展统计执法大检查,在全县各单位自查达到98%的基础上,联合县监察局、县府法制科、县府办等7个部门,对2个乡镇6个企业进行为期一周的重点检查,检查中发现技术性、责任性差错和早稻面积等指标问题,进行反馈和汇报,引起县领导和问题单位的重视。

1998年,根据省、市统一部署,县委办、县政办联合发文布置统计执法大检查工作。抽调13个单位、20余名干部组成4个统计检查工作组,对3个乡镇、16个部门、单位,进行在统计上弄虚作假情况大检查。建立以分管县长为召集人的大检查联席会议制度,分管县长在广播、电视上发表讲话,县广播电视台报道联席会议实况,《云和报》以一整版的篇幅刊载有关文件、典型案件曝光等文章。大检查办公室对无及时上报自查结果的单位发出督查通知进行督办。检查发现:早稻播种面积、乡镇企业产值虚报;有些企业未办理工商执照;基层统计人员因兼职、岗位变动频繁,导致漏统、错统等现象。根据检查结果,组织开展变更、补漏登记工作,提出整改意见,落实整改措施。

2002年,在统计执法检查中,对4个单位进行重点检查,立案查处3起,罚款金额9000元。是年,按照统计法和条例规定,开展统计人员持证上岗培训考试及统计证年检工作,共年检统计证160份。

2004年,县统计局、县监察局、县法制办《关于开展统计法执行情况的实施意见》文件,对全县134个重点检查对象下发"基本统计单位执行《中华人民共和国统计法》情况自查表"和"政府统计机构执行《中华人民共和国统计法》情况自查表"。全县乡镇14个、工业企业44个、房地产企业4个、电信与金融保险业3个,确定重点检查对象24家。县统计局联合县监察局、县政府法制办组成两个检查组,分别对6个乡镇的工农业基础数据和产值情况,13个行政事业单位的劳动工资统计情况，5 个企业的工业产值统计情况进行检查。对从业人员劳动报酬瞒报；屡次迟报；未设置原始记录、统计台账等行为的 7 个单位立案查处，决定对 3 个单位分别处以 3000 元、5000 元和 8000 元的罚款；对 3 个单位和 1 个乡镇进行通报批评。

2005 年 1 月，云和县被浙江省统计执法专项检查办公室评为 2004 年度全省统计执法专项检查工作先进集体。

2005 年，向不及时报送统计调查表的单位发放 117 份催报单。依法进行统计稽查 25 家企事业单位。其中立案 8 家、处理 7 家（其中 1 家予以销案）。

2006 年，重点检查 30 个单位，发现问题单位 16 家，立案并查处 6 起。其中警告 5 起，通报批评 1 起。2007 年，稽查 11 家统计单位，立案并作出处罚决定或处理建议 8 起。其中书面警告 3 起，通报批评 1 起，警告并罚款、通报批评 4 起。2008 年，稽查 21 家统计单位，发现有违法行为的单位 12 家，立案查处 11 起，查处案件中瞒报 8 起，虚报 3 起。处理结果：通报批评 2 起，警告并罚款 1 起，警告 8 起，案件涉及行业有建筑业、房地产业、服务业、餐饮住宿业、工业等。

2009 年，统计稽查 21 家单位，发现违法行为单位 10 家，立案查处 10 起，查处案件中瞒报 3 起，虚报 1 起，未按规定设置统计台账 1 起，单位任用未经过统计从业资格认定人员从事统计工作 5 起，案件涉及建筑业、房地产业、服务业、餐饮住宿业、工业等行业。处理结果：不同程度的行政处罚，警告 4 家，通报批评 5 家，警告并处罚款 1 家，罚款人民币 3000 元。

2010 年，立案查处案件 11 起，通报批评 5 起、警告 6 起。

第六节　机构与队伍

1991 年 1 月，局内有统计一股、统计二股、法规股、办公室。1994 年 10 月，对内设工作机构的工作职责进行了调整和完善，明确股、室的职责和相互协调功能，强化调研分析、基层基础工作与法制建设。

1996 年 10 月，行政机构改革后，县统计局与县计划委员会、县质量技术监督局三家合署办公。统计工作业务内设综合统计科、专业统计科、法规科，人员、工作性质不变，财务仍然单独核算，原办公室工作由综合统计科兼管负责。

2001 年 10 月，第二轮行政机构改革，县统计局与计划委员会、物价局、粮食局 4 家合署办公，称云和县发展计划局，机构、人员、财务实行合并。2002 年 6 月，根据县政府办公室《关于印发云和县发展计划局职能配置、内设机构和人员编制规定的通知》，其中统计工作业务设专业统计科、统计法制科。2003 年 1 月，县机构编制委员会发文批准，设立云和县统计局社会经济调查队和普查中心，为发展计划局下属全额预算全民事业单位，分别核实事业编制 6 名和 4 名，依照国家公务员制度管理。

2005 年 1 月，县发展计划局发文，2005 年 1 月 1 日起，统计（含普查中心）的工作和财务实行相对独立管理。2005 年 6 月，县发展计划局改组为县发展和改革局，内设行政科室 7 个，其中统计工作设综合统计科，下属社会经济调查队和普查中心2个事业单位，干部人事工作仍由发改局统一管理、统一调配。

2007年6月，统计局与发改局合署调整为由发改局管理，单设统计局长一名和专职副局长一名，原发改局长不再兼任统计局长，统计局长同时任发改局副局长。

2009年3月，县统计局设统计局办公室。是年11月，县统计局增设服务业统计科，县统计局普查中心增加2名编制，用于服务业统计数据库建设和服务业发展监测分析工作。

至2010年12月，县统计局内设综合统计科、服务业统计科、社会经济调查队、普查中心、办公室等机构。

2000年12月，县统计局被浙江省人事厅、统计局评为全省统计系统先进集体。

1991—2010年县统计局主要负责人一览表

表16-3-1

局长（主任）	任职时间	局长（主任）	任职时间
金云飞	1990.07—1996.10	王新荣	2001.11—2003.02（兼）
李奋平	1996.10—1997.12（兼）	雷长清	2003.02—2004.08（兼）
朱伟夫	1997.12—2000.07（兼）	李石平	2004.08—2007.04（兼）
金云飞	2000.07—2001.12	吴兆江	2007.04—

第四章 审计监督

1991—2010年，云和县审计局主要开展企业审计、基本建设审计、财政同级审计、专项资金审计和审计调查等审计项目，审计范围从单一的财务收支审计转变为财务收支、财政收支、经济绩效等多元化审计。

第一节 国家审计

县本级财政预算执行审计

1996年开始，云和县开展县本级财政预算执行情况审计工作。审计机关促进建立和健全公共财政体制，加强重点领域、重点部门、重点政府投资项目和重点专项资金的审计。

1997年，审计电力公司代征三电资金发现：1993—1995年擅自将统配电平转议销往青田、遂昌两县，截留统配电外销差价收入及利息165.26万元的问题，县审计局作出上交财政的决定。

是年，审计财政局、建设局、土管局、自来水公司、电力公司等 12 个外围单位，查出违纪金额 500 万元，应上缴财政 185 万元，追还侵占挪用资金 12 万元，并对违纪单位作出罚款 5.62 万元。

2000 年后，云和县审计机关在财政同级审计上更多地关注本级政府和财政部门的国有资金、资产、土地管理方面是否存在重大风险及违规违纪问题。

2003 年，审计发现县土地收储交易中心未申报应缴纳的营业税等税费合计 129.73 万元、云府土地中心少申报应缴纳的营业税等税费 45.69 万元、县国土资源局土地开垦费收入 13.43 万元未上缴财政专户管理、全额预算拨款事业单位县征地事务所基金结余金额 225.55 万元未纳入财政预算外资金专户储存管理等问题，作出审计决定，处理金额 457.99 万元，增加财政收入 219 万元。

2004 年，县审计局改进审计手段，利用“税友 2000”系统的查询功能进入税收核算模块查询，检查发现浙江同心房地产集团公司云和分公司少缴企业所得税 165.5 万元，进行追缴，该项目被评为浙江省审计厅优秀审计项目。

2007 年，审计财政、地税部门的预算执行情况发现：2006 年省财政厅下达的 30 万元（2005 年度）生态环境保护专项资金，截留在环保局未下拨到具体的项目使用，该项资金被县环保局用于日常开支 23.8 万元，审计建议县环保局调整有关会计项目，将项目资金冲回原资金渠道，专款专用；云和县云府土地储备中心 2005 年、2006 年应缴未缴丽水汇金房地产开发有限公司出让金（保证金作出让金抵缴）400 万元，滞留未缴入出让金财政专户，审计期间已上缴 100 万元，尚有 300 万元未缴财政，建议将滞留的出让金 300 万元收回，纳入出让金财政专户管理；县财政局综合科和农财科未及时清理应收款 13866 万元，根据挂账资金用途，其中有 12676 万元未办理支出审批手续事项和未及时办理的往来结算资金，不符合会计制度，审计建议对长期挂账的暂付及应收款及时清理结算，县财政局收回借款 2832 万元。

2008 年，重点审计政府预算，查明年初县本级一般预算安排支出 29600 万元，年度追加一般预算支出 4364 万元，追加占全年一般预算支出的 14.74%。政府基金收入 25082 万元，支出 25082 万元，预算只编收支简表，预算数只涉及基金大类，未细化至具体部门和项目，审计建议提高预算编制准确性，减少年中追加数额，细化基金预算，提高基金使用绩效。延伸审查国土部门发现：该单位 2007 年度土地划拨款收入 772.68 万元，未缴入国库纳入基金管理，审计决定财政部门督促县土管局将 772.68 万元资金上缴国库纳入基金管理；2007 年度县耕发中心有偿调出土地整理折抵指标收入 4330 万元，其中 300 万元未上缴财政，审计决定财政部门督促县耕发中心将 300 万元资金上缴县财政预算外专户管理。

2009 年，审计财政公共管理体制和财政性资金绩效管理发现，截至 2008 年 12 月 31 日，县财政局开设 44 个财政性资金支出银行账户，比 2007 年底增加 5 个银行账户，不符合“支出一个口子”的财政综合预算改革方针；全部政府性资金年末结余 71282 万元，比上年增长 30.75%，专项结余形成多年未使用现象，致大量资金在专户中沉淀，不利于统筹调度资金，审计建议加强全部政府性资金的监管力度，促进按“收入一个笼子，预算一个盘子，支出一个口子”的目标加强完善公共财政管理体制，县财政部门出台《关于规范资金管理的若干规定》文件。

专项调查审计

1997年,根据国家审计署和省审计厅统一安排,开展1994—1996年度的扶贫专项资金审计,审计涉及县财政局、扶贫办、计委、统战部、农发行云和办事组、农业银行县支行、人民银行县支行、交通局、民政局、农办、水电局、粮食局、经委等部门扶贫资金。抽查云和、崇头、紧水滩、石塘4个镇政府,朱村、沙溪、云坛3个乡政府,县乡公路养护所、大沙公路指挥部等单位的扶贫资金使用情况。发现云和县扶贫办、县经委、县计委、朱村乡政府存在移用、出借、借用扶贫资金等违纪问题:县扶贫办以预借业务费形式调用下山脱贫款5万元;县经委将县财政拨入的工业贴息款5万元,用于弥补经费不足;县计委将以工代赈资金0.37万元,用于自身经费开支;朱村乡政府于1997年1月将下山脱贫款6万元,转作预算外使用。针对单位移用、出借、借用扶贫资金等违纪问题,审计建议建立健全管理制度、专款专用、限期收回已移用和借用的扶贫资金。

是年,县造地改田资金专项审计调查发现:县土管局未及时上缴土地出让金15.65万元、耕地占用税1.01万元、造地费1.07万元、造地专项基金4.28万元、农田保护费1.87万元,审计建议县土管局及时上缴上述资金由政府统一监管使用。

1999年,审计社会福利有奖募捐委员会办公室(1998年度中国福利彩票赈灾专项募集情况)发现,该单位未经批准免赔未销售的彩票款7万元、滥发劳务费9.04万元等问题,移交县纪委、监察机关审查,作出撤销民政局党组书记职务,给予民政局副局长,纪检组长严重警告、民政局会计党内警告处分的决定。

2002年,审计调查住房公积金管理情况发现,县住房公积金自开征以来,资金结余1787万元处于闲置状态,向县政府提出尽快制定积极稳妥的住房公积金抵押贷款政策的建议,引起县领导重视,县政府于当年出台住房公积金抵押贷款制度。

2007年,专项调查全县万名农民饮用水项目,移送大源乡两位村干部利用虚开水管材料发票贪污工程资金的案件,两人受到刑事处罚,同时牵出龙泉市工业园区原副主任,城建局原副局长等领导干部受贿案。审计结果报告引起县委、县政府的重视及县人大的关注,时任中共云和县委书记、县长、县人大常委会副主任分别作出批示,出台《云和县人民政府关于印发云和县财政支农资金整合工作实施方案的通知》《云和县农村饮用水工程项目和资金管理实施意见》。该项目被评为浙江省审计厅优秀审计项目。

2010年,专项调查城镇居民医疗保险,发现存在各险种之间交叉重复参保、城镇居民个人缴费高与待遇低的矛盾突出、城镇居民基本医疗保险与新型农村合作医疗保险分别管理(资源未能有效整合利用)等问题,县审计局提出整合社保保障和卫生部门保险经办机构、将"居保"与"新农合"二险政策合一并轨为城乡居民医疗保险的审计建议。是年,出台《云和县城乡居民合作医疗制度实施办法(试行)》。

经济责任审计

1985年,开始云和县经济责任审计工作。

1991年,审计县燃料公司、制氧站、石油公司、印刷厂、电机厂、糖业烟酒公司、百货公司7家国有企业承包经营期间厂长(经理)的经营责任。1992年、1993年,国有企业承包经营责任审计由云和县审计事务所承担。1994 年开始，因企业改制等原因国有企业承包经营审计退出县审计局审计工作。

1998 年，受县委组织部委托，审计县扶贫办、民政局负责人任职期间的经济责任（换届前），发现扶贫办财务管理混乱，财务收支不建账，造成扶贫物资、扶贫款项使用不当，效益未达预期等问题，将有关违纪问题移交县纪委立案审查，并发现案中案，查出扶贫办干部挪用、贪污公款，受到党纪处理。

1999 年，中央办公厅、国务院办公厅出台《县级以下党政领导干部任期经济责任审计暂行规定》后，经济责任审计进入规范化、常态化。

2003 年，审计县公路管理段财务收支及段长经济责任发现，县公路管理段下属单位（云和县路桥开发公司）存在转包工程等问题，审计向云和县检察院移送案件线索后，刑事处罚 2 人，行政记过处分 1 人，该项目获浙江省审计厅优秀项目奖。

2009 年，根据历年经济责任审计实践，县审计局与纪律检查委员会、组织部联合出台《领导干部经济责任跟踪监督实施办法》，加强干部监督和管理。2010 年，中共云和县委办公室出台《云和县领导干部履职联查联审办法》，联查联审领导干部在履职期间有关勤政廉政、干部选拔任用、经济责任情况。

乡镇财政审计

1991 年，审计云坛乡发现，固定资产未登记入账 27.2 万元，审计建议及时补记入账。

1994 年，审计石塘镇追回挤占农业专项贷款 6.8 万元。是年，云和镇将预算内资金的支援农村生产转为预算外收入 18.12 万元，审计局根据规定，处理罚款 0.9 万元。

1996 年，审计云坛乡 1995 年度财政收支发现，该乡财务管理混乱，存在截留收入、虚假支出、挤占专款、个人借支等问题，上报县委、县政府，引起县领导重视，成立由县纪委、监察局、审计局等单位组成的联合调查组，调查核实审计反映的问题，此后，县委发出《关于云坛乡违反财经纪律和财务管理规定问题的通报》，降职使用乡原党政负责人，没收处理购置的交通设备摩托车。

1997 年，审计紧水滩镇政府发现，镇财政原出纳副镇长存在贪污挪用公款等违纪问题，移交纪检监察部门，纪检部门作出撤销副镇长职务的决定。

2001 年，审计 7 个乡镇财政收支发现，普遍存在违规挤占挪用专项资金问题，撰写《乡镇专项资金核算管理、使用应引起重视》获得时任县长批示，此后，财政部门制定《乡镇专项资金管理办法》。

至 2010 年年末，累计完成乡镇财政审计项目 47 个，查出违纪违规金额 376.06 万元，追回侵占资金 26.97 万元，上缴财政资金 5.9 万元，罚款 0.9 万元。审计主要发现收入未入账、虚假支出、白条支出、挤占挪用、资产管理不规范等问题，审计决定限期纠正审计职权范围的问题，及时上报违法违纪问题，提出严肃查处违反财经纪律行为及完善乡镇内部管理的审计建议。

金融机构审计

1993 年，审计县建设银行信贷资金，1992 年年末各项贷款余额（不包括委托贷款）1934.97 万元，低质量贷款 458.37 万元，占贷款总额的 23.7%，比年初增长 31.99%，贷款呆滞率15.13%。

审计建议信贷部门认真执行贷前调查、贷时审查和检查的“三查”制度，及时清收风险贷款，依法清贷。

1995年，审计县中国银行和县建设银行1994年度的资产负债、损益情况，两行审计情况表明，存在效益低下，逾期贷款多，贷款风险大问题，县审计局提出9条审计建议，并审计建行信托投资公司，查出3个单位违纪违规金额15万元，上缴财政资金12万元。

1996年，审计县农业银行、县人民保险公司，县农业银行存、贷款额同比增幅较大，但存在转移收入，漏缴税金等问题，按有关财经法规作补收和罚没处理；保险公司经济效益较好。

1999年后，根据修改后的《中华人民共和国审计法》规定，国有金融企业属地审计改为隶属关系审计，地方审计机关需审计署授权审计，至2010年，地方审计机关未参与金融审计工作。

行政事业单位审计

1991年，审计云和县教委1990年的财务收支发现，出纳累计挪用公款11294.46元，发出审计通报。

1994年，审计云和县交警大队1993年度的财务收支发现，未缴罚款16.35万元，违规收取交通设施赞助0.58万元，代征摩托车消费基金未缴0.15万元，合计收缴资金17.08万元。

1996年，审计云和县就业处和社保处发现：挤占，挪用、出借职工养老金和失业保险金45.5万元；应收未收社会保险基金和失业基金142.36万元；基金保值增值不力，银行未按规定支付利息。要求限期改正“两金”管理部门，并向县人民政府出具专项审计报告，建议有关部门制定征收管理制度。是年，配合县人民检察院，审核县公路稽征所原出纳官某某的账目。查清官某某贪污4.42万元，挪用公款26.69万元，短少现金2.17万元的犯罪事实。

1999年，中央办公厅，国务院办公厅下发《县级以下党政领导干部任期经济责任审计暂行规定》文件，后，全面开展党政领导干部任期经济责任审计，行政事业单位财政财务收支结合的经济责任审计，不再单独开展行政事业单位审计工作。

基本建设审计

云和县基建审计始于1985年，1999年及以前，该项工作主要由审计师事务所承办。2001年，根据《云和县人民政府办公室关于转发丽水市国家建设项目审计监督办法的通知》，明确财政、审计部门工程造价审计的职责和分工。2002年，开始基建工程决算审计工作。2002—2010年，县审计局完成投资工程审计项目1123个，核减工程价款9763万元，此外，每年选择1—2个概（预）算执行和竣工决算审计项目，监督项目自开工至审计截止日的建设全过程，包括项目立项、勘察设计、招投标程序、承（发）包合同、施工监理、竣工验收和决算编制，指出项目建设和管理中存在的问题并提出整改建议。

企业审计

1991年，开展企业审计15个，审计资金3587.34万元，查出违纪违规金额152.48万元、损失浪费296.61万元，上缴财政1.86万元。

1994年，审计县电力公司、三电办、市政工程公司、房地产开发公司、邮电局、生产资料服务公司、物资总公司、电力实业总公司、瑞发木艺集团公司9家企业，针对存在问题，提出23

条建议，提高企业的管理和经济效益。同时，县电力公司上缴财政资金428.78万元，是自审计局成立以来上缴财政金额最大的审计项目。

1998年，审计无纺布厂发现，该厂由于企业负责人管理不善，致使财务管理混乱，企业负责人长期占用公款10余万元，出现严重亏损、资不抵债等问题，县委、县府及县经委作出厂长停止履行职责的决定。是年，审计县物资公司：协助县财政局追回借款30万元；发现该公司违规炒期货，违法购销走私摩托车造成严重亏损的问题。审计提出整改意见，县委、县政府作出公司负责人免职的决定，并补缴其他已审企业漏缴税款。

1991—2000年累计　县审计局累计开展企业审计项目64个，查出违纪违规金额2639.47万元，上缴财政资金1147.85万元，罚款14.37万元。2000年后，原有的国有企业部分已破产消亡，部分通过改制、出售方式处置成为私营或股份制企业，同时新产生一批国有性质的资产管理公司和融资平台。

2002年，审计烟草公司发现，烟草公司内控制度乏力，致使公司经理XXX目无法纪、法规，擅自为私营、个体企业提供贷款担保，造成重大经济损失。向丽水市公安局移送审计结果，XXX被判处有期徒刑。是年，县烟草公司财务收支项目审计获浙江省优秀项目奖、浙江省重大违法犯罪线索奖。报送《云和县烟草公司严重违反财经法规为个私企业贷款提供担保和转移资金》的审计信息专报获时任丽水市政府领导批示，丽水市人民政府出台《丽水市人民政府关于禁止国家机关、国有企业事业单位违法违规担保贷款及对外投资的通知》。

第二节　内部审计

内审机构

云和县内部审计机构分为行政事业单位内部审计机构和企业内部审计机构两类。1992年，县教育委员会内部审计室成立，配备专职审计人员；1994年11月，县卫生局成立内审室，配备兼职审计人员；2005年，信用社成立内审室，配备专职内部人员；2000年，县电力工业局设立内部审计专职岗位，2005年6月成立审计部，内审增加为两人。

内审业务

1992年，全县审计7个单位。1997年，县审计局向云和镇、县建设局等单位内审机构派出内部审计指导监督员和行风监督员。

2003年6月，中国内部审计协会出台《内部审计准则》，明确内部审计是指组织内部的一种独立客观的监督和评价活动。

2005—2010年，企业实施内部审计项目80个，其中县电力工业局内审部实施审计项目28个；县信用联社内部审计科实施审计项目52个，发出整改通知38份，提出整改意见203条，发出审计通报2份，执行经济处罚52人次（金额19700元）；县农业局农经站实施农村财务“三年轮审”（2008—2010年），完成全县170个村的财务审计。

第三节　社会审计

云和县审计师事务所

1988年4月，云和县审计事务所成立，编制人员5名，是县审计局下属事业单位，接受部门、单位和个人委托，开展基建决算审计、厂长(经理)经营承包责任审计、验资年检、资产评估等业务。1994年，更名为云和县审计师事务所，执业注册审计师4人。

云和树信会计师事务所有限公司

1999年12月，县审计师事务所实行改制，全部人员与行政机关脱钩，与县财政局下属的云和县会计师事务所改制合并，成立云和树信会计师事务所有限公司，开展审计、验资等业务。

2000—2010年，累计开展审计查证业务2754项，实现业务收入757.53万元，缴纳税收60.63万元。截至2010年年底，云和树信会计师事务所有限公司共有注册会计师5人。

第四节　审计工具更新

审计工具变化

1997年前，云和县审计机关以算盘和计算器为主要的审计工作器具。1998年，配备电脑、复印机、传真机，同时，开通国际互联网、购置办公自动化软件、审计法规软件、操作系统使用Windows98。2006年起，逐步使用计算机辅助审计，大大缩短审计时间，提高审计效率。

计算机辅助审计

2006年，审计水利建设资金专项调查，利用税审2000，查出地税部门漏征、未征水利建设资金及省、县两级税务部门减免水利建设资金占比高的问题；税收征管专项审计调查也使用税审2000系统编写查询语句，比较工商登记情况与税务登记情况，查出税务登记率低、部分小水电企业未及时进行所得税汇算清缴等问题。

2007年，专项调查社会保障基金和被征地农民社会保险，分别审计城镇职工基本医疗保险信息系统和被征地农民信息管理系统，发现上述两个系统无计息功能，人工计算支付利息时存在计息标准不稳定，出现不计、少计利息的情况，损害参保人利益。提出审计建议，要求完善信息管理系统。社保部门积极采纳审计建议，开发设计计息模块，完善信息系统的计息功能，为参保的被征地农民个人账户补记利息92.3万元。

2008年，县审计局进一步发挥OA和AO系统在审计管理和审计实施中的作用，要求外部信息化环境符合要求的项目都要求通过OA-AO交互，纳入OA系统管理。2009年，同级审计中利用AO工具，运用“审计分析—账表分析—多套数据审查—SQL查询器数据分析”功能，完成“财政同级审”“社保资金审”“人民医院财务收支审”等项目。

2010年，审计城镇居民医疗保险制度，通过计算机审计手段将城居医保与新农合、职工基本医保3个系统进行关联查询，发现各险种之间交叉、重复参保人数达5850人的问题。城乡居民养老保险审计调查中，通过计算机审计手段关联查询城镇居民养老与职工养老医保、民政部门死亡人员信息，发现重复领取基础养老金、死亡人员仍在领取养老金等冒领养老金问题。是年，县中医院财务收支审计获浙江省审计厅AO应用实例奖。

第五节　机构与队伍

1991年，审计局内设秘书综合股、财政金融行政事业审计股、工交基建农林水电审计股、商粮外贸物资供销审计股等4个职能股。核定编制13人，其中行政编制7人，事业编制6人；获取中级职称6人，大专及以上学历8人。审计监督全县各部门、乡（镇）人民政府，国家金融机构、事业单位以及其他国资单位的财政收支的真实性、合法性、效益性。1993年根据审计业务变化，将内设职能科室调整为办公室、财政金融审计科、行政事业审计科、工贸企业审计科。2004年5月，设立基建审计中心，是县审计局下属事业单位，核定编制4名，承办政府投资审计项目。2010年年底，县审计局内设办公室、经贸审计科、财政审计科、经济责任审计科、行政事业审计科等5个科室，下属基建审计中心。全局核定编制16人，其中行政编制12人，事业编制4人，实有人数16人，其中，高级会计师1名，中级专业技术人员13名，本科学历8人，大专学历6人。组织全县财政预算执行审计、经济责任审计、政府投资项目审计和专项审计调查等审计工作，承办县委、县政府和上级审计机关交办的其他事项。2005—2007年，连续获得浙江省审计厅县级审计机关考核优秀奖。

1985—2010年县统计局主要负责人一览表

表16-4-1

党委（组）书记	任职时间	局长（主任）	任职时间
龚炳富	1985.12—1996.11	龚炳富	1985.12—1996.11
吴雷德	1996.11—2001.11	吴雷德	1996—2001.11
王敏健	2001—	王敏健	2001—

第五章　工商管理

1982年，颁布《中华人民共和国商标法》，县工商局为法定商标主管机关，云和县的商标注册登记经历从无到有、从有到优的发展历程。1984年5月25日建立经济合同仲裁委员会，开展调解、仲裁经济合同纠纷和打击假冒伪劣、走私贩私、不正当竞争等违法违章行为，保护经营者、消费者合法权益，维护市场秩序。

1991—2010年，有3755家次私营企业参加年检，通过年检3616家次；调解经济合同纠纷65份，解决合同争议金额485.58万元；查处各类经济违法违章案件3605件，处罚没款981.97万元；查处商标侵权案件55件，罚没款24.53万元；核批广告602幅，查处违法广告案件188件，罚款4.23万元；受理消费者投诉案244件，为消费者挽回经济损失324.24万元。

第一节　企业登记与管理

注册登记

国有、集体企业登记　1991年，办理企业登记795家（其中：全民企业84家，集体企业215家，合营企业6家，合作经营企业17家，其他企业473家），投资人数43人，从业人员13750人，注册资金14099万元。

1992年，登记集体企业41家。

1993年，登记工商企业115家，在册有1151家，其中营业单位621个，从业人员20344人，注册资金40927万元。

1996年，登记工商企业189家（其中法人企业38家，营业单位分支机构151家）。在册有605家，其中农林牧渔6家，采掘业3家，制造业103家，电力、煤气及饮用水生产供应业31家，建筑业30家，交通运输、邮电通讯业128家，金融、保险业33家，房地产业2家，社会服务业44家，教育、文化及广播电影电视业3家。

1997年，登记企业54家（其中法人企业20家、营业单位及分支机构34家）。在册有649家，其中法人企业249家、营业单位及分支机构400家。

1998年，登记在册工商企业629家（其中法人企业224家，分支机构与营业单位405家）。共拥有注册资本69922万元。

1999年，登记各类工商企业73家。在册有479家，其中企业法人203家，营业单位及分支机构276个，注册资本（金）198561万元。

2000年，变更登记工商企业57家（其中企业法人21家，营业单位及分支机构36家），注销登记42家。在册有481家（其中企业法人189家，营业单位及分支机构292个），拥有注册资本（金）100905万元。

2001年，登记在册内资企业412家（其中有限责任公司56家，非公司法人企业116家，分支机构和营业单位240家）。

2002年，登记工商企业46家（其中法人企业15家，营业单位31家），办理法人变更登记22家，营业单位变更34家，办理注销登记33家。在册有405家，其中法人企业161家。

2003年，登记内资企业22家，办理注销登记40家。在册有387家（其中法人企业152

家，营业单位235家），注册资金103657万元。

2004年，登记工商企业12家。在册有385家。

2005年，登记内资企业16家(其中法人企业7家，营业单位9家)，企业法人变更登记32家，营业单位变更10家，注销登记60家。在册有358家，注册资本117177万元，其中国有企业93家，集体企业87家，股份制企业30家，公司140家，其他企业8家。

2006年，登记工商企业35家。在册有246家。

2007年，登记内资企业191家，注册资本112828万元(其中企业法人96家)。

2008年，登记注册内资企业92家。在册有967家，注册资本126069万元。

2009年，登记内资企业93家。在册有931家，注册资本155007万元。

2010年，登记注册内资企业92家。在册有959家，注册资本(金)264961万元。

个体工商户登记 1991年，新登记个体工商户2927家，从业人员3684人，注册资金785万元；2010年，新登记个体工商户837家，在册个体工商户6598家，从业人员18410人，注册资金24393万元。

1991—2010年云和县个体工商户注册登记情况统计表

表16-5-1

年份	新登记			在册		
	个体工商户(家)	从业人员(人)	注册资金(万元)	个体工商户(家)	从业人员(人)	注册资金(万元)
1991	2927	3684	785	3204	4200	1575
1993	2939	3257	1125	3952	4628	2480
1996	1190	1387	906	4742	5726	3148
1998	831	1097	163	5617	6822	4116
1999	576	722	439	5808	7030	4550
2000	123	335	456	5882	7549	4884
2001	792	6040	7957	5347	6020	4215
2002	28	1500	52	3966	5410	3967
2003	635	1052	1138	4050	5516	4506
2004	706	3520	1330	4174	4520	5335
2005	210	2080	1720	4785	7713	6985
2006	676	3105	1475	4539	7926	8034
2007	477	7675	12924	4940	8807	13315
2008	999	6652	5103	5742	9925	17176
2009	1143	5752	6904	6118	14677	19080
2010	837	3800	4480	6598	18410	24393

说明：1. 1992年、1994年、1997年相关数据无从考证　2. 表中上年在册数加当年登记数不等于当年在册数，是因为注销变更之故

私营企业登记　新登记私营企业 45 家，投资人数 87 人，雇工人数 621 人，注册资金 787 万元。2010 年，新登记私营企业 257 家，在册私营企业 1130 家，投资人数 3856 人，雇工 16100 人，在册资金 75648 万元。

1991—2010 年云和县私营企业注册登记情况统计表

表 16–5–2

年份	新登记				在　册			
	私营企业（家）	投资人数（人）	雇工人数（人）	注册资金（万元）	私营企业（家）	投资人数（人）	雇工人数（人）	注册资金（万元）
1991	45	87	621	787	56	425	2873	4635
1993	113	186	1577	797	242	611	4450	5432
1996	78	208	1738	4728	320	819	6188	10160
1998	25	67	393	1556	307	857	6488	12805
1999	258	792	1221	11366	403	933	7110	13505
2001	75	212	1200	2908	325	990	6166	12844
2002	118	267	1775	4849	417	1210	7583	16686
2003	131	215	1895	16087	496	1425	9478	32773
2004	110	183	1043	8082	574	1608	9821	38868
2005	99	205	980	7028	598	1754	11848	46697
2006	98	168	1033	6672	608	1803	12750	52543
2007	664	1805	3014	9519	1035	2903	14820	60980
2009	42	150	825	3445	980	3020	15452	62821
2010	257	987	930	18064	1130	3856	16100	75648

说明：1. 1992 年、1994 年、1997 年相关数据无从考证　2. 表中上年在册数加当年登记数不等于当年在册数，是因为注销变更之故

企业管理

个私企业年检　1991 年开始，私营企业年度验照、换照和年度检验（以下简称年检）同时进行。是年，验照换照 7 家，年检私营企业 45 家

1996 年，年检个体工商户和私营企业 4667 家，验照 3667 家，换照 826 家。

1997 年，年检私营企业 320 家，经年检注销企业 34 家。

1998 年，年检分为 A、B 两类企业，A 类为未发现有违反工商行政管理法规行为，B 类则反之。是年，年检私营企业 318 家，其中歇业 36 家，转为个体户（变更登记）3 家。

1999 年，307 家私营企业全部参加年检，73 家已歇业的私营企业办理了注销登记。

2001 年，279 家私营企业（其中独资企业 114 家，合伙企业 109 家，有限责任公司 56 家）有 278 家参加年检，年检率达 99.6%，办理歇业注销手续 6 家。

2002—2010 年度，参加年检的私营企业有 3755 家次，通过年检的私营企业有 3616 家次，

通过率为 96.3%，未通过的私营企业有 138 家次，未通过率为 3.7%。

内资企业年检 1999 年开始，着重审查并规范企业的注册资本、名称、范围、性质等内容。

2001 年，创新年检方式，采取书面形式审查与实地检查相结合，工商部门对应检企业按比例进行实地检查。

2007 年，推行网上年检。

1991—2010 年云和县内资企业年检情况统计表

表 16-5-3

年份	应检企业（家）	参检企业（家）	年检率（%）	年份	应检企业（家）	参检企业（家）	年检率（%）
1991	298	277	93	2001	421	413	98.10
1992	305	301	98.69	2002	423	414	97.87
1993	284	278	97.89	2003	412	403	97.82
1994	220	216	98.18	2004	387	379	97.93
1995	130	120	92.31	2005	385	377	97.92
1996	323	298	92.26	2006	407	394	96.81
1997	607	602	99.18	2007	437	427	97.71
1998	241	236	97.93	2008	472	453	95.97
1999	318	293	92.14	2009	500	480	96.00
2000	481	449	99.58	2010	523	507	96.94

第二节 经济合同管理

经济合同鉴证及监管

1991 年，县工商局继续开展 1983 年开始的经济合同鉴证及监管工作。是年，鉴证各类经济合同 163 份，合同金额 665.84 万元，确认无效合同 1 份，为企业挽回经济损失 118 万元；受理各类经济合同纠纷案件 12 件，合同金额 23.54 万元，争议金额 19.58 万元，其中调解成功 10 件，解决 1 件，撤诉 1 件，结案率 100%；回访县食品公司和农民订购生猪合同 74 份（生猪 5388 头）的合同履行情况，履行率 100%。

1992 年，建立各类合同管理机构 56 个，配备合同管理人员 132 人，建立和完善合同管理制度 124 份，培训企业合同管理人员 120 人次。协助企业追讨拖欠款 12 起，追回金额 27 万元。

1996 年。建立各类合同管理机构 97 个，配备合同管理人员 109 人。鉴证各类经济合同 100 份，总金额 731 万元；检查合同 168 份，回访 48 户企业的经济合同履行情况，挽回经济合同当事人经济损失 206 万元；发放各类经济合同示范文本 110 本；办理企业动产抵押物登记 8 件，主债权金额 252 万元。

1997年，鉴证各类经济合同105份，总金额686万元；办理企业动产抵押物登记5件，主债权金额155万元。

1998年，办理各类合同鉴证83份，金额3229万元；办理企业动产抵押物登记19件，金额2170万元；查处违反合同法案件3起，为企业挽回和避免经济损失240万元。

1999年，办理合同鉴证140份，合同金额达5184万元；办理企业动产抵押物登记10件，价值达1370万元，主债权605万元；参加拍卖市场监管12次。

2000年，办理各类合同鉴证449件，合同金额4178万元；办理企业动产抵押物6份，价值1222万元，主债权925万元；参与拍卖监管4次。

2001年，鉴证各类经济合同337份，合同金额6951万元；办理企业抵押物登记5份，抵押金额841万元；参与拍卖监管9次，拍卖成交额5000万元；调解合同争议2起，解决争议金额20万元。是年，发展一般合同经纪人4人，房地产合同经纪人6人。

2002年，办理抵押物登记2起，金额600万元；参与拍卖监管2次，成交金额6800万元。

2004年，办理抵押物登记4件，价值3036万元，解决企业贷款1380万元；参与拍卖监管3次，成交金额5177万元。

2005年，办理动产抵押物3件，价值17670万元，主债权金额3500万元；鉴定拍卖委托书3份、拍卖成交确认书23份，成交金额15052万元。

2006年，办理抵押物登记3件，主债权金额1210万元；参与拍现场监管5次，确认拍卖交易书46份，拍卖成交额7487.26万元。

2007年，推广订单农业规范合同文本，指导23个涉农企业签订农业合同订单1107份，订单金额7188万元；鉴证拍卖委托书8份，拍卖成交确认书197份，拍卖成交额5368万元。

2008年，审查格式合同17份，发现山水房产公司的商品房买卖合同公司条款中含有消除消费者权利和规避企业自身义务的条款，依法向企业发放了格式条款修改通知书，责成企业进行修改，维护消费者的合法权益；指导高山蔬菜合作社和县城周边蔬菜种植户签订蔬菜购买合同200份，金额达100万元；办理企业抵押登记3件，抵押物价值732.6万元，主债权金额250万元。

2009年，鉴证订单农业合同4786份，涉及金额9452万元。

2010年，开展格式合同专项检查，涉及保险、中介、房地产等不同领域的经济合同15200份，签约金2.30亿元，未发现违法违规合同。

经济合同备案

2003年，开始实行格式合同备案。是年，办理格式合同备案62份。

2007年，受理人身财产保险、邮政、房地产的格式条款合同备案36份。

2008备案拍卖委托书3份，拍卖成交确认书177份，成交金额281.77万元。

2010年，实行拍卖事前事后备案制度，拍卖备案15件。备案格式条款合同18件，涉及保险、中介、房地产等不同领域。

“守合同，重信用”单位认定

1987年开始，在企业单位开展“守合同，重信用”活动，经过评比，报县人民政府命名“守合同，重信用”单位，并由县工商行政管理局在《浙江日报》上刊登公告认定。

1991年，有32家企业被县人民政府命名为“守合同，重信用”单位，其中连续四年被命名的有16家企业，连续3年被命名的有3家企业。

1994年，“守合同，重信用”企业参加省地联评。获省级先进1家，地区先进14家。县政府命名56家企业“守合同，重信用”单位荣誉称号。

1998—2003年，经县工商局组织考核、评比，县政府命名“守合同，重信用”单位分别是35家、28家、25家、16家、33家和37家。

2004年，县工商局实行A、AA、AAA等级认定“守合同，重信用”企业。

2005年始，实行分级认定，A级由县工商局认定，AA级由丽水市工商局认定，AAA级由浙江省工商局认定。

2010年，认定5家农民专业合作社为“守合同，重信用”单位。

2004—2010年云和县“守合同，重信用”企业认定情况表

表16-5-4　　单位：家

年份	A级	AA级	AAA级	年份	A级	AA级	AAA级
2004	11	4	1	2008	10	9	2
2005	8	7	1	2009	8	11	2
2006	15	10	1	2010	5	6	3
2007	5	4	4	—	—	—	—

第三节　市场管理

一般市场管理

1991年，查处违法违章案件731起，罚没款17.5万元。查处违法物资有：木材28.83立方米，水泥5100千克，厚朴2788千克，卷烟共8207条（其中外烟6212条），有色金属760千克，假酒121千克，牡丹烟壳30万张。

1993年，查处各类案件268起，其中大案件21起，上交罚没款48.48万元。查获假烟75840条，中西药687千克，假酒937千克，滋补品879千克，假桂圆1000千克。

1994年，严肃查处欺行霸市、囤积居奇、短斤少两、哄抬物价等违法行为，国庆期间，组织物价、计量等部门50余人的执法检查队伍，突击检查农贸市场，取缔无照经营30家，收缴、处罚有问题的计量器具18件，查处猪内脏注水3起，查扣就地加价倒卖35起。

1995年，查处市场违法违规案件108次，查处病死猪肉860千克，青蛙105千克，猴面鹰20只。

1997年，查处违法违章案件291起，其中大案件12起，上缴罚没款63万元，销毁假冒卷烟101257条，没收走私卷烟17357条，查获假冒伪劣食品300千克，酒、饮料536瓶，药品、滋补品642盒，病死猪肉198千克，劣质煤气灶110台，劣质低压电线25圈。

1999年，出动检查人员1441人次，检查市场20个，检查经营户2650户，查处违法违章案件398起，查获违法物资有：钢材1800千克，粮食1510千克，食品1220千克，农药64千克，酒163瓶，饮料677瓶，服装50件，化妆品54瓶，香皂316块。盗版VCD847张，录像带82盒，书刊175册。

2001年，出动检查人员2872人次，检查各类市场35个，检查经营户4570户，查处各类违法违章案件641件，案值421万元。查处违法物资，其中化妆品8987瓶，摩托车配件223件，钢材3.05吨，化工原料3200千克，摩托车11辆，红糖1200千克，过期农药化肥616包(袋)。

2004年8月，实行市场商品准入登记备案制度。实行监督关口前移，提升诚信经营意识。

2005年，出动检查人员3800人次，检查经营单位2500家，查处各类违法违规案件394件，罚没款70.13万元。

2007年，查处各类经济违法案件218件，罚没款106万元。是年，加强猪肉市场屠宰点的管理，与猪肉经营者签订猪肉安全责任书。

2008年，执法检查1987人次，打击商业贿赂，查处商业贿赂案4件，罚没款17万元；查处食品安全案件13件，罚没款17.32万元；保护知识产权案16件，罚没款19.82万元；打击违法供销，查处供销案件3件，罚没款3.14万元；查处无照经营案47件，罚没款2.17万元；查处不正当竞争案8件，罚没款8万元；查处违规经营邮政物品案4件，罚没款1.60万元；查处各类经济违法违章案件158件，入库罚没款108.95万元，其中万元以上大要案55件。

2010年，出动执法检查人员2876人次，查获各类经济违法案件269件，入库罚没款77.86万元；查获假茅台酒30瓶，假冒国务院机关事务管理局专用酒12瓶，假冒茅台特供酒10瓶，假冒五粮液5瓶，假冒洋河大曲30瓶。

农资市场管理

1994年，全面检查经营农资网点，查处无登记经营的化肥2万千克，农药300千克。加强粮食市场管理，取缔无证收购粮食户5户，查处粮食10吨。

1997年，取缔违法经营农资点2个，处罚违章经营农资点9个，查处违章经营化肥7.3万千克，农药1300千克。

1998年4月13日，在黄源乡查获一地下制假农药窝点，查扣三环唑农药430箱。

2010年，批检化肥11个批次，发出行政告诫书11份，备案18个品种种籽，销毁过期失效农药37瓶。

商品检测

2004年，开始进行商品检测，至2010年，抽检电动自行车，宾馆一次性洗涤用品，杂牌奶粉，建材板材(三合板、排水管、线材)，油漆等商品，共检测267个批次，检测结果108个批次不合格，83家经营单位受到1万—1.4万元不等的处罚。

食品安全检测

2004年6月，建立农贸市场检测点，采取工作人员每天主动抽检和消费者送检相结合的方法检测食品安全。是年，抽检16个品种37个批次蔬菜、水产品，检测不合格的产品当日在市场公布，并督促经营户当场及时销毁不合格蔬菜105千克，水产品15千克。

2005年6月，城关、城郊工商所配备检测箱，高效、快捷检测市场蔬菜、海产品、糕点、豆制品等食品，检测543个批次，公示了其中59个批次不合格商品，责令业主撤柜、销毁。

2006年，检查食品经营户398家，超市9家，查处食品类案件22件，处罚金额4.89万元。

2009年，专项整治散装食用油、酒类市场、工业石蜡、蜡菇等。查获不合格食用油1530千克、假冒五粮液55瓶、假冒卡帕服装242件、劣质皮鞋65双、工业石蜡4400千克，蜡菇2040千克。

2010年，开展食品安全监测105个场次，检测食品4376个批次，农药残留检测项目1706个批次，其中不合格17个批次，责令下柜253千克。

第四节　商标广告管理

商标管理

商标登记　1992年，云和县为民农具厂注册登记"稻穗"牌镰刀商标1件，1993—1998年，无申请注册商标进入。1999—2010年，全县登记注册商标469件，其中木制玩具类405件，农产品类64件；该469件注册商标中有中国驰名商标2件，省著名商标7件，市著名商标36件。

1999—2010年云和县注册商标登记统计表

表16-5-5　　单位：件

年份	登记注册商标数	其中				
		木制玩具类	农产品类	中国驰名商标	省著名商标	市著名商标
1999	—	—	—	—	—	1
2000	6	6	—	—	—	1
2001	5	5	—	—	—	1
2002	8	8	—	—	—	5
2003	45	45	—	—	—	4
2004	9	9	—	—	—	2
2005	4	4	—	—	—	—
2006	39	27	12	—	1	4
2007	69	45	24	—	3	13

续表 16-5-5

年份	登记注册商标数	其　中				
		木制玩具类	农产品类	中国驰名商标	省著名商标	市著名商标
2008	32	30	2	2	3	13
2009	85	71	14	—	—	—
2010	167	155	12	—	—	—

1991—2010 年，全县登记注册商标 289 件，其中木制玩具类 92 件，农产品类 52 件。中国驰名商标 2 件，省著名商标 3 件，市著名商标 13 件。

商标综合管理　1996 年，加强商标印刷企业的管理，规范承印手续，指定商标印刷企业 1 家。组织 4 家企业参加地区工商局知名商标（品牌）认定，引导企业争创著名商标和驰名商标。

2006 年，建立商标数据库，完善梯次培育机制，促进云和企业商标的增量提质；出台《云和县著名商标认定和保护办法》，明确著名商标认定条件和保护措施；在朱村乡成立农产品品牌指导服务站。

2007 年，云和实现驰名商标零突破，浙江和信玩具有限公司的“好比”商标司法认定为中国驰名商标；云和商标基地顺利通过省、市二级验收，云和成为浙江省木制玩具品牌基地。

2010 年，制定《云和县工商局品牌建设活动方案》，开展省市县著名商标培育和认定工作。

商标违法处理　2001—2010 年，查处商标违法案件 55 件，罚没款 24.53 万元，查处设计商标商业秘密案 1 件，为经营者挽回经济损失 6.54 万元。

广告管理

户内外广告　1990 年，张贴广告实行审核登记制度。

1992 年，实行条幅广告审批制度。

1999 年，规范店堂广告行为，店堂内空间设置的电箱、霓虹灯、立牌、橱窗等广告实行备案制度，除企业名称外，在店堂内建筑控制地带设立的店堂牌匾广告和利用店堂设施张贴、绘制、悬挂、摆放的印刷品广告、显示屏广告实行登记制度。

2010 年年底，全县有广告经营户 23 家，其中企业 16 家，个体经营户 7 家，审批户外广告 165 条。

媒体广告　1995 年，媒体广告纳入监管范围。

2002 年 6 月，设立广告监测点，强化监管媒体、网络广告发布环节。是年，监测 18 次。

2005 年，加大对传媒和网络监测，定期或不定期监测云和电视台的广告，全年共监测 36 次刻录送市局复查的光盘 22 张，情况良好。

2008 年，加大对电视台广告的监测密度，由原来的每月 2 天，每天 2 小时增加到每月 9 天，每天 15 小时，重点对医疗、药品、保健品广告进行监测。

广告整治　1991—2010 年，核批广告 602 幅，查处擅自经营广告业务单位 2 家，查处违法广告案件 188 件，罚款 4.23 万元。

第五节　消费者权益保护

维权网络建设

2004 年，全县第一个消费维权监督站在崇头镇挂牌成立，并在该镇 13 个行政村建立联络点，聘请消费维权监督员。

2005—2009 年，全县有消协分会和维权监督站 16 个，监督点 188 个，监督员 221 名，参与监督检查 752 人次。

2010 年，为拓宽消费维权网络，经企业申报、考察评选，在云和客运站、农贸市场等 10 家公用企业设立消费维权联络站。

消费者投诉处理

1994—2010 年，县消费者协会受理消费者投诉案 244 件，为消费者挽回经济损失 324.24 万元。

第六节　机构与队伍

1991 年 12 月 2 日，云和县工商行政管理局（以下简称“县工商局”）内设办公室、经济合同管理股、个体私营经济管理股、经济检查股、企业商标广告管理股、市场管理股，下设城关、城郊、梅源、黄水碓、石塘工商行政管理所（以下简称“工商所”）和双港工商行政管理检查站。各工商所区域划分为：城关工商所办公地点在水电路 8 号，管辖云和镇范围；城郊工商所办公室地点在解放街 63 号，管辖小徐乡、沙溪乡、安溪乡、雾溪乡、沈村乡、云坛乡、局村乡；梅源工商所办公地点在崇头镇，管辖崇头镇、云丰乡、黄源乡、大湾乡、沙滩乡；紧水滩工商所办公地点在紧水滩，管辖紧水滩镇、大源乡、赤石乡；石塘工商所办公地点在石塘村，管辖石塘镇、朱村乡、金村乡。各工商所的职责按照国家工商局颁布的《工商行政管理所条例》施行。全局编制 51 人，在编 50 人，空缺 1 人。

1993 年 11 月 30 日，设城关第一工商所、城关第二工商所、城郊工商所。

1994 年底设城关工商所、城中工商所、城郊工商所。在全县行政事业单位中首先实行干部聘任制。采取逐级聘任方式，由局长聘任科、所长、室主任，再由科、所长、室主任聘任副职和一般干部，对一般干部实行推荐、自荐担任结合的双向选择。

1995 年实行二轮干部聘任制，干部轮换率达到 50%。设立内部监督机构，配专职监察员 1 名，兼职监察员 4 名，聘请社会义务监督员 23 名。

1996 年 10 月，工商、物价合署办公，一套班子两块牌子，工商局办公地点在水电路 8 号，物价局在解放街原粮食局办公楼，设局长 1 名、副局长 4 名、纪检组长 1 名。

1999 年，工商行政管理机关实行垂直管理，县工商局、物价局分设。

2000 年，县工商局经核准编制 68 人，在编职工 54 人，空缺 14 人，办公地点为浮云路 8 号。机构设置有：办公室（信息办）、人教科（监察室）、法规科、企业合同商标广告监管科、经济检查科（经济检查大队）、市场监管科（"12315"举报投诉中心）、注册分局、城东工商所、城西工商所；下属云和县个体劳动者协会、云和县私营（民营）企业协会、云和县消费者权益保护委员会 3 个社团组织。

2001 年，县工商局机构重新设置，内设办公室、人事教育科、企业规范监管科、经济检查科（经济检查大队）、注册分局、城关工商所和城郊工商所；其他机构有：个体劳动者协会、私营（民营）企业协会、消费者协会。全局人员编制人数 61 名，其中局机关行政编制 12 名，离退休干部管理人员编制 1 名，信息管理办公室编制 2 名，工商所专项编制 46 名。设局长 1 名，副局长 2 名，纪委书记 1 名。

2002 年，县工商局被省工商局评为文明规范化工商局。

2007 年，县工商局党委被省工商局授予"优秀领导班子"称号。

2009 年，县工商局在省档案工作目标管理考核中被评为"省一级档案管理达标单位"。

1988—2010 年县工商行政管理局主要负责人一览表

表 16-5-6

党组书记	任职时间	局长（主任）	任职时间
张尚南	1988.01—1993.07	张尚南	1988.01—1993.07
李瑞启	1993.07—1996.10	李瑞启	1993.07—1996.10
彭建辉	1996.10—2004.08	彭建辉	1996.10—2004.08
李泉清	2004.08—2008.03	李泉清	2004.08—2008.03
赵伟杰	2008.03—	赵伟杰	2008.03—

第六章 食品与药品监督

2002 年，云和县药品监督管理局正式挂牌成立，主管全县药品、医疗器械监督管理工作。2005 年，云和县食品药品监督管理局成立。新组建的县食品药品监督管理局，在承担原药品监管的基础上，增加食品、保健品、化妆品安全管理的综合监督、依法开展对重大事故查处的职责。

第一节　食品药品安全宣传

2002年，根据2001年12月1日起施行的《中华人民共和国药品管理法(2001修订)》，云和县药品监督管理局利用电视讲话、报刊、标语、设点提供咨询服务、销毁假劣药品、编辑《云和药监》等形式宣传药品管理法，同时向各药品经营单位、医疗机构发放《中华人民共和国药品管理法(2001修订)》500份，各类宣传资料1000份。

2004年，开展药品法律法规、真假药品辨别、药品不良反应、合理用药咨询及开设药品监督举报电话96311等活动。

2005年，开展保健食品、药品、医疗器械违法广告宣传活动，发放宣传资料1000余份，横幅50幅，公共场所设摊以"食品安全知识和假冒伪劣药品"为主题的咨询3次，接受咨询人数600余人次。

2007年，"3·15"消费者权益保护日、"食品安全宣传周"，采用现场咨询、发放宣传资料、实物样品展示、张贴宣传海报、悬挂条幅、食品药品安全讲座等形式，宣传食品、药品、医疗器械、保健品、化妆品安全及法律、法规、科普等常识。出动宣传人员100余人次、悬挂横幅50条，散发宣传资料5000份，解答群众咨询500余人次。是年，开展食品药品安全知识"进千家社区、入万户家庭"活动：组织人员入社区，向居民介绍食品安全和药品的常用知识、保管方法、如何识别虚假药品广告有关知识；现场对居民家中小药箱的药品予以指导和清理。开通、完善网站，加快食品药品监管信息的更新。

2008年，首届农家乐烹调比赛期间，印制《食品安全基本知识》，发放给农家乐经营者及群众；"3·15"消费者权益保护日，会同工商、质监、卫生、农业局等18个有关维权职能监管部门在中山街集中开展现场投诉咨询活动，发放宣传资料6000份，咨询300多人次；县食品安全办公室(下称县食安办)联合工商、卫生部门，在社区和学校进行食品安全知识讲座、现场咨询；制作"吃得安全，吃出健康"宣传教育光盘，发放给全县各乡镇、县食安委的各成员单位、全县中小学校和社区；印制、发布7期内容为各部门有关食品安全监管动态的《云和食品药品安全信息》。

2010年，食品安全法宣传周，通过悬挂横幅、分发宣传资料、设立咨询台、公布举报电话、现场接受投诉等形式对公众进行食品安全依法维权和科普知识的教育，共组织大型活动3次，悬挂横幅2条，印发各类宣传资料2000份，接受咨询人数500余人。

第二节　药品安全监督

药品安全日常监管

2002年，进行打假保健康专项检查进口药品专项检查、医疗器械专项检查、计划生育避孕药具、性保健品市场专项整治等检查整治工作：出动执法人员 300 人次，检查涉药单位 120 余家，检查覆盖面 100%；查处违法案件 46 起，没收违法药品医疗器械 80 箱，价值约 15 万元，处以罚款 4 万元。

2003 年，全年共出动执法人员 1116 人次，查处药品、医疗器械市场违法案件 59 件（立案 21 件，简易程序 38 件），结案 13 件，罚没款入库 11.5 万元；案件查处率为 100%；查处发现、举报的案件率 100%。

2004 年，进行"春节打假保健专项检查""牙科药械专项检查""隐形眼镜专项检查""预防用生物制品（疫苗）专项检查""查处无证医疗器械专项行动""麻醉药品专项检查""中药饮片专项检查"等专项整治工作。出动执法人员 420 人次，检查涉药单位 134 家，查获违法案件 6 件，没收违法药品，医疗器械价值 6 万余元，罚没款入库 5.7 万元。

2005 年，专项检查医疗机构麻醉药品、第一类精神药品检查；查处大蒜素肠溶胶囊、哮肺宝胶囊等省、市食品药品监督管理局确认的假药以及药品质量抽检公告不合格的药品。是年，出动执法人员 300 余人次，检查涉药单位 150 家次，查获药品医疗器械违法行为 44 起，发出整改通知书 32 份，立案查处 12 起，没收违法药品医疗器械货物价值 1 万余元，罚款 1.93 万元。

2006 年，主要检查节日、校园食品安全等，出动执法人员 2575 人次，检查食品生产、经营企业 4933 家次，查获不合格食品价值 4 万余元，罚款 9.91 万元，下达整改通知书和监督意见书 200 份。

2007 年，开展"骨接合用无源金属植入医疗器械产品市场""农村副食品店无证经营药品"等专项整治活动：专项检查马来酸曲美布汀片、假冒人血白蛋白、狂犬疫苗的使用；隐形眼镜、隐形眼镜护理液以及 OTC 药品的经营行为（购进单位的资质、购进和验收环节）。是年，出动执法人员 338 人次，检查涉药涉械单位 190 家次；查处各类涉药涉械违法案 29 起，其中一般程序立案 10 起（结案 8 起），简易程序 19 起；受理举报投诉 7 起（办结 7 起）；罚没款入库数 14.5 万元。

2008 年，专项检查医疗机构药品和医疗器械购进、使用，药品零售企业是否违反《药品流通监督管理办法》、未见处方而销售处方药的行为，专项整治"兴奋剂""非药品冒充药品"。是年，检查涉药单位 81 家次，受理、举报、投诉 13 件（办结 13 件）；稽查案件 28 件：立案并结案 12 件，简易程序 16 件；涉案金额 0.89 万元，没收药品标值 0.85 万元，没收违法所得 0.15 万元，罚没款入库 786 万元。查获假冒利可君片、乐力胶囊和通心络胶囊 3 个品种。

2009 年，开展人用狂犬病疫苗、双黄连注射液、注射用洋托拉唑钠、医用防护口罩、医用防护服呼吸机、防治甲型 H1N1 流感的药品等药械的专项检查。是年，出动执法人员 372 人次，检查涉药单位 254 家次，稽查立案 18 件（办结 17 件：简易程序 8 件，一般程序 9 件），已办结案件中涉及药品经营企业 7 件，涉及医疗机构案件 8 件，涉及其他单位案件 2 件。查获假药 1 个批次、劣药 20 余批次。涉案货物价值金额 227 万元，罚没款入库 3.11 万元，无罚没款 1 万元以上案件。受理举报、投诉 15 件，办结 15 件。

2010 年，出动检查人员 20 人次，定期检查药品批发企业的药品购进品种上报、药品储存温湿度监控运行和需要运用电子监管码进行监管的中药注射剂情况查，及时记录异常情况，通知企业及时整改。

是年，加强监管药品零售企业，根据2009年度各个药品零售企业不同的信用等级，制定云和县药品经营企业检查计划表，明确检查次数，重点检查药品购进渠道，购进合法性，药品存储条件，养护记录，药品质量信息档案及人员培训记录等，发现问题提出整改意见，将检查结果及时录入信用管理系统。检查19家企业，出动执法人员302人次，责令限期整改18家，当场行政处罚4家。

常规检查85家企业药品、医疗器械的购进、使用情况，出动执法人员340人次，责令限期整改4家。

非典型肺炎事件

2003年，非典型肺炎（简称"非典"）时期，县药品监督管理局协调、检查药品储备部门，筹措防治"非典"药品和器械，督促药品经营企业做好抗"非典"药品的供应和调度准备工作，制定《对非典型性肺炎药品监管工作方案》；实行24小时值班制度，保证抗击"非典"药品和医疗器械的质量，重点监控县人民医院、县中医院、县医药有限公司、疾控中心等单位；出动执法人员335人次，检查涉药单位78家，查获违法案件2起。

过期药品回收

2008年，开展家庭过期药品回收工作，确定县城各药品零售企业、社区卫生服务站、各乡镇卫生院40余家涉药单位为药品回收定点单位，研究制定过期药品回收总体方案和管理制度（下发到各定点单位），向各定点单位配送过期药品回收箱，按照统一定点标识（定点单位统一设置"家庭过期失效药品回收点"）、统一回收人员（指定1—2名在岗药师具体承担药品回收工作）、统一管理制度（即各定点单位严格执行县食品药品监管局制定的药品回收登记、存放、移交等制度）、统一监督销毁（即回收的家庭过期药品由县食品药品监管局组织集中销毁）；消费者权益保护日和送服务进农村活动期间2次进行现场家庭过期药品回收活动；15个定点回收单位回收过期失效药品5箱，共计4000瓶（盒）。

兴奋剂专项治理

2008年，进行兴奋剂专项治理，含有兴奋剂目录中所列禁用物质的药品，在药品包装最小单元的标识或产品说明书上必须注明有"运动员慎用"字样，否则，药品生产企业依法召回，药品经营企业原渠道退回；县食品药品监督管理局与药品经营企业签订《药品经营企业规范经营含兴奋剂药品承诺书》，明确药品经营企业是经营兴奋剂药品的第一责任人。

药品不良反应检测

2009年，食品药品监督管理局召开全县涉药人员药品不良反应和医疗器械不良事件的培训，杜绝漏报现象。是年，上报药品不良反应监测报告62例，医疗器械不良事件监测报告4例。2010年，上报药品不良反应监测报告共52例，其中新的、严重的不良反应监测报告17例，一般不良反应监测报告35例；医疗器械不良事件监测报告4例。

规范药房创建

2003年，组织村卫生室、个体诊所代表外出参观学习，召开规范药房创建工作座谈会，举办全县农村基层医疗机构从药人员上岗培训班，下发药房管理各项规章制度，督促检查创建工作。是年底，全县有18家单位基本完成创建工作。

2004年，全县通过规范药房建设达标验收的有：乡镇卫生院13家，达标率为100%；村卫生室38家，达标率为86.4%；个体诊所14家，达标率为100%。

2005年，全县有14家乡镇卫生院、38家村卫生室、19家个体诊所达到规范药房建设标准。

“两网一规范”示范乡镇创建

2009年，县政府出台《云和县农村药品“两网一规范”创建工作实施方案》，县食品药品监督管理局成立农村药品“两网一规范”（农村药品监督网、供应网和医疗机构规范化管理）工作领导小组,召集各个医疗机构和药店负责人参加县创建农村“两网一规范”示范县动员会，结合云和实际布置各项工作，制定验收标准。至年底，2个乡镇创建工作已通过市局验收。2010年，不定期进行跟踪检查农村药品“两网一规范”情况，出动执法人员400余人次，检查经营、使用单位200余家次，发现不规范行为及时提出整改意见。

药品经营质量管理规范认证

2003年，制定GSP认证工作计划，结合《GSP认证现场检查项目》进行业务指导。是年12月，县医药有限公司通过省CSP认证检查验收组的评估验收。截至2004年10月底，全县有1家药品批发企业和5家药品零售企业通过GSP认证。

2005年，指导全县6家设在乡镇、硬件设施、人员素质相对落后，进行CSP认证困难较大的6家药店。

2006年，全县有4家新开办药店通过GSP认证。一家已通过论证的企业违反GSP行为，被依法处理。

2007年，制定药品经营企业GSP检查方案，检查中发现9家企业存在问题，作出警告处理，责令按照GSP要求整改。是年，全县有3家新开业药店通过GSP认证。

第三节 食品安全监督

食品安全日常监管

2006—2010年，在“春节”“两会”“六一”“高考”等节日和重要时期，进行重点食品专项检查、校园食品安全专项整治。出动执法人员5047人次，检查食品生产经营企业4933家次，收缴过期变质食品310千克，查获不合格食品价值7万元，罚款18.64万元，下达整改通知书和监督意见书200份。

专项检查

“三鹿奶粉”专项检查 “三鹿奶粉”是三聚氰胺严重超标之奶粉，2008年，“三鹿奶粉”事件发生后，云和县迅速成立“三鹿牌”婴幼儿奶粉重大食品安全事故应急处置工作领导小组，县食品安全委员会（以下简称县食安委）向领导小组成员单位发放《重大食品安全事故应急预案操作手册》，每日向市食品安全委员会上报有关信息。是年11月19日，全县下架问题奶粉287千克，下架液态奶318千克；接受消费者关于奶粉、液态奶的咨询（申诉、举报）309件，全部解决；辖区内累计接诊（筛查）患儿2988例，确诊数为36例，住院数为8例。

非食用物质和食品添加剂专项整治 2009年，打击违法添加非食用物质和滥用食品添加剂。县食品安全委员会联合农业、质监、工商、卫生、药监5部门组成的暗访组，进行明察暗访，针对性检查隐患多发区域和产品。配合市食品安全委员会进行针对性抽查，检查重点农药经营单位30多户，生猪养殖场14个，抽检生猪尿样、饲料产品等48批次，农产品4批次；抽样检测重点产品使用护色剂情况，抽样检测14家42份样品。

“地沟油”专项整治 2010年，县食品药品监督管理局联合工商、质监部门开展“地沟油”专项整治行动。发现县购进使用食用油脂存在的主要问题有：原辅料采购人员食品安全知识淡薄；有采购标识不清或者没有标识的食用油脂；食用油脂进货台账建立不规范，索证索票不齐全等。针对这些问题执法人员发出责令整改通知书。至年底，全县未发现有使用地沟油进行生产加工的行为。

食品安全网络建设

2005年5月，召开全县食品药品安全监管工作会议，部署2005年度食品安全工作中加强部门协作、加大专项整治力度和推进“四网”建设等工作，县政府与各乡镇、职能部门签订了食品安全工作目标责任书。

2006年，云县食品药品监督管理局重点推进“四网”（“现代流通网”“监管责任网”“群众监督网”“行业自律网”）建设。

“现代流通网”：全县开设“放心示范店”90家，“千镇连锁超市”（便利店）40家，完成市政府下达的年底开设连锁超市便利店的乡镇数达11个以上和建立放心店达30家以上的指标任务。确定“利荣副食品批发部”“叶氏副食品批发部”为县放心店商品配送中心，并进行了挂牌。2家配送中心与全县90家放心店签订商品配送协议，农村放心店食品统一配送面达80%以上。利用流动车以及代购等形式解决无店村的安全食品覆盖。无店村安全食品覆盖面达34%，完成市政府下达的无店村覆盖面达30%的任务指标。

“监管责任网”：全县食品药品安全监管工作会议上，县政府分别和各乡镇、职能部门签订《2006年度食品安全责任书》。县食安委研究制定《2006年食品安全工作要点》，细化食品安全工作任务，每项工作任务确定具体责任部门。12月末，督查和考核各责任部门目标、责任内容的落实情况，考核结果列入县级机关部门年度目标责任制和“平安云和”考核内容。

“群众监督网”：全县14个乡镇成立食品安全工作领导小组和食品安全消费维权监督站，“五员合一”（食品安全监督员、消费维权监督员、农产品质量安全监管员、卫生监督员、公益林保护员）的监督员队伍建成，全县聘请农村食品安全监督员253名。在学校和幼儿园设置食品安全管理员，负责本单位食品安全监督管理工作。

“行业自律网”：《2006年云和县食品安全监管工作要点》明确提出2006年要全面完成4个环节的食品行业协会建设工作。是年，县农业局成立食用菌等行业协会，县质量监督局成立生产领域食品行业协会，工商管理局成立流通领域食品行业协会，卫生局拟组建餐饮环节食品行业协会。

2007年，持续推进“四网”建设，增加“放心店示范店”4家、“乡镇连锁超市”2家、行政村连锁便利店14家，完成市政府下达的年底前增开乡镇连锁超市2家、便利店10家，放心店1家以上的任务，增加配送放心店4家，放心店配送面达98%，放心店食品配送率达72%。县政府分别和各乡镇、各职能部门签订《2007年度食品安全责任书》，县食品安全委员会（以下简称食安委）制订《2007年食品安全工作要点》，县食品安全办公室（以下简称食安办）制定《2007年度乡镇、部门食品安全目标责任制考核细则》，督查和考核各责任单位目标责任内容落实情况。全县14个乡镇170个行政村的食品安全监督员进行重新聘任，全县聘请农村食品安全监督员256名。

食品安全示范乡镇创建

2008年，紧水滩镇、崇头镇开始食品安示范乡镇创建工作。2009年，县食安委、组织卫生、质监、工商，农业、经贸等部门到紧水滩、崇头镇，结合《云和县食品安全示范乡镇考核验收标准》，进行业务指导和预验收工作。是年6月，县食安委组织紧水滩、崇头镇创建工作人员到莲都区高溪乡实地参观学习。崇头镇筹集20多万资金整治沿街店面和全村污水，紧水滩镇发挥示范引导作用，培育有机鱼产业。是年7月，紧水滩镇、崇头镇通过市考核组的验收。

2010年，县食安委将石塘镇列为“食品安全示范创建乡镇”。根据市食安办制定的示范乡镇创建验收细则，县食安委对石塘镇的示范乡镇创建工作进行指导，创建工作完成。

食品安全监督员培训

2005年，县食安委会同工商、质监、卫生、农业等部门开展全县农村食品安全监督员培训工作，培训食品安全监督员249人，全县14个乡镇170个行政村，每乡有监督站，每村有监督员。

2007年，新聘任的监督员进行食品安全知识培训，发放2000—2007年每人每年200元的监督员经费补贴。

2008年，再次对全县256名食品安全监督员进行业务培训。

食品安全事故应对

2005—2010年，全县建立健全应对突发重大食品安全事故的救助体系和运行机制，规范和指导应急处理工作，旨在有效预防、积极应对、及时控制重大食品安全事故，高效组织应急救援工作，最大限度地减少重大食品安全事故的危害，保障公众身体健康与生命安全，维护正常的社会秩序。

2008年9月27日，举行重大食品安全事故应急预案演练，各乡镇（街道）、食安委各成员单位参加此次演练。县食安办将演练过程制作成光盘，发放到食安委各成员单位、乡镇、社区及中小学校，组织基层干部观看，熟悉应急预案的操作流程。

2009年8月26日，发生1起由聚餐引起的群体性（47人）细菌性食物中毒事件。根据《云和县重大食品安全事故应急预案操作手册》的相关要求，县食安委启动云和县重大食品安全事故Ⅳ级应急预案，成立应急指挥部办公室，迅速开展各项应急处置工作。在县食安委各成员单位和医疗机构的配合下，病人救治、事故调查、事故查处、信息汇报等各方面工作均及时、有序开展。至8月31日，本次事故危害基本消除，食品安全事故应急响应终止。

第四节　机构与队伍

2001年12月18日，成立云和县药品监督管理局，2002年8月12日正式挂牌，属市垂直管理单位，监督管理全县药品、医疗器械（包括中药材、中药饮片、中成药、化学原料药及其制剂、抗生素、生化药品、生物制品、诊断药品、放射性药品、麻醉药品、医疗用毒性药品、精神药品、药用辅料、医疗器械、卫生材料、药品包装用材料和容器等）的生产、流通和使用，下设3个职能科室（综合办公室、市场稽查室、药械监管室），编制8人。县药品检验所为下属单位，编制4人。2003年底，编制11人。

2005年3月24日，全县召开食品药品监督管理局成立大会暨云和县食品安全工作会议，宣布成立云和县食品药品监督管理局和云和县食品安全委员会（设食品安全办公室）。县食品药品监督管理局，属垂直管理单位，职能为：依法行使全县药品、医疗器械、食品、保健品、化妆品安全管理的综合监督；组织协调和依法组织开展重大事故查处的职责，承担保健品许可有关职责。云和县食品药品监督管理局下设综合办公室、食品安全协调监察科、药品医疗器械监管科、药品医疗器械稽查科4个科室；编制13人，其中参照公务员管理的事业编制8人，行政编制5人，在职9人。2010年，在职11人。

云和县药品监督管理局、云和县食品药品监督管理局党组书记及局长（自成立始至2010年）：王挂川

第七章　质量技术监督

1978年7月，云和县标准计量管理所建立，先后更名为云和县标准计量管理局、云和县技术监督局、云和县质量技术监督局，1999年实行省垂直管理体制，主要履行标准化、计量、质量综合管理、特种设备监察和行政执法工作职责。

第一节　行政执法

执法检查

1990年，检查《食品标签标准》（GB7718-87）执行情况，出动70人次，检查全县55家食品

零售、批发商店，发现 32 批次食品标签标注错误，即纠正。

1993 年 9 月，抽样检查中，发现云和县金属供销公司、云和县化工建材公司、云和盛龙建材经营部、云和二轻供销公司经营部经销的 7 批次（2.46 万千克）螺纹钢和云和中山建材经营部经销的 1 批次（2000 千克）螺纹钢经检验分别被判为劣质产品和不合格产品。县标准计量管理局作出查封、回炉处理不合格批次钢材的处理意见，已销售的钢材没收违法所得。

1994 年，查处假汾酒 148 瓶，假桂圆 400 余公斤，和变质罐头、假樟脑丸若干；没收不合格杆秤 15 支，非标量提 14 件。立案处罚 7 起案件，罚款 1500 元。检查全县 22 家农资销售点 60 多个品种的农资产品，受理并仲裁农药质量投诉 1 起。

1997 年，云和县公安局在云和县技术监督局设立联络室，配合技术监督局开展行政执法工作。是年，出动执法检查 877 人次，查处违法案件 141 件，其中现场处罚 125 件；查获假冒伪劣商品标值金额 30 万余元，罚没款数额 5.5 万元。

2002 年，云和县农业局、云和县质量技术监督局联合发文《关于对全县香菇原材料行业进行监督检查的通知》。通知规定对全县香菇生产原材料实行市场准入制度，凡在云和县范围内生产、销售香菇材料的经营者主体必须合格，办理工商营业执照、税务登记证；生产、销售香菇材料有产品质量检验合格证明方可销售，无产品质量检验合格证明的香菇材料需经县质量技术监督局抽检合格后方可销售。云和县农业局综合执法大队、云和县质量技术监督局稽查大队负责日常监督检查。

2005 年，云和县质量技术监督局印发《云和县质量技术监督局处置产品质量违法突发案件应急预案》。

2006 年，稽查大队开通“96315”质量举报投诉电话。当年受理消费者质量投诉案件 25 件，处理 25 件，为消费者挽回经济损失 19.3 万元。

打假专项行动

2000—2010 年，出动检查人员 2430 人次，检查生产企业 635 家，经营单位 1341 个，立案 385 件，结案 368 件，结案率 95.6%。查处假冒伪劣商品标值 230 万元。

第二节　计量管理

计量单位制

1988 年 5 月 27 日，云和县人民政府发布《关于统一实行法定计量单位的通告》，全县市制改革工作全面展开。更换市制台秤标尺 635 台，更换压力表刻度盘 150 张，更换商用竹木直尺 65 支，更换容量提 120 套。

1993 年 5 月开始，全县医疗卫生机构使用的毫米汞柱为单位的血压计进行改制，实行血压计示值单位毫米汞柱和帕斯卡双刻度过渡。

1997 年，县工商行政管理局、技术监督局联合在农贸市场开展限制使用木杆秤工作。是年7月1日起，农贸市场经营熟食、猪肉、鲜水产、鸡鸭白肉的摊位及营业用房固定店统一配备电子计价秤。

量值传递

1990—1998年，建立社会公用计量标准4项（砝码、压力表、量块、血压计），开展量值传递和计量检定工作，检定用于贸易结算、安全防护、医疗卫生强制检定计量器具2560余台（件），进行强制检定和法律规定的其他检定、校准和检测。

1998年4月，云和县技术监督检测所购置加油机容量检定装置，全县燃油加油机实行每年两个周期的强制检定。

2004年，完成计量标准建标考核工作：血压计检定装置、精密压力表检定装置、加油机容量检定装置、衡器检定装置、三等法码检定装置取得社会公用计量标准地位。

商贸计量

1990年始，计量工作从计量检定向计量管理转移，县标准计量管理局会同县物价局、县工商管理局逐步增加农贸市场和其他国营、集体、个体商场商店计量器具检查的频次。1994年，组织市场计量检查3次，检查商店和个体摊位300多个，没收不合格计量器具12台（件）。重点检查面条、奶粉、桂圆、荔枝、茶叶和黑木耳等定量包装商品，不合格单位6家，处以罚款480元。

1995年，云和县标准计量管理局印发《关于整顿成品油市场、加强计量、质量监督管理的通知》，进行成品油市场计量器具管理。是年，普查公用电话、宾馆客房电话计时计费装置、大型医用计量器具；检测全县医疗用的B超、心脑电图、X光机、酸度计、分光光度计等医疗计量器具。

工业计量

1996年，根据国务院有关文件精神，工业企业计量工作定级升级工作暂停。1997年7月浙江省技术监督局颁发修改后的《浙江企业计量水平确认管理办法》《浙江省企业计量水平确认审核标准》，县印刷厂、镰刀厂和钢球厂完成计量复查确认，期间，举办企业计量管理人员培训班1期，学员45人。

2008年，丽水华宏钢铁有限公司被浙江省质量技术监督局确定为能源计量百家试点单位。是年，云和县质量技术监督局成立能源计量示范工作领导小组，以丽水华宏钢铁有限公司为重点开展调研，了解企业能源计量现状、能源计量器具配备、计量检测体系的建立等情况，后，在重点用能企业开展以《中华人民共和国节约能源法》为主要内容的培训。

2009年，企业计量器具实行电子化管理，建立计量器具管理档案，及时检定到期的计量器具。是年，购置校准木材含水率测量仪29台，开展木材含水率测量仪校准工作。

第三节　特种设备安全监察

2001年5月，云和县质量技术监督局开始行使原人事劳动部门承担的特种设备安全监察职能。是年，发布《关于严禁使用无证伪劣锅炉的通告》，开展整治无证锅炉工作。要求各类土

图 16-7-1 特种设备突发事故应急演练（梅键于 2006 年摄）

制锅炉在 2001 年 9 月底前更换为合法企业生产的合格锅炉；已安装合法企业生产的合格锅炉在 8 月底前办理特种设备使用登记证。

2002 年 2 月，根据《关于在全县开展锅炉压力容器及特种设备普查整顿工作的实施意见》，在全县开展对锅炉压力容器及特种设备普查整顿工作，整个普查工作为期半年，经普查，全县共有各类锅炉 63台，压力容器 380 台，其他特种设备 109 台，普查整顿中拆除"土锅炉"21 台。总普查量 573 台。

2003 年，县质量技术监督局成立气瓶安全管理工作领导小组，开展液化石油气瓶整治工作，实施气瓶产权归充装单位所有的试点工作。液化石油气充装单位按规定向用户回收气瓶，气瓶押金统一上缴县财政专户。液化石油气充装单位购置新瓶可申请借支专户资金。用户退瓶时凭押金单向液化石油气充装单位退还押金。

2004 年，完成全县工业压力管道专项普查工作，并通过验收。组织开展全国安全生产月系列活动，与 31 家特种设备使用单位签订 2004 年度安全生产责任书。2005 年，制订《云和县特种设备重特大事故应急预案》。

2006 年 12 月，县质量技术 监督局、公安局、消防大队、安监局和县人民医院等单位相互配合开展特种设备突发事故应急演练，县人民政府副县长任演练总指挥。

2007 年，县质量技术监督局联合教育部门组织开展学校锅炉专项检查；开展全县冷库用压力容器等承压类特种设备安全和简易升降机等专项整治。是年，检查特种设备使用单位 55 家，检查特种设备 138 台件，发出安全监察指令书 34 份，立案 3 起，受理特种设备举报案件 1 件。特种设备现场监督检查覆盖率、隐患整治率达 95%、设备定期检验率达 95%，作业人员持证上岗率达 100%。落实企业安全主体责任，与全县 35 家特种设备使用单位签订安全生产目标管理责任书。

2008 年，完成冶金起重机专项整治工作，全年改造冶金起重机 4 台，7 家企业承诺不用普通起重机吊运熔融金属。

2010 年，宣传贯彻新修订的《特种设备安全监察条例》，全年检查特种设备使用单位 45 家，与特种设备使用单位签订安全生产工作目标责任书 55 份。

第四节 质量监督

质量监督管理

1990 年，云和县镰刀厂生产的金浪牌中齿机制镰刀被评为农牧渔业部优质产品。

1993 年 7 月，云和县食品厂生产的汽水在丽水地区汽水统检中二氧化碳和细菌总数两个项目不合格，被判为劣质产品。云和县标准计量管理局下达《关于云和县食品厂汽水质量问题的处理意见》，要求该厂汽水生产停产整顿。是年，质量抽查逐步扩大到瓦楞纸箱、酱油、黄酒、白酒、饮料、饲料、磷肥、月饼、皮鞋、红砖、螺纹钢等工业产品。批次完成率达 100%。

1996 年，县镰刀厂、县五金厂生产的金浪牌、田野牌中齿机制镰刀在国家技术监督局第三季度质量抽查中全部产品合格。丽水地区计划与经济委员会和丽水地区技术监督局为此发文表扬。县镰刀厂厂长徐志一被浙江省乡镇企业局和浙江省技术监督局评为 1996 年度乡镇企业质量管理先进工作者。

2001 年 4 月 13 日，云和县质量协会正式成立，会议选举产生首届协会理事会，理事长。名誉理事长。

2005 年，全县各乡镇和工业园区成立质量监督工作站，协助县质量技术监督局开展质量监督管理工作。印发《云和县质量技术监督局处置产品质量违法突发案件应急预案》。

木制玩具检测中心

2001 年，县质量技术监督局向浙江省质量技术监督局、云和县人民政府报送建设木制玩具检测中心立项和建造检测中心大楼的报告。云和县计划委员会同意预安排木制玩具检测中心（大楼）建设工程，浙江省质量技术监督局同意云和县技术监督检测所新增木制玩具检测项目。是年 12 月，云和县质量技术监督局与云和县技术监督检测所合建质量检测大楼，用于改善云和县质量技术监督局办公条件和木制玩具检测中心。

2002 年 7 月，木制玩具检测项目通过浙江省检验机构计量认证。2003 年 4 月，云和县技术监督检测所与丽水市质量技术监督检测院达成联合建设“浙江省木制玩具质量检验中心”（云和）的协议，云和县技术监督检测所占 60%股份，丽水市质量技术监督检测院占 40%股份，赢利按所占股份比例分配。是年 10 月，云和县质量技术监督局和云和县技术监督检测所迁入位于云和县城东大道 150 号质检大楼办公。

质量管理体系

2001 年 6 月，县质量技术监督局、县经济委员会联合发文《关于切实做好云和县 ISO 9000 族质量体系标准认证的通知》，该两个部门人员组成 ISO 9000 族质量体系标准认证工作指导小组，负责对全县企事业单位开展认证工作的检查指导，监督咨询和认证机构在云和县开展活动的情况，确保认证质量。指导小组邀请国家高级审核员、浙江省质量体系审核中心主任孙剑来云和为企业作 ISO 9000 质量体系认证的知识讲座。是年，云和县振鹏实业有限公司、云和县半球实业有限公司、云和县艺发工艺厂、云和县精诚轴承有限公司、云和县麦克轴承有限公司、云和县和圣轴承有限公司、云圣钢球有限公司、云圣保持器有限公司通过 ISO 9000 质量体系认证。2010 年，指导丽水华宏钢铁有限公司通过生产许可证实地核查。

品牌培育

2003 年 1 月，“山兰”商标被丽水市工商行政管理局认定为“丽水市著名商标”。

2004年8月,"山兰"牌商标被浙江省著名商标认定委员会认定为"浙江省著名商标"。

2003年,开展名牌培育工作,"山兰牌"黑木耳被评为省级农业名牌,"仙宫雪毫"茶被评为市级农业名牌。

2004年,编写《云和县质量振兴实施计划(2004—2010年)》,由县人民政府2004年度第5次常务会议审议通过,并印发全县遵照执行。

经浙江省、丽水市名牌认定委员认定,"一点"牌木制玩具系列产品获浙江省名牌产品称号;"笑灵猴"牌木制玩具系列产品、"颐养园"牌云和香菇、"山兰"牌黑木耳(复评)获丽水市名牌产品称号。

2006年,云和县人民政府成立质量振兴工作领导小组和名牌培育工作领导小组(办公室设在县质量技术监督局),制定《云和2005—2007年名牌产品培育发展规划》。是年,"比好"牌、"祖儿"牌木制玩具系列产品被认定为丽水农业名牌产品,"九星"牌轴承保持器产品被认定为丽水工业名牌产品。

2007年,调研质量振兴品牌建设,形成《推进品牌建设工作的思考》《全县产品质量分析报告》,为政府决策提供依据。

2008年,制定《云和县木制玩具行业"名牌培育质量提升"活动实施方案》,选择浙江和信玩具有限公司与浙江木佬佬玩具工艺品有限公司2家企业作为质量提升试点企业。

2009年,组织全县171名企业质量管理人员参加全面质量管理知识普及教育。

食品加工安全

2005年1月,根据浙江省机构编制委员会《关于进一步明确食品安全监管部门职责分工有关问题的通知》文件要求,县质量技术监督部门局负责食品生产加工环节的监管工作。

2007年,开展食品添加剂和使用非食品原料加工食品专项检查,检查企业17家,备案企业17家,备案添加剂品种27种。

2008年,全年组织食品生产企业和食品小作坊巡查87家次,更新食品安全监管系统数据库信息,组织乡镇质监站工作人员、食品企业、小作坊从业人员学习会6次。

"十小"行业整治

2008年,根据《国务院关于加强产品质量和食品安全工作的通知》《浙江省人民政府办公厅关于印发浙江省"十小"行业质量安全整治与规范实施意见的通知》,县人民政府成立县"十小"(食品加工小作坊、小食杂店、小餐饮店、小药店、小农资店、小菜场、小音像店、小美容美发店、小客运、小液化气供应点)整治与规范工作领导小组,县技术质量监督局牵头,联合县工商行政管理局、食品药品监督管理局、卫生局第6个部门开展为期3年的以农村为重点的"十小"行业质量安全整治活动。

2009年,制定《云和县"十小"行业质量安全整治与规范工作实施意见》,提出各行业3年整治与规范工作具体目标和工作进度安排,形成"政府统一领导、部门各负其责、乡(镇)为主负责"的工作格局。

2010年,在全县范围设立40个"十小"行业质量安全整治和规范工作示范点,通过政策扶持的激励和以点带面的方式，带动各“小”经营单位主动投入整治和规范活动中。是年，组织6次明察暗访，2次工作形势分析会和1次联合检查，至年底，全县1311家经营单位中有1279家符合整治规范标准。

第五节　标准化管理

工业标准化

1990年，云和县玩具总公司邱潘秋参与制订归口全国玩具标准化中心的中华人民共和国轻工部标准《木制玩具通用技术条件》（QB/T1096—1991）。

1992年，自1989年4月1日施行《中华人民共和国标准化法》后，云和县属企业标准制订和备案业务量增长较快。

1990—1992年云和县制订和备案企业标准表

表16-7-1

年份	标准起草单位	标准名称	标准代号	发布日期
1	云和县酿造厂	仿果汽酒	Q3325YNZX16-90	1990.03.05
2	云和县玩具公司	木制玩具	Q/YWS111-90	1990.10.03
3	云和县化工厂	工业油酸	Q/YHG111-91	1991.05
4	云和县化工厂	皂用酸	Q/YHG112-91	1991.05
5	云和县化工厂	脂肪酸蒸馏残渣	Q/YHG113-91	1991.05
6	慈兴轴承有限公司云和分厂	车加工26型轴承内圈产品标准	Q/CZY112-91	1991.03.01
7	云和县车木厂	出口猪鬃刷子技术条件	Q/YCM111-91	1991.01.01
8	云和县车木厂	出口鞋什刷	Q/YCM112-91	1991.01.01
9	云和县车木厂	卷布木棍	Q/YCM113-91	1991.01.01
10	云和县化工厂	黑油膏	Q/YHG114-92	1992.01
11	云和县化工厂	黑油膏工段操作规程	Q/YHG161-92	1992.01
12	云和县化工厂	黑油膏生产工艺流程	Q/YHG160-92	1992.01
13	云和县化工厂	黑油膏检验游离硫测定法	Q/YHG105-92	1992.01
14	云和县化工厂	黑油膏检验游丙酮抽取物测定法	Q/YHG104-92	1992.01
15	云和县化工厂	黑油膏车间主任职责	Q/YHG881-92	1992.01
17	云和县化工厂	黑油膏车间岗位人员职责	Q/YHG882-92	1992.01
18	云和县柴油发电设备厂	返新组装柴油发电机组技术要求	Q/YZF121-92	1992.07

1995年，县标准计量管理局举办国家强制性标准《食品标签通用标准》（GB7718—94）宣传贯彻培训班，县商业局、供销社及食品生产企业35人参加培训。

1996年，县标准计量管理局开展对国家强制性标准《食品标签通用标准》(GB7718—94)实施情况的检查，责令食品生产企业和销售单位对违反食品标签通用标准的商品标签的情况进行改正。

2000年，县标准计量管理局指导、帮助云和县兴宏纸业包装有限公司，云和县云圣钢球有限公司、云和县和圣轴承有限公司主导产品通过采用国际标准考核验收。

2004年，云和县质量技术监督局与县经贸局联合举办《国家玩具安全技术规范》(GB6675—2003)培训班，全县木制玩具生产企业200余人参加培训。

2009年，成立云和县木制玩具产业联盟标准制订领导小组，由副县长任组长。组织相关企业制订木制玩具产业联盟标准。

2010年，《云和县木制玩具产业联盟标准》(Q／YHZX001—2010)通过专家评审。

消灭"无标"生产　1998年，云和县人民政府成立消灭无标生产领导小组，由副县长任组长，全县开展消灭无标生产工作，是年，举办1期玩具标准培训、消灭无标培训班2期，帮助企业制订标准15项。

1999年，"消灭无标准生产县"通过省技术监督局验收。

农业标准化

1997年制订首个县级农业标准《云和县食用菌菌种管理办法》。

2001年，供销合作总社、农产品专业合作社制定《山兰牌黑木耳系列标准》，县质量技术监督局批准为云和县地方标准，予以公告。

2002—2006年，县质量技术监督局先后发布《云和香菇》《无公害云和雪梨》《无公害云和黑李》《云和县无公害高山蔬菜(甘兰)》4个农业标准。云和雪梨农业标准化推广实施项目得到国家林业局批准列入计划；制订《云和县"十五"农业标准化体系规划(2006—2010)》，提出建立完善农业标准制定体系、农业标准化推广实施项目体系、农产品质量安全检验检测体系、农产品名牌培育体系和地理标志产品保护体系的总体目标；制定《云和县2006—2010年地理标志保护产品申报规划》，提出《关于云和椴木黑木耳与云和雪梨申请地理标志产品保护的可行性分析报告》，开展云和黑木耳地理标志产品保护申报工作，制定《云和黑木耳地理标志产品保护申报工作提纲》《云和黑木耳地理标志产品保护申报工作计划表》。

2010年，国家质检总局通过云和黑木耳地理标志产品保护申请的审查，发布云和黑木耳地理标志产品保护的公告。

组织机构代码与条码　1993年，全县开展统一代码标识的颁发工作，建立组织机构代码信息数据库。

1997年，云和县质量技术监督局开展商品条码的推广工作，3家企业申报产品条码，填补本县无条码产品的空白。是年，云和县印刷厂通过省物品编码中心条码印刷资格认证成为首家有条码印刷资格的企业。

2003年，组织机构代码发证工作进驻行政审批中心进行办理。

第六节　机构与队伍

1990年7月，云和县标准计量管理所挂云和县标准计量管理局牌子，机构规格、人员编制、经费渠道和对口管理体制不变，县标准计量管理局开始承担查处生产和经销假冒伪劣商品行为职能。行政执法重点从查处计量违法行为转为查处生产和经销假冒伪劣商品违法行为。

1996年10月，成立云和县技术监督局。与县计划委员会、统计局、技术监督局合署办公，计划委员会副主任兼任云和县技术监督局局长。

1997年10月，办公地址由新华街106号迁至原国营新华机器厂科技楼。原云和县标准计量管理所更名为云和县技术监督检测所，人员编制8人，负责人2人，为云和县技术监督局下属拨款事业单位。是年，云和县技术监督局成立案件审理委员会，建立行政执法责任制，

1998年12月，设立云和县技术监督稽查大队，隶属云和县技术监督局，为自收自支全民事业单位，人员编制5人。

1999年9月，根据省人民政府《印发省技术监督局关于省以下质量技术监督系统实行垂直管理体制实施意见的通知》，设置云和县质量技术监督局，为丽水市质量技术监督局直属机构，负责管理本辖区内质量技术监督和行政执法工作。机构规格从行政二级局升格为行政一级局，定编8人（含后勤服务人员编制1人）。

经费由省技术监督局实行统一管理。

2001年5月，原属云和县劳动局的特种设备安全监察监督管理职能划入质量技术监督局，未增加公务员人员编制。

1991—2010年县技术监督局主要负责人一览表

表16-7-2

党委（组）书记	任职时间	局长（主任）	任职时间
杨大杨	—	杨大杨	1996.10—2000.10
黄方仁	2000.10—2008.07	黄方仁	2000.10—2008.07
吴日清	2008.07—	吴日清	2008.07—

第八章　安全生产管理

2003年，发生1起重大责任事故。2005年6月8日，设立云和县安全生产监督管理局。2006—2009年，全县发生各类生产安全事故270起，事故中死亡72人，直接经济损失总计

438.87 万元。2010 年，发生各类事故 20 起、死亡 6 人、直接经济损失总计 9.3 万元。

第一节 安全生产宣传

安全生产月

2002 年开始，确定每年 6 月为安全生产月活动。是年，活动主题有：“实施安全生产法、人人事事保平安”“以人为本安全第一”“遵章守法关爱生命”“安全发展国泰民安”“综合治理保障平安”“治理隐患防范事故”“关爱生命安全发展”“安全发展预防为主”等。安全生产月期间，通过报纸、电视、电台等媒体和举办安全教育培训班等形式进行安全生产宣传教育；各部门、各乡镇、企事业单位在主要街道、重要路口、单位门口、建筑工地、厂矿企业、车站、商场、体育场馆、旅游景点等人员密集场所，悬挂宣传横幅，张贴标语、口号，设置宣传画廊等。

2005—2010 年，全县共悬挂横幅标语 2300 条，张贴宣传画 4060 张，出黑板报 448 期，出动宣传车 660 辆次，送电影下乡 200 余场，举办知识竞赛 806 场，电视广播宣传 34 次，开展安全咨询 88 次，发放宣传资料 42280 份。

2008 年 6 月，在云和县元和广场举行安全生产专题文艺晚会。

校园宣传

2005—2010 年，云和县安监局组织开展校园宣传活动 5 次。通过宣传专栏、班级黑板报等形式开展题材丰富的校园安全宣传教育活动：发放中小学生安全知识宣传资料，开展中小学生安全知识普及和安全警示教育活动；利用队日、团日举办“安全伴我在校园，我把安全带回家”主题班会活动；中小学校开展“平安校园”创建活动；召开“平安校园”主题班会；组织学生开展逃生自救演练等活动。

企业宣传

2005—2010 年，县安监局结合企业服务年活动，送教上门，组织 2208 人次员工培训，指导企业开展隐患排查治理和转型升级等工作方面的安全保障工作。

网络宣传

2015—2010 年，建立云和县安全生产网站、网页，作为展示安全生产工作成就的窗口，开辟安监动态、通知公告、最新文件、安全生产信息、表格下载、教育培训、政策法规、政务公开、应急预案九个专题栏目，每月更新安全生产信息、安全生产工作简报、报道安全生产工作动态。

第二节 安全生产监督管理

落实安全生产责任

1996 年，县政府与 15 个乡镇 23 个行政主管部门签订了安全生产综合目标管理责任书，全年组织厂矿企业、公共场所、学校、公路及水上交通等安全大检查6次。

2000年，县委、县政府将国务院安全生产紧急电视电话会议精神贯彻落实到乡镇各系统各部门，在全县上下开展安全意识、安全隐患、安全措施的排查活动，是年，未发生伤亡事故。

2003年2月，瓯江花炮厂重大爆炸事故（详见第五节）发生后，全县全面加强安全生产工作：县政府与14个乡镇7个部门签订安全生产目标管理责任书；在全县展开“安全生产年、安全生产月”活动；专项检查（整治）经营、生产危险化学品的企业，取缔无证经营点3家、地下非法生产点1家，责令停业2家，经核查、审定具有经营资质需重新申报换证的29家。

2007年，各乡（镇）、各部门建立相关制度：行政一把手为安全第一责任人，第一责任人对本辖区、本部门的安全生产工作负总责，各分管领导对职责范围内的安全生产具体负责，层层签订安全生产责任书。全县各层次签订安全生产责任书3200余份，其中高危行业责任书签订率达到100%。

2010年，全县各层次签订安全生产责任书3500余份，其中高危行业责任书签订率达到100%。

打击非法违法生产经营活动

2003年，组织协调有关部门专项整治效能、木制玩具、矿山、电力、冲压等行业和劳保用品（商店），全年开展4次安全生产大检查，出动检查7310余人次，受检单位2680多家，查出安全隐患703起，发出整改通知537份，一一跟踪整改结果，为此组织举办7期基层安全员、有关责任人培训班，共1510余人。

2007年，进行“多合一”（仓库，生产车间，宿舍，办公室，厨房等在同一栋建筑物上）厂房和公众聚集场所消防安全专项整治，县安监局协同消防等部门，确定晨新工艺厂、江丰工艺厂、鸿翔工艺厂三家企业为县政府挂牌督办的重大火灾隐患单位，是年，该三家企业整改完毕。

2009年，云和县的石汶线、局龙线、小云线三条县道有三处临水临崖高落差路段、事故多发点段，该点（段）被列为市级重点督办治理项目，三处危险点（段）通过项目招标方式，完成施工改造。

是年，县安全生产委员会办公室于2月16日召集云和县水利局、交通局等部门和有关乡镇召开协调会，落实库区船舶整治及安全监管责任。相关部门检查发现紧水滩、石塘两大库区存在无牌无照休闲垂钓渔船290余只，经整治，上牌登记休闲垂钓渔船147只。同年，被列为县级政府挂牌督办的2家（富锦园5号、6号楼，钻石年代歌厅）重大火灾隐患单位和市级挂牌督办的1家（原云和镇文化馆）重大火灾隐患单位，县有关部门采取停业的方式令其整改，被列为市级重大隐患整治项目的原杨家山废弃矿井整治工作，由县财政安排20万元专项整治资金，分两期进行整改，其中第一期花费十余万元资金（第二期于2010年整治完毕）；位于紧水滩镇范围县级重大隐患整治项目的92个废弃矿井的整改工程，全部整改完毕。

2010年2—3月，因农村公路路外交通事故连发，县安监局会同交警、运管、农机监理等部门组成联合检查组，开展农村道路集中整治，实行联合执法。

是年，县安监局会同林业部门全面排查全县十四个乡镇中105条伐木索道的隐患，对存在安全隐患的索道，下达整改通知书，提出整改意见限期整改，已弃用的索道，下达撤除通知书。同年，县安监局开展“落实企业安全生产主体责任年”活动，1—4 月，发放《企业安全生产工作手册》800 余册；在 4 月开展的安全生产大检查活动中，督促检查各乡镇、各有关部门关于《企业落实企业安全生产工作手册》的执行情况。

隐患排查治理

2007 年，县安监局排查重点行业和领域的生产经营单位 920 家，其中查出事故隐患 1566 处，当场整改 1233 处，限期整改 333 处，督办完成整改 329 处，责令相关单位在 12 月底前完成整改 4 处；查出非法生产和经营场点 47 个，全部当场取缔；取缔非法营运客车 12 辆、客运正三轮摩托车 296 辆。排查期间，县公安局对违规使用爆炸物品的一家矿山作业人员 4 人采取强制措施，依法予以行政拘留。

2008 年，县安监局在全县共排查生产经营单位 1547 家，其中查出一般隐患 2199 项，已整改 2199 项，整改率达到 100%；道路交通事故多发地段 5 处，完成整改 4 处；需增设道路安全设施 5 处（当年即增设 3 处）；查出重大隐患 8 处，当年全部完成整改；省、市、县挂牌的 3 处重大隐患，通过市、县验收都已上报核销；取缔非法矿山 3 家、非法经营烟花爆竹 4 家、非法营运 24 家、非法经营旅馆、非法经营网吧 8 家及其他 5 家。

2009 年，县安监局在全县共排查企业 3465 家，其中查出隐患 6123 处，整改 6081 处，整改率达到 99.31%；查出重大隐患 8 处，全部整改完毕，整改率达 100%；未整改的列入治理计划，落实人员经费、时间要求、目标任务和应急预案，限期整改；投入隐患治理资金 111 万元；取缔非法建设项目 7 个；打击非法生产单位 7 家；取缔非法经营场点（含运输车辆）78 处。

2010 年，县安监局开展执法行动 760 次，查处各类非法违法行为 2182 起，其中：取缔非法生产 1 家、非法经营 31 家，非法营运客车 5 辆、客运正三轮摩托车 86 辆；停产整顿 8 家、经济处罚 37 家；累计罚款 51.48 万元；追究行政责任 35 人。

是年，突击矿山、危险化学品、烟花爆竹、消防、道路交通、电力通信等重点行业、重点部位的隐患排查，重点加强生产、运输、销售、储存等环节安全防范措施落实情况的检查，1 至 10 月，共检查各类企业和场所 3877 家次，发现隐患 3615 处，已整改 3591 处，整改率达 99.34%。

安全生产检查

1996 年，县政府组织厂矿企业、公共场所、学校、公路及水上交通等安全大检查达 6 次。

2007 年，开展元旦、春节、劳动节和国庆节 4 个“黄金周”的全县范围安全生产大检查，矿山、危险化学品生产经营单位每月进行至少一次的安全生产日常检查。累计出动各类检查人员 7320 余人次，其中县政府主要领导亲自带队检查 2 次，部门主要领导带队检查 400 余人次。检查工矿商贸企业 6380 余家次，发现事故隐患 1221 处，当场整改 818 处，发出整改通知书 403 份，限期整改 403 处。通过验收，已整改完成 397 处，整改率达到 98.51%。

2009 年，全县组织 13 个消防安全检查组到 14 个乡镇，排查各行各业和重点区域、重点部位、重点对象的火灾隐患，共检查生产经营单位和各类场所 2519 个，发现事故隐患 4826 处，其中重大隐患 15 处。对重大隐患实行政府挂牌督办制度，县政府与各重大火灾隐患单位签订《重大火灾隐患整改责任书》。

第三节　安全培训

2005年，全年培训企业安全主任、年审复培训及特种作业人员复审培训累计208人，培训企业负责人累计293人。

2007年3月，成立安全生产监管办公室，配备专兼职监管人员。是年6月，县安委办在县职技校举办一期安全生产业务知识培训班，9月，组织乡镇安全监管人员分两批参加省安监局举办的安全生产监察员取证培训。是年5月，开展企业负责人和安全管理人员、特种作业人员、乡镇安监人员的教育培训；6月，先后举办特种作业人员年审复培训、危险化学品从业人员上岗资格证换证培训等，有200多人参加培训。11—12月，举办两期电工、电（气）焊工培训班，122人参加并获得合格证。

2008年，结合丽水市安监局的“百千万”（百名安监局长进千家企业、千名安监员破万家企业难题安全服务活动）工程，制定年度培训计划，先后举办企业负责人和安全管理人员培训班各一期，231人次，为企业免费培训新上岗员工2000余人。组织特种作业人员79人参加操作资格上岗证培训。

2009年，全县14个乡镇基本建立安全监管机构，配备专（兼）职安全监管人员43人，其中云和镇、石塘镇、云坛乡等3个年工业产值5亿元以上或辖区内有矿山或危险化学品或冶金企业的乡镇，配备安全生产监督管理人员2—3人。

第四节　应急救援

组织应急救援

应急演练　2007年6月，县安委办组织有关部门在紧水滩镇龙门水域举行水上交通应急处置救援演练。

是年11月，县安委办组织安溪乡政府及有关部门在安溪乡上村村举行针对民宅起火的消防演习。

修订应急救援预案　2005年，县安监局制订事故应急救援预案。2008年，县安监局修订事故应急救援预案，收集、整理、汇总各类应急救援预案，修改预案中不符合现实情况的条款。

云和县综合应急救援大队　根据《国务院办公厅关于加强基层应急队伍建设的意见》和《浙江省人民政府办公厅关于依托公安消防部队加强综合性应急救援队伍建设的意见》精神，县政府经研究，决定成立云和县综合应急救援大队，由抢险救援队、安全监管组、工程抢修组、医疗救护组、治安交通组、电力保障组、通信保障组、气象保障组、专家组组成，大队长由县公安消防大队大队长担任，教导员由县公安消防大队教导员担任。

第五节　安全生产事故案例

事故案例

云和瓯江花炮厂爆炸案　2003年2月24日下午5时40分左右，位于云和县紧水滩镇菖蒲垄村三望潭的云和瓯江花炮厂，在搬运黑火药作业过程中发生爆炸，造成7人死亡，22人受伤、周边房屋不同程度损毁坍塌8000多平方米的事故，事故发生后，省、市、县相关部门人员组成了“2•24”事故联合调查组，调查认定，该起事故是一起重大责任事故。

事故原因　卷扬机在操作过程中过卷扬致使钢丝索断裂，造成装载黑火药的货柜坠地，产生碰撞导致柜内黑火药爆炸、相邻车上的黑火药殉爆；违章指挥、违章操作，采用卷扬机运送黑火药的作业方式也是直接原因之一；事故的间接原因是企业管理混乱，用于货物运输的卷扬机未经具有专业资质的单位涉及和施工安装，未经检验鉴定，并曾多次违规使用卷扬机搬运黑火药；为降低成本，企业多次购进违禁药料低氯酸钾；企业安全生产责任制不落实，没有事故应急救援预案，作业现场管理混乱，卷扬机操作人员未经专业培训，从事药料搬运工作的作业人员没有经过安全知识培训教育，对突发事故应急处理能力差；政府有关基层组织，对企业安全生产责任制监督落实不够。

事故责任处理　该厂当天值班人员、技术负责人、企业法定代表人和技术负责人龙某被依法追究法律责任，紧水滩镇人民政府原镇长被行政警告处分、分管副镇长被行政处分。

第六节　机构与队伍

20世纪80年代末到90年代初，劳动局内设劳动保护股，负责企业安全生产与职工劳动保护工作。1996年10月，劳动局与人事局合并，安监工作纳入人事劳动局，内设的“劳动保护监察股”。2001年5月，全县安全生产监督管理的职能由县人事劳动部门划转到县经委。县经委设立安全生产监察科，同时挂县安全生产委员会办公室的牌子，承担全县安全生产综合监察管理的职能。2003年12月，设立云和县安全生产监督管理局（副科级），隶属县经济贸易局领导，局长由经贸局长兼任，副局长由经贸局安监科科长担任（正股级），人员5人。

2005年6月8日，设置云和县安全生产监督管理局，为县政府职能部门，行使安全生产综合监督管理和行政执法职能，根据《云和县人民政府办公室关于印发云和县安全生产监督管理局职能配置、内设机构和人员编制规定的通知》，县安全生产监督管理局行政编制10人（含后勤服务人员），其中局长1人，副局长1人，科室领导职数3人。内设3个职能科室：办公室（行政许可科）、综合安全监督管理科、危险化学品安全监督管理科。

2006年7月25日，设立云和县安全生产监察大队，为全额拨款事业单位，核定人员编制3人，其中股级负责人1人。2006年，云和县机构编制委员会明确各乡镇在经济发展办公室增挂安全生产监督管理办公室牌子，配备专职安全生产监管人员，明确乡镇（部门）安全生产监管机构应当对本辖区内生产经营单位执行安全生产法律、法规、规章和国家标准、行业标准的情况实施监督管理。

党组书记及局长：谢卫峰（2005.06—2010.12），谢光兴（2010.12—　　）

第九章　农村经济管理

1995年开始，集体资产实行民主管理。1999年，农村合作基金会纳入农村信用合作社。2002年始，施行《浙江省农村集体经济审计办法》，至2009年，审计发现违纪金额236.2万元。2010年无违纪行为。

第一节　经营体制

1984年，调整人民公社体制，恢复乡、村建制，以行政村为单位设立村民委员会，负责村级行政事务。同时，设立村经济合作社，负责村集体经济运行，行使农业生产发展服务职能。完成第一轮集体土地、山林和商业用房等物业的承包（签订合同）。村级经济合作社，成为实行家庭联产承包责任制后的新型经济合作组织。

1991年以后，逐步建立农业发展基金、农村合作基金、农民劳动积累、农业承包基金上缴制度，并加强这方面的管理。1995年，开始村级集体资金清产核资工作，采取村务、财务公开的方法进行集体资产等方面的民主管理。

第二节　财务管理

村务公开

1996年，云和镇大部分村执行《关于进一步发展壮大农村集体经济的若干意见》，率先上墙公布村级财务的年度收支情况。

1997年9月，云和镇勤俭村村级财务收支等重大事项按期向村民公开。

1998年，云和镇勤俭村建立村务公开领导小组和工作班子，勤俭村的村务公开制度在全县推行。群众关心的村级财务、集体土地、农民负担等“热点”问题，群众利益密切相关事项和容易引发腐败的事项以“公开栏”为主要载体向群众公开，公开前听取有关部门和群众的意见，公开后，一方面通过与党员干部、村（组）负责人、村民面对面交流，另一方面通过设立举报箱、意见箱等多种形式听取群众的意见和建议，解决存在的问题。村务公开方式分为定期和即时，例如：财务收支管理，年初公开收支预算计划，每季度公开一次财务收支情况（在次季第一个月 15 日前公布），年终公开财务收支决算；其他项目，根据公开制度的要求，在事前、事中、事后及时公开。至年底，基本做到全面公开。

2000 年，全县的村务公开基本做到公开内容真实全面、公开设施永久方便、公开时间定期及时、公开程序规范有效、管理制度健全完善、检查监督认真有力。

2003 年，县委办、县府办出台《关于全面推行村级会计委托代理制切实加强村级财务管理的意见》，全县在县政府的统一部署下，实行村级会计代理制度，出纳仍由村级管理。此后几年渐渐出现资金监管滞后的问题。

2008 年，村级资金由乡镇统一代理，会计、出纳由乡、镇代理，全县实施财务会计电算化。

制度管理

2003 年，云和县农业局制定出台《云和县农村集体资金、资产、资源管理办法》，主要内容：规范财会基础工作，建立健全农村“三资”管理的各项制度和财会人员工作职责；规范财务审批，明确财务负责人在授权范围内按规定审批；重大货币资金支付业务，提交成员代表大会集体决策审批；规范民主管理，全县 170 个行政村全部建立民主理财监督小组，村级各项收支都经民主理财中心审核登记后入账，村级重大财务事项自觉接受民主理财监督小组的事前、事中、事后监督；规范村级财务公开，公开内容上，严格审核把关，做到全面落实；规范报账程序和会计核算，村内每一张支出票据必须写明用途、经手人、证明人、审核人签字和民主理财小组签字，及时向乡镇财务管理中心报账，各项收支做到日清月结。

集体资产管理

1995 年以来，各乡、镇农经员对全县 170 个行政村对村本级、村所属企事业单位以及原生产队（组）所拥有的土地资产、物业资产、货币资产等集体资产，统一进行产权登记；村经济合作社财务实行预决算制度；加强集体土地征用费、原生产队（组）积累和企业拍卖收回资金管理。

1995 年底，村级集体资产进行清产核资，全县村级资产总额 7028.85 万元，其中：流动资产 3805.7 万元，固定资产 2989 万元，农业资产 224.3 万元，长期投资 9.85 万元。

2010 年年底，全县村级资产总额 12173.47 万元，其中：流动资产 7243.5 万元、固定资产 4544.86 万元、农业资产 247.3 万元、无形资产 117.96 万元、长期投资资产 19.85 万元。至此，农村集体资产管理工作逐步走上规范化，制度化的轨道。

农业承包资金管理

20 世纪 80 年代初实行联产承包责任制后，建立农业承包金上缴制度。村经济合作社把本村的农业企业、耕地、山林等生产项目发包给社员或其他成员，每年收取一定数额的承包金。

2000 年，全县上缴各种承包金 129.32 万元。占应缴数额 147.49 万元的 87.68%；其中耕地承包金 54.05 万元，占应缴数额 58.22 万元的 92.84%。

2010 年，全县村级各种承包金上缴数额为 325.88 万元。农业承包金主要用于：村级路、渠、沟的建设和维修、管理费用等支出；按一定比例提取留存，用于扩大再生产。

审计监督管理

2002 年 10 月 1 日起，施行《浙江省农村集体经济审计办法》，按照三年一轮审的要求，实施村级集体经济审计工作。重点审计村级集体收入多、征地补偿款多、来信来访多和村主要干部离任。

2006 年，全年完成 60 个行政村审计工作，账面资金总额 6402 万元，审计发现违规使用金额 172 万元。责令退赔金额 172 万元。

2007 年，完成 55 个行政村的财务审计，账面资金总额 3860 万元，审计发现违规使用资金 5.58 万元，贪污资金 3 万元。责令退赔资金 5.58 万元、依法追回资金 3 万元。

2008 年，完成 42 个行政村的财务审计，账面资金总额 6072.5 万元，审计发现违规使用资金 0.31 万元，贪污资金 3 万元。责令退赔资金 0.31 万元，依法追回资金 3 万元。

2009 年，审计 57 个行政村，账面资金总额 35553.79 万元，审计发现违规使用资金 58.31 万元。责令退赔 58.31 万元。

2010 年，审计 57 个行政村，审计资金 614 万元，没有违纪和贪污行为。

2006—2010 年，审计行政村 271 个，审计资金 52502.29 万元；违纪资金 242.2 万元；退赔资金 236.2 万元；贪污资金 6 万元；依法追回资金 6 万元。

第三节　经济收益与分配

调整优化农业结构

1978 年改革开放以来，在稳定和提高粮食综合生产能力的基础上，优化调整农业结构，逐步形成食用菌、茶叶、水干果、蔬菜、畜禽、水产等产业为支柱的农业生产格局。2001 年开始，粮食播种面积和产量基本实现发展任务。

2009 年，全县粮食播种面积 5467 公顷，超过“十一五”全县粮食播种面积 5333 公顷的发展目标。在食用菌方面，几年来稳定在 7000 万袋以上。

2010 年，食用菌 7914 万袋，产值 25862 万元；茶叶面积 1764 公顷，产值 2640 万元；蔬菜面积 1587 公顷，产值 3890 万元；全县以云和雪梨为主的水果（干果）面积 2814 公顷，产值 2621 万元。

农业总收入

1991 年，全县农业总产值 7437 万元，2000 年全县农业总产值 31030 万元，10 年以来增加 4.12 倍。

2010 年，全县农业总产值 51869 万元，比 1991 年增加 6.97 倍，比 2000 年增加 1.69 倍。20 年来农业总产值逐年上升。

1991—2010 年云和县农业总收入情况统计表

表 16-9-1

年份	合计	农业	林业	牧业	渔业	服务业、副业
1991	7437	3088	1704	1819	127	699
1992	8591	3205	2829	1811	105	641
1993	12031	6010	3385	2476	160	1662
1994	20578	8573	8807	3017	181	—
1995	24880	9531	12116	3013	220	—
1996	26135	10226	12980	2709	220	—
1997	28074	9529	15716	2507	322	—
1998	29873	10987	16190	2387	309	—
1999	30375	9067	16654	4261	393	—
2000	31030	9428	17786	3349	467	—
2001	32014	25145	3716	1983	494	—
2002	32165	25854	3399	2308	604	—
2003	34165	25860	3190	2542	1123	—
2004	35862	26726	3343	2841	1172	1780
2005	37476	27488	3914	2856	1661	1557
2006	39080	30125	3373	2160	1807	1615
2007	42754	31402	4250	3449	2000	1653
2008	46060	33889	3763	4657	2071	1680
2009	48550	37462	3343	4039	2006	1700
2010	51869	40212	3204	4526	2207	1720

说明：食用菌产业 1991—2000 年计入林业类，2001 年始计入农业类

农民人均收入

1991 年，全县农民人均收入 475 元。2000 年，全县农民人均收入 1989 元，10 年来增加 4.2 倍。

2010 年，全县农民人均收入 6555 元，比 1991 年和 2001 年分别增加 13.8 倍和 3.3 倍。

1991—2010 年云和县农民收入情况统计表

表 16-9-2

年份	纯收益（万元）	人均（元）	年份	纯收益（万元）	人均（元）
1991	4435	475	2001	22059	2275

续表 16-9-2

年份	纯收益（万元）	人均（元）	年份	纯收益（万元）	人均（元）
1992	4539	487	2002	24345	2497
1993	4752	511	2003	27559	2829
1994	5760	553	2004	30220	3133
1995	7310	595	2005	32725	3403
1996	9934	1071	2006	35694	3756
1997	12930	1325	2007	44357	4531
1998	14889	1550	2008	51585	5315
1999	17051	1799	2009	57646	5887
2000	18477	1989	2010	64493	6555

农村税费改革

1996 年 12 月，国务院颁发《关于切实做好减轻农民负担工作的决定》，县政府发布《公布取消第二批县定收费项目的通知》，公布取消第二批县定收费项目。是年，全县开展“以调改稳，合理负担，转移支付，配套进行”为主要内容的农村税费改革，县财税局制订全县税费改革实施方案，取消乡统筹等面向农民征收的政府性收费和集资，逐步取消劳动义务工和积累工，将原村提留款为村级公益事业资金，明确原由乡、镇统筹开支和农村义务教育、计划生育、优抚安置，民兵训练和乡村道路建设等五项支出由各级政府财政合理负担。

2002 年，根据县委、县府发布的《关于全面进行农村税费改革的实施意见》，取消屠宰税和农业特产税的征收。

2004 年，全县免征农业税。根据 2004 年 11 月 1 日生效的《中华人民共和国农业机械化促进法》第二十七条，农业部于当年启动实施农机购置补贴政策和农作物良种补贴政策。县财政局根据县委、县府相关文件精神，制订补贴方案。至 2010 年，按实种面积和良种品系，每年直接补贴农户专项资金 130 万—160 万元。

第四节　农村合作基金会

农村合作基金会，在坚持资金所有权和得益权不变的前提下，由乡村集体经济组织及其成员按照自愿、互利、有偿使用的原则建立，主要从事集体资金管理和融资活动。

1995 年 1 月 6 日，赤石乡成立第一个合作基金会，云丰乡合作基金会及云和县农村合作基金会联合会相继成立，设理事会和监事会。

1996 年 3 月 29 日，朱村乡合作基金会成立。是年 5 月 3 日，石塘镇合作基金会成立。至年末，会员 110 户。

1997 年，云坛乡、大源乡、崇头镇农村合作基金会相继成立，会员 2261 户。

1998年，有农村合作基金会8个，会员2267户，可融资总额2045万元，风险保证金22万元，累计投放资金3334万元，贷放余额2332万元，会员在粮食、香菇生产等农村经济发展中得到支持。

1999年，根据国务院关于清理整顿农村合作基金会要求和浙江省政府统一布置，县政府出台《云和县农村合作基金会并入农村信用社有关意见的通知》，据此，全县8家农村合作基金会的全部资产、负债、所有者权益及存、贷款进行逐笔逐户核对，清理整顿结束后，归并入云和县农村信用联合社。

第五节　农业行政执法

队伍建设

1991年以后，云和县农业局行政执法的职责由执法股和各科站分别履行。1997年，植物检疫站与执法股合署办公。1998年，种子管理职能由执法股履行。1998年8月23日，县农业局执法股增挂云和县农业行政综合执法大队牌子，实行一套人马三块牌子（农业法制、执法、植物检疫）办公。2000年，农药管理、基本农田保护等种植业执法职能划入执法大队履行。2001—2002年，农业局成立法制股。2003年至2005年11月，农业法制、执法、植物检疫三位合一，内设机构为农政科。2005年12月，根据《关于同意单设云和县农业行政综合执法大队的批复》，成立执法大队，核定编制7人。

2006年11月，执法大队参照公务员管理，主要职责：开展农业普法、农业行政许可、植物检疫、菌种、农药、兽药、肥料、饲料等农业投入品的监督管理、农业生产事故查处及维护农民权益工作。

案件办理

2003—2010年，农业执法办理一般程序案件120件，结案率和办案正确率均达100%。

案例选介

2005年，农业执法大队调解处理2起农业生产事故，其一是崇头等4个乡镇500多农户香菇菌种质量纠纷的调解，结果受害农户得到补偿费107744元；其二是云和镇白洋墩等4个村120户农户，18公顷蔬菜、西瓜，因施用龙游飞雁牌过磷酸钙，至下游产品出现大面积肥害烧苗事件，经调处，生产厂家一次性支付受害村民补偿金83183元。白洋墩村集体送农业执法大队快速高效、秉公为民锦旗一面。

第十七篇　中国共产党地方组织

云和县是中国共产党在丽水市的早期活动地区之一。1935年5月,粟裕、刘英率中国工农红军挺进师进入云和县,打击土豪劣绅、开仓济贫、宣传抗日和革命道理;1938年9月,中国共产党云和县委员会(简称中共云和县委)建立。1991—2010年,中共云和县共召开4次代表大会。1993年5月6—8日,中共云和县第九次代表大会召开。2006年12月26—29日,中共云和县第十二次代表大会召开。

中共十一届三中全会后,历届中共云和县委坚持改革开放,把中心工作转移到经济建设上来。2001年开始,实施云和县"小县大城"战略,全面增强经济发展实力,切实加强党的组织建设、思想建设、作风建设,提高云和县委和基层党组织在新形势下的执政能力,适时提出城市化建设进程,加快城乡统筹,推进社会事业发展,提升城市品位,改善人民生活。

1991—2010年,全县物质文明、精神文明、政治文明建设齐头并进,协调发展,城乡社会稳定,人民安居乐业。

第一章 党 员

中华人民共和国成立后，中共云和县委有计划地发展党员，壮大党的队伍。各级党组织发展党员注重结构改善和素质提高。1991 年，全县有中国共产党党员 4559 人。1991 年至2010 年，云和县发展党员 4637 人，处分党员 434 人。2010 年，全县党员 8413 人，其中，正式党员 8075 人，预备党员 338 人，女性 2037 人，少数民族 653 人，具有大专以上学历 2725 人，中专学历 719 人，高中学历 1142 人，35 岁以下 1938 人。

第一节 党员发展

2002 年，云和县发展党员列入计划和考核，按照“坚持标准、保证质量、改善结构、慎重发展”的工作方针发展党员，坚持成熟一个发展一个。推行入党“一推三公示”制度和长期不发展党员预警制、发展党员责任追究制，开展“推优”工作，加强入党积极分子的培养教育，注重从青年工人、农民、知识分子、妇女中发展党员，加强农村力量薄弱支部的党员发展工作，积极稳妥做好私有企业和新经济领域等阶层的党员发展工作。

1991—2000 年，全县发展党员 2405 人。其中企业农村生产一线 1305 人、乡镇发展 1703 人、先进模范人物 110 人、共青团员 687 人、女性 1325 人、少数民族 1518 人。35 岁以下 1758 人、36 岁以上 647 人。文化程度大中专及以上 736 人、高中 509 人、初中及以下 1161 人。职业在农林牧渔水利业 1336 人，工建交、邮电通讯业 203 人、党政机关、社会团体 765 人、其他 209 人。

2001—2010 年，全县发展党员 2232 名。其中女性 619 人、少数民族 142 人。35 岁以下 1516 人、36 岁以上 716 人。大中专及以上 899 人、高中 369 名、初中及以下 954 人。农牧渔 1181 人、公有经济单位 731 人、非公有经济单位 217 人、其他 170 人。

第二节 党员构成

1991 年，云和县有中国共产党党员 4559 人,其中，正式党员 4371 人，预备党员 188 人；女性 624 人，少数民族 355 人，大专以上学历 341 人，中专学历 494 人，高中学历 605 人，35 岁以下 1230 人。2010 年 12 月底，全县正式党员 8062 名，预备党员 351 名，共 8413 名，其中，女性 2037 名，少数民族 653 名，具有大专以上学历 2725 名，中专学历 719 名，高中学历 1142 名，35 岁以下的有 1938 名。

1991—2010 年云和县党员构成表

表 17-1-1　　　　单位：人

年度	总数			年龄				文化程度			
	计	其中		25—35岁	36—45岁	46—60岁	61岁以上	大专以上	中专	高中	初中以下
		女性	少数民族								
1991	4559	624	355	1227	1178	1338	816	341	494	605	2111
1992	4704	666	367	1256	1252	1295	901	386	508	646	2120
1993	4876	698	371	1250	1398	1345	983	406	548	680	2138
1994	5181	766	398	1306	1467	1340	1068	447	594	776	2162
1995	5465	853	428	1496	1517	1361	1091	485	649	846	2154
1996	5668	916	454	1562	1554	1313	1239	553	674	886	2143
1997	5850	966	475	1648	1578	1336	1288	599	723	922	2118
1998	5951	1010	479	1568	1663	1386	1334	764	751	894	2054
1999	6163	1095	494	1570	1752	1430	1411	889	803	926	2018
2000	6332	1155	501	1527	1820	1553	1432	951	832	964	2002
2001	6453	1210	509	1512	1837	1618	1486	1050	848	976	1973
2002	6592	1256	518	1500	1860	1724	1508	1148	848	980	1953
2003	6800	1334	527	1555	1862	1851	1532	1254	885	1014	3647
2004	7024	1391	540	1611	1903	1971	1539	1413	844	1040	3727
2005	7105	1422	548	1596	1976	2012	1521	1523	842	1050	3690
2006	7272	1494	565	1593	2049	2072	1558	1648	817	1074	3733
2007	7558	1619	588	1694	2146	2116	1602	2069	709	1036	3744
2008	7836	1757	612	1783	2108	2297	1648	2278	716	1052	3790
2009	8119	1895	630	1865	2079	2422	1753	2528	730	1088	3773
2010	8413	2037	653	1938	2086	2550	1839	2725	719	1142	3827

第二章　代表大会

出席中国共产党各级代表大会的代表，分为全国党代会代表、浙江省党代会代表、丽水市党代会代表、云和县党代会代表。1991—2010 年，云和当选全国党代会代表 1 人次。1993—

2007年，当选浙江省党代会代表13人次。2000—2005年，当选丽水市党代会代表51人次。1993—2006年，当选云和县党代会代表807人次。

1991—2010年，中共云和县委召开党员代表大会4次，听取、审议上一届县委工作报告，听取、审议县纪律检查委员会工作报告，并做出决议，选举产生新一届县委员会和县纪律检查委员会。根据工作需要，召集代表会议，讨论和决定需要及时解决的重大问题。1991—2010年，云和县召开两次党员代表会议，选举出席省党代表大会代表。历届县委领导班子通过县委全体会议和常委会议，贯彻执行上级党组织的指示和代表大会的决议，领导全县工作，并负责向上级党委报告工作。各乡镇先后召开5次党的代表大会，选举产生乡镇党委组成人员。

第一节　党代会代表

中共云和县历届代表大会代表选举工作由县党代会筹备工作领导小组负责，代表名额、选举办法等，经上级党委批准后实施。党代表候选人，根据代表选举单位多数选举人意见产生，经县委批复同意后，再召开党员大会或党员代表大会，采用差额选举办法选举代表。1991—2010年，第九次至第十二次党的代表大会召开，参会县党代表807人次。

中共全国党代会代表

1997年9月12—18日，云和镇信用社局村信用分社党员刘玲英，出席中共第十五次全国代表大会。

中共浙江省代表大会代表

云和县出席中共浙江省第九次至十二次代表大会代表一览表

表17-2-1

届次	时间	姓名	性别	民族	单位
第九次	1993年12月19—24日	陈川	男	汉	县委书记
		田理富	男	汉	县委副书记、县政协主席、县纪检委书记
		林健东	男	汉	云和镇委书记
		龙安定	男	汉	浙江省副省长（放选）
第十次	1998年12月21—25日	刘秀兰	女	汉	县委书记
		杨克法	男	汉	雾溪乡党委书记
		虞红鸣	男	汉	县委副书记
第十一次	2002年6月12—16日	虞红鸣	男	汉	县委书记
		邝平正	男	汉	县委常委
		李奋平	女	汉	县财政局党组书记、局长，地税局局长
		廖永平	男	汉	县林业局局长

续表 17-2-1

届 次	时 间	姓 名	性 别	民 族	单 位
第十二次	2007 年 6 月 12—16 日	廖思红	女	汉	县委书记
		李一波	女	汉	县委常委
		梅小平	男	汉	云和镇蔬菜村党支部书记

中共丽水市代表大会代表

云和县出席中共丽水市第一至二次党代会代表一览表

表 17-2-2

届 次	时 间	姓 名
第一次	2000 年10 月 15—19 日	按姓氏笔划为序排列：王丽娟（女） 王昌荣 王建平 王智勇 王新荣 方中富 叶培武 卢洋海 吕文明 刘日平 江乃华 李奋平（女） 李泽明（放选） 何 敏 何卫宁 周正春 胡惠民 徐松林 梅小平 黄文伟 彭平生 鲁有福 谢力群（放选） 蓝伶俐（女、畲） 蓝著英（女、畲） 虞红鸣
第二次	2005 年 10 月 29—11 月 2 日	按姓氏笔划为序排列：丁绍雄 王亚民 王沿伟 叶秋霞（女） 叶晓勇 叶毅夫 吕文明 刘日平 江乃华 宋世明 张敏华 林天宁（放选） 项宗荣 柳少康 钟鸣 高昌波 黄少英（女） 黄文龙 黄文秀(放选) 梅小平 彭招平 蒋剑巍（放选） 蓝先明（畲） 虞大才 廖永平

中共云和县代表大会代表

出席中共云和县第九至十二次党代会代表结构表

表 17-2-3

届 次	时 间	代表数（名）	代表结构
第九次	1993 年 5 月6—8 日	190	各级领导干部 120 名，占 63.2%；妇女 38 名，占 20%；少数民族 11 名，占 5.8%；驻云部队 2 名，占 1%；大专以上学历的 75 名，占 39.4%；高中（中专）学历的 65 名，占 34.2%；年龄在45 岁以下的 125 名，占 65.8%
第十次	1998 年 2 月 2—28 日	202	各级领导干部 121 名，占 59.9%；各类专业技术人员 32 名，占 15.84%；各条战线的先进模范人物 49 名，占 24.26%。大专以上学历 88 名，占 43.56%；妇女 32 名，占 15.84%； 少数民族 17 名， 占 8.42%。代表中解放战争时期入党的 1 名，占 0.5%；中华人民共和国成立后至"文化大革命"前入党的 2 名，占 0.99%；"文化大革命"时期入党的 27 名，占 13.37%；粉碎"江青反革命集团"后入党的 172 名，占 85.15%。45 岁以下的 128 名，占63.37%
第十一次	2003 年 3 月 19—22 日	203	各级领导干部 127 名，占 62.56%；生产和工作一线人员 73 名，占 35.96%；解放军、武警部队 3 名，占 1.48%。学历在大专以上的 125 名，占 61.58%。年龄在 45 岁以下（含 45 周岁）的 134 名，占 66.01%，平均年龄 42.27 岁。妇女 29 名，占 14.29%。少数民族 9 名，占 4.43%
第十二次	2006 年 12 月26—29 日	212	各级领导干部 129 名，占 60.85%；生产和工作一线人员 83 名，占 39.15%；解放军、武警部队 3 名，占 1.42%；学历在大专以上的 141 名，占 66.51%；年龄在 45 岁以下（含 45 岁）的 139 名，65.57%；平均年龄 42.8 岁。妇女 38 名，占 17.92%；少数民族 20 名，占 9.43%

第二节　党员代表大会和党员代表会议

党员代表大会

1991—2010年，中共云和县先后举行过4次代表大会，每次大会均听取、审议县委书记代表上届县委作的工作报告，听取、审议县纪律检查委员会工作报告，并做出决议。每次大会选举产生新一届县委委员会和县纪律检查委员会。

第九次代表大会　1993年5月6—8日，中共云和县第九次代表大会召开。出席代表190人。县委书记陈川作题为《抓住机遇、奋力拼搏，把云和的经济建设和社会发展推向前进》的工作报告。九届一次全会选举产生县委委员25人，候补委员3人，县纪律检查委员会13人。选举陈川、刘秀兰（女）、田理富、官亦民、陈一军、蓝春土（畲）、吴绍荣为县委常委，陈川为书记，刘秀兰（女）、田理富为副书记。第九届期间，上级党委先后任命刘秀兰为书记，叶杰耀、虞红鸣、汪帆为副书记，涂晓明、林一、俞福尧、王智勇、蓝斌雄、张华东、邝平正为县委常委。

第十次代表大会　1998年2月25—28日，召开中共云和县第十次代表大会。出席代表202人。县委书记刘秀兰作题为《高举邓小平理论伟大旗帜，为实现小康县而努力奋斗》的工作报告。讨论通过《中国共产党云和县第十届委员会工作职责和议事规则》《中共云和县委关于加强思想政治建设的意见》。十届一次全会选举产生县委委员25人，候补委员4人，县纪律检查委员会委员13人。选举刘秀兰（女）、虞红鸣、汪帆、王智勇、张华东、陈一军、邝平正、周正春、蓝斌雄（畲）、孙冬往为县委常委，刘秀兰（女）为书记，虞红鸣、汪帆为副书记。期间，上级党委先后任命虞红鸣为书记，王昌荣、吕文明、邝平正、徐焕凤、虞大才为副书记；曹章兴、马正德、戴邦和、王亚民、何连忠、任晓俐（女）、李一波（女）、雷一坤（畲）为县委常委。

第十一次代表大会　2003年3月19—22日，中共云和县第十一次代表大会召开，出席代表203人。县委书记虞红鸣作《深入贯彻“三个代表”重要思想，为云和县全面建设小康社会而努力奋斗》的工作报告。讨论通过《中国共产党云和县第十一届委员会议事规则》。十一届一次全会选举产生县委委员25人，候补委员5人，县纪律检查委员会委员15人。选举虞红鸣、吕文明、邝平正、徐焕凤、虞大才、马正德、王亚民、何连忠、任晓俐（女）、李一波（女）、雷一坤（畲）为县委常委，虞红鸣为书记，吕文明、邝平正、徐焕凤、虞大才为副书记。期间，上级党委先后任命吕文明、廖思红（女）为书记，钟鸣（畲）、丁绍雄、孙乐明为副书记；胡伟、李跃刚、凌永仁、马国华、王峻、陈志斌、王新荣、张峰、叶晓勇为县委常委。

第十二次代表大会　2006年12月26—29日，中共云和县第十二次代表大会召开。出席代表212人。县委书记廖思红作题为《深化“小县大城”发展战略推进经济社会跨越发展为与全省同步提前基本实现现代化而努力奋斗》工作报告。十二届一次全会选举产生县委委员31人，候补委员6人、县纪律检查委员会委员19名。选举廖思红（女）、丁绍雄、孙乐明、雷一坤（畲）、李一波（女）、王峻、陈志斌、凌永仁、王新荣、张峰、叶晓勇为县委常委，廖思红（女）为书记，丁绍雄、孙乐明为副书记。其间，上级党委先后任命任淑女（女）为书记；陈立新、李华为副书记；张福和、金春雷、王平、叶砝仙、周益敏为县委常委。

党员代表会议

1993年9月，中国共产党云和县代表会议召开，代表名额139名，选举产生陈川、田理富、林健东、龙安定（放选）出席浙江省第九次党代表大会代表。

1998年10月26日，召开中国共产党云和县代表会议，应到代表148名，实到代表135名，差额无记名投票选举产生刘秀兰、杨克法、虞红鸣3人为出席浙江省第十次党代表大会代表。

第三节　乡镇党代表大会

1984年5月，云和县政社分设，公社党委相应改为乡镇党委,由3—5人组成，其中书记1人，副书记1人。1990年初,各乡镇分别召开党的代表大会，选举产生新一届党委，各乡镇党委由5—7人组成，其中书记1人，副书记1—2人。1992年6月，全县开展“撤区、扩镇、并乡”，县委重新任命11个乡、4个镇党委会委员，各乡镇党委由5—9人（根据乡镇大小和工作需要设置组成人员）组成。其中，书记1人，副书记1—2人。1991—2010年，各乡镇分别召开五次党的代表大会（党员大会），选举产生新一届党委和纪律检查委员会。

第三章　组织机构

云和县中共地方组织建立初期，县委未分届次。1956年5月始，中共云和县委员会由中共云和县代表大会选举产生。1991—2010年，中共云和县第八、九、十、十一、十二次代表大会先后召开，分别选举产生中共云和县第八届至第十二届委员会。中共云和县委员会每届第一次全体会议选举产生县委常务委员、书记、副书记。1984年，云和县政社分设后，乡镇党委组成人员由县委任命。1990—2010年，各乡镇先后召开5次党的代表大会，选举产生乡镇党委组成人员。

第一节 中共云和县委

中共云和县委坚持民主集中制，实行集体领导与个人分工负责结合的制度，涉及重大问题，需召开常委会或全体委员会（简称“县委全会”）审议决定。县委全会，听取和审议县委常委会的工作报告，对县委常委会及其成员的工作进行监督和评议。县委常委会向县委全会负责并报告工作，组织实施全委会决议、决定。

中共云和县委有县委全体委员会议、县委常委会议、县委书记办公会议 3 个议事机构。县委全会每年至少召开两次，遇有重要情况可随时召开；对全县改革开放、经济建设、社会发展、党的建设、政治建设、精神文明建设及其他涉及全局性重大问题决策。县委常委会每月不少于一次，如遇重要情况可随时召开；必须有半数以上常委到会才能举行，讨论人事任免事项时，应有三分之二以上常委到会举行。县委书记办公会视工作需要召开，会议由县委书记召集并主持，也可由书记委托副书记召集并主持，主持人可根据工作需要确定有关县委常委和部门负责人列席会议。

中共云和县委第八届至十三届书记、副书记一览表

表 17-3-1

时间	届别	职务	姓　名	任职时间
1990.04—1993.05	中共第八届县委	书记	施基城	1990.04—1993.03
			陈　川	1993.03—1993.05
		副书记	胡叔通	1990.04—1992.11
			陈龙富	1990.04—1990.08
			田理富	1990.08—1993.05
			唐德贵	1992.04—1993.05
			刘秀兰（女）	1992.11—1993.05
1993.05—1998.02	中共第九届县委	书记	陈　川	1993.05—1994.12
			刘秀兰（女）	1994.12—1998.02
		副书记	刘秀兰（女）	1993.05—1994.12
			田理富	1993.05—1994.02
			叶杰耀	1994.02—1997.09
			虞红鸣	1996.01—1998.02
			汪　帆	1997.09—1998.02

续表 17-3-1

时间	届别	职务	姓　名	任职时间
1998.02—2003.03	中共第十届县委	书记	刘秀兰（女）	1998.02—2000.04
			虞红鸣	2000.04—2003.03
		副书记	虞红鸣	1998.02—2000.04
			汪　帆	1998.02—1998.10
			王昌荣	1998.11—2001.03
			吕文明	2000.04—2003.03
			徐焕凤	2001.03—2003.03
			邝平正	2001.03—2003.03
			虞大才	2002.12—2003.03
2003.3—2006.12	中共第十一届县委	书记	虞红鸣	2003.03—2003.08
			吕文明	2003.08—2006.03
			廖思红（女）	2006.03—2006.12
		副书记	吕文明	2003.03—2003.08
			徐焕凤	2003.03—2003.04
			邝平正	2003.03—2003.12
			虞大才	2003.03—2006.08
			钟　鸣（畲）	2003.07—2006.08
			丁绍雄	2004.01—2006.12
			孙乐明	2004.06—2006.12
2006.12—2010.02	中共第十二届县委	书记	廖思红（女）	2006.12—2009.08
			任淑女（女）	2009.08—
		副书记	丁绍雄	2006.12—2010.02
			孙乐明	2006.12—2010.02
			李　华	2010.02—
			陈立新	2010.02—

县委工作机构

县委工作机构有县委办、纪检委、政法委、组织部、宣传部、统战部等。

县委办公室　中共云和县委办公室协助县委领导处理县委日常工作。1991 年，内设新闻科、秘书督查科、机要科、信息调研科、信访办。2009 年 4 月，县委办机要科更名为机要局，并增挂县密码管理局牌子。2010 年，内设机构有秘书科、综合科、信息科、机要科~机要局（密码管理局）、法治科、新闻科、考核办（督查室）、保密局（保密办）、信息中心。行政编制 19 名。

1990—2010 年中共云和县委办公室主要负责人一览表

表 17-3-2

主　任	任职时间	主　任	任职时间
陈厚成	1990.05—1993.07	胡惠民	2001.04—2005.12
杨　伟	1993.07—1998.04	叶晓勇	2005.12—2009.11
何卫宁	1998.04—2001.04	王　平	2009.11—

第二节　县委全体会议

中共云和县代表大会闭会期间，由大会选举产生的中共云和县委员会。召开县全体委员会（简称“县委全会”），选举产生县委常务委员、书记、副书记，通过县纪委常委、书记、副书记选举结果。第八届至第十二届县委共召开全会 42 次，决策县内重大事宜，领导全县工作。

第八届县委全体会议

1990 年 4 月至 1993 年 3 月，第八届县委全会召开 4 次。1991 年 3 月 8 日，县委八届四次全体会议讨论和修改《云和县国民经济和社会发展“八五”计划和十年规划》。1992 年 1 月 6—7 日，县委八届五次全体扩大会议传达贯彻省委八届六次全体扩大会议精神。1993 年 3 月 17 日，县委八届九次全会商讨召开中共云和县委第九次代表大会有关事项。

第九届县委全体会议

1993 年 12 月至 1998 年 1 月，第九届县委召开 5 次全会。1993 年 7 月 9 日，县委召开九届二次扩大会议讨论《关于进一步深化企业改革，理顺产权关系的决定》《中国共产党第九届委员会工作规则》。1993 年 8 月 30 日，县委召开九届三次全会，作出召开云和县党的代表会议的决定；确定省第九届代表大会代表候选人预备名单。1994 年 1 月 14 日，县委召开九届四次全体扩大会议。1997 年 1 月 3 日，县委召开九届六次全体扩大会议。1998 年 1 月 13 日，县委召开九届八次全会，讨论中国共产党云和县第十次党代表大会工作报告。

第十届县委全体会议

1998 年 2 月至 2003 年 3 月第九届县委全会召开 14 次。1999 年 1 月 5 日，县委召开十届三次全体扩大会议。县委副书记、县长虞红鸣传达省十次党代会精神。2000 年 1 月 26 日，县委十届四次全体扩大会议召开。根据省委十届三次全会和地委扩大会议精神，研究落实 2000 年工作任务。2000 年 7 月 31 日，县委召开十届五次全体扩大会议。会议贯彻“三个代表”重要思想，巩固“三讲”教育成果。2000 年 8 月 9 日，县委十届六次全会召开。会议研究召开中国共产党云和县代表会议有关事项。2000年9月4日，县委十届七次全会召开。会议圈选云和县出席丽水市第一次党代会代表候选人预备人选名单。2000年12月28日，县委十届八次全体扩大会议召开。县委副书记、县长吕文明传达省委工作会议精神并对《云和县国民经济和社会发展“十五”计划纲要（草案）》作说明，县委书记虞红鸣在会上作工作部署。会议通过《云和县国民经济和社会发展“十五”计划纲要》。2001年7月30日，县委十届九次全体扩大会议召开。县委书记虞红鸣作《学习贯彻江总书记“七一”重要讲话，努力加快云和县致富奔小康步伐》报告。2002年1月18日，县委十届十次全会召开。会议审议通过《中共云和县委关于贯彻中共中央关于加强和改进党的作风建设的决定》。2002年6月24日，县委十届十二次全体扩大会议召开。县委书记虞红鸣作《认真学习贯彻省第十一次党代会精神，努力实现云和县经济社会跨越式发展》报告。2003年1月10日，县委十届十三次全体扩大会议召开。2003年3月14日，县委十届十四次全会召开。

第十一届县委全体会议

2003年3月至2006年8月第十一届县委全会召开11次。2003年8月1日，县委十一届二次全体扩大会议暨2003年度第一次政府全会召开。市委常委、县委书记虞红鸣作《兴起学习贯彻“三个代表”重要思想新高潮，努力实现云和经济社会跨越式发展》报告。2004年1月12日，县委十一届三次全体扩大会议召开。县委书记吕文明作《把握主题抓住主线突出重点迎难而上推进县经济社会持续快速协调健康发展》报告。2004年7月12日，县委十一届四次全体扩大会议召开。会议审议通过《中共云和县委关于建设“平安云和”促进社会和谐稳定的决定》。2005年1月10日，县委十一届五次全体扩大会议召开。会议表决通过《中共云和县委全体会议讨论任用干部表决办法》。2005年7月22日，县委十一届六次全体扩大会议召开，县委书记吕文明作《干在实处，走在前列，推进云和县经济社会跨越式发展》。2005年8月26日，县委十一届七次全体扩大会议召开。会议审议通过《关于召开中国共产党云和县代表会议的决定》。2005年9月12日，县委十一届八次全会召开。会议对县出席中共丽水市第二次代表大会候选人预备人选进行圈选。2006年1月13日，县委十一届九次全体扩大会议召开。会议全面贯彻党的十六届五中全会、省委十一届九次全会、全省经济工作会议和市委二届二次全会精神。2006年8月8日，县委十一届十次全委扩大会议召开。会议审议通过《中共云和县委贯彻〈中共浙江省委关于建设“法治浙江”的决定〉的实施意见》。2006年8月17日，县委十一届十一次全会召开。会议决定，2006年12月在云和召开中国共产党云和县第十二次代表大会。2006年12月19日，县委十一届十二次全会召开。会议讨论通过《中共云和县委关于认真贯彻党的十六届六中全会精神构建社会主义和谐社会的意见（草案）》；圈选县推荐提名党的十七大代表候选人初选人选；审议通过县第十二次党代会有关事项。

第十二届县委全体会议

2006年12月至2010年8月第十二届县委全会召开8次。2007年8月3日，县委十二届二次全体扩大会议召开。县委书记廖思红代表县委常委会作工作报告。2008年1月8日，县委十二届三次全体扩大会议召开。县委书记廖思红代表县委常委会作工作报告；会议审议通过《关于扎实推进创业创新，深化"小县大城"发展战略的决定》。2008年8月4日，县委十二届四次全体扩大会议暨县政府第十四届二次全体会议召开。县委书记廖思红代表县委常委会作工作报告。2009年1月13日，县委十二届五次全体扩大会议暨全县经济工作会议召开。县委书记廖思红代表县委常委会作工作报告。2009年12月1-3日，县委召开十二届六次全体扩大会议暨县政府十四届三次全体扩大会议——县委专题学习会。2010年1月11日，县委十二届七次全体扩大会议召开。审议通过《中共云和县委关于加强和改进新形势下党的建设,强化"小县大城"发展战略政治保证的意见》；进行领导干部年度考核民主测评及干部选拔任用工作民主评议；开展乡镇党委书记抓基层党建工作述职评议。2010年8月30日，县委十二届八次全体扩大会议召开，审议通过《中共云和县委关于推进生态文明建设的决定》。

第三节　基层党组织

1991—2010年，云和县成立、整合、撤销一批县委下属机关党组织。同时，人口向城市聚集和转移，一批乡镇企业党组织、非公企业党组织、新经济领域党组织和社区党组织也应运而生。1991年1-7月，云和乡镇设2个镇党委、20个乡党委。1988年7月，云和县设立"云和、石塘、紧水滩、梅源"4个区工委。1992年5月，撤销4个区工委，22个乡镇党委扩并为4个镇党委、11个乡党委。2001年12月，撤销沙溪乡建制，其行政区域并入云和镇。至2010年年底，全县有乡镇党委14个，乡镇党委设5~9人，配备书记、副书记（含交叉兼职的乡镇长）、纪检书记、党委委员等岗位。

1991年底，全县有区工委4个、党委44个（其中乡镇党委22个）、党组23个、党总支1个、党支部400个（其中行政村支部167个）。至1993年年底，全县党委39个、党组23个、总支1个、支部401个。九届县委任期内（1993年5月至1998年2月）撤销党委6个，党组5个，建立党委4个，党组7个，乡镇党委15个没有变化。

中共第十届县委下属党委35个，党组26个。2000年7月，县委下属党委19个、党组28个、乡（镇）党委15个。2000年8月至2004年8月，云和县撤销党委15个，建立党委2个；撤销党组10个，建立党组22个。截至2005年12月底，县委下属党委8个、党组42个、乡（镇）

党委14个。全县党总支部12个，党支部442个。

2010年年底，全县党工委1个、党委35个（其中乡镇党委14个、部门一级党委8个、部门二级党委13个）、党组43个、党总支14个、党支部478个（其中行政村党支部170个）。

1991—2010年中共云和县基层组织情况统计表

表17-3-3　　单位：个

年度	党工委	党委	乡镇党委	党 组	党总支	党支部	村支部
1991	—	44	22	23	1	400	167
1992	—	38	15	24	1	394	168
1993	—	39	15	23	1	401	170
1994	—	40	15	24	1	406	170
1995	—	40	15	25	1	409	170
1996	—	36	15	23	5	409	170
1997	—	35	15	26	6	411	170
1998	—	36	15	22	7	399	170
1999	1	35	15	24	8	405	170
2000	1	37	15	23	6	408	170
2001	1	33	14	35	2	411	170
2002	1	32	14	35	2	422	170
2003	1	32	14	36	3	432	170
2004	1	32	14	37	6	426	170
2005	1	30	14	39	12	442	170
2006	1	33	14	39	15	450	170
2007	1	33	14	39	18	466	170
2008	1	35	14	38	15	470	170
2009	1	35	14	38	15	468	170
2010	1	35	14	43	14	478	170

- 乡（镇）党组织
  - 沙铺乡党委　大湾乡党委
  - 雾溪畲族乡党委　黄源乡党委　云丰乡党委
  - 赤石乡党委　大源乡党委　安溪畲族乡党委
  - 崇头镇党委　云坛乡党委　朱村乡党委
  - 云和镇党委　紧水滩镇党委　石塘镇党委
- 县级群众团体系统党组织
  - 县残疾人联合会党组
  - 县科学技术协会党组　县工商业联合会党组
  - 县妇女联合会党组　县文学艺术界联合会党组
  - 县总工会党组　共青团云和县委员会党组
- 县双重管理、垂直管理单位党组织
  - 人民财产保险公司云和县支公司党组
  - 县农村信用合作联社党组
  - 浙江省电信有限公司云和县分公司党委
  - 县工商行政管理局党委　县邮政局党委
  - 县食品药品监督管理局党组　县烟草专卖局党组
  - 县质量技术监督局党委　县电力工业局党委
  - 县国家税务局党组　县人民银行党组
- 政府直属事业单位党组织
  - 县供销合作总社党组
  - 县广播电视台党组
  - 县工业园区管理委员会党委
  - 县扶持贫困地区开发经济协调服务领导小组办公室党组
  - 县移民安置库区开发办公室党组
- 政府工作机构党组织
  - 县环境保护局党组
  - 县审计局党组　县安全生产监督管理局党组
  - 县文化广电新闻出版局党组　县卫生局党组
  - 县林业局党组　县水利局党组
  - 县交通局党组　县农业局党组
  - 县国土资源局党委　县建设局党组
  - 县财政局党组　县人事劳动社会保障局党组
  - 县民政局党组　县司法局党组
  - 县科学技术局党组　县公安局党委
  - 县经济贸易局党组　县教育局党组
  - 县政府办公室党组　县发展和改革局党组
- 政协机关党组织
  - 县政协党组
- 政权机构党组织
  - 县人民法院党组　县人民检察院党组
  - 县人大常委会党组　县人民政府党组
- 县委直属单位党组织
  - 县新闻中心党组

图 17-3-1　2010 年 12 月中国共产党云和县委员会下属组织示意图

第四章　纪检监察

1950年，中共云和县纪律检查委员会建立。1984年，更名中共云和县纪律检查委员会，设常委制。云和县纪律检查委员会，维护法规权威性，检查和处理党员违反党的章程、党的纪律、社会公德和国家法律、法规的案件，指导基层纪检、监察、组织工作。坚持"党要管党、从严治党"的方针，加强领导干部廉洁自律，健全党风廉政建设责任制，纠正各种不正之风，保持党员干部队伍的纯洁性和先进性。

第一节　机构与队伍

机构设置

1993年6月起，县纪委、县监察局合署办公。县纪委、县监察局机关行政编制18名，其中书记1名，副书记2名（含局长）。内设办公室、信访室、纪检监察室、案件审理室、执法监察室、调研教育室。保留云和县行政监察举报中心、挂靠信访室；保留党风廉政室牌子，挂靠调研教育室。1998年，增加行政编制1名。2004年，设立机关效能监察投诉中心，核定人员编制2名。2005年，设立行政效能监察室，与机关效能监察投诉中心合署，设主任1名。2009年，增设纠风室。至2010年，县纪委（监察局）内设办公室、纪检监察室、信访室、调研教育室、党风室、执法监察室、案件审理室、效能室、纠风室等9个内设科室，干部室与办公室合署办公。增加行政编制3名，增编后共有行政编制22名。县机关纪委行政编制22人，事业编制8人，领导职数13人，副书记2人（1人兼监察局局长），副局长2人，室主任5人。

中共云和县纪律检查委员会第八至十二届书记一览表

表17-4-1

届别	姓　名	出生年月	籍　贯	职　务	任职时间
第八届纪委	杨在高	1943.12	青田	书记	1990.04—1992.12
	田理富	1943.01	缙云	书记	1992.12—1993.12
第九届纪委	田理富	1943.01	缙云	书记	1993.12—1994.02
	叶杰耀	1954.01	松阳	书记	1994.02—1995.04
	林　一	1956.12	平阳	书记	1995.04—1997.09
	王智勇	1953.04	丽水	书记	1997.09—1998.02

续表 17-4-1

届别	姓　名	出生年月	籍　贯	职　务	任职时间
第十届纪委	王智勇	1953.04	丽水	书记	1998.02—2000.12
	虞大才	1958.09	缙云	书记	2002.12—2003.03
第十一届纪委	虞大才	1958.09	缙云	书记	2003.03—2006.07
	雷一坤（畲）	1966.03	景宁	书记	2006.10—2006.12
第十二届纪委	雷一坤（畲）	1966.03	景宁	书记	2006.12—2010.12

基层组织

1996年，全县乡镇建立纪律检查委员会15个，配齐纪检委书记，县直属单位27个纪检委（组），基层党委建立案件审理小组。全县25个部门和15个乡镇建立信息员，部分乡镇配备村一级纪检员和信息员。2008年，各乡镇、部门配齐纪委委员和专职纪检干部，各行政村和社区配备纪检员，3家非公企业开展纪检组织建设试点。到2010年，基层纪检组织57个，其中部门单位纪检组（纪委）43个，乡镇纪委14个。

第二节　党风廉政建设

制度建设

1993年，中共云和县委出台对副县级以上领导干部廉洁自律五项规定。1995年6月，建立《乡科级领导干部重大事项报告》制度。1996年，批转《组织部门与执纪执法部门工作联系制度》，建立《乡科级领导干部诫勉制度》《领导干部礼品登记制度》。健全和完善乡镇财务管理制度，对全县15个乡镇财务财产全面清理整顿。1997年，开展承诺自律工作，制定《承诺制实施意见》。1999年，制定《云和县实行党风廉政建设责任制实施细则》《云和县党风廉政建设责任制考核办法》，成立党风廉政责任制领导小组，各乡镇和部门相应成立以主要领导为组长的领导小组。

2000年，云和县完善党风廉政责任制，明确中共云和县委、县政府在每项工作中的责任分工，明确党政"一把手"任务；对县直各单位党委（组）书记、各乡镇党政一把手进行党风廉政建设责任制书面考试，实行领导干部选拔任用党风廉政"一票否决制"；开展政务公开，对40个单位和乡镇作为重点实施单位进行跟踪检查；推进政府采购和建设工程招投标制度；制定乡镇、部门年终奖发放规定，推行会计代理制度；执行信访谈话、诫勉、任期经济责任审计制度，建立健全领导干部廉政档案。

2001年，县会计核算中心成立，实行财政集中支付，统一会计核算；制定《云和县会计委派制度试行办法》，实行国有企业和重点建设项目单位会计委派制。规范政务、村务、厂务公开。

2002年，实行干部领导自警行为日记制度，加强对领导干部8小时之外的监督。开展第二轮审批制度改革，继续削减审批、审核事项，提高办事效率，规范审批行为。

2003年，云和县出台新任县管干部廉洁自律承诺制度，纪委常委同下级党委主要负责人谈话制度和规范党政机关工作人员个人投资行为暂行规定。制定下发《村务公开实施办法》，会计委派制逐步推广，全县104个预算单位全部进会计核算中心，进行会计集中核算。

2004年，云和县出台反腐败联席会议议事规则，建立查办大要案协调小组，制定查办大要案工作办法、执纪执法部门案情通报制度和案件信息联络员制度。100%的行政事业单位、公有制企业、74.3%的非公有制规模以上企业建立政务厂务公开制度，全县所有行政村实行会计代理制，其中85%实行电算化管理。实施《领导干部离任经济责任和公有财物交接制度》，石塘镇、建设局等10多家单位进行经济责任和公有财物交接试点。

2005年，云和在教育、农业等5个部门开展"一把手"不直接分管本单位财务、物资采购、人事和基建工程权力制衡试点。下发《云和县构建惩治和预防腐败体系工作方案》，推进资源配置市场化，组建招投标统一平台，相继出台《政府采购制度试行办法》《国有土地使用权公开交易制度》《水电资源开发权管理办法》《建设工程施工招标评标暂行办法》等一系列制度。

2006年，云和县先后制定《政府性资金投资项目管理暂行办法》《移民开发资金有偿使用管理实施细则》等规章制度，构建具有云和特色惩防体系。推进财政管理体制改革，部门预算和村级财务会计代理制全面实行。深化权力制衡，27个县直单位推行"一把手"不直接分管单位财务、物资采购、人事和基建工程。

2007年，云和县推进行政审批、财政管理、政府投资、干部人事等制度改革。出台《云和县建设工程招标投标管理办法（试行）》《关于推进森林资源流转工作的实施意见》《云和县工业用地使用权招标拍卖挂牌出让暂行办法》等规范性文件，4个建制镇招投标分中心投入运转。扩大资源配置市场化范围，将道路清扫保洁权、探矿权等纳入市场化运作。出台《关于加强农村基层党风廉政建设的实施意见》，推行村级财务"双代理"制度。

2008年，云和县推行网上并联审批和"两集中、两到位"审批制度改革。13个单位开展党务公开试点，各乡镇推行权力制衡工作。开展"村级民主监督组织"试点，28个行政村建立村民监督委员会。

2009年，云和县制定出台《云和县领导干部离任工作规范交接办法》《领导干部经济责任跟踪审计制度》《关于严格规范国有投资工程建设项目招标投标活动的若干意见》等制度与文件，在全市率先推行最低价中标法等制度，乡镇财务联签联审和纪委书记监督财务报销签字制度。

2010年，云和县在财政、国土等13个单位试点，排查廉政风险、梳理权力流程、健全防控制度。卫生监督所迁建项目开展"代建制"试点；梅源梯田等5个项目建立廉政监察组。实现户外广告经营权、学生平安保险业务市场化配置。全面推行"七个不直接分管"权力制衡和党务公开。严格执行领导干部任期经济责任审计、离任审计制度，落实跟踪监督审计制度，领导干部离任工作规范交接。开展单位“帐外负债”情况专项清查，对违规使用资金领导干部采取组织措施，实施诫勉谈话。

廉政教育

1991—1993年，云和县举办全县党员学理论、知识竞赛，党建经验交流会等活动。利用电视录像、纪录片、县广播站开设党风廉政教育课进行廉政、党纪教育。组织教育、卫生、林业等8各单位40多名党员领导干部前往丽水听取省党风廉政建设先进事迹巡回报告。

1994—1995年，云和县订购学习《议案论纪100例》《浙江监察》《廉政·监察丛书》等党纪教育宣传材料。开展电化教育，在云和电视台黄金时间向全县播放党风党纪廉政教育纪录片。

1996年，云和县开展党员干部电化教育，规定每月10日为全县有线电视党风廉政建设教育宣传日。在县委党校阵地，举办青干班、副科以上领导培训班，企业支部书记培训班进行反腐倡廉教育。组织纪检干部撰写党建、特色理论论文。

1997—2000年，云和县结合香港回归和“七一”建党纪念日，组织演讲比赛、知识竞赛和播放录像片活动。组织党员、干部参观《浙江省反腐败斗争成果展》。开展党风廉政、反腐败调研，收到基层组织调研论文61篇。在全县副科以上领导干部中开展《邓小平论党风廉政建设和反腐败》《中国共产党纪律处分条例》系列电视宣教片收看，考试。举办干部廉政座右铭和党风廉政书画征集活动。在县电视台播出6个党风廉政专题教育片，观看《生死抉择》电影、省电视台反腐倡廉专题晚会和聆听市“廉政勤政”先进事迹巡回报告团报告。

2001—2005年，云和县开展领导干部从政道德教育，举办党风廉政知识大赛、新闻竞赛。组织部分服刑人员对机关干部“现身说法”，观看专题教育片《厅、局、县处级领导干部腐败案件警示录》，开通云和廉政网，开展“一把手谈党风廉政建设”征文活动。编排《廉政之光》文艺晚会，巡回演出。组织村务、财务管理突出村干部8人报告团，开展大学生村官巡回述廉活动。录制《蜕变—云和县农网改造违纪案件纪实》《精神食粮》等专题片，进行警示教育。利用手机短信定时提醒县管领导干部自觉遵守廉洁自律各项规定。编写出版《党风廉政的实践与思考》。

2006—2010年，启动廉政文化进企业，进示范村建设。把廉政谈话延伸到村级组织，到各乡镇重点行政村两委干部上廉政党课，进行集体廉政谈话。开展作风建设四项督查、作风建设民主评议、优化环境月活动。以“五个一”活动，即召开一次专题教育大会、组织观看一批警示教育教材、开展一次专题读书学习活动、召开一次专题民主生活会、举办一次专题报告会为载体，开展领导干部反腐倡廉专题教育；在县看守所、法院审判庭建立警示教育基地，在县图书馆创建省级廉政文化教育示范基地，创建命名廉政文化“六进”示范点19个，营造廉政文化氛围。把《中国共产党廉洁自律准则》纳入党校培训计划，邀请省纪委领导进行反腐倡廉专题讲座。制定《关于充分利用警示教育基地，深入推进反腐倡廉教育活动的实施意见》，省、县两级基地接受警示教育干部438人，在重点路段设置廉政公益广告。

第三节　纠风治乱

专项治理

1991—2010年，云和县专项治理拖欠公款、违规使用公款、违规住房、中小学乱收费、药品回扣等问题。开展治理公路“三乱”、清房清车、减轻企业和农民负担、行风评议等工作。

1993年，县委作出对党政机关、企事业单位领导干部外出参观考察及参加驾驶技术培训的有关规定，对出国旅游、乱收费、乱罚款等进行检查和清理。

1994年1月，县纠风治乱领导小组成立。1996年，云和县在两次机构改革中发出通知，要求领导干部在调动工作前，移交清公款公物。与县委组织部联合发出《关于开好党委民主生活会的通知》《关于实行基层党委民主生活会质量评估制度（试行）的通知》。

1997年，县纪委下发《关于全县党政机关厉行节约制止奢侈浪费行为的实施意见》，制定合力扶工的4项措施，对县属11家重点企业进行挂牌保护。抓清房和建设工程执法检查，对投资2500万元的邮政大楼招投标工作进行全程监督。严格控制公款安装住宅电话和购买移动电话，处理违规安装的住宅电话3部，追缴初装费5000元，清退违规报销经费1700元，扣压移动电话1部。

1998年，云和县制定招待费和通信费用支出季报制度，对全县招待费和通信费用进行自查和检查，对全县国有企业通信工具进行清理。开展涉农资金专项执法监察，对1995—1997年，上级拨付到云和县的扶贫资金、救灾资金和财政支出专项资金1455万元执法监察和检查。

1999年，云和县修订《公务接待工作的若干规定》。开展公路“三乱”投诉活动，受理投诉29件，予以如期落实。清理党政机关、事业单位的两轮摩托车，折价处理摩托车19辆，上缴国库12万余元。追缴超标准报销话费12个单位、17位副科以上领导，共7164元。整治医药购销不正之风，降低药品价格种类105种，降低金额近5万元，减轻不合理医药费用15万元。

2000年，云和县纠正医药购销不正之风，20个医院（卫生院）药品收入全部实行收支“两条线”管理。严禁领导干部用公费学驾驶技术和开公车。严格控制各种会议、检查、评比活动，严格控制超标准新建和装修办公楼、公款购置手提电脑。

2001年，云和县专项检查党政领导干部兼职或兼职取酬问题，纠正党政领导干部在经济实体中兼职和兼职取酬现象2人。巩固纠正医药购销不正之风整治成果，全部医院实行药品集中招标采购。通过公路基本无“三乱”考核验收。

2002年，云和县推行涉农价格公示制，减轻农民负担。2003年，制定出台《云和县行政效能建设暂行规定》，清查行政事业单位小汽车配备情况，重新核定编制。专项清理领导干部违反住房规定，纠正违规住房面积1990.48平方米，清理违规住房21套，收缴违规房款14.8万元。专项执法监察扶贫资金、国有土地挂牌出让、重点建设工程、计划生育。监督落实《党政领导干部选拔任用工作条例》，严格执行民主推荐、竞争上岗、考察预告、任前公示、离任审计、党风廉政"一票否决"制度，建立公开、公平、竞争、择优用人机制。

2004年，云和县机关效能监察投诉中心成立，开通"96178"投诉专线、网上信箱，开展"阳光投诉"活动，聘请监督员。出台《云和县机关效能监察投诉中心工作规则》《云和县公务员行政过错责任追究办法》，通过新闻媒体向社会公开。严格执行省委"四条禁令"，制定实施"五禁两不准"规定，先后组织明察暗访7次。开展"万人评政务"活动，对36个重点单位行政行为进行评议，评出满意单位3个，不满意单位3个。专项检查教育收费，纠正教育违规收费30.6万元。专项清理党政机关违反规定用公款为干部职工购买个人商业保险，清理保费16.7万元，涉及653人。清理统一着装问题，减少统一着装206人。

2005年，云和县行政效能监察室设立，重点对执行省、市"四条禁令"、县委"五禁两不准"情况进行暗访、督查，剖析3个典型案例，公开曝光暗访录像。向重点建设工程项目派驻监察员、聘请效能监督员、开办《行政效能监察通报》。下发《关于进一步加强公务用车管理的通知》，实行公车定点停放、定点维修和统一保险。

2006年，云和县建立县效能监督员联系重点企业（项目）制度，开办"效能投诉台"，及时报道和宣传效能建设情况，开展上街、下乡"公开听诉"活动。专项整治重点项目环境，查处破坏发展环境行为，立案2起，追究刑事责任4人。

2007年，云和县实行效能监督员联系重点企业（项目）制度、采取效能建设问卷调查、电子监测炒股手段，拓展效能建设。受理效能投诉件65件，办结65件。制定县、乡机关干部上下班签到流动监督制度。清理整顿和规范市场经济秩序，调查处理安全责任事故3起，追究责任6人。清理政府机关评比达标表彰项目17个，撤销13项。

2008年，云和县开展效能建设明察暗访7次，组织公开听诉1次，通报批评违反效能规定单位36个。监督检查土地调控政策落实情况，先后查处违章建筑案件3起，依法发出监察建议书5份，通报1份。

2009年，云和县开展效能专项督查，农村危旧房改造、乡镇编外人员分流清退、重点项目建设、干部纪律作风等工作。制定《云和县安全生产事故行政责任追究办法》，对5名责任人进行责任追究。加强公车管理，下发《关于进一步加强特种公务车辆管理的通知》。开展"群众满意基层站所"创评工作，创建省级"群众满意基层站所"1个，市级"群众满意基层站所"3个，县级"群众满意基层站所"8个。出台《关于进一步规范乡镇党委政府、村级组织外出学习参观考察活动的通知》，整治村级组织公款旅游现象。

2010年，行政审批中心效能监察站设立，推行并联审批、提前介入和全程导航工作模式。建立完善领导蹲点调研、结对联系制度，成立"三办合一"县督查室，推行年度重点工作月报、后备干部联系项目跟踪督查、会议审批制度。推行立即办、主动办、上门办、跟踪办、公开办"五办工作法"。推行"一线工作法"，建立完善作风建设长效机制、重点工作责任分工制度。

违纪案件查处

1991—2010年，县纪委认真处理群众来信来访，严肃查处各类违法违纪案件，立案查处875件，其中开除党籍135人、留党察看71人、撤销党内职务11人、党内严重警告101人、党内警告 274 人；开除公职 19 人、行政撤职 21 人、行政开除留用 1 人、行政降级 20 人、记大过 14 人、记过 35 人、警告 87 人。

第五章　组织工作

云和县委按照“坚持标准、保证质量、改善结构、慎重发展”的要求发展党员，健全党的组织，推进机关、农村、社区、非公有制企业党建工作；遵循“党管干部、德才兼备、依法办事”的原则，做好干部的提拔、使用和管理工作；建立公开、平等、竞争、择优的选拔任用机制，加强领导班子、后备干部和人才队伍建设；推行干部竞争上岗和进退流转，能上能下、能进能出的长效管理机制；实施纪律严明、群众参与的预警监督机制，提高各级党组织、党员干部队伍的整体素质，为云和的经济建设和社会事业发展提供强有力的组织保证。

第一节　党员队伍建设

党员教育

1991—2010 年，云和县党员教育，以县委党校和各基层党校为主阵地，采取集中上党课、开展电化教育、自主选学、个人自学、组织理论研讨、知识竞赛等形式对全体党员开展马列主义、毛泽东思想、中国特色社会主义理论体系教育，党章和党的基本知识、党史国史、党的路线方针政策和形势任务、国情教育，党的优良传统和作风、党的纪律和反腐倡廉教育，社会主义核心价值观教育，市场经济知识、法律知识、科学文化知识和业务技能教育等。同时，举办党务工作培训班，开展岗位培训。

1991 年，组织学习《社会主义若干问题纲要》。开展“忆传统、讲贡献、做新时期合格共产党员”主题活动。1992 年，组织学习邓小平南方谈话。为各乡镇党委购置放像机，全县建立 24 个电化教育播放点。1993 年，开展农村十四大精神再教育。1994 年，开展向金融卫士刘玲瑛学习活动。农村党员电化教育网络做到人员、器材、场地、制度四落实。1995 年，学习《邓小平文选》和中共十四届四中、五中全会精神以及社会主义市场经济知识。组织播放四中全会《决定》专题讲座、《来自亿元村的报告》《孔繁森》《金融卫士——刘玲英》《坚定共产主义信念》《加快改革开放步伐》《发展社会主义生产力》等 27 个片子，播放 281 场次，17518 人次收看。

1995—1999 年，组织开展邓小平建设有中国特色的社会主义理论和党章学习。1996 年，建立县直机关党员电化教育日制度。1997 年，学习了解香港回归形势和《中华人民共和国香港特别行政区基本法》。开办“党教之窗”电教专栏。在机关部门党委（党组）建立 31 个播放点，使全县党员电化教育播放点增加到64个(其中乡镇15个、村级18个)，形成县、乡、村三级电教网络。组织收看41180人次。1999年，《中国共产党和国家机关基层组织工作条例》集中学习教育。

2000年12月至2002年4月，云和县开展“三个代表”重要思想学习教育活动。树立科技示范带头人廖永平先进典型，并被全市推广。2003年，开展十六大精神主题教育。在县委理论中心组专题学习新党章。实施“党员电教升级”工程，同步建立农村党员电化教育科普学校。在云和电视台开设农村科技互动点播频道。2004年，设立云和县党员电化教育中心。2005年1至11月，开展第一批、第二批保持共产党员先进性教育活动。2005年12月至2006年6月，开展以农村党员为主体的第三批先进性教育活动，174个支部党员3469人受到教育。2005—2008年，分三批开展农村党员干部现代远程教育网点建设，到2008年，实现170个行政村远程教育终端站点全覆盖。创建各类远程教育学用示范点26个，其中省级示范点4个，市级示范点14个。拍摄《毛荣理和他的劳务品牌》获全省首届党员干部现代远程教育教学资源暨第九届优秀党员电教片评比一等奖。1991—2010年，结合基层组织换届和教育整顿，加强农村党员思想政治教育、基本路线教育和农村基层组织建设、农村实用技术、劳动力转移和特色产业管理等实用致富本领培训。开展村干部学历提升教育。1994—1999年，全县党员参加各种培训34278人次，其中脱产培训2389人次。

2008年，云和县开展支援四川抗震救灾活动，自愿交纳特殊党费党员4069人，缴纳党费151.19万元，参与面53.84%。

党员管理

党籍管理 1991年始，云和县坚持“三会一课”制度(支部党员大会、党支部委员会、党小组会、党课)，开好组织生活会，一年一次民主评议党员制度。1991—2010年评出县级优秀党员1802人次，市级优秀共产党员15个，1991—2002年，评出县级优秀党支部书记328人次。及时处置不合格党员，处分党员434人。

流动党员管理 1993年，在外出党员较多乡镇建立管理机构和制度。1994年，在外出党员集聚点建立临时支部，对零散外出党员实行联系卡制度。1995—1996年，建立和健全外出党员登记、汇报、联系制度，党员外出都作登记。2004年，改党员流出地管理为流入地管理。在云和镇建立流动党员管理服务中心，对进城流动党员370多人，分类落实其临时组织关系。2007年，建立流动党员花名册，发放流动党员活动证869本，外出流动党员持证率达到100%。设立流动党员咨询服务专用电话。在新华社区成立服务总站，其他5个社区各成立服务站。

第二节 基层党组织建设

1991年1月，全县设有党委44个(其中工业3个、交通邮电2个、农业25个、财贸7个、文卫3个、机关4个)，党组22个，总支1个，支部394个。1991年1月至7月，全县设镇党委

2个、乡党委20个。22个乡镇分为云和、石塘、紧水滩、梅源4个片区，设有4个农村工作指导组（设片区时间在1988年7月）。

是年7月，撤销4个片区农村工作指导组，成立云和区、石塘区、紧水滩区、梅源区等4个区工作委员会，为县委的派出机构。至2010年年底，县委派出机构有县直属机关工作委员会，全县党委25个、党组41个，党总支部10个、党支部478个。

1996年，开展创建党支部“凝聚力工程”。2001年，对党支部换届选举试行“两推一选”（两推：党内推荐支委候选人和党外推荐支委候选人，一选：由党组织内全体有选举权党员无记名投票选举支委人选）。2002—2003年，开展党员“设岗定责”活动。2007—2010年，开展“城乡先锋同行，共建童话乡村”双百结对共建活动。2010年，开展“阳光服务先锋”创先争优活动，推进“网格管理，阳光服务”系列活动。1991—2010年，云和县开展基层党组织“双争双评”（争创先进党支部、争做优秀共产党员，民主评议党支部和民主评议党员）活动，评出县级先进基层党组织715个，市级先进基层党组织18个，省级先进基层党组织5个。开展“三会一课”制度、民主生活会制度建设，适时抓好支部换届和党组织组建和流转，理顺党组织归属关系，保持党员先进性、纯洁性。

机关党组织建设

1996年，云和县出台《云和县直机关党支部工作若干规定》。1997年，云和县制订《云和县加强县直机关党内监督的意见》。2000年，出台《云和县加强离退休党支部管理的实施意见》。2002—2003年，推进党支部规范化建设，达到规范化要求党支部52个。理顺部门机关党委归属关系12个。2004—2010年，开展机关党员进社区服务活动。

农村党组织建设

1991年起，实施《村级党组织建设两年规划》，开展农村基层组织配套建设。开展6届行政村党支部和村民委员会换届选举。2010年，开展村级组织换届选举试点工作。

1991年，云和县开展乡镇机关干部思想作风整改。1991—1992年，云和县开展农村党支部“达标评类升级”活动，多措并举发展年轻党员，改造农村五种类型支部和党员年龄老化支部。推行村干部养老金保险制度，筹建农村党员干部福利基金会。1993—1995年，云和县完成瘫痪半瘫痪支部整顿转换工作。开展小康村、富裕村建设，小水电、水干果基地发展迅速，到1995年底，全县村集体经济“空壳村”比例下降到6.47%以下。1995年，对照地委“六项考核指标”要求，调整充实21名党支部书记。1995—1997年，整顿转化后进村党支部29个，建立村党支部书记、村委会主任养老保险制度。1998—2002年，开展乡镇党委“创六好、树形象”(好班子、好队伍、好路子、好机制、好作风、好环境)活动。1998—1999年，开展乡镇领导班子、机关干部和村级组织集中教育整顿。

2000年，云和县推行《民情日记》、民情分析会制度、政务公开和办公无休日制度等四项制度。2001年，全面推行“两单一会”制度（民情反馈单、政务建议单和乡镇村务恳谈会制度）。建立“两窗口一制度”服务体系（农技“110”服务窗口、便民服务窗口和驻村服务日制度）。至2002年，全县14个乡镇全部达到“六好”目标。2002年，开展农村党支部“创五好、奔小康”（好班子、好队伍、好路子、好机制、好制度)活动。建立健全规章制度,全面推行村务公开、村帐乡(镇)管和民主管理,发展壮大村级集体经济(开展责任山、责任田提留款征收),对村主要干部实施报酬奖励机制。开展联村联户和双争双评。建立健全梅湾村爱国主义教育基地和一批农村党员教育活动基地。至2002年,农村党支部百分之七十达到“五好”目标。2003—2009年,以“三级联创”为主线,开展以“强核心、强素质、强管理、强服务、强实力”为主要内容的“先锋工程”建设。

2003年,云和县制定县级五年“先锋工程”创建规划。完善联章联签、联席会议和村务恳谈会等制度。实行驻村干部“双向选择”,推行“两证三员”(“两证”即乡镇工作岗位证、农村实用技术证;三员即政务建议单报账员、政务恳谈会联络员、村务恳谈会协理员)。完善村务公开,解决农村主要干部生活困难问题,推行村务违规行为责任追究制度,推广乡镇先进经验,开展“双到位”活动(设岗定责到位、发挥作用到位)。

2004年始,云和县推行乡镇干部“住村联心”工作制度,从机关下派农村指导员。2005—2006年,开展经济薄弱村办公场所建设,投入资金286.6万元,分三批建成村办公场所83个,实现村村有场所。

2006年,云和县开展农村党组织“6+X”制度建设。2007—2009年,开展村集体经济万元工程建设。开展城乡支部“双百互动、先锋共建”活动,机关部门及规模企业党支部100个和农村党支部100个结对共建。实行村干部到乡镇机关分批挂职制度。2007—2010年,推行农村党员“十事”先锋承诺制度。开展农村党员创业诚信信贷工程建设。实施“一村一名大学生”计划,4年招聘大学生村官111人。

2007年,云和县出台《云和县村级组织运转目标管理以奖代补(试行)》,规范村级组织运转。2008年,开展村级组织运转“10+X”目标管理,创建组织运转示范村。2009年,制定出台《中共云和县委关于进一步加强农村基层组织建设的意见》。2009—2010年开展“驻乡进村、组团服务”和“强村带弱村、共建新农村”活动。实行党建工作双向述职制度。全面解决村主要干部基本报酬。2009年,云和县被省委授予“农村基层组织先锋工程先进县”称号。

2010年,推进农村“135工程”建设(丽水市委、市政府提出,在全市农村重点培育100个中心村、整顿转化300个“后进村”、积极创建500个生态文明村,简称135工程)。落实基层党建工作责任制。制定乡镇基层组织工作督查细则。

社区党组织建设

1999年,云和镇建立居委会党支部5个。2000年初,将下岗职工党员125人划转居委会党支部管理。2001年,配强党支部班子,开展县直机关支部与社区支部结对帮扶。2002年,建立县社区建设和社区党建工作指导委员会,制订社区党建工作实施意见,完善共驻共建机制,将社区党建工作列入机关部门党建工作年终考核内容。2003年,通过“两推一选”健全云和镇社区党支部班子6个,选派镇干部6人担任社区党支部书记。对社区退休职工、下岗工人中党员进行登记造册,把社区外出党员管理纳入轨道。中山社区被评为“省级示范社区”。2003年开始,每年开展社区党员“奉献社区树形象”活动。2004年,建立中山、新华2个社区党总支。选派县管领导6人担任社区党建工作指导员、党建工作联络员32人到新社团组织中指导党建工作。2008年，开展社区“两委”换届选举。2006—2010年，完善社区党建共建机制。

企业党组织建设

1992年，云和县召开企业党建工作经验交流会。征集和汇编党建论文。1993年，提高工商企业党组织和党员“双争”目标管理中经济指标分值。健全企业党工作联系制度。1994—1995年，企业经营机制转换之季，建立乡镇企业党组织33个。1997—2000年，开展企业党组织创“四有”（有一个好班子、有一支好队伍、有一个好机制、有一套好制度）工作。在经营稳定、职工在100人以上私营企业建立党组织。加强职工代表大会民主评议企业领导人员工作。开展企业“四有”评定，县烟草公司等3个国有企业先后达到标准。

2000年，对非公有制企业党组织进行全面调查。出台《非公有制企业党建工作3年工作规划》，加强非公企业党建工作。在6个非公企业中建立电化教育室。2001年，成立非公企业党支部1个，发展党员4人。2002年8月，开展“我为云和经济发展比贡献”为主题企业党建月活动，实行党的工作员派驻制度，派驻7名工作员。2003年，18家职工100人以上非公企业全部建立党支部，建立规范化党员活动室11个，培训入党积极分子100多人。全县非公企业党员人数479人。

2004年，在县工业园区管委会建立党总支，将园区非公企业党支部纳入党总支统一管理。非公有制企业建立党支部18家，在民办非企业中新建3个党支部。全县新领域党员人数273人。

2005年，建立工业园区党委，统一管理园区非公企业党支部。在应建党组织19家非公有制企业建立党支部19个，组建面100%。在民办非企业中新建党支部3个。培训新领域入党积极分子132人，培养吸收非公企业主党员2人。至2005年，全县新领域党员人数21人。2004—2006年，在非公企业中开展“党员示范岗”“党员一岗双责”责任制、厂情恳谈会等活动。

2007年6月，开展“党建全覆盖·喜迎十七大”非公有制党建活动月活动，43家规模企业建立党组织，在全市率先实现规模企业党建全覆盖。探索村企党支部1+1共建活动，企业43家与农村进行结对。2008年，加强新领域党建工作，建立健全党建联络员、党组织参与企业决策等制度，组织开展“党员示范岗”“党员责任区”等活动。2010年，为切实履行非公有制党建工作职能，在县委组织部设立中共云和县社会工作委员会。

第三节　干部工作

干部管理

县委管理干部　除省、地（市）管干部外，其他乡科级领导干部，由县委管理干部任免，组织部负责干部考察，县委常委会讨论决定。党内职务由县委直接公布，行政职务依照法律规定程序，由县委提名推荐，分别提请县人民代表大会选举，或县人大常委会、县人民政府决定任免。

后备干部 1991年起，县党政正职后备干部选拔、培养、考核、管理工作由地委组织部负责，其他县级后备干部管理工作由县委负责，地委组织部进行检查、指导。1994年，其他县级后备干部管理工作由地委组织部与县委共同负责，县委讨论通过地管后备干部名单，以县委名义报地委组织部审定，县管科级后备干部名单报地委组织部备案。

参照同级公务员管理干部 1997—2008年，云和县开展机关参照公务员管理过渡工作。1997年，制定参照管理文件，做好参照管理机关职务设置。1998年，完成县级机关单位16个和乡镇15个人员过渡工作。1999年，对19个县级机关（两院）和15个乡镇机关，按“三定”（定机构、定编制、定人员）方案进行职位管理。2000年，部门开展“双聘”，抓好公务员培训。2001年，开展县乡机构改革，参照机关（含乡镇机关）开展“三定”工作。2006—2008年，开展公务员清理登记。2008年，对团县委等13个列入参照管理单位进行上报审批，完成机关人员公务员登记。

干部选拔任用

干部人事制度改革 1996年，云和县出台《干部人事纪律执行情况监督检查制度》。1999年，推行选拔任用领导干部实行公示制和党风廉政“一票否决制”，逐步实行领导干部试用制。全面推行股级干部竞争上岗和一般干部聘任制，新招工作人员全面实行公开招考制。2001年，对干部提拔任用实行考察预告制。2002年，对机关事业单位工勤人员实行聘用制，统一公开招考。2003年，实行县管领导干部任免票决制。2004年，试行县委全委会成员民主推荐提名制、干部差额考察制，推行领导干部生活圈、社交圈考察。2005年，研究出台《中共云和县委全体会议讨论任用干部表决办法》。出台信访督查专员制度，分期分批选派新任副科级领导干部到县信访局顶岗锻炼。2008年，推行提任干部配像公示制度。

2010年，探索“两推荐五差额”（干部群众“海推”提名、组织部门分析推荐、群众差额推荐、组织部差额提名，县委全委扩大会差额圈选、县委差额酝酿和县委常委会差额票决）的办法选拔乡镇长人选6人。通过全程差额、全程监督办法选拔科级领导干部13人和乡镇中层干部2人。

公开选拔干部 1995年，云和县“双推双考”公开选拔乡镇长助理。通过地区“双推双考”被选调到地区计生委任副主任1人。通过“双推双考”，从县属企业选调到乡镇从事经济管理工作4人。通过考试挑选大中专毕业生到比较艰苦乡镇工作10人。公开选拔县管领导干部4次，1999年推出职位5个，2002年推出职位7个，2004年推出职位8个，2007年推出职位6个，通过笔试、面试等环节，公开竞争后提任26人。

领导干部调配 1991年，充实乡镇党政班子14人，充实部门领导26人。1992年，调整19个单位班子成员69人。其中，提拔为副科级以上51人，部门乡镇交流45人，降职4人。1993年3月，“撤扩并”乡镇选举，产生乡镇党委委员79人。1994年，调整乡镇班子成员12人，其中提拔6人，交流6人。调整充实机关部门班子，提拔副科级以上领导干部14人，确定副科级以上职级15人，交流16人。1995年，调整县管干部182人，其中提任49人、交流70人、降免21人。1996年，乡镇换届，产生乡镇班子成员138人。完成县总工会、县工商联、县妇联换届。在全县党政机关机构改革中，县管领导干部进行易岗交流44人。1997年，调配、任免县管领导干部73人。其中，提拔29人、异岗交流38人、撤职1人、免职2人、停职3人。1998年，提拔使用干部47人，其中由副科提拔为正科17人。异岗、异地交流乡科级干部91人，降免或暂缓安排3人。由领导职务转为非领导职务19人。1999年，提拔使用干部22人，其中由副科提拔为正科6人，异岗、异地交流乡科级干部16人，降免或暂缓安排21人，有1人由领导职务转为非领导职务。

2000年，云和县调整领导干部38人，其中提拔19人，交流轮岗干部16人，撤销或免职3人。乡镇团委书记、妇联主席享受副科以上待遇。2001年，结合县乡机构改革和乡镇换届，调整充实全县部门和乡镇领导班子。2月，机关干部下派到15个乡镇直接担任乡镇正、副职16人。全年调整领导干部299人。其中提拔65人，交流轮岗179人，改任非领导职务45人。2002年，调整县管领导干部60人，其中新提拔22人，交流轮岗34人，免职4人。2003年，调配县管领导干部107人次。其中提拔24人，交流轮岗25人，免职12人。2004年，在考察基础上分8批次调配县管领导干部176人次。其中提拔54人，交流95人。2004年，公开选拔县管干部8位。2005年，完善政府部门机构调整撤并工作，撤建部分单位党委（党组），调整部分单位领导职数。调配县管领导干部9批次122人次。其中提拔26人，交流43人。增补县工商联副会长、县政协委员、县妇联执委及常委，调整县总工会执委及常委、乡镇团委书记和乡镇妇联主席。2006年，乡镇党委换届，差额选出乡镇党委委员100人和乡镇纪委委员44人。安排乡镇领导132人（不包括公检法下派干部和派出所所长兼职人员），其中副县级领导1人、正科级领导干部34人、副科级领导干部97人；新提任干部23人，其中提任正职5人、提任副职18人；机关下派干部回机关14人，机关下派乡镇12人。2007年，完成部门正职、副职人事调配。提任领导干部9批次58人（其中副科提任正科7人，提任副科51人），交流89人，改任非领导职务10人。2008年，全年任免县管领导干部57人次，其中提任26人次，交流22人次。2009年，交流2人，免职5人。2010年，选拔乡镇长6人，选拔科级领导干部13人和乡镇中层干部2人。

后备干部队伍建设 云和县按照“数量充足、门类齐全、专业配套、素质优良、结构合理”要求，及时调整充实后备干部队伍，保持后备干部队伍100人左右。1994年，首次建立党外代表人物队伍。2010年，通过全县竞争性选拔考试，将后备干部队伍从103人增加到200人。从1996—2010年，举办青年干部培训班10期，受训375人。配合市委做好市管后备干部推荐、考察和公开选拔工作。实行干部挂职锻炼培养制度。1991至2000年6月，派出干部挂职156人次。2006—2010年，每年开展常规挂职锻炼干部70余人。

非领导职务审核确定 1999年，确定公安局干部12人原高套高配现为副主任科员职级问题。2001年，云和县出台《关于确定占职数正副主任科员的实施意见》。2004年，调整确定非领导职务条件，任副科级职满15年且近5年考核称职以上领导干部可以兼任本单位主任科员（或享受科级待遇）。2005—2006年，根据政策调整对公检法机关非领导职务职数设置进行调整扩充。2008年，根据云和县实际，对非领导职务晋升政策调整完善，让更多符合条件人员职务晋升。

股所级干部选拔任用 1996 年，在政法系统开展股所级中层干部交流试点。1997 年，制定《县直机关股(科)所队级干部选拔任用工作意见》。1999 年规范县直部门和乡镇中层干部竞聘上岗和一般干部聘任制工作。2002 年，下发《关于加强县乡机关股级干部选拔任用工作管理的意见》。2004 年，出台《云和县县乡机关股级干部竞聘上岗实施意见》，完善具体操作意见和办法。

1991—2010 年云和县公务员基本情况统计表

表 17-5-1　　　　　　　　　　　　　　　　　　　　　　单位：人

年度	总数			年龄				文化程度						政治情况	
	计	其中 女性	其中 少数民族	35 岁以下	36—45 岁	46—54 岁	55 岁以上	研究生	本科	专科	中专	高中	初中以下	共产党	民主党
1991	3045	1008	137	163	717	469	225		832		113	502	57	1278	6
1992	3106	1109	146	166	725	485	247		903		120	461	53	1287	8
1993	3197	1137	173	167	828	488	212		911		126	516	50	539	8
1994	3206	1090	164	168	852	469	203	—	217	723	126	529	46	1366	8
1995	3281	1252	175	183	880	477	188	—	202	742	137	563	39	1343	8
1996	3237	1209	192	176	837	473	161	1	209	822	144	460	30	1307	36
1997	3132	1146	204	170	802	468	146	1	202	868	140	336	31	1337	27
1998	3149	1181	206	171	852	453	128	3	206	955	137	131	29	1410	39
1999	3050	1326	204	156	934	170	45	4	210	102	126	324	22	1420	18
2000	3319	1331	212	163	1048	518	119	6	257	115	134	323	23	1531	35
2001	3443	1455	218	168	1089	549	119	5	290	130	132	308	21	1599	38
2002	3408	1424	202	155	1139	587	128	2	357	140	116	290	19	1648	37
2003	3452	1454	194	153	1115	659	148	2	501	150	101	430		1662	38
2004	3869	1604	205	162	1230	848	164	4	793	178	814	478		1768	39
2005	3949	1655	227	169	1226	859	170180	5	108	165	767	443		1819	40
2006	3695	1673	230	153	1220	759	180	7	962	152	766	440		1920	42
2007	3653	1829	239	129	1275	896	190	10	817	165	752	421		2010	45
2008	3911	1845	243	153	1257	910	210	15	102	171	743	415		2103	50
2009	3922	1873	250	141	1354	925	225	20	101	175	732	401		2136	62
2010	4020	1920	251	149	1358	936	236	25	113	117	723	398		2436	75

人才工作

1991—1994 年，云和县参评推荐地区“科学青年奖”，获地区科学青年奖 9 人，被评为地区拔尖人才 1 人。1996 年，建立企业经营管理者队伍和科技带头人队伍。1997 年，云和县科教兴县专家咨询小组成立，下设教育、卫生、农业、林业、水利水电、工业等专业小组6个。出台《云和县乡镇科技副职管理办法》（1988年开始在乡镇设立科技副乡长，1997年各乡镇配齐科技副职），鼓励科技人员到生产第一线。1998年，建立科技人才库，出台《云和县跨世纪企业管理人才队伍建设培养规划》和《云和县跨世纪学术和技术带头人培养规划》，举办首期科技干部培训班。开展科技拔尖人才评选活动，被评为县中青年专业技术拔尖人才20人，被评为丽水地区中青年专业技术拔尖人才1人。

2002年，开展“百科联村”活动。2003年，在政府部门设立技术领导职务。试行组工干部“一联三挂钩”联系专业人才制度。建立全县三项人才信息库。2006年，建设高技能人才队伍，把农村实用人才“云和师傅”队伍纳入人才资源开发范畴。在县委组织部设立云和县人才工作办公室，建立人才办例会制度。2007年，出台《云和县“十一五”人才发展规划》。2008年，制定《云和县人才引进、奖励和调动管理办法》，制定《“十一五”人才发展规划重点工作任务分解》《成员单位工作职责》等文件。落实干部保健制度，县财政每年投入近100万元资金，为全县干部职工提供两年一次健康体检服务，并对患重大疾病住院领导干部实施大病补助。出台《云和县招聘到农村和社区工作高校毕业生管理办法》《云和县招聘到农村和社区工作高校毕业生管理制度》，促进大学生村官规范化管理，引导和鼓励高校毕业生到农村和社区工作。2009年，成立云和县专家咨询委员会。从省直单位聘请9名专家、学者任委员。开展首届享受高层次人才政府津贴人员和云和县突出贡献人才奖评选活动。2010年，以“云和师博”劳务品牌为抓手培养异地开发创业农村实用人才队伍做法，得到时任浙江省省委常委、省委组织部部长蔡奇充分肯定。

干部培训教育

干部培训　1991年，开展党的基本知识、邓小平南方谈话、中共十四大精神和十四届三中全会精神等内容教育培训。举办“社会主义若干问题纲要”干部学习培训班3期，选送参加地区培训48人。1992年，举办组织委员培训班2期、副科级以上干部培训班1期、乡镇干部实用技术培训班5期。抽调干部参加地区以上培训班学习50多人。1993年，组织学习建设有中国特色社会主义理论。举办乡科级以上干部理论学习班2期。1994年，组织党员干部学习《邓小平文选》和十四届三中、四中全会《决定》，抓好以解放思想、更新观念为主要内容思想教育，以优质服务为中心内容的机关工作作风教育，以廉洁勤政为核心的廉政教育。抓领导干部理论学习“六落实”，建立干部培训档案，将学习考核结果作为领导干部任用条件之一。举办乡科级领导干部理论培训班4期，机关部门126人、乡镇参训112人。1995年，开展建设有中国特色社会主义理论和党章学习活动（简称“双学”），举办乡科级干部、中青年干部、妇女、少数民族干部各类理论培训班26期，参训1267人次。举办第一期乡村干部经济专业成人中专班，招收学员51人。1996年，建立乡科级领导班子中心学习组，恢复给领导干部上党课制度。1997年，制定《干部培训“九五”规划》《领导干部在职参加学历培训的管理意见》《科级领导干部在职自学考试考核意见》，抓领导干部学历培训，领导干部参加大专以上学历函授53人。

1994—1999 年，通过各种方式学历培训，取得大专以上学历干部 556 人，其中本科 9 人。1998—1999 年，实施公务员初任上岗培训、公务员知识更新培训和计算机培训。2002 年，制定《2001—2005 年干部培训规划》，对县管领导干部学历普查 342 人。2004—2005 年，举办主体班次培训 16 个，培训干部 1218 人次，外派参加省市培训学习 272 人次。2010 年，制定实施《云和县县管领导干部教育培训学分制管理办法(试行)》，将领导干部教育培训学分纳入人个人年度考核内容。推行县管领导干部轮训工作，全县县管领导干部分 4 期进行轮训 400 人。2006—2010 年，共开展 30 多个主体班次培训，培训干部 2300 多人次，选派 270 多人到省、市参加有关培训班学习。同时，每年协同司法局对全县干部进行普法培训考试。

教育实践 1995—1999 年，云和县开展建设有中国特色社会主义理论和党章学习活动。1996 年，开展“奉献于事业、服务于人民”活动。评选“十佳公仆”。1997—2000 年，开展讲学习、讲政治、讲正气为主要内容党性党风教育，县级领导班子和领导干部是教育重点，延伸到全县机关干部和乡镇领导干部(简称“三讲”教育)。2000 年 9 月至 2001 年，分三批在县直机关领导班子、领导干部和乡镇领导班子、干部队伍中开展以“三个代表”教育为载体的思想作风集中教育活动。2002 年，开展“两个年”活动(作风建设年、调查研究年)。2007—2008 年，开展县级领导班子“树新形象、创新业绩”主题实践活动，并向乡镇、部门领导班子延伸。2009 年，围绕“深化小县大城和科学发展”，开展学习实践科学发展观活动。

第四节 干部审查监督

历史遗留问题核查

1991—1992 年，复查审理更改党龄、伍龄、历史遗留问题和重新复核“文化大革命”中犯错误被定性处理人员。1993 年，建立审查结果信息联系网络，建成审查结果信息资料建库。1994 年，平反落实冤假错案同志职级待遇 6 人。1997—1998 年，调查、确认农村老游击队员和老交通员(简称“两老”人员)享受定补人员名单。做好部分 20 世纪 60 年代精减下放人员政策处理工作。

审查监督

1992 年，云和县建立党风监督档案制度，监督领导班子、领导干部及干部人事制度执行情况。1994 年，查处石塘镇“六·二”事件违纪领导干部。1995 年，督促检查各级领导干部贯彻执行《浙江省乡科级领导干部及基层站所负责人廉洁自律十项规定》情况，制定《领导干部个人重大事项请示报告制度》等规章制度。1996 年，制定《云和县领导干部经济责任审计办法》，建立《组织部门与执纪执法部门工作联系制度》《领导干部向党组织回复反映本人有关问题制度》《领导干部诫勉制度》《干部人事纪律执行情况监督检查制度》。1998 年，突出抓组织部门与执法执纪部门联席会议制度、领导干部经济责任审计制度、谈心谈话制度落实工作。1999 年，开展《党政领导干部选拔任用工作条例》学习宣传，对条例执行情况进行专项检查。

2002年，云和县实行县管领导干部自警行为日记制度。对县直机关参照执行《干部任用条例》任用股级干部情况进行检查。2003年，举办领导干部《干部任用条例》暨民主集中制研讨班。2004年，落实县管主要领导干部离任经济责任交接和审计制度。完善《云和县县管领导干部职级管理具体意见》等制度。实行干部工作首问责任制、失职追究制。2006年，出台《云和县乡镇主要领导干部任期工作规范移交制度》。2007年，云委办规范党政机关外出学习参观考察活动。2008年，出台《关于党员领导干部报告个人有关事项规定的实施办法》《云和县县管领导干部诫勉制度》。完善干部监督工作联席会议制度。2009年，出台《云和县领导干部经济责任跟踪监督实施办法(试行)》《云和县领导干部离任工作规范交接办法》。开辟网络监督，将全县副科级以上领导干部照片、姓名、单位及职务在网站上集中公示。2010年，坚持基层党委（党组）民主生活会制度和民主生活会上述职述廉制度对领导班子和领导干部实行考察和年度考核制度。执行干部因公出国实行政审制度。对县管干部实行请销假制度。

机构与队伍

县委组织部主管组织工作和干部工作。1991年，内设办公室、干部科、组织科、干审科。行政编制17名（含工勤人员）。2006年1月–2010年1月，县委组织部与中共云和县直属机关工作委员会合署办公。中共云和县直属机关工作委员会是县委派出机构，负责领导县直属机关党的工作。

2010年，县委组织部内设机构办公室（调研室）、干部调配科（科技干部科、干部教育科）、干部监督室、干部综合科（参照公务员制度管理办公室、组织史资料续编工作办公室）、组织科。县委组织部（县直属机关工作委员会）行政编制16名（含工勤人员）。

1991—2010年县委组织部主要负责人一览表

表17–5–2

部　长	任职时间	部　长	任职时间
符香环	1988.01—1992.12	王　峻	2006.01—2006.11
陈一军	1992.12—1995.04	李一波	2006.11—2010.04
周正春	1995.04—2001.04	叶砊仙	2010.04—
王亚民	2001.04—2006.01	—	—

第六章　宣传工作

中共云和县委宣传部根据党在各个时期的路线、方针、政策和上级宣传部门及县委的安排部署，制定和实施全县宣传思想文化工作任务、政策和措施。指导全县理论学习、党员教育、思想宣传工作；负责引导社会舆论，把握正确导向，指导、协调全县新闻工作；安排部署全县精神文明建设工作，指导、协调群众性创建活动。

第一节 理论教育

理论教育包括安排县委理论中心组学习和党员干部教育两个方面。工作方式是在部长或副部长主持下，拟定全县理论宣传教育年度工作计划，提出意见和措施，并组织安排和付诸实施。

县委理论中心组学习

1991 年，云和县先后成立党委理论组 62 个，组建理论辅导员队伍 64 人，建立健全干部理论学习制度 5 项，建立全县干部理论学习档案。1994 年，县委中心组修订七项学习制度，制订学习计划。丽水地区在云和县召开全区理论工作会议，云和县中心组作为全区理论学习“抓得实、搞得好”典型向省里推荐。1995 年，编纂以“振兴云和经济、加快脱贫步伐”为主题论文集一册，收集论文 16 篇。1997 年《关于云和县乡镇企业党建情况的调查》文，被评为全省县级中心组理论文章二等奖。1998 年，制定《云和县基层党委中心组成员在职学习考核办法》。1999 年，县委理论学习中心组，开展党的十一届三中全会理论学习研讨活动，征集理论文章 35 篇，其中《贫困地区扶贫开发工作和二十年的思考》《农村思想道德建设的思考》分别被省、地理论研讨会入选。2000 年，领导干部撰写理论文章 20 余篇，其中地级以上报刊发表 16 篇。

2001—2010 年中共云和县委理论学习中心组集中学习情况表

表 17-6-1

年份	次数	主要成果和特点
2001	7	撰写调研文章 26 篇，全县副处级以上领导在市以上刊报发表文章 30 余篇，全年发放政治读物 2.3 万余册，上报调研文章 6 篇，其中《畲汉和睦情谊深，干群团结经济兴》等 3 篇文章入选《丽水市思想政治工作典型经验》
2002	12	重点安排 6 个专题内容，研究完成 12 个调研课题
2003	12	《贫困山区教师队伍建设的现状和对策》的调研课题已被省社会科学研究会确立为重点调研课题
2004	12	全县各单位组织基层理论中心组专题学习讨论 304 次
2005	14	聘请国家、省、市级理论专家讲座 7 次。在全县副科级以上单位建立理论学习中心组夜学制度，成立县基层党委中心组理论学习督导组，指导督促基层理论学习中心组制订学习计划和学习制度
2006	15	通过举行系列形式报告会、组建形势政策宣传教育兼职讲师团分赴基层宣讲等活动
2007	12	深入开展“三个代表”重要思想和科学发展观的宣传贯彻
2008	14	组织夜学 9 次
2009	13	组织夜学 14 次
2010	19	省特级专家陆立军教授领衔组成“小县大城”战略理论提升课题研究小组，总结云和县实施“小县大城”发展战略以来的新成就新经验

注：中共云和县委理论学习中心组由县委、县人大、县政府、县政协和县政法部门副处级以上党员领导干部组成

党员干部教育

1991年，举办培训3期，进行《社会主义学习纲要》集中轮训255人。编发23期《理论文摘》。征订《中共党史简明读本》1000册，《党的基本知识》3300册，同时编发10课辅导教材。1992年，开展中共十四大精神宣传教育活动，编发《全面部署党的十四大召开前后宣传工作计划》。成立由11人组成的中共十四大精神宣讲指导组，分别在农村、企业、学校和机关为期一个月宣讲试点。1993年，下发《全县干部理论教育的意见》，举办4期培训班，受训178人。编印《理论学习》13期，达2.5万字。开展以"贫困山区经济发展的动因与趋势"为主题理论探讨，征集论文10余篇。1995年，制定《关于在全县党员中开展建设有中国特色的社会主义理论和党章学习活动的意见》。全年举办培训班5期，受训人员2000多人。

1996年，云和县制定《全县党员"双学"活动实施意见》，学习教育专题9个，举办干部理论学习班5期，到基层讲课达32次。1997年，11月下旬至12月下旬，全县乡镇开展以宣传贯彻中共十四届六中全会精神为重点，以脱贫致富为目标，以加强农村基层组织建设、壮大村级集体经济、加强农村精神文明建设为主题的农村党的基本路线教育。全年组织业余宣讲团到基层讲课32次，在省、地报刊上发表论文13篇。1998年，开展以宣传贯彻中共十五大精神为主题农村党的基本路线教育。制定"基层党校工作计划"和"基层党校教学计划"，全县39所基层党校，有20所被评为先进基层党校。1999年，依托基层党校，对党员开展中共十五大精神和邓小平理论系统教育，通过催、导、查、考、评等手段推动基层党校正常运行，机关部门党员参考率达99%，农村党员参考率达90%以上。2000年，开展以"致富奔小康，建设新农村，实现现代化，教育广大干部群众知小康、想小康、干小康"为主题农业和农村现代化教育。

2001年，云和县开展"双思"(致富思源，富而思进)教育活动，农村致富典型宣讲团成立，巡回宣讲15个乡镇，编辑《致富典型实例》一书，发放170个行政村。2002年，发放2.4万余册政治理论读物。2003年，到基层宣讲"中十六大精神"500余场，发放《学习与创新》等理论读本2万余册。2004年，乡镇副科级以上领导班子、部门中层以上干部参加中共十六大精神培训1000余人，撰写心得体会500篇。开展中共十六大宣讲598场，受教育达53550人次。2005年，汇编出版《学习与思考》。各基层党校共上党课325堂，受训人数达2.32万人次。

2006年，云和县开展农村中共十六届四中全会精神主题教育活动，全年接受学习教育3.4万人次。2007年，乡镇宣讲形势送政策，全年下发6000多册宣讲资料，宣讲110场，受训6000余人。开展"真情送图书、建设新农村"活动，送书5万余册。开展"科学发展观在丽水的实践实例"征集活动，征集40余实例，入选《科学发展观在丽水的实践实例》10例。督促、指导各基层党校全年上党课292堂，受训2.6万余人。2008年，发放《党员读本》4300册。开展社会主义新农村主题教育，向全县及城镇居民印送春联3万户。开展"建设新农村，我来献一计"金点子征集活动，共征集金点子50个。举办"建设新农村，缔造新生活"为主要内容农民演讲赛。2009年，发放各类理论书籍5万多册。开展"云和师傅"典型宣讲、"创业创新一把手访谈"、解放思想大讨论等活动。《"小县大城"谱写云和科学发展新篇章》《"林业专家"网上坐诊咨询答疑真方便》2篇文章被省级《宣传教育面对面、解决问题点对点》录用。2010年，发放各类理论书籍2.5万多册。开展中共十七届三中、四中全会精神、社会主义核心价值观等主题宣讲，县电视台开辟“云和论坛”节目，社区开展“人文讲坛”活动。县财政局基层党校被评为省级基层党校示范点。

第二节　对内宣传

方针政策宣传

1991年，云和县开展解放思想、振兴经济专题宣传，先后举办理论研讨、演讲比赛、知识竞赛等活动14次，参加竞赛人员120余人次；《宣传导报》出14期394篇，25万余字。1992年，开展中国共产党第十三届中央委员会第八次全体会议通过的《中共中央关于进一步加强农业农村工作的决定》，深化企业改革、发展个体、私营经济宣讲活动，抽调机关干部到各乡、镇进行宣传贯彻。1995年，《云和报》、广播站“云和新闻”，开辟“解放思想大家谈”栏目。1996年，为纪念建党75周年、红军长征胜利60周年和迎接香港回归等举办大型图片展12期。1999年，先后组织12次大型图片展，宣传党的十五大精神。2000年，召开云和解放50周年纪念大会、举办庆祝中华人民共和国成立50周年和澳门回归等活动；开展揭批邪教“法轮功”活动和谴责“驻南使馆被炸”事件。2002年，下发《关于做好迎接党的十六大宣传工作的意见》，组织巡回演出。2003年，下发《关于兴起学习贯彻“三个代表”宣传工作方案》《关于加强生态示范区建设宣传教育工作的通知》。2008年，社会主义新农村建设、作风建设年、法治建设，推进云和跨越发展，开辟专栏近40个。

重要决策宣传

1994—1997年，云和县举办经济发展和社会进步为主题大型文艺晚会，开展以“前进中的云和”为主题图版宣传展和“霞满天”为主题书画展；开展“五个千家万户”（木制玩具、袋料香菇、童鞋生产、轴承加工、高山蔬菜）、县城过境公路改建工程等主题宣传；围绕云和县“两会”“九五”计划和2010年远景目标、“严打”斗争、“两基”验收、“五个千家万户”、经济体制改革等重点中心工作开展宣传，《云和报》全年共开辟专栏50余个。1998年，宣传中央、省、地、县关于扶贫攻坚政策措施以及云和县扶贫攻坚经验和成果。2000年，首届“中国木制玩具节”期间，《云和报》、广播、电视等新闻媒体开设《木制玩具总动员》专栏。2002年，开展城市化主题系列宣传活动，申报创建省级卫生县城，开展市容市貌综合整治宣传报道。2005年，组织和开展云和城市定位大讨论，确定反映云和特色城市定位主题词“山水家园，童话世界”。2007年，围绕“小县大城”发展战略、构筑“平安云和”，开展县“两会”、县第十二次党代会、县乡人大换届、高速公路建设、云和雪梨展示会、社会主义新农村建设、法治建设等重点工作宣传。2009年，举办“文明同行，和谐共享”“纪念改革开放30周年”等主题图版展10期；37个行政村有线电视联网，75个行政村“村村响”工程，提前实现有线电视“村村通”全覆盖，实现中央台广播电视节目无线覆盖。

掌握舆论阵地

1993年，云和县开展用电知识竞赛，制作反映电力实业发展与成就图片展览28块，纪念云和县电力企业成立50周年；1994年，建立新闻例会制度、新闻管理制度（包括突发事件的宣传报道管理制度、新闻发布会的申报制度）。1997年，“两基”验收、“五个千家万户”等主题宣传，共举办大型图片展览12期，组织6次大型文艺演出；《云和报》开辟专栏进行扶贫宣传，刊登长篇通讯《东岱精神》《消灭贫困，人类最庄严的事业》；《云和报》全年共开辟专栏50余个，出版报纸22期96版。云和广播电台、电视台、《云和报》开设“二十年回首”等专栏系列报道，展现云和县20年来成就。

2001年，云和县开展文化科技卫生三下乡、澳门——云和两地少儿艺术联欢、妇女方队赛、社区文艺会演、千人自行车环城赛、乡镇书记奔小康研讨会等活动。开展征兵宣传、青少年法制教育等主题宣传。开展“依靠科学，战胜非典”科技宣传周活动，到14个乡镇发放宣传资料1万份。2009年，县电视台、《今日云和》开辟“学习贯彻十七大精神”，“创业创新，走在前列”“改革开放30年，辉煌成就谱新篇”等专栏30余个，制作“众志成城抗冰雪”“寻访新农村”“云和师傅闯天下”等44个专题。2010年，制作“云和60年记忆”“云和地名故事”等节目；县电视台、《今日云和》开设“坚定发展信心，推动转型升级”“学习实践科学发展观”“项目建设百日大会战”“关注用工与就业”“云和师傅闯天下”“返乡民工创新业”“魅力新农村、活力新农村”等专栏，通过典型宣传、新闻监督和记者评述等正确引导舆论。同年7月，“中国云和新闻网”正式开通。

第三节　对外宣传

2007年，县委宣传部外宣科设立。

利用外媒宣传

1993年，选送参赛节目《银河畅想曲》参加全区“飞雁杯”爱厂歌大赛获表演最高分，在中央电视台和浙江电视台第三套播出。同年，编写《敞开山区大门诚招八方来客》在《慈溪报》发表。1996—1997年，《浙江民政》《浙江教育》《浙江科技报》《浙江教育报》《浙江青年报》《温州侨乡报》等媒体先后刊登反映云和县经济建设情况。

2000—2001年，利用广播、电视、报纸等媒体宣传效益农业（重河湾万亩农业综合开发基地）、特色工业（木制玩具企业）。2001年，丽水电视台《八百里瓯江行》电视主题摄制组，到云和湖、雾溪坪垟岗拍摄，反映云和县境内瓯江段优美的自然风光和浓郁的畲族风情。2005年，《抢抓新机遇，争创新优势，打造山水家园、童话世界》在《丽水日报》专版刊发。

2006年，杭州《都市快报》《中国企业报》，宣传“小县大城”发展战略实施成果；丽水市“瓯江行”记者下农村入农户、绿谷文化采风、丽水新跨越3次主题采访活动，宣传县乡村文化建设、农业产业化成果及木制玩具产业。

2007年，杭州《都市快报》《中国企业报》，宣传云和县“小县大城”发展战略实施成果。全年在《浙江日报》刊登新闻65篇，在《丽水日报》和《处州晚报》刊登674篇，其中重要稿件192篇，排名全市第一；在《浙江卫视》《浙江电视台新农村频道》播出反映云和县“小县大城”发展战略、新农村建设、“作风建设年”等新闻和专题19条（档），被丽水电视台录用新闻稿件816条、专题片5档。

2009年，《中国县域经济报》记者采写反映云和“小县大城”发展战略专题文章并刊发；在《浙江省委党校学报》上刊发《崛起中的小县大城——云和》，对云和“小县大城”发展战略进行全视角报道。

2010年，人民网、中国网、东方网等网络媒体记者走进云和，采写县域经济社会发展全貌；全年在《浙江日报》上发表72篇，被浙江电视台各个频道录用30多条。

制作外宣作品

1993年，拍摄专题片《来自中国丽水的报道》，先后在美国洛杉矶熊猫电视台等多国电视台播放；组织拍摄《仙宫湖神韵》和库区风光组图。2004年，制作“生态示范在家园”宣传片、《玩具之乡·诗画云和》形象宣传画册、电视宣传片和云和风光明信片，展示云和风光魅力。

2004年，举办“走进中国木制玩具城，浙江摄影家看云和”摄影比赛。2005年，拍摄“穿越瓯江云和篇”《来自丽水大地的发展报告云和篇》，宣传云和工业经济发展状况和前景，展示云和新形象。被市级媒体录用稿件372篇，省级以上媒体录用72篇，其中《浙江日报》头版头条录用1篇，市台录用信息715条。

2007年，弘扬云和抗战文化《风雨岁月》小说出版，电影《仁枪》摄制组、央视“走遍中国”栏目和“2006世界摄影家丽水行”拍摄、采风云和，展云和风光、风俗、风情。同年，央视少儿频道策划2集“木制玩具总动员”，拍摄制作云和原创歌曲MTV，在高速公路义乌、丽水、云和路段布置12个高炮广告和山体广告，宣传云和。

2008年，央视少儿频道策划2集“木制玩具总动员”，全年在《浙江日报》刊登新闻40篇，在《丽水日报》和《处州晚报》发表报道750篇，其中重要稿件280篇。全年被丽水电视台录用新闻744条，被省级电视台录用40条。

专题宣传

1994—1995年，拍摄反映刘玲英为主题电视剧《山的女儿》和专题片《英雄故乡行》，撰写长篇报告文学《生命之歌》，编纂出版《来自中国木制玩具城的报道》《处州经济生活报》专版报道玩具城构筑概况。

1998—1999年，编写《可爱的云和》浙江教育出版社出版。专题片《跨世纪的辉煌》；先后开展12次大型图片展，参加上海“中国首届玩具节”和“1998年浙江民间艺术品展览会”宣传云和玩具。

2002—2003年，制作中国木制玩具城专题片在浙江卫视播放，扩大云和木玩知名度与美誉度。2005年，参加中国·丽水国际摄影文化节“丽水·丽人”形象小姐评选、丽水市“十大摄影家”和“十大青年摄影家”推荐工作（获亚军、季军及“十佳青年摄影家”称号）。

2006年，中央电视台少儿频道来云拍摄《让“木头”也快乐》5集专题片。制作“云和祥龙”“浮云丽龙”“仙宫神龙”参加丽水市民间龙狮艺术表演大会，“云和祥龙”获“处州第一龙”。

2007年，浙江电视台公共•新农村频道和丽水电视台新闻追踪风采栏目对乡村文化艺术月、雪梨展示会、云和旅游、“小县大城”发展战略等6个专题宣传；“云和木制玩具”入选丽水十大名片。

第四节　机构与队伍

1997年，县委宣传部科室调整为办公室、理论科、宣教科、党教科4个科室，下设县精神文明建设委员会办公室（全额拨款事业单位）和《云和报社》下属事业单位2个。2002年，县委宣传部内设机构科室调整为办公室、理论科、宣传科、党员教育科。核定行政编制8名（含工勤人员），其中领导职数副部长2名，股级干部职数5名。县精神文明建设委员会办公室挂靠县委宣传部，列入参照国家公务员管理。2007年，县委宣传部内设机构调整为办公室、教育科、宣传科（对外宣传办公室）、新闻文化科。2010年，县文化创意产业办公室设立，为县委宣传部下属全额拨款事业单位。

1991—2010年县委宣传部主要负责人一览表

表17-6-2

部　长	任职时间	部　长	任职时间
王兆康	1988.01—1992.08	蓝春土	1992.01—1997.10
蓝斌雄	1997.10—2003.01	李一波	2003.01—2006.11
张　峰	2006.11—	—	—

第五节　《云和报》

《云和报》是云和县新闻中心前身。历经《宣传导报》《云和报》《今日云和》，反映云和人民生产、生活、社会进步。

1988年7月，中共云和县委宣传部创办《宣传导报》，宣传党的方针、政策引导舆论，反映社会经济，促进文明建设。社址设在县委办公大楼。该报4开4版，用普通纸，铅字印刷，向全县机关部门、乡镇发行。1版要闻版，2版经济版，3版文学副刊版，4版为综合版。出刊91期。

1995年1月，《宣传导报》改名《云和报》。《云和报》为中共云和县委机关报。中共云和县委主管，县委宣传部主办，编制6人。4开4版半月报，逢10日、25日出版，每期发行2000份。1997年7月，《云和报》改为周一报，每周出刊一期，由丽水青年报社激光照排，云和印刷厂承印，后改为府前文印社照排，丽水日报社印刷，并通过邮局发行。

2002年4月,《云和报》社实行经济独立核算。同年7月1日,改为周二报。并添置照排、数码相机、采访机等设备,结束报社没有照排室和数码相机历史,编制由4人增加到6人,期发2800份。征订发行全年订价30元。

2004年1月,云和整治县级报刊,《云和报》停刊3个月。2004年3月,县委常委会研究,云和县新闻中心成立,核销云和报社编制6人,撤销县委办公室内设新闻科,其职能划入云和县新闻中心。《今日云和》报由县财政安排经费免费赠阅。2007年1月起,《今日云和》由每周二报改为每周三报,年出报从原来每年96期,增加到146期。在原有基础上,增设文化教育、社会关注、旅游休闲等10个版块,开辟40个专栏,增强报纸可读性与服务性。同年7月,县新闻中心办公地点从中山街上海华联超市二楼搬迁至车站路24号原县法院大楼。同年8月,《今日云和》实施"采编分离"制度,专职记者负责新闻采写工作,不再参与版面编辑,调动记者采写新闻主动性和积极性,办报质量提高明显。2008年,出台《采编绩效考核办法》加强绩效考评管理,推行业绩与利益直接挂钩,考评与职务、职称分开,采编人员不凭身份、资格而凭业绩平等享受考核权利,体现多劳多得、优质优酬,激发采编人员工作热情。同年,制定《读报制度》,减少报纸差错,提高办报质量。2009年,出台《关于禁止有偿新闻的规定》,维护县新闻中心信誉和记者队伍良好形象,加强新闻队伍职业道德建设。

2010年7月,中国云和新闻网开通,为浙江在线云和支站。《今日云和》加长和改版,二版新增特别报道栏目,三版新增"民生、民情""民间、民俗""文教、卫体""时尚、健康"等栏目,四版云和湖副刊新增"生活、亲历""博客人生""旅游、休闲""文史、记忆""人文、读书"等栏目。

第七章　精神文明建设

1991年始,云和县精神文明建设创建活动开展,创建文明单位、文明村。1993年3月,云和县精神文明建设委员会成立,下设办公室。各乡镇和部门也相应调整和建立精神文明建设领导小组,文明办设立。2008年10月,云和县被命名为第二批浙江省示范文明县城。至2010年年底,全县有国家级精神文明先进单位(镇)1家,省级文明镇1家,省级文明村2家,省级文明单位14家;丽水市级文明村12家;县级文明单位44家,文明村16家。

第一节　文明城区建设

环境整治、设施建设和促进人们道德素质提高是精神文明建设重要抓手,相关硬件投入主要体现在文明城区建设和社区文明建设中。

城区环境建设

2003—2008年,全县投资28亿元,大规模进行基础设施建设,完成县城、城乡一体化规划和一批专项规划编制工作,建成仙宫大道、城东大道、新建南路等框架型道路,拓宽改造中山西路、城南路等主要老街,基本形成"四横五纵"城市道路框架。建成柿树坳无害化垃圾填埋场、县第二自来水厂、汽车客运新站、城西菜市场、城市污水处理厂等一批市政项目,提升城市功能;完成体育馆、中山广场、浮云溪拦水坝等标志性建筑,美化、亮化城市街景立面和布置城市雕塑;完成县城主要街道灯箱广告以动漫元素为主的创新设计,对县城道路上果壳箱创新设计400多只;用三星级标准对县城中心农贸市场进行全方位改造。

社区文明建设

2004年,按照"立足实际、规模适当、布局科学、资源共享、方便生活"要求,以"文明的乐园、美丽的花园、舒适的家园"为目标,加强社区组织建设,建立县领导联系社区制度,开展平安、科技、文体、法律、卫生"五进社区",组建社区共建委员会,落实社区办公用房和宣传长廊,完善社区管理制度;开展科教、文体、法律、卫生"四进社区"、中小学生暑期进社区实践活动以及社区广场文艺演出等活动,丰富市民精神生活;深化"平安社区"创建工作,建立社区警务室,成立由协警组成的专业巡逻队,组建以离退休老同志为主体的志愿者巡逻队,加强社区安全工作。县城社区6个,有省级文明社区1个、市级文明社区5个,省级示范社区1个、省级绿色社区2个、省级科普示范社区3个。

第二节　文明县城创建

以竞赛为抓手

1995年7月7日,县委、县政府召开第一轮创建文明县城竞赛动员大会。

1996年9月15日,县委、县政府召开第二轮创建文明县城竞赛动员大会,第一轮创建文明县城竞赛获"丽水地区创建文明县城竞赛"第四名。

1997年7月25日,县委、县政府召开第三轮创建文明县城竞赛动员大会,提出在1997年获"丽水地区创建文明县城竞赛"第四名基础上,以提高居民文明素质为根本,以创"四优"(优质服务、优良秩序、优美环境、优化管理)为重点,坚持常抓不懈,重点突出,阶段分明。一是狠抓五个教育:特色理论教育;"三个主义"(爱国主义、集体主义、社会主义)教育;"三德"(社会公德、职业道德、家庭美德)教育;先进典型、移风易俗教育;计划生育国策教育等。二是组织实施二轮文明县城创建活动。三是加强对文明单位的创建指导和管理。到年底,我县已有省级文明单位8家,地区级文明单位12家,县级文明单位107家。

1998年,坚持经常性与突击性相结合,努力使精神文明建设步入经常化、制度化的轨道。一是做好文明单位(村、户)创建的管理引导工作,规范申报程序,加强前期指导,严格考核办法，实行动态管理。二是抓好三轮文明县城创建竞赛工作，建立条块结合（七个竞赛专业组、十大片区）的创建机制，认真实施“2450 工程”（2 个示范小区、4 个一系列即一条文明街、一条卫生港、一条洁净溪、一个星级市场，50 个文明示范单位）。三是加强公民思想道德教育，抓住香港回归的机遇进行爱国主义教育，广泛开展“三德”教育。四是开展巩固反对封建迷信，制止非法建造寺观教堂和滥建坟墓专项治理成果活动。

1999 年始，云和县开展示范文明县城创建，突出“五抓五重”（抓领导、重机制；抓根本、重教育；抓载体、重宣传；抓建设、重管理；抓基础、重实效）。成立云和县创建省示范文明县城工作领导小组，由县委书记和县长担任组长，县委副书记和相关常委、副县长担任副组长，领导小组下设办公室和七个专项工作组，创建办主任和专项工作组组长由副县级领导担任，形成权责分明，相互协调、齐抓共管工作格局。创建办负责对全县创建工作进行组织、协调、指导、督查。

7 月 17 日，召开全县四轮创建文明县城动员大会，提出“保三争二”奋斗目标。创建工作的基本内容是在巩固 1997 年“2450 工程”的基础上积极实施“12345 工程”，即：一个推行（推行文明用语）、二个延伸（“门前三包”从主要街道向背街小巷延伸，创建活动从城镇向乡村延伸）、三个工程（县城的净化工程、光明工程、畅通工程）、四个建设（垃圾处理场和中转站、标准化公厕、绿地花坛、新建路改建）、五个样板（一条样板街、一条样板路段、一个样板校园、一个样板窗口、一个样板片区）。为完成既定目标，使“12345”工程顺利实施，先后制定并实行了《云和县创建协调小组联席会议制度》和《云和县区域共建工作考核办法》及考核细则，深入调研，认真总结，加强指导，健全管理。经过全县上下各部门的努力，实现“保三争二”的目标，年终地区检查与松阳县并列二等奖。

2000 年，精神文明建设进一步趋向专业化、规范化、制度化。一抓机制改革，强化规范管理，成立县城管理领导小组及其办公室，下设综合执法大队，对县城内街道和市场进行全方位整治。进行环卫体制改革，采用竞争上岗，对街道划分不同类型实行 10—17 小时保洁制。二抓居委建设、促进片区共建，公开招聘了 15 名居委会干部，设立了 5 个办事点，充实和完善基层社区管理服务体系。三抓资金投入，提高城市品位。县城新建路进行拓宽、改建，中山街两侧新建花坛并安装灯箱百余只，图书馆、示范幼儿园等文化娱乐场所正在兴建中，整个县城进一步朝着绿化、美化、净化、亮化的城市化方向发展。四抓宣传教育，提高市民素质。全年累计发放有关文书 3 万余份，信函万余份，宣传车上街巡回宣传半个月，通过广播电视媒体报道新闻 19 条，增强市民的文明意识，营造良好的创建氛围。五抓形象工程，开展优质服务。各窗口单位继续推行“两公开一监督”制度，开展“内增素质，外塑形象”活动。六抓社会治安，营造安定环境。大力推进依法治县进程，为经济建设和人民群众生活提供治安保障。

城市形象设计

2008 年，在符合县城城市总体规划和控制性详规基础上，对云和城市形象进行整体设计，设计方案围绕云和山水秀色和木制玩具产业，融入本地文化元素，体现城市产业诉求和独具魅力风土人情，使云和形象凸显“山水家园、童话世界”城市定位。建成玩具城堡、大型主题雕塑及城市景观雕塑等，创新设置以动漫元素为主的街灯、灯箱广告、果壳箱，彰显山水童话城的魅力。

市容市貌管理

2006年始，云和县对县城及城郊环境卫生、基础设施进行大排查，针对“脏、乱、差”问题，讨论研究解决问题方法。城市“牛皮癣”问题，承包给保洁公司进行统一管理；“文明使者”督导队不定期收集不文明、不道德行为和好人好事，动员市民关心云和城市建设和管理，劝导不文明行为，参与管制主要路段、管理交通秩序和车辆乱停放问题；2007年，组织机关、企事业单位干部职工、社区居民、老年协会等志愿者队伍开展洁城大行动；改革城区保洁工作，增加保洁人员，延长保洁时间，全面清理积存垃圾，形成清扫、清运、保洁三位一体环卫作业体系；将县城划分五个片区，实行片区式管理，在各个片区内树立责任牌，将片区管理人员主要职责、形象照、监督电话等予以公布，便于社会各界监督；按照“堵疏结合、适当疏导”原则，在不影响市容市貌和交通安全前提下，在新华街、梅垄口等地安排季节性水果、蔬菜摊，统一管理标准，统一经营时间，并派专人负责管理，“五乱”（车辆乱停、摊点乱摆、广告乱贴、垃圾乱扔、工地乱象）现象明显减少；制定城市户外广告联席会议制度,加强对户外广告规划和管理。

文明礼仪教育

2008年，抓住普及、规范制订、形象展示三个环节，宣传工作礼仪、服务礼仪、人际交往礼仪，广泛开展文明礼仪进机关、进社区、进学校“三进”活动，在党政机关开展公务礼仪、政务礼仪教育；在学校开展校园礼仪教育，倡导校园文明，规范师生之礼、同学之礼、家庭之礼；在社区开展社会礼仪、生活礼仪教育，革除随地吐痰、乱丢烟蒂、乱扔垃圾、闯红灯等陋习；组织开展“文明卫士”评选活动，推广使用电话文明礼仪用语；宣传落实《云和县市民守则》《云和县市民行为规范》，推进市民整体文明素质提升。2006年，开展全县“十佳文明市民”“十佳文明家庭”“十佳诚信工商户”评选活动。

思想道德教育

2008年始，建立长效机制，健全学校、家庭、社会三位一体教育网络，全面深化未成年人思想道德建设。2010年，修建黄绍竑公馆，进行爱国主义教育基地建设，进行爱国主义教育；建立集代理家长交心、学校老师关心、社会帮助三位一体的“留守儿童之家”，开展关爱行动，关心帮助单亲家庭、特困家庭、进城农民工家庭未成年人和农村“留守儿童”“流浪儿童”、孤残儿童；开展网吧专项整治，取缔无证照或证照不全的“黑网吧”，查处在网上传播有害信息等问题，打击危害未成年人身心健康违法行为，净化网络空间。另外，组织开展“争创省示范文明县城，争做文明云和人”“文明与你同行”“万人行动别陋习，万朵鲜花扬美德”“小手拉大手”等适应未成年人身心发展特点思想道德教育实践活动，让未成年人在道德实践中自我成长，提升品格。

社会诚信教育

2006年，围绕整顿和规范市场经济秩序，开展“百城万店无假货示范街（店）”“消费者满意单位”“诚信企业”等创建活动，打击制假售假、欺诈经营、虚假广告、偷税漏税等违法行为，引导各行各业和全体公民以诚待人，以信立身，以诚立业，以信兴业，推进社会信用体系建设。

第三节 文明村镇创建

1991年，云和县开展文明村创建工作，创建省级文明村2个，在巩固原有基础上，新增加省文明村10个。1994年，云和县全面考核文明村，复评文明村80个，取消文明村19个。1998年，规范文明村（户）申报程序，加强前期指导，严格考核办法，实施动态管理。1999年，加大文明乡镇创建力度，将公路沿线4个镇6个乡文明创建列入年终考核，重点抓好“五个一”建设，即一个文明乡镇机关、一个文明市场、一所文明学校、一条文明街道、一个文明卫生院，形成“抓县城、带乡镇、促农村”的创建格局。2001年，实施文明创建“五大工程”，即净化工程、畅通工程、微笑工程、品味工程、安居工程。在农村加强“治路、治脏、治厕、治坟、治庙”“五治”工程，雾溪畲族乡坪垟岗村获省级文明村称号。

2003年，开展农村双整治工作。把农村“双整治、双建设”（整治文化市场、社会风气，建设道德建设、文化阵地）活动和爱国卫生运动紧密结合起来，围绕农村乱倒垃圾、随地吐痰、乱放禽畜、露天粪坑和“四害”（苍蝇、蚊子、老鼠、蟑螂）等突出问题，开展全县居民环境大整治活动，全县改厕1089处，整治“脏、乱、差”1435处，新建村级保洁员制度125个。

2004年，云和县加强文明村镇创建工作，以建制镇和中心村为重点，提高农民思想道德素质、科学文化素质，改善农村生产、生活环境。云和镇创建省级文明镇工作通过市文明委考核，上报省委、省政府命名表彰。

2005年，云和县丰富农村群众文化生活，开展“五个送”（送政策、送法律、送信息、送文化、送科技）和科技赶集等活动，加强农村思想道德建设，推进文明村镇建设。年底，云和镇成功创建全国文明村镇先进单位。

2006年，云和县围绕新农村建设总体要求，开展“一十百千”创建工程（创建一个市级文化名村、十个县级文明村、百家县级文化示范户、千家五星文明户）。开展“双百结对（百家企业联百村）、共建文明”活动。省、市、县级文明单位82个与44个行政村结成共建对子，投入共建资金130多万元，赠图书近5000册。

2007年，云和县按照“生产发展、生活宽裕、乡风文明、村容整洁、民主管理”要求，结合社会主义新农村建设，开展文明村镇创建活动，创建市级文明村镇2个。

2008年，云和县制定专职保洁员制度，把城郊村的垃圾清理纳入政府“城市美容”范围。年底，云和镇被评为全国文明镇。

2009年，云和县以“乡风文明、村容整洁、管理民主”为切入点，指导第二批县级文明村创建。8个行政村生产、生活环境明显改善，村风民风明显好转。

2010年，云和县按照生态经济、生态环境、生态文化、生态班子标准，在全县乡镇14个行政村25个开展生态文明村创建工作。出台《云和县生态文明村创建工作实施意见》《云和县开展文明户创建活动实施方案》，各乡镇签订创建工作责任书。25个创建村制作具有童话元素宣传栏，成为农村生态文明创建的视窗。

第四节 文明单位创建

1991年始，坚持文明单位创建标准，班子正气，领导垂范；业务领先，实绩显著；教育深入，风尚良好；文体活跃，内涵丰富；管理规范，环境和谐；创建扎实，贡献突出。

文明单位评选

1991年起，文明单位由下而上分为，县文明单位、市文明单位、省文明单位、全国文明单位。省文明单位每两年评选一次，由省文明委根据创建情况，下达评选名额。市、县文明单位每两年评选一次。文明单位评选坚持逐级晋升原则。县文明单位，由申报单位在自查自评基础上提出申报，经所在县文明委考核审议、媒体公示后，报请县党委、政府批准、命名。市文明单位从县文明单位中产生，由申报单位在自查自评基础上提出申报，经所在县文明委推荐、市文明委考核审议、市级主要媒体公示后，报请市委、市政府批准、命名。省文明单位从市文明单位中产生，由申报单位在自查自评基础上提出申报，经所在县、市文明委逐级推荐并征求其上级主管部门意见，省文明委考核审议，省级主要媒体公示后，报请省委、省政府批准、命名。

文明单位管理

2000年起，省文明单位每两年复评一次，经复评未被确认为省文明单位的，省文明单位称号即取消。市、县（市、区）文明单位原则上每两年复评一次。文明单位的复评结果向社会公布。至2010年，全县有文明单位83家。

1991—2010年云和县获省级文明单位情况表

表17-7-1

年份	单位名称	年份	单位名称
1993	中国建设银行股份有限公司云和支行	2003	云和县水利局
1994	中国人民财产保险股份有限公司云和支公司	2005	云和县气象局
1996	云和县司法局	2006	中国人民银行云和县支行、中国电信股份有限公司云和分公司
2001	云和中学	2009	云和县国家税务局、国网浙江云和县供电有限公司

第五节 公民思想道德建设

思想道德教育

1995年始，组织开展“读《生命之歌》、学英雄精神”“五四青年文化月”“除陋习、树新风、洁净云和、美化山城”“弘扬雷锋精神，参与志愿者服务，建设精神文明”等活动。实施《公民道德建设实施纲要》，提高群众思想道德素养。结合“千村示范、万村整治”和“百万农民素质培训工程”，在城乡开展公民道德宣传教育活动，革除陈规陋习，倡导文明新风，抵制不良习气。加强绿色殡葬改革宣传，开展移风易俗教育活动，推行建设村级生态墓区，制止丧事大操大办等不良习气。先后开展道德模范、“身边好人”等评选活动，激发市民参与创建热情，提升市民文明素质和道德修养。2010 年，以“微笑邻里、欢乐社区”为主题，举办“丽水市暨云和县第三届邻居节”，重点围绕“邻里颂、邻里情、邻里乐”3 个方面开展活动，共组织各类活动 20 多项，参与人数近 3 万人。

思想道德建设

1995 年始，对青少年进行爱国主义、集体主义、社会主义和中华民族传统美德教育。1996 年始，利用云和革命烈士墓、周恩来视察“浙铁”纪念碑、紧水滩水力发电厂三个爱国主义教育基地，组织学生向烈士陵园送花圈、祭英灵、参观学习等形式，对青少年进行爱国主义教育。2005 年始，以中小学生为对象，开展“服务‘三老’（老干部、老党员、老模范）献爱心，接受教育长才干”“青春与文明同行”主题系列活动，加强学校教育、家庭教育和社会教育，抓好未成年人思想道德建设工作。制定出台《云和县市民守则》《云和县市民十不行为规范》，谱曲传唱。

2009 年，云和县全面推开“春泥计划”，参与“春泥计划”社区 6 个，中小学校 14 所，学生 7368 人。未成年人专项教育人员 375 人，募集资金 40 余万元，派送公共课 165 次，发放弟子规、走进云和等系列读本 1.5 万余册，“春泥计划”实施，丰富农村未成年人文化生活，受到省委宣传部的肯定。

2010 年，云和县针对 85%未成年人集中在县城的实际，整合县城游泳馆、文化馆、图书馆、青少年宫等公共场馆，按场馆功能的不同，设置 8 大类 40 余项活动载体，供未成年人免费参与；在农村，选择未成年人相对集中中心村，推出系列关爱留守儿童、困难少年、问题少年等特殊群体活动。截至年底，云和 98%未成年人参与“春泥计划”。

第八章 统一战线工作

中华人民共和国成立后，中共云和县委坚持并完善中国共产党领导的多党合作和政治协商制度，贯彻落实“长期共存、互相监督”“肝胆相照、荣辱与共”的方针，充分发挥各民主党派、工商联和无党派人士参政议政、民主监督、建言献策的作用，在改革开放和社会主义现代化建设中，了解情况，掌握政策，调整关系，安排人事，统一战线在云和的事业不断得到发展和壮大。

1991—2010年,云和县委统战部坚持推动各民族共同团结进步、共同繁荣发展,促进非公有制经济健康发展和非公有制经济人士健康成长,探索新社会阶层人士统战工作,巩固壮大港澳台海外爱国力量,促进政党关系、民族关系、宗教关系、阶层关系、海内外同胞关系的和谐,促进云和经济平衡较快发展,促进社会和谐稳定。

第一节 优化统战政策

制度建设

1949年,中华人民共和国成立后,中共云和县委、县人民政府多次出台相关文件,完善多党合作和政治协商制度。1991年5月,县府办出台《关于在政府工作中进一步加强同民主党派和党外知名人士联系问题的意见》。县委、县政府每年召开协商会1—2次,就全县性重大方针政策和重要决策部署开展协商。1995年3月,县委出台《关于进一步健全县委和民主党派之间的合作与协商制度的意见》。每年由县委主要领导邀请民主党派主要负责人和无党派代表人士举行1—2次协商座谈会;县委常委每人与民主党派、无党派知名人士结对,开展交友谈心活动。1995年7月,县委转发《云和县政协党组关于坚持和完善政治协商制度的意见》,坚持和完善政治协商制度提出。

1996年8月,县委出台《关于坚持和完善中国共产党领导的多党合作和政治协商制度的实施细则》,细则包括总则、政治协商、民主监督、参政议政、支持民主党派加强自身建设、附则等六章24条,全面健全多党合作和政治协商制度。

1999年7月,县委办下发《关于建立县委、县政府党员领导干部与党外人士联系交友制度的通知》,县委、县政府党员领导干部12人与民主党派和无党派人士24人建立联系交友关系。11月,云和县委出台《关于进一步加强人民政协工作的意见》,对加强和改善人民政协工作提出意见。

2001年10月,县委办、县府办下发《关于建立特约督查员制度的通知》,特约督查员对县委、县政府工作要点、重要决策等六项内容进行民主监督,根据督查内容聘1—2名人大、政协专委会主任或有影响的党外知名专家、学者。

2005—2010年,云和县每年调整县委、县政府党员领导干部与党外人士联系交友名单。2010年10月,县委办下发《落实中央督查组反馈意见的责任分解方案》,进一步加强和改善党对多党合作的领导、进一步加强政治协商制度化和多党合作机制建设、进一步发挥民主党派无党派人士参政议政民主监督作用、进一步加大对多党合作工作宣传、进一步加强民主党派无党派代表人士培养安排、进一步支持民主党派加强自身建设。

1991年2月,县委下发《关于加强统一战线工作的意见》,提出开展统战理论政策宣传教育、加强同党外人士联系成为制度化、加强党外干部队伍建设、支持和协助民主党派加强自身建设、加强民族团结促进脱贫致富、重视并做好宗教工作、开展海外统战工作、加强统战工作的领导等八个方面意见。是年6月，在全县22个乡镇配备兼职统战委员。2002年9月，县委出台《关于贯彻〈中共中央关于加强统一战线工作的决定〉的实施意见》，切实加强和改善党对统一战线工作领导等4个方面18条工作要求。2008年、2010年，县委统战部被省委统战部评为年度全省统战工作先进集体。

重视党外人士任用

1993年4月，云和县政协三届换届，县政协四届有政协委员135人，其中党外人士82人；常委23人，其中党外人士16名；副主席4人，其中党外人士2人。县人大十一届有人大代表239人，其中党外人士代表56人；常委10人，其中党外人士1人；副主任5人，没有党外人士。

1998年3月，云和县政协四届换届，县政协五届有政协委员135人，其中党外人士81人；政协常委25人，其中党外人士17人；副主席5人，其中党外人士2人。县人大十二届人大代表148人，其中党外人士24人；常委19人，其中党外人士3人；副主任4人，其中党外人士1人。

2003年4月，云和县政协五届换届，县政协六届有政协委员136人，其中党外人士82人；常委19人，其中党外13人；副主席5人，其中党外人士3人。县人大十三届有人大代表148人，其中党外人士35人；常委13人，其中党外人士2人；副主任5人，其中党外人士2人。

2008年3月，云和县政协六届换届，县政协七届有政协委员143人，其中党外86人；常委18人，其中党外人士12人；副主席5人，其中党外人士2人。县人大十四届有人大代表147人，其中党外人士32人；常委12人，其中党外人士3人；副主任6人，其中党外人士1人。

民主党派建设

1991年12月至1999年12月，民盟云和县支部换届选举3次。1994年，县委帮助解决民盟支部办公用房。2002年4月至2007年3月，民盟支部召开盟员会议。2005年，民盟云和支部升格为总支部。协助民盟发展盟员。至2010年，民盟云和总支部有盟员49人。

无党派人士工作

1993年，中共云和县委召开4次党外人士（或知识分子）座谈会，就中共云和县九届党代会报告和县人大、政协换届人事安排等问题进行协商；配合县监察局从人大、政协、民主党派和人民团体中聘请10名特邀监察员，其中5人为党外人士。

2010年6月，云和县知识界人士联谊会成立，首届有理事55人，常务理事15人，会长1人，副会长5人，秘书长1人（副会长兼），柳春华当选为会长。

党外干部培养

1991年10月，县委组织部、县委统战部出台《关于党外人士人事安排的若干规定》，对党外人士推荐、考察、培养、任用作明确规定。1991—1995年，会同县委组织部协商研究党外人士人事安排，共推荐党外后备干部47人，20人党外干部参加地委举办的党外干部学习班。1996年8月，县委下发《云和县培养选拔党外干部工作规划（1996—1998年）的通知》，2000年4月，县委出台《关于认真做好2000—2003年女干部、党外干部、少数民族干部培养、选拔、管理工作的若干意见》，2005年9月，县委组织部、县委统战部下发《云和县2005—2008年培养选拔党外干部工作规划》，根据不同时期党外干部特点，制定相应工作目标。1997 年，举办首期党外干部培训班，随后不定期举办培训班，每年党外干部数量不断增加，至 2000 年，全县科级党外干部 11 人、处级党外干部 1 人。至 2010 年，全县科级党外干部 25 人、处级党外干部 3 人。

第二节　少数民族工作

1983 年 5 月，中共云和县委统战部民族宗教事务科设立。1998 年 6 月，云和县加强对民族宗教工作管理，县民族宗教事务局设立，与县委统战部合署办公。

民族政策

1991—2010 年，云和县委先后下发《关于进一步做好云和县少数民族工作有关问题的通知》《关于扶持和加快发展少数民族经济和社会事业的决定》《关于进一步加强少数民族工作的若干意见》《关于加强少数民族工作加快少数民族经济社会发展的实施意见》和《关于加强少数民族工作加快民族经济社会发展的补充意见》等重要文件，明确一个时期全县民族工作目标和举措。不定期召开全县民族工作会议，总结民族工作经验，部署民族工作任务。

2005 年 8 月，县委、县政府转发《统战部"心系民族发展，共创美好明天"系列活动的实施意见》，成立活动领导小组，促进云和县少数民族事业发展。2007 年 8 月，县委统战部下发《关于开展"心系民族发展，共建民族新村"活动的意见》，成立活动协调领导小组，实施民族发展"凝聚力工程"。2008 年 2 月，成立"创新家业，建新家园"活动协调领导小组，领导协调少数民族乡村发展工作。2008 年 11 月，全省民族经济工作经验交流会在云和召开，省政府副省长钟山出席会议，云和县在会上作交流发言。期间，钟山副省长专题调研安溪畲族乡黄处村，考察崇头镇岩下村、雾溪畲族乡坪垟岗村和浙江新云木业集团公司。

民族事业

1991—2000 年，向省、市民族宗教部门争取到少数民族乡村资金 1475.2 万元，促进民族乡村各项事业快速发展。调研民族乡村基本情况，根据民族乡村不同特点，实施有针对性帮扶措施。

1991 年，建立少数民族科技培训脱贫示范点 6 个，科技带动民族地区发展。1994 年，上报综合脱贫试点项目，争取省扶贫低息贷款 25 万元、省水利扶贫款 15 万元，开发安溪茶山水电站项目，同时扶持少数民族发展木制玩具厂 3 家、砖瓦厂 2 家。

1995—1997 年，每年举办种养科技培训班 2 期，帮助赤石乡阴岩村创办碾米厂。1998 年，扶持安溪乡严山村发展养羊、建千头羊基地，建立坪垟岗村"畲乡文化活动点"。1999 年，召集 9 个部门和单位专题研究提出建设"坪垟岗畲族风情文化村"。2000 年，协助雾溪乡建设"坪垟岗畲族风情文化村"，举办"三月三"大型节庆活动，全年接待游客 1 万多人，旅游收入 40 余万元；帮助云和镇大坪村争取 30 万元养鸡贴息贷款，创办"大坪农家乐园"。仅 2000 年餐饮业收入5万多元，户均7000多元；鼓励山区畲族群众迁居县城“农民新村”，下山进城谋发展。

2002—2003年，先后为崇头镇岩下村、云和镇山脚村、石塘镇高定村、下坑村、叶村坪、云坛乡沈岸村等民族村进行水改，解决畲族群众2600多人饮水问题。2003年，“4•12”特大冰雹灾害发生后，走访民族村，发放近万元慰问金。2005年，“心系民族发展，共创美好明天”系列活动筹集资金58.3万元用于推动民族乡村建设；认定石塘镇下坑行政村为民族村，全县有民族村26个。

2007年，组织“团结和谐抓项目，科学发展促增收”主题实施活动，专题调研全县民族乡村发展情况；开展“心系民族发展，共建民族新村”活动，整合部门20多个为2个畲族乡和民族村26个落实帮扶项目33个1574.72万元；推动云和镇柘园村、赤石乡阴岩村整村搬迁；出台《少数民族困难居民大病住院医疗费补助办法》和《云和县少数民族教育专项资金管理使用办法》；落实“一户一策　一干部”活动，结对少数民族低收入农户。

2008年，云和县开展“创新家业，建新家园”活动，完善“五通五有五化两提高”（即通路、电、水、电话和有线电视；有强有力的领导班子、致富带头人、特色主导产业、致富项目和公共文化娱乐设施；村寨产业特色化、村组事务透明化、民族团结制度化、畲民公德规范化和村容村貌整洁化；争取少数民族群众整体素质提高和年人均收入有较快提高）少数民族新农村建设创建目标，促进民族地区经济社会发展，各部门投入到民族乡村资金比2007年增加300多万元。

2009年，云和县对加快少数民族地区经济社会发展任务进行重点调研，形成《云和县民族乡村经济社会发展情况的调查的报告》。

2010年，云和县开展“创新家业，建新家园”少数民族文明新村创建，提出打造民族资源开发利用核心区工作思路；向省交通厅争取到安溪、雾溪两个畲族乡联网公路项目资金；举办少数民族农村干部培训班，培训民族村干部30余人。

至2010年，云和县民族村26个，全部通康庄公路或等级公路，全部通有线电视和程控电话，全部安装和用上自来水，全部完成农电网改造。村庄整治20个村，实行垃圾集中收集处理，实施沼气国债项目。5个村建起特色门楼。全县少数民族群众367户1362人，通过实施“下山转移工程”实现下山脱贫。其中实现整村搬迁、整村脱贫少数民族村3个，实现由分散自然村向中心村转移聚集少数民族村7个，少数民族群众生活开始由温饱型逐渐向小康型转变。2010年，全县农村少数民族人均纯收入为5007元。

特色民族村

坪垟岗村　1998年，规划筹办江南畲族风情文化村——雾溪畲族乡坪垟岗村旅游景点。2001年5月，坪垟岗畲族文化村被评为首届“浙江绿谷十佳景区”和国家AA级旅游景区。2006年，坪垟岗畲族文化村被评为“丽水市文化村”。2008年，村里建起畲族文化展览室，陈列300余件畲族文物。至2010年，实现村民人均收入5891元。

柘园村　1992年，柘园村分三期实施整村推进、下山脱贫工程。2008年年底，全村搬进柘园新村。通过整村搬迁，畲族群众享受与县城居民一样公共基础服务设施，就近就业实现脱贫致富。至2010年，实现村民人均收入6573元。

联合村 2001年，朱村乡政府提出“以茶立乡、以茶兴乡、以茶富乡”发展思路，开始大规模种植茶叶，联合村积极响应，发动农户种植茶叶。到2008年，全村种植名优茶105.33公顷，人均0.19公顷，其中畲族农户种植50.93公顷，人均0.3公顷，全村兴办家庭作坊式加工厂14家，其中规模以上3家。至2010年，全村村民人均收入达7070元。

黄处村 2000—2002年，黄处村发展云和雪梨70.53公顷，人均近0.13公顷。2007年，黄处村与景宁惠明茶业有限公司达成合作协议，形成“公司+基地+农户”发展模式。同时，发展生态养殖业，初具规模。至2010年，实现村民人均收入5159元。

高畲村 2006年，高畲村实施整村搬迁、下山脱贫。2007年，落实新村新址。2008年，动工建设。2009年，搬入新居。新村坐落于风光旖旎瓯江之畔，2010年下半年，实施“湖畔高畲”项目，建设“山水风光旅游、垂钓度假休闲、畲族文化保护”于一体浙西南最具畲族特色民族村。

苏坑村 2009年，启动特色村寨建设，民建省委会帮扶苏坑村实施道路建设工程，道路建设完成，推动苏坑村地方特色品种云和老雪梨产业发展。

民族干部

2000年4月，县委出台《关于认真做好2000—2003年女干部、党外干部、少数民族干部培养、选拔、管理工作的若干意见》，明确配备少数民族干部工作目标。1991—2010年，先后举办少数民族干部培训班3期，培训少数民族干部60人。少数民族干部数量不断增多，2000年，全县有科级少数民族干部21人、处级少数民族干部2人；至2010年，全县有科级少数民族干部26人、处级少数民族干部3人。

民族团结进步工作

1995年6月，浙江省开展民族团结进步先进集体、先进个人评选活动。云和县民政局、雾溪乡人民政府被评为先进集体，梅良志、雷炳新、雷天清3人被评为先进个人。2005年12月，浙江省表彰民族团结进步，安溪畲族乡人民政府被评为先进集体、蓝晓荣被评为先进个人。2006年3月，丽水市民族团结进步表彰，云和县财政（地税）局被评为先进集体。2009年5月，全县民族工作暨民族团结进步表彰会议召开，表彰全县民族团结进步先进集体和个人。

第三节 宗教工作

落实宗教政策

1991年，云和县民宗局开展宗教大检查，贯彻落实全省宗教工作会议意见。1994年，举办宗教培训班，学习贯彻落实《宗教活动场所管理条例》《宗教活动场所登记办法》。1995年

11月，云和县宗教工作领导小组成立，加强对宗教工作领导。2002年9月，县宗教工作协调小组成立，加强宗教工作协调。2003—2005年，举办《浙江省宗教事务管理条例》《宗教事务条例》专题学习会、培训班，组织宗教活动场所负责人学习。2007年，举办统战委员和宗教界人士学习和宣传《宗教事务条例》和全国、全省宗教工作座谈会精神5期，发放资料和宣传资料950册。

促进宗教和谐

1997年，在宗教界启动开展"五好场所"和"五好信徒"活动。2000年，倡议、推行、带头殡葬改革。2009年，云和县创建和谐寺观教堂活动领导小组成立，开展和谐寺观教堂创建活动。2010年，加强宗教活动场所工作制度化、规范化建设，构建社会主义和谐宗教，慧云寺被省民宗委评为"全省创建和谐寺观教堂先进集体"。1991—2010年，云和县宗教界向社会捐款50万元。

第四节　非公经济工作

思想政治教育

1992年始，县委统战部每年走访非公企业，了解企业生产经营情况，掌握非公经济人士思想状况，做好思想政治引导，帮助解决实际困难，促进非公经济健康发展和非公经济人士健康成长。1994年，建立工商联小组，开展非公经济人士思想政治工作。1996年，贯彻省委办公厅《关于进一步做好非公有制经济代表人士的通知》，开展上门走访、个别交谈、交友谈心，在管理服务中做思想政治工作，推荐省光彩事业促进会成员1人、省私营企业联谊会2人。2000年5月，县委出台《关于加强非公有制企业党建工作的实施意见》，对非公企业党建工作提出意见。2007年，建立统战部门领导联系非公经济人士制度，开展非公企业走访活动。2009年，组织全县非公企业开展"第三批深入学习实践科学发展观"活动。2010年，成立非公经济代表人士综合评价工作领导小组，开展非公经济代表人士综合评价工作，对非公经济代表人士46人从政治态度、参政议政等16个方面进行综合评价，评定A级14人、B级20人、C级10人、D级2人。

慈善公益引导

1991—2010年，全县非公经济人士向社会扶贫捐赠690.80万元，树立非公经济人士良好社会形象。其中，1996年，全县非公企业支持赞助教育事业和社会公益事业45万元，落实开发项目2个15万元。1997年，云和县非公企业家为省"光彩事业"基金会捐款20万元。2000年，非公经济人士投资100万元开展扶贫，捐赠16万元用于社会公益事业。2005年，非公经济人士在"心系民族发展，共创美好明天"活动中，捐款50余万元支持民族经济发展。2007年，发动非公经济人士捐资200多万元开展扶贫帮困等公益活动。2008年，非公经济人士开展扶贫帮困等公益活动捐资46.57万元，为四川地震救灾捐款捐资33.55万元。

第五节　港澳台和侨务工作

联络联谊

1991—2010年，云和县接待回乡探亲、考察投资侨胞和台胞1061人次。1992年10月，云和县出台《关于接待外宾和港、澳、台同胞工作的暂行规定》，规范侨胞和港澳台胞接待服务工作。1999年，开展寄语台湾同胞活动，征集到60条寄语，向丽水地区推荐20余条。2000年，全县中小学校开展“祖国宝岛在我心中”宣教活动、万名中、小学生“盼祖国早日统一”签名活动。2006年，香港丽水同乡会成立，香港大学教授吴华生（云和籍）当选第一届理事会会长。同年，召开中秋、元旦、春节茶话会，寄送贺卡200份。2008年，承办市侨联在云和举办的全市侨资、侨属企业劳动合同法培训班。2009年，香港丽水同乡会第二届理事会暨就职典礼在深圳市举行，香港大学教授吴华生（云和籍）连任会长。同年，接待台湾摄影协会旅游团16人到云和采风，组织台联会90人，到台湾探亲观光联谊考察；组织在校学生参加世界华人作文大赛，选送参赛优秀作文100篇，获一、二、三等奖各3人。2010年，组织侨法入社区、读书会，开展《中华人民共和国归侨侨眷权益保护法》20周年纪念活动。

招商引资

1991—2010年，县统战部引进侨台胞资金1.20亿元。其中，1991年，湖州籍港胞沈炳麟捐资19.20万元，援建县中心小学教学楼项目。1992年，沈炳麟捐资9.45万元，援建崇头镇中心小学“庆同”教学楼项目，港胞叶采苹捐赠0.6万元，为县中心小学购置钢琴，港胞林素娜投资云和150万元，开办永和制衣有限公司。1994年，沈炳麟捐资9万元，建设安溪乡中心小学校舍。1995年，引进11.6万元发展云和公益事业。1996年，引进港胞闻儒根捐资12万元，兴建大塆乡教学楼；参与“1996年丽水三胞（友人）联谊会”，引进外资500多万元，投资发展云和县小水电事业。1998年，引进云和籍台胞张福如捐赠2万元，支援教育事业。1999年，为西班牙华侨与云和台属企业建立贸易关系牵线搭桥。

2000年，参加浙江投资贸易洽谈会，引进台胞林贻和许中天2000万元，投资云和管道煤气项目、投资181万美元的浙西南小商品批发中心项目。台胞汪再英捐赠紧水滩小学综合楼及教学设备，台胞华寿楠每年捐赠550美元给赤石乡希望小学。2001年，开展“百名海外博士浙江行”活动，向云和籍博士宣传云和。2002年5月，邀请法国华人企业家归国商务代表团到云和考察。2003年10月，引进6000万元投资建设原小商品市场沃得购物广场项目。2004年6月至2006年，邀请法国华人企业家归国商务代表团到云和考察，组织丽水市首届华侨华人大会回乡华侨参观考察活动。实施“百名侨胞助百村”活动，动员侨界人士参与家乡建设。2009年，美国慈心慈善事业基金会援助50万元，建设梅源实验学校慈心楼、崇头镇慈心医院项目，美国健华社援助1400美元建设梅源实验学校、雾溪乡坪垟岗村“金祖鑫健华图书馆”。

权益保护

1991—2010年，统战部走访侨眷台属1534人次，了解侨眷台属生产生活情况，帮助解决实际困难。1992年9月，县政府出台《关于建立引进和创办"三资"企业奖励制度的通知》《关于创办"三资"企业的若干政策规定》，对引进和创办"三资"企业奖励、创办"三资"企业所得税优惠、工商有关免税优惠以及其他优惠作出政策规定，成立创办"三资"企业协调小组。1993年，追回台胞马观望寄给家乡亲人被冒领的200美元，帮助回乡定居台胞和台属解决造房问题。1996年，办理两宗台胞遗产继承案，涉及金额100多万新台币。1998年，为台胞办理一宗台胞遗产继承案。

2000—2001年，云和县办理台胞定居2人次，给16位台属赴台探亲作行前教育，妥善处置1名台胞回乡定居纠纷事件。2003年，开展《浙江省实施〈中华人民共和国归侨侨眷权益保护法〉办法》宣传活动。

2006—2010年，每年组织开展全县侨情和台情调查。至2010年，全县在外华人华侨163户456人，分布在34个国家和地区，县内侨眷500余户2000余人，侨资企业4家(其中房地产企业2家、木制玩具企业2家)，全县在台人员462人，县内台属295户1204人，台属企业3家。

第六节 政策宣传

理论教育

1991—2010年，云和县先后编写《学习统战理论，增强统战观念》《认真学习江总书记重要讲话，切实搞好新时期对台工作，为促进祖国和平统一大业作贡献》《认清形势，提高认识，努力做好宗教工作，为促进社会稳定服务》《"一国两制"与〈香港基本法〉》《明确世纪之交对台工作形势，把握新时期对台工作基本任务》等党课教材，列入县委党校教学计划，对全县干部开展统一战线理论方针政策宣传教育。

政策宣传

1991—1994年，云和县先后在县广播站开辟"统战园地""民族之林""统战之声"专题讲座，宣传统战基本知识。1995年，征订发放统战刊物宣传，获全省统战宣传工作达标奖。1997年，组织"庆回归、盼统一"学习会、香港回归历程大型图片展、"庆七一迎回归"座谈会、"庆七一迎回归"大型彩车游行等庆香港回归活动。1999年，开展"农行杯"澳门知识竞赛、风情踩街表演、"三胞"眷属和各界人士迎接澳门回归座谈会等活动。2003年，组织《浙江省少数民族权益保障条例》普法宣传，在县城主要街道和雾溪、安溪两个畲族乡悬挂宣传横幅30余条，发放《条例》760册，把条例内容纳入"四五"普法内容，干部职工3500人参加学习培训和普法考试。

信息工作

1991—2010年，云和县向上级统战部门和各级新闻媒体投稿1250篇，被录用760篇。其中2008年上报的《云和县加快欠发达地区少数民族乡村经济发展的主要做法和成效》，经省政府办公厅专报，副省长钟山批示“工作做得很好，很有特色，很有成效。希望不断总结经验，不断提高工作水平，取得新的成效”。

第七节　机构与队伍

1983 年 1 月，统一战线工作部设立，1984 年 2 月，建立部务会议制度。1991 年，内设办公室、对台办、民族宗教事务科，核定编制 5 人。1997 年云和县机构改革，核定统战部内设办公室、民族宗教事务科、侨务台湾事务科，对外挂侨务办公室、台湾事务办公室（县委台湾工作办公室）和民族宗教事务局，人员编制 5 人，其中领导编制 3 人。1998 年，县委办根据《中共浙江省委关于进一步加强对台工作的通知》和省委书记办公会议纪要，将台湾事务办公室调整为非内设机构，归口统战部，与统战部合署办公。2002 年 7 月，县委统战部、县民族宗教事务局合署办公，台湾事务、侨务行政职能并入统战部，对外挂县侨台事务办公室（县委台湾工作办公室）牌子。县委统战部下设办公室、民族宗教事务科、侨务台湾事务科 3 个职能科室，设行政编制 5 名，其中副部长 2 名（1 人兼民宗局局长），民宗局副局长 1 名，股级干部职数 2 名。2007 年 10 月，设立下属全额拨款事业单位云和县三胞眷属联谊会办公室，人员编制 1 名。2008 年 12 月，在云和县三胞眷属联谊会办公室增挂云和县归国华侨联合会牌子。2009 年 7 月，在民族宗教事务科增挂行政许可科牌子。

1991—2010 年县委统战部主要负责人一览表

表 17-8-1

部　长	任职时间	部　长	任职时间
叶再思	1990.05—1993.07	黄文伟	2003.02—2006.11
蓝世根	1993.07—2003.02	彭招平	2006.11—

第九章　政法建设

云和县政法工作以维护社会大局为基本任务，以保障人民安居乐业为根本目标，坚持严格执法、公正司法、维护人民群众切身利益为宗旨，学习和推广“枫桥经验”，依靠广大人民群众，开展“平安云和”建设，为“小县大城”发展战略目标提供平安和谐社会环境。2005—2010 年，连续被中共浙江省委、省人民政府命名为“平安县”，2010 年，云和县平安建设考核得分名列全省第一。

第一节　平安建设

宣传活动

1991年3—4月，云和县开展以处理积案、调解民间纠纷为重点的社会治安综合治理法制宣传月活动。出台《云和县社会治安综合治理规划》。1994年，强化综治宣传力度，在全县公共场所、单位、乡镇、农村制作固定标语309处4356张，4月9日，在县人民广场召开公判大会，判决罪大恶极罪犯4人。1995年，开展对中小学生法制教育，建立警民共建学校2个。1996年，开展综合治理基层基础建设年活动，下发社会治安综合治理公约2.03万份。举办综治好建议有奖征文和上街法律咨询，召开会议89次，广播宣传25次，发放各种宣传资料1600余份，接受咨询群众1.5万余人次。

2001年，云和县开展法制宣传进校园活动，举办中小学法制教育课100多场，法制讲座20多场，受教育学生6000余人。被评为"县级行为规范达标学校"7所。2004年，创办《建设"平安云和"简报》，在《今日云和》报纸和云和电视台举办"平安云和"专栏，宣传"平安云和"创建活动，与各乡镇签订建设"平安云和"责任制。2006年，省内主要新闻媒体7家先后到云和县采访平安建设工作。2007年，20多个部门参与开展平安综治宣传月活动，张贴宣传标语5000多张，发放宣传资料2万余份，实现城镇到乡村宣传全覆盖。2009年，电视台设立法制宣传专题节目。2010年，举办云和"综治好建议"有奖征文活动，接受咨询群众1.5万人次。

平安创建

1995年，云和县出台《关于开展创建"平安社区"活动的实施意见》。至1996年年底，在全县实现"平安社区"创建目标，推进农村治安持续稳定。2004年7月，云和县委十一届四次全体（扩大）会议作出建设"平安云和"决定，从全县政治、经济、文化和社会方面开展平安建设工作，成立以县委书记为组长、县长为副组长、相关领导为成员的平安建设领导小组，县平安办设立。2005年，全县开展"平安示范村居""平安示范单位""平安示范企业"3个一百平安示范工程建设活动。2005—2010年，连续6年被中共浙江省委、省人民政府命名为"平安县"，2010年，云和县平安建设考核名列全省第一。

第二节　综合治理

综治网络

1992年，云和县深化社会综合治理和农村法制建设，全县建立乡镇政法办或综治办15个，调整村级"治保会"170个604人，村级调解委员会170个625人。1997年，创建"平安"活动，全县 15 个乡镇有 11 个达到“平安社区”标准，占总数的 73.3%，61 行政村、50 个部门单位达到“安全单位”“安全村”标准。

1999 年，云和县学习推广“枫桥经验”，依靠广大群众，群防群治，创造良好社会环境，全县 15 个乡镇建立司法所。2005 年，开展“平安示范村居”“平安示范单位”“平安示范企业”3个一百平安示范工程建设活动，乡镇人武部建立“综治工作中心”14 个，坚持每季一次，乡镇每月一次，开展不稳定因素排查，实行“零”报告制度。

2010 年，云和县以“温暖、亲和、透明、全覆盖、无差异”阳光理念指导政法工作，开展“网格管理，阳光服务”活动。全县 15 个乡镇先后建立“阳光服务中心”“阳光服务队伍”。同时，建立“阳光信息平台”和“阳光服务”制度。为群众提供政策咨询、帮困援助、化解纠纷等服务活动，落实乡镇综治专职干部岗位专项补贴经费，形成纵到底、横到边的工作网络。

社会治安

1991 年，云和县建立乡镇综合治理领导小组 22 个，建立行政村、居委会综合治理领导小组、治保委员会、调解委员会各 173 个。开展以处理积案、调解民间纠纷为重点的社会治安综合治理法制宣传月活动，处理各类矛盾纠纷 384 件，处理刑事、民事、经济、执行等积案 61 件，查处治安案件 18 起，查获犯罪团伙 2 个成员 9 名，抓获各类刑事案犯 20 名。1992 年，全县 15 个乡镇建立政法办(综治办)，调处各类矛盾纠纷 892 起，成功率 96%。1993 年，共调处矛盾纠纷 813 起，成功率达 95%。1994 年，县委出台《关于处置紧急治安事件的预案》，开展集中整治农村治安工作。1995 年，开展集中整治农村治安第二次行动，查禁赌博，整治暂住人口，公共场所和特种行业专项活动。

1996 年，云和县开展综合治理基层基础建设年活动。1997 年，共调处民间纠纷 535 件，成功率 95%。开展创建“平安社区”活动，61 个行政村，50 个部门单位达到“安全单位”和“安全村”标准。1998 年，对 5 起屡次上访的疑难案件，交相关职能部门承办协调解决，全县调处民间纠纷 465 件，调解成功率达 92%。1999 年，全县共调处民间各类纠纷 535 件，成功率达 95%。

2001 年，云和县调处各类民间纠纷 357 起，调处成功 347 起，调处率达 100%，成功率达 97%。2002 年，修订完善《公、检、法刑事案件定期联席会议制度》，加强公、检、法 3 家之间协调与沟通。开展城镇治安巡逻活动，推进社区安全防范工作。组织机关企事业单位 63 个 1755 人次参与巡逻活动，推广区域联网报警系统。2003 年，矛盾纠纷排查 443 起，调处 435 起，调处成功 413 起，调处率 98%，成功率 95%。2004 年，开展集中处理涉法上访问题专项治理。排查涉法、涉诉信访问题 28 起，成功处理 25 起。落实市、县联席会议交办涉法诉案件 3 件。全县共调处各类矛盾纠纷 625 起，成功调处 607 起，成功率达 97%。

2006 年，云和县建立专职督查员和特邀督查员制度，开展集中联合接访活动。2007 年，开展法律救助活动，救助涉法涉诉信访件 14 起，通过从源头上减少涉法涉诉信访案件的发生，涉法涉诉信访案件同比下降 70.02%。2009 年，成功调处各类矛盾纠纷 1814 起。

2010年，实行“阳光服务、阳光调解、阳光信访、阳光执法”社会管理服务新机制。是年，开展“基层基础建设年”活动，实施“12345”示范工程（确保创建1个省级、2个市级、3个县级示范综治工作中心，4个市级示范企业综治工作室，5个市级村（社区）综治工作站），实行人民调解“以奖代补”激励机制及亲和、高效调解制度。全县共排查调处各类矛盾纠纷1968起，成功调处1813起，社会矛盾得到有效化解。先后5年被评为市级综治工作先进县。

第三节　维护稳定

1993年，云和县开展“三打一禁”（打击团伙犯罪、打击车匪路霸、打击拐卖妇女儿童犯罪、严禁卖淫嫖娼）斗争。1994年7月，开展集中整治农村治安问题，突出宣传教育，举办《依靠全社会力量，狠抓社会治安综合治理，为发展云和经济创造良好的社会环境》为题培训班15期，受训村以上干部1351人，村级治保调解干部256人。1996年，组织开展以破大案、打团伙、追逃犯、反窃车、收缴枪支和扫“六害”为重点“严打”斗争。1999年，依法取缔非法宗教和封建迷信活动。2001年，开展特种行业管理、道路交通安全管理、基层基础大排查等专项整治斗争。

2002年，云和县开展社会治安大排查，排查重点人口530名，外来人员3894名，涉爆单位60家230人，出租房屋1744处，租房人员4080名。排查出各类不安定因素线索48条，违法犯罪线索29条。2004年，开展“抓现行、反盗抢、破大案”百日会战、整治突出治安问题、侦破命案专项行动等专项打击整治。2003年，继续保持严打高压态势，治安案件总量下降。5年内接茬刑释人员287人，解教人员3年内无重新犯罪。

2006年，云和县建立维护稳定工作议事、报告、协调督办、责任追究和不稳定因素定期排查制度，完善处置群体性事件预案，全县排查各类矛盾纠纷1709起，调处成功1601起，调处成功率达94%。开展“送法律下乡”活动，会同县普法领导小组办公室等19个部门联合编写《农村实用法律知识问答》，向村民、农民工们赠送法律书籍1万册。2007年，建立司法救助资金，下发《关于印发〈云和县司法救助专项资金使用管理办法（试行）〉的通知》，共救助32起涉法涉诉信访案件，使用司法救助资金28.7万元。

2007年6月，云和县建立矛盾纠纷排查化解创新机制，在全市首次推行《云和县人民调解工作“以奖代补”考核办法》，实行县、乡镇两级奖励机制，解决基层从事平安稳定工作人员经费补贴问题。开展隐蔽战线专项调查22次。

2008年，云和县排查化解关系群众切身利益突出的矛盾纠纷，全年妥善化解各类矛盾纠纷和不稳定因素2116起。同时，应对金融危机引发的系列社会问题，制定出台处置突发群体性劳资纠纷和房地产集资群体性事件应急机制。筹集农民工工资应急保障资金，开通农民工工资绿色通道。

2009 年，云和县关注中小企业经营困难、劳资纠纷突出的问题，出台《因企业停产倒闭引发工资问题应急处置指导意见》，牵头多个部门采取多种措施有效化解企业劳资和债务纠纷。在金融危机时期，云和县社会正常稳定，得到省有关部门充分的肯定。

2010 年，云和县加强世博安保和校园安保工作，实现重点时段全县社会平稳无事目标。健全完善全县矛盾纠纷和不稳定因素排查调处工作机制，建设“小县大调解”体系。

第四节　监督执法

1992 年，云和县执行《关于清调不适合做政法工作人员》要求，清理、调出政法队伍人员 3 人。1998 年，开展政法队伍集中学习、教育、整顿活动，提升政法队伍干部素质，对存在违法违纪问题人员 21 人，逐人逐事进行调查核实，并作出相应处理。1999 年，加强政法队伍建设，开展争创“人民满意”活动，健全完善学习、考核制度，实现政法队伍制度化规范化管理。2000 年 8—10 月，对 1999 年至 2000 年 5 月，县政法部门批准办理取保候审、保外就医案件开展执法检查，共审查取保候审案件 165 件，保外就医（包括监外执行）案件 11 件，规范“两保”工作。2001 年，全体干警开展以学好、学深、学透“学教”活动，围绕“提高办事效率，提高服务质量”为主题的解放思想大讨论。2002 年 7 至 9 月，开展伤害案件执法检查，对公安局、检察院、法院自 2001 年办理刑事伤害案件，涉及人身伤害寻衅滋事、聚众斗殴案件以及 2000 年年底受理至检查时未办结的 78 件案件进行审查，评选出较好案件 5 个和存在不足案件 5 个，制定整改措施，查漏补缺。修订完善《公、检、法刑事案件定期联系会议制度》。开展警民共建文明学校活动，全县中学 26 所中心小学 5 所配备 35 名法制副校长、辅导员结对联系。

2004 年，云和县集中处理涉法上访问题领导小组及专项工作小组成立，开展集中处理涉法涉诉信访突出问题及群体性事件，排查出涉法涉诉信访问题 28 起，成功处理 25 起。同时，制定完善岗位责任制、办事公开制、失职追究制等规章制度。2005 年，云和县建立健全县委政法委员例会制度、政法重点工作月报制度、重大案（事）件报告制度，出台《中共云和县委政法委员会议事规则》《中共云和县委政法委员会关于重大案（事）件情况报告制度》《中共云和县委政法委员会执法监督工作制度》。开展政法部门专项整改活动。

第五节　机构与队伍

1981 年，中共云和县委政法委员会设立。1991 年 8 月，云和县社会治安综合治理领导小组改为“云和县社会治安综合治理委员会”（下简称“综治委”）。1995 年，县政法委、县综治委合署办公，行政编制 3 人。2002 年，中共云和县委维护稳定工作领导小组办公室设在县政法委，承担维护全县社会稳定日常工作。内设综合办公室1个，行政编制4人（含工勤人员）。领导职数副书记1人（兼综治办办公室主任），综治委办公室副主任1人，股级干部1人。2004年，设副书记2人，其中1人兼县社会治安综合治理委员会办公室主任。2005年，根据《关于县政法委员会增加内设机构的通知》，政法委增设维护稳定办公室、政治处，增加股级干部2人；增设平安办（建设"平安云和"领导小组办公室）、综治办（云和县社会治安综合治理办公室），国家安全人民防控办公室，与维稳办合署办公；增设的执法监督室，与政治处合署办公，实行一套人马，两块牌子。

1991－2010年县委政法委员会主要负责人一览表

表17-9-1

书　记	任职时间	书　记	任职时间
田礼富	1990.08—1993.07	徐焕凤	2001.04—2002.03
官亦民	1993.07—1997.10	邝平正	2002.03—2004.07
汪　帆	1997.10—1998.12	孙乐明	2004.07—2010.02
王昌荣	1998.12—2001.04	陈立新	2010.02—

第十章　政策研究

20世纪90年代以来，中共云和县委政策研究室围绕经济和社会发展重点、难点、热点问题，开展各种专题调查研究；提出对策和建议，收集、储存、处理各种经济信息资料；为县委、县政府提供符合实际的政策建议和咨询意见。为决策提供参考，促进经济建设和社会事业协调发展。1991—2010年，县委政策研究室编辑《云和调研》共343期，刊登调研文章2000多篇，其中1993—2002年，刊名为《领导参考》刊出139期，2003—2010年改名《云和调研》，刊出204期。

第一节　调查研究

1991—1996年，是云和县摘除贫困县帽子的脱贫攻坚期，县委调查研究的主要方向多为农业生产、农民增收等民生领域。《领导参考》分别于1993年、1994年、1995年刊发《加强水干果生产管理　加快脱贫致富步伐》《我县拟建扶贫开发小区的初步调查》《云和县扶贫情况调查》等调研文章，分析加快扶贫工作的思路和对策。1996年，《领导参考》连续刊发《关于全县空壳村、贫困户状况的调查》《关于制约云和县脱贫致富因素的调查》《贫困山区壮大集体经济的有效途径——关于云丰乡林场的调查》《关于云和县扶贫攻坚工作的调查与思考》等调研文章，为县委全面脱贫最后一公里打下坚实的调查研究基础。

1997—2000 年，县委政策研究室调查研究更趋多元，逐渐向工业、教育、旅游等方向拓展延伸。1997 年，《关于轴承配件生产情况调查》《九七年度全县铸钢业发展趋势调查》等文章开始研究云和县工业可持续发展之策；1998 年，《实施科技兴林战略、稳步推进林业产业化进程》《关于科技兴县问题的调研报告》等文章让科技这一重要生产力回到发展视野；2000 年，《关于云和县青少年学生身心健康和素质教育状况的调查》《城市化进程中云和县教育基础设施建设的对策措施》等文章对教育基本现代化提出思考。

2000 年后，面临国际、国内的激烈竞争，县委政策研究室抢抓工作机遇，不断研究改革发展开放中出现的新情况、新问题，提出新的发展观念和思路，县委调查研究工作进入新纪元。2001 年，云和县委、县政府在重新审视宏观环境变化与县情的结合点，在深入基层、深入群众调查研究后，提出突破以村为单位就地奔小康的传统思维，发挥县城盘地大的优势，实施“小县大城”发展战略，走具有云和特色的发展路子。2002 年 3 月，县委书记虞红鸣在《领导参考》刊发《解放思想 大胆实践 加快实施“小县大城”发展战略》调研文章，吹响研究“小县大城”发展战略的冲锋号。是年 11 月、12 月，《领导参考》刊发《实施“小县大城”发展战略的若干思考》《实施“小县大城”战略 加快社区建设步伐》等县领导重点调研课题，形成“小县大城”发展战略的一批重要研究成果。

经过近 10 年的研究和发展，“小县大城”发展战略的内涵与举措不断丰富，综合效益日渐显现。到 2010 年，云和县城市化水平达 58.07%，较 10 年前提高 27.29 个百分点，分别高于全国、丽水市 8.39 个和 9.67 个百分点，增幅位于全市第一。

第二节　调研成果

2002 年，中共浙江省委确定为转变作风和调查研究之年，中共云和县委成立“两个年”活动办公室，组织全县党政机关领导干部深入田间地头、企业市场、群众家中开展广泛调查研究，掌握大量第一手材料，撰写一批有深度、有见解、可操作调研文章。是年 12 月，县委办公室和县“两个年”活动办公室选中 28 篇科局级领导干部优秀调研报告，合编《调研·创新·跨越》一书，内容涉及全县经济社会发展各个方面，为县委县政府决策提供有价值的参考。其中，县林业局《云和雪梨产业化发展的问题与对策》，为县委、县政府出台雪梨扶持政策，推动发展雪梨产业提供政策参考。云和雪梨是云和县传统特色水果，始种于明景泰年间，具有 500 多年的栽培历史，是浙江省 12 种传统名果之一，也是全省三大传统名梨之一。云和雪梨获“中华名果”称号，拥有国家级金奖 3 个，省级金奖 18 个，云和县也被中国果品流通协会授予

“中国优质雪梨重点县”。

县风景旅游局，通过调研，全面分析云和旅游业发展优势和特色，撰写《云和旅游业发展对策思考》的调研文章，为县委、县政府印发《关于加快旅游产业发展的若干意见》，提供政策参考，使旅游产业成为云和县经济新增长点。县国税局在调研资料基础上，从云和“木制玩具的发展与特点”“影响木制玩具持续发展的几个突出问题”和“促进木制玩具持续发展的思考”3个部分撰写《云和木制玩具业可持续发展的调查与思考》，为县委、县政府出台木制玩具扶持政策，推动木制玩具产业发展提供政策参考。

2006年，云和木制玩具产业被浙江省委政策研究室主任陈一新主编的《浙江省文化建设“四个一批”规划（2005—2010）》编入重点发展的文化产业之一和丽水市重点支持发展项目。2010年，云和县政策研究室牵头，会同相关部门制定《云和县木制玩具产业转型升级三年行动计划（2010—2012）》。同年，云和县贯彻落实三年行动计划。

第十一章　党史编研

1980年7月，中共云和县委党史资料征集小组及办公室成立，进行云和地方党史的征集工作。后因多种原因问题，征集工作中断。1986年4月，恢复县委党史资料征集小组，下设办公室，归口县委宣传部。1996年10月，中共云和县委党史研究室成员，与县方志办合署办公，实行“两块牌子、一套班子”体制，定编为正科级事业单位。县委党史研究室，贯彻落实中央和省、市、县委有关党史工作方针、政策，征集、整理、编纂县委重要党史资料，收集整理重要口述历史资料、重要党史人物回忆录，研究有关中共党史、中共地方党史的信息资料，编辑出版重要党史书刊，1991—2010年，云和县地方党史工作在资料征集、专题研究、组织史编写和党史编纂等方面，完成《中共云和党史》第一卷（1935.5—1949.5）编写任务，出版一批地方党史书籍和专题研究资料汇编。

第一节　征集与研究

资料征集

20世纪80年代初，开始征集资料。通过查档、走访老干部等形式，搜集地方党史资料，整理出党史资料档案200余卷，600多万字，出版党史工作期刊40多期。

2006年，云和县开始征集、整理和编研《中国共产党云和历史》（二卷）党史专题资料。4月，云和县召开动员会暨专题编写培训会，部署社会主义建设时期为重点党史专题编写工作，对全县撰稿人员进行业务辅导。列入社会主义建设时期党史编写方案89个专题，落实到相关单位部门。至2007年年底，完成《云和县的人民公社化运动》《社会主义建设时期的云和林业》《云和县人民代表大会的召开和乡镇基层政权的建立》等60多个专题。

2007年，云和县开展征集云和县抗战文化实物和史料，调研云和县抗日战争时期人员与财产损失课题。查阅历史文献、档案资料3000余卷；到全县30多个受害重点地，走访幸存者380多位、受害者，亲朋好友、邻居、知情者和村干部数百位，整理形成资料17卷1000余份，编写近3万字《抗战时期云和县人口伤亡和财产损失调研报告》。

研究成果

1991—2000年12月，编辑出版《云和党史资料通讯》，24期，收集云和革命斗争大事记，抗战时期中共浙江铁工厂纪事，周建生烈士传略以及严大芳、毛登森、施平、陈明、华坚等同志在云和的革命斗争回忆录，《三进家门》《雷大娘急中生智》等革命故事，探讨“周恩来视察‘浙铁’历史意义及其影响”“红军挺进师若干游击特色”等，考证“云和县城解放时间及部队”。编写出版《中共云和党史简史（民主革命时期卷）》。2007年，编制完成《云和县2006—2010年党史、地方志工作规划》。

1992—2009年，云和县收集出版《中共云和县组织史资料》4卷，其中，《中国共产党浙江省云和县组织史资料》（1938.1—1987.12），1992年12月新华出版社出版发行，印数1000册；《中国共产党浙江省云和县组织史资料》（1988.1—1993.12）第二卷，1995年7月人民日报出版社出版发行，印数1000册；《中国共产党浙江省云和县组织史资料》（1994.1—2000.6）第三卷，2003年10月出版发行（浙内图准字〔2003〕第177号），印数1000册；《中国共产党浙江省云和县组织史资料》（2000.7—2005.12）第四卷，2009年10月出版发行（浙内图准字（2009）第154号），印数1000册。

1997年，《红军挺进师若干游击特色浅析》论文，获丽水地区历史学会年会二等奖。1998年，《冯雪峰缘何来到云和及其影响》论文。获丽水地区历史学会年会优秀论文二等奖。

第二节　宣传教育

革命遗址

2010年，全县有革命遗址9处：梅湾革命历史陈列室；周恩来视察小顺浙江铁工总厂纪念碑；冯雪峰疗伤旧居；中共处属特委和云和县委机关驻地——云和镇岗头庵；张庄凉亭红军标语；中共云和县委书记周建生烈士墓；县立简易师范学校（狮山）旧址；云和镇南山革命烈士纪念碑；1942年中共处属特委驻地——山锦。

党史宣传

1997年始，布置革命斗争历史图片和实物展览、举办各类讲座、举行知识竞赛、赠送党史书刊、在新闻媒体开设专栏宣传革命斗争史和党史人物、打造精品红色旅游线路进行实地宣讲，至 2010 年，全县开展党史宣传和纪念活动 6 次。

教育基地选介

梅湾教育基地　位于云坛乡梅湾村，1936 年 6 月至 1937 年 8 月，中国工农红军挺进师所属部队曾多次经过梅湾村进行革命活动。1938 年，中共梅湾支部在此成立，为云和县最早建立的中共农村支部。2001 年 6 月 28 日，中共云和县委在梅湾村举行革命传统教育基地纪念碑揭碑仪式。纪念室面积 100 平方米，内设云和党史介绍和宣传图片展览，党员活动室。梅湾村村口立有“中共农村第一个村支部”纪念碑，梅湾村口毛氏宗祠北面墙上，至今仍保留“工农群众要想有饭吃，有衣穿，只有起来闹革命”的红军标语。

南山烈士纪念碑　位于云和镇南山。2004 年 4 月 2 日，纪念碑落成。南山革命烈士纪念碑铭记云和县在抗日战争、解放战争、抗美援朝战争中而浴血奋战、英勇牺牲的革命英烈。

岗头庵教育基地　位于云和镇山脚村，1942—1949 年，中共处属特委机关和中共云和县委机关先后驻扎岗头庵。2005 年 10 月，建成岗头庵革命教育基地，有纪念碑、岗头庵原貌、革命人物等资料图片革命纪念室等。

第三节　党史编纂

1998 年，开始编写《中共云和党史（1935.5—1949.5）》第一卷，2010 年 5 月完稿，云和县党史研究室编纂，主编陶慧明，副主编雷光斌。2011 年，中共党史出版社出版发行。2011 年 3 月第 1 次印刷，32 开本，印数 2000 册。全书共 10 章 25 节，152 千字，对新民主主义革命时期党在云和革命历程和经验教训作记述。

1998 年，编写《中共云和县简史》。2000 年，完成党史专题撰稿，中央党史研究室编纂《中国共产党革命英烈大典》，收录江永松、柳良芝烈士事迹。同年年底完成省党史研究室《中共浙江党史人物小传》，陈平、贵诵芬、吕克仁、周建生、毛登森、陈江海 6 位历史人物材料入传。

第四节　机构与队伍

1991 年 4 月，县党史资料征集研究委员会更名为县委党史研究室，主任由县委、县组织部副县级领导兼任。1996 年 10 月，根据《云和县党政机构改革方案》，党史研究室和县志办公室合并为史志研究室，为政府序列与档案局（馆）合署。2002 年 3 月，与原合署县档案馆（局）分设，归口县委办管理，为参照国家公务员制度管理的事业单位。内设机构 1 个办公室，人员编制 3 人（含工勤服务人员）。

1991—2010 年县党史(史志)研究室主要负责人一览表

表 17-11-1

主　任	任职时间	主　任	任职时间
田理富	1990.08—1991.04	柳绍荣	2001.11—2005.04
王孔荣	1994.01—2001.11	陶慧明	2005.04—2010.12

注：该节内容另可见第三十七篇《方志 档案》有关内容

第十二章　党校教育

1952 年 7 月，中共云和县委干部学校成立，1958 年 7 月，云和县并入丽水县后撤销。1962 年 4 月，云和县恢复建制，更名为中共云和县委党校。2000 年 6 月，县委党校增挂“云和县行政学校”牌子。1991 年，全县 22 个乡镇党委，25 个机关、部门党委建立了党校。

第一节　机构与队伍

中共云和县委党校原校址位于云和镇中山路 127 号，占地面积 1500 平方米，建筑面积 2560 平方米。2000 年 6 月 30 日，迁至云和镇中山路 380–1 号新校园，占地面积 4968.43 平方米，建筑面积 2519.4 平方米。

1995 年 2 月，中共中央党校函授学院浙江省委党校函授分院中共云和县委党校函授站成立。2001 年 11 月，中共云和县委决定撤销中共云和县委党校党委，建立中共云和县委党校校务委员会，实行校务委员会领导下的校长负责制。2003 年 3 月，内设机构由 5 个调整为 3 个，将原行政科并入办公室，将原教务科与教研室合并为教务教研室，保留函授工作站。2007 年 11 月，党校实行分类管理，其中行政管理和党务工作职位列入参照公务员管理范围。2010 年 11 月，根据《关于同意县委党校调整内设机构的批复》，将原来内设办公室、教务教研室和函授辅导站调整为办公室、培训科和教研科内设科室 3 个，核定事业编制 18 人名，在职教职工 13 人。1990—1992 年，云和县委党校被中共浙江省委党校函授学院评为“优秀办学单位”；至 2010 年，全校在职教职工 13 人。其中高级职称 3 人，中级职称 2 人，初级职称 2 人，行政后勤人员 1 人。

1991—2010中共云和县委党校主要负责人一览表

表17-12-1

校长(行政学校校长)	任职时间	书记、常务副校长	任职时间
王兆康	1988.05—1992.08	徐建华	1991.01—1993.06
田理富	1992.08—1994.03	戴金明	1993.07—1995.03
叶杰耀	1994.03—1997.10	陈丽娜	1995.04—1996.06
汪 帆	1997.10—1998.12	朱阶平	1996.06—2001.11
王昌荣	1998.12—2001.04	朱玉章	2001.11—2010.02
徐焕凤	2001.04—2003.09	吴兆忠	2010.02—
戴邦和	2001.04—2003.09	—	—
钟 鸣	2003.09—2006.11	—	—
任晓俐	2003.09—2006.10	—	—
王 峻	2006.10—2010.01	—	—
孙乐明	2006.11—2010.02	—	—
陈立新	2010.02—2010.04	—	—
叶砍仙	2010.04—	—	—

第二节 干部培训

中共云和县委党校和基层党校通过举办各类培训班，进行系统的政治理论以及科学文化知识学习，提高全县各级干部的马克思主义、毛泽东思想、邓小平理论、“三个代表”重要思想的政治素质和文化水平，培养和造就一批中青年后备干部。

1991—2010年，县委党校围绕县委中心工作，发挥“三阵地一熔炉”作用，举办各类培训班、轮训班136期，学习党章、中央十四至十七大精神、“社纲”及社会主义基本理论、邓小平同志南方谈话、时政理论、政策法规、行政管理、法律知识、农村改革、农村经济建市场经济理论、WTO知识、领导方法与领导艺术等、党的执政能力建设、国际国内形势、统战理论、科学发展观、廉政建设、创新思维与创新管理、领导素养、城市管理理念、旅游项目投融资、招商引资策略旅游产业、茶叶产业等内容，受训人员8354人次。

领导干部培训

1991—2010年，县委党校先后举办县管领导干部培训班、县直机关党支部书记党建理论培训班、新上任领导干部培训班、党外干部培训班、少数民族干部培训班、县管党政正职领导《干部任用条例》研讨班、农村党建“三级”联创研讨班等各类干部培训班。2010年，党校首次分4期开展县管领导轮训班并实行学分制管理工作，基本实现县管干部“全员参与、全体覆盖”目标。

中青年干部培训

1991—2010年，县委党校举办优秀中青年干部培训班7期。其中第3期至第7期青干班均采用“两地三段”办学模式，学员不仅在本校学习、参加军训，还赴浙江师范大学、中共浙江省委党校、中共杭州市委党校、中共宁波市委党校接受培训，并结合相关培训内容前往浙江省发达地区和上海市、江苏省等省外周边地区考察。

特色产业培训

县委党校根据形势需要，开设特色产业培训班、新闻理论骨干培训班、社区业务知识培训班、机关效能建设研讨班、招商引资研讨班、项目推进年研讨班等各类专题研讨班。

基层干部培训

县委党校先后举办县属企事业单位负责人、优秀中青年干部、县机关部门（乡镇）中层干部、党建、组工、理论宣传干部、党外、少数民族、妇女、科技、社区干部以及农村支部书记、村委主任等培训班；国有企业党支部书记培训班、组织人事干部业务培训班、理论宣传骨干学习“三个代表”重要思想培训班、新录用公务员培训班、县团干读书班、科技人员读书会等。

第三节　教学科研

学历教育

学历教学旨在提高云和县党政干部及企业管理人员政治、理论和文化修养。中共云和县委党校学历教学经历由特产到业余、由低到高（中专、大专、本科）的过程，设置行政管理、经济管理、公共管理和法律等专业。在原有刊授中专基础上，1995年，开设中共浙江省委党校函授学院经济管理和法律专业大专班，2001—2006年，开设中共中央党校函授学院法律专科、公共管理和行政管理本科班。县委党校自开办专、本科函授教育以来，秉承“社会效益第一，教育质量第一”办学宗旨，深化教学改革，加强科学管理，严格考风考纪，提高教学质量。至2008年12月，有本科学员463人、专科学员683人取得毕业文凭。

服务基层

县委党校发挥理论宣讲优势，走出校门服务基层，参与社会教育活动。在完成校内教学任务的同时，为全县各乡镇、部门、企业、学校、农村讲授马克思主义理论、政治经济学、党建理论和党的基本路线，进行国情教育和各个时期的方针政策、时事政治宣传。1991—2010年，县委党校承担各系统、各乡镇党校3000余课时教学任务。县委党校教师被聘为县委理论宣讲团成员、县普法讲师团成员和县关心下一代宣讲团成员，到部门、单位、学校、农村和企业第一线，开展以党的基本路线、“三个代表”重要思想、科学发展观、中共十六大、十七大精神和党的执政能力建设、党员先进性教育等为主题的巡回宣讲，受教育干部、群众达5万余人次。

科研成果

县委党校教师既抓教学又抓科研，1991—2010年，撰写论文210余篇，其中在省级以上刊物发表58篇。

第十三章　老干部工作

1994年1月，云和县老干部管理局设立。老干部局贯彻落实中央和省、市、县委关于老干部工作的方针、政策，抓好离休干部政治、生活待遇的落实；指导全县老干部工作；组织老干部参加理论学习、有关会议和重要政治活动；办好县老干部活动中心和县老年大学。1991年底，全县有离休干部184人。其中，抗日战争时期38人，解放战争时期146人。享受地专级待遇1人，享受县处待遇78人，科级及科级以下105人。1991—2010年间，批准离休18人，因病等自然原因减员120人，至2010年12月，全县离休干部82人。其中，抗日战争期间7人，解放战争期间75人；享受县处级待遇31人，科级及以下51人。2010年起，实职副县以上退休干部一同参加离休干部学习和活动。

第一节　安置与待遇

安置

云和老干部安置主要采取就地安置、异地安置、外地和军队转入安置。截至2010年，安置离休干部145人，以分散安置为主，采取原离休单位、随配偶、回原籍居住地、投靠子女、自建房5种方法安置。县城内安置139人，乡镇、村安置6人。跨省、市、县安置离休干部39人，其中：山东省3人、上海市宝山县1人、湖北省襄阳县安置1人、杭州市安置1人、宁波镇海1人、温州市2人、嘉兴市1人、湖州市1人、丽水市莲都区22人、诸暨市安置1人、缙云县2人、景宁畲族自治县2人、庆元县1人。外地工作和军队转业离休后安置云和县老干部14人。

政治待遇

阅读文件　1991年始，执行老干部阅文制度。老干部局专门配备老干部阅览室，征订党报党刊供老干部阅读。

参加会议　1995年起，每年邀请离休干部代表（实职副县级）列席县党代会、人代会、政协全会等重要会议；县委、县政府每年召开一次离休干部团拜会向老干部通报全县经济社会发展情况；每年召开一次担任副县级实职以上离退休干部座谈会，征求老干部对县经济社会发展意见。县委、县政府在出台大政策、大项目立项前，召开老干部座谈会，征求老干部意见和建议；领导班子建设、重要岗位干部考察征求老干部意见。

理论学习 1993年始，组织老干部学习各级重要会议精神，畅谈体会；利用移动网络，为离休干部和担任实职副县级以上退休干部发放"关爱通"手机，充值话费，发放学习资料；每年邀请丽水市委、县委党校资深教师讲课1—2次，每年组织一次老干部暑期理论学习会。2008年起，每年举办一期离退休干部党支部书记培训班。

党组织生活 至2010年，云和县离退休干部党支部建立32个，党员就地就近参加党支部活动，对于卧病在床党员老干部，党支部派人上门宣讲、发放资料，通报党支部活动情况。2009年，云和镇、县人大离退休干部党支部，被评为省先进离退休干部党支部。

探望慰问 1991年始，重大节日，县委、县政府领导坚持走访慰问老干部（遗属）。县委、县政府主要领导任前首先拜访老干部代表，离任向老干部代表告别。坚持每月2—3次到医院探望生病住院老干部，每年两次定期到老干部家中走访，安置在外地的走访1次，倾听老干部意见。日常安排专职领导接待来信来访，及时向老干部发放慰问品慰问金。

生活待遇

老干部生活待遇主要包括离休费、医药费、护理费、交通费、各项补助补贴、特需经费、公用经费、后事三费（丧葬费、遗属补助费、抚恤金）。

落实离休费 1997年，全县企业离休干部41人，分布在全县11个部门25个企业。由于企业改制、重组、破产，企业离休干部离休费、医疗费拖欠，企业离休干部生活得不到保障。1999年2月，县委办、县府办下发《关于建立企业离休干部"两费"保障机制和管理办法的通知》，同年，企业筹集91.7万元资金，占应筹资金的72%，解决离休干部"两费"拖欠问题。2005年，按照中央办公厅文件对国有改制企业和破产企业离休干部管理服务的要求，全部贯彻落实到位。2009年，规范离休干部生活补贴。至2010年12月，县财政对离休干部离休费和各项补贴予以重点保障，按时足额发放到位。

落实医疗费 1993年，云和县离休干部医疗费包干使用。1993年，按照省、地"关于调整和提高离休干部医疗费报销会议纪要"，解决老干部用药问题。2001年，云和县出台《云和县离休干部医疗管理暂行办法》。2004年，建立和完善离休干部离休费保障机制、医药费保障机制、财政支持机制等"三个机制"。2010年，下发《关于离休干部用药管理有关问题的通知》，把离休干部需要使用基本医疗保险药品目录外治疗性西药、中成药、耗材胶片列入离休干部医药报销范围，减轻老干部自费医疗支出。离休干部体检费标准提高到每人600元。

落实生活补贴 2008年，离休人员生活待遇各项经费增加到12项，离休金、增发生活补贴（按参加革命时期增发一个月或是一个半月）、交通费、护理补贴费、护理补贴（生活完全不能自理）或高龄补贴（只享受一项）、公用经费、特需经费、综合生活补贴、健康休养费、学习考察费、丧葬费、一次性抚恤金。离休金按老干部职级待遇发放；生活补贴按参加革命时期增发一个月或是一个半月；交通费按厅局级每人每月30元，从1997年5月1日起，县处级及县处级以下由每人每月15元调整为每人每月25元；护理补贴费1937年7月7日至1942年12月31日参加革命的，每月650元，1942年1月1日至1945年9月2日参加革命的，每月580元，解放战争时期参加革命的，每月500元；护理补贴每人每月900元；公共经费每人每年600元；特需经费每人每年500元；综合生活补贴每人每年1500元；健康休养费每人每年500元；学习考察费地专级每人每年1500元、县级每人每年1000元(含退休)，科级以下每人每年500元；丧葬费4000元，一次性抚恤金因公牺牲按40个月的标准离休金，因病去世按20个月标准离休金；离休干部遗属补贴无固定工作遗属困难补助，按离休干部参加革命时期标准按月发放。无固定工作遗属医疗补助费，参照机关事业单位退休人员有关规定执行。无固定工作遗属年终生活补助1000元。老人节对八十岁、九十岁离休干部开展祝寿活动。2004年11月，对全县范围内已办理离退休手续老干部发放住房补贴。

社区"四就近"　2006年6月，依托社区服务平台，为离休干部就近学习、就近活动、就近照顾、就近发挥作用提供方便。

服务专用车　1991年前，县委老干部局配备达契亚服务专用轿车一辆。1991年，更换为伏尔加轿车。1999年，更换为桑塔纳轿车。2005年，更换为广州本田轿车。

第二节　老干部活动

1997年11月，县委老干部局下属事业单位县老干部活动中心成立，2010年7月，县老干部活动中心列入参照公务员管理单位。

老干部活动中心

活动中心内设棋牌室一间30平方米，阅览室一间15平方米，麻将室一间15平方米。日均活动人数30人。老年活动中心坚持无休息日开放，法定节假日安排领导和工作人员值班，重大节庆日组织老干部开展时事政治、知识竞赛、趣味运动、书画展。2010年7月，退休党员李光亮等8人发起成立云和县老李帮忙团服务中心，开展志愿服务活动。

老年大学　1993年3月创办，县老年大学由县委副书记或常务副县长任名誉校长，组织部长任校长。学员招收对象为县内离退休干部职工和农村文艺骨干，两年一届。至2010年，有9届学员结业，累计3500人次。办学之初仅医学保健1个专业、1个班、学员71人，至2010年，专业发展到8个、班级13个、学员657人。根据学员需求，先后开设书法、国画、中医保健、医学保健、桥牌、二胡、歌咏、民族舞、交谊舞、电脑、太极拳、太极剑、英语、诗词、摄影等课程15门。县老年大学无固定独立校舍，教学场所是县委老干部局60平方米教室、县人劳社保局"常青园"160平方米活动室、县民政局老年活动中心100平方米活动室。无正式编制、无正式工作人员，聘请退休人员1人和老干部局工作人员1人，承担日常服务管理工作。

县老年大学突出政治建校，通过学习会、报告会、座谈会、课前10分钟、黑板报、宣传栏等形式，组织学员学习贯彻中央、省、市、县重要会议精神。结合重要节点，开展丰富多彩文艺演出。喜迎奥运、中共十七大、中华人民共和国成立60周年、纪念改革开放30周年、庆祝“七一”党的生日、老年节、中国木制玩具节等都举行文艺会演。

县老年大学围绕县委、县政府中心工作，组织学员参与创建全国文明县城万人清洁城市活动，文明出行交通劝导活动，“六城联创”活动，和谐社区共建活动，助残活动，进校园老少同乐活动，进军营联谊活动，进农村送文化下乡活动，进敬老院、庇护中心关爱老人活动，结对帮扶离休干部活动，四川省汶川地震捐款活动等。同时，组建艺术团、舞蹈队、军鼓队、腰鼓队、合唱团、网吧监督队等团队服务社会，融入中心、服务社会、发挥余热、彰显价值。2005年，被丽水市委老干部局评为“优胜老年大学”。

老年书画研究会

1985年，县老年书画研究会成立，挂靠老干部局管理，属独立法人社团组织，至2010年有会员70多人。协会组织老干部开展书画创作，聘请专家讲座，每月10日、25日会员集中活动，交流创作经验。每5年出画集一本，至2010年出书画集5本，印刷2000余册。会员被吸收为浙江省老年书画研究会会员14人，被浙江省诗词协会吸收为会员5人。

第三节　机构与队伍

1984年2月，中共云和县委老干部局成立。1996年11月，县委老干部局确定为正局（科）级单位，由县委组织部管理，内设办公室1个。核定行政编制4人，局长1人，副局长1人。主要负责离休干部管理服务工作。下设老干部活动中心和老年大学。

1991—2010年县委老干部局主要负责人一览表

表17-13-1

局　长	任职时间	局　长	任职时间
黄希英	1994.01—1998.06	梁微琴	2010.02—
何建荣	1998.06—2010.02	—	—

第十四章　保密工作

1990年11月，县保密局设立，属县委办公室内设机构。依照国家法律、法规或地方行政法规、规章规定，履行保密行政管理职能；开展保密监督检查和技术检查；对发生泄密事件进行查处，对泄露国家秘密事件采取补救措施。1991—2010年，全县未发生泄密事件。

第一节　基础工作

制度建设

20世纪90年代，云和县保密局建立单位和乡镇保密组织，配齐保密分管领导和保密员，对专兼职保密人员、重要部门经管国家秘密事项工作人员严格管理。先后出台各类保密制度。1997年，规定保密废纸回收处理、《内参选编》管理。2000年，建立定密级机制，实行专人负责定密、解密；完善涉密计算机信息系统审批和国际互联网备案制度，重点解决计算机网络保密管理问题。2004年，下发《关于切实加强保密废纸管理的通知》，规范涉密载体回收销毁程序。2005年，转发《计算机信息系统保密管理暂行规定》和《计算机信息系统国际联网保密管理规定》，严格计算机保密管理。

硬件设施

2001年，云和县领导办公室、涉密要害部门和重要涉密场所等部位安装保密文件柜、碎纸机、电脑隔离卡和防盗报警装置等。2010年，县委办、县府办、检察院、法院等重点涉密部门采购计算机终端保密检查工具；将计算机信息系统漏洞扫描工作列入全县电子政务外网安全改造项目，杜绝主机层面或网络层面威胁及防止非法侵入或窃取，保障政务外网和协同办公系统数据安全。

调查研究

2001年，云和县保密局撰写《丽水市网络保密亟待加强，信息安全令人担忧》被《丽水日报内部参考》采用；《浅议丽水市保密工作如何应对入世挑战》被选入《“入世”对丽水的影响及对策研究》册子，被《丽水日报》《今日丽水》选登。2003年，《入世后丽水市保密工作面临的问题与思考》获全省保密工作优秀调研成果奖。2004年，完成《积极探索保密工作的新途径和新方法》《加强保密检查促进依法行政》等调研文章。

第二节　安全与教育

安全检查

1991—2010年，县保密局针对性地开展保密监督检查。1996年，开展县处级以上领导干部保密情况检查。1997年，开展县直各单位密码电报、传真电报管理及中专、高考试卷保密工作检查。1998年，开展全县通讯和办公自动化设备和县直各单位传真纪律、中专、高考试卷存放室保密工作检查。1999年，开展国际互联网用户普查，加强对计算机购买、操作、上网等管理;查处"天天快递"公司非法经营邮递业务事件。2001年,开展全县党政机关计算机网络信息系统保密专项检查。2002年,开展涉密测绘成果保密管理工作、教育考试试卷安全保密工作、涉密计算机系统保密管理工作、国家秘密文件管理工作、互联网有害信息清理整治工作等5项专项检查。2003年,开展全县计算机信息网络单位保密检查。2004年,开展重点涉密单位"三密"文件管理专项检查。2005年,开展密级测绘成果检查和涉密文件保管情况检查。2006年,对16家重点涉密单位200余台计算机网络安全进行检查;开展集中清理取缔涉密文件资料交易专项行动,对25家废品收购站和再生资源利用站进行检查;开展无线通信功能办公设备、密级测绘图纸、中高考试试卷保管室、党政信息网、涉密信息网、"三密"文件管理等专项检查。2007年,重点对废品收购站、纸张加工厂及县属互联网网站保密废纸和涉密文件交易信息进行检查。2008年,开展迎奥运重点单位网络与信息安全专项检查。2010年,开展政府部门信息安全检查。

宣传教育

1997年,云和县保密局举办"三五"普及《中华人民共和国保守国家秘密法》师资培训班,开设保密知识辅导课程。1998年,参加全区保密知识竞赛、撰写调研论文、收看《秘密保卫战》等保密教育录像片。2004年,开展保密知识竞赛,观看"反窃密、防泄密技术展"。2005—2006年,将保密法列入职工学法建档考试内容,在青干班、新任公务员培训班开设保密知识课程。2008年,纪念《中华人民共和国保守国家秘密法》颁布20周年,邀请省保密局"反窃密防泄密"保密技术演示专家组做保密技术现场演示,党政领导干部和涉密人员300余人参加。

第十五章　县直机关工委

1996年,中共云和县直属机关工作委员会(简称县直机关党工委)与组织部合署办公。围绕县级机关党组织的组织、作风和精神文明建设,做好党员的教育、管理、监督和入党积极分子的培养、考察、发展;审议和批准党员违反党纪案件的处分决定;开展机关党组织年度工作目标管理考核和总结工作。

第一节　组织建设

1996年,县直机关党工委下发《机关党支部工作若干规定》,对已届满和人事变动后组织不健全的37个党支部进行换届选举和委员增补。全年接转组织关系542人次,收缴组织费

4.5 万元。

1997 年，对届期已满和支部成员不健全的支部 19 个，进行换届选举或增选委员。2001 年,根据体制变化与行政组织调整，设立县直部门机关党委 12 个，新建党支部 3 个。2002 年，落实“一推二考三公示制度”并实行“五制”(发展党员对象预审制、发展党员公示制、机关工委、机关党委派员列席发展党员支部大会制、长期不发展党员预警制、发展党员责任追究制)。抓好党支部规范化建设。换届和改选支部 51 个，新建支部 4 个，有 27 个党支部达到规范化党支部。规范党费收缴办法，理顺 12 个部门机关党委归属关系。2003 年，开展规范化党支部建设，年终对 26 个规范化党支部进行复评，对 25 个新申报规范化党支部进行达标验收。2005 年，开展“五好”(好班子、好队伍、好制度、好作风、好业绩)党支部建设，提出“撤、并、挂、联、转”(根据部分关、停、兼、转和破产企业党组织实际情况，采取撤销、合并、挂靠、联建、转移等方式调整基层党组织设置。)方案,合理调整基层党组织设置，加强对分流待岗党员教育和管理。撤销原县食品厂等 7 个党支部,组建云中、二中、职技校、医院、电视台等 5 个党总支。查阅 43 个党组(党委)、12 个机关党委 7 个党总支、76 个党支部有关资料。命名新规范化党支部 11 个，通过复评单位 47 个，取消 2 个单位规范化党支部称号。

2006 年，规范化党支部评选，实行 2 年评选制。下发《云和县机关党建工作“十规范”》《云和县直属机关党支部工作制度》。撤销原县食用菌公司、县供销储运公司等党支部 6 个，建立县安监局、新闻中心等党支部 4 个，组建县三中、实验小学、江滨实验小学党总支 3 个。2007 年，新建机关党委 1 个，组建党总支 2 个，成立党支部 5 个，撤销 2 个党支部。工委直属党支部中有 22 个党支部进行换届选举或改选。县直机关、企事业单位党支部 100 个与农村党支部 100 个进行“1+1”结对共建。2008 年，下发《关于深化县直机关“规范化党支部”创建活动的实施意见》，年底对 16 个新申报创建党支部进行评审验收，县妇幼保健所、县星星幼儿园等党支部 13 个创建合格；根据年度党建工作督查情况取消 3 个规范化党支部。新组建机关党委 1 个，成立县残联、县府办后勤事务所等党支部 6 个，撤销沙铺砻电站、鑫森木业公司等党支部 4 个，对届满党支部及时进行换届选举。2009 年，成立县住房办、县人防办、县会计核算中心等党支部 5 个，撤销云和县住房办人防办党支部，工委直属 13 个党支部(党总支)进行换届选举或有效改选。

2010 年，新建县体育中心、县机关事务管理局(接待办)等党支部 7 个，撤销县府办党总支、县水利局云和水利站、县教育局直属事业支部等党支部(党总支) 6 个。

第二节　思想教育

1996 年，县直机关党工委坚持每月一次学习日，组织书面和现场“双学”知识抢答赛，在职党员参赛率 96.2%；邀请地委讲师团作六中全会精神学习辅导报告；举办“农行杯”机关党员“双学”心得体会和机关“党建”工作理论研讨有关征文竞赛，共征集论文 44 篇；评出一等奖2人、二等奖6人、三等奖10人、纪念奖26人。推荐到丽水地区机关党建论文6篇，全部获二、三等奖。举行庆“七一”新党员入党宣誓和党史教育。1997年，组织“双学”验收考试，在职干部参考率达97%，答题准确率达96.5%。是年，开展形势任务教育，作国际国内形势报告、香港回归形势和《香港基本法》学习报告。举办“七一迎回归”报告会、征文比赛，新党员入党宣誓和机关党员运动会。1998年，开展学习邓小平理论和“三讲”（讲学习、讲政治、讲正气）为主要内容的教育，党课学习6次，理论研讨征文比赛活动。1999年，学习贯彻《中国共产党党和国家机关基层组织工作条例》，集中上党课4次，分支部上党课4次。

2001年，县直机关党工委开展党员电化教有，下发《2001年度党员电化教育工作计划》，全年举办党员电化教育6期。9月始，电教片播放增加片头和《云和党建要闻》栏目。举办事迹报告会1次，辅导报告6次。云和电视台摄制、播放廖永平先进事迹电视专题片。发放《党员读本》《“三个代表”重要思想学习读本》《“三个代表”重要思想学习问卷》3本书。

2002年，云和县增加电化教育硬件设备经费20万元，经费补助基层党组织置办“两机”（电视机、影碟机）17万元。摄制《“两单一会”连民心》专题片获市第五届党员电教片展评三等奖。云和电视台播放党员电化教育片8个。举办县直机关党建工作研讨班，“水利杯”转变作风从我做起演讲赛，“国土杯”七一歌咏赛和优秀书画作品展。2003年，《云和报》和云和电视台开辟《时代风帆》专版、“迎七一、展风采”电视新闻栏目。举办机关党组织负责人培训班，开展党建论坛活动，征集党建论文60多篇。

2005年，云和县机关党委20个、党总支7个、党支部186个，党员2565人参加第一、第二批先进性教育活动。4人骨干先后分赴各单位乡镇作专题辅导，上专题党课120多场次，受教育4000多人次。《机关党建新闻》开辟先进性教育交流专栏，先进性教育新闻播出130多条。参观云和梅湾、丽水厦河等革命传统教育基地，县直机关党员1800多人参加。开展“三个代表”重要思想在云和的实践和“先锋形象”2项讨论活动。开展教育活动情况督查3次，抽查机关党委12个、党总支7个及党支部80个的教育活动情况。2006年6月，开展中共十六届五中全会精神、科学发展观、和谐社会建设等3个专题党课教育。播放党员电化教育6次，收视党员1.55万多人次，参加学习党员5.6万多人次，上专题党课160多次，接受教育8700多人次。下发《云和县直机关建设学习型党组织三年规划（2006—2008年）》，推进学习型党组织创建。2007年，邀请中共十七大代表徐仁俊传达学习贯彻十七大会议精神，县机关中层以上党员干部听取报告。组织举办党史专题报告会，机关党员400多人参加。2008年，采取集中学习、巡回宣讲、专题报告等方式学习宣传贯彻中共十七大精神。举办“林业杯”学习宣传贯彻中共十七大精神知识竞赛。6月，邀请市委党校老师为县直机关党员600多人上《落实“两创”总战略，促进地方经济又好又快发展》大型党课。9月，举办国防教育专题讲座。开展党的理论研究，收到理论文章15篇。2009年，县直机关党工委开展第二批学习实践科学发展观活动，按照“武装头脑、指导工作、推进发展”要求，学习中共十七大和十七届三中、四中全会精神。举办机关党建论文评比，收到论文和调研文章32篇。全年组织政治理论学习1800多次，参加学习党员5.7万多人次，组织上专题党课170多次，接受教育8700多人次。县直机关党工委全年播放党员电化教育6次，播出机关党建文字新闻42条，收视党员1.54万多人次。

2010年，开展中共十七届四中、五中全会精神、社会主义核心价值观体系建设《六个“为什么”》、新修订《中国共产党和国家机关基层组织工作条例》解读等3个专题教育。开展“书香云和”读书节活动。严格执行中心组理论学习制度，下发《基层中心组学习情况季通报制度》。全年组织政治理论学习1600多次，参加学习党员5.5万多人次；播放党员电化教育6次，播出机关党建文字新闻41条，收视党员累计1.58万人次。

第三节　作风建设

1998年，县直机关党工委根据从严治党要求，下发《加强县直机关党内监督的意见》，开好半年1次民主生活会。2005年，开展机关效能建设“回头看”，总结出案例72个，召开案例分析会62次，播放党风党纪教育录像带4部。撰写党风廉政建设调研文章5篇，立案查处党员违法案件3件，给予党纪处分3人。2006年，学习魏剑明先进事迹，开展“廉政文化进企业”试点活动。查处党员违法案件1起，给予党纪处分1人。2007年，播放党风廉政教育片6次，党员接受教育1.68万多人次。2008年，集中开展以作风建设为主题组织生活会。开展以法释纪、以案释纪警示电教片活动。播出电教片6次，观看1.75万多人次。2009年，播放反腐倡廉警示教育片2次，受教育党员4300多人次。开展“群众满意基层站所（办事窗口）”活动。机关党员参与“双百互动，先锋共建”“六个一百”和“一户一策一干部”活动，做好帮扶结对工作。2010年，贯彻落实《中国共产党党员领导干部廉洁从政若干准则》，落实“五办”（雷厉风行立即办、迎难而上主动办、深入一线上门办、长效管理跟踪办、阳光政务公开办），加强党员党性修养。

第四节　党建活动

双争双评

1996年，县直机关党工委开展“双争双评”（争创先进党组织、争做优秀共产党员，民主评议党支部、民主评议党员）活动。评出先进党支部3个，占支部总数的6%，优秀共产党员11个，占党员总数1.7%；先进党员57人，占党员总数8.8%；合格党员553人，占党员总数的85.5%。1997年，各支部开展“双评”工作，评出先进党支部3个、优秀共产党员14人、优秀党支部书记3人、先进党员62人，进行表彰。2008年，县机关党工委组织评比表彰先进党支部14个，先进党员158人，先进党务工作者29人。

阳光服务

2010年，县直机关党工委开展“阳光服务先锋”创先争优活动。开展“讲党性、重品行、作表率”“阳光服务先锋”公开承诺，“服务企业、服务项目、服务基层”、创建党员示范岗、“城乡先锋同行，共建童话乡村”结对共建等活动。县直机关各级党组织在职党员2168人公开承诺，承诺事项1500余项，党员个人承诺事项6500余项。机关各级党组织与乡镇14个行政村党支部94个结对帮扶。

主题活动

2008年，县直机关党工委“七一”期间，开展“我为七一献热血”活动等庆祝建党87周年系列活动。开展“六个一”活动，组织一次学习，统一党员干部思想和行动；重温一次入党誓词，增强党员意识，牢记党员身份；开展一次“我为创建作贡献”活动，发挥党员在创建省级示范文明县城表率带头作用；召开专题组织生活会，制定整改措施，进步推进机关作风建设；交纳“特殊党费”活动，以支援灾区抗震救灾。据统计，县直机关、企事业单位党员2346人交纳特殊党费124.8万元。开展结对帮扶献爱心活动，对老党员、帮扶对象进行走访慰问。开展创业创新专题调研、结对联系、破难攻坚、创业创新送服务等主题实践活动。县科技局、农业局等17个单位党组织60余人党员干部参加活动。2009年，开展“服务经济发展，再树先锋形象”主题实践活动，党员干部60多人结对80多个重点企业，实行1+1服务，收集到企业7大类问题120多件难题，帮助破解难题60多个。县直纪机关纪念建党88周年演讲比赛、开展“五个一”（组织一次学习、重温一次入党誓词、过好一次专题组织生活会、开展一次结对共建活动、编发一条红色短信）活动。2010年，开展党员义修义诊、义务咨询和其他各种利民便民活动，慰问老党员、贫困党员。开展建党89周年系列主题，县直机关部门单位20个党员100余人参加无偿献血活动。2006年，推选云和县党代表81人。

第五节　机构与队伍

1996年，中共云和县直属机关工作委员会，与组织部合署办公。2002年，组建部门党委12个。2010年，县直机关工委内设办公室1个，设书记1人。至2010年，县直机关工委负责指导管理的基层党组织（包括县教育局等机关党委）13个，县公安局等部门党委8个，党总支10个（其中工委直属党总支3个），党支部179个（其中工委直属支部58个），党员2290人[其中工委直属支部（总支）767人]。

1991—2010年县直属机关党工委主要负责人一览表

表17-15-1

书　记	任职时间	书　记	任职时间
陈光来	1990.07—1991.11	叶晓伟	2006.01—2007.04
金凤菊	1991.11—1996.10	李建宁	2007.04—
王雨杰	1996.11—2006.01	—	—

第十六章　重大决策

1991—2010年，中共云和县委坚持以经济建设为中心，在由计划经济向社会主义市场经济转轨中出现的新情况、新问题、新矛盾中寻找突破口，按照科学、民主的决策程序，在政治、经济、社会、文化、人民生活和精神文明建设等方面，作出一系列重大决策，并制定与之相适应、相配套的有关措施，确保重大决策的顺利实施，加快云和经济建设和社会事业发展。

第一节　生态建设

1999年7月，云和县编制《云和县"蓝天、碧水、绿色"工程项目实施计划》。8月，发文实施，全面启动云和县生态示范区建设系统性综合工程。2001年12月，云和县发布《云和县生态示范区建设规划》。2004年7月，云和县发布《云和生态县建设规划》，2004年9月13日出台《关于推进林业跨越式发展的决定》。2007年9月19日，县委出台《关于推进森林资源流转工作的实施意见》，推进森林资源流转工作，推动农村经济发展和社会全面进步。2008年，云和县做出创建省级生态县的决定，2008年5月，云和县下发《云和县生态环境功能区规划》。2010年，云和县委、县政府将国家级生态县创建纳入全县"六城联创"总体计划中，在县委十二届七次全会作全面部署。

第二节　经济建设

1993年7月，中共云和县委印发《关于进一步深化企业改革理顺产权关系的决定》，进一步转换企业经营机制，优化经济结构和产权结构，适应发展社会主义市场经济客观要求，加快发展步伐。1995年5月，县委出台《关于扶贫攻坚的实施意见》，贯彻落实《国家八七扶持攻坚计划》、省委省政府三年脱贫计划和地委、行署《关于扶贫攻坚的实施意见》。1995年8月，县委下发《关于促进云和经济发展若干政策（试行）的通知》，加快云和经济发展，努力实现优化环境、扩大总量，脱贫致富奔小康的战略目标。1995年9月，县委出台《关于扶持和加快发展少数民族经济和社会事业的决定》，全面落实党的民族政策，加快云和少数民族脱贫致富奔小康步伐，达到各民族共同繁荣。

1996年10月，云和县出台《关于进一步发展壮大农村集体经济的若干意见》，从整体上搞好农村公有制经济。1996年5月，云和县出台《关于扶贫攻坚的实施意见》，力争提前一年摘掉脱贫县帽子。1997年2月，云和县下发《云和县鼓励扶持经济发展若干政策（试行）》的通知，加快云和县经济发展，实现优化环境、扩大总量，脱贫致富奔小康战略目标。1997年5月，云和县出台《关于合力扶工的实施意见》，形成合力扶工、合力兴工氛围。2000年5月，云和县出台《关于优化加快工业发展的若干意见》，同年5月下发《云和县促进经济发展若干意见》，加快工业经济发展步伐，实现“致富奔小康”战略目标。

2001年5月，云和县出台《关于鼓励工业经济发展的若干意见》，增加工业经济总量，提升产业层次。2002年6月，云和县出台《关于加快发展农业产业化经营的若干意见》，推进农业和农村经济发展，提升农业产业化经营水平，促进农业增效、农民增收。2002年9月，云和县出台《关于全面进行农村税费改革的实施意见》，建立规范的农村税费改革，根本上减轻农民负担。2003年5月，云和县出台《关于加强招商引资工作的意见》，加大招商引资力度，扩大经济总量，实现云和经济社会跨越式发展。2005年4月，云和县出台《关于加快工业经济增长方式转变的若干意见》，实现工业经济增长方式由粗放型向集约型转变，提升工业经济发展水平。2005年4月，云和县出台《关于进一步加强和改进招商引资工作的若干意见》，实施“小县大城”发展战略，抢抓新机遇，增创新优势，承接产业梯度转移。2005年6月，云和县出台《关于加快旅游产业发展的若干意见》，发挥旅游资源优势，使旅游产业成为经济新增长点。

2007年8月，云和县出台《关于促进农家乐休闲旅游业发展的若干意见》，发挥云和生态资源优势和趣味优势，拓展旅游服务产业，发展农村经济。

2008年12月，云和县出台《关于进一步优化环境服务企业的若干意见》，优化发展软环境，服务和支持企业发展。

第三节　文化建设

1991—2010年，中共云和县委3次出台促进文化事业发展文件规定和实施办法，推动云和文化事业发展。1999年7月，云和县出台《关于加快云和县文化事业发展若干政策的意见》，规定逐年增加对文化事业资金投入，每年增加幅度不低于经常性财攻收入的增长幅度，解决文化事业费总量偏少、比例偏低。对文化馆、站、图书馆、博物馆（文物）等公益性事业单位正常性事业经费给予保证。

文艺创作机制

云和县设立文学艺术创作奖，县财政每年安排文艺创作奖励资金2万元，县财政每年安排专项文艺（创作）经费6万元。加强文物保护、开发历史文化资源，每年安排文物保护征集费5万元。加快图书馆事业建设，提高图书馆的现代化水平，每年确保图书馆图书购置费8万元。

农村文化建设

云和县加大投入，扶持文化建设，改变乡镇文化站设施不足和农村业余文化生活贫乏的状况，将“山花工程”的创建纳入政府议事日程，列入目标考核内容，县财政每年补助专项经费5万元，扶持“山花工程”建设和各乡镇的文化设施建设，各乡镇财政每年也要安排文化站购书经费不少于3000元，并视财政增长而适度增加。

征足经费　云和按照国务院《关于进一步完善文化经济政策的若干规定》开征文化事业费，省里返还部分全部直接由文化部门专项使用。

资助文化　云和县建立多渠道筹集文化事业资金机制，鼓励社会、民间力量兴办资助文化事业，纳税人支持公益性文化事业、提供捐助的，在年度应纳税所得额3%以内部分，经主管税务机关审核后，在纳税所得时予以扣除。

建设要求　云和县对公益性文化事业单位的国有非经营性资产，用于弥补文化事业经费不足，可减免国有资产占用费。2009年6月，云和县出台《关于进一步统筹推进农村文化建设的实施意见》，要求到2010年，实现创建3个省级“浙江东海文化明珠”乡（镇）；建设60个行政村至少有100平方米的文化活动室；创建省级文化示范村3个、省级文化示范社1个。要建农民业余文化队伍60个行政村；各乡（镇）农村（社区）举办文艺会演每年一次，每两个月有演出。建图书流通站（点）60个行政村（社区）；创建省级体育强镇（乡）5个，小康体育村60个。

第四节　旅游开发

1991—2010年，云和县2次出台促进旅游事业发展文件规定和实施办法，推动云和旅游事业发展。2005年6月，出台《关于加快旅游产业发展的若干意见》，建立旅游发展基金。以“一中心一区一带”为旅游发展总体布局，完善景区旅游功能，使旅游业成为云和国民经济支柱产业之一。2005年底完成《云和县旅游产业发展总体规划》和《云和湖区域旅游规划》编制，打下云和旅游产业和云和湖区域开发的基础。

云和县加大财政扶持力度，建立旅游发展基金，用于云和县旅游产业规划编制、旅游资源保护、重点旅游项目的贴息扶持等。2005年，安排500万元旅游发展基金，以后每年安排100万元滚动使用，并根据发展需要给予递增。对全县旅游产业有带动作用的旅游建设项目贷款给予3年内同期银行贷款利率的50%贴息扶持；在县境内采取租赁方式闲置国有资产开发旅游项目的，可免交3—5年承租费等优惠政策。

开发旅游商品，调动木玩企业参与旅游的积极性。云和县对玩具企业、农特产品加工企业参加全国、省、市旅游商品展销、交易会，按照展位费40%给予补助。2010年5月，出台《云和县旅游业发展3年行动计划（2010—2012年）》，打造“中国童话休闲旅游城”，将旅游发展逐渐转向梯田区块，形成“一城一湖一梯田”发展格局。着重建设中国童话休闲旅游主题项目、狮山项目、水墨闲云景区、工业旅游开发项目等。挖掘云和县乡村文化建省级旅游强镇1个和省级特色旅游村4个。加大镇域立面整治和旧村改造力度。对石浦村、梅湾村、大坪村、梅竹村、坑根村等特色鲜明村落进行开发，创建省级旅游特色村。

第五节　社会建设

1993年10月，云和县出台《关于开展建设小康村和富裕村活动的实施意见》，推进两个文明建设。2000年5月，云和县出台《关于实施农村新村建设工程的若干意见》，调整农村经济结构，优化农民生产、生活环境，强化中心镇要素聚集和辐射功能等，决定在县城规划区内规划农民新村。2000年8月，云和县出台《关于进一步加强小康工程建设的实施意见》，提出把云和建设成综合经济实力较强，基础设施比较完善，社会秩序良好，人民生活比较富裕，文明程度较高的小康县。

2001年6月，云和县出台《关于在全县深入开展"严打"整治斗争的实施意见》，改变云和县社会治安面貌，确保人民群众安居乐业。2002年5月，出台《关于加强社区建设的实施意见》，推进社区建设。2003年，下发《关于加快农村经济社会发展的若干意见》和《关于实施"千村示范、万村整治"工程的意见》，增加农民收入，统筹农村经济社会发展。2004年7月，中共云和县委十一届四次全体会议通过《关于建设"平安云和"促进社会和谐稳定的决定》。2005年7月，中共云和县委十一届六次全体会议通过《关于认真贯彻胡锦涛同志重要讲话精神按照"干在实处，走在前列"的要求推进云和跨越式发展的决定》。

2006年6月，云和县出台《关于扎实推进社会主义新农村建设的若干意见》，加大统筹城乡经济社会发展，扎实推进云和县社会主义新农村建设。同年7月，出台发《关于全面推进农村综合改革的实施意见》，深化农村改革，解决"三农"问题。2006年8月，中共云和县委十一届十次全体会议审议通过《贯彻〈中共浙江省委关于建设"法治浙江"的决定〉的实施意见》，贯彻社会主义法治理念和党的十六大以来中央关于实施依法治国基本方略的精神。2006年12月，中共云和县委十一届十二次全体会议审议通过《关于贯彻党的十六届六中全会精神构建社会主义和谐社会的实施意见》。2008年1月，中共云和县委十二届三次全体会议通过《关于扎实推进创新深化"小县大城"发展战略的决定》。2009年，云和县出台《关于进一步加强农村基层组织建设的意见》《关于加快推进农村改革发展的实施意见》《关于加快推进残疾人事业发展的若干意见》，进一步加强农村基层组织建设，推进云和农村改革发展和云和县残疾人事业发展。2010年1月，中共云和县委十二届七次会议通过《关于加强和改进新形势下党的建设强化"小县大城"核心战略政治保证的意见》。是年7月，下发《关于实施农村"135"工程加快建设"中国童话乡村"的实施意见》，加快推进新农村建设。

第十八篇　“小县大城”发展战略

云和县在贯彻落实中共浙江省委、省人民政府关于实施城市化战略、加快推进城市化和城乡一体化决策过程中，结合自身山多地少、村多人少、县小而城相对较大的实际，2001 年适时制定“小县大城”发展战略。这一战略是欠发达地区实施经济现代化过程中在遵循一般发展规律基础上，结合县域经济社会发展具体实际而提出的发展战略。通过发挥规划龙头作用，以制度创新为突破口，把有限稀缺资源集中投入到发展潜力大、规模经济和投资效益明显区位——县城，打造带动县域经济社会整体发展的增长值，同时着力打破城乡界线、缩小城乡差距，推动农民向县城转移、向市民转化，通过走以城带乡、以工哺农、以乡促城、城乡联动发展路子，推进城乡共同繁荣与进步，实现城乡一体。

实施“小县大城”发展战略十年，云和经济社会效益日渐显现，影响力与日俱增，成为欠发达山区县实现跨越式发展的典型模式，得到省市及社会各界充分肯定，被写入《浙江省国民经济和社会发展第十一个五年规划纲要》以及中共浙江省委、省人民政府《关于推进欠发达地区加快发展的若干意见》等重要文件，入选“首届浙江省公共管理创新案例十佳”，在全国 1500 多个山区、海岛县推广。

第一章　战略思路

1996年，云和县摘除贫困县帽子，受限于经济总量小，资源要素积聚度低，村庄分散，城乡阻隔，工业化、城市化滞后等因素，经济发展进入瓶颈期，亟须寻找新突破口以实现经济社会发展跨越。而此时正值浙江省委、省政府大力推进城市化和城乡一体化进程。2001年，云和县委、县政府根据浙江省人民政府《关于加快推进浙江城市化若干政策的通知》精神，结合县情实际，提出"小县大城"发展战略。

第一节　地理环境

云和县地处浙西南丽水市腹地。全县总面积984平方千米，其中山地面积9.33万公顷，耕地4867公顷，水域面积3333公顷，全县辖4个镇10个乡（分别是云和镇、紧水滩镇、崇头镇、石塘镇、大源乡、雾溪畲族乡、安溪畲族乡、云坛乡、朱村乡、黄源乡、云丰乡、沙铺乡、大湾乡、赤石乡），170个行政村，842个自然村，总人口11.09万人，其中农业人口9.025万人，占82%。全县10户以下自然村262个，居住在500米以上高山、深山区农民2.6万多人。在全省县（市、区）中，人口总数排名倒数第二，是山区小县。

云和山多地少，村多人少，素有"一谷三库四面山，九山半水半分田"之称，"一谷"指县城所在河谷盆地，"三库"指瓯江干流紧水滩、石塘、玉溪三大水库，"四面山"指云和盆地四周丘陵和山地。云和地形地貌类型以中山（注："中山"是中等山地简称，一般指海拔1000—3500米山体）广布、峡谷众多、间以狭长山间盆地为基本特征，海拔千米以上山峰有56座，而群山怀抱县城盆地面积达28平方千米，按照人均100平方米（注：按照国家关于城市规划建设用地的最高定额，一般城市人均用地面积最高标准是100平方米，首都和特区城市人均用地最多是120平方米。云和县城市规划建设用地定为人均100平方米）标准计算，可容纳28万人居住创业，具备人口聚集所必须地理空间。2000年，该盆地内仅居住3万多人，县城建成区面积仅3.14平方千米，为"小县大城"发展战略提出和实施奠定地理基础。

第二节　经济环境

1987年，云和县被列为浙江省6个贫困县之一，1996年摘除贫困县帽子。据2000年统计数据显示，云和县地区生产总值（GDP）8.01亿元，比全省平均水平（13416元）低43.87%；工业总产值8.73亿元，财政总收入6466万元，全社会固定资产投资额2.3亿元，批发、零售贸易业商品销售总额1.71亿元，金融机构年末存款余额7.97亿元，城乡居民储蓄存款年末余额2.23亿元，农村居民人均纯收入（元）1989元，比全省平均水平（4254元）低53.2%。

1995年，云和县地区生产总值、地方财政收入、全社会固定资产投资额、城乡居民储蓄存款年末余额均处于丽水市所辖其他县（市、区）后列，仅人均GDP处于前列，居第2位；工业总产值居第4位。2000年，云和县上述经济发展指标在丽水市排位依然处于后列，且呈下滑之势，地区生产总值下降至末位，工业总产值下降3位至第7位，地方财政收入下滑1位至第8位，人均GDP和城乡居民储蓄存款年末余额位次未变，仅全社会固定资产投资额上升了1位至第8位。1995—2000年5年间，云和县地区生产总值、人均GDP、工业总产值、地方财政收入、全社会固定资产投资额、城乡居民储蓄存款年末余额6项指标增长速度与丽水其他县（市、区）相比分别居第8位、8位、8位、3位、7位、6位。云和县委、县政府认识到，经济总量小，资源要素积聚度低，村庄分散，城乡阻隔，工业化、城市化滞后是制约县域经济社会发展总根源。云和经济发展进入瓶颈期，亟须寻找新突破口以实现经济社会发展跨越。

第三节 社会环境

1987年始，云和工业经济跃上新台阶，全县工业化进程稳步推进，以商贸服务业为代表第三产业快速发展。1987—2000年，全县工业增加值由3894万元上升至26859万元，增长5.9倍；第三产业增加值由2525万元上升至26858万元，增长9.6倍。至2000年，全县非农产业增加值占GDP比重达到75.4%；工业企业单位数1195家；在岗职工年平均工资10872元，与省内发达县（市）相比，差距不大，与丽水各县（市、区）相比，仅略低于丽水市区（11522元），高于其他7个县（市）；尽管非农人口占总人口比重仅为16.35%，但非农产业从业人员数占从业人员总数比重则达到了44.11%。其中，传统木制玩具产业产值在1999年达到3.3亿元，约占全县工业总产值三分之二，成为丽水市十大出口产品之一。2000年，云和成功举办首届“中国木制玩具节”，同年设立“云和县木制玩具特色工业园区”。

木制玩具制造属于劳动密集型行业，吸纳社会劳动力多，劳动者进入门槛低，是地处偏僻、自然条件恶劣山区农民下山就业第一选择，事实上也成为引导农村劳动力向二、三产业转移，甚至吸引外地人员来云和就业、创业的产业基础。至2001年，全县有木制玩具企业300多家，木制玩具业年产值约占全县工业总产值62%，从业人员1万余人，成为重要支柱产业、民生产业，为“小县大城”发展战略提出和实施奠定产业基础。

第四节　政策环境

1997年，浙江省为加快全省城市化进程，在全国率先推出购房落户政策；1998年，进一步在全国率先提出实施城市化战略，中共浙江省委书记张德江所作的报告中明确提出“不失时机地加快城市化进程”，将城市化作为浙江提前基本实现现代化突破口；1999年5月11日，成立浙江省推进城市化工作协调指导小组，12月在全国率先印发《浙江省城市化发展纲要》，明确提出“强化杭、甬、温等中心城市功能，积极发展中小城市，择优培育中心镇，完善城镇体系，走大中小城市协调发展的城市化道路”；2000年9月1日，浙江省委、省政府发布《关于加快推进浙江城市化若干政策的通知》，明确提出“积极推进城市化是浙江跨世纪发展的战略选择，是我省提前基本实现现代化的必然要求”，要深化户籍管理制度改革，促进人口向城镇集聚，改善城镇投资环境，引导产业向城镇集聚，优化土地资源利用，形成城镇建设集约用地机制，建立多元化投融资机制，拓宽城镇建设筹资渠道，适时调整行政区划，完善城镇行政管理体制；2001年，浙江省又在全国率先取消进城控制指标和“农转非”计划指标，率先对进城落户人员待遇享受等做出政策规定，率先建立全省相对统一户籍改革政策体系。

浙江省委、省政府关于实施城市化战略、加快推进城市化和城乡一体化指示精神，为“小县大城”发展战略的提出和实施奠定政策基础。

第二章　实施过程

“小县大城”发展战略实现是通过政府适当干预，引导农民向城区流动、向非农产业转移、向市民转化，加快城市化和城乡一体化步伐，带动区域经济社会整体发展。

第一节　体　　制

城市化

加快城市化进程，打破城乡界限、开放县城，促进城乡各种生产要素自由流动，使现实的、潜在的各种优势合理、科学、优化组合，提高生产要素配置的效率和效益。县城发展优先，做大做强县城，实施经济要素向县城集中战略，扩大县城发展空间，改善县城基础条件，促进经济要素和产业向县城集中，强化县城作为县域经济中心的增长极功能，突破中小城市建设所需的资金、交通、通讯等制约，发挥县城先进生产力和先进文化的扩散作用，促进城市基础设施向农村延伸，城市公共服务向农村覆盖，城市现代文明向农村辐射，改变城乡分割、各自发展的模式，走以城带乡、以工哺农、以乡促城、城乡联动的发展路子，实现城乡一体化。

工业化

政府的适当干预，推进产业集群化、集约化发展，提高发展效益，克服欠发达地区与发达地区之间在工业化初始条件上所存在的巨大差别，加快工业化进程。云和县在以工业化推动传统农业社会向现代工业社会转变过程中，坚持以木制玩具、金属加工为主导，加快工业园区建设步伐，促进企业创新升级，相继出台《关于加快工业经济发展的若干意见》《关于加强招商引资工作的意见》《关于加快工业经济增长方式转变的若干意见》《关于促进工业经济发展方式转变的若干意见》《关于扶持工业企业分离发展服务业的若干意见》一系列文件，扩大工业经济总量，加快县域整体发展步伐奠定政策基础。与此同时，发挥省级生态示范县优势，打造生态旅游品牌，着力建设浙西南休闲旅游基地。2005 年，出台《关于加快旅游产业发展的若干意见》，明确发展旅游产业总体目标、产业布局和政策规定等，把旅游产业提升为新经济增长点奠定基础。此外，以宋城集团参与开发云和湖为契机，整合旅游资源，包装旅游项目，扩大招商力度，推动旅游产业发展。

就业技能

提升农民就业技能，加快农村劳动力向非农产业转移，帮助进城农民在县城稳得住、富得起。云和县一方面加快玩具、铸造等支柱产业发展，将全县近 90%企业集聚在县城，为进城农民提供 2 万多个就业岗位；另一方面，制定和实施一系列下山转移人员培训计划，努力提高农民就业技能水平。2001 年始，先后组建和调整县农村劳动力转移领导小组、异地综合开发领导小组、农村劳动力素质培训中心、“云和师傅”品牌创建工作领导小组、培训资源整合工作领导小组、农村劳动力转移援助服务中心、新型农民培训工作领导小组等机构；相继制定和出台《关于加快推进农村劳动力转移的若干意见》《关于农村劳动力素质培训资源整合的实施意见》《关于加强“云和师傅”品牌创建工作的通知》等 20 多个政策性文件；编制《云和县 2003—2010 年农村劳动力素质培训规划》《云和县 2005 年—2010 年农村劳动力转移培训阳光工程实施方案》等。将农民素质提高和就业技能培训与县域经济社会长远发展有机结合，打响“云和师傅”品牌，扩大“云和师傅”影响力，增强异地开发市场竞争力，为加快农村劳动力向非农产业转移提供强大支撑。

第二节 思　　路

云和实施“小县大城”发展战略总体思路是通过有序规划和制度创新，逐步促使城区面积扩展、产业发展、人口集聚、城镇功能提升。

县城扩容规划

2001—2010 年，云和县相继完成《城镇总体规划》《土地利用总体规划修编》，编制《城乡一体化规划》《县城城镇体系规划》以及20多个村庄规划，初步形成“小县大城”为特色的城乡规划体系。

拉大县城框架

云和县在城镇规划中制定“扩城”工程，按照“城镇南拓，产业西进”思路，以南山为中心，浮云溪为轴，拉开城镇发展新框架，形成“一城三区块”城镇结构和“一环四横六纵”城镇道路网。通过整容扩张，县城中原先狭小街道、短促道路，已呈井字状向外延伸。中山街东西延长约3千米，新建路向南拓伸4千米，新区连接并推动城南发展，形成城南、城北有机融合大格局。同时，推进解放街、前巷等老城区拆迁改造，增大县城容量，优化人居环境。撤并同处于云和盆地的沙溪乡建制，并入云和镇，将云和县城规划区面积从原先的8.75平方千米，扩大到22.5平方千米。

拓展工业园区

云和县以特色工业园区建设为抓手，调整和扩大园区规划，将规划用地由原来已建成的2.18平方千米，扩增至9.7平方千米，其中城西工业园7.9平方千米，城东金属工业园1.8平方千米。投入开发杨柳河荒山建园区，开发工业建设用地49.15公顷，为产业集聚和企业入住搭建创业创新平台。2010年，县工业园区已相继入住企业260家，创年产值36.22亿元。

加快农村建设

云和县制定农村发展规划，按照“做好小集镇、做优示范村、整合中心村、撤并自然村、迁移高山村”思路，加快“城中村”和“城郊村”改造，推进新一轮“千村示范、万村整治”工程，建设一批彰显人文历史，展现农村田园、山水、生态韵味样板村。通过制定和实施农村发展规划，推动库区、地质灾害隐害点、高山深山区农民向中心村、中心镇和县城转移。

提升人居品位

云和县依托山水资源和木制玩具特色产业，积极塑造城镇特色。将“山水家园，童话世界”理念体现到城镇规划、设计、建设和管理各个环节，设计城镇文化设施，提升城镇品位，塑造城镇形象；实施环县城山体绿化美化工程，城镇绿化率达到35%以上；在城内，扩建和新建公园、学校、体育馆、疾控中心等文化、娱乐、卫生基础设施，最大限度地提高资源共享率，改善人居环境。

第三节　环　　境

云和县委、县政府在制定和实施“小县大城”发展战略过程中，调整生产关系和上层建筑中不适应生产力及经济基础发展要求环节，不断破除制约生产力发展体制性障碍，适应当代经济、科技、社会发展提出新要求，建立和完善发展社会主义市场经济所必需的一整套制度和机制，为战略实施创造优良环境。

强化政府服务

由于历史和其他多种原因，云和交通、通信、水利、电力等硬环境都比较落后。云和县委、县政府从转变工作思路和作风入手，建立适应社会主义市场经济发展要求、符合本地实际的行政服务体制，优化发展软环境，弥补硬环境的不足，增强县城集聚力和吸引力，为“小县大城”发展战略实施奠定思想和体制基础。

明确职能 提高效率 一方面坚持“有所为、有所不为”原则，政府工作做到不越位、不错位、不缺位；另一方面大力推进政府机构改革，建立办事高效、运转协调、行为规范行政服务体制，将发挥政府职能重点转到促进区域经济协调发展、改善发展环境、搞好社会管理和公共服务、维护社会秩序上来，提高机关工作人员运用市场经济观念和市场机制来分析问题、解决问题能力。

依法行政 推进审批改革 理顺行政执法体制和监督体制，严格实行行政执法责任制，建立健全评议考核和错案责任追究制，营造职责明确、人人有事干宽松和谐工作氛围。同时，减少审批环节，缩短审批时间，增加工作透明度，接受社会各方面监督。

调整部门利益 推进机关财务管理体制改革，加强预算外资金管理，全面实行行政机关会计核算中心统一核算管理制，防止各种形式乱收费行为。

完善公务员管理体制 打破公务员吃“大锅饭”、捧“铁饭碗”传统做法，引进竞争机制，实行公开选拔、择优上岗。通过培训、下基层锻炼等途径，增强公务员素质，提高公务员科学决策和管理能力。

提高服务水平 认真执行“一个窗口对外、一站式审批、一条龙服务、一个中心投诉”制度，深化政务公开制度和承诺制度，努力营造优质服务环境。

农民向市民转化

要实现城市化和工业化，就需要彻底改变原有人口空间分布格局，消除城市化体制障碍，加速实现农村人口向城市人口转变，流动人口向城市居民转变。在实施“小县大城”发展战略过程中，云和县委、县政府采取一系列消除城乡政策差别、引导农民下山进城、变农民为市民举措：

降低进城门槛 改革进城户籍管理制度和招工制度，以合法固定住所、稳定职业和生活来源作为户籍迁移进城基本条件，打破城乡分割二元管理结构，建立城乡统一户口登记制度。农民进城后建设用地由县政府统一征用，行政划拨，以成本价供给，免征“农民新村”城镇建设配套费。

农民进城优惠实施 发布《关于印发云和县万名农民下山转移工程实施意见的通知》《关于印发云和县万名农民下山转移工程建设规划的通知》《关于成立云和县农村劳动力转移援助服务中心的通知》《关于全面推进农村综合改革的实施意见》等文件，利用政策，鼓励山区群众下山异地搬迁，进城农民可以继续保留农村集体土地、山林等承包权，并对下山脱贫群众在征用土地、基础设施建设、户籍迁移、子女入学等方面予以大力帮助，在就业、就医、社会保障等方面享受城镇居民待遇。2004年出台《进城务工就业农民子女义务教育暂行办法》，全面实施农民工子女就学“同城同待遇”政策，规定父母只要提供进城就业签约半年以上有效合同，其孩子就可安排在县城相关小学和初中读书；取消农民工子女就学借读费，在缴费标准、评优、入队入团等方面与县城学生一视同仁。

保障农民基本生活　云和县委、县政府相继出台《关于进一步加强农村贫困户帮扶工作的实施意见》《关于印发云和县被征地农民基本生活保障实施办法的通知》《关于印发云和县城乡困难人员医疗救助办法的通知》等文件来保障农民基本生活条件，打消进城农民后顾之忧。

建设农民新村　“农民新村”分三期实施，占地面积共141862平方米，建筑面积380507平方米，计划在十年内引导1万—1.5万名农民进“农民新村”入住。截至2010年，“万名农民下山转移工程”累计转移1.3万人。

加快城市化进程

时任中共浙江省委书记张德江在2001年8月23日召开的“全省扶贫开发暨欠发达地区工作会议”讲话中首次提出：“越是欠发达地区，越要加快城市化进程。”云和结合自身实际，创造性地贯彻落实省委、省政府提出城市化战略。牢固树立经营城市理念，发挥城市规划龙头和导向作用，通过体制机制创新，加快城市建设步伐。

管好城市建设用地　充分运用市场机制，坚持对县城土地“管住、管好、升值”原则，建立城镇土地收储制度，成立土地收储中心，统一征地、统一规划、统一管理、统一出让，真正管住城市建设用地。实行城市土地分类开发，严格界定城市用地行政划拨和有偿出让范畴，改革城市建设用地供应方式和方法，确保开发一片，建成一片。

推进投融资体制改革　积极探索多层次、多渠道、多形式筹集城市建设资金体制改革，不断健全和完善城市建设发展有限公司运作机制，采取公司“自筹资金、自主经营、自我还贷、自求平衡”方式，促使城市建设由政府投入向市场化运作转变。按照“谁投资、谁受益”原则，将部分城市公共设施建设项目推向市场，鼓励社会资金以股份制、合作制等形式共同参与城市基础设施建设。实行城市公共设施项目使用权和经营权有偿转让或拍卖，回收资金用于建设。

城市建设管理机制　政府职能部门走出“既当裁判员、又当运动员”圈子，强化对城市建设规划调控力度，严格城市建设与管理监督、考核制度，以规划和质量监管为手段，通过市场化运作，推动城市建设走上健康发展的轨道。

第四节　载　　体

云和将山区农民下山转移奔小康作为实施“小县大城”发展战略的重要载体，采取一系列措施，使居住在高山远山、地质灾害隐患点和紧石库区等基本生产生活条件恶劣、生态环境比较脆弱地区山区农民，有计划地向县城、建制镇、公路沿线行政村等基础设施较完善、经济发展水平较高地区转移，实现脱贫致富、共奔小康目标。

下山转移原则

农民自愿原则　云和充分发挥县、乡镇政府统筹协调作用，引导农民克服畏难思想、等待思想、依赖思想，提高认识和觉悟，激发农民下山转移热情和信心，并正确选择安置区域、安置方式等。在充分调研论证基础上，2000年，云和县委、县政府出台《关于实施农民新村建设工程若干意见》,对农民新村建设规费减免、户籍管理、进村农民保留责任田、责任山等方面制定9条优惠政策,拉开农民下山转移序幕。此后,县委、县政府又相继出台一系列推进农民下山转移政策文件和配套举措。农民下山转移工程本着公平、公开、公正原则,经村、乡(镇)、县三级审核,通过媒体公示和抽签确定下山转移农户名单,充分尊重群众意愿,由农民自主选择搬迁时间、安置区域和安置方式,不搞行政命令,不包办代替。

统筹规划原则 农民下山转移工程既立足于解决当前面临紧迫问题,又兼顾今后生产发展、城市化建设要求,对下山转移对象、转移意愿、转移方式、安置区域和方式等进行科学分析,制定合理方案和具体分年度实施计划,分阶段分批次有序推进;科学确定下山转移顺序,优先转移居住在大中型水库库区、高山远山和A、B类地质灾害点农户。同时,确保农民下山转移规划与土地利用总体规划、控制性详细规划、生态县建设规划、环境保护规划、地质灾害防治规划等相配套衔接。

重点突出原则 坚持以整村搬迁、集中安置为主,零星搬迁、分散安置为辅。重点加快高山远山地区、紧石库区和地质灾害隐患点等地区整村搬迁步伐,彻底改善这些区域农民基本生产生活条件,摆脱地质灾害威胁,恢复生态脆弱地区生态环境。鼓励基础设施相对较完善、生产生活条件相对较好村庄零星搬迁,为梯度转移腾出更大空间。将下山转移小区(点)地址选在人口比较集中、有产业支撑城区、中心镇以及辐射能力较强中心村,把农民转移与转业有机相结合,为下山转移农民创造良好生活、就业和发展环境,下山转移农民能够安居乐业,避免二次搬迁。

部门协作原则 各乡镇党委、政府将推进农民下山转移作为重要工作来抓,党政主要领导负总责,有关部门积极参与,成立副县长为组长、相关职能部门组成的县困难群众下山转移工作领导小组,并设立组织实施该项工程办公室。通过沟通协调,加强相关部门资源整合,各职能部门各司其职、通力合作,统一标准、统一投向,提高农民下山安置区基础设施建设水平,确保下山转移工作稳步推进。

权益保障原则 下山转移农民“迁得出、安得下、稳得住、富得起”,云和县采取各种有效措施,扶持农民转业创业。通过深入实施农民素质培训工程,加强技能培训,提高下山转移农民就业能力;发展现代农业,扶持农业龙头企业、专业合作组织,积极发展笋竹、茶叶、蔬菜、水果、食用菌等特色优势农业产业,带动下山转移农民增加收入;通过大力发展来料加工业、农家乐旅游等,拓宽下山转移农民就业渠道。充分保障下山转移农民相关权益,其承包的土地山林使用权、经营权在下山转移后保持不变,鼓励耕地、山林流转承包经营,提倡荒山使用权有偿转让,鼓励并扶持企业和个人投资开发荒山荒地项目。对下山转移农民实行按属地管理原则,使其在户籍政策、劳动就业、子女就学、社会保障、医疗养老保险等方面,享受与当地居民同等待遇。

下山转移模式

建农民新村 解决进城务工农民住房,在城南区块规划21.73公顷土地兴建农民新村。2000年建设首期“农民新村”,占地16万平方米,建筑面积27.4万平方米,吸纳3500余名农民进城落户。

建农民公寓 按照统一规划、统一设计、统一施工原则,建设专门用于地质灾害避险搬迁、下山转移、库区移民安置用房。2005年,按照“政府引导、群众自愿,统筹规划、梯度转移,市场运作、政府补助”原则,采用自建房式下山、公寓式下山、资金补助式下山、县外安置补助等多种方式促进下山转移。普光农民公寓，由政府统一征地统一建设，对土地划拨价格、税费、房屋建设等成本进行测算，按照1650元/平方米政府建设成本价出售给下山群众（当时商品房市场价在3300元/平方米左右），改变首期农民新村由农民自建排屋供地方式。同时县政府给予每人6500—10000元资金补助，降低农民进城成本，提高土地集约利用水平。普光农民公寓总投资1.7亿元，安置异地搬迁农民835户3500多人。

建乡镇安置点　对部分下山转移后不愿在县城就业农户，在石塘镇、朱村乡、崇头镇、云和镇城乡接合部等地统一规划、统一设计建设乡镇级下山农民安置点，推动1000多名居住在环境恶劣偏远高山农民下山创业。

实行整体搬迁　按照建设用地复垦与农民下山转移、地质灾害搬迁有机结合要求，对20户以下、海拔500米以上、交通不便自然村实行整体搬迁，制定分期分批搬迁规划，出台补助政策。对符合下山转移条件农户实行“三先一再”原则，即“先购房、先拆除、先复垦、再补助”，不购不补，不拆不补。根据不同条件，对在县城购买商品房、二手房农户，政府以每平方米400—900元不等标准予以补助。

下山转移效益

经济效益　农民下山转移减少基础设施和公共服务投资。符合下山转移条件区域大多道路不通、饮水不洁、通信不畅、就医上学不便，就地改善提高农民生活条件投资需求大。农民下山转移安置地基础设施一般比较完善，公共服务比较完备，无需重新投资，从而节省大量资金。以康庄公路建设为例：康庄公路每千米平均造价为60万—70万元，虽然省政府补助力度不断加大，但县级财政和农民、村集体仍要承担一半经费。加之饮用水、通信等其他基础设施和教育、卫生等公共服务投入，实施下山转移后，在此方面减少直接投资额非常可观。其次，农民下山转移盘活建设用地存量。符合下山转移条件区域大多人均建设用地占有量大、利用率低，下山转移后宅基地复垦新增建设用地按每公顷1.33万元转让价格，其价值非常可观。再次，农民下山转移减少灾害损失、降低抢险救灾费用。下山转移重点地区往往也是自然灾害多发地区，灾害直接损失巨大，而县、乡、镇党委政府投入抢险救灾人力、物力、时间等非常巨大。下山转移后，直接受自然灾害影响人数减少，潜在损失降低，政府抢险救灾投入人力、物力相应减少，节约政府财力；同时，山区农民减少后，对自然环境负面影响降低，有利于减少自然灾害发生，降低自然灾害损失。此外，下山转移后，大量农民从务农为主转向从事二、三产业为主，收入水平可以大幅提高；并为安置地区输入大量劳动力，从而有利于全县整体经济社会发展。

生态效益　符合下山转移条件农民主要分布在高山远山和紧石库区等水源保护区、生态敏感区，上述地方交通不便，经济落后，砍伐林木或进行食用菌栽培等农业生产是农民主要经济来源；同时液化气使用率低，多数农民生活能源主要依靠砍伐柴木。农民下山转移，不但可以减少大量林木消耗，而且可以增加因宅基地复垦和弃耕形成宜林、宜草用地，对提高云和县林木蓄积量、涵养水源、减少水土流失、维护生态平衡都具有重要意义。林地和林木蓄积量增加，能减缓地表径流，增加土壤水分渗入，同时降低土壤水分蒸发量，从而提高土地蓄水能力，实现水资源蓄丰补欠。通过农民下山转移，转出地区平均每公顷土地每年可增加300

多立方米蓄水量。草木根系可以起到固定土壤作用，森林林冠可以阻隔部分降水，减小降水对地面冲击，草木植被及其枯枝落叶覆盖地表，减小地表径流，从而减少土壤侵蚀，减少土壤流失，有利于减少水库、电站、河道等泥沙淤积，降低清淤、疏浚费用。实施农民下山转移，每公顷土地每年可减少土壤流失量约60吨。农民下山转移从根本上解决迁出地区由于农业生产造成的农药、固废垃圾、生活污水等污染和田间劳作、建造新房等生产生活活动对生态环境、地质结构带来负面影响，为全面推进生态文明建设奠定良好基础。而生态环境改善，有利于生态工业、生态旅游进一步发展，产生更多经济效益。

社会效益 农民下山转移后，教育、医疗等公共服务水平可以得到较大改善，显著缓解就医难、上学难等长期困扰山区农民问题，大大提高人口文化、健康素质。农民下山转移，有利于改善农民住房质量，改善村容村貌。通过统一规划、统一设计，安置小区基础设施比较完善，村容村貌比旧村有很大改观，有利于促进观念变革和社会进步。下山转移促进迁出区与迁入区文化、思想和技术交流，打破贫困山区封闭状况，促进等、靠、要思想观念转变为创业致富观念，对全县经济社会发展产生长远良好效应。

第五节 成 效

近十年探索与实践，“小县大城”发展战略引领云和县经济社会发生巨大变化，县域综合经济实力显著增强，GDP为2000年的4.2倍；城市化水平大幅提高，城镇化率达到63%，远高于全国和浙江平均水平；工业化进程加快，初步形成木制玩具、金属加工两大主导产业并驾齐驱工业发展格局；城乡统筹成效明显，开始步入城乡整体协调发展阶段；集聚效应凸显，城市化进程加快。

经济社会加速发展

云和“小县大城”战略实施，迎来经济快速发展。2010年，云和县实现生产总值（33.32亿元）为2000年的4.2倍，年均增长25.3%；人均GDP（29194元）为2000年的3.9倍；财政总收入（3.46亿元）为2000年的5.4倍，年均增长28.1%；全社会固定资产投资额（20.45亿元）为2000年的7.3倍；三次产业比重从2000年的24.6:41.9:33.5调整至2010年的9.7:52.8:37.5；城镇居民年人均可支配收入和农村居民人均年纯收入分别从9091元、1989元，增加至20131元、6370元，分别是2000年的2.2倍、3.2倍。

云和县实施“小县大城”发展战略前后主要经济指标比较表

表18-2-1

项 目	2000年	2010年	增长倍数
GDP总额（亿元）	8.01	33.32	4.2
人均GDP（元）	7350	29194	3.9
工业总产值（亿元）	8.73	54.18	6.2

续表 18-2-1

项　目	2000 年	2010 年	增长倍数
工业增加值(亿元)	2.69	14.3	5.3
财政总收入(亿元)	0.65	3.46	5.4
全社会固定资产投资额(亿元)	2.80	20.45	7.3
三次产业比重(%)	24.6:41.9:33.5	9.7:52.8:37.5	—
城镇居民年人均可支配收入(元)	9091	20131	2.2
居民人均年纯收入(元)	1989	6370	3.2

城市化水平提高

云和“小县大城”战略实施,城市化水平大幅提高。在实施“小县大城”发展战略过程中,云和县形成大规划、大投入、大建设发展态势。2001—2010 年,累计完成全社会固定资产投资 129.34 亿元。城市框架快速拉开,建成区面积从 2000 年 3.14 平方千米扩大至 2010 年 6.2 平方千米;城市化水平从 2000 年 36.2%上升至 2010 年 63%,比浙江省和全国平均水平分别高出 4 个、13 个百分点,城市化水平呈现“超前”之势。

丽龙高速公路云和段长 43.2 千米建成通车,云和进入全省四小时经济圈,区位条件明显改善。建成 110 千伏变电所等一批电网项目,电能供应能力增强。元和广场、江滨公园、新二中、汽车客运新站等一批重大基础设施项目先后建成使用,县城集聚辐射功能增强。新建南路、中山西路、解放东路、仙宫大道、城东大道以及东西城门出入口的建成,提高城市形象和品位。同心新村、南山小区、涌金花苑等一批现代化居民住宅小区建成,不仅改善市民居住条件,而且增强市民幸福感和归宿感。

实施“小县大城”战略过程,云和县委、县政府不仅重视硬件建设,而且注重软实力提升;围绕“山水家园、童话世界”城市定位,在拓展城市内涵提升管理水平上做大量工作。云和县连续两年被评为丽水市创建文明县城工作先进县;2002 年顺利跨入省级卫生县城行列;2003 年,被授予“浙江省生态示范县”“浙江省创建文明城市工作先进县”等称号;2004 年,成为浙西南地区第一个“国家卫生县城”;2005 年,创建“省级文明县城”;2006 年被评为“省级教育强县”;2008 年成为丽水市唯一一个省级示范文明县城;2009 年,被中央社会治安综合治理委员会评为“全国平安建设先进县”;2010 年,被省委、省政府评为“平安县”,且平安考核成绩列全省第一。

工业化进程推进

云和“小县大城”战略实施,工业化进程快速推进,初步形成木制玩具、金属加工两大主导产业并驾齐驱工业发展格局。2010 年,全县实现生产总值 33.32 亿元为 2000 年(8.73 亿元)的 3.8 倍;工业增加值(14.3 亿元)为 2000 年(2.69 亿元)的 5.3 倍。经过近十年发展,木制玩具、金属加工两大主导产业并驾齐驱工业发展格局初步形成。经过精心培育和扶持,2010 年云和县木制玩具企业总数达 674 家,初步形成区域特色鲜明集群优势。全行业完成产值 21.29 亿元,约占全县工业总产值 50.57%。在培育壮大木制玩具业同时,抓住温州地区产业转移有利时机,积极引进一批技术含量较高的精密阀门生产项目，迅速形成产业集聚优势，进一步拓宽工业发展领域。2010年，阀门制造业产值达18.26亿元。云和县生产的套圈、钢球、高精密度带爪“O”型保持器等系列轴承产品均是进口产品替代品，产品质量达到国内领先水平，具有较为广阔市场与发展前景。

城乡统筹明显

云和通过规划引路、项目支撑、以城带乡等途径，以产业集聚、人口集聚、加快农村基础设施建设为突破口，走出一条带动农村发展的城市化道路。

2008年城乡统筹发展水平统计数据显示，云和在丽水全市8个县(市)中名列第1位，开始步入城乡整体协调发展阶段。通过深入实施“乡村康庄工程”“千村示范、万村整治”“万名农民下山转移”“万名农民饮用水”等一系列富民工程，村容村貌发生显著变化。在实施“小县大城”发展战略过程中，云和充分发挥龙头企业作用，组织数十家行业龙头企业，分别与企业所在地各行政村开展“一联一”村企共建活动，积极推进新农村建设。按照“统一标准、统一管理、统一使用”原则，着力打造具有地方特色异地综合开发劳务品牌——“云和师傅”。具有一定技艺“云和师傅”不仅带动云和1万多名农村劳动力到全国28个省（直辖市）、215个县(市、区)、3580多个乡镇从事异地农业综合开发，年经济净收入2亿多元，而且为所在地特色产业培育和发展做出重要贡献。

集聚效步凸显

“小县大城”发展战略实施，云和“产业集聚”“人口集聚”“要素集聚”效益凸显，“产业集聚”促进“人口集聚”和“要素集聚”“人口集聚”和“要素集聚”又推动二、三产业发展，加快城市化进程。

2010年，全县71%以上人口集中在县城居住，95%工业企业集聚在县城发展。2000—2010年，完成农民下山转移30468人。县城人口从2000年3万余人增加至2008年7万多人，农民进城梦想成真。3万多名农民进城后，为农村儿童进城读书创造良好条件，按照扩大城区教育资源、重组农村教育布局思路，2003年在丽水市率先完成农村中小学布局调整，城区学校办学规模不断扩大，优质教育资源不断扩张，进城农民子女就学享受到与城里孩子一样待遇。截至2010年，在县城各校就读中小学生占全县学生总数85%，在城区入园幼儿占全县入园幼儿总数90.6%，初中毕业生升高中比例达到95.57%以上，实现全面普及九年义务教育目标。

第三章 战略经验

作为欠发达山区县，云和在工业化程度和人均收入水平较低情况下，通过实施“小县大城”发展战略，推动产业、人口、要素等向县城集中，培育和壮大特色产业集群，走集聚化、集约化发展之路，实现县域经济社会跨越式发展，尤其是加速城市化和城乡一体化进程，在统筹城乡发展上取得显著成效，形成独具特色云和模式。它突破传统经济发展模式和城市化路径，对于我国其他一些欠发达地区践行科学发展观，加快城市化和城乡一体化进程，实现跨越式发展，具有重要借鉴意义。

第一节　治县理论创新

城市化理论

传统城市化理论往往将工业化作为城市化基本前提，将城市化水平看作是经济发展水平标志和结果。但云和实践表明，欠发达地区虽然地广人稀，居住分散，城镇规模偏小，工业化水平和城市化水平“双低”，但是完全有可能通过做大“城”来为现代经济发展扩大空间，通过做强“城”来推动生产要素有效集聚，使欠发达地区有限资源能发挥最大效益，促进区域经济社会快速发展。

解决“三农”问题

“小县大城”发展战略坚持以全面协调和整合城乡利益关系为着眼点，把握“两个趋向”，加大城市支持农村、工业反哺农业力度，彻底冲破城乡分割旧体制，促进城乡之间人口和生产要素合理流动和优化配置，逐步矫正并理顺二元结构下扭曲城乡关系和工农关系，加快构建城乡互动、协调发展机制，实现城乡共同发展繁荣，形成以城带乡，以乡促城城乡协调发展格局，从根本上解决农业、农村、农民这“三农”问题。

转换山水资源

“小县大城”发展战略按照可持续发展要求，坚持把经济发展与环境保护有机结合起来，在大力转移农民、减少农民，恢复农村生态，有效推进土地和淡水等自然资源保护和集约利用同时，致力于把生态资源转化为生态资本、生态优势转化为经济优势，大力发展生态产业，推动资源循环、节约、永续利用，促进人与自然和谐，实现绿水青山与经济发展双赢。

实现扶贫效益

“小县大城”发展战略坚持开发扶贫理念，遵循全面协调可持续这个基本要求，运用统筹兼顾这个根本方法，坚持城乡联动、全县“一盘棋”，举全县之力攻贫困之坚，抓好全县基本生产生活条件、基础增收产业、基本能力素质、基本社会保障、基层组织和基层民主政治建设，最终实现农民增收、城乡统筹、经济持续发展。

第二节　施政方略创新

主动引导

“小县大城”战略主导性因素是党委政府主动引导、积极支持，通过整合生产要素，抓住县域经济发展过程中主要矛盾，实现战略性突破，推动区域经济社会整体跨越式发展。自2001年“小县大城”发展战略确立以来，历届县委、县政府主动适应不断变化新形势、新情况，冲破旧思想、旧观念束缚，用新眼光和标准认识和分析问题，适时调整工作方式、方法和重点，用新观念、新思路、新方法去指导、组织和推动云和小康建设。

资源转换

云和虽然是欠发达地区，但在生态环境资源、木制玩具、名特优果品和城市发展空间等方面都拥有一定比较优势。尤其是生态资源丰富，生态环境保护良好，这是许多发达地区所无法比拟的，也是欠发达地区潜力所在和后发优势。但资源优势并不等于经济优势，只有将其转化为生产优势和商品优势，才能真正成为经济优势，而欠发达地区往往缺乏的就是这种转换能力。“小县大城”战略实施，正是为了将云和现实和潜在各种优势合理优化组合，使其转变为现实经济社会效益。比较优势要靠特色来体现，特色经济培育和发展过程，就是比较优势逐步形成和确立过程，特色经济形成一定规模，就能占领市场，并在市场经济中确立自身地位。云和除木制玩具名列全国第一外，云和湖旅游开发、水干果发展等都形成自身特色。“小县大城”战略表明，客观环境优劣固然是一个地方发展重要条件，但是否善于把握机遇，做好优势转化工作，形成自己特色，则是决定性的因素。

群众参与

发展的最终目的在于满足人们各种层次需要。云和县委、县政府在提出和实施“小县大城”发展战略全过程中，始终坚持以群众诉求为“第一呼声”，以群众认可为“第一标准”。“小县大城”发展战略正是在满足当时云和山区农民渴望改变生存环境愿望和致富思进激情，进城当居民和在县城求发展、让子女在县城接受优质教育愿望下应运而生的。它的根本内涵，就是通过打破长期以来城乡二元分割体制和结构，使农民能够与城市居民一样共享公平、共同拥有平等权利义务和平等发展机会，使城乡所有人都能在平等互利基础上共同实现全面而自由地发展，推进全体人的现代化。正因为如此，“小县大城”战略得到全县广大干部群众认同、支持和响应。云和实践表明，欠发达地区要实现跨越发展，就要始终坚持从群众意愿出发，充分调动各方面加快发展积极性和创造性，凝聚加快发展强大合力。

两化并进

2001年始，云和县强化以统筹谋发展、以项目促发展意识，坚持把加快城市化、工业化进程作为实施“小县大城”发展战略关键，统筹谋划，同步推进。在推进新型城市化建设同时，重视推进新型工业化发展，加强木制玩具特色工业园区建设，促进木制玩具产业高度集聚发展，解决2万多名劳动力就业问题，避免农民进城后因找不到就业岗位、又重返农村问题，推进新型城市化提供强有力产业支撑，实现工业化推动城市化，城市化提升工业化的良性循环。云和的实践表明，作为欠发达地区，只有坚持同步推进城市化、工业化进程，才能加快推进产业集聚、人口集聚化传统农民为现代产业工人，使传统农业社会向现代城市社会变迁。

城乡一体

城市化是“小县大城”发展战略基本路径，新农村建设是“小县大城”发展战略基层基础。

云和县在实施“小县大城”发展战略进程中，以全面协调和整合城乡利益关系为着眼点，把握“两个趋向”，加大城市支持农村、工业反哺农业力度，彻底冲破城乡分割旧体制，促进城乡之间人口和生产要素合理流动和优化配置，逐步矫正并理顺二元结构下扭曲城乡关系和工农关系，从根本上解决农业、农村、农民这“三农”问题，形成以城带乡，以乡促城城乡协调发展格局。云和实践表明，欠发达地区要改变农村人口居住分散、多数村庄生产生活条件差的客观实际，就要不断优化村镇布局和农业生产要素配置。在加快推进城市化建设同时，进一步加大新农村建设力度，加快构建城乡互动、协调发展机制，不断促进城市基础设施向农村延伸，城市公共服务向农村覆盖，城市现代文明向农村辐射，实现城乡共同发展繁荣，加快推进城乡一体化。

借力发展

“小县大城”发展战略不仅是一个自我积累、自我优化，促进城乡互动发展过程，也是一个开放推动、借力发展，促进县内与县外互相融合过程。云和县在实施“小县大城”发展战略进程中，从一个资源小县实际出发，统筹国际国内“两种资源、两个市场”，努力提高资源对城乡发展支撑能力，按照城乡“开放互通、互促互补”原则，着力推进城乡三次产业有效配置，优化地区生产力布局和推动产业升级，全面提高资源利用效率。云和实践表明，欠发达地区推进跨越式发展，必须确立对内对外全方位开放大思路，坚持“引进来”和“走出去”相结合，构建更具活力、更加开放经济体系，在全方位开放中能动地拓展发展空间，实现在更大范围、更广领域、更高层次上借力发展。

严守生态红线

云和县在实施“小县大城”发展战略中，按照可持续发展要求，坚持把城市发展与环境保护和生态建设结合起来，走环境友好城市化道路；加强环境保护和生态建设努力控制污染排放，改善城市生态环境质量，让人民群众喝上干净水、呼吸清洁空气；科学规划、建设和保护城市生态功能区，继续搞好城市园林绿化，科学实施城市亮化、美化工程，努力建设一个生态良好、环境优美宜居城市。云和实践表明，欠发达地区推进跨越式发展要高度重视土地和淡水等自然资源保护和集约利用，正确处理眼前利益和长远利益、局部利益和全局利益、经济效益和社会效益、环境效益关系，不仅要满足当前城市建设和发展需要，更应为长远发展留有足够空间和后备资源。在坚持以经济建设为中心同时，必须按照建设资源节约型、环境友好型社会要求，克服以牺牲资源、牺牲环境、牺牲长远利益来谋求发展短期行为，致力于把生态资源转化为生态资本、生态优势转化为经济优势，发展生态产业，推动资源循环、节约、永续利用，促进人与自然和谐，走生产发展、生活富裕、生态文明发展之路。

第十九篇　地方人民代表大会

1949—1953 年，云和县实行各界人民代表会议制度，采用推荐选举、本单位选派、行政首长充任和聘请相结合的办法产生各界人民代表会议代表。共召开 10 次会议，其中 8 次会议均选举产生常务委员会。第四次会议未进行选举，从第五次会议开始，在常务委员会内设主任和副主任。1954 年，云和县开始实行县人民代表大会制度。“文化大革命”期间，县人民代表大会终止活动，1981 年重新恢复活动。

根据《中华人民共和国地方各级人民代表大会和地方各级人民政府组织法》规定，云和县人民代表大会每年举行一次会议，听取和审议人民政府、人民法院、人民检察院、人大常委会的工作报告，审查、批准县国民经济和社会发展计划、财政预决算等报告。每届人民代表大会第一次会议均进行人大常委会组成人员和人民政府、人民法院、人民检察院（简称一府两院，下同）国家机关负责人的换届选举工作。

1991—2010 年，云和县召开第十至十四届人民代表大会，共召开县人民代表大会会议 24 次，召开常委会会议 187 次，听取和审议县人民政府、县人民法院、县人民检察院及部门议案、报告 595 个，作出决议、决定 286 项，任免地方国家机关工作人员 872 人次。指导和主持 5 次乡镇人民代表大会的换届选举。

县人民代表大会及其常委会，履行对政府、人民法院、人民检察院的法律监督和工作监督；决定经济、社会、人大工作等方面的重大事项；决定人事任免，对任命干部进行述职评议；对行政司法机关开展行政执法评议等。发挥地方国家权力机关的作用，推进全县物质文明、政治文明、精神文明和社会主义民主法制建设。

第一章　代表大会

云和县人民代表大会，是地方国家权力机关依法行使职权的主要形式，是人大代表管理国家事务的主要途径。县人民代表大会的各项会议，均依法听取和审查政府工作报告，审查和批准国民经济和社会发展计划、财政预算及其执行情况的报告，听取和审查人大常委会、人民法院、人民检察院工作报告，并作出相应决议和决定，选举本级国家机关负责人等。会议期间，代表可依法提出议案（提案）及建议、批评和意见，还可提出质询案和询问事项。县人民代表大会的任期，第十届为3年，第十一届起为5年。

第一节　第十届人民代表大会

第一次会议

云和县第十届人民代表大会于1990年4月24—29日召开第一次会议，出席会议代表231人，列席人员72人，至1993年5月召开会议4次。

第二次会议

1991年4月10—13日召开第二次会议，听取和审议《县人民政府工作报告》《关于云和县国民经济和社会发展十年规划和“八五”计划（草案）的报告》《关于云和县1990年国民经济和社会发展计划执行情况和1991年国民经济和社会发展计划草案的报告》《关于云和县1990年财政预算执行情况和1991年财政预算草案的报告》《县人大常委会工作报告》《县人民法院工作报告》《县人民检察院工作报告》，并做出相应决议。会议号召全县人民在县委的领导下，以高度的使命感、责任心和紧迫感，同心团结，励精图治，不断进取，开拓创新，为胜利实现十年规划和“八五”计划，为云和的振兴而努力奋斗。

第三次会议

1992年3月25—28日召开第三次会议，指出1992年要认真贯彻中共十三届七中、八中全会和中央工作会议精神，坚决执行党的“一个中心、两个基本点”的基本路线，进一步解放思想，更新观念，深化改革，扩大开放，大胆搞活，敢于竞争，依靠科技进步，着力调整结构，加快经济发展速度，调动一切积极因素把经济建设搞上去。

第四次会议

1992年11月24日召开第四次会议，组织学习中共十四大有关文件，县委书记施基城宣讲党的十四大会议精神，代表们进行座谈讨论；会议选举产生出席浙江省第八届人民代表大会代表4名。

第二节　第十一届人民代表大会

云和县第十一届人民代表大会于1993年5月16—20日召开第一次会议，出席代表239人，列席人员89人，至1998年3月召开会议6次。

第一次会议

第一次会议听取和审议《县人民政府工作报告》《关于调整国民经济和社会发展十年规划和“八五”计划主要经济指标草案的报告》《关于云和县1992年国民经济和社会发展计划执行情况和1993年国民经济和社会发展计划草案的报告》《关于云和县1992年财政预算执行情况和1993年财政预算草案的报告》《县人大常委会工作报告》《县人民法院工作报告》《县人民检察院工作报告》，并做出相应决议。会议选举产生县第十一届人大常委会组成人员，主任1人，副主任4人及委员10人；县长1人，副县长4人；县人民法院院长1人；县人民检察院检察长1人。

第二次会议

1994年4月12—15日召开第二次会议，会议听取和审议《县人民政府工作报告》等6个报告。以及县政府提出的《关于云和县社会主义精神文明建设实施意见议案的报告》，做出相应决议。《关于社会主义精神文明建设实施意见的议案报告的决议》要求，各级领导要进一步加强对精神文明建设重大意义的认识，切实加强对精神文明建设的领导，自觉坚持“两手抓，两手都要硬”的方针，做到物质文明和精神文明两个规划一起制定，两项任务一起部署，两个指标一起落实，夺取云和县物质文明和精神文明建设的双丰收。

第三次会议

1995年3月21—24日召开第三次会议，会议听取和审议《县人民政府工作报告》等6个报告，以及县政府提请审议的《关于梧桐坑流域沙铺砻水电站建设项目的议案》，做出相应决议。会议认为，水力资源是云和县的一大优势，梧桐坑流域是云和水力资源的富矿。该流域装机2.5万千瓦的二级沙铺砻水电站项目历经10年努力，省计经委于1994年12月审批同意立项建设，地区行署将工程列入重点建设项目。沙铺砻水电站工程技术可行，经济效益明显，电站的建设将促进云和县交通、通讯、文化、教育和第三产业的发展，加快脱贫致富奔小康的步伐。会议号召，全县人民都要共同关心、重视和支持沙铺砻水电站建设，特别是水电部门和有关单位要一如既往，全力以赴地抓好电站的开发建设，及早在本县两个文明建设中发挥应有的作用。

第四次会议

1996年4月9—13日召开第四次会议，会议听取和审议6个工作报告，做出相应的决议。会议还审议县人民政府提出的《关于依法治县工作的议案》，通过《关于授权县人大常委会审议通过〈云和县依法治县工作规划〉的决定》。会议补选产生县人大常委会副主任1人；选举产生县长1人，副县长2人；县人民法院院长1人；县人民检察院检察长1人。在关于《云和县国民经济和社会发展“九五”计划和2010年长远规划纲要》的决议中指出，实施《纲要》是十分艰巨的任务，要清醒地看到改革和发展进程中面临的困难和问题，正确处理好改革、发展、稳定的关系。贯彻江泽民同志关于《正确处理社会主义现代化建设中若干重大关系》的重要讲话，善于调节改革和发展中各种利益关系，正确处理人民内部矛盾，调节和缓解社会矛盾。增强群众观念，关心群众疾苦，切实帮助解决贫困山区、困难企业群众生活中的困难。大力加强社会主义民主与法制建设，认真搞好社会治安综合治理，依法严厉打击严重刑事犯罪和严重经济犯罪，坚持不懈地开展“扫黄”“打非”斗争，坚持扫除各种社会丑恶现象，维护社会稳定，保证改革和发展的顺利进行。

第五次会议

1997年3月25—28日召开第五次会议，会议听取和审议《县人民政府工作报告》等6个报告，通过相应的决议。会议还听取县人大常委会关于审议通过《云和县依法治县工作规划的决定》的情况报告，以及县人民政府关于执行云和县精神文明建设决议情况的报告。在《关于政府工作报告的决议》中指出，发展云和县经济，必须紧紧围绕扶贫攻坚这条主线，把握好总量、质量和效益之间的关系，以改革总揽总局，切实推进两个根本性转变。加快农业综合开发和个体私营经济的发展步伐。

第六次会议

1997年11月26—27日召开第六次会议，县委书记刘秀兰到会宣讲中共十五大精神，会议选举产生云和县出席浙江省第九届人民代表大会代表2人。

第三节　第十二届人民代表大会

云和县第十二届人民代表大会于1998年3月28日至4月2日召开第一次会议，出席代表148人，列席和特邀代表92人。至2003年4月召开6次会议。

第一次会议

会议听取和审议《县人民政府工作报告》《关于云和县1997年国民经济和社会发展计划执行情况和1998年国民经济和社会发展计划草案的报告》《关于云和县1997年财政预算执行情况和1998年财政预算草案的报告》《县人大常委会工作报告》《县人民法院工作报告》《县人民检察院工作报告》，通过相应的决议。会议依法选举产生县人大常委会组成人员，主任1人，副主任4人，委员14人；县长1人，副县长5人；县人民法院院长1人；县人民检察院检察长1人。会议指出，今后五年是本县改革开放和社会主义现代化建设事业承前启后的重要时期。1998年是全面实施“九五”计划的关键一年，县政府要坚持以邓小平理论和党的基本路线为指导，全面贯彻落实中共十五大和九届全国人大一次会议以及省九届人大一次会议精神，进一步解放思想，实事求是，正确处理改革、发展和稳定的关系，推进政府机构改革，加快经济体制和经济增长方式的根本转变，使国民经济持续快速健康发展和社会全面进步，努力完成会议确定的各项任务。

第二次会议

1999 年 3 月 16—19 日召开第二次会议，会议听取和审议《县人民政府工作报告》等 6 个工作报告，并通过相应的决议。会议指出，今年是云和县实现迈步奔小康跨世纪宏伟目标关键的一年。做好今年的各项工作，要坚持以邓小平理论为指导，深入贯彻党的十五大精神，以巩固脱贫成果，迈步奔小康为目标，进一步解放思想，抓住机遇，锐意改革创新。发展效益农业，构筑特色工业，加快中心城镇发展，强化基础设施建设，立足科教兴县，改善发展环境，推进经济和社会各项事业全面发展。

第三次会议

2000 年 4 月 11—15 日召开第三次会议，会议听取和审议《县人民政府工作报告》等 6 个报告，通过相应的决议。会议指出，加快云和中心镇建设，推进城市化进程，是云和县跨世纪发展的战略选择。要按照城市化的要求，加快城市基础设施建设，加快制度创新，加快人口和产业的集聚；大力发展第二产业。要以增加农民收入为中心，大力发展效益农业，加大结构调整力度，加快科技兴农步伐，积极发展产后农业，努力推进农业产业化。加强以水利和生态环境建设为重点的农业基础设施建设。进一步巩固脱贫成果，加强小康建设。要加快特色工业经济发展，抓好特色木制玩具工业园区建设，扶优扶强，培植壮大龙头企业，提高招商引资水平，努力营造工业发展的氛围。进一步深化和完善企业改革，推进社会保障体系的建立完善。

第四次会议

2000 年 11 月 27—30 日召开第四次会议。会议增选出席浙江省第九届人民代表大会代表 1 人；选举产生云和县出席丽水市第一届人民代表大会代表 17 人；选举县长 1 人。

第五次会议

2001 年 3 月 20—23 日召开第五次会议，会议听取和审议《关于云和县国民经济和社会发展第十个五年计划纲要的报告》等 6 个报告，做出相应的决议。会议补选产生县人民法院院长 1 人。会议期间，组织代表参观科普展览，视察城南路改造、大徐隧道、示范幼儿园等工程项目建设。在《关于云和县国民经济和社会发展第十个五年计划纲要报告的决议》中指出，2001 年是实施“十五”计划的第一年。围绕纲要的实施，要切实加强政府自身建设，转变政府职能，按照“有所为，有所不为”的原则，做到把握主题、敢于创新、讲求实效、勤政廉政，不断强化服务意识，在夯实小康基础、突出园区建设、构筑城市框架、培育三产亮点、优化发展环境、促进协调发展等方面做好工作，为“十五”计划的实施，为云和县新世纪的发展，开好局、起好步。

第六次会议

2002 年 3 月 25—29 日召开第六次会议，安排旁听公民 5 人。会议听取和审议《云和县人民政府工作报告》等 6 个报告，做出相应的决议。会议期间听取省农技专家所作的科技知识讲座，视察县城基础设施建设情况。在《关于政府工作报告的决议》中指出，2002年是本届政府任期的最后一年，做好今年政府工作意义重大。我们要认真贯彻落实党的十五届六中全会和市委一届四次全会精神，围绕小康目标，继续实施“小县大城”发展战略，坚持把加快发展、维护稳定作为政府工作的主题，坚持走发展生态效益型经济的路子，坚持以大投入、大建设来推动城市化进程，坚持以改革促发展，加快体制和机制创新，坚持以人为本，努力提高人民群众生活质量。

第四节　第十三届人民代表大会

云和县第十三届人民代表大会于2003年4月14—20日召开第一次会议，出席会议代表148人，列席和特邀代表152人。至2007年3月召开会议5次。

第一次会议

会议听取和审议《云和县人民政府工作报告》《关于云和县2002年国民经济和社会发展计划执行情况和2003年国民经济和社会发展计划草案的报告》《关于云和县2002年财政预算执行情况和2003年财政预算草案的报告》《县人大常委会工作报告》《县人民法院工作报告》《县人民检察院工作报告》，做出相应的决议。会议选举产生县第十三届人大常委会组成人员，主任1人、副主任5人、委员13人；县长1人、副县长6人；县人民法院院长1人；县人民检察院检察长1人。会议指出，政府部门及全体人员必须围绕加快发展主题，加大招商引资力度，花大力气抓好工业园区建设，抓好丽龙一级公路云和段等二十项重点工程建设和前期工作，坚持城镇建设与下山脱贫、异地开发、劳动力转移、产业化经营相结合，加快推进城乡一体化。必须按照“发展要有新思路，改革要有新突破，开发要有新局面，各项工作要有新举措”的要求，明确职责，狠抓落实，用加快发展解决发展中的问题，全面完成各项工作任务。

第二次会议

2004年3月9—11日召开第二次会议。会议听取和审议《云和县人民政府工作报告》等6个报告，会议选举县人大常委会主任1人；县人民政府县长1人；增选云和县出席丽水市第一届人民代表大会代表2人。

第三次会议

2005年3月15—18日召开第三次会议，会议听取和审议《云和县人民政府工作报告》等6个报告，做出相应的决议。

第四次会议

2005年11月17—18日召开第四次会议，会议依法选举产生云和县出席丽水市第二届人大代表19人。

第五次会议

2006年3月28—31日召开第五次会议，会议听取和审议《云和县国民经济和社会发展第十一个五年规划纲要的报告》等6个报告，做出相应的决议。会议选举县人大常委会主任1人。会议指出，今后五年是云和县发展的关键时期，是全面建设小康社会的攻坚阶段。必须以邓小平理论和“三个代表”重要思想为指导，坚持以科学发展观统领经济社会发展全局，全面落实省委“八八战略”和市委“三市并举”战略，深入实施“小县大城”发展战略，着力构建“平安云和”，以全面建设小康社会为目标，以工业发展为主攻方向，以旅游业发展为突破口，坚持经济建设、城市建设和基础设施建设先行，打造“山水家园，童话世界”城市品牌，加快社会主义新农村建设，实现云和经济社会又快又好发展。

第五节　第十四届人民代表大会

云和县第十四届人民代表大会于2007年3月13—17日召开第一次会议，出席代表147人，列席和特邀代表152人。至2010年12月召开会议4次。

第一次会议

听取和审议《云和县人民政府工作报告》《关于云和县2006年国民经济和社会发展计划执行情况、2007年国民经济和社会发展计划草案的报告》《关于云和县2006年财政预算执行情况和2007年财政预算草案的报告》《县人大常委会工作报告》《县人民法院工作报告》《县人民检察院工作报告》，做出相应的决议。会议依法选举产生县人大常委会组成人员，主任1人，副主任6人，委员12人；选举产生县长1人、副县长6人；县人民法院院长1人；县人民检察院检察长1人；选举云和县出席丽水市第二届人民代表大会代表1人。会议指出，新一届政府必须坚持以邓小平理论和“三个代表”重要思想为指导，以科学发展观统领经济社会发展全局，全面贯彻落实县第十二次党代会精神，深入实施“小县大城”发展战略，着力推进新型工业化、新型城市化和新农村建设，全面建设小康社会，夯实与全省同步提前基本实现现代化的基础。

图19-1-1　2008年，县第十四届人民代表大会第二次会议主席台(县人大提供)

第二次会议

2008年3月18—21日召开第二次会议，会议听取和审议《云和县人民政府工作报告》等6个报告，做出相应的决议。

第三次会议

2009年3月18—20日召开第三次会议，会议听取和审议《云和县人民政府工作报告》6个报告，做出相应的决议。会议期间作题为《人大制度和代表履职》的专题报告。

第四次会议

2010年3月22—25日召开第四次会议,会议听取和审议《云和县人民政府工作报告》等6个报告,做出相应的决议。会议依法选举县长1人、县人民检察院检察长1人、县人大常委会副主任1人。会议号召,全县人民以邓小平理论和"三个代表"重要思想为指导,深入贯彻落实科学发展观,坚定不移地实施"小县大城"核心战略,推进"产业升级、城市提升、城乡统筹",努力打造"中国童话休闲旅游城",迎难而上,扎实工作,全面推进经济建设、政治建设、文化建设、社会建设、生态文明建设,为全面建设惠及全县人民的小康社会、与全省同步提前基本实现现代化而努力奋斗。

第二章　人大代表

云和县人民代表大会代表(简称人大代表,下同),是县级国家权力机关组成人员。县人大代表,代表人民的利益和意志,依照宪法和法律赋予的职权行使地方国家权力。县人大代表实行任期制,任期与人民代表大会相同。人大代表依法参加人民代表大会,行使法律赋予的权力。代表在闭会期间,以代表小组为单位进行集中视察、代表个人持证视察;参加县人大常委会组织的对司法机关、行政执法机关的执法评议,调查了解被评议机关的执法情况,并提出评议意见;联系选举单位,听取和反映人民群众的意见和要求;应邀列席县人大常委会会议,参与审议和讨论等。

第一节　县人大代表

人民代表的选举,根据历史发展的进程和人民民主的扩大,经历推荐选举、间接选举和直接选举三种形式。1980年县第七届人大换届选举起,按照修改后的《中华人民共和国选举法》,县、乡(镇)人民代表大会代表均由选区选民直接选举产生,采用无记名投票,实行差额选举。

第十届人大代表

1989年11月下旬,沈村乡进行选举工作试点,1990年2月下旬全县普开,至1990年4月上旬结束。全县总人口10.69万人,有选民资格7.78万人,依法剥夺政治权利3人,暂停行使选举权25人,精神病患者56人,实际参加投票选举的选民7.36万人,参选率94.66%。全县划分县人大代表选区110个,乡镇人大代表选区503个,22个乡镇选举乡镇人大代表1190人,选举出席县第十届人民代表大会代表235人。

第十一届人大代表

1992 年 11 月中旬，雾溪畲族乡进行选举工作试点，后全面展开。十一届人大基层选举，是在撤区扩镇并乡后进行，至 1993 年 4 月结束。全县总人口 10.96 万人，有选民资格的 8.03 万人，无法行使选举权 86 人，暂时停止行使选举权 13 人，依法剥夺选举权 11 人，实际参加选举投票选民 7.63 万人，参选率 95.15%。全县划分县人大代表选区 122 个，乡镇人大代表选区 420 个，15 个乡镇选举乡镇人大代表 851 人，选举出席县第十一届人民代表大会代表 239 人

第十二届人大代表

1997 年 12 月，崇头镇进行选举工作试点，1998 年 2 月全面展开，至 1998 年 4 月结束。全县总人口 11.3377 万人，有选民资格的 8.6619 万人，实际参加投票的选民 8.5048 万人，参选率 98.2%。全县划分县人大代表选区 93 个，依法选举出席县第十二届人民代表大会代表 148 人。

第十三届人大代表

2002 年 12 月，朱村乡进行选举工作试点，2003 年 3 月全面展开，2003 年 2 月全面展开，至 2003 年 4 月结束。全县总人口 11.9693 万人，有选民资格的 8.9118 万人，实际参加投票的选民 8.67 万人，参选率 97.3%。全县划分县人大代表选区 94 个，依法选举出席县第十三届人民代表大会代表 148 人。

第十四届人大代表

2006 年 10 月，朱村乡进行选举工作试点，至 2007 年 1 月结束。全县总人口 11.0376 万人，有选民资格的 9.5137 万人，实际参加投票的选民 8.9524 万人，参选率 94.1%。全县划分县人大代表选区 95 个，乡镇人大代表选区 357 个。依法选举出席县第十四届人民代表大会代表 147 人，选举乡镇人大代表 624 人。

1990—2010 年云和县人民代表大会代表结构表

表 19-2-1　　单位：人

届别/年份	代表人数	其中：女性	中共党员	少数民族	各界组成：工人	农民	党政干部	知识分子	军人	其他	年龄结构：35岁以下	36至55岁	56岁以上	文化程度：大专以上	中专	中学	小学以下
1990 年第十届	235	46	169	22	36	93	51	37	2	6	59	148	28	48	40	84	62
1993 年第十一届	239	35	182	16	31	94	91	22	1	—	52	167	20	56	38	106	39
1998 年第十二届	148	15	124	10	18	59	59	10	1	1	27	113	8	47	46	37	18
2003 年第十三届	148	15	113	9	75	75	51	17	1	4	14	127	7	69	31	48	48
2007 年第十四届	147	7	115	9	9	61	55	18	1	3	20	122	5	85	24	38	38

第二节　省市人大代表

根据《中华人民共和国全国人民代表大会和地方各级人民代表大会选举法》（以下简称选举法）规定，全国人民代表大会的代表，省、自治区、直辖市、设区的市、自治州的人民代表大会的代表，由下一级人民代表大会选举。1991—2000年，浙江省第七届至第九届人民代表大会代表，由省人大常委会分配名额给各县（市），由各县（市）人民代表大会采用无记名投票方式选举产生。2000年丽水地区撤地设市后，省第十届、第十一届人民代表大会代表由丽水市人民代表大会采用无记名差额投票选举产生。2000—2010年，县人民代表大会及其常委会依法选举产生云和县出席丽水市第一届、第二届人民代表大会代表。

1987—2010年云和县出席浙江省人民代表大会代表一览表

表19-2-2

届别	姓名	性别	民族	单位及职务	选举时间、方式
省第七届人民代表大会	季世松	男	汉	云和县人大常委会主任	1987年12月县第九届人民代表大会第二次会议选举
	余乙荣	男	汉	丽水地区卫校教师	
	郑造桓	男	汉	浙江省民政厅副厅长	
	桑国忠	男	汉	云和县云和中学教师	
省第八届人民代表大会	唐德贵	男	汉	中共云和县委副书记	1992年11月县第十届人民代表大会第四次会议选举
	李晓晋	男	汉	浙江省民政厅副厅长	
	桑国忠	男	汉	云和县人大常委会副主任	
	雷寅花	女	畲	云和县雾溪畲族乡雾溪村妇女主任	
省第九届人民代表大会	唐德贵	男	汉	云和县人大常委会主任	1997年11月县第十一届人民代表大会第六次会议选举
	雷晓鸣	男	畲	云和县邮电局局长	
	谢力群	男	汉	丽水市委副书记、市政府主要负责人、党组书记	2000年11月县第十二届人民代表大会第四次会议选举
省第十届人民代表大会	吕文明	男	汉	中共云和县委副书记、县长	2002年11月丽水市第一届人大第三次会议选举
	廖爱琴	女	汉	云和新云集团浙江常青商贸有限公司总经理	
省第十一届人民代表大会	丁绍雄	男	汉	中共云和县委副书记、县长	2007年11月丽水市第二届人大第三次会议选举

2000—2010年云和县出席丽水市人代会代表一览表

表19-2-3

届别	姓名	性别	民族	单位及职务	选举时间、方式
	叶晓伟	男	汉	云和县朱村乡党委书记	

续表 19-2-3

届别	姓名	性别	民族	单位及职务	选举时间、方式
市第一届人民代表大会	叶德贵	男	汉	云和县建筑工程有限公司董事长	2000 年 11 月县第十二届人民代表大会第四次会议选举
	吕文明	男	汉	中共云和县委副书记、代县长	
	孙兆华	男	汉	云和县电信局局长、党委书记	
	李　凡	男	汉	云和县电力工业局营销部副主任	
	李泽民(2002 年)	男	汉	省检察院丽水分院检察长、党组书记	
	陈玉娟	女	汉	云和镇第一小学校长、党支部书记	
	周正春	男	汉	中共云和县委常委、组织部长	
	周永强	男	汉	丽水市中心医院院长、党委书记	
	柳春华	男	汉	云和县科委副主任	
	赵　虹	女	汉	云和县财政局综合科科长	
	唐德贵	男	汉	云和县人大常委会主任、党组书记	
	谢力群(2004)	男	汉	丽水市委副书记、市政府主要负责人	
	蓝启明	男	汉	云和县云和镇红光村村委主任	
	雷水贤	男	畲	云和县人民医院医师、医务科副科长	
	虞红鸣	男	汉	中共云和县委书记	
	廖永平	男	汉	云和县林业局副局长	
	陈长华	男	汉	丽水市检察院检察长	2003 年十二届人大常委会第五十三次会议选举
	丁绍雄	男	汉	中共云和县委副书记、县长	2004 年 3 月县第十三届人民代表大会第二次会议选举
	涂晓明	男	汉	云和县人大常委会副主任、党组书记	
	刘希平	男	汉	丽水市委副书记、市长	2004 年 3 月县第十三届人大常委会第九次会议选举
市第二届人民代表大会	丁绍雄	男	汉	中共云和县委副书记、县长	2005 年 11 月县第十三届人民代表大会第四次会议选举
	叶秋霞	女	汉	云和县供销合作社主任、党组书记	
	吕文明	男	汉	中共云和县委书记、县人大常委会主任	
	吴利文	男	汉	丽水市审计局局长、党组书记	
	吴金亭	男	汉	中共丽水市纪委副书记	
	沈仁康	男	汉	中共丽水市委常委、副市长	
	陈长华(2006)	男	汉	丽水市检察院检察长	
	陈善鸿	男	汉	云和中学工会主席、云和县民盟支部副主委	
	周冬梅	女	汉	云和县建设局总工程师	
	周永强(2007)	男	汉	丽水市中心医院院长、党委书记	
	练巧忠	男	汉	云和县忠协工艺品公司董事长	

续表 19-2-3

届别	姓名	性别	民族	单位及职务	选举时间、方式
市第二届人民代表大会	柳世平	男	汉	云和县和一实业有限公司总经理	2005 年 11 月县第十三届人民代表大会第四次会议选举
	柳景杭	男	汉	云和县云和镇勤俭村党支部书记	
	涂晓明	男	汉	云和县人大常委会副主任、党组书记	
	蓝友梅	女	畲	云和县文化馆馆长	
	蓝金玉	女	畲	云和县安溪畲族乡党委副书记、乡长	
	蓝晓茹	女	畲	云和县云丰乡副乡长	
	雷一坤	男	畲	中共云和县委常委、云和镇书记	
	廖永平	男	汉	云和县林业局局长、党组副书记	
	符香环	女	汉	云和县人大常委会主任	2007 年 3 月县第十四届人民代表大会第一次会议选举
	陈海鹰	男	汉	丽水市检察院代理检察长	2007 年 11 月县第十四届人大常委会第五次会议选举
	王稼秀	男	汉	丽水市人大常委会研究室主任	2008 年 2 月县第十四届人大常委会第八次会议选举
	孙乐明	男	汉	中共云和县委副书记、政法委书记	

第三章　县人大常委会

1954 年起，云和县开始实行人民代表大会制度。根据当时法律规定，第一届至第六届县人民代表大会均未设立常务委员会。人民代表大会闭会期间的工作，由县人民政府（县人民委员会）负责。1981 年 10 月始，县第七届人民代表大会设立常务委员会，常务委员会由本级人民代表大会在代表中选举产生，由主任、副主任、委员若干人组成。人大常委会工作机构的组成人员由常委会会议任免。

第一节　县人大常委会组成人员

1990 年 4 月云和县第十届人民代表大会第一次会议至 2007 年 3 月第十四届人民代表大会第一次会议，选出 5 届人大常委会。

1990年第十届云和县人大常委会组成人员一览表

表19-3-1

职 务	姓 名	籍 贯	文化程度	任职时间
主 任	季世松	浙江龙泉	初中	1990.04—1992.04
副主任	丁聿占	浙江缙云	大专	1990.04—1992.04
	雷木森(畲)	浙江景宁	初中	1990.04—1992.11
	周兆杰	浙江仙居	大学	1990.04—1993.05
	桑国忠	浙江宁波	大学	1900.04—1993.05
委 员	王仁宇 王玉云(女) 任晓俐(女) 孙建平 吴云根 吴绍荣 陈兰森 胡选三 梁登书 赖玉庭			

1993年云和县第十一届人大常委会组成人员一览表

表19-3-2

职 务	姓 名	籍 贯	文化程度	任职时间
主 任	唐德贵	浙江兰溪	大学	1993.05—1998.04
副主任	丁聿占	浙江缙云	大专	1993.05—1996.03
	章焕如	安徽桐城	高中	1993.05—1998.04
	周兆杰	浙江仙居	大学	1993.05—1998.04
	陈厚成	浙江云和	大学	1993.05—1998.04
	王青雯(女)	浙江杭州	中专	1996.04—1998.04
委 员	马碧华 王青雯(女) 朱 曦 朱玉章 朱宏榜 孙建平 季天行 柳景杭 彭健辉 雷陈荣(畲)			

1998年云和县第十二届人大常委会组成人员一览表

表19-3-3

职 务	姓 名	籍 贯	文化程度	任职时间
主 任	唐德贵	浙江兰溪	大学	1998.04—2003.04
副主任	章焕如	安徽桐城	高中	1998.04—2003.04
	涂晓明	浙江遂昌	大专	1998.04—2003.04
	陈厚成	浙江云和	大学	1998.04—2003.04
	王青雯(女)	浙江杭州	中专	1998.04—2003.04
委 员	王少荣 王为民 王瑞龙 叶德贵 卢一斐 陈景德 季天行 郑土金 金凤菊(女) 柳世清 柳景杭 彭招平 谢云生 熊 欣			

2003年云和县第十三届人大常委会组成人员一览表

表19-3-4

职 务	姓 名	籍 贯	文化程度	任职时间
主 任	虞红鸣	浙江东阳	大学	2003.04—2003.09

续表 19-3-4

职 务	姓 名	籍 贯	文化程度	任职时间
主 任	吕文明	浙江缙云	大学	2004.03—2006.03
	廖思红(女)	浙江松阳	研究生	2006.03—2007.03
副主任	涂晓明	浙江遂昌	大专	2003.04—2007.03
	蓝斌雄(畲)	浙江武义	大学	2003.04—2007.03
	吴秀文	浙江东阳	大专	2003.04—2007.03
	王为民	浙江东阳	大专	2003.04—2007.03
	王青雯(女)	浙江杭州	中专	2003.04—2007.03
委 员	王少荣 王谋广 王瑞龙 李跃刚 何尚清 张 峰 张大伟 张海清 林红兵 季天行 柳世清 钱 挺 黄少英(女)			

2007 年云和县第十四届人大常委会组成人员一览表

表 19-3-5

职 务	姓 名	籍 贯	文化程度	任职时间
主 任	符香环(女)	浙江云和	大学	2007.03—
副主任	蓝斌雄(畲)	浙江武义	大学	2007.03—
	王为民	浙江东阳	大专	2007.03—2010.03
	柳春华	浙江龙泉	大学	2007.03—
	王雨杰	浙江景宁	大专	2007.03—
	李石平	浙江淳安	大专	2007.03—
	罗培元	浙江景宁	大学	2007.03—
	叶晓伟	浙江云和	大学	2010.03—
委 员	王土福 叶晓伟 刘建新 吴兆忠 吴瑞松 何尚清 张晓宝 陈 岑 袁志强 袁泽春 梅小平 梅金火			

第二节 县人大常委会内设机构

按照法律规定，常务委员会根据工作需要设立办事机构。1985 年 3 月，县八届人大常委会设立“一办三个工作组”（办公室、法制、财政经济、科教文卫工作组）。

1992 年 5 月，县十届人大常委会增设代表工作委员会。1996 年 10 月，根据上级要求，县十一届人大常委会将“一办四委”改为“三室”，即办公室、法制工作室、人事代表室。1999 年 1 月，县十二届人大常委会党组，结合县人大工作实际，恢复教科文卫工作委员会、财政经济委员会，即“三室两委”。

2002 年 7 月，县级党政机关改革“三定”方案确定人大常委会设办公室、法制工作委员会、代表工作委员会、科教文卫工作委员会、财政经济工作委员会。办公室下设秘书科、综合科。2005 年 3 月，人大常委会办公室增设行政科。2006 年 12 月，人大常委会增设农业资源环境保护工作委员会。2007 年 9 月，人大常委会办公室增设信访科。2008 年 9 月，人大常委会办公室增设规范性文件备案科。

1988—2010 年云和县人大办公室主任一览表

表 19-3-6

主　任	任职时间	主　任	任职时间
胡选三	1988.01—1992.08	彭招平	1998.06—2001.11
朱玉章	1993.06—1994.07	雷长清	2001.11—2003.02
董慧娟	1994.10—1996.10	钱　挺	2003.02—2007.04
柳世清	1996.10—1998.06	袁泽春	2007.04—

第三节　县人大常委会会议

法律赋予人大常委会的职权主要通过常委会会议行使。常委会会议每两个月至少举行 1 次，由主任召集并主持，主任也可委托副主任主持。常委会全体组成人员过半数出席，方能举行会议。“一府两院”负责人及常委会各办事机构正、副主任列席会议，并根据会议需要，县政府的有关委、办、局负责人及其他有关人员列席会议。县人大常委会坚持民主集中制原则，集体讨论、决定问题，行使职权。1991—2010 年，第十届至第十四届召开人大常委会会议 187 次，听取和审议县人民政府、县人民法院、县人民检察院（简称“一府两院”）及部门议案、报告 470 个，作出决议、决定 161 项，任免地方国家机关工作人员 755 人次。

第十届人大常委会

1991 年 3 月至 1993 年 4 月，云和县第十届人大常委会共召开会议 18 次。审议政治、经济、教育、科技、文化、卫生、民政、民族等工作报告 41 项；通过决议决定 9 项；任免国家机关工作人员 65 人次。同意司法机关对县人大代表 1 人采取强制措施并停止执行代表职务的决定。

1991 年 3 月，第七次会议听取审议云和县国民经济和社会发展十年规划、“八五”计划报告的说明和 1991 年计划安排（草案）情况的汇报；通过云和县十届人大二次会议财政预算审查委员会名单。是年 5 月，第八次会议审议通过县人民检察院提请的《关于要求对林某某执行逮捕的报告》。是年 5 月，第九次会议听取审议县政府《关于云和县实施九年制义务教育规划的报告》及说明、关于 1991 年社会治安情况的汇报和县社会治安综合治理情况的通报、《关于云和县“二五”普法教育规划及说明的报告》、关于外贸工作情况的汇报；通过《关于实施九年制义务教育规划的决议》和《关于深入开展法制宣传教育的决议》决议；会议审议通过县人民法院、人民检察院有关人事任免事项；是年 7 月，第十次会议听取审议县政府关于农业开发“八个商品基地”建设情况、商业工作、议案办理情况的汇报；会议审议通过县人大常委会有关人事任免事项。是年8月，第十一次会议审议通过县人大常委会人事任免事项。是年10月，第十二次会议听取县政府关于县十一届人大常委会第十次会议审议意见落实情况、土地管理、民政工作、财政收支情况和追加财政支出预算方案、移民工作、计划生育工作情况的汇报；通过《云和县人大常委会关于抓紧征收紧水滩、石塘两电站耕地占用税、造地费和土地管理费问题的决议》。是年12月，第十三次会议听取审议县人民法院关于审判工作情况和县人民检察院关于检察工作情况的汇报；听取审议县政府关于反盗窃专项斗争、文化工作情况的汇报；会议审议通过县人民政府、县人民检察院有关人事任免事项。

1992年2月，第十四次会议听取审议县政府关于1992年财政预算（草案）的汇报；通过《关于召开云和县第十届人民代表大会第三次会议的决定》；会议还审议通过县人民政府、县人大常委会有关人事任免事项。是年4月，第十五次会议听取审议县政府关于当前农业生产情况、农业生产资料组织供应情况、乡镇企业生产情况的汇报；审议通过季世松辞去云和县人大常委会主任职务，决定丁聿占为云和县人大常委会代理主任等县人大常委会、县人民政府、县人民法院有关人事任免事项。是年5月，第十六次会议通过《关于撤区扩镇并乡的决定》。是年6月，第十七次会议听取审议县政府关于打击制造销售假冒伪劣商品情况的汇报；决定任命姜海清为云和县人民政府副县长。是年8月，第十八次会议听取审议县政府关于交通工作、卫生工作和议案办理情况的汇报；审议通过县人民检察院有关人事任免事项。是年10月，第十九次会议听取审议县政府关于教育工作、工厂企业扭亏增盈情况、国有企业系统“四开放”改革工作、查处和打击制售假冒伪劣商品工作审议意见落实情况的汇报；听取县人大常委会法工委关于评议司法工作情况的汇报；通过《关于成立县选举委员会的决定》《关于换届选举时间和代表名额的决定》《关于召开云和县第十届人民代表大会第四次会议的决定》；会议还审议通过县人民政府有关人事任免事项。是年10月，第二十次会议研究召开县第十届人民代表大会第四次会议有关事项。是年11月，第二十一次会议听取审议县政府关于1992年财政预算执行情况的汇报和追加1992年财政支出方案；决定同意胡叔通辞去云和县人民政府县长职务，雷木森辞去云和县人大常委会副主任职务；决定任命刘秀兰为云和县人民政府副县长、代理县长。是年12月，第二十二次会议听取审议县政府关于第十届人大常委会第十九次会议审议意见的贯彻落实情况及兴办市场情况的汇报；决定接受吴仿甦、吴权辞去云和县人民政府副县长职务，决定任命符香环、叶朝丐为云和县人民政府副县长等人事任免事项。

1993年2月，第二十三次会议听取审议县政府关于春耕备耕生产情况的汇报；会议还审议通过县人民政府、县人民检察院有关人事任免事项。是年4月，第二十四次会议审议县人民政府工作报告（初稿）、云和县1993年国民经济和社会发展计划（草案）、调整云和县国民经济和社会发展十年规划和“八五”计划主要经济指标的意见和1993年云和县财政预算安排（草案）；听取县选委关于县、乡两级人大代表换届选举情况的汇报；会议还审议通过县人民法院有关人事任免事项。

第十一届人大常委会

1993年5月至1998年4月，云和县第十一届人大常委会共召开会议44次。会议审议政治、经济、教育、科技、文化、卫生、民政、民族等工作报告136项；通过决议决定24项；任免国家机关工作人员251人次。同意司法机关对县人大代表3人采取强制措施并停止执行代表职务的决定。

1993年6月，第一次会议研究县十一届人大常委会1993年下半年工作要点并进行分工；审议通过《云和县人民代表大会常务委员会议事规则》《云和县人大常委会任免国家机关工作人员暂行办法》；通过《县十一届人大常委会关于设立代表资格审查委员会的决定》。决定任命潘光祥、高庆贤为云和县人民政府副县长等县人大常委会、县人民政府有关人事任免事项。是年7月，第二次会议听取审议县政府关于上半年农村形势和农业生产情况及粮食政策放开后，转换经营机制的情况汇报；会议还审议通过县人大常委会、县人民政府、县人民法院、县人民检察院有关人事任免事项。是年9月，第三次会议听取审议县政府贯彻中共中央有关文件情况、物价工作、代表议案办理情况、农业生产有关建议意见落实情况的汇报；通过《云和县人大常委会关于开展授予地方荣誉称号工作的决定》。是年11月，第四次会议听取审议县政府关于全县企业产权制度改革情况、交通工程建设情况、税收、财务、物价大检查情况的汇报；决定同意潘光祥辞去云和县人民政府副县长职务等县人大常委会、县人民政府、县人民法院、县人民检察院有关人事任免事项。是年12月，第五次会议审议通过《关于调整云和县1993年财政收支预算的决定》。

1994年1月，第六次会议听取审议县政府关于执行《县十一届人大一次会议关于政府工作报告的决议》的情况报告、《关于追加1993年财政支出预算的报告》；通报县人大常委会对经委系统局长、主任考评结果情况；审议通过县人民政府个别人事任免事项。是年3月，第七次会议通过《关于召开云和县第十一届人民代表大会第二次会议的决定》《关于授予刘玲英“金融卫士”荣誉称号的决定》《关于调整云和县实施九年制义务教育规划和措施的决定》；审议通过县人民政府个别人事任免事项。是年4月，第八次会议审议通过《关于调整云和县第十一届人大第二次会议议程的决定》。是年5月，第九次会议听取审议县政府关于社会劳动保险工作、农村有线广播情况、物价大检查情况、实施科教兴县与实施教育兴县工作情况的汇报；会议还审议通过县人民法院有关人事任免事项。是年7月，第十次会议听取县政府关于县第十一届人大常委会第九次会议审议社会劳动保险及科教兴县工作情况的建议意见落实情况的汇报；听取审议县政府关于十一届人大二次会议代表议案、建议意见办理情况、当前社会治安情况、城建工作情况的报告；审议通过县人大常委会、县人民政府有关人事任免事项。是年9月，第十一次会议听取审议县政府关于十一届人大二次会议代表议案、建议办理情况、1994年1—8月县国民经济和社会发展计划执行情况、1994年1—8月县财政预算执行情况、食用菌生产情况的报告；听取审议县人民检察院关于1994年1—8月检察工作情况的报告；县人大常委会科教文卫工委通报《教师法》执行检查情况；审议通过县人大常委会、县人民法院有关人事任免事项。是年10月，第十二次会议听取评议农委、农业局、林业局、水电局、土管局、科委、教委、卫生局、计生委、广播电视局、体委等部门主任、局长的述职报告，对述职对象11人投信任票。是年12月，第十三次会议审议通过县人民检察院提请《关于对县十一届人大代表陈某某执行逮捕的报告》；第十四次会议听取审议县政府关于1994年税收、财务、物价大检查情况的汇报，关于提请审议1994年追加财政支出预算的议案并做出决定，关于云和县木制玩具生产、“二五”普法规划实施情况、企业改制工作情况的报告；通报干部述职评议、整改情况。

1995年3月，第十五次会议审议县政府关于梧桐坑流域建造沙铺砻水电站的议案；通过《关于召开云和县第十一届人民代表大会第三次会议的决定》；审议通过县人大常委会个别人事任免事项。是年4月，第十六次会议听取审议县政府关于1995年春耕生产、民族工作情况的汇报；审议通过接受林一辞去云和县人民法院院长职务，决定任命吴秀文为县人民政府副县长等县人民政府、县人民法院、县人民检察院有关人事任免事项。是年6月，第十七次会议听取审议县政府关于土地管理工作、云和县“中国木制玩具城”建设情况、环境保护执法检查情况汇报。是年8月，第十八次会议听取审议县政府关于公安工作、县十一届人大三次会议代表议案、建议意见办理情况和县人大常委会十七次会议对土管工作审议意见落实情况、金融运行情况的汇报；审议通过《云和县人大常委会监督司法机关工作规则》；决定接受叶朝丐辞去云和县人民政府副县长职务，张和辞去云和县人民检察院检察长职务，毛小明任云和县人民检察院代理检察长等县人民政府、县人民法院、县人民检察院有关人事任免事项。是年10月，第十九次会议研究乡镇人大换届选举的有关事项。是年10月，第二十次会议听取审议县政府《关于提请审议云和县基本农田控制指标调整方案》的议案说明、关于全县电力管理工作情况的报告；做出《关于调整云和县基本农田控制指标的决议》。是年11月，第二十一次会议听取审议县计委、城建局、劳动局、物价局主任、局长的述职报告，并投信任票；听取审议县政府《关于提请审议1995年追加财政支出预算的议案》，并作出决定。是年12月，第二十二次会议听取审议县外贸局局长的述职报告，并投信任票；听取审议县人民法院、人民检察院工作情况的报告；会议还审议通过县人民政府、县人民法院有关人事任免事项。

1996年1月，第二十三次会议修改县人大常委会1996年工作要点；审议通过接受刘秀兰辞去云和县人民政府县长职务，虞红鸣任县人民政府代理县长等人事任免事项。是年3月，第二十四次会议通过《关于召开云和县第十一届人民代表大会第四次会议的决定》；决定接受符香环辞去县人民政府副县长职务，丁聿占辞去县十一届人大常委会副主任职务等县人大常委会、县人民政府有关人事任免事项；是年3月，第二十五次会议听取审议县政府《关于依法治县议案的说明（草案）》；通过关于《调整云和县第十一届人

图19-3-1 县十一届人大常委会二十三会议（1996年摄 县人大办提供）

大常委会代表资格审查委员会组成人员的决定》。是年5月，第二十六次会议听取审议县政府关于县城有线电视建设、新华厂原址房地产接收拍卖工作情况的报告；审议通过县人民政府个别人事任免事项。是年6月，第二十七次会议研究组织县人大代表评议公安工作的实施意见；审议通过接受高庆贤辞去云和县人民政府副县长职务等县人民政府、法院、察院有关人事任免事项。是年8月，第二十八次会议听取审议县政府关于《云和县城市总体规划》修编情况的报告、《云和县土地利用总体规划》报告。是年8月，第二十九次会议听取审议县政府关于今年7个月国有工业企业生产情况，《关于人大代表议案办理情况的报告》；通报前阶段公安工作和评议公安、邮电、工商、财税行风建设情况。是年9月，第三十次会议审议通过县人民检察院关于请求许可对十一届人大代表周某依法采取强制措施的请示报告。是年9月，第三十一次会议审议通过县人民检察院关于请求许可对周某依法逮捕的请示报告。是年10月，第三十二次会议审议通过县人民检察院关于请求许可对县十一届人大代表李某依法逮捕的请示报告；会议审议通过县人大常委会、县政府、法院、检察院有关人事任免事项。是年11月，第三十三次会议听取审议县人民法院副院长、县人民检察院副检察长、县公安局局长的述职报告；关于贯彻实施梧桐坑流域沙铺砻水电站建设项目议案决议的情况报告、关于云和县“两基”工作实施情况的报告。

1997年1月，第三十四次会议听取审议县政府《关于提请审议1996年追加财政支出预算的议案》、关于云和县卫生系统基本情况和初级卫生保健工作情况的汇报、关于提请表彰县长助理曹舟南的议案；听取审议县人民法院、县人民检察院1996年工作情况的报告；通过《关于召开云和县第十一届人民代表大会第五次会议的决定》《关于表彰县长助理曹舟南同志的决定》。是年3月，第三十五次会议研究关于召开县十一届人大五次会议的有关事项。是年3月，第三十六次会议通过《关于实施云和县依法治县工作规划的决议》。是年5月，第三十七次会议听取审议县政府关于统计财政审计情况的报告、关于云和县文化工作情况的报告；通过《关于云和县科学技术“九五”发展规划的决议》；会议还审议通过县法院、县检察院有关人事任免事项。是年7月，第三十八次会议听取审议县政府关于“三禁”工作情况、机构改革进展情况；听取审议县人民法院关于上半年工作情况的报告；决定任命黄双成、邵大方为云和县人民政府副县长。是年9月，第三十九次会议听取审议县财政局、县人事劳动局局长的述职报告，并开展信任投票；听取审议县政府关于十一届人大五次会议代表议案建议办理情况的汇报、云和县饮用水水源治理保护情况的汇报；审议通过免去涂晓明、林健东云和县人民政府副县长职务，任命任晓俐、戴邦和为云和县人民政府副县长等县人民政府、县人民法院有关人事任免事项。是年11月，第四十次会议通过《关于召开云和县第十一届人民代表大会第六次会议的决定》。是年11月，第四十一次会议审议通过任命邝平正为云和县人民政府副县长等县人民政府、县人民法院有关人事任免事项。1997年12月，四十二次会议听取审议县人民检察院关于1997年检察工作情况的报告；听取审议县政府关于提请审议1997年追加财政支出预算的议案，并审议通过县人大常委会、县人民政府有关人事任免事项。

1998年2月，第四十三次会议通过《关于云和县第十二届人民代表大会第一次会议召开日期的决定》。是年3月，第四十四次会议听取县人大常委会关于县十二届人大一次会议筹备工作情况的汇报和县十二届人民代表大会代表资格审查报告

第十二届人大常委会

1998年4月至2003年5月，云和县第十二届人大常委会召开会议53次。会议审议政治、经济、教育、科技、文化、卫生、民政、民族等工作报告118项；通过决议决定45项；任免国家机关工作人员191人次。同意司法机关对5名代表采取强制措施并停止执行代表职务的决定。

1998年4月，第一次会议通报县十二届人大常委会正、副主任的工作分工情况；通过县十二届人大常委会代表资格审查委员会名单。是年4月，第二次会议审议通过县人民检察院关于请求许可对县十二届人大代表江某某依法采取强制措施的请示报告。是年6月，第三次会议听取审议县政府1998年财政支出预算安排；通过修正《云和县人民代表大会常务委员会议事规则》；决定任命黄双成、邵大方为云和县人民政府副县长等县人大常委会、县人民政府、县人民法院、县人民检察院有关人事任免事项；是年8月，第四次会议听取审议县政府关于农业生产和农村经济发展情况的报告；分别听取审议县公安局、县人民法院、县人民检察院、县司法局关于纪律作风教育整顿的情况汇报；决定任命宓国强为云和县人民政府副县长。是年10月，第五次会议听取审议县政府关于县十二届人大一次会议代表议案、建议办理情况的汇报，关于云和县“三五”普法教育和依法治县工作情况的报告；会议还审议通过县人民政府有关人事任免事项。是年11月，第六次会议作出《关于1999年云和县乡镇人大换届选举有关事项的决定》；审议通过县人民法院有关人事任免事项。

1999年1月，第七次会议作出《关于云和县第十二届人民代表大会第二次会议召开日期的决定》。是年3月，第八次会议听取审议县政府关于云和县1999年财政预算安排（草案）、关于医疗市场整顿代表议案办理情况的报告；听取县人大常委会代表资格审查委员会关于代表资格的审查报告。是年4月，第九次会议审议通过县人民检察院关于请求许可对县十二届人大代表陈某某依法采取强制措施的请示报告。是年5月，第十次会议听取审议县政府关于县第二自来水厂建设情况、云和县国有资产管理情况、云和县流通企业改制情况的报告。是年7月，第十一次会议听取审议县政府关于县“三五”普法工作情况和1999年上半年财政预算执行情况的报告；听取审议县人民法院关于开展执行宣传周情况的汇报；审议通过接受黄成双、邵大方辞去云和县人民政府副县长职务等县人民政府、县人民法院有关人事任免事项。是年8月，第十二次会议听取县政府关于拟任干部2人的离任经济责任审计报告、法律考试情况和本人的供职报告；决定任命马国华为云和县人民政府副县长等县人民政府、县人民检察院有关人事任免事项。是年9月，第十三次会议听取审议县政府关于推行行政责任制工作情况、预算外资金管理情况、县十二届人大二次会议代表议案、建议办理情况的报告；听取审议县人民法院关于法院工作情况的报告、县人民检察院关于检察工作情况的报告。是年11月，第十四次会议听取审议县政府关于创建全国科技工作先进县活动情况、云和县个体经营经济发展情况的报告和关于追加1999年财政支出预算的议案，并作出决定；听取审议县人民法院关于法院执行员有关情况的报告；作出《聘请郑耀汉等5人为县十二届人大常委会法律咨

询的决定》《关于云和县科教兴县规划的决议》；审议通过县人民政府有关人事任免事项。

2000年1月，第十五次会议作出《关于召开云和县第十二届人民代表大会第三次会议的决定》；决定任命吴一农为云和县人民政府副县长。是年3月，第十六次会议听取审议县政府关于云和县城总体规划的分区规划情况的报告；作出《关于召开云和县第十二届人民代表大会第三次会议的补充决定》。是年4月，第十七次会议听取审议县政府关于创建科技先进县工作情况的汇报；会议审议通过县人民法院有关人事任免事项。是年4月，第十八次会议决定接受虞红鸣辞去云和县人民政府县长职务；决定任命吕文明为云和县人民政府副县长、代县长。是年7月，第十九次会议审查、批准云和县1999年度财政决算；研究关于万人评“三官”活动方案。是年8月，第二十次会议审议通过县人大常委会、县人民政府有关人事任免事项。是年9月，第二十一次会议研究关于千名代表、百家企业评议涉工部门工作活动的有关事项；作出《关于确定不满意“三官”的决定》。是年9月，第二十二次会议听取审议县政府关于1—8月财政收支及工作情况、关于农业经济结构调整和农民增收情况的报告；作出《关于确定合力扶工先进单位的决定》《关于确定不满意涉工单位的决定》。是年10月，第二十三次会议审议通过县人民政府、县人民检察院有关人事任免事项。是年11月，二十四次会议听取审议县政府关于行政执法责任制推行情况、中小学网点调整情况、县十二届人大三次会议议案办理情况、社会保障体系建设情况、追加2000年度财政支出预算的报告并作出相应的决定，听取关于云和县县域城镇体系规划编制情况的汇报；作出《关于召开云和县第十二届人民代表大会第四次会议的决定》，修改《县人大常委会议事规则》；通过《县人大常委会与县人民代表的联系制度》《县人大常委会信访工作机构和信访工作人员的工作职责》《县人大常委会信访工作规定》《县人大常委会学习制度》；审议通过县人民检察院有关人事任免事项。

2001年2月，第二十五次会议作出《关于召开云和县第十二届人民代表大会第五次会议的决定》；审议通过县人民政府个别人事任免事项。是年3月，第二十六次会议研究十二届人大五次会议有关事项。是年3月，第二十七次会议通报县十二届人大五次会议议程、日程的调整变动情况；接受郑耀汉辞去云和县人民法院院长职务。是年4月，第二十八次会议接受邝平正辞去云和县人民政府副县长职务，决定任命何敏为云和县人民政府副县长等县人民政府、县人民检察院有关人事任免事项。是年5月，第二十九次会议听取审议县政府《关于贯彻实施建筑法及相关法律法规执法检查实施情况的报告》；作出《关于云和县生态示范区建设规划的决议》；审议通过县人民法院有关人事任免事项。是年7月，第三十次会议听取审议县公安局、检察院、法院关于“严打”整治斗争情况和万人评“三官”回头看情况的汇报以及县政府《关于2001年上半年云和县财政预算执行情况的汇报》；作出《关于批准云和县2000年度财政决算的决定》；接受宓国强辞去云和县人民政府副县长职务。是年8月，第三十一次会议听取审议政府《关于提请审议在全县公民中开展法制宣传教育的第四个五年规划的议案》；任命蒋永清为云和县人民政府副县长。是年9月，第三十二次会议听取审议县人民法院《关于审批和执行工作的报告》以及县人民检察院《关于检察工作的报告》；作出《关于云和县“十五”科技发展规划的决议》和《关于同意调整部分乡镇行政区划的决定》。是年11月，第三十三次会议听取审议县政府关于县人大代表建议办理情况的报告、关于特色工业园区建设情况的报告、关于县城自来水供给情况的报告、关于城市化建设工作情况的报告；作出《关于追加2001年度财政预算的决定》《关于设立安溪乡选举委员会的决定》；审议通过县人大常委会、县人民政府有关人事任免事项。是年12月，第三十四次会议作出《关于追加二〇〇一年财政预算支出的决定》。

2002年1月，第三十五次会议作出《关于召开云和县第十二届人民代表大会第六次会议的决定》；接受吴一农辞去云和县人民政府副县长职务。是年2月，第三十六次会议研究决定云和县第十二届人民代表大会第六次会议议程（草案）和日程（草案）、列席和特邀代表名单、旁听公民名单等有关事项；听取并批准县人大常委会代表资格审查委员会关于代表资格审查情况的报告；作出《关于云和县教育事业发展"十五"计划的决议》；审议通过县人民检察院有关人事任免事项。是年4月，第三十七次会议听取审议县公安局关于请求许可对赵某某采取刑事强制措施的请示。是年4月，第三十八次会议听取审查县政府《关于云和县2002年财政预算的报告》；作出许可县公安局对县十二届人大代表赵某某采取取保候审强制措施的决定。是年5月，第三十九次会议决定任命张文彪为云和县人民政府副县长等县人民政府有关人事任免事项。是年6月，第四十次会议听取审议县政府《关于〈浙江省职工基本养老保险条例〉和〈浙江省职工失业保险条例〉贯彻执行情况的报告》及县人大财经工委《关于"两条例"执行情况的调查报告》；听取审议县政府关于《村民委员会组织法》《居民委员会组织法》执行情况的报告及县人大法工委关于村民委员会执法调查情况的汇报、县人大科教文卫工委关于城市居民委员会组织法实施情况的调查报告。是年7月，第四十一次会议听取审议县人民检察院关于请求许可对县十二届人大代表朱某、梅某采取强制措施的报告和县人民法院关于请求许可对被告赵某滥伐林木一案进行刑事审判的报告，并分别作出相应决定。是年7月，第四十二次会议作出《关于批准2001年度县财政决算的决议》；批准《关于提前审议〈云和县城城市总体规划调整（2001—2020年）〉的议案》。是年8月，第四十三次会议作出《关于授权人大常委会主任会议审议相关议案的决定》；审议通过县人民政府有关人事任免事项。是年10月，第四十五次会议作出关于修改《云和县人大常委会任免国家机关工作人员的暂行办法的决定》；审议通过县人民法院有关人事任免事项。同月，第四十六次会议听取审议县政府《关于云和县第十二届人民代表大会第六次会议代表建议办理情况的汇报》《云和县人民法院工作报告》《云和县人民检察院工作报告》；听取人大常委会代表工委《关于云和县第十二届人民代表大会第六次会议和本届历次会议以来代表议案、建议案办理落实情况的通报》；是年12月，第四十七次会议听取审议县政府《关于云和县重点工程建设情况的报告》、县人大财经工委关于县人大视察县重点工程建设情况的汇报；作出《关于调整2002年度云和县财政收支预算的决定》；通过云和县第十三届人民代表大会选举委员会组成人员名单。是年12月，第四十八次会议接受何敏辞去云和县人民政府副县长职务；决定任命王峻、王新荣、吴一平为云和县人民政府副县长。是年12月，第四十九次会议决定接受毛小明辞去云和县人民检察院检察长职务；决定任命戚永远为云和县人民政府副县长，应建民为云和县人民检察院检察长。

2003年2月，第五十次会议审议云和县第十三届人民代表大会代表名额分配方案。是年2月，第五十一次会议听取县人大常委会主任会议关于许可县人民法院对朱某某进行刑事审判的决定的情况报告，并确认该决定；审议通过免去蒋永清云和县人民政府副县长等县人大常委会、县人民政府有关人事任免事项。是年3月，第五十二次会议听取审议县政府关于编制2003年财政收支预算的原则意见；作出召开云和县第十三届人民代表大会第一次会议的决定；审议通过县人民法院、县人民检察院有关人事任免事项。是年4月，第五十三次会议补选云和县出席丽水市第一届人民代表大会代表1人；研究决定县第十三届人民代表大会第一次会议有关事项，批准云和县第十二届人大常委会代表资格审查委员会关于云和县第十三届人民代表大会代表资格审查情况的报告。

第十三届人大常委会

2003年4月至2007年4月，云和县第十三届人大常委会共召开会议34次。会议审议政治、经济、教育、科技、文化、卫生、民政、民族工作等报告101项；通过决议决定审议意见28项；任免国家机关工作人员127人次。同意司法机关对县人大代表5人采取强制措施并停止执行代表职务的决定。

2003年5月，第一次会议制订出台《云和县人民代表大会常务委员会述职评议工作暂行办法》和《云和县人民代表大会代表建议、批评和意见办理的规定》；审议通过县政府关于2003年财政支出细化预算方案。是年6月，第二次会议听取和审议县城建局受县政府委托所作的《云和县城市房屋拆迁管理办法条例》及起草说明；听取县政府各组成部门拟任命干部21人述职演说；审议通过张文彪为云和县人民政府副县长等县人大常委会、县人民政府有关人事任免事项。是年7月，第三次会议听取和审议县财政局受县政府委托所作的《关于要求批准云和县2002年度财政决算的报告》《2003年上半年财政预算执行情况的报告》，县审计局受县政府委托所作的关于《云和县2002年度财政预算执行和其他财政收支情况的审计工作报告》，听取县人大常委会财经工委所作的《关于2002年县财政决算和2003年(1—6月)县财政预算执行情况的调查报告》，批准2002年度县财政决算；听取和审议县工业园区管委会受县政府委托所作的《关于特色工业园区二、三期建设和四期规划情况的报告》、县人劳社保局受县政府委托所作的《关于贯彻执行劳动法、工会法的情况汇报》和县人大常委会法工委所作的《关于劳动法、工会法执行情况的调查报告》。审议通过县人民法院有关人事任免事项。是年9月，第四次会议听取和审议县人民政府《关于农业产业结构调整情况的报告》；审议通过《云和县人大常委会关于在全县人大代表中兴起学习贯彻“三个代表”重要思想新高潮的实施意见》；审议通过虞红鸣辞去云和县人大常委会主任职务等县人大常委会、县人民法院、县人民检察院有关人事任免事项。是年11月，第五次会议听取和审议县发展计划局受县政府委托所作的《关于2003年(1—9月)云和县国民经济和社会发展计划执行情况的报告》、县经贸局受县政府委托所作的《关于招商引资工作情况的报告》、县政府办公室受县政府委托所作的《关于县人大代表建议办理情况的报告》；听取和审议县人民法院所作的《云和县法院民事审判工作报告》和县人民检察院所作的《2003年县检察院反贪污贿赂工作报告》。是年12月，第六次会议听取县人劳社保局受县政府委托所作的《关于调整机关事业单位工作人员工资标准和增加离退休人员离退休费有关情况的报告》；作出《关于调整2003年度财政预算的决定》。

2004年1月，第七次会议接受吕文明辞去云和县人民政府县长职务；决定任命丁绍雄任云和县人民政府副县长、代理县长。是年2月，第八次会议听取和审议县政府《关于编制2004年财政收支预算的原则意见》；批准《云和县第十三届人民代表大会代表资格的审查报告》、作出《关于召开云和县第十三届人民代表大会第二次会议的决定》。是年3月，第九次会议听取审议县政府《全县民政工作情况的报告》；会议补选云和县出席丽水市第一届人民代表大会代表1名；作出《关于授予张文彪“人民好县长”荣誉称号的决定》。是年5月，第十次会议听取和审议县政府《云和县公共卫生体系建设情况的报告》《关于贯彻执行建设生态省、生态市的决定和环保法自查情况的汇报》《关于水利建设情况的报告》。是年7月，第十一次会议听取和审议县政府《云和县2003年度财政预算执行和其他财政收支情况审计结果的报告》《云和县2004年上半年国民经济和社会发展计划执行情况报告》；原则通过《云和县区域卫生规划（2004—2010年）》，作出《关于批准2003年县财政决算的决议》《关于批准〈云和生态县建设规划〉的决议》《关于建设生态县的决定》和《县人大常委会关于许可县公安局对县第十三届人大代表孙某某采取刑事拘留强制措施的决定》；审议通过县人民检察院有关人事任免事项。是年8月，第十二次会议听取县公安局《关于请求许可对孙某某提请逮捕的报告》，决定授权县人大常委会主任会议处理孙某某案件的具体事宜；审议通过县人民政府有关人事任免事项。是年10月，第十三次会议听取和审议县人民法院《关于今年以来执行工作情况的报告》、县人民检察院《2004年检察工作情况的报告》；听取和审议县政府《国土资源管理工作情况的报告》《云和县风景旅游工作情况的报告》；听取和审议县人大常委会《关于“万人评政务”工作情况的报告》；作出《关于审查同意〈云和县城城市总体规划（2004—2025）〉的决议》；审议通过县人大常委会、县人民政府、县人民检察院有关人事任免事项。是年11月，第十四次会议听取和审议县政府《云和县2004年国民经济和社会发展计划执行情况的报告》《十三届人大二次会议代表建议办理情况的报告》；原则通过《云和县人大常委会2005年工作要点》，作出《关于批准云和县2004年度财政收支预算调整的决议》。

2005年1月，第十五次会议制定出台《云和县人大代表辞职的暂行规定》；作出《关于召开云和县第十三届人民代表大会第三次会议的决定》；审议通过县人大常委会个别人事任免事项。是年3月，第十六次会议审议通过县十三届人大代表6人辞去代表职务的报告；听取和审议县政府关于编制2005年财政收支预算的原则意见和县人大常委会财经工委所作的关于2005年财政预算编制情况的初审报告；听取关于县第十三届人民代表大会第三次会议有关筹备情况的汇报；听取和审议通过代表资格审查委员会所作的关于云和县第十三届人民代表大会变动情况的报告；审议通过县人民法院的关于要求确定人民陪审员名额的议案；审议通过县人民法院有关人事任免事项。是年5月，第十七次会议听取审议县政府《云和县少数民族和宗教工作情况的报告》《云和县教育事业发展“十五”计划实施情况汇报》《关于全县农村劳动力转移工作情况的报告》，作出相应决议、意见；作出关于许可县公安局对县第十三届人大代表洪某某、郑某某采取强制措施的决定；审议通过县人民政府、县人民法院、县人民检察院有关人事任免事项。是年7月，第十八次会议听取和审议县政府《云和县2005年上半年经济和社会发展形势情况的汇报》，听取县人大财经工委《关于2005年上半年经济运行和社会发展情况的分析报告》；听取县人大法制工委《关于生态建设和环境保护执法跟踪检查的情况报告》和县人大代表工委《关于县人大代表向选民述职工作情况的报告》；审议通过《云和县人民代表大会常务委员会审议意见办理办法》；作出《关于批准2004年县级财政收支决算的决议》；审议通过县人民政府有关人事任免事项。是年9月，第十九次会议听取县建设局、公安局、质量技术监督局关于"万人评政务"整改自查报告和社区代表、企业代表、县人大代表发言；听取县人大评议预算审查组对县建设局、公安局、质监局2004年度财政预算执行情况审查报告和"跟踪评议"检查组情况报告；听取和审议"两院"工作情况汇报；审议通过免去任晓俐、胡伟云和县人民政府副县长职务等县人民政府有关人事任免事项。是年10月，第二十次会议作出《关于召开云和县第十三届人民代表大会第四次会议的决定》；决定免去王峻云和县人民政府副县长职务；决定任命彭平生、胡伟忠为云和县人民政府副县长。是年11月，第二十一次会议听取和审议县政府《关于云和县2005年国民经济和社会发展计划执行情况的报告》《关于制定云和县国民经济和社会发展第十一个五年规划基本思路的说明》《关于县十三届人大三次会议代表建议办理情况的报告》；作出《关于批准云和县2005年度财政收支预算调整的决议》；审议通过县人民法院有关人事任免事项。是年12月第二十二次会议审议通过县人民政府有关人事任免事项。

2006年3月，第二十三次会议听取和审议县政府《关于编制2006年财政收支预算安排的报告》和县人大财经委《关于2006年财政预算安排的审查报告》；作出《关于召开云和县第十三届人民代表大会第五次会议的决定》；审议通过县人民法院有关人事任免事项。是年3月，第二十四次会议决定接受吕文明辞去云和县第十三届人大常委会主任职务。是年5月，第二十五次会议听取审议县政府《关于云和县安全生产执法情况的报告》和《关于"十五"期间林业工作情况的汇报》；听取县人大法制委、财经委《关于安全生产法律法规执法检查情况的报告》和《关于云和县林业工作情况的调研报告》；表决通过《云和县人大常委会讨论决定重大事项的暂行办法》；审议通过县人民政府、县人民法院部分人事事项。是年7月，第二十六次会议听取和审议县政府《关于云和县2005年度财政决算情况的报告》《云和县2006年上半年财政预算执行情况的报告》《关于云和县2005年度财政预算执行和其他财政收支情况的审计工作报告》《关于云和县2006年上半年经济社会形势分析及重点项目建设的情况汇报》；作出《关于批准2005年县级财政收支决算的决议》；审议通过县人民政府有关人事任免事项。是年8月，第二十七次会议听取和审议县公安局《关于请求对钱某采取强制措施许可的报告》和《关于请求对续某某采取强制措施许可的报告》，并作出相应决定。是年9月，第二十八次会议听取审议县政府《关于县十三届人大一次会议以来决议决定审议意见和整改意见贯彻落实情况的报告》《云和法院今年以来工作情况的报告》《2006年1—8月检察工作情况的报告》。是年10月，第二十九次会议表决通过云和县第十四届人民代表大会选举委员会组成人员及办公室人员名单、云和县第十四届人民代表大会选举委员会查处不正当选举工作小组名单、云和县人大常委会《关于依法维护县（乡）两级人民代表大会代表和国家机关领导人换届选举秩序的规定》；分别作出《关于云和县县乡人民代表大会代表同步换届选举日的决定》《关于乡镇新一届人民代表大会代表名额的决定》《关于批准成立乡镇新一届人民代表大会选举委员会及机关办事处的决定》和《关于许可市检察院对县第十三届人大代表陈某某采取强制措施的决定》；审议通过县人民政府个别人事任免事项。是年10月，第三十次会议审议通过《关于增补柳春华为云和县第十四届人民代表大会选举委员会副主任的决定》；决定免去吴一平、戚永远、马国华云和县人民政府副县长职务，决定任命孙文喜、蓝先芬、王峻为云和县人民政府副县长。是年11月，第三十一次会议听取和审议县政府《关于2006年1—10月财政收支预算执行及预算调整方案的报告》《关于云和县2006年国民经济和社会发展计划执行情况的报告》《关于县政府代表建议、批评和意见办理情况的报告》，作出《关于批准云和县2006年度财政收支预算调整的决议》；听取县人大办《云和县人大常委会关于调整部分乡镇人民代表大会选举委员会的决定》草案的说明，作出相应的决定；审议通过县人民政府、县人民法院有关人事任免事项。

2007年1月，第三十二次会议听取审议县检察院关于提请许可对云和县第十三届人大代表王某某采取刑事强制措施的报告，并作出许可决定。是年2月，第三十三次会议听取审议并通过县十三届人大常委会代表资格审查委员会《关于县十四届人民代表大会代表的资格审查报告》；作出《关于召开县十四届人民代表大会第一次会议的决定》。是年3月，第三十四次会议听取审议县政府关于2007年财政预算安排情况的报告，原则通过该报告，决定提交县十四届人大一次会议审议；听取县十四届人大一次会议有关筹备工作情况的汇报；通过有关人员名单（草案）。

第十四届人大常委会

2007年3月至2010年12月13日，云和县第十四届人大常委会召开会议38次。会议审议政治、经济、教育、科技、文化、卫生、民政、民族等工作报告74项；通过决议决定审议意见55项；任免国家机关工作人员121人次。同意司法机关对9名代表采取强制措施并停止执行代表职务的决定。

2007年4月，第一次会议审议并通过县人大常委会2007年工作要点、县第十四届人大常委会代表资格审查委员会组成人员名单；审议通过县人大常委会、县人民政府、县人民检察院有关人事任免事项。是年6月，第二次会议审议通过县十四届人大常委会各工作委员会委员建议名单，征求县人大常委会组成人员联系代表的意见，审议通过县人民政府关于县粮食生产基地项目建设资金筹措及融资还贷方案的报告；审议通过金春雷为云和县人民政府副县长等县人大常委会、县人民政府、县人民法院、县人民检察院等有关人事任免事项。是年7月，第三次会议听取和审议县财政局受县政府委托所作的《关于云和县2006年度财政决算情况的报告》《云和县2007年1—6月预算执行情况的报告》、县审计局受县政府委托所作的《关于云和县2006年度财政预算执行和其他财政收支的审计工作报告》，作出《关于批准2006

年县级财政收支决算的决议》；是年9月第四次会议组织与会人员视察普光农民公寓、城西小学等重点建设项目7个，听取和审议县发展和改革局受县政府委托所作的《关于全县1—8月份重点项目建设情况报告》；听取和审议县人民法院所作的《关于执行〈诉讼费用交纳办法〉情况的报告》；听取和审议县人民检察院所作的《关于开展法律监督工作情况报告》；审议通过县人民法院、县人民检察院有关人事任免事项。是年11月，第五次会议听取和审议县人民政府所作的《关于深化殡葬改革工作的报告》，县教育局受县政府委托所作的《关于教育内涵建设工作情况的报告》，县府办受县政府委托所作的《关于县第十四届人大第一次会议代表建议办理情况的报告》；会议补选出席丽水市第二届人民代表大会代表1人。是年11月，第六次会议听取和审议县财政局受县政府委托所作的《关于2007年1—10月财政收支预算执行情况及预算调整方案的报告》，听取和审议县政府所作的《关于云和县2007年度财政收支预算调整的议案》；作出《云和县人大常委会关于批准云和县2007年度财政收支预算调整的决议》。是年12月，第七次会议作出《关于云和工业园区杨柳河二期扩建项目资金筹措及融资还贷方案的决议》；审议通过县人民政府有关人事任免事项。

2008年2月，第八次会议作出《云和县人大常委会关于建设"三沿"生态景观林的决定》；审议通过《云和县人大常委会关于召开县第十四届人民代表大会第二次会议的决定》《云和县人大常委会工作报告》；会议接受县十四届人大代表4人和市二届人大代表1人辞去代表职务的请求；补选出云和县出席丽水市第二届人民代表大会代表2人。是年3月，第九次会议听取和审议县政府《关于云和县2007年国民经济和社会发展计划执行情况》《2008年国民经济和社会发展计划草案的报告》；听取和审议县政府《关于云和县2007年全县财政预算执行情况和2008年全县预算草案的报告》；审议通过《云和县第十四届人大常委会代表资格审查委员会关于县第十四届人大二次会议代表资格审查的报告》。是年4月，第十次会议审议通过县人民检察院《提请对县十四届人大代表刘某某采取刑事强制措施许可的议案》；审议通过云和县人民代表大会常务委员会2008年工作要点及安排。是年4月，第十一次会议听取和审议县政府《关于云和县部分乡镇行政区划调整方案情况的报告》；审议通过县人民法院有关人事任免事项。是年5月，第十二次会议审议通过县人民政府、县人民法院、县人民检察院有关人事任免事项。是年6月，第十三次会议听取和审议县政府《关于工业园区杨柳河区块开发情况的报告》；听取县教育局2008年高考情况通报。是年8月，第十四次会议听取和审议县政府《关于2008年上半年国民经济和社会发展计划执行情况的报告》；听取和审议县政府《关于2007年度财政决算的报告》，审查、批准关于2007年度决算；听取和审议县政府《关于2008年上半年预算执行情况的报告》《2007年度预算执行和其他财政收支的审计工作报告》、会议作出《云和县人大常委会关于批准云和县2007年度财政收支预算调整的决议》；听取和审议县政府《关于省级计划生育优质服务县创建工作的报告》；决定免去金春雷云和县人民政府副县长职务。是年9月，第十五次会议审议县政府《关于云和县城前巷区块改造项目资金筹措及融资还贷方案的议案》，作出相关决议。是年10月，第十六次会议听取县政府《关于十四届人大二次会议代表建议办理情况的汇报》、县林业局《关于"三沿"景观林2008年度建设情况的汇报》;听取和审议县法院《2007年以来民事审判工作专项报告》;审议通过《云和县人民代表大会常务委员会规范性文件备案审查暂行办法》。是年12月,第十七次会议听取县政府《关于“十一五”规划中期实施评估报告》;审议和批准县政府《关于2008年财政预算调整的议案》;听取和审议县政府《关于县人民医院迁建工程项目融资及还款方案的议案》,并作出相关决议;听取和审议县检察院《关于2004年以来反贪污贿赂、反渎职侵权工作情况的报告》;审议通过《云和县人民代表大会常务委员会组成人员守则》《云和县人民代表大会常务委员会任免国家机关工作人员办法》;听取县人大代表工委《关于2008年作风建设评议情况报告》。

2009年1月,第十八次会议作出《关于黄源乡贵庄垦造耕地项目建设融资及还款方案的决议》。是年3月,第十九次会议审议通过《云和县人大常委会关于召开县第十四届人民代表大会第三次会议的决定》《云和县人大常委会工作报告》;审议通过云和县第十四届人大常委会代表资格审查委员会《关于县第十四届人大三次会议代表资格审查的报告》;审议通过《云和县人大常委会关于表彰2008年度先进县人大代表小组和优秀县人大代表的决定》。是年3月,第二十次会议听取和审议县政府《关于云和县2008年国民经济和社会发展计划执行情况、2009年国民经济和社会发展计划草案的报告》;听取和审议县政府《关于云和县2008年全县财政预算执行情况及2009年全县预算草案的报告》; 审议通过县人民法院有关人事任免事项。是年4月,第二十一次会议审议作出《关于许可县公安局对县第十四届人大代表吴某某采取刑事强制措施的决定》。是年5月,第二十二次会议听取和审议县政府《关于“五五”普法规划实施情况的报告》;作出《关于云和县杨柳河二期南区块低丘缓坡开发项目资金筹措及融资还贷方案的决议》《关于许可丽水市公安局对县第十四届人大代表季某某、王某某采取刑事强制措施的决定》;审议通过县人民政府有关人事任免事项。是年6月,第二十三次会议组织与会人员视察工业园区杨柳河区块一期企业入园情况和二期北区块开发建设情况,听取县政府《关于工业园区工作汇报>;作出《关于许可县公安局对县第十四届人大代表江某某、夏某某、张某某采取刑事强制措施的决定》。是年7月,第二十四次会议作出《关于批准云和县2008年度财政决算的决议》;听取和审议县政府《关于2009年上半年财政预算执行情况的报告》《关于2008年财政预算执行和其他财政收支情况的审计工作报告》《关于2009年上半年国民经济和社会发展计划执行情况的报告》《关于农村文化建设的专项工作报告》;作出《关于许可县公安局对县第十四届人大代表宋某某处以行政拘留处罚的决定》;决定任命俞逸敏为云和县人民政府副县长。是年9月,第二十五次会议听取审议县政府关于农民专业合作社发展情况专项工作报告、关于办理代表建议、批评和意见工作情况的报告;审议通过《常委会会议议事规则》《常委会审议意见处理办法》。是年12月, 第二十六次会议听取和审议县法院 《关于2007年以来刑事审判工作报告》;县政府《关于“三沿”生态景观林建设情况的报告》;审议和批准县政府关于2009年财政预算调整的议案;审议通过县人民检察院个别人事任免事项。

2010年1月,第二十七次会议作出《关于〈云和县域总体规划(2006—2020)〉的决议》;审议通过县人民政府个别人事任免事项。2月,第二十八次会议作出《关于召开云和县第十四届人民代表大会第四次会议的决定》;接受丁绍雄辞去云和县人民政府县长职务,应建民辞去云和县人民检察院检察长职务；决定免去王峻云和县人民政府副县长职务，决定任命李华任云和县人民政府副县长、代理县长，蔡建彧任云和县人民检察院副检察长、代理检察长等县人大常委会、县人民政府、县人民检察院有关人事任免事项。3月，第二十九次会议表决同意6位县十四届人大代表辞去代表职务。是年3月，第三十次会议研究县十四届人大四次会议有关事项；作出《关于许可龙泉市公安局对云和县第十四届人大代表蓝某某处以行政拘留处罚的决定》；审议通过接受王为民辞去云和县第十四届人民代表大会常务委员会副主任职务等县人大常委会、县人民政府个别人事任免事项。4月，第三十一次会议作出《关于许可丽水市人民检察院对云和县第十四届人大代表王某某采取刑事强制措施的决定》；决定任命李一波为云和县人民政府副县长。5月，第三十二次会议作出《许可丽水市人民检察院对云和县第十四届人大代表蓝某某采取刑事强制措施的决定》。6月，第三十三次会议批准2010年度云和县政府投资项目融资计划；听取和审议县公安局受县政府委托所作的《禁毒情况的报告》、县政府关于《中华人民共和国水污染防治法》《浙江省水污染防治条例》贯彻执行情况的报告；第三十四次会议作出《关于接受蓝金法请求辞去云和县人民法院院长职务的决定》。是年7月，第三十五次会议听取和审议县财政局受县政府委托所作的《关于2009年度财政决算的报告》《2010年上半年财政预算执行情况的报告》、县审计局受县政府委托所作的《关于2009年财政预算执行和其他收支情况的审计工作报告》、县发改局受县政府委托所作的《关于2010年上半年国民经济运行和社会发展计划执行情况的报告》，表决通过《关于批准云和县2009年度财政决算的决议》；审议通过县人大常委会、县人民政府有关人事任免事项。9月，第三十六次会议听取县政府《关于农民专业合作社审议意见落实情况的报告》；县法院《关于2007年以来刑事审判工作审议意见落实情况的报告》，并进行满意度测评，票决结果为满意；听取和审议县检察院《关于2007年以来预防职务犯罪工作情况报告》；审议通过《云和县人民代表大会常务委员会讨论决定重大事项的暂行办法》。11月，第三十七次会议听取和审议县政府关于教育教学质量专项工作报告、关于旅游产业发展情况专项工作报告、"三沿"景观林建设情况的报告、关于代表建议、批评和意见办理工作情况的报告；听取司法局、民政局局长履职情况报告；决定任命李栽标任云和县人民法院副院长、代理院长。12月，第三十八次会议作出《关于批准云和县2010年度财政收支预算调整的决议》；接受人大代表2人辞去云和县第十四届人民代表大会代表职务的请求；审议通过县人大常委会、县人民政府、县人民检察院有关人事任免事项。

第四节　县人大常委会工作

云和县人大常委会依据《中华人民共和国地方各级人民代表大会和地方各级人民政府组织法》规定，对本行政区域内重大事项有决定权，对本级政府、法院、检察院工作有监督权和人事任免权等14项职权。历届县人大常委会紧紧围绕经济和社会建设中心，把实施宪法和法律、法规，社会主义民主和法制建设，依法治县，改革开放，国民经济与社会发展等方面的重大事项和人民群众普遍关心的热点问题列为议题进行审议，并作出相应的决议、决定。依法对“一府两院”实施法律、法规情况的监督和工作监督，开展执法检查，进行执法评议。依法任免国家机关工作人员，加强对他们的监督，听取其述职报告，并进行评议。

代表工作

代表工作是县人大常委会工作的基础，组织代表履行职责、开展代表活动、接待走访联系代表、评比表彰先进代表，每年开展一次先进代表小组和优秀县人大代表评比活动，推动代表创先争优，更好发挥代表作用。

十一届人大常委会　1993年6月，县十一届人大常委会第一次会议决定建立县人大常委会主任、副主任定期接待县人大代表制度。规定每月10日为代表接待日，由一名主任或副主任负责接待代表。每年定期向人大代表发送《人民政权报》《浙江人大》等学习资料。邀请县人大代表列席县人大常委会会议，参加专题调查、视察、执法检查与评议，不断增强代表的民主法制意识，提高代表的主人翁责任感。

十二届人大常委会　2000年11月，十二届人大常委会第二十四次会议通过《县人大常委会与县人大代表的联系制度》，进一步完善与代表联系走访制度，倾听收集代表意见，并将代表反映的意见和建议进行梳理，交县政府及有关部门办理。

十三届人大常委会　2003年9月，十三届人大第四次会议通过《云和县人大常委会关于在全县人大代表中掀起学习贯彻“三个代表”重要思想新高潮的实施意见》组织动员代表多形式广泛开展“三个代表”重要思想学习实践活动。

视察与调查

调查研究是县人大及其常委会的基本工作方法和必经程序，是做好各项工作的前提和基础。县人大常委会围绕党政中心工作、政治文明、物质文明和精神文明建设，人民群众关注的热点、难点和有关法律法规的执行，组织人大代表视察、开展调查研究。

图19-3-2　全县人大代表工作会议（1991年12月摄　县人大办提供）

第十届人大常委会　1991年1月至1993年5月，县第十届人大常委会先后组织在云和的省人大代表及部分常委会委员视察铁合金厂、电化厂、磨料磨具厂、电解锰厂、金属硅厂、碳素厂等高耗能企业6家；组织部分县人大代表对云和镇食品卫生情况进行视察，全面检查食品生产经营单位和个体户30多家；组织部分委员和在云和的省人大代表对农田水利建设情况进行视察，查看8个乡农田水利建设工程13处；组织部分县人大代表对牛角山和前溪山电视转播台进行视察；组织县人大常委会和在云和的省人大代表联合对《中华人民共和国企业法》贯彻实施情况进行视察；组织部分代表对《中华人民共和国食品卫生法》贯彻执行情况进行视察；组织县人大常委会和在云和的省人大代表联合对县移民工作进行视察。

第十一届人大常委会　1993年5月至1998年4月，县第十一届人大常委会先后组织县人大代表和有关人员对执行省人大《关于加强文化市场管理的决定》情况开展视察；部分县人大代表和11个部门负责人，对云和镇环境卫生、城镇规划实施情况进行视察；部分县人大代表和在云和的省人大代表视察县体育设施情况。县人大部分组成人员、县人大代表及有关部门负责人20多人，视察“中国木制玩具城”建设情况；组织调查组到县土管局、云和镇、沙溪乡，对土地管理行专题调查；部分人大代表视察县香菇市场建设及农贸市场扩建工程；部分县人大代表视察文明县城建设情况；县人大常委会组成人员对梅砻口水库供水能力情况进行视察；部分县人大代表视察县公安局看守所；部分县人大代表视察县邮电局设施建设和行风建设情况；部分县人大代表和有关部门人员20多人，视察春耕生产情况；部分县人大代表、云和镇人大代表及有关单位负责人40多人，分市容市貌、思想道德文化建设、区域共建三个组视察第三轮文明县城创建情况；部分县人大代表及有关部门、乡镇领导27人，视察沙铺砻水电站工程建设情况。

县第十二届人大常委会　1998年4月至2003年4月，县第十二届人大常委会先后组织县人民代表小组17个，视察《中华人民共和国食品卫生法》执行情况；部分县人大代表视察沙铺砻水电站、400米标准田径场、新建路拆迁改造和浮云桥、“园丁”新村、示范幼儿园、图书馆、110指挥中心综合楼、邮政综合楼等10个县重点工程建设情况；部分县人大代表再次视察文明县城创建和基础设施建设；部分县人大代表视察县重点科技项目建设情况；部分县人大代表视察县文物保护、管理工作，实地查看独山“节孝坊”、紧水滩“百岁坊”、王一卿墓等4处县重点文物保护点及新改建的文物保护库房；组织县人大代表20人，视察县重点城市建设工程城东安居小区、环城北路、城南小区、红光北路、农民新村、新建路、400米标准田径场；组织部分代表视察冬虫夏草人工栽培、东方百合生物技术应用、大棚乌牛茶无性繁殖、珍惜菌类栽培、云和雪梨授粉品种选配、早熟梨早丰优质技术、优良品种引进试验、板栗保鲜贮藏8个科研项目，听取14个科研项目情况汇报；组织视察调研小学网点调整情况4次，还分别对特色工业园区建设、旅游景点设施建设、县第二自来水厂建设及水源质量、城南路改造工程、农民新村及城东小区建设等开展视察调研；组织专职委员视察公安局看守所工作2次；组织专题视察县城19家“网吧”；组织部分代表视察丽龙一级公路（云和段）一期工程、工业园区、城防工程、小商品综合市场及财税大楼等重点工程。

图19-3-3　2004年，县人大代表视察法院工地（2004年5月　县人大办提供）

第十三届人大常委会　2003年4月至2007年3月，县第十三届人大常委会先后组织视察生态示范区建设和丽龙一级公路（云和段）一期工程建设和二期进展情况；组织部分县人大代表、乡镇人大主席、副主席和有关部门负责人对城市建设、园区建设和交通建设的部分项目开展视察；组织对云和镇、云坛乡等3个乡镇的4条康庄公路进行视察；组织对迎宾大桥、象山江滨绿廊、县污水处理厂、新建南路延伸工程等6个城市建设重点工程进行视察；组织对县教育事业发展、国家卫生县城创建、民宗工作、旅游开发等方面进行视察。选编40篇调查报告集成20万字《调查与研究》一书。

第十四届人大常委会 2007年3月至2010年12月，县第十四届人大常委会先后组织常委会组成人员和部分市、县人民代表实地视察杨柳河工业园区一期、普光农民公寓、城西小学、污水处理厂、小顺钓鱼岛休闲度假区等重点项目；组织常委会组成人员和部分市、县人民代表实地视察杨柳河工业园区；组织常委会、市代表云和中心组联合组队视察皇城国际大酒店、云和湖度假景区；组织实地视察工业园区杨柳河区块一期企业入园情况和二期北区块开发建设情况；组织县人大常委会组成人员赴云和镇山脚区块、大坪区块以及赤石乡垟田区块、麻垟区块，实地视察“三沿”生态景观林建设情况；组织部分市、县人大代表先后开展城镇低收入住房困难家庭住房保障工作、旧村改造工程、土地开发整理工程、康庄工程、食品安全工作、县重点建设项目等视察活动。

评议工作

开展评议工作是县人大常委会履行监督职责的重要形式。1992年起根据省人大统一部署，经县委同意，开始组织评议工作。分为对司法、行政执法部门的工作评议和对县人大常委会任命干部的述职评议。评议的目的是增强被评议者的公仆意识、廉政意识和法制意识，支持、督促“一府两院”依法司法、依法行政。

人民代表报

云和万人评“三官”

纠错追责并举 从信访案切入

一纸“意见书” 审议见效果

图19-3-4 《人民代表报》2000年10月7日头版头条刊登云和万人评“三官”情况

工作评议 组织县、乡两级代表对县人民法院、县人民检察院、县公安局工作进行评议。1993年10月至1994年1月，组织县人大代表自下而上对县工商行政管理局及其所属工商所进行工作评议。1996年6—11月，对公安部门进行工作评议，以及对公安、工商、财税、邮电四部门进行行风评议。1997年4—10月，组织以县人大常委会为主，县政协、县纪检委参与的行风评议工作。主要对县金融、建设、交通、土管、教育系统主管部门及所属单位，“窗口”管理重点部位进行行风评议。1998年6—11月，根据省反腐办统一部署和县委意见，由县人大常委会牵头，会同县政协、县纪委组织县人大代表、政协委员、纪检干部，开展对县卫生、电力、公安、财税、国税、工商、邮电、金融、建设、交通、土管、教育等12个部门、21家单位进行行风评议“回头看”工作；2000年7—9月，组织万人评“三官”（警官、法官、检察官）活动，表彰10名优秀“三官”，对2名不满意的警官、法警予以通报并调离公安、司法队伍；该项工作《人民代表报》2000年10月

7日第1168期头版头条作报道，人大办公室陈吉英获第十届浙江省宣传人民代表制度好新闻三等奖。2000年9月8—9日，组织开展千名代表百家企业评议涉工部门活动，对县财政（地税）局、林业局、建设（环保）局、工商局、电力局等16个涉工部门工作开展评议，评出合力扶工先进单位3家，不满意涉工单位2家。2001年6—7月，组织开展万人评“三官”回头看；2001年6—7月，开展涉工评议“回头看”，范围从评议科局级部门延伸到所属31个股所，评议出合力扶工先进单位2家，先进股所3个，不满意涉工单位2家，不满意股所2个；2004年3—9月，开展万人评政务活动，对全县36个行政机关和执法部门的工作进行评议，评定出县府办、林业局、财政（地税）局为人民满意单位，县建设局、公安局、质监局为不满意单位，并公开在云和电视台和《今日云和》作表态发言。2005年8—10月，组织对县建设局、公安局、质监局开展“万人评政务”的跟踪评议。该项工作《人民代表报》2001年8月23日第1304期头版作报道，县人大办公室陈吉英获第十届丽水市宣传人民代表制度好新闻一等奖。

干部考核（述职）评议　1993年12月至1994年1月底，组织对经委系统局长、主任6人进行评议；1994年9—12月，组织对农林水及科教文卫系统的主任、局长11人的述职评议；1995年10—12月，组织对县计委系统主任、局长5人的述职评议；1996年10—11月，组织对县政法系统公安局长、法院副院长、检察院副检察长3人的述职评议；1997年9—10月，组织对人事劳动局、财政局局长的述职评议工作；2002年10—11月，对任命的局长（主任）23人和“两院”副职5年来依法行政、勤政廉政、工作实绩等6个方面开展述职评议。

法律监督　保证宪法、法律、法规在本行政区域内的遵守和执行是地方各级人大及其常委会的职责。县人大常委会把监督法律的贯彻实施作为一项重要工作，每年组织开展执法检查工作，推进“一府两院”严格执法。

1991年1月至1993年5月，县第十届人大常委会先后开展《浙江省机关、团体、企业、事业单位治安保卫工作条例》《浙江省保护老年人合法权益若干规定》《浙江省监督司法工作的规定》《中华人民共和国矿产资源法》《中华人民共和国义务教育法》《中华人民共和国未成年人保护法》等法律法规的执法检查。

1993年5月至1998年4月，县第十一届人大常委会先后开展《关于加强文化市场管理的决定》《看守所条例》《中华人民共和国教师法》《中华人民共和国妇女权益保护法》《中华人民共和国环境保护法》《中华人民共和国药品管理法》《中华人民共和国消费者权益保护法》《中华人民共和国反不正当竞争法》《中华人民共和国国家赔偿法》《中华人民共和国义务教育法》《中华人民共和国土地管理法》《浙江省基本农田保护条例》《浙江省蔬菜基地建设保护条例》《中华人民共和国教育法》《浙江省文化市场管理条例》《中华人民共和国食品卫生法》《中华人民共和国代表法》等法律法规的执法检查。

1998年4月至2003年4月，县第十二届人大常委会先后开展《中华人民共和国义务教育法》《中华人民共和国职业教育法》《中华人民共和国刑法》《中华人民共和国水土保持法》《中华人民共和国森林法》《中华人民共和国防洪法》《中华人民共和国教师法》《中华人民共和国教育法》《中华人民共和国老年人权益保障法》《中华人民共和国食品卫生法》《中华人民共和国残疾人保护法》《中华人民共和国居民委员会组织法》《中华人民共和国药品管理法》等法律法规的执法检查。省、市、县三级联动开展《中华人民共和国食品卫生法》《中华人民共和国产品质量法》《中华人民共和国计量法》《中华人民共和国标准化法》《中华人民共和国建筑法》《省职工基本养老保险条例》《省职工事业保险条例》等法律法规的执法检查活动。

2003年4月至2007年3月，县第十三届人大常委会先后开展《中华人民共和国科技进步法》《浙江省职工养老保险条例》《浙江省职工失业保险条例》《中华人民共和国老年人权益保障法》的执法检查。省、市、县三级联动开展了《中华人民共和国劳动法》《中华人民共和国工会法》《中华人民共和国刑事诉讼法》《中华人民共和国文物保护法》《中华人民共和国文物保护实施条例》《浙江省文物保护管理条例》《中华人民共和国农业法》《中华人民共和国安全生产法》《中华人民共和国消防法》《中华人民共和国道路交通法》《危险化学品安全管理条例》建设生态省的决定和环保法执行情况的跟踪检查等执法检查活动。

2007年3月至2010年12月，县第十四届人大常委会先后开展《中华人民共和国治安管理处罚法》《中华人民共和国科学技术普及法》《中华人民共和国环境保护法》 等法律法规的执法检查。省、市、县联动开展《浙江省宗教事务条例》《诉讼费交纳办法》《中华人民共和国农业法》及相关法律法规、水污染防治“一法一条例”等法律法规的执法检查活动。

督办代表议案、建议 人大代表围绕党和国家的大政方针及云和的实际，以提出议案和建议、批评、意见的形式，行使当家做主的权利。县人大常委会把督办代表议案、建议、批评和意见，作为一项重要日常工作。

云和县十一届人大三次会议前，代表10人以上联名提出的都归为议案。1995年，县十一届人大三次会议上通过《代表议案、建议、批评和意见办理的规定》指出：代表10人以上提出的议案中，属人大职权范围内，影响大、涉及面广的重要议案，经大会通过后予以立案，交县政府办理，结果报告县人大常委会，并在下一次县人代会上，书面答复全体代表。其余作意见处理，交有关部门办理。

十一届人大三次会议至十四届人大四次会议，代表10人以上联名提出的议案经历次大会主席团审议决定。列为大会议案的有2件，第十一届人大第五次会议代表20人联名提出的《关于要求对农村合作基金会规范化管理》的议案，第十二届人大一次会议代表联名提出的《关于整顿医疗秩序，净化医疗市场》的议案。

1988年九届人大常委会起，每年组织开展议案建议办理反馈工作，县人大常委会机关对提出议案的代表发放《议案办理征询表》，要求代表对所提出议案办理结果反馈意见，意见分为满意、基本满意、不满意3类。意见反馈后，常委会根据反馈意见，区别不同情况，作出处理。2008年十四届人大二次会议起，县人大常委会开始对第一次办理结果为不满意的开展二次督办，组织二次反馈。

县人大常委会狠抓“办结率、见面率、满意率”，坚持评议和重办制度，对代表不满意的，不符合答复要求的责成承办单位重新办理并答复代表。在督办过程中，要求政府有关职能部门规定在3个月内办结，逐件书面答复代表，由县政府向县人大常委会报告办理情况，人大常委会每年专题听取审议县政府上一年度代表议案、建议意见办理情况。

第十 — 十四届人代会代表议案、建议数量及反馈表

表 19-3-7　　　　单位：件

届次		议案	建议	类别			反馈结果（第一次）		
				经济建设类	社会发展类	政治、人事、劳动等	收回反馈件数	满意、基本满意（件数或百分率）	不满意
十届	二次	237	31	153	54	61	—	—	—
	三次	186	11	124（议案）	31（议案）	31（议案）	—	—	—
十一届	一次	347	24	231（议案）	88（议案）	28（议案）	—	—	—
	二次	132	33	35（议案）	72（议案）	25（议案）	32	17	15
	三次	124	16	79	34	27	45	32	13
	四次	159	20	106	48	25	45	32	13
	五次	1	156	99	32	—	—	7	—
十二届	一次	1	383	260	92	—	—	—	—
	二次	174		113	45	16	—	—	—
	三次	224		166	29	39	93	69	24
	五次	174		128	27	19	75	63	12
	六次	206		100	70	36	58	44	14
十三届	一次	441		240	140	61	354	284	70
	二次	218		99	70	49	218	166	52
	三次	202		92	84	26	189	170	19
	五次	145		54	67	24	112	91	21
十四届	一次	227		101	82	44	199	188	11
	二次	120		29	74	17	120	110	10
	三次	143		64	52	27	143	133	10
	四次	140		77	39	24	140	132	8

第四章　乡镇人民代表大会

乡级人民代表大会代表由选民直接差额选举。1991—2010 年，乡镇人民代表大会换届选举进行过 5 次。原县、乡人民代表大会每届任期均为三年，换届选举同期进行。1993 年开始，县人民代表大会任期改为五年，而乡镇人大代表每届任期仍为三年，此后几届县、乡两级人

图 19-4-1 乡镇人大主席培训（2000 年摄 县人大办提供）

代会换届选举分开进行。2007 年开始，县、乡人民代表大会每届任期均为五年，2005 年乡镇换届选举顺延至 2007 年与县人民代表大会代表换届同步进行。

乡镇人民代表大会每年至少举行一次会议。会议听取和审查本级政府工作报告，审查和批准上年度财政预算执行情况和本年度财政预算的报告，听取和审查乡镇人民代表大会主席团工作报告，决定本乡镇经济、文化和公共事业等重大事项，选举乡镇人大主席、副主席和乡长、副乡长、镇长、副镇长，并提出议案、建议、意见和批评。

第一节　乡镇人民代表大会主席团

1986 年《地方组织法》修订和 1989 年《浙江省乡镇人民代表大会主席团组织条例》颁布，确立乡镇人大主席团为常设机构，并设立常务主席，明确规定人大主席团在人代会会议和闭会期间的地位和职责。1990—1995 年，乡镇设立人大主席团，主席团常务主席由人民代表大会通过，任期与本级人大主席团相同。1996 年起，根据修改后的《浙江省乡镇人民代表大会主席团组织条例》第八条规定，乡镇人大主席团常务主席改设为主席、副主席，由乡镇人民代表大会从代表中选出，任期同本级人民代表大会每届任期相同。乡镇人大主席或受其委托的副主席负责召集和主持主席团会议；指导镇乡人大代表小组活动；走访和联系代表，接待、处理代表来信来访，督促、检查乡镇人民政府办理代表提出的议案和建议；承办上级人大常委会交办的有关事项。乡镇人大主席、副主席列席镇乡人民政府办公会议。2010 年，14 个乡镇有人大主席团主席、副主席共 28 名。

从 1990 年起，县人大常委会每年组织召开 1~2 次全县乡镇人大主席工作会议。1993 年县十一届人大常委会开始，召开常委会例会时，邀请乡镇人大负责人列席会议。

第二节　乡镇人民代表选举

县、乡镇两级人民代表大会代表由选民直接选举。乡镇人民代表大会共进行 1993 年、1996 年、1999 年、2002 年、2007 年换届选举 5 次。

1992 年 5 月，撤区扩镇并乡，撤销小徐、沈村、局村、龙门、库北、小顺、双港、金村 8 个乡设立石塘镇，全县行政区划由 3 个镇 19 个乡调整为 4 个镇 11 个乡。1993 年、1996 年、1999

年3次乡镇人大换届时都为4个镇11个乡。2001年9月，十二届人大常委会第三十二次会议作出《关于同意调整部分乡镇行政区划的决定》，决定撤销沙溪乡建制，整体并入云和镇。2002年、2007年两次乡镇人大换届选举时都为4个镇10个乡。

每次换届选举，成立乡镇选举委员会，具体负责乡镇换届选举工作，在方法上均采用先试点后铺开，由点到面进行。县人大常委会从组织试点到代表选举的各个阶段，及时到各个乡镇，抓好相关环节。1993年县、乡两级人大换届选举在雾溪畲族乡试点，1996年乡镇人大换届在紧水滩镇进行试点，1999年乡镇人大换届在雾溪畲族乡进行试点，2002年乡镇人大换届在安溪畲族乡进行试点，2007年县、乡两级人大换届在朱村乡进行试点。

换届选举乡镇人民代表人数由县人大常委会确定并分配到各乡镇，1990年，全县各乡镇选举产生乡镇人民代表共1190人，1993年各乡镇选举产生乡镇人民代表共851人，1996年选举产生乡镇人民代表共669人，1999年选举产生乡镇人民代表673人，2002年选举产生乡镇人大代表630人，2007年选举产生乡镇人民代表624人。

1991—2010年云和县乡镇人民代表大会代表结构表

表19-4-1

换届年份	代表人数	其中			各界组成					行政区域
		女性	中共党员	少数民族	工人	农民	党政干部	知识分子	其他	
1990	1190	189	527	115	25	922	199	32	12	3个镇19个乡
1993	851	131	431	86	8	649	170	24	—	4个镇11个乡
1996	669	87	386	62	6	528	121	14	—	4个镇11个乡
1999	673	68	394	81	5	510	136	18	4	4个镇11个乡
2002	630	66	343	71	—	509	70	—	—	4镇10乡
2007	624	64	313	67	9	494	111	10	—	4镇10乡

云 和 县 志

（1991—2010）下 册

云和县地方志编纂委员会 编

方志出版社
Publishing House of Local Records

目　　录

第二十篇　地方人民政府

第二十一篇　地方人民政协

第二十二篇　民主党派 社会团体

第二十三篇　政　法

第二十四篇　军　事

第二十五篇　文　化

第二十六篇　体　育

第二十七篇　旅　游

第二十八篇　教　育

第二十九篇　科学技术

第三十篇　卫　生

第三十一篇　社会生活

第三十二篇　移　　民

第三十三篇　人事　劳动　社会保障

第三十四篇　民　政

第三十五篇　民族　宗教

第三十六篇　方志　档案

第三十七篇　文献著述

第三十八篇　乡　镇

第三十九篇　人　物

第四十篇　专　记

第四十一篇　丛　录

第二十篇　地方人民政府

云和县地处浙西南山区，瓯江上游，县域面积984平方千米，人口11万，是省政府命名的革命老根据地县；县域畲族人口占全县总人口的8.67%，设有两个畲族乡；云和是“九山半水半分田”的山区县，境内有千米以上山峰184座；20世纪80—90年代系省级贫困县；境内新安江、紧水滩等库区移民2万余人，占全县总人口的20%，可谓“老、少、山、穷、移”诸因素兼具，经济发展缓慢，财政底子薄弱，社会事业滞后。

1991—2010年，云和县人民政府坚持以经济建设为中心，坚持改革开放，坚持依法、公开、廉洁行政。牢固树立民本理念，切实履行政府职能，紧贴县情实际，科学施政决策，守正创新，砥砺前行。实施“小县大城”发展战略，推进新型工业化、新型城市化和新农村建设，完成云和县国民经济和社会发展“八五”至“十一五”四个五年计划。县域经济社会全面统筹协调发展，在工业农业、财贸金融、旅游开发、科教文卫、社会法制、城镇建设等方面取得阶段性成果。先后被评为国家级生态示范区、国家级卫生县城、省级文明示范县城、省级生态县、省级食用菌强县、省级教育强县、省级体育强县等荣誉称号。相继建成杨柳河工业新区、古竹农民新村、普光农民公寓、浮云溪生态河防体系、雾溪水库第二水厂、中心敬老院、体育馆、元和广场、中山广场、老年活动中心等重点工程。2010年，全县实现地区生产总值(GDP)33.63亿元，是1991年的16.73倍；财政总收入3.46亿元，是1991年的43.27倍；全社会固定资产投资20.45亿元，是1991年的73倍；全社会消费品零售总额11.59亿元，是1991年的16.37倍。

第一章　政府机构设置

1991年,云和县下辖区工委4个、乡镇22个、行政村170个、自然村864个,11万人口。1992年5月,全县实施撤区扩镇并乡作,撤销区工委建制和小徐等8个乡,增设石塘镇。全县区划调整为乡镇15个。1995年10月,增设赤石乡库北管理处。2001年11月,县委、县政府基于实施"小县大城"发展战略需要,撤销沙溪乡建制,并入云和镇,以拉大城市框架,拓展城市规模。2010年年末,县域行政区划格局为4个镇10个乡1个管理处,即云和、崇头、紧水滩、石塘4个镇;云坛、朱村、赤石、大源、雾溪(畲)、安溪(畲)、黄源、云丰、沙铺、大湾10个乡和库北管理处。1990—2007年,云和县人民代表大会先后选举产生5届(第10—14届)县人民政府县长、副县长。期间,县人民政府职能部门经历3次较大的机构改革。1996年机构改革,县政府工作机构组成部门23个。2001年机构改革,县政府职能部门设置19个。2005年机构改革,县政府设置工作部门21个。

第一节　政府机构组成

1949年5月,云和县人民民主政府成立。是年7月,县人民民主政府改称县人民政府。1955年11月,县人民政府易名县人民委员会。1968年11月,云和县革命委员会成立。1981年10月,撤销云和县革命委员会,恢复建立云和县人民政府。1990年4月,县十届人大一次会议选举产生云和县第十届人民政府。

政府架构

县人民政府由县长、副县长及各委、办、局等职能部门负责人组成。在县委的统一领导下,对云和县人民代表大会和丽水市人民政府(丽水地区行政公署)负责并报告工作。根据编制管理相关规定,县人民政府设县长1名,副县长若干名。正、副县长均由县人民代表大会选举产生。县人民政府实行县长负责制;负责常务工作的副县长协助县长主持县人民政府日常工作;其他副县长按照分工,协助县长负责处理所分管的工作,或受县长委托,负责其他方面的工作或处理专项公务。县长外出期间,由常务副县长主持县人民政府工作;县长、常务副县长外出期间,按副县长的排名顺序,依次委托其他副县长主持县人民政府工作。

县十届政府以来,每届均有上级组织下派的科技副县长或挂职锻炼的副县长及县长助理。

1981—1993年间,县人民政府每届任期为3年。1993年5月,县十一届人大一次会议后,县政府每届任期改为5年,其中,县第十三届政府任期4年,任期为2003年4月至2007年2月。

行政区划

1991年，全县辖4个区工委、22个乡镇，设置3个镇19个乡（含2个畲族乡）。1992年6月，开展撤区扩镇并乡工作，撤销4个区工委和8个乡，新建石塘镇。全县行政区划调整为15个乡镇，设4个镇11个乡（其中2个民族乡）。1995年10月，增设赤石乡库北管理处。2001年11月，经省人民政府批准，撤销沙溪乡建制，并入云和镇，藉以拉大城市框架，拓展城市规模，实施"小县大城"发展战略。沙溪乡撤销后，全县辖14个乡镇，设置4个镇10个乡。截至2010年末，县域行政区划格局仍为4个镇10个乡，即云和、崇头、紧水滩、石塘4个镇；云坛、朱村、赤石、大源、雾溪（畲）、安溪（畲）、黄源、云丰、沙铺、大湾10个乡。

乡镇政府

乡镇人民政府组成人员为正、副乡镇长，配置乡镇长1人，副乡镇长2—4人，设常务副乡镇长1人。乡镇政府副职按照分工协助乡镇长分管农业农村、工业交通、村镇建设、文教卫生、社会法制等工作。乡镇长和副乡镇长均由各乡镇人民代表大会选举产生。乡镇政府在县委、县政府和各乡镇党委的领导下，对各乡镇人民代表大会和县人民政府负责并报告工作。乡镇人民政府实行乡镇长负责制，每届任期时间与县人民政府相同。

1990—2010年云和县县长、副县长、县长助理一览表

表20-1-1

届别	职务	姓名	性别	籍贯	任职时间
第十届 1990.04—1993.05	县长	胡叔通	男	浙江乐清	1990.04—1992.11
	代县长	刘秀兰	女	辽宁辽阳	1992.11—1993.05
	副县长	官亦民	男	浙江云和	1990.04—1993.05
		吴权	男	浙江云和	1990.04—1992.12
		吴仿甦	男	浙江缙云	1990.04—1992.12
		涂晓明	男	浙江遂昌	1990.04—1993.05
		潘关祥	男	上海市	1990.07—1993.12
		姜海青	男	山东文登	1992.06—1993.05
	县长助理	周冠女	女	浙江台州	1992.06—1993.05
	副县长	符香环	女	浙江云和	1992.12—1993.05
		叶朝丐	男	浙江云和	1992.12—1993.05
第十一届 1993.05—1998.04	县长	刘秀兰	女	辽宁辽阳	1993.05—1996.01
	副县长	涂晓明	男	浙江遂昌	1993.05—1997.10
		符香环	女	浙江云和	1993.05—1996.03
		叶朝丐	男	浙江云和	1993.05—1995.08
		张华东	男	浙江云和	1993.05—1998.04
		高庆贤	男	江苏南通	1993.06—1996.06
	县长助理	蔡国华	男	江苏丹阳	1994.12—1996.12
	副县长	吴秀文	男	浙江东阳	1995.04—1998.04
	代县长	虞红鸣	男	浙江东阳	1996.01—1996.04

续表 20-1-1

届　别	职　务	姓　名	性　别	籍　贯	任 职 时 间
第十一届 1993.05—1998.04	县　长	虞红鸣	男	浙江东阳	1996.01—1996.04
	县长助理	曹舟南	男	浙江普陀	1996.01 — 1998.01
	副县长	林健东	男	浙江云和	1996.04—1997.10
		吴周敏	男	浙江庆元	1996.04—1997.03
		黄成双	男	浙江永康	1997.07—1998.06
		邵大方	男	浙江永康	1997.07—1998.06
		任晓俐	女	浙江景宁	1997.10—1998.04
		戴邦和	男	浙江云和	1997.10—1998.04
		邝平正	男	浙江庆元	1997.11—1998.04
第十二届 1998.04—2003.04	县　长	虞红鸣	男	浙江东阳	1998.04—2000.04
		吕文明	男	浙江缙云	2000.11—2003.04
	代县长	吕文明	男	浙江缙云	2000.04—2000.11
	副县长	张华东	男	浙江云和	1998.04—1999.08
		邝平正	男	浙江庆元	1998.04—2001.04
		吴秀文	男	浙江云和	1998.04—2003.04
		任晓俐	女	浙江景宁	1998.04—2003.04
		戴邦和	男	浙江云和	1998.04—2002.12
		黄成双	男	浙江永康	1998.06—1999.07
		邵大方	男	浙江永康	1998.06—1999.07
		宓国强	男	浙江慈溪	1998.08—2001.07
		马国华	男	浙江永康	1999.08—2003.04
		吴一农	男	山东	2000.01—2002.01
		何　敏	男	浙江丽水	2001.04—2002.12
		蒋永清	男	浙江义乌	2001.08—2003.02
		张文彪	男	浙江浦江	2002.05—2003.04
	县长助理	李一波	女	浙江龙泉	2002.07—2003.02
	副县长	王　峻	男	浙江建德	2002.12—2003.04
		王新荣	男	浙江云和	2002.12—2003.04
		吴一平	男	浙江缙云	2002.12—2003.04
		戚永远	男	浙江浦江	2002.12—2003.04
第十三届 2003.04—2007.02	县　长	吕文明	男	浙江缙云	2003.04—2004.01
		丁绍雄	男	浙江松阳	2004.03—2007.02
	代县长	丁绍雄	男	浙江松阳	2004.01—2004.03
	副县长	任晓俐	女	浙江景宁	2003.04—2005.08
		马国华	男	浙江永康	2003.04—2007.02
		王　峻	男	浙江建德	2003.04—2005.10
		王新荣	男	浙江云和	2003.04—2007.02
		吴一平	男	浙江浦江	2003.04—2007.02

续表 20-1-1

届　别	职　务	姓　名	性　别	籍　贯	任职时间
第十三届 2003.04—2007.02	副县长	戚永远	男	浙江浦江	2003.04—2007.02
		张文彪	男	浙江浦江	2003.04—2007.02
		胡　伟	男	浙江嘉兴	2004.05—2005.07
		胡伟忠	男	浙江缙云	2005.10—2007.02
		彭平生	男	浙江云和	2005.10—2007.02
第十四届 2007.03—	县　长	丁绍雄	男	浙江松阳	2007.03—2010.02
		李　华	男	浙江淳安	2010.03—
	代县长	李　华	男	浙江淳安	2010.02—2010.03
	副县长	王　峻	男	浙江建德	2007.03—2010.02
		王新荣	男	浙江云和	2007.03—
		彭平生	男	浙江云和	2007.03—
		胡伟忠	男	浙江缙云	2007.03—
		孙文喜	男	浙江淳安	2007.03—
		蓝先芬	女	浙江龙泉	2007.03—
		柴春雷	男	河南襄城	2007.05—2008.08
		金春雷	男	江苏南京	2007.06—2008.07
		哀建国	男	浙江海宁	2008.08—2009.08
		俞逸敏	男	浙江上虞	2009.07—
		李一波	女	浙江龙泉	2010.04—

第二节　政府职能部门

1993 年，县人民政府的职能部门和直属机构有 45 个。根据工作需要和科学合理、精干高效的原则，县人民政府职能部门分别在 1996 年、2001 年和 2005 年实施 3 次较大力度的机构改革，改革后，县政府的职能部门分别为 23 个、19 个和 21 个，机构设置规模有所调整和缩减。

1993 年云和县人民政府机构设置表

表 20-1-2

县政府机构设置(45 个)	县人民政府办公室、人事局、民政局、审计局、移民安置库区开发办公室、扶持贫困地区经济开发协调服务领导小组办公室、经济研究体制改革办公室、经济技术协作办公室、农村能源办公室、计划委员会、统计局、劳动局、物资局、城乡建设环境保护局、农业经济委员会、农业局、林业局、水利电力局、乡镇企业局、土地管理局、农业区划办公室、经济委员会、工业局、第二轻工业局、交通局、医药管理局、商业局、粮食局、财政税务局、外贸局、工商行政管理局、物价局、教育委员会、卫生局、文化局、档案局、县志编纂委员会办公室、体育运动委员会、广播电视局、计划生育委员会、科学技术委员会、爱国卫生运动委员会、司法局、公安局、民族宗教科

政府职能部门

1996年云和县人民政府职能部门设置表

表20-1-3

县政府组成部门（23个）	县人民政府办公室（经济体制改革委员会）、计划委员会（统计局、技术监督局）、经济委员会（乡镇企业管理局、医药管理局）、教育委员会、科学技术委员会、公安局、司法局、监察局、民政局、财政局（地方税务局）、人事劳动局、交通局、农村工作办公室、农业局、林业局、水利水电局、文化局、卫生局、计划生育委员会、建设局（环境保护局）、工商行政管理局（物价局）、审计局、土地管理局

2001年云和县人民政府职能部门设置表

表20-1-4

县政府组成部门（19个）	县人民政府办公室、发展计划局（粮食局 统计局）、经济贸易局、教育局、科学技术局、民族宗教事务局、公安局、监察局、民政局、司法局、财政局、人事劳动社会保障局、国土资源局、建设局、交通局、农业局（农村工作办公室）、林业局、水利局、文化局体育广播电视局、卫生局（计划生育局）、审计局县经济体制改革委员会办公室（不列入县政府职能部门序列）

2005年云和县人民政府职能部门设置表

表20-1-5

县政府组成部门（21个）	县人民政府办公室（政府法制办公室）、发展和改革局（粮食局 统计局）经济贸易局、教育局、科学技术局、民族宗教事务局、公安局、监察局、民政局、司法局、财政局、人事劳动社会保障局、国土资源局、建设局、交通局、农业局（农村工作办公室）、林业局、水利局、文化广电新闻出版局（体育局）、卫生局（人口和计划生育局）、审计局、安全生产监督管理局、环境保护局

至2010年年末，县人民政府职能部门仍为21个。县监察局（与县纪委合署）、县民族宗教事务局（与县委统战部合署）列入县人民政府职能部门序列，但不计县政府职能部门的机构数。

2010年云和县人民政府序列机构编制情况表

表20-1-6　　单位：人

机构名称	编制数	实有人数	备　注
政府办公室（法制办公室、外事办公室）	22	20	—
发展和改革局（粮食局、统计局、物价局）	17	16	—
经济贸易局	13	20	—
教育局	12	7	—
科学技术局	5	5	—
民族宗教事务局	5	6	与统战部合署的总编制数
公安局	232	197	—
司法局	35	39	—
监察局	19	23	与县纪委合署的总编制数
民政局	9	11	—

续表 20–1–6　　单位：人

机构名称	编制数	实有人数	备　注
财政局	18	20	—
人事劳动社会保障局	14	18	—
国土资源局	9	11	—
建设局	9	10	—
交通局	9	15	—
农业局	7	8	—
林业局	9	11	—
水利局	9	9	—
文化广电新闻出版局（体育局）	9	10	—
卫生局（人口和计划生育局）	12	11	—
审计局	10	11	—
安全生产监督管理局	9	9	—
环境保护局	6	8	—

政府直属机构

1996—2009 年间，中共云和县委、县人民政府根据工作需要，设置部分直属机构和事业单位。

1996 年 10 月 24 日，根据丽水地区编委《关于同意成立云和县对外贸易经济合作局的批复》，成立云和县对外贸易经济合作局，为县政府直属正科级事业单位。

1997 年 6 月 10 日，根据丽水地区编委《关于同意云和县设立移民办的批复》，设立云和县移民安置库区开发办公室，为县政府直属副科级事业单位。

1997 年 10 月 23 日，根据丽水地区编委《关于同意成立云和县风景旅游局的批复》，成立云和县风景旅游局，为县政府直属全额拨款事业单位，机构规格相当于正科级。

1999 年 9 月 8 日，根据丽水地区编办《关于同意在云和县经济协作办公室增挂云和县招商局牌子的批复》，在县经济协作办公室增挂云和县招商局的牌子。

2002 年 9 月 26 日，根据丽水市编委《关于同意成立云和县政府行政审批中心的批复》，成立云和县人民政府行政审批中心，为县政府正科级派出机构。

2003 年 7 月 27 日，根据丽水市编委《关于同意设立云和县工业园区管理委员会的批复》，设立云和县工业园区管理委员会，为县政府直属正科级事业单位。

2003 年12 月 25 日，根据县编委《关于同意设立云和县安全生产监督管理局的批复》，设立云和县安全生产监督管理局，人员编制由县经贸局内部调剂，局长由县经贸局副局长兼任。

2005 年 7 月 20 日，根据丽水市编委《关于云和县广播电视台机构问题的批复》，设立云和县广播电视台，为县委、县政府直属机构，相当于正科级事业单位。

2005年11月29日，根据丽水市编办《关于同意云和县人民防空办公室挂牌的批复》，在县建设局增挂云和县人民防空办公室的牌子。

2005年12月14日，根据丽水市编委《关于同意设立云和县招标投标中心的批复》，设立云和县招标投标中心，与县人民政府行政审批中心合署办公。

2008年1月29日，根据《丽水市机构编制委员会关于云和县畜牧兽医局机构规格的批复》，设立云和县畜牧兽医局，机构规格相当于副科级。

2009年1月12日，根据《丽水市机构编制委员会关于云和县红十字会机构规格的批复》，设立云和县红十字会，机构规格相当于正科级。

第三节　政府办事机构

1991—2010年间，县人民政府办公室组织或参与各类专题调研活动100余次，形成调研报告80余篇。组织县人民政府全会20余次，县政府常务会议80余次，县长办公会议140余次，牵头或参与召开各类专题协调会议230余次。每年出台文件100余个。

1991年，县政府办公室设主任1人，副主任2人。内设秘书科（负责文书及办公室内部事务等）、综合科（负责公文起草审核、调查研究、督查督办、信息集散等）、财贸科、行政科，机关人武部等机构。20世纪90年代，县政府设机关招待所，委托县府办管理，挂云和宾馆牌子。2000年，县政府招待所撤销。2006年，云和宾馆实施改制，改制后，设立县府办后勤事务所。2010年，县机关事务管理局成立，县府办行政科等相关科室并入县机关事务管理局。

2010年，云和县政府办公室与县政府法制办公室合署办公，同时，挂县人民政府外事办公室的牌子。县政府办公室核定行政编制22人，领导职数8人，办公室主任1人，副主任7人，其中，1人兼任法制办主任，1人兼任外事办主任；县政府法制办设副主任1人，股级职数13人。县政府办公室内设机构有，秘书科（挂外事科牌子）、综合一科（挂调研科牌子）、综合二科、综合三科、信息科、县政府应急管理办公室、政策法规科、行政复议科（挂县行政调解指导办公室牌子）、县直机关人武部。

1991—2010年云和县人民政府办公室主任一览表

表20-1-7

主　任	任职时间	主　任	任职时间
邹坤培	1992.10—1993.03	彭招平	2001.11—2006.11
陈景飞	1993.07—1996.01	陈建伟	2007.04—2011.12
高幼天	1996.06—2001.11	—	—

第二章 重大施政纪略

1991—2010 年，县人民政府实施“小县大城”发展战略，推进新型工业化，木玩产业自成体系，金属制造继续向好；推进新型城市化，城市功能日臻完善，童话云和风姿初显；推进新农村建设，农村经济稳步发展，菌类产业已具规模；强化生态建设，生态项目有序推进，人居环境不断优化；注重社会均衡发展，体制改革深入推进，社会事业全面进步；加强政府自身建设，坚持依法行政，科学施政，“阳光行政”，廉洁行政，规范从政行为，提高行政管理和服务水平。1994 年，被农业部命名为“中国木制玩具之乡”。1995 年，大湾、沙铺公路建成通车。1999 年，浮云大桥工程竣工。2002 年，古竹农民新村惠民工程一期落成。2003 年，成功创建国家级生态示范区。2004 年，创成丽水市第一个“国家级卫生县城”。2007 年，获得“省级文明示范县城”荣誉称号。2009 年，生态建设成效显著，被省人民政府命名为省级生态县。2010 年，全县工业总产值从 1991 年的 1.68 亿元提升至 54.19 亿元；农业总产值从 1991 年的 0.74 亿元提高到 5.19 亿元；全县农民人均纯收入从 1991 年的 475 元提升至 6370 元。

第一节 政府履职概要

第十届政府

云和县第十届人民政府于 1990 年 4 月选举产生。1991 年，建成金下（金村至松阳县下宅街）公路、赤石岭隧道、云安（县城至安溪）公路。完成基地造林 1546.7 公顷，县域森林覆盖率达 63%。开发水、干果基地 285.1 公顷，全县水干果总产量达 200 万千克。实施油茶低产改造 286.7 公顷，发展食用菌 300 万瓶（袋）。儿童“四苗”单苗接种率达 85%。举办各类实用技术培训班 560 余期，受训 2.1 万余人次。全县 22 个乡镇均设立科普协会。

1992 年，雾溪水库引水工程全线贯通。县城中山街路面拓宽 4000 平方米，安装排污管道 568 米，浇筑水泥路面 6510 平方米。开发水干果基地 266.7 公顷、蚕桑基地 66.7 公顷、厚朴基地 66.7 公顷。市话自动机扩容 1000 门，市话电缆扩容 800 线。

第十一届政府

1993 年，赤石岭隧道改建工程和重（河）崇（头）段公路改建工程竣工。爱民路南端、府前路、城中路等 8 处基础设施建设工程如期完工。新开发耕地 11.3 公顷，园地 40 公顷，规划农田保护区面积 4666.7 公顷。完成油茶低改（一期）工程 1000 公顷。

1994 年，工业经济实现新突破，初步形成以玩具、轴承、铸钢、童鞋为主的基本工业框架。

全县完成工业产值5.36亿元。全年植树造林11.64万株，林木抚育5600公顷，封山育林3733.3公顷。编制完成中国木制玩具城工业区规划、鲤鱼山小区开发规划及崇头镇建设总体规划。房改工作取得初步成效，出售公有住房11.87万平方米，集资建房1.74万平方米。完成云和二中综合楼、黄源乡中心学校教师宿舍楼等工程建设。推进社会福利保险制度改革，全民所有制企业和县以上集体企业实现以县为单位的职工退休费用社会统筹。开通赤石、朱村乡程控电话，建成紧水滩镇无线基站，完成C3长途本地网建设。

1995年，大湾、沙铺公路建成通车。完成岚头岭隧道改建工程。建成县电视电话会议中心；开通黄源、云丰、沙铺、雾溪四乡程控电话。环卫大楼建成并投入使用。健全卫生医疗保健网络，妇幼国际合作项目顺利通过终期评估验收。

1996年，"光明工程"建设成效显著，石塘镇、大湾乡、沙铺乡等贫困村7个消除无电困扰，全县实现村村通电目标。兴建（修建）农村机耕路21条，计86.1千米。实施"添翼工程"，架设长话光缆51.9皮长千米，架设架空电缆89.23条千米，新立水泥杆1008根，新增交换网点5处、数字环路设备5套，全县15个乡镇实现乡乡通程控电话目标。新编《云和县志》出版。

1997年，完成丽浦线云和县城过境公路扫尾工程，并顺利通过验收。完成14.6千米的砂改油路面优化工程，其中，后交线梅源、黄源段8千米，雾溪线3千米，安溪线3.6千米。完成第二期"扶贫建校"项目，建成梅源中学学生宿舍楼、云和镇中学餐厅、石塘中学综合楼、云坛乡小学教学楼。

第十二届政府

1998年，完成紧水滩至龙门、黄水碓至安溪、梅砻口至雾溪三条县乡公路共计18千米的沥青路面浇筑工程。新建南路拆迁改造工程竣工；新建大桥动工兴建。建成商品房、经济适用房4.67万平方米，共计720套，创全县住房建设历史之最。在县城中山路、新建路、红光南路三条主要街道实行垃圾袋装化管理，提升县城环卫工作水平。

1999年，全县绿化造林449.3公顷。完成云寿线大徐至武垟段公路改建工程。安溪小流域综合治理试点工程通过省水利厅组织的阶段性验收。县自来水公司筹资建成1座1万吨配套滤池并投入使用，县城自来水供水能力从6000吨/日提高到1万吨/日。浮云大桥工程竣工通车。第二自来水厂、400米田径场动工兴建。完成中山街综合性改造工程。消灭电视空白村29个，全县行政村电视覆盖率达97%。开通7个行政村的简易公路。实施城乡电网改造工程，新建、改造10千伏线路22.65千米，低压线路0.75千米。

2000年，启动"百里绿色长廊"工程，以瓯江干流龙泉溪沿岸为主线，以丽浦、云寿公路两侧第一道山脊线或两侧500米范围为重点，以封山育林、补植造林、退耕还林为抓手，实施100千米2000公顷绿色长廊建设工程。沙铺砻水电站、云寿线大徐至武垟段二级公路、新建路及配套改造工程（一期）、第二自来水厂（一期）、园丁新村、邮政综合大楼、示范幼儿园、110指挥中心综合楼、图书馆、400米标准田径场（一期）等十大重点工程如期完成。是年11月5—7日，成功举办首届中国木制玩具节。

2001年，撤销沙溪乡建制，将其所辖区域整体并入云和镇。沙铺砻水电站投入试运行。

完成第二水厂主体工程和净水厂至梅砻口供水主管铺设，7 月 30 日投入试运行。完成省道云寿线大徐至武垟段公路改建和省道云和县城过境公路路面改造工程。实施“二区二路二工程二启动”项目，新铺设县城道路路面长 2.44 千米；改造城区道路路面长 1.05 千米；形成道路基础长 1.11 千米。完成旧城拆迁改造土地面积 1.25 万平方米。埋设地下排污管道 4410 米。

2002 年，占地面积 5.6 万平方米的古竹农民新村首期工程竣工，吸纳 3500 余农民进城安置落户。木制玩具园区二期工程基本建成投产。实施第二期农网改造工程，投资 1700 万元，共改造 10 千伏线路 44 条，总长 184 千米，新建改造 400 伏线路 608.65 千米，220 伏线路 241.28 千米，完成农村电网改造 18 个村，20 个台区，1512 户。完成电缆埋设 887.24 千米。张化至大湾、沙铺公路共 12.2 千米的砂改油工程竣工。建成 1 万平方米的浮云公园、5000 平方米的浮云绿廊和 4200 平方米的老年活动中心。完成城南路、城东路、城北路中段的花坛设置、垒砌及绿化工程，全年投入绿化资金 850 万元，新增城市园林绿地面积 3.51 万平方米。拓展城市道路 4.04 千米。

第二节　政府施政实效

第十三届政府

2003 年，完成迎宾小区解放东路、城南路二期、中山西路拓宽、城西路段、黄溪桥、红光桥、城东桥等工程建设。新增城市道路 3.5 千米，改造道路 2 万平方米，铺设排污管道 6000 米。实施“山花工程”建设，全县成功创建 2 个省级“东海明珠工程”乡镇和 7 个“山花工程”乡镇。是年 11 月 11—13 日，举办第二届中国木制玩具节。

2004 年，建成城乡防洪护堤 5.22 千米，疏浚河竣工道 7.63 千米。构筑堰坝 5 座，修建渠道 3.8 千米。竣工验收 30 处小型农田水利工程，改善 7000 多人的饮用水条件；解决 4000 多人的饮用水困难。启动“三路（新建南路、迎宾路、城西路）三园（南山公园、儿童公园、狮山公园）二桥（迎宾桥、城西路桥）二区块（象山小区、城南区块）”工程建设。开始实施杨柳河工业园区低丘缓坡开发工程。

2005 年，国税大楼和法院审判综合楼全面竣工。汽车客运新站基本建成。重视改善林相，启动并完成首期 204 公顷的县城周边山体绿化美化工程。实施“万名农村劳动力素质培训工程”，全年累计培训农民 1.6 万人次。加快农村劳动力转移，累计转移 3.4 万人，占全县总劳动力的 60.4%。全县续建、新建普光农民公寓等农民下山转移安置小区（新村、点）13 个，下山转移农民 1009 户、3635 人。推进小康工程建设，完成 24 个小康村建设任务。实施“千村示范、万村整治”工程，投资 1146 万元，设立危旧房改造、环境整治、文体广电等项目 162 个，完成 7 个省、市级示范村的创建和 11 个整治村的治理任务。建成 22 个城乡公厕、10 个农村垃圾处理设施和象山停车场。构建农村现代物流网络，完成云和镇、崇头镇的连锁超市和黄源乡、云丰乡、沙铺乡的放心店建设。建立人力资源市场，扎实推进就业再就业工作，新增城镇就业岗位620个。建成太阳山生态墓区和白云墓区（殡仪馆旁）。“省级教育强县”创建工作通过省教育强县评估验收组评估验收，成为丽水市第一个省级教育强县。实施壮苗工程，惠及4688名贫困学生。全县实施“五保”对象集中供养346人，供养率达89.2%，超过省定标准9.2个百分点，提前超额完成省政府确定的三年达到80%的目标。

2006年，推进新型工业化，木制玩具业累计完成产值11.09亿元，占整体工业份额的44.28%，增长15.33%。发展阀门、轴承等金属加工业，累计完成产值6.57亿元，占整体工业份额的26.22%，增长20.33%。云和县工业园区被正式批准为省级工业园区。发展高效生态农业，扶持食用菌、雪梨等特色农业产业，栽培代料香菇5800余万袋，代料黑木耳1600余万袋；新发展水干果100公顷，其中，新开发雪梨基地24公顷；新开发茶园229.06公顷，其中，以白茶为主的优质茶66.7公顷。发展淡水养殖业，紧水滩水库渔业养殖权出让，完成渔业产值2430万元。发展现代旅游业，全年共接待国内外游客41.46万人次，增长39.69%；旅游总收入1.17亿元，同比增长34.48%。推进城乡基础设施建设，新增城市道路3.5千米、桥梁3座。构筑城市雕塑，实施县城亮化工程。启动生态型防洪体系建设。完成通村公路路面改造项目21个130.2千米；路基项目15个40.3千米；完成紧（水滩）大（源）通乡公路19千米，全省最后一条通乡公路竣工。启动沼气国债项目，建成沼气池60个，雾溪、云丰、黄源等乡已有40个家用沼气池投入使用。推进社会事业协调发展，推进再就业工作，新增城镇就业岗位826个。“包山花鼓”被列入省级民族民间艺术保护名录。完成15个行政村有线电视联网工程，全县行政村广播电视联网率达52%。基本普及十五年教育，全县学前三年幼儿入园率达93.04%，小学适龄儿童入学率达99.97%，初中分阶段入学率为99.39%，初升高比例为94.28%。实施免费婚检制度，婚检率从政策出台前的6%提升至2006年底的68.4%。省级生态县建设积极推进，注重建设资源节约型、环境友好型社会，加大省“811”和市“1889”环境污染整治力度，工业园区玩具粉尘整治试点工作取得成效，云和县继续名列全国生态县前十强。新建成4座垃圾中转站，修建10座农村垃圾处置设施和20所新型农村卫生公厕，农村生活垃圾集中处理率达50%以上。

第十四届政府

2007年，全县35家玩具企业通过玩具出口质量许可认证。通过举办“第三届中国木制玩具节”，玩具企业已与国内外客商达成投资和贸易意向10.3亿元人民币，签订投资协议的合作项目29个。截至年底，全县共有雪梨生产基地26个，种植面积1440公顷，产量250万千克，生产总值1800万元，产业人均收入4500余元，被评为中国优质雪梨基地重点县。发展食用菌8000多万袋，被评为省级食用菌强县。发展茶叶达1333.3公顷，被评为茶树良种化先进县。山林延包全面完成，被评为全省山林延包工作先进集体和省级生态公益林建设示范县。建成普光农民公寓一期、云坛霞晓桥独山新村、赤石阴岩新村等8个农民下山安置小区（村）。继续实施“万名农村劳动力素质培训工程”，培训农村劳动力1.6万人，累计转移农村劳动力3.67万人，连续4年获全市第一名。完成高速公路出口玩具城堡构筑、仙宫大道主题雕塑、江滨公园景观制作等任务。县疾控中心大楼竣工。完成通村公路路基建设48千米，路面建设66千米。建成瓯江龙泉至云和交界江段的水质自动监测站，完成玉溪水库饮用水源污染整治一期工程。建设户用沼气池1550个，全县垃圾处置率达70.7%。做好各类突发公共事件的预防和应急处置工作，制定并完善应急预案32个。

2008年，推进农业产业化步伐，"三位一体"的农村新型合作组织体系更趋完善，完成省级以上产业化改造提升项目3个，新增市级农业龙头企业3家，新发展农民专业合作社8家。发展"农家乐"休闲旅游业，实现农家乐营业收入1635万元。"黑木耳产业提升与发展"项目被列入科技部"科技富民强县专项行动计划"。完成沈溪、沙溪、木路溪小流域治理和雾溪水库保安工程，被评为全省生态河道建设先进县，在全市第一个基本解决农村饮水不安全问题。全年投入市政基础设施建设资金8760万元，新增城市道路3.2千米，绿地1.8万平方米，城西桥主体工程基本完成，中山广场、商业步行街等一批体现城市特色的项目竣工并投入使用。交通工程建设进展顺利，全面完成53省道石塘至麻垟段文明公路创建工作，赤石码头基本建成，北溪大桥建设顺利推进。新建成康庄公路路基78千米、路面109千米，通村率和硬化率分别提升到93.5%和84.7%。在全省欠发达县(市、区)中，第一个成功创建省级示范文明县城。省级计划生育优质服务县创建工作顺利通过评估。国家卫生县城顺利通过复核。义务教育阶段所有学生实现免费入学。广播电视"村村通"工程全面完成。畲族"三月三"成功入选省首批传统节日保护示范地域。

2009年，完成工业园区杨柳河一期基础设施建设，北区块二期实现供地，南区块二期和三期开发项目的前期工作加快推进。城西桥建成通车，220千伏睦田变竣工投入运营，园区整体功能逐步完善。全县生态公益林扩面1.89万公顷，建设"三沿"景观林366.6公顷。农业总产值4.86亿元，增长5.4%。农业产业完成省级以上产业化改造提升项目2个，新增省级示范性农民专业合作社3家，新发展农民专业合作社59家。"云和黑木耳"地理标志产品保护申报成功，6个农产品在义乌国际森博会、省农博会上获奖。农民增收六大目标全面完成，全年实现1654人下山转移，其中，整村搬迁950人，分别完成市里下达任务的1.5倍和1.8倍；农村危旧房改造扎实推进，改造危旧房2074户，实施旧村改造12个，分别完成市下达任务的1.1倍和1.2倍。农民素质培训工作连续6年获全市第一，培训农民1.7万人次，帮助农民解决就业岗位728个，累计转移农民就业3.9万人。实现"农家乐"营业收入1250万元；域外来料加工业收入1亿元。新增城市道路2.9千米，绿地面积1.8万平方米。新埋设污水管网6.2千米。长垄垃圾填埋场、县城供水管网、滨江南岸防护设施、城市亮化美化等市政项目有序推进。全年共接待国内外游客88.7万人次，增长20.4%；实现旅游总收入2.5亿元，增长21.6%。云景高速公路开工建设，北溪大桥主体工程基本完成，52省道文明公路创建全面完成。建成康庄公路路基路面126千米，通村率和硬化率分别提升至94.7%和90.6%。完成25个整治村、6个污水治理提升村、1个全面小康建设示范村和1个农村新社区建设。崇溪小流域农业生态治理和雾溪下游中低产田改造工程竣工；开工建设黄溪和栗溪小流域农业生态治理工程。完成10座病险山塘水库除险加固任务，启动安溪流域主要堤防加固工程。全年完成土地开发173.33公顷。提高新型农村合作医疗筹资标准,参合率连续4年居于全市首位。规范农村"低保"工作,被评为"浙江省基层低保规范化建设示范县"。推进地质灾害防险避灾工作,建成避灾场所48处,实施地质灾害隐患点搬迁安置75户270人。新增城镇就业岗位939个,318人实现再就业,城镇登记失业率为3.89%。实施"811"环境保护新三年行动,农村垃圾集中处理率达80.5%,地表水环境功能区水质达标率和县城生活垃圾无害化处理率均达100%。

2010年,云和县被评为"全国农村劳动力转移就业工作示范县"。全年实现粮食播种面积5310.27公顷,粮食总产量2.58万吨。食用菌总产量达7914.04万袋,比上年增长10.59%,其中,代料香菇6008.64万袋,代料黑木耳1829.2万袋,反季节夏菇实现"从无到有"的转变。"云和黑木耳"入选国家地理标志产品保护目录。开展粮食生产功能区和现代农业园区建设,设立粮食生产功能区143.2公顷。创建省级主导产业示范区2个,即云和县食用菌主导产业示范区和云和县水干果主导产业示范区。开辟特色农业精品园3个,即珍稀菌类精品园、珍稀苗木精品园和稻田养殖精品园。新增"放心菜"检测示范基地4个,面积32.67公顷。建立免疫监测评估制度,开展动物重大疫病集中免疫。组织农技人员"联基地、联大户",提供技术支撑,县农业局49位农技人员联系基地29个,联系科技示范户482户。实施2009年省下达的农技推广项目4个,实施省、市设立的农业丰收奖项3项。开展农村集体"三资"监管计算机系统网络建设,实时监管村级"三资"情况,促进农村"三资"管理的科技化、信息化、规范化。新增省级公益林面积1.86万公顷,扩面后全县重点公益林面积达5.33万公顷,占全县林地总面积的63.9%。发展毛竹林高效经营示范基地215.73公顷;新建油茶高产良种推广示范基地104公顷;实施油茶低产林改造219.8公顷;开辟雪梨核心示范基地66.67公顷。建成冷藏库330立方米,购置称重式选果机1台,冷藏车1台。实施板栗无公害标准化生产666.67公顷,新增板栗冷藏库2500立方米。推进食用菌、生态名茶、云和雪梨等农业主导产业从传统种植模式向标准化、基地化、工厂化种植模式转变。新发展茶叶基地351.1公顷,实现茶叶产值4765万元。木制玩具行业产值首次突破20亿元。全面启动"木制玩具产业转型升级三年行动计划",举办中国(云和)玩具文化与儿童教育高峰论坛,被教育部教学仪器研究所授予"教育玩具研究开发基地"。正式签订"商贸物流城建设投资框架协议"。全面完成年度及"十一五"期间的节能降耗任务。启动"旅游业发展三年行动计划",云和梯田景区完成下垟观景台基础设施、坑根至梅竹游步道、下垟区块水利设施等工程建设,游客接待中心等项目有序推进;成功举办"第四届云和梯田开犁节",吸引20余家中央、省市媒体和1.5万多游客参与节庆。狮山景区完成工程总量的70%;仙宫景区已完成通景公路改造和厂区绿化改造工程,游客接待中心完成工程量的50%。完成城南路东段拓宽改造、云杨路改造、长垄垃圾填埋场(一期)等城乡基础设施项目。修缮加固"黄绍竑公馆""王氏宗祠"等重要建筑文物。承办省体育大会的部分赛事。4个行政村与对口协作方宁波北仑区科技工业局建立合作帮扶关系。

第三章　政务处理机制

1991—2010年，县人民政府以谋划经营县计民生为己任，推进政府由管理型向服务型转变。严格按照《云和县人民政府工作规则》《云和县人民政府重大行政决策事项听证办法》等规章议事行政。依托县政府全会、政府常务会、县长办公会、专题协调会及现场会、交流会、座谈会、研讨会等模式，审议研究全县经济社会发展的重大事项，解决事关人民群众切身利益的热点、难点问题。县人民政府主要工作制度有民主集中制，分工负责制，请示报告制，会议召集制，文件审签制，调查研究和联系群众制，人民代表、政协委员建议提案承办制，群众来信来访处理制等。县十届政府以来，先后研制出台《关于加快工业经济发展的若干意见》《关于切实加强三农工作的若干意见》《关于进一步促进教育事业发展的实施意见》《关于加快旅游产业发展的若干意见》《云和县最低生活保障实施办法》和《云和县城乡困难人员医疗救助暂行办法》等政策性、规范性文件。

第一节　政府各类会议

政府全体会议

县人民政府全体会议的组成人员为县政府领导班子成员；县政府职能部门的主要负责人或主持工作的负责人。全县各乡镇的乡镇长和县政府直属机构负责人列席会议。视情邀请县委、县人大、县政协、县人武部、县法院、县检察院领导参加会议。县政府全体会议由县长或县长委托主持日常工作的副县长召集主持，每年至少举行一次。会议的主要任务，传达贯彻中共中央、国务院，省委、省政府，市委、市政府和中共云和县委的方针政策和重大决策；讨论审议云和县国民经济和社会发展规划纲要、政府工作报告等；研究部署县政府的重大建设项目和重要工作；分析总结上半年全县经济运行情况和社会各项事业发展情况，全面部署下半年工作任务；讨论其他需要由县政府全体会议决定或通过的重要事项。1991—2010年，县人民政府召开政府全体会议20余次。

政府常务会议

县人民政府常务会议由县长、副县长、县长助理组成，县政府办公室主任参与。会议由县长或县长委托主持日常工作的副县长召集和主持。视情邀请县人大、县政协负责人列席会议。根据会议议题安排有关部门、单位负责人列席会议。会议的议题由各分管副县长提出建议，提交县长确定。会议研究决定的事项，形成《常务会议纪要》下发相关部门或单位，并组织督查落实。会议一般每季度举行一次，或根据工作需要不定期召开。2001—2010 年，共召开县人民政府常务会议 80 余次。

2001—2010 年云和县人民政府常务会议部分议题一览表

表 20-3-1

时　间	县人民政府常务会议主要议题
2001.08.30	审议《云和县征用土地管理办法》《云和县土地储备实施办法》《云和县"十五"科技发展规划》
2002.01.04	审议《云和县土地储备实施办法》《云和县城市房屋拆迁管理办法》
2002.03.07	审议《云和县城市建设总体规划》《关于加快农业产业化经营的若干意见》《云和县教育事业发展"十五"计划》
2002.05.22	审议《云和县矿产资源规划》《云和县住房分配货币化及住房补贴资金管理实施细则》《云和县个人住房公积金抵押贷款实施意见》
2002.06.28	审议《云和县水电资源开发权管理办法》《云和县最低生活保障实施办法》
2002.08.07	审议《云和县 2003—2010 年扶贫开发规划》《云和县地名管理实施办法》《紧水滩电站移民开发基金使用管理规定》
2003.03.06	审议《关于加快工业经济发展的若干意见》《关于切实加强三农工作的若干意见》和《关于开展全县婚姻集中登记管理的实施方案》；听取 2003 年全县重点建设项目计划汇报
2003.06.27	审议《云和县人口与计划生育条例实施办法》《进一步做好下岗失业人员再就业工作的实施意见》《云和县破坏性地震应急预案》
2003.10.22	审议《云和县被征地农民基本生活保障试行办法》《云和县城市供水管理实施办法》
2004.03.25	审议《2004 年度云和县重点建设项目投资计划》《云和县人民政府工作规则》（讨论稿）等 4 个议题
2004.05.13	审议《关于推进绿色殡葬改革实施方案》等 4 个议题
2004.06.29	审议《云和县卫生工作规划》等 14 个议题
2004.07.27	审议《云和县企业绿卡制度》（送审稿）等 8 个议题
2004.08.26	审议《云和县乡镇卫生院改革实施方案》等 3 个议题
2004.09.29	审议《云和县自然灾害救助应急预案》等 6 个议题
2004.11.04	审议《关于加快发展农村专业合作经济组织的意见》等
2004.12.07	审议《云和县国有土地使用权出让金管理暂行办法》等
2004.12.29	审议《关于云和县农村广播电视联网建设实行以奖代补的意见》等
2005.02.03	审议《云和县城镇住房制度改革有关具体问题的意见（续）》等
2005.02.22	审议《云和县人民政府关于查处违法用地和违法建筑行为的实施意见》
2005.03.29	审议《丽龙高速公路云和段工程建设征地拆迁政策实施办法》等
2005.04.28	审议《关于加强基层文化建设的若干意见》等
2005.05.25	审议出台《云和县城乡困难人员医疗救助暂行办法》等
2005.07.06	审议《云和县"万名农民下山转移工程"实施办法》等
2005.08.29	审议《云和县人民政府突发公共事件总体应急预案（送审稿）》等
2005.12.29	审议《关于加强农村公共卫生工作的实施意见》等
2006.01.05	审议《云和县国民经济和社会发展第十一个五年规划纲要（草案）》
2006.02.24	审议《关于扎实推进社会主义新农村建设的若干意见（送审稿）》

续表 20-3-1

时　间	县人民政府常务会议主要议题
2006.03.23	审议《云和县食用菌生产管理办法》等
2006.04.30	审议《云和县农村土地开发整理实施办法(送审稿)》等
2006.05.24	审议《云和县规划管理暂行办法》等
2006.07.13	审议《云和县被征地农民基本生活保障暂行办法有关条款修改建议》等
2006.09.18	审议《云和县完善大中型水库移民后期扶持政策实施方案(报市政府审定)》
2006.11.21	审议《云和县财政资金管理办法(试行)》等
2007.01.05	审议《云和县人口和计划生育事业"十一五"发展规划(草案)》等
2007.03.01	审议云和县 2007 年度财政收支预算安排方案
2007.04.10	审议《云和县城镇居民医疗保险试行方案》等
2007.04.28	审议《关于进一步加强土地开发整理和建设用地复垦工作的意见(送审稿)》
2007.08.08	审议《云和县补缴土地出让金暂行规定(送审稿)》等
2007.09.30	审议《云和县第三次全国文物普查实施方案(草案)》等
2007.10.26	审议《云和县关于推进社会保险费五费合征工作的实施意见(送审稿)》
2007.12.27	审议《关于加快发展城乡社区卫生服务的实施意见(送审稿)》等
2008.04.10	审议《云和县政府投资项目管理实施办法》等
2008.04.24	审议《云和县部分乡镇行政区划调整方案(送审稿)》等
2008.05.23	审议《云和县 2008 年规划编制计划(送审稿)》等
2008.06.26	审议《云和县基本公共服务均等化及三个千亿工程筹集资金奖励的通知》
2008.07.09	审议《云和县万名农民下山转移工程实施办法》等
2008.07.25	审议《云和县低丘缓坡综合开发利用规划》等
2008.09.28	审议《云和县林业保护利用规划(送审稿)》等
2008.11.20	审议《云和县关于进一步促进教育事业发展的实施意见(送审稿)》
2009.01.12	审议《云和县工业园区投融资办法》等
2009.03.04	审议《关于进一步解决城乡居民住房困难的意见(送审稿)》
2009.03.26	审议《关于进一步加快农村危旧房改造的实施意见》等
2009.04.07	审议《云和县征收土地综合补偿标准(送审稿)》等
2009.04.22	审议《关于政府投资项目融资管理若干办法(送审稿)》
2009.07.01	审议《云和县域总体规划》
2009.07.31	审议《云和县安全生产事故行政责任追究办法》等
2009.08.27	审议《关于加快学前教育改革与发展的实施意见》等
2009.10.28	审议《云和县过境一级公路建设方案》等
2009.11.25	审议《云和县金融部门支持地方经济发展考核奖励暂行办法》
2009.12.07	审议《关于宋城集团开发云和湖旅游度假区项目遗留问题的处理方案》
2009.12.28	审议《云和县建筑项目安全施工费用提取和使用管理办法》等

续表 20-3-1

时　间	县人民政府常务会议主要议题
2010.03.26	审议《关于为云和皇成国际大酒店项目提供贷款担保的建议方案》
2010.04.26	审议《云和县关于加快旅游产业发展的若干意见》
2010.05.27	审议《云和湖水域养殖网箱整治工作方案》等
2010.09.29	审议《云和县“365”节约集约用地实施方案（2010）》《云和县行政事业单位小汽车配备管理暂行办法》《云和县加强国资营运公司管理暂行办法》《云和县新增耕地后续耕种和地力培育项目实施意见》《云和县规划管理办法》；审议并原则通过《云和县人民政府工作规则》《云和县人民政府重大行政决策事项及听证办法》
2010.12.23	审议《云和县雾溪水库饮用水源地环境保护规划》《云和县低丘缓坡杨柳河区块三期控制性详细规划及修建性详细规划》《关于贯彻浙江省医疗纠纷预防与处理办法的实施意见》；听取县农办《关于大坪下山转移小区建设方案》汇报

县长办公会议

县长办公会议组成人员为县长、副县长（县长助理），县政府办公室正、副主任参与。会议由县长或县长委托主持工作的副县长召集和主持。根据会议议题邀请县人大、县政协负责人列席会议。依据会议内容和议程，安排有关部门、单位负责人参加会议。县长办公会议一般每月召开一次。对于会议研究决定的事项，将以《抄告单》的形式抄告相关单位办理落实。

县长办公会议主要传达学习贯彻中共中央、国务院，省委、省政府，市委、市政府的重大政策决策、重要文件和重要会议精神；研究部署全县工业经济、农业发展、商贸流通、财政金融、交通设施、旅游开发、科教文卫、社会法制、城乡基础设施建设和政府系统党风廉政建设等工作；讨论研究全县性重要会议、重大活动、重点项目、重要节庆的部署落实工作；听取县政府职能部门和乡镇政府的工作汇报，审议相关职能部门和乡镇政府提交县人民政府研究决定的有关问题；讨论审议其他需要提交县长办公会议研究决定的事项等。1991—2010 年，召开县长办公会议 160 余次。

政府专题会议

县人民政府专题会议主要针对单一议题或某一需要专门协调解决的议题而设置。一般由各分管副县长召集和主持；涉及面较广、协调难度较大的重要议题，可由县长亲自召集并主持。专题会议亦可由县长、副县长委托县政府办公室主任、副主任召集和主持。会议根据工作需要不定期召开。政府专题会议的主要内容有：研究落实上级党委、政府作出的涉及多个部门的重要指示批示精神或交办督办的重要事项；研究处理跨系统跨部门跨乡镇跨行业问题，需要县政府组织专题协调的行政事项；研究处理全县性的重点工程、重要节庆、重大活动的专题统筹协调工作；研究处理各分管副县长职责范围内需要统筹协调的行政事项；研究公共突发性事件的指挥协调处置工作等。县政府专题协调会议研究议定的事项，根据需要形成“专题会议纪要”，分发或抄告相关部门、单位参照贯彻执行。

第二节　政府工作制度

县人民政府工作制度除会议制度外，还有民主集中制，分工负责制，请示报告制，文件审签制，调查研究和联系群众制，人民代表、政协委员建议提案承办制，人民群众来信来访处理制等。

分工负责制

县人民政府实行县长负责制。在县长的统一领导下，按照民主集中制原则，实行分工负责制。凡是县政府工作中的重要事项，均需经政府全体会议或政府常务会议、县长办公会议集体讨论研究，审议决定；凡属政府方面的日常工作，根据县政府工作分工，由各分管副县长(县长助理)负责处理。

请示报告制

县人民政府在政务活动中，凡遇重大事项，需向上级政府请示或报告的，均按相关规定，及时向上级政府请示或报告。各乡镇人民政府和县政府各职能部门及各直属机构，在行政过程中，凡遇重要事项，需向县人民政府请示或报告的，均应按有关规定请示或汇报。对县政府领导交办的事项，相关乡镇和县职能部门要及时研究落实并报告办理结果。

调查研究和联系群众制

县人民政府牢固树立民本理念，采取多种形式，深入乡镇农村、各行各业调查研究，加强同人民群众的联系，听取群众对政府工作的意见建议。县长、各分管副县长还根据要求，每年确定一个乡镇(或行政村)、一家企业作为挂钩服务联系点。

文件审签制

认真贯彻执行《云和县人民政府工作规则》和县政府办公室制作出台的《公文运行管理办法》等行政规范性文件。涉及全县性、综合性的重要事项的县政府文件，按规定程序审核后，由县长签发；县政府相关职能部门形成的确需由县政府或县政府办公室名义颁发的文件，按规定程序审核后，由各分管副县长签发。

第三节　议案提案办理

1991—2010年间，历届政府自觉接受县人大的依法监督和县政协的民主监督。每年的人代会、政协会后，县人民政府均根据县人大代表议案、县政协委员提案所涉及的内容和要求，研究确定承办部门、单位。主持召开县人大议案、政协提案交办会议，要求全县各承办部门、单位，3个月内完成办理工作，做到事事有答复，件件有着落。对于涉及全县性重大事项的重要议案、重点提案，按照分工由县政府相关副县长牵头协调办理，以确保县人大议案、政协提案的办理实效。

县人大议案办理

1991—2010 年县人大代表议案办理情况汇总表

表 20-3-2

时　间	县人大会议届次	代表建议数量(件)	代表建议办理情况
1991 年	十届二次	268	较为满意，部分议案办理拖拉
1992 年	十届三次	197	办理 110 件，占总数 55.8%
1993 年	十一届一次	371	—
1994 年	十一届二次	165	个别议案答复不合理
1995 年	十一届三次	140	—
1996 年	十一届四次	179	基本满意
1997 年	十一届五次	157	—
1998 年	十二届一次	384	100%
1999 年	十二届二次	174	基本满意
2000 年	十二届三次	224	—
2001 年	十二届四次	174	84%
2002 年	十二届五次	206	75%
2003 年	十三届一次	441	81%
2004 年	十三届二次	218	76%
2005 年	十三届三次	202	89.8%；9 件重点建议办理满意率达到 100%
2006 年	十三届四次	145	几件影响较大的建议得到较好办理
2007 年	十四届一次	227	94%
2008 年	十四届二次	120	100%
2009 年	十四届三次	143	93%
2010 年	十四届四次	140	按照有关理规定和“三见面”活动要求办理

县政协提案办理

1991—2010 年县政协委员提案办理情况汇总表

表 20-3-3

时　间	县政协会议届次	政协委员提案数量(件)	办理答复率(%)
1991 年	县政协三届二次	138	100
1992 年	县政协三届三次	124	100
1993 年	县政协四届一次	137	93.4

续表 20-3-3

时　间	县政协会议届次	政协委员提案数量(件)	办理答复率(%)
1994 年	县政协四届二次	105	97.8
1995 年	县政协四届三次	128	96.8
1996 年	县政协四届四次	119	100
1997 年	县政协四届五次	150	100
1998 年	县政协五届一次	169	100
1999 年	县政协五届二次	137	100
2000 年	县政协五届三次	113	100
2001 年	县政协五届四次	95	100
2002 年	县政协五届五次	152	100
2003 年	县政协六届一次	179	100
2004 年	县政协六届二次	137	100
2005 年	县政协六届三次	159	100
2006 年	县政协六届四次	149	100
2007 年	县政协七届一次	166	100
2008 年	县政协七届二次	163	100
2009 年	县政协七届三次	156	100
2010 年	县政协七届四次	125	100

第四章　政府行政审批

2000 年，县人民政府办事中心成立。2003 年，办事中心正式更名县政府行政审批中心。主要是协助县政府组织、协调、监督、管理行政审批事务。2004 年，设办事大厅 2 个，进驻中心的部门 22 个，大厅窗口办事人员 55 名。2008 年，县行政审批中心与县招投标中心合署。2009 年，县行政审批中心整体搬迁至县体育馆一楼大厅。2010 年，县行政审批中心共受理审批服务事项 16.59 万件，与上年同比增 65.1%；办结 16.57 万件，办结率 99.9%，其中，即办件 15.5 万件，承诺件 1.07 万件，即办率为 93.6%。云和县招投标中心于 2005 年 10 月挂牌成立。2005—2010 年，县招投标中心完成交易总额达 18 亿元，增值 16551 万元，节约 14332 万元。

第一节 行政审批

审批绩效

县行政审批中心（招投标中心）是县人民政府的正科级派出机构。主要履行受县政府委托，协助县政府组织、协调、监督、管理行政审批事务，负责组织招投标交易或相关业务。2000年11月，县人民政府办事中心成立，下设办公室、业务科、督查室。办公地址设县财政大楼一楼。进驻中心的人员从各相关部门抽调，关系不转，性质不变，一般任期两年。同时，在县工商、公安、建设、国税、地税等部门设立办事分厅，设置办事专员，负责本部门的政务审批。

2003年11月，办事中心易名县政府行政审批中心，具有审批职能的部门正式入驻审批中心集中办公。改过去的分散式、封闭式、串联式审批为集中式、开放式、并联式审批，减少审批程序和环节，提高行政审批效率。是年，进驻中心的部门20个，窗口办事人员43人，审批项目65项，核准项目47项，审核项目66项，备案项目27项，共205项。

2004年，审批中心设办事大厅2个（文广新局1楼增设1个），面积1200平方米。中心内设综合协调科、投诉督查科。进驻中心的单位22个，即县发展计划局、经贸局、工商局、消防大队、电业局、质监局、气象局、环保局、财政（地税）局、建设局、卫生计生局、国土资源局、水利局、国税局、药监局、文体广电局、交通局、工业园区、林业局、民政局、公安局、房管处。窗口办事人员55人。审批服务事项146项，其中，审批64项，审核34项，核准39项，备案9项。

2005年，中心设办事大厅2个，分厅1个，即财政地税分厅，办公场所增至1600平方米。进驻中心的单位21个（财政地税局已设独立分厅）。大厅窗口人员53人，分厅人员13人。审批服务事项146项，其中，审批64项，审核34项，核准39项，备案9项。

2006年，县行政审批中心共受理审批服务事项12.45万件，比上年度提升37.3%，办结12.27万件，办结率98.6%，服务对象满意率为99.8%。

2007年，县行政审批中心受理审批服务事项8.48万件，办结8.46万件，办结率99.7%。其中，即办件7.27万件，承诺件1.21万件。承诺件均按承诺期限办结。

2008年，县行政审批中心与县招投标中心合署。进驻中心的职能部门（单位）21个，设办事窗口28个，窗口工作人员54人。承接审批服务事项154项，其中，行政许可项目71项，非行政许可项目83项。办事大厅2个，分别向县财政局、文广新闻局租用，总面积1800平方米。

2009年，县行政审批中心搬迁至新体育馆一楼大厅。办公场所由1800平方米增至3680平方米，改变过去1个审批中心，3个办事场所的局面，实现"一站式"办公，成为全市唯一能同时容纳全县所有行政审批事务的大平台。是年，行政审批中心共受理审批服务事项10.01万件，办结9.99万件，办结率99.4%。

2010年，县行政审批中心共受理审批服务事项16.59万件，与上年同比增65.1%；办结16.57万件，办结率达99.9%。

2001—2010年云和县政府行政审批中心主任一览表

表20-4-1

主　任	任职时间	主　任	任职时间
邱伟平	2001.03—2001.11	江乃贵	2001.11—2003.06
孟学军	2003.06—2004.09	刘国标	2004.09—

制度建设

2003年10月，县办事（行政审批）中心实行“六制办理”，即直接办理制、承诺办理制、并联办理制、明确答复制、申报办理制和扎口收费制。按照公开、透明的要求，实行“九公开”，即审批部门（单位）、审批事项、办事程序、审批依据、申报材料、承诺时限、收费标准、收费依据和审批责任人全部向社会公开。根据办理事项的办理程序、重要程度，对审批事项采取分类跟踪管理办法，即分为即办件、上报件、承诺件、联办件、补办件、答复件6类，俗称“六件”管理。

2006年，注重完善内部管理机制，制定出台《云和县政府行政审批中心管理人员考核暂行办法》《云和县招投标中心廉政守则》等制度。通过聘请社会监督员，给服务对象发放民主评议表等手段，全方位征求对办事窗口的意见建议，及时落实整改措施，提升窗口服务水平。落实人员、事项、授权“三到位”措施，推行部门审批职能向一个科室集中，行政审批项目向“中心”窗口集中的“两集中”做法，提升中心办事效能。

2007年，推行“一窗受理、抄告相关、内部运作、限时办结”的审批模式。继续实施“六制”办理和审批“九公开”。悉心设置“基本建设”“工业技改”“工商注册登记”等项目（事项）的审批流程，制作出台联办件审批暂行办法，对工业园区入园企业等项目实行联审联批，明确牵头责任单位，设立首问责任制和AB岗，实施全程代理，方便企业主和办事群众。

2008年，实施指纹考勤，实行一天四签到，实现由人管人到以制度管人转变。制作推行《行政服务大厅管理办法》《大厅管理员工作制度》《工作人员因公外出管理制度》《劝退鉴定备案制度》等，严格规范中心人员审批行为，切实提高行政审批效能。

2010年，根据《中华人民共和国行政许可法》要求，通过审批中心网站和《中心办事指南》等渠道，对事项内容、办事流程、申报资料、承诺时限、收费标准、办理结果实行“六公开”。同时，健全完善窗口服务首问负责制、一次性告知制等25项工作制度。林业办事窗口等无休日常态化服务；公安审批窗口的预约服务；国土、建设、公安等部门联合推出的农村危旧房改造项目审批“绿色通道”等，获得社会公众好评。

审批改革

2003年，根据县政府《关于深化云和县行政审批制度改革的实施意见》，对原有的337项审批、核准、审核事项进行重新清理。保留审批、核准、审核事项226项，核减111项，削减率达33%。审批总时限由原来的3895个工作日缩减为2398个工作日，实现行政审批提速38%的目标。

2007年，县行政审批中心将质量监督窗口纳入联合办证，实现国税、地税、工商、质监四部门联合办证，共办理各类证照4803份。对工业园区招商引资和入园企业的39个项目，实行特事特办，急事急办，优化工业经济发展软环境。

2008年，强化服务意识，设置"审批服务接待室"，提出"六心服务"要求，即接待群众要"热心"，接受群众咨询要"耐心"，帮助企业要"真心"，指导企业要"诚心"，帮助困难群众要有"爱心"，对待工作要有"责任心"。同时，在办事大厅入口设立区域分布图、窗口示意图、办事程序须知等，并配置兼职导办咨询员为群众导办代办，提升群众的满意度。

2009年，推行以"两集中、两到位"为主要内容的行政审批制度改革，对全县涉及职能归并改革的30个部门（单位）的内设机构设置和行政许可事项（326项）、非行政许可事项（54项）、扩权强县下放事项（80项）进行全面梳理。是年7月底，完成行政许可职能归并改革。改革后，进驻中心的部门（单位）30个，中介机构2个，中心共有工作人员114人。行政许可科成建制进驻县行政审批中心的职能部门18个，成建制进驻率达100%；进驻行政审批中心的行政许可项目372项，项目进驻率达96.8%。

2010年，实现并联审批服务，推出云和县新入园企业建设项目审批流程5个，在业主提交审批项目资料齐全的前提下，从企业申请至项目开工，审批时限由原来的90个工作日压缩到20个工作日。同时，采取现场办公、预约服务等方式，为企业、群众提供优质、便捷、高效服务。是年，县行政审批中心创成浙江省示范行政服务中心。

第二节　招标投标

招投标机构

2005年，设立县招投标市场管理委员会办公室，办公室设在县发展计划局（简称县招管办），负责指导、协调、核准和监管全县的招标投标工作。县招管办主任由县府办副主任兼任，县招管办副主任分别由县发展计划局副局长和县监察局副局长兼任。县招管办在县招投标中心设有常驻工作室，负责招投标事项的协调监管工作。

2005年10月25日，县招投标中心正式挂牌成立。办公场所借用县农村信用合作联社，面积约400平方米，办公设施设备亦由县信用联社无偿配置。其主要职能是：负责县政府建设工程交易、政府采购、土地出让、国有（集体）产权交易、国有资源开发经营权出让等招标投标交易服务工作；统一发布各类招标投标信息；为有关行政主管部门实施监管提供办公场所。通过建立交易平台、强化交易监督、规范交易行为，实现节约政府投资、国有资产保值增值、降低政府采购成本、推进反腐倡廉的目标。

2008年，县招投标中心搬迁至新体育馆一楼大厅，与县行政审批中心合署。县招投标中心主任由县行政审批中心主任兼任，增设县招投标中心副科级专职领导职数1名，内设综合科、业务科。县招投标中心办公经费列入县财政预算，按规定收取的经费，实行"收支两条线"

管理。

招投标平台

2005年10月28日，县招投标平台开始投入运作，县工商局的红旗牌轿车首拍成功。是年10月31日始，县域相关项目必须统一纳入县招投标中心交易。纳入招投标平台公开交易的范围有4方面，单项合同估算价在20万元以上的市政基础设施、交通建设、水利建设、土地整理、农田基本建设、房屋建筑及附属、装饰等工程项目，单项合同估算价在10万元人民币以上的重要设备、材料等货物采购项目，单项合同估算价在10万元人民币以上的建设工程勘察、设计、监理等项目；经营性土地使用权、法院判决、银行抵押所涉及的土地交易；列入年度政府集中采购目录的货物、设备和服务项目；国有(集体)产权或股权的交易，国家资源和政府特许经营权的转让。合同估算价20万元以下的工程，由业主单位自行组织，但造价必须经相关职能部门严格审核。

2006年，建立招投标中心网站，提供招投标信息发布、业务咨询、资料传输、网上公示评标结果等服务，打破地方保护、行业垄断，提高交易活动的公正性和透明度。同时，制定招投标中心行为准则、工作职责、考核办法、廉政守则等22项内控制度，在开标室增设语音监控系统，以保证开标项目的公开、公平、公正。

2009年11月，建立全市联网专家库和自动语音通知系统。该系统具备评标专家随机抽取、自动通知及考核管理功能。系统在随机抽取选定评标专家后，将自动拨打其联系电话，各评标专家根据来电语音提示，即可完成是否参加评标的操作。是年，更新音频视频监控系统，中心配置专用的监控设备，安装语音、影像监控系统，对开、评标全程进行实时监控，影像资料统一保存10天以上。

2010年，严格规范国有投资项目的招标投标活动，维护公开、公平、公正的市场交易秩序，确保工程建设进度和质量安全。对工程招标评标方式进行改革，推行最低投标价法新机制，即对技术没有特殊要求的施工招标项目，采用经评标专家评审的最低投标价为依据，确定项目中标对象。

招投标监管

2005—2007年，针对电子产品市场价格波动大的特点，分析研究政府采购协议中电脑及数码产品的供货价格，发现仍存在较大的利润空间。对此，在上级政府采购机构公开招标确定的协议价格的基础上，采取二次询价的方式进行招标，为行政部门、事业单位节约部分采购资金。2007年，开展询价50次，预算总额701万元，实际成交额为637万元，节省资金64万元，再节约率达9%。二次询价采购方式走在全市政府采购工作前列。

对于政府采购项目招标，采用资格后审的办法防止串标。当招标公告发布后，投标人均可直接从网上下载招标文件，无需等资格预审通过后再去购买招标文件。资格预审后，符合条件的投标人按规定时限把标书送达即可。以此保密潜在投标人的信息，制约潜在投标人的串标行为。

2005—2007年间，招投标交易活动尽量做到公开、公平、公正，实现阳光交易。县招投标中心未发现标底泄露、投标人串通评标人员等违规行为，投诉率为 1.2%，均低于全省平均投诉率（全省为 5%）和全市平均投诉率（全市为 3%）。

2010 年 5 月，将行贿犯罪档案查询引入政府采购体系，规范政府采购行为。具体做法是，县招投标中心先向检察机关提出书面查询申请，在正式开标前，将所有参加投标的供应商的相关资料提供给检察机关，检察机关通过行贿犯罪档案查询系统，查询供应商是否有行贿犯罪或非罪行贿行为记录。根据查询结果，把有不良记录的供应商排除在市场采购体系外，限制其参与投标、竞标或在评标过程中作相应的扣分处理，做到预防在先，从源头上维护、完善、规范政府采购市场秩序。同年，建立“阳光招标”系统，规范招投标行为，统一设置独立的开标室和评标室。评标室实行封闭式管理，除评标专家外，其他人员不许入内。任何单位和个人对任何项目的开标、评标结果有异议，均可直接举报投诉并查询相关音像资料，以维护交易行为的公正性。

招投标效益

2005—2010 年，县招投标中心完成交易总额 18 亿元，增值 16551 万元，节约 14332 万元，得到市、县领导的充分肯定，获得多项表彰。

2005—2010 年云和县招投标中心四大类交易情况汇总表

表 20-4-2

年份	交易类别	项目数（个）	预算总额（万元）	交易总额（万元）	节约资金		增值资金	
					金额（万元）	占比（%）	金额（万元）	占比（%）
	总 计	1459	183151.1	185370.9	14332.29	7.83	16552.10	9.04
2005	小 计	15	1681	1568	138	8.25	25	1.49
	建设工程	12	1672	1534	138	8.25	—	—
	产权交易	3	9	34	—	—	25	277.78
2006	小 计	416	43307	47742	3143	7.26	7578	17.50
	建设工程	73	29983	26938	3045	10.16	—	—
	政府采购	323	1657	1559	98	5.91	—	—
	产权交易	16	1941	2760	—	—	819	42.19
	拍卖/竞价	4	9726	16485	—	—	6759	69.49
2007	小 计	198	28901	30047	1573	5.44	2719	9.41
	建设工程	93	20355	19049	1306	6.42	—	—
	政府采购	89	2580	2313	267	10.35	—	—
	产权交易	11	804	1903	—	—	1099	136.69
	拍卖/竞价	5	5162	6782	—	—	1620	31.38
2008	小 计	241	33016.85	31099.39	2756.96	8.35	839.50	2.54
	建设工程	96	27128	24641	2487	9.17	—	—

续表 20-4-2

年份	交易类别	项目数（个）	预算总额（万元）	交易总额（万元）	节约资金		增值资金	
					金额（万元）	占比（%）	金额（万元）	占比（%）
2008	政府采购	120	2062.41	1792.45	269.96	13.09	—	—
	产权交易	6	657.44	822.41	—	—	164.97	25.09
	拍卖/竞价	19	3169	3843.53	—	—	674.53	21.29
2009	小　计	262	28997.07	30220.06	2199.68	7.59	3422.67	11.80
	建设工程	85	15185.04	13298.58	1886.46	12.42	—	—
	政府采购	152	1583.14	1269.92	313.22	19.78	—	—
	产权交易	5	121.89	290.09	—	—	168.20	137.99
	拍卖/竞价	20	12107	15361.47	—	—	3254.47	26.88
2010	小　计	327	47248.13	44694.41	4521.65	9.57	1967.93	4.17
	建设工程	148	36453.39	32488.68	3964.71	10.88	—	—
	政府采购	155	2727.42	2170.48	556.94	20.42	—	—
	产权交易	8	765.32	849.4	—	—	84.08	10.99
	拍卖/竞价	16	7302	9185.85	—	—	1883.85	25.80

第五章　人民信访工作

20 世纪 90 年代初，县信访办公室系县委办公室的内设机构，负责处理县委、县政府的群众来信来访事务。2002 年 7 月，成立中共云和县委、县人民政府信访局，为县委办公室管理的正科级机构，行政编制 4 人。2003 年，县委、县政府出台《云和县县级领导信访工作分工负责实施意见》和《县级领导干部下访制度》。2008 年始，开展“县委书记大接访”活动。2009 年，制定颁发《云和县领导干部集中接待群众来访实施办法》。1998 年始，全县信访总量呈上升趋势；2004 年后，县域信访总量逐年下降。1991—2010 年，县委、县政府信访局受理中央、省、市交办的重要信访事项 115 件，按时结案率达 100%。

第一节　机构与制度

机构设置

1991—2001 年，县信访办公室为县委办公室的内设机构，由县委办管理。1996 年机构改革，县信访办公室对外挂“中共云和县委、云和县人民政府信访局”牌子。1998年，县级及所属乡镇、部门均成立信访工作领导小组；各乡镇、各部门增设信访办公室或信访科，配备专（兼）职信访干部；信访工作网络延伸到村一级，全县行政村170个均配备信访员或信访调解员。1999年，各乡镇推行信访、调解、综治联动工作机制，全县信访专兼职干部达149人。2001年始，县委有关部门选派优秀青年干部分期分批到县信访办公室挂职锻炼，每期2人，为时一个月。2001年11月，根据《云和县党政机构改革方案》，成立县委、县政府信访局，为县委办公室管理的正科级机构，业务上接受县委办、县府办指导。内设机构1个，即局办公室。核定行政编制4人（含工勤人员1人），编制和人员相对独立。2004年，出台信访督查专员制度，全县新提拔任用的副科以上领导干部，必须到县信访局担任信访督查专员3个月。2006年，信访事项复查复核办公室设立，为县信访局下属的全额拨款事业单位，核编1人。信访事项复查复核办公室在县信访复查复核工作领导小组的领导下，承担信访事项复查复核工作的组织协调、交办督办、业务指导、沟通联系等事宜。2008年9月，县信访局复查复核办公室增编1人，增编后编制2人。

2001—2010年云和县信访局主要负责人一览表

表20-5-1

局　长	任职时间	局　长	任职时间
周东明	2001.01—2003.06	谢光兴	2007.04—2010.12
余高进	2003.06—2007.04	李克河	2010.12—

信访机制

1991年始，县委、县政府先后健全完善领导批阅信件、领导接待群众来访日、重大信访事项领导包案、领导约访下访、定期研究排查信访热点难点问题等制度，以切实解决信访问题，化解社会矛盾，确保一方平安。县委、县政府及相关部门、乡镇领导重视信访工作，自觉做到“三亲”，即亲自接待、亲自阅批、亲自督办。1993年，县领导阅批群众来信257件，占群众来信总数的52%。继续坚持每月15日为领导接访日制度，县四套班子领导轮流到县信访局接待来访群众。1999年，县委、县政府根据省委、省政府制订的信访工作责任追究办法，出台《云和县信访工作责任追究实施办法》。全县各乡镇、部门全面推行党政领导信访工作责任制、信访接待日制度。各乡镇把党政领导信访工作责任制、信访接待日制度等，以文件形式印发至行政村，接受基层群众监督。同时，与县法院巡回办案相结合，按时接待来访群众。全县28个信访工作重点部门明确或落实分管领导和责任人员；建立并施行领导接待日制度部门13个。

2001年，建立健全法官、律师陪同县领导接待接访制度。2003年，县委、县政府出台《云和县县级领导信访工作分工负责实施意见》，把解决信访问题的责任直接落实到每位县级领导。是年，县委制订完善《县级领导干部下访制度》，将县四套班子领导按单、双月分成两批，每月10日下乡镇接访，每年下访次数不得少于6次。同时，建立健全五项信访工作制度，即“第一责任人”制度、限时办结制度、信息反馈制度、督查通报制度、责任追究制度。形成县级领导亲自督办，信访局与督查室联合督办机制，提升信访案件的处理质量和效率。2004年，县级领导下访接待群众112批301人次。

2006年，在云和镇下辖的6个社区推行社区群众信访事项代理制，获得省、市的肯定。2007年，实行定期下访、集中下访、联动下访相结合，县领导与部门、乡镇领导共同接访；省、市、县三级领导联动下访。是年8月，时任省长吕祖善、省人大常委会代主任俞国行到云和镇接待来访群众39批83人次，现场调处解决信访事项29件，群众满意率达100%。2008年7月始，开展“县委书记大接访”活动。截至2010年年底，“县委书记大接访”活动累计接待群众来访238批879人次。2009年，下发《云和县领导干部集中接待群众来访实施办法》，对定期接访人员的时间安排、工作要求等做出具体规定，确保“三个到位”，即人员安排到位、接访调处到位、督促检查到位。推进信访工作的制度化、规范化。2010年，创新“阳光信访”模式，建立县信访联合接待中心，在各乡镇阳光服务中心设立“阳光信访平台”，安排涉农部门、城建土管、司法调解、劳动仲裁、人大信访、纪检信访等单位人员去“阳光信访平台”接访。继续推行信访重点部门领导干部及后备干部到信访接待中心接访制度，为群众提供“一站式”服务，倾听群众诉求，化解矛盾纠纷，维护社会稳定。

2003—2010年，全县信访工作在省、市考核中，连续7年取得优异成绩。

第二节　信访与处理

信访渠道

1991—2000年，人民群众的信访形式主要有来信、走访等。2001年始，陆续出现电话信访、网上信访等新形式。对此，县委、县政府及信访工作部门相继开辟县长信箱、设立举报热线，启用110社会服务系统等，进一步拓宽人民群众表达诉求的渠道，以适应信访工作需要。2008年，开通网上信访渠道，设立网上信访工作机制，配置网上信访工作力量，确保人民群众多形式、多渠道的意愿诉求能得到及时回复和妥善解决。

信访类型

信访问题涉及面广，情况复杂，社会热点难点问题增多。全县信访问题的类型主要有企业体制机制改革；库区移民拆迁安置；市政和交通基础设施建设土地征用及补偿安置；农村土地承包经营权；城市执法管理；企业劳资纠纷、山林纠纷、土地纠纷、民事纠纷；干部违规违纪；特殊群体生活待遇；其他历史遗留问题等。

信访接待

1991年，县信访部门专门设立信访接待室，由专人负责接待处理群众来访。1997年，建成“文明信访接待室”，规范办信接访程序，配置照相机、录音机、消毒柜、档案柜等设施；做到信访接待制度上墙，信访干部亮牌上班，热情接待来访群众，办理信访事项的文字材料完整齐全。2007年，被省信访局评为省级文明信访接待室。

1991—2010 年云和县群众来信来访情况统计表

表 20-5-2

年度	其中			年度	其中		
	来信件数	来访			来信件数	来访	
		批次	人次			批次	人次
1991	842	243	679	2001	440	398	2837
1992	651	179	542	2002	415	448	2733
1993	490	121	418	2003	466	452	3940
1994	355	168	753	2004	343	401	2663
1995	295	175	901	2005	404	402	2512
1996	239	201	1109	2006	456	327	2073
1997	232	257	1305	2007	328	229	1390
1998	215	300	1839	2008	335	199	1250
1999	409	417	2581	2009	403	105	1240
2000	296	355	2279	2010	366	78	312

信访办理

1991—1997 年，全县信访态势较为平稳。1998 年，信访总量呈上升趋势，全年突破 2000 件。2003 年，信访总量达高峰期，全年突破 4000 件。2004—2006 年，信访总量迅速下降。2004 年降至 3006 件。2006 年降至 2529 件。2007—2010 年，信访总量继续回落。2007 年为 1718 件。2010 年为 756 件，比 1991 年的 1521 件，降低 49.7%。县域信访形势恢复常态。

1991—2010 年间，县信访部门对全县所有的来信来访事项，先行分类登记，分析研究，明确责任主体，根据“属地管理、分级负责，谁主管、谁负责”的原则，批转相关部门或单位处理。对于具有倾向性、苗头性、突发性的信访问题，在调查摸底的基础上，提出处理信访事项的初步意见建议，供县委、县政府领导参阅。1991—1998 年，以《云和信访》简报的形式呈报县委、县政府。1999—2010 年，以《信访专报》的形式呈报县领导阅批，并依据县领导的审批意见转送有关部门办理。对部分涉及多个部门的信访件，由县信访部门直接协调解决。对少数信访突出问题，重大疑难信访案件，采取领导干部包案处理或委派工作组的办法解决。

2003 年，开展重复上访专项治理。县委办、县府办制发《关于在全县开展重复上访问题专项治理工作实施意见》，实施县相关领导分工包案制度，对 11 件重复上访事项进行专项治理，取得明显效果。2004 年，县委、县政府设立处理信访突出问题联席会议制度。同时，实行信访办理结果“三见面”，即将信访办理结果与责任领导见面，与承办人见面，与信访人见面。2004—2005 年，多次开展信访专项治理，对 63 件信访突出事项，继续推行领导干部包案机制，以加大力度解决信访疑难问题。2005 年，云和镇个别村因土地出让金分配不公，村民反映强烈。为妥善解决此问题，县委组织部抽调 38 名机关干部，组成工作组进驻云和镇，开展城区土地款分配信访问题专项治理活动，妥善平息村民上访。

2008年，根据省委办公厅、省政府办公厅《关于开展“网上信访”工作的通知》精神，县信访部门建立网上信访事项处理机制。截至2010年年底，已受理网上信访件110件，按时办结103件，按时办结率100%。2009年，开展“信访积案化解年”活动。县人民政府划拨20万元，作为信访积案化解专项资金，对部分的确存在特殊困难的信访群众给予专项援助。通过对信访积案的集中大排查、大调解，一批时间跨度长、处理难度大、案情复杂、久拖未决的疑难问题和信访积案得到及时妥善解决。是年，全县累计化解信访积案70件。1991—2010年，县信访部门受理中央、省、市（地）交办的重要信访事项115件，按时结案率达100%。

第六章　行政法制建设

1990年，县政府办公室内设法制科，编制2人，对外挂县人民政府法制科和行政复议办公室牌子。1995年，县政府办公室法制科更名县人民政府法制局。2001年，县人民政府法制局易名县人民政府法制办公室。2003年，县人民政府法制办公室与县人民政府办公室合署。2007年，县政府法制办内设机构调整为政策法规科、行政复议科（执法监督科）。

1999年，县人民政府制发《关于在县级行政执法机关实行行政执法责任制的通知》。2000年，实施行政审批改革，全县取消行政审批事项100项，审核事项35项，核准事项29项，备案事项19项。2002年，县人民政府颁布《关于废止部分政策措施的决定》，对1980年以来已失去实际意义的184项（条）政策措施予以废止。2007年，废止失效的行政规范性文件83件。2008年，确认全县各有关部门负责实施的行政许可项目326项。2010年，县政府办公室制发《云和县规范行政处罚裁量权规定》和《云和县人民政府重大行政决策事项公示及听证办法》。

第一节　法制机构沿革

1990年8月，县人民政府办公室内设法制科，暂定编制2人。县府办法制科对外挂县人民政府法制科和县人民政府行政复议办公室牌子，实行一套机构，两块牌子。1995年，县政府办公室法制科易名县人民政府法制局，系二级局。1997年10月，县政府办公室出台“三定”方案，即《关于印发云和县人民政府办公室（云和县经济体制改革委员会）职能配置、内设机构和人员编制方案的通知》，明确县政府法制科（对外挂云和县人民政府法制局牌子）为县政府办公室的内设机构，负责审核办理涉及法律法规内容的文件，承担行政执法检查和行政复议等工作。

2001年，县人民政府法制局更名为县人民政府法制办公室。2003年12月，依据县编委《关于同意县政府法制办公室改为与县政府办公室合署的批复》，县政府法制办公室与县政府办公室合署，法制办公室主任由县政府办公室主任兼任，后改由职务为正科实职的县政府办公室副主任兼任。

2007年12月，将县人民政府法制办公室的内设机构法制科调整分设为政策法规科和行政复议科，执法监督科的工作职能暂由行政复议科履行。

第二节　法制建设成效

政府法制建设

1996年9月，《中华人民共和国行政处罚法》，县政府召开贯彻实施行政处罚法专题会议，就深入学习、宣传、贯彻、实施行政处罚法作出全面部署。11月，经县人民政府第9次县长办公会议审议通过，出台《云和县依法治县五年规划》。是年，县政府法制办公室组织力量，对全县行政规范性文件开展清理工作。

1998年，县人民政府贯彻依法治县方针，以依法行政，依规行政，建设法治政府为目标，实施行政执法责任制和错案追究制，加强行政执法和执法监督检查，坚决制止和纠正有法不依、执法不严、违法不究的行为。同时，开展"三五"普法教育活动，提高全民的法律意识和法制观念，特别是领导干部和行政执法人员的法制观念和依法行政的能力。是年11月，县人民政府办公室下发《关于继续开展行政执法办案情况检查的通知》，对全县行政执法办案情况进行年终检查。

1999年3月，县人民政府出台《关于在县级行政执法机关实行行政执法责任制的通知》，明确和落实行政执法机关的主体责任。同年10月，县政府办公室制发《关于严格依照行政处罚法和行政复议法的要求作出具体行政行为的通知》，对县域行政执法部门执行行政处罚法、行政复议法的具体执法行为予以严格规范。

2000年4月，县政府组织召开依法行政工作会议，邀请县委、县人大、县政协、县纪委、县法院、县检察院领导参会。6月，县人民政府颁发《云和县人民政府审批制度改革实施意见》，实施行政审批改革，削减行政审批事项，简化行政审批程序。9月，县政府出台《关于公布县人民政府审批制度改革第一批取消事项的通知》，取消审批事项100项，审核事项35项，核准事项29项，备案事项19项，共183项。10月，县人民政府下发《关于公布云和县县级政府部门减少和保留审批等事项的通知》，削减行政审批事项153项，削减比例达60.7%；削减审核、核准事项201项，削减比例为46.5%。

2002年2月，县政府办公室成立"云和县清理地方性政策措施工作领导小组"。6月，县政府办公室出台《关于印发云和县人民政府办公室职能配置、内设机构和人员编制规定的通知》，调整县政府法制办公室职能，将负责县政府行政复议案件和行政赔偿案件的受理、审理、应诉；参与涉及法律法规的行政规范性文件的起草审核；承担县政府的法律顾问等职能纳入县法制办。8月，县人民政府颁布《关于废止部分政策措施的决定》，对1980年以来已失去实际意义的184项（条）政策措施予以废止。9月，县政府办公室下发《关于县人民政府常务会议、县长办公会议、县政府专题会议工作程序的规定》，将重要行政决策措施、行政规范性文件和重大行政裁决、行政确权、行政许可、行政处罚、行政复议等事项，纳入县政府常务会议审议决定。明确，县人民政府凡是出台规范性文件，一律提交县政府法制办公室，审核是否有与国家法律法规相抵触的款项。县政府法制办按规定程序审核并征求意见后，提请县人民政府常务会议审议决定。

2003年4月，县政府下达年度规范性文件制定计划，一类5件，二类11件。同时，确定年度行政执法的监督检查重点。6月，县政府办公室下发《关于做好〈中华人民共和国劳动法〉和〈中华人民共和国工会法〉执法检查工作的通知》，部署《中华人民共和国劳动法》《中华人民共和国工会法》的执法检查工作。7月，县政府办公室下发《关于开展行政执法证件使用管理情况监督检查的通知》，对行政执法证件使用管理情况实施监督检查。同月，举办行政执法人员综合法律知识培训班，提升行政执法水平。9月，县政府办公室下发《关于切实做好规范性文件备案审查工作的通知》，对行政规范性文件的备案审查工作提出明确要求。

2004年7月1日，《中华人民共和国行政许可法》颁布施行。县政府成立云和县贯彻实施行政许可法工作领导小组，召开贯彻实施行政许可法动员大会，邀请浙江大学法学院章剑生教授作行政许可法专题辅导。县政府办公室转发《浙江省人民政府办公厅关于浙江省贯彻实施行政许可法配套制度建设指导意见》。同时，组织开展行政许可事项审核清理，县政府发布《关于第一批保留和取消行政许可项目以及保留收费的决定》。经依法清理，保留行政许可项目134项、取消行政许可项目16项、保留收费事项26项、保留行政许可实施主体20个，新申领行政执法证件9本。

是年，县政府制定《关于开展〈环境保护法〉和〈关于建设生态省的决定〉贯彻执行情况检查工作的通知》，对《中华人民共和国环境保护法》和省委、省政府《关于建设生态省的决定》的贯彻落实情况开展全面检查。

2005年，县人民政府制定《关于贯彻落实全面推进依法行政实施纲要的意见》，以强化行政法制建设，推动依法行政实施纲要落到实处。是年，县政府作出《关于第二批保留和应当调整行政许可实施主体的行政许可项目以及应当修改和取消的规范性文件规定的决定》，保留行政许可项目135项、调整行政许可实施主体的行政许可项目11项、修改和取消规范性文件规定6项。全县新增行政执法证35本，564人持有行政执法证件。同年，根据《浙江省县级以上人民政府行政执法监督条例》的规定，县政府对全县依法行政情况、行政案件办理情况、行政执法投诉制度执行情况、规范性文件制订备案和具体行政行为备案情况开展专项执法监督检查。

2006年8月，县政府出台《云和县2006年度县政府直属单位依法行政工作考核内容和评分细则》，首次对县政府直属单位依法行政工作实施考核，并将考核结果纳入县政府工作目标责任制考核范畴。12月，县政府对各行政执法单位的依法行政情况、行政执法责任制落实情况、行政案件办理情况及规范性文件制订备案等进行执法监督检查。是年，全县593人具备行政执法资格。

2007年8月，县政府“云和县规范性文件评估清理工作领导小组”成立，召开应急管理、政府规范性文件评估清理和按需申领因私护照工作会议。由县政府办公室下发《关于开展行政规范性文件评估清理工作的通知》，对1980—2006年间以县政府和县政府办公室名义发布的行政规范性文件（包括政策性文件）313个，进行全面清理。同年12月，县政府公布清理结果，继续有效的行政规范性文件218件，修改但暂时保留使用的行政规范性文件12件，废止失效的行政规范性文件83件。

2008年8月，县政府办公室下发《关于清理行政许可项目及非行政许可事项的通知》，对全县各职能部门（包括省直管部门）的所有行政许可项目和非行政许可事项清理工作进行部署。11月，县政府办公室下发《关于公布云和县各部门实施行政许可项目的通知》，确认全县各部门负责实施的行政许可项目为326项。

2009年6月，县政府办公室制定《云和县行政机关负责人出庭应诉工作办法》，明确行政机关负责人出庭应诉的相关规定和要求。7月，县政府办公室下发《关于变更城市排水许可证核发等四个行政许可项目许可主体的通知》，将城市排水许可证核发、因工程施工或设备维修确需停止供水的审批、因工程建设确需改装和拆除或者迁移城市公共供水设施的审批等3个行政许可项目由县住建局划归县水利局；取消县住建局出租汽车经营资格证、车辆营运证和驾驶员客运资格证核发的行政许可项目。9月，根据《中共云和县委、云和县人民政府关于推行“两集中两到位”行政许可职能归并改革的实施意见》精神，县政府办公室出台《云和县2009年行政许可制度改革工作考核内容和评分细则》，首次对县住建局等部门（单位）开展行政许可职能归并改革工作进行考核，并将考核得分按比例折入县委、县政府对工作部门的综合考核分数。是年10月，县政府办公室下发《云和县人民政府关于加强依法行政工作的若干意见》，强化依法治县、依法行政、规范执法意识，建设法治政府、廉洁政府、阳光政府和服务型政府。

2010年7月，县政府公布《云和县非行政许可审批事项保留目录》，共258项。8月，县政府聘请律师8人为县政府法律专家咨询组成员，明确聘任期限与县政府任期相同。同时，县政府办公室下发《云和县人民政府法律专家咨询组工作制度》。同月，召开依法行政工作会议，县委各部门、县人大办、县政协办、县人武部、县法院、县检察院、各群众团体等单位负责人和县政府法律专家咨询组成员列席会议。9月，县政府办公室出台《云和县规范行政处罚裁量权规定》，以制约行政处罚裁量权，规范行政执法行为。10月，县政府办公室下发《云和县人民政府重大行政决策事项公示及听证办法》，增强行政决策的透明度，提升行政决策的民主性、科学性和可行性。

行政规范性文件

行政规范性文件是国家行政机关为执行法律、法规和规章，对社会实施管理，依据法定权限和法定程序发布的规范。对所管辖的整个行政区域的公民、法人和其他组织行为具有普遍的约束力。

1991年，县政府制定出台《关于促进县域经济发展的若干政策规定》《关于鼓励和支持科技人员到乡镇企业工作的暂行规定》《关于发展代料香菇生产有关问题的通知》《关于推行计划生育系列保险的通知》《关于清理立项资金及处理国营工业企业压库产品物资意见的通知》等11份地方政策性文件。

1992年，县政府下发《云和县水资源管理办法》《关于设立企业发展奖励政策的通知》和《云和县科学技术进步奖励办法》等政策规范性文件11份。

1993年，县政府下发《关于公布云和县预算外调节基金征收暂行办法的通知》《关于发展云和县小水电的若干规定》和《关于鼓励偏远乡镇异地办厂的通知》等44份地方政策性文件。

1994年，县政府出台《云和县企业职工工作保险暂行办法》和《云和县营业性人力三轮车管理办法》等规章性文件25份。

1995年，县政府下发《云和县城镇绿化管理办法》《关于扶持生猪生产的通知》和《关于进一步加强罚没收入管理的通知》等政策性、规范性文件35份。

1996年，县人民政府制定出台《关于工业企业技术改造引进先进设备贴息的通知》《关于沙铺砻水电站工程有关政策的通知》《关于限制燃放烟花爆竹的通知》等政策规范性文件26份。

1997年，人民政府出台《加强个人所得税征收管理的工作意见》《云和县食用菌菌种管理办法》《云和县城市节约用水管理实施办法》等规章性文件16份。

1998年，县政府出台《云和县科技成果推广应用奖励办法》《云和县房改房进入市场管理暂行办法》《关于发展城乡供水若干政策的通知》等政策性文件23份。

1999年，县政府出台《云和县科学技术进步奖励办法》《云和县转业志愿兵、城镇退伍军人安置工作暂行规定》《云和县进一步深化城镇住房制度改革实施意见》政策性、规范性文件。

2000年，县政府出台《云和县农民新村建设工程实施办法》《云和县殡葬管理实施办法》和《云和县人民政府关于推行殡葬改革实行遗体火化的通告》等规章性文件。

2001年，县政府出台《云和县医疗保险医疗管理试行办法》《云和县城镇职工基本医疗保险暂行规定》等规章、规范性文件18份。

2002年，县政府颁发《云和县土地储备实施办法（试行）》《云和县农村土地整理实施办法和《云和县农业发展资金管理暂行办法》等行政规范性文件35份。

2003年，县政府制定颁布《关于印发加快推进农村劳动力转移的若干意见》《云和县计划生育公益金管理暂行办法》《云和县被征地农民基本生活保障试行办法》等1政策性、规范性文件6份。

2004年，县政府出台《云和县乡村康庄工程资金管理办法（试行）》《云和县进城务工就业农民子女义务教育暂行办法》和《云和县城市建筑垃圾管理试行办法》等行政规范性文件12份。

2005年，县政府发布《云和县城乡困难人员医疗救助暂行办法》《云和县婚前免费健康检查实施办法》《云和县实施生活垃圾袋装化管理暂行办法》等政策性文件21份。

2006年，县政府制定发布《云和县在乡重点优抚对象医疗费补助暂行办法》《云和县农村村民建房审批管理试行办法》和《关于确定扩大遗体火化区的通知》等政策、规章性文件19份。

2007年，县政府出台《云和县优待老年人实施办法》和《云和县城镇居民医疗保险试行办法》等政策性文件26份。

2008年，县政府颁发《云和县招投标市场不良行为记录认定和处理办法》《云和县土地开发整理和建设用地复垦试行办法》和《云和县计划生育保护暂行办法》等规章性文件29份。

2009年，县政府制定《云和县专利示范企业认定与管理办法》《云和县扶持再生资源回收企业发展暂行办法》和《云和县扶助残疾人实施办法》等政策性文件32份。

是年，县政府办公室下发发《云和县人民政府规范性文件制定办法》，对全县行政规范性文件的制作计划、要求、审核、签批等程序，予以明确规定。

2010年，县政府定出台《关于加快建筑业发展的若干意见》《云和县木制玩具企业知名商品备案登记试行办法》和《云和县运输索道安全监督管理办法（试行）》等行政规范性文件28份。

行政复议事项

1999年，《中华人民共和国行政复议法》颁布实施以来，每年有少量行政执法案件提请行政复议。对行政复议案件的处理办法主要有，撤销原行政处罚决定；召集双方当事人进行调解；通过协调，申请人主动撤回行政复议申请；维持原行政处罚决定。

2008年5月14日，县环保局执法大队执法人员对县工业园区的部分玩具加工企业进行执法检查，针对利用排风扇直接将粉尘向路面排放，造成环境污染的违法情况进行拍照取证，制作现场勘察笔录。2008年6月13日，对当事人作出行政处罚决定。当事人不服，向县人民政府申请行政复议。县政府法制部门经审查，认为县环保局执法程序合法，所取证据真实有效，所作处罚决定适用法律正确。2008年7月18日，县人民政府依据《中华人民共和国行政复议法实施条例》规定，主持行政复议。经协调，双方当事人表示愿意履行政府行政复议后达成的相关协议。

第七章　政府对外事务

1990年6月，县政府外事办公室设立。县政府外事办公室与县政府办公室合署，县外事办主任由县府办主任兼任。负责出国境管理审批和外宾联络接待等工作。1992年，经国务院批准，云和县被列为对外国人开放地区，成为全国825个对外国人开放的县（市、区）之一。1994年，出国出境审批权限下放到县，县人民政府外事工作逐步常态化。

1994—2010年，云和县先后办理因公出国组团146批259人。出访的国家和地区有德国、美国、加拿大、荷兰、日本、韩国、法国、澳大利亚等。

第一节　政务出访接待

出访交流

云和县严格规范领导干部因公出国和公费考察，按照既有利于促进县域经济社会发展，又有利于加强党风廉政建设的要求，坚持按需派遣、学用一致、确保质量的宗旨，在严批严管的基础上，鼓励有实质性内容和目的的因公出国（境）考察和学习，增强县管领导干部出国（境）考察学习的针对性和实效性。同时，倡导公派出国与商贸洽谈、招商引资相结合，扩大对外交流与合作，促进外向型经济发展，推进县域经济社会全面进步。

1994—2010年云和县因公出访情况统计表

表20-7-1

年　份	批次（次）	数量（人）	年　份	批次（次）	数量（人）
1994	2	3	2003	3	5
1995	8	13	2004	13	17
1996	3	10	2005	22	29
1997	6	10	2006	13	14
1998	6	7	2007	15	32
1999	8	18	2008	4	9
2000	13	24	2009	4	7
2001	11	22	2010	5	5
2002	10	34	—	—	—

外事接待

1998年1月，县长虞红鸣会见到云和考察木制玩具产业的德国商人彼得（Peter）。是年5月，县长虞红鸣会见到云和考察观光的荷兰华侨总会会长胡允革一行。2004年6月，祖籍浙江的10位旅欧华侨应县政府邀请到云和，协商合作开发意向。

第二节　政府涉外事务

2003年，根据国务院1990年第47号令《外国记者和外国常驻新闻机构管理条例》及外交部、省外办有关文件精神，制发《云和县人民政府办公室关于加强来云外国记者管理制止非法采访的通知》，强化对到云和的外国记者的管理。

处置涉外交通事故

2003年4月23日晚，县城中山东路与迎宾路交叉路口处发生一起交通事故，造成美国籍艾米德(Eric Howell Meade)重伤。事故发生后，云和县立即组织人员赶赴现场处理。艾米德被立即送往云和县人民医院抢救。丽水市中心医院外伤科主任、浙二医院脑外科专家也赶到云和参加急救。后艾米德转上海就医，康复后回国。

对外合作交流

2003年8月，丽水市人大常委会授予冯志强和彼得·汉斯丹两位境外居民为“丽水市荣誉市民”称号，表彰和鼓励他们对推动云和对外交流合作，促进云和经济建设所作出的重要贡献。

2004年5月，经申报评审，云和中学取得聘请外教到校任教的聘请资格。是年8月，美国洛杉矶商业技术学院教师玛丽丝(Erica Morris)到云和中学任教。

2009年11月，美籍华人金志成及夫人陈丽香捐资建设的两家基层图书馆——“金祖鑫健华图书馆”，先后在梅源实验学校和雾溪畲族乡坪垟岗村建成开馆。

第二十一篇　地方人民政协

1984年12月20日，中国人民政治协商会议云和县委员会(简称县政协，下同)建立。1990年4月至1993年5月，云和县第三届政协有委员总数140人，设提案、学习、文史等专门委员会3个。2007年3月至2012年2月，云和县第七届政协有委员总数145人，设工业经济、农业农村、财贸金融、民营经济、科技教育、文化新闻体育、医药卫生、港澳台侨民族宗教、社会法制等专门委员会9个。中国人民政治协商会议云和县常务委员会(简称县政协常委会，下同)，由主席、副主席、秘书长和常务委员组成，任期与同届政协委员会相同。县政协主席会议由主席、副主席、秘书长组成。

1991—2010年，在中共云和县委领导下，政协云和县委员会以马克思列宁主义、毛泽东思想、邓小平理论、“三个代表”重要思想、科学发展观为指引，遵循“长期共存、互相监督、肝胆相照、荣辱与共”的方针，高举爱国主义、社会主义两面旗帜，突出团结、民主两大主题，促进参加县政协的党派、无党派人士的团结合作，围绕云和县经济建设和社会事业发展，围绕中共云和县委、县人民政府中心工作，以政协全会、常委会议、主席会议和各专门委员会、工作组活动为载体，通过组织视察、专题调研、委员担任特约监督员、要事建议、提案办理、对口联系等形式，履行政治协商、民主监督、参政议政职能。

第一章　组织机构

中国人民政治协商会议云和县委员会由云和县内中国共产党、民主党派和无党派人士、工会、共青团、妇联、工商联、残联、台侨联、科技、文化新闻、社会科学、经济、农业、教育体育、医疗卫生、社会福利、少数民族、宗教、特邀人士等18个界别的人士组成。政协委员会全体会议闭会期间，由政协常务委员会主持工作。政协常务委员会休会期间，由主席会议处理重要事务。县政协下设机构，工作组和专门委员会有所变动，第六届专门委员会设立11个，第七届调整为9个。政协机关内设办公室、党支部和机关工会等。

第一节　政协委员

县政协委员以协商推荐的方式产生。每届政协委员名额和人选经上届委员会主席会议审议同意后，由常务委员会协商决定。政协委员主要在云和各个领域、18个界别中具有代表性和有社会影响的人士中产生。民主党派及人民团体，经政协委员会协商同意后参加人民政协，个人经政协委员会协商邀请参加人民政协的全体会议，即当选为政协委员。第一届委员94人，以后每届委员人数有变动，到第七届有委员145人。

省政协委员

1988—2008年云和县省政协委员一览表

表21-1-1

届次	姓名	性别	民族	工作单位及时任职务	任职时间
第六届	翁新弟	男	汉	云和县政协副主席、县爱卫会主任	1988—1993
第七届	张胜娟	女	汉	云和县政协副主席	1993—1998
第八届	陈惠民	男	汉	云和县图书馆副研究馆员	1998—2003
第九届	陈惠民	男	汉	云和县图书馆副研究馆员	2003—2008
第十届	蓝友梅	女	畲族	云和县文化馆馆长	2008—

市政协委员

2001—2010年云和县市政协委员一览表

表21-1-2

届次	姓名	性别	民族	工作单位及时任职务	任职时间
第一届	符香环	女	汉	云和县政协主席	2001—2006

续表 21-1-2

届　次	姓　名	性　别	民　族	工作单位及时任职务	任职时间
第一届	戚永远	男	汉	云和县政府副县长	2001—2006
	蓝世根	男	畲	云和县政协副主席	2001—2006
	傅瑜	男	汉	云和县政协副主席	2001—2006
	廖复新	男	汉	县政协副主席　新云集团董事长	2001—2006
	黄文伟	男	汉	云和县政协副主席　县委统战部部长	2001—2006
	童少峰	男	汉	云和县政协副主席	2001—2006
	吴瑞松	男	汉	县政协常委　县移民办副主任	2001—2006
	陈东晓	男	汉	县政协常委　云和中学副校长	2001—2006
	陈卫东	男	汉	县人民医院院长　卫生计生局长	2001—2006
	雷长清	男	畲	县物价局原局长 政法委副书记	2001—2006
	魏德音	女	汉	县政协常委　基督教堂负责人	2001—2006
	魏文华	男	汉	县政协常委　浙江魏氏集团董事长	2001—2006
第二届	马国华	男	汉	云和县政协主席	2006.01—
	柳春华	男	汉	云和县人大常委会副主任	2006.01—
	廖复新	男	汉	县政协副主席　新云集团董事长	2006.01—
	童少峰	男	汉	云和县政协副主席	2006.01—
	彭招平	男	汉	云和县政协副主席　县委统战部部长	2006.01—
	蓝晓荣	男	畲	云和县政协秘书长	2006.01—
	吴瑞松	男	汉	云和县人大常委会财经工委主任	2006.01—
	卢洋海	男	汉	云和县林业局副局长	2006.01—
	王冬芬	女	汉	云和县人民医院内科主任医生	2006.01—
	陈　彪	男	汉	浙江东泰阀门有限公司总经理	2006.01—
	汤小娟	女	汉	云和振鹏实业有限公司工会主席	2006.01—

县政协委员

第三届政协委员　1990 年 4 月至 1993 年 5 月，第三届云和县政协有委员 135 人。其中，上届继续留任委员 85 人，占 63%；新进委员 50 人，占 37%。三届七次常委会决定增补委员 5 人。本届委员总数达到 140 人。

第四届政协委员　1993 年 5 月至 1998 年 3 月，第四届云和县有政协委员 135 人。其中，上届留任委员 75 人，占 55.5%；新进委员 60 人，占 44.5%。四届五次常委会决定增补王跃平等委员 10 人；四届九次常委会决定增补委员 3 人；四届十三次常委会决定增补委员 9 人。本届委员总数达到 157 人。

第五届政协委员　1998 年 3 月至 2003 年 4 月，第五届云和县政协委员 135 人。其中，上届委员留任 65 人，占 48.1%；新进委员 70 人，占 51.9%。五届六次常委会决定增补委员 6 人，委员总数达到 141 人。

第六届政协委员　2003年4月至2007年3月，第六届云和县政协有委员136人。其中，上届留任委员73人，占53.7%；新进委员63人，占46.3%。六届五次常委会增补委员6人；六届十一次常委会增补委员10人，委员总数达到152人。

第七届政协委员　2007年3月至2012年2月，第七届云和县政协有委员143人。其中，上届留任委员67人，占46.8%；新进委员76人，占53.2%。七届五次常委会调整委员职务10人，并同意增补委员12人，委员总数达到145人。

第二节　政协常委会

中国人民政治协商会议云和县委员会成立以来历经七届。县政协常务委员会第一届至第七届设专（兼）职正、副主席、秘书长，2007年3月，第七届县政协设主席1人、专（兼）职副主席 5人、秘书长1人。

第三届政协常委会

1990年4月23日至28日，中国人民政治协商会议云和县委员会三届一次会议在云和县城召开。选举产生主席1人、副主席4人、秘书长1人，常务委员19人。

云和县政协第三届主席、副主席、秘书长、常委一览表

表21-1-3

职　务	姓　名	籍　贯	党　派	文化程度	任职时间
主　席	颜佐周	永康	中共党员	大学本科	1990.4—1993.5
副主席	翁新弟	温州	中共党员	大学本科	1990.4—1993.5
	章铭模	宁波	无党派	中专	1990.4—1993.5
	魏裕永	云和	无党派	大专	1990.4—1993.5
秘书长	陈品生	丽水	中共党员	初中	1990.4—1993.5
常务委员	王为民　王存义　王曾渭　叶岩明　刘思和　阮在中　李祥荣　张胜娟（女）　汪浩平　陈正亚　胡显宗　高达天　高荣照　唐德珠　傅　瑜　富娇莲（女）　蓝荣清　雷宗长　魏德音（女）				

第四届政协常委会

1993年5月14日至19日，中国人民政治协商会议云和县委员会四届一次会议召开。大会选举产生主席1人，副主席3人，秘书长1人名，常务委员23人，组成第四届政协常务委员会。

云和县政协第四届主席、副主席、秘书长、常委一览表

表21-1-4

职　务	姓　名	籍　贯	党　派	文化程度	任职时间
主　席	田理富	缙云	中共党员	高中	1993.5—1996.3
	符香环（女）	云和	中共党员	大学本科	1996.4—1998.3

续表 21-1-4

职　务	姓　名	籍　贯	党　派	文化程度	任职时间
副主席	蓝世根	云和	中共党员	中专	1993.5—1998.3
	王曾渭	湖州	无党派	中专	1993.5—1998.3
	张胜娟(女)	嵊州	无党派	大学本科	1993.5—1998.3
	桑国忠	宁波	无党派	大学本科	1995.3—1998.3
	傅　瑜	淳安	民盟	中专	1996.4—1998.3
秘书长	何建荣	云和	中共党员	大专	1993.5—1996.3
	黄荣德	丽水	中共党员	大专	1996.4—1998.3
常务委员	王为民　王华飞　王厥三　毛荣理　叶岩明　叶祥锋　朱向平　刘祖如（女）吴秀文　杨晓明　李祥荣　李瑞启　汪浩平　陈正亚　陈军平　郑明淳　夏如春(女)　唐德珠　傅　瑜　童少锋　蓝建伟　雷长清　魏德音(女)				

第五届政协常委会

1998 年 3 月 26 日至 31 日，中国人民政治协商会议云和县委员会五届一次会议召开。选举产生主席 1 人，副主席 5 人，秘书长 1 人(兼)，常务委员 19 人。五届四次会议增补李凡等 3 人为常务委员，常务委员总数 22 人。

云和县政协第五届主席、副主席、秘书长、常委一览表

表 21-1-5

职　务	姓　名	籍　贯	党　派	文化程度	任职时间
主　席	符香环(女)	云和	中共党员	大学本科	1998.3—2003.4
副主席	官亦民	云和	中共党员	大学本科	1998.3—2003.4
	蓝世根	云和	中共党员	中专	1998.3—2003.4
	傅　瑜	淳安	民盟	中专	1998.3—2003.4
	杨　伟	云和	中共党员	大学专科	1998.3—2003.4
	廖复新	云和	无党派	大学本科	1998.3—2003.4
秘书长	杨伟(兼)	云和	中共党员	大学专科	1998.3—2003.4
常务委员	王雨杰　王厥三　叶利华　叶岳云　叶祥锋　刘祖如(女)　李　波　李　凡　吴瑞松　陈一青　陈惠民　陈东晓　卓小毛　周贤池　柳春华　赵常山　夏如春(女)　高达天　梅良志(女)　童少锋　蓝利华　魏德音(女)				

第六届政协常委会

2003 年 4 月 13 日至 19 日，县政协六届一次会议召开。4 月 19 日，大会选举产生主席 1 人，副主席 5 人，秘书长(兼)1 人，常务委员 19 人，组成云和县政协第六届常务委员会。

云和县政协第六届主席、副主席、秘书长、常委一览表

表 21-1-6

职　务	姓　名	籍　贯	党　派	文化程度	任职时间
主　席	符香环	云和	中共党员	大学本科	2003.4—2007.3
副主席	杨　伟	云和	中共党员	大学专科	2003.4—2007.3
	廖复新	云和	无党派	大学本科	2003.4—2007.3
	黄文伟	永康	中共党员	大学本科	2003.4—2007.3
	柳春华	龙泉	无党派	在职研究生	2003.4—2007.3
	童少锋	温州	民盟	大学本科	2003.4—2007.3
秘书长	杨伟（兼）	云和	中共党员	大学专科	2003.4—2007.3
常务委员	王素梅（女） 王厥三　刘祖如（女）　李　凡　杨大杨　吴瑞松　邱伟荣　邱潘秋　陈宣蔚　陈惠民　陈善鸿　练巧忠　柳笑伟（女）　夏达且　高达天　黄伟雄　雷日炎　颜小云　魏德音（女）				

第七届政协常委会

2007 年 3 月 12 日至 16 日，县政协七届一次会议召开。大会选举产生主席 1 人，副主席 5 人，秘书长 1 人，常务委员 18 人，组成云和县政协第七届常务委员会。

云和县政协第七届主席、副主席、秘书长、常委一览表

表 21-1-7

职　务	姓　名	籍　贯	党　派	文化程度	任职时间
主　席	马国华	永康	中共党员	大学	2007.3—
副主席	胡惠民	缙云	中共党员	大普	2007.3—
	廖复新	云和	无党派	大学本科	2007.3—
	黄文伟	永康	中共党员	大学本科	2007.3—
	童少锋	温州	民盟	大学本科	2007.3—
	彭招平	湖南湘乡	中共党员	大学	2007.3—
秘书长	蓝晓荣	云和	中共党员	大学本科	2007.3—
常务委员	叶长火　朱伟文　刘祖如（女） 邱潘秋　汪哲梅（女）　陈　彪　陈方华　陈明亮　钱　挺　陈宣蔚　陈惠民　陈善鸿　练巧忠　项希盛　柳兰岳（女）　黄伟雄　魏德音（女）				

第三节　政协工作机构

1991—2010 年，中国人民政治协商会议云和县委员会历经七届，各届委员会建立相应具体工作机构，机构的设置随着形势发展有所不同。政协云和县第一届委员会设立 2 个专门委员会，第七届设立 9 个专门委员会。每届委员会下设工作组（委），正、副组长（主任）由政协云和

县委员会常委会研究决定任免。政协云和县委员会办公室，是县政协常设机构，设主任、副主任各 1 名。1991 年，云和县政协办公室核定编制 7 人（不含主席、副主席、秘书长）。2010 年，政协办公室下设秘书科、综合科，工作人员 7 人。

专门委员会

1990 年 4 月至 1993 年 5 月，政协云和县第三届委员会设提案、学习、文史等专门委员会 3 个。

1993 年 5 月至 1998 年 3 月，政协云和县第四届委员会设提案、学习、文史等专门委员会 3 个。

1998 年 3 月至 2003 年 4 月，政协云和县第五届委员会设提案、文史专门委员会 2 个。

2003 年 4 月至 2007 年 3 月，政协云和县第六届委员会设提案、文史资料、工业经济、农业农村、财贸经济、个私经济、科技教育、文化体育、医药卫生、三胞民族宗教、社会法制等专门委员会 11 个。

2007 年 3 月至 2012 年 2 月，政协云和县第七届委员会设工业经济、农业农村、财贸金融、民营经济、科技教育、文化新闻体育、医药卫生、港澳台侨民族宗教、社会法制等专门委员会 9 个。

工作组

政协云和县第三届委员会，设教育体育工作组、医药卫生工作组、文化新闻工作组、工业交通工作组、财贸工作组、农林水工作组、民族宗教工作组、祖国统一工作组、群众团体工作组、法纪工作组等工作组 10 个。

政协云和县第四届委员会，设教体、医卫、文体新闻、工交、财贸、农林水、工商联、民族宗教、祖国统一、群众团体、法纪等工作组 11 个。

政协云和县第五届委员会，设教体、医卫、文化新闻、工交、财贸、农业、祖国统一、工商联、党群法制等工作组 9 个。后工作组改称为专门委员会，并根据工作需要增设 2 个专门委员会，共设专门委员会 11 个。

2003—2010 年云和县政协办公室主任一览表

表 21-1-8

主　任	任职时间	主　任	任职时间
夏长水	2003.10—2007.03	蓝晓荣	2007.03—

第二章　政协会议

云和县政协全体会议、常委会议、主席会议是履行政治协商、民主监督、参政议政职能的主要形式。每次全体会议，委员列席县人民代表大会，并就政府工作、国民经济和社会发展计划、财政预决算、人民法院和人民检察院工作报告等方面问题进行协商，提出意见建议。每次常委会议和主席会议，分别就贯彻落实中央、省、市、县有关文件（会议）精神，协商讨论大政方针和重大问题，审议决定政协委员会调研、考察、视察等重要活动。政协全体会议、常务委员会会议、主席会议视具体议题邀请党政领导和政府部门负责人到会，就经济建设、社会发展和人民群众普遍关心的热点、难点、焦点问题，通报情况，解疑释惑，开展面对面的交流和协商。政协委员会全体会议一般每年召开一次，常务委员会一般每季度召开一次，主席会议一般每月召开一次。

第一节 政协全体会议

政协委员会全体会议是政协委员最集中的参政议政形式。会议主要议题有：选举政协委员会主席、副主席、秘书长和常务委员；听取和审议政协常务委员会工作报告和提案工作报告；讨论并通过有关决议；参与对国家和云和重大事务的协商讨论，提出建议和批评。1990 年 4 月至 2010 年 3 月，政协云和县委员会共举行全体会议 22 次。

第三届政协全体会议

1990 年 4 月至 1993 年 5 月，政协云和县第三届委员会共举行全体会议 3 次。

第一次全体会议 1990 年 4 月 23—28 日在云和县机关会堂举行。大会听取并审议主席颜佐周作县政协二届常委会工作报告和副主席翁新弟作二届三次会议以来提案处理情况报告及三届一次会议提案审查报告；列席县人大十届一次会议听取并协商代县长胡叔通作的政府工作报告及相关报告。组织学习全国政协七届三次会议和省政协六届三次会议精神等，听取文史委王存义作关于文史工作情况的报告；会议经无记名投票选举产生县政协第三届委员会主席 1 人、副主席 4 人、秘书长 1 人，常务委员 19 人。本次大会应到委员 135 人，实到 134 人，特邀 33 人，列席 86 人。

第二次全体会议 1991 年 4 月 8—11 日举行。大会听取副主席魏裕永作县政协三届常委会工作报告及副主席翁新弟作三届一次会议以来提案工作情况报告和提案委员会副主任章康成作三届二次会议提案审查情况的报告；列席县人大十届二次会议听取《政府工作报告》及有关报告。委员们分组审议和讨论协商政协工作报告及政府工作报告等；大会应到委员 138 人，实到委员 135 人，特邀人员 31 人，列席人员 83 人。

第三次全体会议 1992 年 3 月 24—27 日在云和机关会堂举行。会议听取并审议政协副主席叶再思作三届委员会常委会工作报告和政协副主席翁新弟作三届二次会议以来提案工作报告及三届三次会议提案审查情况的报告；列席县人大十届三次会议听取并讨论协商政府工作报告及有关报告。大会组织学习党的十三届八中全会精神等。大会应到委员 137 人，实到委员 134 人，特邀 15 人，列席 99 人。

第四届政协全体会议

1993 年 5 月至 1998 年 3 月，政协云和县第四届委员会举行全体会议 5 次。

第一次全体会议　1993年5月14—19日在云和影剧院举行。大会听取叶再思作关于云和县政协换届工作情况报告；听取并审议颜佐周作三届政协常委会工作报告和翁新弟、蓝世根分别作三届3年来提案工作总结、四届一次会议关于提案审查情况的报告；列席县人大十一届一次会议听取并协商讨论刘秀兰代县长作政府工作报告等6个报告；会议经无记名投票选举产生县政协第四届委员会主席1人、副主席3人、秘书长1人、常务委员23人。大会应到委员135人，出席委员134人，特邀、列席116人。

第二次全体会议　1994年4月11—15日在云和影剧院举行。会议听取政协主席田理富作四届委员会常务委员会工作报告及副主席蓝世根作四届一次会议以来提案工作情况报告和四届二次会议提案审查情况报告；列席县十一届二次人大会议听取政府工作等6个报告；大会应到委员145人，出席委员143人，特邀42人，列席72人。

第三次全体会议　1995年3月20—24日在云和县机关会堂举行。大会听取并审议田理富主席作县政协四届委员会常委会工作报告和副主席蓝世根作四届二次会议以来提案工作情况报告及四届三次会议提案情况审查报告；列席县人大十一届三次会议听取并讨论协商政府工作报告及相关报告。会议经无记名投票选举桑国忠为县政协第四届委员会副主席。大会应到委员145人、出席委员136人、特邀48人、列席73人。

第四次全体会议　1996年4月7—12日在云和县影剧院举行。会议听取县政协副主席蓝世根作四届委员会常务委员会工作报告及副主席桑国忠作四届三次会议以来提案工作情况报告和四届四次会议提案审查情况的报告；并列席县十一届人大四次会议听取政府工作报告等6个报告。会议经无记名投票选举符香环为县政协主席、傅瑜为副主席、黄荣德为秘书长。大会应到委员145人、出席委员143人、特邀34人、列席72人。

第五次全体会议　1997年3月24—27日在云和县机关会堂举行。会议听取县政协主席符香环作四届政协常务委员会工作报告和副主席蓝世根作四届四次会议以来提案工作情况报告及四届五次会议提案审查情况报告；列席县人大十一届五次会议听取政府工作报告等6个报告。大会应到委员135人、出席委员133人、特邀39人，列席80人。

第五届政协全体会议

1998年3月至2003年4月，政协云和县第五届委员会举行全体会议5次。

第一次全体会议　1998年3月26—31日举行。会议听取政协主席符香环作县政协四届常务委员会五年来工作报告；听取副主席蓝世根作五届政协委员安排情况和四届政协提案委员会工作情况及五届政协一次会议提案审查情况报告。列席县人大十二届一次会议，听取政府工作报告等6个报告。大会应到委员135人，出席委员128人，特邀43人，列席93人。会议经无记名投票选举产生县政协第五届常务委员会主席1人、副主席5人、秘书长（兼）、常务委员19人。

第二次全体会议　1999年3月15—18日在云和影剧院举行。会议听取政协主席符香环作五届委员会常务委员会工作报告和副主席杨伟作五届一次会议以来提案工作情况报告及五届二次会议提案审查情况报告；列席人大十二届二次会议听取政府工作报告等6个报告。

大会应到委员139人、实到委员133人、特邀46人、列席101人。

第三次全体会议 2000年4月10—14日举行。会议听取政协主席符香环作五届二次会议以来的常务委员会工作报告和副主席杨伟作五届二次会议以来提案工作情况报告及五届三次会议提案审查情况报告。大会应到委员136人、实到委员107人、特邀45人、列席105人。

第四次全体会议 2001年3月19—22日举行。会议听取政协主席符香环作五届委员会常务委员会工作报告和副主席杨伟作的五届三次会议以来提案工作情况报告及五届四次会议提案审查情况报告；列席人大十二届五次会议听取政府工作报告等报告。会议经无记名投票选举产生常委3人。大会应到委员137人、实到委员122人、特邀53人、列席103人。

第五次全体会议 2002年3月25—28日举行。会议听取政协主席符香环作五届委员会常务委员会工作报告和副主席杨伟作五届四次会议以来提案工作情况报告及五届五次会议提案审查情况报告；列席人大十二届六次会议听取政府工作报告等6个报告。大会应到委员138人、实到委员133人、特邀42人、列席99人。

第六届政协全体会议

2003年4月至2007年3月，政协云和县第六届委员会举行全体会议5次。

第一次全体会议 2003年4月13—19日举行。会议听取县政协主席符香环作第五届政协常务委员会工作报告和副主席杨伟作五届政协提案工作报告及六届一次会议提案审查情况报告；列席人大十三届一次会议听取并协商县人民政府工作等6个报告。会议经无记名投票选举产生县政协第六届常务委员会主席1人、副主席5人、秘书长（兼）、常务委员19人。大会应到委员136人，实到委员133人，特邀52人，列席91人。

第二次全体会议 2004年3月8—11日举行。会议听取政协主席符香环作县六届政协常务委员会工作报告和副主席杨伟作六届常委会关于提案工作情况及六届二次会议提案初审情况报告；列席人大十三届二次会议听取并讨论协商政府工作报告等6个报告。大会应到委员140人，实到委员136人，特邀48人，列席93人。

第三次全体会议 2005年3月15—18日举行。会议听取县政协主席符香环作六届政协常务委员会工作报告和副主席杨伟作六届常委会关于提案工作情况及六届三次会议提案初审情况报告；列席人大十三届三次会议听取并讨论协商政府工作报告等6个报告。大会应到委员145人，实到委员137人，特邀48人，列席95人。

第四次全体会议 2005年11月15—16日举行。会议协商讨论云和县国民经济和社会发展第十一个五年总体规划（征求意见稿）。经无记名投票增选胡惠民为县政协第六届委员会副主席。大会应到委员145人，实到委员130人，特邀38人，列席2人。

第五次全体会议 2006年3月27—30日举行。会议听取县政协主席符香环作六届政协常务委员会工作报告和副主席杨伟作六届常委会关于提案工作情况及六届五次会议提案初审情况报告；列席了县十三届人大五次会议，听取并讨论《关于云和县国民经济和社会发展第十一个五年规划纲要的报告》以及其他有关报告。大会应到委员145人，实到委员135人，特邀54人，列席95人。

第七届政协全体会议

2007年3月至2010年3月，政协云和县第七届委员会举行全体会议4次。

第一次全体会议　2007年3月12—16日举行。会议听取六届政协主席符香环作六届委员会常务委员会工作报告和六届政协副主席杨伟作的六届常委会关于提案工作情况及副主席黄文伟作七届一次会议提案初审情况报告；列席县十四届人大一次会议，听取并讨论政府工作等报告。会议经无记名投票选举产生县政协第七届常务委员会主席1人，副主席5人、秘书长1人，常务委员18人。大会应到委员143人，实到委员137人，特邀56人，列席107人。

第二次全体会议　2008年3月17—20日举行。会议听取主席马国华作七届委员会常务委员会工作报告和副主席黄文伟作七届一次会议以来提案工作情况报告及七届二次会议提案初审情况报告；列席县十四届人大二次会议，听取并讨论政府工作等报告。大会应到委员145人，实到委员137人，特邀60人，列席102人。

第三次全体会议　2009年3月16—19日举行。会议听取主席马国华作七届委员会常务委员会工作报告和副主席黄文伟作七届二次会议以来提案工作情况报告及七届三次会议提案初审情况报告；列席县十四届人大三次会议，听取并讨论政府工作等报告。大会应到委员145人，实到委员140人，特邀57人，列席105人。

第四次全体会议　2010年3月21—24日举行。会议听取主席马国华作七届委员会常务委员会工作报告和副主席胡惠民作七届三次会议以来提案工作情况报告及副主席黄文伟作七届四次会议提案初审情况报告；列席县十四届人大四次会议，听取并讨论政府工作及其他有关报告。本次大会应到委员142人，实到委员137人，特邀56人，列席104人。

第二节　政协常委会议

政协常务委员会在委员会全体会议闭会期间，审议通过提交中共云和县委、县人大常务委员会、县人民政府的重要建议案；根据秘书长的提议，任免副秘书长；决定云和县政协内设机构的设置和变动，并任免其成员；协商决定该届政协委员会的参加单位、委员名额和人选的增加和变更，协商决定下届委员会的参加单位、委员名额和人选。1990年1月至2010年12月，政协云和县委员会举行常务委员会会议113次。

第三届常务委员会会议

1990年1月—1993年4月，政协云和县第三届常务委员会共举行17次会议。听取中共云和县委、云和县人民政府和有关部门关于全县政治、经济形势和改革进展情况以及社会治安综合治理、精神文明建设、城镇建设、1992年公费医疗管理办法、小商品市场筹建情况、车站绿化问题有关情况、农业综合开发和扶贫工作等情况通报；审议通过《政协云和县三届常务委员会工作规则》和《政协云和县三届委员会工作组(委)组织简则》以及县政协工作计划；就推荐任用非中共人士提出建议人选。

第四届常务委员会会议

1993年4月至1998年3月，政协云和县委员会第四届常务委员会共举行26次会议。听取中共云和县委、云和县人民政府和有关部门工作思路和关于财政预算执行情况及专项清理工作情况、关于依法治县及“三五”普法情况、教育教学质量年活动情况、农村社会治安综合治理情况、加强新形势下反腐败斗争情况、农业生产和扶持政策到位情况以及城镇建设、工业生产、金融工作、医药市场管理、两个文明建设等情况通报；协商通过“三委十一组”的工作组（委）设置及其负责人名单和委员编组的意见；审议通过《政协云和县四届常务委员会工作规则》和《政协云和县四届委员会工作组（委）活动简则》；听取《关于理顺关系，加强管理，进一步开发库区渔业资源的建议案》的办理情况通报。

第五届常务委员会会议

1998年3月至2003年4月，政协云和县委员会第五届常务委员会共举行28次会议。听取中共云和县委、云和县人民政府及有关部门工作思路和关于部分乡镇行政区划调整方案、《云和县城中心区控制性详细规划》等3个分区规划编制情况、科教兴县情况、重点工程建设情况、城镇供水情况、个私经济发展情况、社保事业发展情况、财政地税工作情况、农业经济运行情况、企业改制情况以及农业发展、农民增收、小学布局、网点调整、雪梨发展等情况的通报；决定设立“二委九组”（工作组由12个调整为9个）的第五届政协委员会工作机构。

第六届常务委员会会议

2003年4月至2007年2月，政协云和县委员会第六届常务委员会举行23次会议。听取中共云和县委、云和县人民政府及有关部门工作思路和关于全县经济社会发展情况、雾溪水库饮用水资源保护情况、金融部门支持地方经济建设情况以及教育、农业农村工作、农民新村建设等情况的通报；审议通过县政协专委会工作考核办法、主席会议工作规则及委员约谈制度等；审议通过《关于推进云和县南方早熟梨基地建设的建议案》。

第七届常务委员会会议

2007年4月至2010年12月，政协云和县委员会第六届常务委员会举行19次会议。听取中共云和县委、云和县人民政府及有关部门工作思路和关于全县经济社会发展情况、土地开发利用管理问题、纪检监察工作情况，“两集中、两到位”实施情况以及少数民族经济社会发展、生态环境建设等情况的通报；协商讨论《县政协关于全县作风建设民主监督情况的报告》；审议《县政协乡镇委员联络组工作规则》及乡镇委员联络分组方案。

第三节　政协主席会议

主席会议由主席、副主席、秘书长组成。1990年1月至2010年12月，云和县政协召开主席会议243次。

第三届主席会议

1990年1月至1992年12月，政协云和县第三届委员会召开20次主席会议。1991年3月18日第三届第七次主席会议，传达浙江省政协六届四次会议精神，研究政协云和县第三届常务委员会第七次会议有关事项。5月29日第三届第九次主席会议，回顾上半年工作情况，商定召开常务委员会会议、中秋茶话会、辛亥革命80周年纪念会等事项。

第四届主席会议

1992年12月至1998年3月，政协云和县第四届委员共召开52次主席会议。1993年7月24日第四届第二次主席会议，研究讨论政协云和县第四届常务委员会第二次会议有关事项，听取到山东考察及到杭联系工作等情况通报。1997年2月28日第四届第三十八次主席会议，研究决定政协云和县第四届常务委员会第二十次会议有关事项，传达浙江省政协七届五次全会精神。

第五届主席会议

1998年3月至2003年4月，政协云和县第五届委员会召开75次主席会议。2000年9月26日第五届第三十六次主席会议，研究当前工作，传达通报地区信息工作会议及县人大常委会、县长办公会议等有关会议精神。2002年11月12日第五届第六十四次主席会议，传达党政联席会精神，商讨研讨会准备工作，商讨走访委员相关事宜，协商讨论2003年工作思路。

第六届主席会议

2003年4月至2007年3月，政协云和县第六届委员会召开51次主席会议。2003年8月4日第六届第五次主席会议，听取文史委工作汇报，研究近期工作安排，协商决定主席会议工作规则、委员约谈制度等。2004年11月5日第六届第二十次主席会议，协商确定政协成立20周年系列纪念活动有关事宜，总结2004年政协工作，探讨2005年政协工作思路。

第七届主席会议

2007年3月至2010年12月，政协云和县第七届委员会召开45次主席会议。2008年4月22日第七届第十四次主席会议，分别听取县民政局、县政协办公室关于云和县部分乡镇行政区划调整方案说明和县政协开展部分乡镇区划调整调研情况汇报。2009年10月29日第七届第三十三次主席会议，学习传达中共浙江省委关于贯彻落实十七届四中全会精神有关决议、中共丽水市委关于加强和改进人民政协工作的意见，听取办公室关于县政协年度工作情况的汇报，研究讨论近期工作。

第三章　履行职能

政治协商，民主监督，参政议政是中国人民政治协商会议的基本职能。云和县政协履行职能的主要形式是政协全体会议、常务委员会会议、主席会议，或根据需要召开的专题协商座谈、研讨、情况通报、意见建议反馈及对口联系和提案交办等，共商经济建设和社会发展大计；通过政协常务委员会会议和各委组活动，专题听取党委、政府或有关部门的情况通报，提出意见和建议；通过专题座谈会、研讨会、对口联系和咨询服务，献计献策；通过专题调查考察和信息反映，沟通党和政府与各界的联系；最后通过大会发言、建议案、提案、调查报告、会议纪要等形式参政议政。

第一节　政治协商

1990年1月至2010年12月，云和县政协委员会全体会议期间，与会委员均列席云和县人民代表大会，就政府工作报告进行协商，提出修改意见建议。坚持重大事项事前通报制度，在知情的基础上参政议政。

政府工作报告协商

1990年起，在每次召开人民代表大会前，县人民政府将政府工作报告、国民经济和社会发展计划执行情况及财政预算执行情况报告、人民法院报告、人民检察院工作报告的征求意见稿发到政协委员，广泛听取意见。政协常务委员会会议，通过听取县委、县人民政府负责人和各职能部门的情况通报，就重大方针、政策的执行，政府工作报告的具体实施进行协商。在县政协第六届委员会第一次全体会议期间，委员们列席第十三届人民代表大会第一次会议，听取政府工作报告，通过小组讨论和大会发言，围绕农业产业发展、工业结构调整，发展科技、教育医疗卫生事业，加强文化建设等方面提出意见和建议。

政协常委会专题协商

第三届政协　协商决定建立“二委十组”的工作组（委）设置及其负责人名单；协商讨论《云和县处理党政干部违法违章违纪建、购私房的实施细则》；协商讨论有关人事安排；协商讨论第三届政协第二次、第三次全体会议及第四届政协换届有关事宜；协商讨论云和县人民政府即将提交县人代会审议的工作报告及其他报告。

第四届政协　协商云和政协十周年纪念活动有关事宜；协商讨论有关人事安排；协商讨论第四届政协第二次、第三次、第四次、第五次全体会议及第五届政协换届有关事宜；协商讨论云和县人民政府即将提交云和县人代会审议的工作报告及其他报告。协商通过“三委十一组”的工作组（委）设置及其负责人名单和委员编组的意见；审议通过《政协云和县四届常务委员会工作规则》和《政协云和县四届委员会工作组（委）活动简则》；协商通过《关于理顺关系，加强管理，进一步开发库区渔业资源的建议案》

第五届政协　协商通过《关于加快云和县木制玩具业发展的建议案》；协商讨论有关人事安排；协商讨论第五届政协第二次、第三次、第四次、第五次全体会议及第六届政协换届有关事宜；协商讨论云和县人民政府即将提交云和县人代会审议的工作报告及其他报告。

第六届政协　协商决定11个专委会设置；协商《中共云和县委关于加强和改善党的领导，推进人民政协工作制度化、规范化、程序化建设的实施意见》；协商讨论有关人事安排；协商讨论第六届政协第二次、第三次、第四次、第五次全体会议及第七届政协换届有关事宜;协商讨论云和县人民政府即将提交云和县人代会审议的工作报告及其他报告。

第七届政协　协商讨论有关人事安排;协商讨论第七届政协第二次、第三次、第四次全体会议有关事宜;协商讨论云和县人民政府将提交云和县人代会审议的工作报告及其他报告。协商讨论《县政协关于全县作风建设民主监督情况的报告》。

第二节　民主监督

1990年,第三届政协以来,组织学习考察、视察调研510余次,参与活动的委员及有关专业人员达4300多人次。主要涉及库区开发建设、农业农村农民的“三农”问题、农业综合开发、扶贫解困奔小康、科教兴县战略、工商贸易旅游业发展、科技文教卫生事业、城乡建设、民族区域经济、社会与法制、综合治理等方面。结合重要事项及政协自身工作,几十次组织政协常委、工作组(委)负责人、委员赴省内外数十个兄弟市、县考察学习、交流取经。

调研视察

第三届政协　围绕科技兴农,发展獭兔、香菇、玩具生产,车站及小商品市场建设以及农村幼儿教育和民族地区经济社会发展等课题,组织开展视察、调研活动。写出《关于紧水滩、石塘两大库区开发情况的调查报告》《关于双港乡、崇头镇獭兔生产情况》《关于袋料香菇生产情况》《关于三个“千亩基地”生产情况》等调查报告。教体组、群团组等分别或联合对幼儿园、职高及9所中小学、预备役军人学校等,先后进行视察调研,综合分析写出多篇调查报告,对云和县职业教育、九年制义务教育、幼儿教育及学生课外活动等,提出有针对性的意见、建议。政协有关领导还组织县政协机关、法制工作组等,会同城建、工商等有关部门先后对云和镇的交通、市场、卫生、市容等方面的重点地区、地段以及紧水滩镇的水电、公房设施等进行视察调研,提出城镇、集镇建设方面的综合性意见建议。民宗组组织委员到畲族山村调查了解民族地区社会经济状况,向他们宣传民族及宗教政策等,共商创业与发展经济之计。

第四届政协　围绕党政中心工作,深入基层调查视察68次,写出调查报告70篇,形成颇有影响的调研成果。写出《关于云和县紧、石库区渔业管理体制和经营机制情况调查》《关于理顺关系、加强管理,进一步开发库区水产资源的建议案》的报告。政协办公室、工商联组等5次组织委员深入个私企业、有关乡镇对非公有制经济的发展问题进行调查研究,相继写出关于“非公有制”经济发展问题的报告及《木制玩具行业的忧思》等木制玩具发展方面的调查报告多篇,反映和提请县政府及省级主管部门帮助协助解决生产原料、出口手续、玩具商品材拆率等问题,以及私营企业发展的5条针对性意见建议等。教体、文化新闻、民宗、医卫组等先后单独或组合对九年制义务教育、教育附加费、中小学生德育教育、社会文化市场管理、民族地区社会事业发展以及妇幼保健卫生事业和中医药工作、药品市场管理等,展开较为广泛的考察、调查调研活动，针对发现的问题和情况，提出一些合理的意见、建议。

第五届政协 围绕全县经济建设和社会发展中的重点问题，采取多种形式开展专题调研、重点视察活动共120余次，写出具有一定参考价值的调研报告、专题材料共73件。对一些重点、难点、热点问题经过常委会议专题协商、讨论，或组织对口协商讨论后，以常委会议建议案或会议纪要等形式报告县委、县政府，不少成果成为党政领导掌握实情、进行决策的重要依据，并转化为有关部门改进工作的工作措施。这些调研、视察活动主要涉及农业增效农民增收、农业农村经济、农村奔小康、雪梨产业化、木制玩具发展、科技兴县战略、科技承包、特色工业经济与特色园区建设、市场建设及重点工程建设、农民新村建设等城市化建设及“创卫”工作、行政区划调整及社区建设、中小学布局调整和乡镇卫生院危房改造、社保改革、农村劳动力转移及菇民异地开发等等。2000年，县政协相继组织5个调研组，深入10多家玩具企业和有关部门，对云和县木制玩具生产、经营等方面作全面系统的调查，经五届十三次常委会议专题协商向县政府提交《关于加快云和县木制玩具业发展的建议案》，得到县委、县政府的高度重视。

第六届政协 着重就20多项重大课题开展调研、视察活动，形成20多篇具有较高质量的调研报告，提出百余条有一定价值的意见建议。围绕云和县经济发展环境问题，开展优化创业环境、非公经济发展法制环境、招商引资宣传氛围等调研活动；围绕社会关注的热点、难点问题，组织委员开展中国木制玩具城和二期农民新村建设及中国摄影家综合创作基地、抗战文化保护、库区网箱养鱼、云和雪梨产业化发展以及在统筹城乡发展的总课题下围绕“三农”问题，组织6个专题组先后开展农产品专业合作社、小康村建设、农村信用社支农工作、农村教育现状、农村医疗卫生状况和少数民族经济发展情况等视察调研活动，形成的调研成果经政协常委会进行专题协商后，向县委、县政府提出具有一定参考价值的意见建议。

第七届政协 组织安排委员就普光寺农民公寓建设、杨柳河项目开发等课题视察调研15次，形成视察报告10余篇。其中，《关于杨柳河项目开发建设情况的视察调研报告》引起县政府高度关注，作出具体批示，要求有关部门对报告提出的对策建议认真研究、落实。在第三届中国木制玩具节筹办期间，常委会组织委员开展专题视察，撰写《第三届中国木制玩具节筹备情况调研报告》，为第三届中国木制玩具节成功举办献计献策。

反映社情民意

反映社情民意是政协履行职能的有效形式和重要载体。云和县政协反映社情民意信息工作由一名副主席主管，秘书长直接抓，政协机关相关人员认真收集、撰写，工作组（委）及委员直接参与或积极提供素材，政协例会等数十次研究、商讨信息工作。1990—2010年，县政协撰写编发《云和政协》简报670期，《社情民意》特刊135期，向县委、县政府以及新闻媒体提供信息1800余条。县政协的信息及时反映工作组委及委员学习考察、调研视察、社会服务活动等参政议政情况，及时反映肝胆相照、民主协商的意见建议；及时反映基层实情及社情民意。如关于云和县木制玩具折率问题，以信息向上反映后省政协2次通过《信息专刊》向省林业厅反映，引起林业厅的重视，有关要求得到部分落实；《建议免缴或返还城镇教育费附加上缴部分，以扶持山区教育发展》的信息，被市委办及省政协办采用。“交费逾四月，迄今电未通，园丁新村集资户反映强烈”的信息通过“社情民意”信息编发后，县政府分管领导阅后批示，有关职能部门迅速作出反应予以落实。

第三节　参政议政

提案工作

提案是人民政协履行政治协商、民主监督职能的一个重要方面，也是政协委员、工作组(委)以及参加政协组织的党派、人民团体行使民主权利，积极参政议政的重要方式。云和政协自1991年第三届委员会至2010年第七届委员会期间，收到委员提案3128件。县政协提案工作委员会与县委办公室、县政府办公室联系协作，开好提案交办会、督办会、督查会，通过座谈会、协商会、对口联系会、跟踪调查等形式，督促提案落实。按照分级负责、归口办理的原则，由相关承办单位分别落实办理委员提案。

第三届政协　政协云和县第三届委员会第一次、第二次、第三次全体会议，收到提案448件，立案433件，参与提案的委员210人次。其中，涉及工农商等经济建设方面131件、科教文卫方面120件、政治法纪与劳动人事及统战政策方面129件、其他16件。

第四届政协　政协云和县第四届委员会第一次、第二次、第三次、第四次、第五次全体会议，先后收到提案643件，立案524件，参与提案的委员共436人次。其中，涉及经济建设和改革开放方面204件、科教文卫173件、政治民主法制与廉政及劳动人事方面131件、基础设施建设37件、政法及其他80件。

第五届政协　政协云和县第五届委员会第一次、第二次、第三次、第四次、第五次全体会议，收到提案671件，立案655件，参与提案的委员共有522人次。其中，涉及工农商贸业方面273件、基础设施建设、环保方面99件，精神文明和科教文卫方面113件，农村水利水电方面12件、民主法制建设与政协统战方面129件。

第六届政协　政协云和县第六届委员会第一次、第二次、第三次、第四次、第五次全体会议，先后收到提案627件，立案593件，参与提案的委员233人次。其中，涉及改革开放与经济建设方面89件、精神文明建设与科教兴县方面121件、民主法制建设方面等45件、工农财贸与城建环保方面214件、党建民主法制与社会保障及政协统战等方面71件、农林水利方面16件、工业交通18、人事劳动、政法及其他29件。

第七届政协　政协云和县第七届委员会第一次、第二次、第三次、第四次、第五次全体会议，收到提案739件，立案732件。涉及工业交通、金融财贸、城建环保、农林水利等方面的提案396件，有关科技、教育、文化、卫生、体育等方面的提案109件，有关政协统战、民主法制、社会保障、人事劳动等方面的提案128件、有关经济方面的提案99件。

大会发言

政协大会发言,是政协履行政治协商、民主监督、参政议政的一种基本形式之一,是政协委员及参加政协组织的民主党派、人民团体参政议政、献计献策的重要载体。云和县政协重视委员会全体会议上委员的发言,会前通过文件或常委会、工作组(委)会议进行布置部署;工作组(委)、团体及委员们积极调查了解,听取群众意见与反映,经综合研究与分析后,撰写发言材料。

云和县政协自第三届一次全会以来,按照议程安排惯例,每届全体会议安排大会发言的议程,截至第七届五次全会止,共安排22次大会发言,有460委员人次提交发言材料,402人次作大会发言。主要就党委和政府工作提出建议、意见;对经济建设与社会事业发展以及改善人民群众生产生活问题和民主法制建设等方面献计献策;以及对政协、统战工作经验、工作方法等方面的体会、探讨等。

第三届政协 政协云和县第三届有65名委员在大会上发言,涉及农业综合开发、加快食用菌及云和雪梨发展、增强企业活力、精神文明建设、深化教育改革等。有《以整风精神学习贯彻六中全会决定 加强党与人民群众的联系》《加强和改善共产党的领导 弘扬社会主义民主政治》《我对库区开发提三点建议》《谈谈云和县獭兔系列开发项目的对策》等发言。1990年,关于“深化教育改革,提高办学效益”等大会发言,提出关于教育布局、教育体制等改革及提高教育教学质量等问题,建议云和中学应重点办好高中,二中应重点办好初中的建议和意见等,很快得到重视采纳,推动全县教育布局更趋合理化,对促进教育质量的提高创造有利环境。

第四届政协 政协云和县第四届委员会有84名委员在大会上发言,内容涉及依靠科技进步、脱贫攻坚、再创木制玩具辉煌、提高教育质量、中国特色社会主义理论与实践等方面。有《学习有中国特色社会主义理论 建立社会主义市场经济新思路》《关于发展农村经济的五点建议》《大力发展食药用菌生产 振兴云和山区经济》《关于库区渔业资源开发利用的建议》等发言。1993年,关于《深入贯彻十四大精神,切实加强政法工作》的发言,反映社会各界的呼声,引起县委、县政府的重视,并将专项治理、社会治安综合治理、“三五”普法等有机结合起来,作为依法治县的突出内容来实施,同时提出重视公安、政法队伍建设等问题。1997年,关于《农村文化生活的困惑与对策》的发言,受到与会的县领导,乡镇、部门负责人的高度评价,认为发言客观地反映农村文化生活的现状,提出的对策很有针对性,对农村的文化建设应引起各方面的重视。

第五届政协 政协云和县第五届委员会74名委员在大会上发言。有《抓实抓好再就业工程 妥善解决企业职工生活出路》《认真贯彻教育方针 全面推进素质教育》《建好市场 促进云和香菇业发展》《关于云和县发展无公害蔬菜的几点思考》等发言。1998年,关于《对云和县林业可持续发展的看法》以及《要保护和发展环境这一特殊生产力》的发言,得到县党政领导和部门负责同志的好评。在县政协主席会上,根据上述发言材料以及云和县林业资源保护和旅游发展需要,提出《关于建立云和县生态林业工程的建议》,把林业建设与生态环境有机结合起来,引起县委、县政府的高度重视,一些建设性的意见被县里采纳。1999年,县委、县政府十分重视关于《进一步加强科学普及工作力度》《提高教师素质,适应时代要求》等发言,认为这是实施科教兴县和可持续发展战略的关键,提出的一些针对性、建设性意见和建议得到采纳,有的体现在“十五”计划中。

第六届政协　政协云和县第六届一次至五次全会,76名委员作大会发言。《加大招商引资力度 实现跨越式发展》《努力开创生态文明的新局面》《坚定信心　加快发展　努力打造南方早熟梨基地》《实施名牌战略　发挥品牌效应》等。2004年,是云和县全面实施农村康庄工程和推进农业产业化进程的关键年,县委、县政府关注县政协六届二次全会上关于《强化措施,全面推进乡村康庄工程》和《发展专业合作社,推进农村产业化》等委员发言,认为这是为县委、县政府决策的民主化、科学化提供智力支持。

第七届政协　政协云和县第七届政协一次至五次全会期间,有103名委员在大会上发言。《从时代高度出发　发展大众文化》《大力加强人民调解工作　筑牢维护和谐稳定的第一道防线》《关于加快云和县农家乐发展的思考》《转“危”为“机”努力保持工业生产稳定》等。2009年,关于《转“危”为“机”努力保持工业生产稳定》《加强引导完善服务大力推进民营企业自主创新》等发言,引起有关部门的关注和重视。

第四章　文史　联谊

云和县政协注重文史资料的收集和编辑出版工作。利用春节、中秋和其他重大节日开展联谊活动,以此联络感情,增进共识。同时,在委员中开展“练内功提素质”活动。1991—2010年,县政协先后编辑出版文史资料和多类专题书籍共12册;召开台湾同胞、港澳同胞、海外侨胞亲属和各界代表人士座谈会、茶话会80余次,开展医疗、科技、文艺、法律“四下乡”和咨询服务活动780余次;运用报告会、座谈会、探讨会、学习心得交流会和理论研讨会及创办《云和政协》(内部刊物)等各种方式,督促委员学习,争做学习模范,有100余篇论文在会上和刊物上交流发表。

第一节　文史工作

1984年,县政协文史资料研究委员会成立,不断征集各种有关史料。1991—2010年,县政协相继编辑出版文史资料和多类专题书籍12册。

1991年,出版《浮云集》特辑。特辑共有诗词54首,计1.8万字。作者是云和县辛亥革命先驱者魏兰，诗集以辛亥革命时代为历史背景，原版出于1914年，1916年后经多次印刷，由章炳麟、陶承渊、徐文镜分别作序。

1992年，出版《云和银矿》的矿产特辑。特辑有《云和县银矿分布图》和《明代天顺黄家畲坑管银官局石碑图》各1份，全书有文史资料7篇，计1.9万字，介绍明代以来云和银矿开采情况。

1993年，出版特辑《云和水陆重镇赤石》。由县政协文史委和县移民安置办联合编印，共5篇资料，计2500字，印发1500份。

1994年，为纪念县政协成立10周年而收集出版10年来县政协工作的活动内容，出版文史资料第五辑《云和政协十年》专辑。全辑5大篇（另加3个附件）计8.3万字，印800本。

1995年，出版《云和历代山水诗词选》特辑。特辑中有诗词418首，计10.4万字，作者136人。全书从历代诗词中选编而成。所谓“历代诗词”是指宋、明、清、近代和现代游览者所作.诗词。

1998年，出版《建国后史料第一辑》。全书包括农业、工业、人文教育、邮电、工商及其他一些历史性的资料，34篇计12.8万字，作者27人。

1999年，出版《云和移民史话》专辑。专辑有文史资料42篇，16.2万字，分五大部分，作者36人。县长为本书作“序”。专辑集中反映雾溪水库、梅垄水库、新安江水库、紧水滩水库、石塘水库、玉溪水库和沙铺垄水库等7个水库7批移民搬迁前后的基本情况。

2002年12月，出版《云和木制玩具史话》专辑。书中着重回顾总结玩具生产的发展历史过程和振兴现状，共有33篇文章，12.3万字，作者25人。

2004年4月5日，县政协六届十三次主席会议研究，并经常委会讨论决定修编《云和县政协志》。县政协志编纂工作始于2004年5月中旬，近1年时间编委会终审定稿付印。《云和县政协志》共6编、20章、62节，近50万字，有领导题词5首、形象照片69幅。

2005年，编辑发行《抗战与鼠疫》，该书真实地记录反映第二次世界大战时，日本侵略军在云和县进行绝灭人性的细菌战。共计34篇，约9万字，作者17人，印发1500册。

2008年，出版《抗日战争时期浙江省会云和》。全书分成“烽火省会”“浙铁纪事”“铁血捍卫”“细菌侵略”“红色印记”和“人物履痕”六部分，收录160多篇相关文章、50多幅珍贵图片，60余万字。

2010年，出版《王树英诗文书稿丛残》。全书收录云和县清代著名诗人、书法家王树英不同时期的代表诗作、书稿和纪念文章130多篇。该书的出版拉开县政协《印象云和》系列丛书编印发行的序幕。

第二节　联络联谊

“三胞”接待与海外侨胞

1991—1993年，云和县政协会同统战部门接待“三胞”107人次，并为他们参观、旅游、访友等做好服务工作。台胞周楠赠送他的《经济学》《觉庐文集》，华寿南赠送的《家教取材》《百家姓》等著作，由县图书馆统一收藏利用。1993 年，县政协配合县台办接待回乡探亲、旅游台胞 29 人次，并协助办理 4 名台属赴台港探亲，为回乡定居的张大超解决建房难、看病难等问题。1998 年，县政协民宗组协助有关部门做好台胞侨胞接待联谊工作，接待回乡探亲访友的台胞侨胞 100 多人次;6 月中旬，在省政协的协调及省政协有关领导的带领下，香港乐声电器有限公司主席李达三率省政协港澳委员考察团来云和考察，对云和经济、社会发展提出独到的意见，贺一诚等 3 位港澳委员捐资 60 万元，各资助 1 所扶贫学校的建设。

2001—2003 年，县政协接待回乡探亲、访友、考察、投资的“三胞”96 人次，走访台属 97 人次，为 11 位台属联系解决建房等生产、生活困难。

2004—2010 年，县政协接待回乡探亲、访友、考察、投资与商贸活动等“三胞”及侨胞 115 人次，走访“三胞亲属 136 人次。并从各个方面继续做好三胞”和海外侨胞及其家属的联络联谊及商贸洽谈活动等服务工作。

横向交流联谊

1991 年，县政协先后接待云和籍在外工作的学者、专家 17 人。同时与云和旅外人士 200 多人建立文史资料和联络方式。1993 年，省政协副主席丁德云带领扶贫医疗队（14 位专家）来云开展为期 4 天的扶贫义诊。同年，淳安县政协一行 10 人于 11 月来云和考察库区开发建设、食用菌生产以及看望、慰问淳安县新安江移民，在此基础上两县政协签订友好协作协议。1993 年、1994 年，省政协副主席陈法文 4 次带领代表团对云和县库区开发建设进行考察和开展咨询服务及智力扶贫活动。1994 年，丽水地区政协工委一行 4 人对云和县库区网箱养鱼以及笋竹两用林基地建设进行考察指导；淳安县政协领导 4 次率团莅云考察指导，有 3 位水产专家随行帮助云和设计《紧水滩水库渔业资源开发利用的建议和小顺库湾综合开发利用的实施方案》。1995 年，省政协副主席詹少文率省工商联一行 14 人到云和县扶贫考察，深入新云玩具厂、城西工业区等实地考察了解情况，县委、县政府、县政协主要领导及有关部门负责人与考察组进行座谈、探讨。1996 年 8 月省政协秘书长李青组织企业家 11 人到云和县扶贫考察，在听取县情况汇报后审阅 13 个洽谈项目可行性论证报告，实地考察 6 个乡镇，提出指导性意见。1997 年 4 月，省水产局、省淡水产研究所及地区水利局等有关专家多人到云和，就紧水滩库区养殖小银鱼和网箱养鱼问题作专题调研。

1998 年，省政协领导先后 6 次率团到云和调研考察，洽谈和落实捐资扶贫建校等项目。1999 年，省政协有关领导 3 次到云调研和检查指导扶贫工作，与安徽省石台县结成友好县，两县政协进行互访交流。

2000 年，省政协副主席王务迪组织有关方面人士 8 人到云和考察少数民族工作，县政协领导及县委、县政府和有关部门领导陪同考察，并进行汇报交流。11 月，省致公党秘书长、省政协委员黄炳烈一行在地区政协工委副主任蓝光谅的陪同下莅云，县政协领导及卫生、医药系统负责人陪同考察中药材生产，听取指导意见。2001 年，县政协先后接待省、市政协领导对云和县木制玩具园区和紧水滩库区建设情况、农产品专业合作社、农业园区、工业园区、坪阳岗畲族文化村等进行调研考察。2002 年，县政协接待省政协副主席陈文韶率领的政协农业与农村工委有关专家到云和视察生态公益林建设情况，县政府、县政协有关领导及有关部门负责人陪同，并做情况汇报，同时，听取专家们提出的意见建议。

2004 年 5 月，全国政协委员、浙江大学教授攀建人等 14 人到云和开展生态环境、木制玩具发展情况的调研活动，县政协领导陪同考察，向专家们汇报云和县生态建设等情况，并认真地听取他们的建设性意见。

1991—2010 年，云和县政协先后接待省、地、县以及外省、市等政协有关领导 141 批次 1000 余人次。到云和参观、考察木制玩具生产、食用菌生产、库区开发等项目，探讨交流政协工作如何更好地为经济建设服务等事项。

县内联谊

1991—2010 年，县政协利用春节、中秋和其他重大节日开展联谊活动，举办迎春联欢会、中秋茶话会、电影招待会、教师节座谈会、委员拜访活动、非公经济界人士座谈会及重大纪念联谊活动等 100 余次。接待“三胞”、海外华侨、云和籍在外各方面人士近千人，走访“三胞”及海外华侨家属 1500 余人次；组织委员开展医疗、科技、文艺、法律“四下乡”和咨询服务活动 780 余次。

第三节　学习宣传

云和县历届政协以马列主义、毛泽东思想、邓小平理论、“三个代表”重要思想和科学发展观为指导。运用报告会、座谈会等各种方式，及时组织委员学习党中央重大会议精神，传达全国、省、市政协重要文件精神。学习建设有中国特色社会主义理论；学习中国共产党的路线、方针、政策；学习统一战线、人民政协的知识。把上级的指示精神与本县的实际进行有机的结合。会同县委统战部、党校以及宣传部等，联合举办诸如“政协统战多党合作”“怎么搞好政协工作、怎样当好政协委员”，以及“学习特色理论心得体会”“理论与实践相结合”等内容的探讨会、学习心得交流会和理论研讨会，百余篇论文进行交流。弘扬理论联系实际的马克思主义学风，提倡多花一点时间读书、多花一点时间研究政策、多花一点时间搞调查、多花一点时间理性思考、多提一些有价值意见建议的“五多”精神，争做学习的模范。同时，常委会以《云和政协》（内部刊物）为宣传工具，使委员了解提案落实、史料征集、调研视察、社情民意反馈、联谊宣传活动等情况。同时，开展横向交流活动。

1999 年，抓住“三庆”契机（中华人民共和国成立 50 周年、人民政协成立 50 周年、澳门回归祖国），举办政协统战理论专题讲座、政协知识讲座、撰写论文参加地区政协理论研讨会。文史委会同县诗词协会编印 300 首《三庆歌吟》诗词集；与县烟草专卖局联合举办政协知识竞赛，以及庆政协成立 50 周年座谈会和广播电视讲话、澳门回归座谈会等系列活动，宣传人民共和国的辉煌成就和人民政协的历史功绩，宣传共产党领导的多党合作与政治协商制度，弘扬爱国主义精神，增进与县领导、政协老领导及委员、各族各界之间的广泛团结。2001年，在中秋节、国庆节前夕，举行“迎国庆贺中秋学习江泽民总书记‘七一’重要讲话”专题报告会，县领导、全体政协委员、各界人士代表、政协及统战部离退休老同志们等欢聚一堂，既是一次集中学习，又突显民主与团结的活动氛围。

2003—2007年，县政协多次组织专委会主任等到宁波、温州、绍兴等发达地区考察学习，促进互相交流，开阔视野，增进友谊。2004年，全国政协委员、中国科技馆馆长王渝生莅云作科技进步与区域经济发展知识讲座，全体政协委员参加。

2007—2010年，县政协组织机关干部到淳安、绍兴等地考察政协队伍建设情况，吸收先进经验，借鉴成功做法，更好地促进工作。先后与桐庐、浦江、衢江等兄弟政协围绕食用菌技术推广、少数民族文化保护及大型水库综合整治等工作开展交流。同时，宁波、绍兴、衢州等地政协先后到云和考察学前教育、“小县大城”发展战略、委员管理等工作，巩固双向交流机制。2010年6月，成立县政协书画摄影之友社，承办全市政协第四次书画展，增进全市政协系统书画爱好者艺术交流，丰富政协文化建设新形式、新内容。磐安、桐乡、德清、普陀等地政协先后来云参观考察，就“小县大城”发展模式、劳动力就业培训、城乡一体化和职业教育等内容开展双向交流学习。

第二十二篇　民主党派　社会团体

中华人民共和国成立后，工会、共青团、妇联相继建立县级和基层组织，工商业界则成立云和县工商业联合会。社会团体逐步健全、开展活动正常。

改革开放后，民主党派在云和发展成员，建立基层组织的有民盟云和县支部委员会，截止2010年，民盟云和县总支委员会下设3个支部，盟员49人。

至2010年底，全县有基层工会344个、会员18508人；有基层团（工）委30个、基层团（总）团支部329个，专职团干部28人，团员4978人。全县有乡镇妇联组织14个，农村妇代会170个，社区妇代会6个，城镇机关企事业单位妇委会39个，巾帼文明岗66个，妇联专兼职干部59人。云和县工商业联合会（总商会）有各经济类会员152家（人），行业商会4个。这些社会团体围绕中共云和县委在各时期的中心工作，紧密联系、团结基层群众，都在各自组织中发挥着党的桥梁和纽带作用，为云和云和的改革开放、经济建设、社会发展和文化繁荣贡献力量。

第一章　民盟云和县支部委员会

1986年，民盟丽水科技支部云和小组成立。1988年12月7日，云和民盟小组从丽水科技支部析出，民盟云和县支部委员会成立，直属民盟浙江省委。2005年8月14日，民盟云和县第五届支部委员会经民盟丽水市委会批准，升格为民盟云和县总支委员会。2008年7月，配置专职干部1人。至2010年6月，民盟云和县总支委员会下设3个支部，盟员49人。2003—2006年，被民盟浙江省委评为省级先进支部，2008年被民盟浙江省委评为浙江省民盟社会服务工作先进集体。

第一节　组织建设

1986年，省地矿厅杨柳舒(盟员)调回云和工作，同年，傅瑜加入民盟，后发展张选青、杨慧中入盟。民盟丽水科技支部云和小组成立，有盟员4人。1988年12月，民盟云和县支部委员会成立，直属民盟浙江省委。通过民主选举产生民盟云和县第一届支部委员会，杨柳舒任支部主委，盟员10人。1989—2010年，民盟云和县总支委员会发展新盟员39人。至2010年6月，盟员49人，其中经科支部19人占39%，医卫支部14人占28%，教育支部16人占33%。

1991年12月27日，选举产生第二届支部委员会，傅瑜任支部主委，有盟员19人。

1996年11月18日，选举产生第三届支部委员会，傅瑜任支部主委，有盟员28人。是年8月，民盟云和县支部下设云和中学小组、云和二中小组、科技卫生小组、行政综合小组4个。

1999年12月6日，选举产生第四届支部委员会，傅瑜任支部主委，盟员29人。

2002年4月23日，选举产生云和县第五届支部委员会，童少锋任支部主委，盟员38人。

2005年8月14日，民盟云和县第五届支部委员会经民盟丽水市委会批准，升格为民盟云和县总支委员会。下设经济科技、教育、医卫3个支部。

2007年3月9日，选举产生第六届民盟云和县总支委员会，童少锋任支部主委，盟员40人。

第二节　参政议政

盟员参政

云和盟员担任政协领导职务，直接参与参政议政。傅瑜，担任政协云和县委员会第四届、第五届副主席；童少峰，担任政协云和县委员会第六届、第七届副主席。

云和盟员陈善鸿当选为2006—2010年丽水市第二届人大代表。

1998—2010年云和盟员任省、市政协常委、委员一览表

表22-1-1

届　次	姓　名	性　别	民　族	时任职务	任职时间
省第九届	陈惠民	男	汉	省政协委员	1998—2008
省第十届	蓝友梅	女	畲	省政协委员	2008—2013
市一、二届	童少锋	男	汉	市政协常委	2003—2012

1990—2010年云和盟员任县人大代表一览表

表22-1-2

届　次	姓　名	性　别	民　族	时任职务	任职时间
第十、十一届	张达武	男	汉	县人大代表	1990—1998
第十四届	陈　岑	男	汉	县人大代表	2007—2012

1990—2010年盟员任县政协常委、委员一览表

表22-1-3

届　次	常　委	委　　员	任职时间
第三届	傅　瑜　富娇莲	杨根生 杨柳舒　叶祥锋　杨慧中　陈惠民　蓝友梅	1990—1993
第四届	叶祥锋　童少峰	钟金根 廖锡震　陈惠民　傅　瑜　蓝友梅	1993—1998
第五届	卓小毛　童少峰　陈惠民	傅　瑜　叶祥锋　钟金根　蓝友梅	1998—2003
第六届	陈善鸿　陈惠民	毛云龙　夏冬冬　蓝友梅　林温云　韩慧琴　李土亮　林金娟	2003—2007
第七届	陈善鸿	毛云龙　黄育盛　夏冬冬　叶白枚　孙　健　蓝友梅　兰日升　林温云　韩慧琴	2007—2012

主要成果

1990年，民盟云和总支《要求在县人大、政府、政协中安排党外人士任职的提案》被评为县政协三届二次重点提案。

1994年，为加快云和县“木制玩具城”建设步伐，县民盟支部主动请缨，通过民盟浙江省委，联系国际著名社会学家、全国人大常委会副委员长、民盟中央主席费孝通，为云和题词“中国木制玩具城”。

1995年，傅瑜《关于要求政府收回并处理好新华厂无偿占用的房屋的建设》被评为县政协四届三次优秀提案；童少锋《关于要求拆除二中校门口的公用电话亭，保证学生安全进出校门口的提案》被评为重点提案。

1997年，叶祥峰《解决板栗保鲜和市场销路问题的建议》被评为县政协四届五次优秀优

秀提案。

1998年，傅瑜关于《政协委员、民主党派人士应充分发挥政治协商、民主监督作用》被评为县政协二届二次重点发言。民盟云和总支《关于云和中医院现状的调查》荣获省卫生厅优秀调研报告。

1999年，卓小毛《优化水稻品种结构的建议》被评为县政协五届二次优秀提案；民盟云和总支《关于建立云和县名师工程的提案》被评为重点提案。

2000年，陈惠民《关于解决紧水滩、石塘电站耕地占用税》《关于云和两库区移民开发资金》的提案得到中共云和县委、县人民政府重视，推动了该项目工作的进展。民盟云和总支《关于"挪活"房改资金，开办住房公积金贷款的建议》被评为县政协五届四次重点提案、年度优秀提案。

2002年，童少锋《农村寄宿制小学存在的问题及其对策》获省教育厅优秀调研报告。

2004年，陈惠民大会发言《城市化建设中特色文化内涵的灌注》被评为县政协六届二次会议优秀发言。

2008年，童少锋《关于提高改进离任干部经济责任审计工作策略的提案》被评为市政协二届三次会议重点提案、年度市优秀提案。童少锋《关注民办教育，扶持民办幼儿园发展》、黄育盛《开通城市公交的建议》、夏冬冬《关于整治城内河道的建议》被评为县政协七届二次会议重点提案。

2009年，总支《关于促进云和县观光农业和乡村旅游发展的提案》、毛云龙《加快云和湖开发与生态环境保护的建议》被评为县政协七届三次会议优秀提案；韩慧琴《关于尽快启动云和职技校综合实训基地建设基地的建议》被评为县政协七届三次会议重点、优秀提案。

2010年，总支《建议重点整治学校周边环境》获县政协七届四次会议重点提案。

第三节　社会服务

服务经济

20世纪90年代末，民盟云和支部撰写《加入WTO对木制玩具业的影响》，发表在《中国玩具》《浙江经贸》等媒体。20世纪初，撰写《建设浙江绿谷，助推丽水经济》，发表在《浙江经济》等媒体。2008年经济危机到来之时，非法集资问题显现，盟员及时调研，撰写文章，在县政协会议上发言，引起重视。盟员还适时地分析本县的综合循环经济问题，多篇文章发表在省市知名媒体。

服务文化

20世纪90年代初，民盟云和支部深入挖掘地方文化，提炼整理完成第一部全面介绍云和的影视作品《玩具之乡—诗化云和》，还出版《乡土云和》《浙江省会云和》。民盟云和总支组织"汀州风情唢呐"专场拍摄演出，配合浙江省"非物质文化遗产"保护，并组织申报省级非遗，取得成功。盟员组织拍摄专题电视片《水下故园》《经堂古道》《地名故事系列》等，专门研究明朝银矿、南宋宰相汤思退、红军挺进师等历史事实，撰写多篇文史文章发表在省市媒体。先后举办老年人保健知识讲座、青少年课外阅读讲座、鸦片战争150周年讲座等，听众达1000多人。

服务教育

民盟云和总支与基础较薄弱的梅源中学"青蓝接对"，相同学科的盟员带相同学科的年轻教师。主动与浙师大联系，争取浙师大与云和二中结成帮扶对子。送围棋进校园，挤出经费给城西小学送去棋牌、围棋、桌椅等设施。盟员及时提出《教育突围十策》，多次到梅源中学支教。

扶贫帮困

民盟云和总支先后多次组织规模化的社会服务工作，积极联系各地企业，开展扶贫帮困，共计帮困资金6万多元。组织或参加文艺会演、敬老院慰问、"爱心妈妈"等活动，为贫困孤寡老人送去慰问品和慰问金。同时，开展送科技、送文化、送法律、送医、送教、送春联等多项社会服务活动。

第二章　总　工　会

1963年5月，云和县总工会召开第一次代表大会。1990年，云和县基层工会形成以产业工人工会为主体的组织体系。至2010年，全县有基层工会344个、会员18508人。县总工会围绕经济建设，加强工会组织建设，健全职工代表大会制度，推进民主管理，开展创建"职工之家"和劳动竞赛活动，建立集体劳动合同制度，维护职工合法权益，调动职工积极性和创造性。2010年，县总工会获中华全国总工会全国工会系统"五五"普法先进单位称号。

第一节　代表大会

1996—2006年，云和县总工会先后召开第六次至第八次代表大会。

第六届工会代表大会

1996年3月28—29日，云和县第六届工会代表大会召开，出席代表140人。会议主题以经济建设为中心，创造性开展各项工作；服务大局，参政议政，知难而进，开拓进取，维护职工合法权益；提高职工素质，关心职工生活；加强民主管理和民主监督。选举产生第六届总工会委员23人，黄方仁当选主席。

第七届工会代表大会

2001年4月23—25日，云和县第七届工会代表大会召开，参加会议正式代表140人，特邀、列席代表140人。会议主题是强化工会法制建设，加大依法维护力度；推行集体协商集体合同制度；实施“送温暖”工程；加强自身改革和建设，提高工会整体素质和工作水平。选举产生第七届总工会委员24人，刘建新当选主席。

第八届工会代表大会

2006年5月25—26日，云和县第八届工会代表大会召开，参加会议正式代表145人，特邀、列席代表120人。会议主题是切实履行职责，维护职工的合法权益；抓好基层工会规范建设，巩固党的阶级基础和群众基础；创新重点工作，提升全县工会整体工作水平。选举产生第八届总工会委员26人，刘建新再次当选为主席。

第二节 基层工会

1992—1993年,基层工会数141个，1996年，全县职工8199人，会员7256人，基层工会191个。

1997—1999年，全县职工由6647人发展到9356人，会员由5242人增加到7932人，基层工会180个(其中私营企业3个)。2001年，县总工会被评为丽水市工会工作先进单位。

2002—2005年，全县有系统工委10个，乡镇工委14个，产业(局)工会4个，基层工会由249个发展到386个，工会会员由9921人增加到10680人。

2007年，全县有独立工会251家，工会联合会8家，会员13182人，其中非公企业会员7887人。

2008年，新建工会31家，其中独立工会30家，联合工会1家，覆盖企业30家，新发展会员1200人，基层工会换届38家。到年底，全县共有基层工会289家，会员14558人，其中非公企业会员9465人。

2009年，新建独立工会21家，新发展会员1528人。29家基层工会进行换届，截至9月底，全县共有机关、事业、国有企业、产业工会、非公企业工会组织310家，工会会员16086人，入会率达98%。

2010年，新建工会34家，新发展会员2422人。

1992—2010年云和县工会组织情况表

表22-2-1　　单位：个、人

年　份	基层工会数	会员数	职工数	年　份	基层工会数	会员数	职工数
1992	141	—	—	2005	386	10680	10910
1996	191	7256	8199	2010	647	18723	17600
2000	290	7381	7881	—	—	—	—

第三节　劳动竞赛

1991年，全县职工开展效益杯劳动竞赛，参与3500人，占企业职工总数的76.8%，增收30.31万元，节支5.53万元。

1994年，县总工会配合各单位中心工作，超额完成各项经济指标和生产任务服务，其中，经委磷肥厂职工开展“产、供、销”一条龙劳动竞赛，四月份生产磷肥、多效肥3700吨，实现销售额100多万元。雾溪水库职工开展抢进度、固坝体劳动竞赛，抢在汛期前修好“病危”水库大坝。县邮电局工会开展以“加快发展、提高质量、改善服务、增加效益”为中心内容的各项劳动竞赛。

2000—2007年，开展合理化建议、技术比武、技术革新和“我为节约作贡献”、“安康杯”安全生产竞赛等活动。2002年，新建技术协作组织2家，完成技贸成交额90万元。2003年，组织企业32家，员工3449人，参加“安康杯”安全生产竞赛活动。2005年，建立职业技能带头人制度，选聘一批县级和企业职业技能带头人，在技术创新，技术攻关中发挥作用。2006年，开展企业社会主义劳动竞赛和重点工程立功竞赛活动，参赛面分别是40%和80%；2007年，举办青年职工十个项目技术比武活动，全县各行业职工（其中玩具企业15家参赛职工80人）200人参加比武。

2008年，在工业园区开展安全生产大检查、安全生产教育和安全生产知识竞赛活动，43家企业职工2000多人参与竞赛答题。

2009年，参加市总工会维修电工、电焊工等技术比武选手5人，获电焊工比赛第一名，代表丽水市参加省级比武。

2010年，开展职工经济技术创新活动，学理论、学文化、学科学、学技术、学管理和练本领比技术。

第四节　劳模评选

劳动模范评选

全国劳动模范（五一劳动奖章）　全国劳动模范名额由全国总工会下达，县总工会负责推荐上报。1991—2010年，刘玲英、廖伟平2人被评为全国劳动模范。刘玲英、廖伟平、陆鑫坤、廖永平、叶培武、叶芳梅、梅小平7人先后获全国五一劳动奖章。

省级劳动模范　浙江省级劳动模范名额由省总工会下达，县总工会负责推荐上报。1991—2010年，叶芳梅、黄少英、何建荣、廖伟平、刘玲英、陆鑫坤、叶培武、廖永平、梅小平9人被评为省级劳动模范。

市级劳动模范 丽水市级劳动模范名额由丽水市总工会下达，县总工会负责推荐上报。1991—2010年，廖伟平、梅小平、鲁有福、叶岳云、梅显云、陈云飞、高昌波7人被评为丽水市劳动模范。

县级劳动模范 2005年，云和县开始劳动模范评选，每5年评选1次，至2010年年底，全县共评选出县级劳动模范8人。

落实待遇

1997年，开展历届劳模情况调查，对部省级以上劳模13人重新确认，落实相应的增资待遇。2002年，元旦、春节期间，慰问劳动模范和突出贡献人员29人，送去6000余元的慰问金和慰问品；2003年元旦、春节期间，走访慰问劳动模范、英雄及先进生产(工作)者25人，送去慰问品人民币5000元。在5月宣传周期间，组织全县劳模及先进生产(工作)者健康检查，对未参加医疗保险的劳模及先进生产(工作)者5人发放医疗补助4000元。2004年，落实省政府办公厅文件精神，落实劳模待遇，开展关爱劳模活动。发放慰问品8000余元，赠阅《浙江工人日报》和《浙江工运》等杂志。

2005年，建立各级劳模档案进行管理。元旦、春节期间走访慰问劳动模范和突出贡献人员30余人，送慰问金和慰问品6000余元，对没有医疗保险的劳模5人发放医疗补贴4000元。

2006—2010年春节期间，每年走访慰问省、市、县劳动模范和先进工作者以及高级知识分子160人次，发放慰问金6.08万元，对没有医疗保险的劳模5人发放医疗补贴1.2万元，每年组织全县各级劳模和先进工作者进行免费健康检查。给家庭困难劳动模范3人，发放慰问金6000元，2008年，落实省先进工作者邱千林同志按云和县年农民人均纯收入为标准的生活补助。

第五节 职工维权

民主监督

1984年始，云和县全面推行职工代表大会制度，建有职工代表大会制的单位每年举行一次代表大会，促进企业民主管理，维护职工合法权益。1991年，县总工会对全县职工代表335人和部分企事业党政领导以及县总工会委员、各系统工委正、副主任进行民主管理培训。

1997年，全县国有、集体及国有产权占主体的38家企业建立职代会，建制率达100%；25人以上55家企事业单位召开了职代会，占已建职代会的100%。对9个部门开展行风评议，对实施承诺制的部门进行民主监督。

1999年，根据中央纪律检查委员会和全国总工会的要求，在全县范围内开始推行厂务公开制度，加强民主监督，提高企业生产、经营的透明度。到年底，国有、集体企业职(教)代会建制率、民评率、招待费报告率达85%，12家企业落实厂务公开制度。

2000年，全县6家公有制企业和科教文卫41家事业单位，均建立厂务公开制度；在公有制企业中全面实施民主评议制度。

2002年，县工会制定厂务公开工作意见和考核办法，到企事业单位检查、指导、督促。有8家国有企业，35家科教文卫事业单位的厂务公开工作进一步深化，2家非公有制企业进行厂务公开试点。

2003年，开展职工民主参与、民主管理、民主监督活动，10家非公企业、34家国有及国家、集体控股企业和科、教、文、卫事业单位均落实厂务公开制度。2004年，国有、集体企事业单位全部推行厂务公开制度，26家规模以上非公企业实行厂务公开。

2008年，全县厂务公开、民主管理工作有序规范开展，全县43家国有企事业单位推行厂（院、校、所）务公开工作，其中国有企业8家，科教文卫事业单位35家，巩固率和推开面都达100%。全县59家非公规模企业，有48家推行厂务公开制度，推广面达81%。

2009年，国有、集体及非公规模以上企业普遍建立职代会、厂务公开制度，到年底43家国有企事业单位、65家非公企业推行厂（院、校、所）务公开。

2010年，全县公有制企业和事业单位职代会建制率和厂务公开建制率均达到90%。

推行集体合同制度

1996年，县总工会举办一期集体协商合作培训班，40个企业行政、工会领导60余人参加培训。指导企业工会或职工代表与相应的企业就劳动用工、劳动报酬、工作时间与作息休假、劳动安全与卫生等方面进行集体协商，21家企业协商签订集体合同，1998年，签订集体合同54家，续签集体合同3家。

2000年，推进集体协商集体合同制度，企业工会代表职工与企业签订集体合同。公有制企业集体合同建制率和职工覆盖率均达到100%；非公有制企业签订集体合同140家，建制率达96.5%；坚持集体合同草案，经职工（代表）大会讨论通过，建立相应的集体协商制度以及监督检查制度。

2002年，坚持以建立集体协商和集体合同制度为重点，形成劳动关系主体双方自我调节机制，维护职工合法权益。续签、新签集体合同、工资协商合同45份，覆盖企业217家，职工5995人。2003年，建立不同所有制企业平等协商集体合同联系点，并对集体合同开展正常的监督、协商活动。

2007—2008年，开展厂务公开经常性检查督促以及集体合同和工资集体协商合同履行情况的检查活动，建立非公企业推行厂务公开制度4家。全县规模企业劳动合同签订率达到95%，实行职工工资集体协商的企业占已建工会企业数的82%；签订女职工专项集体合同62家，涉及女职工3千余人。

2009年，签订女职工专项集体合同81家。2010年，独立建会企业集体合同和工资集体协商协议书签订率达82%。

权利保障

1996—1998年，组织劳动模范、先进人物和生产一线骨干14批534人外出休养。1998

年，云和县私营企业工会工作委员会成立。

2001年，县总工会开展《浙江省私营企业工会条例》宣传活动，人大领导作电视讲话，上街开展咨询，发放材料500余份，明确私营企业工会的权利和义务，维护职工和私营企业的合法权益。

2002年，联合相关部门对新颁布的《职业病防治法》宣传、对女工“五期”保护及企业使用童工的劳动用工制度检查维护职工权益。

2003年，建立云和县总工会困难职工帮扶中心，制定《困难职工帮扶中心工作制度》《关于做好困难职工帮扶救助工作实施办法》《法律援助工作实施办法》《信访工作暂行规定》等帮扶中心工作制度4项。开展下岗失业人员培训，协助促进再就业政策的落实。

2004年，云和县困难职工法律援助维权站成立，为困难职工提供无偿法律援助服务。

2005年，联合司法局成立“云和县职工法律维权中心”，推广义乌工会维权经验，完善维权机制，成立县总工会人民调解委员会，创造条件及时调处职工与职工，职工与企业，企业与企业之间的纠纷。开展职工法律援助活动，接受职工法律咨询等活动5件次。

2006年，开展“与外来民工同吃年夜饭”活动，与高速公路九标段外来民工同50人吃年夜饭，慰问金2500元。把工会掌握的因病致贫的困难职工纳入享受社会救助政策范围，推动社会保障政策的落实。2007年，坚持和完善政府与工会联席会议制度和劳动关系三方协商会议制度，推进劳动关系三方协商机制向乡镇和工业园区延伸，及时协商解决云和劳动关系的突出问题。

2008年，会同县安监局等10家单位在全县范围内开展以“综合治理、保障安全”为主题的“安全生产月”宣传活动，开展群众性劳动保护监督检查活动3次，参与劳动争议仲裁16件，参与工伤事故处理8起，查出安全隐患15余处。

2009年，创建劳动关系和谐企业及和谐工业园区，发动独立建会非公企业100多家签订“共同约定书”，形成企业关爱职工、职工关心企业、共谋企业发展和维护职工权益的良好局面，减少因劳动关系矛盾引发的不稳定因素。

帮困救急

1994年，基层工会倡议发动捐款活动18次，全县机关、厂矿企事业单位86个职工3200余人，向城镇特困户、乡下贫困农户、五保户、受灾户、失学儿童、重病困难户献爱心，共捐62174元，衣物6470余件，文具用品3000多件，图书350册。

1996—1999年，县总工会开展筹集基金“送温暖”活动，基层工会116个、会员4000余人捐款6万余元，慰问劳模、烈士家属、特困职工等727人，发放慰问品、慰问金15.26万元。

1998—1999年，总工会出资3500元帮助解决商坑下村饮用水和灌溉困难问题，购置电视、广播设备、沙发7套帮助张家地村创建党员活动室。

2000—2001年，开展“2000浙江福利彩票慈善大行动”，特困职工4人得到资助。同时出资5000元改造挂钩村自来水工程，解决1000多人饮用清洁卫生的自来水问题。建立基层职工互助保险组织5家，建立三级劳动保护监督网络，建立领导干部联系困难企业和困难职工制度，完成帮困结对35对。

2002—2007年，县总工会帮助困难职工566人，发放慰问金21.58万余元。走访慰问困难职工116户，增送温暖资金4.5万元。

2008年，开展"两节"送温暖，向四川灾区捐款活动，元旦、春节期间，慰问119户困难职工，发放慰问品、慰问金7.5万元。全县16户特困职工及农民工家庭的贫困学生16人获得每人1500元助学金，共计助学金额2.4万元；2008年5月16日，县总工会对在地震中受灾的在云四川籍农民工进行慰问，共向49户受灾农民工送去慰问金2.45万元。发动各企业工会开展为灾区募捐献爱心活动，近100家企业及员工通过红十字会、慈善总会等共捐款36万元，其中职工个人捐款11万元。

2009年，开通"12351"热线电话，规范帮扶工作管理软件，建档困难职工145人，实行动态管理。2010年，开展"冬送温暖""夏送清凉"等活动，慰问困难职工、下岗失业职工、农民工等152人，送去慰问金、慰问品9.8万元，举行"金秋助学"补助款发放仪式，全县困难职工及农民工家庭的22名贫困生获得每人2000助学金，共计助学金额4.4万元。

第六节　宣传教育

1991—2010年，围绕党在各个时期的中心工作，结合工会的特点，运用各种阵地进行宣传教育。办好职工业余学校，创建"职工之家"。

宣传教育

1991年，各基层工会配合建党七十周年宣传教育纪念活动，开展以爱国、爱党、爱社会主义为主题的"三热爱"系列活动和"双基""四职"教育，提升职工队伍素质。

1996—2001年，县工会共举办工会业务、劳动争议、电脑培训、成人高中文化补习班、财会中专班、下岗职工再就业培训等152个班，受培训人员共4823人次，其中结业、毕业615人，培训后上岗、再就业人员共计265人。

2002年，举办《中华人民共和国工会法》和浙江省实施《中华人民共和国工会法》办法知识培训6期，参加培训的基层工会干部622人，组织工会会员2700多人参加由省总工会、市总工会举办的《中华人民共和国工会法》《浙江省实施〈中华人民共和国工会法〉办法》知识竞赛，获二等奖1人，三等奖3人。2003年，开展职工政治思想、职业道德和科学文化教育活动，推动文明行业、文明单位、文明窗口等文明创建活动的开展。

2005年，根据《全市"创争"活动考核评估标准》，指导5家企业开展"创建学习型组织，争做知识型职工"活动。在全县女职工中开展"学习科学文化技能，争做知识型女职工，争做经济型能手，创工作佳绩，创女性品牌，创文明家庭"的"一学二争三创"活动，树立先进典型，指导面上工作。

2006年，举办再就业培训班18期，培训下岗失业人员共1436人次，职业介绍240人次，实现就业 80 人。举办财会中专自考培训班，招收新学员 61 人，毕业 55 人。

2007—2008 年，新建“创争”活动单位 1 家，班组 1 个。组织职工学习《中华人民共和国工会法》《中华人民共和国劳动法》《中华人民共和国劳动合同法》等法律法规，上街宣传、咨询，发放资料 300 多份，并利用平台，开设“职工维权知识”栏目。

2009 年，将工会干部的培训纳入县委组织部的主题培训计划，针对不同行业、不同层次、不同业务工会干部的需求，在省总工会干部学校举办机关事业单位工会主席培训班，基层工会主席 50 人参加培训。

2010 年，发挥工会“大学校”作用，广泛开展技能培训、技能帮带、技能竞赛、技能晋级“四位一体”的职业技能提升工程，采取送培训到企业，送职工到学校的方式，共举办各类培训班 4 期，参训 320 人。

文体活动

1991 年，工人文化宫阵地活动开放达 23.35 万人次，举办、联办各种全县性大型活动 34 次，参加活动的职工达 7.83 万人次。组建职工文学创作组、美术书法组、摄影创作组、书评组、戏剧组和厂长经理活动室；创办职工书评园地和《工人文化》报。在全国展出与发表的各类作品 16 件，省级的 27 件，地区级的 46 件，并编辑出版《读者书评》4 期 88 篇。开展全县性的大型活动，举办篮球赛、演讲比赛、趣味运动会、春节大型踩街灯会等活动。

1994 年，县总工会协助举办“英雄在我身边”主题演讲、百业巧能手表演、“老人节”游园活动、老年体协太极拳、木兰剑等比赛。坚持和发展文化宫书评活动，共出《读者书评》4 期，发表职工书评 55 篇，发行 400 多册，书评小组会员发展到 59 人，扩大社会影响力。

1996—2005 年，利用工会宣传教育阵地，开展全县性主题文体活动 122 次。举办全县职工歌手赛和职工歌曲创作赛、健康杯职工大合唱、森林杯职工飞镖等比赛，并出资协办“六一”儿童节、老年人运动会、重阳节活动、全民乒乓球赛等各项活动。

2006 年，送电影进工业园区和重点工程。举办以辛勤劳动、诚实守信为荣的庆“五一”企业社区文化联谊晚会，将廉政文化知识、《中华人民共和国工会法》《中华人民共和国劳动法》、安全生产知识、社会主义荣辱观融为一体。

2007 年，举办全县职工卡拉 OK 赛，全县职工业余歌手 68 人参加比赛。2008 年，“五一”期间，与县体育局联合举办“庆五一，迎奥运”全县职工趣味运动会，各基层工会参加运动会代表队 40 支，职工 400 多人。筛选职工摄影作品参加省、市职工摄影展，参赛作品 10 幅，获省三等奖 2 人。

2009 年，举办纪念新中国成立 60 周年职工大合唱比赛，全县机关、企（事）业单位代表队 11 支近千名演职人员参加比赛。联合县工商行政管理局、工商联、体育局及私营（民营）企业协会举办全县私营（民营）企业趣味体育运动会，参加比赛代表队 14 支，职工 200 余人。

2010 年，开展全县职工排舞大赛，参加演出代表队 9 支，职工 320 多人，观众 1800 多人。引导基层工会开展形式多样的职工文体活动。其中，财政地税局工会，成立篮球、乒乓球、舞蹈等兴趣小组 7 个。倡导“走近山水、走近书桌、走近球桌、远离酒桌、远离牌桌、远离尘嚣”的文明、健康生活方式。

职工之家

"职工之家"建于1991年。至2010年底，全县创建"职工之家"34个。1991年，县总工会开展"年创十家先进职工之家"活动，规定凡被评选为县级先进职工之家的基层单位，其工会主席均由县总工会授予"优秀工会工作者"称号。1998年，云和县人民医院工会获省"模范职工之家"称号。

2002年，开展创建省、市先进职工之家活动，全年创建合格职工之家10家，云和县电信局工会综合维护班工会小组被评选为省级模范职工之家。2004年，规模以上非公有制企业建县级合格职工之家28家，创建市级先进职工之家2家，省模范职工之家1家。2005年，云和县环卫所被评为省级模范职工之家。

2009年，创市先进职工之家2家，省模范职工之家1家，对获市先进职工之家5年以上的单位进行复评，提出整改意见。

第三章 共 青 团

1951年1月，云和县团代会召开，选举产生新民主主义青年团云和县工作委员会。1991—2010年，先后召开共青团云和县代表大会6次，有基层团委27个、团工委3个、团总支6个，团支部323个，团员4978人。

共青团云和县委，从建立适应社会主义市场经济发展的共青团工作机制入手，加强共青团自身建设，以培养有理想、有道德、有文化、有纪律的一代新人为目标，开展"建设新云和、争当新青年"活动，在云和改革开放和现代化建设中发挥团员青年突击手作用。2007年，团县委获得"全国乡村文化先进县""省级先进团委"称号；2008年，获得省级志愿服务"两项计划"优秀组织工作奖和"丽水市文明单位"称号；2009年，获得省级"志愿服务工作先进集体"荣誉称号，被评为省级"共青团工作先进信息站"。

第一节 代表大会

1991—2010年，共青团云和县代表大会先后召开6次。

第十三届团代会

1991年11月6至9日，中国共产主义青年团（以下简称"共青团"）云和县第十三次代表大会召开。出席大会代表150人，听取和审议共青团云和县第十二届委员会的工作报告，选举产生共青团云和县第十三届委员会，王九如当选团县委书记。

第十四届团代会

1994 年 10 月 31 日至 11 月 2 日，共青团云和县第十四次代表大会召开。出席大会代表 150 人，会议听取和审议共青团云和县十三届委员会所作的工作报告，选举产生共青团云和县第十四届委员会委员 19 人，十四届委员会第一次会议选举产生常务委员 7 人，戴邦和当选团县委书记。

第十五届团代会

1997 年 10 月 27—30 日，共青团云和县第十五次代表大会召开。出席大会代表 150 人，大会听取和审议共青团云和县第十四届委员会作的工作报告；选举产生共青团云和县第十五届委员会委员 19 人，十五届委员会第一次会议选举产生常务委员 7 人，邱伟平当选团县委书记。

第十六届团代会

2000 年 10 月 26—27 日，共青团云和县第十六次代表大会召开。出席大会代表 150 人，大会听取和审议共青团云和县第十五届委员会所作的工作报告，选举产生共青团云和县第十六届委员会，蓝伶俐当选团县委书记。

图 22-3-1 云和县第十七届团代会（2003 年摄 团县委提供）

第十七届团代会

2003 年 10 月 16—17 日，共青团云和县第十七次代表大会召开。出席大会代表 150 人，大会听取和审议共青团云和县第十六届委员会的工作报告，大会选举产生委员 18 人，常务委员 6 人，吕晓东当选团县委书记。

第十八届团代会

2007 年 12 月 12—13 日，共青团云和县第十八次代表大会召开。出席大会正式代表 150 人，大会审议并通过共青团云和县第十七届委员会作工作报告；选举产生共青团云和县第十八届委员会委员 23 人、候补委员 10 人，蒋璟璟当选团县委书记。

第二节 基层组织

建立健全农村基层、社区、非公有制企业、学校的基层团组织。2010 年，团县委有专职干部 6 人，机关内设机构 1 个（县希望工程工作办公室），直属事业单位 1 个（县青少年宫），直属官方社团组织 1 个（县志愿者协会），直管青年社团 4 个（“木头人”青年俱乐部、青年创业协会、篮球俱乐部和 12+1 山地车协会）。是年，新建 3 个机关单位团组织，对国有企业实现组织全覆盖，新建4个农村专业合作社团组织，建立首个驻外团支部即驻义乌团支部。

1991—2010年云和县团组织情况统计表

表22-3-1

年 份	基层团委(个)	团总支(个)	团支部(个)	团员(人)	专职团干(人)
1991	23	8	355	6985	24
1992	26	6	351	6815	24
1993	27	7	345	7003	24
1994	26	10	339	7133	24
1995	28	9	348	7089	24
1996	30	14	350	6905	24
1997	28	7	340	6926	24
1998	30	14	340	7063	27
1999	26	5	310	6720	24
2000	27	8	349	6789	23
2001	26	7	211	7312	23
2002	27	6	213	6908	23
2003	24	4	347	7246	21
2004	24	5	370	7043	25
2005	23	5	380	7001	8
2006	25	9	730	6469	5
2007	24	9	380	6226	9
2008	26	8	359	5226	8
2009	27	9	380	5370	14
2010	27	6	323	4978	18

第三节 思想政治教育

团县委把做好青年的思想政治教育放在首要，带领全县青年学习党在各个时期的路线、方针、政策，每年利用重大节日对青少年进行爱国主义、集体主义、社会主义教育和中华民族传统美德教育。2006年，成立未成年人法制教育基地。2010年，在全市预防青少年违法犯罪工作考核中获第一。

主题教育

1991—1995年，开展“什么是社会主义”大讨论，利用重大节日对青少年进行爱国主义、集体主义、社会主义教育和中华民族传统美德教育。

1996—2000年，举行18岁成人、升国旗、入团入队仪式，进行公民意识、社会公德、职业道德、家庭美德为主要内容的思想道德教育。围绕香港回归主题，开展香港回归100天倒计时“迎回归”万人签名、知识竞赛、征文比赛、文艺晚会等系列活动。组织全县团员青年学习邓小平理论、中共十五大报告、团十四大报告，举办演讲赛、座谈会、报告会、主题团会。举办慰问消防官兵联谊会、文明县城创建万人签名、云和改革开放20年报告会、迎澳门回归书画展等系列活动。2000年12月9日，组织全县年满18周岁中学生200人在云和中学德育基地举行成人宣誓仪式。

2001—2005年，各基层团支部组织广大青年学习十六大精神，学习《公民道德建设实施纲要》；组织团员深入社区、乡村宣讲十六大、十六届三中全会精神和“三个代表”重要思想，开展“建设‘一城三基地’青年怎么办”大讨论活动；邀请团中央“知心姐姐”杂志社的专家、参加过抗美援朝的志愿军授课，开展征文、演讲比赛，培养团员青年的民族自豪感；团县委理论中心组学习“七•一”讲话，人人撰写学习体会，在农村团员中开展“乡村文化周”活动。

2006—2010年，开展“社会主义荣辱观”和“树立科学发展观，青春奉献‘十一五’”“民族精神代代传”“知荣辱、行孝敬”主题教育活动，提升团员青年的思想素质；围绕“平安云和”建设，开展“青少年平安你我他”“青少年远离网吧”“青少年远离毒品”一系列宣传教育活动，联合法律部门举办9场学生“模拟法庭”和青少年课外法庭，加强法制教育。

青少年维权教育

2002年，开展《中华人民共和国未成年人保护法》和《中华人民共和国预防未成年人犯罪法》的宣传教育，在县人民法院设立云和县青少年法制教育基地，组织青少年学生50人参加庭审旁听、案件讲解。组织9所中学的5000名学生参加法律知识竞赛。

2003—2004年，团县委与司法等部门联合建立未成年人法律援助中心，构建青少年权益保护的社会化工作体系。

2005—2006年，引导青少年通过心理咨询服务热线“16866818”开展心理咨询与辅导，帮助青少年100多人解决心理困惑。

2007—2009年，团县委联合司法部门开设“模拟法庭”和青少年课外法庭，参加学生50人；建立联席会议制度，创建“青少年维权岗”，在全县中小学生开展“与法同行”征文比赛。

2010年，在各中小学校开展以“关爱生命、关注心理健康”为主题的青少年青春期心理健康教育活动，云和县在全市预防青少年违法犯罪工作考核中获得第一。

第四节　公益活动

“希望工程”扶困助学

1991年起，团县委以“希望工程”为扶困助学平台，动员社会各界关爱失学儿童，慷慨解囊捐资助学，使青少年重返校园97人。

1996年，一部反映向贫困地区献爱心为主题的电视剧《同在蓝天下》在云和拍摄。全县共收到省内外各界对“希望工程”捐资捐物59万元，其中援建“希望小学”2所，“希望书库”34个，结对资助学生600余人。

1997年，接受各类捐款62.2万元，援助失学少年112人，兴建“希望小学”1所，援建“希望书库”4个。1999年，解决下岗职工子女6人和贫困学生5人就学。

2000年，浙江圣雄集团、香港景范教育基金会分别捐资援建崇头镇和朱村乡希望小学，结对高中生2人、爱心行动1人、小学生7人，销售“希望工程”公益明信片1200套。

2003年，组织县小和崇头镇小结成长期帮扶对子，为崇头镇小送去由学生自愿捐献的1000件衣物和200册图书；为3名身患重病无钱医治的青少年发出倡议，捐款2万余元。先后为贫困中小学生12人结成助学对子，贫困大学生15人享受每学年2000元助学金，推荐贫困中学生3人到温州外国语学校就读，享受希望高中生待遇，在校所有费用全免，每月发给80元的生活费。先后组织希望小学骨干教师3人参加全国希望小学教师免费培训。援建崇头镇小等两所希望网校单点站，为其配置电脑、打印机、彩电、卫星电视接收器、VCD及配套教材碟片等设施，免费接收全国所有教育频道，让山区的孩子和城市同步学习。开展希望小学情况调查，建设希望工程项目库，筹建黄源乡希望小学。

图22-3-2　明德奖学金发放仪式（2004年摄　团县委提供）

2004年，建立大学贫困生学子库，向团省委、团市委争取明德奖学金、大学生爱心助学计划等项目的实施。收到社会各界资助款14.9万元，资助学生320人，其中小学生167人，初中生65人，高中生64人，大学生24人。

2006年，携手浙江少儿频道开展“这个冬天不再冷——送温暖”活动，募捐价值百万元的2万多件衣服和100床棉被分发给全县8000多名小学生和农村和社区贫困户2000多人，向黄源乡小等11所小学送去价值1万余元的壁挂音箱、大喇叭等100余件物品，部分农村小学送去希望书库。发放各类项目资金24.668万元。形成团县委县级贫困生学子库，翔实掌握全县的贫困生情况。成立“云和·成就助学金”，成就控股集团有限公司为“云和·成就助学金”设立留本冠名基金100万元，每年的增值部分（10万元）捐赠县贫困大学新生（该项助学金于2007年高考放榜后开始启用），这是外地企业在云和县设立的第一个助学金。

2007年，发放各类助学金44.6万元，资助贫困生418人。2008年，落实资助中小学贫困生353人，累计资助金额33.1万元，其中受助小学生197人、初中生60人、高中生96人；针对高中毕业将要走上大学的贫困生，重点开展“关爱贫困大学新生”助学行动，团县委落实资助贫困大学新生55人，资助金额23.2万元，全县贫困大学新生的受资助率达89%，实现总资助金额近80万元；争取平湖市财政地税局团委与沙铺乡中心小学结对助学，捐助1.5万元助学金和价值3000多元的学习用品。杭师大电气机械工程系团总支与梅源实验学校初一贫困学生的9人结对，帮助他们直到初中毕业。

2009年，重点做好“关爱贫困大学生助学行动”，落实资助贫困大学生140人，总资助金额101万元。

2010年，拓展希望工程覆盖面，全年帮助贫困学生5192人，筹集资助金额224.3万元。联系杭州师范大学钱江学院，爱心帮扶梅源实验学校，捐赠30台电脑。

青年志愿者行动

每逢元旦、春节期间，各基层团委组织“青年志愿者小分队”到农村、社区，给“五保”户、困难户、残疾人、下岗特困职工送温暖。

2000年，首届“中国木制玩具节”期间，组织600多名青年志愿者张贴宣传广告、接待来宾、维护展区秩序、布置晚会会场，帮助企业销售近万件玩具。11月份，组织职技校的青年志愿者到石塘镇、崇头镇、沙溪乡和黄源乡为农民义务修理家电。

2001年，组织“千名青年志愿者进农家”活动。3月4日，来自各行各业的100余名志愿者分成6个小分队，带着团员青年缴纳的特别团费和捐献的衣物及科技书籍奔赴全县14个乡镇的16个行政村开展“科技、文化、卫生”服务。为村民修理家电200余件，医疗服务近1000人，走访特困户60余户，分发1500余件衣物和1000份科普宣传资料，给品学兼优学生30人送希望丛书。

2002年，团县委下发《关于在全县推行注册志愿者制度的通知》，组建全县第一支社区注册志愿者队伍，帮助社区居民志愿服务。6月，开展“洁净云和、美化山城”活动，组织县城学校青年志愿者1100多人到各主要街道清理绿化带、绿化栏、墙壁上和灯柱上的“牛皮癣”；9月，组织青年志愿者500余人在县城中山街开展“你丢我捡”活动，主动参与创卫工作 。

图22-3-3 云和县青年志愿者为民服务(2004年摄 团县委提供)

2003年，开展“弘扬雷锋精神、参与志愿服务、建设精神文明”主题活动。3月5日举行青年志愿者集体宣誓仪式，成立青年志愿者法律服务队、医疗卫生服务队等6支专业性服务队，在新建路开展“学雷锋为民服务”活动，共为群众义务提供法律咨询、小家电维修等26个项目8000多人次的服务。组织团员青年积极参与非典型肺炎的防治工作。各级团组织通过广播、黑板报、主题团课等形式广泛宣传“非典”知识，全县共成立抗非典青年志愿服务队11支，发放各类宣传资料6500多份。为800多户外出务工家庭提供助耕帮种，开展农村环境整治活动11次。

2004年，开展“争创国家卫生县城”青年志愿者主题活动。3月，组织近千名青年志愿者举行“树云和形象，做文明使者，青年志愿者在行动”启动仪式暨青年志愿者表彰大会。在全市率先开展绿地认养和市政设施维护活动。给“三老”人员送去慰问金和物品总价值7000余元,为云和镇中心敬老院的孤寡老人“重晚情”慰问演出。

2005年,开展“创建省级文明城,争做文明云和人”为主题系列活动。在“三五”期间,组织开展“饮水思源雾溪行”志愿服务活动,对县第二自来水厂饮用水水源周边环境进行清理。通过宣传车、走村入户等形式向村民宣传《中华人民共和国水法》《中华人民共和国环境保护法》。在世界环境日,联合环保局到企业开展环保宣传。

2006年,在首届“中华名果——云和雪梨”展示会期间,青年志愿者承担开幕式、签约仪式等活动服务。

2007年,到农村宣传节能环保知识,从团省委、省扶贫办联系争取到价值10万元的8100只电子节能灯泡,分送到黄源、云丰等9个乡的农村贫困户。

2008年,配合县重大活动,发动青年志愿者参与创建省级示范文明县城和生态县的志愿者行动,发放宣传单,做好绿化、保洁、美化等工作;年底,城市公交车开通运营,青年志愿者服务即迅速跟进,做好各项服务。

2009年,组建云和县志愿者协会,建立禁毒、消防、社区矫正等志愿者大队,引导和发动各类主题志愿服务活动。

2010年5月4日,举行云和县志愿者协会成立大会暨“阳光志愿服务”行动推进会,对志愿者队伍规范建设、统一管理。是年,围绕中心工作,开展“助残日”“云和梯田开犁节”“省首届体育大会云和室内足球赛”等32次志愿服务活动。

服务万村行动

服务万村行动是共青团服务农村中心工作的举措。1996年,紧水滩镇金水坑村作为全国首批试点村开展服务万村行动,随后在沙溪乡长田村布点,以培植灵芝作为脱贫致富之路,云和工贸公司经理魏文华资助10万元,作为40余户村民种植灵芝的启动资金,长田村试种灵芝成功,被团省委列为扶持计划10个重点村之一。

1998年,团县委与县残联在15个乡镇设立青年志愿者助残联络站,为残疾人劳动生产提供深层次服务,组织生产技能培训,扶持残疾人创业。

1999年,团县委与沙铺乡挂钩扶贫帮困,推行“挂一联十”制度,帮助贫困户找项目,发展经济,脱贫致富。

2001年,组团参加浙江省青年优质农副产品贸易洽谈会。6月22—28日,团县委牵头组织了仙宫果业有限公司、绿元农业生物科技开发中心、县微生物研究所、仙宫湖茶叶研究所等单位参加了在杭州举办的省青年农洽会。展示云和县特色农业的成果,提高产品的美誉度。以示范基础为依托开展科技培训活动。全县共创建青年科技示范基地15个,开展活动56次,培训农村团员青年2100余人次。

2002年,联合县信用联社制定下发《关于信贷支持农村青年创业发展的通知》,这项政策为农村青年创业争取到16万元的低息贷款。

2007年,建立农村青年就业信息发布体系,每个乡镇设立就业信息牌,每月定期发布就业信息，全年发布岗位信息 1 万条。2010 年，组建云和县志友农村青年创业协会（首期会员 136 人），推进青年文明号创业创新示范行动。

保护母亲河

2000 年，实施“保护母亲河—植绿护绿”行动。3 月，组织近千名团员青年在南山公园植树，营造“共青林”，为“绿色希望工程”捐款 2000 余元。乡镇村团组织先后组建“保护母亲河”小分队，在大河小溪上打捞漂浮垃圾、检测水质，组织少先队员捡垃圾，上街宣传爱国卫生知识。

青年突击队

1995 年，团县委成立青年突击队服务总队，各乡镇、部门、学校团组织相继成立青年突击队，青年突击队在农业生产、兴修农田水利、发展村级集体经济、扶贫攻坚、企业生产经营、技术改造等工作中发挥作用。

1996 年，省电力系统开展“光明工程”，云和县 7 个无电村和所在乡镇的“青年突击队”积极配合电力工人，出工出力勇挑重担，顺利完成无电村的架线任务。安溪流域治理过程中，全县 30 余支“青年突击队”参加建设，被团省委、省水利厅评为省“青年号”工程。

2001 年，举办“云和县首届青年木制玩具设计大赛”活动，共收到参赛样品 50 余件，进行认真评选并举行了颁奖晚会，1200 多人参加晚会。

2002 年，企事业单位团委，开展“争创青年文明号”“争创青年岗位”能手活动，根据企业青年工人不同需求，设计载体，开展“青年创新创效”活动。

2004 年，团县委联合六部门开展“云和县首届十大创业青年”评选活动，评出十大创业青年，在“五四”举行颁奖晚会。

第五节 青年人才队伍建设

星火带头人

1991 年，“青年星火带头人”活动争创拓展到种植业、养殖业、食用菌、玩具设计等方面，带动一批农村青年走上致富路。1996 年，各乡镇树立“农村青年星火带头人”149 人，300 余名青年掌握 1—2 门实用技术，近 700 人实现当年脱贫。县食用菌研究所所长梅小平，被评为省级和全国“星火带头人”标兵，金流洪等 10 名青年被评为地区农村“青年带头人”组织奖。

1999 年，依托青年星火带头人队伍，创办县乡科技推广项目，培养和推广高山蔬菜、袋料香菇、黑木耳和笋竹两用林等项目。

2000 年，建立不同层次的青年星火带头人人才库，已有国家级星火带头人 1 人、省级 2 人、市级 28 人、县级 40 人、乡镇 135 人。

2001 年，在全县重点培养的 100 余名青年“星火”带头人中，叶昌华、林久富被评为省级“青年星火带头人”，县林业局的廖永平被评为省十大杰出青年，卢洋海获得“省级青年星火带头人”称号，新云玩具厂的廖爱琴被评为丽水市第四届十大优秀青年，汤登明、林红彬、严伟东等人获得“市级青年星火带头人”称号。2005年，季伟平等10人被评为“青年星火带头人”。

创新创效

2002年，在各企事业单位中开展“争创青年文明号”“争创青年岗位能手”活动，组织企业青年工人根据各自企业不同需求，开展“青年创新创效”活动。

2003年，联合相关部门举办各类青年技术培训班35期，参训人数达1650人（次），树立青年创业典型12个。

2004年，团县委联合县委宣传部等6个部门开展“云和县首届十大创业青年”评选活动，评出金慧乐、林红兵等十大创业青年能手，怡源工艺品公司总经理林红兵获得“全国农村青年创业标兵”称号，县忠协公司经理练巧忠获第五届“丽水市十大优秀青年”。

2005年，团县委向团省委争取到农村青年培训补助经费5.75万元。朱村、崇头、黄源、大源等乡（镇）团委分别开展茶叶种植与营销、异地开发、网箱养鱼等培训班18期，农村青年参加培训744人。先后举办电工、厨师培训班，农村青年参加培训102人。

2006—2009年，全面启动“新农村•新青年”发展计划。向团省委争取到5万元农民培训专项资金开展厨师、计算机等职业技能培训30期，近1500人参与培训。先后3次组织创业青年代表考察团赴发达地区开展学习考察和交流活动。

2010年，青年创业创新创效能人队伍不断扩大，云和县组建志友农村青年创业协会，首期会员136人。

推优推干

1996年，向党组织推荐优秀青年140人，推荐优秀青年干部56人。1998年，举办基层团委书记培训班1期，少先队辅导员培训班1期，推荐参加省内团干轮训5人次，与县委组织部一起举办推优建党培训班1期，推优168人，推干56人。

1999年，团支部干部或优秀团员40余人被选进村“两委”班子，参加推优建党培训团员60余人。举办基层团委书记培训班1期，中小学少先队辅导员学习培训1次，推荐5人次参加省内团干部培训。

2000年，推荐优秀团员89人，团员被党组织发展为党员49人。2004年，推优入党65人，向组织部门推荐优秀人才，提拔乡镇团委书记2人。

山海协作

2004年，团县委投入资金3.5万元，举办厨师、美发等职业技能培训班3期，累计培训78人。实施大学生志愿服务欠发达地区计划，接收紧缺的计算机、规划专业大学生志愿者3人，安排在县信息中心、财政局和城建局工作。与海宁市青少年宫的交流与合作，建立浙江青年艺术学校云和培训招生站，争取海宁在项目、资金等方面的支持。

2005年，做好大学生志愿者管理，定期召开座谈会，了解他们的工作、生活和学习情况，志愿者考取国家公务员2人。向团省委大学生志愿服务欠发达地区计划项目办申请，成功对接志愿者6人。县青少年宫通过“省宫际山海协作”活动，与海宁市青少年宫建立友好合作关系，指导青少年宫拟定计划，确定援助重点，10余人考入浙江青年艺术学校深造。

第六节　少先队工作

雏鹰行动

1991年，云和县少先队工作以“雏鹰行动”为主题，开展“雏鹰”争章活动。1996年，云和镇第一小学获省“雏鹰”大队称号，县中心小学、云和镇第一小学各1人被授予省一级“雏鹰”奖章。1997年，县实验小学、沙溪小学大队部获省、地“红旗大队”称号。1999年，开展科技创意征文，小发明作品征集，智力七巧板竞赛等活动。“六一”期间，团县委和县教委联合表彰优秀少先队员70人、5个雏鹰红旗大队和县级优秀少先队辅导员6人。

2000年，团县委联合有关部门举办“紧扣主旋律、展示雏鹰风采”为主题的系列活动，先后开展少先队工作图片展、评选“十佳少先队员”“小学生故事大王”和中学生演讲比赛等活动。2001年，“六一”节，在县青少年官举办“校园之声卡拉OK大奖赛”；利用暑假举办2期美术、舞蹈、书法、小记者等11个培训班，受训学生达600余人。

雏鹰争章活动

2002年，联合县教育局下发《关于进一步加强云和县少先队工作的意见》，全面推动云和县少先队“新世纪我能行”体验教育活动、雏鹰争章活动。

2006年，全县19所中小学校中队室、队角建有率已达到87%，部分学校建立制度完备的红领巾社团。城镇农村参与“雏鹰争章”活动面分别达到80%和67%。

2009年，以纪念中华人民共和国成立60周年、纪念五四运动90周年和少先队建队60周年为主线，开展各类青年文体交流活动。

2010年，开展“党的教导牢记心间，人人争当四好少年”“知荣辱、行孝敬”等主题教育活动。4月，全市少先队工作现场会上，云和县作为先进典型对“争当四好少年，校外实践争章”活动进行展示。县少先队员在省“雏鹰争章”技能大赛中获得金章，是云和县少先队获得的最好成绩。

第四章　妇女联合会

1950年9月，云和县民主妇女联合会成立。1957年，云和县民主妇女联合会改称为云和县妇女联合会(以下简称县妇联)。到2010年年底，有乡镇妇女联合会14个，农村妇代会170个，社区妇代会6个，城镇机关企事业单位妇委会39个，巾帼文明岗66个，妇联专兼职干部

59 人其中：县妇联 6 人，乡镇 14 人，城镇机关 39 人。2010 年，县妇联内设办公室 1 个、行政编制 5 人、事业编制 1 人。

云和县妇女联合会，以提高妇女政治、社会地位为己任，健全妇女组织，开展“双学双比”“巾帼建功”“五好文明家庭”创建等系列活动，对妇女进行生产技术、家庭教育、伦理道德、法律知识教育和培训，提高妇女的整体素质和社会实践能力，维护妇女的合法权益，在经济建设和社会事业中发挥半边天的作用。1993 年，云和县“巾帼建功”小组被浙江省妇联评为省级先进协调组织，2000 年，云和县被推荐为省级创建“五好文明家庭”活动先进参评单位，2003 年,被浙江省妇联评为“浙江省先进妇女组织”，2004 年，被浙江省妇联评为“文明家庭创建活动先进组织”，2006 年，被浙江省评为“不让毒品进我家”活动先进集体，2007 年，被评为浙江省来料加工突出贡献单位，2009 年，被评为浙江省妇女权益保障工作先进集体，2010 年，被评为浙江省“百佳”关爱农民工先进单位。

第一节　代表大会

1991—2010 年，云和县妇女代表大会先后召开 4 次。选举产生第八至十一届县妇女联合会执行委员，主任。

第八届妇代会

1991 年 10 月 27—29 日，云和县第八次妇女代表大会召开，出席代表 179 人,列席代表 50 人。会议通过县妇联工作报告、决议，选举产生县妇女联合会第八届执行委员 21 人，朱阶平当选主任。

第九届妇代会

1996 年 10 月 28—29 日，云和县第九次妇女联合会代表大会召开，出席代表 180 人，列席代表 2 人。大会主题：把握机遇“八五”建功立业 团结奋进“九五”再创辉煌。会议通过县妇联工作报告，选举产生执行委员 21 人，王素梅当选主席。

第十届妇代会

2002 年 5 月 12—14 日，云和县第十次妇女联合会代表大会召开。出席代表 180 人，其中农村代表占总数 50%，专兼职妇女工作者代表占 31%；初、高中以上文化程度代表占 80%。会议听取和审议县妇联《按照“三个代表”重要思想要求 团结带领全县妇女为实现云和县小康目标而奋斗》的工作报告，选举产生执行委员 21 人，王素梅当选主席。

图 22-4-1 云和县第十一次妇代会（2007 年 7 月摄 县妇联提供）

第十一届妇代会

2007年7月9—10日，云和县第十一次妇女代表大会召开。全县各界妇女代表146人参加，其中：专职妇女工作者31人，占总数的21.23%；农村、社区代表62人，占总数的42.67%；企事业单位代表53人，占36.30%。大中专以上文化程度的代表86人，占总数58.9%。会议审议通过县妇联“坚持科学发展 促进社会和谐 团结动员全县妇女为全面建设小康社会而努力奋斗”的工作报告，选举产生执行委员22人，常委9人，柳兰岳当选主席。

第二节 基层妇女组织

2010年，全县乡镇妇女联合会14个，农村妇代会170个，社区妇代会6个，城镇机关企事业单位妇委会39个，巾帼文明岗66个；妇联专兼职干部59人，其中县妇联6人、乡镇14人、城镇机关39人。

乡镇妇联

1991年，全县乡镇22个组成人员进行改选和充实调整。1994年，12个乡镇妇联进行换届，选举产生新一届妇联班子。1996年，成立乡镇妇女联合会15个。2001年，乡镇妇女联合会14个。2007年,全县有乡镇妇女联合会14个。

机关妇委会

1996年，城镇机关企事业单位妇委会25个。全县有女干部、女职工(含女教师、医务人员、新闻工作者、女干警等)3860人，占干部职工总人数的39.3%。

2001年，城镇机关企事业单位妇委会32个。妇联专兼职干部51人，其中县妇联5人，城镇机关32人，全县有女干部、女职工(含女教师、医务人员、新闻工作者、女干警)2945人，占干部职工总数的38.92%。省、市、县级“妇字号”企业56个。

2007年，城镇机关企事业单位妇委会37个；巾帼文明岗65个；妇联专兼职干部56人(其中县妇联5人，乡镇14人，城镇机关37人)。

村妇代会

1991年，169个村级妇代会组成人员进行改选和充实调整。23个村妇代会评为“五好妇代会”(“五好”指好班子、好队伍、好阵地、好活动、好制度)，全县组织健全、作用明显的一类妇代会有85个，二类妇代会73个，三类妇代会11个。

1994年，169个村和9个乡镇企业、居委妇代会改选工作结束，88名妇代会成员选进村委、村支部班子。2001年，农村妇代会169个。妇女生产基地52个，妇女营销大户43个，创建巾帼文明示范岗36个。

2007年，农村妇代会170个，社区妇代会6个。

第三节　主要工作

双学双比

1991年，开展“双学双比”（学文化、学技术、比成绩、比贡献）竞赛活动，举办獭兔饲养技术培训班，在赤石乡阴岩村饲养獭兔的示范点，以点带面。新开辟基地38个，参赛妇女5799人，参赛率达32.75%，云和镇妇联被省“双学双比”协调小组评为先进集体。

1992年，开展“双学双比”竞赛活动人数达17415人，参赛率达95.1%，争取县农行和基层信用社低息贷款，支持“双学双比”竞赛活动妇女5871户，占参赛户的70.43%，发放贷款375万元，解决参赛妇女资金问题。

1994年4月，联合四个部门在黄源、云丰两乡举办“绿色证书”培训班，为期1年，学员107人，完成课程的农民，经考试、考核（指技能操作）合格后，由县农广校发给由省农业厅统一印制的绿色证书培训结业证书。是年，与科委、团委等6个部门在全县乡镇联合举办为期半年的全县农村实用技术知识竞赛系列活动，活动集学习、培训、竞赛为一体。

1995年1月，联合教委发文《关于进一步开展扫盲工作的意见》，把扫盲工作列入乡、镇妇联责任制考核内容，落实扫盲对象340人。

1997年，开展“万名农家女新技术推广培训”，4064名妇女参加各类实用新技术培训。“技术推广培训”后，云和镇白垟墩村发展大棚蔬菜198个4公顷，经济收入达70多万元；云坛乡沈村村，发展富硒香菇30多万袋。

2000年，举办实用技术培训112期，受训人数5117人次，女科技示范户122户；新开办绿色证书培训班7班215人、女子农函大6班107人，新评女农民技术员64人，169个行政村妇女主任有104人取得农民技术员职称，其余获得绿色证书，创建“双学双比”示范基地30个。

2001年，制订农村妇女“十五”培训计划，把2001—2005年的新技术推广、绿色证书、农函大培训指标分解落实到15个乡镇，评出“双学双比”生产示范省级基地2个，市级3个，县级47个；妇字号龙头企业省级2个，市级2个，县级52个；妇女营销大户省级1个，市级3个，县级39个，扶持创建科技示范基地4个。

2002年10月，创办紧水滩网箱养鱼女能手技术学校，对库区4个乡镇300多名妇女进行培训。是年，雾溪乡水竹垟厚朴基地被评为省级“双学双比”生产示范基地，朱村乡联合村金仙梅被评为省级“双学双比”女能手，郑火娟户被评为省级“妇字号”营销大户。

2003年，推出妇女营销大户22户，“妇字号”龙头企业26家，“双学双比”示范基地23个，科技致富户140户，创建妇女专业合作组织5个；14个乡（镇）建立乡（镇）妇女劳动力转移服务站，实现9866名农村妇女劳动力转移；组织实施信贷，向省妇联和省农业银行争取低息贷款188万元，支持农村妇女脱贫致富。

图 22-4-2　巾帼创业创新事迹宣讲(2008 年 8 月摄　县妇联提供)

2005 年,开展农村妇女素质培训,形成文化教育、实用技术、绿色证书、职称评定和学历教育 5 个层次的培训体系，举办实用技术培训 132 期,受训妇女达 5000 多人次,参加绿色证书和农函大培训班妇女 700 余人，妇女获女农民技术员职称 135 人，农村妇女实现劳动力转移 11272 人。

2008 年 8 月,组建"云和县妇女学习十七大精神暨创业创新事迹巡回宣讲团",到全县 14 个乡镇进行巡回宣讲，以女性创业典型现身说法,鼓励妇女敢于创业、勇于创新。是年,为女性创业争取小额低息贷款 55 万元,受益妇女22 人。

2009 年,开展"小额信贷促增收",与县信用联社协调沟通,争取低息信贷资金 100 万元,发放给 19 户贫困创业妇女。争取县农行的支持,扶持妇女发展生产,妇女申请办理惠农卡创业 51 人。2010 年,举办各类技能培训班 120 余次,受训妇女 5000 多人。

来料加工

云和县通过来料加工扶持就业。2004 年,组织下岗女工参加市妇联举办的来料加工经纪人培训班 27 人,到年底从事来料加工的社区妇女 50 余人。

2005 年,举办来料加工培训班 3 期,参加培训妇女 56 人,初步建立妇女经纪人 28 人、来料加工人员组成的网络队伍 500 多人。在南山小区、农民新村、朱村乡等地建立了 17 个加工点,带动农村妇女和城镇下岗失业(无业)妇女就业 673 人,全年加工费达 186.1 万元。

2006 年,举办 31 期 646 人次来料加工经纪人、加工者培训班,带动城乡各类妇女 1431 人加入到来料加工队伍,新发展女经纪人 36 人,全年来料加工费 439.84 万元。

2007 年,县政府制订《云和县人民政府关于发展来料加工业的若干意见》,把来料加工工作任务列入乡镇工作目标责任制考核办法,县妇联与各有关部门密切配合,加强技能培训、经纪人培训、信贷支持等。全县 1885 名妇女从事来料加工业,加工费 603 万元。是年,组织来料加工经纪人、乡镇妇联主席 20 余人参加义乌国际小商品博览会,选送 200 多种样品 3000 余件来料加工产品,在博览会展出。

图 22-4-3　来料加工技能培训（2004 年摄　县妇联提供）

2008 年,全县培育来料加工经纪人 63 名,加工队伍 4158 人,其中低收入农户 1070 人,建立相对集中加工点 31 个,发展来料加工的低收入集中村 14 个,年加工费 2027 万元。是年 5 月,成立云和县来料加工技能培训学校。

2009年，制定《云和县来料加工考核办法》、下发全县来料加工工作任务计划。培育来料加工经纪人58人，建立集中加工点523个，低收入农户集中村发展来料加工29个（占全县低收入农户集中村的33%），全县从事来料加工妇女9012人，全年发放加工费10226万元。

2010年，有经纪人823人，来料加工从业人员10728人，发展来料加工的低收入农户集中村37个占全县总户数的42%，实现加工费11703万元。是年，开展来料加工技术比武活动，设串珠、坐垫加工、服装、环保袋、包装5个比赛项目，全县女技术能手50人参加比赛。

巾帼建功

1992年年初，云和县“巾帼建功”协调小组成立，制定《关于在云和县城镇妇女中开展“巾帼建功”活动的实施意见》，竞赛活动在全县各行各业展开，并在窗口服务行业设“巾帼建功”示范岗。

1993年，开展“满意在云和，奉献在岗位”的岗位夺杯活动，城镇职业妇女参加“公仆杯”“园丁杯”“创业杯”“天使杯”“卫士杯”“建设杯”“服务杯”“特奖杯”竞赛。

1997年，开展“最佳示范岗”竞赛活动，“示范岗”活动延伸到党政机关、科教文卫、工业交通、财贸金融、邮电通信、个私企业等各阶层妇女群体中，全县有2662名妇女参加竞赛，18个岗位挂出“巾帼建功示范岗”标牌。

2000年，鼓励下岗女工从事家政服务，先后成立“自强家政服务中心”和“下岗女工居委保洁队”。

2001年，联合县委组织部、团县委举办“推优”培训班，优秀女青年22人参加培训。

2002年7月，举办“中华巾帼志愿者”授旗暨“优质服务进万家”活动启动仪式，成立“中华巾帼志愿者”队伍205支，有志愿者1640人，开展形式多样的服务活动；9月，举办新《中华人民共和国婚姻法》暨“巾帼文明示范岗”知识竞赛，22支代表队队员66人参加比赛。

2004年，深化“巾帼科技致富工程”，开办首期农村妇女木制玩具技能培训班，参加技能培训农村妇女106人，获得职业技能合格证书妇女97人，与厂方签订了劳动合同妇女72人，成为正式职工享受养老保险等待遇。

2008年，全县被各级命名为“巾帼文明岗”65个，其中国家级1个，省级6个，市级14个，县级44个。

2010年，开展巾帼建功标兵评选活动，县、乡、村三级女干部、女精英1000多人共庆百年“三八”盛典，表彰省级巾帼文明岗1个、市级巾帼文明岗2个、县级巾帼文明岗2个。

妇女维权

1991年，云和县宣传、贯彻《中华人民共和国妇女权益保障法》，对一些重大婚姻及少年案件配合司法部门及时解决，共接待来信12件，处理11件，来访17次。据统计，各乡镇妇联共接待来信来访110件，及时处理103件。1993年，成立“云和县妇女权益保障委员会”，制定“妇保会”工作简则、办公室职责和委员单位工作条款。1995年，选送《如何保障离婚妇女财产权益》论文参加省妇女问题研究论文征集，获优胜奖。

2000年，县妇联开展法律咨询服务，邀请司法局女律师到15个乡镇举办法律知识培训

图 22-4-4 县妇联开展法律、健康咨询活动（2002 年摄 县妇联提供）

班；配合公安部门开展“打拐”“严打”等专项斗争，解救被拐卖妇女 10 人。2001 年，整合社会资源，建立妇女儿童维权合议庭、法律援助中心，妇女干部 5 人担任特邀陪审员，参与案件审理。

2002 年，成立妇女维权咨询中心和妇女儿童（家庭暴力）救助中心，制定领导接待日制度。2003 年，14 个乡镇成立妇女儿童（家庭暴力）援助站，各级妇女组织开展《中华人民共和国婚姻法》培训 48 期，受训妇女达 898 人次，发放宣传资料 1000 余份。

2005 年，调研农村妇女责任田责任山、经济成分、女职工劳动就业和特殊权益维护、婚姻家庭权益、财产权益等。云和县城区土地款分配问题专项工作组成立，解决突出的农嫁女土地权益案 21 起。先后组织巾帼志愿者，宣传男女平等基本国策和《中华人民共和国妇女权益保障法》《中华人民共和国劳动法》《女职工劳动保护条例》等法律法规，印发妇女权益保障法宣传手册 1000 本。

2010 年，开通“12338”妇女维权公益服务热线，热线电话由县妇联干部和维权志愿者接听解答。1991—2010 年，接待来信来访 946 件，成功调解外来女再婚案等纠纷。

妇女儿童事业

1991 年，云和县少儿协调委员会成立。是年，妇联为改善中心幼儿园的办学条件和环境，采取单位集资、社会资助方式，建造幼儿数学楼，总面积 341 平方米，开办幼托班，缓解“入托难”问题。

1992 年，制订《“八五”期间儿童少年事业发展规划》，明确儿童少年教育、文化艺术、体育、卫生保健、生活用品和食品等六个方面的发展目标。

1993 年 7 月，联合县教委、卫生局举办《九十年代儿少发展规划纲要》宣传骨干培训班。是年，组团参加地区妇联“家教”知识竞赛，新华厂妇委会获得省妇联“贝因美”家教知识竞赛基层组织奖。1995 年 9 月，制定“九五”儿少发展规划，纳入云和经济和社会发展总体规划。

2001 年，对“两规划”进行终期监测评估，对未达标的指标进行分析，提出整改措施。同时制订《妇女发展规划》《云和县儿童发展规划（2001—2005 年）》。

2003 年，开展两规划中期监测评估，撰写《妇女发展中期监测评估报告》《儿童发展中期监测评估报告》，协助国务院妇女儿童工作委员会办公室委派专家对云和县“关于降低孕产妇、婴儿及 5 岁以下儿童死亡率相关因素”进行抽样调查。

2004—2005 年，开展“捐出御寒衣，情暖孤贫童”义捐活动，收到单位及个人捐赠衣物 2000 余件，近 40 名孤贫儿童得到资助；组织 3000 名妇女参加妇科病普查，对 1600 余名下岗女工和农村妇女实行优惠体检；开展“月饼义卖”活动，筹集义卖款 3000 多元、资助款 5000 多元，“春蕾女童”15 人得到资助。

2006年4月，制定《2006年云和县家庭教育工作意见》，县实验小学、县江滨实验小学等学校，开展以“为国教子，以德育人”为主题的家庭教育实践活动。

2008年10月，县实验小学体艺楼暨云和县儿童活动中心成立，不定期举办社会实践活动，儿童少年在快乐实践中感悟生活、感受文化、热爱家乡。

2009年，撰写《云和县家庭教育工作“十一五”中期监测评估报告》，总结成绩、分析问题。2010年，编制《云和县“十二五”妇女发展规划（2011—2015年）（初稿）》、《云和县“十二五”儿童发展规划（2010—2015年）（初稿）》，组织实施“十一五”妇女儿童发展规划终期监测评估。

文明家庭创建

云和县“五好家庭”创建活动始于1997年，1997年“五好家庭”更名为“五好文明家庭”。县妇联开展“尊老爱幼、男女平等、夫妻和睦、勤俭持家、邻里团结”的家庭美德建设活动。1998年，评选出乡级“五好文明家庭”2257户、县级“五好文明家庭”30户；并在全县“五好文明家庭”中再评选出“热心户”“敬业户”“孝心户”“育才户”“勤俭户”各10户表彰，县电视台对特色户5户的典型事迹进行宣传报道。

2000年，开展以“妇女•家庭”为主题的消防宣传教育活动，发放3000份消防资料,联合县消防大队举办家庭防火知识竞赛和灭火技能比赛，增强家庭妇女的消防意识。

2002年，举办公民道德建设培训班14期，对全县226个家长学校实行规范化管理；邀请省家教杂志社沈明革进行家教知识专题讲座，参听家长700多人；是年，近500个家庭妈妈和孩子参加“巧手妈妈”小制作评选活动，参观展出5000余人。

2003年，开展“家庭敬老月”和“文明家庭奉献月”活动，对全县中小学生进行尊老敬老教育，全县文明家庭创建面达到99%，评选面达到44%。

2005年，邀请北京大学家庭教育专家、浙江省家庭教育讲师团到云和举办家庭教育报告会7场，传播科学家教知识，参听家长3000余人，云和县家庭教育讲师团成立。

2006年，把“平安和谐家庭”创建活动融入五星文明户（文化星、卫生星、诚信星、致富星、和睦星）创评活动中，全县评出“平安和谐家庭”23707户、“平安和谐示范家庭”45户。

2007—2008年，把“平安家庭”创建列入各乡镇妇联岗位责任制考核，全县176个行政村、社区建立妇女维权站和基层妇女调解队伍。创建省级绿色家庭2户，市级各类文明家庭10户，评选表彰县级平安家庭创建活动示范村15个，平安家庭示范户25户。

2009年，制定《云和县平安家庭创建工作意见》，对全县平安家庭创建工作提出指导性意见，把“平安家庭”创建列入各乡镇岗位责任制考核。

2010年，创建省级、市级绿色家庭各1户，县级平安家庭30户，平安家庭创建活动示范村（社区）15个；是年，组织家庭教育讲师团到3个主要乡镇、1个社区进行家教知识讲座，聆听讲座家长400多人。

“三八”妇女节活动

云和县重视妇女活动，多形式丰富妇女节日生活。1991—2000年，“三八”期间开展大型的妇女“四自”演讲比赛、时装表演赛、文艺会演、表彰会、妇女健身运动会、植树等活动展示云和新女性的风采，植树造林达 74705 棵。

2001—2010 年“三八”节日期间，千名妇女开展“生态立县、绿化环境”大行动，在云和镇睦田村植树造林 2 公顷；据统计，全县参加义务植树的妇女有 1967 人，植树 55100 株，营造“三八”林 80 公顷、“三八”林带 0.5 千米，组织妇女投工 6428 个，建“三八”水利工程 7 处；举办女领导干部健身操培训班，副科级以上女干部 40 人参加培训；开展“巾帼牵手献爱　共建小康家园”活动，上街开展便民服务巾帼志愿者 300 余人，到凤凰山公园进行美化、净化环境活动巾帼志愿者 200 余人。举办“庆三八”地税杯大型广场健身操比赛，登台参赛妇女 1000 余人。邀请国际女性健康专家朱敏娜以“关爱健康、珍惜生命、享受健康、青春美丽”“阳光思维、快乐人生”“男女平等发展、社会和谐进步”为主题讲座，阳光女性文明礼仪健康知识讲座，妇女聆听讲座 300 余人；开展法律、健康咨询服务活动，发放《浙江省百万妇女学法律宣传读本》《禁毒宣传资料》《来料加工宣传资料》等资料 1500 多份；对省、市、县“三八”红旗集体、“三八”红旗手、十大创业女性、先进妇女组织、优秀妇女干部 110 人颁奖表彰。

第五章　科学技术协会

云和县科学技术协会是云和县自然科学和社会科学工作者的群众组织，主要负责对所属社会团体的资格审查，开展科普宣传、科技咨询、科技服务、技术培训以及学术研究和学术交流。发挥科学技术是第一生产力的作用。

第一节　组织机构

科协组织

1964 年 1 月，云和县科学技术协会成立（以下简称县科协）。核定编制 3 人（含工勤服务人员），其中主席 1 人，副主席 1 人。县级学（协）会、乡镇科协、社区科协是县科协的团体会员。1993 年，浙江省农村致富技术函授大学云和县分校成立。1996 年，云和县评出农民技术人员职称 567 人，其中高级 5 人，中级 32 人，初级 530 人。1991—2010 年，建立科协组织乡（镇）14 个、社区 6 个。在册各类学协会 19 个，农学会、林学会、教育学会、财税学会、会计学会、珠算学会、药学会、医学会、护理学会、中医学会、预防医学会、老科技工作者协会、质量技术监督协会、蔬菜协会、卫生协会、云和师傅协会、菌种协会、雪梨协会，会员 2020 人。

1994 年 3 月 16—17 日，县科协第三届代表大会召开，出席代表大会正式代表 151 人，选举产生县科协第三届委员会委员 36 人，常委 7 人，主席 1 人，副主席 1 人，秘书长 1 人。2005

年6月，县科协党组成立。2006年11月，云和县科普活动中心成立。2008年6月12—13日县科协第四次代表大会正式代表102人，选举产生县科协第四届委员会委员41人，常委11人，主席1人，副主席1人，秘书长1人。

1991—2010年云和县科协主要负责人一览表

表22-5-1

主　席	任职时间	主　席	任职时间
叶文龙	1991.01 — 1996.10	柳春华	2001.11—2005.10
陈长金	1996.10 — 1998.06	项希盛	2005.10—2010.12
杨克法	1998.06 — 2001.11	—	—

2006年，县科协按照省、市科协示范单位创建的标准，在中山社区、新华社区、解放社区、元和社区、青阳门社区5个社区、石塘镇小顺村创建省级科普示范社区（村）。经省科协考核验收，5个社区被省科协命名为省级科普示范社区。石塘镇小顺村被省科协命名为省级科普示范村。

2007年12月，重河湾名优新果树品种展示及优质高效栽培科普示范基地被中国科协、国家财政部评为国家级科普惠农兴村先进单位。重河湾名优新果高效栽培基地，主要种植云和雪梨、黑李等水果120公顷，规模大带动辐射力强。2010年年底，全县各类科普示范基地11个。

1991—2010年，云和县乡镇14个共命名县级农村科技示范户93户，市级21户，省级11户；到2010年，省级科普示范社区5个、省级科普示范村1个。市级科普示范社区5个、市级示范村7个，县级科普示范社区6个、县级示范村8个。

第二节　科普宣传

1996年，县科协与云和电视台联合举办为期两个月的《科普基本知识》《科技兴农》电视讲座30讲；与云和县图书馆联合制作《科技知识》图版，同时与县委宣传部联合设计和绘画《普及科学知识，破除封建迷信》的图片和解释词30多幅。

1997年，召开科普宣传座谈会，举办食用菌技术有奖知识竞赛；撰写制作《身边科学》和《高新技术》宣传图版，在城乡巡回展出；创办科技工作者建议专刊，全年出刊12期。是年，获省、地科普先进集体称号，县科协陈一青被评为省科协系统先进工作者。

1998年，在县电视台举办《倡导科学文明，破除封建愚昧》的科普宣传节目，分十集，共播出400分钟；针对云和实际编写印发《笋竹两用林高产技术》3000多册，科普宣传资料2000多份；邀请浙江大学科技与社会发展研究所所长何亚平教授，作题为《现代科技发展与主要特征》的科技报告，科技人员和机关干部1000多人参加；丽水地区科技工作研讨会在云和召开，科普论文在会上发表 11 篇。

1999 年，举办领导干部科技讲座。2001 年 3 月，在云和县体育馆举办“大型科普展”，参展人员达 1.62 万余人；在云和县实验小学组建科技活动小组，为该校征订 2000 余元的科技报刊；参加“信息化基础知识竞赛活动”的机关干部组织 500 人。

2003 年，邀请全国优秀教师新昌中学高级教师黄林为全县中小学自然劳技老师、辅导员上“青少年科技创新”辅导课。

2004 年，聘请丽水市中心医院科教科科长应振华医师为中山社区老年人讲授“老年人健康与生活”课，参加人员达 150 余人。2006 年，邀请农业科技专家县武警中队官兵开展关于蔬菜种植、病虫害防治等方面讲座；赠送“云和雪梨高效栽培技术”光盘 36 套108 片给部队指战员。

2007 年 6 月，云和县全民科学素质工作领导小组及其办公室成立，出台《云和县全民科学素质工作领导小组工作规则》和《云和县全民科学素质行动计划纲要实施方案》。相继制定出台 8 个具体实施方案，各乡（镇）相继成立科学素质工作领导小组，制定《农民科学行动计划方案》。县《科学素质纲要》领导小组办公室协调各成员单位，抓“四大重点人群”（领导干部和公务员、城镇劳动人口、农村人口、未成年人）科学素质行动计划的落实。开设中青年干部、新担任县管领导干部、正科级领导干部、公务员普通话、党内、外干部等培训班，邀请专家作科技报告会，举办培训班 23 期，参训人员达 1.3 万余人。

城镇劳动人口科学素质行动，依托技工学校、职教中心，开展劳动预备制培训、再就业培训、工程建设评标专家培训、专业技术人员培训、创业培训、农民工职业技能培训，增强职工竞争择业和自主创业的能力，共组织培训 2 万余人；农民科学素质行动，结合实施农民科学素质行动计划，县农办（农业局）牵头开展农村实用人才，“阳光工程”和“绿色证书”培训。县“农函大”开展种养人才实用技术培训，提高农民从事现代农业的能力，促进农民向二、三产业转移，形成“云和师傅”劳动力品牌。据统计每年共举办 30 余类培训班，累计培训人员达 5 万余人次；未成年人科学素质行动。开展科普进校园、科普报告会、科普论文、科普知识竞赛、科普讲座等活动。

图 22-5-1 科普大篷车进校园活动（2010 年摄 县科协提供）

2010 年 6 月 11—20 日，科普大篷车在云和县城区 9 所中小学巡回展出。根据省、市全民科学素质工作领导小组的统一部署，实施《全民科学素质行动计划纲要》。

1991—2010 年，每年开展科普大篷车进校园活动，组织全县优秀中小学生参加丽水市举办青少年科技创新大赛，举办中小学生科技节活动 8 次；组织全县中小学生参加浙江省电脑机器人竞赛活动 15 次 120 人次。

科技咨询

1991—2010年，每年9月中旬，在县城新建路樟树脚举办全国科普日启动仪式和科普一条街科普咨询活动。通过现场技术展示、科普知识有奖竞答、科普志愿者设立服务台为居民咨询、义诊、免费测量血压及发放实物等，

共接待群众咨询5万余人次，发放各类宣传材料上10万份。

2006年11月，云和县科普活动中心成立，投入50万元会同图书馆联合建造可容纳80人以上的多功能报告厅，150平方科普藏书、近1万多册的图书阅览室，1个安装有36台电脑的数字阅览室，1个有134平方米的玩具文化研究室，以及50米长的科普画廊。为全县乡镇14个建造14座10米长的标准科普画廊，为行政村16个建造15座5米长、1座10米长的村级标准科普画廊，在云和电视台开播“科技为农”节目。

2008年9月，举办“云和县2008年全国科普日”大型科普文艺晚会；科普进军营，聘请中国食用菌协会会员、丽水市食用菌协会副理事长、云和师傅陈志伟为消防官兵上《黑木耳栽培》实用技术专题讲座，为战士送去科技实用技术，让军人也了解食用菌发展的历史和知识。

科技下乡

1996年，县科协举办袋料香菇栽培学习班40期，受训4100人次。技术咨询170次，计8000多人次。1997年，开展各种专业技术培训，举办讲座170多次，受训人员近1万人。

1998年，县科协组织学会进行专业培训和讲座180期，受训人员达1.4万人次。向挂钩联系云坛乡送去农业科技书籍300册；派出科技人员到云坛乡帮助举办食用菌专业培训100多人，购买水泵等抗旱设备1200元。

1999年，云和县食用菌学会深入农村举办各类培训讲座达150期，受训人数1.5万人次。科技人员深入5个重点乡镇的25个行政村，走访农户1670多户。

2000年，科技下乡3次，发放科普宣传资料2000余份，科技讲座6次，为移民村开展科技培训5次，参加人员达到249人。开展乡村干部科技培训参加人员1520人，下乡培训3700人次，送乡镇科技书籍3000余册，为云坛乡沈岸村送去科技用书、水泥、彩电等计人民币1.8万元。

2001年，组织科技人员送科技下乡活动，赠送科技实用书1500多册。组织村干部和村民代表参观青田竹珠生产和稻田养鱼技术，帮助沈岸过路廊自然村养虾专业户购进罗氏沼虾苗10.5万尾，无偿赠送幼虾精饲料15包，为云坛乡的沈岸、梅湾、沈村村无偿提供3万尾瓯江彩鲤鱼苗。

2002年，在库区乡镇开展网箱养鱼专业的培训。专门到云坛、崇头、石塘、大湾、沙浦等乡镇开展云和雪梨、食用菌、茶叶等技术培训。

2004年，组织科技下乡7次，赴云丰、黄源、朱村等乡镇开展下乡活动，讲授食用菌及蔬菜、杨梅、茶叶等栽培技术课，发放科普资料8600余份，受益农民达3500余人。2005年，科技下乡8次，发放科普资料1800余份。

2007年9月，组织医学会、护理学会、云和雪梨协会和茶叶、食用菌等专家12人，到崇头

镇开展送科技、送医疗下乡活动。免费为群众发送各种科普资料 1200 多份；测量血压、问诊看病 160 多人；解答 120 多人在生产技术中遇到的问题。

2009 年，县科协组织科技人员开展学术研究、科技服务、技术咨询和推广。各学（协）会根据云和县经济发展中的热点难点问题开展云和雪梨高效种植技术、食用菌种植技术、杨梅种植技术、茶叶种植技术等技术咨询服务活动 120 余项，接受技术服务对象达 3 万人次。组织农村系统的科技工作者推广应用《稻菇轮作模式》《袋菇栽培新技术》《云和雪梨高效栽培新技术》《笋竹两用林栽培技术》《高山蔬菜种植技术》《白茶种植技术》《水库高效养鱼新技术》等 15 项农业先进技术；质量创优专利申报活动，组织工业系统科技工作者进“新云”“半球”“鑫通”等企业，培训质检人员，贯彻 ISO 9000 系列国际标准，健全质量管理体系，宣传国家清洁生产、节能和循环经济政策。协助企业开展清洁生产申报、循环经济试点，专利申报。

开办农函大分校

1993 年，浙江省农村致富技术函授大学云和县分校（以下简称县农函大）成立，乡镇 14 个都建立农函大工作辅导站，各行政村建立农函大辅导点，形成乡村互动、完整有效的新型农民科技培训工作体系。组建一支以本地农函大教师为主，聘请丽水市中等职业技术学校 15 人组成农函大讲师团。

图 22-5-2 技师传授葡萄种植技术（2010 年摄 县科协提供）

1991—2010 年，根据农村实际，开展农业实用技术培训、职业技术培训、劳动力转移培训，开设食用菌、高山蔬菜、茶叶、干水果、养殖业、雪梨、竹笋两用林等专业班。先后举办乡镇技术干部综合班、竹笋两用林、食用菌、高山蔬菜、养猪、网箱养鱼、板栗、雪梨等专业技术培训共 141 个班，招收、结业学员 4550 人。与县农办一起完成农村劳动力培训 1.6 万人。从田间地头实习到结业考试有规范的制度，每期学员经中考、期终考试合格后发放农函大结业证书 2800 本，建立农函大学员个人档案。学员拿到农函大结业证书，县科协农职评工作委员会，为每期学员做好技术人员职称评定，全县评出农民高级技师 6 人，农民技师 339 人，农民助理技师 464 人，农民技术员 3716 人。如农函大学员、高级农民技师季伟平，2009 年始，不断加大对葡萄传统产业的投入，引进改良繁育新品种，增加种植面积，注重技术培训，在实践中走出一条以葡萄种植观光为载体，兼办科普宣传教育并富有特色的农村科普道路。他的优质葡萄示范基地位于云和城西沙溪村，占地 108 亩，基地全部以大棚避雨无公害栽培。基地主栽红地球、夏黑、比昂扣、醉金香、巨玫瑰等国内外的优良品种。

传播科技 科协建立科普宣传栏，搭建科普宣传平台。利用沙溪基地，“科技特派员”每年开展以葡萄种植、育苗、管理，销售为主要内容的科普宣传活动。2009 年来，举办葡萄种植技术培训班 10 期，受训人数 600 余人次，发放葡萄种植技术宣传单 4000 份，接受果农电话、现场咨询上千次，帮助农民现场解答生产中遇到的问题。1998—2010 年，贴近群众的需求，在葡萄育苗、种植、管理阶段共制作10期图文并茂的宣传资料，累计发放图书资料10种460册，受益人数达350户。

促进增收 2009年，种植中药材40余公顷，其中贝母每公顷收益达12多万元；建立叶山头村“高山生态四季豆”8公顷科普示范基地，每公顷收入9万多元；是年10月，投入30多万创办葡萄种植科普培训学校。邀请省农科院的葡萄专家和种植能手为农民免费授课，培训课程有技术培训、市场前景分析、基地考察、理论考试和操作考核、成果交流等。还针对每个学员的实际情况制定培养计划，采取全程指导、定单销售的培训新模式，确保培训一人，创业一人。培训学校常年无偿提供技术辅导并详细讲解葡萄、冬枣等水果的生长习性、种植技术，每年培育葡萄科技示范户2—3户。利用大田水果专业合作社，为水果种植户统一购生产资料、统一包装、统一销售，解决果农卖果难的后顾之忧，实现人均增收20%，265户受益。在示范户带动下，周边农民相互效仿，推广种植面积达到1000余亩。同时，云和县城西葡萄研究所成立，对阳台葡萄栽培，冬枣避雨栽培等开展技术攻关。

2006年，云和县农函大分校被浙江省农函大授予先进分校。2010年，项希盛被中国农函大授予中国农函大优秀校长称号，陈志伟被中国农函大授予中国农函大优秀教师称号。

科技学术交流

“爱心阳光计划”是由中国科协和韩国东北亚科技协力财团合作，并由中国农业函授大学和中国继续教育联合学院具体实施的国际性科技培训计划，内容包括传授农村实用技术，建设科技示范基地，培养科技致富骨干。2007年5月23日，云和县科协举办《中韩合作“爱心阳光计划”第39期暨2007年浙江省农民主题科普活动启动仪式》。中国继续教育学院副院长 苗建军、浙江省科协秘书长董克军、韩国东北亚科学技术协力财团北方部部长韩重光等分别在开幕式上讲话。县委中心组理论学习会（扩大）人员、江滨实验小学学生和社会公众2000余人参加开幕式。韩国专家韩重光、朴完信、崔杜烈、郑镇奭、崔在善、朴道渊、许石山，浙江省科协秘书长董克军、浙江农村致富技术函授大学校长夏英武、丽水市政府副市长肖建中、丽水市科协主席金崇华、县四大班子领导参加科普交流活动。韩国专家为县委理论学习中心组成员作“新村运动”经验报告会。学习和借鉴韩国“勤勉、自助、协同”的新村精神。

图22-5-3 中、韩“爱心阳光计划”交流会（2007年摄 县科协提供）

论文评选

组织科技工作者撰写有价值的学术论文，参与优秀论文评选活动。1991—2010年，云和县学（协）会会员共撰写优秀论文393篇，在省级刊物上发表42篇，市级刊物发表114篇，县级（包括学会刊物）刊物发表237篇。

2007—2010年，县科协组织评定自然科学优秀论文，收到参评论文52篇，经县优秀论文评审组评审优秀论文28篇，一等奖3篇、二等奖9篇、三等奖16篇。推荐参加丽水市自然科学优秀论文评选论文28篇。

学(协)会活动

1997年，县食用菌等12个学会代表大会或者会员大会先后召开，换届选举产生新班子。1998年，各学会、协会、研究会都按各自的章程和年度计划开展活动，召开年会。2003年，聘请省心理卫生协会理事长赵国秋为县委理论学习中心组(扩大)成员上《心理素质与干部队伍建设》知识课。

2004年，县科协聘请中国科技馆馆长王渝生到云和为县委理论学习中心组(扩大)作题为“科技进步与区域经济发展”的理论课。建立健全规章制度及各类章程，规范正常地开展活动；组织各行业学会开展学术交流活动86次，开展实践技能操作讲座、操作比武120次，邀请省级医院专家来云讲座和业务指导58次。

第六章　台胞台属联谊会

第一节　组织机构

中共十一届三中全会后，县委台湾工作部门贯彻“和平统一、一国两制”大政方针，宣传党和国家对台工作的方针、政策，组织、指导、管理、协调涉台工作，加强“两岸”之间交流与沟通，为台胞到云和创业提供服务，帮助台胞、台属解决实际困难，维护其合法权益，发挥台属联谊会作用。

1987年9月，云和县台胞台属联谊会(以下简称县台联)成立，会员33人。当时称“云和县三胞亲属联谊会”，后改称“云和县台胞亲属联谊会”，2004年9月，改为云和县台胞台属联谊会。会员主要由居住在云和的台湾同胞、港澳同胞及海外侨胞的亲属代表组成。至2010年，会员150人，云和县台属代表大会先后召开5次，台属联谊会以宣传“和平统一、一国两制”基本方针为宗旨，加强云和与中国台湾两地的交流和沟通，为台胞到云和创业提供便捷服务，帮助台胞台属解决实际困难，维护他们的合法权益。县台联组织有会旗、会徽和会歌。

代表大会

1987年9月29日，云和县台胞台属联谊会第一次代表大会召开。“三胞”亲属代表参加会议33人，选举产生9名理事会成员及会长，会长高宝莲。

1990年9月7—8日，县台胞台属联谊会第二次代表大会召开，出席会议代表40人，选举产生理事会成员 10 人及会长，会长高宝莲。

1993 年 12 月 18 日，第三次代表大会召开，出席会议的代表 49 人，选举产生理事会成员 9 人及会长，会长高宝莲。

1999 年 8 月 24 日，县台胞台属联谊会第四次代表大会召开，出席会议代表 49 人，选举产生 11 名理事会成员及会长，会长高宝莲。

2004 年 9 月 10 日，县台胞台属联谊会第五次代表大会召开，出席会议代表 59 人，选举产生理事会成员 13 人及会长，会长张宇明。

第二节　联谊往来

1988 年后，台属联谊会利用各种渠道，宣传中国共产党和国家的对台政策，开展联谊活动，团结台胞亲属，鼓励台属积极与在中国台湾的亲人联系；参与接待回乡探亲、考察、旅游的台胞，处理好他们的来信来访，为引进资金、人才、技术，加强云和与中国台湾两地的经贸交流、合作、发展牵线搭桥。

加强台湾同胞、港澳同胞及海外侨胞（简称“三胞”）的联络联谊是台联会工作重点。台联会逢年过节向“三胞”寄送贺卡，接待回乡（到云和）探亲观光的“三胞”以及组织会员到中国台湾交流交往。2009 年，组织 90 余人赴中国台湾交流，参访团人员与中国台湾各界亲友 100 余人进行广泛接触和交流。联络联谊，增强他们对家乡的认同感和向心力。据不完全统计，1987—2010 年，向“三胞”寄送各类贺卡 2000 余张，接待回乡（含非云和籍）探亲观光的“三胞”1000 余人次，台联会会员到台港澳及海外探亲观光近 1000 人次。

学习联谊

县台联注重理事会的学习，2004 年始，建立每月一次理事会活动日制度，规定每逢活动有集体学习内容。1987—2010 年，组织理事会成员集体学习 200 余场，组织全体会员集体学习 40 余场。学习内容主要涉及党和国家对台工作方针、政策，以及不同历史阶段重大事件和不断变化的台海形势，根据需要学习台湾及世界各地的文化、风俗等方面知识及与人沟通的技巧等，经常性的学习，全体理事综合素质得到提高。省优秀教师高级讲师张宇明利用自身优势，在全县机关、企事业单位、农村、社区、学校宣讲 1000 余场受训 10 余万人，涉及中国台湾、海外形势、中央对台方针政策、法律、文化等方面内容。

县台联每年以各种形式开展活动，每年春节、中秋节、重阳节举办茶话会，联欢会，趣味运动会，并邀请县政协三胞民宗组委员，县侨联代表及县四大班子领导和县内相关部门参加，活动规模每次有 200 人。

1991—2010 年，组织各类活动 50 余场，参与活动人数累计近 1 万人次，联谊会凝聚力增强。经常组织理事和会员代表外出交流学习拓展视野，增长知识，先后到海南、厦门、上海、华西村、杭州以及周边县市考察交流。

参政议事

县台联参与经济建设和社会发展，台联理事会成员四分之一是县政协委员，每年参加县政协的各项活动，履行委员义务。1987—2010年，提交委员提案195件，被列为重点提案有37件，历届政协全会上作大会发言24人次。履职成果引起领导关注，反映社情民意的《大力推广免割保水膜种植香菇技术，推动云和县食用菌产业可持续发展》《对县城解放街进行旧城改造的几点思考》《重视玩具城形象建设》重点提案，先后得到县委书记和县长的批示和交办。毕业于黄埔军校16期的县台联理事叶永青，1996年主动联系在台的黄埔同学，解决当时县轴承滞销难题，为云和工业产品销往台湾打开门路。

理事会主动为台胞台属、侨胞侨眷提供各类服务。1990年，发挥在台亲属从事律师职业优势为台属办理继承台湾亲属遗产。2005年，多次奔走于政府部门、村干部及相关村民之间，帮助台属成功解决拖延3年之久的山林纠纷；2008年，张姓台胞在台亲属回大陆分割祖辈遗产时发生一些纠纷，与他们进行促膝谈心，事件双方当事人握手言和。1987—2010年，县台联解决各类纠纷80余件。经常性开展扶贫帮困公益性社会活动，县台联一副会长就资助贫困大学生20余人，捐助资金近50万元。县台联牵线搭桥，为云和籍“三胞”做慈善事业。台胞张福如捐资2万美元建造紧水滩小学教学楼，汪再英捐资2000美元为学校购买钢琴、电脑等，华寿南捐资2万美元设立“华氏官金公奖助学基金”，资助故乡赤石乡小学学生。香港同胞叶彩萍先后捐资13万元，支持县教育事业与“4•17”崇头镇特大雹灾。1987—2010年，县台联组织捐赠善款近80万元。

第七章　残疾人联合会

1990年12月28日，《中华人民共和国残疾人保障法》公布，次年5月15日实施。1991年1月，云和县残疾人联合会（简称县残联）成立，与县民政局合署办公。1993年5月，为正科级事业单位。1995年8月，县残疾人劳动就业服务所（简称县劳服所）成立。1998年9月，县残联与县民政局分设，独立办公。县残联内设1个办公室，人员编制3人（含工勤人员），1998年3月，参照《国家公务员暂行条例》管理，下属事业单位有县劳动服务所，核定自收自支事业编制1人。2008年1月，内设科室调整为办公室、康复科、组织宣传科、就业教育科4个。

1999年，县残联盲人协会成立，2003年，肢体残疾人协会、聋人协会、智力残疾人及亲友协会和精神残疾人及亲友协会成立。是年，6个社区残疾人工作协会相继成立，随后以行政村为单位，设立村残疾人协会，主席由村两委主要负责人担任。专职委员、联络员由县残联给予一定经费补助。到2010年，残疾人联合会代表大会先后召开5次，乡镇残疾人联合会 14 个。1991—2010 年，县残联通过制订残疾人事业发展规划，出台优惠政策，建设无障碍设施，开展残疾人培训，帮助残疾人就业，扶助残疾人康复等措施，保障残疾人的基本生活和权益。

第一节　代表大会

1991 年县残疾人联合会成立后，先后召开 5 次残疾人代表大会，对大会主席团和执行理事会进行换届选举。乡镇残疾人代表由乡镇、村（社区）提名产生。乡镇参加县残疾人代表大会的代表由乡镇残疾人代表大会选举产生，机关参加县残疾人代表大会的代表由县残联提名产生，特邀代表由县残联提名产生。主席团成员、代表中，残疾人及残疾人亲友应超过半数。

1991—2010 年云和县残疾人代表大会情况表

表 22-7-1

届　次	时　间	代表人数（人）		选举结果	
		健全人	残疾人	主　席	理事长
第一次	1991.01.25	27	28	吴　权	王岩生
第二次	1994.01.20—22	33	35	符香环	项希盛
第三次	1998.11.26	31	34	邵大方	刘少华
第四次	2003.05.13—14	40	41	王新荣	林　海
第五次	2007.12.17—18	40	41	胡伟忠	洪为平

第二节　基本保障

证件办理

根据 1987 年第一次全国残疾人抽样调查，云和县残疾人占全县总人口的 4.9%，2006 年第二次全国残疾人抽样调查，残疾人占总人口的 6.34%，至 2010 年全县约有残疾人 7000 人。

1991 年，云和县开始申办浙江省残疾人证，全县办证 1500 人。

1997 年，云和执行《中国实用残疾人审定标准》，更换中华人民共和国残疾人证（第一代证），办证人数 1896 人，同时废止浙江省残疾人证。

2008 年执行《第二次全国残疾人抽样调查残疾人标准》，换发第二代中华人民共和国残疾人证。第二代证相对于第一代证增加多重残疾类别，把各类残疾程度分为一到四级，一、二级为重度残疾，2009 年年底废止第一代残疾人证。到 2010 年全县申办残疾人证 1956 人。

2010年云和县第二代残疾人证办理情况表

表22-7-2　　单位：本

残疾类别	一级	二级	三级	四级	小计	比例(%)
视力残疾	64	103	61	118	346	17.69
听力残疾	41	57	61	41	200	10.22
言语残疾	67	3	1	2	73	3.73
肢体残疾	131	234	446	337	1148	58.69
智力残疾	10	26	26	62	124	6.34
精神残疾	3	13	25	21	62	3.17
多重残疾	1	2	0	0	3	0.16
合　计	317	438	620	581	1956	—

设施建设

县残联成立初，办公地点设在县民政局内。1998年，搬迁到县府大院西副楼一楼。2000年4月，县政府将坐落在新建北路159号的原县乡镇企业管理局的房产划拨给县残联作综合服务楼(办公大楼)，共有建筑面积(四层)526.70平方米，土地使用权面积860.89平方米，经整体装修后2005年投入使用。

2009年6月26日，云和县人民医院迁建工程暨云和县残疾人康复中心开工建设，康复中心占地面积2000平方米，工程建设与县人民医院同步进行，实现资源共享。2010年6月，县残疾人康复中心大楼封顶。

2010年，县政府将镇府路20号的原云和镇政府办公楼租借给县残联，由社会人士出资对大楼进行整体装修，创办云和县残疾人小康•阳光庇护中心。中心面积1254.3平方米，设100个床位。中心实行公助民营方式运作，基本满足全县重度残疾人托养需求。

权益保障

1991年5月，《中华人民共和国残疾人保障法》颁布实施，举办法律讲座，进行法律咨询宣传残疾人保障法，建立和完善残疾人法律服务网络。2008年，与县司法局成立残疾人法律援助中心，开通残疾人维权绿色通道，无偿提供法律服务，解决残疾人在社会保障和服务等方面的权益诉求。是年，全县对三轮车营运专项整治，残联协同交警、运管等部门座谈、走访从事营运残疾人三轮车车主的40人，采取资金扶持、置换人力三轮车、回收残疾车、就业介绍、纳入低保等措施扶助残疾人，没有出现越级上访事件。

无障碍设施　按照《城市道路和建筑无障碍设计规范》在全县城区建设无障碍设施。1999年，城区新建和改建公厕和医院门诊大楼等公共设施率先建设无障碍设施。2003年中山街等主要街道两旁铺设盲道和坡道，文化中心等公共服务单位建设无障碍坡道。

推广中国手语　1999年，县残联工作人员参加市"中国手语"初级培训班。2003年县电视台开办《一周要闻》手语新闻；2003、2010年，县残联举办各单位窗口工作人员《中国手语》初级培训；各乡镇残疾人工作者分别在市、县举办的培训班中轮训学习。

第三节 康复与宣传

康复

开展残疾人康复工作，保障残疾人享有康复服务权利，增强参加社会活动的能力。县残联成立之初主要业务以康复服务为主，受经济、技术条件限制，中国残联将白内障复明手术、小儿麻痹症后遗症矫治、聋儿听力语言训练等三项康复项目为重点项目（简称“三项康复”）。

1991年，开展小儿麻痹症患者普查，邀请省、市医疗队对可以康复的对象进行小儿麻痹后遗症矫治手术，到1998年，共治疗康复51人。是年，协助县卫生部门开展补碘防治，预防小儿麻痹症的发生，全县补服碘油丸14480人。2000年，向世界宣布消灭小儿麻痹症。

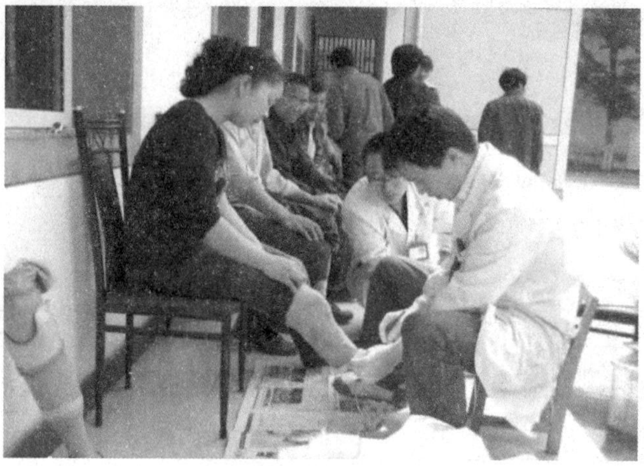
图22-7-1 免费验配假肢（2008年摄 县残联提供）

是年，云和县开始实施白内障复明手术，省市医疗队对有康复指标对象进行手术治疗155人。1998年，白内障复明得到国际狮子协会“视觉第一·中国行动”援助，开始使用人工晶体植入术，424人得到治疗。2005年后，由县人民医院和中医院治疗复明，成为经常性的康复工作。1991—2007年实行医疗费减免。2008年后实行免费，减免费用由省、县财政补助，到2010年，完成885例。县残联每年安排经费用于聋儿听力语言训练，将符合条件的聋儿或听力有障碍的儿童送省、市定点聋儿语言训练机构康复，到2010年，完成聋儿听力语言训练13人。

围绕残疾人“人人享有康复服务”的目标，在三项康复的基础上，扩充低视力康复、精神病防治、智力残疾康复、社区康复和残疾人用品用具供应服务等六项残疾人康复工程。2004年，青阳门社区、浮云社区和新华社区相继建立康复站，配备康复专（兼）职工作人员、康复设备和康复知识普及读物，为辖区残疾人提供康复服务。

2008年，开展精神病患者医疗救助，为持证精神残疾人提供每人每年给予300元的药费补助129人次。对家庭人均年收入在低保标准150%以内的残疾人，免费实施白内障复明手术，免费验配助听器、助视器，免费装配假肢、赠送辅助器具。

2010年，新增残疾儿童抢救性康复项目，免费实施人工耳蜗手术和辅助器具配置；对0-6周岁的残疾人孤儿或家庭人均年收入在低保标准150%以内的残疾儿童进行康复训练，并给予补助。截至2010年年底，全县共完成残疾儿童康复训练71人次；为视力残疾人配用助视器47台；向下肢残疾人赠送轮椅773辆，假肢、矫形器装配108例；为听力残疾人赠送助听器216台;为残疾人供应用品用具400多件。

2004—2010年期间,结合“爱眼日”“爱耳日”等节日主题,每年在城区中山广场等繁华地段举办主题宣传教育活动,以展板、发放资料、义诊等形式开展残疾人康复知识宣传。

宣传

“全国助残日”“国际残疾人日”,利用电视台、报刊、网站等媒体,以新闻报道、专题专版等形式宣传残疾人事业和先进典型事迹。1999年,县残联创办《云和残联》简报,每月一期。2008年,对简报改版,在纯文字的基础上配加彩色图片,得到市残联肯定,并在全市推广,编发43期。2010年,建立县残联门户网站。

图22-7-2 参加市残运会运动员(2008年摄 县残联提供)

文体

1997年,在县府大院举办四肢瘫残疾人陈红个人口画展;2004年,在杭州举办陈红个人书画展;同年12月31日,县残联举办“学习陈红,走进陈红”专场文艺晚会。2001、2007年分别两次邀请省残疾人艺术团到云和演出,宣传残疾人自强、自立、自尊精神。2010年5月,在县中山广场举行庆祝第20个“全国助残日”文艺演出活动。选拔和培养残疾人体育、艺术人才,组团参加省、市残疾人艺术会演和各类体育赛事,一批残疾人文艺、体育优秀选手在各类大型比赛中获奖。2003、2008年分别举办两届全县残疾人运动会,组队参加省市各类残疾人体育比赛。 2008年,全市残疾人文艺会演中,重度残疾人华守阳的巴乌独奏《断桥残月》荣获二等奖,残疾人陈心园、兰建成主演的小品《武大郎茶馆》荣获三等奖。2009年,华守阳获葫芦丝、巴乌北京邀请赛葫芦丝中年组金奖,巴乌中年组银奖。2010年,组团参加市第二届残运会取得10金4银12铜的成绩。2010年10月,由残疾人辅导的安溪小学葫芦丝教学项目,被教育部评为全国学校艺术教育先进单位。

第四节 社会保障

保障措施

云和县采取优惠政策,对残疾人的教育、就业、康复和生活等方面予以关心和帮助,保障他们的基本生活和权益,分享改革开放和社会发展的成果。

1997年,县委、县政府批转县残疾人联合会《云和县实施残疾人扶贫攻坚计划意见》后,相继出台《云和县残疾人就业保障金征收管理暂行办法》《关于实施残疾人共享小康工程的意见》《云和县扶助残疾人实施办法》《关于加快推进残疾人事业发展的若干意见》等一系列惠及残疾人的助残政策，要求各镇乡政府和有关部门加强对残疾人工作的领导，将残疾人事业列入国民经济和社会发展计划，经费列入财政预算。多部门联合制定扶贫基地、托养机构、来料加工等扶持办法，以及基层残疾人组织规范化建设、贫困残疾儿童抢救性康复项目等实施细则。

基本生活保障 对持本县户籍和《中华人民共和国残疾人证》，残疾为重度一、二级，家庭人均收入低于城镇或农村低保标准150%的残疾人，全额单独施行最低生活保障或重度残疾人补助金，并享受医疗救助及其他社会救助政策。到2010年，全县共有1204名残疾人享受最低生活保障，522名重度残疾人单独施保。

图 22-7-3 向残疾学生发放助学金（2010年摄 县残联提供）

安居托养 2004年，开始实施残疾人万户安居工程，由省、市、县残联按一定比例出资，资助无房、危房户残疾人改善居住条件。补助标准为新建房屋每户补助5000~6000元，扩建、改建房屋每户补助3000~4000元，修建房屋每户补助2000~3000元。2004—2009年期间，完成残疾人家庭危房改造221户。

2008年，实施重度残疾人托（安）养工程，基本满足具有云和户籍和中华人民共和国残疾人证、残疾等级为一级且生活不能自理的残疾人实施托（安）养，对进行日间照料和居家安养的补助3750元/年，对入院托养的折合低保补助9000元/年。

2009年，推行残疾人社保补助政策，重度残疾人参加新型农村合作医疗或城镇医疗保险的费用，纳入县财政统一支付；重度残疾人参加农村养老保险按最低级缴保由财政补助。

2010年，针对适龄残疾儿童，采取随班就读，或送聋校、盲校等特殊教育学校就读，在古坊小学成立残疾儿童教学基地，负责接收云和县本区域及非本区域包括外来务工人员需要就读的残疾学生[弱智儿童、视力（弱视）和肢体残疾儿童]。联合教育部门做好优秀残疾学生入学的协调、指导、服务工作，475名残疾学生和残疾人家庭子女落实爱心助学资金。

就业安置

保障残疾人平等地劳动就业，享有平等接受教育的权利，推行按比例分散就业、集中就业和个体就业，扶助残疾人自主创业，残疾人事业与经济、社会协调发展。

分散安置 1995年开始，残疾人按比例分散就业安置，在县境内的机关企事业单位均按1.5%的比例安置残疾人就业。如安置数未达到比例，按未达到残疾人数收取残疾人就业保障金，征收标准为“残保金=（单位职工总数×1.5%-已安排残疾人就业人数）×职工上年人均收入×60%”。收缴的保障金主要用于残疾人职业技术培训教育、扶持残疾人个体就业和困难残疾人生活补助等。2002年由地税部门代为征收。2007年，县政府出台《云和县残疾人就业保障金征收管理暂行办法》，2008年起财政拨款单位由县财政统一划拨，2009年全县机关、企事业单位通过“一户通”扣缴。到2010年，分散按比例县内就业人数88人，征收残疾人保障金总计 647 万元。

集中安置 落实税收优惠政策，鼓励企业兴办福利企业，残疾人集中就业。县残联通过就业招聘会、职业介绍等方式，推荐残疾人异地安置和在县福利企业及私营企业劳动就业，从 1997 年起，陆续输送残疾人到温州、永康、兰溪、海盐、莲都等几十家福利企业就业，安置人数 214 人，县福利企业安置就业 253 人。

鼓励残疾人自谋职业、自主创业或个体就业，落实税收减免、工商管理费减免、资金资助、养老保险补助等优惠政策，创造宽松的自主创业就业环境，到 2010 年，全县从事个体就业的残疾人 462 人。

技能培训

1996 年起，县残联每年举办残疾人职业技能培训班，采取集中、分散、分级方式开展培训，提升残疾人就业能力。1997 年起，组织有特殊需求的残疾人，参加省、市培训。到 2010 年，共举办培训班次 31 期，参训残疾人 1142 人次。

扶贫解困

坚持以改善贫困残疾人生产生活为重点，做好扶贫帮困。每年春节走访慰问 100 多户贫困残疾人，送去慰问品和慰问金，对临时发生困难的残疾人实施救助。利用“全国助残日”“国际残疾人日”的重大节日，动员社会各界为残疾人奉献爱心。1991 年，开展“为残疾人事业捐赠一元钱”活动，100 多个单位及个人参与捐款，到 1994 年共捐款 3.6 万元。1993 年，把残疾人的扶贫工作纳入扶贫的总目标，1995—1998 年间，以帮、包、带、扶等形式，帮助残疾人脱贫致富，全县落实帮扶结对贫困残疾人 321 户。2008 年，新云木业集团、兆丰机电等 41 家企业和机关单位为残疾人事业捐款 7.53 万元。争取省、市、县扶贫资金，鼓励农村残疾人从事种养殖业和家庭副业，累计扶持农户 1800 多人次。发展残疾人扶贫基地，先后建成残疾人小康示范扶贫基地 11 家。石塘镇李军利板栗基地被评为省级示范基地，累计安置残疾人就业 85 人，辐射残疾人家庭 300 多户。2008—2010 年，开展“三个一千”工程活动，赠送残疾人电视机 235 台、收音机 110 台、电话机 100 部。

第八章　工商业联合会

1950 年 10 月，云和县工商业联合会筹备委员会成立(以下简称工商联)。1962 年 8 月，召开第一次工商联代表大会。“文化大革命”期间组织瘫痪。1991 年 5 月恢复。1992 年 7 月，县工商业联合会确定为正局级单位。至 2010 年，县工商业联合会(总商会)有各经济类会员 152 家(人)，行业商会 4 个。

第一节　代表大会

1991—2010年，云和县工商联召开工商联代表大会4次。选举产生第二、三、四、五届工商业联合会执行委员、常委、会长。

第二届工商联

1991年5月10日，第二次工商联代表大会召开，出席大会代表99人，特邀代表12人。听取和审议《团结一致，做好工作，为云和的两个文明建设服务》的工作报告，通过相应的决议，选举产生县工商联执行委员21人，常委10人，陈军平当选会长。

第三届工商联

1996年3月26日，县工商联第三届代表大会召开，代表人数150人，特邀代表55人。选举产生执委25人、常委10人，梅良志当选会长。

第四届工商联

2002年9月27日，县工商联第四届代表大会召开，出席代表180人，特邀代表38人，会员107人参加选举，选举产生第四届执行委员30人，常委5人，杨大杨当选为会长。2005年，召开工商联四届三次执委会，增补执委8人，常委5人和副会长2人。

第五届工商联

2008年12月18日，县工商联第五届代表大会召开，出席代表135人，特邀代表61人，选举产生执行委员63人，常委40人，秘书长1人，副主席（会长）18人，主席（会长）1人，朱伟文当选主席。

第二节　机构与会员

工商联机构

1991年8月，县工商联创办第一期《云和工商信息》，发展新成员。县钢球厂、半导体陶瓷元件厂、车木厂3个单位发展为县工商联（总商会）的企业会员。

1995年，根据企业生产经营状况，较好的12家企业发展为新会员。

2004年8月，云和县总商会铸造行业商会成立。是年9月，云和县轴承行业商会和云和县青年木头人俱乐部成立。

2009年11月13日，云和县总商会轴承行业商会召开第二次会员代表大会，选举产生总商会轴承行业商会会长、副会长、秘书长、理事会理事，柳世平当选会长。

到2010年，发展会员152名，其中企业会员135家，行业商会4个。云和县总商会商贸行业商会成立，商会会员57人，涉及商贸领域各个行业。同年，阀门行业商会召开第二次会员代表大会，选举产生第二届理事会成员，副会长，秘书长，会长，陈彪当选会长。

工商联会员

1997年，有会员89人，其中：非公有制企业会员18人、国营集体企业会员29人、团体会员1人、个体会员31人、老会员10人。

1998年，经过清理，有会员38人，其中私营企业14人、国有企业13人、集体企业5人、股份制企业2人、个人会员4人。根据省委文件精神，调整会员结构，重点在私营企业、个体工商户中发展会员，国有企业、集体企业逐步退出。

2000年，新吸收企业会员6人，有会员41人，其中，私营企业31人、股份制企业6人、个体工商户4人。

2001年，新增会员1人，年末共有会员42人，其中私营企业32人，股份制企业6人，个人会员4人。2002年，有会员数107人(家)。其中全民所有制企业3家，股份制企业4家。

2008年，有企业会员114人，个人会员21人。

1991—2010年云和县工商联企业、个体会员情况表

表22-8-1　　单位：个

年份	国有企业	集体企业	乡镇集体	股份合作	私营企业	个体工商户(家)	团体会员	个人会员	原工商业者	合计
1991	3	—	—	—	—	—	—	—	—	3
1992	3	—	—	—	—	—	—	—	—	3
1993	3	5	—	—	—	—	—	—	3	11
1994	3	5	—	2	—	—	—	—	10	20
1995	3	5	—	2	—	—	—	—	10	20
1996	29	—	—	—	18	—	1	31	10	89
1997	29	—	—	—	18	—	1	31	10	89
1998	13	5	—	2	14	—	—	4	—	38
1999	—	—	—	6	29	—	—	4	—	39
2000	—	—	—	6	31	—	—	4	—	41
2001	—	—	—	6	32	—	—	4	—	42
2002	3	—	2	6	74	15	—	4	—	107
2003	3	—	2	6	76	18	—	4	—	109
2004	3	—	2	6	74	20	3	4	—	112
2005	3	—	2	6	76	20	3	4	—	114
2006	3	—	2	6	78	20	3	4	—	116
2007	3	—	2	6	88	20	3	4	—	126
2008	3	—	2	1	108	17	4	4	—	139
2009	3	—	2	1	114	21	4	—	—	142
2010	7	—	—	1	123	17	4	—	—	152

第三节　参政议政

云和县工商业联合会会员担任县政协领导、人大代表、政协委员等，直接参与政务和参政议政。1998 年 3 月至 2007 年 3 月，廖复新当选云和县政协第五、六、七届副主席。1993 年，工商联非公经济人士当选云和县十一届人大代表 3 人，县四届政协委员 11 人。1998 年，当选云和县十二届人大代表 4 人，县五届政协委员 12 人。2003 年，当选云和县十三届人大代表 9 人，其中 4 人当选为人大常委，县六届政协委员 17 人。2007 年，当选丽水市人大代表 1 人，云和县十三届人大代表 5 人，县七届政协委员 13 人。

建言献策

云和工商业联合会界别围绕发展非公有制经济这一主题，开展系列专题调研。1995 年，组织非公有制会员活动 4 次，综合提出建议 8 条和意见和要求 13 条，向地、县政府反映，供县政府决策参考。

1996—2000 年，云和县工商业联合会中的政协委员先后提出大力发展私营经济等 46 篇提案。县政协四届四次全会作《统一认识，大力发展个体私营经济》的发言。针对经济滑坡的情况，对玩具、轴承、鞋、铸钢等十余家私营企业经济运行情况进行调研，写出专题调查报告，反映一些单位向企业乱派乱收费问题。县政协四届五次会议作《理顺非公有制经济管理体制，促进个私企业健康发展》的大会发言；县政协全会作《认真学习十五大精神，进一步做好非公有制经济人士的工作》的大会发言；提出提案 8 件，其中关于清退发票保证金的建议得到满意的解决。县政协五届三次会议作《认清形势，调整思路，加快发展，再创云和木制玩具新辉煌》的发言，工商界委员向大会提案 7 件。

2001—2010 年，工商联政协委员在县政协会议上，针对县木制玩具、铸造、轴承三大产业现状、存在问题、产业对策，提交提案 187 件。2001 年在县政协五届四次会议作《组建玩具集团是当务之急》的大会发言，2004 年，县政协六届二次会议上工商联作题为《云和县非公经济企业工伤事故中存在的问题及对策》的大会发言，其中《关于建造工业园区民工公寓》的提案，被县政协列为重点提案。撰写《关于云和县企业工人住宿情况的调查报告》《云和县轴承行业发展状况的调查及建议》的调查报告，引起县委、县政府领导重视，内容丰富，均有较高质量，有的意见和建议已被采纳实施。2005 年两会期间，针对中小企业融资难问题，开展中小企业融资问题专题调研，并形成调查报告供政府和有关部门参考。2006 年，在政协六届二次会议作题为《整合产业要素，实现木制玩具的二次飞跃》的大会发言。

2007 年，两会期间，工商联委员针对县木制玩具、铸造、轴承三大产业现状、存在问题、产业对策，撰写《积极应对新形势，再创玩具辉煌》《加快云和轴承行业发展　谱写云和县轴承的新篇章》《实现云和县金属铸造业跨越发展的建议》3 篇调研材料，铸造行业委员代表在大会发言。

2008年，民营经济专委会委员8人受邀担任公检法、税务、工商等部门监督员。开展调研活动3次，形成书面报告，“关于云和农贸市场管理存在的问题和对策”“关于企业办理房产证相关问题调研”“当前云和县民营经济发展的问题和建议”供政府决策参考。

2009年，民营企业委员作《关于扶持云和县民营企业健康稳定发展的建议》《加强引导完善服务大力推进民营企业自主创新》大会发言。开展调研活动3次，形成书面报告，向县委、县政府提出对民营经济健康稳定发展建议、民营企业自主创新能力现状和推进方案、云和县木制玩具产业的现状和未来展望。

2010年两会期间，轴承商会委员作《合力打造先进轴承配件生产基地的几点思考》，木头人俱乐部委员作《对云和木制玩具产业提升发展的几点建议》的大会发言。

第四节　招商　维权

员工培训

1997年，围绕县委、县政府的中心工作，促进个私企业健康发展，对非公有经济代表人士进行“爱国敬业、守法”的教育，开展以“三讲”(讲文明、讲法纪、讲贡献)“三比”(比科技进步、比产品质量、比经济效益)的“双文明企业”(物质文明建设和精神文明建设)竞赛活动。9月，举办厂长学习企业管理、经济法规、劳动法规培训班，参加培训31人。1999年，针对本县玩具行业内部出现的互相压价、抄袭、侵权等不正当竞争现象，举办《中华人民共和国专利法》《中华人民共和国反不正当竞争法》《中华人民共和国产品质量法》和新《中华人民共和国合同法》等法律培训；是年，面对加入世贸组织新形势，组织新云工艺品有限公司、木制工艺品有限公司、玩具总厂等会员2批16家企业，到丽水和省工商联听取“WTO与非公有制经济”和“国际贸易实务与风险防范”等讲座。

2001年10月，组织玩具企业20多人参加易燃易爆危险物品从业人员培训。2003年，县工商联与县科协联合举办非公企业厂长经理培训班，厂长经理50多人参加。2004年，建立工商联信息员队伍，近30家生产企业确定信息员，进行相关培训。2009年，工商联机关和31个企业支部，在学习实践活动中收集有价值整改意见116项，进行专项整改83项，问题意见公开回复43项。

2010年7月，邀请陈安之、潘俊贤作《企业如何超速盈利的秘诀》讲座，工商联会员、企业负责人及营销人员200多人参加培训。县工商联与人大、政协、统战部、法院等20家部门，联合对非公经济代表人士55人开展思想政治表现、诚信守法状况、企业经营状况、履行社会责任情况等四个方面进行综合评价。

1992、1995年，工商联组织县镰刀厂等企业会员参加合肥市举行的华东六省一市工商联第六届商品交易会。云和企业签订销售合同102万元，与此同时还参加华东六省一市经济信息交流和经济技术合作项目洽谈，把云和县产品和企业向全国各县市作推广介绍。

1997—2000 年，组织工商联会员企业 6 人到美国、泰国、新加坡考察商务活动。组织私营企业主 10 人到嘉兴、台州、海宁、金华、温州等地参观考察学习，参加“2000 浙江省民营科技洽谈会”和“省机械设备展销会”。

招商引资

2001 年 10 月，7 个企业主参加丽水市组团到台湾交流考察，先后接待杭州江干区、衢州市、福建省武夷山市等地工商联干部及企业界人士，建立友谊。2004 年，组织商会部分会员赴青岛、大连、新昌、慈溪等地工商联考察学习，完成招商引资任务 160 万元。

2006 年，加大招商引资力度,完成云和县高特泵阀制造有限公司增资项目 169 万元，浙江东泰阀门有限公司增资项目 400 万元，浙江万和阀门有限公司增资项目 380 万元，共计完成 949 万元。2009 年 4 月 17—22 日，组织企业负责人、政协民营经济委委员到重庆、成都等地企业考察和学习，到义乌丽水商会和景宁工商联进行交流与学习。

服务社会

1996—2000 年，开展光彩事业活动。廖复兴等民营企业家赞助教育、支持社会公益事业计人民币 45 万元，落实开发项目 2 个，资金 15 万元。非公有制企业为希望工程、图书馆、狮山风景点等公益事业捐助资金 18.6 万元。

2002 年，新云玩具厂等会员企业 5 个，捐资社会光彩工程、公益事业，资助特困学生学费，帮助贫困乡村修桥补路等计 20 余万元。新云玩具年捐助公益事业 10 万余元，忠协玩具厂每年与云和镇小学一起开展植树造林活动，提供资金 2 万余元，云和木制工艺品公司每年资助贫困学生 8 人 4 万余元，振鹏实业有限公司资助贫困学生 2 人资金 1 万余元，云和玩具总厂资助修路款 5 万余元，企业盈利回报社会。

2003 年，“非典”期间，30 余家会员企业慷慨解囊，向县红十字会捐款 4.5 万元，同时非公经济人士捐款 20 余万元，帮助失学儿童和公益活动，省工商联《简报》对云和抗击“非典”企业捐款通报表扬。

2005 年，组织近 30 家企业慰问消防武警部队官兵。在“情系民族经济、共创美好明天”活动中，玩具协会，轴承行业商会，铸造行业商会，木头人青年俱乐部等共捐资 43000 元，支持民族经济的发展；会员斯仙芳资助 5 万元帮助云中、职技校的贫困学生。

2006—2009 年，工商联会员单位参与新农村建设等社会公益活动，43 家企业建立村企结对扶贫活动，捐献扶贫资金 186.57 万元。为四川地震灾区向县慈善总会和县红十字总会捐款 38.5 万元。工商联联系北仑区戚家山街道与雾溪民族乡协作结对 ,戚家山街道每年扶持雾溪小学营养餐工程 6 万元 ,2008 年给予雾溪乡 10 万元用于新农村项目建设。开展为贫困大学生捐资活动,浙江环宇房地产开发有限公司等企业 4 家，捐资 8 万多元，应往届贫困大学生 60 人得到相应资助。县“春眠计划”活动慷慨解囊，玩具企业、铸造商会、轴承商会 3.3 万元。每年玩具、阀门、轴承商会的企业会员，“八一”建军节期间，慰问武警中队和消防官兵，并送上慰问金。

2010 年，玩具企业、铸造商会、轴承商会等行业商会 4 个，对乡镇 4 个贫困户 28 家访贫问苦,“百家民营企业扶百村”活动,鼓励民营企业参与新农村建设。慈善总会换届,会员企业积极踊跃参与慈善募捐活动,会员企业30多家向县慈善总会捐慈善款100多万元。

企业维权

1998年,云和新胜玩具厂、亮星玩具厂等4个厂家,产品被广东省蕉岭县油坑检查站扣压,县工商联收集材料,及时解决产品被扣问题。组织收集云和玩具产品67件,送“浙江省二十年来改革开放成就展览会”参展。

1999—2000年,助推企业引进先进技术和设备,促进企业技术产品上档次,增加竞争力。新云玩具总厂改为浙江新云工艺品有限公司后,投入技改资金上千万元,建厂房、添设备,扩大企业生产规模,现有固定资产3000万元,厂房占地面积7.2万平方米,各种机械设备400多台(套),下属3个分厂具有年产值近亿元的生产能力。做好维权解困服务,主动上门协同有关部门为企业协调解决各种矛盾纠纷10余起,协调玩具企业之间产品侵权纠纷和劳动生产安全纠纷案8起,帮助解决子女的入学、户口办理、出国考察等问题。运用《浙江工商》杂志、省电视台宣传云和县非公有制经济代表人士的典型事迹,1999年新云工艺品有限公司被评为省级“双文明企业”单位。

2003—2006年,县工商联组织企业19家参加“企业信用自愿公示”活动,创办《云和商会》为会员提供信息服务。调解企业之间、企业与工人之间纠纷24起,有效化解矛盾。

2008—2010年,县工商联理顺办理企业房产证难问题,与县建设局、县工业园区联合发文,把企业补办房产证所需资料及办证流程印发给相关企业,便于企业办理。开展以“推动加快经济发展方式转变,推动加快产业升级、促进科学发展,建设活力和谐企业”为主题的非公有制经济组织创先争优活动。组织铸造行业商会、轴承行业商会与县职技校对接,校企签约合作,并在职技校内举办轴承企业人才招聘现场会,有学生50多人与用人单位签订用工意向协议。组织企业组队参加全县私营(民营)企业趣味体育运动会,丰富企业职工业余活动,参赛运动员218人。被市、县政府评为和谐企业34家。

第九章 文学艺术界联合会

第一节 组织机构

1984年11月,云和县文学艺术界联合会成立(以下简称县文联)。至2010年,云和县文联先后召开代表大会4次。下辖文艺家协会10个,共有会员380人,其中,全国级会员15人,省、市级会员106人。其间,县文联开展各类社会性文艺活动,加强对所属协会的管理,办好文艺刊物，对优秀文学艺术成果进行奖励和表彰，为文艺创作营造良好环境和氛围，促进云和文艺事业的繁荣。

代表大会

1998 年 12 月 7 日，云和县文联第三次代表大会召开，出席大会代表 126 人，选举产生文联第三届委员会，柳绍荣当选主席。

2004 年 10 月 26 日，云和县文联第四次代表大会召开，出席大会代表 80 人。大会听取并审议县文联第三届委员会工作报告，修改并通过《云和县文学艺术界联合会章程》，选举产生文联第四届委员会，刘丽莉当选主席。

文艺协会

1984 年，云和县文联文学协会、音乐舞蹈协会、美术书法协会、摄影协会、戏曲协会、民间艺术协会、诗词学会等 7 个协会成立，会员 280 人。

1998 年，文联下辖音乐舞蹈，和美术书法协会分设，成立音乐协会、舞蹈协会和美术协会，书法协会，文联下辖 9 个协会，会员 321 人。

2004 年，县文联根据形势需要，观赏石协会成立，文联下辖协会 10 个。按照上级文联要求，协会名称改为，云和县文联作家协会、美术家协会、书法家协会、摄影家协会、音乐家协会、舞蹈家协会、民间艺术家协会、戏剧家协会、诗词学会和观赏石协会，有会员 380 人。

第二节　创作与交流

1995 年，加强浙闽文化横向联系交流，在福建省政和县举办“浙闽毗邻七县市舞蹈比赛”。1998 年，县文联编辑出版《云和改革开放二十年》，全书共刊登 21 篇报告文学，12 万余字。2000 年 12 月，省文联在云和设立“浙江省民间文艺家研究基地”。2002 年，编辑出版云和文学作品集《周家有女初长成》。2003 年，编辑出版云和文学作品第二集《军中第一枪》。

2004 年，举办“城市建设”摄影作品展，收到摄影作品 120 余幅，展出 58 幅。各协会(学会)艺术家，用手中的笔和镜头等艺术表现形式歌颂赞美云和。

2006 年，县文联创办综合性文艺杂志《云和湖》，开辟的栏目有，小说天地、散文随笔、云和人文、艺术走廊、诗词歌赋。“创刊号”集文学、摄影、书画、音乐舞蹈于一身，是云和文学艺术爱好者发表作品的平台。同年，组织发动全体文艺工作者挖掘、整理、创作、展示雪梨文化，编辑出版第一期《云和湖》雪梨专刊；举办雪梨书画艺术和摄影作品两个展览，用艺术手法再现云和雪梨的风采。是年，举办《云和风光风情》摄影作品展，展出作品达 100 余幅，首次把云和美丽的风光展现在众人面前。是年，先后举办“云和一日”“欢乐新春”“巾国风采”“文明云和行”“走进朱村”“税收 发展 民生”“激情夏日”等艺术采风活动。

2007 年，发挥文艺专业优势，组织开展具有特色的文艺活动。配合第三届中国木制玩具节的举办，开展艺术活动，编辑出版《云生童话境　和谐山水情》的外宣画册；承办“永恒瞬间、灵秀云和”摄影艺术展，100幅摄影艺术作品，分《大地诗篇》《风情云和》《绿色家园》《木玩新曲》《我爱我家》五个版块；策划举办“云和县首届观赏石展”，212件形态各异观赏石的展出，日观展群众达2000多人。联合开展“美化城市书画石刻”活动，搜集艺术石块11块，取名题字，交城建部门石刻。征集香港华人摄影泰斗简庆福先生“瓯江帆影”的题字，在小顺村的石碑上完成石刻。是年，先后开展“农家墨香”农民书画展和“民间瑰宝”乡村藏品展，展示云和民间艺术的精华和农民文化的景象；组织云和小顺石参加“西泠印社第四届印文化博览会”在杭州展出，其中“小顺红花冻”获铜奖，是四大名石之外的唯一一个等级奖。组织全县藏石爱好者小顺石作品150件，参加在义乌举办的“中华文化博览会”。

2009年，举办“庆七一、时代先锋•清风廉影”大型摄影书画展，先后在县机关、中山街、崇头镇、村头村等地展出。是年，自筹资金11万元，历时8个月，收到全国20多个省市摄影家参赛作品近3000幅，举办“云和湖杯”走近“童话云和”全国摄影大赛。以摄影艺术形式，宣传展示“山水家园，童话云和”的魅力。

2010年，开展摄影“山海交流”活动，云和摄影家协会和岱山摄影家协会结成对交流，与松阳县“文化走亲”活动，与桐乡作家协会开展联谊活动。

获奖情况

1991—2010年，全县参加各类比赛展览获奖作品达205件，其中，国家级30件、省市级175件。组织各类艺术家开展“种文化”活动20次，举办各类艺术培训32期，培训辅导各类业余文艺骨干1800人次，扶持培育特色文艺项目16个，创作农村题材文艺作品35件。组织民间文艺团体开展送戏下乡56场，其中，特别为畲族村排练畲族表演节目，演出达12场。特别是2010年，推选云和风光、畲族风情摄影作品100幅，协同北京木马公司从中精选出制作60幅，在北京举办《诗话云和》主题影展。分别于4月28日至5月11日在北京椰林星诺咖啡屋、5月12—18日在北京国家计量技术研究院举行为期三周的展出，影展活动赢得京城各界人士的高度赞誉。

第十章 工商团体

1985年12月，个体劳动者协会成立，1994年，相继成立消费者协会和私营企业协会。1995年8月，成立云和县玩具行业协会。至2010年，全县个体劳动者协会会员3998人，私营企业协会会员959家(人)。个体劳动者协会、私营企业协会、玩具协会，实行自我教育、自我服务、自我管理，坚持开展“诚实守信、买卖公平”为核心的职业道德教育活动，引导个体工商业户争创文明经营户；鼓励发展多种经济成分，引导私营企业、玩具企业，实现科学化、现代化、规范化管理促进私营企业、玩具企业稳步发展。消费者协会根据国家法律法规和政策规定，对市场商品和服务进行社会监督，保护消费者利益，指导群众消费，促进社会主义市场经济的发展。2006年，云和县玩具协会被全国玩具行业中心评为2005—2006年度全国玩具行业工作先进单位。

第一节 玩具行业协会

玩具协会由云和县玩具企业及主要服务于玩具生产的相关企业和部门，按照自愿组成的社会团体自治组织，是政府管理玩具行业的助手。1995年，云和县玩具协会成立，有计划地开展日常工作，帮助企业维权，襄办重大活动，搭建政府与企业的桥梁。2008年，被评为2007—2008年度中国玩具协会行业活动先进协会，获浙江省工艺美术协会授予的工艺美术突出贡献奖。2010年，被评为2009—2010年度浙江省工艺美术行业协会先进协会、中国玩具协会行业活动先进协会。是年12月，云和县被浙江省商务厅、浙江省财政厅授予“木制玩具出口基地”称号。

代表大会

云和县玩具行业协会，其权力机构为会员代表大会，闭会期间由常务理事会行使代表大会职权，秘书长主持日常工作。1995年8月至2010年6月，先后召开五次代表大会。1995年8月30日，根据云和县民政局关于同意组建“云和县玩具行业协会”的批复，云和县玩具行业协会成立暨第一届代表大会在云和影乐宫召开。出席大会代表154人，其中正式代表80人。会议通过《云和县玩具行业协会章程》，大会选举产生第一届理事27人，其中，常务理事8名，副会长3人，秘书长1人。理事会聘请常务副县长涂晓明为名誉会长，聘请云和县林业局、财政局、国税局、地税局、工商局为顾问单位。

1998年10月，县玩具行业协会第二次会员代表大会在云和工贸宾馆举行。大会选举产生理事32人，其中常务理事19人，副会长4人，秘书长1人，廖复新为会长。

2001年，云和县玩具行业协会第三次会员代表大会在云和镇大会堂召开。大会选举产生理事47人，其中常务理事17人，副会长5人，秘书长1人，廖复新任会长。理事会通过《云和县木制玩具产品和技术维权公约》。

2005年6月，县玩具行业协会第四次会员代表大会在云和文化宫举行。大会选举产生理事47人，其中企业理事31人，部门理事16人，秘书长1人，廖复新任会长。

2010年6月4日，县玩具行业协会第五次代表大会召开，玩具企业代表201人出席会议。会议听取廖复新会长代表四届协会作的工作报告，修订完善协会章程，大会选举浙江新云木业集团有限公司廖复新为会长、副会长11人、常务理事18人和理事35人，聘请马国华为终身名誉会长。是年12月，召开理事会选举产生秘书长1人。

日常工作

1995年，云和县政府下发《关于成立县玩具行业协会筹建领导小组的通知》。成立以常务副县长涂晓明为组长的县玩具行业协会筹建领导小组。9个玩具企业负责人和9个县相关部门负责人，各负其责筹备协会成立相关工作，多次召开理事会研究各项工作。

1996年，协会举办木制玩具技术骨干30人参加的培训班。组织厂家带玩具样品赴美参展，扩大云和木制玩具在西欧国家的影响力和知名度。

2000年，出版中国《世界玩具》和中国《玩具礼品大全》。

2005年，举办“2005年中国玩具企业发展论坛”，促进云和玩具行业协会与全国各地玩具协会的交流，提高云和玩具的享誉度。

2006年，发挥企业与政府及上级部门的桥梁纽带作用，做好企业调研、安全生产宣传、玩具30年图文收集、玩具十强评选推荐等工作。编辑出版第四期玩具企业目录专刊，编入专刊企业91家，比第三期增加39家，专刊的编印对宣传云和木制玩具城及企业促销起到积极作用。

2007年，历时2年完成教材《木制玩具制作工艺》的编写和刊印。教材20余万字图文并茂，为玩具从业人员上岗前的培训，在职人员素质教育提供服务。教材聘请中国玩具协会高级工程师为顾问，经过行业专家会审，在第三届玩具节前首印出版1万册。全年召开理事会7次，会长会议2次，专题研究应对玩具出口政策调整问题，加大出口玩具质量管理力度，确保安全合格100%。组织参加展会14场，涉及企业182家次，落实展位248个。针对生产企业的实际先后开展各类培训班18期，培训企业职工2100多人次。

图 22-10-1 强化玩具企业质量管理(2007年摄 县玩具协会提供)

2008年，开展玩具滚漆加工企业备案申报，备案实行企业申报政府推荐检验检疫机构审核等基本程序。全县玩具滚漆加工企业30家，提交备案申请企业19家，第一批通过审核，在市检验检疫局备案企业8家。全年开展玩具设计、玩具滚漆专业知识等各类培训班12期，培训企业职工470多人次。协会还与省中小企业局合作，为云和旭丰工艺品有限公司、云和双益玩具厂提供优质的创业辅导服务，促进中小企业健康发展。

2009年，举办各类培训讲座11场，涉及397家（次）企业，近900人次。9月，联合县经贸局、县宣传部、县委党校和工业园区举办首届企业中层管理人员素质提升研修班。聘请浙江大学等一批大专院校的教授专家为企业传经送宝。企业24个中层管理者117人参加培训班。

2010年，安排县领导联系规模以上企业。组织企业参展省工艺美术精品展、第五十九届教学仪器设备展、海峡两岸文化产业博览会、中国玩具展、第二届生态经济博览会等11场。其中，中国玩具展参加企业23家，摊位55个。

开展人才培训工作。全年组织培训、讲座10场，企业700多家近千人次参加。完成省工艺美术大师的申报和往届大师复审工作，云和省级工艺美术大师2人，市级工艺美术大师5人。

企业维权

1999年，云和玩具行业协会制定《木制玩具样品设计管理暂行规定》，对木制玩具样品设计的形状、构造、图案、色彩及来料加工的外地样品的申请、登记和管理保护等做出明确的规定。维护木制玩具生产者、经营者的合法权益，保护知识产权，克服无序竞争。对全县所有从事木制玩具生产、设计、制造、加工、销售企业起到警示、约束作用，把木制玩具的样品设计纳入制度化规范化的轨道。

2000年，召开理事会10次，调解企业间的侵权纠纷，解决无序竞争给玩具业带来的影响。2002年，制定《木制玩具行业公约》，组建"中国木制玩具技术开发中心"，出台《云和县木制玩具产品和技术维权公约》，对云和县木制玩具产品和技术实行三级保护。

2008年，"云和县木制玩具对外贸易预警示范点"，向省商务厅申报成功，这是全市第一个县级预警点。预警点的建成，保护木制玩具出口企业的正当利益，提高玩具产业应对国际公平贸易案件的快速反应能力。发挥协会集体力量，在调查基础上草拟《关于规范木制玩具行业同业行为的若干规定》，调整和优化升级原来的行业结构。对《云和县木制玩具行业公约》《云和县木制玩具行业自律公约》补充完善，实行玩具行业协会自我教育、自我服务、自我管理。

2010年，召开会长会议，研究行业自律，制定出台《关于规范木制玩具行业竞争行为的若干规定》及其实施细则，突破性地结合备案制定与黑名单制度两项措施。保留原始证据，做好纠纷调解关键性基础材料的准备工作；合理制定有强约束力的处罚措施。针对美国玛丽莎(Melissa&Doug)公司的一些不合理条款，牵头组织企业进行抗辩。先后4次组织事件相关出口企业，召开情况分析会,提出三项抗辩理由，函告"玛丽莎公司(Melissa&Doug LLC)，协商解决。9月11日，联合县人大法制办、工商局和10余家重点出口企业赴深圳，与玛丽莎驻中国总办事处负责人进行交涉。

重大活动

2000年，11月5—7日，由国家轻工业局、中国工艺美术学会、中国轻工业信息中心和云和县人民政府共同主办的首届"中国木制玩具节"在县城举行，全国政协委员、国务院稽查特派员，原国家轻工总会长傅立民及省、市有关领导应邀出席开幕式。浙江、上海、福建等省(市)的玩具厂商在各自展位内展销玩具产品，设120个展位。其间，与中外投资商就8个项目，总投资4.07亿元举行项目签约仪式，木制玩具发展报告会、"大红鹰之夜"文艺晚会、全国"十佳最大木制玩具企业"颁奖仪式等活动。中央电视台第四频道摄制组到云和采访，拍摄制作《走进中国木制玩具城》的专题片。是年，组织浙江振鹏实业有限公司等9家企业的65种木制玩具精品参加第二届"西湖博览会"。振鹏公司设计的"音乐房"和玩具总厂设计的"城堡积木"，分别获得首届中国工艺美术大师精品博览会暨设计工艺美术精品博览会铜奖和优秀创作奖。

2001年5月1—3日，由中国工艺美术学会、中国轻工业信息中心和云和县人民政府主办，浙江省经济贸易委员会支持，中国杭州宋城集团、杭州卷烟厂协办的"2001杭州乐园•云和木制玩具展销会”在杭州乐园隆重举行，协会组团参加展品展示展销等相关活动，展销会共签约项目10个，约2.31亿元。

2003年11月11—13日，配合中国工艺美术学会、中国轻工业信息中心、县人民政府，在云和举办第二届中国木制玩具节，全国人大常委会委员、中国轻工联合会陈士能会长和省市有关领导应邀出席，接待玩具客商200余人，签订项目14个，投资及贸易总额3.33亿元。

2006年，组织42家企业参加国内外的13场展览会，设摊位143个。展示云和玩具集群品牌的形象。

2007年6月，组织全县企业34家企业负责人、设计人员63人参加玩具设计室国家职业资格培训，通过评审，获得国家社会保障部颁发的高级玩具设计师（一级）职业资格证书39人，获得二级、三级资格证书24人。10月，承办云和第三届玩具节。利用《中外玩具制造玩具》《玩具世界》、阿里巴巴以及慧聪玩具网等杂志、互联网媒体发布玩具节广告；在上海、广州等展会上宣传推介，发放玩具节宣传品。玩具节期间，参加展示展销企业103家，活动不仅吸引宁波、温州，北京、上海、义乌等地的国内客商，而且还吸引韩国、西班乐、德国、荷兰和日本等国家的诸多企业，签订贸易销售合司1870多万元，直接销售木制玩具产品50万元，销售其他类产品60余万元。

2008年5月，协会与上海SGS公司签订战略合作协议，共同推动中国木制玩具可持续发展。全年共组织企业参加展会5场，涉及企业41家的81个展位。其中，由中国玩具协会主办的2008年中国玩具展参加的企业23家，摊位44个。为规范玩具滚漆企业管理，做好玩具实行滚漆加工企业备案申报工作，确保质量100%过关。

2010年5月21日，中国玩具协会会长会议在云和召开。中共云和县委书记任淑女向与会嘉宾介绍云和县“小县大城”核心战略的实施情况和木制玩具产业的发展情况。

第二节 个体劳动者协会 私营企业协会

云和县个体、私营企业协会发挥“自我教育、自我管理、自我服务”的作用，促进全县经济和社会发展。到1996年年底，全县从事个体私营经济人员11814人，占全县人口的10.83%。到2000年年底，全县登记在册个体工商户5882户，从业人员7549人，注册资金4884万元，私营企业279户，投资人数894人，雇工人数6045人。吸纳农村剩余劳动力、下岗职工、大中专毕业生从事个私经营948人。到2010年年底全县登记在册个体工商户3998户，从业人员9410人，注册资本14393万元。共有在册私营内资企业959户，注册资本264961万元，投资人数3356人，雇工人数26538人。

组织机构

个体劳动者协会 1985年12月，云和县个体劳动者协会（以下简称县个协）成立。个协按照团结、教育个体劳动者，为发展社会生产方便人民生活，为经济建设服务，为精神文明建设服务的宗旨。对个体劳动者进行思想、法制、职业道德教育。开展文明生产，文明经营，优质服务。反映个体劳动者合理意见和要求，帮助个体劳动者解决生产经营中的困难。县个协下设云和镇、云和片、梅源、紧水滩、石塘等5个分会。

1993年3月22日，个体劳动者协会第三次代表大会召开，选举产生县个体劳动者协会第三届理事会。下设云和镇分会，云和片分会，紧水滩分会，梅源分会，石塘分会。2000年3月，设立县个协食用菌分会。2007年8月，县个协城东分会成立。2007年9月，县个协城西分会成立。2008年5月，召开理事会议。

私营企业协会 1994年5月，云和县私营企业协会（以下简称县私协）成立，县私协由云和县私营企业主组成，是私营企业自愿组织，自我教育、自我管理、自我服务的群众团体。私营企业协会的根本任务是宣传党的政策，国家的法律、法规，协助政府为私营企业排忧解难。

1994年5月31日，云和县私营企业者第一次代表大会召开，出席代表172人，会议通过《云和县私营企业协会章程》，对云和县私营企业协会的性质、宗旨和任务都作出明确规定。选举产生县私协第一届理事会会员13人，会长、秘书长。县私协下设云和镇一分会，云和镇二分会，云和镇三分会，云和镇四分会，云和镇五分会，梅源石塘分会等8个分会。

2005年12月6日，云和县个体劳动者第四次代表大会、云和县私营企业第二次代表大会召开，私营企业、个体工商户和工商部门的代表出席99人。审议通过李泉清会长的工作报告和上届理事会财务收支情况报告，通过《会员费收取试行办法》，修改协会章程，选举新一届理事会和会长、副会长、秘书长。

2007年6月20日，网吧行业协会第一届代表大会召开，丽水市第一家县级网吧协会——云和县网吧行业协会成立。大会由云和县个体劳动者协会和云和县私营企业协会（以下简称云和县个私协）牵头主办，公安、工商、文化等部门领导和全县的14家网吧经营户参加大会。1994—2008年，历任会长，李瑞启、彭建辉、王九如、李泉清、赵伟杰。

协会职能

自我服务 1998年5月，举办云和县“个私杯”拔河比赛，协会组织4个代表队参赛，男女代表队均获得冠军。2006年，组织会员开展“5511”培训工程（指浙江省通过5年时间，完成对5万名高层经理特训，50万名高级管理人员业务轮训，1000名总裁EMBA研修，100万名技术人员的职业技能培训），与人事劳动局、经贸局、农村劳动力转移办公室对民企员工实行合作技能培训，与乐子文化传播有限公司共建培训基地。是年11月，举办以“展个私会员风采，创省级文明县城”为主题的大型文艺晚会——“个私创业者之歌”在云和影剧院隆重举行，晚会由《阳光乐章》《光彩之歌》《激情飞扬》3个乐章组成，1100余名个私会员及各界

图22-10-2 县民营经济发展讲堂（2007年摄 县个协提供）

人士观看演出。2006 年，对 3 家“丽水职工技能培训云和县个私协充分发挥协会“三自”职能，引导个私经济发展，服务个私会员。基地”进行授牌，举办云和县企业品牌建设大讲堂，对全县 300 多名企业老总、高层管理人员进行培训。2007 年 7 月，举办以“现代经济环境中小企业的转型与突破”为主题的大讲堂，全县企业老总、高层管理人员 350 多人参加培训。开展百家企业共洽谈活动，组织部分木制玩具企业赴越南考察当地的木制玩具发展状况。2008 年，组织技能培训班 8 期 750 人，高层经理培训 2 期 90 人。2009 年，组织技能培训班 4 期 300 人，高层经理培训 1 期 34 人。组织个私协成员参加民营企业趣味体育运动会，运动会本着“以人为本、健康第一”的理念，设置 14 个项目，为全县民营企业搭建沟通交流的平台。2010 年，组织全县企业中层管理人员进行《企业中层管理艺术》专题系列讲座，开展民营企业人文教育素质培训班 4 期 400 余人，10 余名会员参加“国图民企图书馆示范单位”的民营企业读书活动。

自我教育　1997 年，个私协会开展行业经营规范管理活动，要求企业做到“文明经商、礼貌待客、明码标价、佩证上岗、店容整洁”，210 户个私业主签订了规范管理责任书，3 户个体工商户参加服务行业文明单位竞赛均获奖。1998 年，向全县经营者发出“抵制假货，从我做起，共创市场新景象”倡议书 2000 余份，开展便民、利民、助民活动 2 次。2000 年，组织会员开展“致富思源，富而思进”教育活动，通过宣传教育，个私企业特别是玩具业主行动起来，再涌创业大潮，到年底，全县登记个体私营企业共 6161 户，比上年度增长 2.1%，私营企业比上一年度增长 8.1%。2008 年，组织会员学习 9 次，发放学习资料 3000 份。2009 年，开展百名干部联百企活动，了解企业生存状况和困难，为企业排忧解难 5 件；开展法制教育，组织会员学习《中华人民共和国宪法》《中华人民共和国公司法》《中华人民共和国合同法》《中华人民共和国商标法》10 余次，发放资料 5000 余份。1998 年、2000 年，组织会员参加市宣传部、市工商局、市个私协举办的法律知识竞赛。2001 年、2004 年，举办工商联络员培训班 2 期，共有 400 多人企业家、工商联络员参加培训。2008 年，利用个私民营经济报开展法律宣传，详细解读《中华人民共和国劳动合同法》的有关条款，限塑令的具体条文，共发放宣传资料 9000 份；组织中山街中段、新建路中段、府前路 3 条主要街道 120 余户经营户会员，参加创建文明示范街活动。

自我管理　1997 年，组织 21 家玩具企业赴上海参加首届中国玩具节，参展是云和木制玩具从单纯的外贸到外贸内贸并举的里程碑。2003 年，邀请 10 余名省百强民营企业家到云和，了解云和，认识云和，为企业间合作架桥梁。2004 年，组织 4 家企业赴新疆进行为期 10 天的商务考察，组织 3 家企业参加浙江民营企业峰会，6 家企业 20 名企业高层参加浙商论坛，11 家企业赴义乌考察交流。2006 年，开展义乌—云和木制玩具经贸联谊会，云和 15 家玩具企业和义乌 18 家玩具经销商相互沟通，互动双赢。2008 年 7 月，组织 5 个村镇 2 个社区的来料加工经纪人 10 人赴义乌市场进行商务洽谈，达成 7 个品种的加工意向，建立了长效合作机制；是年，组织阀门、轴承行业 12 家企业赴云南考察交流。2008 年 11 月，组织 7 家企业赴杭州参加第六届浙江民营企业峰会。

依法维权

2001 年 10 月，“云和县个私经济维权服务中心”成立。2007 年，“云和县个私经济法律指导服务中心”成立，县法律援助中心、法院、检察院等单位10名律师和法律工作者成为中心首批成员，全体理事向全县个私企业倡议自觉承担起构建社会主义和谐社会的责任。2008年，法律维权服务指导中心顾问团接受个私会员咨询35次，当场为个私会员解决12个问题。2009年，开展“法律服务接待”日活动，每月中旬安排1天时间，邀请2个法律顾问，确定1个主题，接受会员的咨询，指导会员开展维权工作。推出维权“1+2+3”行动方案，即1个法律顾问联系2个私协理事单位，2个理事单位再联系3个会员企业，共同组成一个有专人指导有专人联系的民营企业维权网络体系。

争先创优

2004年，县个私（民）营协会做出在全县范围内开展争创诚信私营企业、个体工商户的决定，发出倡议书1000余份，私营企业和个体经营户积极响应参评，经过评选云和县有1家企业被评为省百家诚信企业，2家个体工商户评为省百家诚信个体工商户，2家企业评为丽水市50强企业，3家个体工商户被评为丽水市50佳个体工商户。2005年，开展诚信活动，有1家评为“浙江省诚信个体户”，2家评为“丽水市诚信个体工商户”，2家企业评为“丽水市诚信企业”。2007年，组织开展诚信企业评比活动，通过评比，华丽荣评为浙江省诚信个体工商户，浙江忠协玩具有限公司、云和县兆丰制造有限公司评为丽水市诚信企业。2人被评为丽水市诚信个体工商户；组织会员参加云和县十佳评比，10个会员被县精神文明委员会评为云和县十佳个体经营户并受到表彰。2008年8月，县个私协联合县委宣传部、工商局，开展企业创新标兵、个体创业能手评比活动，经过发动、领导小组审查、媒体公示，评选出云和县企业创新标兵、创业能手各10名。2009年，开展诚信年度评比活动和诚信单位认定工作，工商户被评选为市级“诚信民营企业、工商户”3人，被评选为省级“诚信工商户”1人。

公益事业

1999年，高级美发师、美容师和裁剪名师上街为民义务服务，服务50余人次。2006年，个体、私营协会开展“年货送温暖”活动，响应支持会员企业26家，捐资购买棉被，食用油、水果、洗涤用品等年货5万元，分送到全县14个乡镇的特困家庭，农村特困户200户受益。2007年，民营企业协会开展“企业心连心 共建新农村”活动，按照“互利互惠　共同发展”的原则，将企业优势和农村特色相结合，49家企业与村镇结对，为结对村捐资捐物，提供劳动岗位，实现农村劳动力转移8000余人。2008年，开展向四川地震灾区献爱心募捐活动，个私协会员200人在工商局参加募捐启动仪式，捐善款33.447万元，交云和慈善总会转地震灾区。

第三节　消费者协会

消协组织

1994年3月，云和县消费者协会（以下简称县消协）成立，核定编制3人，县消协由工商、质量技术监督、物价、卫生、药品监督、检验检疫、经济贸易、建设、交通、旅游等部门和行业管理部门、行业协会、新闻单位、社会团体以及消费者代表组成，会员单位46家。2007年12月，更名为“云和县消费者权益保护委员会”（以下简称县消保委）。县消保委继续履行《中华人民共和国消费者权益保护法》《浙江省实施〈中华人民共和国消费者权益保护法〉办法》，赋予云和县消费者协会的法定职能。

2008年8月，消保委三届一次全体委员会议召开。参加会议委员46人，县消协二届理事会作“强化消保维权工作　促进消费和谐建设”的工作报告。通过消保委章程，选举产生县消保委第三届常务委员会组成人员。

“3·15”宣传

3月15日是国际消费者权益日，县消协会员单位技术监督、物价、医药、烟草、卫生、农业等部门，围绕3·15消费者权益保护日年主题，结合云和实际，开展内容丰富的系列宣传活动，到2010年，在县城重点区域、街道、广场开展“3·15”主题宣传活动，累计发放各类宣传资料8万余份，现场受理消费投诉80余件，现场接受消费者咨询5600余人次，组织销毁假冒伪劣商品2.30吨。

投诉处理

1996年8月，受理压力锅爆炸投诉案2起，为当事人追回赔偿费5500元。12月受理1起因劣质水泥造成基建损失案，为当事人追回赔偿费3万多元。2001年8月，县消协有效处置高胥、长田、程宅等村12家农户的“劣质麦麸”坑农案件，最终由经营者赔偿农户1.53万元。2004年5月，支持40余户的消费者群体投诉向人民法院民事维权诉讼。2004年6月，云和镇重河村消费者在购买某品牌啤酒过程，因酒瓶爆炸至小孩脸颊受伤住院治疗，受理投诉后，帮助投诉方找回丢到溪涧的重要物证，为消费者获得医药、整容等赔偿费1.5万元。2005年1月，县消协受理云和、大湾等6个乡镇27个村菇农330余户，反映香菇劣质菌种造成上百万元损失的投诉，经过4个多月田头核实损失数据及多次调解，为菇农挽回经济损失10.77万元。2009年3月，县消保委及时处置大湾乡叶山头村行政村59户农户集体投诉非法收购稻谷缺斤少两，损害农户利益事件，为59户农户追回3.2万元粮款，农户合法权益得到维护。

教育宣传

开展消费指导和消费教育。1999年，分管副县长、消协名誉会长就《中华人民共和国消费者权益保护法》实施五周年发表电视讲话，提高消费者保护意识。2003年在《云和报》开设“聚焦3·15”专栏，组织活动3次，发放宣传资料5000份。2007年，开展新消费活动，组织新消费教育进农村、进社区、进学校宣传活动，引导和教育群众转变消费观念，倡导文明消费理念。发放宣传资料1000份，放电影20场次，受教育群众3000余人次。2010年新春，联合

图22-10-3　举办“工商杯”法律知识竞赛（2010年摄　县消协提供）

县仙宫艺术团等单位，开展送戏下乡活动，持续20多天，每场设计歌舞、小品、快板等形式多样的20余个节目，把工商法律和消费维权知识传送到千家万户。还带去食品安全、家电下乡、法律法规宣传册、新消费漫画、车辆使用常识等与农村生活密切相关的知识手册各2000册。在县广播电视台“云和关注”栏目开设了节日食品消费安全专题节目，将食品消费安全宣传搬上电视荧屏，在平面媒体开办一期消费维权知识专栏。2010年，结合消费维权“六进”工作（指进农村、进社区、进学校、进企业、进市场、进家庭），组织农村、社区、学校、企业、市场、家庭6支代表队，开展《中华人民共和国消费者权益保护法》《中华人民共和国食品安全法》“工商杯”法律知识竞赛。观看竞赛人次1000多人次。2000—2010年，县消协发布各类消费警示提示80多条，内容涉及菇农购买香菇生产原材料以及儿童消费、旅游消费、老年人消费等，警示教育产生良好的社会反响。

图22-10-4 放心店授牌（2005年摄 县消协提供）

维权网络

2005年，建立崇头镇消费维权监督站，并在崇头镇各行政村设立消费维权监督员，重点行政村和中小学设立消费维权监督点。2005年，监督站受理调解投诉案件1起，支持消费者民事诉讼1起。到2007年，乡镇、学校建立消费维权监督站15个，建立消费维权监督点47个，268位同志聘为监督员。2008年，积极推进“12315”维权进农村、进社区、进学校、进企业建设，全县建立188个消费维权监督站。2010年拓宽消费维权网络，经企业申报、考察评选，客运站、农贸市场等10家公用企业设立消费维权联络站。

放心店建设 2005年，开展创建放心店活动，全县已创建放心店49家。2006年创建农村放心店42家，创建校园放心店6家，组织放心店配送中心2家，实现配送率60%以上，依托配送中心实现无店村安全食品覆盖，完成无店村变有店村35个，覆盖率43%，2007年1月被省工商行政管理局授予“万村放心店”工程建设先进集体。2007年全县89个行政村共创建放心店94家，36个无店村变成有店村，45个无店村采取流动放心车的形式，实现全县农村食品安全的全覆盖。

消费调查

2004年，县消协开展农资质量及售后服务状况消费问卷调查，发放问卷500份。针对农资三证不全、复合肥料质量较差等调查结果，建议工商、农业及其他有关部门，加强对农药和化肥的监督检查规范工作。2006年，对家电、美容美发业，进行服务行业消费环境调查，听取消费者的意见，反映消费者的评价，加强行业企业自律，向政府部门提供监管依据。2009年《中华人民共和国消费者权益保护法》颁布实施十五周年，对汽车行业消费进行调查，发放调查表25份，收回21份，及时进行汇总提出建议，提升和规范汽车销售行为。

县消协坚持“企业申请、慎重推荐、组织评选、依据条件、严格审定”的方法和原则，采取突出检查与平时守法经营相结合，明察与暗访相结合的方式，开展“消费者信得过单位”评选活动。1999—2010年，评出县级“消费者信得过单位”81家，发动企业完善内部自律机制，健全各项规章制度，对企业生产经营、产品质量、服务质量等进行监督，争创名牌产品，增强企业的市场竞争力。

第十一章　其他团体

20世纪90年代，随着经济的发展，人民生活水平提高，医疗保障条件改善，人口平均寿命延长，县政府健全社会团体，发挥老同志的专长，相继成立关心下一代工作委员会、台属联谊组织、红十字会、慈善总会、革命老区开发建设促进会、老科技工作者协会、老年人体育协会等7个协会。各团体充分发挥各自的特点和职能，积极参加经济、文化和社会建设，为云和改革开放和经济社会发展，文化繁荣作出贡献。

第一节　关心下一代工作委员会

1991年6月，云和县关心下一代工作委员会成立(简称县关工委)。至2010年底，全县建有乡镇和县级关心下一代工作委员会19个，村(居委会)关心下一代工作委员会176个，工作人员375人。2004年11月，县关心下一代工作委员会办公室职能配置和人员编制方案进行调整，县关工委办公室不再挂靠县老干部局，为全额拨款事业单位，参照公务员制度管理，编制2人。县关心下一代工作委员会以培养新一代青少年为己任，发挥老干部专长，组织讲师团和辅导员，采用丰富多彩的形式，对青少年进行革命传统、爱国主义、理想信念、思想品德、法律法规、科学技术等方面教育，使青少年成为“有理想、有道德、有文化、有纪律”的社会主义事业建设者和接班人。

组织网络

1991年6月，云和县关心下一代工作委员会由县委办公室、县政府办公室，县人大办、政协办、统战部、组织部、老干部局、宣传部、教委、人事局、人武部政工科、总工会、团县委、妇联、公安局、财税局、文化局、广播电视局、民政局、卫生局等20个成员单位组成。关心下一代工作委员会办公室挂靠县老干部局，设有正式专职工作人员，主任由原县政协主席颜佐周担任。是年，县关工委组建青少年思想道德教育宣讲团，由5名离退休干部组成。

1992年始，各乡镇和基层单位相继建立关心下一代工作委员会和关心下一代协会。2002

年，全县各乡镇所属行政村相继建立关心下一代协会。2004年，教育、公安、司法、文体广电局和云和镇六个社区相继组建关心下一代工作委员会和关心下一代协会。至此，全县三级关心下一代工作委员会组织网络基本形成。

2008年7月，县关工委成员单位再次调整，26个成员单位组成县关工委，主任由时任政协副主席黄文伟担任。2009年，县关工委组建“五老”网吧义务监督队，由李光亮等10名离退休干部组成。至2010年，全县有乡镇和县级关工委19个，村(居委员)关工委176个，工作人员375人。

道德法制教育

云和县关工委把加强未成年人思想道德教育放在首位，开展帮困助学，推进农村青年科技致富、失足青年帮教等工作。

思想道德教育 1994年始，县关工委贯彻落实中共中央、国务院先后发布的《爱国主义教育实施纲要》《关于进一步加强和改进学校德育教育工作的若干意见》《公民道德建设实施纲要》《关于进一步加强和改进未成年人思想道德建设的若干意见》等一系列重要文件。结合重要节庆日组织和配合宣传、教育、文化、科技、团委、妇联等部门单位，召开纪念会、报告会、座谈会、知识竞赛、拉歌赛、学生演讲比赛，作文比赛、中学生成人宣誓仪式、红领巾艺术团文艺晚会、纪念抗战胜利书画展、道德建设小行动、绿色志愿者小分队、爱国主义夏令营、团校学习班等活动对青少年进行爱国主义、理想信念和思想道德教育。结合政治形势，撰写讲稿、举办座谈会、组建爱国主义教育报告团到全县中小学校宣讲。1995—2005年，县关工委4次组建和调整爱国主义教育报告团，撰写专题材料33份，组织讲座340场次，受教育师生13.3万人。

每年清明节，开展爱国主义和革命传统教育。2004年清明节前夕，曾任中共中央军事委员会副主席、国防部长的迟浩田上将亲笔题词的“云和县革命烈士纪念碑”正式落成，4月2—5日，县关工委组织县内各中小学3500名师生到革命烈士纪念碑祭奠，邀请老战士3人用他们亲身经历和生动的革命故事，感染和教育未成年人。

公安、司法等部门的关工委组织，在全县各中小学校分别设立法制副校长和法制辅导员，通过讲课、图片展览、光盘播放等宣传形式，开展青少年法制教育。2003—2005年，县公安局关工委在全县各中小学开展禁毒、交通、消防以及未成年人法律法规等的宣传89场次，听讲师生30046人次；司法局关工委开展青少年网络安全、青少年自护安全、税收、消费者权益等法制课40场，听讲师生22418人次；县人民法院开展未成年人保护法宣传3场次，听讲师生300人次。

帮困助学

2002年，县关工委和县教育局联合开展全县贫困学生的调查摸底工作。调查结果显示，全县中小学生中导致贫困的有六大因素，父母长期生病、父亲或母亲下岗、父母离异、父母一方甚至双方去世、父亲或母亲残疾丧失劳动能力、家庭成员出现意外天灾人祸，造成当年全县有贫困学生家庭528户。

1999—2010年，县关工委领导在每年暑期，向县内外160余个行政企事业单位和个人筹集资金 57.3 万元；通过市关工委结对资助等，资助大专生 1199 人，中小学生 908 人，合计 2107 人，资助金额 325 万元。2010 年，资助大学生 202 人，中小学生 10 人，资助资金 58.3 万元。

乡镇关工委开展帮困助学，每年儿童节期间采用不同方式对本乡贫困学生进行慰问，赠送学习用品等；奖励和资助考上大专院校的学生，捐资帮助特困学生。安溪乡下村关心下一代协会，向全县 30 多个部门单位集资 1.28 万元为患脑血管瘤的徐敏瑶学生解决医疗费用，使之及时治疗。2003 年，全县各乡镇助学资金人民币 8.43 万元，受资助特困学生 674 人（其中大学生 86 人、中学生 234 人、小学生 354 人）。2005 年，云丰乡关工委为全乡考上大学的 16 名学子送上 200~300 元慰问红包，张家地村为 8 位考上大学的学子送上 100~200 元慰问红包，并将资助大学生上学写进村规民约；后洋村村民、县人大代表陈遗宝出资 2000 元资助本村贫困大学生。

科技咨询

县关工委发挥科技咨询委员会的作用，在农村开展科技咨询服务工作，为青年农民致富奔小康办实事。

1998 年，县关工委聘请高级农艺师徐国山为科技咨询委员会食用菌咨询服务部主任，为来访菇民进行食用菌技术咨询服务。服务部建立以来，每年接受农村青年咨询 1500 人次以上，还编印和发放《袋料香菇栽培技术》《袋料黑木耳栽培技术》《山兰牌黑木耳地方标准》等科技资料 1.1 万余份，下乡下村举办食用菌培训班 105 期，听课青年 4700 人次，经常到现场对菇农进行指导。

1999 年 7 月，县关工委科技咨询组陈美定、卢思明等老科技人员，在云和电视台举办《科技天地》栏目。栏目分四个阶段内容，科技是第一生产力、科教兴国问题；香菇、黑木耳栽培管理技术；水干果、高山蔬菜等栽培管理技术；高产水稻栽培管理技术。据调查，全县约有 2 万多人次收听科技讲座。

2000 年年底，县关工委编写《生态与环境保护》科普知识讲座宣传资料，印发各乡镇和学校，作为农村青年和中小学生科普知识教育的教材资料。

2003 年，乡镇关工委从实际出发，举办各种实用技术培训班，举办各类养殖培训班 290 余期，受训青年 1.8 万人次，有效地引导和帮助农村青年致富奔小康。10 月,县关工委从县科技局三项科技经费中争取一万元资金,作为咨询服务经费。建立紧水滩过岑湾村汤登伟网箱养鱼、沙溪高胥村兰周珍库塘养鳖和赤石乡青年季伟平在沙溪种植葡萄 3 个农村青年科技示范点。2005 年，扶持兰周珍和季伟平两个试点基础上，在云丰、沙铺两乡开展山区稻田养鱼科技示范点工作。

帮教失足青年

至 2005 年年底，全县有两劳回归失足青年 323 人，全县 14 个乡镇关工委建立帮教组织，有帮教人员 457 人。各乡镇关工委对每个回归的失足青年，签订帮教合同，确定专人一对一帮教。通过帮教，社会风气逐渐好转，青少年犯罪率逐年减少，自 2001 年的 95 人，下降到

2003 年的 55 人，走上科技致富道路的两劳回归青年有 49 人。

1996 年 7 月，建立由县人民检察院原检察长、县人民法院原院长等 5 人组成的云和县失足青年帮教小组。帮教小组调研两劳回归人员好坏典型、在押犯情况，召开在押犯亲属座谈会。是年，县政法委书记带队，县关工委、公安局、司法局、人民法院、人民检察院等单位，到金华蒋堂、古坊监狱和杭州少管所 3 个关押点，对 120 名云和籍犯人，进行为期 4 天的教育规劝活动。2004 年 11 月，到金华十里丰监狱、浙江第 5 监狱对云和籍 120 余名服刑人员探望和集体帮教。2005 年 11 月，关工委、司法、法院，14 人到杭州女子监狱、乔司监狱、少教所对云和籍服刑人员（青少年为主要对象）开展帮教活动。

第二节　红十字会

1990 年，云和县红十字会成立。县红十字会是县政府领导的从事人道主义工作的社会救助团体，挂靠县卫生局办公，会长、副会长、秘书长分别由县政府副县长、卫生局局长、医政科科长兼任。2009 年 2 月，单独设置云和县红十字会，为正科级群团组织，内设办公室 1 个，核定全额拨款事业编制 2 人，其中专职副会长 1 人（高配正科职），办公室主任 1 人。2010 年，列入参照公务员管理的事业单位。

赈灾济困

1992 年 8 月 24 日暴雨，赤石发生山体滑坡，压死 2 人，受伤 6 人；8 月 31 日，全县突降大雨、发生特大洪灾，9 个乡（镇），112 个自然村受灾，农作物受灾面积 2886.67 公顷，倒塌房屋 240 间，死亡牲畜 8 头，造成直接经济损失 700 多万元，县红十字会根据灾情开展救灾，向灾民发放救灾大米 2.5 万千克及棉被、衣物和药品等。

1998 年除夕，崇头镇砻铺村发生火灾，直接烧毁民房 4 家、受灾 8 家。县红十字会及时带着物资慰问灾民。

1999 年 6 月 11 日，赤石乡 4 个行政村遭受水灾，受灾人口 2329 人，成灾人口 300 人，5 户 15 间房屋倒塌。红十字会送去救灾大米 1.5 万千克，棉被 20 条及衣服、药品等救灾物资；同年 7 月 12 日，云丰乡遭受百年未遇的洪灾，直接经济损失达 147 多万元。送去救灾大米 1000 千克，棉被 30 条及救灾药品，对各村受灾农户进行慰问。

2000 年 5 月 14 日，沙铺乡朱宅村发生火灾，烧毁房屋 18 间，受灾 10 户 36 人，县红十字会将 500 千克大米及棉被衣服等救灾物资送到灾民手中。

2001 年 3 月 20 日，朱村乡金山下村发生火灾，烧毁民房 46 间，30 户灾民无家可归；同年 8 月 14 日，赤石乡发生水灾，3 个行政村进水造成 1 人死亡，846 人受灾，直接经济损失 495 万元。红十字会分别向朱村、赤石两乡灾民送去大米、棉被、衣服、食用油等物资价值 1.5 万元进行慰问。

2002 年 2 月 20 日，云和镇新建路 10 号阙某某等 7 户家中发生火灾，烧毁房屋 25 间，建筑面积达900平方米;3月20日,因强对流天气影响,朱村乡石水缸、大岗山、金村等3个行政村遭受特大风和冰雹袭击,受灾173户524人,造成严重经济损失;同年,云和镇黄水碓村、赤石乡建新村等村相继发生火灾,县红十字会根据灾情程度和经济许可分别给灾民送去救灾物资;同年,红十字会还给雾溪乡特困户送去大米、棉被、毛毯等物资及现金进行慰问。

2003年,对云坛、云丰、雾溪、大源、赤石(库北)、黄源、安溪、沙铺等9个乡825个特困户实施医疗救助,发放12.9万元的药品。

2004年,开展"博爱送万家"扶贫济困活动,发放鞋、袜、毛衣等物资,价值8.25万元。

2005年,给雾溪乡特困户及特困人群发放彩票公益金及各种物资价值3.08万元;同时,给全县的特困户、受灾户发放价值1.87万元的赈灾物资;给全县100户贫困户发放被子、棉衣、羽绒衣等价值1.3万元的物资。

2007年11月26日,紧水滩镇梅山村发生火灾,向灾民送去军用棉被、大衣、羽绒服等物资价值人民币1.96万元。

2008年初,开展"博爱送万家"活动,将市红十字会分配的物资,七孔棉被、大米、食用油、雨衣、军用卫生衫各30份,运动鞋、旅游鞋各60份分别送到黄源乡卫生院和雾溪乡政府,物资折款1.71万元,受益264人次;冰冻灾害,市红十字会下拨羽绒被和羽绒衣分别100份(折合人民币3.97万元),救助大湾、云丰、黄源、雾溪4个乡受冰冻灾害村民。"非典"时期,开展医疗扶贫,为1000多村民免费体检,为100多户特困户实施医疗救助,救助药品实价1万余元。

2009年,开展红十字"博爱送万家"活动,向黄源乡、云丰乡、云和镇、紧水滩镇100户贫困户发放价值2.6万元的物资;8月,"莫拉克"台风袭击,部分乡镇损失严重,向受灾最严重的崇头镇、黄源乡共计发放救灾物资价值1.98万元,受益55户205人;9月,为山区贫困学生,发放物资价值8.65万元。

2010年,县红十字会收到省、市红十字会下拨救灾物资折款62万余元,救灾款3.1万元;县红十字会募捐到物资折款3万余元,救灾款7.88万元。1月,省红十字会"博爱送万家"物资捐赠仪式在云和镇举行,70户困难群众在发放现场领取每份价值873.5元的大米、棉被、防寒服等慰问物资和300元的慰问金;县红十字"博爱送万家"活动共发放物资价值15万余元。是年,为受灾严重的赤石、安溪等乡镇送去救灾物资折款7万余元,受益163户568人;同时,开展学校"送温暖"活动和"母婴平安"项目活动,为乡镇特困婴儿发放价值9370元的婴幼儿奶粉。

赈灾募捐

为外地赈灾济贫募捐,2008年"5•12"四川汶川大地震,组织机关、企事业单位、社团组织与员工、社会个人为灾区捐款现金人民币47.7万余元,衣服等物资价值0.8万元。2009年8月,为"莫拉克"台风重创的台湾同胞开展募捐,发放行动倡议书,共募捐0.2万元善款。

救护培训

2004—2009年,对全县机动车驾驶员、电力系统干部职工、消防队、玩具厂员工开展卫生救护培训，发放卫生救护合格证 272 本。2010 年，重点开展全县汽车驾驶人员、电力工人、公安民警、企事业员工救护培训，培训学员 900 余人次，发证 707 人。

献血与干细胞捐献

1999 年 6 月，云和县首次开展全民无偿献血活动，参加无偿献血者 471 人，献血人口比为全区第一。2001 年，云和县被评为"浙江省无偿献血先进县"，周益人被授予"浙江省无偿献血促进奖"。2002 年始，无偿献血工作常态化，每年组织 1~2 次大型献血活动，每月 5 日无偿献血车停放县城闹市区固定采血。2002—2004 年，连续 3 年，被省人民政府评为"无偿献血先进单位"。无偿献血占临床用血比率为 103.9%，2007 年，开展"我为七一献热血"活动，无偿献血 192 人次，以后每年都举办这项活动。2008 年，参与献血 309 人，献血量达 12 万毫升。2009 年 9 月 8 日，召开全县无偿献血表彰大会，表彰全县获国家无偿献血奉献铜奖 9 人和获浙江省无偿献血奉献奖 75 人。2009 年，前三季度无偿献血累计 964 人次，献血量 79.7 万毫升。2010 年，每月固定时间和地点开展无偿献血活动。

图 22-11-1 县无偿献血表彰会（1999 年摄 县红十字会提供）

1999—2009 年云和县无偿献血情况表

表 22-11-1

年 度	献血(人)	献血量(万毫升)	临床用血量(万毫升)	占临床用血量比例(%)
1999	471	9.42	—	—
2000	964	19.24	18.24	105.49
2001	1016	20.3	25.02	81.01
2002	1198	23.96	22.23	107.8
2003	1206	24.12	21.47	113.0
2004	1075	25.88	24.91	103.9
2005	831	24.1	26.32	91.3
2008	309	12	—	—
2009	964	79.7	—	—

2004 年 5 月，云和县第一例造血干细胞捐献志愿者血样入库中华骨髓库浙江分库。此后每年都有捐献志愿者入库，2004—2010 年，全县志愿者 51 人血样入库，成为造血干细胞捐献志愿者。其中 2007 年有志愿者 19 人血样入库，成为造血干细胞捐献者。

第三节 计划生育协会

1989年1月,云和县计划生育协会成立。2003年,县计划生育协会列入参照国家公务员制度管理。1991—2010年,计生协会按照《云和县计划生育协会章程》,协助政府宣传计划生育的方针、政策。普及人口理论,普及避孕节育、优生、优育、优教知识,增强群众实行计划生育的自觉性,促进人口规划的实现。举办讲座,组织研讨会、报告会和人员培训等活动。组织理事和会员进行调查研究,向政府及有关部门反映情况,提出建议,编写计划生育方面的宣传资料。

协会组织

1989年1月5日,云和县计划生育协会通过民主选举产生协会第一届理事会成员11人,县政协主席颜佐周当选第一届会长,5年一届。1993年,县民政局公布,县计划生育协会为合格社团。全县基层计划生育协会202个,会员4745人。

1994年6月28日,全县计划生育协会第二次会员代表大会召开,会议选举产生县第二届计划生育协会理事会理事51人,会议通过《云和县计划生育协会章程》。

1998年,县机构编制核定,县计划生育协会为全额拨款专职编制1人。2003年,县计生协会列入参照国家公务员制度管理。

2004年7月23日,云和县计划生育协会第四届会员代表大会召开,选举产生理事会理事31人,县政协副主席杨伟担任会长,会议通过新的《云和县计划生育协会章程》。

协会工作

1991年,发展计生协会会员4745人,占全县总人口的4.35%,建立会员之家78个,5067对育龄夫妇接受协会会员的各项服务。是年,县政府办公室下发《关于推行计划生育系列保险的通知》;9月,在云丰乡进行计划生育系列保险试点,保险项目有独生子女健康保险、独生子女养老保险、独生子女父母及双女户养老保险。至年底,全县参加独生子女健康保险885人,独生子女养老保险259人,独生子女父母及双女户养老保险259人,独生子女父母及双女户养老保险50人,参加保险1194人,投保金额5.30万元。

1992年,县政府办公室、县计划生育委员会先后下发《关于转发地区行政公署办公室〈关于进一步在全区开展计划生育系列保险意见的通知〉的通知》《关于在农村推行独生子女父母养老保险的通知》。筹措计划生育系列保险启动资金,资助农村独生子女父母和村级服务员投保养老保险。至年底,全县参保人员1171人,保险金额9万元。

1993年,全县15个乡镇,170个行政村,9个居委会建立计生协会,会员6252人,占全县总人口5.08%,建立"会员之家"育龄妇女活动室102个,占全县行政村的60%,会员联系户11168户,基层协会参与制订人口规划,监督计划生育工作的落实。

1994年,增设专职副秘书长1名,建立宣传组、组织组、技术服务组、保险组、办公室6个组织，制订与每个组织对应的工作职责，建立计划生育协会会议、汇报、学习、常务理事联系乡（镇）4个制度。

1995—1996年，县计划生育协会，按照评估要求，评出一类协会22个，二类协会77个，三类协会71个。1996年，县计生协下发《关于开展“创一流协会”活动的意见》，1996—2000年，全县15个乡（镇）分批开展创“一流协会 ”活动。1997年，县计生协会下发《关于印发〈云和县计生协民主参与和民主监督实施办法〉的通知》。开展民主参与和民主监督工作，各乡（镇）计生协配合政府制定实施细则，由点到面有步骤推行。

1998年，各乡（镇）设计生协会专职副会长。是年，争取省马寅初人口基金会赞助项目，资助贫困女童上学，每年资助女童60人直到2002年止。围绕“一流协会”和“合格协会”目标，建各级协会187个，协会会员15081户，乡（镇）6个达到“一流协会”要求，村级协会129个达到“合格协会”标准。配合省计生协为各乡（镇）计生专干和村级计生服务员进行母亲卡保险900份，人民币1.8万元。每年开展大型活动1~2次，如“5•29”全国会员集中活动日，全国计划生育协会成立纪念日，世界人口意识宣传周活动，计划生育服务咨询等，计划生育协会凝聚力不断增强。

1999年，县委办公室下发《关于进一步加强计划生育协会建设的通知》，县计划生育协会先后印发《计划生育合格协会条件》《浙江省村（居）计划生育协会整建标准》。8月，在崇头镇进行计划生育协会整建（整建的标准是组织建设好、活动服务好、制度落实好、阵地建设好、经费保障好）和婚育新风进万家试点，期间召开有关会议27次，张贴标语90余张，书写固定标语26条，8个村开展计划生育协会知识竞赛，发放致会员的公开信1000多份，通过会员向村民发放婚育新风进万家宣传资料1885份，全镇共发展会员983人，建立10个“会员之家”。9月，全县开展计划生育协会整建工作陆续展开，乡（镇）4个行政村46个协会组织进行整建和换届选举，制定统一的计划生育协会规章制度。乡镇11个和行政村139个创建“一流协会”和“合格协会”。

2000年，全县10个乡（镇）计划生育协会进行换届，131个行政村计划生育协会进行整建，12个乡（镇）计划生育协会达到“一流协会”标准，135个行政村计划生育协会达到“合格协会”标准。9月，县计划生育协会在试点基础上，全县15个乡（镇）全面铺开计划生育系列保险，投保人数473人，投保金额6.82万元。

2001年，下发《中共云和县委办公室 云和县人民政府办公室关于转发〈县计划生育协会关于进一步加强计划生育协会工作的意见〉的通知》文件，要求各级计生协明确一名副书记分管协会工作，一年两次听取协会工作汇报，增加协会工作考核力度。解决编制、人员、经费、待遇等问题。

2002年，开展村（居）协会评估工作，经评估行政村17个为先进协会，行政村141个为合格协会。2004年，全县建立各级计生协201个，其中县、乡（镇）、工业园区16个，村（社区）、企业185个。各级计划生育协会理事成员1512人，会员12616人，占全县总人口的11.48%，会员联系户19736户，占全县总户数的60.08%。是年，县委、县府下发《中共云和县委办公室 云和县人民政府办公室关于进一步加强新时期基层计划生育协会组织建设的通知》,在全县各村(居)建立健全村规民约、优先做优政策、民主监督等各种制度,通过制度的兑现和落实,调动群众实行计划生育的积极性和自觉性,推进村(居)民自治管理。

2005 年 4 月,计生协会学习贯彻《中共云和县委办公室 云和县人民政府办公室关于进一步加强新时期基层计划生育协会组织建设的通知》精神,常务理事到县工业园区、社区开展调研,探讨如何搞好社区、企业计生协会工作和发挥计生协会在企业流动人口计划生育管理中的作用。全县辖区内职工人数在 100 人以上的 15 个非公企业建立计生协会组织,对企业协会骨干分期分批进行业务培训,通过企业计生协会的建立,帮助会员、职工解决实际困难。县计生协会《转发浙江省计划生育协会〈关于在村委换届选举工作中进一步加强村级计生协会建设的意见〉的通知》,6 月,在紧水滩镇龙门村进行计划生育基层基础规范化建设试点,对村计生协进行换届,重新制定章程,把计生协工作的要求、任务 、职责制作成宣传牌建宣传长廊,按照居住相近、活动方便的原则建立 6 个“六有”(有一名经过会员选举的会员小组长,并能经常开展活动;有一份会员入会的名册;有一个会员活动的场所;有一些基本的计生宣传品;有一份会员参与学习、活动、互相帮助、监督、参与做好计划生育村民自治登记册;有一本会员小组活动工作手册),切实发挥协会在计划生育基层基础规范化建设中的作用。

2006 年,县委、县府下发《中共云和县委办公室云和县人民政府办公室关于进一步做好新时期计划生育协会工作的意见》,5 月 18 日,县计生协召开四届三次常务理事扩大会议,落实“两办”文件精神。新增的 5 家百人以上企业建立协会组织。125 个村(社区)协会开展创建“示范协会”活动,145 个村(社区、企业)建立计划生育活动室、会员之家,开展“优秀会员之家”创建活动,使人口和计划生育工作逐步走上自我教育、自我管理、自我服务的轨道。

2007 年 5 月28 日,丽水市企业计生协会组织建设现场会在云和县召开。县计生协介绍企业通过计生协会“会员之家”建设,为外来务工人员提供服务。大湾乡计生协会在温州市柳市白象镇建立云和县首个流动人口“会员之家”,与外出育龄妇女签订计划生育合同,建立联络制度,发放计划生育协会会员公开信以及《浙江省人口与计划生育条例》等相关宣传资料,搭建流动人口“以外管外”的服务平台。全县 80 个村(社区、企业)达到“优秀会员之家”标准。

2008 年,计生协会下发《关于广泛开展“生育关怀行动”的实施意见》,对辖区“五关怀”对象(关怀计划生育困难家庭、关怀育龄群众生殖健康、关怀独生子女、关怀女孩健康成长、关怀基层人口计生工作者)调查摸底,帮助计划生育困难家庭。据统计,全县乡(镇)政府出资和个人捐赠结合的方式设立“生育关怀基金”,筹集资金 2.63 万元,3 名唇腭裂儿童参加市计生协“幸福微笑”活动,慰问基层计划生育工作者困难家庭 7 户,独生子女就学帮扶 109 户,计划生育困难家庭帮扶 86 户、生育关怀慰问 104 户,发放帮扶资金 3.5 万元。同年,县计生协把计划生育系列保险工作作为一项附加考核内容纳入全县人口和计划生育目标责任内容,各乡(镇)参加投保计划生育系列保险人数 337 人,投保金额为 8.21 万元。

2009 年,计生协会下发《关于在全县青少年中开展青春期健康教育和服务工作的意见》,

20所中、小学校相继开展青春期教育。

2010年，是中国计划生育协会成立30周年纪念日，也是第12个全国会员集中活动日。5月28日，市、县人口计生委、计划生育协会联合在云和工业园区举行“纪念中国计生协成立30周年暨百万流动人口性与生殖健康科普教育活动”，为流动人口免费提供妇女病检查、避孕药具服务，并开展计划生育、生殖健康、法律法规咨询服务和计划生育知识、谜语有奖竞赛等活动。活动期间，为育龄妇女做乳透、阴超400多人次，避孕药具服务500多份，测血压160人，发出宣传品2000多份、奖品300多份，36个企业挂出宣传横幅36条。

第四节　慈善总会

会员大会

2004年6月，云和县慈善总会筹备领导小组成立。2005年1月，云和县慈善总会第一次会员大会召开，选举产生县慈善总会第一届理事会组成人员，第一届理事会会长。

2010年5月，县慈善总会第二次会员大会召开，选举产生云和县慈善总会第二届理事会会长、常务副会长、副会长、秘书长、理事25人。杨伟（原县政协副主席）任会长。

募集与助困

2004年11月，在云和报、广播电视台等媒体宣传，开展善款捐赠筹募工作。至12月底，募集善款73.92万元，其中县机关、企事业单位捐款43.86万元，个人（1361人）捐款30.06万元，奠定慈善总会成立的物质基础。

2006年，县慈善总会开展敬老扶孤、助残助学。全年资助学生198人，救助大病重病患者及其他特困群众188人，发放慈善资金36.1万元。

2007年，县慈善总会组织善款募捐，筹集本金100万元，11家企业留本冠名资金480万元。是年，开展第一个全民慈善捐赠月活动，募集本金15.03万元。同时，开展助困、助医、助学等活动，救助困难群众723人、重病患者9人、107名困难学生、低保、特困对象4人免费施行白内障复明手术，支付慈善资金49.71万元。

2008年，四川汶川地震。县民政局、县慈善总会拟发《同舟共济，共渡难关，支援四川汶川抗震救灾捐款倡议书》，组织发动广大干部群众捐钱捐物，募集定向赈灾资金193.38万元。

2009年，开展第二个全民慈善捐赠月活动，筹募本金38.32万元。贯彻落实县委办、县府办《关于进一步深化“一户一策一干部”活动切实做好结对帮扶工作的通知》精神，至11月底，募集慈善资金264.80万元。通过助困、助医、助学、彩虹行动、送温暖献爱心等渠道，发放慈善救助资金280.30万元。

2010年，青海玉树发生地震，慈善总会开展“第三个全民慈善捐赠月暨向青海玉树灾区捐款活动”，发扬“一方有难，八方支援”的人道精神，群众捐资6.56万元，如数上交丽水市民政局一同捐赠灾区。做好省爱心事业基金会“彩虹计划”的结对帮扶工作，全县大学生26

人、高中生15人、初中生19人、小学生76人、特困家庭2户得到帮扶救助，收受捐助资金7.47万元。

实施"福彩助我行"计划，援助83名伤、残人员辅助器材，42例白内障患者施行复明手术。春节期间，慰问城乡特困户，敬老院五保老人，县人民医院、县中医院的住院病人等，支付慈善资金4.21万元、棉被64条、大米70袋、食用油45壶、面条320斤。是年，紧水滩水力发电厂等21家企业捐赠慈善本金91.3万元。配合省市慈善总会开展向农村贫困户赠送彩电的"彩虹行动"。杭州市萧山区慈善总会捐赠善款27万元，物资折价35万元。

2005—2010年，县慈善总会每年春节前夕，到农村、学校、敬老院，慰问贫困群众、老人和孤儿。开展"关注贫困、慈善助学"活动，共救助大学生275人次，中小学生360人次。会同省市慈善总会开展赠送彩电、轮椅活动，发放彩电577台，轮椅50辆，惠及627户家庭，总价值33.99万元。

慈善资金收支情况

2005—2009年，慈善资金累计收入1190.87万元。物资折合现金81.75万元。其中，现金捐款收入889.17万元；县财政划拨慈善本金200万元，人员工资、办公经费等33.67万元；存款利息及其他收入68.03万元。

2005—2009年，慈善资金累计支出1017.6万元。其中，慈善救助总支出683.75万元（助学支出58.63万，助困及春节慰问支出42.08万元，助医支出24.69万元，四川汶川赈灾支出193.38万元，新农村建设支出52.23万元，"爱心彩电""彩虹行动"支出18.85万元，"送温暖、献爱心"支出116.58万元，扶贫专项支出175.66万元）。

2010年5月，云和县委、县政府下发《关于授予浙江省电力公司紧水滩水力发电厂等15家单位云和县慈善之星荣誉称号的通报》，紧水滩水力发电厂等7家企业获"五星级慈善之星"称号；浙江忠协工艺品有限公司等8家企业获"三星级慈善之星"称号。

第五节 革命老区开发建设促进会

图22-11-2 县老促会领导到革命老区调研（2009年摄 县老促会提供）

1986—1987年，丽水地区行政公署、云和县人民政府先后公布云坛、安溪等13个革命老根据地乡，梅湾、小顺等93个行政村为革命老根据地村。1988年5月，浙江省人民政府批准云和县为革命老根据地县。2007年8月，云和县革命老区开发建设促进会（简称老促会）成立。是年9月28日，召开第一届一次会员大会，有会员71人，选举产生会长1人，副会长2人，秘书长1人，理事20人，聘任特邀顾问4人，顾问6人，名誉会长4人，5年一次举行换届选举。2010年7月26日，县老促会成员进行调整。根据章程规定，老促会在2008年、2009年、2010年年终召开理事会，报告本年度工作，提出下年度工作意见，通报老促会基金使用情况，接受理事会监督。

老区建设调研

调查研究、反映诉求、配合协调、牵线搭桥、参谋服务是老促会的工作定位。2007—2010年，老促会深入老区乡（镇）、老区村，走访老党员、老游击队员、老交通员，了解老区乡村真实情况和老区群众真实想法，撰写调研报告6篇，向县委、县政府建言献策，上报省、市老促会，帮助云和解决一些实际问题和具体困难。2008年，县老促会调研了解到云和县已建、在建、待建的乡村康庄工程资金缺口7700多万元，将调研情况撰写《云和县乡村康庄工程建设的喜与忧》上报省老促会，建议提高老区村、少数民族村和库区移民村康庄工程补助标准。使云和县农村康庄工程补助标准从每千米24万元提高到每千米29万元，云和县乡村康庄工程建设的资金缺口得以解决。

是年，到崇头镇梅竹村调研了解到梅竹村600人中低收入农户多、低保户多、外出人口少，2007年人均收入不足1700元，是全县最贫困的革命老区村。造成贫困的主要原因是交通不便，靠肩挑手提，农产品不能成为商品，农民收入来源减少，建造康庄公路迫切。老促会几经沟通协调，当年把建造梅竹村康庄公路列入计划，加快梅源梯田AAAA景区开发建设，老区梅竹村的生产生活条件得到改变。

油茶是云和老区群众的主要经济来源，2008年11月，组织林业部门技术人员到老区乡村，寻找云和油茶产业萎缩的症结，撰写《云和县油茶产业的现状及建议》调研报告，省老促会在2009年2月出版的《革命老区工作简报》第三期全文刊登，省绿化委、省林业厅、省老区办、省老促会联合出台《关于充分发挥林业在革命老区建设中重要作用的意见》，5月省政府办公厅发出《关于加快发展油茶产业的若干意见》，云和县油茶生产得到省有关部门的支持，2009年5月至2010年底，在重河湾、程宅村、石浦村、北溪村、石门坑村等新建油茶良种基地68.4公顷；在坪地村、竹子坪村、外垟村、田垟村、渡蛟村、桥头村等改造油茶低产林220公顷，油茶产业成为老区人民增收项目之一。

是年，撰写《云和县小流域治理面临资金困难》《创新思路做好结对帮扶工作》《发展农民专业合作社推进农业产业化》3份调研报告，提出《收集整理周恩来视察小顺浙铁总厂的有关史料开发红色旅游的建议》《对云和县地下水资源开发利用的建议》《在云和县引进试种推广渝紫263富硒紫番薯的建议》《在小顺板栗基地套种大果红花油茶实验的建议》4项建议。

2009年，撰写《推进教育公平优化教育资源努力办好老区人民的教育》的调研报告，提出《在云和县引进试种台湾麻竹的建议》《在云和县引进试种皇竹草开展以草代木生产食用菌的建议》《在云和县引进试种推广木本金银花药材种植的建议》3份书面建议。

老区工作宣传

编印宣传册，宣传老区。2009年，老促会撰写《风展红旗如画》，介绍云和革命斗争历史和改革开放以来云和的变化，反映云和革命老区当前存在的困难和要求，完成中国老促会编辑出版大型图书文献《共和国从这里走来》的征稿任务；是年，按照中国老促会妇工委《关于表彰老区妇女工作先进单位和先进个人的方案》的要求，筛选推荐云和县云钗玩具丝印厂负责人倪爱钗为全国老区妇女创业创新标兵。她的事迹对老区妇女、下岗失业女工起到典型示范作用。2010 年，编印《认识老区、关爱老区、支持老区》宣传小册子 800 本，在县人代会、政协会期间人手一册发给人大代表和政协委员以及参加会议的列席人员、特邀人员、工作人员。

帮扶老区发展

2007 年，老促会发出“有钱出钱、有力出力，支持革命老区开发建设”的倡议。到 10 月，筹措资金 25.5 万元，还向县财政、县科技局争取经费支持老区发展生产。引进新品种在云和试种，提高老区群众的生活水平。

2008 年，从省农科院购进渝紫 263 薯种，无偿发放给大坪、梅砻、梅湾、苏坑、小顺、下武、梅竹、阴岩等 8 个村试种，面积 0.67 公顷，共收获紫番薯 1.5 万多千克，经济效益 6 万多元，试种反映良好，试种户体会到紫番薯全身都是宝。是年，扶持赤石乡南洞村 5000 元发展养鸡业，支助石塘镇高畲村水果基地道路修建 3000 元。

2009 年，购买 1000 多斤薯种无偿送给 14 个乡镇的部分农户种植。崇头镇梅源村种植 13.3 公顷，市老促会还安排 2.5 万元的专项扶持资金，支持梅源村发展紫薯产业，16 户农户成立云和县联农紫薯专业合作社，带动全县种植富硒紫薯达 26.6 公顷。同时，开展紫番薯深加工试验，紫番薯酒、紫蕃薯年糕、试制成功。

是年，从广东英德引进 200 株台湾麻竹，分送给大坪、梅砻、长田、高胥、小顺、朱村、大源、雾溪、梅湾 9 个老区村试种；是年，从临安青山湖奶牛场引进皇竹草苗，在沈庄村的农垦田中试种，开展以草代木生产食用菌的试验，并获得成功，后推广到小顺、黄庄、坪垟岗、黄家地、局村、贵庄等村试种。是年，支持安溪乡东岱村竹笋两用林示范基地建设 5000 元，支持云海鹊山鸡养殖场 5000 元，支持绿羽种植合作社 6000 元。

2010 年，在吾坪村培育既可观赏又可食用的 400 多株木槿花苗，送给梅源梯田作为游步道的绿化苗木，大坪村、小顺村的农家乐丰富菜肴、美化环境。是年，补助崇头镇梅竹村竹笋两用林生产 2 万元，补助云和镇长田村发展毛竹林 5000 元，补助云坛乡苏坑村、云和镇山脚村农户试种木本金银花 6100 元，补助赤石乡绿羽种养专业合作社、石塘镇黄庄特种野猪专业合作社、神农高山蔬菜专业合作社、咱家人养殖专业合作社、外垟岗禽业生态养殖场各 5000 元，补助上品果业专业合作社 1 万元，扶持小顺村开发休闲旅游食品设备和资金 5045.5 元。老促会有限的扶持资金，发挥良好的经济和社会效益。

送医老区群众

崇头镇栗溪村是云和县最早一批建立农村党支部的革命老区村，2009 年 7 月组织 12 人的专家医疗队，带着心电图、B 超等仪器设备为该村群众义诊，内科接诊 65 人，外科 14 人，心电图检查 47 人，B 超检查 23 人，血检 13 人，共 162 人次，免费发放药品 5700 元，150 份夏令防暑药品。

安溪畲族乡的严山村和黄家地村是云和县著名的老区村，2010 年 7 月，县老促会组织 14 名医师到老区村义诊，共接诊 110 人，免费送药 5545.70 元，夏令药品 120 份。还到行动不便的病人家里为他们检查治疗。每年元旦春节，县老促会都到老区村慰问老党员、老游击队员、老交通员，了解他们的生产生活情况，听取他们的意见和要求，为他们拍照留影，送上慰问金、慰问品和祝福语。

第六节　老科技工作者协会

云和县老科技工作者协会是由老科技人员组成的群众团体，坚持围绕中心，服务大局，组织老科技工作者开展专题调研、建言献策、咨询服务、科技服务、科普宣传活动。协会实行会长驻会制度，接待会员来访，研讨、听取老科技工作者的诉求；开展生病会员住院、祝寿慰问；组织协会理事走出去学习考察；协会活动每年多次被市、县媒体报道，其中 2009 年、2010 年，《丽水日报》先后 3 次整版刊登报道云和县老科协及其成员的工作事迹，《浙江科协》进行转载。2008 年、2009 年建言献策活动受到省老科协的表彰。

组织机构

1986 年 10 月，中共中央办公厅、国务院办公厅转发中央组织部等七单位《关于发挥离退休专业技术人员作用的暂行规定》，2006 年 4 月，浙委办《关于进一步发挥离退休专业技术人员作用的意见》。根据中国专业技术人员本来就不多，离退休专业技术人员仍是一支重要的技术力量的文件精神，2006 年 8 月,云和县老科技工作者协会筹备小组成立，着手调研、起草章程、发展会员、社团法人登记、理事会人选推荐报批等工作。

2007 年 3 月 6 日，云和县老科技工作者协会第一次会员成立大会召开。参加会议会员 60 人，会议通过协会章程，选举产生会长、副会长 8 人、协会理事会成员 17 人、秘书长、各分会会长及分会副会长，下设工业经济分会、农村农业分会、林业特产分会、水利渔业分会、医药卫生分会、教育教研分会、文化艺术分会等 7 个专业分会，傅瑜任老科技工作者协会会长。

2008 年 7 月 4 日，建立云和县老科技工作者协会瓜果研究所，在程宅村设实验基地。2009 年 1 月 15 日，建立云和县老科技工作者协会银星乐团。

建言献策

2007—2010 年，协会先后开展调查研究活动 20 次，向县政府建言献策材料 10 份，其中获县领导批示 6 份；向县政协报送社情民意 5 份、作为委员提案反映材料 6 份。建言献策涉及工业、农业、教育、卫生、交通、环保等多方面工作。

2007 年 4 月，向县政府呈报《关于在云和山坡地试种山核桃和沿库种植桃树的项目建议书》。

2008 年7 月，向县政府呈送《云和县工业企业节能降耗情况的调研报告》。县长批示“请经贸局、园区管委会、发改局（统计局）对云和县的能耗问题从战略角度高度重视，理性选择产业，在动态发展中进行产业结构的优化，并进行科学的预测和评估，这都是我们需要做的工作。”

是年8月，教育教研分会深入校园调研分析，撰写《关于云和中学教育情况的调研报告》，全面反映云和中学教育教学的现状及存在问题，提出办好云中的六点建议。

2009年3月，向县政府呈送《关于财政部国家税务总局文件对云和县阀门钢铁行业影响的调研报告》。是年4月，向县政府呈送《发挥技术优势，恢复云和长裙竹荪生产的建议》。是年8月，老教育工作者深入校园调研分析撰写《云和教育何时能迎头赶上？》——关于云和县教育工作的几点建议；《一所人民群众喜爱的学校》——关于云和县育英外国语学校的调研报告。2篇报告在当地引起较大反响，得到县领导的关注，县教育局、云中领导到老科协听取意见，效果良好。

2010年4月，《关于云和县轴承行业转型升级加快发展的调研报告》。是年12月，呈送县政府《关于云和县学前教育的调研报告》。

服务社会

送医下乡 2007年5月1日，医药卫生分会的老专家在新建路樟树脚开展义诊活动。义务为市民听诊、摸脉、量血压、诊病、咨询、检查、发放防治疾病宣传资料，共400多人次。是年10月，协会医药卫生分会10多位老专家，携带B超、心电图机等设备到云坛乡革命老区梅湾村送医下乡，免费为群众进行身体检查与健康义诊。其中年龄最大87岁，最小的21天。检查中发现高血压、心脏病、胆结石、肾结石、心律失常、良性肿瘤等30多种疾病，90多名老区群众得到及时的治疗。是年10月，在第20个老年节前夕，组织举行《肿瘤预防》和《科学养生》科普讲座，全体会员参与活动。

图22-11-3 组织医务人员义诊（2007年摄 县老科协提供）

2008年5月10日和10月19日，医药卫生分会的老医务工作者利用星期天到赤石乡阴岩村、朱村乡金村送医下乡，开展“义诊”活动，义务为村民做B超、做心电图、听诊、摸脉、量血压、诊病、咨询、看病体检300多人次、发放防治疾病的宣传资料1500份。

2009年9月、10月，医药卫生分会的老医务工作者，在新建路樟树角、大湾乡，开展“义诊”活动，宣传甲型HIA流感防治，服务群众300多人次、发放防治疾病的宣传资料2000份。

2010年8月14日，医药卫生分会的全体会员利用休息时间冒着酷暑到黄源乡陈坞村开展“义诊”活动。义务为村民做B超、做心电图、听诊、摸脉、量血压、诊病、咨询、体检、诊治共200多人次、发放防治疾病的宣传资料1500份。

科普演出 2007年5月，文化艺术分会撰写《科普的魅力》科普讲座材料，举办全县科普工作者读书班，图书馆馆长、云和中学、老科协会员作讲座，宣传落实科学发展观，设计建设新云和，效果良好；配合县第三届木制玩具节活动，老科协专家创作《木制玩具节之歌》，组织

90人的合唱团排练演出。设计制作“山水家园、童话世界”风光碟片。介绍云和风貌；组织参加县文艺演出、文艺踩街等多项活动。

2008年，文化艺术分会结合公益文化，开展“科普的魅力”“玩具文化讲座”“云和本地文化讲座”“儿童文化讲座”等科普讲座13场，听讲人数达到1360人。

2009年3月，协会以文化艺术分会为基础，组建成立老科协“银星乐团”。乐团自排、自编、自创诸如《云和木制玩具城之歌》《逛云和》《仙宫湖的山水多秀美》等30多个具有浓厚乡土气息的文艺节目。乐团以“百首革命歌曲大家唱”“庆五一”“庆十一”“送文化下乡”“江滨公园演奏”等为载体，演出20多场，代表云和县参加丽水市的多项表演，深受市民、村民喜爱，孕育出城镇、乡村浓郁的文化氛围，老科协“银星乐团”成为云和闻名遐迩的一支乐团。

图22-11-4 银星乐团演出（2009年摄 县老科协提供）

2010年，“银星乐团”乐园自排、自编、自创、编排10多个新的文艺节目。5月，“银星乐团”在中山广场演出，乐器合奏《彩云追月》、表演唱《逛云和》等节目18个，多次在社区、公众场面所演出。10月，团成员陈心园、阮美君代表云和老年群体去丽水参赛荣获金奖。

科技咨询 老科技工作者协会组织会员深入乡镇、村、基地、农户协助解决水产养殖、茶叶种植、柑橘种植、高产竹园管理。无偿提供多个项目申报、项目包装、技术咨询方面的科技服务。

2007年，组织技术服务小组开展企业技术咨询、科技服务活动。为新云木业集团有限公司、金旺精密铸造有限公司等6家企业开展技术咨询、科技服务活动。

2008年，为金旺精密铸造有限公司、伟翔阀门制造有限公司、新胜玩具厂等5家企业开展项目申报、项目包装、技术咨询方面的科技服务活动。在云和镇程宅设立试验基地，种植蔬果型木瓜、太空南瓜、紫番薯、水果椒、灯笼椒等新品种，开始免轮作西瓜苗嫁接试种等新品种、新技术方面的研究。在赤石乡横坑建立山核桃引种试验及早果丰产试验基地，开展山核桃引种试种及早果丰产栽培技术研究。《山核桃引种试验及早果丰产栽培技术研究》项目列入县科技局2008年科技项目计划。负责组织云和县高效照明产品节能灯的推广工作。编写印刷《普及使用节能灯利国利民利家庭》科普宣传资料2500份，在云和镇六个社区发放，推广节能灯5000支。

2009年，为华鼎金属材料有限公司、金旺精密铸造有限公司、新胜玩具厂等企业开展项目申报、项目包装，技术咨询方面的科技服务；数次到企业调研，了解研发情况，争取试验资金，支持企业长裙竹荪的科研，支持瓜果研究所和山核桃引种试验及早果丰产试验。

2010年，完成浙江新云木业集团有限公司的应对技术性贸易壁垒项目；浙江鑫通电子有限公司的电子信息化技术创新项目；浙江诚创轴承有限公司的企业转型升级项目；云和县聚缘环保实业有限公司的废料综合利用项目;浙江科博机械有限公司的球墨铸件液压辅件项、竹荪、灵芝等珍稀食用菌生产中存在的技术问题。10多名老专家下乡进村定点、定人,进行技术指导、技术服务。

瓜果研究所种植的四季桑果、珍珠、枣油桃等一批瓜果新品种,生长良好。并在油桃果实上使用新型果实保护剂,开展用喷果实保护剂替代纸袋套袋新技术试验;引进生物防治病虫害的技术,从事生物防虫新技术的研究。是年12月3日,《丽水日报》用整版文字《激情燃烧的科技情》为题,报道协会瓜果研究所所长徐国山的科研事迹。

第七节 老年人体育协会

1988年5月,云和县老年人体育协会成立(以下称县老年体协)。全县乡镇、机关部门及社区,先后建立老年人体育协会组织,到2010年底,县老年体协下属有门球、地掷球、气排球、乒乓球、桥牌、老年武术等6个老年人专项分会,有注册会员500多人。14个乡镇、6个社区、170个行政村及机关单位都建立老年人体育协会组织,基本做到班子、牌子、印子、办公用房、活动场所、活动经费、分管领导齐全。

1994年5月,县第二届老年人体育协会换届选举。1999年4月,县第三届老年人体育协会换届选举。2006年5月,县第四届老年人体育协会换届选举。

政府支持

1999年,县老年体协活动经费列入政府财政预算。2003年,根据浙江省政府,丽水市政府专题会议纪要精神,县委、县政府领导召集县文体广电局、县财政局、县老年体协等相关部门就老年人体育协会工作进行专题研究,形成老年人体育工作专题会议纪要,理顺县老年体协工作机制,把老年人体育工作纳入县政府工作范围。由县文体广电局管理,县政府落实办公地点,增加县老年体协日常活动经费。

场所建设

2002年,云和县政府在全市率先建成云和县老年活动中心。活动中心占地4500平方米,总投资300多万元,内设门球场、气排球场、练舞小广场、棋牌室、阅览室、声乐演唱厅等老年活动设施。企业界人士资助建起老干部活动中心——常青园。常青园内设乒乓球室、棋牌室、器乐室、舞蹈排练厅等。云和镇巧云村在城西闲置的空地上,村集体投资20多万元、群众投工300多个,建成占地3500多平方米的老年活动中心,活动中心内设篮球场1个、门球场2个、老年排球场1个、地掷球场1个,有主席台、健身活动器材、活动室、厕所等附属设施。5个县属机关企事业单位的老年人体育协会均建设老体协的活动场所。到2010年年底,全县共有门球场14个、气排球场10个、地掷球场4个、柔力球场3个。

骨干培训

加强业务骨干培训,宣传科学健身知识。组织人员参加省、市举办的各种培训班,重点推广门球、气排球、地掷球、健身球操、医疗保健操、柔力球等适合老年人的运动项目。截至2010年，县老体协共组织派出200多人次骨干参加省、市培训，带动开展各分会老年体育活动。每年组织骨干到乡、镇、村、社区举办各类培训班，利用老年活动中心、元和广场、儿童公园等辅导站点，老年大学开设专门课程等途径，普及老年体育活动。全县有12000多人次接受各类培训，逐步推广门球、气排球、地掷球、柔力球、桥牌、医疗保健操、健身球操，健身秧歌、太极功夫扇等10个项目，加上原有的传统普及项目，全县老年人的健身体育项目共有20多个门类。

活动开展

县老体协经常组织召开全县老年运动会、举办各项赛事，共举办4届老年运动会，县老年大学每二年举办一次运动会。云和镇、崇头镇、安溪乡、云坛乡、石塘镇等乡镇也都举办首届或二次以上老年体育运动会。县门球协会、桥牌协会、气排球协会、地掷球协会、老年武术协会每年定期或不定期组织各个单项比赛与展示。同时，把老年人体育工作从城镇向农村延伸，推动老年人体育活动的开展。

组织老年运动队参加省、市老年人体育协会举办的各类比赛和全国老年门球邀请赛等。1991—2010年，县老体协组织1000多人次参加省、市老年人体育协会组织的各项比赛和省外的一些邀请赛，获省级比赛获奖9次，各类奖牌120余枚。

2002年9月，云和县代表丽水2队参加浙江省第四届老年体育运动会气排球赛，获得男子团体第六名，女子团体第三名。

2004年6月，组织3500多人参加浙江省百万老人健身走活动，获得省老年人体育协会颁发的“组织奖”。是年6月，云和县代表丽水市参加浙江省柔力球对抗赛，获得老年组第六名。10月，组织370多人参加浙江省健身球操“千队万人”通讯赛，获得“组织优秀奖”。

2005年始，把云和镇、崇头镇、安溪乡、雾溪乡列入浙江省第二批创建小康型老年体育达标乡镇。创建4年，4个乡镇获得浙江省小康型老年体育街道、乡镇称号。是年6月，云和县代表丽水市参加浙江省柔力球对抗赛老年组，获得团体第四名。

2006年6月，云和县代表丽水市参加浙江省柔力球对抗赛老年组参赛，获得团体第三名；迎第十三届浙江省运动会健身走展示，云和县获一等奖。

2007年，组织200多人次参加浙江省第五届老年运动会和丽水市第三届老年运动会20多个比赛项目，获得奖牌20多枚，涉及运动员达70多人次。丽水市第三届老年运动会桥牌比赛云和县代表队获团体第三名、地掷球比赛获团体第二名、柔力球对抗赛获团体第一名、太极拳（械）比赛获团体第二名、健身球操比赛获团体第一名、门球比赛获团体第一名、柔力球比赛获团体第二名、气排球比赛（男女组）获女子团体第二名。是年9月，云和县门球队参加在绍兴举办的全国门球冠军赛（浙江赛区）获得第六名；10月，云和县队代表丽水市参加浙江省第五届老年运动会柔力球对抗赛，获得老年组第六名；

2008年5月，云和县队代表丽水市参加浙江省中老年柔力球对抗赛，获得中年组第六名。是年，把紧水滩镇、石塘镇、赤石乡、云坛乡、朱村乡、大源乡等6个乡镇列入浙江省第三批创建达标乡镇。两年的创建，6个乡镇经检查验收达到考核标准，2010年获得第三批浙江省小康型老年体育街道、乡镇称号。

成果荣誉

1994 年，谢卫锋、纪景华获浙江省群众体育先进工作者；梅耐寒获浙江省老年体协先进工作者；1995 年，倪志成获浙江省老年体育先进工作者；1995 年，徐世燕获第四届浙江省健康老人称号；2002 年，黄林女（女）获浙江省第四届老年运动会先进个人；2005 年 12 月，浙江省体育局授予云和县健身气功工作先进单位；2005 年，梅耐寒获浙江省老年体育先进个人；2005 年 12 月，省老年体协授予纪景华“浙江省老年体协开拓者”荣誉称号；2005 年 12 月，陈金坤获浙江省健身气功先进个人；2007 年，丁丰占、孙志岩获浙江省老年人体育先进个人；2008 年，云和镇勤俭村门球队获省体育总会表彰的浙江省门球运动先进集体；2009 年，孙志岩被授予浙江省“农村老年体育带头人”称号。

第二十三篇　政　法

1991—2010 年，云和公安机关恪守“人民公安为人民”的宗旨，打击犯罪活动，惩处犯罪分子，加强社会治安、交通安全、出入境、消防等行政管理，搞好安全保卫工作。

1991—2010 年，县人民检察院决定批准逮捕犯罪嫌疑人 1792 人，不批准逮捕 222 人；向人民法院提起公诉案件 1746 件 2503 人，不起诉 230 人；立案侦查各类经济犯罪案件 195 件，挽回直接经济损失 1793 万余元；立案侦查各类侵权渎职犯罪案件 35 件。同时，加强民事行政检察、控告申诉检察、监所检察、监督纠正（避免）超期羁押等工作。

1991—2010 年，云和法院审结各类案件 26012 件。其中刑事案件 2010 件、民商事案件 11302 件、经济案件 2586 件、行政案件 157 件、执行案件 9886 件、再审、抗诉和审判监督案件 89 件。

中华人民共和国成立后，司法行政工作由人民法院兼管。1981 年 9 月，云和县司法局（简称县司法局，下同）建立。1991—2010 年，司法行政部门开展普法宣传，做好人民调解、法律服务、律师事务工作，增强公民的法律意识，提高行政执法水平，化解民间的纠纷矛盾，共建和谐社会环境。

云和县公安、检察、法院、司法机关坚持司法改革，健全工作制度，提高队伍素质。通过依法行使职权，在维护社会主义法制，维护社会秩序、工作秩序和生活秩序，保护国家、集体和公民财产，保护公民合法权利，保障改革、开放的顺利进行等方面恪尽职守。

第一章 公 安

中共十一届三中全会以后，县公安局履行人民公安职能，围绕保卫改革开放和经济建设，从重从快打击刑事犯罪分子，依法进行多方面的治安行政管理，全力维护社会治安秩序，管理户政、道路交通，惩治犯罪，确保一方平安。

1991—2010年，侦破刑事案件8329起，抓获犯罪嫌疑人6951人；侦破经济案件229起，挽回经济损失9212万元。至2010年，云和县公安局内设政工监督室、法制室、警务保障室、指挥中心（加挂办公室牌子）、国内安全保卫大队、治安管理大队、刑事侦查大队、交通警察大队、经济侦查大队、看守所等职能部门10个。下设云和镇、梅源、石塘、紧水滩等派出所4个。在编干警由1991年的113人增至2010年的197人。消防大队，森林公安不在县公安局编制序列，分别由市消防支队、县林业局直接管理。

第一节 防范与打击犯罪

中华人民共和国成立后，县公安局内设政治保卫科。2001年改名为国内安全保卫大队。负责严防境内外敌对势力和敌对分子的渗透破坏，调查不安定因素，及时发现影响社会政治稳定的问题和苗头，加强对邪教组织的侦查控制和打击。1991年，县公安机关设刑事侦察队，2007年改名为刑事侦查大队。负责刑事案件的侦破，打击犯罪，维护社会安定。

侦破命案与团伙案件

1991—1992年，开展以侦破大案要案和“打流串、追逃犯、挖团伙、破大案”为目标的破案战役，严厉打击刑事犯罪活动。先后摧毁横行乡里、强拿白吃、殴打无故、敲诈勒索的流氓犯罪团伙16个，抓获团伙成员54人，缴获赃款赃物折合人民币10.99万元。破获大湾乡梅某被杀案、庄前和金村“8•13”等两起凶杀案。挖出流氓团伙9个，其他犯罪团伙16个，查获涉案人员121人，保障社会治安和经济的有序发展。

1993年，开展以打击团伙犯罪、打击“车匪路霸”、打击拐卖妇女儿童和严禁卖淫嫖娼为重点的“三打一禁”斗争。共打击抢劫团伙4个，流氓团伙4个，车匪路霸4个，盗窃团伙11个，拐卖妇女儿童团伙3个，诈骗团伙1个，抓获以上各类团伙成员112人。破获云坛村凶杀案。

1994—1996年，以“春季严打”“百日破案攻坚战”为主线，发挥大刑侦格局的优势，攻坚排难，侦破现行大案和命案6起，破获各类刑事案件161起，查获卖淫嫖娼案8起，解救被拐妇女6人，截获高级轿车1辆。提起公诉50人，判处刑罚49人。

1997年9月，开展"打流窜、反盗抢、追逃犯"为主要内容的破案攻坚战，侦破地局挂牌重案2起；连续侦破"1•26"白骨凶杀案，"7•16"冒充公安人员轮奸案，"9•20"凶杀案。11月20日，又侦破持刀抢劫出租车恶性团伙案。

1999年，开展"追逃扫黑除恶"为重点的夏季严打整治和打击恶势力的战役。破获"2•23"狮山抢劫杀人案，捣毁拐卖妇女18名的犯罪团伙，抓获犯罪嫌疑人5人，解救妇女18人。1991—1999年，全县摧毁犯罪团伙248个，抓获团伙成员951人。

2000年2月12日，市局挂牌的"99•11•13"连杀2人案的主犯陈某被抓获归案。同年，开展"打拐"专项斗争和"百日破案攻坚战"，解救被拐妇女344人，采集来历不明儿童血样236份，寄送公安部DNA实验室检验比对。破获拐卖妇女儿童案件12起，摧毁犯罪团伙4个，抓获人贩子14人（其中逮捕11人）。

2001年，开展"打黑除恶"破案攻坚和打流缉逃等专项行动。破杀人案6起，侦破涉恶团伙4个，抓获涉恶分子40人。摧毁犯罪团伙18个，抓获涉恶团伙成员38人，破获以林某为首的特大轮奸案。4月29日，仅用12小时破获造成死亡3人、重伤1人的特大凶杀案。

2002年，组织反盗窃、禁黄毒、破案追逃、打两抢专项行动，破获刑事案件102起，其中杀人案1起、抢劫案3起、盗窃案81起。在省公安厅组织的三类地区刑事侦察工作考核中名列全市第一。侦破赵某、洪某2人恶势力团伙案，专案组被丽水市公安局授予集体三等功。

2003年，开展"百日破案大会战""网上反盗抢"及"101"打击街面犯罪集中统一行动。采用"网上作战"与"悬赏缉捕"、科技手段与传统方式、集中抓捕与敦促规劝相结合的举措，开展2次"101"集中行动，出动警力700余人次。清查各类场所1200余处，破获各类刑事案件22起，抓获犯罪嫌疑人13名。2001—2003年，全县发生杀人案15起破13起，六类案件发生21起，破案率达100%，抢劫案发生8起破5起。

2004—2010年，摧毁犯罪团伙338个，抓获团伙成员1480人。刑事案件发案数同比下降4.32%，破案数同比上升0.67%。2004年，开展攻命案、反盗抢、追逃犯、禁赌博大会战和打"两抢"专项行动，全年命案和六类恶性案例侦破率均达100%。2005年，开展打击"两抢一盗"，打黑除恶等专项斗争。全年侦破各类刑事案件505起，杀人案发3起破3起，破杀人积案2起，六类案发生4起破4起，还破获故意伤害、抢劫等大要案。

2006年，实施破案追逃斗争，相继破获"4•2"凶杀案、"12•9"故意伤害致死案。全年破获刑事案件663起，与上年同期相比，破案绝对数增长41.8%，破案率上升11.2个百分点。命案和五类案件破案率均达100%。在夏季破案大会战中获全市一等奖。

2007—2008年，提升破案效能，确保大要案快侦快破。24小时内连续侦破"4•5"故意杀人致死、绑架案等大案2起。2008年，先后破获"8•31"抢劫案、"2•2"故意杀人案、"4•27"入室伤害案等恶性案件。侦破省公安厅督办的"3•21"强迫组织卖淫案，抓获团伙主要成员7人，解救被强迫卖淫少女10人。

2009年8月，快速侦破"8•14"蓝某杀人碎尸案。全年发生命案5起侦破5起，七类案件发生9起破获9起，侦破刑事案件748起，抓获犯罪嫌疑人223人，其中刑拘198人，逮捕114人，取保候审57人，移送起诉209人，抓获各类逃犯43人。

1991—2010年云和县刑事案件侦破情况表

表23-1-1　　单位：件、起、人

年 份	发 案	破 案	抓获犯罪嫌疑人	年 份	发 案	破 案	抓获犯罪嫌疑人
1991	567	374	138	2001	810	501	573
1992	203	155	153	2002	823	525	198
1993	250	203	210	2003	781	424	332
1994	267	235	260	2004	1319	443	545
1995	178	150	216	2005	1054	505	383
1996	254	210	519	2006	1154	663	378
1997	225	197	530	2007	1209	711	431
1998	229	222	215	2008	1041	727	354
1999	586	263	384	2009	1017	748	393
2000	648	320	420	2010	973	753	319

打击侵财犯罪

1991年，全县公安机关开展“反窃车”专项斗争，先后统一大清查3次，查获无主、无牌赃车541辆，缴获盗窃车辆86辆，摧毁盗窃团伙8个，被盗车辆经群众认领归还200多辆。

1993年3月，针对云和境内车匪路霸猖獗，拦路抢劫连续发生。开展“三打一禁”，严打行动。截至6月24日，查获车匪路霸团伙3个，挖出盗窃团伙5个，破获盗窃案件35起，抓获违法犯罪团伙成员36人，缴获摩托车拖拉机5辆、匕首和电击枪等作案工具15件、赃款8万余元。

1995年，坚持从严从快打击抢劫、盗窃等有重大影响的侵财性犯罪活动，破获“10•14”百货公司商场特大盗窃案，“8•26”石塘镇规溪亭路段和“12•13”局村至小顺路段客车上的团伙抢劫案。共缴获摩托车、高级音响设备、现金等赃款赃物折合人民币137.95万元。

1996年，开展反盗“三车”斗争，共缴获无牌无证摩托车267辆、自行车718辆。破获1起特大摩托车盗窃团伙案，将团伙成员捉拿归案，追回28辆价值50万元摩托车。

1999年1月，在车站广场，将地区公安局挂牌38起系列入室盗窃家电案破获的失窃家电全部追回，公开发还失主。其中电视机、VCD30多台，自行车30多辆。

2002年，开展“反盗窃”“打两抢”专项行动。摧毁由6名湖南籍犯罪嫌疑人组成，连续用“千金顶”撬窗方式入室行窃作案60余起的盗窃团伙。是年7月，摧毁在云和作案30余起的重大盗窃团伙。

2003年，开展“网上反盗抢”专项行动。3月份，凤凰山公园相继发生2起持刀抢劫案，用2天时间，将3名犯罪嫌疑人抓获归案。8月，破获张某重大盗窃车辆案，追回机动车13辆，带破销赃案10余起。

2004年4月始，按照省公安厅统一部署，开展"攻坚"集中统一行动，共查扣无牌无证摩托车159辆。10月，在打击"两抢"和"反盗窃"专项行动中，出动警力600余人次，破获刑事案件87起，其中盗窃案件58起。

2005年，开展打击两抢一盗犯罪专项行动。全年破获盗窃侵财案件256起。2005年9月7日，云和新车站建筑工地被盗建筑钢管700余根，价值8万余元，公安利用技术优势展开侦查，9月8日破获，犯罪嫌疑人8人全部抓获归案，并带侦破外地系列盗窃钢管案件2起，命案1起。

2006年，开展为期百日的"强基础、促防范、反盗窃、破大案"活动，相继破获省公安厅挂牌督办的涉案价值20余万元的"3•11"盗窃大案，系列三轮机动车被盗案，"8•24"系列入室盗窃案。全年破获盗窃案件349起，两抢案件7起，抓获犯罪嫌疑人217名，其中上网逃犯51人、移送起诉162人，缴获赃款40余万元。

2007年，重拳严厉打击入室盗窃和电动车被盗等群众反映强烈的侵财性案件，相继破获"3•9"蒙面入室抢劫案、"1•27"蒙面持刀入室抢劫案，破获全国最大的盗窃网络游戏虚拟物品案。打击盗窃自行车行动中，破获案件203起，打掉盗车团伙6个，抓获成员29人，其中逮捕16人。缴获"三车"（汽车、摩托车、自行车）172辆，涉案价值45万余元。破获全省最大的盗、销一条龙盗窃自行车特大团伙案，召开退赃大会，社会效果良好。

图23-1-1 2009年，县公安局召开蒙面抢劫案告破发布会（县公安局提供）

2008年，侦破"徐某、周某"等特大盗窃案，案件被评为全市十大刑事精品案件。全年破获盗抢案件549起，缴获汽车11辆，摩托车48辆。

2009—2010年，坚持严厉打击侵财性犯罪，侦破市局挂牌督办的系列撬盗防盗门案，系列典当汽车特大诈骗案，锦凤楼珠宝店蒙面持刀抢劫案及首例敲门入室抢劫案，杨某系列盗窃案、"5•10"汽车被盗案、"9•13"特大金佛诈骗案等有社会影响的侵财案件。共破获侵财型案件605起，挽回经济损失220余万元。

打击经济犯罪

开展严厉打击经济诈骗、假币、虚开增值税发票等犯罪活动。1992年，破获经济案件45起，为县供销社、商场、玩具三厂、四厂、保险公司、无线电厂等企业挽回损失80万元。1992年10月15日，云和供销社价值7.2万元药材被骗，公安迅速调查，把诈骗首犯从异地抓获归案。1997—1998年，打击涉税案件，破获魏某虚开增值税专用发票案。共发生经济案件23起，破23起，其中重特大案8起，涉案金额626.30万元，挽回经济损失616.3万元，追回赃款赃物及非法所得262万元。

1999年，打击假币犯罪，破获3起使用假币案。7月20日，迅速查明“杜某、林某”等人以假挂失手段，将抵押贷款21.95万元转移的重大贷款诈骗案。全年查处经济案件10起重特大案、涉案价值174.8万元，追回赃款赃物及非法所得114.4万元。

2000—2001年，立案查处重特大经济案件13起，涉案价值213.8万元，挽回经济损失45.7万元，追回赃款赃物及非法所得80余万元。

2002年，县公安局经侦大队成立。是年，会同烟草专卖局，打击无证运输香烟56件，涉案价值6万余元，立案3起破获3起。

2004年5月，经济犯罪侦察大队改设经济犯罪侦察组，归属刑侦大队。加大对破坏市场经济秩序、侵占挪用资金、制售假冒伪劣产品及涉税犯罪的打击和追逃、追赃力度。开展打击涉税犯罪、金融领域犯罪等专项斗争。侦破2起有影响、有震动的经济大案，案值800余万元，查处犯罪嫌疑人3人。

2007年，加大对经济领域违法犯罪组织的打击力度，查明虚开增值税专用发票3人，涉案金额135余万元，抓获犯罪嫌疑人8人，挽回经济损失360余万元。2008年，受理各类经济案件15起，涉案金额6000余万元，挽回直接经济损失1000余万元，抓获犯罪嫌疑人8人。

2009年，加强对经济犯罪案件的排查，规范社会经济运行秩序，为群众挽回经济损失1500余万元。同时推出服务经济建设20条措施，利用网上作战等各种手段，共立经济案件24起，破案24起，抓获犯罪嫌疑人16人，抓获上网逃犯2人，移送起诉12人。为国家及个人挽回直接经济损失1430万元。侦破发生在杨柳河、雾溪乡、沙浦乡等工程系列串通投标案件。

2010年，开展“打击银行卡犯罪”“打击假币犯罪”“打击整治发票犯罪”“打击侵犯知识产权和制售伪劣商品犯罪”等专项整治行动。受理经济犯罪案件9起，破案7起，移送起诉5人，协助和联合相关部门工作20余次，挽回直接经济损失3474.84万元。在“百日行动”中，侦破省厅督办的王某非法出售发票案，挽回国家直接税收16.32万元。2010年，打击发票犯罪专项行动中获全市第二名。

1992—2010年云和县经济案件侦破情况表

表23-1-2

年 份	立案(起)	侦破案件(起)	案值(万元)	挽回经济损失(万元)	拘捕犯罪嫌疑人(人)
1992	—	45	—	80	—
1997	13	13	—	616.3	—
1998	10	—	508	262	—
1999	—	10	175.8	114.4	—
2000	6	6	51.8	45.7	—
2001	3	3	6	—	—
2004	—	2	800	—	3
2007	3	3	135	360	8

续表 23-1-2

年 份	立案(起)	侦破案件(起)	案值(万元)	挽回经济损失(万元)	拘捕犯罪嫌疑人(人)
2008	15	—	6000	1000	8
2009	24	24	—	1430	18
2010	9	7	—	3474.84	5

打击毒品犯罪

禁毒宣传 坚持严厉打击毒品违法犯罪活动，加强涉毒场所管理，开展涉毒高危人员禁毒教育、中小学生禁毒教育、禁毒宣传活动；2004 年，展出大型宣传图片 20 幅，分发宣传手册 80 册，宣传资料 500 余份，提供咨询 1200 余人次。

2008—2009 年，加强对公共娱乐场所的整治，严格易制毒化学品管理，组织歌舞娱乐场所、旅馆业主和易制毒化学品使用单位禁毒工作培训，签订责任书；开展毒品尿样检测培训，定期对吸毒成瘾人员进行尿检。出动宣传车辆 26 车次，214 人次，张贴宣传画 3040 张，发布公告 2240 多张，毒品问题市级督导整治单位帽子摘除。

打击犯罪 1997—2000 年，县公安局坚持“打防并举”方针，开展禁“贩”、禁“种”、禁“吸”三禁专项斗争集中行动。全年查处毒品案件 13 起，抓获毒品违法犯罪嫌疑人 9 名，缴获海洛因 3 克、鸦片膏 100 克，铲除罂粟毒品原植株 6445 株，建无毒平安小区 68 个，安全村(居)154 个。

2006 年 4 月，制定《云和县禁种铲毒整治行动实施方案》，严厉打击非法种植毒品原植物和制造贩毒违法犯罪行为。2007 年，破获云和首例贩卖毒品案件即叶某贩卖毒品案。

2008 年，加强对毒品违法犯罪活动的打击，破获贩毒案件 1 起，查处吸毒案件 3 起，抓获涉毒犯罪人员 4 人，查处吸毒人员 17 人，移送起诉 1 人，行政拘留 9 人。

2009 年，禁毒大队与县禁毒办合署办公，禁毒办增设禁毒大队牌子，组建成立云和县禁毒志愿者大队。全年破毒品案件 4 起，抓获涉毒犯罪嫌疑人 4 人，查处吸毒人员 17 人。

2010 年，破获涉毒刑事案件 34 起，抓获吸毒人员 36 人，移送起诉 5 人；破获云和首起容留他人吸毒案，依法对 5 人作出强制隔离戒毒决定，5 人被责令接受社区戒毒。

第二节 行政管理

云和县公安行政服务管理，围绕保卫改革开放和经济建设，采取预防为主，管理从严，及时打击，保障安全的方针，依法进行多方面的治安、户政、出入境、道路等行政管理，全力维护社会治安秩序，促进安定团结，确保一方平安。

治安管理

云和的治安管理范围涉及特种行业、危险物品管理、赌博查禁、毒品查禁、买淫嫖娼查禁、基层治保、“110”接处警等服务工作。

特种行业管理　20 世纪 90 年代，影剧院、舞厅、旅馆、招待所、印刷厂、刻字店、废旧金属收购列入特种行业管理，核发许可证。1994 年，对公共场所特种行业服务人员进行培训与管理，签订《治安责任协议书》《治安承包责任协议书》；在公共场所安全大检查中，当场没收管制刀具 29 把。

1998 年，检查废旧收购业 39 家，查处违法违规经营 3 家。2000 年 12 月，进行“打黑除恶”专项统一行动，出动警力 112 人，对公共场所和出租新房 417 家进行清查。

2001 年 4 月，开展“春雷一号”“春雷二号”严打整治集中统一行动，清查公共场所 950 余处，出租房 700 余家，“三无”（无房无业无证）人员 216 人。2004 年，开展“攻坚一号”至“攻坚四号”集中统一行动。清查旅馆、娱乐场所等 152 个，登记出租新房 1271 家。

2008 年，强化互联网舆情监控，启动娱乐场所社会信息系统。运行一年查处互联网违法犯罪案件 2 起，抓获犯罪嫌疑人 1 人，行政处罚 13 人。

2009 年，旅馆业管理协会成立，安装 104 家旅馆视频监控探头 350 个，通过视频监控系统，破获案件 30 余起，抓获违法犯罪人员 19 人。

危险物品管理　1993 年，严惩扰乱社会秩序的违法分子。是年 12 月，朱村乡发生因盗伐杉木引发土铳致两人死亡，继而发展为斗打砸伤的恶性治安事件，案发后干警赶赴现场，平息事件并依法处置。

1995 年，加强枪支管理，打击横行乡里、称霸一方的地痞流氓，查处 34 起，处罚 87 人，销毁 580 支非制式猎枪。1996 年，开展收缴枪支弹药专项治理，收缴枪支 738 支（以气枪为主），查获非法组织“山边护村联合协会”，收缴东洋刀 15 把，头盔 40 只。1998 年，专项整治民爆物品，在云和镇米丝桥岩洞焚毁 500 余支非制式猎枪；查获非法经营销售“三无”烟爆产品 300 多件。

1999—2000 年，共收缴炸药 642 公斤，雷管 1420 枚，导火索 102 米，土铳 2 把，管制刀具 138 件；检查烟花爆竹摊点 200 余个，没收烟花爆竹 21 件。

2001 年，在“治爆缉枪”专项行动中，破获涉爆涉枪案件 16 起，摧毁恶势力团伙 9 个，抓获恶势力团伙骨干分子 25 人，摧毁 2 年来作案 30 起、由 14 名成员组成的赵某恶势力团伙；收缴各类枪支 1344 支（气枪为主），缴获自制枪支 4 支（土铳等），子弹 2326 发（气猎枪为主），炸药 252.2 公斤，黑火药 3.28 公斤，雷管 1421 枚，导火索 1110 米。2005 年，查获违规储存、经营运输销售伪劣烟花爆竹 87 件，收缴雷管 17 枚，导火线 100 米。

2007 年，在开展治爆缉枪专项行动中，收缴塑料导爆管 13 卷，查处案件 3 起，行政拘留 2 人；破获 1 起利用网络买卖枪支案，抓获犯罪嫌疑人 1 人。

赌博、毒品、卖淫嫖娼查禁　20 世纪 90 年代初，曾被视为赌具的“麻将牌”，不以赌具对待，允许制造并公开出售，“麻将”遍及城乡，娱乐与赌博混杂，使一些赌徒有机可乘，赌博之风愈演愈烈，赌资数额越来越大。卖淫嫖娼沉渣泛起，失足女性来自云和境外一些无业人员，文化程度较低，好逸恶劳、贪图享乐而误入歧途。1991—1992 年，县公安局遏制赌风蔓延，冲击赌场 149 次，查获参赌人员 880 人。

1992 年，开展打击流氓犯罪专项斗争，查获犯罪团伙 21 个，成员 121 人；是年，对城镇、省道公路两侧路边饭店旅馆进行专项整治摧毁犯罪团伙 5 个，破案 85 起，抓获各类案犯 75 人。

1997 年，开展禁黄、禁赌、禁毒的“三禁”专项斗争，查获赌博案件 124 起，抓获赌博违法人员 687 人，摧毁赌博团伙 19 个，抓获成员 168 人，取缔赌博窝点 13 个，罚没收缴赌资 38 万余元。查获卖淫嫖娼案件 81 起，成员 89 人，摧毁卖淫嫖娼窝点 6 个。1999 年，开展打击“黄赌毒”专项整治活动。检查公共场所 147 家，查缴赌博游戏机 38 台，对 9 家作出整治处理。查处赌博案件 32 起 162 人，摧毁赌博窝点 16 个，缴获赌资 54938 元。查处卖淫嫖娼案 7 起 7 人。2000 年，缴获淫秽光盘 25 张。

2005 年 1 月始，开展“禁赌”1–3 号专项行动，集中打击赌博违法犯罪活动。受理赌博治安案件 80 起，查处 71 起，查处人员 501 人，没收赌资 25.48 万元，罚款 46.88 万元；查处卖淫嫖娼 7 件 16 人，查处传播淫秽物品案件 2 起 3 人。

2006 年，开展集中打击赌博违法犯罪活动，破获市局挂牌督办的“7•31”特大聚众赌博团伙案，捣毁以刘某和周某为首的特大赌博团伙 2 个，抓获违法犯罪人员 67 人。其中移送检察起诉 18 人，劳动教养 6 人，行政拘留 20 人。

2007 年，推进勤务制度改革，实施“猫鼠同步”（根据犯罪活动时间和空间布置相应的警力）的错时工作制，查处赌博案件 42 起，查处违法人员 268 人。其中劳动教养 5 人，行政拘留 117 人。破获省厅督办的“3•21”强迫组织卖淫案，解救被强迫卖淫少女 10 人，案件涉及的团伙成员被判死缓 2 人，被判无期徒刑 1 人，被判有期徒刑和缓刑 17 人。

2010 年，加大治安重点区域整治，破获涉毒涉黄案件 53 起，移送起诉 25 人，行政处罚 196 人。收缴、销毁赌博机 350 余台。赌博、毒品、卖淫嫖娼查禁工作重心转入正常的“三禁”工作和创建“无毒害社区”活动。

基层治保 建立基层治保组织，协助公安部门做好社会治安工作。推行治安防范承包责任制，健全基层治保组织，开展群防群治，堵塞漏洞，控制刑事犯罪活动。

1991 年，整顿治保组织 174 个，联防队 2 个，排查重点人口 624 人，平息查处严重影响社会稳定的闹事事件 11 起。1992 年，抓各类突发事件和群众性闹事事件，加大治安案件的查处力度。平息 12 起突发事件和重大群众性闹事事件。1996 年 5 月 1 日凌晨 2 时，云和县开展“严打”斗争第一次集中大收捕，出动民警 98 人，武警 13 人，党政干部 10 人，汽车 12 辆，收捕 29 人，其中收审 19 人，刑事拘留 3 人，行政拘留 3 人，治安处罚 4 人。

2001 年，打击治安管辖“九十五”种案件 154 起，查处违法人员 611 人，检查过往车辆 4300 余辆次，清查各类人员 8000 余人次，抓获名类犯罪嫌疑人 27 人，缴获被盗摩托车 2 辆。

2004 年，建立“云和县巡逻机动大队”，全天候巡逻。查处违法犯罪人员 15 人，查扣无牌无证摩托车 159 辆，纠正违章 1329 起。2005 年，破获全国首例盗窃网络游戏虚拟物品案，主要罪犯 3 人因破坏计算机信息系统罪分别被判处有期徒刑。

2010 年，注重社会防范体系建设，坚持以联防人员为主的夜间巡逻。通过街面巡防巡逻，抓获违法犯罪嫌疑人 266 人，查获被盗车辆 56 辆，破获 1 起故意制作、传播计算机破坏性程序案件。是年8月，抓获1名省厅挂牌督办的网上（CCIC）通缉逃犯。截至2010年，社区6个、乡镇11个都设立警务室。形成县、乡镇、村（社区）三级治安保卫组织网络。

出入境及往来港澳台管理

1991年起，云和申请出国出入境人员逐年增多，由探亲访友为主，逐渐转变为旅游、商务活动为主。县公安局依据《中华人民共和国外国人出入境管理办法》和国务院颁发的《中国公民出入境管理实施细则》，依法对外国人的入境出境、居留、旅行实施管理，依法对居住在云和的中国公民出国出境实施管理。出入境管理工作归属政保科。

1994年，拓宽公民出国渠道，为出国出境经商活动提供方便。加强对公民申请出入境的调查核实工作。全年受理出境案件13件13人次，办理出入境证610张。1995年，受理因私申请出国出境18人次，批准10人，到云和外国人、华侨及港澳台同胞20人次，办理边境通行证549张。1996年，受理因私申请出国出境60人，受理外国人、华侨、港澳台同胞到云和探亲访友、经贸洽谈、定居的有41人。办理港澳台通行证260人次。设立外事联系民警13人，居委、村委设立涉外联系员201人，对1名台胞逾期留居人员进行治安处罚。

1997年，受理因私申请出国出港澳台地区75人次，批准60人，到云和外国人、华侨及港澳台同胞8人次。8月，侦破1996年12月云和县民族商行被诈骗价值78余万元香菇的涉外案件，抓获犯罪嫌疑人3人。

1998年，受理因私申请出国出港澳台地区113人次，批准109人，到云和外国人、华侨及港澳台同胞21人次。遣返非法入境云和的越南籍妇女2人。

2000年，受理因私申请出国出港澳台地区204人次，到云和外国人、华侨及港澳台同胞28人次。其中意大利、西班牙、巴西等24国114人。

2001年起，出入境管理科更名为国内安全保卫大队。受理因私申请出国出港澳台地区368人次。2002年，简化公民出国（境）申请手续。7月1日，公民申请护照采用数码照相，直接传送至省公安厅护照制作中心，加快护照申领。

2003年，实行法定不批准出入境人员通报备案制度，对国外缓刑、剥夺政治权利、取保候审，经济、民事案件当事人，监外执行服刑期，欠税等七种涉嫌人员不批准出境。全年受理护照申领177人次、受理往来港澳通行证369人次、往来台湾通行证3人次。

2004年，改革出入境管理，开辟应急服务“绿色通道”，扩大中国台湾居民在大陆长期居留和多次往返签注的适应范围，提高外事信息化程度等新办法。共受理出国申请561人次，办理护照211人，外国人居住证、华侨入境7人，台胞入中国大陆5人。

2005年，审核上报出入境证件645人次。破获一起冒领他人身份证，骗取出国护照的违法案件。

户政管理

1979—1990年，云和县开始调整和逐步改革户籍制度，控制非农业人口增长，保障公民户口的正当迁移，把年度“农转非”的指标控制在2‰以内。1985年，开始在云和镇办理自理口粮户口，发给自理口粮户口簿，作为非农业人口统计。1990年，全县批准农业人口转为非农业人口1911人（其中包括落实政策人员的农转非）。1991年，云和县进行户籍管理改革，实行政策与指标双轨控制“农转非”审批工作。1992年，由县计委牵头，组织公安、粮食两个部门办理经济性农转非户口。至1996年，全县累计办理经济性农转非1130人。

1997年，开始执行婴儿落户随父随母自愿申报和结婚满5年的夫妻投靠、父母投靠子女落户制度。2001年，大幅度放宽公民在城区（镇）落户条件限制，凡工龄满一年的，可转为城镇非农人口；放开随军家属、工作调动、购房、大中专毕业生、夫妻投靠、未婚子女投靠父母、父母投靠成年子女限制，全年办理投靠落户公民1569人。2003年，取消出国、出境、被判处徒刑、被决定劳动教养的人员注销户口的规定。

2008年5月，公安局办证中心改称公安局行政许可科。由迁入地派出所直接办理户口迁出、迁入手续，实施本市县范围内的“网上迁移”工作。

常住人员管理 1991年，户口管理分为城镇户口和农村户口，办理户口登记的机关，城关镇是云和镇派出所，乡和未设公安派出所的集镇是乡、镇人民政府。是年5月，浙南药厂整体搬迁丽水县，同期批量迁出职工及家属子女户口168户525人。

1992年5月，局村乡、小徐乡并入云和镇，云和镇人口为10136户33885人；沈村乡并入云坛乡，库北乡并入赤石乡。1994年12月，《浙江省地名管理办法》发布，云和县城镇范围的门（楼）牌管理工作经由县公安局划至县民政局管理。1995年4月，新华机械厂整体搬迁德清县武康镇，同期批量迁出职工及家属子女户口460户1321人。1995年11月，卫生部、公安部发布《卫生部、公安部关于统一规范出生医学证明的通知》，开始使用全国统一制发的出生医学证明登记户口。

1998年1月，开展农村人口城市化管理，逐户核对、编制农村门牌、人口数据计算机录入，开始打印发放户口簿，实现户籍计算机管理及农村户口城市化管理。是年2月，人武部改制转为现役军人，根据省公安厅《关于人民武装部门人员转现役军人后有关户口注销问题的通知》，注销原县人武部干部8人户籍。是年3月，入户分离迁移1295户。

2000年，云和设立城北路6号县人才交流中心集体户，登记大中专毕业生302人，办理子女投靠300多人。为国有良种场农场户口职工138人和自理口粮户口352人转为非农业户口。2001年11月，沙溪乡并入云和镇，云和镇人口为15045户45737人。2002年1月，配合县委“小县大城”战略建设，办理投靠落户458人，其中投靠30人、购房租房362人、其他66人。是年12月，实现丽水市常住人口系统数据联网运行。2003年8月，本县范围内实行网上迁移户口。2004年6月，云和县公安局办证中心成立，户籍管理迁入县行政审批服务中心办公，全年办理户口证件18471份。

2008年9月，民政部、公安部、司法部、卫生部、人口计生委联合印发《关于解决国内公民私自收养子女有关问题的通知》，云和解决私自收养儿童落户87人，办理“网上迁移”758人次。办证中心民警章程，获省公安厅“群众满意基层站所先进个人”称号。

2010年3月，省公安厅下发《关于大中专院校学生在学期间户口迁移有关问题的通知》，省内大中专院校的本省籍学生，可以根据申请将户口迁回入学前户口所在地，共办理在校学生户口回迁手续7人。

身份证管理 1987年，云和实行居民身份证制度，组建领导班子和发证员队伍。1991年3月，云和居民身份证完成集中发证任务，县公安局获得浙江省发证领导小组、公安厅“颁发居民身份证优秀单位”称号，徐云获部级先进个人。1992年，制作发放居民身份证80162张。1993年，按照公安部治安局《关于制发新的临时身份证有关事项的通知》，启用新版临时身份证。全县累计制作发放临时身份证3910张。

1996年始，全面执行居民身份证的申领、换领、补领的规定。云和县按《公安部关于启用新的防伪居民身份证有关问题的通知》要求，开始制作新的防伪居民身份证。1997年11月，开展居民身份证编号的清理纠错工作，共纠正身份证1088张。

2005年5月，丽水市人口信息管理系统升级，云和县原行政区划代码为332523停用，云和行政区划代码使用331125。是年6月，换发第二代居民身份证工作启动，开始制作新版临时居民身份证。2006年，公安局获得年度全省换发第二代居民身份证工作先进集体称号。

2008年年底，完成年满16周岁93750人的二代身份证换发工作，换发证率99.8%。

2007年11月始，实行“省内异地照相原籍办证”异地换发二代证的便民措施，2005—2010年，共换发居民身份证99962张，人像信息登记112631人，占16周岁以上人口比例为97.25%。行政许可科科长章程，获得2008年全省先进个人称号。

道路交通管理

1991年1月，云和县公安局交通警察队改为交通警察大队，下设车管所、安全中队、办公室、城镇中队、石塘中队。1997年，交通警察大队增设宣教科。1998年，从原址云和中山东路11号搬迁到云和中山西路192号。2002年10月，巡警大队和交通警察大队合并为交通巡逻警察大队。2003年，增设巡逻中队。2007年，增设赤石，梅源中队。2008年，增设法制科，紧水滩镇设立交警中队。2009年11月，交警大队巡逻中队办公地址迁至云坛。2010年，交警大队下设车管所，安全中队，办公室，法制科，宣教科，城镇中队，石塘中队，赤石中队，梅源中队，紧水滩中队。

基础设施 1991—2003年，交警队先后设立安装无线电、车载台、中转台、手持对讲机、查酒驾设备、播放投影仪、城区增设红绿灯。2007年建立交通技术电子监控系统机房。到2008年，增设路楼红绿灯5个，增设电子警察13个。到2010年，交警大队装备有测速仪、酒精测试仪、摄像机、电子移动红绿灯、监控系统、警务通、稽查系统、交通指挥车、对讲机等，遏制交通事故发生，加强交通安全提供保障。

培训宣传 开展交通安全知识和交通法规宣传与培训，“交通安全社区”建设活动。2004年，对全县人力三轮车营运人员进行法律法规学习，要求驾驶人持证上岗。由交警大队、城管办、运管稽征所、工商局、卫生监督所和“夕阳红”老年志愿者服务队100多人，组成城镇交通秩序联合整治行动组开展宣传。

1993—1997年，培训机动车驾驶员2211人。2001—2010年，培训机动车驾驶员1.37万人，举办两轮摩托车驾驶员培训班40期，培训合格发证3106本。2008—2010年，新学摩托车驾驶员考试4829人次。

驾驶员及车辆管理 采取经常性管理与突击整顿相结合，加强摩托车、拖拉机管理，纠正无证驾驶、无牌行驶、加大速比和带病行驶车辆等违章行为。1993—1995年，办理机动车牌1692辆，报废车辆310辆，机动车年审3552辆，对客运车辆进行季检，为399辆新增车上牌。驾驶员年审2292人，驾驶员及车辆过户、转籍、补牌、补证等420余次。1997年，检验汽车497辆、人力三轮车807辆、上牌583辆、换牌39辆；对2014辆汽车、591辆农用车、1232辆摩托车的驾驶员进行审验。

2001—2007年，新车上牌3504辆、检验车辆2.21万辆、年审签证3515人、办理机动车注册登记1.97万辆。对300余辆客运正三轮车被置换成人力三轮车，结束正三轮摩托车载客的历史。强制报废机动车295辆、报废汽车12辆、农用四轮35辆。2007年止，云和县共有各类机动车2万辆，其中大型车辆308辆，小型车辆2476辆，二、三轮摩托车16600辆，农用车99辆，各类拖拉机532辆。各类驾驶员2.07万人，其中汽车驾驶员9685人，其他驾驶员1.1万人。

2008—2010年，共检测审验摩托车3.27万 辆，新车注册上牌4203辆，强制报废机动车582辆，下乡办理摩托车驾驶证近400本。办理车辆注册登记业务1740辆。

交通秩序管理 1991—1992年，开展超载，夜间驾驶车辆不按规定使用灯光的违章行为专项整治，纠正机动车辆乱停放的交通秩序整顿，改变交通乱停乱放状况。

1993年，抓车辆静动态、城镇交通秩序管理，道路交通安全宣传，上路检查4458人次，基本消除“三无”(无牌、无证、无保险)现象。

1994年，对中山街进行全面整治，民警街面执勤，制止各种违规现象。1995年，以“压事故，保畅通”为中心，开展治理公路“三乱”工作，全天候，全方位流动巡逻执勤，维护道路交通安全。共上路巡逻5400人次，纠正违章1.46万余次，保护道路畅通。

1996年始，整治无牌无证车辆，对三无车辆突击检查，对易堵、事故多发点地段进行重点整治。

2001年，专项整治“超速、超载、摩托车不戴头盔”的三类违章行为，严禁农用三轮车上国道线载客营运，遏制无牌无证车辆上路行驶。共查处三轮车违章载客160起，强制报废51辆，切割车厢42辆，扣证记分105人，拘留2人。

2002年，排查事故黑点地段9处，落实整改措施7处，查获无牌无证摩托车等115辆，假牌假证机动车2辆，假牌套牌人力三轮车9辆，纠正违章行驶850余起，事故接警数、死亡人数、受伤人数、财产损失数四项指标全面下降。

2003年，按“五个一律”的规定，重点治理无证驾驶、超载、超速、违章超车、驾驶二轮摩托车不戴头盔等违法行为，开展专项交通整治5次，共处理交通违法行为3万余人次，对危险化学药品运输实行“限时、限路”管理。

2004年，开展城区交通秩序专项整治5次。开展“联动一号”联合行动，对53省道主要路段、县城主要路口设卡检查。

2005年，开展“百日交通安全竞赛”和道路交通秩序专项整治行动，从源头上遏制农机交通事故的发生。出动警力2420余人次，纠正违章4900余次，暂扣违章车辆(包括拖拉机摩托车)688辆、机动车驾驶证179本，补办年检手续135辆，处罚交通违法行为1.3万余次，记分678人，治安拘留8人。

2006年，开展“蓝盾06号”统一行动7次，“平安号”集中行动3次，处罚各类交通违法行为1130余次，查扣无牌摩托车305辆，查处无证驾驶人员32人，查处酒后驾驶6人，查处超速行驶车辆1500辆次，强制报废机动车31辆。在全省开展的“奋战一百天，确保零增长”道路安全竞赛活动中，获得全省道路交通安全竞赛优胜单位。

2007年，联合交通运管、工商等部门开展道路交通安全集中整治统一行动，查获各类交通违法行为近百起，扣小汽车1辆，扣摩托车8辆，查处无证驾驶8人；开展酒后驾驶专项统一行动6次，出动警力200人，查获酒后违法驾车人员20余人，确保辖区交通有序运行。

2008年，开展酒后驾车统一行动9次，出动警力985人，查获酒后违法驾车人员30余人。实现交通安全管理工作“横向到边，纵向到底”的目标，处理机动车辆乱停乱放50余次、非机动车乱停乱放及骑乘两轮摩托车不戴头盔1012起，行人违章1000余起。

2009年，整治超速违法行为，录入超速交通违法行为6972起，超速50%以上的226起；查获酒后驾驶交通违法128起，其中醉酒后驾驶25起，行政拘留24人，暂扣机动车驾驶证111本；查获各类交通违法行为378起。

2010年，重点开展整治农用机动车辆交通违法整治行动，查处酒后驾车47起，醉酒驾车12起；查处涉牌涉证及其他违法行为150余起，扣留机动车85辆，辖区交通安全形势平稳，交通秩序根本好转。

1999—2010年云和县交通事故四项指标统计表

表23-1-3

年 份	事故起数	死亡人数(人)	受伤人数(人)	直接经济损失(万元)
1999	98	16	118	71
2000	147	21	197	109
2001	113	19	150	82.2
2002	127	21	148	85.8
2003	228	20	145	21.6
2004	199	19	240	134
2005	136	16	191	66
2006	110	21	159	50
2007	51	7	74	7.03
2008	33	15	41	2.76
2009	37	18	42	3.45
2010	26	17	26	7.03

说明：1991-1998年数据遗失

消防管理

云和公安消防大队前身为云和县公安消防中队，创建于1971年7月。营区坐落云和镇人民路14号，隶属云和县公安局，编制12人，设2个班，实行义务兵役制管理。1979年5月，干警转为现役军官制。1983年1月，消防中队纳入武警序列，实行双重领导体制，消防中队增编到23人，增设为3个班。1986年5月，防火班改为消防科（副营级）。1994年9月改建云和县消防大队（正营级建制）。投资486万元在云和县环城南路小徐村对面新建消防站，2002年2月竣工搬迁。县消防大队承担着一旦发生火灾，全力实施灭火救灾工作，减少国家和人民群众生命财产损失的重要任务。

消防宣传　1992年，公安部下发通知，每年以11月9日定为“119消防宣传日”，大队每年以宣传日为契机，集中开展内容广泛、形式多样的消防安全宣传活动，提高全民消防安全意识。

2006年，创办季刊《云和消防》和“和谐云和倡导全民防火”系列消防安全资料，装饰消防大队教育馆。全市消防部队“三基”工程建设示范点现场会在云和召开。先后对全县宾馆饭店火灾、学校火灾、化学危险品场所等60家重点单位进行灭火演练。开展“十一个一”主题宣传活动，普及消防法律法规，教育群众尤其是民工以及出租房主等，增强防范意识，掌握防火、灭火和逃生自救常识，提高全社会抗御火灾能力。“119”消防日开放消防站，利用消防宣传展板、播放消防音像、开展灭火和逃生自救演习，到辖区单位企业开展宣传活动。在电视、报刊、广播、互联网络四大媒体黄金时段、主要版面、显著位置、主要栏目，集中宣传消防安全职责、消防法律法规、消防常识。向移动、联通、电信用户发送消防宣传短信，形成立体式宣传。

2007年，开展“全国公安民警大走访”爱民实践活动，在城区主要街道、广场通过消防志愿者行动、发送消防宣传资料。设立开通“96119”等消防服务24小时热线电话，受理火灾隐患投诉，对违反消防法律法规行为举报，提供消防法律法规咨询服务。对群众实名举报的火灾隐患，现场核查、加快督办。组织消防志愿者深入社区、农村老、弱、病、残、孤寡等弱势群体开展消防志愿服务工作。组织社会单位消防安全管理人员、单位员工、志愿消防队伍、志愿消防者队伍参加为期2天的消防安全教育培训6期，培训人数800余人，增强自防自救能力。“119”消防宣传月，开展宣传活动8场，受众5000余人次，组织消防志愿者活动8次，发放各类宣传资料4000余份，消防站开放4次，接待群众1000余人，组织消防培训3次，培训人员500人。

2009年，举行“消防志愿者冬季防火百日宣传活动”，县消防安全重点单位、各中小学校200余人，消防志愿者参加，发放宣传资料2000余份，咨询市民达3000余人次，受教育群众达5000余人。

2010年，消防大队与当地各中、小学校联合开展消防培训、组织大型消防演练10余场，培训师生共5000余人。

消防监督　1992年，公安局成立县消防联防大队，管理全县消防工作。1990—2010年，接警火灾197起，出动840次，过火面积4.1万平方米，受灾户数227户，造成财产损失835.29万元。出动车辆1702辆，出动警力11078人，死亡6人，受伤7人，抢救被困人员87人，抢救财产价值4495.70万元。开展消防安全宣传和防火安全检查，对义务消防队员消防技能培训，增强自防自救能力。

2002年4月，对全县加油站开展消防安全布局、防火间距消防安全检查，出动警力51人次，检查加油站12家，发现火灾隐患30条，发出《责令限期改正通知书》5份，责成有关加油站整改火灾隐患，确保消防安全。7—9月，开展“三合一”企业(生产、办公、吃住在同幢楼)的消防安全整治，杜绝群死群伤恶性火灾事故发生。

2003年，下发《疏散通道、安全出口专项治理工作细则》，检查146家单位，发现火灾隐患25条，督促改正23条。9月，县专项治理领导小组组织协调消防、公安、卫生、工商、文体广电等职能部门，对县内各场所进行检查验收，发现仍有15家单位存在火灾隐患，发出《责令限期改正通知书》9份、《当场改正通知书》6份，到期复查发现已整改火灾隐患14条，未按要求改正的云和县2家歌舞厅，被责令停止营业，对相关责任人作出行政处罚。

2007年，对全县玩具、轴承企业508家排摸检查，将“多合一”建筑排摸情况统计汇总。采取“关、停、改、搬、防”等措施，联合执法。建筑“多合一”现象基本消除。是年，改善公共娱乐场所消防安全环境，对全县公共娱乐场所进行检查，发现火灾隐患和违法行为63处，当场整改55处，责令限期改正8处，下发责令限期改正通知书5份。11月，对全县中小学、幼儿园开展消防检查，发现火灾隐患和违法行为72处，当场整改61处，责令限期改正11处，下发责令限期改正通知书8份。“三节”“两会”期间，对辖区内的各类公众聚集场所和玩具生产企业的进行消防安全检查。查出火灾隐患和违法行为121处，责令当场整改102处，责令限期改正19处，下发责令限期改正通知书16份。10月，火灾隐患普查整治，县消防大队、治安大队、各派出所共出动警力311人次，检查组41个，检查单位425家，查出火灾隐患和违法行为514处，责令当场整改427处，责令限期改正87处，下发责令限期改正通知书73份，对12家未按要求整改火灾隐患单位及个人进行消防行政处罚，罚款9000元，责令停止使用8家，停止施工2家。11月，开展“消防宣传进公众聚集场所”活动，组织辖区内酒吧、网吧、迪吧、茶吧、KTV等公众聚焦场所业主或安全管理员召开消防宣传教育培训交流会，搭建交流管理平台。

2008年，对全县小宾馆消防安全专项整治暨从业人员安全知识培训会，逐条讲解整治标准，现场回答各业主的提问。10月，联合部门对各小宾馆的整治情况检查验收，针对仍然存在的各类问题，讨论制定应对措施。对86家首批符合整治标准要求的小宾馆进行联合审批，对5家无法整改合格的小宾馆劝说实施关停。

2009年，消防安全集中整治“利剑行动”期间，全县共排查公众聚集场所23家，发现未通过建审、验收和开业前检查2处，室内装修装饰材料不符合要求12处，建筑消防设施和安全疏散等不符合要求24处，消防安全责任制和管理制度、教育培训不落实19处，发送责令限期改正通知书13份，其中重大火灾隐患限期整改通知书1份，责令停产停业2家，复查意见书14份，公安行政处罚决定书5份，罚款1.95万元，强制关停1家；排查高层、地下建筑单位14家，发现火灾隐患5处，责令限期改正通知书2份，罚款0.5万元。2010年，对自动喷水灭火系统、火灾自动报警系统、机械排烟系统故障存在不能正常联动控制重大火灾隐患的歌厅，发出《关于督促整改重大火灾隐患的函》。与乡镇、部门签订《2010年度消防工作目标管理责任书》。组织消防监督员和派出所民警上门指导单位全员培训和演练，社会单位员工接受培训 1200 余人。

警卫保卫

警卫 20 世纪80 年代后期，全县重大警卫工作由公安局组织实施。县公安局对每次重要的外宾来访、省领导到云和视察、调研，均事先制订警卫方案，实地勘察地形，调集警力，定点定人，保证安全。1991—2010 年，先后做好 8 批、8 位重要内外宾和国务院、省领导的保卫工作。

保卫 公安部门每逢元宵灯会游乐活动、木制玩具节、大型文艺演出和体育比赛、商品交易会等，均作详细部署，组织警力，明确责任，定岗定人，确保各项活动安全有序。

2000—2007 年，在云和举办"中国玩具企业发展论坛"和第一至三届"中国木制玩具节"期间，县公安局从组织指挥、警力部署、突发事件应急预案处置等方面，做好充分准备，周密部署，落实责任，加强督查。

2000—2009 年，浙江省第四届农民运动会龙舟赛、丽水市青少年运动会和浙江省首届体育大会室内五人制足球赛在云和举行期间，以及县内首届乡村文化节"迎奥运唱响云和""板龙闹元宵""梅源梯田开犁节""国庆大型广场文艺晚会"等一系列大型活动举办过程中，县公安部门对每次活动均事先实地查看，拟定安全保卫预案，做到责任到岗，任务到人。

第三节 监所管理

2000 年，对看守所监室床铺进行翻新，监内铺设地板砖，修整放风场和厕所，改善监内卫生环境。2005 年 4 月，看守所完成热水器的安装，解决在押人员洗冷水澡问题。2007 年 9 月，新看守所开工建设，总投资 1918 万元，占地面积 9768 平方米，建筑面积 5731 平方米。由办公楼、监房和留所服刑房 3 幢楼组成，设标准监室 14 个，留所服刑监室 5 个。2009 年 7 月，投入使用。

管理信息化

2000 年，云和看守所（拘留所）添置电脑、数码相机等设备。2003 年 6 月，开通综合信息网，看守所设立检索阅览室，供在押人员在规定的时间内阅览学习，与检察院驻所检察室信息系统联网。2004 年开始，看守所备有电脑、服务器、打印机、局域网络、公共网络等设施，实现信息联网共享。值班民警在当班完成在押人员的基本信息、办案情况、所内管理等业务的电脑录入工作，对在押人员的照片、财务、健康状况等实现从纸质到电脑信息化的转变，实行看守所管理信息化。

医疗卫生

1990 年，看守所设立医务室，配专职医务人员 1 人，医务室配备常用药、简易小手术包和高压消毒锅。在押人员较轻皮外伤小手术及小毛病可以在所内诊治，重病送医院治疗。遇有特殊情况经批准可保外就医，愈后收监。

云和看守所（拘留所）严格落实新收押人员入所健康检查制度，坚持实行24小时医生值班制度，关注在押人员健康状况。每年开展监所消毒防疫工作，发放藿香正气水、金银花、绿豆汤等防暑降温物品，确保在押人员的健康、安全。

2005年10月始，根据公安部、司法部、卫生部有关文件精神，把艾滋病检测工作纳入看守所的日常管理体系，对监所在押人员提取血样进行艾滋病病毒抗体检测。

严格落实在押人员实物量标准，保证在押人员的基本营养。在押人员饮用热水实行每日上下午各发放一次的标准，保障有热水可饮用。2008年，做好甲流防控，会同县疾控中心、人民医院做好监所预防甲流预案，安排好在押人员生活等各项工作。

安全管理

云和县看守所的巡查以及外围警戒任务由武警中队负责，民警负责监室内管理。坚持每月一次的监所安全联席会议制度，由公安、检察、法院、武警中队组成，通报监所情况，共商改进监管工作意见。

1991年，看守所监所内对“狱霸”宣判4人，被告人廖某、罗某等4人被判处4年至15年有期徒刑。1992年，及时制止一起人犯行凶意欲逃跑事件，被关押的林某乘管理人员开监提审之机，拿出事先准备好的牙刷向管理人员行刺被制服。

1995—1996年，重视对人犯的思想教育和心理攻势，提供线索142条，经查证，破获案件26起，其中大要案3起，关押人犯304人，安全交付死刑犯10人。

1997年，开展打击牢头狱霸专项治理，配合预审部门深挖犯罪线索，破获刑事案件171起，挖出犯罪嫌疑人89人，抓获52人，追回摩托车32辆，赃款赃物折合人民币52.40万元，受到省、地公安机关好评。

1999年，看守所实行看守制度改革，成立看守所巡查中队，替换武警执行内看守任务，所有内部安全管理事项由公安民警负责，武警负责外围安全。2002年，协助有关科所队侦破案件64起，深挖犯罪线索164条。2006年，提出“打团伙、突系列、破大案”的狱侦思路，狱侦工作取得连年突破，2003—2006年，共破案304起，其中杀人案3起，团伙案8起，被评为“全省优秀基层所队”。

2007—2010年，进一步实行监所规范化管理，完善和落实职责、制度，细化工作措施，及时掌握人犯的思想动态，进行“人性化”管理，注重以情化人，推行文明监室评比；对新入监人员发给入监须知，规范在押人员行为，杜绝牢头狱霸的发生。采取监管民警即定人定位定监室，包监包管包教育；先后发放书籍3次100余册供在押人犯阅读，改恶从善。至2010年，实现看守所连续12年安全无事故。

安全防范

看守所吸取1989年“12·18”犯人集体越狱的严重事故教训，在坚持日常值班、巡视和监控的同时，严格执行每月一次的监所全面安全检查，在重大节日或重大政治活动期间进行突击抽查制度，在检查中查获违禁品。同时对监所木门进行铁皮加固，修建2条70米长电网围墙，消除隐患，确保监所安全。1994年，发现死刑犯刘某将脚镣弄坏，准备趁大雨之夜越窗逃跑，迅速采取措施，避免越狱事件。

2009—2010年，坚持每周一次的狱情分析会制度，掌握狱情动态做到发现问题，及时整改。对违反监规的在押人员进行训诫300余人次，加戴戒具人员20多人次，将安全隐患及时消灭在萌芽状态。

第四节　警务保障

110指挥中心

1996年，学习“漳州110”有警必接、有难必帮、有险必救、有求必应的“四有四必”快速反应机制，安装电话自动报警系统，逐步实现“110”报警系统社会联动。

1997年，云和县公安局开通“110”报警电话。

1998年，有效接警处警850余次，破获刑事案件13起，及时平息事态100%。

1999年7月1日，全县“110”社会联动网络开始试运行。

2001年1月，指挥中心搬入“110”综合大楼，建立以“110”为龙头、交巡警为主体、社区警务为依托、多警联动、密切协作的快速反应机制和网络化防控机制。

2002年9月，县公安局指挥中心成立，设“110”报警服务台。指挥中心负责接报警、指挥处警及授权的警务指挥协调工作；负责公安信息的收集、汇总和研判工作等工作。24小时受理群众电话报警、求助和对人民警察违法违纪或者失职行为的投诉。

2004年完成“112”“110”二台合一的报警服务。

2005年，简化工作程序，实行119、122、110三台合一的报警服务工作模式，制定《关于110接处警工作规范》等一系列规章制度。

2006年，开通110短信报警服务功能，落实110处警现场取证、处警人员着装携装、规范重大复杂警情指挥调度程序的“三项规范”建设，提高群众对公安接处警工作满意度。

2009年，认真履行指挥调度、情报信息职责，共接各类警情2.92万起，有效报警为7228起，无效报警为2.2万起。2010年，发挥“110”接警工作的职能优势，对各类警情进行数据积累，特别是对盗窃、抢劫、诈骗等高发警情进行实时统计，为开展警情分析研判提供数据支撑，并发布系列高危预警、警情研判分析等信息。

2001—2010年县公安局“110”指挥中心接处警情况统计表

表23-1-4　　单位：起、人

年份	受理报警	出动警力	违法犯罪	治安事件	交通事故	群众纠纷	走失寻人	灾害事故	公民求助	其他	抓获违法犯罪人员
2001	2580	13518	896	165	77	887	19	8	142	380	1577
2002	3930	16465	453	638	60	953	24	5	432	822	590

续表 23-1-4

年 份	受理报警	出动警力	违法犯罪	治安事件	交通事故	群众纠纷	走失寻人	灾害事故	公民求助	其他	抓获违法犯罪人员
2003	4801	17946	336	892	106	1219	56	25	344	757	370
2004	6127	19440	861	1710	199	1116	12	35	340	1349	541
2005	6313	21017	915	2189	128	903	25	18	336	1798	485
2006	6640	23509	839	1763	110	1085	7	6	261	2569	499
2007	4304	13230	252	574	19	991	3	8	182	2274	279
2008	4329	9930	926	238	5	1368	8	11	209	1570	228
2009	3910	11215	576	303	32	1240	—	12	368	1418	274
2010	3342	9865	532	116	22	928	39	11	335	1390	205

执法规范与质量考评

1990 年 6 月，法制科设立。1991 年 6 月，制定《依法办案、办事制度》《部门和干警个人执法岗位责任制》《定期执法自查制度》等制度。1995 年，《中华人民共和国国家赔偿法》颁布实施，县公安局强化执法程序、优化内部环境。是年，被省公安厅评为“全省公安法制部门案件审核工作优胜单位”。1998—1999 年，建立行政执法责任制领导小组，开展执法责任制考核，组织民警参与岗位执法资格认证考试。聘请兼职法制员 18 人。2000 年，制定《云和县公安局案件主办民警责任制规定》，对 1998 年以来取保候审和保外就医案件进行全面检查和千案抽查活动，发现问题，及时整改，并实行案件倒查制度。

2001—2005 年，规范公安执法，严格治安（行政）案件呈报审批程序。坚持个案质量评判与执法检查相结合，实行执法质量考评与年终考评相挂钩，把好案件质量关。

2006—2008 年，建立健全案件主办人、专（兼）职法制员、所队领导、法制部门和局领导的五级执法责任制，严格执行过错责任追究。全面推进 110 现场取证、处警人员着装携装规范和处置重大复杂警情指挥调度工作。建立农村法律指导员制度，担任农村法律指导员民警 50 人，指导员工作组 5 个，推进农村的民主法治建设。抓“三考”（基本法律知识考试、执法办案卷宗考评、信访工作考查）和法制大练兵活动。

2010 年 11 月，法制科更名为法制大队。开展全员初级岗位执法资格认证考试，实行执法信息化，推行案件回访。县公安局连续 4 年获得“全省优秀执法单位”。

设施与装备

1991 年，县公安局仅有公务用车 5 辆，三轮摩托车 11 辆，1993 年发放警用 BB 机 60 余台。1996 年，筹资 7 万余元将看守所老宿舍整修成办公楼，自动报警系统投入运行。

1998 年，“110”报警指挥中心的电脑联网装置全面开通。1999 年，位于公园路 2 号的 110 指挥中心综合大楼奠基开工。是年，云和镇派出所由原城中路 1 号迁入中山街 382 号，建筑面积 784.63 平方米。交通警察大队搬迁至中山西路 192 号，办公楼建筑面积 2919.85 平方米，停车场地 753.86 平方米，其他附属工程 184.98 平方米，房子原值 202.49 万元。

2000—2005年，云和公安局建成区域报警体系，数字程控电话交换系统开通并正常运行，350兆无线通信网络完成组建。

2002年1月，搬入“110”指挥中心大楼办公，建筑面积5200平方米，主楼高34.5米，总造价约为520万元。加快“金盾工程”建设，公安局局域网建成使用，并完成公安4级网建设。加强警用装备建设，购置价值100余万元的电脑43台、打印机13台、数码照相机5架、传真机5台等，以及囚车、越野办案车和民警个人防护装备等设备。

2006年，强化警务保障，投入220余万元，购置40台电脑，2辆警务用车，3辆电动巡逻车，争取资金300万元，启动看守所新建工程。投资114万元的道路建智能监控系统，实现对辖区治安情况昼夜监控、及时报警、自动录像的功效；城区安装16路摄像头，2个卡口抓拍，4个十字路口红绿灯抓拍系统；投入35万元，配备一线实战单位信息警务装备和民警个人防护装备。

2007年，投入巡防专项经费60万元，建立7个社区警务室和11个农村警务室，构建以派出所为中心以社区警务室和驻村警务室为平台的防范网络。是年9月，看守所工程开工。

2009年7月，县看守所迁入新建的大楼，占地面积9768平方米，建筑面积5731平方米，总投资1918万元。是年9月，石塘派出所、交警中队工作用房开工，占地面积2605.77平方米，建筑面积1833.33平方米，总造价446万元。是年，还投入167.79万元，建设云和公安治安动态视频监控、高清智能卡口项目，主要包括2套双向二车道公路高清智能卡口抓拍系统、26套街面治安动态视频监控系统、云和公安监控中心存储管理系统，形成以公安局监控中心为核心、数字监控平台为补充、覆盖全社会、可供多单位、多警种共享的云和县社会治安动态监控系统。又投资80万元购置计算机、数码相机、二代证读卡器等设备。

2010年9月，城北派出所办案用房建设开工，占地面积327平方米，建筑面积654平方米，总造价约75万元。10月，石塘派出所、交警中队工作用房工程竣工。全面完成局、科所队、执法功能区改造任务和110接处警系统升级改造、四级网视频会议系统建设。是年，又投资320万元改建拘留所，更新添置警车、电脑、现场执法仪等装备设施，以及二期治安监控系统建设。新增26个监控点和40个摄像头，向学校、幼儿园、城乡接合部和重点中心乡镇延伸。

督察与维权

警务督察　1996年10月，公安局督察委员会建立。制定《云和县公安局督察制度（试行）》，明确督察原则、督察主要范围、督察的方式和程序。1997年6月，警务督察大队设立。2002年9月，公安局警务督察队设立，与监察室合署办公，承担对公安民警警务督察的职能，对公安警务、警规、警纪、执行情况现场督察和专项督察。2003—2004年，对“五条禁令”、内务工作、车辆使用等方面开展专项督察。检查基层所队7个，警用车辆33辆。2007—2010年，对涉爆涉枪工作、内务工作及车辆使用情况现场督察。开展明察暗访210多次，督察基层所队120个1190人次，受理核查群众举报投诉和侦查督办案件22件，查结13起，提出整改意见和建议45条。

民警维权　1997年以来，县公安机关警务督察部门受理群众投诉，维护群众合法权益，同时履行维护民警执法职责，澄清不实投诉，督办妨害民警履行职务案件，营造民警执法的良好环境。2005年10月，叶某先后两次因无证驾驶被民警查获时，不配合调查，举起菜刀威胁办案民警，被刑事处罚。2006年，发生阻碍执行公务3起，办案民警不同程度受伤，违法人员均被刑事处罚。2007—2010年，发生谩骂、围攻、殴打办案民警和协警并致警员受伤的妨碍公务案件23起，县公安局警务督察部门认真调查取证，依法对打骂民警的违法人员以“妨害国家工作人员依法执行职务”和“寻衅滋事”行为，实行行政和刑事处罚，民警执法权利依法得到维护。

第五节 队伍建设

县公安局把“整顿警容风纪”作为精神文明建设的一项内容。开展思想纪律教育，克服特权思想，树立理想，严守纪律。

教育训练

1990年，云和公安局民警36人，参加中国人民公安大学举办为期3年的高等教育（公安管理专业专科）自学考试，分别取得大学专科和中专学历。1995年始，相继开展集中教育、自查自考、刹风整纪、学习济南交警等活动，从严治警。组织民警参加岗位业务培训14批56人次，参加各类形式的学习教育民警81人。

2003—2005年，以“严格执法、热情服务”为主线，内练素质，外塑形象，对民警分期分批进行集中封闭式训练。举办2期6批次150人参加的“打防控”和“办公自动化”培训班。举办3期大练兵集中训练，训练民警147人，培训体能与警务技能合格率100%。每年组织基层和一线民警进行1个月的集中强化训练，包括法律法规教育和实战训练。举办35期15批次375人次的打防控和办公自动化训练。

2006—2010年，推行“战训合一、轮训轮值”的模式，开展理论（政治理论、基本法律法规、岗位业务知识）、基本技能（擒敌自卫技能、计算机应用技能）、警体训练、消防营救、警衔晋升学习和大练兵5期641人次。

纪检监察

1991年7月，公安局纪律检查委员会设立。纪检监察开展“正警风、迎授衔、争当合格警官”的教育整训活动，干警拒礼82人次。

1993年10月，建立公安局反腐败领导小组。1999年，聘请警风警纪监督员16人。2001—2002年，制定《落实党风廉政建设责任措施》成立“三无”领导小组，印发《全县公安机关开展执法无违法队伍无违纪科所队无安全责任事故的“三无”活动实施意见》，贯彻执行“五条禁令”，签订警令状200余份。

2006—2008年，开展党风廉政建设责任制，由局长负总责，领导班子其他成员分工负责，对责任范围内的党风廉政建设负直接领导责任。解决“脏乱差”“稀拉松”“冷硬推”等问题。2007年，设立“作风办”负责日常工作，召开人大代表、政协委员、警风警纪监督员座谈会，征求社会各界对公安工作的意见和建议。相继出台惩防体系，“重大事项报告”“案件倒查”“内务卫生”“警容风纪”等,落实廉政谈话制度。

2009—2010年,印发《在全县公安机关开展公安民警职工及其家属违规从事经济活动专项治理暨公安队伍违法违纪隐患大排解活动的工作方案》,对民警进行全方位监督。履行“一岗双责”,实现队伍“零违纪”。

荣誉奖项

1991—2010年,云和公安机关恪守“人民公安为人民”的宗旨,打击犯罪活动,惩处犯罪分子,加强社会治安、交通安全、出入境、消防等行政管理,全力保卫云和社会稳定,保卫改革开放和经济社会事业建设成果,单位和个人分别获多项嘉奖。

1992—2010年云和县公安局获省部级荣誉一览表

表23-1-5

<table>
<tr><th>年 份</th><th>获奖单位(个人)</th><th>奖 项</th><th>颁奖单位</th></tr>
<tr><td>1992</td><td>蓝和益</td><td>颁发身份证先进个人</td><td>公安部</td></tr>
<tr><td rowspan="2">1993</td><td>陈正巧</td><td>全国优秀人民警察</td><td>公安部</td></tr>
<tr><td>褚伟军</td><td>省优秀人民警察</td><td>省公安厅</td></tr>
<tr><td rowspan="2">1994</td><td>陈正巧</td><td>全国优秀人民警察</td><td>公安部</td></tr>
<tr><td>褚伟军</td><td>省优秀人民警察</td><td>省公安厅</td></tr>
<tr><td>1995</td><td>看守所</td><td>百日安全无事故看守所</td><td>省公安厅</td></tr>
<tr><td>1996</td><td>饶小平</td><td>全国优秀人民警察</td><td>公安部</td></tr>
<tr><td rowspan="3">1998</td><td>看守所</td><td>安全无事故看守所</td><td>省公安厅</td></tr>
<tr><td rowspan="2">徐州建</td><td>全国优秀人民警察</td><td>公安部</td></tr>
<tr><td>预审目标管理优秀预审员</td><td>省公安厅</td></tr>
<tr><td rowspan="2">1999</td><td rowspan="2">叶培武</td><td>全国五一劳动奖章</td><td>全国总工会</td></tr>
<tr><td>省劳动模范</td><td>省总工会</td></tr>
<tr><td>2000</td><td>魏明</td><td>省优秀人民警察</td><td>省公安厅</td></tr>
<tr><td>2002</td><td>梅显云</td><td>省优秀人民警察</td><td>省公安厅</td></tr>
<tr><td>2004</td><td>看守所</td><td>窗口整治与建设示范单位</td><td>省公安厅</td></tr>
<tr><td>2005</td><td>董伟平</td><td>全国优秀人民警察</td><td>公安部</td></tr>
<tr><td>2007</td><td>出入境管理科</td><td>省级文明窗口</td><td>省公安厅</td></tr>
<tr><td rowspan="2">2008</td><td>看守所</td><td>窗口整治与建设示范单位</td><td>省公安厅</td></tr>
<tr><td>汤建飞</td><td>省优秀人民警察</td><td>省公安厅</td></tr>
<tr><td rowspan="4">2009</td><td>汤建飞</td><td>省优秀人民警察</td><td>省公安厅</td></tr>
<tr><td>雷永东</td><td>省优秀人民警察</td><td>省公安厅</td></tr>
<tr><td rowspan="2">看守所</td><td>十年安全无事故奖牌</td><td>省公安厅</td></tr>
<tr><td>三级看守所牌匾</td><td>公安部</td></tr>
<tr><td rowspan="2">2010</td><td>公安局</td><td>全省世博保安先进单位</td><td>省委省政府</td></tr>
<tr><td>云和镇派出所</td><td>全国公安机关执法示范单位</td><td>公安部</td></tr>
</table>

1989—2010年云和县公安局主要负责人一览表

表 23-1-6

局 长	任职时间	政 委	任职时间
林建民	1989.02—1995.05	周福寿	1987.05—1996.10
陈正巧	1995.05—2000.10	雷岩福	2002.08—2010.02
马正德	2000.10—2006.05	徐志雄	2010.02—
陈志斌	2006.05—	—	—

第六节 森林公安

1966年2月,云和县森林公安局成立,驻地梅源村,配备干警5人,“文化大革命”期间消失。1981年12月,浙江省公安厅批准成立云和县公安局云梅、景宁、景泰、鸬鹚(未成立)4个森林派出所,配备干警45人,分别设在云和镇、鹤溪镇(现景宁县)、鸬鹚村(现景宁县)、东坑村(现景宁县)。1984年6月30日,云和、景宁分县后,1985年4月,重建云和县公安局森林派出所。1992年2月改名为云和县公安局林业公安科。1997年1月与县森林防火指挥部办公室合署办公,1999年3月,林业公安科增挂“云和县公安局林业警察大队”牌子,实行三块牌子,一套人马,编制15人。2002年7月23日,根据云政办文件精神,云和县森林公安局林业警察大队(林业公安科)改名为云和县公安局森林警察大队(森林公安科)。2008年12月,根据浙编办文件,保留公安局森林警察大队牌子,云和县公安局森林公安科更名为云和县林业局森林公安局,重新核定编制14人。

1991—2010年,云和县森林公安局受理各类森林案件1464起,查处各类森林案件1462起,处罚各类违法人员2806人次,挽回经济损失322.53万余元。

1991—2010年云和县森林公安局查处各类森林案件情况表

表 23-1-7

年份	受理森林案件	查处森林案件	其中侦破刑事案件	摧毁团伙(个)	处理违法人员(人)	挽回经济损失(万元)
1991	78	78	2	—	181	9.23
1992	92	92	3	—	189	12.36
1993	170	170	7	4	—	28
1994	207	207	4	—	212	38
1995	82	82	1	—	89	12
1996	98	98	1	—	195	17.64
1997	171	171	2	—	567	45
1998	60	60	—	—	95	9.84
1999	30	30	—	—	44	9.57

续表 23-1-7

年份	受理森林案件	查处森林案件	其中侦破刑事案件	摧毁团伙(个)	处理违法人员(人)	挽回经济损失(万元)
2000	56	56	4	—	99	10.97
2001	51	51	4	1	88	12.84
2002	56	56	3	—	77	18.23
2003	81	79	6	—	86	15.04
2004	68	68	12	—	73	16.9
2005	34	34	8	4	54	10.83
2006	48	48	7	—	662	25.16
2007	36	36	6	—	46	14.87
2008	23	23	11	—	24	4.36
2009	12	12	4	—	14	3.2
2010	11	11	1	—	11	8.5

第二章　检　察

云和县人民检察院根据《中华人民共和国宪法》和《中华人民共和国人民检察院组织法》的规定行使检察权，履行检察职能，依法从重从快打击严重刑事犯罪，维护社会稳定；查办和预防职务犯罪，促进反腐败斗争持续深入进行；开展诉讼监督，维护司法公正和法制统一。2001 年 1 月，县检察院被浙江省人民检察院授予“五好检察院”称号。2005 年 1 月，被浙江省人民检察院评为先进检察院。

2010 年，县人民检察院内设机构有办公室、政治处、侦查监督科、公诉科、反贪污贿赂局、反渎职侵权局、监所检察科、民事行政检察科、控告申诉检察科（兼举报中心和刑事赔偿工作办公室）、检察技术科、行政装备科、职务犯罪预防科、警务科（法警大队）。在职人员从 1990 年的 29 人增至 2010 年的 46 人。

第一节　刑事检察

人民检察院刑事检察的主要任务是对刑事案件的审查批捕、审查起诉和出庭支持公诉等，对公安机关的侦查活动和人民法院的审判活动是否合法实行法律监督，以保证侦查工作的质量和准确地查明案件事实，使犯罪者受到刑事处罚，无辜者免受刑事追究。

审查批捕

县人民检察院的审查批捕，坚持宽严相济，严格把好案件质量关，对影响和危害大的重特大案件提前介入、快捕快诉。对证据不足、不批准逮捕的案件，提出具体补充侦查意见。1991—2010年，共受理公安机关和县检察院自侦部门提请批准（或决定）逮捕案件1635件2393人。审查后，批准与决定逮捕的1365件1972人；纠正漏捕21人，不批准逮捕的222人。1993年12月23日，云和镇信用社局村分社发生持刀抢劫恶性案件，县检察院及时介入公安预审，在案件报捕的当天就对犯罪嫌疑人作出批准逮捕决定。2001年，在确保案件质量的前提下，5日内对省公安厅挂牌督办涉及18人的两个聚众斗殴犯罪团伙作出批准逮捕决定。2008年，办理以拐骗、绑架、强奸等恶劣手段强迫妇女11人卖淫案，提前介入引导公安机关侦查，从快从速对涉案犯罪嫌疑人13人依法批准逮捕，打击犯罪分子的嚣张气焰。

1991—2010年云和县人民检察院审查批捕案件统计表

表23-2-1

年份	受理案件		批准逮捕		不批准逮捕	追捕	年份	受理案件		批准逮捕		不批准逮捕	追捕
	件	人	件	人	人	人		件	人	件	人	人	人
1991	68	113	56	90	12	1	2001	115	167	105	151	9	—
1992	61	103	56	93	12	2	2002	67	90	61	84	3	2
1993	66	113	58	94	—	—	2003	68	84	61	76	4	1
1994	57	98	52	87	15	—	2004	78	98	67	87	4	2
1995	79	120	62	89	17	2	2005	75	104	64	91	10	—
1996	87	131	65	85	—	—	2006	83	114	68	96	12	—
1997	97	139	58	91	—	—	2007	72	108	67	103	14	—
1998	96	149	69	108	—	—	2008	87	116	75	101	13	—
1999	109	187	81	139	42	11	2009	108	144	97	127	15	—
2000	82	120	70	92	28	—	2010	80	95	73	88	12	—

刑事立案监督

1996年前，《中华人民共和国刑事诉讼法》对刑事立案监督未作明确规定，在司法实践中通过检察建议、跟踪监督行使刑事立案监督检察职能。1997年，正式实施的《中华人民共和国刑事诉讼法》赋予检察机关对公安机关的立案履行法律监督职能，从诉讼制度上解决公民"告状难"或"告状无门"的问题。《人民检察院刑事诉讼规则》将公安机关不应当立案侦查而立案的，列入立案监督的范围。1998—2010年，依法监督公安机关立案侦查的案件92件102人。

县检察院加强对批捕案件实际执行、强制措施使用情况的监督，加强与工商、财税、烟草等行政执法部门的联系，建立联络员制度，完善行政执法与刑事执法相衔接的工作机制。1999年，县检察院对省人大交办的1件2人超计划滥伐林木500立方米，公安机关只作行政处罚的案件，依法实行立案监督，使案重新进入刑事诉讼程序。2001年，县检察院立案监督4人抢劫案，2人经法院判处有期徒刑11年，2人被判处有期徒刑4年。监督立案2人抢劫案，犯罪嫌疑人也均被判处有期徒刑11年，重刑率为全省之首，2002年，审查批捕科被浙江省人民检察院记集体二等功。2010 年，干警刘海波被评为全省侦查监督优秀检察官。

审查起诉

县人民检察院在审查起诉案件中，认为犯罪嫌疑人的犯罪事实已经查清，证据确实、充分，依法应当追究刑事责任的，应当作出起诉决定的，按照审判管辖规定，向人民法院提起公诉。对于刑法规定不追究刑事责任，或者犯罪情节轻微，不需要判处刑罚或者免除处罚的，作出不起诉决定。1991—2010 年，受理公安机关和县检察院自侦部门移送审查起诉案件 2027件 2956 人，审理后提起公诉的案件 1746 件 2503 人，决定相对不起诉 230 人。

县检察院坚持依法办案，通过出庭支持公诉，发表公诉词，揭露犯罪，宣传法制，教育罪犯认罪服法、人民群众遵纪守法。2001 年，县检察院与公安、法院联合制定了刑事执法工作联席会义制度，及时解决刑事执法中遇到的问题。2002 年，县检察院全面推行主诉检察官办案责任制，强化案件承办人的责任，减少办案环节，提高办案质量与效率；推行普通程序简易审，除适用简易程序审判公诉案件外的其他公诉案件，县检察院派员出庭支持公诉，履行检察机关的公诉职能。推行重特大案件庭审使用多媒体示证，提高示证质证、指控犯罪的能力，增强出庭支持公诉的效果。2007 年，落实《浙江省人民检察院关于办理当事人达成和解的轻微刑事案件的规定（试行）》精神，将轻伤害、交通肇事、轻微盗窃等案件纳入和解范畴，开展刑事和解尝试。起诉全省首例涉及网游盗号的破坏计算机信息系统案件，被丽水市人民检察院列为观摩庭，展示县检察院公诉水平和案件质量。

贯彻落实《中华人民共和国未成年人保护法》，2001 年，选派干警担任中小学校法制副校长，加强对青少年法制教育。2003 年，县检察院在审查批捕、审查起诉科设立“青少年维权岗”，专门负责办理未成年人刑事犯罪案件，贯彻“教育、感化、挽救”的方针，对青少年犯罪案件实行专案专办，运用宽严相济的刑事政策，提供法律服务援助，落实帮教措施，关爱未成年人的成长。2006 年，审查起诉未成年人 3 人故意损坏财物案，重新鉴定财产损失，认为不构成犯罪，建议侦查机关撤案，维护未成年人的合法权益。2010 年，县检察院荣获丽水市优秀“青少年维权岗”称号。

1991—2010 年云和县人民检察院审查起诉案件统计表

表 23-2-2

年份	受理案件		起诉		不起诉		年份	受理案件		起诉		不起诉	
	件	人	件	人	件	人		件	人	件	人	件	人
1991	80	123	51	75	17	18	2001	49	90	12	76	2	3
1992	74	113	60	112	24	28	2002	92	124	91	119	1	8
1993	73	121	63	100	8	18	2003	107	135	110	151	1	1
1994	79	118	76	62	14	21	2004	134	158	123	146	—	3
1995	76	106	57	77	16	27	2005	103	148	96	128	—	—
1996	85	110	68	86	11	16	2006	129	195	108	172	—	—
1997	91	123	60	75	2	4	2007	148	190	132	174	8	8

续表 23-2-2

年份	受理案件		起诉		不起诉		年份	受理案件		起诉		不起诉	
	件	人	件	人	件	人		件	人	件	人	件	人
1998	109	175	94	150	2	2	2008	117	204	104	191	11	31
1999	99	159	97	137	3	8	2009	141	239	130	197	5	21
2000	107	136	101	130	1	1	2010	134	189	113	145	7	12

刑事审判监督

云和县人民检察院通过出庭支持公诉，发现人民法院的判决、裁定确有错误和量刑畸重畸轻的案件，按照上诉程序或审判监督程序提出抗诉。1991—2010 年，按照上诉程序向人民法院提请和提起抗诉的案件 8 件 8 人，含市县两级人民法院改判的 7 件 7 人。

2005 年，云和县检察院对一起滥伐林木案提起抗诉，经二审法院审理后，依法纠正错误判决，确保法律正确实施。是年 2 月，云和县检察院对原莲都区公安分局李某徇私枉法、非法获取国家秘密一案向县法院提起公诉。县法院审理，一审判决认定李某犯徇私枉法和非法获取国家秘密罪，数罪并罚，判处有期徒刑 2 年 6 个月，缓刑 3 年。县检察院认为判决适用缓刑不当，量刑畸轻，提请抗诉。丽水中院审理后，裁定驳回抗诉，维持原判。再次提出抗诉，省高法再审改判李某犯徇私枉法罪、非法获取国家秘密罪，数罪并罚，执行有期徒刑 4 年。这起案件入选浙江省优秀刑事抗诉案件。

第二节　职务犯罪侦查与预防

云和县人民检察院履行国家法律监督职能，依法行使检察权，受理、侦查经济犯罪案件，对国家工作人员的贪污贿赂等犯罪活动进行监督。在查办贪污贿赂等职务犯罪案件中，坚持“打防结合，标本兼治”的工作方针，运用多种形式，开展职务犯罪预防工作。

反贪污贿赂侦查

1990 年 6 月，县人民检察院原经济检察科改为贪污贿赂侦查局，1996 年 6 月，县人民检察院贪污贿赂侦查局更名为反贪污贿赂局。云和县检察院依照法律规定、事实和证据把好案件的定罪定性关；执行刑事诉讼法和高检院的“九条办案纪律”规定，依法办案，文明办案；依法独立办案，突出办案重点，集中力量查处有影响、有震动的大要案。落实首次讯问犯罪嫌疑人 12 小时全程同步录音录像等保障性措施。1991—2000 年，云和县检察院立案侦查贪污、受贿、行贿、挪用公款、挪用救灾抢险等款物、偷税抗税等案件 107 件 110 人，其中贪污、受贿、行贿案件 76 件。大案要案 43 件，决定逮捕案犯 37 人。提起公诉 52 件 54 人，免予起诉 41 件 42 人，撤销案件 14 件 14 人。为国家和集体挽回经济损失 574.7 余万元。2001—2010 年，云和县检察院立案侦查贪污受贿等经济犯罪案件 88 件 88 人，其中大案 27 件 27 人，要案 23 件 23 人，为国家和集体挽回经济损失 1218.3 余万元。

1991年，云和县人民检察院先后在金融系统和基建行业查处一批贪污贿赂案件，促使贪污贿赂等违法犯罪人员5人投案自首。驻财税检察室配合县税务机关查处偷税漏税案件8件，追缴税款和非法所得人民币8万元。

1996年，查处“三机关一部门”即“党政机关、行政执法机关、司法机关和经济管理部门”科局级干部案件，查处县医药局、金融系统、乡镇干部等受贿、贪污要案3件3人。1997年，查处金融系统科局级干部受贿案2件2人；查处卫生系统受贿案3件3人；查处司法机关4件4人受贿、挪用公款赌博案。1998年，查处水利部门受贿案1件1人。1999年，查处金融系统挪用公款大案2件2人。2002年，查处计委、农委系统受贿要案3件3人。2003年，查处交通系统受贿案2件2人。2004年，查处县电力部门受贿窝案6件6人；查处原轴承企业（集团）公司国有资产侵贪案。2006年，查处村干部挪用土地补偿款案1件1人。2007年，查处教育系统受贿案1件1人、村干部贪污案1件1人。2009年，查处高检院挂牌督办的龙泉、云和两县（市）交通系统在职副科级以上领导干部等受贿大要案3件3人。2010年，县检察院反贪局被丽水市人民检察院荣记集体三等功。

反渎职侵权侦查

2001年，法纪检察科更名为渎职侵权检察科，2006年5月，云和县人民检察院反渎职侵权局成立。1991—2000年，云和县检察院立案侦查刑讯逼供、诬告陷害、破坏选举、非法拘禁、侵犯通信自由、泄露国家重要机密、玩忽职守、徇私舞弊、重大责任事故等案件19件19人。提起公诉12件12人，免予起诉5件5人，撤销案件2件2人。办理一般违法违纪案件9件。

1996年，查处县医药公司领导玩忽职守行为造成巨额财产被骗案。1997年，刑法、刑事诉讼法修改后，渎职侵权检察主要是查办国家机关工作人员渎职犯罪案件，国家机关工作人员利用职权实施非法拘禁、刑讯逼供、报复陷害、非法搜查等侵犯公民人身权利以及侵犯公民民主权利的犯罪案件。2000年，立案查处故意泄露国家秘密案1件，这是新《中华人民共和国刑法》实施后，全市检察机关查处的第一起故意泄露国家秘密的犯罪案件。

2001—2010年，立案查处玩忽职守、徇私舞弊、放纵制售假冒商品、滥用职权等渎职侵权犯罪案件16件16人，挽回国家经济损失120余万元。

2001年，在全市率先立案查处违法发放林木采伐许可证的渎职案件2起，推动全市检察机关在林业系统渎职案件的查办。2005年，查处林业系统工作人员渎职犯罪案件2件2人，工商部门工作人员放纵制售假冒商品案和森林警察干警徇私枉法案各1件1人。放纵制售假冒商品犯罪行为案被评为浙江省检察机关反渎职侵权部门第一届“十大精品案件”。

职务犯罪预防

2008年8月，县检察院增设职务犯罪预防科，在查处职务犯罪的基础上开展犯罪预防工作。云和县检察院坚持标本兼治，惩防并举的方针，推动教育、监督、制度并重的惩治和预防腐败体系的建立。结合检察工作职能，完善预防职务犯罪工作机制，健全预防工作网络。与监察、审计机关建立工作联系机制，与行政执法机关建立惩治与预防职务犯罪信息共享机制。完善行贿档案查询工作，为工程招标单位、建设主管部门等提供查询服务。结合办案，推进系

图 23-2-1 县检察院开展预防条例督查（2008 年摄 县检察院提供）

统预防、个案预防、专项预防，检察院先后在城建、电力、国土等重点领域开展系统预防，到案发单位开展个案预防，从廉政教育、规范程序、制度建设、工程监督审计等方面入手，帮助制定预防对策。对长垄垃圾填埋场等县重点工程进行监督，防止发生违法违纪行为。采取法制教育课、法律咨询、警示教育、犯罪案件剖析会等形式，对村干部、国家机关干部进行法制教育。逐步显现职务犯罪预防工作以柔克刚、以善制恶的特殊社会效果。

第三节 监所检察与民事行政检察

1985 年，云和县检察院设驻看守所检察室，对监管场所开展刑罚执行和监管活动的监督。1991 年，《中华人民共和国民事诉讼法》实施，人民检察院对人民法院开始行使行政、民事审判活动的法律监督职能，对人民法院生效的民事、行政裁判行使相应的抗诉权。1999 年 4 月，县检察院增设民事行政检察科。2008 年，程良清被评为全省十佳驻所检察官。2010 年，被浙江省人民检察院评为二级规范化建设检察室。

监所检察

1991—2010 年，县检察院实行驻看守所检察，每年达 270 天。依法监督纠正刑罚执行和监管活动中违法违纪情况 528 次，消除安全隐患 263 起。确保看守所连续 12 年安全无事故。

图 23-2-2 矫正人员参加义务劳动（2009 年摄 县检察院提供）

2000 年，驻所检察科在审查起诉脱逃案中，发现还涉嫌拐卖妇女罪，另有 2 人涉嫌拐卖妇女和包庇罪，通过依法监督，季某被数罪并罚判处有期徒刑 16 年，被监督的 2 人也被判处刑罚。2002—2005 年，深挖余罪、检举揭发成为监所检察工作的亮点，教育和引导在押人员坦白交代，检举立功，提供犯罪线索 130 件（次），移送有关部门查证属实构成犯罪 58 人，因检举立功获减刑有 8 人。2003 年，制定《在押人员约见检察官制度》，体现监管工作“人性化”，感化教育在押人员积极改造。对被判处管制、缓刑、假释、保外就医、剥夺政治权利等监外执行的五种人每年进行检察，协助和督促有关单位落实帮教措施，防止监外执行罪犯脱管、漏管，维护刑罚执行的严肃性。2008 年 10 月，开展社区矫正试点，县检察院承担既是监督者又是社区矫正参与者的角色，主动参与社区矫正工作。

民事行政检察

民事行政检察遵循“公正执法、加强监督、依法办案、服务大局”的方针，做好申诉人服判息诉，形成抗诉、息诉并举，维护法律公正性和权威性，疏导化解社会矛盾。1998—2000 年，受理案件当事人申诉 33 件，立案审查 9 件，息诉 1 件。2001—2010 年，民事行政检察拓宽案源渠道，依法提请丽水市人民检察院向市中级人民法院提出抗诉和再审检察建议 40 件。

2001 年，县检察院与县法院联合制定《关于检察院参与法院民事行政案件法庭审理活动实行法律监督实施意见》（试行），对民事行政诉讼进行“事中监督”，执法过程相互配合、相互制约。支持保护国有资产和公共利益起诉案件 6 件，其中涉及国有资产的支持起诉案件 3 件，为国家挽回损失 1000 余万元。

2003 年，县检察院走访调查发现某私营企业主向县财政局借财政周转金 100 万元，还款期限届满后近 2 年仍没归还，提出建议并支持县财政局起诉，法院依法作出判决，收回资金。

2004 年，县检察院向有关部门发检察建议，防止上百万移民开发资金因超过诉讼时效流失。“浙江云和：启动移民开发资金大检查——检察建议保住百万移民资金”上国家级《检察日报》。县检察院作为原告对县移民办公室违规将资金贷给非移民人员，且多年未收回的借款合同 4 起提起民事诉讼，调解结案。

2006 年，县检察院出台《人民检察院参与人民法院民事行政案件实行法律监督的实施意见》，拓展民事行政检察监督案源。

2007 年，向工业园区拖欠土地出让金的 7 家企业发出督促还款通知书，催回欠款 260 余万元。

2010 年，县检察院在审查民间借贷纠纷案中发现有虚假诉讼重大嫌疑，移交公安机关立案侦查，涉案人员 3 人被依法追究刑事责任，民事借贷案件得以改判。

第四节　控告申诉检察

人民检察院通过受理来信，接待来访，处理公民和机关团体、企事业单位对贪污罪案、受贿罪案、侵犯公民人身权利和民主权利罪案、渎职罪案以及人民检察院认为需要直接受理的其他案件的举报；接受对其他刑事案件的检举、控告和申诉；接受犯罪嫌疑人的投案自首。

1994 年，县检察院经济罪案举报站改名为举报中心，设接待室。1995 年 5 月 10 日起实施《中华人民共和国国家赔偿法》，通过办理国家赔偿案件，促进检察干警行使职权、公正执法，保障公民、法人和其他组织的合法权益不受侵犯。1997 年，增设“刑事赔偿工作办公室”。县检察院受理人民群众的来信来访，按照“归口管理、分级负责”原则和“首办责任制”的要求，准确分流，及时办理。1991—2010 年，云和县检察院受理举报控告的来信来访 1542 件，件件落实。

1997 年，设立检察长接待日，由正、副检察长轮流接待来访群众。制定《控告申诉工作首办责任制》，对检察长接待案件的处理落实、涉检案件的查处，实名举报的案件，均按首办责

图 23-2-3 法律指导员下村宣传(2007 年摄 县检察院提供)

任制要求，及时将查处结果进行反馈，做到“涉检进京零上访”。1999 年,县检察院妥善处理原沙溪乡新建村专项扶贫资金私分到户事件。2002 年,举报中心接待室被浙江人民检察院评为文明接待室。2005 年,妥善处理云圣轴承实业有限公司退休职工到省人民检察院集体上访案，息访原赤石乡玩具厂下岗职工集体访、建升村村民山林纠纷等信访案件。2007 年起,派出业务骨干 17 人到全县乡镇 4 个行政村 28 个任法律指导员,帮助农村干部群众处理生产生活中遇到的涉法问题,参与解决影响农村稳定的事件,协助纠纷调解,及时掌握影响农村和谐稳定的因素。

第五节 检察队伍建设

检察委员会

1979 年 12 月,县人民检察院设立检察委员会。检察委员会根据《人民检察院检察委员会组织条例》,贯彻执行党的方针、政策和人民代表大会及其常务委员会的决议、命令;重大案件和疑难案件的处理;检察业务工作的规定、条例和措施;检查、总结检察工作和其他有关的重要事项。检察委员会由检察长、副检察长和部分检察员组成。检察委员会实行民主集中制,在检察长的主持下,讨论决定重大案件和其他重大问题,如果检察长在重大问题上不同意多数人的意见,可报请本级人民代表大会常务委员会决定。

1991—2010 年云和县人民检察院检察长一览表

表 23-2-3

姓 名	出生年月	任职时间	姓 名	出生年月	任职时间
张 和	1956.08	1990.04—1995.10	应建明	1958.12	2002.12—2010.02
毛小明	1959.08	1995.10—2002.12	蔡建彧	1966.03	2010.02—

干部教育培训

云和县检察院不断探索检察队伍建设新办法新路子,适应新时代检察工作新要求,服从服务地方经济建设和社会事业发展。至 2010 年,县检察院有检察官 26 人,通过司法考试 10 人。专科 10 人、本科 33 人、研究生以上 3 人。

学历教育和业务培训 干警参加电大法律专业、检察分校“专升本”途径学习,提高干警学历水平。至 2000 年年底,50 岁以下检察官法律专科以上学历达 95.4%。2010 年年底,具有法律本科以上学历干警占78.2%，取得浙江大学法律硕士学位干警3人。

1997年，1名干警被评为全区优秀公诉人，参加全省公诉人对抗赛，取得良好成绩。2004年，被丽水市人民检察院确定为复合型人才和业务尖子干警5人。2002年始，初任检察官必须通过“国家司法考试”方能任命，至2009年年底，有通过司法考试年轻干警10人，缓解检察官“断档”问题。2004年，被丽水市人民检察院确定为复合型人才和业务尖子干警5人。

中层干部竞聘 1996—1998年，进行二轮“双向选择、竞争上岗、责任到人、严格管理”的中层干部竞聘上岗和干警双向选择聘任制，建立岗位目标责任制，激发干警工作积极性。2003年11月，完成第三轮中层干部竞聘上岗，一般干警双向选择。中层干部队伍结构年轻化、知识化，学历层次明显提高。

思想作风建设 1999年，开展创“五好检察院”活动及争创人民满意检察院和争当人民满意检察干部的双争活动。2000年，开展“理想信念、公正执法、艰苦奋斗”三个教育，开展以典型案例为反面教材的“警示”教育及“反特权思想和霸道作风”的专项教育整顿。2001年，组织参加“三个代表”学习和检察机关集中教育整顿活动，结合万人评“三官”回头看，着力解决队伍和执法工作中存在的突出问题。2002年，开展“转变作风年和调查研究年”“从政十德”主题教育、检察职业道德和以反赌博为重点的专项纪律作风教育等系列活动。2003年，开展“强化法律监督，维护公平正义”教育活动，全面检查队伍建设和执法办案中存在的突出问题及近年来撤案、不诉等案件。2009年，开展“检察人员受教育、法律监督上水平、执法为民显成效”活动，提高检察队伍服务大局、服务人民的本领。2010年，开展“恪守检察职业道德，促进公正廉洁执法”“反特权思想、反霸道作风”以及“阳光执法”系列主题教育活动，提高队伍法律监督能力和执法公信力。

队伍监督管理 县检察院拓宽监督领域，检察权行使到哪里，监督活动就延伸到哪里。1991年，制定《廉政执法跟踪监督制度》《赃款赃物管理规定》《检察干警告诫制度》等监督制约机制。2000年，制定并完善廉政执法跟踪监督制、告诫制、八小时以外行为规范的重大事项报告制等监督制约措施22项。2004年，完善党风廉政建设责任制，说情报告若干规定等监督制约机制。同年10月，开展人民监督员制度试点，选任人民监督员5人，加强查办职务犯罪案件外部监督力度。2005年，健全办案流程制度、执法责任追究制度、内外部监督制约等制度。2006年，试行检务督察制度，把办案秩序、执法质量、工作作风、个人形象等行为纳入督察范围。2007年，县检察院选任人民监督员7人，对拟作撤销8件8人、不起诉2件2人的职务犯罪案件提交人民监督员进行监督，把办理职务犯罪案件的关键环节置于人民群众监督之下，保障和促进检察权的正确行使。

公务设施建设

建立检察业务、队伍和信息化“三位一体”机制，运用信息化手段推动检察机关的规范化建设。2001年，办公用房由原来的1000多平方米增加到2700多平方米，达到“五好检察院”规定的办公用房面积要求。2006年以来，投入280余万元，增加办案用车4辆，各科室配置61台电脑，业务科室配备先进侦查器材，建成集视频、音频、数据传输功能为一体的三级网联通上级检察院，应用侦查、同步录音录像等信息技术手段逐步完备，网络信息安全保障体系完善。

第三章　法　院

云和县人民法院在上级人民法院指导下依法行使审判权，对县人民代表大会及其常委会负责并报告工作。履行由基层法院管辖的刑事、民事、行政等第一审案件；受理不服该院已经发生法律效力的判决、裁定等各类申诉和再审案件；依法行使司法执行权和司法决定权；指导人民调解委员会工作。

2000 年始，云和县人民法院内设机构有刑事审判庭、民事审判庭、经济审判庭、行政审判庭、道路交通事故审判庭、执行庭、立案庭、审判监督庭、司法警察科、纪检组、政治处、司法行政处、办公室等，下设云和、城关、紧水滩、石塘、梅源 5 个人民法庭。在职人员由 1990 年的 40 人增加到 2010 年的 85 人(编制 62 人)。

第一节　审判与改革

审判改革

1999 年，云和县人民法院在审判改革、机构改革等方面进行探索和尝试，撤销 5 个人民法庭，设立巡回法庭，由院党组成员兼任巡回法庭负责人，各业务庭不固定抽出审判人员组成巡回办案组，分片负责包干，定期到乡镇开展巡回办案。2000 年初，云和县法院根据最高人民法院《人民法院五年改革纲要》的要求，制定《关于审判改革工作的若干意见(试行)》《案件审理流程管理规程》《立案庭流程管理职责规定》。整个审判改革以建立案件审理流程管理制度为中心，对人事制度、审判方式、内设机构、管理体制等方面进行改革。审判流程管理改革的重点，是开庭排期权由立案庭专职排期法官按案件受理时间先后顺序统一排期，使简单案件能及时审结，复杂案件不至于久拖不决；理顺审判员和书记员的关系，明确各自职责，审判人员的工作重心由庭外向庭内转移，庭审功能由形式向实质转变；立案庭在立案时向当事人发出举证通知，使当事人有话在庭上讲，有证在庭上举，有理在庭上辩，规范当事人的诉讼行为，增强当事人的举证意识，为公开、公平、公正审判创造条件；法官权、责、利的统一，排期开庭、当庭宣判、错案免职等规定的施行，

图 23-3-1　县法院初任法官授职仪式(2003 年摄　县法院提供)

增强法官的责任感、危机感；流程管理中的排期开庭、庭审记录、开庭结果反馈、共享资料的查询、审限跟踪等，均应用计算机网络，实现办公现代化，提高办案效率，缓解案多人少的矛盾。

2001年5月，立案庭试行“繁简分流”简单民事案件直接移送业务庭，业务庭确定承办人及时予以处理，平均结案时间约为14天，比以前缩短16天左右。

2002—2010年间，云和县法院在推进审判流程管理改革，落实机构，明确职责，理顺关系，解决审判部门职能交叉问题，实行立审分立、审执分立、审监分立；建立审判权与审判责任相统一的运行机制，选任审判长和独任审判员31人；建立书记员单独职务序列，设立统一管理、使用，保证书记员队伍的专业性、稳定性；实行流程管理后，对业务素质尚不能适应审判工作要求的人员，从审判岗位上分离出来，从事程序性的辅助工作；把原来院长、庭长听汇报拍板裁判案件的领导方式，改为通过亲自办案、旁听开庭、抽查案件等直接参与审判活动，每年院长、庭长办结案件在300件左右，约占全院办案数的20%。

刑事审判

云和县法院按《中华人民共和国刑法》《中华人民共和国刑事诉讼法》审判刑事案件。1991—1995年，云和法院严厉打击严重刑事犯罪分子和经济犯罪分子（简称“严打”），坚持依法从重从快方针，对杀人、抢劫、强奸等恶性暴力犯罪，对严重危害社会秩序的犯罪分子及时审判，共办理刑事案件360件，其中判处有期徒刑5年以上72人，有期徒刑5年以下171人，管制、拘役、缓刑62人，免于刑事处罚2人。

图23-3-2　县法院公开审判经济大案（2005年摄　县法院提供）

1991年7月12日，丽水地区中级人民法院与云和法院联合召开宣判大会，对故意杀人犯徐XX执行死刑命令。云和法院对抢劫、盗窃、流氓、过失杀人犯12人分别判处有期徒刑六个月至有期徒刑十五年。

1996—2000年，云和法院根据最高人民法院关于坚决依法从重从快惩处严重危害社会治安的犯罪分子和依法从严惩处严重破坏经济秩序的犯罪分子的精神，重点打击严重危害社会治安的杀人、放火、抢劫、强奸、流氓、重大盗窃等犯罪和犯罪集团的首犯，以及惯犯、累犯、流窜犯、重新犯罪的劳改犯和劳教人员。云和法院召开公判大会，进行集中宣判被告人13人，办理刑事案件512件。

2001—2005年，云和法院对严重刑事犯罪保持高压态势；严惩贪污贿赂等经济犯罪，推动反腐败斗争的开展；严惩破坏经济秩序的犯罪分子，维护社会主义市场经济秩序。2001年4月29日，营造严打整治声威，打击严重刑事犯罪，云和法院与县公安局联合召开公判处理大会，对非法制造枪支犯5人、非法持有枪支犯2人、盗窃犯、介绍、容留卖淫犯、介绍卖淫犯等被告人10人分别判处1到13年有期徒刑；2005年5月，云和法院公开审理涉嫌经济犯罪大案，法庭由法院院长担任审判长，检察院检察长出庭公诉。

2006—2010 年，云和法院的刑事审判突出打击重点，严惩盗窃，抢劫强奸，贪污、受贿等严重刑事犯罪和职务犯罪；坚持罪刑法定，宽严相济，罚当其罪，做到无超审限案件，上诉案件无发回重审、无改判；坚持“打防结合，预防为主”的方针，加强对青少年犯和缓刑犯的回访帮教，“寓教于审，惩教结合”。共审理刑事案件 577 件，依法宣判 440 人，其中 5 年以下 314 人，5 年以上 116 人，免刑或宣告无罪 10 人。

1991—2010 年云和县人民法院刑事审判案件统计表

表 23-3-1 单位：件

年度	案件数	盗窃	交通肇事	抢劫	故意伤害	贪污贿赂	其他	5 年以上	5 年以下	免予刑事
1991	70	23	5	5	—	—	37	17	33	—
1992	62	19	9	7	—	—	27	12	35	—
1993	88	28	17	9	—	—	36	19	43	1
1994	68	22	11	9	—	—	26	13	26	—
1995	72	20	—	11	18	—	23	11	34	1
1996	90	30	—	12	27	—	21	20	37	—
1997	68	14	—	10	19	—	25	11	25	1
1998	117	29	—	12	25	—	51	19	73	1
1999	122	33	—	7	37	—	45	18	69	—
2000	115	33	—	8	17	—	57	28	45	1
2001	131	25	—	18	23	—	65	39	97	2
2002	120	34	—	12	17	—	57	26	58	—
2003	94	23	8	—	18	—	50	32	44	2
2004	121	30	14	—	14	—	63	18	43	—
2005	95	30	16	—	11	—	38	15	31	—
2006	110	31	15	—	21	—	43	18	49	1
2007	126	39	13	—	—	11	63	25	70	1
2008	103	31	11	—	—	9	52	18	32	5
2009	126	24	12	—	—	8	82	28	90	2
2010	112	33	9	—	12	—	58	27	73	1

民事审判

1991 年，《中华人民共和国民事诉讼法（试行）》颁布。云和县法院根据《中华人民共和国民事诉讼法》规定，严格审判程序，加强民事立案工作，防止群众“告状无门”的现象；对民事纠纷中矛盾容易激化的案件和“三养”（赡养、抚养、扶养）案件，优先审理，着重调解，避免民事纠纷演变为刑事案件。1993 年，设立“调解中心”和金融巡回法庭；妥善调处房屋、土地、山林、宅基地等容易矛盾激化的案件；妥善处理影响生产经营和农村生活的集团诉讼案件。1991—

1995年，共审理民事案件289件。其中婚姻家庭类案件占48.9%，债务类案件占21.6%，不动产权属及相邻权纠纷占7.3%。侵权类案件占16.1%，劳动报酬等其他类型案件占6.1%，民事调解撤诉率达23.5%。

1996—2000年，云和县法院建立诉讼调解和诉调对接机制，构建社会各界共同参与化解纠纷的“大调解”格局；依法办案、辨法析理，化解纠纷矛盾，争取案结事了；1998年，审理婚姻、损害赔偿、债务、相邻关系等民事纠纷案件，注重做耐心细致的调解疏导工作，努力化解矛盾，消除社会不安定因素。1999年，设立专门巡回法庭，负责对巡回审判的调度，开通专线电话，配备专用警车，凡属法院管辖的任何纠纷，百姓拨打巡回专线电话，法院及时派员上门断案，为群众排忧解难。2000年，注重审判率与社会效果结合，就地办案方便群众诉讼。各类民事案件平均审理期限为42天。对涉及农村基金会撤销的大量借款合同纠纷案件，视具体情况，以巡回审判方式分片区进行清理，保障农村基金会清理整顿工作开展。

2001—2010年，云和法院坚持调解原则，就地办案，预防纠纷，减少诉讼，将调解贯穿于民商事审判程序的各个阶段。特别是对容易激化矛盾“农嫁非”等农村土地承包纠纷案件、交通损害赔偿纠纷案件，能调则调、当判则判调判结合、案结事了，如土地征用补偿款分配纠纷案件的审理；2008年，出现私营企业主负债外逃，引发职工群体上访和集体诉讼，云和县法院出台《关于充分发挥审判职能为推进工业经济发展提供司法保障和法律服务的意见》，慎重审理涉企业债务、劳动争议等集团诉讼案件，妥善处理好与群众利益密切相关的案件和群体性纠纷案件，把容易引发突发性事件的隐患消灭在萌芽状态。审理各类群体性案件42起，涉案标的总额近9000万元，为劳动者2032人追索劳动报酬527万元。同时，从平等保护各方合法权益角度出发，加大对虚假工资的查处力度，共查处虚假工资总额近150万元。

1991—2010年云和县人民法院民事审判案件统计表

表23-3-2　　单位：件

年度	案件类型／件						其他
	案件数	离婚农嫁非	债务、劳动争议	赔偿、交通事赔偿	赡养扶养抚养育	宅基地房屋、相邻	
1991	46	15	25	2	2	1	1
1992	39	13	21	1	3	1	—
1993	64	20	37	4	2	1	—
1994	58	18	30	3	4	2	1
1995	82	23	47	6	3	1	2
1996	107	38	55	5	4	2	3
1997	379	59	197	122	12	5	5
1998	366	79	122	132	16	4	13
1999	493	79	225	141	13	7	28
2000	417	73	173	137	10	6	18
2001	551	89	242	159	15	16	30

续表 23-3-2

年度	案件类型/件						其他
	案件数	离婚农嫁非	债务、劳动争议	赔偿、交通事赔偿	赡养扶养抚养育	宅基地房屋、相邻	
2002	977	187	427	299	16	9	39
2003	797	127	416	290	16	7	31
2004	798	121	382	246	18	11	20
2005	700	151	209	270	19	13	38
2006	624	146	158	263	15	12	30
2007	796	159	277	262	22	17	59
2008	1670	137	1043	386	32	15	57
2009	1618	103	1126	362	21	10	99
2010	720	82	371	210	11	9	36

经济审判

1984 年 3 月，云和县人民法院设立经济审判庭，2002 年起，经济审判与民事审判合并，统称为民商事审判。至 2001 年年底，共审结各类经济纠纷案件 2586 件，诉讼标的 35266 万元。

云和法院经济审判围绕保障改革开放，服务当地企业，运用调解手段，采用即告即收、即收即调、调解后立即执行的方法，及时审理银行、信用社、财政局、农村合作基金组织等单位的借款纠纷案件，维护金融秩序；审理购销合同、加工承揽合同等发生在商品流通领域的纠纷案件；财政借贷案件和清理农村合作基金组织借款案件。把经济审判重心前移，建立企业负责人约谈制度，对存在较大纠纷隐患的企业，摸清经营状况和债务规模，针对企业实际情况，采取差异化处置措施，对有市场有前景的企业，慎用强制措施，促成债务双方和解和企业重组，进行司法救助，使一大批面临债务危机的企业渡过难关。1991—1995 年，云和法院共审结经济案件 758 件，审结率 97.5%，调解率 63.2%.撤诉率 13.5%。

1996—2001 年，《中华人民共和国担保法》的实施，借款合同案件大幅增加，经济纠纷内容复杂、类型多变、处理难度增大。1998 年，云和法院针对木制玩具企业主出走逃债，债主上门逼债、哄抢财物等情况，介入审理这类纠纷案件，实现从“单纯审案型”向“主动服务型”转变。慎重审理企业在破产、联营、承包、租赁转让和股份制改组过程中发生的经济纠纷案件，坚持法律与政策相结合，支持企业改制，依法制裁借改制之机损害国家和债权人利益的行为。帮助企业清欠，促进企业经营机制转换，办理企业破产案件 16 件，解决负债总额 4350 余万元，为安置职工提供帮助，为企业改制提供法律服务。1999 年，配合企业改制，注重资产变现和职工安置等问题，审理企业破产案件，办结申请破产案件 15 件，解决负债总额 4151.3 万元。2000 年，在缩短办案周期，提高工作效率上做文章，发挥经济审判调节、保障和服务经济建设的职能，平均审理期限在 18.5 天。办结的各类经济纠纷案件中，涉及商业银行等金融机构的借款合同纠纷案件占总数的 86.1%。2001 年，经济案件审判透明度增强，云和法院采取巡回下乡就地办案，提高办案效率，减轻农民诉累，及时把矛盾化解在基层。

1991—2001年云和县人民法院经济审判案件统计表

表23-3-3　　单位:件

年度	案件总数	借款合同	购销合同	承揽加工合同	破产	其他	争议标的(万元)	审结率(%)	调解率(%)
1991	65	41	5	6	—	13	—	95.8	38.6
1992	63	35	8	3	—	17	—	96.1	41.3
1993	174	116	22	16	—	20	—	96.8	46.7
1994	156	99	31	9	—	17	—	97.2	51.3
1995	256	147	43	21	—	45	—	96.5	47.6
1996	117	52	37	18	—	10	1568.54	97.2	45.2
1997	364	259	32	39	3	34	1604.88	96.5	56.1
1998	391	277	41	27	16	30	6930.8	96.6	62.3
1999	374	271	35	20	15	33	6320.6	97.2	62.5
2000	310	236	39	23	2	10	7930.5	96.4	63.1
2001	316	212	35	41	—	28	6210.1	96.3	63.6

说明:2002年起,经济审判与民事审判合并,统称民商事审判。案件统计归类于民事审判

行政审判

1987年,云和县法院设立行政审判庭,依法审理行政案件,维护和监督行政机关依法行使职权,不受行政机关、社会团体和个人的干涉。1987—2010年,审结一审行政案件157件,其中,对行政机关作出的不合法或显失公平的处罚决定,依法撤销或变更18起;对合法正确的行政行为,依法予以维持32起;其他案件作撤诉处理107起。

云和法院行政审判,坚持监督和支持行政机关依法行政与保护行政相对人合法权益并重,注重审判的合法性与合理性,实现法律效果与社会效果的统一;召开行政执法部门座谈会、提出司法建议,推动行政机关依法行政;向医疗机构发出"关于不宜大量使用超医疗保险范围药品"的司法建议;针对行政案件少的原因展开调研分析,与行政执法部门协调、联系,让行政相对人知道诉权、行使诉权、依法维权。

1991—2010年云和县人民法院行政审判案件统计表

表23-3-4　　单位:件

年度	案件类型	维持	撤销	撤诉	合计
1991	治安1件、行政处罚3件、土地7件、环境1件,工商1件	2	2	8	12
1992	治安3件 渔政1件 土地3件 山林2件、城市规划1件	3	1	6	10
1993	治安1件、渔政1件、山林2件	—	1	3	4
1994	治安2件、山林2件	1	1	2	4
1995	公安2件、林业1件、城建3件,其他1件	—	3	4	7
1996	公安4件、林业1件、城建37件,其他3件	3	1	41	45
1997	公安1件、文化1件、土地2件,林业1件	3	1	1	5

续表 23-3-4

年度	案件类型	维持	撤销	撤诉	合计
1998	城建 1 件、其他 1 件	—	—	3	3
1999	工商 1 件、林业 1 件、城建 2 件、其他 5 件	5	2	2	9
2000	林业 1 件、其他 4 件	2	1	2	5
2001	公安 1 件、其他 7 件	—	—	7	7
2002	公安 1 件、资源 4 件、城建 1 件	3	—	3	6
2003	城建 1 件、工商 1 件、药品 1 件,	1	1	1	3
2004	资源 1 件、城建 1 件、工商 3 件、劳保 1 件	2	—	4	6
2005	—	2	—	2	4
2006	资源 2 件、城建 1 件、其他 1 件	1	—	1	2
2007	治安 1 件、工商 1 件	1	1	3	5
2008	治安 1 件、资源 2 件、工商 1 件、环保 1 件	—	—	2	2
2009	资源 1 件、城建 1 件	1	—	6	7
2010	资源 5 件、工商 1 件、社保 1 件	—	—	—	—
合计		30	15	103	251

第二节 执行案件

1988 年前，云和县法院“审执合一”，案件的执行工作由民事审判庭的执行组承担。1989 年，县法院单独设立执行庭。2001 年 3 月，县编制委员会批复同意县法院成立执行局，为执行工作提供组织保障。是年，云和法院被省高院评为“执行工作良性循环法院”。

云和法院案件审理运用诉讼保全措施，适时封存财产、冻结银行账号，使大多数案件审结执毕；对负有法律义务的当事人进行法制宣传教育，督促自动履行义务；对多次教育疏导仍蛮不讲理、拒不履行的，依法予以强制执行。1992 年 5 月和 1995 年 10 月，县法院两次开展“突击执行月”活动，对拒不执行的采取强制执行措施。1992 年突击 10 天，执行结案 48 件，标的额 130 余万元；1995 年突击执行历时一个半月，执行结案 90 件，标的额 809 万元。1991 一 1995 年，办结执行案件 841 件，执行标的额 3305 多万元。

1996 年，县法院实施审、执分立，完善执行方法，严格执行措施，执行工作有突破。办结执行案件 271 件，比上年上升 38.5%，在收案增加 48.2%的情况下，未结案却下降 23.2%，案件执行率达 86.3%，标的额执行率达 71%，居全地区首位。

1997 年，县法院突出审执并重，加强执行宣传，灵活执行方法，办结执行案件 370 件，比上年上升 35.53%，案件执行率达 90.46%，标的额执行率达 79.84%，两项指标均居全区首位，实现执行工作良性循环。

1998 年，拓宽执行思路，完善运行机制，办结执行案件 515 件，案件执行率达 96.08%，连续第三年居全区法院首位，受到省高院的表彰。

1999年，县法院加强与公安、武警中队的横向联系，提出全年案件执行率不低于95%的目标。实施“执行大会战”行动，集中传唤65名被执行人到法院，当场兑现执行款物110余万元。对拒不履行生效的裁判文书义务的被执行人实行司法拘留、查封、扣押、搜查等强制措施。办结执行案件566件，比上年增长102%，执行标的金额1384.76万元，执行率达97.8%，居全区法院首位。

2000年，集中传唤、分片清理、个案硬啃等方式苦攻执行。全年执行案件455件，完成执行标的额963.75万元。各类执行案件的平均办理期限46天，结案率达到97.4%，执行率连续5年居全市法院首位。

2002年，完善执行裁判权与执行实施权、执行监督权的行使，保持执行工作良性循环态势。2003年，受理执行案件407件，执结398件，完成执行标的额1243.6万元，案件执行率为97.8%。

2004—2007年，规范执行财产委托评估、拍卖工作，公开、公正、公平地选定评估、拍卖机构，维护当事人的合法权益。

2008年，加强与公安、工商、国土等相关部门的联系配合，发挥执行联动机制，合力破解执行难。开展集中清理执行积案活动，将执行信息纳入银行信用联合征信系统，公开被执行人失信记录，通过报纸、电视台刊播《云和县人民法院督促执行公告》，敦促其自动履行，受到最高人民法院的肯定。全年受理各类执行案件1041件，执结983件，案件执结率94%。

2009年，实行“财产申报制”和“申请人举证责任制”；打破作息时间，深夜、凌晨和节假日出击执行；加强与外地法院的横向联系，取得外地法院的配合和支持；借助舆论力量督促执行；召开债权债务人会议集中执行；依法对一些具有履行能力而拒不履行的被执行人采取强制措施。全年受理各类执行案件2085件（其中旧存58件），执结1843件，完成执行标的额3654.61万元，执结率88.39%。

2010年，构建“执行征信、执行查控、执行惩戒、执行监督和执行保障”五个系统，综合治理执行难问题。县公安、检察、国土、建设以及金融等部门密切配合，加大对逃避执行、抗拒执行的惩治力度。2010年，执结案件1507件，自动履行237件、和解771件、强制执行134件，执行标的总金额12582.7万元，执行标的清偿率79.03%。

1991—2010年云和县人民法院执行案件统计表

表23-3-5　　单位：件

年 份	合 计	民事案件	经济案件	行政案件	刑事附带民事	执结率(%)
1991	215	75	135	2	3	66.5
1992	97	39	53	1	4	71.2
1993	163	25	133	3	2	70.3
1994	179	42	133	2	2	74.5
1995	187	36	145	1	5	72.6

续表 23-3-5

年 份	合 计	民事案件	经济案件	行政案件	刑事附带民事	执结率(%)
1996	273	43	221	3	6	80
1997	370	38	326	1	5	90.40
1998	515	52	456	2	5	96.08
1999	535	62	461	5	7	97.8
2000	455	51	398	2	4	97.4
2001	389	66	313	4	6	97
2002	433	59	396	3	7	96.4
2003	407	45	365	2	4	97.8
2004	429	53	379	3	8	98.4
2005	340	32	297	2	6	98.3
2006	260	35	217	2	6	93.2
2007	306	33	267	1	5	96
2008	983	53	926	1	3	94
2009	1843	62	1772	2	7	88.39
2010	1507	61	1436	4	6	93.6

第三节　申诉和审判监督

1990 年 10 月，云和县法院设立告诉申诉庭，与信访科合署办公。1995 年后，告申立案与信访分开设立办事，到 2000 年 4 月，撤销告诉申诉庭，设立信访接待室，设立立案庭、审监庭，全面实现立审、审执和审监三分离；建立开放式立案大厅，实行受理，立案、收费“一条龙”的柜台式服务，统一全院案件排期开庭，公布案件开庭时间、地点、主审法官、案由及当事人；设立裁判文书公开处，所有裁判文书可以让当事人和群众查阅，对案件审判结果全面公开；设立审判监督庭，专门负责跟踪督查，严格差错案责任追究，提高审案质量。1991—1995 年，接待来访 1042 人次，处理来信 969 件，办结申诉案件 68 件。

信访申诉

上访案件，做到件件有着落，事事有交代，连续 5 年实现涉法涉诉案件“零越级上访”。受到中央、省、市三级政法委和最高院、省高院、市中院的肯定，并以工作简报的形式介绍云和县法院具体做法，最高法院在全国立案工作会议上将云和县法院的经验介绍推广。省高院院长张启楣作“云和法院将矛盾化解在基层，把问题解决在基层，成效显著，亮点不少”的批示，要求全省法院借鉴推广云和法院的基本经验。2008 年，高度重视涉诉信访，建立信访工作责任体系，院领导包案、中层干部轮流接访和信访干警全天候值班的多层次信访工作新机制，对照来信来访分类受理登记、调查审核、处理方案、归档考核等各个环节，明确操作步骤、责任人员和办理期限，促使当事人息诉罢访。2008 年，接待来访群众 163 人次，处理来信 37 件，息诉息访 23 件。北京奥运会期间，未发生涉诉案件进省、进京上访等异常访。

审判监督

2001 年，云和法院设立审监庭，对案件的受理、审理、裁判、执行等各个环节跟踪监督，行使审判管理职能，对原判确有错误的，依照审判监督程序提起再审，对申诉和再审申请无理的，耐心说法，使其服判息诉。

2002 年，审判监督工作秉承“有错必纠”的司法原则，在抓好重审、再审案件审理的同时，对各庭所办案件开展质量评查和复查，针对复查情况，分类写出评查分析报告，反馈查案中发现的问题，提高案件质量。

2003 年，结合实际修订《案件质量评查细则》，规范案件质量评查，共终结、中止、追加、变更被执行人等各类裁定 102 件，审查执行异议等案件 14 件，处置执行财产 23 起。

2005 年，健全“三项监督制约机制”，即以案件评查为中心的审判质量监督机制、违法审判责任追究机制、目标责任考核奖惩机制。共评查各类已结案件 1123 件，对被二审发回重审改判案件逐案审查甄别，对相关责任人予以惩戒。

2006 年，注重审前、审中、审后三阶段监督，降低案件受理、案件移送、文书送达等审判流程节点所用时间；完善审限督促机制，按照《审判质量管理办法》《案件质量评查标准》《案件质量评查细则》采取定期抽查、全面评查、重点案件评查和专项案件评查相结合的方法，由审监庭按季度公布评查结果，以严格的评查促进审判人员提高办案质量。2006 年，对已办结的 977 件逐案评查，杜绝案件超审限现象。

2007 年，完善特邀司法监督员联络工作制度，定期召开特邀司法监督员座谈会，听取意见和建议；实行给诉讼当事人发放廉政监督卡制度，主动接受监督；实施《关于完善人民陪审员制度的规定》，全年人民陪审员参审案件 137 件，实现人民陪审员履职陪审与监督的双重效果。

2008 年，利用案件信息录入系统，对案件的程序和实体进行全程监督。2009 年，案件质量评查与法官绩效考评挂钩，依据办案质量评查的结果及办案质量差错责任的认定情况建立档案，作为评先、奖惩、干部选拔的重要参考指标。是年，一审案件上诉率 5.59%，二审改判或发回重审案件 5 件其中 2 件系二审提供新证据，不属差错案，一审裁判准确率 99.35%。

2010 年，云和法院依托省高院通报的质效评估数据表，每月召开一次案件质效分析会，对审判工作基本情况、指标数据走势及存在问题进行横向和纵向的监测研析，改进薄弱环节；对审限的跟踪和监督，向各庭室发出提醒催办通知书 35 份；强化案件质量评查，对被上级法院改判和发回重审案件以及当月审结的各类裁判文书，采取定期、重审和专项三种形式进行评查，全年评查 2800 余件；严格落实差错案问责制度，对 2 名承办人作出通报批评的处罚；2010 年，一审案件上诉率 5.15%；二审改判发回瑕疵率 2.94%，位于全省前列。

1991—2010年云和县人民法院来信、来访、审判监督情况统计表

表 23-3-6　　单位：件

年　份	处理来信	接待群众来访 / 人次	复审各类案件	重审、再审、抗诉、复查、变更案件
1991—1995	969	1042	—	9
1996	349	228	—	5
1997	259	186	—	5
1998	323	177	—	3
1999	353	196	—	2
2000	369	217	—	4
2001	493	386	378	9
2002	363	349	278	4
2003	358	371	1003	14
2004	1229	464	670	3
2005	1002	495	1123	5
2006	815	721	977	6
2008	23	163	820	4
2009	35	563	786	5
2010	29	453	2800	6

第四节　机构与队伍

机构

1956年，根据上级法院的统一机构设置，云和县人民法院设立审判委员会。“文化大革命”期间，审判委员会制度被撤销。1981年5月，重新建立县人民法院审判委员会。审判委员会是法院审判工作实行集体领导的组织，主要履行总结审判工作经验、讨论重大或疑难案件和其他有关审判工作的职责。审判委员会会议由院长主持，成员由院长、副院长、庭长、副庭长和审判员若干人组成，由院长提请本级人民代表大会常务委员会任免。云和县人民法院审判委员会实行定期例会制度，遇到特殊情况，则临时决定召开。1991—2010年，先后讨论决定重大疑难案件286件。

队伍

1950年7月，云和县人民法院成立，直接受县人民政府领导，干警人数3人。十一届三中全会后，法院干警队伍不断扩大，到1990年年底，云和县人民法院有在职干警40人。1992年，县人民法院迁址，搬入云和县车站路24号新建审判大楼办公。1993年8月，设立金融巡回法庭。1995年7月，成立司法警察大队。1998年，政工科改为政治处。1999年，撤销云和、

梅源、城关、石塘、紧水滩5个人民法庭，建立巡回法庭。2000年，增设立案庭、审判监督庭。2001年3月，成立执行局，设执行庭和执行监督庭，同时撤销民事审判庭、经济审判庭和巡回法庭，民事审判第一庭和民事审判第二庭成立。

2006年10月，云和县人民法院迁址，搬入解放东街235号的新审判综合大楼办公。审判大楼总投资3165万元，占地面积10732平方米（1.07公顷，包括空地），总建筑面积10447平方米，2010年，云和县人民法院下设办公室、政治处、监察室、立案庭、刑事审判庭、民事审判第一庭、民事审判第二庭、行政审判庭、审判监督庭、执行局、行装科、司法警察大队。到2010年，县人民法院行政编制85人，事业编制3人，实际在职78人，其中专项编制在职76人，事业编制在职2人。

图23-3-3　云和县人民法院审判大楼（2006年摄　县法院提供）

1991—2010年云和县人民法院院长一览表

表23-3-7

院　长	任职时间	院　长	任职时间
林　一	1990.04—1995.04	蓝金法	2006.08—2007.03（代院长）
郑耀汉	1995.04—2001.03	蓝金法	2007.04—2010.06（院长）
魏剑明	2001.03—2006.04	李栽标	2010.10—

第四章　司　　法

1981年9月，云和县司法局建立。1991—2010年，云和县司法工作以宪法为核心，以各项专业法律为重点，先后开展"二五"普法、"三五"普法、"四五"普法、"五五"普法宣传教育活动，形成有法必依、违法必究、执法必严的共识，为创建法制社会奠定基础。实施法律援助、法律服务，做好民间调解工作，维护公民合法权益。

第一节　法制宣传

1991年始，实施"二五"普法教育。至2010年，开展4个五年普法宣传工作，云和采用印发法制宣传资料、学法建档考试、举办法制讲座等形式，普及法律知识。

“二五”普法

1991 年 3 月，建立普法领导小组，下设普法办公室。确定二五普法的重点对象是机关、乡镇和企事业领导干部，执法人员，宣传教育工作者和青少年。内容分三个层次，第一个层次是全体有接受教育能力的公民共同学习的法律；第二个层次是各单位本着“干什么、学什么”的原则有计划、有步骤、分层次、有重点地学习和熟悉与本部门、本系统密切相关的专业法律知识；第三个层次是结合本地实际情况，选学有关法律法规。是年，全县 48 人分 3 批次参加丽水地区举办的普法师资培训，2 人参加司法部举办的普法师资培训班，征订《浙江法制报》766 份，完成浙江省司法厅下达任务的 287.9%，被浙江省司法厅授予《浙江法制报》发行工作一等奖。

1992 年，以各级干部学法为重点，学习《中华人民共和国宪法讲话》和《社会主义法制建设若干问题讲话》两本书。完成全县机关、事业单位和企业领导干部 1679 人(副局级以上干部 167 名)“两本书”的学习、考试工作。

1993 年，开展农村“二五”普法“三本书”教育学习，印发法律宣传资料 2150 余份，有乡镇、农村干部 1700 余人参加学习考试，平均成绩达 94 分以上。加强在校青少年法制教育，在云和县第二中学开展普法教育和依法治校试点。全年出动普法宣传车 26 次，广播讲座 24 次，印发资料 1000 余份，制作黑板报 76 期。

1994 年，开展专业法律知识有奖竞赛，共印发竞赛试卷 5000 份，收回 2800 份。全年编印发放普法资料 6000 余份，培训师资 100 余人，举办普法辅导课 64 场次。

1995 年，县委中心理论学习组带头学法，举办 2 期 215 名干部参加的领导干部市场经济法律法规培训班，配合县人大对全县 135 名干部进行法律知识辅导考试。全年举办法制辅导课 64 场次，编印普法资料 4800 余份，制作法治宣传栏 74 期。

“三五”普法

1996 年，云和县制定《关于在公民中开展法制宣传教育的第三个五年规划》《云和县人民政府依法治县五年规划》《云和县依法治县工作若干规定》等规划和规定。是年 8 月，邀请浙江大学教授赵国璋对全县副科级以上 220 余人上行政处罚法、刑事诉讼法辅导课。结合“严打”工作，到中小学上法制课。印发普法宣传资料 3300 余份，张贴标语 560 张，悬挂横幅 12 条，受教育群众 6000 余人。

1997 年，举办法律培训班、上法治课程 100 余次，受教育人数 2 万余人，举办“三五”普法师资培训班 3 期，培训师资人员 118 人，发放“三五”普法用书《时用法律手册》3500 余册、《社会主义法制建设基本知识》1700 余册。

1998 年，参加学法建档考试单位 120 余家 4000 余人。加强外来人员、个体工商户、私营业主的法制教育，制定《云和县关于开展对外来人员法制宣传教育的实施意见》《云和县个体工商户、私营业主“三五”普法实施意见》，专门成立云和县个体工商户、私营业主“三五”普法领导小组。先后在 20 余所中小学举办法制讲座 30 余次，受教育学生 1.5 万余人。

1999 年，共举办普法培训班 6 期、上法制课 90 余场次，受教育者达 2.5 万余人次，发放普法宣传资料3.4万余份。副县级以上领导30多人和副科以上领导干部350余人、机关、乡镇、企事业单位及驻云单位的干部职工3400多人参加年度学法建档考试。是年4月、5月联合县政法委、县工商联举办市场经济法律知识培训班。

2000年，县司法局与县教育委员会、共青团云和县委、县社会治安综合治理委员会联合制定《关于进一步加强青少年法制宣传教育的意见》，全县共有30余所中小学按照要求聘请公、检、法、司的业务骨干担任法制副校长。

“四五”普法

2001年，建立80多个部门单位有100余人的普法宣传队伍。3月下旬，联合县人大办公室开展人大代表法律知识竞赛。7月，县普法办和县教委联合举办有130余位中小学校长和政治教师参加的法制培训班。全县380多名副科级以上领导干部参加年度学法建档考试，参考率为100%，合格率为100%。

2002年，举办“环保杯”全县青少年法律知识竞赛活动。12月4日，通过领导电视讲话、20多个部门联合上街宣传、悬挂横幅标语等形式开展“12•4”法治宣传活动。

2003年，联合县扶贫办在云和县中等职业技术学校建立外出务工农民法制培训基地，会同教育局、团县委等单位，在云和中学建立第一所“青少年法制教育示范学校”，并将每年5月定为“青少年法制集中教育月”。9月，组织代表队参加全市“依法行政、执法为民”法制演讲比赛，取得团体总分第一的成绩。开通“非典”法律咨询热线，编写预防“非典”法制宣传提纲，利用云和电视台、《云和报》等新闻媒体开展“非典”相关法制宣传。全县85个行政村开展“依法治村”活动，6个社区开展“法律进社区”活动。

2004年，云和县组织的表演唱《四姥姥学法》参加全省法制文艺会演丽水分会场演出，获得团体二等奖和全省节目奖。在云和中学召开青少年法制教育现场会，将云和中学的“法制教育示范学校”经验在全县6所中学推广。编印《企业职工法律知识辅导读本》作为企业经营管理人员和个体商户学法培训用书。全年举办法制培训班10期，开展法制讲座134次，举办大型“农家普法乐园”法制宣传活动1次，开展法律知识竞赛4次，悬挂横幅70余幅，全县干部、职工3400余人参加年度学法建档考试。

2005年，结合纪念“全民法制宣传教育20周年”、第五个“12•4”法制宣传教育活动和省级文明县城创建活动，开展以“弘扬法治精神、提高法律素质、构建和谐云和”为主题的法制宣传教育百日大行动系列活动，共举办法制培训班（讲座）68期，发放法律书籍5910册、法治宣传资料1万余册，组织大型法律咨询活动5次，开展专项整治及执法检查15次。全县行政村170个和社区6个开展“民主法治村（社区）”达标创建活动，89个村、2个社区被命名为三星级“民主法治村（社区）”，7个村、1个社区达到四星级“民主法治村（社区）”标准，1个村达到五星级“民主法治村（社区）”标准。组织全县副科级以上领导干部389人和普通干部职工3229人参加学法建档考试。

“五五”普法

2006年，制定“五五”普法规划，调整普法教育依法治县工作领导小组成员，领导小组成

图 23-4-1 县司法局开展普法师资培训（2006 年摄 县司法局提供）

员单位增加到 36 个，增加企业普法宣传员，普法经费从“四五”期间的人均 0.5 元提高到 1.5 元。在中山社区成立首个社区未成年人法制教育指导中心，负责本社区未成年人寒暑假期间的法制教育。全县干部、职工 3448 人参加年度学法建档考试，合格率 100%，其中，副科级以上领导干部 386 人、一般干部 2951 人，参考率分别为 98.2%、96.6%。截至 2006 年年底，全县创建星级民主法治村 107 个、星级民主法治社区 3 个，其中，四星级民主法治村 5 个，四星级民主法治社区 1 个，五星级民主法治村 1 个。

2007 年，开展浙江省法治宣传月、“12•4”全国法治宣传日等法制宣传教育主题活动，播出普法节目 52 期，举办法制讲座和培训班 135 期，开展法律咨询 22 次，发放法律书籍 4800 余册，法治宣传资料 6 万余份、法律宣传挂图 22 期 3740 套，开展法制文艺演出 20 余场次。全县干部、职工 3601 人参加年度学法建档考试，合格率 100%，其中，副科级以上领导干部 414 人、一般干部 3187 人，参考率分别为 97%、95%。截至 2007 年底，创建星级民主法治村 125 个、星级民主法治社区 5 个，其中，新增五星级民主法治村 1 个。

2008 年，全县干部、职工 3700 余人参加年度学法建档考试，其中，副科级以上领导干部参考率 100%，一般干部职工参考率 99.2%。全县创建星级民主法治村 125 个、星级民主法治社区 4 个。其中四星级“民主法治村”5 个。

2009 年，县第十四届人大常委会审议通过“五五”普法规划。开展“返乡农民工法制宣传教育”活动，加强对外来工及流动人员的法制宣传教育和维权工作。邀请杭州市律师协会会长对全县副科级以上领导干部及企业负责人 200 余人做应对金融危机的专题法制讲座。全县干部、职工 3800 余人参加学法建档培训考试，建成县级民主法治村 125 个县级民主法治社区 4 个，市级民主法治村 3 个。

2010 年，举办“五五”普法成果展，开展“法律六进”典型经验网上交流。完善县城解放东路法制一条街建设，在新云集团组建职工法治学校。全县建成县级民主法治村 127 个，县级民主法治社区 4 个，市级民主法治村 19 个，省级民主法治村 3 个。

第二节 人民调解

1981 年司法局成立后，人民调解工作由司法局负责管理和指导，并逐步建成乡法律服务所、村调解委员会、乡村（企业）调解信息员。到 2010 年，全县设有调解组织 199 个，调解人员 749 人。基本形成县、乡镇、村（企业）三级调解网络。

调解组织

1984年5月24日，设立人民调解管理科，负责基层司法行政的管理与指导工作。2000年7月，建立人民调解中心，办公室设在基层科。1991年，整顿全县乡镇22个、行政村170个调解委员会，对原有农村调解员800多人，经筛选，调整为619人，并以乡为单位进行培训。1994年，落实标准化调解组织70个，整顿调解委员会75个，全县调解组织有印章。1995年，充实整顿调解组织37个。1997年，全县基层调解委员会80%已达标。1998年，建设“标准化调委会”153个，达标率90%。1999年4—7月，赤石乡、石塘镇分别与龙泉市安仁镇、丽水市大港头镇建立民间纠纷联合调解组织。

2000年，全县15个乡镇全部建立乡镇疑难纠纷调解中心，调解中心主任、副主任分别由乡镇副科领导、司法所长担任，聘请派出所、计生、妇联、土管等有关部门负责人为特邀调解员，解决重大疑难纠纷。建立首个集贸市场调解组织——云和县香菇市场调委会。2001年，全县建立调委会195个，其中，一类调委会192个，二类调委会3个；村级调委会170个，居民调委会2个，厂企调委会5个，联合调委会2个，集贸市场调委会1个，乡镇调解中心14个，公安司法联调中心1个，人民调解员604人。是年9月，成立云和镇派出所、司法所联合调解中心，其辖区范围涉及“一镇四乡”，即云和镇、沙溪乡、雾溪乡、安溪乡、云坛乡。2002年，与松阳县建立毗邻地区治安调解联系会议制度。2003年，全县193个人民调解委员会实现台账档案统一、管理制度统一、调解程序统一，制定《乡镇调委会庭式调解操作程序示范样式》，在全县14个乡镇调委会开展庭式调解试点。2004年，全县开展规范化人民调解委员会建设，行政村40%参与；云和县工商联合会建立人民调解委员会。2006年，新建非公企业人民调解委员会5个，基层调解组织数增加到199个，有人民调解员749人。2010年，县级综合性人民调解委员会成立。构建县、乡（镇）、村三级阳光人民调解委员会网络。

民间纠纷调解

1993年，石塘镇、沙溪乡、崇头镇各增加一名兼职助理。1994年，以创建标准化调解委员会和调解工作“四无村”（无纠纷积压、无纠纷激化、无民转刑案件、无非正常死亡）为目标，坚持“以防为主，调防结合”的方针，结合农村整治工作，进一步推进人民调解“四落实”。1995—1998年，有效防止民间纠纷引起的非正常死亡17起，三分之一的乡镇达到“四无”要求。2004年，开展为期3个月的“化纠纷、解难题、办实事”专项活动，排查出各类纠纷136起，成功调解129起，调解成功率为94.8%。制定《云和县人民调解员培训工作三年规划（2004—2006年）》。2005年10月，赤石乡与龙泉市安仁镇在赤石召开毗邻联调会议，总结交流综治工作经验并签订联调会议制度办法，维护毗邻地区社会稳定。2007年，建立人民调解工作新模式即“七化一创一目标”（“七化”即组织网络化、体制双轨化、工作规范化、考核制度化、评比正常化、场所标准化和报酬计件化；“一创”即创“三无”乡村活动（无因为调解不成功不及时而出现民转刑案件，无因为调解协议达成后不履行而起诉，无因为调解或调解不当发生上访事件）；“一目标”即实现“小事不出村，大事不出乡（镇），矛盾不上交，上交须合法”的最终目标）的“大湾模式”，在全县各乡镇推广。是年，大湾乡项山村人民调解委员会被省委、省政府评为省级优秀人民调解委员会，云和县被省司法厅评为人民调解工作先进县。2009—2010年，组织开展“人民调解矛盾纠纷专项攻坚”活动，开展矛盾纠纷大排查、大调解，推行上墙公示、公开调解、调解前告知等制度，明确保障当事人合法权益；参与贵溪“2·17”重大火灾事后调处工作。

1991—2010年云和县民间纠纷调解情况统计表

表23-4-1

年 份	调解民间纠纷(起)	调解成功(起)	成功率(%)	防止民转刑案件(起)
1991	1065	1032	96.9	11
1993	831	805	96.9	6
1994	708	—	96	9
1995	683	662	97	6
1996	510	505	99	5
1997	535	508	95	19
1998	465	428	92	12
1999	347	332	95.6	—
2000	383	365	96	—
2001	357	347	97	—
2003	435	413	94.9	2
2004	464	442	95.26	—
2005	625	607	97.1	5
2006	841	817	97.1	—
2007	1262	1225	97.1	—
2008	1357	1319	97.2	—
2009	975	947	97.1	—
2010	817	806	98.5	—

第三节 法律事务

1991年9月，云和县第一、第二、第三、第四、第五法律服务所分别更名为云和县云和法律服务所、云和县城关法律服务所、云和县石塘法律服务所、云和县梅源法律服务所、云和县紧水滩法律服务所，办结民事代理(包括非诉讼代理)50件。1992年9月，云和法律服务所更名为云和县法律服务所。是年，基层法律服务所共担任常年法律顾问16家，办理刑事辩护17件，民事代理31件，经济案件代理3件，法律咨询830余人次。1993年12月，丽水地区司法处同意撤销“云和县法律服务所”，建立“云和县法律服务中心”，并以县法律服务中心为依托，在重点乡镇设法律服务处、公证办事处(两块牌子一套班子)。2001年5月，设立同心法律服务所。

律师事务

1982 年 9 月，云和法律顾问处成立。1985 年 3 月，云和法律顾问处更名为云和县律师事务所，隶属于司法局。1995 年 9 月，设立公正律师事务所。1999 年 8 月，公正律师事务所更名为浙江追日律师事务所。2003 年，浙江五楼律师事务所成立，为合伙制。2005 年，撤销浙江追日律师事务所，核销人员编制 5 人。

1991—2001 年，云和县律师事务所律师 6 人。办理刑事案件辩护 463 件、民事纠纷代理 607 件、经济纠纷代理 271 件、行政诉讼代理 41 起、非诉讼代理 219、代写法律文书 648 份，还受聘担任 459 家行政、事业、企业的常年法律顾问。1995 年起，县司法局选派律师参加每月举行的领导接待日活动。

1991—2001 年云和县律师事务所承办业务情况统计表

表 23-4-2

年　份	刑事诉讼代理（起）	民事诉讼代理（起）	经济诉讼代理（起）	行政诉讼代理（起）	非诉讼代理（起）	代写法律文书（份）	担任法律顾问（家）
1991	61	—	—	—	91	—	56
1993	58	53	45	—	—	—	89
1994	62	113	38	3	7	247	65
1995	55	81	65	2	58	121	75
1996	65	101	26	12	2	280	68
1997	96	98	16	4	2	—	68
1999	6	107	63	15	13	—	38
2001	60	54	18	5	5	—	—

司法公证

1982 年 1 月，建立公证处。1991 年，根据经济发展的需要，把经济合同公证作为重点。公证处办理各类公证案件 643 件，其中，经济合同公证 581 件，公民权利义务公证 62 件，协办涉外公证 47 件，计划生育公证 62 件。1992 年，拓展与农业有关的支农扶贫贷款合同，垄畦法水稻栽培农业服务承包合同，袋料香菇养种合同三项公证业务。

1993 年，办理各类公证案件 1034 件。经审查，拒办不符合出证条件的公证申请 7 件。公证员先后担任元和信用社、县农行、信用联社、中国银行等单位的常年公证顾问。11 月，县政府办公室发出《关于加强经济、房地产、金融等领域公证工作的通知》。

1999 年，全年办理各类公证案件 943 件，参加大型招标活动 15 场，投标总金额 6000 万元。先后为云寿线大徐至武垟公路改进工程、县第二自来水厂城南干管建设等重点项目工程办理了招投标公证。

2000 年，全年办理公证案件 329 件，先后为赤石岭隧道山地承包租种、云坛乡政府泗洲堂水电站招标租聘、云丰乡下坑村机耕路工程建设提供了公证服务。

2001年，全年共办理各类公证案件481件，其中，国内公证355件，涉外公证126件。全年共参加大型招投标公证10场，涉及投标金额2.6亿元。

2002年，办理各类公证案件282件，其中，国内公证177件，涉外公证99件，涉台公证5件。先后为云和县城防工程、浮云公园、老年公园、浮云路绿廊工程、金坑口电厂公路等30余项大型建设项目提供公证服务，涉及金额1亿多元。

2003年，办理各类公证案件295件，参加各类招投标现场公证45场次，涉及标的额7亿元。为全县40余项重点工程提供了优质高效的法律服务。首次介入国有土地使用权的挂牌出让活动和土地使用权出让合同的签订，并开展质押借款合同公证业务。

2004年，全年共办理各类公证332件，办理各类招投标、土地出让等现场公证48件，办理施工合同公证43件，涉及金额2亿多元。

2005年，落实公证首问制、24小时值班等制度，建立受案与办案相分离制度，并首次介入农村换届选举工作。全年办理公证案件530件。

2007年，办理各类公证案件635件，比2006年增长47.6%，其中涉外案件140件，无错证、假证。参与重点项目建设招投标、国有资产招租拍卖、政府采购、农民公寓抽签等大型活动的现场监督公证和其他公证。

2009年，办理各类公证案件735件，其中涉外案件158件，涉港澳台案件11件。为长垄垃圾填埋场、普光农民公寓2期房屋位置抽签、县农贸市场摊位经营权招租等县重点建设项目招投标现场监督公证。与紧水滩镇乌弄坑村结对，免费提供涉及“三农”的公证法律服务。

1991—2010年云和县公证业务受理情况统计表

表23-4-3　　单位：件

年 份	受理数量	经济公证	民事公证	涉外公证	其 他
1991	643	581	62	47	62
1993	1034	773	261	26	—
1994	2514	672	228	14	1600
1995	2118	740	1378	32	—
1996	1293	571	690	32	—
1997	1304	557	45	7	—
1998	1145	497	575	73	—
1999	943	221	668	52	—
2000	329	—	216	113	—
2001	481	—	—	126	—
2002	282	—	—	104	—
2003	295	—	—	—	—
2004	332	91	—	—	—
2005	530	—	—	—	—

续表 23-4-3

年份	受理数量	经济公证	民事公证	涉外公证	其他
2006	410	—	—	—	—
2007	635	—	—	140	—
2008	580	—	—	153	—
2009	735	—	—	169	—
2010	716	—	—	194	—

法律援助

云和县法律援助工作最初是律师的一种义务行为。1998 年 3 月，设立法律援助中心，隶属于司法局。由此，法律援助成为政府行为，县法律援助中心围绕“为群众办实事，替政府树形象”的宗旨，重点做好困难群体的法律援助工作。

1998—2010 年，法律援助中心共办理法律援助案件 3215 件。援助对象主要是未成年人、盲、聋、哑等残疾人和妇女等特殊案件的当事人。1999 年，法律援助案件 18 件，法律援助办理四川省绵阳某单位拒不支付拖欠云和县五金镰刀货款 20 余万元达 3 年案件。2000 年起，随着法律援助影响面的扩大，要求提供法律援助的人数明显增加，2006 年，县法律援助中心受理法律援助案件 147 件。援助受理涉及全县 63 户菇农、44 万袋香菇因麦麸问题造成的经济索赔的案件，涉及金额 117 万元。

2008 年，建立法律援助窗口，受理法律援助的对象由特殊案件当事人，扩大到经济困难群体；受援助范围从刑事案件、抚养、赡养纠纷案件，扩大到工伤、交通事故损害赔偿、人身损害赔偿、劳动报酬追讨等方面。是年，办理各类法律援助案件 289 件，受援案件当事人 2660 人，为农民工讨薪 450 余万元，涉及农民工人数 2500 余人。在全省率先设立法律援助对象特困救助金，出台《云和县法律援助对象特别困难救助金管理办法》。2009 年，共受理各类法律援助案件 1619 件，组织律师与浙江振鹏工艺品有限公司和浙江和信玩具有限公司等企业签订法律服务协议书，定期上门开展“法律体检”，分析和梳理企业在经营过程中遇到的法律问题。

第四节　安置帮教

1995 年，增设“两劳”回归人员管理科。乡镇和相关单位相应建立帮教组织确定专人分管，初步形成“两劳”回归人员帮教网络。1996 年，8 个重点乡镇建立“两劳”回籍人员管教站，重点村建立“两劳”回籍人员帮教组，制定“五类”人员帮教管理工作意见、具体帮教措施。“两劳”回籍人员帮教安置工作基本步入正常轨道。

归正帮教

2000 年，县刑释解教人员安置帮教工作协调小组印发《关于开展刑释解教人员安置帮教工作的实施意见》和《关于刑释解教人员安置帮教协调小组成员单位职责的意见》，使刑满释放、解除劳教人员安置、帮教工作有序展开。公安、检察、法院、司法、劳改劳教单位建立信息联系制度，掌握全县刑释、解教人员的动态情况。

1997年，全县有"两劳"回籍人员32人，签订遵纪守法责任书23份，无重新犯罪人员。1998年，接茬"两劳"回籍人员36人，其中刑释人员29人，劳教人员7人，重新犯罪6人，重新犯罪率为2.3%。1999年，接茬"两劳"回籍人员65人，其中刑释人员59人，劳教人员6人，重新犯罪率为4.4%。2000年，接茬"两劳"回籍人员32人，其中刑释人员30人，劳教人员2人。截至2000年，"两劳"回籍人员214人，重新犯罪6人，重新犯罪率为2.8%。云和司法重点抓好"一对一"重点帮教制度落实工作，全县15个乡镇全部建立"两劳"帮教站，170个行政村建立帮教小组，为"两劳"人员回到社会，走向新生创造条件。

社区矫正

云和县司法按照《浙江省归正人员安置帮教工作管理办法》规定，以乡镇司法所为依托，全县建立帮教组织193个，乡镇司法所14个建立归正人员台账和相关制度，形成一人一档，一对一结对帮教和重点对象重点帮教相结合的覆盖到位、帮教到点的帮教格局。2004年，与相关单位组成帮教团前往监狱探望和集体帮教云和籍的服刑人员120余人。2005年11月，县委政法委、县人民法院、县关工委等对云和籍服刑人员进行探监活动。2006年，编印出台归正人员安置帮教《法律法规政策汇编》，发放给乡镇、司法所、行政村、社区、归正人员；对生活、就学较困难的4户进行走访慰问，解决实际困难。是年12月，组织探监帮教团赴金华，前往省第五监狱探望、帮教云和籍服刑人员，与监狱方签订服刑人员教育改造安置帮教监地互动合作协议。2007年，对近3年两劳归正人员和"五类"人员进行调查摸底；在浙江东泰阀门有限公司成立云和县首个归正人员安置帮教基地；与省第五监狱等4所监狱签订服刑人员帮教协议书，实现监地互动，为"两劳"人员回到社会，走向新生创造条件。制定《云和县社区矫正工作意见》，编印《社区矫正对象监管手册》。2008年，向浙江省第五监狱寄发《今日云和》1200余份，各乡镇建立归正人员安置帮教工作领导小组及办公室，各村（社区）建立归正人员安置帮教工作领导小组，全县"帮教"组织228个。2010年，完善归正人员报到登记制度、建档立卡制度、签定帮教协议制度、定期走访谈话制度、重点对象管控制度、信息报告制度、超前帮教制度和跟踪或委托帮教制度等，严把"接茬关""安置关"，对归正人员及时造册建档，及时签订帮教责任书，及时走访进行法制教育。

第五节 机构与队伍

1981年9月，建立县司法局，各区配备司法助理员。1991年9月，设立云和镇、云和区、梅源区、紧水滩区、石塘区等5个司法所。1992年"撤扩并"后，保留云和镇和紧水滩两个司法所建制。1995年7月，增设崇头镇、石塘镇、朱村乡、沙溪乡、云坛乡、赤石乡司法所6个。1999年

6 月，设立云和镇、石塘镇、紧水滩镇、崇头镇、赤石、安溪、务溪、云坛、云丰、黄源、沙铺、大湾、朱村、大源等司法所 15 个。至 2010 年，县司法局内设办公室、政工科、公证处、法制宣传教育科、法制科、基层科、法律援助中心、两劳回归人员管理教育科、社区矫正中心。下设云和、石塘、紧水滩、崇头 4 个直属司法所，核定编制 35 人，实有人数 31 人。

1991—2010 年云和县司法局主要负责人一览表

表 23-4-4

局　长	任职时间	局　长	任职时间
朱建伟	1990.07—1996.10	张　毅	1996.10—2002.08
黄文伟	2002.08—2003.02	叶利华	2003.06—2007.12
杨克发	2007.12—2010.02	周东明	2010.02—2010.12

第二十四篇 军 事

云和县域临近东海，位于浙西南山区，有一定战略纵深。境内山峦起伏，沟壑纵横。东倚石塘岭、南仗泗洲岭、西屏严山岭、北障方山岭，据险扼要，在军事上素有特殊的战略地位，历来是屯兵及后勤保障之重地。宋末方腊部攻克处州后，曾屯兵浮云(今云和)；明末王景昌率农民揭竿而起，亦曾于此地沿溪设栅；第二次国内革命战争时期，红军挺进师活动于云和边境；抗日战争时期，浙江省国民政府曾迁址云和，成为临时省会。

1991—2010年，县武装工作坚持党对军队的绝对领导，落实中央军委关于国防建设的指导思想，围绕中心，实现地方经济与国防事业并举发展。按照"政治合格，军事过硬，作风优良，纪律严明，保障有力"的总要求，加强政治建军，全面加强部队革命化、现代化、正规化建设和国防后备力量建设。聚焦练兵备战，突出战时应战，急时应急，平时服务要求，落实民兵工作调整改革、人民武装部正规化建设、兵员征集、国防教育和"双拥""军民共建"等工作。

全县各乡(镇)设基层武装部，配备专职武装干部，村民兵连长若干名。基干民兵曾编若干个营、若干个连、若干个排。设有民兵应急分队、专业技术分队和对口专业技术分队等队伍。重视训练演练，切实抓好首长机关训练、武警部队训练、民兵训练、学生军训工作。

长期以来，执行征兵命令，坚持依法征兵，集体定兵。截至2010年，实现第25年26次无身体责任退兵，44年无政治责任退兵。

第一章 民 兵

1991—2010年，随着经济社会建设的不断改革深化，民兵工作形式内容相应发生改变。按民兵工作“三落实”总要求，实现向质量建军聚焦，各类民兵专业分队逐步建立、健全并发展。民兵的主要任务由参与战备和阶级斗争逐步转变为备战执勤和经济建设上来，适应“战场”和“市场”的需要，不断推进民兵建设整体水平的提升。按照“数量要搞够、质量要达标、队伍要纯洁、组织要落实”和“减少数量、提高质量、打好基础”的要求，重点加强基干民兵建设。

第一节 民兵整组

1991年，云和县人武部贯彻执行新的《民兵工作条例》，开展民兵工作“三落实”，即“组织落实、政治落实、军事落实”工作试点，从组织基础抓起，突出政治建设，提高民兵队伍的战斗力。是年，全县退伍军人和已训合格人员占总数的97%，有基干民兵组织的行政村达98%，行政村民兵连长参加村党支部委员会或村民委员会的占比达85%。

1992年，按照“思想再解放一点，胆子再大一点，步子再快一点”的要求，组织民兵参与经济建设。鼓励全县民兵参与农业综合开发，引导民兵开发板栗基地、创办劳武企业、发展水果基地和水产养殖等，掀起民兵参与经济建设和带头脱贫致富热潮。

1993年，以民兵工作“三落实”达标验收为目标，县人武部编印《基层人武部民兵预备役业务资料填写暂行规定和说明》，翻印和制发《基层人武部工作职责》《专武干部工作职责》《基干民兵连（营）长工作职责》《基干民兵连（营）政治指（教）导员工作职责》《民兵性质和任务》《基层民兵工作“三落实”达标必须达到的基本标准》《民兵工作“三落实”具体内容》及《民兵政治合格五个必须做到》等制度及规定，强化全县民兵组织的标准化、规范化建设。重视民兵干部选配和民兵干部政治待遇的落实，严格民兵干部任用，采取“一坚持、二选配、三调换、四改任”的做法，解决民兵干部进村“两委”（中共村支部委员会 村民委员会）难的问题。整组后，全县农村民兵连长进村“两委”的占比达99%；民兵干部党团员的比例达84%；初中以上文化程度的民兵干部占87%。

1995年年初，民兵达标工作围绕质量建设，抓好巩固提高。6月，县人武部对基层民兵工作进行检查，指导协助紧水滩电厂人武部的正规化建设。在开展民兵“三落实”达标活动的同时，民兵带头参与县委、县政府倡导发展的“五个千家万户”，走开发农业的养武之路；筹建县长城液化石油气储灌站，开辟以劳养武基地。8月，组建县民兵应急分队，另在各乡（镇）组建民兵应急分队。

1996年，县人武部归隶部队建制，民兵工作也相应作出调整。至7月5日，全县完成民兵整组。民兵参建工作有新的发展，石塘镇人武部在库区搞养殖试验有突破；雾溪乡水竹垟村民兵护林队为本村经济发展保驾护航，受到省政府、省军区的通报表彰；县劳武企业——长城液化气储灌站开张营业。

1997年，围绕县委中心工作，民兵参与农业开发、扶贫帮困活动。石塘镇民兵板栗基地进入丰产期；紧水滩镇民兵实施立体网箱养殖初见成效；沙溪乡部分民兵参与开发的重河湾千亩美国加州李基地初具规模。全县人武系统帮扶贫困户87户，脱贫48户，受益群众达300余人。

1998年，加强民兵应急分队建设，调整规模，配发装备器材。5月底，为全县各乡镇应急排配发头盔、警棍、臂章。8月，开展民兵整组，重点把好"三关"，即质量关，按基干民兵条件，将符合条件的退伍军人、军训合格人员全部编入基干民兵队伍；政审关，按新兵政治考核条件，对全体基干民兵、民兵干部，应急分队、专业分队人员重新进行政治考核；点验关，组织工作组对各乡镇的整组工作进行分片集中点验。8月，在县水电局组建水电工程抢修专业分队。这支队伍属全区首创，在小水电建设保障方面作有益探索。

2000年，开展民兵预备役工作的调整改革。根据地区行署、军分区《关于丽水地区深化民兵预备役工作调整改革实施方案》，坚持从实际出发，压缩基干民兵规模，调整民兵组织，加强民兵政治建设，提高民兵训练质量，优化民兵组织整体结构，使民兵预备役工作既能适应"战场"的需要，也能适应"市场"的要求。

2001年，经省人民政府批准，撤销沙溪乡，并入云和镇。是年，全县设4个镇、10个乡，170个行政村、6个社区、1165个村民小组。县人武部结合地方行政区划调整，适时进行民兵组织整顿。全县共编民兵应急分队、专业技术分队和对口专业技术分队3类队伍。

2002年，全县设基层武装部，配备专职武装干部；行政村配备民兵连长，民兵连长列入中共村支部委员会和村民委员会班子成员。

2004年，贴近实战需要，组建若干力量的民兵专业保障分队。为检验整组工作，达到官兵相识、组织落实，县人武部派人到各乡镇，开展集中点验现场指导，并检查各基层武装部规范化建设和民兵预备役队伍建设。

2005年，根据上级关于后备力量作战资源整合指示精神，开展基干民兵队伍整合工作，分设应急兵员动员、民兵专业保障分队、通信、装备维修、工程抢修、伪装防护等各若干力量。在此基础上，组建专业分队及非应急作战力量若干。其中，女民兵占32%，退伍军人、军训合格人员、军事对口的地方专业技术人员占基干民兵总数的98%，党团员与初中以上文化程度的分别占52%和99.6%。

2006年，组织实施全县后备力量民兵组织整顿工作，整合落实基干民兵若干。其中省军区明确的力量分队、军分区明确组建的任务分队、非应急作战力量各若干。整合全县普通民兵。明确力量，结合二级重点目标"三个现地"要求，对伪装防护分队、应急分队、通信分队实施“三个现地”点验。

2007年，按照“着眼任务、突出重点、群队编组、规模适度、快速高效”的目标原则，深入调查研究，合理布局民兵队伍。全县组织整顿基干民兵、预备役军官若干，其中应急动员力量、一般力量人数若干；整合担负小打力量、担负中打力量分队若干，专业对口率达到90%以上，专业技术分队占基干民兵总数的70%，达到上级要求。5月，接受省军区检查组拉动考核。

2008年，按照构建“规模适度、布局合理、结构优化、能战管用”的后备力量队伍编组要求，本着“有利于组织领导、有利于提高质量、有利于执行任务”的原则，立足实际和任务轻重，开展基干民兵队伍组织整顿工作。共组织整顿基干民兵、预备役军官、组建分队若干。

2009年，全县16个武装部相继开展基干民兵组织整顿工作。本着“调整、巩固、规范、稳定”的原则，坚持统筹兼顾、规范有序、突出重点，确保人员到点达标、兵员结构合理、官兵相识相知、行动方案熟悉、指挥协同明确、相关保障落实的“六个质量指标”，整合基干民兵、预备役军官。其中应急动员力量、担负小打任务力量分队、担负中打任务力量分队、其他力量分队若干。通过点验，人员到点率和专业对口率均达到90%以上。

2010年3月，对新入队人员进行政治考核，出入队比例控制在15%内，共整组基干民兵、预备役军官若干。4月初，对各分队人员进行整组点验；对训练任务分队进行“三个现地”点验，皆符合整组规定，人员到点率和专业对口率达到90%以上。

第二节　民兵教育

云和县民兵教育坚持多途径、多形式、持续发力的原则，坚持民兵队伍思想上、政治上、行动上始终与党中央、中央军委保持高度一致，坚持党管武装原则，确保枪杆子始终掌握在政治可靠的人手中，使民兵成为中国人民解放军的有力助手和强大的国防后备力量。

1991年，县人武部重点抓民兵“四课”教育，并分级落实。县人武部负责制定民兵政治教育规划、计划，编写教案、讲义、课件。同时，抓好县应急分队和参训民兵的政治教育。乡镇基层武装部负责落实基干民兵“四课”教育，实行全年每季度至少开展一次教育活动。各乡镇利用各种形式，针对不同场合，对民兵进行社会主义思想教育，在重大节日期间，开展内容丰富形式多样的政治教育活动。崇头镇武装部有针对性地在基干民兵中，开展“反和平演变”的形势教育，为丰富教育内容作有益的探索。

1992年，贯彻落实《全军政治工作条例》和民兵政治建设意见，在基干民兵集训期间，专门安排政治教育时间。利用图片展览、观看录像等形式，深化教育效果。同时，开办民兵广播，推送新闻资讯，每周播出1次，加大教育覆盖面。

1994年，县人武部下发《民兵政治教育计划》，要求各基层武装部，把组织民兵学习《邓小平文选》第三卷，作为民兵政治教育的重点内容，摆在政治教育的首要位置落实。

1995年，县人武部利用身边的英雄——杨建荣、刘玲英的光荣事迹，在民兵开展“学英雄、奉献在岗位”活动，号召全县民兵以英雄人物为榜样，带头搞经济，脱贫致富奔小康，为云和地方经济发展作贡献。

1996 年，突出讲政治作为民兵教育的首位任务，加大民兵思想政治工作力度，在教育内容上，坚持以“爱国奉献、革命人生观、尊干爱兵和艰苦奋斗教育”作为主线，贯穿到民兵政治教育的全过程。

1997 年，突出“三讲”（讲学习、讲政治、讲正气）教育，深化以“爱国奉献、革命人生观、尊干爱兵和艰苦奋斗教育”为主题的“四个教育”，端正民兵“三观”认识，树立起正确的世界观、人生观、价值观，自觉抵制腐朽文化思想的侵蚀和“灯红酒绿”的影响，传承、弘扬党和军队的优良传统。

1998 年，按照民兵政治建设要做到“政治思想坚定、队伍纯洁可靠、政治教育落实、思想工作活跃、带头作用明显”的要求，把牢民兵政治教育的“三个环节”，即教育形式：采取集中授课、函授作业与收听广播相结合的教育形式，全年 4 次；教育内容：以十五大精神、香港回归一周年、《东海民兵》杂志等时事教育为主题；教育效果：各基干民兵连（营）落实 2 名政治辅导员，把好教学五关，即备课示教关、组织授课关、课后消化关、考核验收关、总结讲评关。同时，加强民兵遂行非军事行动任务中的思想政治工作。针对民兵参加军事训练，担负战备执勤和完成急难险重任务的思想实际，针对性地开展思想政治工作。训练活动中，领导到场讲评；整组点验时，协同地方解决民兵实际困难；在执行艰难险重任务时，干部率先垂范，鼓舞士气。

2001 年，民兵政治教育以国防法规和兵役义务知识教育为主线，以反渗透、反心战等意识形态领域教育为重点，开展国际国内形势教育和民兵性质、任务与职能的学习。明确肩负的任务和职责，增强民兵的责任感和光荣感，自觉为云和的社会稳定和繁荣发挥作用。

2002 年，按照民兵队伍“组织、人员、政治、装备落实”的要求，加强民兵队伍的政治思想建设。6 月，结合民兵军事训练，学习“国内国际形势”，给民兵上“新时期党对民兵工作的要求”“当前民兵队伍建设情况和重点任务”等政治课。7 月，结合全民国防教育活动，学习以《国防纵横》读本为主要内容的读书活动；开展国防教育法咨询活动，提高民兵对组织建设重要意义的认识。

2003 年，开展“国防连着你我他，安宁维系千万家”的主题教育活动。9 月，组织全县民兵、预备役人员，开展以国防教育法为主要内容的知识竞赛活动，增强民兵预备役人员的法制意识。

2004 年，围绕军事斗争准备，做好以心理战、舆论战、法律战。制订战备预案，组织演练。培育广大民兵预备役人员的战斗精神，落实民兵预备役人员的政治教育措施，利用民兵组织整顿、军事训练、征兵、重大节日等时机，采取面授、函授、有线广播、墙报、黑板报等形式，开展民兵预备役人员的政治教育活动。

2005—2010 年，按照“学习理论、解决问题、推进发展”的教育思路，在民兵队伍中开展“三个代表”（中国共产党要始终代表中国先进生产力的发展要求中国共产党要始终代表中国先进文化的前进方向 中国共产党要始终代表中国最广大人民的根本利益)重要思想、科学发展观学习教育活动,结合创建“平安云和”,自觉践行“三个代表”重要思想和科学发展观。民兵预备役人员参与以“构建和谐社会,建设平安云和”为主题的创建活动,并将平安创建与国防建设相结合;加强国防教育,提升公民的依法服兵役意识;普及国防法规,增强公民国防观念。发放国防法规、兵役知识手册4500余册。

第三节 民兵训练

云和县的民兵训练工作,始终按照《民兵军事训练大纲》要求,常态化落实训练工作,按照“三分”定训,即分批次、分类别、分专业开展民兵军事训练,提升民兵参与军事行动的保障能力与基本素养。

图24-1-1 2010年5月,县民兵应急连队列训练(县人武部提供)

1991年以后,云和县人武部按照民兵军事训练大纲要求,开展“基干民兵和各专业应急分队的军训模式”的探索研究与实践。

1992年,民兵军事训练分基干民兵与应急分队、专武干部、学生军训3个层次进行。4月至6月,在民兵训练基地,集中对应急专业分队民兵开展训练,完成射击、投弹、5千米越野和夜间按方位角搜索目标等军事科目。

1994年,按照上级军事机关的要求,完成基干民兵的军事训练任务,经考核,参训人员合格率达100%;县人武部机关干部完成军分区布置的4期业务函授作业,并取得优良的成绩。

1995年,县人武部重点研究“市场经济条件下的民兵训练形式”课目。针对基干民兵外出经商和异地打工较多的实际,9—10月,又值山区收割稻子和种植代料香菇的农忙季节,人员集中比较困难,县人武部坚持一手抓经济、一手抓国防,研究民兵训练特点,采用相对空闲季节开训,做到早通知、早准备。同时健全管理机构,加强组织领导,设立军训大队部,下设中队和教学组;同时,还成立训练队临时党支部,以加强党组织的领导。训练排(中队)增设副排长。教学人员提前备课,试讲试教,完成基干民兵的训练任务,合格率达100%,总评成绩良好。是年,加强人(专)武干部的教育管理和军事业务训练,年初举办1期新任专武干部的军事业务培训班,提高专武干部的业务素质。

1996年,落实首长机关训练,抓好现役干部在职军事训练。制订《1996年首长机关第一阶段军事训练计划》,训练采取个人自学与集中辅导相结合的方法,在完成对名基干民兵军事训练任务的同时,对县民兵应急分队进行复训和集结演练。

1997年,组织机关干部、职工进行作风纪律教育整顿,认真学习三大条令,要求以军人的标准严格要求自己,以尽快适应人武部收归军队建制后的军事生活。组织干部、职工学习高科技知识，完成高科技知识学习函授作业。同时，加强应急分队执行应急机动任务、处置突发事件等内容的训练，提高应急分队执行应急任务和处置突发事件的能力。在参加上级5个军事项目的考核中，获得单项2个第一名的好成绩，总分在全区排名第五。

1998年5月下旬至6月上旬，利用15天时间，组织民兵应急分队进行捕俘拳、盾牌、警棍操套路练习，以及轻武器实弹射击等科目的训练。在6月10日，军分区组织的考核验收中，取得总分良好的成绩。是年，组织人武部首长机关在职军事训练。9月，参加军分区组织的室内想定作业，共上交作业文稿33份；组织县领导过军事日活动，增强县领导干部的国防观念；7—9月，分别对云和中学的450名学生和县职技校的368名学生开展为期1周的军事训练。

2000年，继续抓好首长机关训练，军事理论学习，突出以高科技知识为主的科技练兵活动。通过对高科技理论知识的学习、微机操作、函授作业，提高“打赢”能力。同时，组织开展县、乡镇2级民兵应急分队军事训练和考核验收。3月，组织县民兵应急连开展为期15天的军事训练；6月，全县开展乡(镇)民兵应急排军事训练。紧水滩镇、石塘镇民兵应急排进行为期15天的军事训练，其他乡(镇)的民兵应急排进行为期5天的军事训练。年底，县人武部分3个考核组，对全县15个乡(镇)和县直属机关武装部进行综合考评验收。

2002年4月，组织县应急连和重点乡镇民兵应急分队，排长以上9名专武干部参加军分区军事集训，民兵教练员队伍整体素质提到提升。5月下旬至6月上旬，利用15天时间，组织石塘镇、云坛乡两地民兵，开展民兵炮兵专业技术分队军事训练；由云和镇基干民兵组成的民兵应急分队，展开重点乡(镇)民兵应急排军事训练，训练主要包括队列、政策法规、战备常识、收拢集结与机动、应急行动和专业技术等内容。在军分区组织的考核验收中，取得总分第二名的成绩。

2003年，依托地方科技力量，抓好人(专)武干部以掌握计算机运用为主要内容的新“六会”学习、训练。组织县“五大班子”领导过军事日活动，增强领导干部的国防观念。

图24-1-2　2003年5月，县民兵应急连盾牌警棍训练(县人武部提供)

2004年，根据上级要求和平时担负的任务，重点组织“三类分队”的军事训练。组织伪装防护、道桥抢修、通信分队、县民兵应急分队等专业训练；组织紧水滩电站民兵伪装防护训练。军事训练突出以实战为背景，实战意识增强，民兵预备役人员训、用能力得到提高。4月，在参与演习中，参演官兵贴近实战需求，群策群力，采取多种手段，严密伪装防护，实兵演练圆满成功，受到市国动委、丽水军分区的通报表彰。

2005年3月，分别组织县应急分队、高机专业分队、专业对口保障的通信分队和汽车运输分队、通信支援分队等专业训练，累计完成训练时间64天512课时。参加省军区赋予军分区组织的，保障专业分队的训练试点任务过程中，云和担负通信保障的训练课题，在没有教案、没有器材、没有教员的情况下，统筹协调，盘活资源，探索高新技术条件下，专业分队组训新路子，为上级提供大量的文字、图片资料及可借鉴经验，受到军分区首长的肯定与好评。4 月，首次组织高射机枪实弹射击训练；7 月，县民兵应急分队在军分区组织的实弹射击和围捕行动考核中，取得一优一良、总评第三名的好成绩。

图 24-1-3　2006 年 11 月，县民兵应急分队武装奔袭（县人武部提供）

2006 年，根据军分区年度民兵组织整顿工作指示精神，3 月，组织实施全县后备力量民兵组织整顿工作，整合落实基干民兵若干人，其中省军区明确力量分队若干支；军分区明确组建任务分队若干支，非应急作战力量若干支。整合全县普通民兵力量，占总人口的 10%以上。结合重点目标“三个现地”（现地编组点验、现地明确任务、现地组织训练）要求，对伪装防护分队、应急分队、通信分队实施“三个现地”点验，民兵分队遂行任务能力进一步提升。按照上级下达的民兵军事训练年度任务，4 月 3 日开训，至 5 月 16 日结束，共落实训练时间 61 天。其中，应急分队和专业技术民兵信息分队各 15 天；对口专业机动通信分队和伪装防护分队各 5 天；对口专业装备维修分队、工程抢修分队和伪装防护分队各 7 天。

2007 年，先后组织完成民兵分队军事训练，突出以应急分队、任务分队和协防分队训练为主，重点抓好任务分队“三个现地”演练，做到地点明、任务明、要求明、路线明，有效提高民兵队伍遂行多样化任务能力。训期 85 天。

2008 年，民兵训练突出做好“三结合”。即结合民兵军事训练的不同阶段，做好训练一个内容，锻炼一支队伍；结合演练，研究探索战时国防动员程序，锻炼分队紧急出动能力和指挥员的组织指挥能力；结合抗雪救灾、森林扑火等“急、难、险、重”任务，研究探索战时指挥程序和综合保障能力。全年，共组织 9 支分队若干人进行 100 天的军事训练。其中，落实“三个现地”训练分队；编写“三个现地”训练方案、演练行动方案图，达到“任务明、目标明、行动路线明、指挥明”要求。是年 5 月，重点组织县基干民兵反恐维稳分队，围绕“上海世博会”安保工作，进行 15 天的反恐维稳强化训练，突出实弹射击、盾牌警棍术、围捕行动等 3 个课目。

2009 年，围绕应急作战任务，分阶段、有计划地组织县民兵应急分队、民兵信息分队、通信分队、重要军事目标协防分队、重要经济目标安全警戒分队、伪装防护分队、心理战分队等任务分队，累计 95 天的军事训练。

2010 年，按照《民兵军事训练大纲》要求，组织民兵应急连、民兵应急分队、汽车运输分队、安全警戒分队等，累计开展 70 天军事训练。

第四节　武器装备管理

1992 年，县人武部根据浙江省军区有关文件精神，结合云和实际，实行军械仓库单设。制发《关于调整民兵武器装备管理和仓库建设工作职责分工的通知》，明确各科（室）在武器装备管理工作中的职责及相互关系。形成民兵武器装备管理工作，在部领导的直接领导下，以军械仓库为主，各科（室）相互配合的管理模式。同时，还鼓励职工开展以库养库活动。因地制宜，开发库区，发展种植业。库区种植各类果树 150 余棵、杉木 540 株、培育柑桔苗 3000 余株。既绿化库区环境，民兵武器装备管理场所也得到逐步改善。

1996 年，县人武部收归部队建制。民兵装备仓库按正规化建设要求，修订完善各项管理制度，规范物资堆放、排列整齐、堆垛稳固。

1998 年，为加强民兵武器装备仓库的正规化建设，解决干部、职工的住房困难，投入资金 35 万元，建造建筑面积为 650 平方米的宿舍楼。次年竣工，仓库职工全部搬入新宿舍楼。为保证仓库安全，在仓库生活区修建铁门，加强安防力量，安装“110”联动报警系统。

2000 年，云和县民兵武器装备仓库被南京军区评为武器管理先进单位。

2002 年，投入资金建造办公楼，改善办公环境。

2003 年，落实党管武装，部党委把武器装备管理作为一项政治任务抓落实，把武器弹药安全作为人武部保安全的重点，列入议事日程；部办公会议把武器仓库建设工作摆在重要位置，关系仓库安全建设的问题、存在的安全隐患与漏洞，边发现边解决；不断改善仓库职工的学习、生活环境，增设学习室、活动室，添加活动器材。在军分区组织的全区看管人员业务技能培训考核中，取得个人成绩全区第二名；武器装备仓库实现连续 22 年安全无事故。

2004 年，县武器装备仓库管理人员定期实施安全检查，查找并纠正仓库管理中的安全漏洞和隐患。同时，加强规章制度建设，健全并量化仓库的值班、交接班、登记统计、请销假、检查巡逻、保管维护、岗位责任等制度。加强职责管理，强化岗位分工。严格目标考核，把仓库业务分为枪械保管、弹药保管、装备及附备件保管、工具及安全设施保管、档案资料保管五大块，对工作实施细化管理，严格考核，奖勤罚懒。经统计，仓库全年开门通风 79 天，有效控制库房的温湿度，武器装备管理实现连续第 23 个安全年。是年，县民兵装备仓库被浙江省军区评为武器管理先进单位。

2005 年，针对武器仓库防雷设施年久老化难以修复，安全技术指标处于临界状态的情况，自筹资金更换、安装避雷针和消防器材等，及时消除安全隐患。8 月，根据丽水军分区遂昌会议精神，筹集经费完成民兵武器装备仓库库房各种张挂（贴）资料、警示牌的更换和武器仓库内、机械修理间的维修及部分电力线路等的改造，实现报警系统与公安 110 系统联网，利用闭路监控系统监视仓库的安全。

2008 年，加强看管队伍建设和武器日常维护保养，落实“昼三夜四”和干部住库值班制度。1 月份，对闭路监控系统的存储硬盘进行更换和升级处理，解决了监控有死角的问题；7 月，自筹资金把仓库避雷设施和消防设施重新进行安装更换；8 月，筹集资金对仓库张贴资料、警示牌进行更换，对枪械修理房及部分电力设施进行维修改造，及时消除隐患，提高仓库的安全系数。是年，县民兵武器装备仓库被省军区评为武器管理先进单位。

2010 年，县人武部按照规范化建设要求，协调地方政府投入资金，对仓库监控系统、“110”警报联动系统进行升级改造，对高压电网和器械修理工作间进行重新整修，对资料柜、制度牌等各类办公室设施进行制作更换，搭建冲锋舟存放间，梳理开通沟渠；县人武部还组织干部职工进行库区绿化、办公区旧围墙拆除、技术区围墙粉刷等工作。8 月 31 日，丽水军分区民兵装备仓库规范化建设试点工作现场会在云和召开。丽水军分区带 9 个县（市、区）人武部部长、副部长、部分参谋参加现场会，对县民兵装备仓库规范化建设进行观摩学习。

1998—2010 年，县民兵装备仓库连续 12 年被丽水军分区评为装备管理先进单位；被南京军区评为武器管理先进单位；先后 3 次被省军区评为武器管理先进单位。截至 2010 年，县民兵武器仓库实现连续 29 年安全无事故。

第二章　拥政爱民

县人武部、驻云和武装警察部队和全体民兵，牢记全心全意为人民服务的宗旨，把加强军民团结作为社会主义现代化建设的重要政治保证。传承和发展革命老区红色基因，开展军民共建社会主义精神文明活动，驻云部队全体指战员、广大民兵在“两个文明”建设中，自力更生，艰苦创业。在部队自身建设发展过程中，积极参与到驻地社会主义市场经济建设，开展以劳养武，扶贫帮困；主动承担各类急难险重任务，参与森林防火、抢险救灾、安保维稳等非战争军事行动，谱写一曲军爱民、民拥军、军民一家亲的赞歌。

第一节　维稳执勤　抢险救灾

1991 年，据统计，全县民兵共参加抢险救灾 539 人次。

1992 年，在配合公安部门维护社会治安中，出动民兵协助破案 96 起，抓获犯罪分子 30 名；发动民兵抢险救灾、护林救火等 2784 人次，抢救、转移群众 65 人，抢救物资 89 吨。

1994 年，全县民兵充分发挥突击队作用，全年协助公安部门破获案件 53 件，抢险救灾中救出群众 278 人。特别是在抢险救灾中,民兵应急分队反应快、纪律严、作风硬,受到县委、县政府表扬。

1997 年,在禁赌、禁毒、禁黄、抓逃犯等工作中,全县共出动民兵应急分队多次,配合公安机关破获 39 起案件,抓获不法分子 121 人。在完成各种急难险重任务中,全县共出动民兵 2385 人次。11 月 4 日,县民兵装备仓库附近的山林发生大火,危及民兵装备仓库。民兵应急分队召之即来,一夜间 4 次上山扑火,确保民兵装备仓库的安全。

1998 年,落实军警民联防制度,民兵参与维护社会治安、抢险救灾等任务。云丰乡成立民兵治安队,维护沙铺砻水电站工地的治安秩序;10 月 2 日,县林场枫树湾林区发生火灾,县人武部组织民兵应急分队近百人赶赴现场,及时扑灭山火。全年在完成各种急难险重任务中,出动民兵参加抢险救灾、维护社会治安 65 次。

1999 年,县人武部围绕创建文明县城、文明乡镇活动,发动民兵参与社会主义精神文明建设和维护社会稳定。人(专)武干部积极参与各种大型活动的安全保卫、维护秩序、维稳防恐等工作。安溪乡人武部出动民兵维护社会秩序,确保云和县庆祝中华人民共和国成立 50 周年游行队伍的安全。

是年,全县出动民兵参与抢险救灾 60 次,配合公安机关破获案件 41 起,抓获各类不法分子 143 人。

2000 年,在参与急难险重、维护社会治安等活动中,累计出动民兵 1300 人次,为驻地经济社会稳定作出贡献。

2001 年,省政府、省军区提出实施"创建工程、平安工程、治水工程、扶贫工程、绿色工程",组织民兵积极参与创建文明县城、文明村镇、文明企业、文明社区、文明岗位、文明家庭活动。在完成急难险重任务中,出动民兵参加抢险救灾达 75 次,配合公安部门破获案件 63 起,抓获各类不法分子 243 人,维稳工作得到县委、县政府肯定。

2002 年 2 月 7 日,县人武部组织民兵,配合县公安局、县委统战部、县民宗局,对位于云和镇贵溪村粮库后山从事封建迷信活动的 2 座庙宇进行炸毁和清理。5 月 4 日,云和镇长田村发生一起故意杀人案,犯罪嫌疑人吴某某逃往附近的山上。县人武部接报,立即组织民兵应急分队,配合地方公安部门,开展搜山和公路沿线设卡行动,成功将犯罪嫌疑人抓获。

2003 年,组织民兵完成第二届中国木制玩具节大型文艺演唱会的安保维稳任务,展现民兵的主力军作用。6 月 25 日 10 时 40 分,由于连降大雨,城区部分地段积水严重,城市防洪大堤有 2 处施工缺口没有完成,贵溪村部分农户房屋进水,情况紧急,县人武部立刻组织应急分队前往支援。7 月 25 日下午,紧水滩天堂坑、菖蒲砻、天堂坑口区域,发生多起山林火灾,县人武部紧急组织云和镇、紧水滩镇、石塘镇、朱村乡、云坛乡、雾溪乡、崇头镇民兵应急分队,配合武警、消防人员扑火。至当晚 22 时 30 分,经过 9 个多小时的奋力扑救,成功扑灭大火。经估算,此次山火过火面积达 200 公顷。

2004 年 1 月 22 日 16 时许,云和镇象山村炸药库后山发生山林火灾,县人武部组织民兵应急分队 80 多人,参与灭火。2 月 7 日上午 10 时,云和镇溪口村公路沿边发生山林火灾,火势迅猛，险情危及县煤气中转站和附近几个村庄百姓生命财产的安全。县人武部接报后，迅速组织基干民兵参加山林灭火。

2005年1月17日13时，县城北枫树湾一带发生山林大火。县人武部紧急组织县民兵应急分队，参与扑火行动。2月12日13时30分许，朱村乡朱村村三姑塘附近发生山林火灾。县人武部组织石塘镇、朱村乡民兵，参加扑灭火灾。2月13日13时左右，朱村乡石门坑村马蹄山发生山林火灾。县人武部迅速组织民兵分队，参与扑灭山火。2月17日4时52分，云和镇贵溪村一民宅因电线短路起火，云和县消防大队先后出动3辆消防车，23名官兵参与灭火。火灾于6时55分被成功扑灭。此次火灾，共造成4人死亡、4人受伤，直接经济损失达250万元。4月7日，云和镇河坑村叶家公路边发生山林火灾。县人武部组织民兵应急分队、普通民兵参加灭火。4月28日16时30分许，紧水滩镇石浦村附近发生山林火灾，县人武部组织民兵参加灭火。

2006年4月4日上午，县人武部组织云和镇、紧水滩镇、雾溪乡民兵应急分队，共100多人参加山林灭火。7月14日，崇头镇砻铺村受第4号台风强降雨影响，县人武部组织崇头镇基干民兵35人，协助政府转移受灾村民400余人。

2007年4月12日，县人武部组织云和镇、石塘镇、朱村乡、云坛乡民兵110人，参与朱村乡石门坑村山林灭火。11月1日晚，组织云和镇、崇头镇民兵应急分队85人，协助地方公安部门，参与云和县第三届玩具节烟火晚会的安全保卫工作。6月1日，武警县中队6名战士奉命，协同县看守所4名民警，押解11名犯人前往十里丰监狱和十里坪监狱。途中发生车祸，5名武警战士受伤昏迷。其中，有3名犯人企图趁机逃窜。班长彭科不顾伤痛，灵活处置，有效控制犯人，被授予个人三等功1次。全年出动民兵参加地方执勤3次、扑灭山林火灾9次。

2008年1月至2月，县域持续遭受罕见的大范围雨雪冰冻灾情。地处海拔1000多米高的4个乡镇，出现严重冰冻险情。县人武部主动向县委、县政府请缨，紧急启动抗雪救灾应急预案。组织发动全县民兵预备役人员，投入抗冻救灾第一线。先后出动7支民兵专业分队2138人次、调动8个乡镇民兵应急小分队120余人，扫除路面积雪18千米，清除路面结冰7千米，抢修电路断点85个、通信发射塔4个，维护高压线路、有线电视线、光缆线路60多千米，修复电塔2个，搬运电线杆112根，埋电线杆45根，架线17道1295米。部党委发动干部职工和专武干部向灾区献爱心活动，捐款捐物近万元。3月1日至3日，云和镇云章村、长田村，崇头镇三望栏村，赤石乡麻垟村等地，连续发生四起山林大火。县人武部共组织民兵应急分队440多人次，参加山林灭火。

2009年1月17日，云和镇枫树湾生态林发生火灾，县人武部共组织云和镇、紧水滩镇、朱村乡、石塘镇、崇头镇、雾溪乡、安溪乡、云坛乡、赤石乡等9个乡镇民兵，参加山林灭火行动。

2010年5月至6月，全县遭受连日暴雨，受灾十分严重。多数乡镇受到洪水威胁，存在山体滑坡隐患。灾情紧急。县人武部作出部署，各乡镇迅速组织和收拢民兵应急分队待命。先后出动民兵参与人员、物资转移和抢险救灾。12 月中旬，全县下起十年不遇的大暴雪，积雪厚达 20 多厘米。由于大雪覆盖，导致县城至 7 个乡镇的道路中断。县人武部组织民兵应急分队分布到各受灾点。扫除道路冰雪，开通道路 30 余千米。

第二节　以劳养武

1992 年，小顺乡、云坛乡民兵带头参与农业综合开发。小顺乡的民兵板栗基地、云坛乡的民兵水干果基地皆形成一定规模，经济效益、社会效益明显；石塘镇民兵创办劳武企业 1 家。是年，全县民兵参加兴修水利 6877 人次，修复水渠水库 107 处；参加植树造林 3601 人次，造林面积 5307 公顷，植树 159.16 万株。为加速劳武企业发展，适应社会主义市场经济和后备力量建设，特地成立以劳养武企业办公室，实行自主经营，自负盈亏。

1993 年，以民兵预备役人员为主体，全县开发水干果基地 67 公顷；创办劳武企业 26 家，年创利润 5.8 万元。

1996 年，广大民兵围绕县委“脱贫致富奔小康”的奋斗目标，积极参与农业开发、扶贫帮困等活动。石塘镇民兵搞农业开发成为全县的典范；雾溪乡水竹垟村民兵护林队为村经济发展保驾护航，受到省政府、省军区的通报表彰。

1997 年，由民兵参与的农业开发、扶贫帮困工作取得成效。石塘镇民兵的千亩板栗基地进入丰产期；紧水滩镇民兵参与的网箱立体养殖初见成效；沙溪乡部分民兵参与开发的千亩美国加州李基地初具规模。是年，全县人武系统帮扶贫困户 87 户，已脱贫 48 户，脱贫人数达 300 余人。

1998 年，云和镇民兵成建制出动，修复被洪水冲毁的水利设施。

2006 年，县人武部发挥桥梁作用，帮助退伍军人、现役军人解除后顾之忧。配合地方民政部门，做好退伍军人优抚安置工作。全年，共发放退伍军人安置经费 393106 元。年底，按上年度全县人均纯收入 100%的优待标准，协助民政部门，为全县现役军人家属发放优待金，共发放优待金 616640 元。

2007 年，推进双拥共建工作，为现役军人家属维护合法权益 6 起。协调地方，督促抓好由省军区捐助的爱心小学（县城西小学）教学楼落成，并投入使用。

2008 年，围绕地方经济社会发展，密切军政军民关系，开展军民共建活动。民兵预备役人员参加“平安云和”“和谐云和”“新农村”建设；帮助“特困户”、“五保户”、烈军属户，开展种植、抢收工作。

2009 年，对 16 户贫困家庭落实结对扶贫措施；筹措资金 30 余万元，为沙铺乡建造 6 千米的康庄公路；向沙铺乡贫困户捐款近 3 万元；“省军区爱心小学”落成。协调地方部门，安置落实人武部 1 名随军家属的工作问题。

第三章　战备建设

通过学习、教育、训练，巩固人（专）干部、职工队伍思想基础，强化意识形态领域的建设，为国防后备力量建设提供人才队伍保证；适应经济社会发展和军事斗争形势，拟制战备方案，开展战备演练；狠抓战备制度落实，规范战备秩序，常态落实战备值班，建立健全战备值班分队；依托科学技术与信息化发展水平，加强并完善战备设施建设，提升战备装备保障能力。

第一节　队伍建设

1991年，加强干部队伍思想政治建设，保证党对武装工作的绝对领导，确保干部队伍思想上纯洁、政治上合格。落实党管武装制度，自觉接受、服从军分区和县委、县政府的双重领导，坚持请示、报告、汇报工作等制度，在干部选拔提任、选送省人武干部学校学员等用人问题上，坚持集体讨论、发扬民主、听取多方意见。

1992年，在上半年撤区扩镇并乡工作中，针对乡镇专武干部思想波动大的情况，先后两次召开全县专武干部会议。抓作风纪律教育、找个别人员谈话，稳定队伍的情绪。是年，对3名专武干部予以免职；招聘一名中专毕业生到机关工作。

1994年，按照《司令部建设要则》和省军区《〈司令部建设要则〉实施细则》，注重干部队伍在职训练和实践锻炼。8月，开展为期20天的参谋业务训练。10月，组织6名人员参加地方微机操作培训。有2名参谋参加高等院校的函授学习。

1995年，按照新的《现役军官服役条例》，贯彻干部队伍"四化"方针和德才兼备的原则，搞好干部调整配备。基层人武部长全部进入同级党委，兼任党委委员。配齐配强机关干部，抓好干部的在职培训，开展"一专多能"业务训练和考核，做好人武部收归军队建制前的干部准备工作。

1996年，根据中央、省、地有关文件精神，按照人武部收归军队建制的要求，统一思想认识，采取措施，严格执行。在8名需地方安置的人员中，2名科级领导予以安排相应职务；3名干部分别安置在县公安局、工商局、财政局；3名职工分别安置在县城建局、土管局、电力局。对编入军队建制的干部，落实人武部新编制体制，授予相应军衔。

1997年，组织机关干部、职工开展作风纪律教育整顿，学习三大条令，在专武干部的选拔使用中，坚持德才兼备和民主、公正的原则，提升3人，调整3人，免职3人。是年，从全县退伍军人中择优招聘3名专武干部，为解决专武干部进出难探索新路子。

1999年，抓首长机关作风纪律建设。通过条令条例月的学习，开展“整军容、严军纪、抓安全，以崭新风貌迎接建国五十周年”教育整顿活动，突出“三个”管严管住，注意纠正“三个不正常”，抓好“三个严禁”，增强干部队伍的条令意识，规范“四个秩序”。注重对新入伍人员的业务培训，组织全体干部参加电脑操作技能训练。

2000年，深入开展“三讲”（讲学习、讲政治、讲正气）教育，自觉抵制腐朽思想文化的侵蚀，建立健康纯洁的党群关系、官兵关系、军民关系。

2001年，坚持贯彻“三个代表”（中国共产党要始终代表中国先进生产力的发展要求 中国共产党要始终代表中国先进文化的前进方向 中国共产党要始终代表中国最广大人民的根本利益）重要思想和以德治国的基本方略，落实以听党指挥、爱国奉献、爱军习武、尊干爱兵、严守纪律、坚守气节、艰苦奋斗、文明礼貌为内容的《军人道德规范》，同依法从严治军结合起来，引导干部队伍自觉践行正确的道德准则。

2002年，坚持以作战任务为牵引，抓好首长机关训练，采取理论学习、作战问题研究、战场勘察和技能训练，提升干部队伍的能力和素质，全年完成年度训练30天；抓好专武干部训练，参加军分区组织的以新“六会”“五能”为主要内容的集训。抓好条令条例的贯彻落实，加强“两个以外”（8小时以外、营区以外）人员管控，规范“四个秩序”（战备秩序、训练秩序、工作秩序、生活秩序）。

2003年，加强首长机关和专武干部训练，落实本级按纲施训试点工作，抓好两级机关“六会”（会读、会记、会算、会写、会画、会传）、“五能”（分析判断能力、运筹谋划能力、组织协调能力、检查指导能力、研究创新能力）和合同训练。

2004年，开展“强素质、正风气、树形象”学习教育，增强党委班子抓建设谋打赢的责任感、使命感，营造“凭素质立身、靠实绩进步”的浓厚氛围，依托“以部带科”政工干部集训，开展岗位锻炼，鼓励干部在职自学、参加函授再教育，提升干部队伍整体素质。

2005年，以“实践‘三个代表’重要思想、提高素质能力、争当打赢先锋”为主题，在全体党员干部队伍中，深入开展保持共产党员先进性教育活动，切实为“打得赢”“不变质”提供坚强的思想和组织保证。

2006年，围绕学习贯彻科学发展观，对全县人武干部和民兵预备役人员，分季度组织开展学习教育活动。第一季度，以“坚持两尊重、当好主人翁”为主题；第二季度，以“学党章、知党章、用党章”“社会主义荣辱观”为主要内容；第三季度，围绕保方向、保本色、保打赢的标准和要求，组织学习《江泽民文选》、中共十六届六中全会精神、《中共中央关于社会主义和谐社会若干重大问题的决定》；第四季度，组织开展“忠实履行新世纪新阶段我军历史使命”“国际法、战争法、海洋法”等专题教育。

2007年，抓好中共十七大精神学习，把思想和行动统一到党中央、中央军委的战略部署上。先后组织全体干部职工收听、收看十七大开幕式，聆听胡总书记的讲话；参加军分区贯彻十七大精神学习辅导。深化对十七大精神重点环节的理解、把握；全年组织开展以“增强事业心责任感为核心的使命教育”“社会主义核心价值体系教育活动”“尊干爱兵教育”“赞颂辉煌成就，坚定理想信念”“物权法”等专题教育30天。部机关在组织学习《江泽民文选》、深入学习贯彻中共十七大精神、《中共中央关于社会主义和谐社会若干重大问题的决定》等政治理论的同时，还经常性地开展安全形势教育，以“四反”“保密”为重点，收看收听警示教育录像片，巩固干部队伍的意识形态基础。

2008年，结合纪念改革开放三十周年、汶川特大地震灾害，以及奥运会、残奥会在北京举行的大背景，面对国内外复杂的严峻形势，部党委保持清醒头脑，做到在政治大局下开展思想政治教育。把主题教育与经常性教育结合起来，搞好遂行不同任务与抓好随机教育的相互融合，灵活采取学习辅导、讨论辨析、心得体会，读报剪报、新闻点评等形式，推出丰富多彩的文化套餐，确保教育内容、人员、时间和效果的“四落实”，保证干部队伍的纯洁可靠。

2009年，抓好专题教育，组织“深入学习实践科学发展观活动”“党委中心组带机关的理论学习”“学习贯彻党章”“深刻理解构建和谐社会，积极参加‘四个文明’建设”“当代革命军人核心价值观教育”和“三个带头”教育等专题学习教育活动；同时，运用军人核心价值观教育统揽经常性的思想教育，突出以“四反”隐蔽斗争、“保密”为重点的安全管理教育，收看《警钟常鸣》《用忠诚捍卫国家安全》等警示性法制教育系列片和“四反”隐蔽斗争教育系列片，提高干部职工队伍的思想政治觉悟。

2010年，县人武部按照思想政治教育大纲，依据军分区教育计划，结合人武部工作任务与国内外形势，以军人核心价值观教育为题材，开展向何祥美、徐钢、马勇、纪晓飞等先进典型学习活动，同时，还开展以战斗精神、形势战备、安全保密、全民国防教育等经常性思想教育。2月，以“条令学习月”活动为契机，突出抓条令条例的学习贯彻和人、车、枪、弹、密的安全管理，落实出操、交班会、上下班、安全检查等制度。7月，结合新条令的颁发，原原本本的学习，指定干部备课示教，对新条令修改的部分内容进行重点学习辅导，达到以条令条例来规范约束每名干部职工言行的目的。

第二节　军事训练

首长机关训练

1991年以来，县人武部系统抓好按纲施训，贯彻以军事训练为重点，突出首长机关指挥演练、人（专）武干部军事业务训练、参谋人员“六会”（即会读、画、写、记、算、传）训练、基干民兵和应急分队军事业务训练。

1992年，为参加地区民兵阅兵比武，县人武部组织机关人员、专武干部、民兵共同开展训练，在阅兵比武中取得好成绩。全年，完成人武部机关干部30天、专武干部15天的军事训练任务。经考核，成绩良好。

1996年，抓好机关干部在职军事训练。根据上级要求，制订《1996年首长机关第一阶段军事训练计划》。训练采取个人自学与集中辅导相结合的方法，提高军事学习、训练的效果。

1997年，人武部机关干部完成全年30天的军事训练任务，提高机关干部军事素质。

1998年，组织人武部首长机关的在职军事训练。9月，参加军分区组织的室内想定做业，共上交作业文本33份。

2000年，按照《军事训练大纲》要求，围绕地面防卫、战场管制、重要目标警戒任务做文章，加强人才培养。以按纲施训为基本手段，狠抓干部系统性知识学习，强化机关作战指挥演练、业务技术训练的落实。落实首长机关训练48天336小时，着力提高干部的指挥作战、组织训练、管理部属能力。

2003年，突出抓好干部的在职训练,完成人武部首长机关共同课目训练任务。3月，选送3名参谋干事在军分区组织的参谋业务技能竞赛中，1名参谋取得个人综合成绩第一名，1名干事取得手枪射击单项成绩第一名。

2004年,围绕应急作战准备,组织机关干部按纲施训。4月，参加丽水军分区组织的实兵演习，取得好成绩，受到丽水市国动委、丽水军分区的通报表彰。10月，在省军区组织的抽考中，取得总评优秀的成绩。

2005年，根据上级提出的年内基本具备应急作战能力的要求，紧贴作战任务，构建精确具体、上下配套的计划方案体系，10月，完成县人武部本级应急作战方案计划。认真组织首长机关按纲施训，按照个体训练、集体训练、整体合成的步骤实施递进训练，完成体能、参谋业务技能、合成组织指挥等科目训练、考核。参加军分区组织的首长机关业务集训的6名干部，经考核取得个人总评优秀、团体总分第二的成绩。完成省军区赋予驻地某保障分队的训练试点任务。

2006年，县人武部共落实首长机关52个训练日，完成训练大纲规定的共同科目、业务基础和战术作业训练内容，并参加省军区组织的战役演习。参与人员按照军分区统一组织，与友邻单位共同参演交通管制、道桥抢修、医疗救护、运输保障和防卫警戒等实兵行动，重点演练民兵保畅通力量的“动员集结、临战训练、训练保障、战斗实施”等重难点问题。对县人武部作战方案和配套保障方案进行修订和推演，通过研究攻关，进一步完善应急作战方案和作战配套保障方案。全年首长机关训练考核年度训练成绩总评良好，3个单课目成绩第一，在军分区、省军区组织的年度军事训练检查中得到上级机关的肯定。

2007年，按照“仗怎么打、兵就怎么练”的要求，开展首长机关训练。1—9月，开展与职责相应的业务基础、指挥技能、战术作业训练，共落实73天483小时。4—6月，分阶段组织专武干部集训3次10天，通过理论学习、军事训练、业务知识技能训练，观看“三个现地”组织与实施录像，组织编写各类方案、教案等形式，提高专武干部队伍能力素质。4—9月底，先后组织完成民兵分队85天的军事训练，突出以应急分队、任务分队和协防分队训练为主，重点抓好任务分队“三个现地”演练，做到地点明、任务明、要求明、路线明，有效提高民兵队伍遂行多样化任务的能力。

2008年，县人武部按照《军事训练大纲》要求，围绕地面防卫、战场管制、重要目标警戒任务做文章。落实首长机关训练48天336小时，提高干部的指挥作战、组织训练、管理部属能力。3—7月，结合民兵军事训练的不同阶段，做好每个阶段训练一个内容，锻炼一支队伍；结合演练，研究探索战时国防动员程序，锻炼分队紧急出动能力和指挥员的组织指挥能力；结合抗雪救灾、森林扑火等“急、难、险、重”任务，研究探索战时指挥程序和综合保障能力。

2009年，县人武部按照军分区部署，在狠抓干部系统性知识学习的基础上，强化机关作战指挥、业务技术训练的落实，有序开展首长机关训练。全年落实首长机关军事训练40天、共计520小时。经考核，人武部全体干部军事理论、实弹射击及体能均达到良好以上。8月，结合军分区网上战术室内作业，组织机关全体干部进行各类作战方案和配套保障方案的修订和推演。

2010年，县人武部按照军分区首长机关训练计划要求，对部队业务基础知识、作战指挥技能、战术作业、武器操作使用等内容进行学习训练。全年共落实首长机关军事训练61天、共计427小时，落实体能训练243小时。经考核，人武部全体干部军事理论、实弹射击及体能均达到良好以上。

武警中队训练

1991年，贯彻中央军委《军事训练条例》和武警总部《军事训练若干规定》，结合中队任务，从执勤和处置突发性事件的实际需要出发，认真抓好训练质量。组织官兵开展射击、擒敌、战术、军体、5千米越野“五项全能”训练竞赛。10月，抽调官兵参加地区支队组织的军事比武，取得良好的成绩。

1995年，按照新颁发的《军事训练若干规定》和《军事训练大纲》要求，突出干部骨干训练和干部跟班作业。中队建立由中队长、指导员和各班长组成的军事训练领导小组，制定明细的军事训练计划，提出具体的训练要求，军事主官把主要精力集中在军事训练和提高处置突发性事件的应变能力上，推动中队军事训练和执勤任务的完成。

1996年，加强体能训练，每月定期进行体能测试，主要内容有长跑、越野、单双扛、俯卧撑、仰卧起坐等，训练中严格要求，科学练兵，军事技能有较大幅度的提高。年终考核除队列良好外，其他课目均取得优秀成绩。在支队验收考核中，越野为优秀，5千米长跑成绩比上年快1分钟，防爆骨干军事比武从上年的第十名上升到第六名；战术、队列、军体等均在良好以上，射击项目为全优。

1997年，中队军事训练仍以基础训练为主，加强长跑、单双扛、越野、俯卧撑、仰卧起坐等基础课目的训练强度。年终考核各项课目均为优秀；在支队考核中，越野、射击2项为优秀。

1998年，着重抓射击、擒敌、战术、军体、越野、执勤业务等基础课目的训练，年度军事训练课目获得全优的好成绩。中队指导员吾忠法参加浙江省总队基层警官军事比武中荣获擒敌技术个人第二名的好成绩，被丽水地区武警支队荣记三等功1次。

1999年，每天坚持跑1次5千米、坚持“四个一百”(每人练100个俯卧撑、100个单双扛动作、100个仰卧起坐、100个推杠铃)，体能和基本功有明显的提高，年内完成全部训练项目，在支队考核验收中，获得8个优秀，2个良好的成绩。班长张庆红、杨景勇在支队尖子比武中，分别取得第四、第八名的好成绩。

2000 年，中队把军事训练作为和平时期提高部队战斗力的重要途径，组织官兵奋战 60 天，建成 400 米障碍训练场。严格按照《军事训练大纲》的要求，结合新形势下武警部队建设实际，侧重抓好擒敌、射击、战术、越野、400 米障碍、执勤业务、警棍、盾牌等军事课目的训练。中队年度军事训练成绩达到总评优秀。

2001 年，着重抓擒敌、射击、军体、越野、执勤业务的训练。9 月，在参加支队军事大比武中取得总评第四名的好成绩。班长傅光磊在参加浙江省总队防爆尖子军事大比武中取得优异成绩，被支队荣记三等功 1 次。

2002 年，中队根据新时期军事特点，组建防爆小分队，加强处突和反恐训练，并取得可喜的成绩。7 月，在参加支队防爆小分队比武中，取得总分第四名的好成绩。司务长程璋在参加总队教学法比赛中，取得第二名的好成绩，并获得"全军优秀四会教练员"称号，被支队荣记三等功 1 次。

2004 年，确立军事训练"进五争三"的目标，并采取分层次、分阶段、定期考核的方法。分层次，即按照《军事训练大纲》要求，把训练主体分为干部、士官骨干、战士 3 个层次，对每个层次的训练内容和训练重点都作进一步的明确。在加强防爆小分队建设的同时，重点加强对在职班干和素质较全面的战士的军事技能培训，突出培养军事尖子。分阶段：即按照全年训练计划，坚持体能与技能科目搭配，教学与复训方式结合，针对较为薄弱的科目和短时间内较难提高的科目，采取分段训练的方法。5 千米、400 米障碍等科目，1 个阶段制定 1 个整体目标，同时针对每个人的实际，制定个人的训练小目标，以此推动全员训练素质的提高。定期考核：即通过小会操、小考核、小比赛等各种形式，开展军事小竞赛活动，以激发官兵的训练热情。全年组织 19 次军事考核，4 次军事小比武，20 多次小会操，提高了中队的整体军事素质。9 月，在支队军事比武中，5 个科目有 2 个获得团体第二名，副中队长郑利华被支队荣记三等功 1 次。

2008 年，以"军事训练为突破口"，推动全面建设的建队。以规范训练秩序、巩固体能、稳定技能、整体提高军事训练满足中心任务的需要。训练分为基础训练、单科训练、巩固提高、综合强化、定期考核等五个阶段；把训练人员分为干部、士官、义务兵三个层次，制定不同的训练目标。在勤务训练方面，面对新的形势，开展"三个一遍"活动，强化勤务训练。抓好新兵上岗前的"四哨"动作训练，加强实地操练，按照"情况处置六个程序"进行训练。7 月，参加支队全员大比武，取得团体第一名的成绩。

2009 年，中队坚持训练工作经常化，对军事训练工作做到"五清"，即"训练基础清、训练质量清、训练条件清、训练潜力清、训练措施清"，强化对中队训练工作的过程管理和督导。树立"练为战"的思想，针对参与处突勤务多的实际，结合山区特点，开展越野、爬山等体能训练，组织设卡堵截、山地行动防暴队形、协同动作及夜间紧急出动、搜索观察、设伏等内容的训练。10 月，参加支队反恐比武，取得团体第三的好成绩。

2010 年，中队坚持"训为勤所用"，抓专勤专训、专哨专训和专兵专训，培养单兵单哨的处置能力，实现“一般情况会处置、特殊情况能应付、重大情况有对策”的目标。在经常性训练方面，严格按纲施训，科学组训，坚持干部先训、士官领训、全员普训。8月，中队参加支队组织的半年军事训练考核中获得团体第四名、射击科目单项第一名。10月，中队参加总队年终军事训练考核，成绩总评为优秀。

第三节　战备设施

20世纪90年代初，县人武部自身经济条件较差，“造血”功能不强；县财政底子较为薄弱，对战备设施投入有限。战备设施仅局限于满足日常战备训练、值班需要，射击靶场也是在山凹中临时开设，难以达标。

1992年，向省军区借用一笔资金，用于民兵训练基地的改建和完善配套设施，提高民兵训练基地利用能力。

1996年，县人武部收归军队建制期间，县财政拨付资金，用于人武部的基础设施建设。对办公楼和营区环境进行修缮和改造。县有关部门及时为人武部办理房产证和土地使用证，使人武部房产凭证手续完备，权属明确。营区内功能区块划分明确，生活区、工作区、训练区、战备值班区各自相对独立。

1997年，对营房营具、战备设施进行清点、登记造册、责任到人。作战值班室配备无线电话和电视电话、传真机。

1998年8月，在县民兵装备仓库生活区，兴建干部职工宿舍，用于解决干部周转用房和改善仓库职工的住房条件。

1999年6月，新干部职工宿舍楼工程竣工。同年9月，住房分别租给干部、职工使用。

2000年3—4月间，投入资金组织干部职工利用双休日和节假日时间，对营（库）区环境进行整治。同时，做好以劳养武，利用基地空闲场地搞创收，将闲置住房和酒家餐厅予以出租。是年，县人武部投入资金对民兵基地和靶场进行整修，改善战备设施条件，推进军事训练场地的标准化、规范化。

2001年2月26日，丽水军分区组织的各县（市、区）人武部正规化建设现场观摩会，在云和县人武部召开。

2002年3月，在云和镇、云坛乡进行基层武装部规范化建设试点。5月，组织全县武装干部进行观摩，统一建设标准。县人武部投入资金，为作战值班室配备程控电话、计算机；各科室配置电脑、空调；装修党委会议室。投入资金，对单身干部宿舍、办公室等进行改造和装修，添置营房营具，改善生活、办公设施。10月，投入资金动工兴建县人武部民兵武器装备办公楼；投入资金美化营院环境，并继续保持军级卫生先进单位的荣誉称号。

2003年4月，按照“三库一室”战备建设要求，完善办公指挥自动化建设。民兵武器装备仓库新办公楼工程竣工，并通过验收，器材库、资料室、学习室、会议室、办公室、值班室等场所完备，为民兵武器装备仓库的正规化建设奠定物质基础。同时，投入资金，完善办公、指挥自动化建设。

2004年2月17日，军分区基层规范化建设检查组到县人武部检查指导工作，分别对紧水滩镇、朱村乡、雾溪乡、云坛乡人武部进行检查。

2006年，以《基层人武部规范化建设标准》为依据，着力在党管武装、民兵预备役资料建设、基础设施配套、民兵整组训练和专武干部队伍建设等方面进行规范和统一。通过抓紧水滩镇人武部基层规范化建设试点和石塘镇小顺村民兵连部规范化建设试点，并推广全县。围绕军事斗争准备，落实应急动员任务。县人武部与县人民政府、工商银行云和县支行、中国石化云和县分公司、县防汛办、县公路段及石塘镇、崇头镇、紧水滩镇等单位签订各类物资、装备、车辆、资金等战备征用协议。安装人武部作战会议室电视电话会议系统，并改造作战会议室，完善各类图板、职责制度牌等。

2007年，修缮干部职工宿舍楼，完善机关办公场所设施设备。按民兵应急连编制数配备应急储备物资。3月，丽水市战备物资储备现场观摩会在云和召开。

2009年，对民兵装备仓库监控系统和消防设施进行升级改造，对人武部保密室进行整修。8月31日，丽水军分区民兵装备仓库规范化建设试点工作现场会在云和县民兵装备仓库召开。县人武部在云和镇、崇头镇组织开展了基层规范化建设试点工作。9月15日，在云和镇召开基层规范化建设现场会。11月，第一批基层8个单位率先通过基层规范化建设验收。12月，军分区对基层规范化建设进行考核，取得较好效果。

2010年，对民兵装备仓库监控系统、公安“110”警报系统联动系统进行升级改造，对高压脉冲电网和器械修理间进行维修，搭建冲锋舟存放场所。

是年，根据实际办公需要，向县政府争取支持建设资金，用于新办公楼建设，通过前期的工程立项、审批、设计、公开招投标等程序，扩建工程于3月12日开工，同年9月28日竣工，完成办公楼主体工程、室内装修及附属工程。同时，对老办公楼和食堂进行修善。完善“三室一库和六小设施”建设，更换办公桌椅，改善办公条件，优化办公环境。

第四节 战备演练

1992年，修订和完善战争初期作战预案、局部战争预案、兵员动员预案、军警民联防预案和各种保障计划。各乡(镇)相应成立联防指挥组，修订战备执勤、军警民联防等应急行动方案。按照上级军事部门的要求，由云和镇、沙溪乡和新华厂民兵组成县应急分队，做好战备工作，提高应对突发事件的能力。

1994年，完成国防潜力调查工作。国防潜力调查统计工作被丽水军分区评为第一名。抓好民兵整组，全县基干民兵组建面达98%。同时，组织县武委会、国防教育委员会成员进行“国防杯”手枪实弹射击比赛。

1995年，加强党管武装力度，保证军令畅通。对涉及全县武装工作的重大问题，都及时向上级军事机关和县委、县政府领导做好请示汇报。按照德才兼备的要求，于年初按编制配齐人（专）武干部，充实一批素质较好，文化程度较高，有发展前途的专武干部。

1997年，面对东南沿海出现的复杂局势与变化，做好军事斗争准备。围绕新形势下可能出现的战时兵员动员、平时征兵难和基层民兵工作的新情况、新问题，开展课题研究，撰写调查报告、论文6篇，其中，2篇论文分别获军分区第2、3名。

1998年，加强军事斗争课题研究和准备，制定《云和县人武部军事斗争准备8项任务3年工作规划》；制定《云和县民兵预备役工作调整3年规划》；围绕高技术条件下登陆战役中浙江方向战场保障课题和新时期民兵预备役工作调查研究，撰写《云和县动员和组织保障登岛作战部队机动集结问题的研究》等6篇学术研究文章。

2000年，开展民兵预备役的调整改革工作。根据地区行署、军分区《关于丽水地区深化民兵预备役工作调整改革实施方案》，坚持从实际出发，压缩基干民兵规模，调整民兵组织，加强民兵政治建设，提高民兵训练质量，优化民兵组织整体结构，使民兵预备役工作更适应"战场"的需要和"市场"的要求。

2001年年初，县国防动员委员会在县人武部举行首长机关战时行动演练。主要内容有战时指挥、战时通信保障、战时后勤保障和沙盘战例推演等，县委县政府主要领导及分管部门领导参加演练。

2002年，县人武部结合驻地实际，完善动员预案和保障计划，组织研究、探索、完善现代条件下人民战争的组织形式，抓好基层人武部建设。3月，在云和镇、云坛乡进行基层武装部规范化建设试点。5月，组织全县武装干部进行观摩，统一建设标准。6月，开展退伍军人预备役核对、统计工作。8月，开展民兵组织整顿。9月，开展兵役登记工作，为全县本年度适龄青年颁发公民兵役义务证。

2003年，结合云和县后备力量建设实际，围绕战时云和县防区担负的"保交护路"任务，修订完善战时重点目标的伪装与防护行动方案，做好军事斗争准备。

2005年，坚持党委统揽、主官主抓、特事特办、军地合力的工作原则，重点做好反应急作战准备。召开后备力量作战资源整合工作协调会议；县后备力量整合工作领导小组；召开全县人（专）武干部武装工作会议。组织实施年度后备力量作战资源整合，提高领导战备训练意识和民兵预备役分队遂行应急作战任务的能力。

2006年，根据省军区和军分区演习任务安排，县人武部现役干部同步参加战役演习。按照军分区统一部署并与友邻单位共同参加交通管制、道桥抢修、医疗救护、运输保障和防卫警戒等实兵行动，重点演练民兵保畅通力量的"动员集结、临战训练、训练保障、战斗实施"等重难点问题。对县人武部作战方案和配套保障方案进行修订和推演，通过研究攻关，进一步完善应急作战方案和作战配套保障方案。

2007年，按照军分区演习任务部署，县人武部在紧水滩镇组织民兵进行实兵演练。重点围绕"平战体制转换、动员指挥编成编组、理解任务、判断情况、战时后装保障"等重点难点，开展演练，提高民兵队伍遂行任务的能力。县委、县政府主要领导、县国动委“八办”成员和基干民兵物资保障分队、重要目标安全警戒分队参加。

2008年，北京举办奥运会的特殊年份，县人武部落实节假日战备值班36天，奥运安保战备值班190天。组织联合县公安局“110”巡特警大队，对人武部机关、民兵装备仓库可能出现的恐怖袭击，开展多次奥运安保反恐维稳演练活动，提高军警民联防联控运行机制。

2010年，县人武部从应急分队抽调60人组成世博安保分队，修订各类“反恐维稳”应急处突预案。5月11—15日，根据预案和地方实际情况，开展为期5天的“世博安保”非战争行动训练演练，以担负地方战备执勤任务、抢险救灾、防暴反恐和协助处置社会突发性事件等非战争军事行动为内容，联合县公安局“110”特警大队、交警大队，对境内重要经济目标、军事目标、驻地机关、学校以及重要交通枢纽进行战备执勤和“反恐维稳”演练。

第四章　国防动员与国防教育

1998年，云和县国防动员委员会及其办公机构建立，主要任务和职责是贯彻积极防御的军事战略思想，落实中央、南京军区和省、丽水市国防动员委员会有关国防动员工作的方针、政策、命令、指示；依据上级的总体规划，组织制定全县国防动员规划、计划和具体动员方案；检查监督国防动员法规的实施和国防动员计划、方案的贯彻执行；组织协调全县政治、军事、经济、社会等方面的国防动员工作；组织领导全县的人民武装动员、政治动员、经济动员、信息动员、人民防空、交通战备、军运供应等工作。利用全县领导干部过军事日、民兵整组点验、学生军训等各种时机，开展以爱国主义为核心的国防教育，增强全民的国防意识，不断适应现代化战争条件下的军事斗争准备，依据《国防教育大纲》，对全民进行国防理论、国防历史、国防形势、国防精神、国防法制、国防经济和科技知识教育。

第一节　组织机构

1992年，县人武部调整和充实应急指挥班子。建立由县人武部、公安、交通、邮电等部门领导组成的应急指挥班子；各乡（镇）相应成立联防指挥组，云和镇、沙溪乡和新华厂民兵组成县应急分队。

1995年，县人武部从战备需要出发，按照德才兼备要求，配齐配好人（专）武干部。8月，组建县民兵应急分队，组建乡（镇）民兵应急分队。

1998年，做好军事斗争准备工作。根据上级“关于成立各级国防动员委员会的指示”精神，成立云和县国防动员委员会，为云和县国防动员工作的领导机构，接受上级国防动员委员会和县委、县政府及县军事机关的领导，并对人力、物力、财力诸方面的动员起综合平衡和指导作用，负有组织、计划、协调、监督的重要职责。云和县国防动员委员会下设人民防空办公室（设在县人民政府）、人民武装动员办公室（设在县人武部）、交通战备办公室（设在县交通局）、经济动员办公室（设在县发展计划局）。

2000 年 4 月，县国防动员机构增设政治动员办公室（设在县人武部）、综合办公室。

2003 年 5 月，增设信息动员办公室（设在县发展计划局）、科技动员办公室（设在县科技局）。县国防动员委员会由县委、县政府、县人武部的主要领导、分管领导和县有关部门领导组成。

2005 年，坚持党委统揽、主官主抓、特事特办、军地合力的工作原则，成立县、部、科室领导和乡镇人武部长参加的后备力量整合工作领导小组。

第二节　国防潜力调查

2002 年，开展防区内兵要地志勘察。4—5 月，组织力量对境内入闽通道的隘口、桥梁和涵洞等各种参数逐一进行勘测，对交通运输、工程机械、医疗卫生、物资器材等资源情况进行调查，准确掌握底数。

2003 年，按照上级军事部门的统一部署，组织国防潜力调查，并建立全县国防潜力调查数据库。

2006 年，围绕战时担负的保交护路等任务，对境内交通节点和部队情况展开全面调查研究，收集掌握境内 53 省道（丽浦线）、52 省道（云寿线）和丽龙高速公路沿线所有桥梁、隧道等数据、资料，并进行分类整理和存放，完善和规范战备资料建设。

2007 年 7—8 月，县人武部开展国防潜力调查，对全县退伍军人和民兵预备役人员的质量底数、通用装备物资征用底数、全县交通状况底数、重点防卫目标底数等数据进行采集整理，补充完善防区内的国防潜力数据资料。

2008 年，核实、修正国防潜力数据和开展国防动员能力评估，组织人员对云和县应急动员能力、整体防卫能力、保交护路能力、心理作战能力、综合保障能力、组织指挥能力进行调查研究和分析评估。通过评估，防区内基本形成后备力量动员支前保障能力，应急兵员动员已达到“联得上、收得拢、征得快、拉得出”的快速动员能力要求，物资装备动员支前保障能力基本具备。

2009 年 4—5 月，先后 4 次对紧水滩电站等进行勘察调研。11 月，再次组织人员对县内高层建筑、交通枢纽等重要目标进行勘察，完成资料的采集，为重要目标防卫作战对策性理论攻关研究和修订作战方案、完善作战配套保障方案提供依据。

第三节　国防动员演练

1998年,县国防动员委员会、县人武部组织开展全县国防潜力调查、统计。此后,每年组织登记、核对、调整、补充,并逐渐建立国防潜力数据库。

2001年年初,县国防动员委员会在县人武部举行首长机关战时行动演练。主要内容有战时指挥、战时通信保障、战时后勤保障和沙盘战例推演等,县委县政府主要领导和分管领导参加演练。

2004年4月,参加市国防动员委员会组织的保畅通实兵演习。县人武部根据演习要求,组织民兵快速小分队参与演习。主要内容有战时伪装防护,预防、阻止敌人破坏交通线等演练,取得较好的成绩,受到丽水市国动委和丽水军分区的通报表彰。8月,县国防动员委员会组织战时兵员动员演练,主要经验被丽水市国防动员委员会推广。

2006年6月14日,县人民政府组织开展安溪流域山洪灾害防御演练现场会,县人武部组织安溪基干民兵参加现场演练。

2007年8月12日,县人武部组织干部职工联合县公安局"110"巡警大队,围绕奥运安保期间人武部机关、民兵装备仓库可能出现的恐怖袭击情况,进行反恐维稳演练行动。9月26日,县国动委组织在紧水滩电厂内举行实兵演练。县国动委指挥机构全体成员和国动委成员参加演练。

第四节　国防教育和学生军训

国防教育

1991年12月,根据《浙江省国防教育条例》精神,建立云和县国防教育委员会。国防教育委员会由县委宣传部、县人武部、教委、民政、财政、广播电视、人防、工会、共青团、妇联等部门负责人组成。下设办公室,负责国防教育的日常工作,办公室设在县人武部。全年抓了4个层次的教育:全民国防教育,把全民国防教育与农村和厂矿企业的社会主义思想教育结合起来,把国防教育内容纳入农村和企业社会主义思想教育内容中,在全县进行爱国主义和有关兵役、民兵工作法律、法规知识教育;党员干部国防教育,利用乡(镇)党校,由

图24—4—1　2010年9月,革命烈士公祭仪式(县人武部提供)

乡（镇）党委、政府主要领导授课，全县400多名党员干部接受到一次以上的国防教育；基干民兵国防教育，把基干民兵的国防教育和政治形势教育结合起来，基干民兵每季度接受1次国防教育。据统计，基干民兵国防教育到课率达到92%以上。是年，配合全民国防教育，县人武部组织全县干部、民兵参加丽水地区和丽水军分区组织的国防知识竞赛。

1992年，在党员干部、青年民兵、中小学生中开展国防知识教育。配合县人大对全县贯彻执行《浙江省国防教育条例》情况进行检查，促进条例的贯彻落实。举办国防教育书画摄影展览和国防知识竞赛；参加丽水地区组织的国防教育书画摄影展览和国防知识竞赛。

1993年，建立国防教育组织网络，调整县国防教育委员会领导成员，完善国防教育委员会办公室各项工作制度和职责。在各系统党校中明确一名领导分管国防教育工作，落实2—3名教员，全县国防教育工作从领导到教员网络初步形成。重点加强民兵预备役人员和一般群众两个层次的国防教育。对民兵预备役人员，利用青年民兵之家，按季度对民兵开展教育。对一般群众教育，利用县、乡（镇）广播站《民兵园地》专题节目，宣传国防知识；在中共十四大精神教育中，穿插编写、印发国防教材。同时，在拥军优属活动中开展国防教育活动，参加《浙江国防教育》办公室举办的国防知识竞赛；开展向抗洪英雄杨建荣烈士学习活动。利用重大节假日，在全县范围内开展拥军优属活动。县、乡（镇）在元旦、春节、“八一”等节假日组织领导走访慰问烈军属，表达组织关怀。

1996年，注重对党政领导开展国防教育，在县人武部收归军队建制的第一个“八一”建军节期间，组织县五大班子、县国防教育委员会和县武装委员会成员进行“国防杯”轻武器实弹射击比赛。加强中层干部国防教育，在县委党校为全县副科级以上领导干部举办3期国防教育专题讲座。普及一般党员干部国防教育；每个基层党校完成1—2课以国防知识教育为主要内容的教学任务。是年，利用民兵整组、征兵、学生军训、重要节假日等时机，采取讲课、知识竞赛、比武、电影周、宣传车巡回宣传、走访慰问等形式，对广大民兵预备役人员、中学生和村民居民进行多种形式的国防知识教育。

1997年，在《云和报》等媒体宣传《中华人民共和国国防法》，提高领导干部的国防观念。在县委党校为全县副科级以上领导干部举办4期国防教育专题讲座。利用建军70周年之际，举行轻武器实弹射击比赛。举办国防知识竞赛等活动。4—7月，根据丽水地区国防教委统一部署，县国防教委办公室与有关部门组织军民参加“迎接香港回归祖国、纪念建军70周年”全国国防知识竞赛活动。获得全区参加全国国防知识竞赛组织奖。

2002年，开展《中华人民共和国国防教育法》颁布一周年纪念活动。在中山街等主要街道悬挂横幅20幅；组织人员开展国防教育法咨询活动；动员5000余人参加国防教育知识竞赛及征文比赛；《云和报》、云和电视台等新闻媒体，开展宣传国防教育法颁布实施的重大意义等。

2006年，县委常委会召开议军专题会议，听取武装工作和后备力量建设情况汇报，研究解决应急作战准备和人武部建设中面临的困难问题。8月1日，组织全县副处以上领导干部过军事日，全县37名领导干部参加活动。9月中下旬，结合全民国防教育日组织纪念红军长征胜利 70 周年知识竞赛和征文活动，开展“情系国防”文艺演出，组织国防知识竞赛、国防教育图片展和横幅标语宣传。9—12 月，结合征兵工作全过程，对民兵预备役人员开展全民国防教育。

2008 年，开展县领导过军事日、学生军训；组织“纪念建军 80 周年”征文；观看“军旗飘扬”演出；开展国防知识有奖竞赛、试鸣防空警报和征兵宣传等活动。9 月，组织开展国防教育日宣传活动，程浙军政委为县直机关党工委所属党员开展国防教育讲座，县人武部会同县武警中队在县城主要街道、社区悬挂横幅，张贴标语，发放《国防知识法规》小册子 1000 余本。

2009 年，组织干部群众开展议军习武、走访慰问辖区驻军部队、国防教育网络知识竞赛等工作。3—7 月，结合民兵整组和民兵训练，加强民兵队伍的国防教育。7 月底，组织县领导干部过“八一”军事日活动，体验军营生活。7—10 月，组织开展“纪念建国 60 周年”宣传活动。 9 月 21 日，开展全民国防教育日活动。活动在县城广场进行国防知识有奖问答、宣传图片展、发放宣传资料、鸣响防空警报、播放爱国主义教育影片等，共散发 1200 余份宣传资料、展出 28 幅国防教育宣传图片，全县有 3000 余名群众参与。全年在建军 82 周年、中华人民共和国成立 60 周年的氛围中，开展百场爱国主义影片下乡村进学校宣传活动。

2010 年，利用民兵训练、民兵整组、兵役登记等时机，开展国防法规知识和安全形势教育，受教育民兵达 1100 余人。7 月 30 日，组织县领导干部过军事日活动。9 月 18 日，以“九一八”事变 79 周年暨第十个全民国防教育日为契机，在县城樟树脚广场开展国防知识有奖问答、宣传图片展、发放宣传资料等，共分发 1100 余份宣传资料，展出 18 幅国防教育宣传图片，全县有 3200 余名群众参加活动。

学生军训

1991 年，在全县 17 所重点中小学开设国防教育课，3500 多名中、小学生接受国防教育。县人武部在县总工会职校创办县预备役军人学校，对 67 名高中生进行军事训练。云和中学、云和二中和职业中学共 501 名高一新生进行军事训练和拉练活动。

1992 年，先后在云和中学、云和二中、县实验小学等 5 所中、小学开展学生军事训练，受训中、小学生达 2181 人。

1994 年，对云和中学 464 名学生进行军事训练，并协助县军校抓好军事训练。

1996 年，利用民兵整组、征兵、学生军训、重要节假日等时机，采取讲课、知识竞赛、比武、电影周、宣传车巡回宣传、走访慰问等形式，对广大民兵预备役人员、中学生和村民居民进行多种形式的国防知识教育。完成云和中学 365 名学生的军训任务。

图 24—4—2　2006 年 8 月，云和中学入学新生参加军训（县人武部提供）

1997 年，云中、二中、云和镇中、梅源中学等学校举办国防教育为主题的演讲比赛；县国教办和县教委联合举办全县中学生“迎回归、庆八一”国防知识竞赛。

1998年，组织学生参加射击、投弹、战术、爆破队列等科目，进行为期1周的军事训练，云和中学450名学生和县职技校368名学生参加，并举行阅兵式。

2002年，对云和中学540名学生和县职技校580名学生开展为期1周的军事训练。

2003年，县人武部根据省教育厅有关文件精神，贯彻落实《高级中学学生军事训练大纲》，先后派出军官2名、专武干部及预备役学校学员22名，对云和中学496名学生和县中等职业技术学校688名学生进行军事训练。

2004年4月，军训学生1281人。其中，云和中学657人、县职技校624人。

2005年8月下旬，对云和中学的550名学生和县职技校的712名学生进行为期1周的军事训练。

2006年，结合学生军训，组织云和中学和县中等职业技术学校1600多名高一新生开展国防教育。

2007年8月，组织完成云和中学、县中等职业技术学校高一新生军训，军训时间均为7天，1300多学生受训。

2009年，分别组织完成云和中学、县职业技术学校军训，时间1周，1300名高一新生参与军训。

2010年暑期，利用云和中学、县职业技术学校1245名高一新生接受军事训练之机，对青少年学生开展国防教育。

第五章　兵役工作

中华人民共和国成立后，云和县先后实行志愿兵役制、义务兵役制、义务兵和志愿兵相结合的兵役制度。1991—2010年，云和县政府每年开展役征集工作，征集适龄青年应征入伍，履行保卫祖国的神圣职责。

第一节　兵役登记

1991年，兵役登记落实“两个自行”，即适龄青年自行到站登记；应征公民自行到站目测初检。对应征的云和县公民由县兵役机关发给应征公民证，做好目测初检、政治初审、病史调查等工作。

1993年，开展应征青年文化测试试点。全县参加文化测试的应征青年及格率67.4%。

1994年，对确定为预征对象的适龄青年必须在户口所在地应征。经劳动部门批准，城镇在计划内从农村招用不迁户粮关系的农业户口合同制工人中的适龄青年，在工作单位所在地报名登记。对年满17周岁的应届高中毕业生，本人自愿，可定为预征对象；高中以上文化程度的可放宽到21岁。

1996年，明确凡中华人民共和国的男性公民，不分民族、种族、职业、家庭出身，宗教信仰和教育程度，只要符合兵役登记年龄，均应按通知，自行到指定的兵役登记站登记，填写兵役登记表，经初步审定后，发给公民兵役义务证，对正在全日制学校就学的学生，可缓登。对不得服兵役和免服兵役人员，由乡（镇）或有关单位报县兵役机关批准，并在《公民兵役义务证》上注明。

1997年，颁发公民兵役义务证，以乡镇为单位设置兵役登记站，对辖区较大的乡镇设置流动兵役登记站；在县城社区，集中相应时间，以高中、中专毕业生为主，对预征对象开展目测初检、政治初审工作。

1998年，对全县预征对象分片目测初检，尤其对未考入高校的应届高中毕业男生，做到一个不漏上站体检。

1999年，按新《中华人民共和国兵役法》《征兵工作条例》《浙江省征兵工作实施细则》《丽水地区征兵工作实施细则》有关规定，摸清适龄公民，尤其是在摸清高考落榜男生的年龄、文化、户口、身体和政治情况的基础上，重新进行补登，严格依法颁证，严肃用证。

是年，预征对象中非农业户口人员占比为14.5%。

2000年，以集中或分片设站的形式，对适龄公民进行兵役登记。非农业户口的企业、事业单位的青年职工可放宽至21周岁。确定9月11日至17日为全县的“兵役登记周”，由各乡镇按时间节点上报应服兵役、免服兵役和不得服兵役名单，选择政治思想好、身体健康、文化程度高的青年为预征对象。

2001年，按照《2000年冬季征兵命令》，坚持依法征兵，严把体检、政审关，确保征兵质量。

2002年9月，开展兵役登记工作。给全县适龄青年颁发公民兵役义务证。

2003年，开展兵役登记工作。给全县年度适龄青年颁发公民兵役义务证，落实预征对象。

2004年，由县、乡镇政府和县兵役机关负责，各基层单位设立兵役登记站，登记的主要对象是，同年12月31日前年满18周岁的男性公民。兵役登记前，对达到服兵役年龄的男性公民下发兵役登记的通知。乡（镇）政府负责本乡镇适龄公民的兵役登记，填写兵役登记表，依法确定应服兵役、免服兵役或不得服兵役人员，确定应征公民，并报县兵役机关批准。兵役登记时，对本乡镇的应征公民，进行体格目测、病史调查和政治、文化审查，按不少于上年度征兵任务数三倍的比例择优选定当年的预定征集对象，并负责通知本人。

是年，继续给全县适龄青年颁发公民兵役义务证。

2005年，依据《中华人民共和国兵役法》《征兵工作条例》和市征兵办指示精神，9月中旬各乡（镇）人民政府分批进行兵役登记，剔除缓征、免征、不得征人员，初步确定预征对象。

2006年，兵役登记工作迁移，从县公安局调阅青年花名册，核对前4年兵役登记数据库，并作分析，更好把握预征对象状况。9月中旬，组织本辖区适龄公民进行为期一周的兵役登记，重点对高学历、外出务工、经商青年，人户（常住户口）分离不满一年的适龄青年进行登记，填写兵役登记表，发放兵役义务证，到登率达 90%，登记率达 100%，参与登记的年满 18 周岁适龄青年，登记率 90.3%。落实预征对象，达到1∶6.8 的比例；确定体检人员，达到1∶4 比例，其中，高中以上文化程度的达 60%。

2007 年 9 月，各乡镇开展兵役登记工作，确定应征公民。

2008 年 9 月至 12 月，做好冬季征兵工作，落实廉洁征兵工作政策，对征兵纪律、征兵条件、征兵数量实行“三公开”，落实谁检查、谁签字、谁负责的体检岗位责任制和主检把关制。全县参与登记的年满 18 周岁的适龄青年，登记率达 96.7%；确定体检人员，落实预征对象。各乡镇在开展兵役登记时，采取书面通知、电话敦促、上门联系等方法，做到兵役登记和目测初检无一遗漏。

2009 年，突出三类重点对象，14 个乡镇开设 14 个兵役登记站。全县参与登记的年满 18 周岁的适龄男性公民，兵役登记率达 90%。确定预征对象。

2010 年，按照“一季征兵，全年准备”的方针，采用网上报名应征的方式，开展兵役登记工作。对全县 14 个乡镇的适龄青年进行登记统计，落实若干名应届高中毕业生为预征对象。9 月，开展兵役登记工作，登记年满 18 周岁的适龄青年，到登率达 90%，登记率 100%。

第二节　兵员征集

1991 年，冬季征兵认真筛选，层层把关，完成新兵的征集任务。

1992 年，年满 18 周岁的适龄青年参加目测，确定预征对象。

1993 年，完成新兵征集任务。对未完成征集任务的单位，根据县人民政府有关文件规定：未完成征兵任务数的，凡少出一个兵，按每兵每年若干元的优抚标准，需支付 4 年的优抚款给多出兵的单位，并要求于 1994 年 7 月底前，一次性兑付优抚经费。是年，云和镇、紧水滩镇、安溪乡、沙溪乡、黄源乡各为赤石乡、云丰乡、崇头镇代出一名新兵。

1994 年，实行征兵法制化，为部队输送兵员，实现连续 8 年 9 次无责任退兵。

1995 年，严把“四关”，即目测初检关、征兵体检关、政治质量关、兵员审定关。县宣传、卫生、公安、交通等部门密切配合，注重选送优质兵员，完成新兵的征集任务，实现连续 9 年 10 次无责任退兵，兵员高中以上文化程度的占比为 42.22%。

1996 年，县人武部收归军队建制。人武部严肃征兵纪律，重视征兵工作的廉洁性，注重新征兵员的文化程度，完成征集新兵任务。

1997 年，严把体检、政审关，完成新兵的征集任务。同年 10 月，县人民政府出台《云和县兵役义务费社会统筹实施办法》，解决全县兵役义务费的统筹问题。

1998 年，县政府出台《云和县征兵工作实施办法》，落实征兵工作责任，由县政府与各乡（镇）政府、公安、卫生等部门签订《征兵工作责任书》。严把征兵工作“五关”，即基层推荐关、政治审查关、征兵体检关、文凭审核关、兵员审定关，确保兵员质量。全年完成新兵的征集任务，新兵高中毕业生占比为50%。

1999年，实行兵役制度改革，由原3年义务制改为2年义务制；兵员质量向高学历发展。

是年，制定出台特殊的优待政策，一是提高进藏兵的优待补助金；二是农业户口的进藏兵，入伍时给予"农转非"；三是入伍前为非农业户口的进藏兵服役期满退伍后，优先安排到经济基础较好的城镇企事业单位工作；四是进藏兵服役期满退伍后，一次性发给不低于1万元的安家费，调动适龄青年应征进藏服役的积极性。同时，抓面向社会公开征集女兵的试点，向部队输送女兵。

2000年，预定征兵任务数为若干人，确定预征对象若干人。

2001年，落实预征对象若干人，完成新兵的征集任务，其中，驻港部队2名。

2002年，全县分五片四个点对适龄青年进行目测初检，落实预征对象若干人。全县到站体检青年合格率达75.5%，完成新兵的征集任务。

2003年11月，落实《南京军区廉洁征兵规定》，强化依法征兵、接兵观念，严格政审、体检工作，着重抓好定兵审批关，高中以上文化程度和党团员比例分别达到63%与71%，完成新兵征集任务。

2004年，征集新兵的政治条件和体格条件分别按《征兵政治审查工作规定》《应征公民体格检查标准》和有关规定执行。全县划分为四点四片（梅源片、紧水滩片、石塘片、郊区片）进行目测初检，落实预征对象若干人。征集兵员的年龄界限，高中以上文化程度可放宽到21岁，大专以上可放宽到22岁，完成新兵的征集任务。

2005年，贯彻省征兵办《关于做好艾滋病和吸食毒品的检测工作的通知》精神，严格体检关。全县年满18周岁的适龄青年参加目测初检，上站体检。完成上级赋予的新兵征集任务，其中，高中以上文化程度占比65.3%，党团员占比45%，实现连续19年20次无身体责任退兵、39年无政治责任退兵，被省军区评为征兵工作先进单位。

2006年，落实省军区、军分区关于征兵、政审工作的各类传真电报、指示精神，严格征兵体检中病史调查、心理检测等工作；执行征兵纪律，抓好廉洁征兵。优先确定高素质兵员：一是大学生优先；二是高中以上文化程度者优先；三是有一技之长者优先；四是政府部门和事业单位人员优先；五是党、团员优先。确定预征对象若干人，经体检、政审，完成新兵的征集任务。

2007年5—7月，开展在地方高等院校应届毕业生中招收士官工作。全县参加目测初检，确定预征对象。县人武部邀请纪检、监察部门全程参与，全程监督征兵、接兵工作，并在机关团体、人民群众中聘请20多名社会监督员，设立举报电话18部，创建"阳光征兵"氛围。经体格检查和政治审核，优秀青年被征集服现役。

2008年，坚持以"六类院校"应届毕业生征集为重点，做到早计划、早安排、早介入，开展征兵宣传和调研工作。5—7月，开展在地方大学应届毕业生中征集士官工作，2名大学毕业生被直招进部队服役。同年，经过目测初检确定预征对象若干人，通过集体定兵、择优录取，征集新兵。新兵有去西藏、成都等条件较为艰苦的区域。

2009 年，继续坚持以“六类院校”应届毕业生征集为重点，以提高兵员质量为核心，开展征兵宣传和调研工作。5—7 月，开展地方高等院校大学毕业生直招士官的报名、体检、征集工作。9—12 月，开展兵役登记，落实廉洁征兵规定，对征兵纪律、征兵条件、征兵数量实行“三公开”，采取谁检查、谁签字、谁负责的体检岗位责任制和主检把关制度。确定预征对象若干人，完成年度征兵工作任务。

2010 年，继续做好从普通高等学校毕业生中直接招收士官工作。第四季度，落实征兵政策规定，坚持依法征兵、廉洁征兵、集体定兵，完成新兵的征集任务，连续实现第 24 年 25 次无身体责任退兵、44 年无政治责任退兵。

第三节　预备役登记

1956 年，县兵役局进行预备役登记。1966 年“文化大革命”开始至 1979 年，预备役制度未能执行。1973 年，县人武部对预备役军官和复员退伍军人的档案进行清理，并核对换发证件。

1980 年，恢复预备役登记。全县复员、退伍、转业军人全部进行登记建卡。1984 年，根据新《中华人民共和国兵役法》规定：预备役军官包括退出现役转入预备役的军官、确定服军官预备役的退出现役士兵和授予预备役军官的专职人民武装干部、民兵干部、非军事部门的干部及专业技术人员。同时，把基干民兵和经过预备役登记的 28 岁以下的退伍士兵和专业技术人员，编入第一类预备役士兵；把普通民兵和经过预备役登记的 29—35 岁的退出现役的士兵，以及其他符合士兵预备役条件的男性公民，编入第二类预备役士兵。第一类预备役士兵 29 岁转入第二类预备役；第二类预备役士兵 35 岁，退出预备役。

1992 年，县人武部从国防后备力量“三落实”达标入手，开展预备役登记，建立兵役工作档案与数据库。8—9 月份，进行退伍军人预备役登记、统计、核对、换卡、兵役登记和颁发公民兵役义务证工作。

1993 年，县人武部编印《基层人武部民兵预备役业务资料填写暂行规定和说明》，作为基层人武部填写民兵预备役业务资料规范、统一登记工作。

1994 年，对全县退伍军人服预备役人数进行登记、核对、统计。

2000 年，开展民兵预备役调整改革。根据丽水地区行署、丽水军分区《关于丽水地区深化民兵预备役工作调整改革实施方案》的统一要求，从云和实际出发，压缩民兵预备役规模，调整民兵组织。

2005 年，对服一类预备役的人员进行登记、统计、核对，并完善预备役人员的档案和兵役数据库。是年，组织全县首批预备役人员集结点验，云和县 5 年内服预备役的退伍军人，在全市第一个完成集结点验任务，受到军分区通报表彰，并转发云和县预备役人员管理经验。

1994—2010 年，全县退伍军人服预备役人数进行登记、核对、统计工作进入规范化、常态化轨道。

第六章　机构 驻军

县人民武装部和驻云武警部队，是云和县驻地武装力量。20年来，坚持贯彻中央军委、南京军区、省军区、丽水军分区的方针、政策、命令、指示，力争做到政治合格、军事过硬、作风优良、纪律严明、保障有力。加强政治教育、军事训练和作风建设，做好民兵组建和兵役征集动员工作，切实履行国家武装力量的神圣使命，为国防建设和云和经济社会发展作出应有的贡献。

第一节　县人民武装部

云和县人民武装部1950年9月成立，内设作战、教育、统计3个科。1951年4月，编入军队序列。1952年6月，丽水军分区撤销，县人民武装部归属温州军分区领导。1954年9月，改称云和县兵役局，设组织动员、军事、预备役军官、统计、民兵5个科。1958年7月，县兵役局改称云和县人民武装部；同月，经国务院批准，撤销云和县并入丽水县，云和县人民武装部同时撤并。1962年4月，恢复云和县人民武装部，归属温州军分区领导，设作训、动员、政工3个科。1963年5月，云和县人民武装部归属丽水军分区领导。1967年3月14日，成立中国人民解放军浙江省云和县人民武装部生产办公室（简称生产办公室）。1968年11月，县革命委员会成立，生产办公室撤销。1986年5月21日，县人民武装部归属地方建制，内设办公室、军事科、政工科，接受县委、县政府和军分区的双重领导。1996年4月1日，县人民武装部收归军队建制，为正团级单位，内设军事科、政工科、后勤科，隶属浙江省军区丽水军分区。2010年，现役干部7人，职工10人。

1991—2010年云和县人武部主要负责人一览表

表24-6-1

部　长	任职时间	政　委	任职时间
吴绍荣	1986—1992.12	章焕如	1986.5—1992.12
俞福尧	1992.12—1998.5	吴绍荣	1992.12—1995.7
曹章兴	1998.5—2002.4	孙冬往	1996.1—1999.11
李跃刚	2002.4—2005.4	何连忠	2000.2—2004.4
胡建仁	2005.4—2007.3	凌永仁	2004.4—2007.3
张福和	2007.3—2009.3	程浙军	2007.3—2009.3

续表 24-6-1

部　长	任职时间	政　委	任职时间
周益敏	2009.3—	张福和	2009.3—2010.5
—	—	俞伟军	2010.9—

第二节　基层人民武装部

1991 年，全县共设基层人民武装部 21 个，配专职人民武装干部若干人。1992 年撤区扩镇并乡后，基层人民武装部调整 16 个，配备专职人民武装干部若干人。2010 年，乡、镇和县机关共设 16 个基层人武部，配备专职人民武装干部若干人。基层人武部部长享受副科级待遇。

第三节　武警县中队

1949 年 6 月，云和县公安局设立警卫班，同年 8 月撤销。1950 年 1 月，建立县公安队，有干部战士若干人。1951 年 5 月，改编为中国人民解放军公安部队浙江省云和县中队。1955 年 7 月，改称中国人民武装警察部队浙江省云和县中队。1957 年，改称公安部队云和县中队。1958 年 7 月，云和县中队并入丽水县中队。1962 年 6 月，复建云和县中队。1963 年，改称中国人民解放军公安部队浙江省云和县中队。1966 年，改为中国人民解放军云和县中队，隶属县人民武装部。1976 年，改建为县公安局人民武装警察中队。1983 年 3 月，改称为中国人民武装警察部队云和县中队，隶属中国人民武装警察部队浙江省丽水市支队。

县武警中队的主要任务是逮捕、押解、看守在押犯人、剿灭匪患、保卫县机关及重要厂矿，并协助有关部门打击现行犯罪活动，维护社会治安。长期以来，在参与地方经济建设和维护社会治安中发挥作用、作出贡献。

第二十五篇　文　化

1991—2010年,云和统筹全县城乡文化建设,提升文化工作整体水平,全县文化工作成效显著。20年间,全县参加市级以上文艺创作、表演获奖67个,其中国家级奖项3个,省级奖项18个。同时,有近百件广播电视作品在市级以上评选中获奖。文化基础设施投入加大,先后建成具有云和特色的县图书馆、县文化中心大楼。群众文化组织机构健全,群众文化建设有声有色,至2010年,全县有省一级文化馆1个、特级文化站1个、一级文化站4个、二级文化站7个;浙江省"东海明珠"乡镇3个;丽水地区(市)"山花乡镇"8个;省级文化示范村2个、文化示范社区1个。市文化名村2个。国家级图书馆1个。业余文艺团队120支7000余人。文化市场管理井然有序。

县新华书店,固定资产从1991年的14万元,发展到2010年的794万元。2005年1月;电影公司实行改制经营。2008年,实现全县14个乡镇170个行政村有线电视光缆联网;2010年,配合省统一数字发展平台,县城区有10900户有线电视用户进行整体转换。

全县有馆藏可移动文物170件。其中16个项目入选市级非物质文化遗产,9个项目入选省级名录。

第一章　文学艺术

20世纪90年代，云和县文艺创作日益活跃，文学、摄影、音乐、舞蹈、美术、书法、诗词等协会新人辈出，优秀民间文化艺术得到挖掘、保护和弘扬。到2010年，全县文学艺术事业日趋繁荣，各种文学作品在国家、省、市级刊物上发表，并屡屡在各级作品大奖赛或展览会上获奖。

第一节　文学作品

1991—2010年，全县市级以上报刊杂志发表散文、小说、杂文、随笔等325篇。其中国家级46篇、省级88篇、市级191篇。

小说　散文

1996年，反映特级数学教师鲁有福感人业绩的长篇纪实小说《雏鹰工程》（作者陈惠民），在上海《巨人》杂志刊出。2007年2月，练云伟散文集《绿瓯江》由中国民族摄影艺术出版社出版，50多篇散文作品在《浙江作家》《浙江日报》《丽水文学》等报刊上发表。2009年6月，黄育盛小说散文集《云和乡土》由中国天马出版有限公司出版。2009年8月，吴力耘小说集《有风吹过》由上海锦绣文章出版社出版。2009年，舒瑾的散文《税月如歌》在《中国税务》第二期发表。2010年11月，陈惠民的《中外古今绝妙美文珍藏本》，内容是描述云和本土文化的17篇散文诗。该书采用繁体竖排、繁体横排及简体横排三种版本刊印，在环球华文书店及当当网、亚马逊网发行。

诗　词

诗词创作　1991—2010年，云和县创作诗词作品1000多首（联）入载《诗刊》《诗诗月刊》《世界汉诗》《长白山诗词》《文化月报·诗词版》《浙江诗词》《处州诗词》 等国家级和省市级诗词刊物。个人出版诗文集39册。其中，柳楫有《碓楼诗词》等7册，周寿春付梓《回春吟选》《晚晴吟草》等9册，林洪有《愚老拙吟集》等5册。傅瑜的《傅瑜作品选》由国际炎黄出版社出版；诗集《心路屐痕》由作家出版社出版。1994年，云和诗词学会与县农行合编《刘玲英赞》诗词集。1999年，在中华人民共和国成立50周年、政协50华诞、澳门回归，与县政协办公室合编《三庆歌吟》专辑。2000年，在云和县举办首届中国木制玩具节其间，学会辑印《木制玩具之歌》诗集，赠送给与会嘉宾，宣传云和，提高云和玩具城的知名度。2005年6月，学会与县纪检委联合举办"反腐倡廉"征文活动，征集诗词作品120多首，在《云和诗词》上开辟专栏刊出。

获奖作品　1999年，吴素萍词《沁园春·庆祝国庆五十周年》在湖北省作家协会举办的

图 25-1-1　2008 年 4 月,县诗词学会部分会员在安溪畲族乡采风(县诗词学会提供)

“世纪杯文学作品大奖赛”获优秀奖。2010 年,陈可富所撰楹联在青田石门洞风景区全国征联获二等奖。

诗词创刊　1992 年 1 月,创办会刊《箬溪诗缘》,后改版扩容,从小报改为期刊,每期只刊 20 多首(篇)到后期入刊 600 多首(篇)。2004 年,更名为《云和诗词》。至 2010 年,共出版 49 期,刊出诗词 8000 多首,楹联 310 对,论文 51 篇。诗集赠送给各机关、学校、图书馆、史志办、档案馆等单位,以及其他县市诗词学会学习交流。

队伍建设　云和县诗词创作队伍通过培训班、讲座、会员结对等途径,发掘培养人才,在自愿和条件具备的前提下,及时吸收入会。至 2010 年,吸收县级会员 80 余人,加入丽水市诗词学会会员 18 人、中华诗词学会会员 8 人、省诗词楹联学会会员 22 人、世界汉诗协会会员 5人。

其他作品

1991—2010 年,众多的文学爱好者撰写文学作品,林兴亮的通俗故事集《奇婚记》,收集九篇中短篇故事于 1992 年 8 月在浙江文艺出版社出版。黄馨之出版影视剧本集《走出雾区》,收集四个文学剧本,包括历史题材《刘锡禹》、校园题材《走出雾区》、“文化大革命”题材《冬雪》和已经拍成影片的《妹是畲乡人》,这是改革开放以来全县首次正式出版的文学作品结集。陈惠民为 2007 年第三届中国木制玩具节创作的大型音乐舞蹈史诗《童话云和》剧本,被香港文化艺术出版社出版。张晓东诗歌《清明,怀念母亲》等 11 篇诗歌在《丽水文学》《中国诗歌》等刊物发表,并在全国、省、市级刊物发表诗歌 200 余首。陈兆燕的文学作品《靠近一点点》等 6 篇作品在《当代护士》等刊物发表。

获奖作品

2000 年,林兴亮创作的《警惕赵本山“卖车”之后再“卖药”》获全国城市广播电视优秀稿件评选二等奖、随笔《从赵本山的“卖拐”说起》获 2001 年度全国城市广播电视优秀稿件一等奖;2001 年,陈惠民的作品《心灵栖居的家园》,获《中国文化报》举办的“我与图书馆”全国征文一等奖。2002 年,林兴亮的杂文《中学生择校未必就好》获浙江省作协好作品三等奖。2006—2010 年,丽水市文学连续五届的作品大奖赛,云和县作家协会获得 1 金 6 铜的成绩,在全市各县市中名列前茅。其中,练云伟小说《白鹭洲》获丽水市 2010 年文学创作大赛金奖。2010 年,舒瑾的散文《税月花事》在《中国税务》第十期发表,并获得 2010 年国家税务总局征文二等奖。

开辟文学园地

2004 年,云和新闻中心推出《今日云和》文学副刊,给文学爱好者一个展示才华和锻炼的平台,一大批青年文学爱好者逐步成长,文学作品经常在副刊上发表。

2006 年,云和县文联率先在丽水市文联系统创刊,集文学、美术、书法、摄影和民间文艺、原创音乐等于一身的综合性文艺丛刊《云和湖》出刊，至2010年编刊7期。

第二节 摄 影

1991—2010年，云和县摄影家协会有11人被国家摄影家协会吸收为会员，500余幅作品在国家级影展和大赛中入展和获奖。

摄影活动

1991—2002年，云和县摄影活动都以个人活动为主，随着旅游业的兴起，景点的开发及旅游宣传的需要，有组织的摄影活动才逐渐开展。

2003年，云和县举办"浙江摄影家走进中国木制玩具城"摄影比赛。

2006年，举办《云和风光风情》摄影作品展。

2007年，县摄影家协会与县旅游局联合举办"云和光影"精品景观采风及摄影知识讲座活动，时间2天，来自全国各地的摄影家1000多人参加，推动云和县乡村旅游发展。

同年，县摄影家协会配合崇头镇等部门，策划推出以"演绎千年农耕文化，展现万亩梯田景观"为主题的中国最美的山村梯田——梅源梯田芒种开犁活动，进行现场抓拍暨梅源风光图片征集赛。活动当天有来自全国各地的摄影家、美国摄影家以及慕名而来的游客上千人，观赏梅源梯田的自然景观和风土人情。摄影比赛共收集到参赛作品500余幅，有100多幅作品获奖。选取150多幅摄影作品参加"瓯江行"比赛，取得一银一铜的成绩。

2008年，摄影家协会配合县委、县政府中心工作，举办"云和一日""欢乐新春""巾帼风采""文明云和行""走进朱村""税收发展民生""激情夏日"等一系列摄影比赛。摄影家深入乡村，全年拍摄作品500余幅参加市级、省级、国家级比赛，获各类奖项40余幅，其中150余幅作品参加2008"瓯江行"全国摄影大赛，获得3铜6优的成绩。

2009年，云和县首次举办"云和湖杯"走近"童话云和"全国摄影大赛，总奖金达8.1万元，历时8个月，共收到全国20多个省市摄影家参赛作品近3000幅，经专家评选，共评出特级佳作2幅，高级作品5幅，佳作20幅，入围作品80幅。所有获奖的107幅作品在《人民摄影报》上刊登，摄影艺术以一种新的宣传形式，展示"山水家园，童话云和"的风采。

是年，在建党88周年之际，县摄影家协会承办以"时代先锋，高扬时代风帆；清风廉影，彰显清风本色"为主题的"庆七一、时代先锋·清风廉影"大型摄影书画展，在县机关、中山街、崇头镇、村头村等地巡回展出。

2010年，协助县委、县政府在北京举办《诗话云和》主题影展。前期推选100幅云和

图25-1-2 摄影作品《白鹤尖顶结银花》（吴涛摄）

风光、畲族风情摄影作品，协同北京木马公司从中精选出60幅作品，分别于4月28日至5月11日在北京椰林星诺咖啡屋展出，5月12日至18日在北京国家计量技术研究院举行为期三周的展出，影展活动赢得京城各界人士的赞誉。6月5日至7日，配合县委县政府举办第四届云和梯田开犁节，活动期间举办2010云和梯田开犁节摄影抓拍赛。省摄影家协会，把云和梯田开犁节活动信息及摄影抓拍赛启示通告各大摄影网站，发出500份征稿启事。活动收到218位作者参赛作品1589幅，评出特级佳作2幅，高级佳作6幅，佳作12幅，优秀奖60幅。承办首届“地税杯”新人新作摄影大赛，评出摄影新人新作共40幅；营造邻里良好的社会氛围，摄影家协会承办云和县首届“最美笑脸”摄影作品展，展出作品50幅。

摄影成果

1995年，吕周亮摄影作品《做糍粑》获大众摄影“传统节目”专题赛二等奖；1997年作品《织》获第十届中国国际摄影展优秀奖。

2000年，郑建文、徐天飞摄影作品《话说人生》获世界华人艺术展铜奖，《乡味》在“新千年”全国摄影大赛中获得优秀奖；2001年，作品《竞赛》《曙光》《火烈鸟》获大众摄影优秀奖；2001年，作品《家常事》入选“税收采风”全国摄影大奖赛；同年，《浙江绿谷》作品获十大峡谷风光摄影大赛优秀奖；2002年，作品《云龙盘千山》《冬日即景》获中国当代风光摄影作品赴美国、加拿大展出，其中《冬日即景》获铜奖；2003年，云和风光《晨曲》《途中》《初雪》《山远水远》等4幅作品入选中国优秀摄影家大型画册，其中《山远水远》获中国优秀摄影作品奖；同年《人本自然承绿荫》作品入选第十届国际摄影艺术展，《武夷山风光系列》获武夷山全国摄影十佳；《花仙子》获大众摄影联谊会一等奖；2003年，作品《早春》在浙江省“群星”优秀摄影作品展中获优秀奖。郑建文还被评为2003年度中国优秀摄影家十佳称号。

第三节　音乐　舞蹈

音乐

音乐创作及比赛　1991—2005年，周龙英参加浙江省文联举办的“新安江歌曲大奖赛”获演唱三等奖。陈心园、周龙英作曲的歌曲《山哈布妮崽》《把这壮丽写进中国》获浙江省业余歌曲创作比赛三等奖。青年歌手叶克明在浙江省“第四届群众声乐大赛”中获通俗组比赛“铜奖”。叶烨、叶克明在2002年由中央电视台举办的“音乐擂台”浙江赛区第二期决赛中分别获第一、第二名，并代表赛区进京打擂。是年，由陈心园作曲、柳绍斌作词的《山哈布妮崽》入选中国群众文化优秀创作歌曲选。

2006—2010年，县音乐家协会获浙江省第九届新作大赛创作金奖1个，北京葫芦丝邀请赛金奖级比赛金奖1个，创作和演唱银奖12个、铜奖9个、浙江省农村题材小戏大赛作曲大奖1个；市级创作演唱比赛金奖15个。2006年3月，《云和原创歌曲选》经名人出版社出版，其中有在国家级刊物上发表的歌曲17首，省市级刊物上发表的歌曲25首。2009年，由陈江涛创作的音乐作品《畲家三月三》获浙江省第八届新作演唱演奏大赛创作金奖、演唱、辅导双银奖，获丽水市第四届原创歌曲大赛创作、演唱、辅导三金奖；《月亮情歌》获丽水市第一届原创歌曲大赛创作金奖；《畲民爱中华》获丽水市原创歌曲大赛演唱金奖、浙江省歌曲大赛创作演唱双银奖；《云和湖小夜曲》获丽水市原创歌曲大赛创作演唱双金奖、浙江省歌曲大赛创作演唱双银奖；《山歌甜甜》获浙江省首届江浙民歌大赛创作银奖。由潘介文创作的《重河塆恋曲》获浙江省原创歌曲大赛创作演唱双银奖；《福到农家》获丽水市第四届原创歌曲大赛创作金奖。2009 年，陈志辉研发的“辉煌儿童音乐教育组合”，获国家实用新型专利证书；2010 年，又被丽水学院艺术学院论证，在全国 120 所幼儿园“幼儿教育”研讨会上教具实验环节展示，并获浙江省教委优秀教具评比“优秀教具奖”。

演出活动　1991—2010 年，县音乐家协会举办“云和县文明之歌演唱会”“云和县廉政歌曲演唱会”“云和县第一、二届原创歌曲演唱会”“云和县首届电视歌手大赛”“云和县少儿器乐大赛”“大型歌舞《童话云和》”“云和县首届农民歌手大赛”“《红歌献给党》大型拉歌赛”“唱响云和——新春歌会”“云和县民间音乐演唱演奏会”等大型演出活动。2009 年，陈志辉一家 3 人被中央电视台邀请参加“神州大舞台”演出。

舞蹈

舞蹈创作及比赛　1991—2005 年，蓝友梅创作的少儿舞蹈《又是一个丰收年》在省电视台 1998 欢乐虎年晚会节目评选获优秀奖；《畲乡童乐》在 1999 年浙江省少儿广场民间舞蹈比赛中获演出银奖、创作银奖和组织奖；畲族舞蹈《樟树亲娘》获省群星优秀奖。2007 年，《田园新歌》农民时装秀参加浙江省首届农民艺术节“春涌浙江”演出，获得演出“金奖”，排舞“美丽人生”参加浙江省第二届排舞大赛获青年组“铜奖”和“最佳活力奖”。2008 年，蓝友梅编导，文化馆选送的《水灵灵》《山哈布妮崽》各获浙江省乡村舞蹈大赛创作、表演双“金奖”，舞蹈《山哈布妮崽》参加全省“千镇万村种文化”展演活动获表演“金奖”。2009 年，黄芳编导的舞蹈《筛太阳》荣获丽水市第四届乡村文艺会演银奖。2010 年，蓝友梅、潘介文编创作品农耕服饰秀《梯田纯彩》获丽水市“乡风秀韵”时装大赛金奖。是年，蓝友梅编创的畲族舞蹈《传袋》，获丽水市第五届乡村文化艺术节“民族民间舞蹈大赛”金奖。

演出活动　县舞蹈家协会每年开展送文化下乡演出 100 多场次，举办“希望的田野”民间民俗文化艺术月“和谐新农村”的演出，承办“美丽的心灵”大型广场文艺晚会。组织舞蹈家参加各种演出比赛，2010 年，舞蹈家协会免费为农村孩子举办少儿舞蹈培训班 6 期，共有 300 余人参加。

第四节　戏　曲

云和县戏曲流传至今有两类，一类属于外来传入的“越剧”和“婺剧”。越剧以县越剧团为主演，具有影响力的剧目有傅瑜创作的《慈母泪》和传统剧《五女拜寿》等。1994 年，受市场经济影响，县越剧团与文化馆合并，部分人员改行。另一类是属于地方戏曲，“包山花鼓戏”“汀州吹打”“云和鼓词”“方山岭采茶灯”通过挖掘、整理、提炼后，得到传承。

包山花鼓戏

包山花鼓戏是在云和马灯和采茶灯的基础上，汲取安徽“凤阳花鼓戏”的艺术元素，融合民间吹打等艺术形式而创新的，为人们所喜闻乐见的一种民间戏曲品种，有着广泛的群众基础和影响力，长期以来在浙西南山区一带享有盛名。包山花鼓戏表演内容通俗浅显，说唱相互融合，诙谐调侃并进，表现形式贴近生活。道具有小锣、马鞭、腰鼓、花篮、纸扇及牌灯、花灯等。诸如《大花鼓》《卖花线》《补缸》等剧目，说唱中还配以舞蹈，舞姿优美，舞台表现力极强。2008年，通过挖掘、提炼由云和县文化馆创作的包山花鼓戏《福妈嫁囡》参加浙江省新农村题材小戏调演获创作金奖、表演金奖。2009 年，《福妈嫁囡》获中华元素铜翎创意奖。创作二等奖。

图 25-1-3　2006 年，包山花鼓戏（朱潇提供）

汀州吹打

汀州吹打是一种古老的民间器乐演奏形式，作为汀州传统文化的重要载体，是县域颇具代表性的民间艺术形式。汀州吹打以紧水滩库区大源、赤石库北、金村一带居多，并扩散至周边区域。这些区域地理条件相对闭塞，减缓了外来文化的冲击，使得汀州吹打这一民间音乐形式得以较完整、更原汁原味的保存。汀州吹打是由大小唢呐、二胡、越胡、板胡、锣、鼓、钹等传统乐器组合而成的民间吹打演奏形式。表演时乐手动作自然舒展，刚劲雄浑，鼓点紧凑，层次分明，变化有致，形成粗犷豪放、雄浑激越的音乐特点和艺术风格。

云和鼓词

云和鼓词是盲人表演的民间传统曲艺，融说唱于一体，有鲜明的特色，在民间广泛流传。鼓词以云和本土方言为表演语言，题材大多来源于历史故事、民间传说，相关戏剧故事和百姓生活，具体分为神怪类、讲史类、侠义类、世情类、公案类等。代表作有《婆媳劝》《田三嫂》《浪子回头》《观世音》等，较集中地反映云和传统文化的审美特征和区域特色。鼓词多以坐唱形式表演，以大鼓和五夹竹板来伴奏。演唱时，艺人面前安放大鼓，一手拿鼓棒击鼓，一手打竹板伴奏。艺人凭借记忆力和嘴上功夫，通过说唱声音的轻重、节奏的快慢，添加动作和手势，抑扬顿挫地表达故事情节，表达生、旦、净、丑等各种人物角色的形态，将各种矛盾、悬念、纷争和打斗场面表现的酣畅淋漓，惟妙惟肖。

方山岭采茶灯

方山岭采茶灯是一种独具客家特色的融说唱、戏曲、舞蹈为一体的民间歌舞表演形式，盛行于大源乡方山岭村一带。方山岭采茶灯通过舞蹈、音乐等形式加以表现，蕴含和展示客家人天性浪漫、通达智慧的生活才情。采茶灯表演由 8 位茶姑、茶公、茶婆、武小生和男小旦共12人组成。灯舞演出由举排灯的打头，八名十岁左右的男性儿童打扮成茶姑，手持茶篮进行表演。他们排成两行，首先进行“双开门”走场，然后进行“八角阵”“剪刀阵”“篾篱阵”等走阵表演。通常在每年正月初二开始出演，至正月十五结束。方山岭采茶灯保留的节目有《十二月采茶灯》《十二月倒采茶》《十二月摘茶歌》《十二阵锣鼓》《十二盏灯》《十二月唱祝英台》《十二月花名》等。

小品

2003年，柳绍斌创作、林玉云主演的小品《新闻蛋》，参加丽水市首届戏剧小品大赛，获演出一等奖和创作二等奖，同时参加首届CCTV全国喜剧小品电视大赛暨中国曹禺戏剧奖、小品小戏获浙江选拔赛演出二等奖、创作二等奖。2008年，小品《典夫换妻》参加浙江省第十八届戏剧小品邀请赛，获银奖。2010年，县文化馆选送的小品《村长耳背》，在参加浙江省第二十一届戏剧小品大赛中获创作金奖、表演铜奖。

第五节　美术　书法

美术

画作　1991—2005年，黄崧的巴比松油画作品《风景》《无风的傍晚》入选丽水地区巴比松油画展；王艳的工笔花鸟作品《晨趣》入选浙江省女花鸟画家作品展。魏秀云国画牡丹图入选《中国邮票》一套8枚；2004年，四肢瘫残疾人陈红在杭州举办个人口画展。2006—2010年，县美术家协会参与社会活动，多次参与县文联与市文联举办的美术展。同时，到县老年大学与老年书画协会上课。陈宣蔚、柳云海、吴跃华多次组织会员下乡写生。协会参与全市“一展一赛”活动参赛作品50余幅。柳云海有20余幅美术作品在国家级和省市级比赛中获奖和入选。其中，2006年，作品《瓯江之水》获中国水墨画研究院首届年度作品展铜奖；作品《桃》在全国书画作品大赛获一等奖；作品《独钓春意图》在浙江省文联举办的“2000年浙江省群星奖”评选美术年系列活动国画大奖赛上展出并发表；2008年出版《柳云海人物画》一书，被业内喻为最具收藏升值潜力书画名家；2009年，有6幅美术作品参加全市“一展一赛”活动。同年，参加“庆祝新中国成立60周年丽水书画作品展”，并刊印成书。2010年，美术家协会有5幅油画作品参加丽水市文联举办两年一次的油画作品展。

工艺　2005年，陈宣蔚把美术书法艺术与青瓷工艺相结合，青瓷作品《采萍文具》获全国第七届陶瓷艺术创作评比二等奖；《西湖新十景青瓷篆刻》《异型开片系列》《雪霜姿青瓷书法挂屏》获浙江省工艺美术精品优秀奖。

2006年，县文联策划举办“云和县首届观赏石展”，组织云和小顺石参加“西泠印社第四届文化博览会”在杭州展出，其中“小顺红花冻”获铜奖，是四大名石之外的唯一等级奖；组织全县藏石爱好者的150件小顺石作品，参加在义乌举办的“中华文化博览会”。

2007年11月，魏荣彪作品《千年陈酿》、廖士友作品《祥龙》、蓝国华作品《戏龙》获2007

年中国丽水国际摄影•文化艺术根雕艺术精品银奖。

2008年5月,董明水收藏的观赏石《腾飞》(黄蜡石)参加"中国观赏石博览会•2008携手奥运北京精品展"。是年5月,金耀祖作品《空山鸟语》参加由丽水市委宣传部、丽水市文学艺术联合会举办的"丽水生态经济博览会文化精品展奇石展"获金奖。

2009年11月,陈志华作品《天书》、金耀祖作品《鱼蛙奇缘》、蓝国华作品《来自非洲》、魏荣坼作品《元旦》获第五届浙江中西部科技论坛根艺、观赏石精品展观赏石类银奖。是年,叶克伟的陶瓷作品参加"2009年中国仿古工艺技术展"获金奖。

2010年,王志伟作品《天壁炉》(龙泉青瓷),在2010年文化部、广电总局、新闻出版总署和北京市共同举办的中国北京国际文化创意产业博览会上获金奖。

书法

书法成果　1991—2010年。陈宣蔚、王卫民的书法篆刻作品入选"西泠印社首届国际篆刻书法展";项大兴、叶慧芳的篆刻作品入选第三届"全浙书法大展";陈宣蔚篆刻作品入选"当代古典细朱文印精品展"。叶慧芳加入省女书法家协会,成为云和县加入省女书法家协会第一人。许文榜的作品在全国性大赛中多次获等级奖;余仕宣作品获"避暑山庄杯书法大赛金奖";马庆强的作品获"澳门回归祖国全国书法大赛"金奖;张光铸的作品获"欧阳询杯书法大赛"等级奖;袁蔺云的作品获"紫气东来世界园艺博览会书法大赛"特别奖;程志同、陈刚、陈文、许毅云的作品分别获全国和省市书法赛等级奖。少儿书法爱好者冷雯涓、谢春燕的作品获"国际少儿书法赛"银奖和铜奖;王浩的作品获"全国少儿书法赛"金奖;王作峰、罗杰滔的作品获"泸州市少儿书法赛"二等奖。

书法活动　1991—2010年,举办川滇黔三省三县书法作品联展;2004年,举办古蔺、翠屏两县区书法展;连续5届参加赤水河流域14个县市诗书画交流展,创作参展作品700余件。县书法家协会组织全县性书法展览10次,展出作品1000余件。2003年,利用书法艺术举办抗非典专题展,展后将作品赠送给抗击非典中涌现出的英雄人物和先进单位。县文联、县书法家协会每年春节组织书法家到农村、厂矿、乡村赠书送春联,义务书写春联3000余幅。

第二章　群众文化

1991—2010年,云和县加强群众文化组织建设和基层群众文化建设,不断完善县、乡、村三级文化网络,强化文化馆、站职能,培训、培养一批文化艺术人才,为繁荣全县文化奠定基础。同时,以创建"浙江省东海文化明珠工程"和丽水地区(市)文化"山花工程"为契机,制定文化发展规划,提出乡村文化设施建设标准,加大对群众文化建设投入,扩大业余文艺团队建设,开展文化活动,丰富群众文化生活。至2010年,全县成功创建浙江省"东海文化明珠工程”乡镇3个，丽水地区“山花工程”乡镇10个；省级文化示范村3个、文化示范社区1个；市级文化示范村4个、文化示范户32个、文化名村2个。省一级文化馆1个。

第一节　群众文化组织

县文化馆

云和县文化馆前身为民国19年（1930）成立的云和县民众教育馆，馆址黄溪北岸城隍庙。1949年5月11日云和解放，民众教育馆被军管会接管。1950年，军管会将民众教育馆改组为“云和县人民文化馆”。1952年，改名云和县文化馆。

1958年，云和县建制撤销并入丽水县，县文化馆改为丽水县云和区文化站，人员从6人减至2人。1961年11月，县机关迁到云和镇，丽水县文化馆馆址迁阙家祠堂，同时云和区文化站并入丽水县文化馆。1962年分县，复建云和县文化馆。1987年，馆址迁青少年宫一楼。1997年3月，迁至云和镇镇府路20号原镇委办公楼。2003年10月16日，迁入新建南路新落成的县文化中心，现有馆舍面积4035平方米。

2005年12月，云和县编制委员会文件，核定县文化馆人员编制16名，撤销县艺术发展中心，6人并入县文化馆。至2010年末，县文化馆编制16人，在编15人，其中群文副研究馆员3人，群文馆员8人，群文助理馆员2人，群文管理员1人，未聘1人；大专以上文化程度7人，专业辅导干部：舞蹈3人、戏曲3人、音乐2人、摄影1人（兼职）、灯光音响3人，行政办公室3人。

根据文化馆职能要求，馆内设置“二室三部”即馆长室、办公室、表演艺术部、造型艺术部、社会活动部五个职能部门。主要负责组织全县性的演出、展览，提炼精品节目，参加全国、省、市文艺赛事，开展各项宣传活动；举办培训班，辅导各类文艺骨干，搜集整理和继承发扬民族民间文化遗产，指导开展群众文化活动等。

乡镇文化站

1951年2月，设国办赤石区文化站，文化站成立时，省里下发幻灯机、留声机、康乐球、图书、婚姻法展览图片等文化资料，供下乡巡回宣传。

1958年5月，丽水、云和并县后，赤石区并入梅源区，改名梅源公社文化站；1961年冬撤站，并入县文化馆；1962年，设梅源区民办文化站。1981—1985年期间，各乡镇陆续建立民办公助文化站，赤石、小顺、梅源3乡建立文化中心。

1991年，全县有乡镇文化站21个，文化员21人。到1997年，通过县区划调整，全县乡镇有文化站15个。其中一级站2个，二级站10个，三级站3个。有文化员24人。其中正式17人，临时7人。2008—2010年，累计投入500多万元，新建（改扩建）云丰、黄源等10个乡（镇）文化站。至2010年，沙铺乡、崇头镇、紧水滩镇、石塘镇文化站新建与扩建工程均已完工。全县14个乡镇文化站配备电脑、音响、乐器等文化器材。完成朱村、云坛、大塆、沙铺、云丰、黄源、崇头、紧水滩、石塘9个乡镇文化站建设。

农村文化活动室(中心)

云和县农村文化活动室的前身为农村俱乐部，始于20世纪60年代。随着时间推移，形势发展，农村俱乐部名称几经变更，即民兵之家、青年俱乐部、老年活动室、文化室、农村文化示范户等。1991年后，各乡镇把创建农村文化活动室（中心）作为建设新农村的重要内容来抓。全县90%的村建有老年文化活动室（中心），做到有场地、有设施、有活动、有专人管理，丰富群众的业余文化生活。云和镇勤俭村、红光村、巧云村、黄水碓村及石塘镇小顺村文化中心都具有一定规模。

勤俭村从2005年起投入200多万元，建成占地面积4000平方米，建筑面积3000平方米的村文体活动中心，中心设图书室、老年电视大学教室、电教室、棋牌室、娱乐活动室等平房8间。设有篮球场、门球场、地掷球场、气排球场、跳舞操场。组建腰鼓队、秧歌队、布龙队、门球队、气排球队，文艺活动丰富多彩。2007年3月，勤俭村举办"燕京杯"文化中心落成典礼，同年，获浙江省农村文化示范村称号。

石塘镇小顺村群众文化活动历史悠久，从60年代中期建立农村俱乐部，组建毛泽东思想宣传队，到各村演出。到80年代中末期，小顺村经历移民，在新村建设中，不忘群众文化活动场所建设，建有1308平方米村文化活动中心1处，83平方米图书室1个，300平方米礼堂一座，86平方米电化教室1个，5平方米科普宣传窗3个，标准篮球场1个，卫生学校（教室）1个，500平方米以上室外文体休闲场所2处。周恩来视察小顺浙江铁工总厂纪念碑，县级爱国主义教育基地1处。室外休闲地设置多种健身器材。组建腰鼓队、健身舞队、龙舟队、乒乓球队、篮球队等。

1998年端午节，石塘镇文化站在龙廷湖小顺库湾策划云和县第一次龙舟赛活动。是年，小顺村龙舟队先后参加在金华举行的1998"大红鹰杯"全国龙舟邀请赛，在云和湖举行的省农运会龙舟赛活动。2006年，受邀参加临海市"灵湖开湖节"等赛事。

2005年春节，举办云和县首台村级自编、自演文艺晚会。每年春节期间，举办迎春游园活动，内容丰富、老少皆宜、常办常新，成为村开展文化活动的主要内容。2007年，小顺村获浙江省文化示范村称号；2008年，获得丽水市文化名村、省文明村称号。

2007—2008年，县文广新局为全县26个具有一定条件的行政村统一配置相关文化活动设备器材，以每村1.3万元的补助标准，给予专项资金补助33.8万元。2009年，设立农村文化建设专项资金，安排130万元改善农村文化基础设施建设，建成100平方米以上村级文化活动室78个，72个村级文化活动室配备文化活动器材。

业余文艺团队

20世纪90年代初，云和县业余文艺团队建设较为薄弱，乡镇举办晚会演出的中坚力量一般都来自村里的团员青年及学校的学生。到20世纪90年代末开始，业余文艺团队建设得到加强，随着秧歌、腰鼓、健身操、医疗保健操、广场舞等的兴起，业余文艺队伍不断壮大。

2002年，云和县业余仙宫民乐戏曲艺术团成立，该团是集戏剧曲艺创作、导演、表演、学习于一体的综合性艺术类社团。有越剧、京剧、婺剧、花鼓戏、小品、舞蹈等多种演出形式；艺术团成年活跃在城区的各个舞台，以及进社区、乡村、敬老院送温暖、义演等公益活动。共有演职人员20余人。

2003年，云和县女子铜管乐队、红光村女子威风锣鼓队成立。在第二届木制玩具文化节开幕式上精彩亮相，参加“群星走进中国木制玩具城”大型文艺晚会和大型文艺踩街活动。

2004年，云和镇社区办发文成立“云和镇社区艺术团”，由60人组成，分青年舞蹈组、中年舞蹈组、戏曲组、声乐组、舞美组、管弦乐队等组成。同年，云和镇在元和广场举办五团成立文艺晚会，参加演出的有社区艺术团、中小学生艺术团、老年大学艺术团、民间艺术团、铜管乐团等5个艺术团300余人。重建失传多年的“包山花鼓戏”艺术团。至2010年，全县有业余文艺团队120支7000余人。

网络建设

2005年5月，云和县文化馆和14个乡镇文化站参加省文化厅组织的基层文化馆、站考核评级，县文化馆被评定为省一级文化馆；云和镇文化站被定为省特级文化站；石塘镇、崇头镇、紧水滩镇、赤石乡文化站为省一级文化站；雾溪乡、大源乡、云坛乡、安溪乡、沙铺乡、云丰乡、朱村乡文化站为省二级文化站；大塆乡、黄源乡文化站为省三级文化站。

2006年，县文广新局为72个行政村和14个乡镇文化站提供二胡、京胡、唢呐、锣、鼓等民族乐器及音响、功放等设备。

2009年2月，省财政厅、省文化厅为云和县配备一辆价值为33.5万元的流动舞台表演车，该车自备灯光、音响、舞台，方便送文化下乡等经常性的文艺宣传活动，表演费用由当地财政予以解决。流动舞台车在元和广场首次演出，现场观众达1万多人。

第二节　文化工程与基础设施建设

文化工程

东海文化明珠工程　“浙江省东海文化明珠工程”是“全国万里边疆文化长廊建设工程”的一个组成部分，由中共浙江省委宣传部、省文化厅等6个部门在全省联合组织实施的基层文化建设工程。1996年年底，云和县根据各乡镇实际情况，按照省东海文化明珠工程6个评选标准，率先在云和镇启动创建工作。

组织工作　1997年，云和镇首先成立由镇党委、政府主要领导担任组长和副组长，文化站、团委、妇联等为成员的“云和镇东海文化明珠工程创建领导小组”，下设办公室，具体有专人负责日常事务，确保工程建设的落实。全年，镇党委、政府围绕工程建设，召开文化专题会议6次，文化事业建设资金列入年度镇财政预算，并逐年增加文化建设的资金投入。在调查摸底的基础上，制订计划，组织力量，筹集资金，分工负责开展工程创建工作。

设施建设　1995年，云和镇一次性投入80万元，买下原新华厂工人文化宫及大礼堂解决落实文化站活动场地，拥有700座影剧院，综合活动场地面积1000多平方米，图书阅览室100多平方米，投入经费4000元，增添图书室书橱3只。投入2000元，购买新书300册，开展镇干部人人捐书助文活动，现有藏书5000册。同时，投入2万元，对会堂舞台进行大幕、天幕、条幕等整改装置。一次性投入3万元，开设集展厅、舞厅、卡拉OK厅为一体的多功能活动厅，购置VCD、音响、功放等设备，新添木椅80张，对小舞台进行灯光安装及活动场所的修整，并装配大幅金丝绒面窗。文化站的设施设备建设达到工程创建标准。

活动开展 1996年，云和镇举办“七一”歌咏大赛，全镇15个代表队600多人参加，观众1000多人。是年12月，开展社会主义路线教育文艺宣传，通过农民自编自演的节目，从各个不同侧面展示农村及各条战线在改革开放中的新风貌、新成就，赞誉新人新事新风尚，抨击恶俗陋习思想。7月，云和镇举办“庆七一，迎回归”大型广场文化体育活动，有12支具有地方特色的民间艺术表演队进行表演，有20余家县属单位的26辆大型彩车参与踩街活动。观众达1万多人次。创建过程期间全镇开展大中型活动19次，小型活动30余次，丰富活跃群众的文化生活。

队伍建设 落实文化站编制。1997年，在编文化员4人，镇政府保证文化员专职专用，具体做到任务落实、责任落实、经费落实，稳定文化干部队伍。加强村级业余文体团队建设，至1998年3月，全镇有管乐队（红光村）、腰鼓队（镇一小）、板龙队（巧云村、勤俭村、红光村、小徐村、瓦窑村等5支队伍）、布龙队（古竹村）、花环队（古坊小学）、秧歌队（居委会）、河船队（局村村）、马灯（山脚村）、鱼灯（程宅村）、花鼓灯（睦田村）、狮子灯（小徐村）等15支各具特色的文艺队伍，文艺骨干达800余人，坚持常年开展活动。

管理工作 云和镇文化站内设综合活动厅、图书阅览室、乒乓球室、音乐室、牌艺室、围棋室、象棋室、老年活动室和艺档室。建立健全工作目标责任制、岗位责任制、艺术档案管理等各项规章制度。文化站活动做到经常化、制度化。艺术档案等内部管理规范，工作到人，责任到人，保证文化中心活动经常有序。加强自身思想建设、作风建设，做到站容站貌整洁美观、文化氛围浓郁。

市场管理 改进管理手段和管理方法，加大文化市场执法力度，促进文化市场健康发展。配合县文化市场办公室对全镇55家文化经营户开展经常性检查、指导。每年会同人大、公安、工商等部门联合组织突击检查6次，平时检查12次，收缴各类非法出版物、盗版音像制品共100余件。

通过省东海文化明珠工程创建活动的开展，云和镇在文化设施、文化队伍、文化活动、文化管理和文化市场建设等成效显著。1998年4月，经“浙江省东海明珠工程领导小组”达标创建验收，云和镇获“浙江省东海文化明珠乡镇”称号。2003年、2006年，雾溪畲族乡、大源乡通过省东海文化明珠工程达标创建验收，先后获“浙江省东海文化明珠乡镇”称号。

丽水地区山花工程 1996年3月，丽水地委、行署为“浙江省东海文化明珠”配套推出文化基础设施建设工程，自1996年起由丽水地区文化局组织实施，以乡镇为创建单位，从文化设施、特色文化活动、文化队伍、文化市场、文化产业等五个方面设立建设标准。是年，云和县制定1996—2010年实施“山花工程”规划,进行分批实施。1996年,云和镇、紧水滩镇、崇头镇被列入丽水地区“山花工程”第一批创建单位,通过创建验收,1997年12月,被丽水地区行政公署命名为丽水地区“文化山花乡镇”。至2010年,云和镇、紧水滩镇、崇头镇、石塘镇、赤石乡、沙溪乡、大源乡、雾溪畲族乡、云坛乡、云丰乡等10个乡镇被地区行署命名为“文化山花乡镇”称号。

浙江省文化示范村(社区) 2007年,云和县启动省文化示范村(社区)建设,按省、市相关部门从“文化工作重视、文化场所齐全、文化生活丰富、管理制度规范、文化队伍健全”五个方面所设立的标准,达到标准的评为省、市级文化示范村(社区)。至2010年12月,全县有省级文化示范村3个(小顺村、勤俭村、柘园村);文化示范社区1个(元和社区)。市级文化示范村4个、文化示范户32户、文化名村2个。

基础设施建设

1984年,云和县文化馆与图书馆分设,单独建制,1987年,县文化馆迁云和县青少年宫一楼办公。1997年,县文化馆投资45万元,购买原镇政府1040平方米的办公楼,作为县文化馆的办公室和培训基地,开设排练厅、舞蹈室、艺档室、美工室、摄影室、创作室。1991—2010年,云和县通过“三个一点”(省财政争取一点、县财政拨一点、文化资源整合筹一点)等方法,增加对文化基础设施的硬投入。

2001年,云和县投资550万元建造占地面积2600平方米、建筑面积4000平方米的文化中心大楼。是年,省文化厅资助30万元,购买一套现代化的音响设备。同时,全县建成与文化设施相配套的老年公园、元和广场、江滨公园,拓展凤凰山公园,开辟紧水滩开心岛旅游点以及雾溪乡坪垟岗村和大源乡民族风情旅游点。

2007—2009年,先后累计投入500多万元建造云丰乡、黄源乡、云坛乡、朱村乡、云和镇等5个乡(镇)文化站站舍。

2010年,按照农村文化建设规划,为27个中心村文化活动室配备文化活动器材。在乡镇综合文化站建设中,有效整合资源,与村级联建、乡里其他项目合建、合理利用其他闲置公有房产。

第三节 群众文化活动

文艺活动

1991年春节期间,全县组织文艺演出51场,演出节目333个,参演1035人次,观众达到4.42万人次。纪念建党七十周年,举办“党旗飘飘迎七一”大型文艺晚会。庆祝中华人民共和国成立42周年,举办“祖国颂”大型文艺晚会。农村开展“乡乡一台戏,村村有演出”活动,演出节目903个,参演4890人次,观众达6万人次。

1992年元旦、春节期间,分别举行文艺晚会6场,并举办“万人猜谜活动”。各乡镇举办文艺晚会12场，并组织龙灯6条、舞狮队11支、花鼓队9支，观众达5.24万人次。举办大型文艺晚会，纪念"毛泽东同志在延安文艺座谈会上的讲话"发表五十周年。是年9月下旬，全县首次举办"公关礼仪小姐"评选活动。

1993年，全县开展农村党的十四大精神再教育期间，举办"中行杯"文艺会演。纪念毛泽东诞辰100周年之际，举办"歌颂毛泽东同志"的歌曲演唱比赛和"人民领袖毛泽东"的图片展览。县文化馆收集社会上珍藏的1600多枚毛主席纪念章，制成版面展出。

1994年，创作以刘玲英的英雄事迹为素材的戏剧小品《血染的金钥匙》，以及在各乡镇巡回图片展览。"二五"普法期间创作20多个文艺节目，开展法制宣传。1995年5月，县委宣传部、团县委等8个单位，联合举办"中华颂千人拉歌赛"。举办纪念抗战胜利50周年大型文艺晚会和《历史，我们永远不能忘记》的图片展览。云和、绍兴两县举行文化联谊活动。

1996年，分别举办"纪念建党75周年""纪念红军长征胜利60周年""庆祝中华人民共和国成立47周年大型文艺晚会"；举办"夕阳红"文艺专场；为配合农村"党的基本路线教育"，组织进行文艺演出。

1997年，香港回归期间，组织声势浩大的"庆七一•迎回归"游行活动，有28辆彩车组成，12支民间艺术队伍表演腰鼓、狮子舞、马灯、湖船、板龙等节目，沙溪乡举办别具一格的西瓜灯展。"八一"建军节，与武警中队联合举办军民联欢晚会。中共十五大闭幕以后，举办"祖国万岁"大型歌舞晚会。

1998年，举办"税收情系千万家"和慰问在云和光缆施工部队的文艺晚会。1999年，举办全县文艺骨干联谊会和中华人民共和国五十周年"祖国颂"大型文艺晚会。"99仙宫湖龙舟赛"文艺演出，迎澳门回归民族风情文艺踩街活动。

2000年，在首届"中国木制玩具节"期间，举办游行队伍检阅和大型广场文艺演出。2001年，举办"三月三"畲族文化风情大型广场歌舞专场；承办纪念建党80周年的《辉煌的历程》大型歌会；承办"浙江省乡镇文艺会演"丽水市选拔赛云和赛区的比赛。2002年春节期间，组织送文化下乡活动，深入14个乡镇和6个村演出。

2003年，举办迎接"国家生态示范县"验收"绿色之夜"文艺晚会。举办庆祝建党82周年"颂歌献给党"文艺晚会。庆祝第二届中国木制玩具节期间，举办"群星走进中国木制玩具城"大型文艺晚会和大型文艺踩街活动。2004年，宣传中共十六大精神，3次组建演出队伍送戏下乡，共演出18场次，观众达1万多人次。组织全县中小学生乐器演奏比赛；举办庆"七一"党风廉政建设文艺晚会；举办廉政文化进社区广场文艺晚会；举办"一切权力属于人民"文艺晚会。

2005年，挖掘并整理、改编有几百年历史的"包山花鼓戏"；县广播电视台举办县首届青年歌手电视大赛；组织业务干部深入各乡镇，开展以民间造型艺术和表演艺术为主要内容的民间资源普查；深圳电影制片厂在云和县境内拍摄《大水》影片。这是继1985年在云和县拍摄《妹是畲乡人》后的第二部电影。

2006年，全县性有影响的活动举办6次：4月19日，在元和广场举办"社会主义荣辱观"

文艺晚会；5 月 17 日，承办“九省十六县（市）人大联谊晚会”；5 月 18 日，举办“云和—我深爱的家”原创歌曲演唱会；6 月 29 日，举办“迎七一、唱廉政、促发展”云和县纪念建党 85 周年廉政歌曲演唱会；7 月 31 日，举办“八一”军民鱼水情一云和县“双拥”文艺晚会；10 月 6 日，举办“月亮代表我的心”中秋广场文艺晚会。

2007 年，举办大型文艺活动 5 次。包括两会期间组织“和谐云和”大型文艺演出。7 月 30 日，在元和广场举办庆祝中国人民解放军建军 80 周年“军旗飘扬”双拥文艺晚会，县四大班子领导和驻云部队、武警中队、消防大队、公安民警、民兵预备役部队等 10000 多名观众观看演出。8 月 1 日，举行慰问二炮部队“军民同歌”联欢晚会。10 月 13 日，在元和广场举行“颂歌献给党、喜迎十七大”大型文艺晚会。11 月 30 日晚，承办“燕京啤酒杯·丽水市第二届家庭才艺大赛”。举办云和县第二届“希望的田野”民间民俗文化艺术月活动。玩具节期间举办大型舞蹈诗——“童话云和”文艺晚会。整台晚会以木制玩具文化为主线，共有《序·处州第一龙——云和祥龙》《山之风》《水之韵》《山哈谣》《木之偶》《尾声心中的女神》6 个篇章，晚会共演出歌舞、民俗等节目近 20 个，演员由全县各乡镇、部门抽调上来的文艺骨干组成，出场演员达 600 余人次，是本县编排的一场规格高、投入大、出场人次多、气势宏伟的晚会。

2008 年，在雾溪畲族乡举办由 26 个畲族行政村联合举办的以“尝乌饭道说畲族千年，唱山歌共度自家节日”为主题的“三月三”乌饭节活动；为庆祝建党 87 周年，举办“迎七一”红歌献给党歌唱比赛；在元和广场举办迎奥运、创建省级示范文明县城和支援汶川抗震救灾等为主要内容的“文明与我们同行”广场文艺演出；举办云和县第三届乡村文化艺术节。

2009 年，集中展示云和文化艺术发展成就。9 月 21—27 日，在元和广场连续举办七场大型广场文艺演出。9 月 21 日，县委宣传部、县文化广电新闻出版局主办，县文化馆承办的云和县庆祝新中国成立 60 周年大型歌舞晚会《盛世中国》，在元和广场隆重举行。整台晚会由祖国颂歌、田园风采、山水云和、旧曲新歌、时代畅想、爱我中华六大版块组成。来自全县十几个部门、企事业单位的 400 多名演员参加演出，县主要领导与全县 7000 余名群众一起观看演出。

图 25-2-1　2009年 9 月 21 日，县委宣传部、县文化广电新闻出版局主办“盛世中国”歌舞晚会（陈江涛摄）

9 月 22 日，在元和广场承办“完美女人杯”2010 国际旅游小姐（2009 云和旅游形象大使）云和赛区冠军总决赛暨颁奖盛典晚会。9 月 23 日，崇头片区庆祝新中国成立 60 周年暨云和县第四届民间民俗文化艺术月文艺展演在元和广场举行，崇头镇、黄源乡、云丰乡、大埼乡和沙铺乡的农民演员参加 12 个节目的演出。9 月 24 日，由紧水滩镇、大源乡和赤石乡农民组成的紧水滩片区庆祝新中国成立 60 周年暨云和县第四届民间民俗文化艺术月文艺展演，在元和广场举行。9 月 25 日，石塘片区庆祝新中国成立 60 周年暨云和县第四届民间民俗文化艺术月文艺展演“红红的日子”在元和广场举行，石塘片区演出由石塘镇、云坛乡和朱村乡农民组成。9月26日，由县委组织部、县委宣传部、老干部局、文化广电新闻出版局、老龄办主办，老年大学主办，县文化馆承办的云和县庆祝新中国成立60周年——“祖国在我心中”老年大学专场晚会在元和广场举行。9月27日，云和镇片区庆祝新中国成立60周年暨云和县第四届民间民俗文化艺术月文艺展演专场晚会在元和广场举行，晚会由云和镇、雾溪畲族乡、安溪畲族乡的农民共同演出。

2010年，全年举办大型文艺活动14场，其中县级的有10场：承办县政府新春团拜会文艺演出。云和县第十四届人民代表大会第四次会议代表联谊晚会；专场演出包山花鼓戏《福妈嫁囡》；云和县畲族“三月三”文艺晚会；云和县第四届“云和梯田开犁节”现场大型文艺演出。云和县首届职工排舞比赛。童话云和美丽歌谣和县“中国童话乡村杯”第二届原创歌曲演唱会。水竹垟村村门落成、通公路庆典文艺晚会。云和县离退休老干部、云和籍外地工作人士及研究生新春茶话文艺演出。承办云和县庆祝“三八”国际妇女劳动节100周年纪念大会。参加省、市级演出4场：省体育大会开幕式文艺演出;省体育大会闭幕式文艺演出；配合“浙江省千镇万村种文化—走进云和”活动;“微笑邻里欢乐社区”丽水市第二届邻居节文艺晚会。

比赛活动

各类大型文艺赛事活动。1991年，举办全县农村业余文艺调演，有22个代表队参赛。1992年，首次举办“公关礼仪小姐”评选活动。1993年，为纪念毛泽东100周年诞辰，承办歌颂毛泽东歌曲卡拉OK演唱比赛，经各单位选拔共有16人参加比赛；举办个人收集“毛主席纪念章和毛主席语录纪念牌”展览，共有1600多枚纪念章、16块语录牌参展，展后为收藏者颁发收藏奖。1994年，与县文化艺术中心一起承办“国庆45周年文艺晚会”，演出节目18个，其中创作节目5个。1995年5月，县委宣传部、团县委等8个单位，联合举办“中华颂千人拉歌赛”。

1996年，举办县首届少年儿童钢琴、电子琴比赛，比赛按选手的不同年龄分甲(少年组)、乙(儿童组)两组进行，各组设一等奖一名、二等奖两名、三等奖若干名。1997年，举办“紫荆花杯”拉歌赛，百名少年现场书画赛和少年儿童钢琴比赛。1998年，举办第十三届“县小杯”少儿钢琴比赛，分儿童组和少儿组，共有18名小选手参赛，设一、二、三等奖。1999年，举办县人大代表“利群杯”卡拉OK大奖赛、99“红五一杯”十大歌手排行大奖赛、“云建杯”校园之声卡拉OK大奖赛。2000年，承办由县文化局、县风景旅游局联合主办的“中国木制玩具城文化旅游征歌比赛”，比赛共收到歌词35首、歌曲28首，经专家评委筛选评出歌词10首、歌曲7首，分设一、二、三等奖。并收集装订“中国木制文化旅游创作歌曲集”。

2001年，举办云和县新世纪“紫荆花”杯十大歌手大奖赛，分初赛与决赛；浙江省乡镇文艺汇演、丽水市选拔赛(云和赛区)。2002年，举办“金秋赤石杯”成人舞蹈大赛，此次大赛首次采用承办权招标的方式，由云和镇文化站承办；举办“国土杯”歌咏比赛，共有11支代表队参赛；组织全县以致富典型为题材的乡镇文艺会演。2003年，第二届中国木制玩具节期间，承办“2003 红石梁杯中国木制玩具城形象大使选拔赛”，评选出“十佳形象大使”和“五个单项奖”。2004 年，举办元和广场大型健身操比赛、全县中小学生器乐大赛。2005 年，举办为创建省级文明县城为题材的“文明之歌”大合唱比赛，有 16 支代表队参赛，评选出金奖、银奖、铜奖。

2006 年，云和县“希望的田野”乡村艺术月“靓丽农苑”时装秀大赛，评选出金奖 2 个，银奖 4 个，铜奖 7 个；“希望的田野”乡村文化艺术月“农院新风”曲艺专场大赛，评选出金奖 2 个，银奖 4 个，铜奖 8 个；云和县“希望的田野”乡村艺术月“田园放歌”农民歌手大赛，评选出金奖 2 个，银奖 4 个，铜奖 8 个。2007 年，举办全县农民歌手大奖赛。2008 年，举办云和县第三届民间民俗文化艺术月会演比赛，共有 14 个乡镇代表队参赛，设金奖 3 个，银奖 4 个，铜奖 7 个，组织奖 5 个，云和镇、紧水滩镇、安溪乡获金奖。举办“迎七一”红歌献给党歌唱比赛，共设冠军、亚军、季军和优秀奖，优胜奖若干名。2009 年，庆“五一”暨纪念新中国成立 60 周年职工大合唱比赛，有 12 个单位参赛，设一等奖 2 个、二等奖 3 个、三等奖 7 个。县职技校、县实验小学获一等奖。“云和睿智，和成佳人”2010 国际旅游小姐（2009 云和旅游形象大使）冠军总决赛云和赛区选拔赛。2010 年，举办县第五届民间民俗文化艺术月会演暨第二届乡村舞蹈大赛，有 14 个代表队参赛，奖项分表演类（金奖、银奖、铜奖、组织奖）、创作类（金奖、银奖），沙铺乡、云坛乡、云和镇获表演类金奖，朱村村、云坛乡、石塘镇获创作类金奖；举办云和县首届职工排舞大赛，全县共有 9 支代表队参赛，云和县星星幼儿园获一等奖，此次比赛将选拔 60 人组成云和县代表队参加浙江省首届体育大会开幕式表演；举办云和镇首届广场健身舞比赛，共有 19 个代表队参赛。

文化交流

1995 年 5 月，绍兴县委宣传部、绍兴县文广局和绍兴县文化馆到云和县文化交流，举行图书、书画作品和录音带的捐赠仪式。并举行“云和、绍兴友谊县文艺晚会”。

1997 年 9 月，云和县文化联谊代表团 16 人赴绍兴访问演出、与绍兴县的文艺工作者进行座谈，交流文艺工作的情况、经验，同台演出，相互切磋，共献技艺。

2006 年 11 月，县文化馆组织文化馆业务人员赴宁波鄞州区文化馆学习考察，交流群众文化工作经验，双方就今后如何加强联系、信息交流、业务往来等达成共识，这是县文化馆首次走出“山门”参与“山海协作工程”。

第四节　特色文化品牌

三月三活动

“畲族三月三”是畲族最隆重、规模最大、内容最丰富的传统民族祭祀庆典活动，全方位展示畲族的宗教文化、体育文化、歌舞文化、饮食文化、服饰文化等民族文化形态，具有独特的民族民间艺术特征和民俗文化魅力。

1999 年，雾溪乡规划确立创办坪垟岗畲族风情文化村，保护和弘扬优秀的畲族传统文化，发展特色文化旅游。政府将文化生态保护的工作理念，融入经济社会发展规划和城乡建设规划，先后投入 200 余万元，修通雾溪畲族乡政府所在地至坪垟岗村的公路及桥梁。新建“畲家乐园”，修缮“麒凤阁”等三月三活动场所、畲族传统体育竞技场地，筹建畲族民俗馆。

2000—2006 年，雾溪乡连续举办畲族“三月三”风情文化旅游节，推出具有畲族风情的文艺演出、体育竞技、山歌对唱、品尝乌饭、畲族迎亲等活动。形成传统节日保护制度和措施，推动畲族传统文化的发展。2006 年，雾溪乡畲族“三月三”被列为浙江省传统节日保护基地。

2010 年，云和县委宣传部发起，县文广新局及云和镇、雾溪乡等 8 个乡镇共同签署《云和县三镇五乡共同轮值，开展“畲族三月三”活动协议书》。

图 25-2-2　畲族姑娘在表演歌舞《乌饭》(陈玲提供)

同年，4 月 15 日(农历三月三)，县文广新局、县民宗局和 8 个乡镇党委政府(云和镇、崇头镇、石塘镇、云坛乡、赤石乡、安溪乡、雾溪乡、朱村乡)联合举办的“云和镇 2010 畲族三月三风情文化节”在原云和镇柘园新村举行，全县 8 个乡镇的主要领导和代表及全县畲族村代表共 400 余人参加。活动项目有“云和县畲族村经济发展座谈会”“畲族婚俗表演”“畲族三月三文化专场文艺晚会”“畲族山歌对唱”，吸引观众 1000 余名。

民间民俗乡村文化艺术月活动

2006 年 10 月 23 日至 11 月 9 日，云和县在元和广场举办首届“2006 希望的田野乡村文化艺术月”活动。艺术月历时 18 天，演出 15 场，14 个乡镇演出 12 台专场展演。举办云和县“希望的田野”乡村艺术月“靓丽农苑”时装秀大赛、云和县 2006“希望的田野”乡村文化艺术月——暨“越剧百年诞辰”折子戏专场、云和县“希望的田野”乡村艺术月“农院新风”曲艺专场大赛。165 个节目全部由农民自编自导自演，1500 多人参加演出，观众达 9 万多人次。为云和县历年来发动面、参加人数最多的一次文艺活动。

2006 年，开始的首届乡村文化艺术月，次年改为“民间民俗文化艺术月”。

2007 年，举办县第二届“希望的田野”民间民俗文化艺术月“和谐新农村”；2008 年，举办县第三届民间民俗乡村文化艺术月乡镇优秀节目会演；2009 年，举办庆祝新中国成立 60 周年暨云和县第四届民间民俗文化艺术月文艺展演；2010 年，举办云和县第五届民间民俗乡村文化艺术月会演暨云和县第二届乡村舞蹈大赛。至 2010 年，已连续举办 5 届，民间民俗文化艺术月成为云和县的一个文化特色品牌。

第五节　获奖节目

省级以上会演获奖

国家级比赛获奖　1995年，歌手毛红花，获“95年全国农民歌手演唱大赛”银奖。

2000年，由中央教育科学研究所和中国少年儿童出版社联合举办的“2000年校园金嗓子”推荐评选活动，云和6位少儿歌手全部获奖。其中董珍珍获最高奖“校园金嗓子擂主”称号。

2001年，周龙英创作的《钱塘江从杭州流过》，在全国征歌比赛中获三等奖。

2008年，由云和县文化馆选送的季苏菲、邱娅芬、徐金金等演唱的《畲民爱中华》，演唱者获“中国畲族民歌节十大民歌王”称号；季苏菲因演唱《畲山哩哈罗》获优秀民歌手称号。

省级比赛获奖　1991年，“浙江省现代戏”调演，云和县选送的越剧小戏《亲人》，获剧本和导演三等奖，陈江涛获音乐创作三等奖。

1992年4月，创作以刘玲英的英雄事迹为素材的戏剧小品《血染的金钥匙》，获“浙江省嘉北金融杯明星企业形象戏剧小品大赛”演出特别奖、创作一等奖和导演二等奖。

地区（市）级比赛获奖

1992年，群舞《播春》，在全区农村社会主义思想教育文艺汇演中，获演出一等奖。

1993年，地区“飞雁杯”调演中，蓝友梅创作的舞蹈《银河畅想曲》分别在省和中央电视台《丽水之夏》节目播出。

1994年，以刘玲英的英雄事迹为素材的《血染的金钥匙》戏剧小品在地区大赛中分别获创作、演出一等奖。

1995年，由云和县文化馆创作编排的声乐《请到我们山乡走一走》、舞蹈《山谷幽兰》、小品《玩具大王》在全区馆站干部文艺调演中，三个节目分别获得一、二、三等奖。

1995年，歌手毛红花，在“浙江省第五届音乐舞蹈节”中获演唱一等奖。

1996年，舞蹈《沂蒙情》参加全省电厂系统调演获二等奖。

1997年，女声独唱《亲爱的党啊，心中的太阳》参加省音舞节比赛，获创作二等奖、表演一等奖。

1997年，选送农民歌手毛红花参加《处州晚报》和地区群艺馆联合举办的“爱我丽水96十佳歌手排行大赛”获得农行杯十佳歌手排行第一。

1998年，选送10名少儿钢琴选手，参加“地区青少年钢琴大赛”分别获得一、二、三等奖。

1999年，蓝友梅创编、县实验小学舞蹈队表演的《畲山童乐》，在“全省少儿广场民间舞”大赛，获创作银奖、演出银奖和组织奖，在省音协和金华市群艺馆联合举办的“影视歌曲大奖赛”，声乐辅导干部周龙英获铜奖。

2001年，云和县文化馆蓝友梅编导的舞蹈《畲山童乐》《樟树亲娘》分别获丽水市“八个一工程”提名奖和全省乡镇文艺会演丽水赛区选拔赛一等奖；声乐干部辅导的中学生董珍珍在全市中学生声乐大赛中获一等奖。

2002年，由陈江风作词、陈江涛作曲、季苏菲演唱的《情满畲山》参加丽水市畲族新歌创作、演唱比赛获创作优秀奖。组队参加市元宵节“流动的欢乐”文艺踩街活动，获组织奖。2003年，在丽水市第三届山花乡镇文艺会演中的《畲家女》舞蹈获金奖。

2002年2月，“全国第二届希望之星大赛浙江选区进京选拔赛”，云和县杨敏、王晓曦、叶茜获“浙江省少儿声乐十佳新人奖”；叶烨获“浙江省成人通俗十佳新人奖”。

2003年，云和县编创的小品《新闻蛋》，参加全国戏剧、小品、小戏浙江选区赛，获创作和表演各二等奖。

2004年，在丽水市“爱我中华”新歌创作演唱比赛中，由寒菲作词、陈江涛作曲的《畲民爱中华》获演唱金奖、创作银奖。

2005年，由寒菲作词、陈江涛作曲的《云和湖小夜曲》获丽水市“旅游杯”第二届“绿谷之韵”创作歌曲演唱大赛获创作、演唱、辅导三个金奖；同年9月，在丽水市第二届声乐大赛中，大合唱《社区之歌》和《文明与我同行》（寒菲作词、陈江涛作曲）获演出特别奖；11月6日，在全市首届龙狮艺术大会上，云和参赛的《云和祥龙》获“处州第一龙”的荣誉称号。

2005年，由寒菲作词、陈江涛作曲，季苏菲、陈婧伊、徐金金、江媛演唱的原创歌曲《云和湖小夜曲》获浙江省“绿色浙江之歌”创作演唱大赛创作演唱双银奖。由寒菲作词、陈江涛作曲，季苏菲、郑昕昕、徐金金演唱的原创歌曲《畲民爱中华》，获浙江省“绿色浙江之歌”创作演唱大赛创作演唱双银奖。由寒菲作词、潘介文作曲，季苏菲、项菲演唱的原创歌曲《重河湾恋曲》，获浙江省“绿色浙江之歌”创作演唱大赛创作演唱双银奖。在浙江省第五届歌曲演唱大赛上，季苏菲演唱的《秋妹子》获得演唱三等奖。由傅瑜作词、陈江涛作曲的《纪检干部铁打的汉》，在浙江省纪检歌曲创作比赛中获得创作三等奖。

2006年，陈江涛创作的歌曲《月亮情歌》获丽水市第一届原创歌曲大赛创作金奖、演唱辅导银奖；在丽水市全国CCTV青年歌手电视大奖赛丽水分赛区选拔赛中，云和县青年歌手分别获得1个“银奖”和“铜奖”并入选丽水市代表队参加全省选拔赛；在“第七届中国少年儿童歌曲卡拉OK电视大奖赛”丽水分赛区选拔赛中，4名小朋友分别获幼儿组个人一等奖。其中，1名小朋友参加全省比赛获得幼儿组二等奖。

2007年，由陈江风作词、陈江涛作曲的《故乡的歌谣》获丽水市第二届原创歌曲大赛创作银奖，演唱辅导双金奖；在丽水市农民歌手总决赛中，云和县选送的两名歌手分别取得一等奖和优胜奖。云和县选送的农民歌手叶克明获此次大赛第一名，项朝存获“十大歌手”称号。

2007年，由县文化馆编排的《田园新歌》农民时装秀参加浙江省首届农民艺术节“春涌浙江”的演出，获演出金奖；由文化馆选送的少儿歌手雷铭君小朋友在丽水市“酷儿”杯少儿歌手大赛上获第一名，并代表丽水市参加浙江省“酷儿”杯少儿歌手大赛获演唱铜奖；在浙江省第十八届戏剧小品邀请赛上，由寒菲编剧，潘介文、朱丽霞、孙国华主演，陈江涛司鼓的古装荒诞小品《典夫换妻》获浙江省第十八届小品大赛创作、表演双银奖；参加首届中国农民文艺会演，获“丰收奖”。

2008年，陈江涛创作的歌曲《山歌甜甜》获丽水市第三届原创歌曲大赛创作、演唱、辅导三银奖。寒菲作词、潘介文作曲的《福到农家》获丽水市第三届原创歌曲大赛创作金奖；在丽水市乡村文化艺术月活动中，李康乐表演的民间绝活《神奇肚皮功》获全市一等奖；雷铭君获第八届中国少年儿童歌曲卡拉 OK 电视大赛丽水赛区选拔赛儿童 B 组一等奖，吴沁凝获儿童 A 组二等奖，并代表丽水市参加全省的比赛；董雨辰获“贝因美杯”丽水市第三届少儿电视主持人大赛“最佳主持奖”和“十佳主持人”称号，王雨杉、黄一诺获“十佳主持人”称号，李一妮获“十佳主持人”称号和“最佳现场表现奖”称号。陈江涛辅导的“云和县农民铜管乐团”参加丽水市首届农村器乐大赛决赛获演出铜奖。同年，由寒菲、黄平编剧，陈江涛、潘介文作曲，黄平、蓝友梅导演，朱丽霞、柳燕燕、项菲主演的新编包山花鼓戏《福妈嫁囡》在全省新农村建设题材小戏会演中，获得创作金奖、表演金奖，作曲奖、导演奖；县文化馆选送的舞蹈《水灵灵》《山哈布尼崽》双双获浙江省乡村舞蹈大赛编导、表演金奖；排舞《美丽人生》参加浙江省第二届“排舞”大赛，获青年组“铜奖”及“最佳活力奖”。

2009 年，歌词《瓯江渔歌》在江、浙、沪三省市《江南风》歌词大赛中荣获三等奖；包山花鼓灯戏《福妈嫁囡》赴上海参加江、浙、沪两省一市 2009“中华元素”创意大赛，获铜奖（本次大赛共有 28 个节目参赛，共评出 3 个金奖、5 个银奖、7 个铜奖、13 个优胜奖，经层层筛选及专家评审后，从全省 3 年来的各艺术门类赛事获奖作品中脱颖而出，成为浙江省选送全国群星奖 8 个作品之一）。同年，由邱彦余作词、陈江涛作曲、季苏菲演唱的《畲家三月三》，获丽水市第四届原创歌曲大赛创作、演唱、辅导三金奖，在浙江省第八届音乐新作演唱演奏大赛中，获创作金奖，演唱辅导双银奖。陈江涛创作的歌曲《山歌甜甜》获浙江省首届江浙民歌大赛创作银奖；同时，《山歌甜甜》《阳光心情》两首歌曲在“当代歌手喜爱的歌”（第十二辑）一书中发表；歌词《精中拜！哈辣去》获丽水市首届“绿谷杯”歌词歌曲创作比赛金奖；小品《憨牯招亲》参加丽水市第二届乡村文化艺术节新农村题材小品大赛，荣获创作一等奖、演出二等奖；新童话合唱团参加第二届丽水市合唱节荣获县、市组银奖；寒菲作词、陈江涛作曲的《云和湖渔歌》获丽水市首届绿谷杯词曲创作大赛一等奖。

2010 年，潘介文创作的歌曲《开犁谣》获丽水市第五届原创歌曲演唱大赛演唱、辅导双金奖；寒菲作词、陈江涛作曲的《绿谷听春》获丽水市第五届原创歌曲演唱大赛创作、演唱辅导三银奖；新童话合唱团参加第三届丽水市合唱节荣获县、市组银奖；寒菲作词、陈江涛作曲的《想你、等你》获丽水市第二届绿谷杯词曲创作大赛一等奖。

第三章　文化市场管理

1990 年，云和县文化市场管理办公室成立，负责全县文化市场管理、文化经营项目的审批及年检年审、新闻出版、扫黄打非等工作。1991—2010 年，全县开展文化经营人员学习培训

43期,发放宣传资料15180份,联合执法出动稽查2120人次,对违规行为及时提出整改,对盗版文化产品集中销毁,促使全县文化市场健康有序发展。

第一节 管理机构

1990年3月,云和县成立文化市场管理办公室,属事业单位,隶属县文化局,编制3名,人员编制由文化系统内部调剂,承担县文化市场管理、文化经营项目的审批及年检年审、新闻出版、扫黄打非等工作。地点设在县影剧院。办公室主任由县文化局分管副局长兼任。1993年8月份后,文化局分管副局长不再兼任文化市场管理办公室主任职务。

2002年,县文化市场管理办公室有人员5人,属三类事业(文市办编制3名、演出管理站2人)办公室搬入县文化中心大楼 。

2004年3月,县文化市场管理稽查大队,列入参照国家公务员编制管理。

2006年6月,核定县文化市场行政执法大队人员编制5人,设大队长和副大队长各1人。

2006年9月,依据浙江省文化厅、省文物局、省机构编制委员会办公室《关于进一步加强文物行政执法工作的指导意见》,进一步健全云和县文物行政执法机构,加强文物执法工作。同年9月,在文化市场行政执法大队的基础上增挂文物监察大队牌子,进一步健全文物行政执法机构,加强文物执法工作。

2008年,文化经营项目审批纳入县行政审批中心,县文广新局设立审批科,从文化执法大队抽一名执法人员驻入行政审批中心办公。

第二节 经营与执法

经营网点

1991—1995年,全县文化市场经营网点发展迅速。1991年全县通过年审的文化经营单位15家,到1995年,文化经营单位69家。其中,录像带发行(出租)16家,录像放映点10家,歌舞厅14家,音乐茶座(咖啡屋)4家,电子游戏14家,卡拉OK 1家,电影放映室10家 。

1996—2000年,全县有文化经营单位86家。其中,歌舞厅20家,卡拉OK厅6家,图书出租零售点12家,音像放映点15家,台球8家、电子游戏25家。

全县文化市场由于盲目投资,市场饱和,经营不善,经济社会等原因。文化经营单位由86家,减少到1997年底的55家,减少36%。1998年3月,音像制品(VCD)迅速发展,到8月,VCD出租办理审批手续的文化10家,广电18家,无证3家,共有31家。

2001—2006年,全县通过年审文化经营单位101家。其中歌舞厅14家、网吧18家、音乐茶座4家、音像制品放映零售、出租14家、电子游戏机房3家、出版物出租零售12家、棋牌室

5 家、演出场所 1 家、印刷企业 30 家。30 家印刷企业中，有出版物印刷 1 家、包装装潢 5 家 、印刷品印刷 5 家、打字复印店 19 家。

2006 年，通过年审文化经营单位 102 家。其中，歌舞厅 19 家、卡拉 OK3 家、音乐茶座 4 家、音像制品放映零售、出租 14 家、出版物印刷 1 家、包装装潢 5 家 、印刷品印刷 5 家、打字复印店 19家、电子游戏机房 2 家、出版物出租零售 16 家 、网吧 14 家。全县共有文物保护单位、保护点 92 处。

2010 年起，新型产业网吧从 2 家发展到 18 家。其中网吧 14 家总投资 42800 万元，从业人员 112 人，电脑 1500 台，年创税收 20.8 万元，电信、移动接入费 21.64 万元。

行政执法

1991—1995 年，县文化市场管理办公室出动稽查人员 360 余人次，收缴有奖电子游戏机 60 台，整改封闭包厢 50 个，收缴录像带（VCD）1850 张，取缔 7 家，自行关闭 9 家，查封无证件歌舞厅 7 家，查处色情服务歌舞厅 5 家，罚款 16 万元，责令停业整改 25 天。 拆除娱乐场所包厢 80 个，停止整改 11 家，受理举报 10 起，件件查实。

1996—2000 年，县文化市场管理办公室出动稽查 420 人次，受理举报 45 件，查处违规案件 30 件、立案 26 件，罚款 15 万元，收缴非法盗版音像制品 3792 盒，非法盗版书刊 511 册，取缔无证经营点 30 家，拆除苹果拼盘机 40 台。拆除（收缴）舞厅包厢挂帘 80 幅。云和县书刊市场经营管理较为稳定，歌舞厅及电子游戏，娱乐业走向滑坡，舞厅关闭 6 家，占舞厅总数三分之一，台球有新的发展。

2001—2006 年，县文化市场管理办公室出动稽查 450 人次，受理举报 30 件，查获违规场所 35 起，立案 30 件、结案 30 件，罚款 25 万元，取缔网吧 2 家，停业整顿家 6 家，收缴非法盗版音像制品 3150 盒，收缴非法出版物 300 册。受理举报投诉 30 件。联合县公安部门 2 次在云和垃圾填埋场集中销毁非法音像制品 6700 张，销毁非法出版物 2290 册、具有赌博功能的电子游戏机 51 台。

2007—2010 年，县文化执法大队出动各类执法检查 890 次，受理举报 56 起，查获违法违规经营单位 65 家次，立案 52 起，警告 15 家，罚款 25 万元，下发整改通知书 50 份，收缴非法出版物和不良口袋本及盗版教材 1500 余册，收缴盗版 VCD 片 13000 余张，电子游戏机 18 台，参加市组织的“知识产权日”集中销毁 。

2010 年，破获 1 起侵犯知识产权的网络案件。云和网络公司盗用上海盛大公司的游戏软件，用于传奇私服经营“传奇私展”，扣留用于做传奇私服的服务器 13 台，处罚 2 万元。同时，巡查文保单位、文保点 120 处，下发整改通知书 8 份，立案 1 件，罚款 5 万元。

第三节　管理措施

市场检查

1991—1995 年，联合县文化、工商、公安、卫生、广电、纪检、财税等部门统一行动 19 次，查处全县文化市场违法行为 7 次。

1996—2000 年，开展部门联合、日常巡查、突击性检查、错时检查、零点行动、专项行动，加强全县文化市场巡查管理。原有录像带发行、出租文化系统、广播系统（社会、录像放映队）场所 34 家，对其中 7 家歌舞厅进行规范化管理，评出一级歌舞厅 2 家、二级歌舞厅 3 家、三级歌舞厅 2 家、有序发展文化系统、广播系统，整治压缩音像市场。

2001—2010 年，对电子游戏、娱乐场所及歌舞娱乐场所，进行全面清查整顿专项行动，电子游戏 22 家压缩为 9 家。根据文化部“网吧管理条例”，对全县 29 家经营场所作出规范要求，面积不少于 50 平方米，台数不少于 10 台，离学校距离不少于 200 米，每台占地面积不少于 2.5 平方米的标准，实地测量、严格把关，批准符合条件有 18 家。按照“一罚、二停、三吊”的硬性规定，对接纳未成年人 1 次的网吧罚 5000 元，超时经营处罚 3000 元，2 次接纳未成年人停业整顿 15 天，3 次查到接待未成年人的吊销网络文化经营许可证。2006 年，部门联合开展专项行动，开展“扫黄、打非”行动，加强出版市场、音像市场的管理，打击外地游商来云和县违规经营。

2010 年，整治规范“十小”行业小音像店、小网吧（黑网吧），原有网吧 19 家整治到 14 家，小音像店 16 家整治到 13 家。集中销毁盗版音像制品 1560 片，非法出版物 1123 余册，具有赌博功能的电子游戏机 15 台。

1991—2010 年，加强对演出市场的管理，与电影公司联合，严格控制团体规模小、演出质量低下的团体在云和县境内演出，既要活跃演出市场，又要避免淫秽色情表演发生。20 年来，累计接待演出团体 256 家次，演出 950 场。

宣传培训

1991—2000 年，根据国务院《娱乐场所管理条例》，举办文化市场法律法规宣传咨询活动，接待群众 2000 多人次，发放宣传资料 14000 余张，并利用宣传车、挂横幅等形式进行宣传，举办各类场所负责人培训 12 期。

2001—2010 年，开展知识产权、维护文化市场法律、安全生产等咨询活动，发放宣传资料 1000 余份。开展文化市场法律法规培训 15 场次、消防安全生产培训 10 次，消防安全演练 5 次，发放宣传资料 180 余份。聘请 10 位离退休老同志成立云和县网吧义务监督员队伍。

第四章 图 书

云和县政府加大县图书馆硬件设施投入。2000 年，新馆竣工并交付使用。逐步购置、增添馆内各种配套设施，达到办公自动化要求。加大图书收藏量，向读者提供阅读优质服务。2005 年，被国家文化部授予国家一级图书馆称号。2009 年，在第四次全国县级以上公共图书馆评估中通过复评，是丽水市唯一一家国家一级图书馆。

第一节　场　馆

云和县图书馆

云和县图书馆旧馆位于云和镇新华街146号，原为阙家祠堂，占地面积526.36平方米，建筑面积943.03平方米。房屋属砖木结构，年代久远，卫生设施不齐全，在安全、防潮、防盗上存在隐患。1998年，县财政拨款105万元、省文化厅资助133万元，合计238万元，建造新馆。

图25-4-1　云和县图书馆一隅（2000年，徐飞天摄）

新馆坐落云和镇公园路100号，县城北麓凤凰山园林区，建筑为古典式园林风格。1998年12月开工，首期工程三栋楼建筑面积2051.22平方米，馆内有外借室、阅览室、儿童阅览室、电子阅览室、地方文献及古籍部、参考阅览室、报告厅，一条供展览用的55米长廊，共有阅览席座数量350个，2000年12月投入使用，2003年成立电子阅览室。

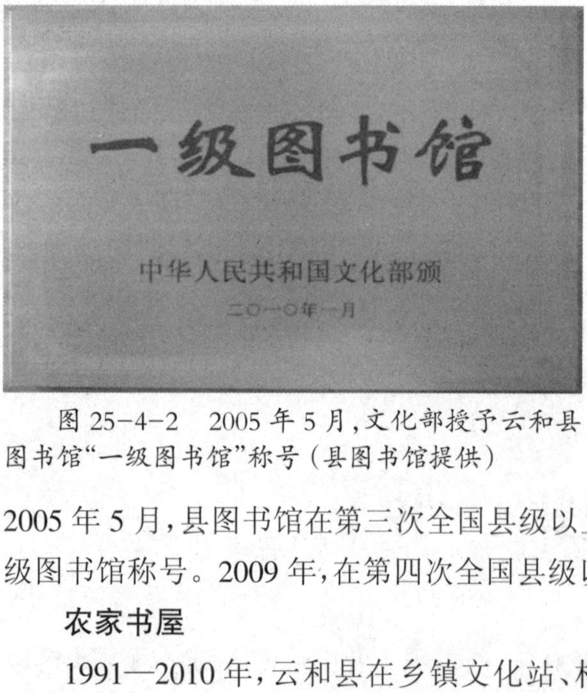

图25-4-2　2005年5月，文化部授予云和县图书馆“一级图书馆”称号（县图书馆提供）

2003年始，立项建设4号楼。2005年获批准立项，总面积1040平方米。2007年竣工并交付使用。其间，县财政拨款30万元，4号楼的投入使用，改善县图书馆的工作条件。现图书馆建设用地面积3400平方米，图书馆占地面积2625.61平方米，建筑面积3205.35平方米。2009年，完善花园和长廊的后续工程建设。计算机的数量从2003年的32台增加到2009年的45台，并配备投影仪、数码相机、手提电脑、流动图书车等现代化装备。2005年5月，县图书馆在第三次全国县级以上公共图书馆评估中被国家文化部授予国家一级图书馆称号。2009年，在第四次全国县级以上公共图书馆评估中通过复评。

农家书屋

1991—2010年，云和县在乡镇文化站、村文化中心、村文化示范户及学校设立图书流通点50个。建立有效的“乡、村、户”图书流通模式，制定流通点管理制度和服务制度，开展送书下乡活动，图书馆每季度为图书流通点更换一次图书。开展为特殊群体服务，送书进消防队和看守所。每年送书下乡达1万多册。图书馆在全县乡镇、社区建立图书室，覆盖率达100%。

2010年年底，全县开启农家书屋建设征程。建立云和镇黄水碓村、雾溪畲族乡坪垟岗村、崇头镇垟背村、云丰乡图书室、石塘镇小顺村、大塆乡图书室、农民公寓图书室、紧水滩镇文化站等8家农家书屋，设立书屋管理员。通过购买、流通、捐赠等方式补充农家书屋的图书。8家农家书屋共有藏书30200册，其中云和镇黄水碓村藏书2000册，雾溪畲族乡坪垟岗村藏书2000册、崇头镇垟背村藏书2000册、云丰乡图书室藏书6000册、石塘镇小顺村藏书3200册、大塆乡图书室藏书2000册、农民公寓图书室藏书2100册、紧水滩镇文化站藏书10000册。农家书屋深受欢迎。

图25-4-3　2008年12月，图书流通车进乡村启动仪式（刘海燕摄）

第二节　网络建设

办公自动化

1998年，开始筹备编制馆藏书目数据库。2000年始，采用ILAS系统，进行自动化借阅。2006年始，使用力博图书馆自动化管理系统，系统包括采访管理子系统、编目管理子系统、流通管理子系统、读者管理子系统、典藏管理子系统、阅览管理子系统、连续出版物管理子系统、读者网络服务子系统（WEBOPAC）、系统管理子系统等功能子模块。力博软件除具有完备的工作日志功能外，还记录每一件馆藏文献的典藏变化历史、读者证的变化历史、文献流通历史和读者财经历史。用户可以随时查询其变化和沿革情况。力博软件具有完善的用户功能权限和工作地点权限控制，增强用户操作的安全性，提高服务质量。

网站建设

2009年6月，建立县图书馆网站（www.yunheLibrary.cn），作为全县人民资源共享的阅读平台，网页全面介绍县图书馆的有关信息和报道，包括地方文献、玩具文化、旅游文化、市政文化、科普讲座文化、讲演文化、群艺文化、影视文化等特色数据库等12个板块。为读者提供数据库检索，光盘浏览，网上资源浏览，文献下载、打印、扫描等服务项目。2010年，网站获浙江省“文化信息共享工程十佳网站”称号。

文化资源共享工程

2003年，图书馆开始建设文化资源共享工程，云和县支中心设在县图书馆。2007年，先后投入资金68万元，完成资源共享工程的软硬件配置。硬件部分：在原有电子阅览室的基础上，配置共享工程服务器1台，图书馆自动化管理服务器1台，主干交换机一台，UPS电源设备和不限速互联网接入宽带。报告厅配置投影仪 1 台，投影幕 1 块，有源音箱 1 套，数码相机一台。软件部分：配有图书馆自动化管理系统，共享工程运行管理系统以及相关的操作系统和数据库软件。建成符合配置标准、设施完备的网络信息服务平台，拥有环境达到标准的新装修机房一处，可联网丽水网络图书馆、丽水图书馆、浙江图书馆、上海图书馆、国家图书馆，免费获取全国核心期刊全文数据及 30 余万册基本数字图书。

2008 年，依托组织部的农村党员远程教育网络，对全县 169 个行政村进行文化信息共享工程平台安装，实现全县文化信息共享工程村级基层点村村全覆盖。并在云和电视台开设互动点播台，开通 8 个栏目，利用中小学远程教育网和组织部的农村党员干部现代远程教育网上开通文化信息共享工程专栏，开展农业知识讲座、放映科教宣传片和优秀影视作品、开展电脑基础业务培训、播放动漫片和与企业联营等服务形式，开展系列信息服务活动。2010 年，举办“欢乐共享过大年”“大年小戏闹新春”等迎新春系列活动。

第三节　图书收藏利用

图书收藏

1990 年，馆藏图书为 88000 册。此后，基础业务工作纳入规范化、标准化，采购经费单列，新书入藏率稳中有升。2010 年，库存图书 17.2 万册。电子文献 100 余件，视听文献 300 余件，报刊年入藏量 400 余种，新增馆藏经费为 28 万元，比 2005 年新增馆藏经费同期增长 20 多万元。

1993 年，由任晓伶主编的《云和县图书馆志》编印发行。1997 年 11 月，致公党浙江省委资助紧水滩镇 3 万元，用于购置图书，开设紧水滩镇致公图书馆。1999—2002 年，先后参与《浙江省公共图书馆新编地方志联合目录》《中国家谱总目》《浙江家谱总目》的编撰著录工作，书籍的编辑出版提供翔实的数据资料。2001 年，整理万有文库 1900 册，各类家谱 94 种 168 册。先后编印云和地方文献丛书《从鲁北到浙南—历史回忆录》《书林采英》《云和民俗风情征文集》，同治三年版《云和县志》标点校注本。2005 年，县图书馆获“地方文献《浙江省家谱总目提要》编撰先进集体”称号。2007 年“中华古籍保护计划”正式实施，浙江省古籍保护计划政策出台。云和县图书馆于 2009 年 4 月开始对古籍进行整理，初步建成一套具有地方文献特色数据库群，形成旅游文化、非遗文化、玩具文化、抗战文化、讲演文化、银矿文化、讲座文化等一系列具有地方特色的全文数据库。2010 年，完成古籍的杀虫、防虫、册登记等系列工作，现有馆藏古籍 3258 册，包括从明末延续至民国的珍贵道教手抄本、家谱。保存完整的清同治三年（1864）刻本《云和县志》1 部，是研究云和历史文化的珍贵文献资料。

2010 年，全县乡镇文化站有图书 5 万册，共创建基层图书室 10 家，54 个基层图书流通点，每年送书下乡 2 万多册，累计向各乡镇、学校、行政村赠送图书 5000 册，县图书馆流动阅读服务范围覆盖全县 6 个社区和 14 个乡镇，覆盖率达 100%。云和县从 2010 年年底全面启动农家书屋工程建设。

借阅服务

阵地阅读服务 1991—2010年，县图书馆发出借书证6000多本。2010年，全年接待读者流通人次为118808人次，借阅书刊为85345册，举办讲座20余场，听众达4450人次，会展15余场，参观人数达10100人次，每月定期向读者公告新书目录。县图书馆一直遵守公益性办馆原则，在全地区率先实行全开架、零收费、减免各种费用的优惠服务。2007年1月1日起，开始执行零收费制度，实现“零门槛”开放，免费开放的场所有：图书外借室、报刊阅览室、古籍·地方文献阅览室、少儿阅览室、电子阅览室、多功能厅、木玩图博馆、视障阅览室、新农村书库、参考阅览室、多媒体报告厅等公共空间设施场地；免费服务的内容包括：书刊借阅、数字资源网络利用、讲座听讲和展览欣赏、信息检索与资料咨询、基层业务辅导、图书流通点等众多服务项目，甚至连一些辅助性服务如办证、验证等也全部实现免费。零收费制度使读者流通人次和借阅册次大幅度上升，读者增加两倍。县图书馆每年印发《书目精萃》供读者选读，系统总结从小在馆内读书的国内外硕士生、博士生成功的读书经验，印发给读者参阅，开窍读者心灵。

图 25-4-4 图书阅览室（刘海燕摄）

延伸阅读服务 县图书馆1983年始，设立一年一度的“爱才奖”。它是对战斗在云和各条战线上的优秀人士进行评奖的活动，“爱才奖”自1983年开设，至2010年，已有200位优秀读者获奖。

县图书馆常设的读者活动有庆“六一”益智猜谜活动；每年暑假与县科协、县教育局联合举办“科技夏令营”活动；公益讲座是县图书馆多年来形成的一大服务品牌，并赋予名称“常春藤讲座”。讲座内容有：养成终身阅读习惯、提升图书馆利用率的“经典书目讲座”；提升素质教育的“Booktalk书目讲座”“玩具文化漫谈”“云和本土文化的认识和表达”“科普的魅力”；开拓视野的“美国文化印象”等，每年讲座近20场，年听众达4450余人次。1990一2010年，共举办摄影、书画展、先进人物、纪念重要节日等全县各类建设成就展共176次。其中，1994年4月，举办全国报刊“关于刘玲英事迹报道”展览，在各乡镇巡回展出。并为丽水馆和湖州馆举办“刘玲英事迹展”提供两套复印件。以刘玲英为主题，收集有关文献180多件，为《浙江名人辞典》撰写刘玲英

图 25-4-5 2010年11月爱才奖颁奖典礼（徐飞天 摄）

条目。2005—2009 年，县图书馆通过对畲族文化的研究，为云和县向省文化厅申报第二批丽水市非物质文化遗产名录提供《原始美丽的童话世界——云和木制玩具》《女神群集怀抱的山水家园——云和女神崇拜文化》《坪垟岗畲族三月三》等申报项目；为第三届木制玩具节文献奉献文献纪录片剧本《玩具之乡—诗画云和》；完成《云和画影》画册的全部文字资料；为《玩具大比拼》节目设计方案和影视剧本《云和，天地人和谐的大美》的文稿编辑等一系列特色文化项目。

第四节　社会活动

学术成果

县图书馆跻身社会活动，撰写学术作品。1993 年，记述全国数学联赛一等奖获得者廖昕《受益于图书馆》的报告文学，在科普刊物《科技 24 小时》卷首刊出，又在江苏《少年文艺》1994 年第一期首篇全文刊载。同年 9 月，介绍畲族教师钟礼平利用图书馆著书立说事迹的《钟为谁鸣》，在《民族团结报》作为纪念教师节重点文章刊出。1994 年，描述企业家徐道和在表兄钱三强鼓励帮助下搞玩具科研的故事《官园会晤》，在《名人传记》显著版面发表。

1996 年 8 月，陈惠民作为中国代表团成员出席“北京国际图联大会”。1997 年，县图书馆人员深入基层调研，撰写四篇专题论文。其中，报告文学《环卫女杰泪沾襟》刊载于《中国市容报》；调查报告《绿野山壁的玩具总动员》刊载于《浙江画报》；科技论文《双指拼码诗》刊于国家一级计算机刊物《中文信息》；1999 年，经过三年努力，完成全书 15 万字的地方文献读本《可爱的云和》的写作，云和籍著名剧作家魏峨先生为此书作序。此书由浙江教育出版社正式出版，初印 5000 册销售一空。同年，出版《浮云趣俗丛谈》读本。

2004 年，馆长陈惠民为云和中学撰写文献纪录片光碟剧本《绿谷腹地桃李园——云和中学纪录片》；为职技校艺术团撰写的歌舞诗《云和情诗》在教师节、国庆节和市教育系统会演中获得赞誉；撰写云和县人民纪念碑及武岱峰三块景点碑刻；受县教育局委托的撰写《书目精选—小学版》和《书目精选—初中版》。

科技助工

1992 年，县图书馆发起云和县经济战略研讨会，提出“木制玩具”“高山蔬菜”“一村一品”等重要经济思路，为政府“五个千家万户”战略决策提供理论依据。同时，撰写经济导向咨询报告，优选“五个千家万户”中最杰出的成功典型，其中高科技题材《桑尼—太阳》获全国报纸副刊优秀作品一等奖。

1996 年，根据有关文献资料，协助玩具厂家设计出“清明上河图”中的虹桥、百变方块、精动物等木制玩具。1998 年，协同有关专家研制开发“积木万年历”“积木足球”“九宫翻板”等 10 多种独特的科学玩具，提高木制玩具的科技含量和价值含量。2004 年，向玩具厂商提供 100 种左右玩具创新图纸。为“童话云和•木玩智慧园”提供全套的设计方案。

图 24-4-6　县图书馆增挂科普中心牌子(刘海燕摄)

2000 年,投资 3 万元,启动科技阅览室,与县科协合办图书馆“科艺画廊”展出科普图片。至 2010 年年末,共展出 2000 余幅。

县图书馆成立玩具文化研究室,英文名称 Toy Library,也是云和县科普活动中心的示范基地,用玩具这种最好的教材来开发民智、孵化创意、培育人才,是产业得以可持续发展的保障工程。Toy Library 开展活动的主要途径是:接待参访、文化讲座、玩具模型制作夏令营、玩具文化征文讲演等。平均每周接待两支参访团队包括企业、师生、学者、记者、游客、同行和领导者,时任地委书记楼阳生评价:“一座充满理想充满智慧的文化创意工场。”丽水市政协副主席吴永水评述:“传统图书馆如何在网络时代优雅转身,如何服务于主导产业与主流社会,如何防止被边缘化,我带着种种迷茫、困惑、忧思而来,在云和图书馆找到了全部问题的解答。”2008 年 4 月,《世界博览》杂志刊发记者采访 Toy Library 长篇专稿《一座图书馆的故事——云和木玩具的未来走向》。

第五章　文化体制改革

云和县委、县政府及文化主管部门按照中央和浙江省委关于文化体制改革的精神要求,根据县实际情况,从 1994 年起,启动对县越剧团、县电影公司、县新华书店等单位进行改制工作,至 2005 年全部改制到位。

第一节　机构设置

1991 年,云和县文化局为主管全县文化艺术事业的县政府组成部门。

1994 年 2 月,云和县人民政府第二次县长办公会议决定撤销云和县越剧团,组建县文化艺术发展中心。

2001 年 6 月,根据《中共丽水市委、丽水市人民政府关于云和县党政机构改革方案的通知》,组建云和县文化体育广播电视局,不再保留文化局和原事业机构体育事业发展局、广播电视局。下辖县文化馆、图书馆、文物管理委员会办公室、文化市场管理办公室、艺术发展中心、体育事业发展中心、电影公司等事业单位，并在各乡镇设置文化站和广电站。11 月，经县人民政府批准，县文化体育广播电视局与广播电视台分设。

2005 年，云和县进行文化体制改革，将原来的县文化体育广播电视局，组建为县文化广电新闻出版局，为县政府工作部门，统一履行文化、广播电视、新闻出版等行政管理职能。设立县体育局，与县文化广电新闻出版局合署办公。保留县体育事业发展中心，作为县体育局的直属机构。同时，设立县广播电视台，作为县委、县政府直属事业单位，相当于正科级单位。广播电视台设立后，乡镇广播电视工作站作为县广播电视台的延伸机构，隶属于县广播电视台。是年 12 月，根据县编制委员会《关于核定云和县文化馆人员编制等问题的批复》的文件精神，撤销云和县艺术发展中心，核销人员编制 11 人，在职人员 6 人并入县文化馆。

2006 年 6 月，《中共云和县委办公室 云和县人民政府办公室转发县文化体制改革工作领导小组关于建立文化市场综合执法机构实施意见的通知》精神，县机构编委员会办公室下发《关于云和县文化市场行政执法大队职能配置和人员编制的通知》建立云和县文化市场行政执法大队，作为县文化广电新闻出版局(体育局)直属机构，以云和县文化广电新闻出版局(体育局)名义对属地实施综合执法。

2009 年 7 月，根据《中共云和县委、云和县人民政府关于推行“两集中两到位”行政许可职能归并改革的实施意见》精神以及《云和县机构编制委员会关于同意设立行政许可科的批复》，设立行政许可科，同时撤销广电科。

2008 年 5 月，县机构编制委员会下发《关于同意县文化馆增挂云和县非物质文化遗产保护中心牌子的批复》。2011 年 1 月，云和县机构编制委员会《关于同意单设云和县非物质文化遗产保护中心的批复》，在云和县文化馆挂牌的县非物质文化遗产保护中心改为单设，为县文化广电新闻出版局下属全额拨款事业单位。

2010 年，局机关设办公室、文化科、体育科、行政执法科等 4 个科室，编制 10 人，实有 11 人。其中班子成员 5 人，科室负责人 2 人，一般干部 2 人。局下属文化事业单位，文化馆、图书馆、文物办、文化行政执法大队、非遗办、体育中心等 6 个。共有干部职工 40 人。其中高级职称 4 人，中级职称 23 人。

1991—2010 年县文化广电新闻出版局主要负责人一览表

表 25-5-1

党委(组)书记	任职时间	局长(主任)	任职时间
陈伯森	1988.01—1993.08	陈伯森	1988.01—1993.07
毛荣理	1993.08—1994.07(兼)	毛荣理	1993.07—1996.10(兼)
任晓伶	1996.10—2005.11	任晓伶	1996.10—2001.11
王雨杰	2005.12—2007.03	王雨杰	2001.11—2007.04
黄文龙	2007.04—2009.09	黄文龙	2007.04—2010.01
邱伟荣	2010.02—2010.12	邱伟荣	2010.02—2010.12

第二节 事业单位改制

县越剧团

1962 年 9 月，云和县越剧团成立。1994 年，剧团机构改革，撤销县越剧团，改建为云和县文化艺术发展中心，剧团原有人员身份、离退休人员安置、公费医疗、职称序列等保留不变（1994 年云和县长办公纪要）。2005 年 12 月，云和县编制委员会文件，撤销云和县艺术发展中心，核销人员编制 11 人，现有的在职人员 6 人并入县文化馆，并对县艺术发展中心并入人员实行控编管理，只出不进。其资产由县国有资产管理委员会办公室收回。

县新华书店

云和县新华书店 1956 年 5 月成立，至 1999 年为县文化局下属事业单位。2000 年，县新华书店改制对资产进行评估，改制后由浙江省新华书店集团有限公司直接领导，县新华书店下设经理室、办公室、财务室部、教材部、门市部等 5 个部门。2002 年，根据集团公司文件精神、市公司的有关要求，结合县新华书店有限公司实际情况，制订《浙江云和县新华书店有限公司综合改革方案》。2003 年 1 月，县新华书店出台《关于印发<浙江云和县新华书店有限公司改革方案>的通知》，内容包括部门与岗位设置方案、工资改革方案等，方案经全体职工讨论公布。2004 年 3 月，云和县人民政府文件，通过《云和县县属事业单位改制实施办法》，加快事业单位新华书店有限公司改革的步伐。至 9 月，云和县新华书店有限公司由事业性质明确改为企业性质，同地方党政脱钩，实行依法运营，自主核算的文化企业管理体制模式。成为浙江省新华书店集团有限公司下属子公司（独立法人公司），云和县新华书店有限公司，由原来云和县文化局管理变为省公司直属管理。

2005 年，制定《岗位责任及销售指标责任制实施办法》，详细划分岗位职责。是年 5 月，因改制，将按规定计提的提前退休人员、离退休人员费用及在职人员一次性统筹外费用共计 110.78 万元上缴云和县社保处。此后，提前退休人员、离退休人员费用及在职人员退休后，一次性统筹外费用由云和县社保处发放。2006 年 8 月，省新华书店集团有限公司根据《公司章程》第十四条、第十八条的规定，委派吴霞为浙江云和县新华书店有限公司执行董事，委派吴淑华为浙江云和县新华书店有限公司监事，任期 3 年。

原“浙江省云和县新华书店”更名为“浙江云和县新华书店有限公司”。至 2010 年，公司拥有红光路 2 号云和书城建筑面积 1369 平方米、新建路 59 号老门市部建筑面积 860 平方米、沙滩路 19 号课本仓库建筑面积 387 平方米，3 处自主产权的物业；拥有营业面积 900 平方米的新卖场云和书城。云和县新华书店有限公司以浙江省新华书店集团有限公司的浙江博库书城为依托，建设自己的官方网站，线上拥有 80 多万个图书品种，所有的图书均有详细的内容资讯，只要点击网上的书城就能轻松找到你想要的各类图书。全县人均购书 1991 年为 5.09 元，2000 年为 25.45 元，2010 年为 739 万元。净利润从 1991 年的 0.5 万元发展到 2009

年最高时的47万元。固定资产从1991年的14万元,发展到2010年的794万元。

电影公司

云和的电影放映事业从20世纪50年代开始到80年代末期,是放映事业的蓬勃发展期,1993年始观众锐减,放映收入减少,是放映事业的滑坡期。1992—1993年,县电影公司的干部职工把建造于1965年,云和电影院改造成为"云和影乐宫",放映设备从松花江5501型,提升为35毫米电影放映机、松花江5505型座机,改造镭射厅、歌舞厅和座位700多座,开放录像放映室、音乐伴奏歌舞等娱乐形式。把影剧院门厅租给客商用作商品展销。1996—2003年,引进演出团体150多个场次,增加分成收入。1993—1998年,多种经营收入达153万元,年均25.5万元,弥补电影放映和影片发行收入的缩减数额。

2005年1月,云和县事业单位改革领导小组《关于同意云和县电影发行放映公司改制方案的批复》,批准改制,改制方式为解体注销。

改制前电影公司在职干部职工共有15人,凡工龄30年以上,年满45岁以上的女职工和年满55岁以上的男职工,可以提前办理退休。职工尚有6人,以股份制的形式,组建"云和县银都电影有限公司"。公司设在县城南路浮云广场北侧的文化中心大楼一楼,有观众席352座的会场。至2010年12月,公司有职工6人,其中技师1人、放映技术员2人、工作人员3人。

2006年,文化部、国家电影总局联合提出农村电影放映"2131"工程,在农村实现一村一月放映一场电影的目标。云和县在实施农村电影放映"2131"工程中,由云和银都电影有限公司购置农村数字电影放映设备5台,面包车1辆,组建4支农村放映队,每场放映补助为80元。至2010年,累计送电影下乡7000余场,有效解决农村群众看电影难问题。

第六章　文化遗产

1980年4月,云和县设立文物管理委员会,成员有县政府办公室、文广新局、发改局、财政局、工商局、旅游局、司法局、法院、检察院、公安局、交通局、国土资源局、建设局等部门单位有关负责人。文物管理委员会下设办公室,办公室设在县文广新局,事业编制2人。

1999年开始,云和镇、安溪、赤石、朱村、石塘、崇头、大源、紧水滩、云丰等乡镇先后成立文物保护管理领导小组,县文物办聘请22名业余文保员,通过文物法律法规以及文物保护基础知识的培训、考试,颁发由省文物局统一印制的业余文保员证书。形成县、乡(镇)、村三级文物保护管理网络。

至2010年,全县有馆藏可移动文物170件。有49个项目被列为县级非物质文化遗产。其中17个项目入选市级非物质文化遗产,7个项目入选省级名录。非物质文化遗产代表性传承人17人,其中,17人入选市级非物质文化遗产代表性传承人,8名入选省级非物质文化遗产代表性传承人。其中，8 人入选省级非物质文化遗产项目代表性传承人。全县有县级文物保护单位 29 处，县级文物保护点 78 处。2010 年，完成“黄绍竑公馆”“王氏宗祠”“云和银矿遗址”“云和梯田”“石门桥”等 5 处文化遗产，推荐申报第六批省级文物保护单位工作，为申报国家级文物保护单位打下基础。

第一节 不可移动文物

文物调查

2001 年，根据省人民政府的统一部署，开展浙江省第三次文化遗产普查，共普查登记不可移动文物 120 处。其中古遗址 4 处，古墓葬 4 处，古建筑 101 处，石窟寺及石刻 8 处，近现代重要史迹及代表性建筑 2 处，其他 1 处。

2005 年，开展临时省会云和的抗战遗址摸底、调查工作，共调查登记抗战遗址 107 处。2008 年 8 月，委托浙江省古建筑设计研究院编制《云和县抗战历史文化遗址群保护和利用规划》。

抗战时期浙江省会原机关单位在云和住地分布情况表

表 25-6-1

所在村	机 关	负责人	原地名	现地名
黄水碓村	秘书处	处长：李立民	—	—
黄水碓村	中国工业合作协会丽水事务所	主任：郑文华	黄水碓 9#	—
黄水碓村	浙皖区工业合作供销业务代营处丽水分出	经理：李志乔(兼)	—	—
黄水碓村	中国工业合作协会浙皖区工业合作供销业务代营丽水分处	经理：郑文华	—	—
黄水碓村	国民教育实验区	主任：俞子夷	—	—
黄水碓村	浙江省儿童教育管	馆长：沈伟	黄水碓桥头	—
黄水碓村	浙江省教育厅办事处	厅长：许绍隶	—	—
小徐村	中国合作协会浙江分会	理事长：陈仲明	—	—
小徐村	第九区行政督查专员公署	专员兼保安司令：余森文	—	—
小徐村	浙江省合作物品供销处日用品工厂	厂长：唐 泽	—	—
小徐村	《正报》社	社长：关望攸(兼)	小徐	—
云和县城	浙江省民政厅	—	文昌阁	印刷厂
云和县城	浙江省卫生处	—	城内中正街道 1 号	—
云和县城	中央赈济委员会浙江办事处	—	城内前巷 11#	—
云和县城	闽浙监察使督驻浙办事处	主任：李峰	建国路 1 号	—
云和县城	浙江社会事业促进会	理事长：关望攸	关庙巷 10#	—
云和县城	浙江省新生活运动促进会	主任常务干事：金璇	抗战路 44#	—

续表 25-6-1

所在村	机　关	负责人	原地名	现地名
云和县城	中国人事行政学会浙江分会	名誉理事长：黄绍竑	县城青年馆	—
云和县城	浙江省民航船员工会联合会	常务理事：曹振	王氏宗祠	—
云和县城	浙江省农会	常务理事：关望伋	关庙街 100#	—
云和县城	外交部特派员公署	—	1945年7月3号在云和成立	—
云和县城	浙江省会员工消费合作社	经理：罗友石	中正街	—
云和县城	浙江省地方银行	—	中正街	—
云和县城	浙江省地方银行方岩办事处	—		
云和县城	中国农民银行杭州分行绍兴支行	—		
云和县城	浙江省合作金库	—		
云和县城	财政部苏浙区烟类专卖局丽水区云和业务所	主任：金良	明德里	—
云和县城	浙江省话剧团	团长：殷振稼	—	—
云和县城	《人报》社	发行人：吴一飞	建国路 19 号	—
云和县城	《胜利杂志》月刊社	发行人：吴一飞	文昌阁	—
云和县城	《老年文学月报》社	发行人：翁北溟	中正街	—
云和县城	《建国通讯》社	发行人：李公择	中正街 136#	—
云和县城	《胜流》半月刊社	主编：陈光增	建国路 17#	—
云和县城	国民通讯社	社长：王惠书	建国路 20#	—
云和县城	中央通讯社随军办事处	特派员：盛维	周宅巷	—
云和县城	中国史地学社	—	驻云和县	—
云和县城	图书通讯社	主管人：王惠书	建国路	—
云和县城	中国速记学社	—	驻云和县	—
云和县城	正中书局	经理：程岩金	中正街鲍家	—
云和县城	浙江省立建国小学	校长：彭慧秀	天后宫	—
云和县城	浙江省民政厅医疗队	—	县城	—
云和县城	浙江省立儿童乐园	主任：余泽生	建国路孔庙	—
云和县城	浙江省防控情报所	—	县城南门	—
云和县城	浙江省第十二防控监视队	队长：汪雪恨	前溪路 3#	—
云和县城	福建省龙樟师管区补充营	—	赵姓巷 3#	—
云和县城	军政部陆军卫生材料库第九分	库长：周维全	中正街	—
云和县城	美国驻华陆军总部驻云和救济机关	负责人：凯来君	上前溪	—
云和县城	盟军顾问处	—	上前溪	—
云和县城	浙江省警察大队	大队长：余武	城内王氏宗祠	—
云和县城	黄绍竑公馆	黄绍竑	鲤鱼山脚	—
小顺村	主席公馆	主席：黄绍竑	麻厂村	—

续表 25-6-1

所在村	机　关	负责人	原地名	现地名
瓦窑村	黄绍竑公馆	黄绍竑	瓦窑村	—
瓦窑村	季宽游泳池	黄绍竑	瓦窑村	—
小顺村	浙江省铁工厂总厂、一厂	厂长:黄祝民	小顺村	—
小顺村	国立英士大学	校长:杜佐周	小顺村	—
小顺村	军政部二0四兵站医院	院长:陈鸿福	小顺村	—
东山头村	中国国民党浙江省交通特别党部筹备处	主任:汪宗伦	东山头村	—
古坊村	浙江省建设厅	厅长:伍廷飏	古坊村	
古坊村	浙江丝织厂	厂长:陈庆堂	古坊村	
古坊村	染织改进厂	—	古坊村	
云章村	浙江省驿运管理处	处长:杨树松	云章村	—
长田村	浙江省财政厅	厅长:黄祖培	长田村	—
长田村	浙江省审计处	处长:李文伯	长田村	—
长田村	财政部浙区税务局	局长:黄祖(兼)	长田村	—
长田村	浙江省贸易特种股份有限公司	经理:黄祖(兼)	长田村	—
古竹村	浙江省丝绸管理委员会	主任:伍廷(兼)	古竹村	—
古竹村	浙江省教育厅科学仪器教具制造厂	—	古竹村	—
古竹村	浙江省教育厅理化仪器供应社会	主任:王祖茂	古竹村	—
古竹村	浙江省保安司令部无线电台训练班	—	古竹村	—
白垟墩村	浙江省合作事业管理处	处长:唐　泽	白垟墩村	—
沙溪村	浙江地政局	局长:洪季川	车处村	—
沙溪村	中国童子军浙江理事会	主任:周伯平	沙溪村	—
沙溪村	中国地政学会浙江分会	—	沙溪村	—
沙溪村	第九行政督察区地籍整理办事处	处长:潘万程	沙溪村	—
沙溪村	浙江省防空司令部	司令:黄绍竑	沙溪村	—
沙溪村	浙江保安三团	—	沙溪村	—
局村	大中工厂	总经理:陆伯匡	局村朱宇坝村	—
局村	军政部第三十兵站医院	院长:赵熙荣	局村	—
象山村	中国航空建设协会浙江分会	—	—	—
象山村	财政部贸易委员会东南运输处金华份处	主任:过履钧	象山禹王庙	—
霞晓桥村	浙江省农业改进所	所长:莫定森	霞晓桥村	—
霞晓桥村	浙江省军管区基干团	团长:徐咸宣	霞晓桥村 陈村	—
睦田村	浙江省工业改进所	所长:陈琼	睦田村	—
睦田村	浙东印刷厂	厂长:刘纯	睦田村	—
狮山	丽水水南染织厂	—	狮山	—

续表 25-6-1

所在村	机　关	负责人	原地名	现地名
狮山	浙江省教育厅社教班	主任：房宇园	狮山	—
狮山	浙江省立建国中学	校长：陈振镛	狮山后迁瓦窑	—
木垟村	浙江省盐务局木垟转运站	站长：卓颂鲁	木垟村	—
木垟村	浙江省盐务局盐警队	副队长：刘雨亭	木垟村	—
程宅村	《东南日报》社	社长：胡健中　刘湘女	程宅村程家祠堂	—
大坪村	浙江省通志馆	馆长：余绍宋	大坪村	—
杉坑岭村	宁波警察总队驻省通讯处	主任：潘淼	杉坑岭村	—
杉坑岭村	堇县无线电台	台长：洪章浒	杉坑岭村	—
岗头村	军政部驻赣军粮局金华办事处	主任：范雨(兼)	岗头村	—
石蒲村	陆军三千师司令部	师长：罗哲东	石蒲村	—
村头村	军事委员会抚恤委员会驻浙抚恤处	处长：周启贤	村头村	—
村头村	浙江省警察训练所	教官长：李知章	村头村	—
贵溪村	三十二集团军兵站仓库	库长：李肇光	贵溪村	—
重河村	第三站区兵站总监部云和办事处	主任：范雨龙	重河村	—
重河村	三十二集团军兵站分监部	分监：郑洛	重河村	—
滩下村	军政部第一八八伤兵收容所	主任：袁履谦	滩下村	—
沈村	浙江省立临时联合师范学校	校长：徐旭东	沈村	—
沈村	浙江保安五团	—	沈村	—
沈村	第三站区浙江省军民合作指导处留守处	处长：宋家抡	沈村	—
雾溪村	丽云师管区司令部	司令：唐云山	雾溪村	—
张家地村	浙江省保安处军械仓库	库长：崔成钟	张家地村	—
温溪村	浙江省第一辅助医院	院长：裘造时	温溪村	—

2007 年 9 月至 2010 年 10 月，第三次全国文物普查，云和县共发现不可移动文物 594处，按标准规范登录不可移动文物 526 处，登记一般不可移动文物 59 处，登记消失不可移动文物 9 处。在标准规范登录的不可移动文物中，新发现 401 处，复查 125 处，新发现数量占登录总数的 76.23%。其中古遗址 23 处，古墓葬 14 处，古建筑 406 处，近现代重要史迹及代表性建筑 73 处，其他文物 1 处。普查期间还承担市普查办交办的丽水市六大普查专题之一“明代银冶史迹”的调查、研究，主持编纂丽水市第三次全国文物普查成果丛书《处州银冶》。

图 25-6-1　县第三次全国文物普查动员大会（崔丽萍摄）

抢救性考古发掘

1997 年 1 月，组织人员对云和镇城东“交椅山”一处被盗无名古墓进行抢救性的清理发掘，出土的随葬器物有唐代钱币“开元通宝”、银质首饰盒（已腐蚀）、青铜镜、影青瓷荷叶盖罐等。经鉴证，此墓为宋代古墓，出土文物有较高的价值。

1997 年 3 月，配合玉溪电站建设工程，由浙江省考古研究所专家和地、县文物专业人员组成考古队，对位于玉溪电站库区石塘镇规溪村的“上孔青瓷窑址”进行为期半个月的调查试掘。经考证，该窑址建于南宋晚期至元代初期，烧制规模大、延续时间长、保存状况良好，具有较高的历史价值和研究价值。

图 25-6-2　东汉人物堆塑陶五管瓶（杨克新摄）

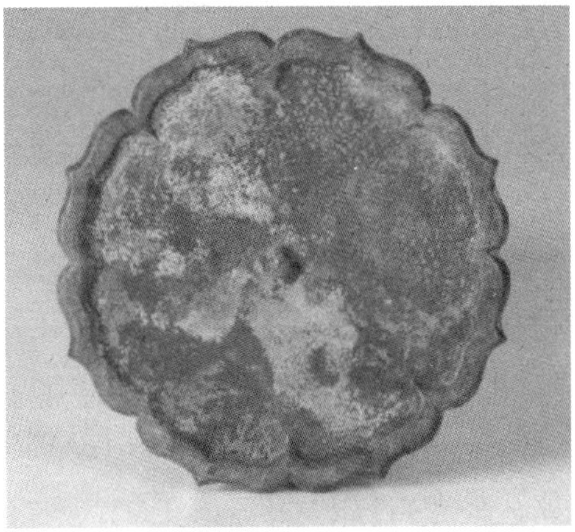

图 25-6-3　宋代—八角菱花青铜镜（杨克新摄）

1999 年 10 月 20 日，在云和镇白塔山南侧的街道拆建现场，发现汉至明代古墓群，文物部门立即组织抢救性的清理发掘，出土的随葬物 17 件。其中有汉代双系陶罐、铁鼎、豆、盆、陶灶、陶釜、纺轮、青铜镜、青铜弩、青铜剑、铁刀、人物堆塑陶五管瓶、瓷尊；宋至明代的大缸、青瓷刻花碗、青瓷印花碗等一批珍贵文物。

2004 年，丽龙一级公路建设，浙江省文物考古研究所、云和县文物管理委员会办公室（以下称县文管办）联合组成考古队，对县级文保单位横山周瓷窑址群进行了抢救性考古发掘。本次清理发掘发现少见的修坯刀、整齐的柱础、完好的投柴孔、较多的八思巴文、丰富的纹饰、罕见的拱顶横砌手法，对于研究龙泉窑青瓷的制烧具有很高的价值。

图 25-6-4　赤石横山周瓷窑址发掘现场（崔丽萍摄）

2007 年 3 月底在“小顺度假区”建设工程施工时发现一墓葬，经报批国家文物局批准后，浙江省文物考古研究所会同县文物办，于4月5日至6月13日对该墓进行抢救性考古发掘。墓葬坐北朝南，位于正屏山的“怀抱之地”，背靠山坡，左、右各有二山相辅合抱，前景开阔，前方为瓯江支流逦迤而去，再远处又有“案山”照应，形成四周有山环抱，负阴抱阳，背山面水的绝佳环境，此为南宋大墓的经典环境。由后向前，墓葬由围墙（环墉）、封土、墓穴、拜坛、台阶、墓前祭祀建筑（墓祠）、神道等部分组成。正屏山南宋墓葬，随葬品虽已荡然，但发掘中见有若干墓志的残片，尚有片断的文字可读，知墓主人下葬于南宋淳祐八年（1248）。因墓志内容不全，目前尚不知墓主人的确切身份，有迹象表明其身份可能属于品官。

图 25-6-5 小顺正屏山南宋墓全景（严晓宽摄）

正屏山南宋墓葬规模宏大，占地面积近0.10公顷；营建考究，以条砖、方砖、条石、鹅卵石等多种建材，用材粗大；保存较好，尤其是墓前的墓祠建筑，其尚完好保存，极为难得，研究浙江南宋时期的丧葬墓祭习俗、墓葬形制、墓祠制度、建筑营造，具有特别重要的价值。

文物保护

1999年6月18日，云和县人民政府重新公布第一批县级文物保护单位13处。

云和县第一批县级文物保护单位一览表

表 25-6-2

名 称	类 别	年 代	地理位置
喷雪井	古遗址	宋	云和镇睦田村狮山
横山周瓷窑址	古遗址	元	赤石乡横山周
新岱林瓷窑址	古遗址	元	赤石乡新岱林
上孔瓷窑址	古遗址	元	石塘镇规溪村
王一卿墓	古墓葬	明	紧水滩镇青龙头
百无禁忌碑	石窟寺及石刻	明	黄源乡黄家畲村
王家祠堂	古建筑	清	云和镇解放街司前巷
百岁坊	古建筑	清	紧水滩镇青龙头
节孝坊	古建筑	清	云坛乡独山村
魁星楼	古建筑	清	紧水滩镇梓坊村
福仙宫（拜亭）	古建筑	清	云和镇城北路
栈云桥	古建筑	清	崇头镇崇头村
周天生（周建生）烈士墓	近现代重要史迹及代表性建筑	现代	云和镇象山村

2007年11月6日，云和县人民政府公布第二批县级文物保护单位16处。

云和县第二批县级文物保护单位一览表

表 25-6-3

名 称	类 别	年 代	地理位置
石门桥	古建筑	待考	云和镇新华街
正屏山南宋墓	古墓葬	宋	石塘镇小顺村
外隆瓷窑址	古遗址	元	石塘镇双港村外隆
杨广三墓	古墓葬	明	沙铺乡林山村
回龙山银矿址(摩崖石刻)	古遗址	明	沙铺乡回龙山村
禅岩寺	古建筑	清	云和镇局村村
林山下双拱石拱桥	古建筑	清	大塆乡林山下村
仙眠床禹王庙	古建筑	清	崇头镇仙眠床村
插花殿	古建筑	清	紧水滩镇龙渡村
平水王殿	古建筑	清	黄源乡贵庄村
毓元桥	古建筑	清	黄源乡黄家畲村
龙母仙娘庙	古建筑	清	沙铺乡沙铺村
项氏宗祠	古建筑	清	沙铺乡沙铺村
龙母仙宫	古建筑	民国	黄源乡贵庄口
蓝氏宗祠	古建筑	民国	朱村乡张兰村
黄绍竑公馆	近现代重要史迹及代表性建筑	民国	云和镇瓦窑村

2003 年 6 月 16 日，县文化体育广播电视局发文公布第一批县级文物保护点 78 处。

云和县第一批县级文物保护点一览表

表 25-6-4

序号	名 称	类 别	时 代	地 址
1	石门桥	古建筑	待考	云和镇新华街
2	外隆窑址	古遗址	元	石塘镇双港村
3	王一卿故居	古建筑	明	云和镇解放街
4	银矿洞	古遗址	明	石塘镇寨下村
5	杨广三墓	古建筑	明	沙铺乡林山村
6	银矿洞	古遗址	明	沙铺乡回龙山村
7	摩崖石刻	石刻	明	沙铺乡回龙山村
8	天妃宫	古建筑	清	云和镇解放街
9	土地庙	古建筑	清	云和镇古竹村
10	社稷庙	古建筑	清	云和镇古竹村
11	五候圣王庙	古建筑	清	云和镇小徐村
12	徐氏宗祠	古建筑	清	云和镇小徐村

续表 25-6-4

序号	名　称	类　别	时　代	地　址
13	程氏宗祠	古建筑	清	云和镇程宅村
14	禹王庙	古建筑	清	云和镇象山村
15	尚书宫	古建筑	清	云和镇睦田村
16	禅岩寺	古建筑	清	云和镇局村村
17	景德寺	古建筑	清	云和镇后山村
18	夫人宫	古建筑	清	云和镇河坑村
19	仙母宫	古建筑	清	云和镇沙溪村
20	林氏宗祠	古建筑	清	云和镇高胥村
21	资圣寺	古建筑	清	云和镇长田村
22	祖师殿	古建筑	清	云和镇长田村
23	石拱桥	古建筑	清	云和镇村头村
24	拦街殿	古建筑	清	云和镇村头村
25	夫人殿	古建筑	清	崇头镇崇头村
26	太源旧家	古建筑	清	崇头镇崇头村
27	武峰寺	古建筑	清	崇头镇武岱峰
28	禹王庙	古建筑	清	崇头镇仙眠床村
29	夫人殿	古建筑	清	崇头镇栗溪村
30	禹王庙	古建筑	清	崇头镇坑头村
31	夫人殿	古建筑	清	崇头镇砻铺村
32	禹王庙	古建筑	清	崇头镇砻铺村
33	凉亭	古建筑	清	崇头镇朱源村
34	插花殿	古建筑	清	紧水滩镇龙渡村
35	祖师殿	古建筑	清	紧水滩镇枫桶岗村
36	将军殿	古建筑	清	石塘镇石塘村
37	夫人殿	古建筑	清	石塘镇双港村
38	汤氏夫人殿	古建筑	清	沙铺乡林山村
39	尚书总殿	古建筑	清	云坛乡陈村村
40	禹王殿	古建筑	清	云坛乡包山村
41	严氏宗祠	古建筑	清	云坛乡梅塆村
42	毛氏宗祠	古建筑	清	云坛乡梅塆村
43	拦街殿	古建筑	清	安溪乡东岱村
44	夫人宫	古建筑	清	安溪乡安溪上村
45	宋氏宗祠	古建筑	清	雾溪乡岭脚村
46	平水王庙	古建筑	清	赤石乡临海垟村
47	张庄凉亭	古建筑	清	朱村乡张兰村

续表 25-6-4

序号	名　称	类　别	时　代	地　址
48	吴氏故居	古建筑	清	朱村乡金山下村
49	观音堂	古建筑	清	大源乡桃子坑村
50	观音殿	古建筑	清	黄源乡叶垟村
51	毓元桥	古建筑	清	黄源乡黄家畲村
52	平水王殿	古建筑	清	黄源乡夏家垟村
53	平水王殿	古建筑	清	黄源乡贵庄村
54	龙母仙宫	古建筑	清	黄源乡贵庄口村
55	马天仙宫	古建筑	清	云丰乡后垟村
56	永庆桥	古建筑	清	云丰乡张家地村
57	远荫桥	古建筑	清	云丰乡荫桥村
58	平水王殿	古建筑	清	云丰乡潘山头村
59	马氏夫人殿	古建筑	清	云丰乡杉板坑村
60	五显大帝殿	古建筑	清	大塆乡叶山头村
61	马氏夫人殿	古建筑	清	大塆乡叶山头村
62	平水王殿	古建筑	清	大塆乡大塆村
63	龙母仙宫	古建筑	清	大塆乡林山下村
64	叶氏宗祠	古建筑	清	大塆乡叶山头村
65	马氏夫人殿	古建筑	清	大塆乡项山村
66	石拱桥	古建筑	清	大塆乡林山下村
67	马氏夫人殿	古建筑	清	大塆乡下垟村
68	永荫桥	古建筑	清	沙铺乡朱宅村
69	禹王殿	古建筑	清	沙铺乡朱宅村
70	龙母仙娘庙	古建筑	清	沙铺乡沙铺村
71	项氏宗祠	古建筑	清	沙铺乡沙铺村
72	马氏夫人殿	古建筑	清	沙铺乡沙铺村
73	马氏夫人殿	古建筑	清	沙铺乡林山村
74	廊桥	古建筑	清	沙铺乡林山村
75	观音庙	古建筑	民国	赤石乡黄岗村
76	蓝氏宗祠	古建筑	民国	朱村乡张兰村
77	红军标语	革命文物	现代	云坛乡梅垮村
78	周恩来小顺之行纪念亭	纪念建筑物	现代	石塘镇小顺正屏山

2010 年 2 月，完成“黄绍竑公馆”“王氏宗祠”“云和银矿遗址”“云和梯田”“石门桥”等 5 处文化遗产推荐申报第六批省级文物保护单位工作。1991—2010 年，县文物部门积向上级主管部门争取专项经费，企业捐款、群众集资等筹资渠道，组织实施云和镇城北路“福仙宫”、

抗战文化遗址“黄绍竑公馆”“王氏宗祠”、紧水滩镇青龙潭飞凤山“百岁坊”、紧水滩镇梓坊村“魁星楼”、紧水滩镇龙渡村“插花殿”、沙溪乡长田村“资圣寺”、大塆乡大塆村“项氏宗祠”、雾溪乡砻头村“宋氏宗祠”等43处不可移动文物的修缮工程。期间，分别于2006年和2008年针对古建筑为主的文物保护单位，进行白蚁防治。

文物保护单位选介

石门桥 位于云和镇新华街与红光路交接处西侧约80米处，南北走向，跨后溪（黄溪）。清康熙三十一年（1692）版和同治三年（1864）版《云和县志》均有记载，但建造年代不详。

该桥采用单拱纵联分节列砌置法建造，桥拱呈五边形。桥长14.16米，净跨10.6米，桥面宽4.07米，距河床高3.08米。两侧引桥因新华街路面建设和原县人民医院停车场建设已遭水泥覆盖。桥身分二层叠砌，底层用六道条石，间距0.48米，每道五折，各用一根长5.25米、高0.44米、宽0.27米的平梁和四根长2.05米，高0.44米、宽0.27米的斜梁顺砌，梁端搭接处用长4.44米、高0.46米、宽0.27米的横锁石（牛头石）联成一体，形成拱助。上层桥面和踏阶采用厚0.12米、宽0.5米左右的石板横铺。桥面板和踏阶两端，分别有0.07米×0.09米大小的卯口留存，总计14只，推测为昔时桥屋的立柱卯口。同治三年版《云和县志》卷之一的县城图中，阜安门内横跨于黄溪之上的石门桥，可见有歇山顶桥屋存在。桥两端现存石阶7级。此桥虽饱经风雨侵蚀，石质风化严重，桥身植物蔓生，但仍保持其古朴风貌与别致造型，初步推断云和石门桥建造年代在唐末至北宋初。2007年，11月公布为县级文物保护单位。

图25-6-6 县城石门桥（崔丽萍 2004年摄）

王家祠堂 位于云和镇司前巷20号，始建于元延祐元年（1314），明宣德元年（1426）由王海澄扩建完成，后几经修缮，现存建筑多数构架为清代咸丰五年（1855）修葺所留。祠堂坐北朝南，通面阔17.41米，通进深34.44米，占地641平方米。建筑格局沿中轴线自南向北依次分为门厅、正厅、后厅三进，均为五开间。一进深4.21米，明间五檩用二柱，次、梢间用三柱，梢间隔成厢房。二进深7.77米，明间八檩用三柱，次、梢梢间隔成厢房。一、二进之间设一面阔11.21米，深5.84米的天井。天井用条石铺檐口，细鹅卵石铺面。天井两边设穿廊。三进深7.64米，明间八檩用四柱，次间用三柱，梢间用五柱，梢间隔成厢房。二、三进之间设一面阔9.61米、深

图25-6-7 修缮后的王家祠堂（严晓宽 2006年摄）

8.98米的天井；地面用鹅卵石铺就，条石铺檐口。天井内北面有一面阔4.48米、深4.41米的区域是用条石方形铺就，稍高，前设两级石台阶。天井两边设厢房，均为三开间，内面设有格窗。整体建筑东西面夯土墙，南北面砌砖墙；一进明间开大门，穿廊两侧开边门。屋面为硬山顶、小青瓦阴阳合铺。祠内牛腿、雀替等木构件雕刻花卉、兔、麒麟等精美图案，二、三进还立有咸丰五年的石柱八根，上有书法俊美的楹联诗句石刻和名人题款。

王家祠堂在抗日战争时期曾为浙江省警察大队、浙江省船员公会联合会临时办公场所。其布局合理规整，牛腿等雕刻精美，石柱上题刻楹联书法俊美，浑厚大气，有较高的历史、艺术、科学价值。1999年，公布为第一批县级文物保护单位。2008年10月，实施保护性修缮。

黄绍竑公馆　黄绍竑公馆位于云和县职业技术学校校园内，建于抗战时期的民国33年（1944），为时任浙江省政府主席黄绍竑先生驻云和期间临时办公、生活的官筑，坐北朝南，平面呈矩形，四坡屋顶，人字形木屋架，内廊式通道。办公用房3个，会议室1个，宿舍3间，仓储间2个，面阔30米，进深10.2米，共计建筑占地面积约403平方米。南侧带西洋风格的台基、罗马柱、人字形屋顶的门厅与传统民居风格的主楼中西合壁，交相辉映。抗日战爆发后，国民浙江省政府机关、军队、学校、企业等大举南迁至浙南云和、龙泉等地。黄绍竑公馆就是在这一特殊历史背景遗留下抗战题材的代表性史迹建筑，真实地记录浙江省抗日战争历史，有很高的科学、历史和情感价值。

图25-6-8　修缮后的黄绍竑公馆（严晓宽2006年摄）

岁月变迁使部分墙体及内部布局已遭改变，室内设施无存，西侧在学校改造时被拆除一小部分。2008年5月，被云和县人民政府公布为县级文物保护单位。2009年10月至2010年5月，实施保护性修缮。其他配套用房、设施清零。

张焕文故居　位于云和镇黄水碓村，1919年张焕文请温州人设计建筑。坐南朝北，占地面积672平方米，门面为欧式建筑风格，门台、柱子、额枋等构件上用砖雕、灰雕手法，雕工精细、刀法纯熟、图案精美；内部结构为传统的中式建筑，施牛腿十二组，雕刻竹子花卉、戏剧人物，动物等精美图案，施花卉格窗、格门。该建筑设计独特，结构紧凑，内外协调，布局合理，是云和县为数不多的一处中西合璧的建筑，有较高的艺术、科学价值。抗战

图25-6-9　张焕文故居北立面图（严晓宽2006年摄）

临时省会在云和期间,国民省政府秘书长李立民曾客居于此。

张焕文,字煜奎,又名凤阳。青年时代,受实业救国的影响,他出卖田产,投资丽水遂昌火柴公司与丽水利用织布公司。他还种植梨树,年产万斤以上,为全县种梨大户之一。民国初年,张焕文被选为浙江省第三届参议员,曾任省长公署咨议、省自治法代表。1927年,首任云和县立图书馆馆长。

节孝坊 位于云和镇霞晓桥村独山自然村,建于清同治十一年(1873),坐北朝南向,系三间五牌楼花岗岩结构。通面阔7.23米,通高7.24米,内柱高4.34米,次间通高5.84米,三柱高3.8米。坊额镌饰"圣旨"牌。

明间额坊楷书阴刻:"钦命兵部侍郎浙江巡抚刘,钦命礼部侍郎浙江学政朱士彦,浙江承宣布政使司布政觉罗,浙江提刑按察使司按察周,浙江温处兵备道贾,特受浙江处州府知府李,浙江云和县知县林良弼,云和县学训道兼理教谕张,云和县典史庾楼"。坊板镌铭:"道光八年戊子冬县题,钦旌节孝,同治十一年壬申春建。"下坊镌铭:"子职员金家铨,孙建章,曾孙用钧、用锋监为童生金苍满妻魏氏建。"两次间坊额分别刻八仙、如意、双龙戏珠、梅兰竹菊图案。坊柱前后附如意抱鼓石,配台基。

坊主魏氏,云章金苍满妻。嘉庆十四年(1809)夫亡。抚子成家立业,守节四十九年。道光八年旌表,同治十一年由孙金建章兴建。

第二节 可移动文物

馆藏文物

现有馆藏文物170件,其中一级文物2件(龙泉窑青瓷双线莲瓣纹梅瓶,北宋,1981年崇头镇宋墓出土;龙泉窑青瓷瓜棱执壶,北宋,1985年5月紧水滩镇梓坊宋墓出土),二级文物3件,三级文物20件,一般文物145件。

根据国家文物局统一部署的"文物调查及数据库管理系统"建设项目要求,开展馆藏文物数据库的信息采集,2007年7月15日前,完成省文物局下达的65件文物藏品文字描述和影像采集等任务,并通过省文物局的审核、验收,上传至国家文物局文物藏品数据库。

文物库房

1996年2月,根据省文物安全检查组的整改意见,结合云和暂时无法完成文物库房达标的实际情况,将文物藏品移放到金库代为保管。1998年,将原县人事档案室搬迁后腾空房,调剂五间给文管办。其中楼下两间办公室,楼上三间为库房和资料档案室。2001年,省文物局重视支持,投入2万元资金对文物库房进行改造,安置防盗门窗、红外线报警器等安全设施、设备,并启动"110"联动机制。同年底,文物库房的物防、技防、人防工程,通过省文物局和省公安厅联合组成的文物库房达标验收。

第三节 非物质文化遗产

非遗保护

2003年4月，云和县文体广局出台《云和县大源乡客家民间艺术资源保护项目可行性报告》《云和县雾溪畲族民间艺术资源保护项目可行性研究报告》。5月，省文化厅、省财政厅关于印发《浙江省民间艺术保护项目申报程序与立项办法(试行)》的通知。云和县提交《浙江省民族民间艺术保护项目申报表》,《云和县雾溪畲族民歌舞蹈表演艺术饱和项目可行性研究报告》。2004年11月，县文体广局印发《关于建立云和县民族民间艺术保护工程领导小组和专家委员会的通知》。

2005年7月，县文广新局印发《关于要求给予云和县包山花鼓民间表演艺术保护项目立项及资金补助的请示》。同时，拟定《云和县包山花鼓戏保护项目可行性研究报告》，对包山花鼓戏的现状、艺术价值、抢救目的、抢救措施等内容进行论述；拟定《云和县雾溪畲族服饰艺术保护项目的可研报告》，论述云和县雾溪畲族文化发展的基本概况、畲族民间畲族服饰资源现状及价值、畲族服饰艺术保护的做法及措施、畲族服饰艺术保护和开发项目资金预测、畲族服饰艺术保护开发项目效益估测等内容。12月，县政协文体委出台《关于挖掘和保护包山花鼓戏的调查报告》，报告中论述包山花鼓戏的艺术特色、包山花鼓戏的发展历程、对保护和挖掘包山花鼓戏的意见和建议等内容。

2007年11月，云和县召开非物质文化遗产普查动员培训大会，分管副县长、人大、政协等领导出席会议，各乡镇乡镇长、分管领导，县文化馆和图书馆有关工作人员、各乡镇文化站文化员及170个行政村的普查联络员共200余人参加会议。2008年2月，县政府办公室印发《关于成立云和县非物质文化遗产普查领导小组的通知》。建立县政府分管领导任组长，县府办、县委宣传部、县文广新局等单位领导任副组长和成员的领导小组。同时，县政府办公室印发《云和县非物质文化遗产普查工作方案》，启动全县非物质文化遗产普查工作。5月，云和县编制委员会文件，关于同意县文化馆增挂云和县非物质文化遗产保护中心牌子的批复。同时，增设股级负责人职数1人。6月，举办第三个"文化遗产日"宣传活动。活动期间，通过县图书馆、文化馆等公共文化机构和电视、报纸等媒体，宣传、推介云和优秀的非物质文化遗产资源。2009年4月底，县政府出台《云和县非物质文化遗产保护工作实施意见》。

县级非遗名录

2006年11月，县政府办公室文件公布第一批县级非物质文化遗产名录的通知，《忏悔调》《板龙舞》等16个项目入选。

云和县第一批非物质文化遗产一览表

表 25-6-5

项目名称	类别	入选省级名录	入选市级名录	公布时间
过街调	民间音乐	√	—	2006 年 11 月
忏悔调	民间音乐	—	√	
云和板凳龙	民间舞蹈	√	—	
包山花鼓-穿阵	民间舞蹈	—	√	
方山岭采茶舞	民间舞蹈	—	—	
包山花鼓-大花鼓	传统戏剧	—	—	
南山花鼓-卖草灯	传统戏剧	—	—	
父母劝	曲艺	—	—	
放平心	曲艺	—	—	
尼姑还俗	曲艺	—	—	2006 年 11 月
云和畲族花边衣	民间美术	—	—	
云和石塘肚兜	民间美术	—	—	
石塘扎包	民间美术	—	—	
云丰腰带	民间美术	—	—	
赤石竹编	传统手工技艺	—	—	
客家婚嫁	民俗	—	—	

2008 年 6 月，县政府文件公布云和县第二批非物质文化遗产名录，《箬哥与学妹的传说》《畲族民歌》《沙铺山歌》等 24 个项目入选。

云和县第二批非物质文化遗产一览表

表 25-6-6

项目名称	类别	入选省级名录	入选市级名录	公布时间
箬哥与雪妹的传说	民间文学	—	√	2008 年 7 月
沈晾传说	民间文学	√	—	
云和谚语	民间文学	√	√	
云和童谣	民间文学	√	—	
畲族民歌	民间音乐	√	√	
沙铺山歌	民间音乐	√	—	
云和汀州吹打	民间音乐	—	—	
云和狮子灯	民间舞蹈	—	—	
云和八步洪拳	传统体育与竞技	—	—	
操杠	传统体育与竞技	√	√	
操石磉	传统体育与竞技	√	√	

续表 25-6-6

项目名称	类别	入选省级名录	入选市级名录	公布时间
畲族稳凳	传统体育与竞技	√	√	2008 年 7 月
畲族双面绣	传统美术	—	—	
云和木玩具制作技艺	传统手工技艺	√	—	
云和瓯江帆船建造工艺	传统手工技艺	—	—	
梅源梯田开犁节	民俗	—	—	
畲族两头家	民俗	—	—	
云和婚嫁习俗(汉族)	民俗	—	√	
云和畲族婚嫁习俗	民俗	—	—	
畲族三月三乌饭节	民俗	—	—	
插花娘娘祭祀	民俗	—	—	
炼火	民俗	—	—	
樟树亲娘信俗	民俗	—	—	
云和物候天象知识	民俗	—	—	

2009 年 4 月，县政府关于公布云和县第三批非物质文化遗产名录，《杨广三传说》《畲族舞蹈》《云和鼓词》等 9 个项目入选。

云和县第三批非物质文化遗产一览表

表 25-6-7

项目名称	类别	入选省级名录	入选市级名录	公布时间
杨广三传奇	民间文学	√	—	2009 年 4 月
畲族舞蹈	民间舞蹈	√	—	
云和鼓词	曲艺	—	—	
十字拉环	传统体育、游艺与杂技	√	—	
畲族彩带制作技艺	传统技艺	—	—	
云和绿茶传统制作技艺	传统技艺	—	—	
红酒酿造技艺	传统技艺	√	—	
路会习俗	民俗	√	—	
认亲习俗	民俗	—	—	

市级非遗名录

2007 年 1 月，丽水市政府文件公布，第一批丽水市非物质文化遗产代表名录，共 46 项。云和板龙舞、包山花鼓戏等两个项目入选。2008 年 9 月，丽水市政府文件公布第二批非物质文化遗产名录，共 63 项。云和县的长毛歌、沙铺山歌、云和汀州吹打、木制玩具制作及设计、云和瓯江帆船建造工艺、梅源梯田开犁节、云和八步洪拳等 7 项入选。2009 年 6 月，丽水市政府文件公布第三批非物质文化遗产名录，共41项，云和县方山岭采茶灯舞、云和狮子灯、云和鼓词、畲族操杠、路会习俗5个项目入选。2010年12月，丽水市政府文件公布丽水市第四批非物质文化遗产名录，共41项。云和县的畲族舞蹈、认亲习俗、迎神习俗、畲族彩带编织技艺4个项目入选。

市级非遗传承人

2010年1月，丽水市文化广电新闻出版局公布第一批非物质文化遗产项目代表性传承人。云和县的蓝观海、蓝先明（畲族民歌）、涂鑫久（汀州吹打）项朝存（沙铺山歌）、雷木森（云和狮子灯）、高永田（云和板龙舞）、徐锦山、张再堂（包山花鼓戏）、叶植仁（云和鼓词）、项丽平（炼火）、金胜民、廖复新（木制玩具制作技艺）、徐行顺（瓯江帆船制作技艺）、蓝宝珠、雷云伟（梅源梯田开犁节）入选。

2010年12月，丽水市文化广电新闻出版局公布第二批非物质文化遗产项目代表性传承人，云和县的蓝海莲（畲族彩带编织技艺）、沈光福（迎神习俗）入选。

省级非遗名录

2008年11月，省文化厅发公布浙江省民族传统节日保护基地18个，云和县“畲族三月三”入选。2009年6月，省政府公布第三批浙江省非物质文化遗产名录和第一批、第二批浙江省非物质文化遗产扩展项目名录的通知。确定的第三批浙江省非物质文化遗产名录246项、第一批浙江省非物质文化遗产扩展项目名录11项、第二批浙江省非物质文化遗产扩展项目名录24项。云和县汀洲吹打、畲族民歌作为传统音乐；包山花鼓戏作为传统戏剧；瓯江帆船建造、木玩制作技艺作为传统技艺；梅源开犁节、炼火作为民俗入选。9月份，省文化厅发公布第三批浙江省非物质文化遗产项目代表性传承人409位。云和县蓝观海作为畲族民歌，张再堂、徐锦山作为包山花鼓戏，金胜民作为木玩具制作技艺，徐行顺作为瓯江帆船制作技艺，雷云伟、蓝宝珠作为梅源开犁节，项丽平作为炼火项目传承人入选。

成果展示

2005年11月，“龙腾狮舞闹莲城”丽水市民间龙狮艺术大会评选结果：云和县·云和祥龙获“处州第一龙”称号；“浮云丽龙”“仙宫神龙”获铜奖。2007年10月31日晚，展示云和玩具文化、山水文化、畲族文化、女神文化等诸多文化内涵的大型音乐舞蹈诗《童话云和》在县体育馆隆重举行。国家有关单位和省、市、县领导、外宾、嘉宾、群众6000多人观看演出。晚会分《序 处州第一龙—云和祥龙》《山之风》《水之韵》《山哈谣》《木之美》《尾声 心中的女神》 六个部分组成，从不同的角度娓娓诉说童话云和的民情民俗民风。

2008年4月8日，全县26个畲族行政村在雾溪乡联合举办以“尝乌饭道说畲族千年，唱山歌共度自家节日”为主题的“三月三乌饭节”，活动包括祭祖、民族体艺竞技比赛、吃乌饭、对歌等。10月份，云和包山花鼓戏《十二月花》参加丽水市首届生态经济博览会民间文艺大会。11月4日，CCTV中央电视台“异想天开”栏目组走进云和，拍摄《让木头也快乐》节目。12月，由中国非物质文化遗产保护中心、浙江省文化厅主办的“中国畲族民歌节”上，云和县选送的《畲民爱中华》获“中国畲族民歌节十大民歌王”称号，作品《畲山哩哈罗》的演唱选手获优秀民歌手称号。2009年2月8日，县非遗中心依托红光村板龙基地及其他各村的板龙队在正月十五开展“云和祥龙闹元宵”活动。活动有街头龙、中街龙、滁口龙、梅源龙、小徐龙等七条龙参与。随着板龙沿街巡游，县城呈现出一派万人空巷的景象。2—4月，县举办“我们的记忆”非物质文化遗产主题摄影比赛。本次大赛共征集到300余幅参赛作品，评出一级收藏奖5幅，二级收藏奖15幅，佳作奖60幅。6月6日，梅源梯田开犁节在崇头镇下垟村隆重举行。活动内容有鸣腊苇、吼开山号子、芒种犒牛、祭神田分红肉、鸣礼炮、开犁、山歌对唱等，集中展示传统农耕技艺、民间艺术和民风习俗。同时，在中国第四个“文化遗产日”期间，在新建路樟树脚、元和广场举办“云和县文化遗产图片展”。开展文化遗产图片进校园、进社区、下乡镇、下农村巡展活动，并通过县电视台，以宣传图版、实物、图片和声像资料等形式，集中展示云和县文化遗产保护成果。公布云和县入选省级名录项目的宣传片；散发重点项目、文化遗产保护知识等宣传资料。展览内容涉及文化遗产普查、保护成果，多方位，多角度地展示云和县丰富多彩的文化遗产资源。2010年2月27日，沙铺“插花板龙”在元宵节舞龙，（正月13—15日）进行卧龙盘、送龙等表演。

4月15日，“畲族三月三”活动在畲族村柘园村举办，来自全县8个乡镇26个畲族村的代表及周边市县的畲族同胞参加活动。通过畲族歌舞、畲族体育竞技，以及畲族祭祖、婚俗等民俗活动，全面展示畲族文化的独特魅力。同时，县委宣传部发起，县文广新局及云和镇、雾溪乡等8个乡镇共同签署《云和县三镇五乡共同轮值，开展“畲族三月三”活动协议书》。同年6月5—7日，由浙江省摄影家协会、丽水市旅游局、县人民政府主办，县委宣传部、崇头镇政府、县风景旅游局、县农村工作办公室、县文化广电新闻出版局承办的以“演绎传统农耕文化，展现云和梯田风采”为主题的第四届云和梯田开犁节隆重举行。活动邀请国家及省、市领导和30多家新闻媒体和1000多名摄影爱好者踊跃参与，参与活动庆典的村民就高达1万多人。云和县首批省、市级传承人代表参加丽水市第五个“文化遗产日”活动，颁发传承人证书，包山花鼓戏《福妈嫁囡》在活动中展演。县非遗保护中心、文管会、文化市场执法大队等部门，在元和广场举办中国第五个“文化遗产日”系列宣传展演活动。

图25-6-10　沙铺“插花板龙”（县文物办提供）

第七章　广播电视

1991—2010年，云和广播电视事业长足发展，不断更新采编播设备，改善办公条件，提高广播电视节目播出，线路传输和收视质量。1991年，全年广播新闻量2976条。1996年，开始播出电视新闻，并有自己的台标，当年播出电视新闻575条，开始实施村村通广播、乡乡通电视为目标的“彩虹”工程；1998年，开始通过光缆传输中央1台、浙江1台、浙江经济台、丽水市台、云和县台调频广播节目；2001年，中波转播台从县广电局下属单位，划转省级广电部门统一管理，更名为“浙江省云和广播转播台”。2003年9月，完成历时3年的广播转播台迁建工程，从古竹农民新村迁移到新址岗头，以适应县城发展的需要。

2005年1月，通过技术合作，在丽水市率先开通县级台数字电视；2008年，提前完成广播电视“村村通”联网工程。

至2010年，播出广播电视新闻3560条。新闻专题质量不断提高，广播电视获奖节目名列全市前列。报送广播电视新闻上省、市广播电视台，宣传云和，做好新闻合作，电视广告费收入。

第一节　节　　目

节目设置

广播电台自办节目　1991—2010年，县广播电台共播出广播新闻59528条，年均2976条。主要有“云和新闻”“农民之友”“生活百事通”“气象节目”。1984年，开办用本地方言播放农业科技知识的“农民之友”是云和县特色节目，很受农民听众欢迎。1996年12月，被省新闻学会评为优秀作品奖。在办好四个固定节目的同时，结合各个时期的特点，增加各类专题节目。同时，14个乡镇广播电视站也开办自办节目。

1991年，播出“农村社教专题”194条。1992年，连续播出颂扬云和县抗洪烈士杨建荣的英雄事迹40多条。1993年，举办正副县长、各委办主任、局长访谈录30人次，党和政府的方针、政策和重大举措，直接与群众见面。1994年4月8日起，连续50多天开展“向刘玲英同志学习”的宣传节目。1995年，开设“严打斗争”“两基教育”“做云和文明人”“脱贫攻坚”“科技兴农”等专题讲座。1996年，开展“创建云和文明城”宣传，邀请县领导广播讲话32次。1997年，精心组织“展示新成就，迎接十五大”和“奉献于事业、服务于人民”为主题的先进事迹系列报道。1998年，播出“纪念党的十一届三中全会召开20周年”等24个专题节目。播出30多条新闻，报道云和县第十届党代会、第十二届人大、第五届政协会议的盛况。同时播出云和县的特色工业“玩具”、特色农业“板栗”等经济方面的报道360条，以及“沙铺垄电站建设”等重点工程建设的新闻报道360多次。1999年，开设“贯彻两思精神”“三讲教育”“三个代表重要思想”“优化工业软环境”“效益农业”“特色工业”等专题。先后播出360档次。

2000年9—11月，每档节目至少有一条报道云和县首届玩具节筹备工作的新闻。2001年，开设“家庭医生”“社会广角”节目，播出各类专题198档次。2002年，开设“科学天地”节目，播出各类专题216档次。2003年10月，开始实现广播电视新闻日播制，广播与电视的新闻达到基本同步进行。2008年始，根据省局要求，从每周一档《农民之友》节目，逐年增加到每周三档，具体为《农民之友》《农广天地》《健康杂志》。

电视台自办节目　1994年5月16日，经国家广电部批准成立“云和县电视台”，开始不定期播出小量本县新闻。1996年4月，设立地区广电系统“云和记者站”。1996年7月31日，云和县广播电视新闻中心成立。电视自办节目开办初期，有“云和新闻”“心曲传情”“党教之窗”“气象”等4个固定栏目。1996—2010年，播出电视新闻47862条，年均3191条。（其中，2006—2010年，共播出本地新闻14613条，在市电视台播出5421条，在省电视台各频道播出151条。）

1997年，《云和新闻》开设“庆七一迎回归”（香港）、“浮云观点”“春耕备耕”“扶贫攻坚”“合力扶工”“重点工程巡礼”“人物专访”等栏目。还开办《浮云观点》专题，制作播出专题片20个。开展对交通、城建、土管、金融、公安等5个系统的行风评议。1998年8月，摄制长达40分钟《改革的辉煌》专题片。播放各类经济报道360条、创建“云和文明城”等报道330条。1999年，庆祝建国五十周年之际，开设“光辉五十年”专题。增设“农村现代化教育”“文明建设大家谈”“食用菌生产”“农业效益”“木制玩具生产”“重点工程建设”“旅游开发”“政务公开行动”“九九扶贫在行动”等系列报道。纪念“五四”运动八十周年之际，推出“五四青年先锋榜”节目。对被列入省、地、县的15个重点项目，进行跟踪报道。同时，先后3次派记者到中西部各省，采访云和县外出异地开发食用菌生产情况，播出电视新闻10多条。

2000年，首届木制玩具节期间，先后采访报导木制玩具人、木制玩具史及木制玩具服务等播出70多条新闻。设立“曝光台”“天天3•15”“热点访谈”“政策传真”等专栏，全年播出监督报道80多篇。2001年，开设“时政要闻”“效益农业”“特色工业”“百业致富”“三个代表重要思想教育”“奔向小康”“思想道德建设”等十个栏目。推出县、乡（镇）、村和相关部门谈小康建设的报道20篇。同时，报道“三月三”畲乡风情节、“五一杭州乐园云和木制玩具展销会”、丽水市名、特、优、新农产品展示会。2002年，开设《特色乡镇行》《木制玩具总动员》等系列报道。2003年10月起，电视台实现《云和新闻》日播，每周五档，周末播出一周要闻。在全市继青田、龙泉之后实现新闻日播。同年，及时报道县党代会、人代会、政协会、第二届“中国木制玩具节”的盛况，建设“国家卫生县城”和“市级文明县城”验收等重大活动，进行抗击非典、抗旱救灾、小县大城战略、小康建设等系列报道。11月，在县农业、林业、水利、扶贫办、移办、科技局、科协等部门协助下开办《云和互动点播》频道，内容有各级对农政策、农业基本知识、农业种植技术、养殖技术、病虫害防治技术等。2004年，开设“城市定位大家谈”“创建国家卫生县城”“抓效能促发展”“走进农村、关注三农”等专栏。播出反映云和县效能建设的广播电视新闻257条、“创建国家卫生县城”内容的新闻275条、播出“曝光”监督报道149条。

图25-7-1　2009年2月，新闻记者在大坪村采访“农家乐”

2005年，开设“保持先进性、树立新形象”“创建省文明县城”“繁荣群众文化、建设小康社会”“创建省级教育强县、办人民满意教育”“建设大交通、促进大发展”等栏目。播出先进性教育电视新闻250多条，创建省级文明县城电视新闻320多条，其中：曝光类70多条。拍摄壮苗工程的系列专题片《一个山里孩子的求学梦》《霉干菜—山里孩子的“无奈”》《不让孩子输在起跑线上》，拍摄云和县农民在异地开发的系列片《走进当年的“光棍村”—水澳头》《亮相央视的“泥腿子”杨恒龙》《名扬中原的“云和师傅”》《喜看一代菇农的变迁》等，得到社会各界的好评。2006年，云和电视台的自办栏目有电视专题《关注》《点滴》农业科技电视专题节目《星火科技》、手语新闻《新闻周报》节目和电视剧节目《周末剧场》，增设每周一档《与法同行》法制电视专题节目。2007年，努力做好对农栏目，将原来的每周一档《关注》专题栏目改版为《关注“三农”》专题节目。

图25-7-2 2006年，“城市定位大家谈”“创建国家卫生县城”“抓效能促发展”论坛栏目（柳荣林摄）

2008年，根据省局要求又将《关注“三农”》节目改版为《云山箬水》节目，以版块的形式制作，形式更灵活，节目的可看性更强。2009年，开设少儿节目《木娃娃》。2009—2010年，该节目连续两年获省广播电视政府奖二等奖和丽水市广播电视政府奖一等奖。

2010年，提升《木娃娃》节目的制作能力和节目质量。节目在“情景动画剧”的基础上推出动画系列短片，增加大型益智类集体游戏版块，创作推出五集动漫公益短片《木娃说文明》，扩大节目的参与面。

1991—2010年云和县广播电视新闻播出量统计表

表25-7-1

单位：条

年份	县台广播新闻		县台电视新闻	
	播出总量	输送地区台	播出总量	输送地区台
1991	2976	—	—	—
1992	5400	—	—	—
1993	2790	—	—	—
1994	3339	—	—	—
1995	5200	—	—	—
1996	2923	112	575	79
1997	2572	402	1037	267
1998	2232	331	1409	186
1999	2433	493	2000	316
2000	2463	429	1979	392
2001	2655	369	1970	348

续表 25-7-1

年　份	县台广播新闻		县台电视新闻	
	播出总量	输送地区台	播出总量	输送地区台
2002	2400	347	2128	656
2003	2360	492	2310	835
2004	2440	570	2496	1061
2005	2732	—	2732	800
2006	2300	600	2300	838
2007	2364	—	2364	955
2008	3670	176	3670	894
2009	2719	389	2719	763
2010	3560	397	3560	732
合计	59528	5107	33249	9122

第二节　获奖节目

广播获奖节目

获浙江省级节目奖　1992 年 11 月，经济类节目，获省广电学会、播音协会的广播主持人三等奖。

1995 年 3 月，《金融卫士刘玲英》《农民之友》获省广电学会的省广电优秀作品三等奖。

2005 年，电视专题《爱心铺就的画展》，获省广播电视集团给予上年度的省广播电视新闻作品政府奖。

2006 年，广播专题《铸剑为民—记人民的好公仆魏建明》获省政府好新闻三等奖。

2009 年，广播长消息《玩具城里的“童话故事”》获省政府好新闻三等奖。

获丽水地区(市)级节目奖　1992—2010 年，获丽水地区（市）广播电视好新闻奖、广播电视优秀作品奖、广播电视政府奖等共 63 项。其中，《葡萄丰收在望，销路愁煞果农》获一等奖。

电视获奖节目

获浙江省级作品奖　2005 年，电视专题《爱心铺就的画展》，获省广播电视新闻作品政府奖的作品奖。

2006 年，《魏建明》《武大郎新传》电视专题节目获省政府好新闻三等奖。

2007 年，电视专题《毛荣理和他的“云和师傅”》和电视纪录片《我在城里有个家》获省政府好新闻三等奖。

2008 年，党教宣传片《毛荣理和他的劳务品牌》获省优秀党教片一等奖。

2009 年，《木娃娃》少儿节目普通版获省政府好新闻青少类二等奖。

2010年度，《木娃娃》少儿节目春节版获省政府好新闻青少类二等奖；《废弃物利用种食用菌》对农电视专题参加由浙江台举办的《农业增收致富100例》电视节目竞赛获三等奖。

获丽水地区（市）级作品奖 1992—2010年，电视新闻《母亲》《一棒两栖香菇在云和县诚制成功》、消息《云和县玩具人乐用洋材发“洋财”》、电视新闻短消息《叶荣宝买木屐》、广播电视专题《爱心铺就的画》等5个作品获一等奖。

1998—2006年云和县广播电视作品获省、地区（市）级奖项表

表25-7-2

<table>
<tr><th>颁奖时间</th><th>作品名称</th><th>颁奖单位</th><th>获奖种类</th><th>等 级</th><th>作 者</th></tr>
<tr><td>1998年</td><td>《母亲》电视</td><td>地区广电局</td><td>地区1997年度获奖作品</td><td>一等奖</td><td>毛向军 潘伟荣</td></tr>
<tr><td>1999年</td><td>《一棒两栖袋料香菇在云和县试制成功》</td><td>地区广电局</td><td>全区广播优秀作品</td><td>一等奖</td><td>王月岳 梁微珍 王鲁宁</td></tr>
<tr><td>2004年</td><td>电视新闻短消息《叶荣宝买木屐》</td><td>市文体广电局</td><td>2003年广播电视政府奖</td><td>一等奖</td><td>陈伟飞</td></tr>
<tr><td rowspan="4">2005年</td><td>电视专题《爱心铺就的画展》</td><td>省广播电视集团</td><td rowspan="4">2004年度省广播电视新闻作品政府奖</td><td>作品奖</td><td>柳伟东 江丽云</td></tr>
<tr><td>广播新闻《葡萄丰收在望，销路愁煞果农》</td><td rowspan="3">市文广新局</td><td rowspan="3">一等奖</td><td>王 波</td></tr>
<tr><td>广播专题《爱心铺就的画展》</td><td>柳荣伟 江丽云</td></tr>
<tr><td>电视专题《爱心铺就的画展》</td><td>柳荣伟 江丽云</td></tr>
<tr><td rowspan="2">2006年</td><td>广播专题《一个山里娃娃的求学路》</td><td rowspan="2">市文广新局</td><td rowspan="2">2005年度市广播电视政府奖</td><td rowspan="2">一等奖</td><td>柳荣林 江丽云</td></tr>
<tr><td>电视文艺《云和市民守则歌》</td><td>毛向军 卢春芳</td></tr>
</table>

1991—2007年云和县获省厅授予先进集体荣誉表

表25-7-3

获奖单位	奖项名称	时间	授奖单位
县广播电视局	防台抗台先进集体	1991年1月	省人事厅、省广播电视厅
县广播电视局	1994年度技术维护竞赛先进单位	1995年4月	省广播电视厅
县广播电视局	“八五”计划生育宣传先进单	1997年3月	省新闻出版署
县广播电视台	评为安全播出平安单位奖	2007年	省广电局、省宣传部、省委610办

1992—2009年云和县获广电总局和省厅先进个人荣誉一览表

表25-7-4

获奖单位	姓 名	奖项名称	时间	授奖单位
沙溪乡广电站	张邦芝	省广播电视系统先进工作者	1992年	省人事厅省广电厅
县文化局	卢桥梁	1996年省音像影视管理先进个人	1997年	省广电厅
县文化局	卢桥梁	1997年省音像影视管理先进个人	1998年	省文化厅
县广电局	陈静之	全省广播电视系统先进工作者	2000年	省广电厅
县广电局	柳伟东	村村能广播电视工作先进个人	2000年	省广电厅
县广播电视台	徐一民	2001年省境外卫星电视广播地面接收设施专项治理工作先进个人	2002年	省广电厅

续表 25-7-4

获奖单位	姓 名	奖项名称	时间	授奖单位
县广播电视台	叶建伟	2002 年度全省广播电视社会管理工作先进个人	2002 年	省文化厅
县广播电视台	李金根	全省广播电视技术维护先进个人	2003 年	省广电厅
县广播电视台	柳伟东	“十七大”安全播出先进个人。	2007 年	国家广电总局
县广播电视台	潘婉玲	优秀档案工作者	2007 年	省档案局
县广播电视台	徐春方	安全播出先进个人	2007 年	省广电局
县广播电视台	兰根成	浙江省省级青年岗位能手	2008 年	团省委、省广电局
县广播电视台	胡海虹 李金根	新一轮广播电视“村村通”工程建设先进个人	2009 年	省广电局
县广播电视台	兰根成	2009 年度广播电视安全播出先进个人	2009 年	省广电局
县广播电视台	兰根成	2009 年度浙江省广播电视技术维护先进个人	2009 年	省广电局

第三节 广告经营

广播广告

1991—1992 年，云和县人民广播站，没有经营广播广告发布业务，也没有专职广告业务员。只有少量广告或通知，经领导审批同意免费播出。每天分早、中、晚三个时段播放，一般每条广告时长约半分钟至一分钟。一个广告通常首播后，在另一个时段再重播一次。播出内容都为启事、通知之类。收费广告年总量不到 50 条，每条 10—20 元不等。1993 年，广播广告基本被电视广告所取代。1994 年，不再播放广播广告。

电视广告

1991 年，云和台电视尚无自己的频道，也没有自己播出的节目，仅转播中央、省、地区台电视节目，只能插播少量广告，全年收入几千元。1992 年，开始架设有线电视，配备兼职广告人员，年收入近 3 万元。1993 年，云和县有线电视台成立，开办广告节目，广告由专人负责，以文字形式为观众提供经济、商品、市场信息，并伴有少量的图像广告，广告业务收入逐年增加。1994 年，试行以责任制的形式让内部职工负责广告业务，首播时间为晚上，次日下午为重播。1995 年下半年始，转由单位职工兼职负责管理广告，业务量和收入有所增加。

1996 年，增设《心曲传情》点歌栏目，点歌的数量逐渐增加，播放时间长，影响其他节目播出效果。开始限制点播歌曲，每次点播歌曲 5 首。之后，又增加一个播出时段，每天 2 次可播 10 首歌曲。规范广告播出时间后，允许在“云和气象”节目中，通过增加气象播报，拓展“挂角广告”，在点播的电视剧中播出滚动字幕广告。

1997 年，广告业务收入大幅度增长，年收入达到 27.5 万元，1998 年，广告业务收入为 33 万元。1999 年，改变广告经营方式，采取向内部干部职工公开竞标广告，竞标总额为 43.2 万元。2000 年，增加到 68 万元。2001 年，下降为 53 万元。2002 年，开始向社会公开招投标，达到72万元。2003—2005年，承包广告费每年递增10%。2006年，再次向社会公开招投标，当年广告费为79万元，根据合同要求每年递增。2010年，电视广告费收入120万元。

广告经营采取承包方式后，广播电视台规定出每天广告播出时间，承包人自行承揽广告业务，并进行拍摄制作。广播电视台根据国家有关规定无偿播出公益广告，依据广告法和相关法律、法规，负责审核广告内容。

1991—2010年云和县广播电视台广告费收入表

表25-7-5 单位：万元

年 份	广播广告费收入	电视广告费收入	年 份	广播广告费收入	电视广告费收入
1991年	0.07	0.9	2001年	—	53.0
1992年	0.09	3.0	2002年	—	72.0
1993年	—	6.0	2003年	—	80.0
1994年	—	7.0	2004年	—	88.0
1995年	—	15.0	2005年	—	96.0
1996年	—	22.0	2006年	—	79.0
1997年	—	27.5	2007年	—	90.0
1998年	—	33.0	2008年	—	100.0
1999年	—	43.2	2009年	—	110.0
2000年	—	68.0	2010年	—	120.0
合计	0.16	225.6	合计	0	888

资料来源：云和县广播电视台提供

第四节 设施建设

办公场所

云和县广播电视台办公室及机房原设在县府大院内，建造于1974年，属次级砖混结构的一幢二层楼房，建筑面积为539平方米，内设大播音室、小播音室、发射机房、仓库、修理室、办公室、宿舍等混在一起，房屋破旧、拥挤。1996年，县广播电视局自筹资金80万元，购置并装修原劳动服务公司的房子（府前路1号）四直四层楼房一栋，建筑面积590.99平方米，附有约100平方米的平房仓库，1996年7月9日投入使用。

2000年7月，县政府下拨资金100万元，用于县广播电视局购置财税旧楼。

2001年8月，因原财税旧楼面积不大，投资48万元，购买石塘粮管所占地面积272.4平方米、建筑面积647.21平方米的房屋18间，投资13万元，扩展演播室，2002年元旦正式投入使用。

2004年，投资360万元购置县地税楼一栋六层楼房（建造于1993年），建筑面积1710.71

平方米，改造办公用房和广播电视传输机房。用 65 万元购置附属楼，共计 425 万元，

另有原为办公用房、后为宿舍等用途的房产 3 处：位于前溪山背，为差转台的地面站，用地面积为 2000.74 平方米，建筑面积 190.1 平方米办公用房 1 幢；建筑面积为 264.91 平方米的宿舍 1 幢；位于云和镇府前路 24 号，混合结构，房屋 2 层，建筑面积 247.01 平方米的房屋 1 幢；位于牛角山村，单层，建筑面积为 161.71 平方米，用途为机房宿舍的房屋 1 幢。

机房设备

1991—2010 年，县广播电视设备经历 2 次更新换代。1996 年，全面淘汰县站陈旧落后的机器设备，购置 250 瓦甲级扩大机 4 台、输出配电柜 1 台、立体声扬声器 1 台、激光录声机 2 台、CD 机 1 台、进口双卡座 2 台、检修主要设备有 BT—扫频仪 1 台、100 瓦功率计 1 台、综合测试仪一台。1996—1998 年，县广电局下拨资金 18.25 万元，帮助 11 个乡镇站更新机房设备，全县 14 个乡镇站的机房设备从不入级达到甲级。2000 年，又投资 30 万元，购置一批采编播及网络管理设备。广播电视节目实现电脑控制的自动化播出。2005 年，新闻采编设备实现数字化。

图 25-7-3　2010 年 2 月，制作人员制作节目（徐玉琳摄）

2005 年，购置 EDIUS 非线性编辑系统 2 套及录音工作站一套，与原有的 3 套 EDIUS 非编系统组成兼容、稳定、高效、易维护的非编网络，使新闻、专题、广告全部拥有专用的节目制作设备，解决原有制作设备数量不够，节目制作效率不高的瓶颈，提高节目制作质量和效率。

2006 年，购置 SONY-D50 演播室广播级摄像机一套，告别一直以来只有专业级摄像设备，没有广播级摄像设备的历史，提高演播室出镜的图像质量。

2007 年 8 月，与浙江传媒学院合作开发适合中小电视台使用的媒资管理系统，该套系统由媒体资产管理系统、新闻文稿管理系统、非线性编辑系统和后台存储管理系统组成，实现媒资与新闻网、制作网的无缝结合，组成集文稿管理、视音频节目收录、编辑制作、媒资管理等功能于一身的完善的业务系统。

2008 年，对原有的模拟播出系统进行全面改造，购置格非全数字标清播出系统，并与原有的非编网和媒资系统进行有效整合，节目制作效率进一步提高，节目播出的音画质量和系统的稳定性和安全性大幅提升。

2009 年，云和台成立少儿节目《木娃娃》栏目组，根据节目制作要求，购置一台高清卡动画工作站及两台无卡动画工作站，组成集节目剪辑、动画制作于一体的节目制作系统，初步具备制作高清节目和动画节目的能力。摄像设备有松下 AG-DVC200 摄像一体机 6 台、索尼 PD190 摄像机 3 台、索尼 BSR-200 摄像机 2 台、索尼 VX9000B 摄像一体机 1 台、暗访摄像机

1套；编辑设备：有非线性编辑机5套；播出设备：盘带结合自动播出系统；接收机全部为同州数字卫星接收机；调制器：PBT调制器；安全播出系统有电视信号监测系统1套；CMTS头端上网系统1套、OA办公网1套；电源：6KV山特UPS电源系统1套。

2010年，购置两台SONY-EX1R专业级高标清兼容摄像机，将摄像设备逐步由标清设备向高标清兼容设备过渡。在购置新设备的同时加大科技投入，开发“媒体资产管理系统”，保护和提升广播电视媒体资产的再利用价值，2006年12月，与浙江传媒学院教授联合组成项目科研组，合作开发“县级台媒体资产管理系统”，系统于2007年6月研制成功投入使用，提高了新闻节目审稿的时效性和准确性。同时，全面更新播出机房设备、新闻采编播出设备全部实现数字化。

电视差转台及卫星地面站

电视差转台 1987—1990年，全县有19个乡镇建成小差转台，至1993年底止，全县乡（镇）电视差转台有33座、卫星地面收转站16座。1996年止，卫星地面收转站达94座，2003年增到349座。

电视节目套数 1990年5月，增加转播丽水电视台节目，同时为解决城镇范围的电视覆盖，在城南前溪山架设地面卫星接收站，转播中一、中二两套节目。全县13个乡镇所在地都能看到2~5套电视节目，6个乡镇也能收看到2~3套节目。全县拥有电视机10627台，平均每2.4户1台。其中县城为4652台。

1992年，收看电视综合覆盖人口为8.8万人，覆盖率为80.7%。1999年年底，全县170个行政村中，能看到2套以上电视的有165个行政村，覆盖人口9.71万人，覆盖率为88.84%。1993年8月始，建设有线电视网络，当年只转播5套节目。1994年5月，云和有线电视台正式开始播出自办新闻节目。《云和新闻》每周一档，设备简陋。1996年，全县有线电视用户4000户左右，全部为城区用户，传送9套电视节目。

2007—2008年，全市开展农村中央广播电视节目无线覆盖工程建设，黄源乡牛角山2008年上半年完成中央无线覆盖工程，并通过省、市的验收，转播中央电视台第一、第七频道节目，中央人民广播电台中国之声节目，全县农村广播电视无线覆盖水平提高。

有线广播电视

有线广播 1990年，云和县有线广播因石塘水电站库水淹没局村至小顺的县站信号线，小顺以下4个乡有线广播中断，后在小顺通过调频机接收信号，向双港、朱村、金村输送县站信号。在牛角山增设转播丽水人民广播电台节目，发射功率为100瓦，于1997年10月1日开播。

1997年底止，县至乡的广播干线将原来的木杆全部更换成水泥杆。因库区淹没、城镇建设、公路建设、乡镇并分等原因，县至乡的干线从1991年的130千米减少到1997年的89.5千米。1996年，开始实施以村村通广播、乡乡通电视为目标的“彩虹”工程（广播与电视联网）。用两年时间，投入300多万元，98%的行政村通广播。

1998年3月开始，通过光缆传输五套调频广播节目（中央1台、浙江1台、浙江经济台、丽水市台、云和县台)。

2007—2008 年,云和县开展农村中央广播电视节目无线覆盖工程建设,牛角山于 2008 年上半年完成中央无线覆盖工程并通过省、市验收。转播中央电视台第一、第七频道节目、中央人民广播电台中国之声节目,提高全县农村广播电视无线覆盖水平。

2008—2009 年,完成“村村响”工程建设任务。14 个乡镇建立广播站,170 个行政村建立广播室,并通过省、市局的验收。

村村通建设　全县 170 个行政村,2006 年前联网 89 个行政村,2006 一 2008 年,完成联网 81 个行政村。

架设光缆　全县在 2006 年、2007 年、2008 年,架设光缆 71.706 千米、118.296 千米、243.508 千米,合计架设 433.51 千米。

投入资金　2006 年投入 165、68 万元;2007 年 投入 250.758 万元;2008 年投入 323.518 万元;合计投入 739.95 万元。

有线电视　云和县广播电视事业历经城区广播站和农村广播网站建设。1978 年 6 月,全县第一座电视差转台在海拔 1296 米的牛角山上兴建,转播浙江电视台节目,从此,进入电视事业发展阶段。

1992 年 11 月 16 日,县财政拨款 10 万元开始筹建有线电视台。

1993 年 8 月,动工兴建(设在青少年宫四楼)有线电视网络,转播 5 套节目。建台初期,搭电线杆架设传输电缆 3500 米。分三条主线:东至交警队、南至南门桥头、西至原新华厂桥头。转中一、中二、浙一、浙二、上海台录像、云贵、川藏、丽水台等八套节目,入户终端 1800 户。

1994 年 5 月,云和有线电视台开始播出自办新闻节目。《云和新闻》每周一档,设备简陋。是年,节目增加到 12 套,入户终端为 3917 户。

1996 年 7 月,县广电局办公楼迁至县委大门口的原劳动服务公司办公楼,开始实施村村通广播、乡乡通电视的“彩虹”工程。两年共投入 300 多万元,实现乡镇所在地均能看到 3 套以上电视节目。年底,有线电视节目增加到 18 套,同时增设同缆传输中央、浙江调频广播节目,入户终端 4800 户。

1997 年 11 月,根据全省统一部署,县计委同意建设云和段广播电视光缆线路 81.7 千米。云和境内的线路有县广电局至石塘镇友谊桥 37.7 千米、至云坛乡岚头村 14.5 千米、至赤石乡麻垟村 29.5 千米。地区网途经云和县的乡镇村有石塘、小顺、独山、沈村、临海垟、麻垟。所需经费 212.45 万元,由地区广电局和云和县广电局自筹。云和县政府成立工程建设领导小组,由分管副县长任组长,投资 111 万元,云和段共 58 千米,于 1998 年 3—6 月建成。8—10 月,相继完建从景宁县经安溪畲族乡至云和县的线路。1998 年 8 月初动工,10 月底完工。

1999 年 8 月,有线电视节目增加到 28 套,入户终端达 7800 户。10 月,架设重河至崇头镇的光缆;2001 年,完成朱村乡的光缆架设,11 月,借用电信光缆,完成大塆、云丰、黄源三个乡的有线电视联网;至年底,28 套电视节目终端用户达 11325 户(其中:县城用户 8705 户,县城以下用户 2620 户)。

2002 年，完成雾溪乡、大源乡、紧水滩镇的光缆架设，成为全市率先实现全县乡镇有线电视光缆联网，实现共缆传输。电视节目增加到 30 套，全县新增有线电视用户 1040 户。2003 年，完成 40 个自然村的有线电视安装任务。

2001—2003 年，通过 3 年的努力，采取光缆联网、卫星接收站、独立小有线等技术手段，基本解决农村看电视问题，10 户以上的自然村均可看到一套以上电视节目，20 户以上自然村可看到 2 套以上电视节目。广播电视综合入户率达到 95%以上。行政村光缆联网率达到 46%。

图 25-7-4　2007 年，技术人员调试安全播出信号（兰根成提供）

2005 年 1 月 1 日，通过技术合作，在丽水市率先开通县级台数字电视。对网络的增值业务开发进行积极尝试，银行、保险、计委等 7 个单位使用广电的专线，近 10 个单位使用广电的宽带互联网，开发利用有线电视电缆上网项目，通过有线电视线路向用户提供宽带互联网接入服务，新建小区居民已通过有线电视上网。同年，投资 60 多万元，完成 10 个行政村的县有线电视联网工程，全县 170 个行政村，广播电视联网达到 89 个行政村，联网率为 52%，高于全市 38.1%的水平。

2006 年，启动新一轮“村村通”建设。2006—2008 年，共架设联网光缆杆路 433 千米，完成联网 81 个行政村，乡镇和行政村联网率达到 100%，农村有线电视入户率达 82%。是年，投入 166 万元完成 72 千米光缆的铺设。

2007 年，资金投入 250 万元，完成 118 千米光缆的铺设，完成 41 个行政村和 71 个 20 户以上自然村的“村村通”建设任务。其中 24 个行政村和 21 个 20 户以上自然村实现有线电视联网。2008 年，投入 323 万元，铺设光缆 243 千米。

2008 年，广播电视联网 37 个行政村。8 月底，提前并超额完成“村村通”联网工程。是年，实现全县 14 个乡（镇）170 个行政村的有线电视联网，在欠发达地区率先实现乡（镇）和行政村联网率达 100%的“双百”目标。有线电视用户达 2 万余户，传送 31 套电视节目和 5 套调频节目。

2008—2010 年，实施低保工程，为具备有线电视安装条件的低保户安装有线电视，并免除有线电视“入网费”“收视维护费”。

有线电视数字化　2005 年，有线电视率先在丽水市开通县级台数字电视。2010 年，按照省委确定的“以华数为主体，构建全省统一的数字发展平台”的决策部署，全面实施有线电视数字化建设，6 月建成数字电视前端后，将云和台 2 套电视、1 套广播节目经编码后送入数字系统，通过有线网络实现全县覆盖。11 月 5 日，正式启动城区数字电视整体转换，到 12 月止，城区共有 10900 户有线电视用户进行整体转换，城区网络双向化改造率达到 60%。

第五节　广播转播台

浙江省云和广播转播台（以下简称云和台）隶属浙江广播电视集团，主管部门为浙江省中波发射管理中心，是纯公益类事业单位。主要承担中央人民广播电台一套（中国之声）和浙江人民广播电台一套（浙江之声）节目的转播任务，宣传党的路线、方针、政策；组织实施技术值机、设备维护、技术改造等工作；承办浙江省广播电视集团和浙江省中波发射管理中心交办的其他工作。台主要设备有：1 千瓦全固态发射机 4 台、120 米自立塔 1 座、康明斯 50 千瓦柴油发电机 1 台、稳压器 1 台、卫星地面接收天线 3 座、发射机自动化控制系统 1 套、安防监控系统 1 套、80 千伏安电源变压器配电房一座。转播节目覆盖区域主要为云和县及景宁县部分地区。

云和台原址位于云和镇南山路 115 号，土地面积 2850.44 平方米，房产面积 519.79 平方米。因城市建设需要，2003 年搬迁至县城南西路 122 号，土地面积 1635.24 平方米，房产面积 627.52 平方米。原址的房产和土地，迁台后仍然保留。

迁址

2000 年，农民新村规划在云和中波台发射天线场地附近，致使中波台必须迁台。7 月，初步确定云和台迁台台址为沙溪乡岗头。12 月，县政府发函致浙江省广播电视局，请派员审定迁台选址方案，落实场地搬迁有关事宜。

2001 年 3 月，云和县政府县长办公会议，议定中波台拆建具体方案：同意中波台新的选址，地点在县农场地块；按照“拆一还一，保证运转”的原则迁就建。4 月，县广电局请示县计委《关于安排云和广播转播台迁建要求给予安排计划立项的请示》，云和台迁建后规模为一塔双频，塔基、围墙及出入通道需征地 350 平方米，铁塔半径 120 米范围内需埋设地网。机房建筑面积为 300 平方米（二层建筑）需征地 0.07 公顷。所需资金为 180 万元，由农民新村管委会和城市建设发展有限公司解决。8 月 13 日，县计委第二次发文《关于追加云和县广播转播台迁建工程计划的通知》，同意追加建筑面积 77 平方米，占地面积 1704 平方米，投资 20 万元。追加后工程建筑面积 377 平方米，占地面积 2730 平方米，总投资 200 万元。11 月 21 日，省广电局批复《关于同意云和县中波广播转播台迁址的批复》，同意云和县政府关于中波台迁址的请示，迁台后新台具体技术参数：台名为云和县中波广播转播台。台址驻落在云和县岗头。经纬度北纬 28°06′、东经 1119°33′，发射频率 756 赫兹/1503 赫兹，发射功率 1 千瓦/1 千瓦，节目内容中一/省一。

2002 年 11 月，县计委第三次通知，追加综合楼建筑面积 193 平方米，投资 15 万元。追加后建筑面积 570 平方米，总投资 46 万元。建设资金自筹及上级支持解决。

2003 年 5 月，县计委第四次通知，同意配套工程（车库、配电房、道路、自来水、绿化）列入建设计划，建设面积 117 平方米，新增用地 560 平方米，总投资 92 万元。6 月 1 日，新台开始试播。9 月 18 日，在新台址举行浙江省云和广播转播台迁台工程综合验收和落成典礼。

项目改造

2007 年，完成系统整体防雷工程，降低因雷击造成的停播。2008 年，完成变压器扩容项目，由 30 千伏安增加到 80 千伏安。2009 年，完成集中监控报警系统；安装发射机自动控制系统，实现发射机的自动开关机等功能。2009 年，安装 50 千瓦康明斯柴油发电机及电源自动切换系统。2010 年，安装完成漫录系统，实现音频监听和保存。

内部管理

2000 年 9 月，中共中央宣传部、中央机构编制委员会办公室、财政部、国家广播电影电视总局联合发文《关于调整地方中波台隶属关系实施意见》的通知》要求："1 千瓦以上用于广播和实验工作的中波转播台成建制划转省级广电部门统一管理。11 月，中共浙江省委宣传部、浙江省机构编制委员会办公室、浙江省财政厅、浙江省广播电视局发文《关于我省调整中波转播台隶属关系具体实施办法的通知》，浙江省属于市、县的转播中央、省级广播节目的 1 千瓦以上用于广播和实验工作的中波转播台，成建制上划转到省广电局统一管理。1999 年 12 月 31 日前在编的工作人员和退休人员，经审核后全部划转列入省级事业编制。上划中波转播台的党团组织关系实行属地管理，参加所在地广电局的党、团组织生活和政治学习。浙江省编制委员会《关于我省上划中波转播台人员编制的批复》，云和台定编 14 人，名称为"浙江省云和广播转播台"。

2010 年，云和台内设办公室、技术部，在编职工 10 人，退休 6 人，在职党员 6 人，退休党员 4 人。其中科级领导 2 人、初级职称 6 人、高级工 2 人。中专及以上文化程度 9 人。

第六节　机构与队伍

机构设置

云和县广播电视站与县广播电视局实行两块牌子一套班子，合署办公。设后勤组、编播组、外线组、广播电视经销修理服务部。1993 年 1 月 7 日，成立"云和县有线电视站"。由县广播电视局兼管。1994 年 3 月 16 日，经报请国家广播电影电视部文件批准成立"云和县有线电视台（筹）"。

1994 年，云和县乡镇广播站改称为乡镇广播电视站。

1996 年 4 月，设立地区广电系统"云和记者站"，有专职播音和采编人员 8 人。

1996 年 7 月 31 日，云和县广播电视新闻中心建立。

1998 年 1 月，经县人民政府批准，"云和县人民广播站"改名为"云和县人民广播电台"。2 月，经省广电厅批准，原县有线电视台、转播台、县广播电台，统称为"云和县广播电视台"。播出呼号为"云和县人民广播电台"和"云和县电视台"，与云和县广播电视局两块牌子一套班子，合署办公。

2001年11月，撤销原县文化局、体育事业发展局、广播电视局，组建“云和县文化体育广播电视局”办公地点设在原县广播电视局。组建初期，局机关与广播电视台合署办公，经费、人事统一管理。

2002年11月，经县人民政府批准，县广播电视局与广播电视台分设。

2005年7月，经丽水市编委批准，“云和县广播电视台”由县委、县府直接管理，机构为相当正科级，内设办公室、总编室、新闻部、制作部、播出部、总工室、工程部、运维部、市场部、安监部、广告部等11个部室。至12月，新闻采、编、播、人员增加到16人，所播出的电视新闻基本上由专职人员自采、自编、自播。2010年，新闻采、编、播、人员增加到22人。《云和新闻》由专职人员自采、自编、自播，时效、真实、艺术、政治、质量都有提高。

2010年，云和县广播电视台共有人员67人。其中，全额拨款43人(编制47人)，自收自支15人(编制15人)，临时工9人。设办公室、财务室、新闻部、制播部、工程部、运维部等6个科室，从事新闻工作的25人，从事网络技术的25人。

人员培训

1998年11月30日，县广电局成立科技领导小组，由正副局长担任正副组长。广播电视系统7人函授自学获得大中专文凭；30名技术岗位人员，获得初级无线电技术结业证书；20人参加电脑培训班。

1999年，有32人参加计算机初级培训，12人参加数字化空中课堂教育。选送4人到杭州、北京等地进行广电培训。至2005年，全台参加本科、专科学历培训25人，参加各类专业培训班48人次。

至2010年，云和县广播电视系统具有专业资格38人。其中，副高4人、中级13人、初级专业技术21人。本科学历12人、大专22人、中专2人、高中以下2人。

1991—2010年云和县广播电视局(台)主要负责人一览表

表25-7-6

党组书记	任职年限	局长(台长)	任职年限
季可炎	1990.07 — 1992.03	季可炎(局长)	1990.07 — 1992.03
陈子民	1992.03 — 1993.08	陈子民(局长)	1992.03 — 1993.07
蓝春土	1993.08 — 1996.10	季可炎(局长)	1993.07 — 1995.12
戴邦和	1996.10 — 1997.12	陈积康(局长)	1995.12 — 1996.01
朱玉章	1997.12 — 2001.11	戴邦和(局长)	1996.01 — 1997.12
任晓伶	2001.11 — 2005.06	朱玉章(局长)	1997.12 — 2001.12
陈水根	2005.07 — 2007.04.	王雨杰(局长)	2001.11 — 2005.07
邱伟荣	2007.04 — 2010.03	黄文龙(台长)	2006.01 — 2007.04
邱长书	2010.02 —	黄文龙(局长)	2007.04 — 2010.01
—	—	邱伟荣(台长)	2007.04 — 2010.03
—	—	邱长书(台长)	2010.03 —

第二十六篇　体　育

随着社会经济的发展，人民生活水平的提高，云和县群众参与体育锻炼和健身活动的意识逐渐增强。1991—2010年，县政府加大对体育事业资金的投入，全县体育设施、组织网络、人才队伍和管理制度建设等全面推进，群众体育、学校体育、竞技体育和体育产业协调发展，体育活力不断迸发。篮球、乒乓球、羽毛球、自行车、健身操、秧歌、腰鼓、气排球、门球、地掷球、太极拳、太极剑及木兰扇、武术等体育队伍常年活跃在城区、乡间的各个晨晚练点。20年间，全县获得省前3名和国家前5名达75人次。2006年，竞技体育成绩稳步提高。成人部在省市比赛中获得30金5银6铜的好成绩；2010年，池骋分别获得第四届全国体育大会800米器泳第一名，全国水上运动会400米器泳、800米器泳双项第一名。举办各类赛事200余场。先后获得“全国全民健身活动先进单位”“浙江省群众体育先进单位”“浙江省体育强县”等称号。

第一章　群众体育

全县贯彻《全民健身计划纲要》，支持、引导和鼓励群众因地制宜开展形式多样的健身活动，职工体育、农民体育、社区体育、老年体育得到全面发展，群体性体育活动逐渐进入有序的轨道。云和县田径场与云和县体育馆的落成，为城镇居民体育锻炼和体育竞赛提供保障。田径、球类、棋类、游泳、武术等各种群众体育活动的举办，为体育事业发展打下坚实的基础。

第一节　全民健身

全民健身组织

1995 年，由云和县人民政府办公室、县体育运动委员会、县教育委员会等 20 个部、委、办、局和 4 个镇为成员单位，组建成立云和县全民健身领导小组，负责指导和推动全县的全民健身活动。同时，建立县、乡镇、行政村（社区）三级群众体育工作服务体系。各镇乡均建立全民健身领导小组，将民间的健身活动纳入组织活动范围之内，各乡镇文体站，配备专、兼职体育工作干部，负责组织、管理、实施当地的体育工作，帮助指导群众科学健身，提高生活质量。至 2010 年，全民健身网络各项活动开展正常。

社会体育指导员

2004 年始，云和县设置社会体育指导员，主要工作职责是组织和带领群众参加健身活动；指导群众科学健身，有效提高锻炼效果；引导群众进行合理的体育消费和健身投资等。1 月，云和县有 5 人参加丽水市体育指导员培训，经考核合格成为二级社会体育指导员。6 月，云和县社会体育指导中心成立，由社会体育指导员对社会体育项目实行分项管理。2007 年、2008 年、2009 年、2010 年，举办社会体育指导员培训班，先后有 400 多人参加，经考核全部合格，发给合格证书。至 2010 年，全县培养三级及以上社会体育指导员 490 余名，为每千名体育锻炼者配备 3 名以上社会体育指导员，成为指导基层开展全民健身活动的骨干力量。

图 26-1-1　县国民体质监测中心　（2010 年摄 县体育局提供）

公民体质监测

2009 年年初，浙江省体育局送体育监测到云和，为云和镇机关干部和村民进行身体素质监测，并为参加监测的人送上一份“运动处方”，让每人按照自己的体质进行锻炼。2009 年 12 月，省体育局给云和镇赠送一套体质监测设备，为用好这些设备，镇政府专门派人参加省里培训，回来后，在新华社区设立监测点，对公民体质进行监测。主要对象为城镇职工、农村（社区）居民。

2010 年初，云和县建有县级国民体质监测与健身指导中心（站），配置国家标准的国民体质测试仪器一套和人体成分分析仪一台，并与省国民体质监测中心数据库连接，配有持浙江省中级国民体质监测社会体育指导员上岗证的人员 3 名。国民体质监测从 2010 年开始，全年监测 1300 多人，在 14 个乡镇设立国民体质监测点。

全民健身活动

20 世纪 90 年代初，云和县的全民健身活动比较薄弱，参与面不广，参与人数不多，运动项目较为单一，只有篮球、乒乓球、羽毛球、拔河、龙灯、武术等传统项目。1995 年，《中华人民共和国体育法》和《全民健身计划纲要》的颁布，政府对体育事业的投入不断加大，加强全民健身网络建设，培训指导群众开展健身活动，医疗保健操、木兰扇、木兰剑、木兰拳、健身操、排舞、健身球、广场舞等新的活动项目的兴起，吸引着一大批中老年及青年人参加；弘扬传统文化，秧歌队、腰鼓队遍及城乡各个角落；健身路径、健身广场、篮球场、羽毛球场、门球场、气排球场、地掷球场、乒乓球室等健身场地的建设，满足群众参加健身的需求，全民健身热情高涨，健身队伍不断壮大。1996 年，举办妇女健身项目团体比赛，比赛内容为太极拳、太极剑、木兰拳、木兰单剑、木兰扇（单、双扇），全县女干部、女职工参加比赛。

2002 年，举办“全民健身月”篮球对抗赛，参赛单位为工商银行、烟草局、国税局、地税局、少体校；2004 年“五一”期间举办全县离退休人员广场 400 米健身走活动；2005 年 6 月，组队参加浙江省全民健身展示活动，获团体总分第一名；是年 11 月，“云和祥龙”“仙宫神龙”“浮云丽龙”参加丽水市国际摄影节比赛，“云和祥龙”获得处州第一龙称号。

2008 年，组队参加浙江省全民健身浙西片区“种文化活动”，获团体第三名；2009 年，云和镇巧云村“红龙”参加浙江省首届体育运动会开幕式表演比赛，获表演金奖，同时参加表演的还有云和县工会和体育局组织的健身操队和太极拳队，近 200 余人；2010 年 10 月，云和镇在县体育馆举办首届广场舞比赛，有来自各行政村（社区）的 22 支代表队 1000 余人参加，新华社区获得冠军。至 2010 年，全县举办各种类型的全民健身活动、比赛达 200 多场次，有 5 万多人次参加；全县城乡各地的晨晚练点，每天参加体育健身活动人数达 2.87 万人。

第二节　体育活动

职工体育

云和县把开展机关、企事业单位职工体育活动作为增强职工体质、密切干群关系、活跃干部职工业余文化生活、提高整体素质的重要内容来抓，职工体育活动开展较为活跃。专门组织全县性的干部职工篮球赛、乒乓球等级赛、棋类赛、拔河比赛等。

球类 1991年5月，举行“五一”全县女职工篮球比赛，11月举办云和县干部、职工“粮食杯”乒乓球赛；1992年，举办云和县第一届羽毛球赛；举办首届足球联赛，参加单位为各单位、各厂矿企事业、各学校、体育协会；1999年，举行首届“邮政杯”副科级干部乒乓球比赛。2000年，举行首届“库区开发杯”领导干部保龄球锦标赛。2006年，举办云和县机关乡镇干部篮球联谊赛。2009年10月，举办机关党员篮球赛。2010年7月，举办机关党员乒乓球比赛，9月，举办“农业杯”机关党员篮球赛。

棋牌类 组织全县性的职工棋类赛。1990年，举办全县职工《中国象棋大赛》；1999年，举行首届“电信杯”副科级干部象棋、围棋比赛。2002年，承办全市第十届“驾协杯”桥牌赛。

各类职工运动会 1991年，举办第十届干部职工田径运动会。2004年，举办“电力杯”庆“五一”全县职工运动会。2008年4月，举办云和县“庆五一，迎奥运”职工趣味运动会。2009年4月，举办“电力杯”庆“五一”全县职工运动会，7月举办机关党员趣味运动会，8月，举办职工运动会游泳比赛。2010年4月，举办庆“五一”全县职工拔河比赛。

乡镇体育

20世纪90年代初，云和县乡镇体育与城区较之相对滞后，体育设施十分简陋，体育活动简单，只有拔河、走象棋、打乒乓球、羽毛球、篮球、跳绳等活动。1991年，全县170个行政村，只有80%的村能拉出1—2个体育运动队伍。1995年后，云和县全面贯彻《中华人民共和国体育法》和组织实施《全民健身计划纲要》，把提高农民的体质与健康水平当作农村社会发展的一项重要内容来抓，把体育工作纳入乡镇文化站工作职责，建立全民健身领导小组，成立农民体育协会和老年体育协会，举办培训班，指导推广群众体育活动，推动乡镇体育发展。1998年5月，石塘镇在小顺库湾举办“石塘镇首届龙舟赛活动”，竞赛设来回1000米1个项目，全镇参赛队伍20支，运动员105名，本次龙舟赛是云和县有史以来的第一次。

1999年3月，云和县举办第三届农民运动会，有19支代表队500余名运动员参加；是年，沙溪乡举办首届农民运动会，全乡13个行政村组队参加，比赛项目有环村跑、400米男女接力赛、挑担、插秧等。

2000年10月，云和镇举办农民运动会暨老年体育运动会。2006年，县举办“农耕乐事”农民运动会，有14个乡镇的代表队参加，项目有挑担、插秧、掰手腕等，云和镇获得团体第一名。5月，云坛乡举办首届农民运动会。

图26-1-2 云和镇广场舞比赛（2010年摄 陈玲提供）

2007年，云和镇蔬菜村、红光村参加丽水市农民门球比赛分别获得第二名、第三名。

2008年8月，云和镇农民李康乐参加丽水市民间绝活大赛获得一等奖，并在中央一台正大综艺栏目中表演直升机肚皮吸碗项目，成功挑战吉尼斯，获得世界吉尼斯证书。

石塘镇举办“洁利杯”首届全民运动会，比赛项目有拔河、乒乓球、掷沙包、射箭、插秧等。6月，大源乡在县体育场举办“大源乡新型农民迎奥运趣味运动会暨第四届老年运动会”，8个行政村的8支代表队100余名运动员参加比赛。

2009年7月10日，云和镇举办“红叶商贸·青岛啤酒杯”第六届农民运动会，来自37个行政村、6个社区（外来创业者）的800多名运动员参加团体、单人、表演、趣味4大类18个项目比赛，有30支腰鼓队、秧歌队、健身球队、医疗保健操队等1万余人参与开幕式展示表演、踩街等活动。

2009年7月，大源乡在田铺村举办“大源乡第三届农民运动会”。

2010年2月，石塘镇举办“迎春节”农民趣味运动会。7月，云丰乡举办首届全民运动会。

2009—2010年，全县14个乡镇开展“迎奥运”老年健身走、拔河比赛、象棋比赛、乒乓球比赛、羽毛球比赛、篮球比赛、钓鱼比赛、跳绳比赛、广场舞比赛等体育活动共45场次，参加活动5.2万人次。

到2010年，云和县14个乡镇拥有标准门球场10个、篮球场25个、气排球场4个、地掷球场5个、老年活动室143个。体育活动场所162个，体育场地面积达到4.39万平方米。拥有体育队伍28支480人。全县先后有4个乡镇被授予“浙江省体育强乡（镇）”称号（云和镇、石塘镇、赤石乡、云丰乡）；云和镇获得“省体育先进乡镇”“省体育特色乡镇”“浙江省小康型老年体育乡镇”“全国群众体育先进单位”“丽水市老年体育工作先进集体”等称号。

社区体育

2003年9月，中山社区举办首届门球赛，来自县机关各部门、单位及城镇有关行政村、社区的离退休老同志和工人、农民，共组成9支门球队69名运动员参加比赛。

2005年12月，浮云社区举办第一届益智、健身运动会，共有乒乓球、金鸡独立、贴鼻子、猜谜语、跳棋、象棋、扑克、麻将八个项目的比赛。

2006年6月，2000余名社区老年人参加云和镇老年协会举办的迎十三届省运动会老年健身走展示活动，健身走路线从元和广场出发，沿新建路、中山街、城东路、浮云路到达县江滨实验小学，全场3千米。7月，浮云、元和社区老年人体育协会成立，标志着云和镇社区老年体育工作迈出新步伐。社区老年人自发组建秧歌队、腰鼓队、气排球队、门球队等健身队伍，开展晨晚健身娱乐。8月，首届社区乒乓球比赛在云和县体育馆举行，6个社区12支代表队参加为期2天的比赛。9月，元和社区主办“庆国庆”首届门球邀请赛，在红光、蔬菜村、电信、电力局等球场举行。6个社区和红光、勤俭、巧云、蔬菜等行政村组队参赛。

2009年，浙江省体育局送体育培训和体质测试下农村进社区。7月，6个社区组队参加云和镇“红叶商贸·青岛啤酒杯”第六届农民运动会的6个团体项目、7个单人项目、4个表演项目及1个趣味项目的比赛。

残疾人体育

2003年，举办云和县第一届残疾人运动会，有14个乡镇和6个社区残疾人代表队参加。同年，县残联组团参加丽水市第一届残疾人运动会，获得13金7银7铜的成绩；2006年，县残联选送的紧水滩镇大源村残疾人运动员陈宗飞在参加浙江省第七届残疾人运动会 T13 组级别比赛中，获得 1 金 3 银；2009 年，陈宗飞参加全国残疾人青少年锦标赛获得 T13 组级别比赛，获得 1 金 2 银；2010 年，陈宗飞在参加省第八届残疾人运动会 T13 级别比赛，获得 1 金 3 铜；同年，云和县组队参加丽水市第二届残疾人运动会，获得 10 金 4 银 12 铜的好成绩。

1991—2010 年云和县部分体育活动汇总表

表 26-1-1

时间	比赛名称	组办单位	地点
1991.9.14	庆祝篮球运动诞辰一百周年暨一九九一年云和县全民篮球赛	云和县体委　云和县总工会	云和
1991.11.8—11.10	云和县第十九届中小学田径运动会暨第十届干部职工田径运动会	云和县体委　云和县教委　云和县总工会　云和镇人民政府	云和
1991.12.31—1992.1.3	云和县第一届羽毛球赛	云和县体委	云和
1992.4.18—4.28	云和县首届足球联赛	云和县体委	云和
1992.5.1—5.10	九二年度云和县中国象棋、围棋比赛	云和县体委　云和县棋协	云和
1993 八月中旬	云和县第三届“星火杯”游泳锦标赛	云和县体委	云和
1994.10.11	老年人太极刀、木兰剑比赛	云和县体委　县老年体协　县总工会　县退管办	云和
1996.3.8	纪念“三八”国际劳动妇女节暨妇女健身活动	县体委、县妇联	云和
1996.5.1	云和县五一“电力杯”职工拔河大赛	县电力工业局、县总工会	云和
1996.5.30	云和县第二届小学生跳绳比赛	云和县教委、云和县体委	云和
1996.9.29—10.1	县“普法杯”青年足球比赛	县体委、县体总	云和
1999.5.4	奔向二十一世纪“上游杯”环城火炬接力赛	县体育局	云和
1999.9.20	云和县九九“森林杯”全民篮球赛	县体育局、县林业局	云和
2000.4.20—4.22	浙江省第四届农民运动会“仙都啤酒杯”龙舟赛	省体委、省农业厅、省农民体协、县人民政府	云和
2000.6.10	2000 年“浙江移动杯”台球比赛	县体育局、浙江移动云和分公司	云和
2000.11.17	云和县“健康杯”全民篮球赛	县体育局、县人民医院	云和
2001.8.20	云和县“半球”全民乒乓球比赛	县体育局　半球实业有限公司	云和
2002.7.26—7.28	2002 年县“振鹏杯”全民乒乓球联赛	县体育局　振鹏实业有限公司	云和
2003 年大年初三	迎新春中国象棋团体赛	县体育局　县棋牌协会	云和
2003.8—11	云和县第三届老年人体育运动会	县体育局　云和县老年体育协会	云和
2003.9.11—9.14	2003 年县“木制工艺”杯全民乒乓球比赛	县体育局　云和县玩具行业协会	云和
2003.12.5—12.8	云和县 2003 年“山兰”全民羽毛球比赛	县体育局　县食用菌协会	云和
2004.4.25	“电力杯”庆五一全县职工运动会	县体育局　县总工会　县电力局	云和
2004.6.24—6.26	2004 年“紧电杯”全民乒乓球赛	县体育局　紧水滩电厂	云和
2006.5.27	云坛乡首届农民运动会	县体育局　云坛乡政府	云和
2006.8.26	云和县第一届社区乒乓球比赛	县体育局　县民政局	云和

续表 26-1-1

时间	比赛名称	组办单位	地点
2006.10.25	云和县首届“农耕乐事”农民运动会	县体育局 县农业局	云和
2007.12.14—12.16	云和县全民乒乓球比赛	县体育局	云和
2007.12.20—2008.1.15	云和县全民篮球比赛	县体育局	云和
2008.3.7	云和县“地税杯”“妇女与奥运同行”拔河比赛	县体育局 县财税局	云和
2008.4.12	云和县“放飞文明”风筝比赛	县体育局	云和
2008.4.29	“庆五一、迎奥运”全县职工体育趣味运动会	县体育局 县总工会	云和
2008.5.28—5.31	云和县体育馆开馆仪式暨“丽龙高速”杯篮球邀请赛	县体育局	云和
2008.6.20	庆七一迎奥运“城建杯”羽毛球比赛	县体育局 县住建局	云和
2008.11.1—11.2	2008 年全县中小学体育节暨第三十六届中小学生运动会	县体育局 县教育局	云和
2008.12.19—12.21	云和县“生态杯”全民乒乓球比赛	县体育局 县林业局	云和
2009.5.26	云和县私营(民营)企业趣味体育运动会	县体育局 县私营企业协会	云和
2009.11.25—12.11	2009 年云和县全民篮球赛	县体育局	云和
2010.4.28	2010 庆“五一”全县职工拔河比赛	县体育局 县总工会	云和
2010.6.6	2010 年云和县梅源梯田开犁节民俗趣味体育活动	县体育局 县旅游局 崇头镇政府	云和
2010.10.21—10.29	云丰乡创建省级体育强乡篮球赛	县体育局 云丰乡政府	云和
2010.11.18—11.20	云和县中小学第六届体育节暨第三十八届运动会	县体育局 县教育局	云和
2010.12.22	云和县实验幼儿园第六届亲子运动会	县教育局 云和县实验幼儿园	云和

第三节 体育创强

组织领导

2010 年年初,云和县提出创建浙江省体育强县(以下简称创强),成立以县委书记、县长为组长,县委、县政府分管领导为副组长,县各有关职能部门主要负责人为成员的县“六城联创”工作领导小组,下设创建省级体育强县工作组,负责领导、协调全县体育创强工作。根据省体育强县的创建标准,云和县把体育工作纳入国民经济和社会发展总体规划,县委全会、县“两会”把发展体育事业作为重点工作进行部署。县政府每年把体育事业经费列入财政预算,体育事业经费随着经济发展逐年增长。在丽水市率先提出创建省级体育强县,下发《云和县创建浙江省体育强县实施意见》,把创强工作作为县委、县政府年度工作重点,列入政府工作报告。县委、县政府督查室将体育创强工作列入重点督查内容,并将体育事业发展纳入各乡镇、街道、有关部门年度目标考核的重点内容之一。健全体育工作组织机构网络,以县全民健身领导小组、县体育总会、县国民体质监测站与社会体育指导中心等为架构的体育工作组织网络;形成以 18 个体育单项协会、社区(村)体育辅导站和各晨晚练点为架构的体育工作活动网络。奠定开展群众体育活动和业余训练的基础。

场地设施

各级政府重视体育基础设施建设，每年把体育基本建设资金列入基本建设投资计划，累计投入建设资金近2亿元。全县先后建成县体育馆、400米标准塑胶田径场地、室外标准游泳池、综合健身训练楼、体育公园等一批大型体育设施；农村体育设施覆盖率逐步提高，300人以上的行政村全部完成体育设施进村，共建有篮球场90个、门球场12个、健身路径120条、文体活动室136个，体育小康村占全部行政村的60%以上。百人以上机关企事业单位也建有相应的体育设施，健身活动丰富。

群体活动

云和县的体育事业有着广泛的群众基础，平均每年举办全县性大型全民健身活动12次以上，每4年举办一次全民运动会，如全县篮球赛、农民趣味运动会、"两会"代表文体活动等，创造条件，吸纳广大群众参加各类健身活动。完善农村公共体育场所，组织开展各项赛事展演活动，如云和镇举行的健身排舞大赛、紧水滩镇的农民运动会等，众多农民群众踊跃参加，丰富农民群众的体育生活，提高幸福感和满意度。乡镇、村(社区)每年组织各类富有农村特色的体育活动，多数乡镇举办全民运动会。

体育市场

云和县结合本地体育发展实际，按照市场规律，坚持走体育社会化之路，先后成功承办省农运会龙舟赛、浙西片区"种文化"全民健身活动、省首届体育大会室内5人制足球赛等，探索政府支持、社会参与、市场运作的产业发展新路子，鼓励多种形式开展体育经营活动。全县体育健身、体育彩票、体育技能培训、体育各项基地建设、智力玩具等体育产业健康发展，体育产业发展潜力不断增强，发展活力进一步迸发。

资料积累

创建体育强县工作档案资料的整理，撰写反映工作事实的总结、摄制创建工作资料纪录片一部、展板59块、资料汇编172册、反映云和体育发展的画册1本。2010年10月，顺利通过省体育局验收，云和县被命名为"浙江省体育强县"。

第二章　学校体育

云和县学校体育贯彻《学校体育工作条例》，体育经费纳入核定的年度教育经费预算，按照国家规定配备学校体育教师，学生体质健康标准合格率达到要求。全县具有省级体育特色学校2所、市级体育特色学校4所。立足体育特色学校优势，开展体育后备人才培养，逐渐形成以田径、射箭、足球等为代表的一批优势项目。同时依托少体校、中小学校和体育俱乐部，以联合办学、联合办训的形式，开展业余体训和优秀体育苗子培养。

第一节　中小学体育

体育教学安排

1991 年，云和县中小学实施“两课两操两活动”，即保证学生每周两节体育课，每天有广播体操和眼保健操，每周两次课外活动。

1995 年，国家教委发布《学生体质健康标准(试行方案)》。全县各学校开始达标创建。学生体育标准达标合格率提升，2000 年为 95%，2002 年为 97%，2003 年为 99%。

2004 年，中小学住校生开始每日晨跑锻炼运动。县职技校武术散打队成立。

县教育局加大投入，完善学校体育场馆等设施的标准化建设，确保教育事业与城市化建设同步发展。云和二中被评为丽水市体育基地学校。

2006 年，云和二中等学校开展“规范课间操”行动，每周三和周五课间操实行评比打分，记入学生体育平时成绩，班级评先的依据之一。全县中小学每年安排 10 月份为“体育节”，各个学校在这期间举办校运动会。云和中学开展每学期一次的“励志远足”野外拉练活动。

体育特色培育

2009 年，云和二中被评为“市体育特色学校”“省体育特色学校”。育英外国语实验学校连续 4 次蝉联县广播操比赛冠军。

2010 年，梅源中学校足球队、校射箭队成立。校足球队获丽水市中小学足球联赛男子第一名、女子第三名的好成绩，在浙江都市报报道。射箭队取得省运会 50 米亚军和 70 米季军的成绩。学校被命名为“市体育特色学校”“省体育特色学校”。

雾溪乡中心小学传承民族体育活动，开发踩石磉、稳凳、十字拉环竹、竿舞等民族体育项目，开展民族体育文化教育。各校陆续开始展开“阳光跑操”活动。职技校将“阳光体育跑步”作为团体项目列入校运动会比赛。

第二节　体育赛事

中小学田径运动会

在各校每年都举办一次运动会的基础上，全县每年也都举办一届中小学生田径运动会。1991 年为云和县第十九届中小学生田径运动会，2010 年为第三十八届中小学生田径运动会，共举办 20 届。其中，在 2002 年的第三十届中小学生田径运动会上，云和中学以总分 270 分获得高中组团体冠军，云和二中获得初中组团体冠军，镇一小获得小学组团体冠军。有 21 人次打破 10 项县田径记录。在 2010 年的第三十八届运动会上，有 8 项县纪录被打破，云和中学高中组获团体冠军，云和二中获得初中组团体冠军，江滨实验小学获得小学城镇组团体冠军，雾溪小学获得小学乡镇组团体冠军，梅源实验学校获得精神道德风尚奖。

单项体育赛事

1991 年 6 月，举办“六一”小学生乒乓球赛；1993、1994 年连续两年组织县中小学生田径冬训；1996 年，举办第二届小学生跳绳比赛；是年 12 月，举办县中小学生篮球比赛；2000 年，举办县城中小学生申奥环城长跑活动；是年，举办云和县“联通杯”中小学生篮球比赛，共 18 支学校代表队报名参赛；2002 年，举办“人保杯”中学生篮球赛，来自全县 8 个学校参加比赛；2005—2010 年，举办中小学生乒乓球比赛 6 次，篮球比赛 5 次，游泳比赛 2 次。其中，在 2006 年 4 月的中小学生乒乓球比赛中，云和二中包揽中学男子、女子团体赛冠军，江滨小学获得小学男子 A 组团体赛冠军，实验小学获得小学女子 A 组团体赛冠军，城西小学获得小学男子 B 组团体赛冠军，古坊小学获得小学女子 B 组团体赛冠军。

参加市级以上比赛

1995 年 5 月，组队参加全区少年儿童田径运动会。2000 年，组队参加丽水市首届学生田径运动会。

2003 年，参加丽水市中小学生运动会，云和县学生运动员代表队获得普通组第四名、普高组第六名，乒乓球比赛小学男子获团体第二名，小学男子单打获第三、四名，小学女子单打第四名；获全市中学生篮球赛第二名；获全市中小学特长运动会初中组团体第二名，象棋第六名。云和中学参加丽水市重点高中田径运动会，获得团体总分第四名。

2004 年，承办丽水市中学生篮球赛。组织参加全市中小学生兴趣特长运动会、乒乓球赛、篮球赛等，成绩均名列全市前茅，在省第六届田径运动会上取得 4 金 1 银 1 铜的成绩，金牌数名列全市第一。

2005 年，职技校获丽水市中小学田径运动会职业高中组团体总分第一名。职技校项杨杨同学获国家二级运动员称号，刘少博同学在省国际武术比赛中获蛾眉龙拳第一名。云和二中篮球队代表丽水市参加全省中小学生篮球赛，获省第五名。

2009 年，第九届全省中小学生运动会上，云和县代表队获得 2 金 2 银 4 铜，并以 113 分的历史最好成绩冲入甲级队行列。云和中学参加丽水市重点高中篮球联赛，获得团体第二名；参加丽水市重点高中乒乓球联赛，获得男子组团体第一名，女子组团体第二名。云和三中获全市健身操比赛第一名。在市中学生运动会上团体总分名列第六。

第三章　竞技体育

1991—2010 年，云和县获得省前 3 名和国家前 5 名达 75 人次。2006 年，竞技体育成绩稳步提高。成人部在省市比赛中获得 30 金 5 银 6 铜的成绩；2010 年，池骋分别获得第四届全国体育大会800米器泳第一名、全国水上运动会400米器泳、800米器泳双项第一名。

第一节　参加国家级竞赛

1998年，石塘镇代表队参加在金华举办的全国龙舟赛获第五名。齐建来在马拉松国际邀请赛的半程马拉松赛项目中，获得第五名。谢隆泰参加全国青年跆拳道锦标赛获得第五名。齐建来在广州国际长跑邀请赛获得第四名。

1999年，蓝小红代表浙江省畲族代表团，参加全国第五届少数民族运动会，在稳凳比赛项目中获得金奖。谢隆泰在华东六省一市跆拳道锦标赛获得第五名。

2000年4月，云和县选手谢隆泰代表中国队，参加美国夏威夷跆拳道邀请赛，获得第五名。12月，谢隆泰被省队录取。2001年10月，选手齐建来参加在温州举行的"奥伦杯"穿皮鞋马拉松比赛中，以2小时45分06秒的成绩获冠军，获中国电视吉尼斯证书。谢隆泰参加全国跆拳道锦标赛，获56公斤级第二名。11月，谢隆泰参加在广州举行的第九届全国运动会，获跆拳道项目男子68公斤级第五名，为浙江省取得8分。齐建来在全国长跑邀请赛A1组长跑获第一名。

2003年，齐建来在全国华拉爵士风情杯赛的长跑邀请赛项目中获得冠军；在全国"天安杯"沿海城市长跑邀请赛项目中获得冠军。

2007年，武术协会参加杭州国际武术比赛取得34金9银的好成绩。

2010年，池骋获第四届全国体育大会800米器泳第一名；徐焕曾获100米蹼泳第四名、400米蹼泳第六名；黄雪琴获200米蹼泳第五名、400米蹼泳第六名。池骋获全国水上运动会400米器泳、800米器泳双项第一。

1998—2010年云和县参加国家级比赛前5名体育获奖者名录

表26-3-1

年份	姓名	运动会名称	比赛项目	名次
1998	石塘镇代表队	金华98全国龙舟邀请赛	龙舟赛	第五名
	齐建来	马拉松国际邀请赛	半程马拉松赛	第五名
	谢隆泰	全国青年跆拳道　锦标赛	跆拳道	第五名
	齐建来	广州国际长跑邀请赛	长跑赛	第四名
1999	蓝小红	全国第五届少数民族运动会（代表省（畲族）团体表演）	稳凳	金奖
2000	谢隆泰	全国跆拳道邀请赛	抄杠	银奖
	谢隆泰	华东六省一市锦标赛	跆拳道	第五名
	齐建来	全国长跑邀请赛	A1组长跑	第一名
2001	谢隆泰	全国跆拳道锦标赛	56公斤级	第二名
	谢隆泰	全国第九届运动会	68公斤级跆拳道	第五名
	齐建来	中国电视吉尼斯"奥伦赛"	马拉松赛	冠军

续表 26-3-1

年 份	姓　名	运动会名称	比赛项目	名次
2003	齐建来	全国“华拉爵士风情杯赛”	长跑邀请赛	冠军
	齐建来	全国“天安杯”沿海城市赛	长跑邀请赛	冠军
2010	池骋	第四届全国体育大会	800 米器泳	第一名
	池骋	2010 年全国水上运动会	400 米器泳	第一名
	池骋	2010 年全国水上运动会	800 米器泳	第一名
	徐焕曾	第四届全国体育大会	100 米蹼泳	第四名
	黄雪琴	第四届全国体育大会	200 米蹼泳	第五名

第二节　参加省级竞赛

1994 年，谢隆泰在第一届省级运动会 100 米短跑比赛中获得第三名。

1995 年 7 月，云和县组队赴浦江参加浙江省首届县级田径运动会，夺得 3 块银牌、2 块铜牌，2 项前六名，得分 41 分，列为全省 89 个县市（区）第 37 位。在浙江省第二届田径运动会上，取得 2 金、2 银、4 铜，以总分 81 分列入乙级队第 17 名。8 月，云和县青少年在省拳击锦标赛中获得 56 公斤级银牌。1996 年，官伟在第二届省级运动会上获得男子组 800 米第一名。

1997 年，官伟参加省青少年暨华东邀请赛获得银牌。谢隆泰、胡宾王、吴燕华参加省青少年暨华东邀请赛获得 3 枚铜牌。

1998 年，魏晴川、谢永芳在第三届省级运动会上分别获得男子组 100 米、女子组 100 米第三名。在省首届跆拳道锦标赛上谢永芳获得金牌、谢隆泰获得铜牌。

2000 年 5 月，在富阳县举行的华东跆拳道锦标赛上，谢隆泰获第 3 名。是年，在云和举行的省第四届农民运动会龙舟赛，云和县代表队获 500 米、800 米直道两项第 5 名。9 月，在杭州举行的省第四届农民运动会田径赛，县选手齐建来等 4 人参赛，1 人获得第 3 名、2 人获得第 5 名的成绩。2002 年 5 月，齐建来在杭州举行的省十届运动会上获 10 千米越野赛和 21.925 千米半程马拉松赛 2 块金牌。6 月，姜化荣在杭州举行的全省体育先进乡镇乒乓球赛上获干部组第 3 名。

2003 年 12 月，何望东参加在瑞安举行的浙江省传统武术大会暨省传统武术（套路）比赛，获 50—60 岁长穗白鹤剑金牌。

2004 年 4 月，齐建来参加在杭州举行的“青春宝杯”环西湖长跑邀请赛获冠军。6 月，齐建来获省运会 5000 米越野负重跑冠军，一万米获得第三名。7 月，在诸暨市举行“海亮杯”浙江省第六届田径运动会，云和县荣获 4 金 1 银 1 铜，金牌数列丽水市第一，总分列全省 90 个县市（区）第 28 位、列全市第二位。在沈阳举行的省老年柔力球比赛上，云和获得团体第 6 名。在杭州举行的省二届传统武术大会上，倪志成获得男子 70 岁以上第三名。8 月，在杭州举行的“青春宝杯”浙江省第二届传统武术大会上，县文体广电局何望东获武氏太极 36 连环棍、长穗剑、武当无极拳三项金牌；黄春晓获龙形拳、武当无极剑、武当无极拳三项金牌；沙铺砻电站董君明获太极对练金牌；云和职技校董将贤获武当六合剑金牌。

2005 年，在浙江省第七届田径运动会上，云和县获 2 金、4 银、2 铜，总分 94 分，列全省 90 个县、市、区第 47 名，金牌总数及总分位于全市第二名。

2006 年，竞技体育成绩稳步提高。成人部在省市比赛中获得 30 金 5 银 6 铜的好成绩；青少年部在省第十三届省运会中以 1 铜 31 分成绩圆满完成市下达的指标（云和是唯一完成指标的县），在丽水市各县中排名第三位，在省各县（市）区排名前移 8 个名次，取得历史最好成绩；在省田径精英赛中云和县参赛三名选手获得一个铜牌、一个第五、一个第六名。

2007 年，青少年部全年共参加二次省级青少年比赛，获得 1 金 1 银 5 铜；武术协会参加杭州国际武术比赛取得 34 金 9 银的好成绩；县山地自行车协会参加代表丽水市参加省比赛获个人中年组第一名。

2008 年，获得“阳光体育”大联动篮球比赛初中男子组冠军，省南赛区第二名、总决赛第三名。射箭项目首次参加省级比赛获得 1 银 1 铜。

2010 年，云和县参加省级比赛共获得田径金牌 1 枚、银牌 2 枚、铜牌 5 枚、皮划艇第五名，射箭第七名。是年，省田径锦标赛上，叶君文获得 13 岁组标枪第一名；周昌琳获得 13 岁组全能第二名；陈周红获得 18 岁组标枪第三名；雷伟娟获得 18 岁五项全能第三名。第十四届省运动会上，周昌琳获得 13 岁组跳高第二名、13 岁组全能第三名；雷伟娟获得 18 岁组跳高第三名、4×100 米第三名。浙江省首届体育大会中，池骋获得 50 米潜泳、50 米蹼泳双项第一名；徐焕曾获得 200 米蹼泳第一名，50 米蹼泳第二名；黄雪琴获得 50 米蹼泳救生第一名；齐建来获得登山比赛第三名。

1994—2010 年云和县参加省级比赛前 3 名体育获奖者名录

表 26-3-2

年份	姓名	运动会名称	比赛项目	名次
1994	谢隆泰	第一届省级运动会	100 米	第三名
1996	官伟	第二届省级运动会	800 米	第一名
1997	官伟	省青少年暨华东邀请赛	—	银牌
	谢隆泰	省青少年暨华东邀请赛	—	铜牌
	胡宾王	省青少年暨华东邀请赛	—	铜牌
	吴燕华	省青少年暨华东邀请赛	—	铜牌
1998	谢永芳	第三届省级运动会	女子 100 米	第三名
	魏晴川	第三届省级运动会	男子 100 米	第三名
	谢永芳	省首届跆拳道锦标赛	跆拳道	金牌
	谢隆泰	省首届跆拳道锦标赛	跆拳道	铜牌
1999	王露萍	第四届省级田经运动会	800 米	第一名
2000	谢隆泰	华东跆拳道锦标赛	56 公斤级	第三名
	谢永芳	省跆拳道锦标赛	48 公斤级	第一名

续表 26–3–2

年 份	姓名	运动会名称	比赛项目	名次
2002	齐建来	省第十届运动会	半程马拉松赛	金牌
	齐建来	省第十届运动会	十千米越野	金牌
	姜化荣	省体育先进乡镇比赛	干部级乒乓球赛	第三名
2003	何望东	省传统武术大赛	长穗白鹤剑	金牌
2004	齐建来	“杭州”青春宝杯邀请赛	西湖长跑赛	冠军
	齐建来	省田径运动会	5000 米越野负重赛	冠军
	卓梦瑶	省田径运动会	四项全能	第一名
	卓梦瑶	省田径运动会	100 米	第一名
	金丽丽	省田径运动会	四项全能	第一名
	金丽丽	省田径运动会	100 米	第一名
	柳郑江	省田径运动会	60 米	
	金丽丽	省田径锦标赛	四项全能	第一名
	许建林	省田径锦标赛	跳高	第三名
	许建林	省田径锦标赛	跳高	第三名
	何望东	省二届国际传统武术赛	武当太乙拂尘、林狼牙棒、武当钢笛	三项金牌
	何望东	省二届国际传统武术赛	少林样角梅花棍	银牌
	何望东	省二届国际传统武术赛	少林打虎棍	铜牌
	倪志城	省二届国际传统武术赛	男子 70 岁以上赛	第三名
2005	丁家宜	省田径运动会	跳高	第一名
	柳郑江	省田径运动会	60 米	第一名
	卓梦瑶	省田径运动会	100 米栏	第二名
	卓梦瑶	省田径运动会	四项全能	第二名
	金雯雯	省田径运动会	跳高	第二名
	金雯雯	省田径运动会	四项全能	第三名
	徐敏敏	省田径运动会	1500 米	第二名
	雷伟娟	省田径运动会	四项全能	第三名
2006	县山地自行车协会	省山地自行车赛中年组	山地自行车赛	第一名
2007	张芳芳	省第八届田径运动会	15 岁组三级跳远	金牌
	丁家豪	省第八届田径运动会	14 岁组全能	第二名
	陈周红	省第八届田径运动会	15 岁组铁饼	第三名
	章杰玲	省第八届田径运动会	13 岁组 800 米	第三名
	叶俊	省第八届田径运动会	12 岁组全能	第三名
2008	县二中篮球队	省中学生篮球赛	男子篮球	第三名
2009	周昌林	省田径锦标赛	13 岁组三项全能	金牌
	雷伟娟	省田径锦标赛	三级跳远	第三名

续表 26-3-2

年 份	姓名	运动会名称	比赛项目	名次
2009	蓝道勇	省第九届田径运动会	13 岁组垒球	金牌
	蓝道勇	省第九届田径运动会	13 岁组铁饼	第二名
	蓝微	省第九届田径运动会	跳远	金牌
	叶君文	省第九届田径运动会	12 岁组垒球	第三名
	章杰玲	省第九届田径运动会	15 岁组 1500 米	第三名
	蓝鸿彬	省第九届田径运动会	15 岁组三级跳远	第二名
	肖鹏飞	省第九届田径运动会	15 岁组铁饼	第三名
2010	叶君文	2010 年省田径锦标赛	13 岁组标枪	第一名
	周昌琳	2010 年省田径锦标赛	13 岁组全能	第二名
	陈周红	2010 年省田径锦标赛	18 岁组标枪	第三名
	雷伟娟	2010 年省田径锦标赛	18 岁五项全能	第三名
	周昌琳	第十四届省运动会	13 岁组跳高	第二名
	周昌琳	第十四届省运动会	13 岁组全能	第三名
	雷伟娟	第十四届省运动会	18 岁组跳高	第三名
	雷伟娟	第十四届省运动会	4×100 米	第三名
	池骋	浙江省首届体育大会	50 米潜泳	第一名
	池骋	浙江省首届体育大会	50 米蹼泳	第一名
	徐焕曾	浙江省首届体育大会	200 米蹼泳	第一名
	徐焕曾	浙江省首届体育大会	50 米蹼泳	第二名
	黄雪琴	浙江省首届体育大会	50 米蹼泳救生	第一名
	齐建来	浙江省首届体育大会	登山比赛	第三名

第三节　参加市级竞赛

2002 年，云和县在丽水举行的第四届老年人运动会气排球比赛中，获女子组第 3 名、男子组获第 6 名。10 月，云和县 29 名残疾人运动员在丽水市第一届残运会上取得 13 金 7 银 7 铜的好成绩。

2004 年 4 月，在云和举行的丽水市"同心杯"中小学生田径运动会上，云和县普通组获团体总分第 3 名；普高组获第 4 名；职技校组获团体第 1 名；共有 7 人次达标，计 20 个项目获第 1 名、18 个项目获第 2 名、15 个项目获第 3 名。12 月，在丽水市第二届领导干部乒乓球赛上，县代表队获科级组团体第一名，姜化荣获科级组男子单打第一名，马正德获处级组男子单打第二名，章明清获科级组女子单打并列第三名。2005 年 10 月，在缙云召开的丽水市首届学生田径运动会上，云和获得 9 块银牌，计 99 分。在首届市运会中，云和获青年组奖牌总数第三、总分第五、金牌数第六，成年部奖牌总分第五、金牌第六名的成绩。

2007 年，参加全市田径、游泳、跆拳道、乒乓球等四项五次比赛取得 15 金 23 银 21 铜，继续稳定在全市中游水平。成人部参加全市领导干部中国象棋、乒乓球赛取得团体第三、第四名；县山地自行车协会参加市山地自行车赛取得团体第一名。

2008 年，云和二中篮球队获得浙江省中学生篮球赛第三名。

2009 年，参加丽水市第二届全运会中取得 19.5 块金牌，其中皮艇、跆拳道、游泳等项目总分进入前四名，田径队刻苦训练，在全省第九届运动会中，以 2 金、2 银、4 铜、总分 113 分列乙级队第七名，并成功晋级为甲级队。

2010 年，云和县参加市级比赛共获得田径金牌 6 枚、银牌 4 枚、铜牌 3 枚；跆拳道金牌 2 枚、银牌 5 枚、铜牌 3 枚；游泳金牌 1 枚、银牌 4 枚、铜牌 10 枚；乒乓球金牌 1 枚、银牌 2 枚、铜牌 1 枚；足球金牌 1 枚。

1991—2010 年云和县田径比赛最高纪录一览表

表 26-3-3

项　目	男子组	女子组	项　目	男子组	女子组
100	11″2	12″9	跳高	1.83	1.46
200	23″3	27″2	跳远	6.39	5.17
400	52″47	1′01″53	三级跳远	13.47	—
800	2′03″37	2′24″05	铅球	10.75	10.93
1500	4′21″23	5′08″70	铁饼	30.96	33.14
3000	9′57″	11′33″3	标枪	48.20	39.46

第四章　体育管理

1991—2010 年，云和县体育管理职能逐年提高，县体育总会，体育俱乐部，各类体育协会相继成立。各项体育活动，体育竞赛在管理部门的组织下，各类体育俱乐部、协会的协助下有序开展，体育人才培养与输送更加稳定。体育彩票销售网点布局合理，销售额逐年增长，体育市场逐渐形成。

第一节　协会组织

体育总会

1995 年 12 月 21 日，云和县体育总会成立。县田径、篮球、棋类、桥牌、信鸽、钓鱼、武术、气功、老人体育等协会均以团体会员参加县体育总会。

武术协会

1991年10月，云和县武术协会成立，并召开第一次会议选举产生协会会长1人、秘书长1人、理事7人。会长由张启华担任，会员70人。2005年，武术协会换届，会长由黄春晓担任，会员80人。2006年，武术协会会长更换，由梅必勇担任。2007年，武术协会第三次换届，会长由邵银富担任。至2010年有会员95人。

长跑协会

2007年，云和县长跑协会成立，有会员40多人。2010年，有会员160多人。每年召开年会。协会的宗旨是："我运动、我健康、我快乐！"

协会每年有会员参加北京、上海、厦门、大连、重庆、南京、广州、杭州、丽水、松阳等地马拉松比赛。会员张刘杰、梅进云分别取得男子全程马拉松最好成绩3小时57分、3小时09分，江松红取得女子全程马拉松最好成绩3小时37分。会员坚持锻炼并经常外出比赛，成绩逐年提高。

自行车运动协会

2003年，筹备组建"云和12+1山地车俱乐部"(成立时名称)，2004年4月，经共青团云和县委批复，县民政部门注册登记，"云和12+1山地车协会"正式成立，有会员87人。其中，有23人注册浙江省体育社团会员。

2007年，参加丽水首届白云山自行车爬坡赛，获男子组第二名；参加首届"括苍杯"临海山地车挑战赛，获男子组第一、第十名。2008年，参加福建省太姥山自行车爬坡赛，获男子中年组第一名；参加温州第三届仙岩自行车爬坡赛，获男子组第一名；参加"黄山—千岛湖—杭州—上海"马拉松自行车骑行赛获第一名；参加福建省寿宁县获得"喜德盛杯"第二届自行车挑战赛第一名。

2008年，新岭村一带菇棚被电火燃烧户捐款2000余元；为汶川地震捐款6000余元。

2009年，参加中国体育彩票杯第二届宁波山地户外运动挑战赛，获团体第一名；参加江西省"美利达"杯环龙虎山国际自行车邀请赛获第五、第九名；参加马鞍山户外铁人三项赛，获团体第一名；参加"禧玛诺杯"德清莫干山爬坡赛，获男子中年组第一、第三、第七名。2010年，参加遂昌县"信合杯"动感桃溪全市自行车爬坡赛，获男子中年组第一名。

1991—2010年云和县县级体育协会情况一览表

表26-4-1

协会名称	办公地址	负责人	成立时间	会员数
体育总会	城南路1号	韦小委	2008年3月	—
老年体育协会	县府大院内	官亦民	1988年5月	—
浮云青少年体育俱乐部	县体育馆	韦小委	2008年9月	63
第二中学青少年体育俱乐部	中山西3号	官玉和	2009年3月	1600

续表 26-4-1

协会名称	办公地址	负责人	成立时间	会员数
气排球协会	儿童公园	梅耐寒	2003 年 6 月	78
第三中学青少年体育俱乐部	城东路 230 号	唐毅	2010 年 1 月	1530
威博健身俱乐部	中山西路 1 号	陈伟波	2007 年 2 月	50
武术协会	县体育中心	邵银富	2005 年 5 月	50
老年武术健身协会	县府大院西附楼二楼	吴雷德	2010 年 7 月	357
12+1 山地车协会	文化宫二楼	钱小林	2004 年 5 月	50
冬泳协会	县体育馆	任乐群	2009 年 3 月	52
长跑登山协会	县体育馆	吴佳仁	2007 年 10 月	50
中青年篮球俱乐部	解放东街 368 号	周军	2008 年 4 月	36
羽毛球协会	新华街 145 号	董凌云	2006.年 11 月	70
乒乓球协会	县体育中心	姜化荣	2004 年 8 月	70

第二节 体育设施

县级体育设施

1990 年 8 月，投资 34 万元，建造 50 米×8 室外游泳池 1 座。2000 年，投资 886 万元，建成位于城南路 5 号，占地面积 25923 平方米、场地面积 17236 平方米、建筑面积 1146 平方米、场内西边设司令台、两侧设 12—14 级看台、场内能容纳上万人的 400 米标准半圆式田径场，2002 年 10 月交付使用。2006 年 2 月，投资 4500 万元，在 400 米标准田径运动场东面建造一座占地面积 19607 平方米、建筑面积 12320 平方米、馆内设固定座位 2021 个、可用于篮球、排球、羽毛球、乒乓球、手球等项目比赛和训练，各项设备较为齐全的多功能体育馆。

图 26-4-1 云和县体育馆(县体育局提供)

图 26-4-2 县体育田径场(县体育局提供)

学校体育设施 全县 7 所县城学校共建成 400 米跑道的操场 2 个、300 米 3 个、200 米 2 个，其中塑胶场地 6 个，体育馆 6 个；篮球场 34 个(县城学校)，面积 20758 平方米。

社区、农村体育设施 覆盖率逐步提高，300人以上的行政村全部完成体育设施进村，共建有篮球场90个、门球场12个（其中人工草坪8片），气排球场9个（其中塑胶场地9个、球馆3个），健身路径120条，文体活动室136个，体育小康村占全部行政村的60%以上。

第三节 体育彩票

销售网点

云和县现已有6个体育彩票销售网点，最早2个在2000年5月20日开始销售的80061（网点编号）百货商场、80062云城商店。2006年8月，在县城增加个销售网点80060红光路56号、80063中山街366号。2007年4月，增加2个销售网点80064新华街、80065解放街。

销售情况

2001年，体育彩票的销售额是80.99万元。2002年，体育彩票销售额是17.63万元。2003年，体育彩票的销售额是20.39万元。2004年，体育彩票的销售额是23.44万元。2005年，体育彩票的销售额是50.97万元。2006年，体育彩票的销售额是63.4万元。2007年，体育彩票的销售额是85.46万元。2008年，体育彩票的销售额是627.58万元。2009年，体育彩票的销售额是753.56万元。2010年体育彩票的销售额是1171.3万元。

第四节 机构与队伍

1988年，县教体局撤销后，建立县体育运动委员会，内设1个办公室。

1996年10月，体育运动委员会更名为体育事业发展局，为县政府直属事业单位。内设机构：办公室竞训股、群体股。核定编制8名。县体育事业发展局组织实施《全民健身计划纲要》，制定和健全群众体育工作规章，指导、协调各系统、各行业各社会团体开展体育活动；组织参加上级运动会单项竞赛，加强全县业余训练的宏观管理和指导，培养选拔优秀竞技体育后备人才。归口管理体育市场，协同有关部门规划、协调体育设施建设布局；组织和指导体育宣传、科研和教育工作，培训体育干部和专业人才，建立具有较高素质的体育队伍。

2001年11月，根据《云和县党政机构改革方案》不再保留体育事业发展局。组建县文化体育广播电视局。2005年6月8日，设立县体育局，与县文化广电新闻出版局合署办公。下设云和县体育中心为体育局下属事业单位，负责承办各种体育活动；组织县本级运动会和参加上级运动会单项竞赛；对全县业余训练进行指导等。

1993—2010县体育局主要负责人名录表

表 26-4-2

党组书记	任职时间	局长(主任)	任职时间
任晓伶	2001.01—2005.12	高俊天	1993.07—1998.06
王雨杰	2005.12—2007.03	李石平	1998.06—2001.11
黄文龙	2007.04—2009.09	王雨杰	2001.11—2007.04
邱伟荣	2010.02—2010.12	黄文龙	2007.04—2010.01
—	—	邱伟荣	2010.02—2010.12

第二十七篇　旅　　游

旅游业是综合性服务行业，系新兴的朝阳产业。县域现代旅游业起步于20世纪末。1997年，云和县风景旅游局成立。2000年，编制完成《云和县风景旅游发展总体规划》；与杭州宋城集团签约，开发仙宫湖旅游度假区赤石景区；举办首届中国木制玩具节。2002年，雾溪坪垟岗畲族风情文化村列入国家AA级旅游景区。2003年，完成全县旅游资源普查，奠定旅游业发展基础。2007年，设立狮山景区开发建设领导小组，以政府主导，市场运作的经营理念实施开发。2008年始，克服传统思维定势，着手策划打造浙西南休闲旅游基地，筹谋构建精致灵秀、亮点纷呈的童话休闲旅游城市。2010年，县委、县政府出台《关于加快旅游产业发展的若干意见》，进一步推进县域旅游产业的全面综合发展。童话休闲旅游城、云和湖、云和梯田等重点核心景区进入深度开发和提质升级阶段。1998年，全县旅游总收入仅500多万元。2010年，全县旅游产业总收入达2.48亿元。

第一章 旅游资源

云和全域地势西南高，东北低。生态建设成效显著，生态系统保持良好，山青水秀，景色宜人。全县共有旅游资源单体 164 个，其中，优良级旅游资源单体 19 个，普通级旅游资源单体 142 个，等外旅游资源单体 3 个。传统农业产业形成的农耕文化精品——云和梯田；传统特色工业产业木制玩具形成的“中国木制玩具城”品牌；在浙江第二大河瓯江兴建紧水滩、石塘、玉溪水库形成的烟波浩渺、风光旖旎的“云和湖”以及狮山、景德寺、王一卿故居等丰富的旅游资源，为县域旅游产业的全方位综合性开发，奠定较为厚实的资源基础；为全力打造，深度开发，提质升级“一城一湖一梯田”的核心精品精致游线，做精做强重点旅游项目，提升旅游经济质量提供广阔的前景。

旅游线路主要有秀山丽水游、畲族文化游、休闲养生游、红色文化游等。

云和的节庆旅游活动主要有：中国木制玩具节、云和梯田开犁节、畲族“三月三”、云和湖龙舟赛、“瓯江帆影”摄影节等。至 2010 年，已成功举办“中国木制玩具节”3 届；云和梯田开犁节 4 届。2008 年，云和县雾溪畲族乡被评为浙江省首批传统节日(畲族“三月三”)保护示范地。

第一节 自然景观

云和县系浙江西南部的山区县，大山多，平地、可耕地少。县域森林覆盖率达 80.4%，素有“九山半水半分田”之说。境内主要山脉为洞宫山和仙霞岭。地势西南高，东北低，地形复杂。群峰高耸，山峦叠翠，海拔 1000 米以上的中山 184 座；600—1000 米的低山 319 座。西南部的最高峰白鹤尖，海拔高达 1593.1 米。位于县境内北部的牛头山，海拔 1297 米，素有“牛头八面，可观处州十县”之说。县域东北部的双港、规溪等地，海拔仅 78 米。浙江第二大河瓯江由西南往东北蜿蜒荡漾于仙霞岭与洞宫山脉之间，将县域分割成南、北两大部分。紧水滩、石塘、玉溪水库的兴建，形成仙宫湖、龙庭湖、玉溪湖三大人工湖，进一步优化水域旅游开发的环境条件。

全县旅游资源单体类型较丰富，储量较集中，且旅游资源单体品质较好。2003 年，开展全县旅游资源普查，统计资料显示，全县共有旅游资源单体 164 个，其中，优良级旅游资源单体19 个，普通级旅游资源单体 142 个，等外旅游资源单体 3 个，分别占旅游资源单体总数的 11.6%、86.6%和 1.8%。

动植物资源较为丰富。境内有国家重点保护动物有14种，其中，一级保护动物4种：黄腹角雉、鼋、云豹、白鹳；二级保护动物10种：水獭、穿山甲、大鲵、草鸮、猕猴、短尾猴、大灵猫、白鹇、鸳鸯、小灵猫等。植物资源有189科、590属、1061种。属国家重点保护的植物有13种，其中，二级保护植物5种：钟萼木、香果树、银杏、鹅掌楸、长叶榧。三级保护植物8种：油杉、南方铁杉、短萼黄连、八角连、银钟树、黄山木兰、凹叶厚朴、红豆树。此外，矿产资源亦较为丰富，以萤石、叶蜡石等非金属矿为主，另有少量的铅、锌、银、钨、锡、铁、煤等矿藏。

第二节　人文景观

云和县古遗址、古建筑等人文景观比较丰富。古遗址有：位于紧水滩水库淹没区的宋、元、明代古窑址360余处。其时，窑床遍地，烟囱林立，曾是显赫一时的瓷器制作中心。1999年10月，在云和镇白獭山发现汉、明代古墓群，出土汉代双耳陶罐、仿轮青铜弩等文物17件；同时，出土三国时期的陶质堆塑五联魂瓶瓷甑及明代的一批珍贵文物。古建筑有：云和镇的尚书宫、王一卿故居、王氏宗祠、福仙宫、孝子坊、禅岩寺等。沙溪后山的景德寺、石塘镇的将军殿。紧水滩镇的魁星楼、插花殿、百岁坊等。近、现代的亭榭楼阁有：小顺正屏山周恩来纪念亭、抗日阵亡将士纪念碑、瓦窑黄绍竑公馆等。仙宫湖飞龙亭、蛟龙亭。狮山普仁寺、文殊塔、揽翠亭等。重要文物有：战国时期铸造的青铜剑；唐代铸就的青铜质禽兽葡萄镜；宋绍兴四年（1134）浇铸的大庆寺钟；清光绪十四年（太平天国时期）的兵器“太平天国大炮”等。

县域居民以汉族为主，占全县总人口的90%以上。畲族人口近万人，占全县总人口的8.67%，设有安溪、雾溪两个畲族乡。长期以来，广大民众在生产生活劳作中，形成的具有地方特色的农耕文化、畲族文化、船帮文化、木玩文化，诸如耕种、饲养、撑船、放排、建房、砌灶、饮食、起居、服饰、婚嫁、生育、寿庆、丧葬、宗教及琳琅满目、品类繁多的木制玩具，奠定较为厚实的民俗风情、娱乐观光旅游基础。中国木制玩具节、农家下田开犁节、畲族“三月三”等是较有代表性且具一定规模的节庆活动。

第三节　旅游景区

县域旅游资源相对丰富，拥有云和湖、云和梯田、坪垟岗畲族风情文化村等景区，但由于开发滞后等原因，截至2010年，全县只有坪垟岗畲族风情文化村被评为国家AA级旅游景区。

坪垟岗畲族风情文化村

位于雾溪畲族乡，距县城10千米。景区面积1.5平方千米，外围控制区域2平方千米，包括雷岗、兰岗、雾溪水库等。景区划分为六个功能区：入口区、湖面观光游览区、风情文化区、药

图 27-1-1 雾溪坪垟岗畲族风情文化村（县旅游局提供）

用植物观赏区、自然景观区、休闲度假区。主要景点有：畲家乐园、对歌台、仙石帽、牛大王、黄腹角雉、水盼、苦槠王等。主要文化活动有：畲族风情表演、畲族婚俗表演、畲族山民祭祖、畲族情侣对歌、畲族图腾展示、畲族文化参观、畲族服饰表演、畲族体育活动、畲族风情摄影等。主要接待设施有：演艺大厅、餐厅、棋牌室、停车场等。2000 年，被命名为"浙江省民间艺术家研究基地"。2002 年，被评为国家 AA 级旅游景区，系县域第一个国家级旅游景区；同年，被誉为"浙江绿谷•十佳旅游景点"。2005 年，被评为"丽水市摄影创作基地"。

云和湖

系瓯江流域的紧水滩、石塘、玉溪水电站建成后形成的仙宫湖（云和水域）、龙廷湖、玉溪湖（云和水域）的总称，20 世纪 80 年代初始陆续建成。构筑于原龙门乡紧水坑村的紧水滩水电站三心双曲线混凝土大坝，被誉为浙南第一坝。紧水滩水库蓄水形成的仙宫湖，水域面积最大。云和湖以狭长著称，湖长 90 千米，水域面积 50 多平方千米，平均水深 53 米，最宽湖面为 1800 米，总库容 14.91 亿立方米。云和湖内有库湾 31 个，"开心岛""聚仙岛""七星岛"等大小岛屿 16 个，为浙江省第二大人工湖。云和湖湖区周边有"夏洞天""龙眼洞""九潭十八湾"等自然景观；有"插花殿""魁星楼""慧云寺""蝉岩寺"等宗教寺院；有宋、元时代的瓷器窑址；有别具一格的汀州客家文化风情；有方山岭抗战遗迹和周恩来总理视察小顺铁工厂纪念碑等。1997 年，仙宫湖被列为省级森林公园。

云和梯田

位于崇头镇，核心区块距县城 20 余千米。最早开发于宋，兴于元、明，距今已有近千年历史。景区总面积 51 平方千米，海拔跨度 200—1400 米，垂直高度 1200 多米。梯田层级最多处达 700 多层，跨越高寒、高山、丘陵、谷地四个地质景观带，拥有梯田、云海、山村、竹海、溪流、瀑布、雾凇等自然景观。2007 年，县相关职能部门投入专项资金 20 万元，用于梯田生态保护，抛荒土地复垦，摄影采风基地建设。2010 年，投资 2000 万元开发云和梯田景区。完成下垟观景台区块管理用房主体工程和绿化工程；坑根通景公路拓宽改造、游客接待中心区块基础工程完成 65%。云和梯田自然气候景观独特，人文景观历史悠久，体量庞大，层级众多，曲线优美，气势恢宏，具有强大的震撼力，旅游开发前景广阔。

武岱峰

坐落于崇头镇崇头村附近，系集名胜、古迹、自然风光于一体的综合人文旅游地，海拔 850 米，总面积 5 平方千米。武岱峰景区历史悠久，据《云和县志》载，唐代僧人在此兴建武峰寺，香客游人不断。后该寺毁于战火，清代咸丰元年（1850）重建。武岱峰山坡陡峭，峡谷深邃，溪涧纵横，怪石嶙峋。有岩下绝壁、稻草砻山、和尚背尼姑、将军桥、武峰寺、鬼洞岩、天鹅孵蛋、青蛙石、佛帽岩、大水牛等景点。民间相传，在战乱年代，外族入侵，百姓遭灾。武峰寺和尚与距武峰寺北面不远的尼姑庵尼姑奋起抵战，保卫家园，保护百姓。他们要爬到寺院对面的一座陡峭高山，以占据有利地形。由于地势险峻，尼姑小脚上山不易，和尚们就主动背尼姑上山。后来和尚、尼姑与当地山民团结一致，打退了入侵者。人们纪念他们的功德，将武岱峰对面的象形山石，命名为“和尚背尼姑”。1999 年，武岱峰被县人民政府列为首批县级风景名胜区。

叮当岩　佛儿岩

位于安溪畲族乡境内，距县城 10 千米，距雾溪、安溪乡政府 3 千米许，与雾溪乡的“坪垟岗江南畲族风情文化村”毗邻。该区域东坡为翠绿的毛竹林，西坡为针阔混交林，竹林、树丛间掩藏着许多岩石群。景区面积 5 平方千米，东西宽 2500 米，南北宽 2000 米，最高海拔 785 米，相对高度 550 米。景区岩石群分布在佛儿岩山山脊和山坡两侧，群体相拥相抱，个体突兀竖立，有独峰、叠石、堆石、裂缝等，形态各异。已开发的景点有叮当岩、佛儿岩、天窗洞、百丈岩、一线天、天水窟等。叮当岩系上下两块各自独立的巨石相迭，三点支撑，轻撬其中一个支点或推动，会发出咚隆咚隆声响，故谓之叮当岩。一线天为岩体不规则开裂之裂缝，裂缝宽约 80 厘米，顶部合拢仅见一丝光线，故名一线天。百丈岩体量大，岩面 1270 平方米，垂直 90 度，立面如切。佛儿岩位于山脊线上，石林矗立，高低相间，神工鬼斧，错落有致，酷似群神欢聚，仙佛相会，潇洒飘逸。旧志载:“佛儿岩在县西二十里，上有石卓然乔耸，佛髻宛然。明徐应亨诗‘雾溪山控佛儿岩’是也”。天窗洞则为堆石洞，位于山脊尾部山巅处，由数石堆积而成，其中，三石堆砌成一高 2 米，宽 1.5 米，深 2 米的天然六角窗洞，形如悬空天镜，可与缙云仙都“仙女照镜”相媲美。叮当岩—佛儿岩景区，东坡为翠绿的毛竹林，西坡为针阔混交林，竹林、树丛间掩藏着许多岩石群。

瓯江帆影

系旅游摄影绘画创作基地。位于龙庭湖小顺、局村山潭、石浦等水域，全长约 15 千米。石塘水库沿库公路直达，交通便捷。原有小渔舟 5 条，后新造帆船 7 艘，购置渔网 5 具。2005 年 6 月，正式开始接待专业摄影团队和摄影爱好者。瓯江帆影摄影创作基地水面辽阔，水体明净，青山滴翠，湖光潋滟。龙庭湖面的波光、斜阳、帆舟、水鸟、木排、竹筏……周围的群山、峡谷、田野、农舍、古树、炊烟……构成一幅幅层次分明、清丽秀逸、令人心旷神怡的水域风光和田园风光，实乃摄影家们不可多得的艺术创作培训场所。摄影创作基地四季皆宜，不同季节，不同时段，景色各不相同。冬季是拍摄云和湖水雾帆影的最佳时期。在寒冬季节的清晨，层层浓雾笼罩在湖面上，远看似云海般，朦朦胧胧、烟波浩渺；泛舟其中，若隐若现，别具韵味。

梅湾村

距县城 11 千米，为云坛乡所辖的行政村。系中共云和县第一个农村地下支部的诞生地。1936 年，粟裕、刘英领导的中国工农红军挺进师进入浙西南，云和县成为红军挺进师的游击区。挺进师第三纵队两个支队和第五纵队第十三支队曾两度进驻梅湾。他们在梅湾村贴标语、斗地主、分田地，发动农民群众开展武装斗争。1938 年 1 月，中共浙南特委组建中共云和县特别支部。中共云和县特别支部党员吕克仁、陈怀白等在梅湾、陈村一带先后吸收毛志明、毛呈文、陈江海、毛呈武入党。1938 年 8 月，经中共云和县特别支部批准，中共云和县第一个农村支部在梅湾村成立，吕克仁担任党支部书记。之后，梅湾支部相继发展毛成彬、毛登森、王世尧等人入党。在党支部的领导下，进一步发展组织，发动民众，建立农会。推行"二五"减租，开展"平粜"斗争，全县农村革命斗争力量不断扩大。

2001 年，梅湾村被列为县级爱国主义教育基地。2004 年，中共云和县委将梅湾列为云和县最早建立农村党支部的纪念地，并设立纪念碑。2005 年，县相关职能部门将梅湾村作为全县首个红色之旅景点培育，全年共接待 1000 余人，旅游收入 2 万多元。2009 年，梅湾村将党史陈列室从旧址迁至新建的毛氏宗祠，建立面积为 120 平方米的红色革命纪念馆——中国工农红军挺进师斗争史梅湾纪念馆，馆内存有中国工农红军挺进师斗争史和中共云和县梅湾支部发展史等珍贵史料。

仙姑岩

位于云坛乡沈村村西面的仙姑岩山，距县城 13 千米，海拔 550 米。仙姑岩周围峭壁岩石由花岗岩和白垩纪凝灰岩组成，瀑布的形成与地质断裂构造有关。仙姑岩瀑布是峭壁高处坠落的悬瀑，瀑布面东，落差约 40 米，绝壁宽 50 余米，瀑顶出水处凌空外伸约 3 米，瀑口宽约 3 米，水帘凌空而下。瀑布后有一天然岩穴，面积 20 余平方米。旁边设一小庙，名曰仙姑娘娘庙。瀑布下落处有一石径，游人欲进仙姑庙，必经其下。由于瀑布从高处挂落，受山风或气流影响，忽左忽右，忽前忽后，形成一急一缓的特殊景观。水急时瀑布远抛路外，行人可乘机一跃而过，丝毫不被落水沾淋；水缓时向内漂移，瀑流倾泻路中，行人避之不及，往往被淋成"落汤鸡"。故民间有此传说，当游人香客行走至瀑布下方时，要高声大喊"仙娘借路"，边喊边趁瀑布外抛时迅速穿过，以免淋湿。仙姑岩由于岩穴小庙内供奉马仙娘而得名。相传仙娘沈姓，岩下沈村村人，幼慧通灵，死后常显灵异，不时现身山巅，当地人因此建庙祭祀。据传，仙姑岩下曾有名曰"溜冰精舍"的古建筑，为明弘治十八年(1505)进士、武昌知府、兵部郎官、山东按察副使御史沈谏的读书处，可惜坍塌已久，旧痕莫辨。

夏洞天

位于赤石乡麻垟村附近。景区范围内林木茂盛，植被覆盖率达 90%以上，水土流失少，生态基础好。环境清幽，水流清澈，水体清凉，水质达国家Ⅰ类标准，为县域最佳风景名胜区之一。主要景点为柳姑潭瀑布和双格井瀑布。柳姑潭瀑布由上、下两级组成，落差共 30.8 米，水量最大时宽度可达 8 米。瀑布水流直落柳姑潭，潭深 2 米，面积 80 平方米。双格井瀑布为一条悬瀑，落差 29.5 米。瀑布水流经上、下两个水潭，上水潭面积 40 平方米，下水潭面积 60 平方米，水潭两侧绝壁高约 60 余米。因水潭形状似井，"双格井"因而得名。夏洞天飞瀑周围的岩石系青灰色花岗岩，石质坚硬，长期在水流的冲蚀下被磨圆发光。夏洞天瀑布常年有水，四季水量变化不大，是较理想的避暑纳凉之地。每年的春、夏多雨季节，是观赏瀑布的最佳时机。

慧云寺

慧云寺坐落于云和镇局村溪口对岸，又称慧云讲寺。前身为始建于清康熙年间的景莲堂，距今已有300多年历史。慧云寺后靠枕鹰山，相传古时偶有数只老鹰相聚鹰石岩“密聊禅机”，故在此置寺庙，设香火。慧云寺三面环山，一面临水，群山相拥，绿树掩映，幽雅清静，远离喧嚣，是香客朝觐、游客观光的“佛教圣地”。1993年，经宗教部门审核批复的景莲堂占地面积只有60多平方米。2001年6月，云和民间以陈云娟女士为代表的少数虔诚的佛教人士，多方筹集资金，征地破土动工兴建慧云寺。2005年，建成新大殿和僧寮。2007年11月，慧云寺大雄宝殿落成开光，寺院香火一直鼎盛。

景德寺

位于云和镇后山村，系县域历史较为悠久的佛教寺庙之一，占地面积305平方米。景德寺始建于唐代大中元年(847)，元至大二年(1309)重修，清代重建，庙门“景德寺”题刻为宋代文墨。寺庙坐北朝南，面向公路，其余三面为民居。总体布局为二进二厢房一天井，分为前殿、正殿、后殿，两侧各有一厢房。屋面为竭山式硬山顶，阴阳合瓦铺盖。寺庙正殿为大雄宝殿，殿堂屋架为双步檐，前后四柱。内供观音菩萨、十八罗汉像。现存石质香炉一鼎、水缸一只，均系唐代物件。后殿为地藏宝殿，其右侧有一柘乡义渡碑，青石质，立于清乾隆三十年(1765)，碑高1.83米，宽0.78米，厚0.15米。

王一卿故居

王一卿(1526—1588)，字怀彬，云和城内人。明嘉靖四十年(1561)应天乡试举人，初授凤阳县令，后改任刑部主事。万历四年(1576)出任广西按察使兵巡道。万历六年(1578)，兼任云南按察使兵巡道。其故居位于县城解放街关庙巷内，为县级文物保护单位。王一卿故居建于明代万历十五年(1587)，坐北朝南。总体布局为一进三开间，由正门、山门、天井、厢房、偏房、两侧走廊组成。建筑面积194平方米，面宽9.1米，进深10.5米。故居山门坐东朝西，上有匾额，镌刻“云广兵巡”四字。故居为方砖砌地面，穿斗式梁架，屋面小青瓦阴阳全铺，硬山顶，工艺精巧，明代江南古建筑特色鲜明，堪称古民居典范。

第四节　旅游线路

秀山丽水游

摄影景点的精心选取和精巧布设，吸引众多摄影爱好者慕名而来，从事摄影采风活动。这不仅扩大云和的知名度，也推动县域旅游业的发展。

县域摄影采风游线可分为一日游和二日游。一日游安排是：上午云和县城接团，前往梅源梯田、周边乡村、江南畲族风情文化村等地拍摄。下午，前往木制玩具城、紧水滩石浦、局村山潭、石塘小顺等地拍摄木制玩具、渔家风情、瓯江帆影等。

二日游的线路是：第一天上午，导游在本地接团，带领游客前往香炉尖拍摄云海，然后至坪垟岗拍摄畲族文化风情和畲家自然风光。下午，前往木制玩具城、云和湖瓯江帆影等地拍摄。晚上，乘帆船夜游云和湖，体验风光旖旎的云和湖夜景。次日早晨，前往崇头镇拍摄梅源梯田、山野农家、黄源雾凇等乡村自然风光。下午，前往拍摄石浦古民居、库区网箱养殖水域、云和湖夕阳西下等景观。

图 27-1-2 紧水滩水库网箱捕鱼（1998 年摄 县旅游局提供）

畲族文化游

县境内畲族人口占全县总人口的 8.67%，设有雾溪、安溪两个畲族乡，畲乡文化旅游资源较为丰富。

畲族民俗风情游的重点是游览江南畲族风情文化村，文化村位于雾溪畲族乡坪垟岗，距县城 10 千米许。景区面积 1.5 平方千米，外围控制范围达 2 平方千米，包括雷岗、兰岗、雾溪水库、佛儿岩、叮当岩等。划分为六个功能区：入口区、湖面观光游览区、风情文化区、药用植物观赏区、自然景观区、休闲度假区。主要景点有畲家乐园、对歌台、仙石帽、牛大王、水盼、苦槠王等；文化活动方式有畲族风情表演、畲族婚俗表演、畲族服饰展示、畲民祭祀风俗、畲民生活习俗、畲族山歌对唱、畲族图腾展示等。2000 年，被命名为“浙江省民间艺术家研究基地”。2002 年，被评为国家 AA 级旅游区（点）。同年，被誉为“浙江绿谷•十佳旅游景点”。2005 年，被评为“丽水市摄影创作基地”。

休闲养生游

云和县区域性生态系统建设成效显著。2003 年，生态示范区建设取得阶段性成效，顺利通过国家环保部正式验收。2005 年，县域生态环境质量名列全国 2348 个县（市、区）第 10 位。2009 年，被省人民政府命名为省级生态县。县内山清水秀，空气清新，是宜居休闲养生旅游的理想之地。

“一城一湖一梯田”是云和的重点旅游项目。游客可慢节奏地悠闲地游览中国木制玩具城，参观玩具智慧园或玩具企业，观赏琳琅满目的玩具工艺品，考察玩具产品制作工艺、流程等。可前往云和湖畔，或荡舟湖中，观赏体验渔家风情，湖面垂钓，网箱养殖，渔歌唱晚（撒网），瓯江帆影等。可前往梅源梯田，游览体量庞大，层级众多，四季景色各不相同的中国最美梯田，尽情体验传统农耕生活和山里农家风俗。

红色文化游

截至 2010 年，县域培育的红色旅游景点有两个。一是小顺爱国主义教育基地。抗战时期，周恩来曾亲临浙江铁工厂（小顺）视察，并发表演讲。这是借助抗战文化底蕴开发的红色景点，旅游设施相对完善。二是云坛乡梅湾村。该村是中华人民共和国成立前云和县第一个中共农村支部的诞生地，粟裕等领导的红军挺进师曾在这一带活动过。

第五节　节庆旅游

中国木制玩具节

2000 年 11 月 5 日至 7 日，由中国工艺美术学会、中国轻工业信息中心、云和县人民政府共同主办的首届“中国木制玩具节”隆重举行。这是当时国内举办的最具规模、最具权威的大型木制玩具节，也是云和县有史以来举办的规模最大、规格最高、最具影响力的节庆活动。全国政协委员、国务院稽查特派员、原国家轻工总会副会长傅立明、省人大常委会副主任斯大孝、省人民政府副省长叶荣宝、省政协副主席龙安定、中国工艺美术学会秘书长李锦璐、中国轻工业信息中心主任李红光、中共丽水市委书记丁耀民等领导应邀参加。

节庆期间，举办气势恢宏的开幕式，大型文艺踩街活动，数万群众游客观看这一节庆盛况。同时，举行云和县人民政府新闻发布会暨合作项目签约仪式，木制玩具发展趋势报告会，全国“十佳木制玩具企业”颁奖仪式，“大红鹰之夜”文艺晚会和焰火晚会等诸多活动。组织来宾考察木制玩具企业和特色工业园区、畲族文化风情等旅游项目。在县城新建路开辟玩具一条街精品展示，来自国内外 120 多个厂家的玩具精品参与交流展销。

通过节庆活动，取得丰硕成果。拓宽了山区小县对外开放的渠道，搭建了对外经济文化交流与合作的平台，打响了云和木制玩具品牌，提高了中国木制玩具城知名度。节庆期间，与中外客商共签订投资合作项目 8 个，涉及木制玩具、旅游开发、水电开发、轴承产品等领域，项目投资总额达 4.07 亿元。

2003 年 11 月 11—13 日，第二届中国木制玩具节在云和县中国木制玩具城举行。全国人大常委会委员、中国轻工业联合会会长陈士能，省人大常委会副主任叶荣宝，市委书记、市人大常委会主任楼阳生，中国轻工业信息中心主任李红光，省供销社主任俞仲达、市委副书记施基城，市委常委、宣传部长虞红鸣，市人大常委会副主任贾若忠，市政府副市长叶朝丐等领导出席开幕式并参观产品展销会。

节庆期间，举行盛大的文艺踩街活动，由县机关部门、社区、学校、农村、幼儿园等组成 21 个方队，节目充分展示云和人民勤劳智慧、勇于拼搏、勇于创新的精神风采，沿街数万群众观看这一盛况。同时，举行新闻发布会暨合作项目签约仪式，组织打造木制玩具先进制造业基地论坛，在广州、东莞、云和三地举办玩具产业发展研讨会，组织来宾考察木制玩具企业，参观坪阳岗江南畲族风情文化村等。第二届玩具节期间，县内参展企业与国内外客商达成投资和贸易总额约为 3.33 亿元。

此后，县委、县政府又于 2007 年 10 月 31 日至 11 月 3 日，举办第三届中国木制玩具节。通过历届玩具节的举办，既推进地方特色工业的发展，又促进县域旅游产业的发展，可谓一举两得。

云和梯田开犁节

云和梯田开犁节是云和县梅源山区农民在芒种季节下田犁田播种的地方传统农耕民俗。2007年6月，在崇头镇举办第一届梅源梯田开犁节。开犁节设置有一套较为完整、固定的活动程序，包括鸣腊筝、吼开山号子、芒种犒牛、祭神田分红肉、鸣礼炮、开犁、山歌对唱等，涵盖祭神、祈福、感恩和吉庆等传统民俗，集中展示传统农耕技艺、民间艺术和民风习俗，体现崇尚自然，追求“天人合一”的传统文化核心思想。省、市、县20多位领导干部参加此次活动，吸引来自5个国家(地区)的2000多名摄影爱好者前来摄影采风。梅源梯田也因此被评为市级摄影基地。

图27-1-3 2007年，云和梯田开犁节(县旅游局提供)

2010年6月6日，第四届云和梯田开犁节，在崇头镇隆重开幕。原国家旅游局国际司司长李汉本、国家工商总局消费者权益保护局副局长李振成、央视辉煌动画公司总经理周凤英、省政府副秘书长汪瀚、省民宗委主任鲍钢、省残联副理事长吴一农、省摄影家协会主席吴品禾、省摄影家协会常务副主席兼秘书长周润三、省旅游局信息中心主任汪成设，市领导陈建波、齐育华，县领导任淑女、李华、符香环、陈立新、胡惠民及中央、省、市媒体记者和全国各地的摄影爱好者参加开幕式。开犁节活动的举办，吸引了大批国内外游客和摄影爱好者，中央电视台，省电视台，国内外知名刊物先后做了报道，云和梯田的知名度、美誉度不断提升。中共云和县委十二届七次全会把云和梯田建设定位为“中国最美的梯田观光基地”，加快了云和梯田的深度开发和景区完善升级步伐。

“畲族三月三”

云和素有“处州小凤凰”之称，重大自然灾害不多，人居环境和谐包容。自南宋淳祐年间第一支福建畲民迁居云和，至今已有700多年历史。“畲族三月三”是畲族最隆重、规模最大、内容最丰富的传统民族祭祀庆典活动，全方位展示畲族的宗教文化、歌舞文化、饮食文化、体育文化、服饰文化等民族文化形态，具有独特的民族民间艺术特征和民俗文化魅力。2008年4月7日(农历三月三)，成功举办畲族“三月三”风情节暨“江南畲族风情文化村”开村典礼，丽水市委、市人大、市政协领导及县委、县政府主要领导亲临现场观看专场“畲族歌舞”表演。县委书记虞红鸣在会上将“江南畲族风情文化村”的匾牌授予雾溪乡党委并做讲话。畲族“三月三”活动招徕各地游客2000余人。“畲民祭祖”“樟树亲娘”“婚俗表演”等活动给游客留下深刻印象。同年12月，浙江省文联命名江南畲族风情文化村为“浙江省民间文艺家协会研究基地”。2008年，云和县雾溪畲族乡被评为浙江省首批传统节日(畲族“三月三”)保护示范地。

云和湖龙舟赛

系端午节期间举行的民间水上体育赛事，不定期举办。县域龙舟比赛的地点设于云和湖局村山潭景区。山潭景区总面积约3平方千米，水域开阔，水势稳定，环境优美，周围有蝉岩寺、石镜山、蜡烛山等景观，是举办水上赛事的理想场所。赛事开始，鼓乐齐鸣，万众簇拥，欢声雷动，场面极为壮观。

在云和湖未形成之前，瓯江水流时急时缓，水势不稳。受自然河道制约，以往的龙舟赛只能采用小竹排或小帆船，用稻秆扎成龙头和龙尾，划手只有6人左右，规模较小。云和湖形成后，平稳开阔的水域给举办规模较大的龙舟赛提供有利条件。1999年，县有关部门在局村山潭景区平整场地3万平方米，作为赛事观赏平台。购置了四条符合国际标准的龙舟。由县人民政府和丽水市旅游局联手举办"上游杯"仙宫湖龙舟赛，影响较大。2000年，浙江省第四届农运会龙舟赛选在云和局村举行。同时，举办龙舟摄影赛、文艺演出、焰火晚会等，规模隆重宏大。招徕数万名民众和游客前来观赏，推动云和湖水域旅游业的发展。

尝新节（新米节）

云和百姓除过春节、元宵节、清明节、端午节、中秋节等传统节日外，还会过立夏节（吃立夏羹）、尝新节、七月半（吃米糕）、冬至节（吃麻糍）等。"尝新节"俗称"尝新米"。每年农历五月"卯"日，六月"辰"日为新米节，要祭祀"谷神"，意在谷神保佑，新谷登场，庆贺丰收。后来，逐步演变为何日新谷收成，煮新米饭，招待亲友客人，就算"尝新节"。新米饭一般要请长辈先尝，米汤先给牛喝，以慰藉牛的耕作之劳。民间歌曰："冬日间日日娶亲，夏日来日日尝新"。据传，新米节时，新婚媳妇要回娘家，邀请娘家长辈来自家尝新。娘家人到得越多，说明新媳妇越体面风光。倘若过节时，新谷尚未成熟，可用陈米煮饭，然后在米饭上插上三株谷穗，以示尝新。尝新节和"丰收节"相类相似，只是家家户户分开过，所以场面不大，也不闹热。

第二章　旅游开发

2000年，编制出台《云和县2000—2020年风景旅游发展总体规划》。2002年，编制完成《云和湖旅游项目总体规划（2002—2010年）》和《云和县生态旅游建设总体规划》。2003年，依据国家《旅游资源分类、调查与评价》标准，对县域旅游资源开展全面普查，查清全县旅游资源单体164个。

2000年，县人民政府与宋城集团正式签约，出让云和湖赤石区块土地263公顷，用于库区旅游开发。2002年，杭州宋城集团投资2.5亿元，着手云和湖度假区赤石景区的规划建设。2005年始，引导发展乡村生态旅游，"农家乐"旅游产业逐步兴起。截至2010年，全县已有"农家乐"83家。投入资金1228万元，接待游客32.1万人，"农家乐"经营收入1639.8万元。

第一节 旅游规划

1998 年 6 月，县旅游局着手编制旅游事业发展规划。2000 年，编制完成《云和县 2000—2020 年风景旅游发展总体规划》。2002 年，编制出台《云和湖旅游项目总体规划(2002—2010 年)》和《云和县生态旅游建设总体规划》。2004 年，配合县建设部门编制完成《狮山县级风景名胜区总体规划》。2006 年，加大云和湖水域旅游开发力度，先后编制完成《云和县旅游发展规划》《云和湖旅游开发规划》《云和湖旅游度假区基地规划》《云和小顺钓鱼岛度假区规划》《云和县狮山公园区块详细规划》《云和县三望潭景观休闲带修建性规划》《云和湖夜游项目整体运营策划》。2008 年，编制完成《云和县乡村旅游(农家乐)发展规划》《云和湖度假区小顺景区控制性详细规划》和《云和县狮山景区修建性详细规划》。2010 年，编制完成《云和县“十二五”旅游发展规划》；制作出台《关于加快旅游产业发展的若干意见》；研究制定《云和县旅游业发展三年行动计划(2010—2012)》。

图 27-2-1 2010 年 3 月，市委常委、宣传部部长陈建波(中)在县长李华(右)、狮山景区开发领导小组组长涂晓明(左)等陪同下考察狮山(王谋广摄)

第二节 资源普查

2003 年，县风景旅游局根据省、市政府和旅游管理部门要求，组织力量开展旅游资源普查工作。普查工作分为 4 个阶段，即业务培训阶段(2003 年 7 月 1 日至8 月 15 日)、实地普查及技术指导阶段 (2003 年 8 月 15 日至 9 月 30 日)、普查资料审核阶段(2003 年 10 月 8 日至 11 月 7 日)和成果统计编制阶段(2003 年 11 月 8 日至2004 年 12 月底)。旅游资源普查严格按照国家质量监督检验检疫总局 2003 年 2 月颁发的中华人民共和国《旅游资源分类、调查与评价》(GB/T 18972—2003) 标准执行，注重利用与旅游资源相关的各种资料和成果，同时，对县域旅游资源单体逐个进行实地调

图 27-2-2 2007 年 6 月，县旅游局组织人员到云和湖赤石度假区调研(县旅游局提供)

查、核实，对照《旅游资源分类、调查与评价》标准，确定旅游资源的类型、性质、级别和保护范围。

通过覆盖全县的旅游资源普查，明确县域旅游资源单体为164个。类型涵盖国家标准中的全部主类（8个）；31个亚类中涉及21个，占亚类总数的67.74%；155个基本类型中涉及53个，占基本类型总数的34.2 %。从级别分，五级旅游资源单体1个、四级旅游资源单体2个、三级旅游资源单体16个、二级旅游资源单体65个、一级旅游资源单体77个、等外旅游资源单体3个。旅游普查结果表明，全县旅游资源类型较为齐全，旅游资源品质较高，旅游开发前景良好。

第三节　招商引资

2000年，县人民政府与杭州宋城集团正式签约，出让云和湖赤石区块土地263公顷，用于水域旅游开发，出让时限为70年。2002年，杭州宋城集团拟投资2.5亿元，着手规划建设云和湖赤石度假区。景区拟规划设置五星级酒店、酒店式公寓、康体中心、垂钓园、生态疗养院、民俗体验园、开心岛会所、帆影摄影创作基地、七星岛娱乐城等项目，集休闲度假、商务会议、旅居融合和观光旅游于一身。2005年，县相关部门以投资三星级酒店建设为招商项目，同时，出台分期奖励投资者2000万元人民币等优惠政策。同年10月，星级酒店项目挂牌成功，投资方组织施工人员进场着手工程基础建设。是年，丽水籍商人吴永健投资开发石塘镇小顺村正屏山，取名“钓鱼休闲岛”，拟规划建成集休闲、养生、度假、娱乐于一体的综合性多功能生态旅游基地。截至2008年，该项目已投入资金2700万元。后由于建设资金短缺问题，“钓鱼休闲岛”工程停止施工，项目处于搁置状态。

第四节　兴办“农家乐”

2005年，县委、县政府拓展农村经济发展渠道，提出打造浙西南旅游休闲基地的构想，大力发展以观赏田园风情为主的乡村生态旅游。石塘镇小顺村、云和镇大坪村、赤石乡渔家码头等“农家乐”“渔家乐”办得较有特色。小顺村“两委”根据县旅游部门和石塘镇的要求，以周恩来视察小顺铁工厂的史实为背景，凭借田园风情和库区风光优势，着力打造以红色旅游为主体的乡村综合旅游项目。同年10月，小顺村首批9家“农家乐”挂牌营业，分别以农历二十四节气命名，诸如“谷雨人家”

图27-2-3　小顺村农家乐“谷雨人家”为游客做麻糍（县旅游局提供）

“立秋问渔”“白露泛舟”“大雪寻梅”等，乡土气息浓郁，饶有情趣。2006 年，小顺村农家乐收入高达 60 余万元；被评为丽水市“农家乐特色村”。2007 年，被评为“浙江省农家乐特色村”。小顺村农家乐旅游经济的发展，推动全县乡村旅游业的兴起，从业队伍不断扩大。2007 年，全县有“农家乐”53 家，餐位 2600 个，床位 50 张，直接从业人员 194 人。截至 2010 年，全县有农家乐 83 家，其中，四星级 2 家，三星级 24 家，二星级 32 家，一星级 25 家。农家乐经营户累计投入资金 1228 万元，接待游客 32.1 万人，“农家乐”旅游收入为 1639.8 万元。建成省级农家乐特色村 2 个，市级农家乐特色村 1 个。

第三章 旅游设施

丽龙高速公路的开通，县内景区交通设施的改善，优化了县域旅游的交通条件。2000 年以来，县人民政府逐步增加旅游投入，改善优化景区旅游基础设施。宾馆饭店主要有云和大酒店、云泰商务大酒店、云和湖大酒店等 3 家。县城的旅游设施主要有狮山景区、江滨公园、木制玩具智慧园和抗战时期瓦窑村国民党省政府遗址等。

第一节 旅游交通

1998 年 12 月，县移开办投资 5 万元，建设赤石开心岛旅游专用码头。同时，开通丽浦线垟田至码头长 200 米，宽 3 米的进岛道路。2001 年 9 月，全长 5.25 千米的 53 省道云和县城过境公路路面改造工程动工，同年 12 月底完工。2002 年 11 月通过质量鉴定验收。2004 年，雾溪乡政府所在地大岗至坪垟岗畲族风情文化村的准四级公路建成，全长 2.9 千米。2006 年底，丽水至龙泉的高速公路建成通车。交通条件的明显改善，奠定旅游业的发展基础。2006 年 10 月，云和县恒通汽车运输有限公司成立，开始经营旅游客运业务。2008 年 12 月，“云和县瓯江老艄公旅游有限公司”上牌营业，开辟云和湖水上交通旅游线路。2010 年，通往仙宫景区的旅游公路局村至龙门段开展文明公路创建活动，优化旅游交通环境。

第二节 宾馆饭店

云和大酒店

位于县城府前路 8 号，是一家集住宿、餐饮、会议、康乐为一体的二星级旅游饭店。2000

年开业，主楼高12层，占地面积5441平方米，建筑面积7017平方米。酒店拥有各式客房、豪华餐饮包厢及多功能会议室。有能容纳500人用餐的宴会大厅2个，能同时容纳1000人就餐。此外，还拥有可停放50辆车的大型停车场。

云泰商务大酒店

位于县城中山街44号，地理位置优越，环境优美，交通、购物便捷。拥有大型停车场，可免费停放30多辆小车。酒店客房装修别致，布置新颖，富有个性。房间配有分体式空调、宽带接口、电脑、迷你吧等服务。餐厅装潢考究、环境幽雅、古色古香，有大小包厢15个及就餐大厅，可同时容纳400多人就餐。配备小型会议室。云泰商务大酒店是集住宿、餐饮、娱乐、会务等服务为一体的商务型酒店。

图27-3-1　云泰商务大酒店（县旅游局提供）

云和湖大酒店

位于云和县城东路111号，浮云溪公园旁，交通十分便利。云和湖大酒店于2007年开业，是一家按高星级标准投资兴建的集住宿、餐饮、会务于一身的多功能商务型酒店。酒店外观设计新颖别致，内部装潢高雅考究。酒店拥有不同档次、类型的客房，房内大都配有电脑，便于上网。酒店餐厅可同时容纳400余人就餐，包厢高档、舒适、是您宴请、聚会的最佳选择。酒店配置可供30—60人参会的中小型会议室，服务设施设备齐全完善。

第三节　县城旅游设施

云和县城旅游资源相对贫乏，至2010年，县城旅游设施主要有狮山、瓦窑抗战文化遗址和工业园区玩具智慧园等。

图27-3-2　2009年5月，浙江佛教协会副会长、杭州市佛教协会会长、杭州天竺寺住持性一和尚一行到狮山考察（王瑞龙摄）

狮山景区

位于县城东面2.5千米处，系集森林、溪流、名胜古迹为一体的自然人文旅游胜地。狮山属白垩纪陆相沉积形成砂砾岩构成的丹霞地貌。北面为悬崖峭壁，南面为低丘缓坡，海拔182.81米，相对高度41.27米。景区生态基础良好，植被覆盖率在95%以上。树木以常绿阔叶林为主，有香樟、苦槠、青栎、女贞、麻枥、木荷、马尾松等树种。林木繁茂，枝叶扶疏。狮山西面有安溪木樨花小溪相拥，北面有浮云溪环绕，景色秀丽，环境清幽。因该山形状酷似蹲伏之狮，欲腾跃而起，故谓之狮山。又因狮山与北边的象山遥遥相对，同为云和县城的门户，因此，民间亦有“狮象守大门”之说。狮山历史人文底蕴颇为厚重，有普仁寺（建于公元958年）、培峰亭、文明阁、登云梯、狮乳泉、摩崖石刻、“望翠峰”碑等景观。一些文人墨客雅士曾游历于此，留下摩崖和行迹。据传，曾落脚云和的五台山大和尚道通去杭州拜见北宋著名文学家苏轼（时任杭州太守），聊起狮山滴淌乳白色水体的泉眼。苏轼闻之欣然挥书“喷雪”两字，交于道通。道通返云后，就将“喷雪”二字刻在“狮乳泉”上方。“狮乳泉”则为乾隆庚子年（1780）普仁寺住持赠来方丈命名。明朝开国元勋刘基，字伯温，被封为诚意伯，青田南田（现属文成）人，曾游历云和狮山。撰有诗歌和散文，诗歌名为《晚同方舟上人登狮子岩》，被收入《诚意伯集》。吟颂狮山的诗歌还有柳凤翔的《上界钟声荡作风》和魏文瀛的《狮顶登临眼界空》等。游记有清代王树英的《狮乳泉记》、窦铨的《文明阁暨揽翠亭记》、沈灿的《游狮山培峰亭记》等。清末云和名士魏兰等曾数度游览狮山。抗战时期，国民省政府迁址云和，社会贤达名流冯雪峰、余绍宋、杭苇、施平、陈屺怀、张劲夫、唐文粹、薛暮桥、陈怀白、俞子夷、吴逸亭、潘天寿等，都曾在狮山留下踪迹。建国中学（杭高前身）就设立于狮山。国民党浙江省主席黄绍竑的《五十年回忆》，就在狮山东麓睦田村的《东南日报》印刷厂印刷。1999年，狮山被首批列入县级风景名胜区，年接待量约4万人次。2007年，县政府成立狮山景区建设领导小组，设立景区开发办公室，对狮山进行整体规划，重新布局，拟以政府主导、市场运作的方式实施深度开发。2010年，狮山景区开发工程正在按规划分阶段逐步实施。

玩具童话世界——智慧园

2009年国庆期间开始试运行，同年10月底正式对外营业。智慧园主要由综艺乐园、体验区、益智乐园、创意园、博览园和玩具超市六大部分组成，是以木制玩具为主题的工业旅游点，也是集娱乐、旅游、购物为一体的儿童亲子乐园和以孩子为中心的幼教娱乐场所。玩具智慧园致力于幼教玩具系列开发。通过玩具游戏的方式，实施儿童智力开发和启蒙教育，是木制玩具生产与幼儿教育事业发展相融合的展示窗口，是少年儿童流连忘返的乐园。

瓦窑抗战文化遗址

1942年（民国31年）5月，国民党浙江省政府、省党部迁址云和，浙南山区小城云和一度成为浙江抗战的后方基地和全省的政治、经济、文化中心。随后，省临时参议会、省防空司令部、第十集团军司令部、高等法院、民政厅、财政厅、教育厅、建设厅、粮政局、国立英士大学、省立医院、东南日报社等60多个党政军群团体、37家工商企业、44家文化卫生单位相继迁至云和，共有两万余人在县城及周边乡村办公生活。国民党浙江省政府主席黄绍竑公馆就建在瓦窑村山背，现县中等职业技术学校校园内（另两处主席公馆分别建于鲤鱼山脚和小顺麻厂村）。1943年，建成发电量为40千瓦的瓦窑水力发电站（县域第一座水力发电站），同年，在瓦窑村周边开辟公共体育场院，占地2万平方米，设有田径场、足球场、篮球场、网球场等。1944年，在瓦窑村附近建造以省政府主席黄绍竑的字季宽命名的季宽游泳池。在官山弄、古官弄西面分别建成季宽公园和夏令公园。

1944 年元旦，浙江省政府在瓦窑村举行民族复兴馆奠基典礼并刊发典礼纪念册。1945 年 7 月，建成并进行“民族复兴馆环境布置”。时任民国浙江省政府主席的黄绍竑在《五十回忆》中写到：“我们还在这里建筑了一座民族复兴馆，作为将来回杭州以后的永久纪念。”

1978 年 8 月，因民航浙江省管理局在云和县瓦窑村南端建航路无方向信标 NDB 导航台（中国民用航空云和导航台）工程，民族复兴馆被拆除。在云和建造民族复兴馆，旨在铭记屈辱历史，警示裨益后人。抗战后期临时省会留下的遗址遗物，对研究云和的抗战历史文化，具有重要意义，挖掘开发抗战历史文化旅游资源，具有良好前景。

图 27-3-3 民族复兴馆奠基纪念碑（高 75 厘米 宽 62 厘米 厚 12 厘米 县文管办提供）

图 27-3-4 民族复兴馆（县档案馆提供）

第四章 旅游营销

县风景旅游局设立以来，注重抓好旅游项目营销和旅游产品推介工作。1999 年，在上海、杭州、宁波等地组织对外宣传和旅游促销活动。此后，通过发行云和风光明信片、拍摄云和旅游专题宣传片、举办瓯江帆影、梅源梯田摄影大赛和“云和旅游形象大使”选拔赛等形式，宣传云和，推销云和。2010 年，协同举办第四届云和（梅源）梯田开犁节，传承张扬传统农耕民俗文化。邀请中央电视台、中国国家地理杂志社及新浪、搜狐等 40 多家传统媒体和网络媒体做专题报道。同年，借助省内外报刊、电视、网络等主流媒体，宣传推介县域旅游资源，与上海 28 家旅游企业联合举办县域旅游产品推介会，取得较好效果。

第一节 旅游宣传

1999 年，县旅游部门牵头，相关部门配合在沪、杭、甬开展县域旅游宣传促销专题活动，系首次组织旅游业外宣活动。是年，县旅游局与丽水电视台共同举办以“云和游”为主题的平安欢乐夜节目；与县邮政局联合发行“仙宫湖风光”邮政贺岁片10000套。2002年，组织人员参加全国旅交会和全省旅交会。同年，参与以“诗画江南，山水浙江”为主题的大型旅游电视专题片拍摄活动和旅游宣传画册的制作发行活动。2003年，组织举办“走进中国木制玩具城--浙江摄影看云和”摄影比赛活动；协助丽水市相关部门拍摄《秀山丽水》电视宣传片，配合录制丽水交通频道《悠游走天下》等栏目，在省、市级公众媒体充分展示云和旅游业的风采。

2005年，与省市相关旅行社协调沟通，利用县域区位优势，借助龙泉凤阳山的知名度，将云和湖观光、木制玩具城、坪垟岗畲族风情文化村等景点，纳入“杭州至凤阳山”游线，招徕大批游客。同年，协助县有关部门举办杭州世界休闲博览会休闲圣火云和传递仪式。牵头举办云和县域旅游摄影大赛。是年9月，开通“云和旅游网站”，并同步实施网上旅游咨询，现代旅游业模式逐步形成。2007年，举办以推销旅游产品为目的的“云和光影”精品景观摄影采风活动。同年6月，在梅源梯田举办云和县首届开犁节，吸引5000多名各地游客前来观赏。是年11月，县人民政府成功举办第三届中国木制玩具节，对促进木制玩具产业发展，推动以观赏木制玩具展品为主的城市工业旅游业大有裨益。2009年，牵头组织举办首届“云和旅游形象大使”选拔赛，云和湖风光摄影大赛等赛事，500多名中外摄影家及摄影爱好者赴石塘小顺、局村三潭、紧水滩石浦等摄影基地采风。2010年，协同举办第四届云和（梅源）梯田开犁节，传承宣扬传统农耕民俗文化。邀请中央电视台、中国国家地理杂志社及新浪、搜狐等40多家传统媒体和网络媒体做专题报道。开犁节期间，游客接待量达1.5万人次。通过举办节庆活动，吸引许多摄影爱好者前来采风观光，扩大云和梯田景区的知晓率，促进县域旅游业稳步发展。

第二节 旅游推介

县旅游部门重视县域旅游产品的推介推销工作。2000年，推出包含紧水滩电站→聚仙岛→开心岛→坪垟岗畲族风情文化村四个景点的“云和一日游”短期线路。2004年，围绕“乡村农家乐”“百姓生活游”主题开展推介促销活动，联系落实云和旅行社、云和大酒店、上海华联超市（云和店）等16家单位，为丽水旅游行业“一卡通”成员单位。2006年，县旅游部门利用杭州世界休博会的宣传平台做好宣传促销工作。同年，在高速公路、省道公路边设置旅游形象宣传广告牌等。2008年，策划推出瓯江帆影、云和梯田摄影采风、乡村“农家乐”旅游等项目；组织人员参加省、市组织的相关推介活动，诸如参加在上海举办的丽水文化精品展；在宁波召开的浙江旅游洽谈会等。2009年，首次推出旅游消费赠券，对“童话云和·玩具智慧园”实行免费门票赠送活动，吸引大批观光游客。2010年，借助省内外报刊、电视、网络等主流媒体，宣传推介县域旅游资源，与上海28家旅游企业联合举办县域旅游产品推介会，将“一城一湖一梯田”的云和旅游品牌产品成功推向域外。

第五章 旅游商品

县域特色产品较为丰富,可供游客自行选择。云和雪梨是传统名果,民国 4 年(1915),“云和雪梨酒”曾获巴拿马万国博览会铜奖。山兰牌黑木耳,曾多次获国家优质农产品金奖。云和湖养殖的水产品,早在 2002 年 10 月,就已经国家环保总局有机食品发展中心颁证委员会审核,确认为有机养殖场生产产品,符合《OFDC 有机认证标准》。云和的木制玩具,更是品种繁多,琳琅满目。远销欧、美、东南亚等 30 多个国家和地区,出口量占全国同类产品的 70%以上,年出口总值位居全国同行业之首。1994 年,就已被农业部、《中国特产报》评选为“中国木制玩具之乡”。同年,全国人大常委会原副委员长、民盟中央主席、著名社会活动家费孝通为云和题词——“中国木制玩具城”。

第一节 工艺产品

木制工艺品

图 27-5-1 新云木业—足球(浙江新云木业集团提供 2002 年摄)

云和县木制玩具生产始于 20 世纪 70 年代初,经过几十年的培育发展,已成为全县工业的重要支柱产业,也是全县出口创汇的拳头行业。截至 2010 年,全县已开发木制玩具产品十大门类 3000 多个品种,产品 90%以上远销欧、美、东南亚等 30 多个国家和地区,出口量占全国同类产品的 70%以上,年出口总值位居全国同行业之首。木制玩具可分为成人型木制玩具、儿童型木制玩具、智力型木制玩具、实用型木制玩具等多种类型。在玩具设计、生产过程中,部分企业拓展思路,致力创新,注重玩具礼品研发,研制出了一批既可玩乐观赏又可陈列收藏的精美实用的工艺品。诸如浙江新云木业集团有限公司生产的“木质足球”,就作为 2002 年国际足联在韩国举行的第 17 届世界杯足球赛的纪念品而流向世界。浙江省旅游商品定点生产企业—金成木艺厂生产的玩具类礼品“十二生肖”“十二星

图 27-5-2 川江木艺—生漆涂髹漆木碗(川江木艺厂提供 1999 年摄)

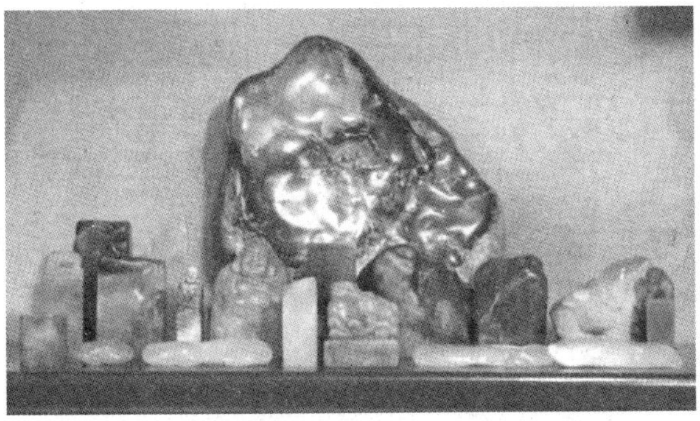

图 27-5-3 陈志和小顺石作品(王震海摄)

座”钥匙扣等小挂件、小摆设,微型、精致、美观、实用,深受游客喜爱。云和县半球实业有限公司自行研发的工艺品“啄木鸟”,形似神似,饶有兴味。川江木艺厂亦为省旅游商品定点生产企业。该厂生产的木碗、碟子、茶具、酒具等,均以酸枣木、榉木、水曲柳为材料,选用优质生漆为涂髹漆。采用中国传统工艺,并结合日本的一些新技术。产品做工精致新颖、木纹清晰、无味无毒、牢固耐用、古朴典雅,既有观赏价值,又有实用价值。

其他工艺品

20 世纪 90 年代初期,云和县相关职能部门引进獭兔良种,一度推行獭兔养殖,藉以拓展广大农户的脱贫致富门路。为促进獭兔规模养殖,延伸獭兔养殖产业链,1992 年,云和县良种场牵头筹建云和县皮毛厂。1994 年,云和县良种场引进獭兔皮深加工生产线,开展裘皮制品生产,年产裘皮服装 1 万余件。主要品种有裘皮毯、裘皮服装、裘皮护腰、裘皮手套等。县皮毛厂生产的獭兔皮类产品投放市场,推进云和工业产品的多元化,丰富了县域旅游商品市场。

此外,蕴藏于云和县石塘镇小顺寨下村的“小顺石”和青瓷爱好者生产的青瓷工艺品,也是游客青睐的旅游商品、纪念品。

第二节 农副产品

云和雪梨

云和雪梨是县域著名农特产品，是浙江省十二种传统名果之一，名列全省三大名梨之首。云和雪梨以其早熟、果大、核小、皮薄、肉嫩、汁多、味甜、松脆可口、清润留香而被誉为“梨中之王”。据史料记载,云和雪梨在明代初年就开始种植,约有八百年历史。清光绪年间,光复会领导人之一魏兰提倡实业救国,开始在大炉山栽种雪梨千余株,后向全县发展,成为农民的主要经济来源。民国 4 年(1915),“云和雪梨酒”曾获巴拿马万国博览会铜质奖。民国 36 年,全县年产雪梨 18400 担,是雪梨生产的鼎盛时期。

由于梨树老化缺乏改良等诸多因素,至 20 世纪 80 年代,全县投产梨园稀少,雪梨产量低,果品质量下降。对此,县委、县政府高度重视,出台优惠政策,鼓励农民恢复云和雪梨品牌,发展云和名优特产。通过近十年的探索研究、引进改良,云和雪梨声誉逐步恢复,产业逐步形成,“南方早熟梨生产基地”建设已具一定规模。截至 2010 年,全县已开发雪梨基地 1133 公顷,重河湾、长田、沈岸、苏坑等地建成一批科技示范梨园,制定《无公害云和雪梨》地方标准,申领“仙宫湖”牌商标。经优选改良后的“仙宫牌”新一代云和雪梨,在各类评比中连年获奖。2000 年,获浙江省精品水果展示会一等奖。2001 年,在全国优质早熟梨鉴评交流会上被评为优质早熟梨（相当于金奖）；同年，获浙江省精品水果展销会金奖，中国浙江国际农博会优质产品银获。2002年，获浙江省优质早熟梨金奖，中国浙江国际农博会优质产品金奖；是年，“云和雪梨”获浙江省绿色农产品称号。2003年，获浙江省优质早熟梨金奖。

黑木耳

云和名优特产——山兰牌黑木耳，曾多次获国家优质农产品金奖。山兰牌黑木耳外观好，黑色适中，耳朵形大而均匀，皮厚吸水性、膨胀性强，浸水后多天不糊。新鲜黑木耳薄而富有弹性，胶质，半透明，中凹，常呈耳状或叶状，直径一般为5—6厘米，最大的可达12厘米，厚度0.8—1.2毫米。背面青紫色或暗灰色，有短绒毛，腹面光滑，有脉状皱纹，深褐色至黑色。全县黑木耳年产量为750吨左右，出口300余吨。产区主要集中在海拔700米以上的沙铺、大湾、黄源、云丰等高山地区。云和黑木耳肉质嫩脆，风味鲜美，品质好，价值高，主要成分有蛋白质、脂肪、碳水化合物，以及胡萝卜素等。在药用价值方面，黑木耳能减低血液凝块，缓和冠状动脉粥样硬化；对高血压，眼底出血等疾病有一定疗效。黑木耳所含的多糖体是酸性异葡聚糖，具有一定的抗癌效果。

第三节　特色商品

仙宫雪毫——茶叶

属绿茶系列，主要产自紧水滩仙宫湖区域。由于该茶在冲泡过程中，白毫翻滚，故取名“仙宫雪毫”。紧水滩水库属于高山峡谷型湖泊，气候湿润，冬暖夏凉的气候条件，为纯天然无公害名茶生产提供独特条件。仙宫雪毫茶干外形浑圆紧结，峰苗显秀，色泽绿翠多毫，内质郁香清馨，幽雅持久，品质优良。“浙江绿谷，有机名茶，金牌上品，仙宫雪毫。”十六字是对该茶品的较好概括。1995年，仙宫雪毫茶获第二届中国农业博览会“金奖”。2001年，获浙江省级名茶证书。2002年，在中国精品名茶博览会上获得金奖；是年，获浙江国际农业博览会金奖；被丽水市政府认定为丽水市农业名牌产品，系丽水市首批颁证的“丽水生态名茶”。

云河绿羽——茶叶

云河绿羽茶产区主要在朱村乡，是继仙宫雪毫后开发研制的地方名茶。云河绿羽茶系手工揉炒、烘焙精制而成的天然有机茶。该茶含咖啡碱4.91%，氨基酸3.36%，茶多酚35.6%，儿茶素总量189.92毫克/克，具有相当高的营养功效。云河绿羽干茶外形扁平光滑、色泽翠绿、形体匀称、品质细嫩、浸泡时犹如一枚枚绿色的羽毛在水中飘荡，茶品观感好，清香浓郁。2002年，荣获苏州首届碧螺春文化节名牌产品称号。同年，在中国名茶博览会上获金奖。2010年，已开发茶园4700多亩，投产1000余亩，年产干茶60余吨，年产值达700多万元。

云和黑李

系县农业综合开发公司从美国加州引进的黑色李类良种，栽种于重河湾名特优新经济林示范基地。加州黑李面积约120公顷，已全部投产，年产量约500吨。云和生产的黑李具有果体大、果核小、肉质细嫩、汁液丰富、香醇味甜等特点，果实可食率98.9%，食糖量11%—14%，富含多种维生素和17种人体必需的氨基酸、蛋白质、碳水化合物以及多种矿物质元素，是老少皆宜的绿色保健食品。栽培地块重河湾是山地，土壤土层深厚，质地疏松、通透性好，含砂量高，无污染、适合黑李生长。同时，采用有机农业生产技术和安全高效的病虫害控制技术生产。果品保鲜储运，不加防腐剂处理，是名副其实的绿色食品。

第四节 特色美食

有机鱼

云和有机水产品出自生态环境较好，水质洁净无污染的紧水滩水库。库区水域面积3万余亩，正常水位184米，库容10.14亿立方米，为山谷河流型水库，上游基本无工业污染，水质清新，溶氧丰富，水体透明度高。养殖的有机水产品有鲢鱼、鳙鱼、鲤鱼、草鱼、青鱼、青虾等30多种。有机鱼干是当地居民走亲访友的馈赠佳品，也是外地游客可选取购买的旅游商品之一。

2002年10月28日，经国家环保总局有机食品发展中心颁证委员会审核，确认紧水滩水库有机养殖场符合《OFDC有机认证标准》，颁发有机农场证书和证明商标准用证。有机食品发展中心颁证委员会审核认为：紧水滩水库水体没有污染源，水质符合《渔业水质标准》(GB11607—89)，养殖的鱼类采用有机养殖的方式，库区养殖场的操作符合《OFDC有机认证标准》中关于水产养殖方面的要求，成为继新安江水库之后全国第二家得到认证的单位。紧水滩有机养殖场可年产鲜鱼325吨，产值390万元，是丽水市最大的淡水鱼生产基地。库区有机鱼按照有机农业生产标准，鱼种投入后自然繁殖，自然生长，不受人为干扰，采用一系列可持续发展的农业技术生产、加工，产品含有丰富的蛋白质，并经国家有机食品发展中心严格认证，是水产品中的上品、佳品。

紧水滩水库有机鱼的捕捞方式一般为网捕。每年冬季(10月底至次年2月)为大捕捞期，库区水产品主要销往杭州、福州等地。平时捕捞的鲜鱼主要在县内和丽水市销售。鲜鱼运输车配有充氧设备，能保证市场销售活鱼。库区养殖的有机鱼干，包装精美，也深受顾客青睐。

油筒饼

属地方特色小吃，原为当地居民在秋冬季茶油打榨后，用南瓜丝、萝卜丝、籼米粉等食材煎炸而成的油饼，因外形圆筒状，故称油筒饼。现在一年四季都有小摊贩制作出售。制作工艺：锅内装茶油或其他食用油浅半锅，加热滚沸时，油筒饼提(炸煎工具)装满调和好的稀薄的米粉糊，用手提着，浸入油锅，不能让油满入提内，略烫一会，提筒底部和四周会附着一层薄薄米粉糊，油筒饼的壳身就已形成。后将提筒内多余的米粉糊倒回盘内，放入当馅料的南瓜丝或萝卜丝等，再在馅上面盖上一层薄薄的米粉糊，然后将整个油筒饼提浸入油锅中煎炸，俟上层米粉糊与壳身黏连成一体，转黄变硬，即可脱筒，将饼倒入油锅里滚炸。当饼色现金黄色时，就可出锅食用，香脆可口。

煎雀

由糯米粉、番薯、毛芋、糖等食材经油炸而成，是当地居民过年时常做的民间小吃，平时偶尔也会制作。因其表面呈红黄色、味甜，与年糕（高）、元宝鱼（余）、长生果（花生）、红酒（久）等同属吉祥食物。由于形状呈椭圆形似小麻雀的身子而用油煎，所以叫作“煎雀”。煎雀的制法：将番薯或毛芋煮（蒸）熟，倒入适量的糯米粉和红糖（白糖亦可），搅拌均匀，搓揉成软硬适中的胚料，然后搓捏成拇指大小，3—5 厘米长的椭圆形状，就可入锅油炸（最好用茶油等植物油），俟煎雀浮上油面，由金黄略转红橙色即可出锅。煎雀中空香甜，皮脆而内韧，柔软而不粘口，十分讨人欢喜。

清明蓬馣（清明粿）

每年的清明节前，当地居民家家户户都会做清明粿，俗称“蓬餣”。清明粿属于点心类食物，有些地方也叫清明点心。清明节是怀先祭祖的节日，人们往往以之作为扫墓的祭品。蓬餣的主要食材是：米粉和野生的蓬草（学名鼠鞠草），一般有甜、咸两种馅料，甜馅以白糖、红糖、芝麻、豆粉为主，咸馅有肉丝、笋丝、萝卜丝、明甫丝、腌菜等。蓬餣坯的原料以绵蓬为佳，也有用青蒿、青麻叶替代，但口感欠佳。制作工艺是：清明节前，从田间采摘的蓬草，摊在篾团几上，拣去杂草、老杆，洗净、烧煮，放清水里浸一段时间，再反复漂洗、捏干。然后选用上好的糯米和粳米磨成米粉，在蓬草中拌入一些米粉捏成团，放水碓里碓，也有放在石臼里槌的。等蓬草碓细后，再按比例加进米粉，碓匀、碓细后形为蓬餣坯，呈浅绿色。后来，蓬餣坯改用机器碾轧，坯料则更加柔软细腻。坯料制作好后，就可用馅包蓬餣，再将包好的蓬餣放入蒸笼蒸熟即可食用。

麻糍

麻糍是由糯米加工而成的特色食品，一般为甜食。过去，民间建新房或逢农历八月半（中秋）、冬至等节气，农家一般会做麻糍食用。做法是：先将糯米洗净，浸泡一天一夜，滤干，用饭甑蒸熟成糯米饭（有的会拌入适量碱水，蒸两次），倒入石臼内，用竹竿戳或用木槌捶至不见米粒，表面光滑时，取出切小块，表面拌上加糖的黄豆粉或芝麻粉等，即可食用。现在平日里也时常会做，已成为一种日常的小吃。麻糍的样式较多，有麻糍泻、麻糍滑、米筛花、麻糍食果等等，成品洁白如雪，柔软如绵，光滑细腻，不粘碗，不粘牙，老小皆宜，倍受人们喜爱。

豆腐泥

是浙西南地区的传统特色菜肴。在丽水地区、衢州地区和温州地区做客，尤其是在丽水、云和、景宁、松阳、遂昌、龙泉、庆元等地，会经常吃到营养丰富、味道鲜美的“豆腐娘”。豆腐娘这个名称，其实就是豆腐之母的意思。它是制作豆腐的第一道工序，只要把黄豆浸泡（新产出的青豆更好，不需浸泡，可直接磨制），用石磨磨好，经烧煮后加入青葱、蒜叶、芫荽等佐料，就成“豆腐娘”，是一道经济实惠，营养丰富，味道鲜美的生态菜。倘若做豆腐，则要把豆腐娘过滤、烧煮，加入适量卤水，使之凝成“豆腐花”后，用滤布和豆腐架把水分压干，就成豆腐。

第六章 旅游服务

云和县旅游业起步较晚。1999年，云和旅行社有限公司成立后，县域旅游行业的经营运作和接待服务等业务基本由该公司承担。2010年，全县纳入旅游行业管理的旅游企业、景区（点）共有7家，其中国内旅行社2家、星级旅游饭店3家（见本篇第三章第二节）、旅游商品定点生产企业2家。另有旅游交通车（船）公司2家。全县在职在岗的专（兼）职导游18人；旅游行业直接从业人员700余人。同年，组织举办“云和县旅游产业提升班”和“村干部旅游创业培训班”，培训分管旅游工作的领导和涉旅干部80余人。是年，深入实施“旅游业发展三年行动计划”，着力打造“中国童话休闲旅游城”，发展乡村“农家乐”旅游，全年共接待国内外游客88.6万人次，全县旅游总收入达2.47亿元。

第一节 旅游服务机构

2010年，全县纳入旅游行业管理的旅游企业、景区（点）共有7家，其中国内旅行社2家、星级旅游饭店3家、旅游商品定点生产企业2家。另有旅游交通车（船）公司2家，旅游行业直接从业人员700余人。

云和旅行社有限公司

设立于1999年，位于县城新建南路1号，系县风景旅游局下属企业，丽水市知名品牌旅行社，也是市内旅游行业的骨干企业，服务网络遍及全国各省市。截至2010年，拥有通过国家旅游局严格考试，并由其颁布资格证书的旅游专业经理3名；具有国家专业导游员资格的员工12名，其中，中级导游员5名，丽水市十佳导游员2名。

云和县中山旅行社

位于县城解放东街，是经国家旅游管理部门批准，足额缴纳质量保证金的旅行社，系云和县风景旅游局下属企业，主要经营国内各种旅游组团、云和本地接团，提供订房、订车、代购机票等，具体承接旅游休闲度假、探亲、疗休养、商务、旅行、参观、会议、考察、婚庆等业务。

云和恒运旅游运输有限公司

2001年8月成立，注册资本为50万元。主要经营汽车客运、旅游包车、汽车租赁等业务，成立之初，公司员工为10人。

云和县瓯江老艄公旅游有限公司

成立于2010年，企业法人为王太平，系云和湖水上旅游首家专营的游船公司。该公司由民资注册，许可经营范围为市内水路旅客运输。具体经营航线是：紧水滩水库坝顶经龙门、赤石至龙泉，紧水滩水库坝底经局村溪口至小顺。在赤石、紧水滩、溪口、小顺码头设有联络点。公司首期开发的舴艋帆船，既传承瓯江古老舴艋船型的原样，又有所创新，在船舱内设置座椅、茶几、麻将桌等，游客有兴致还可划桨戏水。该游船航行设备、救生设备齐全，安全性、舒适性均符合国家船级社（船舶鉴定机构）标准。2010年年底，公司拥有舴艋船7条，员工11人。

第二节　导　　游

2009年，县旅游部门出台云和县导游员奖励制度，激励全县热爱旅游事业的市民报考导游的积极性。2010年，举办全县乡村导游培训班，聘请两名市级优秀导游为培训班学员授课、辅导；同时，对全县在职导游和县中等职业技术学校旅游专业的学生开展基本技能和导游素质提升培训；县旅游部门与县委组织部、县委党校联合举办“云和县旅游产业提升班”和“村干部旅游创业培训班”，培训分管旅游工作的领导和涉旅干部80余人。截至2010年年底，全县有在职在岗的专（兼）职导游18人。

第三节　旅游信息

1999年，全县接待游客仅5万人次。2003年，全县共接待国内外旅游者17.41万人次，比上年增长19.5%，其中，国内旅游人数17.31万人次，比上年增长19.4%，入境旅游人数0.1万人次，比上年增长35.1%。全县旅游总收入5204.77万元，比上年增长22.62%；国内旅游总收入4214.61万元，比上年增长20.2%。2005年，全县共接待国内外游客29.68万人次，同比增长20%。全县旅游业总收入达8503.41万元。2009年，县域旅游产业发展步伐加快，全县实现旅游总收入2.48亿元。2010年，深入实施“旅游业发展三年行动计划”，着力强化旅游项目基础设施建设，打造“中国童话休闲旅游城”，发展乡村“农家乐”旅游，全年共接待国内外游客88.6万人次，旅游总收入为2.47亿元。

第四节　机构与队伍

经过一年筹建，1997年10月，云和县风景旅游局正式挂牌成立，为县政府直属事业单位，内设办公室、规划建设和市场开发股、经营管理股。核定事业编制6名（含工勤人员）。

2000年，县风景旅游局内设机构改为办公室、发展规划科（市场开发科）、行业管理科，核定事业编制6名（含工勤人员）。2005年，设立“云和县旅游发展中心”，为全额拨款事业单位，核定人员编制2名。主要职能是：负责县域旅游规划区内相关项目的策划、开发、招商引资；负责旅游项目招商、政府引导筹资、融资、开发运作；承办县政府交办的其他事项。主要职责：宣传、贯彻落实国家、省、市、县有关风景旅游工作的方针、政策和法规；研究制定全县风景名胜区和旅游业发展的中长期规划、产业政策和年度工作目标，并组织实施和检查；负责全县旅游业发展的宏观管理；负责全县旅游资源的普查、规划，负责协调旅游资源的开发利用和保护工作；参与全县重点旅游建设项目宏观指导和旅游建设项目的审核；负责全县旅游业的统计和信息、咨询工作；研究制定全县旅游市场规划和年度旅游活动方案并组织实施；统一组织全县旅游整体形象的宣传工作和重大促销活动；组织指导旅游商品的开发；负责收集研究国内外旅游市场动态信息，负责旅游涉外事务的管理；负责风景名胜区的资源调查、评估，材料整理、报批等工作，参与风景名胜规划区范围的确定、规划的编制和报批工作；其中涉及城市和集镇、村庄规划区范围的，先由风景旅游局提出和编制，然后提交建设局审定，以建设局为主按规定程序报批；风景名胜区不涉及城市、集镇和村庄规划的，由风景旅游局全过程负责；参与风景名胜区内建设项目的审核工作；负责旅游区的质量等级评定工作；负责全县旅游业的行业管理，制定行业管理规范；监督、检查旅游市场秩序和服务质量，保护旅游消费者和旅游经营者的合法权益；负责旅游行业执法和行政复议工作；承办县委、县政府交办的其他事项。

1997—2010年云和县风景旅游局主要负责人一览表

表27-6-1

局　长	任职时间	局　长	任职时间
高俊天	1998.06—2007.04	陈方华	2010.03—
余高进	2007.04—2010.03	—	—

第二十八篇　教　　育

1991—2010年，云和县教育事业进入较快发展时期，发展职业教育，推进成人教育，教育结构渐成体系；招聘教师，继续教育，评职评优，师资队伍不断优化；撤并小学，提升初中，扩建高中，学校布局渐趋合理，均衡教育得以强化；教育投入不断增加，教学条件显著改善。

1991年，境内有小学198所、初中19所（含小学附设初中班）、高中2所。通过创建“市教育强乡镇”“省教育强镇”，城乡教育差距逐步缩小，教育优质资源共享率逐步提升。1991—2010年，云和县共撤并薄弱学校196所，新、扩、改建学校20所。到2010年年末，全县有普通高中1所，在校生1666人；职业高中1所，在校生1715人；独立初级中学4所（其中民办初中1所），在校生3782人；小学14所，在校生7486人；幼儿园40所（其中民办园29所），在园幼儿4546人；成人教育高校1所。初步形成小学、初中、高中以县城为主的办学新格局。全县教职工数1525人。义务教育阶段教师合格率100%，普通高中教师合格率98.31%。

1991—2010年，教育投入逐年递增，教育设施不断完善。省标准化学校建成率85.37%。

1996年，云和县通过省“两基”（基本普及义务教育、基本扫除青壮年文盲）验收；2004年，通过省“两高”（高标准普及义务制教育、高标准扫除青壮年文盲）评估验收。2005年，通过浙江省第三批教育强县验收，在丽水市率先成为省级教育强县，2008年，通过浙江省教育强县复评。

第一章　教育结构

1991—2010年，云和县教育门类齐备，结构渐趋合理。20年间，云和县学前教育以公办为主导、民办为主体。1991年，全县幼儿整体入园率为27.2%，在园幼儿数公办占42%，民办占58%。2010年，幼儿整体入园率为93.5%；在园幼儿数公办占23%，民办占77%。义务教育是云和县教育的最重要部分，通过“两基（基本普及九年制义务教育、基本扫除青壮年文盲）验收”“两高普九（高标准、高质量普及九年义务教育）”，基础教育在师资力量、学生入学率、素质教育等方面取得长足发展。1991年，初升高比例为43.4%。2010年初升高比例为95.29%。着力提升普高和职高教育，2010年，高中段教育高考录取率为71.6%，高考上线率为72.2%，职高就业率96.67%。云和中学是省重点中学，云和中等职业技术学校创建为国家重点职业技术学校。

第一节　幼儿教育

发展概况

20世纪80年代，云和县幼儿教育事业由县妇女联合会及各乡（镇）妇女联合会分级管理，县教体局（教委）设干部兼管幼教工作，负责业务指导、教养员培训等。除城镇部门、厂办的幼儿园外，农村幼儿园大多以学前班的形式附设在当地乡（村）小学。

1991年，全县有幼儿园、托儿所、学前班54所，0—3岁儿童9683人，入托1721人，入托率17.6%；4—6岁儿童4514人，入园1660人，入园率36.8%。全县保教人员115人，其中高中以下文化程度38人，占33.4%，高中文化程度77人，占67.2%，中幼师及以上20人，占18%。

全县幼儿园达到或接近全国《幼儿教育纲要（草案）》所要求的幼儿园有县机关幼儿园、县教工幼儿园、中心幼儿园、艺术幼儿园、古坊幼儿园、新华厂幼儿园，山坑岭畲族幼儿班、朱村幼儿班、沙溪幼儿园、云和商业局幼儿园。

是年，云和县建立儿童少年工作协调委员会。同时，开办家长学校17所，举办活动72期，受教育人数810人次；开办广播家长学校266次，受教育人数6.8万人次。

同年，县中心幼儿园投资5.5万元，翻新拆建教室和办公室270平方米。

1992年，县人民政府制定出台《云和县“八五”（1991—1995）期间儿童少年事业发展规划》，提出少儿工作主要目标和采取的具体措施。县妇联对全县农村民办幼儿园基本情况进行普查，主要项目有办园时间、班级数、入托幼儿数、每个幼儿每月交保育费和保教人员年龄、文化程度、工资待遇、政治面貌等基本情况。

1993年，云和县实施《浙江省托儿所、幼儿园卫生保健工作管理办法》，着力推进全县托儿所、幼儿园卫生保健工作的规范化管理。

1994年，县妇联牵头联系53家单位向各自联系的乡镇赠送儿童智力教学玩具和书刊礼物，总价值约7万元，15个乡镇儿童受益。

是年，县妇联对直属中心幼儿园实行保教制度改革，推行园长负责的"双考双评"（考核、考评、评职、评先），率先在丽水地区试行园长负责制，全县逐步实行幼儿园园长持证上岗。

1996年，县教委按相关文件精神接管幼儿教育事业，成职、教科具体行使相关职能。

1997年，县教委开始实行新办幼儿园审批制度和社会力量办学（园）年审制度，规范社会办学（园）行为，提高办学（园）档次和质量。全县新增幼儿园4所，全县幼儿入园率为44%。

是年，云和电大开设学前教育中专班，全县40多名民办幼儿教师参加培训并取得学前教育中专文凭。

2000年，县机关幼儿园、县教工幼儿园和县妇联中心幼儿园合并组建为县实验幼儿园。县实验幼儿园新园竣工落成。管理上，县实验幼儿园引进竞争激励机制，实行教职工聘任制和结构工资制。第一届教工大会，通过《云和县实验幼儿园教职工聘任制方案》《结构工资制方案》《考核方案》等一系列规章制度，明确岗位职责，确保各项工作责任到人。

2002年，云和县社会力量办幼儿园规模扩大，管理规范，学前三年幼儿入园率达到77.1%。民办幼儿园联合成立工会组织。

2003年，云和县完成幼儿园教师资格认定工作，做好面向社会人员认定教师资格的宣传，加强幼儿教师档案的规范管理。同时，完成首批县中小学（幼儿园）学科带头人评选工作，并落实相关待遇。

2004年，县教委加大对农村学前教育的扶持力度，安排专项资金建设乡镇幼儿园，鼓励社会力量参与办园，除大源乡以外其他13个乡（镇）均建成中心幼儿园。全县3—5周岁儿童3018人，已入园2643人，入园率达87.5%，5周岁儿童1002人，入园率为97%。

是年，县实验幼儿园制定《云和县实验幼儿园送教方案》，每半个月派1—2名骨干教师到各乡镇中心幼儿园送教，通过示范课、讲座、基本功培训、研讨、跟班学习等形式，提高农村幼儿教师的专业水平，推动全县幼教均衡化发展。

2005年，县教育发展中心组织幼儿园园长技能技巧培训班，全县50多名园长、副园长参加培训。

2007年，县政府组织开展"中国幼教与玩具发展高峰论坛"和玩具大比拼活动。邀请秦金亮、董惠铭、张世宗等知名专家以及省市幼儿教育工作者300余人，围绕玩具、教育与幼儿发展主题展开讨论。

2008年，开展为期三年幼儿园教师基本功全员培训。全县所有专任教师参加基本功项目培训，培训每年设不同的主题，暑期进行过关考核，不合格者补训、重新参加考核。调整县妇联中心幼儿园体制和产权，新建县实验幼儿园南山分园和中山托班部。

2009年，县教育局安排专项资金20万元加强乡镇幼儿园建设。

是年，县实验幼儿园被确定为全国教育科学“十一五”规划实验园，参与国家级课题《幼儿教玩具的教育设计及其在幼儿园中有效应用的研究》。

是年，云和县电视台开播《木娃娃》幼儿节目。县电视台木娃娃训练营、木娃娃艺术团分别在县实验幼儿园、星星幼儿园成立，师幼共同承担少儿本土节目“木娃娃”栏目拍摄。

2010年，全县有幼儿园40所(其中民办29所)，在园幼儿4546人(其中民办幼儿园幼儿3430人)。城区幼儿园25所，在园幼儿4106人；农村幼儿园15所(其中乡镇中心幼儿园10所，均为公办幼儿园)，在园幼儿440人(其中乡镇中心幼儿园在园幼儿291人)。全县幼儿教职工400人，其中专任幼儿教师270人，取得教师资格证书124人，专任幼儿教师持证上岗率45.9%，专任幼儿教师大专学历136人，本科学历27人，大专及以上学历占专任幼儿教师总数的60.4%，有事业编制55人，占专任幼儿教师总数的20%。

继续实行县实验幼儿园定期支教农村和城区薄弱幼儿园制度，县教育局核定民办幼儿园事业编制教师15名。

是年，崇头镇中心幼儿园(公办)创建。

同年，全县有省一级幼儿园1所、省二级幼儿园2所、省三级幼儿园3所，省三级以上幼儿园招生覆盖率56.3%，学前三年毛入学率93.5%。

2010年云和县等级幼儿园建设情况表

表28-1-1

总园数	一级园		二级园		三级园		准办园		三级以上园覆盖率
	人数	覆盖面	人数	覆盖面	人数	覆盖面	人数	覆盖面	
40	825	18.7%	1072	23.4%	663	14.9%	1986	43.7%	56.3%

1991—2010年幼儿园基本情况表

表28-1-2

项目 年份	幼儿园(所)			幼儿入园数(人)			教职工数(人)		
	合计	县城	农村	合计	县城	农村	合计	县城	农村
1991	43	19	24	1541	879	662	88	58	30
1992	44	27	17	2057	1479	578	113	96	17
1993	24	14	10	2098	1687	411	108	94	14
1994	32	20	12	1818	1467	351	108	94	14
1995	23	12	11	1279	1049	230	65	55	10
1996	25	14	11	1309	1080	229	81	70	11
1997	19	13	6	1253	1118	135	88	82	6
1998	30	22	8	1799	1593	126	156	147	9
1999	45	27	18	2232	1711	521	169	141	28

续表 28-1-2

项目 年份	幼儿园(所)			幼儿入园数(人)			教职工数(人)		
	合计	县城	农村	合计	县城	农村	合计	县城	农村
2000	45	27	18	2090	1530	560	178	150	28
2001	46	21	25	2501	1827	674	137	137	
2002	38	17	21	2420	1805	615	242	180	62
2003	42	39	3	2769	2698	71	206	202	4
2004	52	28	24	3236	2649	587	233	173	60
2005	49	31	18	3327	2970	357	313	294	19
2006	47	29	16	3481	3196	278	264	245	19
2007	47	28	19	3415	2995	420	258	231	27
2008	43	41	2	3919	3757	162	419	394	25
2009	41	27	14	3607	3344	263	362	345	17
2010	40	27	13	4546	3344	263	400	378	22

幼儿园选介

县实验幼儿园 云和县实验幼儿园总园坐落在梨园路42号，浙江省一级幼儿园，是云和县最大公办幼儿园。县少儿电视节目《木娃娃》的拍摄基地之一。

图 28-1-1 县实验幼儿园一角（2009年摄 县教育局提供）

1998年，县人民政府依据省级示范幼儿园园舍标准设置，总投资600多万元（紧水滩电厂赞助47万元），易地新建，全园占地面积5986平方米，建筑面积5002平方米，绿化面积2400平方米。有教学楼2幢，音体楼1幢，设施设备齐全。2000年8月正式落成开园，将创办于1978年的县机关幼儿园和创办于1980年的教工幼儿园合并，成立云和县实验幼儿园。2008年，合并县妇联托幼中心，创办南山分园和中山托班部两个园区，实施一体化管理。到2010年，有教职工99人。其中，专任教师60人。教职工本科学历26人，专科学历37人；副研究员1人，幼教高级教师18人，幼教一级教师16人，市、县级学科带头人6人，市、县级教坛新秀13人，市教改之星1人；教师学历合格率100%。3个园区共有27个班级（其中大班6个、中班6个、小班8个、小小班7个），在园幼儿805人。

实验幼儿园利用中国木制玩具城的资源，凸显“山水家园，童话世界”为城市定位的云和县城最具童话特色的幼教特色。3个园区各具特色：总园以木玩为特色，探索木玩与幼教相结合的木玩课程；南山分园以艺术为特色，利用自然资源，开展班级特色活动，将教师特长与幼儿兴趣结合在一起，创造富有特色的乐园；中山托班部以“亲子园”为特色，开展各类亲子活动。

2008年，申报省级规划课题《区域产业与教育互动发展的研究——以云和木制玩具产业与幼儿教育互动发展研究为例》，参与全国科学"十一五"规划课题《幼儿教玩具的教育设计及其在游戏活动中有效应用的研究》的研究。出版《幼儿园童话故事集案例》，编辑3本木玩课例集。2009年1月，《幼儿快乐体育的实践与研究》获浙江省第六届教育科学优秀研究成果奖。有53项课题在省市立项并获奖，230多篇论文和案例在国家、省、市、县获奖，有10余篇论文在国家、省市级刊物上发表。编辑28本《实验幼儿园优秀教科研成果集》，创设《七彩桥》园刊。

实验幼儿园先后获"浙江省示范性幼儿园""省巾帼文明示范岗""省园本教研示范幼儿园""省卫生等级量化A级单位""省一级幼儿园""丽水市文明单位""市先进家长学校""市示范家长学校""市教科研先进单位""市师德师风创优达标学校"等称号。

盼盼幼儿园 云和县盼盼幼儿园是浙江省二级民办幼儿园。1996年7月创办，租用解放街原中医院的房屋开园。到2010年，盼盼幼儿园有2个园区：盼盼幼儿园（2005年6月前挂云和镇中心幼儿园牌）、盼盼解放街分园，共19个教学班，在园幼儿600余名；教职工54人。其中，专任教师44人，省优秀民办园长1人、省优秀民办教师2人、县学科带头人1人、幼教高级职称教师2人。

图28-1-2 盼盼幼儿园（2008年摄 县教育局提供）

2003年，成立中共盼盼幼儿园党支部。

是年开始，盼盼幼儿园鼓励教师参加自考、函授等学历培训。函授期间差旅费和学费按30%给予报销。获得学前教育专业大专及以上文凭的，再相应提高工资标准。

2004年，盼盼幼儿园创作的《节奏儿歌》获浙江省民办幼儿园教学活动评比丽水赛区一等奖、省三等奖。

2006年5月，召开第一届教工大会。2007年，代表县民办幼儿园幼儿教师组参加市民办幼儿教师基本功比赛，获得团体总分第四名，《盼盼电视台》获"浙江省幼儿园优秀自制玩教具评选三等奖"。

1998年起连续12年被评为县幼儿园保教工作先进集体、云和县幼儿园卫生保健先进单位；2003年，被评为"丽水市一级幼儿园"；2004年，被评为"浙江省优秀民办幼儿园"；2007年，被评为"省食品卫生等级A级单位"；2008年，评为"省二级幼儿园"；2009年，盼盼幼儿园解放分园被评为"省三级幼儿园"。

星星幼儿园 云和县星星幼儿园创办于1998年8月。幼儿园租用云和县大会堂（解放街31号）开园，占地面积500平方米，建筑面积350平方米，3个教学班，在园幼儿80余人，教职工8人。现位于县城中山东路10号，是云和县规模最大、设施最全的民办省二级幼儿园。是云和电视台少儿节目《木娃娃》栏目拍摄基地之一。

2002 年 3 月，星星幼儿园搬迁至云和镇中山东路 10 号（原大庆寺米厂），占地面积 2300 平方米，建筑面积 1860 平方米，开设 8 个班，在园幼儿 302 人，教职工 28 人。

2005 年 5 月，配合云和“小县大城”发展战略的实施和就近入园的需求，开设童星分园和艺术分园。至 2010 年，星星幼儿园有 33 个教学班，在园幼儿 1223 人，教职工 162 人。

图 28-1-3　星星幼儿园全景(1999 年摄　县教育局提供)

星星幼儿园已初步形成以艺术教育为主的办园特色。2008 年 9 月，云和电视台“木娃娃艺术团”在星星幼儿园成立。星星幼儿园编排的舞蹈《小鸭子》《拜年歌》分别获 2009 年度、2010 年度“浙江省广播电视政府奖”“浙江省少儿综艺节目二等奖”“丽水市少儿综艺节目一等奖”。先后有 200 多篇教师论文在省、市、县获奖。2009 年始，星星幼儿园设立“春蚕奖”，实行报酬与贡献挂钩的奖金分配制度；设立“学习奖”，奖励进修完大专和本科的教师。全园教师大专率 100%、本科学历有 98 人、本科进修率 100%。星星幼儿园实行园长负责制、党支部监督与教职工民主管理的三位一体的管理体制。

第二节　小学教育

发展概况

1991 年，全县有小学 198 所，小学生数 9096 人；教师 398 人，教师高中及以上学历占 68.1%（其中师范毕业占 51%）。教师学历合格率低。语文、数学教师过剩，音乐、体育、美术、劳技、生理卫生、自然常识等学科教师不足。城镇教师超编，偏远山区教师缺编、代课教师多。1993 年，云和县对《中华人民共和国义务教育法》贯彻实施情况进行检查，全县适龄儿童入学率 98.81%，小学生在校巩固率 99.82%，普及率 99.07%，小学毕业率 99.17%，小升初比例 86%。1995 年，全县小学一年级共招收适龄儿童 1449 名，小学入学率 99.8%；全县小学流生人数 16 人，小学辍学率 0.2%，达到省定指标。各乡镇负责保送未入学残疾儿童到校就读，三类残疾儿童少年入学率达到 60%。

1996 年，云和镇召开“两基”工作责任书签约会，与下属 3 个办事处主任、派出所所长、户籍管理人员、镇村 11 所中小学校长及县属 4 所中小学校长签订“两基”工作责任书，明确规定“两基”工作的具体任务和时间要求。将“两基”工作落到实处，责任到人。1997 年，云和县定为“教育教学质量年”。县教委确定 6 所小学为电教试点学校，配备近 7 万元教学仪器，310 万元电教设备，4 万元电教软件，“二机一幕”进入试点学校教室。1998 年，县教委研究制定小学代课教师招考、清退方案。对校长、教师实行德、能、勤、绩全面量化考评，对考核不称职的 16 名教师，按规定作低聘处理。通过网点调整，减少代课教师比例，全县小学 140 所，比 1997

年减少 19 所。1999 年，县实验小学被丽水地区确定为素质教育试点学校。义务教育阶段音、体、美、劳考核全面展开。启动学生心理健康教育。同年，全县小学教师参加大专学历培训（含已获取文凭）的占比例 32.3%。全县有教师 30 人被评为县级教坛新秀，有教师 7 人被评为地级学科带头人。

2000 年，开始招收六年制一年级新生，实施五年制转六年制，7 周岁入学向 6 周岁入学过渡，全县完成小学学制的转制规划工作。2003 年，省教育厅下发《关于实施"浙江省万校标准化建设工程"的通知》，开展示范小学创建工作。云和镇一小申报省示范学校通过初步验收。县实验小学申报"省绿色学校"，云和镇一小申报"市绿色学校"。城镇在校学生数占全县在校学生数的 74.8%。是年，丽水市基础教育均衡发展研讨会在云和县召开，云和县普及"十五"年基础教育的做法和经验得到肯定与推广。2004 年，义务教育阶段小学起始年级全面实施新课程。全年教师培训资金投入 50 余万元。是年，出台《云和县进城务工就业农民子女义务教育暂行办法》，落实农民工子女就学"同城同待遇"，县财政每年为进城务工就业农民免除近 102.5 万元借读费。是年，镇一小更名为江滨实验小学，贵溪小学更名为城西小学。古坊小学并入县实验小学成为县实验小学古坊分校。江滨实验小学、城西小学由镇属学校升格为县属学校。2005 年，贯彻落实省人民政府办公厅转发省教育厅、省财政厅《关于全省农村中小学"四项工程"实施办法的通知》。

2006 年，全县 76.2%的中小学达到省级标准化要求，全面实现电教网络"校校通"工程。是年，全县小学专任教师学历合格率达 100%。是年，落实《云和县进城务工就业农民子女义务教育暂行办法》，有农民工子女小学一年级新生 300 余名零门槛进入城区小学就读。2007 年，副省长盛昌黎到云和县调研教育工作。是年，落实《云和县进城务工就业农民子女义务教育暂行办法》，有农民工子女小学一年级新生 300 余名零门槛进入城区小学就读。2008 年，全县设有小学 15 所，在校小学生 7765 人。小学生中有少数民族学生 1356 人，占学生总数的 9.1%。是年，实施新课程改革，县教育局组织 2300 余人次参加省、市、县三级新课程培训。2009 年，全面落实"同城同待遇"政策，对符合条件的民工子女全部免除借读费。是年，全县有小学 14 所，适龄儿童入学率 100%，12—14 周岁少年入学率 99.46%，7—15 周岁"三残"儿童入学率 100%。2010 年，教育局开始解决留守儿童教育问题。是年，古坊小学挂牌"云和县特殊教育教学点"，云和县轻度残疾学龄儿童在古坊小学接受义务教育。

1991—2010 年云和县小学基本情况表

表 28-1-3

时间	学校数	班级数	毕业生数	招生数	小计	一年级	二年级	三年级	四年级	五年级	六年级
1991	198	402	2001	1575	9096	1841	2042	1629	1643	1941	
1992	185	385	1556	1657	8816	1804	1703	1790	1968	1551	
1993	182	387	1548	1527	8722	1669	1717	1682	1760	1894	
1994	178	390	1885	1755	8676	1906	1710	1680	1686	1694	

续表 28-1-3

时间	学校数	班级数	毕业生数	招生数	小计	一年级	二年级	三年级	四年级	五年级	六年级
1995	175	398	1494	1449	8521	1613	1868	1705	1677	1658	
1996	168	386	1655	1416	8454	1517	1665	1854	1736	1682	
1997	159	373	1675	1140	7959	1250	1570	1663	1810	1666	
1998	140	345	1662	908	7228	978	1264	1757	1648	1763	
1999	88	272	1760	1060	6626	1097	1073	1260	1576	1620	
2000	74	275	1620	六 1066 五 923	7131	六106 五 956	1202	1098	1254	1553	
2001	38	229	1553	1371	7039	1443	2024	1221	1123	1228	
2002	25	222	1228	1352	7197	1396	1406	2058	1216	1121	
2003	25	217	1117	1312	7379	1343	1375	1425	2045	1188	
2004	24	211	1189	1285	7486	1327	1334	1374	1408	2043	
2005	16	191	975	1303	7911	1337	1268	1372	1382	1433	1119
2006	16	194	1119	1272	8055	1285	1304	1279	1377	1385	1425
2007	15	197	1426	1278	7891	1284	1283	1294	1273	1357	1382
2008	15	196	1379	1228	7765	1239	1295	1289	1303	1273	1366
2009	15	192	1361	1055	7418	1062	1198	1288	1286	1309	1275
2010	14	192	1274	1324	7486	1326	1053	1213	1283	1293	1318

小学学校选介

县实验小学 云和县实验小学位于云和县城新华街161号，创办于清光绪三十二年(1906)。从辛亥革命先驱魏兰创办时只有数名学子的“先志学堂”到“云和县官立初等小学堂”“云和县立中山小学”“云和县箬溪中心小学”“云和县东方红小学”“云和县中心小学”直到有师生2000余人的“云和县实验小学”，校名几经更迭，学校数易其址。

图 28-1-4 浙江省“百年名校”，云和县实验小学校园一角(2008年摄 县教育局提供)

1991年，学校拥有20个班级，学生总数1014人。教职工总人数52人，其中专职教师41人。是年，香港爱国同胞沈炳麟及夫人捐资19.2万元兴建“庆同楼”。1995—1996年，云和县工贸实业公司捐资56万元兴建文华综合楼。1999年，河坑小学并入该校。2000年，教工幼儿园撤离。学校新建一幢总投资250多万元、建筑面积3203平方米的教学楼。2002年，学校在运动场建成两百米塑胶跑道。2003年，县粮油经贸局总公司和县粮管所将东方红仓库、明伦堂仓库转让给学校。2006年，投资240

多万元，建造总面积2488.66平方米的学校体艺楼。同时，组建由古坊分校区、赤石乡中心小学、云坛乡中心小学、雾溪乡中心小学等组成的“云和县实验小学教育集团”。

至2010年，学校占地面积19798.39平方米，建筑面积8674.73平方米，学校有教学楼、阅览室、图书馆（含云和县中小学图书配送中心）、校史展览室、体艺楼、塑胶田径场等，校园环境优美典雅，布局合理，设施完备。有班级36个，学生1857人，教职员工96人（其中女教师65人）。有省春蚕奖获得者2人，市级名校长、学科带头人3人，市教改之星3人，县学科带头人23人，中高级教师2人，大专及以上学历教师占总数的94.8%。学校先后被评为浙江省“百年名校”“浙江省文明学校”“浙江省教育科研先进集体”“浙江省示范小学”“浙江省绿色学校”“浙江省巾帼文明岗”“浙江省校本教研示范学校”“浙江省现代教育技术实验学校”。

江滨实验小学 云和县江滨实验小学创办于1964年，位于云和县城浮云路9号。前身为红光小学，校址位于白獭山南麓的梅家祠堂。

1991年，更名为云和镇第一小学，办学条件较简陋。1996年，新岭小学撤销，部分学生并入镇一小就读。1998年，府前小学并入镇一小。2004年，学校升格为县属小学，更名为云和县江滨实验小学。2005年，黄水碓小学（小徐乡中心小学）并入，学校扩大到36个教学班，学生1902人。2006年，学校组建云和县江滨实验小学教育集团，包含石塘小学、朱村小学、紧水滩小学、安溪小学4所学校。学校本部占地21856平方米，有37个教学班，学生1891人，教职工106人。有小学高级教师56人，省教改之星2人，市、县学科带头人15人，市、县教坛新秀8人。学校课题成果省级获奖8项，市级获奖30余项；教师教学论文、案例在国家级、省级、市级获奖或发表的共有100多篇。2004年，学校被评为“浙江省示范学校”；2007年，被评为“省教科研先进集体”；2010年，被评为“省教科研百强学校”。

图28-1-5 云和县江滨实验小学（2008年摄 县教育局提供）

城西小学 云和县城西小学位于云和县城西部。前身是沙溪乡中心小学、沙溪乡贵溪小学。

1991年，沙溪乡有小学10所。1998—2000年，沙溪乡后山小学、柘园小学、隔溪寮小学、村头小学、长田小学、河上小学并入沙溪乡贵溪小学。2000年8月，西弄小学并入沙溪乡贵溪小学。2001年，沙溪乡中心小学更名为云和镇沙溪小学，沙溪乡贵溪小学更名为“云和镇贵溪小学”。2003年8月，云和镇高胥小学并入云和镇沙溪小学。2004年8月，原沙溪小学、贵溪小学合并，更名为“云和县城

图28-1-6 云和县城西小学（2010年摄 县教育局提供）

西小学”，校址在原贵溪小学，学校由镇属学校升格为县属学校。

2006年，县委、县政府多渠道筹措资金开始扩建城西小学，得到浙江省军区全体官兵的赞助，学校被命名为“浙江省军区爱心小学”。2007年8月，学校正式迁入新校区教学。至2010年，学校占地面积29601.09平方米，总建筑面积12844平方米。班级数36个，学生总数1576人，正式教职员工69人。

古坊小学 云和县古坊小学创办于1951年，位于云和县城东风景秀丽的狮山脚下的古坊村，由小徐、白洋墩、睦田、山脚4所小学合并而成。

1991年，学校占地5896平方米，建筑面积4913平方米，学生296人，主要来自睦田村和古坊村。教职工18人，实行五年制教育。

1996年，新岭小学部分学生并入该校。2000年，“汉声楼”开工兴建。2001年，象山小学、黄家地小学、木樨花小学并入该校。2002年，局村小学、溪口小学并入，开始有住校生，学校安排生活教师负责管理。2003年秋，云和镇第二小学、小顺片小学并入该校。

图28-1-7 古坊小学全景（2010年摄 县教育局提供）

2004年，古坊小学并入云和县实验小学，更名为“云和县实验小学古坊分校”。2005年，大源乡中心小学并入该校。2007年，学校重新独立，恢复原名“云和县古坊小学”，与县实验小学仍同集团学校；是年11月8日，大源乡中心小学挂牌暨省教育厅捐赠教育装备仪式在云和县古坊小学举行。学校挂“大源乡中心小学”和“古坊小学”两块校牌，成为“一校两牌”的学校。

2010年，紧水滩镇中心小学并入古坊小学；是年，学校开设县“培智教学点”，并授牌“云和县特殊教育教学点”。

至2010年，学校占地面积6052平方米，建筑面积3460平方米，教学班18个，学生838人，教师43人。

崇头镇中心小学 云和县崇头镇中心小学位于崇头镇梅源金山寺，距县城11千米。崇头镇中心小学原为梅源乡中心学校，是梅源片5个乡镇的辅导学校。

图28-1-8 崇头镇中心小学校园一角（2010年摄 县教育局提供）

1991年，学校5个教学班，实行五年制教育。1993年，沈炳麟先生资助兴建教学楼“庆同楼”。同年9月，崇头镇所有小学五年级的学生集中到镇小就读。

2001年，温州圣雄集团资助兴建教学楼“圣雄楼”，崇头镇小成为“圣雄希望小学”；同年秋季开始，全镇村小全部撤销，崇头镇保留一所中心小学。

2007 年 8 月，崇头镇中心小学并入原梅源中学成为梅源实验学校，是云和县唯一的一所九年一贯制寄宿制学校，也是目前云和县规模最大的乡镇学校。

至 2010 年，崇头镇小占地面积 3676 平方米，建筑面积 2280 平方米，教师 32 人，学生 400 人。

石塘镇中心小学 石塘镇中心小学位于瓯江之滨的云和县石塘镇石塘村。

1992 年，云和县撤并小顺乡、双港乡组成石塘镇，8 月，撤小顺乡中心小学、双港乡中心小学，原石塘小学更名为石塘镇中心小学；浙江省海洋渔业局捐资人民币 45 万元，兴建“杨帆教学楼”。

1997 年，受县民政局资助，又名“民政希望小学”。2000 年开始，小学恢复六年制，石塘镇实行九年制义务教育。

2005 年，石塘中学撤并到云和三中，石塘镇中心小学由原来的“杨帆教学楼”搬进原石塘中学校舍（孙家地 1 号）。同年，学校共 7 个教学班，在校教职工 27 人，在校小学生 219 人。

2010 年，学校占地面积 13000 平方米，建筑面积 4572 平方米，学校有 6 个教学班，教职工 15 人。

图 28-1-9 石塘镇中心小学（2008 年摄 县教育局提供）

第三节 初级中学教育

发展概况

1986 年，《中华人民共和国教育法》颁布。云和县在普及初等（小学）教育的基础上，开始规划实施普及初级中等教育。

1991 年，全县共有初中 16 所。其中，独立初中 8 所（云和二中、云和镇中、小徐中学、沙溪中学、沈村中学、梅源中学、林山中学、紧水滩中学），附设初中 8 所（安溪初中班、局村初中班、黄源初中班、云丰初中班、赤石初中班、双港初中班、朱村初中班、小顺初中班），在校生 5912 人，初中专任教师 258 人，师资合格率为 69.7%。专任教师结构不合理，语、数、物、化教师过剩，英、史、地、体、美、生理卫生等教师不足。初升高比例低，初中生辍学率高。同年，《云和县九年义务教育规划》经县十届人大常委第九次会议审议通过。赤石乡中心学校采取贫困乡农科教结合的“3+1”模式（完成初中 3 年学业后加一个月技术培训），被地区教委树为农村初中教育改革的典型。国家教委督学肖文视察学校后，做“为振兴赤石经济服务，前途大有可为”的评价。该模式素材被写入《山区农村初中教育改革的几点思考》，在 1991 年第 2 期《浙江教育科学》发表，后又被中国人民大学资料影视中心收录。是年，紧水滩中学青龙头新校园建成，校园占地约 9333 平方米，学校从瓯江对岸的三望潭整体搬迁至青龙头新校园。1992 年

5月19日，云和二中推倒围墙建店铺，公开招标租赁26个店铺，并投入施工、开张，推进学校在原有印刷厂基础上的勤工俭学。1994年，丽水地区教委根据小升初比例、在校生巩固率、初中毕业会考合格率、体育合格率、劳技教育课开出率以及分流教育改革等方面依据，将全区初中分为三类。云和县一类2所：云和中学、云和二中；二类4所：云和镇中学、梅源中学、沙溪中学、紧水滩中学；三类8所：朱村中学、双港中学、沈村中学、黄源中学、小顺学校、赤石学校、云丰学校、沙铺乡林山学校。1995年，初一招生1755人（含往届生71人），初中入学率达91%，初中辍学率为2.7%，达到省定指标，全县义务教育人口覆盖率达100%。

1996年，副省长徐志纯视察云和县扶贫建校工程。绍兴中国轻纺城捐赠150万元扶持建造梅源中学，学校更名为"中国轻纺城梅源中学"。1997年，县教委按规定对考核不合格的7名教师进行低聘处理。同年，梅源中学获得省教委、省教育电视台的"师资扶贫面貌改变最佳学校"奖；10月，中共绍兴县委书记陈敏尔为梅源中学题校名"中国轻纺城梅源中学"。1998年，中学教师每年48学时在岗培训工作全面展开；云和二中被评为首批地区合格学校。1999年，云和二中被丽水地区教委定为首批地区素质教育试点学校；紧水滩镇通过地区教育强镇评估验收。同年，云和二中等学校开展教师聘任制试点工作。2000年，推进"三位一体"德育网络建设。梅源中学以警、校共建为素材《抒写农村初中德育工作新篇章》参加全省德育工作会议经验交流。全县聘请35位优秀政法干警担任中小学法制副校长或法制辅导员。全县初升高比率为58.37%（含职高，下同）。同年，县委办、县府办批准《云和县关于中小学校长负责制和教职工聘任制试点意见》，并于当年暑假全面推行。

2001年，全面推行和完善校长负责制和教职工聘任制，县城4所中学试行末位交流制，10位教师进行末位交流，辞退1位不合格教师。继续推行农村学校教师进城选调制度，46位教师通过公开选调进入县城学校。全县初升高比率62.2%；2002年，县教育局开展对女52周岁、男57周岁的教职工进行内退办理；通过竞聘，43位中小学教师选调进城任教，3位教师当上县教研员，5位教师进行末位交流。2003年，初中中考平均成绩居全市第二位，上线542人，总上线率90.2%，上线万人比继续保持全市第三位。全县初中均开设信息技术课。全县义务教育阶段少数民族学龄儿童1452人，已入学1447人，入学率99.6%；初中起始年级全面实施新课程；云和县"两高"普九通过验收；梅源中学被评为省示范学校；同年，县委、县府组织召开第20个教师节庆祝大会，表彰自1985年以来全县教育系统61位优秀教师和先进工作者，并举办文艺晚会和教师书画作品展、教师队伍建设20年成果展。2005年，县人民政府制定出台《关于全面普及十五年教育的决定》，撤石塘中学，并入云和县三中。全县有初中4所，在校生3124人，专任教师217人（其中本科学历125人，专科学历90人，中专毕业2人），初中专任教师学历合格率达99.1%。初中适龄少年入学率99%，初中在校生辍学率控制在0.5%以内，15周岁初级中等教育完成率达99%，17周岁初级中等教育完成率达97.8%。是年，县教育局制定出台《关于加强云和县学校内涵建设创建特色学校的实施意见》。

2006年，云和县教育服务有限公司创办云和县育英外国语实验学校，是云和县改革开放后第一所民办初中学校，也是目前全县唯一的民办初中学校。

同年，县政府下发《关于对2005学年中小学(幼儿园)教育教学年度获奖者进行表彰的决定》，并开始每年对全县中小学(幼儿园)优秀教师进行表彰。2007年，完成农村中小学教师素质提升工程最后一批193名参训教师的3次集中培训和统考任务。同年，教育局出台《云和县义务教育阶段中小学教职工岗位绩效考核实施意见(试行)》，对义务教育阶段中小学教职工实行绩效考核。

2008—2010年，通过浙江省教育强县复查。初中专任教师合格率100%。至2010年，全县共有初中4所(其中民办1所)，在校生3782人。

初中学校选介

云和县第二中学　云和县第二中学是浙江省城镇示范性初级中学。1971年9月，县文教局将县城3所小学的6个附设初中班合并为5个教学班，创办云和镇初级中学，校址在县城白獭山南麓梅家祠堂的红光小学原址。

1977年，更名为云和县第二中学。1984年，二中向南扩建至中山路(1985年秋，云和二中发展为完中，初中8个班，高中2个班。1990年高中停止招生)。

图28-1-10　新二中鸟瞰图(2008年摄　县教育局提供)

2004年8月，学校整体搬迁至普光寺新校园(中山西路30号)。校园占地面积50210平方米，建筑面积21950平方米，学校内部设备包括现代教育信息装备均按省I类初中及以上标准配置，办公楼、教学楼、300米塑胶跑道田径场，各类球场及学生宿舍楼，食堂等楼宇场所一应俱全。设有30个普通教室、25个专用教室和320座的多功能报告厅，设有3470平方米的两层体育馆，校图书馆藏书46955册，生均33册。学校初具教学手段现代化、媒体化。

至2010年，学校共有31个班级，学生数1521人；教师111人，其中中学高级教师20人，中学一级教师48人，二级教师28人，小学高级教师3人。学校以“云载梦想，和而不同”为办学理念，形成“为人以和，处事求真”的校训。学区覆盖人口4万余人。

1991—2010年，学校先后获得“浙江省先进家长学校”“浙江省教科研200强学校”“浙江省现代教育技术实验学校”“浙江省教育创新质量满意优秀学校”“浙江省教育质量优秀学校”“浙江省示范性初中”“浙江省绿色学校”“浙江省体育特色学校”等称号。

云和县第三中学　云和县第三中学创办于1971年，前身为小徐中学。创办初期，办学条件简陋，9个教学班，校园占地面积只有1982平方米。1996年，学校布局调整，局村中学、沈村中学并入该校，设置18个教学班，更名为“云和镇中学”；2001年之后，学校规模进一步扩大，相继撤并赤石中学、紧水滩中学、沙溪中学和石塘中学，2003年学校由镇中学升格为县中学，更名为“云和县第三中学”，承担全县五乡三镇以及进城民工子女(涵盖全县所有乡镇以及外县、外省)共占全县三分之一的初中义务教育重任。学校在原来的基础上进行改、扩建，校址

图 28-1-11　云和县第三中学鸟瞰图(2008 年摄 县教育局提供)

位于城东路 230 号。

至 2010 年，学校占地面积 40049 平方米，生均用地面积 26.70 平方米，建筑面积 15927 平方米，生均建筑面积 12.96 平方米，绿地面积 10062.4 平方米。拥有 250 米塑胶跑道和标准球场。有教学楼、综合楼、体育馆、男女生宿舍，食堂、学生礼堂等建筑。设有图书室、学生阅览室、教师阅览室、实验室、探究性教学实验室、卫生保健室、音乐、美术教室、劳技教室、多媒体教室。配有校园广播系统等设施。全校设 30 个教学班，在校生 1229 人(其中少数民族学生 139 人，占学生总数的 11.3%)。教职员工 112 人。专任教师 90 人，其中高级职称 15 人，中级职称 58 人。教职工具有本科学历 92 人，专科及以下学历 17 人。学校现有市学科带头人 2 人，市教坛新秀 3 人，市教坛新苗 2 人，县学科带头人 5 人。

学校先后被评为浙江省标准化学校、浙江省城镇示范初中、浙江省绿色学校、浙江省 A 级食堂、省信息技术原创设计大赛优秀学校；《构建活力校园的行动研究》被立为省、市级重点规划课题。

云和县梅源中学　梅源中学位于云和县崇头镇，创办于 1972 年，1973 年从崇头村原化工厂旧工房迁入崇头现址，1975 年更名为云和县梅源区初中，1975—1979 年设有高中班。1992 年，学校被评为“丽水地区先进中学”。1993 年中考，叶俊同学获得全县第一名。1994 年开始，学校承担覆盖总人口 2.4 万的云和县西南隅的初中义务教育。是年 12 月，浙江省省长万学远视察梅源中学。

1996 年，绍兴市中国轻纺城捐赠 150 万元帮扶梅源中学，学校更名为“中国轻纺城梅源中学”。1997 年学校被浙江省教委、省教育电视台评为“师资扶贫面貌改变最佳学校”。1998 年，黄源中学、云丰中学并入梅源中学。2004 年，重庆力帆集团捐赠 30 万元、教育局拨款 80 万元新建综合楼，命名为“力帆综合楼”。2005 年，学校利用闲置场地建成附属幼儿园。

图 28-1-12　梅源中学；时任中共绍兴县委书记陈敏尔题写校名“中国轻纺城梅源中学”(王谋广 1996 年摄)

2006 年 9 月，崇头镇小并入梅源中学，更名为九年一贯制的“云和县梅源实验学校”。2009 年，省慈善基金会捐资和拨款共 200 万元新建“慈心楼”。2010 年，学校共有 12 个班，在校生 440 人。同时校办幼儿园独立管理，不再隶属于梅源中学。2010 年，学校足球队获丽水市中小学足球联赛男子第一名；射箭队获得省运会 50 米亚军和 70 米季军。学校先后被评为“浙江省体育特色学校”“浙江省示范初中”等。

云和县育英外国语实验学校 云和县育英外国语实验学校(以下简称育英学校)位于云和县城中山西路298号,创办于2006年8月,由云和县教育服务有限公司出资创办的云和县改革开放后的第一所民办初中学校。办学以来,学校教育教学质量位居全市民办学校前茅。育英学校创办第一年租用云和二中场所,2007年8月搬迁至城西小学旧校区(租用)。2010年,学校有教职工48人,一线教师39人,其中有市学科带头人4人,市教坛新秀4人,县学科带头人10人,高级教师20人,一级教师13人,中学二级教师6人;有12个教学班,在校生399人,实施小班化教育教学。

育英学校创办以来,精心打造英语特色与国学文化两张"金名片"。倡导"先学后教"教学模式。2009年首届毕业生在市学业考试中(中考),语文、数学、英语、科学、社会五门学科的平均分、优秀率、合格率均列全市第一,综合成绩全市第一;2010届毕业生在市学业考试中(中考),英语、科学、社会列全市第一,数学全市第二,综合成绩全市第一;学校先后获"省爱国卫生先进集体""省2009年度课外阅读先进集体"。

第四节 普通高中教育

1980年,云和中学被列入浙江省重点中学。是云和县唯一一所普通高中,2001年,转型为单一的高级中学。2005年7月,通过省一级重点普高评估验收。

发展概况

1991年秋,云和县入学的学生学籍档案,采用全省统一学号编制,按规定参加高中证书会考,1992年,文科高考录取人数居丽水地区第三位。1994年,成立学生业余党校,鼓励高中学生积极入党。4月,通过地区检查组省重点高中评估验收;学校食堂推向市场,原有的食堂员工改为做校园服务工作。

1996年秋,云和二中高中班并入云和中学。 高一招生采取"一刀切"办法,即从该年起,对全县中考成绩名列前50名学生,不分志愿均录取为云和中学高一新生。1997年,高一招生"一刀切"名额从50人增至80人。1998年,开展初、高中分离工作。1999年,设立云和中学心理辅导办公室。2000年,高考上线万人比全市第三。

2001年,师资力量与所担负的任务不协调,教师学历合格率47.9%。同年,校园局域网和校园广播系统建成并投入使用;新综合楼、学生餐厅、图书大楼等相继投入使用。学校开始实行新的"四好学生"评价体系。高考上线万人比保持全市第三,云和中学本科首次突破100人。2002年,全县初升高比率68%;高考上线万人比保持全市第三,云和中学高考上线人数突破200人。2003年,云和中学招生制度进行大胆改革,建立初升高免试直升班制度,设立小班,拓展因材施教空间。高考上线率90.4%,高考被录取人数369人。教师学历合格率81.9%。2004年,学校制定《分层次教学实施方案》,设立体艺特长班,增加体艺课时。是年,校实验楼竣工。

2005年,制定并开始执行《高中课程改革实施方案》。6月,经中共云和县委组织部批准,学校党支部升格为党总支。初升高比率 68%；普、职招生比保持 1∶1 左右。2006 年，制定《干部聘用暂行办法》《教职工考核方案》，修订《教学质量奖励档案》。2007 年，全县初升高比率 95.16%；学校专业教师合格率 97.44%；高考上线率 84.7%，列全市中上；普、职招生比 1:1.01。高考录取 540 人。2009 年，制订云和中学《三年发展规划》。

2010 年，云和中学有教学班 36 个，在校生 1666 人。

图 28-1-13　云和中学一部（2008 年 11 月摄　县教育局提供）

设施建设

1993 年，云和中学在园丁新村建教职工宿舍 20 套，加校内原有的 46 套宿舍共计 2511 平方米，一起纳入教工房改。同年 12 月，县教委将从省国防技校接收来的教工宿舍、实验厂车间及附属房舍划归云和中学所有，云和中学教职工的住房困难缓解。

1996 年，投资 110 万元建造学校图书馆，藏书 37060 册，报刊杂志等资料 150 余种。1999 年，投资 115 万元新建体育馆；2000 年，云和中学向银行贷款 1100 万元，向省发改委争取国债资金 120 万元，全面启动改造和扩建工程。

2001—2003 年，学校先后投资 200 万元，扩建 18819 平方米，建造校园四周围墙。一次性购进图书 1 万多册。2004 年，投资近 300 万元，建设篮排场和 400 米标准田径场。2007 年，投资 120 万，将 400 米田径场面层改造为塑胶跑道。2006 至 2007 两年投入添置更新教学设备资金共计 81 万元。2008 年，新建通用技术实验室、仪器准备室各 1 个。2010 年，省“校安”工程投资 120 万元，加固云中(1)(2)号教学楼。学校投资 349 万元添置新教学设备。

比赛获奖

1992 年，廖昕获全国中学生数学竞赛一等奖，朱正茂、魏旭涛分别获得化学二、三等奖。2002 年，徐丽俊获第三届全国生物竞赛浙江赛区省级一等奖，国家级一等奖；刘林平获第 19 届全国中学生物理竞赛复赛国家级二等奖；俞伟良获第 19 届全国中学生物理竞赛复赛国家级三等奖。

2003 年，李文云、叶爱斌参加全国生物竞赛浙江赛区比赛，分别获得国家级三等奖、省级一等奖。同年，在市中学生运动会上团体总分名列第六。学生参加市中学生运动会获团体总分第四名，参加省田径锦标赛获全能金牌，110 米跨栏铜牌。2007 年，陈海燕、叶鹏分别参加浙江省高中数学竞赛和生物学竞赛，均获得省一等奖。校园集体舞在全省比赛获二等奖。

2009—2010 年，夏展宏 2009 至 2010 年两年参加浙江省数学竞赛均获得一等奖，叶炜杨参加 2010 年全国高中数学联赛获得一等奖。同年，学校选送的“校园华尔兹”舞在浙江省首届中学生舞蹈大赛上获一等奖。

1991—2010 年云和中学班级和在校生统计表

表 28-1-4

年 度	班 级 数（个）			在 校 生 数（人）		
	合 计	高 中	初 中	合 计	高 中	初 中
1991	24	18	6	1146	716	430
1992	24	18	6	1105	761	344
1993	25	18	7	1116	761	380
1994	23	15	8	1106	660	446
1995	23	13	10	1114	615	499
1996	23	11	12	1106	625	581
1997	24	13	11	1252	613	639
1998	24	15	9	1172	693	477
1999	24	18	6	1169	848	321
2000	24	21	3	1146	1004	142
2001	24	24	—	1145	1145	—
2002	27	27	—	1196	1196	—
2003	28	28	—	1299	1299	—
2004	31	31	—	1408	1408	—
2005	36	36	—	1624	1624	—
2006	36	36	—	1726	1726	—
2007	36	36	—	1649	1949	—
2008	36	36	—	1610	1610	—
2009	36	36	—	1654	1654	—
2010	36	36	—	1666	1666	—

1991—2010 年云和县高考录取人数统计表

表 28-1-5　　单位：人

年 份	文	理	外	艺	体	合计	全国招生
1991	13	28	5	1	2	45	75
1992	13	28	5	1	2	49	75
1993	18	49	11	2	6	86	98
1994	18	37	5	2	6	68	90
1995	18	34	—	—	3	55	93
1996	8	20	—	1	—	29	97
1997	22	29	—	2	—	53	100
1998	13	26	—	2	1	42	108

续表 28-1-5

年 份	文	理	外	艺	体	合计	全国招生
1999	28	54	—	6	2	90	160
2000	65	48	—	18	1	132	221
2001	79	113	—	19	3	214	268
2002	103	145	—	22	2	272	320
2003	146	185	—	27	11	369	382
2004	145	216	—	38	9	408	447
2005	140	173	—	42	12	367	504
2006	164	221	—	64	10	459	530
2007	171	293	—	65	11	590	—
2008	190	239	—	71	10	510	—
2009	115	209	—	52	9	385	—
2010	182	263	—	44	1	490	—

第五节　职业教育

云和县职业技术学校

云和县职业技术学校的前身为创办于1964年的民主农中，后来依次更名为云和区“五·七”中学、云和中学分校、云和县伏布农林中学、云和县伏布农林职业中学。在此期间，学校校址位于云坛乡伏布村，有山林258.46公顷，在校生208人，教职工27人。1990年8月，伏布农林中学搬迁至县城南郊瓦窑村原丽水市工业技术学校，更名为“云和县农林职业中学”。

1991年3月，国家教委督学肖文视察学校。是年秋季共招新生110人，总在校生208人，5个班级，有正式教职工27人。其中，本科生3人，专业课和实习指导师8人。

1995年5月，县委、县政府决定将县教委主办的云和县中等职业技术学校（原农林职业学校）与县劳动局主办的云和县技工学校合并，建立新的“云和县中等职业技术学校”，升为副科级单位。12月，云和职技校通过丽水地区“示范性职业中学”验收。1996年，云和职技校被列入云和县“十五”发展规划，学校建设工程确定为县重点建设工程。县政府先后投入1500多万元改、扩建学校。

2002年，在校生人数首次突破1000人。2003年，招收新生683人，在校生达1513人。11月，学校通过省二级重点中等职业学校评估验收。电子电器应用与维修专业被评为省示范专业。2005年3月，技校路两旁的土地进行公开拍卖，拍得1200多万元拍卖款用于职技校的基础设施建设。6月，通过省一级重点中等职业学校评估验收。同年，招收新生760人，其中外省外市县籍有300余人。

2005年10月至2006年12月，中央电视台“异想天开”栏目两次来学校实地拍摄“让木头也快乐起来”“木制玩具机关大连环”大型活动，学生设计的木玩作品分别获得最佳创意奖和优秀设计奖。2007年3月，学校被评定为国家级重点职业学校。2008年8月，学校升格为县属正科级事业单位。2009年，学生专业技术初级证合格率100%，中级证合格率89.3%。2010年，以木制玩具制造和轴承制造为主体的综合实训基地建成并投入使用。

1991—2010年云和职技校升学、就业情况表

表28-1-6　　单位：人

年份	毕业生数	升学人数	就业人数	就业率	毕业生分布情况
1991	98	1	48	50%	云和40人，杭州8人
1992	95	2	46	50.5%	云和36人，杭州10人
1993	68	1	35	52.9%	云和25人，杭州7人，台州3人
1994	55	2	29	56.4%	云和18人，杭州9人，台州2人
1995	38	1	22	60.5%	云和16人，杭州6人
1996	67	3	38	61.2%	云和25人，杭州7人，宁波6人
1997	39	1	24	64.1%	云和15人，杭州5人，宁波4人
1998	198	21	115	68.7%	云和45人，杭州34人；宁波9人；上海3人；温州20人；台州4人
1999	—	—	—	—	两年制向三年制过渡，本年度无毕业生
2000	143	59	40	69.2%	云和35人，杭州5人
2001	178	64	97	90.4%	云和38人，杭州20人，宁波32人，昆山7人
2002	202	78	103	89.6%	云和48人，杭州30人，宁波25人，
2003	343	119	199	92.7%	云和89人，杭州50人，宁波34人，昆山16人，温州10人
2004	472	162	286	94.9%	云和122人，杭州68人，宁波51人，昆山22人，温州15人，湖州5人，德清3人
2005	550	126	380	92%	云和146人，杭州76人，宁波65人，昆山32人，温州31人，丽水18人，缙云12人
2006	523	106	401	96.9%	云和171人，杭州82人，宁波74人，上海13人，苏州21人，昆山22人，温州11人，丽水7人，
2007	558	42	495	96.24%	云和187人，杭州76人，宁波65人，上海24人，苏州35人，昆山24人，温州21人，丽水23人，武义35人，绍兴5人
2008	553	40	491	96.02%	云和188人，杭州96人，宁波63人，温州21人，丽水23人，武义38人，绍兴35人，当兵27人
2009	580	64	493	96.03%	云和184人，杭州86人，宁波45人，温州25人，丽水34人，武义32人，绍兴37人，永康35人，青田5人，当兵10人
2010	422	36	473	96.29%	云和168人，杭州92人，宁波25人，温州19人，丽水45人，武义27人，绍兴31人，永康38人，青田3人，当兵25人

云和县卫生进修学校

创建于 1977 年，是浙江省首批县级卫生进修学校之一，属全额拨款事业单位。1988—1991 年，招收四届学生 291 人。承担乡村医生培训 96 人。1993 年，开设丽水职工中等卫校云和教学点，跨县招收卫生类职业高中生，至 1997 年，向周边市县招收五届学员 327 人，生源主要来自本市及金华、温州地区。1998 年停止招生。2006 年 6 月，学校撤销，相关工作职能和人员并入云和县农村卫生办公室。

职工业余学校

1987 年，县总工会利用"职工业余学校"校舍、师资、教学设备等资源（注："职工业余学校"均为晚上开课，白天空余，可充分利用），举办"职业高级中学"。校址设在车站路 26 号。学校新生对象为初级中学应届毕业生，由县教育委员会实行统一招生，统一录取。学制 2 年，专业根据社会发展需要灵活设置，87 级为法律专业班，共招收学生 76 人；88 级为中医专业班，招收学生 51 人；89 级为法律专业班，招收学生 65 人；91—93 级为预备役专业班，共招收学生 132 人。其中，91 级 72 人，92 级 42 人，93 级 18 人。1994 年停止招生。

第六节　成人教育

"扫盲"及农民技能培训

1991 年，全县职成校举办实用技术培训 751 期，受训 31347 人次。沙溪乡的"燎原计划"两次受地委、行署表彰。

1991—1995 年，云和县实行"一堵二扫三提高"的工作方针，集中精力扫除大批青壮年文盲。"一堵"坚决堵住新文盲的产生；"二扫"继续加大力度扫除剩余青壮年半文盲；"三提高"想方设法提高脱盲人员的文化水平，巩固扫盲成果。

1996 年 10 月，浙江省政府对云和县施行"两基"（基本普及九年制义务教育和基本扫除青壮年文盲）验收。

2000 年，全县的青壮年非盲率达到 97.75%，扫盲工作的历史使命基本完成。

2001 年，云和县实施"小县大城"战略，成教干部的工作重心转移到农民实用技术培训、下山进城转移培训和"双证制"培训。2002 年，"百科联村"农村成人技能培训活动，受训人数达 1.3 万余人次。云和镇、石塘镇的成人文化技术学校分别通过省一级、省三级成人文化技术学校评估验收。2004 年，县教育局对成教干部进行公开竞聘上岗，由一乡镇一成教干部精简为一片区 1—2 人成教干部，全县共 6 人。

2008 年 8 月，县"农村劳动力转移办公室"更名为"农民培训转移就业办公室"。2009 年开始，全县范围内开展成人新"双证制"（初高中学历证书、劳动力技能等级证书）教育培训工作。

1992—2001 年云和县扫盲情况表

表 28-1-7

年 份	学校数(个)	教学班(个)	毕(结)业学生数(人)		招生数(人)		在校学生数(人)	
			计	其中女生	计	其中女生	计	其中女生
1992	15	15	329	245	643	465	314	220
1993	33	33	329	205	315	194	315	194
1994	40	45	292	203	459	325	475	388
1995	20	25	260	175	339	238	339	238
1996	15	15	108	73	230	105	230	105
1997	19	19	—	—	97	75	97	75
1998	19	19	85	49	75	46	75	46
1999	18	18	76	42	137	95	137	95
2000	16	16	112	73	110	76	110	76
2001	15	15	115	70	105	65	105	65

老年继续教育

云和县老年大学创办于 1992 年。学员超 3000 人次。至 2010 年，学校开设课程已扩展到养生保健、民乐葫芦丝等各类学科 10 多个专业和班级，兼职教师 13 人。学校成立老年大学艺术团，学员 17 人被吸收为省书画协会会员，学员 5 人成为省诗词协会会员。

第七节 高等教育

广播电视教育

浙江广播电视大学云和分校创办于 1979 年 2 月，位于云和县城北路 29 号。是以大学专、本科学历教育为主，中专学历教育以及多形式、多层次的非学历教育为辅的综合性学校。现有教学、办公楼两幢，配备有多媒体教室、电脑房和云和电大网络学习平台。有教职工 10 人，全部具有大学本科学历。其中，具有高级职称的专职教师 6 人、中级职称专职教师 3 人。

1991 年至 1999 年秋，受招生政策所限，学员对象为在职干部和职工为主，年龄集中在 25—35 岁之间，报考的学历层次以专科为主。

2001 年 9 月，浙江电大远程开放教育开始实施，学生人数迅速增加。2002 年，云和县创办老年电视大学教学点——云和县老年活动中心老年电视大学，学习的内容有常见病预防、突发病处理、老年保健、老年养生、科学锻炼等。

2004 年后，普通高校扩招，云和电大本科开始招生。

2008 年 4 月，经省电大批准，浙江广播电视大学云和工作站升格为浙江广播电视大学云和分校。6 月，云和电大创办“云和县社区学院”，并将社区教育延伸到乡镇，以提高市民素质和社区干部专业文化水平为基本任务，积极参与农村劳动力转移、下岗职工再就业和企业职工的各种培训，逐步实现学历教育与非学历教育衔接，逐步建成为云和县成人教育中心和全民终身教育基地。是年 8 月，云和电大开始实施“一村一名大学生计划”，面向农村干部和农村优秀青年招收专科学生。

2010 年，有专、本科学历教育和“一村一名大学生”等在册生 700 多人。累计培养 10 多个专业的 3800 多名专、本科毕业生。

自学考试

浙江省高等教育自学考试始于 1984 年，全国统一考试时间为每年 2 次。2001 年起，高等教育自学考试由每年 2 次增加到 4 次。

2002 年秋季，云和县自学考试办公室和云和县招生办公室合并为云和县招生自学考试办公室。

1991—2010 年，云和参加全国高等教育自学考试的考生，有 565 人取得毕业证书。其中，本科 125 人、专科 440 人。

第二章　师资队伍

1991 年，幼儿教师中师及以上学历占比 81%，初中教师合格率为 69.7%，2010 年，全县有小学教职员 555 人，高中教职员 149 人，初中教职员 301 人，职高教职员 135 人，幼儿教职员 362 人。全县专任教师学历合格率：初中 100%、普高 98.31%、职高 97.35%。教育界有 42 人次被选为县人民代表，连续参加云和县 5 届人民代表大会；有 37 人次成为云和县政协委员，连续参加云和县 4 届政治协商会议；有 4 位教师获国家级嘉奖；86 位教师获省级嘉奖；有 204位教师获市级嘉奖。

第一节　管理制度与师资力量

规章制度

1993 年下半年，民办小学陆续转为公办，民办教师也全部转为公办教师。1994 年，全县教育系统宣传学习贯彻《中华人民共和国教师法》，加强师德建设，开展“青蓝工程”，各校相继成立教科处、政教处等机构。1995 年，国务院颁布《教师资格条例》。12 月，国家教委颁布《教师资格认定的过渡办法》，地区教委对全区 1993 年 12 月 31 日在岗，具有教师职务，经考核合格的教师进行教师资格过渡，发给教师资格证书。

1997年6月,县教委出台《关于开展小学教师基本功训练的通知》,从1997年8月到1998年12月完成第一轮培训,内容是口语表达、三笔字、教学简笔画、教具制作与使用以及教育组织管理能力。

1998年,县教委、县人事劳动局出台《云和县小学代课教师政策处理问题的实施办法》。对部分在职在编,已取得合格学历,代课多年,长期安心山区教育的小学代课教师,分三年进行招工,共计15人。对未能被招工的小学代课教师,分三年进行辞退,并按实际代课教龄,以每年补助150元计算,给予一次性经济补助。

2000年,云和县委办、县府办出台《云和县关于中小学校长负责制和教职工聘任制试点意见》,实行中层干部竞争上岗、干部轮岗,奖勤罚懒,奖优罚劣。推行校长负责制,教职员工全员聘任制和结构工资制为主要内容的教育人事制度改革。2001年,教育系统实行教师公开招聘,师范毕业生不再直接分配工作。2002年开始,教育局每年拨出110万元专项经费用于师资培训。2003年,教育局出台《云和县中小学校本暂行管理办法》和《关于实施"青蓝工程"的通知》首次面向社会人员认定教师资格,教师职称进行评聘分离。2004年,县教育局、人事劳动社会保障局、财政局联合下发《关于进一步加强云和县中小学师资队伍管理的若干意见》,首次规定中小学校长实行任期制。

2006年,开始成立中小学心理健康指导中心,所有乡镇中心小学以上学校均建立心理健康辅导室,配置专(兼)职心理健康辅导教师。2007年,制定和实施《云和县中小学班主任培训实施方案》。2008年,制定并实施《云和县农村中小学教师领雁工程实施方案》《云和县中小学骨干教师培训方案》,开始实施中小学教师素质提升工程、领雁工程、名师工作室、骨干教师培养工程等项目。

2009年县教育局出台《云和县义务教育学校绩效工资实施办法》。《浙江省教育厅关于实施农村中小学教师素质提升工程的通知》,全县开展"新理念、新课程、新技术和师德教育"为重点的新一轮培训,加强教师队伍的管理。

2010年,丽水市对教师职务评审办法进行改革,全面停止职称聘任,开始岗位设置。

教师队伍

1991年,全县有小学教职员465人,高中教职员107人,初中教职员287人,职高教职员45人,幼儿教职员91人,师校教职员14人。全县专任教师815人中有代课教师279人,占34.23%。小学偏远山区代课教师多,沙铺乡小学代课11人,占61%;大湾乡代课教师15人,占83%。

1999年,全县有小学教职员535人,高中教职员111人,初中教职员290人,职高教职员49人,幼儿教职员169人,师校教职员6人。开始实施农村教师进城进行公开选调。

2010年,全县有小学教职员555人,高中教职员149人,初中教职员301人,职高教职员135人,幼儿教职员362人。全县专任教师学历合格率:初中100%、普高98.31%、职高97.35%。

1992—2010年云和县学校教职工人数统计表

表28-2-1　　单位：人

年　份	普通高中	初　中	职业中学	小　学	幼儿园
1992	112	281	47	471	113
1993	112	269	52	468	113
1994	107	258	47	466	108
1995	105	269	53	461	65
1996	103	282	51	471	81
1997	109	279	49	496	88
1998	109	281	55	516	156
1999	111	290	49	535	169
2000	106	294	55	544	159
2001	113	316	56	531	137
2002	118	310	71	513	242
2003	132	272	98	514	243
2004	139	279	129	537	268
2005	157	267	149	568	349
2006	156	272	148	568	299
2007	152	286	148	562	303
2008	147	298	140	552	469
2009	149	301	135	555	362
2010	152	310	131	532	400

1991—2010年小学专任教师学历情况表

表28-2-2

年 份	合 计	大中专毕业		高中毕业		高中以下		其中师范毕业		取得合格证书（人）
		计	占(%)	计	占(%)	计	占(%)	计	占(%)	
1991	398	—	—	271	68.1	127	31.9	203	51.0	—
1992	404	258	63.9	48	11.9	98	24.2	255	63.1	9
1993	400	269	67.3	48	12.0	83	20.7	267	66.8	26
1994	383	281	73.4	27	7.1	75	19.6	276	72.1	42
1995	400	320	80.0	22	5.5	58	14.5	317	79.3	14
1996	418	357	85.4	19	4.5	42	10.1	355	84.9	20
1997	442	399	90.3	13	2.9	30	0.1	377	85.3	9
1998	466	428	91.8	13	2.8	25	5.4	410	88.0	7
1999	487	457	93.8	14	2.9	16	3.3	444	91.2	9

续表 28-2-2

年 份	合 计	大中专毕业		高中毕业		高中以下		其中师范毕业		取得合格证书（人）	
		计	占（%）	计	占（%）	计	占（%）	计	占（%）		
2000	492	464	94.3	13	2.6	15	3.1	448	91.1	11	
2001	458	1	—	10	4.3	380	83.0	7	1.5	—	—
2002	442	19	4.3	127	28.7	286	64.7	10	2.3	—	—
2003	465	6	1.3	175	37.6	269	57.9	15	3.2	—	—
2004	476	2	0.4	309	64.9	160	33.6	5	1.1	71	42
2005	447	17	3.8	368	82.3	62	13.9	—	—	—	—
2006	446	27	6.1	372	83.4	47	10.5	—	—	—	—
2007	455	40	—	370	—	—	—	—	—	78	51
2008	436	106	—	310	—	20	—	—	—	77	51
2009	445	171	—	257	—	17	—	—	—	76	50
2010	446	203	—	228	—	15	—	—	—	77	40

1991—2010 年云和中学教职工基本情况表

表 28-2-3 单位：人

项目	教职工		学历			职称			专任教师			专业人员数	行政人员	工勤人员
时间	总人数	其中女	本科	专科	中专	高级	中级	初级	总数	高中	初中			
1991 年	111	28	20	55	3	4	—	—	78	53	25	—	14	15
1992 年	115	31	32	48	4	5	21	31	80	62	22	—	15	13
1993 年	116	33	36	46	3	6	21	30	85	61	24	—	14	13
1994 年	112	36	23	52	3	5	18	50	88	54	24	—	17	12
1995 年	111	38	25	48	5	5	19	51	78	49	29	—	15	12
1996 年	107	33	30	42	5	10	24	31	77	45	32	—	16	10
1997 年	111	43	29	29	4	12	28	38	82	49	33	—	15	12
1998 年	115	44	29	52	3	11	32	39	84	54	30	—	14	11
1999 年	113	46	29	56	2	9	41	36	87	66	21	—	14	10
2000 年	115	44	53	31	4	11	45	26	88	79	9	—	7	11
2001 年	115	47	59	35	5	13	40	21	91	—	—	—	—	—
2002 年	123	51	72	41	2	44	12		98	—	—	—	—	—
2003 年	123	51	72	41	2	19	44	42	98	—	—	112	—	—
2004 年	140	58	97	22	4	23	55	36	116	—	—	125	—	—
2005 年	147	63	121	11	4	23	55	36	123	—	—	138	—	—
2006 年	149	54	121	11	4	22	42	34	125	—	—	138	—	—
2007 年	144	56	121	11	4	26	42	44	123	—	—	138	—	—

续表 28-2-3

项目 时间	教职工		学历			职称			专任教师			专业人员数	行政人员	工勤人员
	总人数	其中女	本科	专科	中专	高级	中级	初级	总数	高中	初中			
2008 年	144	67	128	5	3	39	47	45	123	—	—	134	—	—
2009 年	145	68	128	5	3	39	47	45	123	—	—	139	—	—
2010 年	147	69	127	4	3	37	45	54	129	—	—	136	—	—

2001—2010 年云和县职技校专任教师情况表

表 28-2-4　　单位：人

年份	总人数	学历情况			资格证书情况			职称情况				文化课教师	专业课教师
		本科	专科	其他	高级中学教师	初级中学教师	小学教师	高级	中级	初级	未定级		
2001	47	8	40	10	—	—	—	1	17	29	2	27	20
2002	48	11	34	3	—	—	—	1	17	29	1	31	17
2003	52	9	39	4	—	—	—	—	14	31	7	33	19
2004	77	29	45	1	—	—	—	—	22	41	14	48	29
2005	90	61	29	—	58	26	6	5	25	38	22	50	40
2006	120	99	21	—	70	20	9	6	41	43	30	63	57
2007	128	119	7	2	85	21	4	9	56	72	11	65	63
2008	119	112	5	2	92	12	2	11	60	60	9	62	57
2009	113	110	3	—	84	14	5	16	59	53	7	58	55
2010	109	107	2	—	90	14	3	21	59	45	6	42	67

1992—2010 年云和县各级各类学校教职工人数统计表

表 28-2-5　　单位：人

单位 年份	普通中学		职业中学	小学	幼儿园
	高中	初中			
1992	112	281	47	471	113
1993	112	269	52	468	113
1994	107	258	47	466	—
1995	105	269	53	461	—
1996	103	282	51	471	—
1997	109	279	49	496	—
1998	109	281	55	516	156
1999	111	290	49	535	169
2000	106	294	55	544	159

续表 28-2-5

单位 年份	普通中学		职业中学	小学	幼儿园
	高中	初中			
2001	113	316	56	531	137
2002	118	310	71	513	242
2003	132	272	98	514	243
2004	139	279	129	537	268
2005	157	267	149	568	349
2006	156	272	148	568	299
2007	152	286	148	562	—
2008	147	298	140	552	469
2009	149	301	135	555	362
2010	152	310	131	532	400

第二节 师资培训

机构

1991—2010 年，先后成立以县教育局长为组长，分管副局长为副组长，教育局相关职能科室负责人为成员的全县中小学教师继续教育工作领导小组，领导小组下设办公室，由县教师进修学校校长兼办公室主任。同时，各校也成立相应的继续教育工作领导小组，确定专人管理和指导，成立集师训、教研、科研和教育装备等职能科室为一体的综合性研训机构，形成以研训机构为龙头，职能科室齐抓共管的中小学教师继续教育培训体系。

制度

1991—2010 年，先后制定出台《云和县教育局关于建立健全以校为本的教学研究制度的实施意见》《云和县教育局关于加强中小学教师发展的实施意见》《云和县教师继续教育管理制度》《云和县中小学教师专业发展培训制度实施细则》《关于进一步加强教学管理提高教学质量的实施意见》等工作意见，印发《浙江省教师继续教育管理规范》《浙江省教育厅关于进一步加强教师队伍建设的实施意见》等重要文件，教师研训工作有章可循，有规可依。

培训

干部培训 1991 年始，县教育局重视中小学校长（幼儿园园长）的培训，培训内容做到与时俱进，根据不同时期教育发展的不同要求和参训的不同对象不断改进完善。培训的方式采取集中面授和个人自学、分组交流相结合，理论学习和管理实践相结合。1991—2010 年，共举办校长（幼儿园园长）培训班 6 期，受训 257 人次；举办学校中层干部培训 5 期，受训 150 多人次。2008年举办为期15天的学校后备干部培训班，受训38人。

新教师培训 自1991年始，每年举办新教师培训班，培训人数共1300多人次。

班主任培训 2007年，云和县出台《云和县中小学班主任培训实施方案》。7月，开展全县中小学班主任培训，参加培训学员450人。2009年，县出台《云和县2009年"知行中国——中小学班主任教师培训项目"远程培训工作实施方案》，同年8—11月间，组织100名小学班主任教师参加"知行中国——中小学班主任教师远程培训"。

骨干教师培训（领雁工程） 1997年开办为期三年的初中语、数、英、科学、社会五个学科的青年骨干教师培训班，学员95人；2001年举办为期两年的小学语、数和初中语、数、英、科学、社会五个学科的青年骨干教师培训班，学员100人；2008年，云和县出台《云和县农村中小学教师领雁工程实施方案》，县政府每年拨款80多万元专款开展领雁工程培训。选派农村校长、教师参加省级骨干培训42人，参加市级骨干培训13人；与浙江教育学院联合举办"领雁工程——云和县名师高级研修班"；与温州教师教育院联合举办"山海协作——云和县领雁工程骨干教师培训班"。

基本功培训 1997年，县教委出台《关于开展小学教师基本功训练的通知》，1997年8月—1998年12月底完成全县小学教师全员基本功第一轮培训，培训内容为口语表达、三笔字、教学简笔画、教具制作与使用、教育组织管理。2008年始，进行新一轮的中小学教师全员基本功培训。培训时间为两年半（2008年6月至2010年12月），共180学时。

学科教学技能培训 1999年4月，县教委出台《云和县开展小学教师学科教学技能培训工作的实施意见》，决定在1999年—2001年3年内完成120学时（每年40学时）的小学教师学科教学技能培训。受训小学老师450人。

教育科研培训 2003年4—6月，举办小学教师教育科研专题培训班，全县小学教师全员参加培训，共495人。

专业必修主题培训 2004年开展全县初中教师专业必修主题培训，参训教师267人。

课程改革和学科主题构建专题培训 2004年县教育局下发《关于开展全县初中、小学教师课程改革与学习主题构建专题培训的通知》，决定2004年2月至2005年10月，对全县初中、小学教师进行"课程改革与学习主题构建"培训。

教师素质提升工程培训 2005年始，举办农村中小学教师素质提升工程培训。3年内分三批完成任务，每批均参加全省统一考试。2005年10月至2006年6月，完成第一批培训任务，参训人数初中140人，小学110人，共248人报考，合格率达98.53%；2006年7—10月，完成第二批培训任务，小学教师210人参训（初中教师在第一批已全部参加），报考208人，合格率达98.5%；2007年2—10月，完成第三批培训任务，小学教师189人参训，报考189人，合格率达100%。

暑期师德培训 2000年始，全县每年暑期进行2—5天教师师德培训。

普通话培训 2002年至2010年间，共有中小学（幼儿园）教师参训1233人次，在职教师基本通过普通话合格测试。

计算机应用能力培训　2000—2001年，教师进修学校对男55周岁以下、女50周岁以下的在职中小学教师进行计算机应用能力培训，712人参训，分八批次进行，培训结束由县人事局组织考核。

百人千场活动　2006年以来，组织初中和小学教师参加“百人千场”名师下乡送教活动共11次，参训教师共2800人次。

学历培训　1991—1995年，举办5届中师函授班，学员127人，全部毕业。1998—2003年，举办4届小教大专函授班，学员195人，全部毕业。至2010年年初，全县中小学专任教师学历合格率达到，小学100%、初中100%、普高98.31%、职高97.35%。

第三节　教师待遇

1993年10月《中华人民共和国教师法》颁布。标志着教师队伍建设走上规范化、法制化的轨道。

政治待遇

1991—2010年，教师的政治待遇主要体现在参政议政、入党以及接受政府表彰等方面。教育界先后有42人次被选为县人民代表，分别参加云和县5届人民代表大会；有37人次成为云和县政协委员，分别参加云和县4—7届政协组织；有4位教师获国家级嘉奖；86位教师获省级嘉奖；有204位教师获市级嘉奖。每年教师节召开30年以上教龄教师代表座谈会，颁发“从教三十年”证书，摄影留念；每年春节，县、镇（区）、乡领导干部都分头到学校慰问教师。20年间，中国共产党的基层组织在教育系统蓬勃发展。至2010年，局机关党委下设6个党总支、35个支部，党员598人；各乡镇初中、小学设立5个党支部、3个联合支部，党员69人，隶属于乡镇党委领导。

1991—2010年教育界县人大常委、市县代表一览表

表28-2-6

届　别	县人大常委	县 人 民 代 表	市人大代表
第十届	桑国忠（副主任）	张金凤　项岳娟　王祝文　傅立克　洪惠英　张达武　钱小林　杨岩菊　阙巧云　林云贞　陈祝明　方红光　吴杏兰　雷振天　兰金隆　桑国忠　叶长超	—
第十一届	雷陈荣	蔡连媚　李汉武　杨必福　张金风　张华燕　张达武　黄少英　桑国忠　阙巧云　雷陈荣（1994年3月止）　蓝金隆（1994年3月起）	—
第十二届	黄少英	曹项珍　黄少英　王　平　陈玉娟	—
第十三届	王谋广（工委主任）	王　平　王谋广　林志龙　黄少英　李伟明　陈玉娟	陈玉娟（一届）
第十四届	—	王　平　金流松　高洪波　林志龙	陈善鸿（二届）

1991—2010年教育界县政协党委、委员一览表

表 28-2-7

届　次	常务委员名单	委 员 名 单
第四届	张胜娟（副主席） 童少锋	鲁有福 傅德勤 高荣照 兰金隆 张胜娟 戴和英 胡惠民 钟金根 廖锡震 董士林 陈慧玲 童少锋
第五届	童少锋	王谋广 杨 春 鲁有福 李伟明 陈东晓 戴和英 童少锋
第六届	童少锋 陈善鸿	吴兆忠 傅立克 戴和英 林温云 林金娟 韩慧琴 李土亮 吕周亮 童少锋 陈善鸿
第七届	童少锋（副主席）	童少锋 叶 俊 项苏乐 林温云 韩慧琴 陈善鸿 桑文勇 饶小丽 陈莉莉 马伟娟 吕周亮 胡凌凌

经济待遇

在职工资待遇　教师在职工资，1987年，教师实行专业技术职务评聘。普通中小学分高级教师、一级教师、二级教师、三级教师4个级别。1993年，教育系统实行专业技术职务等级工资制，这次工改也称为套改。其套改办法按工资额套改，即按现行基础、职务、工龄津贴三项之和，就近高套入现任职务栏。按套改表套改，可先按低一级职务套改，再套入现职；可直接按现职套。1997年、1999年、2001年1月、2001年10月连续4次调整工资标准。2003年，机关事业单位工作人员，按职务在生活补贴、岗位补贴、目标考核奖三个方面调整工资。2006年，事业单位实行岗位绩效工资制度，工资由岗位工资、薪级工资、绩效工资和特殊岗位津贴组成。2009年1月，义务教育阶段教师开始实行绩效工资。2010年1月，云和县普通高中的教师及教育行政所属的事业单位的职工开始实行绩效工资。人均每年按33130元的标准计算。离休教师工资，按离休时的工资100%发放，每年可享受500元的特需补贴。

退休工资待遇　1990年，丽水地区行署发文，决定对部分中小学校退休教师发补助费，自1991年1月1日起执行。1993年9月30日前已办离退休手续和已到达离退休年龄的人员，相应增加离退休费。1995年，浙江省改革工资制度领导小组印发《退休退职人员按职务补足后的增资标准》，并规定离退休费补差从1993年10月1日起执行。2003年，机关事业单位离退休人员与在职人员同时调整工资。2009年，从1月起，退休人员按职级增加生活补贴费，人均每年按34250元的标准计算。2010年，高级中学、教育行政所属的事业单位的退休人员按专业技术职务增加生活补贴费，人均每年按33130元的标准计算。

民办教师工资　从1985年年始，给民办教师供应定销粮，长期存在的耕教矛盾得到解决。1990年，民办教师的工资有显著提高，云和县人均89元/月。1994年始，1978年年底以前在编的民办教师与中小学公办教师一样，按1993年工改文件规定，同时参加并同等同幅度增加工资。

奖励、津贴　2004年，全国劳动模范每月享受荣誉津贴200元，1989年年底前获得称号的，每月再增加荣誉津贴50元；省部级劳动模范，每月享受荣誉津贴150元。1989年年底前获得荣誉称号的，每月再增加荣誉津贴30元；市级劳动模范每月享受荣誉津贴100元；功勋教师每月享受荣誉津贴80元；获“全国五讲四美为人师表”称号者，每月享受荣誉津贴150元；经省人民政府批准为特级教师者，每人每月享受津贴300元。

其他津贴　20 世纪 90 年代，有煤气补贴、豆制品补贴；2008 年，省人事厅、财政厅、教育厅联合下发文件，2008 年 1 月 1 日起实行农村教师任教津贴。在此标准上，云和县按不同农村地域提高人均标准。

公费医疗　1952 年 10 月始，国家对公办教师实行公费医疗制度。1994 年提高到每人每年 168 元。门诊医疗费规定药费按工龄自负一部分，规定工龄在 30 年以上，药费自负 5%，其余自负 10%。2000 年始，教师公费医疗费按每人工资额计算，在职人员，45 岁以下，按上年工资额 7%计发；45 岁以上，按上年工资额 8%计发。退休人员，按上年工资额 10%计发。

假期　教师享受事假、病假、产假、丧假的权利。实行休假制度的职工，享有休假权利。教师享有带薪寒暑假的权利。

住房　中华人民共和国成立后，教师没有规定住房标准。20 世纪 90 年代实施房改政策，从三个方面施行（乡村教师未实际施行）：实行住房差价补贴。按文件规定，高级职称，享有住房面积为 100 平方米，中级职称享有住房面积为 90 平方米，助级及助级以下享有住房面积为 80 平方米。按现有住房计，面积不足部分，每平方米以 650 元的差价给予补贴；实行一次性住房补贴。高级职称按 90 平方米计发，中级职称按 80 平方米计发，助级职称及其以下按 70 平方米计发，每平方米补贴 220 元。工龄，工龄计算截至 1994 年年底。实行集资建房政策。1998 年 3 月，云和县教师园丁新村工程（其中教师个人集资 521.6 万元，县财政集中支付 45 万元）开始建设实施，首期 8 栋 200 套。1999 年教师节前交付。此后，云和中学教工宿舍工程和云和中学、云和县教师拆迁集资房先后在原人民小学旧址兴建，共建成教工宿舍 3 栋。

第三章　教育投入

1991—2010 年，云和县教育以规划为龙头，妥善处理继承与发展、现实与长远、渐进与闯关的关系，教育发展逐渐步入规范化、法制化轨道。全县撤并薄弱学校 196 所，新、扩、改建学校 20 所。同时，县委、县人民政府坚持“教育优先发展”的原则，教育投入持续增长。

1991 年，开始征收基础教育基金，教育总投入为 661.6 万元；1995 年，浙江省人民政府发起“扶贫建校”活动，云和县向社会筹资捐助教育资金 151 万元，筹集其他资金 351 万元，连续二年超额完成教育经费附加征收任务；2009 年，教育总投入达 15289 万元，义务教育所有债务全部化解，教职工的人员经费和基本福利待遇得以落实，义务教育阶段教师绩效工资兑现。大量的教育投入，云和县办学条件得到根本改善，教职工的待遇得到根本保证，贫困助学机制得以落实，营养餐工程全面实施，教师专业培训走向正常化，城乡教育更加均衡化，推进云和县教育事业的发展。

通过“希望工程”“扶贫建校”“捐资助学”“爱心营养餐工程”等形式开展扶贫助学，教育扶贫事业长足发展，为云和教育强县创建、“两基”验收、普及九年制义务教育等工作奠定坚实的基础。

第一节　教育规划

规划编制

1991年5月29日，云和县人民政府向县十届人大第九次常委会提交云和县《关于实施九年义务教育规划》审议案，通过后在云和镇、双港乡、金村乡等9乡镇实施，覆盖率达57.1%。是年，制定农村教育综合改革的“燎原计划”。1992年，县人民政府制定出台《云和县“八五”(1991—1995)期间儿童少年事业发展规划》，提出少儿工作的主要目标和采取的具体措施。1994年3月，县十一届人大常委会第七次会议通过《关于调整九年制义务教育规划的决定》，将全县开始义务教育时间从1995年调整为1997年。1996年，制定《云和县中小学教育装备“九五”时期发展规划》。1997年，县政府制定创建教育强乡镇规划，提出“分期分批实施，先创建市级，后创建省级”。1998年，编制《云和县小学布局调整五年规划》。1999年，制定并实施《云和教育系统校舍建设“十五”规划》《云和县职技校创建省重点职技校规划》。是年，县人民政府出台《云和县科教兴县规划》，提出“优先发展教育事业”。

2001年，制定并实施《2001—2005普及中小学信息技术教育规划》。

2002年，县教育局制定出台并实施《云和县教育事业发展“十五”规划》《云和县中小学师资培训计划》《全县中小学基础设施建设项目计划》《全县中小学现代教育技术装备计划》《全县中小学和幼儿园布局调整规划》《城镇6所中小学校园平面规划》等配套的5个子规划。2005年，县政府制订《云和县中小学食宿改造工程实施规划和分年度建设计划》。2006年，制定并实施《云和县教育“十一五”发展规划》。2009年，县政府出台《云和县中小学校舍安全工程实施方案》，编制《云和县中小学校舍安全工程规划(2009—2012)》。2010年，教育局出台《云和县教育信息化“十二五”发展规划》。

布局调整

幼儿园　1991年，云和县有幼儿园、托儿所、学前班54所。1992年，全县幼儿园调整至44所(其中部门办园5所，集体办园19所)。1998年，全县幼儿园30所(其中公办4所，民办10所)。县机关幼儿园、县教工幼儿园合并成立县实验幼儿园。2003年，全县幼儿园调整增加至56所，除大源乡以外其他13个乡(镇)均建立中心幼儿园。2005年，全县幼儿园调整至49所。星星幼儿园兼并原艺术幼儿园，创办童星分园和艺术分园；盼盼幼儿园扩建解放分园。2007年，全县幼儿园调整至47所。调整县妇联中心幼儿园体制和产权，新建县实验幼儿园南山分园和中山托班部。

小学　1991年，全县有小学198所，存在“网点多、分布散、规模小”，教育资源不能集中利用，办学条件得不到根本改善，教学设施得不到有效更新，制约教育教学质量的提升；1997

年，县教委提出小学网点调整目标，第一步，村校高年级学生到乡镇中心小学就读；第二步，有计划推进寄宿制办学模式。稳妥推进学校网点调整。是年，撤、并小学 11 所，实现全县村小高年级学生基本并入乡镇中心学校或规模较大的村完小就读。1998 年，县教委出台《云和县小学布局调整五年规划》，加大小学布局调整。撤、并小学 52 所、建成寄宿制小学 10 所。2000 年，撤、并小学 15 所。2002 年，撤销云和镇二小、局村和溪口教学点，并入古坊小学；撤销黄源乡盘条口和对山教学点，并入黄源乡小；撤销大源乡徐湖教学点，并入桥头小学；撤销大湾梓坊教学点，并入大湾乡小，全县设 24 所小学和低段教学点若干。全县 60%的小学生在县城就读。2003 年，沙溪乡校与贵溪小学合并，更名为城西小学；古坊小学并入县实验小学成为县实验小学古坊分校。2005 年，崇头镇小并入梅源中学。2007 年，县实验小学古坊分校从县实验小学剥离，成立古坊小学。

1991—2010 年云和县小学撤并表

表 28-3-1

<table>
<tr><th>时间
乡镇</th><th>1991 年</th><th>2010 年</th></tr>
<tr><td>云和镇</td><td>云和县中心小学 云和县府前小学 云和镇第一小学 云和镇第二小学 新岑小学</td><td>县实验小学、县江滨实验小学</td></tr>
<tr><td>小徐乡</td><td>小徐乡中心小学(黄水碓) 瓦窑小学 程宅小学 古坊小学</td><td rowspan="7">云和县古坊小学</td></tr>
<tr><td>大源乡</td><td>大源乡中心小学 徐湖小学 桃子坑小学 桥头小学 黄垟小学 朱坑小学 方山岑小学 曲桥小学 艮子背小学 田甫小学 上巴坑小学 仁子石小学 大南山小学 后庄小学 半路口小学 莲花山小学</td></tr>
<tr><td>龙门乡</td><td>龙门乡中心小学 田垟小学 埼河小学 樟坪小学 油坑小学 外垟小学 卜家小学 梅山小学 梓坊小学 英坑头小学</td></tr>
<tr><td>库北乡</td><td>库北中心小学 金光山小学 南洞小学 大丘田小学 高山小学</td></tr>
<tr><td>紧水滩</td><td>紧水滩镇中心小学 石浦小学 三望坛小学 昌莆砻小学 丰桶岗小学 莲塘小学 岗上小学</td></tr>
<tr><td>局村乡</td><td>局村乡中心小学 溪口小学 云章小学 梅岗源小学</td></tr>
<tr><td>雾溪乡</td><td>雾溪乡中心小学 砻头小学 水竹垟小学 西坑小学 坳头小学 龙井小学</td></tr>
<tr><td>沙溪乡</td><td>沙溪乡中心小学 长田小学 贵溪小学 高胥小学 后山小学 河上小学 西弄小学 拓园小学 村头小学 隔溪寮小学</td><td>云和县城西小学</td></tr>
<tr><td>双港乡</td><td>双港乡中心小学 规溪小学 滩下小学 坪地小学 叶村坪小学 张庄小学 高定小学 石塘小学</td><td rowspan="2">石塘镇中心小学</td></tr>
<tr><td>小顺乡</td><td>小顺乡中心小学 高畲小学 黄庄小学 朱家半岑小学 北溪小学 长汀小学 大沅口小学 蒲坛潭小学 横山头小学</td></tr>
<tr><td>金村乡</td><td>金村乡中心小学 石水缸小学 坑口小学 南坑小学 杨村小学 百花洞小学 石子岑小学 呑坑小学</td><td rowspan="2">朱村完全小学</td></tr>
<tr><td>朱村乡</td><td>朱村乡中心小学 张兰小学 双岑小学 石门坑小学 莲河小学 金钟山小学</td></tr>
<tr><td>安溪乡</td><td>安溪乡中心小学 黄处小学 严山小学 木樨花小学 东坑头小学 东岱小学 黄家地小学</td><td>安溪完全小学</td></tr>
<tr><td>云坛乡</td><td>云坛乡中心小学 沈岸小学 霞晓小学 梅湾小学 陈村小学 田青山小学 麻车岗小学 李山前小学 迁坑小学 杨 小学 李山小学 杨寮小学</td><td>云坛完全小学</td></tr>
</table>

续表 28-3-1

时间 乡镇	1991 年	2010 年
沈村乡	沈村乡中心小学 包山小学 平里小学 苏坑小学 竹坑小学 新华小学	云坛完全小学
黄源乡	黄源乡中心小学 叶垟小学 陈户小学 周村小学 牛角山小学 盘条口小学 水碓垟小学 对山小学 阴桥坑小学 东坑下小学 夏扒垟小学 陈家垟小学 陈山小学 大垟小学 水沃头小学 贵庄小学 烂坭小学	黄源完全小学
云丰乡	云丰乡中心小学 阴桥小学 王山头小学 杉板小学 洋山头小学 商坑小学 后垟小学 兰头小学 尖坳小学 范坑头小学坑下小学 山茶丘小学 香菇寮小学	云丰完全小学
大湾乡	大湾乡中心小学 林山小学 叶山头小学 外项山小学 梓坊小学 坳坊小学 坳头小学 内项山小学 叶马岱小学 下垟小学 吊庆坑小学 大源小学	大湾完全小学
赤石乡	赤石乡中心小学 临海垟小学 南山湖小学 新林小学 建林小学 麻垟小学 阴岩小学 建元小学 建升小学 乡沅头小学黄垟小学 独山湖小学	赤石完全小学
崇头镇	崇头镇中心小学 岩下小学 三望兰小学 垟背小学 坑根小学 砻铺小学 下垟小学 南山小学 吾坪小学 力溪小学 东 坑小学 张化小学 坑头小学	崇头完全小学

初级中学 1991 年，云和县有初级中学 16 所（其中独立初中 8 所，附设初中 8 所）。1992 年，全县进行较大规模撤乡扩镇的行政区划调整，局村初中班并入小徐中学；撤并朱村中学、双港初中班、小顺初中班，成立石塘中学。1995 年，梅源片初中网点开始调整，林山中学招一个班，黄源乡、云丰乡初中停止招生，该片 5 个乡镇初中义务教育任务由梅源中学承担。是年，云坛乡沈村中学撤并入小徐中学，学校更名为“云和镇初级中学”。1998 年，撤、并初中 1 所。2000 年，林山中学并入梅源中学；2003 年，沙溪中学、紧水滩中学并入云和镇中，云和镇中更名为“云和县第三中学”，并升格为县直属学校。2005 年，撤销石塘中学，原石塘中学学区初中义务教育任务由云和县第三中学承担。

职业中学 1991 年，云和县有职业中学 1 所（伏布农林中学，距县城 20 千米、位于海拔 800 多米的沈村乡伏布村）。1995 年，县教委主办的云和县中等职业技术学校与县劳动局主办的云和县技工学校合并为中等职业技术学校，升为副科级事业单位。

普通高中 1991—2010 年，云和县有普通高中 1 所（云和中学，含初中部 3 个年级段 6 个班），1998 年，初、高中分离。

至 2010 年，全县有普通高中 1 所、职业高中1 所、小学 14 所、初中 4 所、幼儿园 40 所。

第二节 经费收支管理

经费收入来源

教育经费的主要来源于政府财政拨款、教育费附加、捐资集资、学杂费和勤工俭学收入提成等。

政府财政拨款 1985 年，《中共中央关于教育体制改革的决定》下达后，基础教育由地方负责，分级管理，分级办学。省教委、省财政厅和其他部门下达一次性补助专款。

1991 年后，云和县政府拨款的教育经费逐年递增。

1995 年始，县政府认真执行《中华人民共和国教育法》，保证预算内教育经费的“三个增长”（各级人民政府教育财政拨款的增长应当高于财政经常性收入的增长；并使按在校学生人数平均的教育费用逐步增长；保证教师工资和学生人均公用经费逐步增长）。

教育附加费 根据省人民政府《关于筹措农村办学经费通知的实施意见》，结合云和县具体情况，经县人民政府研究决定自 1988 年 3 月 1 日起，开始征收教育附加费。2002 年，全县取消向农民征收农村教育费附加。

捐资集资 1990 年后，集资办学、捐资助学已成为云和县农村学校筹集教育经费的重要渠道之一。至 2010 年，全县社会团体和个人捐资助学 1800 多万元。

勤工俭学收入提成 1984 年，勤工俭学办公室成立，相继创办校办企事业，到 1990 年，勤工俭学总产值 140.89 万元，纯利润 21.9 万元。1991 年始，从勤工俭学收入中提成用于教育。1992 年，县教育部门兴办的企业有：云和工艺挂毯厂（古坊小学）、云和飞羊防盗锁厂（勤办）、云和县云富工艺厂（小徐乡小学）、“桃李苑”酒店（教建）、云和教学服务部（教研室）、云和县教育技术装备服务部（仪器电教站）。1993 年，“云和县校办企业公司”成立，公司隶属县教委，与勤办合署，一套人马、二块牌子。县农职校创办“云和树脂砂轮厂”和“云和竹木制品厂”。1996 年，全县勤工俭学总产值为 380 万元，利润 58 万元。

学杂费等收入 学校学杂费等收入一直是教育经费的组成部分。2006 年秋季起，免收义务教育阶段学生学杂费，2007 年秋季起免收义务教育阶段学生课本费、作业本费。以上两项免收资金由省财政全额转移支付，拨到学校。

1991—2010 年云和县由财政拨款的教育经费统计表

表 28-3-2　　单位：万元

年 份	合 计	其 中	
		财政拨款	省教育厅、省财政厅下达一次性补助
1991	463.1	402.6	60.5
1992	517.2	487.2	30
1993	621.1	586.1	35
1994	931.8	868.8	63
1995	1029.1	1004.1	25
1996	1184.6	1174.6	10
1997	1185.5	1119.5	66
1998	1400.7	1335.7	65
1999	1556.3	1511.3	45
2000	2148.1	2068.1	80
2001	3057.4	3036.7	20.7
2002	3945.9	3904.9	41

续表 28-3-2

年份	合计	其中	
		财政拨款	省教育厅、省财政厅下达一次性补助
2003	5246	5175.9	70.1
2004	6684.3	6595.5	88.8
2005	8185	7731	454
2006	8436.5	7579.2	857.3
2007	9367.8	8283.7	1084.1
2008	11932.4	9716.4	2216
2009	12646.8	10820.4	1826.4
2010	13665.9	11008.3	2657.6
合计	94205.5	84410	9796

经费支出

1985 年起，教育经费全面实行分级管理，分级办学。国家加大对教育投入，教师工资福利、校舍基建维修、教学设备添置更新等支出经费逐年增长。教育经费的支出主要是三部分：

人员经费 1991—2010 年每年的教师工资逐年增加，特别是 2001 年后增幅较大，到 2010 年教师工资支出达 7676.9 万元，占年教育总支出的 40.75%。

生均公用经费 1991 年以来生均公用经费逐年增加，到 2010 年支出达 1355.9 万元，占年教育总投入的 7.2% 。

基本建设经费 这部分经费包括新校舍建设和原校舍中危房、破旧房改造，教育、教学仪器设备添加等支出。1991—2010 年，全县校舍修建经费投入共 19500.5 万元。其职业中学投入 1400.4 万元，普通中学投入 10348.2 万元，小学投入 7660.9 万元，幼儿园 91 万元。

经费管理

1992 年 9 月始，实行“以县为主”的教育经费投入模式，教育经费由县教育局统一管理，设立“乡镇教育经费专户”，负责各乡镇学校的拨款和经费管理工作，县直属学校（含直属事业单位）由教育局直接拨款和管理。各乡镇中心学校设立财务机构，设会计和出纳岗位，负责本校的财务管理工作。1994 年，在云丰乡小（现云丰小学）召开村级小学经费统筹现场会，推进乡镇一级学校对村级小学经费统一管理工作，改变长期以来村级小学无财务账的状况。1997 年 9 月撤销“乡镇教育经费专户”，全县教育经费归教育局计财科管理。

2003 年，中小学教育乱收费现象基本得到遏制。

2004 年 10 月，县财政局成立“乡镇财政管理中心”，全县教育系统和乡镇财务一并纳入中心核算管理，教育系统从教育系统选调 6 位会计进入“乡镇财政管理中心”，负责全县教育系统的财务核算工作，学校（含直属事业单位）取消会计和出纳岗位，设置报账员，报账员负责管理本单位的财务日常事务和管理工作，教育系统的财务核算、管理步入正常的轨道。

2005 年，县教育局继续规范教育收费，实施“阳光收费”，印发《关于进一步加强教育收费管理的通知》，严格执行义务教育阶段公办学校“一费制”收费办法，建立和完善教育收费的责任制、公示制、督查制、审计制和责任制。

1991—2010 年云和县教育经费投入统计表

表 28-3-3　　单位：万元

项目 年份	总 计	教育事业拨款	其他拨款	城市教育附加	农村教育附加	地方教育附加拨款	基建教科研经费	事业收入	其他收入	其他收入中的捐资收	其他收入中的个人捐资收入
1991	621.6	463.1	3.4	18.6	—	25.9	—	39.3	71.3	18.2	18.2
1992	705.3	517.2	3.5	15.1	36	—	15	54.8	63.7	30.7	30.7
1993	920.3	640.1	—	31.5	74.7	—	—	72.8	101.2	40.5	40.5
1994	1299.6	948.8	—	37.6	75.9	—	—	88.9	148.4	63.8	63.8
1995	1837.5	1041.1	—	53.7	93.2	—	24	112	513.5	319.8	319.8
1996	1811.6	1041.6	—	58.3	80.3	—	4.4	118.5	508.5	277.6	277.6
1997	1589.7	1021.8	—	50.6	40.3	—	6.8	178.9	291.3	37.5	37.5
1998	2217.7	1400.7	—	78.5	14.3	—	190	390	144.2	8.5	8.5
1999	2493.1	1556.3	43.5	115	147	—	110	407.3	114	14.7	14.7
2000	3244.3	1721.2	85.7	130	161.2	—	50	545.7	550.5	18.9	18.9
2001	4534.6	2520	188.4	174.9	147.4	—	26.7	712.1	765.1	73.1	73.1
2002	5161.8	3030.7	348.9	292.3	264	—	10	874.4	341.5	89.7	89.7
2003	6841.6	3926.3	862.5	307.2	—	—	150	1109.7	485.9	97	97
2004	8966.8	4769.1	1547.4	367.8	—	—	—	1459.6	822.9	199.7	199.7
2005	10332.4	4669.8	3147	368.2	—	—	—	1550.3	597.1	86	86
2006	10462	6051	1653.1	537.4	—	170	25	1523.5	502	33.5	33.5
2007	12102	6824.4	1667.4	530	—	346	—	1440.6	1293.6	202.2	202.2
2008	14354.7	7765.7	3260.5	514.3	—	301.9	—	1730.2	782.1	51	51
2009	15289.5	8418.8	3096.8	515.3	—	303.9	312	1743.2	899.5	111.5	111.5
2010	18840.1	12146.7	560.4	277.8	—	653.9	3	2700.4	2497.9	63	63
合计	123626.2	70474.4	16468.5	4474.1	1134.3	1801.6	926.9	16852.2	11494.2	1836.9	1836.9

1991—2010年云和县财政预算内教育经费“三个增长”情况表

表 28-3-4

单位：万元

年份	教育财政拨款的增长情况（元）				生均预算内教育事业费支出增长情况（元）								生均预算内公用经费支出增长情况（元）							
	财政经常性收入（万元）	比上年增长	预算内教育拨款（万元）	比上年增长	小学		普通初中		普通高中		职业高中		小学		普通初中		普通高中		职业高中	
					生均经费	比上年增长%	生均经费	比上年增长%	生均经费	比上年增长%	生均经费	比上年增长%	生均经费	比上年增长%	生均经费	比上年增长%	生均经费	比上年增长%	生均经费	比上年增长%
1991	799	—	463.1	—	—	—	—	—	—	—	—	—	—	—	—	—	—	—	—	—
1992	875	9.51	517.2	11.68	—	—	—	—	—	—	—	—	—	—	—	—	—	—	—	—
1993	1565.2	78.88	640.1	23.76	—	—	—	—	—	—	—	—	—	—	—	—	—	—	—	—
1994	1054.3	-32.64	948.8	48.23	—	—	—	—	—	—	—	—	—	—	—	—	—	—	—	—
1995	1473.5	39.76	1041.1	9.73	—	—	—	—	—	—	—	—	—	—	—	—	—	—	—	—
1996	2114	43.47	1041.6	0.05	—	—	—	—	—	—	—	—	—	—	—	—	—	—	—	—
1997	2485	17.55	1021.8	-1.90	—	—	—	—	—	—	—	—	—	—	—	—	—	—	—	—
1998	2897	16.58	1400.7	37.08	—	—	—	—	—	—	—	—	—	—	—	—	—	—	—	—
1999	3536	22.06	1556.3	11.11	—	—	—	—	—	—	—	—	—	—	—	—	—	—	—	—
2000	4259	20.45	1721.2	10.60	—	—	—	—	—	—	—	—	—	—	—	—	—	—	—	—
2001	5230	22.80	2520	46.41	1707	—	1414	—	—	—	—	—	25	—	30	—	—	—	—	—
2002	5370	2.68	3030.7	20.27	1625	-4.80	1733	22.56	—	—	—	—	61	144.00	50	66.67	—	—	—	—
2003	7222	34.49	3962.3	30.74	2449	50.71	2866	65.38	—	—	—	—	62	1.64	58	16.00	—	—	—	—
2004	9163	26.88	4769.1	20.36	3068	25.28	3641	27.04	—	—	—	—	144	132.26	113	94.83	—	—	—	—
2005	9760	6.52	4669.8	-2.08	2650.08	-13.62	3010.92	-17.31	—	—	—	—	180	25.00	180	59.29	—	—	—	—
2006	11179	14.54	6051	29.58	3070.65	15.87	3428.53	13.87	—	—	—	—	180	0.00	180	0.00	—	—	—	—
2007	12968	16.00	93924	1452.21	3929.06	27.96	5036.43	46.90	3884.59	—	3568.3	—	566.52	214.73	1041.96	478.87	233.74	—	780.66	—
2008	14319	10.42	11116.2	18.35	4120.17	4.86	4723.42	-6.21	4002.42	3.03	5411.47	51.65	577.77	1.99	700.56	-32.77	189.09	-19.10	1246.07	59.62
2009	14751	3.02	11827.6	6.40	5264.35	27.77	5517.08	16.80	4110.77	2.71	5477.48	1.22	585.83	1.40	708.74	1.17	190.15	0.56	1251.22	0.41
2010	15765	6.87	12710.1	7.46	5815.75	10.47	6034.18	9.37	4403.5	7.12	5479.8	0.04	689.15	17.64	903.16	27.43	207.48	9.11	1253.09	0.15
合计	126785	359.84	164932.7	1780.04	33699.06	144.5	37404.56	178.4	16401.28	12.86	19937.05	52.91	3071.27	538.66	3965.42	711.49	820.46	-9.43	4531.04	60.18

1991—2010 年云和县校舍修建情况统计表

表 28-3-5

年份	总计				总计		
	总面积	改造危房	改造破旧房	新建校舍	总计	财政拨款	多渠道筹集
1991	0.99	—	0.96	0.03	14	9	5
1992	0.98	—	0.62	0.36	139.8	83	56.8
1993	0.72	—	0.48	0.24	166.3	128	38.3
1994	1.09	0.15	0.5	0.44	242	206.1	35.9
1995	0.7	0.3	0.25	0.42	706.7	367.3	339.4
1996	1.95	—	0.72	1.23	467.2	149.3	317.9
1997	—	—	—	—	—	—	—
1998	1.68	—	0.35	1.33	473.6	465.3	8.3
1999	1.31	—	1	0.31	402.6	377.6	25
2000	0.6	—	0.48	0.12	394	354	40
2001	2.57	0.7	1.16	0.71	1101.8	698.8	403
2002	2.289	0.468	0.621	1.2	1252.4	1115.8	136.9
2003	4.8861	0.4693	1.01	3.4068	1568.2	752.6	815.6
2004	5.1398	1.03	2.1	2.0098	1404	1376.8	27.2
2005	1.199	0.09	0.1	1.009	1863.7	1667.7	196
2006	3.6952	0.68	1.0102	2.005	1664.4	347.9	1296.5
2007	1.9	—	1	0.9	1641.9	1641.9	—
2008	0.4	—	—	0.4	453.1	453.1	—
2009	0.95	—	0.05	0.954	2295	2295	—
2010	2.6	—	2	0.6	2947.5	2947.5	—
合计	35.65	3.8873	14.41	17.66	19198.2	15436.7	3741.8

1991—2010年云和县教育基建经费支出情况表

表 28-3-6　　单位：万元

年份	合计	中等职业学校		普通中学			小　学			幼儿园
		小计	职高	小计	城镇	农村	小计	城镇	农村	
1991	140	1.2	1.2	76.5	2.7	73.8	62.3	30.2	32.1	—
1992	139.8	0.8	0.8	70.2	48.2	22	68.8	9.3	59.5	—
1993	166.3	0.3	0.3	110.1	106.5	3.6	55.9	26.2	29.7	—
1994	242	2.5	2.5	89.3	—	—	150.2	—	—	—
1995	706.7	1.3	1.3	526.2	—	—	179.2	—	—	—
1996	467.2	3.9	3.9	298.8	—	—	164.5	—	—	—
1997	16.2	16.2	16.2	—	—	—	—	—	—	—
1998	473.6	46.4	46.4	367.7	—	—	59.5	34.5	25	—
1999	402.6	28	28	205.4	—	—	169.2	—	—	—
2000	394	71	71	69.9	—	—	281.1	—	—	—
2001	1101.8	88.2	88.2	392.9	—	—	620.7	—	—	—
2002	1252.4	43.8	43.8	720.7	—	—	487.9	—	—	—
2003	1568.2	227	227	886	—	—	455.2	—	—	—
2004	1404	92.8	92.8	687.2	—	—	624	—	—	—
2005	1863.7	166.7	166.7	1140.2	—	—	556.8	—	—	—
2006	1644.4	208.3	208.3	1004	—	—	432.1	—	—	—
2007	1641.9	52	52	888.6	—	—	701.3	—	—	—
2008	453.1	—	—	210	—	—	152.1	—	—	91
2009	2295	350	350	1007	—	—	1090.1	—	—	—
2010	2947.5	—	—	1597.5	—	—	1350	—	—	—

1991—2010年云和县教育经费(公办)投入统计表

表 28-3-7　　单位：万元

年份	总计	教育事业拨款	其他拨款	城市教育附加	农村教育附加	地方教育附加	基建教科研经费	事业收入	其他收入	其他捐资收入	个人捐资收入
1991	621.6	463.1	3.4	18.6	—	25.9	—	39.3	71.3	18.2	—
1992	705.3	517.2	3.5	15.1	36	—	15	54.8	63.7	30.7	9.8
1993	920.3	640.1	—	31.5	74.7	—	—	72.8	101.2	40.5	21.6
1994	1299.6	948.8	—	37.6	75.9	—	—	88.9	148.4	63.8	20.3
1995	1837.5	1041.1	—	53.7	93.2	—	24	112	513.5	319.8	16.1
1996	1811.6	1041.6	—	58.3	80.3	—	4.4	118.5	508.5	277.6	27.8
1997	1589.7	1021.8	—	50.6	40.3	—	6.8	178.9	291.3	37.5	66.9

续表 28-3-7

年份	总计	教育事业拨款	其他拨款	城市教育附加	农村教育附加	地方教育附加	基建教科研经费	事业收入	其他收入	其他捐资收入	个人捐资收入
1998	2217.7	1400.7	—	78.5	14.3	—	190	390	144.2	8.5	27.2
1999	2493.1	1556.3	43.5	115	147	—	110	407.3	114	14.7	32
2000	3244.3	1721.2	85.7	130	161.2	—	50	545.7	550.5	18.9	—
2001	4534.6	2520	188.4	174.9	147.4	—	26.7	712.1	765.1	73.1	—
2002	5161.8	3030.7	348.9	292.3	264	—	10	874.4	341.5	89.7	—
2003	6841.6	3926.3	862.5	307.2	—	—	150	1109.7	485.9	97	—
2004	8966.8	4769.1	1547.4	367.8	—	—	—	1459.6	822.9	199.7	—
2005	10332.4	4669.8	3147	368.2	—	—	—	1550.3	597.1	86	—
2006	10462	6051	1653.1	537.4	—	170	25	1523.5	502	33.5	—
2007	12102	6824.4	1667.4	530	—	346	—	1440.6	1293.6	202.2	—
2008	14354.7	7765.7	3260.5	514.3	—	301.9	—	1730.2	782.1	51	—
2009	15289.5	8418.8	3096.8	515.3	—	303.9	312	1743.2	899.5	111.5	—
2010	18840.1	12146.7	560.4	277.8	—	653.9	3	2700.4	2497.9	63	—

校舍投资

1991—2000 年，云和县对校舍投入 3000 多万元，其中县财政拨款 2139.6 万元，多渠道筹集资金 866.6 万元。新建校舍面积 4.48 万平方米，改造危房面积 0.45 万平方米，改造破旧房面积 5.36 万平方米。涉及全县 100 多所学校，遍及到每个乡村小学，学校一度成当地最漂亮的建筑。

图 28-3-1 沈炳麟先生捐资朱村小学庆同楼（1996 年摄 县教育局提供）

2001 年后，随着“小县大城”的战略不断深入，农村人口逐年向城镇转移，云和县对全县学校的规划、布局进行调整，校舍的建设投入主要以城区、乡镇中心学校为主。2002 年，全县农村村级小学布局调整基本到位。2001—2002 年，共投入经费 2354.2 万元，改造校舍面积 4.859 万平方米。

2005 年，省政府决定全面实施“农村中小学食宿改造工程”。县政府制订出台《云和县中小学食宿改造工程实施规划和分年度建设计划》，将所有食宿改造工程项目列入县重点建设项目。2005—2007 年，全县农村中小学食宿改造工程共投入 1216 万元，共 11 个项目（其中食堂改造项目 6 个，宿舍改造项目 5 个），总建筑面积 12280 平方米（其中食堂 4730 平方米，宿舍 7550 平方米）。

2009 年，云和县启动农村小规模学校调整改造工程和农村中小学危旧教师集体宿舍改造工程，改造项目17个，“校安工程”总投资2605万元。

1991—2010年云和县校舍修建情况表

表28-3-8

年份	修建面积（万平方米）				投入资金（万元）		
	总面积	改造危房	改造破旧房	新建校舍	总计	财政拨款	多渠道筹集
1991	0.99	—	0.96	0.03	14	9	5
1992	0.98	—	0.62	0.36	139.8	83	56.8
1993	0.72	—	0.48	0.24	166.3	128	38.3
1994	1.09	0.15	0.5	0.44	242	206.1	35.9
1995	0.7	0.3	0.25	0.42	706.7	367.3	339.4
1996	1.95	—	0.72	1.23	467.2	149.3	317.9
1997	—	—	—	—	—	—	—
1998	1.68	—	0.35	1.33	473.6	465.3	8.3
1999	1.31	—	1	0.31	402.6	377.6	25
2000	0.6	—	0.48	0.12	394	354	40
2001	2.57	0.7	1.16	0.71	1101.8	698.8	403
2002	2.289	0.468	0.621	1.2	1252.4	1115.8	136.9
2003	4.8861	0.4693	1.01	3.4068	1568.2	752.6	815.6
2004	5.1398	1.03	2.1	2.0098	1404	1376.8	27.2
2005	1.199	0.09	0.1	1.009	1863.7	1667.7	196
2006	3.6952	0.68	1.0102	2.005	1664.4	347.9	1296.5
2007	1.9	—	1	0.9	1641.9	1641.9	—
2008	0.4	—	—	0.4	453.1	453.1	—
2009	0.95	—	0.05	0.954	2295	2295	—
2010	2.6	—	2	0.6	2947.5	2947.5	—
合计	38.9691	3.8873	15.7412	19.6646	22241.7	18480.2	3741.8

校舍建筑类型 20世纪50年代建造的，辖区内中小学校舍除县立初中、县中心小学和极少数乡镇中心小学为砖木结构外，其他中小学校舍均为泥木结构。60年代建造的校舍结构以砖木结构为主。70年代特别是1978年后，新建校舍结构以砖混结构为主，少数校舍结构为框架结构。2000年后，新建校舍结构以框架结构为主。中小学校舍质量得到提升。

校舍资产 2001年，云和县实施“小县大城”战略，城区学校规模不断扩大，农村学校村级小学大部分撤并，资产交由当地村委管理使用。

至2010年年末，全县各类学校固定资产总额为23533.6万元，学校占地面积473108平方米，校舍建筑面积210872平方米。其中：职业中学固定资产5835.6万元，占地面积83176平方米，校舍建筑面积28419平方米；普通中学固定资产10803.7万元，占地面积121015平方米，建筑面积83280平方米；小学占地面积2550174平方米，校舍建筑面积59407平方米，固定资产5971.7万元；幼儿园占地面积45192平方米，校舍建筑面积28484平方米，固定资产745万元；民办初中一所，占地面积4269平方米，校舍面积3668平方米，固定资产120万元；教育事业单位固定资产647万元。

教学装备

1991年，云和县教育局仪器电教站成立。1996年，云和县重点开展中小学实验室标准化建设和“二机一幕”（录音机、投影机、银幕）进教室工作。1999年，全县完全小学以上学校实现“二机一幕”进教室，通过浙江省中小学实验教学普及县验收。2002年，通过省普实复查。

2001—2002年，县实验小学和镇一小部分学生家长自愿捐助购置多媒体教学设施，开启云和县多媒体教学。

2003年，教育局教育信息化工作领导小组成立，制定云和县教育城域网建设方案，启动全县中小学网络“校校通”工程。全县初中、乡镇中心小学开设信息技术课。

2004年，完成乡小以上学校普及校园广播系统，开通云和教育网。在全市第一个实现网络“校校通”工程。成立县中小学图书配送中心（初中为二中、小学为实验小学）。采用统一配送的形式，为学校配送图书。

2005年，全县理科仪器城镇中小学达到Ⅰ类配备标准，乡镇中小学达到Ⅱ类配备标准。成立县教育信息中心，组建云和教育资源网。组建云和教育发展中心信息装备部。是年开始，省政府在经济欠发达地区开展农村中小学现代远程教育工程（简称“农远工程”）。

2006年，城区中小学配备一批多媒体设备，城区中小学多媒体班套比基本达到1:1。建立远程教育直播平台，全县中小学有计划地开展优质课直播点播活动。

2007年，出台《云和县教育局关于进一步做好学校教育信息化工作的通知》《云和县教育装备管理使用细则》和《云和县中小学教育装备管理使用制度》。

2009年，第二轮“农远工程”开始，义务教育阶段学校教育技术装备进一步完善与更新。黄源乡中心小学被评为省第一轮“农远工程”先进集体，蓝岳峰被评为省“农远工程”先进个人。

第三节 教育扶贫

捐资建校

1991年，云和县开征基础教育基金。行政、企事业单位干部职工每人每年收取24元。同年，香港大业织造有限公司董事长沈炳麟及夫人捐资19.2万元兴建县中心小学“庆同楼”。云丰乡人民集资重建被山洪冲毁的乡校。1992年，云丰乡在全县率先推行全乡教育经费统筹。1993年，县委、县府出台《关于多渠道筹措教育经费的决定》，下达各乡镇农村教育费附加征收任务。农村教育费附加的征收对乡镇考核实行一票否决制。同年，沙溪乡高胥、三门两村群众集资21万元改造村校校舍，其中村民自筹资金11.5万元。省青年成

图 28-3-2　梅源中学“扶贫建校”签约仪式现场（1996 年摄　县教育局提供）

才基金会捐资 20 万元用于赤石小学综合楼建设，成为云和县第一所希望小学。全县多渠道筹措教育经费工作，年终考核名列地区第三。同年，安溪乡中心小学在台风中被毁。全县发动社会各界捐资，在安溪乡中心小学新建“恩美楼”“民族团结楼”以及附属用房。1995 年，县委、县府重新出台《云和县城乡教育费附加征收管理办法》，提高各乡镇、农村教育费附加征收指标基础教育资金征收金额提高到每人 36 元。全县向社会筹资捐助教育资金 151 万元，筹集其他资金 351 万元，连续二年超额完成教育经费附加征收任务，年终评比名列地区第二。同年，云和县 4 所中学 10 个项目被列为省扶建工程，省物资局、省广电厅、省电力局、省民政厅、绍兴县、慈溪市扶助云和县资金共 362 万元，扶建工程全面开工。扶贫建校配套资金严重不足，县财政将教育基本投入从每年 30 万元追加到 50 万元。县委书记刘秀兰提出“贷款也要办教育”，当年教育投入 250 万元。省建设厅、省民政厅各捐资 5 万元，用于梅源中学添置学生课桌椅。香港同胞叶彩萍女士捐资 2 万元，用于梅源中学添置学生床架。1996 年，省建设厅向梅源中学捐资 5 万元，用于添置学生床架。宁波中学为梅源中学培训师资。中国绍兴轻纺城向梅中捐资 150 万元，用于新建教学楼，学校因此更名为“中国轻纺城梅源中学”，绍兴县委书记陈敏尔题写校名。同年，浙江大学捐资 38 万元及大量教学仪器，分别用于扶建坪背希望小学、救助贫困学生、改善梅中办学条件。云和县工贸实业公司捐资 58 万元，用于新建县小校门、文华楼；捐资 30 万元在云中设立“文华奖励基金”。浙江省政府驻上海办事处向沙溪乡小捐资 30 万元。浙江省福利企业协会援建双港民政希望小学。副省长徐志纯视察云和县扶建工程。发动社会各界捐资办学，中小学校舍面貌有显著改观，云和县受到省政府表彰，奖励县教委 3 万元。1997 年，浙江省政协捐资 15 万元，用于县江滨实验小学“联谊楼”建造。香港永联贸易公司董事长闻儒根捐资 12 万元，用于大湾乡中心小学“闻裕顺小学教学楼”建设。1998 年，紧水滩电厂向异地新建的县实验幼儿园捐资 47 万元。1999 年，赤石籍旅台教育家华寿南以其父亲名义在赤石乡中心学校建立“华氏官金公奖学金”，在美国银行存入 1 万元美金，每年提取利息用于奖励赤石乡小学品学兼优学生。2001 年，温州圣雄集团资助崇头镇中心小学兴建“圣雄楼”。学校称为“圣雄希望小学”。香港景范教育基金会向金村完全小学捐资 10 万元，学校原拆原建，称为“景范第十八希望小学”。省审计厅向云坛乡中心小学捐资 30 万元，用于建造“浙审楼”。省物资局向云丰乡中心小学捐资 30 万元，用于建造“物产综合楼”。2002 年，沙铺乡中心小学在省海洋渔业局协助下，筹集 60 余万元，建成“启航综合楼”。2004 年，重庆力帆集团向梅源中学捐资 30 万元，建造“力帆综合楼”。2006 年，省军区全体官兵的赞助城西小学扩建，学校被命名为“浙江省军区爱心小学”。香港邵氏基金会捐资25万元港币用于云丰乡中心小学"逸夫教学楼"建设。

2007年,浙江省人民政府办公厅出台《关于开展第二轮教育对口支援工作的实施意见》。桐乡市与云和县结为教育对口支援县市,签订《桐乡市——云和县教育对口支援协议书》,桐乡市4年内每年扶持云和县教育经费50万元。省教育厅向古坊小学赠送教育装备。萧山慈善总会向沙铺乡中心小学捐资20万元,用于"食宿综合楼"建设。2009年,浙江大学总裁班学员向梅源中学捐赠350套课桌椅和1套移动多媒体;6月,中国移动"梦想操场"助学工程捐赠价值4万元的体育器材;11月,金祖鑫键华图书馆捐赠图书1726册。2010年,宁波市五交化市场党总支部向赤石乡中心学校捐资7万元,用于门口道路建设;宁波市东交街道慈善会捐资20万元用于硬件添置及环境改造。

1997—2010年,扶贫建校活动继续开展。其间,全县筹措扶贫建校资金462万元,完成江滨实验小学育英楼、联谊楼、云丰小学物产综合楼、逸夫楼、沙浦小学起航楼、古坊小学汉声楼、梅源中学力帆综合楼、慈心楼等建设项目。

扶贫助学

捐资助学 1989年,云和县人民教育基金会成立,筹集资金解决部分贫困学生上学难问题。1992年,县政府动员社会各界捐资、捐物,开始实施"希望工程"帮助贫困学生。

图28-3-3 扶贫建校时,梅源中学师生建操场劳动(1996年摄 县教育局提供)

1995年,县希望工程办公室被评为"全国希望工程先进集体"。全县共落实"希望工程"救助对象1562人。

2002年,县教育局出台《云和县中小学贫困生助学制度实施办法(试行)》,以县政府公布的最低生活保障线为标准,建立义务教育阶段贫困生库,全县中小学共有贫困生1118人。同时,县政府开展宣传,捐资助学活动得到多方支持。省青少年发展基金会捐资7万元,资助贫困大学生;中国外运钱塘公司捐资3万余元,资助沙溪小学贫困生34名;富阳烟草公司与梅中8名学生结对,每学期给每位贫困生500元补助金;丽水同心房产有限公司、宁波市通泰标志服有限公司、云和振鹏实业有限公司等纷纷慷慨解囊。全年社会各界通过各种渠道为贫困生争取到资助款45万余元,资助520余名大中小学贫困生,全县没有一个学生因贫困而失学。

2003年,按照《云和县中小学贫困生助学制度实施办法(试行)》,发放教育助学券,全县第一批受助356人,对象为低保户子女。其中,高中20人,受助额人均400元;初中162人,受助额人均300元;小学174人,受助额人均200元。共计发放助学资金14万元。对义务教育阶段少数民族学生减免学杂费,对生活确有困难的少数民族高中学生减免学杂费。全年共资助贫困生1126人,占学生总数的9.2%,发放教育助学券71.8万元,受助学生1026人(其中,高中516人,初中165人,小学283人);财政安排少数民族学生减免杂费资金32万元,受益少数民族学生 1463 名，生均 218.7 元。将资助贫困学生入学列入挂钩扶贫内容，由省、市、县（市、区）联系单位挂钩救助。构建社会“爱心救助网”，设立各种扶贫基金会，鼓励企业参与爱心助学活动。

2004 年，县教育局出台《云和县进城务工就业农民子女义务教育暂行办法》，实现农民工子女就学与县城居民子女“同城同待遇”。1479 名本县农民工子女零门槛进入城区公办中小学就读，为进城务工就业农民子女免除近 102.5 万元借读费；发放教育助学券 73 万元，受助学生 1176 人。（其中，高中 700 人、初中 183 人、小学 294 人）；财政安排少数民族学生减免杂费资金 30 万元，受益少数民族学生 1419 名，生均 211.4 元。占学生总数 8.5%。全县募集助学资金 118.5 万元，资助贫困中小学生 4905 人，占在校生比例达 17.2%。

2005 年，云和县出台《云和县农村中小学家庭经济困难学生资助扩面工程实施办法》，对全县学生困难情况进行分析，做好贫困生资助扩面工程，并要求学校做好申请、核实、公示、发放工作，制定相关实施方案。对助学金的经费来源、用途、发放对象、管理等进行明确规定，确保助学工作的制度化、正常化。全县中小学基本实现应补尽补。全年共资助贫困学生 3720 人，占全县学生的 25.69%，金额 168.8 万元。

2006 年，依据《云和县农村中小学家庭经济困难学生资助扩面工程实施办法》的要求，进一步明确受助群体，扩大救助范围。资助对象，低保户家庭子女、福利监护未成年人、烈士子女、五保供养的未成年人以及残疾学生；农村居民年人均收入 1500 元以下、城镇居民人均可支配收入 3000 元以下的低收入家庭子女；少数民族学生；因灾、因病造成家庭经济困难学生。资助标准：对低保家庭、烈士子女、残疾学生在义务教育阶段免收课本费、作业本费、住宿费，高中阶段免收学费和代管费；对低收入家庭学生在义务教育阶段免收课本费、作业本费；对少数民族学生；临时困难类学生根据具体情况，缓交、减交或者免交有关费用。农民工子女就学“同城同待遇”、少数民族学生义务教育阶段免交学杂费和对生活确有困难的少数民族高中学生减免学杂费等政策全面落实。同年，县财政开始发放“民族教育券”。每学年对少数民族高中生（含职高）每人补助 800 元、初中生每人补助 200 元、小学生每人 100 元。

2007 年，云和县教育局成立“云和县义务教育经费保障机制改革领导小组”，明确受助群体，规范调查、审批程序，保障机制改革措施落实到位。全年免收义务教育杂费等 240 万元，惠及中小学生 11131 人。义务教育阶段二类资助对象从农村居民年人均收入 1500 元以下、城镇居民人均可支配收入 3000 元以下的低收入家庭子女提高到农村居民年人均收入 2000 元以下、城镇居民人均可支配收入 4000 元以下的低收入家庭子女。职业高中二类困难学生资助扩面使资助面达到 10%。全县共投入扶困助学资金 231 万元。继续落实《云和县进城务工就业农民子女义务教育暂行办法》，解决 300 余名农民工子女小学一年级新生的“零门槛”进入城区小学就读。

2008 年，依照省扶困助学扩面工程和爱心营养工程管理办法及有关法律法规，完善扶困助学有关政策，实施义务教育免费政策，做好职业高中和普通高中一类、二类资助对象扩面工程。中等职业学校资助对象，第一类同普通中小学的一类学生；二类是低收入家庭子女。资助标准，一类学生免收学费和代管费。二类学生免收学费。一、二年级全部学生享受国家助学金，资助标准每生每年1500元。农业种养技术类专业的本省藉学生免收学费，一、二年级学生同时享受每生每年1500元的国家助学金。对品学兼优学生进行奖励，标准每生每年1000元，受奖学生为在校生总数的5%。全年扶困助学资金和少数民族学生助学奖学金共计151万元，资助贫困中小学生1478人，高中阶段资助面达到23.65%，超过省定15%以内的标准；职业高中国家助学金投入167万元，受助学生1281人；职业中学奖学金7万元。全县共投入扶困助学资金106.6万元，资助贫困中小学生1121人。

2009年，继续推进义务教育免费政策实施，春季开始免收义务教育阶段农村学生住宿费。全年扶困助学资金和少数民族学生助学奖学金共计251万元，资助贫困中小学生2090人，高中阶段资助面达到37.08%；职业中学国家助学金共计107万元，受助学生1130人；职业中学奖学金7万元。全县共投入扶困助学资金358万元，继续落实"同城同待遇"政策。符合条件的民工子女100%进入公办学校就读，全部免除借读费。2010年，云和县开始解决留守儿童教育问题，一是全部免除学杂费、住宿费；二是继续提供免费营养餐，周末学生免费乘坐班车；三是加强心理健康教育。

爱心营养餐工程 1996年，梅源中学有在校生901人，其中90%是住校生。学生很多来自大湾、沙铺、黄源、云丰等边远贫困山区，米、菜自带，饭在学校蒸，菜只能吃容易存放的梅干菜、萝卜干等，一周半月甚至一个月以上才回家一趟备粮备菜。加上家庭经济普遍困难，住校学生很少能吃上新鲜菜，普遍营养不良。针对这一情况，学校研究决定让住校生每学期交5公斤黄豆，县教委支持学校举措，购置制作豆腐酿工具送给学校，从此梅源中学住校生每周能吃上3—5餐豆腐泥，同时也得到学生家长支持。被称之为"豆腐泥工程"的爱心营养餐工程在全县农村寄宿制学校铺开实施。浙江省政协办公厅高而颐到云和赤石乡开展扶贫工作，到赤石乡中心小学，看见该校住校生每人每周只吃一瓶霉干菜下饭，回厅转述此情，发动干部捐款赞助，让该校学生每周吃上一块肉。"一块肉"受到群众普遍赞誉。

赤石、黄源学校的爱心之举受到家长和学生的普遍欢迎，得到社会好评。有的小学筹款给学生每周供应一袋牛奶，有的学校筹款让学生吃上鸡蛋，有的学校与生产队联系落实劳动基地，师生种植，让住校生吃上青菜。

2001年，石塘、朱村学校由乡镇政府出资25%，教育局拨款75%，启动学生"营养餐工程"。

2002年，中共云和县委、县政府出面组织、协调，县教育局与有关部门共同努力，在全县推广"爱心营养餐工程"，并成立县、校两级爱心营养餐工程领导小组，确定专人管理。

2003年，全县推出首个"营养餐计划"，全县寄宿制学校开展实施"五个一"工程，由县财政出资为寄宿制学校配备一台磨浆机、一台洗衣机、一台电视机、一台缝纫机、一块菜地，黄豆也由政府出资购买，学生不用自己再带，学校还专门为住校生配备生活指导老师。丽水市市长刘希平到云和考察工作期间，考察农村寄宿制学校，对云和想方设法让学生健康成长作高度评价，对开展爱心营养餐工作给予充分肯定。

图 28-3-4　学生爱心营养餐（2005 年 6 月摄　县教育局提供）

2004 年，云和在全国率先创设的“爱心营养餐”工程在丽水市全面铺开，浙江省“爱心营养餐工程”现场会在丽水召开，省长吕祖善参加会议，并决定在全省推广。在“五个一”工程的基础上，云和县财政拨出“营养奶”专款 40 万元，县域内 13 个农村乡镇小学学生和城区公办小学寄宿生每周喝上两袋牛奶。

2005 年，县人民政府出台《云和县人民政府关于在全县中小学实施壮苗工程的意见》，明确提出实施学生营养餐工程，增强学生健康体质。县财政在每年拨出专款 40 万元，确保 13 个农村乡镇小学（含教学点）学生和城区公办小学寄宿生每周喝上两袋牛奶的基础上，同时对公办中学贫困寄宿生实施伙食补助。各乡（镇）人民政府要安排每生每年 50 元以上的资金，用于补助辖区内公办小学（含教学点）寄宿生的营养餐，同时为学校落实一块菜地，作为学校师生的劳动实践基地，供学校师生种植蔬菜。

同年，云和县教育局出台《云和县中小学爱心营养餐工程实施办法》，明确界定受资助对象，规定具体操作流程，严把食品入口关，确保营养餐质量，坚持食堂人员体检制度，配合卫生防疫部门严把监管关。县政府逐步完善经费保障机制，逐年增加经费投入。

2007 年，投入爱心营养餐经费共计 88.5 万元，惠及中小学生 4116 人，占学生总数的 27.6%。全县所有农村小学生每周都能喝上政府免费提供的两袋牛奶，农村寄宿生每周能吃上 5 餐营养餐。还邀请营养专家根据在校学生生长期生理需求，制定每周三餐的营养餐标准菜谱，为享受营养餐的学生提供营养保证。到 2010 年底，全市共拨款 6800 万元，受益学生达到近 60 万人次。同时，“爱心营养餐工程”被教育部作为典型经验在全国铺开。

2005—2010 年云和县学生营养餐经费投入情况表

表 28-3-9

时间	学生总数	享受营养餐人数	占学生总数比例	投入经费		
				省	县	小计
2005	14324	3797	26.5%	18	49.1	67.1
2006	14529	3908	26.9%	42.5	44.6	87.1
2007	14931	4014	26.8%	54	32.9	86.9
2008	14981	4116	27.5%	51	43.1	94.1
2009	14971	3558	23.8%	62	65.9	137.9
2010	14738	3449	23.4%	60.88	26.1	86.98
合计	—	22842	—	288.38	287.8	560.08

第四章 教育管理

1988年7月撤销县教体局，建立县教育委员会。学校管理模式也由局、学区、乡镇三级管理转变为局、乡镇两级管理。学校的日常教育教学工作逐步由学校自主管理。各学校内部管理机制不断完善；德、智、体、美、劳等方面的教育教学成绩明显提高；学生素质教育全面铺开；教师专业发展、业务能力、科研水平逐年提高，教师队伍不断壮大，从1991年的全县教职员1009人，到2010年全县教职员数达到2452人。

1996年，云和县通过浙江省“两基”工作组验收，基本实现普及九年义务教育的目标。2004年，通过省政府对云和县高标准、高质量普及九年义务教育工作评估验收。

1997年，云和县开展创建教育强乡镇活动,至2010年，全县14个乡镇先后获得“浙江省教育强乡(镇)”称号。2005年，云和县通过浙江省“教育强县”验收。

2001年11月县教育委员会更名为县教育局。2003年，成立云和县人民教育督导室，负责对县域内教育教学方向、质量等的监督和评估。先后完成“两基”“两高普九”“省级教育强县”等建设的督查工作。

第一节 教育教学管理

教育管理体制

1991年，云和县小学管理体制分为三种，县中心小学、县府前小学及4个区的辅导中心学校由县教委直接管理，古坊小学称云和区中心小学、崇头镇小学称梅源区中心小学都属区管，其他小学由其所在乡镇管理，教育教学以县教委为主管理，乡中心小学校长由县教委任免，各乡可对乡内各小学的教职工合理调配。1992年，云和县行政管理实行撤区、扩并乡镇改革，全县由原来4区22个乡镇撤扩并为15个乡镇，随后县政府办公室发出关于调整乡镇中小学管理体制有关问题的通知，对中小学的管理体制进行调整。

学校行政设置与管理 撤销原四个区的中心辅导学校。在云和镇、紧水滩镇、崇头镇、石塘镇设立中心学校，负责全镇中小学的行政业务管理。中心学校校长一般兼任镇科教文卫办公室副主任。撤扩并后乡政府驻地的中心学校或中心小学负责管理全乡小学(含附设初中)；原乡建制的中心小学均改称完全小学，并协助乡中心学校或中心小学管理原辖范围内的村级小学。撤扩并后的镇乡中小学校名需变更或重新明确的，由县教委统一命名。未撤并的乡中小学和单列初中管理体制不变。

中小学干部管理 各镇乡中心学校、初级中学、中心小学的校长、副校长，由县教委任免。各镇乡所属的完全小学校长、副校长由县教委提出建议名单，镇乡人民政府任免。各镇乡所属的中心学校、初级中学、中心小学的教导主任、总务主任由校长提名，镇乡人民政府任免，报县教委备案。

教职员工调配 中小学教师和各类教育事业编制人员的管理，由县教委负责。教师在镇乡范围内的调动，由镇乡人民政府负责；跨越镇乡范围的人事变动，由县教委统一调配。1994年，云和县乡镇撤并，变动较大。县教委发出《关于委派乡镇教育工作联络员的通知》，加强对全县各乡镇中小学校的管理。云和镇中心学校校长联系沙溪、雾溪、安溪、云坛等乡（镇）教育工作的联络员；县教委督导室联系崇头、黄源、云丰、沙铺、大湾等乡（镇）教育工作的联络员；紧水滩镇中心学校校长联系大源、赤石等乡（镇）教育工作的联络员；石塘镇中心学校校长联系朱村乡（镇）教育工作的联络员。同年1月始，乡镇教师工资全部收回由县教委直接管理发放，工资及增资经费由县财政全年纳入预算支付，保障全县教师工资按月足额发放。全县开始教育网点布局调整。

1996年，县教委按国家教委的《幼儿园管理条例》和省、地区有关文件精神，从县妇联手里接管幼儿教育事业，教委成职教科具体行使幼儿教育管理相关职能。同年，中共云和县委办公室、云和县人民政府办公室出台《云和县关于中小学校长负责制和教职工聘任制试点意见》。是年，县自学考试办公室、县招生办公室合并为“云和县招生自学考试办公室”，与电大云和分校合并办公。

2001年，国务院颁布《关于基础教育改革与发展的决定》，确定农村义务教育的管理“实行国务院领导，由地方负责，分级管理，以县为主”的体制，确保教师工资及福利待遇按时足额发放和县内教育资源的有效配置。全县正式收回各小学以县管理为主乡镇管理为辅的格局。2003年12月，县人民政府成立教育督导室，主任由分管教育副县长担任，副主任由分管（联系）教育的政府办公室副主任和教育局长、分管（联系）教育督导的副局长担任。下设办公室，办公地点设在县教育局。负责全县教育督导工作的监督、决策、指导和协调工作。

2006年，云和县组建二大教育集团，一是云和县实验小学教育集团，包括古坊分校、赤石乡中心小学、云坛乡中心小学、雾溪乡中心小学。二是云和县江滨实验小学集团，包括石塘小学、朱村小学、紧水滩小学、安溪小学等4所学校。把集团先进的管理理念及经验管理带动分校，促进城乡学校基础教育的均衡发展。2007年，出台《云和县义务教育阶段中小学教职工岗位绩效考核实施意见（试行）》，对义务教育阶段中小学教职工实行绩效考核。绩效工资制2010年后逐步在两所高中展开。

课程与教学改革

1991—2010年，云和县课程和教学改革（以下简称课〈教〉改）基本能保持与省课（教）改相同步调。但是，幼儿园、义务教育、高中（含职高）改革的时间及侧重点不尽相同，差别较大。

幼儿园课（教）改 1991—1996年，大部分幼儿园能根据《幼儿教育纲要（试行草案）》规定的教学内容和要求，开设卫生、体育、思品、语言、常识、计算、音乐和美术八科课程，分大、中、小三个年龄段进行教学。幼儿园使用的教材，普遍采取部编教材和省编教材并用。但是，实际教育教学中，小学化倾向较严重。

1996 年开始，县教委（教育局）加强对幼儿园的管理，逐步扭转幼儿园教育的小学化态势，并取得阶段性成果。教材使用由南京师范大学出版社出版的《幼儿园课程指导丛书》。

2001 年 9 月，云和县被确立为省《幼儿园教育指导纲要（试行）》试点县，县实验幼儿园为试点幼儿园。2003 年 3 月，被确立为市新教材试点县，盼盼幼儿园为新纲要、新课题试点园。开始新一轮课（教）改革之路。本着尊重幼儿、促使幼儿个性全面发展的指导思想，全面开展以五大领域为基础的课程模式改革，幼儿园的课程结构有很大的变化，各种课程教育模式应运而生。2004 年始，盼盼幼儿园开始以整合的观念实践课程，一是观念的整合；二是目标的整合；三是资源的整合。

2005—2010 年，教材使用由南京师范大学出版社出版的《幼儿园体验、探究、交往课程》和浙江省省编教材《幼儿园课程指导》。2007 年 2 月开始，幼儿园增设绘本教学，使用南京师范大学出版社出版的《东方娃娃》绘本版和智力版（中大班使用）、《东方宝宝》（托小班使用）；9 月增设辅助教材《幼儿情境互动式教学》。

2010 年，县实验幼儿园依托本地木玩资源，开发木制运动器械和语言类教玩具。

义务教育课(教)改　1991 年，小学五年制、初中三年制教育。应试教育逐步向素质教育转变。1993 年 9 月，小学、初中起始年级开始执行省制订的义务教育试行教学计划，使用浙江省省编教材，进入一个新的课（教）阶段。1997 年，县教委出台《云和县中小学教育教学管理若干规定》《云和县城镇小学推进素质教育实施方案》。初中一年级公民课改为思想政治课，使用省编教材。1998 年，实施调整后的八年（过渡制）义务教育课程和九年义务教育课程。

1999 年，县实验小学开设英语课试点。2000 年，小学教育由五年制向六年制过渡。同年，县教育委员会出台《云和县关于减轻中小学过重课业负担的实施意见》《云和县中小学素质教育目标综合评估体系》。2001 年，《国务院关于基础教育改革与发展的决定 》颁布，素质教育全面推广。初中毕业生实行毕业考和中考“二考合一”。2003 年，县教育局出台《云和县基础教育课程改革实验方案》，将从 2004 年秋季开始，在全县开展义务教育新课程实验工作。武晓芬老师编写的《走进云和》，江滨实验小学编写的校本教材《七彩之路》，被评为浙江“百个精品”课程。同年，城镇中小学全面开设信息技术课，小学英语教学、信息课逐步向农村延伸。2004 年，全县小学（三年级开始）开设英语课。小学全部恢复六年制教育。义务教育阶段起始年级均实施新课程教学。同年，县教育局制订下发《关于开展全县初中、小学教师课程改革与学习主题构建专题培训工作的通知》。2005 年秋季开始，小学每学期只进行一次期末考试（取消期中考），考试、考查成绩采用等级制。2006 年，全面推进基础教育课程改革，做到组织、师资、物质、制度、舆论“五到位”，发挥课堂教学主渠道作用，建立学生成长记录袋等形式，加强中小学生评价改革，以教育信息化推进基础教育课程改革。2008 年，全面推进素质教育，推进城乡教育均衡化发展，深入实施“壮苗工程”。

普通高中课(教)改　1992 年，云和县出台《云和中学教学三勤、三认真》制度（勤家访、勤辅导、勤谈心；认真备课、认真上课、认真改作业），努力提高会考合格率和高考上线率。1993年，制定《云和中学教学常规五认真》，课（教）改重点放在“认真备课、上课、课后认真批改作业、认真辅导、认真组织考试”。

1995年，浙江省高考科目改革，实行“3+2”方案，报考外语专业考生首次进行听力测试。

2000年，执行县教委《云和县关于减轻中小学过重课业负担的实施意见》。高一段继续开展研究性学习的实施和探索；高二做好第二课堂的教学工作；高三加强毕业班管理，加强复习的针对性。由应试教育向素质教育过渡。同年，浙江省高考招生考试科目改为“3+综合”。允许普高生报考高等职业技术学院。2002年，贯彻“向管理要质量”“向科研要质量”的思想。以课程改革为载体，推进课堂教学改革和教学手段的多样化、现代化，加强教学过程管理和学生学习管理，提高教学效率，推进教育教学评价的科学化、合理化、制度化。2003年，实施国家教育部《普通高中“研究性学习”实施指南（试行）》和省《普通高级中学综合实践活动教学指导纲要（试行）》。制定出台《云和中学教学常规》。在2002年的研究性课程开发试验的基础上，在高一、高二年级全面铺开。尊重学生的主体地位，增加学生的自主学习时间，组织好第二课堂活动。推广电子备课和利用多媒体上课。2004年，云和县教育局出台《云和中学教育教学管理事故处理办法》《云和中学分层次教学实施方案》，修订《云和中学教学质量奖评定办法》。2006年，云和中学出台《云和中学高中新课程实施方案》《云和中学“段段清”工作实施设想》《云和中学小班化教学改革方案》招收2个高一直升班。2008年，加强“集体备课”解决新课程教学难的问题；科学指导学生选择选修课（新课改的要求）并认真执行省教育厅有关选修课程的课（教）改要求。

2009年，云和县修订《云和中学教育教学质量评价与奖励方案》同时出台《教学管理要求细则》和《云和中学教学常规管理细则补充意见》。2010年，建立“创造适合全体学生发展的教育，让每个学生都得到发展”的指导思想，突出一个重点，提升教学质量；强化“三个抓手”：学生自主学习能力、学科资料库、教学效率。根据《课堂教学管理的分层细则》《九点补充意见》备课，调整课堂教学模式，落实作业的布置与批改，提高课堂教学效率。

职业高中课（教）改 职业学校的课（教）改与专业设置、就业导向、高职升学制度密切相关。

1991年，开设文化基础课、专业必修课和专业选修课3个模块。具体的学时分配是高一文化课为主，占65%，专业必修课占35%；高二专业课为主，占78%，文化课占22%；高三年级全部为专业课和生产实践。1994年，高等职业院校开始面向职高招生。1997年始“单考单招”。职技校课程发生变化，文化课、专业理论课更加重视。1998年，县职技校3人参加高职考试，3人上线，高职考试实现零的突破。1999年，浙江省出台高等职业教育招考办法，采取考试考核相结合的办法，增加英语科考试。考试科目分为文化课（语文、数学、英语）与专业基础课；考核内容为报考专业相关的职业技能或资格审定，先考核后考试，四门考试科目实际总计满分380分。

2000年，职技校确定“面向当地、服务社会、特色立校、以人为本”的办学宗旨，以重素质、强技能为教学中心，建立“三二一”教学模式（暨技能课程和专业基础课程用时3个学期，企业实习、企业项目和综合实训实行“双轨制”教学用时2个学期，顶岗实习用时1个学期）。2003

年，高一招收新生 10 个班，继续以平行班的形式进行教学。在原有的课程基础上增设美术、音乐、演讲等基础课程。出台《关于加强坐班工作的实施意见》，重新修订《教学常规实施细则》。

2004 年，《浙江省高校招生委员会、浙江省教育厅关于 2005 年我省高等职业教育招生（单考单招）工作实施意见》文件中规定，获省教育厅和省劳动厅组织的全省职业学校学生技能比赛一、二、三等奖的考生，可分别加 20 分、15 分、10 分。学生技能培训得到加强。

2005 年，培养模式进行新的改革，原来的宽基础、活模块的教学模式转为按照高一入学就进行分专业的模式组织教学。高一以文化课和专业基础课为主；高二以专业实践课为主；高三的第一个学期考证，第二个学期安排到企业（单位）顶岗实习。2006 年，开始尝试与高职院校“3+2”或“2+2”联合办学模式。电子电器专业和丽水职业技术学院以“3+2”的形式进行联合办学，招收新生 50 人。

2009 年，进行“订单班”的形式人才培养改革。与绍兴咸亨酒店有限公司进行校企合作办学，组建“咸亨”冠名班。同时，加强常态课管理，完善课堂巡查制度，推出推门听课制度。2010 年，在全市率先推行晚自修管理模式改革，利用学校晚自修时间开设书写训练、读书摘记、技能训练、视频教育、创业实践等项目。该模式改革事迹先后在“浙江教育在线”“丽水教育网”等教育主流媒体上报道。

品德教育管理

全县学校德育工作基本按两大模式进行，一是《思想品德》课（政治课）教学；二是日常行为规范教育，通过升国旗仪式、学科渗透、班队活动课、课外活动、社会实践活动、黑板报、讲座、展览、集会、军训、推荐优秀读物、指导家庭教育等，多形式、多渠道、多内容地展开符合各年龄段学生的德育教育。幼儿园的品德教育主要依据《幼儿园教育指导纲要》执行，注重品德认知、良好习惯养成等教育。

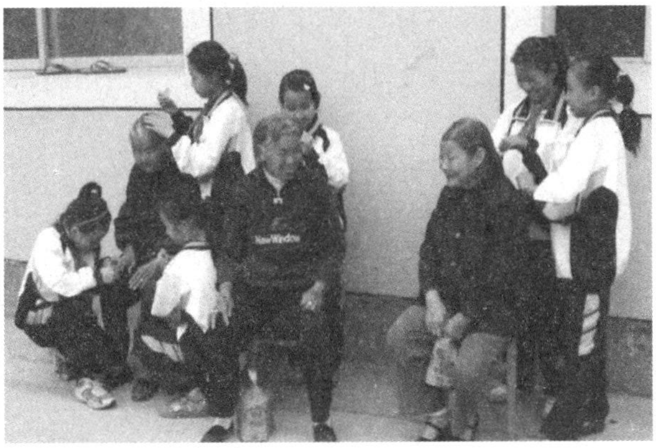

图 28-4-1 学生到敬老院为老人献爱心（2008 年摄 县教育局提供）

1991 年，县教委出台《关于对农村中小学德育工作进行督导检查的通知》，同年 5 月进行检查。组织开展各级各类学校进行坚持四项基本原则，反和平演变教育和部署对学生进行国情教育。1994 年，全县各学校以爱国主义教育为主线，开展“兴三风、保四无、倡五美、变三貌”活动和“学雷锋、学刘玲英”“徐洪刚见义勇为”等活动。1996 年，全县组织开展中小学日常行为规范达标活动。1997 年，县教委出台《关于开展创建“中小学行为规范达标学校”活动的通知》。

1998 年，全县中小学贯彻实施新颁布的《中小学德育工作规程》，健全学校、家庭、社会“三位一体”的德育网络。各校开始单独设立政教处。2009 年，育英外国语实验学校获“省爱国卫生先进集体”。

2001 年，云和中学等学校开始实行由“三好学生”向“四好学生”过渡的学生新的评价体系评比制度。2002年，开展贯彻施行《公民道德建设实施纲要》和《浙江省公民职业道德规范》为主要内容的德育活动。同年，二中等学校政教处改名为德育处。2003年，县教育局成立云和县中小学假日活动中心，指导学生假日生活，引导学生过文明、安全的节假日。2006年，各校推广、落实中小学“德育导师制”。实施中小学“壮苗工程”。各主要学校配备法制副校长。职技校全面推行《学生行为规范量化考核制度》及《从严治校若干规定》等制度。

2007年，县教育局制定出台《关于在全县中小学中开展“知荣辱，行孝敬”主题教育实践活动的方案》，全县中小学开展形式多样的社会主义荣辱观教育活动。职技校开展“珍爱生命?远离毒品”教育宣传活动。同年，云和木头人俱乐部与职技校青年志愿者协会共同组建“木头人青年志愿者联合服务大队”。这是云和县第一个校企联合志愿者服务大队。2009年，开展学习、实践“科学发展观”活动，为学生形成正确的世界观、人生观和价值观奠定基础。2010年，云和中学开始推行“校园之星”（每月评一次）评比活动。

体育与艺术

体育教育　1991—2000年，云和县的幼儿园教育注重品德教育、良好习惯养成教育，知识、能力方面教育。体育主要以游戏或体验的形式为主。2000年后，随着国家、省一系列关于学前教育发展的政策、方针出台，县教育局抓贯彻落实，幼儿园教育的保育与教育相结合工作有序推进，逐步改观，幼儿体育教育得到发展。2006年始，县实验幼儿园等园确立以健康教育为特色。以“快乐体育”培养幼儿健康强健的体魄，幼儿园每周安排大班幼儿上两节体育活动课、中班一节体育活动课；在幼儿园的一天活动中，有专职体育教师带领幼儿开展体育活动。各班保证人手有3件以上体育器械，并将运动器械摆放在活动区周围，方便教师和幼儿取用，确保每天两小时的户外活动时间。

1991—2005年，中小学体育课主要采用省编教材《体育》，有的学校采用华师大编的教材。2005年课改后，大部分学校采用省编《体育与健康》，普通高中体育为必修课，三年总学分为11学分。除体育课外，还通过组织兴趣小组，组织各种竞赛，组织节目活动等形式，促进音、体、美教育。

1991年，全县16所初中（含8所附设初中），专任教师258名。其中，体育专职教师仅20人，初中体育专业教师严重不足，“两课两操两活动”发展不足。1993年，云中高考体育专业上线7人，录取5人，其中2人被北京体育大学录取。同年，充实配备专业体育教师，学校体育趋向正常。召开云和县25届中小学田径运动会。

2002年，县职技校制定《云和职技校体育课安全措施》《场地器材安全措施》，并且做到课前5分钟的安全教育。2003年始，云和中学每年暑假组织一次学生夏令营活动，参观军营生活，开展军训和实弹射击，实施野外拓展训练，开展社会调查，走访德育基地等活动，丰富学生的暑期生活，培养学生的社会责任感。2004年，云和中学组建音体美特长班；职技校成立校武术散打队。县城中小学住校生每日晨跑锻炼运动。同年，组织参加全市中小学生兴趣特长运动会、乒乓球赛、篮球赛等，成绩均名列全市前茅；职技校获得丽水市中小学田径运动会职业高中组团体总分第一名；在省第六届田径运动会上取得4金1银1铜的成绩，金牌数名列

图 28-4-2 雾溪小学生练习畲族木马稳凳
(2004 年 12 月摄 县教育局提供)

全市第一。2005 年,实施体育、艺术“2+1”工作方案,做好青少年假日活动中心建设工作。同年,县教育局加大投入,完善学校体育场馆等设施的标准化建设,确保教育事业与城市化建设同步发展。云和二中被评为丽水市体育基地学校。

2006 年,云和二中等学校开展“规范课间操”行动,每周三和周五课间操实行评比打分,记入学生体育平时成绩,并作为班级评先的依据之一,培养学生良好的质量意识和集体主义精神。同年,县教育局出台《关于开展学校体育卫生艺术教育工作专项督导检查的通知》并调整读书节、艺术节、体育节、科技节等四节活动时间,体育节为每年 10 月份,活动时间相对固定下来,更加符合教育教学工作实际。2007 年,云和中学第一届音体美特长班毕业,高考体育专业上线 20 人,录取 10 人,其中 1 人被浙江大学录取。2008 年,县教育局出台《云和县中小学课外文体活动工程实施方案》,全面开展“课外文体活动工程”试点工作。开展阳光体育活动,创新“大课间”活动题材,做到“定时间、定场地、定器材、定指导师”,保障学生每天一小时体育锻炼时间。2009 年,云和中学开展每学期一次的“励志远足”野外拉练活动。同年,丽水市初中毕业生会考成绩总分从 780 分调整为 640 分,体育成绩则由 15 分上调至 30 分。

2010 年,雾溪乡中心小学开展民族体育文化教育,传承民族体育活动,开发踩石磉、稳凳、十字拉环竹、竹竿舞等民族体育项目。梅源中学成立校足球队、校射箭队。校足球队获丽水市中小学足球联赛男子第一名、女子第三名。射箭队取得省运会 50 米亚军和 70 米季军的成绩。学校因此被命名为“市体育特色学校”“省体育特色学校”。全县各校陆续展开“阳光跑操”活动。职技校将“阳光体育跑步”作为团体项目列入校运动会比赛。

劳动教育 1991 年,云和县各学校劳动课每周设 1 节课,后劳动课改为综合实践课(劳技课),对学生进行劳动教育。1992 年,小学四、五年级每周安排上 1 节劳技课,采用省编教材,内容为剪纸、剪贴等手工制作。其他年级没有安排劳技课。1995 年,少先队组织继续建设好“双十个一”阵地,强化劳动实践教育。2005 年,各校少先队组织劳动实践教育,开展“小秋收、小回收”活动。2008 年,崇头镇黄源小学获得“丽水市生产劳动实践示范基地”称号。

艺术教育 1991 年,云和县小学音乐采用部编教材,美术采用省编教材。

1997 年,县教委出台《云和县义务教育阶段音体美劳学业考核办法》。1999 年,云和镇中学生美术作品选送省参评获一等奖 1 幅。2000 年始,县实验幼儿园的教学计划明确规定每周两个音乐和美术活动,坚持开展各类艺术兴趣小组活动,如舞蹈、唱歌、美术、手工等,为提高孩子的艺术修养奠定基础。2002 年,职技校组建鼓乐队、舞蹈队。撰写的课题《工艺美术专业与木制玩具设计相结合的实践与研究方案》省级立项。2003 年,组织参加全市中小学生特长测试，其中，b 级通过率全市第三，c 级通过率全市第一。云和二中的小品《家教》在省素质教育汇报演出获二等奖。同年，组织各中小学校参加第二届中国木制玩具节踩街活动，表演节目成为亮点。2005 年，根据专业建设的需要，职技校组建多个艺术社团："新生命文学社""美术社团""书法协会""钢琴兴趣小组""学生合唱团"等。参加市职业学校文艺比赛获得一等奖；协助 CCTV 中央电视台拍摄"让木头也快乐"专题节目。

2006 年，职技校获市职业学校大合唱比赛一等奖。2007 年，全县实施中小学生"壮苗工程"（学生营养工程、课外读书工程、文明习惯养成工程、实践能力培养工程和兴趣特长培养工程），开展各类有益的文体活动和社会实践活动。同年，云和县组织开展"中国幼教与玩具开发高峰论坛"和"玩具大比拼活动"；邀请专家以及省市幼儿教育工作者共 300 余人参加。同年，教育局举办云和县中小学艺术节、科技节、体育节、现场书画赛、卡拉 OK 赛、乒乓球赛等，各校还结合实际开展"体育艺术 2+1"项目的达标活动，为学生音体美全面发展搭建展示的平台。职技校的《阳光乐章》《小夜曲》参加省首届中职校艺术节活动获得声乐类二等奖和舞蹈类三等奖；参加丽水市学前教育专业技能比赛获得声乐一等奖。2008 年，职技校获省学前教育专业技能比赛声乐类一等奖。2009 年，职技校美术专业为企业培训员工 850 人。引入县木制玩具龙头企业浙江和信木玩有限公司，进行校企共建生产性实训基地的尝试。2010 年，安溪畲族乡中心小学将葫芦丝引进校园，建立葫芦丝教学活动基地；职技校美术组创建艺都设计工作室、摄影室，负责本专业学生的实习、就业、创业的锻炼。江滨实验小学成立的"亮眼睛"摄影社团，学生作品多次在国家、省、市级比赛中获奖。获"全国学校艺术教育工作先进单位"称号。

教育科研机构

教师培训机构　云和县教师培训机构 1977 年成立，名为云和县教师进修学校，1996 年之前学校地址设在云和狮山，1996 年后搬至云和城北路 29 号。

教研室　1996 年，县教师进修学校并入县教育局教研室；2002 年，县教师进修学校同县教育局教研室分离，与县电大工作站合并；2004 年，县教师进修学校同县电大工作站分离，与县教育局教研室、县教育装备和勤工俭学办公室合并，成立云和县教育发展中心。教育发展中心内设 5 个部门，中学研训部、小学幼教研训部、师训干训部、教育科学研究所和办公室，集全县教育教学研究、教师培训、课程教材教学改革指导、教育科研管理、教育信息化研究与推广、教学仪器装备为一体的综合性教学业务与管理机构，是县教育局指导、管理教学业务的助手和参谋。

教育学会　云和县教育学会由县教育工作者组成的群众性学术团体，归属县教育局教研室管理。县教育学会 1986 年成立，在教育学术研究方面，先后邀请 150 多位知名专家、学者开展高层学术论坛；培育近 300 名中小学、幼儿园教学、教科研骨干；申报立项 900 多项各级各类课题，并开展研究；编辑、出版《新课程与教师角色》《基础教育课程资源博览》《课堂问题行为心理分析及应对策略》等学会刊物。学生素质教育方面：开展良好习惯养成、感恩、孝敬、责任等主题德育活动；开展学生的心理健康教育；实施壮苗工程，开展阳光体育快乐大课间活动，农村学校实施营养餐工程；开展各类校本活动；开展科学知识普及教育。

科研活动

1993年，县教委出台《关于教育科研有关工作的通知》，成立县自然科学、社会学科教研大组。要求有8个班以上的10所中小学分别建立学科教研组。1997年，教育局出台《云和县中小学教育教学管理若干意见》，提出抓好"教育教学质量年"活动。1999年，云和县出台《云和县中小学素质教育目标管理考评方案》。2000年，县教育局出台《中小学教研组工作常规考核方案》，实施"中小学教研组工作常规考核量化表"。开展"中小学优化课堂教学研讨月"活动。

2001年，县教育局出台《中小学教学质量监控与评价方案》，并在云和二中开展分层教学改革实验试点，强化教学质量目标管理。2003年，县教育局组织教师开展"走进新课程"为主题的云和县首届教师论坛。实施青蓝工程。

2004年，义务教育阶段起始年级全面实施新课程；浙江省中小学教师培训中心莅临云和支教；举办云和县第一届中小学、幼儿园教师辩论赛。2005年，围绕"以人为本"和为学生终身发展奠定基础的理念开展教研活动，开始实行"学校学期教学质量分析评价制度"。

2006年，县教育局先后出台《云和县教育局关于加强中小学教师发展的实施意见》《云和县教育局关于建立健全以校为本的教学研究制度的实施意见》《关于进一步加强教学管理提高教学质量的实施意见》《云和县中小学教学常规管理办法》《云和县新课程教师教学工作要求》和《云和县教师继续教育管理制度》等规章制度。设立教研和师训专项经费，保证教研和师训工作的正常、有序开展。课改工作典型经验《改变教研方式，促进山区基础教育均衡发展》和《探索研训一体化模式，提高教师培训效益》代表丽水市在省校本教研工作研讨会和省素质提升工程经验交流会上发言。成立课改工作领导小组及校本教研工作领导小组。要求各中小学成立相应的校本教研工作领导小组，校长为校本教研工作的第一责任人。开展全县第二届中小学教师论坛。2008年，云和县出台《云和县中小学课外文体活动工程实施方案》，开展"课外文体活动工程"试点县各项工作。同年，县教育局举办"如何更好更快地提高教育教学质量"为主题的全县首届中小学校长论坛。出台《云和县中小学骨干教师培训方案》；成立县实验小学和江滨实验小学两大教育集团，开展集团师训和教研活动，探索研训一体化的工作模式。开展区域性的教育发展课题研究，县教育局课题《促进农村中小学教师专业发展的保障机制研究》获浙江省教育科学研究优秀成果二等奖。同年，云和县教育局教研室承办市教育学会"如何构建和谐的师生关系"研讨会。2009年，开展农村寄宿制小学管理课题研究与探索，促进农村寄宿制学校发展。继续实施中小学名师高研班培训。组建首届县心理健康教育骨干教师培训班。县教育学会被评为2008年度县科普工作先进单位。2010年，成立中共云和县教育发展中心党支部。县教育局继续开展与浙江教育学院、温州教师教育院等培训机构联合培训，全面实施"领雁工程"和"绿谷名师培养工程"。开展小学、幼儿园、初中、高中衔接教学专题研究，农村小班化教学专题研究及"轻负高质"实践探索研究，组织开展"课堂观察方法"培训和"有效学习"研讨。县政府向浙江省教育厅申请对云和县教育发展中心进行评估备案。云和县教师进修学校被浙江省师干训中心评为浙江省"十一五"师干训工作先进集体。

科研成果

1991—2010年，云和县教育系统先后有12个单位（学校为主）获得省级教科研先进集体；有45人次获得省市级以上教科研先进个人（其中有13人次为省级优秀教研员），有126篇课题、论文在省级以上刊物上发表，有21篇论文在省、市级获奖。有13项课题获省级奖励，有57项课题获市级一等奖。教师个人撰写的获奖或发表的论文未加以统计在内。

心理健康教育

2002年，云和县开启学校心理健康教育工作。叶跃平、周军老师通过省心指办培训、考核，成为丽水市心理健康教育上岗资格证面试首批考官。2003年，组织教师参加市首次"浙江省中小学心理健康教育上岗资格证书"培训和面试，有16位教师合格。2004年，县教育局出台《云和县教育局关于加强学校心理健康教育实施意见》，成立中小学心理健康教育指导中心。确定云和中学、云和三中和县实验小学为市级心理健康教育实验学校。承办市首届心理健康教育研讨会。2005年，全县有101位教师参加省第二批中小学心理健康教育上岗资格证培训与面试，取得C证。县教育局开展县首届心理健康"三优"评比。

2006—2010年，云和二中承办市心理健康教育骨干教师研修班第一次研讨活动；云和县有教师2人获得省心理健康教育上岗资格证A证。组织全县50多位老师开展心理健康教育辅导课教学研讨活动。县教育局承办市第二届心理健康教育优质课评比活动。

至2010年年末，全县有专职心育教师2人，国家二级心理咨询师5人，省心理健康教育上岗资格证A证2人、B证40人、C证369人，持证教师占全县教师总数的37.8%。参加省市心理健康"三优"评比，获一等奖2项，二等奖2项，三等奖8项（省教科院）；有34项心理健康课题论文获市一等奖（市教科所）。

学校安全管理

1991年，云和县教委、县卫生局联合下发《关于开展学生常见病防治工作的通知》，推行《九一年学生常见病防治计划》，列出防治沙眼、寄生虫病、头虱、龋齿的具体措施。开展全县中小学危房大检查，改造危房、破旧房；规划并实施网点布局调整。1992年，县教委要求一定规模学校建立、健全安全保卫工作机构并配备相应的专（兼）职安全保卫人员。寄宿制学校配备教师或管理人员专门负责管理学生宿舍。针对女生宿舍安全工作的特点，加强对女生宿舍的安全管理。1993年，全县各中小学校实行安全教育工作每季汇报制度。重点抓好陆上交通、渡口等安全。1994年，县教委出台《关于加强师生安全工作的若干意见》，实行安全责任制，与各校签订安全责任书。同年，县教委、县卫生局出台《云和县常见肠道蠕虫感染综合防治第二阶段（1994—1995年）实施方案》。

1996—2000年，云和县教委出台《云和县中小学安全管理若干规定》《云和县中小学住校生管理办法》《社会治安综合治理领导责任书》，成立清理治理领导小组和安全教育委员会，与中小学签订《安全责任书》。开展全县幼儿园安全工作专项整治活动。县公安交警大队与公路沿线31所中小学签订《道路交通安全责任书》，聘任46位教师为交通安全监督员。赤石初中由老师轮流护送学生放学下山路、过渡船。开始实行安全工作对学校年终考核“一票否决制”。

2001—2005年，县教委会同交通部门制定《学生用船审批制度》，修订《云和县学生平安过渡守则》。2002年，县教育局出台《关于加强学校食品卫生安全管理工作的通知》。梅源中学学生班车开通。2003年，县教育局出台《关于进一步加强学校(幼儿园)安全和卫生工作的若干规定》《云和县教育系统非典型肺炎应急处置方案(试行)的通知》，“非典”时期全县中小学师生思想稳定，学校秩序井然。2004年，县教育局制定出台《云和县教育局关于在教育系统创建“平安教育”的实施意见》。是年，县教育局举办禽流感防控知识培训班，小学分管领导、校医、后勤和食堂负责人参训。2005年，全县中小学开展学生自救、自护能力为重点的安全知识教育。全面开展“平安校园”创建活动。

2006年，县教育局转发教育部等部门文件《中小学、幼儿园安全管理办法》。配备学校法制副校长。同年，学生平安保险投保率达到95%以上。2007年，县教育局会同相关部门开展“中小学安全教育日活动”“学校食堂、小店食品安全专项整治行动”和“森林消防知识宣传活动”。2008年，县教育局制定《学校安全工作计划》。2009年，县教育系统建立《云和县教育预防与控制甲型H1N1流感工作预案》，全面加强甲型H1N1流感防控工作。全县幼儿园对电源、电线进行改装处理。2010年，县教育局提出学校隐患排查治理工作逐步常态化、制度化。要求学校每学期至少组织师生开展一次逃生自救应急演练活动。省“校安”工程启动，云和中学(1)(2)号教学楼争取到120万元资金，用于加固楼墙、基地。

管理体制机制 1990—2010年，云和县中小学幼儿园安全工作逐步形成纵向对应、横向协同、条块结合、以块为主的安全管理体制机制。条上，县教育、质监、安监、公安、卫生、交通等部门分别牵头负责学校安全教育、安全管理、特种设备、食品安全、社会治安、消防安全、交通安全等安全管理监督工作；块上，各中小学幼儿园全面落实安全法律法规和相关文件精神，开展单位安全教育和管理、提高师生安全防范能力，进行安全隐患排查治理，做好突发事件应急处置等。

县教委(教育局)是全县中小学幼儿园安全工作领导和责任单位，全方位落实全县中小学幼儿园安全管理工作。1990—2002年，县教委安全工作主要职责和职能由成职教科承担。2003—2010年，县教育系统安全工作由基础教育科(教育科)承担，基础教育科(教育科)内设安全科。

学校安全管理最终目标是保障师生的生命财产安全和教学秩序的正常运转。学校安全管理体系包括安全规章制度、安全应急预案、安全教育等。1991—2000年间，云和中小学幼儿园安全管理尚未形成较完整的内部管理系统，预防和预警、指挥和协调、控制和反应、处理和恢复等，主要凭经验、责任感。随着国家对学校安全工作的重视程度的提高，相关的法律法规出台，中小学幼儿园的安全管理体系日臻完善。2001—2010年，全县中小学幼儿园学校管理体系逐步成熟。在管理机构层面，校长是第一责任人，分管副校长直接抓，下设政教处，具体负责学校安全管理工作。从事安全一线管理的还有年级段长、班主任、消防安全管理员、食品安全管理员、寝室管理员、实验室危化品管理员、专职安全保卫人员等。有的学校还设立保卫科,成立青年教师护校队。规模大的学校配备专职卫生保健人员;在安全预防层面,教育局制定《云和县教育系统校园突发事件应急处置工作总体预案》,各学校制定符合本校实际的《校园突发事件应急处置》操作层面,各校根据季节特点和安全工作重点,在班队课上落实每周一主题安全教育;政教处管理人员和班主任每周对校园安全设施设备和安全隐患进行一次排查,并做好相关排查记录;分管副校长和政教主任每月开展一次安全隐患排查,并做好记录;校长每学期对校园开展两次以上安全隐患排查;每季度开展一次全县安全工作季度例会;每月汇总学校"食堂食品安全"报告;每季度汇总"学校安全隐患排查表",并上报市教育局;在安全监督层面,教育局每学期初、学期结束前和重大节日前(劳动节、国庆节、元旦等)均对全县中小学、幼儿园进行例行安全检查。每年对学校安全工作开展两次考核,分别是6月底开展"和谐校园"考核,11月底开展"平安校园"考核。

学校安全教育 全县各中小学幼儿园在安全教育过程中,关注学生的全面发展和终身发展,通过演习、宣传栏、黑板报、图片展、班会课、集会、专题讲座、致家长信等形式,开展消防、防溺水、交通、食品、禁毒、防自然灾害、心理健康等常规安全教育活动,帮助学生掌握相关安全知识,树立安全第一的意识,提高自救自护能力。

1991—2010年,云和县教育系统的安全教育工作的措施:一是建立健全安全教育工作的规章制度,安全教育工作有章可循,制度管人管事;二是贯彻"安全第一、预防为主"的方针,落实到师生日常工作、学习和生活当中;三是把安全教育作为德育的一门必修课程(2000年后,在初中义务教育阶段开设安全教育课,每一期不少于16课时,列入课表,做到"七有"(有计划、有课时、有教师、有教材、有作业、有考试),通过教学,使初中学生在安全意识、安全知识和安全技能三方面达到相应的目标。1991—2010年的20年间,云和教育系统没有发生重大安全事故。

第二节 教育创强

创建省级教育强乡(镇)

1997年8月,省教育厅下发《关于在全省范围内开展创建教育强镇活动的意见》。云和县根据省市关于开展创建教育强乡镇活动的决定精神,结合全县各乡镇教育现状,制定创建教育强乡镇规划,出台奖励措施。对照指标要求,提出整改措施,分期分批实施,先市级,后省级。通过教育强乡镇的创建,云和教育区域综合竞争力显著增强。全县14个乡镇先后创建为省(市)级教育强乡(镇)。

1999—2003年,紧水滩镇、崇头镇、石塘镇、云和镇、云丰乡、雾溪乡、通过丽水地区教育强镇评估验收和市教育强镇复查验收。

2002—2008年,云和镇、崇头镇、石塘镇、紧水滩镇、云丰乡、雾溪乡、赤石乡、朱村乡、云坛乡、雾溪乡、安溪乡、大源乡、大湾乡、沙铺乡先后相继通过省级教育强乡镇验收,至2008年,全县14个乡镇获得"浙江省教育强乡(镇)"称号。

创建省级教育强县

2005年，县委、县政府将创建省级教育强县列入重点工作，决定率先在全市创建省教育强县。成立创建省教育强县工作领导小组。各有关部门、乡镇、学校相应成立工作领导小组和组织机构，落实任务，做到各司其职，各负其责，密切配合。6月3日，召开全县教育大会暨创建省教育强县工作动员会。出台《云和县人民政府关于做好创建省教育强县的工作方案》，明确创建工作任务、职责要求和工作步骤。严格按照教育强县标准开展创建工作。

“两基验收” 1996年，在全县76所成技校为依托的基础上，新增加云和职业技术学校为农民培训基地，县人事劳动部门、农业部门和县妇联等部门参与农民就业技术培训工作，顺利通过扫除青壮年文盲工作验收。

“两高普九” 2004年，云和县委、县政府出台《云和县政府“两高普九”实施方案》，多措并举，做好“两高普九”各项迎验准备工作。12月，省政府对云和县高标准、高质量普及普及九年义务教育工作给予充分肯定，通过评估验收，标志着云和县九年义务教育取得阶段性成果。

学前教育 1998年，云和县采取政府投入和社会集资相结合的办法创办上规模、上档次的县实验幼儿园，在学前教育中发挥着领军作用，同时出台幼儿园办园基本条件，规范办园，积极鼓励社会个人办园，出现象盼盼、星星幼儿园一批符合办园条件、办园质量的幼儿园，全县学前教育得到较好较快的发展。

义务教育 义务教育阶段是基础教育的重中之重，认真落实“三个增长”指标，政府加大投入，确保九年义务教育实施。注重于网点调整，把有限的人力、财力、物力得到充分利用，小学由1991年的198所调整为2010年14所，初中由1991年16所调整为2010年4所，符合县情，基本到位。

高中教育 云和中学在创建省二级、省一级重点中学过程中得到长足发展，硬件建设、软件建设在创建过程中得到强化。高中段教育在加强普高教育同时，认真贯彻落实《中华人民共和国职业教育法》，大力发展中等职业技术教育，1995年兼并劳动局技工学校，升格云和县职业技术学校，购买原丽水地区工业学校校园为云和职业技术校址。1999年制定出台《云和县职技校创建省重点职技校规划》，开始实施职高三年学制转制，多种形式筹措资金，加大投入，以满足办学需要，2003年通过省二级重点职技校验收；2005年通过省一级重点职技校验收；2006年通过国家重点职技校验收。2010年，普高与职高学生比为1:1.38，切合县情，达到国家要求。

教育投入 教育投入是公共财政保障的重点，县政府20年来始终坚持贯彻落实党中央、国务院优先发展教育，高度重视增加财政教育投入的精神，县财政教育投入持续大幅度增长。2006年云和县的城乡免费义务教育全面实现，民族教育、贫困生助学得到扶持、营养餐工程全面实施、职业教育快速发展、教师专业成长培训正常化、学校办学条件显著改善、教育均衡化、教育公平进一步显现。2010年，财政拨款18840.1万元，是1991年621.6万元的30.3倍。教育设施设点布局基本合理，办学条件不断改善，全县有70.4%的中小学达到省级标准化办学要求，100%的学校享受到教育城域网服务，实现“校校通”。普惠全民的教育公平体系基本形成。实施了扶困助学、“爱心营养餐”工程，每年资助比例均达到30%左右，超过全省平均水平。推行“同城同待遇”的教育政策，保障农村居民子女、外来务工人员子女与城镇居民子女公平教育权，促进了教育公平，教育均衡化水平实现新的跨越。

学校网点调整 县政府把学校网点调整工作放在全县教育的均衡、优质、可持续发展的高度来落实，22 年共撤拼薄弱学校 196 所，新、扩、改建学校 20 所，全县教育资源配置得到进一步优化，有力地促进办学水平的整体提升，为云和县教育创强奠定良好的基础。

“十五年教育”普及 “十五年教育”普及质量进一步提高。学前三年幼儿入园率达 93.5%，6 至 11 周岁儿童入学率达 100%，12—14 周岁儿童入学率达 99.5%，初升高比例达 95.6%。教师素质和专业能力显著提高。实施中小学教师素质提升工程和领雁工程，专任教师学历合格率小学、初中和普通高中均达到 100%，职业高中达到 98.2%，幼儿园达到 98.7%，省、市级名师比例逐年提高。

2002 年，云和县教育局制定出台《云和县中小学督导评估方案》，在条件较好的云和镇开展创强工作，标志着云和县创强工作拉开序幕，2004 年全面推行全县中小学生学籍网络化管理，2005 年统筹发展各类基础教育，贯彻实施《幼儿园教育指导纲要》，加快中小学、幼儿园标准化建设步伐，

2005 年 12 月 12 日至 13 日，由省人民政府教育督导室、浙江省教育厅组织的省教育强县评估验收组一行 6 人，对云和县申报创建省教育强县工作进行评估验收。评估组一致认为云和已经基本达到浙江省教育强县的标准，报请省人民政府予以批准公布。

2007 年全面实施教育的四项工程和职业教育六项行动计划。2008 年省教育强县复查组对云和县进行复查，充分肯定云和县工作，顺利通过省教育强县复查。

2009 年 6 月 30 日，全省职业教育工作会议，省委、省政府再次授牌云和县为省级“教育强县”。

第三节 教育督导

机 构

1989 年 12 月，云和教育委员会建立督导室。2003 年 12 月，云和县人民政府教育督导室成立。下设办公室，办公地点设在县教育局。负责全县教育督导工作的决策、指导、协调。2008 年，全县中小学幼儿园分为 7 个督导责任区，出台《云和县教育督导责任区实施方案》，配好专职教育督导干部，聘任兼职督导员，加强对学校教育工作的督导。

1994—2010 年，先后有孙文喜、蓝先芬等两位同志被市教育局聘任为丽水市特邀督学；叶长超、王平、高洪波、叶俊、林志龙、董士林、谢光耀、吴广丰、周军、黄少英、张华燕等 11 位同志被市教育局聘为丽水市兼职督学。

制 度

2003 年，县政府办公室印发《云和县人民政府办公室关于成立县人民政府教育督导室的

通知》。县政府教育督导室、县教育局印发《关于印发控制初中辍学主要措施的通知》。县政府教育督导室、县教育局印发《云和县人民政府教育督导室关于聘任唐毅等同志为兼职督导员的通知》。同时出台《督导室岗位职责》《督导人员守则》。县教育局印发《关于对云和县中小学进行教育督导评估的通知》。

2004年，县政府教育督导室、县教育局印发《关于印发〈云和县“两高普九”迎验各项指标责任单位一览表〉的通知》。教育局印发《关于印发〈云和县中小学年度综合考核方案〉(试行)的通知》。

2005年，市政府教育督导室下发《关于对县级人民政府教育工作开展督导评估的意见》，建立每年开展一次对县级人民政府的教育工作督导评估制度。县教育局印发《云和县教育局关于加强学校内涵建设创建特色学校的实施意见》。

2007年，县政府教育督导室、县教育局印发《关于建立乡镇教育工作督导评估制度的意见(试行)》。

2008年，县政府教育督导室、县教育局印发《关于调整云和县兼职督学的通知》《关于印发云和县教育督导责任区实施方案的通知》。

实 施

义务教育专项检查与评估验收 1989年，组织参加全区开展“五项督导检查”自查工作。11月，县“五查”自查报告报地区，省教委汇报。

1991年，对实施九年义务教育情况开展自查。

2003年始，全市开展高标准高质量普及九年义务教育县(市)评估验收(简称两高“普九”评估验收)。

教育强镇(乡)评估验收 1997年，省教委下发《关于在全省范围内开展创建教育强镇活动的意见》，8月，地区教委下发《关于开展创建教育强镇活动的意见》。到2005年，全县14个乡镇有12个是省教育强乡镇。2008年沙铺乡通过省教育强乡验收。14个乡镇全部成为省级教育强乡镇，达到乡镇总数的100%。

教育强县评估验收 云和县于2005年通过省政府第4批教育强县评估组验收，成为丽水市第一个省“教育强县”。省、市政府对县政府教育工作专项督导评估。

2006年，市政府对县级人民政府开展2005年度教育工作的督导评估。县开展以教育经费投入和“十一五”教育发展规划为主要内容的专项督导评估。云和县人民政府被评为2005年度市教育工作一等奖。

2007年，开展以义务教育经费保障机制改革和职业教育六项行动计划为主要内容的专项督导评估。

2008年，开展教育经费保障和学前教育为主要内容的专项督导评估。

2009年，开展教育经费保障和教育均衡发展为主要内容的专项督导评估。

2010年，开展“十一五”教育改革与发展专项督导。

对乡(镇)学前教育专项督查 根据省、市政府出台的加快学前教育改革与发展的相关政策，全县于2003年、2009年迎接全市开展的学前教育专项督导。

对义务教育阶段学校督导评估 开展对学校督导评估，重点推动和促进各类教育事业的科学和谐发展，改善办学条件，提高学校的规范办学水平，切实促进学校办学质量的提升。

普通高中学校 1995年，对云和中学开展督导评估。是年，云和中学被认定为合格的省重学；2005年被认定为省一级重点中学；2009年通过省一级重点中学的二轮评估。

职业高中学校 2006年底，云和县中等职业技术学校通过评估验收，被认定为国家级重点中等职业技术学校。

“教育现代化示范(达标)学校”评估 2010年，依据《丽水市教育现代化达标和示范学校评估验收暂行办法》，全县开展教育现代化达标学校的督导评估。

第四节 机构与队伍

1988年7月，撤销云和县教体局，建立云和县教育委员会。

1991年，县教育委员会内设办公室、人事科、教育科、计财科、教育工会、督导室6个科室。

1997年，云和县教育委员会机关内设7个行政科室，分为办公室、人事科、计划财务科（审计室）、普通教育科、成人职工职业教育科、幼儿教育科教育督导室。县教育委员会行政编制16人，（含后勤服务人员）。领导职数：主任1人，副主任2人。

2001年1月，根据《云和县党政机构改革方案》，云和教育委员会更名为云和县教育局。

2002年6月，县教育局内设5个行政科室，分为办公室、人事科（纪检监察室）、计划财务科（审计室）、基础教育科（教育督导室）、职业教育科（成人教育科）。县教育局行政编制14人（含工勤人员），其中：局长1人，副局长3人，党务领导1人，科室领导7人。

至2010年12月，教育局行政编制14人，局下属事业单位有县教育工会，人员编制2人。县招生办公室（自学考试办公室），人员编制4人。教学研究室，人员编制15人。广播电视大学工作站（电视中专分校），人员编制2人。勤工俭学办公室，人员编制2人。教师进修学校、中等职业技术学校、教工幼儿园、县属中学、县属小学、乡镇中学、乡镇小学等，人员编制1055人。

1991—2010年云和县教育局(教委)主要负责人一览表

表28-4-1

党委书记	任职时间	局长(主任)	任职时间
高幼天	1988.07—1996.06	高幼天	1990.07—1996.06
胡惠民	1996.10—2001.04	胡惠民	1996.10—2001.04
王　平	2001.04—2007.04	王　平	2001.04—2007.04
高洪波	2007.04—2010.07	高洪波	2007.04—2010.07
梅显平	2010.07—	梅显平	2010.07—

第二十九篇　科学技术

1991—2010 年,云和县实施“科教兴县”发展战略,突出工业重点,强化农业基础,促进三大产业全面协调发展。组织实施“科技创新”“科技攻关”“星火计划”“火炬计划”等国家、省、市、县多项科技计划。科技政策更加灵活,科技投入进一步增加,科技普及与应用更为广泛,科技成果丰硕。

科技综合实力不断加强,科普组织、科研机构迅速发展。至 2010 年,全县有县级专业学(协)会和科普中心 19 个,有会员 1790 人。全县有科技人员 5962 人。农民技术员 3638 人;有民营科研服务机构 14 家;省级以上民营科技企业 20 家。

同时,云和县先后开展“创建国家科技工作先进县”“创建浙江省科技进步先进县”“百名科技人员联系村”“科技特派员入乡帮扶”“科技富民强县”等科技专项行动。2000 年 9 月,云和县以 967 高分通过考核,被国家科技部命名为“全国科技工作先进县”。2004 年 9 月,云和县被国家科技部评为“全国科技进步先进县”,2006 年、2008 年,云和县 2 次获得中共浙江省委、浙江省人民政府授予的“县(市、区)党政领导班子科技进步责任制考核优秀单位”称号。

第一章　产业化计划项目

20 世纪 90 年代，云和县科技工作围绕“全面振兴农村经济持续健康发展，加快农民脱贫致富和农业现代化进程”，重点组织实施星火计划。21 世纪以来，云和县科技创新围绕木制玩具、“PTC”电热元件、高精度轴承、微型铸造、云和黑木耳、云和雪梨、淡水养殖、茶叶等主导产业转型升级，开展科技攻关，解决关键共性技术。2001—2010 年，被列入科技部、浙江省科技厅和丽水市科技局各类科技专项计划共 157 项，获科技项目资金 1840 万元，县本级科技计划立项 349 项，安排项目资金 1538 万元。

第一节　科技专项计划

星火计划

云和县实施以振兴农村经济为目标的“短、平、快”科技星火计划源于 20 世纪 80 年代末期。

1991 年，云和县科委组织力量开展星火计划专题调研，完成《云和县实施星火计划调研报告》。是年，全县推广应用叶面宝农业科研成果 5420 公顷，累计增收 189.03 万元。1992 年，实施星火项目“早稻畦式直播栽培技术示范”20 公顷，经收割验收，比传统的手播稻亩增 1.94 万千克，增幅 4.34%；代料香菇无棚架半地下式栽培技术被升格为 1992 年丽水地区推广计划。1994 年，云和县“镰刀机械化生产和出口”“木制玩具系列开发”被列入浙江省星火计划项目，“袋料香菇无棚架半地下式栽培技术”被列入地区星火计划项目，“高山蔬菜”“山地低产柑橘园改造”“獭兔系列开发”被列入县级星火计划项目。1995 年，云和县实施“早稻优质良种”“绿麦隆除草剂”2 个星火项目，通过验收，早稻良种示范推广面积 633.53 公顷，增幅 19.1%，绿麦隆除草剂示范推广 3866 公顷，累计降低成本 145 万元。

1997 年，全县实施“星火十亿工程”，确定云和镇、石塘镇为省级“星火示范乡镇”，沙溪乡为地区级“星火示范乡镇”；云和县科委申报的“木制玩具产业开发”被列入省级星火区域支柱产业项目，桑尼电子有限公司被认定为省级“星火示范企业”；是年，实施“星火西进工程”，建立星火发展基金 10 万元。2003 年，云和县半球实业有限公司的“中国（浙江）木制玩具星火特色产业基地及孵化器”被列入国家星火计划，“云和县第二轮出口木制玩具星火特色产业基地”被列入浙江省星火计划。

2004—2010 年，先后有 12 个专项被列入浙江省星火计划，食用菌产业有大湾乡农技站的“南方山地芒萁基质改性及优质香菇栽培研究与示范”、云和县绿科农产品合作社的“代料食用菌主要病虫螨危害及全程控制技术研究"、云和县农产品专业合作社的"山兰黑木耳高效栽培技术研究及产业化"、云和县金农珍稀菇专业合作社的"黑木耳质量控制及标准化生产技术集成与示范"项目获得成功，2010年，全县发展代料黑木耳3985万袋，总产值达到58072万元。"云和雪梨综合集成配套技术研究与示范"等一批科研项目为云和传统雪梨产业改造、提升提供技术支撑，2006年，云和雪梨被中国果品流通协会评为"中华名果"。

火炬计划

1991年，县电子设备厂的PTC产品开发被列入省级新产品试制计划，县微生物研究所申报的"竹荪引种及高产栽培技术研究"列入地区级科技项目。

1992年，云和县半导体陶瓷元件厂生产的半导体陶瓷(PTC)材料被列入浙江省科委火炬计划，省科委提供火炬计划贷款150万元。1999年，"PTC"材料研究列入国家级火炬计划，填补云和县国家级项目空白。

科技攻关计划

2003年，木制玩具省级区域科技创新服务中心的"木制玩具丝网印刷机研制"被列入省级科技攻关计划。2004年5月，云和县木制玩具业被浙江省科技厅列入全省第二批8个区域支柱产业重大科技攻关(试点县)之一，"木制玩具CAD互动设计软件开发"被列入省级重大科技攻关项目；是年，云圣轴承保持器有限公司的"高精度O形带爪保持器"被列入国家科技部中小企业创新基金计划项目。

2005—2010年，云和县仙宫果业有限公司的"板栗真空爆壳技术及深加工产品研究""黑李贮藏保鲜及贮运产业化中试"，云和县金旺机械制造有限公司的"丽水黄壤土资源的铸件用绿色集约化造型材料的研发"和"低能耗铸造关键技术研究与产业化"，浙江和信玩具有限公司的"木制玩具中嵌入语音识别技术的研究和应用"，云圣轴承保持器有限公司"无异音深沟轴承保持器"，浙江鑫通电子有限公司的"高耐压高居里点电热元件的研发"，被列入省级科技攻关计划、新产品试制计划、产业化中试、火炬计划；其中，"板栗真空爆壳技术及深加工产品研究"成功地解决依靠手工剥壳板栗的技术瓶颈，真空爆壳技术效率比人工提高15倍。"丽水黄壤土资源的铸件用绿色集约化造型材料的研发"和"低能耗铸造关键技术研究与产业化"填补铸造业用绿色集约化造型材料的空白，2008年，"YSMS-I型低能耗铸造型砂"被列入国家重点新产品计划。

第二节 创新条件与环境建设计划

2003年8月，"云和县木制玩具区域科技创新服务中心"被认定为省级区域科技创新服务中心，成为丽水市第一个受惠于浙江省"五大百亿工程"科技创新条件专项，获得专项补助经费50万元，11月5日，县人民政府为该中心举行授牌仪式。

2004年，半球实业有限公司申报的"处理重金属离子废水用木屑黄原酸酯的研究"获得浙江省科技厅创新条件与环境建设科技计划立项。

2005年，“浙南早熟果业区域科技创新服务中心”被认定为省级区域科技创新服务中心。“浙南早熟果业研究开发中心建设”“云和雪梨贮运保鲜技术开发”被浙江省科技厅立项，获专项经费50万元。

2008年，金旺机械制造有限公司与东华大学合作的“天然黏土沙低能耗铸造关键技术研究与产业化”，被列入浙江省高效节能重大专项，获得补助专项经费120万元。2009年，浙江正艺玩具有限公司的“环保型木朔玩具关键技术研究与产业化”被浙江省科技厅列入创新条件与环境建设专项计划，获得补助经费120万元。

第三节　科技扶贫

1991年，针对双港乡规溪村百余亩沙滩圩地柑橘适龄不结果的状况，县科委组织安排科技人员联系规溪村，改造低产橘园，提高产品品质。次年，柑橘产量达到10万公斤。

1995—1997年，县科委选择沙溪乡高胥村、云和镇大坪果园、紧水滩镇田垟村为科技扶贫示范点，高接中熟温州密柑2264株、改造低产脐橙55.06公顷，实现果园“优质、高产、高效”目标。

1997年，云和县轴承配件厂承担的“高精度、低噪音小型轴承研制”列入省科委扶贫项目，获得扶贫资金5万元。1998年，县科委实行科技工作“资金、参谋、技术”六字方针，扶持云和雪梨母本园项目资金1万元，扶持县营林公司“板栗贮藏保鲜”新技术项目2.3万元，扶持重河湾万亩现代农业开发示范园区0.5万元，帮助解决技术难题。1999年，开始建立科技与贫困村挂钩联系制度，县科委主任张显招任云坛乡沈庄村名誉村长，组织科技人员帮助制定沈庄村三年经济发展规划，扶持创办村鱼鸭混养试验场，赠送科技书籍400册，化肥2吨，发展杨梅基地2公顷，厚朴基地0.17公顷，扶持资金9.8万元。实现村民人均增收560元。

2002—2004年，县科技局挂钩扶持云丰乡后垟村，扶持项目资金6.5万元，帮助该村建立高山生态杨梅、高山雪梨基地8公顷；联系云和县清江生态龟鳖养殖专业合作社建立社村合作关系，开展“生态稻螺鳖共育技术研究与示范”取得成功。村长毛作兴承种的1.73公顷稻鳖共育示范基地，亩均增收2460元，成为村里的科技致富带头人。

2005—2008年，县科技局挂钩扶持云坛乡梅湾村，根据梅湾村情特点，建立局行政干部、省科技特派员联系帮扶制度，帮助制定村五年发展规划，组织实施“笋竹两用林改造试验”“野生鱼生态保护技术应用”“肉牛杂交改良”“社会主义新农村建设”“革命传统教育基地建设”项目。

2008年，云和县争取省级农业科技项目及示范基地抗击冰雪灾害专项扶持资金15万元，解决农业科技扶贫项目因冰雪灾害造成的损失。

2010年，农业科技扶持力度继续加大，获得省、市农业科技项目立项17项，争取项目资金131万元，县本级农业科技项目立项37项，补助项目资金79万元。同年，梅湾村率先脱贫，成为云和县科技脱贫示范村、浙江省特色旅游村。

第四节　科技特派员

2003年4月9日，首批6名省科技特派员分别入驻大湾乡、沙浦乡、云丰乡、安溪乡、雾溪乡、大源乡。5月，6个科技特派员项目首次列入浙江省科技特派员科技专项，当年获得项目补助经费30万元。

是年，浙江淡水研究所陈德富研究员撰写并提交的《关于加快大源乡社会经济发展的调研报告》，受到省政府重视。陈德富特派员深入紧水滩库区水产养殖户（合作社）调查，悉心“把脉”，网箱养鱼管理粗放、经济效益低的难题及时破解。库区养鱼网箱从300余只增至856只（后由于保护生态大环境需要，库区网箱养鱼受到控制，网箱量逐年减少）。

图29-1-1　省科技特派员在现场指导果农（县科技局提供）

2006年始，科技特派员由省级派遣扩大至市、县，入驻科技特派员的乡镇由6个扩至覆盖全县14个乡镇。

2003—2010年，科技特派员举办适用技术培训班4000场次，参加全县性科技下乡活动300余场，发放科技资料1.5万份，实施农业科技项目210项，引进、推广新技术248项、新品种270个，帮助组建农村经济合作社35个，建立科技示范基地214个，新增农村就业9700余人，科技特派员创业基地及辐射所在地区主要农作物优良品质覆盖率达到95%以上，农业先进适用技术覆盖率达到90%以上。

第五节　科技富民强县专项行动计划

2007年，云和县申报的国家科技富民强县专项行动计划“云和黑木耳产业提升与发展”通过浙江省科技厅重大项目立项。

2008年5月，“云和黑木耳产业提升与发展”项目通过国家科技部、国家财政部批准立项，项目由云和县人民政府承担，副县长蓝先芬担任项目负责人，科技局负责组织协调项目管理，聘请上海市农科院食用菌研究所、浙江省农科院园艺研究所、丽水市林科院、丽水市科技信息中心及云和县农业局、云和县山农黑木耳专业合作社、云和县农产品专业合作社、云和县绿谷农产品专业合作社、云和县食品农产品质量安全检测中心共14家单位的21位专家承担参与，项目执行期为2008年6月至2010年5月，项目共投入经费1585.16万元，其中，国家财政补助134万元，浙江省财政补助134万元，县财政配套300万元，企业自筹1017.16

万元。通过2年努力，高质量实现预期目标，至项目期末：引进人才30人，技术创新4项，集成创新1项，引进技术5项，研发新产品3个，研发新品种1个，引进并推广新品种2个，创造新栽培模式1个，制定具有国内先进水平的地方标准5个，科技成果转化1项，科技成果应用18项。建成有108名专业技术人员的科技服务体系1个，有完善教学设备和师资队伍的农民培训体系1个，有检测资格和资质的"检测中心"1个，有网上信息服务平台1个，有无公害标准示范基地13个，建设完成"菌棒生产厂"1个。培训技术人员6864人次，培训农民74000人次，发放技术资料81000份。全县推广应用面达95%。

突破黑木耳产业关键技术

驯化选育优质高产、适宜露天仿段木栽培的黑木耳新品种新科，通过国家品种委员会认定，成为浙江省通过国家认定的具有自主知识产权的2个黑木耳品种之一。创新"黑木耳—单季稻轮作""木制玩具→食用菌→农作物"等节约型循环模式，解决云和土地和森林资源少的发展难题，提高土地利用率。

创建黑木耳等品牌

"山兰"品牌获浙江省著名商标，"云和师傅"获丽水市著名商标，"云和黑木耳"获国家批准为地理标志保护，"梅源梯田"牌菌种通过ISO 9001认证。新技术、新品种推广面达100%，新标准应用面达95%。各项新技术、新品种、新配方、新模式、新制度、新标准在全县推广应用8103万袋，其中2010年应用面为95%，应用量为3790万袋。

发表论文7篇，获专利3项，获得省、市、县奖项22项，其中"无公害代料黑木耳集成配套技术研究与标准化生产示范项目"和"浙江省大型野生真菌资源及开发利用研究项目"分别获得浙江省科学技术奖二等奖，"代料黑木耳杂交稻高产高效技术推广项目" 获得浙江省农业丰收奖二等奖。

实现科技富民强县目标

2010年，全县生产规模3985万袋，比2007年实施项目期初增加2120万袋，增长113.6%；黑木耳产业总产值58072万元，比期初增加37052万元，增长176.2%，其中一产业产值18490万元，增加11640万元，增长169.9%；二、三产业增加25412万元，新增税金1271万元；出口量605吨，创汇759万美元；玩具企业边角料新增利润达到3630余万元；菌种产业销售3060万包，销售额4590万元，分别比2007年增加902万包、2537万元；相关原材料销售额达到3092万元，比2007年增加1923万元，增长164.5%；财政收入增加0.64亿元；产业带动就业1.3万人；黑木耳从业人员人均纯收入增加3760元，全县农民人均增收864元。

图29-1-2　2008年，三望栏村黑木耳基地（县科技局提供）

第二章 科技成果

2004—2010 年,全县有 6 个产品被浙江省科技厅认定为省级新产品。1991—2010 年,获得市级以上科技奖项 23 项,其中,国家级 1 项,省级 6 项,市级 15 项,其他 1 项。

第一节 成果鉴定

1995 年,屋顶栽培花菇初获成功。2003 年,“云和湖鱼”通过国家级有机鱼验收。2004—2010 年,桑尼电子有限公司研发的“PTC”电子产品、云圣轴承保持器有限公司研发的“0”形带爪保持器、金旺机械制造有限公司研发的“HMS”微型电机铸件、云圣轴承保持器有限公司研发的“无异音轴承保持器”、浙江鑫通电子有限公司研发的“XTMZ”电热元件、云和金旺机械制造有限公司研发的“基于黄 土绿色集约化节能照型材料”被浙江省科技厅认定为省级新产品。金旺机械制造有限公司(HMS 微型电机铸件)被认定为省级新产品企业。2008 年,云和县金旺机械制造有限公司的“YSMS–I 型低能耗铸造型砂”被列入科技部重点新产品计划。

第二节 获奖项目

1993 年,云和县申报丽水地区级科技成果奖 5 项,获奖 4 项,其中,早稻新品种浙 733 引种推广及高产栽培技术研究获一等奖,水稻畦式半旱直播耕作技术研究获三等奖,獭兔系列开发获三等奖,代料香菇无棚架半地下式栽培新技术获四等奖;是年,丽水地区科委、丽水地区共青团委联合开展“丽水地区科学青年奖”评选活动,云和县申报 9 人,获奖 5 人。

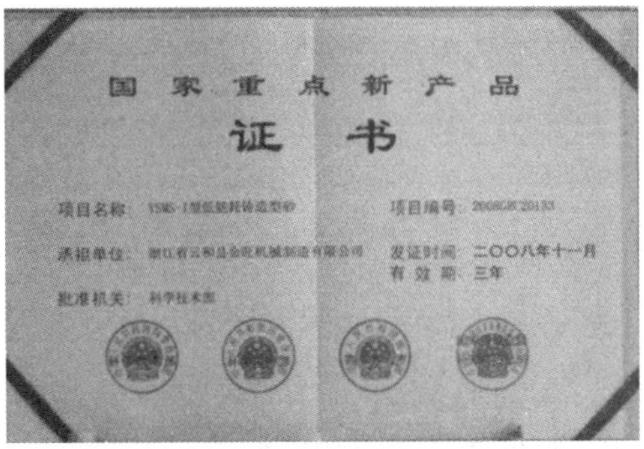

图 29-2-1 云和县金旺机械制造有限公司 YSVS—I 型低能耗铸造砂项目被科技部等四部委批准为国家重点新产品(县科技局提供)

1994 年,在庆元县召开的国际香菇研讨会上,云和“竹荪酒”“山兰”牌黑木耳、“大白苍”茯苓以质量领先优势,获得三枚国际奖。

1995 年,县微生物研究所梅小平获得“浙江省青年星火带头人标兵”称号;是年,“云和仙宫雪毫”茶叶获得国家金奖。

1996 年，云和县农业局的“Ⅱ优系列组合杂交稻”获得浙江省农业丰收一等奖；“代料香菇无棚架地下栽培技术”“早晚稻良种推广和栽培技术”获得丽水地区科技三等奖；是年，5 位科技人员获得丽水地区科技青年奖；县微生物研究所所长梅小平获得“全国青年星火带头人”“丽水地区‘十大杰出青年’”称号。

1997 年，云和县“水稻轻型栽培技术”获得浙江省农业丰收一等奖；“牧草与草食家禽开发利用研究”获得浙江省农业技术改进一等奖、浙江省科技进步三等奖；县科委陈马福撰写的“花菇高棚层架栽培新技术”获得浙江省自然科学优秀论文三等奖；云和镇副镇长吴瑞松获得浙江省优秀科技副乡镇长称号；县农业局干部方中富、叶先伟获得丽水地区“科学青年奖”。同年，开展乡镇党政一把手“谈科学技术是第一生产力”有奖征文比赛，有 6 人分别获得一、二、三等奖；开展全县首次科技成果推广应用奖评选，有 7 人分别获得一、二、三等奖；同年，云和县农业局选送的“浙春 2 号大豆推广及增长配套栽培技术”获国家农业部农牧渔业丰收三等奖；“山兰”牌黑木耳、“大苍白”茯苓获浙江省农展会金奖，高山甘兰获银奖。

2006 年 11 月 28 日，县委、县人民政府在文化宫召开全县科技大会，王伟平、曾秋敏、梅小平、邱潘秋 4 人获得“云和县科技贡献奖”称号，受到大会表彰，每人获得奖金 1 万元。

2008 年，县人民政府开展第六次科技进步奖评审活动，有 3 项 11 人获得县科技进步一、二、三等奖。

2010 年，县人民政府开展第七次科技进步奖评审活动，有 4 项 27 人获得县科技进步一、二、三等奖。

1993—2010 年云和县获得市级以上科技奖励项目表

表 29-2-1

获奖时间	获奖项目名称(称号)	协作单位	获奖等级
1993 年	早稻新品种浙 733 引种推广及高产栽培技术研究	县农业局	地区科技成果 一等奖
1993 年	水稻畦式半旱直播耕作技术研究	县农业局	地区科技成果 三等奖
1993 年	獭兔系列开发	县农业局	地区科技成果 三等奖
1993 年	代料香菇无棚架半地下式栽培技术	县微生物研究所	地区科技成果 四等奖
1993 年	丽水地区科学青年	微生物研究所	地委组织部 丽水地区科委三等奖
1994 年	云和竹荪酒、“山兰”牌黑木耳、“大白苍”茯苓	县农业局	庆元国际香菇节 国际奖
1996 年	Ⅱ优系列组合杂交稻	县农业局	省农业丰收 一等奖
1996 年	全国青年星火带头人	—	国家科委 共青团中央
1997 年	云和县水稻轻型栽培技术	县农业局	省科技进步一等奖
1997 年	牧草与草食家禽开发利用研究	县农业局	省科技进步三等奖
1997 年	花菇高棚层架栽培新技术	县科委	省自然科学优秀论文三等奖
2000 年	菇稻高产栽培技术研究	县农业局	省农业厅科技进步三等奖
2000 年	代料黑木耳与优质高产品种选育及栽培技术研究	县农业局	市科技进步三等奖
2000 年	山地板栗集约栽培技术研究	县林业局	市科技进步三等奖

续表 29-2-1

获奖时间	获奖项目名称(称号)	协作单位	获奖等级
2001 年	板栗主要病虫害防治技术	县森林病虫防治检疫站	市科技进步二等奖
2002 年	山溪灾害防治技术研究与应用	县水利局	市科技进步二等奖
2003 年	板栗果实病虫害防治技术研究	县森林病虫防治检疫站	市科技进步三等奖
2004 年	国外李引种及南方山地高效栽培技术研究	县农业综合开发有限公司	市科技进步二等奖
2004 年	高精度"0"型带爪保持器的产业化开发	云圣轴承保持器有限公司	市科技进步三等奖
2004 年	高接种改造实生板栗林	丽水职业技术学院	市星火三等奖
2006 年	黑李贮藏保鲜技术的开发研究与推广应用	县仙宫果业有限责任公司	市科技进步二等奖
2010 年	无公害代料黑木耳集成配套技术研究与标准化生产示范	县农业局等单位	省科技进步二等奖
2010 年	泰国鳖工厂化养殖技术研究与应用	县清江生态龟鳖养殖专业合作社	市科技进步三等奖

第三章　科技推广

20 世纪 90 年代，县、乡两级党委政府，科技主管部门和社会各界进一步加大科技宣传、科技培训和农村实用技术推广力度，建立科技（科普）宣传周、百名科技人员联系村、送科技下乡、科技帮扶促调系列活动。公民学科技用科技蔚然成风。

第一节　科普宣传教育

1991 年 9 月 27 日，云和县科委举办县首届推广农村实用技术竞赛活动，有 12 个乡镇、15 家单位 35 人分别获得一、二、三等奖；是年 5 月，县委宣传部、县科技局、县总工会等九部门联合开展“百业巧能手”展示活动。

1995 年，县科委在《云和导报》开辟科普园区专栏，刊登科普文章 14 篇。县科委邀请知名专家为县五大班子领导作 《科技兴农 力量无穷》《当今世界科技发展现状趋势和我们的对策》专题讲座。

1996 年 8 月 12 日，县科委在中山广场举办为期一周的科技活动，其中，组织 120 余名农、林、水、医系统科技人员赴云和二中、县实验小学、江滨小学、崇头镇、石塘镇开展卫生保健和农业实用技术科普知识宣传服务活动，发放科普资料 1.5 万余份，服务市民、农民和中小学生 6000 余人。是年12 月，县科委在《云和导报》开辟“科技成果应用”专题宣传，刊登专题 12 期，受众 1.2 万余人。

1997 年 4 月，县科委在县府大院、中山广场举办“八五”科技成果展；9 月，县科委、县科协会同《云和导报》联合举办全县食用菌知识竞赛活动，云和、石塘、崇头、紧水滩4个镇及云坛、安溪、雾溪、云丰、大湾、沙浦、赤石、大源等8个乡的农科人员、农民、学生共198人参赛，5人获得一等奖、10人获得二等奖、15人获得三等奖。11月，县科委、县妇联三部门联合开展“万名农家女新技术推广活动”。

2001年，县科委在云和电视台开辟“星火科技30分”讲座专题；5月，开展“送科技下乡”活动，发送农村实用技术资料1100份，接受科普咨询800人次。

2002年6月19日，根据国家科技部、中宣部、全国科协关于设立全国科技（科普）宣传活动周（每年5月份第三周末为起始日，为期一周）的要求，县科技局、县委宣传部、县科协在新建路樟树广场举办首届科技（科普）宣传周活动开幕式，活动周期间，发送科普书籍1.2万册，培训和接受科普咨询7100人次；8月，《云和科技》复刊，当年出刊5期。

2003年5月，县科技、宣传、科协联合举办以“依靠科学 战胜非典”为主题的科技（科普）宣传活动周，发放科普资料2.1万份，全县接受科普咨询3.1万人次；是年，组织中小学生参加丽水市科技创新大赛和科技夏令营活动。

2004年7月，开设“云和科技信息网”，在《今日云和》科普专栏开设“科技特派员”“科技人员风采”等宣传专题活动。

2010年5月，开展“与科技同行　让生活更美好”的科技活动周系列宣传活动，围绕节约能源资源、保护生态环境、提倡低碳生活、保障安全健康、抗震减灾等方面开展活动。通过咨询、现场解答、发放资料等形式，为群众提供各种技术咨询、科学指导和信息服务，共发放科技资料5000份，接受现场咨询与服务1000余人次。

第二节　农业实用技术培训

1991年年初，云和县建立由副县长任组长，县科技局、县教育局、县农办、县农业局、县林业局、县水利局、县移民办等部门负责人组成的县农科教协调领导小组。是年，在县农村职业技术学校培训基地举办农业适用技术培训班18期，受训乡镇干部和农技骨干907人。

1995年，县科委举办甜橙、柑、香菇等农村实用技术培训班14期，受训570人。

2002年，县科技局举办农村实用技术培训班8期，接受培训和咨询7100人次。

2004年年初，县“农村科技远程教育网”开通，举办农村实用技术培训班16期，受训乡镇干部和农民1125人次。

图29-3-1　省科技帮扶促调活动启动仪式（县科技局提供）

2006年，县科技局联合农业、教育、扶贫、科协等部门开展农民适用技术培训，投入经费

120 万元，培训 200 期，受训农民 9420 人次。

2009 年 5 月 21 日，由浙江省科技厅举办，云和县人民政府承办，浙江省科技信息院、丽水市科技信息中心协办的“2009 浙江省科技厅赴云和送科技下乡暨科技帮扶促调活动启动仪式”在云和举行，省科技厅副厅长、省大专院校专家、丽水市科技局、县委宣传部部长、县人民政府分管副县长及全县 120 余家部门、企业负责人参加启动仪式。

2010 年 3 月，省科技厅、省科技信息研究院专家宣讲团赴云和县开展“科技帮扶、医疗服务、送图书 三下乡”活动，惠及农民 1200 人次。

第三节 技术推广

1991 年，全县推广“无棚架半地下式栽培代料香菇新技术”50 万段，降低成本 5 万元，折合可生产粮食 7 万千克；是年，引进西子大葱、瑞安盘菜、云南佛山爪三个蔬菜新品种试种成功，其中，大葱亩产 2138 千克，亩纯收入达1200 元。县微生物研究所“竹荪引种及高产栽培技术研究”初试成功，当年全县扩大竹荪栽培面积 2 万平方米；是年，板栗早期速生丰产技术在全县推广。

图 29-3-2 科技人员为果农讲解水果栽培技术（县科技局提供）

1997 年 1 月，丽水地区水锤泵推广应用座谈会在云和县召开，投入资金 4 万元，在沙溪乡柘园村、朱村乡金村村推广水锤泵 8 台，解决 3000 余人的饮水困难；投入资金 5 万元，在朱村乡泉溪村开展太阳能热水器试点取得成功。

2002 年 8 月，县委、县政府制定出台《关于开展百名科技人员联系村活动的实施意见》，抽调县农、林、水、教、卫等部门科技人员，联系科技需求强烈的贫困村或经济特色村，开展科技帮扶，(简称百科联村)，加快农村依靠科技脱贫奔小康步伐。8 月 9 日，县委、县政府召开科技人员和部门、乡镇、联系村“两委”负责人参会的“百科联村”动员大会。组织全县 73 名科技人员到 14 个村开展科技帮扶活动。

2003 年，县委组织部、县科技局、县人事劳动社会保障局制定出台《云和县百科联村考核实施办法》，县政府先后在安溪召开雪梨基地“百科联村”现场会、科技人员座谈会、乡镇分管领导工作交流会。是年，云坛乡沈岸村、石塘镇双坑村、安溪乡上村村 3 个雪梨基地分别被评为云和县“百科联村”科技示范基地一、二、三等奖。

2004 年，“百科联村”建立科技示范基地 21 个，新培育农村科技示范户 42 户，农民新增经济收入 412 万元。

2001—2004 年，全县争取省、市新技术推广专项资金 69 万元，引进新品种 65 个、新技术 14 项，建立推广示范基地 96.66 公顷，推广养鱼网箱 300 只。全县新增农民就业 547 人。

2007年，县科技局与宁波北仑科技局合作，在云和镇、朱村乡、黄源乡的水果、茶叶、蔬菜基地推广利用昆虫性信息素防治病虫害生态农业技术，受惠面积66.66公顷，次年，在重河湾水果示范基地推广33.33公顷，次年，继续推广333.33公顷。

第四章 交流 服务

2002年以来，云和县开展开放型科技工作暨“科研院所在外、科技人才在外、科技研究在外、科技实验在外，云和企业成为实验基地和生产基地”。校企合作更加频繁密切，2001—2010年，对接国内外大中院校21所，签订科技合作协议25项，合作资金1946万元。

2002—2010年，云和县防震减灾完成从机构、人员编制、防震减灾应急机制建立到地震烈度速报台建成运行等系列工作，防震减灾走上法制化、规范化轨道。

第一节 科技合作与交流

2000年8月，丽水市科技计划研讨会在云和召开，研讨、交流提高申报省级以上科技项目立项成功率，缙云县、龙泉市局作典型发言。10月，浙江省社会科学研究院杨万江教授等4人来云和作技术创新工作专题考察调研指导。

2002年，县科技局与清华大学、浙江大学、天津科技大学、中科院签订合作协议，对接教授、博士后、硕士研究生等学级科技人才5批15人次。是年，中德合作由德方出资6.1万元的安溪乡木樨花村生态环境防护堤工程通过验收；云和县开展的“科研院所在外、科技人才在外、科技研究在外、科技实验在外，云和企业成为实验基地和生产基地”的“四外两基地”开放型科技工作受到丽水市科技局肯定。

2003年7月10日，中德合作项目德国海外不莱梅研究与发展协会代表法郎克先生来云和考察，赠送价值10万元的水锤泵10台，同时，免费选送12名农村青年赴上海机电工业学校技工证书班培训。

2005年，云和县与乌克兰国立农业大学建立科技合作关系，8月，乌克兰国立农业大学代表与云和县林业局签订科技合作备忘录。

2006年，对接杭州电子科技大学、浙江大学、陕西科技大学、宁波市北仑科技局，与企业开展“木制玩具CAD互动软件设计”“云和雪梨贮运新技术”“板栗脱壳及深加工产品研发”“农业害虫性引诱剂生物防防治技术”项目科技合作。

2007年，对接上海交通大学、浙江传媒广电技术研究所，与浙江和信玩具有限公司、云和电视台开展科技合作，达成科技合作协议 4 项，成交总额 180 万元。

2008 年，县科技局组织科室以上负责人赴宁波、舟山两地，与北仑科技局、舟山海洋学院开展生态农业技术、水产养殖技术科技合作对接活动。全县签订校企合作协议 8 个，成交总额 300 余万元；10 月，组织浙江和信玩具有限公司等企业负责人赴大连参加全国专利产品展销会。

2009 年，云和县对接中国美术学院、浙江工商大学，签订校企合作协议 4 项；是年，县科技局组织企业负责人赴北京、上海、沈阳等地开展科技对接，落实浙江省 2009 年“432”省院合作计划。

2010 年，对接浙江林业大学，与大湾乡农技站、天源板栗专业合作社合作，签订校企合作协议 2 个，两家企业共支付合作资金 50 万元。2001—2010 年，共对接国内外学院、名校 21 所，签订科技合作协议 25 项，企业共付合作资金 1946 万元。

第二节　防震　减灾

2002 年 6 月，县人民政府下发《关于印发云和县科学技术局职能配置、内设机构和人员编制规定的通知》，明确防震减灾管理职能由县科技局承担，下设地震科。

2003 年，县政府常务会议审议通过《云和县破坏性地震应急预案》。

2004 年，县科技局配合省地震局专业人员在云和县境内开展地震烈度速报台选址工作。

2006 年 2 月 4 日，云和县防灾减灾办公室建立 24 小时值班和上报制度。是年 12 月 21 日，云和县人民政府办公室印发《云和县抗震救灾应急预案》，预案对震情震级、应急机构与职责、应急响应、应急保障、后期处理作全面明确规定。

2008 年 12 月，县科技局增设县防震减灾办公室，配备全额拨款事业编制专职管理人员 1 名。是年，县科技局与省、市地震主管部门衔接，开展地震烈度速报台建设申报，初步完成选址工作，城北面凤凰山确定台站地址。

2009 年，云和县地震烈度速报台列入县政府当年固定资产投资项目计划，完成征地、政策性处理及设计、预算、审批、招标等前期工作；完成全县 14 个乡镇防震减灾助理员选配；防震减灾工作列入浙江省“平安县（市）”考核指标。

2010 年 5 月 12 日，县防震减灾办公室在中山广场开展全国防灾减灾日防震减灾咨询宣传活动，发放资料 1000 余份，市民接受咨询 800 余人次。

第五章　科技管理

1992—2010 年，云和县科技管理实施“创新驱动发展战略”，制定科技政策，引进、培养和奖励科技人才，制订中长期科技发展规划，加大科技投入，至2010年，县财政科技三项经费投入1252万元；鼓励企业技术创新。专利申请和授权量数据达1476件和1180件，技术合同管理逐渐过渡转入网上技术市场管理，信息化开发稳步推进。建立科技工作目标考核责任制。先后获得“浙江省县市区党政领导班子科技进步目标责任制考核优秀单位”“全国科技进步先进县”等称号。

第一节　科技政策

1992年，中共云和县委、县人民政府制定下发《关于推进科技进步 振兴云和经济的决定》。1993年，县委、县府制定出台《云和县科学技术进步奖励办法》。2001年，县委、县政府制定出台《中共云和县委云和县人民政府关于加强技术创新 推进科技进步的若干意见》。2007年7月，云和县人民政府办公室制定出台《云和县科技创新资金管理试行办法》，和《云和县科技专项经费管理暂行办法》等文件。从科技立项到管理、验收、经费的划拨以及审计，制定资金管理使用的流程和规范。是年12月10日，县委县政府制定出台《中共云和县委云和县人民政府关于增强自主创新能力 加快科技进步的若干意见》，提出把大力实施知识产权战略、人才战略，加快科技创新、增强自主创新能力，摆在更加突出的位置。从加强科技领导、依法保障科技进步，增加科技投入、增强创新内力，加强区域创新体系建设、激活创新活力，加快高新技术企业发展，改造提升传统产业等方面，制定明确的目标任务和措施。

图 29-5-1　2005年，县林业局与乌克兰农业大学举行科技合作签约仪式（县科技局提供）

扶持企业创新

扶持高新技术产业。对被认定为国家、省、市高新技术企业的，分别奖励20万元、5万元和2万元；对被认定国家重点新产品、国家新产品和省级高新技术产品分别奖励10万元、6万元和3万元；对被认定为国家、省级高新技术企业的，经县财政审核，按企业所得税地方留成部分数额，自认定年度起头两年全额、后五年按50%给予奖励。对被认定国家、省级科技型中小企业和农业科技企业，享受省高新技术企业的税收减免政策。

鼓励科技成果转化

对列入国家、省级的各类科研计划项目，通过有关部门验收和鉴定后，分别给予奖励10万元和3万元；对引进国家“863”计划项目在县区域实施的企业给予15万元的经费补助。

推进知识产权开发

对获得省、市专利示范企业的，分别奖励5万元和2万元；对获得国外发明、国家发明、实用新型和外观设计专利的，分别给予3万元、5000元、2000元和800元的资助。

鼓励人才创业创新

对2006年以来，企业引进的具有硕士（或副高职称）和博士（或正高职称）学位人才，并在企业一线工作满5年的，一次性奖励5万元和10万元的住房补贴。

2008年，县科技局、县财政局、县国税局、县地税局联合制定出台《云和县高新技术企业认定工作管理办法》。2009年，县科技局制定下发《云和县科技富民强县专项行动计划资金管理办法》。同年11月，云和县专家咨询委员会成立，首批专家委员、省科技厅厅长蒋泰维到云和参加成立仪式，并作以“科技创新与发展”为题的报告。

第二节　科技规划

1997年，《云和县“九五”科技发展规划》经县人民政府审议通过。1999年11月，县十二届人大常委会第十四次会议审议通过《云和县科技兴县规划》。2001年9月28日，县人大常委会审议通过《云和县科技发展“十五”规划》。2006年11月28日，县人民政府制定下发《云和县“十一五”科技发展规划》。2008年，县科技局制定出台《云和县自主创新能力提升行动计划》，2009年，制定《云和县创新能力提升行动计划实施方案》。2010年，县科技局协同县统计局完成2009年度科技进步统计监测，结合省政府“十二五”期间对欠发达县（市区）扶持政策的先期调研，先后完成《丽水市科技大会筹备调研》《云和县科技“十二五”规划调研报告》《关于“十二五”期间欠发达县（市、区）自主创新能力的思考与调研》《云和县科技工作专题调研》4个科技调研专题，提出“十二五”期间扶持欠发达地区科技发展的意见、建议，上报浙江省科技厅和县委办政策研究室。2010年12月，《云和县科学技术“十二五”发展规划》经县“十二五”规划编制工作小组审议通过，由县人民政府办公室印发实施。

科技“十二五”发展规划要点是，贯彻“自主创新、重点跨越、支撑发展、引领未来”的指导方针，坚持科技创新与全面小康及生态文明结合、坚持自主创新与集成创新和技术引进相结合、坚持市场导向与政府扶持相结合原则，围绕打造云和科技发展洼地、成果转化基地、增强科技综合实力，建设科技强县总目标，建立以企业为核心的技术创新体系、功能完善的科技成果转化体系、产业优势明显的知识创新体系和科技融资、科技基础条件二个创新平台。规划确立木制玩具产业、装备制造业、现代农业、现代服务业、资源与环境、文化创意、节能和能源、人口和健康、防灾减灾九大重点发展领域，重点实施木制玩具加工技术及装备、重大阀门装备、精密轴承制造、电动汽车关键零部件设计制造技术、农作物新品种选育与良种产业化、农产品精深加工技术、茶产业综合发展技术、林产业综合发展技术、重大自然灾害预警和应急处置技术、重大疾病防治技术等十大科技专项，到“十二五”期末，实现全县科技总投入7000万元，R&D（研究与试验发展）经费占GDP的比重1.1%左右，年专利授权量350件,规模以上工业企业新产品产值率达到10.0%以上,高新技术产业增加值占工业增加值的比重达到3,0%以上,科技进步贡献率达到50.0%以上的目标。

第三节　科技投入

1991年,县财政安排"新产品试制费、中间试验费、重大科研项目补助费"专项经费(以下简称"科技三项经费")3万元。

2000年,云和县全社会科技投入495.4万元,其中,县财政安排科技三项经费135万元,首次突破百万元。

2008年,全县科技活动经费总额2641.4万元,其中,县财政安排科技经费983万元,比上年增长14%,企业科技投入1810.8万元,比上年增长61.9%,企业所占比重提高7,3个百分点,企业创新主体地位进一步巩固,全县规模以上工业企业科技活动经费支出总额2374.4万元,比上年增长38.9%,全县R&D项目支出982.4万元,比上年增长16.84%,占当年全县生产总值(GDP)的0.37%。

2010年,全县科技活动经费总额3600万元,其中,规模以上工业企业研究与试验发展经费1800万元,占科技总支出的50%,县财政科技支出1251万元,比上年增长12.3%,占本级财政经常性支出之比3.5%,提前实现《浙江省实施科技进步法条例》规定的"到2015年,县(市、区)财政用于科学技术经费占本级财政经常性支出的比例,应当达到百分之三点二以上"要求,其中,县财政安排的科技三项经费986万元,创历史新高。

1991—2010年云和县地方财政科技投入情况表

表29-5-1

时间	县财政科技支出(万元)		财政科技支出占本级财政经常性支出的%	备注
	总计	其中:科技三项经费		
1991	3	3	—	—
1999	150	112	1.56	财政科技三项经费突破百万元
2000	171	135	1.59	—
2001	210	174	1.99	—
2002	356	296	1.48	—
2003	444	374	2.73	—
2004	538	414	2.2	—
2005	601	507	2.63	—
2006	697	558	3.2	—
2007	889	753	3.3	—
2008	983	811	3.35	—

续表 29-5-1

时间(年)	县财政科技支出(万元)		财政科技支出占本级财政经常性支出的%	备注
	总计	其中:科技三项经费		
2009	1113	937	3.4	—
2010	1251	986	3.5	财政科技三项经费接近1千万元

第四节　科技创先

1998年，中共云和县委、县政人民府制定出台《云和县关于创建全国科技进步县实施方案》(简称科技创先)。同时，建立县“科技创先”领导小组，领导小组办公室设在县科技局，各乡镇、各部门分别成立科技创先领导小组，是年，县委、县政府制定出台对乡镇、部门科技工作考核办法。8月7日，县委县政府召开全县科技工作会议，动员部署创建全国科技工作先进县工作，下发部门和乡镇党政领导班子科技进步工作责任制考核办法。

1999年8月，县委召开常委会，专题研究“科技创先”工作，11月，县政府召开第十次县长办公会议，专题研究“科技创先”验收工作，2000年4月25日，受科技部委托，浙江省科技厅组织验收工作组到云和进行“创建全国科技工作先进县”验收，以967分的高分通过，被科技部授予“全国科技工作先进县”称号。

2001年11月29日，县委、县政府出台《云和县创建浙江省科技进步工作先进县实施方案》，对创建浙江省科技进步先进县工作，从总体要求、活动目标、进度安排、考评标准、部门职责作全面部署。

2003年，云和县如期完成2001—2002年度全国市(县、区)科技进步考核，成绩位居全省第39名，位居丽水市第一名，被科技部授予“全国科技进步先进县”称号，时任县委书记吕文明获得“全国科技进步先进个人”称号。

2005年，云和县通过2003—2004年度全国县(市、区)科技进步考核。是年10月，中共浙江省委办公厅下发《关于表彰2004年度市县党政领导科技进步目标责任制考核优秀单位的通报》文件，云和县榜上有名。

2006年11月28日，中共云和县委、县人民政府在县文化中心召开全县科技大会，对全县自主创新工作作全面部署，同时表彰一批科技贡献奖、科技进步奖获得者。是年，鉴于人事变动，县委办、县政府发文对县科技领导小组作调整。

2007年，云和县完成并通过2005—2006年度全国县(市、区)科技进步考核；是年3月，云和县获得丽水市人民政府授予的“丽水市2006年度科技工作先进县”和“丽水市第一批科技特派员工作先进单位”称号。

2008年2月，云和县再次获得中共浙江省委、省人民政府授予的2006年度“浙江省县(市、区)党政领导班子科技进步目标责任制考核优秀单位”称号。

2009 年，云和县完成并通过 2007—2008 年度全国县市区科技进步考核；是年，县科技局获得“全国知识产权培训工作先进单位”“浙江省专利工作先进集体”“浙江省科技系统先进集体”称号。

2010 年，经丽水市人民政府考核，云和县取得全市第二名好成绩，获得“丽水市 2010 年度科技工作先进县（市、区）”称号。项宗荣获得 2010 年度“全国科技工作先进个人”。

第五节　专利管理

1998 年，县科委建立企业专利工作联系制度。

2003 年始，加大知识产权宣传和管理力度，引进外地专利中介服务机构，提高专利奖励额度，县科技局被浙江省科技厅评为浙江省专利工作先进单位。

2005 年，全县申报专利 172 件，获得授权专利 47 件，专利申请量位居浙江省第 39 位，丽水市第一位。

2006 年，县政府编制办批复，县科技局增设“云和县知识产权管理办公室”配备专职管理人员 1 名。是年，成立由县科技、公安、工商、质检等部门组成的知识产权工作领导小组，建立县公安局驻知识产权办公室联络室，知识产权（专利）工作的人员、资金、政策进一步落实。

2007 年，全县专利申请量 167 件，万人占有专利申请量 15.05 件，专利申请量和万人占有申请量均居丽水市第一；专利授权量 162 件，万人占有专利授权量 15.05 件，授权量和万人占有授权量均居全市第一位。

2008 年 8 月，云和县金马工艺品有限公司被浙江省科技厅认定为浙江省专利示范企业。

2009 年 4 月，县科技局、县财政局联合制定出台《关于专利权质押贷款担保的实施意见》，成为丽水市首个专利质押贷款的县；是年，县科技局制定出台《云和县专利示范企业认定办法》。

2010 年，浙江和信玩具有限公司被认定为省级专利示范企业，认定县级专利示范企业 3 家。是年，县科技局被国家知识产权局评为 2009 年度全国“专利培训工作先进单位”，连续第 7 年被评为浙江省“知识产权（专利）工作先进单位”。是年，全县受理专利侵权案 5 起，调解 4 起。

2000—2010 年，全县专利申请量 1476 件，其中，申请发明专利 9 件；专利授权量 1180 件，其中，授权发明专利 3 件。

2008—2010 年省、市、县级专利示范企业统计表

表 29-5-2

企业名称	专利示范企业级别	认定部门	认定时间
云和县金马工艺品有限公司	浙江省专利示范企业	浙江省知识产权局	2008 年 8 月
浙江和信玩具有限公司	浙江省专利示范企业	浙江省知识产权局	2010 年 9 月
云和县金成工艺礼品厂	丽水市专利示范企业	丽水市科技局	2009 年 12 月

续表 29-5-2

企业名称	专利示范企业级别	认定部门	认定时间
云和县大森林工艺品有限公司	云和县专利示范企业	云和县科技局	2010 年 3 月
浙江和信玩具有限公司	云和县专利示范企业	云和县科技局	2010 年 3 月
云和县金马工艺品有限公司	云和县专利示范企业	云和县科技局	2010 年 3 月

2000—2010 年云和县专利申请量与授权量统计表

表 29-5-3

年份	申请类型			合计申请量	授权类型			合计授权量
	发明	实用新型	外观设计		发明	实用新型	外观设计	
2000	—	—	—	55	—	—	—	30
2001	0	16	31	47	0	8	29	37
2002	0	3	13	16	0	14	15	29
2003	0	13	16	29	1	4	14	19
2004	0	3	48	51	0	6	12	18
2005	4	44	124	172	0	3	44	47
2006	0	67	82	149	0	31	127	158
2007	0	52	115	167	2	69	91	162
2008	1	25	69	95	0	58	74	132
2009	1	97	264	362	0	20	122	142
2010	3	137	193	333	0	164	244	408
合计	9	457	955	1476	3	375	772	1180

第六节　信息化开发管理

2001 年，云和县科技局投入 20 万元。其中，县财政 10 万元，省科技厅专项补助 10 万元，开始筹建浙江网上技术市场云和分场。

2002 年 9 月 26 日，云和网上技术分市场正式开通，网上技术市场招商引资 8 项，加盟学院名校 12 家，达成校企合作协议 24 个。

2003 年 8 月，县人民政府成立“云和县信息化工作领导小组”，副县长任组长，下设办公室，办公室设在县科技局，由县科技局承担全县信息化工作管理职能。是年，县政府制定出台《云和县信息化管理办法》，信息化工作全面启动，县财政安排专项资金 50 万元，县科技局投入 20 万元，利用浙江省网上技术市场云和分场资源，开通视频网络，5 月 20 日，首次为县政府提供全省防治“非典”视频会议分会场。

2005 年 5 月，县政府将信息化管理职能划归县发展与改革局。

2009 年，丽水市网络图书馆云和服务站在县图书馆建立。

2010 年，浙江省网上技术市场云和分场完成上网企业 100 家，加盟专家 50 位，提供技术难题 20 项，发布科技信息 1000 余条。

2002—2010 年，云和县参加浙江省网上技术市场交流会 8 次，上网企业数 194 家，与学院名校签订合作协议 33 项，合作资金 1946 万元。

第七节　机构与队伍

云和县科技行政管理机构、科技人员队伍、民营科技企业，科技组织在发展中不断壮大。至 2010 年，全县有民营科研机构 21 家，民营科技企业 20 家，全县科技人员 5962 人，农民技术员 3638 人。

管理机构

1977 年 11 月，云和县科学技术委员会（简称县科委）建立。

1991 年，县科委在职行政编制 5 名，其中主任 1 人，副主任 2 人，行政事业干部 2 人；全县 22 个乡镇全部建立乡（镇）科委，配备科委主任 22 人，副主任 31 人，成员 110 人，10 个乡镇选配村级科技副村长（主任）。

1992 年 11 月，县委组织部为云和镇、石塘镇、崇头镇、沙溪乡、云坛乡各配备 1 名专职科技副乡镇长。

2002 年 6 月，县人民政府下发《关于印发云和县科学技术局职能配置、内设机构、和人员编制规定的通知》，原“云和县科学技术委员会”更名为“云和县科学技术局”（简称云和县科技局），明确县科学技术局主管全县科学技术工作的政府组成部门，县科技局下设办公室、科技计划科（星火计划办公室）和科技综合科（县知识产权科，县地震科），行政编制 6 人，其中，局长 1 人，副局长 2 人，科室领导职数 3 人。

2003 年 2 月，县政府成立信息化工作领导小组，同时，全县信息化工作管理职能由县发展计划局划给县科技局。

2005 年，全县信息化工作管理职能划归县发展改革局；2006 年 8 月，县政府编制办公室批复同意，县科技局增设“云和县知识产权管理办公室”，配备全额拨款事业编制管理人员 1 人，负责管理全县知识产权（专利）工作。是年 12 月，县政府编制办公室批复同意，县科技局增设“防震减灾办公室”，配备全额拨款事业编制管理人员 1 人，负责管理全县防震减灾工作。

2010 年年末，县科技局设办公室、科技计划科、科技综合科、知识产权办公室、防震减灾办公室 5 个科室，配备局长 1 人，副局长 2 人，行政和事业干部 6 人。

1991—2008 年县科委（科技局）主要负责人一览表

表 29-5-4

主任（局长）	任职时间	主任（局长）	任职时间
朱宏榜	1989.03—1992.10	李石平	2002.12—2004.07
陈长金	1992.11—1996.07	杨晓明	2004.08—2008.03
张显招	1996.08—2002.11	项宗荣	2008.05—

专业科技队伍

1991 年，全县有县级专业学（协）会 17 个，会员 700 人，2001 年，全县经注册的各类科技学（协）会 16 个，会员 487 人，全县有各类科技人员 3356 人。

2010 年，县科学技术协会下属医学、护理、中医、会计、珠算、财税、药学、教育、防疫、林学、农学、质量、蔬菜专业、云和雪梨、计算机、沙浦新科好，黑木耳菌种、老科技工作者、云和师傅、卫生协会等 19 个学（协）会和科普中心，有会员 1790 名；全县科技人员 5962 人，其中，高级职称 201 人，中级职称 2094 人，初级职称 3667 人。科技人员中，从事科技活动人员 625 人，每万人口科技活动人员占比 55.51 人。

群众科技队伍

1991 年，全县民营科研所 9 家，其中，木制玩具系列开发研究所 1 家，果业研究所 1 家，食用（药用）菌研究所 7 家；乡镇科技协会 10 个，乡镇专业研究会 16 个，村农民技术员 136 名，其中，农民技师 17 名，助理农民技术员 72 名。

1993 年，全县民营科研机构 11 家，初、中级科技人员 122 人。2005 年，全县从事科技活动人员 310 人，其中，企业科技活动人员 157 人，占总数的 50.6%。

2010 年，全县农民技术员 3638 人，其中，高级农民技师 5 人，农民技师 308 人，助理农民技师 425 人。农民技术员中，从事食用菌、名茶、水电、商贸行业，带领本县 1.03 万名农村劳动力创业的“云和师傅”108 名，创业就业区域涉及全国 28 个省（市、自治区）232 个县（市、区）。全县民营科研服务机构 14 家，其中，省级区域科技创新服务中心 2 家，省级企业技术研发中心 2 家，县民营科研所 10 家，从事企业科技活动人员 508 人。比 2005 年增长 33.1%。

1992—2010 年云和县民营科研机构情况表

表 29-5-5

名　称	负责人	地址	批准、认定级别	批准认定时间
云和县农业生物科技开发中心	王伟平	云和县农业局	县科委	2000 年
云和县药食用菌研究所	陈海风	新华街 57 号	县科委	1992 年
云和县中成药研究所	朱格菲	健康路 9 号	县科委	1992 年
云和县食用菌研究所	徐国山	红光路 164 号	县科委	1992 年
云和县菌覃研究所	陈志伟	象山食用菌公司	县科委	1994 年

续表 29-5-5

名 称	负责人	地址	批准、认定级别	批准认定时间
云和县木制玩具系列开发研究所	廖复新	中山路 380 号	县科委	1999 年
云和县仙宫果树研究所	林昌礼	云和县林业局	县科委	1999 年
云和县生物研究所	李平照	白垟墩山背村	县科技局	2003 年
云和县云隆黑木耳研究所	郑云隆	小徐移民新村东蛟 1 号	县科技局	2003 年
云和县利民权板栗研究所	谢沛启	石塘镇镇政府	县科技局	2003 年
云和县木制玩具林研究所	李长海	云和县林业局	县科技局	2003 年
云和县玉湖有机水果研究所	刘华军	石塘镇规溪村	县科技局	2003 年
云和县城西葡萄研究所	季伟平	云和镇新建村	县科技局	2004 年
云和县神农产品开发研究所	毛必田	云和县张家地	县科技局	2004 年
云和县泉溪茶叶研究所	齐荣军	朱村乡泉溪村	县科技局	2004 年
云和县黑木耳科技创新服务中心	陈志伟	云和县山农专业合作社	县科技局	2008 年
云和县山区水产研究所	卜伟绍	云和县紧水滩镇	县科技局	2010 年
云和县木制玩具业省级区域科技创新服务中心	金慧乐	县双翼木制玩具生产力促进有限公司	省科技厅	2003 年
浙南早熟果业省级区域科技创新服务中心	严伟东	云和县仙宫果业有限公司	省科技厅	2005 年
浙江云圣轴承保持器研发中心	吴跃平	云和县城	省科技厅	2005 年

民营科技企业

1997 年，桑尼电子有限公司被认定为浙江省高新技术企业。

2003 年 8 月，云和县木制玩具区域科技创新服务中心被省科技厅认定为“浙江省区域科技创新服务中心”。半球实业有限公司、大森林工艺品实业有限公司 被省科技厅认定为省级民营科技企业。

2004 年，云圣轴承有限公司被省科技厅认定为浙江省高新技术企业；是年，云和仙宫果业有限公司被省科技厅认定为浙江省第二批农业科技企业。截至 2010 年，全县民营科技企业 20 家，其中，国家高新技术企业 2 家、浙江省高新技术产品（新产品）企业 3 家，浙江省科技中小型企业 9 家、浙江省农业科技型企业 6 家。

2003—2010 年云和县省级以上高新技术（产品）企业名录表

表 29-5-6

认定企业	科技企业类别、级别	认定时间	认定级别
浙江云圣轴承保持器有限公司	浙江省高新技术企业	2004 年 9 月	浙江省科技厅
浙江利隆精密轴承制造有限公司	国家高新技术企业	2010 年 9 月	浙江省科技厅
浙江鑫通电子有限公司	国家高新技术企业	2010 年 12 月	浙江省科技厅
云和县金旺机械制造有限公司 HMS 型微型电机铸件	浙江省新产品企业	2008 年 11 月	浙江省科技厅

续表 29-5-6

认定企业	科技企业类别、级别	认定时间	认定级别
浙江云圣轴承保持器有限公司高精度 0 型带爪保持器	浙江省高新技术产品	2004 年 6 月	浙江省科技厅
浙江云圣轴承保持器有限公司无异音轴承保持器	浙江省高新技术产品	2006 年 7 月	浙江省科技厅
浙江鑫通电子有限公司"XTMZ 型电热元件"(PTC)	浙江省高新技术产品	2007 年 10 月	浙江省科技厅
铸件大森林工艺品有限公司	浙江省科技型中小业	2003 年 9 月	浙江省科技厅
云和县半球实业有限公司	浙江省科技型中小业	2004 年 5 月	浙江省科技厅
云和县振鹏实业有限公司	浙江省科技型中小业	2006 年 4 月	浙江省科技厅
浙江鑫通电子有限公司	浙江省科技型中小业	2006 年 10 月	浙江省科技厅
云和县金马工艺品有限公司	浙江省科技型中小业	2007 年 9 月	浙江省科技厅
云和县正艺玩具厂	浙江省科技型中小业	2007 年 12 月	浙江省科技厅
浙江和信玩具有限公司	浙江省科技型中小业	2007 年 12 月	浙江省科技厅
云和县金茂工艺品有限公司	浙江省科技型中小业	2008 年 10 月	浙江省科技厅
浙江新云工艺品有限公司	浙江省科技型中小业	2009 年 10 月	浙江省科技厅
云和县仙宫果业有限责任公司	浙江省农业科技企业	2004 年	浙江省科技厅
浙江木姥姥玩具工艺品有限公司	浙江省农业科技企业	2008 年 12 月	浙江省科技厅
丽水天恩茶业有限公司	浙江省农业科技企业	2009 年 12 月	浙江省科技厅
云和县绿林工艺品有限公司	浙江省农业科技企业	2009 年 12 月	浙江省科技厅
云和县金成木业有限公司	浙江省农业科技企业	2009 年 12 月	浙江省科技厅
云和县清江生态龟鳖养殖专业合作社	浙江省农业科技企业	2010 年 10 月	浙江省科技厅

第三十篇　卫　生

1991—2010年，云和县卫生工作围绕人人享有基本医疗卫生服务的战略目标和“科教兴医、人才强卫、体系完善”的发展思路，科学谋划卫生事业发展蓝图，在治理整顿、深化改革中稳步发展。医疗机构布局合理、医疗技术明显提升、医疗卫生建设不断投入；医疗制度改革适应时代、顺应民意；卫生管理依法治理，卫生科普全民普及，健康水平逐年提高，卫生事业与全县社会经济同步发展。

1991年，全县各级各类医疗卫生机构156个，其中县级医疗机构2个，县级卫生机构11个，镇中心卫生院3个，乡级卫生院17个，乡卫生院分点8个，村卫生室67个，厂矿、学校医务室13个，私人诊所35个，全县医疗卫生人员678人。各级医疗机构拥有床位280张。

至2010年，根据《云和区域卫生规划》，对全县各级各类医疗卫生机构进行总量控制，适当调整。调整后的各级各类医疗卫生机构共113个（包括社区卫生服务机构20个），床位320张，有各类医疗卫生人员777人，卫生专业技术人员512，其中执业医师191人，执业助理医师92人，注册护士183人，注册乡村医生46人。卫生技术人员中高级职称29人，中级职称122人，初级职称304人。全县每千人口拥有医疗卫生人员7.06人，每千人口拥有卫生技术人员5.05人，每千人口拥有医生3.39人，每千人口拥有医疗床位数2.91张。

第一章 医疗卫生机构

1991年，全县各级各类医疗卫生机构156个，1996—1998年根据《云和县区域卫生规划》和全县乡镇撤、扩、并，卫生局对全县医疗卫生机构进行适当调整。至2010年全县各级各类医疗卫生机构113个。其中卫生局直属医疗卫生机构44个(包括17个社区卫生服务机构)，归属卫生局行业管理的民营医院1个、民营社区卫生服务站3个，村卫生室37个，厂矿、学校医务室5个，个体诊所23个。全县医疗卫生人员777人(包括临时、借用人员)。

第一节 医疗机构

云和县人民医院

云和县人民医院创建于1940年(民国29年)，位于县城新华街71号，占地面积1万平方米，医疗用房建筑面积1.4平方米，是一家集医疗、急救、科研、宣教为一体的二级乙等综合性医院，属差额拨款二类事业单位。承担全县11万人民的基本医疗和急救任务以及14所乡镇卫生院业务指导任务。医院坚持"以病人为中心，以质量为核心"的办院方向和"以人为本"的服务宗旨。

1991年，全院职工259人，其中卫技人员145人，高级职称1人。1992年，医院单独设立儿科病区；1999年成立消化内科，并确定为重点专科；2000年，建立急救中心；2002年10月，成立骨科病房；2003年，重症医学科成立；2004年确立院训为"自强敬业，诚信仁爱，团结协作，务实创新"。是年，设立医院疾病感染科；2005年晋升为二级乙等综合性医院，核定床位220张，实际开放160张。同时，确定骨科、心血管内科、普外科为医院重点学科；2009年，成立腹腔镜中心，中心暂设外科病区，逐步形成专科化腹腔镜技术优势。2010年4月，开设疼痛门诊；是年，微创外科被列入丽水市第三批医学卫生重点(扶持)学科建设项目。至2010年，全院设职能科室14个、一级临床专科13个、二级临床专科11个、中医科2个、五官科3个、医技科室11个，共54个科室。在职职工337人，其中卫生技术人员309人。高级职称22人，中级职称94人；大学学历108人，大专学历131人，中专学历66人。收治门诊病人123771人次，住院病人5465人次。

云和县人民医院机构设置图

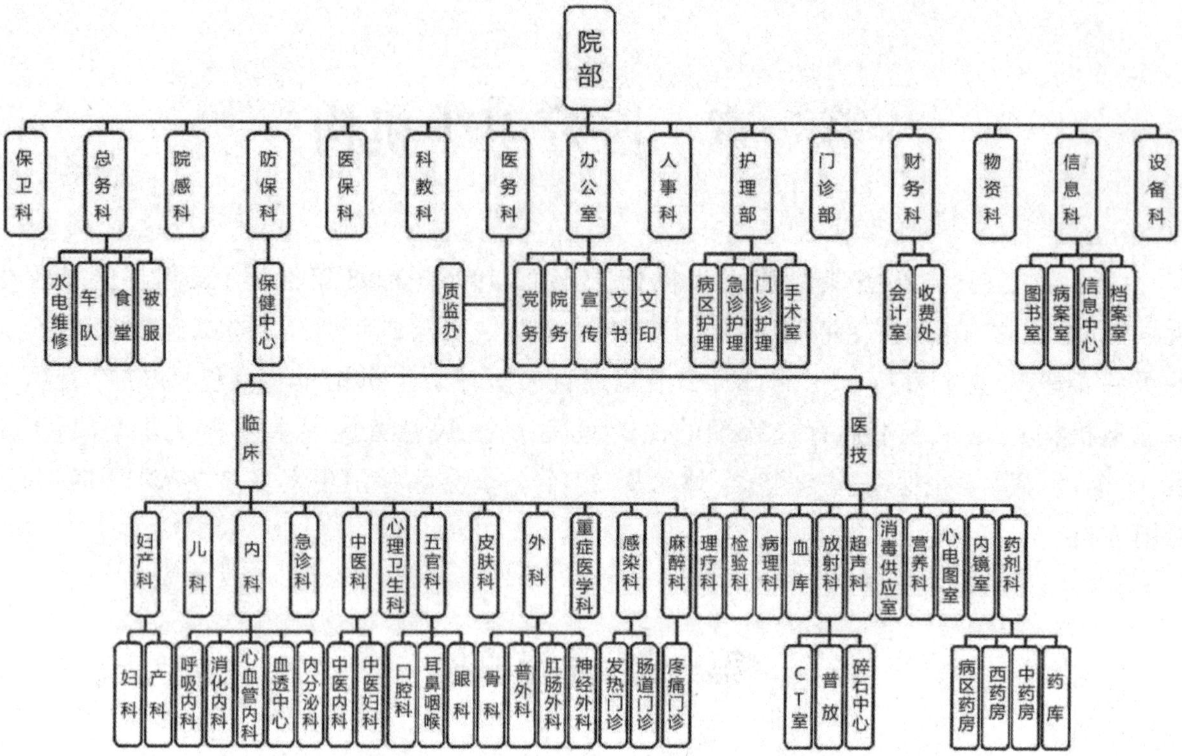

图 30-1-1 （云和县人民医院提供）

1991—2010 年云和县人民医院主要负责人一览表

表 30-1-1

党总支书记	任职时间	院　长	任职时间
戴金明	1987.01—1990.07	张光荣	1988.11—1991.07
张　彪	1990.07—1993.08	杨升现	1991.08—1995.12
官德林	1993.08—1996.10	陈梅红	1995.12—1997.10
陈梅红	1996.10—1997.10	陈卫东	1998.01—2003.06
金志松	1998 11—998.06	周　波	2003.06—2006.04
陈卫东	1998.06—2003.06	陈　岑	2006.04—2010.12

云和县中医院

云和县中医院始建于 1953 年 5 月，前身时称中医联合诊所，1962 年，更名为云和镇联合诊所，院址设在云和镇解放街 137 号，1978 年，经浙江省卫生厅批准成立云和县中医院，1989 年 9 月，院址迁至云和镇中山街 214 号，位于县城中心地段，医院占地面积 5700 平方米，建筑面积 5056 平方米。

云和县中医院是一所集医疗、预防、保健、康复为一体的综合性中医医院。属差额拨款二类事业单位，核定事业编制 84 人，核定床位 60 张，医院内设综合病区和妇产科病区，实际开设病床 40 张。1996 年，中医院防保组成立，负责原云和镇卫生防疫、儿童计划免疫接种工作。

2001年，引进碎石机，开设碎石门诊；同年2月设立骨伤治疗中心，中西医结合眼病防治中心。2002年4月，牙病防治中心成立。是年，撤销中医院防保组，将云和镇卫生防疫、儿童计划免疫接种工作，划归县卫生防疫站承担。

2004年，县中医院由于历年亏损、收不抵支，被县人民政府列为事业改制单位。中医院职工人心涣散，骨干医生大量外流，工作无法正常运转，县卫生局下派分管副局长到中医院兼任院长和书记，维持工作正常运转。

2006年5月，在原云和镇解放街老中医院旧址设立"解放社区卫生服务站"。10月，中医院成立增挂"云和镇社区卫生服务中心"牌子，实行"一套班子、两块牌子"的经营管理体制。服务范围覆盖原云和镇6个社区和36个行政村。"社区卫生服务中心"综合办公用房，设在中医院的行政办公楼二楼。社区卫生服务中心根据《浙江省预防门诊评审标准》又重新设立预防接种门诊，承担云和镇0—7岁儿童的预防接种工作。2007年10月，云和镇社区卫生服务中心经省卫生厅组织的"省规范化城乡社区卫生服务中心创建单位考核组"确认评为"浙江省规范化社区卫生服务中心"。

至2010年，中医院设职能科室8个，临床科室26个。有在职职工98人，其中正式在编员工70人，临时人员28人；卫生专业技术人员79人，其中副主任中医师2人，中级职称15人；大学本科学历11人，大专学历28人。县中医院主要负责全县中医药事业传承和发扬工作，提供基本医疗和保健服务，负责应对突发公共卫生事件。

专科医院

同济专科医院，位于县城中山街5号，创办于2005年6月，医院建筑面积1447.5平方米，建筑面积中医疗用房占1300平方米，是以骨科为主的社会民营专科医院。初期有职工30人，其中中级职称3人、初级职称2人；临床科室有普通外科、骨科、妇科、麻醉科、药剂科、临床检验科、医学影像科、手术室、注射室等；设住院部病区1个，病床30张。拥有仪器心电图、200MAX光摄片机、50MA床旁X光摄片机、电动洗胃机、电动吸引器、心电监护仪、超声波显像诊断、立式压力蒸汽消毒锅、全自动生化分析仪、半自动尿液分析仪、生物显微镜等20余种医疗设备和救护车。2005—2010年，门诊量6万人次，住院病人1500余人次。

崇头镇中心卫生院

1981年，梅源区医院与梅源公社卫生院合并，院址设在崇头村，改名崇头镇中心卫生院。是云和县唯一一个区级医疗单位，属全民所有制差额拨款事业单位。核定事业编制15人，2005年，有职工13人。有医疗用房1380平方米，内设科室有，内科、外科、妇产科、防疫科、中医科、B超、放射、检验等科室。其主要职能是满足该辖区群众的医疗、保健需求。1994年1月始，探索卫生改革，1996年10月至1997年12月，实行综合责任承包经营。

石塘镇中心卫生院

前身为双港乡卫生院石塘分院，院址设在石塘村，1993年，建造门诊综合楼，有医疗用房350平方米，1994年12月，石塘镇中心卫生院正式建立，属集体所有制事业单位，有职工4人。院内设有内科、外科、妇产科、防疫科、中医科、放射科等科室。2009年，将卫生院综合楼建设列入国债建设项目，选址在本镇西滩头中心村，新建医疗用房1000平方米，于2010年年底投入使用，卫生院整体搬迁至新大楼。承担石塘镇辖区内的群众基本医疗和公共卫生服务，该院的中医专长在周边地区有一定影响力，常有义乌、丽水、松阳等地患者前来就医。

紧水滩镇中心卫生院

1990年开始筹建，位于紧水滩镇金水坑村，前身为紧水滩区卫生院，1992年6月区划调整，将龙门乡并入紧水滩镇，更名为紧水滩镇中心卫生院，原龙门乡卫生院更名为紧水滩镇中心卫生院龙门分院，全院共有职工6人，其中龙门分院2人。原有业务用房借镇政府房屋，医疗用房面积193平方米，2010年8月，对原镇政府老办公楼进行整体修缮，作为卫生院医疗业务用房，计划2011年下半年将投入使用，修缮后医疗用房面积约为758平方米，负责紧水滩镇社区居民的基本医疗和公共卫生服务。

乡卫生院

1943年(民国32年)5月，县卫生院分别设小顺、赤石分院和梅源卫生所，历时2年，均先后停办。1953年，赤石、小顺区各设医疗站1所。1956年5月，扩建为区卫生所，同时在梅源、云东区各设卫生所，沙溪村成立保健院。1958年，云东区卫生所划归丽水。同年，建石塘乡卫生院，朱村、和平乡联合诊所。1966年，沙溪保健院更名沙溪公社联合诊所，1972年，全县公社诊所更名卫生院。同年10月，区卫生所下放到人民公社与联合诊所合并成立公社卫生院，1980年，公社卫生院改称乡(镇)卫生院，1990年，建立沈村乡卫生院。

1991年，全县有乡镇卫生院和分院28所，崇头、石塘、紧水滩、赤石、雾溪、安溪、沙溪、小徐、云坛、沈村、局村、朱村、龙门、大源、云丰、黄源、大湾、沙铺、小顺、双港、库北、金村等，在册职工137人(含临时聘用人员和退休人员)。其中，崇头镇、石塘镇、紧水滩镇为中心卫生院。同年，双港乡卫生院被省卫生厅评为“文明卫生院”称号。1994年，因撤区、并乡、扩镇，撤销沈村乡，金村乡、双港乡卫生院。同年，双港乡卫生院与石塘分院合并后称石塘镇中心卫生院。1999年，对全县19所乡镇卫生院分类管理，逐步为重点卫生院配备B超、便捷式X光机和心电图等医疗设备。启动“城乡对口支援”和“卫生下乡”等服务。

至2002年，乡镇卫生院全面推进职工养老保险制度改革，在职职工自5月起按月缴纳养老保险，退休职工由县卫生局一次性代缴人均2万元后划归社保处实行社会统筹。

2005年，全面实施“农民健康工程”，新型农村合作医疗制度、农民健康体检，公共卫生服务同步推进。政府通过购买服务方式加大对农村卫生事业的投入，乡镇卫生院“收不抵支”现象得到有效缓解，逐步结束综合责任承包的运行模式。部分服务人口较多的卫生院开始配备B超、心电图、X线摄片机、血球分析仪、尿液分析仪、生化分析仪等设备，医疗服务能力逐步提高；全县各行政村配备66名驻村责任医生，开展农村公共卫生服务工作，责任医生结合2年一次的新型农村合作医疗参保人员健康体检，为村民建立个人健康档案和家庭健康档案；对高血压、糖尿病等重点疾病管理和干预；对60岁以上老人、五保低保户、残疾人、慢性病患者等重点人群开展1年不少于4次上门服务，基层医疗机构的服务模式从“坐堂候诊”向“上门服务”转变。

同年，启动乡镇卫生院综合改革。核定编制86人；经过公开演讲、面试、考察、评议等环节，公开选聘 12 名乡镇卫生院长，每届任期 3 年，实行任期目标责任制考核，落实每月 500 至 800 元的定额补助。

2006 年，云和县统筹推进全县公共卫生工作，县政府成立公共卫生工作委员会，乡镇政府分别确定公共卫生管理员，建立村级公共卫生联络员队伍，聘请素质较好的村计生服务员 176 人，兼任村卫生信息员，承担所在村公共卫生信息的搜集报告和协助健康教育宣传等工作，每人每年增加工作补贴 300 元；通过与乡镇政府签订年度农村公共卫生责任书，将农村公共卫生服务工作列入乡镇年度考核。

同年，县中医院成立云和镇社区卫生服务中心，推进城市社区卫生服务机构建设，根据自愿原则，整合多个个体诊所，建立青阳门元和、解放新华和中山浮云等 3 个社会办性质的城市社区卫生服务站，政府向其购买三大类十二项的公共卫生服务。

2007 年 1 月，云和镇社区卫生服务中心通过省级规范化社区卫生服务中心验收。

2008 年，《云和县城乡社区卫生服务体系建设规划》出台，全面推行社区卫生服务机构建设，将全县乡镇卫生院分别增挂“社区卫生服务中心”和“社区卫生服务站”牌子，全面实施公共卫生服务。县编委对各社区卫生服务中心和社区卫生服务站重新核定人员编制。

2008 年云和县城乡社区卫生服务机构编制核定表

表 30-1-2　　单位：人

名　称		2008 年人口数	核定编制	备注
云和镇	云和镇社区卫生服务中心	27637	38	20 张床位，一体化管理
	沙溪社区卫生服务站	8968	7	—
	小徐社区卫生服务站	8231	4	—
	局村社区卫生服务站	4672	4	—
	崇头镇社区卫生服务中心	9075	15	5 张床位
	石塘镇社区卫生服务中心	7116	11	5 张床位，包括小顺 2 人
	朱村乡社区卫生服务中心	6896	9	—
	赤石乡社区卫生服务中心	6025	9	含库北 2 人
	黄源乡社区卫生服务中心	5847	8	—
	云坛乡社区卫生服务中心	5708	7	—
	紧水滩镇社区卫生服务中心	4328	9	5 张床位，包括龙门 2 人
	云丰乡社区卫生服务中心	3824	5	—
	大源乡社区卫生服务中心	3800	3	—
	沙铺乡社区卫生服务中心	2838	3	—
	安溪乡社区卫生服务中心	2701	3	—
	大湾乡社区卫生服务中心	2295	3	—
	雾溪乡社区卫生服务中心	2087	3	—
	预留编制	—	29	—
	合计	112048	170	—

村卫生室

村卫生室是最基层的第三级农村医疗卫生服务网络。20世纪70年代，为村集体经济主办，至20世纪90年代，全县基本上实行个体经营为主模式。

1991年，全县有村卫生室67家，乡村医生67人。县卫生局每年组织乡村医生学习培训，考核合格，予以注册，准许开设村卫生室。2004—2005年，完成赤石、象山、睦田、崇头、黄源、贵溪和叶垟等15个村卫生室市级规范化村卫生室建设。2006年，启动乡村医生2年一次的注册培训，完成培训49人；至2010年，全县共有37个卫生室，其中从业人员中乡村医生40人，乡村医生人数因高龄退出等原因开始逐年减少。

全县乡村医生在最基层的农村医疗卫生几十年如一日，为当地群众防病治病作出贡献。1993年，赤石村卫生室饶红英、麻洋村卫生室季光厚、高胥村卫生室刘焕臣和沈村村卫生室雷根福获得"全国优秀乡村医生"称号。

厂矿、学校医务室

1991年，全县有云中、二中、三中、职技校、紧水滩电厂、农场、无线电厂、电机厂、农机厂等13所厂矿学校医务室，至2010年，由于国有企业的改制，大多数国有企业停厂、破产，厂矿医务室也随之停办，只留下云中、二中、三中、职技校、紧水滩电厂5所医务室。厂矿、学校医务室为单位主办，其医务人员一般1—2人，编制属单位人员。厂矿医务室负责对单位职工一般常见病的诊治不对外开放。厂矿、学校医务室列入医疗行业范畴，接受当地卫生行政部门的行业监督管理。

个体诊所

1991年，全县有个体诊所35所，个体诊所大部分设置在城镇为主。1996年，县卫生局根据《云和县医疗机构设置规划》，制定下发《云和县私人诊所、村卫生室设置审批工作的通知》，开展全县医疗市场大整治工作。主要对城镇范围内的个体诊所进行资格审查、布局调整、总量控制。2000年，核定审批个体诊所23所，以牙科、中医、西医和骨伤科科目为主，进一步规范医疗市场。个体诊所是社会医疗力量的补充，为当地人民群众方便就医和卫生事业的发展起到一定的作用。个体诊所接受卫生行政部门的行业监督管理。

第二节　卫生预防保健机构

县疾病预防控制中心

1956年，云和县卫生防疫站建立。1991—2000年，县卫生防疫站核定事业编制26人，实际在职在编22人，站址设在云和镇新华街73号。2001年10月，撤销云和县卫生防疫站，核销事业编制26名，同时设立云和县卫生监督所、核定编制11名，设立云和县疾病预防控制中心（以下简称疾控中心），核定编制15名。2001年12月，县疾病预防控制中心挂牌成立。2006年，县疾控中心增加编制2名，至2010年，云和县疾控中心在编在职17人。其中，卫生技术人员13人，其他专业技术人员3人，工勤人员1人。职称中级6人、初级10人、设正副主任各 1 人，下设办公室、疾病防治科、检验科、健康教育（卫生保健）科、预防医学门诊部。

县疾控中心实验室　建筑面积 1050 平方米，设立百级洁净实验室，建有 HIV 初筛、PCR、鼠疫、霍乱、痰检 5 个二级生物安全实验室，拥有 ABI7500 实时荧光定量 PCR 仪、原子吸收分光光度计、紫外可见分光光度计、十万分之一电子分析天平、酶标仪等一批高精仪器设备，A 类仪器达标率为 87.18%，A 类监测能力达标率 62.71%，开展项目 107 项，2003 年，首次通过浙江省计量认证评审，2009 年 1 月通过二次复评审。具有实验室计量认证、食品检验机构资质。

县妇幼保健所

云和县妇幼保健所前身为县妇幼保健站，始建于 1953 年，1966 年停业，1978 年恢复，恢复初期工作人员 4 名，主要工作是普及新法接生。1985 年，更名为云和县妇幼保健所，4 月份迁入城北路办公。1990 年 5 月，香港大业织造有限公司董事长、爱国华侨沈炳麟捐资 7.2 万元，建造云和县妇幼保健大楼，1990 年 7 月动工，1991 年 3 月 30 日，举行落成搬迁庆典。1991 年，职工 14 人，设置妇女保健、儿童保健、检验科、放射科等 9 个科室。2006 年，核定编制 15 人。2010 年，职工 27 人（其中卫技人员 25 人），副高职称 4 人，中级职称 3 人，内设办公室、妇女保健科、儿童保健科、信息科等科室。主要工作职能是为全县妇女、儿童保健技术指导服务，负责全县妇幼保健业务管理工作。2005 年，云和县妇幼保健所被浙江省总工会评为“浙江省女职工建功立业标兵岗”；2006 年，被省双巾创建小组评为浙江省“巾帼文明示范岗”；2008 年，被浙江省新生儿疾病筛查中心评为“浙江省新生儿疾病筛查质控优胜奖”；2009 年，获得“全国巾帼文明示范岗称号”。

县卫生监督所

2001 年 10 月，撤销云和县卫生防疫站，设立云和县卫生监督所，核定编制 11 人。同年 12 月 28 日，云和县卫生监督所成立，办公地点设在原云和县卫生防疫站四楼（新华街 73 号），内设办公室、监督科、法制科、办证科 4 个科室，全所共 17 人，其中正式在职人员 11 人，离退休 6 人。2004 年 3 月 19 日，云和县卫生监督所单位性质改为参照国家公务员制度管理的事业单位。在职人员中级职称 3 人，初级职称 6 人，无职称 2 人，取得大专学历文凭 4 人，中专或高中学历 5 人，初中学历 2 人，临时借用人员 3 人。2007 年 9 月 21 日，省卫生厅、财政厅、发展改革委、人事厅到云和县调研卫生监督派出机构建设情况，结合云和实际，是年 10 月 25 日，成立崇头卫生监督分所，增加人员编制 2 人。2010 年 11 月，成立石塘卫生监督分所，其人员在县卫生监督所内部调剂。

云和县卫生监督所直属县卫生局，系具有独立法人资格参照公务员管理的全民事业单位，履行全县卫生监督职责。主要负责宣传贯彻卫生法律法规、开展法制培训和从业人员卫生知识的集中教育；执行卫生监督执法工作计划，收集提供卫生监督监测信息；受理审查卫生许可证的申请、发放、审验，核发健康证明、从业人员的培训证书；开展预防性、经常性卫生监督检查、项目卫生审查、医疗机构和卫技人员执业行为管理；承担有关产品、场所和公用卫生质量监测的现场检测、现场采样及卫生学评价；受理各类投诉、举报，对违反卫生法律法规的行为进行调查取证，实施现场处罚、提出处罚建议，执行行政控制和行政处罚决定，及行政处罚的听证、应诉；受理各类危害人体健康突发事故的调查处理；完成卫生行政部门交付的其他卫生监督任务。

县爱卫委办公室

1953 年，云和县爱国卫生运动委员会成立，下设爱国卫生运动委员会办公室(简称爱卫办)负责日常工作，县爱卫会由县委办、县府办、宣传、财政、公安、卫生、云和镇、计划、农业、妇联等部门组成。历届县爱卫会主任由分管卫生的副县长担任。县爱卫会办公室是爱卫会的日常办事机构，归属县卫生局管理，核定行政编制 2 名。县爱卫会办公室和农村改水改厕办公室合署办公。1991—2010 年爱卫办地点在县府大院西副楼。

主要负责组织、协调各部门履行社会卫生工作任务；组织检查督促、协调各部门分担任务的落实、负责工作联络及信息的交流和反馈；组织开展卫生健康教育活动，普及卫生知识；组织开展创建卫生县城、卫生乡、镇村单位工作；组织开展病媒生物防治，指导农村开展改水改厕工作。

县农村改水改厕办公室（简称改水办）

县改水办成立于 1985 年 12 月，核定事业编制 2 人。1991—2010 年，办公地点设在县府大院西府楼与县爱卫办合署办公。改水办主要工作职能负责全县改水改厕工作。

县农村卫生办公室

1984 年 3 月，建立云和区、景宁区、紧水滩区 3 个农村卫生办公室，系区级卫生行业管理机构，当时属县卫生局派出机构，各区卫生办公室没有正式编制，由乡镇卫生院人员兼任，由主任、会计、防疫、妇幼各 1 人组成。云和区农村卫生办公室地址设在沙溪乡卫生院，紧水滩区农村卫生办公室地址设在大源乡卫生院，景宁区农村卫生办公室设在云和县第二人民医院（现景宁县人民医院）。是年 9 月云和、景宁分县后，根据行政区域的变更，增设石塘区农村卫生办公室，地址设在双港乡卫生院。

1990 年 6 月，设立云和、紧水滩、石塘等 3 个区农村卫生办公室，核定为全额拨款事业单位，核定事业编制 9 人。其中云和区农村卫生办公室管辖沙溪、小徐、局村、云坛、安溪、雾溪等 6 所卫生院。紧水滩区农村卫生办公室管辖龙门、紧水滩镇、大源、赤石、库北等 5 所卫生院。石塘区农村卫生办公室管辖朱村、金村、双港、小顺、石塘、云坛等 6 所卫生院。

1993 年 10 月，撤销 3 个区的农村卫生办公室，建立云和县农村卫生办公室，属县卫生局直属事业单位，单位体制不变，办公地点在县卫生局。

2006 年 6 月，卫生进修学校撤销，相关工作职能和人员（12 人）并入云和县农村卫生办公室。农卫办主要职能：承担全县乡（镇）卫生院、村卫生室（农村个体诊所）的业务管理和指导及初级卫生保健工作。

县卫生进修学校

云和县卫生进修学校于 1979 年成立，位于云和城东北侧，府东路 21 号，占地面积达 1.27 万平方米，校舍建筑面积 2500 多平方米。是浙江省首批县级卫生进修学校之一，属全额拨款事业单位，核定事业编制 12 人。卫生进修学校主要承担卫生系统在职人员继续医学教育和乡村医生培训工作。

1983—1987年，丽水职工中等卫校设在该校。1983—1984年，向全省招收西医士专业学生100人；1988年，开办卫生类职业高中班；1988—1991年，招收四届学员291人；1992—1996年，承担96名乡村医生培训。1993年，开设丽水职工中等卫校云和教学点，跨县招收卫生类职业高中生；1993—1997年，向邻县（市、区）招收五届学员327人，生源来自全市9县市及金华、温州地区。1998年停止招生。该校累计举办学习和培训36期，共1948人次，为全市输送农村卫技人员，方便山区群众就医，取得较好的社会效益。2006年6月，县卫校机构改革中被撤销，相关工作职能和人员12人，并入县农村卫生办公室（12人编制自然消除），相关固定资产分别调拨至县民政局和县国资委。

县药品检验所

1978年，云和县药品检验所成立。1991年，药检所编制5人，设所长、副所长各1人，办公地点设在县府大院（与卫生局同楼），下设办公室、中药检验室、生化检验室、细菌培养室，药检所主要承担卫生行政部门下达的药品监督检查、药品抽验、药品规范管理、药剂人员业务培训以及配合卫生局药政科对假劣药品的查处工作。1981—1983年，承担卫生局下达的“云和中草药资源普查”工作。2002年，云和县机构改革，成立云和县药品监督管理局，撤销云和县药品检验所，将药品检验所的人员，职能，财产归并云和县药品监督管理局。

县公费医疗办公室

1981年，县公费医疗办公室成立，为全额事业单位，核定编制2人。1991—2001年，办公室设在县卫生局内由县卫生局主管。县公费医疗办公室主要职能是制定公费医疗用药目录，审定公费医疗定点机构和公费医疗享受资格人员，负责公费医疗审核报销等日常事务工作。2002年机构改革，县成立社会保障中心，将公费医疗办公室的人员和工作归并县社会保障中心。

县农村合作医疗办公室

2004年12月，县农村合作医疗办公室成立，为全额事业单位，核定编制3人，县卫生局主管。农村合作医疗办公室地点设在新华街88号。农村合作医疗办公室主要工作职能是负责全县新型农村合作医疗基金的筹集，使用和管理工作。

第二章 医疗技术

医疗技术是医疗机构生存和发展的源泉。20世纪90年代初，全县各级医疗机构医疗技术人员结构大多数为从师学徒和中专毕业生，中级职称人员很少，医疗设备比较简陋，主要设备为B超。到20世纪90年代中期，全县各级医疗机构着手培养、引进大量医疗技术人才，购置彩超、CT等先进的医疗设备，积极引进新技术、新项目，全面提升医疗质量和技术水平。

2010年，全县卫生专业技术人员512人，其中高级职称29人，中级职称122人，初级职称304人。

第一节　中医技术

1999年6月，云和县被列入浙江省第三批中医工作重点建设县。云和县建立“云和县振兴中医工作领导小组”，把发展中医药事业列入全县“十五”计划，制订《云和县振兴中医工作规划》，强化三级中医医疗网络建设，抓好中医院的“龙头”和县人民医院中医科室建设，完善崇头镇、石塘镇、沙溪等7所卫生院的中医科、中药房建设；同时加快中医药人才培养，鼓励在职医生参加自学考试，开展业务讲座等措施，加快中医事业的发展。2010年，有中医人员23人，中药人员31人，中医药人员中具高级专业技术职称7人，中级专业技术职称7人，初级专业技术职称30人。

中医妇科

1996年，云和县人民医院、云和县中医院开展“母婴同室”，对刚出生的婴儿24小时与母亲同室，实行纯母乳喂养，按需哺乳，提高母乳喂养率，提高婴幼儿健康水平。母婴同室能保证按需哺乳，促进乳汁分泌，促使母乳喂养成功的关键性措施；由于母婴同室在产后最初几天婴儿频繁吸吮，使乳腺管通畅，促使乳汁分泌，可减少奶胀，降低乳腺炎的发生，同时在住院期间母亲可学到护理婴儿的知识。中医院妇产科根据中医原理自制产后生化汤，此方对产妇起到活血化瘀，温经散寒的作用，帮助瘀血排出，缩短产妇康复时间，临床治疗100余例，收到效果明显。同年，中医院获得省级“爱婴医院”称号。

中医眼科

2009—2010年，中医院眼科以中西医结合方法，成功申报“翼状胬肉切除+自体角膜缘干细胞移植术”和“手法小切口白内障技术应用”科技项目，获得云和县科技局支持，并在医院成功开展这两项新技术治疗，完成“翼状胬肉切除+自体角膜缘干细胞移植术”手术病例350余例，将翼状胬肉术后复发率由20%降低至1.5%—2%，缩短翼状胬肉手术治疗时间，减轻患者的经济负担。

开展“手法小切口白内障技术应用”手术以来，每年完成手术约150余例，手法小切口白内障摘除术的开展，提高白内障治疗的技术水平，填补云和县白内障新技术运用的空白，改善患者术后视力，降低患者经济负担，同时向周边县市辐射，吸引白内障患者来院就医，受到当地及周边地区患者的高度好评。

第二节　西医技术

西医是县医疗行业的主要组成部分，是云和县人民医疗保健的主体。广大医务人员刻苦钻研业务，不断将新科技运用于临床实践，使医疗技术取得长足的进展。

内科

1999年，首例心跳骤停患者经心肺复苏、电击除颤治疗抢救成功后，电除颤治疗技术在云和迅速推广，每年抢救数百例猝死患者。2000年11月，医院急诊室使用尿激酶静脉溶栓成功治疗首例急性心肌梗死患者，静脉溶栓技术开始迅速普及，每年心肌梗塞溶栓病例在30例以上。该项技术不仅有利于缩短心肌总缺血的时间，可最大限度减少心肌坏死，更能为患者争取最佳的治疗机会，提高心肌梗死患者的抢救成功率。2001年，开展机械通气治疗，当年12月，1例急性有机磷中毒伴呼吸衰竭患者，运用机械通气技术成功得到救治。随后几年，机械通气治疗技术逐渐成熟，抢救成功病例逐年增加，2005年7月，重症医学科成立后，当年使用机械通气技术抢救危重患者达30余例。2007年，开展血液透析治疗，引进3台血透机，起初透析患者为3人，方便县域内的透析患者，并在生活和经济上减轻患者赴上级医院看病就医的负担。2008年，在重症医学科安装起搏器8例。2010年，在重症医学科开展CRRT(连续床边血液净化)治疗。同年开展阿替普酶静脉溶栓治疗脑梗塞，患者偏瘫肢体迅速恢复，以后脑梗塞溶栓治疗技术在急诊科常规开展，20余例脑中风患者避免偏瘫后遗症发生，其中60%的患者迅速康复。

外科

1992年，开展脑内血肿清除术，在短时间内解决血肿对脑组织的压迫，存活率提高75%左右，降低致残率。2002年，在丽水市县级医院最早开展腹腔镜胆囊切除术，每年平均开展20余例，该手术创伤小、切口美观、恢复快。2010年，开展腹腔镜直肠癌根治术6例，该手术创伤小，疼痛轻，术后恢复快，能显著提高病人生存质量。

骨科

20世纪90年代，医院未开设骨科，骨科病人收住在大外科，大多要邀请上级医院骨科专家来协助完成手术。1995年，在大外科成立骨科学组，逐步开展四肢骨与关节、胸腰段脊柱骨折切开复位内固定术、腰椎间盘突出开窗髓核摘除术等手术，填补医院骨科技术的空白。2002年10月，骨科正式成立，先后引进和开展颈椎前路手术、膝关节置换术、全髋关节置换术、复杂骨性关节炎双侧全髋关节置换术、带袢肩锁关节固定术等，为骨科病人带来福音，提高病人的生活质量。

妇产科

1996年，开展宫颈癌根治术。2000年，开展多功能治疗仪治疗盆腔炎，提高盆腔炎的治愈率。2006年，开展腹腔镜下子宫全切术，解决县域内患者到省市上级医院治疗带来的不便。2008年，开展无痛分娩，极大减轻产妇痛苦，促进自然分娩，同年开展无痛人流50余例，减轻患者痛苦，提高舒适度。2010年，开展新生儿听力筛查项目，早期发现新生儿听力疾患，早期干预，以免错过最佳治疗期。

五官科

2000年，开展显微镜下鼓室成形术，手术视野清晰，提升手术水平。2002年，开展内窥镜下鼻息肉摘除+功能性鼻窦术、内窥镜下鼻中隔偏曲矫正术、内窥镜下腺样体摘除术，手术创伤小、术后恢复快、并发症少。同年开展支撑喉镜下声带新事物摘除术。2005年，开展鼻内镜下泪囊开放术，该手术创伤小，无疤痕。2006年，开展角膜缘干细胞移植治疗翼状胬肉，角膜缘干细胞具有阻止结膜上皮和血管向角膜内皮生长的屏障作用，可防止胬肉生长发育，该技术的开展降低复发率，取得好的临床效果，平均每年开展20余例。

儿科

1996年，开展新生儿洗胃项目，解决新生儿胎粪吸入、羊水吸入引起的呕吐，防止再吸入。2002年，开展新生儿双面蓝光照射，快速降低新生儿体内的胆红素血，治疗新生儿高胆红素血症，减少及预防胆红素血症脑病的发生。2003年，开展空气压缩（氧气）雾化吸入，更好的控制儿童哮喘。同年开展经皮胆红素测定，无创伤的监测新生儿胆红素水平，提高新生儿高胆红素血症的诊断率，早诊断，早治疗，预防胆红素脑病的发生，每年开展2000余例。

放射科

2001年，引进CT诊疗设备，颠覆传统的放射影像检查方法，进入全新的检查模式，克服传统X线平片影像质量的瓶颈，解决传统X线平片各种器官、组织不能同时显像的问题。2005年，购置CR诊疗设备，放射影像检查从此进入数字化影像时代，突破常规X线摄影技术固有局限性，解决常规X线摄影不能随意调节影像分辨、显示能力的问题，还可以通过磁盘保存图像，解决普通X光片存放的空间问题。阳性检出率比原先提高70%—80%。为临床医生对疾病的确诊提供影像学技术参考。

第三节　医学科研

2000年，获得县级科研项目1项，通过对浙西南山区用蕨类植物资源调查，为云和县蕨类植物的药食两用开发利用提供参考依据。

2002年，云和县人民医院获得县级科研项目1项，通过项目《肠道感染细菌学调查》研究，发现云和县域内肠道感染细菌谱及耐药分布，从而为临床合理用药提供依据；2006年，获得县级科研项目1项，通过《HP感染与萎缩性胃炎及肠化转归影响研究》项目研究，跟踪胃炎、萎缩性胃炎一系列发病过程，为胃炎有效性诊治提供依据；2007年，获得县级科研项目2项，项目一《静脉滴注抗生素引起消化道反应与空腹状态的相关性调查》，通过研究静脉滴注抗生素引起消化道反应与空腹状态的关系，有针对性地采取措施，减少空腹静滴抗生素引起消化道不良反应的发生，减轻患者痛苦。项目二《教师与下肢静脉曲张的相关性调查》，根据对云和县教师患下肢静脉曲张的病因调查，采用预防性干预和治疗措施，降低教师患下肢静脉曲张的发病率；2008年，获得县级科研项目1项，项目《强化胰岛素治疗对脑卒中患者疗效观察》研究得出，通过强化胰岛素对脑卒中患者治疗，进一步提高脑卒中患者90-days生存率，降低感染发生率及致残率。2009年，获得县级科研项目2项，项目一《医院临床药品成本控制系统研发》，使医院能及时了解各药品收益情况，有效的控制药品成本，并使临床药品成本、临床用药情况分析计算出错率小于等于 1.5%。项目二《翼状胬肉切除+自体角膜干细胞移植术》成功移植，为白内障病人减少病痛，早日康复。

2010 年，获得县级科研项目 2 项，项目一《合理用药监测与药物查询系统研发与应用项目》，实现处方及医嘱审查和医药信息查询，帮助医师、药师等医务人员在用药过程中即时、有效地掌握、利用医药知识，预防药物不良事件的发生，实现合理用药。项目二《早期肠内营养支持治疗防治急性脑卒中患者医院感染疗效观察》，进一步降低急性脑卒中患者医院感染、医院获得性肺部感染、吸入性肺炎发生率；提高急性脑卒中患者抢救成功率；改善脑卒中患者神经缺损功能，减少脑卒中致残率。

第三章 预防保健

1991—2010 年，云和县预防保健工作，从重大疾病防治、慢性非传染性疾病监测和防治、地方病与寄生虫病防治、突发公共卫生事件应急处置、免疫预防、妇女保健、母婴保健、妇女病防治、儿童保健和管理，卫生保健等入手，普及卫生知识，保一方百姓安康。

第一节 疾病防治

1991 年，云和县报告甲乙类法定传染病 7 种 248 例，报告发病率为 222.49 /10 万。2010 年，云和县传染病网络报告甲乙类法定传染病 7 种 376 例，报告发病率为 327.60 /10 万。1949—2010 年，鼠疫、霍乱、天花三种甲类传染病已消灭，脊髓灰质炎、疟疾、丝虫病和碘缺乏病已基本消灭。

重大疾病防治

鼠疫防治 云和县是鼠疫历史疫区，1989 年起，按《浙江省鼠疫监测工作方案(试行)》的要求，将当年云和县鼠疫流行最为严重的贵溪村设为固定监测点，其他疫点为流动监测点。1991—1992 年，县疾控中心鼠疫监测共完成检验鼠血清 2019 份。其中，放免阳性 2 份(1991 年和 1992 年各 1 份)，阳性血清均来自黄胸鼠。2004 年，云和县被定为省级二类监测点，自 1 月份起，全县启动“疫情三报”零月报制度。2002—2010 年，县疾控中心共检验鼠血清 6343 份，检验结果均为阴性。

霍乱防治 县人民医院与县中医医院设立肠道门诊，开设肠道门诊的医疗机构配备碱性胨水增菌液，做到“有泻必采，有样必检”，并实行“霍乱”每周零报告制度。2001 年 11 月，云和县城关镇发现首例“霍乱”病例，对有流行病学联系者 131 人进行采样检测，均未检出霍乱弧菌。2003年9月、10月，全县发生两起“霍乱”疫情，共确诊病人6例，带菌者3例，参加流调、消杀163人次，消除垃圾10余吨，消杀面积6万平方米；采集便样433份。其中，阳性9份；海鲜产品66份，阳性1份；外环境水样25份，均阴性。开展食品与外环境监测，2007—2010年，共采集海产品357份，水体标本347份，食品68份，大便培养191份，苍蝇96份，均未检出霍乱弧菌。

结核病防治 结核病是云和县境内的多发传染病之一，俗称“痨病”。1993年，第46届世界卫生大会通过“全球结核病紧急状态宣言”，卫生部启动“加强和促进结核病控制”项目，云和县被列为浙江省第二批（14个）项目县之一。1994年7月，“云和县结核病防治所”建立，属防疫站内设机构，承担肺结核病患者的具体工作。2002年，云和县结核病控制项目领导小组成立，开设县疾控中心结核病防治门诊部，归口管理结核病，防治人员2人。1991年，结核病报告发病数385例，发病率为352.91/10万，到2010年降为99例，发病率为87.92/10万。

艾滋病防治 2002年始，全县公共场所从业人员，每年预防性健康检查工作时进行艾滋病、性病体检项目的检查。2003年12月，县疾控中心艾滋病初筛实验室通过省市组织的合格评审。是年，主动监测暗娼、看守所羁押人员、孕产妇、娱乐场所从业人员、手术前和有创检查前病人、外娶女、外来务工人员、外出务工返乡人员等重点人群；高危人群干预工作队成立，开展艾滋病社区干预工作，提供关怀救助服务，治疗病人，规范管理艾滋病感染者，符合治疗标准的给予免费抗病毒治疗，为艾滋病毒感染者争取低保等福利。2006年，在县人民医院设立性病门诊男性就诊者监测点，发现首例艾滋病毒感染者。到2010年，全县发现艾滋病毒感染者与艾滋病病人共6例（艾滋病毒感染者3例与艾滋病病人3例）。2010年，在县妇保所设立孕产妇监测点，每年分别完成400份艾滋病、梅毒、丙肝的检测和问卷调查。云和县为国家级艾滋病监测哨点，2002—2010年，共检测艾滋病高危人群18128人。

性病防治 2002年，云和县被列为浙江省性病监测点，开展性病的综合监测，全年共报告性病268例，报告发病率为259.51/10万；2010年全县共报告性病111例，报告发病率下降为98.56/10万。

传染性非典型肺炎（SARS）防控 2002年底，广东、北京等省市发生传染性非典型肺炎疫情（以下简称非典）。2003年4月，县委、县人民政府成立“非典”防治工作领导小组及其办公室，出台《云和县控制传染性非典型肺炎应急处置方案》疾控中心成立20人的“非典”预防与控制应急小分队，下设流行病学调查组、检验组、消杀后勤组、宣教信息组，实行24小时值班制。全县疫情期间，监控214人，其中发热46人；在家医学观察638人，在医院观察2人，留置观察4人，解除583人。全县参加“非典”培训人数达1211人次，印发防治“非典”知识宣传资料7.2万份，省、市通告七千份。全县在县人民医院、县中医院、崇头卫生院、石塘卫生院、沙溪卫生院、车站医务室设立“非典”监测哨点，其余乡镇卫生院、村卫生室、个体诊所为报告哨点，严格执行疫情每日零报告制度，直至疫情结束，云和县内未发生1例SARS疑似病例及确诊病例。

狂犬病防治 县疾控中心根据《丽水市狂犬病监测方案》，在全县狂犬病接种门诊开展狂犬病暴露人群监测，实行狂犬病暴露人群监测月报制度，对狂犬病暴露人群，实行接种狂犬疫苗，1991—2010 年，无狂犬病病例报告。

甲型 H1N1 流感防治 2006 年 7 月 18 日，云和县崇头镇沙铺村村民中陆续出现发热、咳嗽、咽痛、流涕等感冒样症状病例，县疾控中心 21 日接到沙铺乡卫生院疫情电话报告后，立即派员赶赴现场进行流行病学调查并采集咽拭子 10 份，血清 10 份，送省疾控中心检验，8 份样本中检出“甲 1 型”流感病毒。至 7 月 30 日，累计报告病例 48 例，罹患率为 5.98%。

2009 年 5 月 5 日，云和县疾控中心成立甲型 H1N1 流感防控工作领导小组及信息宣教组、后勤保障组、检验检测组、疫情处置组，并根据浙江省甲型 H1N1 流感应急物资储备标准，积极组织采购和储备应急物资。同时根据省市统一部署，及时开展甲流疫苗接种工作，全年共接种 4086 人。

病毒性肝炎防治 1994 年，云和县先后发生 3 起学校甲肝暴发疫情，分别为梅源中学、云和中学和云和县实验小学。其中崇头镇梅源中学甲肝暴发疫情发生于 1994 年 4—6 月，共发生病例 39 例，罹患率 77.38%。县防疫站获知疫情后立即采取相关措施，对密切接触的 600 余人接种人血丙球进行紧急预防，同时发放漂白粉 400 余公斤及消毒灵、40%甲醛、高锰酸钾等消毒药品，对疫点实施随时消毒与终末消毒，发现苗头病人随时隔离治疗；并通过广播、宣传单（共发放 1000 余张）等形式向群众普及肝炎防治知识，及时有效的控制疫情的蔓延。

慢性非传染性疾病监测和防治

2002 年，云和县被定为浙江省慢性病监测点，对沙溪、崇头、小徐、黄源、局村、石塘、紧水滩等 7 个乡镇开展恶性肿瘤、糖尿病、冠心病急性事件、脑卒中等 4 种慢性非传染性疾病（简称慢性病）监测报告工作。2005 年，全面实施农民健康工程和农村公共卫生服务，乡镇卫生院实行责任医生制度，由责任医师对辖区高血压及其他慢性病患者进行每年随访不少于 4 次。2006 年起，监测工作在全县所有乡镇铺开。2009 年 1 月 1 日始，实现慢性病监测网络直报工作。

2002—2010 年云和县慢性病报告病例数和报告发病率统计表

表 30-3-1

病种 年份	肿瘤		糖尿病		脑卒中		冠心病急性事件	
	报告病例数	报告发病率 /10 万	报告病例数	报告发病率 /10 万	报告病例数	报告发病率 /10 万	报告病例数	报告发病率 /10 万
2002	32	29.17	25	22.79	—	—	—	—
2003	21	19.21	14	12.81	17	15.55	1	0.91
2004	24	21.89	15	13.68	21	19.15	15	13.68
2005	54	48.92	32	28.99	32	28.99	9	8.15
2006	138	124.41	250	225.37	162	146.04	22	19.83
2007	175	157.04	216	193.83	153	137.29	24	21.54
2008	182	162.43	216	192.77	144	128.52	23	20.42
2009	92	81.69	224	198.90	87	77.25	31	27.53
2010	197	174.66	210	186.19	217	192.40	19	16.85

地方病与寄生虫病防治

云和县历史上丝虫病、疟疾、线虫病、钩体病及地方性甲状腺肿大等地方病、寄生虫病曾广为流行，严重危害人民健康。20世纪80年代后，云和县采取反复查治，丝虫病、疟疾均已基本消灭。

丝虫病防治 1983年，云和县经地区丝虫病考核小组验收后，宣布云和县为基本消灭丝虫病县之一，并继续开展消灭丝虫病后监测。1997年，制定消灭丝虫病监测方案，同时成立县消灭丝虫病领导小组和消灭丝虫病技术指导小组，7月中旬召开消灭丝虫病动员大会。12月，通过省市消灭丝虫病达标评审。2002年，对云和县小顺村常住人口及全县流动人口开展丝虫病监测工作，检测血片200人，结果均为阴性。

疟疾防治 1984年，云和、景宁两地分县后，云和县开展疟疾监测工作，在全县各医疗机构全面开展疟疾镜检，疟疾发病数从1981年的36例，到1987年的1例，疟疾年发病率下降到0.90/10万，基本达到1/10万以下的基本消灭标准。1990年，经省、市专家组考评，云和县通过基本消除疟疾考核。1990—1992年，连续开展3次大规模的传疟媒介调查，查明当时县域范围内共四属7种蚊种，季节消长特点7、9月两个高峰，符合当时农村双季稻的作业模式。云和县按照要求继续做好基本消除疟疾后的监测防治工作，发现可疑病人及时采血镜检，治疗病人，处理疫点。2008年8月，调查处理疟疾本地病例1例，对病家周围居民和外来务工人员进行调查并采血涂片，无发热病人，共采集标本186份，结果也均为阴性。2010年，根据《国家消除疟疾行动计划》中疟疾流行县的分类标准，云和县被确定为二类县，年血检率由原来的不少于当地总人口的2‰提高到1%，全年共血检643人，结果均为阴性。

碘缺乏病防治 1991年，按照省地办要求对云和县双港、朱村、局村、大湾四个病区进行自我考核。共抽查6099人，占病区人口的36.49%，实查5368人，占预期抽查人数的95.48%。同时抽查各病区学生儿童（7—14周岁）共计516人。查出患者34例，患病率0.65%。同年9月，经省地考核组实地考核，云和县通过基本控制“地方性甲状腺肿大”的鉴定验收。

2004年起，每年每月对盐业公司抽查9份碘盐进行检测，结果均合格；同时抽取各乡镇288户居民碘盐进行检测，合格率均在95%以上。

2009—2010年，根据《全国碘盐监测方案》要求，规范碘盐和疫情监测，在开展碘盐监测乡镇中每个方位（五个方位）各抽取乡镇一所小学，再从该小学中抽取40名8—10岁小学生，男女各半，用触诊法进行检查。两年间抽取学生783名，甲状腺肿大32人，肿大率为4.09%。

土源线虫病 2009年6月，对云坛乡陈村、竹坑、沈岸、沈村、包山村3岁以上人群开展土圆线虫监测工作，共采集粪便1029份，寄生虫卵阳性52份，阳性检出率为5.05%，其中钩虫卵阳性47份，阳性检出率为4.57%，蛔虫卵阳性5份，阳性检出率为0.48%。并对3—12岁儿童加做透明胶纸肛拭法检测蛲虫卵18份，结果均为阴性。

突发公共卫生事件应急处置

20世纪90年代，特别是2003年抗击非典型肺炎后，全县加强突发公共卫生事件应急能力建设，完善各类应急预案，2004年1月1日始，全县实行疫情网络直报。2004—2010年，全县共报告突发公共卫生事件、暴发疫情和聚集性疫情13起，发病608例，（其中，学校突发公共卫生事件10起，发病421例），无死亡病例。所有事件以传染病疫情为主，其次为食物中毒。

免疫预防

1992年，云和县乙肝疫苗纳入计划免疫管理。是年，开展历史疫区钩体苗的接种，有效控制钩体病的发病。1998年，云和县将乙脑、流脑、乙肝、风疹纳入免疫规划管理。2002年10月，云和县将乙肝疫苗纳入儿童免疫规划，对所有新生儿免费接种乙肝疫苗，其中一类疫苗由原来的4苗防6病扩大到5苗防7病。2005年，全县托幼机构、小学开展入托、入学查验预防接种证工作。2007年，在国家免疫规划疫苗的基础上，全县扩大流脑、乙脑、麻腮风（麻疹、腮腺炎、风疹）疫苗为儿童免疫规划疫苗，9种疫苗可预防11种传染病。全县完成儿童免疫规划信息管理系统建设的接种门诊19家。2009年7月，新增甲肝疫苗纳入国家扩大免疫规划，百白破、流脑疫苗逐步改为无细胞百白破疫苗及A+C群流脑疫苗。扩大国家免疫规划后为12苗防15病。2003年，分批、分步实施预防接种门诊规范化建设。至2005年，全县达到规范接种门诊标准的预防接种门诊6家，合格预防接种门诊14家。2010年，全县预防接种门诊开展免疫规划信息化数据的录入工作。

第二节 妇幼保健

孕产妇保健

1991年，云和县妇保所承担全县5岁以下儿童死亡监测、出生缺陷监测、孕产妇死亡监测工作。6月，印发《成立云和县高危孕产妇抢救小组的通知》，开展以高危孕产妇管理为重点的孕产妇保健工作，同年开始实施“双保”工作。

1994年，根据《浙江省高危妊娠管理方法（试行）》要求，在全县推广使用统一的《孕产妇保健册》；制定实施“项目过渡周期工作目标与措施”，开展科学接生、新生儿窒息、破伤风和寒冷损伤防治强化培训，举办项目培训2期；组织各乡镇卫生院妇幼人员参加县人民医院为期3个月的临床进修学习；为22个乡镇卫生院进行医疗器械装备，村级医疗器械按需装备。是年，母婴保偿制在朱村、金村、大源3个乡试点推广。

图30-3-1 2004年，开展《中华人民共和国母婴保健法》宣传（县妇保所提供）

1995年，《中华人民共和国母婴保健法》的实施，推动双保制在其他乡镇推广，全县孕产妇双保人数324人，双保率30.36%。

1996年9月，云和县“加强中国基层妇幼卫生/计划生育服务”（1990—1995年）第一周期项目县工作通过国家级评审，同时被列入“加强中国基层妇幼卫生/社区和家庭健康促进项目”（1996—2000 年）第二周期项目县。

1999 年，云和县“加强中国基层妇幼卫生/社区和家庭健康促进项目”更改为“基层卫生与妇幼保健项目”，云和县根据项目要求，对项目的实施内容、评价等做修改，此项目通过五年的努力，于 2001 年 10 月通过国家级终期评审。

2001 年 11 月，云和县被列入浙江省母婴健康工程项目县，成立以副县长为组长的项目领导小组，实施云和县 2001—2003 年《母婴健康工程》项目，确定县人民医院为孕产妇、新生儿抢救中心，县中医院、崇头镇、石塘镇中心卫生院为孕产妇、新生儿抢救分中心。孕产妇、新生儿抢救工作纳入“110”急救求助工作运行网络，开通抢救“绿色通道”，在各乡镇卫生院实行执业许可证制度、高危转诊和高危报告制度，确保重度高危孕产妇及时到县级以上医疗保健单位分娩。2003 年 11 月，《母婴项目工程》通过终期评审。

2006 年，根据省政府《关于印发浙江省妇女发展规划和浙江省儿童发展规划的通知》精神，继续实施母婴健康工程项目。根据《关于确定浙江省实施妇女儿童发展规划示范单位（2006—2010 年）的通知》，云和县被确定为“十一五”时期浙江省实施妇女儿童发展规划示范单位。

2007 年，为全县 11 个乡镇卫生院配置多普勒胎心仪，提高母婴安全；崇头镇卫生院率先在全县开展市级妇幼保健规范化门诊创建工作，并通过市卫生局考核验收。

2008 年，制定《危重孕产妇抢救应急预案》，组建“危重孕产妇抢救专家小组”，对孕产妇抢救报告制度，组织实施等作出明确规定。

2009 年 5 月，县卫生局下发《关于进一步加强孕产妇管理工作的通知》；9 月，县卫生局组织县妇保所、县人民医院、县中医院和乡镇卫生院 100 余名专业技术人员，在县人民医院六楼会议室开展“危重孕产妇抢救应急演练”，取得圆满成功。

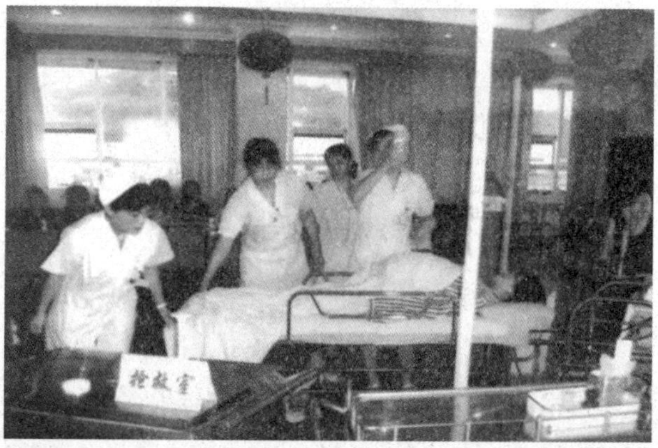

图 30-3-2　2009 年，县卫生局组织危重孕产妇抢救应急演练（县妇保所提供）

2010 年，云和县卫生局出台《关于印发云和县产科质量控制方案的通知》，落实保障母婴安全措施，规范产科服务，杜绝孕产妇死亡。

母婴保健

1991 年，全县医疗保健机构 22 家，有助产能力机构 19 家，新法接生率 99.58%，住院分娩率 69.54%，孕产妇系统管理率 92.59%，孕产妇死亡 1 人，死亡率 10.58/万。1999 年，全县产科质量检查考核，15 家乡镇卫生院 20 个医疗点，17 个医疗点合格，家庭新法接生率 100%。

2001 年，云和县以母婴健康工程项目为契机调整产科布局，规范助产执业许可，按照助产执业许可标准，对 9 家没有达到助产执业许可标准的，取消助产执业许可。2002 年年初，对具备助产准入条件的 10 家医疗机构（县人民医院、县中医院、县妇幼保健所、崇头镇中心卫生院、朱村乡卫生院、云丰乡卫生院、黄源乡卫生院、赤石乡卫生院、龙门卫生院、云坛乡卫生院）发放助产执业许可证。

2005年7月，实行定点住院分娩，确定云和县人民医院和县中医院为定点住院分娩单位，取消不具备住院分娩的乡镇卫生院助产资格，对城区外的农村孕产妇到县级医疗机构住院分娩，实行每例补助车费、住宿费等150元。2006年8月，对补助经费和对象进行调整，县属医疗机构住院分娩的孕产妇补助对象调整为：本县户籍被民政部门列入最低生活保障户的孕产妇、因灾害疾病造成的贫困孕产妇、流动人口贫困孕产妇。补助金额调整为：自然分娩每例补助200元，剖宫产每例补助300元。

2007年，云和县卫生局转发丽水市卫生局《关于进一步加强贫困孕产妇管理工作的通知》精神，建立贫困孕产妇救助制度，规范贫困孕产妇救助操作流程，建立项目贫困孕产妇专项救助资金，为贫困孕产妇开展免费5次产前检查，血常规、尿常规检查3次、肝功能、表面抗原、梅毒血清、艾滋病等项目检查。是年，县妇保所给全县贫困孕产妇报销抢救、补助经费5300元。

2010年1月，根据《关于印发浙江省农村孕产妇住院分娩补助项目实施方案的通知》，启动"农村孕产妇住院分娩补助项目"，农村孕产妇住院分娩补助人均500元，全县546人得到补助，补助款27.3万元。

1991—2010年云和县孕产妇保健情况统计表

表30-3-2 单位：人

年份	产妇数	活产数	住院分娩		高危产妇		孕产妇系统管理		围产儿死亡人数	15—49岁育龄妇女人数	孕产妇死亡	
			人数	住院分娩率（%）	人数	住院分娩率（%）	人数	孕产妇系统管理率（%）			人数	住院分娩率/10万
1991	945	936	731	77.35	—	—	—	92.59	29	—	1	105.82
1992	981	981	705	71.87	145	72.41	484	49.34	5	—	0	105.82
1993	1176	1174	916	77.89	192	89.59	573	48.81	21	—	1	0
1994	1207	1206	940	77.88	199	86.93	576	47.76	15	—	0	85.03
1995	1105	1098	889	80.45	163	92.02	588	53.55	22	—	2	0
1996	1160	1156	966	83.28	158	96.84	774	66.96	31	—	0	181.00
1997	1072	1067	945	88.15	128	94.53	782	73.29	22	31127	3	0
1998	1027	1032	873	85.00	124	97.58	690	66.86	11	31377	1	279.59
1999	1109	1111	982	88.55	188	97.87	684	61.57	19	30360	0	97.37
2000	1047	1050	973	92.93	162	97.53	788	75.05	13	30492	0	0
2001	1006	1005	960	95.43	244	99.18	777	77.31	22	30985	0	0
2002	956	956	941	98.43	224	100.00	778	81.38	19	31001	0	0
2003	787	792	776	98.60	219	99.54	660	83.33	11	30923	0	0
2004	1075	1073	1074	99.91	335	100.00	946	88.16	16	35623	0	0
2005	1132	1136	1127	99.56	418	100.00	964	84.86	9	32109	0	0
2006	1128	1129	1124	99.64	461	99.35	1038	91.94	14	25828	0	0

续表 30-3-2

年份	产妇数	活产数	住院分娩		高危产妇		孕产妇系统管理		围产儿死亡人数	15—49岁育龄妇女人数	孕产妇死亡	
			人数	住院分娩率(%)	人数	住院分娩率(%)	人数	孕产妇系统管理率(%)			人数	住院分娩率/10万
2007	1186	1187	1184	99.83	518	100.00	1120	94.36	10	30154	0	0
2008	1129	1129	1128	99.91	587	100.00	1065	94.33	11	31511	0	0
2009	1084	1083	1082	99.91	575	100.00	1022	94.37	13	33187	0	0
2010	910	917	916	99.89	533	100.00	862	94.00	8	32489	1	109.89

妇女病防治

1991年，开展适龄妇女常见病普查普治工作，普查项目有白带常规、宫颈涂片、腹部B超、乳房红外线扫描等。全县育龄妇女参加普查2580人，查出患病人数2241人，查出患肿瘤人数2人。2002年，普查增加肝胆脾胰B超检查项目。2003年起，邀请市级妇产科专家参与妇女病普查工作。2006年，普查增加阴道镜检查。2007年，根据云和县妇儿工委《关于实施“妇女健康促进工程”项目的实施方案》，开展全县妇女健康促进工程项目，10432名妇女参加检查，检查率为41%；12月，对全县宫颈炎症患者（中、重度糜烂）开展宫颈液基薄层细胞学（TCT）检查，查出癌前期病变57例。2010年，妇科疾病检查项目增设乳房彩色B超和女性肿瘤标志物，前3位的妇科疾病为宫颈糜烂、阴道炎、子宫肌瘤。

1991—2010年全县妇女病普查情况统计表

表 30-3-3　　单位：人

年份＼项目	检查人数	患病人数	患肿瘤人数	年份＼项目	检查人数	患病人数	患肿瘤人数
1991	2580	2241	2	2001	1085	719	—
1992	—	—	—	2002	1426	1062	—
1993	—	—	—	2003	881	665	1
1994	1298	799	2	2004	2300	1651	1
1995	—	—	—	2005	2855	2094	—
1996	1546	1047	—	2006	1093	869	—
1997	—	—	—	2007	9159	5903	5
1998	195	193	—	2008	11328	4518	6
1999	682	537	—	2009	12291	4900	4
2000	849	600	—	2010	12469	4943	9

优生优育

婚检和优生服务　1993年，实施《优生保健条例》，对城区范围内机关、工矿、企业对象开展婚前医学检查，开展一周两期的新婚学校，加强健康知识宣传。1997年，实行“一县一点”婚前检查制度，9月，县妇幼保健所被确定为县婚前医学检查单位，全县农村婚前检查工作逐步开展。2000年，妇保所设婚前保健科，婚检率由1993年的8.39%增至85.85%。2003年10月1日新《婚姻登记条例》实施，婚前医学检查改为自愿。2004年，全县婚检率降到6.02%。2005年，云和县人民政府印发《云和县免费婚前健康检查实施办法》的通知，5月，根据《云和县免费婚前健康检查实施办法》，开展“婚前医学检查”知识宣传活动周，提高婚前医学检查率，免费婚检率上升到63.04%。2009年，云和县人民政府印发《云和县免费婚前医学检查检查和免费孕前优生检测的意见》，开展优生“两免”检测工作。

图30-3-3 2009年，举办实施“优生两免政策”启动仪式(县卫生局提供)

1991—2010年云和县婚检率统计表

表30-3-4

项目 / 年份	婚检人数(人)	婚检率(%)	项目 / 年份	婚检人数(人)	婚检率(%)
1991	—	—	2001	1366	96.47
1992	2	—	2002	1472	98.26
1993	151	8.39	2003	1429	98.01
1994	156	9.02	2004	132	6.02
1995	141	8.56	2005	498	63.04
1996	160	9.70	2006	462	63.11
1997	164	10.01	2007	1128	70.06
1998	567	34.62	2008	1232	75.03
1999	1238	70.50	2009	1486	83.02
2000	1432	85.85	2010	1566	92.22

产前筛查 2005年5月，开展孕妇产前筛查工作，筛查疾病包括21-三体综合征、18-三体综合征、神经管畸形等。2006年，全县产前筛查工检查684例，检查率61.5%，高风险12例(其中21-三体综合征11例，神经管畸形1例)。

2005—2010年云和县产前筛查情况统计表

表30-3-5

年份 / 项目	2005	2006	2007	2008	2009	2010
筛查人数(人)	254	649	819	805	744	694
筛查率(%)	75%	61.5%	58.63	71.30%	68.63%	76.26%

叶酸增补 2010年，制定《云和县农村妇女增补叶酸预防神经管理缺陷项目管理方案的通知》，3月中旬，项目正式启动，开展免费增补叶酸宣传活动。是年，全县农村怀孕妇女免费发放叶酸612人，叶酸知识知晓率为99.8%，叶酸服用率为97.14%。

“艾梅乙”母婴传播防治 2006年，根据《丽水市预防艾滋病母婴传播工作实施方案（实行）的通知》精神，组织各乡镇妇幼人员学习关于防治艾滋病的业务培训，开展对全县广大妇女，特别是年轻女性和高危行为的妇女进行免费咨询和宣教活动，并开展孕产妇艾滋病检测，预防母婴传播，当年孕期HIV检测1120人，筛查率99%。2007年，根据《增设艾滋病自愿咨询检测点的通知》，云和县妇保所被设立为艾滋病咨询检测点。2008年，增加梅毒、乙肝检测项目，对确诊病例进行治疗、随访。

2005—2010年云和县孕产妇“艾梅乙”检测情况统计表

表30-3-6

项目＼年份	2005	2006	2008	2009	2010
艾滋病检测人数（人）	1186	1120	1127	1077	901
艾滋病检测阳性人数（人）	0	0	0	1	0
艾滋病检测率（%）	99	99	99.82	99.35	99.01
梅毒检测人数（人）	—	—	1127	1078	901
梅毒检测阳性人数（人）	—	—	8	10	4
梅毒检测率（%）	—	—	99.82	99.45	99.01

儿童保健和管理

儿童保健 1991年，以降低5岁以下儿童死亡率、杜绝新生儿破伤风发生为目标，以0—2岁儿童系统管理为重点，开展0—6岁儿童保健管理、0—4岁儿童生命监测、体弱儿管理工作。

1993年，开展婴儿急性呼吸道感染（ARI）、小儿腹泻病例标准管理，开展小儿贫血、儿童营养不良防治及儿童口腔保健工作。

1994年，开展小儿ARI管理操作强化培训，加强小儿ARI防治；开展“儿童四病”（维生素D缺乏性佝偻病、小儿营养性缺铁性贫血、肺炎和婴幼儿腹泻）综合防治工作。对全县各幼儿园、学前班进行口腔保健与龋齿预防工作。组织全县22名妇幼人员进行妇幼卫生合作项目儿童保健第三轮理论培训，派遣县级8名医师下乡为4个片区（云和片、紧水滩片、石塘片、梅源片）的165名村保健员进行母乳喂养、儿童呼吸道感染及腹泻等儿科知识培训。同年8月，派遣22名妇幼人员分批到县人民医院妇儿科进行为期3个月的进修。

1996年，口腔保健工作进入小学，对全县15所小学和幼儿园儿童进行每年两次的护齿工作，口腔保健人数9303人，保健率达95%以上。

1999年10月，在云和县电视台播出预防小儿腹泻、孩子感冒咳嗽怎么办、宝宝腹泻怎么办等育儿和疾病防治知识。

2002 年，为提高新生儿窒息复苏技能，降低 5 岁以下儿童死亡率，对接产儿科人员开展新生儿窒息复苏知识培训。

2003 年 4 月，举办接产单位新生儿窒息复苏技术操作比武初选赛，普及新生儿窒息复苏技能，最后由县人民医院胜出并代表参加丽水市新生儿窒息复苏技术操作比武大赛，云和县获得全市比武“三等奖”。

2004 年，儿童保健服务增加血微量元素（铅、锌、钙、铁、铜、镁）检测项目；10 月，配合全县乡镇实行防保体制改革，14 个乡镇聘用妇幼保健人员 14 人，稳定和加强全县妇幼队伍。

2009 年，增添视力筛查仪，开展儿童视力筛查。儿童保健服务内容增加评估儿童生长发育状况和发育趋势；膳食及喂养行为分析指导，对体重低下、生长迟缓的小儿进行专案管理。

1991—2010 年云和县儿童保健情况统计表

表 30-3-7　　单位：人

年份	7 岁以下儿童数	0—2 岁儿童数	活产数	0—2 岁儿童系统管理人数 / 率（%）	0—5 岁营养不良人数	母乳喂养人数 / 率（%）	新生儿死亡数 / 率（‰）	婴儿死亡数 / 率（‰）	5 岁以下儿童死亡数 / 率（‰）
1991	0494	3872	—	3187/82.31%	—	—	—	—	—
1992	9057	3093	1049	2748/88.83%	23	905/76.44%	29/27.65‰	33/31.46‰	39/37.18‰
1993	8778	3155	1174	2427/76.93%	242	577/81.50%	17/14.48‰	23/19.59‰	29/24.70‰
1994	8617	3388	1206	2852/84.18%	184	697/90.17%	11/9.12‰	17/14.10‰	20/16.58‰
1995	8199	3416	1098	3044/89.11%	133	655/75.73%	17/15.48‰	22/20.04‰	23/20.95‰
1996	7541	3447	1173	2917/84.06%	103	575/66.24%	19/16.20‰	25/21.31‰	30/25.58‰
1997	7933	3606	1067	3093/85.77%	97	739/70.85%	15/14.06‰	17/15.93‰	20/18.74‰
1998	7706	3380	1032	2950/87.28%	117	754/78%	8/7.75‰	16/15.50‰	18/17.44‰
1999	7681	3157	1111	245677.79%	169	684/82.61%	14/12.60‰	17/15.30‰	21/18.90‰
2000	7521	3286	1050	2793/84.99%	176	667/81.64%	11/10.48‰	17/16.19‰	21/20‰
2001	7466	3141	1005	2607/83.00%	149	674/87.65%	13/12.94‰	19/18.91‰	20/19.90‰
2002	7460	2957	959	2485/84.04%	121	584/87.69%	16/16.68‰	19/19.81‰	21/21.90‰
2003	6586	2574	793	2108/81.89%	223	492/82.69%	9/11.35‰	12/15.13‰	13/16.39‰
2004	6510	2913	1073	2407/82.84%	120	497/72.24%	10/9.82‰	13/12.06	13/12.06
2005	6985	2946	1136	2503/85.14%	137	686/87.28%	5/4.38‰	7/6.13‰	11/9.68‰
2006	6698	3345	1129	2985/89.24%	82	762/90.39%	7/6.20‰	10/8.86‰	11/9.74‰
2007	7488	3722	1187	3466/93.12%	117	1274/92.6%	5/4.21‰	9/7.58‰	10/8.42‰
2008	7368	3588	1129	3357/93.56%	89	868/91.57%	4/3.54‰	8/7.09‰	9/7.97‰
2009	7431	3486	1083	3276/93.98%	24	913/90.49%	2/ .85‰	5/4.62‰	8/7.39‰
2010	7504	3137	917	2905/92.60%	106	780/90.91%	2/ .18‰	4/4.36‰	9/9.81‰

新生儿疾病及听力筛查

1998 年，《浙江省新生儿疾病筛查管理办法（试行）的通知》下发，7 月成立《云和县新生儿疾病筛查管理中心》，办公室设在县妇保所。10 月，全县新生儿疾病筛查工作首先在县人民医院和县中医院进行，开展项目包括苯丙酮尿症（PKU）和甲状腺功能低下症（甲低、CH）筛查。2001 年，购置便携式耳声发射仪（LAE）。2002 年，开展新生儿听力筛查人数 545 人。2005 年，改善筛查条件，购入美国进口新生儿听力筛查仪一台，筛查 1031 人，筛查率 90.3%。

2001—2010 年云和县新生儿疾病筛查情况统计表

表 30-3-8

项目＼年份	2001	2002	2003	2004	2005	2006	2007	2008	2009	2010
检查人数	450	680	719	1075	1147	1187	1349	1109	1075	904
检查率（%）	57.5	71.1	92.65	90.8	96.6	94	96.50	98.23	99.26	98.58

托幼机构卫生保健管理

1993 年，《浙江省托儿所、幼儿园卫生保健管理管理办法（试行）》颁发，8 月，举办云和县托幼机构第一期卫生保健知识培训，全县 6 所幼儿园领导参加培训。9 月，举办全县幼儿园保育员和保健医师上岗培训，为考试合格的 11 名保育员和保健医师颁发合格证；11 月，对全县 58 名幼儿园教师及保育员进行健康体检。1994 年 1 月，云和县托儿所、幼儿园卫生保健工作技术指导组成立，联合教育局、总工会、妇联对托幼机构卫生保健工作开展检查和评估，对托幼机构卫生保健工作进行通报。2000 年，《浙江省幼儿园托儿所卫生保健管理办法》颁发，云和县托幼机构卫生保健指导小组，对全县幼儿园从行政管理、基础设施、营养与膳食管理、健康检查、卫生消毒与防病、安全保护和良好习惯及体格锻炼八个方面进行检查，对幼儿园卫生保健工作进行评审，对合格单位颁发浙江省托幼机构卫生保健合格单位证书，全县幼儿园卫生保健合格率为 100%；是年，全县“六一”儿童体检工作在常规的身高、体重、血色素、口腔检查的基础上，增加视力检查和听力检查。2004 年 9 月，根据《关于要求全县小学凭儿童健康档案入校的通知》要求，对全县各幼儿园和小学一年级入校生的健康档案进行全面换、发证工作。2005 年，全县幼儿园开展氟泡沫护齿工作。2008 年，针对手足口病疫情发病趋势，开展全县幼儿机构防病知识宣传，加大对托幼机构的管理和指导，并派出业务人员协助托幼机构开展幼儿晨检工作。

出生医学证管理

1991 年 3 月，全省统一使用“新生儿出生证”，由县妇保所负责实施。1996 年 1 月，云和县妇幼保健所统一管理和发放出生医学证明。2000 年 7 月，云和县妇幼保健所承担全县出生医学证明的订购、发放、登记、存档和收缴工本费等具体业务工作。实现一县一点，专人负责。同时按照浙江省卫生厅的要求，新生儿出生证明卡必须在出生 20 天内完成办理。2003 年 1 月 1 日，启用新防伪标识的出生医学证明。2004 年，颁布《关于加强版出生医学证明启用的管理通知》，进一步加强出生医学证明的管理。2010 年，根据《关于印发出生医学证明管理制度的通知》精神，进一步规范出生医学证明的登记、发放、管理。

第三节　卫生保健

1991年，云和县开展以县为单位的初级卫生保健达标工作。加强农村卫生工作，召开全县卫生工作会议，布置初级卫生保健工作任务。

1992年，县人民政府成立由卫生、财政、农业、发改、宣传、教育等18个部门组成的云和县初级卫生保健委员会（简称县初保委），下设办公室（设在卫生局）。各乡镇成立“初保”工作领导小组。县政府制定《云和县初级卫生保健实施规划》，各乡镇制定《2000年人人享有初级卫生保健概略规划》，县长代表县政府与各乡镇签订《初级卫生保健工作责任书》。10月，县初保委在黄源乡召开现场会，随后初保达标工作在全县逐步铺开。

1993年，丽水地区初保委检查组到云和县检查，抽查黄源乡、沙溪乡的初保工作。根据地区检查组检查情况和反馈意见，县初保委召开各乡镇初保委负责人会议，对地区检查组提出的问题作全面整改。

1996年，调整云和县初级卫生保健委员会成员。布置迎接1997年初保工作达标验收。

1997年4月，省初保委组织卫生、财政、农业、发改、教育等有关单位的初保达标评估验收组来云和进行一周的达标评估验收工作，通过检查验收，以县为单位的初保达标工作顺利通过。

1999年，县政府下达《关于以乡镇为单位开展农村初级卫生保健达标工作的通知》，各乡镇制定《2000—2010年人人享有初级卫生保健战略规划》，县长代表政府与各乡镇签订《初级保健工作责任书》，县政府成立考评小组。是年，确定崇头、赤石、沙溪三个乡（镇）为以乡为单位初保达标试点乡（镇）。2000年，崇头镇、赤石、沙溪三个试点乡镇初保达标工作，通过以乡为单位的初保达标的检查验收。2002年开始，初级卫生保健工作纳入农村公共卫生范畴，不再单列评估验收。

1991—2010年，组织实施初保达标和公共卫生工作期间，县初保委向乡镇、机关、厂矿、学校印发《初级卫生保健知识》423册；《云和县健康教育宣传资料》898本；《农民基础健康知识》2500份；《小学生基础知识问卷》3000份；《广播宣传资料》一套十期898份。并以会议、广播、电视、《云和报》、宣传车、黑板报等形式开展宣传活动。

第四章　卫生管理

云和县历来重视卫生管理工作，从医政、医德医风、卫生监督、公共卫生、整治医疗卫生市场着手，规范医疗机构、医疗质量的管理，开展卫生监督检测，环境整治，改水改厕、倡导公共卫生安全。2004 年，云和县被国家爱卫会命名为“国家卫生县城”。

第一节 医 政

医疗机构管理

1991 年，云和县卫生局根据国务院《医疗机构管理条例》审合审批各级各类医疗机构 145 个，其中，县级医疗机构 2 个，乡（镇）中心卫生院 3 个，乡级卫生院 17 个，乡卫生院设分点 8 个，村卫生室 67 个，厂矿医务室 9 个，学校医务室 4 个，私人诊所 35 个。核定县人民医院床位 220 张、中医院床位 60 张，乡镇卫生院床位 10 张。

1998 年，根据医疗机构实施规划，开展医疗市场大整治，重点对城镇范围内的个体诊所进行总量控制合理布局。由原来的 35 家整治为 23 家。

2001 年，建立城北社区卫生服务中心同时撤销红光社区卫生服务站。合理配置有限的卫生资源，改变现有部分卫生院的实际功能与农村卫生工作不适应的状况，结合云和实际，对部分乡（镇）卫生院予以调整。

2005 年，核准审批社会民营云和同济专科医院，核定床位 30 张。

2006 年，县卫生局将城东社区卫生服务站更名为青阳门、中山社区卫生服务站：城南社区卫生服务站更名为元和、浮云社区卫生服务站：城西社区卫生服务站更名为解放、新华社区卫生服务站。

2008 年，云和县出台《云和县城乡社区卫生服务体系建设规划》，卫生局对全县乡镇卫生院实行服务功能调整，全县乡镇卫生院增挂社区卫生服务（站）中心牌子 17 家。

医疗质量管理

1991 年，云和县开展第一轮“新世纪医疗质量大行动” 活动，县人民医院和县中医院开展“百日无差错”，坚持每季度一次病历检查评分等措施；乡镇卫生院主要抓处方、病历规范化管理。

1996 年，开展第二轮“新世纪医疗质量大行动”活动，“以病人为中心，以质量为核心”，开展创建“药品质量信得过单位”等活动。

1999 年，县人民医院启用浙江省卫生厅颁布的新一轮病历。从临床一线到后勤保障全面实施质量管理，规范操作，严把医疗、护理、药事、检验、麻醉、放射、院感、病理等八大质控关。

2000 年，云和县中医院制定“科教兴院”计划，1999—2000 年参加自学函授 12 人，送省中医院进修 9 人次，丽水市医院进修 2 人次，每年邀请专家前来讲学坐诊，为基层卫生院培训中医药人员 60 余人次。

同年，加强临床医疗安全，县卫计局出台《云和县一次性医疗卫生用品使用后回收管理办法》，全县各医疗机构使用后的一次性医疗卫生用品，均由丽水一次性医疗卫生用品回收站统一回收，确保医疗安全。

2004年，县人民医院和中医院倡导“一站式”服务模式，门诊设立咨询、预约和方便门诊，离休干部、老人、军人、教师持证优先照顾，设立门急诊导医人员，强调首问负责制，引导病人及时就诊。是年，县卫生局调整两家县级医院的临床医疗质控等八个组织，加强医疗质量管理，确保医疗安全。

2006年，县医院实施科主任夜查房制度，对岗位职责、病历完成情况、谈话记录、交接班记录等项目进行随机抽查，落实环节管理。建立护士长—护理组长—质控员三级管理网络。

2009年，对全县个体诊所、村卫生室的从业人员执业资格、执业科目、执业场所及医疗规范进行整治，进一步规范医疗行为，提高医疗质量。

2010年5月，县医院开展创建“市级优质护理示范病房”活动，骨科为试点科室。试点病房实行护士分层管理，提供各种便民服务，提倡人性化服务。同年，推行360度工作测评机制，即医生对护士、护士对护士、病人对护士等全方位的护理评价工作机制，提高护理整体水平。

是年，云和县卫生、公安部门建立《联合打击非法行医工作联系制度》。加大对非法行医的打击力度，保障人民群众就医安全和生命健康。

医疗事故管理

20世纪90年代初，县卫生局建立“云和县医疗事故鉴定委员会”，负责全县各级医疗机构所发生的医疗纠纷和医疗事故的鉴定处理工作。2002年9月，国务院新颁布《医疗事故处理条例》，医疗事故的鉴定由丽水市医学会组织处理。加强对卫生应急事件处置综合能力，提高紧急救援的快速反应和协调水平，确保迅速有效处置各类重特大医疗卫生事件，2007年，进一步规范重大医疗过失行为和医疗事故报告制度。

第二节 医德医风建设

1993年，云和县卫生局党委发出《关于加强医德医风建设，纠正行业不正之风的实施意见》。把医德医风和反腐倡廉作为重要工作来抓。全县各级医疗卫生机构在服务态度、收受红包、购药回扣等方面进行自查自纠；卫生单位在服务态度、公正执法等方面进行自查自纠。

1995年，发出《关于进一步加强卫生行风建设，抓好卫生系统行风公开评议的实施意见》。县卫生局建立卫生行风评议领导机构，由卫生局党委书记、局长担任评议工作领导小组组长，各医疗卫生单位分别建立由负责人任组长的行风评议领导小组。全县各医疗卫生单位向社会发放《问卷调查》，单位门口设置“行风评议投诉箱”，此项活动有效的遏制卫生行业的不正之风。

1997年，卫生系统全面开展第二轮职业道德教育。开展第三个五年规划法制宣传教育。开展“奉献于事业，服务于人民”主题活动，开展“讲文明、树新风”活动。

1999年开始，全县各级医疗卫生单位推行党务政务、财务公开制度。

2000年，县人民医院和中医院分别开展“清清楚楚择医、明明白白消费”的病人选择医生制度，并在择医栏旁设置病人意见反馈箱，接受群众监督，同时实行住院收费每日清单制度，每位住院患者消费明白。

2001年，在全县开展“第二轮新世纪医疗服务质量大行动”活动中，坚持以病人为中心的办院宗旨，简化流程，改善服务设施和服务态度，方便病人，同时杜绝“三长一短”（即候诊取药，收费时间长，看病时间短）现象，杜绝“红包”“回扣”现象。

2002年，开展以“优质医疗、优良服务、规范收费、依法行医”为主要内容的“满意工程”活动。

2004年，县人民医院、中医院公示新药药讯及主要医疗收费等项目，让群众放心消费。县卫生局印发《为医学之圣洁和尊严》《维护医学圣洁　树立行业新风》《牢记责任　不忘誓言　拒绝“红包”提成“回扣”》3个倡议书，开展多种形式宣传活动，组织发动医务人员响应倡议。

2006年，县卫生局制定《云和县卫生系统治理医药购销领域商业贿赂专项工作实施方案》，成立云和县卫生系统治理商业贿赂领导小组及办公室。根据丽水市卫生局部署，在云和县卫生系统开展治理商业贿赂专项工作。此次工作主要是针对卫生系统购置医疗设备，药品、一次性用品、卫生材料以及医生处方提成等方面商业贿赂和不正之风的整治，召开卫生系统动员大会，聘请县检察院、县纪委的专家讲课，并公布县纪委的廉政账号。

2010年，全卫生计生系统开展以“治庸治懒、提能增效”为主题的“深化作风建设年”活动。全系统积极响应狠抓落实，没有因工作作风问题 被举报和批评，成效显著。

第三节　卫生监督

公共场所卫生

2002年，云和县卫生监督所共监测公共场所118家，抽检345份样品，合格297份，合格率86%。

2003年，开展对全县227家公共场所的监督检查，对335个从业人员进行健康检查，举办卫生知识培训班，核发卫生许可证68本，审验146本，并建立档案；对公共用品卫生质量进行监测，监测各类公共用品（毛巾、茶具等）538份，合格475份，合格率为88.29%。依法责令整改40户次立案处罚1家，罚款100元，现场处罚6家，罚款300元。

2004年，开展对全县206户公共场所经营单位的监督检查，并建立档案，从业人员健康检查366人，卫生知识培训66人，检出“五病”（病毒性肝炎、痢疾、伤寒、活动性肺结核、化脓性或渗出性皮肤病）人员9人，均及时调离直接为顾客服务岗位，抽检各类公共用品170份，合格158份，合格率为92.94%。

2005年，强化对小旅馆、小理发店等公共场所公共用品消毒、从业人员健康检查等方面的监督检查，出动卫生监督员98人次，监督检查各类公共场所经营单位221家，现场处罚85户次，立案查处1家，共计罚款人民币5250元。

2007年，对城区184家公共场所室内环境卫生状况、卫生许可证、从业人员健康证持情况进行监督检查，卫生监督员当场发放卫生监督意见书11份，由于监测设备所限，不能开展对其室内环境、噪声、照度、温度、CO、CO_2含量进行现场监测。

2010年，县卫生监督所会同县疾控中心对全县公共场所开展监督检查，对85家宾馆，149家美容美发店和8家娱乐场所进行采样检测，共采集样品927份，合格率为93%。并为各户建立卫生档案。同时，根据《艾滋病防治条例》对94家应放置艾滋病预防工具的公共场所安全套放置进行监督检查，其放置率95.7%。根据50%以上的住宿场所及90%以上的游泳场所实施量化分级管理的要求，开展公共场所量化分级管理评审工作。

医疗卫生

2002年，县卫生监督所整治医疗机构，净化医疗市场，对全县168家医疗机构开展调查。其中县城60家，取得医疗机构执业许可证30家；乡镇108家，取得证书70家；个体医生取得执业医师资格1人，职业助理医师资格8人；经营项目超批准科目6家。

2003年，县卫生监督所组织开展传染病防治专项执法检查，抵御传染性非典型肺炎对云和县的侵袭和有效控制"02"疫情，共出动卫生监督员367人次，检查392户次，责令整改76户次，立案查处违法行为4起，罚款人民币5500元。组织开展母婴保健、化妆品、放射卫生、一次性医疗用品、消毒产品等的监督检查工作，检查136户次，责令整改37户次，没收违法健康相关产品20余公斤。出动卫生监督员182人次，监督检查117户次，责令整改9家，立案查处违法行为为33起，罚款人民币4.59万元，没收、销毁各类药品、器械价值约2万余元。

2005年，县卫生监督所根据省卫生厅关于开展打击非法行医专项整治行动要求，在全县开展医疗市场的清理整顿工作，经过严格监督和指导，至11月30日，全县99家医疗单位中符合规范的村卫生室45家，正在规范的8家，合法医疗机构46家，并先后取缔非法诊所3家、非法游医2家，立案查处违法行为为12件，已自觉履行6家，没收药品器械价值9000余元，罚款人民币2.02万元。

2006年6月下旬，联合县疾病预防控制中心对全县各医疗卫生单位传染病登记报告情况进行督查，共监督检查各级医疗卫生单位、个体诊所等178户次，制发卫生监督意见书28份，并会同县环保局对医疗单位医疗废物处置情况进行专项检查，至10月30日，先后取缔非法诊所3家、立案查处包括不按规定处置医疗废物在内的各类违法行为18件，罚款人民币4.7万元。

2008年，开展以农村、城乡接合部为重点的打击非法行医专项行动，重点打击无证行医、"坐堂医"、超范围行医等违法行为，结合医疗机构执业许可证校验和量化分级监督管理评审工作，探索新的行业监管模式，建立和完善打击非法行医综合治理长效机制，规范医疗机构的执业行为。监督检查辖区内医疗机构106家，均取得医疗机构执业许可证，在监督检查时未发现医疗机构超出核准科目开展诊疗，未发现使用非卫生技术人员，医疗废物均已按《医疗机构废物管理条例》落实到位，完成对15家中小医疗机构量化试点工作，并对105家机构开展年度校验工作，对其中5家未达到校验要求的机构制发卫生监督整改意见书，责令限期整改，2个月后对该5家医疗机构重新校验合格。

是年，根据《浙江省2008年医疗卫生机构消毒管理及生物安全监督检查工作实施方案》，加强全县医疗卫生机构的消毒管理，出动80人次，对辖区内106家医疗机构进行医疗机构内镜消毒、医疗废弃物管理、血液安全等监督检查，并对检查中发现的问题提出整改意见。2—4月，分别两次对县城2家医院、16家个体医、3家社区卫生服务站、4所中学卫生室进行防控呼吸道传染病的专项监督检查，要求各医疗机构切实加强呼吸道传染病的防控，防控禽流感、麻疹的发生和流行。

2010年6月、7月，对辖区内105家医疗机构进行校验现场评审工作；对辖区内所有乡镇卫生院、诊所、学校医务室、村卫生室等医疗机构开展医疗废物、传染病防控等专项监督检查，立案查处6起。同年，对辖区内的各类消毒产品开展专项监督检查工作，查出涉嫌宣传药品功能的消毒产品18种。监督人员对各药店开具卫生监督意见书，并对涉嫌违法宣传的产品进行封存撤柜处理。

职业卫生

2002年，卫生监督所宣传贯彻《中华人民共和国职业病防治法》，会同县总工会、经贸局、人事局对全县接触苯、粉尘作业的新云工艺品有限公司、振鹏实业有限公司、雾溪磨料具厂等8家单位进行职业危害因素抽查，检查发现部分用人单为不重视职业病卫生防护，生产车间布局不合理，有害作业无害作业混杂一处，接触有害作业缺乏个人防护措施，多数企业没有建立职工健康档案。对存在问题企业提出书面整改意见，要求企业为职工提供防护措施和定期体检建立健康档案。

2003年，县卫生监督所会同市卫生监督所、县总工会在县城中山广场举行两次《职业病防治法》宣传咨询活动，发放宣传资料2万余份，接受咨询230人次。开展有毒有害企业的调查摸底和职业病危害项目申报工作，12月上旬，举办相关行业负责人20余人的职业病防治培训班。

2004年，召开全县粉尘与高毒物品危害治理专项行动工作会议，相关企业负责人和分管职业卫生的专（兼）职人员参加，会议由县政府与各相关企业负责人签订专项治理行动责任书，参会人员70人。

是年，有43家企业完成职业危害项目申报、劳动者培训及台账管理，29家企业完成员工健康体检工作，15家企业完成作业场所职业危害因素检测，基本完成专项行动工作目标。6月初，对辖区内的县人民医院、县中医院放射单位进行专项检查，针对存在的问题提出书面整改意见，要求落实各项防护措施及评价工作。

2005年，根据省、市关于实施“放心就业”工程的工作要求，拟定云和职业病防治工作方案，对规模较大的22家企业进行监督检查，制作横幅标语8条，出动宣传车辆进行巡回宣传，印发宣传资料520份，接受群众咨询30人次。

2007年，重点开展全县36家木制玩具企业喷漆车间的卫生监督检查，指导督促36家企业实施台账管理制度，至12月，已有23家企业实行职业卫生合账管理，对从事职业危害人员健康体检164人，没有发现有职业病病人。

学校卫生

2003年，县卫生监督所联合县教育局先后5次分别对全县48所中小学、托幼机构的内部食品安全制度、食品及饮用水卫生和周边饮用水、副食品商店进行专项执法检查，以预防群体性突发公共卫生事件的发生，立案查处违法行为1起，罚款人民币4500元，现场行政处罚26起，罚款人民币1300元，没收“三无”等违法食品100余千克。

2004年，县卫生监督所联合县教育局分别对辖区内的29所中小学、幼儿园的食品卫生、教(寝)室卫生、生活饮用水卫生等进行监督检查。

2006年，成立由县卫生局、县教育局和县卫生监督所有关人员组成的学校卫生专项整治工作领导小组，并于6月30日完成各中小学校、幼儿园食品卫生安全管理员的培训，共有45人参加，在全县中小学、幼儿园试行食品卫生安全管理员制度。

2010年3月，结合春季校园检查开展学校食堂违法添加非食品物质和滥用食品添加剂检查并与其签订不违法添加非食用物质和滥用食品添加剂的书面承诺，共监督检查学校幼儿园食堂63家。9月份，结合秋季学校卫生安全检查开展学校餐饮环节食品安全检查及乳制品排查工作，对各学校幼儿园使用乳品排摸登记。

食品卫生

2002年，云和县成立实物中毒应急处理小组，加强食物中毒处理的应急能力，全年开展各类食品打假专项整治7次，监督检查食品经营户254户次，合格198户，整改56户，没收假冒伪劣食品约400公斤；联合教委对学校食堂、小卖部及周边饮、副食品店进行三次执法检查，共查食品生产、经营单位122家，警告16家，现场处罚10家，没收“三无”食品150余公斤；监测餐饮业户157家，抽检872份样品，合格741份，合格率85.02%。并对辖区内申报集体聚餐的承办单位进行监督指导，通过提前介入，环节把关，驻店监督，责任到人的工作措施，较好的控制食物中毒的发生。

2004年，开展对辖区内1012户食品生产经营单位的监督检查，并建立档案，从业人员健康检查1520人，卫生知识培训1520人，查出“五病”人员12人，均及时调离直接接触食品的岗位，组织开展对食品、餐饮具的卫生质量监测工作，共抽检餐饮用具132份，合格78份，合格率为59.09%，各类食品抽样检验共计249份，合格241份，合格率为86.8%。

2006年，开展为期2个月的“五小”行业规范整治工作，先后共出动卫生监督员725人次，监督检查各类食品生产经营单位1965户次，依法查处“三无”食品150余公斤，现场处题105家，立案处罚8家，供计罚没人民币3900元。是年，在餐饮行业中开展食品卫生监督量化分级管理工作，初评并上报A、B级单位3家，评定C级14家。

2007年，结合云和实际，开展“十万餐饮，百日整治”行动，开展食品卫生专项整治，实施食品放心工程。

2008年，对县城的所有餐饮单位分别开展6次以上监督检查，规范餐饮单位365家，学校食堂18家，幼儿园食堂14家，发放餐饮店卫生许可证221本，卫生许可证持证率100%，餐饮经营单位食品及原料索证合账建立率100%。是年，全面推行食品卫生监督量化分级管理工作，对县城应量化（包括复核）的89家餐饮单位进行量化评分，建立量化分级管理档案，其中A级餐饮单位4家，B级餐饮单位11家，C级餐饮单位70家，对D级单位责令停业整顿，开展对餐饮经营单位餐饮具进行抽检工作，共抽检样品526份，合格476份，餐饮具卫生合格率为90.49%，抽检熟食制品10种，植物油5份，动物油5份，合格率100%。同时，开展“十小”行业专项整治活动，加大对试点乡镇崇头镇小餐饮的规范整治力度，依法责令2家停业整顿。专项整治期间，全县共监督检查小餐饮单位620户次；对多次监督仍达不到要求的8家小餐饮单位进行立案处罚。

2010年，开展节假日餐饮食品安全、劣质乳制品和“人造鸡蛋”、餐饮具集中消毒单位、“地沟油”及不合格一次性筷子专项检查、校园食品安全等专项检查活动，共出动卫生监督员215人次。根据实施工作方案，采取分类整治、打扶结合的方式积极开展小餐饮整治。至年末，全县共出动监督员625人次，检查1224户次，宣传报道23次，发放宣传资料1300份，小餐饮规范率达到98%，小餐饮整治工作特别是试点乡镇的小餐饮整治成效显著。崇头镇、石塘镇2个试点镇持证率达100%，均建立食品原料采购索证合账，无证照经营查处率达100%，使用违法食品原料加工食品等不法行为的查处率达100%。

饮用水卫生

2007年5月28日，采集云和县自来水厂水源水2.5千克，1000毫升玻璃磨口瓶装满1瓶，出厂水2.5千克，1000毫升玻璃磨口瓶装满1瓶，送市卫生监督所检验，结果全部合格。

2010年，开展饮用水卫生安全监督监测，上半年抽检管网末梢水4份，水源水1份，餐饮服务单位管网水10份，委托云和县疾病预防控制中心检测结果全部符合要求。采集出厂水和水源水各一份送省疾病预防控制中心检测结果符合要求。7—9月，按照全省抽检计划，每月月抽检管网水10份，检测结果符合要求。

第四节　爱国卫生运动

环境卫生

云和县爱国卫生运动委员会，每年发文在全县开展爱国卫生运动月活动，着重治理环境卫生。2001年，云和镇结合创卫工作，对6个社区和8个城中村的环境卫生开展大排查，对乱倒垃圾、乱倒污水、乱堆放、乱停放、乱张贴、乱放养家禽等7乱现象地段和未保洁，未绿化地段及道路未硬化、下水道堵塞、化粪池溢满、路灯不明、缺公厕，少垃圾箱，建筑物外墙残缺等公共设施存在问题进行全面排查登记。

2002—2004年，全镇共兴建各类项目60余个，总投资700余万元，累计浇灌水泥路面7500余米；兴修水沟、水渠13000余米；绿化面积3000余平方米；7个村已新建或修建垃圾池，实行垃圾集中清运；发动党员干部群众1000余人次，清扫村路、铲除杂草、清理卫生死角，改善村容村貌。社区实行部门单位卫生环境责任包干制度，以路段片区划分为界，把小区道路、空地、公共场所、房前屋后的环境卫生职责落实到全县各部门、单位、企事业及城中村，并辅以社区党员认领护绿，使城市每个角落都能净化、美化、绿化。组织社区居民和志愿者队伍开展经常性突击性清理打扫，清灭城市卫生死角；组建环境卫生监督员队伍，由社区推荐，县有关部门聘任近百名环境卫生监督员，开展环境卫生的定期监督检查活动。环卫部门在县城区主要街道实行垃圾袋装化，沿街按部颁要求设置果壳箱，环卫设施完好率达98%以上，做到定期收集、消杀，周围无暴露垃圾，无蝇蛆。城区主、次干道由环卫专业人员负责清扫保洁，机械化清扫率达30%以上。小街、小巷和居住区道路由社区委托环卫所清扫保洁，做到一支队伍、一个标准，建立清扫保洁岗位责任制，全城区道路实行全日制保洁，其中主要街道实行18小时保洁制度，保洁率达到98%以上。县城区主次道路沿街单位实行“门前三包”责任制，并与单位签订“门前三包”责任书，做到人行道路面整洁，绿化无毁损，车辆分类停放有序。

除四害

1991年始，县爱卫办每年组织开展春秋两季的灭鼠、灭蟑活动。1997年始，每年3月份开始，大规模开展“灭鼠”和“除四害”活动，据统计，1991—2001年，全县共投放灭鼠毒饵9850千克、灭蝇蚊蟑药2264千克。经过消杀，城镇鼠密度1996年为21%，1997年下降到3.4%；农村1996年鼠密度为15%，1997年下降到1.3%。2001年，云和县组建由8人组成的除四害消杀队。经过培训合格后投入工作。消杀队每年开展春秋季灭鼠、夏季消杀蝇蚊蟑。尤其是对老疫区：贵溪村、石浦村、沙溪村、高胥村、白洋墩村、赤石村、村头村连续三年开展灭鼠消杀活动。县城区2001年鼠密度下降为1.27%。苍蝇、蚊子、蟑螂密度都控制在国家标准以内。是年，县爱卫办被市卫生局评为市级灭鼠先进城区称号。2004年，被市卫生局评为市级灭蟑先进城区称号。随着云和城区面积扩大到3.6平方千米，除四害工作也更深入。专业消杀队在县城各社区、各有关村委、商户紧密配合下。灭鼠消杀工作从季节性转入常年开展，经费投入从每年财政3万元增加到15万元。2005—2007年，投入灭蟑烟炮6000只，蟑螂蚂蚁药8000包，复方速灭杂虫剂乳油876千克，高效灭蟑、灭蚊、灭蝇液600千克，灭鼠毒饵6500千克。在化学防治中，注重科学合理用药，不使用国家禁用的药物。2008—2009年，全国爱卫会有关专家对云和县“除四害”达标工作复审并通过暗访、暗查农贸市场和有关公共场所，云和县灭鼠、灭蟑、灭蝇、灭蚊成绩均得到进一步巩固，病媒生物孳生地得到有效控制，复审中各项指标符合标准要求。至2010年，总投入达到120万元，根据鼠、蝇、蚊、蟑监测员监测时间、监测方法、规范开展监测结果三防设施合格率、鼠、蟑、蚊、蝇密度均控制在国家标准以内。

改水改厕

改水 云和县农村饮用天然深坑和浅井水为主，水源容易污染。肠道传染病广为传播。其中甲肝发病率一直较高，最高年于1979年高达674/10万。

1991年，县爱卫会、卫生局牵头，发动群众在农村开展改水工作，全县农村建简易自来水站470座，受益人口76771人，占农村总人口81.66%，总投资300余万元(不包括投工)其中集体投资132.4万元，占44.19%，受益部门投资18万元，占6%。省、县财政拨款39.5万元，占13.17%，县移民部门拨款100余万元。其中，其他支助10万元，改善农村人畜饮用水问题。

1992年后，农村改水由过去较单一的方便生活和卫生防病延伸到社会性的综合功能和内涵，农村改水水源重新定点，扩建水站，提高水质。

2008年，云和县为省水质监测县。2008—2010年，《按照生活饮用水标准方法》（Q135750—2600）中有关规定，抽样20份出厂水、末梢水进行监测，结果均达到安全卫生饮用水标准。同时加强水站管理制度建设，达到“以水养水”目的。

至2010年，农村总人口79797人，累计改造、重建，新建水站147座，总投资4232.6万元，农村受益人口77640人，占农村总人口97.89%。

改厕 1991年，云和县被列入省粪管改厕试点县之一，当年在沙溪乡高胥村进行“卫生户厕”试点，全村共建小三格无害化卫生户厕97座，把露天粪缸改造成有顶，有墙，有门，有蓄粪池基本无臭的通风改良式卫生户厕81户。试点后在云和镇红光村、小徐乡小徐村、黄源乡黄家畲村开展旧厕改造成小三格无害化卫生户厕86座，联户公厕10户总投资6.72万元。

至2000年，全县农村24766户，已建无害化小三格卫生户厕2523座，通风改良式卫生户厕7124座，沼气池式363座。其中，无害化卫生户厕占农村总户数10.2%，总投资42.89万元。

2008年7月始，保护雾溪水库饮用水水源，解决库内周边村的污水排放。县政府用3年时间对雾溪村的郑家、大岗、双港、石板桥、竹片坳等5个自然村实施改厕改栏二次接管净化工程，累计建造完工使用的小三格无害化卫生户厕168户，窨井84个、大四格无害化二次接管净化池7个，累计总投资123万元。

经过无害化二次接管四格净化处理后，根据各自然村的实际地形，采取农用灌溉法，土地渗透法，氮化塘处理法排放。

2009—2010年，云和县申请到中央补助农村改厕项目经费90万元。同时制定资金管理办法，按照全国统一设计图和标准，在沙溪、下坑、建林、雾溪、李山前、上村、大徐、庄前、白举墩、高胥、下村、新建、隔溪寮、石塘、坪地、张家地、黄水碓、柘园、高畲、栗溪20个村3000户进行无害化卫生户厕建设。改善村容、村貌。消除“四害”滋生地，无害化二次接管净化处理后排放废水已达规定的排放标准，通过省爱卫会组织的中央补助农村改厕项目组专家评估验收。截至2010年，全县农村23086户累计使用卫生厕所19011户，卫生厕所普及率82.3%。其中使用无害化卫生厕所12636户，农村无害化卫生户厕普及率为63%。

健康教育

1991—2000年，围绕《云和县全国亿万农民健康教育促进行动规划实施方案》开展工作，编写《健康教育宣传手册》，共发放4260册，下乡、村召开卫生健康教育讲座37次，入户836户。用群众喜闻乐见的方式面对面宣传卫生与健康，环境与健康，农村改水改厕与人民生产、生活、工作密切关系，开展健康教育，累计共发放卫生知识简报1817件，现场卫生知识课142次。

2001年，成立县健康教育工作领导小组，分管副县长任组长。社区、各农村成立健康教育工作小组，同时组建乡镇村、社区健康教育联络员176人。累计发放市民、农民、学生健康教育手册60000余份。爱卫办为6个社区、学校、县城区周边村指导设置健康教育宣传橱窗26个，累计刊登墙画13100件，墙报356件，健康教育报刊13900余件。广泛开展控烟宣传活动，发放控烟标识6764张。

2004年11月25日，经全国爱卫会有关专家评估考核结果，居民和周边农村农民卫生知识知晓率达85%。2007年，云和镇经浙江省健康教育验审考核结果，正式命名云和镇为“亿万农民健康教育行动”示范镇。

2010年4月，全国爱卫会派有关专家组明查暗访，肯定云和镇开展的健康教育示范社区试点工作，滨江实验小学老师健康教育课教学的设计，社区、县城、周边村健康宣传栏评比等健康教育活动具有一定特色。并随机对15名机关干部进行健康教育知识测试。职工健康教育知识知晓率为92.5%。随机询问社区居民、农村农民、学校小学生和云和医院住院部病人相关健康知识，健康知识知晓率达到87.5%的标准要求。

第五节 创卫工作

中共云和县委、县人民政府按照国务院《关于加强爱国卫生工作的决定》，坚持政府组织、地方负责、部门协调、群众动手、科学治理、社会监督的爱国卫生总目标。由县爱卫办牵头开展创建市、省、国家级卫生县城、卫生乡镇、卫生村、卫生单位工作。

2001年，按照国家卫生县城标准：爱国卫生组织管理、健康教育、环境卫生、环境保护、病媒生物防治、社区卫生、乡镇辖村卫生、城中村及城乡接合部卫生等9个大项、52个小项，组织开展卫生创建工作。同年2月，省市爱卫会组织专家组12人，对全县创卫工作进行调研、评估。2002年12月12—13日，由省爱卫办副主任严德华为组长，成员由省、市专家组成的考核评估组对云和县创卫工作进行考核评估验收。云和县城符合省级卫生县城标准。于12月28日，云和县被丽水市爱卫会命名为市级卫生县城。同时，也被浙江省爱卫会命名为省级卫生县城。

2003年11月，向全国爱卫会申报创建国家卫生县城。2004年1月，全国爱卫会委托省爱卫会组织有关专家组，根据国家卫生县城标准组织有关专家组3次现场检查督导，民意调查，综合审查，提出整改意见。提请全国爱卫会组织专家组来云和考核验收。

2004年11月26—28日，全国爱卫会组织由窦熙照为组长，郑幼德，王俊起，胡伟等12人组成的专家组对云和县城创卫工作进行考核验收，云和县基本达到国家卫生县城标准，2004年12月24日，全国爱卫会命名云和县为国家卫生县城。

2008年6月11—12日，全国爱卫会委托省爱卫会组织有关专家组，按照新的国家卫生县城标准，对云和县国家级卫生县城进行复查考核，经实地复查考核、验收，对县城卫生满意度进行民意测试，满意度达92%。专家组认为，3年来云和县巩固国家卫生县城创建成果，达到新的国家卫生县城标准要求。上报全国爱卫会，2008年8月26日，全国爱卫会派有关专家对云和县国家卫生县城实地明查暗访，对确认的第四年国家卫生县城重新命名。

在创建市、省、国家卫生县城过程中，安溪乡为市级卫生乡，小徐、古竹、象山、湖宾、雾溪、小顺、6个村为省级卫生村，县府大院、电信局、武警中队、云和中学、江滨实验小学、云和供销社、云和县人武部等8个单位为省级卫生单位称号。

第五章　药材 药品

药品是人类防病治病的主要物质，云和县属欠发达山区小县，20世纪90年代，全县境内均无发展制药行业，由于交通不便也从未引进外商制药行业。但云和地域宽广，山区植被茂盛，境内野生药材品种多，分布广，20世纪80年代和90年代初有着大力发展药材种植、加工营销的历史。1991—2001年，全县有药品经营、使用单位148家，《中华人民共和国药品管理法》实施后，云和县药材资源进一步保护，药品管理工作进一步规范。

第一节　中草药资源

图 30-5-1　云和县药用植物名录（县卫生局提供）

1981年，云和县根据丽水地区科委下达的《云和县中草药资源和畲族民间用药调查》科研项目，开发利用云和县中草药资源，县卫生局在卫生系统抽调精干人员组成中草药资源普查队，于1981—1983年开展云和（景宁）中草药资源普查和畲族民间用药的调查，走遍35个乡（镇），218个行政村，行程1.5万余里，对全县中草药资源进行实地普查，对全县畲族民间用药进行走访调查。整个普查工作历时2年3个月，共收集全县中草药植物189科589属1043种。其中，动物27科29属29种，矿物3科3种，常用各类中草药有茯苓、厚朴、杜仲、灵芝等30余种。普查结束邀请浙江医药大学、省药检所、杭州植物园有关专家对1043种中草药进行进一步鉴定，将其整理制作药用植物标本。1984年，着手编写云和《药用植物名录》，于1985年4月完成编写任务，并印刷成册。《药用植物名录》详细记载1043种中草药的植物名、拉丁名、地方与畲族名、分布与生境、药用部分、性味与功能、主治与用法、畲族民间用法等项目，为云和县中草药资源的开发和利用、防病和治病提供科学依据。1985年，云和县中草药资源和畲族民间用药普查项目受到省人民政府颁发的科技奖。

通过全县中草药资源普查，云和县境内名贵和常用中草药可分动物类和植物类两种。

动物类常用中草药

穿山甲、龟板、鳖甲、蜈蚣、地鳖虫、蕲蛇、乌梢蛇、鸡内金、僵蚕。

植物类常用中草药

以菌核、子实体入药 灵芝、茯苓、海金沙。

以皮壳入药 厚朴、杜仲、牡丹皮、合欢皮、五加皮。

以根、块根入药 天麻、白术、苍术、桔梗、元胡、山药、黄连、骨碎补、狗脊、贯众、三叶青、虎杖、何首乌、大黄、商陆、草乌、芍药、雪里开、防己、葛根、地榆、百合、苦参、防风、独活、前胡、丹参、沙参、大蓟、小蓟、石菖蒲、玄参、白毛根、半夏、百部、天南腥、麦冬、天门冬、黄精、七叶一枝花、生姜、白芨。

以果实、种子入药 女贞子、金樱子、无花果、栀子、银杏、乌梅、瓜蒌子、莱菔子、桑寄生、车前子、五味子、山楂、皂角、括蒌、茴香、覆盆子。

以花蕾、花入药 夏枯草、闹洋花、金银花、菊花。

以全草入药 车前草、藿香、石苇、草珊瑚、细辛、金钱草、茵陈、马齿苋、益母草、半边莲、薄荷、白花蛇舌草、白英、龙胆草、垂盆草、绞股蓝、半枝莲、千里光、谷精草。

以叶入药 淡竹叶、冬桑叶、艾叶、枇杷叶、大青叶、侧柏叶、山荷叶、泽兰。

以藤本入药 乌药、鸡血藤、八角枫、钩藤。

以果皮入药 陈皮、青皮。

第二节 药品管理

1991 年，全县有药品经营、使用单位 148 家，其中药品经营单位有县医药公司、中山药店、解放街药店 3 家；药品使用单位有县、乡、村三级医疗机构和厂矿学校医务室、个体诊所共 145 家。同时，根据《中华人民共和国药品管理法》有关规定，云和县人民政府任命 7 名县级药品监督员，县卫生局任命 26 人为乡（镇）级药品检查员，加强药品监督管理。药品监督员和药品检查员具体行使药品的监督检查工作，县药检所具体负责药品检验工作。至 2001 年，全县药品经营使用单位共有 110 家。全县的药品监督管理由县卫生局药政股和县药品检验所行使。

严格做好药品经营企业的审批发证工作，1991—2001 年，县卫生局根据《中华人民共和国药品管理法》有关规定，审批云和县医药公司、云和县中山药店，云和县解放街药店三家药品企业，并按规定发放药品经营企业许可证。对 145 家医疗单位开设的药房和药剂人员严格实行准入制。2002 年起，根据上级有关部门机构改革的要求，云和县增设药品监督管理局，县卫生局将药品审批监督管理权限移交县药品监督管理局。

药品抽验

县药检所根据上级下达的药品抽检任务，结合全县各药品经营使用单位的药品经营使用及人民群众的用药情况和意见反馈，全年抽检药品 200 件以上，对检验不合格的药品县药检所提出处理意见，及时移交县卫生局药政股发文通知有关药品经营和使用单位分别进行报废、退货、罚款的处理。

药品监督管理

县卫生局组织全县药品监督员和药品检查员对全县药品经营和使用单位的药品监督检查每年不少于4次，覆盖率100%。每次现场检查有书面记录，对存在的问题及时提出整改意见，同时做好指导工作。

特殊药品管理和使用

1991—2001年，县卫生局对全县药品经营和使用单位的麻醉药品、精神药品、毒性药品实行"专人负责，专人管理，专柜加锁，专用处方，专用账册"五专管理和使用，对麻醉药品、精神药品实行使用审批制，确保特殊药品的使用安全。

药品进货渠道管理

1998年，县卫生局下发《关于加强药品进货渠道管理通知》，对全县药品经营和使用单位的药品进货渠道作出明确规定，只允许向"三证"齐全的县级以上医药公司进货，不允许向证件不齐的个体药商进货，确保药品质量。并要求各单位组建"药事管理组织"，药品进货时必须通过"药事管理组织"论证。有效遏制假劣药品进入，同时也遏制在药品经营活动中不正之风的发生。

打击假劣药品

1991-2001年，县卫生局根据《中华人民共和国药品管理法》，对全县药品市场进行监管，查处假劣药品案200余件，价折150余万元，罚款30余万元。确保人民群众用药安全有效。

第六章　医疗卫生管理

20世纪90年代初，全县卫生工作基本上随着计划市场运转；90年代中期，根据国家卫生体制改革总体要求，县卫生工作在公费医疗、农村合作医疗、用人制度、干部录用、职称晋升以及乡镇卫生院经营模式等方面进行探索和改革，卫生工作得到稳步推进。

第一节　公费医疗

根据《云和县公费医疗管理实施办法》，1991—1995年，全县享受公费医疗的干部职工，城镇定点在云和县人民医院和县府机关医务室就诊。乡镇享受公费医疗干部职工定点在当地乡镇卫生院和县公费医疗办公室指定的医疗单位就诊。1996年，县政府出台《云和县公费医疗统筹管理办法试行》，全县享受公费医疗人员实行“大病统筹”。1997年，公费医疗的医药费用实行“总量控制，结构调整”，有效抑制医药费用的增加，做到合理住院、合理检查、合理收费，门诊就诊人次大幅度下降，个人医疗账户有所节余。县卫生局会同财政等部门对公费医疗定点机构进行定期和不定期的监督检查，进一步加强公费医疗管理，有效控制医疗费用增长，推进公费医疗工作正常运行。2002年，根据县机构改革和职能转变，全县的公费医疗工作划归于县人事社保局管理。

第二节 新型农村合作医疗

参保政策

2005年1月1日始，县新型农村合作医疗制度开始实施，制度规定，参合对象为全县所有农业户籍人口，以户为单位参加；基金筹集具体工作由乡(镇)人民政府负责落实；参合人员就医凭云和县新型农村合作医疗证(一户一证，2006年，改为一人一卡)在云和县定点医疗机构治疗，需转上级医疗机构治疗的，填写《云和县新型农村合作医疗转院申报表》报县农医办审批；对有重大疾病的参合对象就医，须填写《云和县新型农村合作医疗特殊病种审核表》，进行特殊病种认定，报县农医办备案;具有本县户籍的重点优抚对象、五保户、低保、三老、残疾人员、计划生育家庭特别扶助对象，其个人缴费部分全额免收，所需资金由县财政统一安排；少数民族个人缴费部分减半，减免部分由县财政统一安排；移民实行先缴费后补助的办法，当年参合名单报云和县移民办公室审核后，给予每人10元补助。新型农村合作医疗基金采用省、县财政及农民个人缴纳“三级筹资、统一管理”的实施办法。

报销比例

2005年，云和县新型农村合作医疗保险每人筹资标准40元(个人缴纳20元，政府补助20元)；2010年，每人筹资标准为185元(个人缴纳50元，政府补助135元)，其间筹资额提高4.6倍；2005年，报销比例标准15%；2010年报销比例标准60%，其间报销比例标准提高4倍。2005年，报销封顶线2万元；2010年报销封顶线10万元，其间报销封顶线提高5倍。

2005年，住院医疗费用报销182.5万元，2010年，报销1618.40万元，其间报销额增长7.8倍，累计有21467人次的住院医疗费用得到报销，报销总额达3874.01万元。2005年，特殊病种报销1.2万元，2010年，报销44.52万元，其间特殊病种报销增长36倍，累计有397人次的特殊病种按住院比例得到报销，报销总额达75.41万元。2005年，门诊报销7.3万元，2010年，报销301.53万元，其间门诊报销增长40倍，累计有672644人次的门诊医疗费用按5%~25%的比例得到报销，报销总额达706.62万元。

2010年8月，新型农村合作医疗制度与城镇居民合作医疗制度并轨运行，两制合一，建立城乡居民合作医疗制度，工作暂时由云和县卫生部门负责统筹管理和实施，条件成熟后，再归入云和县社保中心统一管理。

2005—2010 年云和县新型农村合作医疗参合、结报情况表

表 30-6-1

年份	筹资额度（元）	其中个人筹资（元）	实际筹资总额（万元）	参合人数（人）	参合率（%）	资金使用情况（万元）	待遇补偿率（%）	结余情况（万元）
2005	40	20	339.02	63026	75.1	全年补偿 19270 人次，待遇补偿金额183.76 万元	14	61.96
2006	40	20	330.07	76256	87.3	住院补偿 68470 人次，待遇补偿金额 291.9 万元	16	217.22
2007	60	20	505.74	82269	97.5	住院补偿 84558 人次，待遇补偿金额 294.58 万元	18.48	255.39
2008	102	20	922.71	87218	97.9	住院补偿 130508 人次，待遇补偿金额562.25 万元	23	466.55
2009	140	35	1332.38	87179	97.9	住院补偿 186845 人次，待遇补偿金额1059.06 万元	33	827.01
2010	185	50	1723.52	88435	96.7	住院补偿 223851 人次，待遇补偿金额1892.02 万元	42	1311.03

第三节　人事制度

人员招聘制度

1991—1997 年，县卫生系统人员招录主要是县卫生局按照计划毕业分配入编。1998 年起，由县卫生局牵头组织公开招聘，用人单位每年将需要招入的人员计划报县卫生局，县卫生局汇总请示县人事局同意后组织招聘考试。2004 年起，全日制临床医学本科人才按照县委组织部、人力资源社会保障局等相关部门政策文件实施人才引进。2005 年，县人民政府对全县乡镇卫生院防保队伍实施改革，并设立云和镇、崇头片和石塘片 3 个公共卫生服务中心，重点承担全县预防、保健、卫生监督、爱国卫生、健康教育和卫生信息管理等工作。

2006 年1 月，出台《云和县乡镇公卫人员岗位双向选择实施方案》，董士敏、雷新英等 28 人参加双向选聘上岗；为 14 名符合条件的原防保岗位临时聘用人员兑现一次性工龄补贴，办理提前退休手续；对公卫人员不足 29个岗位所需的专业人员全部面向社会公开选聘。次年 1 月，撤销 3 个公共卫生服务中心，相关职能和人员回到各乡镇卫生院。2009 年 9 月，启动新一轮的深化医药卫生体制改革，并制定医改三年推进计划，重点完成基层医疗机构重新进行“定性定编”。确定全县 14 所社区卫生服务中心和 3 个社区卫生服务站和 3 个分院，属准公益类事业单位，核定编制 170 人（含预留编制 29 名）。经费来源为“核定收支、差额补足”。

专业技术资格管理

1991—1999 年，县卫生专业技术人员技术职务（职称）的晋升，由县职改部门核定晋升指

标，卫生行政部门制定晋升条件（资格）。凡中级专业技术职务需报市（地）评审，副高级以上专业技术职务经市（地）评审通过后报省高级专业技术职务评审委员会评审，初级职称由县卫生局牵头组织评审。1999年起，根据《中华人民共和国执业医师法》，申报并获准执业医师资格依法认定，由省卫生厅发给执业医师资格证书。2008年，39位医生取得执业医师（或执业助理）资格，同时完成注册手续。2000年始，初、中级职称全省统一考试，无需县级组织评审，高级职称全省统一组织考试评审。取得相应卫生专业技术职务（职称）后，由用人单位实行聘用。2004年开始，全县有乡村医生53人进行认定注册。

干部管理

全额事业单位股级干部任免由县卫生局考察，请示县委组织部批复同意后再发文任免。差额事业单位由所在单位组织提名，请示县卫生局批复同意后发文任免。2005年，启动乡镇卫生院综合改革；12月，印发《云和县乡镇卫生院院长招聘实施方案》，经过公开演讲、面试、考察、评议等环节，公开选聘13名乡镇卫生院长，每届任期3年，实行任期目标责任制考核。2007年11月，进行第二期公开竞聘乡镇卫生院院长，通过笔试、面试、考察、公示等公开竞聘程序，聘任5名同志为各卫生院院长，聘期3年。

第四节　经营管理

经营机制改革

在医疗卫生市场化改革推动下，大量医疗资源外流，乡镇卫生院面临运行困难，较多的医务人员开始自谋职业。自1993年9月始，云丰等部分乡镇卫生院、卫生分院实行综合责任承包制改革，确保乡镇卫生院得以正常运行，继续为当地群众提供医疗保健服务。2003年9月至2007年8月，在云丰乡卫生院启动股份合作制改革试点，采取动产买断，不动产租赁的经营模式；到2005年，所有实行综合责任承包的卫生院在合同到期后全部不再进行综合责任承包管理。

综合体制改革

2009年9月，启动新一轮深化医药卫生体制改革，制定医改三年推进计划，重点完成基层医疗机构重新进行“定性定编”、实施基本药物制度和完善政府卫生投入政策等基层综合改革。确定全县14所社区卫生服务中心、3个社区卫生服务站和3个分院，属准公益类事业单位，核定编制170人（包括乡镇卫生院在编人员）。经费来源采取“核定收支、差额补足”的办法。自2010年12月1日起，19家乡镇卫生院全部实施基本药物制度，所有药品实行“零差价”销售，与上年同期比，实施基本药物制度后门诊人次增加60.98%，门诊均次费用下降21.43%；引导18名自谋出路和办理停薪留职的乡镇卫生院职工限期内及时返岗，至12底，共有在岗医务人员87人（含临时聘用23人），基层医疗机构在解决群众方便就医方面的作用进一步凸显，推进改革使乡镇卫生院进入稳步快速发展阶段。

第七章　医疗设施

20世纪90年代初，全县医疗卫生用房十分简陋和拥挤，基本上是60—70年代初建的房屋。乡镇卫生院医疗设备停留在听诊器、血压器、温度计（老三件），县级医院也只配备X光机和小型黑白B超，基本没有信息化建设，约束着全县医疗卫生事业的发展。至21世纪，根据《浙江省医疗卫生事业发展规划》，在省、市、县财政的大力支持下，云和县对所有乡镇卫生院和村卫生室的危房、旧房进行修善和改造，配备B超、心电图、电脑等医疗设备和信息化软件。县级医疗卫生单位在危旧房改造同时有规划的进行扩建和新建，并配备一定数量的彩超、CT等高端仪器设备。基本上建立信息化管理系统。1991—2010年，全县医疗卫生系统基本建设共投入2.34亿元。大幅度改变全县医疗卫生条件，为云和县卫生事业的发展打下基础。

第一节　基本建设

1991—2010年，县级医疗卫生机构业务用房和信息化两项累计投入1.91亿元。

云和县人民医院

业务用房投入　1992年，投资50万元，建造传染科病房一幢二层楼，建筑面积986.37平方米。1996年，投资140万元建成建筑面积2269平方米的外科楼。2000年10月，投资625万元建成建筑面积3726.5平方米的急诊大楼。2006年，投资16万元扩建体检中心，建筑面积234.44平方米。2007年，医院整体迁建工程立项，2008年开工建设，项目按二级甲等综合医院标准规划，设置床位280张，占地面积39907平方米，总建筑面积31804.13平方米，投资1.65亿元。共合计1.7331亿元。

图30-7-1　2009年6月26日，县人民医院迁建工程奠基典礼（县卫生局提供）

信息化投入　2000年年初，医院采用信息系统管理；10月，门诊系统投入使用，在全市率先采用门诊电脑处方。年底，病区系统开始运行，实现病人费用清单制，实行财务、物资电算化管理。2005年，投入7.8万元，对医院HIS系统二期升级改造。2006年，投入0.5万元，购置医疗价格监管接口软件系统。2007 年，投入 4.5 万元，对管理信息系统进行升级。2008 年，投入 3 万元，购置医院体检管理系统。2009 年，投入 1.3 万元，购置门诊输液系统、门诊药房处方激光打印、病区药房处方激光打印、病区明细清单自动打印、病区摆药卡条码打印，对民政优抚接口进行修改，升级医保结算系统。2010 年，投入 3.9 万元，购置医院合理用药管理信息系统、景宁农保接口、民政系统接口、病房输液标签及化验室门诊条码。

2000—2010 年云和县人民医院信息化投入表

表 30-7-1　　单位：万元

年　份	软件投入	硬件投入	总计	年　份	软件投入	硬件投入	总计
2000–2005	—	—	44.2	2008	3	12.2	15.2
2006	0.5	11.6	12.1	2009	1.3	9	10.3
2007	4.5	10.7	15.2	2010	11.4	47.4	58.8
合计	—						155.8

1991—2010 年，县人民医院投入业务用房和信息化两项共计 1.7487 亿元。

云和县中医院

业务用房投入　1993 年，门诊三楼改建手术室面积约 150 平方米，修建费用 8.7 万元；1995 年 5 月，开设妇产科病房。同时，投入 3.5 万元，改建中药加工炮制室 1 间；1998 年 10 月，投入 26.08 万元，修建综合病房 560 平方米，并征用病房前土地 1300 平方米，为后 5 年发展规划打下基础；2004 年 6 月，投资 75 万元，修建门诊楼，修建面积 592 平方米。

2006 年，医院危房改建：住院病房砖木结构（原新华厂招待所转让房），改建面积 640 平方米，门诊分部 1973 年建造，改建 705 平方米，行政楼 1985 年建造，改建 368 平方米，门诊楼 1985 年建造，改建 1542 平方米，急诊楼 1985 年建造，改建 161 平方米，共改造经费 146.1 万元；2007 年 2 月，对妇产科病区及社区综合病区卫生间及阳台进行修建，修建经费 68 万元；2008 年，对门诊大楼前的花园进行改建，大楼前 350 平方米建造为停车场，门诊楼修建 1642 平方米，更新改造经费 56 万元，解放街社区门诊部 740 平方米，更新改造经费 48 万元；2009 年，修建住院病房卫生间等 135.72 平方米，修建经费 19.7 万元；2010 年，投资 700 万元，建设中医院综合楼，新增建筑面积 2700 平方米，建成后医院床位将由原来的 40 张增至 81 张。

信息化投入　2001 年 6 月，加强医院信息化管理，配合城镇职工医疗保险制度改革，投入安装医院信息管理系统，药库和收费系统，住院系统，门诊电子处方系统等共计 42 万元。

1991–2010 年，业务用房和信息化两项投入共计 405.88 万元。

县疾病预防控制中心

2004 年 3 月 24 日，省卫生厅、发改委、财政厅《关于下达浙江省疾病预防控制机构和传染病院（区）建设方案的通知》确定云和县疾控中心规划占地面积 5000 平方米，建筑面积 2450 平方米，总概算 896 万元。是全县重点工程建设项目，浙江省“五大百亿工程”项目。该工程2006年9月23日开工，工程土建主体2007年5月验收合格。附属设施2008年1月完成，2008年4月23日竣工验收，项目占地面积3667平方米，建筑面积2450平方米，2007年5月，经云和县发改局批准追加概算261万元，追加后工程概算总投资1157万元。

县妇幼保健所

1990年5月，香港大业织造有限公司董事长、爱国华侨沈炳麟捐资7.2万元，建造县妇幼保健综合大楼，是年，择址云和县城北路57号。新建业务综合大楼1991年竣工，占地面积224平方米，建筑面积655平方米，工程总投资22万元。

乡(镇)、村医疗机构

由于云和县乡镇卫生院(分院)医疗用房大多数是60—70年代建造，房屋结构多数为砖木结构，医疗用房面积不达标、功能不合理，空间狭窄，无医疗废物、废水处置设施，无卫生间，有些已成危房。1992—2010年，对部分乡镇卫生院进行迁建、拆建、扩建和维修改造。

1992年，云丰乡卫生院原址拆建，新建面积450平方米，造价16万元；1995年，对石塘镇中心卫生院原址拆建，新建面积587平方米，造价25万元；2009年，由于高速公路在原卫生院门前通过的原因，将卫生院迁至石塘西滩头，建筑面积1000平方米，总投资183万元(含土地30万元、办公设备、部分医疗设备、绿化等投入)；1997年，大湾乡卫生院新建135平方米，造价9万元；1998年，对沙溪乡卫生院、朱村乡卫生院进行原址拆建，新建面积分别为657平方米和663平方米，造价分别为38万元和51万元；1999年，对安溪乡卫生院进行迁建，新建面积387平方米，造价41万；是年，赤石乡卫生院扩建综合楼229平方米，造价19万元；2010年开工建设拆除崇头镇中心卫生院土丕房(病房)扩建新门诊楼640.54平方米，投资104万元；是年，云坛卫生院迁建，新建面积720平方米，总投资150万元(含土地款、厨房、围墙、部分医疗设备、空调等办公设备)。2006—2010年，已对紧水滩、崇头(老门诊)、沙溪、朱村、安溪、赤石、小徐、黄源、云丰、局村、大源、沙铺、小顺、雾溪等14所卫生院进行维修改造，总维修面积约7250平方米，总投资约264万元。共计投入业务用房建造和维修资金900万元。至2010年年底，全县所有卫生院医疗用房面积和医疗用房功能基本达标。

2010年，维修改造46个村卫生室，维修改造面积2770平方米，总投资90万元，其中财政补助60万元，卫生室自筹30万元。村卫生室按医疗用房均达到上级要求不低于60平方米的标准，功能分区设置有诊疗室、治疗室、药房和医疗废物储存间。

1992—2010年，全县乡(镇)村医疗机构业务用房建造和维修资金总投入990万元。

第二节　医疗设备

云和县人民医院

1992年，投入44.6万元，购置日本630型胸腹B超、心电监护仪、24小时动态心电图；1994年，投入10.2万元，购置纤维结肠镜；1997年，投入42.5万元，购置麻醉机、电子胃镜；1998 年，投入 72.5 万元，购置全自动生化分析仪、血球计数仪；2001 年，投入 281 万元，购置螺旋 CT；2003 年，投入 80.9 万元，购置 X 线摄影装置、全自动五分类血球计数仪；2004 年，投入 94.86 万元，购置彩超；2005 年，投入 197.44 万元，购置了计算机放射成像系统、全自动生化分析仪、全自动血气分析仪；2006 年，投入 29 万元，购置 C 臂机；2007 年，投入 39.5 万元，购置全自动尿有形成分分析仪；2008 年，投入 29.6 万元，购置口腔全景机；2009 年，投入 164.2 万元，购置彩超、PACS 系统；2010 年，投入 63.8 万元，购置体外冲击波碎石机。

1991—2010 年云和县人民医院医疗设备投入情况表

表 30-7-2

年份	投入（万元）	年份	投入（万元）
1991—2000	440.2	2006	167.3
2001	537.5	2007	205.2
2002	100.4	2008	196.3
2003	206.5	2009	243.3
2004	191.7	2010	189
2005	275	合计	2752.4

云和县中医院

1992 年，救护车一辆（解放牌）5.5 万元。1993 年，添置新设备全自动尿液生化分析仪，火焰光度计、黑白 B 超等投资 4.5 万元。1994 年，添置骨科多功能推拿牵引床、妇科宫颈治疗仪等共 11 万余元。1995 年，添置进口胃镜、脑电图、胎儿监护仪等设备 13.1 万元。1998 年，添置半自动生化分析仪，心电监护仪等 16.3 万元。1999 年，添置双目显微镜、电动离心机、综合产床等 10.5 万元。2000 年，添置胎心监护仪、全自动麻醉机、救护车一辆（原救护车申请报废）等 31.2 万元；2001 年，添置 500MAX 线诊断机、三维多功能牵引床等设备 33 万；2002 年，添置全自动生化分析仪、肛肠治疗仪、微波治疗仪、高频电刀 30.2 万元。2003 年，心电监护仪、牙科治疗床、全自动电解质分析仪 8.7 万元；2006 年，添置自动洗片机、消毒锅炉、颈颅多普勒等 15.6 万元。2007 年，添置彩色多普勒 B 超 1 台、尿液分析仪 1 台、血球分析仪 1 台等设备 37.1 万元。2009 年，添置眼压仪、CR、全自动中药煎药包装机等设备 78.5 万元。2010 年，购置手术显微镜、全自动生化分析仪、多功能产床等设备 65.8 万元。1991—2010 年，共投入医疗设备等其他费用为 361 万元。

云和县妇幼保健所

1991—2000 年，云和县妇幼保健所投入 17.465 万元，购置东芝 B 超 SAL-32，雾化器LSW-1A，多普勒胎心仪，新生儿保暖箱，高压消毒，胎心音监护仪，电热恒温干燥、电热恒温培养，X 光机 XG-210，电热恒温水箱，光热治疗仪，尿分析仪等医疗设备。

2001—2010 年，购置 CO_2 激光治疗仪、耳声发射仪、血球分析仪、救护车、电热蒸馏器、红外线乳腺诊断仪 JW-210A、显微镜 2 台、听力筛查仪、GE 黑白 B 超、胎儿血流仪、半自动生化仪 L-3280、阴道镜 JW-2302、开立彩超 SS1 2000、红外线乳腺诊断仪、血球分析仪（特康）、牛津胎心监护仪 TEAM、酶标仪 RT-600、开立彩超 SS1 5500、儿童斜视筛查仪等设备，计投入 161 万余元。

县级医疗卫生机构 1991—2010 年，医疗设备总投入 3288.24 万元。

乡镇卫生院

2005 年，云和县全面实施“农民健康工程”，各中心卫生院和部分乡卫生院，医疗服务能力明显提高，为方便农民健康体检，2006—2008 年均配备 B 超、心电图、X 线摄片机、血液分析仪、尿液分析仪、生化分析仪等 6 大件设备，总投入资金 77 万元。

1991—2010 年，全县医疗设备投入共计 3365.24 万元。其中，云和县人民医院 2752.4 万元；云和县中医院 361 万元；云和县妇幼保健所 174.84 万元；乡镇卫生院 77 万元。

第三节　机构与队伍

云和县卫生局于 1970 年成立，1991 年，核定人员编制 11 人，核定领导职数 3 人（1 正 2 副），下设人事秘书股、医政药政股、预防保健股、计划财务股。办公地点设在县府大院东侧二楼。

2002 年，卫生局与计划生育委员会合署办公，同时撤销云和县卫生局党委和计划生育委员会党委，组建云和县卫生和人口和计划生育局党组。县计划生育委员会更名为云和县人口和计划生育局。同年，卫生局承担的药政工作和公费医疗工作（包括人员、财产）分别归并云和县药品监督管理局（新增设单位）和云和县社会保障中心（新增设单位）。县卫生局和县人口和计划生育局合署后实行一套班子两块牌子，核定编制人员 14 人（包括爱卫办 2 人），其中党政领导核定 5 人（1 正 4 副），工作人员编制 9 人（包括爱卫办）。合署后科室调整为办公室、医政科、防保科、政统科、宣教科、计划财务科、计生协会办公室，两个单位经费实行独立核算。

县卫生局主要负责贯彻执行国家卫生工作方针、政策和法律、法规，制定全县卫生事业发展规划，并组织实施，指导、协调和督促检查全县卫生工作；负责医疗事故的鉴定、处理；开展爱国卫生运动，组织实施农村改水、改厕，开展全民健康教育，提高全民健康水平。

1991—2010 年，全县卫生局直属单位有：县疾病预防控制中心、县卫生监督所、县妇幼保健所、县药品检验所、县卫生进修学校、县爱国卫生运动委员会办公室、县农村改水办公室、县农村卫生办公室、县公费医疗管理办公室、县新型农村合作医疗管理办公室、县人民医院、县中医院、崇头镇中心卫生院和 17 个乡镇卫生院，增挂社区卫生服务中心（站）牌 17 个。全系统直属单位医疗卫生人员 677 人，其中行政（公务员）编制 13 人，参照公务员管理编制 13 人，事业编制 477 人，其他人员 174 人。

1991—2010年云和县卫生局主要负责人一览表

表30-7-3

党委书记	任职时间	局　长	任职时间
吕渭南	1990.05—1993.08	吕渭南	1990.07—1993.07
官德林	1993.08—2001.10	官德林	1993.07—2001.11
叶利华	2001.11—2003.06	叶利华	2001.11—2003.06
陈卫东	2003.06—2006.12	陈卫东	2003.06—2006.12
梅显平	2006.12—2010.07	梅显平	2006.12—2010.07
肖飞龙	2010.07—	肖飞龙	2010.07—

第三十一篇　社会生活

受地理因素制约，云和县域历史上交通阻塞，信息闭塞，人口流动缓慢，缺乏对外沟通交流，区域性、封闭式的自我发展特征较明显，形成独特的地方性语言，即方言。方言具有原生性、历史性、民族性、地域性、演变性、局限性。在历史的长河中，县域形成的主要方言有：云和土话、畲客话（畲民家常话）、“汀州话”（福建移民家常话）、“新安江话”（淳安移民家常话）等。

长期以来，生活于这方水土的人们，形成较具特色的生产风俗、生活风俗、信仰习俗、民间表演习俗、时岁节庆风俗和民间禁忌习俗等。

1990 年，第四次全国人口普查资料显示，全县共有姓氏 283 个，其中，单姓 278 个，复姓 5 个。2000 年，第五次全国人口普查时，全县有姓氏 277 个，其中，单姓 274 个，复姓 3 个。人普资料还显示不同姓氏的人口迁徙过程和在县域各乡镇、行政村的分布情况。

20年来，农村居民和城镇居民收入不断提高，全县农民人均纯收入从 1991 年的 475 元，提高到 2010 年的 6370 元；城镇居民人均收入从 1991 年的 2202 元，增长到 2010 年的 45524 元；城乡居民储蓄存款余额从 1991 年的 7129 万元，增长到 2010 年的 209739 万元。

第一章　方　言

方言，即地方性语言，是指区别于标准语言的某一区域语言。一个地方的方言土语，蕴含着该区域的历史演变、民族习俗、思维方式和文化形态。方言具有原生性、历史性、民族性、地域性、演变性、交流局限性。中国幅员辽阔，方言语系复杂，全国共有八大方言区。云和本土方言则属于吴方言区浙西南片的处州片区。云和地域虽小，但方言却比较复杂。县域主要方言有：云和土话、畲族语言、“汀州话”（福建移民）、“新安江话”（淳安移民）等。

第一节　语　系

新石器时代，云和已有人类居住。老云和镇素以柳、王、梅三姓为著。南朝宋元嘉二十三年（446），柳姓祖元华从龙游转松阳徙居西阳里河上村。唐天宝初年，梅姓祖陵公从会稽迁居丽邑采真里。天圣五年（1027），王姓祖惟孝迁居浮云柘野，后世移居全县各地。随着人口的不断迁徙、集聚，至今全县姓氏已达数百个，在漫长的历史过程中，逐渐形成云和的本土语言——云和方言。

由于受邻县方言的影响，县内各地的云和方言存在一定的差异，大致可分为三大片区。以云和盆地为中心的原云和镇、沙溪、雾溪、安溪、云坛、小顺、局村、紧水滩、龙门、赤石等地区，这些地区历来以云和县城（云和镇）语音为标准音，是比较正宗的云和方言区。石塘片的石塘、朱村、金村、双港等地区，受丽水方言影响，语言夹杂着许多丽水方言语音，特别是1958年至1984年这26年间，这一地区划归丽水县管辖，使当地云和方言受到丽水方言的更大影响，形成这一地区独特的云和话，云和人称之为“下乡腔”。梅源片包括崇头、梅源、黄源、云丰、大塆、沙铺、林山等地区，这一地区因受到景宁方言的影响，语言夹杂着景宁方言语音；云丰、黄源的部分村庄的语言还夹杂着一些龙泉的方言语音，形成三种方言混合的当地土语。崇头镇片区古时的行政区划属云和县第三都，因此，云和人将崇头镇区域的云和话统称为“三都腔”。三大片区的语言虽然有区别，但是，从语音、词汇、语法等方面来考察，都属于云和方言。

2015年，选择老云和镇勤俭村的王哨琴、县文化馆干部陈心园、雾溪畲族乡坪垟岗村蓝观海作为云和方言、畲族语言的发音人，实施云和方言、畲族语言语音建档。王哨琴，1942年6月出生，小学文化程度，会讲云和本地话，普通话。勤俭村，位于云和县城中心，东邻红光村，南接古竹、瓦窑村，西壤巧云村，北毗梅垄村、新岭村，总面积0.75平方千米，现属凤凰山街道。全体村民均使用云和方言，属于最正宗的云和方言区之一。蓝观海，熟谙畲族语言，对畲族民俗有一定探究。

云和方言属吴语区丽衢片处州小片。在语音、词汇、语法等方面都有地方特色。

由于邻县方言和人口迁徙等因素影响，境内各乡镇间之语言存在一定差异，大致可分县城、梅源、石塘、大源、雾溪安溪5个小点。

县城小点 以云和镇为中心，包括小徐、沙溪、云坛、沈村、局村5乡，紧水滩镇大部，赤石乡部分，人口约占全县总人口50.3%。历年来，均以县城语音为标准音。

梅源小点 包括崇头、黄源、云丰、沙铺、大塆等5镇乡，人口约占全县总人口20.8%。语言杂有较多的景宁语音。

石塘小点 包括双港、小顺乡，朱村、金村乡部分，人口约占全县总人口10.1%。语言含较重丽水语音。

大源小点 包括大源、库北乡，紧水滩镇小部，赤石、金村、朱村乡部分，即龙泉溪以北地区，人口约占全县总人口8.3%。居民绝大多数从福建汀州迁徙而来，所操语言与云和话相差甚大，属闽语汀州话。世代相传，异化原籍云和居民，全点通行汀州话，形成“汀州话方言岛”。但绝大多数人兼操云和话。

雾溪安溪小点 包括雾溪、安溪畲族乡，崇头镇的下垟、朱源，云坛乡的沈岸，沈村乡的苏坑，双港乡的坪地、叶村坪等乡、村，人口约占全县总人口8.3%。通行畲语，兼通云和话。

此外，全县约有1.7%的人口讲淳安话（兼讲云和话）。他们原为浙江淳安县移民，分布在小徐乡白垟墩、山背、程宅，崇头镇垟背、岩下，沙溪乡高胥、新建、后山，云坛乡沈岸过路郎、陈村蛤蟆山，沈村乡沈村、竹坑等村。分布在赤石乡独山、麻垟、下坑等行政村，约0.5%人口的语言含有龙泉话因素。

抗日战争时期，国民党浙江省政府迁驻云和，历时三年多，大批外籍人员进居云和，云和方言吸收了许多外来词汇。中华人民共和国成立后，由于全国推广普通话和时代的进步，云和方言又增加很多新词汇，原有的一些词汇亦随之逐渐消失。

第二节 语 音

语音特点：

1. 没有翘（卷）舌音，如“资”与“知”“草”与“炒”“私”与“诗”同读。

2. 舌尖前音与舌面前音混读，因而形成“洗”“死”同音，“喜事”“死事”同音。

3. 复元音ai和uo完全转化为单元音a i和u o，如“抬”读“da”，“来”读“li”等。

4. uei、uan往往丢失韵头u，如“退”读“tei”，“光”读“gong”。

5. 前鼻音“-n”、后鼻音“-ng”区分不明，发音时舌头不会严格到位，而又往往偏后，所以发出的鼻音大多是后鼻音。

6. 存在鼻音尾韵转化为纯口韵现象，如“搬”读“be”，“耕”读“ge”等。

7. 一些在普通话里不能相拼的声母、韵母，在云和方言中能够相拼。如“去”拼成“ki”，“非”拼成“fi”等。

8. 云和方言有29个声母(包括零声母)，51个韵母(包括自成音节的m、g在内)和8个声调。

组词方法

云和方言的构词有如下四个突出特点：

1. 词序相反，意义相同。如：

方言：欢喜 菜干 鸡母 牛牯 踏脚车

普通话：喜欢 干菜 母鸡 牯牛(公牛) 脚踏车

2. 词尾加“儿”，表事物小，如：

方言：店儿 猪儿 梨儿 凳儿 衣裳儿

普通话：小店 小猪 小梨 小矮凳 小件衣服

3. 词尾加“头”，表部位、成分、光景等意。如：桌角头、肩头、手头、听头、苦头、尺头、一块头、日午头等。

4. 重叠形容词，增强形容程度。如：红红(很红)、红显红(极红)、乌洞洞(很黑)、生生好好(很漂亮)、实搭实(很踏实)等。

句法

与普通话相比，云和方言的句法有如下特点：

1. 不少形容词能与量词结合：

依张桌比阿张桌大张。 (形+量) 细把刀。 (形+量+名)

2. 数量词可在动词前面，构成“数—量—动”结构：

一记嘤(哭)、一记俏(笑)，花花街狗吠镬灶。

3. 表时间的状语可后置，也可在动词之前：

佢逃先。(他先逃) 我先开，你等记离咯。(我先去，你等一会儿来喽)

4. 表频率副词出现在动词或省略，动词后往往省去数词、名词，而加上补语“添”：

再吃(一)碗(饭)添(副+动+量+“添”)

唱(一)根(歌)添

5. 程度单音节副词作补语，不用结构助词“得”：

长显(长得很) 顶牢(顶得牢)

6. 表可能与否等补语，可放在宾语之后：

我讲佢弗过(我讲不过他)。 杀死鸡容易显(杀死鸡很容易)。

7. 重叠动词，表示动作的完成或强调。

饭吃吃再开呢！(吃了饭再去吧) 门关关好。(强调)

8. 表被动只有“给”一介词：

佢给我讲了两句。(他被我说了两句) 谷给鸡吃了。(谷被鸡吃了)

9.“之”与语气助词“阀”连用,取法句子独立性:

佢调之我阀,依次肯定发了。(他换成我,这次肯定发了)

10. 在陈述句末尾加上文言否定词(否)表示疑问:

你开相戏否?(你去不去看戏?)你笔给我得否?(你的笔给我可以吗?)

第三节　声韵调

声调举例

古全清平声字

多 tu^{24}	东 toŋ^{24}	该 ka^{24}	灯 tɛ^{24}
高 kəɯ^{24}	猪 ti^{24}	周 tɕiɯ^{24}	专 tɕyɛ^{24}
尊 tsuɛ^{24}	边 piɛ^{24}	颠 tiɛ^{24}	租 tsu^{24}
安 uɛ^{24}	婚 xuɛ^{24}	风 fəŋ^{24}	伤 ɕiã^{24}
龙 liɔŋ^{423}	牛 ȵiɯ^{423}	油 iɯ^{423}	难 nã^{423}

古次清平声字

拖 tʰu^{24}	通 tʰoŋ^{24}	开 kʰei^{24}	吞 tʰuɛ^{24}
敲 kʰɑɔ^{24}	吹 tsʰ^{24}	抽 tɕʰiɯ^{24}	穿(着)taʔ^{5}
春 tɕʰyŋ^{24}	偏 pʰiɛ^{24}	天 tʰiɛ^{24}	千 tɕʰiɛ^{24}

古次浊平声字

门 məŋ^{423}	麻 muo^{423}	人 nɛ^{423}	文 məŋ^{423}
鹅 ŋ^{423}	鱼 ŋy^{24}	泥 ȵi^{423}	娘 ȵiaã^{423}

古全浊平声字

铜 doŋ^{423}	皮 bi^{423}	头 dəɯ^{423}	糖 dəŋ^{423}
红 oŋ^{423}	穷 dʑioŋ^{423}	陈 dzəŋ^{423}	床 ʑiɔŋ^{423}
才 za^{423}	平 biŋ^{423}	寒(清)tsʰəŋ	神 zəŋ^{423}

古全清上声字

懂 toŋ^{53}	古 ku^{53}	早 tsɑɔ^{53}	鬼 kuei^{53}
九 ɕiɯ^{53}	展 ɕiɛɿ^{53}	纸 tsɿ^{53}	走 tsəɯ^{53}
短 tuɛ^{53}	比 pi^{53}	碗 uã^{53}	好 xəɯ^{53}

古次清上声字

统 tʰəŋ^{53}	苦 kʰu^{53}	草 tsʰɑɔ^{53}	讨 tʰɑɔ^{53}
口 kʰəɯ^{53}	丑 tɕʰiɯ^{53}	楚 tsʰu^{53}	体 tʰi^{53}

古次浊上声字

买 mɒ^{53}	老 lɑɔ^{53}	五 ŋ^{53}	有 iɯ^{53}

女 ȵy^{53}	染 ȵiɛ^{53}	暖 nəŋ^{53}	网 mɔŋ^{53}

古全浊上声字

动 doŋ^{31}	罪 zei^{31}	近 dʑiŋ^{31}	後 u^{53}
柱 dzɥ^{31}	是 dzɿ^{31}	坐 zu^{31}	淡 dã^{31}
抱 dʑiɒʔ^{23}	厚 gəɯ^{31}	社 ʑio^{31}	似 zɿ^{31}

古全清去声字

冻 toŋ^{45}	怪 kua^{45}	半 pɛ^{45}	四 sɿ^{45}
盖（遮）tɕio^{24}	帐 tiã^{45}	正 tɕiŋ^{45}	醉 tsɥ^{45}
对 tei^{45}	变 piɛ^{45}	爱 a^{45}	汉 xuɛ^{45}

古次清去声字

痛 tʰoŋ^{45}	快 kʰuɒ^{45}	寸 tsʰuɛ^{45}	去 kʰi^{45}
抗 kʰɔŋ^{45}	唱 tɕʰiã^{45}	菜 tsʰa^{45}	怕（吓）xaʔ^{5}

古次浊去声字

卖 mɒ^{223}	路 lu^{223}	硬 ŋɛ^{223}	乱 luɛ^{223}
岸 uɥ^{223}	让 ȵiã^{223}	漏 ləɯ^{223}	怒（躁）tsɑɔ^{45}

古全浊去声字

洞 doŋ^{223}	地 di^{223}	饭 vã^{223}	助 zu^{223}
树 zɥ^{223}	阵 dzəŋ^{223}	贱 ʑiɛ^{223}	大 du^{223}

古全清入声字

縠 kəɯɥ^{5}	百 paʔ^{5}	搭 tɒʔ^{5}	节 tɕiɛʔ^{5}
急 tɕiʔ^{5}	竹 tiɯʔ^{5}	织 tɕiʔ^{5}	积 tɕiʔ^{5}
得 taʔ^{5}	笔 piʔ^{5}	一 iʔ^{5}	黑（乌）u^{24}
湿（潭）duɛ^{324}	锡 ɕiʔ^{5}	福 fəɯʔ^{5}	歇 ɕiɛʔ^{5}
说（讲）kɔŋ^{53}	削 ɕiɒʔ^{5}	发 fɒʔ^{5}	

古次清入声字

哭（叫）iɑɔ^{45}	拍（搭）tɒʔ^{5}	塔 tʰɒʔ^{5}	切 tɕʰiɒʔ^{5}
刻 kʰaʔ^{5}	曲 tɕʰioʔ^{5}	出 tɕʰyɛʔ^{5}	七 tsʰeiʔ^{5}
秃 tʰuʔ^{5}	匹 pʰiʔ^{5}	缺 tɕʰyɛʔ^{5}	尺 tɕʰiʔ^{5}
铁 tʰiɛʔ^{5}			

古次浊入声字

六 ləɯʔ^{23}	麦 maʔ^{23}	叶 iɛʔ^{23}	月 ȵyɛʔ^{23}
入 ȵiʔ^{23}	纳 nuɛʔ^{23}	袜 mɒʔ^{23}	

古全浊入声字

毒 dəɯʔ^{23}	白 baʔ^{23}	盒 ɛʔ^{23}	罚 vɒʔ^{23}
局 dʑioʔ^{23}	宅 dzaʔ^{23}	食 ʑiʔ^{23}	杂 zɛʔ^{23}

读 dəɯʔ^{23}	合 ɛʔ^{23}	舌 dʑiɛʔ^{23}	俗 ʑioʔ^{23}

声母举例

八 pɒʔ^{5}	兵 piŋ^{24}	派 pʰɒ^{45}	爬 buo^{423}
病 biŋ^{223}	麦 maʔ^{23}	飞 fi^{2}	副 fu^{45}
饭 vã^{223}	问 məŋ^{223}	多 tu^{24}	东 toŋ^{24}
讨 tʰɑɔ^{53}	天 tʰiɛ^{24}	甜 diɛ^{423}	毒 dəɯʔ^{23}
脑 nɑɔ^{53}	南 nuɛ^{423}	年 ȵiɛ^{423}	泥 ȵi^{423}
老 lɑɔ^{53}	蓝 lã^{423}	连 liɛ^{423}	路 lu^{223}
资 tsɿ^{24}	早 tsɑɔ^{53}	租 tsu^{24}	酒 tɕiɯ^{53}
刺 tsʰɿ^{45}	草 tsʰɑɔ^{53}	寸 tsʰuɛ^{45}	清 tɕʰiŋ^{24}
祠 zɿ^{423}	谢 ʑio^{223}	张 tiã^{24}	竹 tiɯʔ^{5}
拆 tsʰaʔ^{5}	茶 dzuo^{423}	柱 dzʮ^{3}	争 tsɛ^{24}
装 tsɔŋ24	抄 tsʰɑɔ24	初 tsʰu24	床 ʑiɔŋ423
山 sã^{24}	双 ɕiɔŋ^{24}	纸 tsɿ^{53}	主 tsʮ^{53}
车 tɕʰio^{24}	春 tɕʰyŋ^{24}	船 ʑyɛ^{423}	顺 ʑyŋ^{223}
手 ɕiɯ^{53}	书 sʮ^{24}	十 ʑyeiʔ^{23}	树 zʮ^{223}

韵母举例

歌 ku^{24}	坐 zu^{31}	过 kuo^{45}	靴 ɕio^{24}
茶 dzuo^{423}	牙 ŋuo^{423}	写 ɕio^{53}	瓦 ŋuo^{53}
苦 kʰu^{53}	五 ŋ^{53}	猪 ti^{24}	雨 y^{5}
飞 fi^{24}	鬼 kuei^{53}	宝 pɑɔ^{53}	饱 pɑɔ^{53}
笑 tɕʰiɑɔ^{45}	桥 dʑiɑɔ^{423}	豆 dəɯ^{223}	走 tsəɯ^{53}
油 iɯ^{423}	南 nuɛ^{423}	盐 iɛ^{423}	心 səŋ^{24}
参 səŋ^{24}	山 sã^{24}	年 ȵiɛ^{423}	半 pɛ^{45}
短 tuɛ^{53}	官 kuã^{24}	权 dʑyɛ^{423}	根 kɛ^{24}
新 səŋ^{24}	寸 tsʰuɛ^{45}	滚 kuəŋ^{53}	春 tɕʰyŋ^{24}
雲 yŋ^{423}	糖 dɔŋ^{423}	响 ɕiaŋ^{53}	床 ʑiɔŋ^{423}
王 iɔŋ^{423}	双 ɕiɔŋ^{24}	讲 kɔŋ^{53}	灯 tɛ^{24}
升 ɕiŋ^{24}	硬 ŋɛ^{223}	争 tsɛ^{24}	病 biŋ^{223}
星 ɕiŋ^{24}	横 uɛ^{423}	兄（哥）ku^{24}	东 toŋ^{24}
用 iɔŋ^{223}	盒 ɛʔ^{23}	塔 tʰɒʔ^{5}	鸭 ɒʔ^{5}
接 tɕiɛʔ^{5}	贴 tʰiɛʔ^{5}	法 fɒʔ^{5}	十 ʑyeiʔ^{23}
急 tɕiʔ^{5}	辣 lɒʔ^{5}	八 pɒʔ^{5}	热 ȵiɛʔ^{23}
节 tɕiɛʔ^{5}	活 uɒʔ^{23}	刮 kuaʔ^{5}	月 ŋyɛʔ^{23}
七 tsʰeiʔ^{5}	一 iʔ^{5}	骨 kuɛʔ^{5}	出 tɕʰyɛʔ^{5}

橘 tɕyeiʔ^{5}	托 tʰoʔ^{5}	药 iɒʔ^{23}	郭 koʔ^{5}
壳 kʰoʔ^{5}	学 oʔ^{23}	北 paʔ^{5}	直 dʑiʔ^{23}
色 saʔ^{5}	国 kuaʔ^{5}	白 baʔ^{23}	尺 tɕʰiʔ^{5}
锡 ɕiʔ^{5}	毂 kəɯʔ^{5}	六 ləɯʔ^{23}	绿 lioʔ^{23}

词语举例

飞机 fi$^{24-44}$tsɿ^{24} 东风 toŋ$^{24-44}$fəŋ^{24}
开车 kʰei$^{24-44}$tɕʰio^{24} 当官 tɔŋ$^{24-44}$kuã^{24}
清明 tɕʰiŋ$^{24-44}$miŋ$^{423-42}$ 工人 koŋ$^{24-44}$nɛ$^{423-42}$
开门 kei$^{24-44}$məŋ$^{423-42}$ 耕田(犁田)li$^{423-22}$diɛ$^{423-42}$
工厂 koŋ$^{24-44}$tɕʰiã^{53} 身体 səŋ$^{24-44}$tʰi^{53}
乡长 ɕiã$^{24-44}$tɕiã^{53} 天井 tʰiɛ$^{24-44}$tɕiŋ^{53}
孙女(囡孙)ŋ̍ɛ^{45}suɛ^{24} 公社 koŋ$^{24-44}$ʑio^{31}
千米 koŋ$^{24-44}$li^{53} 招待 tɕiɑŋ$^{24-44}$da^{31}
开店 kʰei^{24}tiɛ^{45} 分配 fəŋ^{24}pʰei^{45}
车站 tɕʰio^{24}dzã^{223} 军队 tɕyŋ^{24}dei^{223}

第四节 词 汇

天文地理

太阳(日头)naʔ^{23}dəɯ^{42} 月亮(月光)ŋyɛʔ^{23}kɔŋ
打雷(响雷公)ɕiã^{44}lei^{44}koŋ^{24} 闪电(调火线)diɑɔ^{22}xuoʔ^{23}ɕiɛ^{45}
下雨(盪雨)dəŋ^{223}y^{53} 雪化了(雪烊了)ɕyɛʔ^{5}iã^{42}lɑ^{0}
冰(霜冰□)ɕiɔŋ^{44}piŋ^{44}luʔ^{23} 冰雹(龙雹)liɔŋ^{42}boŋ^{23}
彩虹(鲎)xəɯ^{45} 刮风(起风)tsʰɿ^{44}fəŋ^{24}

人际称谓

人 nɛ^{423} 客人(客)kʰaŋ^{5}
男孩(儿)ŋ̍i^{24} 老头儿(老倌)lɑɔ^{44}kuã^{24}
中医医生(先生)ɕiɛ^{44}sɛ^{24} 父亲(爸) paʔ^{5}
母亲(妈)ma^{24} 公公(祖公)tsu^{44}ko^{2}
婆婆(祖婆)tsu^{44}bu^{42} 祖父面称(公)koŋ^{24}
祖母面称(嬷)muo^{24} 儿媳妇(新妇囡)səŋ^{44}vu^{22}nɛ^{24}
女儿(囡)nɛ^{24}

服饰 房舍 器具等

东西我的~toŋ^{44}sɿ^{24} 衣服统称(衣裳)i^{22}ʑiaʑ^{42}

上衣（衣裳）i^{22}ʑiã^{42}

裤子（布裤）pu^{44}k^{h}u^{45}

衣服上的口袋（衣裳袋）i^{22}ʑiã^{42}da^{223}

动物

公猪（猪头）ti^{44}dəɯ^{42}

种猪（猪头）ti^{44}dəɯ^{42}

母猪（猪嬷）ti^{44}muo^{42}

公牛（牛牯）ŋiɯ^{42}ku^{53}

母牛（牛嬷）ŋiɯ^{42}muo^{42}

公鸡（鸡荒）tsɿ^{44}xɔŋ^{24}

母鸡（鸡嬷）tsɿ^{44}muo^{42}

孵小鸡（伏鸡儿）bu^{223}tsɿ^{44}ȵi^{45}

植物

米 mi^{53} 玉米（包萝）pɑɔ^{44}lu^{42}

番薯 fã^{44}dzɿ^{223}

代词

我 ŋuo^{53}

你 ȵi^{53}

他（佢）gi^{423}

大家（大斯人）dɒ^{22}zɿ^{223}nɛ^{42}

形容词

红 oŋ^{423}

黑（乌）u^{24}

少 ɕiɑɔ^{53}

大 du^{223}

动词

干活儿：（做道路）tsuo^{44}dɑɔ^{22}lu^{223}

看：~电视（相）ɕiã^{45}

听：用耳朵~t^{h}iŋ^{24}

闻：用鼻子~p^{h}əŋ^{24}

咬：狗~人（龇）ŋuɛʔ^{23}

嚼：把肉~碎 ʑiɒʔ^{23}

舔：人用舌头~t^{h}iɛ^{53}

副词 介词 连词 助词

很：天气~冷（真）tsəŋ^{24}

更：今天天气~冷 ka^{45}

太：~贵 t^{h}aʔ^{5}

最：兄弟三个他~高（顶）tiŋ^{53}

都：~要 tu^{24}

只：~见过 tsei53

只：~有一本 tsei53

一起：~唱歌（做堆）tsuo44tsɿ45

第五节　短　句

1.你是哪里人？

（你是□□人？）

ȵi53dzɿ31ts^{h}ɒʔ5lɒʔ5nɛ42？

2.我是浙江省云和县人。（说出所在县或市）

（我是浙江省云和县人。）

ŋuo53dzɿ31tɕiɛʔ5kɔŋ24sɛ53yŋ44uoʔ23yɛ223nɛ42。

3.你今年多大？

ȵi53kɛ24ȵiɛ42ki44sʮ45ɑ^{0}?

4.我今年 72 岁了。（说出自己的实际年龄）

（我今年 72 岁啊。）

ŋuo53kɛ24ȵiɛ42tsʰeiʔ5ʑyeiʔ23ȵi223sʮ45ɑ0。

5.你叫什么名字？

（你喊□名字？）

ȵi53xã44tsaʔ5miŋ22zɿ223？

6.我叫王哨琴。（说出自己的名字）

（我喊王哨琴。）

ŋuo53xã44iəʔ44ɕiɑɔ24dʑiŋ42。

7.你姓王我也姓王，咱们两个都姓王。

（你姓王我也姓王，我人两个都姓王。）

ȵi53ɕiŋ45iəŋ42ŋuo53a42ɕiŋ45iɔŋ42，ŋuo53nɛ42lã44ki45tu24ɕiŋ45iɔŋ42。

8.他们都到杭州去了。

（佢人都到杭州去了。）

gi42nɛ42tu24təɯ45ɔŋ42tɕiɯ24kʰi45lɑ0。

9.这件衣服有两个口袋。

（□件衣裳有两个袋。）

iʔ5dʑiɛ223i44ʑiã42iɯ53lã44ki45da223。

10.你去试试看。

（你去试试相。）

ȵi53kʰi44sɿ44sɿ44ɕiã4

11.你先去罢，我们等一会儿再去。

（你先去，我人等□再来。）

ȵi53ɕiɛ24kʰi45，ŋuo53nɛ423tɛ423tsɿ45tsa45li42。

第六节　短　文

乌鸦喝水

一只乌鸦口渴了，到处找水喝。乌鸦看见一个瓶子，瓶子里有水。可是瓶子很高，口儿又小，它喝不着。怎么办呢？乌鸦看见瓶子旁边有很多小石子儿。它想了一想，有办法了。乌鸦把小石子儿一个一个地衔起来，放到瓶子里，瓶子里的水慢慢儿升高了，乌鸦就喝着水了。

（一个老鸦口燥险，满世界寻水吃。老鸦相着一个瓶儿，瓶儿里面有水。可惜瓶儿高险，瓶口又细，渠吃弗着。□□好呢？老鸦相着瓶儿边里有好些头儿。渠忖了忖，便有办法啊。老鸦帮头儿一一个个衔起来，□到瓶儿去，瓶儿里面个水快慢紧满起来啊，老鸦便吃着水啊。）

iʔ5ki45lɑɔ44uo24kʰəɯ44kʰuɛʔ5ɕiɛ53, mɛ53sɿ44kɒ45zəŋ42sʮ44tɕʰiʔ5。

lɑɔ44uo24ɕiã45dʑiɒʔ23iʔ5ki45biŋ42ȵi24, biŋ42ȵi24ti53miɛ223iɯ53sʮ53。

kʰuo53ɕiʔ5biŋ42ȵi24kəɯ24ɕiɛ53, biŋ42k ʰəɯ44iʔ23sɿ45, gi42tɕʰiʔ5fuʔ5dʑiɒʔ23。

nɛʔ23zɛʔ23xəɯ53ni24？ lɑɔ44uo24ɕiã45dʑiɒʔ23biŋ42ȵi24piɛ24li53iɯ53xəɯ53lɛ223dã223dəɯ42ȵi24。

gi42tsʰuɛ53lɑ0tsʰuɛ53, biɛ223iɯ53bã223fɔʔ5ɑ0。

lɑɔ44uo24pɔŋ24dã223dəɯ42ȵi24iʔ5kei45iʔ5kei45gã42tsʰɿ53li42, kʰɔŋ45təɯ45biŋ42ȵi24kʰi45,

biŋ42ȵi24ti53miɛ223kɛ0sʮ53kʰuɒ45mã223tɕiŋ53mɛ53tsʰɿ53li42ɑ0,

lɑɔ44uo24biɛ223tɕʰiʔ5dʑiɒʔ23sʮ53ɑ0。

为人民服务

人总是要死的，但死的意义有不同。中国古时候有个文学家叫作司马迁的说过："人固有一死，或重于泰山，或轻于鸿毛。"为人民利益而死，就比泰山还重；替法西斯卖力，替剥削人民和压迫人民的人去死，就比鸿毛还轻。张思德同志是为人民利益而死的，他的死是比泰山还要重的。

（人迟早都会死个，但死个意义弗同。中国古代有个文学家名字喊司马迁的人讲过："人总会死个，乐便比泰山还重，乐便比鸿毛还轻。"为老百姓利益去死，便比泰山还重；帮法西斯卖力，帮剥削老百姓和压迫老百姓个人去死，便比鸿毛还轻。张思德同志是为老百姓利益去死个，佢个死比泰山还乐重。）

nɛ42dzɿ42tsɑɔ53tu24uei223sɿ53kɛ0, dã223sɿ53kɛ0i44ȵi223fuʔ5doŋ42。

tɕioŋ24kuaʔ5ku44da223iɯ53ki45məŋ42oʔ23kuo24miŋ42zɿ223xã45sɿ24muo53tɕiɛ24kɛ0nɛ42kɔŋ53kuo45：

"nɛ42tsoŋ42uei223sɿ53kɛ0, ŋɑɔ223biɛ223pi53tʰɒ44sã24a42dʑioŋ31,

ŋɑɔ223biɛ223pi53ŋ42mɑɔ42a42tɕʰiŋ24。"uei223lɑɔ53paʔ5ɕiŋ45li223iʔ5kʰi45sɿ53, biɛ223pi53tʰɒ44sã24a42dʑioŋ31；

pɔŋ24fɒʔ5sɿ44sɿ24mɒ223liʔ23, pɔŋ24poʔ5ɕiɒʔ5lɑɔ53paʔ5ɕiŋ45təɯ45aʔ5paʔ5lɑɔ53paʔ5ɕiŋ45ki0nɛ42kʰi45sɿ53,

biɛ223pi53ŋ42mɑɔ42a42tɕʰiŋ24。tiã24sɿ24taʔ5doŋ42tsɿ45dzɿ223uei223lɑɔ53paʔ5ɕiŋ45li223iʔ5kʰi45sɿ53kɑ0,

gi42ki0sɿ53pi53tʰɒ44sã24a42ŋɑɔ223dʑioŋ31

第七节　谚　　语

事理类

人面难求，土面好求。

三牛难望，五口难养。

冷了莫靠灯，穷了莫靠亲。

只有懒人，没有懒土。

人老筋出，树老根出。

硬气硬到底，麦出不吃米。

会做不会算，只值人一半。
问话问老头，劈柴看小头。
晴天担稻草，越担越轻巧。
不怕一人横，只怕众人盘。
宁给穷人一斗，不给富人一口。
人怕理，马怕鞭，蚊虫怕火烟。
不做贼，心不惊，不吃鱼，口不腥。
辣椒自有辣椒虫，石板自有石板刨。

修养类

私心重，祸无穷。
忍一忍，吃不尽。
自锅自香，别人锅莫思量。
别人东西莫要，自己东西莫掉。
相(看)样学样，相菜吃饭 。
拖人下水，自湿半身。
天晴防下雨，有日防无日。
过头饭多吃碗，过头话少说句。

生活类

学懒眼前，学勤三年。
勤无难事，三早抵一工。
一年省到头，三年可买牛。
三年烂饭头，可买一头牛。
三年不喝酒，穿着样样有。
好嬉人变懒，好吃人变馋。
不怕少一斗，只怕添一口。
百病百药医，轻骨无药医。
天天不发愁，活到百岁头。
天天笑几笑，赛过吃好药。
田怕秋来旱，人怕老来苦。
大虫吃小虫，蝙蝠吃蜈蚣。
勤人不愁无道路，懒人只愁无凳坐。
好女不揭丈夫短，好男不说妻是非。
寒从脚起，病从口入，祸从口出。
买粒糖，甜一甜，买把灯芯点一年。

社交类

托鬼望病。
住要好邻，坐要好伴。
满饭好吃，满话难讲。
教人栽菜，自己戳盐。
钟不打不响，话不讲不明。
兄弟一条心，门前泥土变成金。
兄弟各条心，家内黄金变灰尘。
酒肉朋友千万个，大难到来无一人。

自然类

雨夹雪，落不歇。
闷雷雨，响雷晴。
“清明”晴，谷米平。
“立夏”晴，担秧插田坪。
“芒种”落雨火烧溪。
春寒多雨水，夏寒断点流。
云盖中秋月，雨打上元灯。
“芒种”端午前，处处有荒田。
“夏至”端午前，双手种稻田。
二月二晴，树头果子两遍青。
月晕而风，础润而雨。
“夏至”闻雷六月旱。
六月落雨隔田岸。
雨打秋头，无秆饲牛。
地下暖，天上孵雪卵。
两春夹一冬，无被暖烘烘。
蚂蚁下山，必有旱灾。
蚂蚁聚堂中，不必问天公(主雨)。
老蛇出洞，半夜雨来淋。
蜘蛛勤结网，久雨必天晴。
田螺水面浮，风雨有得愁。
久雨闻鸟声，不久会天晴。

日枷夜枷，晒死老鸦。
月晕三更雨，夜年午时风。
南闪火门开，北闪有雨来。
蚂蚁搬家，大雨哗哗。
蚁上树，满天风
蚂蚁上树，满天风雨。

经济类

勤耕无瘦土。
秧好一半谷。
小麦不吃“小满”水。
苞萝不过“立秋”关。
烂冬油菜旱冬麦。
田要冬耕，儿要亲生。
种田没巧，粪灌水饱。
娘好儿好，种好苗好。
人哄地皮，地哄肚皮。
落雨耘田，不如床上眠。
春日一锄头，秋来一碗头。
夏至响雷公，十株番薯九株空。
人怕老来苦，稻怕晒稻肚。
栽树造林，莫过“清明”。
雨水前后，栽树插柳。
千杉万松，吃穿不空。
千柏万桐，永世不穷。
千株棕，百桶蜂，子孙不会穷。
春栽杨柳夏栽桑，正月栽松好时光。
高山松柏矮山茶，溪塘岸边插杨柳。
房前屋后栽满竹，三年必定造新屋。
七月葱，八月蒜，十月蓼苕满地钻。
八月栽菜风吹大，九月栽菜种种大。
一株果树三分田，百株果树十亩园。
桃三杏四梨五年，枣树当年就还钱。
久晴鹊噪雨，久雨鹊噪晴。
鸡若上笼早，明天天气好。
鸡若上笼迟，有雨不多时。
蜻蜓成群飞，马上送雨归。
缸穿裙，山戴帽，大雨就来临。
烟囱不见烟，一定是阴天。

第二章　风　俗

风俗是指特定区域、特定人群传承沿袭下来的风尚、礼节、习惯、禁忌等的总和。范围包括食、衣、住、行、娱乐、社交、恋爱、性爱、生育、婚嫁、丧葬、宗教、岁时及艺术等。云和地处浙西南山区，千百年来，人们在生产、生活、岁时节庆、民间信仰和民间禁忌等方面，形成了独特或与周边相类的风俗习俗。风俗形成的具体时间较难确定，诸如生产风俗、婚嫁习俗、时岁风俗等，随着人们生产、生活的累积沉淀，就渐渐形成并逐步固化、程式化。中华人民共和国建立以后，虽然一些风俗、习俗仍在相承相沿，但多数已在淡化、弱化，有的已经消失或近乎消失。

第一节　生产风俗

开犁节

云和开犁节习俗由来已久。有史料记载，早年云和衙门的官员每年春耕开始之际，都要到城郊的“先农坛”，县官亲自下田耕地，以示官府对农业生产的重视。古时由于生产工具简陋以及天灾等因素，人们认为不可预测的自然现象受神灵控制，为了寄托美好质朴的愿望，祈求神灵保佑家畜兴旺，五谷丰登，先民们就举行开犁这一民俗活动。梅源一带高山地区气温偏低，开犁仪式选择在每年的芒种时节举行。

开犁活动内容包括开山号子、芒种犒牛、祭神田分红肉、山歌对唱等。从内容到形式都是民俗文化的缩影，有着深厚的历史渊源和文化背景。通过农事操作、祭神赛歌等形式，集中展示山区农民在农耕劳作中的习俗。

当日清晨，家家早起，准备节日的祭祀食品，并为参加节日活动的耕牛披红挂绿。开犁节在山民原始古朴的锣鼓声和“呜呜”的喇苇吹奏声中拉开序幕。“开山锣，开山鼓，开山号，满山铺；喊声山神让让路，开爿山田讨媳妇……”随着开山号子的吼唱，犒牛仪式开始。各家主人将耕牛牵至田头，身着盛装的姑娘将一早熬制的米汤和农家自酿的红酒倒入木盂给耕牛吃，以犒劳它为人类勤恳的劳作，表达主人对牛的感激、崇敬之情。

“祭神田分红肉”，是每年拜祭时的重要仪式之一。神田，即村中同姓家族间轮流耕种的一垄公田，轮到谁家种，每年的祭祀费用就由谁家来负责。祭祀时，首先要在田中宰杀一头猪，再燃香、烛祭拜，感谢庇佑一方水土的神明及感恩祖先开垦这一片土地惠及子孙的恩德。然后将猪肉分成条状，在红纸条上写上各家户主的姓名，粘贴在分好的猪肉上，给村民们共享，寓意五谷丰登，六畜兴旺，宗族和睦兴盛。在礼炮声中，主人将牛牵到梯田里耕一圈地，表示下田开犁，春耕春种开始。

水稻种植

上八日　千百年来，农耕文化形成的一些习俗和禁忌，虽代代相传沿袭，但却在逐步退化淡化。在县域民俗中，有农历正月初八属谷生日的说法，俗称“上八日”。

在农村，每家每户在正月初七这天，都要把第二天（正月初八）的米饭先蒸煮好，初八这一天是不能烧饭的。同时，还要上祖坟祭拜，在坟头上压上烧纸，点上红烛，供上黄酒，摆上祭品。民间还有传言，初八这天天气晴朗，今年稻谷就丰收；初八这天阴雨，今年稻谷会歉收。有的地方还有杀鸡、宰鸭祭祀谷神的习俗。

正月初八属谷生日，也是“开仓日”。初八不煮米饭也是因为要开仓祭谷神。开仓门时要烧香点烛，供酒上菜祭拜。民间平时开仓还有一种说法，叫作“甲日不开仓”。每十天为一甲，如遇甲日也开仓，今年的收成就会不好。

撒谷子　开仓准备好谷种，谷种落泥要选择瓯江潮水“平潮”时播种，一般在下午风平水静时。播谷子那一天，每家农户都备三炷香，插在烧纸的中间，点燃后一并插在秧田的田埂上；同时，还插上一支柳条或竹枝。谷种挑到田头，先撮一撮放在田缺口，用泥块压住，表示播下的种子不会飘浮，出苗整齐均匀；或将三粒谷种用手指深深地按入土中，也表示谷种已下田，可以去邪保丰年。还要扎一个稻草人，插在田头驱赶鸟雀。有些地方的村民还要带上香烛、祭品到山塆、田边的土地公庙祈拜。

开秧门、关秧门　秧苗长大后，每年的第一次下田拔秧苗叫“开秧门”。在开秧门拔秧开始插秧的那天凌晨，要把烧好的猪肉端一碗到田头祭拜土地，为土地公烧香，祈求土地公保佑今年收成好，主家要拿香纸绕秧田一周烧在田角，然后再正式开始拔秧、插秧。

在下田拔秧前，要先用手在秧苗上戽几下水，说是避“秧风”。否则会吃“秧风”，手脚肿胀痛痒难熬，就不能下田拔秧了。每天早晨下田时，要左脚先落水面，说是这样可以不怕蚂蟥叮咬。

插田那几日还要吃“插田饭”，酒、菜要丰盛，要“一日三餐两点心”，因劳作强度大。民间有句俗语“小孩望过年，大人望插田”；而且来客不拒，说是“插田多请一个客，秋收多打一担谷”。传言，插田老师三餐吃饭坐的位置要固定不变，否则的话，插下的秧苗会“浮秧”。同时，还有一个善良、纯朴的传统习俗，第一天下田插秧，要请牧童吃“插田饭”，而且牧童还要坐上首位置；还要用米汤喂耕牛，表示牧童、耕牛都很辛苦。

最后一天插秧，叫“关秧门”，必须在天黑之前插完，天黑了就意味不吉利。多余的秧一定要扔到溪坑里去，不能喂牛。如拿去喂牛，怕牛以后会下田吃秧苗。

第二节　婚嫁风俗

云和的传统婚嫁习俗，仪式至为隆重。整个婚娶过程可分为订婚、结婚、回门、满月四大礼俗。

订婚习俗

订婚　俗称"定亲"，又有"小定"和"大定"之分。"小定"又称"记"，是亲事初步说定之后，男方由媒人经手送给女方一对金戒指或一对手镯、一对耳环等小样礼物为"记"。"小定"之后就得筹办"大定"，"大定"必须送的礼、物有下列几项：

婚帖　烫金的龙凤婚帖四套，分别写上男方的年庚八字、娉金、礼单、向亲家问候等，同时，要送空白礼帖四套、湖笔两支、徽墨两块，以供女方写回帖用。

聘金　聘金数量可由双方商定，"大定"时送全部或一部分。旧时通用的是银元，银元花样要选净一色，擦亮，每块都贴上双喜，用大红纸包好。

聘礼　俗称"定扣"，有"八盒""四件"。"八盒"是海参、干贝、鱼翅、燕窝、蛏干、鱼胶、明甫（乌贼）、香菇等山珍海味；"四件"是猪肉、馒头、线面、鸡蛋等。礼物数量视家庭经济情况，由媒人联系双方协商而定。在"八盒"的礼物上面，每盒都得放上红枣（早）、花生（生）、桂圆（贵）、荔枝（子），以示"早生贵子"。每样必须凑双，用红纸条与烫金包好，以示吉祥。女方的回礼是：布鞋一双，纸扇一把。

结婚习俗

结婚，男方俗称"讨亲"，女方称"嫁囡"，过程是这样的：

送"日子"　结婚前，男方要请算命先生选择黄道吉日，于端午节送去女方家，俗称"送端午"。除粽子以外，主要是送选好的成亲日子，用红帖写好，征求女方意见，请女方"革"（更改）。还要附送彩包两元，请女方给算命先生"革"，"革"好后回报男方。结婚日子的最后决定权在女方。

送担　女方婚宴一般是在结婚的前一天，请客用的菜肴，一般由男方置办，在头三天必须送担，俗称"大担"。送的件数与定亲时相仿，但数量要多些，如猪肉一百二十斤，馒头和线面各六十斤等，其他礼物以满足女方请客需要为宜，数量由媒人先谈妥。送担的时候，一定要比原商定的数量略多一些，否则，会被认为"吝啬"，会受到刁难，并提出补送等。

迎亲　结婚前一天，男方准备大礼迎接新娘。晚上，摆"起轿酒"宴请亲朋和迎亲人员。迎亲队伍鸣炮开路，接着是乐队——唢呐；成双的彩旗、灯笼、花轿、小轿，花轿是接新娘的，小轿是接"亲家舅"的；还有四顶小轿，两顶是"请风客"坐，两顶是媒人坐；最后是抬嫁妆的"行郎"，"行郎"人数的多少，以嫁妆多少而定。"行郎"中抬床的，要挑选父母双全的青年。"请风客"是男方派出专接新娘的使者，一般都是邀请地方上的头面人物充当。提灯笼、举彩旗的小孩，也要挑选父母双全的。放鞭炮是最难做的差使，当迎亲队伍到女方家时，其他人员被接进大门，唯独放鞭炮的被女方"相帮人"拦阻在大门外，要接连不断地放鞭炮，一直到对方满意，才由东家出来迎进。所以，接亲人员中放鞭炮的人必须挑选态度好，性情好的人才能胜任。男方还要事先准备红包，赠给女方家的厨师、值堂、烧饭、烧茶、梳头等人；同时，备请帖两份，一份请新娘，一份请"亲家舅"。

请囡　结婚前一天，女方隆重请客，酒席分中午与晚上两次，中午请女客，晚上请男客。新娘要坐首席，表示隆重对待即将出嫁的女儿。席间新娘要向长辈一一敬酒，一表热情，二表离别。

扮桌面　是"请风客"一项繁重的任务。"请风客"除了敦请新娘、亲家舅及安排"行郎"抬嫁妆外，主要任务就是把女方陪嫁的小礼物如梳妆盒、镜子、脸盆、热水瓶、茶杯、茶壶、烛台、酒壶、银元（钞票）等摆扮在桌面上，再用细细的绳子绑牢，第二天早上好抬着走。这是一件不容易的差使，担任“请风客”的两人中，必须有一人会扮桌面。

起轿 新娘出门有规定的“时辰”，这个时辰是算命先生依据新郎、新娘的年庚八字及双方居住的路程远近来计算决定的。按习惯，要赶上男方中午的酒席，新娘起轿出门一般都在早晨。上轿前，梳妆打扮，祭拜祖先，辞别祖父母、父母等长辈，聆听祖父母、父母的叮嘱，诸如“到夫家后要孝顺公婆，尊敬丈夫，和睦姑嫂邻里，对人要有说有笑”等。女儿出嫁，免不了别绪离愁，禁不住娘儿俩洒泪痛哭，难舍难分。此时，自有媒婆或亲友上前相劝，“请风客”紧催上轿，不得已忍痛分别。上轿时，新娘先站在五斗桶内（量谷用）由亲兄弟抱上花轿，母亲端一碗先准备好的糯米饭，让新娘吃两口。意思是吃了甜的糯米饭，到夫家嘴会甜些。陪送新娘的有：“亲家舅”一人，必须是新娘的亲兄弟，无亲兄弟的，可请叔伯兄弟或表兄弟代替；“布帐舅”“门帘舅”各一人，是替新娘背布帐或门帘的。女方陪嫁的嫁妆有“三扛”，或“五扛”，或“八扛”（两人抬一件或一组为一杠）等。富裕人家女儿出嫁还有“轩间”和“上间”（中堂）的摆设家具；“凉床”“踏路牛”及“拨租”（赠给女儿的田产）等。陪嫁的衣服，春夏秋冬四季齐全，到夫家三年内可不做新衣服。此外，要带去布鞋一双送给丈夫；有的还送给公公、婆婆各一双，以示孝敬。

入门 新娘入门也有时辰规定，既不能提前，也不能逾期，一般都是先到达大门外等候进门时辰。男方事前邀请两位接姑，还邀请两位老年妇女充当“传袋老嬷”（袋即代的谐音，寓意代代相传）迎接新娘，前者必须是父母双全的，后者必须是有子有孙的。时辰一到，鸣炮、奏乐、启轿门，“传袋老嬷”各拿一只红布袋铺在地上，新娘由两个接姑左右扶着，脚踏布袋，姗姗而行，布袋交替向前铺垫，先至中堂，后传到新房床前，让新娘坐在床沿。一路上，新娘撒下喜糖、花生、瓜子等，小孩闹哄哄地抢着，嬉耍打闹，喜气盈门。

拜堂 拜堂是新娘进门后的重要礼节。中堂铺上红毯，新娘与新郎由接姑伴郎扶着，先拜天地，二拜祖宗，继而拜公婆，拜长辈，如外婆、舅舅等至亲。长辈受拜，要拿“相见钱”（红包）给新娘。而后是夫妻对拜，送入洞房。

“富贵宴” 俗称“吃三碗”。筵席设新房内，新郎新娘并肩坐在床沿，左右两边由两个伴郎、两个接姑陪席。同时，新房外也鸣炮开宴，每上一道菜，必奏乐一次。“吃三碗”筵也有规矩，新娘要端坐不动、也不吃，面前摆一只碗，每进一道菜，由接姑先夹两筷放在新娘碗里，新郎与陪席的人再吃。婚房席下首是没有人坐的，点着一对喜烛，中间摆着大红油漆木盒，盒内满盛红枣（早）、花生（生）、桂园（贵）、瓜子（子）。席间请一位福寿双全的老先生“撒瓜子笼”，他高举果盆至眉间，恭恭敬敬向新人一揖，唱道：“伏礼伏礼，新郎新娘请起！吉日良辰，鸾鸣凤至！百年和谐，早生贵子！”边唱边把盆内的果籽一把一把撒向新人身上、床内、床顶和酒宴筵周围，边撒边唱，有眼有板，十分动听：“一撒天，二撒地，三撒三星照耀，四撒四季发财，五撒五子登科，六撒六国丞相，七撒七美图、八撒八仙过海、九撒九子十三孙、十撒十状元。”最后把果子撒向空中。这时，新房里挤满了人，抢着接瓜子，整个新房里充满欢快气氛。

闹新房 俗话说：结婚“三日无大小”。意思是说，新婚三天，闹新房可不分老小，谁都可以闹，因此，有的年长者也会参加，但还是以年轻人和小孩子为主。他们会脱下新娘的鞋子去换糖、饼的；有要新娘点烟的；有要新娘泡茶的；有要新娘和新郎亲嘴的，花样繁多。年纪大的说："盹盹（睡睡）新娘床，腰骨不会痛"；小孩换牙还未长出，要新娘摸一摸，利于出牙。还有的搞恶作剧，在新娘新郎睡着之后，用辣椒烟从壁缝中吹入新房，把新娘新郎呛醒；有的偷偷打开新房门，几个人冲进去压住四个被角，把盛满水的脸盆，放在被背上，使新郎新娘动弹不得。总之，不管怎样闹，主家还是欢迎的，并烧好点心，拿出高档果品（桂园、橘饼之类），款待闹房者，大家吃了点心果品各自回家，让新人早点休息。

洞房 "送洞房"是结婚的重要仪式之一。要准备两碗点心，两杯茶，一对蜡烛灯，分别用托盘盛着，由接姑端着托盘，送新郎新娘进入洞房，接姑放下托盘，退出洞房，随手把门带上。一对素不相识的男女青年，就此开始相识，结为夫妻。因为彼此陌生，谁也不好意思先开口，有的新娘在贴身的肚兜里，放着两个橘饼，就寝时拿出递给新郎，说"给你吃"，以此作为对新郎的开口语。有的新郎不吃，放在枕边留着。第二天早晨一起床，有小孩知道这个秘密，进新房就在枕头边翻找，成为民间趣谈。

回门 婚后第三天，新郎新娘双双去娘家，叫"回门"。中午，娘家要为女婿摆酒接风，吃过中午即返归，不住宿。原因是，新婚房一个月内，不能有空房，但也有例外，有的娘家路远，当天不能返回的，当夜可请弟妹等代宿。

满月归省 婚后满一个月，夫妻双双回娘家探望。女儿可以向母亲倾诉一月来的离别之情，女婿会受到岳母最热情的款待。俗话说"女人要吃做生母，男人要吃'寻'丈母"。新女婿上门，"丈母娘看女婿，越看越中意"。凡是家里最好吃的东西，都要拿出来款待女婿，还要挽留一对新人在娘家多住几日。

第三节 岁时风俗

节气习俗

农历过年 祭灶佛 在民俗中，过年，一般是从祭灶佛开始的。祭灶佛，是县域民间影响较大、流传较广的习俗。旧时，农家灶膛几乎都设有佛位。相传，腊月二十三这天，锅灶头佛上天，向玉皇大帝禀报人间的生活状况，年三十返回人间。因此，民间有腊月二十三，家家户户祭灶佛的习俗。通过祭祀灶佛，祈求灶佛在玉皇面前为人间说好话，来年不降灾祸于人间。

扫尘 "腊月二十四，掸尘扫房子。"因"尘"与"陈"谐音，年前扫尘意谓"除陈布新"，即要把一切霉运、晦气统统扫出门。这一习俗寄托着人们辞旧迎新、向往美好的愿望。至现代，每逢春节来临，家家户户都要打扫卫生，掸拂尘垢蛛网，疏通明渠暗沟，洗擦桌椅家具，拆洗被褥窗帘，干干净净、清清爽爽迎新年，但并无规定就要在腊月二十四清扫。

接玉皇 旧俗认为，灶佛上天后，玉皇大帝会于农历十二月二十五日亲自下凡，视察人间善恶，判定来年祸福，所以，家家户户祭祀祈福，称为"接玉皇"。这一天，起居、言语都要谨慎，以博取玉皇欢心，祈望能够降福来年。

沐浴 传统民俗中，人人都要洗浴、换衣裳，除去一年的晦气，干干净净迎新春。云和民间有“腊月二十八，先洗洗邋遢”的俗语。

过大年 活动有贴门神、贴春联、鸣爆竹、祭祀祖先、吃年夜饭（团圆饭）、守岁、给压岁钱等。除夕的意思是“月穷岁尽”，其间的活动，都要以除旧布新，消灾祈福为中心，营造欢快喜庆的氛围。

云和民间传统的除夕，家家户户要供祭品，燃香烛，祭天地，祭神灵，祭祖先，俗称“辞年”。年夜饭的菜肴要尽量丰盛，合家团聚，外出未归的，也要放置一副碗筷，以示团圆。深夜，要吃点心，俗称“吃隔岁”。长辈一般会给晚辈发“压岁钱”。是夜，屋里灯火通明，有的人通宵娱乐；有的则在灶前焐柴头取暖，俗称“焐年猪”，希冀来年养头大肥猪。此谓之“守岁”。是日，债主可登门讨账，但过了大年夜，正月初一，就不好意思上门索债了，所以，穷苦人为躲避债务，大年夜也回不了家。

春节 农历正月初一为春节，俗称“过年”。传统习俗认为，至年初五，年就算过满了，亦称“开年”“谢年”，但习惯上，春节活动往往要延续到元宵节。正月初一，按旧俗，要早起，定时开门，鸣放鞭炮，接福纳福。早餐，喝喝糖水、吃吃糖糕，示意一年到头甜甜蜜蜜，生活步步提高（糕、高的谐音）。少顷，行拜年礼，先拜祠堂祖先，后拜自家长辈。熟人相逢，要拱手作揖，恭贺新禧。要讲吉利话，营造吉祥喜庆氛围。禁用刀、斧、针、剪等器具。不扫地，洗漱用水不随意倒在地上，旧俗认为会把财气扫掉、倒掉。春节这天，男女都不外出劳动，妇女不下厨房，由男人做饭，吃饭不浇菜汤，说浇过菜汤出门会淋雨。当然，这是旧俗，没科学依据。

过生日 旧俗认为，正月初一至初十分别为人畜五谷的生日。即一鸡、二犬、三羊、四猪、五牛、六马、七人、八谷、九豆、十麦。在生日这一天，分别在鸡埘、羊圈、猪栏、牛栏、谷仓、豆柜、麦柜等处点上香烛，祈求五谷丰登，六畜兴旺。

元宵节 正月十五日为元宵节。家家户户吃汤圆，庆贺团圆。县域元宵节的传统节目是“闹龙灯”。传说迎龙灯能风调雨顺，五谷丰登。龙灯一般在正月十三、十四、十五三天夜晚举行。城内西街、司前、中街、县前、沙泠、前巷六铺，各铺出一条龙。各铺的龙由头家出龙头、龙尾，每户出一桥灯构成。逢“迎神”年（四年一次），“溪口龙”进城，元宵节就更热闹。除龙灯外，元宵节前，县域民间还有花鼓戏、狮子灯等庆贺新春。

清明节 公历4月5日为清明节。县域民间有折柳插门，包“蓬腌”的传统习俗。清明节的前三天或后四天，是上坟祭祖扫墓的时间，家家户户都会穿上素服，带上祭品前往祭奠。

立夏节 立夏时节，农家一般都吃“立夏羹”（米糊类食品）。

端午节 农历五月初五，是“端午节”，俗称“重五”，又叫“端阳”。“端午节”期间，云和人有在家门两侧插菖蒲、艾叶以辟邪的习俗，还要包粽子、喝雄黄酒、划龙舟等。

中秋节 农历八月十五日，在秋季的正中，故称“中秋”，云和俗称“八月半”。在云和，注重全家团聚，和美安康。除了吃月饼外，人们还要吃“麻糍”、吃汤圆。

白露节路会 路会习俗在云和山区广泛流传，渊源久远。像坑根村，自清末村落形成时起，代代相传该习俗，成为当地村民的一个重要的节日。较偏远的山区像杨家山村，就有在白露日这天，全村人在一起修路和聚餐的习俗，沿袭至今。此外，还有沙铺、朱村等村都有路会习俗。

冬至　公历12月22日前后冬至节气。云和民间有“冬至似小年”的说法。民间一般做“麻糍”。相传，冬至节可以对祖坟动土，或修墓，或迁坟，其他时间一般是不可以轻举妄动的。

第四节　民间表演艺术

民　歌

县域民间歌曲较为丰富多样，有畲族山歌、本地山歌、沙铺山歌、方山岭茶歌及各种民间小调和歌谣等，是祖先遗留下来的一份宝贵的精神财富。云和民间歌曲与其他各地民间歌曲一样，表现题材广泛，反映人们喜、怒、哀、乐等不同情感，有的乐观、开朗、欢快，有的哀伤、幽默、诙谐；有天真活泼的儿歌童谣，有粗犷豪放的劳作号子，充分反映了当地人们的生产、生活韵律情调。

板龙舞

云和板龙在民间有一个美丽的传说。相传泰定元年(1324)，下街姑娘柳氏因吞食龙卵而仙化成“龙母仙娘”，产下一龙子后，隐居于赤石麻垟的龙儿洞。人们便根据传说中“龙”的形象制成板龙，在元宵节舞龙灯闹新春，借此迎回“龙母仙娘”降服火神，祈求风调雨顺、国泰民安。元宵节舞龙灯、观龙灯已成为云和民众最隆重的民俗盛事之一。

狮子灯

舞狮活动一般正月初三开始，由两青壮年合舞。狮子外形用络麻染成红、绿两色，编织成狮子毛，狮子头用木板和色布做成。闹灯前派人送“拜帖”，分单帖与双帖(全帖)，双帖是单帖外加封套，还要附上红烛一对，鞭炮一串。舞狮时，主家要事先备好糖果、茶点，鞭炮、红包等。还有包山花鼓戏 、汀州吹打、云和鼓词、方山岭采茶灯等，均深受县域居民喜爱。

做功德

县域民间有“做功德”的习俗，早在七百多年前的南宋淳祐(1241—1252)年间就有流传。旧俗中，人死后要“做功德”，以超度亡灵。“做功德”时，中堂正面挂上三清玉皇、太上老君、左右营兵、狩猎师爷、金鸡、玉兔等画像，横梁上挂各种纸花。主要由道士或僧人边唱边舞，敲木鱼，唱山歌，动作模拟刀耕火种、狩猎等日常生活，虔诚祈祷死者脱离苦海，安息灵魂。道具有龙角、铃刀、扁鼓、振铃、手炉、神鞭，锣鼓、唢呐等。

第五节　信仰　禁忌习俗

女神信仰

云和百姓信仰崇拜的女神主要有马夫人、陈夫人、汤夫人、插花娘娘、龙母柳姑婆、天妃即林默娘、梨花仙子等。安溪畲族乡黄处村设有马夫人殿，木樨花村有夫人殿，上村村有夫人行宫；雾溪畲族乡坪垟岗村有马夫人庙；赤石乡有夏洞天龙母洞龙母庙，赤石乡库北片有马夫人庙；崇头镇崇头村有夫人殿，砻铺村有夫人殿；大塆乡林山下村设有龙母仙宫，大塆村有马氏夫人殿；沙铺乡林山村有马氏夫人殿，沙铺村有龙母仙娘庙；石塘镇双港村有护国夫人庙；云丰乡后垟村有马天仙宫殿；云坛乡包山村有夫人庙，沈村村建有仙姑庙，竹坑村水口设有夫人殿；云和镇解放街设有天妃宫，马鞍山有夫人殿，河坑村有夫人宫，祭口村有夫人殿，沙溪村有仙母宫，局村村有禅岩寺；紧水滩镇龙门村有插花殿；黄源乡黄家畲村有龙母仙宫等。

赤石迎神会

相传从清代同治十三年开始，赤石有三月三迎神会的习俗，每隔三年举办一次。迎神，要常为天后娘娘（妈祖）换新袍，天后娘娘的佛身是木雕的，手脚能活动，可以穿衣裙。换袍时，要请算命先生择好吉日，由两个有福分的老太婆和两个未婚女子负责，在半夜以后举行换袍仪式。换袍的费用，也有规定，由天袍会负担衣饰和凤冠；地袍会负担裤、裙、鞋、袜。“抬阁”是迎神会最受欢迎的仪式，最多时“台阁”出动十三扛。所谓“台阁”，就是把八、九岁的男孩子打扮成古典戏曲人物，固定在一张桌子上，由青壮年抬着，吹吹打打，在街上游行，很是闹热。

太平清醮

“醮”，古时为祭神的意思。其原始目的是古代农民百姓对上天神佛的庇护表示感谢，或祈求平安而举行的隆重祭典。在云和，太平清醮又叫“开光清醮”“保安清醮”，一般为道士设坛在庙宇祈求一方太平、风调雨顺、国泰民安。有一年一次或一年二次，也有三、五年或更长时间才做一次。沙铺、黄源、崇头、赤石等地有一年做两次的，春季设“禾苗醮”，祈求一年四季风调雨顺、五谷丰登，也叫春醮。秋季设“人丁醮”祈求消除灾祸、健康长寿，也叫秋醮。在六月举办的叫“六月醮”。醮仪活动时间一般为一天一夜，一天两夜、三天三夜，少数也有七天七夜。设醮大都在立春以后择吉日举行。太平清醮主要仪式有：建坛、炼火、进表、恭请诸神、诵经忏悔、超度亡灵、造船送船、漂放花灯等，最后，还要挨家挨户分送灵符，消灾祈祥，以保全境平安。醮祭要事先摆好三界神位，三牲供品，焚香点烛，燃放爆竹。法事开始，传统的笙、箫、琴、笛、唢呐、锣鼓等乐器，吹打弹奏，气氛热烈。道士跟随音乐，挥舞灵刀，吹着龙角，有板有眼，边唱边舞。演唱时，道士把全村人的姓名或本次醮祭的领头人写成奏章，上报天庭。如果是禾苗醮，则还要把全村土地开列清单，表示这些田园耕地属于保护的范围，祈冀上苍保佑全村五谷丰登，六畜兴旺，财源广进，口舌埋藏，火盗双沉，百病不侵，逢凶化吉，遇难呈祥。

民间禁忌

在传统旧俗中，春节期间，尤其是新年正月初一，有许多民间禁忌。

忌扫地动刀具 认为扫地会扫掉财气，动刀和向外泼水不吉利。

忌看病吃药 大年初一，忌看病吃药，否则，一年到头可能会被病魔缠身。

忌打骂孩子 一家人要高高兴兴，和和睦睦，充满欢乐气氛，不许打骂孩子，也不能和别人吵架。

忌串门访亲友 正月初一，一般不走亲眷或串门，即便是已出嫁的女儿，也不在正月初一这天回娘家探亲。

忌拜年于床　大年初二，百姓纷纷走亲拜年。若受拜者卧床未起，会以为不吉利，因此，忌拜年于床。

忌汲井水　年初一，忌汲井水。民间有"一年长不安，自在今一天"的井联，认为年初一是水龙王的休息日。因此，人们会在年三十(除夕)就把水缸装满水。

忌借火种等　春节期间，尤其是大年初一，不得向别人家借火种(包含其他物件)、讨索债务，也不购物、赠人钱物(送压岁钱例外)。若要赠送，也给偶数(凑双)，忌讳奇数。

忌听乌鸦叫　旧俗中有"喜鹊报喜，乌鸦报丧"的说法。过去乌鸦比较多，出家门时，若听见乌鸦叫，便会认为不吉利，不宜出门。

第三章　姓　氏

云和地处洞宫山脉与仙霞岭山脉余支部位，气候温和，水资源充沛，自然灾害、战乱不多，远在新石器时代就有人类在此聚居，繁衍生息。姓氏，起源于母系氏族，大量形成于西周时期。云和姓氏的来源，大致有人口迁徙、建设移民、谋求生计、战乱避难等诸多方面。1990年，第四次全国人口普查资料显示，全县共有姓氏 283 个，其中，单姓 278 个，复姓 5 个。2000 年，第五次全国人口普查时，全县有姓氏 277 个，其中，单姓 274 个，复姓 3 个。

第一节　姓氏源流

1990 年 7 月 1 日第四次全国人口普查资料显示，云和全县总人口为 111465 人。县人普办对全县 29084 个家庭户及 284 个集体户的人员姓氏进行统计汇总，并对部分姓氏作实地考证，统计结果显示：全县共有姓氏 283 个，其中，单姓 278 个，复姓 5 个。在同一姓氏中，5000 人以上的有王、叶、蓝、刘、陈、张 6 个姓氏；8000 人以上的有李、吴、林、周、雷 5 个姓氏；只有 1 人的姓氏有 39 个，诸如戈、凡、冬、衷、伫、求、仰姓等，皆因工作调动等从域外迁入。

2000 年 11 月 1 日第五次全国人口普查资料显示，县域总人口为 103273 人。县人普办对全县 113775 人(包括常住人口和本县户籍外出半年以上人口)的普查登记姓氏进行汇总，并实地考证部分姓氏。统计资料显示：全县共有姓氏 277 个，其中，单姓 274 个，复姓 3 个。在同一姓氏中，5000 人以上的有王、叶、蓝、张、陈、刘 6 个姓氏；3000 人以上的有吴、李、雷、周、林 5 个姓氏；1000—3000 人的有徐、项等 16 个姓氏；只有 1 人的姓氏有 45 个，诸如沕、娜、濑、衷、远、荆、历姓等，均系工作调动、经商务工等因素从外地迁入。

云和置县虽然较晚，但据境内凤凰山、龟山一带古遗址发掘的石斧、石刀、石犁、石箭头等生产生活器具证明，远在新石器时期，就有人类在此繁衍生息。从紧水滩库区发掘的青铜剑与云和镇前溪发现的青铜镜来看，县境内在春秋战国至三国时期就有比较先进的文化。西晋以来，外地大姓望族青睐云和这片土地，诸如南北朝时期的柳姓，后唐的梅姓，北宋的王、陈、叶姓等，先后迁入云和定居。1960年，建造云和县政府办公大楼时发现的晋代柳氏古墓。

现有的云和姓氏中，绝大部分系历代从外地迁徙而来，据现有资料记载和社会发展史分析，云和姓氏主要有以下来源：

官员退位定居

少数官员辞官后择居云和，兴家立业，繁衍后代，成为县域某姓之始祖。如王氏始祖王元，江西人，北宋祥符三年（1010）进士，初授延平令，奉使辽国十三年，归以功擢朝散大夫。生三子，名惟善、惟孝、惟良。庆历元年（1041）任处州刺史，为官廉敏，士民怀之。辞仕后，随次子惟孝定居云和桑田，后称柘野，即今村头村。成为云和王姓之始祖，其同宗共祖的子孙此后在县城、重河、村头、长田、贵溪、云坛、王山头、赤石、张源头、古路桥、高垟等地繁衍生息。

战乱谋生迁徙

历代兵乱，百姓不堪其苦。相对来讲，云和山区较为安定，故有人携眷属辗转来此避难。西汉成帝时，徐氏祖先徐元泊系江夏太守，诰受紫金光禄大夫，因避王凤、王莽之乱，由海州渡江，转篢州、龙游，尔后到达龙泉、云和，并定居于此。

南宋以来，畲族“蓝、雷、钟”三姓，陆续由福建直接或间接迁入云和。明朝以来，“汀州”蓝、雷、钟、张、黄、颜、卜、邱等30余个姓氏，从福建汀州府陆续迁徙来云，成为云和姓氏的重要组成部分。

明代万历年间（1600），永康县柏石村陈姓人来云和烧炭，在栗坳下的小溪边建村，故名栗溪村。清康熙四十四年（1705），杭州宋姓人游猎于云景边界，在分水岭建居，曰宋家坳头。

抗战后期，云和成为浙江临时省会，一批沦陷区难民也随之流入。省府回迁后，少数难民和公职人员滞留云和。

工作调动安置

解放战争后期，大批干部随军南下，小部分因工作需要留居云和。中华人民共和国成立后，陆续有转业军人安置；外地干部、职工调入及大、中专毕业生分配等，在云和落户。

项目建设移民

1964—1965年，由于国家兴建新安江水电站，淳安县富文乡库区的“新安江”移民215户1083人，迁入云和县的沙溪、高胥、垟背、白垟墩、山脚、程宅、沈岸、陈村、沈村、竹坑等11个村安置。

在云的新华机器厂、浙南制药厂等企业，整体外迁后，少数员工留居云和。

婚姻嫁娶迁移

改革开放以来，因婚嫁组建家庭而迁移户口，诸如云南、贵州、四川等地的少数妇女嫁入云和，增加一些新的姓氏。同时，县域还存在极少量的涉外婚姻，姓氏尚未考证。

经商务工迁移

改革开放以来，人口流动频繁，域外人员到云和务工经商办企业的逐渐增多，少数人长期在云和居住生活，新增少量姓氏。

第二节　姓氏分布

人口、民族、姓氏结构是动态性的，随着人口的流动、变化，县域姓氏的数量、结构、分布也随之发生变化。根据2002年《云和县人口发展报告》，“五普”时，确认全县共有姓氏277个，比“四普”时减少6个，其中，新出现的姓氏36个，消失的姓氏42个，14个少数民族共有姓氏55个。县域姓氏中，单姓274个，复性(指两字及以上姓)3个。县域有千人以上的大姓27个，占姓氏总数的9.75%，占全县总人口的76.92%。王、叶、蓝、张、陈、刘6个姓氏为县域常见的大姓，6个姓只占总姓氏量的2.17%，人口却占总人口的37.65%。只有一个人的单人姓有45个，占16.25%。其他205个分别为几人至数百人的姓氏，占姓氏总数的74%，只占人口总数的23.04%。姓氏量减少的区域主要集中在紧、石库区，此系库区移民外迁所致。

全县277个姓氏中，包含少数民族姓氏55个。55个少数民族姓氏分布于全县14个乡镇，其中，少数民族姓氏个数超过10个的有7个乡镇，尤其是崇头、云丰、黄源、大塆、沙铺5个乡镇，少数民族姓氏均在15个以上，但每个姓氏的少数民族人口数量并不多。

主要姓氏(30人以上)分布情况表

(按姓氏笔画顺序列示)

表31-3-1

姓氏	人口数	主要分布的乡镇、行政村(居委会)、自然村
卜	183	赤石乡高山、麻垟、建源；云和镇古竹、黄水碓、小徐、沙溪、赤龙新村、后山；紧水滩镇饭甑垄等村(居)
马	1103	赤石乡高山；紧水滩镇饭甑垄；云和镇黄水碓及城区居委等
王	8451	大源乡田铺、徐湖；崇头镇崇头、砻铺；石塘镇双港、小顺；云坛乡云坛；云和镇贵溪、后山、白垟墩、睦田及中山、大众、建设、解放等村(居)
尤	285	石塘镇小顺、叶村坪等村(居)
毛	1447	云坛乡梅塆；朱村联合、竹子坪；云丰乡后垟、张家地等村(居)
方	315	云坛乡沈岸过路廊；石塘镇双港；云和镇程宅等村(居)
卢	516	云和镇杨家山、河坑等村(居)
石	271	云和镇高胥、村头；崇头镇南山；黄源乡黄家畲等村(居)
叶	8149	云和镇云章、白垟墩、中山、建设、新华；石塘镇规溪、小顺、叶村坪；紧水滩镇石浦、田垟、乌弄坑；崇头镇崇头、梅源、坑根；云坛乡云坛、沈村、竹坑占竹；黄源乡黄家畲、大垟；大塆乡叶山头；云丰乡王荫山、坑下；朱村乡朱村等村(居)
艾	107	石塘镇石塘、小顺等村(居)
包	133	崇头镇梅源、南山等村(居)
汤	509	云和镇贵溪、古竹；朱村乡石门坑；紧水滩镇龙门等村(居)

续表 31-3-1

姓氏	人口数	主要分布的乡镇、行政村(居委会)、自然村
孙	493	云和镇解放、建设、中山等居委;紧水滩镇梅山、龙渡;崇头镇黄地等村
吕	246	云和镇中山居委;石塘镇规溪等村
朱	997	云和镇局村、建设居委;石塘镇黄庄;沙铺乡朱宅等村
华	428	云和镇瓦窑;大源乡大源等村(居)
刘	6174	云和镇河上、贵溪、西弄、后山、高胥、中山、建设、大众;石塘镇小顺、麻厂、横山头;崇头镇栗溪、张化、崇头、梅竹;云坛乡沈村、程里坑;朱村乡泉溪、张川、杨村;大源乡大源、桃子坑;赤石乡临海垟、店子;黄源乡黄家畲、陈家垟;大塆乡大塆;沙铺乡沙铺;云丰乡后垟、张家地等村(居)
齐	174	朱村乡泉溪等村;云和镇有关村(居)
许	458	云和镇庄前、中山、大众;崇头镇三望栏等村(居)
江	1137	云和镇中山、大众;紧水滩镇外垟、枫桶岗;朱村乡桑岭;大源乡大牛等村(居)
严	816	云和镇河上、隔溪寮、中山、大众、解放、西郊;雾溪乡雾溪、砻头等村(居)
杨	2310	云和镇中山、建设、大众;石塘镇双港;云坛乡霞晓桥;黄源乡夏家垟、黄家畲;沙铺乡迴龙山、林山等村(居)
李	4170	云和镇黄水碓、沙溪、新华、中山、建设;石塘镇小顺、张庄;崇头镇崇头、南山、栗溪;云坛乡竹坑、平里横拦路;朱村乡金村、石水缸、杨村、竹子坪;大源乡徐湖;赤石乡南洞、张源头;黄源乡夏家垟、黄家畲;沙铺乡沙铺等村(居)
陈	6200	云和镇象山、古竹、黄水碓、贵溪、新华、中山、建设、大众、新建;石塘镇小顺、双港;紧水滩镇菖蒲砻;崇头镇黄地、栗溪、坑根;云坛乡陈村、李山前、平里;黄源乡陈坞、盘条口;大塆乡项山;云丰乡后垟、张家地、商坑下等村(居)
张	6548	云和镇河坑、河上、贵溪、新华、中山、建设、大众、解放;紧水滩镇石浦;崇头镇黄地;云坛乡包山;朱村乡金村、南坑、杨村;大源乡大牛;赤石乡建源、建林、新林;黄源乡叶垟等村(居)
吴	4846	云和镇高胥、河上、象山、白垟墩、新华、中山、建设、解放;石塘镇大源口、横山头、小顺;崇头镇崇头、栗溪、砻铺;朱村乡朱村、金山下;黄源乡陈家垟;大塆乡项山等村(居)
何	598	云和镇山脚、沙溪、新建;赤石乡担布坑等村(居)
余	1172	云和镇局村、中山;石塘镇石塘;朱村乡联合;大塆乡项山;云丰乡杉板坑;沙铺乡林山等村(居)
邱	2180	云和镇庄前、新建(原沙溪)、大众;石塘镇横山头;崇头镇黄地;云坛乡梅塆;大源乡田铺;朱村乡金村、桑岭;赤石乡担布坑、高山、建源;黄源乡陈家垟等村(居)
沈	436	云和镇中山;赤石乡麻垟、新林;云丰乡后垟、张家地等村(居)
宋	853	云和镇沙溪、建设;崇头镇南山;雾溪乡坳头、岭脚;沙铺乡朱宅等村(居)
林	3302	云和镇沙溪、后山、高胥、白垟墩、瓦窑、解放;朱村乡金村、大岗山;沙铺乡林山等村(居)
罗	371	云丰乡张家地;大源乡大源;安溪乡东岱等村(居)
易	107	云丰乡商坑下等村(居)
范	207	大源乡徐湖(方山岭)等村(居)
卓	270	黄源乡叶垟、大垟等村(居)
季	1513	云和镇三门;崇头镇下垟;赤石乡麻垟;黄源乡贵庄、大垟;云丰乡王荫山、张家地、后垟等村(居)
金	647	云和镇云章、中山;云坛乡霞晓桥独山;朱村乡张川等村(居)
周	3303	云和镇大徐、后山、中山、建设、解放;崇头镇崇头;朱村乡石门坑;赤石乡临海垟、新林、张源头;黄源乡贵庄、盘条口、大垟;大塆乡林山下;云丰乡潘山头、张家地等村(居)

续表 31-3-1

姓氏	人口数	主要分布的乡镇、行政村(居委会)、自然村
练	1020	崇头镇栗溪、张化、梅竹、坑根;黄源乡水碓垟等村(居)
郑	1112	云和镇解放、中山、新建;石塘镇双港、上坪;崇头镇栗溪;雾溪乡雾溪;云坛乡梅塆;朱村乡竹子坪;大源乡大源等村(居)
上官	407	云和镇云章、溪口;云坛乡霞晓桥(官家)、沈庄、李山前等村(居)
胡	914	云和镇程宅、解放;云丰乡杉板坑上村等村(居)
柳	1918	云和镇各村(居);崇头镇梅竹;雾溪乡水竹垟;安溪乡黄家地;赤石乡麻垟;朱村乡联合等村
项	2291	云和镇长田;沙铺乡沙铺;黄源乡贵庄;崇头镇梅源、崇头等村(居)
赵	840	云和镇河上、解放、中山、西郊;云坛乡包山等村(居)
俞	128	云和镇解放、建设;安溪乡东岱等村(居)
饶	403	云和镇睦田、白垟墩、程宅、中山、新建;赤石乡赤石、建升等村(居)
钟	1249	云和镇三门;赤石乡阴岩、张源头;黄源乡大垟、陈坞;崇头镇崇头、栗溪;安溪乡黄处;大源乡田铺、徐湖、大源;云丰乡后垟;石塘镇规溪等村(居)
洪	957	云和镇黄水碓、程宅、中山、大众;安溪乡上村、下村;云丰乡后垟;崇头镇崇头等村(居)
钱	320	云和镇云章、中山、大众、解放;云坛乡麻车岗;石塘镇长汀等村(居)
袁	224	云和镇白垟墩;黄源乡陈家垟等村(居)
夏	598	云和镇古竹、新华、中山、大众、新民;石塘镇双港;紧水滩镇紧水坑;云坛乡竹坑漈上等村(居)
顾	108	石塘镇石塘;朱村乡桑岭等村(居)
倪	141	云和镇中山、解放;大源乡大源等村(居)
徐	2561	云和镇小徐、大徐、新华、中山、建设、大众;石塘镇石塘、下坑、滩下、小顺、双港;云坛乡靛青山、包山、云坛、梅塆;朱村乡朱村、泉溪;崇头镇三望栏、垟背;赤石乡建升、建林;大塆乡大塆等村(居)
凌	133	石塘镇横山头、小顺;朱村乡竹子坪等村(居)
涂	492	云和镇新华;大源乡桃子坑、田铺、大源、大南山;云坛乡梅塆;赤石乡店子、南洞;石塘镇小顺等村(居)
高	564	云和镇瓦窑、中山、解放;沙铺乡林山;朱村乡金山下、泉溪;紧水滩镇乌弄坑等村(居)
郭	166	云和镇黄水碓、中山、解放、建设、西郊等村(居)
梅	1342	云和镇小徐、睦田、大坪、新华、中山、建设、大众、新建、解放;云丰乡张家地;沙铺乡朱宅、迴龙山;大塆乡叶山头;云坛乡平里(田寮、山锦);崇头镇崇头、南山、下垟等村(居)
黄	1772	云和镇后山、贵溪、西弄、新华、中山、建设、大众、新建;赤石乡南洞、担布坑、店子、临海垟、建源;大源乡桃子坑、大南山;朱村乡大岗山、金村、桑岭;紧水滩镇梅山、田垟、菖蒲砻;石塘镇规溪、小顺等村(居)
曹	223	云和镇中山、解放;云丰乡坑下、商坑下;赤石乡建源;石塘镇规溪等村(居)
龚	210	云和镇有关居委;黄源乡盘条口;赤石乡建升、担布坑等村
萧(肖)	238	云和镇睦田、解放、新民、中山;大源乡大牛;紧水滩镇石浦等村(居)
符	165	云和镇河上、新华、中山;紧水滩镇菖浦砻岭脚等村(居)
章	171	云和镇中山、建设、大众、解放;石塘镇下坑等村(居)
梁	229	云和镇中山、建设、大众;朱村乡竹子坪;石塘镇双港、规溪、上坪等村(居)
商	182	云和镇中山、新民;云丰乡后垟;沙铺乡迴龙山;崇头镇张化等村(居)
蒋	216	云和镇贵溪、长田、溪口、中山、大众;大源乡大源等村(居)

续表 31-3-1

姓氏	人口数	主要分布的乡镇、行政村(居委会)、自然村
彭	472	云和镇新建(原沙溪乡)、睦田、程宅、新华、新民、解放;云坛乡沈村;安溪乡东岱;紧水滩镇石浦等村(居)
董	363	云和镇长田、瓦窑、程宅、白垟墩、中山、建设、解放;赤石乡麻垟;云坛乡沈村等村(居)
程	358	云和镇程宅、中山、建设、大众;石塘镇长汀等村(居)
曾	196	云和镇后山、中山;赤石乡赤石、新林;石塘镇横山头等村(居)
谢	788	云和镇白垟墩、新华、中山、建设;云丰乡王荫山;黄源乡大垟;朱村乡杨村;雾溪乡西坑;紧水滩镇金水坑、外垟;石塘镇石塘、石塘坑、横山头、小顺等村(居)
褚	144	云和镇象山、大徐等村(居)
蓝	7309	云和镇新岭、溪口、局村、庄前、山脚、大坪、程宅、山门、新华、中山、建设、西郊;石塘镇叶村坪、规溪、高定、下坑、长汀、坪地、高畲;紧水滩镇莲塘;崇头镇梅源、南山、岩下、下垟;雾溪乡雾溪、坪垟岗、西坑;安溪乡下武、严山、上村、黄处;云坛乡苏坑、沈岸、竹坑、平里;朱村乡张兰、联合、张川、石门坑;大源乡大源、徐湖;赤石乡阴岩、垟田;黄源乡水碓垟、陈坞;大塆乡大塆、林山下;沙铺乡朱宅等村(居)
雷	3904	云和镇新岭、山脚、程宅、柘园、山门、中山、建设、西郊;石塘镇规溪、高定、坪地、黄庄;紧水滩镇莲塘、枫桶岗;崇头镇崇头、梅源、南山、下垟;雾溪乡雾溪、坪垟岗;安溪乡黄处、严山、上村;云坛乡沈村、沈岸;朱村乡联合、大岗山;赤石乡建升、张源头;黄源乡叶垟、水碓垟等村(居)
赖	438	安溪乡木樨花;朱村乡竹子坪、张兰;大源乡桃子坑等村
阙	874	云和镇河坑、长田、新华、新民、解放;朱村乡金村、南坑、杨村;大源乡徐湖;赤石乡店子、担布坑;云坛乡包山等村(居)
廖	714	云和镇古竹、白垟墩、有关居委;紧水滩镇外垟等村
蔡	179	云和镇新华、中山、建设、大众;朱村乡金村、朱村;大源乡徐湖等村(居)
熊	169	云和镇有关居委;云丰乡坑下等村(居)
颜	297	云和镇古竹、白垟墩、建设、解放;紧水滩镇龙门、梅山等村(居)
潘	927	云和镇黄水碓、中山、建设、新建、解放;朱村乡桑岭;黄源乡贵庄、盘桑口;大塆乡叶山头、林山下;沙铺乡沙铺等村(居)
戴	132	云和镇解放;紧水滩镇外垟;云坛乡靛青山等村(居)
魏	1026	云和镇黄水碓、瓦窑、象山、贵溪、后山、中山、大众、新建;石塘镇小顺、长汀;安溪乡上村、下村;云坛乡陈村等村(居)
丁	62	云和镇新建(原沙溪)、中山、大众、解放等村(居)
韦	71	云和镇大徐、贵溪、中山、新民等村(居)
邓	67	云和镇云章、新华、中山、解放;大源乡大南山等村(居)
冯	86	云和镇溪口、云章、建设、大众;朱村乡金村、南坑等村(居)
任	74	云和镇中山、建设、解放等居委。
杜	88	云和镇中山、建设;安溪乡上村等村(居)
邹	94	云和镇古竹、新华、大众;赤石乡建林、店子等村(居)
邵	77	云和镇白垟墩、沙溪、中山等村(居)
应	52	云和镇中山、大众、新建等居委。
汪	61	云和镇中山、新民;崇头镇垟背等村(居)
柯	68	云和镇新建居委;朱村乡金村等村

续表 31-3-1

姓氏	人口数	主要分布的乡镇、行政村(居委会)、自然村
姚	73	云和镇河上、解放、新建、建设;云丰乡王荫山等村(居)
姜	48	云和镇中山、大众;沙浦乡迴龙山等村(居)
祝	68	云和镇新建(原属沙溪乡)、中山、解放等村(居)
施	67	云和镇古竹、中山、东郊;石塘镇双港等村(居)
留	58	云和镇建设、大众、新建;崇头镇砻铺等村(居)
翁	40	云和镇中山、建设、新民;沙铺乡迴龙山等村(居)
唐	39	云和镇中山、东郊、机关等居委
诸	37	云和镇河上、中山、解放等村(居)
续	65	云和镇瓦窑、新民;紧水滩镇石浦等村(居)
傅	56	云和镇建设、新建等居委
游	69	石塘镇坪地、规溪;沙铺乡沙铺;云丰乡潘山头、张家地等村
温	64	云和镇河上、解放;雾溪乡砻头;大源乡大源、田铺等村(居)
鲍	54	云和镇小徐、新建;云坛乡靛青山等村(居)

第三节　姓氏迁徙

县域主要姓氏迁徙

马姓　清康熙年间(1662—1723)始祖士羲从福建龙砻州五里方迁居云和七都独山庄奠基,子孙再迁至黄水碓叶村,由于子孙繁衍,马姓越来越多,后来,改“叶村”为“马家村”。

王姓　系出姬姓,周灵王太子晋,字子乔,受封大原,人称之曰王子,因姓王,并以太原为郡,此为王氏肇姓之祖。传至秦名将王翦二十世曾孙之王元居山东琅琊,号曰琊现王;传至四十一世王昱(王羲之父亲)以右将军出守会稽,遂留居东浙;至四十八世王肃(羲之六世微之五世孙)文帝朝仕北魏辅国将军,封安国侯而成江东始迁祖;传至六十三世王孝居江西南昌石磕村,子王朴为后周知枢密院事;至六十七世王沔初仕福建时娶妻林氏,累官参知政事、奉国侍御银青光禄大夫,携长子赴京,留次子王熠随母侨居福建松溪望京墩林家垟,入籍福建;至七十世王元(又名王元清),出使辽国十二年,不辱使命,回国后封朝散大夫,任括州(丽水)刺史。生三子,曰惟善、惟孝、惟良,分居龙泉、丽水、松阳三县。次子惟孝居云和柘野(当时云和属丽水;柘野即今村头)。因此,云和王氏以王元为始迁祖。至八十一世王宽迁浮云,子王严(1258—1343)出资建造浮云街,人称王姓街(今云和镇解放街中段)。此后,王姓分居县域重河、村头、长田、贵溪、竹园山、沈村、云坛、小岗、高垟、王山头、张源头、赤石、古路桥等村庄,并外迁青田、泰顺、景宁等县,形成云和王族大姓。子孙代有贤能,如七十三世王抱(1093—1165)大观四年第进士、官至大理寺评事;八十九世王有椝(1405—1459)由儒士仕上林苑监丞;九十三世王一卿（1526—1588）由直隶凤阳知县累迁云广兵巡。在文学、诗词、书画、医学等方面造诣较深的有王树英、王宸正、王士鈖等。

砻铺、木垟、杨梅砻等地的王姓属另一支派，大都于清初从福建等地先后迁入。大源乡田铺王氏来自福建长汀，故称汀州王，至今保留汀州语言。

韦姓 明末清初，韦宏芬做官来到云和。其子任衙中库房（征收钱粮的官），生二子，一支失祀；另有一支生三子下传至今，子孙繁衍。居云和镇下街等地。

毛姓 有三都（今梅源一带）、沙溪、梅塆三支。祖上系由南京、青田、景宁辗转迁入云和。

三都毛氏 先祖系由南京析居浙江金华之东阳西门，至毛万园生三子，长子毛金显析居东阳，次子毛金明居平阳，三子毛金现居松阳茆山。皇明年间金显之后代毛千四再迁遂昌关堂，下传六世，由遂昌关堂迁居龙泉二十二都横下（后改称毛山头），仁受、仁禄二人分居张山岩头，后迁云和三都东坑下（今属黄源乡）。

沙溪毛氏 毛勋派下六世毛福自芝溪（今青田）迁居温州三港桂阳，下传至二十二世，齐自浍溪迁居毛垟（今景宁毛垟），再传二十二世，毛大铨自浍溪迁居大地（今景宁县大地乡），传至毛崇九迁居云和沙溪毛处为始祖。

梅塆毛氏 始祖毛学典，清代光绪年间由景宁大地迁梅塆定居，学典生四子后为四房，繁衍后世，迁此至今有十二、三代人。

卢姓 始祖元耀公偕弟翼肩挑正勋、正贵二子于清初顺治年间，从福建省寿宁县横路下迁入云和，在距县城7.5千米的对家畲村（现云和镇杨家山村）定居。经过几代人的辛勤劳动，到清代后期，已发展成为20余户100多人口的村庄。

始祖于清顺治十八年（1661）迁居来云，至今已有300多年历史，繁衍子孙十二代，除对家畲村外，还散居于源头岗、坑头、桑后、云和县城及安徽省宁国县等多处，总人口有600多人。

石姓 始祖石宗盛，号小九郎。原居福建龙岩员岭长塔，后迁居汀州府武平县回龙窝。清乾隆年间，石顺锡始迁至浙江处州云邑三都白坛（今黄源乡）开基定居。

叶姓 人数颇多，来源亦复杂，择其主要支系简介：

小顺叶姓 东汉时，光禄大夫叶望因避乱，徙居丹阳，至五世孙俭为括州太守，其后代数十传更翁为龙丘（龙游）令，解组后隐居丽水浮云乡，为云和之始祖。更翁之后代，叶向森徙居小顺，子松观，由小顺迁田坑（龙门田垟），为田坑始祖。松培迁蒲潭（属小顺乡），为蒲潭始祖。松顺之子锦福，乾隆年间迁河坑（属局村乡），为河坑叶姓之始祖。

三都叶姓 唐时，叶明封括苍侯，因避长安之乱卜居括，下传数代至叶富起，于汉建武二年迁居松阳茆山；追潭徙居龙泉西街头，至三分居东乡富竹坑。其后代叶对，于清康熙丙子年迁往对山，后再迁至云和三都。春寿于清乾隆癸巳年迁丰嘉源（今黄家畲）。春义、春礼二人于清乾隆乙未年再迁往尖坳半岭（今云丰乡）。春光迁往周村。再下传至时登转迁商坑下（今云丰乡）。

云章叶姓 世居湖州雪溪，南宋时迁居云和云章，曾称此地为小雪溪。

双港叶姓 其祖叶元启邑庠生，清雍正年间，见此地山水佳胜，于是便买置田园，定居于八都双港。

叶山头叶氏　文王第十子季公因除楚白公作乱有功，封为楚叶县尹，居西京南阳，赐其子孙继之以叶为氏，以南阳为郡。后子孙自南阳派衍南京苏州。历经数代，子孙散处远方，如禀公徙居岐山、富二公徙居高溪、昌四公徙居武潭、金公徙居松阳、四一公徙居丽水高溪、叶才公徙居温州、珣公徙居青田绿草（现景宁绿草）、平公徙居安仁高坎、碧潭公徙居松阳卯山。直至金公后十代叶六公于建炎四年（1130）同堂叔小八公长子十八公从松阳徙居景宁鹤溪，后迁景宁砻下均岱岭，再转迁浮云三都叶山头开基立业，已历600余年，传至27代。村以叶姓取名，分上下村。

孙姓　清末，浙江兰溪孙家圩来云和，形成云和"兰溪帮"商业集团，传至今已经八代。

朱姓　始祖朱国，由闽来云卜居于五都之西朱家半岭（属小顺乡），始居于村外之田方丘，牵茅为屋，凿井而饮耕而食。二世祖朱振臣又迁于村外岗处头。朱曰生、朱金业为抗日阵亡将士。

华姓　始祖京一郎，原籍江南无锡，宋绍兴年间（1131—1162）宦游于闽。传至二十二世公华永良，由闽汀上杭徙居云和大源乡小牛等地而居。抗日阵亡将士有华岐增。

刘姓　为彭城支派，晋関内侯刘衍始，中山靖王帝尧之后商，世居京兆，至唐节度使。刘原迁往浙江括苍。到宋咸平年间，刘沛园之三子迁福建建宁，后因避乱徙居浙之松邑潼溪，其后代第四世孙刘端由松邑迁往云和之丰嘉源（现黄家畲）为始祖。其后代又分别迁居于崇头、梅源、朱宅等地。而端元则迁往龙泉。

局村刘氏　始祖刘士业，由福建寿宁县徙居局村，年代失考。

木垟刘氏　祖先刘新龙，清康熙末年，由福建汀州上杭县迁此以农为家。

古竹刘氏　始祖由福建汀州武平县迁云和古竹村定居。

江姓　第一世祖江天福，由福建漳州龙岩，携子杨科、杨贵，于明末来浙卜居云和东门外前巷，肇瑞油坑（龙门乡），发祥湖岱。后九世孙锡书迁往松阳，锡明迁往龙泉。

严姓　东汉严子陵隐居浙江严州，明朝初期严子陵后裔迁居景邑大漈小左，再传数世，有的迁至标溪叶谢定居，至清末再迁云和，为云和镇严氏之始祖。另有一支迁往景宁澄照、金钟徐山等地。

杨姓　其祖杨明于清乾隆三年，从江西赣州会昌劝乡常安堡增房四所屯官唐尾甲岭背，徙居浙江处州云和三都左官大烂泥（现黄家畲）开基。后杨盛福迁二都高胥道姑垟（现沙溪三门），立业兴家。

另有一支，杨万里由福建延平府迁江西赣州，又迁江西吉安府吉水县，而后，再由吉水迁来云和。

霞晓桥杨氏　杨一达在明隆庆年间（1567—1572），自青田原川缪后（今青田县北山乡妙后）迁来云和霞晓桥。

李姓　人数颇多，分布较广，来源亦杂，择主要支系作以简介：

赤石李氏　南宋建炎三年（1129），其祖李凤从吴县南移至龙邑七赤（今赤石）定居。

竹坑李氏　其祖李行伯，于明末从福建寿宁县金竹村李长坑自然村，迁来云和云坛乡竹坑村开基。

黄水碓李氏　原居云和镇下街李家弄，是较早迁入云和的姓氏之一。清乾隆年间（1736—1795），长房李国龙分居城南黄水碓，为黄水碓李氏之祖，至今已传九至十代。五代四房李增应（1894—1959），于民国庚申（1920）年析居城西贵溪村。增应生二子，长子存东、次子长东。长东于民国末年复归黄水碓，存东之子金生迁居云和镇凤凰山脚（黄水碓李氏宗谱在“文革”期间被毁）。

黄家畲李氏　系陇西李氏之后。其祖李维起，于清康熙年间由福建汀州府上杭县太平里迁此。其兄弟维荣徙居黄源乡荫桥坑，后分居黄家畲、叶山头、栗岙、崇头等地。

横栏路李氏　武忠公传至四世傑公从闽省（福建）赤岸迁居泰邑马迹开基。又传至九世挺五公分迁牌前。十六世孙尚芳公自于宣德二年（1427）同弟均徙瑞邑五十一都文成岦口渡为始祖。传至三十世启康携全家从文成岦口渡迁至景宁白岸，后再迁云和平里横栏路定居。

蒲潭李氏　其祖李叔珍，于清乾隆年闻从福建邵武府建宁县率子文益来云和、小顺、西滩头、蒲潭奠基。其后侄儿迁往桑溪，即小顺大源口。另一支李氏系清代雍正年间从江西赣州府宁都迁徙云和蒲潭而定居。

陈姓　始祖陈伣，先世是许昌人，其父仁永，唐末曾仕吴越王钱镠，官至御史中丞。宋太平兴国三年，钱士纳土处州起盗，陈伣受命为讨击使总兵，平定之后因征讨有功，擢为兵部尚书，封祁国公。后辞官侍亲，就居于浮云之睦田。其子光平嫡派端七，观象山形胜万状，前山峰峦拱秀，土地腴饶，移溪之左，改居象山。三子徙居云坛，因子孙繁衍东迁，其地名曰陈村，即云坛乡陈村。明末，陈开新、陈开正两人由陈村迁往平里择居兴业。

崇头栗溪陈氏　属另一支。相传明代万历庚子年（1600），永康柏石村有一陈姓人来此烧炭，在栗岙下小溪边建房而居，取名曰栗溪，为栗溪陈姓始祖。

张姓　系张挥之后裔，其第一百十九世孙张九章为温州刺史，遂居温州。后传十二世堂镇守龙泉，即居龙泉。至清代光绪年间，张存敏由龙泉迁至云和石浦（属紧水滩镇），为云和清河张之始祖，再下传八世孙，张肇基再由石浦迁至云和镇，为云和镇张氏之始祖。

天堂坑张氏　唐代寿公族发于闽，云和始祖张得珪生于福建。清康熙年间，遭逆乱偕弟兄德福仓促奔走，旅居云和天堂坑（属局村乡），逐渐发展至河坑、新殿垟。转居局村、长汀；再迁小葛畈、横寮（属小徐乡）；后又迁古竹、程宅、黄水碓等地。

吴姓　系延陵郡吴。远祖吴巡，因董昌作乱，与兄谏议自会稽徙居温州。大唐乾宁年间，由温州永嘉白库岩村再迁居处州松源上苍三处开荒奠基。清康熙年间迁入云和。吴姓人数颇多，分布亦广，来源不一。

古坊吴氏　祖先系明景泰（1450—1457）年间到此开基。

朱村吴氏　始祖三十五世元壁于清康熙年间，自闽省寿邑西乡地坑，迁云邑九都朱村杨梅岗下居住。三十六世吴可山由朱村迁小顺横山头正坑尾建村。

金村吴氏　世祖吴元珠，清康熙年间，从九都朱村杨梅岗移居金村一带。

余姓　春秋时，名士由余之子叔和，以父名中的“余”字为氏。叔和次子汝渊生一子碧峰，居下邳郡，云和余姓乃碧峰之后。唐高宗时，碧峰徙居浙衢东垣乡。五世余灌仕嘉州，避五季之乱去江西弋邑，越三世晋福年间复归于衢；也有去河南祥符。至九世有名忠，字邦政，宋徽宗乙未年(1115)仕福建松溪尹。传至余得仁择居括苍梅山。十三世德星、有星迁云和小顺为余姓之始祖。

局村余氏　清乾隆末年，自福建古田县水平大殿余家庄迁居而来；另有金水坑岗上余氏乃同出一源。

邱姓　小顺畚箕塆始祖三十四世邱文煌，清康熙年间，从江西南丰五十一都宝石下塆携妻同母徙居小顺横山头上横山开基。其次子三十五世邱世启，从上横山头迁岭脚建村。

库北担布坑邱氏　始祖邱杨于清乾隆四十年携槐文、永成舍闽汀，卜云邑里梓坊坑夫人庙背奠基修居。

沈姓　吴兴郡(今浙江吴兴)，以祖辈名为姓。据《姓苑》记载为高辛氏之子实沈之后。

沈村，因是沈晾的故乡而得名。当时，沈氏聚族而居，村中无杂姓。沈晾，字景明，好读书，明朝弘治十八年(1505)考中进士。曾先后担任兵部武选郎中、武昌知府、山东按察副使，官至御史。他为官清廉，不畏权贵,因整肃吏治，惩办严嵩党羽，被诬下狱，满门抄斩。钦差大臣怜恤忠臣受冤，不忍沈氏绝后，网开一面，暗地放沈氏逃到边远山头结草为庐，开荒种山。据福建省寿宁县下党乡碑坑村《沈氏族谱》载:“碑坑沈氏发源于浙江云和，其地名沈村，聚族而居者具属一姓。”

林姓　发祥于闽漳州府龙岩县增坪二户二图四甲，始祖林爱峰于明天启五年(1625)移居小徐开基。后人分别散居瓦窑、白垟墩、古坊、大坪、大徐及大徐汇角等村。

沙溪林氏　系西河郡林氏。始迁祖公林玉廷于清顺治年间(1644—1661)，由福建迁居溪南沙圩地上建村，故名沙溪村。后分居高胥等村，人口较多。

罗姓　张家地罗姓先祖罗氏必元世居江西泰和，传至罗天禄因避乱，从泰和徙居寿宁后仓。十世惟立、廷彩避纳丁粮，而意觅括苍剑川廿二都安仁(现龙泉安仁)定居。清顺治年间，由安仁转徙支田支派聚族已久，绵绵延延二房，罗元星迁至云邑三都张家地(今云丰乡张家地)。至今已繁衍九代。

季姓　原居龙泉桐山飞溪西园。始祖季日六分居安仁，生四子，名富、贵、昌、盛，昌三分居云和东坑下(属黄源乡)，为云和季姓之始祖。其后，季九芳从东坑下徙居赵善庄，为该村之始祖。

黄源叶垟季氏　季国凤于清康熙五十年(1785)，从松邑苦竹下村，迁云和周山头(现黄源叶垟)兴家立业，为第一世祖。

金姓　金氏始祖金百镒于宋嘉熙年间，由江右卜居丽水，八传至金恺生四子，名文、忠、信、诏。文无后；诏早故；忠六传至栋迁居云章；信子孙世居丽城。古竹为后之分支。

周姓　周瑜败曹于赤壁，佐孙权于江东，收苏杭遂居浙，两浙之周氏皆为斯派。其远祖周以良唐德宗时授仁和（今杭州）主薄。宋时其后代周谦为松阳尹，居松阳茆山。至十一世有人迁庆元周墩，明弘治年间有二房从周墩分别迁景宁张坑和坪坑（属鹤溪镇）。明末居坪坑之后代，又有二房迁云和，周进谷迁一都水竹垟，周进兴迁四都七赤（赤石）黄垟。明万历年间（1573—1620）裔孙又有徙六都古坊。

练姓 三十六世六四公迁龙泉杨桥为始祖。四十五世明桂、明椿公迁庆元黄坛。四十九世的日用、日偹、日昂、日荷四兄弟，从庆元黄坛迁云和柳山头。日偹公生于康熙三十四年，享寿六十一岁，生一子名元猷。元猷分居坑头，生四子，名秉仁、秉倆、秉僖、秉倧。秉倧公分居牛角山，后子孙再分居吴坪、栗溪等地居住。下传至今已十二代。

郑姓 始祖受姓后居安徽歙县郑村。至郑文宗，生四男一女，老三为女，五子郑国宾经商至浙丽水，明末（1644）携子显德来云和中街置田兴家。显德生三子，分福、禄、寿三房。至五代郑维材于清康熙年间（1662—1722），倡捐修祠、谱于云和鲤鱼山前。

石塘郑氏 始祖三兄弟由温州永嘉县迁石塘开基，以种麻为业而发家。第三房于清同治年间再迁云和镇。

大塆郑氏 清乾隆初年，郑文秀由福建汀州武平县信顺里西坑迁来大塆兴化垟暂居，后再迁大塆村开基为始祖。

上官姓 上官氏分福、禄、寿三房。云和局村溪口官姓为禄房之后裔。上官氏二十二世官万春于清顺治年间来云和。生四子，长子奎伏于清康熙乙未年，迁居处州云和七都鹤口源（现局村下垟）。奎伏生二子官鏑、官钺世居下垟村。次子奎义绝嗣。三子奎伟，康熙甲戌年（1694）迁居七都火烧桥（现霞晓桥官家），生二子，官钢、官銶世居火烧桥。幼子奎信，康熙乙卯年（1675）迁居五都溪口（现局村溪口），生一子壁瑛，繁衍后代至今。

柳姓 南北朝宋元嘉二十三年（446），柳元晔由松阳迁来云和。另据1960年建造县政府办公大楼时，发现柳氏古墓为晋代所葬，至今约一千五百多年。

云和镇司前柳氏 始祖柳八于大宋年间，因避乱至括苍托足，未几由括苍徙居浮云卜居司前。此后，柳氏子孙繁衍昌盛，分支分派，云和柳氏大部皆其后商。柳八生五子，名曰：仁、义、礼、智、信。分别徙居青田沐溪、雁湖，景宁英川、隆川，福建寿宁，遂昌石炼，龙泉杨山头等地。

水竹垟柳氏 明代末年，其始祖由闽迁居浮云薄刀岗北岙开基，因水竹簇生，故名水竹垟。后代有的分居小徐乡黄水碓，黄水碓柳姓中又有人徙居温溪（今安溪乡），有的徙居程宅。

项姓 唐僖宋时，翰林学士项义，因避黄巢之乱，自临安（今杭州）乔居松阳大竹溪，至六世，郡马项元复由松阳迁居丽水浮云乡俊里，即今日之沙溪乡长田村项姓之始祖。

沙铺项氏 祖先世居辽西。至项斯为翰林院大学士，因避禄山之乱徙居浙江台州临海。传十一世举状元，由临海徙居括苍（今丽水），再传五世四房迁松阳大竹溪。汉五季之乱，项端五迁龙泉安仁。清雍正年间，国信、国万从安仁迁云和三都沙铺。清咸丰年间，再迁贵庄、祟头、梅源等地。

赵姓 椤林（今云和）赵氏始祖为赵子兴，明万历年间，自闽疆古田漈头乔迁浙江括苍浮云之阴，元和之阳，相宅河上。有诗曰：堂皇姓列百家先，玉树森森肇古田。天水分支绵万历，云阳聚族卜千年。另有包山等赵姓溯源不详。

洪姓　明万历十六年（1588），其祖先从括苍芝田（青田）沿溪迁云邑温溪（后改安溪）开基，分上、下村。

钱姓　钱氏系出陆终氏之仲子，姓篯名铿帝，尧封之彭城，故云老彭道学渊博，其俊铿之子去竹而为钱氏，子孙因以钱为姓。君明公于康熙年间，由杭钱唐（杭州钱塘）迁入丽城（丽水）转迁云城（云和镇），后再迁麻车岗开基立业。为麻车岗钱姓始祖，下传已十二、三世。

夏姓　夏氏出自姒姓，会稽夏氏系大禹之后。夏氏初为夏后氏，御厝会稽山后，子孙世居会稽，因以夏为姓，以会稽为郡，故曰夏氏出自绍兴会稽郡。唐时，其后裔迁居温州泰顺二都莒冈；宋时，宁五再迁福建政和县和里，乾道二年再迁寿宁十三都垄漈头村。宁五是福建的始迁祖，其后传十世，世志、世漠迁处州松阳石仓源。世谙避闽乱，于清顺治初年，由寿宁漈头迁居原龙泉龙门区汤后门（后属云和），为汤后门夏氏之始祖。云坛竹坑漈上夏氏，据传系丽水峰源夏庄（现莲都区峰源乡）迁入云和。

徐姓　大徐古名上乔垟，曾名徐村，古属丽水西阳乡。西汉成帝时，徐偃王长子宝宗之后裔，徐元洎系江夏太守诰受金紫光禄大夫。因避王凤、王莽之乱，由海州（今江苏徐州附近）渡江而南，寻访徐诞遁迹之处，至衢州龙邱（龙游）灵山，繁衍后代，故今浙江各属徐姓大半由此析出。唐代天宝年间，徐伯五十世孙寅精射术、好山水，游猎至龙泉，乐其地有林泉之胜，遂置田、筑室，为徐氏入括之始祖。历经五世至徐审，官拜银青光禄大夫。至唐、详、喜三兄弟，于周显德初年，卜居丽水西阳乡上乔垟，是椤林（云和）徐姓之始祖。宋天圣时，徐详四世孙徐百四官居正六品衔，分居云阳乡之南州（今小徐），为云和小徐之始祖。故有大徐、小徐之称。

龙门徐氏　来自衢州龙门。先迁居兰溪，后再由兰溪迁来云和，散居于赤石乡乌堪源、九里潭、沙坑埠头等处。

凌姓　凌氏十二世孙开生始迁江西赣州兴国县。后其子胜恒公于清雍正年间（1723—1735）带嫂何氏、弟胜璋和侄汉卿、汉山、汉千、汉佐等，择云邑九都横山头大拓田（现小顺横山头）开基立业，为横山头凌姓始祖。后汉卿于清乾隆年间（1735—1795）移居北溪坑口（现石塘镇岭脚坑口）；汉山于乾隆年间迁居枇杷山（今紧水滩镇梅山）；汉千分居水口（今紧水滩镇乌龙坑村）；汉佐，乳名茂龙于清乾隆年间分居水井内艮屋居住。开生三弟洪生公（乳名碧生），于清康熙年间（1662—1722）迁居浙江丽邑廿都石桥头居住。

郭姓　系太原郡郭氏。其祖唐代时随名将郭子仪至福建，其后代有三兄弟于清乾隆初年从福建古田（一说泉州）迁浙江处州，分居云和、松阳、青田三县。郭兴居云和黄水碓，为云和郭姓之始祖。

高姓　源出于姜姓。齐太公六世孙齐文公有个儿子受封于高，人称公子高。公子高的孙子傒同齐襄公的弟弟公子小白是好友。后公子小白当了国君，史称齐桓公。齐桓公为表彰傒在“平定内乱，迎立公子小白为君”中的功绩，便赐傒以祖父之名为姓，即高姓。高旒岱，江苏苏州吴县人，清咸丰年间，由举人被举荐在云和县衙任职。卸任后，曾返归故里。后顾念云和民风淳朴，地域尚好，重返云和定居，系云和高姓之始祖。

梅姓 系商朝卿士梅伯之后。梅福，字子真，为梅伯第35代孙，汉成帝时，授江西南昌尉，避难弃官。晋元帝大兴元年七月下旬过江寓越州会稽（今绍兴市）隐居。其后传多代，至唐朝贞观年间（公元627—649年），梅陵由缙云迁丽邑采真里（今云和镇），卒于黄溪垟（今云和镇后溪北），为云和第一世祖。其子梅明居浮云拓野（今沙溪后山；亦曰村头），三世孙梅养，唐时葬于木路（今沙溪木路）。再下传至奉因、奉安，于庆历八年，由云和迁往景邑大漈，为云和梅氏分支之始祖。奉安之后，又传十数代，梅鑑、梅霸二人迁居龙泉，为龙泉梅氏始祖。再传五世，梅正康再由龙泉迁返云和。六世梅方正迁往福建寿宁，为寿宁梅氏始祖。方愿、方硕二人迁景邑梅坛头，为梅坛头梅氏之始祖。

张家地、贵溪梅氏 系梅林之后裔，伯详公由岗头徙迁云丰张家地，繁衍生息。后又有方遇公迁云邑二都贵溪居住。

黄姓 云和镇黄氏 先从福建迁温州，清末，由温州迁入云和。

雾溪垄头黄氏 据传，祖辈来自福建汀州府邵武县，系黄峭山公之后代。曾太祖黄金生（1780—1835），享年56岁，娶妻严氏，娘家是仙居县，太婆相当长寿。夫妇二人从朱村到温溪东岱，再到雾溪砻头定居，生一子，名黄碧琏（1815—1895），享年81岁。娶妻傅兴姑生五子一女。曾太祖黄金生父亲黄兴隆妣兰氏居朱村。据调查，兴隆公来自温州。看好朱村是丽水、云和、松阳三县交界地，土特产甚多，盛产油茶，交通方便，才定居朱村开店，成家立业。

库北、大源等地黄氏 均由福建汀州府直接迁入云和。在汀州移民区域，至今仍以汀州话交流。

董姓 城南西坑边董氏，为汉江都相董仲舒之后裔董怀阳。怀阳于明代由闽漳州龙岩迁入云和。

程姓 据《安定程氏宗谱》载，程氏受姓自周司马程伯休父其后也，以国为氏，历世既远，派别分支辽绝不可考，今吾邑郑宅之程先世常为新安望族。程氏世居江南徽州歙县（今安徽歙县）为新安望族，自明永乐年间（1403—1424），有逢西公服贾浙瓯，家於青田十二都东坑，即景泰三年（1452）分设的景宁之东坑。传至第四代应祥公于清崇祯初年（1628）从景宁东坑迁云邑东里郑宅（现云和镇程宅村），为程宅村程姓之始祖，至今已有370多年。以迁云一世公应祥而下传至第六世公绍明、绍伊、绍周三兄弟为三房，下传至今，后裔较多，主要卜居程宅，也有个别徙迁他地，如登云公迁居云邑七赤（今赤石乡）。

谢姓 由顺汉公从福建下四府徙迁云邑五都金水坑开基立业。另一支石塘谢姓，一世祖为周宣王时的申伯公，支脉分派各处，宦官登甲第不乏人，至晋有礼部尚书谢凤。到75世，兆宝公于康熙年间（1662—1722），由粤入浙择处州云邑九都横山头，即小顺横山头开基。1983年，因紧水滩电站建设，部分谢氏迁往云和镇上东塘村等地安家兴业。

褚姓 祖先维干于中兴元年（501），从永康迁云和黄坑口（属云和镇大徐村）。

廖姓 古竹廖氏承宪偕弟承灵，于明代崇祯年间，由福建潭州宁林迁云邑之南古竹庄，因其景美，碧水环前，川流不息，翠屏列后，四季长春，奠基兴业，已历三百余年。

外垟廖氏　始祖廖和卿于清康熙五十年，由闽迁云邑五都龙门外垟庄。

颜姓　汤侯门颜氏始祖颜谨按，于清顺治初年由福建漳州龙岩迁居云邑汤侯门，第一世祖生四子，名曰：有生、有义、有圣、有富，后为四房。有生生于清康熙十四年，卒于乾隆四十二年，葬汤侯门。三百年来，子孙繁昌。

魏姓　祖籍为浙江桐庐县钟山乡湖琴里。明万历年间，魏扬孙携家迁云和石浦村。后迁溪口，再由溪口迁至县城定居。至四世孙魏尚礼始，至八世、九世，历代均有名人。

畲族姓氏溯源

畲族发源于广东潮州凤凰山，“祖居广东潮州府”，自称“山哈”，信奉传说中的盘瓠为始祖。宋淳祐年间（1241—1252），蓝姓由福建罗源县黄重下迁入云和，这是云和最早的蓝姓，迄今已有750多年的历史。据《蓝姓宗谱》载：“我姓之源，天星降于高辛帝后，变生于耳。后因燕王日侵疆土，难以收复，我祖潜至番帮，斩其首，复疆土。帝遂以女招为驸马，敕封为忠勇王。生三子一女，长子赐姓盘名自能，敕封为南阳郡立国侯；次子赐姓蓝名光辉，敕封为汝南郡骑国侯；三子赐姓雷名巨祐，敕封为冯翊郡武骑侯；女名淑玉，招赘婿姓钟名志深，敕封颍川郡敌勇侯。迄今世远年湮，有……余世。”

明代是畲族人民陆续迁徙云和的主要时期。徙居云和的畲民多数来自福建罗源、连江、古田、宁德等地，还有部分是由福建先迁泰顺、景宁等地，后再迁居云和。迁来云和者，支脉较多，居地以偏僻山野为主，较为分散。

蓝姓　迁入云和的畲族蓝、雷、钟三姓中，蓝姓最早。其始祖敬泉，位名六郎，南宋嘉定十七年甲申岁（1224）生。淳祐年间（1241—1252），由福建罗源县黄重下迁至浙江处州府丽水县小窟，即云和县小徐乡小葛。由福建直接迁云和的主要有三支：

安溪坳头蓝氏　蓝风进父子二人在明万历戊申三十六年（1608），由福建古田县十八都小恭岭寻到浙江处州府云和县安溪庄。泰昌元年（1620）正月十六日由挣石岩（即安溪下武村山寮）搬到安溪坳头（安溪坳头，查无此处，但与之交界的程宅村白龙山西南坡有一名曰山坳岭头的自然村，简称坳头，历有畲民居住，可能就是安溪坳头）。

安溪上村蓝氏　始祖于明崇祯十二年（1639），由福建罗源县南峰迁浙江云和一都安溪上村谷垟头。

崇头栗坳蓝氏　始祖蓝林山于清康熙年间（1662—1722），从福建迁浙江处州府云和县三都栗坳居住（属栗溪行政村）。

由广东、福建辗转迁入云和的有四支：

安溪青石岩蓝氏　祖地广东潮州，宋开宝年间（968—976）分迁福建罗源县西南乡，明嘉靖二十四年（1545）丙午岁四月初八日，始祖蓝谨传迁居浙江处州府云和县一都安溪青石岩。

双港高定蓝氏　始祖蓝高元之子蓝法玉、蓝法长、蓝法乾兄弟三人，于明万历四十年（1612年）由福建罗源县重上里官坑迁移浙江景宁大垟岗。蓝法玉由大垟岗迁云和小坪（今石塘坪地），五代孙蓝满和，于清康熙五十六年（1717）迁云和八都双港高定大坑底。

小徐小葛蓝氏　始祖蓝金明于万历四十四年（1616），由福建古田县秀山洞迁景宁二都油石圩。清康熙丙午年（1666），子孙迁云和小葛枫树岗。

石塘南山蓝氏 原籍广东潮州揭阳县三十七都，后迁福建福州府罗源县罗坪里川山大坡头。崇祯十三庚辰（1640），始祖字干七十一郎、讳义存，自福建迁至浙江处州云和县八都石塘南山。

雷姓 迁入县域的雷姓大都在明末清初，兹举五支：

坪阳岗、规溪西坑雷氏 始祖雷进明于万历三十四年（1607），由福建罗源县十八都苏坑迁移浙江景宁包凤。雷进明之六代孙雷日永迁云和坪阳岗，后代分迁九都规溪西坑。

赤石垟田、崇头朱源雷氏 明崇祯年间（1628—1644），始祖雷千八郎由福建连江安定里石佛岭头，迁至浙江省云和县四都叶砻（今赤石垟田）。千八郎生一子名万六郎。万六郎生三子，长子玉山分居东坑，次子明山在清顺治年间（1644—1661），分居浮云三都旱畔和新处垟（今崇头村左边山脚）。

沙溪柘园雷氏 其祖雷大一郎由福建古田迁到云和西山。明崇祯年间（1628—1644），雷小十二郎分居柘园。

双港下坑雷氏 上祖雷处山之七代孙雷可乾，于清康熙年间（1662—1722），由景宁迁到云和八都石塘下坑等地。

小徐白龙山脚雷氏 始祖雷顺兴原住福建省罗源县永远村。雷顺兴之四代子孙雷法顺，迁浙江云和林畲为白龙山脚雷姓太祖。

钟姓 约在明末清初迁入云和。

三门垵大钟姓 始祖钟隆熙，于明代万历三十八年（1610），由福建省罗源县十七都晋安大平村迁浙江景宁七都包凤，后迁山外村。钟隆熙三代孙日发、有发，于清顺治年间（1644—1661）迁至云和垵大樟树垟（今三门村）。

赤石坳后钟氏 明万历四十二年（1615），钟石洪带领儿子天寿（法桥）、天福（法善）等二十八口，由福建宁德县十八都安乐垟龙坑头迁到浙江处州景宁二都油田源锦岱垟岭脚。明崇祯年间（1628—1644），天寿、天福二兄弟迁遂昌北门蔡村。清康熙年间（1662 年以后）天福三子名世宾迁云和县赤石坳后。

“汀州”移民姓氏溯源

汀州移民的蓝、雷、钟姓，有自己独立的族谱，沿革清楚，脉络分明，与福建祖居地同姓族谱一致，且均无笃信盘瓠传说之记载，故汀州蓝、雷、钟姓为汉族，而非畲族。系清康熙至乾隆年间（1662—1795），从福建汀州迁入云和，至今已有 300 多年历史。根据“五普”资料，云和蓝、雷、钟三姓（畲、汉族）总人口为 12400 多人，其中，约有 3400 人为汉族的蓝、雷、钟姓人口。

蓝姓 宋理宗宝庆元年乙酉（1225），蓝氏吉甫因避金人之乱，由建康入闽居福清五福乡。淳祐元年丙午（1246），蓝常新迁闽建宁崇善坊。度宗咸淳元年乙丑（1265），万一郎由建宁迁汀之宁化石壁乡。元泰定三年丙寅（1326），和二郎由宁化迁长汀城下里坪岭水口（今长汀县濯田乡）。元顺帝至正二十三年癸卯（1363），念四郎由岭水口迁上杭平安里水东坊（今上杭县水东乡）。吉甫迄念四郎凡七世历五迁计 139 年。念四郎后裔，十五世蓝仁昌（170—1763）由福建上杭朴树下迁居云和局村馒头山；十五世仁芳、仁烈兄弟二人，由上杭朴树下牛栏头迁居云和局村龙石；十五世仁福由上杭朴树下迁居局村山潭。同为念四郎后裔，十三世荣亮、十四世盛鼎，由福建上杭官庄搁树下迁居云和局村溪口；十四世迪如、洪如，由上杭朴树下迁居云和雾溪西坑。康熙年间，蓝氏始祖派下念五郎（念四郎之同胞兄弟）之十五世廷盛、廷茂、廷坤，由闽武平迁处州云和九都张庄定居（现朱村张兰）。

雷姓　紧水滩镇莲塘岗后和云丰乡范坑头等地的雷氏，始祖皆为雷宪（字国义）后裔，属同宗同源。系清康熙年间由福建上杭县徙云定居。十三世雷宽琳、雷坤琳由闽上杭才溪迁浙处云和祖师殿（局村），后徙分水坳（紧水滩镇枫桶岗）和云丰乡范坑头。十四世佩亮（康熙壬戌 1682 年生）由闽迁云和五都祖师殿；十四世佩宗（1689—1763），迁浙云和金鸡坑（今紧水滩镇莲塘村岗后）；十五世雷希乔、雷希天，由闽崇夏（上杭）迁云和枫桶岗（属紧水滩镇）。

钟姓　崇头镇栗溪（坳）钟氏之先，始自芋氏。乾隆乙亥年（1775），钟振山、接山二兄弟，由闽武平小墨而抵浙，游览山川，寓意林泉，占浮云丰源（现黄家畲、陈坞、大垟一带）之胜地，大起土宇，繁衍生息。

其他汀州移民主要姓氏

除汀州蓝、雷、钟三姓族源外，其他约有 30 多个汀州姓氏，因缺乏（或未发现）族谱等因素，脉源迁徙历程难以考证。现将有据可查的汀州姓氏溯源如下：

王姓　明洪武元年（1368），王姓祖仲暕从福建武平迁居浙江处州小顺长汀村；清初，另一支王姓祖从福建汀州等地，迁居云和田铺、砻铺、木垟、杨梅砻（现雾溪西坑）等地。

饶、黄、董姓　明洪武年初，饶姓祖从闽汀州迁居龙门瑞滩村；明万历年间（1573—1620），黄姓祖从福建迁云和黄处村，后子孙繁衍移居县域梅山、西坑边等地；另一支黄姓（居赤石南洞、大源乡等地）也系由闽汀州府直接迁居云和。城南西坑边董氏之祖为汉江都相董仲舒之后裔董怀阳，于明代由闽龙岩迁居云和。

江、廖、叶、华姓　明崇祯年间（1628—1644），江姓云和第一世祖江天福携子杨科、杨贵从闽龙岩地区迁云邑坊郭前巷（今云和镇前巷），肇端油坑（今龙门），发祥湖岱（今沙溪）等地，后九世孙锡书迁松阳、锡明迁龙泉。廖姓，于崇祯年间（1628—1644），从闽上杭、漳宁等地迁入小徐古竹、大源莲花山、大牛等地定居；另一支云邑五都外垟庄廖姓之祖廖和卿，于清康熙五十年（1711）由闽汀地区迁入定居。清康熙年间叶姓祖叶正祯由福建寿宁迁居局村山潭，其后代又有移居云邑他地居住。华姓始祖京一郎原籍无锡，宋绍兴年间（1131—1162）宦游于闽，后裔支脉繁盛，派居闽汀及江浙川等省，第八世伯四郎居上杭，分支迁居浙处云和、宣平等地，后到二十二世，华姓祖华水良由闽上杭县白沙华家亭嵩竹垟，迁居云邑五都小牛（属大源乡）。

张姓　推源溯流，张姓鼻祖系轩辕黄帝之子，曰挥被封为弓正（即监管弓箭制造的官）。并赐姓张，张氏望族，挥公之子名宝被封为清河王，遂以张姓为清河郡（今河北省清河县）。挥之后裔万三郎，由冀州移居闽汀府宁化县石壁洞，是为宁化始祖；其子念四郎则为闽汀上杭胜运里太古乡的开基始祖。清康熙年间（1662—1722），元凤公由闽汀迁浙为云和南洞之始祖，遂繁衍生息，支脉分居多处，武得移居云和莲花山（赤石乡库北）；桂明迁居云和庄前；桂清迁居松阳；桂梅移居云和赤石沙坑源、半坑、龙井头。光河迁居遂昌国坪。岐孙迁居龙泉安仁仙坑；巧孙由莲花山移居夫人庙对门（今赤石库北担布坑）；烈孙由莲花山迁往龙游县城。镇中由莲花山移居饭甑砻（紧水滩镇）；斌中由莲花山迁往龙泉安仁；学中由夫人庙背对门移居大凹背龙井头；马中由莲花山移居金紫山；坤中由莲花山迁居龙泉大石源考坑；林中由莲花山移居金山排等。明末，另一张姓祖德珪遭逆乱，偕德福兄弟从闽寿宁迁云和角山（属小徐乡）、长汀、天堂坑等地，后转徙云和河坑、新殿垟、小葛畈、横寮、古竹、程宅、黄水碓等地居住。

卜姓 自弼公封为西河郡，由山东由乡帘西门外砂子坳肇基。西河卜族先人桂贤公于乾隆十一年（1746），自福建汀州上杭县之东乡黄庄徙迁浙江处州云邑之五都梓坊坑骑马岗（今库北高山）之麓拓地居住。1983年，因紧水滩水电站建设，卜姓迁往域外的有：丽水（今莲都区）富岭乡中堂村，水阁乡七百秧村，石牛乡白桥村、大陈村，高溪乡高溪村。迁往县内的有：古竹、黄水碓、小徐、沙溪赤龙、后山、麻垟、建源等村。

颜、夏、刘姓 清顺治初年（1643），颜姓祖颜谨按由福建龙岩地区迁居云和汤侯门（今紧水滩镇龙门）。汤侯门先祖颜世明卒后葬于梓坊上吴，生四子，曰有生、有义、有圣、有富，三百多年来后裔繁昌。闽汀的夏姓祖宁五十世孙世谙避闻乱，于清顺治初年（1643），从福建龙岩迁居云邑汤侯门、瑞滩等地。清康熙末年（1722），刘姓祖新龙由闽上杭迁居云和局村木垟；另一刘姓祖由闽武平迁居云和古竹。

郑、石、李姓 乾隆三年（1738），郑姓祖郑文秀从闽武平信顺里西坑迁居云和三都（今梅源、黄源、大塆、沙铺、云丰一带）。石姓始祖石宗盛，号小九郎，原居福建龙岩员岭长塔，后移居汀州府武平县回龙窝，至清乾隆年间（1735—1795），石氏后裔顺锡迁至浙江处州云邑三都白坛（今黄家畲）开基。李姓始祖李维起，于康熙年间（166—1722），从福建汀州府上杭县太平里迁居云和丰家源（今黄家畲）；其兄弟维荣、维德也从闽汀徙居云和三都荫桥坑，再分居三都黄家畲、大塆乡叶山头、崇头及栗岙等地。另一支汀州李氏祖李叔珍，于清乾隆年间，从闽邵武建宁县率子文益迁至小顺西滩头，奠基于蒲潭，其后侄儿移居桑溪（今小顺大源口）。

邱姓 大源乡田铺上后庄邱氏，始祖于清雍正年间（1722—1735），从闽汀移居此地立业。库北担布坑一带邱氏，始祖邱杨于乾隆四十年（1775）携槐文、永成舍闽汀，卜云邑里梓坊坑夫人庙背奠基修居。

林姓 云和小徐林姓始祖林爱峰，于明天启五年（1625），从闽龙岩县增坪迁居小徐，后人分别散居于瓦窑、白垟墩、古坊、大坪、大徐等村。沙溪林氏支脉，始迁公林玉廷于清顺治年间（1644-1661），由闽迁居溪南沙圩地上建村（故名沙溪村），后分居高胥等村。

吴姓 始祖吴周章，其后裔周祯于清代由福建龙岩地区迁居浙云松源坑下定居。

涂姓 据大源乡桃子坑隐庄垟《涂氏宗谱》载：始祖光桂公于乾隆建元春（1736），从闽武平县迁徙至浙江处州龙泉廿二都大南山三隔田（今云和县大源乡）开基。括苍龙泉涂氏者，得姓于夏禹娶涂山楪氏之女祖讳也。相传唐虞涂水大夫封于涂山，子孙为涂山氏，世相传袭。后为涂山国，传至夏初时禹会诸侯于涂山（在江西省寿春县东北）。禹三十未娶，行至此地，闻涂山人之歌，因娶涂山樸之女而赐姓涂。迨新吴侯涂钦为遭石勒之乱随晋南渡出镇豫章，遂徙全族而家豫章焉，乃去土而为涂氏，从此而后适各郡。一世大一公由江苏怀远（今安徽省）迁居江西豫章，后迁江西南丰，并于唐末五代间，再迁江西抚州府宜黄县待贤乡，开闽、江、浙之世代之祖。十六世六郎公自江西赣县南剑州迁徙至福建汀州府长汀县丹溪。至第七世小七郎公，生三子，俱迁至闽武平县邱留里择居。乾隆元年（1736），武平十三世士赋公之长子光桂公，偕母和显公从武平迁徙至浙处州龙泉廿二都大南山（即云和大源）卜居，为云和涂姓之鼻祖。桃子坑等地的涂姓均系其后裔。

阙姓　据赤石乡库北店子村《阙氏宗亲通讯录》记叙，阙氏入闽始祖为第52世文山公。云和、松阳阙氏系文山公后裔文政公（第57世）的子孙。明永乐年间至清乾隆年间，阙氏从闽上杭县通贤乡后宅下村、大东村等地，陆续分批迁至云和河坑村源头岗、县城内、金村乡、赤石乡兴进排（今店子村新进排自然村）和松阳县石仓源（大东坝镇）等地，再逐渐由云和、松阳分派到遂昌、丽水、龙游、安吉、兰溪等县市。其脉源迁徙主要线路为：阙氏一世弁公传至26世宣公，于汉献帝末年任下邳太守时，因故迁任潭州（今湖南长沙市）太守，遂携眷定居。东晋时代（317—420），宣公两孙（胜、学公）由湘入赣。阙学公于东晋明帝太宁年间（323—325），迁入江西省抚州府赤南门定居。学公房下传至第52世文山公，于北宋徽宗初（1101）拜相泉州，遂携眷属从江西吉安迁入闽省。第57世文政公派下第61世宇忠公，于公元1403年，由闽上杭县通贤乡迁徙至浙江松阳县石仓源，为阙氏由闽进浙的始祖。清乾隆初（1736），宇忠公房14世立计公，从松阳石仓源后宅下村迁居云和县金村乡回树潭村（今竹子坪村回水潭自然村）；乾隆四年（1739），宇忠公房14世盛忠公（总第75世）离闽通贤乡山子坳村迁入松阳石仓源上、下茶排村，派生到云和县阳村（今朱村乡杨村）；清康熙末（1722），宇忠公堂兄弟宇衡公房14世调于公之子恒鸾偕弟（总第76世）从闽通贤乡大东村土楼岗迁入赤石乡兴进排（今店子村新进排自然村）肇基，后分房到店子村繁衍生息；尚熙公（总第46世）房下，脍于公长子15世德九公（总第76世），离闽通贤乡迁至局村乡河坑村源头岗（今属云和镇），部分后裔分肇至云和县城内、上前溪等。

新安江移民姓氏简述

新安江水电站库区动迁移民数量较大。移民服从国家重点工程建设需要，离开世世代代耕耘生活的土地，分别迁往江西、安徽等省和本省有关县市安置兴业，云和是新安江移民入迁县之一。

迁入云和县的新安江移民，共计215户1083人。新安江移民有姓氏61个，其中，户主姓氏34个。1964年6月至1965年3月，从新安江库区淳安县富文乡的富文、青田、方家、石川、荷花庄等村，先后迁入云和县的崇头、沙溪、小徐、云坛、沈村等乡镇的垟背、新建（沙溪）、高胥、程宅、白垟墩、山脚、沈岸、陈村、沈村、竹坑等地安置。淳安移民勤劳淳朴、艰苦创业的精神，值得当地民众学习效仿。

第四章　居民生活

20年来，中共云和县委、县人民政府引领全县人民艰苦创业，脱贫致富，建设云和，发展云和，采取各种有效的政策措施，逐步提高人民群众的生活水平。全县农民人均纯收入从1991年的475元，提高到2010年的6370元；城镇居民人均收入从1991年的2202元，增长到2010年的45524元；城乡居民储蓄存款余额从1991年的7129万元，增长到2010年的209739万元。

第一节　居民收入

农村居民收入

1991—1994年，云和县农民人均纯收入分别为475元、487元、511元、553元，年均增幅5.2%。1995年开始，农业生产逐步得到加强，农、林、牧、副、渔业全面发展。科技兴农措施跟进，粮食生产收成较好。同时，继续发展"一优两高"农业，重视农业综合开发，引导发动农民发展袋料香菇、水干果和高山蔬菜等，努力做好农业增效，农民增收文章，农民人均收入得到快速增长。1995~2001年，全县农民人均所得分别为695元、1071元、1325元、1551元、1799元、1989元、2275元。年均增幅达21.9%（1995—2001年，农村住户调查暂停，数据来自县农业局农经年报资料）。2002年，重新开始农村住户经济调查。2002—2005年，全县农民人均纯收入分别为2651元、2869元、3106元、3360元，年均增幅为8.2%。2006年开始，中央惠农政策力度加大，政府加大农业投资力度，农业生产收入逐步提高。2006—2010年，全县农民人均纯收入分别为3716元、4267元、4963元、5560元、6370元，年均增幅达14.4%。

城镇居民收入

1991年后，全县改革开放进程加快。推进城镇居民收入增长的分配制度改革，落实各项增收措施，促使效益好的企业增加职工工资及奖金、福利、补贴；机关事业单位职工工资逐步提高；个体私营企业的加快发展，拓宽城镇居民的就业和增收渠道。1991年，全县行政、事业和企业从业人员9171人，年人均工资2202元。2010年，全县行政、事业和企业从业人员（不含规模以上私营企业）9782人，年人均工资45524元。2002年，对全县城镇住户收入支出情况开始抽样调查，是年，城镇居民可支配收入为8138元。2003—2010年，城镇居民可支配收入分别为8957元、11091元、11860元、12813元、14556元、16701元、18180元、20131元，年均增幅达12.3%。

1991年起，全县城镇居民收入结构发生变化，收入来源日益多元化。工薪收入虽然仍是城镇居民人均可支配收入的主体，但其比重逐步降低；经营性收入、财产性收入和转移性收入的比重都有不同程度的提高。2005 年，全县城镇居民可支配收入为 11860 元，其中，工薪收入 7627 元，占总收入比重的 63.3%；2010 年，全县城镇居民可支配收入 20131 元，比 2005 年增长 69.7%，其中，工薪收入 12469 元，是 2005 年的 1.6 倍。工薪收入占总收入的比重为 61.9%。

第二节　居民储蓄

1991—1993 年，全县城乡居民储蓄存款余额分别为 7129 万元、9129 万元、11961 万元。年均增长近 29.5%。1994 年，实施金融体制改革，对县域经济发展起了积极的推动作用。全县信贷现金收支情况良好，存款迅猛增长，国家银行现金投放激增，是年，城乡居民储蓄存款余额达 16989 万元。1995—1996 年，金融系统贯彻适度从紧的货币政策，全县城乡居民储蓄存款余额分别为 22293 万元、27602 万元。1997 年，城乡居民储蓄存款余额达 31842 万元。1998—1999 年，金融系统强化金融风险的防范和金融监管，调整信贷结构，扩大贷款规模，支持经济发展，全县城乡居民储蓄存款余额分别为 36867 万元、39238 万元。2000—2004 年，全县城乡居民储蓄存款余额分别为 42715 万元、47983 万元、54840 万元、64543 万元、69620 万元，年均递增为 10.9%。2005—2010 年，全县城乡居民储蓄存款余额分别为 81977 万元、95037 万元、90441 万元、121441 万元、173086 万元、209739 万元，年均递增 20.1%。2000—2006 年，金融运行态势稳定，城乡居民储蓄存款余额稳步增长。2007 年，由于股市上涨的时间长、幅度大，开放式基金获得人们的青睐等原因，城乡居民储蓄存款余额有小幅下降。2008~2010 年，国家采取措施，调整货币政策方向、重点和力度，金融体系平衡运行，人民币币值基本稳定，金融运行形势好转，全县城乡居民储蓄存款余额增长迅猛，年均增长率近 32.4%。

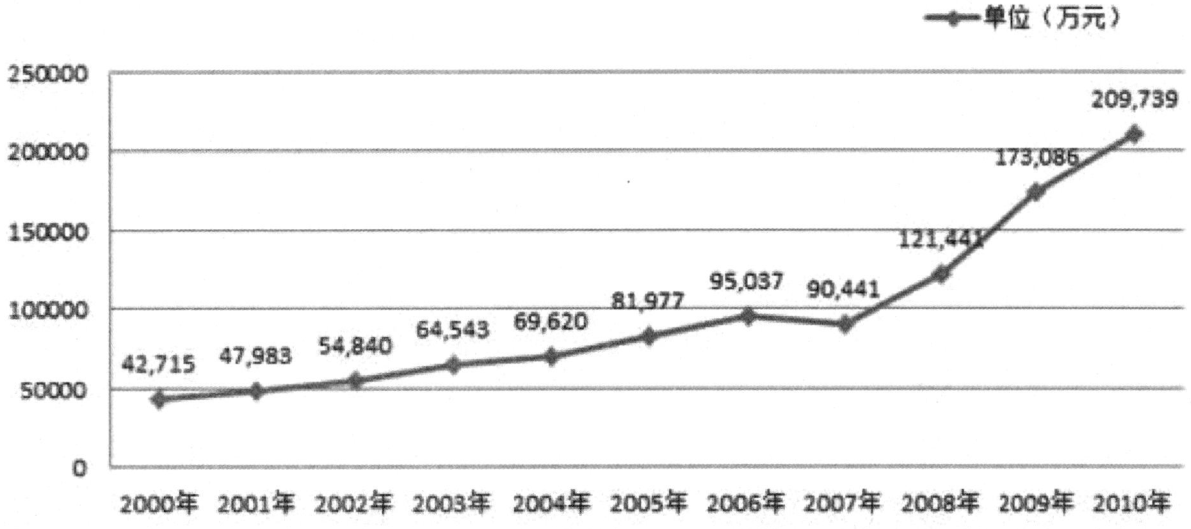

图 31-4-1　2000—2010 年云和县城乡居民储蓄存款余额（人行云和县支行提供）

第三节　生活消费

农村居民消费

20世纪80年代初，农村实施联产承包责任制后，农民生活逐渐向好。县域农民的消费观念和生活方式逐步开始转变，饮食、衣着水平提高较快，由注重“吃饱”向“吃好”方向发展，由注重“主食型”向“主副结合型”转变，条件较好的农户开始修建新楼房，部分农民对房屋进行整体装修。2004—2010年，农村居民家庭恩格尔系数（即居民家庭食品消费支出占家庭消费总支出的比重）逐年下降。2004年，全县农村居民人均生活消费支出为3350元，其中，食品支出1528元，衣着支出183元，居住支出452元，家庭设备用品及服务支出154元，医疗保健支出247元，交通和通讯支出278元，文化教育娱乐用品及服务支出472元，其他商品和服务支出36元。在购置生活耐用品方面，每百户农户有摩托车36辆，电话机71部，洗衣机24台，电冰箱39台，大型家具459件，彩色电视机85台，移动电话66部，影碟机44台，组合音响2台；农村居民购买成衣，衣着质量和样式开始与城镇居民相近；2004年年末，人均住房面积达45.99平方米。2010年，全县农村居民饮食开支占农村居民人均消费支出的39.5%；衣着由“单一化”向“多样化”、“优质化”和“新潮”方向发展，衣着消费占农村居民人均消费支出的9.8%；饮食结构与城镇居民家庭差别不大。农村中，特别是交通比较方便的农村，住宅越建越好，很多农民住入2—3层的自建新楼房，部分家庭的新建楼房具备经商功能；全县农民人均住房面积为42平方米，建新房时注重装修、居住舒适；大型家具和耐用品相对普及，每百户农村居民有生活用汽车3辆；文化娱乐、医疗保健等其他消费支出也逐年增加。

城镇居民消费

实施改革开放政策以来，县域社会商品日益丰富，购销两旺。城镇居民消费格局也在发生变化，从传统的衣、食、住、行为主的消费慢慢转为现代精神文化、时尚、新潮、享受等消费。20世纪90年代开始，全县居民普遍使用的黑白电视机逐步由彩色电视机替换，小屏幕逐渐改为大屏幕。90年代中期，寻呼机（BB机）风靡一时，大哥大（移动电话）曾进入少数居民家庭。20世纪90年代末，固定电话进入绝大多数城镇居民家庭。据2004年城镇住户抽样调查显示：全县城镇居民调查中，百户城镇居民在彩色电视机、移动电话、固定电话、电冰箱、洗衣机等家用电器分别为176台（件）、168台（件）、112台（件）、108台（件）、96台（件）；每百户居民拥有摩托车66辆。家用电脑（计算机）刚开始进入普通居民家庭，每百户居民拥有家用电脑20台。2010年，全县每百户城镇居民拥有彩色电视机、移动电话、固定电话、电冰箱、洗衣机等家用电器分别为192、201、70、113、94台（件）；每百户城镇居民拥有家用电脑（计算机）62台、摩托车55辆。21世纪初，小轿车开始进入普通居民家庭。2004年，全县每百户城镇居民拥有轿车2辆。2007年，每百户城镇居民有轿车6辆。2010年，每百户城镇居民有轿车13辆。

2004 年、2010 年云和县城镇居民消费支出统计表

表 31-4-1　　　　单位：元

项　目	2004 年	2010 年	同比增长(%)
消费支出	8101	12629	55.9
食品	2762	5009	81.4
衣着	782	1520	94.4
居住	913	1136	24.4
设备用品及服务	815	581	–28.7
医疗保健	865	907	4.9
交通和通信	824	2060	150.0
娱乐文教服务	967	1167	20.7
其他商品和服务	173	249	43.9

第三十二篇 移 民

云和的移民从汉唐时期已经出现。明清之际因战乱、饥荒等原因，畲族人及福建汀州人大量涌入；抗日战争时期，尤其是浙江省国民政府在云和期间，移民成为常态。外来移民逐步改变云和地域的人口与民族构成，形成云和多元的文化格局。受这种多元文化的影响，形成云和人大气、包容、宽厚、淳朴的和谐共处的人文环境。

20 世纪 80 年代中、后期至 2010 年，云和县移民大致分为两大类：一类是因水电站建设，河谷地带被水库淹没，生活、生产在库区的居民迁移；另一类是中共云和县委、县人民政府及全县各乡镇、相关职能部门引导动员高山深山、边远山区、地质灾害隐患区等交通不便、自然条件较差地区的农民和重要水源保护区的农民搬迁下山，实施异地安置。以上两项移民安置人口 48432 人，约占全县总人口的 42%。

第一章　水库移民

云和县是瓯江上游的山区县，年平均降水量1638.2毫米，水力资源丰富。1959—1960年，新建雾溪、梅砻水库；20世纪60年代至21世纪初，县内已修建成不同规模的小型水库18座；1964年，接纳新安江电站水库移民；20世纪80年代始，境内大中型水库紧水滩、石塘、玉溪水电站的相继建设，多次进行水库移民搬迁，2006年，核定大中型水库移民人口17946人，占全县总人口的17%。全县移民工作主要是移民安置、移民遗留问题处理、库区和安置区公共基础设施建设、移民生产生活扶持、经费管理使用等。

第一节　移民安置

雾溪水库移民

1957年，云和县开始规划雾溪水库建设，1959年12月1日动工，1960年12月23日水库下闸开始试蓄水，正常蓄水库容1018万立方米。水库淹没雾溪大队大仓、雾溪两个自然村，淹没农田22.9公顷，淹没房屋250间，搬迁移民81户264人。移民安置根据组织安排与群众自愿相结合的原则进行，安置在沙溪公社长田21人、村头5人、新建1人、高胥3人、水竹垟22人、西坑大队2人；后靠在石板桥建新村13户54人、大岗建新村156人（现雾溪畲族乡人民政府驻地）。

新安江水库移民

1964年2月，云和县接受新安江水库移民安置任务。1964年4月、1965年6月新安江水库移民分别安置在小徐、沙溪、梅源、民主公社10个生产大队的12个自然村，合计217户1098人。

云和县新安江水库移民安置情况表

表32-1-1

安置地	村别	1964—1965年安置情况		迁出地（淳安）		迁入时间	2010年情况	
		户数（户）	人口数（人）	乡	村	—	户数（户）	人口数（人）
民主公社	陈邑	20	114	富文	青田	1964	58	189
	竹坑	13	66	富文	青田	1964	21	61
	沈村	15	53	富文	青田	1964	24	71
	沈岸	10	59	富文	荷花庄	1964	29	110

续表 32-1-1

安置地	村别	1964-1965 年安置情况		迁出地（淳安）		迁入时间	2010 年情况	
		户数（户）	人口数（人）	乡	村	—	户数（户）	人口数（人）
小徐公社	山脚	13	75	富文	荷花庄	1964	38	144
	白垟墩	24	113	富文	方家	1964	72	202
	程宅	27	126	富文	方家	1964	56	194
沙溪公社	高胥	17	83	富文	方家	1964	49	154
	新建	32	156	富文	方家	1964	69	235
梅源公社	垟背	46	253	富文	石川	1965	107	362
合计	10	217	1098	—	4	—	523	1722

2010 年新安江水库移民婚嫁分散各村情况统计表

表 32-1-2

序号	村名	人口数（人）	序号	村名	人口数（人）	序号	村名	人口数（人）	序号	村名	人口数（人）
1	巧云	1	13	梅砻	1	25	浮云社区	15	37	麻垟	1
2	勤俭	3	14	贵溪	4	26	解放社区	3	38	云坛	1
3	红光	2	15	隔溪寮	8	27	新华社区	10	39	李山前	2
4	象山	2	16	沙溪	6	28	石浦	1	40	梅湾	1
5	大徐	1	17	西弄	2	29	崇头	2	41	靛青山	2
6	黄水碓	9	18	后山	1	30	梅源	2	42	霞晓桥	4
7	睦田	2	19	河上	2	31	下垟	1	43	包山	9
8	小徐	2	20	村头	1	32	张化	1	44	沈庄	1
9	古竹	1	21	长田	2	33	黄庄	1	45	下村	1
10	瓦窑	4	22	元和社区	21	34	大牛	1	46	西坑	1
11	溪口	1	23	中山社区	24	35	大源	1	47	梓坊	1
12	河坑	2	24	青阳门社区	2	36	赤石	1	合计	—	166

2010 年，经云和县移民安置库区开发办公室（以下简称：云和县移办）核查，新安江移民直补人口 523 户 1722 人（其中含婚嫁县内 47 个村 166 人）。

紧水滩水库移民

1978 年 9 月，紧水滩水电站工地移民开始搬迁，1982 年 4 月工地移民搬迁安置结束，合计 170 户 800 人，拆除房屋 14623.77 平方米，征用土地面积 87.30 公顷。

图 32-1-1　1984 年，水利电力部部长钱正英在紧水滩水库工地视察（郑卓雄摄）

1986年6月紧水滩水电站开始蓄水，水库正常蓄水位为184米，库区居民按20年一遇洪水位(坝前188.05米)迁移，土地按5年一遇洪水回水位(坝前186.45米)征用。库区淹没涉及云和县的有龙门、大源、赤石、库北等4个公社，56个生产大队，71个自然村，淹没耕地548.82公顷、山林439.33公顷、经济果木1019.73公顷、房屋348231平方米、小水电站8个(114千瓦)、水轮泵站2个、小水库16座(库容69.7万立方米)、砖瓦窑14座、氨水池32个(容积213.5吨)、广播线路384千米、电信线路132.5千米、机耕路15千米。

图32-1-2 1983年，赤石村全景(县移办提供)

紧水滩水库移民安置情况统计表

表32-1-3 单位：人

迁出地 安置地	合计	赤石	龙门	大源	库北
丽水市(莲都区)	3340	900	1412	1028	—
外地投亲靠友	271	102	122	47	—
库边后靠	3001	1686	976	339	—
跨库队内安置	934	526	162	166	80
离籍人员	293	75	136	82	—
其他	171	94	43	25	9
县内有关乡镇安置	2701	428	1454	819	—
合计人数	10711	3811	4305	2506	89

库区外迁县内安置移民情况统计表

表32-1-4 单位：人

安置地 迁出地	合计	赤石	龙门	大源	库北
合计	2701	428	1454	819	—
沙溪公社	1318	233	706	379	—
小徐公社	1208	110	704	394	—
云和镇	136	85	44	7	—
云坛公社	39	—	—	39	—

1986年，根据“后靠为主、适当外迁”的安置方针，浙江省人民政府下达云和紧水滩库区移民招工指标289人，其中宁波市90人、杭州市38人、余杭县43人、金华市44人、湖州市74人。

截至1988年，浙江省民政厅、省移民安置办公室（以下简称省移民办）及水电部第十二工程局为紧水滩库区移民拨付补偿经费和扶持移民发展生产资金3725.52万元，提供计划内钢材91万千克、水泥782万千克、木材6540立方米。复建移民住房176168平方米、办公房65421平方米，复建公共设施自来水管31.67千米、水井8口、公路7.3千米、机耕路84千米、人行道（1.2米宽以上）31.6千米、库区码头51处、渡船30只、用电线路184千米、广播线路170千米。紧水滩水库淹没后县内新建26个移民新村，其中龙门公社5个：山后、岗上、樟坪岗、山塘湾、上叶草；库北公社1个：沙坝下；大源公社2个：潘山头、双坑；赤石公社9个：赤石黄岗、沙埠、桐子坑、大湾、垟田新村、邻村、大墓林、新林、龙眼洞；小徐公社8个：新梓、狮蛟、东蛟、龙庄、金溪、福兴、九家庄、龙雁湖；沙溪公社1个：赤龙。

图32-1-3　2006年，省长吕祖善视察建林移民村（龚启富摄）

紧水滩水库移民安置工作评估

1989年10月6日至10月25日，中国水力发电工程学会水库经济专业委员会陈星明、范鸿炎、张根林等7人考察组，在浙江省移民办公室、丽水地区行署、云和县、龙泉县和丽水市（县级市）的配合下，对紧水滩水库移民安置情况进行实地考察，并形成考察报告。考察组认为：“紧水滩水库移民工作已经取得了很大成绩，主要表现在：应迁移民基本上迁出了库区；移民的宅基地、耕地、山林基本上都已分配到户，实行生产承包；移民已建成的房屋面积有所增加、质量也有提高；安置区饮水、道路、用电、通讯、广播、学校、卫生院等公用设施基本完成，移民的生产、生活已趋向正常，奠定了稳定的基础，开始形成发展经济的格局。”同时，对少数后靠移民人均耕地较少，安置条件较差，尤其是赤石乡黄岗村移民缺乏赖以生存的基本条件等问题，提出较好的意见建议。

石塘水库移民

1985年7月1日，石塘水电站开工建设，水库正常蓄水位为102.5米，移民搬迁高程103.6米（20年一遇洪水位），征地高程103.4米（5年一遇洪水位）。库区淹没紧水滩镇的菖蒲垄、石浦村；局村乡的局村、溪口、山潭、龙石、下官坑、木垟、坑口、贵圩坝村、小顺乡的小顺、麻厂、过头、营盘、蒲潭、桑溪、续莫圩、长汀、北溪、畈头、大源口、隔溪、岭脚、滩

图32-1-4　1988年，小顺乡长汀埠头搬迁情景（县移办提供）

头、上麻厂、潘草圩、赵岸村；云坛乡的麻车岗岭脚村；双港乡的西滩头、石塘村。

石塘水库移民合计1524户5573人，其中库区农业人口3918人、非农人口486人、跨库（农业）878人、工地征用影响农业人口291人。

1985年，石塘村孙家地工地移民搬迁完成。

1986年，库区施工期淹没数据进行复核。

1987年，制订移民安置方案和制定移民补偿安置政策。

1988年，全库区动员搬迁，1988年底小顺下游库区移民搬迁出库外。

是年12月31日，石塘水库下闸蓄水，水库淹没（包括工地征用）耕地211.2公顷、山林112.80公顷、零星果木62820株，淹没个人房屋134174.63平方米、附属房38265.85平方米，淹没全民集体公房15361.25平方米、附属房352.29平方米，淹没水泵站17座、抽水机房11座、水塘1.6公顷、小水库8座（20419立方米）、防洪堤5条17463立方米、氨水池13个（容积272.5立方米）、锅灶1115个，长途电信22.37杆千米、农村电话19杆千米、10kv输入电线路50.5千米、广播线路58千米、公路17.84千米、机耕路28千米、文物古迹1处及其他公共设施22项。

1989年10月，水库移民搬迁结束，安置丽水市（现莲都区）355户1389人，其他县32户56人。本县内投亲靠友355户1685人，就地后靠2129人，跨库队内安置223人，其他形式安置91人。

石塘库区移民安置情况统计表

表32-1-5 单位：人

安置地 / 迁出地	合计	小顺	局村	紧水滩	云坛	朱村	双港	工地
丽水市（莲都区）	1389	961	321	21	11	24	19	32
外地投奔亲友	56	14	39	2	—	1	—	—
后靠安置	2129	1453	416	—	1	—	—	259
跨库队内安置	223	—	32	101	19	34	37	—
其他安置形式	91	70	21	—	—	—	—	—
县内安置	1685	962	635	82	—	6	—	—
总计	5573	3460	1464	206	31	65	56	291

云和县内移民投亲靠友情况统计表

表32-1-6 单位：人

安置去向 / 迁出乡镇	小顺	局村	紧水滩	朱村	合计	安置去向 / 迁出乡镇	小顺	局村	紧水滩	朱村	合计
云和镇	404	321	25	—	750	双港乡	15	2	—	—	17
小徐乡	277	98	40	—	415	沈村乡	6	9	—	—	15
沙溪乡	143	52	8	—	203	龙门乡	5	3	3	—	11
小顺乡	53	6	—	—	59	赤石乡	—	1	—	—	1
局村乡	21	115	3	—	139	梅源乡	—	2	—	—	2

续表 32-1-6　　单位：人

安置去向 / 迁出乡镇	小顺	局村	紧水滩	朱村	合计	安置去向 / 迁出乡镇	小顺	局村	紧水滩	朱村	合计
紧水滩镇	9	10	2	—	21	大源乡	—	2	—	—	2
朱村乡	22	—	—	—	28	雾溪乡	1	—	—	—	1
云坛乡	6	14	1	6	21	—	—	—	—	—	—
合计	935	616	79	6	1636	合计	27	19	3	—	49

至此，云和县内新建12个移民村，其中小顺乡6个：小顺、戈头、湖滨、石塘岭脚、桑溪、枫树湾；小徐乡1个：和友；云和镇2个：马鞍一弄、二弄；后靠新建村（沿用原名）12个，其中小顺乡9个：小顺、戈头、大沅口、北溪、岭足、续莫圩、赵岸、长汀上村、长汀下村，局村乡3个：局村、山潭、龙石。

石塘水电站大坝征地及库区拨款

1985—1994年，丽水地区移民安置办公室及华东水电工程咨询公司拨付移民补偿经费2645.13万元；分配计划钢材121.79万千克、水泥436万千克、汽油5.8万千克、柴油14.3万千克、化肥3.28万千克；移民个人建房91468平方米，国家企事业单位集体建房5200平方米，村队集体建房1490平方米；新建小顺、局村2个乡级安置点；新建机耕路16.62千米、公路18.74千米、人行道14.3千米、防洪堤1976米、桥梁9座、码头埠头23处，购渡船9只；新装变压器13台、发电机组100千瓦、用电线路26.5杆千米、广播线路32杆千米、自来水管道18.25千米；复建水泵6台，渠道4.1千米，扶持库区移民造田9.83公顷；建成库容32万立方米的大坑水库（供小顺、麻厂1000多人饮水，25.3公顷农田灌溉）；新建小顺鱼种场27.2公顷。

玉溪水利枢纽工程移民

1994年2月20日，玉溪水利枢纽工程（以下简称玉溪水库）正式动工（1998年建成）。玉溪水利枢纽工程指挥部合计下拨移民安置补偿等各类经费2721.9万元。

1994年10月下旬，玉溪水库淹没云和辖区内涉及石塘、朱村两个乡镇，规溪、双港、下坑、石塘坑、滩下、朱村等6个行政村的32个生产队，移民人口932人，其中水位线下淹没涉及人口329人，耕地淹没影响跨库人口603人；淹没土地127.9公顷：其中耕地86.92公顷（水田44.46公顷，旱地33.95公顷，荒地8.507公顷），非耕地35.1公顷，鱼塘5.88公顷；淹没各类果木47370株，各种零星树木、毛竹等17880株，成片林木30.08公顷；淹没房屋（正房）17692平方米、附属房1750.17平方米，20年一遇洪水位以上40厘米内的正房3232.5平方米；淹没码头4处（2775立方米）、丽浦公路1.4千米、四级和等外公路

图32-1-5　1994年2月20日，玉溪电站开工典礼（玉溪电站提供）

3.605千米、国防线33杆1.55千米、广播线12杆720米、农话线53杆2.992千米、邮电线路2.25千米、高压电线1.174千米、低压电线5.03千米；淹没水利设施拦河坝8处47723立方米、防洪堤60270立方米、渠道11处12716米、水泵7台以及相关村、户生产生活设施110项、文物5处。

1996年，云和辖区移民开始搬迁。

是年，根据《关于玉溪水利枢纽工程库区（云和辖区）移民农转非有关问题的通知》文件，办理移民农转非207人，移民建房审批61户227人，建房面积7683平方米。在规溪、下坑、双港、滩下和朱村等村造田21.34公顷，造地1.31公顷，总投资500万余元。

1996年玉溪水库云和辖区移民“农转非”情况统计表

表32-1-7

乡镇别	村别	村民队（个）	性别		农转非合计（人）
			男	女	
石塘镇	规溪	10	26	39	65
	下坑	2	14	14	28
	双港	3	9	21	30
	滩下	4	16	30	46
	石塘坑	2	2	5	7
朱村	朱村	4	9	22	31
合计	6	25	76	131	207

1997年3月，搬迁库外并清库完毕，后靠移民53户247人，跨库移民603人。

是年，玉溪库区云和辖区沿库村庄进行加固防护，兴建防护堤5处，总长3205米，投资197万元；建机耕路9条、码头5处、桥梁5座、自来水2处、水泵7台、渡船1只、水泥路2000米、变压器4台、输送电线路4千米，投资100余万元；安装双港村有线电视，115户受益，投资9万元资金；建造长215米的规溪大桥，投资200余万元。同年，玉溪库区村民开发鱼塘15.73公顷，种植雷竹3.33公顷、板栗37.6公顷、加州李3.33公顷。同年，石塘镇规溪、下坑、双港、滩下村造田15.988公顷，造地1.313公顷；朱村乡朱村造田5.56公顷。

云和县外大中型水库非安置移民

2006年，来自重庆市大红河、四川省万秀桥、河南省泰山庙水库，江西省南车、罗湾水库，丽水地区景宁县滩坑、英川、上标水库，遂昌县乌溪江水库，松阳县谢村江、东坞水库，莲都区高溪水库等地的74名外地移民因婚嫁、投亲靠友到云和登记，分布在云和、石塘、大源、朱村、雾溪、云坛、安溪、云丰8个乡镇。

小型水库

1964—2007年，建成小型水库（小一、小二）18座，1527人移民就地后靠安置，其中练功坪水库169人农转非。

云和县小型水库基本情况汇总表

表 32-1-8

水库名称	水库所在地		水库库容(万立方米)	装机容量(千瓦)	工程竣工时间	淹没土地(公顷)	影响人数	型号
	乡镇	涉及村						
梅砻	云和镇	梅砻、西弄、贵溪	761	—	1964	28	380	小(一)
大湾	石塘	小顺	81	—	1966	4.13	41	小(二)
金竹砻	紧水滩	莲塘	74	—	1966	3.93	39	小(二)
里山坑	石塘	规溪村	53.3	320	1972	2	25	小(二)
横山头	石塘	横山头	92	—	1972	3.8	124	小(二)
泗洲堂	云坛	陈邑村、云坛村	630	500	1978	22.67	39	小(一)
大坑	石塘	湖滨、小顺	32	100	1989	1.2	8	小(二)
三望潭	紧水滩	金水坑	41	900	1997	1.8	15	小(二)
楼梯步	石塘	石塘坑、上坪	69.8	—	1993	1.88	17	小(二)
金泉	朱村	杨村、竹子坪	62.2	500	1997	2.33	11	小(二)
练功坪	云丰	张家地、王荫山、盘条口、商坑下、田坑	850	25000	2001	32.1	463	小(一)
十八塆	紧水滩	枫桶岗、莲塘	85	1000	2003	3.01	24	小(二)
龙头坑	云和	山脚、木西花、小徐	75	600	2003	1.87	16	小(二)
金坑口	沙浦	田坑、林山、梓坊	721	16000	2005	28.13	259	小(一)
百廿步	赤石	临海垟、张源头	25	500	2006	1.47	29	小(二)
青山水库	云坛	靛青山	152	3200	2006	2.67	9	小(一)
月塆	云丰	沙浦乡、田坑、商坑下	95	1260	2006	5.33	65	小(二)
锯板坑	大湾	大湾、林山下	85	2520	2007	3.6	23	小(二)
合计	—	—	3984.3	—	—	147.87	1527	—

第二节 移民遗留问题处理

赤石黄岗移民遗留问题处理

1983 年 9 月,赤石移民动迁期间,浙江省民政厅派员调查赤石黄岗村环境和容量,认为“该村移民后靠过量,难以巩固。”丽水地区、云和县有关领导认为“黄岗”是个问题,但不会影响全局,决定仍按原规划执行,待今后视情再作适当处理,并从扶持发展生产专项资金中,划出 80 万元作为专款用于解决赤石黄岗问题。

1984—1985 年,云和县赤石乡政府、赤石黄岗村陆续投入补偿费 48 万元,先后创办玩具、节能设备、电子仪器、服装厂等乡村企业,解决剩余劳动力。因交通不便、信息不畅、技术落后、经营管理经验不足,所以,除玩具厂效益较好之外,其他企业相继停产关闭,移民生活日显艰难。

1986年1月，云和县人民政府向浙江省人民政府反映紧水滩库区赤石黄岗村、阴岩村的跨库移民，耕地很少、生活困难，要求另谋生计、安排就业等问题。是年3月，浙江省民政厅再次派员实地调查后，向省政府报送《关于黄岗赤石村后靠移民安置情况和处理意见的报告》。是年5月，黄岗后靠移民154人集体赴浙江省信访局上访，要求解决生活困难问题。浙江省政府办公厅召集省民政厅、丽水行署、云和县政府有关领导和移办负责人在杭州开会商讨解决方案。会议决定，采取少批量、多渠道的措施，化整为零、逐步消化。是年，通过招工解决黄岗村111人生活困难问题。1988年6月，黄岗村招工的111人转为非农业人口。1989年12月，将安置湖州农垦场11户黄岗移民双职工子女中23人的户粮关系迁入所在单位，为农场自产粮供应。

图 32-1-6　2007年，市委书记楼阳生调研库区后靠移民生产生活情况（县电视台提供）

1988—1995年，云和县有关部门本着既不排斥重迁安置也不放松经济开发的原则，扶持黄岗移民发展生产开拓创业，种植水果（34.6公顷）等，经济状况和生活水平有所改善，但黄岗村仍属贫困县中的贫困村，年人均收入低于全县平均水平，部分移民处境艰难。

1996年9月，云和县人民政府印发《关于赤石乡赤石行政村移民安置遗留问题若干实施意见的通知》，要求赤石乡人民政府妥善处理赤石黄岗移民安置遗留问题，本着“稳定大局、就地开发、分流脱贫”的原则，采取“农转非、下山脱贫、就地扶持开发”三种方式，实现农转非200人、下山脱贫384人、就地扶持开发151人，合计拨付经费450万元（专项补助80万元、丽水行署扶持50万元、地区移民安置办公室拨付开发资金70万元、紧水滩库区维护费拨付250万元）；农转非、下山脱贫对象的原山林、土地权属证废止，由赤石乡统一调整给就地后靠开发户（重新发证），原有果木、青苗按实种数量以及生长情况，分级评定、统筹补助；下乡脱贫对象，建房在赤石黄岗的人均补助9500元（含土地费5500元），建房在外的人均补助4800元（含土地费4600元）；就地扶持开发户，人均投资1000元，分年组织实施，逐步达到每人平均拥有干水果0.13公顷左右。

农转非对象在保证本人自谋职业的前提下，户粮关系允许迁入城镇居委会，享受居民同等待遇；房屋在赤石的下山脱贫户，自找村队落户，经乡、镇审查同意签订合同，落实人均耕地0.04公顷（包括宅基地），并将户粮关系迁入落户地；户粮关系在赤石村、房屋在外地的下山脱贫户就近自找村、组落户，经乡、镇政府审查同意签订合同，落实人均耕地0.033公顷，并将户粮关系迁入落户地。

赤石行政村下山脱贫人员去向统计表

表 32-1-9

地点	下山脱贫乡镇	户数（户）	人口数（人）	地点（县外）	下山脱贫乡镇	户数（户）	人口数（人）
云和县内	云和镇	82	232	文成县	下垟乡	1	2
	沙溪乡	51	124	景宁县	大地乡	1	2
	安溪乡	2	9	龙泉县	道太乡	2	3
	崇头镇	3	7	丽水市	水阁	1	1
	赤石乡	2	4	—	—	—	—
合计		140	376	合计		5	8

紧水滩　石塘库区移民定销粮差价补贴

1979 年，紧水滩工地后靠移民、紧水滩库区后靠移民（含跨库移民）没有土地或土地不足的移民人口由粮食部门核实发放定销粮票。1982 年，根据《关于紧水滩电站库区移民问题座谈会纪要》文件规定，田、地全部淹没的农民按人均口粮 350 公斤定销（包括饲料）。

1985 年，浙江省人民政府印发《关于调整农村粮油购销政策的通知》，农村粮油购销政策调整，粮食放开、物价改革，紧水滩库区后靠移民群众对产生的定销粮差价问题反应强烈。是年，云和县人民政府向浙江省人民政府提出《关于紧水滩电站库区移民定销粮差价问题的请示》，浙江省政府在 1986 年给云和县库区移民定销粮差价补贴 12 万元。1987 年、1988 年，紧水滩库区移民定销粮差价由云和县自筹从移民经费中列支。

1989 年，国务院重新调整返销粮价格。是年 6 月，省政府办公厅在杭州召开省财政厅、省移民办、省粮食厅及相关电站（水库）属地县政府、粮食局、移民安置部门负责人会议，研究落实水电站移民定销粮差价补助事项。后，浙江省财政厅、浙江省移民办公室印发《关于返销农村粮价调整后对若干电站水库后靠移民吃定销粮户给予困难补助的通知》，决定补助因定销粮提价后而造成生活困难的库边后靠移民，核定云和县电站水库移民定销粮 165 万千克（紧水滩 110 万千克、石塘 55 万千克，此后，每年给予定销粮差价补助 27 万元）。

1994 年，因粮价上涨，定销粮差价补助又上调一次。

2006 年，省长吕祖善到云和、龙泉等市县调研后，提高浙江省新安江、富春江、乌溪江、黄坛口、紧水滩、石塘水库的移民定销粮差价补助。

2009 年，根据浙江省财政厅《关于下达 2009 年度移民返销粮的通知》文件规定，每年补助云和县后靠移民返销粮资金 200 万元。

1991—2010 年全县移民定销粮差价补助表

表 32-1-10

年份	赤石乡		石塘镇		紧水滩镇		云和镇		累计	
	数量（万千克）	金额（万元）	数量（万千克）	金额（万元）	数量（万千克）	金额（万元）	数量（万千克）	金额（万元）	数量（万千克）	金额（万元）
1991	125.14	5.28	—	3.33	74.91	3.31	0	1.29	200.05	13.21

续表 32-1-10

年份	赤石乡		石塘镇		紧水滩镇		云和镇		累计	
	数量(万千克)	金额(万元)	数量(万千克)	金额(万元)	数量(万千克)	金额(万元)	数量(万千克)	金额(万元)	数量(万千克)	金额(万元)
1992	125.14	11.89	—	3.33	74.91	7.12	0	1.29	200.05	23.63
1993	62.65	16.29	37.17	9.66	37.91	9.86	14.33	3.75	152.06	39.56
1994	62.65	28.82	37.21	14.88	37.91	17.44	14.37	5.75	152.14	66.89
1995	62.65	28.19	37.21	16.74	37.91	17.06	14.37	6.47	152.14	68.46
1996	62.65	26.31	37.21	15.62	37.91	15.92	14.37	6.03	152.14	63.88
1997	51.00	21.93	38.47	16.54	36.74	15.80	14.20	6.11	140.41	60.38
1998	39.36	16.92	37.14	15.97	34.15	14.68	13.78	5.93	124.43	53.50
1999	38.82	16.69	36.23	15.58	34.10	14.66	12.91	5.55	122.06	52.48
2000	39.19	16.85	36.39	15.65	35.17	15.12	12.37	5.32	123.12	52.94
2001	38.32	16.48	36.39	15.65	35.96	15.46	11.77	5.06	122.44	52.65
2002	38.94	16.74	36.13	15.54	39.12	16.82	14.28	6.14	128.47	55.24
2003	38.94	16.74	36.13	15.54	36.23	15.58	13.69	5.88	124.99	53.74
2004	38.94	16.74	36.13	15.54	36.23	15.58	13.69	5.88	124.99	53.74
2005	39.94	17.18	37.14	52.45	37.62	91.25	13.58	5.84	128.86	166.72
2006	39.94	22.77	36.08	20.56	37.20	21.20	13.58	7.74	126.80	72.27
2007	39.94	55.92	36.08	52.00	37.20	52.67	13.58	19.01	126.80	179.60
2008	40.46	56.36	37.20	51.85	38.18	53.68	13.02	18.23	128.86	180.12
2009	40.10	56.14	37.11	51.95	37.90	53.06	12.99	18.18	128.10	179.33
2010	40.03	56.14	37.11	51.95	37.90	53.06	12.99	18.18	128.03	179.33
合计	1064.80	520.38	662.53	470.33	815.16	519.33	243.87	157.63	2786.36	1667.67

库区移民“农转非”

1996—1999 年，针对玉溪水利枢纽工程库区移民安置问题、紧水滩、石塘水电站库区后靠移民的安置缺乏耕地及生产资源匮乏问题，县人民政府向丽水地区计划经济委员会申请“农转非”指标。根据县人民政府发布《关于玉溪水利枢纽工程库区（云和辖区）移民农转非有关问题的通知》《关于下达紧石库区移民农转非指标的通知》《关于转发丽水地区计经委〈关于下达紧水滩等电站库区移民“农转非”计划指标的通知〉的通知》《关于成立云和县库区移民农转非领导小组的通知》，库区移民在“自谋出路、自愿申请”的前提下办理“移民农转非”3 批 1234 人。

库区开田造地

1989—1991 年，投资 60 多万元，利用石塘库区浅水位造田造地，在紧水滩镇石浦、小顺长汀以及局村木垟等村兴造田地 9.82 公顷。

1996—1998年，投资483万元，利用玉溪水库浅水位，在规溪、下坑、双港、朱村等8处兴造田地21.46公顷。

2001年，投入693.27万元在云和镇、石塘镇、紧水滩镇、赤石乡等48处造田29.77公顷。

1991—2010年移民造田造地统计表

表32-1-11

造田造地时间	乡镇	村别	造田造地面积（公顷）	投入扶持补助金额（万元）
1989—1991年石塘水库动迁安置	紧水滩 小顺乡	石浦、赵岸等村	9.82	60
1996—1998年玉溪水库动迁安置	石塘镇	规溪、双港、朱村	21.46	483
	朱村乡	下坛等村	21.34	
1997—2001年移民造田补助	云和镇	局村、溪口等3处	1.71	30.66
	石塘镇	长汀等4处	2.39	42.02
		小顺等2处	2.216	5..39
		湖滨村等3处	2.65	64.3
		石塘、西滩头等2处	3.314	59
		滩下1处	0.8	4.6
	朱村	石门坑等2处	1.2	19
	紧水滩镇	菖蒲砻2处	1.4	17.50
		金水坑6处	4.93	69.33
		饭井砻4处	2.418	47.95
		梓坊村3处	2.714	57.18
	大源乡	田铺村2处	1.811	40.94
		大源村2处	1.36	23.53
		渡蛟村5处	3.73	93.19
	赤石乡	新林1处	0.499	7.79
		担布坑1处	0.67	5.4
		阴岩村3处	2.154	53.47
		建源村2处	0.933	16.5
		垟田1处	0.44	9.14
合计	—	—	89.96	1204.5

玉溪库区周边地基沉陷

1997年，玉溪电站水库蓄水发电，1998年，库区周边出现8户村民房屋地基沉陷后，每年出现新沉陷户。云和县成立沉陷调查鉴定小组，并委托浙江省第七地质大队专家调查鉴定分析，提出解决方案。

1998—2009年，投入155.54万元维修地基沉降的222户民房。

移民危房修缮

1999 年，部分库区和安置区出现山体滑坡、地基开裂等问题，移民房子不同程度出现开裂、倾斜等现象。至 2004 年，经移民危房户申请，县移办按“申请一户，处理一户”的原则实施危房鉴定补助工作。2005 年，云和县移办制定《云和县移民危房修缮实施细则》。

1999—2010 年危旧房修理情况统计表

表 32-1-12

序号	年份	户数(户)	面积(平方米)	补助资金(元)
1	1999	2	—	8000
2	2000	9	—	93884.55
3	2001	16	—	128597
4	2002	3	—	17989
5	2003	2	—	3753
6	2004	3	—	136121
7	2005	34	2789.40	107342.52
8	2006	14	1274.15	78425.72
9	2007	9	534.09	20074
10	2008	7	541.15	23568
11	2009	7	394.29	18975
12	2010	9	513.26	24301
合计	—	115	6046.34	661030.79

移民招工 就业

1986 年 5 月，浙江省人民政府办公厅发文《关于将紧水滩水库部分移民招收为合同制工人的函》，下达云和县库区招工指标 342 人，经丽水行署协调落实 289 人。

紧水滩水库后靠移民招工情况统计表

表 32-1-13

用工单位	云和县				合计(人)
	赤石乡(人)	龙门乡(人)	大源乡(人)	紧水滩镇(人)	
宁波硫酸厂	7	2	3	1	13
宁波橡胶厂	15	4	6		25
宁波和丰纺织厂	7	2	2	2	13
宁波万信纱厂	13	5	3		21
宁波第二针织厂	9	3	4	2	18
浙江省丝绸公司	26	—	—	—	26

续表 32-1-13

用工单位	云和县				合计(人)
	赤石乡(人)	龙门乡(人)	大源乡(人)	紧水滩镇(人)	
杭州市蚕种场	6	3	3	—	12
余杭县丝绸厂	4	1	—	2	7
余杭县临平酒厂	16	4	7	8	35
金华市第一建筑公司	30	5	5	5	45
湖州市塔山蚕种场	9	4	2	—	15
湖州市吴兴蚕种场	9	4	2	—	15
湖州市农垦场	30	8	6	—	44
合计	181	45	43	20	289

1987年，依照浙江省劳动人事厅《关于同意杭州木材总厂原木工区从农村招工的批复》、杭州市劳动局《关于同意杭州木材总厂原木工区从农村招收五十名归楞工的批复》，同意杭州市木材总厂向石塘电站工地移民招工30名的指标。

1988年6月，浙江省劳动人事厅印发《关于紧水滩电站水库移民招工转迁户粮问题的通知》，将试用期满的移民合同工的户粮关系及时转入招工单位，由国家供应商品粮。

1989年，云和县石塘村、西滩头、岑脚三村30名工地移民被杭州木材总厂招收为合同制工人。是年12月，浙江省人民政府办公厅函复云和县："同意将安置在湖州农垦场的11户移民双职工子女23人的户粮关系迁入所在单位，作农场自产粮供应处理，这些人的土地山林补偿安置费，按人均2000元的标准由云和县拨付湖州农垦场。"是年，云和县移办拨付湖州农垦场安置费4.6万元。

中央直属水库移民遗留问题处理规划

编制移民后期扶持规划 1991年12月，云和县移办编制云和县开发性移民工作"八五"计划和"十年规划"上报丽水地区移民办公室。

1995年7月，云和县移办编制"紧水滩、石塘两库移民遗留问题处理规划"，上报丽水地区移民办公室。

1997年7月，云和县移办编制"紧、石水库（1997—2000年）处理移民遗留问题规划"上报浙江省移民办公室。

2001年12月，云和县人民政府编制《新安江、紧水滩、石塘水库遗留问题（2001—2006年）实施规划》上报浙江省移民办公室，要求批准实施。

2007年3月，云和县人民政府关于要求批准《云和县大中型水库移民后期扶持规划的请示》，上报丽水市人民政府。

2007年8月，云和县发展和改革局、云和县移民安置库区开发办公室编制"云和县大中型水库库区和移民安置区基础设施建设和经济发展规划"，上报浙江省移民办公室。

六年规划编制上报情况 2001年，云和县移办根据中央扶持资金70%用于基础设施项目，30%用于扶持发展生产项目的原则，制定6年规划：总投资655.1万元，其中中央扶持260万元，地方配套260万元，群众自筹135.1万元。是年4月，该规划开始调查、编制，2002年10月完成编制，并上报省移民办审批。2004年3月，省移民办下达项目资金，开始实施规划。

六年规划实际支出情况　2003—2008年，共下达预算数281万元，其中14万元为规划费；2003—2008年，共支出182.18万元，其中基础设施项目支出147.2万元，所占比重为80.80%，生产项目开发支出14.8万元，所占比重为8.13%，科技推广费6.18万元，所占比重为3.39%，规划费1.4万元，所占比重为7.68%。

后期项目扶持　1987—1996年，移民搬迁安置后急需解决库区水面交通、安置村"三通"和安置过程中移民发生的特殊困难，采取轻重缓急、急需安排的原则和村队配套的原则。无偿扶持根据村队集体申请，乡、镇同意上报，云和县移办派员考察、核实工程量，经云和县移办集体研究后报云和县政府审批同意后下文组织实施，项目完工验收合格给予兑现补助资金；有偿扶持因移民从事种植养殖业、食用菌生产以及第二、三产业等缺少周转资金，由个人申请，按云和县政府规定，经审查批准后给予小额短期贷款，由乡镇移办办理，从移民生产扶持专项资金及紧、石移民开发资金有偿部分中给予办理。

1997年，无偿扶持移民的基础设施和生产发展项目，以项目形式实施扶持，每年由移民村以项目向乡镇政府申报，经乡、镇审查同意后报云和县移办，云和县移办对上报项目进行考察、筛选。在省移民办公下达年度计划指标内，编制年度实施计划，经云和县政府审查同意后报省移民办审批，省移民办批准后，由云和县移办发文组织实施，项目竣工验收合格后付款兑现。

2006年5月，国务院《关于完善大中型水库移民后期扶持政策的意见》下达贯彻；7月，中共云和县委、云和县人民政府出台《关于进一步加强移民工作的若干意见》，提出17条加强领导、推进移民工作顺利开展等5个方面的具体实施意见。

2007年，浙江省财政厅、浙江省水库移民安置办公室印发《关于印发浙江省大中型水库移民后期扶持资金使用管理暂行办法的通知》，后期扶持资金实行年度预决算管理。

第三节　公共基础设施建设

人畜饮用水管网建设

1988—1991年，建造库容32万立方米的小顺大坑水库，解决小顺、湖滨等村1000多人饮用水和25.3公顷农田灌溉问题，安装100千瓦电站，投入移民补偿费和开发资金160多万元。1993年遭洪灾后，拨付资金8万元对大坝进行维修。

1992—1993年，扶持赤石黄岗移民村饮水工程，投入资金32.16万元。

1997—1999年，扶持库区6座中、小学校学生饮水工程建设，投入资金21万元。

1999年扶持紧水滩镇瑞滩上坪岗、龙渡、梅山等村饮水工程，投入资金15万元。

2000年，扶持县自来水厂，投入资金50万元。

2000—2003年，扶持黄水碓、白垟墩等区域自来水厂大管网饮水建设，投入资金36万元。

2004年，扶持垟背、新建、山背、陈邑、沈岸过路廊、高胥等移民安置村改水，投入资金102.97万元。

2009年，扶持安排云和镇局村梅岗源、程宅际口、石塘镇西滩头等安置点安装自来水，投入资金57.4万元；扶持建造云和镇大徐至局村、溪口村自来水厂供水安装工程，投入资金50.66万元。

鱼种场建设

1988—1990年，投资96万余元建造小顺库湾鱼种场，其中小顺、麻厂两村投资50万元，石塘水库移民开发资金投资46万元。

1990年，鱼种场下坝倒塌，云和县移办下拨移民开发资金4.5万元修复下坝。合计投入补偿经费和开发资金100.5万元。

水利设施建设

1991—2010年，移民安置区修复防洪堤18处、水坝20处、水毁农田修复19处、渠道7处，水塘、水库等8处，合计列项72项，下拨移民扶持资金244.58万元。是年，移民安置区低产田改造列项70项，新建翻水站4个，购置灌溉设备3套，修建灌水渠道37条，新建三面光渠道10条，蓄水池1个，合计投入扶持资金177.48万元。

交通　电力　广播通信等基础设施建设

1991—2010年，紧水滩、石塘、玉溪三库区购置钢质渡船19只（其中客船15只、两拖驳货船4只），购置生产用船5只（其中动力船1只，手划生产用船4只），累计投入扶持资金42.6万元；投资建设库区码头、埠头渡口104处，其中紧水滩水库63处、石塘水库33处、玉溪水库2处，县移办与云和县交通局配套建设库区大型6处码头，即龙门货运码头、大源码头、库北码头、垟田码头和赤石黄岗南北码头，共计列项104个，累计投入扶持资金344.8万元；投资库区水面交通发放渡工工资和购买柴机油补贴219.66万元，库区大小渡船正常维修补助费用120.47万元，库区水面交通宣传及救护费用23万元，以上三项列项投入扶持资金363.13万元；投资建设紧水滩坝顶至龙门总长6.05千米的标准公路，投入紧水滩开发资金206.7万元；建设乡、村简易公路62条，累计长达174.413千米，投入扶持资金716.57万元；投资建设乡、村公路，投入资金1076.4万元；投资建设23处乡村康庄公路，累计总长度149.4千米，投入扶持资金239.98万元；投资建设面积4800平方米的紧水滩镇龙门停车场，投入扶持经费27万元；投资建造桥梁50座（含配套），长度达1567米，投入扶持资金668.91万元。

1991—2010年交通设施建设情况统计表

表32-1-14

序号	扶持项目	数量	扶持金额（万元）
1	购置渡船	24只	42.60
2	库区码头、埠头建设	104处	344.80

续表 32-1-14

序号	扶持项目	数量	扶持金额(万元)
3	紧水滩、石塘、玉溪水面交通渡工、柴机油补贴	3 处	363.13
4	投资建设乡、村公路	203.39 千米/村	1076.40
5	投资扶持康庄公路	149.40 千米	239.98
6	建设龙门停车场	4800 平方米	27
7	投资库区桥梁建设	50 座	668.91
	合计	—	3685.37

农用电力建设

1991—2010 年，扶持移民安置区解决农用电照明项目 64 个，安装变压器 22 台，农用照明线路改建 42 处，64 个移民点受益，累计投入资金 75.588 万元。

电视设施建设

1997 年，消灭电视空白村，库区和移民安置区列项 34 个，30 多个移民点、2 所中学受益，投入资金 51.04 万元。

文化教育卫生旅游公共设施建设

1991—2010 年，紧水滩库区新建赤石、建源、龙门、渡蛟等风景亭 4 处；云和县移办赴富阳购置 4 条龙舟，配合举办“云和县第一届龙舟赛”，投入资金 11.7 万元；小学校舍修复 18 处，扶持资金 41.55 万元；购置中小学课桌椅 20 批，扶持资金 40.55 万元；购置教学设备、电脑、图书，扶持资金 5 万元；幼儿园建设 3 处，扶持资金 5 万元；中小学校园整理 8 项，扶持资金 51 万元；赠送紧水滩镇小学 2 幢房屋(连操场)价值 4 万元，合计扶持资金 147.1 万元；扶持县图书馆购书、绿地建设，投入资金 4 万元；扶持库区、乡镇卫生院修房、购买医疗设备和水库卫生救护船等 5 项，拨付库区扶持资金 18.5 万元；云和县移办在龙门中心岛开发种植名优水果，供游客观赏品尝。

乡村其他设施建设

1991—2010 年，乡村开展完结村、达标村、小康村、整治村、示范村建设活动，扶持移民区乡村排污、改厕 16 处，下拨库区资金 52.84 万元；建设 20 个乡村整治村，扶持资金 110 万元；建设 9 个省级示范村，扶持资金 71 万元。

图 32-1-7 2010 年改造后的梓坊村(县移办提供)

新安江水库移民公共设施建设

1986 年，国务院办公厅转发水利电力部《关于抓紧处理水库移民问题报告的通知》。云和县民政局向浙江省移民办借贷款 47 万元，申请无偿补助 19.2 万元，帮助移民村修建机耕路 37.50 千米，改建饮水设施 3处，受益 750 人；改造低压线路 26 千米，受益 4 个移民村；扶持种养业及乡镇企业，移民人均收入从扶持前的150元增加到扶持后的680元。

1995年，浙江省移民办把垟背村纳入重点扶持村，扶持2万元改造电力线路，扶持8000元开发100亩荒山。同时，垟背村与杭州拱墅区八丈井结对开发，得到扶持资金5.40万元，港商黄鸿年捐赠10万元用于改造村校。

第四节 移民生产生活扶持

大中型水库农村移民中央直补资金扶持

2006年，根据《国务院关于完善大中型水库移民后期扶持政策的意见》规定，2006年6月30日前已搬迁的大中型水库（库容1000万立方米以上）农村移民纳入后期扶持范围。根据云和县人民政府部署，云和县移民安置库区开发办公室及相关乡、镇政府对2006年云和县大中型水库农村移民进行统计、核实，确定2006年云和县纳入中央后期扶持的农村移民为17946人。

2006年7月1日至2010年12月底，中央直补移民个人资金3245.22万元，跨库移民（农业人口）中央直补资金采取开发项目扶持到村、队，拨付扶持款1600万元。

云和县大中型水库农村移民直补资金统计表

表32-1-15

年份	2006年		2007年		2008年		2009年		2010年		合计	
乡镇	人口数（人）	金额（万元）	人口数（人）	金额（万元）	人口数（人）	金额（万元）	人口数（人）	金额（万元）	人口数（人）	金额（万元）	人口数（人）	金额（万元）
云和镇	6931	207.93	6899	413.94	6858	411.48	6817	409.02	6782	406.92	34287	1849.29
紧水滩镇	916	27.48	909	54.54	901	54.06	886	53.16	878	52.68	4490	241.92
崇头镇	391	11.73	387	23.22	385	23.10	381	22.86	380	22.80	1924	103.71
石塘镇	1714	51.42	1708	102.48	1702	102.12	1694	101.64	1683	100.98	8501	458.64
赤石乡	920	27.60	914	54.84	908	54.48	896	53.76	889	53.34	4527	244.02
大源乡	284	8.52	283	16.98	281	16.86	288	17.28	286	17.16	1422	76.80
朱村乡	60	180.00	59	3.54	59	3.54	59	3.54	58	3.48	295	15.90
云坛乡	542	16.26	536	32.16	534	32.04	529	31.74	529	31.74	2670	143.94
云丰乡	7	0.21	7	0.42	7	0.42	7	0.42	7	0.42	35	1.89
黄源乡	2	0.06	2	0.12	2	0.12	2	0.12	2	0.12	10	0.54
安溪乡	27	0.81	28	1.68	28	1.68	28	1.68	27	1.62	138	7.47
雾溪乡	378	11.34	376	22.56	376	22.56	374	22.44	370	22.20	1874	101.10
合计	12172	365.16	12108	726.48	12041	722.46	11961	717.66	11891	713.46	60173	3245.22

云和县新安江 紧水滩 石塘水库移民农村医疗保险补助

2006年，根据《关于进一步加强移民工作的若干意见》《中共云和县委、云和县人民政府关于进一步加强移民工作的若干意见》文件精神，云和县对新安江、紧水滩、石塘水库移民参加新型农村合作医疗保险的移民个人负担部分每人每年给予补助10元，至2010年，累计发放补助金额53.38万元。

2005—2010年云和县农村医疗保险补助统计表

表32-1-16

年份＼乡镇	乡镇	赤石乡	紧水滩镇	石塘镇	云和镇	云坛乡	崇头镇	合计
2005年	人口数(人)	712	1154	1389	3575	469	366	7665
	金额(元)	7120	11540	13890	35750	4690	3660	76650
2006年	人口数(人)	750	1154	1509	4140	469	366	8388
	金额(元)	7500	11540	15090	41400	4690	3660	83880
2007年	人口数(人)	971	1014	1297	4324	469	366	8441
	金额(元)	9710	10140	12970	43240	4690	3660	84410
2008年	人口数(人)	831	1014	1354	5003	469	366	9037
	金额(元)	8310	10140	13540	50030	4690	3660	90370
2009年	人口数(人)	865	1125	1520	5606	469	366	9951
	金额(元)	8650	11250	15200	56060	4690	3660	99510
2010年	人口数(人)	859	1115	1511	5575	469	365	9894
	金额(元)	8590	11150	15110	55750	4690	3650	98940
合计	人口数(人)	4988	6576	8580	28223	2814	2195	53376
	金额(元)	49880	65760	85800	282230	28140	21950	533760

移民子女英才奖

1999年，根据《关于开展“云和县移民子女英才助学活动”的通知》，移民子女考上大学并就读的每人一次性奖励1000元，同时，给予县内相应的高级中学一定的奖励。

1999—2010年云和县移民子女英才奖统计表

表32-1-17

年份	移民子女英才奖		
	考取大学数(人)	奖励学生资金(万元)	奖励学校资金(万元)
1999年	36	3.60	3.60
2000年	42	4.20	4.20
2001年	45	4.50	4.50
2002年	56	5.60	5.60
2003年	43	4.30	4.30

续表 32-1-17

年份	移民子女英才奖		
	考取大学数(人)	奖励学生资金(万元)	奖励学校资金(万元)
2004年	18	1.80	1.80
2005年	37	3.70	3.70
2006年	55	5.50	5.00
2007年	49	4.90	4.20
2008年	29	2.90	2.30
2009年	50	5.00	4.10
2010年	46	4.60	3.80
合计	506	50.60	47.10

移民特殊困难补助

1991—2010年，水库部分移民搬迁后，因病、因灾生活存在不同程度的困难，云和县移办合计发放补助资金151.98万元。

种植业扶持

水果类种植业扶持 1987-2010年，无偿扶持紧水滩水库后靠移民柑橘种植560.1公顷，无偿扶持资金138.61万元；抚育管理470.3公顷，无偿扶持资金24.08万元。无偿扶持种植、抚育云和雪梨77.82万元（种植雪梨250.05公顷，扶持59.25万元；累计抚育雪梨面积282.08公顷，扶持18.57万元）。无偿扶持种植、抚育杨梅14.51万元（种植杨梅48.4公顷，扶持10.31万元；累计抚育面积56.7公顷，扶持4.2万元）。改造果园面积28.96公顷，无偿扶持资金28.96万元。

食用菌种植业扶持 1991—2010年，无偿扶持安置区、库区移民种植香菇、黑木耳等食用菌3754.20万袋，发放扶持资金474.44万元。

板栗种植业扶持 1992—2010年，无偿扶持种植、抚育板栗174.21万元（种植板栗616.50公顷，无偿扶持113.97万元；累计抚育板栗面积1312.20公顷，扶持60.24万元）。

图 32-1-8 2009年，石塘小顺板栗基地（龚启富摄）

茶叶种植业扶持 无偿扶持174.68万元种植乌牛早、白茶等名特优茶叶306.9公顷，扶持121.81万元；抚育茶叶面积280.9公顷，扶持52.87万元。

蔬菜种植业扶持 2009—2010年，无偿投入扶持资金33.48万元，种植吊瓜43.1公顷、蔬菜（示范）6.7公顷、生姜等27.3公顷，合计89.1公顷。

水产养殖扶持

紧水滩 石塘水库鱼苗养殖 1989—2001年，紧水滩、石塘水库投放花鲢、白鲢、银鱼鱼苗642万尾，无偿投入扶持资金84.6万元，其中在紧水滩、石塘水库开展试养银鱼20万尾，投入资金 8 万元。

紧水滩 石塘水库网箱养殖　1991—2010 年，紧水滩、石塘水库水产开发总站在石塘水库戈头库湾开展网箱养殖试验成功，每平方米产量 100 多公斤；库区移民网箱养鱼 872 只，投入扶持资金 55.92 万元；移民水塘养鱼 2 公顷，投入无偿扶持资金 3.66 万元；湖州珍珠养殖专业户来石塘水库小顺库湾养殖场养殖珍珠试验，总投资 40 万元，县移办扶持资金 10 万元。

养殖业扶持

1991—2010 年，扶持家禽家畜养殖 215.5 万元，其中养猪 16566 头，扶持资金 131.87 万元；养牛 341 头，扶持资金 17.23 万元；养羊 600 只，扶持资金 6 万元；养鸡鸭 174500 羽，扶持资金 27.82 万元；养兔 107 户，扶持资金 4.27 万元；养殖其他野生动物 700 只，扶持资金 28.3 万元。

库区生态公益林建设

池杉种植　1990 年，紧水滩水库库边消落区种植池杉 5000 株，投入资金 1.65 万元。

封山育林　1990—2003 年，紧水滩库区封山育林 3102.4 公顷，投入移民发展生产资金1.5 万元；紧水滩、石塘、玉溪水库第一剖面山地实行封山育林、涵养水源，面积 15907.8 公顷，投入资金 7.17 万元。

厚朴种植　1994—1996 年，丽水地区移民办、云和县移办与紧水滩瑞滩村、大源乡渡蛟村联合种植中药材厚朴 149.4 公顷，投入种植资金 64.92 万元，投入抚育管理资金 17 万元。

笋竹种植　1996—2002 年，种植雷竹 40.7 公顷，投入扶持资金 13.43 万元；种植笋竹两用林 314.4 公顷，投入扶持资金 8.75 万元；抚育雷竹、笋竹两用林 290.8 公顷，拨付扶持资金 12.41 万元。

油茶抚育　2000—2010 年，在紧水滩库区龙门等油茶重点产区进行油茶低产改造，抚育油茶面积 1292.5 公顷，投入扶持资金 75.64 万元。

香菇市场扶持

1999—2004 年，扶持县香菇市场建设资金 6.5 万元。

工业园区扶持

2004 年，扶持玩具工业园区建设资金 300 万元。

创业致富奖励

2001 年，开展致富带头人奖励活动，17 家玩具企业参加浙江省第三次广交会，发放奖励金 4.8 万元。

2009 年，开展创业致富标兵评比活动，合计奖励 3 万元。

至 2010 年，鼓励移民注册农民专业合作社，扶持 6 家移民专业示范合作社，投入扶持资金 20 万元。

紧水滩、石塘水库移民开发资金有偿扶持

1987—2010 年，云和县移办根据浙江省人民政府《关于紧水滩电站移民开发资金使用问题的批复》文件精神和云和县人民政府《关于印发紧水滩电站移民开发资金使用管理的规定(试行)》通知，紧水滩、石塘水库移民开发资金开展有偿周转扶持，重点扶持玩具为主加工业和食用菌、板栗、雪梨等种植业及第三产业。扶持128家移民玩具加工厂，每年新增移民就业1000~1500人，其中最为典型的是1992年小徐乡福兴村14户移民有13户办玩具加工厂，人均收入超2000元。沙溪、小徐等安置区移民种植香菇、木耳等食用菌达到400余户，每袋给予0.4元有偿扶持。

移民技能培训

1992—2010年，每年举办包含种植业、养殖业、加工业和第三产业中的相关内容的各类技术培训班，聘请老师、专家讲课，发放培训资料，其间的1999年，邀请浙江林学院夏道鸿教授到库区讲授板栗种植生产高产技术。

1991—2010年云和县移民技能培训情况统计表

表32-1-18

年份	人口数(人)	培训资金(万元)	年份	人口数(人)	培训资金(万元)
1991	440	2	2001	500	5
1992	205	0.5	2002	1420	4
1993	296	0.4	2003	1670	6
1994	374	0.6	2004	1800	7.2
1995	277	0.8	2005	1330	5.6
1996	345	0.5	2006	1530	8
1997	600	0.8	2007	1488	10
1998	548	1	2008	1300	12
1999	820	2.6	2009	1432	9.2
2000	392	1.5	2010	1350	5
总计	4297	10.7	总计	13820	72

第五节　移民经费使用管理

雾溪水库移民安置补偿经费

1960—1984年，兑现雾溪水库淹没处理补偿资金81777元和遗留问题处理经费176535元，由云和县水利水电局、财政局列支。

新安江水库移民安置补偿经费

1975年12月，云和县内务局作出《新安江水库移民安置工作总结和移民补偿费财务决算报告》："新安江迁来云和县的移民在迁移前（1964—1975年），已由淳安县按政策处理好，云和县根据'三联单'按数给予兑现。安置云和县1098人（不含安置景宁人数）合计支付移民经费477410.4元，人均434.8元，补偿经费由浙江省民政厅、浙江省内务局下拨，其中：土地补偿费98333.59元，人均89.66元；山林补偿费12396.42元，人均11.29元；房屋迁移补偿费282724.02元，人均259.49元，迁移及其他经费75663.18元，人均68.91元；结存款10811.88

元（含暂存款 41.31 元），留存部分资金用于继续处理移民队事宜。还有，淳安县 1958—1967 年支付的移民经费 146831 元，每人平均 524.36 元，高出中央批准每人平均 478 元的定额标准。”

紧水滩水库移民补偿经费

1983 年，根据《关于紧水滩水电站移民安置等问题的函》《紧水滩电站水库移民安置经济政策实施细则的通知》，紧水滩移民补偿经费的标准和使用，实行按人平均统一标准使用。

土地补偿费按每人平均 320 元计补：分散插队（包括投亲靠友）按人均 320 元标准补偿给安置队；单独建队按亩划拨，按每亩标准 413 元计补，作为老队拨出土地和安排建房地基补偿费；就队后靠按人均 320 元计补。

集体山林补偿费每人平均 90 元；就队后靠、外迁分散插队（投亲靠友）按人均标准补偿给安置队，单独建队的，作为安置点划出山林补偿费，在划出山林的同时分配移民自留山。

集体公房补偿费每人平均 70 元（包括附房建筑），分别补给安置的大队、生产队。

集体生产、生活设施补偿费按“有损补偿、无损不补”原则，由受损的队合理分配，生产队旧的集体生产生活设施合理作价纳入分配，分别带入安置队。

原房拆建补偿费每人平均 500 元（每平方米 20 元），正房拆、建、运（按正房 1:1，附属房 1:0.4 折算），以大队为单位，统一平衡细算，按房屋结构、面积分等级补偿到户，对无房户、缺房户给予适当照顾。

移民零星果木补偿费每人平均 10 元，按受损多少、由生产队、群众评定到户。

迁运费每人 60 元，根据云和县内移民安置的近远差距、细算到户，包干使用。

其他经费按移民安置人数预拨 5 元，由公社掌握使用，作为移民定点参观、会议误工、伤亡事故的补贴开支。

非农业人口按房屋评定的面积给予补偿。土地、山林、集体公房公共设施、零星果木补偿费不补。复建房屋地基按评定的复建面积每平方米 2 元补偿给安排建房的安置队。

跨库移民淹没土地按面积照补偿标准计补，山林按人均标准补，因为山林面积不等，可由公社按实际情况处理，其他项目不补。

超生育、早婚早育的农业人口按照标准补给安置的土地、山林、集体公房设施费，个人部分的房屋、迁运费、零星果木补偿费不计补。

建房木材每人按 0.4 立方米计补，其中 0.1 立方米用于集体，由国家配购。困难户、三属户、人口少户适当照顾。钢材、水泥标准根据上级分配的指标，按需要适当安排。

房屋复建面积按照“原房拆建”原则，按《云和县村镇建房用地管理实施细则》办理。缺、无房户复建面积按低于大队平均数评定复建。

接受紧水滩电站建设安置移民的队按实际迁入的移民人数，每人核减征购任务 600 市斤安排作为移民的口粮；后靠移民队根据移民后靠的生产方针，核实保留耕地面积、粮食产量，确定征购和定销基数；靠山吃山专营林业的专业队按菜农的办法，实行定销到队，发证到户。

1986 年，依照《关于紧水滩库区移民经费追加的标准和使用意见的通知》，追加移民安置补偿经费：土地补偿费提高到 588 元/人，山林补偿费提高到 273 元/人，集体公房提高到 88

元/人，水电路 100 元/人，公共设施 25 元/人，困难补助费 30 元/人，宅基地费 28 元/人。

紧水滩水库移民经费结算

1979—1988 年，浙江省民政厅、丽水地区移民办、水电十二局拨入云和县紧水滩水库移民补偿经费 3713.23 万元（云和 2849.92 万元，丽水 863.31 万元），按移民补偿政策规定支付兑现 3554.7 万元。

石塘水库移民补偿经费

1987 年，云和县人民政府根据《关于要求紧水滩电站电量 30%给我区的请示报告》，制定《关于石塘电站全民、大集体企事业单位迁移安置经济政策的规定》《关于石塘电站库区移民补偿安置政策的具体规定》，规定石塘电站库区移民补偿安置具体政策：房屋拆迁复建补偿实行按实补偿，楼房 52.5 元/平方米，平房 35 元/平方米，房屋（三层）70 元/平方米，附属房（瓦）16 元/平方米，（草）10 元/平方米，天井 3 元/平方米，围墙按长度 10 元/米、按面积 2 元/平方米。山林经济果木和个人生活生产设施补偿费实行按实补偿。

石塘库区山林经济果木补偿标准表

表 32-1-19

项目名称	补偿标准	项目名称	补偿标准
杉木	672 元/亩	梨	32.5 元/株
松木	672 元/亩	桃	32.3 元/株
幼柏	8 元/株	枇杷	36 元/株
樟木	8 元/亩	李子	29.8 元/株
什木	400 元/亩	柚	24.6 元/株
其他	4 元/株	柿子	30 元/株
毛竹	3.4 元/支	梅	40 元/株
什竹	0.84 元/支	枣子	11.2 元/株
油茶	4 元/株	杨梅	31 元/株
油桐	25.8 元/株（大）	葡萄	50 元/棚
乌柏	8.6 元/株（小）	棠梨	66 元/株
	31 元/株（大）	石榴	9 元/株
	10.3 元/株（小）	苹果	6 元/株
毛棕	4.6 元/株	水菖花	76 元/株
板栗	21 元/株（大）	槐花	27 元/株
	7 元/株（小）	薪炭林	360 元/亩
茶叶	2.1 元/株	荒山	不补
蚕桑	840 元/亩	梧桐	4 元/株
柑橘	52.2 元/株（大）	幼松	71 元/亩
	17.4 元/株（小）	—	—

个人生活生产设施补偿标准表

表 32-1-20

项目名称	补偿标准	项目名称	补偿标准
自来水配套设备	9000 元/套	水澳	1.2 元/米
小水电站(18 千瓦)	30000 元/座	水泥机座	180 元/个
电杆(木)	36 元/支	水泥消毒池 8.2 立方米	180 元/个
电杠(水泥)	180 元/支	暗沟	2.4 元/米
电线	4.26 元/千克	茶子烘	600 元/个
水库	0.6 元/立方米	茶子冉槽	360 元/个
氨水池	180 元/吨	石樷	3 元/个
砖瓦窑	1200 元/座	抽水站	60 元/座
皮线	1.88 元/米	石门	204 元/个
水泥池	18 元/个	变压器水泥机座	360 元/台
晒谷坪(泥)	2.4 元/平方米	加工厂砖灶	120 元/个
晒谷坪(水泥)	12 元/平方米	水涂	7200 元/三处
灌水渠	2.4 元/米	局村木桥、桥墩	9240 元/座
育蚕设备	960 元/套	局村驳堪	6 元/立方米
水井	180 元/个	局村水轮泵(含渠道)	12000 元/台
柴油机	204 元/台	三坛十二队水轮渠道	8400 元
发电机	204 元/台	局村车站至公路	—
水泵	60 元/台	桥护岸加固	22600 元
水塘	202 元/个	自来水	3000 元/套
水塘	1824 元/亩	护管坝	12 元/米
兔笼	156 元/个	防洪堤	5 元/立方米
沼气池	600 元/个	翻水站	60 元/套
操场(学校)	3.6 元/平方米	消毒池	180 元/个(9.3 立方米)
水泥墩	60 元/个	加工厂设备	204 元/套
生产船	500 元/只	—	—

农业人口搬迁运输费按人均 60 元计补，外迁县境内按人均 70 元计补；外迁丽水碧湖等乡镇按人均 85 元计补，外迁丽水城关镇按人均 90 元计补。非农业人口按农业人口标准减半发放。

农业人口搬迁误工费按每人 52 元计补，后靠安置按每人 40 元计补。非农业人口按农业人口减半计补，外迁安置 2 每人 6 元，后靠安置 20 元/人。离籍农业人口按后靠安置标准减半每人 20 元计补。

困难补助费由集体安置费中列支，人均 30 元计补。

耕牛农具补助费按安置农业人口每人60元标准计补。

迁坟补助费按1983年调查户每户40元计补，库外有坟在库内按每穴10元计补，最多不超过30元。

青山费从库区集体补偿费支付，外迁农业人口移民每人青山费40元，作为一次性山林政策处理经费。

后靠安置和外迁县内乡安置移民过渡房租金按每人18元计补，安置云和镇按每人20计补。

因造房材料价格上涨，建房补贴300元/人。

1988年6月20日前搬出库区每人一次性发放100元生活补贴，6月20日以后搬出库区的一次性发放每人50元生活补贴。

农业移民人口建房补助粮每人150千克。

建房钢材每人100千克指标，水泥每人300千克指标。

农业无房户补助按人均10平方米平房的标准（350元），缺房户最多可以补足到12平方米平房标准。

移民集体安置补偿标准

外迁安置耕地补偿费按农业人口每人793元标准划拨给安置乡、村用于发展生产，就地后靠按人均793元标准划拨给库区安置乡、村用于发展生产。

农业人口安置补助费人均694元，除小三通120元，困难补助40元外，按人均534元标准划给安置乡、村用于发展生产、兴办公益事业。

外迁县内安置的农业人口（投亲靠友）果木补偿费按农业人口按每人154元标准补偿安置乡、村作为安置点划出山林的补偿费。后靠移民的山林果木补偿费按所有制、按实际划拨给后靠安置乡、村。外迁移民一律不带山林，林业“三定”颁发的山林权属证、自留山证、责任山合同书等作废，留下山林由县、乡重新组织分配。

外迁县内安置的农业人口（投亲靠友）公共设施补偿费按每人118元标准划拨给安置乡、村，包干使用，后靠安置农业人口按所有制按实计算划给后靠乡村。

外迁县内安置的农业人口（投亲靠友）集体房屋补偿费按每人41元标准划拨给安置乡、村，后靠农业人口按所有制按实际计算划给安置乡、村。

外迁和后靠安置的农业人口，通水、通电、通路补偿费按人均120元标准划拨到安置乡、村，包干使用。

外迁和后靠安置的农业人口困难补助费按每人10元标准划给安置乡、村，解决特殊困难。

外迁县内和后靠安置的农业人口，宅基地补偿费和补助费按每人84人标准划拨给安置乡、村。动迁安置的非农业人口因没有安置费，另加宅基地补助费人均190元，由安置乡统筹安排。

建房宅基地审批手续费每人6元，农业人口在安置补助中提取，非农业人口在宅基地补助费支出，由云和县移民安置库区开发办公室统一与云和县土管局结算。

动迁经费按人均4元，安置经费按人均16元，用于移民安置点参观、干部误工补贴，工伤事故及实物损失处理。

不外迁安置的跨库移民耕地补偿费按每人793元标准，安置补助费按每人694元标准，房屋补偿费按每人1202元标准划拨给村、队，用于发展生产。

农业人口移民发展生产专项资金按500元每人标准下拨（参照紧水滩水库做法），其中200元无偿补助移民发展生产，300元由乡镇移办有偿周转用于扶持移民发展生产。

全民大集体企事业单位迁移安置按房屋70元/平方米、围墙（砖）10元/平方米、围墙（泥）5元/平方米、水泥场地12元/平方米、泥土场地2.4元/平方米、水井每口180元、水池12元/平方米、氨水池180元/吨、机耕大路7万元/千米、宅基地2.4元/平方米的标准执行。

小顺供销社等18个单位搬迁误工费和运输费42610元，广播线路复建补偿7.2万元，邮电农话线路补偿7.2万元。学校房屋补偿复建费按紧水滩水库安排原则，由县教育局负责统一安排复建。

1986—1990年，根据《转发国家计委关于增加紧水滩、石塘两个水库淹没处理经费的批复》《关于追加石塘水电站水库淹没处理经费的复函》《关于增加紧水滩、石塘两个水库淹没处理经费的批复》和《关于追加石塘水电站移民经费的复函》文件规定，石塘水库淹没处理补偿经费为3791.8万元。丽水地区移办下拨云和县石塘水库移民淹没补偿经费2645.13万元，华东水电工程咨询公司石塘管理处拨来工地政策处理经费420万元，合计3065.13万元，按政策规定支付移民补偿费等2910.11万元。

玉溪水利枢纽工程移民补偿经费

1996年4月，根据丽水行署《关于印发丽水玉溪水利枢纽工程库区淹没补偿标准的若干规定》的通知精神，云和县人民政府印发《关于玉溪水利枢纽工程库区（云和辖区）水位线下移民人口计算和经费标准有关问题的通知》《关于玉溪水利枢纽工程库区（云和辖区）跨库移民人口和经费指标有关问题的通知》《关于印发玉溪水利枢纽工程库区淹没损失补偿单价标准的通知》，确定补偿标准。

玉溪水利枢纽工程淹没损失征地补偿标准表

表32-1-21

项目	单价（元／亩）	项目	单价（元／亩）
水田	6240	防护林	500
旱地	3744	其他经济作物	4500
开荒地	2000	安置补助费	—
宅基地	11496	水田	4680
鱼塘	6240	旱地	2808
溪滩鱼塘	3000	青苗补偿费	
荒圩地	500	水田	576
山林	1500	旱地	345.6

房屋及附属物补偿标准表

表 32–1–22

房屋及附属物补偿	单价（元 / 平方米）	附属物	单价
砖混	220	围墙（砖）	15 元/平方米
砖木	150	围墙（土）	10 元/平方米
木	115	宅边坪（水泥）	15 元/平方米
土	70	宅边坪（土）	8 元/平方米
附属房	—	天井（水泥）	15 元/平方米
猪牛栏（草）	25	天井（土）	8 元/平方米
猪牛栏（瓦）	50	室内水泥地	5 元/平方米
灰铺（草）	25	混凝土墙	60 元/平方米
灰铺（瓦）	50	驳堪	20 元/平方米
厕所（草）	25	填方	3 元/平方米
厕所（瓦）	50	锅灶（大）	120 元/平方米
厕所（混）	120	锅灶（小）	80 元/个
油毛毡房	18	压力锅	120 元/个
油毛毡房（棚）	8	香菇灶	20 元/平方米
大门（草）	25	烘房	15 元/平方米
大门（瓦）	50	铁大门	40 元/平方米
大门（混）	120	马赛克	8 元/平方米
—	—	地毯	20 元/平方米
—	—	瓷砖	15 元/平方米

集体生产生活设施补偿标准表

表 32–1–23

项　目	单　价	项　目	单　价	项　目	单　价
公路（4 级）	300000 元/千米	碾米机	80 元/台	水泵基础	50 元/立方米
公路（等外）	80000 元/千米	木泊车	80 元/台	石桥	40 元/立方米
机耕路	20000 元/千米	大米升降机	80 元/台	石拱桥	70 元/立方米
浆砌驳坎	60 元/立方米	茶籽机	10 元/立方米	水泥桥	120 元/立方米
石坎	10 元/平方米	抽水机	80 元/台	桥墩	80 元/立方米
汽车渡码头	60 元/平方米	晒场	8 元/平方米	排船吊桩砼	120 元/立方米
码道基础	10 元/平方米	木材市场	4000 元/亩	堤堪	10 元/立方米
码道水泥面	60 元/平方米	计量箱	80 元/套	油罐	500 元/个
码道	20000 元/千米	水池	20 元/立方米	村庄门基驳堪	10 元/立方米
水泥渠道	10000 元/千米	水井	40 元/立方米	村庄填方	2 元/立方米

续表 32-1-23

项 目	单 价	项 目	单 价	项 目	单 价
渠道	2000 元/千米	自来水房	3000 元/项	变压器 40 千伏安	1000 元/台
水泥墩	70 元/立方米	翻水站	3000 元/项	基础砼	120 元/立方米
浆砌石埠头	40 元/立方米	过河高压线加固	2000 元/项	鱼塘阀	100 元/个
浆砌水坝	16.31 元/立方米	高压线	15000 元/千米	水排	2.52 元/立方米
干砌拦河坝	6.33 元/立方米	低压线	8000 元/千米	拦车杆	50 元/副
防洪提	1.99 元/立方米	农话线	5000 元/千米	广告牌	50 元/块
水沟	1.03 元/米	广播线	3000 元/千米	文物	20000 元/项
人行道	0.88 元/米	镀锌管 3 寸	25 元/米	水塔 202.6 平方米	15000 元/处
电表	30 元/只	镀锌管 2.5 寸	20 元/米	铁管	20 元/米
电话机	200 元/台	镀锌管 2 寸	15 元/米	电动机	80 元/台
烘干机	80 元/台	塑料管 2.5 寸	10 元/米	水泵	80 元/台
锅灶	300 元/个	塑料管 2 寸	8 元/米	配电盘	80 元/副
磨粉机	80 元/台	塑料管 1 寸	6 元/米	起动机	80 元/台
机器木架	50 元/台	二线电灯线	3500 元/千米	电杆(水泥)	100 元/根
碾茶籽机	80 元/台	三线电灯线	5000 元/千米	电杆(木)	100 元/根
避水洞	8 元/立方米	埠头路	10000 元/千米	涵洞	10 元/立方米
船埠头	30 元/立方米	埠头	10 元/米	—	—
水泥管	40 元/米	水泵厂房(12 平方米)	2640 元/项	—	—

个人生产生活设施补偿标准表

表 32-1-24

项 目	单价(元)	项 目	单价(元)	项 目	单价(元)
电话线	3/米	皮管	8/米	瓦窑	8000/处
广播线	0.8/米	钢筋	3/千克	废瓦窑	500/处
电杆(水泥)	100/根	吊船桩	50/个	变压器	500/处
电杆(木)	60/根	油罐 10 吨	200/个	电表	30/只
镀锌管 2.5 寸	20/米	加油机	100/台	水泵	100/台
镀锌管 1 寸	8/米	油罐基础	80/米	水坝	30/立方米
镀锌管 6 分	6/米	锯板机	60/台	涵洞	10/立方米
塑料管 3 寸	6/米	取材机	60/台	灯箱	50/只
塑料管 6 分	1.5/米	开锯机	60/台	电话机	100/门
塑料管 3 分	1/米	电盘锯	60/台	棉花机座	20/立方米
机耕路	10/米	压锅机	60/台	水井	200/口
埠头路	15/米	基础砼	80/米	洗衣机	100/只

续表 32-1-24

项 目	单价(元)	项 目	单价(元)	项 目	单价(元)
人行道	5/米	配电盘	50/副	坟墓	100/穴
埠头	10/米	水井	40/米	水表	30/只
浆砌埠头	60/米	水池	20/米	—	—

果木补偿标准表

表 32-1-25

项 目	单价(元/株)	项 目	单价(元/株)	项 目	单价(元/株)
(一)桔	—	柿(大)	60	杏梅(大)	50
苗	1	柿(中)	30	杏梅(中)	30
5厘米—以下	2	柿(小)	10	杏梅(小)	10
5.1—10厘米	5	柿苗	2	梅(中)	30
10.1—14厘米	15	柚(大)	60	石榴(大)	60
14.1—17厘米	30	柚(中)	30	石榴(中)	30
17.1—20厘米	50	柚(小)	10	核桃(中)	25
20.1—以上	50	枇杷(大)	50	核桃(小)	10
(二)其他果木	—	枇杷(中)	25	苹果(小)	10
板栗(大)	60	枇杷(小)	10	三、树木	—
板栗(中)	30	梨(大)	60	乌桕(大)	55
板栗(小)	10	梨(中)	30	乌桕(中)	35
李(大)	50	梨(小)	10	乌桕(小)	10
李(中)	25	梨苗	2	乌桕苗	0.5
李(小)	10	葡萄(大)	40	苦连树(大)	5
李苗	2	葡萄(中)	20	苦连树(中)	15
桃(大)	50	葡萄(小)	5	苦连树(小)	5
桃(中)	25	红枣(大)	50	苦连树苗	0.5
桃(小)	10	红枣(中)	25	油茶(大)	20
杨梅(大)	60	红枣(小)	10	油茶(中)	15
杨梅(中)	30	金楠(小)	5	油茶(小)	10
杨梅(小)	10	樱桃(中)	30	—	—

树木补偿标准表

表 32-1-26

项 目	单价(元/株)	项 目	单价(元/株)	项 目	单价(元/株)
泡桐(大)	5	枫杨(小)	5/株	杨树(大)	5

续表 32-1-26

项 目	单价(元/株)	项 目	单价(元/株)	项 目	单价(元/株)
泡桐(中)	15	喜树(大)	8/株	杨树(中)	15
泡桐(小)	5	喜树(中)	20/株	杨树(小)	5
梧桐(大)	5	喜树(小)	8/株	湿地松(小)	10
梧桐(小)	5	刺梨(大)	20/株	剑麻(中)	2
杉木(大)	10	刺梨(中)	15/株	木芙蓉(中)	5
杉木(中)	25	刺梨(小)	8/株	水菖花(大)	5
杉木(小)	10	柏木(大)	10/株	水菖花(中)	3
水杉(大)	8	柏木(中)	25/株	水菖花(小)	1
水杉(中)	20	柏木(小)	10/株	桂花树(大)	30
水杉(小)	8	茶叶(m2)	6/平方米	桂花树(中)	20
槐花(大)	20	茶叶(大)	20/株	桂花树(小)	10
樟树(大)	20	茶叶(中)	10/株	苦参(中)	2
樟树(中)	40	茶叶(小)	5/株	厚朴(小)	3
樟树(小)	15	茶叶苗	0.1/株	米仁(大)	3
什竹(大)	3	青麻	10/平方米	油桐(大)	20
什竹(中)	5	黄花菜	8/平方米	油桐(中)	15
什竹(小)	3	樟脑	15/平方米	油桐(小)	10
毛竹(大)	5	桑树	800/亩	松木(大)	5
毛竹(中)	8	桑树(小)	2/株	松木(中)	15
毛竹(小)	5	柳杉(中)	20/株	松木(小)	5
孝顺竹(大)	2	柳杉(小)	8/株	继木(大)	8
棕树(大)	25	木槿(大)	3/株	药材(大)	10
棕树(中)	15	木槿(中)	2/株	其他(大)	20
棕树(小)	5	木槿(小)	1/株	其他(中)	15
棕树苗	1	枳壳(大)	3/株	其他(小)	10
枫杨(大)	5	枳壳(中)	2/株	—	—
枫杨(中)	15	枳壳(小)	1/株	—	—

移民人口可享受个人搬迁费每人300元、误工补助费每人200元、过渡房租费每人100元、安置三通一平补助费每人300元、误种费每人100元的待遇，非农业人口不享受。

跨库移民每个人口的综合补偿标准，按水库淹没线以下的全部私人房屋补偿费加全部私人生活设施补偿费除以水库淹没线以下人口之和计算，云和辖区跨库人口的综合补偿标准为人均5286元，经费只能用于开田造地、发展生产等工程项目。

1996—1998年，根据浙江省丽水行署《关于印发丽水玉溪水利枢纽工程库区淹没补偿标准的若干规定》的通知，玉溪水利枢纽工程云和辖区移民补偿经费按淹没数据计算，玉溪水利枢纽工程指挥部下拨云和县玉溪移民淹没补偿处理经费 2744.9 万元，通过实施移民安置规划兑现移民个人和集体部门单位补偿费 2698.9 万元。

移民经费管理

1982 年 9 月，浙江省民政厅在云和县召开紧水滩电站水库移民工作会议，研究移民经费的分配额度和管理使用的问题。会议决定，库区淹没专项处理经费，由十二工程局直接拨汇省、地、县有关部门，包干负责。移民安置及其补偿经费，由浙江省民政厅、丽水地区移民办公室和龙泉、云和、丽水县（市）分级管理，掌握使用。

1983 年 3 月，云和县人民政府颁发《紧水滩电站库区移民经费管理试行办法》，规定移民各项经费指标，必须试算到队、到户，及时落实兑现；移民建房补偿经费，由公社移办按每户移民建房进度，分期拨付。各级移办财会人员，必须严格执行会计制度，做好算账、记账、对账、报账工作，达到账据相符、手续严密、账目清楚。

1984 年 1 月，丽水行署召开紧水滩水库移民工作会议，研究和部署移民经费的管理使用问题。是年 3 月，浙江省人民政府印发《关于紧水滩库区补偿经费分配问题的通知》。是年 10 月，省民政厅批复同意丽水地区移民办公室《关于要求改进紧水滩电站水库移民经费拨款渠道，减少资金周转环节的报告》：1985 年起，紧水滩电站水库移民经费财务工作由省移民办公室移交丽水地区移民办公室具体承办，拨款渠道改由十二工程局直接拨地区移办转拨各县。是年 12 月，丽水地区移民办公室下达《丽水地区电站水库移民经费管理和使用办法》。

1987 年 8 月，浙江省民政厅发文通知各地，自查、互查紧水滩水库移民经费历年财务收支账目。是年 9 月，省民政厅会同丽水行署，在丽水召开紧水滩水库移民经费自查情况汇报会，会后，省、地、县（市）移民办联合组织检查组，全面检查紧水滩水库移民经费的支付账册和凭证单据查。是年 12 月，浙江省移民办公室在丽水市召开移民经费检查总结会议，省移民安置办公室主任刘根生主持，省民政厅副厅长李晓晋出席会议并讲话。

是年 9 月，丽水行署批转地区移民办公室《关于石塘电站水库移民安置经费标准的报告》，将各项补偿经费限额及其支付标准，分解到人，落实到单位。

1988 年 5 月，浙江省移民办发文通知各地："有关移民的各项经济补偿政策和经费计算标准，要向群众交代解释清楚，增加政策的透明度，使群众看得见，摸得着，接收群众的监督。"

移民经费专项检查

1992 年 5 月，丽水地区监察局、丽水地区民政局、丽水地区移民办公室抽调云和县监察局、审计局、农业局、移民办负责人组成移民经费专项联合检查组。是月，云和县召开有关移民乡镇政府分管移民工作的负责人和县、乡镇全体移民专职干部及财务人员参加的动员大会，县人民政府县长胡叔通、县政府分管移民工作副县长官亦民在会上做动员并部署检查工作，丽水地区监察局局长陈川、云和县监察局局长柳育松分别在会上发言。

审计监督

1995年，云和县移民安置和库区开发办公室石塘水库移民经费管理使用委托审计。是年起，云和县、乡移办进行移民经费管理使用分年委托审计，确保账目清楚、资金安全。

1996年，紧水滩水库移民经费管理使用委托审计。

1998年，玉溪水利枢纽工程移民管理经费委托审计。

2001年，县审计局审计移办1999年1月至2000年12月的财务收支情况。

紧水滩石塘水库移民开发资金

1987年，水利电力部印发《关于印发华东电网领导小组第六次会议纪要的通知》，每度电加收0.02元，每年1千万元，六年完成。选择紧水滩水电站作为搞开发性移民的试点，由三省市按分得该水电站的比例分摊，专款专用，并由浙江省政府指派专人具体负责。

1992年，浙江省人民政府办公厅发布《关于解决石塘电站移民遗留问题意见的函》：关于提取移民生产开发资金问题，按紧水滩电站做法执行，即移民生产开发资金按售电量每度提取0.02元，计提时间从1989年（投产发电）开始，计提6年；资金先由省电力开发公司垫支，资金来源由浙江省计经委与省电力局研究落实；所提取的开发资金要单独列账，专款专用，保证用于移民开发生产。

2006年，丽水市移民安置办公室、丽水市财政局联合印发《关于下拨紧水滩、石塘水电站库区移民开发基金的通知》：云和县紧水滩水电站移民开发资金为1507.8986万元（分配比例27.98%），石塘水电站移民开发资金为990.12万元（分配比例66.51%）。

紧水滩　石塘电站电量留成资金

2001年，国家计划委员会、财政部办公厅下发《国家计委办公厅、财政部关于浙江省紧水滩等电站留成电量补偿调整为货币补助的复函》。2004—2007年，留成电量补偿调整为货币补助，浙江省拨付云和县留成电量资金1264万元，2004—2008年，丽水市拨付云和县留成电量资金268.5万元。

紧水滩　石塘　玉溪库区维护基金

按发电量提取　1981年，电力工业部、财政部印发《关于从水电站发电成本中提取库区维护基金的通知》，确定电力工业部直属水电站自1981年1月1日起试行从发电成本中提取库区维护基金的办法，提取标准为每发1千瓦时电（扣除厂用电）0.001元。

1992年，国家发展计划委员会下发《国家计委关于调整乌溪江等水电站库区维护基金标准有关问题的复函》，同意将乌溪江、紧水滩、石塘等水电站的库区维护基金标准由每千瓦时0.001元提高到0.01元，提高后的库区维护基金标准从2000年1月1日起执行。

省移民办拨付　1991—2010年，省移民办拨付云和县紧水滩水电站库区维护费为2097.05万元，石塘水电站库区维护费为1604.1万元。

2002年，根据丽水市人民政府办公室抄告单精神，玉溪电站移民扶持资金每年提取20万元，扶持6年；库区维护基金每年提取15万元。丽水市两项基金分配比例，云和县每年为20万元，莲都区每年15万元。2008年起，玉溪电站每年提取15万元库区维护基金。丽水市移民办召开云和县、莲都区移办负责人协商分配比例，云和县每年为 9 万元、莲都区每年 6 万元。

市移民办拨付　2002—2010 年，丽水市移民办拨付玉溪电站扶持移民基金和库区维护费 138 万元。

库区地基沉陷危房补偿　1998—2009 年，玉溪电站拨付库区地基沉陷危房处理经费 155.54 万元，云和县移办每年均根据鉴定损失户数，按实补助相关农户。

移民后期扶持基金

1996 年，国家计划委员会、财政部、电力工业部、水利部等四部委发文《关于设立水电站和水库库区后期扶持基金的通知》："从 1996 年 1 月 1 日起，对 1986—1995 年投产和 1996 年以前国家批准开工建设的大中型水电站、水库库区，设立后期扶持基金，按每户移民每年 250—400 元的标准控制。"同时规定"最高提取标准不准超过每千瓦时 5 厘钱"。

2006 年，国务院下达《国务院关于完善大中型水库移民后期扶持政策的意见》："为了帮助移民改善生产生活条件，国家先后设立了库区维护基金、库区建设基金和库区后期扶持资金，努力解决水库移民遗留问题，对保护移民权益、维护库区社会稳定发挥了重要作用，但由于扶持政策不统一，扶持标准偏低，移民直接受益不够等多种原因，水库移民的生产生活条件依然普遍比较差，有相当多的移民仍生活在贫困之中，因此，有必要加大对水库移民的后期扶持"。该文件还提到："后期扶持范围为 2006 年 6 月 30 日前搬迁的纳入扶持范围的大中型水库的农村移民。纳入扶持范围的移民每人每年补助 600 元，自 2006 年 7 月 1 日起再扶持 20 年。后期扶持资金能够直接发放给个人的应尽力发放到个人，用于移民生产生活补助，也可以实行项目扶持，用于解决移民村群众生产生活中存在的突出问题，还可以争取两者结合的方式。"

2006 年，核定人口为 17946 人。

2007 年起，中央后期扶持资金按 2006 年核定的人口每年下达 1076.76 万，至 2010 年中央共下达资金 4845.42 万元，其中直接发放给移民个人的补助为 3244.095 万元，另外 1557.78 万元用于项目扶持（包括基础设施项目支出、生产开发项目支出、科技推广项目支出及批准的其他的支出）。

后期扶持结余资金

2008 年，财政部印发《大中型水库移民后期扶持结余资金使用管理暂行办法》，明确结余资金是指中央财政按照财企〔2008〕37 号文件规定筹集的大中型水库移民后期扶持资金，按照国家每年核定的农村移民人数和规定的扶持标准，分配各省（区、市，含新疆生产建设兵团）后结余的资金。至 2010 年，中央下达云和县资金 754 万元（2008 年 138 万元，2009 年 281 万元，2010 年 335 万元），用于支持库区和移民安置区基础设施的和经济发展规划。

自然灾害造成的设施修建资金中央按年度结余资金的 20%预留部分资金，专项用于解决库区和移民安置区临时性、突发性事件应急处置补助支出。库区和移民安置区发生临时性、突发性事件时，各省（区、市）财政部门会同同级移民管理机构，向财政部提出申请，同时抄报国务院移民管理机构，由财政部会同国务院移民管理机构审批后直接拨付资金，2008—2010 年中央拨付云和县资金共计 210 万元（2008 年 40 万元、2009 年 90 万元、2010 年 80 万元），用于库区和安置区因洪涝、冰雹、台风、干旱、冰冻雨雪以及地质灾害等自然灾害造成的基础设施项目重建、加固、修复的补助支出和灾后生产恢复项目。

第六节　机构与队伍

云和县移民安置办公室

1964 年，云和县设立新安江移民办公室，负责新安江移民安置工作。

1969 年，新安江移民安置工作结束，移民办公室解散。

1976 年，省里召开新安江移民工作会议，云和县民政局参加会议，此后有关新安江移民"三通""扶持"等工作由县民政局负责管理。

1978 年 9 月，云和县委《关于建立紧水滩电站移民安置机构的通知》文件决定成立云和县紧水滩电站移民领导小组和下设办公室。1980 年 12 月，"云和县紧水滩电站移民安置办公室"更名为"云和县移民安置办公室"。

1982 年 10 月，云和县库区和安置区区公社先后建立移民领导小组和移民安置办公室。1986 年，云和县人民政府印发《关于县移民安置办公室股（组）设置的批复》，云和县移民安置办公室设行政、财务、动迁安置 3 个股。

1988 年 11 月，根据云和县人民政府《关于县库区开发办和移民办合署办公的通知》精神，"县库区开发办公室"与"县移民安置办公室"合署办公，下设行政、财务、动迁安置、开发 4 个股。

1989 年 3 月，县委发文《关于撤销县库区开发办公室和改变县移民办公室名称的通知》，决定撤销"云和县库区开发领导小组"和下设的办公室，并将云和县移民安置办公室改名为"云和县移民安置库区开发办公室"。《关于印发云和县移民安置库区开发办公室职能配置、内设机构和人员编制规定的通知》文件中明确云和县移民安置和库区开发办公室领导分工、科室职责、编制人数等。

区乡（公社）镇移民办公室

1978 年，建立云和区、梅源区、赤石、龙门、大源公社移民安置办公室。

1982 年 10 月，建立小徐、沙溪乡移民安置办公室。

1985 年 6 月，建立石塘区、小顺、双港、局村乡移民安置办公室。

1992 年，撤区扩镇并乡，保留赤石、大源、紧水滩、石塘、云和镇、沙溪 6 个乡镇移民安置办公室。

1996 年，玉溪电站水库建设，成立了朱村乡移民安置办公室。

2002 年，沙溪乡移民安置办公室并入云和镇移民安置办公室。

2006 年，大源乡、朱村乡移办分别并入紧水滩、石塘镇移民安置办公室。

2007 年 6 月，落实《中共云和县委办公室　云和县人民政府办公室关于印发〈云和县乡

(镇)编外人员分流方案〉的通知》文件精神,对赤石乡、紧水滩、石塘镇、云和镇编外人员实行分流,2008 年 1 月云和县编委办下达《关于同意设立云和县乡镇移民管理服务站的批复》,设立乡镇移民管理服务站为全额拨款事业单位,核定人员编制 4 人,2010 年在职 4 人。

紧水滩 石塘库区水产养殖管理站

1989 年 6 月,经云和县编制委员会同意,成立云和县紧、石库区水产养殖管理站,内设渔业派出所、渔政分站、养殖场 3 个科室,1994 年划归云和县水利局管理。

1991—2010 年县移民安置办公室主要负责人一览表

表 32-1-27

党组书记	任职时间	主任	任职时间
毛大月	1986.02—1990.07	毛大月	1986.02—1987.07
—	—	李水荣	1987.08—1990.06
李水荣	1991.10—2001.11	李水荣	1990.07—2001.11
杨维雄	2001.12—2002.08	杨维雄	2001.12—2002.07
刘日平	2002.09—2005.03	刘日平	2002.08—2005.04
叶成华	2005.04—2010.05	叶成华	2005.05—2010.05
宋韶峰	2010.06—	宋韶峰	2010.06—

第二章　下山移民

云和地处瓯江上游,浙闽隆起区,群峰林立,沟壑纵横,地形、地质条件复杂。全县各行政村、自然村散落于洞宫、仙霞两大山脉之中。境内山多地少,村多人少,农村人口居住分散。全县 10 户以下的自然村有 262 个,100 人以下的自然村占 50%,少数自然村仅有 1—2 户人家。居住在 500 米以上的高山、深山、边远山区和紧、石库区的农民有 2.6 万多人。这种山水分割、人口分散、要素分离的状况,导致县域农村经济低效率、粗放型、低水平发展,脱贫任务艰巨繁重。20 世纪 90 年代中后期,云和县开始实施农民下山异地安置,引导动员高山深山、边远山区、地质灾害隐患区、重点库区、重要水源保护区等交通不便、自然条件较差的农民搬迁下山,异地发展。2000 年,位于县城重要地段的古竹农民新村破土动工。2003 年,古竹农民新村通过竣工验收。该工程用地面积 15.75 万平方米,建筑面积 27.4 万平方米,安排建房地基 1012 直(每直一般宽 3.8—4 米,长 12—14 米,面积 50 平方米左右,下同),转移农民 3500 余人。2005 年,地处县城西北角的普光农民公寓开工建设。2009 年,普光农民公寓工程全面完工,交付农民入住使用。该公寓总用地面积 6.59 万平方米,总建筑面积 9.42 万平方米,总投资 1.64 亿元,建成建筑面积分别为 79 平方米、86 平方米、120 平方米等 3 种套型的农民公寓

931 套；同时，兴建保障性廉租房 2 幢，96 套。普光农民公寓转移安置农户 931 户、转移安置农民近 4000 人。截至 2010 年年底，全县先后建成古竹农民新村、普光农民公寓、云和镇柘园畲民新村等农民下山转移新村（点）28 个，转移搬迁农户 8702 户，转移农民 30468 人。

第一节　自然环境因素

云和县农民下山转移，是指居住在交通不便的高山、偏远山区，地质灾害隐患点，紧水滩、石塘库区等生产、生活条件较差的山区农民，按照县委、县政府的统一部署，按规划分阶段有步骤地向县城、乡镇所在地、公路沿线行政村等基础设施较完善、经济发展水平较高的区域转移。

人口居住布局分散

由于地理区位和历史原因，云和县集老、少、边、穷、移诸因素于一身，经济发展缓慢，20 世纪 90 年代初期仍为省级贫困县。全县总面积 984 平方千米，辖 4 个镇 11 个乡（其中 9 个为省定欠发达乡镇），170 个行政村，842 个自然村，总人口 11 万人，其中农业人口 9.025 万人，占总人口的 82%。县境内山多地少，村多人少，农村人口居住分散。全县 10 户以下的自然村有 262 个，100 人以下的自然村占 50%，少数自然村仅有 1—2 户人家。居住在海拔 500 米以上的高山、深山、边远山区和紧、石库区的农民有 2.6 万多人。这种山水分割、人口分散、要素分离、自然条件恶劣的状况，导致县域农村经济低效率、粗放型、低水平发展，脱贫任务繁重。农民要求下山进城的愿望较为强烈，亟须实施农民异地转移工程。

地质灾害隐患点多

云和地处浙闽隆起区，地形条件复杂，地表岩石风化严重。地质环境承受力脆弱，因台风、暴雨导致的山体滑坡、泥石流等灾害时有发生，是浙江省地质灾害较为严重的地区之一。1990 年 8 月，崇头镇砻铺村发生泥石流，死 8 人，重伤 11 人，轻伤 25 人。1992 年，崇头镇梅源行政村吴坪自然村等地山体滑坡，冲倒房屋，致 6 人罹难，23 人重伤。截至 2000 年，全县共有各类地质灾害（隐患）点 76 处，需经常检查、监测、防治的各类地质灾害（隐患）点 16 处，威胁人口 2607 人。组织农民转移避险，改善居住环境，确保群众生命、财产安全的任务迫在眉睫。

生态环境弱化退化

20 世纪 50 年代末国家号召的“大办钢铁”，70 年代云和兴起的木制玩具产业，90 年代推广发展的食用菌产业，导致树木砍伐严重，森林植被遭到不同程度的破坏。紧水滩、石塘、玉溪等大、中型水库的兴建，也给生态环境造成一定的影响。雾溪、梅垄水库作为县城居民生产、生活的重要水源，水源保护区内的生态环境亟待改善优化。将居住在高山、远山、库区、水源保护区的农民按规划分阶段实施异地转移，对于县委、县政府开展“国家级生态示范区”和“省级生态县”建设，修复生态系统，保护绿水青山，实施生态立县、生态兴县、生态强县的治县方略，走绿色发展、生态发展之路，逐步将生态优势转化为经济优势，绿水青山转化为“金山银山”，实现“下山脱贫”，加快农民群众的脱贫致富步伐，无疑是大有裨益的。

第二节　经济社会因素

宏观政策导向

20世纪90年代后期，省委、省政府开始着手大力推进城市化和城乡一体化进程。1997年，浙江在全国率先制作出台购房落户的政策。1998年，提出在全国率先实施城市化发展战略，要“不失时机地加快城市化进程”。1999年，浙江省推进城市化工作协调指导小组成立，同年，编制出台《浙江省城镇体系规划》《浙江省城市化发展纲要》，提出“积极发展中小城市，择优培育中心镇，完善城镇体系，走大中小城市协调发展的城市化道路”。2000年9月，省委、省政府发布《关于加快推进浙江城市化若干政策的通知》，提出要深化户籍管理制度改革，促进人口向城镇集聚，改善城镇投资环境，引导产业向城镇集聚，优化土地资源利用，形成城镇建设集约用地机制。2001年，又在全国率先取消进城控制指标和“农转非”计划指标，率先对进城落户人员的待遇保障等作出政策规定。2003年7月，中共浙江省委十一届四次全体（扩大）会议，提出发挥“八个优势”、推进“八项举措”的“八八战略”，明确指出：“要进一步发挥浙江的山海资源优势，推动欠发达地区跨越式发展，努力使海洋经济和欠发达地区的发展成为浙江经济新的增长点。”2006年，省委、省政府出台《关于进一步加强城市工作 走新型城市化道路的意见》，提出深入实施“八八战略”、全面建设“平安浙江”、加快建设文化大省和努力建设“法治浙江”的战略部署，走资源节约、环境友好、经济高效、社会和谐，大中小城市和小城镇协调发展，城乡互促共进的新型城市化道路。

“小县大城”战略

通过长期的探索实践，县委、县政府深刻认识到经济总量小、财政底子薄、资源要素集聚度低、村庄布局分散、农村经济社会发展迟缓、工业化城市化滞后，是严重制约县域经济社会发展的总根源。在省委、省政府关于加快推进城市化和城乡一体化的大背景下，2001年，县委、县政府根据云和实际，因地制宜，适时提出“小县大城”发展战略。作为云和模式的“小县大城”发展战略，其核心是打破城乡界限，拉大城市框架，拓展城市空间，将沙溪乡整体并入县城所在地云和镇；主动引导人口、产业、要素向县城集聚，做大做强县城这一增长极，提升集约化发展水平，带动县域经济社会整体实现跨越式发展。引导农民下山转移，集聚城镇人口，是县委、县政府实施“小县大城”发展战略的客观要求。

地域空间优势

云和位于浙西南山区，丽水地区腹地，素有“九山半水半分田”之说。然在崇山峻岭的环抱中，却有一块相对开阔宽广的云和盆地。盆地东西长约9千米，南北宽约3千米，总面积达28.4平方千米。云和盆地得天独厚的空间区位优势，既为利于县委、县政府招商引资，发展特色产业，加快城镇建设，做好“大城”文章；又有利于居住在高山、偏远山区、库区、水源保护区的农民转移下山，集聚城镇人口，推进城镇化发展步伐。简言之，就是农民有进城的愿望，县城具备吸纳的条件，产业也能提供相应的岗位支撑，可以解决农民下山转移的后顾之忧。

人居环境和谐

县域地处洞宫山脉和武夷山余脉仙霞岭，长期以来，很少有特异的气候袭扰和特大的自然灾害，非灾害多发、频发区域，被誉为“洞宫福地”。由于躲避战乱、谋求生计和国家建设等诸多原因，云和历史上移民较多，比较大的移民群体有：从广东、福建迁入的畲族移民；从福建迁来的汀州客家移民；20 世纪 60 年代移入的新安江（淳安）移民；还有县域紧水滩、石塘等库区移民。这些外来移民或县内移民与云和本土居民和谐共处、相生相长、繁衍发展，形成大气、包容、宽厚、淳朴的云和风尚。这种不排外的和谐共处的人文环境，为高山、远山、库区、水源重点保护区下山转移的农民，奠定良好的人居环境和发展基础。

第三节　机构和政策

1988 年成立的云和县扶贫办公室，是全县农民下山转移工程的主要组织、协调、实施机构。2000 年 5 月，县委、县政府制发《关于实施农民新村建设工程的若干意见》；同年 9 月，县府办印发《云和县农民新村建设工程实施办法》。2001 年 2 月，县人民政府批准实施《云和县农民新村建设规划》。2005 年 8 月，县人民政府出台《云和县万名农民下山转移工程实施意见》和《云和县万名农民下山转移工程建设规划》。加强农民素质技能培训；大力发展木制玩具、轴承套圈、代料香菇等产业，为下山转移农民提供就业岗位，引导山区农村劳动力向二、三产业转移，或从事农业综合开发，促进农业增效，农民增收，是使下山转移农民“安的下、稳得住、富得起”的主要措施。

组织机构

县扶贫办是全县农民下山转移工程的主要组织、协调、实施机构。1988 年，云和县被浙江省人民政府列为省级贫困县。是年 3 月，县人民政府成立“云和县扶持贫困地区经济开发协调小组”，下设办公室，简称“云和县扶贫办公室”。办公地点设在县政府大楼一楼，工作人员的工资待遇关系暂挂县政府办公室。县扶贫办的主要职责是：调查研究，编制、申报、实施扶贫项目的开发；组织实施农民实用技术培训；与县财政部门共同安排、统筹配置全县的扶贫资金、物资；与县计委、交通等部门共同落实“以工代赈”扶贫项目；动员组织高山农民下山转移；及时总结扶贫开发经验等。2002 年 8 月，根据《云和县人民政府办公室关于印发云和县扶贫办职能配置内设机构和人员编制规定的通知》精神，县扶贫办公室定为全额拨款事业单位，核编 5 人，内设综合科。领导职数 3 名：主任 1 名、副主任 2 名。股级干部 1 名。2006 年 9 月，经县编委批准，设立“云和县下山转移服务中心”，为全额拨款事业单位，隶属县扶贫办。县下山转移服务中心核定编制 8 人，其中，正、副主任各 1 名。主要负责实施“万名农民下山转移工程”。2008 年 3 月，县扶贫办由县府大院迁至普光小区 12 幢，同时，增加“扶持低收入农户增收”等职责。2010 年 6 月，根据丽水市机构编制委员会《关于同意云和县委、县政府农村工作办公室单独设置的批复》，县农村工作办公室与县农业局分设，并与县扶贫办合并，称“中共云和县委、云和县人民政府农村工作办公室（扶贫办）”。

2003年，云和县被确定为全省唯一的农村劳动力输出示范县，并被确定为全省农村劳动力技能培训示范基地。

转移原则

政府引导 农民异地转移工作系统性、政策性、原则性强，涉及的部门、经历的环节、遇到的困难多，需要充分尊重群众意愿，农民自主选择搬迁时间、安置区域和安置方式，不强迫命令，不包办代替。发挥政府的引导作用，尤其是乡镇和村级基层组织干部的组织协调作用，积极组织引导农民搬迁。

规划引领 农民异地搬迁规划要与土地利用总体规划、县域规划、中心镇总体规划、村庄布局规划等规划配套衔接。深入调查研究，对异地搬迁的对象、搬迁的意愿、搬迁的方式、安置区域和方式等进行科学分析，制定合理方案和具体分年度实施计划，分阶段分批次有序推进异地搬迁。推动农民向城区、中心镇和一般乡镇、中心村有序梯度搬迁，满足不同经济条件、不同搬迁意愿的农民之需要。

突出重点 坚持以整村搬迁、集中安置为主，零星搬迁、分散安置为辅。重点加快高山远山地区、库区和地质灾害隐患点等区域的整村搬迁，彻底改善山区农民的基本生产生活条件，彻底摆脱地质灾害的威胁，彻底恢复生态脆弱地区的生态环境。其他基础设施相对较完善、生产生活条件相对较好的村庄零星搬迁，为梯度搬迁腾出更大的空间。以城区、中心镇为主要安置点，把农民异地搬迁与转产转业有机结合，尽量避免二次搬迁。

政策扶持 立足云和县经济发展实际，加大异地搬迁尤其是整村搬迁的政策扶持力度。积极探索符合云和县经济发展水平、自然地理条件和农民搬迁意愿的扶持政策，以人的搬迁加快生产要素的空间优化配置，推动城镇化发展和产业布局优化。加强部门协作，各职能部门既要各司其职，又要通力合作，确保异地搬迁工作稳步推进。加强部门资源整合，统一标准、统一投向，最大限度地提高资源利用水平，提高安置小区基础设施建设水平。

灵活安置 认真贯彻《国务院关于深化改革严格土地管理的决定》精神，节约集约用地，切实保护耕地。积极探索建设多层农民安置公寓、联建公寓式套房等多种安置形式，鼓励采取占地面积少的安置方式。积极采取小户型、廉租房等安置形式，同步推进低收入农户等困难群体整体搬迁。严格执行“一户一宅”规定，异地搬迁安置后，原居住地的旧房按拆旧建新原则予以拆除。鼓励开发利用低丘缓坡和农村闲置地、闲置房，加大农村建设用地存量的盘活力度，提高土地利用率。

惠农政策

2000年5月，县政府办公室印发《关于成立云和县农民新村建设领导小组的通知》；同月，县委、县政府制发《关于实施农民新村建设工程的若干意见》；同年9月，县府办印发《云和县农民新村建设工程实施办法》。2001年2月，县政府经研究，同意批准《云和县农民新村规划》。2004年8月，县政府出台《关于印发云和县下山移民新区建设方案的通知》。2005年，县政府办公室制发《关于成立云和县困难群众下山转移工作领导小组的通知》；同年8月，县政府出台《关于印发云和县万名农民下山转移工程实施意见的通知》和《关于印发云和县万名农民下山转移工程建设规划的通知》。2006年5月，县政府制发《关于云和县紧水滩库区（含石塘）困难群众异地脱贫资金管理办法的通知》；同月，县扶贫办印发《关于下达万名农民下山转移工程各小区（点）补助标准的通知》；同年6月，县困难群众下山转移办公室制发《关于2005年度困难群众下山转移农户进城和转移外县购房补助资金申报的通知》。2008年7月，县政府制作出台《云和县万名农民下山转移工程实施办法》；是年8月，县政府办公室制发《云和县万名农民下山转移建房规费优惠标准》和《2008年度云和县各乡镇下山转移小区（点）建设资金补助标准》。这些政策性、规范性文件，从制度上保障农民下山转移工程的顺利实施。

2005年8月，县人民政府制作出台的《云和县万名农民下山转移工程实施意见》，就专门对农民下山转移的原则、对象、基本条件、安置方式、经济补助政策等做了明确具体的规定。下山转移的原则是：政府引导，群众自愿，整体规划，分步实施。充分尊重群众意愿，鼓励居住在库区、高山和深山农民向县城、建制镇以及中心村迁移。下山转移的对象是：县境内具有农业户口，居住在库区、高山和深山，生产生活条件差、发展潜力有限，自愿要求下山转移搬迁的农户（含库区移民安置方式的农转非对象）。下山转移对象的基本条件是：库区内发展条件差的自然村农户；有地质灾害隐患、急需搬迁的自然村农户；交通条件差，缺乏发展潜力的自然村农户（即不通机耕路、生产条件差、生活用水困难的自然村）；列入县城饮用水水源保护范围的自然村农户；国家重点文物保护单位涉及的自然村农户；海拔在500米以上，20户以下且居住分散的自然村农户。安置方式有：公寓式下山转移（政府建房以成本价出售）；资金补助式下山转移（在县城规划区内购买住房或购买土地自建房由政府给予资金补助）；中心村、小集镇自建房式下山转移等。经济补助政策是：在县城规划区内购买住房（有土地使用证和房产证的）和迁移外县的农户（有土地使用证、房产证、接收地户口证明）给予6500元/人的补助，但每户的补助额不高于所购房的房价（以评估价为准）；在县城规划区内和指定的中心村、小集镇合法购买土地自建房的农户，根据不同地点给予2000—6500元/人的补助，具体标准由县下山转移领导小组制定并公布。紧、石库区后靠移民和A、B类地质灾害隐患点的转移对象在享受上述补助政策的基础上，可再享受3500元/人的补助。

2005年12月，浙江省人民政府《关于龙泉市云和县紧水滩库区（含石塘）和文成县百丈漈库区困难群众异地脱贫工程项目的批复》明确表示：一、同意实施龙泉市、云和县紧水滩库区（含石塘）和文成县百丈漈库区困难群众异地脱贫项目，请按照“政府引导、群众自愿、突出重点、分级负责、统一规划、分步实施、公正公开、确保稳定”的原则，以脱贫致富为目标，重点帮助库区内生存条件差、发展潜力有限、经过适当扶持能够脱贫并且自愿出库的群众异地搬迁。二、项目实施期限为2005—2008年。云和县完成紧水滩库区（含石塘）赤石乡、大源乡、紧水滩镇、石塘镇、云和镇、朱村乡等6个乡镇4634人的异地脱贫任务。三、项目所需资金以群众自筹为主，省财政按人均5600元的标准核定补助资金，包干使用，并根据项目年度建设计划分年到位。这是省政府对库区农民异地转移的政策扶持。

20世纪90年代中期，县委、县政府就开始引导高山、边远山区和库区等交通不便、信息不灵、自然条件较差的农民搬迁下山。在引导安排农民“迁得出、安得下”，顺利实施转移的同时，必须考虑如何使农民“稳得住、富得起”。对此，县委、县政府及相关职能部门采取了一系列政策措施，以使农民尽快适应新环境，融入新生活，发展生产，脱贫致富。

保障措施

加强农民素质技能培训　20世纪90年代中期始，县委、县政府整合资源，成立农村劳动力素质培训资源整合机构，将原先由农、林、科、教等20多个部门开展的农民培训，全部由县农村劳动力转移素质培训领导小组办公室统一协调组织实施。注重劳动力品牌培育，坚持把打造“云和师傅”品牌，鼓励农民异地综合开发作为实现农村劳动力有效转移的重要举措来抓，并以“云和师傅”为主体，带领本县农民到异地实行“组团式”开发，实现域外致富。2003—2010年，全县农村劳动力素质培训总量达11.87万人；2004—2010年，全县农村劳动力转移就业人数，每年基本稳定在3.8万人左右，约占农村劳动力总数的65%；2005—2010年，共培训具有技师及以上职称的“云和师傅”214人，其中，食用菌行业194人。2003年，被省农业厅确定为全省唯一的农村劳动力转移示范培训基地。2010年，荣获“全国农村劳动力转移就业工作示范县”称号。

发展“五个千家万户”产业　20世纪90年代初开始，县委、县政府根据县情实际，积极倡导发展“五个千家万户”。即千家万户生产木制玩具、千家万户发展代料香菇、千家万户制造轴承套圈、千家万户种植高山蔬菜、千家万户制售儿童用鞋。木制玩具已逐步形成云和的特色产业，全县有木制玩具制造厂200多家，加工点400多个，其产值几近县域工业总产值的“半壁江山”。以代料香菇为主的食用菌产业发展也很迅猛，1991年，全县代料香菇栽培量为1300万袋；1995年就发展到5500万袋，呈现出“凡有人烟处就有菇香飘”的景象。这些劳动密集型产业，不仅为农民提供了致富渠道，也可为高山、远山、库区农民转移进城，提供较充足的就业安置岗位，可解决下山转移农民的后顾之忧。

鼓励发展种养业加工业　出台政策扶持农业龙头企业和各类农村经济合作组织；鼓励农民投入农业综合开发，发展笋竹两用林、油茶林、茶叶；发展云和雪梨、板栗、杨梅、甜橘柚等水干果；发展家禽、家畜养殖业和库区水产养殖业。大力引进来料加工业，来料加工行业技术含量不高，工艺不复杂，妇女不用离开家庭，就可领料加工赚钱。引导农民经商、办企业；发展“农家乐”“渔家乐”等乡村旅游业，千方百计疏通拓宽转移农民的谋生就业渠道，引导农民逐步向二、三产业等非农产业转移。

第四节　下山移民规划

规划总体目标

云和县农民下山转移规划可分为具体项目规划和全县宏观规划两种。2001年2月，县政府批准实施的《云和县农民新村建设规划》，就是专为古竹农民新村建设而编制的，属于具体的项目规划。全县性的宏观规划有两个：2005 年 8 月，县人民政府编制出台的《云和县万名农民下山转移工程建设规划》(2005—2010)。该规划的总体要求是：对居住在库区、高山、深山、地质灾害隐患区等区域，生产生活条件恶劣、发展困难的群众，在自愿要求实行整村搬迁的基础上，确定重点转移区域，给予重点扶持和帮助。基本原则是：以科学发展观为指导，按照城乡统筹发展和“小县大城”发展战略的要求，坚持政府引导，群众自愿，统筹规划，梯度转移，市场运作，政府补助，稳步推进。总体目标是：2005—2010 年，实现困难群众下山转移整体搬迁 3430 户、1.2 万人。2008 年 9 月，云和县扶贫办制发的《云和县万名农民下山转移规划》(2008—2012)。该规划分前言，基本情况，指导思想、基本原则和总体目标，安置空间布局，整村搬迁，下山转移主要效益分析，保障措施等 7 个部分。

规划的总体目标是：2008—2012 年，全县累计搬迁 2300 户、8100 人，其中，高山远山地区 1431 户、5071 人；地质灾害点 263 户、904 人；重点库区 606 户、2125 人。

转移规划(2005—2010)

规划引领 实施农民下山转移工程，必须坚持以规划为导向。不论是县委、县政府牵头协调的全县性转移项目，还是以乡镇为主组织实施的下山转移小区(点)，都制订有较为详尽的实施规划。制订规划时，坚持以《云和县域总体规划》《云和县土地利用总体规划》《云和县国民经济和社会发展规划》等宏观规划为指导，在宏观规划框架内运作。同时，注重和相关职能部门的行业规划相配套、相衔接。

2000 年 5 月，县委、县政府出台的《关于实施农民新村建设工程的若干意见》，意见确定的建设目标是：“到 2010 年建设成拥有 1 万—1.5 万人口的新社区。农民新村建设工程分期实施，首期为 2000—2003 年，每年引导 300—350 户农民在农民新村中建房落户”。在农民新村选址方面，确定“新村建设选址于云和县城南路古竹村口，即过境公路以南、小徐村以西、小徐溪以北、古竹路以东”。这是云和盆地的黄金地段，称之为“古竹农民新村”(亦称南山小区)。

2005 年 8 月，县人民政府制作出台《云和县万名农民下山转移工程建设规划》。该规划分概论、总体要求、基本原则、规划目标、安置方式、下山转移的区域和规模、实施方案、投资概算、建设用地、配套措施等 12 部分。规划期限为 2005—2010 年。

总体要求 对居住在库区、高山、深山、地质灾害隐患区等区域，生产生活条件恶劣、发展困难的群众，在自愿要求实行整村搬迁的基础上，确定重点转移区域，给予重点扶持和帮助，今后，原则上对原区域不再进行政府性基础设施建设投入。

基本原则 以科学发展观为指导，按照城乡统筹发展和“小县大城”发展战略的要求，坚持政府引导，群众自愿，统筹规划，梯度转移，市场运作，政府补助，稳步推进。

规划目标 2005—2010 年，实现困难群众下山转移整体搬迁 3430 户、1.2 万人。其中，2005 年，下山转移 1019 户、3611 人；2006 年，下山转移 1033 户、3625 人；2007 年，下山转移 700 户、2405 人；2008—2010 年，下山转移 678 户、2359 人。整体搬迁的对象范围是：高山远山地区，共 54 个自然村，1110 户、3880 人；重点库区，共 77 个自然村，1900 户、6500 人；地质灾害隐患地区，共12个自然村，420户、1620人。

安置方式 公寓式下山转移（由政府建房以成本价出售）；资金补助式下山转移（在县城规划区内购买住房或购买土地自建住房由政府给予资金补助）；小集镇、中心村自建住房式下山转移；移居县外式下山转移等。

用地规划 规划建设用地总面积为36.8公顷。按土地性质分：建设留用地11.27公顷，标准农田待置换用地16.86公顷，基本农田8公顷，一般农田0.67公顷。县城下山转移第二安置区—普光小区，规划用地面积2.8公顷，用于建设安置下山转移的农民公寓。建设用地指标的解决办法，向省里争取万名农民下山转移工程建设用地专项指标。

农民下山安置小区核定的用地规模，云坛乡霞晓桥独山小区，规划用地面积40140平方米；云和镇新岭新村（三期），规划用地面积32000平方米；云和镇大坪畲族新村，规划用地22000平方米；云和镇庄前转移新村，规划用地7500平方米；雾溪乡畲族转移新村，规划用地25000平方米；云和镇沙溪下山转移小区，规划用地55000平方米；云和镇瓦窑下山转移小区，规划用地25000平方米；石塘镇双港下山转移新村，规划用地34900平方米；崇头镇下山转移新村，规划用地9082平方米；云丰乡张家地下山转移新村，规划用地22000平方米；安溪乡上村转移新村，规划用地9600平方米；朱村乡朱村下山转移新村，规划用地14166平方米；赤石乡麻洋转移新村，规划用地19000平方米；紧水滩镇龙门下山转移新村，规划用地6625平方米；石塘镇规溪西坑下山转移新村，用地规划6500平方米；黄源乡黄家畲转移新村（二期），用地规划7500平方米；云和镇柘园下山转移新村（三期），用地规划4000平方米。

投资规模 农民下山转移工程总投资44732万元，其中，2005年投资11504万元；2006年投资14310万元；2007年投资10685万元；2008—2010年投资7733万元。所需资金由农民自筹和政府投入等渠道解决，其中，农民自筹资金29732万元，政府投入15000万元。用于农民下山转移工程的财政性资金，均纳入"云和县万名农民下山转移工程"专户管理，专款专用，并实行县级报账制管理。

配套措施 重视农民素质技能培训，着力解决转移农民的就业途径。2005—2010年，计划培训农民5800人。就业建议途径：安置在公寓式小区和城郊小区的农民，可以利用城郊交通便利的条件，以木制玩具加工业、金属加工业、来料加工业等为依托，在二、三产业实现就业。在乡镇政府所在地、中心村新建小区安置的农民，可利用乡镇、中心村基础设施相对完善、交通较为便利的条件，以木制品加工、名茶开发、食用菌栽培、淡水养殖等作为产业支撑，实施乡镇小微企业就业和农业综合开发型就业。

转移规划（2008—2012）

2008年9月，云和县扶贫办公室制定出台《云和县万名农民下山转移规划》（2008—2012）。该规划分前言，基本情况，指导思想、基本原则和总体目标，安置空间布局，整村搬迁，下山转移主要效益分析，保障措施等7个部分。

总体目标 2008—2012年，全县累计搬迁2300户、8100人，其中，高山远山1431户、5071人；地质灾害点263户、904人；重点库区606户、2125人。年度搬迁目标是：2008年全县共搬迁656户、2300人;2009年全县共搬迁549户、1900人;2010年全县共搬迁487户、1690人;2011年全县共搬迁331户、1205人;2012年全县共搬迁277户、1005人。

安置空间布局 县城区域 新建2个安置小区、续建1个安置公寓,用地面积8公顷,共安置下山转移农民420户、1460人,其中,后山小区安置284户、990人,新岭公寓安置136户、470人。

中心镇 新建安置小区2个,用地规划7.84公顷,集中安置247户、860人。在石塘镇建设西滩头下山转移小区,用地2公顷,安置80户、280人。主要安置对象为石塘镇坪地村、张庄村、高定村等下山转移的农民。在崇头镇建设崇头下山转移小区,用地5.84公顷,安置167户、580人,主要安置崇头镇张化村、崇头村、坑根村、砻铺村、梅源村等下山转移的农民。

中心村 在云和镇、紧水滩镇、石塘镇、崇头镇、云坛乡、朱村乡、赤石乡等乡镇的中心村新建16个安置小区(点),续建5个安置小区,用地面积13.46公顷,集中安置881户、3095人。

整村搬迁 2008—2012年,全县累计搬迁2个行政村、130个自然村,其中,云和镇18个,紧水滩镇25个,石塘镇18个,崇头镇4个,云坛乡11个,朱村乡6个,赤石乡19个,大源乡14个,安溪乡1个,雾溪乡3个,黄源乡2个,云丰乡4个,沙浦乡4个,大湾乡3个。

保障措施

政策保障 切实维护下山转移农民的合法权益。原有承包土地、山林有关政策保持不变。鼓励按自愿、依法、有偿的原则,以租赁、转包、入股、委托管理等形式,进行土地、山林使用权的流转。建立健全生态公益林建设补偿机制,鼓励下山转移农民返乡开发经济林和封山育林,兴建山上"绿色银行"。因地制宜,积极培育产业,发展来料加工、苗木种植,培育农业龙头企业和农产品产销合作社,兴建农贸市场等,提升吸纳农村劳动力和服务农村的功能,优化人口和资源等要素配置,促进工业化、城镇化和城乡一体化有序统筹发展,努力为转移出来的劳动力创造更大的就业和发展空间。实施农民素质培训工程,通过职业技能培训,提高下山转移农民的自身素质和就业竞争力。按照"能免则免、能减则减、能返则返"的原则,减免一切可以减免的规费,减轻农民负担。公安、教育、卫生、计生、民政、残联等部门对下山转移农民户口迁移、子女就学、医疗保健、计划生育、社会保障、弱势群体等方面制定专门优惠政策,使转移农民享受当地村民(居民)同等的待遇。

用地保障 按照"控制增量,盘活存量,减少总量"的土地利用思路,下山转移安置小区的建设用地指标优先予以保障。地质灾害紧急避险安置用地,允许先使用、后补批。鼓励县城、建制镇、公路沿线的行政村盘活存量建设用地、开拓新增建设用地,鼓励建设用地流转。因地制宜,创新农民下山转移的方式方法,努力降低下山转移农民的安置成本和建设用地。根据不同区域实际,对下山转移农民安置点分布进行分类引导、科学控制,减少居住占地,切实保护耕地,提高单位土地面积产出率。将农民建新房与拆旧房结合起来,加强宅基地复垦,解决建新房用地指标。适当控制建房占地面积和建筑面积,鼓励节约用地。

资金保障 将实施《云和县万名农民下山转移规划》所需经费纳入财政预算,安排专项资金用于农民下山转移,确保项目资金及时、足额到位,并严格执行资金管理、审批、监督、审计制度，保证项目经费专款专用。重视财政性资金的统筹使用和有效整合，提高资金效益。充分发挥财政资金的引导作用，带动信贷资金和其他社会资金投入。对自然条件差、基础设施落后地区农民，要根据实际，提高补助标准，出台更优惠的奖励政策，进一步降低农民转移成本。

公共服务体系保障 进一步加大投入，逐步完善下山转移安置小区（点）的公共设施，以交通、水利、电力、通讯、有线电视、饮用水、生活污水和垃圾集中处理工程建设为重点，不断改善群众的生产、生活条件，提高生活水平和质量。加快农村公共服务事业发展。在统筹城乡教育均衡化、统筹农村医疗卫生、发展农村文化体育事业等方面，进一步向下山转移农民倾斜。进一步加大对农村基础教育的资金投入，改善农村基础教育资源；完善农村最低生活保障制度，进一步扩大保障覆盖面；积极探索农村养老保险制度，进一步完善新型农村合作医疗保险制度，提高参合农民受益水平；加强农村医疗救助制度建设，加强农村残法人的福利保障。

第五节　做法和成效

主要做法

20世纪90年代中、后期，县委、县政府坚持以科学发展观为指导，根据县情实际，加大对农民下山转移工程的扶持力度，强化组织领导、出台优惠政策、编制转移规划、筹措专项资金，积极动员引导高山深山、边远山区、地质灾害隐患区、紧石库区、重要水源保护区等交通不便、生产生活条件较差的农民搬迁下山、转移出库，改善居住条件，实现脱贫目标。各乡镇和县属相关职能部门各负其责、密切协调、优化服务、齐心协力做好农民下山转移的小区选址、土地征用、政策处理、建房安置等一系列工作。1998年，云和镇柘园畲族新村（一期）竣工入住。2000年，县城的黄金地段、下山转移农民在县城的第一集中安置区—古竹农民新村动工兴建。2003年，农民新村建成，安置农民3500余人。2005年，云和县城农民下山转移第二集中安置区—普光农民公寓完成规划，破土动工。是年，石塘镇双港下山转移新村竣工，安置农户230户、800人。2006年，云和镇新岭下山转移小区建成，安置农户53户、169人。2007年，普光农民公寓一期完工。同年，云坛乡霞晓桥独山小区落成，安置农户270户、1030人。崇头镇崇头下山转移新村竣工，安置农户172户、579人。2008年，黄水碓转移新村落成，安置80户、320人。2009年，普光农民公寓全面竣工，建成公寓式套房931套，安置下山转移农户931户、3304人。是年，云和镇庄前下山转移小区完工，安置55户185人。2010年，石塘镇小顺高畲新村建成，旧村为地质灾害隐患区，安置37户、135人。同年，紧水滩镇梓坊下山转移小区竣工，安置农户40户、138人。2000—2010年，全县共转移农户8702户、30468人。通过引导农民下山转移，实现人口和产业集聚，达到了转移农民、发展农民、富裕农民的目的，推进了“小县大城”发展战略和城乡一体化的进程，促进了全县经济和社会事业的全面发展。

转移方式 根据“小县大城”发展战略的总体部署，通盘考虑群众下山转移的承受能力、人口流向和转移后生产、生活、就业、就学便利等因素，农民下山转移的方式有：购买地基自建住房式，包括联户联建式，单户自建式；购买农民公寓式，政府建好套房以成本价出售给农户；资金补助式，农户在县城规划区内购买住房或购买土地自建住房由政府给予资金补助；县外安置补助式，农户投亲靠友去县域外安置，政府给予资金补助。还有整村搬迁、旧村拆除式；村庄部分农户搬迁转移式；有集中统一安置的，也有分散安置在不同小区的等等。县城转移安置小区以购地联户联建或购买农民公寓式为主；乡镇、中心村转移安置小区以农户联合兴建或独户自建为主。

明确职责　云和县委、县政府坚持以科学发展观为指导，统筹协调，掌握政策，把握大局，筹集资金。建立云和县困难群众下山转移工作领导小组，设立县下山转移办公室；出台农民下山转移工作实施意见，审定农民下山转移阶段性规划；确定下山转移的区域、对象、基本条件和转移安置规模、区块、方式；研究农民转移安置资金的筹措渠道和具体的经济补助政策等。

各乡镇强化对下山转移工作的组织领导、政策宣传、协调服务；对已确定的下山转移小区（点）按时组织实施；对下山转移对象认真审核，严格把关；积极主动与县有关职能部门协调沟通，切实做好本乡镇农民的下山转移工作。

县相关职能部门根据云和县农民下山转移工作实施意见的要求，落实优惠措施，优化服务质量，提高办事效率，降低有关收费标准，减轻下山转移农户的经济负担。

县发展和改革部门把“万名农民下山转移工程”列为全县经济社会发展的重点工程，负责做好农民转移相关项目的立项审批和综合协调工作。

县财政部门努力疏通、拓宽筹资渠道，强化农民下山转移项目专项资金的筹措、管理和监督工作。

县建设部门按照云和县城区总体规划和村镇建设规划要求，会同国土等部门和相关乡镇负责抓好下山转移小区的选址定点工作，同时，做好安置小区规划设计审查和小区建设质量、安全的监督工作。

县国土资源管理部门按时落实农民下山转移工程建设的用地指标，及时审批下山转移建房用地，办理土地使用权证，支持开田造地，注重占补平衡，并会同县下山转移办公室做好下山转移小区（点）项目的实施工作。

县农业部门和县劳动力转移办将下山转移农民纳入年度劳动力培训计划，加强对下山转移农户的素质培训和实用技术培训，提升农民调整产业结构，转向从事二、三产业或重新择业、再就业的能力。

县林业部门负责做好下山转移农户的退耕还林规划和相关政策的落实，依据下山转移农户的申请要求，及时给予规划指导经济林的开发等工作。

县水利部门负责落实全县下山转移小区防洪防涝、河道整治、人畜饮用水等工程的规划建设工作。

县电力部门负责解决下山转移小区、农户的建房施工用电和生产生活用电。

县交通部门结合康庄工程建设规划，加大资金和技术扶持力度，改善优化下山转移小区的交通、出行条件。

县民政部门负责做好下山转移小区（点）、迁移村庄的地名命名、村名变更和社会救济救助等工作。

县教育行政部门负责将全县下山转移农户的子女纳入所在学区的招生范围，凭房产证和下山转移审批表，与当地居民（农民）子女享受同等待遇（同城同地同待遇），不得额外收费。

县公安部门负责下山转移农户的户籍管理，及时为下山转移的农民办理相关手续。

县文化广电新闻出版部门及时主动帮助下山转移农户安装广播、有线电视。

县电信、邮政、移动、联通等机构（公司）及时帮助下山转移农户做好通邮、通讯等工作。

县农村信用合作联社等金融机构给予下山转移农户提供相应的信贷支持。

县卫生、计生、人劳社保、保险等部门负责确保下山转移农民在预防保健、看病就医等方面享受当地村民、居民同等待遇，并帮助下山转移农户及时办理各种证件和相关手续。

县工商、税务等部门负责确保下山转移工程税费优惠政策的落实兑现，为下山转移农民发展生产提供服务。

县扶贫办、县移开办积极主动协助有关乡镇做好困难群众下山转移的宣传发动工作，协助搞好下山转移户和未搬迁农户的发展规划；同时，做好项目包装，积极向上级争取农民下山转移补助资金等。

转移成效

下山转移成果 农民下山转移工程是利民惠民富民工程。动员引导高山深山、边远山区、地质灾害隐患区、紧石库区、县城水源保护区等交通不便、生存条件恶劣的农民搬迁下山、转移出库，是改善农民居住环境，加快群众脱贫步伐的有效途径；是集聚城镇人口，提高城镇资源共享率，深入实施“小县大城”发展战略，推进新型城镇化发展步伐的有效办法。截至2010年底，全县已建成古竹农民新村、普光农民公寓、柘园畲民新村等农民下山转移小区（点）28个。2000—2010年，全县共搬迁转移农户8702户、30468人，其中，整村搬迁1198户、4189人；高山远山转移6136户、21204人；重点库区转移1985户、7093人；地质灾害隐患区转移581户、2171人。据统计，2010年年底，全县常住人口为11.16万人，城镇化率已达58.1%，位居全市前列。

云和县乡镇下山转移小区建设情况、2000—2010年全县农民下山转移数据详见下表：

1994—2010年云和县乡镇下山转移小区统计表

表32-2-1

建成年份	项目名称	建设规模
1994	朱村乡金山下下山转移点	安置128户、450人
1997	石塘镇上坪新村	安置98户、314人
1998	云和镇柘园一期新村	安置7户、35人
2005	云和镇柘园二期新村	安置29户、90人
2005	石塘双港下山转移新村	安置230户、800人
2005	云丰乡张家地下山转移点	安置33户、115人

续表 32-2-1

建成年份	项目名称	建设规模
2006	云和镇新岭下山转移小区	安置 53 户、169 人
2006	云坛乡云坛一期新村	安置 92 户、323 人
2007	云和镇柘园三期新村	安置 21 户、83 人
2007	云坛乡霞晓桥小区	安置 270 户、1030 人
2007	崇头镇崇头下山转移新村	安置 172 户、579 人
2007	赤石乡麻垟新村	安置 110 户、380 人
2007	赤石火吉坳新村(地质灾害点)	安置 19 户、79 人
2007	赤石乡阴岩新村一期	安置 27 户、109 人
2007	云坛乡长隆新村	安置 19 户、69 人
2007	云坛乡云坛二期新村	安置 23 户、60 人
2008	黄水碓新村	安置 80 户、320 人
2008	云和镇坑口下山转移小区	安置 40 户、118 人
2008	石塘镇西坑新村	安置 40 户、130 人
2008	云坛乡半路坟下山转移点	安置 9 户、32 人
2009	云和镇庄前下山转移小区	安置 55 户、185 人
2010	云和镇梅家源下山转移小区	安置 75 户、225 人
2010	云和镇山脚下山转移小区	安置 44 户、83 人
2010	石塘镇高畲新村(地质灾害点)	安置 37 户、135 人
2010	石塘镇西滩头下山转移小区	安置 80 户、280 人
2010	紧水滩梓坊下山转移小区	安置 40 户、138 人
2010	赤石乡阴岩新村二期	安置 43 户、145 人
2010	朱村乡张川下山转移新村	安置 23 户、80 人
2010	云坛乡梅湾小区	安置 27 户、93 人
2010	云坛乡竹坑口小区	安置 14 户、45 人

2000—2010 年云和县农民下山转移数据汇总表

表 32-2-2

年份	下山搬迁		其中整村搬迁		高山远山		重点库区		地质灾害点	
	户数	人数	户数	人数	户数	人数	户数	人数	户数	人数
2000	675	2056	40	139	596	1811	55	168	24	77
2001	793	2836	33	106	635	2270	127	453	31	113
2002	755	2786	21	76	531	1959	185	685	39	142
2003	711	2412	43	157	563	1908	89	301	59	203
2004	731	2560	23	82	525	1837	137	481	69	242

续表 32-2-2

年份	下山搬迁		其中整村搬迁		高山远山		重点库区		地质灾害点	
	户数	人数	户数	人数	户数	人数	户数	人数	户数	人数
2005	1294	4536	61	214	951	3212	271	951	72	373
2006	1326	4643	57	208	1025	3587	267	934	34	122
2007	852	2981	59	207	346	1114	454	1713	52	154
2008	725	2700	350	1241	386	1454	287	1045	52	201
2009	462	1654	277	950	289	1042	40	125	133	487
2010	378	1304	234	809	289	1010	73	237	16	57
合计	8702	30468	1198	4189	6136	21204	1985	7093	581	2171

云和县困难群众下山转移小区建房税费优惠标准、2006年云和县万名农民下山转移小区（点）补助标准和2008年度云和县乡镇下山转移小区（点）建设资金补助标准详见如下列表：

云和县困难群众下山转移小区建房税费优惠标准表

表 32-2-3

收费单位	项目	原收费标准（元／平方米）	优惠收费标准
建设局	城市市政基础设施配套费	50元	每平方米先征50元返40元
	城市易地绿化补偿费	一类1500元、二类800元、三类300元	免收
	集镇配套设施建设费	集镇15元，建制镇20元	减半
	规划设计费	2元	减半
	建筑设计费	按造价4.5%	公寓式12元，单直户6.5元以内收取
	白蚁防治费	1.6元	1元
	房产测绘费	0.8元	0.5元
	房屋所有权登记发证费	80元	15元/本
	道路临时占用费	主街道每天0.5元，次街道每天0.3元	免收
	房屋定线放样费	760元/户，3户以上（含3户）联建的300元/户	300元/户
	地形测绘费	0.2元	0.04元
电力局	居民用户表后线安装	240元	100元
经贸局	散装水泥专项资金	1.5元	缓收
	新型墙体专项资金	10元	农民自建房免收
广播电视台	有线电视初装费	330元/输出口（含上浮10%）	270元/输出口
防空办	异地建房费	15元	缓收
消防大队	建审、验收	—	免收
防雷监测所	初步施工图纸、图审	100元/点	按70%收取
	跟踪监测	1元	
	新建筑物防雷装置设计技术评价	0.2元	

2006年云和县万名农民下山转移小区(点)补助标准表

表 32-2-4

序号	项目名称	项目地点	建设年份	安置户数	安置人数	补助标准(万元/人)
1	云和县黄水碓下山转移新村	云和镇黄水碓	2005	45	160	0.65
2	云和县困难群众下山转移霞晓桥小区	云坛乡霞晓桥	2005	270	1030	0.4
3	石塘镇双港下山转移新村	石塘镇双港	2005	230	800	0.35
4	崇头镇下山转移新村	崇头镇崇头村	2005	50	180	0.4
5	赤石乡麻垟下山转移新村	赤石乡麻垟	2005	110	380	0.3
6	云和镇柘园下山转移新村三期	云和镇柘园	2005	21	83	0.5
7	云和镇庄前少数民族下山转移新村	云和镇庄前	2005	55	185	0.5
8	赤石库北下山转移新村	库北担布坑	2006	19	79	0.45
9	赤石乡阴岩新村	赤石乡阴岩	2006	27	109	0.65
10	石塘镇规溪西坑下山转移新村	石塘镇规溪	2006	40	130	0.3
11	云丰乡张家地下山转移新村	云丰乡张家地	2006	130	445	0.4

2008年度云和县乡镇下山转移小区(点)建设资金补助标准表

表 32-2-5

规划小区(点)名称	地点	规划用地面积(公顷)	规划安置数		补助标准(元/人)
			户数	人数	
云和镇梅家源下山转移小区	梅家源	1	75	225	5600
云和镇山脚下山转移点	山脚底庵畈	0.85	30	96	5600
云和镇坑口下山转移小区	坑口	0.34	40	118	5600
石塘镇西滩头下山转移小区	西滩头	2	80	280	6000
紧水滩镇梓坊下山转移小区	梓坊	0.8	34	128	5600
崇头镇崇头下山转移小区	崇头	5.84	172	579	6500
云坛乡半路坟下山转移点	半路坟	0.2	9	32	5600

古竹农民新村建设 古竹农民新村是县委、县政府的重点项目,也是县城专门划出重要地段,用于农民下山转移的第一集中安置区。2000年,县人民政府成立以分管副县长为组长,县府办、农办、扶贫办、城建局、土管局、计委等相关职能部门一把手为成员的农民新村建设领导小组,下设农民新村建设管理委员会,具体组织实施农民新村建设工作。同时,县委、县政府出台《关于实施农民新村建设工程若干意见》,对农民新村建设的相关规费减免、户

图 32-2-1 古竹农民新村(2002年5月摄 陈忠人提供)

籍管理、进城农民责任田、责任山保留等方面给予优惠扶持政策，努力使农民能“下得来，稳得住，富得起”。在地基分配等具体工作中，依据政策，严格把关，规范工作程序，使各项工作尽可能做到公开、公平、公正，对农民新村的土地使用，采取统一征用，行政划拨，统一审批方式，然后，根据地段位置的好坏设定价位，以公开抽签的方式公平、公正地分配（出售）给每一建房农户。县农民新村建设管理委员会强化管理服务职能，从有关部门和乡镇抽调业务骨干集中办公，负责农民新村建设的管理、服务与监督工作，全程代理农民进城需要办理的所有手续。建房户只需交清购地基的有关款项，服从管委会管理，就可安心建房，既简化了办事手续，又解决了后顾之忧。

在农民新村建房落户的对象必须是县城规划区以外的本县农民，必须符合农民下山转移相关政策。古竹农民新村采取统一规划、分户联建的办法。编制新村建设规划坚持科学合理、适度超前、注重特色的原则，努力把农民新村建设成布局合理、功能齐全、环境优美的城市社区。农民新村建设用地统一征用、审批后，经测算，以成本价出让给农民建房。根据地段类别，地基最高价 2.9 万元 1 直，最低价 2.3 万元 1 直。免征城市建设大配套费，城市小区建设配套费按小区建设实际需要征收，其他相关规费一般只收取工本费。公共基础设施建设资金主要来源于小区配套费，力争做到自求平衡。农民新村建设所征收的耕地占用税全额专项用于新村公共基础设施建设。在农民新村建房的农户办理房产证后即可落户云和镇，享有与云和镇居民同等的社会福利、社会保障、就业、参军、计划生育、子女就学等方面的权利和义务。在农民新村建房落户后的农户，其原有的土地、山林等承包经营权可以保持不变，但应继续承担相关的义务。要求在农民新村建房的农户，由户主提出申请，经行政村和乡镇审核后，报云和县农民新村建设管理委员会批准。对假借他人之名进入农民新村建房或以营利为目的的房地产炒卖者，一经查实，由县农民新村建设管理委员会责令其按规定补交所有税费，并报有关部门对责任人进行处理。

古竹农民新村位于县城由北向南发展的重要地段，首期规划用地面积 15.75 万平方米，建筑占地面积 5.6 万平方米，建筑面积 27.4 万平方米，安排建房地基 1012 直，吸纳 3500 余人转移进城安置落户。新建的农民新村，有临街商业用房（店面房）282 直，可容纳 900 多人入住；非临街住宅 730 直，安置来自全县 14 个乡镇、143 个行政村的农户 623 户、2643 人进村建房入住。2000 年年初，农民新村建设项目开始规划、论证，同年，完成工程规划、土地征用、政策处理、报名登记、资格审查等项工作。2001 年，完成土地平整等工作，本着公平、公开、公正的原则，采取抽签的方式确定农户建房地基的具体位置，安排农民联户建房。2002 年，继续抓好农房建房工作，并通过公开招投标方式，统一粉刷小区外墙涂料，完成相关基础设施建设配套工程。2003 年底，古竹农民新村（一期）落成，通过竣工验收。

2002 年 7 月，省委副书记、省长柴松岳，副省长卢文舸在市、县领导陪同下，视察古竹农民新村。省长柴松岳说：“不错，这个方向好！”

2003 年 8 月，浙江省委书记习近平在丽水市委、云和县委主要领导的陪同下，视察山区农民转移进城安置区—古竹农民新村，习书记对云和县加快人口集聚，加快农村剩余劳动力向二、三产业转移，加快实施“小县大城”发展战略的做法，表示赞许，给予充分肯定。

普光农民公寓建设 2005年8月，县政府制发《云和县万名农民下山转移工程实施意见》；同时出台《云和县万名农民下山转移工程建设规划》。《云和县万名农民下山转移工程实施意见》要求，县相关职能部门和全县各乡镇要根据农民的实际情况，按规划分阶段有序安排“县境内具有农业户口，居住在库区、高山区和深山，生产生活条件差、发展潜力有限、自愿要求下山转移搬迁的农户（含库区移民安置方式的农转非对象）”实施转移搬迁。《云和县万名农民下山转移工程建设规划》搬迁的目标是：2005年，全县实施下山转移农户1019户、3611人；2006年，下山转移1033户、3625人；2007年，下山转移700户、2405人；2008—2010年，下山转移678户、2359人。

图32-2-2 普光农民公寓（2010年3月摄 陈忠人提供）

根据县人民政府的实施意见和建设规划，2005年8月，启动普光农民公寓建设工程。这是“云和县万名农民下山转移工程”中的重点工程，也是引导农民下山转移进城的第二集中安置区。普光农民公寓建设分两期实施。2006年3月，完成一期工程的土地征用和政策处理工作，同年5月动工兴建住房。2007年12月，完成一期住房工程建设。2008年，交付农民入住使用。2007年6月，完成普光农民公寓二期工程的征地和政策处理，并开工建房。2009年10月，完成二期建房工程，并通过竣工验收。2009年底至2010年上半年，交付农户入住。

普光农民公寓建设工程，改变古竹农民新村由政府统一供地，农民联建排屋的下山转移方式。由政府统一征地，统一建设，对土地划拨价格、相关税费、房屋建设成本等进行综合测算，按照1650元/平方米的政府建设成本价出售给下山转移的群众，远远低于当时的房地产市场价，同期的商品房市场价为3300元/平方米。同时，县政府还给每人6500—10000元的下山转移资金补助；出台费税减免措施，对普光农民公寓项目建设和下山搬迁农户办理产权证，涉及行政事业性收费的全免或只收成本费，涉及中介收费的全部减半收取。对农民购房提供信贷支持，将下山转移农民中的购房困难户列入金融部门信贷计划，按照大、中、小三种套型分别给予5万元、6万元、7万元的贷款支持，并下浮20%的利率。此外，还通过市场运作方式，拍卖普光农民公寓临街土地，获取部分资金，给予整村搬迁的特困户一定补助。这些举措，大大降低了农民下山转移进城安置的成本。

普光农民公寓总用地面积65902平方米，总建筑面积94195平方米，总投资1.6418亿元，建成公寓式套房931套，安置下山转移农户931户、3304人。普光农民公寓有79平方米/套、86平方米/套、120平方米/套等3种不同面积的套房，以适应不同家庭人口的农民选购。同时，还在普光农民转移小区建设保障性廉租房2幢，即普光农民公寓35号、36号楼，共96套，有45平方米/套、54平方米/套、67平方米/套三种套型。廉租房的房租按照低保户每平方米1.2元/月、低收入农户每平方米1.5元/月、其他租住廉租房的农户按每平方米3元/月的标准收取。廉价房主要租赁给整村搬迁中暂时无能力购买住房的特困户，以实现村庄整体搬迁的目标。小区内还建有“宁波—云和转移农民综合培训楼”，占地540平方米，建筑面积2592平方米，内设培训教室、办公室和文体活动中心等。下山搬迁的农民在小区内就可接受来料加工、木制玩具制造等技能培训。小区基础设施建设较为完善，绿化面积2万余平方米，种植苗木20余种，绿化率达30%，绿化总投资200万元。

柘园畲族新村建设 柘园村是云和镇所辖的偏远山村，交通不便，出行困难，生产生活条件较差。1992年，该村党支部、村委会经过多次研究，决定实施整村搬迁、下山脱贫方案，并拟定分期搬迁转移规划，并得到县委、县政府及县属相关职能部门和云和镇党委、政府的积极支持。1998年，转移至丽浦公路边、云和镇贵溪村附近的柘园新村一期落成，安置农户7户、35人。2005年，云和镇柘园新村二期工程竣工，转移可安置农户29户、90人。2007年，云和镇柘园新村三期工程竣工，可安置下山转移农户21户、83人。村“两委”干部在建造村委大楼时，还为村里的孤寡老人建造简易住房，以确保没有能力下山转移的农户也能顺利实现下山转移。柘园畲族新村占地面积6500平方米，项目初期计划投资500万元，累计投资已达800多万元。2009年3月，原柘园村最后一批30户畲民，全部搬迁至柘园新村，成为丽水市首个下山转移整村搬迁进城安置的畲族村。

图 32-2-3 云和镇柘园畲族新村三期落成（县农办提供）

在县城规划区内建设“农民新村”，降低山区农民进城“门槛”，通过实施农民下山转移工程，实现人口集聚、产业集聚，促进农产业向非农产业转化；农民向市民转化；农村生产生活方式向城市市民的生产生活方式转化；推进“小县大城”发展战略的深入实施，加快云和的城市化建设步伐。同时，山区人口减少，可以相对缓解山区农民对资源和环境的压力，修复改善生态环境，实现区域可持续发展。

第三十三篇 人事 劳动 社会保障

1991—2010年，云和县加强机关事业单位编制管理，通过聘用、分配、招考录用干部1891人，军队转业干部累计安置19人。专业技术人才初次确定专业技术职务任职资格1778人，经济、会计、统计、审计、卫生、档案、计算机技术与软件等专业资格考试，通过1075人次。1988年，人才交流服务中心成立，负责人才引进与交流，人事代理，指导全县人才管理服务工作。1993年10月，机关、事业单位的工资制度全面改革，对县机关、事业单位4474名在职人员和离退休人员进行工资调整，此后，建立正常的工资增资机制并规范各类津贴补贴。2006年7月，机关事业单位进行工资收入分配制度改革，改革后公务员实行职级工资制，事业单位实行岗位绩效工资制。

开展就业技能培训、职业技能鉴定、继续教育及劳务输出，安置就业等各项工作，2005年，基本建成县人力资源市场，2006年，设立云和县人力资源市场管理办公室。1994年，县劳动仲裁庭成立，依法开展劳动争议调解、仲裁工作，期间受理劳动案件804件。同年，县劳动局劳动监察大队建立，开展各项劳动检查，依法履行监察职能，查处各种违法、法规行为，维护劳动者的合法权益。

1994年9月，县社会保险委员会办公室更名为县社会保险事业管理处,2010年3月，更名为县社会保险事业管理中心,隶属于县人事劳动社会保障局，负责全县社会保险工作。至此、在全县基本形成集养老、失业、医疗、工伤、生育为一体，城乡配套，管理服务社会化的社会保险体系。

第一章　机构编制管理

云和县机构编制委员会办公室是县机构编制委员会的常设办事机构，负责全县行政管理体制和机构改革以及机构编制日常管理工作。与县人力资源和社会保障局合署。1991—2010 年进行 3 次大的机构改革，至 2010 年，全县设有党委、政府部门 29 个，乡镇 14 个，行政编制 1165 名；事业单位 239 家，事业编制总数为 3076 名，实有在职人数 2913 名。

第一节　机构改革

1991—2010 年，云和县党政机构分别于 1996 年、2001 年、2005 年进行较大的改革。

1996 年机构改革

县委工作机构改革后，县委办公室内设信访办公室、保密委员会办公室，对外挂信访局、保密局牌子；纪律检查委员会机关与监察局合署办公，一个机构两块牌子；老干部局由组织部管理；机关党委改称为直属机关党工作委员会与组织部合署办公；侨务、台湾事务、民族宗教的行政职能暂由统战部行使，对外挂侨务办公室、台湾事务办公室（县委台湾工作办公室）、民族宗教事务局的牌子。调整后县委设 5 个工作机构：县委办公室、组织部（直属机关工作委员会）、宣传部、统一战线工作部、政法委员会。

县政府工作机构改革后，县政府工作机构由 23 个部门组成。撤销标准计量局，成立技术监督局，技术监督局和统计局与计划委员会合署；乡镇企业管理局、医药管理局与经济委员会合署；经济体制改革委员会（经济与社会发展研究中心）与县政府办公室合署，县政府办公室增挂外事办公室的牌子，法制科为县府办内设机构，对外挂县政府法制局的牌子；撤销农村经济委员会，成立农村工作办公室，同时挂县委农村工作办公室牌子；财政局和地方税务局合署，并增挂国有资产管理局牌子；物价局与工商行政管理局合署；地质矿产办公室改为经济委员会的内设机构，对外挂牌；撤销二轻局，暂时保留手工业联社，在经委挂牌，其行政职能划转经委；物资局、商业局成建制转为经济实体，其行政管理职能分别移交政府有关部门承担；供销社不列入政府工作机构序列；撤销城乡建设环境保护局，成立建设局和环境保护局，合署办公，一个机构两块牌子；人事局与劳动局合并为人事劳动局；县机构编制委员会办公室为县机构编制委员会的常设办事机构，是县委、县政府主管机构编制工作的机构，挂靠人事劳动局；体育运动委员会改称为体育事业发展局，为县政府直属事业单位；广播电视局、经济技术协作办公室、粮食局转为县政府直属事业单位；档案局与档案馆合并，保留牌子，为县政府直属事业单位；党史办和县志办公室合并，为县史志研究室，与档案馆（局）合署。调整后，县政府共设置工作机构23个，分别为：办公室（经济体制改革委员会）、计划委员会（统计局、技术监督局）、经济委员会（乡镇企业管理局、医药管理局）、教育委员会、科学技术委员会、公安局、司法局、监察局、民政局、财政局（地方税务局）、人事劳动局、交通局、农村工作办公室、农业局、林业局、水利水电局、文化局、卫生局、计划生育委员会、建设局（环境保护局）、工商行政管理局（物价局）、审计局、土地管理局。

2001年机构改革

2001年，机构改革后，县委机构设置做相应调整。保留纪律检查委员会机关（监察局与其合署办公）、办公室、组织部（直属机关工作委员会与其合署办公）、宣传部、统一战线工作部（民族宗教事务局与其合署办公）、政法委员会（社会治安综合治理委员会办公室与其合署办公）。台湾事务、侨务的行政职能并入统战部，对外挂侨台事务办公室（县委台湾工作办公室）的牌子。设置县委、县政府信访局，为县委办公室管理机构。老干部局仍由组织部管理。县委办公室挂保密委员会办公室（保密局）牌子。机构编制委员会办公室是机构编制委员会的常设办事机构，也是县委县政府主管机构编制工作的机构，挂靠县人事劳动社会保障局。调整后县委工作机构6个（纪律检查委员会机关、办公室、组织部、宣传部、统一战线工作部、政法委员会）；部门管理机构2个（县委、县政府信访局，县委老干部局）。

县政府行政机构改革后，不再保留计划委员会，组建发展计划局；不再保留经济委员会，组建经济贸易局；保留县财政局；国有资产管理局职能并入县财政局，不再保留其牌子；保留建设局、交通局、农业局、林业局；水利水电局更名为水利局；农村工作办公室与农业局合署办公；物价局并入发展计划局，挂物价局的牌子；不再保留原事业机构粮食局，成立行政序列的粮食局；粮食局、统计局与发展计划局合署办公；不再保留原事业机构对外贸易经济合作局，其行政职能并入经济贸易局，挂对外贸易经济合作局牌子；乡镇企业局更名为中小企业局，并入经济贸易局，挂中小企业牌子；保留县政府办公室（挂政府外事办公室、政府法制办公室牌子）、监察局、民政局、公安局、司法局、卫生局、审计局；教育委员会更名为教育局；科学技术委员会更名为科学技术局；计划生育委员会更名为计划生育局，与卫生局合署办公；不再保留文化局和原事业机构体育事业发展局、广播电视局，组建文化体育广播电视局，新闻出版的行政管理职能由该局承担；不再保留人事劳动局，组建人事劳动社会保障局；将民政局承担的农村养老保险、卫生局承担的公费医疗管理、医疗保险制度改革领导小组办公室承担的医疗保险制度改革职能划入人事劳动社会保障局；不再保留土地管理局，划入原经济委员会地质矿产办公室职能，组建国土资源局；建立经济体制改革委员会，为县政府高层次议事机构，原体改委改为经济体制改革委员会的办事机构，并承担区域内经济与社会发展研究工作，原经济与社会发展研究中心牌子不再保留；原在地方设置，现改省部门直属机构的，根据省有关规定做相应调整和设置；调整后，县政府设置19个工作机构，分别为办公室、发展计划局（粮食局 统计局）、经济贸易局、教育局、科技局、民族宗教事务局、公安局、监察局、民政局、司法局、财政局、人事劳动社会保障局、国土资源局、建设局、交通局、农业局（农村工作办公室）、林业局、水利局、文化体育广播电视局、卫生局（计划生育局）、审计局，另设议事协调机构的办事机构1个（经济体制改革委员会）。

2005年机构改革

县出台《云和县深化完善政府机构改革方案》，县财政局履行国有资产出资人职责，承担国有资产管理职责，加强对国有资产的监管工作；县发展计划局改组为县发展和改革局，为县政府工作部门，承担综合研究拟定经济和社会发展政策、主管物价、粮食管理和统计工作、指导经济体制改革的职能。撤销县经济体制改革委员会办公室，承担的职能划入县发展和改革局；县文化体育广播电视局改组为县文化广电新闻出版局，为县政府工作部门，统一履行文化、广播电视、新闻出版等行政管理职能。同时，设立县体育局，与县文化广电新闻出版局合署办公；在县药品监督管理局的基础上，组建县食品药品监督管理局，仍实行省以下垂直管理。县食品药品监督管理局继续行使药品监管职能，划入县卫生局承担的保健品许可的相关职能，增加对食品、保健品、化妆品安全管理的综合监督、组织协调和依法组织开展对重大事故查处的职能；组建县安全生产监督管理局，为县政府工作部门。承担安全生产综合监管和行政执法职能。县经济贸易局承担的指导全县安全生产工作、协调处理重大安全事故的职能划入县安全生产监督管理局；将县计划生育局更名为县人口和计划生育局，仍与县卫生局合署办公；将县环境保护局列入县政府工作部门序列；将原在县政府办公室挂牌的县政府法制办公室改为与县政府办公室合署办公。经过上述调整，云和县政府设置工作部门21个，分别为：县政府办公室（县政府法制办公室）、县发展和改革局（粮食局 统计局）、县经济贸易局、县教育局、县科学技术局、县民族宗教事务局、县公安局、县监察局、县民政局、县司法局、县财政局、县人事劳动社会保障局、县国土资源局、县建设局、县交通局、县农业局（农村工作办公室）、县林业局、县水利局、县文化广电新闻出版局（体育局）、县卫生局（人口和计划生育局）、县审计局、县安全生产监督管理局、县环境保护局（县监察局与县纪律检查委员会机关合署办公，县民族宗教事务局与县委统战部合署办公，列入县政府序列，不计入县政府机构个数）。

至2010年，县委工作部门8个：纪检委、县委办、组织部（直属机关工委）、宣传部、统战部、政法委、县委县政府信访局、县农办。县委部门管理机构1个，县委老干部局，由县委组织部管理；县编委办挂靠县人劳社保局。

政府工作部门21个（其中监察局、民族宗教事务局列入政府机构但不计数）；县府办（法制办）、发展和改革局、经济贸易局、教育局、科技局、公安局、民政局、司法局、财政局（地税局）、人事劳动社会保障局、国土资源局、建设局、交通局、农业局（农工办）、林业局、水利局、文化广电新闻出版局（体育局）、卫生局（人口和计划生育局）、审计局、安全生产监督管理局、环境保护局。垂直管理部门：质量技术监督局、食品药品监督管理局、工商局。基层三所：工商所、地税所、物价所。其他机关：人大机关、政协机关、法院、检察院、总工会、妇联、团县委、工商联。

全县有14个乡镇党委、政府，其中4个镇，10个乡。全县共有行政编制1165人，其中：党委86人，政府230人，其他52人，乡镇246人，政法396人，基层三所136人，省以下垂管19人。

1991—2010 年云和县县级行政机构编制与人员表

表 33-1-1　　　　单位：人

年份	分类									
	县委		县政府		其他机关		乡镇		政法	
	编制	实有	编制	实有	编制	实有	编制	实有	编制	实有
1991	98	88	397	344	47	42	269	277	222	213
1992	98	90	394	353	47	44	267	281	222	218
1993	66	63	414	351	47	45	267	303	277	250
1994	66	64	404	340	47	48	267	288	244	231
1996	70	65	286	317	64	40	319	307	283	259
1997	63	65	298	308	59	48	319	308	288	259
1998	80	84	282	277	58	49	319	303	311	254
1999	81	83	387	392	61	46	319	293	324	259
2000	81	85	328	341	61	43	319	303	324	253
2007	72	77	215	246	54	59	246	227	—	—
2008	72	82	215	252	54	58	246	232	368	334
2009	75	82	215	236	52	60	246	25	396	339
2010	86	95	230	250	52	54	246	230	396	341

第二节　乡镇机构编制

乡镇机构设置

1988 年 7 月至 1991 年 7 月，按原区管辖范围设立 4 个片区农村工作指导组。1991 年 7 月至 1992 年 5 月，4 个片改建区，分别是云和区（辖小徐乡、局村乡、沙溪乡、雾溪乡、安溪乡、云坛乡、沈村乡）、石塘区（辖小顺乡、双港乡、朱村乡、金村乡）、紧水滩区（辖紧水滩镇、龙门乡、大源乡、赤石乡、库北乡）、梅源区（辖崇头镇、黄源乡、云峰乡、沙铺乡、大塆乡）。

1992 年 6 月 1 日起，撤销 4 个区，扩镇并乡：云和镇扩并小徐乡、局村乡；撤双港乡、小顺乡，并建石塘镇；紧水滩镇扩并龙门乡；云坛乡、沈村乡合并称云坛乡；朱村乡、金村乡合并称朱村乡；赤石乡、库北乡合并称赤石乡。

2001 年 12 月，撤销沙溪乡建制，其行政区域并入云和镇。至 2010 年年底，全县共有 14 个乡镇，分别是：云和镇、紧水滩镇、石塘镇、崇头镇、云坛乡、朱村乡、赤石乡、大源乡、安溪乡、雾溪乡、黄源乡、云丰乡、沙铺乡、大湾乡。

乡镇内设机构

1994 年 1 月至 2000 年 6 月，云和镇内设政府办公室、农业办公室、工业办公室、计育文教卫生办公室、建设土管办公室。下设居委办事处、云和办事处、小徐办事处、局村办事处，人员编制56人。

紧水滩镇、石塘镇、崇头镇、云坛乡、朱村乡、赤石乡、沙溪乡等7个乡镇内设党政办公室、农业办公室、工业办公室、村镇建设办公室，人员编制168人。

安溪乡、雾溪乡、黄源乡、云丰乡、沙浦乡、大湾乡、大源乡7个乡内设：党政办公室，共有人员编制90人。

2000年7月至2010年12月，云和镇内设机构：党委办公室、政府办公室、政法办公室、社会治安综合治理办公室、社会发展办公室、计划生育办公室、工业贸易办公室、农业办公室、村镇建设办公室。人员编制55人。

紧水滩镇内设机构：党政综合办公室、经济发展办公室、社会事务管理办公室、社会综合治理办公室。人员编制18人。

石塘镇内设机构：经济发展办公室、社会事务办公室、综合治理办公室、党政综合办公室。人员编制21人。

崇头镇内设科室：党政综合办公室、经济发展办公室、社会事务管理办公室、社会综合治理办公室、村镇建设办公室、财政办公室。人员编制21人。

云坛乡内设机构：党政办公室、经济发展办公室、社会事务管理办公室、社会综合治理办公室（法制办）。人员编制17人。

朱村乡内设机构：党政综合办公室、经济发展办公室、社会事务办公室、综合治理办公室。人员编制17人。

赤石乡内设机构：党政综合办公室、经济发展办公室、社会事务管理办公室、社会综合治理办公室、社会事务公共服务中心、农业公共服务中心。人员编制19人。

大源乡内设机构：党政综合办公室、经济发展办公室、社会事务管理办公室、社会综合治理办公室。人员编制12人。

安溪乡内设机构：农业公共服务中心、社会事务服务中心。人员编制11人。

雾溪乡内设机构：党政综合办、农业公共服务中心、社会事务服务中心。人员编制10人。

黄源乡内设机构：综合办公室。人员编制13人。

云丰乡内设机构：综合办公室。人员编制12人。

沙浦乡内设机构：综合办公室。人员编制10人。

大湾乡内设机构：综合办公室。人员编制10人。

1992—2010年云和县乡镇机构编制与人员表（行政）

表33-1-2　　单位：人

年份	乡镇（个）			编制（名）	实有人数	年份	乡镇（个）			编制（名）	实有人数
	镇	乡	小计				镇	乡	小计		
1992	4	11	15	267	281	2008	4	10	14	246	232

续表 33-1-2　　单位：人

年份	乡镇(个)			编制(名)	实有人数	年份	乡镇(个)			编制(名)	实有人数
	镇	乡	小计				镇	乡	小计		
1993	4	11	15	267	303	2009	4	10	14	246	225
1994	4	11	15	267	288	2010	4	10	14	246	225
2007	4	10	15	246	227	—	—	—	—	—	—

1992—2010 年云和县乡镇机构编制与人员表(事业)

表 33-1-3　　单位：人

年份	乡镇(个)			编制(名)	实有人数	年份	乡镇(个)			编制(名)	实有人数
	镇	乡	小计				镇	乡	小计		
1992	4	11	15	806	797	2008	4	10	14	208	219
1993	4	11	15	820	875	2009	4	10	14	208	211
1994	4	11	15	1220	1101	2010	4	10	14	210	203

第三节　事业单位编制

据 2010 年度事业单位机构编制年报统计，截至 2010 年 12 月 31 日，云和县共有事业单位 239 家，事业编制总数为 3076 名，实有在职人数 2913 名。

1991—2010 年云和县县级事业单位机构编制表

表 33-1-4　　单位：个、人

年份	分类					
	党政群			乡镇		
	机构	编制	实有	机构	编制	实有
1991	129	1553	1397	215	831	785
1992	130	1578	1457	195	806	797
1993	129	1627	1536	195	820	875
1994	150	1765	1609	249	1220	1101
1999	137	1833	1697	—	1313	1053
2008	222	2747	2521	28	208	219
2009	223	2778	2550	28	208	211
2010	239	2805	2605	28	210	203

第二章　干部结构

云和县干部来源为过渡、聘用、分配、招考和军转安置。1998年，399人自然过渡为国家公务员；1991—2010年，录用1891人、军转安置19人。20年间，全县干部队伍中党员干部、女性干部、少数民族干部、大学（本科）及以上学历的干部比例逐年提高。

第一节　干部来源

过渡

1998年初，按照《国家公务员暂行条例》规定和《国家公务员制度实施方案》精神，对符合条件的行政机关工作人员进行过渡。6月25日，云和县政府行政部门（除监察局和纪检委合署外）全面完成公务员制度的实施工作，22个行政部门（含公安局、司法局）的452名工作人员，有399人过渡为国家公务员，50人暂缓过渡，3人不予过渡。

聘用、分配、招考

1993年8月14日，《国家公务员暂行条例》发布，于1993年10月1日起施行，干部人事制度逐步由原先的国家统分统配、招工、招干转变到“凡进必考”。

1991—2010年云和县聘用、分配、招考录用人数表

表33-2-1　　单位：人

年份	1991	1992	1993	1994	1995	1996	1997	1998	1999	2000
人数	136	89	101	87	226	126	131	35	31	33
年份	2001	2002	2003	2004	2005	2006	2007	2008	2009	2010
人数	53	36	40	65	68	98	129	127	109	171

1991—2010年公务员（国家正式干部）录用人数表

表33-2-2　　单位：人

年份	1991	1992	1993	1994	1995	1996	1997	1998	1999	2000
人数	28	—	10	7	3	—	—	—	—	10
年份	2001	2002	2003	2004	2005	2006	2007	2008	2009	2010
人数	3	16	14	42	35	52	46	43	38	57

军转安置　军队转业干部安置（政策性安置）工作，按照中共中央、国务院“热情欢迎，积

极接收，认真培训，合理使用”的方针，本着“分配与需要、个人志愿与知识才能及在部队表现相结合”的原则，云和县在1991—2010年累计安置19人。

1991—2010年云和县军转安置（政策性安置）人数表

表33-2-3　　单位：人

年份	1991	1993	1995	1996	2000	2002	2006	2009	2010
人数	1	1	3	1	1	1	1	5	5

说明：其他年份数据未留存

第二节　干部组成

1991—2010年，云和县干部队伍呈现明显的线性成长特征：党员干部比例从69%提升至82%，年均增长0.65%；女性干部比例从18%提升至26%，年均增长0.4%；少数民族干部比例从3.6%提升至4.3%，年均增长0.04%；大学（本科）及以上学历的干部比例从7.2%提升至65.5%，年均增长2.9%。

云和县公务员结构情况表（政府序列）

表33-2-4　　单位：人

年份	人数	女性	少数民族	本科及以上	40岁以下	党员身份
1991	831	153	30	60	532	574
1992	890	156	32	52	592	590
1994	901	193	30	54	611	613
1995	813	181	25	39	559	540
1996	771	174	35	44	519	505
2006	714	151	28	306	283	565
2009	761	189	33	455	326	601
2010	750	195	32	491	315	614

第三节　事业人员结构

1991—2010年，全县事业干部队伍不断壮大，党员干部比例从25%提升至41%，年均增长0.8%；女性干部比例从40%提升至53%，年均增长0.65%；少数民族干部比例从5.7%提升至6.5%，年均增长0.04%；大学（本科）及以上学历的干部比例从8.2%提升至50.9%，年均增长2.14%。

1991—2010 年云和县事业干部结构情况表（政府序列）

表 33-2-5　　单位：人

年份	人数	党员身份	女性	少数民族	本科及以上	40 岁及以下	高级职称	中级职称	初级职称
1991	1558	390	629	89	128	1032	13	231	1121
1992	1589	406	737	94	140	1050	13	252	1239
1993	—	—	—	—	—	—	—	—	—
1994	1653	480	685	115	138	1100	20	286	1248
1995	1795	473	869	121	122	1203	25	307	1280
1996	1815	449	851	126	126	1250	29	316	1273
2006	2487	945	1273	188	700	1560	107	877	1213
2007	2649	1013	1318	183	897	1612	119	929	1228
2008	2781	1123	1382	183	1134	1671	139	981	1247
2009	2722	1171	1397	186	1242	1655	177	1040	1149
2010	2671	1102	1424	174	1360	1636	165	990	1135

第三章　人事管理

人事管理包含公务员管理和专业技术人员管理及人力资源管理。其中公务员方面，2006—2010 年，通过考试录用 233 人；2005 年度、2009 年度、2010 年度，全县公务员（政府序列）参加考核 1835 人次，通过考核，逐步建立以业绩为重点，由品德、知识、能力等要素构成社会化的公务员考核评价体系。专业技术人员管理包含专业技术资格的初定、评审和专业资格考试。人力资源管理工作由县人才交流服务中心负责，主要做好人才引进的组织、实施、管理及后续服务；公益性人才交流会的计划和监管；流动人员及事业单位新进人员人事档案管理、人事代理；流动人员及大中专毕业生人事档案保管等各类人才的综合管理与服务；指导全县人才管理服务工作。

第一节　公务员管理

公务员考试录用

2006 年 1 月，《中华人民共和国公务员法》正式实施。至 2010 年年底，云和县进行全省公务员考试 5 次，通过考试录用 233 人。

2006—2010年云和县考试录用公务员情况表

表33-3-1　　单位:人

年份	考录人数	女性人数	大学(本科)及以上学历人数
2006	52	16	27
2007	46	22	30
2008	43	21	27
2009	38	19	31
2010	54	31	44

公务员考核

2005年度、2009年度、2010年度,全县公务员(政府序列)参加考核1835人次,其中被确定为优秀等次人员264人次,称职1516人次,不称职4人次,未定等次51人次。

2005年、2009年、2010年云和县公务员考核情况表(政府序列)

表33-3-2　　单位:人

年份	参加考核人数	考核结果			
		优秀	称职	不称职	未定等次
2005	734	99	620	2	13
2009	571	85	471	2	13
2010	530	80	425	—	25

说明:不包含领导干部,其他年份数据未留存

公务员奖励惩戒

2006年、2009年、2010年,全县共120人次受奖励,其中106人次获得嘉奖,14人次获三等奖,受各种行政处分共5人次。

云和县公务员奖励情况表(政府序列)

表33-3-3　　单位:人

年份	受奖人次	奖励种类				
		嘉奖	三等功	二等功	一等功	授荣誉称号
2006	23	18	5	—	—	—
2009	67	59	8	—	—	—
2010	30	29	1	—	—	—

说明:其他年份数据未留存

云和县公务员惩戒情况表（政府序列）

表 33-3-4　　单位：人

年份	受处分人次	行政处分种类					
		警告	记过	记大过	降级	撤职	开除
2006	2	—	—	—	1	1	—
2009	1	—	—	—	—	—	1
2010	2	—	—	—	—	—	2

说明：其他年份数据未留存

公务员培训

2006 年、2009 年、2010 年，云和县共组织 1738 人次培训，其中初任培训 116 人次，任职培训 69 人次，专门业务培训 903 人次，在职培训 555 人次，其他 95 人次。

云和县公务员培训情况表（政府序列）

表 33-3-5　　单位：人

年份	培训人次	奖励种类				
		初任培训	任职培训	专门业务培训	在职培训	其他
2006	701	41	34	484	142	—
2009	479	38	—	218	183	40
2010	558	37	35	201	230	55

说明：其他年份数据未留存

公务员管理办法

1992 年，云和县委下发《关于印发〈云和县党政机关、全民事业单位工作人员停（留）薪、留职暂行规定〉〈云和县企事业单位专业技术人员和管理人员辞职的暂行规定〉 的通知》，两个规定充分尊重个人择业自主、鼓励和促进人才的合理流动。2004 年，县制定出台《云和县机关公务员能力建设和绩效考核若干意见》，把公务员管理与机关效能监督结合起来。

第二节　专业技术人员管理

专业技术资格的初定

1993—2010 年，全县专业技术人才初次确定专业技术职务任职资格 1778 人。其中1993—1995 年初定 255 人，1996—2000 年初定 668 人，2001—2005 年初定 449 人，2006—2010 年初定 406 人。

专业技术资格的评审

1995年，改革原有的评审制度，经试点后成立卫生和教育两大系列的评委库。

1997年，配合机构改革对机构转体的60名分流人员和公安系统30人的首次评审进行资格审查和推荐工作。至1999年年底，全县有各类专业技术人员2798人。其中，高级职称48人、中级职称691人、初级职称2059人。

2000年，评审范围向非公有制经济拓展。2002年度，开展非公有制企业专业技术职务评审工作，138名私营企业技术人员获得职称，向市里推荐参加中级职称评审38人。

2003年，制定下发《关于云和县2003年职称改革工作的若干意见》，对全县企事业单位评聘专业技术职务的范围、条件、程序、方法以及要求进行规范。完善专业技术职务职数的宏观管理和定编设岗工作，按要求设置定编设岗，推行技术职务的评聘分离和竞争上岗，率先在教育系统开展职称评审试点工作。全县240余个事业单位完成定编设岗工作，按方案严格控制中高级职务的聘任和指标审批。

2007年，解决新成立的私营企业园林公司资质上等级，缺乏专业技术人员的实际问题，以特事特办的方式，单独为园林公司召开专业技术评委会，评审通过初级职务任职资格30人。

1991—2010年专业技术人员评审(考试)情况统计表

表33-3-6　　单位：人

年度	总人数	高级	中级	初级
1991	470	—	—	—
1992	337	—	—	—
1993	416	6	89	321
1994	222	8	63	151
1995	242	6	94	142
1996	245	10	85	150
1997	152	—	—	—
1998	416	7	95	314
1999	208	8	95	105
2000	266	9	145	112
2001	193	15	116	62
2002	369	14	98	257
2003	355	14	131	210
2004	501	32	196	273
2005	317	16	191	110
2006	439	23	182	234
2007	364	22	155	187
2008	392	28	138	226
2009	434	28	99	307
2010	464	25	120	319

专业资格考试

组织执业资格考试，专业包括执业药师、执业中药师、药学初级、一级建造师、二级建造师、咨询工程师、监理工程师、企业法律顾问、房地产估价师、房地产经纪人、国际商务专业人员、护士、执业医师、注册资产评估师、企业法律顾问等。

1991—2010 年，经济、会计、统计、审计、卫生、档案、计算机技术与软件等专业资格考试，通过 1075 人次，其中中级职称 468 人次，初级职称 607 人次。

第三节 人力资源管理

人才引进

1993 年，为 6 名自费生落实就业单位。6 月 10—11 日，组织 60 多人的代表团参加地区人才交流大会暨丽水人才智力市场开业庆典活动，40 多名各类专业技术人员与云和县达成交流意向。

1998 年，为企业引才 2 人。2001 年，根据《云和县经济和社会发展“十五”规划》和《云和县 2001 年工作要点》对人才人事工作提出的要求，县人事劳动社会保障局在调研的基础上，制定出台《云和县人才资源开发“十五”规划》。2001—2004 年，累计引进人才 25 人。2006—2008 年，累计引进人才 35 人。

人才交流

1991 年，县人事局与县劳动局联合下发《关于“自费生”就业问题的实施意见》，对“自费生”就业问题做具体规定，给予一定的优惠政策。14 名“自费生”被用人单位录用。1994—1995 年，向用人单位推荐各类自费生 11 名。

1991—1992 年，县人才交流服务中心探索人才支乡新路子，分配 92 名大中专毕业生到乡镇企业工作。1996—2003 年，分配大专中毕业生 313 名。

1994 年，向外地推荐和输送各类人才 20 余人。

1999 年，对 53 家私营企业进行人才需求情况调查，完成地区人事劳动局下达的“私营企业人才队伍状况及对策”调研课题。与工商等部门共同组织私营企业人才招聘会，推荐各类人才 60 余人次。

2001 年，做好人才培养选送工作，选送落榜生 2 人、大专学历教育 14 人、大专专业证书升大专班 18 人。

2004 年，举办人力资源洽谈会，1500 余人求职应聘，130 人达成就业意向。2005 年，联合工商行政管理局举办人才资源招聘会，推出岗位 410 个。2006 年，人才交流中心有 303 家企业进场，招聘 1738 个职位，就业登记推荐 302 人次；在人才网上为 16 个企业登记 271 人招聘职位，共有 316 人登记求职。

2007 年，联合云和县个私协会举办春季人力资源洽谈会，共吸引县内外 89 家用人单位，

2200名求职者参加企业管理、财务管理、业务操作等228个工种、2313个就业岗位的洽谈聘用，当场达成就业意向241人。

2008年，举办人才交流大会4场。2009年，组织1家玩具设计企业参加省人才交流大会。2010年，举办人才洽谈会31次，召开人力资源洽谈会2次。

人事代理

1994年，办理5名辞职人员的档案管理工作。1995年，查档20人，归档37卷。2002一2005年，全年接收大中专毕业生档案298份。2007年，接收档案353份。2008年，调入档案495份，调出档案74份。2009年，调入档案80份，调出档案67份，接收档案306份。2010年，存档403份，调入档案96份，调出142份。

1999—2010年云和县人事代理、毕业生落户及报到情况表

表33-3-7　　单位：人

年份	人事代理	毕业生落户	毕业生报到	年份	人事代理	毕业生落户	毕业生报到
1999	10	50	—	2007	185	204	264
2002	20	84	—	2008	312	199	207
2003	37	84	93	2009	183	109	110
2004	33	181	—	2010	225	157	120
2005	76	63	103	—	—	—	—

第四节　机构与队伍

机构

1939年，县国民政府设秘书室，负责人事管理工作。中华人民共和国成立后，设有相应的人事劳动管理机构。1958年，随县撤销。1978年5月恢复，设内务局。1980年12月，改建为人事局。1996年10月，县机构改革，与劳动局合并为县人事劳动局。

2001年11月，根据《云和县党政机构改革方案》，不再保留县人事劳动局，组建县人事劳动社会保障局，为主管人事、劳动和社会保障工作的县政府组成部门。内设办公室、公务员管理科（机构编制管理科、事业单位登记管理局、军队转业干部安置工作领导小组办公室）、人才开发管理科（职称改革领导小组办公室）、工资福利退管科（改革工资制度领导小组办公室）、劳动力管理监察科（人事劳动仲裁委员会办公室）、社会保障科（劳动鉴定委员会办公室）等7个科室。

队伍

2010年12月，县人事劳动社会保障局机关行政编制19人（含县机构编制委员会办公室行政编制2人和工勤人员3人）；局下属单位有事业单位登记管理局、劳动监察大队、机关事业单位退休人员服务管理中心、人才交流中心、社会保险事业管理处、就业管理服务处、人力资源市场管理办公室等7个，干部职工编制共48人。

1991—2010年县人劳社保局主要负责人一览表

表33-3-8

单位称谓	职务		任职时间
	党组书记	局长	
县人事局	吴玲娣	吴玲娣	1988.01—1993.07
县人事局	柳育松	柳育松	1993.07—1996.10
县劳动局	吴 翔	吴 翔	1988.01—1993.07
县劳动局	王雨杰	王雨杰	1993.07—1994.07
县劳动局	毛荣理	毛荣理	1994.07—1996.10
县人事劳动局	柳育松	柳育松	1996.11—2001.11
县人事劳动社会保障局	柳育松	谢云生	2001.11—2006.07
县人事劳动社会保障局	谢云生	谢云生	2004.09—2006.07
县人事劳动社会保障局	廖永平	廖永平	2006.08—2006.11
县人事劳动社会保障局	郑文义	郑文义	2006.11—2015.01

第四章 工资 福利

工资管理包括工资待遇和福利待遇两个方面。中华人民共和国成立以来，国家机关事业单位工资制度先后在1956年、1985年、1993年和2006年进行过4次大的改革。结合推行机构改革和公务员制度，相应改革国家机关和事业单位工资制度，建立符合自身建设和职务的工资制度。

对企业工资制度实行改革，劳动就业工作逐渐由劳动力计划管理为主转向以工资计划管理为主。逐渐形成市场化的工资制度，体现按劳分配和按生产要素分配相结合的原则。

第一节 工资待遇

1992年1月，调整机关、事业单位工作人员工龄津贴标准，从原每年工龄0.5元/月增加到每年工龄1元/月。全县共调整工龄津贴4135人（在职3432人，离退休703人），计金额47251元（在职30515元，离退休16736元）。是年3月提高机关、事业单位工作人员的奖励工资标准，全县调整奖励工资4177人（在职3423人，离退休754人），计金额97571元（在职77471元，离退休20100元）。

1993年，对全县机关事业单位3622名工作人员的职务（岗位）津贴进行调整，对全县700多名低工资人员进行工资升级，进一步理顺工资关系；同时进行两次大规模浮动工资升级，参加调资人数7019人。

1993年工资改革

1993年10月，机关、事业单位的工资制度进行全面改革。机关工作人员（除工勤人员以外）实行职级工资制，由职务工资、级别工资、基础工资和工龄工资四部分组成；机关技术工人实行岗位技术等级工资制，由岗位工资、技术等级工资、奖金（占工资构成的30%）三部分组成；机关普工实行岗位工资制，由岗位工资和奖金两部分组成。事业单位与机关的工资制度脱钩，实行不同类型的工资制度。事业管理人员实行职员职务等级工资制，专业技术人员实行专业技术职务等级工资制，工资结构上分为固定部分和活的部分两块，工资构成比例按单位性质和经费预算不同，分别按30%、40%、45%和50%确定；事业技工实行技术等级工资制，由技术等级工资和岗位津贴两部分组成；事业普工实行等级工资制，由等级工资和津贴两部分组成。离退休（职）人员同时增加离退休（职）费。全县机关、事业单位4474名在职人员和离退休人员进行工资调整。

正常考核增资

1993年工资制度改革后，建立正常的工资增资机制。1995年10月，对1993年10月至1995年9月期间考核称职（合格）及以上的机关事业单位工作人员，可晋升一个职务工资档次。从1997年起，连续两年考核称职（合格）及以上的，可从次年的1月起晋升一个职务工资档次；离退休（职）人员同时增加离退休（职）费。对每5年考核称职及以上的机关公务员晋升一级级别工资（包括连续3年考核优秀提前晋升一级级别工资）。

调整工资标准

1997年7月，机关行政人员基础工资标准由原每人每月90元提高到每人每月110元；事业单位和机关工人，在原职务（岗位）工资标准的基础上，各档增加14元，津贴、奖金部分相应提高。

1999年7月，机关行政人员基础工资标准由原每人每月110元提高到每人每月180元，级别工资标准由十五级至一级的55元至470元提高到85元至720元；适当调整机关工人的岗位工资和技术等级工资标准，奖金部分相应提高；调整事业单位工作人员工资构成中的固定部分标准，活工资部分相应提高。

2001年1月，机关行政人员基础工资由180元提高到230元，级别工资由现行的十五级至一级的85元至720元提高到115元至1166元；适当调整机关工人的岗位工资和技术等级工资标准，奖金部分相应提高；调整事业单位工作人员工资构成中的固定部分标准，活的部分相应提高。是年10月机关公务员职务工资的起点标准由最低50元至最高480元提高到100元至850元；适当提高机关工人的岗位工资标准，奖金部分相应提高；调整事业单位工作人员工资构成中的固定部分标准，活的部分相应提高。

2003年7月，机关公务员职务工资的起点标准由最低100元至最高850元提高到130元至1150元；适当提高机关工人的岗位工资标准，奖金部分相应提高；调整事业单位工作人员工资构成中的固定部分标准，活的部分相应提高。在职人员调整工资标准的同时，离退休（职）人员相应增加离退休（职）费。

奖金津贴

1993年，工资改革后，规范各类津贴补贴，工作人员按人均105元保留津（补）贴，离退休时全额计入离退休费；执行年终一次性奖金（第十三个月工资），对考核称职（合格）及以上的机关事业单位工作人员，按本人当年十二月份的基本工资为标准增发一个月工资作为奖金。

1996年12月，对1993年工改时保留的职务岗位津贴标准进行适当调整，将行政职务的正副职分开，离退休（职）人员分别按在职同职务人员标准的100%、90%、80%确定生活费。

2001年6月，调整规范机关、事业单位工作人员补贴（地方补贴），按职务（等级）设定不同标准，离退休（职）人员分别按同职务在职人员补贴标准的100%、90%、80%发放补贴。

2003年1月和7月，按同城同待遇标准，发放生活补贴、岗位补贴和目标考核奖，生活补贴每人140元，岗位补贴和目标考核奖按职务（等级）设定不同标准。离退休（职）人员同时发放生活补贴、岗位补贴和生活费，生活补贴每人140元，岗位补贴按职务（等级）设定不同标准，生活费分别为每人160元、80元和60元。

2006年工资改革

2006年7月，机关事业单位工资收入分配制度改革的主要内容，是改革现行工资制度，完善津贴补贴制度，健全工资水平正常增长机制，实行年终一次性奖金。改革后公务员实行职级工资制，基本工资构成由原职务工资、级别工资、基础工资和工龄工资四项调整为职务工资和级别工资两项，取消基础工资和工龄工资；机关技术工人仍实行岗位技术等级工资制，基本工资构成由原岗位工资、技术等级（职务）工资和奖金三项调整为岗位工资和技术等级（职务）工资两项；机关普工仍实行岗位工资制，基本工资构成由原岗位工资和奖金两项调整为岗位工资一项。事业单位实行岗位绩效工资制，由岗位工资、薪级工资、绩效工资和津贴补贴四部分组成。离退休（职）人员同时增加离退休（职）费。全县机关单位工作人员工资制度改革1109人，人均月增资318元；事业单位工作人员收入分配制度改革2676人，人均月增资282元；机关事业单位增加离退休（职）费1487人，共计39.26万元，人均增资264元。

2006年7月1日起，机关工作人员累计两年和五年年度考核称职（合格）及以上的，从次年1月1日起晋升一个级别（岗位）工资档次和一级级别工资；事业单位工作人员年度考核结果为合格及以上等次的，从次年1月起每年晋升一级薪级工资。对年度考核为称职（合格）及以上的工作人员发放年终一次性奖金，标准为本人当年12月的基本工资。

2009年12月1日起，对公务员的津贴补贴进行规范，各单位按照规范后的公务员津补贴职级标准，实行统一发放，人均津补贴水平为33130元。同时，从2009年1月1日起，规范机关离退休人员的生活补贴费，按照规范后离退休人员生活补贴职级标准，实行统一发放，离休人员生活补贴费按机关同职务在职人员规范津补贴标准的90%计发，中华人民共和国成立前老工人按机关在职高级工规范津补贴标准的90%计发，退休人员按机关同职务在职人员规范津补贴标准的65%计发，按国家文件，退职人员生活补贴按同职务退休人员生活补贴标准的80%发放。从2009年1月起，并对云和县18所义务教育学校809名正式教职员工实施绩效工资，人均绩效工资水平为34250元。同时从2009年1月起，对384名离退休（职）人员发放生活补贴费，退休人员按照在职公务员人均津贴补贴水平33130元的50%重新测算后确定，退职人员按同职务退休人员标准的80%发放。从2009年10月起，对21家公共卫生与基层医疗卫生事业单位111名正式工作人员实施绩效工资，人均绩效工资水平为33381元。同时，对77名退休人员发放生活补贴费，按照义务教育学校相同职级退休人员生活补贴标准发放。

2010年1月起，对163家其他事业单位1719名正式工作人员实施绩效工资，人均绩效工资水平为33381元；同时，对700名退休人员发放生活补贴费，按照义务教育学校和“两卫”事业相同职级退休人员的生活补贴标准发放。

企业工资制度改革

1991年，加强对工资基金的宏观管理，减少货币投资，抑制消费基金的过快增长，严格实行工资基金的审批制度，建立各单位的职工花名册进行有效管理。审批工效挂钩企业效益工资单位35个，总升资人数966人，1195档，月增资额为6988元。

1992年，审批效益工资18个单位1044人，共计1379档，月增资8500元，对列入工资基金管理的61个全民单位进行效益年终结算。

1993年，企业工资实行宏观弹性调控，按“两低于原则”，确定工效挂钩企业合理的工资增长幅度，审批工资基金管理企业34家，金额总计150.4万元。

1994年，制订第三轮工效挂钩和工资总额包干办法实施意见，实行最低工资标准制度。从1995年起，在原国有企业实行工资基金管理审批制度的基础上，审批范围扩大到集体企业，所有企业单位实行工资手册管理制度。

1996年1—6月，35家国有企业审批工资计划30家，审批职工人数1247人，审批工资总额566.6万元，同时做好企业弹性工资测算工作。

1997年，审批工资计划32家国有企业，职工2100人，工资总额780万元，95%以上国有企业使用《工资总额使用手册》。

1998年，审批工资计划32家国有企业，工资总额785.42万元，同时对企业工资内外收入情况进行调查摸底。

1999年，审批工资计划30家国有企业，对企业工资内外收入情况进行专项监督检查。2000年起，加强企业工资内外收入监督检查，建立《工资手册》管理制度，对电力、烟草、石塘电站等企业实行工效挂钩。

2003年起，企业工资宏观调控管理实行工资指导线和最低工资管理制度。2008年起，电力等企业继续实行工效挂钩和工资总额包干管理办法。

1994—2010年云和县最低工资标准表

表 33-4-1　　单位：元/月

执行时间	标准	文件	执行时间	标准	文件
1994年	200	云劳〔1994〕58号	2005年12月	490	云政办发〔2006〕47号
1995年10月	230	云政批〔1995〕18号	2006年9月	540	丽政发〔2006〕58号
1999年7月	320	云人劳〔1999〕62号	2007年9月	620	云政办发〔2007〕175号
2001年4月	340	云政办〔2001〕23号	2008年9月	690	云政办发〔2008〕178号
2003年9月	390	云人劳社薪〔2004〕2号	2010年4月	800	云政办发〔2010〕34号
2004年10月	440	云政办发〔2004〕156号	—	—	—

第二节　福利待遇

福利性补贴

1993年工资制度改革后，取消大部分的福利补贴，保留每人每月福利费10元、物价补贴20元、误餐费60元、冷饮费和按职务确定的通讯费。离退休（职）人员与在职人员执行相同标准。机关单位实施规范津补贴、事业单位实施绩效工资后，除通讯费外，上述各类福利性补贴同时取消。

云和县党政机关工作人员通讯费标准表

表 33-4-2　　单位：元/月

职级	无线通信补助费	住宅电话补助费	合计	职级	无线通信补助费	住宅电话补助费	合计
正处领导	200	120	320	正科非领导	120	—	120
正处非领导	200	—	200	副科领导	80	60	140
副处领导	160	100	260	副科非领导	80	—	80
副处非领导	160	—	160	科员及以下	50	—	50
正科领导	120	80	200	—	—	—	—

假期

国家机关、事业单位工作人员依法享受国家和省规定的节假日、年休假、探亲假、婚假、产假、哺乳假、事假、病假和丧假；各类假期待遇按上级规定执行。

全体公民放假的节日　元旦，放假1天（1月1日）；春节，放假3天（农历除夕、正月初一、初二）；清明节，放假1天（农历清明当日）；劳动节，放假1天（5月1日）；端午节，放假1天（农历端午当日）；中秋节，放假1天（农历中秋当日）；国庆节，放假3天（10月1日、2日、3日）。

部分公民放假的节日及纪念日　妇女节（3月8日），妇女放假半天；青年节（5月4日），

14 周岁以上的青年放假半天；儿童节（6 月 1 日），不满 14 周岁的少年儿童放假半天。中国人民解放军建军纪念日（8 月 1 日），现役军人放假半天。

死亡抚恤

对机关事业单位工作人员及离退休（职）人员死亡后，实行国家抚恤制度。主要有丧葬补助费、一次性抚恤金、遗属生活困难补助费等方面的待遇。近几年待遇标准经多次调整，2010 年现行标准为：

丧葬补助费 机关事业单位工作人员及离退休（职）人员死亡后一次性发给其家属 4000 元的丧葬补助费。

一次性抚恤金 烈士为本人生前 80 个月基本工资或基本离退休费；因公牺牲为本人生前 40 个月基本工资或基本离退休费；病故为本人生前 20 个月基本工资或基本离退休费。

遗属生活困难补助费 1937 年 7 月 6 日前参加革命工作的，其生前供养的父母、配偶每人每月 915 元；抗日战争时期参加革命工作的，其生前供养的父母、配偶每人每月 770 元；解放战争时期参加革命工作的，其生前供养的父母、配偶每人每月 700 元；中华人民共和国成立前参加革命工作的其生前抚养的子女，以及中华人民共和国成立后参加工作的其生前供养的直系亲属，系非农业户口的每人每月 580 元，农业户口的每人每月 460 元。

第五章 劳动力管理

20 世纪 80 年代中期起，改革劳动管理体制和劳动用工制度，劳动管理由微观调控转为宏观指导和预测，扩大企业用工自主权。贯彻“政府促进就业、市场调节就业、劳动者自主就业”的方针，建立劳动力市场，为用人单位和劳动者择业提供服务。企业转制后，政府出台再就业优惠政策，帮助下岗、失业人员实现再就业。

1994 年，县劳动仲裁庭和劳动监察大队相继建立。2000 年 6 月，成立县人事劳动争议仲裁委员会，依法开展人事劳动争议、调解仲裁工作；采用日常巡查、专项检查和接受举报相结合的方式，依法履行对用人单位的监察，查处各种违反劳动保障法律、法规的行为，维护企业生产秩序和职工合法权益。

第一节 劳动力培训

1990 年，县就业培训站建立，由云和县就业管理服务处管理。1992 年，云和县就业培训站更名为云和县就业训练中心。

就业技能培训

1996年，组织40人参加就业培训，其中32人结业参加就业。1998年，举办下岗、失业职工培训2期66人；举办农机、美容美发等技能培训62人。1999年，举办职业技能培训班两期共349人。2000年，组织下岗、失业人员再就业培训132人；举办摩托车、汽车修理培训班2期共187人。

图 33-5-1　2003年，下岗职工免费技能培训（县人劳社保局提供）

2001年，组织驾驶技师培训报名和送省市培训8人、修理技师1人。

2002—2004年，组织下岗职工免费培训805人。

2006年，组织再就业培训332人，农村劳动力转移就业培训3028人。

2007年，采取给定专业和自报专业相结合的方式，开设计算机、服务员、电工、电焊工等再就业免费培训，举办职业技能培训14期共计497人（其中城镇下岗失业人员再就业培训187人）；组织农村劳动力转移就业培训5031人。

2008年，超市经营人才培训66人；大中专毕业生就业前培训一期53人；组织云和师傅创业培训293人，再就业培训186人。

2009年，组织企业在岗培训790人，再就业培训116人。2010年开展电焊工、电工、计算机等专业失业人员再就业培训3期，创业培训91人。

职业技能鉴定

2001年，组织职校学生职业技能鉴定考试140人。2002年，组织职校学生考证工作276人。

2004—2005年，组织全县企事业单位194人参加汽车驾驶、电工、司炉工、建造师等工种培训鉴定；为下岗职工和农民培训计算机初级职业资格244人。

2007年，组织全县企事业单位42人参加汽车维修工高级技师、电工技师、中式烹调师等工种鉴定报名。

2007—2008年，组织被征地农民和下岗职工开展计算机培训、农产品经济人培训、保安员培训等各类培训共448人。

2008年，组织计算机模块考核632人。

2009年，组织计算机模块考核813人；组织在岗职工计算机培训101人。组织朱村乡农民茶叶加工培训163人。发放职业技能培训合格证书2000余本。

2010年5月，组织全县机关和企事业单位汽车驾驶等工种鉴定报名，其中高级工24人，中级工7人；维修电工高级工1人；企业人力资源管理技师1人。

2005—2010年，组织各类初中级职业鉴定10955人，考取证书10636人。

继续教育

1991年，做好《电视英语》培训班辅导。1992年，举办各类培训班5期。1994年，组织机关、事业单位的61名驾驶人员进行初、中、高级工技术培训和考核。1996年，与云和中学联合创办县计算机培训基地，举办8期计280余人参加。联合县工商联举办厂长经理培训班，组织570人参加外语、经济、会计等系列培训。

1997年，举办经济、外语等专业技术人员继续教育培训216人。是年，组织机关企事业单位工作人员和专业技术人员计算机应用能力考核培训556人；同时，针对全县各部门的工作实际举办有60余人参加的文秘知识培训班一期。

1998年，专业技术人员继续教育培训359人。

1998年、1999年、2000年，分别完成计算机应用能力培训考核926人，计算机初级培训708人，计算机一级培训考核313人。2001年，计算机培训考试1234人，其中教师计算机考试817人。2002—2003年，组织计算机二级培训考试978人。2004年，组织计算机二级和三级培训考试308人(其中教师55人)。2005—2006年，计算机三级培训和考核881人。

2008年，根据省政府157号令，全县专业技术人员进行第一轮职称改革的基础知识、专业技术人员的权利和义务、专业技术人员的职业道德、专业技术人员的创新能力等公共科目的培训和考试，培训10批900余人。2009年，组织培训7批358人。2010年，组织培训2批394人。

第二节　劳动力市场与劳务输出

劳动力市场

1993年11月8日，云和县劳务市场开业，拓宽城乡劳动者就业门路，在招工、择业、社会保险和职业培训等方面实现一条龙服务。同时，有劳动就业服务企业9家。1994年，云和县职业介绍所成立，先后在云和、石塘、紧水滩、崇头4镇建立劳动管理服务站。加强劳动力流动、管理，通过县职业介绍所组织、协调，共介绍城镇人员就业210人，介绍临时工140余人。同年，举行劳动服务公司联合会理事会议，修改讨论和通过《云和县劳动服务公司企业联合会章程》。

1996年，发展劳动服务企业1家，15个乡镇建立劳动管理服务站。2005年8月，云和县政府“为民办10件实事”之一的人力资源市场启动各项筹建工作。年底，县人力资源市场基本完工投入使用。

2006年，云和县机构编制委员会批文《关于同意设立云和县人力资源市场管理办公室的批复》，设立云和县人力资源市场管理办公室。

劳务输出

1993年，向宁波、杭州、长广煤矿、水电部十二局等地企业输送富余劳动力200余人。1994年，向杭州、宁波、温州、长广煤矿等地组织劳务输出158人。1996—2007年，全县累计输出富余劳动力7571人。

1991—2010 年云和县劳务输出人数统计表

表 33-5-1　　　　单位：人

年度	1991	1992	1993	1994	1995	1996	1997	1998	1999	2000
人数	—	—	200	158	—	402	286	598	241	—
年度	2001	2002	2003	2004	2005	2006	2007	2008	2009	2010
人数	—	—	2443	—	1120	1236	1245	—	—	—

第三节　仲裁与监察

劳动仲裁

1994 年，云和县劳动仲裁庭成立。2000 年 6 月，成立县人事劳动争议仲裁委员会，县劳动局、总工会、计经委、公安局、司法局为成员单位，下设办公室，并在劳动局设劳动力管理监察科，负责日常劳动争议仲裁工作。2010 年 11 月 15 日，经云和县机构编制委员会批复，设立云和县人事劳动仲裁院，为县人事劳动社会保障局下属全额拨款事业单位，核定人员编制 2名，股级职数 1 名。

1991—1994 年，调查处理劳动争议案件 4 件，其中仲裁裁决 2 件，撤诉 1 件。1994 年，成立云和县仲裁庭，公开开庭审理劳动争议案件 3 起。

1996 年，受理劳动争议案件 2 件，裁决结案 2 件，结案率 100%。案外调处劳动争议 8 起。其中，调处一起紧水滩电厂死亡待遇案件，该案历时 4 年，先经企业、地区多次调解未成，后因属地管理原则，由云和县仲裁庭经两个月努力，到地区 5 次，入企业调查 8 次，于 5 月 31 日调解结案。

1997—1999 年，共受理劳动争议案件 6 件，结案率均为 100%，其中 1 起集体劳动争议。此外，案外调处劳动争议 38 起。

2000 年，受理劳动争议案件 1 件，案外处理 13 起。受理人事仲裁案件 1 起，在双方协商一致的基础上解决争议。

2001—2006 年，共立案受理劳动争议案件 92 件，人事争议案件 4 件，按期结案率均为 100%。劳动争议案件类型呈现多样化，主要体现在工伤赔偿、追索社会保险费、保险福利待遇和经济补偿金等劳动争议。

2007 年，坚持“先调后裁，以调为主”，化解劳资矛盾，全年共立案处理劳动争议案件 30 件，结案 30 件，结案率 100%。其中，调解结案 23 件，案件调解率 77%，涉及经济标的 122.48 万元，为劳动者和用人单位挽回经济损失 77.44 万元。根据《国务院关于解决农民工问题的若干意见》，对农民工申诉的劳动争议案件简化程序、优先审理。在农民工提出仲裁申请的 25 个案件中，当日立案 22 件，占 88%；同时为 18 名农民工减免案件处理费 0.46 万元，并告知农民工申请法律援助救济的权利。

2008年，共立案受理劳动争议案件400件，申请经济标的325.67万元，涉及劳动者1005人，其中集体劳动争议案件8件，涉及劳动者613人，结案率100%。同时，案外调处劳动纠纷70余件。

2009年，立案受理92件，当日立案78件，占84.7%。

2010年，立案受理劳动争议案件178件，案件按期结案率100%，其中调解结案161件，调解结案率93.82%，为劳动者挽回经济损失111.09万元。

劳动监察

1994年，县劳动局劳动监察大队建立，隶属县劳动局。负责日常用人单位招工、劳动合同、禁止使用童工、职工工资、社会保险、劳动时间、劳动用工年检等方面的监察。1995年《中华人民共和国劳动法》施行，全县依法加大劳动监察力度，在范围内进行用工大检查。建立《中华人民共和国劳动法》宣传领导小组，创办《劳动信息报》，组织干部职工学习劳动法座谈会，开展各类宣传活动。

1996年，县人民政府制定《关于严禁使用童工的规划》，对88家国有、集体和私营企业进行劳动执法检查，取得较好的社会影响。

1997年，开展全县企业执行新工时和合理用工方面的检查，检查企事业单位172家；同时建立劳动年检制度，完成劳动用工年检63家。检查发现大部分企业都建立规章制度，劳动用工情况良好。

1998年，开展下岗职工基本生活保障和再就业情况专项检查。主要检查国有企业下岗职工基本生活发放、社会保险缴纳等情况，通过检查规范国有企业下岗职工基本生活保障和再就业资金管理。

2002年，开展以非法使用童工高压线为主要内容的“春雷、春雨、春苗”三春行动等专项执法检查活动，成立“清薪”工作领导小组。加强劳动合同和集体合同管理，签证劳动合同774份。

2003年，成立《中华人民共和国劳动法》执行情况自查自纠工作领导小组，对全县各类企业的工资支付、劳动合同签订、职工社会保险待遇等情况进行专项检查。检查发现大部分企业严格落实《中华人民共和国劳动法》相关规定，执行情况良好。

2004年，开展对重点工程承建单位民工工资支付情况和农民工劳动保障权益保护专项检查。

2005年，建立农民工工资支付保障金制度。开展劳动保障书面审查工作，确定书面审查单位40家，并挑选紧水滩水力发电厂等3家较好单位上报省劳动保障厅，评为“浙江省劳动保障诚信单位”。

2006年，开展以非法使用童工高压线为主要内容的“春雷、春雨、春苗”三春行动等专项执法检查6次，主动监察用人单位217家，全县劳动合同签订率达82%。被评为浙江省劳动保障监察系统先进单位，刘新友被评为浙江省劳动保障系统先进个人。

2007年，继续深化实施建筑领域农民工工资支付保证金制度，在与县建设局多次协商的基础上，出台实施《云和县建设行业民工记工考勤卡制度》，文件规范云和县建设领域劳动用工管理与工资支付行为，预防和减少劳资纠纷，切实维护劳动者合法权益。

2009年，劳动保障书面审查情况输入浙江省劳动保障监察系统，实现企业劳动保障诚信档案网络共享。

2010年，根据《浙江省人力资源和社会保障厅关于开展劳动保障监察网格化管理工作的实施意见》，推进劳动保障监察“网格化、网络化”建设。以浮云溪为界分别成立城南中队和城北中队。同时，面向社会公开招聘劳动保障监察专职协管员4人。

2005—2010年，县劳动监察大队共办理日常举报投诉案件781起，立案412起，结案412起，结案率100%，为3631名劳动者追回工资787.8余万元。主动监察巡查企业436家，完成书面审查2064家。

第四节　劳动就业安置

安置就业

1991年，共安置待业人员297人，其中全民单位224人（省、地属单位134人），集体单位25人，个体就业2人，临时工安置46人，按照文件规定招收转工不转粮合同制工人12人。1992年，共安置待业人员326人，其中全民单位201人，集体单位21人，招收转工不转粮合同制工人148人，安置技校毕业生42人。

1993年，安置企业富余职工249人。1994年，通过职业介绍所组织、协调，共介绍城镇人员就业210人，介绍临时工140余人。1996年，城镇从业人员8292人，共介绍234人就业，组织40人参加培训，其中32人结业后参加就业。安置企业富余人员及家属、子女就业427人，介绍就业12人，帮助自谋职业24人。

1997—1999年，安置下岗、失业、待业人员就业611人。1997年，办理外来人员就业证186本。1998—1999年，农民工办理就业证率达80%以上。

再就业

1998年，云和县出台《中共云和县委云和县人民政府关于切实做好国有企业下岗职工基本生活保障和再就业工作的实施意见》。建立国有企业再就业服务中心（站）17个，国有企业主管部门的指导中心11个，年末进入国有企业再就业服务中心（站）的下岗职工25人。1999年，再就业服务中心的29名下岗职工（其中新增6人）基本生活费按时足额发放。

2001年，企业新的减员不再进入再就业服务中心，直接领取就业安置费，与企业解除劳动关系后，通过市场实现就业。9月份，原再就业服务中心的3名下岗职工退出中心，再就业服务中心全部关闭。2002年，全县城镇劳动力8313人，其中从业人员7627人。2003年，全县新增就业岗位545个，实现再就业311人（其中就业困难人员150人）。2004年，发放再就业优惠证249本。通过介绍就业，鼓励自谋职业和举办人力资源招聘会等形式，实现再就业306人，其中62名就业困难人员实现再就业。开发社区就业岗位180个。

2007年，办理再就业优惠证348本。2007—2009年，实现就业困难人员再就业336人。至2010年，新增就业岗位5200个，再就业2001人。

人力资源招聘

2006年，云和人力资源市场成立，共有县内外366家用人单位进入市场招工，提供各类就业岗位3845人，进场总人数3005人，达成就业意向和职业介绍成功631人。2008年，共有县内外362家用人单位提供各类就业岗位4535个，进场总人数6890人，达成就业意向1031人。

2009年，举办春季人力资源洽谈会、农民工专场招聘会。与全省联动举办“农民工就业服务大型联动专场招聘会”，取得较好的效果。是年，县人力资源市场共有403家县内外用人单位提供各类就业岗位6747个，14000人次进场参加求职，通过双向选择，达成就业意向的有1047人。批准上报县人力资源市场建设规划方案，推进县人力资源市场扩建。

2010年，赴四川青川和广元举行3场专场招聘会，赴青海西宁举办专场招聘会，与当地签订劳务合作协议，建立劳务输入基地，及时提供相关岗位，缓解企业招工难。同时，开展全县农村劳动力资源状况调查，建立县、乡(镇)农村劳动力资源库及电子信息档案。全县有农业人口91783人，农村劳动力56840人，已转移就业的农村劳动力39607人，占劳动力总量的69.7%，转移率位居丽水市第二，被人力资源和社会保障部评为全国农村劳动力转移就业工作示范县。

第六章　社会保险

1987年3月，县社会保险委员会办公室成立。1994年9月，更名为云和县社会保险事业管理处。2010年3月，更名为云和县社会保险事业管理中心，隶属于云和县人事劳动社会保障局，负责全县日常社会保险事业工作的监督管理类事业单位，编制26名。2010年7月，列入参照公务员法管理的范围。

云和社会保险制度改革始于1992年，在企业中建立积累式劳动保险制度。1994年12月，在企业中相继建立职工失业保险制度，推行女工生育保险制度。2000年，将社会养老保险拓展到农村从业人员。2002年5月，在全县机关事业单位中实行社会养老保险制度。

1999年月，将原由县卫生局管辖的县公费医疗办公室成建制划归县社会保险事业管理处，2003年7月，又将县民政局下属单位办理农村社会养老保险事业管理处划入。从而统一全县社会保险管理机构。至此，在全县基本形成集养老、失业、医疗、工伤、生育为一体，城乡配套，管理服务社会化的社会保险体系。

第一节　养老保险

企业养老保险

1992年，县政府出台《关于实施企业职工养老保险制度改革试行方案》，扩大企业养老保险的实施范围和对象。1993年1月，云和县试行集体企业养老保险办法，将二轻系统的集体企业纳入养老保险范围。1994年10月1日起，《云和县改革企业职工基本养老金计发办法实施意见》出台施行。同年12月3日起，《云和县企业职工社会养老保险暂行办法》出台施行，将全县所有集体企业职工纳入职工基本养老保险。

1997年，《关于加快云和县国有、城镇集体企业股份合作制改造的若干意见》出台，明确云和县改制退休人员的社会保险问题。1998年1月1日起，《云和县建立统一的企业职工基本养老保险制度的实施办法》出台施行，对企业养老保险的实施范围和对象、基本养老费的筹集、个人账户的建立和管理、基本养老金的计发等做出明确规定。同年8月，《云和县破产国有企业职工安置暂行办法》出台，规定离退休人员继续享受国家规定的养老保险待遇和医疗保险待遇。1999年，落实全省统一企业职工养老保险制度并轨工作，规范企业缴费比例，建立职工个人账户，实行地税部门代征养老保险费的办法。开展养老保险金社会化发放工作。从10月开始，对养老保险基金实行收支两条线的管理。

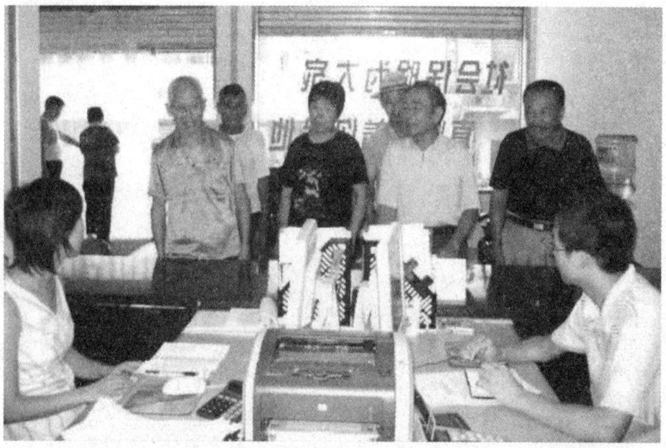

图33-6-1　2005年，县社保局开展养老保险咨询（县社保局提供）

2000年，将私营企业和个体工商户纳入职工养老保险范围，截至年底，企业养老保险参保人数为5779人。2007年，开展退休人员生存情况和领取养老金资格认证工作，确保养老保险参保人数和基金支出的准确性。2008年7月，会同县财政局、县地方税务局联合制发《云和县社会保险费征缴管理试行办法》，对征缴范围、登记、费率、申报征收管理、法律责任等作出明确规定，推进社会保险费“五费合征”工作，五费包括：职工养老保险、职工医疗保险、工伤保险、生育保险、失业保险。

2010年1月1日起，根据《浙江省人力资源和社会保障厅浙江省财政厅关于2010年调整企业退休人员基本养老金的通知》，调整企业退休人员的基本养老金，惠及2126人，人均增加基本养老金145元，平均养老金待遇水平达到1398元。截至2010年12月底，县企业养老保险参保单位552户，参保人数为11415人（其中：灵活就业人员5437人）。享受企业养老保险待遇的离退休人员2315人，赡养率为20.28%。2010年，基金总收入4001万元，总支出3953万元（其中：离退休费支出3780万元），当期结余48万元，累计结余5568万元。

事业单位养老保险

2002 年 5 月，《云和县事业单位工作人员基本养老保险暂行办法》开始施行，全县事业单位工作人员、机关行政单位中的工勤人员纳入养老保险范围。2004 年，《浙江省人力资源和社会保障厅浙江省财政厅关于 2010 年调整企业退休人员基本养老金的通知》《云和县人民政府关于完善和明确事业单位改制的若干补充意见》先后出台，规定“单位改制后不再保留事业单位职工身份。与改制后的企业签订劳动合同或自谋职业人员，按原渠道参加基本养老保险和基本医疗保险，退休时按改制时的专业技术职务享受事业单位退休费待遇和医疗保险待遇。”

2008 年，《云和县人民政府关于乡（镇）各员社会保险有关问题的处理意见》出台，县乡（镇）各员的社会保险问题得到进一步明确和解决，惠及 389 人。

截至 2010 年 12 月底，全县事业单位养老保险有参保单位 172 户，参保在职职工 2860 人。享受事业单位养老保险待遇离退休人员 1197 人，赡养率为 41.85%。基金总收入 2063 万元，总支出 2019 万元（其中：离退休费支出 1955 万元），当期结余 44 万元，累计结余 975 万元。

农村社会养老保险

1995 年 3 月，县政府出台《云和县农村社会养老保险实施办法（试行）》，由县民政局下属单位县农村社会养老保险事业管理处负责办理此项工作。2003 年 7 月，该项工作移交至云和县社会保险事业管理处。

2004 年，探索建立符合云和县实际的新型农村养老保险制度，维护农保政策和业务的稳定性、连续性，促进农村社会稳定。农保工作处于不宣传、不发动，上门参保不终止的状态。

图 33-6-2　2010 年，首次发放县城乡居民社会养老保险金（县社保局提供）

2005 年，农保基金由各乡镇政府代发改为直接由县社会保险事业管理处委托县农村信用联社代为发放。

2010 年 1 月，云和县开始施行城乡居民社会养老保险制度，农村社会养老保险与城乡居民社会养老保险实现基金并轨，农村社会养老保险（老农保）并入城乡居民社会养老保险，按政策规定实行参保人员退保或转保衔接的办法。

城乡居民社会养老保险

2010 年 1 月，县政府《关于转发丽水市城乡居民社会养老保险实施办法的通知》，标志着云和县城乡居民社会养老保险参保缴费工作正式开始。当年基础养老金为每人每月 60 元，县城乡居民社会养老保险待遇领取人员人均月养老金为 65.6 元。

2010 年 4 月，云和县在浙江省率先完成当年度城乡居民参保缴费工作，得到市肯定，云和县被纳入国家新型农村社会养老保险试点县。

截至 2010 年 12 月底，云和县符合参保条件的有 49959 人，已参保 22885 人（不包括缴费后已退休人员），享受待遇人数 14387 人，其中 45 周岁以上人员的参保率到达 97.9%，部分乡（镇）45 周岁以上人员参保率已到达 100%，累计发放养老金 1137.30 万元。

被征地农民基本生活保障

2003 年，《云和县被征地农民基本生活保障试行办法》出台施行，从政策和制度上解决被征地农民的基本生活保障问题。

2004 年 7 月起，《云和县被征地农民基本生活保障暂行办法》出台，对资金筹集和管理（资金采取政府、集体和个人三方共同筹集，实行财政专户管理，专款专用）、待遇享受标准、个人专户、就业和失业等问题作出明确规定，原《云和县被征地农民基本生活保障试行办法》同时废止。

2008 年，人事劳动社会保障局会同县财政局、县纪律检查委员会等部门，对所有参加被征地农民基本生活保障的农民的参保资格进行调查，研究制定被征地农民基本生活保障待遇标准的调整方案。

2009 年 7 月，根据《云和县人民政府关于印发云和县被征地农民基本生活保障实施办法的通知》，对被征地农民基本生活保障待遇进行调整，平均每人月增资 20 元。2009 年 7 月—2010 年 12 月，被征地农民办理缴费档次为：一档个人缴费 8900 元，政府补贴 10900 元；二档个人缴费 13500 元，政府补贴 13500 元；三档个人缴费 18800 元，政府补贴 15400 元；四档个人缴费 24800 元，政府补贴 16600 元。符合待遇领取条件的参保人员待遇享受标准为：一档 110 元/月，二档 150 元/月，三档 190 元/月，四档 230 元/月。

截至 2010 年 12 月底，被征地农民基本生活保障累计参保人数为 5804 人，符合享受待遇条件的有 3427 人，占总参保人数的 59.05%。2010 年，发放被征地农民基本生活保障金 4902 人次，发放资金 180.77 万元。被征地农民基本生活保障基金累计结余 5162.05 万元。

第二节　医疗保险

城镇职工基本医疗保险

2001 年，县长办公会议通过县城镇职工基本医疗保险制度改革方案，2001 年 8 月 1 日起，《云和县城镇职工基本医疗保险暂行规定》开始施行，同时出台《云和县城镇职工基本医疗保险实施细则》《云和县医疗保险管理试行办法》《云和县城镇职工基本医疗保险特殊病种门诊医疗费用管理试行办法》等一系列配套文件。是年 8 月，制发《城镇职工基本医疗保险定点医疗机构管

图 33-6-3　2005 年，县社保局开展医疗保险咨询（县社保局提供）

理暂行办法的通知》,进一步加强和规范城镇职工基本医疗保险定点医疗机构的管理。2001年10月,《云和县国家公务员医疗补助试行办法》出台实施,对建立公务员补助的原则、范围和对象、筹资标准和经费来源、使用办法等作出明确规定。

2002年,全县168个机关事业单位全部列入参保范围,实行统筹基金与个人账户相结合,各自分开独立运作的办法,医疗费用分担机制基本确立。

2003年,开通“16866866”医保查询热线,方便参保人员查询个人账户余额。

2004年10月,《云和县人民政府办公室关于印发云和县城镇职工基本医疗保险补充意见的通知》,对破产改制企业退休职工、企业分流人员和自谋职业者等人员参加基本医疗保险提出补充意见。

2005年,县人事劳动社会保障局会同县财政局、县委老干部局联合制发《关于离休干部医疗费实行备用金办法的通知(试行)》《关于建立行业单位离休干部医疗费保障机制有关问题的通知》,完善离休干部医疗费管理办法及在云行业单位离休干部的医疗保障机制。

2009年,根据《云和县人民政府办公室关于解决原国有(集体)破产、改制、解散企业退休、分流人员门诊医疗及退休人员供养直系亲属生活困难补助问题的通知》,对符合条件的人员,按每月20元的标准享受门诊医疗补助待遇。

2010年,落实城镇职工基本医疗保险市级统筹政策,升级基本医疗保障管理系统,确保实现与各定点医疗机构的实时联网管理。

至2010年12月底,云和县城镇职工基本医疗保险参保人数为15781人。2010年,基金总收入2472万元(其中:征缴收入2444万元),总支出2174万元,当期结余298万元,累计结余2592万元。

2010年云和县城镇职工住院医疗费报销标准表

表33-6-1

各档金额	在职职工	退休人员	各档金额	在职职工	退休人员
起付线以上至5000元	75%	80%	1万元以上至2万元	85%	90%
5000元以上至1万元	80%	85%	2万元以上至封顶线	87%	92%

城镇居民基本医疗保险

2007年,云和县成为浙江省第一批城镇居民医疗保障制度建设试点县,4月,《云和县城镇居民医疗保险试行办法》出台实施,率先实现城乡群众人人享有医疗保障的制度目标。办法规定,住院医疗费的起付线为:在县内医院就医的500元,在县外就医的800元,特殊病种门诊医疗费的起付线为1500元。起付线以上至5000元报销35%,5000元以上至1万元报销40%,

图33-6-4 2007年,城镇居民基本医疗保险宣传咨询活动(县社保局提供)

1 万元以上至 2 万元报销 45%，2 万元以上报销 50%。

截至 2007 年 12 月底，城镇居民基本医疗保险参保人数为 3115 人。2007 年总收入为 47 万元（其中：个人缴费收入 39 万元，财政补助 7 万元），总支出 16 万元。

2008 年，根据《关于〈云和县城镇居民医疗保险试行办法〉的补充意见》，将城镇居民医疗保险覆盖到全县所有在校学生。同时，会同商业保险机构，探索实施学生意外伤害医疗费赔付办法，2008 学年起，学生的城镇居民医疗保险待遇报销支付业务，委托云和县人寿保险公司代为办理。截至 2008 年 12 月底，城镇居民基本医疗保险参保人数为 19984 人。2008 年总收入为 155 万元（其中：个人缴费收入 108 万元，财政补助 47 万元），总支出 150 万元（其中：成年人保险待遇 30 万元，付保险公司及儿童保费 120 万元）。

第三节　失业保险

1992 年 12 月，县政府《关于完善城镇职工待业保险制度的通知》，将原有的实施范围由两类单位扩大到六类，保险对象由 4 种扩大到 9 种，此外，将待业保险基金收缴标准、职工待业救济金发放期限和标准也作相应调整。1993 年，做好测算，确定合理的待业保险金，基金清欠收缴和待业金发放工作。1994 年，失业保险金收缴率比上年提高 12.4 个百分点，鼓励失业职工自谋职业，给 5 位已办个体营业执照的失业职工一次性发给失业救济金。另外，给破产企业农机公司 8 位职工发放生活补助 1917 元。1999 年，收缴失业保险基金 48 万元，发放失业救济金 21 万元，上缴省、地调剂金 5.8 万元。

2000 年，失业保险扩面完成 1404 人，净增 1272 人。2003 年，制定出台《中共云和县委、云和县人民政府关于进一步做好下岗失业人员再就业工作的若干实施意见》和与之相关的配套政策《小额贷款及担保基金离管理使用办法》。意见规定县财政每年拨出 50 万元促进再就业专项资金，加上原下岗职工基本生活保障结余资金 191 万元，确保专项资金的筹集到位；下岗失业职工通过申领再就业优惠证，享受相关政策优惠，实现自谋职业。2004 年，由于事业单位改制等原因，失业保险累计参保单位与上年度相比有所减少。同时，就业处加大失业保险扩面工作力度，参保人数上升。当年结余失业保险金 80 万元，累计结余 314.2 万元。10 月起，调整失业救济金发放标准，由原来的每人每月 220 元提高至每人每月 287 元，失业救济金按时足额发放到位。2006 年，失业保险从原按季征收开始改为按月征收，增强各参保单位的缴费意识。2007 年，完善失业保险内部控制制度，对领取失业金人员每月进行失业状态确认，定期对领取失业金人员隐形就业调查核实。2008 年，落实失业保险参保扩面工作，推进“五费合征”（基本养老保险费、基本医疗保险费、失业保险费、工伤保险费和生育保险费）。

2009 年，全县失业保险实际参保 6760 人，其中农民工 1610 人。失业保险基金收入平稳，失业金按时发放到位。2010 年，失业保险实际参保人数 6938 人，其中农民工 1500 余人。

1993—2010年云和县失业保险基金收支情况表

表33-6-2　　单位：万元、人

年份	收入	收缴率	累计结余	总支出	其中				
					失业保险金发放人数	失业保险金	医疗补助金	农民工一次性生活补助	促进就业等其他支出
1993	102	—	—	—	—	—	—	—	—
1994	17.44	96.6%	—	—	678	5.51	—	—	—
1995	—	—	—	—	—	31.58	—	—	—
1999	48	—	—	—	—	21	—	—	—
2001	69.2	—	—	—	47	17.2	—	—	—
2002	69.3	—	—	—	924	20.3	—	—	—
2003	71.2	—	—	—	—	23.2	—	—	—
2004	102	—	314.2	—	753	22	—	—	—
2005	137.74	—	462.58	—	530	3.5	—	—	—
2006	123	—	540.23	32.88	—	—	—	—	—
2007	139.63	—	644.44	36.78	—	—	—	—	—
2008	238.65	—	831.95	43.22	—	—	—	—	—
2009	—	—	—	—	—	—	—	—	—
2010	369.86	—	—	218	—	21.92	2.07	2.25	191.76

1993—2010年云和县失业保险参保情况表

表33-6-3　　单位：个、人

年份	失业人数	失业率	新增单位数	增参保人数	参保单位总数	参保总人数	其中					
							国有企业数	国有企业人数	集体企业数	集体企业人数	机关事业单位	机关事业人数
1993	—	—	—	—	112	5100	—	—	—	—	—	—
1994	—	—	—	—	108	6016	2	4900	17	914	29	175
1996	745	8.7%	—	—	109	4219	7	3212	0	728	42	279
1998	—	4%	—	—	—	—	—	—	—	—	—	—
1999	—	3.5%	—	—	107	3604	—	—	—	—	—	—
2001	—	-	—	—	90	3986	—	—	—	—	—	—
2002	242	4.39%	—	—	155	4900	—	—	—	—	—	—
2003	—	—	—	—	154	6100	—	—	—	—	—	—
2004	—	—	—	—	131	6300	—	—	—	—	—	—
2005	—	—	—	—	124	6450	—	—	—	—	—	—
2006	—	4%	—	88	141	4500	—	—	—	—	—	—

续表 33-6-3

年份	失业人数	失业率	新增单位数	增参保人数	参保单位总数	参保总人数	其中					
							国有企业数	国有企业人数	集体企业数	集体企业人数	机关事业单位	机关事业人数
2007	—	3.8%	0	18	162	4800	—	—	—	—	—	—
2008	—	3.8%	8	26	—	—	—	—	—	—	—	—
2009	—	3.89%	—	15	346	6760	—	—	—	—	—	—
2010	—	3.85%	—	12	—	6938	—	—	—	—	—	—

第四节　其他保险

工伤保险

1994 年 12 月 3 日起，《云和县企业职工工伤保险暂行办法》出台施行，同时制发《关于贯彻县人民政府〈云和县企业职工工伤保险暂行办法〉的实施细则的通知》，对实施范围、医疗待遇、因工死亡待遇、工伤保险基金征管等问题作出明确规定。

2005 年，报请县政府批准确定全县工伤保险基准费率，县人事劳动社会保障局会同云和县地方税务局联合制发《关于企业参加工伤保险和基金征缴有关问题的通知》。

2007 年，根据《丽水市人民政府关于进一步加强工伤保险扩面工作的通知》，允许非公企业先全员参加工伤保险，再逐步参加其他社会保险。制发《关于事业单位、民间非营利组织工作人员工伤有关问题的通知》，把有关单位及其职工全部纳入工伤保险制度范围。

2009 年，研究提出工伤事故发生率和出险率较高行业企业的工伤保险浮动费率调整方案，出台《云和县人民政府办公室转发县人劳社保局等部门关于做好建设项目施工企业农民工工伤保险工作意见的通知》。截至 2010 年 12 月底，共有 628 家企业的 14645 名职工参加工伤保险。基金总收入 219 万元（其中：征缴收入 218 万元），总支出 111 万元，当期结余 108 万元，累计结余 382 万元。是年，共受理工伤案件 398 起，不予受理案件 1 起，认定案件 390 起。工伤发生率较高的行业为木制玩具、机械制造、阀门制造。

生育保险

1994 年 12 月 3 日起，《云和县企业女职工生育社会保险暂行办法》出台施行，同时制发《关于贯彻县人民政府〈云和县企业女职工生育社会保险暂行办法〉的实施细则的通知》，明确若干具体问题。2008 年 9 月 1 日起，《云和县生育保险暂行办法》出台施行，实现与浙江省政策的接轨，从原本每人 1200 元的标准，提高到根据妊娠月数发放生育津贴和生育医疗补偿金，生育保险待遇标准大幅提高。截至 2010 年 12 月底，云和县共有 385 家单位的 4737 人参加生育保险。基金总收入 77 万元，总支出 42 万元，当期结余 35 万元，累计结余 217 万元。

第三十四篇 民 政

1991—2010年,云和县民政部门牢固树立民本理念,切实履行民政职能;围绕中心,服务大局,冶炼内功,涵养素质;致力关注民生,保障民生,改善民生,提升民生。在救灾救济、优抚安置、五保供养、医疗救助、区划调整、地名管理、婚姻登记、殡葬改革、老龄事业、福利募捐、最低生活保障、基层民主建设等方面取得显著成绩,基层民政事业健康稳步发展。县中心敬老院被国家民政部评为“全国模范敬老院”;县婚姻登记处被民政部评为“全国婚姻登记规范化单位”;云和县被省人民政府评为农村“五保”、城镇“三无”对象集中供养先进集体和“全省基层低保规范化建设示范县”。

第一章 自治组织

1991—2010年,云和县相关职能部门,贯彻《中华人民共和国村民委员会组织法》,加强以党支部为核心的农村基层组织建设。按照“民主选举、民主决策、民主管理、民主监督”要求,指导170个行政村同步换届选举7次。确保全县村级组织的平稳有效衔接,良性有序运行。重视村委会成员的教育培训,制定《云和县规范村务公开实施办法》,健全完善监督机制,提高村级事务的知晓率和透明度,体现人民当家作主。

第一节 村级自治组织

1991年,全县设3个镇、19个乡(含2个民族乡)、170个行政村、1165个村民小组。根据《中华人民共和国村民委员会组织法》,加强以党支部为核心的农村基层组织建设,开展村委会换届选举。至年底,全县已届满的167个村委会实施换届,占行政村总数的98.2%。

1996年,重视基层自治组织建设。配合全县各乡镇和相关部门指导村级换届选举工作,对125个任期届满的行政村村委会实施换届选举,及时协调解决选举中出现的问题。

1999年,根据省委组织部、省民政厅“关于统一全省行政村、党支部、村委会换届选举时间的实施意见”精神,4月6日,县委办《转发组织部、民政局〈关于认真做好1999年村级换届选举工作的意见〉的通知》,4月中旬至5月中旬,地、县组织人员在云和镇进行试点;5月,各乡镇选择1—2个村试点;6月全县铺开。至8月底,全县170个行政村除3个未到期的村委外,其余167个行政村依法选举产生新一届村委会,选举产生村委主任161人(暂缺6人)、副主任183人(暂缺13人)、委员332人(暂缺31人)。村委成员中,妇女13人,比前届减少18人。一次性选举成功的村76个。

2002年,开展第六届村级自治组织换届选举。县委成立“云和县农村党支部村民委员会换届选举工作领导小组”“村民委员会换届选举法律顾问组”。县民政局制发《村民委员会选举操作程序》,印发宣传资料15000余份;接待选民来访35批次,700余人次。全县除云坛乡陈村村外,169个村顺利完成换届选举任务。

2008年,开展农村第八届村委会选举。全县采取“自荐海选、妇女委员专职专选”方式进行选举,其中采取“自荐海选”方式的有166个村,占97.6%。采取有候选人选举方式的有4个村,占2.4%。换届选举产生的170名村委主任中,新当选的97名,占比为57.1%;推选产生村民代表4242名,其中党员代表1076名,占25%;妇女代表283名,占7%,实现村村均有妇女代表的目标。

第二节 基层民主建设

农村干部培训

1994年，村级换届选举结束后，对全县农村干部进行分片分期培训。培训内容有怎样当好村委主任？如何民主管理村务？如何谋划治村方略等。通过教育培训，提升村级组织的自我管理、自我服务、自我教育、自我监督水平。

指导和督查

1998年7月，石塘镇某某村未按《中华人民共和国村民委员会组织法》规定直接选举产生主任、副主任，有逼选、避选、贿选行为。县委、县政府派出由组织、纪检、民政、石塘镇等部门组成的工作组，调查核实，严肃处置，依法重新选举村委班子。该事件的妥善处理，强化法制教育，增强选民依法选举、民主选举意识。

2003年，开展第六届村委会换届选举"回头看"活动，对《中华人民共和国村民委员会组织法》等法规的贯彻情况开展执法检查，推进村级组织"民主选举、民主决策、民主管理、民主监督"步伐。是年7—10月，根据省委组织部等5部门联合下发的《关于开展乡镇政务和村务公开工作检查的通知》精神，由县公开办牵头，组成5个工作组，采取看村务公开栏、查会议记录和档案资料、访村干部群众等方式，对全县14个乡镇和58个行政村的政务、村务公开情况进行检查。从检查结果看，村民民主意识逐步增强、村级财务公开规范化有所推进。存在不足方面：针对村务决策群众参与面不广、村民代表作用发挥不够、制度建设不够完善、村干部执行制度不够到位、村财务收支透明度不高等问题。是年，健全监督机构，加大监督力度，制定出台《云和县规范村务公开实施办法》，在村务公开的时间、内容、形式和监督机制方面提出明确要求，提高村级事务、公益事业的知晓率和透明度，避免出现无章可循、约束不力的状况。

示范村创建

2003年，云和县出台《关于开展村民自治示范达标活动的意见》，明确村民自治的目标任务、评定标准、申报程序和考核验收办法，村民自治示范创建工作有章可循，村级组织依法自治意识增强。是年，县人民政府命名雾溪畲族乡为村民自治示范乡镇。

2004年，对朱村乡、安溪乡、大湾乡的23个"村民自治示范村"创建工作验收，予以命名。

2006年，经乡镇申报、县市审查、省村务公开和民主管理工作领导小组批准，雾溪畲族乡被命名为浙江省村务公开和民主管理示范乡；云和镇的小徐村、石塘镇的小顺村、云丰乡的张家地村被命名为省级村务公开和民主管理示范村。

2007年，推进村务公开和民主管理达标工作。至年底，全县71%的行政村实现达标，超额完成省市规定65%的达标任务，顺利通过省考核组验收。

农村社区建设

2009—2010 年，根据省委、省政府《关于推进农村社区建设的意见》精神，县委、县政府出台相关文件，编制《云和县农村社区建设布局规划》，明确农村社区建设的基本思路、工作目标、工作重点和具体措施，解决影响农村社区建设的体制、机制性问题。共建成 6 个乡镇社区服务中心，40 个村级社区服务中心。拓展村务公开内容，丰富村务公开形式，完善村务公开程序，狠抓“难点村”治理。通过全面检查考核，全县村务公开和民主管理规范化建设成效显著，达标村提升至 95%。

第三节　城镇社区建设

2001 年 8 月始，启动基层社区建设。县民政部门在深入调研、征询民意的基础上，拟制《云和县社区建设工作规划》，上报县委、县人民政府。

2002 年4 月，中共云和县委、云和县人民政府成立云和县社区建设工作指导委员会，出台《关于加强社区建设的实施意见》。7 月，县人民政府根据县城经济社会发展需要，坚持“以人为本、服务居民、资源共享、区域共建、户数适当、界线清楚”的原则，制定出台《关于县城社区调整划分和设立社区居委会的实施意见》，撤销原云和镇所属的新华、中山、建设、东郊、西郊、解放、新民、大众、新建、机关等 10 个居委会，调整建立中山、新华、浮云、解放、元和、青阳门 6 个城市社区。落实各社区办公用房，招考聘用社区人员，解决工作经费，添置办公设施。9 月，6 个社区机构框架搭建就绪，挂牌启动运行。同时，相继建立完善各社区党组织，健全社区机构，培训社区人员，配备社区顾问，完善制度规章，拓展服务渠道，做实社区工作。

至 2010 年，社区专职工作者已从设立之初的 16 人增至 36 人，社区服务范围不断拓展。

第二章　拥军优抚安置

拥军优属，拥政爱民是全党、全军的光荣传统。1991—2010 年，每逢“八一”建军节和新春佳节，都在全县范围内开展形式多样、丰富多彩的拥军优属活动。走访慰问驻云部队、军休干部、烈军属、伤残、转业、复员、退伍军人等。先后制定《云和县拥军优属实施办法》《云和县兵役义务费社会统筹实施办法》《云和县转业志愿兵、城镇户口退伍军人安置工作暂行规定》，按时落实优抚安置、抚恤补助和医疗保障等优待措施，体现党和政府对人民军队的关怀。

第一节 拥军优属

拥军活动

1991—2010年间，每年的“八一”建军节和新春佳节前夕，根据县人民政府办公室《关于在全县范围内开展拥军优属活动的通知》精神，开展形式多样、内容丰富的拥军优属活动，县委、县政府等班子领导登门走访慰问；举办军政座谈会、军民联欢会、电影招待会、文艺晚会；送春联、年画、慰问品、慰问金等形式；亲切慰问驻云武警消防部队、军休干部、烈军属、伤残、转业、复员、退伍军人、新华厂军代表及民兵预备役人员等；帮助他们解决军事战备训练和日常生活中的实际困难和问题。同时，各乡（镇）、各社区亦组织开展相应的拥军优属慰问活动。

优抚政策

1992年，根据县民政局《关于改善在乡复退军人居住条件的通知》精神，对全县51名在乡复退军人发放建（修）房屋补助资金14350元，改善部分在乡复退军人的居住条件。

1999年9月，经县人民政府第七次县长办公会议审议通过，出台《云和县拥军优属若干规定》。该规定从双拥宣传、国防教育、乡镇部门职责、优抚举措、财政支撑、制度建设等方面对拥军优属工作做明确细化，要求全县机关、企事业单位、社会团体、全体公民，依照规定履行各自的职责和义务。规定明确：在部队服役期间获得大军区（含大军区）以上单位授予的荣誉称号和荣立二等功（含二等功）以上的、参战荣立三等功及被评为三等（含三等）以上伤残的农村退伍军人，可以转为城镇户口，并予以安排工作。伤残军人的确难以安排工作的，可不转户口，按在乡伤残军人标准发放伤残抚恤金。

2004年7月，云和县人民政府令，颁布《云和县拥军优属实施办法》。建立重点优抚对象抚恤补助标准逐步与当地经济发展水平同步提高的自然增长机制；义务兵家属的优待金标准不得低于上年度全县农村年人均收入的70%，且必须确保当年度足额兑现；县财政安排专项资金建立拥军优属保障基金，用于支持部队建设，奖励立功军人，解决优抚对象生活难、住房难、看病难问题；县有关部门必须保障当地驻军的粮油、水电、燃料及日常生活必需品的正常供应，由地方财政补贴的部分必须予以补足；优先安排现役军人子女入托就学；支持部队开展争创先进连队和争当优秀士兵活动。对在部队立功受奖的本县籍战士，给予奖励。奖励标准为：荣立一等功或被中央军委授予荣誉称号者奖励3000元；荣立二等功或被大军区授予荣誉称号者奖励1000元；荣立三等功者奖励500元。同时废止《云和县拥军优属若干规定》。

是年8月，县委办、县府办印发《云和县双拥领导小组成员单位双拥工作职责》，对组织、宣传、发展计划、公安、民政、财政、人事劳动社会保障、国土资源、建设、交通、教育、卫生、驻云部队等22个部门和单位的双拥工作职责作明确分工，进一步落实双拥工作任务，夯实双拥工作基础。

2008 年，根据省民政厅《关于开展“关爱功臣活动”的通知》精神，县民政局每年均组织部分重点优抚对象参与体检和短期疗养。

第二节　优抚安置

军烈属优待

1991—1997 年间，义务兵家属的优待工作，以乡(镇)政府负责统筹为主，分块包干。每户军属每年享受的群众优待金在 300—800 元之间不等。

1997 年 10 月，县政府出台《云和县兵役义务费社会统筹实施办法》。该办法规定：自 1998 年 1 月始，兵役义务费根据均衡负担原则，实行全县统筹，统一发放。凡县境内的全民、集体、股份制、私营企业、中外合资企业(中方投资部分)、个体工商户，均按实交增值税、营业税、消费税税额的 1.5%的标准，缴纳兵役义务费，并由税务部门直接征收。县域范围内所有行政机关、社会团体、企事业单位，根据当年在册人数(包括离退休人员)按每人每年 20 元的标准，由各部门、各单位负责收交；全县农村户口人员，按每人每年 2 元的标准，由各乡镇政府负责收交。义务兵家属优待金则按上年度全县人均收入 70%的标准计发。

1998—2002 年，全县有 822 户义务兵家属享受优待金，每户每年 800—1500 元不等。

2003 年，实行农村税费改革，兵役义务费征收渠道由全县统筹改为县财政预算安排。优待金标准为：2003—2004 年，按全县上年度人均收入 70%的标准发放；2005—2007 年，按全县上年度人均纯收入 100%的标准支付；2008—2010 年，则按全县上年度农村居民人均纯收入的 100%的标准计发。对于烈属待遇问题，均依据国家相关政策规定，及时落实发放到位。

抚恤补助

1991—2005 年，根据有关政策规定，全县先后 9 次调整提高复员军人的定期定量补助标准，由原来的每月 30—35 元，提高到每月 220—260 元。

1992 年 7 月，县政府制定出台《云和县军人抚恤优待暂行规定》，就抚恤优待总体原则、死亡抚恤、伤残抚恤、军属优待等予以明确细化。

2005 年 7 月，县府办发布《云和县重点优抚对象优抚标准自然增长机制实施办法》，即在乡重点优抚对象的抚恤补助优待标准，随当地经济发展和人民生活水平提高相应提高的动态增长机制。适用对象为享受残疾抚恤的在乡残疾军人；定期抚恤的烈士遗属、因公牺牲军人遗属、病故军人遗属；享受定期生活补助金的在乡复员军人、带病回乡退伍军人。优抚标准自然增长机制以县统计部门公布的上年度职工平均工资和农村居民人均纯收入为参照基数确定优抚标准，由县民政局、财政局以每年的 7 月份为一个年限对优抚标准进行调整。若当地职工平均工资和农民纯收入出现负增长时，优抚标准保持不变。

2007 年，根据省民政厅转发《民政部关于落实优抚对象和部分军队退役人员有关政策的实施意见》精神，对被认定的参战退役人员，给予每人每月 200—300 元的生活补助。至 2010

年，该项补助标准已提高到每人每月352—462元。

2009年6月，县政府颁布《云和县军人抚恤优待实施细则》，对全县军人抚恤优待进一步规范和细化。

2006—2010年，带病回乡退伍军人、老复员军人、三属（军属、烈属、遗属）的定期定量补助，已由原来的每月195—340元，提高到每月483—820元。

医疗保障

2002年10月，县长办公会议审议通过《云和县在乡重点优抚对象医疗补助暂行办法》，并于同年11月1日起施行。

2006年3月，县政府办公室发出《关于调整〈云和县在乡重点优抚对象医疗补助暂行办法〉的通知》。规定全县在乡复员军人，住院医疗费超过1000元部分按50%的比例予以补助，每人全年累计补助金额不超过7000元；革命烈士家属、因公牺牲军人家属，住院医疗费超过1000元部分按40%的比例予以补助，补助金额6000元封顶；病故军人家属住院医疗费超过1000元部分按35%的比例予以补助，补助金额5000元封顶。

2009年6月，县人民政府出台《关于进一步做好抚恤优待对象医疗保障工作的通知》，规定一级至六级残疾军人，在按规定享受城镇职工基本医疗保险和重大疾病医疗补助待遇的基础上，可再享受医疗补助。七级至十级残疾军人、复员军人、带病回乡退伍军人、“三属”（烈士遗属、因公牺牲军人遗属、病故军人遗属）人员、“两参（参战、参与核试退役）”人员，按照属地原则，参加城镇职工基本医疗保险、城镇居民基本医疗保险和新型农村合作医疗，享受相应的医疗待遇外，由民政部门按规定比例给予医疗补助。

复员退伍军人安置

退伍义务兵安置是保障军队建设的重要政治任务。1991年5月，县人民政府制定出台《实施〈浙江省退伍义务兵安置条例实施细则〉的若干规定》。设立云和县退伍军人安置领导小组和办公室，贯彻“从哪里来，回哪里去”的原则，做好义务兵的接收安置工作。原属农业户口的退伍义务兵，由乡、镇人民政府妥善安排他们的生产生活。原属城镇户口的退伍义务兵和按规定应予安排工作的退伍义务兵，则按系统分派任务，实行指令性包干办法安置。

1991—1998年，全县共接收退伍军人若干名，均按规定适时安置，安置率达100%。

1999年3月，《云和县转业志愿兵、城镇户口退伍军人安置工作暂行规定》颁布。11月，制定下发《关于对1999年冬季进藏兵实行优待政策的通知》，继续坚持公平、择优的原则，采取公开招考、双向选择等办法进行安置。对立功、授奖、伤残军人、志愿兵和女兵及有专业特长者，实行优先安置。鼓励转业、退伍军人自谋职业，领取一次性安置补助费，推行货币安置。同时，在财政设立安置保障金专户，引入安置保障金机制。是年，全县退伍回乡义务兵若干名，其中城镇的退伍兵，除1人签订自谋职业协议后，发放安置补助费外，其余都安置在县机关企事业单位。同时，推荐部分农村退伍兵到温州工商银行、紧水滩电厂等单位从事经济民警工作。

1999—2004年,全县接收退伍军人若干名。6年来,县民政部门牵头安排工作岗位45人,自谋职业领取安置补助费57人。

2005年6月,县人民政府制定《云和县转业士官和城镇退役士兵安置工作试行办法》。就安置原则、计划、范围、对象、办法、纪律及安置渠道、安置保障金制度等作出规定,坚持"妥善安置、各得其所"的原则,采取岗位安置就业、扶持就业、自谋职业和经济补偿相结合的方式,保障转业士官和城镇退役士兵第一次就业。

2005—2010年,全县共接收退伍士兵若干名,其中,城镇退伍士兵76人,全部以自谋职业方式安置,领取一次性安置补助费;转业士官若干名则实行岗位安置。全县退伍义务兵安置工作逐步走上法制化、规范化轨道。

军队离退休干部安置

20世纪90年代初期,全县有军方移交地方管理的军队离退休干部若干名。县民政局高度重视军休干部管理工作,配备专职管理人员1人。根据国家政策规定和上级文件精神,妥善安置军队离退休干部,落实他们的政治、生活、福利待遇。在征订报刊杂志、传阅文件、健康体检、生活诉求等方面提供服务。定期组织他们外出考察、学习、疗休养、旅游等,丰富他们的精神文化生活。每逢"八·一"建军节、新春佳节等重大节日,县委、县政府等班子领导均登门走访慰问,并赠送慰问金或慰问品,充分体现党和政府对军队离退休干部的关怀。

第三章　救灾救济

云和县境内由于地理环境等因素特别重大的自然灾害不多见,但较重大灾害年年频发。受灾因素有台风、暴雨、山洪、冰雹、霜冻、干旱、火灾等。1992年,因灾死亡6人,重伤23人。1994年,因灾致亡5人,重伤17人。2003年,遭80年未遇特大暴雨、冰雹侵袭,全县7.26万人受灾。2009年,台风"莫拉克"强势过境,全县平均降雨量189.7毫米,崇头镇达458.2毫米,山洪暴发,紧急转移人口4846人。在抗击自然灾害的同时,重视社会救济工作。依据政策对"三老人员"(老党员、老游击队员、老交通员)、精简下放人员、支边支宁(宁夏)人员等实行定期定额补助。对由于诸多因素导致家庭陷入困境的群众,给予临时困难补助。

第一节　抗灾救灾

自然灾害

1991年,霜冻、冰雹、台风、干旱等气候灾害频发。全县20个乡镇,119个行政村,4.2万人受灾。冲倒和烧毁房屋700余间。冲毁、淹没和受冻农作物4133.3公顷,减收、烧毁粮食891万千克。因灾死亡1人,重伤20人。火灾3起沙溪乡隔溪寮村24户失火,140人受灾。各类灾害造成直接经济损失5195万元。县委、县政府及职能部门全力组织生产自救,确保灾民基本生活。省民政厅、财政厅拨付救灾款77万元,化肥50吨。

1992年,全县遭受冰冻、龙卷风、山洪、山体滑坡、火灾等灾害9次。崇头镇梅源行政村吴坪自然村等地山体滑坡,冲倒房屋,致6人罹难,23人重伤。损毁房屋387间,7570平方米。粮食作物损失2533.3公顷,减产525万千克。冲走猪牛208头,家禽4500只,淡水鱼10万千克。直接经济损失3743万元。除县级财政拨付救灾救济钱物外,省民政、财政、供销、粮食等部门下拨救灾款66.4万元,化肥50吨,粮食15万千克。

是年,全县开展农户房产保险。采取县级统保和农户自保相结合的办法,凡农户参与房产保险的,因灾出险后,县级统保部分(1000元)由县保险公司作为理赔基数核赔到户。全年,因灾出险农户105户,县保险公司直接理赔20.15万元,灾民迅速恢复生产,重建家园。

1994年,自然灾害频发,财产损失严重。6月,发生洪涝灾害。继而连续40多天高温干旱,导致溪河断流、农田龟裂、水塘干涸、部分地方人畜饮用水困难。多次发生火灾,烧毁民房104间。

同年,“8•21”第17号强台风过境。全县15个乡镇、170个行政村不同程度受灾,涉灾人口6.5万人,因灾致亡5人,重伤17人。倒塌和损毁民房1890间。损坏民房6987间。农作物成灾7200公顷,粮食减产700万千克,直接经济损失1.65亿元。灾后,省人民政府下拨救灾款170万元,相关职能部门深入灾区,核灾报灾,抚慰灾民,群众抗灾自救,共渡难关。

1995年,相继发生“3•16”“4•14”“4•17”“6•27”4次暴雨冰雹灾害。下半年,又持续高温干旱和旱冬天气。成灾面覆盖15个乡镇、119个行政村,波及10.17万人。因灾死亡2人,重伤19人。倒塌民房682间,损坏民房4.4万间。农作物成灾面积7200公顷,其中绝收1600公顷,粮食减产650万千克,直接经济损失1.12亿元。省民政厅、财政厅下拨救灾款101万元,省粮食部门下拨救灾粮30万千克,丽水地区行政公署捐款3万元。

1998年,遭遇洪涝、干旱侵扰。灾情波及15个乡镇、170个行政村,受灾人口7.3万人。倒塌房屋486间,损坏房屋2336间。农作物受灾面积6800公顷,绝收1800公顷,粮食减产50.2万千克。直接经济损失4253万元。发生火灾6起,焚毁房屋125间,经济损失187.5万元。省民政厅、财政厅联合拨付救灾款75万元。

2000年,制定出台《云和县灾害救助预案》《云和县自然灾害救助暂行办法》等制度,健全完善应对重大突发性自然灾害的应急救助体系。

2001年,遭受“4•28”“8•14”台风暴雨侵袭。灾情波及全县所有乡镇、行政村,受灾人口4.2万人。损坏房屋1万余间,倒塌192间。农作物受灾2200公顷,粮食减收230万千克。直接经济损失1100万元。火灾4起,全毁房屋73间,灾情波及20户92人。省民政、财政厅下拨群众生活困难补助款88万元。

2003年4月12日,赤石、紧水滩等乡镇遭八十年未遇的特大暴雨、冰雹(最大冰雹直径6

厘米)袭击。全县14个乡镇、170个行政村、7.26万人受灾。倒塌房屋34间,损坏房屋9583间,许多农舍屋瓦被击碎漏雨影响居住。农作物受灾54.97万公顷,成灾4200公顷。香菇损失5000余万袋。粮食减产2110万千克。直接经济损失8425万元。

是年,发生火灾10起,受灾51户,烧毁房屋255间,损坏房屋102间,经济损失200余万元。相关职能部门及时核报灾情,组织群众抗灾自救,恢复生产。省民政、财政厅拨付低保专项资金71万元;受灾群众生活困难补助款50万元,共计121万元。

2005年,受台风"泰利"袭击和长期干旱影响,全县4.62万人受灾。185户206间房屋倒塌,农舍损坏16087间。农作物受灾2840公顷,其中成灾1432公顷。直接经济损失达11932万元,其中农业经济损失5242万元。

火灾发生10起,焚毁房屋125间,经济损失达255.5万元。省民政、财政厅下拨救灾救济补助款116万元。

2006年,先后遭遇"碧利斯""桑美"等台风过境,全县受灾人口达3.26万人。农舍倒塌61间,民房损坏1240间。农作物受灾面积达1920公顷。直接经济损失11932万元。

火灾发生11起,房屋烧毁51间,直接经济损失49.8万元。争取到省民政厅、财政厅专项救灾补助款70万元。

2008年,自1月13日始,持续低温。2月1日,最低气温达零下5.1度。高山蔬菜、食用菌、水干果、毛竹、茶叶等农林作物损失巨大;电力、交通等基础设施受损严重。14个乡镇不同程度地受到雨雪冰冻灾害袭击,部分乡镇、村庄断电断水,道路结冰,交通阻断,出行困难。全县受灾人口25160人,成灾人口16796人。林、农作物受灾面积15535公顷。房屋受损3252间。香菇棚倒塌207个。水管冻裂32750米。输电线路倒杆1517支,断线1235处,受损线路405千米,涉及用电区域299个。全县经济损失达1.88亿元,其中农业经济损失1.46亿元。面对灾情,职能部门,坚持24小时值班,及时掌握灾情动态,跋山涉水进村入户核报灾情,安抚稳定灾民情绪。省民政厅、财政厅下拨雨雪冰冻灾害专项救灾款100万元。

2009年,第8号台风"莫拉克"强势过境。自8月6日晚始,县境内普降大到暴雨,并伴6至7级阵风。截至8月10日15时,全县平均降雨量达189.7毫米。其中,崇头镇达458.2毫米,大湾乡达372.6毫米,云丰乡255.7毫米。山洪暴发,水库紧急泄洪,部分山塘面临垮塌危险,紧急转移安置4846人。据统计,全县受灾人口达22300人,成灾人口6620人。倒塌民房57间,损坏263间。农作物受灾1577公顷,粮食减产1150吨。农业、水利、电力、交通等行业直接经济损失7559万元。全县投入救灾资金91万元,发放救灾棉被1000条。县民政部门组成4个工作组,奔赴灾区,落实避灾场所,及时将3万多元救灾物资发往灾区。省民政厅、财政厅下拨抗灾救灾资金24万元。

2010年,提高防灾减灾意识,强化抗灾救灾机制。贯彻国务院《自然灾害救助条例》;开展"防灾减灾宣传周"、防灾减灾知识问答、组织遇灾逃生应急演练等活动,增强全民防灾备灾理念。对全县50余处避灾安置点定期检查,确保临灾能及时启用,安全运行。筹措资金20余万元,补助云丰乡坑下村等10个避灾点完善基础设施建设。全县发生火灾10起。先后遭遇

“3•5”冰雹,“5•21”“6•18”强降水侵扰,损失较大。职能部门筹措下拨救灾款114万元,发放救灾物资15万元。

避灾工程建设

2007年,全面启动“避灾工程”建设。依据利于群众转移,就地就近避灾的原则,因地制宜,合理安排,建设避灾安置场所10处。应对重大突发性自然灾害,确保群众生命财产安全,提高防灾抗灾能力。

2008年,利用乡村空余校舍、村委办公场所等闲置房屋,改建、翻修建造避灾中心,完成部分乡镇(村)、避灾中心(点)的构建任务。

2009年始,每年投入33万元,向县财产保险公司投保自然灾害公众责任险提高全县人民抗击自然灾害的能力。至2009年年末,投入资金148万元,建设县级避灾仓库1个,乡镇级避灾中心14处,村级避灾场所(点)37处,健全保障功能,完善自然灾害应急救助体系。

第二节 社会救济

救灾募捐

1991年,根据中办、国办《关于进一步开展向灾区捐赠活动的通知》精神,云和县接收救灾捐赠办公室成立。为域外灾区分忧解难,全县182个单位1.51万人参与捐赠,共捐现金5.67万元、粮票9600公斤、化肥、线材各4000公斤,发往湖州等灾区。1994年,全县干部群众捐款3.37万元;慈溪市政府(挂钩联系单位)捐款10万元、衣物5万余件;丽水地区民政局捐款2万元;紧水滩电厂捐款5万元缓解全县抗灾救灾压力。1996年,接收浙江日报社、慈溪市、绍兴县等单位捐赠的扶贫济困衣物17万件(条)。1998年,县机关、企事业单位及社会各界募集资金22.9万元,如数拨付省救灾捐赠办公室,用于支援长江流域抗洪。

困难救济

1991—1992年,解决补助特困群体和优抚对象的临时性困难,减免贫困群众住院医疗费用,共拨付专项资金5.35万元。

1995年,支付特困户、优抚对象临时困难补助款,减免280多位患病住院的困难群众医药费共2.6万元。

1996年,县民政局下拨资金1.7万元,补助扶贫挂钩乡镇安装电视差转台、修复低压线路的资金不足。向上级有关部门争取到雾溪乡坪阳岗,石塘镇岭脚、高畲等空壳村发展村级集体经济垫底资金3万元。有偿扶持云丰乡高山蔬菜种植示范户5万元。

1998年,省民政厅调拨给云和价值14万余元的衣物,适时分发困难群众。

1999年,发放特困群众临时急难补助资金4万元。

2000年,颁布实施《云和县社会救助暂行办法》,推进社会救助逐步规范化。

2003年,开展访贫问苦送温暖活动。走访慰问特困户122户,每户赠送慰问金及物品600

余元。发放2046户农村低保户、五保户慰问金各300元;慰问139户城镇低保户和68名老交通员、老游击队员,各发慰问金500元。发放360名重点优抚对象慰问金各200元。4项共发放慰问金86万余元。

2007年,继续开展节庆慰问和临时困难救助。慰问全县2273户农村低保户、五保户和360名重点优抚对象,各发慰问金300元。慰问城镇低保户142人、“三老人员”80人,各发慰问金500元。全年共发放临时困难补助款16.93万元。

2008年,做好结对帮扶工作。全县有597名特困学生和3户特困家庭得到省爱心事业基金会的结对资助,拨付爱心资助款36.43万元;资助物品衣服、棉被、文具等价值50余万元。继续落实“一户一策一干部”的帮扶措施,县民政局干部28人捐款9600元,帮扶云坛乡梅湾村低收入农户。

2009年,县民政局出台《云和县困难群众临时救助实施办法》,2年间,救助困难群众1284人,支付临时困难救助资金65.32万元。

2009—2010年,实施“白内障患者复明救助工程”,为71名白内障患者施行复明手术,康复率达100%。

1991—2010年,在调查摸底的基础上,每年均依据需求,定制适量[每年300—500件(床)]救济棉衣、棉被,由各乡镇政府负责,视困难情况发放到困难农户,解决部分特困群众缺衣少被问题。

第四章 社会福利

改革开放后,政府加大对社会福利事业的投入,建立正常、有序、有效的救助体系。全面实施城乡最低生活保障制度。“五保”供养采取“乡村统筹、县补一点”,创办敬老院、中心敬老院,实现全县“五保”对象集中统一供养模式,“五保”对象集中供养率达90.03%,被国家民政部评为“全国模范敬老院”。1997年,开始实施城乡最低生活保障制度,低保惠民工程的实施,使贫困弱势群体的基本生活得到有效保障,被省人民政府评为“浙江省基层低保规范化建设示范县”。2005年,县政府出台医疗救助政策,到2010年,惠及全县贫困患者2192人,支付医疗救助资金674.64万元。

第一节 五保供养

农村“五保”对象系老、弱、孤、残的特困农民,无劳动能力,无经济来源。依据国务院《农村五保供养工作条例》，享受“五保”（保吃、保穿、保住、保医、保葬）待遇。

1991 年，采取乡村统筹、县补一点的办法，确保农村“五保”对象的基本生活，在原人均每月 12 元的基础上，提高到人均每月 19 元。全年补助供养费用达 4.6 万元。

1995 年，新创办 13 所乡镇敬老院，加之已建立的云和镇（原沙溪初中）、赤石乡敬老院，实现全县 15 个乡镇全覆盖，提前 1 年完成省民政厅下达的任务。向省民政厅争取补助资金 20 万元，扶持各乡镇敬老院，缓解办院资金紧缺状况。县民政局还挤出资金为部分乡镇敬老院配置电视机，添置衣被等生活用品。全县 15 所敬老院共接收农村“五保”老人 75 人。

1998 年，提高集中供养和居家散养的 323 名“五保”对象的定补标准，由每人每月 30 元提高至 40 元。同年，紧水滩镇敬老院被评为丽水地区先进敬老院，其余 14 家被定为合格敬老院。

2000 年，县民政部门印发《云和县农村五保供养和敬老院管理实施细则》，推进乡镇敬老院的规范管理。同年，县财政按每人每月 46 元的标准发放生活补贴，改善五保对象的生活条件。

2004 年，依照《云和县农村五保对象和城镇“三无”人员集中供养建设发展规划》（“三无”人员指：城镇无劳动能力、无子女赡养、无生活来源的人员），推进五保、“三无”对象集中供养。县人民政府安排敬老院建设资金 135 万元，省民政、财政厅专项扶持 63 万元，用于云和镇、石塘镇、紧水滩镇 3 所中心敬老院的改扩建工程。年底，3 所敬老院均按计划投入运营。云和镇敬老院接纳 85 人、石塘镇敬老院 50 人、紧水滩镇敬老院 55 人、崇头片敬老院 34 人，加之与 3 所中心敬老院实行户院挂钩的供养对象 59 人，全县已有 283 名五保对象被集中供养（全县共有五保对象 396 人），集中供养率达 71.3%，超过省、市政府要求集中供养率达到 60% 的指标。

2005 年，继续推进社会救助设施建设，筹措资金 120 多万元，拓宽云和镇中心敬老院规模。同年，全县有五保对象 388 人（含城镇“三无”对象 11 人），在云和、紧水滩、石塘镇 3 所敬老院集中供养的人员达 346 人，集中供养率为 89.2%，高于省、市指标 9.2 个百分点。被省人民政府评为“全省农村五保对象和城镇三无人员集中供养先进集体”。

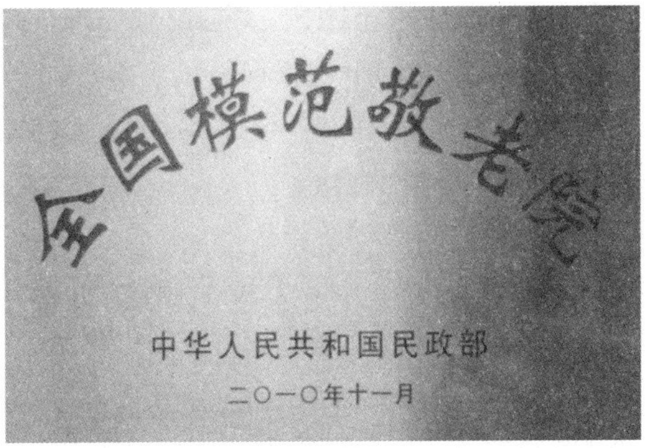

图 34-4-1 2010 年，云和县中心敬老院被民政部评为“全国模范敬老院”（县民政局提供）

2006 年，筹资 190 多万元建设云和镇中心敬老院综合楼，将崇头、黄源、云丰、沙铺、大湾 1 镇 4 乡的五保对象纳入该院集中供养。

2008 年，在云和镇敬老院的基础上，扩建扩容并升格为县级养老机构的“云和县中心敬老院”，10 月 7 日（重阳节）举行竣工典礼。同时，将紧水滩镇、石塘镇敬老院并入，实现全县五保对象集中一院统一供养模式。

2010年，全县有农村五保和城镇“三无”人员361人，集中供养325人，集中供养率达90.03%。同时，注重内部管理，加强敬老院班子建设，建立敬老院党支部，健全工作人员岗位考核制度，提升敬老院的供养服务功能。被国家民政部评为“全国模范敬老院”。

第二节　低保与医疗救助

最低生活保障

1997年，依据《浙江省最低生活保障办法》精神，云和县在调查摸底的基础上，按照“应保尽保、应退尽退、动态管理、透明操作、便民高效”的管理机制，10月1日开始实施城乡最低生活保障制度（简称“低保”），改善城乡特困群体的生活状况。当年，全县共有563户、622人符合低保条件，享受低保待遇。

1998年，全县符合低保条件的对象增至891名。低保救助资金按县60%、乡镇40%的比例，落实发放到户。

2000年，经各乡镇摸底申报，县有关部门审核，低保对象为992人。所需保障资金31.7万元，仍按县60%、乡镇40%的比例予以落实。

2001年，依据丽水市府办文件精神，从4月1日始，全县1110名低保对象的救助标准提高15%。城镇居民每月120元，农村居民每月67元。同时，抓城镇低保扩面工作，将部分破产改制企业职工和城镇低收入居民纳入低保范围。是年，省民政厅、财政厅下拨最低生活保障补助资金30万元。

2002年，县人民政府审议通过《云和县最低生活保障实施办法》，继续调高低保补助标准，城镇居民从每月120元调整为140元；农村居民从每月67元提高至85元；继续扩大低保面，将家庭人均收入处于最低生活保障线以下的村（居）民纳入救助范围，实行应保尽保；调整县、乡镇财政承担比例，将县财政70%、乡镇财政30%的分担比例调整为80%和20%。同年，省民政、财政厅下拨低保补助资金68万元。

2003年底，全县有低保对象4479人，其中城镇居民375人，农村村民4104人。全年累计支付低保补助资金175.4万元（含春节慰问金68.39万元）。

2004年，低保对象有所增加。全县共4712人。其中，城镇居民380人，农村居民4332人。拨付低保资金137万元，仍按县80%、乡镇20%的比例分担。同时，继续提高救助标准，城镇居民每月150元，农村居民每月90元。

2005年年底，全县共有低保救助对象2628户4954人（城镇171户411人、农村2457户4543人）。城镇低保补助标准从当年10月始调高至每月160元，农村保持不变。全年低保救助资金支出292.27万元。是年，根据民政部《关于严格规范低保管理工作的紧急通知》和全省低保工作会议精神，组织力量会同乡镇干部进村入户，对所有享受低保待遇的人员逐个调查核实，全面了解低保对象的经济生活状况。按照“应保尽保、应退尽退”原则，对不符合低保条件的1984人予以清退，对符合条件而未纳入低保的158人落实低保待遇。纠正“人情保”“关系保”等优亲厚友现象，低保工作逐步透明、亮化、公正。

2007年，全县低保对象为2273户3288人（城镇居民153户335人、农村1733户2564人）。城镇救助标准提高至216元/月，农村提高至130元/月。低保补助金确保按时足额发放到位。

2008年，根据丽水市委、市政府《关于加快农民异地转移促进农民增收的若干意见》精神，高度重视农村低保扩面工作。凡属低保对象，必须经行政村、乡镇、县民政局三级审核公示，以确保低保扩面工作的公开、透明、公正。通过低保扩面，全县城乡共有低保对象3188户4767人，占全县总人口4.28%。贫困弱势群体的基本生活得到保障。

2009年，全县有城乡低保对象3290户4796人（其中城镇居民190户277人，农村低保3100户4519人）。城镇低保月标准276元/人，农村低保月标准166元/人。城镇月人均补助191.94元，农村月人均补助123.66元，超过市政府提出的农村低保月人均补助达到100元的指标。全年共发放城乡低保资金790.62万元；支付4700多名城乡低保对象的物价补贴14.67万元。是年，云和县被省人民政府评为“浙江省基层低保规范化建设示范县”。

2010年，健全完善低保核查机制，会同纪检、监察、公安等部门对低保对象开展专项审核。清退因辞世和不符合低保条件的人员1073人，将符合救助条件的578人适时纳入低保。全县城乡享受低保待遇的对象有3140户4380人（城镇居民184户276人、农村2956户4104人），全年累计拨付低保资金848.78万元。

医疗救助

2005年5月，县人民政府第五次常务会议审议通过，出台《云和县城乡困难人员医疗救助暂行办法》，同年1月1日起实施。该办法规定：医疗费用在2001—5000元、5000—10000元、10000元以上的分别按20%、25%、30%的标准救助，每人每年累计不超过5000元。同年，全县有169人得到医疗救济，发放医疗救助金42.2万元。

2006年，县财政安排医疗救助专项资金40万元，争取省民政厅、财政厅专项补助资金22万元。全县164人得到医疗困难救助,支付医疗救助金58.84万元。

2008年，加大医疗救助力度，实施“零起点”救助，将每人每年限额标准从5000元提升至7000元。全年受救助人数为245人，发放救助资金83.4万元。

2010年，制定《云和县城乡困难人员医疗救助、重点优抚对象医疗保障即时结报办法》，将困难人群医疗救助限额从7000元提高至30000元。全县医疗救助筹资额度已达人均10元，超过省定人均8元的标准。全年实施医疗救助429人次，发放救助资金159.1万元。

第三节 福利募捐

福利彩票

发行福利彩票目的是为筹措关爱社会困难群体的公益资金。彩票销售方式主要有即开型销售和定点销售。公益资金的来源，一是上级专项补助，二是福利彩票销售提成。

1991年，坚持不强迫、不摊派、不承包、自愿认购的原则，开展社会福利有奖募捐活动，全县销售福利奖券提成2.8万元。

1992年，组织社会福利有奖募捐活动，筹集社会闲散资金，推进福利事业发展，全年共销售福利奖券8.5万元。

1993年，改变“提篮小卖”的销售方式，福利彩票销售有较大起色。全年共销售奖券85万元，超额完成省民政厅下达的年度计划。

1999年，组织宣传福利募捐的意义作用，激发广大彩民的善行义举。福利彩票发行取得突破性进展，全年销售额达270余万元，分成提留福利资金40余万元。

2000年，配合省福利彩票发行中心“浙江风彩”电脑彩票和百万富翁彩票的营销宣传。全县销售总量为12万元。是年，省“福利彩票”慈善大行动，惠及云和特困优抚对象、残疾人39人，每人受助1000元；特困小学生10人，各受助500元。

2002年，发行民政福利彩票100万元，返还福彩基金17.5万元。

2004年，省民政厅下拨福利彩票公益金69万元，福彩公益金提取4.5万元，合计73.5万元。

2006年，中央、省级公益金专项补助和电脑彩票销售公益金返还共40万元。

2008年，福利彩票公益金收入达214.94万元。其中省级公益金资助126.9万元，市级公益金资助15万元，公益金返还73.04万元。

2010年，省级公益金资助501万元，市级公益金资助5万元，福利彩票公益金返还26.19万元，共计达532.19万元。其间，利用福彩公益金投资建设的惠及民生的大小项目达上百个，较好地发挥福利彩票的公益性作用。

福利企业

1991年，县民政部门建立“福利企业管理领导小组”，开展年检年审和劳动安全检查。在原有8家的基础上，新增3家，全年产值近500万元，税利25万元，净利润18万元。拥有企业职工263人.其中，残疾人员97人，占比为36%，福利企业有所发展。

1992年，福利企业发展较快，增至16家，实现税利30多万元。

1993年，全县有云和链条厂等福利企业12家，员工302人，安置残疾人117人，占比为39.4%，产值逾500万元。

1994年，县政府出台优惠政策，实行税费减免或返还，扶持福利企业发展。全县福利企业增至18家。经年检清理整顿，确认符合条件的11家，年产值达850万元，增幅显著。

1995年，经年度审核，认定符合条件的福利企业10家，完成年产值1380万元，实现利税12.6万元。

1997年，规范福利企业行为，健全企业财务制度，对10家福利企业逐个实施年检年审，取消4家不合格的福利企业。

1998—2000年，全县福利企业在10家左右，年产值分别为700万元、1200万元、1800万元。

2002—2003 年，会同国税、地税等部门对福利企业进行年检年审，检审合格的企业为 9 家。2003 年，福利企业实现产值 3170 万元。

2004 年，全县有福利企业 12 家，职工 490 人。其中，伤残人员 218 人，完成工业总产值 8577 万元。

2005 年，福利企业 11 家，职工 551 人，其中残疾员工 253 人，完成产值 1.31 亿元，销售收入达 1.22 亿元。

2006—2010 年，全县经年检合格的福利企业 8—10 家，年生产总值在 7000 万—9000 万元。

第四节 福利设施

县光荣院

前身始建于 1959 年的景宁县烈属养老院。1979 年，更名为云和县光荣院。1981 年，县民政局筹资新建光荣院（云和镇梨园新村 37 号）。主楼建筑面积 1104 平方米，使用面积 810 平方米，附属建筑 220 平方米。餐厅、厨房、娱乐、会议、浴室、花坛、鱼池等设施齐全。2000 年，根据省政府提出的全省各县市都要建立 1 所福利院的要求，投入资金 70 余万元，对县光荣院进行整体装修改造，增挂县福利院的牌子，与县福利院实行资源共享。2010 年 10 月，云和县光荣院由云和镇梨园新村 37 号搬迁至云和镇府东路 51 号（原县卫生学校）。

1991 年，县光荣院在院供养的孤寡复员军人 7 人，县财政每年安排 2 万—3 万元赡养经费。1998—2000 年，先后辞世 5 人。2008 年新增 1 人，至 2010 年年末，仍有 3 人在院休养。

县老年活动中心

坐落于城北凤凰山脚，系园林式风格建筑，环境优雅。该工程 2000 年破土动工，2003 年 3 月，竣工交付使用。属政府投资项目，由县老龄办负责日常管理。中心占地面积 4200 平方米，建筑面积 1052 平方米，总投资 300 余万元。内设阅览室、棋牌室、乒乓球室、休息室等。室外配置门球场、柔力球场、气排球场、健身操场等，是集娱乐、休闲、健体、益智的多功能综合体，深受广大老年朋友的青睐。

县中心敬老院

位于白龙山街道沙溪村（原沙溪中学校址），前身系云和镇敬老院，距县城 3 千米，交通便捷。2008 年，将云和、石塘、紧水滩三镇敬老院合并，扩建成立县中心敬老院，隶属县民政局，实现“一县一院”管理模式。该院占地面积 4600 平方米，建筑面积 3500 平方米，设置床位 326 张。建筑设计符合老年人、残疾人等群体居住设计规范，生活设施符合安全、消防、卫

图 34-4-2 云和县中心敬老院（2008 年摄 县民政局提供）

生、防疫、环保等国家标准。院内设有图书室、活动室、医务室、值班室、就餐厅、储藏室、淋浴室等，互联网络、有线电视、无障碍设施全覆盖。膳食营养、衣着配置、医疗护理、文体娱乐、心理咨询、丧葬料理等方面精心安排，悉心照料，集中供养质量和服务水平规范。先后被评为“全省先进敬老院”“全国模范敬老院”“浙江省三星级敬老院”。

第五章　民政事务

民政事务纷繁庞杂。1989年，县地名办由县计委划转县民政局。先后2次开展地名普查，出台《云和县地名管理实施办法》《云和县地名总体规划（2008—2025）》；1993年，云和县殡葬管理所成立，核编6人，云和盆地率先推行遗体火化；2002年，县老龄办由县人事劳动局划转县民政局合署，编制《云和县老龄事业发展“十一五”规划》，制定《云和县优待老年人实施办法》，强化社团管理；开展收养收容工作，设立云和县社会救助管理站，妥善安置社会弃婴，遣送外流乞讨人员，料理安葬无名尸体；设立全县婚姻登记处，婚姻登记改分散登记为集中登记，县婚姻登记处被评为“全国婚姻登记规范化单位”。

第一节　地名管理

1981年1月，县地名普查工作领导小组及办公室设立。1982年9月，将县地名普查工作领导小组改为县地名委员会，并在县计划委员会设办公室，负责县地名委员会的日常事务。1989年3月，县编委批复，县地名办公室为事业单位，核编2人，划转县民政局管理。1997年9月，县府办审定，县地名办为全额拨款全民事业单位，编制2名。1991年5月至2008年2月，县政府对县地名委员会组成人员进行4次调整。成员单位由县府办、宣传部、计委、财税局、民政局等14家增至19家。

地名普查

1981年6月至1982年5月，开展全县第一次地名普查。1990—1996年，制定出台《云和县地名补查和资料更新工作实施细则》，开展地名补查、补更。整理资料4675份；补查、更新成果表3186张；资料卡片465张；收集民国时期各乡镇土地资料300份，分类编号整理归档。2004年3—9月，再次开展地名资料补查、补更工作，完成辖区内行政区、居民点、建筑物等10个类别3900多条地名信息的电脑录入。2010年12月至2013年5月，开展全县第二次地名普查。

地名法规

1994年3月，县人民政府颁发《云和县地名管理规定》。系建县以来出台的首个地名管理规范性文件。该规定就地名命名、更名、审批权限和程序、地名标志设置管理、地名书写等方面作明确规定。2002年9月，对《云和县地名管理规定》进行修改补充完善，制定《云和县地名管理实施办法》。对地名工作作出更为严格详细明确的规范。

地名规划

2008年，委托丽水学院经济贸易与管理学院编制《云和县地名总体规划(2008—2025年)》，分别于2008年12月和2009年4月，召开县、市级地名规划评审会审议通过。以提高地名命名的科学性、标准化、规范化，提升城市文化品位。2009年12月，县人民政府批复同意发布《云和县地名总体规划(2008—2025年)》。该规划从地名空间布局、通名、专名、城区主要道路、重要公共设施名称、地名标志体系、规划保障措施等方面进行宏观调控布局，粗略反映出“小县大城”发展战略和“山水家园·童话世界”的城市定位，对县域地名工作有一定的导向作用。

地名图书

1983—1987年，县地名办先后完成《云和县地名志(1986)》《云和县地图册(1987)》《云和县标准地名录》的编纂出版工作。1996年，编制出版《云和县地图(1996)》《云和县工商交通旅游图(1996)》。1998年，编辑出版《云和县地名手册(1998)》。2003年，重新编制出版《云和县地图(2003)》。2007年，编印《云和县地图(2007)》。2010年，重新制作出版《云和县交通旅游图(2010)》。

1991—2010年，全县命名自然村名53个，行政村更名2个。城区范围累计命名街(路)67条、巷(弄)35条(因老城区改造，现存巷弄地名仅24条)、居民小区23个、休闲广场2个、公园1个。崇头、石塘、紧水滩镇等地共计命名街(路)巷(弄)37条。地名设标总数52234块，其中街路牌设置237块，村牌158块，巷(弄)牌64块，幢牌380块，单元牌395块，门牌51000块(发门牌证51000本)。2005—2006年，建立云和县地名数据库，录入重要地名信息1683条。

边界管理

1996年12月，根据国务院《关于开展勘定省、县两级行政区域界线工作有关问题的通知》和省政府《关于全面开展勘界工作的通知》精神，县人民政府成立县勘界工作领导小组，并在县民政局设勘界办公室。从民政、林业、土地管理等部门抽调专业技术人员组成勘界工作组，专门从事勘界工作。1996年12月至1999年11月，县勘界工作组与毗邻县(市、区)勘界人员历时3年，对县辖行政区域界线进行全面勘定。2001年8月，省人民政府批复同意丽水市上报的16条县级行政区域界线的勘定协议。明确云和县与莲都区、景宁畲族自治县、龙泉市、松阳县的边界线总长度为262.85千米。县域边界线四条，即云景线、松云线、龙云线、莲云线。三交点四个，即龙云景(崇头镇后洋村蚯蚓坑)、莲云松(石塘镇大岗山村坟山)、云龙松(赤石乡店子村白鹤仙顶)、莲云景(元和街道包山村大王殿)。2003年始，县域界线实行省、市、县三级联动管理，每5年进行一次全面的行政区域界线联合检查。2007年，成立由公安、农业、林业、民政等 13 个部门组成的云和县平安边界建设领导小组，办公室设县民政局。县民政部门按要求建立健全“两图一责”制度、定期走访联系制度、边界纠纷应急处理制度，县、乡（镇）、村界线界桩委托管理制度。边界管理有制度、人员、经费保障。至 2010 年年末，县域界线沿线双方民众生产稳定，生活安定，尚未发生较大的边界林地纠纷事件。

第二节　老龄事业

2002 年 4 月，根据工作需要，将原挂靠县人事劳动局的县老龄工作委员会办公室，划转县民政局，与县民政局合署。

2003 年，贯彻《中华人民共和国老年人权益保障法》，及时调处老年人权益受侵害事件，依法维护老年人权益。推进农村、社区老年协会建设。在“老人节”期间，举办文艺晚会、棋牌类比赛、大型文艺踩街活动（由腰鼓、秧歌、狮舞等 20 个方队组成，700 多名老年人参与），丰富老年人精神文化生活。办好省老年电视大学云和分校，全县有 400 多人参加“中医保健”“老年家政”等课题学习。是年，坐落于城北凤凰山脚的县老年活动中心竣工，对外开放。

2004 年，省老年基金会下拨资金 3 万元，慰问农村困难老干部 60 人。

2006 年，编制出台《云和县老龄事业发展“十一五”规划》，引领老龄事业发展。继续推进社区老龄“3587”工程，完善生活照料网络建设，全县 6 个社区达到老龄工作规范社区标准。向省老龄委争取资金 12 万元，用于购置电视机、课桌椅等，改善老年电大教学点的办学条件。

2007 年，县人民政府出台《云和县优待老年人实施办法》和《2007 年为老年人办实事的意见》，明确 60 周岁以上老年人应享受的优惠待遇；全县 160 人 90 岁以上的高龄老人领到政府发放的长寿保健金。

2008 年，弘扬“百善孝为先”风尚，开展敬老扶老“送温暖”活动，走访慰问 80 名困难老人，每人 500 元，发放慰问金 4 万元。启动“农村老年福利服务星光计划”，完成 16 家“星光老年之家”的创建工作。

2009 年，县老龄委制定《关于云和县 2009—2010 年为老年人办实事的意见》。完成 35 家“星光老年之家”建设任务。全县“居家养老”工作稳步推进，得到省民政厅的肯定。

2010 年，建立健全居家养老服务网络，县居家养老服务指导中心成立，乡镇设立服务指导站，社区设立服务站。创建“星光老年之家”40 家。全县 90%以上的行政村（社区）均建立老年协会。

2010 年年底，全县已创建乡镇老年活动中心 8 家；农村“星光老年之家”91 家；农村老年协会 150 余家；省老年电视大学云和分校教学点 20 个。是年，全县 60 岁以上老年人口达 18147 人，占全县总人口的 16.1%；80 岁以上高龄老人达 3219 人，占老年人数的 17.9%，均高于全国、全省平均水平。

第三节 社团管理

1991 年 2 月，根据国务院《社会团体登记管理条例》精神，组建“云和县社团清理整顿领导小组”及办公室，办公室设县民政局。开展全县行业协会、民间组织等社会团体的清理整顿、复查登记工作。通过分系统分行业调查摸底，审核清理，依法予以重新登记的社团 34 个。取消不规范社团。年底全县共有社团 38 个。

1992—1994 年，实施年检制度，强化社团管理。经基层社团、民办非企业单位申报，业务主管部门初审，登记管理机关审查批准成立并登记注册的社团 10 个。1994 年度年检中，有 3 个社团不合格被注销。

1996 年，贯彻“培育发展与监督管理并举”的方针，对各类社会组织加强指导服务，促进社团组织的健康有序发展。年末，全县有 46 个社会团体参与年检，经复查被确认合格的 29 个。由于人事变动、无固定住所或必要的活动场所、内部管理混乱、不能正常开展活动等因素，年检不合格的 17 个社团，需整改完善后重新年检。

1997 年，根据国务院办公厅《转发民政部关于清理整顿社会团体意见的通知》精神，对全县 50 余家社会团体进行清理整顿，分别作出保留换发新证、责令整改、合并、解散和撤销。配合有关部门对“法轮功”邪教组织的清查，促进社团健康稳步发展。

2000—2006 年，继续抓好“县计划生育协会”“县玩具行业协会”“县雪梨协会”“县基督教协会”等社团的申报审核、年检复查工作；贯彻国务院《民办非企业单位登记管理暂行条例》，对民办非企业单位进行注册登记，纳入社团统一管理；在完善气功类社团清理整顿工作的同时，做好非法人社团向法人社团的转化引导工作。

2007 年，坚持“以人为本、服务社会”原则，培育发展社区民间组织和民营非企业单位，落实社会团体双重管理机制，促进民间组织的有序发展和社会的和谐稳定。年检复查社团 40 家，民办非企业单位 18 家，新注册登记社团 9 家。

2008 年，组织全县社会组织专题培训，72 家社会组织及主管部门负责人参训。通过教育培训，提升社会组织的服务功能。

2010 年年底，全县共有社会组织 84 家，其中社会团体 63 家，民办非企业单位 21 家。社团和“民非”单位的设立，对县域经济社会发展进步，起到推动作用。

第四节 殡葬改革

1993 年 12 月，成立“云和县殡葬管理所”，核定事业编制 6 人，负责辖区内殡葬改革和日常管理事务。2000 年 3 月，云和县殡仪馆建立，核定事业编制 6 人，与云和县殡葬管理所合署，负责遗体火化。2007 年 5 月，根据省民政厅、省编委办《关于理顺殡葬管理体制加强和规范殡葬监管执法工作的意见》精神，按照“政事分开、政企分开、管办分离”的原则，将县殡葬管理所与县殡仪馆分设。县殡葬管理所增挂县殡葬管理执法大队牌子，云和县公墓管理所设立，推进殡葬改革管理工作的规范化、法制化。

坟墓整治

1996 年 3—5 月，县制止非法建造寺观教堂滥建坟墓专项治理领导小组，制定出台《关于制止非法建造寺观教堂滥建坟墓专项治理工作实施计划》。治理重点是“二沿（省道沿线和瓯江两侧）二区（风景名胜区，县城规划区）”内的建筑性坟墓。经过 3 个月的集中突击整治，对位于“二沿二区”范围内的建筑性坟墓，实施拆迁、深埋、绿化等彻底清理。全县制止滥建坟墓专项治理行动取得阶段性实效。

2005 年，位于城东象山公路（丽浦线）旁的川石山墓区，属“二沿五区”青山白化现状治理范围（“二沿”：沿公路、沿库区；“五区”：保护区、耕地区、风景区、规划区、住宅区）。2006 年，县政府发布《关于云和县川石山坟墓迁移的通告》《关于开展“二沿五区”墓葬专项治理的通知》。同时，召开动员大会，派出工作组，明确分工，落实责任，多措并举，限期迁移。通过半年治理，城东川石山墓区实施整体搬迁，需迁移的 1200 多穴坟墓，大都迁往新建的太阳山生态墓区。

2010 年，县委、县政府出台《关于进一步深化殡葬改革的实施意见》和县纪委出台《关于严肃殡葬改革工作纪律的通知》，坚持“标本兼治、疏堵结合、治旧控新、恢复生态”的整治原则。提出“一年初见效，两年大改观，三年上台阶”的整治目标。对有碍观瞻的坟墓要求予以拆除或迁移；对已建成的老坟、空坟及其他非生态坟墓，在不严重影响景观的前提下，采取覆土绿化处理。覆土绿化以“表面不露白、恢复原生态”为标准，坟背覆土需 20 厘米以上，坟墓四周实施种草植树绿化。治理非生态坟墓 4486 座，“青山白化”现象得到明显改善。

殡葬改革管理

2001 年 12 月，占地总面积 5867 平方米，总投资 520 万元（含省民政厅补助 150 万元）的县殡仪馆建成投入使用，结束遗体外送火化的历史。

2002 年 3 月，县人民政府发布《关于在全县范围内推行殡葬改革、实行遗体火化的通告》，通告规定：县境内凡是交通便利的，能通行殡仪车的简易公路沿线 200 米以内的行政村、自然村，一律划为火化区。

2003 年 5 月，县人民政府出台《云和县殡葬管理实施办法》，同时发布《关于在云和盆地推行殡葬改革实行遗体火化的通知》，划定率先推行遗体火化区域，规定当年 7 月 15 日零时起推行遗体火化。在县殡仪馆尚未构建竣工前，就近送景宁或丽水殡仪馆火化。

同年，根据市政府办《关于推行生态墓区建设深化殡葬改革的通知》精神，全县农村开始推行生态墓区建设，对村级生态墓区实行统一规划选址，统一定点建设，优化农村自然环境。

2004 年，县人民政府出台《云和县绿色殡葬改革实施方案》《关于推行绿色殡葬改革 开展生态墓区建设和"二沿四区"坟墓清理的通告》。对县公共墓地和村级生态墓区实施全面绿化，绿化率达60%以上；全县"青山白化"治理面达到30%以上；规范管理丧葬活动，审批出殡路线，控制花圈数量(20只以下)，主要街道不得燃放爆竹抛洒冥纸等，倡导厚养薄葬，文明祭祀。

2005年，位于云和镇新岭村"永达外湾"的太阳山公墓开工建设。2007年9月竣工交付使用。该墓区占地面积72000平方米，首期总投资2100万元，建成墓穴3577穴。太阳山墓区的开辟，为县工业园区杨柳河区块开发和丽龙高速公路过境段建设的坟墓拆迁，提供2000多个穴位，确保重点工程的推进。

2010年，县委、县政府出台《关于推进村级生态墓地建设有关事项的通知》。至年末，全县建成覆盖55个行政村的村级生态墓区46处。

第五节 婚姻登记

1991—2003年，全县的婚姻登记工作由各乡镇人民政府分块负责，依法办理结婚登记。对已婚但未登记者，开展法制教育，敦促其补办登记手续。针对婚前检查收费偏高现象，重申省民政厅的收费标准，予以纠正。3年间，依法办理结婚登记共2510对，结婚登记率为96%。

1994年，学习宣传贯彻实施《中华人民共和国婚姻法》。全县实际结婚865对，办理登记者862对，婚姻登记率高达99.6%。

1995年，全县依法办理婚姻登记824对，其中涉外婚姻3对。实际结婚857对，登记率为96.14%。经查，未到法定婚龄而结婚的29对，包办买卖婚姻4起。离婚登记24对，经调解未离的26对，转县人民法院调处的5对。

1997年，对全县15个乡镇的婚姻登记员开展婚姻登记法律和业务培训，提升婚姻登记质量。至年底，全县实际结婚者838对，依法办理登记手续者819对，登记率96.5%。

1999年，全县实际结婚843对，履行婚姻登记手续的834对，婚姻登记率为98.92%。参与婚前检查的有512对，婚检率为61.4%。

2001—2002年，全县实际结婚的有1474对，依法履行婚姻登记手续的有1456对，平均登记率为98.78%。

2003年，根据省民政厅《关于加快婚姻登记管理体制改革步伐的通知》和市府办《转发市卫生局、市民政局关于实行集中婚前检查和婚姻登记管理实施意见的通知》精神，经县人民政府同意，在县民政局设立全县婚姻登记处，同年10月1日起，改各乡镇分散登记为县民政局集中统一登记。

2003—2010年底，全县办理结婚登记的夫妇7273对，离婚登记918对。补办结婚登记手续800余对，出具无婚姻登记(事实婚姻)证明2500余份。

2010年始，实施结婚登记“两免一送”等惠民政策，即免除登记费用、免费颁发结婚证、赠送颁证纪念照片。县婚姻登记处被评为2007—2008年度“全国婚姻登记规范化单位”。

第六节　收养收容

弃婴收养

妥善处理社会弃婴。1991年，县境内共发现弃婴6人，除责令1人（其父母系龙泉安仁人）领回抚养外，其余5人落实抚养、领养措施。1992年，安置料理社会弃婴10起。1993—1994年，处理安置社会弃婴8起，依法办理符合收养条件的弃婴3个。除依据《关于弃婴收养的若干规定》精神，落实收养责任外，送往丽水儿童福利院等处寄养，保护儿童的合法权益。1995—1997年，全县办理弃婴收养登记11起。1998—2000年，妥善办理17名弃婴的收（领）养手续。2001—2003年，办理弃婴收养登记12起。2005—2007年，全县依法办理弃婴收养登记58起。2008年，根据民政部、公安部、司法部、卫生部、人口计生委等五部委下发《关于解决国内公民私自收养子女有关问题的通知》精神，为全县已形成事实收养关系的10对夫妇（未办理收养手续），落实所收养子女的户口问题。

收容遣送

根据国务院《关于收容遣送工作改革问题的意见》精神，做好流浪乞讨和“三无”（无合法证件、无固定住户、无稳定收入）人员的收容遣返工作。1991年，妥善料理无名尸体5具；支付安葬费2600元。1992年，安抚外流乞讨人员50余人次。妥善安葬无名尸体2具。

1993—1997年，抚慰外流乞讨人员49人次；料理无名尸体5具。

1998—2000年，建立编外遣送站，配合公安等部门安抚遣送外流乞讨人员61起254人次；妥善料理无名尸体19具。

2001—2003年，配合公安部门安抚遣送外流乞讨人员128人；料理安葬无名尸体14具。

2003年，国务院原有的收容遣送制度废止。同时，国务院制发《城市生活无着的流浪乞讨人员救助管理办法》，坚持自愿受助、无偿救助原则，依法保障城市流浪乞讨人员的合法权益。依据新政策，县政府相关职能部门终止收容遣送工作，设立云和县社会救助管理站。

2008—2010年，全县共救助流浪乞讨人员483人次，支付救助资金3.57万元。妥善护送3名未满16周岁的流浪儿童返回原籍，发放救助款6935元。

第七节　机构与队伍

根据县政府办公室《关于印发云和县民政局职能配置、内设机构和人员编制规定的通知》精神，县民政局核定行政编制10人。设局长1人、副局长2人、党务领导1人，科室领导职数

5人。县老龄工作委员会办公室与县民政局合署，定编2人。

2010年县民政局内设机构和局属事业单位编制情况表

表34-5-1　　单位：人

类别	机构名称	人员编制
内设机构	办公室	1
	社会救济福利科（福利企业管理办公室）	1
	优抚安置科（双拥办公室、退伍军人和军队离退休干部安置领导小组办公室）	1
	基层政权建设和社会事务科（民间组织管理领导小组办公室、革命老区建设领导小组办公室）	1
局属事业单位	县区划地名办公室	2
	县光荣院	2
	县中心敬老院	2（聘16名）
	县殡仪馆	6
	县婚姻登记处	1
	县公墓管理所	3
	县殡葬管理所（殡葬管理执法大队）	3
	县老年活动中心	暂无定编

1992年，全县15个乡镇均设立民政办公室，建立乡镇双拥工作领导小组，配备专（兼）职民政助理员，行政村配备民政协理员。

1994年始，县民政局承担的扶贫开发工作职能划转县扶贫办。根据云政办文件精神，原农村社会养老保险事业管理处，划归县人事劳动社会保障局。

1991—2010年县民政局主要负责人一览表

表34-5-2

党组书记	任职时间	局　长	任职时间
骆浩南	1988.01—1990.07	骆浩南	1988.01—1990.07
梅振新	1990.07—1993.08	柳世清	1990.07—1993.08
项希盛	1993.08—1996.10	项希盛	1993.07—1996.10
邹坤培	1996.10—1998.06	邹坤培	1996.10—1998.06
姜化荣	1998.06—1999.11	姜化荣	1998.06—1999.11
黄绍贵	1999.11—2001.11	黄绍贵	1999.11—2001.11
王丽荣	2001.11—2006.07	王丽荣	2001.11—2006.08
邱伟平	2006.07—2010.02	邱伟平	2006.08—2010.02
余高进	2010.02—2017.03	余高进	2010.02—2017.03

第三十五篇　民族　宗教

云和县最早迁入的少数民族是畲族，发源于广东省潮州凤凰山。宋淳祐年间(1241—1252)，由福建罗源县黄庄下迁入，迄今已有七百多年的历史。畲民在云和这片土地上居住历史悠久，在长期的生产生活中，形成自己独特的语言文化和生产生活习俗。在人口上占有一定的比例，成为全县21个少数民族中的代表。2010年，全县畲族人口0.89万人；苗族114人；其他19个少数民族共计156人。

1991—2010年，县委、县政府落实党的民族政策，振兴民族乡村经济，提高少数民族群众生活水平。少数民族当选为省、市、县人代会代表、政协委员共102人次。2010年，少数民族的人均收入5007元。民族教育稳步发展，少数民族小学学生753人、初中学生355人、高中学生269人。义务教育入学率小学100%、初中99.91%；巩固率小学100%、初中99.92%；初升高比率达95.29%。畲族优秀民间文艺、文献典籍、传统体育、畲族医药，得到保护和传承。

云和县宗教历史悠久，据明成化《处州府志》记载，建于唐宋年间的寺、庵、阁、观、堂、禅院等宗教场所近百所，云和盆地有规制的佛庙就有19座。信众遍布城乡，历经兴衰。1991—2010年，随着社会经济的持续发展，在旅游业推动下，云和县佛教寺院有所发展，通过政府批准登记的宗教活动场所有佛教寺院4座，基督教堂点10个。道教中的做醮、炼火等法事活动，只是以非物质文化遗产的形式，在民间流传。

第一章　少数民族

云和县历来重视少数民族地区政治经济文化发展，制定扶持优惠政策，兴办社会事业。帮助民族乡改善办学条件、培养少数民族学生、重视民族干部的实职安排使用、提高政治待遇，保障少数民族参政议政权利。全面贯彻落实民族扶持优惠政策，采取有效措施，各方筹措资金，促进民族乡村经济社会全面发展。

第一节　扶持政策

1991 年，云和县人民政府制定出台《关于进一步做好云和县少数民族工作有关问题的通知》，文件规定，重视扶持少数民族发展经济，落实各项扶持政策。争取省专项补助资金，县财政每年安排 15000 元作为解决少数民族特殊困难的专项经费，并视财政收入情况，酌情增加。各乡镇从乡（镇）财政中尽力安排资金扶持少数民族发展生产。县政府决定 1991 年对年收入在 300 元以下的少数民族贫困农户，供应每户 50 千克标准氮肥。化肥供应指标由县民政局在扶贫化肥中通盘安排，购买化肥所需经费由县政府民族科在民族专项补助经费中安排解决。对安溪、雾溪两个民族乡继续实行农业税全部返回乡政府用于扶持生产，在财政包干方面将超收部分全部留给乡政府的政策。对年人均收入 300 元以下的少数民族贫困户，给予减免农业税和教育事业费附加。安排 7000 元作为少数民族医药费补助专项经费，视县财政收入情况逐年适当增加。县政府民族科用好这笔专项经费，解决部分少数民族群众因病致贫问题。

1995 年，中共云和县委制定出台《关于扶持和加快发展少数民族经济和社会事业的决定》，继续安排民族补助专项资金和少数民族贫困治病减免补助经费，县财政安排的民族经费要逐年增加。对安溪、雾溪两个畲族乡继续实行农业税全部返还乡政府用于扶持生产；少数民族新办的个体工商户、私营企业和安溪、雾溪畲族乡及少数民族人口占 25%以上的行政村所办企业，免收 1995 年至 1997 年的工商管理费；电力部门扶持民族乡村整改低压线路，其中变压器增容和工农业生产用电贴减免 50%。畲族乡上交的农电维修费，全额返还乡政府，用于扶持农电事业发展。落实省政府规定的少数民族小学生免交学杂费的政策。云和中学的高中民族班符合分数线录取和采取降低分数线录取的少数民族学生，每年不少于 25 人。县爱卫办等单位要帮助民族乡村搞好改水、改厕工作，并给予一定的补助经费。

1999 年，中共云和县委制定出台《关于进一步加强少数民族工作的若干意见》，对安溪、雾溪两个畲族乡实行农业税全部返还乡政府用于扶持生产的政策。其他乡镇少数民族农户农业税返还50%到户，对安溪、雾溪两个畲族乡当年上交的农村教育附加费全额返还，用于发展畲族乡教育事业；工商部门对安溪、雾溪两个畲族乡及少数民族人口占30%以上的行政村投资新办的工业企业和少数民族创办的个体私营企业的工商登记费、变更登记费给予减半收取；每年安排补助农村机耕路修建款民间交通经费时至少要有20%的比例安排给少数民族村。电力部门要扶持民族乡和少数民族人口占30%以上的行政村低压线路整改，免收材料管理费，减免安装费的20%。民族乡建设规划，享受建制镇同等待遇，城建、土管等部门收费减半收取。少数民族农户安装电话，可享受电话普及村的优惠政策等；除省里安排的民族补助专项资金外，县财政每年继续安排少数民族贫困治病减免补助经费。并以1998年5万元为基数，按10%的比例逐年增加；县教委每年安排出一定的资金帮助民族乡，少数民族人口占30%以上的行政村小学改善办学条件。少数民族接受义务教育阶段的学生免交学杂费。县财政部门在安排教育经费和划拨教育经费时，要如数安排减免经费，教育部门要确保经费如数减免到学生，落实到位。每学年高中段对少数民族考生按分数线降低30分录取，根据以上条件录取在云和中学、县中等职业技术学校就读的新生不收各种资助费；广播电视部门帮助少数民族乡，少数民族人口占30%以上的行政村发展广播电视事业，确保民族村有线广播的通响率；在帮助建造地面卫星接收站和安装有线电视时，给子减免人工劳务费免收卫星接收设施管理费；三年减免设备维修费；县爱卫会等单位，要积极帮助民族乡，少数民族人口占30%以上的行政村搞好改水、改厕工作，并给予材料费30%以上的补助，以解决和改善畲民饮水困难及卫生条件。

2000年，中共云和县委《关于认真做好2000—2003年党外干部培养、选拔、管理工作的若干意见》文件第二条第三款，确定培养少数民族干部工作目标：到2003年，力争在县管干部中，少数民族干部比例不少于少数民族人口的比例；除在雾溪、安溪畲族乡领导班子中配备少数民族乡长外，力争在少数民族人口聚集较多的云和镇、石塘镇、崇头镇、云坛乡、沙溪乡等乡镇领导班子中至少配备一名少数民族干部；在县管科级干部中，少数民族干部比例不少于9%。

2006年，中共云和县委制定出台《关于加强少数民族工作加快少数民族经济社会发展的实施意见》，文件规定县财政安排少数民族专项补助资金，以2006年15万元为基数，今后按10%的比例逐年递增；民族乡财政收入的超收部分和财政支出的结余部分，全部留给民族乡。县财政每年安排财政预算时，给予雾溪安溪两个民族乡各10万元的民族专项扶持资金，用于民族乡基础设施项目；民族乡村新办的企业，经主管税务机关批准，从开业之日起，给予减征或免征企业所得税3年；每年由县财政安排30万元，重点用于高中阶段少数民族学生困难补助和高中毕业生职业技术培训及困难大学生补助等。继续实行少数民族初中毕业，考普通高中加分30分录取的优惠政策；县财政每年按上年度地方财政收入的1‰比例安排专项资金，用于参加新型农村合作医疗的少数民族农村困难居民大病住院医疗费补助，由民宗部门审定，专款专用。少数民族劳动力享受重复培训的优惠，适当提高少数民族劳动力参加汽车、拖拉机驾驶员培训补贴，所需经费由县财政给予补足。

2007年，县民族宗教事务局关于印发《少数民族困难居民大病住院医疗补助办法》的通知,具有本县户籍并参加新型农村合作医疗保险、因病和意外事故住院的少数民族农村困难居民。补助标准和限额为，住院费用0.5万—1万元的补助200元；1万—2万元的补助400—600元；最高限额为800元。

2008年，县人民政府关于印发《云和县万名农民下山转移工程实施办法的通知》文件第十一条规定：下山转移对象在本县合法取得土地建房或在本县县城规划建设用地范围外购房的，根据实际转移成本按照户籍转移的人口给予5600—7000元/人的补助。属于整村搬迁的，再给予2500元/人的补助。属于紧石库区后靠移民或地质灾害隐患点(A、B类)，另给予3500元/人的补助。第十五条规定：整村搬迁中的少数民族群众享受整村搬迁中紧石库区后靠移民下山转移同等待遇。对生存条件相对较差的云和镇柘园村、庄前村、崇头镇岩下村、石塘镇高畲村、赤石乡阴岩村、云坛乡沈岸村、苏坑村等民族村，在资金安排等方面给予重点倾斜。

第二节　少数民族政治待遇

1991—2008年，全县有少数民族干部175人。全县各级机关共配备少数民族副处级4名、副科以上27名、县管后备干部7名，少数民族干部施展才干的平台得到进一步拓展。

参政议政

省、市、县人大畲族代表　1992年11月，雷寅花被选为浙江省第八届人民代表大会代表。1997年11月，雷晓鸣被选为浙江省第九届人民代表大会代表。2001年1月，雷水贤被选为丽水市第一届人民代表大会代表。2006年1月，雷一坤、蓝金玉、蓝友梅、蓝晓茹被选为丽水市第二届人民代表大会代表。

云和县第十一届至十四届人民代表大会畲族代表统计表

表35-1-1

届别	时间	代表总数	畲族代表数	当选县人大常委
十一届	1993年4月	239	16	雷陈荣
十二届	1998年3月	148	9	—
十三届	2003年4月	148	9	蓝斌雄
十四届	2008年4月	147	9	蓝斌雄

省、市、县政协畲族委员　2008年1月，蓝友梅为政协第十届浙江省委员会委员。2001年1月，蓝细根、雷长清为政协第一届丽水市委员会委员。2006年1月，蓝晓荣为政协第二届丽水市委员会委员。

政协云和县第四至七届委员会畲族委员一览表

表 35-1-2

届别	时间	委员总数	畲族委员数	当选县政协副主席	当选县政协常委
四届	1993 年 3 月	157	11	蓝世根	蓝建伟、雷长清
五届	1998 年 3 月	141	11	蓝世根	蓝利华
六届	2003 年 4 月	152	13	—	雷日炎
七届	2008 年 3 月	128	13	—	蓝晓荣

民族团结进步模范个人

1995 年 9 月，蓝华生荣获全国希望工程园丁奖；1995 年，云和镇新岭村经济联合社主任雷炳新、朱村乡联合村村委主任雷天清被浙江省人民政府评为省民族团结进步模范个人；2005 年，安溪畲族乡人民政府被浙江省人民政府评为省民族团结进步先进集体；雾溪畲族乡乡长蓝晓荣被浙江省人民政府评为省民族团结进步模范个人。2006 年，石塘镇高畲村村委主任蓝永田被丽水市人民政府评为市民族团结进步模范个人；2009 年，安溪畲族乡乡长蓝金玉被国务院评为全国民族团结进步模范个人。

出席全国重要会议的畲族代表

1991 年 9 月，雷月仙出席全国优秀教师表彰会。1998 年 9 月，蓝月英出席全国第八次妇代会。1999 年 9 月，蓝世根出席全国民族团结进步先进表彰会。2009 年 9 月，安溪畲族乡乡长蓝金玉，作为第五次全国民族团结进步模范个人，到北京参加表彰大会。10 月 1 日，在天安门广场西观礼台观看庆祝六十周年国庆盛典。会议期间，受到胡锦涛、温家宝、习近平、李克强等党和国家领导人接见并合影留念。

第三节　少数民族人口

“五普”与“四普”少数民族人口比较

2000 年 11 月 1 日零时第五次全国人口普查（以下简称“五普”）登记的标准时点数据显示，云和县少数民族个数成倍增加，人口比重提高，是浙江省少数民族主要聚居地之一，改革开放和民族政策的落实，人口比重也在提高。全县有畲族、苗族、侗族、蒙古族、朝鲜族等 14 个少数民族族种，比 1990 年 7 月 1 日零时第四次全国人口普查（以下简称“四普”）登记标准时点的数据显示 7 个少数民族，刚好增加 1 倍。“四普”时少数民族人口 9175 人，占全县总人口 8.23%，“五普”时少数民族人口达到 9093 人，占总人口的比重高达 8.80%；“五普”时少数民族人口比重高于全市 3.55%和全省 0.86%的平均水平，仅次于景宁县，为全省第二。

在 14 个少数民族中，畲族人口达 8884 人，占全部少数民族总人口数 97.70%，占全县总人口的 8.60%，分别比“四普”时下降 2.16 和提高 0.38 个百分点。由于畲族外出人口同全县全部外出人口一样多于外来人口。因此，畲族常住人口比“四普”时减少 278 人。除畲族外，人口数处于第 2 位的为苗族，由“四普”时的 1 人上升为 114 人；其他在 10 人以上的少数民族有侗族 30 人、水族 11 人、朝鲜族 10 人、蒙古族 11 人，前 3 个民族人口全部为“五普”新增。还有人口都不到 10 人，并都是新增的民族有布依族、彝族、佤族、瑶族、黎族、拉祜族。减少的民族有壮族、满族。

2008 年少数民族人口情况

2008 年，全县共有 21 个少数民族。畲族 9661 人、苗族 69 人、佤族 36 人、水族 32 人、侗族 32 人、拉祜族 22 人、布依族 14 人、黎族 14 人、彝族 11 人、土家族 10 人、蒙古族 5 人、壮族 6 人、回族 8 人、哈尼族 2 人、藏族 2 人、傣族 2 人、土族 1 人、满族 1 人、毛南族 1 人、达斡尔族 1 人、瑶族 1 人，合计 9931 人，占全县人口的 8.67%。

除畲族外，其他少数民族主要分布在 14 个乡镇，黄源乡 53 人、云和镇 46 人、崇头镇 27 人、石塘镇 19 人、紧水滩镇 2 人、雾溪畲族乡 9 人、安溪畲族乡 5 人、云丰乡 17 人、大垮乡 18 人、云坛乡 11 人、大源乡 23 人、朱村乡 13 人、赤石乡 12 人、沙铺乡 15 人。

2008 年畲族主要居住地（乡、村）分布情况表

表 35-1-3

乡镇名称	居住行政村名称	居住行政自然村名称	
		聚居	杂居
云和镇	新岭、程宅 山脚、大坪 溪口、庄前 西弄、贵溪 柘园、后山 三门、梅垄	杉坑岭、大坪、坳头、山脚、底庵、底垮、腾寮、岗头庵、小窟、庄前上村、天堂坑口、西弄、外寮、高畲、毛竹坪、老鸦尖、桑后垮、夫人殿、高斜、莒岱、西山、垵大、大路背、梅垄、柘园新村	芝畈、大田坪、大坪、黄坑、漈上，梅家源布岱后、大垄、木路、梨树垮、东山、木杓垮、县城有关居委等
石塘镇	规溪、下坑、坪地、高定、叶村坪、长汀、高畲、麻厂、黄庄	老虎头、西坑新田、下坑、西坪、牛塘、定岗垵、高段、大坑底、叶村坪、东黄垮、南山、高畲、隔山、李思垟、底坑头、雷家半岭、坳下	西坑、坪地、黄庄、小庄、岭脚、大陇垮、黄坑等
紧水滩镇	莲塘、龙门、梅山、外垟	—	雄臼窟、坞山外垟、油坑、金水坑等
崇头镇	崇头、梅源、南山、岩下 下垟	柳坞、朱源、茂墩、上吴坪、下吴坪、上南山、上岩下、下岩下、垟头、金坳、下垟、坳头	交牙、垟背、桂山、东坑、三望栏
雾溪畲族乡	雾溪、坪垟岗	蓝岗、雷岗 坛门、大岗 后垟、竹片坳、石板桥	—
安溪畲族乡	上村、下武 黄处、严山	西山、谷垟头、下武、东坑、长脚垄	—
		山寮、下黄处、上黄处、三门、湖西弄、严山	东城
云坛乡	霞晓桥、沈岸、李山前、沈村、竹坑、平里、苏坑、沈庄	沈岸坳、长垄、柿树垄、沈岸、里沈岸、铁炉垮、五格圩、下垮、中央垮、上垮、黄金畲、高窍、内苏坑、外苏坑、和尚庄、武垟	李山前、上垮、月寮、竹坑、平里

续表 35-1-3

乡镇名称	居住行政村名称	居住行政自然村名称	
		聚居	杂居
朱村乡	朱村、石门坑、联合、金村、杨村、张川	乌弄、外垟、苦枝垄、大麦垄、隔壁塆、薄荷田	金村、杨村、半岭
大源乡	垟后、大牛	山后	大牛、小子坑
赤石乡	张源头、阴岩、垟田	碗窑、阴岩、坳后、垟田、叶垄	张源头、草鞋岭、鱼仙坑
黄源乡	水碓垟、叶垟	武树	岭脚、牛角山等
大塆乡	大塆、林山下	—	叶马岱、大源等
沙铺乡	沙铺	—	沙铺等
云丰乡	后垟、杉板坑、商坑下	—	后垟、上杉板坑、商坑下等

“六普”与“五普”少数民族人口比较

2010 年 11 月 1 日零时全国第六次人口普查（以下简称“六普”）登记标准时点的数据显示，全县常住人口中，汉族人口为 10.08 万人，占 90.32%；各少数民族人口为 1.08 万人，占 9.68%；其中，畲族人口为 0.89 万人，占 7.94%。同 2000 年“五普”相比，汉族人口增加 0.66 万人，增长 7.02%；各少数民族人口增加 0.17 万人，增长 18.81%。其中，畲族人口基本持平。

第四节　少数民族经济发展

云和的少数民族经济主要以畲族为主，畲族自迁入云和以来，沿袭“刀耕火种”之俗，依山而居、垦山为业、耕山为食，在长期的生产生活中，形成独具特色的畲族乡村。改革开放后，党和政府对畲乡政策不断倾斜，引导畲民从单一的种植农业向经济农业发展，畲民人均收入逐年增长，生活环境不断改善，生活水平不断提高，畲族文化教育得到传承和普及，推动畲族乡村社会经济的发展。

农业经济

云和畲族传统农业以种植水稻为主，辅种玉米、大麦、小麦、番薯、马铃薯、荞麦等杂粮。1978 年开始发展多种经营。1991—2010 年，畲族农业经济在政策的扶持下，利用本地资源优势，开发种植竹笋林、板栗、雪梨、茶叶、中药材、高山蔬菜等经济农业。同时发展养殖业和食用菌生产。至 2010 年，雾溪畲族乡已开发竹笋林 666.66 公顷，厚朴 466.66 公顷，新开发茶叶种植基地 33.33 公顷，雾溪村和坪垟岗村 17 户农户养鸭 3000 余只。崇头镇岩下村种植板栗 86.66 公顷、茶叶 20 公顷。朱村乡联合村种植茶叶 66.66 公顷；安溪畲族乡发展特色养殖家禽达 20 万羽，安溪乡黄处村发展生猪养殖专业户 2 户，年饲养太湖大白猪 1000 余头，种植高山蔬菜 33.33 公顷，云和雪梨 83.33 公顷，食用菌 100 万袋；少数民族群众人均收入从 2003 年的

2110元，增加到2010年5007元，7年间增长2897元，年均增长411元。

种植　1991年，县民宗局资金扶持云和镇新岭村发展板栗66.66公顷，安溪畲族乡下武村抚育6.66公顷混交林，开发2.66公顷雪梨基地。沙溪乡三门村抚育板栗基地20公顷，岗头庵村抚育混交林基地40公顷。岩下村竹荪100平方米，柑橘2公顷。1992年，扶持沙溪乡三门村开发板栗基地36.66公顷，抚育板栗7.33公顷；帮助安溪畲族乡下武村，云和镇山脚村、岗头庵村营造药材林20公顷，雾溪乡坪垟岗村低改竹笋林13.33公顷；同时，县民宗局与安溪畲族乡政府联营开发6.66公顷雪梨和柑橘基地；与西坑村畲民联营开发3.33公顷柑橘。1993年，扶持全县少数民族发展30余万袋的代料香菇生产；扶持崇头岩下村开发36公顷板栗基地，2公顷高山西瓜，雾溪乡坪垟岗村16.66公顷笋竹两用林，2.66公顷板栗基地。

1996年，全省山区开发暨扶贫工作会议上，安溪畲族乡被省委、省政府确定为帮扶100个乡(镇)之一。1997年，县民宗局安排资金1.8万元，用于扶持部分畲族村农业抚育、开发项目，其中补助安溪畲族乡政府扶育管理雪梨基地5000元，补助坪垟岗村开发6.67公顷竹笋基地和新岭村雷笋基地10000元，补助联合村开发0.67公顷竹笋基地3000元。

图35-1-1　朱村乡联合村畲族妇女采摘茶叶(县民宗局提供)

2001年，县民宗局安排资金3.5万元，用于扶持雾溪乡百果园、雪梨基地和黄处村的雪梨发展。2002年，安排资金4.13万元，为朱村联合村66户畲民种植茶叶12.47公顷。安排资金2.88万元，为高畲村和西坑村畲民种植板栗19.20公顷。

养殖　1991年，县民宗局用资金扶持崇头镇南山村养殖獭兔1500只。1992年，扶持云和镇山脚村蓝细菊户办小型养鸡场，年养鸡800只。1993年，扶持云和镇新岭村畲民4户兴办养鸡场，年养鸡6000余只，养鸭10000余只；1995年，帮助安溪畲族乡严山村从玉环购来种羊，从景宁等地购来本地山羊，扶持严山村发展养羊、建千头羊基地项目。1999年，帮助大坪村向县政府争取到30万元养鸡贴息贷款。通过养鸡创办“农家乐”，仅餐馆一项为每家农户增收达7000元。

工业经济

1993年，县民宗局资金扶持云和镇山脚村、安溪乡黄处村10户畲民兴办木制玩具厂，年产值达50多万元；1994年，丽水地委和县委统战部组织地、县高级农艺师、畜牧师、水利、林业工程师等18人考察组，对安溪畲族乡进行全方位调查，写出可行性调查报告，作为云和县综合脱贫试点项目，报送省、地、县有关部门。争取省扶贫低息贷款25万元，省水利厅扶贫款15万元，用于安溪乡茶山电站项目开发。是年，扶持朱村乡雷天清户办起砖瓦厂。1997年，县民宗局投入2.7万元培育坪垟岗“江南畲族风情文化村”及道路修缮，打造具有民族特色景点吸引本地和外地游客，坪垟岗村被评为“浙江绿谷首批十佳景点”。

2007—2008年全县民族村人均收入情况统计表

表35-1-4

乡镇	村名	总人数	总户数	少数民族人数	少数民族户数	2007年人均收入（元）	2008年人均收入（元）	山林面积（公顷）	耕田面积（公顷）
云和镇	新岭村	428	131	260	83	4662	5082	213.2	10.13
	西弄村	427	129	183	52	2656	2857	979.1	26.26
	庄前村	780	231	231	75	3414	4090	697.3	33.53
	三门村	535	154	259	73	3888	3448	540.1	41.26
	山脚村	1047	284	541	135	4433	4300	566.2	22.2
	梅垄村	356	89	165	48	5378	5985	119.2	4.67
	大坪村	189	57	109	35	4709	4709	293.3	8.06
	柘园村	206	64	189	60	2637	2864	485.7	12.2
云坛乡	沈村村	692	199	147	37	3500	5786	939.5	38.87
	沈岸村	373	100	263	77	4690	5791	293.9	16.6
	苏坑村	349	89	349	89	3174	3897	429.2	28.2
安溪乡	严山村	117	32	115	32	3302	3792	109.6	2.20
	下武村	190	49	185	48	3764	4329	235.1	7.87
	黄处村	404	103	344	85	3549	4081	167.8	20.6
雾溪乡	雾溪村	534	135	296	73	4265	4830	478.1	8.87
	坪垟岗村	232	62	232	62	4297	4835	280.0	7.53
石塘镇	高畲村	139	38	130	36	3615	4050	213.4	12.47
	叶村坪村	319	103	145	46	3109	4500	729.5	49.33
	高定村	279	80	213	56	3745	4045	188.3	13.33
	坪地村	345	78	170	65	6400	5800	729.5	27.27
	黄庄村	386	112	143	35	3615	4130	402.7	34.33
	下坑村	266	80	85	25	4848	5162	393.5	20.67
朱村乡	联合村	463	134	168	47	4996	5845	223.5	38.87
崇头镇	岩下村	410	108	398	101	4127	4782	406.67	41.8
	崇头村	1263	340	382	115	4834	5629	308.6	91.33
	南山村	869	269	278	—	—	—	—	—
赤石乡	阴岩村	234	61	229	60	4013	4723	366.7	4.73

第五节　社会事业

基础设施建设

1991—1995年，县民宗局争取资金帮助黄处、高定、牛角山、梅山、月寮等25个村解决行路难、吃水难、用电难、碾米难问题。扶持安溪畲族乡建桥、高畲村通电等30个公益事业项目。

1996年，争取基督教“南京爱德基金会”在云和县的水改项目，完成高定、沈岸、山脚、下武、石板桥等6个村的水改工程，解决1100人口的饮用水困难。

图35-1-2　安溪畲乡上村鸟瞰(柳荣林摄)

1996—2000年，帮助下武、山寮、苏坑、林山下、茂墩、岩下、苏坑等7个村进行低压线路整改；扶持黄处、竹片岙、岭脚等29个村修桥和修建机耕路；帮助西山、阴岩、谷垟头等5个村兴办碾米厂，解决畲民长年挑谷邻村碾米的困难；为安溪乡政府、黄处、里垮、三门、严山等14个村，解决吃水困难问题；为25个民族村安装高音喇叭，为苏坑、高窍、庄前、高定等村建造地面卫星接收站。

2001—2005年，筹措资金37.29万元，帮助柘园、山脚、岩下、下垟等22个村4572人，解决饮用水困难，帮助高窍、叶马岱、碗窑、武垟、高畲、沙溪乡三门、水碓坪、岭脚等13个村修通机耕路，大坪环村路和大岗村修建水泥路。投入2.35万元资金为大坪村改造基础设施，帮助创办“大坪农家乐园”。协助筹措8万元资金，帮助安溪畲族乡进行自供区电网改造。帮助鱼仙坑、老鸦尖自然村购买碾米机，投入5万元资金对坪垟岗村的自来水和露天厕所进行全面改造。安排资金2万元，为三门、大坪村安装有线电视。

2005年，先行调研选出水利设施、道路、经济发展和民族文化村建设等8个项目上报省民宗委，其中4个项目得到省民宗委少数民族发展资金的补助，补助额达36万元。

2006年，组织开展“心系民族发展，共创美好明天”系列活动，共筹集资金58.3万元开展活动。支持20多位困难少数民族大学生学费2.3万元；救济200多个少数民族贫困家庭各补助500多元，为8个受台风灾害的少数民族家庭各送补助款280元；扶持21个少数民族乡、村的经济社会发展项目，帮助少数民族乡、村新建办公场所2间、安装路灯62盏、修建机耕路、硬化道路2千米、8个村的有线电视安装、发展特种养殖业项目以及帮助开展示范村整治、小康村建设、康庄道路建设等。筛选立项7个项目上报省民宗委，共争取到5个项目44万元资金，用于少数民族乡村的农业开发、基础设施和通村道路建设。

2007年，争取到省补少数民族发展资金45万元，用于2个民族乡的通村道路和庄前、阴岩2个少数民族新村基础设施建设。

2008年，协调有关部门帮助严山村硬化村内道路、安装路灯和体育器材等，引导黄处村发展惠明茶种植。落实“一户一策一干部”活动要求，组织干部为安溪畲族乡7户低收入少数民族农户捐款4400元，帮助其发展生产，解决生活困难。是年，柘园、高畲、阴岩三个村实现整村搬迁，庄前、高定等村建设下山新村。

2009年，确定报省民宗委2008年少数民族发展项目立项16个，争取到项目资金68万元，用于发展民族地区经济社会事业。县直各单位为26个民族村的基础设施、村容村貌、社会事业投入项目资金近1900万元，帮助民族乡、村完善基础设施、村庄整治、发展主导产业加强少数民族传统文化建设，挖掘、抢救和保护少数民族传统文物。

2010年，全年共争取到20个帮扶项目，项目资金190万元，其中省级民族发展资金80万元，省级部门资金110多万元。另外协调县级有关部门资金100多万元，为县民族乡村的基础设施建设、产业发展、教育和科普等工作解决一些急、难问题。在省民宗委的支持下，向省交通厅争取195万元项目资金，用于安溪、雾溪两个民族乡联网公路建设。

文化教育

1991—1995年，总减免小学生学费2434人，总减免金额40425元。改善民族乡村教育设施条件和旧房改造。民族乡中心小学的教学设施不断更新，两个畲族乡均被评为“省教育强乡”。少数民族适龄儿童入学和巩固率达100%，初升高比率达94.2%以上。每年对4个少数民族幼儿园，2个民族乡小学给予经费上的支持，每年拨款5000元支持云中办好民族高中班。争取到侨胞沈炳麟先生9万元捐款，社会各界和个人捐资、筹资人民币40万元，为安溪畲族乡重建校园。为雾溪小学争取到30多万资金，通过乡政府自筹，村民集资和投工，新盖教学楼，解决师生宿舍及食堂。

图35-1-3　少数民族大学新生奖学金发放仪式（2010年摄　县民宗局提供）

1996—2000年，争取港胞叶彩萍女士捐资2万元，各方面筹集资金41.2万元，建设坪垟岗“江南畲族风情文化村”。新建柘园400平方米的村校，维修严山、黄处、岩下、下垟、叶垟等村校危房，协助云和中学办好民族高中班，改善2个畲族乡小学的办学条件等。

2001年1月，丽水市政府命名雾溪畲族乡为丽水市第五批“山花乡镇”。2003年，雾溪畲族乡被浙江省文化厅命名为“东海文化明珠工程”乡镇。

2001—2005年，筹集省文化厅、县财政资金和国家审计署驻上海特派员刘海彬捐赠等各项款项195.45万元。其中，支持安溪、雾溪两个畲族乡中心小学教学用房和教学设备改善，扶持雾溪乡坪垟岗创办“江南畲族文化村”，三门、大坪村安装有线电视，慰问鱼仙坑受灾畲族群众，为14名少数民族学生解决就学难，减免少数民族中、小学生学杂费等问题。

2006—2010 年，筹集资金 57.4 万元。用于坪垟岗文化村畲族文化广场建设，落实少数民族教育专项资金实施奖学金政策，使少数民族贫困新生受益，落实补助少数民族大病医疗、困难补助等。坪垟岗文化村被评为“丽水市文化名村”。

2009 年，整理畲族古籍条目近 100 条，建立健全古籍卡片和数码图片 100 多张，完成《中国少数民族古籍总目提要•畲族卷》云和县编纂工作的前期收集、整理。

2010 年，全县畲族聚居的云和镇、崇头镇等三镇五乡签订《云和三镇五乡共同轮值开展“畲族三月三”活动协议书》，将“畲族三月三”文化节以乡镇轮值举行的形式固定下来。是年，坪垟岗村被评为“浙江省文化示范村”和“浙江省特色旅游村”。整理编撰文史资料，开展《畲族志》编写工作。注重对少数民族歌曲、服饰、习俗等资料的挖掘整理工作。

图 35-1-4 “畲族三月三”文化节（2009 年摄 县民宗局提供）

畲族文化

畲族有自己的民族语言，但没有民族文字，有关畲族人民的祖先传说、迁徙路线、战争灾难、宗教信仰、行为习惯等内容都保存在畲族民歌、畲族故事、畲族谚语、畲族舞蹈、畲族工艺等，以口口相传、汉字记载的形式，千百年广泛流传在畲族民间。在历史的变迁中，畲族文化作为中华文化的组成部分，留下美丽的篇章，在众多现代保留的史书、文学艺术、人文景观、风俗习惯、生产生活中，可以看到畲族灿烂文化的印迹。

民歌 畲族民歌流行于畲族集居地区，是畲民在长期生产生活实践和心理活动过程中口头创作的民间艺术形式。畲族只有语言、没有文字，畲民以歌代言、以歌叙事，以其特有的乐观、豁达，用民歌这种美丽的原创艺术形式，把各种生活素材编成歌谣，一代代传唱，渐渐地形成结构庞大、气势磅礴、包罗万象的畲族民歌库。据统计，散布在云和各个畲族村的畲族民歌手抄本有 100 余册，各类歌曲近 1000 首。畲族民歌题材广泛，涵盖历史人文、时政世态、生产生活、婚恋情思、祭祀敬神、伦理道德等各个领域，在长期发展传承中按其文学题材可分为叙事歌（传说歌、小说歌）、风俗歌（婚俗歌、丧俗歌、祀神歌）、生产生活歌（生活知识歌、生产劳动歌）、情歌、时政歌五大类，其他包括儿歌和各类杂歌，是畲民获取各类知识、启迪思想、寄托情感的“百科全书”。

云和畲族民歌融入当地汉民族的文化元素，与地理、历史及生存环境紧密联系，及富地域性色彩。盛行于云和境内的原生态叙事民歌代表作《长毛歌》是云和畲族文学与音乐完美融合的优秀作品。它真实地记录清咸丰八年（1858）太平天国翼王石达开部将领，率军攻克云和府的历史事件。由云和东坑村畲族民间歌王蓝三满编唱，继而在云和畲、汉民间歌手中流传演唱，清末开始扩散到浙西南各县畲族村畲族民间歌手中，广为传唱。《长毛歌》手抄本现已被浙江省博物馆收藏，为国家一级文物。

故事 讲故事，畲语叫“说古老”，是畲族农村除对歌以外的第二大文化生活，有讲述本民族故事也有讲述其他民族故事；有讲述畲族起源，讲述从认识自然、改造自然、同自然作斗争及讲述风俗传说等的故事；在畲民中流传的故事有火烧天、盘天地、高辛与龙麒、猎神、斗人熊、祭祖、两头家、抵棒酒、添水嫂、祭祖、豺狗头与歌喋、蓝敬华分梨、马夫人的由来、雷马弟的传说、蓝法堂求雨、蓝火新写缘等。

抵棒酒 畲家迎亲，赤郎肩挑酒担，忌用抵棒，否则，要罚赤郎饮酒三大碗，俗称罚“抵棒酒”。传说早时山寮坳有个赤郎，名叫蓝久亮。有一次他故意用抵棒送喜酒，走到新娘家门前，一群姑娘把他拦住，即刻拿酒来行罚。此时久亮刚好行路口渴，他左手按捺抵棒，撑牢酒担，右手接过姑娘斟来的罚酒，咕噜咕噜，一口气饮了两大碗。姑娘们见他酒量大，便又斟了一大碗，久亮又是一口饮尽，围观的宾客见此大为惊叹，不断赞叹说：“酒量好，酒量好！”（酒量与“久亮”谐音）。姑娘们被惊得不敢再斟酒行罚了，一个个羞红脸跑了。

毛竹塆有位初学的年轻赤郎，名叫雷竹聪（与来竹筒同音）。他晓得畲家娶亲有罚抵棒酒的俗规，唯怕被酒罚醉。但是送喜酒到新娘家有二十多里的崎岖山路，如不用抵棒怕摔翻酒担，若用抵棒又愁受罚，他左思右忖，想到用毛竹做成抵棒，通去竹节，上方留一口。到新娘家门前，果真罚抵棒酒。他饮一碗，再饮怕醉，就把后来的酒咕噜咕噜往竹抵棒口里灌，自言自语对着抵棒说：“抵棒啊抵棒，这抵棒酒该是你饮的喏，快饮！快饮！”竹聪边嘟囔，边往竹抵棒灌酒，逗得众人捧腹大笑，至今传为美谈。

添水嫂 洞宫山上箬竹塆，有幢茅草寮，住着婆媳俩，她们日子过得贫寒，常常吃了日昼（中饭），没有暗布（晚饭）的。有一天，日落西山时节，媳妇在灶前煮粥，只因米少水多，虽然柴燥火旺，煮粥也不糊。碰巧一位远道生疏客进寮借宿，媳妇轻声问婆，“是否加点米？”婆婆心忖，米缸里只剩半升米，要是再加，明日就得断炊，但又不好意思在客人面讲出来。就说：“还是切个蒲吧！”媳妇明白婆婆的话意，不声不响提个蒲勺，往粥锅里添了一勺清水。

客人是个身材魁梧的粗汉，等到主人粥煮熟，请他先吃时，他捞捞钵里的粥，上清下沉薄得像米汤，只因爬山越岭，肚子早就饿得叽咕响，拿起粥勺往粥钵掏一圈，盛上一碗一口气喝完，接着一碗又一碗，连食了九碗才歇。好客的媳妇见了，风趣地说：“九碗哥，食碗凑。”客人见主人宽宏大量，心里十分领情，但又觉得她在取笑自己，就顺口回答：“添水嫂，食饱显！”

蓝敬华分梨 岩下有一户姓蓝人家，七十二人一个锅灶吃饭。家主蓝敬华善于管家，凡事同家人商量，全家人大小吃穿公平，虽然家庭人口众多，却是兄弟和好，妯娌相亲，和睦融洽。因此，名扬四处。

有一年立秋时节，敬华进城买盐，街上遇到田主人吴正夫，吴早听说敬华管家有方，就请他到家里，拿出一只不大不小的梨子递给敬华说：“你管家管得不错，今天我送给你一个梨，希望全家大小都能吃到，表表我的心意。”吴正夫只送一个梨，故意试试蓝敬华。

第二天，蓝敬华差家人挑十担谷来到他们吴家纳田租，吴正夫摇着一把大蒲扇走出来问他们：“你们管家的给吃梨子没有？”他们一齐回答说：“吃着了。”吴点头微笑问：“每人吃着多少？”大家说：“我们每个人吃一碗。”吴听了惊讶地说：“啥！哪来这么多的梨？”敬华的儿子回答说：“我爸把你送的一个梨拿回家，削去皮切碎煮汤，全家七十二个人每人一碗还有多，味道蛮好。今天特地要我们前来谢情哩！”正夫听了连说:“确是好当家,佩服！佩服！”

谚语　谚语是流传于民间、通俗简练而富有意义的语句,是劳动经验的总结,是民间文学的一个种类。畲民称它“古来话”。大多以口头流传,其内容包罗万象,富有哲理。

孝顺大人有福,孝顺田地有谷。
国有王,家有主;国有法,家有规。
人怕理,马怕鞭,蚊虫怕火烟。
阎王好见,小鬼难缠。
皇帝日子,百姓工夫。
皇帝也有草鞋亲。
远路无轻担,长病无孝子。
馒头大不过蒸笼。
水浸石头烂。
一文钱难倒英雄汉。
嫩姜还是老姜辣。
当官怕“累堆”,种田怕筛灰。
酒不解真愁,药不治假病。
蓝里拣花,越拣越差。
只要树根正不怕树尾摇。
无树爬竹。
提着灯笼也难寻。
相样学样,相菜吃饭。
单丝不成线,独木不成林。
肚痛怨镬灶头佛。
命呀命,三个老公都姓郑。
插田工,过年肉。
曲不离口,拳不离手。
驼背两头不落席。
山坑无鱼石斑大。
人死留名,虎死留皮。破鼓好救月。
天变一时,人变一世。
人老昏君,树老空心。
人往高处爬,水往低处流。
钟鼓在楼,名声在外。
多龙多旱,独龙车车转。
山中无老虎,猴子称大王。
和尚不吃荤,鸡蛋囫囵吞。
拦路石牯(石头)有人搬。
人心齐,石牯变成泥。
晴带伞,饱带饭,碰到有事也好办。

礼仪、修养方面

毛竹不分上下节,无人教。
从俭入奢易,从奢入俭难。
泥鳅翻不起大浪。
狗嘴里吐不出象牙。
狗急跳墙。
好马不踩庄稼地,好人不进嫖赌门。
初是误,再是错。
聪明一世,糊涂一时。
铁生锈则坏,人生骄则败。
舌头无骨,由人自惑。
劝君莫打三春鸟,儿在窝中等娘归。
吃不穷,用不穷,人无志气一世穷。
不吃鱼,口不腥;不做贼,心不虚。
学好千日不足,学坏一日有余。
帮助别人可忘记,别人帮己要记牢。
积钱不如教子,先坐不如看书。
一个朋友一条路,一个冤家一堵墙。
十个指头有长短,世上谁人无缺点。
远水难救近火,远亲不如近邻。
钱财如粪土,情义字千金。
亲帮亲,邻帮邻,养狗帮主人。
相争无好言,相打无好拳。
做人不可太强横,路边石头有人搬。
人逗财薄,鸟抖毛落。

不怪自家麻绳短，只怪人家水井深。
越奸越巧越贫穷，奸巧原来天不容。
不怕红面关公，就怕笑脸菩萨。
人心隔肚皮，对门如隔山。
日中莫讲人，夜里莫讲神。
送佛送到殿，帮人帮到底。
农村人进城，肩头搭搭。
有客傍客边，无客喊皇天。

社交、处世方面

有食没食，待人心直。
百病有百药，痴人无药医。
未到八十八，莫笑人手瘸眼瞎。
问客杀鸡。
出门看天色，进门看脸色。
山中无直树，世上无直人。
灯芯不添不亮，话不讲不明。
耳听为虚，眼见为实。
镬灶头佛直直奏。
人老话多，树老枝多。
吃饭要菜配，讲话要搭对。
教别人种菜独自吃盐。
做树莫做表，做官莫做小。
在家千日好，出门半载难
一根肚肠通到底。
路湿不如早脱鞋。
人穷力出，山穷石出。
来说是非者，就是是非人。
砂糖嘴剁刀心，剪刀嘴豆腐心。
闲饭多吃碗，闲事要少管。
过头饭多吃碗，过头话少讲句

音乐 畲族音乐是畲族人民长期生产、生活中的伴侣，是中华民族文化的珍贵遗产。畲民们逢年过节、婚丧喜庆、农耕劳作，都以歌当话，互相对答。

畲族音乐以口头形式流传，没有书面记载。一般都是清唱、男女都唱假嗓音。歌唱形式除独唱、对唱、齐唱外，还有二声部重唱，称“双条落”。基本上都是七字一句，也有第一句是五个字或三个字的。四句构成一首，一首称为“一条”；内容较长的，则十几乃至上百首连唱，称为“连”，每首歌词都有严格的韵律，第一、二、四句一定要同韵，畲民称不押韵为“拗口”。

畲族音乐主要运用“1、2、3、5、6”五个单调，很少用甚至不用“4”和“7”。云和畲族音乐曲调有两种风格。以小顺沿瓯江向上伸延至云和、梅源一带所唱的称为“上路音”。其旋律走向“1653”，“2”音，是云和县独有的最具特色的音调。例如：

“哭娘歌”曲调

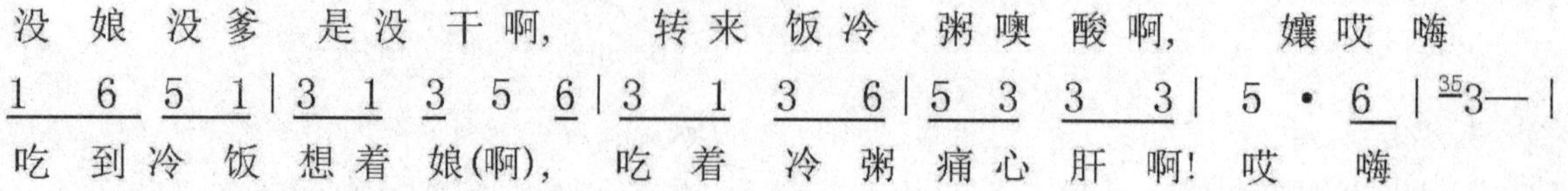

石塘、朱村一带畲民所唱的称为“下路音”，旋律走向“16532”与丽水、松阳畲族歌曲调类同。例如：

劝酒歌

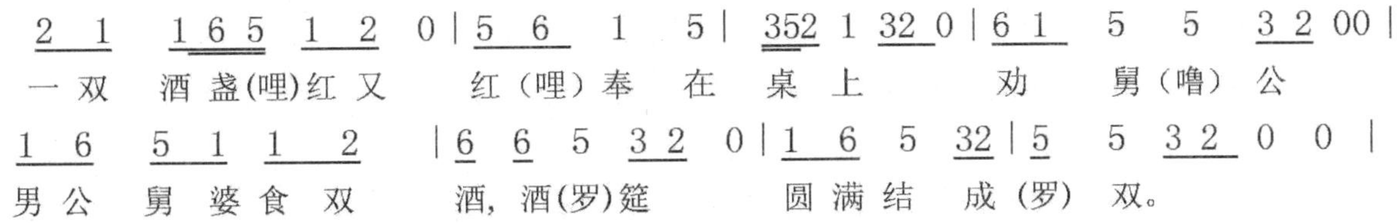

舞蹈 畲族舞蹈主要蕴藏在祭祀等活动中,舞姿奔放大方,刚健自然,节奏明朗,多为猎步舞,显示畲族曾是狩猎民族的艺术风格。新中国成立后,挖掘新编一些舞蹈。

传师学师舞 传师学师又称“做阳”“做聚头”,原是畲民祭祀、传教的一项活动。1980年,在景宁畲族自自治县召开省、地畲族民间舞蹈采编会上,被统一称为“传师学师”。

舞蹈主要动作有软步、硬步、两步半,大多以左右对称、双膝微曲。“猎步”,摹似祖先刀耕火种和狩猎生活的动作,“座蹲步”,悠荡一脚踮地膝部向下颤动,富于弹性,沉稳而健美。大多以一字队变四角队形演变八字和左右对称的舞姿,贯串“传师学师”舞蹈的大部分段落,也是畲族舞蹈中最有代表性的舞步。传师学师要持续三昼夜,以铃刀、龙角、扁鼓、铃钟等道具的吹、摇、碰、击声为伴乐,念、诵、讲穿插其中。

图 35-1-5 畲族功德舞(云和镇文化站提供)

功德舞 “做功德”是为亡人治丧的祭奠仪式,由房照、阴司、童引、师主等法师按“功德”程序跳的畲族民间舞蹈。舞步姿态与“传师学师”略有相似,但含义化与唱词截然不同。其中“做少年”俗称“打板子”,别具一格,由担当、鼓手、少年夜郎四人组成舞队,一人持“杨梅刀”,一人敲扁鼓,二人击桐木拍,以扁鼓和桐木拍伴奏,边唱边舞,节拍清晰,舞步粗犷,来回转身,窈窕灵活。

图 35-1-6 畲族妇女织彩带(县民宗局提供)

畲族工艺

彩带 畲族妇女擅长织彩带。彩带是畲族民间传统手工艺品中最具民族特色的工艺,彩带质地分棉、(蚕)丝两种,采用红、绿、黄、紫、黑、白彩色的棉线丝线相间交织而成,一般为棉质居多,丝质为上等品。通常长度约120 厘米,宽约 3—4 厘米,分花带、字带、双面带 3 种。配色鲜艳美观。它既是畲族人民勤劳、勇敢和智慧的结晶,又是畲族人民的重要标志。它既作腰带装饰衣着,以及拦腰带、刀鞘带之用，又是畲族男女的定情信物和馈赠贵客的重要礼品。

花带 图案形式多样。有三双、五双、十三桁、二十二桁、直条溜、隔段带。

字带 俗称“隔隔字带”，通常在带芯编织“禄、寿、禧”等方块单字。也有的按历代年号顺序编织，如“风调雨顺，国泰民安，唐、宋、元、明、清……”，以及编织作者地址、姓名，如“浙江省云和县×××”，文句讲究，工序严格，美观大方。

双面带 三十四双套色丝线织成正反两面一样的图案，约10厘米宽，工艺精致，配色鲜艳，是早年新娘或做客系在腰间装饰带。织带工具很简单，只有一条长约四尺工字形带弓和约五寸长尖刀形光滑竹片。有的不用带弓，把带坯上端往树丫一挂，或向屋柱或门环一套，下端串在身体腰带中间，就织出图案各异，色彩缤纷的带子。深奥的织带工艺技术现在只有少数人掌握，人们见到的“双面带”都在六十年以上。

服饰 畲族的传统服饰和穿戴习俗，在传统与现代文明的碰撞中，自20世纪60年代始，基本上已消失在人们的视野里，且已经接近被时代湮没的边缘。

畲族传统服饰，年轻男子颜色以蓝色和咖啡色为基调，年轻女子以大红、粉红、翠绿为基调。畲族服饰靓丽活泼，凸显畲民是勤劳、勇敢能歌善舞的民族。既丰富了畲族服饰文化的内涵，又绽放出新时代的异彩。现在，这些五彩缤纷、靓丽的现代畲族服饰从各地的舞台上又扩展至各种节庆活动、旅游业以及工作所需着装的单位和个人。

虽然畲民今天在日常生活中的衣着已基本上脱离传统的习俗，酷爱上现代汉族的服饰。令人欣慰的是，多彩多姿的现代畲族服饰不断地呈现在文艺舞台、赶歌会、“三月三”等各种文化活动中。通过这些文化活动的载体，使畲族服饰文化得到传承和发展。

刀鞘 畲族男子擅长雕刀鞘，在以黄檀、柏香等坚韧木质制作而成的约10厘米×5厘米的长方形刀鞘上，雕刻斜、波、方、梯、棱纹等各种图案。有的还在中间雕嵌八卦、古钱等，铜纽红漆，小巧玲珑，送给女子。

钱包 钱包采用畲族传统刺绣工艺。现留存的光绪年间制成的“儿童钱包”标青布刺绣，30厘米正方形，内绣九万九千九百九十九，合成一字，四周绣有诗，“白日莫闲过，青春不再来，窗前勤苦读，马上锦衣回。”很有教育意义和研究价值。

草鞋 草鞋曾是畲汉两族劳动人民上百年来的日常生产生活中的不可缺少的穿戴之物。古时，一般种田人都会编织。但要编织一双质量上乘，式样美观、经久耐穿的草鞋并非易事。编织草鞋的手艺有好有差，全凭个人的手艺。编织草鞋的稻草从头一年稻谷收割时便要开始准备，割稻时选取长而白净的糯谷稻草晒干备用。编织草鞋时，先捶打绿麻、稻草，搓好鞋纲绳待用。编织草鞋使用的工具有简易式的“草鞋爬”、有特别制造的“草鞋床”两种，编织一双草鞋须经过四五道工序才能完成。自编自穿的草鞋在编织时可添入麻或破布条，这种材料编织的草鞋穿着要比纯稻草编织的柔软、舒适，且又经久耐穿。新草鞋鞋底磨损后人们习惯性地把草鞋翻过面再穿，直至鞋底磨透后才丢弃。

草鞋一般正月农闲时或下雨下雪天编织，趁农闲时编织好四季备用。俗语说：“正月草鞋二月柴(准备好柴薪)，三月下田慢慢挨。”往往是正月编织的草鞋，可以穿一整年。

第二章 宗 教

1991—2010年，云和县有佛教、基督教两大宗教，经过政府审批的佛教4座寺院，基督教10个堂点，活动正常。

佛教，1936年（民国25年），云和就有规制的佛庙20余座，信众遍布城乡，历经兴衰。20世纪90年代始，随着社会经济的持续发展，在旅游业推动下，寺院有所发展，通过政府批准登记的有佛教寺院4座，有正式佛教信徒500余人，初级信徒香客普遍居多，信仰浓厚。

道教，是中国本土宗教，在云和信众人数较多，但一直没有形成有规模的道教场所和道教组织。道教中的做醮、炼火等法事活动，只是以非物质文化遗产的形式，在民间流传。

天主教，1930年（民国19年）丽水教区加拿大籍神甫苏公来云和传经讲道，购买现为解放街人民大会堂的李姓房屋作为传道教堂，发展教徒。至1932年（民国21年），有男女信徒33人。至中华人民共和国成立初有教徒72人，后停止活动，教堂被县房管会接收管理，1952年改建为人民大会堂。后因信徒散落无人管理而解体，天主教活动在云和县终止。

基督教，教堂布局合理，光绪十七年（1891）发展初期信徒20来人，1978年后，落实宗教政策，活动逐步恢复，2010年发展到近2000人，信徒80%聚会集中在县城教堂。政府加强宗教事务管理，基督教三自爱国运动委员会和基督教协会及时换届，管理有序。特点是信教人数不多，接受洗礼信徒比例较高。

第一节 佛 教

云和县河上村妙严寺，始建于唐开成元年（836），为全县最早创建的佛寺，城东大庆寺为历史上较有影响的寺庙。至1936年（民国25年），云和尚存寺、庵、宫、庙20余座，有男女教徒5人。1942年，省会迁云和，人口骤增，遂以寺庙修葺改作省级机关办公与军队驻所，住寺僧尼他迁，由此衰落。中华人民共和国成立后，尤其是改革开放以来，结合旅游业开发，实行宗教信仰自由政策，县内佛教寺院恢复和发展，现有寺院4座。

寺院

云和县现有经过政府审批的佛教寺院有狮山普仁寺、长田资圣寺、后山景德寺、官坑慧云寺等4座。

狮山普仁寺 位于县城东部睦田村狮山，为云和古代八大禅林之一。始建于后周显德五年（958）。废后，清康熙五十一年（1712）邑人吴麟改建吴公庙，有30多名僧人，因火灾毁灭。清道光十四年(1834)又建,1948年前后,国民党县政府因担心游击队在狮山活动下令彻底拆除。1993年,重建223.12平方米的大雄宝殿。整体为院落式结构,主要建筑坐东朝西,单层。主体为大雄宝殿,前殿供奉佛祖释迦牟尼,后殿供奉观音,两侧则为十八罗汉。1998年,经县人民政府批复同意,狮山普仁寺恢复为佛教活动场所。2006年结合旅游开发,县政府批复同意扩建普仁寺。扩建工程由魏氏集团云和恒泰房屋建设开发有限公司于2010年7月投资建造。工程完工后,建筑总面积达12834平方米。为县级文物保护单位。

图35-2-1 普仁寺扩建后的大雄宝殿(金海伟提供)

图35-2-2 长田资圣寺大门(县民宗局提供)

长田资圣寺 位于云和镇长田村西南,距县城5千米,现为云和县级文物保护单位。始建于唐朝年间(907),兴盛于清朝(1616—1911)。清光绪戊子年(1888)重修。1997年8月,县民族宗教局登记为佛教活动场所。1999年,立内殿大雄宝殿。2006年9月,对西方三圣殿、功德亭、斋堂、居士房、厨房等生活设施进行修建。总占地面积765平方米,现存二进二天井,左右走廊,坐西朝东。一进五开间,明、次间七檩用四柱,抬梁式;梢间七檩五柱,穿斗式,小青瓦屋面。二进三开间,明间五檩用三柱,次间用四柱,抬梁式做法,屋面改用琉璃瓦。寺四周夯土墙。寺内梁枋、牛腿、雀替等木构件雕刻花鸟、麒麟等图案,整体建筑保存基本完整。东侧为祖师殿其余三面为民居,北侧为长田溪。

后山景德寺 在县城西八里拓野(今云和镇后山村),坐北朝南。现为云和县级文物保护单位,1998年10月,县民族宗教局登记为佛教活动场所。总占地面积305平方米,坐北朝南,总体布局为二进二厢房一天井,分为前殿、正殿、后殿,两侧各有一厢房,屋面为硬山顶,阴阳合瓦铺盖。正殿为大雄宝殿,内供三世佛、观音菩萨、十八罗汉像。

图35-2-3 后山景德寺外观(县民宗局提供)

景德寺始建于唐代大中元年(847),元至大二年(1309)重修,清代重建,寺院山门"景德寺"题刻为宋时所留。2006年8月,动工修建殿内西方三圣殿,2008年11月26日落成开光。清同治三版《云和县志》卷九·寺观篇中有载:"景德寺在县西八里柘野。唐大中初(848)建。有元至顺四年(1333)圆明普觉大师舍田碑,僧妙峰撰,海空行愿书,见《括苍金石志》。"

该寺原分前、中、后三部分，1934 年（民国 23 年），建造丽浦公路时，前、中两殿被拆除，仅存后殿。面阔 17.17 米，进深 4.2 米，占地 356 平方米。屋架为双步檩，明间前后四柱架九檩，抬梁式；次、梢间九檩用六柱，穿斗式。正殿左侧设一小门通往寺后附属房。寺四周夯土墙，中间辟大门，大门内有一阔 8.9 米，深 2.9 米的天井，天井两侧各有一厢房。寺内梁、枋、牛腿、雀替雕刻麒麟、花鸟等图案。现存唐代原物石质香炉、水缸各一只。大雄宝殿屋架为双步檐，前后四柱，后殿为地藏宝殿，其右侧有栢乡义渡碑，碑高 1.83 米，宽 0.78 米，厚 0.15 米，青石质，该碑立于清乾隆三十年（1765）。

清同治三版《云和县志》卷九•寺观篇中载有苏轼赠景德寺诗僧道通诗："雄豪而妙苦而腴，只有琴聪与蜜殊。语带烟霞从古少，气含蔬笋到公无。香林乍喜闻檐卜，古井惟惭断辘轳。为报韩公莫轻许，从今岛可是诗奴。"

官坑慧云寺 位于云和镇局村行政村官坑自然村鹰山，距县城 10 千米。寺庙在瓯江北岸，在仙霞岭与洞宫山山麓，依山傍水，风景秀丽，每天香客游人往来不断。

图 35-2-4 慧云寺（释寂凡提供）

始建于清康熙三十六（1697），是一座历史悠久的古寺。早时称"景莲堂"，占地 21000 平方米，信徒众多，香火鼎盛不衰。寺院毗邻船帮古镇，为古时十里云和所有艄公出航祈求平安的朝拜中心，也是云和观音信仰的佛教中心。至今瓯江流域还流传着许多"官坑拜观音"的民间故事。1985 年，国家开发瓯江流域龙泉溪干流梯级发电的第二级石塘水电站，寺庙原有大部分建筑被淹毁，将临近鹰山的观音殿落迁往山上。1997 年 3 月，经省民宗委批准，慧云寺（"景莲堂"）为一类宗教场所，县民族宗教局登记为佛教活动场所。

2006 年之后，慧云寺陆续扩建。现有总占地面积 9000 平方米，建筑风格为明清风格，有大雄宝殿、西厢房、老观音殿等建筑。"大雄宝殿"匾额系中国佛协会副会长江苏灵岩山方丈明学长老所赐。2010 年，获得"浙江省创建和谐寺观教堂先进集体"称号。

佛教活动

云和县佛教活动场所 4 处，均有僧人主持管理日常寺务。4 处寺庙共有僧人 11 人，皈依受戒 500 余人，信徒 1800 余人。寺院环境卫生，管理有序。在每个佛、菩萨圣诞，佛像开光，或者初一、十五，都有各式的宗教仪轨；除不定期举行法会外，还应缘举办斋家佛事，如延生祝寿、请圣巡游、祈财渡运、往生超度，讲经弘法、设斋普供、灾、供设灵位、五百罗汉大斋等。

第二节 基督教

基督教清光绪十七年（1891）传入云和，1917 年（民国 6 年），教会由瑞士籍玛克德教士接管，并于次年主持筹募资金兴建云和第一座教堂。云和解放时，有男女信徒103人。中华人民共和国成立初，教会停止活动。改革开放后，随着党和国家宗教政策的贯彻落实，1979年7月，基督教恢复聚会活动，有信徒60人。1985年，落实基督教房产政策，县房管会归还教堂。1986年12月，县基督教“三自”爱国运动委员会成立，县城设基督教堂，下分设9个聚会点。2010年，在杨柳河工业园区东侧筹建新教堂。

组织沿革

清光绪十七年（1891），由内地会德籍牧师崔明道与中国洪奎清教士一起来云和传基督教，租用郑姓房屋（今新民路85号）2幢作教堂。光绪二十年（1894），常山县德籍女教士贝定安接管云和教会工作。民国1917年，教会由瑞士籍玛克德教士接管进行传教。1989年8月，经浙江省基督教“两会”核准，按立叶谷林为长老。1994年7月20日，按立姜笃平为长老。10月，按立魏德音为牧师。2008年5月，选送姜秀娥到省神学院进修。

2010年，全县10处基督教堂点，有教职人员7人，信徒和信教群众1350多人。主要的传教活动就是基督信教信徒一起做礼拜（包括早祷、读经、领唱、讲道）、培灵会、圣诞节、复活节等活动。

“三自”爱国会和协会

1995年2月，云和县基督教第四届三自爱国运动委员会、基督教协会进行换届选举。选举产生云和县第四届基督教三自爱国运动委员会主席1名、副主席2名、秘书长1名、成员16名。主席由姜笃平担任。选举产生云和县基督教协会会长1名、副会长6名、总干事1名成员17名。会长由叶谷林担任。

1998年6月，云和县基督教第五届三自爱国运动委员会，基督教协会进行换届选举。选举产生云和县第四届基督教三自爱国运动委员会主席1名、副主席4名、秘书长1名、成员17名。主席由姜笃平担任。选举产生云和县基督教协会会长1名、副会长6名、总干事1名成员21名。会长由叶谷林担任。

2004年9月，云和县基督教第六届三自爱国运动委员会，基督教协会进行换届选举。选举产生云和县第六届基督教三自爱国运动委员会主席1名、副主席4名、秘书长1名、成员19名。主席由姜笃平担任。选举产生云和县基督教协会会长1名、副会长6名、总干事1名成员23名。会长由叶谷林担任，聘请名誉会长1人。

基督教堂

民国1917年，教会由瑞士籍玛克德教士接管，次年主持筹募资金兴建云和第一座教堂。现全县有县基督教堂及叶垟、沈村、靛青山、小顺、双港、泉溪、朱村、大丘田、菖蒲砻等10座基督教堂。

县基督教堂 1999年开始扩建云和镇老教堂，2005—2006年，拆建云和教堂会议室、小厨房、厕所、专职人员宿舍、小子班教室、唱诗班会议室、传道人招待所，并进行厨房、餐厅的修理。

2007年5月，申请要求选址建造新堂。2009年8月，经县政府县长办公会议决定，划拨杨柳河工业园区东侧地块用于建堂新址，用地面积5948平方米。建筑用地面积1650.59平方米，建筑总面积5267.36平方米，经设计部门预算建设资金800万元。2010年7月27日，颁发建设用地规划许可证，建设新教堂。

图35-2-5 云和镇新民路教堂(金海伟提供)

叶垟基督教堂 位于黄源乡叶垟村。1990年3月设立，1997年3月登记为基督教活动场所，为农民私人房屋。

沈村基督教堂 位于云坛乡沈村。1990年3月设立，1995年4月登记为基督教活动场所。初期，借用农民房屋作为活动场所。1995年10月，购得160平方米的民房为基督教堂，并办理产权证。

靛青山基督教堂 位于云坛乡靛青山村。1990年3月设立。1995年4月登记为基督教活动场所。初期，借用农民房作为活动场所。1994年6月申请建房，1995年建成130平方米的基督教堂。

小顺基督教堂 位于石塘镇小顺村。1987年2月，设立小顺乡麻厂聚会点，1989年4月登记为基督教活动场所。初期租借农民房屋作为活动场所。2000年10月，购得145.2平方米的民房为基督教堂，并办理产权证。

双港基督教堂 位于石塘镇双港村，1986年12月，设立聚会点。1987年开始教会活动。1993年，登记注册为基督教活动场所，有教徒30多人。

泉溪基督教堂 位于朱村乡泉溪村。1987年2月设立聚会点，1997年4月登记为基督教活动场所。初期，租借农民房屋。1998年12月，购置96平方米的民房为基督教堂，并办理产权证。

朱村基督教堂 位于朱村乡金山下村。1985年6月，设立朱村基督教活动点。初期租借农民房，1998年12月，购置507.35平方米的为基督教堂点。

大丘田基督教堂 位于崇头镇梅源村大丘田自然村，租用民房50平方米，1986年12月，设立聚会点。1987年，开始教会活动。1993年，登记注册为基督教活动场所。2000年3月，教徒王存文赠予教堂建筑面积约90平方米的泥瓦结构房屋作为活动场所。

菖蒲垄基督教堂 位于紧水滩镇菖蒲砻村。1986年12月，设立聚会点，1987年开始教会活动。1993年，登记注册为基督教活动场所。

基督教徒

基督教在云和县传播已有100多年的历史，至1990年底，有信徒600多人。至2010年年底，全县有基督教信徒1300多人。信徒主体为农村群众，主要分布在石塘镇、崇头镇等乡镇，其中女性占65%，50岁以上占70%以上，学历90%为初中及以下。随着云和县“小县大城”战略实施，74%的人口集中在县城居住，大部分基督教信徒，转移到县城的县基督教堂参加活动。圣诞节活动时，县基督教堂人数在1200人左右，其他9个农村基督教堂人员不断减少。

除本县信徒外，景宁县在云和务工的信徒约150人。

2010年，基督教教职人员共7人，其中男性5人、女性2人，平均年龄62.6岁。7名教职人员中，长老3人、平均年龄73.3人，传道员4人、平均年龄54.5岁。7名教职人员中，高中及中专学历的3人、初中及以下的4人。

第三节　宗教事务管理

云和县宗教事务管理，依照《宗教活动场所管理条例》，建立民主管理组织机构，健全宗教活动场所民主管理各项规章制度，对各项宗教事务实行制度化管理。定期培训宗教人士，提高政治素养；实事求是，落实房产政策；有力制止非法宗教活动。

宗教场所管理

县委统战部、县民族宗教事务局坚持对宗教活动场所的年检工作，做到年检与宗教人士普法教育，与宗教界“平安”创建活动，与教职人员的考核评议工作，与规范活动场所讲经内容相结合。掌握实情，及时处理出现的矛盾和纠纷。坚持“保护合法、制止非法、抵御渗透、打击犯罪”的原则，坚决制止非法宗教活动。加强宗教事务的管理，规范民族宗教事务管理行政执法行为，提高依法管理宗教事务的水平。

1997年，完成全县宗教情况的调查摸底，对县基督教及叶垟、沈村、靛青山、小顺、双港、泉溪、朱村、大丘田、菖蒲垄等10座基督教堂，后山景德寺、官坑慧云寺等12个符合宗教活动条件的场所进行登记换证。做好狮山“普仁寺”报批前的有关资料准备工作。

2002年，县民族宗教事务局协同县消防、公安等单位对全县的宗教活动场所进行消防检查，按消防要求进行供电线路整改，配备灭火器，做好安全防范工作。是年，县民宗局做出决定，每年都对全县宗教活动场所做不定期的安全隐患检查，坚决杜绝重大事故的发生。

2002—2003年，开展云和县宗教界人士和信徒献爱心活动。2次组织宗教界人士和信徒开展“情系西部献爱心”活动，共捐款2200元。

2008年11月，慧云寺举行大雄宝殿落成和佛像开光法会，参加活动有8000余人，由于县公安、安监、海事、消防、卫生及云和镇等有关单位密切配合，落成仪式顺利完成。

2010年8月，成立云和县创建和谐寺观教堂活动领导小组，启动和谐寺观教堂创建活动。是年，云和宗教界人士共募集4万余元善款用于社会公益事业。

宗教人士培训

1991—1998年，县委统战部举办宗教骨干培训班12期，各宗教堂点负责人和骨干630多人参加培训。

2000年，县委统战部、县民族宗教事务局3次组织全县宗教团体、各活动场所负责人及教职人员座谈，学习有关法律、法规和宗教政策以及《全国人民代表大会常务委员会关于取缔邪教组织、防范和惩治邪教活动的决定》和最高人民法院、最高人民检察院《关于取缔组织和利用邪教组织犯罪活动的有关规定》。揭批李洪志“法轮功”邪教组织，保持全县宗教队伍的稳定。

2006—2010年，云和县委统战部、县民族宗教事务局购买500本《浙江省宗教事务条例》发放到全县14个宗教场所，不定期组织宗教人士进行学习培训。5年间共举办《浙江省宗教事务条例》和宣传贯彻全国、全省宗教工作座谈会精神学习培训班11期，有330人次参加，发放各种学习资料2300余份。同时与各省、市、县民宗部门联系，对4个佛教场所挑选的人选进行考察登记，并对本地年轻的爱国宗教人士进行重点培养，确保让政治上合格，佛学根基较深，经文水平较高的爱国宗教人士来担任住持。

2010年，在政府信息公开网站上刊登《宗教事务条例》，扩大条例知晓面。维护信教公民合法权益。

落实宗教房产政策

至2010年，云和县基督教10个堂点，分布在全县的7个乡（镇）10个村，其中8个堂点有政府批准颁发的产权证；2个堂点还没有产证权。佛教4座寺庙，均为1998年后陆续恢复并经政府批准的佛教活动场所，没有产权证登记。

2010年6月，为解决云和县基督教堂场地简陋、狭窄、交通不便，不利于人群集聚和疏散的问题。县发展和改革局发文批复，同意基督教堂工程迁建立项。

第四节　民族宗教工作机构

20世纪50年代至70年代，云和县民族工作由县民政部门兼管，1981年，中共云和县委宣传部设立统战组，1983年恢复统战部，民族工作由县委统战部管理。1983年5月，县人民政府设立民族宗教科，属县委统战部领导，为民族工作行政管理机构。1997年7月，中共云和县委办公室印发《中共云和县委统战部职能配置、内设机构和人员编制方案》的通知。明确县委统战部是县委主管统一战线工作的职能部门，侨务、台湾事务、民族宗教的行政职能暂由县委统战部行使，对外挂侨务办公室、台湾事务办公室（县委台湾工作办公室）、民族宗教事务局的牌子。内设3个科室，办公室，民族宗教事务科，侨务台湾事务科。县委统战部行政编制5人（不含县级领导，含后勤服务人员）。领导职数：部长1人、副部长2人。

1998—2010年云和县民族宗教事务局主要负责人一览表

表35-2-1

局　长	任职时间	局　长	任职时间
林勇进	1998.11—2003.06	孟学军	2004.10—2007.04
周东明	2003.06—2004.08	蓝著英	2007.04—2012.04

第三十六篇　方志 档案

云和自明景泰三年(1452)置县以来,在明嘉靖四年(1525)、清康熙二十九年(1690)、乾隆四十二年(1777)、嘉庆十四年(1809)、同治三年(1864)先后五次修编县志,现仅存康熙、同治刊本。1988 年,县政府批转实施《云和县志》编纂规划,县史志部门开展《云和县志》修编工作。1996 年版《云和县志》上溯至明景泰三年置县之初,下限为 1990 年,1996 年 5 月, 由浙江人民出版社出版发行, 印数 2000 册。1997 年,启动《云和年鉴》编纂,坚持“一年一鉴”,至 2010 年,已内部出版《云和年鉴》13 部。

抗战后期,国民党浙江省政府迁址云和。1943 年(民国 32 年)8 月,浙江省史料征集委员会改为浙江省通志馆,馆址设云和县南溪乡大坪村梅家大宅。余绍宋出任省通志馆馆长,主持省志纂修。

1988 年,云和县档案局成立,系县政府直属正科级事业单位,核编 11 名。1995 年 10 月,通过省级考评验收,定位省三级综合档案馆。1997 年 11 月,部门机构改革,县史志研究室与县档案局(馆)合署,定编 14 名。2000 年 11 月,县档案馆升格为省二级综合档案馆。2001 年,县史志研究室县与档案局(馆)分设,属党群口,归党委序列管理。2004 年,纳入参照国家公务员制度管理序列。2008 年,出台《云和县档案事业发展“十一五”规划》。截至 2010 年,县档案局(馆)共有馆藏档案 122 个卷宗 56807 卷,保存良好,对县域经济和社会发展发挥作用。馆藏档案较为珍贵的有红军挺进师在云和县境内的活动情况;周恩来视察浙江省铁工厂(小顺)情况;日军轰炸和鼠疫流行情况报告;县内各年度行政报告;知识青年下放材料;土改时期的土地证;土地一轮承包、土地二轮承包资料;林业“三定”和完善林业生产责任制资料;紧水滩库区移民材料;林业区划资料等。

第一章　方　　志

1986年5月，云和县地名志、县志编纂委员会成立。1987年5月，设立县志办公室。1988年1月，县人民政府批转县史志部门的《云和县志》编纂规划，启动新一轮县志编纂工程。1993年6月，形成《云和县志》讨论稿。1994年4月，召开《云和县志》志稿评审会议，原则通过评审意见。新编《云和县志》上溯至明景泰三年，下限为1990年。志书前置反映全县经济社会发展的图片、序言、概述、大事记，中列专志26编，后设人物、丛录等，共95.7万字。1996年5月，由浙江人民出版社出版发行。1997年，启动《云和年鉴》编纂工作，坚持“一年一鉴”，截至2010年，已内部出版《云和年鉴》13部。1997年11月，县党史办和县方志办合并为县史志研究室，与县档案局（馆）合署。2001年，县史志研究室与县档案局（馆）分设，归属党委系统管理。2004年，纳入参照国家公务员制度管理序列。

1991—2010年间，县属部分部门、单位着手着力编修专业志。2010年年末，全县正式出版的专业志有《云和县人大志》《云和县水利志》《云和县交通志》《云和县教育志》等。县域自明代起就有编纂族谱家谱习俗。县图书馆现有馆藏家谱214部264册，其中，老谱92部169册。部分族姓家谱为流传较少的稀见善本。

第一节　机构设置

机构沿革

1987年5月，设立县志编纂办公室。同年9月，重新公布县志编纂委员会组成人员，县长兼任主任。1991年1月、1993年8月，县志编委会及办公室成员先后作过两次调整。1997年11月，根据县政府办公室关于印发《云和县档案馆（局）（云和县史志研究室）职能配置、内设机构和人员编制方案》的通知精神，县档案局与档案馆合并，保留牌子；县党史办和县志办合并为县史志研究室，与县档案馆合署。县档案馆（局）（县史志研究室）为正科级全额拨款全民事业单位，核编14名。内设1室3股，即办公室、业务指导股、保管利用股和史志股。

2002年9月，依据县委办印发《云和县史志研究室职能配置和人员编制方案》的通知精神，县史志研究室属参照国家公务员制度管理的事业单位，核编3名，其中，领导职数2名，主任、副主任各1名。至2010年，在岗人员4人。

机构职能

制订全县党史工作规划并组织实施。开展党史地方史等有关资料的征集、整理、保管、利用等工作。组织开展全县性党史理论和重要党史专题的研究。开展党史宣传，对人民群众特别是青少年进行爱国主义、社会主义、集体主义和革命传统教育，完成上级部门有关党史的编写任务，充分发挥史志工作存史、资政、育人的作用。制订全县方志编修计划并组织实施，指导编修县域各部门志、专业志，组织出版地方综合年鉴《云和年鉴》。承担省、市地方志有关编写任务，整理、出版全县各版本志书，负责地方志理论研究和全县地方志编修工作队伍的培训工作，完成县委、县政府交办的其他工作。

第二节　志　　书

一轮县志编修

1988年1月，县政府批转实施《云和县志》编纂工作规划，把修志任务落实到全县63个单位。县史志研究室先后组织部分修志人员参加省地方志学会举办的修志理论培训班学习，并赴建德、萧山等地取经；派员到南京、杭州、宁波、绍兴、温州、丽水等地市档案馆、图书馆查阅摘录史料，各乡镇搜集县志资料，开展《云和县志》的修编工作。

1992年9月，在县相关承编单位提供初稿的基础上，县志编辑部进行统稿编纂。1993年6月，形成《云和县志》讨论稿。同年12月，形成第二修改稿，分送初审。1994年4月，召开《云和县志》志稿评审会议，省、丽水地区地方志办公室领导、各兄弟县市志书主编和专家参与评审，原则通过评审意见。是年6月，《云和县志》编委会决定将志书概述、大事记、重要会议、人物等内容的下限由1990年延伸至1993年，极个别重要事件延至1994年5月。同时对部分志稿的编、章、节进行适度调整。新编《云和县志》采用述、记、志、传、图、表、录等综合体裁，前置反映全县经济社会发展的图片、序言、概述、大事记，中列专志26编，后设人物、丛录等。全书26编122章366节，共95.7万字。《云和县志》编纂委员会主任刘秀兰，副主任丁聿占、符香环。主编方金雨，副主编孙葆初。1994年11月，《云和县志》编修工作基本完成，上报中共云和县委、县人民政府审定。1996年5月，由浙江人民出版社出版发行，印数2000册。

二轮县志编纂

2003年，根据国务院《地方志工作条例》精神，启动《云和县志（1991—2005）》的编纂工作。2006年，按照二轮《续志方案》的总体要求，全县各部门、各单位、各乡镇开展2005年前相关资料的查询、采集、甄别工作。2008年，《云和县志》编委会出台《云和县编修地方志工作方案》。是年，全县80多个单位基本完成二轮县志资料的搜集、整理等基础性工作。

2009年，根据国务院关于地方志“每20年左右续修一次”的要求和市委办、市府办“关于印发《丽水市编修地方志工作方案》的通知”精神，《云和县志》编委会将二轮县志的下限调整至2010年。2010年，县史志研究室要求各乡镇、各部门，按照《云和县编修地方志工作方案》，继续采集、核实、整理1991—2010年的相关资料。

部门(专业)志修编

1991—2010年间，县属部分部门、单位着手编修专业志。县史志研究室指导《云和县水利志》《云和县交通志》《云和县军事志》《云和县教育志》等专业志书的编纂工作。2010年年末，全县正式出版的专业志有《云和县人大志》《云和县水利志》《云和县交通志》《云和县教育志》等。

《云和县财税志》　上限为清同治二年(1863)，下迄1990年。1989年，县财税局组织力量开始编写。1991年7月，完成终审定稿。《云和县财税志》共12章44节，34万字。1991年8月，由萧山市财税局印刷厂印刷，内部编印出版。

《云和县交通志》　上限不拘，下限至1990年，个别重大事项延至出版时止。1988年4月，开始筹备《云和县交通志》的编修工作。1989年6月开始编纂。1991年8月形成初稿。1992年4月完成送审稿。同年12月，送交丽水地区交通志编审委审定成书。全书共分4篇11章，25万余字。1994年2月，由海洋出版社出版。

2008年5月，着手编写《云和县交通志》续志。上限始于1991年，下限为2010年，个别重大事项延至出版时止。2011年10月，完成志书初稿。2012年9月，形成送审稿。2013年6月，召开评审会审定通过付印。全书共4编14章124张图片，34.8万字。

《云和县教育志》　上限始于明景泰七年(1456)，下限至1990年。1989年夏，县教委决定编纂《云和县教育志》。1992年12月，完成编纂工作。全书共15章53节，51.8万字。1994年12月，由西安地图出版社出版。

《云和县水利志》　上限溯至事物发端，下限截至1990年，大事记及个别工程、事项延伸至1993年。1987年8月，组建《云和县水利志》编纂委员会。1989年7月，拟定《云和县水利志》规模篇目。1990年3月，着手搜集整理资料。1991年开始编写，1994年4月完稿。全书共计11章48节95目，26万字。1996年7月由人民出版社出版。

《云和县邮电志》　是云和县历史上第一部邮电部门志。上限为清光绪三十四年(1908年)，云和县开办邮政业务开始，下限截至1994年。1989年6月开始编写，1993年10月完成初稿。1994年4月召开评审会，1995年4月完成编纂任务，交由局领导终审。志书共6章27节，25.8万字。1995年11月，由松阳县第二印刷厂内部编印出版。

《云和县人大志》　上限为1949年5月11日，云和县解放之时，下限至2000年底。《云和县人大志》编纂委员会编纂。1999年8月开始编写，2001年12月完稿。全志共6章26节，47.1万字。2002年11月，由海洋出版社出版发行。

《云和县政协志》　2004年5月开始编写，2005年5月完稿，同年完成评审交付印制，内部发行。《云和县政协志》编辑委员会编纂。上限1984年2月，下限2004年12月。全书共6编20章52节，约5万字。

《云和县金融志》　2003年，开始编写第二部《云和县金融志(1988—2005)》，2007年4月完稿，共8章34节。内部印发。

《云和县军事志》　按年代顺序自云和置县(1452)始至1990年止。该志书以翔实的史料与数据，系统地汇集了云和建县五百多年来有关军事、战事、人民武装斗争、民兵组织活动等内容。1992年5月完成初稿。

《云和县军事志》二轮编修 在原《云和县军事志》的基础上续编。志书上限追溯事物发端，最早记事为宋朝宣和三年（1121），下限为公元2005年，前后跨度800余年。2003年，组织人员搜集整理资料，2007年5月开始编纂，2009年12月完稿。全书共12篇50章181节，40万字。2010年4月，由遂昌印业有限责任公司印制，内部发行。

《云和县商业志（送审稿）》 上溯至县域商业起源，下限1990年12月，个别事项有所伸延，主要记述云和商业百余年来的兴衰演变。1988年11月，云和县商业局成立《云和县商业志》编纂组。1990年年初开始撰写，1990年年底完成第一稿。1991年7月完成送审稿。1991年10月召开评审会，1991年12月定稿。全书共设14章53节，约30万字。

《云和县公安志（评审稿）》 上限溯至事物发端，下迄1989年年底。1984年12月，开始征集资料编纂，1987年年底完成第一稿。先后历经5次修改，1991年10月审查定稿，1991年12月完成编纂工作。1994年12月，书稿打印完毕，共8篇29章113节。由于经费等诸方面原因，该志没有正式出版。

《云和县公安志》续志 上限1900年，下限2005年，编写历时15年的公安工作。2008年3月内部出版。

《云和县工业志（送审稿）》 上限未定，下限至1990年年底，1992年5月完稿。全书共7章30节，主要记述云和县工业经济发展状况。

《云和县电力工业志（送审稿）》 上溯至1939年云和县电力工业之起源，下限为1990年，个别内容延伸到1991年，大事记延伸到1992年，主要记载云和县电力工业52年来的发展运营状况。1987年5月开始搜集资料，查阅卷宗450余卷，摘抄资料93万余字，建立资料卡片1550余分，走访老领导、老工人和知情者192人次。1990年3月，启动《云和县电力工业志》编写工作。1992年7月完成初稿，1993年12月完成送审稿。全书共8章36节18万字，内部印发。

《雾溪水库志》 1987年5月，根据省水利厅关于编写志书的统一部署，丽水地区水利局《水利志》编纂办公室要求各县小（一）型以上水库均要编写《工程志》，并印发《工程志》编写提纲(讨论稿)。1996年12月，启动《雾溪水库志》的资料搜集工作。上起水库的发端，下至1998年，个别事例上溯源头，下延脱稿时止。1997年春，继续征集补充资料，着手编写《雾溪水库志》。全书共5章22节，11.5万字。1999年10月交付刊印出版。

《云和县紧水滩水库移民志（初稿）》 上限为事物发端，下迄1993年底，主要记述紧水滩电站水库移民工作的历史和现状。入志资料来自中央、省、地、县及县移民办公室的档案资料，包括有关报刊、简报、专著等。摘录引用原文均加引号标注。全书共设5章21节，约7.6万字。

《云和县地名志》 系县域第一部地名典籍，志中所列的各类地名，截至1985年6月底止。《云和县地名志》记载全县重要地名的地理特点、含义、演变、位置、行政归属、标准书写形式、准确读音及与政治，经济、文化等相关内容。由县地名委员会办公室编纂。

《数据演绎辉煌》 内容主要由文字资料、统计图表、统计数据资料三大部分组成。文字资料详细记述中华人民共和国成立六十年来云和县国民经济各行业和社会各项事业的发展历程;统计图表形象地描述各主要经济指标的发展趋势;统计数据资料翔实地记录了综合、农业、工业、交通邮电、固定资产投资、商业、财政金融、劳动工资、人民生活、教育卫生等十类数据资料。

《云和县图书馆志》 上限为1927年(民国16年),云和县公立图书馆成立之时,追溯至元代私人藏书楼,下限截至1990年。根据省文化厅要求,1989年3月,县文化局设立《云和县图书馆志》编写组,开始搜集、整理资料。1989年年底,基本完成图书馆志初稿。1991年年底,在进一步搜集充实材料的基础上,续补1991年资料,并将大事记延伸至1992年。全书共分4篇11章,22余万字。1993年12月,内部编印出版。

1991—2010年云和县部门专业志编纂情况表

表36-1-1

书　名	出版时间	编纂单位	主编	上限	下限	开本	字数(万)	出版单位
云和县财税志	1994.09	县财税局	—	1863	1990	16	—	内部印发
云和县交通志	1994.02	县交通局	杨大杨	不拘	1990	32	25	海洋出版社
云和县交通志	2012	县交通局	王丽荣	1991	2010	16	—	内部印发
云和县教育志	1992.12	县教育局	高幼天	1456	1990		—	内部印发
云和县水利志	1996.07	县水利局	—	—	—	16	27.3	浙江人民出版社
云和县邮电志	—	县邮电局	—	发端	1994	16	—	内部印发
云和邮电大事记	1992.09	县邮电局	陈一明 姚菊翠	1452	1990	16	—	内部印发
云和县人大志	2002	县人大机关	—	1949	2000	16	47.1	海洋出版社
云和县政协志	2004.12	县政协机关	—	1984	2004	16	—	内部印发
县金融志(第二部)	2007.04	人民银行	—	1990	2005	16	—	内部印发
云和县军事志	1992.05	县人武部	—	1452	1990	16	—	初稿
云和县军事志	2010.04	县人武部	周益敏	1121	2005	16	40	内部发行
云和县商业志	1991.12	县商业局	—	起源	1990	16	—	内部印发
云和县公安志	1994.11	县公安局	林建民	1949	1989	16	—	内部印发
云和县公安志	2008.03	县公安局	陈志斌	1990	2005	16	—	内部印发
云和县电力工业志	1992.12	县电力工业局	丁武军	1938	1999	16	—	内部印发
雾溪水库志	—	雾溪水库管理处	—	事物发端	1998	16	—	内部印发
云和县紧水滩电站水库移民志	1994.09	移民办	—	事物发端	1993	16	7.6	初稿
云和县地名志	2015.12	县民政局	陈小红	—	2014	—	59.5	内部印发
数据演绎辉煌	2009-09	县统计局	吴兆江	1949	2009	16	—	内部印发
云和县图书馆志	1993.12	县图书馆	陈惠民 任晓伶	—	—	32	12	内部印发

省市志书县域部分编纂工作

2002年，根据《浙江省乡镇街道年鉴》《浙江省城市图鉴》《浙江省民营企业志》的征编任务要求，同年7月底，完成《浙江省民营企业志》云和部分7万余字志稿；是年12月，完成《浙江省乡镇街道年鉴》云和县14个乡镇近4万字的志稿编纂任务；完成《浙江省城市图鉴》云和部分8个页面的志稿与相关图片的编写征集任务。2006年，完成《丽水市乡镇街道通览》云和县14个乡镇的志稿编纂任务。

第三节　年　　鉴

年鉴是以全面、系统、准确地记述上年度事物运动、发展状况为主要内容并按年度连续出版的资料性工具书。它博采众长，汇辖区1年内的重要时事、文献和统计资料于一体，集辞典、手册、年表、图录、书目、索引、文摘、表谱、统计资料、指南、便览于一身，具有资料权威、反应及时、连续出版、功能齐全的特点。

《云和年鉴》　1997年，启动《云和年鉴》编纂工作，坚持"一年一鉴"。2007年，开始公开出版。《云和年鉴》设特载、大事记、县情概述、党政、人大政协、群众团体、人事劳动社会保障、政法、武装、农村经济气象、水利水电、工业经济对外贸易、电力交通、邮电、城乡建设环境保护、经济管理、国内贸易、财政税务、金融保险、教育科技、文化旅游、卫生计划生育、社会生活、乡镇、附录等25个类目。

1997—2010年《云和年鉴》编纂情况表

表36-1-2

年份	出版时间	主编、副主编	开本	字数	出版社
1997	1998.07	方金雨　王孔荣 王岩生	32	23	浙内图准字(1998)第044号
1998	1999.06	方金雨　王孔荣 王岩生	32	24	浙内图准字(1999)第045号
1999	2000.12	方金雨　王孔荣 王岩生	32	28	浙内图准字(2000)第189号
2000	2000.08	方金雨　王孔荣 王岩生	32	28	浙内图准字(2001)第075号
2001	2002.07	方金雨　王孔荣 王岩生	32	28	浙内图准字(2002)第087号
2002	2003.03	柳绍荣　王岩生	16	11	浙内图准字(2003)第027号
2003	2004.07	柳绍荣　王岩生	16	28	浙内图准字(2004)第055号
2004	2005.06	柳绍荣　王岩生	16	28	浙内图准字(2005)第70号
2005	2006.02	陶慧明　胡留龙　王岩生	16	48	浙内图准字(2006)第14号
2006	2007.05	陶慧明　雷光斌　王岩生	16	42	浙内图准字(2007)丽2号
2007	2007.12	陶慧明　雷光斌　王岩生	16	45.6	方志出版社
2008	2008.12	陶慧明　雷光斌　王岩生	16	49.1	方志出版社

续表 36-1-2

年份	出版时间	主编、副主编	开本	字数	出版社
2009	2010.01	陶慧明　雷光斌 王岩生	16	56.9	方志出版社
2010	2010.12	陶慧明　雷光斌 王岩生	16	64.7	方志出版社

《云和统计年鉴》 1986 年，县统计局着手编纂《云和县经济统计资料汇编》。1989 年，更名为《云和县国民经济统计年鉴》。1991 年，易名《云和统计年鉴》，坚持“每年一鉴”。《云和统计年鉴》设置载录县域综合、农业、工业、交通邮电、固定资产投资、商业、财政金融、劳动工资、人民生活、教育卫生等 10 个门类的数据资料。

1989—2010 年《云和统计年鉴》编纂情况表

表 36-1-3

书　名	出版时间	出版单位	主编、编号 NO	开本	出版情况
云和县国民经济统计年鉴（1988 年）	1989.05	云和县统计局	0000163	16	内部印发
云和县国民经济统计年鉴（1989 年）	1990.05	云和县统计局	0000184	16	内部印发
云和统计年鉴（1990）	1991.05	云和县统计局	000295	16	内部印发
云和统计年鉴（1992）	1993.06	云和县统计局	135	16	内部印发
云和统计年鉴（1993）	1994.06	云和县统计局	196	16	内部印发
云和统计年鉴（1994）	1995.06	云和县统计局	088	16	内部印发
云和统计年鉴（1995）	1996.11	云和县统计局	00571	16	内部印发
云和统计年鉴（1996）	1997.06	云和县统计局	105388	16	内部印发
云和统计年鉴（1997）	1998.07	云和县统计局	—	16	内部印发
云和统计年鉴（1998）	1999.05	云和县统计局	—	16	内部印发
云和统计年鉴（1998）	1999.05	云和县统计局	金云飞	16	内部印发
云和统计年鉴（1998）	1999.05	云和县统计局	金云飞	16	内部印发
云和统计年鉴（1999）	2000.05	云和县统计局	金云飞	16	内部印发
云和统计年鉴（2000）	2000.05	云和县统计局	—	—	—
云和统计年鉴（2001）	2002.05	云和县统计局	—	16	内部印发
云和统计年鉴（2002）	2003.05	云和县统计局	—	16	内部印发
云和统计年鉴（2003）	2004.05	云和县统计局	—	16	内部印发
云和统计年鉴（2004）	2005.05	云和县统计局	—	16	内部印发
云和统计年鉴（2005）	2006.08	云和县统计局	—	16	内部印发
云和统计年鉴（2006）	2007.08	云和县统计局	—	16	内部印发
云和统计年鉴（2007）	2008.08	云和县统计局	—	16	内部印发
云和统计年鉴（2008）	2009.08	云和县统计局	吴兆江	16	内部印发

续表 36-1-3

书　　名	出版时间	出版单位	主编、编号 NO	开本	出版情况
云和统计年鉴(2009)	2010.08	云和县统计局	吴兆江	16	内部印发
云和统计年鉴(2010)	2011.08	云和县统计局	吴兆江	16	内部印发

第四节　地方文献

旧志整理

1991 年 10 月，县史志研究室会同县图书馆标注翻印清同治《云和县志》。1996 年 10 月，整理重印清康熙《云和县志》200 册。收集整理各类资料稿 85 卷，专业志资料 26 卷，外调资料复印件 4 卷，采访口述资料 2 卷，各类资料卡片 37 本，照片 4 册。

古籍普查

2010 年 9 月，启动古籍普查、搜集工作。古籍主要来源于新中国成立后二十年间的政府征收和民间捐赠等。通过普查，获得古籍数据 1796 条，计 3258 册，包括云和县志、抄本、家族谱牒、畲族文献等类型，其中，传统古籍 881 条 1601 册，民国线装书 915 条 1657 册。由于历史原因，古籍破损情况较为严重，主要破损类型为虫蛀、鼠啮、缺叶及老化。古籍绝大部分是四级古籍（包括民国时期传统装帧书籍），有 1761 部 3201 册；三级古籍有 35 部 57 册。从版本类型来看，主要为抄本、石印本、刻本、铅印本，数量分别为 631 部 643 册、540 部 1118 册、441 部 992 册和 110 部 369 册。抄本中又以道教抄本居多，为 380 部 383 册。另外，还有部分木活字本、稿本、朱墨套印本、钤印本，其中，木活字本均为家谱。古籍主要为子部书籍，有 890 部 1128 册，经部、史部、集部分别为 317 部 757 册、206 部 461 册和 330 部 650 册。子部古籍中，大部分为道教抄本和医书。另有类丛部 18 部 202 册，新学 35 部 60 册。从古籍装帧看，1538 部 2995 册古籍为线装；257 部 262 册为毛装，此种装帧形式的古籍均为抄本；1 部 1 册为经折装。古籍现都保藏于云和县图书馆内，共 3200 余册。

家谱文献

县内自明代起就有家谱，家谱保存最完整的是县图书馆。民国之前的家谱保存于专门的古籍库房中，设有报警器，配置温度、湿度控制设施，落实防虫处理措施。民国之前的家谱已施行数字化处理。其他家谱保存于地方文献普通库房中，方便读者查阅。

全县共有家谱 214 部 264 册，其中，老谱 92 部 169 册。其中 93 部 260 册家谱文献，包括刘、叶、梅、柳、彭、李、魏、王、毛等 30 多种姓氏，系县境内族姓家谱流传较少的稀见善本。家谱具有代表性的有：明崇祯抄本《浙江龙泉刘氏家谱不分卷》、清康熙四十二年（1703）抄本《浙江景宁叶氏宗谱不分卷》、浙江云和丰嘉源刘氏家谱（清道光十九年木活字本）、浙江云和南泮叶氏家谱卷首一卷本一卷（民国十家谱），其中，明抄本《浙江龙泉刘氏家谱不分卷》和清康熙四十二年抄本《浙江景宁叶氏宗谱不分卷》已经省政府批准，入选第一批《浙江省珍贵古籍名录》。这两部家谱保存明朝及清早期丽水地区人口活动的丰富信息，揭示刘氏、叶氏家族起源、分支演变、迁徙繁衍的历史，以及地方特色的风俗礼仪、家族文化等，具有较高的史料价值。两部古籍抄写精美，纸墨精良，兼具较高的艺术价值。

道教抄本

在整理古籍时，发现一批珍贵的道教抄本藏于图书馆内，尤其难得的是这批抄本从明末至民国一直前后相继、传承抄录，保存较为完整，内容涵盖科仪、符箓、打醮、风水、堪舆、相术、命理、择日、祈禳、招魂等诸多方面，反映近四百年来县域民间道教活动的发展变化。通过大批道教古籍文献的发现整理显示，道教不仅具有悠久的历史，而且创造独特的思想文化，为研究道教的发展演变历史提供重要的参考依据。

第二章　档　　案

档案是指人们在各项社会活动中直接形成的具有保存价值的原始记录。1988 年，县档案局成立。1995 年 10 月，县档案馆通过省级考评验收，定位省三级综合档案馆。1997 年 11 月，部门机构改革，县史志研究室与县档案局（馆）合署，定编 14 名。2000 年 11 月，县档案馆升格为省二级综合档案馆。2001 年，县档案局（馆）与县史志研究室分设。2004 年，纳入参照国家公务员制度管理序列。2008 年，制作出台《云和县档案事业发展“十一五”规划》。截至 2010 年，云和县档案局（馆）共有馆藏档案 122 个卷宗 56807 卷，保存良好。馆藏档案较为珍贵的有：红军挺进师在云和县境内的活动情况；周恩来视察浙江省铁工厂情况；日军轰炸和鼠疫流行情况报告；县内各年度行政报告；知识青年下放材料；土改时期的土地证；土地一轮承包、土地二轮承包资料；林业“三定”和完善林业生产责任制资料；紧水滩库区移民材料；林业区划资料等等。

第一节　档案管理

县档案馆位于县府大院，局馆合一。建筑年代久远，库房老化，设施落后。建筑面积仅 867 平方米，其中，库房面积 360 平方米。配备分散式空调机 10 台，去湿机 2 台，复印机 1 台，消毒柜 1 台，电脑 7 台，激光打印机 1 台，数码相机 1 台。

档案接收和保管利用

1991 年，重新整理馆藏照片档案 28 卷 1416 张，底片档案 4 卷 583 张。1992 年，配合全县撤区扩镇并乡工作，到各区、乡、镇开展建档业务指导，协助整理档案 1600 多卷，同时，把被撤销的4个区的档案及时接收进馆。1996年，接收存放在丽水市档案馆的朱村、金村、双港三乡的林业“三定”档案，便于县林业部门和相关乡镇、农村群众查阅。1998年，接收县属立档单位档案室保管期满10年的档案，先后接收30个单位的档案共计5551卷，对不规范的1794卷档案进行重新整理，同时，销毁短期档案2100卷。1999年，接收36个乡镇、部门共计5006卷保管满10年的档案入馆，其中，全县15个乡镇的到期档案、土地一轮承包档案、林业“三定”档案全部接收入馆，接收过程中整理档案3539卷，鉴定销毁档案5727卷。

1999—2000年，将民国档案从原来的8个全宗分设细化为21个全宗，更换卷皮6312张，抄写卷内目录34573条、裱糊民国档案14786张。注重规范馆藏档案目录，用不粘胶粘贴档案卷背，抄写、复制1990年以前所有文书档案的全引目录共730本，计302721条，装订案卷目录184本。购买“兰台”档案软件，将中华人民共和国成立后的档案共33512条案卷目录、2840条专题目录全部输入电脑，实现计算机辅助管理。县档案局申报的“文档一体化管理技术”列入县科委的科技项目，“推进依法治档若干问题研究”列入省档案局科研课题。2000年11月，经省、市档案局联合考评小组考评，云和县档案馆（局）以考评总分93.3分，顺利通过考评验收，升格为省二级馆。2002年，以馆藏《浙江铁工厂档案》作为申报省级档案文献遗产工程项目，组织开展申报工作。

2003年，抽调业务骨干参加县第二届中国木制玩具节筹委会，做好重大节庆档案资料的收集工作，同年，将部分开放档案目录上网，逐步实现网上查阅服务目标。2004年7月，云和县现行文件查阅利用中心正式揭牌对外开放。县现行文件查阅利用中心，主要存储县委、县政府和县直部门2000年以来形成的非涉密的现行政策性、法规性、公益性文件等资料。2005年，县档案馆创建县级爱国主义教育基地，组织县中等职业技术学校、县第三中学学生共600多人次，到县档案馆参观，接受爱国主义教育。

图 36-2-1 县档案馆对学生进行爱国主义教育（柳敏摄于2005年）

2006年，接收县政府、县农业局、小康办、创建办、山林延包办等单位的文书、会计档案4092卷（册），接收资料130册，宗谱2本。2007年，利用历史档案开展爱国主义教育，全年共接待参观人员200人次。同年4月20日始，推行档案查阅免费服务制度，公民凭身份证或相关有效证明就可免费查阅已开放的档案。2008年，接收农村山林延包档案23卷；征集反映全县改革开放三十年成就的老照片100余张。同年2月至5月，对馆藏1万余卷民国档案进行彻底清理和重新整理装订。2009年，重点开展馆藏民国档案的杀菌消毒工作，对137盒共897卷民国档案进行杀菌消毒。继续开展县属部门档案室的达标升级活动和行政村档案室的创建工作。2010年，通过积极申报争取，馆藏民国时期“云和县建设科”全宗档案被列入浙江省重点档案抢救项目。同年6月，集中力量对档案库房进行全面消毒，对馆藏2000卷民国档案进行“倒架”。

1991—2005年，县档案馆共接收档案23163卷，照片1071张，音像档案35盘。至2005年12月，馆藏档案122个全宗，共50497卷，资料8370册，音像档案51盘，照片档案2058张，开放档案2万余卷，机读目录6万余条。

1991—2005年间，县档案馆接待查阅档案资料10375人次，利用档案20684卷次，复制档案22888页，出具证明1930份，利用资料863册。

2005—2010年县档案馆档案接收和利用数据统计表

表36-2-1

年度	全宗单位（个）	馆藏档案		档案接收		查阅人次	利用（卷）	复印（张）	出具证明（份）
		（卷）	（件）	（卷）	（件）				
2005	122	50497	1165	1395	258	1683	1918	1589	253
2006	122	51892	1297	4092	132	1974	2344	3122	290
2007	122	55984	3073	411	1776	1774	2052	2935	239
2008	122	56395	3073	23	0	1863	2091	2328	289
2009	122	56418	3073	389	0	1189	1989	1379	914
2010	122	56807	3073	15	0	832	1057	543	352

业务指导和执法监督

1991年1月，制作出台《云和县档案事业发展“八五”规划》，以规划为导向，推进全县档案事业稳步发展。同年，在县机关、企事业单位档案室开展档案工作综合管理达标升级活动。

1994年6月，坚持依法治档，开展档案工作执法大检查，重点抽查县林业局、防疫站等23个机关、事业单位的档案管理情况。

1996年，制订《云和县档案事业发展“九五”计划》，将县档案馆确立的从省三级馆升格为省二级馆的工作目标，列入《云和县国民经济和社会发展“九五”计划》。

1997年4月，开展《中华人民共和国档案法》执法检查，全县40多个单位认真开展自查自纠，上报《档案法》执法检查自查表和自查情况报告。同时，县档案局对县建设局、电力工业局等单位进行抽查。同年5月，丽水地区档案执法检查组来云和检查县纪委等单位的档案执法情况，对依法治档工作予以肯定。1999年，县委办、县府办出台《关于切实加强乡镇档案工作的通知》，把建立健全乡镇综合档案室，强化乡镇档案管理工作列入各乡镇年度综合考评。同年4月，在云和镇开展乡镇综合档案室建设的试点。同年11月，对全县15个乡镇的综合档案管理情况进行检查。是年，与县农办（农业局）联合发出《土地二轮承包档案书写规范要求》，促进农村土地承包档案规范化。

2000年，以提高乡镇档案员对土地二轮承包等档案的整理归档水平，健全规范县、乡、村三级的土地二轮承包档案。

2001年，制订印发《档案行政处罚法律文书规范格式》《云和县档案局档案行政执法各项制度》等文件，完善规范档案行政执法程序和法律文书。同时，对县文化局、卫生局等30多个单位的档案管理情况进行检查。

2002年，县档案局、县纪委、县人行、县烟草局、县农发行5家单位开展新的《归档文件整理规则》试点工作。指导全县各相关机关部门建立档案工作协作组。是年6月，县档案局、县人大科教文卫工委联合组织档案执法检查组，对县建设局、交通局、雾溪乡等8个部门和乡镇进行档案检查。同年7月，丽水市档案局、市人大科教文卫工委组成检查小组，对县水利局、国土资源局等单位的档案执法情况开展检查。

2003年，全面推行立卷归档制度改革，对全县各乡镇、各部门档案员（文书）进行业务培训；制定出台《云和县重点建设项目档案管理办法》，与县重点办联合开展重点工程档案管理检查指导；对云和中学，县中等职业技术学校等两所学校进行档案执法检查。

2004年3月，组织执法人员对30多个部门开展档案执法检查；7月中旬，会同县重点办对全县16个重点工程项目的档案管理工作进行执法检查；10月中旬，再次对全县14个乡镇的档案管理工作进行执法检查。

2005年，档案工作被列入《云和县2005年度“项目推进年”考核办法》。是年，与县先进性教育办公室联合下发《关于做好保持共产党员先进性教育活动文件材料收集归档工作的通知》，同时，主动参与指导“创建省级文明县城”“中国玩具企业发展论坛”“禽流感防治”等重大活动的档案管理，得到省档案局的肯定。在全省档案馆工作会议上，就重大活动档案管理专题作典型发言。同年12月中旬，县档案局与县重点办对全县21个重点建设项目进行档案管理执法检查。截至2005年底，全县档案管理网络基本完善，建成基层综合档案室150余个；41个县属部门（单位）、乡镇通过省级档案目标管理认定，其中，达到省一级标准的3个，省二级标准的24个，省三级标准的14个。

2006年，出台《云和县档案局关于档案行政执法责任制的实施意见》；同年10月，制发《云和县档案法制宣传教育“五五”规划》。继续贯彻《云和县重点建设项目档案管理办法》，全面加强重点建设项目档案管理工作，同年底，会同县重点办对县属重点工程项目的档案管理工作进行执法检查。与县林业局联合制发《关于做好延长山林承包期有关档案管理的通知》，同年10月，召开“山林延包”档案管理工作会议，推进林权档案落到实处。继续做好企业、农村、社区等新领域的档案管理工作，选定“浙江新云木业集团有限公司”“云和县仙宫果业有限责任公司”两家企业作为县域“重点民营企业档案服务对象”。是年底，县气象局的档案管理工作通过考核认定达到省级标准。

2007年，开展档案目标管理达标升级活动。同年12月，县地税直属分局和中国人寿保险有限公司云和县支公司的档案管理通过考核验收，达省二级标准。做好重大活动档案管理工作，派专人进驻县“第三届中国木制玩具节”筹备组，负责档案收集、整理工作，共接收“第三届中国木制玩具节”实物档案105件，文书档案33卷，电子音像材料8件，照片档案100余张。

2008年，拟定石塘镇小顺村和大湾乡项山村为首批“行政村规范化档案室”创建对象。同年8月，石塘镇小顺村和大湾乡项山村档案室顺利通过丽水市档案局检查验收，并经省档案局复核，被评为“浙江省行政村规范化档案室”。

2009 年，县城中山社区档案室获得省、市档案局表彰，先后被评为浙江省社区规范档案室和丽水市示范档案室。同年 5 月，县电力工业局企业档案管理通过省级复检，继续保持“良好”等级。同年 12 月，县工商行政管理局档案工作申报省级达标认证，顺利通过省级考评组的考核验收，达到省一级标准。深入开展省档案局倡导的“双服务推进年”活动和“档案管理示范企业”创建活动，新云木业集团有限公司被省档案局授予“产品档案管理示范企业”荣誉称号。

2010 年，督促全县各乡镇、机关各部门和企事业单位按时做好档案的收集、整理、归档、保管、利用工作，全县共 48 个单位按要求完成 2009 年度的立卷归档任务，归档合格率达 97%。

档案宣传

1991 年，县档案局（馆）在县机关大院，县人代会、政协会会场、县城中心广场等重要场所举办档案宣传展览。1994 年 7 月，举办《中华人民共和国档案法》知识竞赛，560 多人参与普法活动。1998 年 2 月初，在云和有线电视台开展为期一周的《中华人民共和国档案法》电视专题宣传；同年 6 月，在县城主要街道悬挂档案法制宣传横幅，在《云和报》开设专版全文刊登《中华人民共和国档案法》。2001 年 4 月，县档案局与团县委、云和中学团委联合组织云和中学优秀学生、团干部 30 多人到县档案馆陈列室参观，同时，召开档案工作座谈会。2002 年 8 月，组织 400 多人次参加省、市档案部门组织的《中华人民共和国档案法》知识竞赛活动，县档案局获鼓励奖；同年 10 月，云和档案信息网（www.yhda.zj001.net）正式开通，通过网站向社会各界宣传档案政策法规，传播业务知识。2003 年，派员参加省、市组织的《中华人民共和国档案法》知识竞赛。2004 年，采取多种形式，宣传贯彻省、市下发的《关于加强新时期档案工作的意见》精神，组织人员参加“民营企业与档案工作”知识竞赛。2005 年 9 月，结合纪念“抗日战争胜利六十周年”开展“档案宣传月”活动，向社区、学校等单位赠送《浙江抗战历史图片》，分发《中华人民共和国档案法》小册子，为市、县电视台、新闻中心提供抗战时期档案素材。2008 年，积极组织引导全体干部深入学习《中华人民共和国档案法》，利用报刊、档案信息网站等媒体深入宣传档案法律法规，强化档案法制意识。

图 36-2-2　1998 年 11 月，丽水地区档案局领导检查验收馆藏档案（沈惠芬摄）

第二节　编研作品

利用馆藏档案资源，推进编史修文资政育人工程建设。1991—2010 年，组织或配合编写 18 类 42 种约 250 万字的编研材料。1991 年，编写《云和县档案馆简介》《食用菌栽培》《云和县“七五”期间扶贫开发工作纪事》等资料计 4.2 万字。1992 年，编写《民国时期云和县政府组织沿革》一书。1994年，编写人物传记《山的女儿——刘玲英》和工业史料《云和玩具二十年》，合计7.6万字，荣获省档案局优秀编研成果三等奖。1995年，完成《云和县档案馆指南》初稿，共9.8万字。1996年，编写的《红军挺进师若干游击特色浅析》获省档案局优秀编研成果三等奖、丽水地区历史学会年会论文二等奖。2000年，编写《云和木制玩具》《云和县档案馆指南》（定稿）。

2001年以来，继续做好有关编研工作，主动为县委、县人大、县政府、县政协和各乡镇、各部门提供信息咨询、资料查阅等档案服务。

2008年5月23日，县档案局编制的《云和县档案事业发展"十一五"规划》，经县第五次政府常务会议和第四次县长办公会议审议通过，同年5月30日正式发布。2009年，先后为《处州晚报》《今日云和》《云和新闻》等媒体提供关于云和解放过程的资料图片；为编纂《云和党史》（第二卷）和《1949至1978三十年过渡时期专题调研》提供史实资料。全年以工作查考和编史修志为目的的查档者达171人次，占档案利用总人数的21.6%，查阅档案624卷，占利用总卷数的31.4%。

2010年，对全县2007—2010年的基本生活保障、新型合作医疗、劳动就业安置等电子文件档案实施光盘刻录备份。

第三节　机构与队伍

云和县档案馆的前身是县委、县政府档案室。1955年，县人民委员会建立云和县档案室。1980年1月，建立县档案科、档案馆，科、馆合一，归属县委办公室领导。1988年5月，撤销挂靠县委办的档案科，成立云和县档案局，实行局、馆合署体制，系县政府直属正科级事业单位，档案局核编3名，档案馆核编8名，共有编制11名。1991年，县档案局、馆内设综合、接收保管、技术保护编研3个组。同年10月，柳德旺被评为全省档案系统先进工作者。1993年10月，经县编委批准，县档案局内设办公室、业务指导股。1995年10月，通过省三级综合档案馆考评验收。1996年10月，实施县级机构改革，县史志研究室与县档案局合署，定编14人。2000年11月，通过省二级综合档案馆达标验收，升格为省二级馆。2001年底，县机关实施机构改革，县档案局（馆）和县史志室分设，归属县委管理。局内设机构有：办公室、业务指导科（执法监督科）、保管利用科，核编11人。2004年1月，县档案局（馆）列入参照国家公务员制度管理的事业单位。同时，经县编委批准，县档案局保管利用科增挂云和县现行文件查阅利用中心牌子，是年7月13日，云和县现行文件查阅利用中心正式揭牌对外开放。

1988—2010年云和县档案局（馆）局（馆）长一览表

表36-2-2

局（馆）长	任职时间	局（馆）长	任职时间
柳德旺	1988.06—2001.12	夏长水	2007.04—2010.12
刘少华	2001.12—2007.04	—	—

第三十七篇 文献著述

县域现存的唐、宋、元、明、清、民国时期和现、当代的记、碑铭、墓志、赋、散文和诗词等，可以再现云和较为厚实的历史和璀璨的文化。诸如唐昭宗时曾任礼部尚书的李昌之，为云和梅姓始祖梅陵十世孙梅系撰写的《唐保康候神道碑誌》；北宋欧阳修长诗《送元公赴任处州刺史》，诗题中的元公，即王元(971—1052)，云和王姓先祖，江西石磕溪人，祥符三年进士，初授延平令，奉使辽国十三年，归以功擢朝散大夫，庆历元年(1010)任处州刺史，后定居云和桑田，今沙溪村头村；元代一品丞相叶李撰写的《叶氏云章端公“墓志铭”》；元代梅荣的《龟峰寺古记》；明代刘基的《重修独峰庙碑记》；明代梅榕的《大庆寺钟记》；清陈其泰的《箬溪书院捐田记》；清宋之东的《石门卫生亭记》等，均是不可多得的重要史料和文坛华章。民国5年(1916)，辛亥革命先驱魏兰先生，曾为会稽陶焕卿先生所著的《浙案纪略》作序。1991—2010年间，中共云和县委、县人民政府为推进全县经济社会统筹协调发展，提升人民群众生活水平，出台一系列重要的治县政策、规划、规章、措施。本篇专设第三章对中共云和县委、县人民政府的部分文件标题予以表录，并对少数重要文件予以摘要入志，以供参阅。

第一章　文　选

本章所选记 10 篇、碑铭 4 篇、墓志 2 篇、赋 3 篇、传略 2 篇、序 1 篇。这些史料作品或描绘自然风光，或讴歌时代风貌，或记载亭台楼阁，或叙写寺观庙宇，或载录墓志碑铭。这些作品，视野较为开阔，内容较为厚实，有一定高度、广度、深度、力度。可从不同方位不同角度不同层面看出，云和虽为浙西南山区小县，置县历史不长，但在数百年的历史长河中，已衍化沉淀着厚实璀璨的地域文化。

第一节　记

龟峰寺古记

明·梅　荣

龟峰寺在云阳乡之东，唐工部尚书、保康候梅公讳系捐建。侯生为显秩，殁封通侯。赐葬丽水云阳乡大石桥头南园甲向，系祖宅厅前。今助教公珩宅后。夫人沈氏、柳氏厝于垂休禅院左塘林源，故捐置梅家坞田陆拾顷叁百坵入寺，为每岁春秋祭祀之资，及本寺中元籣盆之会。此龟峰寺所由昉也。考古碑，寺建于大唐贞元三年（787）冬十月上旬良旦，尚书公之父讳瑑公捐资，经始工未竣，而遭回禄。尚书公于大中二年（860）秋七月既望重兴梵宇，告厥成功。东庑为檀越，享祀祖先之所，捐田垂久，刻石记之。宋端拱元年戊子（988），尚书公孙讳彦崧、彦琳复事修建，住持僧请于朝赐名“垂休禅院”。绍兴三年（1133）壬子十二月二十二日庚申悬额。开禧壬戌夏六月，聚茵公派下珊公之孙讳舒公，又加修葺，再捐田贰拾伍亩入寺，增为清明佛食之资。其后子孙居远，上塚不克，时至寺几废焉。元泰定　年　月　日第　世孙荣重修殿宇，始复旧规，谨识如右。

时至顺三年（1332）壬申十二月丙申朔旦

梅荣　字志显，云和城内人。

云谷轩记

明·曾　棨

夫云之为物，滃然上升，弥布大空，可以水下土而苏万品。而谷则虚而有容，有君子歉受之意焉。云固谷之所起，而谷为云之所归。王君于此其将有志于泽物欤，抑其谦卑自牧，将以虚已而受于人欤？

予闻王君年已六十余，侵寻衰暮之景，卷舒自得，与造物者为徒。超鸿蒙而混希夷，观孔子“浮云”之意，读老氏《谷神》之章，汨焉栖息。夫虚空之地，宜其有契于中，而以名其轩也乎。乃从而歌之曰：

云之悠悠兮，去而还留。谷之飉飉兮，浮而可休。幽人吐纳于兹兮，是仇穴与丹丘。

曾棨（1372—1432）字子棨，号西墅，江西永丰人，明代书法家。永乐二年殿试第一，曾出任《永乐大典》编纂。

顾候祀记

明·李东阳

弘治庚戌冬，处州云和民数十辈走告于府曰：“吾邑故侯顾姓者，有功于民四十年矣。吾父老屡欲建祠祀之，而地小力艰，又多歉岁，弗能集事。今官府无事，而岁适告登，思有以毕吾知者。”时云和丞王言、方在谒知府。傅公鼐谕之曰：“此义举也。汝其为民倡之。”丞归以告知县谌宜绅，奉诺惟勤。乃率僚属捐资为费，相地于县治之东南。为堂三间，高丈有八尺，深略称，广倍之。题主其中，绘事迹于左右壁。令民以时祭祀。壬子，丞有事上京师，乃致其令佐之意，谓宜记事，始为后识。因部郎中周公木以请于予，出侯《铭状》《家乘》，并道其遗事。盖侯讳立，字成夫，为苏州常熟人。由府从事，授湖州乌程主簿。正统己巳闽寇作乱，王师南讨。侯与领馈饷，履受功赏，声动浙闽间。景泰庚午处州贼起，都御史轩公輗置侯幕下，俾守金公岩寨。仍令察诸营功过。既平，赉赐有加。比秩满，增禄一级。兵部尚书孙公原贞暨诸守臣荐其刚毅有节，可任县事。时云和新置，僻在山谷，尤号难治，乃以属侯。至则催强扶弱，构廨建学，置驿传、立坛壝，百务咸备。东有云章，道甚险，民病樵采。侯刊木剃草，辟为夷途，民甚利之。都御史韩公雍，巡抚江西，荐其可掌府事，与守臣章交上，侯适入觐。命且下，而卒。

嗟夫！士者之誉或可以媚官长，钓道路而得；惟民不容伪。然亦或偶中而获焉。至其去而思，死而哀，为之祠庙，众以著不忘者，则断断乎非可伪为也。初，云和之民、大则乱，小则讼，污染沈洽，不可为制。理乱为治，转危为安。戢锋镝，销斗讼，更新革旧，俾于纪纲法度之内。侯之功，岂一世利哉！堂而祀之，礼也，亦法之所得为者也。且侯以一从事崛起枳棘间，而卓自振拔，以立于不朽之地。彼世之身死名没，或又为民所怨言，所嗤笑者，亦岂无高科重任，其人者哉！乃或以势位轻重，而不求其实者，亦惑之甚哉！天下事固未敢深论，其有官兹地莅斯民者，稽事考绩，惟力之弗继是惧，则侯之祠利乎人大矣。助是役者，主簿刘万胜、典史倪冕，而丞之劳苦居多。故吾记之俾归刻焉。

李东阳（1447—1516）　字滨之，号西涯，祖籍湖南茶陵。天顺八年进士，授庶吉士，官至吏部尚书，内阁首辅大臣，著有《南行稿》《怀麓堂稿》等。

去思祠记

明·陈中州

嘉靖癸巳岁陈侯以考绩谢云和。越再祀，士女群萃千百，作“去思碑”思侯。于是士夫陈暐、耆老王珍、陈良轩等十陈侯政。走书太鹤山，言纪诸石。一曰“均里役”，二曰“敦学校”，三曰“饬祀典”四曰“严桥梁”，五曰“戒淹溺而孕蘖繁”，六曰“广漏泽而枯骨宅”，七曰“退蝗虎而民宁息”，八曰“祈雨旸而岁丰稔”，九曰“节财用而民力苏泰”，十曰“抚逃亡而复业者五百余家”。予唯侯所以系民之思，与夫民之所以思侯者如是而已乎？盖规条理度，治之色也。两汉敏达能吏，治多取色而中直。淹注怕薄，非不足悚慑瞻听。而情义挛结之地，或有时可夺也。是故深仁厚泽，交孚已甚。往往相忘于所值，而不能不感慕怅恋于疏离不相及之日。故我之动物，不难于动之之时，而于势之不可随，而能为不随之随，天下之至随也。夫动物可观我，随物可以观物。我曰至德，物曰至情。德曰至感，情曰至应。感应之机，孚化之道。五帝三皇所以一天下，匹夫匹妇所以契执至死不可二。固天理人心之数，物无待于外者焉，此予所以深见于云和之民，雨夫侯之所以取诸民者也。

侯，闽之淮安人。姓陈氏，讳思顺，字子裕，别号培竹。由乡进士教江阴，转令云和。以嘉靖戊子之六月来，彀其去日，凡六年于官。是后之在官，而民之见侯仅六年。侯去官，而民之见之者，反以千百年计。呜呼！侯来有时而去，候去无时而去也。予于是可以观侯矣。其后于侯者，可以观民矣。

陈中州（1491—？）字洛夫，青田县城人，初号太鹤山人，晚年又号依树老人。明嘉靖七年岁贡，曾任安徽庐江及浙江江山教谕，著有《太鹤集》十卷。

修云阳堤记

明·黄一桂

邑有浮云之溪，源自潈溪，绕县治而注龟山之南。其流两岸隔数丈，以溉民田者数百顷。市廛居民皆资并养，计而利害之系于民甚巨也。弘治癸丑（1493）黄先生经始为民度溪之右砌为堤，内穿沟渠，环绕坊市，以逼水之流利及于民，民至今思之。嘉靖己酉（1549）水激堤崩，李先生允范重修葺之，未期复崩。水势左趋，堤决岸漫，荡坏于衢道，民居岌岌然。隆庆辛未（1571）予询民利害，胥以告。壬申（1572）秋，大水崩坠益甚，予乃令民共襄其事。顷得邑人柳元臻、柳元亮输票以倡，陈继思、王一阳捐财以助。而民之愿出力输直者丕应。乃西接白水而来，连亘数百丈，皆障洪以树，御沙以栅，环堤以石，基植土筑以墙垣，若城墉然。视创始者工加倍而规制伟矣！

黄一桂　福建南安人，举人。隆庆五年（1571）任云和知县，主持续修云阳河堤。

重建县治记

明·丁以聪

云和非古县，县治之设，自我朝景泰三年始。先是山民阻险弗靖，督府张公楷平之。继大司马孙公原贞筹善后，请割丽水之西偏五十三里为县。而总浮云、元和两乡为县治。云维时当屯建侯百度草创。首令顾公念疮痍甫定之民，不忍重困兴作，撒邑古废寺为堂。门墙衙宇，六曹房舍，仅仅容止而已。迨今百五十余年，湿蒸蚁蛀，积圮如敝絮。东支西撑，上补下葺。每遇风雨震凌，令不敢公座，吏不敢庭立。尹兹邑者，亦知其可虞。第以传舍视之，非薄云和而亟移，即亦撑支补葺宁俟后至者，而后至者又以俟后至者。

聪初捧檄至，睹兹岌岌，亦知经费为难，不忍重困吾民，而轻于改作。第念圮废而后，为费且什百倍蓰矣。视事岁余，幸四境稍宁，年谷稍登，国课稍足，士民稍以相安。乃集诸耆老而谋之，佥曰："不待今。"又进诸士弟子而谋之，佥曰："改之宜。"又造于缙绅先生而谋之，佥曰："速速为幸。"谋既协矣，悉索帑赋，正供毫不敢动，仅得先年解羡寺租银八十两。前令王君请粜仓谷银四十四两，又益以岁修衙宇银四两。共计金百二十有八。条请于太府郑公转详两观察使，凡三申而后得俞。于是诹仲冬之七日始事，卜季冬之二十日落成。先期下令邑中曰："某山有木愿售者，听予以值；某陶有瓦愿造者，听予以值；其所有竹石、铁冶、麻枲可供用者，预予以值。"又告城隍司土之神，而后取乡三老分董之。而以县尉谭景瑶总其事。不伐舍旁，不伐墓侧，不伐坛壝。乡夫运而至者，计里远近险夷，量材大小轻重，劳之。工师群匠，饩廪称事。缙绅父老好义者，又欣为筐篚酒食相率犒之。于是，民不召而自来，工不鼓而自劝。自经始而告成，凡五十三日而竣事。堂之修广不增于前，而高尺有五。节棁不及前华，而浑坚过之。东为赞政，西为典库，皆翊以墙垣。视昔益完固矣。门内外阶涂，易以方石。视若磷磷齿齿者，今为平直矣。堂成，额其中曰："亲民"。跻斯堂而日与民相亲，休戚疴痒俱见。目前真若在吾四体者。经曰："子庶民"。曰："来百工"。夫百工兴作有时，非真有以来之，即刑驱弗与也。亲之何如？民吾同胞，保之如赤，视之如伤，使之如承大祭，是之谓体仁，足以长人矣。聪愧斯言，敢以自勖，并以质夫后之登斯堂者。

丁以聪　号云潭，江西新建人，万历三十二年(1604)由举人任云和知县。以文学饰吏治，重建县治，凡衙舍、仪门、鼓楼，克期竣工，而民不扰，有古良吏风。

大庆寺钟记

清·梅　榕

八音之次金为先，金奏之中钟为大。世本飞龙氏作钟，一曰垂作钟，刘熙释名。钟空也，内空受气多，故声大也。《广雅》钟之言：充也。周官为于凫氏，掌于镈师，皆作钟。春官击编钟射礼，陈颂锺，锺与钟古通用字也。

处属十邑有唐、宋、元之古钟十有四焉,在唐则乾元二年松阳淳和观钟,大历十二年宣阳观钟。在宋则景德三年松阳东街亭钟,绍兴三年天庆观洪钟,嘉定十四年遂昌隆因院铁钟,端平二年龙泉崇因寺光孝宝钟,淳祐九年青田安福院铜钟,咸淳七年青田良山铁钟。在元则至元三十一年松阳铁钟,泰定四年景宁文庙钟。后至元三年青田陀罗尼经钟,四年景宁油田普福教寺心经钟,至正十四年景宁清修寺心经钟皆见于两浙金石志及栝苍金石志。虽班班可考,然有至今存者,有不可得见者。盖保守古器若斯之难也。

云和大庆寺钟为宋绍兴四年所铸,范铜为之古色,斓斑青绿黝然,七百余年未尝剥蚀。铸匠华怀之名犹在也,劝捐僧人之名不没也,捐造姓名醵钱数目瞭如指掌也。岂非铭诸鼎钟千古不朽者欤,抑非兹寺之久而不废,何以能保守至今。和声以鸣盛欤。

钟高七尺五寸,分三层,上区计博七尺五寸,中区计博九尺五寸,下区计博一丈五寸。钟心内径四尺八寸,下口径五尺五寸,厚三寸。形分八瓣,连钮铁环廻绕柏树梁,计高八尺,计重千斤以上。(大庆寺钟现置于县图书馆)

梅榕　字镜堂,咸丰元年副贡,著有《大庆寺志》。

箬溪书院捐田记

清·陈其泰

道光二十有三年,余奉檄权云和训导。甫至郡,太守朱公淳委赴省垣经理处州府属士子乡试事宜。试事既毕,将偕计吏北上,遂不复往。故虽承乏半载,实未尝至邑一览山川风土,与邑之贤人君子相款洽也。而士之至省应试者皆来相见,彬彬乎,执礼甚恭。有梅君榕者,尤能博闻强记,敦善行而不怠,余心契之。梅君频至紫阳讲舍,谈辍移晷。余因问:“云和有书院乎?”君避席曰:“微子问。固将有所请也。邑无书院,旧志所载,义学亦久废。道光七年榕与邑绅士魏文瀛、王廷宝等倡建箬溪义学,因经费不充,未能启课。今年,元和高明府毓岱权篆吾邑,欲举其事,捐廉为倡。榕乃先捐租田五十石,复与各绅士筹课士之资。请明府通详立案,改名箬溪书院,而以社仓附焉。规模初具,踵事待增,子其为文记之。”余以人事牵率,未遑应也。

又三年,梅君复来言:“自开课以来,邑之好义者相率集资,以期经久。凡捐钱四千三百三十五缗。购田二百亩,岁得租谷五百七十石。至于讲堂、斋舍、仓房、庖厨,业已咸备。窃维道学之传,赖有朱子,社仓之设,亦昉于朱子。况朱子淳熙间提举常平,尝至括苍,爱其山水似武夷,欲居之。故郡城书院以紫阳名。而青田之石门书院,缙云之独峰书院、美花书院,皆因朱子讲道之处而建。吾邑密迩其地,怀思教泽。所谓百世之下,闻者莫不兴起也。故于院之左,营精舍以祀朱子。诸生以时习礼其中。今将叙其事始末,勒诸石。”

余闻而韪之。尝考书院之名,肇自宋代鹿洞、鹅湖。以及明经治事之斋,其尤著也。元、明以降,讲学益盛。通都大邑,所在有之,然或久而就湮。后之人访求先物名贤遗迹,辄不可得。即如处州一郡,书院之载于《浙江通志》者,自紫阳以迄鸦峰名凡二十。今之存者,仅矣。石门、独峰犹有遗址可考乎？事之期于久而不废，盖若斯之难也。

若夫朱子社仓之规制，尤为意、美、法良。而后之仿行者，作而不继，流弊滋多，有名无实，良可慨已。云和蕞尔邑，书院、社仓同时并举，两明府与诸君子之兢兢于作事。谋始者，凡欲取法于前古，而垂戒于后来，以期有举莫废，历久长新。岂不懿哉！继自今圣学昌明，人文蔚起。将于是举卜之，而其附社仓于书院，则更有深意存焉。余何敢以不文辞，爰濡笔而为之记。梅榕之兄佳模，先曾经理其事，例得附书。

道光二十有六年，岁次丙午秋八月。

陈其泰　号琴斋，海盐人，举人，道光二十三年六月(1843)任云和训导。

石川桥记

清·王士鈖

我云元和乡石塘坑桥，旧汩于洪水。潦水落时，行人恒褰裳可就，若飞湍陡发，泛滥无涯，则一苇是杭，栗栗危惧。且操舟者中流停篙横索，行旅苦之。

咸丰丁巳岁，里人开元叶君、学枢顾君、宗信顾君、进元李君、上梅江君，金养张君等集议醵金。佥谋架石为经久计，诹吉于冬十二月庀材鸠役。明年戊午，不戒于寇，兹役将废。叶君复毅然独任，务底于讫工，同志诸君并起而应之。遂相度经营，大兴木石。迄庚申冬季而落成焉。当斯桥之始筑也。叶君谓两墩遏临溪浒，脱有淫潦，横啮堪虞，乃恢扩旧基，以杀水势。溪中垒石址三，甃为二洞，工程坚致，逾于旧观。计用捐款四千金有奇，惟叶君输数最巨。其不吝饮助喜于有为，与顾君等之后挽前推，皆不可以不记。爰叙其巅末，并系以诗曰：

石川之东，横坑集潦。大杉发源，古栝通道。
徒杠俄顷，断港用棹。石林愿坚，野王筹早。
匪梁曷通，匪石曷保。凿山云纡，填汉虹抱。
乐今奠安，忘昔危悄。名比石贞，德同川浩。

王士鈖(1825—1879)　字蕴生，号筱珊，云和城内人，咸丰辛酉年(1861)拔贡，同治《云和县志》纂辑，著有《文稿》《书画船庵赋钞》《燕台诗存》《懒云小舍》。

石门卫生亭记

清·宋之东

距城西南一都水源三十里，云景通衢要道。中有大溪一条，水由源头而注，路从溪边而入。山高并峙，村庄寥落。行至十五里，有石狭口，天生自然。两傍高崖险壁，中肩搭石挺立，四围涧深岩悬。溪水潺潺，从右岩脚而出；道途坦坦，由左山边而进。上数十步至右岭头，突开一门，古志：石门。内建三楹，名曰："卫生亭。"安，则以济行人休息；危，可以捍外患无虞。一举两全，洵为尽美。系咸丰年间，宋君马留、王君元唐、严君林朝等，禀奉涂主建立，有碑可考。当遭匪乱两次，凡有城乡官绅民避难于内，只须石门关闭，派丁把守。标旗擎鼓，上岩投石下，水临渊外，不得进内则毫无虞，时有避及皆称难得，承蒙各村善士。

俯思中肩之地，内无村庄，外末烟火。行人适此，日暮中途，不免吹嘘困苦。乐助者，租田十四硕，择招一夫住亭，以作日膳，施茶济火，实为功德两便。惜乎前人成立，须后启克绍。至光绪初，住夫徙外，乏人整顿租，各施主收存滥理。迄今日久失修，亭弃崩毁，行人过此，莫不叹阴雨而咨嗟。但时事变异，前辈诸君，今皆凋谢。后起仁人，未获首出，共相观望。余因修族谱往来过此，目睹心伤，言欲复而力不逮。惟仰乐善君子，倡议为首，募缘改建，或助青蚨，②或捐红粟，多多益善，集腋成裘。度曲谋画，庀材鸠工，亭基仍旧，从新租硕，尚添润色，尚能复而张大之。庶几安危，共享永保无虞，功德可限，是则余之所深望也。余因触目有感，不揣谫陋。

已酉桂月，之东拟。

宋之东　云和沙溪隔溪寮人。此文录自宣统元年（1909）宋氏宗谱。

第二节　碑　铭

唐保康候神道碑志

唐·李昌之

公讳系，字一先。性沉静，谋宏志远。肄业泮水贡大学。为友论文词，讲经史，履出诸生之右。登大中癸酉春廷试高第进士。拜散骑常侍，御史银青光禄大夫，转廷议兵部郎中，历僖宗朝。时黄巢叛乱，上奔西蜀。中和三年，留守克用李公，荐公会河中忠武军尚让合兵破之。神京恢复，以公授昭武军节度使掌按河北。光启丙午，倭寇浙闽边城，烟报甚急。上命公节越击之，公拨二子南征，克降万余，斩首七百，随以表闻，季叔伊输粟报效。上劳其功，赐以建州军使知海道盐场。子郢拜左军都指挥押衙正将兼昭得回图知太原。次部拜右军都指挥押衙正将兼显德回图守郓州。赐公券命勑浙闽文武黜陟，举钱镠知杭州事。逮昭宗推检校工部尚书，提苏湖路转运粮饷接济北征奏捷。乾宁二年春，知制诰特封保康候。召为经略总裁军务，视事余载年老致政，上章求镠以代，荣归田里。后钱镠观诸镇僭据，使子瓘束帛请公二子佐之。公喟然叹曰："吾与而父，逝者以其进，受国恩必守忠信，无患乎！后今若此是世之污名也。"瓘降阶谢曰："谨闻命。"钱氏遂解克忠，世袭侯封不忘荐义。厥后与公加正岁，时通礼，犹联姻。

公生长庆二年二月十六日，毙于乾宁四年正月十四日，享年七十有六。娶沈氏、柳氏，生子二。长郢、次部，偕荫武爵。孙彦隆世袭。

成服列拜，哀泣盖棺。可谓功高身贵，显亲忠君。列千古所仅见焉，凡十一命官，至金紫光禄大夫，工部尚书，昭武军节度，保康候。殁谥显仁孚利广济王。赐庙食云阳之乡，葬南园甲向，捨田六十硕入垂休禅院以为岁时春秋之资。请书行实以为之先谨按镌峙如左。铭曰：

浙镇之东，节度梅公。赫赫帅尹，凛凛鋘锋。
出将入相，文显武功。上章归毙，忠梗褒封。
勋名盖世，威震寰中。昭侯卓石，德焰苍穹。

乾宁四年丁巳岁秋八月
散骑大夫礼部尚书兼武英殿大学士同平章事小师李昌之撰
金紫光禄大夫凤翔节度使保德侯郑畈篆额
银青光禄大夫散骑常侍御史上柱国陈留武胜书丹

李昌之　唐昭宗时曾任礼部尚书。此文作于唐乾宁四年(897)。

景德寺圆明普觉大师舍田碑

元·妙峰弥高

吾法垂教，六度为宗。檀波罗蜜，为法中最。树幢建刹，非宏檀度，无以迄于功。聚众行道，非宏檀度，无以资于食。然教流中夏，莲宫绀宇，遍于寰区，虽深山邃谷，轮奂庄严。世运推移，废坠不一。非明因才谞之士闲出作兴，则法之与道，萎尔殆甚。

栝丽水云和乡景德院圆明普觉大师，妙用号若海，院西梁氏子。赋性端悫，得度于耆宿鉴公。至元辛卯(1291)禀受具戒。既而孜孜为道，铢积黍累，常以兴建为怀。会邻寺兴善禅院主僧更替靡常，因循弗治。过门者无卓锡之所。师于至大己酉(1309)应众领院事，悉心经营，寻复旧观。复捐巨资缮修景德。凡堂阁、山门、库院咸完旧益新。仍塑饰圆通大士、诸天等像，金彩辉映。景德前，溪与驿道通。桥梁久废，乃凿石运材，跨空结屋。往来辐辏，若履康衢，由是闻望益彰。

至顺庚午(1330)，帝师远降法旨，褒赐美号，公始经营于两山之间。造物相之，金谷余裕，遂增拓畎亩。乡民售以水伤沙地，悉开为田，岁入颇饶。公之伟绩，脍炙人口。一日，兴善继席，古材梁公访予于翠微故山，语予曰：若海公与白云师祖有金石交，比与腴田一百五十秤，归于受业崇福助香积供。今以年迈，余亩欲有所归。拟以二百秤入景德，半以备修寺修桥，半以添澹堂厨。且每岁十一月二十一日为考妣追修。以二百秤入兴善澹众修造。以一百秤入邻封追刹。以五百秤入圆明塔院为芗灯日用之需及异日追远费，俾传派徒众轮年掌事。其供馔斋施，并有常仪。公推先师祖之爱，俾绍兴善席，托以后传。辅成厥志，惧寖远而无传。丐一言以垂不泯。予辞不获，请益坚。因从容扣询其实。遂语之曰：去圣逾远，古道湮微。据一方之席者，规一方之制。餐素度时者众，若海硬竖脊梁，痛自撙节，指画心计，卒成宏规。复以田亩分施诸刹，平等一观，了无住相，所谓檀波罗蜜，□修登得不于此一念具足。苟扩而充之，则六度齐修，万行具备。挥戈慧日，于末运将湮，岂不韪欤？子当以吾言为若海告，必蒙首肯。古材唯唯，遂书为之记。

至顺四年癸酉夏孟，前法海院住持妙峰弥高撰 寿宁禅院住持海空行愿书并篆盖

妙峰弥高　元代人，曾任厦门鼓浪屿法海院住持，此文作于至顺四年（1333）。

重修独峰庙碑记

明·刘　基

独峰庙者，宋银青光禄大夫、兵部尚书陈公庙也。公尝仕吴越王钱氏，自登进士第，历职太常，至处州节度散兵马使，皆有声猷。宋德龙兴，钱氏纳士，公以旧职莅事。既而陈璋、田頵猖狂于括苍，公奉朝命为讨击。使弟侯、称、倪并列将校，设方略，励兵戎。枭厥渠魁，悉平余党。于是峰烟罢警，耕织如初，朝庭策功，锡兹显职。及诸将校，各进阶资。天下既宁，宜力之臣，率多就第。公以括苍节钺之所，黎民相安。乃居郡西乌石之山，以养威重。去郡百有余里浮云睦田，独峰奇秀。公乐之，曰："此吾瑕丘也。"复徙居佚老焉。民以宿弊告，公为上表剧陈，寻获蠲革。于是民业有成，公之惠也。公尝为所亲曰："吾生为民除害，死必为神以福。他日享祀，非吾子孙与乡之民乎？"公卒，葬于所居东岗。凡子孙与乡民，遂相与立庙独峰下，岁时奉祀。水、旱、疾、疠，有祷必应。

洪武三年秋，嗣孙政率其宗族与其乡民重修公庙。效力鸠工，则族子勤，崇之□焉。既毕事，相与谋曰："我公勋烈丕显，福我在后之人。世远弥笃，苟无纪述以示来裔，何以昭神庥，绵纪事？"即日具书敝来谒文。古公卿大夫之庙，亲尽则迁，子孙不得常祀。有功于民，御大灾，捍大患，著于祀典，民得通祀之。公英气在天地间，无幽冥之间。生既泽斯民，死复福斯民，宜其庙祀不绝也。昔汉朱邑常曰："我故为桐乡吏，其民爱我，必葬桐乡，后世子孙奉我不如桐乡民。"卒如其志。今公居于兹，葬于兹，庙食于兹。子孙与乡之民爱公也。洁粢荐牲，罔弗虔恪。视汉朱邑，抑又光焉。流祉降祥，未容已也。是宜作为歌，勒之贞石，以昭千古。公讳倪，字文叔。其先许州许昌人。诗曰：

天祚有德，忭水龙兴。公翼吴越，归于圣明。
帝察其衷，俾仍厥职。公效其能，不遗余力。
维彼小丑，逞其顽冥。梗我南土，帝命徂征。
桓桓徂征，爰敌王忾。怒发冲冠，灼灼忠义。
武夫洸洸，巨刃天扬。夷厥凶残，植其善良。
耄倪欢呼，以手加额。脱彼妖氛，沐我王泽。
班师于京，载韬其方。远人怀柔，惟公之公。
帝曰俞哉，汝匡王国。进阶银青，以昭汝绩。
冠冕煌煌，尚书之章。喉舌之司，万夫之望。
功成身退，择地而处。乐哉斯土，实我玄宇。
英气凛然，死为烈神。苍蒿昭明，千载不泯。
独峰之址，双溪合委。庙貌郿郿，是享是祀。

子孙具来，修牲荐铏。凡此乡民，罔弗竭诚。

轮奂再新，公食有所。具乐以迎，公复故土。

千秋万岁，福我无遗。用昭神庥，勒文于碑。

洪武五年壬子春

刘基（1311—1375） 字伯温，浙江青田人，明初大臣。诗歌雄浑，散文奔放，著有《郁离子》《诚意伯文集》。

初置学田碑记

明·何 镗

云和之为儒学，始自景泰三年析丽水西南乡建县时并置云。然未有赡田也。今上之四年（1576）龙川萧侯来令是邑。安养还集，爬梳蠹慝，口不得其理。黎民睁蒸蒸又治。故前此未有也。逾年，与文学博士修举功令，劝学兴礼，以励贤才。乃议曰："国家储才学校，凡受业博士为弟子，咸复其身，令一意向学。其试居高等者，岁廪膳之，恩施甚美。"然郡邑悉有限额，乃待廪膳者，多不过三四十人。今士学彬彬盛矣。廪额之外，少不下百十人。他无本业者甚众。诸所缓急，若婚丧不给，其道无由。苟无制置以裕赈助，非所以崇乡党之化，开太平之源也。遂捐一岁俸入，贸民间常稔之田一百二十余亩。令后来者，得嗣增益。敕以每岁租入，别为征贮。时事诸生之贫乏不能举事者，酌所需之多寡赐予之。岁终，核籍通计出入，以为诸生长久计。乃诸生无不喁喁，然若有恒产矣！于是，邑博士卢君宜治健羡其事，具书所以属门生王一部、梅文琇、王一陛，问记于余。余惟三代之道，设为庠序、学校、联师儒而群弟子，以为备教矣。而后世又有除徭给膳以恤其私，亦谓备养矣。而郡邑所在，又有赡田、池、园屋。赁之入以及其余，其惠育贤能甚备制也。乃时事多端，民生耗竭，征需四出，人苦吏急，奸弊丛生。郡邑长吏，疲精力于期会，听比尝虑不给，故未遑庠序之事也。今萧侯帅先廉平识事，通敏诸所繁错，悉能精意推行之。百度贞举，章章较著，而尤加志于学士，一创道德之涂。其所以饬厉而诱进之者，可垂永久，爱利庶几哉？廪廪德让，君子之遗风矣。又闻侯尝群四境子弟之开敏者，假馆所中详延方闻之士为之师，时时稽所诵习。而诸生之明经饬行者，察令便坐条问，礼劝有加焉。其好教化如此，故今云和弟子无不欲为学宫弟子者矣。异日者，瞿然顾化。洋洋弦诵之声，人才汇征，毗翼明世。侯所规模，不既宏远也哉。昔文翁兴学蜀地，当时比隆齐鲁，至今化其教，多文雅之士。云和诸士，其毋负侯斯举也。侯名渊，字子潜，江右建昌之南城人。由选贡上京师，授济宁州别驾。擢今官，治邑善政，种种具在篇中。所置田之阡陌，佃户与岁入租数，则载之碑阴，籍在有司。

何镗（1507—1585）字振卿，号宾岩，丽水人，明嘉靖二十六年（1547）进士。初授江西进贤知县，后任开封府丞，潮阳知县，云南参政，平生著作甚多。

第三节　墓　志

叶氏云章端公《墓志铭》

元·叶　李

前迪功郎　五经博士　武宁知县　奉训大夫翰林侍讲学士府君墓志铭从孙李泣血拜撰。

府君讳端夫,字侍宸,姓叶氏,世家南阳。自叶公诸梁,以采地为氏,传二十四世,有讳望者,渡江而居丹阳。至晋折冲将军俭公,来居栝松之瑞应里。府君实继前翰林学士清臣公之后,六世祖士真府君,始家于规溪,又四世,至龙丘县尹延载府君,乃占籍于三衢,大父景昭,复迁于栝之允和乡悦丰里,今遂为丽水人。

父应龄公赠朝奉郎,母王氏封宜人。府君自龆龀时,笃志好学,冠通五经大义,赋诗为文,有韩柳风格。与兄秀夫齐名,号二叶。事亲至孝,宗族无间言。嘉定间,郡举明经,兄弟俱擢高选:兄待制翰林,府君以迪功郎受五经博士。癸未岁(嘉定十六年1223),二亲相继徂谢,解职居忧哀毁骨立,丧葬尽礼服。未及阕,会宁(宗)庙大渐,理宗登极。守令选用儒臣,诏下夺服:以兄知赣州,府君知南昌武宁县。旧俗狱讼至繁,府君处之极简,既而,上思其才,复召入用,邑民号呼挽留者填道。既入见,授宣义郎,召对赐坐,与论朝政,言辄称旨。于是,宠锡弥厚,累迁至奉训大夫翰林侍讲学士。尝谓府君曰,卿祖清臣、梦得等,皆以忠正辅主名播史册,卿宜恪守,乃职庶毋忝尔祖矣。府君顿首致谢。未几,升鸿胪卿。在官半载,尝疏仲翁,知足不辱之语,遂谢病乞骸骨南归。时兄为赣州亦引年而还。于是,搆"联芳楼",兄弟日以诗酒娱乐,更唱迭和。淳祐壬寅(1242),兄遘疾阽笃。府君躬侍汤药,衣不解带,月余兄殁。执丧戚甚,若丧厥考,抚诸姪尤加恩意,思武宁遗爱,作琴堂於居第之左,以示弗忘其所。著作有《清溪集》《五经质疑》《考盘集》等篇。

景定间,上自以春秋既高,喜用老臣宿儒,屡下诏征之弗起,赐三品秩,赠大中大夫资治少尹,仍赐以几杖、葛巾儒服。谥曰:"靖乐处士。"府君性敦厚雅重,有古人风,言行举止悉由乎。义辞受取与,一毫不苟。其忠义孝友,盖天性也,故其寿登耄耋,子孙显甚,世所谓五福俱全者,惟府君有之。

李曩以言事,获谴窜逃瘴乡,临诀府君赠有诗云:"余年已衰迈,会面安可期。绸缪不能舍,心逐征鞭飞"。言犹在耳,呜呼,痛哉!捐馆之日,李尚羁炎海,弗获临弔。今想其容,登其堂,其琴在,其人亡。其哀慕之意为何如耶?尚忍铭吾府君之墓哉。噫!府君,李之从祖也。故爱李之笃者,莫如府君;而知府君之详者,莫如李。顾无辞不足以发其潜德。然铭者名也,志者志也,铭以纪其名志,以述其志而已,又"何以文为"?

府君生于宋庆元二年(1196)丙辰三月三日,终于咸淳十年(1274)甲戌四月三日,寿七十有九,以次年乙亥十二月庚子,卜葬于云阳岑头之后冈。配梅氏有懿行,赠缙云县君。次柳氏克内赞,俱先府君而卒,至是乃合葬焉。男子二,长元麟,业儒赠朝奉郎,次元龙,前郡守裕斋马公,荐为广德主簿。女一适同郡沈天骥。孙男四槚、榅、杭、林，皆克世其家。曾孙男五尚幼，服既终而情无。

己未（理宗开庆元年 1259）暇，乞铭於大手笔。葬且二载，李始获归谒庐墓闵。府君生前之勋烈不振，使当代秉史笔者，政绩无所攷，乃抆淚而为之铭，铭曰：惟我叶氏，出自荆楚，三迁来栝，益茂厥绪猗欤。府君叶宗之英才推连璧，学优六经擢秀，巍科义方，所及亲殁居忧哀毁骨立。夺服承制，出知武宁，狱讼简息，德化流行，诏入词林，民思遗爱，得宠思辱，功遂身退。兄弟既翕，花萼联辉，善政弗忘琴堂是治。上思旧臣，累召弗起。敬老尊贤，褒谥逾美，怡情老圃，既寿而康，五福备膺，乡闾之光，天祚德门，克家有子，裕后光前，死犹不死，孝悌忠信，乡人素称史臣。

执笔视此碑铭

至元丙子（1276）春三月上巳

叶端夫　邑人尊称端公，云和县云章叶氏显祖，叶李从祖父。叶李：字太白，一字舜玉，号亦愚，少有奇质。叶李籍贯云和县，故里云和云章，家园富阳环山开基祖。叶李在元世祖忽必烈间，官居丞相。

（徐瑞根、陈水根　供稿）

魏子文先生墓志铭

清·叶子胄

子文先生讳毓祥，浙之名下士也。家世显达，读书能识时务，与胄谊属葭莩。初见于吾邑洪戚家，谈及清季时，慷慨激昂，略无顾籍，谓汉族孱弱至于如此，吾人若无爱国热诚，不将长此终古耶！时宗弟仰高在座，闻言为之泣下，引为同志。厥后，遍交当世诸时杰，毅然以维新自任；则兴学校，倡言改革，实为光复汉士先声。东渡日本考察实业，归国后，组织利用公司于丽水。以开利源，地方人民至今犹利赖之。民国成立，当道交口篇荐，誉先生不自以为功。任松阳统捐局局长，年余升调天台知事，辞不赴任。洁身韬隐，邦人感其热情，仍举总理利用公司，锐意经营，积劳成疾，竟于民国十三年夏六月十九日卒，年五十有六。呜呼，先生往矣！而追念平生之言，恍然如昨。仰高功成身死，先生功成不仕。其志可嘉，其名皆足千古矣！铭曰：生荣没己，振古如此，川岳英灵，永宜孙子。

鹤溪叶子胄拜撰

叶子胄　清末民初景宁人。

第四节　赋

大庆寺落成志喜赋

清·王士鈖

白塔之阴，黄溪之会，有梵宇焉。为云城最延旧迹，于唐时焕新猷于郭外。欣福地之宏开，拟画图之巧绘。金石粉其千声，云霞蔚其一带。护象教于万年，侔鸿功于四大。其地则象岫遥横，龟峰俯映。壤本接乎迎恩，牓仍标乎大庆。登佛地而虑空，入禅关而尘净。串牟尼兮听经，谒弥勒兮证性。羌游历其渐佳，已经营其极盛。尔其飞阁流丹，层檐叠翠，栋起云霄，台开月地。瞻宝殿之庄严，仰珠藏之灵异。丈六金刚现身，十八罗汉垂次，参胜果于诸天，显圆光于兹寺。

若夫四面营台，中央构阁。架石烟凌飞甍，电霍槛折红疎。阑交碧错，现大士之慈悲，列仙姬之绰约。犹且霞观，昂头云梯，插脚出苦海于红尘，攀仙峤于碧落。

至若沼圆月印桥小虹，横栏杆屈曲亭子。峥嵘引定泉于上界，通彼岸于前程。契全规之清澈，悟一线之光明。济慈航而功普，登法海而道成。又如几杵钟闻，三层楼萃。既古器之昭垂。亦宏规之位置。答云水而风流，倚月山而霞致。振法音于大千，擅奇观于寡二。非一木之能支，有众材之足记。是以契结上人，缘联信士，雨花说经，浴蘭修祀。鸟息机兮。梧梵音花解语兮。参禅理、信圣教之覃敷，宜人文之蔚起。塔培元而徵休，门开甲而志喜。固知报木缵谟怀忠，抒慕拓经历之新图，绳尚书之故步。永垂休于梅林，先启秀于桂树。伟凤毛其将翔，想骥尾其许附。同选佛而题名，比登仙而作赋。

王士鈖（1825—1879） 字蕴生，号筱珊，云和城内人，咸丰辛酉年（1861）拔贡，同治《云和县志》纂辑，著有《文稿》《书画船庵赋钞》《燕台诗存》《懒云小舍》。

云和梯田赋

张志杰

洞宫福地，绿谷桃源。白鹤尖下，牛角山前。灵奇四野，浪漫梯田。晨辉鳞灿，夕阳霞妍。三坡五岗，梯耸云天。捷足远眺，气象万千。北接浮云，一览岚烟。俯瞰南山，修篁翩跹。举目东坑，清流前川。西依群峰，翠屏齐肩。岚翠婷婷，泉洌篇篇。日出云海，辉映梯田。金光万道，鳞光闪闪。霞脂雾粉，称之一绝。

悠悠曲线，舒舒柔柔，缠缠绵绵。 断断续续，纤纤连连。错落有致，似画如弦。神农挥笔，谓之二绝。雾凇奇观，数九寒天。雨雾笼罩，冰封山川。银装素裹，树树珠悬。梯田玉契，冰柱挂帘。赞为三绝。地成章法，神农巧夺天工；天涵意境，李杜翰墨难圆。天道酬勤，开犁有节。山欢水笑，鼓乐喧天。

乐乎！号子声声，畲汉歌手放喉：鞭炮阵阵，游人踏破田头。牛鞭指处，青犁翻浪滚滚：牧童横笛，牯步奋蹄悠悠。汉子把号，谷和乡音八度：姑娘起舞，田迎游客五洲。快门开起，捕捉风光镜头；孩童乐处，弄得满身泥油。

嗟乎！昔日斯丘，地无章法，人有千愁。今朝梯田，如诗似画，一望难收。老茶坊廊，百首鼓词吟唱，栈云廊桥，千秋故事传流。天籁云和，四野围屏峦丘；水幕悬河，七星拱照琼楼。一年之计在于春，农家之计在田头。梯田之春；杜鹃咕咕，山雀啁啁。风推雾涌，水满田畴。积肥播种，荷锄呼牛。农神佑兮，香烛三牲奉祭；耕牛幸兮，精饲米酒犒酬。年年如此，农道千秋。梯田之夏；碧波滚滚，青螺悠悠。蛙鼓声声，红鲤游游。耘田施肥，风掀绿绸。梯田之秋；金浪滔滔，一望丰收.。水涵青峰，霞染云头。 梯田之冬；物草荣枯，最美之章，雪染田畴。雅韵别致，一韵一丘。坡坡畈畈，章章画画。涵泳飞白，天公作美,尽显风流。

噫！一派小康，农乐悠悠。辞曰；斯地梯田，县之名片，牵人心魄，动人心弦。仰观天地，感上苍之恩赐；慨叹今昔，倍念先人造福之田。大千世界，农家因缘。中国最美哉! 云和梯田!

张志杰　男，1933 年 11 月出生，浙江云和人。中华诗词学会会员。著有《浮云斋》等。

云和新貌

陈可富

科学发展，春风化雨，柳碧桃红，莺歌鹭舞。十里绿廊，葱茏夸盛世；万家灯火，辉煌迎小康。白龙耸角，信心百倍腾飞；凤凰展翅，鹏程万里翱翔。青阳笑脸，祥光万丈炫耀；新华逸香，瑞气千团腾升。中山长街，气势浩然延绵；元和小区，神情振奋图强。前后左右，渐渐崛起；东南西北，欣欣向荣。琼楼林立，康衢纵横。六桥飞架，七彩浮云。公园溪边，拳舞剑击，乐声悦耳；广场树下，步转袖舒，旋律悠扬。狮欢象咏，不朽华章。

科学发展，产业兴起。木制玩具，名扬四海；优质产品，畅销八方。杨柳河畔，机器轰鸣；工业园区，聚集厂商。昔日荒丘，今朝宝坊。生态旅游，悄然兴起。将军桥下，玉泉吟媚；梅竹村里，风景如妆。老茶度韵，吟经久远；古屋飞檐，余味趣长。打开山门，建成富庄。看梯田，朝霞染岫，晨雾缭村。水昭日月，曲伴星空。风传天籁曲，鸟啭月琴声。梅源梯田，全国最美。紧水滩头，弧坝闻名。铁塔林立，轮机轰鸣。仙宫湖胜，渔家曲扬。玉镜映天，波光潋滟峰峦秀；渔舟唱晚，月夜苍茫灯火煌。狮山胜地，新颜承雨露；文殊宝塔，巍势沐晴光。木玩公园，鸿篇书伟业；南山丘地，陋貌换新装。食用菌业，香菇木耳；品质优良，闻名遐迩。云和师傅，享誉南北，刻苦学艺，脱贫致富。小县大城，气象万千，卫生城池，生态县邑，童话世界，山水家园。

诗曰：欣逢盛世业宏优，幽壑琼楼展大猷。

日耀霞彤图壮丽，汗泉碧血谱春秋。

陈可富　男，1948 年 3 月出生，浙江景宁人。浙江省诗词学会会员。

第五节　传　略

张庆祥行略

清末民初·张之敬

君乃陆军上尉，殉难天堡城烈士也。清宣统元年，朝议以旧式军不足卫国防。诏下各省督抚，淘汰绿营。征选田间精壮子弟，入营训练用寄干城，名曰："新军"。是时吾邑应选者二十一人，君实与焉。君讳庆祥，父名志培，农家子也。初入军伍，即为主器，未数月遂擢中士，命督其群。辛亥革命以克复省垣功权排长。浙事平又调君破南都，时联军在都十万，凡三攻天堡城不克，士气大沮。君至愤之，率所部敢死士不满百人，从管带叶仰高薄城而陈。自晨达暮，猛战不休，联军为之气夺。及城克，叶中炮死，君亦脑穿三弹殉难天堡城下，时年才二十二岁。于是联军乘间破入南都，扫清江表。政府烈君功绩，赠陆军上尉，从祀天堡烈士祠。更给百金恤其家，岁以为常。君独子也，既殁，其父痛宗祊无，娶侧室刘氏。翌年，生子曰庆翘，以系若敖殆，天所以嘉君之烈也。

张之敬　云和县新田垟村人。

柳吉甫先生传

清末民初·尤希度

先生讳春祥，号吉甫，姓柳氏，世居邑城黄溪之北。为人绳墨自守，黜华崇实，性狷介，呐呐如不能语。其型于家式于乡里者又率依乎！中道绝无奇特可惊之行。独其研究种植一事，有足以为世法者。爰述其一二，以昭兹来许。

先生强壮之年，适当有清末。叶深有鉴于地方土地之荒芜，物产之衰微。乃奋然与乡先达魏君石生、王君卓庭辈，作提倡种植之举。原欲收罗城区之童山荒地，垦为植物之场。将竹树果品分类栽培，冀收十年树木之效，以树一邑之风声。而后广事宣传，使人人知所效法。庶野无旷土，地尽其利，贫瘠之云和，不难变为富庶之区。嗣因魏君奔走革命，不遑他顾。王君年老倦勤，弗任艰巨。所谋之事于焉中止。他人处此鲜有不改其初衷？而先生独醉心种植，始终不渝。遂缩小范围，独立筹办。于所有之田园隙地，遍植梨树。胥已蔚然成林，递年出产所值不赀，苟非先生之惨淡经营，焉能获此巨利哉！今步先生之后从事种梨者，寔繁有徒。邑中频年之产梨，有加无减。而饮水思源未始，非先生提倡之功也。吁！先生诚可谓吾邑之一大种植家矣。先生有子三人，长子培卒业省立十一中学，现在县教育局服务，公余之暇犹孜孜以种植为事，仲子坤、季子坪皆读而兼耕。一门之内兄弟，怡怡俱有父风云。

论曰：时当叔季，俗尚奢侈，人皆趋向纷华靡丽之场。畴能兴天地自然之利？乃柳子吉甫苦心孤诣，讲求种植成效卓著，贻厥子孙。其立身处世诚有加人一等矣。

尤希度　字寿卿，云和城内人。

第六节　序

《浙案纪略》序

清末民初·魏　兰

《浙案纪略》，会稽陶焕卿先生所著也。先生南游至缅甸，曾载于仰光之《光华日报》。所有革命党人之姓名，皆用甲、乙、丙、丁等字代之，盖恐清吏之注目也。庚戌岁，先生又将其书分为三卷。上卷纪事本末，凡四章，曰文字狱，曰党会原始，曰进取纪事，曰破坏纪事，并增补刘光汉内叛诸事。中卷列传凡七篇。下卷附录凡二集，曰革命文告，曰清吏案牍。又外纪一篇，曰教会源流考。凡关系诸人、为清吏所不知或知而不甚注意者，又或本人已著名，清吏已注意而尚留寓内地者，本书中均仅录其姓，而名用□空之，以为隐晦，余则录其真姓名也。稿既成，即拟付印，同人皆谓序述过详，事机毕露，反为进取之害。因将中卷列传，及教会源流考，先刻于日本，余稿悉藏于东京。民国成立，兰欲付之于梓，函托陈逖生君携归，时朱介人、屈文六两先生欲编浙江光复史，延罗秀南、于少秋两君主笔政，张□□又将是编交于屈君，以为参考之用。但其中人名未经直书，阅者茫然，乃询之王文庆君，王君以兰与陶公同事最久，谅必深悉，嘱兰一一填之。秋九月，兰又出宰永康，其稿仍存于罗秀南先生处。二年春，尹维峻女士欲编光复史，函索是稿。兰又作书致秀南，请其转交维峻，由是其稿又为尹女士所藏。无何尹北上，兰由永康调任武康，地址未详，音书遂绝。四年冬，兰以免试知事入京觐见，晤尹君于章太炎先生处，因将原稿索回，误者正之，缺者补之，余则悉仍其旧不敢窜改，盖恐反失其真云。

中华民国五年六月三日　云和魏籣谨序

魏　兰(1866—1928)　字石生，云和城内人，曾留学日本，为浙江辛亥革命先驱之一。著有《畲客风俗》《浮云集》《再生室吟草》等。《畲客风俗》被浙江省图书馆收藏；《浮云集》收编于2009年印制的《云和魏氏诗集》；《再生室吟草》已佚。

第二章　诗词选

自宋、元、明、清至现、当代，不少本籍和外籍的诗词名家及诗词爱好者，在云和这片土地上，借景状物，抒发情志，留下不少饶有润味的可人作品，主要有：北宋欧阳修的《送元公赴任处州刺史》、南宋马光祖的《云章即景》、元末明初吴邦直的《过浮云酬王少府》、明代王应羌的《山居咏怀寄鹤溪潘甥竹轩》、王存诚的《海云庵》、林汪远的《观获》、王栾的《登鲤鱼山》、余绍宋的《云和月》；王一卿的《满庭芳·旋里辞》、黄绍竑的《庄椿岁·八千里路云和月》、《烛影摇红·新年大雪》；现当代傅瑜的《游夏洞天》《秋游枫树湾》、魏裕安的《西江月·观杨柳河工程》等，这些诗词，均从不同方位不同层面表达对云和山水风光的赞赏和风土人情的眷恋。

第一节　诗　选

送元公赴任处州刺史

北宋·欧阳修

江南有士清且温，乃是枢密朴公之子孙。

时年射策当青春，二十五载经风尘。
辽北归朝白发新，恩封刺史东浙滨。
诏赐琼林宴老臣，芙蓉绣褥荣锦茵。
金花斜插乌纱巾，玉醑光浮瑶海银。
舞罢春风罗袖薰，歌翻白雪遏行云。
醉骑官马出金门，龙钟矍铄惊世人。
明日谢恩朝礼毕，去马萧萧蔼行色。
故人云集唱骊驹，大向沙头张饯席。
与君把箸击盘歌，此欢此乐成蹉跎。
相孙公子骈骈马，纷纷相送如奔波。
亲情别事谁最多，参政王曾意若何。
命裁诗句写别意，手把椽笔先摩挲。
波涛入笔翻河江，摇毫掷管投长歌。
摛文范公仲淹者，老笔腾烟推独写。
就中别底谁最亲，王曾王素皆族人。
沙头援笔写别意，龙跳虎卧真入神。
枢密衍公情颇厚，联襟酣饯吟兴好。
众推序卷且不辞，墨花绕砚龙蛇走。
让余别卷披文藻，壮心情怀不知老。
便述胜事缀作歌，捻来秃笔纵横扫。
分携会晤知何时，勉旃别卷宜珍宝。

王　元（971—1052）　字常侍，江西石磕溪人，祥符三年（1010）进士。初授延平令，奉使辽国十三年，归以功擢朝散大夫。庆历元年（1041）任处州刺史，时年已七十一岁，为官廉敏，士民怀之。辞仕后，定居云和桑田，后称柘野，即今村头村，为云和王氏始祖。

云章即景

南宋·马光祖

溪云五彩蔼祥光，甲第峥嵘冠一方。
桂子秋香登隽路，杏花春满读书堂。
矶头独屿涵芳藻，门外双溪映绿杨。
文笔况当离大位，群英蔚起焕词章。

马光祖（1200—1273）　字华父，号裕斋，浙江武义人。因武义在南宋为婺州东阳郡，亦有称马光祖为金华或东阳人。宝庆二年（1226）进士。初授临江新喻主薄，嘉熙、宝祐间两任处州知府，后任江陵知府、建康知府，咸淳拜参知政事。

过浮云酬王少府

元末明初·吴邦直

春风吹暖草青青，花鸟连村解笑迎。
深坞晚烟千树暝，断桥春涨两溪平。
高人牧鹤松阴出，使者乘骢柳外行。
邂逅相逢即相与，过从下榻饮盃羹。

吴邦直　约生活于元末明初，云和县贵溪人，甲子进士，曾任监察御史。

山居咏怀寄鹤溪潘甥竹轩

明·王应羌

巢居凤山阿，白云自吞吐。
赖性共幽闲，怡悦将终古。
造物无尽藏，随人自领取。
我欲持赠君，出山作霖雨。

王应羌　字以善，号巢云，云和县人，善诗文，工丹书。

海云庵

明·王存诚

路绕藤萝石径深，上人结社住幽岑。
境超瀛海三千界，瑞观昙花一片阴。
满座猊香腾宝雾，半空梵语振潮音。
何时著我登山屐，投老禅关洗此心。

王存诚(1405—1459)　本名有桀，号雪牕，云和城内人，海澄次子。性孝义，以儒士征授上林院典簿，寻擢监丞，著有《如愚集》。

白龙山

明·张可仕

既有龟山与凤山，龙山应得峙其间。
碧霄蟠影云阴合，丹穴流涎石髓环。
高卧犹疑诸葛里，登龙初见老聃颜。
从来积土兴云雨，况汝为霖志未闲。

张可仕　字时卿，号春窝，安徽宿松人。贡生，明隆庆二年(1568)任云和知县，任期三年。

观获

清·林汪远

黄云遍郊陇，及时抽穗芒。
炎蒸愁溽暑，原田多生蝗。
吁天乞雷雨，驱逐无遁藏。
早禾初歉半，田父方嗟伤。
晚禾幸坚好，欢欣过所望。
损中翻得益，天亦降其康。
日出荷腰镰，挃挃皆登场。
滞穗啄鸟雀，遗稿饲牛羊。
主伯相呼慰，有粟盈仓箱。
衢歌喜洋溢，鼓腹游羲皇。

林汪远　字宏庵，福建德化人，康熙二十七年(1688)以举人授云和知县，有政声。公余以楮墨自娱，有《诗删存稿》。

登鲤鱼山

清·王　栾

云山山高多嵚巇，形胜独有鲤山奇。
朝天突兀石鳞起，化龙龙门知何时。
岩前松色日苍翠，山外溪流长清漪。
河山千秋亦犹是，转移风化关有司。
我来待罪遥思古，未能作人惭守土。
年年三春桃浪生，谁知蛟龙得云雨。
矢志欲使教泽深，无奈孤陋负文林。
鲤山灵秀钟气厚，料启人文惬予心。
一声鸣雷浪三级，乘风万里化龙吟。

王　栾　字馨斯，陕西宁羌州人(今宁强县)。乾隆二十八年(1763)由进士任云和知县。

云和月

民国·余绍宋

壬午中秋旅居云，李立民、孙宾甫两君约往黄水碓村之梨园，开筵赏月，梨花忽非时盛开,相与叹绝。予以疾新愈未能久坐即归,翌日赋此记之。

殷勤云和月，照我乱离身。
四年逢此夕，皆作羁栖人。
思家惨不乐，况乃病起新。
主人为解愁，肴馔搜奇珍。
梨园张清宴，满座为生春。
虽无丝竹盛，却有烟霞亲。
明月真有情，冉冉寻芳尊。
梨花亦有意，灿灿催缤纷。
春花与秋月，同赏亦罕闻。
好风从东来，披襟散微醺。
孱躯不胜寒，追陪负酒温。
命舆款款归，潋滟益有神。
大钧力诚伟，感物能无痕。
羁愁遂若失，流散同浮云。
魂梦亦已安，一觉惊朝暾。

余绍宋(1883—1949)　字越园,号寒柯,浙江龙游人。近代著名方志学家、书法家,著有《寒柯堂诗》。

游夏洞天

傅　瑜

银练如帘挂碧空，天然胜概翠微中。
飞珠化作疏疏雨，溅玉生成淡淡风。
霞蔚云蒸腾瑞气，光浮金耀现霓虹。
洞天福地钟灵秀，直恨辞贫句未工。

秋游枫树塆

傅　瑜

石径弯弯野菊香，满山红叶尽披霜。
金阳送暖心空阔，翠鸟传情气自昂。
涧水潺潺弹乐曲，松风瑟瑟诵诗行。
林幽抛却凡间事，哼起歌儿化羽翔。

傅　瑜　男,1943年4月出生,浙江淳安人。中华诗词学会会员。著有《傅瑜作品选》《心路屐痕》《诗路心语》等。

春游仙宫湖

陈水根

潋滟金波和煦风，休闲垂钓觅鱼踪。
百花争艳春光媚，群鸟相亲柳线恭。
碧水行舟腾细浪，暖风拂面绿巅峰。
江边灯火景添色，远客幽林闻鼓钟。

陈水根　男，1954 年 5 月出生，浙江景宁人。中华诗词学会会员。《春游仙宫湖》获世界汉诗“诗与远方”征文三等奖。

云和梯田雪景

陈可富

天公昨夜撒琼芳，梅岭鹤峰饰玉装。
银甲层层铺岭畈，翠篁竿竿着晶床。
柴房帛裹寒光里，陌路冰封邻舍坊。
山雀声声吟幻境，白龙驻处醉人狂。

咏 梨 花

钱小林

琼枝凝雪逸清香，风动霓裳春舞忙。
形比桃红魂更洁，神超李白韵尤长。
朝霞色衬胭脂脸，明月光撩翡翠妆。
一曲梨园千古唱，金秋圣果普天尝。

钱小林　男，1957 年 7 月，浙江云和人。中华诗词学会会员。著有《驿路吟风》等。

春 游 狮 山

吴素萍

狮山耸立小城东，远望连云接远空。
绿竹开颜迎丽日，青松含笑迓诗翁。
眼收四野禾苗壮，脚踏三春嫩草葱。
喷雪深藏幽谷里，仙台耸入碧霄中。

吴素萍　女，1941年9月出生，浙江庆元人。中华诗词学会会员。著有《素萍吟草》等。

新岭村新貌

章焕如

桃花灼灼菜花黄，春笋尖尖灿露光。
清水一溪鱼互逐，柳丝两岸燕低翔。
民歌曲曲云天震，畲汉家家福禄长。
楼宇茶香飘寨外，欢声笑语满山庄。

章焕如　男，1945年1月出生，安徽桐城人。浙江省诗词学会会员。著有《滴水集》等。

安溪雪梨

廖思琴

圆球硕果挂枝颠，淡绿橙黄映碧天。
细嫩丰盈招喜醉，润滋松脆惹垂涎。
晶莹剔透称金品，可口芳香喻蜜甜。
欲问仙桃谁造赐，畲农智慧胜仙贤。

廖思琴　女，1947年2月出生，浙江云和人。中华诗词学会会员。

登凤凰山

祝春芳

扶筇拾级凤峦奔，沐露欣逢升瑞暾。
奋越半山初得志，力攀绝顶更销魂。
放眸昊宇心神爽，回首旅途风骨存。
最使游人陶醉处，一行白鹭绕西门。

祝春芳　男，1937年3月出生，浙江诸暨人。中华诗词学会会员。著有《诗词格律简义》《暨阳楼吟集》等。

云和三都行

何尚清

登临绝顶起三更，欲揽青霞听鹤鸣。
拾涧攀枝催日出，搜云翻海看山横。
银妆垄亩弯弯月，石砌墙篱步步营。
一碗浓茶消暑气，无垠竹浪胜箫笙。

何尚清　男,1954年2月出生,浙江景宁人。中华诗词学会会员。著有《诗情墨韵》等。

仙宫湖度假村抒怀

张志杰

幢幢蜗庐伴画舟，洋装古色两相柔。
波光闪闪耀红日，星月莹莹灿碧流。
千载涛声留笔底，小城故事放金喉。
吾君欲问休闲处，请上仙宫第一楼。

第二节　词　　选

满庭芳·旋里辞

明·王一卿

诸葛纶巾,羊祜绶带,当年仰慕风流。曾承凤诏,棨戟驻梧州。一旦风烟告警,登台拥百万貔貅。边城外,旌旗蔽日,风惨阵云愁。

沙场三百战,忠肝义胆,为国担忧。也愿得此生万户封侯。争奈霜毛满鬓,叹衰龄宜早归休。从今后,云山箬水,栖老旧林邱。

王一卿(1526—1588)　字望之,号怀彬,云和县人。英敏笃学,受业于丽水何良瑞之门,嘉靖四十年(1561)以明经领应天乡荐。初受凤阳令,有贤能声。三载改刑部主事,累功至云南苍梧、广西梧州兵巡道。著述有《奏议》一卷。

庄椿岁·八千里路云和月

民国·黄绍竑

三十二年秋,在云和度四十九岁生辰，省府秘书同仁填了一首《庄椿岁》为我祝贺，依韵奉和。

八千里路云和，月圆今夕光天表。狮醒未睡，鱼苍隐约， 宾来远道。两浙机枢，一时际会，相逢欢笑！想鄂王豪气，功名尘土，都当作、狂吟藁。

五十人生犹早，正中天、奋飞鹏鸟。渡江万楫，投鞭填海，扶桑遍绕。整顿湖山，那时愿了，共舒怀抱。作长虹痛饮，鉴湖美酒,寿吾同好。

附:庄椿岁原词

龙飞凤舞名区，振衣直上风烟表。出郊小队，八州士女，相迎夹道。指点安危，一枰错落，几番谈笑。料驻车坐爱，青山红树，凭打叠、吟秋藁。

江国驰声偏早，识旌旗、旧林猿鸟。长安日近，武昌鱼美，频繁梦绕。重下钱塘，甲兵十万，待舒胸抱。喜吴霜鬓浅，隔篱唤酒，与花同好。

烛影摇红·新年大雪

民国·黄绍竑

卅三年冬，云和大雪兼旬，冰冻不解。与余越园、李立民、胡颖之、薛好楼、邓冶欧、徐渊若诸子又有和韵之作。

残腊山城，雪严镇日封檐雀。谁将苦酒当屠苏，长夜消寒酌。隔岁浑如隔昨，道新年、儿童最乐。彩衫人俊，爆竹红残，街头踱踱。

八载韶光，峰尘半壁沦飘泊。湖山一片尽敷棉，冷远征衣薄。递报鱼更三跃，独闺人、难眠泪落。梅芳有讯，鸿雁捎书，别时曾约。

黄绍竑(1895—1966)　字季宽，广西容县人。1942年5月至1945年8月，民国浙江省政府迁址云和，时任省政府主席，著有《五十回忆》。

烛影摇红·新年大雪　和季公韵

民国·李立民

十里黄云，惊寒阵阵归林雀。八荒同色了无尘，映雪迎年酌。那得情怀似昨，喜今朝、倚声共乐。春风词笔，吟到空山，趯然闲踱。

剪水裁冰，尊前不用多评泊。几家爆竹响穷檐，争奈欢衷薄。好访山阴蓦跃。数枝斜、小园篱落。素妆初褪，花信渐催，旧游重约。

李立民　民国浙江省政府驻云期间，任省政府秘书长。

西江月·观杨柳河工程

魏裕安

箬水潺湲潋滟，云山挺拔峥嵘。风光旖旎赞云城，更有勤劳百姓。

铲去千丛荆棘，推平万古丘陵。日新月异说飞腾，胜似仙宫幻景。

魏裕安　男，1942年6月，浙江云和人。浙江省诗词学会会员。著有《南薰韵语》《云和魏氏诗集》等。

沁园春·云和江滨景

陈水根

旭日初升，万道霞光，映照碧江。看拱桥如月，横骑江岸；游人如织，沐浴春光。闪烁霓虹，轻柔舞曲，绿树长堤似画廊。浮云美，约吟朋共赏，佳境天堂。

满城柳絮飞扬，伴紫燕翱翔穿雾忙。望风摇松柏，花承雨露；鲤鱼啄月，白鹭成行。南岸题词，北楼作赋，骚客怡情颂国昌。沿溪畔，待蓝图再绘，续写华章。

鹧鸪天·木玩世界

何尚清

木旋陀螺筋斗猴，悠悠响板系原由。千元伊始曾犹豫，百亿征程且运筹。

思拓展，论需求。倾怀以沫共争流。风霜不染云和月，产业升华楼上楼。

第三章 文件选录

1991—2010年间，中共云和县委、云和县人民政府为推进全县经济社会统筹协调发展，改善提升人民群众的生活水平，出台一系列重要的规划、规章、政策、措施等治县施政方略。本章对中共云和县委、县人民政府部分文件的发文日期、文件标题、主办单位予以表录；并对《云和县科教兴县规划》《关于加快工业经济发展的若干意见》《关于扎实推进社会主义新农村建设的若干意见》《云和县国民经济和社会发展第十一个五年规划纲要》《关于推进生态文明建设的决定》《关于加快旅游产业发展的若干意见》等重要文件予以摘录入志，以供参阅。

第一节 党政文件选目

1991—2010年中共云和县委 县人民政府文件选目表

表37-3-1

发文日期	文件标题	发文单位
1991.01.21	关于促进全县工业经济发展的补充规定	云和县人民政府
1991.03.02	关于下达一九九一年度粮食定购任务的通知	云和县人民政府
1991.03.09	关于一九九一年农业和农村工作的通知	云和县人民政府
1991.04.20	关于对全县建设用地实行统一征地的决定	云和县人民政府
1991.06.14	关于下达一九九一年农业税任务的通知	云和县人民政府
1991.06.18	关于要求将云和县从两类开放县升入一类开放县的请示	云和县人民政府
1991.06.18	关于要求对紧水滩电站留成电量免征煤运加价费的请示	云和县人民政府

续表 37-3-1

发文日期	文件标题	发文单位
1991.09.03	关于下达 1992 年林业生产计划及有关经济扶持政策的通知	云和县人民政府
1991.09.04	关于下达今冬明春农业综合开发计划的通知	云和县人民政府
1991.10.23	关于认真搞好一九九一年税收财务物价大检查工作的通知	云和县人民政府
1991.11.29	关于征收基础教育基金和教育事业费附加的通知	云和县人民政府
1992.08.28	关于加快发展第三产业的实施意见	中共云和县委
1992.12.17	中共云和县委关于推进科技进步振兴云和经济的决定	中共云和县委
1993.10.08	关于开展建设小康村和富裕村活动的实施意见	中共云和县委
1994.01.22	关于要求审批仙宫湖森林公园总体规划的请示	云和县人民政府
1994.02.21	关于云和县消灭宜林荒山达标自查情况的报告	云和县人民政府
1994.02.28	关于切实抓好 1994 年粮食生产的通知	云和县人民政府
1994.03.07	关于工业小区用地若干政策规定的通知	云和县人民政府
1994.03.22	关于要求调整云和县实施九年制义务教育的规划和措施的方案	云和县人民政府
1994.03.28	关于上报 92 年度紧、石两库维护基金使用情况和要求核拨 93 年度紧、石两库维护基金的请示	云和县人民政府
1994.03.30	关于要求将云和县列入省电力局挂钩扶贫单位的请示	云和县人民政府
1994.04.06	关于要求批准实施水资源费征收工作的请示	云和县人民政府
1994.04.09	关于要求安排移民开发资金投资玉溪水利枢纽工程建设的请示	云和县人民政府
1994.04.19	关于要求安排高山蔬菜和木制玩具生产扶贫专项贷款的请示	云和县人民政府
1994.05.20	关于开展奔小康百强村评选活动的通知	云和县人民政府
1994.05.31	关于加强后溪县城段的改造和管理的决定	云和县人民政府
1994.06.24	关于要求解决下山脱贫新村建设资金的请示	云和县人民政府
1994.07.01	关于下达一九九四年农业税任务的通知	云和县人民政府
1994.07.14	关于加强对居民基本生活必需品和服务价格监审的通知	云和县人民政府
1994.08.01	关于下达一九九五年林业生产任务和有关扶持政策的通知	云和县人民政府
1994.09.28	关于进一步加强物价管理工作的通知	云和县人民政府
1994.09.30	关于开展一九九四年税收财务物价大检查工作的通知	云和县人民政府
1994.10.05	关于加快农业综合开发的通知	云和县人民政府
1994.10.26	关于要求加速紧水滩、石塘两大库区渔业资源开发的请示	云和县人民政府
1994.12.12	关于要求有关方面解决紧水滩电站欠缴耕地占用税问题的请示	云和县人民政府
1994.12.19	云和县社会保险基金收缴工作若干规定	云和县人民政府
1994.12.30	关于印发云和县公费医疗管理试行办法的通知	云和县人民政府
1995.05.28	关于扶贫攻坚的实施意见	中共云和县委 云和县人民政府
1995.08.19	关于促进云和经济发展若干政策（试行）的通知	中共云和县委
1995.09.01	关于扶持和加快发展少数民族经济和社会事业的决定	中共云和县委

续表 37-3-1

发文日期	文件标题	发文单位
1996.02.13	关于下达 1996 年度粮食生产计划的通知	云和县人民政府
1996.03.01	关于公布 95 年度全县晚稻高产竞赛评比结果的通知	云和县人民政府
1996.04.01	关于提请审议云和县实施依法治县工作的议案	云和县人民政府
1996.04.23	关于完善金融部门筹集资金支持地方经济建设奖励办法的通知	云和县人民政府
1996.05.07	关于公布 95 年度云和县科学技术进步奖项目的通知	云和县人民政府
1996.05.14	关于扶贫攻坚的实施意见	中共云和县委 云和县人民政府
1996.05.27	关于印发《云和县城乡教育费附加征收管理办法》的通知	云和县人民政府
1996.07.09	关于印发云和县儿童少年事业发展“九五”规划的通知	云和县人民政府
1996.07.22	关于印发云和县妇女发展规划（1996—2000 年）的通知	云和县人民政府
1996.08.15	关于印发云和县粮食供应特惠制度实施办法（试行）的通知	云和县人民政府
1996.09.10	关于印发云和县计划生育工作“九五”发展规划的通知	云和县人民政府
1996.09.10	关于下达今冬明春农业综合开发任务和有关扶持政策的通知	云和县人民政府
1996.09.17	关于农村五保供养有关计划的通知	云和县人民政府
1997.01.30	关于九六年度基层民兵工作“三落实”达标创先活动情况的通报	云和县人民政府
1997.02.03	关于下发《云和县鼓励扶持经济发展若干政策（试行）》的通知	中共云和县委
1997.03.04	关于下达 1997 年度粮食生产计划的通知	云和县人民政府
1997.04.09	关于开展创建“强镇、强乡、强村”活动的通知	云和县人民政府
1997.04.23	关于转发云和县创建科技进步先进县活动工作方案的通知	云和县人民政府
1997.05.20	关于印发《云和县水土保持监督管理规定》的通知	云和县人民政府
1997.07.11	关于印发云和县残疾人事业“九五”计划的通知	云和县人民政府
1997.07.22	关于下达一九九八年度人口出生计划的通知	云和县人民政府
1997.09.08	关于加快云和县国有、城镇集体企业股份合作制改造的若干意见	云和县人民政府
1997.09.25	关于下达 1998 年度农业综合开发和营林生产任务及有关扶持政策的通知	云和县人民政府
1997.10.14	关于贯彻实施云和县城最低生活保障制度暂行办法的通知	云和县人民政府
1997.10.17	关于印发《云和县兵役义务费统筹实施办法》的通知	云和县人民政府
1997.11.10	关于印发《云和县城市节约用水管理实施办法》的通知	云和县人民政府
1997.12.31	关于下发《云和县鼓励扶持经济发展若干政策（试行）》的通知	中共云和县委
1998.01.12	关于表彰一九九七年度食用菌生产先进单位和个人的通知	云和县人民政府
1998.05.04	关于印发《云和县林地用火管理办法》的通知	云和县人民政府
1998.05.28	关于小康工程建设的实施意见	中共云和县委 云和县人民政府
1998.06.22	关于印发《云和县渡口安全管理办法》的通知	云和县人民政府
1998.10.12	关于印发《云和县建设统一的企业职工基本养老保险制度的实施办法》的通知	云和县人民政府
1998.10.28	批转县卫生局等单位关于云和县卫生发展调节资金筹集和管理的办法的通知	云和县人民政府

续表 37-3-1

发文日期	文件标题	发文单位
1998.10.29	关于坚决制止毁林开垦和乱占林地加强森林资源保护工作的通知	云和县人民政府
1998.11.17	关于批转云和县振兴中医工作规划的通知	云和县人民政府
1998.12.29	关于搞好第二轮土地承包工作稳定完善家庭承包经营责任制的若干意见	中共云和县委
1999.01.14	关于进一步加强 1999 年度农田水利基本建设的通知	云和县人民政府
1999.03.9	关于在县行政执法机关实行持证执法责任制的通知	云和县人民政府
1999.03.15	关于印发《云和县转业志愿兵城镇产业退伍军人安置工作暂行规定》的通知	云和县人民政府
1999.04.28	关于印发《云和县促进旅游业发展的若干意见》的通知	中共云和县委
1999.06.14	关于实行农民负担监督卡制度的通知	云和县人民政府
1999.07.02	批转县计委、财政局关于云和县财政性资金用于基本建设投资管理意见的通知	云和县人民政府
1999.07.27	关于加快云和县文化事业发展的若干政策的意见	中共云和县委 云和县人民政府
1999.09.07	关于印发云和县拥军优属若干规定的通知	云和县人民政府
1999.11.22	关于进一步加强少数民族工作的若干意见	中共云和县委 云和县人民政府
1999.12.16	关于印发“云和县科教兴县规划”的通知	云和县人民政府
2000.02.22	关于印发云和县社会救济办法的通知	云和县人民政府
2000.02.22	关于印发云和县自然灾害救助办法的通知	云和县人民政府
2000.04.20	关于加强紧水滩水库渔政管理的通告	云和县人民政府
2000.05.09	关于优化环境加快工业发展的若干意见	中共云和县委 云和县人民政府
2000.05.13	关于印发《云和县促进经济发展若干意见》的通知	中共云和县委 云和县人民政府
2000.05.15	关于实施农民新村建设工程的若干意见	中共云和县委 云和县人民政府
2000.05.30	关于印发云和县殡葬管理实施办法的通知	云和县人民政府
2000.06.29	关于印发云和县政府审批制度改革实施意见的通知	云和县人民政府
2000.07.31	关于进一步加强和改善县委对经济工作领导的意见	中共云和县委
2000.08.08	关于进一步加强小康工程建设的实施意见	中共云和县委
2001.05.14	关于鼓励工业经济发展的若干意见	云和县人民政府
2001.05.23	关于加强技术创新推进科技进步的若干意见	中共云和县委 云和县人民政府
2001.07.31	关于印发《云和县城镇职工基本医疗保险暂行规定》的通知	中共云和县委 云和县人民政府
2001.11.12	关于批转县计委关于全县“十五”重点建设工作方案意见的通知	云和县人民政府
2001.12.24	关于印发云和县生态示范区建设规划的通知	云和县人民政府
2002.01.04	关于加强 2002 年度水利建设工作的通知	云和县人民政府
2002.03.18	关于在全县范围内推行殡葬改革实行遗体火化的通告	云和县人民政府

续表 37-3-1

发文日期	文件标题	发文单位
2002.04.22	关于印发云和县重特大事故应急处理预案的通知	云和县人民政府
2002.05.22	关于加快发展农业产业化经营的若干意见	中共云和县委 云和县人民政府
2002.06.03	关于印发《云和教育事业发展“十五”计划》的通知	云和县人民政府
2002.08.19	关于废止部分政策措施的决定	云和县人民政府
2002.09.27	关于全面进行农村税费改革的实施意见	中共云和县委 云和县人民政府
2003.05.22	关于印发《2003 年度云和县政府工作重点实施责任表》的通知	云和县人民政府
2003.06.06	关于印发云和县人武部城市民兵工作调查改革实施方案的通知	云和县人民政府
2003.06.16	关于加快农村经济社会发展的若干意见	中共云和县委 云和县人民政府
2003.07.24	关于印发云和县破坏性地震应急预案的通知	云和县人民政府
2003.07.30	关于公布县级各部门二轮审批制度改革实施方案的通知	云和县人民政府
2003.10.28	关于印发云和县被征地农民基本生活保障试行办法的通知	云和县人民政府
2003.11.05	关于印发云和县乡村康庄工程实施意见的通知	云和县人民政府
2003.11.13	关于加快推进农村劳动力转移的若干意见	云和县人民政府
2003.11.20	关于实施“千村示范、万村整治”工程的意见	中共云和县委 云和县人民政府
2003.12.26	关于公布县级重点农业龙头企业的通知	云和县人民政府
2004.03.08	关于贯彻实施《中华人民共和国行政许可法》的通知	云和县人民政府
2004.03.16	关于印发云和县农村五保对象和城镇“三无”对象集中供养建设发展规划的通知	云和县人民政府
2004.03.24	关于表彰 2003 年度云和县星级企业、纳税大户和木制玩具十强企业的通报	云和县人民政府
2004.03.31	关于农村劳动力素质培训资源整合的实施意见	云和县人民政府
2004.04.01	关于印发《云和县县属事业单位改制实施办法》的通知	云和县人民政府
2004.04.06	关于禁止耕地抛荒和恢复粮食生产的紧急通知	云和县人民政府
2004.04.13	关于印发《云和县人民政府工作规则》的通知	云和县人民政府
2004.06.04	关于加快工业经济发展的若干意见	中共云和县委 云和县人民政府
2004.07.09	关于进一步稳定和完善农村二轮土地承包关系的若干意见	中共云和县委 云和县人民政府
2004.07.13	关于建设“平安云和”促进社会和谐稳定的决定	中共云和县委
2004.07.20	关于批转贯彻落实金融宏观调控措施切实做好当前借贷工作的指导意见的通知	云和县人民政府
2004.07.30	关于下达 2004 年营林生产计划及有关扶持政策的通知	云和县人民政府
2004.08.05	关于印发《云和县区域卫生规划(2004—2010 年)》的通知	云和县人民政府
2004.08.05	关于印发《云和县公共卫生体系建设方案》的通知	云和县人民政府
2004.08.26	关于印发《云和县质量振兴实施计划(2004—2010 年)》的通知	云和县人民政府

续表 37-3-1

发文日期	文件标题	发文单位
2004.08.27	关于印发云和县下山移民新区建设方案的通知	云和县人民政府
2004.10.11	关于批转云和县重大危险化学品安全事故应急预案的通知	云和县人民政府
2004.10.29	关于加快南方早熟梨基地建设的实施意见	云和县人民政府
2004.12.14	关于加快发展农村专业合作社的意见	云和县人民政府
2004.12.24	关于鼓励云和县龙头企业组建企业集团的意见	云和县人民政府
2005.04.12	关于加快工业经济增长方式转变的若干意见	中共云和县委 云和县人民政府
2005.04.30	关于进一步加快农村经济社会发展的若干意见	中共云和县委 云和县人民政府
2005.04.30	关于查处违法用地和违法建筑行为的实施意见	云和县人民政府
2005.05.23	关于切实加强食品安全工作的实施意见	云和县人民政府
2005.05.30	关于建设社会保障资金多渠道筹措机制的意见	云和县人民政府
2005.06.16	关于印发《云和县转业士官和城镇退役士兵安置工作试行办法》的通知	云和县人民政府
2005.06.20	关于加快旅游业发展的若干意见	中共云和县委 云和县人民政府
2005.06.28	关于贯彻落实全面推进依法行政实施纲要的意见	云和县人民政府
2005.07.18	关于印发云和县创建浙江省教育强县工作方案的通知	云和县人民政府
2005.07.18	关于全面普及十五年教育的决定	云和县人民政府
2005.08.12	关于印发云和县万民农民下山转移工程实施意见的通知	云和县人民政府
2005.09.06	关于印发云和县人民政府突发公共事件总体应急预案的通知	云和县人民政府
2005.09.30	关于加强“云和师傅”品牌创建工作的通知	云和县人民政府
2005.11.22	关于加快先进文化建设的决定	中共云和县委
2005.12.27	关于积极开展扶助农村大龄未婚青年成家立业工作的通知	云和县人民政府
2005.12.27	关于加强农村公共卫生工作的实施意见	云和县人民政府
2006.03.23	批转人行云和县支行关于改善金融生态环境促进社会主义新农村建设意见的通知	云和县人民政府
2006.04.18	关于印发“十一五”期间云和县乡村康庄工程实现意见的通知	云和县人民政府
2006.06.16	关于进一步扎实推进社会主义新农村建设的若干意见	中共云和县委 云和县人民政府
2006.06.26	批转县农产品质量安全监督检测协调会议关于云和县“十一五”农业标准化体系规划（2006—2010）的通知	云和县人民政府
2006.06.26	关于印发《云和县农村土地开发整体实施办法》的通知	云和县人民政府
2006.07.11	关于建立改革工作机制加强改革统筹协调的通知	云和县人民政府
2006.07.30	关于全面推进农村综合改革的实施意见	中共云和县委 云和县人民政府
2006.08.10	关于加强少数民族工作加快少数民族经济社会发展的实施意见	中共云和县委 云和县人民政府

续表 37-3-1

发文日期	文件标题	发文单位
2006.08.28	关于加快工业经济发展的若干意见	中共云和县委 云和县人民政府
2006.09.18	关于印发云和县“十一五”妇女发展规划（2006—2010）的通知	云和县人民政府
2006.09.18	关于印发云和县“十一五”儿童发展规划（2006—2010）的通知	云和县人民政府
2006.10.10	关于加快商贸流通业发展的若干意见	云和县人民政府
2006.11.17	关于开展“二沿五区”墓葬专项治理工作的通知	云和县人民政府
2006.11.22	关于进一步做好库区和移民安置区社会稳定工作的意见	云和县人民政府
2006.12.05	关于进一步做好就业再就业工作的实施意见	云和县人民政府
2006.12.6	关于印发云和县国民经济和社会发展第十一个五年计划纲要的通知	云和县人民政府
2006.12.30	关于加快提升黑木耳产业的若干意见	云和县人民政府
2007.01.30	关于认定县级重点农业龙头企业和示范性合作社的通知	云和县人民政府
2007.04.15	关于印发云和县义务教育经费保障机制改革方案的通知	云和县人民政府
2007.04.23	关于印发云和县财政性基本建设预算管理办法的通知	云和县人民政府
2007.04.25	关于印发云和县优待老年人实施办法的通知	云和县人民政府
2007.05.08	关于进一步加强农村贫困户帮扶工作的实施意见	中共云和县委 云和县人民政府
2007.05.08	关于进一步加强土地开发管理和建设用地发展工作的意见	云和县人民政府
2007.06.04	关于进一步加强消防工作的实施意见	云和县人民政府
2007.06.18	关于建立重大动物疫病防控工作责任制度的通知	云和县人民政府
2007.06.20	关于分解落实欠发达乡镇奔小康工程责任目标的通知	云和县人民政府
2007.07.25	关于拟定县财政局作为浙江省云和县杨柳河区块城西路段及附属通道工程项目BT运作管理监督权的通知	云和县人民政府
2007.08.18	关于促进农家乐休闲旅游业发展的若干意见	中共云和县委 云和县人民政府
2007.08.20	关于印发云和县低丘缓坡杨柳河区块利用控制性详细规划设计的通知	云和县人民政府
2007.08.28	关于印发《云和县残疾人就业保障金征收管理暂行办法》的通知	云和县人民政府
2007.10.23	关于印发《云和县财政支农资金整合工作实施方案》的通知	云和县人民政府
2007.11.08	关于推进社会保险费五费合征工作的实施意见	云和县人民政府
2007.11.21	关于促进生态畜牧业发展的若干意见	云和县人民政府
2007.12.05	关于促进供销社改革发展推进新农村建设的实施意见	中共云和县委 云和县人民政府
2007.12.10	关于增强自主创新能力加快科技进步的若干意见	中共云和县委 云和县人民政府
2007.12.29	关于加快发展城市社区卫生服务的实施意见	云和县人民政府
2008.01.24	关于2007年度森林防火工作目标管理责任状执行情况的通报	云和县人民政府
2008.02.03	关于扎实推进创业创新深化“小县大城”发展战略的决定	中共云和县委

续表 37-3-1

发文日期	文件标题	发文单位
2008.02.29	关于印发云和县城镇低收入家庭住房困难保障规划的通知	云和县人民政府
2008.04.03	关于批准实施云和县农村饮水安全工程“十一五”规划的通知	云和县人民政府
2008.05.06	关于切实加强2008年粮食生产工作的通知	云和县人民政府
2008.06.12	关于促进工业经济发展方式转变的若干意见	中共云和县委 云和县人民政府
2008.07.02	关于解决城乡居民住房困难的若干意见(试行)	云和县人民政府
2008.07.31	关于印发云和县万名农民下山转移工程实施办法的通知	云和县人民政府
2008.08.20	关于整合国有资产的实施意见	云和县人民政府
2008.10.17	关于调整征用土地留地安置政策的通知	云和县人民政府
2008.10.17	关于印发《云和县林地保护利用规划》的通知	云和县人民政府
2008.12.01	关于进一步促进教育事业发展的实施意见	云和县人民政府
2008.12.05	关于实施残疾人共享小康工程的意见	云和县人民政府
2008.12.30	关于优先发展城市公交的实施意见	云和县人民政府
2008.12.31	关于进一步优化环境服务企业的若干意见	中共云和县委 云和县人民政府
2008.12.31	关于印发云和县矿产资源规划(2006—2020)的通知	云和县人民政府
2008.12.31	关于印发云和县“811”环境保护新三年行动实施方案的通知	云和县人民政府
2009.02.23	关于进一步加强爱国卫生工作巩固发展国家卫生县城创建成果的意见	云和县人民政府
2009.03.03	关于印发云和县低丘缓坡综合开发利用规划的通知	云和县人民政府
2009.03.20	关于实施免费婚前医学检查和免费孕前优生检测的意见	云和县人民政府
2009.04.20	关于印发云和县农村改造实施办法(试行)的通知	云和县人民政府
2009.05.05	关于印发云和县政府投资项目融资管理暂行办法的通知	云和县人民政府
2008.05.12	关于表彰2008年度生态县建设工作先进单位的通报	云和县人民政府
2009.06.16	关于印发云和县军人抚恤优待实施细则的通知	云和县人民政府
2009.07.15	关于印发云和县进一步加强土地开发整理和建设用地复垦工作意见的通知	云和县人民政府
2009.07.20	关于加强应急管理工作的实施意见	云和县人民政府
2009.09.04	关于加快学前教育改革与发展的实施意见	云和县人民政府
2009.10.10	关于加快推进农村改革发展的实施意见	中共云和县委 云和县人民政府
2009.11.04	关于严格规范国有投资工程建设项目招标投标活动的若干意见	云和县人民政府
2009.11.25	关于加快推进残疾人事业发展的若干意见	中共云和县委 云和县人民政府
2009.12.03	关于加快发展服务业的实施意见	云和县人民政府
2009.12.16	关于印发云和县地名总体规划的通知	云和县人民政府
2010.02.12	关于表彰2009年度工业二十强企业的通知	云和县人民政府

续表 37-3-1

发文日期	文件标题	发文单位
2010.04.30	关于加快旅游产业发展的若干意见	云和县人民政府
2010.05.31	关于抓好 2010 年粮食生产工作的通知	云和县人民政府
2010.06.24	关于设立云和县中小企业发展专项资金的通知	云和县人民政府
2010.07.09	关于实施农村“135”工程加快建设“中国童话乡村”的实施意见	中共云和县委 云和县人民政府
2010.08.12	关于推进现代化农业园区建设的意见	云和县人民政府
2010.09.03	关于推进生态文明建设的决定	中共云和县委
2010.10.20	关于印发《云和县人民政府工作规则》的通知	云和县人民政府
2010.11.30	关于深入推进财政支农资金整合工作的实施意见	云和县人民政府
2010.11.30	关于推进新增耕地后续耕种和地力培育项目的实施意见	云和县人民政府
2010.12.14	关于扩大中心镇部分经济社会管理权限的通知	云和县人民政府
2010.12.24	关于设立云和县农村土地承包经营纠纷调解仲裁委员会的通知	云和县人民政府

第二节　重要文件摘录

云和县科教兴县规划

（1999 年 11 月 23 日云和县第十二届人大常委第十四次会议通过）

一、指导思想（略）

二、奋斗目标

第一阶段（1996—2000 年）打基础求发展。主要目标是：

1. 初步建立起适应社会主义市场经济和科技自身发展规律的新型科技体系，形成科技与经济紧密结合的运行机制和政府、企业、社会等多元化科技投入体系，大力推进“火炬”“星火”计划的实施和企业的科技进步，提高全县人民的科技文化素质，促进云和县经济、社会和生态效益的协商发展。

2. 较大幅度地提高科技综合实力，达到全区平均水平。科技进步因素在经济增长中的贡献份额，“九五”期末达 35%，其中农业达到 40%。同期，科技因素在经济增长中的贡献份额比“八五”期末提高五个百分点。

3. “九五”期间，农业先进技术覆盖面达到 80%以上，主要农作物优良品种覆盖面达到 95%以上。期末，主要农作物单产比期初平均提高 3%—5%，初步形成与规模经营相适应的“一优两高”效益农业和省工省本的农业技术体系。

4. 努力开发新产品，加速科技成果的推广和应用。“九五”期间，工业技术进步对企业总产值增长的贡献率不低于35%。技改完成数占当年全县工业固定资产投资比例不低于10%。新产品产值率达15%以上。到“九五”期末，培育1—2个高新技术产业。

5. 1996年全县通过“两基”评估验收。到2000年，建制镇实施高标准“普九”教育，完成全县小学转制工作，进一步巩固“普九”成果。小学入学率达100%，巩固率达99.9%，初中入学率达98%，巩固率达97.5%。同时努力提高高中普及率，初中毕业生升高中比例达55%。基本扫除青壮年文、半盲，全县非盲率达到98.2%。乡镇成技校办学面达100%，村成技校办学面达44.7%。全县幼儿园入园(班)率达80%。

第二阶段(2001—2010年)全面进步大发展。主要目标是：

1. 科技事业繁荣发达，科技综合实为显著增强，达到全省县级平均水平。

2. 农业初步实现产业化和商品化。农业先进技术覆盖面达到90%，所有农作物优良品种覆盖面达到90%。

3. 科技进步对经济增长的贡献率达到45%左右；新产品产值率达到35%以上；高新技术产品产值占工业增加值比重达到10%以上。

4. 建设成一支适应经济和社会发展的具有较高素质，结构合理的科技人才队伍。全县专业技术人员总数达到6000人，占总人口比例跻身全省先进行列。

5. 全县实施高标准普及九年制义务教育，基本普及高中段教育，高标准扫除青壮年文、半盲，全县普及学前3年教育。

三、任务与措施

(一)切实加强对科教兴县工作的领导(略)

(二)农科教结合，全面实施科技兴农

认真贯彻《农业法》和《农业技术推广法》，进一步实施“星火”“燎原”“丰收”计划和“种子工程”“农业科技示范工程”。一是推广应用水稻轻型栽培、中低产田改造、病虫草鼠综合防治技术；二是加快引进、筛选、推广高产优质抗逆性强的水稻、旱杂粮、豆类、干水果、蔬菜、食用菌等农作物良种，提高农产品的单产、质量和品位；三是要发展效益农业。在建设好现有重河湾、石塘两个万亩农业示范区的基础上，创造条件开发新的示范区。以园区带动全县农业综合开发向规模化、产业化、商品化迈进；四是大力推广代料木耳、蘑菇、鸡腿菇、废菌糠利用，以草代木等食用菌新品种新技术，开发珍惜菌类，使云和县食用菌生产逐步形成种类多、质量优、品位高、上档次、销售畅的格局；五是继续利用山区立地条件和气候资源优势，以现代科学技术发展反季节高山蔬菜，实现生产具规模、品种结构优、产品上档次、销售打品牌的目标；六是逐步实现禽饲养、淡水养殖和病疫防治的规模化、科学化，努力提高科技含量，实现生产的“短、平、快”。

(三)以新产品开发和技术改造为重点，大力推进科技兴工

1. 要积极鼓励企业与科研机构协作联合，引进和应用先进的科技成果，依靠科技嫁接和改造传统工业，采用先进生产工艺不断开发玩具、轴承等新产品，推行质量标准化、包装新颖化，PTC行业要大力开发新一代产品，创名牌、占市场、增效益。

2. 要努力做好智力引进，积极争取大专院校和科研院所以多种形式介入云和工业经济，合力进行技术攻关，开发科技新产品。

3. 要特别加强工业系统科技人才的引进、培训和培养，鼓励他们到工业生产第一线工作，为振兴云和县的工业科技发挥应有的作用。

4. 要建立企业技术开发机构。县重点企业和乡镇骨干企业都应有技术开发机构，使其有稳定的技术依托。实行总工或技术副厂长技术负责制和项目技术责任制。

（四）优先发展教育事业

1. 合理调整学校布局。到2000年，全县将设置普高一所，初中六所、小学七十三所，同时加快示范性职技校建设。到2010年，建立适应现代化建设的教育体系，各级各类教育协调发展。

2. 优化师资结构。到2000年，小学、初中、高中专任教师学历，合格率分别达到95%、90%、60%，到2010年，小学、初中专任教师基本达到专科、本科学历；高中专任教师中取得研究生学历的达到10%左右；大多数教师都能较熟练地运用现代教育技术手段进行教育教学活动。

3. 开展多层次、多形式、多规格的农村实用技术培训，办好“绿证班”、农函大，建立乡镇农函大辅导站，受训人数占劳动力的30%以上。重点抓好村干部、专业户、重点户系统的实用技术培训，使他们都获得“绿证”。对乡镇干部、农科员进行高层次的技术和理论培训，使他们都获得中专以上文凭。

4. 继续扩大大普通高中招生规模，认真做好云和中学初、高中分离工作，加强和完善办学设施，到2000年力争办成省二级重点中学。到2010年，达到省一级重点中学水平。全县高考上线万人比跻身全区上游。职业高中逐步与市场接轨，走校企结合的道路。

5. 积极发展幼儿教育。加快县示范幼儿园的建设，2000年在县城基本普及三年幼儿教育，2010年全县普及三年幼儿教育，积极推进乡镇幼儿教育的普及。

（五）加快人才资源开发，造就一支宏大的高质量的科技人才队伍

要认真贯彻党和政府关于科技、人才、知识分子等政策，大力引进、培养人才。“九五”期末，全县专业技术人才达到3500人，2010年达到6000人，其中，工业科技人才应占相当大的比例。要致力培养35岁左右的专业技术后备人才和在县内外有一定影响的学术、技求带头人，要认真贯彻落实中共云和县委〔1997〕55号文件精神，进一步优化环境，创造良好的工作条件，解除科技人员的后顾之忧，使他们乐以献身云和的经济建设。大力选拔、培养掌握现代化企业管理知识又有丰富实践经验的厂长（经理）。加快人才市场的培育，完善人才管理制度和政策。鼓励科技人员到工农业生产第一线工作，加强与国内外云和籍科技工作者的联系，大力引进云和县急需的人才，努力改变云和县人才缺乏以及结构不合理的状况。

（六）加大科技教育投入，建立多层次、多渠道的投入体系

1. 加大政府对科技教育的投入力度。“九五”期间，县财政对科技投入的增长幅度高于经常性对财政收入的增长幅度。2000年，县财政对科技的投入达到经常性财政支出的2%。其中科技三项经费的比重不低于50%。到2010年，县财政对科技的投入要达到经常性财政支出

的3%。设立县科技产业发展资金,"九五"期末达到150万元,2010年达到500万元以上。要保证政府的教育经费支出做到"三增长"。即政府教育财政拨款的增长应当高于财政经常性收入的增长,并使按在校学生人数平均的教育费用逐年增长,学生人均公用经费逐年增长。

2. 各乡镇财政中也应建立"科技三项经费"专项。该项经费的支出,"九五"期末达到乡镇财政预算支出的2%,2010年达到3%。同时要加大城乡教育费附加征收的力度和管理使用的监督力度,做到合理使用,优化配置。

3. 县属企业应按销售收入提取1%以上的资金建立科技开发基金;有条件的乡镇每年要从企业上缴收入中提取一定比例的资金建立乡(镇)科技开发基金;农业发展基金、扶贫和重点建设项目经费要优先用于科技开发项目。

鼓励企业和个人对教育的投入,积极发展勤工俭学,增强学校自身的活力,形成以工促学的良好氛围。

4. 各金融部门要增加对科技新产品开发的贷款,促进产品及产业结构的调整,加速企业由粗放经营向集约化经营转化。

(七)依靠科技进步,加快基础设施建设和社会事业的发展(略)

(八)深化科技体制改革

对各类工、农,医卫,社会综合等开发、推广、服务的全民事业科技性机构,实行分类指导,合理调整,推进改革,加快发展,理顺关系,明确职责,促进科研机构向科研、生产、经营一体化方向发展,推动科技成果的商品化、产业化。

大力发展民营科研事业。鼓励大中专毕业生、合理流动的科技人员、机构改革后的富余人员及社会各界自筹资金,以多种形式创办民营科技企业,并在信贷、人员流动、职称评定及立项、税收优惠等方面与全民、集体企业一视同仁。加大对民营科技机构的扶持力度,把有条件的民营科技机构培养成为科技试验,示范和培训基地,发挥他们的科技龙头作用。

加快培育和发展技术市场,促进科技成果转化。积极鼓励技贸机构和科技人员开展技术开发、咨询、转让、服务和承包,认真贯彻《合同法》《促进科技成果转化法》《技术市场管理举例》,规范技术交易行为和市场秩序。

(九)切实加强科技扶贫(略)

(十)对科技人员实施奖励措施(略)

中共云和县委 云和县人民政府
关于加快工业经济发展的若干意见

一、加快工业园区建设,构筑工业经济发展平台

1. 建立工业园区建设资金积累机制。从城市土地出让净收益中切块20%、工业园区范围内征收的耕地占用税、土地出让金,纳入园区建设资金专户,作为园区基础设施建设配套资金,用于园区基础设施规划、建设、贴息补助及园区建设工作考核奖励。

2. 坚持园区“三产”开发项目的市场化运作。经县政府批准，“三产”开发项目所得利润全额拨给工业园区管委会用于园区基础设施建设。

3. 实行园区建设业主制，落实建设责任制。园区内道路和供水设施建设由园区管委会负责，园区内供电、广播电视、通信设施建设由相关部门负责，所需资金亦由相关部门配套解决

4. 加强和改善对工业园区的金融服务。对符合国家产业政策和信贷政策，效益好、守信用、还款有保证且自有资金比例不低于国家发改委规定的各行业项目自有资金最低比例的入园企业，各金融机构要予以重点支持，并实行“企业土地抵押、政府部门承诺回购”的信贷按揭机制。

5. 园区土地协议出让最低价格一年一定，并按项目性质和投资规模实行相应优惠，具体办法参见县人民政府《关于进一步加强工业园区用地管理的意见》（云政发〔2004〕13号）。2004年园区土地协议出让最低价格为8万元/亩。

6. 进入工业园区的工业项目（含县政府审定的企业园），土地审批实际交纳费核定为16.8元/平方米，其中折抵指标调剂成本费13.6元/平方米、土地管理费3.2元/平方米；散装水泥专项资金、新型墙体材料专项基金除上缴省、市部分外，实行先征后退；免收城市基础设施配套费、不可预见费、小区配套费等其他部门规费。

7. 园区内工业企业厂房、土地整体转让作为工业用途的，除上交省、市规费和契税、营业税及附加，有关部门办理过户变更手续只收工本费。

8. 经县政府批准纳入园区管理的企业，符合下列条件之一，企业当年的纳税额（指增值税、企业所得税实际入库数，下同），超过该企业前三年中纳税额（应交数）最高年度部分视为新增税收部分。县财政按当年新增税收留县实得部分的一定比例，拨给企业支持企业发展。

（1）对年纳税额在50万元以上的园区企业，按当年度新增税收中留县部分的企业所得税60%、增值税10%的比例，拨给企业支持企业发展。

（2）对年纳税额在30万元以上、50万元以下的园区企业，按当年度新增税收中留县部分的企业所得税40%、增值税8%的比例，拨给企业支持其发展。

9. 对账簿凭证齐全、财务会计核算真实的新办企业，经税务机关审核批准，三年内减免征企业所得税。

10. 园区企业新建或扩建的厂房，根据房产税有关规定，确有困难的，经县税务机关批准，三年内予以减免房产税。

11. 对进入园区的项目和招商引资项目开通“绿色通道”由县政府行政审批中心实行“一窗受理，抄告相关，内部运作，限时办结”的服务方式，办理所有的审批、核准事项。各有关部门要进一步简化程序，提高办事效率，以保证项目尽快落实到位，付诸实施。

12. 加大保护力度，保障企业权益。建立重点企业和外来投资企业“绿卡”制度，规范对园区企业的检查行为，以切实保护入园企业的良好建设环境，保护入园企业顺利建设、顺利生产。

二、加快发展外向型经济，努力拓展国际市场

13. 经财政部门审核，对具有自营出口权且自营出口额达到当年销售额50%以上的企

业，按实际缴纳的所得税留县部分的60%安排企业生产发展资金。

14. 加大出口企业退税账户托管贷款支持力度。针对国家出口退税不能及时到位的情况，金融部门应安排一定规模的信贷指标，在符合贷款有关规定的前提下优先给予出口企业退税账户托管贷款。

15. 实行出口奖励政策。外贸公司基数内自营出口每美元奖励 0.01 元人民币，超基数部分每美元奖励 0.02 元人民币，出口当地产品每美元另加奖 0.06 元人民币。自营生产企业和外商投资企业出口每美元奖励 0.08 元人民币。[注：基数的确定：(1)外贸公司自管出口额超过 500 万美元的，以上年出口额为基数(上年未满 500 万美元的以 50 万美元为基数)。(2)新批准获自营出口权的流通企业，以 100 万美元为基数。(3)自营出口额以海关数为准。

16. 鼓励企业"走出去"。对在国(境)外注册分公司并取得良好经营业绩的企业，给予奖励 5 万元。凡获得商务部重点扶持出口品牌，每个品牌奖励 10 万元。对企业在境外注册并在出口产品中使用自有商标，给予奖励 2 万元。

17. 鼓励企业积极参加各类交易会、博览会，千方百计开拓国际市场。企业参加由县里组织的赴国(境)外参展的，按每个摊位费的 30%予以补助。

18. 对自营出口企业为扩大出口所借资金产生的利息(含非金融机构拆借资金超过银行同期利率 30%以内)，允许进入税前成本。

三、加大招商引资力度，鼓励技术改造和技术创新

19. 鼓励外地法人、自然人来本县投资创办企业。外县法人、自然人自带资金(注册资金)在本县新办工业企业，符合产业政策，账薄凭证齐全，财务核算真实，经税务机关审核批准，三年内减免企业所得税。经县财政审核，对年销售额在 500 万元以上、1000 万元以下的，三年内按实际缴纳增值税的留县部分的 60%；对年销售额在 1000 万元以上的，三年内按实际缴纳增值税的留县部分的 100%，拨给企业作为生产发展资金。(外地企业与本地企业合作的，按其出资比例享受此项政策。)

20. 接受县外辐射，新办的来料加工企业，账簿凭证齐全，财务会计核算真实，从投产之日起，经税务机关审核批准，减免征三年企业所得税；对年销售额在 300 万元以上的，三年内按实际缴纳增值税的留县部分的 50%拨给企业，支持来料加工企业发展。

21. 建立招商引资专项奖励资金。对引进县外投资的项目，视项目实际投资额给予有功单位和人员一次性奖励。其中报和审核程序按招商引资考核办法规定执行。

22. 继续设立工业发展基金，专项用于企业(不含小水电项目)技术改造、技术创新、管理创新和产品出口等贴息和奖励。技改贴息、科技基金和工业发展基金重点支持园区内企业。

(1)技改贴息：凡固定资产总投资在 500 万元以上的技改项目，符合国家产业政策和云和县产业结构调整方向的，均可中请技改贴息资金。申请贴息的项目须同时符合下列条件：

——项目列入县级以上技术改造项目库或备有计委批文；

——项目已经竣工投产；

——由审计中介机构出具对项目支出(包括用地面积、土建工程、设备投入等)的财务审计报告。

实施项目的企业向县经贸局提出申请，由县经贸局会同县财政局审查后，按土建工程实际投入的1%、国产设备实际投入的1.5%、进口设备实际投入的3%给予贴息。购买土地费用不予贴息。技改贴息在项目竣工的次年一季度由县政统一兑现。

⑵技术创新奖励：对技术创新项目，经验收投产后分别给予国家级项目10万元、省级5万元、市级2万元的奖励；对经鉴定的新产品分别给予国家级5万元、省级2万元的奖励。

⑶管理创新奖励：对企业当年取得ISO 14000环境管理体系、ISO 18000安全管理体系认证后，分别给予3万元奖励；对企业当年取得ISO 9000质量标准体系认证后，给予1万元奖励；对获得名牌产品、著名商标、驰名商标、知名商号称号的，分别给予国家级5万元、省级2万元、市级1万元的奖励。

23. 县财政资金补助、补贴、奖励的相关优惠政策，由企业在次年3月底前提出申请，逾期不予办理。

24. 企业同时符合本意见的不同条款或县内其他政策文件的相关条款时，按就高、不重复的原则享受。

25. 本意见自发文之日起执行。原云委〔2003〕6号文件《中共云和县委、云和县人民政府关于加快工业经济发展的若干意见》同时废止。

中共云和县委　云和县人民政府
关于扎实推进社会主义新农村建设的若干意见

一、推进云和县社会主义新农村建设的总体要求和目标

1. 总体要求：以邓小平理论和“三个代表”重要思想为指导，牢固树立和贯彻落实科学发展观，统筹城乡经济社会发展，按照“生产发展、生活宽裕、乡风文明、村容整洁、管理民主”和“干在实处、走在前列”的要求，加快发展农村新产业、建设新社区、培育新农民、树立新风尚、建立新体制，全面推进社会主义新农村建设，努力构建农村和谐社会，促进农村经济社会全面协调可持续发展。

2. 目标：十一五期间，全县农业总产值年均递增3%，农民人均纯收入年均递增8%，到2010年底，农业总产值达到4.35亿元，农民人均纯收入达到5000元，村庄整治建设覆盖全县50%以上的行政村，全县农村劳动力转移率达到65%，新型农村合作医疗覆盖率90%以上，农村最低生活保障制度比较完善，农村社会养老保险有较快发展。

二、加强农业基础设施建设，促进农业综合生产能力新提高

3. 加强农田基本水利建设。加快灌区渠系改造，大力推广节水灌溉技术，支持和引导农民发展高效节水农业。继续实施百里清水河道、万亩百万方节水、百库保安、标准农田等建设工程，逐步建立“百里清水河道”长效保洁机制。加快小流域综合治理，确保区域环境改善。增加水利投入，积极开展小型农田水利设施建设，着力提高农业防灾减灾能力。

4. 加强农村生态环境建设。加强森林资源的保护，加快生态公益林、玩具用材林和菇木林建设，保护和扩大原有的经济林，切实抓好森林防火和病虫害防治工作，鼓励企业在县内投资毛竹林低改，建立工业林原料基地。完善土地承包和山地管理，积极开展林地承包权延续工作，对农村“青山白化”现象进行综合整治。切实加强对库区水质的监测，加大对污染源的查处和整治力度，确保渔业产业的健康发展。加强对农业农村面源污染的整治，注重农村禽畜养殖管理，逐步建立健全动物疫病防控体系。

5. 建立土地管理责任制。乡（镇）人民政府应对本乡（镇）的耕地保有量和基本农田面积负责，确立耕地保护目标，落实耕地保护的各项任务措施。建立耕地保护责任考核制度，把珍惜土地、保护基本农田、制止土地违法案件发生作为考核政绩的重要内容，对认真履行责任目标，成效突出的乡镇给予表彰，并在安排用地计划、土地开发、整理项目方面给予倾斜。

三、深入实施村庄整治工程，增添农村社区建设新亮点

6. 科学规划村庄建设。按照“注重实效、量力而行、突出特色、引导扶持”的要求，科学规划村庄建设，因地制宜、分类指导，有计划、有步骤、有重点地逐步推进饮水安全、乡村道路、农村能源等基础设施建设，加快教育、卫生等公共事业发展。要尊重自然规律、经济规律和社会发展规律，广泛听取基层和人民群众的意见和建议，提高规划的科学性、民主性和可行性。

7. 加大村庄整治扶持力度。每年安排 1000 万元资金,对纳入“千村示范、万村整治”工程和“万名农民饮用水工程”的村庄和乡（镇）采取以奖代补的形式进行扶持；每年安排 500 万元资金用于“乡村康庄工程”建设；农村广播电视联网建设资金安排按照云政发〔2005〕1 号文件规定执行。在县城规划区以外，属“千村示范、万村整治”工程范围的村庄，其拆迁地的土地出让金全数返还给乡镇，由乡镇政府统一安排，用于加强村基础设施建设；建设农村生活垃圾及污水无害化处理设施，改善村容村貌；各挂钩联系单位和有关部门及驻村农村工作指导员派出单位对“示范村”“整治村”的项目建设要给予重点扶持，水利、交通、广电等部门的建设项目应向“示范村”“整治村”倾斜；“万名农民饮用水工程”的实施要与改善农田水利灌溉、村庄给排水设施建设紧密结合起来，努力在政策、资金、项目等方面形成整体合力。

8. 鼓励农村人口向县城或中心镇集聚。加快农民下山转移进程，大胆探索新机制，继续以优惠政策引导山区农民向县城、中心镇、中心村集聚。从 2006 年起，每年安排 1000 万元资金用于“万名农民下山转移”工程（具体细则由县扶贫办制订）。

9. 积极开展农村宅基地调查整理。组织开展“空心村”和闲置宅基地、一户多宅的调查清理工作。积极开展宅基地复垦，经复垦耕地后置换出来的用地指标，优先用于新农村建设。在村庄整治建设中，通过宅基地整理，盘活农村存量建设用地，促进农居集聚。

10. 鼓励开展“一村一企共建农村新社区”活动。通过村企共建、基金募捐、项目接对、企业自建等方法，引导企业资金投向村庄整治。

四、推进农村现代产业体系建设，谋求农民收入新增长

11. 坚决执行《浙江省人民政府关于坚决制止占用基本农田进行植树等行为的通知》（浙政发明电〔2004〕47 号），切实加强基本农田保护工作。不准占用基本农田进行植树造林、发展林果业和搞林粮间作以及高标准建设；不准在基本农田内进行挖塘养鱼、建设用于畜禽养殖的建筑物等严重破坏耕作层的生产经营活动；不准违法占用基本农田进行绿色通道和城市绿化隔离带建设；不准将基本农田纳入退耕范围；不准占用基本农田开展非农建设项目。同时，加大对耕地抛荒情况的监督、检查，确保云和县粮食综合生产能力。

12. 确保全县每年粮食播种面积不低于 7.1 万亩，力争 7.9 万亩。大力加强耕地质量建设，实施新一轮沃土工程，科学施用化肥，引导增施有机肥，全面提升地力。大力推广粮食新品种、稻鸭共育技术、水稻免耕直播技术、单季晚稻“双百工程”和水稻重大病虫害综合防治技术。鼓励发展粮食生产，对垦复抛荒田（地）种粮的，给予每亩 50 元补助；对 10 亩以上的种粮大户，每亩奖励 15 元；对全年累计种植优质良种水稻 20 亩（含 20 亩）以上的大户，再给予每亩 5 元的种子补助。

13. 鼓励发展云和雪梨、生态名茶。每年安排 80 万元资金扶持云和雪梨基地建设、先进适用技术推广、新品种培育和新技术研究、市场开拓等。对单户开发云和雪梨（含黑李，下同）1 亩以上的，无偿提供种苗。单户连片开发 5 亩以上的给予每亩 50 元的补助、30 亩以上的给予每亩 80 元的补助。新发展生态名茶连片 5 亩以上的，经验收合格后每亩予以 120 元苗木补助。大力扶持玩具原料林、笋竹林基地建设和笋竹林高效经营。每年安排 30 万元资金用于高标准玩具原料林造林、菇木林和新产品品种、新技术推广以及笋竹林高效经营示范基地建设。

14. 对具有一定规模的高山无公害蔬菜、珍稀食用菌、特色畜禽养殖及特色干水果等特色农产品的引进、研制、试验示范基地，验收合格后采取以奖代补的形式予以扶持。

15. 加大财政支持力度，从 2006 年开始，连续 5 年每年安排农业龙头企业扶持资金 50 万元、农民专业合作社扶持资金 30 万元，用于农业龙头企业和农民专业合作社的当年技改贴息、有关补助和奖励。对农业主导产业发展有带动作用、与农户形成紧密利益关系，并经认定为重点农业龙头企业和农民专业合作社的（不包括木制玩具企业，下同），其当年技改项目投入 50 万元以上的，经县农办、财政局、科技局核查后，给予技改投资额 1.5%的技改贴息，已享受省级技改贴息的项目，不再享受县级贴息。新办企业被命名为重点农业龙头企业的（木制玩具企业除外），三年内增值税按实际缴纳的 20%、企业所得税留地方部分全额返还给企业作为生产发展资金。

16. 骨干、重点农业龙头企业和农民专业合作社直接为农服务项目的建设用地予以优先安排，按基准地价为基础协议出让。部门规费除上缴省、市部分外，一律按低限标准 30%征收，并免收一年的各种属于管理性质的专项规费；耕地占用税入库数的 80%奖励给企业用于基础设施建设。改变土地用途的收回优惠政策。

17. 鼓励发展各类农产品营销大户。对以订单形式带动农户 200 户以上、销售产值达 50 万元以上的营销大户（香菇、黑木耳除外），给予表彰和奖励（具体细则由县农办制订）。

18. 鼓励引资创办骨干、重点农业龙头企业。对引资创办有示范带动作用的农业龙头企业的单位和个人，按照该企业固定资产实际投资额的 3‰予以奖励。对被评为省、市级重点农业龙头企业的，分别给予该企业 5 万元和 3 万元的一次性奖励。

19. 加强对农业和农业龙头企业、农民专业合作社的信贷服务。引导农村信用社增加信贷投入，改进贷款方式，提高服务水平，力争农村信用社投向农业及相关行业，当年新增贷款比例不低于70%，其中新增贷款用于农户的比例不低于40%。全面推行农户小额信用贷款和农户联保贷款方式，简化农户贷款手续。允许农业龙头企业、农民专业合作社以自有不动产、动产等资产抵押贷款，有关部门要做好权证确认和相关服务工作。加强对进城农民工的信贷服务，进城农民工有固定住所或固定经营场所的，信用社要为其提供信贷关系转移及信贷服务。

20. 鼓励农业龙头企业、农民专业合作社与科研单位联手进行科研开发和技术推广。对在种子种苗繁育基地、试验示范基地、包装和贮藏以及品牌开发方面的技术研究、产品开发、技术推广等予以重点扶持。

21. 鼓励农技人员到本县市场化运作的农业龙头企业从事农业产业化经营，在两年内保留基本工资和福利待遇，养老、医疗等各项社会保险与在职人员同等享受。如遇原单位精简人员，在同等条件下，可优先保留。

22. 鼓励选送优势农产品参加国家、省级名优农产品评比。对获得国家级金奖的农产品(行业协会组织评定的除外，下同)，每只奖励2万元；获国家级银奖或省级金奖的，每只奖励1万元；获省级银奖的，每只奖励5000元。对获得名牌产品、著名商标、驰名商标的分别给予国家级10万元、省级5万元、市级1万元的奖励。对于同时获得不同级别的品牌、商标的产品，按获最高级别予以奖励，不重复奖励。

23. 鼓励农业龙头企业和农民专业合作社开展农产品商标注册和认证申报。对具有一定规模的特色农产品注册商品商标、证明商标、集体商标的，经审核确定，对每只注册商标给予注册费50%的补助，证明商标按申报审批规费予以补助。对通过国家级认定的有机食品或绿色食品，每只奖励2万元；对通过省级认定的绿色农产品，每只奖励1万元。对申报国家级绿色食品和有机农产品的申报审批规费予以补助；对通过国际ISO 9001质量管理体系认证的农业龙头企业给予1万元奖励，通过国际ISO 14001环境管理体系认证的农业龙头企业给予2万元奖励。加大优质农产品宣传力度，在报纸、电台、电视等媒体进行广告宣传(本县除外)和在大中城市开设农副产品窗口的，对其投入的经费给予一定的补助；每年安排一定的经费，用于地理标志保护产品的申报和保护，制定云和县优势特色农产品地方标准和企业标准，建设农业信息网络服务体系和农产品质量检验检测体系。力争在5年内，80%的农产品达到无公害农产品标准，80%的主要农产品实现标准化生产。

五、改善城乡就业结构，实现农民转移新突破

24. 改革户籍管理制度。凡在县城范围内有固定住所、稳定职业或生活来源的，均可凭有效证明申报城镇居民户口，享受城镇居民同等待遇。

25. 取消对农民进城务工就业的歧视性规定和不合理限制，逐步实行暂住证一证管理。在办理农民进城务工就业手续时，除按国家有关规定收取的证书工本费外，不得收取其他任何费用。

26. 保障本县进城务工农民子女平等接受义务教育的权利。在提供有效证明的前提下，接受本县进城务工农民本人子女在城镇的公办中小学入学，享受城镇学生同等待遇，不得向农民工子女收取借读费用。

27. 加强进城务工农民的职业技能培训。每年安排80万元专项资金用于农民工职业技能培训。根据企业用工和异地开发的需要，逐步形成和完善政府主导、市场化运作的农村劳动力技能培训体系。

28. 加大“云和师傅”品牌建设和管理。结合云和县在食用菌等方面的优势，鼓励广大技术农民走异地综合开发之路。积极开展“云和师傅”评审工作。每年对“云和师傅”品牌建设有功人员和星级“云和师傅”给予一定的奖励，促进“云和师傅”品牌真正成为云和县农民就业的“金名片”。进一步加大宣传力度，提高云和县异地综合开发人员的综合素质和就业竞争力。

29. 实行城乡统筹就业。建立城乡统一的人力资源市场，完善以农技110为主体的信息网络，为农民工外出就业做好信息服务。有条件的乡镇要集中设点，为农民提供各种服务，降低农村劳动力转移的成本。

30. 切实维护农民工的合法权益，努力保障农民工按时全额领取工资。农民工因工伤残或死亡的要严格按照有关规定予以赔偿或补偿。切实保障外出农民的土地承包权益，外出农民在合法自愿的基础上，可以将土地承包经营权转让给其他从事农业生产经营的农户。

31. 发挥挂钩单位在劳动力转移就业中的作用。各挂钩单位要积极发挥牵线搭桥作用，在培训资金、就业信息等方面加大扶持力度，帮助挂钩联系乡、村加快劳动力转移就业。对帮助农村劳动力转移就业成绩突出的单位、乡（镇）和个人，县政府给予表彰奖励。

六、完善农村公共服务体系，推动农村社会事业新发展

32. 完善农村社会保障体系。按照应保尽保的要求，进一步巩固和完善农村最低生活保障制度，不断扩大覆盖面，逐步提高保障水平。要积极稳妥地推进被征地农民基本生活保障制度，继续探索建立新型农村社会养老保险制度，努力提高农村五保对象集中供养率。

33. 逐步建立农村免费义务教育制度。认真落实全省义务教育阶段学生免收学杂费，对困难家庭子女义务教育的课本费、生活费实行补助等政策，深入实施农村中小学教育“四项工程”和“壮苗”工程。加快乡镇中心小学教学楼、学生宿舍和食堂的改造，从城镇选派优秀教师到乡镇支教，加大对贫困高中生的助学力度。

34. 深入实施“农民健康工程”。巩固完善新型农村合作医疗制度，改善农村医疗卫生条件，从根本上调动农民参保的积极性。加强农村公共卫生服务，落实好农民享有健康教育与管理、妇幼保健等12个服务项目，加强乡镇卫生院的技术力量，抓好乡村医生每两年一次的知识更新培训。

35. 支持农村文化事业的发展。加强乡村文化阵地建设，加快特色风情文化村、“农家乐”建设和休闲旅游业的发展。对被评为“农家乐”特色示范村的，实行一次性奖励（省级3万元，市级2万元）。对在“农家乐”特色示范村中开办“农家乐”的专业户，经县农办、旅游局认定，给予一定的奖励。

36. 加强防灾救灾体系建设。建立健全巡山护林员制度，水库巡查员制度；加快兽医体制改革。高度重视农村防疫、防地质灾害、防灾害性天气，健全防灾测报体系，制定一系列切实可行的应急预案；加强应急抢险救灾队伍建设，进一步抓好牲畜w病、禽流感、加拿大一支黄花、柑橘黄龙病、松材线虫病等重大动植物疫病防控工作。在应急体系建设中，县财政给予优先安排。

七、推进农村政治文明和精神文明建设，塑造乡村民主管理新风貌

37. 加强农村基层组织建设。（略）

38. 切实维护农民的民主权利。（略）

39. 倡导健康文明新风尚。（略）

八、加强对“三农”工作的领导，构筑“三农”工作新机制

40. 要把“三农”工作放在各项工作的首位。（略）

41. 进一步完善农村工作指导员制度。继续认真做好农村工作指导员的选派工作，把素质高、能力强的优秀干部选派到村。进一步加强对农村工作指导员的管理，激发他们的主动性、积极性和创造性。建立和完善协助农村工作指导员解决基层实际问题的机制，派出单位要加强对指导员工作的支持。

42. 加大对农业和农村的投入。要紧紧围绕社会主义新农村建设的各项任务，稳定、完善、强化各项行之有效的惠农支农政策。县财政支农资金增量要高于上年，预算内资金用于农村建设的比重要高于上年，其中直接用于改善农村生产生活条件的资金要高于上年，农业发展基金每年的增长幅度保持在10%以上。

43. 加大对“三农”工作督查考核力度。农业、林业、水利、国土资源、扶贫等部门要就相关工作制订实施细则和考核办法，落实具体工作措施，明确奖惩办法。把农民收入、农村劳动力转移列入县委、县政府年度目标责任制考核，对农业产业化经营、农业基础设施建设、扶贫开发、农民下山转移、村庄整治、山林承包权延包、违法用地违法建筑清理和农村公共服务等进行督查考核，确保“三农”工作的各项政策措施落到实处，努力实现农业增效、农民增收和农村稳定的目标。

44. 发挥县农村工作办公室综合协调管理监督的职能。（略）

云和县国民经济和社会发展第十一个五年规划纲要

序 言（略）

第一章 “十五”计划回顾

（一）“十五”计划执行情况

——经济综合实力明显增强。2005年，全县实现生产总值16.25亿元，比2000年增长0.81倍，年均增长12.6%，其中第一产业年均增长2.4%，第二产业年均增长16.6%，第三产业年均增长13.2%，人均生产总值14773元（折合1800美元），年均增长12.5%。财政总收入

1.93 亿元，年均增长 24.3%，其中地方财政收入 1.14 亿元，年均增长 21.5%。

——产业结构不断优化。三次产业的比重从 2000 年的 24.6 : 41.9 : 33.5 调整到 2005 年的 14.5 : 47.8 : 37.7，产业结构进一步得到优化。效益农业稳步发展，农业产业化步伐不断加快。工业化进程快速推进，木制玩具、金属加工等特色产业发展迅速，特色工业园区建设取得重大进展，产业集聚效益明显。旅游、房地产等第三产业快速发展，已成为推动经济发展的重要力量。

——基础设施不断完善。2005 年，完成全社会固定资产投资 11.3 亿元，五年累计完成社会固定资产投资额 36.8 亿元，年均增长 32.2%。“两网络、两平台”的基础设施建设取得重大突破。丽龙高速公路云和段的建设，使云和县进入了全省 4 小时交通圈，极大改善了区位条件。110 千伏白龙变电所等一批电网项目建设，缓解了电力紧张的局面。小流域综合治理、浮云溪防洪堤、沙铺砻水电站、金坑口水电站等水利水电工程建设，增强了水利支撑能力。城市道路、元和广场、二中迁建等一批重大基础设施项目先后建成投入使用，功能日益完善，形象逐步提升，城市化平台不断凸显，城市规模不断扩大，人口集聚效应明显。2005 年，城市化水平达到 45%，比 2000 年高出 8.8 个百分点。

——改革开放步伐加快。国有企业改制基本完成，市场经济体制进一步完善，事业单位改革稳步推进，金融、保险业商业化改革不断深入。政府职能转变步伐加快，行政审批制度改革迈上新台阶，依法行政意识不断增强，机关效能建设进一步深化，政府竞争力和政策资源供给能力明显提高。招商引资迈出新步伐，几年来实际利用县外内资 8 亿余元，外资 200 万美元。

——社会事业取得长足进步。科技发展步伐加快，创新能力明显增强。教育事业实现了跨越式发展，基本普及了十五年教育，在全市第一个通过省教育强县验收。文化、广播电视事业取得新进展，全县电视人口综合覆盖率和广播人口综合覆盖率明显提高。就业和社会保障体系继续完善，下岗职工基本生活费和离退休人员养老金按时足额发放，养老、失业保险扩面征缴工作稳步推进，城镇职工基本医疗保险制度改革平稳实施，国民健康素质和卫生保健水平有了新的提高。

——人民生活水平不断提高。2005 年，城镇居民人均可支配收入达 11860 元，比上年增长 6.9%；农村居民人均纯收入 3360 元，五年年均增长 11.1%。汽车、通讯、住房等消费成为热点，消费结构和生活质量明显改善，城乡居民“恩格尔系数”分别下降到 33.8%和 44.5%。城乡居民储蓄存款年末余额达 8.2 亿元，五年年均增长 13.9%。人民生活质量明显提高，生产、居住条件明显改善。

（二）“十五”发展的基本经验

——坚持“小县大城”发展战略不动摇。（略）

——坚持加快发展这个主题不动摇。（略）

——坚持突出重点不动摇。（略）

——坚持抓住项目这个载体不动摇。（略）

——坚持招商引资借力发展不动摇。（略）

第二章 指导思想和发展目标

“十一五”时期正处于本世纪头20年重要战略机遇期，是云和县经济社会加快发展的黄金时期，必须准确判断当前及今后云和县经济社会发展背景，深入分析面临的机遇和挑战，理清发展思路。

（一）宏观背景（略）

（二）指导思想

“十一五”时期，经济社会发展的指导思想是：以邓小平理论和“三个代表”重要思想为指导，坚持以科学发展观统领经济社会发展全局，全面落实省委“八八战略”和丽水“三市并举”战略，深入实施“小县大城”发展战略，着力构建“平安云和”，以全面建设小康社会为目标，以工业发展为主攻方向，以旅游业发展为突破口，坚持经济发展、城市发展和基础设施建设先行，打造“山水家园，童话世界”城市品牌，加快社会主义新农村建设，实现云和经济社会又快又好发展。

（三）发展目标

到2010年，经济社会主要指标超过全国平均水平，全县基本实现全面小康社会的目标，为提前基本实现社会主义现代化打下坚实基础。

——经济发展目标：产业培育取得实效，经济增长方式明显提升，经济开放度不断加大。到2010年，地区生产总值突破30亿元，年均增长13%以上（人均约2.8万元，折合3500美元）；财政总收入和地方财政收入年均增长13%以上；外贸出口总额突破5000万美元；工业总产值达到45亿元；全社会固定资产投资五年累计突破70亿元，三次产业结构调整为10 : 50 : 40。

——社会发展目标：以人为本的社会发展意识全面确立，文化先进县建设稳步推进，社会各项事业协调发展。到2010年，科技文卫体支出占财政支出比重27%；初升高比例达95%，幼儿入园率达95%；互联网普及率达10%，有线电视入户率达70%；千人医生数达1.9人；新型农村合作医疗覆盖率达85%以上。

——统筹发展目标：县城的龙头地位更加突出，辐射带动作用进一步增强，新农村建设扎实推进。到2010年，建城区面积达7平方千米，城市化水平达60%，城市生活垃圾无害化处理率保持100%，农村安全饮用水普及率达90%以上。

——可持续发展目标：生态县建设初见成效，城乡生态环境明显改善，资源利用效率显著提高。到2010年，森林覆盖率保持在80%以上；耕地保有量0.41万公顷。

——人民生活目标：城乡居民收入稳步提高，生活质量明显提升，文化生活日益丰富。到2010年，城镇居民可支配收入年均增长9%，农民年人均纯收入年均增长8%，农村居民恩格尔系数在0.4以下；城镇登记失业率控制在4.5%以内，人口自然增长率控制在5%以内。

（四）指导原则

——坚持产业培育与优化结构同步推进。富民强县取决于经济实力，新一轮区域竞争最终要看经济发展后劲。必须突出加快发展这个主题，树立强烈的发展意识，在加快产业培育，不断扩大经济总量的同时，通过政府产业政策的引导，依靠科技进步和自主创新，推进产业结构的战略性调整，加快转变经济增长方式，把保持发展速度和提高发展质量、夯实发展基础和增强发展后劲统一起来，努力构建一个既有特色、又有活力、更有竞争力的县域经济体系。

——坚持城市化与新农村建设相互联动。加快推进城市化进程是“小县大城”发展战略的题中之意，也是工业化、现代化的重要标志。建设社会主义新农村，是全面推进农村小康建设的客观要求，也是工业化和城市化健康发展、顺利推进的保证。必须突出县城发展优先，增强县城要素集聚、产业集聚和人口集聚功能的同时，抓住省委、省政府扶持欠发达地区发展的政策机遇，加快新农村建设，走以城带乡、以工促农、以乡促城、城乡联动的发展路子。

——坚持内源发展与借力发展并驾齐驱。推进云和的发展，需要激发全社会的创造活力。在注重提高自我积累、自我发展的能力，促进内生性、内源式发展的同时，必须突出借力发展，坚持“引进来”和“走出去”相结合，在全方位开放中能动地拓展发展空间，充分利用国内国际两个市场、两种资源，在更大范围、更广领域、更高层次上借力发展，努力构建更具活力、更加开放的经济体系。

——坚持经济发展与社会建设互促互进。加快经济发展是我们的当务之急，加强社会建设是构建和谐社会的关键。在牢牢把握经济建设这个中心不动摇，突出加快经济发展的同时，必须注重科技、教育、文化、卫生、体育等社会事业发展，正确处理发展与稳定的关系，切实把经济建设与社会建设统一起来，采取有力措施，解决好经济社会发展中的一些失衡问题，实现经济效益、社会效益的“双赢”。

第三章　城市化与区域布局

围绕深入实施“小县大城”发展战略和科学布局引导的要求，综合考虑云和自然地理特点、城市发展形态和产业发展状况，根据资源禀赋和环境承载能力，明确不同区域的功能定位，形成“一城、三区”的县域空间发展格局。

（一）一城

根据“山水家园，童话世界”的城市定位，把县城建设成为综合服务功能齐全、环境优美、个性鲜明的小城市。发挥县城的龙头带动作用，强化基础设施建设，培育支柱产业，建设区域性市场。重点发展第二产业和第三产业。

以南山为中心，浮云溪为轴，形成一城三区块的城市结构。按照“城市南拓、产业西进”的思路，城南区块依托城市南拓加快发展，城北区块依托城市南拓拉动旧城改造，城西区块依托现有特色木制玩具园区加快建设，三区承担各自职能，综合发展，形成“一环四横六纵”的城市道路网和一个“一轴五园”的城镇绿地生态系统网。

（二）三区

即东部综合经济功能区、西北部生态旅游休闲功能区和南部绿色产品生产功能区。

——东部综合经济功能区（Ⅰ区）。该区包括云和镇、云坛、安溪、雾溪等四个乡镇。重点是按照加快中心小城市的发展思路，依托丽龙、云景高速公路，发展木制玩具、金属加工、农副产品深加工等特色工业，粮食、食用菌、蔬菜、水干果、笋竹两用林等效益农业，交通运输、批零贸易、餐饮业、旅游休闲等第三产业。

——西北部生态旅游休闲功能区（Ⅱ区）。该区包括赤石、大源、紧水滩、石塘、朱村等五个乡镇。重点是加强封山育林，建好水源涵养林，依托云和湖的山水优势，加快发展水上娱乐、景点观光、农家乐等生态旅游业和水产养殖、畜禽养殖、茶叶、水干果等效益农业。

——南部绿色产品生产功能区（Ⅲ区）。该区包括崇头、黄源、云丰、沙铺、大湾等五个乡镇。重点是加强梧桐坑流域的源头综合治理，积极建好水源涵养林、玩具用材林、菇木林、笋竹两用林，发展食用菌、水干果、高山蔬菜、茶叶、畜牧业等效益农业和农产品加工业。

第四章　产业发展

发挥区域特色经济和生态优势，加大招商引资力度，突出大项目带动作用，推进产业集聚和结构的优化升级。按照“优一产、强二产、兴三产”的要求，大力发展高效生态农业，重点培育木制玩具制造业，积极扶持先进金属制造业、绿色食品加工业和现代服务业。

（一）第一产业

以发展高效生态农业为主攻方向，以提升农业综合生产能力为目标，加快绿色农产品基地建设，着力推进农业产业化进程，创建云和农产品“无公害，绿色，有机”的生态品牌，走立体式、生态特色型的效益农业发展道路。

——优化农业经济发展布局。从云和农业比较优势出发，按照不同区位、土壤、气候条件，努力形成优势农产品生产的区域化布局、产业化经营和社会化服务的现代农业发展新格局。东部综合经济功能区、西北部生态旅游休闲功能区和南部绿色产品生产功能区优势互补，相互促进。

——加强生态效益农业建设。充分利用云和县生态资源和气候优势，科学制定生态效益农业发展规划，重点加强粮食、食用菌、水干果、高山蔬菜、茶叶、笋竹、畜禽、水产养殖等产业的基地建设。大力推进科技兴农，实施“种子种苗”工程，推广种养殖新模式，提高绿色、有机农产品质量。建立健全农业标准化和农产品质量安全监测管理体系，培育出一批具有地方特色的区域性农产品知名品牌，逐步提高农产品质量安全水平和市场竞争力。

——推进农业规模经营。通过税收、信贷等优惠政策，重点扶持带动力强、辐射面广的农业龙头企业发展，进一步提高特色农产品深加工水平。鼓励发展多行业或特色产业的农民专业合作社，积极推广“公司+基地+农户”模式，提高组织化程度。兴建集加工、储藏、配送、交易于一体的特色农副产品批发市场，积极组织特色农副产品进入各地大型超市，延伸农业产业链、价值链，全面提升农业综合效益。

（二）第二产业

以提高产业竞争力为核心，以工业园区为载体，以开放引进、借力发展为重要途径，以信息化为主要手段，运用高新技术和先进适用技术改造提升传统制造业，推进产业结构优化升级。

——加强园区建设。按照高起点规划、高标准建设、高效能管理的管理要求，加快科学规划特色工业园区与建设力度，把特色工业园区作为承接区域产业转移和推进新型工业化的主阵地。加强特色工业园区的基础设施建设，健全基础设施运营管理制度，增强产业配套的物流、检测等综合服务功能，提升云和县工业园区的集聚发展能力。鼓励建设标准厂房、多层厂房，支持初创企业租用标准厂房，不断提高园区的投资密度和集约开发水平。提高生产性项目用地比例，确定企业入园标准，严禁高污染、高能耗项目进入园区。

——壮大产业集群。充分利用云和现有的区域块状经济优势，重点培育木制玩具制造业，鼓励企业生产和研发各种木制玩具、塑木玩具、智能与塑木结合型玩具及木制教具、木制小家具、木制外包装等木制外延产品。积极推进品牌战略，打造云和木制玩具城集体品牌。加快木制玩具原辅材料市场建设，完善产业链。积极扶持轴承、阀门、玩具设备、汽摩配等金属加工业和制造业。注重引进与现有产业关联度、社会贡献率和财政贡献率大的项目，培育新的产业集群。抓好行业性技术创新中心，利用高新技术改造传统产业，完善服务体系，建立行业标准。力争“十一五”期间形成一个高校或科研院所科技成果转化的产业化基地，进一步做好引导和鼓励企业上市工作。

——积极发展建筑业。随着城市化进程的加快和人民生活水平的提高，城镇居民住房、工作环境改善，城市、交通等基础设施建设加快，为建筑业的发展带来了新的机遇。通过收购兼并等形式，整合建筑业资源，做大做强建筑业。通过标化工地、创杯工程等活动，提高建筑企业的素质，规范建筑业市场，推进建筑业健康发展。

（三）第三产业

以旅游为突破口，以提高服务业素质为导向，开放服务业投资领域，引进国内外资金，发展现代服务业。重点培育旅游支柱产业，发展房地产和流通贸易业。

——加快发展休闲旅游业。围绕“生态、休闲、养生”主题，加强云和湖、狮山景区等旅游资源的科学规划、严格保护与合理开发。进一步整合旅游资源，完善与旅游业相关的基础设施建设，拓宽投资渠道，重点建设云和湖和旅游宾馆等大型旅游项目，建成一批具有地方特色的旅游景点（区），把旅游业培育成为第三产业的龙头。加快开发建设狮山浙西南佛教重地和风景区。加大对云和旅游的营销与推广力度，精心设计和推出具有云和特色的旅游线路，打造生态绿谷风情的旅游品牌。注重旅游经济效益，努力实现旅游开发从单纯的资源开发向综合开发转变，观光旅游向休闲旅游转变。

——加快发展房地产业。积极调整房地产供给结构和完善房地产用地等级制度，规范房地产市场秩序，促进房地产市场健康有序发展。导入先进开发理念，提高云和房地产业的整体素质，形成旅游开发与房地产开发互动格局。加快完善住宅供应和物业管理体系，强化业主自主管理意识，提升物业管理水平。

——加快发展现代服务业。大力推进流通体制创新，加快培育物流配送中心。积极发展交通运输业，努力提高综合运输能力。积极发展商贸业，建设具有特色的商业街和商贸市场，方便和服务人民生活。积极引进和推广新型流通业态和营销方式。在县城和有条件的乡村多形式鼓励发展超市、连锁店和放心店。积极发展金融业，加快完善金融信息化网络，提高金融服务质量。积极培育资本市场，加快发展保险业、信托业、租赁业等非银行金融机构，推动金融业健康快速发展。加快发展工程咨询、科技咨询等中介服务业；加快发展法律、会计、审计、资产评估、社会公证、经纪与代理、信用评级、担保等各类中介咨询服务，规范中介机构运营和中介市场。加强各类中介服务人才培养，加快行业职业化进程。

第五章　社会主义新农村建设

按照“生产发展、生活宽裕、乡风文明、村容整洁、管理民主”的总体要求，全面推进社会主义新农村建设，促进农业向高效生态农业转变，村落向农村新社区转变，农民向有文化懂技术会经营的新型农民转变。

(一)全面深化农村改革

稳定并完善以家庭承包经营为基础、统分结合的双层经营体制，按照自愿、有偿的原则依法流转土地使用权。以消除城乡二元结构为目标，深化农村集体资产管理体制改革，进一步推行和完善“村有、乡(镇)存、民管”的管理模式。深化户籍制度改革。开展农村住宅产权制度改革，探索允许进入市场交易的机制。完善被征地农民、拆迁农民的利益机制，积极探索研究和解决农民下山转移后生活与就业方式的转型问题。继续推进村级政务公开，推进基层民主政治建设和农村社区股份合作制改革。

(二)切实加快农村新社区建设

加快调整城乡体系布局，继续实施“欠发达乡镇奔小康”和“千村示范、万村整治”工程，结合农村基础设施建设，推进行政村、自然村的合并，发展具有一定人口规模和较为齐全公共服务设施的中心村。积极推进县城村改居工作。加快完善中心村的基础设施建设，增强中心村的人居功能，提高生产生活质量。鼓励发展家庭加工和来料加工等就业容量大的产业，扶持发展服务行业。加大对少数民族乡村的基础设施、下山转移、结对帮扶、技术扶持力度，进一步改善少数民族群众的生产生活条件。

(三)推进人口内聚处迁

大力推进人口“内聚外迁”，加快实施“万名农民下山转移工程”。积极引导深山、高山、库区、地质灾害隐患或生态脆弱敏感地区、少数民族地区的居民梯度转移。加强劳务输出，有组织地向非农产业转移和异地创业转移。继续实施“万名农村劳动力培训”素质培训工程，加强农村劳动力技能培训，进一步提高培训的针对性和实效性，增强就业竞争力和创业能力。

第六章　生态建设

围绕创建生态县的目标，以《生态县建设规划》为抓手，创建生态文明，改善生态环境，发展生态经济，打造生态家园。

(一)加强生态保护和环境治理

合理规划，科学布局，加强土地、水、森林等生态资源的保护与开发。充分挖掘可用土地资源，盘活存量闲置土地，提高土地集约利用率，拓宽发展空间。积极开展小流域综合治理，提高水资源的综合利用能力。加强生态公益林、饮用水源头涵养林工程建设，通过林业生态体系建设，构筑林业生态屏障。实施污染物排放总量控制，重点开展对工业污染、城市环境污染、农业农村污染专项整治。努力实现环境质量保持现有水平不下降，主要污染物保持达标排放，与全省同步建成城市环境处理设施，同步建成环境质量监控网络，使环境污染防治能力明显增强。

（二）发展循环经济

依托生态环境资源优势，大力发展绿色农业，积极扶持生态型工业，合理开发生态旅游业。利用独特的山地气候、丰富的农业资源和较好的生态环境，以有机农业为方向，重点发展茶叶、食用菌、水干果、笋竹、特种养殖、高山蔬菜等特色种养业。积极引导企业推行清洁生产和开展 ISO 14000 环境管理体系认证，创建“绿色企业”。依托丰富独特的旅游资源和地理区位优势，营造优良的旅游环境，合理开发生态旅游。

（三）加强环境设施建设

发挥山水资源丰富、自然生态环境良好优势，建设一批具有生态产业发展优势的生态村。加快建设和完善县城及一批农村的防洪、供水工程，垃圾、粪便无害化处理工程，绿化工程，推进城乡人居环境生态化。按照生态县建设目标，重点加强防洪防灾体系、森林防灾体系、地质灾害防治体系和气象灾害监测预警体系建设，增强抵御自然灾害的能力，确保可持续发展战略的顺利实施。

第七章　基础设施建设

“十一五”时期，全县全社会固定资产投资总额突破 70 亿元，实施项目、争取实施项目和探讨项目 100 个，简称“百大工程”，今后将以“百大工程”建设为抓手，按照“规划体系完善、建设重点突出、发展适度超前”的原则，加强基础地理信息系统建设，完善空间定位基准，努力构建城乡共享的基础设施体系。

（一）城市基础设施建设

按照“城市南拓、产业西进”的发展思路，更新基础测绘地理空间数据，加快新区块的基础设施建设，启动新区块的公建项目，抓好城市的“一环四横六纵”等城镇道路网络工程建设，发展城市公交，完善城市综合交通运输系统。抓好城市防洪、供水和污水处理、垃圾处理等设施建设，改善城镇防洪、给排水和卫生处理能力。重视城镇电网、信息网络和燃气管网工程建设，增强城镇承载能力。加快公园、绿地、内河、环县城山体绿化美化工程建设，新增绿化面积 10.4 万平方米。建设城市道路 8.78 千米，雨污水管网 30 千米，扩建垃圾填埋场 1 处，完成县城污水处理厂建设并投入使用。

（二）交通基础设施建设

强化公路主骨架，形成便捷、畅通、安全的交通网络。重点建设高速公路、干线公路，进一步加强县乡公路、乡村康庄工程和水路建设，全县形成“一环二高四主干”的公路网主体结构。新改建高速公路 49.99 千米，二级公路 102 千米，53 省道丽浦线路面大中修 14.59 千米，改造县乡公路路面 79.56 千米，新建乡村康庄工程路基 226.1 千米、路面 354.2 千米，建成以云和客运南站为枢纽，主要乡村为终点的客运网络。按照瓯江上游内河航道标准，加快库区水运交通与航道相配套的水运设施建设，改善库区交通条件，保障库区交通安全。积极创造条件，适时发展与水上旅游相关的交通项目。

（三）电网基础设施建设

加快电网建设和改造步伐，优化主电网结构，建设网架合理、设备先进、供电可靠、调度灵活、管理科学的高效、优质、低耗的坚强电网。重点建设220KV云和仙宫变电所、110KV杨柳变电所、110KV白龙变二期、110KV双港变电所、35KV电网、城镇10KV和低压配电网线路及农村电网改造，进一步完善建设调度、营业、配电网自动化系统工程，保证主电网足够的输送能力，提高供电可靠性和电能质量。

（四）水利基础设施建设

围绕综合开发、利用、保护水资源，构筑“千里清水河道”“百库保安”“万名农民饮用水”“万亩十亿方节水灌溉”工程的水利和谐自主体系。加强以节水灌溉和灌区配套改造工程为主体的农田水利基本建设和人畜安全饮水工程建设，并继续抓好山塘水库的除险加固工作。加强流域治理与城市防洪的基础设施建设，建成县城50年一遇和外围区域20年一遇的城市防洪体系。加强流域综合治理，科学合理开发县内小流域水力资源。完成第二自来水厂二期工程建设和旧城自来水管网改造，到2010年，县城供水规模为4万吨/日，城镇供水保证率达95%，农村供水保证率达90%。

（五）信息网络建设

加快电信网、计算机光缆网、广播电视网建设和信息数据库的“三网一库”建设，积极实施政府门户网和企业信息化工程建设。加强“中国云和”政府门户网站建设，建成链接政府各部门、乡镇和社区的信息交换平台。全面推进电子政务建设，积极利用门户网站，探索网上审批模式。加速建设覆盖全县的国有资产、经济自然资源地理、地方法规和规章制度、档案和企业等五个信息资源库。积极推进企业管理信息化，引导企业运用信息化、智能、网络和虚拟制造等技术提升传统制造业。

第八章　深化改革与对外开放

努力营造高效廉洁的政务环境、开放有序的市场环境、诚实守信的人文环境、文明法治的社会环境，充分利用“两个市场和两种资源”，切实加强区域合作与提高对外开放水平。

（一）深化改革

——转变政府职能。按照完善市场经济体制的要求，着力推进政府行政管理体制改革，建立一个适应现代市场经济的公共服务型政府。完善公共财政体制，加大对基础设施、社会保障和社会事业以及环境保护等公共事业发展的投入。加快政府投资体制改革，建立政府投资项目绩效评价制度。深化行政审批制度改革，规范行政许可行为。建立健全社会管理机制，分类推进事业单位改革。建设科学民主的政府决策制度，加强行政应急机制建设，推进政务公开，深化机关效能建设，提高行政运作效率。

——完善现代市场体系。健全国有资产监管体系，规范国有产权转让行为，加强非经营性国有资产监管。大力支持和推动民营经济发展，积极引导民营企业加强制度创新、技术创新和管理创新，更好地发挥民营经济在发展经济、扩大就业、活跃市场等方面的重要作用。进一步放宽市场准入，营造公平竞争的发展环境，鼓励民营企业进入基础设施、公用事业、文化产业等领域。进一步发挥市场在资源配置中的基础性作用。综合运用有利于节约要素资源的差别化价格调节机制和财税调节机制，促进全社会节约资源和减轻污染物排放，为转变经济增长方式提供体制机制保障。

——优化政策资源配置。积极实施“金土”工程，在科学、合理、高效、集约开发与利用土地的前提下，确保经济社会发展所需的土地供给。积极培育和发展资本、劳动力、人才、信息、技术等生产要素市场以及各类商品市场。大力推进金融工具创新，努力拓展项目融资、金融租赁等业务，发展产业投资基金和风险投资基金。完善中小企业担保和科技型风险投资机制，广泛吸收民间资金进入，扩大信用担保资金和风险投资规模。支持民营骨干企业通过股票上市、发行债券、嫁接改造、收购兼并等进行规模扩张与战略投资，提高民营企业国际化经营能力。

（二）扩大对外开放

继续完善招商引资工作机制，拓展招商领域，创新招商方式，积极推进专业化、市场化招商，提高招商引资和经济协作的专业化水平。充分利用“山海协作工程”等有效载体，坚持引进、消化、吸收和创新相结合，突出选商引资，引进一批关联度大、带动力强、科技含量高的项目。充分利用“山海协作工程”等有效载体，积极推进与周边地区产业、市场、体制的接轨，鼓励企业到县外建立原辅材料加工基地。充分利用县外的资金、技术、人才、信息和发展平台，拓展发展空间，逐步变承接产业转移为主动参与产业协作分工。积极培育外贸主体，努力提高出口产品的档次和附加值，推进外贸产品和市场的多元化。

第九章　社会事业发展

在加快经济发展的同时，必须加强文化、科技、教育、卫生、体育等社会事业发展。

（一）文化

以创建文化先进县为目标，全面繁荣文化事业，形成政府主导、社会主办、群众参与的特色文化体系。加快广播电视综合楼、体育馆、游泳馆、购书大楼、影剧院、会展中心（木制玩具展览厅、博物馆、档案馆）等文化基础设施建设，增强文化设施公共服务功能。培养优秀文化人才，创作一批具有时代精神和云和特色的文艺精品。加强基层文化建设，进一步繁荣社区文化、企业文化、校园文化、村落文化，创建10个文化“山花乡镇”，满足广大人民群众日益增长的文化需求。开发多功能业务，逐步形成富有活力、效益明显的广播电视产业体系，加快农村广播电视光缆建设，提高数字电视覆盖率。

（二）科技

积极深化科技体制改革，加快建设各类科技创新平台。加大科技投入，扩大科技交流与合作，构筑以企业为主体、产学研紧密结合的开放型区域创新体系。优化整合技术创新资源，推进水干果、食用菌等优势农产品的标准化生产和研究工作。加大科普的财政投入，推进城乡科普工作的群众化、经常化、社会化。扶持建设3家高技术企业研究开发中心和3个县级、2个省级区域科技创新服务中心，科技信息网络建设争取进入全市先进行列。

（三）教育

进一步加大对教育事业的投入，努力实现教育资源优质、教育特色明显、教育体系完善、教育质量较高的目标。高标准、高质量普及十五年教育，提高教育教学质量。加强学校标准化建设，深化学校内涵建设，着力提高教师队伍素质，形成一批办学特色明显的省、市级示范学校。加强职业教育与经济产业的结合，走特色发展之路，并保持普职招生合理比例，树立终身学习理念，加快成人教育发展。创办电大分校，创建国家级重点职技校。

（四）卫生

进一步建立完善突发公共卫生事件应急指挥、疾病预防控制、卫生监督执法、医疗救治和公共卫生信息预警监测报告等公共卫生体系。积极推进卫生医疗制度及其配套改革，鼓励各种所有制医疗机构参与医疗市场竞争，形成以政府为主、社会力量和个人为补充的多元化办医模式。坚持以农村为重点的卫生工作方针，加强农村医疗卫生网络建设，扎实开展农民健康工程，发展城乡社区卫生服务。加强食品、药品安全监管，确保药品质量安全。积极为残疾人康复、就医和就业创造条件。加强传染病防治和妇幼保健工作，到2010年，全县传染病总发病率控制在300/10万以内，孕妇死亡率控制在18/10万以内，婴儿死亡率控制在15‰以内。

（五）体育

认真实施《全民健身计划纲要》，逐步完善城乡健身设施和健身组织网络，建成具有山区特色的全民健身体系。积极发展竞技体育，增强竞技体育的综合竞争力。加快发展健身娱乐、体育旅游、竞赛表演、体育科技咨询等产业，引导并促进体育消费。积极推进“小康健身工程”，开展群众性体育活动，不断增强人民体质，形成崇尚健身、参与健身的社会环境和风气。到2010年，经常性参加锻炼人数达到45%，城市每万人拥有健身广场面积达6500m^2。

第十章　构建和谐社会

以扩大社会就业、完善社会保障、加强社会管理和民主法制建设为重要着力点，按照以人为本的要求，妥善处理社会各方面的利益关系，扎实推进社会主义和谐社会。

（一）人才培养

进一步深化人事制度改革，完善评价、选拔、流动、激励等机制，营造有利于优秀人才脱颖而出的良好环境。加强公务员队伍建设，继续实施公务员公共管理培训工程，造就一支廉洁勤政、务实高效的公务员队伍。加强少数民族干部培养选拔工作，促进少数民族乡村发展。完善人才培养政策，大力开发人才资源，把培养和使用人才结合起来，造就一批企业经营管理人才和专业技术人才，提升云和县人才队伍的素质和竞争力。创新人才管理方式，拓展人才发挥作用的渠道，建立健全各级各类人才库。打破各种限制，促进合理流动，优化人才资源配置。

（二）就业与保障

建设城乡统一的劳动力市场，把公共就业服务范围延伸到农村，积极为求职者提供各种就业信息咨询服务。引导劳动者转变观念，实现多途径就业目标。鼓励民营中小企业，发展具有比较优势的劳动密集型产业。积极引导和鼓励劳动者参加养老、医疗和失业保险，着力解决个私企业、个体户和自由职业者的养老和医疗保险。完善失地农民养老保险、新型农村合作医疗和企业职工医疗保险制度。发展慈善、助残、优抚救助等社会福利事业。逐步完善农村社会救助和保障体系，积极倡导社会救助，尤其是城乡居民大病救助和青少年教育救助。进一步提高农村“五保”和城镇“三无”对象集中供养水平。到2010年，失业保险基金征缴率达到98%以上，基本养老保险覆盖面达到90%，基本医疗、工伤、生育保险覆盖面达到90%。切实保障妇女和未成年人的合法权益。加强老龄事业发展，办好老年大学，建好老年公寓和老年娱乐场所。

（三）精神文明建设

巩固省级文明县城和国家卫生县城创建成果，坚持不懈地推进文明素质工程。加强理想信念教育，把握正确的舆论导向，弘扬以爱国主义为核心的民族精神和改革创新为核心的时代精神。深入开展革命传统教育、形势政策教育，增强全县道德建设人民的精神动力。全面落实未成年人思想设的各项任务，引导广大青少年树立正确的世界观、人生观、价值观。加强公民道德建设，通过从政道德教育、廉政文化建设、诚实守信教育、礼仪教育等多种形式，全面推进社会公德、职业道德和家庭美德建设。继续广泛深入开展文明城市和文明社区、乡村、行业、单位、家庭等。各类群众性精神文明创建活动，扎实推进精神文明建设。

（四）信用云和建设

深入开展诚信教育活动，进一步建立健全信用监督和失信惩戒机制，努力构筑起与市场经济相适应的信用体系。建立健全日常管理、监督机制，大力培育民间市场中介组织，依托行业协会，建立健全维权等各类服务中介机构。

（五）平安云和建设

加强和改进信访工作，积极主动地调节人民内部矛盾，妥善处置各类群体性事件，化解各类矛盾纠纷。全面落实安全生产责任，依法加强安全生产监管，及时排除事故隐患，建立健全事故特别是重特大事故责任追究制度。强化对食品、药品、餐饮卫生的监管。完善各类预警系统和应急预案，提高处置重大突发公共事件的应急反应能力和防灾减灾能力。加强社会治安综合治理，深入开展基层平安创建活动，依法严厉打击各种犯罪行为。

（六）民主法治建设

坚持和完善人民代表大会制度，执行人民代表大会及其常务委员会的决议、决定，并依法报告工作。加强同各民主党派、工商联和无党派人士的联系，积极推进政治协商、民主监督。重视发挥专家咨询委员会的作用，推进政府决策的科学化和民主化。认真贯彻民族、宗教和侨台等方面的政策，支持工、青、妇等人民团体依照法律和各自章程开展工作。坚持依法行政，加强行政监察、审计监督等工作。继续做好政策研究、档案、信访、统计等工作。深入开展国防教育和双拥模范城创建活动，加强国防动员、民兵预备役和征兵工作。继续推进全民普法教育，努力创造安定和谐的社会环境。

结束语（略）

云和县“十一五”规划主要指标表

表 37-3-2

序号	指标名称	单位	“十五”计划		“十一五”计划	
			2005年实际	年均增长(%)	2010年计划	年均增长(%)
1	地区生产总值	亿元	16.25	15.6	32	13
2	人均地区生产总值	元	14773	12.5	28000	13
3	三次产业比重	%	14.5:47.8:37.7		10:50:40	
4	工业总产值	亿元	21.58	13.6	45	16
5	县内工业总产值	亿元	19.66	15.2	43.5	18
6	农业总产值	亿元	3.75	3.9	4.4	3
7	旅游总收入	亿元	0.75	27.6	1.5	15
8	全社会固定资产投资	亿元	五年累计36.8亿元		五年累计70亿元	
9	财政总收入	亿元	1.93	24.3	3.6	13
10	地方财政收入	亿元	1.14	21.5	2.1	13
11	社会消费品零售总额	亿元	6.09	11.8	9.8	10
12	实际利用县外资金(含外资)	万美元	三年累计8亿元		五年累计10亿元	
13	自营出口总额	万美元	3021	11	5000	10
14	初升高比例	%	90.13	—	95	—
15	幼儿入园率	%	90.47	—	95	—
16	科教文卫体支出占财政支出比重	%	26.5	—	27	—
17	互联网普及率	台/百人	5	—	10	—
18	有线电视入户率	%	65	—	70	—
19	体育场地人均占有面积	平方米/人	0.5	—	0.65	—
20	每千人医生数(医院床位数)	人/千人	1.6	—	1.9	—
21	失业保险覆盖率	%	95	—	98	—
22	新型农村合作医疗覆盖率	%	71.3	—	85	—
23	城市化水平	%	45	—	60	—
24	转移农业劳动力人数	万人	3.4	—	3.5	—
25	下山转移人口	人	3600	—	五年累计10000人	
26	城市生活垃圾无害比处理率	%	96.5	—	100	—
27	耕地保有量	万公顷	0.41	—	0.41	—
28	森林覆盖率	%	80.4	—	80.4	—
29	农村安全饮用水普及率	%	88.9	—	90	—
30	城村居民人均可支配收入	元	11680	—	18000	9
31	农村居民共均纯收入	元	3360	11.1	5000	8

续表 37-3-2

序号	指标名称	单位	“十五”计划		“十一五”计划	
			2005 年实际	年均增长(%)	2010 年计划	年均增长(%)
32	农村家庭恩格尔系数	%	44.2	—	40	—
33	城镇登记失业率	%	4.5	—	4.5	—
34	总人口	万人	11.04	—	11.3	—
35	人口自然增长率	‰	—	3.85	—	5

中共云和县委
关于推进生态文明建设的决定

（2010 年 8 月 30 日中国共产党云和县第十二届委员会第八次全体会议通过）

一、推进生态文明建设的重大意义和目标要求

1. 推进生态文明建设的重大意义。（略）

2. 推进生态文明建设的指导思想：坚持以邓小平理论和“三个代表”重要思想为指导，全面贯彻落实科学发展观，按照“坚定不移地实施‘小县大城’核心战略，明确‘产业升级、城市提升、城乡统筹’三大战略任务，努力打造‘中国童话休闲旅游城’和‘中国童话乡村’”基本工作定位的要求，大力推进生态经济体系、生态功能体系、生态人居体系、生态文化体系建设，逐步建立符合生态发展规律的产业结构、增长方式和消费模式，努力实现经济社会可持续发展，全面打造“山水家园、童话世界”的县城发展品牌，不断提升全县人民的生活品质。

3. 推进生态文明建设的主要目标。动员全县上下共同奋斗，力争到 2012 年创建国家级生态县，继而把云和县建设成为全国生态文明示范县。到“十二五”期末实现以下目标：

——生态产业体系初步建立。全面完成省市下达的“十二五”单位生产总值能耗下降指标，高附加值、低消耗、低排放的产业结构加快形成，以生态农业、生态工业、生态旅游业和文化创意产业为主的生态产业体系初步建立，一、二、三产比重调优到7:49:44。

——生态功能体系初步建立。生态环境进一步向绿化、净化、美化的可持续生态系统演变，生态环境质量继续保持全国领先，生态安全保障体系基本形成，城镇生活垃圾无害化处理率达到 100%，农村垃圾无害化处理率达到 80%以上；全县空气质量达到功能区标准；城镇污水集中处理率达到 80%，主要河流水环境质量按地表水 II—III 类水质标准达标率达到 100%，集中式饮用水源地水质达标率达到 100%；全县森林覆盖率稳定在 80%以上。

——生态人居体系初步建立。“中国童话休闲旅游城”和“中国童话乡村”建设雏形初显，城乡人居环境得到根本改善，“山水家园、童话世界”的县域发展品牌进一步彰显，城市建成区绿化覆盖率达到 39.5%，城市建成区绿地率达到 34.5%；农村卫生厕所普及率达到 95%以上，规模化畜禽养殖场粪便综合利用率达到 100%；公众对环境的满意率达到 95%。

——生态文化体系初步建立。生态文化研究和生态文明教育不断加强，绿色创建活动广

泛开展，生态文明理念深入人心，居民传统生产、生活方式及价值观念向环境友好、资源节约的生态文化转型，健康文明的生活方式初步形成，推进生态文明建设的精神支撑更加有力。

二、坚持以转型升级为目标，大力培育发展生态工业

4. 打造“中国木制玩具创造基地”。坚持以产业集群为方向，积极推进木制玩具产业组织方式、营销模式、品牌和技术创新，引导企业加快培育一批中国驰名商标、浙江著名商标和浙江省名牌产品，加快研究开发出一批拥有自主知识产权及适应市场需求的新技术、新产品，努力实现由成本优势向品牌优势转化，由木制玩具“制造”中心向“创造”中心的转变，致力提升产业核心竞争力。坚持以文化创意为切入点，积极推进木制玩具与动漫产业的结合，设计、研发具有教育属性、生活属性和情感属性的木制玩具组合产品；推进木制玩具产业与旅游业的融合，提升木玩产业整体价值，致力推进木制玩具产业由卖劳力向卖产品直至卖生活方式、卖文化创意的转型升级；推进木制玩具产业与幼教玩具的结合，继续加强和教育部教学仪器研究所、《幼儿教育》杂志社的合作，加速幼教玩具产品研发和市场开拓，打造全国最大的木制玩教具研发、生产和销售基地。坚持向“微笑曲线”要效益，大力开展补链拉链式招商，填平补齐木制玩具设计、研发、销售等产业链缺口，完善产业链配套，变产业扎堆为产业补链。争取到2015年，实现木制玩具产值50亿元以上，比2009年增两倍，实现上市企业零的突破。

5. 提升阀门和轴承产业。立足当前已经基本形成的块状经济雏形，加快扩量提质步伐，着力推进阀门产业上规模、上水平、创品牌。进一步建立、健全以企业为主体、科研院所为技术支撑的研发制造体系，促使条件成熟的企业尽快建成技术中心和研发中心。瞄准国际国内先进水平，通过引进消化吸收再创新，加大新产品研发力度，有针对性地掌握关键技术，提高产品的科技含量，努力向精加工方向发展。以产业集群的理念大力开展补链拉链式招商，努力引进产业层次高、配套能力强的企业，壮大产业规模。积极督促杨柳河一期入园阀门企业加快建设进度，尽快形成产能。争取到2015年，阀门产业总产值达到20亿元，基本建成具有一定知名度和竞争力的专用阀门基地。充分发挥轴承产业技术成熟的优势，以发展高精度、高可靠性、高寿命、低噪音和性能优良、拥有自主知识产权的中高档轴承产品为方向，积极引导现有骨干企业扩张，鼓励其上规模、上档次，努力推进产业的规模化、标准化、市场化，促进产业上档升级，着力打造中国高端轴承专业配套制造业基地。

6. 推进园区生态化改造。继续按照向山地要空间的思路，进一步加快工业园区杨柳河二期、三期开发建设步伐，努力使园区总面积达到5.2平方千米，引导所有工业项目进入园区，实行统一管理、统一治污、统一排放。进一步调整优化工业布局，以节能、降耗、减排为目标，淘汰高污染、高能耗、低效益的落后产能，大力发展技术含量高、附加值高、市场占有率高、消耗低、污染少的高新技术产业。按照“减量化、再利用、资源化”的原则，支持和引导企业实施清洁生产，推行ISO14000环境管理体系认证，创建一批高标准、规范化的循环型企业。加快完善工业园区的污染治理设施，强化治污设施运行监控监管，实现污染物全面达标排放。

三、坚持以绿色有机为方向，大力培育发展生态高效农业

7. 打造“中国生态黑木耳生产基地”。围绕“稳定产量、调整结构、提升品质”的总体思路，加快食用菌品种结构、种类结构、生产方式和增长方式四方面的调整。在积极推进香菇以花菇品种为主逐步向普通菇、夏菇品种调整的基础上，着力提高代料黑木耳种植比例，到2015年，代料黑木耳种植占全县菌类种植比例的35%以上，创建2—3个生态黑木耳农业观光园、2家省级示范良种繁育场，年生产规模稳定在2500万袋以上，年产值达1亿元。积极探索代料黑木耳生态循环发展模式，大力发展“玩具废料—黑木耳—水稻/鸭”生产模式，实现“木制玩具与生态农业”的循环生产，力争可用资源与废弃物的重复利用达2次以上，生物效率提高5%，生产成本降低10%，节约用水30%，生产废弃物实现零排放，经济效益提高15%。在2015年之前，申报成功云和黑木耳证明商标。

8. 打造“南方早熟梨基地”。围绕“稳量提质、打造精品、提升品牌”的总体思路，以安溪、云坛二个乡为重点，加强现有基地管理，进一步完善基地基础设施建设和新农艺设施的推广应用，培育更新换代品种，广泛推广实用先进技术，实行集约化经营，建设一批优质化、标准化、规模化的示范基地，着力打造1—2个现代精品雪梨园区，建设3—5个核心示范基地。积极培育龙头企业，鼓励引导雪梨种植大户建立专业合作社，提高组织化程度。进一步加强品牌建设，努力从打造云和雪梨产品品牌提升为打造云和雪梨的文化品牌，做好名牌产品、著名商标、原产地保护产品等申报认定工作，丰富云和雪梨传统名果历史文化内涵。到2015年，全县雪梨总面积稳定在1万亩以上，总产量达1万吨以上，精品果率达到20%以上，优质果率提高到70%以上。

9. 打造“浙江生态绿茶基地”。围绕“扩大总量、做强品牌、提质增效”的发展思路和“生态、优质、高产、高效”的发展原则，加强科技创新与成果推广，全面实施茶树改良工程，加速推进茶园基础设施配套完善及茶厂优化改造。争取到2015年，全县茶园总面积达到5万亩，其中无公害生态绿茶面积2.6万亩，有机茶园面积2000亩；良种茶园面积达95%以上，茶园管理机剪率达90%以上；建成5个茶叶重点村，标准化茶叶加工厂达到10家；茶叶总产量达1400吨，总产值1.3亿元。强化茶叶品牌整合，积极培育龙头企业和营销队伍，争取到2015年，培育省级茶叶龙头企业1家，市级茶叶龙头企业5家，基本建成“基地规模化、加工专业化、产品绿色化、品牌特色化、经营产业化”的浙江生态绿茶基地。

10. 加快推进现代农业建设。以“特色特产、绿色精品生态高效、专业规模、优质安全”的发展理念，全面启动“现代农业综合园区”和“粮食功能区”两区建设，大力发展设施农业，休闲观光农业，工厂化农业。围绕食用菌、茶叶、板栗等水干果、畜禽养殖等优势产业，按照“一项产业一套标准、一个品种一个模式”的产业标准化捆绑机制，建设一批农产品标准化生产示范基地。力争到2015年，建设1个现代农业综合园区、3个以上主导产业示范区、5个以上特色农业精品园、20个农产品标准化生产示范基地。大力发展无公害、绿色、有机农产品，依法加强有机农产品和绿色农产品标志管理，完善市场准入制度，加强食品安全检验监测体系建设，强化农产品市场监管，从源头上保障农产品质量安全。力争到2015年有10个以上产品通过有机、绿色、无公害农产品认证。

四、坚持以生态旅游为龙头，大力培育发展第三产业

11. 打造“中国木玩文化创意基地”。按照“中国童话休闲旅游城”的视窗、文化创意的集聚区和木玩文化的主要体现区、体验区的功能定位，启动木玩文化创意基地项目建设。项目主要建设以木玩游戏、体验和文化创意集聚区为主要内容的南山创意拓展主题公园；以展示水文化为主的“亲水”公园；以博物、科技、影视、科普、档案、室内玩具体验等为主要功能的博物馆；以智慧感受、玩具文化体现、文化休闲为主要内容的木玩广场。大力发展木玩文化创意产业，有效整合和引进各类创意研发资源，努力把云和建设成为全国木制玩具文化创意产业集聚中心和创意成果展示交易中心。加快推进城北儿童公园与实验幼儿园区块提升改造，力争把这一区块建设成为幼教玩具实践、展示、创作基地。在发展壮大现有的“玩具智慧园”等旅游项目的基础上，鼓励和引导有条件的企业，开发木玩创意旅游，丰富童话休闲旅游产品。

12. 打造“中国最美梯田观光基地”。以创建国家AAAA级景区为载体，构建“一心一轴四区”的空间布局，加快形成以民俗、农耕、银矿、山寨、大地艺术为主要文化支撑，以梯田观光、农耕体验、银矿探秘、高山避暑、泥地养身为主要内容的综合性景区。“一心”即崇头镇崇头村游客接待服务中心，规划面积5公顷，主要建设入口景门、栈云桥、游客接待中心、生态停车场、滨水休闲、旅游服务设施等项目。“一轴”即以后交线作为梯田景观连接带，串联整个梯田景观群，形成山村、梯田、云海、雾凇等自然生态人文的景观带。“四区”即以吴坪五彩田园景群、下垟九曲云环景群、梅竹七星追月景群、坑根石寨民居文化村组成的梯田观光游览区；以梅竹村、坑根村、赵善村三个区块组成的山村风情体验区；以下垟中国媳妇村为主的畲乡农家休闲区；以杜鹃观光、户外运动、自驾车游为主要内容的高山避暑露营区。

13. 打造“云和湖省级旅游度假区”。加快推进云和湖旅游项目开发建设，着力构建“两轴三区四景”的空间布局。两轴即环湖观光公路、云和湖水上交通线路；三区即赤石、龙门、小顺渔家乐休闲旅游产品集群区块；四景即打造赤石景区、仙官景区（紧水滩）、三潭景区、小顺景区。赤石景区主要加快五星级度假大酒店、体育运动公园、滨水休闲中心、游艇俱乐部、七星岛综合娱乐城、商业步行街等项目建设，打造具有高端休闲度假功能的旅游区；仙官景区主要加快浮云山庄、高尔夫练习场、水电文化主题公园、野生鱼垂钓中心、拓展训练基地等项目建设，打造具有休闲垂钓、工业旅游观光功能的综合性旅游区；小顺景区、三潭景区进一步深化项目前期，尽早启动建设。

14. 加快服务业发展。充分利用县城周边和环云和湖幽静宜人的宜居环境，在县城和云和湖区域，适度规划部分区块建设景观房产，着力打造“丽水后花园”，促进房地产业上规模、上层次。鼓励工业企业重点是木制玩具、阀门和轴承企业由单纯的产品制造、加工业务，向前端的产品研发设计和后端的品牌营销等服务环节延伸，大力发展对外贸易、综合代理、产品信息及研发、组合配送等生产性服务业。加快发展商贸流通业和农村服务业，积极发展咨询服务、信息服务、市场调查、评估服务等知识型、科技型的中介服务业，重点扶持一批有实力、有品牌、有信誉的中介机构向综合化、大型化发展，提高中介服务企业的竞争能力和服务质量。

五、坚持以宜游、宜商、宜居为目标，大力推进“中国童话休闲旅游城”建设

15. 彰显山水底色。以省园林城市、森林城市创建为载体，对县城山体、水系进行改造提升。加快南山主题公园、凤凰山森林公园、狮山景区和主要街道绿化景观带建设，大力加强城市居住区和单位绿化建设，城区主干道沿街单位实施拆墙透绿。加强公共建筑的屋顶绿化和围墙垂直绿化，丰富城市立体绿化景观。加强浮云溪、安溪、黄溪等河道生态建设和两岸绿化景观带建设，在浮云溪上建设嬉水公园、音乐喷泉等特色景观。坚持亮化整体性和节点亮化特色性相结合，对县城亮化进行整体规划设计，着力突出浮云溪水幕电影、高楼建筑、体育馆等节点特色亮化建设，彰显城市特色魅力。

16. 注入童话元素。把木玩童话元素有机融入城市建设，立足小中求精、精中求美，把城市当作景区建、把单体建筑当作景观建，不断挖掘文化内涵，使小城市浓缩大文化。对建成区的建筑立面进行改造提升，对新建路、中山街、解放东路和浮云路等重要街道的店面广告进行统一规划，统一色彩、造型和版面设计，营造浓厚的童话文化气息。在广告灯箱设计上，一街一主题，以街道为单位展现玩具产业文化和山水风景、民俗风情、童话故事特色；在城市路灯设置上，按照“一路一灯、一路一景、一路一品”的建设思路，安装具有云和地域文化特色和个性特色的灯具；在小品雕塑建设上，以动漫的形式在主要道路区城建设小品雕塑；在单体建筑上，在城南区块、仙官大道等重要区城，建设体现云和童话色彩的标志性建筑。

17. 完善城市功能。按照“产业西进，城市南拓”的城市发展布局，推进城南、城西和城北功能区块建设，统筹规划、合理布局城市基础设施项目。继续坚持以“四横六纵”城市道路主框架为基础，加快建设53省道过境公路，延伸城东路，打通城西路和环浮云溪路，拓宽改造云雾路、云杨路和中山西路等城市道路，不断完善城市道路网络功能。加快公厕、垃圾中转站等环卫设施建设，完成长垄垃圾填埋场二期、建筑垃圾处理场以及其他配套设施建设。完成城南路延伸段、城东路南段、云雾路、城西路北段等管网建设，改造解放街等老城区污水管网。完成污水处理厂扩容建设，达到日处理能力1万吨。加大河道、街道、老城区、城郊接合部等重点部位环境整治力度，实行精细型养护管理，逐步形成有序、洁净、美观的城市面貌。

六、坚持以云和农居建筑风格设计为切入点.大力推进“中国童话乡村”建设

18. 突出童话乡村特色。按照“生态优先、规划先行”和“突出重点、体现特色”的要求，编制“中国童话乡村”建设规划。围绕建设“环境优美、生活宽裕、文化丰富、和谐幸福”的“中国童话乡村”的目标，统筹推进村庄整治、旧村改造、危旧房改造和农村“135”工程建设。围绕体现童话特色和江南民居风格，着重做好农村建筑风格设计，力求体现实用美、个性美、自然美、和谐美。在村庄的公交车站、花坛、路灯、垃圾箱、雕塑、围墙、公厕等建筑小品上融入“童话”元素，凸显个性，彰显特色。围绕云和梯田AAAA级景区和云和湖开发建设，对部分具有历史文化内涵的古村落、古建筑和特色民居进行保护、复古修建和科学合理开发利用，启动小顺、石浦、梅湾、梅竹、坑根、下垟、大坪、梓坊等一批旅游特色村创建。

19. 着力保持村庄整洁。全面推进生态文明村创建，深入推进“千村示范、万村整治”工程和农村环境“五整治一提高”工程。深化改栏、改厕、改路工程，全面开展村庄绿化、亮化、美化、洁化工作。积极推行农村生活垃圾“户集、村收、乡镇中转、县处理”，完善乡镇、村、户三个层次的收集处理设施。加快村镇污水处理设施建设，深入实施生态畜牧业养殖规划，严格禁养区、限养区环境管理，在畜禽养殖重点地区和重点流域强化总量控制，加快推进规模化养殖场排污申报登记和排污许可证制度，积极推广农牧结合、沼气化资源循环利用等生态养殖模式。积极防止食用菌废弃菌棒、秸秆、地膜、农药(兽药)包装物等农田废弃物污染环境。

20. 大力推进生态移民。在加快大坪等城郊农民下山转移小区建设，引导农民向县城转移的同时，按照“人口集中、产业集聚、土地集约、设施配套”的要求，采取整体迁建、旧村改建、撤村并建、多村联建等模式，积极培育中心村，推动农民向中心村、镇梯度转移，构建“城—镇—村”3级居民点中心体系，促进农村生态恢复。积极推进户籍制度改革、土地流转制度改革和林权制度改革，有计划有步骤地使在城镇稳定就业和居住的农民有序转变为城镇居民。继续深入实施“万名农村劳动力素质培训工程”，加强农民的学历、技能“双证”培训和农村后备劳动力培训，全面提升“云和师傅”品牌，加快农民向二三产业转移。

七、坚持以生态文明理念为导向，大力推进生态文化建设

21. 加强生态文化保护。加强生态文化研究，深入挖掘和保护民俗文化、抗战文化、木玩文化、船帮文化、女神文化等原生态文化资源。加大物质文化遗产保护力度，完善包山花鼓戏、畲族民歌等省级“非遗”项目传承基地建设，开展“云和梯田”世界文化遗产、世界农业文化遗产申报。积极推进国家级、省级重点文物保护单位申报工作，加强明代银冶遗址、石门桥等重点文物项目的挖掘保护。结合红色抗战文化遗址，重建复兴馆，建设抗战纪念馆。

22. 建设生态文化载体。启动木制玩具博物馆、木玩主题公园、木玩广场等项目建设，加快解放街及后溪历史古街恢复改造、狮山佛教园林景区等历史文化项目建设，使其成为承载生态文化的重要平台。继续完善县文化馆、图书馆、影剧院、体育中心、青少年活动中心等公共文化设施功能，加强乡镇文化站和村级文化活动室建设，使其成为弘扬生态文化的重要阵地。组织开展中国木制玩具节暨童话休闲旅游主题节庆、云和梯田开犁节、小顺端午龙舟竞技、畲族“三月三”民俗风情、“瓯江帆影”摄影采风等一系列具有民族特色和云和特点的大型文化活动，使其成为传承生态文化的重要舞台。深入开展“国家级生态县、省级文明县、省级旅游经济强县、省级园林城市、省级森林城市、省级体育强县”六城联创，引导基层单位和城乡居民广泛开展绿色学校、绿色社区、绿色家庭等群众性绿色系列创建活动。

23. 倡导低碳生活方式。加强对各级领导干部、中小学生和企业、城乡社区等基层群众的生态文明教育，提高全民生态文明素养，形成生态文明社会新风尚。大力倡导勤俭节约的低碳生活，积极引导城乡居民广泛使用节能型电器、节水型设备，选择公共交通、非机动车交通工具出行。深入开展“厉行节约、反对浪费”主题活动，摒弃讲求奢侈的“高档消费”、铺张浪费的“攀比消费”、追求方便的“一次性消费”等消费陋习，弘扬文明的婚丧嫁娶风俗，让勤俭节约、绿色消费成为社会习惯和时尚。继续贯彻计划生育基本国策及优生优育方针，提高人口素质。广泛开展爱国卫生运动，积极推进全民健身，加强疾病防控，推行室内公共场所禁烟，不断提高城乡居民健康水平。

八、坚持以环境整治为抓手，大力推进生态屏障建设

24. 保持良好的水环境质量。以保障饮用水环境安全为重点，进一步加强水环境污染综合防治，让江河湖休养生息，不断提升水环境质量。突出抓好城市污水处理厂扩建、工业园区污水处理系统、县城污水收集系统、重点乡镇污水处理工程等建设，不断提高城乡污水处理能力。不断完善水质监测与防控体系，全面加强水源地污染防治，重点抓好紧水滩水库、雾溪水库、梅垄水库和玉溪水库等饮用水源保护重要水域周边的畜禽水产养殖等整治、搬迁或取缔工作；深入实施“万里清水河道”等工程，加强农村小河道生态整治力度，切实改善农村水环境面貌。

25. 建设良好的森林生态系统。推进森林扩面提质，积极发展碳汇林业。着力推进生态公益林、三沿生态景观林、饮用水源涵养林等生态重点工程建设，加强中幼林抚育、低效林和林相改造，进一步调整优化林种树种结构，加大对森林、林地、野生动植物资源和自然保护小区的保护力度以及森林火灾、林业有害生物的防控力度，提高森林生态系统的供给功能、调节功能和支持功能。积极推进城乡统筹绿化，大力开展凤凰山、狮山、南山、白龙山等城市森林公园建设，着力在城市周边建成风景林复层混交、生态功能显著的复合城市森林生态群落，加快形成与城市发展相适应的绿色屏障和生态保护体系；实施绿色村庄工程，加大“青山白化”治理力度。到2015年，建成生态公益林80万亩，三沿生态景观林8万亩，林地面积保持在125万亩以上，森林蓄积量大于380万立方米，年吸收8.7万吨二氧化碳、释放25.9万吨氧气，年森林生态总效益达到76亿元。

26. 构建污染防治体系。进一步扩大污染源在线监控系统的覆盖面，完善污染源监控预警体系，切实加大污染物减排力度。扎实做好化学需氧量、二氧化硫等主要污染物的减排工作，加强粉尘、烟尘、总磷、总氮等污染物的减排，严格控制重金属、持久性有机污染物等有毒有害污染物的排放。鼓励推广使用有机肥，深入实施测土配方施肥和农药减量控害增效工程，大力推广统防、统治和农田污染最佳综合管理措施等先进适用技术，减少氮、磷污染。严格把好建设项目环境准入关，新建项目必须符合国家规定的准入条件、清洁生产标准、污染物排放标准及总量控制要求，从源头防止环境污染和生态破坏。继续开展整治违法排污、保障群众健康环保专项行动，解决群众反映强烈的环境问题。

九、坚持以改革创新为突破口，建立健全生态文明建设的保障机制

27. 完善投入机制。县财政要把生态文明建设作为公共财政支出的重点，整合相关领域专项资金集中投向生态文明建设重点领域和重点项目，并根据财政状况逐步加大投入力度。统筹安排生态农业开发、生态旅游开发、污染防治、水土保持、河道整治、植树造林、自然保护小区、企业清洁生产技术改造等项目资金，确保生态文明建设的持续开展。按照“政府引导、社会参与、市场运作”原则，激励更多的民间资金投入城镇和农村污水处理设施、污水配套管网、垃圾处理设施等生态环保基础设施建设和经营。大力发展绿色金融，鼓励金融机构加大对清洁生产企业的信贷支持和保险服务。

28. 完善市场化要素配置机制。建立健全有利于加强生态文明建设的税收、价格、信贷、贸易、土地、风险投资等经济政策。发挥税收的调节作用，对废弃物资回收利用、资源综合利用等项目给予税收优惠。建立和完善能够反映资源环境成本的价格和收费政策，进一步完善水、土地、矿产、森林等资源有偿使用制度，发挥价格机制在资源供求方面的调节功能，引导资源按有利于高效利用和生态恢复的方向进行配置。建立能够有效推进企业保护环境的激励政策和减少污染排放的约束机制，强化排污费征收及监管。进一步完善土地征收制度、工业用地招拍挂制度和工业存量用地盘活机制，促进土地节约集约利用。

29. 完善考核和责任追究机制。实行生态文明建设目标责任制，将生态文明建设任务逐级分解、落实到各乡镇、部门和企业，作为各级领导干部实绩评价考核的重要内容，纳入重大事项督查范围，通过强化督查和考核，形成分级负责、逐级推进、上下共同努力的工作格局。加强对生态文明建设动态管理，接受新闻媒介和社会的监督。对在生态文明建设工作中做出突出贡献的单位和个人给予表彰奖励，对工作推进不力、完不成目标任务的，严格实行问责；因决策失误导致严重生态影响和破坏的，严肃追究责任。

十、坚持以合力推进为保障，切实加强对生态文明建设的领导

30. 强化组织领导。（略）

31. 强化科技、教育、人才支撑。将生态文明建设内容纳入科技发展规划，积极引进、消化、吸收高效实用的环保治理技术，着力突破生态恢复重建、污染治理、循环经济、低碳经济、能源替代等领域的技术瓶颈。继续坚持教育优先发展，进一步加强基础教育，大力发展职业教育，全面提高育人质量，为生态文明建设提供强有力的智力支撑。加强生态文明建设急需的专业人才引进和培养，造就一批生态科技专业技术人才和生态文明建设领军人才；建立健全人才使用激励机制，充分调动和发挥专业人才推进生态文明建设的积极性、创造性。

32. 强化社会氛围营造。（略）

云和县人民政府
关于加快旅游产业发展的若干意见

一、加快旅游产业发展的目标要求和指导原则

1. 总体要求。坚持以科学发展观为引领，坚定不移地实施“小县大城”核心战略，紧紧围绕打造“中国童话休闲旅游城”的目标，坚持政府引导与市场运作相结合，创新旅游工作机制，做大做强旅游产业，加快形成“一城一湖一梯田”的旅游发展格局，把旅游业培育成为服务业发展的龙头产业和国民经济发展的重要支柱产业，努力建成浙江省旅游经济强县。

2. 发展目标。云和县旅游业发展总体目标是：“两年兴热点，三年构体系，五年立主导”。到2015年，跻身丽水市旅游先进县行列。

3. 指导原则。坚持发挥政府主导作用，以政策引导、政府扶持作为旅游经济健康发展的重要保障；坚持发挥资源特色优势，以构筑比较优势作为增强旅游业发展竞争力的重要环节；坚持扶大做强，以大景区大项目建设作为推进云和县旅游业发展的重要引擎；坚持先规划后建设，严格按规划落实项目、开发建设项目；坚持资源开发与保护并重，以生态环境建设作为旅游业可持续发展的重要基础。

二、强化规划的引领作用

4. 完善旅游规划体系。按照“高起点规划、高品位建设、高标准发展”要求，修编《云和县旅游发展规划》，加强对重点区城、重点景区（点）和其他专项规划的编制，注重与发改、建设、土地等部门专业规划的紧密衔接，进一步完善旅游规划体系，防止盲目开发和低水平重复建设。

5. 加强对项目实施的监管。加大旅游规划的实施和管理力度，进一步完善县旅游主管部门对重点景区（点）、核心景区内的建设管理职能，规范和完善景区（点）周边项目建设程序。有关部门在编制景区及景区周边村庄整治等项目建设方案时，需征求县旅游主管部门的意见。

三、切实加大旅游政策扶持

6. 加大财政支持。2010 年县财政安排旅游发展专项资金 800 万元，根据需要逐年递增。主要用于全县旅游项目前期、旅游形象宣传、游客市场拓展、旅游行业管理、旅游人才培训、旅游项目招商引资、旅游商品开发、旅游资源保护、旅游信息化建设、旅游公共基础设施建设维护以及旅游企业发展等方面的政策性奖励或补助。

7. 加大旅游投资扶持。鼓励民间资本投向旅游市场，提高民众参与旅游开发建设的积极性。对符合《云和县旅游发展规划》并在合同期内竣工的旅游项目，固定资产投资（不含财政补助，下同）在 1000 万元—3000 万元（含 1000 万元）的，按实际投资额的 1.5%给予补助；在 5000 万元以内的，超过 3000 万元部分，按实际投资额的 2%给予补助；在 1 亿元以内的，超过 5000 万元部分，按实际投资额的 3%给予补助。投资额超过 1 亿元的重大旅游项目采取“一事一议”政策。上述固定资产投资额不含土地使用权取得的费用。

8. 鼓励工业企业进入旅游市场。对有条件的工业企业开展工业旅游的、进入木玩一条街等政府规划的交易市场进行交易的、投资木玩文化体验等旅游项目建设以及工业企业自主开发旅游项目的，从旅游发展专项资金中安排一定的资金用于引导项目建设。

9. 实行税费减免优惠。新投资的景区（点）项目，所有行政性规费县里收取部分，按 50%收取；由省里返还的县得部分，按不低于 50%比例优先用于该旅游景区（点）配套项目建设。新建旅游项目自营业之日起 3 年内，按企业缴纳的营业税（不含房地产）、企业所得税留县部分全额奖励给企业。四星级以上酒店和景区（点）类企业纳税有困难的，经地税部门批准后，可给予减免房产税、城镇土地使用税和水利建设专项资金。

四、全力打造旅游品牌

10. 鼓励旅游景区实施品牌化经营战略。对被国家旅游局评定机构或授权组织评为国家“AAA”、“AAAA”、“AAAAA”级的旅游景区，分别一次性给予 10 万元、20 万元、100 万元的奖励；被评定升级为国家“AAAA”、“AAAAA”级的旅游景区，分别一次性给予 10 万元、50 万元的奖励。

11. 鼓励饭店创星。对被国家旅游局评定机构或授权组织评定为三星、四星、五星级的旅游饭店，分别一次性给予 5 万元、8 万元、50 万元的奖励；被评定升级为国家四星、五星级的旅游饭店，分别一次性给予 4 万元、25 万元的奖励。

12. 鼓励县内旅行社申评名牌旅行社。对新评为丽水市十佳、省五十强、省十强和全国百强旅行社的，分别一次性给予 3 万元、10 万元、15 万元和 30 万元的奖励。实行县内旅行社地接奖励政策：年接待县外游客总量达到 2000 人次的，奖励 1 万元；每增加 1000 人次的，奖励 0.5 万元。允许旅行社参与政府采购和服务外包。

13. 鼓励创建乡村旅游品牌。五年内，县旅游专项资金中每年安排农家乐发展专项资金 50 万元，主要用于农家乐特色村（点）及星级农家乐的扶持、评定、考核、奖励及工作经费。对被评为省级旅游强镇的，给予 10 万元奖励；对获得市级、省级、国家级（特色旅游村或农家乐特色村）称号的，分别一次性给予 2 万元、3 万元、8 万元奖励；以上奖励资金，主要用于该镇、村的基础设施建设。

五、大力拓展旅游市场

14. 加强旅游品牌的宣传和营销。整合县内宣传资源，充分挖掘云和旅游文化，形成合力对外宣传营销。要继续办好各类与旅游相关的重大节庆活动，进一步提高云和旅游的知名度和吸引力，打响“童话休闲旅游”品牌。经审核批准，对旅游企业结合云和旅游整体形象开展宣传促销的，广告费按有关规定享受税前列支，比例按上限执行。对旅游企业参加政府组织的各类旅游交易会、展销会、博览会的，给予展位费 50%补助（单个企业最高不超过 5000 元）。

15. 鼓励开发旅游商品。对新办的开发生产旅游商品、旅游纪念品、旅游食品的重点企业，经旅游、财政部门认定，三年内视其贡献大小给予扶持。对在旅游主管部门主办的旅游商品评比中获得国家级金质奖、银质奖（省级金质奖）、铜质奖（省级银质奖）的，分别一次性给予 1 万元、0.5 万元、0.3 万元的奖励。加大对云和湖鱼肴系列、高山生态素食、地方特色小吃等美食的研究和挖掘，每年组织开展特色美食的评选和竞赛活动，对获奖的单位和个人给予一定的奖励。

16. 培养专业导游队伍。对获得全国导游资格证且在云和从事导游工作满 3 年，每年累计带团时间在 60 天以上，且无重大投诉、年检合格的，给予 1000 元的一次性奖励。凡获得中、高级导游员和外语导游员资格且在云和从事导游工作满 2 年，每年累计带团时间在 30 天以上，且无重大投诉、年检合格的分别给予 1500 元、3000 元、5000 元的一次性奖励。对取得国导、省导资格证书的机关事业单位从事兼职导游工作的人员，每年（以取得资格证书次月算起 1 年时间）参与地接团队或景点讲解 10 团（次）的，每月分别给予 100 元和 50 元的奖励，并给予报销培训费用。开展优秀导游员竞赛活动，对获奖优秀导游给予一定奖励。

六、全面提升旅游服务功能

17. 完善旅游服务设施。优先安排通往重点旅游景区（点）的道路、码头以及旅游标志标识建设，完善安保设施，提高道路通达能力。鼓励开通县城至各景区（点）的旅游专线。加快旅游集散中心、星级宾馆建设。巩固“省示范文明县城”的成果，开展“省级文明县、国家级生态县、省級旅游经济强县、省级森林城市、省级园林城市”的五城联创工作，提升城市整体形象和品位。加强对传统文化和特色资源的挖掘，开发地方特色的旅游文艺演出等娱乐产品。鼓励各类博物馆、纪念馆、玩具样品展示厅向游客开放，促进社会资源转化为旅游产品。

18. 构建旅游信息系统。建立旅游信息中心，开通短信问候，完善旅游咨询与投诉处理平台。提升云和旅游网站服务功能，定期发布旅游重大信息，建立网络论坛和网络营销系统。构建云和旅游形象识别系统，建成功能完备、资源共享、实时便利的查询和预订系统。

19. 加强旅游行业管理。强化旅游安全和危机管理，建立健全覆盖全行业并与相关部门、行业联动的旅游安全预警和应急机制，提高应对旅游突发事件的能力。加大旅游执法队伍建设，强化旅游市场监管，规范市场行为。开展旅游行业诚信教育和职业道德教育，提高旅游服务质量。加强旅游行业协会组织建设，营造健康有序的旅游市场氛。

七、进一步落实保障措施

20. 加强对旅游工作的组织领导。（略）

21. 加强旅游建设用地的保障。对《云和县旅游发展规划》确定的重点旅游建设用地，根据省下达的规划控制指标，优先在新一轮土地利用总体规划修编中安排；对省下达的土地利用年度计划指标，优先安排重点旅游用地，旅游建设项目应依法招标、拍卖、挂牌出让或租赁方式取得土地使用权。以出让方式取得土地使用权的，可以依法转让、出租或抵押；以租赁方式取得土地使用权的，土地租金可以按双方合同约定缴纳。

22. 鼓励多渠道筹措旅游建设资金。拓宽旅游投融资渠道，鼓励开展区域联合，打破所有制界限，广泛吸引县域内外资金，共同开发经营旅游景区（点）、兴办旅游基础设施和旅游服务项目。鼓励有实力的企业和个人投资开发县城内的各类旅游资源，包括木玩文化体验项目、各类博物馆、纪念馆以及娱乐项目。鼓励山林、果园、茶园、房屋等权属（经营）主体以资源折价入股、租赁等形式，参与旅游项目开发。鼓励金融机构加大对旅游业的信贷支持力度，增加对重点旅游企业的授信额度。对金融部门旅游信贷支持给予奖励，具体奖励办法参照《云和县金融部门支持地方经济发展和项目融资单位融资考核奖励暂行办法》执行。

23. 营造合力兴旅的氛围。（略）

八、附则（略）

第三十八篇 乡 镇

1991年,全县辖22个乡镇。设置3个镇、19个乡(含2个畲族乡),即云和、紧水滩、崇头等3个镇;云坛、沈村、沙溪、小徐、雾溪(畲)、安溪(畲)、双港、金村、朱村、小顺、龙门、库北、大源、局村、赤石、黄源、云丰、沙铺、大湾等19个乡。1992年6月,根据省民政厅《关于做好撤区扩镇并乡试点工作的意见》的通知精神,加大乡镇撤扩并力度,藉以整合公共资源,提高行政效能。撤扩并方案是将原局村、小徐两个乡并入云和镇;龙门乡并入紧水滩镇;合并小顺、双港两乡建立石塘镇;沈村乡并入云坛乡;金村乡并入朱村乡;库北乡并入赤石乡。行政区划调整方案实施后,撤销局村、小徐、龙门、双港、小顺、沈村、金村、库北8个乡,新设石塘镇。全县行政区划调整为15个乡镇,辖4个镇11个乡(其中2个民族乡),170个行政村,873个自然村,1165村民小组。2001年11月,县委、县政府出于实施"小县大城"发展战略的需要,将沙溪乡整体并入云和镇。

2010年,全县辖14个乡镇。设置4个镇、10个乡(含2个畲族乡),即云和、紧水滩、石塘、崇头等4个镇;云坛、雾溪(畲)、安溪(畲)、朱村、大源、赤石、黄源、云丰、沙铺、大湾等10个乡。

第一章 建制镇

第一节 云和镇

云和镇位于县境中部云和盆地，横跨龙泉溪支流浮云溪两岸，东接云坛乡，东北邻石塘镇，南界安溪畲族乡，西连崇头镇，北靠紧水滩镇，是云和县政府驻地，全县政治、经济、文化、交通中心。总面积 144.99 平方千米，镇政府驻地云和县中山路 376 号。2010 年，云和镇辖中

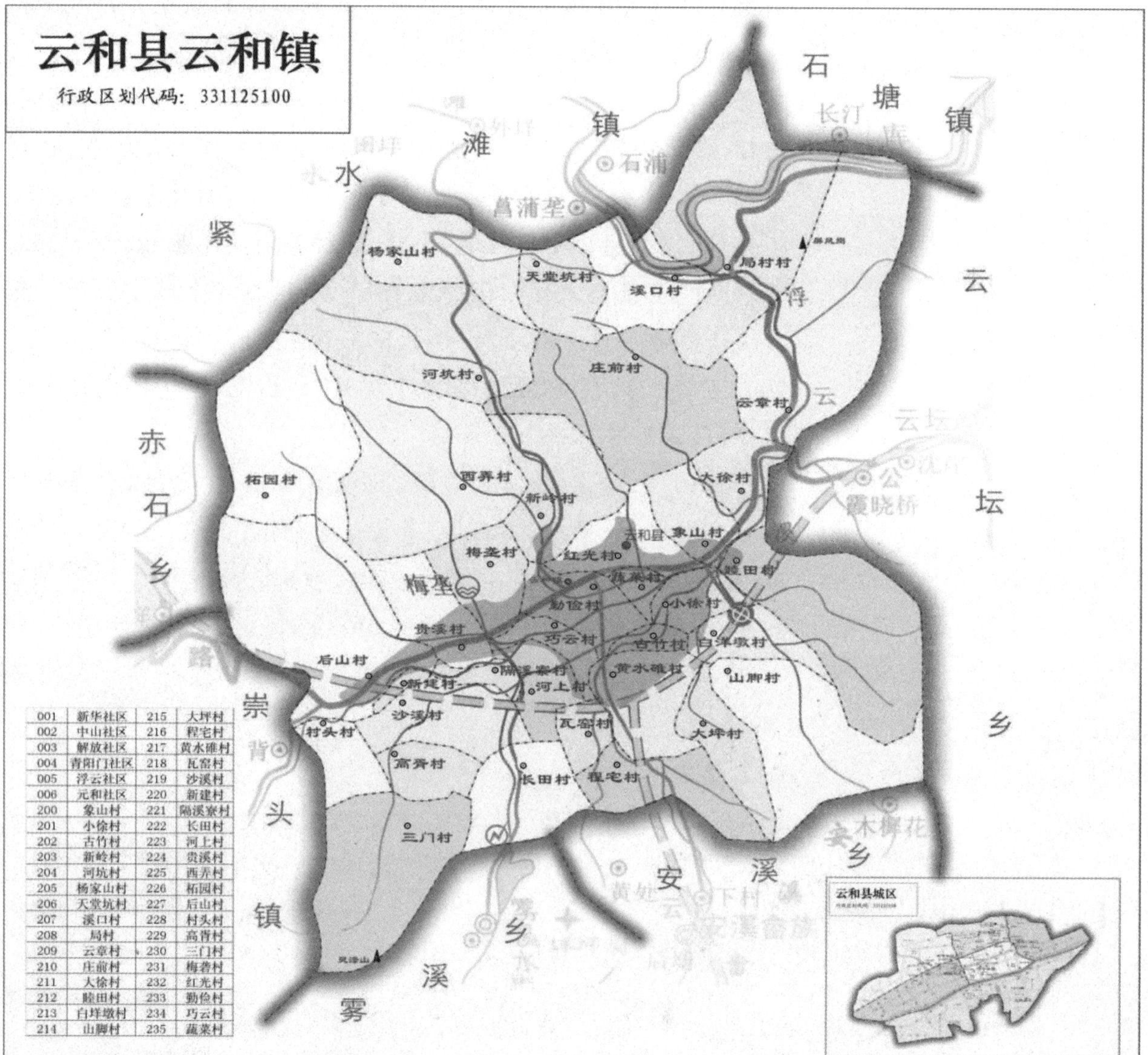

001	新华社区	215	大坪村
002	中山社区	216	程宅村
003	解放社区	217	黄水碓村
004	青阳门社区	218	瓦窑村
005	浮云社区	219	沙溪村
006	元和社区	220	新建村
200	象山村	221	隔溪寮村
201	小徐村	222	长田村
202	古竹村	223	河上村
203	新岭村	224	贵溪村
204	河坑村	225	西弄村
205	杨家山村	226	柘园村
206	天堂坑村	227	后山村
207	溪口村	228	村头村
208	局村	229	高胥村
209	云章村	230	三门村
210	庄前村	231	梅垄村
211	大徐村	232	红光村
212	睦田村	233	勤俭村
213	白垟墩村	234	巧云村
214	山脚村	235	蔬菜村

图 38-1-1 云和镇区划图（县民政局提供）

山、新华、解放、浮云、元和、青阳门六个社区和红光、勤俭、巧云、蔬菜、小徐、古竹、象山、大徐、云章、庄前、局村、溪口、天堂坑、白洋墩、睦田、山脚、黄水碓、瓦窑、程宅、大坪、新岭、河坑、杨家山、西弄、沙溪、新建、高胥、三门、村头、隔溪寮、贵溪、河上、长田、后山、柘园、梅垄口、霞晓桥等37个行政村，173个自然村，319个村民小组，28064户，其中农业9072户；总人口75361人，其中农业人口30015人。耕地面积922.8公顷，林业用地面积9900公顷。

建置沿革

1983年5月，镇内设东郊、建设、中山、大众、新民、新建、解放、新华、西郊9个居委会；1992年5月，小徐、局村2乡并入；1995年10月，增设机关居委会；2001年11月沙溪乡并入；2002年7月，撤中山、建设、机关、东郊、大众、新民、新建、解放、新华、西郊等10个居委会，将县城社区管理范围内居民划分为6个社区，设立6个社区居委会，并分别命名为中山、新华、解放、浮云、元和、青阳门社区；2008年7月，云坛乡霞晓桥村划入云和镇管辖；2010年12月，开展蔬菜村撤村并入居委会试点工作，将蔬菜村就近并入社区居委会，成立蔬菜经济股份合作社。1996年元旦，镇党委、人大、政府机关由镇府路20号迁至中山路376号新址办公。

经济建设

云和镇交通方便，水源充足，是全县主要产粮区。水稻、玉米、番薯是主要粮食作物。主要经济作物有香菇、木耳、雪梨、西瓜、柑橘、蔬菜、茶叶、花卉苗木等。1991—2010年，袋料黑木耳及杏鲍菇等珍稀菌类和云和雪梨等产业兴起，且规模逐渐增大，成为云和镇农业支柱产业。工业以木制玩具为主打，带动轴承等其他工业门类发展。

2000年，红光、勤俭、巧云、蔬菜、小徐等5个村基本达到小康村目标。2001年，通过丽水市小康乡镇验收，属云和县第一个小康乡镇。2010年，全镇实现工农业总产值54.27亿元，其中工业总产值42.13亿元，农业总产值12.14亿元，农民人均收入7355元。

1991—2010年云和镇经济发展状况表

表38-1-1

年份	工业总产值（亿元）	农业总产值（亿元）	农民人均收入（元）	年份	工业总产值（亿元）	农业总产值（亿元）	农民人均收入（元）
1991	0.14	0.07	783	2001	8.20	0.90	3268
1992	0.57	0.18	667	2002	10.52	0.80	3532
1993	1.21	0.30	696	2003	10.50	0.83	3886
1994	1.70	0.41	768	2004	13.90	0.87	4283
1995	3.43	0.49	1002	2005	15.59	0.91	4521
1996	2.82	0.51	1397	2006	18.31	0.95	4894
1997	3.81	0.47	1552	2007	22.92	10.07	5488
1998	3.98	0.45	1825	2008	32.07	10.95	6010
1999	4.85	0.58	2307	2009	34.49	11.53	6686
2000	5.73	0.62	2714	2010	42.13	12.14	7355

农　业　80年代末，云和镇把袋料香菇作为农民致富的支柱产业之一来培育。袋料香菇生产种植模式实现从地下式到半地下式、棚架式的转变，形成优质花厚菇、普通菇（冬菇）齐发展，种植面积和农户数不断增加。香菇以袋料种植为主，其次有黑木耳及杏鲍菇、鸡腿菇、平菇、金针菇等珍稀菌。主栽品种有9015（939）、135、26、04等。2003年，云和镇申报的“颐养园”牌香菇被认定为浙江省绿色农产品，并获得浙江省农博会金奖。2010年，全镇发展食用菌1953.67万袋。

林　业　云和镇有林业用地9553.3公顷，占土地面积的90.5％，人均5.02亩；其中用材林2960公顷，经济林1586.6公顷，竹林353.3公顷；森林覆盖率为71.3%。十一届三中全会后，山林按大承包形式，承包到户经营，局村、溪口、庄前、象山、后山、三门等村建有林场。2004年，对全镇3340公顷生态公益林进行重新界定，其中国家级生态公益林2426.6公顷、省级913.3公顷。全镇有古树名木321株。2010年，全镇有林地面积9900公顷。

工　业　云和镇工业起步较早。建国初期，城关手工业已有铁器、棉棕、漂染、刻字等16个行业，从业者50户。1954年，全县首家互助合作性企业~城关镇缝纫合作小组成立；1955年，由合作小组扩大提高为生产供销合作社的有铁器、篾器、缝纫3个供销生产合作社，社员77人，还新成立熔铸、木器、棉棕、制鞋、理发等5个合作小组，组员36人。到1993年，全镇有国有、集体、私营工业企业38家，商业企业484家，实现产值1.21亿元。2010年底，全镇500万元以上规模企业94家，完成工业产值33.12亿元。

1992年，云和镇在丽浦公路两侧征地3.2万平方米，开始云和镇工业小区一期工程建设，制定入园企业的“四减免”（即减免国有土地转让金、城市建设配套费、耕地占用税和造田费等）的优惠政策和“四统一”（即由镇政府为企业统一征地、统一规划、统一实施、统一管理）政策。振鹏、亿达、胜利、塑木、工艺美术、玩具配件、新艺、青春和外贸工艺等13家企业第一批相继落户在工业小区。13家企业总投资600万元，共建成建筑面积1.5万平方米的厂房，13家企业投入生产后均实现良好的经济效益。到1993年底，以工业小区为中心的玩具个私企业发展到372家，产值达8518万元，出口额达2613万元，实现就业人口3886人。

云和镇工业小区是云和县木制玩具行业的中心。上海玩具进出口公司、云和联营厂、云和木制工艺品有限公司、华远工艺厂、华云工艺玩具厂、捷给玩具厂等13家企业在小区总投资1250万元，征地1.4万平方米建设厂房。1994年，振鹏工艺厂在原厂房对面征地3600平方米建造第二幢“振鹏楼”，新增年产值300万元。年底，工业小区产值实现1.4亿元，占全镇工业经济的60%，云和镇经济跨入丽水地区明星乡镇的行列。至2010年底，园区工业产值达36亿元。

社会事业

教　育　1992年，小徐乡、局村乡并入云和镇，有小学11所（镇一小、镇二小、程宅、黄水碓、白洋墩、山脚、云章、溪口、庄前、河坑、天堂坑）；中学2所（局村中学、小徐中学），在校生2477，全镇适龄儿童入学率达99%以上。2001年，沙溪乡并入云和镇，全镇小学6所（镇一小、镇二小、古坊、黄水碓、贵溪、沙溪），中学 2 所（云和镇中学、沙溪中学）。至 2004 年，云和镇有 1 所初级中学（镇中），4 所小学（镇一小、贵溪小学、黄水碓小学、古坊小学），11 所幼儿园。

文　化　1986 年 10 月，小徐乡农民藏书者协会成立。1992 年，撤扩并后，局村乡文化站并入云和镇文化站，2001 年，沙溪乡文化站并入云和镇文化站。

云和镇民间文化异彩纷呈，民间文学、民间故事、民间歌谣、民间谚语等内容具有浓郁的地方特色。有腰鼓、秧歌、狮子灯、响板、花棍、布龙、板龙、旱船、木兰扇等 20 余支民间团队，正常活动。1998 年 4 月，云和镇红光村举办首届"风筝节"；9 月，举办万米赛跑。2009 年 7 月，云和镇举办以构建"和谐社会、文明云和"为主题的大型"文化周"活动，30 支腰鼓队、秧歌队、健身球队、医疗保健操队，1 万余人参与文艺晚会、开幕式、展示表演、踩街、老年运动会、农民运动会、农产品营销知识培训、科技咨询、知识竞赛等集健身、娱乐、艺术、科技于一体的大型群众性文体活动。至 2010 年，云和镇举办六届农民体育运动会。

1997 年，丽水行署授予云和镇"山花乡镇"称号；1998 年，浙江省文化厅授予云和镇"浙江东海文化明珠乡镇"称号；2001 年 10 月，被国家体育总局评为 1996—2000 年全国群众体育先进单位；2004 年，云和镇戏舞《回十八》获市社区文艺会演获银奖；2005 年，获浙江省全民健身展示活动团体总分第一名；2005 年，云和镇文化站被浙江省文化厅评定为省特级文化站；2009 年，云和镇获第二届"全国文明村镇"称号，2009 年，获省全民健身浙西片区"种文化活动"第三名；2009 年，成功创建浙江省体育强镇；2010 年《云和红龙》获浙江省首届体育运动会开幕表演金奖，2008—2010 年，云和镇勤俭村、巧云、柘园村、元和社区先后被评为浙江省文化示村（社区）。

名胜古迹

狮山　位于城东浮云溪南岸，面积约 34 公顷，海拔高度 110—215 米，属白垩纪陆相沉积形成的、砂砾岩构成的丹霞地貌。形状酷似控地待跃的雄狮，因此得名。北面悬崖陡壁，南面从丘陵到低山，幽谷连绵。山麓有浮云溪、箬溪、安溪三条溪流在此处汇合，有"三港合流成佳话"之谓。

狮山景色秀丽、古树葱郁、绿荫如幄、植被良好。有一名联："其西南诸峰，林壑优美；当春夏之交，草木际天"（余绍宋）。

狮山人文底蕴颇为丰厚。宗教文化源远流长，普仁寺始建于五代十国的后周显德五年（958），至今有一千多年历史，历代香火延绵，20 世纪 40 年代尚存有胡公殿、送子观音殿等。狮山北麓有独峰庙，祀宋银青光禄大夫、兵部尚书陈伣，明洪武五年（1372 年）后裔政重修。刘伯温写有《重修独峰庙碑记》；文人雅士遗篇多、亭轩多。古时关于狮山的诗词现存的有数十篇。如刘基的《晚同方舟上人游狮子岩》、柳凤翔的《上界钟声荡作风》、魏文瀛的《狮顶登临眼界空》等。游记有王树英的《狮乳泉记》、窦铨的《文明阁暨揽翠亭记》、沈灿的《游狮山培峰亭记》等。狮乳泉边岩石上刻有宋代苏轼写斗大的"喷雪"二字；抗战文化独特。20 世纪 40 年代，国民党省政府驻云和三年半，民主人士陈嘉庚在狮山建抗战堂，当时江西省主席投资狮山建建国堂，江苏省主席黄旭初建旭初堂、还有子夷堂、季宽亭等等。名人冯雪峰、余绍宋、陶行之、杭苇、施平、陈屺怀、张劲夫、唐文粹、薛暮桥、陈怀白、俞子夷、吴逸亭、潘天寿等都在狮山留下踪迹。

石门桥 位于新华街康复桥下首，南北走向，跨黄溪，同治三年版《云和县志》有载。据有关资料查阅和石门桥石刻，初步推测在唐末至五代梅系儿子梅部（字九三）主持修建。

石门桥采用单拱纵联分节列砌置法建造，桥拱呈五折边形。该桥全长14.16米，桥面宽3.9米，矢高3.44米，净跨10.6米，桥身分三层叠砌，底层用条石块直砌，共五折，呈五边形。下两节用六块长2.56米、厚0.44米、宽0.27米的条石直砌，中间一节用长5.28米、厚0.44米，宽0.27米的条石直砌，条石之间距离0.47米，搭接处用长4.44米、高0.46米、宽0.27米的横锁石承接。全桥共用三十根条石、四根横锁石。中间层为条石横砌，规格不一，两端各建石阶8级。桥上建有桥屋，已拆除。

图38-1-2 石门桥（县文管办提供）

此桥虽经几百年风雨侵蚀，石质风化严重，但仍保持其古朴风貌与别致造型。是云和镇唯一保存完好的石梁石板拱桥。其石拱形式与《清明上河图》中的虹桥相类似，是研究我国古代石拱桥的重要实物资料，具有很高的历史、科学价值。

2007年11月，被云和县人民政府公布为县级文物保护单位。（2011年1月，被省人民政府公布为第六批省级文物保护单位。）

尚书宫 又名独峰庙，祀宋兵部尚书陈伣。位在睦田村头狮山东北麓。始建于宋，明洪武五年（1372）重修。现存建筑为清代修建。庙为1进3间，宽11米，进深8米的檀架结构。庙内一对大面柱与莲花柱础为宋代原构件，有石香炉4只，其中1只有嘉庆四年（1799）款。明初大臣刘基（1311—1375），1371年辞官后多次来云和登狮山，写有《独峰庙碑记》入《诚意伯集》。

王氏宗祠 位于云和镇解放街北面。建于明洪武年间（1368—1398）。总面积710平方米，3进5开间2天井，天井左右两侧厢房，中有青石柱4对，柱上有题字，5架梁，硬山顶，翼角起翘，阴阳板瓦合铺。各进布局大致相同，牛腿、梁、斗拱等均雕刻精致人物、花鸟。

福仙宫 位于云和镇街头。1999年6月，被云和县人民政府公布为县级文物保护单位。清乾隆年间（1736—1795）建造，坐北朝南，东西两侧并列，总面积2800平方米。该亭是原解放街头"三仙宫"的附属建筑，解放初，因改建粮食仓库被拆除，1991年在现址复建。坐北朝南，通面阔6.3米，进深6.3米，占地面积42平方米。平面置八柱，内柱高4.56米，转角柱为青石质高4.46米。梁架为五架双步梁，彻上露明造，歇山顶，翼角起翘，小青瓦阴阳合铺，施勾头滴水。四转角均施"骑马雀替"，牛腿雕刻人物故事。亭右侧立福仙宫田碑一块，青石质，高1.67米，宽0.86米，主要记载福仙宫田租一事。

课农别墅旧址 位于黄溪南岸石门桥与大樟树之间处。课农别墅建筑无存，现存课农别墅石刻一块嵌于黄溪石门桥与大樟树之间南堤，该匾正文书"课农别墅"四字，款书"光绪已亥(1899)孟夏邑令翁长森建”。

图 38-1-3 课农别墅石匾(黄育盛提供)

翁长森(1857—1914),字铁梅,江宁(南京)人,清末藏书家、农学家,诸生,官安吉、云和知县,官至知府,江浙盐运使。在光绪二十五年(1899)至二十八年(1902)任云和知县4年期间,见当地土瘠民贫,文化落后,发动乡民于石门桥头建造精致书屋一幢,亲笔题写“课农别墅”匾额,内设乡民课堂,亲自为乡民授课,讲授农耕技术,并亲自编辑刊印《农业汇要》,向各乡发放。还筹款购地百亩,引种各种不同品种的水稻,以作高产农业试验场,引导农民种棉。又建“课农别墅”,专门传授农业知识,刊印《农业汇要》读本,散发四乡,推广科学。又作“津寄藏书楼”,购置古今图书万卷,让诸位好学之辈借读。

图 38-1-4 课农别墅旧址 课农别墅石匾匾址(魏世荣提供)

沙溪宋井 位于沙溪村西。宋政和元年(1111)凿建,民国末期被填埋,近年重挖,井深12米。现存八角石质井圈,有牡丹叶花图案,外圈为正八边形,内为圆形,井圈高0.62米,内圆直径0.51米,外圈内接圆直径0.72米,每边边长为0.33米。西南侧井壁上有“政和元年辛卯,正月廿一日造”款。为县级文物保护单位。

先志学堂遗址 位于云和镇解放街68号(今粮食局)。1904年,魏兰创办先志学堂为辛亥革命培养人才,尚存大门遗址。

图 38-1-5 沙溪宋井(严晓宽摄)

岗头庵蓝宅 位于山脚行政村岗头庵自然村,宅为旧式3间楼房,总面积134平方米。民国31年(1942)前后,为中共处属特委、云和县委驻地,1947年9月9日,根据中共处属特委指示,中共云和县委在此召开干部会议,宣布正式建立云和县武工队。

图 38-1-6 三潭村前湖面 （县旅游局提供 2005 年摄）

三潭老村 三潭旧村原有农户 95 户 440 余人，旧房 50 余幢，村域面积 300 余亩。因交通不便，1988 年，农户 79 户陆续移民到丽水碧湖镇及云和梅希岭、梅山跟、梅家源、程宅等村。1993 年，16 户农户通过土地置换方式，在溪口村村口建房（用地面积 60 余亩）居住。2001 年，三潭旧村耕地被杭州宋城集团征用。是县级重点旅游开发项目，也是省级美丽风景线“十里云河”线的重要景点。

图 38-1-7 局村村禅岩寺(严晓宽摄)

局村禅岩寺 位于浮云街道局村村北侧，东靠蜡烛顶山，西、北面均临仙宫湖，正脊梁上有“大清咸丰四年(1855)十月修建”题记。坐东朝西，通面阔三间 11.2 米，通进深十檩 9.54 米，占地面积 115 平方米。明间面阔 4.28 米，十檩用四柱，抬梁式，二层建一魁星楼；次间面阔 3.12 米，十檩用五柱，穿斗式。屋面为重檐歇山顶，小青瓦阴阳合铺。寺内梁枋、牛腿、雀替等雕刻精细。寺东面依山，南北砌砖墙，各开一门，西面为敞开式柱廊，木栏杆。禅岩寺虽环境有一定程度的改变，但整体布局清晰，其主体框架比较完整。2007 年 11 月，被县政府公布为县级文物保护单位。

内设机构

2010 年，云和镇政府内设党委办公室、政府办公室、政法办公室、社会综合治理办公室、社会发展办公室、计划生育办公室、工业贸易办公室、农业办公室、村镇建设办公室。人员编制 55 人。

1991－2010 年云和镇主要负责人一览表

表 38-1-2

党委书记	任职时间	镇长	任职时间
张华东	1990.01—1991.09	林建东	1990.05—1992.03
林建东	1991.09—1996.04	吴兰元	1992.03—1995.12
陈子民	1996.04—1997.10	彭平生	1996.02—1998.02
彭平生	1997.12—2003.01	杜旗伟	1998.08—2001.11
雷一坤	2003.01—2006.11	叶晓勇	2001.11—2005.12
王沿伟	2007.11—	王沿伟	2005.12—2006.11
—	—	柳成东	2007.11—

附录:并入乡简况

小 徐 乡

小徐乡位于县城南部,乡政府驻黄水碓村。东邻原沈村乡,南接安溪畲族乡,西倚原沙溪乡,北靠原云和镇、原云坛乡,总面积27.25平方千米。1990年,辖黄水碓、睦田、小徐、古竹、瓦窑、白垟墩、山脚、大坪、程宅等9个行政村,45个自然村,下设78村民小组,总人口8061人。1992年5月,撤小徐乡并入云和镇。

全乡耕地面积363公顷,生产粮食425万千克,是丽水地区53个重点产粮乡之一。乡政府在大坪村建立食用菌生产基地,孵化带动食用菌产业发展。乡办企业有小徐建筑社、饲料加工厂、地板厂、农机修配厂、玻璃纤维厂、砖瓦厂等。1991年,工业总产值764.6万元,农业总产值1340.73万元,农民人均入666元。

小徐乡文教卫生发展较好,有初级中学一所(小徐中学),小学3所(古坊小学、黄水碓小学、程宅小学);文化站一所;卫生院一所;邮电所、信用社、农机服务站等一应俱全。

1991—1992年小徐乡主要负责人一览表

表38-1-3

党委书记	任职时间	乡长	任职时间
王新荣	1990.03—1992.02	杨维雄	1990.05—1992.03
杨维雄	1992.02—1992.05	周东明	1992.03—1992.05

局 村 乡

局村乡位于云和县城北部,瓯江上游龙泉溪两岸,东邻原云坛乡,南接原云和镇、沙溪乡,倚原龙门乡,北靠紧水滩镇,东北至原小顺乡。乡政府驻局村村,距县城7千米,总面积52.75平方千米。1986年5月,建立紧水滩镇,将原局村乡管辖的菖蒲垄、石浦、莲塘、枫桶岗、乌弄坑等5个村和原龙门乡管辖的金水坑村划归紧水滩镇管辖,实行镇管村;1992年5月撤局村乡并入云和镇。1990年,辖局村、溪口、河坑、庄前、杨家山、天堂坑、云章等7个村民委员会,下设60个村民小组。

1991年,实现农业总产值367.25万元(按1990年不变价),企业总产值305.28万元,工业产值215.28万元,上缴利税6万元。全乡财政收入96746元。

局村乡主要作物有水稻、油菜等。松、杉、油茶、桐子、毛竹、板栗、雪梨、下垟李等。1989年7月,把外迁移民的林地适当集中连片、收归国家所有,创办乡林场。1991年,在三潭开发板栗基地10公顷,造林46.7公顷(其中商品材雪地松10公顷),在天堂坑马蹄坳种植椪柑2.7公顷。利用立地条件可开发的责任山、自留山大力发展水(干)果,木垟8队联户开发板栗基地2.4公顷,龙石、局村单户开展杨梅、板栗等8.3公顷。全乡种植板栗41.2公顷,果地套种马铃薯、玉米、大豆、花生、西瓜、绿豆等取得良好经济效益。生产代料香菇 13500 袋。全乡生猪出栏 1546 头，獭兔全年饲养量 2500 只。出现养猪大户叶岳林、严少川，年饲养 800 多头。

1991 年，乡政府利用预算外资金修理学校围墙、电灯、球架、平整操场，补贴教师工资等 1.68 万元,非盲率达 97.72%。帮助贫困户发放救济款 1.4 万元，扶持发展种养殖业专业户发放扶持资金 11000 多元，保险 766 户。

1991—1992 年小徐乡主要负责人一览表

表 38-1-4

党委书记	任职时间	乡长	任职时间
徐少和	1990.03—1992.02	林中平	1990.05—1992.05
江乃贵	1992.03—1992.05	—	—

沙溪乡

沙溪乡位于县城西郊，乡政府驻沙溪村，距县城 5 千米。沙溪乡东与云和镇为邻，南靠雾溪畲族乡，西和崇头镇、赤石乡毗连，北与云和镇、紧水滩接壤，总面积 48.25 平方千米。1981 年，分社雾溪人民公社。1983 年 6 月，改称沙溪乡。2001 年11 月，撤沙溪乡并入云和镇。

2001 年，沙溪乡有 2229 户 8945 人，1993 年实现工农业总产值 2457 万元。辖沙溪、新建、西弄、柘园、梅垄、贵溪、隔溪寮、后山、河上、村头、长田、高胥、三门 13 个行政村。有沙溪、车处、梓景、新建、赤龙、林弄湾、西弄、路边、外寮、高斜、毛竹坪、樟柏坳、老鸦尖、刘家、石岩、桑后湾、茶子岗、何岱垟、夫人殿、布岱后、上判官堂、垄坑、中判官堂、下判官堂、直弄垟、西弄口、柘园、岱、梅垄、梅西岭、梅垄口、贵溪、黄西洋、岩弄、大垄、马槽头、山边、泉溪、隔溪寮、马村、金鸡垄、后山、牛寮、木路、梨树湾、北丘、烧基、对门、大坑、重河、河上、岗头、黄桥头、路头、金河、村头、长田、木杓湾、坝头、蛟溪、高胥、隔溪寮、瓦窑湾、桥头外、刘家、石龙、东山、西山、垵大、大路背、玉斜河、大垄口等 71 个自然村。

沙溪乡是传统熟耕农业区域，有地有耕地 413.2 公顷，以种植水稻为主，兼种香菇及柑橘、葡萄水果等。1993 年，粮食播种面积 246.6 公顷，亩产 338 千克，是云和县主要产粮区。林业用地 3388.5 公顷，出产油茶籽、茶叶、水果。

1993 年，乡镇企业有农机、建筑、机电配件、粮食加工、木材加工厂等工业企业 61 家，其中 500 万元以上企业 2 家、500 万元以下集体企业 3 家、私营企业 3 家、私营企业 56 家。全年投入技改资金 342 万元，全年实现工业总产值 6309 万元，由农业大乡迈向工业强乡。中学 1 所，教师 28 人，学生 406 人。小学 3 所，教师 37 人，学生 678 人。

沙溪乡保留有宋辽金古建筑沙溪村水井，明时古建筑沙溪村 91 号民居，清时古建筑沙溪村叶氏民居，28 号、44 号、111 号民居，林氏民居、仙母宫、车处自然村宋氏民居。留存第四批省级非物质文化遗产云和讨火种习俗。

1991—2001 年全乡经济发展状况表

表 38-1-5

年　份	工业总产值（亿元）	农业总产值（亿元）	农民人均收入（元）	年　份	工业总产值（亿元）	农业总产值（亿元）	农民人均收入（元）
1991	764.6	1340.73	1991	1997	5701	2500	1380
1992	647.56	937	1992	1998	5701	3328	1380
1993	1256.36	1021.51	1993	1999	5275	3697	1657
1994	2650	1511	1994	2000	9339	3382	2368
1995	5784	1813.2	1995	2001	9339	3056	2368
1996	8316	2396	1996	—	—	—	—

1991—2010 年沙溪乡主要负责人一览表

表 38-1-6

书　记	任职时间	乡长	任职时间
王敏健	1992.07—1996.12	彭平生	1988.05—1995.12
何卫宁	1996.12—1998.04	何卫宁	1996.01—1997.04
何　敏	1998.06—2001.01	江乃贵	1997.04—2001.01
江乃贵	2001.01—2001.12	柯志宙	2001.01—2001.12

第二节　紧水滩镇

紧水滩镇位于云和县城北部，东与石塘镇为界，南与云和镇、毗连，西与赤石乡接壤，北与大源乡隔水相望，东北与朱村乡相邻，总面积 84 平方千米。镇政府驻地金水坑村，距云和县城 18 千米。2010 年，辖梓坊、饭甑砻、梅山、瑞滩、龙渡、龙门、田垟、外垟、金水坑、菖蒲砻、石浦、乌弄坑、莲塘、枫桶岗 14 个行政村，85 个自然村，75 个村民小组，1366 户，4401 人，其中非农业人口 130 人。境内主要山峰七尖顶、菖蒲尖等，最高峰牛头山，海拔 1297 米，森林植被覆盖率 86%，库区面积达 17.3 平方千米。水库水域面积达 2700 公顷。 1991 年，全镇工农业总产值 715 万元，农民人均收入 498 元。2010 年，实现工农业总产值 10065 万元，粮食总产量 1295 吨，农业总产值 2696 万元，其中工业总产值 7369 万元，财政收入 523.65 万元，农民人均收入 6257 元，2010 年，环保部第 37 号公告紧水滩镇为全国环境优美乡镇。

建置沿革

1986 年 5 月，紧水滩水库的建成，由原属龙门乡的金水坑村和原属局村乡的石浦、菖蒲砻、乌弄坑、莲塘、枫桶岗6个行政村析置紧水滩镇，1987年，建紧水滩水力发电厂设镇。1992年5月，原龙门乡并入紧水滩镇。

图38-1-8　紧水滩镇区划图（县民政局提供）

经济建设

农业　紧水滩镇以农业、渔业养殖、水产品开发、生态旅游及香菇生产为主，仙宫湖有机鱼、油茶、吊瓜、西瓜、茶叶、板栗等土特产。全镇耕地面积226.53公顷。粮食播种面积283.67公顷，粮食总产量129.5万千克，发展代料香菇81万袋。2010年，全镇实现农业总产值2567万元。2005年，龙门村被评为省级农家乐特色村。

渔业养殖　全镇水域面积2670余公顷，2003年，淡水养殖取得突破，库区网箱养鱼达到643只，网箱面积19348.5平方米，当年鲜鱼产量17.5万千克，产值500余万元。形成龙门、瑞滩、饭甑砻生产、加工、销售3个生产基地。2005年,淡水养殖年产值1500余万元。渔夫有机鱼合作社年经营鲜活鱼55多万千克,加工销售鱼产品6万多千克,合作社注册的“仙宫鱼”,在省农博会上,被评为省优质农产品,鲢鱼等6种鱼通过国家OFDC有机鱼认证,以“仙宫鱼”商标注册,实现产、供、销一条龙的经营格局,实现有机鱼品牌效益。2007年,库区网箱养鱼面积2478平方米,鲜鱼产量95万千克,销售额800多万元。2008年,引进太湖白鱼、太阳鱼、斑点叉尾鱼回等名贵鱼种试养成功,年渔产品销售额800多万元。培育生态鳖养殖基地,投放鳖苗10余万只,生态鳖养殖基地的建成,成为农民增收新兴产业。

林业 紧水滩镇林业用地6758.33公顷(其中有林地6267公顷),主产松、杉,兼产油茶籽。2003年,林业用地6353.1公顷。全镇造林27.9公顷,封山育林累计2791.3公顷,油茶低改101.1公顷,茶叶更新抚育15.9公顷。2004年,有林业用地6353.1公顷,新开发茶叶20公顷,改造老茶园13.3公顷,油茶抚育改造39.7公顷,开发雪梨20公顷,新造生态公益林26.7公顷,基地更新造林5.3公顷,建立生态公益林3922.9公顷。2006年,山林面积达7981.5公顷。其中国家级生态公益林3923.2公顷,经济林971.1公顷,经济林中有油茶林966.7公顷,茶叶69.6公顷,开发竹笋两用林110.2公顷,种植厚朴等中药材133公顷,水干果200多公顷,森林蓄积量达到147135立方米。2010年,造林133.33公顷,其中景观林造林106.67公顷,玩具林造林26.67公顷,生态公益林累计5093.47公顷,抚育中幼林36.67公顷。到2010年,林业用地6758.33公顷(其中有林地6267公顷)。

工业 20世纪80年代始,工业企业属云和的工业大镇。1997年,有工业企业22家,其中镇办1家,村办1家,联户办5家、个体办15家,主要生产铸钢、花岗岩、玻璃纤维等,年投入技改资金430.18万元,实现工业总产值4571万元。2001年,有工业企业33家,其中镇办1家,合作办2家,个体30家,主要生产、加工铸钢、玩具、玻璃纤维、花炮等,产值210万元。2003年,全镇有工业企业30家,主要工业产品有铸钢、玩具、小水电、四合板等。全年投入技改资金202万元,招商引资3家,引资额192万元。实现工业总产值2885万元。2006年,引进资金916万元,投入小水电站和木制玩具厂,实现工业总产值3145万元。2007年后,为保护云和湖水质,重点转向发展生态经济。2010年,有21家企业,大多为作坊式的小加工厂和小水电站,实现工业总产值3485万元。

1991—2010年若干年份紧水滩镇经济和社会发展概况表

表38-1-7

年份	村数(个)	村民小组(个)	户数(户)	人口(人)	财政收入(万元)	农民年人均纯收入(元)	工农业总产值(万元)	工业总产值(万元)	耕地面积(公顷)	粮食总产量(万千克)
1991	6	30	639	2692	—	498	715	352	1912	95.5
1995	14	75	1203	4804	—	656	6367	5462	3811	322.94
2000	14	75	1199	4595	17.66	1757	3616	2301	3395	207.31
2005	14	75	1348	4330	237	3087	4731	3145	3326.1	189.67
2010	14	75	1366	4401	523.65	6257	10065	7369	226.53	129.5

社会事业

文教卫生 1998年,9个行政村建有篮球场,其中灯光塑胶篮球场2个,灯光塑胶网球场1个,部分村建有羽毛球场和健身场,体育场地面积1.4万余平方米,同年,评为省级体育强镇。1998年,紧水滩致公图书馆建立。

2001年,投资建设镇中心小学综合楼。2003年,初级中学教学网点的调整撤并,紧水滩中学撤并到云和县第三中学,设镇中心小学一所,同年,通过市级"教育强镇"复查评估。2006年,有教职工15人,学生78人,入学率100%。2010年,有小学1所,教职工15人,入学率100%。镇文化站1处,村级文化活动中心活动正常。完成镇中心卫生院装修搬迁,农村合作医疗参保率96.57%,实现农村公共卫生服务全覆盖。45—60周岁人员城乡居民养老保险参保率达100%。2010年,实现有线电视村村通,部分村通互联网。

基础设施 1997年,石浦畈渠道和龙门村到梓坊村的2处渡船大修,安装田垟、外垟、龙门、龙渡4村的程控电话,解决部分农民灌溉、饮水、过渡和通信等困难。1999年,完成紧水滩至龙门7千米的沙改油路面,安装有线电视行政村8个,安装程控电话行政村6个。从镇水厂引进自来水,解决镇中学常年严重缺水问题。2005年,建造镇自来水厂,整修镇敬老院,全镇有线电视入户率达到60%,5个行政村基本达到小康村要求。2006年,完成"一站一厂五路一场"的建设,"一站"是建成龙门准四级客运站,这是云和县第一个乡镇级车站;"一厂"是日供水量5600立方米的自来水厂,可解决1万余人的饮用水问题;"五路"是石浦、饭甑砻3.5千米的水泥路硬化,龙门到龙渡、梅山、田洋、外洋等村9.15千米康庄路面的建设,局村至龙门15千米的柏油路面改造工程,五条路总长28.7千米,总投资740万元;"一场"是投资10万元建成日处理0.5万千克的垃圾填埋场。2010年,完成13个行政村农户94户284人的危旧房改造。发放土地证912本,房产证203本。解决菖蒲砻等村的饮用水问题。至2010年,完成梓坊—瑞滩,金水坑—枫桶岗,龙门—瑞滩,云龙线—外垟,田垟32.65千米的路面硬化工程;完成瑞滩王家—梅山,石浦大桥—莲塘12.598千米的路基工程。全镇实现道路硬化、路灯亮化、河道洁化、村庄绿化"村村通"。通航河道1条,建50~100吨级泊位码头5座。紧赤线、云龙线、局龙线3条县级公路,通城乡公交班车。

推进农村信用体系建设,完成全镇农户信息采集率83.4%,评定信用户1062户,枫桶岗、乌弄坑等5个行政村被评为"信用村"。 金水坑村被评为县级文明村。

创建"全国环境优美乡镇",全面完成云和湖网箱整治,青山白化治理,推进生态墓地建设。2010年,紧水滩镇率先被国家环保部命名为国家级生态乡镇。

名胜古迹

紧水滩镇自然风光秀美,文化底蕴丰富,汇聚着船帮文化、女神文化、移民文化、客家文化等特色文化,保留着原汁原味的船帮古镇、宋代古窑址、女神庙、方山岭抗战遗址等一批非物质文化遗产。有县级文物保护单位魁星楼、插花殿、百岁坊、王一卿墓4个。AAAA级仙宫湖景区,九潭十八湾、宋代古窑址、牛头山、方山岭抗战遗址、云和湖休闲垂钓、瓯江帆影摄影基地等景点。有汀州吹打、方山岭采茶灯省市级非物质文化遗产。

紧水滩库区为山谷河流型水库，有湖湾20多处，山水交错，棋布岛屿10多个，水体透明度高，溶氧丰富，湖中有各种野生鱼类111种，被钓鱼爱好者称之为渔人天堂。2006年，完成沿库第一坡面5.8万亩国家级生态公益林建设，森林覆盖率达83.9%。在龙门兴建“仙宫乐园”，在青龙头开设旅游度假区，休闲景观房产。在石浦村启动“农家乐”经营，初步形成休闲、娱乐为一体的生态休闲旅游新格局。

插花殿 位于紧水滩镇龙渡村社公下，建于清同治十一年（1872）。原址在龙门乡瑞滩村，1985年因建造紧水滩水电站，被迁至现址。坐西朝东，占地面积47.4平方米，殿亭相连，面阔6米，进深4米。明间面阔3米，共有金柱，檐柱14根，五梁架，上施藻井，画有山水、花草等图案。亭有8柱，面阔6米，进深3.9米，梁枋、牛腿、雀替雕刻武将，双龙戏珠及镂空动物、花卉等图案。硬山顶，小青瓦阴阳合铺，翼角起翘，正脊龙形。2007年11月，被云和县政府公布为县级文物保护单位。

图38-1-9 龙渡插花殿（严晓宽 2002年摄）

魁星楼 位于紧水滩镇梓坊村山塘湾自然村，清道光三年（1823）建，1985年因兴建紧水滩水电站，迁至龙门乡山塘湾村。单体建筑，坐北朝南，面阔进深均为3.4米，通高10米，平面置八柱，内柱高4.56米，转角柱高4.46米。重檐歇山顶，五架梁，小青瓦阴阳合铺。四转角均施“骑马雀替”，牛腿雕刻戏剧人物，底层高2.5米，顶层施藻井。1999年6月，被云和县人民政府公布为县级文物保护单位。

图38-1-10 梓坊村魁星楼（严晓宽 2002年摄）

内设机构

2010年，紧水滩镇设党政综合办公室、经济发展办公室、社会事务管理办公室、社会综合治理办公室。人员编制33人，其中行政编制18人，事业编制15人。

1991—2010年紧水滩镇主要负责人一览表

表38-1-8

党委书记	任职时间	镇长	任职时间
叶利华	1992.06—1997.02	杨维雄	1992.06—1995.10
江乃华	1997.03—1998.10	江乃华	1995.11—1997.03
林中平	198.11—1999.07	刘国标	1997.04—2000.12
黄文伟	1999.08—2002.10	项宗荣	2001.01—2003.02
项宗荣	2001.11—2006.06	陈善林	2003.02—2006.07
宋韶峰	2006.06—2008.02	宋建荣	2006.07—2010.03
蓝永平	2008.02—	潘吉文	2010.03—

附录：并入乡简介

龙门乡

乡情综述

龙门乡位于县域中北部，龙泉溪紧水滩水库南岸，东邻紧水滩镇，东南与原局村乡相连，南接原沙溪乡，南、西南倚赤石乡，西、西北至原库北乡，北靠原大源乡，乡政府驻龙门村山后自然村。总面积47.5平方千米。1991年，辖龙门、龙渡、田垟、外垟、瑞滩、饭甑垄、梅山、梓坊8个村民委员会，45村民小组，628户2411人。1992年5月，撤龙门乡并入紧水滩镇。

龙门乡依山傍湖，是瓯江帆影摄影、天然垂钓基地。境内以山地丘陵为主。1991年，耕地面积共127公顷，播种面积281公顷，总产量107.43万千克，主要粮食作物有小麦、水稻、番薯等。油茶籽是主要林产品，经济收入以劳务输出和发展林业种植为主，种植油茶、油菜、经济作物和养殖业收入为辅。境内有宋代水碓坑和半山古窑址、插花娘娘殿、清时魁星楼、民国宗祠等古迹。建有龙门、梓坊码头，通有沿库康庄公路。

1990—1992年龙门乡主要负责人一览表

表38-1-9

党委书记	任职时间	乡长	任职时间
叶吉聪	1990.03—1992.02	祝总进	1990.05—1992.05
黄伟雄	1992.02—1992.05	—	—

第三节 石塘镇

石塘镇位于县城东部。东和丽水市(县级市)交界,北与朱村乡相连,南与云坛乡、云和镇毗邻,西与紧水滩镇接壤,总面积180平方千米,地理位置优越,交通便捷,为云和县东大门。镇人民政府驻地西滩头新村,海拔80米,距县城26千米。2010年,石塘镇辖长汀、高畲、小顺、湖滨、岭脚、黄庄、大源口、北溪、横山头、石塘、坪地、高定、叶村坪、张庄、滩下、石塘坑、下坑、规溪、双港、上坪、坪地等行政村20个,自然村93个,村民小组110个,户数2293户,7128人,其中非农业人口178人。石塘镇地处石塘水库、玉溪水库两岸,石塘水库、玉溪水库水域

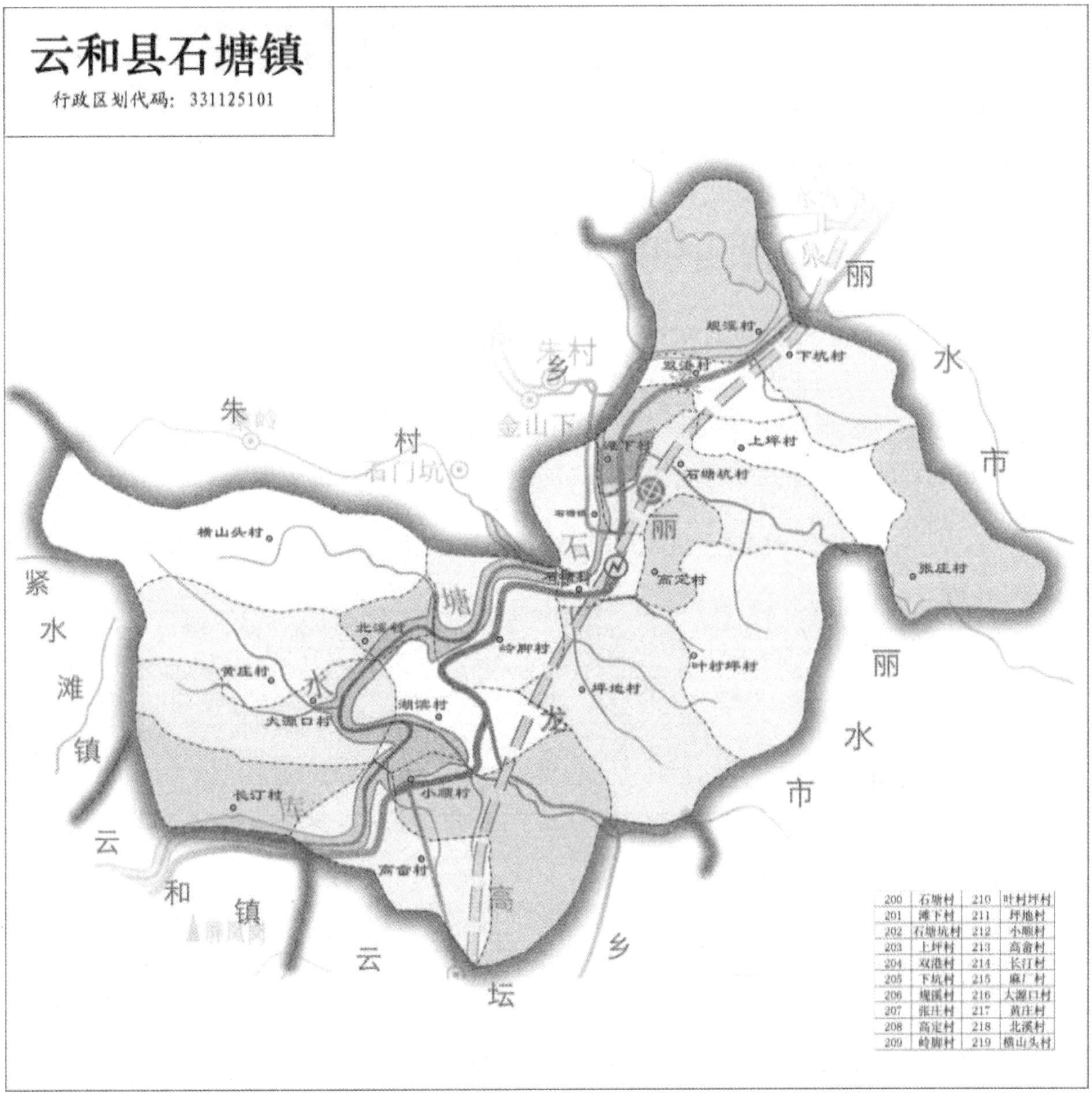

图38-1-11 石塘镇区划图(县民政局提供)

面积达 666.7 公顷，水资源丰富。

2010 年，实现工农业总产值 29790 万元，其中农业总产值 4708 万元，工业总产值 25082 万元，财政总收入 826.83 万元，农民年人均收入 6524 元。

建置沿革

1984 年，实行政社分设，建立双港乡人民政府。1984 年 11 月，双港、朱村、金村乡划归云和县。12 月，建立石塘区，辖双港乡、朱村乡、金村乡、小顺乡。1987 年 3 月，撤销区建制，实行县管乡。7 月建立石塘片农村工作指导组，协助县委、县人民政府工作。1991 年 7 月，撤销石塘片农村工作指导组，建立中共石塘区工作委员会。1992 年 5 月，撤销中共石塘区工作委员会。同年 5 月 29 日，撤小顺、双港 2 个乡建立石塘镇。石塘镇办公地址几度搬迁。1995—2005 年，借用华东水电设计院在石塘村留存公寓办公。2005—2011 年，借用石塘镇小学科教楼办公。2011 年，坐落在西滩头新村的石塘镇政府新办公大楼建成，镇政府搬迁至西滩头新村。

图 38-1-12 石塘镇政府大楼（徐景舟 2010 年摄）

经济建设

1992 年，石塘镇建立之初，针对移民村多、交通方便的特点，提出“库区搞开发，沿(公) 路办市场，重点抓工业”的工作思路。确立以铸钢业为龙头，带动木制品、家庭纺织等其他工业的发展。随着农村改革开放，石塘镇产业结构不断调整，农、林、牧、副、渔全面发展，种植、经商、办厂、运输、建筑、捕捞、养殖等脱贫致富门路拓宽。形成茶叶生产与板栗生产两驾马车并

1992—2010 年石塘镇经济发展状况表

表 38-1-10

年　份	工业总产值（万元）	农业总产值（万元）	农民人均收入（元）	年　份	工业总产值（万元）	农业总产值（万元）	农民人均收入（元）
1992	2426	757	453	—	—	—	—
1993	3818	1441	613	2002	6727	2420	2914
1994	5653	1746	715	2003	6067	2760	3018
1995	4148	1750	1188	2004	10000	2867	3320
1996	4148	1750	1181	2005	15020	3411	3609
1997	8810	2152	1463	2006	14131	3546	3921
1998	6540	2453	1617	2007	17178	3935	4532
1999	8010	2558	1765	2008	22976	4211	5166
2000	8810	2319	2005	2009	20380	4430	5683
2001	6251	2268	2118	2010	25082	4708	6524

头齐驱的格局。2003—2005 年，小顺、金山下等村相继基本达到小康村目标。

农业　境内有林地面积 1.67 万公顷，耕地面积 486.27 公顷。主要经济作物有袋料香菇、黑木耳、西瓜、吊瓜、柑橘、板栗、茶叶、苗木等。1992 年始，食用菌生产向规模性发展。生产以代料香菇(田菇)为主，其次是花菇、代料黑木耳。生产方式由半地下式向棚架式转变，由人工浇灌，向自动微喷转变，由箱内全封闭式接种向开放式接种转变，高温消毒由锅灶式向地堆式(由锅炉输送蒸汽)转变，由人工拌料向半自动机械拌料式转变，形成高效、节能、多产的生产方式。花菇生产主要分布在坪地、东坳等村高海拔地区。1993 年，全镇种植袋料香菇(田菇)80 万袋。水菇市场收购价每公斤高至 3.60 元以上。1994 年，由于袋料香菇(田菇) 生产一哄而起，导致市场急剧变化，水菇市场收购价跌至每千克 0.60—1.00 元以下，致使袋料香菇(田菇)生产跌入低谷，大部分农户田菇生产停止。

茶叶　2006 年始，朱村乡茶叶种植辐射至石塘镇。初时县移民开发办公室对移民发展茶叶生产实施扶持政策，茶叶生产快速发展，大面积农田改种茶叶，粮食播种面积大幅度减少。2010 年，全镇种植茶叶面积 166.33 公顷(白茶、乌牛早 2 个品种为主)。总产值达 1750 万元。茶叶生产又成为增加家庭收入新渠道。2010 年，全镇粮食播种面积 564.07 公顷，粮食总产量 303 万千克，比 1992 年减少 38.4 万千克。仅有坪地、东坳等高海拔村部分农户继续生产(花菇)。

吊瓜　2004 年 12 月，县科协组织村民赴长兴县考察、学习种植吊瓜技术。2005—2009 年，全镇吊瓜种植面积 600 公顷。因吊瓜瘟病蔓延严重难于防治，至 2010 年，吊瓜种植基本停止。

油茶　1992 年，全镇油茶低产改造面积 337.13 公顷。油茶籽总产量 22.6 万千克。农业综合开发后，油茶生产被忽视，油茶林渐趋荒芜、面积减少，产量剧降。2010 年，茶油市场价每公斤涨至 60—70 元。

板栗　板栗在农业综合开发中种植面积最大。1996 年始，由零星种植转向“五化”(规划科学化、基地规模化、开发标准化、品种优良化、管理规范化) 标准发展。2010 年，全镇板栗种植基地面积 800 公顷，年产值 1680 万元。石塘镇被誉为“万亩板栗镇”，成为云和县最大的板栗基地。尤其是小顺村，全村建立板栗种植基地面积 223.3 公顷，人均 0.3 公顷，占全镇种植面积 33%。浙江省委书记李泽民曾视察石塘镇万亩板栗基地。

养殖　提出“一村一品”的发展模式。1998—2010 年，长汀、小顺、黄庄等村涌现出一批养猪、养鸡、养鸭等养殖“专业户”。1998 年，长汀村后靠移民利用库湾的优越条件，从福建、金华等地引进番鸭苗饲养成功。1999—2003 年，全村 21 户家家养鸭，年销售番鸭 10000 多羽，年产值达 26.25 万元，成为云和县的“养鸭专业村”。

工业　石塘镇工业发展经历由盛到衰的过程。1993 年，建立双港、孙家地、西滩头 3 块工业园区。园区占地面积 4.93 万平方米，开发项目 13 个。是年，引进外资入驻园区阀门铸造 4家，冶炼 8 家(产品均为地条钢)，玻璃纤维、火炮、实木加工等各类大小企业 17 家，投入资金 560 多万元，年底，工业总产值达到 2425.99 万元，实现税利 113.30 万元，镇财政收入 32 万元。

石塘镇工业快速发展，至 1998 年，全镇创办合资、独资的铸钢、轧钢、木制家具、木地板、锯板等大小企业 119 家，实现工业总产值 6038 万元。由于“地条钢”属劣质钢材，不符合产品质量要求，（至2015年年底，境内所有冶炼厂（地条钢生产企业）全部整治关停。2010年，全镇由企业81家，其中年产值500万元以上规模的企业10家，主要是阀门铸造、造纸等企业。全年实现工业总产值20380万元。

社会事业

文化 1992年5月撤小顺、双港建立石塘镇后，镇文化站配备专职干部2人。1997年，丽水行署授予石塘镇"山花乡镇"称号。2007年，丽水市、浙江省文化厅授予石塘镇小顺村"浙江省文化示范村"称号。2008年，中共丽水市委、市人民政府授予石塘镇小顺村"丽水文化名村"称号。2008年11月，周尔均（周恩来堂弟周恩霔之子）将军为纪念周恩来1939年4月小顺之行，为小顺村题写碑文"抗日烽火行"，为小顺村村名题书。

群众文体活动 2005年，小顺村举办全县第一台村办"宣传党的十六届四中全会精神暨纪念小顺村移民16周年文艺晚会"。小顺村，每年春节期间举办"迎春游园"活动。还建立农村图书室~"农家书屋"。书屋使用面积70平方米，各类藏书3000余册。2006年始，石塘镇连续5年参加县"乡村民俗文化艺术月"活动，选送的小品、舞蹈等节目均获得金奖、银奖。同时，到兄弟乡镇开展"文化走亲"等活动。2010年，全镇有村文艺表演队伍6支，腰鼓队伍3支，老年乐队2支。

体育活动 1998年5月30日，石塘镇政府在小顺库湾成功举办云和县第一次龙舟赛活动，龙舟赛活动并在浙江电视台新闻节目播出。10月2日，石塘镇龙舟队代表云和县应邀参加在金华举行的"98•大红鹰杯"全国龙舟邀请赛获第四名。1999年，参加"浙江省第四届农民运动会'仙都啤酒杯'龙舟项目活动"，获直道250米、500米两个项目第五名和道德风尚奖。2000年2月22日，石塘镇龙舟队参加在云和湖（局村库湾）举行的"2000年上游杯龙舟赛"活动获第一名。2008年，举办首届农民运动会。是年，石塘镇被评为浙江省体育强镇。2010年10月22日，石塘镇龙舟队参加在丽水市南明湖举行的"浙江省龙舟锦标赛暨丽水市首届农民运动会"，获龙舟项目速道竞赛银奖。体育队伍建有龙舟队、篮球队等。

教育 1991年，小顺乡有7所小学；双港乡1所中学和7所小学。两乡小学共25个班级，教职工33人，学生518人。1992年，石塘镇中心小学创办，浙江省海洋渔业局赞助人民币45万元，兴建"扬帆教学楼"，地址位于石塘村孙家地。到2010年，学校有6个教学班，学生126人，教职工12人。

卫生 1992年，建立石塘镇后，原小顺乡卫生院改称石塘镇卫生分院；原双港乡卫生院撤销，设村卫生室。镇卫生院驻地：石塘村。全镇医务人员8人。2010年，镇卫生院迁入西滩头新村，全镇有医务人员6人。2010年，全镇新型农民医疗参保率95%以上。

基础设施建设 1997年11月，投资250万元，建成长194.04米，宽5.5米，横跨玉溪水库的规溪村大桥。2008年5月，投资800万元动工建设位于小顺村境内全省单个最大的"康庄工程"北溪大桥。大桥长253米，宽7米，2010年竣工通车。2010年，完成高定、叶村坪、黄庄、北溪村"康庄工程"路基、路面22.06万千米，实现村村通公路、通电话、通有线电视。

下山转移 1994年始，原居住在海拔285米山上的长坪村58户村民"下山脱贫"整村陆续搬迁至双港村建立"长坪新村"。原长坪老村村址开垦成田。2008年，居住海拔400米山上的高畲民族村"下山脱贫"，整村搬迁至小顺村境内。2010年，具有畲族特色的高畲新村在小顺村境内建成，原高畲旧村村址开垦成田。

名胜古迹

龙亭山 位于石塘村西南侧玉溪湖畔。清同治《云和县志》载："孤山在县东四十里石塘，一名古山。鹉水环前，文峰障后，苍崖古木，为登览胜区焉。旧有'铭恩亭'，故俗呼龙亭山，今改为惠献贝子祠。"惠献贝子祠坐落于龙亭山顶，迄今仍然保存旧时风貌。祠内现存宁海将军固山贝子傅喇塔统领清军在云和平叛耿精忠之乱，乾隆六年（公元1741年）云和儒士撰文所勒的"惠献公功德碑"1块。

南宋墓 位于云和县石塘镇小顺村正屏山东侧山谷，2007年3月发现，经报批国家文物局后，同年4月7日至6月13日，浙江省文物考古研究所会同云和县文物管理委员会办公室对该墓进行抢救性考古发掘。

墓葬坐西朝东，位于正屏山的"怀抱之地"，背靠山坡，左、右各有二山相辅合抱，前景开阔，前有瓯江支流逦迤而去，远有"案山"照应，为南宋古墓的经典环境，表明墓址经过精心的选择。由后向前，墓葬由围墙（环墉）、封土、墓穴、拜坛、台阶、墓前祭祀建筑（墓祠）、神道等部分组成，规制经典，营建考究，以条砖、方砖、条石、鹅卵石等多种建材，用材粗大，保存较好。尤其是墓前的墓祠建筑，其基址尚保存完好，为带回廊的三开间的建筑，面阔16.8米、进深8米，四周环以排水设施，设计合理，极为难得，对研究浙江南宋时期的丧葬墓祭习俗、墓葬形制、墓祠制度、建筑营造，具有特殊重要的研究价值。2007年11月，云和县政府公布为县级文物保护单位。

三叠石 独立于石塘坑上游，张庄村附近左侧山坡丛林中，石柱高约16米，直径约2米，由3块巨石叠成。清同治《云和县志》载："在县东六十里张庄。高可十余丈，上广下锐，若磊石而成。俗呼仙人叠石。"远眺，第3块石（顶部）似一少女头像。

周恩来视察小顺纪念碑 位于小顺村正屏山顶。碑高1.93米，宽0.81米。碑正文阳刻："小顺铁工总厂·周恩来视察纪念。中共云和县委、县人民政府，1989年8月"；1991年中国共产党建党70周年之际，当年周恩来的随行副官邱南章（时任北京军区后勤部副部长）、随行侍卫刘九洲（时任北京饭店党委书记）为周恩来视察小顺纪念亭题字："周恩来同志一九三九年三月浙江之行小顺纪念 邱南章 刘九洲于北京"，立有碑（碑高1.67米，宽0.69米，厚0.15米，碑座高0.39米）。

图38-1-13 1991年7月1日，周恩来视察小顺纪念碑揭碑仪式现场；邱南章、刘九洲题字（王谋广提供）

双港村夫人殿 位于双港村村头小山墩上，建造年代不详，坐北朝南，占地面积80平方米，单体建筑，一进三开间，面阔9.7米，进深8.3米，硬山顶，小青瓦屋面，三面夯土墙，正面设栏栅排窗，明间梁架为三梁前后五檩用二柱，次间前后双步梁，带单步五檩五柱。后二柱上串坊为卷莲，下为月梁，莲花驼峰，前柱梁精雕细刻，制作讲究，麒麟牛腿。廊前四柱牛腿为值年、值月、值日、值时4门神。殿前有高0.64米、宽0.59米青石质香炉1个，中间饰花纹，并镌刻篆体“福语”二字。殿两侧各有一株围径约4.3米蔽日古樟，正中十一级鹅卵石踏跺而上。

图38-1-14　双港村夫人殿（严晓宽2002年摄）

内设机构

2010年，石塘镇政府内设党政综合办公室、经济发展办公室、社会事务办公室、综合治理办公室。人员编制38人。

1991—2010年石塘镇主要负责人一览表

表38-1-11

党委书记	任职时间	镇长	任职时间
项希盛	1992.05—1993.02	叶吉聪	1992.06—1994.07
林少青	1994.7—1997.12	林中平	1995.03—1998.02
林中平	1997.12—1998.09	李建法	1998.02—2001.11
江乃华	1999—001.11	王沿伟	2002—2004.01
叶晓伟	2001.11—2003.06	陈建伟	2004.01—2006.06
王沿伟	2003.12—2005.12	唐　欣	2006.06—2007.04
陈建伟	2005.12—2007.04	王永春	2007.04—2010.12

附录：并入乡简介

小 顺 乡

乡情综述

小顺乡位于县城东北，云和湖畔。乡以驻地自然村取名，距县城18千米。东界双港乡，南邻云坛乡，西接局村乡，北靠朱村乡，总面积46平方千米。乡政府驻地小顺移民新村。1983年9月，全县政社分设试点，小顺乡人民公社改称小顺乡政府。1992年5月29日，撤小顺乡并入石塘镇。小顺乡既是石塘水库移民重点乡，又是革命老区乡。全乡被石塘水库淹没坐落于原龙泉溪沿溪长汀、小顺，麻厂、大源口、北溪、岭脚等行政村6个，自然村18个。移民人口985户，3441人（包括跨库、外迁、后靠人口）。其中农业人口3148人，非农业人口293人。外迁至丽水碧湖等地移民，农业人口918人，非农业人口32人。全乡后靠（村）农业人口1416人，非农业人口37人。1991年，辖长汀、高畲、湖滨、小顺、黄庄、大源口、北溪、横山头、岭脚9个行政村，61个村民小组，52个自然村，户数786户，农业人口3080人，其中畲族344人，占11.2%。

经济建设

农业　小顺乡森林面积3141.5公顷，其中油茶林1454.26公顷，盛产油茶籽，兼产油桐籽。移民后耕地面积330.2公顷，主要种植水稻，兼种番薯、豆、玉米、马铃薯、芝麻等。特产有

图 38-1-15 1986 年时小顺村村貌(县档案馆提供)

库湾的有机鱼、虾、野生螺丝等。

矿产资源有小顺马寮湾、岭脚村等处砩石矿;寨下自然村叶蜡石矿。叶蜡石俗称“冻石”,又称“小顺石”,被列入中国五大名石。

图 38-1-16 小顺库湾(刘莉莉 摄于 2003 年)

移民后,由于耕地大面积减少,部分移民购置小木船和渔具,利用农闲从事库湾渔业捕捞、网箱养鱼等。随着农村产业结构调整,经商、餐饮、锯板、水、陆运输、木制玩具、机械榨油、粮食加工、建筑、务工,创办木珠厂、木折椅半成品厂等,成为发展移民经济,增加移民收入的新渠道。

1991 年,全乡粮食播种面积 330.2 公顷,总产量 112.9 万千克。全乡工农业总产值 502.8 万元。其中工业总产值 153 万元,农业总产值 349.8 万元。农民年人均收入 365 元。全乡造林面积 61.7 公顷,封山 114.4 公顷,林木抚育 204.2 公顷。是年 5 月,小顺、湖滨(麻厂)两村联合开发兴建移民工程——大坑坝后水电站竣工发电。

社会事业

教育 1977 年冬,在土名称仰天湖的高山上开办“五·七”高中班 1 个,招收初二毕业生 24 人,1978 年,“五·七”高中班停办。1988 年,石塘电站建设,小顺乡中心学校搬迁至小顺移民新村。重建校舍占地面积 7150 平方米,建筑面积 1506 平方米。1991 年,小顺乡有 7 所小学。小顺乡中心小学,高畲、横山头、黄庄、长汀、北溪、朱家半岭等小学。

群众文化 1980 年 10 月,小顺乡文化站建立。小顺乡群众文化基础雄厚。20 世纪 60—70 年代,全乡 9 个行政村其中 7 个村有“毛泽东思想文艺宣传队”(下简称“文宣队”)活跃于农村文化舞台。1977 年,创作的表演唱“喜迎宝像到我家”节目参加丽水地区农村文艺调演大会获二等奖。为解决缺少乐器问题,村文宣队自己制造小提琴、大提琴、扬琴等乐器。

抗战文化 1938 年(民国 27 年)四月,时任国民政府浙江省主席黄绍竑在小顺村创办浙江省铁工厂（即兵工厂，下简称“铁工厂”）。云和县政府为配合铁工厂建厂工作（征地、拆迁等），即设立小顺区，并任命中共党员郑求真（解放后任北京故宫博物院保管部主任、研究员）为区长。铁工厂有工人2000多人，连同家属近万人。铁工厂机器设备从初时的二三十台增至一千多台。工厂月产步枪1000余支，轻机枪50多挺，手榴弹、枪榴弹五六万枚。生产的武器除装备省抗日自卫团外，还远销广西、广东、福建、贵州、安徽、甘肃等地。同时，也支援当地中共游击队。

1939年（民国28年）4月2日，时任中共中央军事委员会副主席、中共中央南方局书记周恩来，以国民政府军事委员会政治部副部长的公开身份在国民政府浙江省主席黄绍竑、省建设厅长伍廷飏和建设厅秘书张锡昌（系中共党员）的陪同下抵达小顺，当晚下榻于黄绍竑公馆（麻厂山别墅）。次日上午视察铁工厂。并在工厂礼堂（沉香宫）为全厂工人作“工人阶级顶天立地”的抗日演讲。

图38-1-17　周恩来抗日演讲（1939.4.3）、陈嘉庚抗日演讲（1940.9.24）礼堂遗址（浙江省铁工总厂礼堂小顺村沉香宫）（县档案局提供）

1940年（民国29年）9月23日，著名爱国华侨领袖、南洋华侨筹赈祖国难民总会主席兼南洋华侨回国慰问团团长陈嘉庚率团到小顺浙铁总厂慰劳工人。

1943年春，浙江第二儿童保育二院从庆元迁回云和小顺。从上饶集中营脱险后被党组织安排在保育院疗伤的冯雪峰，在院长戚铮音（女，中共党员）的掩护下随同保育院到小顺继续疗伤。在小顺疗伤期间写出著名杂文集《乡风与市风》。

1942年4月，国立英士大学本部、艺术专修科迁至长汀、小顺。著名画家潘天寿在艺术专修科执教。

1943—1944年，第三战区兵站总监部第34粮秣野战库第3分库设小顺。

小顺乡是革命老区乡之一。1939年，小顺村曾是中共云和县委驻地。

为纪念周恩来1939年小顺之行，1991年6月，中共云和县委、县人民政府在小顺村正屏山上建立“小顺铁工总厂·周恩来视察纪念 ”碑（亭）。

小顺石　叶蜡石，主要蕴藏在小顺区域，故称小顺石。成矿时代为晚侏罗纪到白垩纪，经数亿年前火山喷发而形成的特殊矿石，质地均匀细密，是印材的首选佳料。作为青田石重要的组成部分，小顺石曾在印石界占有重要的位置，元代画家王冕使用的丽水印石中就有云和小顺石。当代国画大师潘天寿留下了“田黄华贵，封门清雅，小顺妩媚”之赞。

小顺石属于地开石，其色彩非常丰富，透明度 高，有红、白、黄等颜色，色彩鲜艳，花纹美丽，冻石微透明至全透明，质地温润，适宜雕刻。品种齐全，主要品种有小顺红花、小顺晶、黄冻、白冻、玛瑙冻、象牙白等，其中小顺晶属于收藏界极品，小顺红是小顺石中最具代表性，在印石界具有其他印石不可替代的地位。2005年，原国务院副总理李岚清给邓小平同志刻一方

图 38－1－18　吴云武小顺石作品（王震海摄影）

印章——“科教后勤部部长邓小平之印”，用的石材是云和小顺石(李岚清《原来篆刻这么有趣》第 26 页)。当代著名篆刻理论家童辰翊，在《中国印石图谱》专门介绍了小顺石。西泠印社副社长韩天衡先生对云和小顺石参展作品进行试刀，对小顺的掘性红花表示极大的认可。并说“刀感非常不错，红花石性很老。”寿山石权威方宗珪先生对云和小顺石做出了专业的评判和认定。认为小顺石是个很优秀的印石品种，石性稳定、细结、温润通灵，能在这里有一席之地非常不简单，大有发展前途。并对小顺石的开采和今后的发展提出了技术性的指导和建议。

1993 年，经省地质勘探大队探明储量 30 亿千克。

1991—1992 小顺乡主要负责人一览表

表 38-1-12

党委书记	任职时间	乡　长	任职时间
陈吉郎	1990.01—1992.02	甘劲松	1990.01—1991.03
王和平	1992.02—1992.05	叶秋霞	1991.03—1992.05

双 港 乡

乡情综述

双港乡位于县城东北部，龙泉溪南岸宽谷地带。乡政府驻地双港，海拔 80 米，距县城 28 千米。东北和东南与丽水市交界，西南与小顺乡接壤，西北和朱村乡毗邻。总面积 44 平方千米。是云和县海拔最低乡。

1984 年 10 月，划归云和县管辖。1992 年 5 月 29 日，撤双港乡并入石塘镇。1991 年，辖双港、规溪、下坑、上坪、滩下、石塘坑、张庄、高定、石塘、叶村坪、坪地等行政村 11 个 53 个村民小组，35 个自然村，1233 户，4245 人。其中畲族 842 人，占总人口的 19.57%。林业用地 3581.53 公顷，其中油茶林 1110 公顷，盛产油茶籽，兼产桕籽、桐籽。耕地面积 301.15 公顷，主种水稻，辅种番薯、麦、花生、芝麻、绿豆等。特产有蚕桑、柑橘等。矿产资源有萤石矿。

双港乡以农为主，是云和县猪仔的主要产地。1991 年，全乡生猪存栏数 3335 头。粮食播种面积 542.13 公顷，亩产 269 千克，总产量 218.7 万千克。工农总产值 640 万元，其中工业总产值 236 万元，农业总产值 404 万元，农民人均收入 365 元。

社会事业

1991 年，全乡有石塘中学 1 所，小学 7 所。分别是双港乡中心小学、规溪完小、滩下小学、石塘完小、坪地小学、叶村坪小学、上坪小学。

1980 年 5 月，双港乡文化站建立，每年春节期间编排民间舞蹈“采茶灯”等节目丰富农村群众业余文化生活。

中华人民共和国成立后设乡联合诊所，后改称乡卫生院，配备医务人员3人。2000年7月，双港乡卫生院撤销并入石塘镇卫生院。

1991—1992年双港乡主要负责人一览表

表38-1-13

书　记	任职时间	乡　长	任职时间
雷汉才	1989.04—1992.05	周东明	1989.04—1991.04
—	—	张　峰	1991.4—1992.05

第四节　崇头镇

崇头镇地处云和县西南部，东连云和镇，东南、南濒安溪畲族乡、沙铺乡、大湾乡，西与黄源乡相接，北临赤石乡。镇人民政府驻崇头村崇滨路1号，距县城9.5千米，系革命老区镇。全镇总面积65.75平方千米。2010年，辖崇头、梅源、南山、黄地、岩下、垟背、栗溪、三望栏、下垟、坑根、张化、梅竹、砻铺13个行政村，54个自然村，107个村民小组，2573户，总人口9176人，其中非农业人口144人。工农业总产值11564万元，人均纯收入6378元。为云和县第二人口大镇，2010年，列入省级培育中心镇。

建置沿革

崇头镇明、清时属云和县浮云乡三都。1928年属崇潆区厚仁联合村。1934年厚仁、协溪、永成3乡合并为栈云乡。1939年栈云、金村2乡合并为复兴乡。1949年分置复兴、栗溪、太平三乡。1956年3乡合并称太平乡。1958年10月改称梅源管理区。1961年9月改为梅源公社。1984年6月改设梅源乡。1989年12月更名称崇头镇。

自然条件

崇头镇地处中山、低山、丘陵地区，沿潆溪有狭长的河谷盆地，地势东北低西南高；受云和常年主导风向东北风的影响，地形雨明显，降水丰沛，年均在1800毫米以上；森林资源丰富，森林覆盖率80.8%。潆溪发源于镇西南部的白鹤尖。上游有3支小涧，一支由朱宅坳、林山坳岭脚与砻铺水汇合至山下湾，纳深坑门水于埠头后；一支由梅竹、坑根至埠头后汇合向北流经梅源至崇头为梅溪；另一支由黄源乡叶垟坳头经水碓垟流入崇头镇栗溪，纳金坑水经金光圩至朱源，在崇头村与梅溪汇合入潆溪。纳东坑、麻车后过栈云桥，经三望栏、下徐，纳垟头、岩下水至内、外垟背，经村头水电站至村头村、后山注入柘溪。主流长13.1千米。流域面积68.21平方千米。

经济建设

农业　农业是崇头镇传统产业和主导产业。20年间，传统农业稳步发展，耕地面积稳中有降。1991年，全镇粮食产量267万千克，随着农业产业结构调整，1995年，粮食年总产量达到389.9万千克。因劳动力下山转移，进城务工人员增加，原来部分低海拔地区的双季稻种植

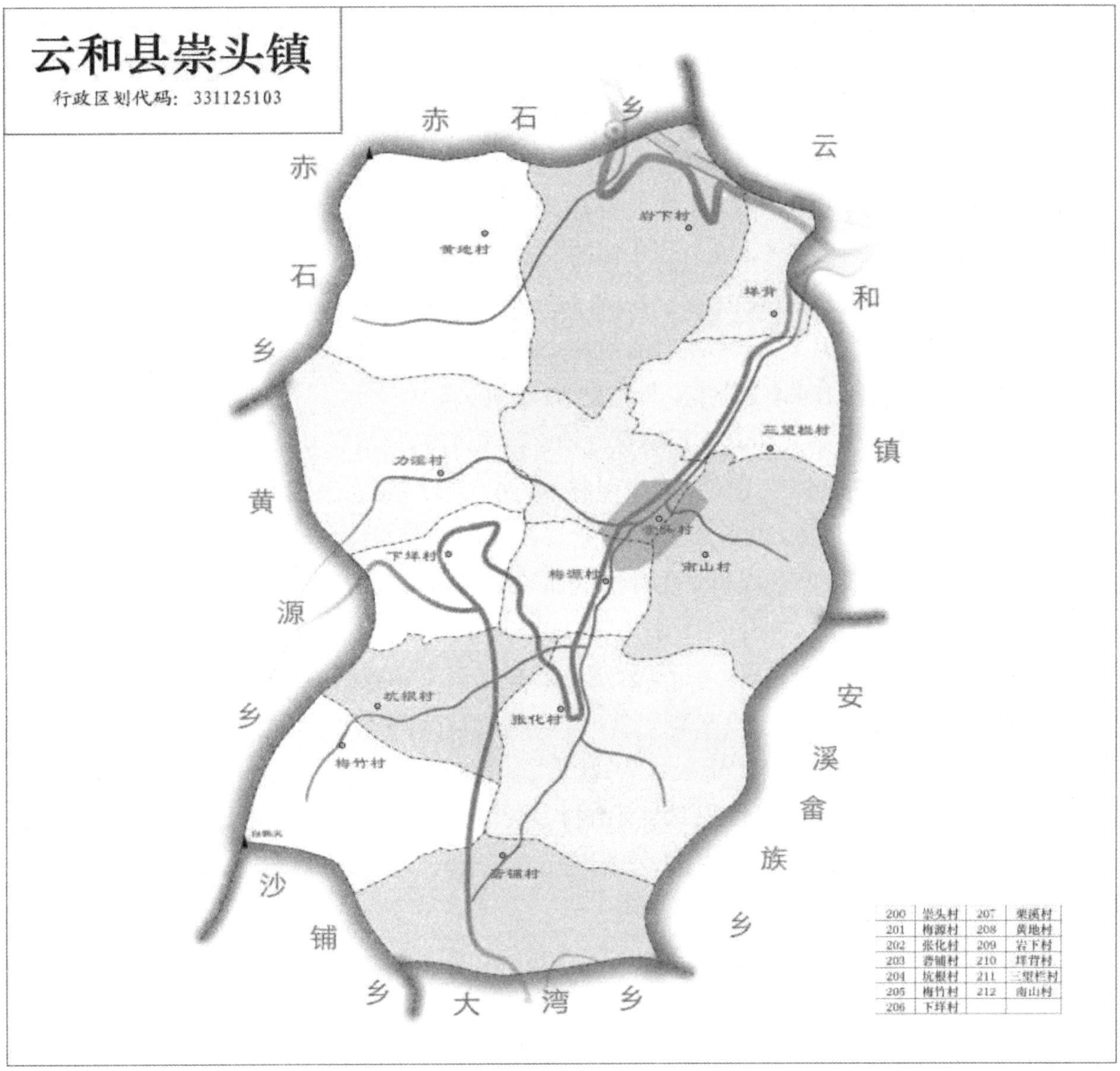

图 38-1-19 崇头镇区划图(县民政局提供)

技术逐渐被放弃，粮食耕种面积开始下降，到2005年，粮食年总产量降为232万千克。形成以代料食用菌、黑木耳、云和雪梨、加州梨、稻田养鱼、竹笋两用林、板栗、养殖业等为主的增收模式，并形成由食用菌、干水果、笋竹两用林、养殖业4大主业为支撑的格局。

食用菌产业 崇头镇地理位置，气候适宜，具备良好的食用菌发展条件。从20世纪80年代始，崇头镇村民种植食用菌，早期的食用菌种植以椴木发菌技术为主，到1995年，食用菌种植规模达到220万袋(段)。1997年，建设占地1000多平方米的崇头村香菇交易市场。先后发展鲜菇冷藏冰库55家，年产值1000多万元。鲜菇交易从每年的十月中旬开始到次年的四月下旬结束，吸引来自福建等各地收购商入驻崇头，平均日交易量达到10万千克，最高日交易量高达45万千克，一年的鲜菇交易量约2万吨。到2008年，食用菌生产成为崇头镇农民的主要经济收入来源。据统计，全镇1314户从事袋料食用菌生产，有发菌棚和出菇棚3600座，生产香菇1600万袋、黑木耳500万段，总产值达5120万元，纯利润达2400万元，全镇农民直接来自食用菌生产的收入人均3655元。食用菌产业的收入占农民总收入占比达到74%。

2008—2009年，禁止食用菌上蜡生产，对原来采用工业石蜡进行食用菌生产的技术进行整治。全镇食用菌生产户由2008年1314户锐减到2009年的679户。至此，崇头镇的食用菌产业从发展壮大期开始进入转型调整期。2010年，全镇年生产食用菌1800万袋，食用菌总产量111.95万千克，产值近1亿元。品种主要有高山地区的田菇，低海拔地区的花菇，还有三望栏等村的黑木耳等，食用菌产业成为崇头镇的农业主导产业。

高山蔬菜种植 崇头镇高山地区多，垂直气候明显，20世纪80年代，坑根等村开始种植番茄、甜椒等高山蔬菜。至1996年始，坑根、梅竹、下垟、栗溪等村发展高山蔬菜种植面积40余公顷，总产量达到104.4万千克，产值83.52万元。

农林产业 崇头镇是云和县重点林区之一。全镇有林地面积4237.53公顷，其中用材林1181.4公顷，经济林346.67公顷，笋竹两用林666.67公顷，生态公益林1177.13公顷。2004年，实施二轮土地承包工作，2006年完成农业普查和山林延包工作。2005年始，先后实施栗溪小流域、崇溪小流域治理工程和张化片区灌溉项目等农综开发项目。到2010年，全镇有干水果种植总面积200公顷，年生产干水果400吨，产值60多万元，其中板栗示范基地86.67公顷，年产量9.5万千克，产值38万元。岩下畲族村是崇头镇板栗集中种植村，岩下板栗种植始于1989年，开发板栗基地8.97公顷。2005年发展到73.33公顷，其中53.33公顷已进入丰产期。产值近16万元。品种有“毛板红”“魁栗”等。2000年始，下垟、黄地、砻铺等村先后发展云和雪梨147公顷、加州李17公顷；南山村发展茶叶基地20公顷；岩下村白茶基地4公顷。到2010年，全镇发展生态茶叶50公顷，种苗基地2公顷，形成以岩下、梅源、三望栏为主的生态茶园示范基地。

畜禽养殖 崇头镇农民历有家庭畜禽散养传统。主要以养殖猪、牛、鸡、鸭为主，羊和鹅养殖较少。一般每户养3—5只鸡、鸭，一两头猪不等。到2000年以后，随着农民进城务工人数增多，畜禽散养数量逐步减少。到2010年，全镇有规模化家禽养殖户6户，年养殖家禽14万羽，年产值214万元。发展生猪养殖,年产值136万元。

工业 崇头镇工商业发展较为缓慢。1991—2010年间，工业产业经历自由发展、努力尝试、逐步转型至生态产业的过程。1996年，崇头镇有工业企业67家，其中镇办1家、村办2家、个体64家，工业总产值达到4184万元；发展较为稳定主要是小水电站，90年代中后期，发展电力工业成为崇头镇工业发展的重点，仅1996年有7家股份制小水电建成发电，全镇电业总产值240.85万元。1999年，小水电联合成立梅源水电实业有限公司。2005年始，引导7家企业入驻县工业园区发展生产，部分企业离开崇头镇。2006年，招商引资，引进崇头村大型鲜菇加工场和云和恩沛新型建材厂。到2009年，崇头镇有小水电站12家，实现年产值381.6万元；蔬菜冷藏55家，年产值1430万元；农副产品加工116家，年产值988万元；木糠加工14家，年产值665万元。工业总产值4269万元。2010年，全镇有小水电站11座，年产值400多万元。

第三产业 2007年6月，在下垟村举办梅源梯田（云和梯田景区）首届开犁节，吸引5个国家地区2000多名摄影爱好者摄影采风。自此，一年一届的开犁节拉开崇头镇旅游产业发展的序幕。垟背、下垟等村的农民在政府扶持下，创办起农家乐。到2008年，全镇有农家乐6家，其中，一星级的有2家，二星级的有2家，三星级的有1家。2010年，原来的梅源梯田更名为云和梯田，启动云和梯田国家AAAA级景区创建，先后投资4000余万元，开展崇头村的梯田游客接待中心建设，实施下垟、梅竹和坑根3个云和梯田景区核心村建设。

异地开发　2005年，崇头镇启动"异地综合开发致富奔小康"的发展战略，开展云和师傅培训和农村劳动力技能培训，农民异地开发的劳务输出创收模式，年均培训2000余人次，转移农村剩余劳动力3463人，占全镇劳动力总数的52.7%，实现异地综合开发人数492人，涉及9省23县(市)，其中政府直接组织就业32人。2008年，崇头镇与贵州省松桃苗族自治县孟溪镇建立友好合作关系，建立崇头镇驻贵州松桃县孟溪镇食用菌开发联络站。建立岩下村和三望栏村新型农民培训学校及新型农民培训教学示范基地。

1991—2010年若干年份崇头镇经济和社会发展概况表

表38-1-14

年份	村数（个）	村民小组（个）	户数（户）	人口（人）	其中非农业人口（人）	农民年人均纯收入（元）	工农业总产值（万元）	工业总产值（万元）	耕地面积（公顷）	粮食总产量（万千克）	食用菌种植规模（万袋）	食用菌总产量（万千克）
1991	13	107	2588	9756	251	406	803	220	561.02	267.0	—	—
1995	13	107	2362	9489	278	1123	5139	3859	545.67	389.9	220	19.7
2001	13	107	2442	9317	217	2066	6521	3100	524.27	296.5	550	48.1
2005	13	107	2467	9107	167	2970	6929	2369	500.87	232.0	1450	101.8
2010	13	107	2573	9176	144	6378	11564	5154	476.53	292.6	1800	112.0

社会事业

交通设施　90年代初期，崇头镇道路交通状况较差，除后交线沿线村外，多数村没有通公路。1996年，完成崇头至张化公路的沙改油工程，建成黄地、栗溪、三望栏等村的通村机耕路。1998年，完成首条由村民自力更生铺筑的水泥简易公路——崇头至南山村简易公路，启动梅竹村简易公路建设，至此，全镇13个行政村实现村村通简易公路。2002年，启动总投资700万元的崇头村过境公路建设，2006年11月建成通车，后交线的交通状况得到有效改善。2005年实施坑根、南山、岩下3个村康庄公路共6.3千米，2007年，完成对交芽至黄地线、崇头至栗溪线的路基工程建设。到2008年，全镇13个行政村有12个村通等级公路。

小区建设　建设下山转移小区，把群众从交通不便利的山区转移到交通便利，人口集中的小区居住，既让农民得到交通便利的实惠，又有利于节约利用土地。1998年，启动崇头村下山脱贫小区建设，惠及农民69户310人。2001年，启动三望栏下山脱贫小区建设，李家、许家、下徐部分村民实现下山转移。2009年，岩下村金坳、垟头两畲族自然村21户和原云丰乡的后垟村、杉板坑村，原黄源乡的陈家垟村、夏家垟村和原大湾乡大湾村等14户村民下山转移至垟背村屋后的原农田上建房，称为金垟新村。2010年，启动朱源新村建设，项目占地面积3200平方米、32直，惠及61户210人。

环境整治　2000年始，农民生活水平提高，农村环境问题逐渐被重视。2003年，崇头镇成功创建国家级生态示范镇。2004年，全镇开展"千村示范、万村整治"行动，投资83.9万元整治中心村。完善农村基础设施，完成道路硬化2400米；改厕102处，清理河道3000米，建设防洪渠道1000米，新增绿化面积1000平方米。崇头村通过市级整治村验收。2007年，实施"五整治一提高"工作，对垟背行政村进行全面整治，全村建设和摆放垃圾池（箱）11个，绿化率达20%以上。全镇投资10多万元，建成垃圾中转站1个，摆放垃圾箱72个，落实崇头、梅源、南山、张化、三望栏等行政村的14名卫生保洁员以及相关待遇。实施"万名农民饮用水"工程，2004—2008年，投资300多万元完成全镇13个行政村的饮水工程。2007年，以岩下行政村为示范点，启动农村沼气利用项目建设。

扶贫　2009年，全镇年人均纯收入在2500元以下的低收入户797户2467人，通过实施"低收入农户奔小康工程"，实现2500元以上的1234人增收，4000元以上的493人增收。到2010年底，203户766人实现脱贫，人均收入超过2500元；绝对贫困户269户有39户人均收入超过1500元。实现全镇农民人均纯收入超过全国平均水平，张化、岩下、南山实现小康村创建目标。

文化　1997年，投入27万元，对镇广播站机房进行改造，实现村村通广播电视，行政村程控电话开通率达到70%；购置文化器材，完善占地300平方米的崇头镇文化站建设，建成丽水地区第二批"山花工程"建设示范镇。2001年，启动有线电视网建设，首批7个行政村接通有线电视。2005年，建设农村宣传文化阵地，创建文化示范户9户。2008年，全镇13个行政村成立老年人体育协会，创建省级小康型老年体育乡镇。2009年，岩下村的畲族小组唱参加市"十大绿谷民星"比赛获得第五名。2007年始，连续4年举办梅源梯田（云和梯田）开犁节，集中展示传统农耕技艺、民间艺术和民风习俗，体现崇尚自然，追求"天人合一"的传统文化核心思想，对梯田旅游的发展和崇头本土文化的弘扬起到重要作用。

教育　1996年，崇头镇有中学1所，教师46名，学生901名；小学17所，教师38名，学生691名，适龄儿童入学率达99%。同年，对梅源中学进行扩建，总投资265万元，占地总面积17333平方米，可供原梅源区四乡一镇900名初中生就读，成为全县第三大中学。2001年，所有的村级小学并入镇中心小学，建成寄宿制崇头镇中心小学。至此，全镇中小学校各1所，同年10月，崇头镇通过市教育强镇验收。2002年，全镇有中学教师72人，中学生918人，小学教师30人，小学生487人。有中学1所，教师68名，学生701名；2004年，开始创办幼儿园1所。2007年，梅源中学和崇头镇中心小学合并称梅源实验学校有梅源实验学校1所，有教师80名，学生876人。幼儿园1所，幼儿102人。适龄儿童入学率100%。2009年，义务教育阶段所有学生实现免费入学，义务教育入学率100%。同年，梅源中学取得升学率为全县第一。

卫生和社会保障　崇头镇有卫生院1所，位于崇头村。2004年，挂牌成立崇头农村公共卫生管理服务中心。到2005年，全镇新型农村合作医疗参保率86.56%，152人次享受合作医疗政策的补偿，缓解群众“因病致贫、因贫返贫”的问题。2008年，全镇8617人参加合作医疗，参合率达96.7%，农民健康档案逐步建立和完善。

名胜古迹

云和梯田　云和梯田核心区块位于云和县城西部约25千米的浙江省云和县崇头镇。梯田群主要由南山、吴坪、下垟、叶垟、梅竹五大梯田区块构成，梯田依山势水平开垦，以种植水稻为主，海拔200—1400米，梯度15—50度，最多处有500多层，层高差1—2米居多，单体绕山一般呈狭长带状，面积0.3—1.0亩居多，横向延伸3000多米，纵向延伸1500余米，总面积20余平方公里。

云和梯田始垦于宋代，兴于元、明，随着明代当地银矿开采业兴起形成规模，之后清代、民国和中华人民共和国成立后都有一定增补。千百年来，劳动人民根据不同地形、土质修堤筑埂，形成今日之梯田群，堪称人工奇迹。

云和梯田环境优美，融山、水、梯田、村庄于一体，形成四季不同、早晚各异景观，最具观赏性的位于下垟村，具有面积大、线条好、形状美，立体感强的特点。

2005年被评为“丽水市摄影创作基地”；2007年开始，每年农历六月六日举办云和梯田开犁节，暨摄影文化观光活动；2011年1月7日，浙江省人民政府公布云和梯田为浙江省第六批省级文物保护单位。

武岱峰森林公园　位于县城西南崇头镇境内，距镇政府0.5千米，海拔850米，总面积5平方千米，1999年，被列为首批县级风景名胜区，是一处集名胜、古迹、自然风光为一体的综合人文旅游地。

内设机构

2010年，崇头镇政府内设党政综合办公室、经济发展办公室、社会事务管理办公室、社会综合治理办公室、村镇建设办公室、财政办公室。人员编制18人。

1991—2010年崇头镇主要负责人一览表

表38-1-15

党委书记	任职时间	镇长	任职时间
陈方华	1990.03—1992.05	张晓宝	1990.05—1993.04
雷岩福	1992.05—1995.12	徐少华	1993.04—1995.12
马国华	1995.12—1997.12	刘日平	1996.02—1998.03
刘日平	1997.12—2001.11	邱伟平	1998.03—2002.01
叶毅夫	2002.01—2006.06	谢光兴	2002.01—2005.01
魏启勤	2006.11—	蓝永平	2005.01—2008.03
—	—	蒋璟璟	2008.03—2010.03
—	—	徐建明	2010.03—

第二章 行 政 乡

第一节 云 坛 乡

云坛乡位于云和县境东北，东与丽水市（县级市，现莲都区峰源乡）交界，南和景宁畲族自治县毗邻，西靠云和镇，北和石塘镇接壤，全乡总面积102平方千米。乡人民政府驻地云坛村，海拔150米，距县城7.5千米。2010年，云坛乡辖沈岸、云坛、陈村、李山前、梅湾、靛青山、包山、沈村、竹坑、平里、苏坑、沈庄12个村民委员会，下设78个村民小组；全乡1609户，总人口5638人，畲族人口近千人，分布于全乡7个行政村，苏坑、沈村、沈岸等3个少数民族村最为集中。2002年，被浙江省政府评为省扶贫先进单位，2005年，被评为浙江省教育强乡。

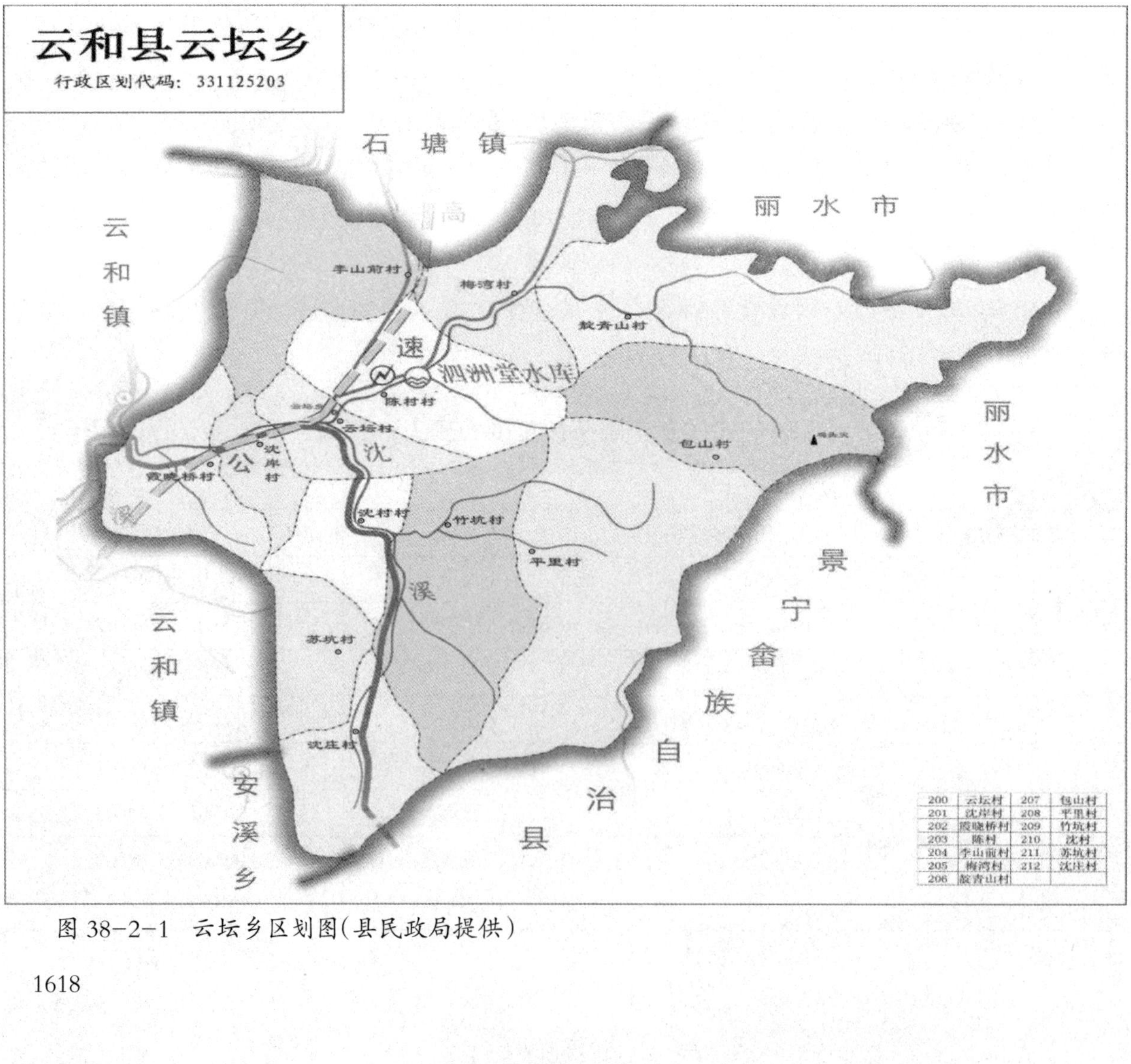

图38-2-1 云坛乡区划图（县民政局提供）

建制沿革

1984 年 3 月，云坛乡人民公社调整为沈村、云坛 2 个乡。1992 年 5 月，沈村乡（包山、平里、竹坑、沈村、苏坑、沈庄 6 个行政村）并入云坛乡。2008 年 7 月，霞晓桥村划入云和镇管辖。

经济建设

图 38-2-2 梅湾村生态养殖农场（2007 年摄 朱潇提供）

农业 云坛乡以粮食生产为主，农、林、牧、副、渔全面发展的综合性农业乡，全乡耕地面积 400 余公顷，主种水稻，兼种大豆、麦、番薯。2010 年，云坛乡农业生产总值 3187 万元，农民人均收入 6324 元。

粮食生产 1990 年始，全乡粮食总产量保持在 100 万千克以上规模，亩产上呈波动增长趋势。1991 年后，通过高产示范片开展，粮食产量逐年增加，1996 年达到最高值，年产 273.8 万千克，2004 年后，粮食产量趋于平衡，年产保持在 2000 吨左右水平。

种植业与食用菌 云坛乡种植业品种丰富，1991 年始，发展长裙竹荪、茯苓、板栗、柿子、桑、大豆、黑木耳、香菇、中药材、茶叶、吊挂、花卉、高山蔬菜等农业产业，其中香菇种植最为广泛。2007 年，创办"云和县正凯药材合作社"后，云坛乡中药材产业逐步发展。2010 年，全乡种植香菇 377 万袋、中药材 266.67 公顷。

养殖业 云坛乡养殖业以中小规模为主，品种以生猪、家禽为主，辅以獭兔、黄牛、山羊等特色生态养殖业。2010 年，养殖生猪 1311 头，家禽 10535 羽。

1990—2010 年云坛乡农业发展情况表

表 38-2-1

年份	农业生产总值（万元）	粮食生产规模（公顷）	粮食生产总量（万千克）	食用菌（万袋）	雪梨（公顷）	杨梅（公顷）
1990	131.97	—	111.9	—	—	—
1995	869.12	—	272.66	369.2	—	—
2000	1915	592.67	226.7	520	—	—
2005	2305	431.53	207.4	280	147.13	—
2010	3187	360.7	183.27	377	138	71.27

林业 云坛乡林业资源丰富，林业用地 8000 余公顷，主要生产松、衫、杂木，兼茶油子、桐子、柏子、柑橘、雪梨、杨梅等。1991 年，完善林业生产责任，村民开展造林育苗、封山、绿化荒山、退耕还林，山林面积从 1991 年 8655.47 公顷增长到 2010 年 9142.6 公顷。

云坛乡是云和雪梨的发源地和重要生产基地。2004 年，沈岸雪梨在云和县质量评比中获一等奖。2006 年，云坛雪梨在省、县名果评比中荣获奖牌；麻车岗杨梅果大、糖高，也是云坛的特产。2010年，全乡有雪梨种植面积138公顷，杨梅种植面积71.27公顷。雪梨、杨梅、香菇、中药材成为云坛乡经济发展的主导产业。

工业 云坛乡工业产业主要有小水电、加工作坊、砂石厂等企业。20世纪80年代末至90年代，有云坛编织厂、泗洲堂电站、车木厂、砖瓦厂、萤石矿场、竹木加工厂。2010年，工业产值1246万元，占工农业总产值28.1%。

社会事业

教育 1990—2010年，云和县教育网点的调整，云坛乡小学数量、师资力量、学生人数呈下降趋势。1996—2010年，小学数量从10所并到1所，教职工人数从35人到15人，学生人数从491名到78名。1997年，云坛中心小学接受浙江省设计局捐助，建设新教学楼（浙审楼）3层15间，建筑面积709平方米。1997年，投资40余万元，建设沈村小学教学楼，建筑面积709平方米。1999年，撤并霞晓桥、梅湾、新华3所小学。2003年，云坛乡被评为市级教育强乡；2005年，云坛乡中心小学被评为省级教育强乡。

图38-2-3 云坛小学浙审教学（1998年摄县教育局供稿）

图38-2-4 梅湾岭头自然村整体搬迁现场（2009年摄 朱潇提供）

卫生 1986年，因公路建设拆迁云坛卫生院，新建264平方米的门诊宿舍楼一幢，设中西医门诊、中药房、妇产科、注射、卫生防疫等科室。2005年，从医人员4人，全年门诊1517人次，业务收入7.6万元。2009年，梅湾村和沈庄村被省爱国卫生运动委员会被评为省级卫生村。

基础设施建设 1997年，7个行政村通程控电话，6个行政村安装地面卫星接收站，沈村、沈岸、独山3个村装上有线电视。投资90万元建造梅湾、靛青山、平坑、苏坑4个村的简易公路。2001年10月，总投资98万元的乡政府办公大楼竣工使用。13个行政村通程控电话11个村。2006年，云寿线至苏坑、云寿线至沈庄完工，全乡13个行政村，村村通公路，12个村通自来水。G235高速公路征用土地49公顷，拆迁安置农户105户380余人，拆迁面积达20974平方米。2007年，完成梅湾至靛清山、靛青山至包山、竹坑至平里、岙头口至李山前4个路基路面工程和陈村至梅湾路面工程，全长21.9千米，获云和县第一个实现康庄工程双百目标乡镇。2009年，完成大垟、柿树垄、金竹岗、梅湾岭头、月寮个自然村51户165人的整体搬迁。

2007年，梅湾村得到相关部门的支持，修建康庄公路、防洪大堤、停车场、公厕等，并重修毛家祠堂。

名胜古迹

梅湾村 1936—1937年间，红军曾多次经过梅湾进行革命活动。1938年，云和农村的第一个党组织——梅湾支部正式成立。2001 年,中共云和县委在湾村建立革命传统教育基地,修建纪念碑、纪念室和党员活动室。

图 38-2-5 梅湾村严氏宗祠一角(严晓宽 2007 年摄)

梅湾村严氏宗祠 位于元和街道梅湾村中心,据脊梁上题记,建于清咸丰十一年(1861),"文化大革命"时被作为小学用房,祠内结构被大部分拆除。该建筑坐北朝南,悬山顶、小青瓦屋面,四周夯土墙,东西各辟一门。通面阔 13.37 米,通进深 21.7 米,占地面积 290 平方米。前后分二进,一进门厅为三开间,明间用四柱七檩,抬梁式,次间用五柱七檩,穿斗式梁架。二进正堂为三开间;均为双层,一进二楼施有围廊。祠内梁枋、牛腿、雀替等构件雕刻人物、花卉等图案。为县级文物保护单位。

沈村乡古迹有仙姑岩瀑布(见第二十八篇《旅游》第一章第三节)、包山村禹王殿。

图 38-2-6 包山村禹王殿(严晓宽 1991 年摄)

包山村禹王殿 位于元和街道包山村西北面约一千米的山坳里,脊梁上题记建于清咸丰三年(1853)。坐南朝北,通面阔 8.46 米,通进深 11.8 米,占地面积 129 平方米。前后分二进由门厅和正殿组成,均为三开间;一进门厅进深 2.1 米,五檩用二柱,抬梁式。二进房基比一进房基稍高,进深 6. 36 米明间七柱用四柱,抬梁式;次间七檩用五柱,穿斗式。屋面为硬山顶、小青瓦。殿四面夯土墙,一进门厅东、西面相对开一阔 1.75 米的门,一条山道从中穿过,正殿东面另有一阔 0.78 米的小门。殿内梁枋、牛腿、雀替等木构件雕刻人物、花卉等图案。

内设机构

2010 年,云坛乡内设党政办公室、经济发展办公室、社会事务管理办公室、社会综合治理办公室(法制办)。人员编制 17 人。

1991—2010 年云坛乡主要负责人一览表

表 38-2-2

党委书记	任职时间	乡(镇)长	任职时间
蓝水进	1990.01—1991.07	刘昌明	1990.01—1990.05
叶盛华	1991.07—1992.05	叶盛华	1990.05—1992.03
陈方华	1992.05—1995.12	王达文	1992.03—1992.05
王丽荣	1995.12—1999.11	张 峰	1992.05—1996.02
袁泽春	1999.11—2004.09	洪广斌	1996.02—1998.09
洪为平	2004.09—2007.12	季银环	1999.01—2005.12
王志铨	2008.02—2010.02	王志铨	2006.01—2008.05
柳启东	2010.02—2010.10	柳启东	2008.05—2010.03

附录：并入乡镇简介

沈村乡

沈村乡位于县境东部。东南邻莲都区、景宁畲族自治县，西壤云和镇、安溪乡，北连云坛乡。辖区面积48平方千米，乡政府驻沈村村，距县城9千米。1984年3月，云坛公社调整为沈村、云坛2乡。1992年5月撤沈村乡，扩并为云坛乡。

1991年，全乡有沈村、竹坑、平里、苏坑、沈庄、包山等6个行政村，30个自然村，41个村民小组，802户3077人。

经济建设

沈村乡以粮食生产为主，农、林、牧、副均有发展综合性农业乡。1991年，全乡有耕地面积191.8公顷，山林面积4679.7公顷，实现农业总产值291.21万元。人均年纯收入430元。雪梨种植面积63.27公顷，其中投产33.33公顷，年产10万千克，被誉为云和雪梨之乡。

1991年，沈村乡有乡办企业2家，工业总产值58.6万元。

社会事业

1990—1993年，民建公助修通竹坑至包山机耕路，机耕路全长17.5千米，高窍村、包山村投义务工2.9万工，乡政府筹措资金35万元用于购置炸药、工具和支付技术工工资。机耕路修通后，初步解决林区的木材、中药材、雪梨的生产、销售、运输以及村民生活问题。

1991年，全乡有初级中学1所，小学9所，教职工40余人。

1991—1992年沈村乡主要负责人一览表

表38-2-3

党委书记	任职时间	乡　长	任职时间
项宏林	1990.01—1991.07	肖希荣	1990.01—1992.05
吴翠仙	1991.07—1992.05	—	—

第二节　安溪畲族乡

安溪畲族乡位于云和县城南部，东与云和元和街道（原云坛乡）水岗山自然村毗邻，南界景宁畲族自治县双坑自然村，西与雾溪畲族乡接壤，北连云和白龙山街道（原小徐乡），总面积33.50平方千米。乡人民政府驻下村村后塘，距县城7.5千米。2010年，辖上村、下村、下武、黄处、东岱、严山、黄家地、木樨花8个行政村（其中黄处、下武、严山为畲族行政村），30个自然村，40个村民小组，868户，2715人。其中畲族730人，占全乡总人口的26.8%。畲民蓝、雷、钟3个畲族支系在明正德年间（1506—1521年）始至民国时期，前后从福建入迁安溪。是浙江省18个少数民族乡镇之一。

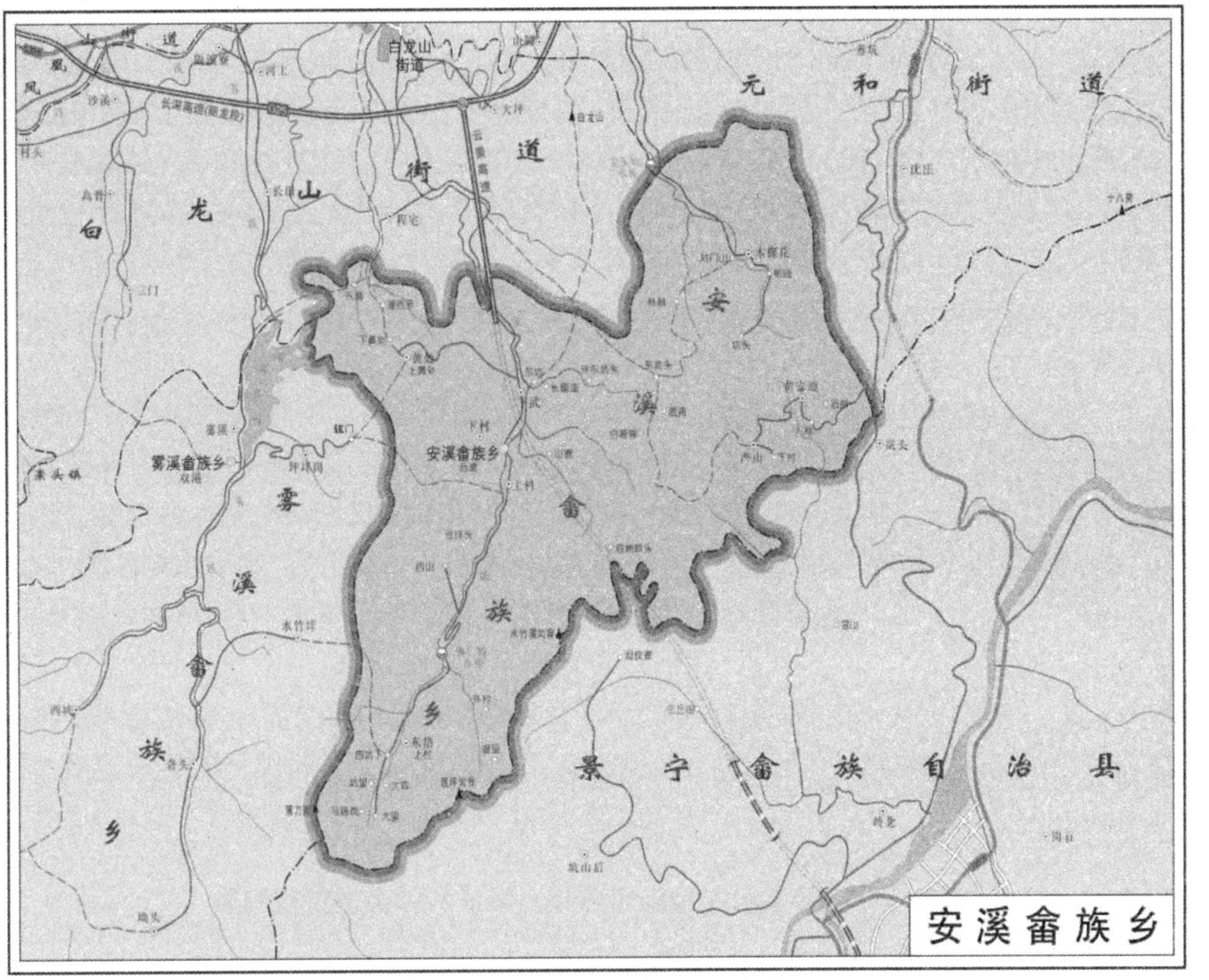

图 38-2-7 安溪畲族乡区划图(县民政局提供)

建置沿革

安溪畲族乡是革命老区，中华人民共和国成立前，中共云和县委、中国工农红军挺进师活动的区域。1935 年 2 月 3 日下午，中国工农红军挺进师一纵支队长范连辉率领的部队经过云(和)景(宁) 边界上的黄家地村。1936 年夏，中国工农红军挺进师一纵队辗转再次地来到黄家地村，并发动群众开展“抗租、抗捐、抗抽丁”的“三抗”斗争，建立村民兵队、妇女队、儿童团。1937 年 3 月 7 日，中国工农红军挺进师一纵支队长范连辉率领的部队辗转到畲民聚居的严山村，村民毛太丰等 3 个青年参加红军。1938 年 11 月，中国共产党黄家地村支部建立。1938 年，中国共产党处(州)属特委根据畲族地区的特点，先后在严山村发展畲民 6 人入党，建立中国共产党严山村支部。1986 年，丽水地委批准安溪畲族乡为革命老区乡。1987 年，全乡 8 个村(行政村)均被云和县人民政府公布为革命老区村。

经济建设

安溪畲族民族乡有林业用地 2458.2 公顷，盛产松、杉、毛竹，经济果木有厚朴、油茶籽、雪梨、茶叶等。有耕地 139.3 公顷，主要作物有水稻、油菜、番薯、玉米等。2010 年，实现工农业总产值 1626 万元，其中农业总产值 1223 万元，工业总产值 403 万元，农民人均收入 6065 元，乡财政收入 106 万元。

农业 20 世纪 90 年代始，调整农业产业结构，种植业向专业化、规模化经营发展。1997 年，农民年人均收入突破 1 千元，为 1137 元。下武、上村等地种植茭白、小辣椒、长豇豆等高山蔬菜，东岱、严山种植中药材。2000 年始，黄处等村种植云和雪梨生产，食用菌菇，并成为农民脱贫致富的主导产业。2005 年始，发展生态养殖业，上村村民何少勇自筹资金购进奶牛，创办"安源牧歌农庄"，日产鲜奶 100 多千克。至 2010 年，全乡建成云和雪梨基地 100 公顷，形成雪梨产业。

林业 到 2010 年，全乡建立省级生态公益林 766.5 公顷，生态自然保护区 2 个，面积 386.7 公顷。

图 38-2-8 安溪造纸厂（1990 年摄 赵乐群供稿）

工业 安溪畲族民族乡工商业较为薄弱。20 世纪 70 年代，创办过温溪公社造纸厂、木制品厂、上村村藤竹家具厂。80 年代社队两级分别创办简易的造纸厂、炼铁厂、木制品厂、竹制品厂和小水电站，在一定的程度上壮大集体经济，促进农村经济的发展。1998 年，国营商业全面改制，经营近半个世纪的温（安）溪（畲族）乡供销合作社退出历史舞台，供销合作社改制后，原入社员股金按数退还于村民。2005 年，全乡工业产值 225 万元，2010 年，全乡实现工业产值 403 万元。

1991—2010 年若干年份安溪畲族乡经济和社会发展概况表

表 38-2-4

年份	村数（个）	村民小组（个）	户数（户）	人口（人）	其中非农业人口（人）	其中畲族人口（人）	农村劳动（人）	农民年人均纯收入（元）	工农业总产值（万元）	工业产总值（万元）	耕地面积（公顷）	粮食总产量（万千克）
1991	8	40	735	2634	46	734	1378	497	143	21	1467	53.4
1995	8	40	743	2647	48	745	1379	1154	306	54	1498	89.7
2000	8	40	739	2629	41	734	1365	2078	559	97	1406	112.3
2005	8	40	754	2642	52	739	1377	3098	833	225	1399	110.7
2010	8	40	761	2717	49	756	1379	6065	1626	403	1394	109

社会事业

基础设施建设 1993 年 5 月，云（和）安（溪）公路竣工通车。2006 年，完成东岱村最后一个村的支线路面硬化工程。到 2009 年，全乡各村康庄公路相继开通，实现村村通公路。开通黄处至雾溪畲族乡平垟岗村的乡际公路。

1991—2010 年，全乡改造农田水利灌区 30 处，修筑渠道 12.99 千米。修筑上村至下武的安溪两岸防洪堤和亲水平台。

1994 年，邮政储蓄安溪分所成立，属云和县邮政局管辖。1998 年，邮政、电信分营后，邮政储蓄安溪分所专门从事邮政业务，是一家"服务三农"的企业分支机构。主要从事助农取款、汇兑、报刊、挂号、信件、包裹的发行、投递和农村电商等综合服务，可代缴水费、电费、电话费，也可话费充值。2001年，5个行政村开通程控电话。

教育 1994年8月，社会各界捐资和多渠道筹措教育经费，动工建设教学楼“恩美楼”和“民族团结楼”，以及附属用房。学校占地面积2434平方米，建筑面积1561平方米。2000年始，安溪畲族乡小学教师实行聘任制。校长由县教委和乡政府聘任，教师由校长聘任。2003年，在全国高考中，安溪乡籍学生被各高校录取11人。2005年，乡中心小学完成高级农村标准化学校创建工作。2006年，安溪中心小学被省教育厅评为“浙江省农村中小学现代远程教育工作先进单位”“平安校园”；2010年，被教育部艺术教育委员会评为“全国学校艺术教育先进单位”。

图38-2-9 课外兴趣小组(2006年摄 县教育局提供)

文化 1985年，安溪畲族乡文化站建立，配置专职文化员1名(畲族，女)。文化站设有图书室、阅览室、乒乓球室、舞蹈排练室等活动场所。山歌是畲族人民在生产、生活中创作的口头文学，是畲族优秀传统文化的重要组成部分。2010年，全乡3个畲族行政村的党支部书记和村长均为畲族，安溪畲族乡人民代表大会畲族代表占31%。

体育 安溪畲族乡畲民具有自己民族特色的体育活动，如稳凳、抄杠、腹顶棍、蹴石磉、赛海马、顶牛等在农民趣味运动会展示。

卫生 安溪乡设有卫生院1所(驻地上村村)。1998年，实施乡镇卫生院危房改造项目，对原乡卫生院旧房进行拆建和改造。2010年，卫生院配备医师6人(在岗西医师1人，药剂师1人，护士1人。未在岗县人民医院帮助定向培养医师3人)。卫生院设全科门诊、外科门诊、抢救室、药房4个科室，治疗药品以西药为主。

2010年，全乡列入最低生活保障52户106人。新农村医疗保险参保率达98.98%。现全乡有60周岁以上老人564人，90岁以上老人11人，其中472人已经享受养老待遇。

旅游景点

安溪畲族乡畲汉融汇，历史悠久；山奇石怪，风光秀丽，人文与自然旅游资源丰富。境内有云和通往景宁、至今保存较完好的千年古道——泗洲岭(又称“安溪岭”)和午阴亭；严山村和黄家地村，曾经是中国工农红军挺进师播下革命火种的地方，中共云和县委活动的区域和革命游击根据地；黄处村是保存完整的畲族特色古村寨；下武村是“畲族特色小区”；上村村的“梨花观光园”；下村

图38-2-10 佛儿岩景区(2005年摄 县旅游局供稿)

村的省级“美丽宜居示范村”；木樨花村的“龙头坑森林公园”；东岱村“猕猴自然保护区”等等。绿林环抱，万鹭群栖，曲径通幽，一村一特色，一处一文化。佛儿岩、叮当岩景区（旅游篇有记载）、云遮雾罩的“东岱崖”、千亩竹海的东岱峡、飞凤山等风景名胜是大自然予安溪乡的恩赐。

内设机构

2010 年，安溪畲族乡政府设党政综合办公室、农业公共服务中心、社会事务服务中心。人员编制 10 人。

1991—2010 年安溪乡主要负责人一览表

表 38-2-5

党委书记	任职时间	乡　长	任职时间
王瑞龙	1990.03—1995.12	钟世荣	1990.05—1994.04
刘少华	1995.12—1998.09	雷震天	1994.4.—1995.12
吴细信	1998.09—2006.06	雷汉才	1995.12—1999.11
项晓辉	2006.06—2010.12	雷乾进	2000.03—2004.08
—	—	蓝金玉	2004.09—2010.03
—	—	钟海燕	2010.04—

第三节　雾溪畲族乡

雾溪畲族乡位于云和县南部偏西，东靠云和县安溪畲族乡黄处村，南接景宁畲族自治县大均乡，西与云和县崇头镇毗邻，北与云和镇交界，总面积 33 平方千米。乡政府驻地雾溪行政村大岗自然村，距县城 8 千米。2010 年，辖雾溪、坪垟岗、水竹垟、西坑、砻头、岙头 6 个行政村，24 个自然村，29 个村民小组，575 户总人口 2086 人。雾溪、坪垟岗行政村是雷、蓝两姓畲民聚居村，畲族人口 568 人，占全乡人口的 27.23%。2010 年，实现总工业产值 4793 万元，农业总产值 1575 万元，农民人均收入 6679 元。雾溪畲族乡素有“竹笋之乡”“药材之乡”等美称。

建制沿革

1981 年 9 月，雾溪从沙溪人民公社分设雾溪人民公社。1984 年，实行政社分设，建立雾溪乡人民政府。3 月，经省政府批准，建立雾溪畲族乡。

雾溪畲族乡是革命老区乡，1940 年（民国 29 年）春，坪垟岗村建立中共地下党支部，开展党的秘密活动。在解放战争时期，坪垟岗村一度成中国人民解放军浙南第三支队云和独立中队的秘密后勤保障基地，雷陈高、雷洪等地下党员为部队秘密筹集物资，雷家屋后的一株“苦槠王”大树洞是存放共产党的文件资料和物资的秘密仓库，被后人称为“革命树”。1958 年，浙江省省长周建人授予坪垟岗生产大队“农业社会主义建设先进单位”。1959 年，雷陈高应邀赴京参加“国庆”观礼，受到中央领导同志的接见并合影留念。1983 年 9 月，中华全国妇女联合

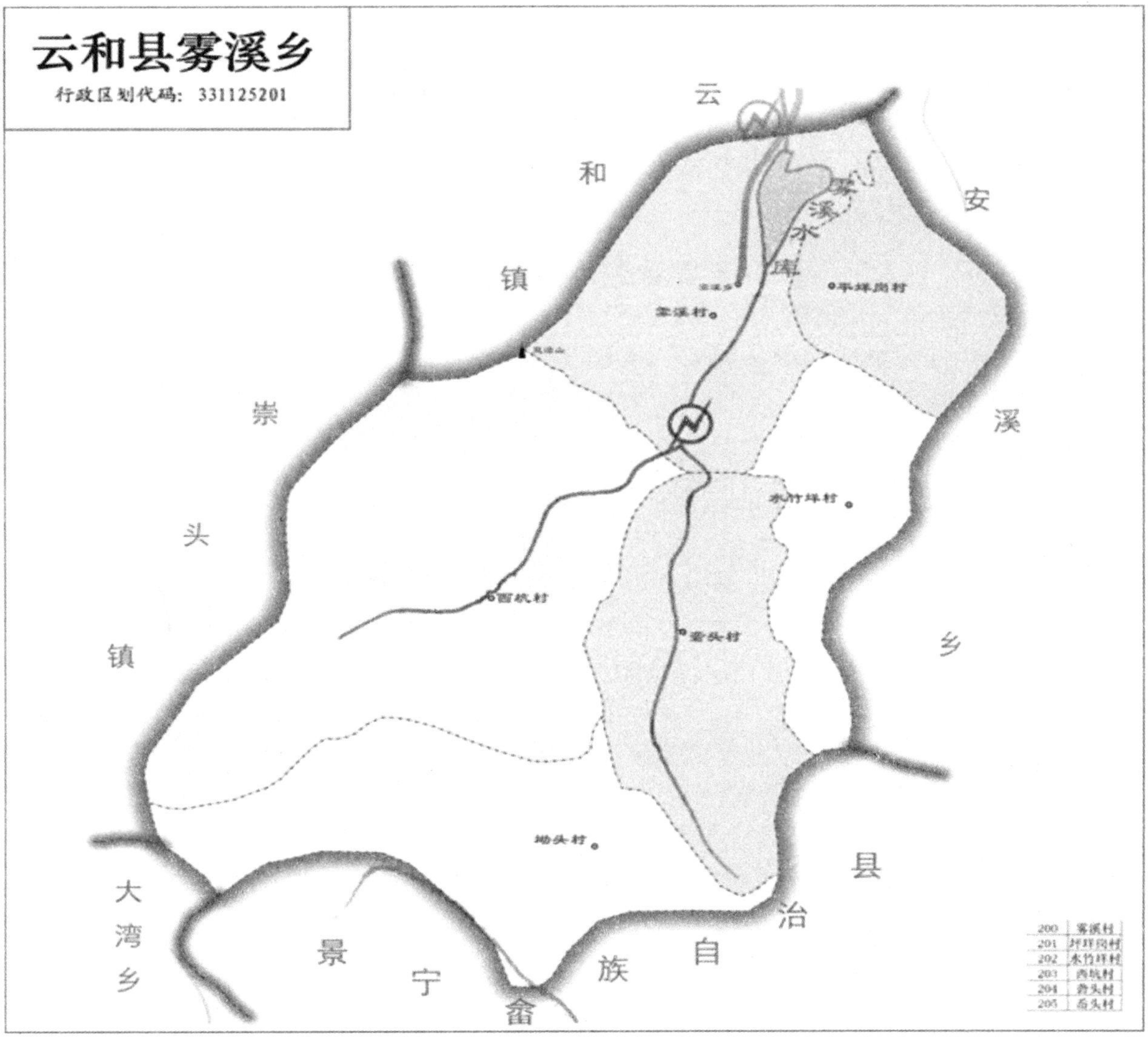

图 38-2-11　雾溪畲族乡区划图(县民政局提供)

会授予坪垟岗村蓝福妹家“全国五好家庭”奖牌。1984 年 12 月和 1987 年 7 月，中共浙江省委宣传部、浙江省军区政治部、共青团浙江省委联合授予坪垟岗村“先进青年民兵之家”锦旗。

经济建设

雾溪乡境内水库为云和县城居民的饮用水源地，是一级水源保护区。总库容量 1170 万立方米，正常库容 1018 万立方米，可灌溉农田 7800 亩，建有一、二、三级电站，装机容量 1210 千瓦。雾溪流域境内有 4 座水力发电站。2010 年，实现总工业产值 4793 万元，农业总产值 1575 万元，农民人均收入 6679 元。

1991—2010 年间，雾溪畲族乡经济一、二、三产业全面发展。2010 年后，县政府为保护 10 余万县城居民饮用水源地一溪清水纯，全乡境内没有再办工业企业，水库周边先后进行农田退耕，农业污染源整治，安装污水处理系统。同时，采取人口下山转移安置优惠政策，计划用 3 至 5 年时间，转移水源地周边的大部分人口。

林业　雾溪畲族民族乡林业用地面积 3274 公顷，占土地总面积的 94%；林地面积

2693 公顷，其中用材林 1685.8 公顷，经济林 285 公顷，竹笋两用林 667 公顷，厚朴林 327 公顷。林木蓄积量 44745 立方米，森林覆盖率达 86.5%；生态保护林面积 1257 公顷，封山面积 1527 公顷，公益林面积为行政区域面积的 60.4%。全乡林业产值 300 万元，人均林业收入 1500 元。森林资源丰富，素有“竹笋之乡”“药材之乡”等美称。野生药材 632 种 176 科，常用药材 187 种。有猕猴、黄腹角雉、白鹳、白鹇等国家一、二类保护动物。

2010 年雾溪乡林业用地情况统计表

表 38-2-6　　单位：公顷

村名	土地总面积	林业用地面积	有林地面积	竹林面积	公益林面积	新增公益林面积	公益林合计	厚朴林面积	户数（户）	人口（人）	耕地面积
雾溪	556.73	499.93	473.27	138.8	434.47	—	433.8	8.87	135	534	8.87
坪洋岗	444.93	302.27	188.73	67.33	231.13	—	233.13	1	62	232	7.53
砻头	733.8	679.6	649.09	237.8	346.6	166.87	513.47	21.47	67	256	9.73
岙头	508.73	447.4	463.47	43.4	—	356.6	356.6	1.13	65	245	9.47
水竹洋	312	260.53	254	107.73	70.73	2.2	72.93	45.4	63	245	9.13
西坑	1135.47	1030.6	972.33	284.47	173.07	180.07	353.13	5.13	154	560	21.93
合计	3691.67	3250.33	307.53	877.13	1258	705.73	1963.73	83	546	2072	66.67

农业　雾溪乡有耕地面积 63.7 公顷，主要种植水稻，黄豆、小麦、番薯、玉米、马铃薯为辅。1991—2010 年间，开展农田基本建设，兴修水利改良低产田，推广水稻良种，“水稻砻式栽培”“轻型栽培技术”技术等。开展食用菌和稻田养鸭等多种农业生产经营，推广山羊养殖等特色养殖项目，发展干水果基地，调整农业产业结构。2005 年，全乡粮食总产量 48.67 万千克，其中水稻 35.65 万千克。袋料黑木耳 4.25 万千克，袋料香菇 1.37 万千克，干水果基地 14.9 公顷，稻田养鸭 40 公顷，山羊 1030 头、生猪 1595 头、家禽 995 羽，畜牧业产值 63.4 万元。

工业　1991 年始，雾溪乡村企业有所发展，有乡办折椅厂 1 个，村办锯板厂 1 个，农户自办折椅半成品加工厂 4 个，木珠机 26 台。1992 年，新增 1 个乡办企业玻纤厂。1993 年，乡办企业 4 个。1994 年乡办企业 5 个，新增一个冶炼厂。2002 年 9 月，雾溪建成云和县第二自来水厂，境内属县城居民饮用水源保护区。为保护饮用水安全，限制兴办有污染企业。2003 年，有竹制品加工和水库大坝外铸钢企业 4 家，产值 1306 万元。2010 年，全乡有企业 6 家，其中水力发电厂 5 座，集体企业 1 家，主要生产电动机外壳和缝纫机外壳。大部分能人走出大山，进城务工，全年工业总产值 4809 万元。

第三产业　创建云和江南畲族风情文化村，发展畲族生态文化旅游业，组建农产品专业营销队伍。成立“云雾笋竹专业合作社”，设立营销部，配备工作人员，至 2003 年年底已有 200 户农民加入专业合作社。运输业、食用菌生产营销业、旅游业、饮食服务业、商业零售业等第三产业同步发展，特别是春、冬笋交易和绿色高山节蔬菜及山羊肉类销售旺盛。全乡有各类汽车、拖拉机运输车 26 辆，商品零售服务店 22 家，饮食服务业 3 家，中药材销售 35 家。文化旅游收入 100 多万元，产业的发展为畲乡经济注入新活力。2010 年，全乡有经销百货店 4 家，农村电子商务 1 家。

社会事业

教育 20世纪90年代末，教育行政部门协同乡政府对教学网点进行调整，到1999年，辖区内的所有村小全部撤并到乡中心小学。2003年，国家审计署上海特派办帮扶捐助40万元，改善教学条件。先后完成中心小学教学楼、学生住宿楼、教师住宿楼、学校体育操场等教育基础设施建设，学校规模从原来720平方米提高总占地面积1880平方米，教学用房建筑面积从原来的330平方米扩大到1229平方米，体育运动场1216平方米。2005年，通过“浙江省教育强乡”验收。

云和县“小县大城”战略的实施，雾溪村民举家进城务工经商，小孩跟随父母在县城或外地入学，雾溪乡中心小学在校生数逐年减少，县教育局每年调配部分外来务工人员的子女到雾溪乡中心小学寄宿读书。2010年，全乡有小学1所，6个班级，在校生97人，其中外来民工子女65人。在校学生中有畲族、苗族、侗族、布依族等11个少数民族学生51人，寄宿生46人。教职工19人(其中专任教师15人，教辅人员4人)。配备有实验室、图书室、微机室、教师宿舍、住校生宿舍、厨房、餐厅一应俱全。有教学用计算机15台，校园网出口总宽带10Mbps，多媒体教室座位40个，图书室藏书1500册。学校固定资产总值89.2万元。

乡中心小学在完成常规教育教学的同时，每周三下午开设“畲族文化传承课”，长期聘请蓝观海等畲族非遗传承人到校上课，具有民族乡镇学校的特色。

卫生 1991—2010年，雾溪乡投入大量资金在全乡范围内开展以农村改厕为主要内容的环节卫生综合整治，全乡建成无害化公厕16座，家家都改建卫生户厕，村村聘请卫生员，建垃圾中转站，进行垃圾集中处理，彻底改变村庄脏、乱、差现象。2010年，雾溪畲族乡卫生院有医务人员6名，主要承担全乡农村公共卫生服务和疾病预防控制工作。

文化 雾溪畲族乡历史遗存较为丰富，境内有不可移动文物12处，商代人类活动遗址1处，非物质文化遗产4宗，浙江省畲族非物质文化遗产项目“畲族民歌”传承基地1个，畲族非物质文化代表性传承人5名，畲族风情文化名村1个，市级文化示范村2个，省级文化示范户1户，市级文化示范户2户，县级文化示范户4户。

畲族民间文化艺术 畲族文化传承历史悠久，其畲族“三礼二文化”即行礼、婚礼、葬礼，图腾服饰和歌舞文化，至今依然保存原有的民族特色，坪垟岗原存的畲族迁徙历史画卷“祖图”，被丽水少数民族学校收藏，现有仿画“祖图”和“图腾绘画”以及墙画等艺术品，有蓝、雷二姓宗谱及其他畲族文化史资料。原始祭祖舞依然保传着，并在畲族庆典或举丧时举行。畲族山歌涉及畲族生产生活的每一个地方，内容丰富，可分为劳动歌、历史歌、嫁女歌、情歌、故事歌等。坪垟岗有大量的畲歌手抄本，还有蓝先明、蓝观海、蓝海连、蓝玉花、蓝晓玲等一批畲族歌手，每逢闲时或逢过年过节或喜、庆时进行对歌表演。

1999年，雾溪乡创办云和县江南畲族风情文化村后，进一步加强畲族传统文化的挖掘和整理，特别是畲族服饰、山歌、舞蹈等进行全面的整理和创新，编排有畲族民间舞蹈等节目，培养畲族新歌手，抢救畲族民俗“游乡”活动和民间手工艺“双面绣”绝活。一直流传着民间舞狮、舞龙等民间文化活动，每年春节期间依然组织狮子灯、龙灯等到各村巡回演出。

畲乡文化活动丰富多彩，有畲族“三月三”乌饭节、畲族对歌、祭拜樟树亲娘、老年腰鼓队、龙灯、狮子灯、花鼓灯等。

凤凰装 畲族服饰主要的特点表现在花边衫、拦关衫、赤衫、乌兰衫、女子头饰,彩带、围裙、花鞋、单冠、双冠、全面刺绣花鞋等20余种手工艺,工艺精湛,色彩亮丽,具有鲜明的民族特色。坪垟岗文化村收藏着新娘装、新娘花鞋、头冠、双面绣彩带等畲族原始服饰若干件。

民族体育 雾溪畲族民间传统体育活动有着鲜明的民族特色。雾溪村和坪垟岗村畲族民间体育活动经久不衰,凡是在大小节庆活动或农闲时节,甚至在畲族宗教礼仪中,都会开展传统体育竞赛活动。项目主要有操杠、稳凳、堵棍、十字拉环、竹轿、打拳、铃刀舞等。

社会保障 雾溪畲族乡全面实施五保供养、最低社会保障、城乡居民养老保险、城乡居民医疗保险和医疗救助制度。2010年,雾溪乡享受农村最低生活保障64户107人,五保户11户12人,其中集中供养4人,分散供养8人,重残保障金16人。全乡有持证残疾人92人,其中一级15人,二级33人,三级22人,四级22人。雾溪乡重度残疾人托(安)养10人,其中集中供养2人,居家安养8人。全乡参加医疗保险2074人,参加养老保险891人,参保率95.8%。

基础设施 1999年,全乡实现村村通电话,全乡累计装程控电话210门。2005年,实现电视城乡联网,家家户户装上闭路电视,境内有大岗、坛门、西坑、水竹垟、坳头、砻头、龙井等7个移动基站和乡政府所在地1个联通宏基站,实现移动网络信号全覆盖。

2005—2009年,全乡各村康庄公路相继开通,实现村村通公路。境内水能资源十分丰富,建有雾溪水库、雾溪一级、雾溪二级、石门、砻头村水口、坳头等5座水力发电站。

改善水环境质量,保障县城水源地生态环境安全。在雾溪、后垟、石板桥等地建有3个太阳能微动力污水处理生态拦截系统,有效降解氮、麟浓度。在水库周边的雾溪、坪垟岗两个行政村铺设总长3000多米的排污管道,建有污水处理净化池6个,实现家家户户的生活污水零排放。

名胜景点

雾溪乡名胜景点有畲族风情文化村、石门天书、灵滁山。

石门天书 位于雾溪南部,距乡政府所在地雾溪大岗2.5千米,高岩壁立,前临绝壑,背凭险峰,悬岩凹处,开然“石门”。门前开山凿石,成石阶百步,称石门岭,岭高而窄,气势雄险,有“一夫当关,万人莫入”之势,咸丰八年(1858)翼王石达开追击清军于此,见此地雄关险要,易守难攻,因而撤军。石门岩壁上有斑斑字迹,若隐若现,人称“天书”,相传石门内藏有金宝,谁若能读完“天书”,石门自动打开,得此金宝。

灵滁山 位于雾溪西北部,海拔1249.9米,属洞宫山脉北部山系,常年云雾缭绕,雄伟壮丽,有诗曰:“路入禅关一经深,白云长护翠萝荫;到来怪得清如拭,瀑气空蒙洒容襟。”又曰:“竟是天台迷失路,如何雾里忽闻钟,泉飞峭壁三千尺,山在云霄第几重。”山中灵滁百丈瀑布直倾而下,壮观无比,明朝时建有灵滁山寺一座,僧生十人,香火不断,清末失修倒塌,历经300多年,现村民自筹资金重建庙堂一座,规模不如往日。

内设机构

2010年,雾溪乡政府内设党政综合办公室、农业公共服务中心、社会事务服务中心。人员编制20人。

1992—2010年雾溪畲族乡主要负责人一览表

表38-2-7

党委书记	任职时间	乡　长	任职时间
杨克法	1992.03—1998.09	蓝著英	1992.12—2001.10
余高进	1998.09—2003.06	蓝晓荣	2002.10—2005.12
邱伟荣	2003.06—	蓝晓荣	2006—

第四节　赤石乡

赤石乡地处云和县西北部。东北与大源乡、紧水滩镇、云和镇毗邻，南连黄源乡、崇头镇，西与龙泉市安仁镇、道太乡相接，北连松阳县大东坝镇，总面积122平方千米。乡人民政府驻赤石村黄岗41号，距县城22千米，以政府驻地赤石村取名。2010年，辖临海垟、张源头、阴岩、垟田、赤石、新林、麻垟、建源、建升、建林、担布坑、店子、南洞、高山14个行政村，81个村民小组，总人口5985人。赤石乡环抱仙宫湖，水域面积1000公顷，盛产鳙鲢等无污染、无泥腥味的有机鱼，品质上乘。赤石乡还是云和木制玩具的发源地，素有“木制玩具第一乡”之称。

建置沿革

1984年3月，赤石乡调整为赤石、库北二乡。1992年5月，库北乡并入赤石乡。1995年10月，设赤石乡库北管理处。

经济建设

赤石乡经济农、林、工、旅并举，重点发展玩具、旅游。20世纪70年代始，发展玩具生产，成立云和县首个乡镇木制玩具企业——赤石乡玩具厂，历史悠久，先后培养三代木制玩具人，知名企业家何尚清、何玉林、练巧忠、马达伟均出自赤石乡，被誉为“云和木制玩具城”的摇篮。

2001年，云和县开始实施“小县大城”战略，产业、人口向县城聚集，规模大、实力强的玩具企业先后迁入县城工业园区。据统计，2010年，全乡有20余家木制玩具企业先后迁入县工业园区，园区有赤石籍玩具企业44家，其中有8个玩具加工点，固定资产达到9803万元，从业人员1500余人，总产值达2.17亿元，上交国家税款达到1228.8万元。有农家乐9家，年接待游客10余万人。全乡实现农业总产值2849万元，农民人均收入6502元。

林业　2010年，有林地面积1.10万公顷，其中列入国家级和省级生态公益林7085.7公顷。境内地形以低山丘陵为主，低山地区盛产松、杉、毛竹和常绿阔叶林，丘陵出产经济果木有甜橘柚、杨梅、柿子、黑木耳、香菇和药用菌茯苓等。

赤石乡主要水果基地——张源头村甜橘柚基地。2005年，建林村张启朝承包赤石乡张源头村水果基地，将赤石的甜橘柚推向市场。2006年，获云和县科技示范户称号，张启朝同志被命名为2007—2009年度县级农村科技示范户。

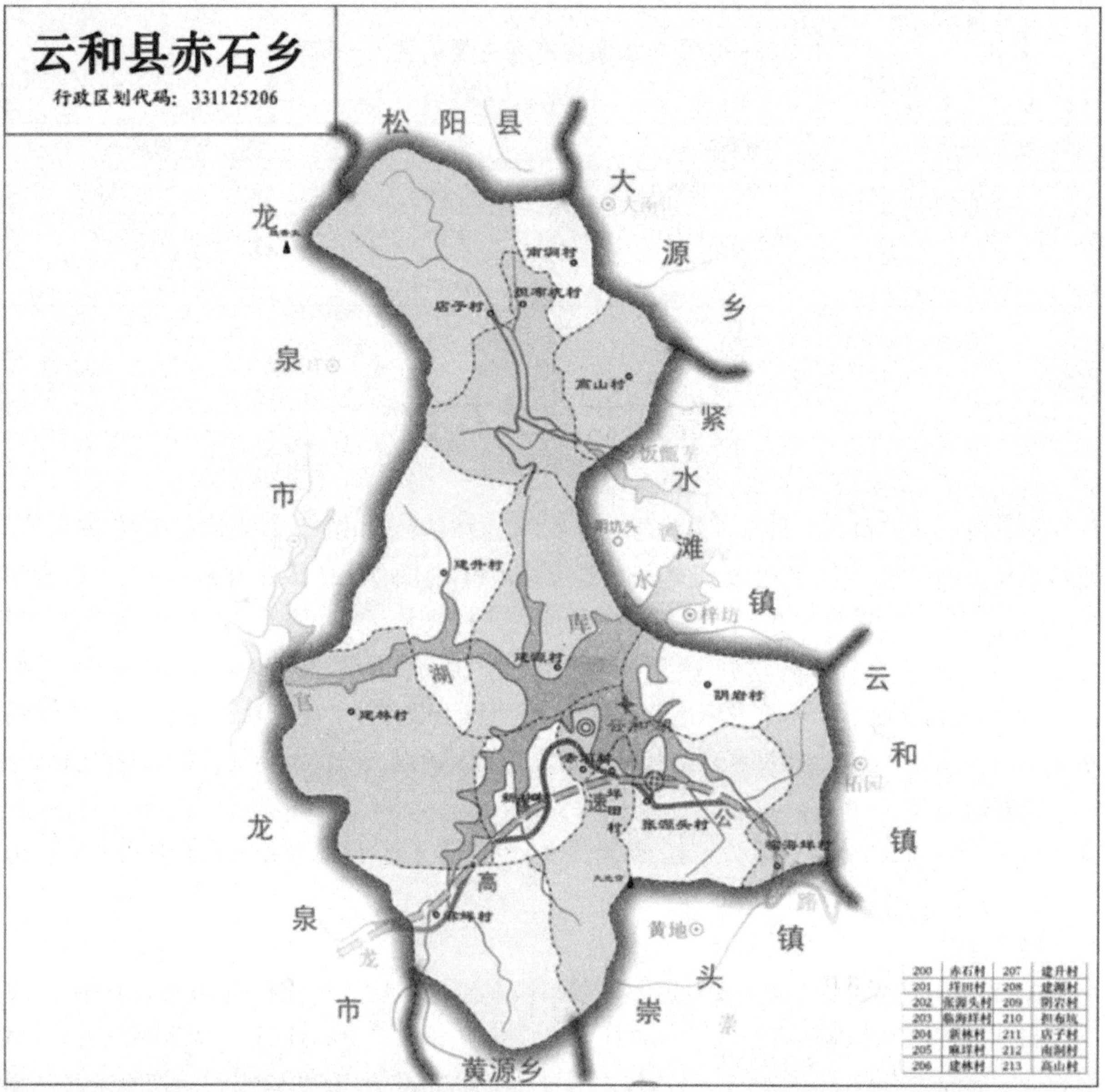

图 38-2-12　赤石乡区划图（县民政局提供）

图 38-2-13　甜桔柚基地（刘媛凤提供）

1986—1999 年间，木头产业在库北达到兴盛期，当时松阳、龙泉、云和三省交界处的林木都从店子村转出，店子村成为林木销售的中转站。店子村平均每天外来务工人员、商人有五六百人，村内有户籍常驻人口近 700 人，店子村沿溪建起了一排商铺 14 间。至 2010 年，店子村常驻人口不足 100 人，仅剩一家副食品店。

农业　赤石乡有耕地面积 201.5 公

顷，主要种植水稻、蔬菜和食用菌生产。2009年，建立赤石乡农业科技示范基地~临海洋黑木耳示范基地，基地年生产50万袋无公害黑木耳。基地的建成，一方面广大菇农转产转业，调整产业结构，另一方面从根本上促进全乡无公害黑木耳生产向产业化发展。年底，香菇种植量由2008年的80万袋减少至20万袋，而无公害黑木耳种植量却由2008年的20万袋增加到50万袋。这一举措既实施全乡的禁蜡，又在过渡期内确保菇农减产不减收。

图38-2-14 临海洋黑木耳基地（云和新闻网 摄于2009年）

赤石乡盛产柿子，农户把柿子去皮晒干，便于储存，市场销路好。每年邀请县里、市里专家给农户讲解和传授专业知识。至2010年，柿子干加工逐渐形成一种产业，成为农户增加收入的门路。

图38-2-15 库北柿子干加工(云和新闻网 摄于2010年)

赤石乡若干年份经济发展状况表

表38-2-8

年份＼项目	工业总产值（万元）	农业总产值（万元）	农民人均收入	年份＼项目	工业总产值（万元）	农业总产值（万元）	农民人均收入
1991	305	539	418	2005	6185	1893	2856
1995	3320	1480	497	2010	6454	2649	6082
2000	3326	1373	1851	—	—	—	—

社会事业

教育 2010年，全乡公办幼儿园1所，班级1个；公办小学1所，赤石小学，班级5个；乡卫生院1所，乡村医疗室2个，赤石信用社1所。

汀州文化 赤石乡库北片区汀州人口占全乡人口的二分之一。“逢山必有客、有客必住山”这是对客家风情的描述。据资料记载，现丽水市约有“汀州人”数十万之众，30多个姓氏，以紧水滩库区大源、赤石库北及朱村一带居多。“汀州

图38-2-16 赤石小学(县教育局提供 摄于2008年)

图 38-2-17　独山二号大桥（云和新闻网摄于 2010 年）

吹打”包括汀州花鼓、小戏、小品、舞蹈、乐曲、杂耍等，2009 年“汀州吹打”被列入浙江省第三批非物质文化遗产名录。“汀州美食”每逢过年过节，汀州人都有打黄粿、做豆腐、吃麻糍、炸煎雀、泡豆腐、油炸灯盏糕等习俗。

基础设施建设　2003 年年初，丽龙一级公路赤石段建设途径赤石乡 6 个行政村，总长 12.5 千米。全乡干部进驻临海垟、张源头、新林 3 个村，做好丽龙一级公路改高速后的山林、土地、房屋征用以及补偿费的兑现工作，完成高速公路途径用地的 12.45 公顷耕地、2.11 公顷旱地、0.3 公顷荒地、20.25 公顷林地和 13.46 平方千米（建筑面积）房屋的丈量，83 户农户的房屋拆迁，政策处理如期完成，丽龙高速公路标段如期开工。

小康村建设　2004 年，全乡有 4 个村被列入小康村和整治村规划。完成道路硬化 8 条，总长 6765 米；分别对赤石、店子、担布坑 3 村的自来水饮水工程进行改造，安装自来水管 1.75 万米，修建蓄水池 5 个，受益农户达 496 户；新造公厕2 座，农户改厕 302 户，修建垃圾箱 16 个，垃圾集中处理场 2 个，安装路灯 60 盏；整改排污渠道 800 米，河道清理 1500 米，总投入 125 万元。完成康庄工程 4 项，建源码头至店子路基工程 13.84 千米、店子至担布坑路基工程 1.32 千米、新林坳头路面路基工程 0.66 千米、临海垟路口至里垟路面硬化工程 1.46 千米，设施的建成投入使用，改善农民生产生活条件，促进赤石乡的经济发展。

图 38-2-18　阴岩村旧貌（云和新闻网 摄于 2010 年）

2006 年，投入资金 103 万元，完成百廿步至阴岩 6.7 千米的通村公路路基工程；投入资金 200 万元，完成建源至店子 13.84 千米的通村公路路面工程；投入资金 140 万元，对库北至高山、担布坑至南洞 18 千米的通村公路路面进行改造，这项工程量占全县康庄工程年度计划的 25%。

2007 年，投入资金 300 万元，完成库北至高山、担布坑至南洞 17.92 千米的通村公路路基建设续建工程。并积极争取，增加计划，投入资金 126.98 万元，完成百廿步至阴岩 6.7 千米的通村公路路面工程建设。

2008 年，建设 18.9 千米准四级康庄工程路基建设，实现库北的陆路交通的畅通。是年，共完成固定资产投资 10221.7 万元，其中：以乡政府为业主单位的完成 3221.7 万元。赤石南北交通码头一期工程竣工。赤石乡 6 个建设用地复垦和土地开发项目，总投资达到 1664 万元，整理开发土地 13.33 公顷，新增耕地 20.39 公顷，其中阴岩建设用地复垦项目，总投资 307 万元，面积 6.52 公顷，是云和县唯一列入省级示范项目，并通过验收。完成阴岩村、南洞村等 3 个建设用地复垦和土地开发项目，至 2010 年，总投资达到 1584 万元。

2010年，全乡14个行政村，已有12个村通准四级以上公路；投资额达到3000余万元。

下山脱贫新村建设 2006年始，赤石乡有火吉坳、麻垟、阴岩新村启动实施下山脱贫安置新村建设。火吉坳新村规划总用地面积3.12平方千米，总建筑面积3.64平方千米，总投资250万元。麻垟新村规划总用地面积23平方千米，总建筑面积20.6平方千米，总投资723万元。阴岩新村规划总用地面积6.9平方千米，总建筑面积7.9平方千米，总投资526万元。

图38-2-19 阴岩村乔迁新居(云和新闻网 2010年摄)

2007年，下山脱贫新村建设共完成投资822.5万元。阴岩新村完成投资500万元，44直房屋全部建成，阴岩上村实施整村搬迁，再造一个“畲族村”。在阴岩新村投入资金14万元，建成总面积0.2平方千米的6套“低收入农户公寓”使低收入农户老有所居。麻垟新村完成投资272.5万元，一期规划23直房屋全部建成并搬迁入住。同时还完成新村挡土墙、桥梁、护栏等基础工程建设。火吉坳新村全年完成投资50万元，有5直房屋完成建设，建成水池2个，安装自来水管网1.5千米，安装排污管道0.04千米。云和镇新岭赤石安置小区完成投资1290万元，41户43直房屋全部建成。到2010年，建成张源头村、新林村、临海洋村、新岭、火吉坳、麻垟、阴岩7个下山脱贫新村。

景区建设 云和湖赤石景区开发项目位于云和县紧水滩水库的赤石乡。项目规划面积250公顷(含水域面积170公顷)，项目建设用地面积为80公顷(其中旅游和住宅用地各40公顷)，项目计划总投资约20亿元，项目分三期实施。规划布局结构为“一心、三核、五区”，即形成以云和湖度假大酒店(云和湖第一世界大酒店、云曼酒店)为中心的酒店服务、综合娱乐、体育公园三核，按地理位置划为滨水度假区、宾馆服务区、山地赛车区、运动公园区和综合娱乐区。

2002年3月22日，云和湖旅游度假区赤石区块项目工程动工。2006年，云和湖赤石景区由宋城集团取得该宗土地使用权。完成土地征用24.4公顷，迁移坟墓236穴，迁移光缆0.13多千米，房屋迁移500平方米，兑现政策处理资金250万元。

2007年，云和湖垟田区块旅游开发，完成土地征用5.7公顷，拆迁房屋240平方米，实现高速公路赤石段无障碍施工，确保高速公路年底通车。

2009年，云和湖云蔓大酒店开工建设。

名胜景点

赤石乡境内有夏洞天(详见第二十八篇《旅游》第一章第三节)、龙岩洞等景点。

龙岩洞 龙岩洞瀑布位于云和县赤石乡张源头村，沿着53省道，行人未到山前，已闻瀑布轰隆声，未见美景入眼帘。一转弯，只见壮丽瀑布犹如一条银带挂山间，颇有柳暗花明又一村之感。瀑布落差约40米，每当丰水期时，高度落差又使瀑布每每产生大量水汽，在阳光下，反射出七彩霓虹，美不胜收。

内设机构

2010 年，赤石乡政府内设党政综合办公室、经济发展办公室、社会事务管理办公室、社会综合治理办公室、农业公共服务中心。人员编制 39 人。

1991—2010 年赤石乡主要负责人一览表

表 38-2-9

党委书记	任职时间	乡（镇）长	任职时间
蓝新田	1990.01—1991.07	祝总进	1988.04—1990.04
吴元福	1991.08—1992.05	江乃华	1990.05—1992.05
刘建新	1992.06—1997.02	周东明	1992.06—1997.02
周东明	1997.03—2001.01	梅显平	1997.03—2001.01
梅显平	2001.01—2001.12	陈方华	2001.01—2005.12
叶成华	2002.01—2004.09	—	—
谢光兴	2004.10—2007.04	李水平	2006.01—2007.04
李水平	2007.05—	徐志强	2007.05—2010.12

库北乡主要负责人一览（1992 年 6 月 1 日起并入赤石乡）表

表 38-2-10

党委书记	任职时间	乡（镇）长	任职时间
江乃贵	1988.05—1992.03	李龙养	1990.06—1992.05
许国前	1992.04—1992.05	—	—

第五节 大源乡

大源乡位于县域以北偏西面，东连朱村乡、紧水滩镇，南界紧水滩镇，西接赤石乡库北管理处，北与松阳县相毗邻。因有大溪源头的说法，故取大源为乡名。乡政府驻地渡蛟村，距县城 28 千米。区域总面积 65.75 平方千米。

建置沿革

1984 年，改称大源乡，同年，因建设紧水滩电站需要，隔溪山被水库淹没，驻地迁至渡蛟村潘山头。2011 年 9 月 8 日，省政府批准撤大源乡并入紧水滩镇。2010 年 9 月 8 日，前辖大源、渡蛟、徐湖、田铺、垟后、大牛、桃子坑、大南山 8 个行政村，65 个自然村，53 个村民小组，户籍人口 1029 户，3874 人。1983 年，紧水滩水电站动工兴建。此后大牛、垟后、渡蛟、田铺 4 个行政村 3500 多移民外迁或后靠。其中 75%以上的人口转移乡外。

经济建设

大源乡经济以农业为主，大源乡有耕地 172.87 公顷，山林面积 5447.4 公顷。全乡有油茶

图 38-2-20 大源乡区划图(县民政局提供)

700 公顷，笋竹林 133.27 公顷，经济林 1025.4 公顷，封山育林 1215.67 公顷。2001 年，林木蓄积量为 12.5 万立方米。水质清新，溶氧丰富，自然条件适宜青鱼、草鱼、鲢鱼、鳙鱼、鲫鱼、黄尾鱼、翘嘴鱼、黄刺鱼、鲶鱼等各种生态淡水鱼类繁殖生息。2010 年，全乡工农业总产值 1814 万元，其中农业总产值为 1468 万元，粮食播种面积为 376 公顷，总产量 133.79 万千克。农民人均收入 6070 元，乡镇财政收入 266.03 万元。

图 38-2-21 大源村民吊瓜产业（2010 年摄 柳奕红提供）

农业 全乡土地总面积6455.3公顷，有耕地172.87公顷，耕地比例低。乡政府把种植水干果，渔茶抚育，种植胡柚、发展食用菌和网箱养鱼作为重点，优化农村产业结构。1996年，栽培袋料香菇242万袋，总产量169吨。1998年，完成油茶低产改造200公顷，栽培袋料香菇44万袋，同时加强水果基地管理，胡柚产量6万余千克。2003年，完成油茶低产改造40公顷，开发厚朴中药林基地93.33公顷，开发笋竹两用林20公顷，新种红丝柚20公顷。

图38-2-22 仙宫湖生态鱼网箱养殖（2009年摄 柳奕红提供）

茶油是大源乡的主要农产品，该乡位于紧水滩水库边，冬暖夏凉，气候宜人，利于油茶的生长。2010年，全乡茶油产量5万公斤，产值300余万元。

以股份集资方式筹建洋后湾生态养殖（网箱养鱼）实验示范基地，每只网箱产值3万元，利润1900元，库区移民年人均增收2000元。2004年，种植水干果5000株，栽培袋料香菇70万袋，完成油茶低产改造40公顷，投放网箱1500只，培养养殖大户10户。2009年，新增茶叶33.33公顷，新增吊瓜40公顷。

林业 1996年，造林48.87公顷，林木抚育340公顷，封山育林996.67公顷。1998年，以林木抚育和基地造林为林业主攻方向，完成新造基地林34.67公顷，其中玩具用材林14,67公顷、笋竹林13.33公顷、经济林6.67公顷；抚育各类林木300公顷。2004年，保护生态公益林3000公顷，开发竹笋两用林66.67公顷，种植厚朴等中药材66.67公顷。2006年，新造玩具用材林31.4公顷，新开发竹笋两用林20公顷。

工业 1996年，全乡有工业企业21家，其中乡办1家，个体20家，产品主要是木制品，产值194万元。2001年，全乡有工业企业53家，其中集体1家，个体家，产值108.8万元。2003年，有工业企业28家，产值321万元。做好招商引资工作，牛三溪小水电站从丽水引进建设资金530.4万元。2005年，年产值500万元以上的有3家企业。2006年，引进工业企业资金200万元，增强企业发展后劲。

劳动力转移至2000年底，全乡外出务工经商900余人，占全乡农村劳动力的三分之一。至2003年底，大源乡农民外出创办企业28家，其中县城24家，县外4家，年创产值500万元以上5家。到2010年，全乡转移农村劳动力1987人，占总劳动力的74.28%。

社会事业

教育 1996年，有乡中心小学1所，村校13所，教师28人，学生307人。1998年，有小学13所，教师28人，学生228人。2001年，实行中小学布局调整，保留小学3所，教师18人，学生153人。2003年，投资60万元的桥头小学教学楼完工并投入使用。2004年，有小学1所，在职教师12人，在校学生48人。2005年秋开始，学龄儿童到古坊小学就读；2007年，该乡被评为教育强乡，成为没有学校的教育强乡。

卫生 1999年，有乡卫生院1所，编制3人。完成385平方米新门诊综合楼迁建工程。2005年，有医务人员3人，全年门诊就诊486人次，业务收入3.88万元。

文化 2003—2005年，先后创建市级“山花工程”和省级“东海文化明珠工程”。

图38-2-23 汀州吹打(2009年摄 柳奕红提供)

客家文化大源乡是浙江省客家人(明清两代迁徙而来的一支汉族民系的后代)最聚集的乡，全乡3800多人均为客家人。独特的客家(汀州)婚俗，民间艺术采茶灯，汀州风情唢呐以及客家风情闹湖船等都展现着汀州文化的源远流长。2003年，客家文化被浙江省政府列为第二批民族民间文化艺术保护项目。

2001年，大源乡政府投资约30余万元，对原乡工办木材加工厂等闲置厂区进行装修，建成云和县客家风情旅游度假村，将汀州婚嫁、花鼓戏、汀州吹打等经典客家民俗风情文化集中到度假村表演，传承和发扬汀州客家民俗。

汀州吹打 汀州吹打是一种古老的器乐演奏形式，浙江省政府公布的第三批非物质文化遗产。流行于云和县大南山村及周边地区。相传闽西汀州移民迁至浙南山区并再造了汀州府，至此闽西汀州传统文化的代表“汀州吹打”，便在这一区域逐渐扩散开来。云和汀州吹打，由大小唢呐、二胡、越胡、板胡、锣、鼓、钹等乐器组合而成，表演时乐手动作自然舒展，刚劲雄浑，鼓点紧凑，层次分明，变化有致，形成粗犷豪放、雄浑激越的音乐特点和艺术风格，充分展现汀州儿女粗犷豪迈的英雄气概。

基础设施建设 1993年，投资20万元，修建乡工业办公室至乡政府办公楼1.5千米机耕路。1994年，投资60万元，修筑乡政府—田铺—桃子坑、乡政府—大源—大牛村两条机耕路。2001年，投资14万元，拓宽洋后至大源机耕路；投资44万元，新建后庄机耕路；投资22万元，新建大牛环库公路；筹建拓宽渡蛟至田铺、田铺至桃子坑的机耕路。2003年，投资220万元，完成渡蛟至大源水泥路浇筑工程。投资230万元，动工兴建乡政府至桃子坑公路；同年9月28日，投资4200万元，动工兴建紧水滩至大源通乡公路；9月底，投资84万元，动工兴建大牛码头至大牛公路。2005年，垟后至徐湖、田铺至大南山路基工程开工，至此，随着紧大线的通车，大源乡8个行政村都可以通车。2006年，投资400多万元，全长18千米的紧水滩至大源通乡公路路面工程竣工；同年，全长9.5千米、投资178万元的渡蛟村至桃子坑村通村公路竣工。

图38-2-24 桃子坑隐庄垟梯田(2009年摄 柳奕红提供)

1993年，投资25万元购入大牛—龙门、大源—洋后—龙门、田铺—渡蛟—龙门

3艘铁船。1995年初又投资18万元购入一艘乘载量为50人/趟轮渡船，该船可同时运载拖拉机、小汽车。至此，全乡公用渡船全部钢质化。同时，加强对大牛朱坑口等码头混凝土工程建设。2001年，投资60多万元扩建田铺、大黄岗码头，并新建了渡蛟客货运交通码头。

1997年和1998年，实施下山脱贫工程。新建大牛岗畲民新村，计10户42人，总投资76.8万元；桃子坑新村，计12户63人，总投资96.7万元。1998年，投资20万元，变旧屋基为良田，完成田铺造田工程面积1.01公顷。2003年，投资10万元，完成桃子坑、洋后、方山岭村自来水工程。

1996年初，总投资10万元，加快“彩虹工程”实施步伐，先后在渡蛟、田铺、后庄、大源、大牛等村建成地面卫星接收站。1998年，投资2万元，完成乡广播转播站全面改造，完成田铺村有线电视安装工程。2001年，在浙江电视台支持下，投资20万元全面改造徐湖、大源等8个行政村的广播主干线，先后在桥头、半路口、后庄、双坑、坟山湾、徐湖等村建成地面卫星接收站。

1996年11月，云和县邮电局投资150万元，开通大源乡程控电话。2001年，移动、联通两家通信公司设立基站。

名胜景点

大源乡风景秀丽，旅游资源众多，最有名的要数牛头山。

牛头山　牛头山位于大源云和湖东北面，云和、松阳县的交界处。海拔1297米，为丽水市著名高峰，古有“牛头八面可见处州十县”之说。主峰耸峙霄汉，形状似牛头因而得名。山体多以巨岩构成，古松生于石缝中，虬枝偃盖，苍奇独绝。有石笋，左右卓然而立，似旗杆，又如宝塔。山中有清泉从中悬流下注，流至山腰汇集而为深潭，大约三亩，深不见底。牛头山上有一座“八仙庙”，庙旁还有八仙洞，八仙弈棋的地方，还摆着一张石棋盘和九颗石棋子。

经堂下　位于大源乡境内，是屹立在云和、龙泉、松阳三县屋脊的千年古刹。相传“经堂下”原为赖氏的随带香火，赖氏谱载：公赖忠诚，于东晋兴宁元年（363）任虔州（江西）知府，辞官后举家卜居松阳。乾隆初年（1736），王增山从福建迁至云和桃子坑村三望排定居，在此处重设“益经堂”。咸丰元年（1851）夏月，由王增山后人及周围村民集资，在此处重修观音堂。古刹建庙旧址距今已1600余年。这里海拔800余米，处于高山之巅，庙址属云和地界，北邻松阳，西行龙泉，处于三县分水山脉的屋脊，四周眼望，惟余莽莽。据老人口传，现有的平地在当时均为庙宇，正殿为五开间，并另有僧人禅房，现也隐约可见残痕。堂内现存清乾隆初年《善庆田亩碑》一通，咸丰元年铸灵板一块。

方山岭保卫战旧址　抗日战争时期，著名的方山岭战役就发生在大源徐湖的方山岭村。1942年（民国31年），日本侵略军原田混成旅团、奈良支队共5000余人，侵占丽水后企图入侵云和，在保定一带渡江，受国民党陆军第八十八军暂编三十二师阻击，窜入松阳

图38-2-25　方山岭保卫战旧址（2009年摄　柳奕红提供）

县城。8月3日，向云和、松阳边境的沙坑、苦槠树下、鸡公骑坳、桅树坳、山望排等地侵袭，欲越方山岭侵犯浙江省政府临时驻地云和，经浙江省保安第三团顽强阻击，遏止敌军于松阳县石仓源、垟坑埠头、云和县山望排一线。4日，日本侵略军卷土重来，向我方猛攻，经激烈战斗，敌被击败。5日，日军增调主力骑兵，在飞机大炮掩护下，再次疯狂攻击方山岭东西一线。驻防石浦、龙门一带的陆军第八十八军新编二十一师奉令星夜驰援，与浙保三团共同阻击，凭借地形优势，以猛烈炮火击退敌军多次进攻。激战三昼夜，日本侵略军受重创后溃退。其地势最低的鸡公骑坳成为当时日军的主攻战场。史称“方山岭保卫战”。

红军挺进师活动 1935年6月，中国工农红军挺进师在松阳“小吉会议”后，浙西南特委书记黄富武率部在云和县北部的南洞、店子、大南山、山望排、徐湖、方山岭、莲花山等村开展革命活动；并曾在山望排召开浙西南特委会全体会议，在浙西南游击区史上，占有重要位置。三望排村位于龙泉、云和、松阳交界的至高处，海拔约700余米，北面为松阳的苦槠树下村，西面与龙泉邻近。该村三面临空，易于武力防守。从龙泉的安仁到松阳县安岱后村，若从最近的山道行军，大南山、经堂下、三望排是必经之道。当时部队扎营之处，位于三望排村后的山脊，那里有一块较大的平地，直到今天，村民依然叫那块地方叫“营盘子”。

图 38-2-26 山望排村红军挺进师活动旧址（奕红 2009年摄）

内设机构

2010年，大源乡政府内设党政综合办公室、经济发展办公室、社会事务管理办公室、社会综合治理办公室。人员编制21人。

1992—2010年大源乡党政主要领导一览表

表 38-2-11

党委书记	任职时间	乡 长	任职时间
林少青	1992.03—1994.07	洪方普	1992.03—1993.03
江乃华	1995.01—1995.10	江乃华	1994.01—1995.03
吴细信	1995.12—1998.09	吴细信	1995.03—1996.02
项宗荣	1998.09—2001.11	李照伟	1996.02—1997.05
肖希荣	2001.11—2004.09	项宗荣	1997.05—1998.09
陈 剑	2004.09—2006.06	朱荣益	1999.01—2001.11
黄克汥	2006.06—	陈 剑	2001.11—2004.09
—	—	黄克汥	2004.09—2006.06
—	—	刘 平	2006.06—

第六节　朱村乡

朱村乡位于县域东北，玉溪湖左岸。东界石塘镇，南与大源乡、紧水滩镇、石塘镇相邻，西与松阳县毗邻，北与丽水市（县级市）、松阳县为界，总面积84平方千米。乡以驻地自然村朱村取名，距县城22千米。辖金山下、张兰、联合、泉溪、张川、朱村、桑岭、石门坑、金村、石水缸、大岗山、南坑、竹子坪、杨村等14个行政村，81个自然村，97个村民小组，总户数1967户，总人口6994人。朱村乡是革命老区乡之一。盛产茶叶，被誉之为“茶乡”。2007年朱村乡被评为“浙江省生态乡”。

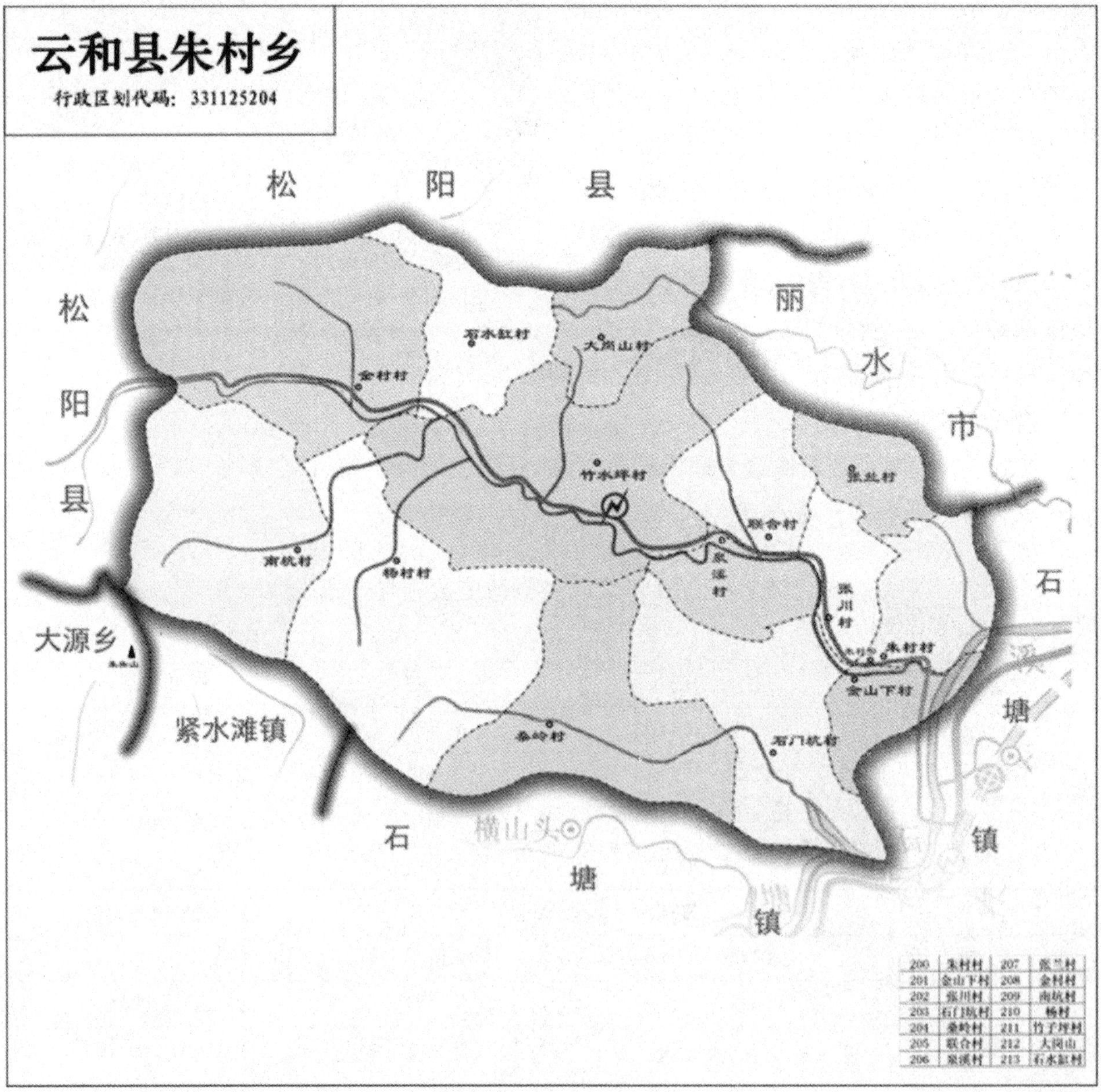

图38-2-27　朱村区区划图（县民政局提供）

建置沿革

1983年，金村人民公社改称为乡。1984年10月，丽水县朱村乡划归云和县。1992年5月，金村乡并入朱村乡。全乡约50%的人口系汀州人氏，至今仍然传承着汀州的方言和习俗。

经济建设

朱村乡有林业用地2677.3公顷，其中油茶林1611公顷，生态公益林3000公顷，森林覆盖率82.5%。主产松、杉木，盛产油茶，素称“油茶之乡”。耕地面积241.4公顷。主要种植水稻，兼种大豆、番薯等。1999年始，因地制宜发展茶叶种植。

1991年，全乡粮食播种面积504.1公顷，粮食总产量205.7万千克。油茶籽8.22万千克。工农业总产值382万元，农民年人均收入406元。2010年，由于茶叶种植，全乡粮食播种面积比1991年减少141.23公顷。总产量比1991年减少46.77万千克。全乡经济总收入6860万元，农民年人均收入4640元。

茶叶 1999年始，朱村乡提出“以茶立乡，以茶兴乡，以茶富乡”的发展理念。全乡利用丘陵缓坡自然生态环境和丰富的资源，因地制宜地从袋料香菇生产转型为茶叶种植，并逐步向专业化、规模化，生态化发展。2000年，全乡茶叶由零星种植、小面积种植，逐渐转向大面积种植和规模化发展。品种多为传统的“迎霜”和“乌牛早”。

图38-2-28 朱村茶园(程泽华 2007年摄)

2002年，从松阳等地引进名优茶叶品种“白茶”种植，建立面积20公顷的“有机名优茶叶白茶种植示范基地”。同时，成立“云和县白姑娘生态农产品专业合作社”，为全乡推广名茶新品种种植起到示范作用。大部分农户由种植传统的“迎霜”和“乌牛早”改为种植“白茶”。是年，朱村乡招商引资创办“朱村逢春茶厂”。2003年，提高茶叶品质和产量，投资10万元，实施节水滴灌工程，建立朱村逢春茶厂名茶种植示范基地。是年，泉溪村村民高昌波开发的“云河绿羽”牌有机绿茶被评为“苏州首届碧螺春文化节”名牌产品；获“中国名茶博览会”金奖；2003年被评为“浙江省绿色农产品”。2003年，联合村村民柳荣伟在苏州异地开发、千年历史名茶“碧螺牌”碧螺春茶被评为江苏省名牌产品、苏州市重点名牌产品和国家绿色无公害产品。苏州市、吴中区、东山镇三级政府给予柳荣伟奖励20万元。“碧螺牌”碧螺春茶市场价最高卖到每千克6000元。“碧螺牌”碧螺春茶远销至加拿大等世界各地。2004年，“碧螺牌”碧螺春茶被指定为北京人民大会堂专用茶。全乡开发的还有“金枝玉叶”“贵妃香羽”“天清茶”“绿羽逢春”等名茶。

2007年，全乡种植茶叶面积1053.3公顷，人均0.147公顷。建有万亩无公害茶叶示范基地和千亩“茶叶昆虫性信息素防治技术示范推广基地”。茶叶生产成为全乡发展农村经济，增加农民收入的支柱产业。2007年，全乡农村经济总收入6860万元，其中茶叶生产经济收入2132万元，占全乡经济总收入的31%。

2010年，茶叶产业发展提出“扩量、提质、转型、创牌”的发展思路。茶叶种植带动茶叶加工业崛起。既种植又加工，又收购（茶青）。是年，全乡种植茶叶1330公顷，家庭式茶叶加工点200家。在苏州、贵州、四川等异地开发、经营茶叶生意400多人，年产值300万元以上规模的企业3家。茶叶加工在全市率先实现摊青自动化控制，全乡通过QS认证企业3家。又利用茶叶生产空隙，开展家庭加工豇豆干。豇豆干远销至上海等地。

打造茶文化“朱村名片”，2008年3月28日，由中共云和县委宣传部、朱村乡人民政府主办，县农业局、县旅游局、县文化广电新闻出版局、县文联、丽水天恩茶叶有限公司协办，举办“2008生态朱村品茗会”活动。浙江大学茶学系教授、博士生导师杨贤强，中华全国供销合作总社杭州茶叶研究所副研究员施海根、杭州茶叶试验场高级农艺师陈席清、教育部原外事处长倪孟雄、北京大学教授万宁(女)、以及市直部门有关领导，参加品茗会活动。活动期间，还举行现场制茶赛活动。

集市　1999年农历十月初八，云和县唯一农村农贸市场集市日——“金山下行日”设立。之后每月逢农历三、八日“开行”，每月这六天，村民们带着农产品参与集市交易，“赶集”俗称为“赶行”。

1991—2010年朱村乡经济发展状况表

表39-2-12

项目 年份	工业总产值（万元）	农业总产值（万元）	农民人均收入	项目 年份	工业总产值（万元）	农业总产值（万元）	农民人均收入
1991	43	—	406	2001	1120	2383	2035
1992	257	—	380	2002	1502	2731	2157
1993	331	—	441	2003	1215	3018	3280
1994	—	2230	540	2004	1650	1621	3562
1995	—	2358	655	2005	1730	1702	3816
1996	—	2360	807	2006	1295	1770	4135
1997	754	2646	1252	2007	1575	1949	4640
1998	762	2832	1543	2008	2115	2124	5290
1999	865	2637	1725	2009	2626	2290	5857
2000	1120	2844	1885	2010	3693	1550	6782

社会事业

教育　1991年，朱村乡有6所小学（其中简易小学、民办小学5所，中心小学1所），15个班级，在校教职工16人，在校小学生411人。1999年，学校网点调整，保留两所小学（朱村乡中心小学、金村完小），13个班级，在校教职工29人，在校小学生342人。

2001年，金村完小受香港景范教育基金会赞助10万元，原拆原建，成为“景范第十八希望小学”。2005年始，朱村乡中心小学先后通过“省三级标准化学校”“丽水市市级示范小学”。2010年，朱村乡中心小学有6个教学班，学生280人，教工25人，其中本科学历17人，专科学历8人。

卫生 2010年，朱村乡卫生院有医务人员6人（药剂师1人，西医师2人，牙医1人，妇育1人，防疫1人），承担全乡的医疗卫生保健工作。卫生院设门诊、配药房、牙科、妇育、防疫4个科室。

2010年，全乡参加新型农村合作医疗保险6474人，参保率98.4%。参加社会养老保险240人，参保率40%。列入最低生活保障5户，16人。

文化 1993年，金村乡并入朱村乡，因线路损坏严重，电视普及，原金村乡广播（转播）站停止转播。2002年，朱村乡广播（转播）站停止转播。2001年，乡电影队放映活动停止。

2007年，乡文化站文艺表演队以“茶乡”为主题参加中国“云和县第三届木制玩具节”踩街表演活动。2006年10月，云和县首届民间民俗艺术活动月以朱村名茶为题材创作的小品“武大郎茶馆”获银奖。2008年，选送原创歌曲《茶乡姑娘等着你》，获丽水市原创歌曲金奖。2009年、2010年，云和县民间民俗艺术月活动选送原创舞蹈节目“金村茶歌”“童话茶乡是我家”均获金奖。文艺队伍有桑岭村“神灯”（花鼓灯），金山下村女子腰鼓队，业余文艺表演队伍3支。2006—2010年，连续4年举办“乡乡一台戏”活动。

名胜景点

古民居 桑岭村古民居位于境内西南部，距县城28千米。据桑岭村《江氏宗谱》载：“桑岭村原为桑氏所居，遭耿逆之变，举族逃避，皆山路多峻岭而得名”。当地人又称“桑岭根”。村坊沿发源于境内仰天湖的石门坑两岸而建，分底、外两村。村中江、邱两姓为主要姓氏，江姓为大族。桑岭村在明清时期属云和县元和乡第九都。1951年系桑岭乡政府驻地。清光绪年间续修的桑岭《江氏宗谱》记载：江氏祖居福建汀州永定，乾隆乙亥年（1767）迁徙至浙邑桑岭村。光绪己卯年（1879）续修的桑岭《江氏宗谱》载：子孙以耕读为本。有庠生15人，廪膳生1人，附贡生1人，武庠生1人，国学生1人。《江氏宗祠》楹联云：“贡廪增监附一堂显荣。”

图38-2-28 蓝家老宅（严晓宽 1998年摄）

村里遗存清光绪年间江文潮等人炫耀门庭，激励子孙，竖立桅杆用的方形石墩5对；1927年（民国16年）国民革命军二十六军军长周凤岐、党代表兼政治部主任赵舒题赠江文潮“五代同堂”匾额1块；时任宣平县县长张高题赠江文潮“硕德耆年”匾额1块。全村清时建造，雕梁画栋的民居栉比鳞次。“济阳旧家”“河南旧家”石大门比比皆是。建筑别具一格的邱氏大院，有至今仍然保留着清时的风貌。

民国年间，村里有杂货店多家，布店2家，中药店1家，村民江聘三创办的“淑庐中医专修所”1 个。江聘三废私塾出资创办的桑岭根初级小学 1 所。村民的油、盐、酱、醋、医、读，皆可足不出村。迄今全村基本上保留着清一色的清时建筑，村民至今传承着汀州的方言。

2003 年，桑岭村被列入丽水市古城、古镇、古村名录。为云和县首个被列入浙江省“古民居”保护名录村。

小岗村 张兰村小岗自然村位于境内北部，海拔 353 米，距乡政府驻地 5 千米，小村自然风光秀丽。清乾隆年间，蓝氏从福建江铿入迁在小山岗上开基建村，故名小岗村。村多耕读人家。村里遗存有“丁未岁贡生蓝壁辉建，清光绪三十三年（1907）冬月立”炫耀门庭，激励子孙，竖立桅杆用的方形石墩 1 对；有至今保存完好，长 34 米，宽 33.3 米，二进一天井，7 开间，建筑占地面积 1132.2 平方米，雕梁画栋，庭院式，建于 1937 年（民国 26 年），石大门匾额书“南峰拱秀”的蓝氏老宅 1 幢。

蓝氏宗祠 位于张兰村，坐南朝北，占地面积 228 平方米建筑面积 200 平方米，单层，二进三开间，阔 10.45 米，进深 18.11 米。一进深七檩 6.31 米，明间七檩用五柱，穿斗式二进深 5.69 米，深架与一进同。一、二进之间有一阔 4.98 米，深 4.33 米的天井，天井两侧各有面阔 1.34 米，进深 1.43 米的厢房一间。祠四围夯土墙，中间辟大门，南、北各开一小门。屋面为歇山顶，小青瓦。祠内梁枋、牛腿、雀替等木构件雕刻人物、花卉等图案，做工极精细。“文化大革命”期间遭到破坏，1990 年修复。

图 38-2-29 蓝家宗祠（严晓宽 1998 年摄）

吴氏故居 位于金山下村，坐南朝北，占地面积 3342 平方米。三幢并连，每幢三进，通面阔 82 米，通进深 41 米。前后天井共 10 个，大门 7 个，柱子 564 根。整个建筑硬山顶，小青瓦。梁枋、牛腿、雀替等雕刻简洁。第 1 幢面阔七间，26.25 米，进深 40.75 米，一进深 6.11 米，梁架为 7 架梁；二进深 10.28 米，梁架为七架梁；三进深 4.61 米，梁架为 5 架梁。大门青砖门额上楷书刻浮雕“文峰远映”4 字。第 2 幢面阔七间 32.55 米，进深 33.8 米，梁架结构与第 1 幢相同。大门青砖门额上楷书刻浮雕“延陵旧家”4 字。大门前遗存清光绪年间炫耀门庭，激励子孙，竖立桅杆用的方形石墩 2 对。第 3 幢 2000 年冬被火灾烧毁。

张庄凉亭 位于朱村乡张兰村，东临薄花田村，南距朱金路约 300 米，北至曹马村约 500 米，脊梁上墨书由蓝宝玉首董建于清咸丰年间，光绪十一年（1885）秋，首董蓝数青、蓝源青重建。南北走向，占地面积25平方米。通面阔3.6米，进深4.7米。五架梁，前后五檩用二柱，抬梁式。屋面为硬山顶、小青瓦，四周夯土墙，南、北面各开一门。东、西两面墙上仍保存着1937年红军留下的标语“当汉奸者杀，做土豪者毙”，字径约0.32米。

图38-2-30　张庄凉亭外貌与内壁（严晓宽　1998年摄）

古村高子坑　高子坑，系南坑行政村自然村，老革命根据地村之一。位于南坑大峡谷左侧，牛头山北坡，海拔570米。村落三面环山，背靠笔架山，与大源乡毗邻。前于石子岭村相望，左傍云（和）松（阳）两县边境。全村民居皆为清时建筑。境内奇峰叠嶂，有酒壶石、仙人棋盘石等自然景观。光绪丁酉年（1897）石子岭村张氏重修《张氏族谱》载：清光绪国初（1875），祖居福建泰拔村的张行山入迁云和石子岭建村，迄今135年。尔后石子岭村支分高子坑村的张英荣繁衍的子孙支分境内水照垟、南坑、三岩下、杨村、牛角湾、上内坑、金村，以及县境内的赤石、丽水县石亭等地。张氏瓜瓞绵绵，至今繁衍12世。张氏子孙耕读为本，以德立身为祖训。张氏裔孙现收藏始祖从福建泰拔村携带至云和，清道光戊子年（1828）重修，完整的“玉字号”《张氏族谱》1部，共计18卷。村里遗存有清光绪丁未年（1907年），贡生张景铭立，竖激励子孙竖桅杆用的方形石墩1对；现收藏于“张氏清河堂”（香火堂）“赐进士第，銮仪卫扢翎侍湖北卫昌营总府署黄蕲洑，副总兵官湖北甲午科武闱同考科外场官，愚弟攀龙，为，‘硕德华年’，乾隆五十四年（1790年）仲春谷旦，乡耆张英晖、英荣立”。长约1.4米，高约0.70米，厚约0.05米牌匾1块。

1935年（民国24年），中国工农红军挺进师曾辗转高子坑村一带开展革命活动。1948—1949年期间，高子坑村曾是松（阳）宣（平）遂（昌）中共游击支队的革命根据地。

杨村奇树　杨村自然村位于南坑大峡谷东侧山间盆地，东经119度35分12秒，北纬28度16分24秒，海拔345米。村落群山环抱，绿水萦流。杨村古名阳村，杨姓开基改为杨村。后杨姓衰亡，清光绪年间张姓入迁建居。

图38-2-31　杨村奇树（徐景舟　2010年摄）

村水口一株由苦槠、香樟、桂花3树根连根长在一起的奇树。苦槠高8米，胸径0.80米；香樟高13米，胸径1米；桂花高10米，胸径0.60米。树冠幅达201平方米。

杨村苦槠林 位于杨村朝西山坡上，海拔396米，面积0.2公顷，郁闭度达0.8米，为纯苦槠林，共有100余株，平均树龄40年以上，其中1株胸径0.35米，高10米，树龄达60年。苦槠林周边没有高大树木，树冠连成一片，景观效果甚佳，省内罕见。

金村硫磺洞 位于金村村北1千米处山坡上。系人工开采硫潢洞遗址。由5洞组成洞群，星状分布在1000平方米范围内。其中一洞处于海拔386米，洞口宽0.6米，高1.60米，弯曲蜿蜒向下延伸，仅容1人侧身而行，至30米深处，可容百人。中有垂直深不见底的井窟，且叉洞相连，全洞长0.180千米。

内设机构

2010年，朱村乡政府内设党政综合办公室、经济发展办公室、社会事务管理办公室、社会综合治理办公室。人员编制33人。

1991—2010年朱村乡主要负责人一览表

表38-2-13

书　记	任职时间	乡　长	任职时间
王林伟	1990.3—1992.5	方伟青	1990.6—1992.5
王和平	1992.5—1995.12	叶盛华	1992.6—1994.3
叶秋霞	1996.1—1998.9	叶秋霞	1994.3—1996.2
叶晓伟	1998.9—2001.11	周晓星	1996.2—1998.9
李建法	2001.11—2004.9	魏启勤	1999.1—2004
魏启勤	2004.9—2006.6	邱伟生	2005—2006.6
邱伟生	2006.6—2007.12	林李平	2006.6—2010
蓝益平	2007.12—2008.12	—	—
邱伟生	2008.12—2010.2	—	—
蒋璟璟	2010.2—2010.12	—	—

附录：并入乡简况

金村乡

金村乡位于云和县城北部。东南于朱村乡相连，南于紧水滩镇、大源乡毗邻，西北于松阳大东坝镇县交界。乡政府驻地金村村，距县城20千米，面积47平方千米。自然资源丰富是云和县重点林业乡。

建制沿革

1982年，从朱村乡析出，置金村人民公社。1983年，改称金村乡。1984年11月，丽水县金村乡划归云和县管辖。1992年5月，撤金村乡并入朱村乡。1991年，金村乡辖金村、石水缸、大岗山、南坑、竹子坪、杨村等 6 个行政村，44 个村民小组，746 户，人口 2729 人。境内张、林、李、刘、邱、雷、黄等姓均自清光绪年间从福建泰拔等地入迁，至今仍然传承着汀州的方言和习俗。俗称为“汀州人”。

经济建设

金村乡农、林、牧、副全面发展。有林业用地 4255 公顷。其中用材林 2382.6 公顷，油茶林 844.4 公顷，林木储积量 132372 立方米。盛产松、杉、杂木、毛竹，油茶。兼产油桐籽、乌桕籽、毛棕、茶叶等。油茶生产尤以竹子坪村居首。耕地面积 164.2 公顷，由于气温低，无霜期短，种植单季稻和番薯。

中共十一届三中全会后，完善林业生产责任制（稳定山林权属，划定社员自留山，确定林业生产责任制。俗称“三定”），木材加工业快速掀起，创办木折椅料半成品等木材加工厂 9 家，建立省级生态公益林 773.8 公顷。

1993 年，全乡油茶籽产量 3.62 万千克（可榨茶油约 0.64 万千克），油桐籽 0.23 万千克，乌桕籽 0.04 万千克，出售棕片 0.11 万千克，木材 501 立方米，毛竹 0.187 万支。

1991 年，全乡粮食播种面积 231.5 公顷，亩产 214 千克，总产量 75.2 万千克。实现工农业总产值 361 万元，其中工业总产值 74 万元，农业总产值 287 万元，农民年人均收入 406 元。

社会事业

1991 年，金村乡有 7 所小学（其中简易、民办小学 6 所，中心小学 1 所），班级 10 个，教职工 9 人，学生 229 人。

1983 年 5 月，乡文化站建立，配备文化干部 1 人，辅导和开展群众性文化活动。1991 年，广播站配备内线员 1 人，外线员 1 人。

1991—1992 年金村乡主要负责人一览表

表 38-2-14

书　记	任职时间	乡　长	任职时间
袁志强	1990.11—1992.5	陈小云	1990.5—1992.3

第七节　黄源乡

黄源乡位于云和县城西南部，东与云和县崇头镇毗邻，南接云丰乡，西与龙泉市接壤，北连云和县赤石乡。乡政府驻黄家畲村，距县城 18 千米，总面积 42.75 平方千米，山地占比 79.16%，耕地占比 8.05%。境内有全县最高的山——白鹤尖，海拔 1593 米。有瓯江小溪支流——梧桐坑。山塘、水库 5 处，其中最大为烂泥水库，正常库容 1.5 万立方米，供应黄家畲村、大洋村农田灌溉用水。2010 年，黄源乡辖黄家畲、陈家垟、水碓垟、叶垟、陈坞、夏家垟、大垟、盘条口、贵庄 9 个行政村，30 个自然村，68 个村民小组，1530 户，5856 人。2010 年，实现工农业总产值 4975 万元，其中工业总产值 471 万元，农业总产值 4504 万元，财政总收入 258.30

万元,农民人均收入6084元。

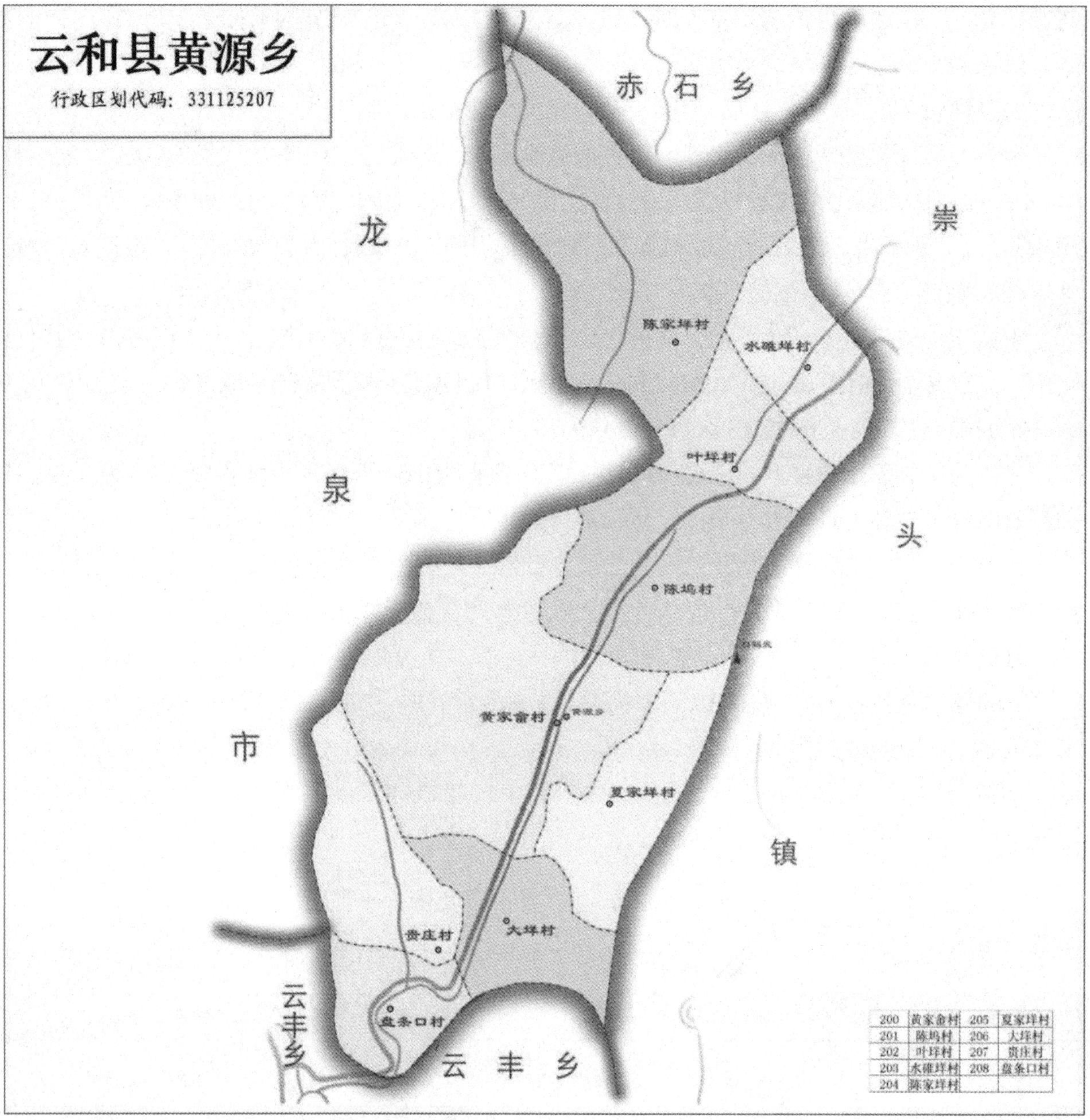

图38-2-31 黄源乡区划图(县民政局提供)

建制沿革

1949年11月建赤石区,辖赤石、云峰、和平、林山、大湾、复兴、太平等七个乡;1952年增设栗溪、叶垟、新建、联合四乡;1953年1月赤石区分置梅源区,划赤石区所辖的太平、复兴、栗溪、林山、大湾、云峰、和平、叶垟等八乡归梅源区管辖;1956年叶垟乡部分村并入和平乡;1958年5月撤销梅源区,原所属管理区划归赤石区管辖;1961年撤销赤石区,原属的和平公社划归梅源区管辖;1981年12月和平公社改称黄源公社;1987年3月,撤销区建制,实行县管乡。

农业

黄源乡独特的地理环境和气候差异,主要经济作物有高山蔬菜、香菇、黑木耳、笋竹两用林等。黄源乡是云和县重点食用菌生产乡之一。2009年，全乡有耕地面积344.2公顷。粮食播种面积378.6公顷，亩产335千克，粮食总产量190万千克。高山蔬菜种植面积129.07公顷。发展食用菌953.5万袋，其中代料香菇863万袋，黑木耳90.5万袋，总产量79.2万千克。2003年，粮食播种面积369公顷，粮食生产总量2087.1吨，水田344公顷，茶叶17.2公顷，果园4公顷，马铃薯72.1公顷，玉米3.2公顷；生猪饲养量1056头，户均0.71头。

1998—2003年黄源乡经济发展状况表

表38-2-15

项目 年份	工业总产值（万元）	农业总产值（万元）	农民人均收入	项目 年份	工业总产值（万元）	农业总产值（万元）	农民人均收入
1998	180（181）	1792（2369）	1203（1308）	2001	100	（2720）	1596（1595）
1999	—	2678	1577	2002	116（100）	2731.96	1615
2000	103	2695	1585	2003	152	2785	1786

特色产业

黄源乡利用山地气候资源优势，因地制宜重点发展袋料香菇、黑木耳、高山蔬菜三大特色产业，被称为黄源“千家万户”生产的产业。

1991—2010年，袋料香菇由4万袋发展到923万袋，形成“处处种菇户户香”的局面。1998年，聘请食用菌专家和技术人员到各村进行夏菇行情、种植管理等知识讲座，每个农户掌握1—2门实用技术，开始试种。2000年，试种0.67公顷珍稀菌类——杏鲍菇，探索新的发展路子。2005年初，乡政府投入资金5万余元，统一租田、配备喷灌设施，在大垟村建立1.67公顷的示范基地，在大垟基地辐射下，全乡发展代料黑木耳321万袋，其中春季73万袋，冬季248万袋。春季代料黑木耳实现总产值350万元，人均增加收入479元。

是年，成立由25人组成的青年营销队伍，减少中间环节把高山蔬菜推向市场。2000年，新建0.15公顷新品种基地，引进西芹、日本萝卜等新品种，均获成功。2002年，引进早丰、冬春、美白玉春、中椒6号等新品种。并在陈坞村建立27.5公顷的无公害高山蔬菜示范基地。同年10月，基地被省农业厅确认为首批无公害蔬菜基地。2003年，投入资金5万余元，在大垟村进行茭白、田螺、田鱼套养种植项目试种获得成功，试种面积13.33公顷，种植农户65户，仅此项增加收入300余元；在陈坞村利用荒山、荒地，引进中药材何首乌试种1.3公顷。2004年，发展订单农业，把高山小辣椒订单生产作为发展高山蔬菜新的经济增长点，对连片种植0.3公顷以上的农户补贴200元/亩，对未连片种植的0.5亩以上农户补贴100元/亩。经统计，共有种植户495户，种植面积22.8公顷，收购保护价在1元以上，最高价达1.8元。种植较好的农户每亩收益达3000余元。同年，成立云和县碧田高山蔬菜专业合作社。实行“统一供种、统一标准、统一销售”。2005年，利用陈家垟等村草坡优势，发展山羊养殖，全乡发展山羊996头，养殖示范户71户。2007年，引进云和县神农蔬菜专业合作社开发的高山蔬菜—花椰菜示范基地20多公顷，带动农民种植近14公顷。2009年，开展食用菌产品质量安全专项整治，调节食用菌产品结构。同时，利用气温差异、反季节高山蔬菜上规模，成为市、县农贸市场的抢手货，占全县高山蔬菜种植面积62.36%。除供应本县外，杭州、温州等地的菜贩也到这里来收购。

菜糖 腌制咸菜，当地人俗称“菜糖”。村民习惯把一时销售不完、食用不完的新鲜萝卜、茄子、紫苏等拌以辣椒、大蒜腌制成咸菜，供长时间食用。腌制咸菜有悠久的历史，村民腌制经验丰富，腌制的咸菜味香爽口，且深受城镇市民的青睐。

田鲤鱼干 稻田养鱼作为黄源乡的特色产业已有上百年的发展历史，把田鲤鱼放入稻田养殖，既提高水田利用率，又增加收益，而且养殖的田鲤鱼味美肉嫩。村民们把田鲤鱼烘干，市场价在每公斤12.2—17.5元。

林业 黄源山多地少，全乡林业用地面积3384.46公顷，林木蓄积量92894立方米，森林覆盖率达61%，建立生态公益林1993.47公顷，其中界定国家公益林32.2公顷，省级1765.93公顷。1993年，全乡造林91.13公顷，基本消灭荒山，抚育林木230.93公顷，累计封山面积已达2243.67公顷。因地制宜发展99-8燕红桃4公顷，厚朴林10公顷等名、优、特经济林，发展高山花卉百合试种1亩。同时，发展集体林场，形成黄家畲村466.67公顷集体林场的规模，每年从片伐、间伐商品材中可收入15万元以上，伐一片种一片，形成良性循环。

工业 创办食用菌、高山蔬菜的深加工企业。到2010年，有工业企业27家，实现工业总产值471万元。

劳动力转移 以异地开发为重点，劳务输出为纽带，引导农民走出山门、跳出农门去创业，实现劳动力异地转移、专业转移、兼业转移。针对自然资源不足、剩余劳动力多的实际，农民走出乡村搞开发、经商、打工。2001年，建立6个异地开发联络组，为异地开发人员创造良好的环境。2003年，全乡实现劳动力转移1410人，占全乡总有效劳动力的40.8%，实现总收入1343万元。其中异地开发869人，横跨7省44个县（市），113个乡镇，200余个行政村，经济总收入达1100万元；鼓励农民投身二、三产业，2002年，从事香菇、高山蔬菜营销的农民营销队伍达300余人。同时，通过劳务市场和中介服务组织引导农民外出打工，发展“打工经济”；鼓励劳动力兼业，2002年，全乡从事碾米、开小店、开拖拉机等兼业劳动力150余人，既提高家庭劳动的利用率，又保证经济收入的稳定性。2004年，加强外出务工、经商、异地综合开发农民的管理和联系，推行农民工诚信卡制度。主要为外出农民工提供政策法律、技能培训、维护合法权益等10方面的服务。共发放诚信卡213张，介绍务工等就业信息31次，解决拖欠工资纠纷3起、工作生活中的困难和问题25起。2005年，建立2个异地开发联络站和3个友好乡镇。到2010年，有来料加工专业村1个（黄家畲村），经纪人8名，加工人员302名，创加工费255万元。

下山转移 2007年，按照“万名农民下山转移”工程目标，鼓励地质灾害隐患点及生产、生活条件差的村民向县城及中心村搬迁，重点引导农民直接向县城转移。普光寺农民新村二期黄源乡22户。2008年，完成21户93人的陈家垟外陈山整村搬迁项目，全乡11户49人实现向县城零星搬迁。

基础设施

黄源乡交通便利，县道后交线贯穿全乡。1997年，投资15.2万元黄家畲至陈坞村3.7千米的公路砂改油工程完工；新建机耕路6条，总计2.2千米。1998年，开通叶垟、陈家垟村的机耕路，通车总里程8.8千米。1999年，完成7.5千米的陈家垟机耕路，4千米的贵庄村机耕路和4千米的水碓垟机耕路。2000年，完成水坳头村8千米机耕路和对山村2千米机耕路建设。2001年，开通叶垟村机耕路4千米，修建陈家垟村机耕路3千米。2002年，完成盘条口村1.8千米机耕路建设和1.8千米中心自然村路面硬化工程。2005年，完成水碓垟、叶垟村的2条康庄路路基建设；修复水碓垟、夏家垟、叶垟、水坳头等村近1000米的水毁工程；完成贵庄、对山村的饮用水工程；2006年，完成叶垟、水碓垟村4.46千米路面硬化工程；投资45万元，完成陈坞村、狮子头村、灯盏堀村、牛坪村的饮用水工程。2007年，投资160万元完成夏家垟村3.15千米康庄路工程和贵庄村1.585千米的路面硬化工程的招投标；完成陈家垟、陈坞村、黄家畲村3个村饮用水建设项目。2008年，完成水碓垟、叶垟、贵庄3个村饮用水工程。到2010年，全乡9个行政村基本通公路，通村率88.89%。安全卫生饮用水覆盖率达92%。

1998年，投资及自筹3万余元整改叶垟村、陈坞村、黄家畲村、夏家垟等村的广播线路，安装高音喇叭8只，更新乡转播室机器设备，提高广播的声响率和入户率。1999年，大垟村安装电视差转台，村民可以看到3套以上清晰的电视节目。2001年开通130、139手机网络，程控电话遍及全乡9个行政村，装机达400余门。接通有线电视，黄家畲农户能看到28套电视节目。完成农村电网基本改造，更新2台变压器、1652个电度表，建设标准化线路。2006年，实施有线电视村村通工程，开通黄家畲、大垟等5个行政村有线电视。

文教卫生

1989年，创办乡中心小学。90年代初，全乡有17所小学，有教师40余人，其中大部分是复式教学。1991年4月，创办民办幼儿园1所，园址在黄家畲村委办公楼内。1995年始，对村小进行撤并。2003年，投入1万余元推出学生营养餐。投入43万元对乡中心小学新校区动工兴建。

1981年，创办乡成人技术学校，教室设在乡中心小学，当时叫民校，主要任务是扫盲，有学员150多人。1994年，在取得扫盲成功的基础上，乡党委、政府把立足点转移到农科教方面，每月培训1至2次，每年都在20期以上，与“农函大”、绿证班相结合。培训的主要课程是裁缝、水稻、袋菇、黑木耳、高山蔬菜、夏菇、田螺、獭兔、山羊养殖、竹笋两用林、果树栽培等10多种技术。2003年，全乡共举办各类实用技术、技能等培训班12期，受训人数1547人，经过分期、分批考试，50人领取菇民证，175人领取“绿证”。

到2010年，全乡有中心学校小学1所，在校学生168人，教职工13人。1所私立幼儿园，1所成人文化技术学校。

卫生　1958年，县人民委员会统一调动联合诊所和个体开业医务人员建立“和平保健院”。1961年，改称为“和平联合诊所”。1979年，改称为“和平公社卫生院”。1980年，在该乡中心村和平村（现称黄家畲村）建起一幢二层门诊楼，建筑面积372.40，占地面积825。医疗器械增添X光、化验室、B超等设备。1983年，改称为黄源乡卫生院。1993年，有医务人员5人，业务收入8.2万元。2003年，有医务人员4人，业务收入12.5万元。全年门诊人数3000余人次。

文化 1957年，黄家畲村创办业余剧团，有30余人组成，主要演出快板、歌唱历史歌曲、演唱戏剧等，宣传政策法规、农村新风尚，改变农村封建思想等，每年春节下村演出。1970年还曾赴杭州演出，1977年，剧团解散。

历史上，黄家畲、夏家垟、陈家垟村在正月初八日后曾有闹花鼓灯的风俗。到1986年，各村先后终止该项风俗活动。

古迹

百无禁忌碑 建于明天顺二年（1458年）六月的国家级重点文物保护单位“百无禁忌碑”，碑上刻“钦差内官阮料在于黄家畲坑采办煎销课”。

图 38-2-32 百无禁忌碑顶部

百无禁忌碑正面（杨克新摄）

白鹤尖 是云和最高的山峰，夏家垟村荫桥坑自然村处于此山间，海拔1593米。

石柱岩 在陈户村周村自然村之西，形如鹰钩鼻，高60多米。

官厅 清朝刘氏监食大夫官宅。内有2块匾：一匾刻“明经”大字，旁小字“钦命浙江督学部院岁贡生刘景温立光绪十六年九月”；一匾刻“志公向义”，刻于咸丰三年，至述温公。

毓元桥 位于崇头镇黄家畲村水口，桥西侧立有桥碑一通，楷书阴刻署训导周一林重建丰嘉源毓元桥记。据桥碑记载，该桥建于道光八年(1828)。为单孔石拱桥，横联式半圆形拱券，东西走向，横跨黄家畲坑(溪)，桥长17.24米，桥面宽4.5米，矢高6.74米，净跨11.5米，桥面两侧有乱石护栏。2007年11月，被云和县人民政府公布为县级文物保护单位。

图 38-2-33 毓元桥(严晓宽摄)

内设机构

2010年，设综合办公室。人员编制15人。

1992—2010年黄源乡主要负责人一览表

表38-2-16

党委书记	任职时间	乡　长	任职时间
陈宋荣	1992.3—1995.3	王长盛	1992.3—1996.1
黄伟雄	1995.7—1998.9	洪广美	1996.1—1998.9
叶吉聪	1998.9—2004.9	陈善林	1998.9—2003.2
柳成东	2004.9—2006.11	柳成东	2003.2—2004.9
徐志雄	2006.11—2010.3	彭季伟	2004.9—2006.6
饶庆勤	2010.3—	王兰夏	2006.6—2010.12
—	—	韦望荣	2010.12—

第八节　云丰乡

云丰乡位于县域西南面，乡政府驻张家地村，距县城39千米。东邻沙铺乡，南与景宁畲族自治县鸬鹚乡接壤，西倚龙泉市龙南乡、安仁镇，北靠原黄源乡，地处中低山丘陵区，境内群山围绕，海拔800米。境内山地多平地少，冬季气候寒冷，总面积40平方千米。2010年，辖张家地、潘山头、坑下、王荫山、商坑下、杉板坑、后垟7个行政村，41个村民小组。全乡1174户，总人口3871人，其中非农业人口176人。2010年，全乡实现工农业总产值4062万元，其中农业3455万元，工业607万元，农民人均收入6250元。

建置沿革

清同治年间属浮云乡三都；民国时称云峰乡；中华人民共和国成立后建政时云峰乡名沿用；1958年5月随县并入丽水县，云峰乡并入和平乡，属和平管理区；1961年成立云峰公社；1962年4月复建云和县，属梅源区；1983年复称云峰乡；为避免与遂昌县云峰乡重名，1985年8月13日改名为云丰乡；2011年9月8日省政府批准撤云丰乡并入崇头镇。

农林经济

云丰乡有林地2953公顷，盛产松、杉、毛竹、杂木等，是县重点林业乡之一。有耕地190.3公顷，传统农业种植高山蔬菜、大豆、马铃薯、番薯、油菜为主，辅以大麦、小麦、玉米、西瓜等旱地农作物，水稻田间套养鱼；全乡工农业总产值由1991年的482万元增加到2010年的4062万元，其中农业3455万元，工业607万元，分别占工农业总值的85%、15%；农民人均收入由1991年的403元增加到6250元。

图 38-2-34　云丰乡区划图(县民政局提供)

1991—2010 年若干年份云丰乡经济和社会发展概况表

表 38-2-17

年份	村数(个)	村民小组(个)	户数(户)	人口(人)	其中非农业人口(人)	农民年人均纯收入(元)	工农业总产值(万元)	工业总产值(万元)	耕地面积(公顷)	粮食总产量(万千克)	食用菌种植规模(万袋)
1991	7	41	941	3899	331	403	482	38.3	220.6	270	5
1995	7	41	1007	3908	35	689	1881	343	215.66	262	222
2001	7	41	1188	3970	205	1567	2232	143	179.67	181.8	108
2005	7	41	1152	3864	192	2445	2796	250	180.67	127.99	448
2010	7	41	1174	3871	176	6250	4062	607	190.13	198.9	490

食用菌 1991年，放贷款20万元用于食用菌生产，开启食用菌生产。到1996年，全乡发展袋料香菇502万袋，其中花菇222万袋，成为全县花菇之最。杉板坑村104户，种植花菇100万袋。1999年，建立80万袋优质花菇示范坊，带动全乡发展花菇400万袋；2004年，全乡发展发展食用菌507.88袋，其中花菇307.28万袋，黑木耳200.6万袋。2008年，全乡食用菌种植达到顶峰，发展食用菌647.35袋，其中花菇523.37万袋，黑木耳93.98万袋。2008年后，农村劳动力转移，食用菌生产逐渐减少。

畜禽 1991年，养殖猪2354头，养殖兔子262只，养牛111头，家禽7255只，稻田养鱼2200亩。1999年，在张家地、后垟两村创建综合养殖场。是年，制定养牛羊优惠政策，农民养牛、羊从年初的100余头发展到600多头；2000年，在后垟村建立鸡腿菇试验示范地，并试种首获成功；2001年，全乡发展山羊养殖100多户，养殖山羊1215头，形成三个综合体养殖场，各类养殖专业户6户，全乡养殖土鸡12200多羽，兔子300多只，猪1480头；张家地库区投放鲤鱼、白鲢鱼等品种120万尾，发展稻田养鱼100公顷。2004年，全乡稻田养鱼100公顷，年末存栏生猪1142头，山羊饲养2396头100公顷。

高山果蔬 1991年，全乡规划水果50亩，种植雪梨33亩，开启高山蔬菜果树种植。1996年，建成2公顷"三熟制"高山蔬菜示范基地展。1999年，在张家地建立4公顷高山蔬菜示范基地，带动全乡发展高山蔬菜55公顷。2006年，组建山都农产品合作社，走产业化生产之路解决农产品销售难问题。2010年，发展高山有机白茶53.33公顷，形成"云河绿羽"为主导的白茶品牌；建立6.67公顷无公害高山茭白基地，在后垟村建立7.47公顷的高产示范畈；推广单季晚稻"五改"技术45.33公顷，水稻重大病虫害综合防治技术156.67公顷，并产生效益。

云和师傅 1991—2010年，开展食用菌生产、果蔬种植、电工培训、计算机技能培训6548人次。云丰乡外出江西、福建、安徽、湖南、贵州等地从事食用菌(云和师傅)、小水电开发，到县城和省内从事木质玩具生产和第三产业等，实现农村劳动力转移和异地综合开发3562人。

项目联办 建立集体林场促增收。农户的山林责任制权属不变，统一管理，公户联营，收入分成的股份制合作林场；向省电力局争取资金35万元，投资到云和金坑口水电站，作为每个村各5万元的集体经济股份金，各村每年增加集体经济收入8000元到1万元。

基础设施 2005年，梅庄渠道、半源等农村水利工程修复完工。2007年，后垟灌溉渠道工程、张家地溪防洪堤、王荫山水利渠道等工程建成。1991—2010年，全乡改造农田水利灌区36处，修筑渠道34千米。

1998年，重建张家地村中心桥；开通商坑下村简易公路9.3千米；香菇寮自然村机耕路2.3千米。1999年，开通尖坳机耕路路基3.5千米；完成张家地村"德行桥""益民桥"建设。2000年，开通潘山头村、坑下村简易公路。2001年，拓宽后垟村机耕路3.9千米。2002年，商坑下村水泥路浇灌，新建大垟到坑下村桥梁一座。2003年，后交线沙改油工程云丰段全面完工；金后杉公路上等级工程开工。2004年，金后杉康庄工程竣工并通过交通局的验收；王荫山康庄工程开工建设。2005年，后交线到王荫山康庄工程完成路面硬化，实现通车。2006年，完成金后杉公路水泥路面浇筑工程。2010年，建成潘山头康庄公路路面工程；坑下村康庄公路是乡最后一条康庄公路全面完工，全乡实现村村通康庄路。

1998 年，坑下村增加变压器 3 台，完成 7 个村总长 11 千米低压线路整改。2000 年，张家地村自来水设施全面改造，每户安装水表。2001 年，完成农村电网改造，坑下村安装路灯。2007 年，张家地、后垟、杉板坑等村的饮用水工程投入使用。

1998 年，整改王山头岙到杉板坑、后垟广播线路。1999 年，安装“129”台寻呼差转台。2001 年，实现村村通程控电话。2006 年，实现电视、电信、移动、联通网络及路灯村村通，成为云和县第一个村村通有线电视的乡镇。2007 年，在后垟、杉板坑、张家地村实施国债建设项目——沼气池建设，新建沼气池 142 个。

1999 年，购买林业工作站办公场所，结束乡工作人员租用民房的历史。2001 年，杉板坑村 17 户火灾户重建家园。2003 年，乡政府新办公大楼落成。2005 年，张家地 31 户 36 直脱贫新村建设竣工，春节前农民迁入新居；是年，建成垃圾焚烧炉 1 座，公厕 1 座。2006 年，建成建筑面积 810 平方米的乡中心小学邵逸夫教学楼，同时配置计算机多媒体教室和学生餐厅。2008 年，建成云丰乡车站和文化活动中心；2010 年，全乡完成改造农户危旧房 68 户，新建 10 户，旧村改造自然村 1 个。

1999 年，落实坑下村山体滑坡防范措施，对地质灾害隐患调查分析，提出安全转移意见。2006 年，进行改厕、改路、改水、改房、环境美化的整治工程。2008 年，完成后垟村整治村建设，被授予市级生态示范乡、省级生态乡称号。2010 年，张家地村开展生态文明村创建和中心村建设，杉板坑村开展后进村整顿转化，开展潘山头、商坑下、坑下最后 3 个村的村庄整治。

文教卫生

教育 1996 年有小学 12 所，教师 27 人，学生 311 人。2001 年，省物资局资助 30 万元建物产综合楼。2004 年，政府投入资金 11.5 万元，通过省级教育强乡的评估验收。2006 年，扩建乡中心教学楼，建成面积 810 平方米的乡中心小学邵逸夫教学楼，同时配置计算机多媒体教室和学生餐厅。到 2010 年，有小学 1 所，教职工 12 人，学生 59 人，学生明显减少。

图 38-2-35　2001 年，省物资局援建的云丰乡小学物资综合楼

文化 全乡 7 个行政村全面改造广播线路。2003 年，乡政府投入资金 4.5 万元，安装张家地村的有线电视，新建文化阅览室 1 个，新添乡卫生院 B 超等医疗设备。2010 年，举办第五届乡村文化艺术月活动，建立“农村书屋”4 个，张家地村被评为市级文化示范村，云丰乡被评为市级文化“山花乡镇”。

社保 2004 年，全乡有 811 户、2665 人参加农村新型合作医疗保险，参保率达到 71.5%；全年发放各类救济款 10 万余元，落实 70 户贫困户 154 人低保。2005 年，全乡有 912

户、2988人参加农村新型合作医疗保险，参保率达到80%；全年落实低保117人。2007年，实施农民下山转移工程，普光寺二期新村中签农户23户85人，另外在县城买房入住的有37户136人。城乡居民最低生活保障实现应保尽保；新型农村合作医疗参合率100%；政策性农村住房保险参保率100%；农村五保集中供养率100%。2010年，创建国家级生态乡镇。全年共受理信访事件4件，主要是项目建设政策处理和山林纠纷信访事件，发生矛盾纠纷31起，调处成功30起。

中国工农红军挺进师活动 云丰乡是革命老区。1935年5月8日，粟裕、刘英率领的中国工农红军挺进师主力一、三纵队400余人从龙泉抵达云和县王荫山行政村尖坳自然村，并在此宿营。晚上，师政治委员会在此召开会议。中国人民解放军历史资料丛书编审委员会编著，解放军出版社1993年4月出版的《南方三年游击战争—浙南游击区》记载："5月上旬，在云和县境召开了师政委会议。会议认为，挺进师前一时期的作战，为开辟浙西南游击根据地创造了条件，进入浙西南后，主要任务是从正规战争向游击战争转变，把武装斗争和根据地建设结合起来，创建以仙霞岭为中心的浙西南游击根据地。会议决定：(一)以龙(泉)浦(城)江(山)遂(昌)和龙(泉)云(和)松(阳)遂(昌)东西地区作为建立第一块根据地的基本领域；(二)第2纵队回浦城、江山、龙泉、衢州等县间进行游击战争，以迅速打通与闽北、闽东的联系；(三)成立浙西南特委，任命宗孟平为特委书记，同时为政委会随军代表和行动委员会书记，随2纵队行动；(四)第1纵队及师政治部全体工作人员，分布于龙泉、云和、松阳、遂昌等县之间进行活动，建立党和各种革命组织。并以黄富五、刘云达、王蕴瑞三人组成挺进师政委会分会，黄富五为书记；(五)刘英、粟裕率第三纵队到杭江铁路沿线地区游击，以威胁汤溪、龙游、金华、丽水等县城，吸引国民党军主力北调，掩护第一、第二纵队执行任务。"并且指出："这次会议是挺进师从正规战向游击战的重要转折，它为开辟浙西南游击根据地奠定了思想基础和组织基础。"

聚和桥 位于崇头镇张家地村村头，桥南端立有桥碑一通，碑文记载：该桥建于道光四年(1824)。南北走向，横跨小溪坑，北接村道，南面为农田，桥西侧有几百年树龄的黄檀树和红豆杉，桥为单孔石拱桥，桥全长9.82米，宽2.44米，矢高3.98米，净跨6.41米。桥面现被水泥铺面，桥面建一桥亭，亭为三开间，均为四柱七檩，屋面用小青瓦阴阳合铺。明间东面施一神龛，为关聚帝殿，亭两边施木质美人靠。

图38-2-36 聚和桥(严晓宽 摄)

内设机构

2010年，云丰乡设综合办公室。人员编制17人。

1991—2010年云丰乡主要领导任职表

表38-2-28

党委书记	任职年限	乡　长	任职年限
雷育龙	1991.01—1993.03	刘少华	1991.01—1993.04
刘少华	1993.03—1995.12	余高进	1993.04—1996.02
余高进	1995.12—1998.09	叶成华	1996.02—2002.01
黄伟雄	1998.09—2002.01	柳兰岳	2002.01—2005.01
叶成华	2002.01—2001.11	雷长育	2006.01—2007.01
吴兆江	2002.11—2006.06	刘伟彪	2007.01—2010.03
雷长育	2006.06—2010.02	王晓燕	2010.03—2010.12
刘伟彪	2010.02—2010.12	—	—

第九节　沙铺乡

沙铺乡位于县域西南面，东邻大湾乡，南与景宁畲族自治县接壤，西倚云丰乡，西、西北、北靠黄源乡，东北至崇头镇，乡政府驻沙铺村，并以驻地村沙铺取名，总面积39平方千米，距县城38千米。2010年，辖沙铺、林山、朱宅、回龙山4个行政村，下设26个村民小组，全乡有户籍人口803户，2897人，其中非农业人口27人。沙铺乡是云和县海拔较高的乡镇之一，全县1000米以上山峰多数在沙铺乡境内有林业用地3232公顷，盛产松、杉、杂木。生态公益林1296公顷。2010年，全乡实现工农业总产值4906万元，其中工业总产值3237万元，农业总产值1669万元，农民人均收入6192元。

建置沿革

清同治年间属浮云乡三都；民国时属崇滦区；中华人民共和国成立前属云峰乡；中华人民共和国成立后建政时分属林山、大湾2个乡；1956年2个乡合并称林山乡；1958年5月随县并入丽水县，改称林山管理区；1959年林山更名为林峰管理区；1961年成立林峰人民公社；1962年4月复建云和县，属梅源区；1981年为使行政区域与驻地名称一致，恢复原名林山公社；1984年3月林山公社调整为沙铺、大湾2个乡。

农业　全乡有耕地面积119.6公顷。2010年，粮食播种面积244.2公顷，粮食总产量1212.4吨。发展食用菌440.8万袋，其中代料香菇392.1万袋，代料黑木耳48.7万袋，总产量26.9万千克。优化农业产业结构，代料香菇、高山蔬菜、稻田养鱼、山羊养殖、薄壳田螺、厚朴林、杨梅林、桤木林、新科黑木耳菌种、家禽养殖、代料黑木耳、苗木基地等产业成为农业支柱产业，特别是食用菌产业的增势迅猛。1997年至2010年4年间，累计生产袋料香菇6500余万袋，袋料黑木耳500万袋。2003年，种植反季节高山蔬菜23.33公顷，稻田养鱼68公顷。建立并形成2个综合养殖场，实行羊、猪、鸡、鱼等综合养；2005年，薄壳田螺试养成功，并获得

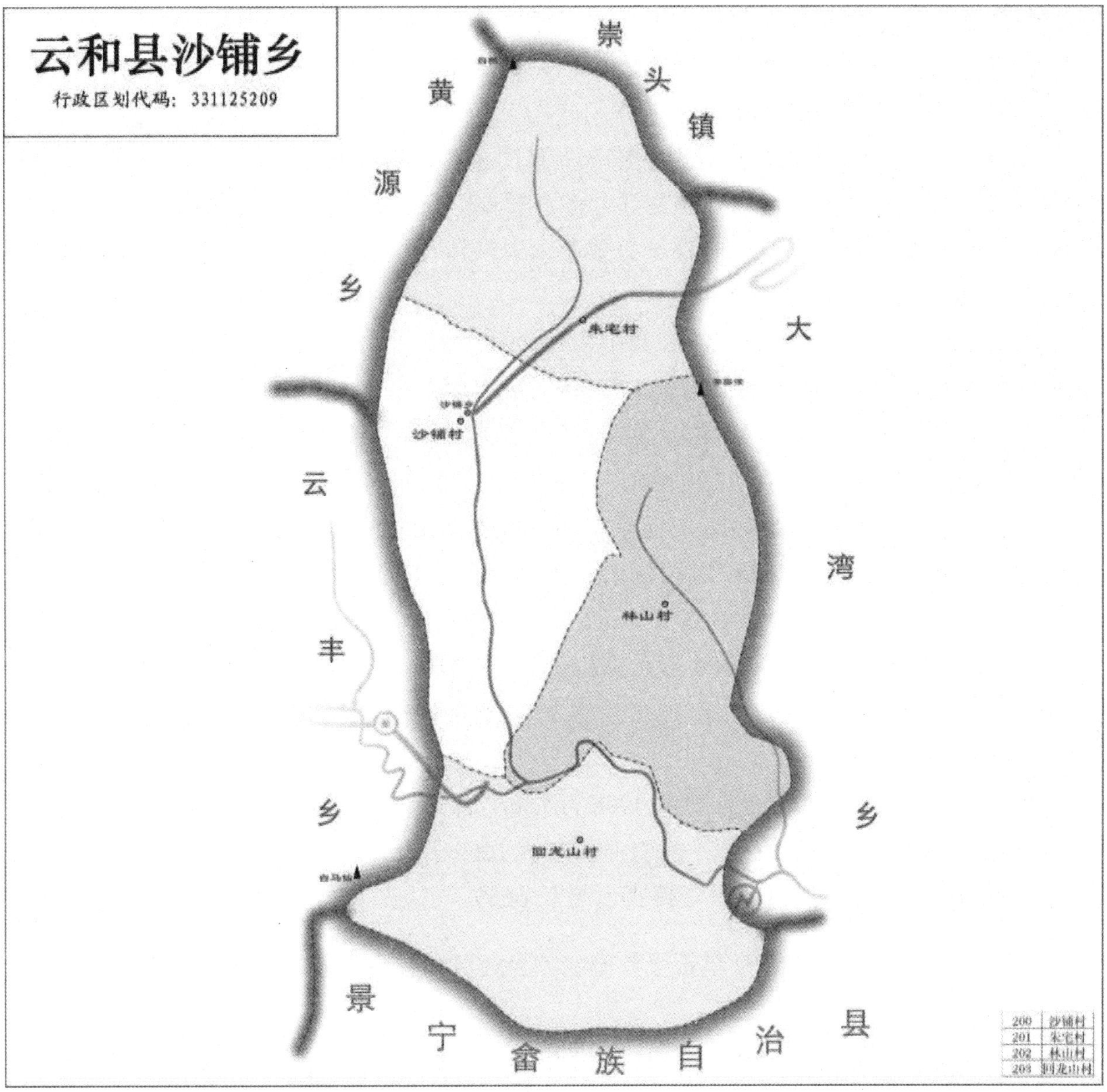

图 38-2-37　沙铺乡区划图(县民政局提供)

可观的经济收入，为沙铺乡的效益农业培育出新的品种。稻田养鱼达到 138.7 公顷，产量达 1.5 万千克。2006 年发展稻田养鱼 116.7 公顷。建立沙铺、朱宅 300 亩标准化稻田养鱼基地，亩均增收 100 元。2010 年，建立沙铺、朱宅稻田养鱼示范基地，养殖规模 116.67 公顷，其中标准基地 13.33 公顷。开发“沙铺人”系列绿色农产品，品种包括南瓜子、吊瓜子、田鲤鱼干等，销售额 20 万元。

异地开发　1997—2010 年间，沙铺乡农民利用农闲时间，外出做香菇、黑木耳或其他技术实现劳动力转移，累计劳务输出 5830 人。

2004 年，沙铺乡鼓励农民异地开发，建立“劳务服务中心”和“援助服务中心”，开展全程代办等服务。并建立驻湖北省襄樊市劳动力转移联络处，让农民“走得出去，安得下心，赚得到钱”。是年，召集从事食用菌菌种生产的农户成立“新科”食用菌产业协会，会员 60 多人，全乡生产的菌种统一品牌、统一生产标准、统一价格，规范竞争，提高生产规模和效益。

2005年，率先成立“云和师傅”协会沙铺乡分会，建立沙铺乡驻陕西省西乡云和师傅联络处，为全乡从事异地开发人员提供服务。

2007年2月，贵州省凯里市丹寨县雅灰乡食用菌考察组来沙铺乡考察食用菌生产情况，与沙铺乡项宗盛等3名“云和师傅”签订合作开发60万袋香菇基地和技术指导协议。截至2010年，全乡60%的人口常年外出，年有效劳动力累计转移率80%，实现三格田自然村的整村搬迁，沙铺砻自然村自然消亡。

工业 2000年，工业企业12家，其中集体企业1家，个体经营11家，主要工业产业有小水电和木制品加工，全年投入技改资金8.5万元，实现工业总产值10万元；2001年，工业产品主要是电力和木制品，全年投入技改资金5.3万元，工业总产值比上年增加7.84%；2003年，工业产品主要有小水电和香菇加工（烘干、冷藏），全年投入技改资金3.9万元，实现工业总产值121万元；2004年，工业企业10家，主要工业有电力及木材、粮食加工等，实现工业总产值156万元。2004年，招商引入“浙江欧能电力工程有限公司”，注册在紧水滩镇，利用县外资金300万元，为乡工业经济的发展注入动力。2006年，招商引入“云和下垟水电有限公司”投资锯板坑电厂2400万元。2010年，鼓励扶持来料加工，创建来料加工点2个，乡内生产加工机器20台，乡外生产加工机器23台，实现200多名闲置农民的转移就业，年加工费收入180余万元。

2010年，全乡实现工农业总产值4906万元，比1997年增长415.87%，其中工业总产值3237万元，比1997年增长2212.14%；农业总产值1669万元，比1997年增长105.79%。农民人均收入6192元，比1997年增加5383元，增长665%。

1991—2010年若干年份沙铺乡经济和社会发展概况表

表38-2-19

年份	村数（个）	村民小组（个）	户数（户）	人口（人）	非农人口（人）	工农业总产值（万元）	工业总产值（万元）	耕地面积（公顷）	粮食总产量（万千克）
1997	4	26	715	3014	30	951	140	148	111.7
2000	4	27	692	2859	17	1202	152	137.4	123
2005	4	26	701	2828	23	1292	156	121.33	110.8
2010	4	26	802	2898	27	4906	3237	119.8	121.24

文教卫生

教育 1996年，有小学7所，教师25名（正式编制10名）学生181人。1999年，学生作品在第十二届“双龙杯”全国少年儿童书画大赛获优秀集体奖。2007年，建立全县第一个农村“留守儿童之家”，乡村党员干部与18名留守儿童结成帮扶对子，落实帮扶措施。2009年，教职工11人，其中专任教师9人，学生71人。2010年，沙铺乡小学撤销。

卫生 2004年，全乡4个行政村开展农村新型合作医疗工作，参保人数1914人，占农业人口的68.6%；全乡享受低保户70户，贫困人口下降到3%以下。2005年，参保人数1902人，占农业人口的68.9%，2006年，全乡新型农村合作医疗参保人数2585人，占总农业人口的95.6%，2007年，全乡新型农村合作医疗应参保人数2810人，实参保人数2796人，参保率99.5%。

图38-2-38 2002年，省海洋渔业局捐助建造的“启航教学楼”（吕周亮 摄）

基础设施 1996年，全乡完成10千伏高压线路架设、电视地面接收站安装。

1997年，丽水地区电业局捐资8万元，对4个行政村的低压电网进行改造；县档案局（史志研究室）捐赠水泥1.5万千克，浇灌沙铺村水泥路800余米。

1998年，完成大沙公路改造工程，铺设乡政府至朱宅村的2.3公路柏油路和朱宅村600余米的水泥路。

2000年，开通林山村简易公路，完成沙铺村中心桥建设。总投资13万元，铺设沙铺村中心处900余米水泥路，安装林山村、朱宅村程控电话。

2003年，投资80多万元，修建回龙山村3.8千米的机耕路；筹资6万多元，修建沙铺村中心片至外林山机耕路；投资2万多元，修建卫生院至乡政府门口三面光渠道300多米；投资1万多元，修建朱宅村水碓桥。还投资近万元建设沙铺村中心桥栏杆及桥灯。

2004年，基本建设投资达300多万元，相继建成岙头至沙铺的11千米柏油路，实现乡道路“黑化”；回龙山村3.8千米的机耕路实现全程通车。

2005年，投资5万元，建设沙铺乡万名饮用水工程，解决273户1218人的饮用水问题，修建30米朱宅桥头堰坝，35米沙铺下垟堰坝500米引水渠，林山夫人殿引水工程，修建40米堰坝，2.1千米引水渠。

2006年，朱宅康庄公路基本完成；投入12万元完成水利工程13处，解决100多公顷农田的灌溉用水。投入资金95万元，完成沙铺、林山村自来水工程。

2007年，完成农村饮用水工程8个，受益人口达98%；沙铺乡中心小学综合楼建成，建筑面积928平方米，占地面积300.9平方米，完成投资89万元。

2008年，投资31万元，完成沙铺村污水处理池建设；完成林山村、沙铺村和朱宅村的建设用地复垦项目2.5公顷。乡政府综合楼建设完成主体工程建设，建筑面积1000.8平方米，占地面积330平方米，总投资131万元；完成沙铺村、林山村有线电视安装。

2009年，完成朱宅桥头护栏建设，沙铺村村内道路路面硬化工程；启动林山村12.47千米的康庄路工程建设。

内设机构 2010年，沙铺乡设综合办公室。人员编制11人。

1991—2010年沙铺乡主要负责人一览表

表 38-2-20

党委书记	任职时间	乡　长	任职时间
易先呈	1990.3—1995.1	王长盛	1990.5—1993.3
袁泽春	1996.1—1999.11	杜金华	1993.3—1996.2
叶晓勇	2000.7—2001.11	陈善林	1996.2—1998.9
洪为平	2002.1—2006.1	叶晓勇	1999.1—2000.3
宋绍峰	2006.1—2006.6	洪为平	2000.7—2001.11
洪广斌	2006.6—	宋绍峰	2002.1—2005.1
—	—	徐志强	2006.1—2007.4
—	—	李小鹏	2007.4—

第十节　大湾乡

大湾乡位于县域西南部，东部与云和县沙铺乡相邻，北接云和县崇头镇、雾溪乡，东、南方与景宁县毗邻。地形以山地为主，植被覆盖率高，盛产松、杉、杂木。有荒坪湾、垛湾、石峡湾三条坑湾，汇合一起故称大湾。乡政府驻地大湾村，距县城31千米，总面积41.75平方千米。辖大湾、项山、林山下、叶山头4个行政村，13个自然村，27个村民小组。2010年，全乡586户，总人口2315人，其中非农业人口15人。2010年，实现工农业总产值4169万元，其中，农业总产值1275万元，工业总产值2894万元，农民人均年收入5239元。2004年，评为丽水市教育强镇（乡）；2007年，获“2006年度丽水十大特色乡镇”；2008年年底，通过“省级生态乡”验收；2008年，被丽水市委、市政府授予“抗击雨雪冰冻灾害先进集体”的荣誉称号。

建制沿革

清同治年间属浮云乡三都；民国时属崇隳区；中华人民共和国成立前属云峰乡；中华人民共和国成立后建政时分属林山、大湾2个乡；1956年2个乡合并称林山乡；1958年5月随县并入丽水县，改称林山管理区；1959年林山更名为林峰管理区；1961年成立林峰人民公社；1962年4月复建云和县，属梅源区；1981年为使行政区域与驻地名称一致，恢复原名林山公社；1984年全县政社分设，林山人民公社调整分设为沙铺、大湾2个乡。

农业经济

1991年，大湾乡实现工农业总产值251万元，其中，农业总产值238万元，工业总产值13万元，1991年人均年收入398元。2010年，大湾乡实现工农业总产值4169万元，其中，农业总产值1275万元，工业总产值2894万元，农民人均年收入5239元，乡财政收入249.36万元。1991—2010年，工农业总产值平均增长32.44%，其中工业总产值平均增长71.56%，农业总产值平均增长18.27%。

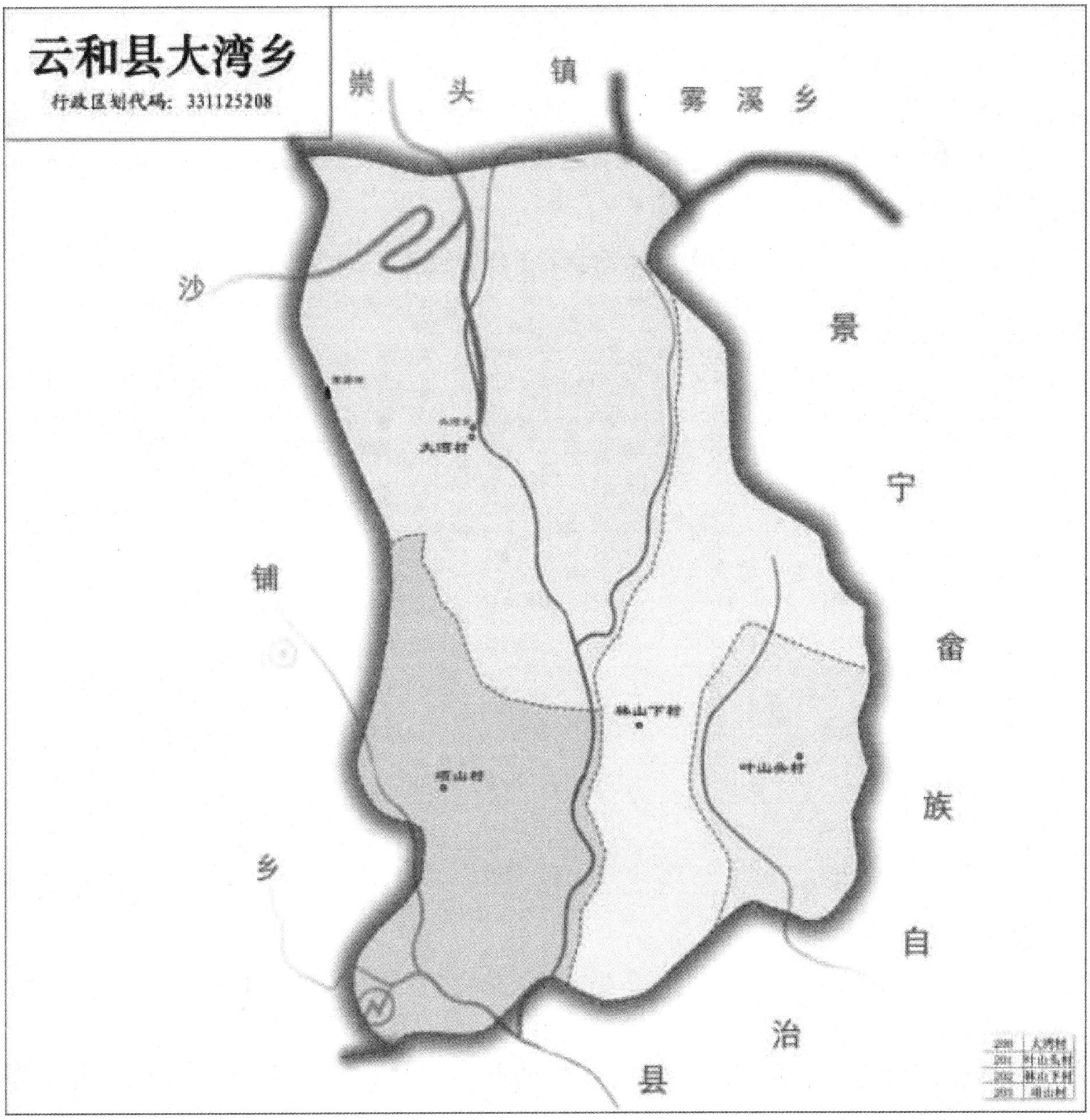

图 38-2-39 大湾乡区划图(县民政局提供)

劳动力转移 1999 年起,大湾乡在县城设立劳动力转移服务站、安排专项资金、制定鼓励政策,引导有一技之长的农民进行异地开发,让富余的劳动力进城和外出经商务工。据统计,至 2003 年全乡有劳动力 1450 人,其中外出劳动力 736 人,遍布北京、广东、贵州、湖北、河南等 13 个省、市。2005 年,大湾乡结合实际,开展各类培训 8 个班次培(轮)训 246 人,专业技能培训 215 人。参加县培训中心职业技能培训 25 人,获得证书 6 人。全乡 164 人获农民技术员职称,9 人获助师职称,8 人获技师职称,至此,全乡农民技术员以上职称劳动力有 230 人,占劳动力总数的 17%,外出从事食用菌开发的 70%劳动力有技术职称,完成劳动力转移 952 人。全乡劳动力总数 1424 人,已完成转移 952 人,占劳动力总数的 66.8%。全年,新增转移 80 人,结构转移(就业调整)120 人;政府直接输送就业 80 人。组团开发基地 4 个,签订组团开发

协议 4 个，输出“云和师傅”16 人，组团开发带动劳动力转移 20 人，建立友好乡镇、友好单位 7 个。同时，建立“大湾乡农村劳动力资源数据库”，实行电算化管理。据统计，全乡劳动力转移年总创收 270 万元，占全乡人均总收入的 41.1%以上。2006 年，参加丽水市农办、丽水日报社举办的“2006 年度丽水市十大特色乡镇”评选活动，因组织农村劳动力转移表现突出获“丽水十大特色乡镇”。

1991—2010 年大湾乡若干年份经济发展情况表

表 38-2-21

项目 年份	农民年人均纯收入（元）	工业总产值（万元）	农业总产值（万元）	工业总产值（万元）	项目 年份	农民年人均纯收入（元）	工业总产值（万元）	农业总产值（万元）	工业总产值（万元）
1991	398	251	238	13	2001	1497	945	845	100
1992	423	232	200	32	2002	1692	1181	716	465
1993	444	361	256	105	2003	1827	967	848	119
1994	360	551	452	99	2004	1998	1035	875	160
1995	468	640	466	174	2005	2291	1767	1569	200
1996	978	598	463	135	2006	2577	1055	955	100
1997	1120	895	790	153	2007	3028	1163	1041	122
1998	1273	750	649	101	2008	4914	1281	1114	167
1999	1381	738	636	102	2009	5449	1373	1172	201
2000	1445	940	839	101	2010	5239	4169	1275	2894

基础设施

道路 1992 年至 1995 年，历时 3 年崇头镇张化村至大湾村公路通车。途径崇头镇张化、砻铺等村，农民下山难、进城难得以改变。

1996 年，全省电力系统的单位和个人捐物捐款，组织青年突击队实施“光明工程”，架线 10KV 高压线路 16 千米，投入资金 80 余万元，农民义务投工 2 万多工，完成各村输电线路的架接，实现村村通电。

2008 年，立足乡域生态优势，实施“兴林富民”工程、“高山生态四季豆”示范基地、农村污水处理示范工程、生态村建设等生态示范项目建设，2008 年，林山下村被命名为“县级生态村”；大湾村被命名为“市级生态村”；2008 年年底，通过“省级生态乡”验收。

办公大楼 2003 年 5 月，动工兴建大湾乡政府办公大楼，2004 年 8 月投入使用。大楼总投资 148 万元，建筑面积 1071 平方米。

电视电话 1997 年，省物产集团资助 10 万元，农民投劳集资 15 万元，工程总投资 25 万元，各自然村安装电视接收站，各户都接通有线电视，实现户户通闭电视。1999 年，省物产集团公司投资 81 万元，扶持大湾乡 12 个自然村安装程控电话 232 部，实现村村通电话。

文教卫生

教育 1996年，香港爱国人士闻儒根捐资12万元，总投资31万元新建大湾小学教学楼，教学楼3层，6个教室，总面积424平方米。闻儒根先生和香港闻氏福利基金会秘书长童田村先生参加奠基仪式。

图38-2-40 香港爱国人士闻儒根捐资12万元，总投资31万元的大湾小学教学楼

1999年，大湾乡有8所小学，小学设置分散，对教学网点进行调整，撤销下垟、内项山、叶马岱3所小学。并投入近10万元，对中心小学大门、围墙、运动场地等配套设施进行修建。2001年，动工兴建大湾小学宿舍。宿舍楼六直四层，总建筑面积710平方米，总投资48万元，其中绍兴市和县教委各出资24万元，8月，投入使用。宿舍楼的建成为创建寄宿制学校奠定基础。2004年年底，被授予"丽水市教育强镇(乡)"荣誉称号。2010年，有小学1所，在校学生32人，教职工8人。

卫生 1997年，大湾乡卫生院由省、县补助兴建，投资10.8万元，乡卫生院的建成，基本解决大湾乡村民看病难的问题。计划生育率100%，节育率88.25%,晚婚率41.38%，人口自然增长率8.22‰。

社会事业

抗冰灾 2008年初，经历百年一遇的雨雪冰冻灾害，灾害持续时间长达2个月，客运班车停运达一个半月，全乡停电最长的村近1个月。全乡3266.67公顷山林、交通道路、自来水设施、电力设施、农户房屋瓦片、农作物和食用菌生产遭受严重损失，全乡受灾农户595户，共计经济损失约2083.1万元。大湾乡精心组织，部署灾后自救互救。配合交通、电力部门抢修公共设施，拨资修复各村受灾自来水设施、通村道路等；发放矿蜡7000多支，救灾棉被、羽绒衣等物资和救灾救济慰问金共计4.9万元，确保全乡社会平安稳定。被丽水市委、市政府授予"抗击雨雪冰冻灾害先进集体"的称号。

司法工作站 2007年4月10日，大湾乡4个村级司法工作站成立，将司法行政工作职能延伸到村一级。这是目前全省首个成立村级司法工作站的乡村。

"外来媳妇之家" 大湾乡大量劳动力的转移流动，大龄青年筑巢引凤工程的开展，来自云南、贵州、湖南、四川等省的外来媳妇46人，其中有苗族、侗族、佤族、水族、布依族、拉祜族、哈妮族等少数民族20人到大湾乡安家，项山村最多。2007年5月，云和县首个"外来媳妇之家"在大湾乡项山村成立。同时，每月定期组织举办讲座、演讲、读报、座谈会、宣教、扫盲和业余文化补习班，使外来媳妇融入当地。

内设机构

2010年，大湾乡政府内设综合办公室。人员编制18人。

1991—2010年大湾乡主要负责人一览表

表38-2-22

党委书记	任职时间	乡　长	任职时间
项光元	1994.01 —1995.01	李克河	1996.02—1998.04
李建法	1996.01 —1998.01	李建宁	1998.04—2001.11
李克河	1998.01 —2001.11	陈建伟	2002.1—2004.1
李建宁	2001.11 —2005.06	周和平	2004.1—2006.1
周和平	2005.06 —2006.19	赵文清	2006.1—2010.3
吕晓东	2006.11—2010.02	宋建英	2010.3—
赵文清	2010.02—2010.12	—	—

第三十九篇 人 物

改革开放给云和带来千载难逢的生机，脱贫致富奔小康前景属于解放思想、实干兴县的云和人民。云和民风淳朴，代有人才出；云和人重耕读，勤劳向善，骨子里蕴含着迎接知识经济时代的自我意识。

本志《人物》篇设“人物传略”“人物简介”“人物表录”三章，主要载1991—2010年间有相应业绩的人物，碍于收集资料、信息不畅，入志人物多有疏漏，表述内容也有简略之憾。

“人物传略”以本籍为主，重点反映云和籍和长期工作在云和对社会有一定贡献的客籍已故人物；“人物简介”主要收录对政治经济社会发展有较大影响，在某一领域有一定知名度的云和籍和长期工作在云和的客籍人物；“人物表录”收录1991—2010年云和县评聘高级专业技术人员、(1991—2010)年省级以上劳动模范及先进工作者、云和县省级以上“三八”红旗手获得者的正处、正团、正高以上寓外云和人士。

一地人才虽然不能尽显，或可以帮助读者窥云和人才兴盛之全貌。

一　人物传略

本章收录烈士；收录对政治经济社会发展有较大影响，在某一领域有一定知名度的云和籍和长期工作在云和工作的客籍已故人物。共64位（以出生先后为序）。

柳良芝（1907—1949），男，浙江省云和县安溪乡黄家地村人。1938年10月加入中国共产党。1949年3月在云和县城大操场牺牲，时为中共云和县安溪乡黄家地村支部委员。

王若钦（1908—1993），男、赤石乡赤石村人。云和县第二届政协委员。擅长诗词歌赋，著有《若钦诗文选》（草本存县档案馆）。1937年，办流动义教小学。1937—1938年抗战期间，事职省民众教育馆，曾主办《云和报》，事云和民教；任图书管理工作；任狮山师范教员；解放后曾任沙铺小学校长；先后受聘县地名普查、县志编撰等工作。

毛祥发（1910—1949），男，浙江省云和县元和街道沈村村人。1949年3月在云和县安溪乡黄家地村牺牲，时为中国人民解放军浙南游击纵队云和县独立中队联络员。

张　淮（1914—1996），男、云和县城街头人。工书法，善小楷，中国书法家协会会员。解放前，担任云和县国民政府秘书，解放后在县卫生局任乡卫生院会计。曾受沙孟海邀请为其家族整理家谱。作品多次参加全国、全省展，并入选《中国当代墨宝集》，1988年4月，在日本“成田山新胜寺开基1050年纪念”展览会上入展。1991年，作品参加省首届艺术节“省当代书法家精品展”，1993年12月，参加省举办毛泽东诞辰一百周年老人书画展。

蓝振昌（1916—1949），男，浙江省云和县浮云街道庄前村人。1948年2月参加革命，1949年12月在云和县岭头村牺牲，时为云和县局村乡庄前村村长。

叶长厚（1918—1950），男，浙江省云和县崇头镇坑下村人。1950年参加工作，同年7月在云和县沙铺乡大湾村牺牲，时为云和县云丰乡坑下村村长。

蓝海元（1919—1949），男，浙江省云和县浮云街道庄前村人。1949年9月参加革命.同年12月在云和县局村乡七处岙门牺牲，时为云和县局村乡庄前村农会主任。

叶永青（1919—2008），男、云和沈村人。1939年毕业于黄埔军校十六期，先后参加吉安反攻战、南昌会战、浙赣战役及宣平保卫战，衔至陆军中校。游击战于四明山，筹人筹粮入沦陷区，曾被日本侵略军百元大洋悬赏头颅。抗战胜利后，偃武修文，转任浙江省府视察。解放后，曾在云和中学、宣平中学任教。连任5届云和县政协委员，参政议政。筹建云和县黄埔军校同学会，任会长22年，多年任县台联秘书长，为祖国统一大业出力。20年参与撰写文史资料《云和县志》《民间文学三大集成》。

叶顺生（1919—1949），男，浙江省云和县崇头镇坪背村人。1499年2月参加革命，同年7月在淳安铁山坞里牺牲，时为淳安茶园区中队战士。

张林恩(1919—1951),男,浙江省云和县紧水滩镇梓坊村人。1948 年 12 月参加革命。抗美援朝战争期间随部队赴朝作战,1951 年 5 月在朝鲜牺牲,时为中国人民志愿军第 27 军 79 师 236 团 4 连战士。

王　莱(1920—不详),字鼎臣,赤石乡张源头村人。《鼎臣日记》作者,云和档案局整理民国档案发现王莱写的日记,共计 19 卷,904 页 10 多万字。1939 年,王莱到金华考入战时工作干部培训团第四团,随后辗转到西安四团本部。抗战时期在西安工作写下的日记(1941.1.27—1946.3.22),详细记录当时的学习、工作和生活的所见所闻、所思所想,当时西安的时局、政治、经济、军事、社会、天气等诸多方面均有体现,具有一定的历史研究价值。后人将该日记取名《鼎臣日记》。

叶柏水(1920—1949),男,浙江省云和县元和街道陈邑村人。1949 年 1 月参加革命,同年 7 月在淳安铁山坞里牺牲,时为淳安茶园区中队班长。

刘世发(1920—1950),男,又名刘伦面,浙江省云和县崇头镇栗溪村廖坑人。1950 年 4 月在云和县隆川乡张坑村牺牲,时为云和县梅源乡栗溪村民兵队队长。

柳正土(1922—1951),男,又名柳兴,浙江省云和县务溪乡水竹垟村人。1949 年 4 月参加革命。1951 年 10 月在福建省南日岛牺牲,时为中国人民解放军陆军第 28 军 83 师 249 团 2 机连班长。曾立三等功 1 次。

严日隆(1923—1953),男,浙江省云和县浮云街道红光村人。抗美援朝战争期间随部队赴朝作战,1953 年在朝鲜牺牲,时为中国人民志愿军某部排长。

杨敦永(1924—1952),男,浙江省云和县崇头镇夏杋垟村人。1951 年 3 月入伍。抗美援朝战争期间随部队赴朝作战,1952 年 6 月在朝鲜红山包牺牲,时为中国人民志愿军第 12 军 31 师 92 团担架连战士。

练　习(1924—2007),景宁鹤溪镇人,1941 年毕业于浙江湘湖师范,曾在景宁数所农村小学任教。1948 年 1 月参加革命队伍,同年 3 月加入中国共产党。在部队历任连政治指导员,宣传干事等职。1955 年 8 月至 1966 年 6 月历任云和中学校长、云和县文教局长等职。1970 年 10 月至 1973 年 7 月任安溪公社党委书记,1973 年 8 月至 1977 年 4 月复任云和教育局局长。1978 年 9 月起任云和县委宣传部副部长直到离休。在部队曾荣立三等功,在地方工作曾多次被评为先进工作者、优秀共产党员。

马观利(1925—1952),男,浙江省云和县赤石乡赤石村人。1951 年 2 月入伍。抗美援朝战争期间随部队赴朝作战,1952 年 3 月在朝鲜铁门山牺牲,时为中国人民志愿军第 60 军 179 师 536 团 2 机连副班长。曾立三等功 1 次。

徐志思(1925—1949),男,浙江省云和县元和街道云坛村人。1949 年 5 月参加革命,同年 7 月牺牲.时为中国人民解放军第 14 军 41 师 122 团战士。

李有根(1925—1950),男,浙江省云和县石塘镇下坑村人。1948 年参加革命。1950 年 6 月在四川省卢县兰田坝牺牲,时为中国人民解放军陆军第 16 军 48 师 I43 团 2 机连战士。

范延瑞(1925—1950),男,浙江省云和县紧水滩镇大牛村人。1949 年 4 月参加革命。抗美援朝战争期间随部队赴朝作战,1950 年 11 月在朝鲜咸兴南道牺牲,时为中国人民志愿军第 20 军 58 师 174 团战士。

王山祥(1925—1952),男,浙江省云和县元和街道陈邑村人。1949 年参加革命。抗美援朝战争期间随部队赴朝作战,1952 年在朝鲜牺牲,时为中国人民志愿军战士。

阙朝良(1925—1952),男,浙江省云和县赤石乡垟田人。1951 年 3 月入伍。抗美援朝战争期间随部队赴朝作战,1952 年 11 月在朝鲜余盈山牺牲,时为中国人民志愿军第 60 军 179 师 536 团 3 机连战士。

张子碧(1925—1952),男,浙江省云和县元和街道包山村人。1949 年入伍。1952 年在云和县小顺村牺牲,时为云和县小顺区中队班长。

林彦苍(1926—1953),男,又名林彦达,浙江省云和县白龙山街道沙溪村人。1948 年参加革命。1953 年 1 月在定海县岱山岛牺牲,时为中国人民解放军陆军第 22 军 64 师 192 团政治处文教。

艾信善(1926—1951),男,浙江省云和县石塘镇小顺村人。1948 年 8 月参加革命。抗美援朝战争期间随部队赴朝作战,1951 年 2 月在朝鲜低平里牺牲,时为中国人民志愿军第 39 军 115 师 343 团 6 连班长。

王水养(1926—1951),男,浙江省云和县凤凰山街道贵溪村人。1949 年 6 月参加革命,1950 年 11 月加入中国共 产党。抗美援朝战争期间随部队赴朝作战,1951 年 5 月在朝鲜牺牲,时为中国人民志愿军第 12 军 31 师 93 团班长。

涂泉斗(1926—1953),男,又名涂升,浙江省云和县紧水滩镇大南山村人。1951 年 2 月入伍。抗美援朝战争期间随部队赴朝作战,1953 年在朝鲜牺牲,时为中国人民志愿军第 60 军某部战士。

涂家庆(1926—1948),男,浙江省云和县石塘镇金村村人。1948 年 11 月参加革命,同年 12 月在平津战役中牺牲,时为中国人民解放军东北野战军第 8 纵队战士。

颜惠心(1926—1950),女,又名颜竹鹤,浙江省云和县紧水镇汤候门人。1949 年 5 月参加革命。1950 年在湖南省长沙市牺牲,时为中国人民解放军某部战士。

蓝仁和(1927—?),男,浙江省云和县浮云街道溪口村坑口人。1949 年 5 月入伍。后失踪,时为中国人民解放军陆军第 11 军 32 师 95 团 7 连战士。1981 年 1 月根据 有关规定,按烈士处理。

王广祥(1927—1950),男,浙江省云和县赤石乡麻垟村人。1949 年 11 月入伍。1950 年 1 月在云和县林山村牺牲,时为浙江第 7(丽水)军分区独立 4 营(云和)战士。

廖松生(1927—1949),男,浙江省云和县元和街道古竹村人。1948 年参加革命。1949 年 8 月在福建省福州市牺牲,时为中国人民解放军第 31 军 92 师 274 团 6 连战士。

蓝　鹏(1927—1953),男,浙江省云和县石塘镇张兰村人。1948 年 10 月参加革命。抗美援朝战争期间随部队赴朝作战,1953 年 8 月在朝鲜牺牲,时为中国人民志愿军第 38 军 114 师 341 团 1 连战士。

应德虎(1927—2009),1927 年 3 月生于浙江省缙云县壶镇应庄。1945 年毕业于金华市第一中学，曾在台湾台中县教育科中教股和新竹市税捐处总务课任职员。1948 年回家乡任教，先后在云和箬溪小学、景宁中学、云和中学、云和二中等校任教，长期担任学校物理教研组长，县物理教研大组组长。二十世纪六十年代 3 年困难时期，坚持参加杭州大学物理系函授学习，以优良成绩毕业。一生教学生涯，治学严谨，注重实验，及学生动手能力培养。他重视备课及 45 分钟课堂教学效果，几乎每堂课教学结束前，都准备好自己编印的课堂小练习，让学生当场练习巩固，持之以恒并达到提高课堂教学效果之目的。

叶长清（1928—1951），男，又名叶德长，浙江省云和县浮云街道庄前村大王庙人。1949 年 4 月参加革命。抗美援朝战争期间随部队赴朝作战，1951 年 6 月在朝鲜牺牲，时为中国人民志愿军第 20 军 58 师 173 团警卫连战士。曾立四等功 1 次。

陈善后（1928—1952），男，又名陈志忠，浙江省云和县元和街道陈邑村人，1949 年参加革命。抗美援朝战争期间随部队赴朝作战，1952 年在朝鲜牺牲，时为中国人民志愿军战士。

吴宗其（1928—1953），男，浙江省云和县紧水滩镇渡蛟村鸭坑人。1949 年参加革命。抗美援朝战争期间随部队赴朝作战，1953 年在朝鲜失踪。时为中国人民志愿军 126 部队 178 支队 533 大队 1 区队 2 连战士。1967 年 3 月根据有关规定，按烈士处理。

张子林（1929—1952），男，又名张克思，浙江省云和县紧水滩镇大牛村人。1949 年 5 月参加革命，1951 年入中国共产主义青年团。抗美援朝战争期间随部队赴朝作战，1952 年 10 月在朝鲜牺牲，时为中国人民志愿军第 12 军 35 师 103 团 4 连战士。牺牲后被追授“模范共青团员”称号。

胡风生（1929—1953），男，又名李绍育。浙江省云和县赤石乡赤石村人。1951 年 1 月入伍。抗美援朝战争期间随部队赴朝作战，1953 年 3 月在朝鲜牺牲，时为中国人民志愿军第 60 军 179 师 536 团 2 机连通讯员。

陈树元（1929—1950），男，又名叶联启，浙江省云和县元和街道小徐村人。1949 年 5 月参加革命。1950 年在福建省厦门失踪，时为中国人民解放军陆军第 31 军后方勤务部担运团通讯员。曾立三等功 I 次。1980 年 1 月根据有关规定，按烈士处理。

叶克振（1929—1953），男，浙江有云和县紧水滩镇大牛村孟山头人。1951 年 12 月入伍。抗美援朝战争期间随部队赴朝作战，1953 年 5 月在朝鲜牺牲，时为中国人民志愿军第 60 军 179 师 536 团 4 连炊事员。

许根生（1929—1953），男，又名许士聪，浙江省云和县云和镇过宫弄人。1951 年 2 月入伍。抗美援朝战争期间随部队赴朝作战，1953 年 6 月在朝鲜牺牲，时为中国人民志愿军第 60 军 179 师 536 团 3 营 7 连班长。

项宗和（1929—1953），男，浙江省云和县崇头镇梅源村大丘田人。1952 年 2 月入伍，抗美援朝战争期间随部队赴朝作战，1953 年 6 月在朝鲜富阴山牺牲，时为中国人民志愿军第 60 军 179 师 536 团 2 连战士。

蓝章宝（1929—1953），男，浙江省云和县浮云街道局村村人。1949 年 12 月入伍。抗美援朝战争期间随部队赴朝作战，1953 年 11 月在朝鲜牺牲，时为中国人民志愿军第 336 部队战士。

林大梅（1930—1950），男，浙江省云和县白龙山街道高胥村 人。1949 年 10 月入伍.1950 年 7 月在云和县云和镇牺牲，时为云和县大队第 2 中队战士。

冯慎贤（1930—1952），男，又名冯焕贤，浙江省云和县石塘镇张川村人。1951 年 3 月入伍。抗美援朝战争期间随部队赴朝作战，1952 年 11 月在朝鲜五圣山牺牲，时为中国人民志愿军第 12 军 31 师 93 团 6 连战士。

李乾堂（ 1930—1950），男，浙江省云和县紧水滩镇大源村湾头人。1949 年 5 月参加革命J95O 年 5 月在丽水县牺牲，时为丽水专区公安队通讯员。

刘兴为（1930—1951），男，又名刘森，浙江省云和县石塘镇张川村上畈人。1949 年 5 月参加革命。1951 年 10 月在四川省重庆市童南大队阳坝牺牲，时为中国人民解放军步兵第 33 师 97 团 6 连战士。

刘家辽（1931—1952），男，浙江省云和县崇头镇栗溪村廖坑岙人。1951 年 3 月入伍。抗美援朝战争期间随部队赴朝作战，1952 年在朝鲜上甘岭牺牲，时为中国人民志愿军第 12 军军直新兵营 5 连战士。

邱洪蓬（1931—1953），男，又名龚仁洪，浙江省云和县赤石乡新林村人。1951 年 2 月入伍。抗美援朝战争期间随部队赴朝作战，1953 年 7 月在朝鲜余盈山牺牲，时为中国人民志愿军第 60 军 179 师 536 团 9 连战士。

高廷兴（1931—1952），男，又名高圣法，浙江省云和县石塘镇张兰村人。1949 年入伍。1952 年在黄岩县海门南山村牺牲，时为浙江台州军分区海防大队炊事员。

郭仁生（？—1951），男，浙江省云和县凤凰山街道勤俭村人。1951 年 5 月入伍，同年 12 月在黑龙江省勃利县牺牲，时为黑龙江省勃利县汽车驾驶培训学校汽校学员。

叶祖标（1931—1950），男，浙江省云和县浮云街道云章村人。1949 年参加革命。1950 年在定海县牺牲，时为中国人民解放军陆军第 22 军某部战士。

倪伍忠（1932—1953），男，浙江省云和县紧水镇梓坊村人。1951 年 2 月入伍。抗美援朝战争期间随部队赴朝作战，1953 年 4 月在朝鲜牺牲，时为中国人民志愿军第 60 军 179 师 536 团 7 连战士。

宋正兰（1934—?），男，浙江省云和县务溪乡岙头村人。1949 年 11 月入伍。后在龙泉县牺牲，时为龙泉县大队司号员。

王金贤（1934—1953），男，又名王细根，浙江省云和县赤石乡张源头村过路桥人。1951 年 3 月入伍。抗美援朝战争期间随部队赴朝作战，1953 年 3 月在朝鲜五圣山牺牲，时为中国人民志愿军第 12 军 34 师战士。

吴雨昌（1936—1959），男，浙江省云和县紧水滩镇垟后村人。1956 年 3 月入伍，1959 年 8 月在福建省同安县牺牲，时为中国人民解放军 5039 部队驾驶员。

叶英琪（1938—1958），男，浙江省云和县石塘镇规溪村人。1956 年 3 月入伍。1958 年 9 月在福建省牺牲，时为中国人民解放军 5057 部队 3 分队 9 小队班长。

郑献金（1940—1963），男，浙江省云和县石塘镇上坪村人。1960 年 3 月入伍，1961 年人中国共产主义青年团。1963 年 10 月在瑞安县北鹿岛牺牲，时为浙江省军区守备第 85 北麂守备营战士。

孙尚伍(1949—1972)，男，浙江省云和县浮云街道局村村航运站人。1968 年 3 月入伍，1971 年 12 月加入中国共产党，1972 年 1 月在陕西省安康县牺牲，时为中国人民解放军 5853 部队 1 中队 5 小队班长。

李寿田(1950—1970)，男，浙江省云和县石塘镇金村百花洞人。1970 年 1 月入伍，同年 7 月在吴兴县牺牲，时为中国人民解放军 6539 部队 6 连战士。

张利生(1955—1979)，男，浙江省云和县石塘镇小顺村人。1976 年 12 月入伍，1978 年加入中国共产党。1979 年 6 月在青海省格尔木县青藏公路昆仑山不冻泉路段牺牲，时为中国人民解放军 00090 部队 2 营 9 连 1 排 2 班班长。

杨建荣(1970—1992)，男，1970 年 9 月出生，浙江省云和县石塘镇双港村人。1990 年 3 月入伍，武警浙江总队第二支队警通中队服役，任班长，中士警衔。1992 年 7 月 4 日，衢州地区龙游县遭暴雨袭击，引发山洪。杨建荣在龙游县姜家村抗洪抢险中，为抢救被洪水围困的群众和战友牺牲，被浙江省人民政府授予革命烈士称号。武警部队党委追认其为中国共产党党员。省武警总队给予其追记二等功一次。

钱仁平(1973—1994)，男，1973 年出生，浙江省云和县浮云街道云章村人。1994 年 4 月，钱仁平为抢救落水儿童，献出自己年青宝贵的生命。钱仁平被浙江省人民政府授予革命烈士荣誉称号。

二 人物简介

本章收录对政治经济社会发展有较大影响，在某一领域有一定知名度的云和籍和长期工作生活在云和的客籍人物共 81 位(以出生先后为序)。

徐光琇(1916—)，字之仁，云和县石塘镇长汀村人，中国共产党优秀党员，兵器工业特殊荣誉获得者。先后就读于省立处州中学和杭州市高中。1938 年春到达延安，参加抗日军政大学学习之后，到晋察冀军区工作。先后任文书、文化教员、干事、见习参谋等职。1944 年春，调军区任气象参谋。1945 年日本侵略军宣布投降后，奉命赴东北接收伪满州国航空队，先后任辽河抗日支队长兼政委、东北民主抗日联军第七纵队后勤经建处、管理处、军工处处长、政委等职。1948 年 8 月，被特选入北京工学院深造。1951 年毕业后，分配至中央五机部任科研处长。1962 年调中央五机部负责组建技术司任副司长、科技局副局长等职。1964 年任中国兵工学会副理事长。1982 年离休，享受副部级医疗待遇。

张再堂(1921—)，男，汉族，1921 年出生，云和县人。从 17 岁开始跟随叔父张子圆学习包山花鼓戏，擅长包山花鼓戏的前后台各类行当，能胜任包山花鼓戏班的各类民器，包括二胡、唢呐、笛子、锣、鼓等乐器。张再堂在戏班中擅长饰演生角，后期任灯首。1978 年改革开放后，包山村重组包山花鼓戏班，负责每年的组班、培训、巡演等事项。近年来，他虽年事已高，但还是积极配合文化部门完成花鼓戏的普查、挖掘工作，录制包山花鼓戏传统剧目，并培养一批中青年演员，为包山花鼓戏的传承发展作出贡献。

王存义（1922— ），男，笔名王心白、王正一等，1922 年 7 月生于云和县城。师范学历，曾任云和县政协第一、二、三届常委；县政协文史委主任；云和县《县情》《地名志》、1996 年版《云和县志》《云和文史资料》编委；曾任省民间文学研究会会员、省民俗学会会员、省文联会员。

他以本土文史为主攻方向，发表主要著作有《谚语与科学》《民间文学是历史真实的语言纪录》《山区饮食文化调查》《山区经济开发》《畲族民间文学的历史价值》《日军在云和施行细菌战目睹记》《八年抗战》《民间文艺》《桂一楼》《云和雪梨》《云和银矿》《云浮趣俗丛谭》《辛亥革命先驱魏兰》《书圣王羲之后裔在云和繁衍千年》《晚明抗越名将王一卿》 等，有的作品被省政协、省党史、《人民画报》等刊物或专集转载，《八年抗战》译成日文发表于东京的《通讯》刊物。

林彦遐（1926— ），1926 年出生于云和县林山村。曾在黄家畲、梧桐共读二年小学。

1952 年，山区缺乏文化人，林彦遐到林山小学教书，1954 年，被保送到丽水初级师范轮训班学习，1956 年分配在高坑下、坑下巡回制教学。后调石甫、古坊、丽水皂树等小学任教。1960 年在古坊完小任教开始担任校长。1969 年回林山学校任教，担任校长。

林彦遐一生倾力于山区教育事业，深受群众爱戴。《浙江日报》称他是“山区文化的播种人”；1965 年《浙江教育》称赞他是“一心扑在教育事业上的人”；1981 年被评为浙江省“五讲四美、为人师表优秀教师”。

何寿祯（1928— ），1928 年 1 月，出生于景宁东坑。云和第一代木玩人，是云和木玩的创始人之一。20 世纪 50 年代末，何寿祯举家迁至云和赤石。

林　湘（1928— ），原名希香，男，汉族，1928 年 9 月生于云和县，中共党员。现为中国书法家协会会员，省书协艺术指导委员会成员，省美协会员，市书协名誉主席。

林湘 16 岁之前在云和度过。抗战时期，云和一度成为浙江的政治、文化中心，云和的文化教育事业得到很大发展。著名文化人士冯雪峰、潘天寿、余绍宋等云集云和，各种各样的文化活动经常在云和开展。书画展览办过多次，展出的作品都是逃难到云和来的达官显贵随身携带的名家名作，对林湘影响很大。1947 年秋，林湘考入杭州国立艺专，开始学习绘画，以国画为主，国画要写题跋，开始认真琢磨书法。1950 年参加抗美援朝志愿军，1958 年，林湘跟随志愿军撤军回国，先后在 2 军文工团、武汉军区文化部、湖北宜昌武装部工作。1976 年 5 月，林湘从部队转业回到家乡丽水工作。1979 年初，林湘参与组建丽水地区群艺馆并任馆长，同时兼任丽水地区美术书法协会主席。

梅显传（1930.3— ）男，1930 年 3 月出生景宁大漈。中共党员，1984 年 9 月中国人民解放军 83662 部队副营职岗位上退役。

1951 年 3 月，梅显传报名参军，和哥哥一起在朝鲜战场上并肩作战。1952 年 11 月 3 日，梅显传身为机枪手和战斗小组长参加上甘岭战役，历经三天三夜，梅显传在战斗中尽最大的努力，和战友们一起打退敌人的12次冲锋，期间曾2次负伤，连长一再让他下火线治疗，但他仍坚持在一线战斗，全连共歼灭40多个敌人，还利用战斗空隙在战场上收拣36箱弹药、1挺重机枪、1支卡宾枪和2个铁雷，这些武器弹药都在后来的战斗中发挥很大作用。在这次战役中，梅显传个人荣立一等功，获朝鲜民主主义共和国一级自由勋章。

1984年9月，梅显传退役回到云和老家，为云和经济社会发展积极贡献力量。加入云和县"老兵宣讲团"，以自己战争年代的亲历故事和所见所闻，向全县干部群众广泛宣讲人民军队不怕牺牲、英勇作战的光荣历史。在全县中小学校、社区、行政事业单位、青少年宫等场所开讲数百场，上万名干部、群众和学生聆听过老兵们的革命故事，接受来自老兵的爱国主义和国际主义教育。

魏 峨(1931—)，男，浙江省云和县人，1931年8月出生。一级编剧；曾任文工团员、浙江戏曲研究所创作员、浙江越剧团编剧、浙江越剧院三团团长、浙江越剧院常务副院长、浙江越剧团名誉团长等职。为中国戏曲学会理事、中国剧协会员、浙江省剧协副主席、浙江省政协委员。享受国务院特殊津贴。

1950年参加中国人民志愿军文工团入朝鲜，开始从事文艺工作。1955年魏峨从部队复员，1956年分配到浙江省文化局，为《俱乐部》文艺半月刊编辑。

其主要越剧作品有：《胭脂》(与双戈合作，获文化部一等奖)、《乾嘉巨案》(获省一等奖)、《柳玉娘》(获省一等奖，与双戈合作)、《天之骄女》(获省一等奖及电视飞天奖二等奖)、《巧凤》(获文化部文华奖)、《大义夫人》(获电视飞天奖一等奖，与双戈合作)；以及《画眉》等。其他剧种的剧作有：婺剧《西施泪》(长春电影制片厂拍摄)、婺剧《铁灵关》、京剧《三过通天河》等。1991年浙江文艺出版社出版《魏峨双戈剧作选》，内载《胭脂》等10个剧目。2000年9月出版《魏峨剧作选续集》，内载《巧凤》等8个剧目。

姜振标(1931—)，男，1931年出生于温州市。云和县木制玩具产业奠基人之一。

18岁跟随父亲学做木，1953年在丽水县总工会参加工作，任丽水县手工业工会副主席，曾在丽水县手工业部、黄岩路桥飞机场、丽水县工交部、梅源公社(副主任)、云和县工交手工业局等单位工作，1980年2月始任云和县二轻局副局长。

1972年初，在参加省工艺美术会议时，把龙泉、泰顺等县发展木制玩具效益可观的信息带回云和，并组织相关人员走访浙江省进出口公司、上海市轻工进出口公司等。回来随即带领县化工社(玩具一厂前身)骨干11人去龙泉、泰顺，上海玩具八、九厂学习取经。经过多方调研论证，认为云和发展竹木玩具的生产很有实施的可行性和发展前景，这一设想得到云和县委、县政府和工业局领导的充分肯定和支持。姜振标带队多次往返于上海市轻工进出口公司与木制品加工企业之间，省轻工业厅和上海进出口公司与云和玩具企业签约首批合同。

张寿橙(1935—)，1935出生于云和黄水碓村。1953年毕业于处州农校。1987年评为高级工程师，退休前为龙泉林业局总工程师。1988年在香港首倡"海峡两岸菇业联谊会"，任大陆首席代表；2006年，评为全国优秀老科技工作者；2007年，被推为中国食用菌协会香菇分会名誉会长。

1960年所著《香菇栽培方法》一书，为建国后我国第一本香菇专著；1993年任《中国香菇栽培学》期刊第一副主编；2006年出版《中国香菇栽培与市场》。60多年来，发表400余篇论文，出版著作共300多万字。1981年，《香菇发源地》和1999年《泣血的香菇，呼唤政策的保护》二文，两次均获浙江省自然科学最优论文奖，排名第一。他所写关于中日香菇市场搏击的文章，引起日本国会议员的严重关注。

梅岩清（1939— ），男，汉族，1939年2月4日出生，云和镇大坪村人。1964年浙江大学本科毕业，同年9月，分配到浙江省公安厅乔司劳改农场工作，1972年加入中国共产党，1986年在中央党校学习，高级技术职称。1984年8月起任浙江省乔司劳改支队支队长（正处）、浙江省劳改局（后更名为浙江省监狱管理局）副局长、局长（副厅），二级警监，1999年5月经中共浙江省委组织部批准以浙江省监狱管理局局长原职务退休。任职期间，浙江省乔司劳改支队曾多次被评为省、市先进集体，获得全国司法系统先进集体一等功。

魏柏松（1941— ），男，汉族，1941年10月出生，云和县云和镇人，中共党员，林业高级工程师。1964年，江西农业大学林学系毕业。1964—1966年，江西省林业科学研究所林业研究室任技术员。参加江西省科委领导、庐山植物园组织的"薯芋植物资源调查及利用"调查工作，该植物为我国第一代避孕药资源。

1979—1982年，江西省林业科学研究所工作。参加并完成"江西省林业区划"工作。主持江西省子专题及江西省林业厅课题研究工作。1995年，《湿地松人工林经营模拟系统》研究获广东省科技进步二等奖奖。1996年，《江西省湿地松纸浆与建筑材林适用栽培模式的研究》"获江西省科技进步二等奖。获江西省农业科技人员突出贡献二等奖。1984年4月起，先后任江西省林业科学研究所树木园副主任，造林研究室副主任，江西省林业科学院林业研究所所长等职务。发表论文30余篇。1995年，任林业高级工程师。1997年，任副研究员。2008年，评为教授级高级工程师。1978年，获全国科学大会奖和江西省科学大会奖。1998年，享受国务院政府特殊津贴。

鲁有福（1941— ），男，原名朱诚文，汉族，1941年3月出生在义乌县。中共党员。政协云和县委员会第一至第五届委员；2000年，当选中共丽水市首届党代会代表。
1953年杭州六中初中毕业，1959年金华一中毕业，1963年杭州大学数学系毕业，同年分配到云和县景宁中学任教，1969年调云和梅源初中任教，1972年调入云和中学任教，在全国数学竞赛中，有两人获奖。1984年任云和中学教务主任，1997年任云和中学教科主任，在省级刊物上发表八篇教学、教育论文。

1986年获省级"优秀教师"称号，1990年获"浙江省特级教师"称号。1991年获"中国数学会奥林匹克一级教练"称号。

蓝观海（1943— ），男，畲族，1943年出生于云和县雾溪畲族乡坪垟岗村，初中后回乡务农，长期组织和参与畲族"单门赤郎"对歌、做功德、祭祖、藏经、哭丧等活动，成为远近闻名的畲族通。从1979年开始撰写畲族文化研究的文章，在各类大小报刊发表40余篇，自掏腰包购买和搜集畲族文物300余件，并捐献给村里的畲族民俗馆。为《中国少数民族古籍总目提要畲族卷》浙江卷收集、整理线索134条，并多次组织参与筹办“三月三”大型活动。在畲族文化研究和传承方面所做的不懈努力和取得的成就，得到文艺家协会等组织的关注，1981年，成为浙江省民间文艺家协会会员；连续三年成为市、县民间文艺家协会会员；1986年担任浙江省少数民族体育协会会员；1984年至今担任县政协历届委员和畲族民研会副主席。

傅 瑜（1943— ）籍贯浙江淳安。浙江省戏剧家协会，浙江省民间文艺家协会，浙江省群众文化学会，中华诗词学会会员。现受聘为淳安县老干部诗词学会、丽水市诗词学会、欧洲中华诗词研究会顾问。2003年在云和县政协副主席任上退休。

1978年开始在省级国家级刊物上发表诗歌、小说、戏曲等各类文学体裁作品，作品散见于《江南》《东海》《民族团结》《农民日报》《中国人口报》《诗刊》《词刊》《中华诗词》《中华辞赋》《人民日报海外版》等百余家刊物；1980年创作畲族歌舞《织彩带》，在丽水地区举办全省少数民族会演中，被选调进京节目，于1981年改编成《凤凰彩带飞北京》，赴中南海演出；1982年创作八场越剧《慈母泪》，1983年首次由专业剧团参加浙江省首届戏剧节演出，并获优秀创作奖；八场新编历史剧《金石同心》，1984年首次由专业剧团参加丽水地区首届戏剧节演出，并获创作一等奖。著有《傅瑜作品选》《撷芳斋吟稿》等五部作品。

卢显文（1946— ）男，1946年1月出生于浙江云和云和县沙溪乡何岱垟村。高级工程师。先后于任职中国石化集团公司金陵石化公司、应神华集团公司高级技术顾问、中煤集团公司陕西煤制烯烃项目任技术管理部经理。1986年任处长、1990年聘为石油化工高级工程师，2001年任总工程师，国家环保总局环保专家库专家。获中国石化集团公司科技进步三等奖、中国石化集团公司科技发明三等奖、第一发明人、南京市科技发明一等奖、南京市总工会先进工作者；获神华集团公司先进个人；入选《科学中国人，中国人才岸》一书、获香港“中华优秀专利精选”入选证书。

陈惠民（1946— ）男，1946年11月3日出生于上海。浙江省云和图书馆馆长、研究馆员；浙江省政协委员；退休后任荣誉馆长、木玩具图博馆主任。

1964年考入北京大学，1969年毕业后分配云和。1982年起任职于云和图书馆。陈惠民以公益图书馆为基地，向社会提供原创意义的公益文化产品，从文化设计层面建设山水家园•童话世界。云和图书馆在他的主导下切入当地主流社会的经济、文化、政治生活，并竭诚有效服务；创建木玩具图博馆，以本土文化的木玩具研发为工作特色。有史前岩画的南北星盘、银矿文化的雏菊花拼板、船帮文化的舴艋舟及廊屋桥、梯田文化的鸳鸯碓及通用节气日晷、抗战文化的金字塔锁球等，形成专利系列，促进木玩与旅游两大产业的对接。1983年起，云和图书馆创导承办“爱才奖”，持之以恒，奖掖对社会作出贡献的各界人才，为人才环境工程营造氛围。以本土文化的学术研究和艺术呈现为主攻方向，代表作有文史著作《可爱的云和》《带蜜的山花》《畲族文献珍品荐》等。此外，《桑尼—太阳》获全国报纸副刊优秀作品金奖，《心灵栖居的家园》获全国图书馆征文一等奖，音乐舞蹈史诗《童话云和》入选香港文化艺术出版社的《中外古今绝妙美文珍藏本》。译作有西方汉学家艾博华采访云和的《畲民史话》及《浙江南部的女神崇拜》等。2003年，文化部授予云和图书馆为国家一级图书馆。

卢　彬（1947—　），男，1947年11月出生，籍贯云和。主任记者；原中共丽水市文化体育广播电视（新闻出版）局委员会书记。

1973年至1980年，先后就职于云和镇中学、云和县东风农机厂、云和县总工会；1980年选调丽水地区文化局；1983年参与筹建《丽水日报》，任党委副书记、副总编辑；1992年筹建《处州经济生活报》（处州晚报），任总编辑；2000年调任丽水市文化局局长、党组书记，丽水市文化体育广播电视（新闻出版）局局党委书记直至退休。

1977年创作的畲族山歌剧《巧相亲》、1981创作的越剧《俩姐妹》先后参加全省汇演和调演，均获演出奖（最高奖项）。《浙江日报》以第四版整版篇幅刊登《巧相亲》剧本，并在一版配发评论《一部冲破禁区的小戏》；1979年，报告文学《灵魂的变迁》在《丽水文艺》首刊后，被3家杂志转载、5家电台转播；发表于《青年文学》的报告文学《世界冠军在这片土地上诞生》，被评为国际青年年优秀作品奖；发表于《农民日报》的散文《墙画》获年度全国优秀散文一等奖；搜集整理《畲族山歌100首》被列为中央民族大学课外辅导教材，其中10首被选入《中国新文艺大系》；共有37篇新闻作品、12篇新闻论文先后获全国和省一、二等奖；有100多万字各类文学作品发表在各地报刊杂志。

曾任中国报纸副刊研究会常务理事，中国新闻奖第九届评委，浙江省民间艺术家协会会员，省作协第5届委员会委员。

李康乐（1949—　），男，出生于1949年12月25日，籍贯文成。1986年，发明全自动钥匙复配机获得国家专利。

2007年9月6日，中央电视台《正大综艺》在山东省平邑县天宇自然博物馆前广场主办“直升飞机高空悬挂腹部吸碗”挑战赛，稳稳地悬挂在离地面25米的空中长达7分06秒，这一成绩远超之前德国人创造的3分37秒吉尼斯纪录，创造新的世界吉尼斯纪录。

李康乐以“腹部吸碗”、“电钻钻肚皮”等绝技挑战吉尼斯纪录，他的几项绝活还有：肚皮吸碗提水、俯卧钢筋、电钻钻肚皮、肚皮吹气球……。央视的《走近科学》、《正大综艺》、《人与社会》、《讲述》、《乡村大世界》、《家庭》、《挑战群英会》等，就为他做9档专题节目。此外，浙江、湖南、江苏、四川、江西、湖北、安徽、山东、广东、上海等10个省市卫视先后邀请他在各自的综艺节目中表演。

徐锦山（1949—　），男，汉族，1949年出生于云和县云坛乡包山村，浙江省非物质文化遗产——包山花鼓灯戏第七代传承人。

在10岁前，开始跟爷爷徐子义学唱花鼓灯戏。儿童时就参加老艺人张再堂先生举办的“花鼓会”。培养女演员，并首演成功，至今坚持男女合演，为云和包山花鼓灯戏的传承发展作出贡献。1978年，以灯首身份恢复举办“包山花鼓灯戏学习班”，1980年，组织重建“包山花鼓灯戏戏班”，任灯首（班主）至今。在节目内容上也作重大革新和探索，除完善传统剧目外，结合传统的地方民间小调、婺剧折子戏、越剧折子戏，改编现代剧目，丰富花鼓灯戏的内容。近年来，举办学习班，努力培养新一代演员，并在每年春节期间组织演出。

刘国平（1950—　），男，汉族，1950年生，云和县人。浙江省非物质文化遗产——八步洪拳传承人。

师承知名拳师吴贤福，学练“八步洪拳”，在掌握基本套路的基础上，深入挖掘研究，进一步完善“八步洪拳”体系，在各省市大型比赛中荣获大奖10多次，并组织带领“八步洪拳”团队连续六年获浙江省国际传统武术比赛集体一等奖。刘国平是云和传统武术的主要领军人物之一，发起成立“八步洪拳”研究会。从武40余年来，授徒达千余人。他担任武术总教练的云和实验小学被评为丽水市少儿武术基地，多年来坚持无偿为学生传授技艺。

雷云伟（1950—　），男，畲族，1950年出生于云和县下垟村。浙江省非物质文化遗产——梅源梯田开犁节传承人，他还是犁田、耙田，包括制作耕犁的好把式。

梅源梯田一带特殊的地理条件，机械化耕作在这一带难以实现，这也为传统农耕民俗活动的传承提供良好的条件，梯田人至今仍代代相传着传统的耕作技艺和民俗传统。开犁节是地域性全民参与的活动，活动以祭神娱人为目的，活动中的各类民俗事繁琐复杂，每年都有主事人负责组织、协调。雷云伟以自己的威望，成为每年的主事人之一，负责与周边各村的组织、协调等工作，从活动的策划、组织，具体包括每年经费、人员等问题，事无巨细都亲历亲为。

廖复新（1951—　），男，汉族，1951年生，云和县人。中国木制玩具艺术大师。

自初中毕业后师从王少荣学习木工技艺，凭着一手出色的木工活成为云和县玩具一厂的一名技术工。1986年，创建浙江新云工艺品有限公司，至1995年，产值已经达到5000万元，挤身全国500强私营企业行列，名列231位，实现了一次大的飞跃。现在廖复新的新云工艺品有限公司已成为一座占地面积100亩，建筑面积3万余平方米的现代化的绿色厂房，总资产达1亿余元，员工2000余人，公司下设5个分厂，70个加工点，1家进出口有限公司，年生产能力可达近三亿元的大企业。廖复新凭着传统木作技艺和勤奋好学的精神，致力于传统木制玩具产品的开发，致力于传统生产技艺的传承和发展。

蓝国相（1952—　）男，畲族，1952年5月出生于云和石塘镇。大专文化。

1968年12月浙江省少数民族师范学校毕业后当教师一年。1969年12月参加中国人民解放军，先后任班长、保管员、连长。1975年4月转业，先后担任公社中学校长，公社党委委员、公社党委副书记、乡党委书记、区委副书记、市委（县级）七届候补委员，当选浙江省八届党代会代表。1989年9月始任丽水市（县级）民政局副局长、党组成员、民政局局长、党组副书记，1993年4月任丽水市（县级）人大常委会副主任，1997年10月始任遂昌县人民政府副县长、遂昌县十一届县委委员，2001年3月始，先后任丽水市移民办副主任（副处级）、党组成员、丽水市民宗局副局长、统战部部务会议成员。2006年1月任丽水市人大常委会委员、民族华侨工作委员会（外事办）主任。

金胜民（1952—　），男，汉族，于1952年出生青田。浙江省非物质文化遗产——传统木制生产技艺传承人。

家族自18世纪高祖起，历代从事木工行业，走家串户为百姓制作各类木制用品。至金胜民止为第五代，其兄金胜凡、金胜普均为民间传统木工工匠，金胜民小学毕业后即师从祖业，随父兄在民间做木工。三年学徒期满，金胜民不仅熟练掌握了祖传手艺，且进行技术、设计上的创新改革，所加工的家具深受主家称赞、喜爱。1984年起，金胜民创办云和县新胜玩具厂，至上世纪90年代，生产规模和生产水平得到质的飞跃。至2008年止，企业建筑面积达9000余平米，当年销售总额1800万元，产品远销欧美等国家和地区。金胜民注重对传统木制玩具的开发，始终致力于传统生产技艺的传承和创新。

蓝宝珠（1952— ），女，1952年出生于云和县崇头镇下垟行政村，浙江省非物质文化遗产——畲族山歌传承人。

受畲族文化的熏陶，蓝宝珠跟随爷爷雷德旺、父亲雷忠福、母亲雷瑟花学习唱山歌。蓝宝珠凭着自己的一付好嗓子，经常参与镇里组织的各类演出活动。在开犁节活动中，她是民歌队的主力，曾作为代表参加过周边市、县的畲族民歌会，受到群众的一致认可。下垟村属纯畲族村落，传统民族民间艺术氛围浓厚，蓝宝珠将自己的畲族山歌传授给下一代。

邱潘秋（1954— ），男，1954年6月出生于云和。中国标准化委员会委员、国家职业技能鉴定高级考评员、高级玩具设计师、经济师、工艺美术师、丽水市工艺美术大师，盆景艺术大师，云和县半球实业有限公司董事长。

1971年5月以生产技术设计师的身份进入云和草席社，1981年为云和玩具六厂筹建小组成员，承担云和玩具四厂生产技术、新产品开发的重任。1983年被抽调云和县玩具公司担任标准化组组长兼任木制玩具设计师；1987年参与组织全国首届木制玩具标准化行业学组活动，编撰首届全国木制玩具行业学组活动资料汇编，为在云和玩具行业首次召开全国性会议做好基础工作。组织和起草《木制玩具通用技术条件》地方标准，该标准成为国家行业标准——《QB1096—91木制玩具通用技术条件》，2003年—2006年9月主持了国家星火技术项目《中国（浙江）木制玩具特色产业基地及孵化器建设》；1981~2010年期间邱潘秋在创新设计方面共获得轻工业部中国工艺美术品百花优秀产品二等奖一项、铜质奖四项、浙江省金奖二项、银奖四项、三等奖二项，丽水地区最佳优秀奖一项，丽水地区新产品一等奖三项，二等奖一项。获中国玩具协会“优秀设计创新人员一等奖”、浙江省青年星火带头人、浙江省科技星火奖三等奖、中国玩具和婴童用品协会授予从业30年卓越奖等众多奖项。

黄少英（1954— ），女，汉族，籍贯浙江景宁，1954年3月出生。中学英语正高级教师；浙江省特级教师。中共云和中学党总支副书记任上退休。

1971年1月，云和中学初中毕业后分配到云和农机厂工作。1973年9月至1976年8月，杭州大学外语系就读英语专业。1976年8月分配到云和中学任教英语至退休。获市级重点课题三等奖一个，二等奖2个、一等奖3个。整体教学、TBL教学、有效评价模式受省市专家肯定。发表近十篇论文。2005年论文《高考英语填空题答题技巧》在省级刊物发表，《综合语言运用能力培养课例研究》《农村中学大班级任务型教学与评价研究》《培养学生研究性学习资源策略运用的研究》获市级教研规划课题一等奖；《高中英语课堂提问有效性策略研究》获省二等奖，《英语阅读教学中综合语言运用能力培养的有效性实践》省三等奖；《课堂提问的有效性策略研究》入选特级教师论文集。

先后被评为丽水地区首届教坛新秀、丽水地区优秀教育工作者、丽水市优秀党员、丽水市首届英语“学科带头人”、全国中小学外语教师“园丁奖”、浙江省特级教师、浙江省劳动模范。

徐行顺(1954—　),男,汉族,1954年出生于云和县石塘镇滩下村,浙江省非物质文化遗产——帆船制作技艺传承人。

1972年,开始跟随父亲徐时兰学习帆船制作技艺,从出师后即在当地从事瓯江上各种船只的制造,至今已有30多年。徐行顺以造船谋生,并传授学徒绕文武、绕伟伟等3人,现都已在本地从事造船行业。徐行顺擅长制造瓯江上使用的各类船只,包括运输船、过渡船、捕捞船、旅游船、帆船等。近年来,随着当地库区养殖业以及旅游业的发展,帆船仍是瓯江沿岸人们的主要生产生活用具。当地“瓯江帆影”摄影基地的帆船,均出自徐行顺师傅之手,徐行顺积极配合镇政府和文化部门进行普查、挖掘、整理工作,创建“瓯江帆影”摄影基地。

蓝良兴(1955—　),男,畲族,1955年7月出生于云和县大坪村。2007年3月始任景宁县人大常委会主任。

1978年8月江西冶金学院毕业后分配云和县工业局工作,1980年2月调云和公安局任职。1984年云和、景宁分县,调往景宁工作。先后在景宁县公安局、景宁县政法委、景宁县委、景宁县政协和景宁县人大常委会任职。

齐育华(1955—　),男,汉族,1955年4月生,浙江云和人,中国民主建国会会员,大学学历,三级公证员。丽水市政协副主席(2001年1月5—　)。

担任第八至十一届浙江省政协委员、第一至三届丽水市政协副主席期间,提交个人提案80余件,撰写调查研究、理论思考、工作总结、社情民意等103篇,编印《思考:从现实问题想起》《作为:从承担职责做起》;担任民建丽水市委会主委(2001年10月至2016年10月)期间,抓组织发展,在缙云县发展会员、建立支部,实现跨县域发展;抓职能履行,提交集体提案200件、大会发言32篇,专报调研报告49篇,被各级录用的社情民意信息249篇(次),编发《社情快递》207期,编印《诤言集》《履职真言》《创新基层社会管理》《为民建言》等参政议政成果;抓社会服务,引资筹资1000余万元,用于推进联系村结对帮扶、助残助老助困助学、美丽乡村建设等;担任丽水市残联理事长期间,建成丽水市残联康复医院和丽水市残疾人托养中心;在全省率先探索劳动年龄段无固定收入残疾人月生活补助、残疾人司法救助、残疾人电子商务孵化中心、庇护机构“5+x”模式等;编印《自强风采》《自强求索》《自强践行》《断翅亦高飞》和数本残疾人画册,创办《丽水自强报》。

吴华生(1955—　),于1955年2月出生于淳安县,1964年新安江电站建设移民,随家移居到云和县。博士生导师。

1972年云和中学毕业,1978年9月考入复旦大学物理系就读,获学士和硕士学位并留校当讲师。1988年9月赴美国蒙他那州立大学物理系攻读博士学位。1994年6月到美国加州劳伦斯伯克利国家实验室做博士后。1995年9月受聘到香港大学物理系任职博士导师。港浙江省同乡会联合会任秘书长,续任浙江省政协委员。

科研学术方面,得到中国教育部二等科研奖、美国梦他那州立大学最佳博士论文奖、美国真空协会杰出科研奖；发表60多篇科研论文，其中4篇发表在物理界最高杂志；培养多名博士和硕士。

叶朝丐（1956— ），男，1956年出生于云和县云丰乡。2010年任丽水市人民政府副市长、党组成员。

1971年参加工作，在云和县梅源区粮食所专管员岗位上工作10年，在云和县粮食局工作12年，之后在云和县政府、丽水地区行署、丽水地区粮食局、遂昌县委、丽水市政府等任职。

林　一（1956— ），男，汉族，籍贯：浙江平阳，1956年12月出生。中共党员，中央党校大学本科，一级高级法官，律师。退休前任职浙江省高级人民法院副院长、巡视员、党组成员、审委会委员岗位。

历任云和县司法局局长（1987—1990）；云和县人民法院院长（1990—1995）；云和县县委常委、纪律检查委员会书记（1995—1997）；龙泉市委常委、组织部部长（1997—1998）；龙泉市委副书记、组织部部长（1998—2000）；景宁县委书记（2000—2005）；金华市中级人民法院院长（2005—2008）；浙江省高级人民法院党组成员、政治部主任、审委会委员（2008—2010）；浙江省高级人民法院党组成员、政治部主任、巡视员、审委会委员；浙江省高级人民法院副院长、巡视员、党组成员、审委会委员等职。

张　和（1956— ），男，汉族，1956年8月11日出生，云和县云和镇巧云村人，中共党员，本科学历，高级政工师。

1974年12月应征入伍，1980年2月铁道兵工程学院毕业后提干，1983年底转业到云和县人民检察院工作。1985年3月起先后任云和县人民检察院副检察长、检察长、党组书记、云和县委委员，丽水地区国家安全局副局长，丽水地区烟草专卖局（公司）副局长兼纪检组长等职，2009年2月起任丽水市烟草专卖局（公司）党组书记、局长、经理。

在铁道兵部队参加天津市引滦入津工程建设中，个人荣立三等功1次；1990年4月当选检察长后，曾被评为浙江省检察系统先进工作者和浙江省检察宣传工作先进个人，主政丽水市烟草局工作期间，个人荣获丽水市优秀企业家称号。

洪　伟（1956— ），女，1956年生于浙江云和，浙江师范大学法政学院教授。

她在浙江师范大学班级集体建设和管理的史添光彩，曾带出政教981班和初阳综合文科022班两个"全国先进班集体"，多次获浙江师范大学"三育人"先进个人，浙江师范大学首届"最美教师"，2006年，获浙江省高等学校首届"高校育人奖"，浙江省第三届师德标兵。

在教学科研上，曾荣获浙江省第十届哲学社会科学优秀成果二等奖，出版学术专著5部，发表学术论文40余篇，主持教育部人文社会科学项目、浙江省哲学社会科学研究等项目多项。被评为浙江师范大学2006年度和2009年度优秀干部。

张子荣（1956— ），男，汉族，1956年11月21日出生，浙江省云和县赤石乡建源村人，大学本科学历，高级会计师。

1974年12月参军入伍，1977年加入中国共产党，部队期间任排长、助理员、干事，1984年1月转业到铁道部第十八工程局（现：中铁十八局集团有限公司）。2002年任中铁十八局集团有限公司审计处处长，高级会计师；2005 年任中铁十八局集团有限公司副总会计师，高级会计师；2008 年任中铁十八局集团国际工程公司总会计师，高级会计师。在部队期间：1978 年和 1980 年分别荣立“三等功”；1995 年被中华人民共和国铁道部授予“南昆铁路建设标兵”；2005 年被中华人民共和国审计署授予 2002 年至 2004 年度“全国内部审计先进工作者”；2005 年被天津市审计局授予 2002 年至 2004 年度“天津市内部审计先进工作者”。

吴建平（1957— ），1957 年 2 月 16 日出生于景宁。清华大学教授，清华大学剑桥大学~麻省理工学院术来交通研究中心主任，教育部“长江学者”特聘教授，中组部国家“千人计划”专家。

在英国留学、做学术研究 25 年，回国前任英国南安普顿大学教授，英国 WsP 国际集团高级技术董事。主要研究领城:智慧城市与未来交通，交通建模与交通仿真，低碳交通与生态交通等。负责过欧洲联盟委员会、英国皇家学会、中国自然科学基金委、中国科技部等资助的国家级和国际合作项目 50 余项:拥有（FLOWSIM）交通仿真软件全部核心技术，填补在线交通仿真国际空白。获国际及国内省部级以上科研成果奖 10 项，发明专利 10 余项，在国际学术期刊发表论文 300 多篇，编马交通类专省 7 本。

主要社会兼职:联合因世界工程组织（WFEO）工程环境委员会委员 2）、英国工程技术学会（FIET）3）IETITS 国际杂志副主编，第十届全国政协列席委员全国科协 7、8、9 届代表大会特邀代表中国城市研究会常务理事中国仿真学会常务理事 8），中国仿真学会交通建模与仿真专业委员会主任 9）、浙江省大湾区建设顾问。

潘建国（1958— ），男，1958 年 1 月出生丽水。绍兴市政协委员、浙江省慈善义工协会会长、浙江省稽山王阳明研究院执行院长、绍兴市稽山书院执行院长、中国阳明心学高峰论坛秘书长。

小学、中学在云和就读，1976 年进入云和县财税局工作，1980 年 7 月考入天津南开大学中文系，毕业后留校任教。1988 年起任浙江人民出版社文史编辑室主任，主持《比较文化丛书》《世界文化丛书》等学术丛书的编辑出版工作。1992 年起，任停云馆艺术总监、中华佛教出版社总编。2007 年起，主持绍兴兜率天宫的设计及修建工作，并在绍兴推动王阳明文化遗迹遗存的复建、阳明心学的弘扬及传播，并出任是中国阳明心学践行奖、绍兴市五一劳动奖章等奖项的获得者。

任晓俐（1958— ），女，汉族，籍贯:浙江景宁，1958 年 1 月出生。中共党员。在职首都经贸大学金融学研究生（浙江财经大学本科），高级会计师。退休前任职浙江省人大财经委调研员岗位。

历任浙江省云和县财政税务局副局长（1993—1996 年）；云和县国家税务局局长（1996 年—1997）；云和县人民政府副县长（1997—2002）；中共云和县委常委、云和县人民政府常务副县长（2002—2005 年）；金华市财政局副局长（2005—2009 年）；金华市国资委主任（2009—2010 年）；财政部驻浙江省财政专员办事处财政处、金融处调研员；浙江省人大财经委调研员等职。

王 伟（1958— ），男，1958 年 1 月出生于浙江云和，研究员级高工。

1982 年 1 月毕业于浙江大学地质学系，1982 年 1 月分配至中国建材集团地勘中心江苏总队，1992 年起任江苏总队总队长，党委书记，研究员级高工，河海大学硕士生导师，江苏省国土资源系统高评委委员，评审组组长，2002年即为享受国务院特殊津贴专家，获得20多项国家部委，省级科研技术一、二等奖，专业特长矿产区域地质调查，找矿，地质灾害防治，矿山开发利用等。现任浙江大学江苏校友会副会长，南京浙江商会副会长。

陈伟伟（1958— ），男，浙江省云和县人。国家心血管病中心教授、中国医学科学院阜外医院主任医师。任国家心血管病专家委员会委员兼副秘书长、中国高血压联盟常务理事等多职；《中华高血压杂志》、《中华预防医学杂志》等编写专家。

1974年2月—1974年7月，在云和中学读书；1974年8月—1976年11月，在云和县小徐乡黄水堆大队知青下乡务农；1976年12月—1978年10月，云和县财政税务局工作；1978年10月—1983年8月，在浙江医科大学读书；1983年8月—2004年12月，在丽水市中心医院工作；2005年1月至今，在国家心血管病中心、中国医学科学院阜外医院工作。

从医三十余年来潜心医学临床及科学研究，主要从事国家心血管疾病的防治与研究工作，先后在《Journal of Internal Medicine》《中华内科杂志》《中华心血管病杂志》《中华高血压杂志》《中华健康管理学杂志》等医学刊物发表发表学术论文100多篇，合编著作40余部。在国际上首创应用肌红蛋白、β2微球蛋白联合测定评价心肾功能损害早期诊断技术；在国内首例报道房扑起博拖带现象，成年人房室四径路传导现象。

黄巧灵（1958— ），1958年11月出生于浙江省云和县。现任宋城集团董事局主席。

1975年参军。1981年，从部队转业任云和县新华书店经理。1984年，任云和县文联主席，携云和摄影爱好前往北京天安门广场，举办“浙江一县·云和”首届摄影展；拍摄《妹是畲山人》电视剧，在中央电视台黄金时间播出。1986年调任丽水地区新华书店经理。1987年从商，只身到海南创业。1992年回到丽水，被推选为丽水地区群艺馆馆长。1996年，建设杭州“宋城”主题公园，1998年，建设“杭州乐园”。2000年，启动横跨浙南三县两市的龙泉山国家原始森林公园。2001年，启动云和湖度假酒店工程建设。至今，黄巧灵亲自主持规划设计宋城旗下数十大旅游区。

任宋城艺术总团团长，他总导演的“千古情”系列演艺作品获得国家“五个一工程”奖、中国舞蹈最高奖“荷花奖”。黄曾师从北大乐黛云教授从事《红楼梦》等文艺理论研究。编撰集演艺、休闲、策划、设计、管理的系列《麒麟才子丛书》，系统梳理行业经验与同行分享。

两度被评为风云浙商，获推动中国城市化进程十大杰出贡献人物、中国文化产业年度人物、首届中国旅游产业杰出贡献奖。

江晓清（1959— ），男，1959年4月出生于云和镇。教授，博士生导师。

1976年高中毕业于云和中学，原云和镇局村工农制药厂工人。1978年考入原丽水师范专科学校物理系学习，并毕业留校从事物理教学工作；1992年在原杭州大学物理系获光学专业硕士学位，1996年在浙江大学信息与电子工程学系获物理电子学博士学位。1996年8月起在原杭州大学物理系和浙江大学信息与电子工程学院从事光电子技术与集成光学研究。现任浙江大学信息与电子工程学院二级教授，博士生导师，中国光学学会纤维光学与集成光学专业委员，曾任浙江大学微电子与光电子研究所副所长。主持国家重点基础研究发展计划（973）等多项科研项目，开展硅基光电单片集成芯片技术等研究，在国际学术刊物上发表SCI

论文200余篇，获国家发明专利80余项，获浙江省科学技术奖二等奖一项。

王 卡，女，出生云和。美国罗氏资深研究员。

1977年，云和中学高中毕业，考入南京药学院（现中国药科大学），1991年读取美国康奈迪克大学生物有机化学博士。1992年进瑞士罗氏制药集团药物研究开发中心美国总部临床前药物代谢和动力学部门]做博士后研究。次年留任成为罗氏资深研究员。2001年转入临床后药物动力学部门，任副主任，多次获公司内部嘉奖。在多个世界水平专业医学会议和刊物上发表学术论文报告。精通药物分析检测，各种高端分析仪器设备的使用和相关自动化装置，各种药物代谢动力学的体内和体外研究方法，数据处理及结果解析。多年从事合成药，抗体药及其他生物药在抗病毒，心血管，代谢，癌症，免疫性关节炎和其他医疗领域的应用研究。熟悉GLP和GCP的规范要求。与FDA和欧洲药物管理系统互动经验丰富。

陈正巧（1960— ），男，汉族，1960年1月出生于浙江云和县沙湾，祖籍浙江临海，中共党员，大学文化，三级警监。

曾是云和农机厂临时工；云和县林业局工人；云和县公安局民警、刑侦队副队长、队长、副局长、局长；中共遂昌县委常委、公安局长；丽水市城市管理行政执法局党组成员、副局长；2008年12月起任中共丽水市委防范和处理邪教问题领导小组办公室主任（正处级）、市委政法委委员；曾荣立个人一等功1次、个人三等功2次；1993年度、1994度两次荣获全国优秀人民警察荣誉称号。

王秋燕（1960— ），女，1960年9月出生于云和县石塘镇小顺村。军旅作家。

1976年云和中学毕业；1978年参加中国人民解放军，历任战士、班长、干事、编辑、创作员等；1982年开始文学创作。1999年加入中国作家协会。1989年毕业于解放军艺术学院文学系，现供职于战略支援部队军事航天系统部政治部文艺创作室。

作品体现她清新凌厉、卓尔不群、洒脱敏锐的艺术个性，“不含杂质，不含俗欲，显示出了文学本身的纯粹和永恒的魅力……它是文学泥淖里一朵精神的莲花。”（朱向前）代表作有长篇散文《女人出海》、小说集《纯金时光》、长篇小说《向天倾诉》，长篇报告文学《倒计时刻》等。中篇小说《远离发射场的地方》改编成电视剧获全军首届军事题材优秀节目奖和第七届全国优秀电视剧飞天奖；《点名》获全军短篇小说一等奖；《女人出海》《向天倾诉》获解放军新作品奖；《震撼时刻》获军委政治工作部、解放军报社在“与改革同行”全军文学征文活动获奖；长篇小说《向天倾诉》获中华第三届优秀出版图书奖，还获国家新闻出版总署第三届“三个一百”原创出版工程奖，并被改编成32集电视剧《向天》，是我国首部航天题材的电视剧。

陈求是（1960— ），男，1960年12月出生于浙江云和，中共党员，播音指导（正高）职称。

1977—1980年云和广播电台任职。1984年毕业于中国传媒大学，本科学历，文学学士，播音指导（正高）职称。曾任中国播音主持委员会常务理事，全国电视主持人协会副会长，浙江人民广播电台总编室副主任，浙江广电集团总编室副主任、节目版权购销中心主任，是浙江省第八届人大代表。所创作作品获得“中国播音奖”一等奖，所主持的《浙广早新闻》《文艺20分钟》等节目在听众中有较深影响，《播音质量说》等学术论文获得全国一、二等奖。现为浙江播音主持研究会会长，浙江大学、浙江传媒学院、浙江工业大学兼职教授，硕士生导师，中国播音主持史研究会特邀研究员，全国“金话筒”及正高职称评委，国家级普通话水平测试员。

雷后兴（1961— ），男，1961 年 8 月出生，籍贯云和，主任医师、温医大兼职教授、硕士研究生导师。丽水市中医院院长。全国政协委员，享受国务院特殊津贴。市首席医学专家，“绿谷特级名医”。

主编出版《中国畲族医药学》《中国畲药学》专著两部，副主编《浙江丽水药物志》等专著三部。在国内外医药杂志上发表论文 80 多篇，主持省市科研究课题 10 多项。获国家发明专利 2 项。获各级科技进步奖 13 项，其中省部级科学技术三等奖 3 项。培养医学硕士 5 名。被国家中医药管理局和国家民委授予“全国民族医药工作突出表现个人”、省政府和市政府授予“浙江省民族团结模范个人”和“丽水市民族团结模范个人”称号、中共丽水市委授予“丽水市杰出人才”称号。三次被评为“丽水市中青年专业技术拔尖人才”，获“浙江省优秀医师奖”。

梅小平（1961— ），男，1961 年出生于云和镇。全国“五一”劳动奖章获得者、全国青年星火带头人、全国食用菌行业先进个人、浙江省青年星火带头人、浙江省青年带头人标兵、浙江省退伍军人两用人才先进个人、丽水地区十大杰出青年、当选丽水市一至三届党代表第四届人大代表、云和县第十二届至第十六届人大代表、第十四届至第十六届人大常委会常委。

1978 年云和二中高中毕业，1979 年参加中国人民解放军。1981 年复员回乡后潜心钻研食用菌栽培技术和推广，多次到省市科技部门举办的食用菌培训班学习，取得中国农函大食用菌专业结业证书。1990 年创建丽水第一家民营微生物研究所，先后研究试验成功袋料香菇栽培、袋料黑木耳、云和长裙竹荪、灵芝等多种食用菌，特别是袋料香菇无棚架半地下式栽培试验成功，助推云和县食用菌产业上新台阶，同时为菇农节约投入每亩 2500 元成本，并在全国各地推广应用，实现经济、社会和生态多重效益；1996 年 2 月，梅小平应邀到福建省政和县铁山乡讲课，并在他的科学指导下，铁山乡农民种植茯苓当年喜获丰收走上致富路，乡政府远道送锦旗，以示谢意。获评“浙江省为民好书记”荣誉。

吴开春（1961— ），1961 年出生，籍贯浙江云和。系空军军医大学（原第四军医大学）西京消化病医院副院长、主任医师、教授、博士生导师。

长期从事消化系统疾病诊治的临床工作和基础研究，主要方向是消化系统肿瘤和炎症性肠病。兼任世界胃肠病组织（WGO）常务理事兼临床研究委员会主席、亚太消化病学会（APAGE）常务理事、中华医学会消化系病学会副主任委员、中国医师协会消化医师分会副会长、全军消化系病专业委员会主任委员、陕西省消化系病学会主任委员，是中国医药出版社《内科学》主编、《中华消化杂志》和《解放军医学杂志》副总编辑、《AP&T》《ABB》《JDD》等英文杂志编委、中国人类遗传资源管理专家组成员。曾先后在英国牛津大学、英国诺丁汉大学、美国西北大学留学。获得国家自然科学基金重大项目、国家重点研发计划精准医疗项目等课题 20 余项。共发表 SCI 论文 300 余篇。获国家科技进步一等奖 1 项、国家科技进步创新群体奖 1 项、省部级科学技术一等奖 2 项。获国家发明专利 5 项。是国家自然科学基金委优秀创新群体带头人。获 2017 年首届“国之名医”称号，曾被评为“全国优秀科技工作者”，国家教育部“长江学者奖励计划”特聘教授,“国家杰出青年基金”获得者,享受国家政府津贴。

王少波(1962—),男,云和安溪乡人,1962年3月出生,现任浙江日报数字浙江工作室主任,记者职称,传媒研究生学历。

1979年7月,考入丽水师范专科学校。毕业后分配到云和县广播电视局任编播股副股长,因开展新闻改革,国内首办县级广播站滚动式播报新闻或丽水地区先进个人;1984年云景分县,调任景宁畲族自治县广播电视局,任副局长,在困难条件下,创办了县广播站,并开办国内首个畲语广播节目,或丽水地区优秀团干部;1988年调中共沙湾区委副书记;1996年调任丽水日报工作,任记者部副主任,或浙江省新闻奖两次;2003年考入浙江日报报业集团浙江在线新闻网站,策划部主任,浙江日报数字浙江工作室主任,首次创办“浙江网友节”等活动,担任浙江省安全生产监督管理局和浙江日报联合主办的《安全发展》栏目主持人,两次受到集团嘉奖,一次获全国好新闻。

刘玲英(1963—),女,汉族,1963年5月出生云和。大专学历,中共党员。现任中国农业银行丽水市分行工会女工委主任等职。

1980年参加工作,历任云和县大际、大源和局村信用社出纳、会计等职。1997年调入农行丽水市分行至今。1993年12月22日中午,一名歹徒闯进云和县局村信用社,持刀威逼当时正在上班的刘玲英交出库房钥匙。刘玲英宁死不交出钥匙,与歹徒展开殊死博斗,全身被歹徒捅31刀,右眼被捅瞎,用生命和鲜血保护国家财产。1994年,她的事迹被写成长篇报告文学《生命之歌》;同年,她的故事被拍成电视剧《山的女儿》在中央电视台播出;1997年一篇宣传她事迹的文章《金钥匙》被浙江省教委编入小学六年级思想品德课课本。1997年,当选为中国共产党十五大代表。2004年11月26日,时任中共浙江省委书记习近平专程来到丽水农行办公大楼看望刘玲英。

1994年,先后获浙江省劳动模范、浙江省优秀职工、浙江省新长征突出手、浙江省先进女职工、“五一”劳动奖章证书、全国新长征突出手、全国“三八”红旗手、全国农村金融卫士、全国先进女职工、全国见义勇为青年等荣誉;1995年,先后获浙江省十大杰出女性、浙江省优秀青年、浙江十大杰出青年、浙江杰出青年卫士、浙江省杰出青年卫士、“学习雷锋/志愿服务”标兵等荣誉。

陈子民(1963—),男,1963年8月出生于莲都。1983、8—1985.1任云和县广播事业局技术员、事业股股长。1985年以来,先后任云和团县委副书记、云和团县委书记、中共紧水滩片指导组组长、云和县委委员(第八届)中共紧水滩区工作委员会书记兼主任、云和县委委员(第八届)云和县广播电视局局长兼党组书记、县委办公室副主任(正科级)、任中共云和镇委书记、中共青田县委常委、县纪委书记、丽水市纪委委员(第一届)、青田县委副书记、县纪委书记;2001年10月以来任丽水市纪委 委员(第一届)中共丽水市委党校常务副校长、党委书记、政协市第二届委员会委员、政协社会法制民族委员会 副主任、中共丽水市委党校常务副校长党委书记、市社会科学界联合会副主席。

彭小明(1963—),男,1963年07出生,云和县云坛乡沈村人,温州大学教师教育学院副院长,温州大学“瓯江特聘教授”,温州大学课程与教学研究所所长;汉语言文学专业二级教授、硕士生导师。

1980年9月云和中学毕业后考入丽水师专中文系就读，1983年9月丽水师专毕业后分配云和伏布农林中学任教4年，之后辗转云和中学（6年）、丽水师专（12年）任教，2005年调温州大学任教至今。曾被评为浙江省省级教坛新秀、省优秀教师、校教学名师。温州大学省优势专业（小学教育）带头人。国家精品课程《教育见习与实习》主持人。任全国校园文学研究会副会长、浙江省高师语文教学法研究会副主任、全国高等教育学会语文教学法委员会理事、全国语文学习科学专业委员会常务理事、全国语文教师教育研究中心常务理事、浙江省写作学会副会长。主持国家、省部、市、校重点课题《新课程改革背景下的写作教学模式研究》等40多项；独著、合著《语文课程与教学新论》等11本；有100余篇论文在《教育研究》等刊物上发表。获浙江省社联青年社会科学优秀成果一等奖、省教学成果二等奖等。

王林海（1963—　），字莽野，号乐鱼，1963年出生浙江云和，王羲之68代嫡孙。中国当代书画家、诚明内学创始人、人类心性艺术倡导者。

1981年云和县伏布农林中学毕业后，分配中国工商银行云和县支行工作，结合本职工作，发展书画特长，潜心钻研书画艺术；之后承黄宾虹、潘天寿、陆俨少之支脉，拜于陈我鸿、朱豹卿门下。曾在德国、比利时、英国、新加坡等地举办个展及学术讲座。主要著有《一管笔——活出中国人的精神》、《王林海现代国画集》等。“美，只指向心性”是他对中国艺术精神的定位。画作多次在国内外展出。

张应杭（1963—　），男，1963年9月30日出生于浙江云和赤石。教授，浙江大学国学智慧与领导力提升研究所所长。学术兼职：国家人文社科基金通讯评委、教育部人文社会科学专家组成员、浙江省伦理学会副会长、浙江大学人格研究中心副主任、中国经济与社会研究中心特约研究员、中国华夏文化促进会首席专家等。

1979年云和中学毕业后考入上海华东师范大学，1986年研究生毕业应聘至浙大任教。曾承担过国家基金项目等10余项课题研究。主要代表著作有《伦理学》，并在国内最权威期刊《哲学研究》及《人民日报》等发表学术论文80多篇，迄今为止公开发表著述300多万字。

在国学研究方面是目前国内具有全球影响的学者之一。曾经以英文发表论文，2008年，美国的《华盛顿邮报》就曾报道过其学术成就。应聘兼任清华大学、复旦大学、中山大学等国内多家高校管理学院EMBA课程特聘教授，兼任美国南哥伦比亚大学MBA课程（中国）讲座教授，澳门科技大学管理学院MBA兼职导师。2005年5月应邀在中国教育电视台/山东教育电视台“名家论坛”中讲授《东方智慧：儒、道、禅与现代管理》。因为收视率颇佳，随即由齐鲁音像出版社于2005年7月出版22集同名光盘公开向全国发行。

主要获奖：“中华民族精神与民族素质研究”浙江省哲学社会科学优秀成果三等奖（1991年—1992年度）；“大学生道德理想论” 获浙江省教育厅哲学社会科学优秀成果二等奖（1992年—1993年度）；浙江省优秀青年教师奖（1991年）；浙江大学本科教学一等奖（1992年）等。

陈宣蔚（1964—　），男，1964年5月出生于浙江云和。现供职于云和县科委。中国书法家协会会员，中国陶瓷工业协会会员，浙江省青瓷行业协会理事，工艺美术师，丽水市工艺美术大师。

1981年云和中学高中毕业后考入浙江省人民警察学校，1985年浙江省人民警察学校毕业。陈宣蔚自幼爱好书法篆刻创作，作品多次参加全国展览，1991年加入中国书法家协会，1994年9月在北京首都博物馆举办全国第一个个人篆刻展《陈宣蔚篆刻展》，88岁高龄的篆刻泰斗钱君匋先生题写展标，著名篆刻家李刚田先生作序，共展出篆刻作品70幅，篆刻石章100方；1998年师从中国工艺美术大师毛正聪先生学习青瓷艺术，熟练地掌握从拉坯—修坯—上釉—烧窑等一整套技艺，创作的青瓷作品多次在全国获得金银奖，形成刻画青瓷，薄胎青瓷等个人风格，并将书法篆刻绘画的功力融入到青瓷创作中，开辟青瓷篆刻，青瓷书法的新领域。2009年被丽水市人民政府授予丽水市工艺美术大师荣誉称号。

范正荣(1964—　)，男，汉族，1964年出生，系浙江省云和县大源乡徐湖村人。高中文化程度，从事茶叶经销25年，技术职称为助理技师，2009年取得云和师傅资格证书。浙江省茶叶协会理事。

从1982年开始在松阳从事茶叶营销，有着近30年的茶叶经营经验和较为丰富的企业管理经验，开拓能力较强，于2000年建立"松阳县振通宏茶叶加工厂"，2008年2月成立"浙江振通宏茶业有限公司"，注册资本2260万元，当年进行固定资产建设并投入生产。主要生产名优茶、精制茶、速溶茶粉等产品，其中"振通宏银猴龙剑"荣获第七届、第八届"国际名茶"评比金奖，第八届"中茶杯"全国名优茶评比特等奖。公司先后获得浙江省示范茶厂、中国茶叶行业百强企业、浙江省骨干农业龙头企业、省农业科技企业、省诚信民营企业等荣誉。成为茶行业的佼佼者。2007年被评为"2006年度浙江省百名突出贡献农村经纪人"；被评为"2010年度丽水市农村实用人才百名优秀人物"。

戴邦和(1965—　)，男，1965年1月出生于云和。现任浙江省丽水市广播电视总台台长、党委书记。

1980年7月云和中学毕业后考入浙江工学院电子工程系工业电气自动化专业就读，毕业后分配浙江电大云和工作站工作。任云和县广播事业局技术员、事业股股长。1987年始，先后任云和县人事局干部秘书股股长、党组成员；共青团浙江省云和县委副书记、共青团浙江省云和县委书记；云和县委宣传部副部长；云和县广播电视局局长、党组书记；浙江省云和县副县长；浙江省云和县委常委、副县长；丽水市卫生局副局长、党组成员；丽水电视台台长、党总支书记；2006年10月始任丽水市广播电视总台台长、党委书记。

刘小菊(1965—　)，女，1965年2月出生，籍贯浙江云和，主任中医师。世界中医药联合会肿瘤经方治疗研究专委会常务理事，中华中医药学会肾病分会委员，中国民族医药学会肾病分会理事，浙江省中医药学会肾病分会副主任委员、康复养生分会常务委员，丽水市医学会营养分会委员。

1984年云和中学毕业后考入浙江中医学院，1988年7月毕业于浙江中医学院(浙江中医药大学)中医专业后分配云和县中医院就职，曾任云和县中医院党支部书记。现工作地点丽水市中医院，2008年起一直担任丽水市中医院门诊党支部书记，对内科疾病的诊治有丰富的经验，擅长中西医结合治疗各种肾脏病、风湿免疫病包括急慢性肾小球肾炎、IgA 肾病、肾病综合征、继发性肾病、急慢性肾功能衰竭、系统性红斑狼疮、类风湿性关节炎等。在中医肾病治疗领域主持多项省市级课题，发表学术论文 10 余篇。2008 年 11 月晋升并聘任为主任中医师，获评“全国优秀中医临床人才”称号。

胡雄敏（1965—　），籍贯浙江云和，1965 年 11 月 19 日出生，研究生学历，哲学硕士，经济师。2010 年任中国建设银行北京市月坛支行行长。

1982 年云和中学高中毕业后考入浙江师范大学，1986 年 9 月毕业于浙江师范大学物理学专业，1989 年 8 月毕业于中央民族学院自然辩证法专业。1989 年 8 月就职于建行北京分行。2003 作为筹备组组长牵头筹备中国建设银行北京市月坛支行，担任月坛支行行长（正处级）；先后在建设银行北京市宣武支行、东四支行、北京市分行计划处、北京市分行委托代理部、长安支行任职。任职期间服务于国家税务总局、国家统计局、证监会、广电总局、北京市财政局等政府机构类客户；服务的军警客户涉及总部机关、海军、空军、陆军等各军兵种；与中国神华、电子、核建、兵装、煤地等大型央企集团客户，及首创集团、北京建工集团、北京城乡商业（集团）、万达集团等市属国企集团、大型民企集团开展业务合作，为其提供负债、资产、结算交易等多类型金融服务。

叶永根（1965—　），男，1965 年 3 月出生云和。大学本科学历，学士学位。现就职于丽水市人民医院血管外科，主任医师（2008.12），温州医科大学兼职教授，浙江省医学会血管外科分会常委；浙江省医师协会血管外科分会常委。

1988 年浙江医科大学毕业后，分配云和县人民医院外科工作，一直从事临床和行政管理。1992 年在浙二医院进修神经外科，1998 年起任外科主任，能熟练开展胃肠、肝胆、甲乳、脑外等手术。2005 年调到丽水市人民医院，开展血管外科工作，任血管外科主任，先后赴上海、北京学习深造。擅长血管外科疾病如胸腹主动脉瘤、主动脉夹层、颈动脉狭窄、内脏动脉瘤、下肢动脉闭塞症、糖尿病足、下肢静脉功能不全、血栓及血管瘤的诊治。发表专业论文 10 余篇。

杨家海（1966—　），男，汉族，1966 年 9 月出生于浙江省云和县沙铺乡。清华大学网络科学与网络空间研究院党委副书记、终身教授、博士生导师、网络应用及安全研究团队负责人，清华大学信息化技术中心副主任兼设计与评测室主任。

1985 年云和中学毕业后考入北京工业大学，分别于 1992 年和 2003 年获得清华大学计算机系工学硕士和工学博士学位。1999—2001 年在美国乔治梅森大学及贝尔实验室当访问学者。2004 年被择优晋升为研究员。先后承担 30 多项国家重点科研项目，作为主力成员获 6 项国家及省部级的科技进步奖和 1 项省部级技术发明奖；指导博士后、博士及硕士研究生 40 余人；在国内外核心期刊及重要国际会议上发表论文 200 多篇；取得了 30 多个软件著作权登记及近 20 项国家发明专利；出版学术专著 3 部；是中国计算机学会 CCF 和国际电气和电子工程师学会 IEEE 等学术机构的高级会员，和多个国际重要学术期刊的编委。

作为核心 6 人小组之一承担并完成中国第一个全国性的互联网络——中国教育和科研计算机网 CERNET 的规划、设计和建设工作，并作为网络运行部门主管长期负责 CERNET 的运行管理工作。作为关键主力承担并完成国家发改委重大软课题“下一代互联网发展战略研究”和“中国下一代互联网示范工程核心网 CERNET2”等重大项目的预研、策划、管理、设计和建设工作。

赵东福（1966—　），1966 年 9 月出生云和。博士、教授、研究生导师。中共党员，浙江科技学院副院长。浙江省中青年学科带头人，浙江省机械工程教学指导委员会副主任，浙江省机械工程学会常务理事。

云和中学 84 届毕业后考入成都科技大学，1988 年成都科技大学毕业后考入浙江大学完成硕士研究生、博士研究生学业。主要研究方向为数字化设计与制造技术。主持或参加完成省部级以上科研计划项目和自然科学基金项目 11 项，厅局级和横向课题 30 余项。提出了逆向设计与制造集成系统的学术思想，获教育厅科研成果二、三等奖 3 项，发表学术论文 30 多篇，被 EI 收录论文 5 篇。出版教材 2 部。主持浙江省精品课程建设项目 1 项、负责浙江省人才培养模式创新实验区项目 1 项，主持和参加浙江省新世纪教改项目 3 项，获浙江省教学成果二等奖 2 项。

郦云平（1965—　），男，1965 年 12 月出生于诸暨。民航浙江空管分局云和导航台台长。

1987 年，郦云平从浙江大学电机系毕业后，放弃在大城市工作的机会，到浙西南贫困县云和支教，《浙江日报》1987 年 7 月 5 日头版作过报道。先后在云和县机电厂、县技工学校、县职技校任职。1996 年，选调到民航浙江空管分局云和导航台。

他爱岗敬业的事迹《丽水日报》《今日云和》作过专题报道。

孙　璀（1966—　），男，1966 年出生于云和镇。专业会计硕士，博士，高级会计师。中共中国电力建设集团有限公司委员会常委，中共中国电力建设股份有限公司委员会常委、总会计师；北京国家会计学院研究生院教授、研究生导师；澳洲会计师公会中国华北区委员会会长。

云和中学八四届毕业后考入上海财经大学会计系本科，1988 年参加工作后，精于业务，勤于学习，先后在中国人民大学法学院经济法专业在职研究生毕业、香港中文大学会计学院专业会计硕士 MPACC 毕业、北京师范大学博士研究生毕业、中国浦东干部学院（金融改革与现代企业管理）第一期结业、中央党校（厅、局级）干部进修班毕业；取得澳大利亚资深注册会计师资格；发表著作、论文有发表论文：《企业内部控制配套指引解读及应用指南》（主编）、《国际工程项目纳税问题研究》（主编）、《中央企业内部控制体系运行评价研究报告》（主编）、《论会计假设在会计核算中的重要意义》（主编）、《论资金体外循环必须杜绝》（主编）、《对投资基金财务管理的认识》（主编）、《谈国企部分资产实行股份制改造》（主编）、《国有商业银行发展战略的几点思考》（主编）等；获“中国总会计师年度人物”“全国财会人物”“第六届中国 CF0（会计）年度人物”“第八届中国证券金紫荆奖”等奖项。

李旭霞（1966—　），女，1966 年 12 月出生云和。主任医师。温州医学院优秀带教老师，温州市医学会血液肿瘤分会副主委，浙江省数理学会肿瘤精准治疗专委会委员，温州医科大学附属平阳医院血液肿瘤内科主任。

1984 年云和中学高中毕业后考入浙江医科大学，毕业后，分配云和县人民医院工作，1993 年因家庭原因调往温州市平阳县人民医院工作；2005 年 11 月获评得血液病学主任医师，平阳县首届名医，平阳县优秀人才。

主要科研成果：1995年《白血病》第1期发表《老年白血病50例临床分析》；2000年《浙江实用医学》第4期发表《老年贫血患者256因分析》；2000年《肿瘤防治杂志》第4期上发表《康莱特注射液联合化疗治疗恶性肿瘤的临床观察》；2000年《中国肿瘤临床》第10期发表《吡柔比星治疗恶性肿瘤的临床观察》；2005年《临床医学》第1期发表《格列卫治疗慢粒28例临床观察》；2005年《肿瘤学杂志》第3期发表《沙利度胺治疗恶性血液病22例临床分析》；2005年《江西医药》第6期发表《吉西他滨联合顺铂治疗恶性肿瘤临床观察》。

张华燕（1967— ），女，1967年出生于云和县赤石乡赤石村。大学学历，中共党员。浙江省特级教师、正高级教师，浙江师范大学兼职教授，浙工大“浙派名师”实践导师，丽水市高级人才联合会教育专委会专家委员。现任云和县中等职业技术学校副校长，省中职电子电工专业教学指导委员会委员，省名师网络工作室、省职教名师工作室、市县名师工作室导师。

云和中学八五届毕业后考入丽水师专物理系就读，毕业后先后在赤石初中、沙溪中学任教，1997年选调进云和职业技术学校任教。钻研教育教学理论，潜心教育教学，在国家、省级获奖和发表论文30余篇。《中等职业学校“双师型”教师培养模式的研究与实践》《行动导向教学在专业课教学中的实践研究》获浙江省优秀教科研成果一等奖，《围绕木玩文化创意核心 校企共育“云和师傅”——木制玩具设计与制作专业人才培养模式创新实践》获省政府教学成果二等奖。

叶时平（1967— ），男，1967年1月出生于云和县石塘镇朱村。中共党员；教授。现任浙江树人大学副校长、校党委委员。

1984年丽水中学高中毕业后考入浙江大学地球科学系地质专业本科读书，获理学士。2003年获浙江大学计算机科学与技术硕士在职研究生、工学硕士。1988—2001年在浙江勘察工程学校行政兼教学工作，历任校团委书记、党办主任、党委委员、副校长。2001年始调任浙江树人大学行政兼教学、科研工作，历任科研处长、信息科技学院院长、党总支书记等职务。

叶时平从事计算机科学与技术专业教育教学和科研工作30多年。主持完成20多项省科技计划、国家外专计划、省教育教学改革项目、省教育厅科研计划以及企业委托项目，参加了20多项国家863、省科技重大专项、优先主题、省软科学以及省教育厅科研计划等多项各类科研的研究工作；在各类学术期刊和学术会议上发表了70多篇学术文章，其中30多篇文章被EI、SCI收录；获得发明专利、实用新型专利多项；参加的4项科研项目获浙江省科学技术成果二等奖；主持的2项教学研究项目分获浙江省教学成果一、二等奖。

叶时平兼任浙江省“新世纪151人才工程”培养人才，计算机科学与技术省一流建设专业负责人和省一流学科学术方向负责人；中国高等教育学会教学研究分会理事、浙江省计算机学会常务理事、浙江省高校计算机教学指导委员会委员等职。

雷群芳（1967— ），女，畲族，浙江景宁沙湾张庄人。现为浙江大学化学系研究员（教授），浙江大学实验室与设备管理处副处长。

云和中学八四届毕业考入浙江大学就读，本科、硕士、博士均毕业于浙江大学，就职于浙江大学。主持国家自然科学基金3项，浙江省自然科学基金2项，教育部留学回国人员基金1项，指导研究生20多人。主编本科生教材3本，副主编1本，参编2本，在Physical Review

Letters 等著名学术期刊上发表学术论文、教学论文 100 余篇。曾获浙江省教委科技进步三等奖，浙江省自然科学优秀论文一等奖，浙江大学曹光彪优秀教师奖，浙江大学优秀教学成果一等奖和研究生优秀教学成果三等奖等。英国牛津大学、澳大利亚悉尼大学、美国北卡罗来纳州立大学访问学者。民盟中央第十二届委员，政协浙江省第十二届委员，政协浙江省民宗委副主任，民盟浙江大学委员会主委。获杭州市人大代表工作积极分子，2007 年杭州市政府人民建议优秀奖；浙江省政协十一届一次会议以来优秀提案奖；民盟浙江省先进个人、民盟中央纪念中国民主同盟成立七十周年先进个人。

陈丽亚（1967— ），女，967 年 12 月出生于浙江丽水市。祖籍福建省福州市。目前定居美国旧金山硅谷，未入美籍。华为美国研究院高级研究员，有多项专利成果。

1986 年云和中学毕业考入上海交通大学就读，1994 年 4 月获得上海交大工学博士学位，后留校任教。在交大任教期间，1994 年 10 月始获上海市政府青年学者特殊津贴，1997 年 10 月和 1998 年 2 月，受国家教委选派作为上海市唯一代表，参加大陆青年学者访问团访问台湾，期间荣获“葛守仁奖教金”。

1998 年 7 月受聘于新加坡南洋理工大学电子工程学院研究员，多次赴美参加学术交流会议。2000 年 1 月受聘于美国思科公司从事研究员工作，2003 年 9 月返回上海交通大学执教，任硕士生导师。2008 年 8 月经教育部批准，赴美国斯坦福大学访问学者。2014 年至今受聘于华为美国研究院高级研究员。

朱 慧（1967— ），女，1967 年出生云和。研究员，浙江大学医学院医院管理办公室主任，医学院组织部副部长兼医学院党委副书记

云和中学八五届毕业后考入上海华东师范大学法政系思想政治教育专业；1991 年 9 月—1994 年 3 月在华东师范大学政法学院读研究生，获法学硕士学位。先后担任原浙江医科大学团委委员、临床医学系辅导员，兼职担任《大学生思想品德修养》《形势政策》两课教师。98 年四校合并后在招生就业部工作；2001 年晋升高教管理副研究员职称。2002 至今在计算机学院工作，现为学院党委副书记，兼任《形势政策》课教师，2007 年通过培训、考试获全球职业规划师（GCDF）认证。

近年来发表相关理论文章 21 篇，参编教材 4 本，参与或主持教育部、省级、校级课题 7 项；曾在就业处担任过浙大就业报主编，曾向钱江晚报、浙江大学报等累计投稿 20 余篇；

楼建波（1967— ），男，1967 年出生云和。法学博士、教授，北京大学房地产法研究中心中方主任，英国剑桥大学中国商法讲师，伦敦大学商法研究中心高级客座研究员。

1984 年云和中学毕业后考入北京大学。1996.10—2001.6 伦敦大学玛丽皇后学院博士生，1988 年 7 月获北京大学法学学士学位，2000.10 始至现在聘任剑桥大学中国商法讲师、伦敦大学商法研究中心客座研究员，2001 年 6 月获伦敦大学博士学位。

撰写发表论文、专著、教材众多，其中中文论文《合同自由原则与诚实信用原则的关系及其限制》（合著，发表于《中外法学》1995 第 6 期），被评为《中外法学》十年优秀论文及 1995 年度民法学经济法学会青年优秀论文一等奖。译著主要有《美国不动产法中的法律风险分析问

题》（《中外法学》1995 第 2 期）、《英国律师制度和律师法》（合作/中国政法大学出版社 1992 年 1 月第 1 版）等。

张丽玲（1967— ），女，1967 年 9 月出生于云和赤石。日籍华人。影视演员，著名电视制作人、导演，日本 CCTV 大富电视台董事长。兼任北京第二外国语学院兼职教授、中华文化促进会海外理事日本首席代表、日本牛尾财团理事、日本大学院大学至善馆评议员、浙江省丽水经贸投资顾问等职。

在 87 版《红楼梦》中饰演“娇杏”，主演《聊斋·鲁公女》《西热图传说》《生者与死者》《乡音》《大学》等影视作品。1989 年留学日本，1995 年毕业于东京学艺大学舞台导演专业，硕士学位，同年 4 月进入日本名门企业大仓商事工作。1998 年始任中央电视台落地日本的运营公司——CCTV 大富电视台董事长，实现[CCTV 大富]全频道本土化中日双语播出，跻身日本主流媒体；策划主办“中国人民解放军交响乐赴日本公演”、承办中国文化节开幕式、协助彭丽媛任艺术总监的歌剧《木兰诗篇》日本公演并促成在日本主流频道的现场直播。

代表作有系列纪录片《我们的留学生活》（10 集）。2002 年，作为纪念中日邦交正常化 30 周年特别节目，富士电视台在黄金时间推出跟拍张丽玲 7 年的纪录片《来自中国的瑰宝》。2006 年，耗时十年完成的纪录片《含泪活着》在富士电视台黄金档播出，之后被搬上银幕，并再获“日本放送文化基金奖”纪录片大奖。新华社发文《含泪活着，感动日本》。2010 年获中华文化促进会“中华文化人物”；2012 获“中国纪录片学院奖”的“特别贡献奖”。

严振瑞（1967— ），男，景宁县沙湾镇大地乡垟头村人。教授级高级工程师，院副总工程师，享受政府特殊津贴。

1985 年毕业于云和中学，同年考入清华大学水利工程系，1990 年本科毕业，获工学学士学位，2005 年 1 月获华南理工大学土木工程硕士学位。现任职于广东省水利电力勘测设计研究院，2007 年 1 月取得水工建筑专业教授级高级工程师资格，2008 年 9 月始任院副总工程师。长期从事水利工程设计，参与主持完成广东省东江—深圳（香港）供水太园抽水站工程、东深供水改造工程等 20 多项大中型引调水工程设计。先后获全国优秀工程设计银奖 2 项，省部级以上奖励 7 项，国家发明专利 3 项，参编国家规范 2 部，主编地方规范 1 部，发表专著 2 部，论文 20 余篇，主持完成的东深供水改造工程入选新中国成立 60 周年 100 项“经典暨精品工程”。

陈志伟（1969— ），男，汉族，1969 年 10 月出生于云和镇。中共党员、高级农艺师、云和县山农黑木耳专业合作社理事长，云和师傅协会会长，县科协兼职副主席，浙江省食用菌协会副会长。

1987 年毕业于云和中学，1991 年 7 月毕业于丽水地区农校。在农村第一线从事食用菌栽培技术推广，运用新模式、新品种、新配方，废料循环利用等技术，到周边省市举办食用菌专业讲座，培训食用菌专业人员 2800 多人；2003—2006 年间在湖北随州市曾都区、襄阳市南漳县新品种改良，把原“菊花型”改为“单片型”效益增加 25%，增加纯利润 1600 多万元，成为当地信赖的“云和师傅”。2007 年在杭嘉湖开发桑枝条栽培黑木耳，废料循环利用获成功，推广 3 年达 2050 万袋，产值 7000 多万元，累计供应菌种达 1300 多万袋，带动劳动力转移达 5800 多名，菌种辐射江西、安徽、四川等 16 个省 200 多个县，废料循环利用经济效益达 1.8 亿元，该成果在全省农业基金会议上作典型发言，桑枝条黑木耳栽培项目是循环经济创新点，新模式在全国食用菌主产区推广；参与浙江省农科院“十二五”“十三五”农业新品种选育协作攻关重点项目；承担国家、省级科技项目6项，参与《无公害代料黑木耳集成配套技术研究与标准化生产示范》获浙江省人民政府科技进步二等奖，编写并发布《标准化菌种场建设规范》《黑木耳菌种质量》《黑木耳菌种制作技术规程》三个地方标准，参与选育云和新科黑木耳品种获国家认定品种；曾获中国农函大优秀教师、丽水市拔尖人才、丽水精英农师、丽水市劳模、首批浙江农艺师学院创业导师。

陈　红（1969—　），女，1969年2月出生，云和籍。丽水市美术家协会会员，丽水市残疾人书画协会副会长，云和县美术家协会会员。

出生四个月时患小儿麻痹症致使四肢瘫痪，在教师母亲的辛勤抚育和鼓励下，身残志坚，自学小学、中学课程，1989年开始学中国画，2000年，师从浙江画院常务副院长池沙鸿先生学习写意花卉。作品《暗香》在庆祝中华人民共和国成立60周年全国残疾人书法—绘画大赛绘画类鼓励奖；《寒姿清影》入选中国残疾人美术家作品集；《立于天地间》入选“牵手残疾人，走进残奥会”书画作品展；《早春》获首届“普陀山杯”全国残疾人书画大赛优秀奖；《漫天白云笑春风》入选全国第八届残运会“文化村 ”浙江省残疾人事业成就展；《本是同根生》获浙江省第二届残疾人书画展三等奖；《叶凄风急黛色斜》获浙江省第四届残疾人书画展特别奖；《孙过庭文一书谱》获浙江省首届书画摄影大赛书法类优秀奖。2004年浙江画院举办陈红、汪玉婷美术作品联展，2014年12月在丽水市美术馆举办个人画展。

梅益斌（1970—　），男，1970年3月出生于云和县小徐村。心血管内科主任医师。丽水市人民医院心血管内科主任、主任医师、心血管病学学科带头人，医院心血管疾病介入诊治工作负责人。浙江省中医药大学兼职教授、温州医科大学兼职教授。

1993年8月起在丽水市人民医院工作。对心血管疑难危重疾病有丰富的诊治和抢救经验。擅长各项心血管疾病介入诊治技术，拥有2009年国家首批全部四项心血管疾病介入准入资质。熟练掌握冠脉造影、冠脉支架植入、各种心脏起搏技术、导管射频消融术治疗心律失常、先天性心脏病介入治疗等工作，所开展的CRTD技术、希氏束起搏、复杂PCI术在本地区处领先水平，是丽水地区该领域领先者之一。2010年起任中国研究型医院学会心脏康复委员。浙江省医师协会心血管医师分会委员、浙江省医学会心血管病分会青年委员、浙江省心电生理与起搏分会心电生理小组委员、浙江省心血管介入诊治质控组成员、浙江省中西医结合学会心血管病分会委员、脑心同治分会委员、浙江省康复医学会心血管病分会委员、浙江省康复医学会高血压分会委员、丽水市医学会内科学分会副主任委员、丽水市健康管理学分会委员、丽水市康复医学会第一、二届理事。公开发表包括国家一级杂志等论文30余篇，多次获省自然科学优秀论文奖。8次被评为温医、浙医大金华分校或地区卫校优秀带教老师。

项丽平（1970—　），男，汉族，1970年出生于云和县黄水碓村。浙江省非物质文化遗产——讨火种民俗文化传承人。

从14岁起跟随祖父项作贵学习做醮，包括炼火等传统民俗事项，20岁出师。后在龙泉、景宁、云和、丽水等周边市县进行炼火做醮活动。项丽平的炼火表演具有技法娴熟、程序规范、惊险、可观性强等特点，长年在云和县及丽水市、龙泉市、景宁县等周边市县做相关的醮事活动，年均20多场次，技法深受群众认可。

刘裕有（1971— ），男，汉族，1971年出生于云和县崇头镇。浙江省非物质文化遗产——讨火种民俗文化传承人。

师承云和民间艺人刘明温，1990年至今，独立承担迎神、祭祖、做功德、炼火等民俗活动，熟练掌握讨火种等道教法事。每年主持开展各类民俗活动达三十多场次，是当地突出的文艺骨干。曾连续五届参加民俗文化艺术月活动，多次获得金银铜奖。他技艺精湛、动作流畅、知识丰富，深受广大群众的好评。刘裕有祖辈一直从事讨火种等民俗活动，已艺传六代，属家族式传承，他是最具代表性的人物之一。现已培养出多名学徒，其中有多人已能独立承担相关仪式，为云和讨火种民俗文化的保护和传承做出贡献。

季伟平（1974— ），男，1974年4月出生于云和县赤石乡。云和县大田水果专业合作理事长，云和县劳动模范，国家级青年致富带头人，国家级科普示范带头人，云和政协委员。

1992年，云和职业技术学校毕业后回乡务农，勤奋学习，艰苦创业，从养殖业入手到玩具厂打工，从种植葡萄到走上休闲观光农业之路，一路艰辛，一路前行；身体力行，服务三农，创办云和葡萄技能培训学校，培训500余名农民，扩种葡萄面积66.66公顷，采取全程指导、统一供苗、统一管理、统一回收、统一销售的“一条龙”模式，确保培训一人，创业一人，带动一村，致富一方。先后被评为全国科普惠农兴村带头人，全国青年致富带头人，浙江省优秀共产党员，省农村青年致富带头人，两度获得丽水市十大农村杰出青年，县劳动模范，十大创业青年。

蓝伶俐（1976— ），女，畲族，1976年2月出生，浙江云和人。1995年4月加入中国共产党，1995年8月参加工作，省委党校研究生学历，曾任第十二届全国人大代表；现任中共庆元县委书记。

曾获2010年度省级优秀团干，浙江省希望工程20年杰出建设者。在任职中共景宁畲族自治县县长、县委副书记期间，该县县域经济基本竞争力在120个民族自治县中排名从第28位上升到第9位，并获习近平总书记高度肯定。到庆元任职后，提出“生态立县、产业富县、开放兴县”发展战略和“三个百亿跨越、三项全国领先、三大显著提升”发展目标，带领全县干群投身到美丽“大花园”建设，争当大花园中的最美“花骨朵”。

林伟营（1976— ），男，1976年9月生，汉族，籍贯浙江省云和县，中共党员，工商管理（MBA）硕士研究生学历。

1983至1988年，浙江省云和县古方小学就读；1994年云和中学毕业后考入北京大学政治学与行政管理系和中国经济研究中心就读，获法学、经济学双学位。2005至2007年，参加南开大学APEC中心世界经济在职研究生班。2007至2009年，赴日本国际大学，攻读国际工商管理硕士，撰写《沃尔玛在中国的发展战略》获优秀毕业论文。

1998年考入外交部行政司工作。2001至2003年，赴驻温哥华总领馆担任基建翻译，完成驻温哥华总领馆办公楼建设。2003至2007年，先后担任外交部行政司管理处外交部文物办主任和教育办主任（正科级）；2008年晋升为二等秘书。2010年赴驻尼日利亚使馆担任办公室主任，财务主管、第一党支部书记；2013年选升为一等秘书。现任驻悉尼总领馆担任办公室主任，协助负责党建、行政、财务、礼宾、安全等工作。2010年，曾赴博茨瓦纳接待时任国家副主席习近平访问博茨瓦纳代表团。曾先后在尼日利亚接待张德江委员长和李克强总理访尼代表团、荣获北京市首都环境建设先进个人、中央国家机关计生、绿化工作先进个人等荣誉称号。

释寂凡(1985—　)，男，俗名叶剑东，1985年3月出生云和。号源澄，受法于台宗四十七世，慧云讲寺住持，研究生学历。现任政协云和县第八、第九届常委；云和县慈善总会理事、紧水滩镇乡贤会副会长、云和县浮云街道乡贤会理事；浙江省佛教协会理事、丽水市佛教协会副会长；丽水市反邪教协会常务理事、丽水市青年联合会常委。

2004年毕业于云和中学，2004年10月16日于丽水青云禅寺皈依；2006年7月29日礼安吉灵峰讲寺剃度，同年9月就读于奉化弥勒佛学院中专班；2008年3月在安徽凤阳龙兴禅寺受具足戒，同年6月毕业于弥勒佛学院。之后就读于广东省佛学院大专、本科班毕业，本科学历。2011年就读于中国人民大学哲学院宗教学(佛教方向)专业硕士课程班，研究生学历。

2008年，寂凡法师慧云寺住持时有大雄宝殿、西厢房，两栋建筑，建筑面积共1200余平方米。因得到八方善信、远近护法檀越的护持，陆续筹建天王殿、万佛灯、露天观音、画舫船、东厢房、东厨、石牌坊山门、围墙回廊、缅甸玉佛、药师殿、弥陀殿、南北码头迎宾回廊、慧云山房、钟楼、鼓楼、僧寮、老观音殿等共增加建筑面积达3200余平方，增加固定资产1300余万元。先后被评为“省级和谐寺院”，国家级先进单位。

三　人物表录

本章表录1991—2010年云和县评聘高级专业技术人员326位：1991—2010年省级以上劳动模范及先进工作(生产)者12位；云和县省级以上“三八”红旗手获得者3位；信息不详的正处、正团、正高以上寓外云和人士37位。

1991—2010年云和县评聘高级专业技术人员表

表39-3-1

姓名	性别	出生年月	工作单位	职称类别
丁聿贻	男	1940.10	云和二中	中学高级教师
张胜娟	女	1970.09	云和中学	中学高级教师
陈光来	男	1936.12	县党校	中学高级讲师
闻鼎立	男	1941.11	县林业局	高级工程师
龚炳富	男	1938.08	县审计局	高级会计师
周遄飞	男	1944.11	云和中学	中学高级教师

表 39-3-1

姓名	性别	出生年月	工作单位	职称类别
范肇云	男	1945.03	云和中学	中学高级教师
吴根新	男	1944.03	云和中学	中学高级教师
金爱群	男	1944.08	云和二中	中学高级教师
徐建华	男	1939.05	县委党校	高级讲师
陶焕侠	男	1935.12	县人民医院	副主任医师
吴怡琳	女	1947.03	云和二中	中学高级教师
楼建中	男	1941.11	云和二中	中学高级教师
王祝文	男	1949.12	云和中学	中学高级教师
张永良	男	1941.08	云和中学	中学高级教师
钟礼平	男	1939.11	云和中学	中学高级教师
李国钦	男	1943.08	技术监督局	高级工程师
高洪波	男	1964.09	云和中学	中学高级教师
黄少英	女	1954.03	云和中学	中学高级教师
刘成相	男	1951.11	云和中学	中学高级教师
阙巧云	女	1952.06	云和二中	中学高级教师
汪浩平	男	1940.07	县人民医院	主任医师
吴剑琴	女	1956.10	人民医院	副主任医师
杨二杨	男	1954.07	人民医院	副主任医师
肖水梅	女	1950.09	县妇幼保健计划生育服务中心	副主任医师
徐灯明	男	1935.02	县文化局	副研究员
刘竹娟	女	1949.08	县档案局	副研究员
陈可义	男	1951.08	药用真菌研究所	高级工程师
王谋广	男	1950.01	县教育局	中学高级教师
童少锋	男	1957.11	县教育发展中心	中学高级教师
诸葛根	男	1945.10	云和中学	中学高级教师
黄丽娟	女	1950.12	县人民医院	副主任医师
刘志勤	女	1960.10	县中医院	副主任中医师
李爱国	女	1954.11	县教育发展中心	中学高级教师
蔡笑文	女	1945.02	云和二中	中学高级教师
徐绍仓	男	1952.05	教育发展中心	中学高级教师
张达武	男	1957.07	云和中学	中学高级教师
梁　峰	男	1958.01	县外贸局	高级经济师
章伟祥	男	1946.07	县防疫站	副主任医师
陈梅娟	女	1948.07	县防疫站	副主任医师

续表 39-3-1

姓名	性别	出生年月	工作单位	职称类别
郑明法	男	1945.04	县农业局农机管理站	高级工程师
陈东晓	男	1963.07	云和中学	中学高级教师
余国志	男	1939.12	紧水滩镇中学	中学高级教师
胡福星	男	1946.03	县农业局	高级农艺师
朱玉章	男	1954.12	广电局	高级政工师
周　军	男	1962.10	县教研室	中学高级教师
徐利民	男	1965.01	云和中学	中学高级教师
徐善明	男	1940.04	石塘中学	中学高级教师
梁志强	男	1945.04	县教育发展中心	中学高级教师
陈卫东	男	1961.01	人民医院	副主任医师
毛世友	男	1952.07	人民医院	副主任医师
姚晓伟	男	1962.01	人民医院	副主任药师
郑剑薇	女	1961.12	人民医院	副主任中医师
周嘉叶	男	1946.12	县农业局畜牧兽医站	高级畜牧师
洪尚仁	男	1951.10	人民医院	主任医师
叶永根	男	1965.03	人民医院	副主任医师
王青雯	女	1951.11	人民医院	副主任护师
钟金根	男	1955.12	云和中学	中学高级教师
陈善鸿	男	1963.06	云和中学	中学高级教师
魏晓东	男	1963.09	云和二中	中学高级教师
陈海源	男	1942.05	云和职技校	中学高级教师
卢洋海	男	1964.02	林业局	高级工程师
董益坤	男	1955.09	粮油土肥站	高级农艺师
王冬芬	女	1953.09	人民医院	主任医师
刘祖如	女	1957.08	云和中医院	主任中医师
蔡雪琴	女	1966.04	人民医院	副主任中医师
周云飞	男	1949.01	人民医院	副主任医师
陈丽萍	女	1964.08	人民医院	副主任医师
雷云芳	女	1966.01	人民医院	副主任医师
雷日炎	男	1963.10	人民医院	副主任医师
叶跃平	男	1967.09	云和中学	中学高级教师
王永华	男	1958.07	云和中学	中学高级教师
周志华	男	1957.05	云和中学	中学高级教师
夏留曙	男	1963.01	云和中学	中学高级教师

续表 39-3-1

姓名	性别	出生年月	工作单位	职称类别
叶丽英	女	1967.08	云和二中	中学高级教师
夏寅伟	男	1962.07	云和电大	中学高级教师
李伟明	男	1963.10	云和职技校	中学高级教师
张敏华	女	1967.12	人民医院	副主任医师
郭和娟	女	1960.08	人民医院	副主任医师
钟土明	男	1966.02	人民医院	副主任医师
刘小菊	女	1965.12	云和中医院	副主任中医师
叶　俊	男	1967.06	云和二中	中学高级教师
金晓云	女	1962.08	云和二中	中学高级教师
刘成元	男	1955.08	云和二中	中学高级教师
林温云	男	1962.02	云和中学	中学高级教师
王厚荣	男	1968.01	云和中学	中学高级教师
吴建平	男	1965.05	云和中学	中学高级教师
包军仁	男	1962.05	云和中学	中学高级教师
邱晓兰	女	1967.06	云和职业技术学校	中学高级教师
刘仙梅	女	1962.01	实验小学	中学高级教师
黄文龙	男	1960.03	广播电视台	高级工程师
刘　巍	男	1968.12	环境保护局	高级工程师
王杭林	男	1965.11	农村经营管理总站	高级经济师
洪广秋	男	1968.01	县人民医院	副主任医师
雷水贤	男	1968.04	县人民医院	副主任医师
陈伟华	男	1970.12	云和中学	中学高级教师
柳伟忠	男	1970.05	云和中学	中学高级教师
张腊凤	女	1966.03	云和中学	中学高级教师
潘光水	男	1971.01	云和中学	中学高级教师
周春波	男	1965.02	云和中学	中学高级教师
徐伍健	男	1969.03	云和中学	中学高级教师
叶伟军	男	1970.03	云和中学	中学高级教师
卢　伟	男	1969.04	云和中学	中学高级教师
张红蓓	女	1966.09	云和中学	中学高级教师
陈慧娟	女	1967.08	云和中学	中学高级教师
高　梅	女	1969.11	云和中学	中学高级教师
陈伟芬	女	1968.10	云和中学	中学高级教师
叶永信	男	1970.01	云和二中	中学高级教师

续表 39-3-1

姓名	性别	出生年月	工作单位	职称类别
柳绍荣	男	1965.07	云和二中	中学高级教师
官玉和	男	1968.11	云和二中	中学高级教师
桑文勇	男	1967.11	云和二中	中学高级教师
孙静飞	男	1966.05	云和二中	中学高级教师
刘丁萌	男	1957.10	云和二中	中学高级教师
蔡连媚	女	1958.04	云和三中	中学高级教师
周　晖	女	1970.05	云和师校	中学高级教师
刘祖岩	男	1958.10	云和职技校	中学高级教师
丁志洪	男	1967.07	云和职技校	中学高级教师
蓝龙兴	男	1964.04	云和教研室	中学高级教师
周华英	女	1965.01	云和教研室	中学高级教师
罗玉英	女	1956.12	云和教研室	中学高级教师
陈玉娟	女	1954.04	云和镇第一小学	中学高级教师
刘伟林	男	1969.10	县职业技术学校	中学高级教师
吕金作	男	1964.11	县绿源建筑维护工程公司	高级会计师
陈惠民	男	1946.11	图书馆	研究馆员
周　波	男	1969.01	县人民医院	副主任中医师
官兴荣	男	1970.12	县人民医院	副主任医师
潘晓峰	男	1968.05	县人民医院	副主任医师
钱仁德	男	1949.04	经作站	高级农艺师
何顺梅	女	1964.03	云和中学	中学高级教师
陈中杰	男	1971.09	云和中学	中学高级教师
施叶华	女	1963.01	云和二中	中学高级教师
董士林	男	1967.09	云和三中	中学高级教师
赵小虎	男	1966.02	梅园中学	中学高级教师
王晓春	男	1966.02	招考办	中学高级教师
张华燕	女	1967.08	县职技校	中学高级教师
金流松	男	1960.08	县实验小学	中学高级教师
李土亮	男	1965.09	县实验小学	中学高级教师
刘加盛	男	1960.11	农经站	高级经济师
李志平	男	1963.10	县农机管理站	高级工程师
柳继鸿	男	1971.10	云和中学	中学高级教师
林金娟	女	1966.06	云和中学	中学高级教师
叶琴秀	女	1968.01	云和中学	中学高级教师

续表 39-3-1

姓名	性别	出生年月	工作单位	职称类别
邱森荣	男	1964.09	云和中学	中学高级教师
董丽萍	女	1971.10	云和中学	中学高级教师
应淑兰	女	1971.02	云和中学	中学高级教师
张定林	男	1969.10	云和中学	中学高级教师
王柳娟	女	1971.04	云和职技校	中学高级教师
吴莉红	女	1972.05	云和二中	中学高级教师
徐美长	男	1972.02	云和二中	中学高级教师
刘美灿	女	1963.08	云和二中	中学高级教师
叶卫玲	女	1968.06	云和二中	中学高级教师
单爱丽	女	1968.04	云和二中	中学高级教师
陈剑和	男	1967.10	云和三中	中学高级教师
章莲芳	女	1962.03	县委党校	中学高级教师
邱云伟	男	1967.05	县人民医院	副主任医师
陈　岑	男	1969.11	县人民医院	副主任医师
王伟平	男	1964.04	经济作物站	高级农艺师
韩慧琴	女	1970.04	职技校	中学高级教师
曾秋敏	男	1967.08	营林公司	高级工程师
王　平	男	1961.12	森防站	高级工程师
周冬梅	女	1966.11	城乡规划处	高级工程师
陈　剑	女	1968.04	江滨实验小学	中学高级教师
蓝月相	男	1964.10	农业局农作站	高级农艺师
刘际伟	男	1961.07	农业局农村经营管理总站	高级经济师
李伟英	女	1963.05	教育发展中心	副研究员
程幸年	男	1964.07	云和二中	中学高级教师
周筱白	女	1963.04	云和二中	中学高级教师
李汉武	男	1967.02	云和二中	中学高级教师
刘迎春	女	1972.05	云和二中	中学高级教师
褚丽萍	女	1973.10	云和中学	中学高级教师
王存成	男	1973.01	云和中学	中学高级教师
周青海	男	1968.01	云和中学	中学高级教师
吕地新	男	1963.03	云和中学	中学高级教师
王旭英	女	1974.02	县职技校	中学高级教师
蓝日升	男	1966.04	人民医院	副主任医师
周沙英	女	1961.11	妇保所	副主任医师

续表 39-3-1

姓名	性别	出生年月	工作单位	职称类别
吴方权	男	1967.07	丽水方朝工程建设管理有限公司	高级经济师
陈伟华	女	1970.09	县土地储备中心	高级会计师
冯伟萍	女	1963.03	县文化馆	副研究馆员
张宇明	男	1951.08	县委党校	高级讲师
李　梅	女	1960.05	县人民医院	副主任技师
何慧英	女	1973.04	云和中学	中学高级教师
邢力飞	男	1968.05	云和中学	中学高级教师
吴杏琴	女	1971.11	云和二中	中学高级教师
王雪琴	女	1969.04	云和二中	中学高级教师
丁爱秋	女	1967.10	云和职技校	中学高级教师
王贻伟	男	1964.07	云和职技校	中学高级教师
张洪燕	女	1973.04	云和职技校	中学高级教师
戴建华	女	1970.12	云和育英外国语实验学校	中学高级教师
周秀聪	女	1968.03	云和育英外国语实验学校	中学高级教师
刘和义	男	1964.02	教育发展中心	副研究员
钟铁军	男	1970.06	教育发展中心	副研究员
陈晓云	女	1962.07	教育工会	副研究员
唐　毅	女	1969.04	教师进修学校	副研究员
吴晓东	女	1970.12	实验幼儿园	副研究员
张大伟	男	1970.09	林业技术推广站	高级工程师
吕伟仲	男	1964.07	营林公司	高级工程师
柳伟东	男	1967.08	县广播电视台	高级工程师
魏小红	女	1968.09	社保处	高级会计师
徐春雅	女	1972.11	人武部	高级会计师
楼亚波	女	1970.04	会计核算中心	高级会计师
陈　东	男	1965.01	财政局	高级会计师
叶　君	女	1971.09	电力工业局	高级会计师
夏达旦	男	1964.10	总工会	高级政工师
刘国平	男	1950.11	县青少年宫	副研究馆员
石伟娟	女	1969.01	妇幼保健所	副主任医师
徐秀叶	女	1966.01	妇幼保健所	副主任医师
应　勇	男	1974.05	人民医院	副主任医师
林雪琴	女	1964.09	人民医院	副主任护师
徐亚青	女	1964.03	人民医院	副主任护师

续表 39-3-1

姓名	性别	出生年月	工作单位	职称类别
陈伟军	男	1971.06	人民医院	副主任技师
李岳高	男	1962.09	县畜牧兽医局	高级畜牧师
项林如	女	1967.09	县畜牧兽医局	高级畜牧师
陈晓琴	女	1964.10	县委党校	高级讲师
周景华	男	1957.11	县招考办	副研究员
谢光耀	男	1960.02	教育督导室	副研究员
王交流	男	1952.08	教师进修学校	副研究员
夏江波	男	1965.12	电大	副研究员
王伟锋	男	1973.09	云和中学	中学高级教师
张顺娟	女	1973.10	云和中学	中学高级教师
陈春伟	男	1974.02	云和中学	中学高级教师
赵　勇	男	1973.06	云和中学	中学高级教师
张成友	男	1973.11	云和中学	中学高级教师
毛连舜	男	1974.05	云和中学	中学高级教师
叶云祥	男	1972.12	云和中学	中学高级教师
张秀萍	女	1970.05	云和中学	中学高级教师
吴丽红	女	1972.03	云和中学	中学高级教师
张韵松	男	1968.02	云和中学	中学高级教师
叶金娟	女	1963.05	云和二中	中学高级教师
邹永文	男	1972.03	云和二中	中学高级教师
官丽红	女	1975.05	云和二中	中学高级教师
刘　瑾	女	1970.08	云和二中	中学高级教师
吴丽琴	女	1971.10	云和二中	中学高级教师
梅向荣	男	1970.11	云和三中	中学高级教师
石火平	男	1971.11	云和三中	中学高级教师
吴智明	男	1965.02	云和三中	中学高级教师
王海民	男	1968.06	云和三中	中学高级教师
周　萍	女	1975.01	云和三中	中学高级教师
夏　波	男	1972.09	云和职技校	中学高级教师
林伟琴	女	1974.05	云和职技校	中学高级教师
黄艳梅	女	1974.02	云和职技校	中学高级教师
吴广丰	男	1975.08	云和职技校	中学高级教师
夏珊燕	女	1969.09	云和职技校	中学高级教师
甘映红	女	1976.07	云和育英学校	中学高级教师

续表 39-3-1

姓名	性别	出生年月	工作单位	职称类别
刘定华	男	1973.07	云和育英学校	中学高级教师
林 平	男	1971.06	云和育英学校	中学高级教师
周雪梅	女	1969.12	计划生育宣传技术指导站	副主任医师
叶建伟	男	1971.10	县广播电视台	高级工程师
柳荣林	男	1962.12	县广播电视台	高级工程师
练 飞	男	1971.09	县森防森检站	高级工程师
陈超俊	男	1976.07	县林权管理中心	高级工程师
蓝伟民	男	1969.02	云和中学	中学高级教师
刘卫民	男	1969.08	云和中学	中学高级教师
徐幼丽	女	1973.03	云和中学	中学高级教师
刘小芳	女	1962.05	第二中学	中学高级教师
夏 英	女	1971.04	第二中学	中学高级教师
蔡 芸	女	1971.09	云和二中	中学高级教师
林景娟	女	1972.06	第二中学	中学高级教师
梁阳珠	女	1967.03	第三中学	中学高级教师
王利平	男	1967.08	中等职业技术学校	中学高级教师
兰余军	男	1968.02	中等职业技术学校	中学高级教师
蓝 仙	女	1970.11	中等职业技术学校	中学高级教师
兰新章	男	1972.08	中等职业技术学校	中学高级教师
张聪玲	女	1973.03	中等职业技术学校	中学高级教师
杨伟丹	女	1974.11	中等职业技术学校	中学高级教师
李熙根	男	1969.04	育英外国语实验学校	中学高级教师
王月岳	女	1962.11	县广播电视台	主任编辑
蓝夏红	女	1968.11	县妇幼保健所	副主任医师
张学荣	男	1962.12	县种子管理站	高级农艺师
陈旭勇	男	1963.05	县教育督导室	副研究员
陈莲娟	女	1968.12	县统计局	高级统计师
陈江涛	男	1964.12	县文化馆	副研究馆员
林 浩	男	1974.02	县人民医院	副主任医师
阎云芸	女	1978.01	县人民医院	副主任医师
蓝碧龙	男	1973.10	人民医院	副主任医师
张祖平	男	1970.03	县人民医院	副主任技师
童盛华	女	1968.08	县人民医院	副主任护师
刘建灵	男	1961.09	县林业技术推广站	高级工程师

续表 39-3-1

姓名	性别	出生年月	工作单位	职称类别
刘传达	男	1963.12	县林业局林业工作总站	高级工程师
严伟东	男	1975.12	县林业局营林公司	高级工程师
刘雄兰	女	1964.10	县森防森检站	高级工程师
王丽琴	女	1970.10	县委党校	高级讲师
蓝友梅	女	1960.09	县文化馆	研究馆员
徐小燕	女	1965.09	县种子管理站	高级农艺师
兰根成	男	1977.09	县广播电视台	高级工程师
胡海虹	男	1968.12	县广播电视台	高级工程师
叶俊黎	男	1966.03	云和中学	高级实验师
梁丽梅	女	1964.12	县人民医院	高级经济师
兰琴岳	女	1976.01	云和中学	中学高级教师
王　诒	男	1975.04	云和中学	中学高级教师
曾　群	女	1971.03	云和中学	中学高级教师
毛翠梅	女	1974.02	云和中学	中学高级教师
杨叶萍	女	1977.06	云和中学	中学高级教师
徐丽君	女	1975.07	中等职业技术学校	中学高级教师
金巧俐	女	1970.08	中等职业技术学校	中学高级教师
刘少琴	女	1971.03	中等职业技术学校	中学高级教师
项伟军	男	1969.11	中等职业技术学校	中学高级教师
梅晓红	女	1965.06	教育发展中心	中学高级教师
毛建娟	女	1976.10	第二中学	中学高级教师
魏丹华	女	1975.02	第二中学	中学高级教师
徐有明	男	1975.01	第二中学	中学高级教师
李正大	男	1973.11	第三中学	中学高级教师
叶志跃	男	1969.02	第三中学	中学高级教师
吴根荣	男	1970.12	第三中学	中学高级教师
练永伟	男	1976.12	育英外国语实验学校	中学高级教师
孙　苗	女	1976.08	育英外国语实验学校	中学高级教师
刘　蓉	女	1974.10	县教育发展中心	中学高级教师
江美玲	女	1974.04	县实验小学	中学高级教师
项红伟	女	1962.08	县环境卫生管理所	高级政工师

1991—2010年省级以上劳动模范及先进工作(生产)者名录表

表39-3-2

姓 名	性别	单位	嘉奖时间	颁奖机关	荣誉名称
廖伟平	男	云和县供排水公司	2010年	国务院	全国劳模
刘玲英	女	丽水市农业银行	1995年	国务院	全国劳模
梅小平	男	云和县微生物研究所	2006年	中华全国总工会 浙江省人民政府	全国"五一"劳动奖章、浙江省劳动模范
叶培武	男	县公安局	1999年	中华全国总工会 浙江省人民政府	全国"五一"劳动奖章、浙江省劳动模范
叶芳梅	女	县委信访局	1999年	浙江省人民政府	全国"五一"劳动奖章、浙江省劳动模范
廖永平	男	县林业局	2002年	中华全国总工会 浙江省人民政府	全国"五一"劳动奖章、浙江省劳动模范
陆鑫坤	女	环卫所	1997年	中华全国总工会 浙江省人民政府	全国"五一"劳动奖章、浙江省劳动模范
蓝世根	男	统战部	1999年	国务院	部劳模(享受省级劳模待遇)
蓝金玉	女	云和县安溪畲族乡政府	2009年	国务院	部劳模(享受省级劳模待遇)
黄少英	女	云和中学	2004年	浙江省人民政府	浙江省劳动模范
何建荣	男	县委老干部局	2009年	浙江省人民政府	浙江省劳动模范
程良清	男	云和县人民检察院	2004年	浙江省人民政府	浙江省劳动模范

云和县"三八"红旗手获得者表

表39-3-3

姓 名	出生年月	籍贯	奖 项	获奖时间	颁奖单位
王素梅	1956.02	云和	全国"三八"红旗手	2005年	全国妇联
陈秋弘	1956.09	莲都	浙江省"三八"红旗手	2008年	浙江省妇联
梁微琴	1965.05	临海	全国"三八"红旗手	2009年	全国妇联

寓外云和人士表(姓氏笔画为序)

表39-3-4

姓 名	籍贯出生地	出生年月	工作单位(离退休)	职务职称
马士文	云和	1953.08	丽水信用联社	主任(高级经师)
王 昕	云和	1973.05	新加坡南洋理工大学	教授
王 炎	云和	1960.07	市纪委	常委
朱力平	云和	1953	原浙江消防总队	总队队长
吴一鸣	云和	1956.06	丽水市中级人民法院	副院长(正处)
应晓优	云和	1955.02	美国赛诺菲北美研发部、生物影像部	研发总监、主任
张抗松	云和	1937	建行浙江省分行	副行长
张松伟	云和	1963.02	空军总医院体检中心	主任

寓外云和人士表(姓氏笔画为序)

表 39-3-4

姓　名	籍贯出生地	出生年月	工作单位(离退休)	职务职称
张森林	云和	1947.06	原中国林产工业协会	会长、顾问
陈一新	云和	1959.09	中共浙江省委　浙江省委政策研究室	副秘书长 主任
陈乐燕	云和	1974.11	丽水学院	教授
陈丽娜	云和	1950.01	丽水市中心医院	党委书记
陈建波	云和	1963.08	中共丽水市委	常委、宣传部长
陈积康	云和	1958.11	市经商局	局长
陈敏婕	云和	1978.09	上海图书馆　就职于美国普林斯顿大学	儿童文学研究员
陈满兴	云和	1954.10	丽水市司法局	局长
陈慧琴	云和	1964.09	北京防化指挥工程学院	履约技术部、正师
林　沄	云和	1926.06	丽水军分区	副司令员
林秋明	云和	1966.08	FortinetInc(NASDAQ:FTNT)	物理学博士
林水龙	云和	1963.03	中国人民解放军空军勤务学院航空弹药系	大校
林建东	云和	1962.02	浙江省农业厅	厅长
林少青	云和	1963.09	浙江省水利厅水资源水电管理中心	主任
周一农	云和	1957.05	绍兴文理学院	教授
官莉莉	云和	1971.07	绍兴市中医院	副院长、主任医师
项丰顺	云和	1964.12	北京防化指挥工程学院履约技术部	大校
姜　波	云和	1961.06	丽水市政协农业农村人口资源环境委员会	主任
夏　刚	云和	1962.10	总参谋部第四部第四局	局长 大校
徐　斌	云和	1962.07	杭州市财保公司	总经理
高　丰	云和	1974.11	解放军总参第 56 研究所	研究员、副师
黄启平	云和	1966.05	衢化浙江工程设计公司	教授级高工
梅晓敏	云和	1965.01	福建省委《福建通讯》	社长 总编 高级编辑
龚向宏	云和	1963.06	美国威斯康森州立大学数学系	终身教授
蓝　蓉	云和	1976.01	英国华威大学	教授
蓝敏丽	云和	1973.05	福建交通职业技术学院	教授
詹　勇	云和	1956.12	空军航空大学飞行教官训练基地	主任医师副军级
蔡小华	云和	1957.08	丽水市人民政府	副市长

第四十篇 专 记

本篇收录7篇文章,内容包括云和的历史史实、自然环境、社会、生活习俗等方面。

《云和雪梨》记叙云和雪梨品质、栽培历史和产业发展过程;《方山岭保卫战》是叙述“浙赣会战”后期,1942年8月初浙江省军民为保卫临时省会云和,在方山岭一带与日本侵略军所展开的一场较大规模战斗;《浙江省铁工厂档案》介绍云和县档案馆馆藏浙江省铁工厂档案,2002年,《浙江省铁工厂档案》入选第一批《浙江省档案文献遗产名录》;《民族复兴馆印记》记载云和作为民国浙江省政府的临时省会期间,集战时省财力、云和民力修建的民族复兴馆始末;《云味十二道》介绍丰富多彩、千变万化、层出不穷的云和“乡土菜”;《云和梯田》作者张抗抗,本文曾作为山东省高考作文基础材料;《“小三线”建设在云和》介绍浙江省新华机器厂、浙江省浙南制药厂在云和期间概况。

云和雪梨

云和雪梨是浙江省12种传统名果之一，国家农产品地理标志产品。

云和雪梨，皮薄水多，酸甜适中，清凉可口，适于贮运。传统云和雪梨中云和县沈村乡包山雪梨久负盛名。品种除雪梨外，还有红梨、真香梨，六月消、柿扁梨、枣仁梨、鸡爪梨、棉梨（俗称糖梨儿）等。雪梨：县志上叫“消梨”，即温州人说它“消暑”功效神异的意思，由于表皮有细微星点，专家们称为“细花雪梨”。其特点是个大（每个500克左右）、星小、皮薄、肉细、味甜、水多、松脆可口、清润留香。清热解毒、降火消痰、润肺止咳等药用、保健功效，可作热症食疗。

云和雪梨早年间大多销往温州、台州及龙泉等周边县市，中华人民共和国成立后曾远销香港。民国4年（1915），用云和雪梨酿制的“云和雪梨酒”由于质量优良，被选送参加1915年巴拿马国际博览会，获得铜质奖，云和雪梨在国际上赢得声誉。中华人民共和国成立前，青田、温州客商多处设立“梨行”收购，云和雪梨在浙西南形成较大市场规模。民国三十七年（1948），浙江省银行经济研究室出版的浙江省经济权威统计《浙江经济年鉴》上，将云和的木材、雪梨、木炭、毛铁、桐油列入云和五大经济特产，由此可见民国年间雪梨产业在云和的经济地位。

云和雪梨品质

中华人民共和国成立之后，各级部门、研究机构加强对雪梨的发展规划，推广各类种植技术，让雪梨价值得到发现。1961年，由浙江农业大学主编，浙江人民出版社出版作为高等院校农学教材的《果树栽培学》，具体介绍云和的大花雪梨、细花雪梨和真香梨。将全国梨品种作系统分类时，把云和雪梨列入砂梨系统的代表，着重提出。书中介绍：“大花雪梨（现名为粗花雪梨），产浙江云和，树势强盛，结果佳良。果为圆形或者倒卵圆形，形大……味甘而微酸、微有涩，品质中，在云和9月上旬成熟。在该地尚有所谓细花雪梨，为本品种的另一品系，其形质与大花雪梨相似，唯果梗稍细，肉质较细而松脆，其余无显著区别。”“真香梨：产浙江云和，树势较弱，成熟的新梢棕褐色，皮孔椭圆形或圆形，灰白色……果肉乳白色，质细而脆，味甜，有浓香，品质上。在云和8月中旬成熟，不耐久贮。”1988年浙江日报社编《新县志》(第558—559页)记载：“云和雪梨远在明代即已种植……云和雪梨个大、核小、皮薄，比天津鸭梨甜，比山东莱阳梨汁多，比义乌梨细嫩，是果中佳品，加工成‘雪梨膏’，更是营养、疗效很高的良药。”2004年，中华书局出版的《浙江农业志》”第六篇园艺作物“对于雪梨的记载：”细花雪梨，原产于云和县，是地方传统名种，栽培历史已有500多年……果皮黄绿色，有锈斑，果皮薄而细；果肉乳白色，肉质细脆，汁多，石细胞较少，味甜带微酸，略有香

图专-1　云和雪梨（县农业局提供）

气，品质优良；真香梨，别名糖霜梨、长柄六月雪。原产于云和县……果皮黄绿色，果点稀疏而小，果面凹凸不平，有大块锈斑，果皮薄；果肉乳白色，汁多，味甜，香气浓，品质优良……"与以往记载相比，在果皮、品相上可以看出，略有记载差异。但是在品质上，可以看到原来记载的中等品质已经被重新认定为"优良"。云和雪梨优质果率、精品果率在逐年提高，市场知名度也逐年提高，成为受生产者欢迎、经销者青睐、消费者喜爱，云和雪梨成为"好种、好卖、好吃、好挣钱"的，真正的"神仙果"。

云和梨果汁含量分析表

表专-1-1 单位：%

品　种	含糖量	含酸量	糖酸比例	可食部分	评语及意见
山花梨	6.35	0.25	25.50	77.95	皮薄肉细，水份多且甜脆，风味上等，应作发展对象。
细花雪梨	7.25	1.29	25.00	83.88	果皮较薄，肉细水多，石细胞少而小，甜酸适度，品质上等，作发展对象。
粗花雪梨	7.69	0.29	25.89	82.10	果皮粗厚，肉稍粗，水份多，味酸涩，石细胞大，但果形大，改良后尚有希望。
真香梨	7.85	0.27	27.36	71.23	果皮薄，肉细胞水份中等，甜味浓，品质上等，可作发展对象。
六月消	7.75	0.23	33.12	81.23	果皮薄，肉细且脆，水份多，甜酸适度，品质上等，可作发展对象。
早梨	7.75	0.37	20.52	76.84	果皮较薄，肉细，水份中等，味有酸涩，品质中等，如系早熟，可适当发展。
甜梨	5.95	0.40	14.73	68.33	果皮薄，肉较细而脆，水份多，甜而有酸味，可食部分太少，可少量发展。
细心柿扁	4.88	0.29	16.83	77.58	果皮厚而粗，肉粗，石细胞粗，水份少，酸而涩，品质不良。
大心柿扁	7.55	0.58	12.99	58.21	果皮较薄，水份尚多，石细胞较少，果心大，味酸，品质中下。
正红梨	4.11	0.29	14.17	82.64	果皮厚而粗，石细胞多而大，肉粗硬，水份少，涩味很强，但果大，是改良对象。
高顶红梨	5.75	0.32	18.03	59.85	果皮较厚，肉粗水份少，石细胞多，味酸且涩，但果形大，果心小，是改良对象。

云和雪梨屡次获殊荣：2002 年，云和雪梨获得浙江省绿色农产品称号；2003 年、2006 年云和雪梨被中国果品流通协会评定为"中华名果"；云和县荣膺"中国优质雪梨重点县"的称号。以"仙宫湖"牌为代表的云和雪梨曾获国家金奖 3 个、省级金奖 16 个，为"丽水名牌产品"、"丽水市著名商标"。

雪梨产业发展

"双溪春水穿千户，万树梨花掩半城"。云和雪梨种植历史悠久，据现有史料记载，至少有 560 年的栽培历史。

自明景泰三年(1452)云和设县以来便广为种植。清•康熙三十一年(1692)刊本《云和县志•物产卷》记载"果属：桃、李、梅、栗、梨、枣、杏、梅、柑、桔、橙、柚、菱。"清•同治三年(1864)刊本《云和县志·卷之十五·物产》记载："梨，俗呼消梨者，有名六月消者尤甘脆。"清光绪三十年(1904)间，云和城郊数里长的梨园连成一片，成为云和著名梨园。清朝末年，云和雪梨经过数百年种植、改进品种，形成规模。

云和雪梨发展有过兴衰曲折的历程。光绪三十年(1904)光复会领导人之一的魏兰提出实业救国，开始在木路大炉山栽种雪梨千余株，接着从日本留学回乡的许学彬亦在五霞岭种植雪梨，王若浮在凤凰山及前巷、高希鲁在西山及鳖山、柳家在白獭山、陈家在八角坪大面积种植雪梨。后又发展到沙溪乡，河上、长田、贵溪、沙溪，小徐乡黄水滩、程宅、瓦窑睦田以及云坛、陈村、沈村、竹坑、包山、西坑等地都有连片种植。辛亥革命前后，云和雪梨栽种形成更大规模，特别是凤凰山前数里长的梨林，是云和著名的"梨园"。加之云和雪梨高品质推动云和雪梨的发展，助推市场需求，民国时期，云和雪梨常年产量10000—12000担之间(500—600千千克)，民国36年(1947)年产量达到峰值18400担(920千千克)。民国二十二年(1933)，民国政府出版的《中国实业志·浙江省》十分强调云和雪梨地位，在书中第四编农林畜牧第十一章水果中记载："云和：橘子、枇杷、梅子、李子、桃子、梨子"；"云和年产一万五千担，行销永嘉台州，为浙江产梨最多之县。"

民国31年(1942)，正当云和雪梨处于发展的高峰期，日本侵略军窜犯金华，国民党省政府迁驻云和，人口骤增，人员复杂，偷梨成风，原来养护雪梨的"官禁""民约"被彻底破坏，产量锐减。1949年全县产梨96千千克。1958年，云和镇成立特产队，加强梨园的生产、管理，产量逐渐回升，1959年产梨308千千克。但由于连作稻试种成功，面积不断扩大，出现劳力矛盾，而当时正处于三年困难时期，缺粮严重。因此，大部分梨园处于荒芜半荒芜状态，产量锐减，质量下降。以后城镇扩建，县城周围的梨园被毁。1982年，全县投产梨园只有7.6公顷，产量仅30千千克。1984年，雪梨良种只有2.49公顷，真香梨仅6株。

为恢复和发展云和雪梨，20世纪80年代初，中共云和县委、县府多次发出振兴云和雪梨，发展传统名特产品，拉动农业发展，促进农民增收的号召。1977年，县供销社投资苗木费，民主公社发动民工在霞晓桥开辟雪梨基地5.6公顷。1980年，县科委拨款6000元，在伏布农林中学建立3.3公顷雪梨基地。1984年，梨园进行全面普查，全县共有11个品种，经省农科院分析鉴定，其中山花梨、细化雪梨、真香梨、六月消属于上等优良品种；甜梨、早梨属有优良品种；粗花雪梨、红梨需要改良；大心、细心柿扁梨是劣质淘汰品种。1987年，县农业相关部门即推广种植雪梨11000余株。同年，政协云和县委会文史资料研究委员会编辑出版《云和雪梨》一书，对云和雪梨的悠久历史、地位身价、品种、栽培管理等方面进行了详细总结。

1985年，县人民政府把发展雪梨列入速生丰产林计划，并确定培育1亩(0.07公顷)雪梨苗，经济补助100元。1987年，县人民政府从扶贫贴息贷款中安排10万元，用于农民个人发展雪梨，规定种植雪梨1亩(0.67公顷)，除无偿提供苗木费35元外，还可贷给100元贴息贷款。村经济合作社发展雪梨，连片10亩(0.67公顷)以上，除每亩35元的苗木费外，由农经委、农业银行在贴息贷款中贷给100元，在农场建立2.33公顷母本园，培植云和雪梨苗。1987—1990年，全县新开辟雪梨基地153.33公顷，总面积达到188.27公顷。

云和县若干年份雪梨面积产量

表专-1-2　　单位：公顷、千千克

年　份	面　积	产　量	年　份	面　积	产　量	年　份	面　积	产　量
1949	56.7	96	1975	19.9	122	2003	711.1	—
1952	53.3	140	1978	17.5	28	2004	1339.3	—
1957	38.7	266	1980	8.9	62	2006	146. 7	—
1962	36.7	74	1985	19.5	98	2007	146.7	—
1965	33.3	122	1990	188.3	72	—	—	—
1970	27.3	105	2002	488.9	4000	—	—	—

2004年全县雪梨种植面积统计表

表专-1-3　　单位：公顷

雪梨产地	面积（公顷）	雪梨产地	面积（公顷）
全县合计	1339.3	赤石乡	32.8
朱村乡	40.1	黄源乡	0.2
云坛乡	109.1	云丰乡	0.4
云和镇	258.1	大源乡	4.9
石塘镇	117.5	沙铺乡	0.4
紧水滩	19.8	农业综合开发有限公司	120
安溪乡	118.5	长田雪梨基地	35.6
崇头镇	149.4	老雪梨基地加其它零星种植	333.3

20世纪90年代，在省、市、县各界领导和技术专家的支持下，着手挖掘云和雪梨这一传统名果，通过技术推广、老品种改良，逐步做大做强云和雪梨产业。

进入21世纪，中共云和县委、县府充分发挥有效市场和有为政府的作用，云和县农业部门在加大雪梨种植产业开发力度同时注重对雪梨高端品质、扩大销路、品牌推广、文化传承等综合性产业规划。通过推广人工授粉、二次套袋、配方施肥、减药增效、设施栽培、矮化缩冠、优株选育等系列技术，突破雪梨在发展中的授粉不足、风害、夜蛾为害等生产瓶颈，云和雪梨在产量、品质、效益、品牌知名度上都有质的提高。从原来政府保护、扶持、推进雪梨产业的发展，到近年农户积极主动发展，促进了雪梨产业健康、持续、稳步发展，真正赋予云和雪梨产业发展的生命力，使云和雪梨生产真正走向优质高效之路。（黄育盛）

图专-2　列入原生境保护的百年包山老梨树（县农业局提供）

方山岭保卫战

方山岭保卫战是“浙赣会战”[①]后期，浙江省军民为保卫临时省会云和所展开的一场较大规模战斗。

1942年5月中旬，日本侵略军发起“浙赣会战”，永康告急，民国浙江省政府从永康南迁云和，以云和县城为临时省会。随迁而来的有国民党浙江省党部、省财政厅、建设厅、民政厅、保安处等70余家行政单位、39个军警机构和34家工商企业。云和县城人口由原来的3000余人骤增至2万多人。历时3年零4个月，云和成为全省政治、经济、文化和抗日救亡运动指挥中心，成为浙江抗战的“大本营、大后方”。

日本侵略军发起“浙赣会战”的主要战略目的有两个，一是摧毁浙江、江西两省主要航空基地，以防美国空军继续利用浙赣地区机场轰炸日本本土；二是击溃浙江方面中国军事力量，摧毁该地区军民的抗战意志。战役一开始，日本侵略军首先快速占领浙江金华。然后，有针对性的破坏和报复浙江省的衢州、丽水和江西玉山等机场。之后，日本侵略军加紧对占领区的中国军民进行惨无人道的扫荡。6月16日，在日本侵略军攻陷江西进贤和贵溪后，中日双方军队形成对峙局面。但在浙江丽水、温州及松阳、云和等局部地区仍战事不断。8月19日，日军下令撤退，中国军队立即追击日寇。9月底，历时四个多月的“浙赣会战”结束。在“浙赣会战”期间，日本侵略军给中国第三战区[②]军民造成极大的损失和浩劫。但是，在这次会战中，中国军队结合有利地形、规避自身不足，大量的运用游击战和运动战给予日本侵略军一定打击。方山岭战事就是“浙赣会战”的一个组成部分。

方山岭[③]位于云和县境的北部，是云和县与松阳县的分水岭，岭北为松阳县境的石仓源、大阴源等地区。方山岭一线岭头距浙江省临时省会云和县城约25公里。省会选中云和，是因为这里是浙西南山区腹地，四周地势险要，易守难攻，在当年敌人军事装备优于中国军队的形势下，一可以有效地阻挡敌人现代化装甲部队；二可充分发挥中国军队擅长游击战、山地战优势。战略地位十分重要。

1942年8月2日，日本侵略军奈良支队1400余人从丽水出动，向保定、碧湖一带进犯，沿途烧毁碧湖镇半条街；并向碧湖之金岗山、保定对岸的大港头发起进攻。企图强渡大溪[④]，沿丽浦公路进犯云和。中国军队第八十八军暂编第三十二师在大溪沿线构筑工事，占领制高

① 浙赣会战：1942年5月中旬，日军为摧毁中国在浙江、江西的机场，打击国军第三战区主力而发动的一场大型战役。

② 第三战区：中国抗日战争时期中国军队的大战略区级的军事指挥机构之一。1938年11月起，负责指挥苏南、皖南及浙、闽、赣各一部的对日作战。

③ 方山岭：方山岭一线战场从东到西为七尖顶、方山岭、桅树坳、鸡公骑坳、山望排，全长约40余华里，平均海拔800米以上，最高处海拔1146米。

④大溪：即瓯江大港头至青田段。

点，英勇抗击，死守阵地，造成日本侵略军大量伤亡。日军见渡江无望，疯狂一阵后，改道沿松阴溪窜入松阳县境，与先期占领松阳县城的原田旅团会合。

8月3日，日本侵略军绿川大队、奈良支队共2400余人[①]向云（和）松（阳）边境松阳一侧的石仓源[②]、苦槠树下和鸡公骑坳、梳树坳、山望排等地侵袭，企图越过方山岭一线，占领云和县城，摧毁浙江临时省会。如果日本侵略军越过方山岭一线，中国军队就无险可守，只要数小时，云和县城就将沦陷。因此，省政府向浙江省保安第三团（以下简称"浙保三团"）下达"死守方山岭"的命令。浙保三团广大官兵在方山岭全线殊死阻击。当日，地势最低的鸡公骑坳[③]成为日军的主攻战场；3日夜晚，浙保三团一个排的士兵在此全体阵亡，致使鸡公骑坳西侧的山望排村曾一度被日本侵略军小股先头部队占领。但浙保三团始终将日本侵略军主力遏止于松阳县石仓源、垟坑埠头、云和县山望排一线。

8月4日，日本侵略军卷土重来，先是出动飞机轮番轰炸我军阵地，然后，步兵在猛烈的炮火掩护下，疯狂地向方山岭全线发起进攻。由于方山岭是古树参天的森林地带，敌人虽有飞机、大炮，但却很难找准打击目标，因此，飞机轰炸和炮火打击并未给我军造成太大的伤亡。当地村民说："日本人的炮弹乱打，甚至打到离方山岭村南侧山脚下十里外的徐湖村、小子坑等村"。防守方山岭一线的浙保三团凭借险要地型，全线反击，战斗异常激烈，终于夺回三望排村，日本侵略军全线撤退至石仓源、苦槠树下一带。

8月5日，日本侵略军不甘心失败，增调骑兵部队助战，在飞机、大炮掩护下，再次向方山岭全线发起疯狂进攻，战况更加残酷凶险。浙保三团险些全线动摇。幸亏驻防石浦、龙门一带的国军第八十八军新编二十一师于4日夜奉命星夜驰援，与浙保三团共同阻击日本侵略军，才稳住阵势。二十一师与浙保三团凭借地形优势，以强大的火力和猛烈炮击，打退日本侵略军多次进攻，直至其全线撤退。

经过8月3日至5日三昼夜激战，日本侵略军遭到中国军队沉重打击，受重创后全线后撤，并向松阳县城方向溃退。至此，方山岭战斗胜利结束。

在方山岭战役中，云和全县人民和驻军部队同仇敌忾，保卫祖国，保卫家乡，人人奋勇当先，群众积极支前。特别是方山岭一线战场附件的方山岭、仁子石、上巴坑、连花山、三望排、大南山、艮子背、桃子坑等村庄的群众，日夜为战士送水、送粮，为部队抬伤员；拆下自己家里的所有能拆的门板、墙板，送往战地供部队使用；一位国军连长在战斗中牺牲，村民[④]把自已油漆好的大红棺材无偿赠送给这位为国损躯的军人，并将其安葬在村子旁边，每年为其扫墓。全县广大人民群众倾其所有，支援抗战，形成军民团结、共同抗敌、坚不可摧的铜墙铁壁。

方山岭战役的胜利，彻底粉碎日军摧毁浙江省政府，摧毁浙江军民抗日意志的企图；保卫了云和全县人民免于遭受日军的涂炭。同时，扭转浙江抗战不利局面，进一步激发浙江军民，特别是云和人民抗日救国热情，更加坚定政府和军民夺取抗战胜利的信心和决心。　（蓝宝富）

①日军绿川大队、奈良支队人数：据日方有关资料显示，绿川大队1032人，奈良支队1438人。
② 石仓源：亦称"沙坑里"。
③ 鸡公骑坳：是松阳至云和古道必经的山坳门，海拔400余米，是方山岭防线的最低处。
④方山岭村蔡雨良的祖父。

浙江省铁工厂档案

引子

八年全面抗日战争时期，浙江地方工业羸弱，军工制造近于空白。1938 年 5 月，时任国民党浙江省主席的黄绍竑在丽水创办浙江省铁工厂。当时，在云和小顺设立总厂，在莲都区大港头设立 3 个分厂，其中浙铁总厂（即一厂）专门制造步枪和枪支总装；二厂在大港头砝头嘴，生产机枪；三厂在大港头玉溪，生产手榴弹、枪榴弹和炸药；四厂在大港头镇上，生产各种民用通用机械、造纸机、手摇纺纱机器、车、铣、刨床等。

浙江省铁工厂是当时浙江省最大的军工企业，它的创办开辟了浙江省自主创办兵器工业的历史，也成为广招抗日救国进步青年的重要政治基地。铁工厂生产的武器，不仅供应浙江，还供应东南多省，在军事上为抗日提供有力的武器支援。1939 年 4 月 2 日至 3 日，中共军委副主席、中共南方局书记周恩来以国民政府军事委员会政治部副部长的身份，由黄绍竑陪同到位于小顺的浙江铁工厂视察。据浙江省国民政府《导报》增刊第十三期载：白崇禧、陈仪与周恩来一同到云和小顺。（白崇禧 1893——1966，字健生，广西桂林人，中华民国陆军一级上将。时任军事委员会副总参谋长兼军训部部长；陈仪 1883——1950，字公洽，号退素，浙江绍兴人，中华民国陆军二级上将，时任福建省主席。）

云和县档案馆集中保管着大量浙江省铁工厂档案，这些档案详细记载了浙江省铁工厂的创建过程，董事会领导下的厂长负责制运作情况，以及企业与地方关系处理等，同时也完整记录了周恩来视察浙江省铁工厂、“周黄会晤”和陈嘉庚慰问浙江省铁工厂等重大历史事件，成为独特而丰厚的抗战文化资源，对于研究国共合作统一战线、地方党史等都具有十分重要的文献意义。2002 年，《浙江省铁工厂档案》入选第一批《浙江省档案文献遗产名录》。

背景和由来

云和县小顺村　小顺村位于云和县城东北 14 千米瓯江江畔的小盘地上，是瓯江腰脐的船埠古村，八百里瓯江在这里拐了个弯，冲积形成 4 平方千米的小盆地，以风景旖旎、冻石妩媚、舴艋欸乃而秀甲一方。

1937 年 12 月，为浙江省铁工厂选址的需要，国民党浙江省主席黄绍竑在前任省主席朱家骅、建设厅长伍廷飏、第九专区专员余森文等陪同下对小顺村进行考察。在黄绍竑的眼里，小顺村远离铁路线，但水陆交通方便，是有一定战略纵深、易守难攻的战略要地，也是铁工厂创办的绝佳之地。由此，浙江省铁工厂便在小顺村落户。八年全面抗战期间，浙江省铁工厂生产并输出大量武器支援前线，小顺村亦成为重要的后方阵地。

小顺村在拥挤和忙碌中接受一次文明的洗礼：修建有下水道的两横一竖的主街道，街巷里弄安装了路灯；深挖了长塘、四方塘、三角塘等五口大池塘（铁工厂防火水源），使附近农田旱涝保收；国立英士大学、浙江第二保育院、职工医院、众多的文艺团体入迁；周恩来、陈嘉庚、冯雪峰、潘天寿等也到访此地。在上述这些先进元素的共同影响下，小顺村的社会文明程度迅速提升。正如黄绍竑在《五十回忆》中所述："虽然增加当地人民许多负担，或带给他们许多苦难，同时也助长它很多的进步"。

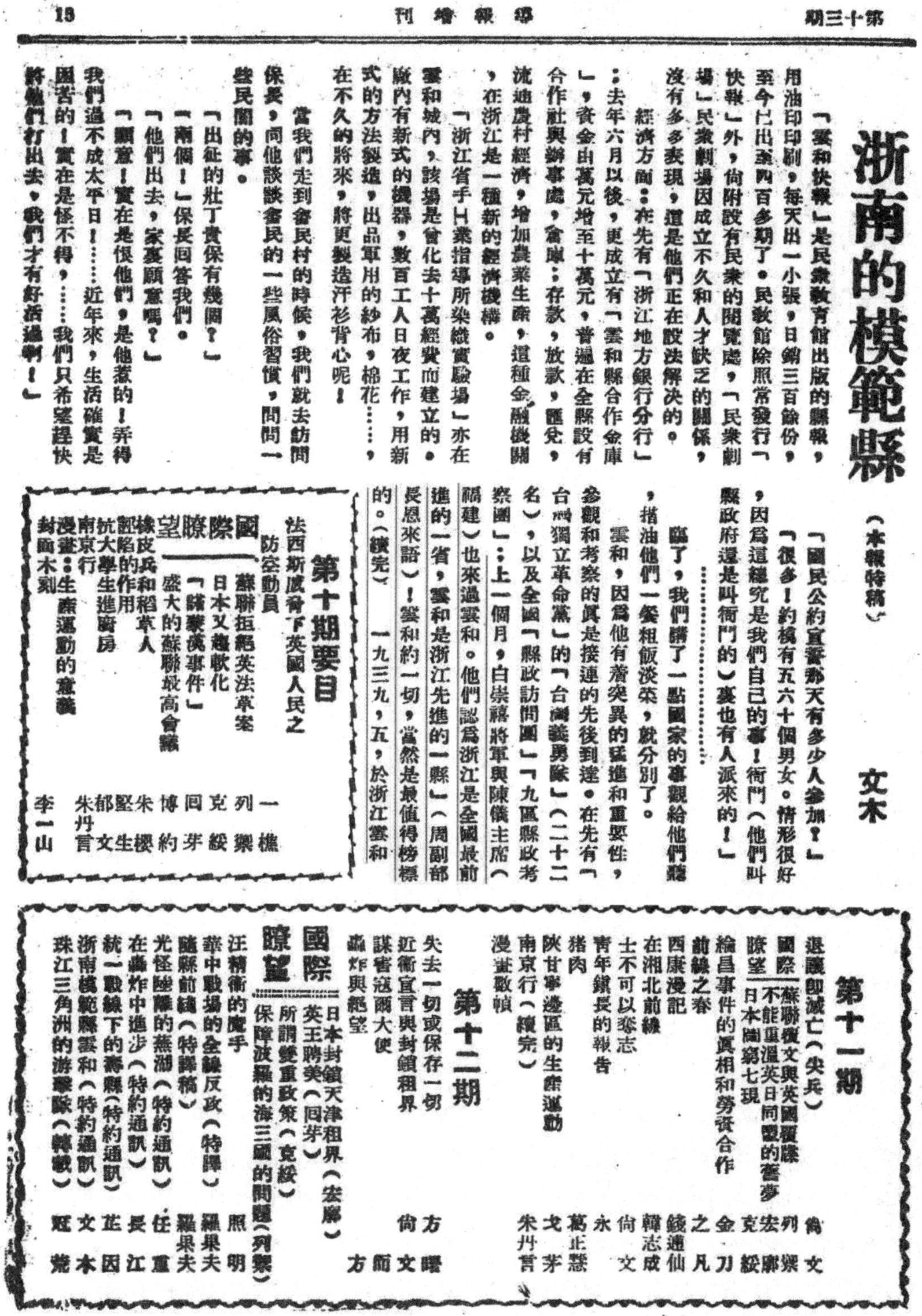

15　導報增刊　第十三期

浙南的模範縣

（本報特稿）　文木

「雲和快報」是民衆教育館出版的縣報，用油印印刷，每天出一小張，日銷三百餘份，至今已出至四百多期了。民教館除照常發行「快報」外，倘附設有民衆的閱覽處，「民衆劇場」民衆劇場因成立不久和人才缺乏的關係，沒有多多表現，這是他們正在設法解決的。

經濟方面：在先有「浙江地方銀行分行」；去年六月以後，更成立有「雲和縣合作金庫」，資金由萬元增至十萬元，普遍在全縣設有合作社與辦事處，倉庫；存款，放款，匯兌，流通農村經濟，增加農業生産，這種金融機關，在浙江是一種新的經濟機構。

「浙江省手工業指導所染織實驗場」亦在雲和城內，該場是曾化去十萬經費而建立的。廠內有新式的機器，數百工人日夜工作，用新式的方法製造，出品軍用的紗布，棉花……，在不久的將來，將更製造汗衫背心呢！

當我們走到畲民村的時候，我們就去訪問保長，同他談談畲民的一些風俗習慣，問問一些民間的事。

「出征的壯丁貴保有幾個？」

「兩個！」保長回答我們。

「他們出去，家裏願意嗎？」

「願意！實在是恨他們，是他惹的！弄得我們過不成太平日！……近年來，生活確實是困苦的！實在是怪不得，……我們只希望趕快將他們打出去，我們才有好活過啊！」

「國民公約宣誓那天有多少人參加？」

「很多！約摸有五六十個男女。情形很好，因爲這總究是我們自已的事！衙門（他們叫縣政府還是叫衙門的）裏也有人派來的！」

……………

臨了，我們講了一點國家的事覲給他們聽，揩油他們一餐粗飯淡菜，就分別了。

雲和，因爲他有着突異的猛進和重要性，參觀和考察的眞是接連的先後到達。在先有「台灣獨立革命黨」的「台灣義勇隊」（二十二名），以及全國「縣政訪問團」「九區縣政考察團」；上一個月，白崇禧將軍與陳儀主席（福建）也來過雲和。他們認爲浙江是全國最前進的一省，雲和是浙江先進的一縣」（周副部長恩來語）！雲和約一切，當然是最值得榜標的。（續完）

一九三九，五，於浙江雲和

第十期要目

法西斯威脅下英國人民之防空動員
國際瞭望——蘇聯拒絕英法草案
日本又趨軟化
「諾蒙漢事件」
盛大的蘇聯最高會議
橡皮兵和稻草人
認陷的作用
抗大學生進廚房
南京行
漫畫：生産運動的意義
封面木刻

一樵　列樂　克綏　同芽　博約　朱櫻　堅生　朱文　郁丹言　李一山

第十一期

退讓即滅亡（尖兵）
國際瞭望——蘇聯復文與英國覆牒
不能重溫英日同盟的舊夢
日本國窮七現
綸昌事件的眞相和勞資合作
前線之春
西康漫記
在湘北前線
士不可以奪志
青年鎮長的報告
猪肉
陝甘寧邊區的生産運動
南京行（續完）
漫畫數幀

偽文　列樂　宏廊　克綏　金刀　之凡　錢遺仙　韓志成　倘文　永　葛正慧　戈芽　朱丹言

第十二期

失去一切或保存一切　方曙
近衛宣言與封鎖租界　倘文
謀害波爾大使　師
轟炸與絕望　方
國際瞭望——日本封鎖天津租界（宏廊）
英王聘美（同芽）
所謂雙重政策（克綏）
保障波羅的海三國的問題（列樂）
汪精衛的魔手　照明
華中戰場的全線反攻（特譯）　羅果夫
隨縣前綫（特譯稿）　羅果夫
光怪陸離的燕湖（特約通訊）　任重
在轟炸中進步（特約通訊）　長江
統一戰線下的壽縣（特約通訊）　芷因
浙南模範縣雲和（特約通訊）　文木
珠江三角洲的游擊隊（轉載）　冠荒

图专 3　浙江省国民政府《导报》增刊第十三期 15 版(县档案馆 魏世荣提供)

1989年,因建石塘电站的需要,小顺村庄沉入水底,小顺的红色印记绝大部分尘封淹没。

小顺旧貌(摄于1985年,1989年被淹)

图专4 (云和县档案馆提供)

浙江省铁工厂 1937年七七事变后,日本帝国主义发动全面侵华战争。为占领中国的经济中心,迫使国民政府投降,日本侵略军于8月13日大举进攻上海,中国守军奋起抵抗,淞沪会战爆发,浙江岌岌可危。蒋介石再度指派黄绍竑到浙江主政。

1938年1月,时任国民党浙江省主席黄绍竑拟在丽水大港头组建浙江省建设厅铁工厂。从安全角度考虑,小顺更适宜战时军工生产,经三个月的前期准备,黄绍竑于1938年4月17日对云和县政府下达公函,在小顺勘测地基建设厂房,9月正式定名为浙江省铁工厂,小顺为总厂,也称一厂;为了扩大再生产需要,在离大港头五里的坛头嘴建二厂,生产轻机枪;在玉溪建三厂,生产炸药、手榴弹和枪榴弹;原大港头厂房设四厂。

1938年2月,浙江省铁工厂选址定点小顺后即开始筹建。为配合铁工厂建设,浙江省国民政府建立"小顺特约经济建设实验区"。浙江铁工厂设立初期,是以从杭州撤出的十几家铁工厂的一些机器和工人为基础的,并且成立董事会作为铁工厂的领导机构,由黄绍竑自兼董事长,伍廷飏兼副董事长,宣铁吾(京沪杭警备副司令员、陆军中将)、黄祖培(省财政厅长)、李立民(省国民政府秘书长)等一些厅、处长以及撤出来的各厂厂主为董事。董事会之下,设厂长一人总负责。厂长兼总工程师黄祝民(曾两度留美,获麻省工学院博士学位)由政府委派。

铁工厂于1939年5月建成投产,后又将宁波、温州等地的几家铁工厂的机器也拆运过来,同时集拢杭州、温州、宁波等地的工人,全厂职工达四千多人,连同家属,超过一万人,成为当时浙江最大的企业。到1939年底,浙江省铁工厂每月可产1000多枝步枪,50多挺轻机枪,5、6万枚手榴弹和枪榴弹。除满足省国民抗敌自卫团装备外,还运销到广东、广西、贵州、福建、安徽、甘肃等省,支援全国抗战。1941年3月,在兵工统一、制式统一规定下,浙江省铁工厂被军政部收归中央管理,成立兵工署东南区第二分厂。

1942 年 7 月，浙江省铁工厂迁至福建省南平县峡阳镇，一部分迁到西芹镇沙门，在 1943 年夏搬迁完毕，不能搬迁的厂房都埋设了炸药。其中，玉溪分厂在日军接近瓯江渡口时引爆，小顺浙江铁工厂厂房至 1949 年为人民政府接管，总厂办公楼用作区公所，其他用作大会堂、学校和县粮油加工厂。

档案往事　抗日战争时期，云和县国民政府及其下属机构的档案由县国民政府管卷室集中保存。1942 年 5 月至 1945 年 10 月，云和县曾为浙江省临时省会，各项工作开展比较正规，档案因此保管得比较齐全；再加上云和僻处深山，抗战期间未曾沦陷，也未有其他大的历史事件波及，大量民国档案得以完整保存。

解放后，民国档案一直封存于浙江省公安厅和云和县公安局，“文化大革命”期间，县革命委员会成立清理敌伪政治档案小组，开展民国档案整理工作，对档案进行编号和装订。1983 年，所有民国档案被云和县档案馆接收进馆，其中 32 卷、252 件、共 3235 页的民国时期浙江省铁工厂文书档案就是从这批民国档案中整理出来的。

图专 5　参加县政协文史委座谈会人员合影（县档案馆提供）

1982 至 1994 年前后，为研究和收集中国共产党在浙铁的组织活动情况和史料，云和县党史研究室与亲历浙铁革命活动的老革命、老党员取得联系，对浙江铁工厂历史进行详细了解和考证，并组织大批参加早期革命的老同志和具有史志编纂经验的专家对浙铁档案进行鉴定，在此基础上形成《一九三九年周恩来同志视察浙江铁工厂》《抗日战争时期浙江铁工厂纪事》《浅谈周恩来视察“浙铁”的历史意义及其影响》《关于浙江铁工厂地下活动的概况》《中共“浙铁”地下党组织沿革情况》等多篇文章，后汇集成 3 本专题资料——《云和党史通讯》。

二是云和县政协文史研究委员会通过多年搜集、整理、考证、佐证形成的《浙铁纪事》十四篇。

1986 年“五•一”前夕，云和县政协文史资料研究委员会在小顺乡政府召开浙江省铁工厂老工人座谈会。会后形成《周总理亲临视察和鼓励、陈嘉庚远涉万里来慰劳》等论文，刊于 1986 年《云和文史资料》第二辑 。

档案介绍

档案的概况　云和县档案馆馆藏浙江省铁工厂档案共有两部分：一部分为民国时期浙江省铁工厂总厂在云和小顺留下的档案，是馆藏浙铁档案的主体部分，共 32 卷、252 件、3235 页，以及实物档案木匾 1 块，档案形成时间为 1938 年 4 月浙江省建设厅、省财政厅、云和县政府勘定浙江省铁工厂小顺厂基，到 1947 年驻小顺的东南区厂库保管处将仅存的厂址、房屋、家具和原铁工厂子弟学校田产造册移交给云和县政府，共 10 年时间；另一部分为解放后因研究、挖掘、考证浙铁历史所形成的档案。

民国时期浙江省铁工厂档案的主要内容为：勘定厂基、征用庙宇、公产、民田的清册等基建材料；小顺铁工厂招收学徒、工人，与浙江省地方银行云和分行的借款合同，铁工厂征集运输铜铁、木制枪柄和手榴弹柄的来往公函等材料；省政府推行合作试验区时成立铁工厂合作社和一厂员工生产消费合作社的章程及社员名册等合作社材料；浙铁工人免服兵役、行政人员任职、配发枪支证明等人事方面的材料；小顺铁工厂搬迁后移交给云和县政府的来往文书和移交的厂房及田亩清册等。档案多为纸质载体，毛边纸，纸张大小 16 开，文字为毛笔手写体、繁体字，字迹清晰；按照事件进行归类立卷。实物档案为《浙江铁工厂工区规章》木匾 1 块，长 1.63 米、宽 0.66 米。

解放后浙江省铁工厂档案主要是 1982 年至 1994 年期间，因研究浙铁党组织活动和开展纪念周恩来同志来浙铁总厂视察活动过程形成的 4 册专题资料；另外，还有庆祝抗战胜利活动的浙铁工厂员工合影、工厂员工子弟学校学生的照片和解放后整理挖掘浙铁史料的照片等 17 张，底片 17 张。

通过这些档案，可以了解当时铁工厂建设情况、生产情况和经营管理系统的运作情况；了解当时政治生态、社会生态和民风民俗，是非常珍贵的第一手资料。同时，浙江铁工厂档案文献也客观记录了周恩来视察云和小顺浙江铁工厂的历史过程，是研究抗战时期后方军事建设和开展研究中共云和党史的重要依据。

档案内容 云和县档案馆馆藏浙江省铁工厂档案，真实记录了铁工厂创办、发展和壮大的经过，通过这些档案，我们可以对铁工厂成为当时浙江最大的企业和中国优秀兵工企业的原因略知一二。

一是尊重地方，依规守矩，与当地关系融洽

馆藏浙江省铁工厂档案中有不少内容反映了铁工厂与当时云和县地方政府之间的关系，从中我们可以了解铁工厂在处理与当地政府有关的一些问题时是持谨慎、尊重的态度的。

通过一份建设厅铁工厂于民国廿七年四月拾七日（1938 年 4 月 17 日）因派员测量并设计绘图事宜而给云和县政府的公函，我们可以略见一斑。公函写道：“贵县尅期筹备开工，业以勘定小顺镇地方为厂基，兹派本厂职员谭世義等前来测量并设计绘图，除一面呈请建设厅转知外，相应函达即希查照协助进行为荷。”

铁工厂在创办初期隶属于浙江省建设厅，厅长伍廷飏。伍廷飏原为广西省主席，因与黄绍竑关系密切，辞去职位来浙任厅长搞兵器工业，在当时的浙江也是呼风唤雨的人物。但在此份公函中，

我们可以看出铁工厂在处理与地方关系时遵规守矩，并不以大欺小。

馆藏中一份铁工厂要求允许办理籍免特产收益捐手续公函的存根也可以对此加以说明。

1938 年浙江省铁工厂建成投产后，木炭是铁工厂用来钢铁铸造的重要生产资料，用量大，当时铁工厂从龙泉县大宗大宗收购木炭运抵云和。在龙泉，木炭资源充裕且无需交特产

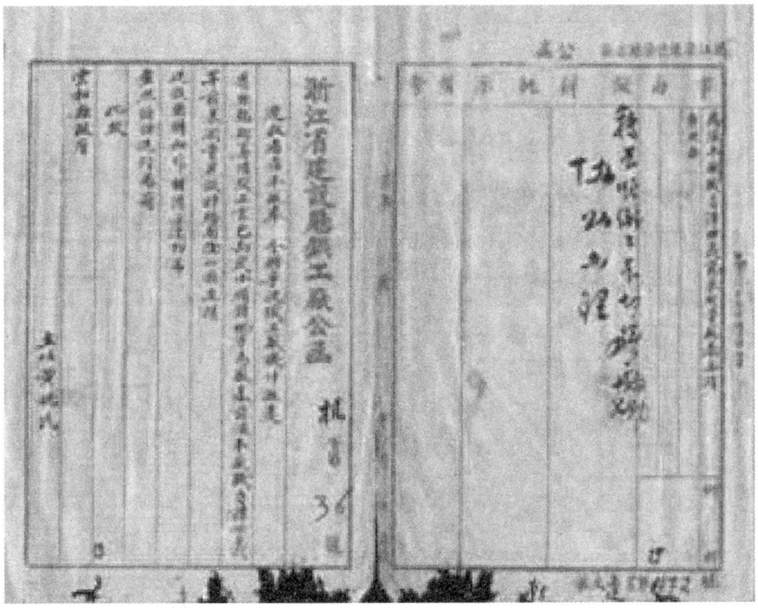

图专 6　铁工厂民国廿七年四月十七日勘厂基致云和县政府公函(县档案馆提供)

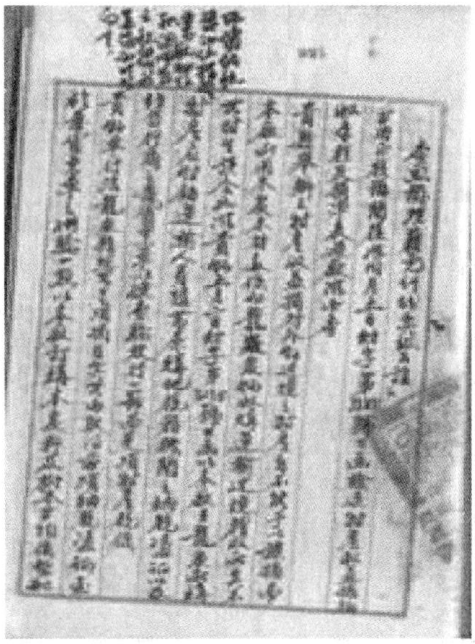

图专 7　铁工厂要求允许办理籍免特产收益捐手续公函存根（县档案馆提供）

收益捐,但在云和则需交纳特产收益捐,为此铁工厂致公函给云和县政府,据理力陈,要求允许办理籍免特产收益捐手续。最终,铁工厂是否免收特产收益捐已无从得知,但从这份公函中,我们可以看出,铁工厂对云和县政府是相当尊重的。

此外,馆藏中记录有关云和县政府为铁工厂代办枪托木料、松木板、收购铸生铁、废铁,铁工厂派技术人员帮助地方开展道路建设以及铁工厂绝大部分职工和家属租住在小顺村民家中等情况的档案,都反映出铁工厂与地方关系是很融洽的。

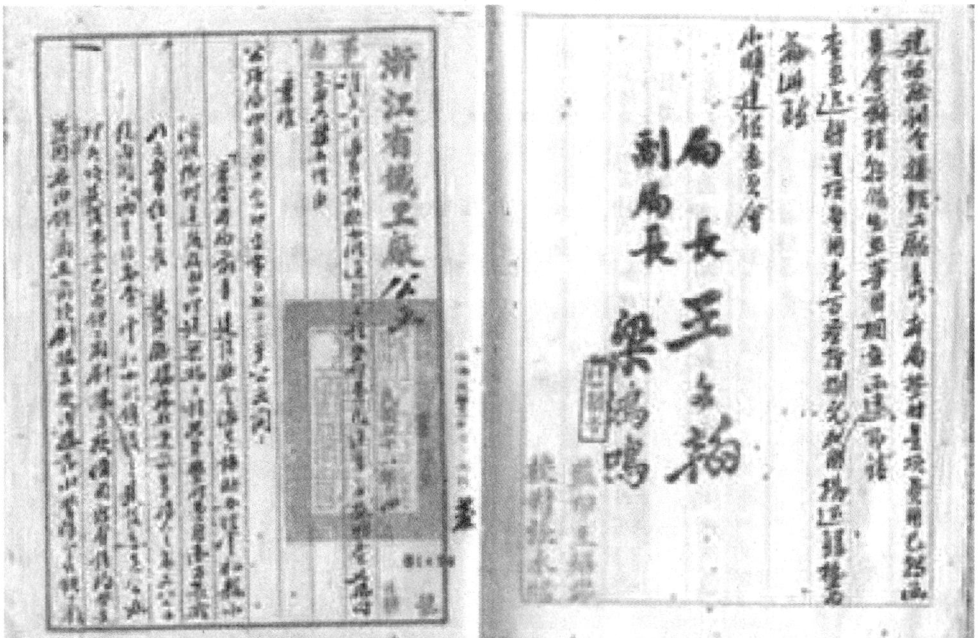

图专 8　铁工厂派技术人员协助小顺道路工程垫付费用清单公函 云和县建设局局长批示(县档案馆提供)

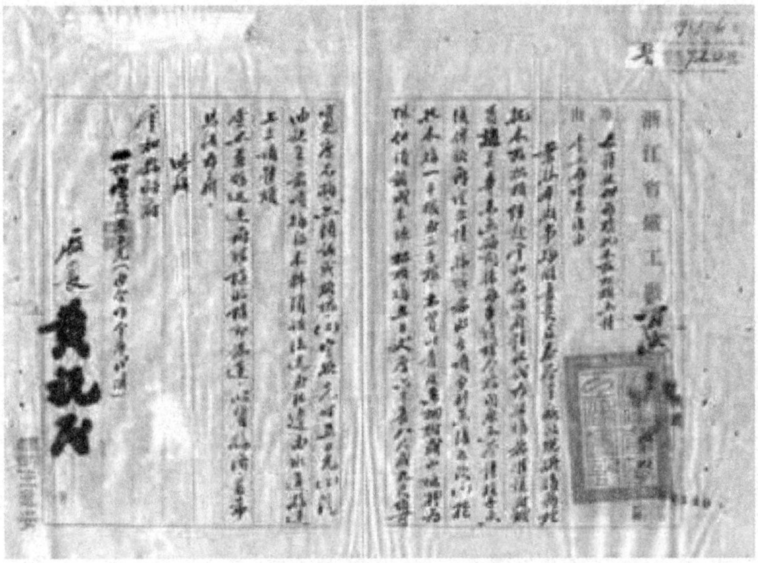

图专 9　铁工厂请云和县政府代办枪托木、松板公函（县档案馆提供）

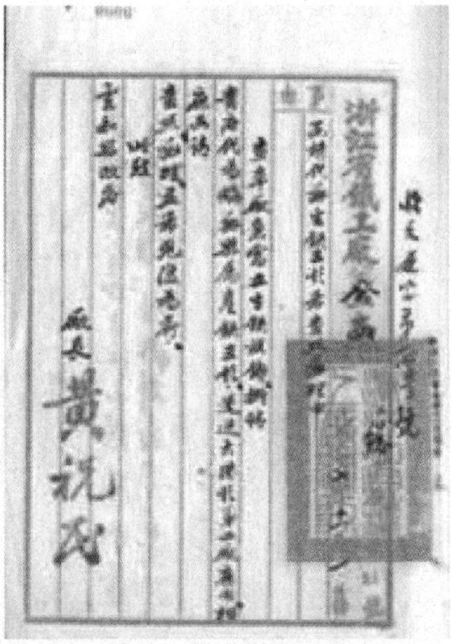

图专 10　铁工厂要求县政府代购生铁公函（县档案馆提供）

二是工厂制度健全，执行严格

浙铁是重要的军事设施之一，在东南前哨不仅是首屈一指兵工企业，而且在敌后是重要的政治与经济堡垒。侵华日军为收集情报，派遣汉奸伪装成小贩、商人、乞丐、剃头匠、外来时髦女郎等深入我防区。我时局紧张深恐敌汉奸破坏活动，须严加防范确保厂区生产绝对安全。对不同厂区的员工须佩戴不同的出入证，非本工厂职工根本无法进入，从制造出的出入证看非常精美，很难仿制，可见当时时局的险恶和严峻性（图）。

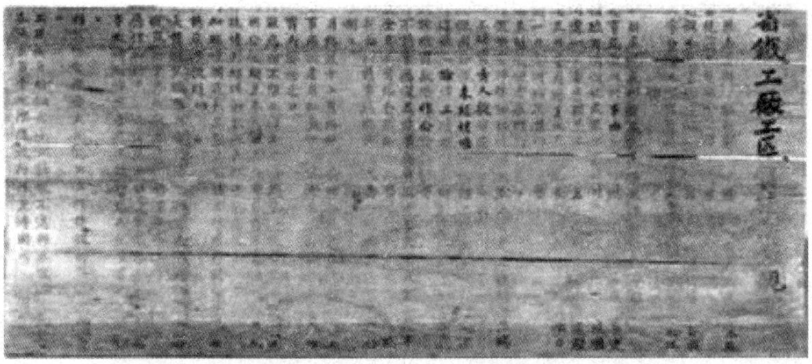

图专 11　浙铁工区规章匾（木制墨写（县档案馆提供））

现云和县档案馆馆藏木制的浙江省铁工厂工区员工管理厂规有些文字因时间长出现文字墨迹退化很难辨认其中的内容，大体上只能看出其中的员工请假及奖惩制度。

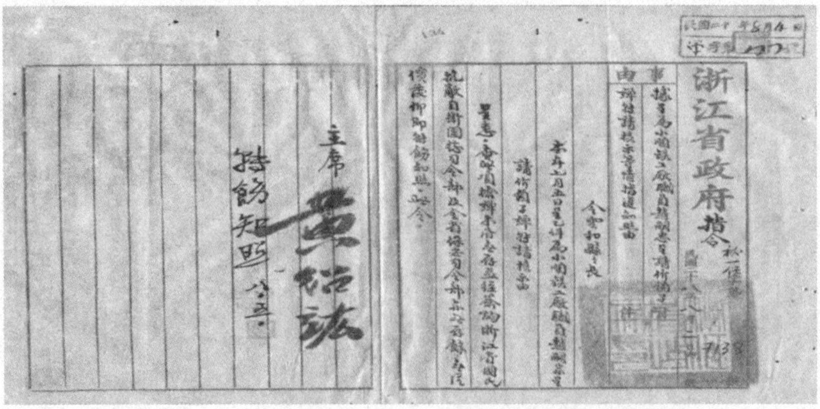

图专 12　浙江省政府价领子弹指令（县档案馆提供）

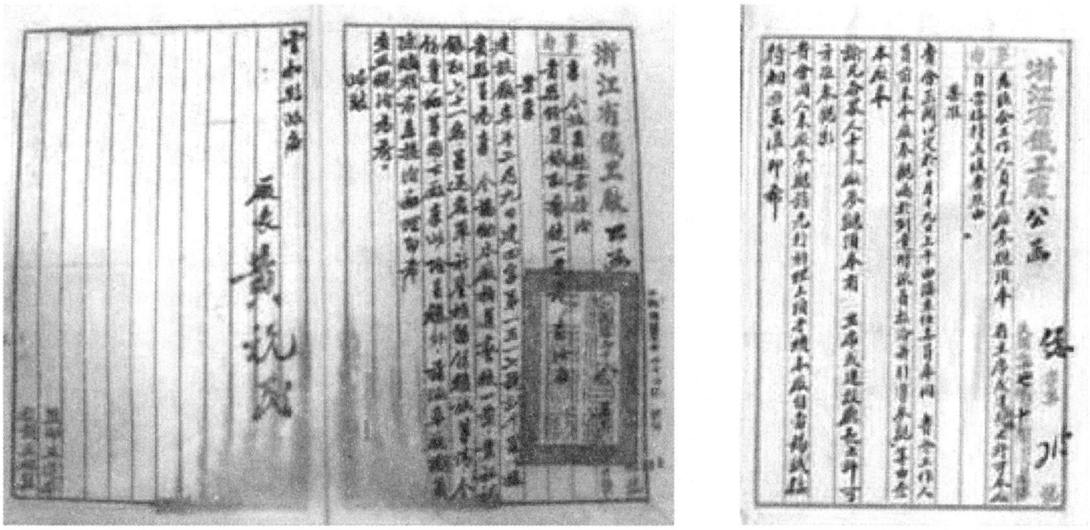

图专 13 浙江省铁工厂进厂参观公函(县档案馆提供)

与此同时,当地的百姓和外界人士及当地官员的身份没有特殊例外,进厂参观一样须奉有省主席或建设厅长之许可件方可参观,就云和县县长也不例外。云和档案馆藏档案中记录了这一切。

铁工厂总部当时设在小顺,理所当然小顺成了战时汉奸破坏的重点,自然小顺镇厂区的安全管理上要求更为严格。馆藏档案中能查到的就是一个典型例子:省政府特致公函云和县政府:“浙江省政府主席面谕厂区一概禁止陌生人移入小顺镇居住或营业等因奉此查本厂为制造军械机关值兹非常时期,汉奸潜行活动,敌机肆意轰炸之时对于本厂所在地自应特别防范以策安全奉谕前因相应函达。”

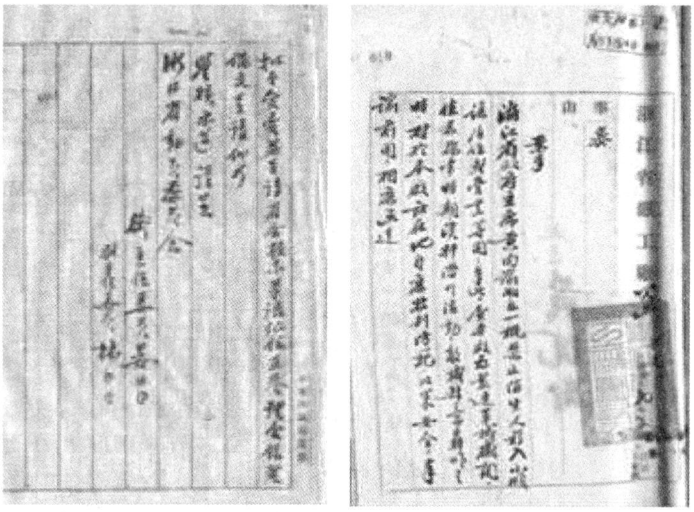

图专 14 民国二十九年(1940)铁工厂要求政府禁止陌生人移入小顺公函——云和县抗战动员委员会主任、县长晏忠承批示(县档案馆提供)

生产枪支弹药一是为了适应抗战形势和组织国民兵团,发展地方武装,建立后勤基地需要,二是支援东南抗日前哨所需。管理更为严格,铁工厂职员价领子弹要经黄绍竑批示,云和县抗战动员委员会主任、云和县长晏忠承核办。

三是浙江省铁工厂有相应的、长效的、切合实际的激励机制。

1938 年夏,日军逼近杭州,黄绍竑强制命令杭州私营铁工厂合聚内迁,来云和小顺的逃难人、工厂、机关人员激增,粮食供应和居住成了首要解决问题,省建设厅特约小顺为经济建设实验区,目的在搞经济建设,改善农民和工人生活,合作社成为全乡的经济中心,浙江省铁工厂生产消费合作社,建立合作社章程共九章 38 条,厂长带头入合作社,把工厂的效益与员

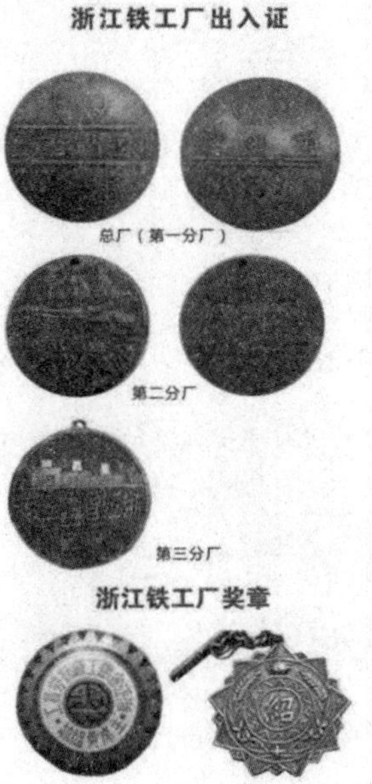

图专 14　铁工厂出入证和奖章（县档案馆提供）

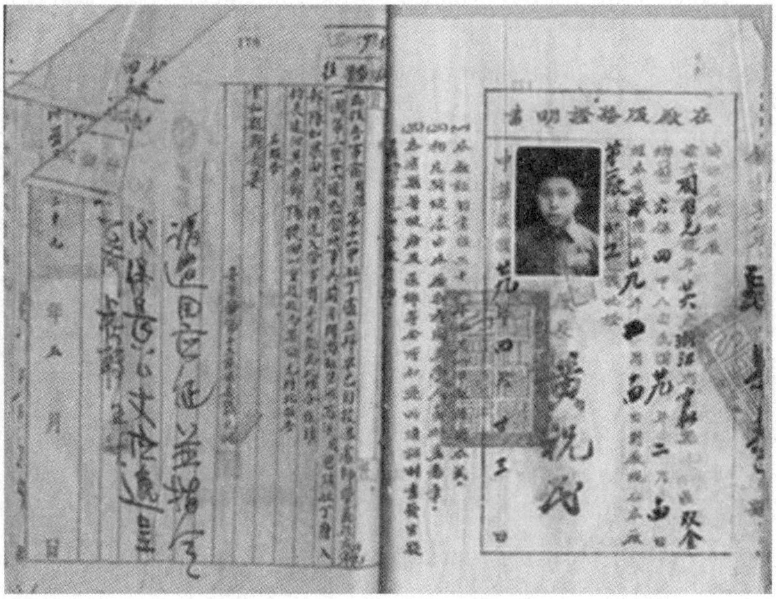

图专 15　浙江省铁工厂员工免征兵证明存根（县档案馆提供）

工的利益相挂钩，目的在于改善员工的生活条件；同时铁工厂还征得政府同意，在铁工厂服务的员工免于征兵，使得在铁工厂服务的员工安心、专心做好本职工作，否则遣返应征当兵。浙江省铁工厂是特定历史阶段的产物，是浙江人民抗击日本帝国主义对华侵略的成果，是浙江抗战大后方的历史杰作，更是人民表达爱国热情和激发抗战热情的地方。这些尘封的档案记录正是当时轰轰烈烈爱国热情的写照，翻开来仍然有借鉴价值和现实意义。（王谋广）

民族复兴馆印记

1942 年 5 月至 1945 年 9 月，云和成为民国浙江省政府的临时省会，集战时省财力、云和民力修建了“惠云渠、水电厂、民族复兴馆”。时任民国浙江省政府主席的黄绍竑在《五十回忆》中写到：“我们还在这里建筑了一座民族复兴馆，作为将来回杭州以后的永久纪念。”

云和县档案馆馆藏民国档案建设类档案 247 卷，其中涉及民族复兴馆档案12卷，并单独就季宽（黄绍竑字）公园立卷。在这 12 卷档案中详细记载了建馆从始至末的整个过程。

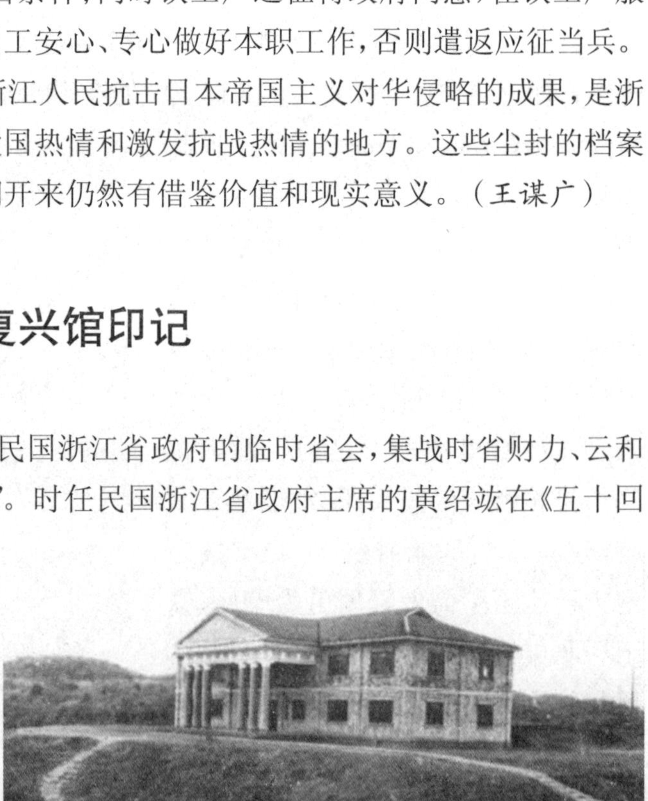

图专 16　民族复兴馆（县档案馆提供）

复兴馆概况

民族复兴馆坐落在瓦窑村西南隅，与

图专 17　黄祝民赠简师整衣镜(云和中学提供)

现云和中学、云和县中等职业技术学校毗邻。在中华人民共和国成立前后的一段时期里，是云和的地标性建筑。小青瓦歇山软式顶，两层砖木结构，罗马柱门厅，据设计图占地面积约 750 平方米，建筑面积约 1500 平方米。有大小房间 76 个，内设大礼堂、工业陈列厅、农业陈列厅、矿业陈列厅、交通陈列厅、特别会议厅、客房、膳厅等等。

民族复兴馆的首次用途是 1945 年年底，举办全省政情展览会。1945 年 8 月抗战胜利，9 月始，省府及驻云各机关单位先后分批迁回杭州，据 1945 年 9 月 21 日省建设厅回复云和县政府指令《据呈为遵令拟组设季宽公园及复兴馆、体育场管理处并编具管理经费概算书祈核示等情指后毋庸设立由》中提及："省政府迁移后指定省立处州师范学校保管，其保管办法由教建两厅会同拟订，在该师范未成立前暂交建国中学接管"，1946 年之后一直是县立简易师范、处州师范、建国中学(云和中学前身)、云和中学沿用，1958 学年作为云和中学住校生宿舍。1978 年 8 月，因民航浙江省管理局在云和县瓦窑村南端建航路无方向信标 NDB 导航台(中国民用航空云和导航台)工程，民族复兴馆被拆除。

建馆初衷

建设复兴馆等建筑物初衷：

一是建立会展基地，发挥生产事业之示范教育，提升民众素质。据《民族复兴馆奠基典礼纪念册》(现留存于浙江古籍图书馆)载："惟生产事业之示范教育，虽以乡村工业为中心，对于生产各部门之内容，人民亦应具有正确之了解。爰采博物馆之义，筹建民族复兴馆一所。将生产各部门之整个过程，作系统之陈列，俾观者可以认识吾人衣食住行之所需，其生产过程之具体情形为如何，其生产方法以何者为最良，进而知所以自求改进。"

二是建立职业技术培训基地，培育地方建设干部人才基地。据民国建设瓦窑工程卷(档案号 L7-2-303-36)浙江省政府建设厅训令：《令饬办建筑复兴馆之木料由》载："省政府主席亲临奠基，亟需赓续鸠工赶办以期早观厥成……且该馆房屋将来省会北迁尽何供该县创办职业学校，培育地方建设干部人才之用，名虽为省会而建建筑实为该县而设备，换言之意即以地方之物力谋地方之福利，秉此主旨广为晓喻，该县长既易于得力而民间意当乐从……"

三是为了改善随省府而迁居公务人员的办公和生活条件。据黄绍竑《五十回忆》书中《临时省会迁至云和》篇所述："云和这个县名，在从前不仅外省人不太知道，就是本省人也很多不知道的。所谓云和县城，只是一个四百数十家住户的村镇，连一座土围墙都没有，更谈不上坚城了，现在成了临时省会，迁居来此的公务员及眷属，要比"土著"的人口多得好几倍。吃的用的，固成了问题，住更发生极大的困难，城郊附近村落的破祠堂、烂庙宇，就是省会机关办公的地方，人民的灰房、茅房，也都修成职员的住所。"

四是树立云和城镇建设标杆，建馆远景目标是在省会迁杭州后能为云和留下一个纪念意义的标志性建筑，改善云和的城市建设格局。

五是建立大型会议场所，适应政务所需。1945年年底，“举办一次全省政情展览会，扩大影响力，提振抗战省城上下士气。”

规划设计

民族复兴馆是季宽公园主体建筑之一，季宽公园地处云和盆地中心。最初规划建设有民族复兴馆一馆、二馆、运动场(包括足球、网球及田径赛场地等)、季宽游泳池、荷花池、林场、畜牧场等。后因工程过大，有所缩减，但主体建筑没有大的变化。其中的一馆(小公馆)现还仍旧保留在云和县中等职业技术学校校园内，现建为抗战纪念馆；二馆(民族复兴馆)在解放后因导航台建设被拆除，现新建的复兴路通过其原址；季宽游泳池原为依托水电厂而建，部份房屋和水池还留存，水上跳台、休息室等破损消失，该地块现为云和县电力公司所用；运动场、林场、畜牧场现为云和县职业技术学校、云和中学所用。

民国档案L 16-2-416-59载1945年4月浙江省政府代电：《据建设厅签呈为布置复兴馆环境饬由各团队分别开筑等情形应准照办电仰迳洽办理由》提及：“查民族复兴馆纪念馆第一部份工程现已建筑完成，该馆左邻建国中学，右与水电厂游泳池隔山相望，环境幽美迩来春光明媚，每日莅临参观者络绎不绝，为临时省会仅有之游息场所。兹为完成整个环境布置起见，拟将馆前广场及其附近山地分别辟为运动场(包括足球、网球及田径赛场地等)、林场、园艺、畜牧场等，并拟利用馆后山坳筑堤蓄水养殖鱼类兼以供建国中学饮用之需……”

“战时工程”

民族复兴馆建设规模宏大，占地面积1500多平方公尺，分二馆、三层，共有大小房间76个。建馆所需大量的人工挖土方、建材都由云和县政府就地征集征用，是举全县之力的“战时工程”。

图专18 民族复兴馆奠基纪念碑(高75厘米 宽62厘米 厚12厘米 县文管办提供)

1944年元旦，浙江省政府在瓦窑村举行“云和城区农田水利工程放水、云和水电厂落成、民族复兴馆奠基典礼”，出席的官员有徐浩、黄绍竑、伍廷飏、鲁忠修、张咸宜等，大会鸣炮并升旗……。因工程量大，1944年3月5日，成立临时省会民族复兴馆建设委员会(办公地点设在瓦窑宁波同乡会旧址)，领导、组织、协调民族复兴馆建设事宜。据档案号L7-2-303-171载：1944年4月1日浙江省临时省会民族复兴馆建筑委员会发文《函送本会成立日期查照由》：“迳启者，本会业于三月五日成立即日起假瓦窑宁波同乡会内办公相应函达……”。

1944年5月23日，《东南日报》第四版《云和初夏》一则文载：“本省行政当局在云和建筑复兴馆、建国中学规模宏大，需用木材一万一千根，已分由云和十二乡镇征集动工兴筑，些圆围大者，两人合围，小者四五寸口径。”据档案 L1-6-48-48《云和县征用复兴馆木料办法》所述，征用木料品种为松、柏、杉、柏四种为限；征用数量依据各乡镇产木多寡分为五等；木料送到达地点：小料直接送至瓦窑建设厅筹建复兴馆办事处，大料集中点另定……

“教育摇篮”

民族复兴馆转为学校校舍，成为当地培养人才的摇篮。据 1986 年 10 月云和县政协文史委所编的《云和文史资料》第四辑所录，程允松所写的《处州师范在云和》中提到“当时省政府拨给处州师范的房舍，计有省政府的民族复兴一馆（省主席等的办公室用房），充作校总办室、图书馆、阅览室和校长、主任、部分教师等寝室。全校女生宿舍利用民族复兴馆一馆旁，原省主席警卫团的宿舍。民族复兴二馆，供普师部作校舍，楼上作学生宿舍，楼下作教室。民族复兴二馆脚下的游泳池畔有一些房屋，充作普师的学生食堂和音乐、图画教室。简师部的校舍则在现云和中学的校舍之中……”

图专 19 民族复兴馆奠基等项目纪念册（林勇提供）

复兴馆最终培养、输送一批批社会经济建设人才，也算是了却“民族复兴”之初衷。（魏世荣）

云味十二道

美食恒久远，芳香永流传。“云味十二道”，是历史的积淀，是文化的传承。云和坐落于浙西南的群山怀抱中，翠山为屏，绿水为带，风调雨顺，五谷丰登，天和、地和、人也和，素有“仙宫福地”之美誉。千百年来，巍巍梯田守护着悠久的农耕文明，滚滚瓯江滋养了独特的船帮文化，汀州人、新安江人、畲族同胞在此聚居、繁衍、生息，形成了包容大气、灵动和谐的多元文化，决定了云和“乡土菜”的丰富多彩、千变万化、层出不穷。可以说，每个云和人心中都有一道“乡土菜”，都有一种最初始也最熟悉的味蕾记忆。

“云和十二道”既可以从狭义上理解成“仙宫湖有机鱼”“咸萝卜煎蛋”（云和俗称菜头粒卵）“乡村土猪脚”“冰镇云和雪梨”等十二道云和特色菜；又可以从广义上理解成云和其他传统菜肴，包括“味道船帮”“农耕梯田”“渔味仙宫”“寻味客家”等四大菜系和“尖雀”“油筒饼”“乡味蓬腌”等特色小吃，是云和传统美食、乡土菜肴的精品和代表。

它以本地所产土、特产品为食材，用传统的烹饪方法制作而成。十二道包括六荤六素，荤素搭配，既符合现代人的养生饮食习惯，又注重“云味”乡土特色，既有传承，又有创新，具有独特的地方性口味，是云和精品菜肴的区域菜系公共品牌。以下从农耕梯田、鱼味仙宫、味道船帮、寻味客家、特色小吃几方面加以介绍：

农耕梯田

云和梯田由云和山民开垦，作为“九山半水半分田”的山区。田地尤为宝贵，聪明勤劳的农民先祖，用锄头镰刀和汗水，在高低起落的坡地上，积年累月日复一日，开垦出一小块一小块的田地，俗称为“巴掌田”。梯田以水田、树木、竹林调节气候，保持四季的气温和湿度。植被丰富，气候宜人，是华东地区最大的梯田群。而梯田上的耕农保持着先祖们的原始耕作习惯，每年的开犁节祭祀祭祖也成为了一道独特旅游风景线。而其特有的饮食习惯，经地方厨师一代代的相传，收集和挖掘形成了农耕菜，以蒸、烧、炖、焖、炒为主。

冰镇云和雪梨

原料：云和雪梨、土蜂蜜。

制法：1.将雪梨切皮去心，切厚片放冰水中，放少许醋置冰箱中。2.将自制冰块打碎成雪花状，放盘中插上雪梨加入少许土蜂蜜即可。

特点：脆爽可口，果肉洁白如雪，具有止咳化痰之功效。

梯田高山田螺

菜名：梯田高山田螺

原料：梯田高山田螺、紫苏糟、精盐、味精、生姜、料酒。

制法：1.田螺洗净待用，姜切片。

2.田螺放入锅中冷水煮开，捎去泡沫，捞出田螺，把煮锅的原汤倒入在另外一个汤碗里沉淀待用。

3.锅中加入油，放入姜片，倒入田螺爆炒，炒时加入盐、料酒、加盖微焖，再把原汤加入一起慢煮。

4.出锅前倒入紫苏糟微煮即可。

注：紫苏糟就是将紫苏、蒜、辣椒、生姜、酒糟加入盐一起腌制。

耕农烧茄糊

原料：高山茄子、大蒜、青红椒、姜、肉末、葱、紫苏、盐、酱油、麻油、味精、醋、料酒。

制法：1.将茄子洗净上笼蒸熟撕成条待用。

2.将大蒜、姜、青红椒、葱、紫苏切末。

3.起锅放菜油烧热放肉末煸干水分加入以上切好的末，炒出香味，下入茄条、盐、料酒闷烧 4 分钟，调味，淋入麻油和醋即可。

牛奶绳柴火鸡

原料：农家土鸡一只、牛奶绳 100 克、生姜、味精、自酿黄酒。

制法：将土鸡洗净切块，鲜牛奶绳洗净切片备用，起锅加入油、生姜炒出香味，加入鸡块、盐炒制出香味，倒入黄酒微焖，加入开水牛奶绳用柴火慢煮至酥烂，味精调味即可出锅。

风味特点：此药是中药牛奶绳与鸡肉一起炖制，汤鲜味美，鸡肉熟烂，药香浓郁。清热解毒、健脾胃、活血脉、强生力骨，有奇特功效。

图专20 云和美味(县农办提供)

乡村土猪脚

原料：家养土猪脚、盐、酱油、黄酒、白糖、菜油、姜、味精、牛奶绳。

制法：1.将猪脚斩成块，用清水洗净血水，放入冷水锅中煮开捞取浮末待用。2.锅中放入菜油烧热，下入姜片爆香，倒入猪脚旺火爆炒，加入黄酒、酱油、白糖、盐翻炒。加入开水，牛奶绳炖约60分钟调味即可。

特点：色泽酱红，肉质酥烂，药香浓郁。

耕农滋补山羊肉

原料：高山放养羊肉、党参、红枣、枸杞、生姜、精盐、味精、甘蔗、葱。

制法：1.将羊肉洗净切块，党参、红枣、枸杞、当归泡透，生姜切片，甘蔗切段。

2.锅内加冷水，放入羊肉块煮去血水，捞起冲净待用。3.锅里加入菜油，放入姜片、羊肉旺火爆炒，加入开水大火煮沸，改小火慢炖，把备好的党参、红枣、枸杞、当归、加入锅里炖至肉烂，加入味精调味，捞出甘蔗，撒上葱花，即可出锅。

风炉豆腐肉

原料：卤水豆腐、鲜土猪肉、猪血100克、鲜排骨200克、盐、酱油、味精、生姜、黄酒。

制法：将豆腐切厚片净水，鲜土猪肉切片，排骨切小段，猪血切片净水。

1.先将猪肉排骨入锅炒香加入酱油、盐、黄酒少许烧至入味。

2.把猪血豆腐放入锅中，加高汤烧至入味，倒上烧好的土猪肉撒上青蒜苗，并将锅放在风炉上，边煮边吃。

耕农磨豆娘

原料：青豆（黄豆）、盐、味精、虾皮、干香菇、肉末、青椒、香菜。

制法：1.将青豆加水，用石磨磨成泥（云和俗称豆腐泥），倒入锅中慢火细煮。2.将香菇、青椒切末待用。3.锅中的豆娘调味，将以上切好的末放锅中，炒出香味浇在豆娘上撒上香菜即可。

特点：色泽翠绿，咸鲜味美。

腌香猪头肉

原料：整猪头、花椒、盐、白酒、姜、葱、料酒。

制法：1.将猪头对半切开，抹上白酒。

2.将花椒和盐炒香晾凉后，擦匀猪头，腌约7至8天，晾晒十天左右。

3.起大锅加水放料酒、葱、姜，放入猪头加盖焖煮约40分钟捞出，剥下肉，骨头放回锅中可加萝卜、海带、豆腐等同煮。

4.将肉分档切片装盘。

特点：咸香适可，肥而不腻。

爆炒珊瑚菌

原料：珊瑚菌（云和俗称老鼠足）、五花肉、尖椒、大蒜、葱、盐、味精、料酒。

制法：1.将新鲜的珊瑚菌放锅中煮熟后撕成条，用清水漂洗一天，除去苦味待用。2.将五花肉切小薄片，尖椒大蒜切片。3.起锅将五花肉煸出油脂加入尖椒和大蒜，将珊瑚菌挤干水分下锅中一起煸炒调味，炒干水分，放入葱段即可。

特点：口感脆嫩，咸鲜干香。

石衣炖石蛙

原料：石蛙500克、石衣10克、枸杞5克、生姜片5克、山泉水1千克、盐、自制糯米酒。

制法：1.石蛙宰杀洗净切块焯水，石衣泡水洗净。2.锅中倒入山泉水，下石蛙、生姜、自制糯米酒、盐，大火烧开改小火慢炖7分钟，调味即可出锅。

风味特点：石衣又名石耳，常年生长在悬崖峭壁阴湿处的石隙之中，每个石耳要六、七年才能长成。具有祛除吐血红崩、热结小便痛、痢疾、青蛇咬伤、牙痛、便秘等作用。

油焖灯笼椒

主料：灯笼椒。

辅料：肉末。

调料：姜、蒜、味精、盐、酱油、白糖，米醋。

制法：灯笼椒去子、洗净。热锅倒入菜籽油，温升到6成，下灯笼椒至虎皮捞出，下姜、蒜炒香，下肉末炒至变色，加盐、酱油、白糖、酒炒香，倒入灯笼椒，翻炒淋米醋即可出锅。

观音豆腐

原料：山豆腐(云和俗称山麻糍)、大蒜、青椒、鸡精、盐、自制黄酒。

制法：山豆腐切成小方块，青椒、大蒜切末备用，锅入油少许，将大蒜、青椒炒香加山豆腐、盐、酒烧约两分钟，调味即可起锅。

风味特点：清热解毒、营养丰富，降低胆固醇、口感细腻、肉质透明。

风肉炒蒲瓜干

原料：蒲瓜干、自腌风干五花肉、青椒、青蒜、大蒜、酱油、盐、味精。

制法：1.风干肉切片，蒲瓜干浸泡好切片，青椒切片。

2.起油锅将大蒜炒香，加入风肉炒出香味和油脂，放入挤干水份的蒲瓜干和青椒旺火爆炒，加少许酱油、盐、黄酒，下入青蒜段，淋香油收汁出锅。

风味特点：干香味浓，咸鲜微辣。

油焖香菇

原料：鲜香菇、料酒、盐、白糖、味精、菜心、酱油。

制法：1.挑选小个的香菇去蒂洗净待用。2.锅中放入菜油，烧热后下入香菇，旺火煸炒，加入料酒、盐、酱油、白糖，闷烧3分钟。菜心用盐、油汆熟，围在盘中。3.香菇调味收汁倒在菜心上即可。

特点：咸鲜味浓，营养丰富。

芙蓉长裙竹荪

原料：长裙竹荪、火腿、鸡蛋、盐、味精、骨汤、菜心。

制法：1.将竹荪用冷水浸发，切段待用，鸡蛋取蛋清打散。2.锅中放入骨汤、竹荪、火腿，大火烧开约5分钟，放入菜心淋入蛋清调味即可。

特点：洁白如芙蓉，汤鲜味美。

酒糟黄瓜泥鳅

原料：泥鳅、白黄瓜、紫苏糟、盐、菜油、姜葱、料酒。

制法：1.将泥鳅清水静养两天，放入冷水锅中大火烧开后捞出冲洗干净待用。白黄瓜去皮切块。2.锅中放入菜油烧热，放入姜片爆香后倒入泥鳅、白黄瓜、料酒、盐，开水大火烧开，中火炖约8分钟，加入紫苏糟稍烧，调味撒上葱花即可。

板栗土鸡

原料：散养鸡、板栗、姜、葱、家酿黄酒、酱油、盐、白糖、味精。

制法：1.将鸡宰杀洗净斩成块，板栗稍煮剥去壳待用。

2.起锅放姜片爆香，倒鸡块旺火爆炒，加黄酒、盐、酱油、白糖，水大火烧开，小火闷烧30分钟后，加入板栗，再烧10分钟收汁调味即可。

笋衣铺蛋

原料：笋衣、土鸡蛋、咸肉、干目鱼、盐、味精、料酒、香菇、香菜。

制法：1.将笋衣泡发，放锅中煮约30分钟，用清水漂净改刀，咸肉、干目鱼、香菇切丝，土鸡蛋打散待用。

2.起锅放入切好的丝炒出香味，放入笋衣、料酒、盐，开水烧约8分钟，淋入土鸡蛋调味，撒上香菜即可。

养胃草猪肚

原料：猪肚、养胃草、姜、家酿黄酒、盐、味精。

制法：1.将猪肚洗净氽水切成条待用。

2.起锅烧热，下姜煸香，放肚条旺火爆炒，加黄酒、盐，开水大火烧开，小火炖约60分钟，放养胃草调味即可上桌。

特点：汤汁浓厚、鲜香。养胃草也称为野香菜，药名为天胡荽，具有清热利尿、消肿解毒、健脾养胃的功效。

生焗南瓜煲

原料：有机老南瓜、蒜子、盐、酱油、色拉油、骨汤。

制法：将南瓜切成菱形块，取一砂煲放上蒜头，摆上南瓜块放入盐、酱油、色拉油少许，倒入骨汤浸没南瓜。大火烧开，小火焖至南瓜酥烂，收干汤汁即可。

特点：蒜香浓郁，南瓜粉糯香甜。

云和黑木耳

原料：椴木耳、蛏子干、咸肉、芹菜段、盐、味精、胡椒粉、葱、大蒜、姜。

制法：1.将木耳和蛏子干泡发，咸肉切片待用。

2.将泡好的蛏子干洗净放上料酒、葱、姜，水上笼蒸20分钟。

3.锅中放姜、大蒜、咸肉、蛏子干炒香，烹入料酒加汤烧约10分钟，再放木耳、芹菜段继续烧五分钟调味即可。

特点：木耳脆嫩，咸香可口。

咸萝卜(俗称菜头粒)煎蛋

原料:鸡蛋、咸萝卜、葱、料酒。

制法:将咸萝卜切碎放鸡蛋中,加料酒、葱拌匀,下锅中煎至两面金黄即可。

特点:色泽金黄、咸香,是一道非常家常的下饭菜。农家有“端上咸萝卜蛋就上饭”的说法。

鱼味仙宫

云和仙宫湖作为浙江省第二大人工湖,这里生态环境优越,碧水蓝天,野生鱼类丰富,曾经网箱渔业养殖众多,后地方政府为保护仙宫湖的生态环境,逐渐减少了网箱养殖。以四大家鱼及白条鱼、各种野生鱼为主。湖两岸的渔民也都逐渐转行,而其对于各种鱼的烹制有独特的见解和方法。形成了云和地方菜中一道靓丽的风景。都以蒸、炖、烧、炸、烘制为主。

仙宫湖有机鱼

用料:仙宫有机鱼头1300克、葱、姜、盐、味精、菜籽油。

做法:将鱼头杀洗干净改刀,锅入菜籽油烧热,下鱼头煎透,倒入开水大火烧开,小火炖煮至汤白稠味,再继续煮至汤浓即可。

特色:鱼头肉质细嫩,汤汁稠白,营养丰富。除了含蛋白质、脂肪、钙、磷、铁、维生素B,还含有鱼肉中所缺乏的卵磷脂,能够对抗人体老化及修补身体细胞组织。

面拖小鱼

用料:小鱼300克、葱、姜、盐、味精、料酒、面粉、生粉、鸡蛋。

做法:将小鱼洗净,用葱、姜、盐、味精、料酒腌制下。将面粉、生粉、鸡蛋调成糊,锅入油将小鱼拖面炸制酥脆即可。

特色:外酥里嫩,色泽金黄。小鱼可以暖胃、补虚、泽肤、祛风、杀虫、补五脏等功效。而此小鱼干拖面炸制既保持原有的营养价值,又酥香脆口。

清蒸白条鱼

用料:仙宫湖翘嘴巴鱼750克、葱、姜、盐、味精、料酒、鸡油。

做法:将翘嘴巴杀洗干净改刀,放盐、味精、料酒、葱、姜入笼蒸制10分钟,倒出原汤,点鸡油淋鱼身上,撒葱丝点缀即可。

特色:翘嘴巴鱼有和中开胃和活血通络的功效,对水肿,气管炎、哮喘、糖尿病有食疗的作用。

注:翘口嘴鱼,学名刀鱼。由于仙宫湖的水质净明,翘嘴巴以味鲜肉肥、口感好,是来云和的游客必点的一道美食佳肴。

菜香黄刺鱼

用料:黄刺鱼400克、五花肉50克、农家自制菜干50克、料酒、葱、姜、味精、糖、鲜酱油。

做法:将黄刺鱼杀洗干净,锅入油下五花肉片,煸香,下菜干,汤调味放入黄刺鱼,
烧至汤浓入味时,装入加热过的砂锅即可。

特色:菜香浓郁,肉质细嫩。

云河鱼丸

用料:有机鲢鱼肉300克、芹菜100克、盐、味精、地瓜粉。

做法：将有机鱼肉切颗粒状，芹菜切粒，与鱼肉粒放盐、味精调味，放入少许地瓜粉搓成鱼丸，锅入水将鱼丸烫熟即可。

特色：汤清味鲜，鱼丸洁白滑嫩。鱼肉中含有丰富的优质蛋白，人体吸收率高，有降糖、护心、防癌的作用，而此菜搭配营养丰富，口味鲜美。

土酒烧黄鳝

原料：黄鳝、螺丝、姜、蒜头、尖椒、紫苏、盐、酱油、白糖。

制法：1.将黄鳝宰杀洗净，切段待用，尖椒切段。螺丝剪去尾。

2.起锅放入菜油烧热，下入姜、蒜头爆香，放入鳝段、螺丝旺火爆炒，加入料酒、盐、酱油、白糖闷烧5分钟，加入尖椒、紫苏烧约2分钟出锅，撒入葱花即可。

特点：咸鲜微辣，黄鳝酥烂入味，两种鲜味完美结合。

油酱河虾

原料：河虾、姜、葱、大蒜、紫苏叶酱油、料酒、白糖、盐、醋。

制法 ：1.将姜、葱、大蒜切成末待用。

2.起锅下入菜油烧热，放姜末煸香，放入河虾旺火翻炒至皮脆起酥，烹入料酒、酱油、白糖、盐、紫苏叶烧约1分钟，淋醋出锅装盘，放上葱蒜末，淋上热油即可。

特点：油酱浓郁，葱蒜味突出，外脆里嫩，咸鲜微甜。

渔村鱼羊鲜

用料：有机桂鱼500克、高山羊肉300克、盐、葱、姜、料酒。

做法：将桂鱼宰杀洗干净去头尾，鱼肉批成片摆放盘中，羊肉切块飞水，锅入菜

油烧热，下葱、姜、羊肉炒制，入汤炖至酥烂。跟桂鱼一起涮食即可。

特色：汤汁浓白，咸鲜味美。羊肉甘热，能补血之虚，味道鲜美，含有丰富的营养，又可滋补身体，实乃寒凉季节补进佳品。与鱼肉结合使其营养价值提高，又使其味道更加鲜美。

味道船帮

云和船帮有着悠久的历史，在八百里瓯江上往来穿梭，上龙泉，下温州，过急流，闯险滩，成为瓯江上一大船帮。云和石浦帮当时拥有蚱蜢船五百余艘，为处州的船道运输做了积极贡献。

云和船帮在漫长的历史发展中，形成其特有的饮食习惯，烹调手法简单原始，体现原汁原味。以炒、炖、烧、焖、煮、腌等为主。而其原料，以干货、腌制品、河鲜等以及用货物换回的各式腌干海鲜为主。经过多年的延伸和发展，形成了独特的菜系，也是云和地方菜的重要组成部分。

海味腌笃鲜

用料：腌土猪蹄400克、海带200克、春笋100克、盐、味精、黄酒。

做法：将腌土猪蹄开水烫洗，切块，海带洗净备用。春笋切小块，锅上火入土猪蹄炒透加鲜汤调味，小火煮40分钟加入海带、春笋块再煮10分钟出锅装盘即可。

船婆益身汤

用料：鲜目鱼、核桃仁、盐、黄酒。

做法：将核桃仁泡涨去衣，鲜目鱼洗净改刀，砂锅入水将鲜目鱼氽水捞出，再入清水放入

原材料大火烧开调味，小火炖至酥烂入味即可。

特点：目鱼性味咸、平，入肝、肾经，有养血通经、补脾益肾滋阴之功效，李时珍在《本草纲目》中言：其名不雅、其功殊多、其味颇鲜，最益妇人。核桃仁有着一样的功效，与目鱼搭配起着活血通经，散瘀止痛之专药功效，是一道药用价值极高的美食佳肴。

船帮三丝

用料：明甫、豆腐扁、土芹、盐、味精、料酒、葱段、鲜鸡汤。

做法：将明甫干泡软后同豆腐扁切成丝，芹菜切段待用，锅入油下葱段、明甫干煸香，入豆腐扁丝、土芹稍煨，调味出锅装盘即可。

特点；咸鲜适可，是农家餐桌、宴席上常见的一道菜。

船夫酒糟肉

用料：农家土猪肉 400 克、酒糟 150 克、盐、味精、葱、姜、蒜。

做法：将土猪肉煮熟切大小一致的块，再加入酒糟、盐、葱、姜、蒜，腌制垫放坛中，炊饭时夹出几块放在锅边蒸至酥烂即可。

特色：色泽红亮，酒香浓郁，肥而不腻。

船工下酒菜

用料：花生仁 100 克、尖椒 50 克、五花肉腩 300 克、糖、盐、料酒、酱油。

做法：将花生仁泡制、煮熟，五花肉腩切粒加调料腌制，锅入油下肉炸至上色，与花生仁、尖椒一同翻炒，出锅装盘即可。

特色：色泽金黄，咸香酥脆，是一道非常好的下酒菜。

船帮铜罐饭

用料：梯田香米、农家腌肉、蚕豆、笋、土豆、料酒、盐。

做法：1.将腌肉切厚片，笋、土豆切块；

2.起锅将腌肉炒出香味和油，倒入笋、土豆、蚕豆一起翻炒，加入料酒、盐，开水大火烧开，将香米洗净放入锅中大火烧开，改用小火焖制即可。

特点：既是菜又是饭，香味扑鼻，也成为立夏饭。

船帮酱鱼

用料：链鱼肉、土酱油、紫苏糟、酒、糖、葱、姜。

做法：将鱼肉洗净切块，加入土酱油腌制 24 小时，自然风干，锅入油烹入酒、糖、紫苏糟，下风鱼焖透即可。

特色：色泽酱红，肉质细嫩干香，也可放上姜葱，料酒蒸制。

寻味客家

云和客家以福建汀州移民和新安江移民为主。福建汀州的山民也是云和最早的开拓者之一，在这里生根繁衍，也带来不同的地域文化。与本土融合，形成其特有的饮食习惯和风俗习惯，一直传承至今。如，粿印、淀粉粿、腌白菜等地方菜系的碰撞与结合，形成了其独特的风味。都以蒸、煨、烧、炒等烹调手法为主。

客家淀粉粿(方言山粉粿)

原料：地瓜粉、五花肉、香菇、冬笋。

配料：葱、姜、料酒、酱油、鸡精、米醋、大蒜、胡椒粉。

制作方法：1.将五花肉、香菇、冬笋切成小粒，加入调料，拌入地瓜粉、姜末、葱白末。

2.将粉糊上笼蒸熟，捏成团状，浇上蒜泥、酱油、醋、胡椒粉调的味汁，撒上葱花即可。

特点：软糯有弹性，醋椒味，咸鲜适口，老少皆宜，营养丰富。

柚香酒酿

原料：甜桔柚、白酒酿。

配料：白糖

制法：将新鲜的甜桔柚切开取出柚肉，与白酒酿混合后，加少量白糖，倒入柚子皮盅肉，上笼蒸5分钟即可。

特点：香甜适口，也可冰镇使用。这道菜是厨师研究创新的一道菜，甜桔柚是本地的特产，与客家的甜酒酿完美结合，具有健胃化食、清痰的作用。

飘香黄豆仔排

原料：猪仔排、黄豆。

配料：青红椒粒、盐、糖、蚝油等。

制法：1.将仔排形长条加调料稍加腌汁，黄豆泡发涨透待用。

2.起油锅，将仔排下七成油温，炸至金黄色，放入汤卤中，加黄豆煨制约40分钟，大火收汁撒青红椒粒即可。

梅干菜肉

原料：土猪肉(五花)、新安江腌菜干。

配料：酱油、白糖、料酒、姜、葱等。

制法：1.将肉切长方大块，用酱油上色，下油锅炸至金黄色后，下汤卤中煨制20分钟捞出。

2.将干菜清洗后，放入剩余汤卤中烧约5分钟后捞出，将一层肉一层干菜均匀垫放上笼蒸30分钟，使菜干和肉的味道完全融合即可。

火焙鱼干窝蛋

原料：火焙鱼干、冬笋、农家腌肉、土鸡蛋。

配料：猪油、盐、鸡精、胡椒粉、葱、料酒。

制法：1.将鱼干放葱、姜、料酒上笼蒸20分钟后去骨，肉撕成丝。

2.冬笋、咸肉、香菇切丝，土鸡蛋打散待用。烧热锅后，下入猪油，将鱼干、冬笋、咸肉、香菇旺火煸炒出香味后，加入高汤烧三五分钟后，均匀淋入蛋液，撒上葱花即可。

客家粿印

原料：籼米粉、雪菜、笋、五花肉，明甫。

配料：葱、盐、味精、白糖。

制法：1.将籼米粉加水揉成米粉团待用。

2.雪菜、笋、五花肉切末，明甫干切丝，下锅炒干水分调味制成馅料。

3.将米粉团包入馅料，用自制模具，压成饼状，上笼蒸八分钟即可。

特点：软糯咸香，色泽洁白。

外婆煎茄鲞

原料：本地高山茄、糯米粉。

配料：盐、味精、葱、姜、蒜、辣椒。

制法：1.将茄子煮熟，对半剖开，压扁晾干待用。

2.取适量糯米粉加上上述调料，加冷水搅拌成团。3.将晾干的茄子加上糯米团，压扁上笼蒸熟，取出晾凉，切段，下锅煎至两面金黄即可。

特点：色泽微黄，鲜香有嚼劲，是一道家常的下酒菜。

汀州白玉笋

原料：白玉笋干、农家自晒咸肉。

配料：盐、料酒、鸡精。

制法：1.将白玉笋干泡发，切片用清水漂净。

2.锅中下咸肉（连骨头）炒出油和香味后，放入笋干一起煸炒。加水盖上锅盖，大火烧开，小火慢炖约 20 分钟调味即可。

特点：汤鲜味美，笋干脆嫩。

饭蒸肉

原料：土猪五花条肉、大米。

配料：盐。

制法：1.将五花条肉拌上盐，放在垫有竹篱的酒缸内，腌约 3–5 天，挂架子上风干一个星期左右。

2.农家用饭蒸蒸饭时，放上五花肉一起蒸，蒸好取出切成片，和饭一起配食。

特点：肥而不腻，咸鲜适口。

特色小吃

长期以来，由于地理环境、气候物产、文化传统、民风习俗的影响，形成随季节变化的云和地方特色小吃。如清明吃蓬腌，盖新房吃千层糕，开犁打麻糍，立夏吃立夏糊等。云和地方特色小吃选料都以粗粮、野菜相互搭配。近年来，云和县大力发展旅游产业，这些名不见经传的乡间小吃，经过厨师们的改良，逐渐进入了酒店、农家乐，身价倍增，也是在外游子回乡时最美丽的儿时记忆。烹调手法都以蒸、煮、炸、煎等为主。

油筒饼

原料：籼米粉、水萝卜、南瓜。

配料：盐、鸡精、小葱、胡椒粉。

制法：1.将萝卜、南瓜刨丝用盐腌渍 10 分钟，挤去水分放入葱花调味待用，籼米粉调成糊待用。

2.将米粉糊倒入筒状模具，放入油锅加热，待糊在筒壁结壳后，将剩余糊浆倒出，加入馅料，再在馅料上面倒入少量糊浆复盖，下油锅炸至金黄即可。

特点：外脆里嫩，色泽金黄，是一道传统地方小吃。

尖　雀

原料：红心地瓜、糯米粉、芋子（地瓜的六分之一，作用是尖雀后冷却不翻生）。

配料：白糖。

制法：1.将地瓜、芋子去皮煮熟捣成泥，晾凉待用。

2.地瓜泥中加入糯米粉、白糖搅拌均匀，搓圆锥状，下油锅炸至金黄即可。

特色：色泽金黄，软糯香甜，老少皆宜。

梯田红米糕

原料：红米、白糖。

制法：将红米磨成浆后，加入白糖，装入小蒸笼内，蒸15分钟即可。

特点：香甜软糯、营养丰富。

乡味蓬馋

原料：鼠鞠草、糯米。

配料：春笋、腌酸菜、五花肉、干目鱼等。

制法：1.将糯米碾成粉，鼠鞠草焯水挤干水分，和糯米粉一起倒入石臼中捶打起劲。

2.将配料切丝，上锅炒成馅料。3.将糯米团制成皮包入馅料，上蒸笼蒸熟即可。

特点：色泽翠绿，咸香有韧性。

千层米糕

原料：高山籼米。

配料：盐、草木灰碱水。

制法：1.将籼米浸泡和草木灰碱水一起用石磨磨成米浆，加少许盐。

2.上大笼垫上纱布，旺火烧开后，一层层浇上米浆蒸熟后即可。

特点：色泽微黄，有种特殊的草香味，可直接蘸酱油食用，也可煎、炒、烧汤。

手工麻糍

原料：糯米。

配料：自磨黄豆粉、芝麻粉、红糖。

制法：1.将炒熟的黄豆、芝麻磨成粉，抖上糖。

2.将糯米用温水浸泡，上笼干蒸后，倒入石臼中，锤打起劲后，搓成团或圆状，滚上豆粉、芝麻粉即可。

特点：郁香扑鼻，香糯可口。

麻叶粿

原料：糯米、籼米、鲜麻叶。

配料：白糖或盐。

制法：糯米、籼米各一半，和入焯水后的鲜麻叶，加入白糖或盐，捶打手捏成型，鲜麻叶铺垫，上笼蒸熟即可。

特点：色泽墨绿，香甜软糯。

面带

原料：面粉。

配料：丝瓜、猪肉、笋、目鱼干、鸡蛋、盐、味精、葱。

制法：1.将面粉加适量盐和水，揉上劲后，盖上毛巾稍醒。

2.将上述配料下锅炒出香味，加高汤适量调味待用。3.起汤锅，将面团压成饼状，再切成条，并拉扯成布带状，下入开水中煮熟后，捞出放碗中，浇上烧好的汤料即可。

特点：汤鲜味美，面有劲道。（县文化和广电旅游体育局、县农业农村局）

图专21 云和美味（县农办提供）

云和梯田

传说中"中国最美的云和梯田"，隐匿于浙西南括苍山脉雾气迷朦的群峰深处，弯弯绕绕的盘山公路，倏然甩出一角空地。人已在山腰，朝山下的开阔谷地望去，错落有致的梯级田畔，覆盖了周围山坡，似一个硕大的环状天池，嵌于青葱滴翠的崇山峻岭之间。

坦坦荡荡、起起伏伏、层层叠叠……

云和——一个祥云缭绕、平安和顺之地。始建于明景泰三年即公元1452年。据《浙江通志》记："景泰三年，析丽水之浮云，元和二乡置，县名曰云和。"

云和为山中小城，位于浙江西南部括苍山脉的洞宫山和仙霞岭余支。县境内南部山地丘陵起伏，龙泉溪及诸多支流长年冲击，形成沿岸宽窄不等的山间河谷盆地。梯田为其主要水稻产粮区。散落于云和境内的多处梯田，不及云南元阳梯田（亦称哈尼梯田）、广西龙胜梯田那般规模宏大气势雄奇。云和梯田面积不大，却一枝独秀，以玲珑纤巧著称。

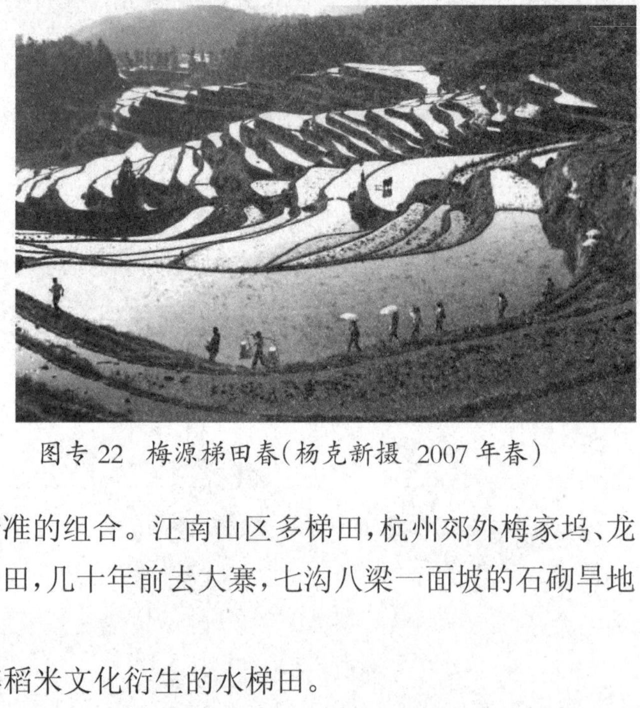

图专22　梅源梯田春（杨克新摄　2007年春）

梯田：如同梯子一般的田？用田地做成的梯？梯——田，汉语词库中最为形象精准的组合。江南山区多梯田，杭州郊外梅家坞、龙井的坡地茶园，自小看得眼熟。西北亦有梯田，几十年前去大寨，七沟八梁一面坡的石砌旱地梯田，适种玉米。

而眼前精耕细作的云和梯田，则是千年稻米文化衍生的水梯田。

群山逶迤，阳光迎面扑来，俯视崇头镇外的山中梯田，好似面对着一座宽大露天体育馆。若是早几个时辰，此处可见著名的"云和梯田日出"奇景。无论冬夏——太阳每天都攀着湿淋淋、银闪闪、绿油油或是金灿灿的梯子，从山间的水田里升起来。

此时，眼前那些高低起落、依次递接的田畔，或大或小或长或短，依山就势形状各异，顺着山坡一块块不规则地蜿蜒开去。一层层沉降，通往山洼里黑瓦白墙的小村落；一层层升高，则通往山顶的云端去了。

图专23　梅源梯田夏（严晓宽摄　1998年夏）

远眺层层梯田，犹如面对着一座盘旋陡立的天梯。

正是清明时节，梯田已开始灌水，咕嘟咕嘟的流水声箜箜作响，犹如节律均匀的弹拨乐。山水自上而下流入，即使是再小的田池，边缘都留有缺口，一畦注满，便自动流向下一层的田畔，有如大江大河里一级级的"梯级电站"。田畔蓄满水后，一畦畦平展展、亮汪汪得晃眼，似有神灵在夜半在山上置放了无数面镜子。天亮之后，整座山谷成了一个镜子创意博览会——弧形椭圆形拱形牛角形簸箕形……一面一面无数面镜子，顺着山坡，妥妥贴贴地铺展开去。田埂上刚发芽的青草，一圈圈一道道，为镜子镶上了翠绿的镜框。镜面朝天，映出蓝天里朵朵浮荡的白云……

图专 24 梅源梯田初冬(杨克新摄 2003 年冬)

尚未到开犁节，几头水牛悠然在田间啃着嫩草，田畔里盛满明晃晃的清水。这个时节，梯田是透明而宁静的，给人遐想的空间。水孕万物，水气氤氲中，"风光不与四时同"的梯田四季，如同幻像一般浮现：梯田在湿润的微风中苏醒，一簇簇一行行低矮茁壮的水稻秧，齐刷刷地摇曳，绿绒绒油汪汪，在秧苗底部的空隙里，闪过荧荧的波光，银水绿影——那是水灵灵的春梯田。

春梯田，是一轴淡淡的水墨画。

梯田的夏季从绿色中来。由嫩绿而碧绿再墨绿……浓浓的绿、重重的绿，绿得绵密绿得厚重，犹如一针针一线线的刺绣，扎透了梯田的每一层泥土，直到把整座山谷织成绿色的绒毯。

夏梯田，是一帧精美绝伦的绣品。

秋季稻熟时，饱满的稻穗洒下遍地碎金，一座金山谷、满山金池塘。一层络黄一层褐黄一层澄黄，稻浪的金色涟漪从山脚一波波升上山顶，又从山顶一波波往下流淌……那是金色的秋梯田。

秋梯田，是一幅色彩浓郁的油画。

至深秋，收割后的梯田，重新归于简洁与素朴。初冬的梯田，颜色渐渐黯淡下去，多少有些落寂，像一座古城堡苍凉的废墟遗址。

然而，落雪了。江南的冬天，山里总归是要落雪的。梯田在飘飞的雪花中欣然更衣换妆。白雪覆盖了层层田畔，厚重或是蓬松，一畦白色又一畦白色。雪后初晴，云和梯田披上了宽大的银色缎袍，瞬时有了一种雍容华贵的气度。

那是云和梯田最令人激动、最美的时刻——

图专 25 梅源梯田秋(严晓宽摄 2009 年秋)

梯田的平面上，一层层落满了白雪，而每一级梯田的侧面土墙，则是一道道背风少雪的立面。梯级落差若是高些，土地的黑色或深褐色便明显浓重，自然而然地甩出了一条条层次分明的黑色弧线。满山的梯田在纯净的白雪映衬下，所有蜿蜒起伏的曲线骤然凸显。那阡陌纵横婀娜多姿的线条，如此洒脱流畅、随心所欲，似行云流水亦如空谷传扬的无声旋律，浅唱低吟……

冬梯田，是一幅轮廓分明、庄严冷峻的黑白木刻。

梯田之神奇美妙，在于一年四季变幻着炫示着迥然相异的色彩与风景。梯田之魅力，更在于它并非自然奇观，而是农耕文明积淀千年的人文极品。

那一刻，脑中跳出一句古语：天工人可代，人工天不知！

相传，云和梯田已有千年历史。由闽北迁徙浙南的畲族山民，是云和梯田最早的垦殖者。“九山半水半分田”的山区，田地最为宝贵。聪明勤劳的农人先祖，用锄头镰刀和汗水，伐去山上的灌木与荆棘，挖去乱石拣尽杂砾，在高低起落的坡地上，经年累月日复一日，开垦出一小块一小块、一小片一小片的田地。或宽或窄的梯田，一长条一小块，不规则地依山势上下伸展。最小的梯田田畔，被称为“巴掌田”，即便春种一兜稻秧、秋收一把稻谷，也不会轻易放弃。历经千百年实践，先人积累了垦种梯田的丰富经验。无论何样贫瘠陡峭的山地，但凡人迹所致之处，就有了人造的梯田。梯田以水田、树木、竹林调节气候，保持四季的气温与湿度，建立起一个自我循环的生态环境，具有固化山体植被、保护水土流失之功。

曾有疑问：水往低处流，而梯田逐级升高。古代无水泵，水梯田之水，从何而来？

云和人说：山有多高，水有多高。

水有多高，梯田就有多高。

恍然，凡是适合开垦梯田的山地，山上必有水源：泉眼溪流、林木蓄水、雾气雨水……农人根据不同的地形土质，修堤筑埂，通过水笕沟渠，将水流引入梯级田畔。自古以来，垦种梯田的人家，多有“刻木定水”的民约，根据每块田的面积，协商分配各家所需水量。进入21世纪的现代社会，梯田用水则有了更为合理、科学的调配机制。

水是梯田的生命之源。水梯田是用水养出来的。

梯田自成一体的耕作方式，梯田独创的灌溉系统，为中国及东亚的稻作文化，增添了灿烂的一笔。

凝望云和梯田，梯田无语，流水汩汩。忽觉那活泼泼的流水中，有声音传来——梯田之美，美在其依山势而筑，因地制宜，顺其自然。改变而不是改造、耕作而不是损毁。决不削足适（SHI）而是锦上添花。

梯田之美，美在其多样化。田地不规则、不求一律但求个性。大田小田，阳光雨水机会均等。高田低田，各得其所、各美其美。

梯田之美，美在其山水与耕地的完美交融。流水不腐，活水是梯田的灵魂。梯田逐水而上，在流水中完成精神的升华。

梯田之美，美在农人超常的耐力和智慧。祖祖辈辈子子孙孙代代接续，百年千年的修筑与修改，方在人类创业史上留下此等东方奇迹。

回望云和梯田，田埂棱角分明，梯级层次清晰，如同一部刻录着中国千年农耕文明成果及非物质文化遗产的立体史册。在这个以“移动”为时尚的时代，尚有一种“不可移动”的物体——“梯田”，默默守望着人类共同的家园。（张抗抗）

“小三线”建设在云和

上世纪60年代初，国际上出现反动势力联合反华的严峻形势，国家安全问题成为中共中央需要考虑的突出问题。毛泽东提出把全国划分为一、二、三线的战略思路，要下决心搞“大三线”建设；同时一、二线也要搞点军事工业，各省都要有军事工业，要自己造步枪、冲锋枪、轻重机枪、迫击炮、子弹、炸药，即所谓“小三线”建设。中共浙江省委迅即贯彻落实中央和毛泽东的战略部署，着手筹备“小三线”建设，准备在浙南、浙西靠近闽浙赣边界的山区，浙赣铁路的两侧，仙霞岭山脉南侧，建立全省的后方基地，以备在紧急情况下，为各自为战、就地打击和消灭入侵之敌作必要的物资准备。最后确定闽浙赣边仙霞岭山区的云和、龙泉、遂昌为浙江在浙南的后方基地，淳安、临安为浙江在浙西的后方基地。

图专26　56式半自动步枪（县史志研究室　提供）

浙江省新华机器厂，就是当时浙江省在云和创建的最大的浙南“小三线”厂。计划投资600万元，年生产56式半自动步枪15000支，要求1965年初建成投产。由于时间紧迫，省委决定“小三线”建设实施“前方试制，后方建设”两条腿走路的方针，采取兵分两路的办法进行落实。一路是从1964年4月开始抽调人员试制产品。省委决定利用杭州萧山电机厂原有的车间及设备（在厂内设立一个保密车间进行产品试制）先建立一个有200余人，拥有一定的技术骨干及用于军工生产各种机械设备的兵工厂。工厂人员以杭州萧山电机厂及重庆296厂为基础骨干，再从其他条件较好的工厂抽调一些工人，原杭州萧山电机厂厂长周建新担任兵工厂厂长。另一路是选择厂址，省委领导、厂领导一起到云和实地勘测。

根据中共丽水地委指示，中共云和县委非常重视“小三线”建设，县委常委郭文隆专管“小三线”建设工作。为配合省委领导和“小三线”厂领导选择厂址，县委专门召开会议研究厂址的选择方案。根据“靠山、隐蔽、分散”的方针和“不占高产田、少占可耕地和便利群众”的原则，县委开始时认为赤石、龙门两地可作为初选方案。那里地势险要，山峦叠嶂，极易隐蔽。但经过实地勘测，省委领导和厂领导认为这两地太狭窄，且交通极为不便，不利于“小三线”厂建设。后来，县委提出，厂址选在云和镇凤凰山脚，将县农机厂搬迁腾空厂房，连同周边山地作为“小三线”厂用地。这里南临丽浦公路，北靠凤凰山，交通便利又易于隐蔽和疏散，且地势平坦、开阔。且有发展余地，县领导提出“小三线”厂范围，东可至梨园，西可至梅龙水库。省领导和厂领导同意县委的意见，于是，厂址最后选定于此。

图专27　新华厂厂区（童少峰 提供）

地委成立山区建设领导小组，负责“小三线”建设的统筹、领导工作，加强“小三线”建设的领导。地、县两级共同积极组织人力、物力、财力投入“小三线”建设。1964年4月，“小三线”厂云和厂址选定后，立即开始建厂的各项工作，“小三线”厂的先遣人员和干部职工陆续来到云和。为解决几百人的住宿问题，县委、县政府决定把鲤鱼山脚原商业局办公楼、原县政府卫生院、原县邮电局一批旧房屋无尝划拨给三线厂改造为职工宿舍。

1964年12月1日，“小三线”厂最后一批厂领导及各科室管理人员，从杭州萧山电机厂保密车间全部迁到云和。12月3日，工厂正式成立，命名为“972”厂，几个月后，省委、省政府将其命名为浙江省新华机械厂，不久更名为浙江省新华机器厂（简称新华厂），机构规格为正团级，隶属于中央五机部，1965年1月正式投入生产。工厂成立初期，全厂有干部职工200余人。

1965年，为培养熟练的技术工人，省委、省政府利用云和县城南瓦窑村附近，抗战期间民国浙江省政府临时省会的一些办公用房——黄绍竑公馆、民族复兴馆、温州工学院云和分校以及中共云和县委原干部学校等，创办浙南第一半公半读机械技术学校。在全省初、高中毕业生中招收400名学生参加学习和工作。同年1月，省里又分配来400名复员军人进厂工作。这样，全厂干部职工迅速增加到1000多人，连同家属近3000人，给小小的云和山城造成较大的压力。当时云和还没有专业菜农（菜队），甚至还没有固定的农贸市场。为稳定地解决新华厂干部职工的蔬菜供应，县委、县政府在云和镇3个大队中选择粮田125亩，抽调农民成立云和镇蔬菜大队，共3个生产队，专门种菜。并派出一批菜农到丽水培训，学习各种蔬菜栽培技术。为解决新华厂用煤问题，县石油公司抽调5艘木帆船从温州将煤运到小顺埠头，再用汽车运到新华厂。为保证新华厂的用电，兴建了雾溪三级电站、村头电站、大徐电站等；1964年5月，地委、专署动工兴建云和重河电厂，8月，1号机组发电。为使新建的与原有的大小电厂（站）组成电网，统一调度、调剂余缺，保证各项工程、各项生产需要和居民生活用电，云和县电力公司成立。

随着国际形势的变化，为支援越南抗美战场，新华厂军工生产任务急剧上升，1966年以后，56式半自动步枪生产由1965年的2万支增加到7万支。随着生产规模不断扩大，人员不断增加，最多时全厂干部职工达到1500多人，包括家属，全厂生活在云和镇的人数有4000多人，相当于当时云和镇人口的三分之一。

1966年,“文化大革命”运动爆发后,也波及到新华厂,厂内出现两派争斗的现象。云和县人武部立即派出一个排的解放军战士进驻新华厂护厂。南京军区随后派人进厂实施军管,贯彻周恩来关于“兵工企业,关起门来搞文化大革命,不准搞串连。”的指示,云和人武部部队撤回,改由军管会护厂。由于采取果断措施,新华厂没有发生武装械斗、武器损失等动乱事件,并一直坚持生产,及时完成每年7万支枪的生产任务。

1979年以后,随着改革开放的深入和国际局势的缓和,原生产56式半自动步枪需要量极剧下降,改为生产77式手枪和民用汽枪产品。面对新的形势,1980年以后,开始酝酿迁厂方案。1995年初开始,新华厂搬迁至德清县武康镇,同年底全部搬迁完成。

“小三线”建设时期,除军工生产外,中共浙江省委(省革委会)还在丽水地区安排兴建了与战备相配套的一批军民两用品工厂。1966年10月13日,浙江省计委批准筹建杭州(民生)制药厂云和分厂,随即建立云和分厂筹建处,代号“05”,机构规格为县(团)级。也按照“靠山、分散、隐蔽”的原则,厂址选在云和县局村公社溪口村。当时确定建厂规模是:年产针剂1000万支、片剂3亿片、大输液(生理盐水)30万瓶(大输液后来改由龙泉制药厂生产)、药用葡萄糖30吨,厂房2200平方米,其他用房2200平方米,均按战备要求建设(即要求厂房及其他用房必须与周围农舍相似,一律建成砖木结构的平房,厂区道路也要与乡村道路一样狭窄,从空中应无法区分乡村和工厂)。基建总投资79万元,其中化工部投资76万元,浙江省政府投资3万元。云和分厂的骨干和技术工人大多来自杭州(民生)制药厂。1967年1月开始,从云和、丽水、龙泉等地招收150名学徒,先后送杭州制药厂、金华制药厂、江西(南昌)制药厂等地进行培训。这批学徒后来成为云和分厂的基本力量。1969年6月,省革委会决定从1970年7月1日开始,杭州制药厂云和分厂下放丽水地区管理,工厂改名为浙江省丽水地区工农制药厂,1980年1月,浙江省丽水地区工农制药厂再次改称为浙江省浙南制药厂。1968年10月至1969年4月,片剂、针剂车间相继建成投产。随着生产的不断发展,产品种类也不断增加,至1978年,丽水地区工农制药厂先后增加了葡萄糖、四环素、BV6三个原料药车间,至1988年底,药厂共有产品品种78个,至1989年底,浙南制药厂已发展为拥有固定资产980.7万元、总产值1698.64万元、拥有职工611人的中型企业。

中共十一届三中全会以后,随着改革开放政策的实施,企业由生产型向经营型转变,市场竞争日趋激烈,浙南制药厂开始考虑搬迁计划。1982年,丽水地区企业整顿调研组提出工厂搬迁事宜;6月18日,浙江省医药管理局发出《关于浙南制药厂改造扩建迁移厂址的报告的意见》,7月29日,丽水地区计委、经委传达丽水行署关于决定搬迁的意见;1984年开始,在丽水县丽东村分期分批着手征地工作,并开始总体设计;1986年8月,开始新厂区施工建设;1990年全部完成搬迁工作。

“小三线”建设期间,中共云和县委、县政府及全县人民,对“小三线”企业在人力物力、土地征用、生产生活等方面给予了大力支持和无私的帮助。同时,新华机器厂、浙南制药厂等“小三线”企业对云和的经济、文化、教育、交通等事业的发展产生很大的促进作用。

注释：

1. 所谓一、二、三线，是指当时经济相对发达且处于国防前线的沿边沿海地区向内地收缩划分三道线。一线地区指位于沿边沿海的前线地区；二线地区指一线地区与京广铁路之间的安徽、江西及河北、河南、湖北、湖南四省的东半部；三线地区指长城以南 、广东韶关以北、甘肃乌鞘岭以东、京广铁路以西，主要包括四川（含重庆）、贵州、云南、陕西、甘肃、宁夏、青海等中西部省区和山西、河北、河南、湖南、湖北、广西、广东等省区的后方腹地部分，其中西南的川、贵、云和西北的陕、甘、宁、青俗称为“大三线”，一、二线地区的腹地称为“小三线”。

2. 重庆 296 厂：即重庆建设机床厂（原汉阳兵工厂），生产机枪和自动步枪。

3. 中共云和县委常委郭文隆：为加强对“小三线”工作的领导，中共丽水地委派专署办公室副主任郭文隆担任中共云和县委常委，专管“小三线”建设工作。

4. 黄绍竑公馆：位于云和县中等职业技术学校校园内，现已按原样修复，为省文保单位。

5. 民族复兴馆：是 1944 年浙江省政府迁来云和时兴建的省政府办公楼，位于现云和县中等职业技术学校校园西南面约 200 米处，该办公楼于 1978 年 8 月因建导航台拆除。

6.浙南半公半读机械技术学校：1965 年，为给浙南小三线厂培养熟练的技术工人，浙江省在云和、遂昌、龙泉创办半公半读机械技术学校，分别称浙南第一、第二、第三半公半读机械技术学校。

7. 据 1964 年第二次全国人口普查资料显示，云和镇人口为 8332 人，到 1966 年除新华厂 4000 多人外，云和镇人口也还不到 10000 人。

8. 当时浙江省医药系统已有杭州、宁波、金华、温州 4 家制药厂，云和分厂为第五家，故称“05”。

（蓝宝富）

第四十一篇 丛　录

《历史地名》辑录1949年5月11日云和县解放，至2013年底，云和县境内因行政区划调整、撤村建居、库区移民、山区农民下山转移、整村搬迁等因素，共撤销乡、镇、村名称222个(其中乡镇名称18个，社区居委会名称10个，村民委员会名称1个，自然村名称192个)；《渐逝事物》辑录当代社会正处于农耕时代向工业时代转换、生产生活方式进步之际，已经或者临近消失的行当、器具、生产生活方式等；《编后》介绍《云和县志(1991—2010)》编纂情况和资料采编 撰稿人员名单。

一　历史名称

乡镇历史行政区划名18个

云和镇　总面积145平方千米。辖36个村民委员会，共43个群众自治组织，下设123个居民小组、318个村民小组。2011年9月8日省政府批准撤云和镇。

小徐乡　总面积27.25平方千米。辖9个村民委员会，下设78个村民小组。1992年5月撤小徐乡并入云和镇。

局村乡　总面积52.75平方千米。辖7个村民委员会，下设60个村民小组。1992年5月撤局村乡并入云和镇。

沙溪乡　总面积48.25平方千米。辖13个村民委员会，下设83个村民小组,2001年11月撤沙溪乡并入云和镇。

云坛乡　总面积96.01平方千米。辖12个村民委员会，共12个群众自治组织，下设78个村民小组。2011年9月8日省政府批准撤云坛乡建制，其行政区域改由县政府直辖。

沈村乡　总面积48平方千米。辖6个村民委员会，下设41个村民小组。1992年5月撤沈村乡，扩并为云坛乡。

大湾乡　总面积41.75平方千米。辖4个村民委员会，共4个群众自治组织，下设27个村民小组；2011年9月8日省政府批准撤大湾乡并入崇头镇。

沙铺乡　乡级行政区域，辖4个村民委员会，共4个群众自治组织，下设26个村民小组；2011年9月8日省政府批准撤沙铺乡并入崇头镇。

云丰乡　总面积40平方千米。辖7个村民委员会，共7个群众自治组织，下设41个村民小组；2011 年 9 月 8 日省政府批准撤云丰乡并入崇头镇。

黄源乡 总面积 42.75 平方千米。辖 9 个村民委员会，共 9 个群众自治组织，下设 68 个村民小组；2011 年 9 月 8 日省政府批准撤黄源乡并入崇头镇。

梅源乡 总面积 65.75 平方千米。辖 13 个村民委员会。1989 年 12 月，梅源乡改为建制镇，更名为崇头镇，下辖原梅源乡行政区域，实行镇管村。

朱村乡 总面积 84 平方千米。辖 14 个村民委员会，共 14 个群众自治组织，下设 96 个村民小组 2011 年 9 月 8 日省政府批准撤朱村乡并入石塘镇。

金村乡 总面积 47 平方千米。辖 6 个村民委员会，下设 44 村民小组。1992 年 5 月金村乡并入朱村乡。

小顺乡 总面积 46 平方千米。辖 9 个村民委员会，下设 61 个村民小组。1992 年 5 月双港、小顺 2 乡合并建立石塘镇。

双港乡 总面积 44 平方千米，辖 11 个村民委员会，下设 53 村民小组。1992 年 5 月双港、小顺 2 乡合并建立石塘镇。

大源乡 总面积 65.75 平方千米。辖 8 个村民委员会，共 8 个群众自治组织，下设 54 个村民小组，2011 年 9 月 8 日省政府批准撤大源乡并入紧水滩镇。

龙门乡 总面积 47.5 平方千米。辖 8 个村民委员会，下设 45 村民小组。1992 年 5 月撤龙门乡并入紧水滩镇。

库北乡 总面积 34 平方千米。辖 4 个村民委员会，下设 27 个村民小组。1992 年 5 月撤库北乡并入赤石乡。1995 年 10 月赤石乡增设库北管理乡，协助赤石乡党委、政府分管担布坑、高山、店子、南润 4 个行政村。2011 年 9 月撤库北管理处并入赤石乡。

居委会 10 个

东郊居委会 1983 年设立，2002 年 7 月撤销。

建设居委会 1983 年设立，2002 年 7 月撤销。

中山居委会 1983 年设立，2002 年 7 月撤销。

大众居委会 1983 年设立，2002 年 7 月撤销。

新民居委会 1983 年设立，2002 年 7 月撤销。

新建居委会 1983 年设立，2002 年 7 月撤销。

解放居委会 1983 年设立，2002 年 7 月撤销。

新华居委会 1983 年设立，2002 年 7 月撤销。

西郊居委会 1983 年设立，2002 年 7 月撤销。

机关居委会 1995 年设立，2002 年 7 月撤销。

村民委员会历史地名 1 个

蔬菜村 原属云和镇，2010 年 12 月，撤销蔬菜村行政村建制，原村民就近并入现住地社区居委会建立股份经济合作组织经营管理。

自然村 191 个

原云和镇(41 个)

蔬菜 原属蔬菜行政村。2010 年 12 月就近并入现住地社区居委会。

下官坑 原属局村行政村。1988 年因建石塘水库需要，库区蓄水，村址被淹没，村民部分迁往原云和镇大徐、巧云村。现该村村址已成库区水域。

山潭 原属局村行政村。1988 年因建石塘水库需要，库区蓄水，村民整村搬迁至原云和镇各村。

上处 原属云和镇天堂坑行政村。现该村已搬迁他处无人居住。

杉树山 原属溪口行政村。2004 年该村整村搬迁，现已无人居住。

清水垄 原属庄前行政村。2008 年整村搬迁至梅家源新村。

源头 原属庄前行政村。2008 年整村搬迁至梅家源新村。

上村 原属庄前行政村。2008 年整村搬迁至庄前新村。

清明湾 原属庄前行政村。2008 年整村搬迁至庄前新村。

岗背 原属庄前行政村。2004 年搬迁，现此地已无人居住。

梅家源里村 属庄前行政村。整村搬迁至梅家源新村。

梅家源外村 属庄前行政村。整村搬迁至梅家源新村。

小葛畈 原属白垟墩行政村。2004 年整村搬迁。

岗头庵 原属山脚行政村。2008 年岗头庵 25 户 78 人实行整村搬迁至岗头庵新村居住。

长垄 原属霞晓桥行政村。2007–2008 年整村搬迁。

柿树坳 原属霞晓桥行政村。2007 年整村搬迁。

大田坪 原属程宅行政村。2004 年整村搬迁，现已无人居住。

仙坑 原属程宅行政村。2004 年整村搬迁，现已无人居住。

蛟溪 原属长田行政村。1984 年紧水滩库区大源乡渡蛟村部分移民迁沙溪乡内建村，故取村名蛟溪。后与长田自然村合为一村。

木杓湾 原属长田行政村。后与长田自然村合为一村。

上岭 原属长田行政村。1984 年紧水滩滩库区移民迁此建村。以山名上岭为村名。后与长田自然村合为一村。

祠堂彭 原属沙溪行政村。现已与沙溪自然村合为一村，故祠堂彭名称注销。

花园殿 原属河上行政村。因杨柳河工业园区建设，2011 年整村搬迁至河上小区。

金河 原属河上行政村。2011 年因工业园区建设整村搬迁至河上小区。

麻寮 原属勤俭行政村。后因该村与舍上自然村已融为一村，统称舍上，2011 年地名普查时麻寮名称注销。

老处 原属河坑行政村。2004 年整村搬迁而废村。

新寮 原属河坑行政村。2004 年整村搬迁而废村。

北丘坳 原属后山行政村。2004 年废村。

基坑 原属后山行政村。2004年迁居后山村,现已无人居住。

梨树湾 原属后山行政村。2004年整村搬迁废村。

牛寮 原属后山行政村。2004年整村搬迁废村。

垄坑 原属西弄行政村。2004年整村搬迁。

桑后湾 原属西弄行政村。2012年此处被选址作为县二期公墓建设点,整村搬迁。

上判官堂 原属西弄行政村。2004年搬迁。

中判官堂 原属西弄行政村。2004年搬迁。

下判官堂 原属西弄行政村。2004年搬迁。

石岩 原属西弄行政村。2008年搬迁。

西弄口 原属西弄行政村。2008年整村搬迁。

高峰 原属柘园行政村。1984年迁至菖岱自然村居住。

菖岱 原属柘园行政村。1998年~2008年实行下山转移,整村搬迁至县城以西的柘园新村。

柘园 原属柘园行政村。1998年~2008年实行下山转移,整村搬迁至县城以西的柘园新村。

原云坛乡(22个)

伏布 原属包山行政村。2009年下山脱贫整村搬迁。

凤坤 原属云坛行政村。1974年云坛村民迁此公路北侧建村,后新建房舍沿公路、坑水两侧北向云坛延伸,现与云坛自然村合为一村,通称云坛。

老矮 原属云坛行政村。2010年下山脱贫,整村搬迁。

柿树垄 原属云坛行政村。2010年整村搬迁到S228云寿线路边的大垟村建房落户。

黄金畲 原属竹坑行政村。2008年整村搬迁至竹坑口村建房落户。

月寮 原属竹坑行政村。2010年村民搬迁至竹坑口村建新居。

金踏下 原属竹坑行政村。2008年整村搬迁至竹坑口村建房落户。

麻车岗岭脚 原属李山前行政村。1984年建设石塘水库时村址被淹没,村民搬至麻车岗邻村,现该村已成库区水域。

铁炉湾 原属李山前行政村。1998年村民全部迁移到麻车岗、五格圩居住。

坑峡 原属李山前行政村。2008年整村搬迁。

桃坳 原属梅湾行政村。2011年整村搬迁至梅湾村口建新居。

大坑 原属梅湾行政村。2004年整村搬迁。

公山(梅湾岭头) 原属梅湾行政村。1965年搬迁至梅湾。

下寮 原属梅湾行政村。2011年整村搬迁。

杨寮 原属梅湾行政村。2011年整村搬迁梅湾村口建新居。

叶山 原属沈村乡平里行政村。1978年迁往横栏路村居住。

下寮 原属沈村乡平里行政村。1978年迁往横栏路村居住。

沈岸上坳 原属沈岸行政村。现全村迁到交通方便的沈岸村居住。

中央湾 原属沈村行政村。2009年该村村民迁到交通便利的沈村下湾居住。

上水岗山 原属沈庄行政村。2008 年整村搬迁。

屋下岗 原属沈庄行政村。2008 年整村搬迁。

和尚庄 原属苏坑行政村。2008 年整村搬迁。

崇头镇(12 个)

金坳 原属岩下行政村。2009 年岩下村的金坳、垟头两畲族自然村和原云丰乡的后垟村、杉板坑村,原黄源乡的陈家垟村、夏家垟村及原大湾乡大湾村等 14 户村民下山转移至垟背村屋后的原农田上建房,取名金垟。现金坳村已无人居住。

垟头 原属岩下行政村。2009 年迁移至金垟村。

上岩下 原属岩下行政村。2009 年 2 村合并为岩下村。

柳坞 原属崇头行政村。2009 年搬迁至朱源自然村。

社垟畈 原属张化行政村。20 世纪 80 年至 90 年代搬迁至埠头后村,现已无人居住。

白坛 原属黄家畲行政村。整村搬迁至黄家畲村。

虎爪岗 原属黄家畲行政村。现已整村并入黄家畲村。

下周村 原属陈坞行政村。现已整村并入周村自然村。

下寮 原属林山下行政村。2010 年下山转移,整村搬迁。

下户 又名下坞,属张家地行政村。2010 年村民迁往张家地村及县城居住。

大寮 原属后垟行政村。 2009 年,村民迁往原后垟(现外垟)、县城及景宁县居住。

漈下 原属后垟行政村。2008 年,村民外迁其他村居住。

石塘镇(50 个)

靛青山 原属石塘坑行政村。1988 年建设石塘电站时搬迁。

外寮坑 原属长汀行政村。1988 年建设石塘电站,水库水位高涨,村庄被淹,村民外迁。

龙石坑 原属长汀行政村。现已无人居住。

过头 原属小顺行政村。现该村址已成库区水域。

滩头 原属长汀行政村。现该村址已成库区水域。

潘草圩 原属长汀行政村。村民迁移原云和镇巧云,古竹村居住。现该村址已成库区水域。

九家村 原属大源口行政村。1988 年建设石塘电站,大源口村 9 户村民房屋被淹,后靠建居,故名。村民谢姓为主。后与大源口自然村合为一村。

田垄 原属大源口行政村。2007 年实行整村搬迁。

新田 原属规溪行政村。现该村已无人居住。

坑口 原属岭脚行政村。后与续莫圩自然村合为一村。

营盘 原属岭脚行政村。村民外迁丽水碧湖,现该村村址已成库区水域。

上寮 原属岭脚行政村。1988 年因建设石塘电站,村落被淹,村民外迁,现该址已成库区水域。

蒲潭 原属岭脚行政村。村民大部分外迁至原丽水市碧湖镇,部分后靠。现该村址已成库区水域。

李家 原属岭脚行政村。村民后靠于此建村。因村民全部姓李，故名李家。后与岭脚合为一村。

高畲 原属高畲行政村。2009年被石塘镇列为旧村改造整村搬迁计划村，现村民已全部搬迁至高畲新村。

高段 原属高定行政村。2009年被石塘镇列为旧村改造整村搬迁计划村，现村民已搬迁至西滩头新村居住。

畈头 原属麻厂行政村。村民大部分外迁原云和镇。现该村址已成库区水域。

兰田湾 原属麻厂行政村。村处S3328丽浦线辅道（小顺至云坛）东下侧，后迁至小顺堡自然村。

麻田湾 属麻厂行政村。村民迁至小顺自然村居住，该地现属李思垟自然村。

上麻厂 原属麻厂行政村。村民大部分外迁原丽水市新合、水阁等乡，部分村民后靠建湖滨村。现该村址已成库区水域。

下麻厂 原属麻厂行政村。村民大部分外迁原丽水市碧湖镇和本县原云和镇、沙溪乡等地，部分后靠建湖滨村。现该村址已成库区水域。

岩下 原属坪地行政村。村民外迁，该地现已无人居住。

牛塘 原属坪地行政村。2008年整村搬迁。

八八湾 原属上坪行政村。村民迁居石塘坑居住。

上坪后 原属上坪行政村。1983年村民外迁上坪村居住。

桑坑口 原属双港行政村。后与桑坑村合为一村。

龙井湖 原属小顺行政村。后与戈头合为一村。

山边 原属小顺行政村。1988年建设石塘水电站，村落被水库淹没，村民外迁原丽水市碧湖镇居住。该村址现已成库区水域。

隔溪 原属小顺行政村。1988年建设石塘水电站，村落被水库淹没，村民外迁原丽水市碧湖镇居住。该村址现已成库区水域。

东黄湾 原属叶村坪行政村。后与东黄合为一村。

麻地坑 原属金村行政村。村民于1986年迁青源坑居住。

青源坑 原属金村行政村。2008年整村搬迁至金村居住。

松树岗 原属金村行政村。2007年整村搬迁至金村水口居住。

内松树岗 原属金村行政村。村民于1983年迁樟坑自然村居住。

金村对门山 原属金村行政村。村民迁至金村居住。

曹山排 原属联合行政村。村民迁往邻村居住。此处已被复垦种植茶叶。

黄家 原属石门坑行政村。后刘家与黄家合为一村，称马蹄山。

刘家 原属石门坑行政村。后刘家与黄家合为一村，称马蹄山。

下石水缸 原属石水缸行政村。2009年整村搬迁。

薄荷田 原属张川行政村。2009年整村搬迁。

小淳坑 原属朱村行政村。1 户村民于 1982 年迁三姑堂，另一户于 1987 年迁规溪亭居住。

下畈 原属朱村行政村。现与朱村自然村合为一村。

下石子岭 原属南坑行政村。2012 年整村搬迁其他村。

金子口 原属南坑行政村。2012 年村民下山脱贫，搬迁至金村居住。

上奔 原属竹子坪行政村。2008 年搬迁至回水潭。

界岭脚 原属竹子坪行政村。赖姓村民死亡后，其子迁泉溪居住。

大东背 原属竹子坪行政村。2008 年搬迁至竹子坪村居住。

栋上 原属竹子坪行政村。2011 年整村搬迁。

仰天湖 原属桑岭行政村。2011 年整村搬迁至桑岭根内村。

大坑头 原属下坑行政村。2012 年整村搬迁其他村。

上长坑 原属黄庄行政村。2013 年整村搬迁其他村。

石板坑 原属横山头行政村。2008 年实行整村搬迁。

马蹄湾 属北溪行政村。2012 年整村搬迁其他村。

紧水滩镇(19 个)

新处 原属石浦行政村。2011 年全村迁至普光小区居住。

大湾 原属石浦行政村。村民外迁。

吾思岭 原属菖蒲垄行政村。1980 年建造紧水滩电站，吾思岭脚村民住房向上首迁移，与吾思岭村合为一村，以吾思岭脚为村名。

龙门 原属龙门行政村，1984 年因建设紧水滩电站需要，龙门等 4 个自然村 316 户 1468 人移民丽水、云和小徐乡、沙溪乡，或投亲及后靠。

古岭 原属龙门行政村。1984 年建设紧水滩电站时被水库淹没。

田畈 原属龙门行政村。1984 年建设紧水滩电站时被水库淹没。

田寮 原属金水行政村。1999 年村民搬迁而废村。

坞山 原属梅山行政村。2008 年实行整村搬迁。

大山 原属梅山行政村。2013 年整村搬迁至大坪购房。

外岗 原属田垟行政村。2013 年整村搬迁已无人居住。

竹坑头 原属梓坊行政村。2011 年整村搬迁至山塘湾及云和县城，现该村已无人居住。

上叶草 原属梓坊行政村。现该村已搬迁无人居住。

旱岗 原属大源行政村。村民外迁。

栋头 原属大源行政村。村民外迁而废村。

外斜 原属大源行政村。2008 年村民整村搬迁至其他村。

龙井下 原属田铺行政村。村民外迁而废村。

小子坑 原属大牛行政村。村民外迁。

大牛岗 原属大牛行政村。2008 年 6 户 22 人整村搬迁至其他村。

樟树下 原属桃子坑行政村。2008 年村民整村搬迁至其他村。

赤石乡（39个）

赤石 原系乡政府、行政村驻地，原属赤石乡赤石行政村。1984年因建设紧水滩电站需要，水库水位高涨，村址被淹没，村民后靠或外迁原丽水市碧湖、平原、高溪、水阁、富岭、石牛、新合及本县原小徐、沙溪等地。现该村址已成库区水域。

塔下 原属赤石行政村。村民全部外迁本县原沙溪乡高胥村。现该村址已成库区水域。

坳后砻 原属赤石行政村。村民后靠坳后村建居。

萧家 原属赤石行政村。村民全部外迁原丽水市乡镇。现该村址已成库区水域。

乌阴街 原属赤石行政村。村民大部分外迁。现该村址已成库湾水域。

山根垟 原属赤石行政村。村民全部迁黄岗。现该村址已成库湾水域。

龙头山 原属赤石行政村。村民全部外迁原丽水市等乡镇。现该村址已成库湾水域。

李树坪 原属赤石行政村。现该村址已成库湾水域。

坑口 原属赤石行政村。现该村址已成库湾水域。

东家塘 原属麻垟行政村。村民于1989年迁居邻村。

新岱林 原属新林行政村。村民后靠建大木林、沈林2村。

麻山 原属新林行政村。村民迁独山、大墓林（2009年改为石朝）。现该村址已成库湾水域。

草鞋岭 原属垟田行政村。村民部分迁垟田新村，部分迁原沙溪乡。现该村址已成库湾水域。

下垟田 原属垟田行政村，系垟田行政村原驻地。村民部分迁垟田新村，部分迁原沙溪乡。现该村址已成库湾水域。

叶垄 原属垟田行政村。村民部分迁垟田新村，部分迁原沙溪乡。现该村址已成库湾水域。

里垟畈 原属张源头行政村。村民部分外迁龙岩洞，部分迁原丽水市乡镇。

铁坑 原属张源头行政村。村民外迁。

山后 原属张源头行政村。村民外迁。

大隆 原属张源头行政村。村民迁龙岩洞居住。现该村已成库湾水域。

阴岩 原属阴岩行政村，系阴岩行政村原驻地。2011年整村搬迁至坳后村。

李家 原属阴岩行政村。2010年搬迁至白龙山街道村头村居住。

黄竹棚 原属建林行政村。村民外迁。现该村址已成库区水域。

阙家 原属建林行政村。村民外迁或后靠。现该村址已成库区水域。

白粉墙 原属建林行政村。村民外迁下坑。现该村址已成库区水域。

下麻山 原属建林行政村。村民外迁。

铁炉 原属建林行政村。村民外迁歇坑。

大湾 原属建升行政村。部分村民后靠至此建居，两村合为一村，沿用滩头村名。

望牛坪 原属建升行政村。2013年7月整村搬迁其他村。

沙坑源 原属建源行政村，部分村民后靠建沙埠、朱坑等村，部分村民外迁原丽水市乡镇。现该村址已成库区水域。

瓦窑头 原属建源行政村。部分村民后靠建湖塘岗村，大部分村民移民外迁原丽水市乡镇。现该村址已成库区水域。

上沙坑埠头 原属建源行政村。部分村民后靠建桐子坑村，大部分村民外迁原丽水市乡镇。

下沙坑埠头 原属建源行政村。部分村民后靠沙埠村，部分外迁原丽水市乡镇。

阴坑 原属建源行政村。村民外迁。

坑尾头 原属建源行政村。村民外迁。

山茶岗 原属临海垟行政村。村民迁往老鼠梯村及普光小区居住。

竹头湾 原属担布坑行政村。位1985年村民迁刘家、外油车居住。

油车下 原属担布坑行政村。村民已移居磨石坪居住。

黄泥岭 原属店子行政村。 村民外迁他村居住。

汉金坑 原属店子行政村。 1979年，汉金坑村民迁沙坝下建居。

安溪畲族乡(8个)

东坑头 原属下村行政村。 2010年整村搬迁到下村村居住。

外东坑头 原属下村行政村。 2010年整村搬迁到下村村居住。

底湾 原属下村行政村。 2009年搬迁到下村村居住。

白箬湾 原属下村行政村。 2009年整村搬迁到下村村居住。

佛儿岩 原属上村行政村。 已迁他村居住。

后斜 原属黄家地行政村。 2010年搬迁他村居住，此地已被复垦。

谷垟头 原属上村行政村。 2012年整村搬迁到上村村。

马蹄岗 原属东岱行政村。 2011年整村搬迁东岱村。

二 渐逝事物

当代社会正处于农耕时代向工业时代转换之际，生产生活方式进步，文化更迭和事物流失在所难免。特选取已经或者临近消失的行当、器具、生产生活方式等，予择要辑录。

行当

烧 炭 多以杂木为原料，判青山，一窑炭约3000斤上下，“大跃进”时有过万斤炭。产品有白炭、青炭，多销往温州。

烧砖瓦 20世纪80年代前后盛行。

打 石 20世纪80年代前后 开采花岗岩条石、块石，主要用作房屋、路、桥、生基建材。

打小铁 担工具箱笼游走乡间，从事打铜、铸勺、补镬等家用小五金加工修理。

炼生铁 明朝，梅源洗砂炼铁就负盛名，有“云和铁，龙泉剑”记载，年产“豆腐铁”上千担，销售给龙泉铸剑、温州、县及县内农户、铁匠铺。

敲白糖 多为永康人，摇拨浪鼓揽生意，小孩用头发、羽毛、牙膏壳、骨头换取饴糖。

剃头担　走村串巷，上门服务。挑担一头为面桶（含镜、脸盆、毛巾、剃刀布），下置炭火盆。另一头为抽屉凳，抽屉放推剪剃刀等工具，下置盛水小木桶。

棺材店　多临时赶制，富户作兴早备寿材存于祠堂。实行火葬后消失。

染布店　集镇、大村有染坊，从事土布、纻布开始染色及衣料、布帘印花。

代销店　属供销社系统，上世纪五十年代遍及山村，曾为农村商品购销主渠道。

接生娘　旧时各村都有中老年妇女热心助产接生，20世纪90年代消失。

阉猪阉鸡　摘除小猪、鸡卵巢、睾丸，俗称结豮结鸡。穿街走巷，吹哨子揽活。

手工裁缝　裁缝师傅多为男性，携剪、尺、熨斗、针线包，上门头做手艺。

榨　油　油坊私营，多附设祠堂或溪坑水碓房中。设备有柴灶、碾盘、石臼、油车和长木油棰，可加工多种油料。饼渣（菜籽箍、茶籽箍等）属上好废料。

机械打字　20世纪90年代前，机关单位设专职打字员打印公文。电脑普及后，逐渐废除。

刻字油印　20世纪90年代前，印制公文、资料、名册、票证、试卷、曲谱等，都以铁笔、钢板刻写蜡纸底板，再放到油印机上滚筒印刷。

器　具

砻　用于稻谷脱壳。土竹木结构，类似磨，丁字推杆悬梁，勾连砻盘柄，一人旋推，一人添谷。

手　磨　用于磨粉制浆。属小石磨。磨盘侧柄插短木，一手旋推，一手添料。

水　车　属农田灌溉提水工具。车架、转轴及龙骨车身木制，脚踏驱动。

独轮车　车架两边载货物，车襻挂肩，双手推行。适宜平原及田间小路。

捣　臼　青岩打制，配木杵或石杵，用于舂米、搡麻糍、捶粿。另有水碓臼和踏碓臼。

火　笼　篾壳陶胎，有提攒，另有有铜火笼。盛炭火灰，供烘手取暖。

竖　桶　杉木长桶，中隔栅板，供孩童站立，冬冷下置火盆取暖。

火　甏　瓮形，有盖，以凝灰岩打制。置于灶前，存储柴炭。

火　筒　竹筒两三节，中空。炉窟点燃柴草时用以吹风旺火。

焙　笼　笼状无底，篾编稀疏。下置火罈，烘烤衣物、尿布。

坐　车　木制童座。柜形无轮，胸前横板供放置食物、玩具。

扇　类　有蒲草扇、棕榈披扇、麦秆扇等，纸扇多见于戏剧。

大　橱　昔为家具之首。漆大红，中部抽屉板及上下橱门精雕细刻。

碗　橱　上部有门，内装隔板收纳杂物。中部为碗格，下方置罈钵。

香火桌　长约2米，宽约0.5米，高约1.5米。抽屉、侧面板、脚雕花，置中堂做祭辰。

八仙桌　方桌边长近1米，可围坐8人。牙板雕有纹饰，厅堂摆设。

六仙桌　比八仙桌略小。一面靠墙，围坐6人，另外三个面有抽屉。

樑　床　漆朱贴金，月门及楣板、栏板雕饰祥瑞图案。前置踏板凳。

车木床　仿罗马柱床栅，不事雕刻，四角柱固定床帐架。

纺　车　由木架、纺轮、纱锭组成，通过手旋抽丝卷纱。配纺车凳。

绩　箜　竹篾编，直径约0.4米，高约0.3米，上漆。农妇绩苎麻线专用。

棕 袜 以棕编成靴形，雪天走山路防滑。

棕 鞋 以棕编成，胶鞋普及后弃用。

蓑 衣 雨具。古时以龙须蓑草编成，后改为棕线，与小箬帽搭配使用。

箬 帽 篾编，夹层用箬叶或油纸。大箬帽遮雨，小箬帽遮阳。

大手巾 白粗布，长七八尺，宽二尺。上山下地时披扎，可垫肩、擦汗。

秧 夹 小杉木拧成，宽 0.45 米，高 0.6 米。两只为一副。用来担秧。

氨水桶 杉木箍成，上小下略大，封闭，顶部有孔和塞，两只一副盛氨水 100 余斤。

索 钩 弓形绳扣，截取山茶木制成。结棕绳麻索，用于捆绑柴草秸秆。

担 枪 毛竹、杉木两头削尖，便于穿刺狼衣捆、柴捆。上山担柴时，搭配柢棒、麻绳索。

柢 棒 木质，齐肩长。横置空肩撬动扁担，以平衡双肩压力。还用作歇担支撑。

四尺牛 4 尺木方或树段结绳，抬重物用。如需增加人手，则用六尺牛、八尺牛。

验粪器 玻璃量表。公社化时期，各生产队用于测验粪便肥力。

龛 篓 竹编扁篓。有大有小，割草、采茶、柯鱼时挎于肩背。

田 耙 水稻田耘耥农具。耙圈铁制，有方形、圆形，配长竿。

垒 特 用于插秧前打碎泥块。木制，装有滚轴，以牛力牵引。

稻 桶 有方、圆两种，上口稍宽。用时内置桶梯，上竖桶簟。

矮 兜 小水桶。桶壁一侧连直角提把，提水、浇水用。

雨 伞 以竹篾竹竿为骨架，裱糊油纸或油布。

马 桶 木制坐便器，有盖，多刷红漆。

竹 刷 尺长单节竹筒，节作把，上部剖丝为帚，用于刷洗锅盆。

竹 选 长三尺，直径 5 公分左右，上部作把，下部剖成 8–10 片用于赶家禽家畜。

棕 刷 棕丝制成，三角形。扎成毛刷，用于磨盘扫拢粉粒。

火 篾 照明用品，毛竹制成。先把毛竹锯成三、四长，然后破成薄篾条，晒干后浸水中，浸透后再晒干，如是三、四次即可。

脚 盆 由杉木箍成，有大有小。大脚盆用于洗浴，但不称浴盆。

面 盆 又称面桶，配架。质地由杉木演变为铜铝、搪瓷、塑料。

丈 杆 竹、亩制长尺。用于丈量田块、地基。按鲁班尺，一丈相当于二米八。

杆 秤 衡器。有大令小秤之分，由秤杆、秤锤、秤钩(盘)及提绳构成。

洋油盏 多以铁皮做成，壶盖连灯管。多以青油(柏籽油)、煤油作燃料。

气 灯 油盘盛煤油，充气后点燃，使灯头纱罩发光。多用于集会或演戏。

灯 罩 分底座、油瓶、玻璃灯罩三部分。有旋钮调节亮度。

烟 筒 竹节捅通为烟杆，根部挖孔盛菸末，也有套上铜、铁、铝烟锅、烟咀有铜咀、玉咀。

菜蔬格 搪瓷品。常见三、四层，外串金属提手。

竹 碗 利用竹节制成，因耐摔，适宜小孩食用。

饭 篮 竹编，底小口大，有盖、提手，涂红漆。田畈送饭用。

棕　袋　棕线编成。多用于上山、农作资饭。

铜　罐　铜制，有柄，盖有钮，煮食用。常见，船工必备。

茶　筒　截取大竹筒，节前留喝水舌簧，穿提绳。竹节凿方形出水孔，用木塞封堵。

火　刀　引火工具。以弧形刃口击打火石（硅质燧石），产生火星，鼓腮点燃纸煝。

花　轿　以竹木制成，轿箱为宝塔顶，悬轿帷。由四人抬行，多见于富户婚嫁场合。

便　轿　轿箱竹制，前垂帘，左右设布窗。用于乡绅、郎中、妇孺远道代步及嫁娶。

三板轿　由靠、坐、蹬三块木板和轿杠连缀而成，适合翻山越岭。另有团茎轿、竹椅轿，多为临时绑扎，用于应急抬送产妇或伤病员。

旧式书箱　木材质，内置隔板，用于藏书及收储笔砚、杂物。

钢笔水粉　安瓿包装。用时以温水泡开即为墨水。

蘸　笔　蘸墨水书写。可只买笔尖，笔杆自做。

铁笔、钢板、油印机　蜡纸铺于钢板，以铁笔刻字。油印机有平板和滚筒式两种。

机械打字机　由滚筒（卷贴蜡纸）、铅字盘、机头组成，手动操作。

摇把电话机　自20世纪80年代拨号电话机出现后，逐渐消失。

恒温泉井　位于小顺村水井弄6人合抱的大樟树下，条石、鹅卵石砌就，东、西并列两口方井，西口洗涤，东口饮用，占地面积150平方米，水温常年保持摄氏14度，冬暖夏凉。1989年被石塘水库淹没。清•同治《云和县志》有该井记载：“泉仰出碧色，常温，虽严冬盛寒，气蓬蓬，如釜上甑。”

生产方式及其他

刀耕火种　昔垦山种杂粮，先清理“火路”隔断，然后斫柴割草，就地晒燥，放火焚烧。待火熄土凉，即可下种菜头、黄粟、玉米等。倚仗灰肥，可不耘而获。数年后，一般实行点桐、插杉还林。

狩　猎　有合伙围猎、独猎和放野猪夹。冬闲时带猎狗，持土铳、柴刀上山，猎物多为野猪、雪麂、野兔等。今倡导保护动物，枪械由公安局管控，禁止私自打猎。

斫　柴　腰缚刀枷，穿草鞋，披汤布，携带柴刀、担冲、棒柢，以棕绳、藤曼绑柴禾。

好　手　指全能劳动力。会耕、耙、插，精通收种农事。

养　猪　旧时为肉食、积肥所需，家家在偏屋筑栏蓄养。

生产队　公社化时期，实行村为大队，下设若干生产队。集体劳动，统一分配。

专业组　20世纪50年代后期，各农业社编组种粮、种菜、养殖以及烧炭、洗铁沙等。

工分券　20世纪50年代后期流通的代金券。用以替代劳动价值，凭此可在食堂用餐。

工　分　公社化时期，对劳力按体能和劳动技能评定工分底分，作为分红依据。

正劳力　体能和劳动技能均上佳，工分评定达到8—10分者。

半劳力　泛指老弱妇孺。昔时，鲜有妇女能获取正劳力酬劳。

副　业　昔乡村以农、林、牧、渔为主业，工匠类统称副业。

容　积　10撮为1勺，10勺为1合，10合为1升，10升为1斗，10斗1石。

票　证　计划经济时期，粮油、布匹、手表、自行车等紧缺商品实行凭票供应。

衡 制 古时以16两为1市斤，故有“半斤八两”一说。偏远乡村尚存。

长 度 鲁班尺俗称角尺，1鲁班尺等于0.8市尺。

灰 寮 农户在田间地头盖一简易土屋，用于焐烧、存储草木灰。

氨水池 20世纪70年代，稀释氨水作氮肥，每个生产大队都砌池储存。

加工站 20世纪70年代前后，各村普遍购置碾米、磨粉机，自办粮食加工站。

水 碓 溪坑拦水筑渠建碓房，以水车轮轴驱动石杵磨盘加工粮食。

踏 碓 木碓架安装长柄石杵，前置石臼，由一、二人脚踏舂捣。

浇 碓 利用山坑小流量，随着木槽注满、泻空，一上一下舂捣。

木勺碓 以毛竹爿接引山泉，随着水勺（槽）反复注满、泻空，因杠杆原理，一上一下自动敲击竹木，借梆梆有声以驱赶野猪。

簟 坪 即晒场。位于村边向阳处，各户地簟位置相对固定。今大多已改为文体广场。

番莳洞 农户多在村边山坡挖坎洞，用于番薯防冻保鲜和留种。洞口方形，以木板拼堵。也有在家中饭桌下修建地塘储藏。

水车提水 适宜水源与农田落差较大的环境。水车桶短则八尺，长则丈四、丈六，内装 输水链带（俗称龙骨）。桶身一头入水，一头搭连岸上车头轮轴，由两人（少数三人）蹬踏转动上水。如遇田块地势忒高，则采用多台水车分级接力提水。

提桶戽水 适宜渠流与田块落差不大的环境。杆架悬戽斗，戽斗两侧、上下分别系有拉绳。戽水时，需两人一左一右双手抓绳，同步操控舀水、提桶、往前倾水。

唧筒汲水 截取大竹筒，上下各挖一孔为出水口和汲水口，再在一根直杆末扎上棉布 为活塞。操作时，下端汲水口斜插于水源，上端出水口朝向田岸，加以固定。 然后上下抽动直杆，将水吸上农田。

双 抢 种双季稻时，七月收割早稻，紧接插播晚稻。约20天内抢收抢种，称“双抢”。

求 雨 逢久旱不雨，由师公（火居道士）主持，县官或乡绅族长率众在神龛前设坛焚香，颂经祷告，列队踩街，歌舞娱神，祈求神灵布施甘霖。

凉 亭 古时驿道、乡间干道约十里一亭，供路人避雨歇憩。有骑路亭和路侧亭两种，内置石座或固定式长板凳，多由善人捐建。

凉亭施茶 此俗源自寺观施舍结善缘之法，多由老人值守。夏秋时，茶水泡于木桶或陶缸，有长柄竹筒提水喝。少数凉亭还备有草鞋、火篾方便行人。

稻杆垄 中央埋木柱子，围绕柱子把稻杆把层层叠高，储存稻杆用于牛饲料、猪、牛垫栏越冬。

松毛笆 竹制理松毛工具，长2米左右，笆一般八爪。

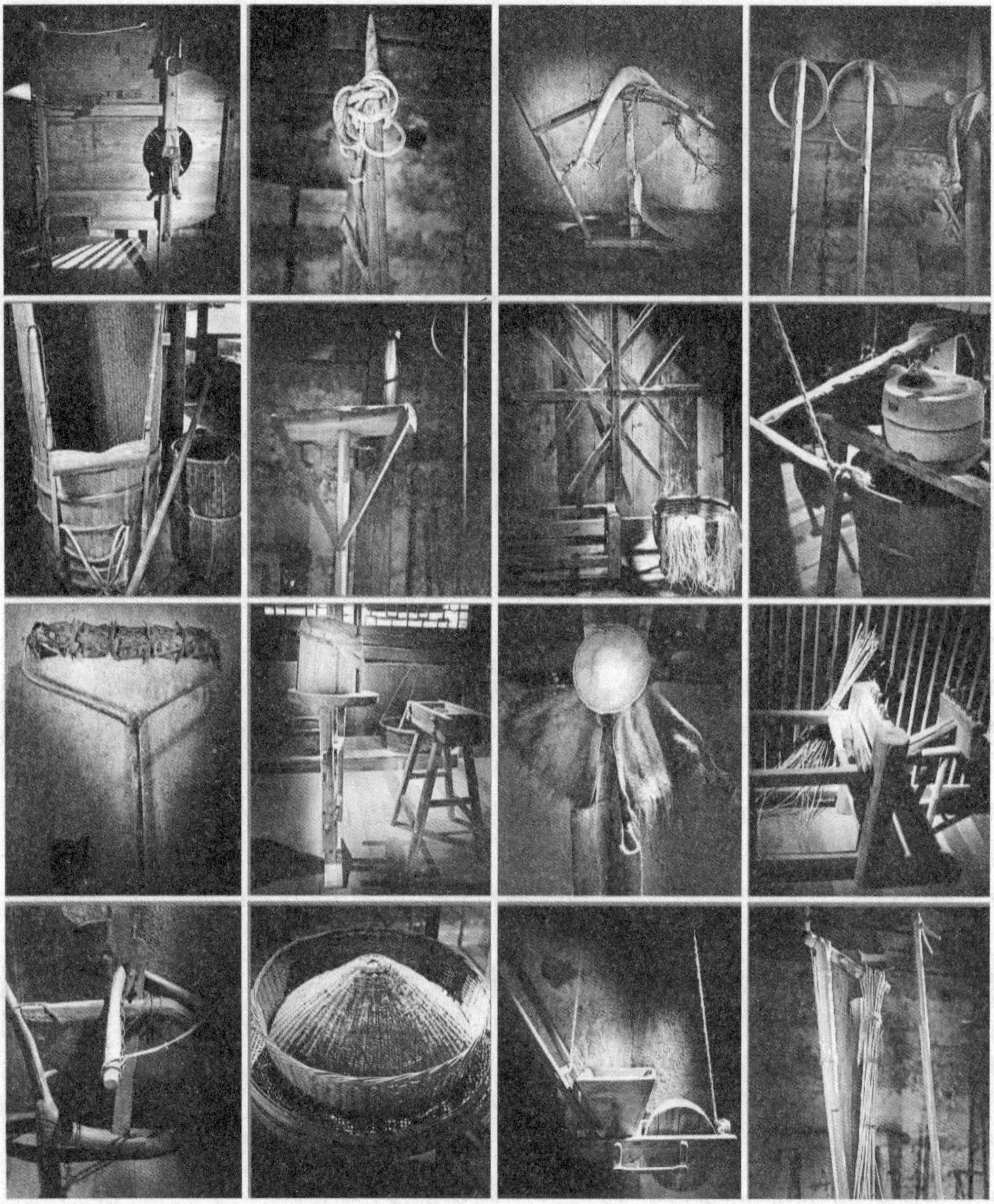

图 41－2－1　渐逝的老物件，自左至右、从上到下：
风具、担枪、钩索　铁犁、牛轭、田圈
打稻桶、箩筐、淌耙、纺车、绩箜、石磨、磨架、豆腐桶、砻担
手擂垛　瓦桶、砖格、蓑衣、箬帽、草鞋床、草鞋耙
木犁、牛轭、茶焙、谷筛、播种机、豆镐　（石塘镇长汀村徐美富提供）

编　后

2017年12月29日，云和县人民政府办公室印发《关于成立云和县志（1991—2010）编纂委员会的通知》，《云和县志（1991—2010）》编纂工作启动。2018年4月11日，召开县志编纂动员大会暨业务培训会，资料收集工作全县铺开，12月底编纂完成6卷234万字的资料长编。

2019年5月6日形成3卷213万字初审稿，送达有关方志专家、《云和县志（1991—2010）》编纂委员会成员、县级离退休老干部和各界社会相关人士审阅，征求意见，7月22~23日，召开《云和县志（1991—2010）》初审评审会,通过初审。评审组认为："《云和县志（1991—2010）》（初审稿）以马列主义、毛泽东思想、邓小平理论、'三个代表'重要思想、科学发展观和习近平新时代中国特色社会主义思想为指导，坚持辩证唯物主义和历史唯物主义的立场、观点和方法，比较全面、客观、系统地记述了云和县行政区域内1991年至2010年间的经济、政治、文化、社会、生态等方面的历史和现状；《云和县志（1991—2010）》（初审稿）体例完备，框架设计总体合理，归类基本得当，内容丰富翔实，地域特色鲜明，时代特征突出，语言文字朴实、流畅，是一部观点正确、基础扎实、特色鲜明、特点突出的续修志稿。评审组原则同意志稿通过初审。"市方志专家组、评委予以充分肯定和鼓励，根据专家、评委、在云县级离退休老干部和社会相关人士的意见、建议，编辑部认真进行修改。

2019年10月8日，形成2卷206万文字的《云和县志（1991—2010）》复审稿。2019年10月中旬，复审稿送丽水市地方志办公室，由丽水市地方志办组织省、市专家评审，2020年1月13—14日举行复审会，通过复审。评审组认为："《云和县志（1991—2010）》（复审稿）坚持辩证唯物主义和历史唯物主义的立场、观点和方法，全面、客观、系统地记述了云和县自1991年至2010年间的自然、经济、政治、文化、社会等方面的历史和现状。志稿观点正确，体例规范，框架设计总体合理，归属基本得当，内容全面，资料丰富，地方特色和时代特征鲜明，是一部全体编纂人员潜心编修的用功之作，体现了全体编纂人员的辛勤工作和无私奉献，评审组同意志稿通过复审。"

2020年3月23日，形成上、下两册《云和县志（1991—2010）》终审稿。4月2日，寄省人民政府地方志办公室、丽水市地方志办公室，送县编纂委员会成员和县人武部、县统战部、县保密局三部门。5月12日，《云和县志（1991—2010）》终审会在云和召开。省地方志办公室主任潘捷军、省地方志办公室市县工作处副处长徐鹏、丽水市党史和地方志研究室主任雷华英和中共云和县委副书记、县长上官国明出席。云和县副县长陈伟忠主持会议，县志编纂委员会成员、县人武部、县委统战部、县保密局等相关单位负责人及县志编辑部人员共计30余人参加会议。评审组认为："《云和县志（1991—2010年）》终审稿指导思想正确、体例规范、内容全面，资料翔实，重点突出，点面结合，特色鲜明，是二轮修志用功之作、创新之作。全志符合宪法及保密、档案、历史、经济、军事等方面的法律、法规的规定，符合中国地方志指导小组《地方志书质量规定》和《浙江省市、县（市、区）地方志书审查验收和出版管理办法》的要求，同意通过终审。"

2020年8月28日，将充分吸纳终审组意见建议修改后的《云和县志（1991—2010）》志稿寄方志出版社审核，方志出版社认为"《云和县志（1991—2010）》全面反映云和县自然和社会的历史与现状，展示地方特色，积累、传承地方文献，力求达到思想性、科学性和资料性的统一。全书资料翔实，纲目清晰，特色鲜明，为云和县各级领导干部追思过去，展望未来，认识县情，振兴云和提供借鉴，对促进云和县经济、社会等各个领域发展都将发挥重要作用，是一部重要的工具书和资料库；《云和县志（1991—2010）》为续志、小编结构、篇章体结合条目体。该书系统、全面记述1991—2010年云和县自然与社会的历史与现状，观点正确、内容较丰富。其中，小县大城战略、生态建设、移民设专篇记述，地方特色和时代特点较突出。初审、复审对该书稿进行了认真仔细的修改，终审同意初审、复审意见；《云和县志（1991—2010）》观点正确，资料翔实，体现了社会主义精神风貌，有出版价值。"并要求正式出版前，还有一些不足之处请编者斟酌修改。

2020年9月1日，县人民政府发文（云政函〔2020〕54号）批准付印，电子稿发送方志出版社，9月28日，方志出版社回复书号——中国版本图书馆CIP数据核字第224428号，核定字数2652千字。2020年10月29日，收到方志出版社3审共66条原则意见。2020年11月至2021年10月，《云和县志（1991—2010）》编辑部对照方志出版社意见，认真修改，六易其稿，于2021年10月成书付梓。

《云和县志（1991—2010）》的编纂工作得到云和县委、县政府领导的重视；得到省、市地方志办公室领导、专家的指导；得到县级各部门、乡镇街道的配合；得到热心修志事业者的支持。在此一并谨表诚挚感谢。

参与续修县志大大小小单位近百个、参与资料采编和撰稿人161位，还有许多同志参与修改、评审。续修过程中参考、吸收许多自然科学、社会科学专著知识，许多社会人士提供资料、照片，因而《云和县志（1991—2010）》是集体智慧结晶，是群策群力成果。由于我们编辑人员政治、业务水平有限，加上有关档案资料不齐全、时间紧迫等客观原因，志书中存在缺点、错误、疏漏或不当之处在所难免，恳请读者指正和谅解。

资料采编 撰稿人员名单

（161人，以姓氏笔画为序）

丁小春　王　艺　王玉苏　王旭德　王谋广　王雅琳　王晶晶　王慧琴　王德聪　王震海
历程锦　毛呈章　毛建美　毛绍根　毛春美　方正华　艾以夫　厉程锦　卢建东　卢斐雯